*fragonard*

Galeries nationales du Grand Palais
Paris
24 septembre 1987 - 4 janvier 1988

The Metropolitan Museum of Art
New York
2 février - 8 mai 1988

# fragonard

par Pierre Rosenberg

Ministère de la Culture et de la Communication
Éditions de la Réunion des musées nationaux

Cette exposition a été organisée par la Réunion des musées nationaux
et le Metropolitan Museum of Art de New York

La présentation française a été réalisée
avec le concours des équipes techniques du Musée du Louvre
et des galeries nationales du Grand Palais

Elle a bénéficié d'une aide de la
**BANQUE LA HENIN**
et de
FIMAGEST
Financière Internationale des Marchés et des Gestions

Jaquette :
*La Fête à Saint-Cloud*
(détail) Paris, Banque de France

ISBN 2-7118-2.145-5

Commissaire général

Pierre Rosenberg
Conservateur en chef au Département des peintures
Musée du Louvre, Paris

assisté de

Katharine Baetjer
Curator, European Paintings
The Metropolitan Museum of Art, New York

Marie-Anne Dupuy

Catalogue rédigé par Pierre Rosenberg
avec l'aide de Marie-Anne Dupuy

Administrateur des galeries nationales du Grand Palais :
Marie-Ange Laumonier

Que toutes les personnalités qui ont permis par leur généreux concours
la réalisation de cette exposition trouvent ici l'expression de notre gratitude :

Maître Etienne Ader
Mme Gertrude L. Chanler
M. et Mme George M. Cheston
Le duc d'Harcourt
M. Akram Ojjeh
M. John W. Straus
Le baron Thyssen-Bornemisza
M. et Mme Eugene V.Thaw
Mme Jeannette Veil-Picard

ainsi que toutes celles qui ont préféré garder l'anonymat.

Nos remerciements s'adressent également aux responsables
des collections suivantes :

| | |
|---|---|
| *Argentine* | Buenos Aires, Musée national des arts décoratifs |
| *Autriche* | Vienne, Graphische Sammlung Albertina |
| *Belgique* | Bruxelles, Musée d'Ixelles |
| *Brésil* | Sào Paulo, Museu de Arte de Sào Paulo |
| *Espagne* | Barcelone, Museu d'Art de Catalunya |
| *États-Unis d'Amérique* | Boston, Museum of Fine Arts<br>Brooklyn, The Brooklyn Museum<br>Cambridge, Harvard University Art Museums, Fogg Art Museum<br>Cleveland, The Cleveland Museum of Art<br>Chicago, The Art Institute<br>Detroit, Detroit Institute of Arts<br>Los Angeles, The Armand Hammer Foundation<br>Los Angeles County Museum of Art<br>Malibu, The J. Paul Getty Museum<br>Minneapolis, Minneapolis Institute of Arts<br>Muncie, Ball State University Art Gallery<br>New Haven, Yale University Art Gallery<br>New York, The Pierpont Morgan Library<br>The Metropolitan Museum of Art<br>Robert Lehman Collection - The Metropolitan Museum of Art<br>Norfolk, The Chrysler Museum<br>Philadelphie, The Rosenbach Museum and Library<br>Sacramento, Crocker Art Museum<br>Saint Louis, The Saint Louis Art Museum<br>St. Petersburg, Museum of Fine Arts<br>Toledo, The Toledo Museum of Art<br>Washington, National Gallery of Art<br>Williamstown, Sterling and Francine Clark Institute<br>Worcester, Worcester Art Museum |
| *France* | Amiens, Musée de Picardie<br>Angers, Musée des beaux-arts<br>Annecy, Musée-château<br>Besançon, Bibliothèque municipale<br>Musée des beaux-arts |

Chambéry, Musée des beaux-arts
Chartres, Musée des beaux-arts
Dijon, Musée des beaux-arts
Grasse, Musée Fragonard
Langres, Musées de Langres
Le Havre, Musée des beaux-arts André Malraux
Lyon, Musée des arts décoratifs
Marseille, Musée Borély
Musée Grobet-Labadie
Montpellier, Musée Atger, Faculté de Médecine de Montpellier
Musée Fabre
Narbonne, Musée d'art et d'histoire
Nice, Musée des beaux-arts Jules Chéret
Orléans, Musée des beaux-arts
Paris, Banque de France
Bibliothèque nationale, Cabinet des estampes
École nationale supérieure des beaux-arts
Fondation Custodia, Institut Néerlandais
Musée des arts décoratifs
Musée Cognacq-Jay
Musée Jacquemart-André
Musée du Louvre, Département des arts graphiques
Département des peintures
Musée Marmottan
Musée du Petit Palais
Quimper, Musée des beaux-arts
Rouen, Bibliothèque municipale
Musée des beaux-arts
Saint-Jean-Cap-Ferrat, Institut de France, Musée Ephrussi de Rothschild
Toulon, Musée de Toulon
Tournus, Musée Greuze

*Grande-Bretagne*

Londres, The British Museum, Department of Prints and Drawings
Dulwich Picture Gallery
The National Gallery

*Israël*

Jérusalem, The Israel Museum

*Italie*

Rome, Galleria Nazionale d'Arte Antica

*Pays-Bas*

Amsterdam, Rijksmuseum, Rijksprentenkabinet
Rotterdam, Museum Boymans-van Beuningen

*Portugal*

Lisbonne, Musée Calouste Gulbenkian
Museu Nacional de Arte Antiga

*R.F.A.*

Berlin, Staatliche Museen Preussischer Kulturbesitz, Kupferstichkabinett
Francfort, Graphische Sammlung im Städelschen Kunstinstitut
Hambourg, Hamburger Kunsthalle
Karlsruhe, Staatliche Kunsthalle Karlsruhe, Kupferstichkabinett
Munich, Sammlung der Bayerischen Hypotheken und Wechsel-Bank
(en dépôt à la Alte Pinakothek)

*U.R.S.S.*

Léningrad, Musée de l'Ermitage
Moscou, Musée Pouchkine

L'exposition *Fragonard* montrera aux visiteurs américains comme à ceux de Paris quelques-unes des plus belles œuvres du peintre. Jamais rétrospective de cette envergure n'avait été mise sur pied, qui regroupe en 300 numéros l'essentiel de la production de l'artiste dans toute sa diversité. Fragonard a abordé tous les genres : l'histoire et la peinture religieuse, le portrait (ses admirables *Figures de fantaisie* sont toutes réunies), le paysage et la scène de genre, qu'elle soit familiale ou d'un caractère plus léger, ainsi que les pastiches des grands maîtres. Ses dessins témoignent de la même variété.

Fragonard est depuis plus d'un siècle un des peintres français les plus aimés. La liberté de la facture, la variété de l'inspiration, la vie et l'humour de ses compositions, la beauté élégiaque de ses paysages expliquent cette popularité. Il y a plus, que l'exposition permettra de découvrir : un artiste qui sait peindre aussi bien le souffle brûlant des passions que le murmure du vent dans les cyprès ! aussi parfaitement l'attendrissement maternel que l'éveil des sens... Fragonard est bien un des grands poètes de l'histoire de la peinture.

Les visiteurs de New York, pour leur part, n'auront qu'à faire quelques pas pour se rendre au musée Frick et admirer la série de panneaux peints par Fragonard pour le Pavillon neuf de la du Barry à Louveciennes. Comme on le sait, ce chef-d'œuvre de la peinture française, sans doute le plus important ensemble décoratif du XVIIIe siècle, n'a pas le droit, par la volonté du donateur, de quitter les murs du musée Frick. Cette visite s'impose d'autant plus que l'ensemble vient d'être admirablement restauré et a retrouvé sa fraîcheur première.

Nous sommes heureux que l'exposition ait été l'occasion d'une nouvelle collaboration entre la Réunion des musée nationaux et le Metropolitan Museum of Art.

Philippe de Montebello

Directeur
du Metropolitan Museum of Art

Olivier Chevrillon

Directeur
des musées de France

# «Gens, honorez Fragonard!»

*«Convenons qu'à présent seule une grande exposition, soit la confrontation d'un vaste ensemble d'œuvres pourrait permettre avec l'assainissement du catalogue, l'établissement d'une chronologie solide, tant sont peu fréquents les repères assurés». Le souhait de Jacques Thuillier (1967, p. 46) est exaucé: l'exposition ouvre ses portes. Non sans difficultés (et reconnaissons-le non sans quelques satisfactions!).*

*Les difficultés, nous les avions mesurées lorsque Philippe de Montebello, le directeur du Metropolitan Museum de New York, nous approcha pour nous proposer de partager la grande exposition* Fragonard *que le Louvre, depuis longtemps déjà, souhaitait organiser. Nous savions que la collection Frick à New York ne nous prêterait pas les tableaux de Louveciennes peints pour la du Barry, les plus belles pages décoratives de Fragonard (et de tout l'art français). Nous savions que la collection Wallace de Londres ne pourrait pas nous confier les admirables toiles de Fragonard qu'elle conserve, dont certaines — les* Hasards heureux de l'escarpolette, *bien sûr, mais aussi* Le Petit Parc *et la* Fontaine d'amour *— sont irremplaçables. Nous savions que le baron Edmond de Rothschild ne se dessaisirait pas de ses Fragonard — nous ne les avons jamais vus, mais nous sommes convaincus que le* Colin-maillard *ou* La visite à la nourrice *auraient fait bonne figure à l'exposition. Mais nous comptions, parmi tant de merveilles inaccessibles, sur les deux* Renaud et Armide *de la collection Veil-Picard. Il nous a fallu y renoncer, comme nous regrettons de ne pouvoir montrer, à Paris ou à New York, telle pièce exceptionnelle, que son propriétaire a consenti à nous confier pour un seul lieu.*

*Telle qu'elle se présente, l'exposition n'est pas sans lacunes. Elle n'est pas non plus — on le vérifiera aisément — sans chefs d'œuvre (Banque de France, collection Gulbenkian, tableaux de la National Gallery de Washington, etc...).*

*Permet-elle de répondre à l'attente de ceux dont Jacques Thuillier a si bien rappelé l'exigence? Comprenons-nous mieux le géant de la peinture que fut Fragonard, l'évolution de son art?*

*On le sait, les livres sur l'artiste abondent. On ne dira jamais assez de bien de ceux, exemplaires, du baron Roger Portalis (1889) et de Pierre de Nolhac (1906), dont nous nous sommes journellement inspirés. Les essais des frères Goncourt (1865) et de Jacques Thuillier (1967) analysent, avec finesse et une admirable justesse d'expression, l'œuvre d'un artiste qui semble avoir pris un malin plaisir à se dissimuler. Le catalogue raisonné, toujours indispensable, de Georges Wildenstein (1960), un des plus fervents amoureux de Fragonard de notre siècle, celui de Daniel Wildenstein et de Gabriele Mandel (1972) pour les tableaux, les volumes parus entre 1961 et 1970 d'Alexandre Ananoff pour les dessins restent indispensables. Sans vouloir dresser un palmarès, il faut citer Jacques Wilhelm, (sa monographie, que nous avons abondamment utilisée, reste, hélas, inédite), Marianne Roland Michel, Mary D. Shériff, Jean-Pierre Cuzin (dont on attend avec impatience la monographie), Denys Sutton (un de nos regrets est de ne pas avoir vu son exposition de Tokyo en 1980), Eunice Williams (elle est responsable de l'indispensable catalogue de l'exposition des dessins de Fragonard conservés aux États-Unis), Jean Cailleux, Youri Zolotov, Louis Réau, Georges Wildenstein (ses études sur Saint-Non ou Bergeret sont toujours d'actualité), Sally Wells-Robertson (la spécialiste de Marguerite Gérard), Donald Posner, Charles Sterling, Willibald Sauerländer, Jacques Thuillier, Thomas Crow, Thomas Gaehtgens, Philip Conisbee, Francis Watson ou David Wakefield. Leurs travaux et bien d'autres permettent de mieux comprendre le génie multiforme de l'artiste.*

*Mais notre catalogue est-il la somme définitive sur Fragonard? Nous ne l'avions jamais espéré et nous sommes aujourd'hui contraints d'admettre, bien souvent, la modicité des résultats de nos recherches. Nous nous estimerons satisfaits si ce gros catalogue peut être de quelque utilité pour demain: les recherches sur Fragonard n'en sont qu'à leurs débuts et les découvertes qui restent à faire, nombreuses.*

*Il nous faut dire un mot sur notre méthode: nous avons pris le parti de revenir, autant que faire se pouvait, au XVIII^e^ siècle, aux sources contemporaines, aux documents d'archives, aux Salons, aux rares textes consacrés à Fragonard, aux catalogues de vente, aux témoins de l'artiste — Saint-Non, Bergeret... — aux gravures de ou d'après Fragonard... Les sources, nous le regrettons, sont peu nombreuses et souvent décevantes. Nous avons également tenu le plus grand compte des courtes biographies consacrées à Fragonard dans les années qui suivirent sa disparition en 1806 (Landon, Gault de Saint-Germain, Le Carpentier, Lenoir qui l'avait «beaucoup connu»). Surtout, nous avons accordé une grande place à Théophile Fragonard, le petit-fils du peintre. Non seulement celui-ci livra les renseignements qu'il possédait sur son grand-père à Frédéric Villot (1855), à Charles Blanc (1862), aux Goncourt (1865), à Bellier de la Chavignerie (1865), mais surtout, il adressa à Théophile Thoré [Bürger], le «9^bre^» 1847, une lettre de la plus grande importance. La lettre est aujourd'hui perdue, mais elle a été intégralement publiée par Catherine Valogne, le 17 février 1955, dans* Les Lettres Françaises. *On ne manquera pas d'objecter que Théophile Fragonard, né en 1806, n'a pu connaître son grand-père. Certes. Mais sa grand-mère, morte en 1823, a évoqué pour lui (voir Bellier de la Chavignerie) le second voyage italien de 1773-74 et bien d'autres souvenirs de Jean-Honoré, et sa grand-tante, Marguerite Gérard, disparue en 1837, en a sans doute fait de même. Quant à son père, Alexandre-Évariste, le fils du peintre, il avait 26 ans en 1806 et mourut trois années après la rédaction de cette lettre.*

*Mais nous n'avons pas voulu écrire un livre et avons tenu à respecter les règles propres aux catalogues d'expositions, un genre, nous l'avons toujours affirmé, qui a ses exigences, ses servitudes comme ses grandeurs.*

*Le catalogue est divisé en huit chapitres: ce sont les principales étapes de la carrière de Fragonard:*

*1732-1756 La formation,*
*1756-1761 Le premier voyage en Italie, Tivoli et le retour en compagnie de l'abbé de Saint-Non,*
*1761-1765 La tentation officielle et l'agrément à l'Académie,*
*1766-1770 Les figures de fantaisie, Fragonard entre le vice et la vertu,*
*1770-1773 Les travaux pour la Guimard et pour la du Barry,*
*1773-1774 Le second voyage en Italie,*
*1774-1791 Les allégories amoureuses, la maladie et la retraite à Grasse,*
*1792-1806 Fragonard fonctionnaire au Louvre.*

*Chacun de ces chapitres est précédé d'un essai qui analyse les informations réunies, l'homme, les avatars de sa carrière, les échecs, les réussites, l'évolution de son style, les inflexions de son art. Une biographie détaillée, rédigée par Marie-Anne Dupuy, suit, puis les notices. Appréciera-t-on cette «préciosité d'exactitude inutile et d'honnêteté» que Gide* (Journal, *à la date du 11 juin 1948, 1955, p. 327) admirait tant dans le* Journal *de Charles du Bos? «Inutile», nous ne pensons pas; «préciosité», peut-être; «exactitude» et «honnêteté», ce fut notre règle.*

*Un dernier mot: le catalogue est trop long, trop lourd... Nous le jurons, ce sera, pour nous, le dernier de ce poids...*

*Jean-Honoré Fragonard...*

*«Dans les ventes publiques, lorsqu'on prononçait ces noms réunis, cela faisait pour qui voulait ainsi l'entendre, «gens, honorez Fragonard», le fait est qu'on se découvrait, en disant tout haut: «Il le mérite bien!» (Théophile Fragonard, lettre de 1847).*

*Il le mérite bien...*

Nous tenons à remercier toutes celles et tous ceux qui nous ont aidés dans notre travail et en particulier, Mmes, Mlles et MM.

D. et O. Aaron, D. Alcouffe, F. Aldao, M. Aldao, C. Alégret, C. Allsopp, M. Arango, A. Arikha, P. Arizzoli-Clémentel, D. Arnaudet, F. Arquié-Bruley, A. Auger, R. Bacou, H. Baderou, K. Baetjer, C. Bailey, M. Barbin, D. Barret, M. Bascoul, B. de Bayser, J. Bean, L. Beaumont, C. Beddington, P. Bérès, R. Beresford, S. Bergeon, F. Bergot, M. Bernascone, S. Bettagno, M.C. Bianchini, N. Bichier, I. Bizot, C. Blanchard, G. Blot, B. de Boisseson, G. Bouchards, A. Brejon de Lavergnée, B. Brejon de Lavergnée, G. Bresc, S. de Breteuil, G. Briganti, D. Bull, J. Cailleux, B. Calabresi, E. Cambo, Y. Cantarel Besson, R.M. Carpier-Bienfait, J. Carter Brown, K. Cederholm, C. Chagneau, M. Charriau, L. Chastel, M. Clarke, R. Cleyet-Michaud, S. Coca, U. Collinet, I. Compin, P. Conisbee, J. Coquelet, O. Cortet, M. Coursaget, H. Coutts, E. Crea, J.P. Cuzin, M. David Roy, Mme Deilhes, F. Delaroche-Vernet, C. Deryabina, J. Desjardin, F. Dijoud, B. Donon, R. Donoso, L. Faillant-Dumas, J. Feray, C. Filhos-Petit, Y. Fischer, H. de Fontmichel, J. Fouace, J. Foucart, E. Foucart-Walter, B. Fragonard, F. Franchini Guelfi, L. Franck, S. Freedberg, E. du Frétay, S. de Fuoni, J.R. Gaborit, A. de Gaigneron, M. Gallet, M.N. de Gary, E. Gavazza, Mlle Gazier, J. Gies, M. Gimpel, G. Grieten, C. Grodecki, P. Grunchec, R. Guardans, J.J. Guerlain, M. Guillaume, J. Guze, C. Haffner, F. Haskell, C. van Hasselt, M. Heugel, V. Huchard, P. Huot, F. Huré, L. Huygue, J. Ingamells, M. Jaffe, C. Jean, P. Jean-Richard, M. Jeune, W. Koschatzky, M. Labbe, M. Laclotte, A. Laguarigue, A. Laing, H. Landais, M. Lapallus, C. de La Rochère, A. Lasson, B. de La Tour, E. Launay, P. de La Vaissière, S. Laveissière, V. Lavergne, P. Le Chanu, O. Lecomte, A. Lefébure, O. Lefuel, C. Legrand, P. Le Leyzour, G. Le Pavec, R. Lepéletier, A. Levi, S. Loire, A. Lombrail, B. Lossky, J.J. Luna, M.L. Madonna, G. Magnanimi, J.P.. Marandel, L. de Margerie, L. Marques, R. May, S. McCullagh, J.F. Méjanès, J. Meyssard, C. Michel, O. Michel, A. Miquel, J. Montagu, J. Montague Massengale, P. Morel, M. Morgan Grasselli, V. Moritz, M. Mosser, B. de Moustiers, E. Munhall, N. Munich, G. Naughton, C. Nicq, M. Normand, A. Okada, Y. Ono, I. Osser, A. Ottani Cavina, H. Oursel, V. Pacelli, R. Pardo, M.F. Pérez, C. Personne, B. et V. Pfäffli, C. Pichois, E. Pillsbury, M. Pinault, M. Polakovits (†), M. Polo, B. Pons, S. Poujade, A. Poulet, H. Pousse, M. Pozuelos, L.A. Prat, M. et H. Prouté, M.F. Ramspacher, C. Ressort, F. Robinson, Mlle Roquet, M. Roland Michel, K. Rorschach, J. Roullet, M.C. Sahut, A. Salz, Mme Samson, H. Samuel, E. Schaar, P. Schatborn, E. Schleier, A. Schnapper, J. Schordans, A. Scottez-Wambrechies, M. Ségoura, A. Sérullaz, M. Sevin, M. Sherriff, D. Sickles, S. Slive, P. Sollers, F. Souchal, Mme Soulié-François, R. Spear, N. Spinosa, T. Standring, E. Starcky, M. Stein, M. Stewart, J. Stock, J.W. Straus, M. Stuffmann, J. Sureda, D. Sutton, G. Touminet-Potelle, S. de Tuoni, N. Turnor, C. Urquijo, C. Vasselin, F. Viatte, D. Viéville, D. Vila, L. Vilarasau, N. Villa, H. Vincent, G. Vindry, W. de Virieu, G. de Voguë, N. Volle, D. Walker, M.A. Wambre, S. Wells Robertson, A. Wertz, J. Wilhelm, E. Williams, N. Willk-Brocard, S. Wise, M.C. zu Sayn Wittgenstein, I. Woodner, E. Wyckoff, E. Zafran, Y. Zolotov.

Nous avons consacré à Fragonard les *Slade Lectures* de Cambridge (année académique 1986-87). Que tous ceux et toutes celles qui, à cette occasion, nous ont fait part de leurs observations et qui nous ont aidé de leurs conseils soient ici chaleureusement remerciés.

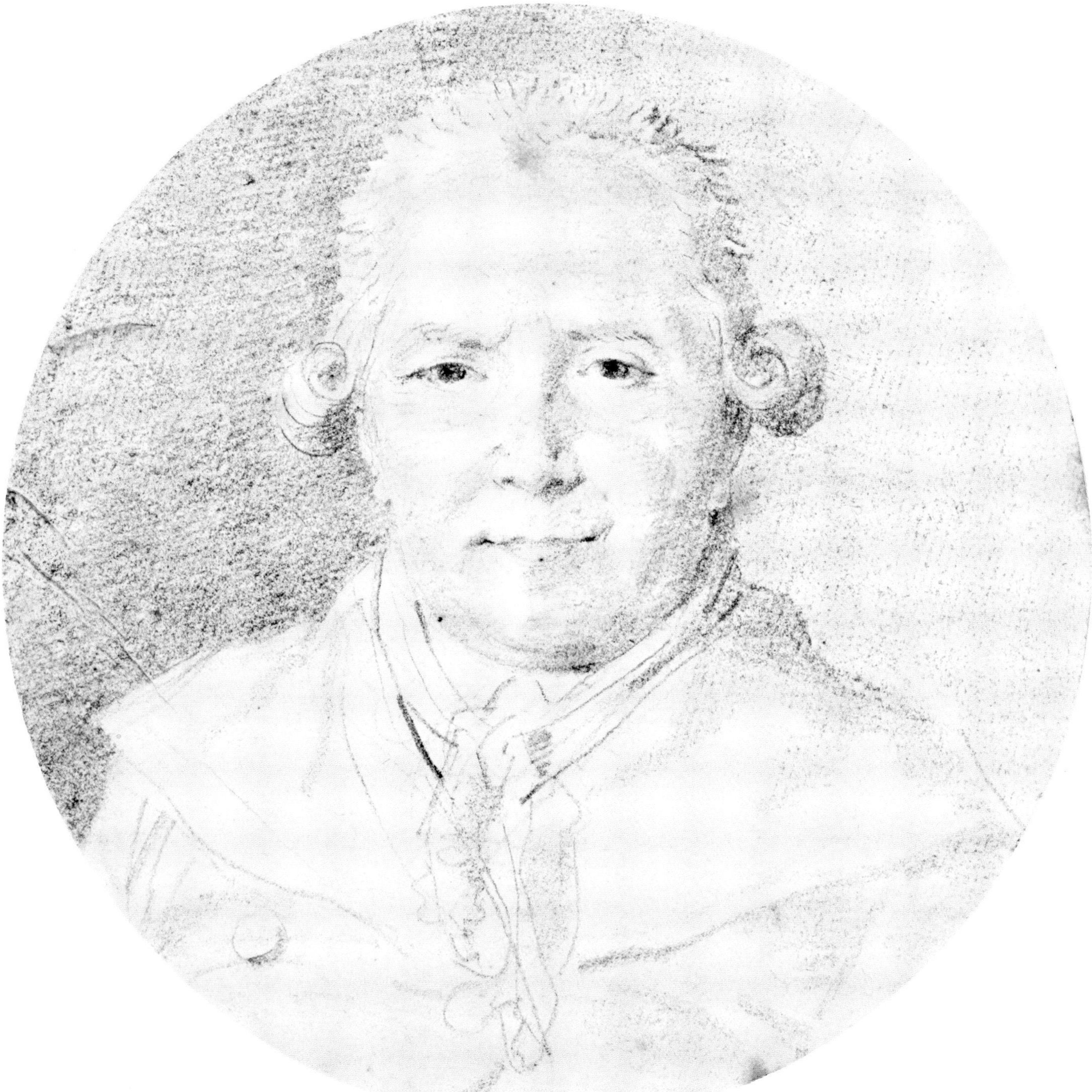

*Autoportrait*
n° 287

# Fragonard, une figure de fantaisie

## I

« Rond, replet, fringant, toujours alerte, toujours gai... ». L'image a fait fortune. Celle du « bonhomme Frago » aux « bonnes joues rouges », aux « yeux pétillants », aux « cheveux gris très ébouriffés », aimé de tous. Il était petit, moins d'un mètre soixante, c'est un fait. Il avait les yeux gris, le visage marqué par la petite vérole, mais Fragonard était-il vraiment le vieillard insouciant et toujours souriant de la légende, faisant bonne figure face à l'adversité — le « bon papa Frago » ! —, avait-il été le joyeux drille prêt à toutes les farces des biographes du XIX$^{e}$ siècle, l'homme jovial des parties fines ?

Qu'on ne s'y trompe pas : tout n'est sans doute pas faux dans ce portrait auquel il serait ridicule, excessif en tout cas, de substituer celui d'un Fragonard tourmenté, « romantique », incompris. Mais ceux qui liront les introductions aux huit chapitres qui divisent notre catalogue et résument la vie et la carrière du peintre, seront trop souvent arrêtés par un détail, une remarque, une observation d'un contemporain qui contredit cette image, pour ne pas y prêter attention.

Certes — nous nous en sommes souvent plaint — nous sommes fort mal renseignés sur Fragonard. L'artiste n'a rien livré, il n'écrivait pas (savait-il écrire ?) et n'a pas laissé de confidences. Ses contemporains ne le mentionnent que rarement. Les documents abondent pour qui se penche sur David, de seize ans le cadet de Fragonard. Ils sont nombreux pour qui s'intéresse à Greuze, de sept ans son aîné. Pour Fragonard, nous en sommes réduits à quelques documents d'archives, à quelques lettres officielles (celles de Natoire sont précieuses), à quelques souvenirs de voyage (mais l'abbé de Saint-Non, un de ses amis les plus fidèles, qui tint un journal du voyage qu'ils firent ensemble en Italie pendant plus de cinq mois en 1761, ne le mentionne pas une seule fois), à quelques comptes rendus de Salons, à quelques pamphlets, à quelques lignes dans tel *Journal*, dans telle *Correspondance*. Seuls les textes, publiés entre 1808 et 1832, d'artistes littérateurs qui l'avaient connu sur le tard (Landon, 1808 et 1832 ; Lenoir, 1816 ; Gault de Saint-Germain, 1808 et 1819, Le Carpentier, 1821 ; Vivant Denon, 1829) nous aident à le connaître mieux.

Or, à lire ces textes, on retient l'image d'un Fragonard tout différent : celle d'un homme secret, peu sûr de lui, ombrageux, capricieux, cachotier, accommodant, indécis, ne menant pas à bonne fin ses projets. Mariette, déjà, notait « la timidité » de son « caractère », il « efface et revient sur lui-même », et Cochin (1765) signalait « une défiance outrée de soi-même ». La terrible page de Bergeret, écrite en 1774, au retour du second voyage d'Italie, est sans aucun doute excessive, qui multiplie les condamnations (souple, lâche, poltron, faux !), et à mettre sur le compte d'une vive déception et de l'emportement. Gardons-nous cependant de l'écarter trop vite.

L'homme était modeste — le mot revient sous plusieurs plumes — inquiet. L'artiste doutait de lui : à Rome, peu après son arrivée, en 1756, il perdit confiance et traversa une crise grave qui l'empêcha de peindre pendant plusieurs mois. Des commandes, privées ou officielles, qu'il reçut, il n'en put mener à terme que deux : l'une est perdue et l'autre, celle de la du Barry, lui fut refusée. Il cessa de peindre quand il ne se sentit plus encouragé par le public et s'enferma dans le silence.

Sur deux points encore, le Fragonard de la légende ne nous paraît pas crédible : le peintre aurait vécu de l'air du temps, peu soucieux de ses intérêts matériels (dont Madame Fragonard, sa « caissière », aurait pris soin). Il n'en fut rien. Dès 1771, Madame d'Épinay nous l'apprend : « il perd son temps et son talent. Il gagne de l'argent ». « Année commune, il se faisait 40.000 francs de son talent » confirme Landon (1832). Si Fragonard est mort pauvre, c'est qu'il se ruina dans une spéculation imprudente et fut ruiné par la Révolution.

Le second point est fort débattu et nous y reviendrons à plusieurs occasions plus loin. Il a donné lieu aux hypothèses les plus extravagantes, faisant de Fragonard le Casanova des peintres (notons en passant qu'il était lié au frère de l'aventurier, peintre militaire de talent). La sèche vérité des textes oblige à la prudence. Rien ne confirme ses liaisons et si Guimard ou sœurs Colombe il y eut, ce fut dans la discrétion la plus absolue, sans rumeur ni tapage, au contraire des habitudes de ces danseuses, qui savaient ne pas négliger leur publicité.

Un point encore. Sur ses opinions politiques, Fragonard ne nous a rien dit : mais ce serviteur des fermiers généraux a servi sans broncher la République. Il lui fallait bien vivre.

Ce portrait pourra surprendre. Doit-on l'écarter ? Le XIX$^{e}$ siècle, à son habitude, a calqué l'homme sur l'œuvre. Il a vu dans les tableaux de Fragonard autant d'autoportraits. Il a créé, en toute bonne foi, une nouvelle « figure de fantaisie ». Tentation compréhensible, tant les faits, les renseignements précis sont rares. Nous savons aujourd'hui être plus prudents. Lisons Landon... Fragonard connut sur le tard de sa vie « la tristesse, le découragement et l'effroi ». Prenons Lenoir : « il ne peignit plus, et mourut malheureux ». Le ton surprend ; les mots étonnent. Ce Fragonard-là *aussi* est Fragonard.

## II

« Il essaya tous les genres : portraits, scènes familières, paysages, qu'il traita d'une manière supérieure ; pastiches de grands maîtres, où il montra une extrême habileté ; miniatures, qu'il exécuta avec une grâce et une légèreté toutes particulières ; pastels, gouaches, aquarelles, gravures à l'eau-forte charmantes » écrit, dans sa remarquable notice sur Fragonard, parue dans le catalogue du Louvre de 1855, Frédéric Villot.

Cette diversité est une des particularités du génie de Fragonard. Elle mérite que l'on s'y attarde un instant. Artiste fécond, Fragonard aborde toutes les techniques, tous les sujets : de cette variété, nous avons tenu compte dans nos choix — on le vérifiera aisément.

Si nous avons dû sacrifier les quelques pastels que nous connaissions, c'est que leur fragilité interdisait tout déplacement. Nous avons hésité, en ce qui concernait les miniatures. Outre que l'on nous reprochera déjà les trois cents numéros de notre catalogue, nous avons craint que la difficile répartition de ces miniatures entre Fragonard et Marie-Anne Gérard, son épouse, auteur de la majorité d'entre elles, nous entraîne dans de complexes discussions qui auraient encore alourdi notre ouvrage. Mais nous comptons bien revenir prochainement sur cette question.

Dans la liste des « genres » abordés par le peintre, Frédéric Villot ne citait pas, avec raison, la nature morte, à tort, la peinture religieuse, l'Histoire, la mythologie et l'allégorie. Autant que nous sachions, l'élève de Chardin, qui lui révéla les secrets de son métier (voir pp. 32 et 38) avant que de le remettre aux mains expertes de Boucher, ne peignit de natures mortes que bien accessoirement : telle pomme, telle urne ne donnent pas à Fragonard une grande place dans l'histoire de la « vie silencieuse ». Sans doute le goût inné de l'artiste pour le mouvement explique-t-il en partie ce refus.

Le silence de Villot sur les tableaux qui firent la réputation de Fragonard — *Corésus et Callirhoé* (n° 104), mais avant, cette *Psyché* (n° 9) récemment découverte et heureusement acquise par la National Gallery de Londres et ce *Lavement de pieds* de Grasse, restauré par la municipalité à l'occasion de l'exposition, ce *Jéroboam* (n° 8) qui valut à l'artiste le Grand prix — puis sa gloire — la *Visitation* (voir n° 231), l'*Adoration des bergers* (n° 234) — avant d'assurer sa survie grâce aux gravures qui en furent tirées — le *Vœu à l'amour*, le *Sacrifice de la rose* (n$^{os}$ 280, 284 et 285) — nous paraît révélateur.

Le Fragonard que l'on découvrait et que l'on voulait faire admirer, celui de Ch. Blanc et de Thoré, de Renouvier et Th. Gautier, celui des Goncourt surtout, n'était pas celui des grandes machines religieuses ou des voluptueuses allégories au faire trop léché. Ce Fragonard-là, qu'avaient su apprécier ses premiers biographes, et qui donne toute sa mesure à la carrière de l'artiste, il faudra attendre notre époque pour qu'il soit pris en compte.

Grand peintre d'allégories amoureuses sans aucun doute, grand peintre de tableaux religieux d'une inspiration nouvelle soit, mais qu'en est-il du peintre de toiles mythologiques ? Pour qui songe à Boucher, leur petit nombre étonne. Pour qui se souvient des possibilités érotiques qu'offre la mythologie et des souhaits de la clientèle de Fragonard, leur absence surprend. Contentons-nous pour l'instant d'en faire la remarque.

Villot cite en premier, ce qui étonne, le portrait. Dans la liste des portraitistes hors pair du XVIII$^{e}$ siècle qui, de Rigaud à David et de Largillierre à Ingres, sans oublier La Tour et Perronneau et tant d'autres artistes moins glorieux, surent décrire sur un visage la ride et la fossette mais aussi lire la moue boudeuse ou l'insolente assurance d'un regard, Fragonard ne semble pas devoir figurer. A raison, si l'on songe à la ressemblance physique. A raison encore en ce qui concerne l'analyse psychologique, le portrait moral du modèle. Gardons-nous cependant d'écarter Fragonard du rang des portraitistes : les *Figures de fantaisie*, en ce qu'elles échappent au genre dans sa définition étroite, lui donnent une nouvelle dimension. Elles privilégient l'exécution, sacrifient la ressemblance, tentent de peindre la rapidité d'un geste, d'une attitude. Elles ouvrent la voie à une nouvelle conception du portrait, dont on mesure aujourd'hui la fortune.

Par scènes familières, Villot entendait les délicieuses petites saynètes pleines d'humour qui avaient suscité, une génération plus tôt, l'admiration, quelque peu conventionnelle dans son expression, de Le Carpentier : « il est impossible de mettre plus d'esprit et de charmes que dans ces scènes familières. Quelle grâce d'expressions dans ses têtes et ses mains de femmes ! Quelle tournure naïve et enfantine il savait donner à ses jolis petits bambins ! Les accessoires, dans ses tableaux, sont toujours peints et placés avec goût et d'une bonne forme ».

Il sous-entendait sans doute les scènes érotiques : sur celles-ci, les contemporains furent discrets ou sévères (ou firent semblant de l'être). Il « s'est détourné dans de petits sentiers inconnus pour se faire un genre plus favorable au délire de l'imagination », écrit l'un d'eux en 1785. Si

*Corésus* n'est pas rapidement payé, menace Cochin dans une lettre à Marigny, Fragonard « se trouvera obligé... de se livrer à des ouvrages peu conformes à son génie » (le *lapsus* est révélateur : nous savons aujourd'hui et, Cochin ne l'ignorait pas, que le « génie » de Fragonard n'était pas l'Histoire). Fragonard passa longtemps pour avoir peint ces « compositions érotiques » (« c'était d'ailleurs le genre à la mode », écrit, avec l'indulgence du spécialiste, Vivant Denon), afin de « céder aux instances des amateurs ». Elles entachèrent un temps la réputation du peintre qui « abandonna les compositions nobles et les études sérieuses pour se vouer à des sujets d'un ordre inférieur » (Landon, 1808), victime « du goût de son siècle ». Elles lui assurèrent la gloire quand le XVIII^e siècle fut revenu à la mode. Pour de bonnes et de moins bonnes raisons. Nul, sans doute, mieux que Paul de Saint-Victor, en 1860, a su présenter leur défense : « Fragonard est le poète de la peinture érotique : il échappe à l'indécence du genre par la rapidité de l'exécution. L'art doit courir sur ces charbons ardents ; une légère ivresse peut seule excuser les licences et les orgies du pinceau. L'esquisse est leur pudeur et leur idéal : l'indécence commence avec le fini. On excuse une fantaisie libertine spirituellement ébauchée : une gravelure blaireautée est impardonnable. C'est le *puritas impuritatis* dont parle un ancien. Aussi je préfère de beaucoup les frottis galants de Fragonard à son célèbre tableau de l'*Escarpolette*. Ici tout est accentué, noté, souligné... Il ne sied pas à un conte libre d'être si nettement écrit ». La page nous paraît plus d'actualité que jamais en un temps où rien n'est caché.

Le paysage est cité en dernier par Villot. Pour Le Carpentier, peut-être à raison, c'est le champ (le chant ?) dans lequel Fragonard a montré le plus de génie. Qu'il « imite Ruysdael et d'autres peintres de cette école à tromper » ou qu'il ne peigne que de « simples ébauches que l'on serait tenté de prendre pour de beaux rêves ». « Peut-on mieux entendre la magie des ciels qu'il peignait d'une manière exquise, et saisir les beaux effets que la nature ne présente qu'après les orages ou quand le ciel couvert et nébuleux laisse darder quelques rayons de soleil sur la terre ». Poète « des chênes », des cyprès et des pins d'Italie, ces « arbres insensés, aux cimes croulantes comme des neiges » (Yves Bonnefoy, 1983, p. 211), Fragonard a su, mieux que tout artiste de son siècle, décrire, non pas la campagne, mais une nature à la fois complice et grandiose, exubérante et envahissante, familière et mystérieuse. Loin du réalisme barbizonien, loin de la vision romantique ou de la spontanéité impressionniste, la conception de Fragonard reste unique, sans véritable succession. A elle seule, elle assure à Fragonard une place parmi les plus grands.

Arrivé à ce point, il faut nous interroger sur le *sens* de cette variété. Expliquons-nous : le XVIII^e siècle, on le sait, classait les tableaux selon leurs sujets, en catégories bien distinctes : l'Histoire, religieuse, romaine ou la mythologie, le portrait, la scène de genre, le paysage et la nature morte. La hiérarchie des genres n'était contestée par personne, pas même par Diderot. Mais personne, au XVIII^e siècle, ne semble s'interroger sur le rang qu'il convient d'attribuer aux œuvres de Fragonard — agréé à l'Académie, rappelons-le, comme peintre d'histoire — dans quel genre faut-il les placer ? Ses portraits n'en étaient pas vraiment, ses scènes de genre — si l'on songe à celles d'un Greuze — échappaient à la stricte définition du genre, et ses paysages paraissaient plus inventer la nature que la décrire. On l'aura compris, le peintre des lits et des taureaux ne se plie pas aux règles acceptées par tous. Il ne s'y plie pas plus dans sa technique.

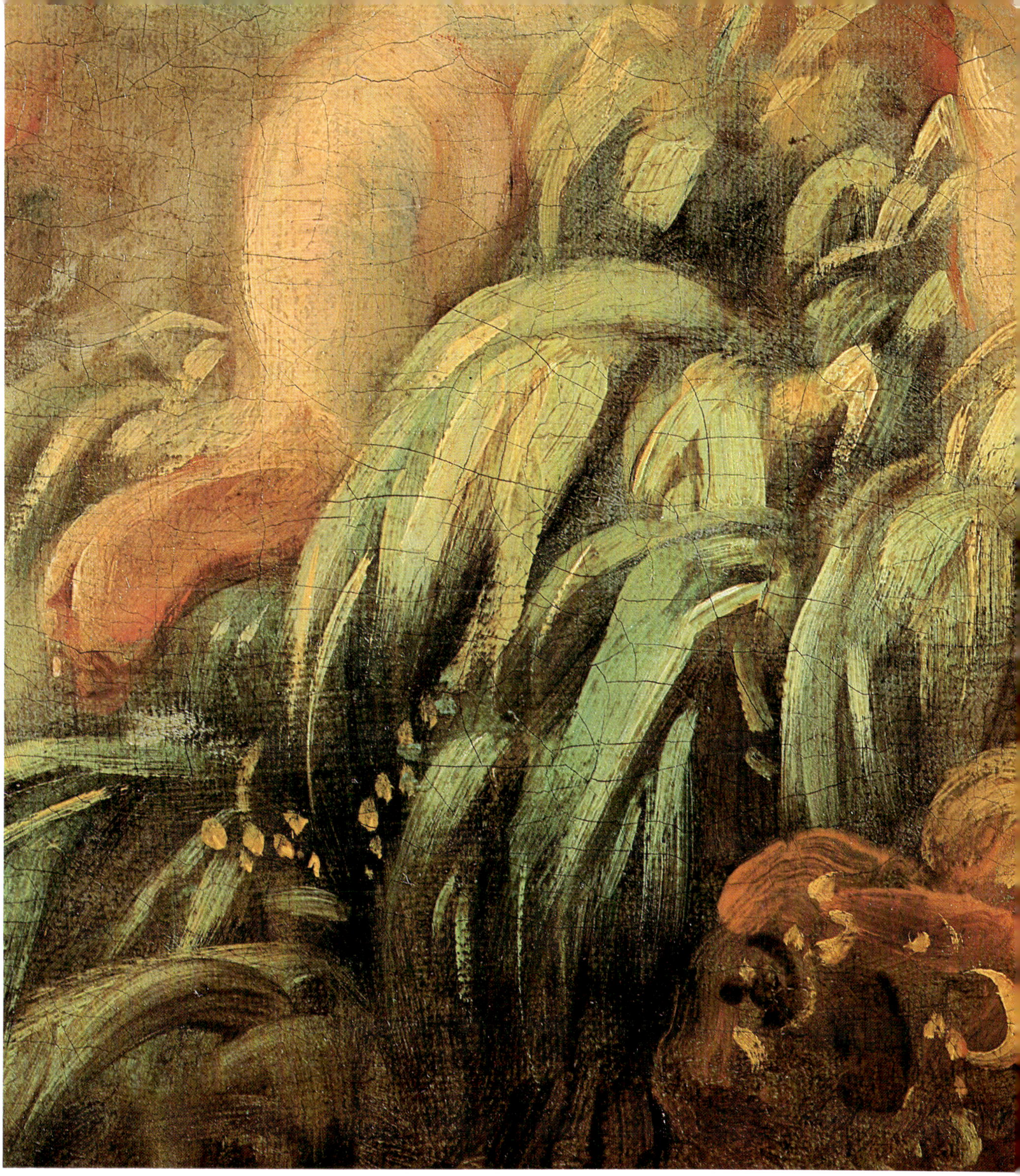

*Les baigneuses*
détail du n° 74

# III

A lire les notices des catalogues de vente du XVIII$^{e}$ siècle, les quelques textes du temps, on retient l'impression que les contemporains de Fragonard furent étonnés par sa technique. Souvent ce que nous considérons, sans même nous interroger, comme des œuvres achevées passaient au XVIII$^{e}$ siècle, et encore aux yeux des « découvreurs » de l'artiste, au milieu du XIX$^{e}$ siècle, pour des ébauches, des études, des esquisses, des premières pensées, pour tout dire des œuvres de second rang. Ainsi, en 1777, l'expert de la vente Varanchan de Saint-Geniès notait, dans un avis qui ouvrait le catalogue, après avoir fait l'éloge de Boucher : « on verra avec plaisir beaucoup de pensées d'un de ses élèves devenu célèbre sans lui ressembler » (il s'agit sans nul doute de Fragonard). « Si les tableaux soigneusement finis plaisent plus vulgairement, il est une certaine classe d'amateurs qui jouissent suprêmement sur un seul croquis ; ils recherchent l'âme et les pensées de l'homme de génie, qu'ils savent voir et reconnaître ».

En un mot, le coup de pinceau de l'artiste surprit. On le comprend aisément. Jamais, avant Fragonard, la touche n'avait soumis aussi impérieusement le tableau à sa loi. Elle devenait le tableau. Certes, on savait admirer la liberté d'exécution, ce « feu » dont tant d'artistes sont crédités. On savait apprécier une esquisse de Rubens, la facture de Rembrandt, les coups de pinceau vigoureux et bien visibles des œuvres du Tintoret. Mais l'on distinguait l'esquisse, la première pensée, de la composition définitive. Cette distinction, Fragonard l'abolissait. Il élevait l'esquisse au rang de tableau achevé, lui donnait ses lettres de noblesse. Cette facture de Fragonard mériterait de plus amples développements, tant elle participe à l'œuvre elle-même, à l'acte créateur. On a parlé de virtuosité du coup de pinceau. Certes. Il y a bien plus. Cette touche — nous savons ce que le mot a de malheureux en français — donne à l'œuvre sa vie. Elle se veut bien apparente, bien visible : l'artiste veut qu'on la voit et que l'on admire la rapidité avec laquelle elle a été posée. Peindre vite est pour Fragonard synonyme de vitalité, d'impulsion créatrice et plus il peint vite, mieux il peint. À en croire les Goncourt (*Journal*, II, p. 170), devant ses nombreux Fragonard, Walferdin s'écriait : « c'est le peintre dynamique ». Le mot a fait fortune. À juste titre. Mais dit-il tout et peut-on aller plus loin et considérer Fragonard comme le père de la peinture pure, de l'« action painting » ?

Certes, jamais artiste auparavant n'avait voulu nous faire participer d'aussi près à la pratique de son métier, s'était aussi peu dissimulé. Fragonard, c'est évident, voulait que nous admirions la rapidité de son coup de pinceau, que nous assistions à la réalisation du tableau. Mais il n'a jamais, nous le redirons, renoncé au sujet.

Il n'y renonce pas non plus dans ses admirables dessins. L'artiste — sans doute le dessinateur français le plus abondant de son siècle, avec Boucher — a utilisé la pierre noire et la sanguine, le lavis dans toutes les nuances du bistre et les crayons de couleurs, bien plus rarement la plume. Souvent, il emploie le seul crayon de sanguine ou la seule pierre noire. Parfois, il pratique les mélanges, cette « cuisine » de Fragonard, si souvent imitée et pourtant inimitable. Mais il aime avant tout réunir le crayon et le lavis. Et il le fait d'une manière dont la particularité n'a pas été bien comprise. Généralement, avant comme après Fragonard, les artistes procèdent en deux temps ; ils mettent en place leur composition grâce à la pierre noire, puis, grâce au lavis, lui donnent sa profondeur, son volume, sa couleur. Le crayon cerne, décrit, copie puis le pinceau modèle, complète, anime.

La pratique de Fragonard est toute autre : son œil *capte* une scène qu'il tente de retenir avant qu'il ne l'oublie, qu'elle ne s'évanouisse. Rapidement, il couvre l'entière feuille d'un fin réseau de longues lignes sinueuses qui paraissent ne rien vouloir dire. En certains morceaux, les lignes s'enchevêtrent inextricablement, en certains points, Fragonard appuie plus, insiste sur un détail. Ce sera le lavis de bistre qui, effaçant en quelque sorte la préparation à la pierre noire, composera l'œuvre, en rendra lisible le sujet. L'artiste paraît d'abord *détruire* la scène qu'il copie pour *mieux* ensuite, grâce au pinceau, la *recréer*, lui insuffler cette *vie* que Fragonard tente de capturer et qu'il a su, mieux que tout autre, transcrire.

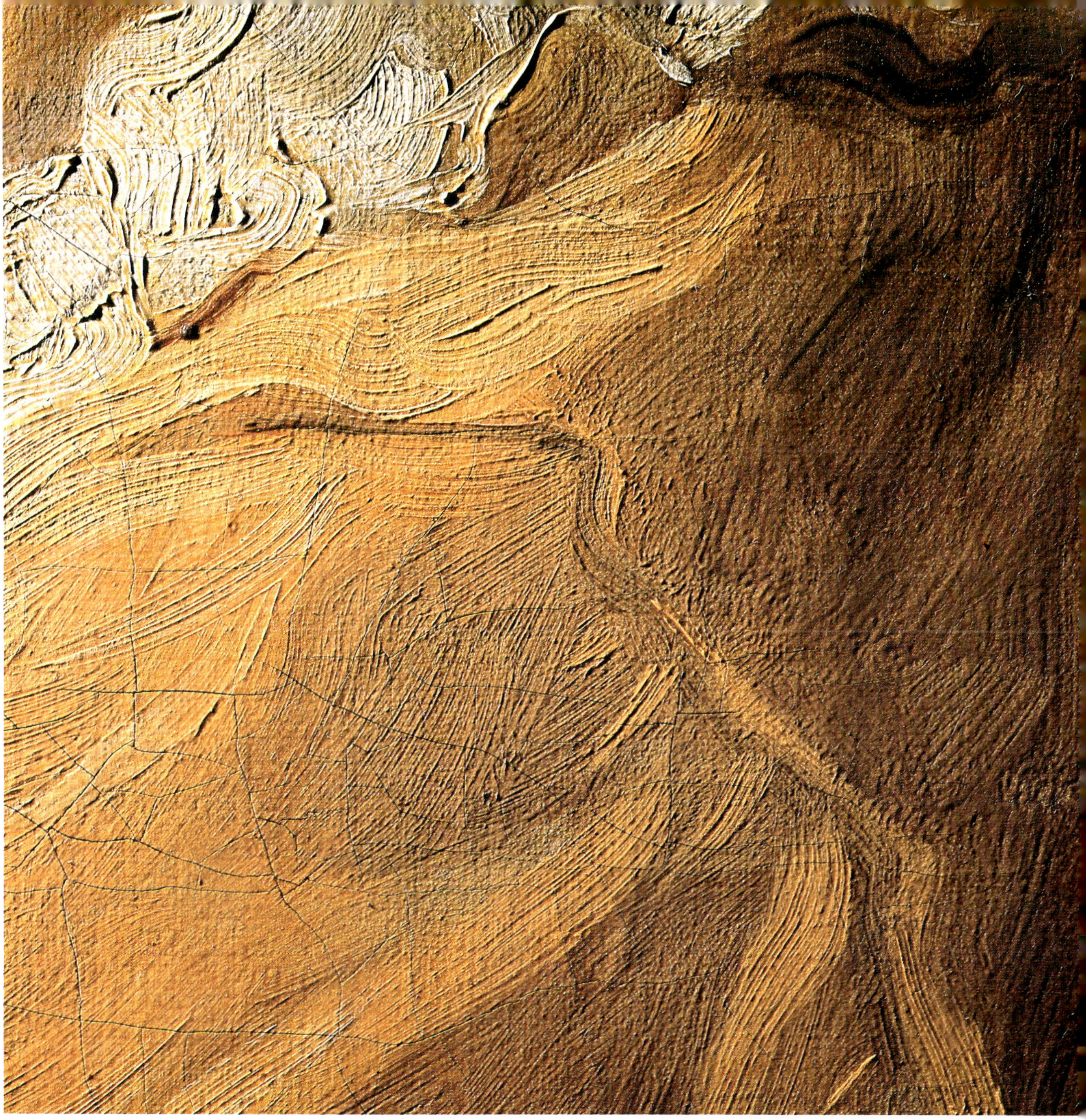

*Portrait de M. de la Bretèche*
détail du n° 132

# IV

Qui pense à Boucher voit bleu et rose. Fragonard est le peintre du jaune : de tous les jaunes, jaune d'œuf, bouton d'or, jaune paille, jaune citron, jaune canari, jaune mimosa, jaune or, jaune topaze, jaune safran, jaune moutarde, jaune orange, jaune cadmium, sans oublier ni les ocres, tous les ocres, ni les terres de Sienne brûlées ou d'ombre, ni les ambres ni ce jaune verdâtre couleur « espagnol malade », comme l'on disait alors, ni ce « blond Fragonard » que mentionne Patrick Modiano (*De si braves garçons*, 1982, p. 41). Non qu'il ait sacrifié les autres couleurs : il y a, dans ses tableaux, d'étonnantes notes de cobalt, de garance et d'émeraude, mais il revient toujours aux jaunes. Et ceci à toutes les étapes de sa carrière. De ce choix, il serait vain de chercher la raison. Mais ces jaunes tantôt sont couleur, tantôt sont clair-obscur.

La lumière, cette « belle intelligence de la lumière » qu'admirait en 1774 le rédacteur du catalogue de la vente Vassal de Saint-Hubert, est là non seulement pour étager les plans, mais pour magnifier les couleurs. « L'effet étincelant d'une lumière vive dans ses compositions était pour lui si séduisant qu'il l'appelait le coup de pistolet du clair-obscur », nous apprend Gault de Saint-Germain en 1819. Landon, en 1832, se montre plus réservé (qui s'en étonnera de la part de ce tenant du néoclassicisme) : « en cherchant la couleur des rayons du soleil, il a souvent donné à ses tableaux un ton jaune trop égal, différent de ce ton doré de la lumière qui, loin d'affaiblir les couleurs locales, semblent les enrichir encore ». Pour Fragonard, et dans ce contexte l'éloge des œuvres de La Fosse, qu'il admirait (le texte publié par Ratouis de Limay en 1949 que nous citons plus loin est passionnant) et dont il avait acquis quatre esquisses à la vente Boucher en 1771 (pp. 295 et 300), prend tout son sens : la lumière modèle et modifie la forme et la couleur. Elle est partie intégrante de l'œuvre et à son tour l'anime.

La touche est si épaisse, si lisible, si « palpable » qu'elle paraît parfois vouloir détruire le sujet. Elle ne s'efface pas devant le sujet : au contraire, elle tente d'effacer le sujet, ou du moins de partiellement s'y substituer. Sa rapidité, nous l'avons dit, veut surprendre. Mais elle reste au service de la composition à laquelle Fragonard veut imprimer le même mouvement. Rien ne reste en place, tout bouge, les gens comme les arbres, les nuages comme les couples. La « dynamique » de la touche, reprenons à notre compte le mot du bon Walferdin, se confond avec celle des compositions.

« Le faire de Fragonard est original et ne ressemble à aucun peintre contemporain ». Comment ne pas souscrire à cette phrase, moins banale qu'il ne paraît, de Le Carpentier (1821). Il va plus loin lorsqu'il écrit : « tout chez ce peintre ne respire que bonheur et plaisir ». Tout, les sujets, bien sûr, mais surtout la manière dont Fragonard les aborde. Il y a chez l'artiste une sensualité de la palette, du métier, de l'exécution, de la peinture, une sensualité et une impétuosité, un allant et une allégresse qui le distinguent parmi tous les peintres.

## V

Il nous faut tenter de dissiper un malentendu concernant la culture artistique de Fragonard. Il est une formation qui lui manquait, qu'avaient reçue bon nombre de ses collègues, celle que dispensait l'Académie. Avant de participer au Grand prix, les jeunes peintres bénéficiaient d'une instruction générale dans les domaines les plus variés (Histoire biblique, géographie...) aussi bien que d'une formation artistique soignée, dont l'excellence était reconnue de tous. On apprenait à dessiner, puis à peindre, selon des principes qui avaient fait leurs preuves et qui permettaient de peindre d'imagination ces tableaux d'histoire tant vantés et considérés comme le suprême de l'art. De cette culture, Fragonard, formé par Chardin puis par Boucher, n'avait pas bénéficié. Certes, il passa ensuite par l'excellente École royale des élèves protégés, mais cette première formation lui manquera toujours. Tenons-nous là une des raisons de l'incapacité de l'artiste à conduire à terme les commandes officielles ?

Les contemporains ne s'y trompèrent pas qui tous, avec plus ou moins de compréhension (ou de sévérité), portèrent le même jugement. Écoutons Landon, qui écrit au lendemain de la mort de Fragonard. Il vante tout d'abord l'exceptionnel *Corésus et Callirhoé* qui « justifiait les éloges du public par la chaleur de la composition et l'entente de l'effet ». Quel dommage que Fragonard, « doué d'une imagination vive et d'une

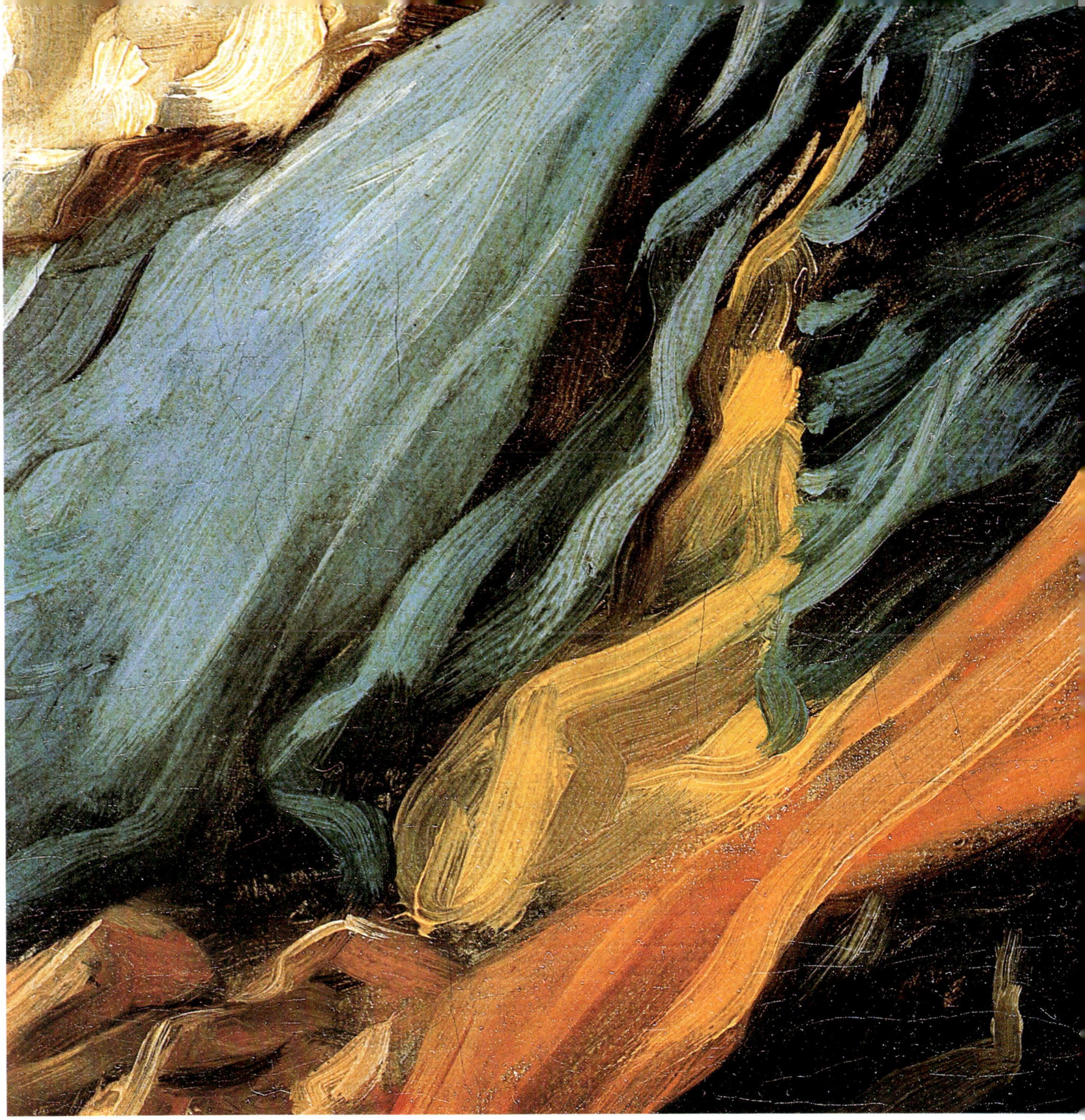

*Portrait de l'abbé de Saint-Non*
détail du nº 133

grande facilité d'exécution », ait abandonné « la route qu'il avait adoptée » : « ces dons brillants... n'étaient pas soutenus par un fond d'instruction solide ».

Cette culture qui lui faisait défaut, et dont il n'est pas si sûr qu'il ne regretta pas de ne l'avoir pas reçue, fut remplacée par une autre, dont les contemporains ne firent qu'entr'apercevoir l'importance, une exceptionnelle culture artistique. Dès son apprentissage, Fragonard copiait dans les églises de Paris. En Italie, « Baroche, Solimene et Tiepolo », Mengs aussi à en croire Grimm dès 1765 et aussi Cochin en 1773, les grands maîtres du baroque plus que ceux de la Renaissance, firent l'objet de son admiration. Puis ce furent les centaines d'œuvres dessinées pour l'abbé de Saint-Non. De retour en France, ce seront Rubens et Rembrandt qu'il copiera au Luxembourg et chez Crozat, Ruysdael, dont il possédait un tableau, Bourdon aussi, à en croire Mariette, et La Fosse, nous l'avons dit plus haut (faut-il citer Watteau ?). La voracité de l'œil (on aimerait écrire : et de la main) de Fragonard est sans limite. Il assimile, il absorbe les nourritures les plus variées, qui nous paraissent contradictoires. De chacun, il apprend quelque chose. Cette confiance qui lui faisait défaut, il l'acquiert par la pratique des grands maîtres. Il en tirera cette « extrême habileté » dans le pastiche que lui reconnaissait Villot. Mais sur tout ce qu'il copiera, Fragonard apposera sa marque, sa note personnelle. Ce qui lui sera, pour un temps, reproché (« on regrette... qu'il ne se soit pas attaché à conserver le caractère des originaux... Fragonard a substitué son esprit à celui du maître », Landon) et que nous apprécions tant aujourd'hui.

Fragonard a su, avec son exceptionnelle intelligence du regard, être lui et l'autre. De tout ce qu'il aura copié, il saura faire usage pour ses propres tableaux. Il n'en est guère où Fragonard n'ait pas discrètement — rarement sans humour — fait allusion à ses illustres prédécesseurs, rappelé sa dette.

Il est deux noms sur lesquels nous ne nous sommes pas étendus, à dessein : Boucher et Robert.

Au premier, dont il fut l'élève, il doit beaucoup — rappelons-nous des Goncourt : « Fragonard fait passer un ressouvenir de Rubens à travers l'éclat de Boucher » — mais bien moins qu'on ne le dit. Le monde de Boucher est d'imagination, d'invention, d'artifice surtout. La mythologie y est reine, les étapes du tableau, bien séparées les unes des autres, sont celles de l'enseignement officiel : dessins préparatoires, esquisses, puis tableau achevé (parfois partiellement exécuté par l'élève). Sur celui-ci, la facture se veut discrète, la touche s'efface au profit de l'effet d'ensemble. Fragonard, au contraire, n'hésite pas à parler à la première personne. Ses dessins ne sont qu'exceptionnellement des études pour ses tableaux (comme Eunice Williams, nous pensons que la plupart des dessins dit préparatoires sont en réalité des souvenirs, des « ricordi » de ses compositions peintes). Ses tableaux sont souvent des esquisses. Il bascule les règles. On l'aura compris, Fragonard, qui n'avait pas de collaborateurs prend à contrepied l'idéal artistique de Boucher : il peint le monde du quotidien. Ses êtres humains, jeunes et beaux, sont de chair, ils respirent, ils vivent, ils prennent plaisir à la vie, ils jouent, ils sourient, ils aiment. Certes, l'œuvre de Fragonard n'est pas réaliste et l'imagination, la fantaisie y ont leur part. Mais le monde de Fragonard est sur terre et non dans l'Olympe. Il nous est proche, c'est notre monde, ou nous aimerions qu'il le soit.

D'Hubert Robert, il est bien plus difficile de mesurer l'influence. L'amitié, qui remonte à Rome, ne cessa jamais. En 1791, les noms des deux artistes (et de l'architecte P.-A. Pâris) sont réunis dans le testament de l'abbé de Saint-Non et la vente Hubert Robert de 1809 signale plusieurs esquisses et de nombreux dessins de Fragonard. L'œuvre, fort proche à Rome (*L'évêque en prières à Saint-Pierre*, W. 101 pl. 11, lui revient), prit des chemins différents. Hubert Robert privilégie la ruine, Fragonard préfère les arbres. Qui ouvrit la voie ? Nous l'ignorons, mais le tempérament plus robuste et plus solide de Robert dut faire forte impression sur Fragonard. Dans leurs paysages, un point les sépare : Robert est le peintre du passé, du *temps* qui passe, Fragonard aime peindre l'*instant*, l'intensité du moment.

C'est également à Rome que Fragonard fit la connaissance de Greuze : tous deux connurent la gloire et moururent oubliés. Dans ses scènes familiales, Fragonard tenta de l'imiter, ou du moins de s'en inspirer. Il n'y réussit pas parfaitement. La veine sentimentale ne lui convenait pas. Pour lui, art et morale ne rimaient pas.

De son vivant Fragonard fut-il imité ? Certes, il eut son influence sur Durameau et sur Vincent (W. 372 fig. 158 ; W. 373 fig. 159), sur Casanova et sur Loutherbourg (W. 154 fig. 85 ter), sur Leprince (l'esquisse de *L'amoureux secret* de Munich, de 1774, lui fut longtemps attribuée), sur Taraval (W. 65 fig. 45 ; l'esquisse de *La femme couchée* de Tours, de 1779, passa longtemps pour lui revenir), sur Jollain (W. 64 fig. 44) et Berthélemy. Mais ces œuvres portaient, au XVIIIe siècle, leur juste attribution : le XIXe siècle (et le nôtre aussi) sont responsables de l'inflation fragonardienne.

L'art si personnel de Fragonard se prêtait mal à l'imitation et fut trop peu longtemps admiré pour être pastiché. Marguerite Gérard, sa meilleure élève, née la même année que Boilly, aura tôt fait de s'orienter dans une voie toute différente.

# VI

On attend de nous une page sur les problèmes que pose la chronologie de l'œuvre de Fragonard : le point est sans doute celui qui, encore aujourd'hui, divise le plus les spécialistes de l'artiste. Nous ne prétendons nullement avoir apporté une réponse définitive à cette question. Il nous paraît de bon sens de rappeler que Fragonard ne datait qu'exceptionnellement ses tableaux et ses dessins, qu'il n'exposait pour ainsi dire pas aux Salons, que les dépouillements des catalogues de vente anciens, pour essentiels qu'ils soient, n'apportent pas toujours la réponse souhaitée tant les descriptions restent sommaires, les dimensions approximatives. En un mot, les points d'ancrage sont rares et nos tentatives pour les augmenter n'ont pas toujours été couronnées de succès. Rappelons enfin qu'en ce qui concerne les tableaux, seuls Georges Wildenstein (1960, 545 n[os]) puis Daniel Wildenstein et Gabriele Mandel (1972, 568 n[os]), parmi les auteurs de monographies sur Fragonard, ont tenté un classement chronologique (celui, excellent, de Jacques Wilhelm est resté inédit) et que pour les dessins, Alexandre Ananoff (il en catalogue plus de 2.700 !) a opté pour un parti thématique. Nous avons, dans nos notices, tenté de dater les dessins et les tableaux que nous exposions. Mais nous savons fort bien que la réunion des œuvres remettra en cause quelques-unes de nos propositions et résoudra, nous l'espérons, certaines des questions litigieuses restées en suspens (« de l'utilité des expositions... »).

Mais, s'interrogera-t-on, ces discussions sur la chronologie sont-elles donc d'une telle importance ? Que nous apprennent-elles sur Fragonard ? En quoi nous permettent-elles de le mieux comprendre ?

Il est des artistes qui bâtissent leur œuvre comme un architecte une maison : chaque pierre y a sa place qui, mal fixée, fait crouler l'édifice. Il en est qui se répètent et peignent toute leur vie le même tableau. Certains enfin changent brusquement de cap, tournent le dos à leurs précédentes recherches, qu'ils paraissent renier. Il est, hélas, impossible de faire figurer Fragonard dans une de ces catégories. Il évolue et reste toujours le même. Il change de manière selon qu'il peint un paysage, un tableau leste (et dans la dernière partie de sa carrière, selon qu'il peint une esquisse ou un tableau achevé). Il sait adopter, à la même date, des styles qui paraissent se contredire. Artiste impulsif, il entreprend un tableau sans trop s'interroger. Ou, du moins, telle est notre impression. Peintre d'une grande culture visuelle, il fait appel à ses souvenirs et à ses plus récentes admirations. Peintre sensible aux courants du temps, il tente de s'adapter et n'échappe pas à la lente et irrésistible montée du néoclassicisme. Artiste inquiet et indécis, il ne s'en tient pas à un parti. C'est reconnaître que l'évolution de l'art de Fragonard n'est pas linéaire et que l'artiste sait conduire parallèlement plusieurs manières. C'est admettre qu'il n'y a pas dans cet art de logique, c'est reconnaître l'extraordinaire complexité de la question, mais il serait faux d'en méconnaître l'importance.

Car dans cet art qui paraît gratuit et fait pour le seul plaisir, rien n'est gratuit.

## VII

Qu'on nous entende : la veine de Fragonard n'est pas métaphysique. L'artiste ne donne ni dans l'héroïque, ni dans le sentimental. Il fuit le drame ou l'introspection. Son art n'est jamais grave ou ne l'est que lorsqu'il parle d'amour. La maladie, la décrépitude de la vieillesse n'occupent guère ses pinceaux. Fragonard n'est ni le peintre de la mélancolie et de la nostalgie, ni celui du silence ou du geste à l'arrêt, ni celui des sentiments ambigus. Son monde est celui de la joie de vivre, de la gaieté, de la franchise, du bonheur, de la fraîcheur surtout. Il est l'observateur qui n'insiste jamais ni ne caricature. Il décrit juste, avec le sourire, avec ravissement, avec une merveilleuse sûreté du regard. Il est le peintre d'une végétation luxuriante, exubérante. Il est le peintre des éléments, l'air, le ciel, les nuages, le vent, la pluie parfois, l'eau surtout, sous toutes ses formes, les jets d'eau et les fontaines, les cascades et les rivières, dont le spectacle et les murmures appellent à l'évasion. Il est le peintre du renouvellement, d'une incessante régénérescence. Il est le peintre de la sensualité, sa peinture est sensualité. Peinture gestuelle ? Peinture pure ? Ce serait trahir l'essentiel. Nous préférons adopter l'expression anglaise « painterly painter », un « peintre-peintre », un fou de peinture dont l'allégresse, la vivacité, l'impétuosité s'harmonisent heureusement avec une vision synthétique et unitaire de la composition.

Il est le peintre des passions vives et de l'intensité de vivre. Il est le peintre de la santé : Fragonard décrit les réalités de l'amour sans ces sous-entendus équivoques qui, chez Baudouin, chez Lavreince, chez Greuze même, mettent mal à l'aise. Sans pudeur mal placée, également. Certes, il y a dans son art un appel aux sens, une invite au plaisir « comme une promesse ou comme un souvenir » (Jacques Thuillier). Mais qui, aujourd'hui, songerait à s'en offusquer ?

## VIII

Notre époque préfère les artistes qui « ouvrent la voie » à ceux qui assurent une continuité. Son temps, convaincu qu'il ne lui survivrait pas, comprit mal Fragonard. Fragonard ne sut pas s'adapter au monde officiel. Il n'était pas le peintre des commandes officielles ni de la hiérarchie des genres. Madame du Barry rejeta les tableaux qu'elle lui avait commandés, estimant qu'ils étaient démodés. Il passait — même aux yeux avertis d'un Diderot — pour le continuateur zélé de Boucher, dont l'art factice et sans réalité avait fait son temps. Son art n'eut pas de postérité directe (si l'on excepte Prud'hon, sensible au dernier Fragonard, et quelques sculpteurs, Clodion, Marin...). En un mot, Fragonard, très vite, passa pour « dépassé ».

A raison. Nombreux sont ceux, de Walter Friedlaender (1947) à Francis Watson (1971), qui l'ont noté : l'art de Fragonard était « retar-

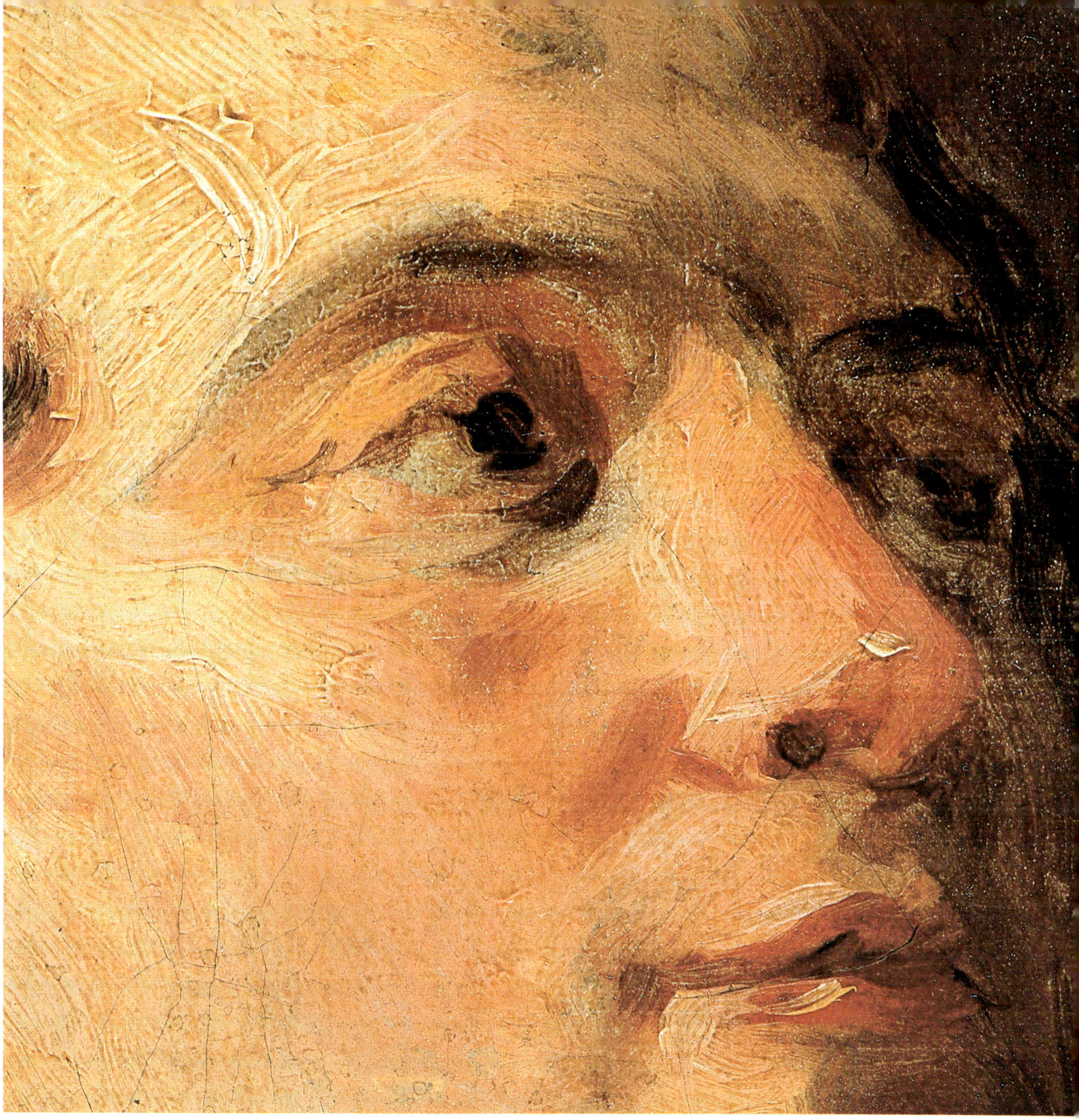

*Portrait de l'abbé de Saint-Non*
détail du n° 133

dataire ». Alors que triomphait une nouvelle esthétique dont David sera le plus parfait représentant, alors qu'en architecture comme en sculpture (sans oublier le mobilier), la réaction néoclassique s'imposait, alors qu'en Angleterre, comme en Italie, une nouvelle peinture voyait le jour, alors que la ligne l'emportait sur la couleur, la droite sur la courbe, le fini sur l'esquissé, l'exemple sur le frivole, la vertu sur l'amoral (ou sur l'immoral), le pédant sur le léger, et le sérieux sur la légèreté, Fragonard apparaissait comme le vestige d'un passé désuet.

Était-il pour autant un de ces « annonciateurs » que prise tant notre époque ? On l'a trop souvent prétendu. De Daumier à Renoir, de Bonnard à Dubuffet, des peintres impressionnistes à ceux de l'« action painting », nombreux sont ceux en qui on a voulu voir des émules de Fragonard. Il aurait « libéré » la peinture. Le « geste » de Fragonard serait déjà celui de Pollock. Dans cette analyse, il y a bien sûr une part de vérité, mais aussi d'exagération. L'œuvre heureuse de Fragonard — heureusement — n'échappe pas à son temps.

# IX

« Fragonard parlait souvent de la beauté qu'il appelait la santé parfaite de la nature ». Plus sans doute que le célèbre « Je peindrais avec mon cul » que lui prête Renouvier (1863, p. 163) et dont il n'y a pas de raison de douter, la phrase rend compte du génie de l'artiste.

Regardé avec dédain par les bons esprits de son temps, puis méprisé et oublié, Fragonard a été redécouvert par le XIX$^e$ siècle qui, trop souvent, n'a retenu que le peintre frivole d'une société frivole. Sa très grande popularité aujourd'hui paraît de mauvais aloi et, à certains, suspecte : il ne serait que le plus doué des petits maîtres.

Fragonard a rencontré Franklin en 1778 ; la même année, il a pu croiser Mozart chez la duchesse de Chabot. « Sorti du même moule » que Diderot, dont il fit le portrait, il est comme eux, à sa manière, un homme libre.

Plus que Watteau ou que David qui l'ouvre et le clôt, plus que Boucher ou Carle Vanloo qui en sont les images officielles, ou que Chardin, le pudique poète des gouvernantes et des lapins morts, Fragonard *est* le XVIII$^e$ siècle, l'essence parfumée du XVIII$^e$ siècle.

# Catalogue

Table des abréviations

Les indications *Paris* ou *New York* qui précèdent les notices correspondent au lieu où l'œuvre est exposée, dans le cas où celle-ci n'est présentée qu'en un seul endroit.

Les dimensions des tableaux sont données en centimètres, celles des dessins et des gravures en millimètres.

Les crochets [ ] désignent les ouvrages inédits que nous avons consultés.

| | |
|---|---|
| A. | Ananoff, 1961-1970 |
| A.A.F. | Archives de l'Art Français |
| anc. | ancienne |
| A. N. | Archives Nationales |
| Arch. Dép. | Archives Départementales |
| Arch. Mun. | Archives Municipales |
| Arch. Nat. | Archives Nationales |
| B.A.A. | Bibliothèque d'Art et d'Archéologie |
| B.N. | Bibliothèque Nationale |
| cat. | catalogue |
| cm. | centimètre |
| coll. | collection |
| comm. | communication |
| Corr. des Dir. | Correspondance des Directeurs |
| dim. | dimensions |
| D. et V. | Dayot et Vaillat, 1907 |
| éd. | édition |
| ép. | épouse |
| est. | estampe |
| esq. | esquisse |
| exp. | exposition |
| fig. | figure |
| fol. | folio |
| fond. | fondation |
| G. | Goncourt, 1865 |
| H. | hauteur |
| h. c. | hors catalogue |
| ill. | illustration |
| Inv. | Inventaire |
| J.-C. | Jésus-Christ |
| L. | largeur |
| li. | ligne |
| m. | mètre |
| M. C. | Minutier Central |
| mm. | millimètre |
| ms. | manuscrit |
| mun. | municipal(e) |
| N. | Nolhac,1906 |
| n. p. | non paginé |
| p. | page |
| P. | Portalis, 1889 |
| pi. | pied |
| pl. | planche |
| po. | pouce |
| pp. | pages |
| pr. | professeur |
| R. | Réau, 1956 |
| rés. | réserve |
| repr. | reproduit |
| s. d. | sans date |
| s. l. | sans lieu |
| t. | tome |
| T. | toile |
| vol. | volume |
| W. | G. Wildenstein, 1960 |
| W. et M. | D. Wildenstein et G. Mandel, 1972 |

# I Les débuts de Fragonard (1732-1756)

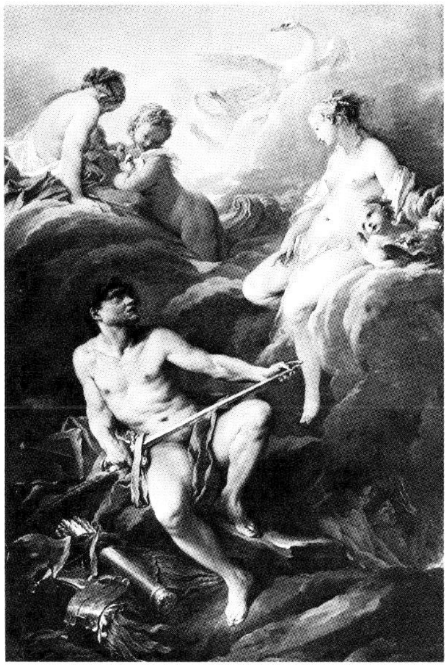

fig. 1. Boucher, *Vénus et Vulcain*, Paris, musée du Louvre

Les débuts de Fragonard restent bien mystérieux. Les trop rares faits dont nous disposons ont donné lieu à des interprétations qui témoignent plus de l'imagination des biographes de l'artiste que d'une bonne connaissance du XVIII$^{e}$ siècle.

Nous avons pris le parti, nous nous en sommes expliqué plus haut, de nous en tenir aux sources contemporaines ou encore de nous fier aux souvenirs du petit-fils de Jean-Honoré, Théophile, tels qu'il nous les a laissés dans une lettre de 1847 à Théophile Thoré, ou tels que Ch. Blanc, les Goncourt, Bellier de la Chavignerie (1865) ou encore le Larousse (1872), Renouvier ou Th. Thoré lui-même, nous les ont rapportés.

Jean-Honoré est né en 1732, la même année que Beaumarchais et Haydn, une année avant Hubert Robert. En 1732, Boucher s'impose avec son *Vénus et Vulcain (fig. 1)*. Il est né à Grasse *(fig. 2* et *3)* : qui ne se souvient de la page lyrique des Goncourt, si souvent citée, qui ouvre leur magistrale étude monographique sur Fragonard : Grasse « un verger de lauriers, d'orangers, de citronniers, de grenadiers, d'amandiers, de cédratiers, d'arbousiers, de myrtes, de bergamotiers, d'arbres à parfum ; un jardin de tulipes, d'œillets éblouissants... une campagne embaumée des arômes du thym, du romarin, de la sauge, du nard, de la menthe, de la lavande... ». Mais outre que les Goncourt ne se sont jamais rendus à Grasse, ils oubliaient que la Grasse du XVIII$^{e}$ siècle vivait avant tout de ses tanneries plus que de ses soieries ou de ses parfumeries et que des rues encore moyenâgeuses de cette petite ville industrielle s'échappait une pestilentielle odeur de peaux putréfiées. Rien n'assure — bien au contraire — que ses habitants y « men[aient] la vie comme une fête » !

La famille de Fragonard passe pour être d'origine italienne. Il n'y aurait là rien qui puisse particulièrement surprendre, d'autant moins que la Savoie — dont la frontière est à une journée de marche de Grasse — relevait de l'Italie. Son père, François, qui lui donna le prénom de son propre père et parrain, était gantier (les gants étaient la spécialité de Grasse). Il est tour à tour qualifié de « garçon gantier » et de « marchand gantier ». La famille de Fragonard, qui ne semble pas avoir été démunie de toutes ressources, même si sa fortune connut des hauts et des bas, était essentiellement formée d'artisans.

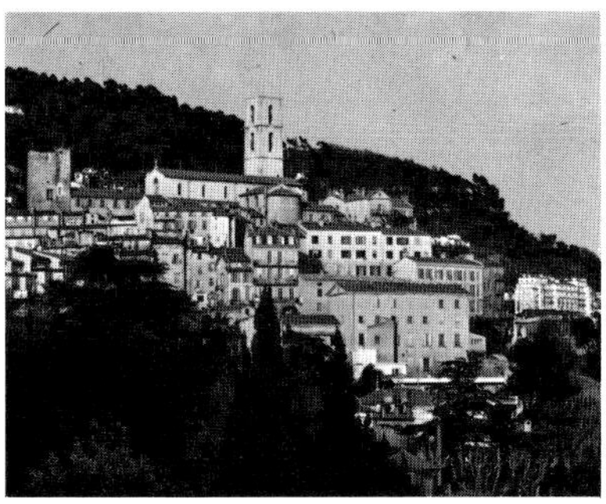

fig. 2. Vue de Grasse

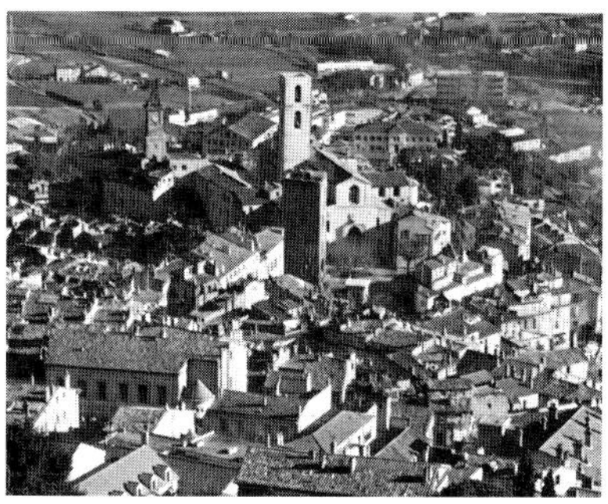

fig. 3. Vue de Grasse

Grasse n'était pas sans passé artistique. Sans remonter aux primitifs provençaux ni à Jacques Daret, qui travaillait pour la région, on se souvient qu'en 1741, Subleyras peignit pour la cathédrale de la ville une grande *Assomption (fig.4)* aujourd'hui encore en place. Mais Fragonard put-il admirer ce tableau ?

Les Goncourt, toujours eux, suivis par la majorité des biographes de Fragonard, insistent sur l'importance de la Provence dans la formation de l'artiste : « Fragonard naît là, et il naît de là. Il puise à cette terre, dont il sort, sa nature, son tempérament.... Et l'on reconnaît dans tout son œuvre le peintre qui a reçu, tout jeune, la bénédiction d'un ciel méridional, le coup de jour de la Provence... Rien qu'à voir une esquisse de lui, on sent une chaleur, presque un parfum, l'odeur du pays dont il vient ». Or ce pays, à en croire Fragonard lui-même, il le quitte à l'âge de six ans : en 1794, obligé de fournir un certificat de civisme, Fragonard, né « à Grace », reconnaît « résider à Paris depuis cinquante six ans ». Certes, Théophile Fragonard avance qu'il n'est venu dans la capitale qu'à l'âge de dix-huit ans. Mais comme dans son testament de 1743, Pierre Fragonard, l'oncle prêtre de Jean-Honoré, qui fera du peintre son héritier (il mourra en 1752), nous assure que « François Fragonard, son frère marchand gantier demeur[e] à Paris », nous préférons nous en tenir à la première version. Sans pour autant exclure la possibilité de déplacements plus ou moins longs et plus ou moins nombreux de la famille ou de tel de ses membres entre Paris et Grasse.

Pourquoi les Fragonard étaient-ils « montés » à Paris ? On s'est trop étendu sur ce point, pour relever une erreur des Goncourt qui — un peu rapidement sans doute — avançaient que le père de Jean-Honoré avait investi « sa petite fortune dans la spéculation des frères Périer, l'établissement de la première pompe à feu à Paris. La spéculation ayant complètement échoué, il vint à Paris pour tenter de rattraper quelque chose de ses fonds engagés dans la malheureuse affaire ». Certes, les frères Périer (en fait, la « Compagnie des Eaux de Paris » à laquelle Beaumarchais fut étroitement lié), qui lancèrent leur entreprise à la fin du règne de Louis XVI, ne sont pour rien dans les soucis financiers de la famille, mais la version de Théophile qui nous apprend que les « parents » de Fragonard vinrent à Paris « amenés par un procès qui les ruina » ne contredit pas sur le fond la version Goncourt. Nous ignorons tout sur ce procès,comme sur plusieurs autres sur lesquels nous aurons l'occasion de revenir plus loin, sinon que les Goncourt ont confondu les Périer avec les Du Périer. Également, nous ignorons tout sur les premières années parisiennes de Jean-Honoré. L'adresse de la famille, ses moyens d'existence nous échappent. Répétons, après tous les biographes de Fragonard, mais en nous appuyant cette fois sur Théophile lui-même : « on le plaça comme petit clerc chez un notaire qui ne voulut pas le garder, car il ne faisait autre chose que dessiner avec sa plume ; sa mère crut voir dans ce goût-là une vocation décidée pour le dessin et le conduisit chez M. Boucher; celui-ci regarda à peine les croquis et répondit qu'il ne prenait d'élève qu'en état de peindre. Chardin le prit pour sa palette et le laissa peindre tout de suite. Il lui disait qu'on pouvait par le moyen de l'effet et de la couleur donner du charme aux choses les plus vulgaires et faire un tableau très intéressant avec un pot de bière et une botte d'oignons ; mais j'ignore, disait-il, comment on arrive là, on cherche, on gratte, on frotte, on glace, on repeint et quand on a attrapé ce je ne sais quoi qui plaît tant, le tableau est fait. Cependant, le jeune Honoré avait trop d'imagination pour se restreindre à portraiter *(sic)* des légumes ; il inventa une manière d'étudier à laquelle il dut toute sa facilité. En venant chez Chardin, il passait par une église qui était pleine de magnifiques tableaux comme toutes les églises d'alors, et il les refaisait de mémoire l'un après l'autre. Quant à Chardin, il s'occupait

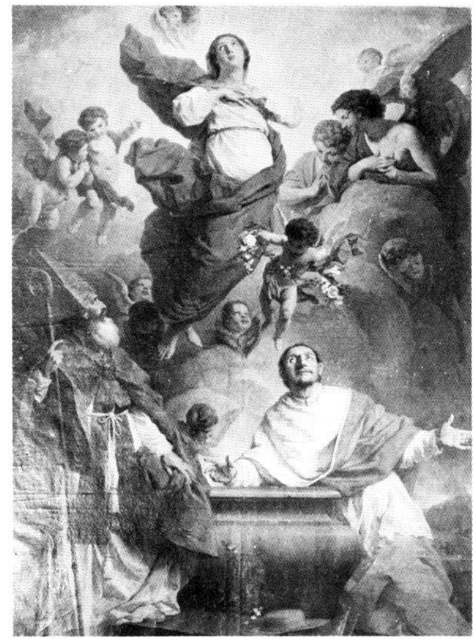

fig. 4. Subleyras, *Assomption de la Vierge*, Grasse, cathédrale

peu de ce que faisait son élève, absorbé comme il était dans la recherche du je ne sais quoi ! Au bout de six mois, Honoré retourna chez Boucher qui fut surpris au dernier point de ses rapides progrès et le prit immédiatement avec lui... »

On voudra bien nous pardonner cette citation un peu longue. Outre qu'elle a échappé aux spécialistes de Chardin, elle est notre source d'information la plus complète et la plus crédible. Que Fragonard ait été l'élève de Boucher est par ailleurs assuré. Précisons cependant que les noms des deux artistes ne sont associés dans un document d'archive du XVIII^e^ siècle pour la première fois que le 18 mai 1753, un an après que Fragonard eût reçu le Grand Prix !

Certes, on aimerait connaître l'étude du notaire qui vit les débuts de dessinateur de Fragonard, retrouver les copies de tableaux à sujets religieux, les dates exactes et la durée des passages dans les ateliers de Chardin (six mois ?) et de Boucher (« deux ou trois ans » écrivent les Goncourt), mais il nous faut insister sur un point : Fragonard n'a pas été élève de l'Académie. Comme Chardin qui, toute sa vie, en exprima le regret, comme Boucher (mais ce dernier, comme Fragonard, recevra le Grand Prix), Fragonard ne suivra pas l'exemplaire enseignement de l'école. Cet enseignement — en aurait-il bénéficié — aurait très vraisemblablement modifié le cours de sa carrière. Mais n'anticipons pas.

A vingt ans, en 1752 — David a quatre ans, Gœthe, trois — Fragonard reçoit le Grand Prix de l'Académie royale de Peinture. On connaît l'anecdote que Théophile avait rapportée, par l'intermédiaire de Thoré, aux Goncourt (qui, sans doute, à leur habitude, n'en comprirent pas tout le sens et l'enjolivèrent) : « Concours pour le prix de Rome » lui aurait dit Boucher. Et comme Fragonard lui objectait que, n'ayant pas suivi les cours de l'Académie, il ne pouvait concourir, « Ça ne fait rien, tu es mon élève ». L'année suivante, il entrait à la toute récente École royale des élèves protégés, dirigée par l'autre artiste en vue de l'époque, Carle Vanloo. L'école avait pour but de compléter la formation des jeunes espoirs de la peinture française avant qu'ils ne partent pour l'Académie de Rome. Ces brillants éléments, pensionnés par le Roi, logés et nourris, suivaient des cours de géographie et d'histoire (du temps de Fragonard, par Lépicié), visitaient les principaux monuments de Paris et des environs, etc... Surtout, ils peignaient annuellement un tableau — un tableau d'histoire — qui était montré à Versailles au roi et soumis aux membres de l'Académie royale de Peinture (on aimerait connaître les appréciations du premier et des seconds sur les deux tableaux que Fragonard peignit durant son passage à l'École). Notre jeune artiste restera trois ans à l'École royale. Comme Monnet et Brenet, il refusera d'en partir en 1754, souhaitant se perfectionner aussi bien « pour la couleur (que) pour la composition » « sous un si bon maître » (Vanloo). En octobre 1756, l'année du début de la Guerre de Sept ans et de la naissance de Mozart, il quitte Paris pour Rome. Fragonard a vingt-quatre ans. « Bien informé[s] des heureuses dispositions du Sr Jean-Honoré Fragonnard *(sic)*... dans de la peinture *pour l'histoire* (c'est nous qui soulignons) qu'il a étudié depuis plusieurs années, tant sous M. Boucher... que sous M. Vanloo »... C'est par ces mots que le marquis de Marigny, le puissant surintendant des Bâtiments (nous dirions aujourd'hui ministre de la Culture), le frère de la Pompadour, qualifie Fragonard en lui faisant parvenir son brevet de pensionnaire de l'Académie de France à Rome.

On ne connaît que trois tableaux de Fragonard, antérieurs à 1756, dont l'attribution ne puisse pas être contestée. Deux, le Grand Prix de 1752 (n^o^ 8) et le premier des tableaux peints à l'École royale de 1753 (n° 9) sont ici présentés. Le troisième, le *Lavement de pieds (fig. 5)*, commandé pour la cathédrale de Grasse où il est toujours — hélas difficilement visible — est trop grand pour être déplacé (ce tableau lui sera payé 700 livres, le cadre en coûtera 572 !). Restauré, il fait l'objet, en ce moment même, à Grasse, d'une exposition.

Une première remarque s'impose : les trois tableaux de Fragonard ne l'emportent pas d'une manière éclatante sur les œuvres de ses contemporains, ces Brenet, ces Deshays, ces Doyen, ces Lagrenée, sans parler de ces Monnet, ces Larue, ces La Traverse, ces Chardin fils, ces Briard, ces Melling, encore plus tombés dans l'oubli, qui rivalisaient pour le Grand Prix ou à l'École royale. Surtout, ses œuvres doivent autant à Jean-François de Troy, Restout ou Natoire qu'à Boucher ou à Vanloo, les deux maîtres « officiels » de Fragonard.

Si l'on a pu regrouper autour de ces tableaux quelques esquisses, des études de têtes, aucune œuvre documentée, à coup sûr antérieure à 1756, n'a — à notre connaissance — été retrouvée.

Or, nous exposons un groupe de toiles décoratives d'une manière sensiblement différente, fortement marquée par l'influence de Boucher. Certes, certaines de ces œuvres sont gravées et nous savons, toujours par Théophile, que Boucher « prit (Fragonard) immédiatement avec lui (vers 1749-50) sans lui demander d'honoraires. Il devina qu'il pourrait lui rendre plus d'un service ! ». Ces tableaux et quelques autres *(fig. 6* et *7)* — nous le préciserons dans nos notices — ne sont pas de simples pastiches de Boucher. Déjà, la personnalité de Fragonard s'y manifeste, certaines couleurs, les modèles, de tout jeunes adolescents, l'allant des compositions, l'exubérance de la nature, sont des constantes du génie fragonardien. Se pose avant tout la question de leur date. Ces œuvres sont-elles antérieures au Grand Prix de 1752 et pourquoi, dans ce cas, le Grand Prix se distingue-t-il d'une manière si évidente de ces œuvres et doit-il si peu à Boucher, ou Fragonard continua-t-il à travailler pour Boucher, à la manière de Boucher, après 1752 à l'École royale, et secrètement car il n'en avait pas le droit ?

Que durant ces mêmes années Fragonard ait copié les maîtres anciens paraît certain. Il copie Boucher (sa copie, hélas disparue, de l'*Hercule et Omphale (fig. 8)* de Moscou, un des plus beaux tableaux de la récente exposition Boucher et une de ses œuvres de jeunesse les plus sensuelles, figure aux ventes Varanchan en 1777 et Sireul en 1781), il copie Rembrandt chez Crozat, Jordaens et Van Dyck ( ?), et Van Ostade peut-être. Mais rien n'assure que les copies de Fragonard qui passent aux ventes de Deshays en 1765 et de Beaudouin en 1770 et de leur beau-père commun, Boucher, l'année suivante, aient été exécutées avant le départ pour l'Italie en 1756. Nous le verrons, les trois années qui

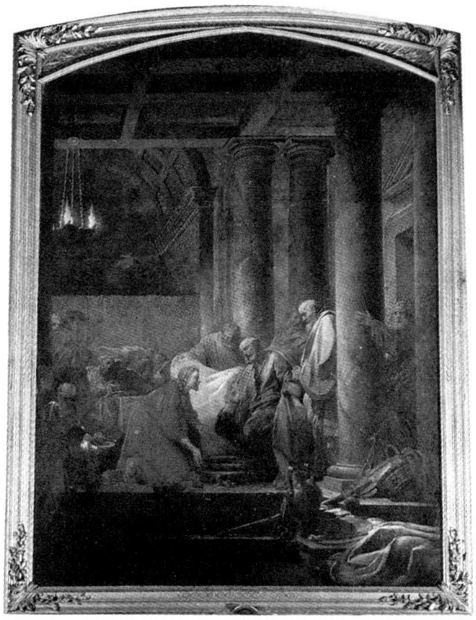

fig. 5. *Le lavement de pieds*, Grasse, cathédrale

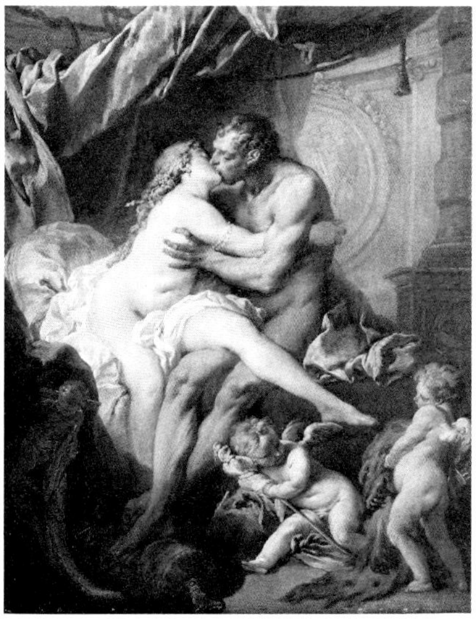

fig. 8. Boucher, *Hercule et Omphale*, Moscou, musée Pouchkine

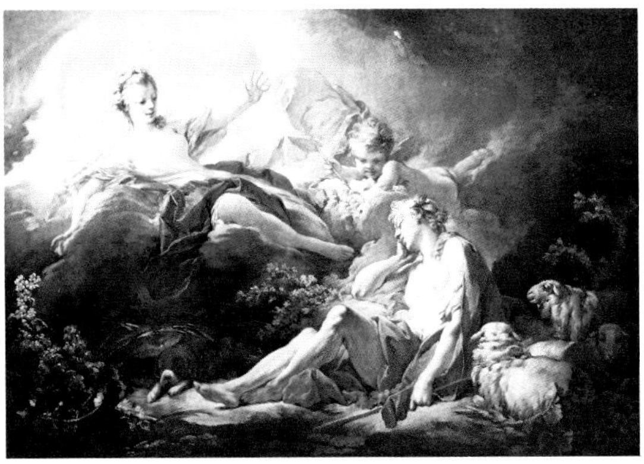

fig. 6. *Diane et Endymion*, Washington, National Gallery

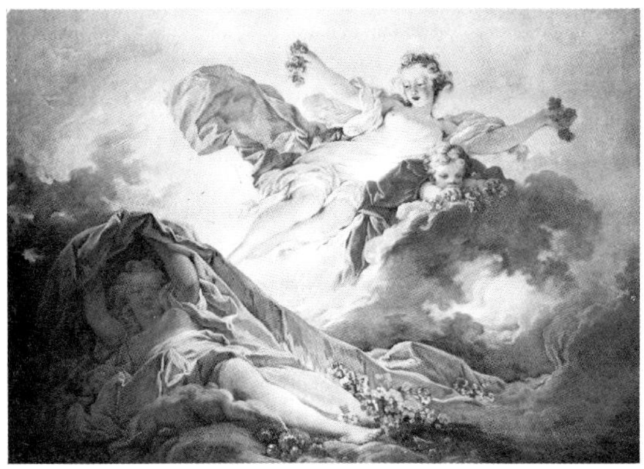

fig. 7. *Le réveil de Vénus*, localisation actuelle inconnue

suivent son retour d'Italie en 1761 comptent parmi les plus obscures du peintre. Rien ne prouve surtout que les copies d'après ces tableaux qui ont été publiées reviennent bien toutes à Fragonard.

Encore deux points : Théophile nous apprend que Jean-Honoré dessinait « à la plume ». Avouons-le, l'œuvre dessiné de Fragonard avant 1756 — si l'on excepte le dessin à la plume de Stockholm (reproduit plus loin) — reste à retrouver. Il dut être abondant !

On sait l'importance de la monographie que Georges Wildenstein a consacré à Fragonard en 1960. L'érudit ne pouvait ignorer les débuts de Fragonard : son ouvrage qui catalogue 545 tableaux en mentionne 88 antérieurs à 1752 ! Entre 1752 et 1761, en incluant donc le premier voyage en Italie, il n'en ajoute que 13. Ces chiffres témoignent de l'embarras de l'auteur et sont l'aveu du problème auquel tous les spécialistes de Fragonard se sont heurtés et que nous avons évoqué plus haut, la chronologie de l'œuvre de Fragonard.

Artiste doué d'une grande facilité, Fragonard copie avec frénésie. Il absorbe avec voracité ce qu'il voit autour de lui. Mais il appose sur toutes ses œuvres sa marque. Avant le départ pour l'Italie, il y a déjà plusieurs Fragonard, il y a déjà un style Fragonard.

**1732**

5 avril
Baptême à Grasse de « Jean Honoré Fragonard né le jour précédant fils du sieur françois marchand et de damoiselle françoise Petit son épouse, le parrein sieur Jean Honoré Fragonard son ayeul et la marraine demoiselle Gabrielle Petit sa tante tous de cette paroisse signé qui a pu Fragonard Fragonard Martin curé » (Grasse, Arch. Mun. GG 15). Son père est « garçon gantier » comme l'indiquent les registres de la capitation de Grasse de 1732 à 1734 (Grasse, Arch. Mun. CC 6,1-2). L'année suivante, le 25 juillet 1733, nait Joseph Fragonard, le frère de Jean-Honoré, qui meurt le 23 mai 1734 (Nice, Arch. Dép. 2 E 70/7).

Une plaque commémorative a été apposée lors de la célébration du bicentenaire de la naissance de Fragonard, sur la maison appartenant à la famille de Blic, 23 rue Tracastel *(fig. 1)*. Mais le *Bulletin de la Société Fragonard* (1932, p. 25), racontant l'événement, précise bien que cet endroit n'a été choisi que « dans l'incertitude où l'on se trouve au sujet de l'emplacement de la maison natale de Fragonard ». Selon Barbery *(Le Temps,* 7 juillet 1938*)*, c'est un archiviste de Grasse, Joseph C. Martin, dont nous n'avons pu retrouver les recherches qu'il semble avoir effectuées sur Fragonard et sa famille, qui aurait décidé de cet endroit.

13 juin
Naissance, également à Grasse, d'Honoré Fragonard, cousin germain de l'artiste, célèbre anatomiste, et futur directeur de l'École Vétérinaire d'Alfort. Les deux cousins, qui seront souvent confondus, se retrouveront ensemble, membres du jury de la commission temporaire des arts sous la Convention (voir p. 583).

**1738**

Arrivée de Fragonard à Paris si l'on en croit le certificat de civisme délivré au peintre en 1794 (Paris, B.A.A., p. 586), où il déclare demeurer dans cette ville depuis cinquante-six ans. Mais cela n'exclue nullement des allées et venues entre Paris et Grasse au cours des années suivantes. En effet, Théophile Fragonard, le petit-fils de l'artiste, affirme en 1847 (lettre à Thoré-Bürger, *Les Lettres françaises,* 17 février 1955, p. 9) que son grand-père « vint à Paris avec ses parents amenés par un procès qui les ruina, il avait alors dix-huit ans... ». Mais nous savons, d'autre part, qu'en 1743, le père de Fragonard était déjà installé à Paris (voir 24 mars 1743).

De quel procès s'agit-il ? Les Goncourt (1865, p. 247), les premiers, parlent de la fortune des Fragonard perdue dans la spéculation des frères Périer, et Portalis (1889, p. 12), dit tenir ce même renseignement d'un certain Pérolle, notaire à Grasse et qui appartiendrait par sa femme à la famille des Fragonard. En fait, nous ne savons pas grand-chose sur ce qui amena réellement les Fragonard à Paris. Mais cela ne peut être l'entreprise des frères Périer, qui fondèrent la Compagnie des Eaux de Paris en 1777, mais plutôt, comme l'a justement établi Barbery (1934, pp. 296-315), celle de François Dupérier, acteur et laquais de Molière, puis de son fils Nicolas Dupérier-Dumouriez, qui introduisirent en France, au début du XVIIIe siècle, la première pompe à feu (Caste, 1937, pp. 58-106).

La querelle, qui tourne autour de l'évaluation du niveau de vie des Fragonard — étaient-ils pauvres ou suffisamment riches pour pouvoir risquer une fortune dans une entreprise parisienne *(Le Temps,* 1938, 24 mai, 8 juin, 7 juillet, 1er et 14 septembre*)* ? — ne permet en rien d'éclairer les raisons de la venue à Paris des Fragonard. Il nous faut donc croire les Goncourt qui tenaient sans doute leur information de Théophile.

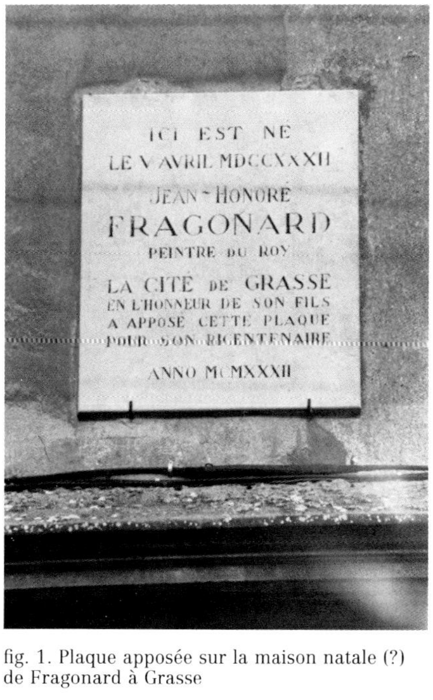


fig. 1. Plaque apposée sur la maison natale (?) de Fragonard à Grasse

# Arbre généalogique sommaire

réalisé à partir de celui déposé par la famille Huot au musée de Grasse

- Honoré (1694-?) ép. en 1723 Honorade Isnard
  - Elisabeth (1724-1803)
  - Marianne
  - François chirurgien
  - Honoré (1732-1799) anatomiste
  - Christophe (1729-1795) parfumeur ép. en 1763 Élise Madeleine Consolat
    - Ch. François Joseph (1768-?) pharmacien ép. en 1795 (1re noces) Anne Bonnafoux ép. en 1857 (2e noces) Louise Laugier
      - Thérèse Elisabeth (1798-1823) ép. J. Tous. Rabuis
        - M. Louise Artemise († 1886) ép. Henri Maure avoué et juge suppléant à Grasse
          - Hélène ép. Fréd. Pérolle notaire à Grasse
          - Ant. Maure
      - Marie Zélie (1799-1814)
      - Madeleine Pauline ép. Alexandre Chiris avocat
        - Alexandrine, Louise, Éveline († 1861) ép. Fanton d'Andon
          - Claire Alexandrine ép. Bonifacy
          - F.J.P. Alexandre
    - Delphine (1769-1817) ép. J.B. Maubert
    - Henriette (1773-1835) ép. Ant. Escoffier parfumeur
    - Marie-Anne (1771-1823) ép. P.D. Jos Dufort imprimeur
      - Jean Baptiste Pierre (1801-1857) imprimeur ép. Thérèse Gérard
        - Henry Dufort avocat
      - Pierre Henry († 1852) ép. Mélanie Vidal imprimeur
        - Anastasie, Jeanne, Joséphine ép. Jules Conte propriétaire du Grand Hôtel à Cannes

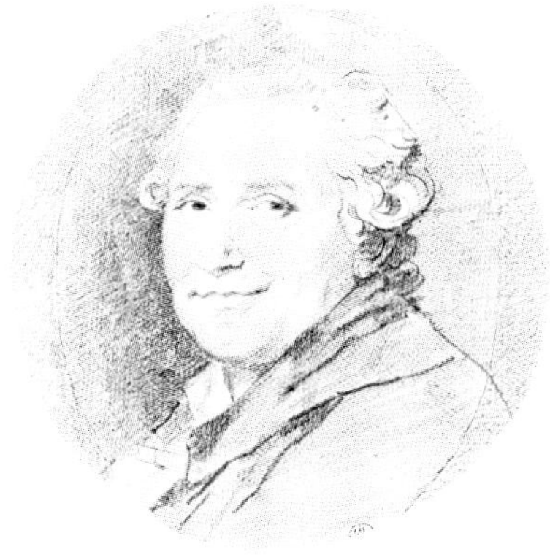

Jean-Honoré Fragonard
(voir n° 289)

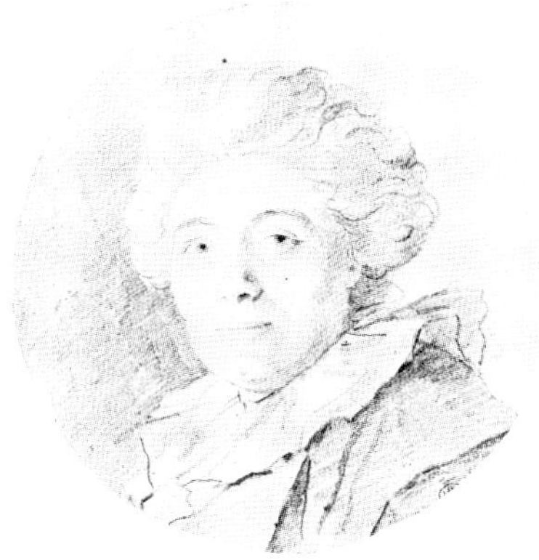

Marie-Anne Fragonard
(voir n° 292)

Jean-Pierre Fragonard
du lieu dit de Truga ou Truya (?)
Bourg du Milanais
ép. en 1594 à Grasse
Honorade Brunegon

Étienne
(1606-1696)
ép. en 1637
Pierrette Issautier

Jean-Honoré
(1654-?)
marchand gantier
ép. en 1681
Elisabeth Ricord

François
(1699-1781)
ép. en 1731
Françoise Petit

**Jean-Honoré**
**(1732-1806)**
**peintre**
**ép. en 1769 Marie-Anne Gérard**
**(1745-1823)**

Joseph
(1733-1734)

Rosalie
(1770-1788)

Alexandre-Évariste
(1780-1850)
ép. Julie Fournier
(† 1876)

Théophile
(1806-1876)
ép. Fanny Tourustor
(1821-1857)

Jules
(1817-1879)

Léonie
(1818-1907)
ép. Gustave Ramondon
en 1842

Henry
(1820-1866)
ép. Marie de Salignac
en 1854

Oscar
(1823-1874)
ép. Nathalie Coquard

Léonie
(1843-1903)
ép. en 1863
Ernest Huot (1839-1916)

Marcel
(1855-1918)
ép. en 1re noces Marie Blot
(1864-1895)
ép. en 2e noces Jeanne Blot

Paul
(1857-1902)
avocat

Antonin

Charles

Jeanne
(1865-1888)

André
(1868-1940)

Georges

Yvonne
(1885-1897)

Renée
(1887-1902)

Jacques
(1889-1943)
ép. en 1924
Ant. Pigaveau

Carmen

J. Honoré
ép. en 1936
Colette Courant

**1743**

24 mars
Pierre Fragonard, oncle de Jean-Honoré, prêtre, docteur en théologie de la ville de Grasse, désigne comme « son héritier général et universel le fils ainé qui se trouve actuellement en vie de sieur François Fragonard son frère marchand gantier demeurant à Paris » (Nice, Arch. Dép. 3 E 1/1, minutes de Maître Jacques Lambert, notaire à Auribeau).

**1745**

23 décembre
Baptême de Marie-Anne Gérard, future épouse de Fragonard « née le jour précédent fille de Claude Gérard marchand parfumeur et de Marie Gilette son épouse » (Nice, Arch. Dép. 2 E 70/9).

**1748-1752**

Si nous croyons toujours Théophile Fragonard (1955, p. 7), son grand-père entra tout d'abord comme petit clerc chez un notaire, puis chez Chardin où l'aurait envoyé Boucher et enfin chez Boucher lui-même, le seul chez lequel son passage soit documenté (voir 26 août 1752).

**1752**

Fragonard se présente au concours pour le prix de Rome, bien que n'étant pas élève de l'Académie, « — ça ne fait rien, tu es mon élève, répondait péremptoirement Boucher » (Goncourt, p. 249, tiré sans doute du récit de Théophile).

8 avril
Fragonard est admis à participer au concours pour le Grand Prix : « La Compagnie, après avoir vu les épreuves faites par les Étudiants pour concourir aux Grands Prix, a choisi, pour y être admis, les nommés Corrège, St-Aubin, Monnet, Fragonnard et Perronet, pour la Peinture, et les nommés Duhez, Brenet et Dupré pour la Sculpture » *(Procès-Verbaux...* VI, pp. 312-313*)*.

12 juin
Enterrement de Pierre Fragonard, l'oncle du peintre, décédé le jour précédent à Grasse (Nice, Arch. Dép. 2 E 70/11).

26 août
« Le Sieur Fragonard qui a fait le tableau marqué D. s'est trouvé mériter le Premier Prix de Peinture » *(Procès-Verbaux...*, VI, p. 331*)*. Il s'agit du tableau intitulé *Jéroboam sacrifiant aux idoles* (Paris, École des Beaux-Arts, n° 8 du cat.).

« Jean Jérôme *(sic)* Fragonard peintre d'histoire élève de M. Boucher attend son tour pour entrer dans l'École » *(Extrait du registre de l'Académie Royale de peinture et de sculpture* collationné le 18 mai 1753. C'est sans doute à cette date que fut rajouté : « A remplacé le Sr Briard » ; Arch. Nat. O[1] 1927, dossier 7*)*.

Fragonard entre alors à l'École royale des élèves protégés, fondée en 1748 par Lenormant de Tournehem (Courajod, 1874) et destinée à parfaire l'éducation des jeunes artistes avant leur séjour à Rome. Les élèves, au nombre de six, recevaient pendant trois ans un enseignement tant artistique que littéraire et historique sous la conduite d'un gouverneur, Carle Vanloo en 1752, et devaient exposer chaque année une œuvre.

**1753**

18 mai
Mémoire présenté à Monsieur de Vandières, marquis de Marigny, directeur et ordonnateur général des Bâtiments, par Carle Vanloo : « Le S. Briard, peintre d'histoire, élève protégé, étant suivant vos ordres breveté pour aller à Rome, j'ai l'honneur de vous proposer pour le remplacer dans l'école le S. Fragonard, élève de m. Boucher qui a remporté le 1° prix de peinture dans le concours qui s'est fait le 26 août 1752 » (Arch. Nat. O[1] 1927, dossier 6).

19 mai
Mémoire de Vandières : « M. Carle Vanloo gouverneur des élèves protégés par le Roi : recevra à ladite école des élèves protégés le s. Fragonard, peintre d'histoire, élève de m. Boucher, qui a remporté le premier prix de peinture par le jugement qui a été rendu le 26 août 1752 » (Arch. Nat. O[1] 1927, dossier 1).

« Fragonard agé de 22 ans, depuis 8 mois dans l'école : *Psyché fait voir à ses sœurs les présents qu'elle a reçus de l'amour* » *(Explication des ouvrages de peintures faits pendant l'année 1753 par les élèves protégés,* Arch. Nat. O[1] 1927, dossier 6*)*. Il s'agit du tableau de la National Gallery, n° 9.

20 mai
Enregistrement de l'« entrée de Jean Baptiste Honoré *(sic)* Fragonard, de Grace, agé de 20 ans, élève de m. Boucher » (Arch. Nat. O[1] 1927, dossier 1).

7 septembre
Distribution des Grands Prix de l'année 1752 : « Le 1° Prix de Peinture au Sieur Fragonard » *(Procès-Verbaux...*, VI, p. 363, et *Mercure de France,* octobre 1753, p. 165*)*.

**1754**

4 mars
Vandières présente au roi, à Versailles, les ouvrages de peinture et de sculpture faits pendant l'année 1753 par les élèves de l'Académie, parmi lesquels se trouve *Psyché montre à ses sœurs les présents qu'elle a reçus de l'Amour (Mémoires du duc de Luynes,* XIII, p. 209 et Arch. Nat. O[1] 1927, dossier 7*)*. Le tableau de Fragonard figure sous le numéro 2.

10 mai
Lépicié propose à Marigny Fragonard « depuis un an dans l'École », Monnet ou Brenet pour remplir une sixième place de peintre vacante à l'Académie royale de France à Rome. « Cependant, Monsieur, ces trois élèves ressentent si vivement le besoin qu'ils ont encore des leçons et des exemples de M. Vanloo, pour la couleur et pour la composition, qu'ils vous supplient très respectueusement de leur permettre d'achever leur tems sous un si bon maître. En cela j'ose vous assurer qu'ils n'ont d'autre but que de se rendre plus dignes de l'honneur de votre protection, de profiter plus efficacement du voyage d'Italie et de mieux lire dans les productions des Carraches et des Raphaël » *(Corr. des Dir.,* XI, p. 61*)*.

18 mai
La Confrérie du Saint-Sacrement de Grasse choisit Fragonard pour exécuter un tableau destiné à la chapelle du Saint Sacrement de la cathédrale de cette même ville (Latil, 1905, p. 66).

**1755**

13 avril
Marigny présente au roi les ouvrages de peinture et de sculpture faits par les élèves de l'Académie l'année précédente, où figure *Le Sauveur lavant les pieds à ses apôtres* par Fragonard *(Mémoires du duc de Luynes,* XIV, p. 133). Il s'agit du tableau peint pour la cathédrale de Grasse, qui s'y trouve encore aujourd'hui, non plus dans la chapelle pour laquelle il était destiné initialement, mais dans le bas-côté droit.

3 mai
De Paris, est envoyé à Teisseire, Trésorier de la Confrérie du Saint-Sacrement, « une caisse contenant un tableau peint sur toile sans bordure de la valeur soixante quinze livres » (Grasse, Arch. Mun. GG 39, fig. 2).

10 mai
Fragonard donne à la Confrérie du Saint Sacrement de Grasse quittance de la somme de 700 livres pour le tableau cité ci-dessus (Latil, 1905, p. 66). Sur le document original, inédit (Grasse, Arch. Mun. GG 39 ; *fig. 2*), Fragonard donne quelques conseils pour vernir son tableau : « on aura attention lorsque ledit tableau qui est celuy dont j'ay fait la quittance cy dessus pour la confrairie du S. Sacrement de la paroisse de la ville de Grasse, sera arrivé de prendre une éponge bien fine humectée dans de l'eau et de le lavé légèrement et lorsqu'il sera sec avec une brosse on luy donnera une couche de

vernis qu'il faut bien étendre le tout avec beaucoup de précaution la ditte brosse sera faitte de crin fin et de cette grosseur » (suit un cercle de 4 cm de diamètre). Le cadre de noyer, commandé en 1756 à Jean Baptiste Baillet, lui sera payé 500 livres plus 72 livres « pour augmentation du travail et pour indemnité à raison de la qualité de l'or » (Grasse, Arch. Mun. GG 39 et Farnarier, 1981, p. 24).

**1756**

6 septembre
Cochin prie Marigny de faire partir rapidement les cinq « élèves protégés, afin de remplir une partie des places vacantes à l'Académie de Rome. Ces cinq élèves sont : Fragonard, peintre, Brenet, sculpteur, Monet, p., D'Huez, s., et Brenet, p. » *(Corr. des Dir.*, XI, p. 122*)*.

17 septembre
Marigny signe le brevet d'élève peintre à Rome de Fragonard *(Corr. des Dir.*, XI, pp. 156-157*)*.

23 septembre
Fragonard reçoit les 300 livres habituelles pour son voyage (Arch. Nat. O[1] 2256, fol. 360).

20 octobre
Fragonard quitte l'École des élèves protégés (Courajod, 1874, p. 179).

22 novembre
Fragonard est mentionné pour la dernière fois sur les registres de l'École des élèves protégés (Arch. Nat. O[1] 1927, dossier 7).

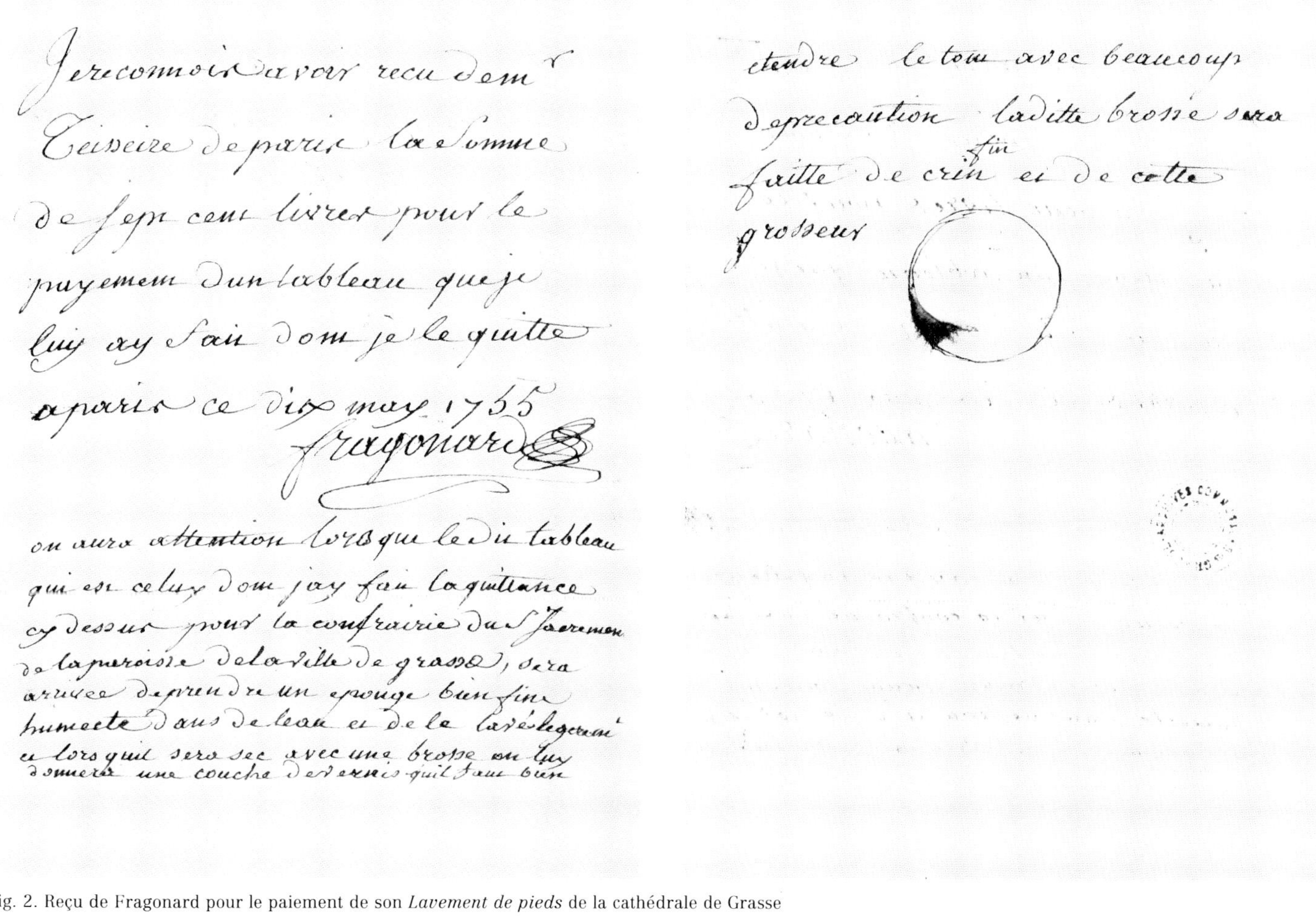
Je reconnois avoir recu de mr
Teisseire de paris la somme
de sept cent livres pour le
payement dun tableau que je
luy ay fait dont je le quitte
a paris ce dix may 1755
Fragonard

on aura attention lorsque le dit tableau
qui est celuy dont jay fait la quittance
cy dessus pour la confrairie du St Sacremen
de la paroisse de la ville de grasse, sera
arrivee de prendre un eponge bien fine
humecte dans de leau et de la laver legerement
et lorsquil sera sec avec une brosse on luy
donnera une couche de vernis quil faut bien

etendre le tout avec beaucoup
de precaution ladite brosse sera
faitte de crin fin et de cette
grosseur

fig. 2. Reçu de Fragonard pour le paiement de son *Lavement de pieds* de la cathédrale de Grasse

# 1 La bergère
# 2 Le moissonneur
# 3 La vendangeuse
# 4 Le jardinier

T. H. 143,5 ; L. 90 (cintrées dans la partie supérieure et dans le bas ; le *Moissonneur* ne mesure que 82,5 de large)

Detroit, Detroit Institute of Arts, Founders Society Purchase, Mr and Mrs Horace E. Dodge Memorial Fund

**Provenance**
Proviendraient, selon Portalis (1902), de l'Hôtel de Mortemart-Rochechouart, aujourd'hui École libre de Sciences Politiques, 27 rue Saint-Guillaume à Paris (selon Réau, 1956, et à tort, de l'Hôtel du graveur Demarteau ; pour sa part, Portalis situe l'Hôtel Mortemart « rue de l'Université ») ; coll. d'une « dame du Nord de la France », selon Apollinaire (1914), puis Roger Portalis selon le cat. de la vente de 1971 (le grand érudit mourut en 1912) ; vente Kraemer, Paris, 5-6 mai 1913, n$^{os}$ 32-35, ill. ; [Wildenstein], New York ; coll. du juge Elbert H. Gary (« le roi de l'acier », voir la visite que lui rend Gimpel le 15 juin 1918, Gimpel, 1963, p. 48) ; Mr et Mrs Horace Dodge, Detroit ; coll. Anna Thomson Dodge (Rose Terrace, Grosse Pointe Farms, Michigan) ; sa vente, Londres, Christie's, 25 juin 1971, n$^{os}$ 6-9 ; acquis par Detroit en 1971.

**Expositions**
Paris, 1907, n$^{os}$ 113-116 (et non 134) ;
New York, 1914, n$^{os}$ 22-25 ;
New York, 1977, n$^{o}$ 36, fig. 44 *(le Jardinier)* et n$^{o}$ 37, fig. 45 *(la Bergère)*.

**Bibliographie**
Portalis, 1902 (étude monographique) ;
D. et V. 134-137, ill. ;
Apollinaire, 1914, pp. 16-21, ill. ;
R. p. 172 ;
W. 36-39, fig. 25-28 ;
W. et M. 34-37, ill. ;
Sutton 1980, 1987, p. 104.

**Œuvres en rapport**
Deux études pour la *Bergère (fig. 1)* et pour la *Vendangeuse (fig. 2)*, celle-ci transformée en jardinière, sont conservées dans une coll. privée parisienne (et non suisse, voir W. 35 et 34, qui les identifie avec deux tableaux de dimensions voisines mais représentant une « jardinière » et une « marchande de fleurs » (!) passés en vente le 28 décembre 1785, n$^{o}$ 79) ; une autre, également plus petite, pour la *Bergère (fig. 3)* et que nous ne connaissons que par la photographie, ce qui nous oblige à réserver notre jugement, appartient au Robert Hull Fleming Museum à Burlington (The University of Vermont).

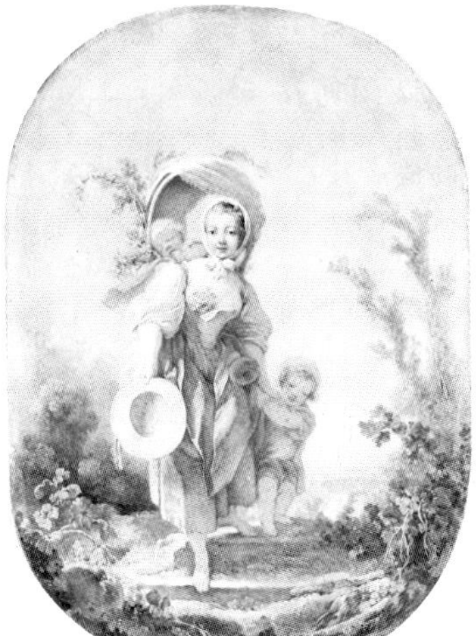

fig. 1. *Bergère*,
Paris, coll. privée

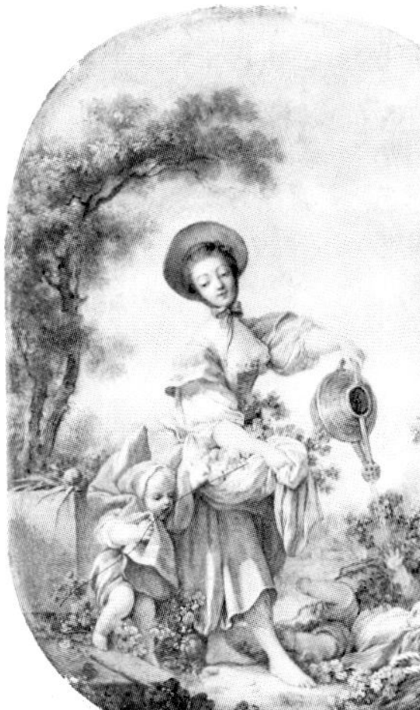

fig. 2. *Jardinière*,
Paris, coll. privée

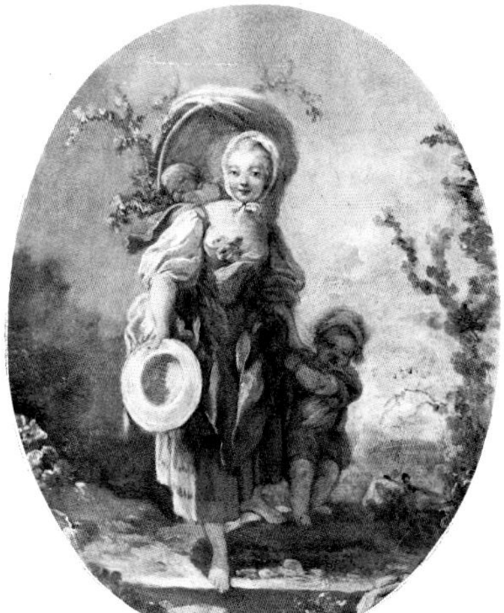

fig. 3. *Bergère*,
Burlington, Robert Hull Fleming Museum

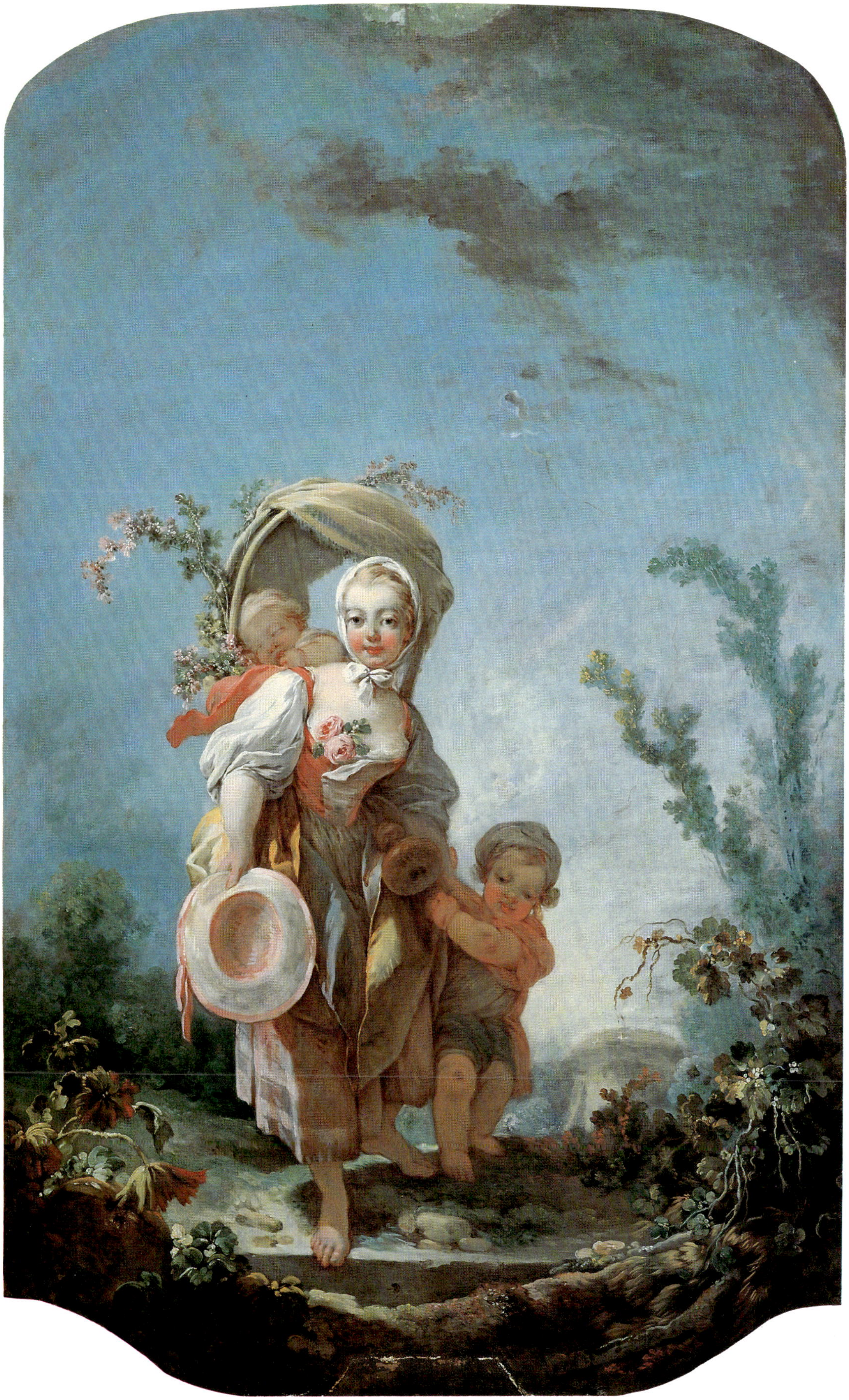

On ignore à peu près tout sur l'origine première des quatre panneaux aujourd'hui à Detroit. Personne, cependant, n'a mis en doute leur attribution et tout le monde s'accorde à les dater des débuts de Fragonard alors que l'artiste travaillait dans l'atelier de Boucher. Portalis, qui les fit connaître (1902), va jusqu'à écrire que « Boucher surchargé [de travail], désireux aussi d'être utile à son meilleur élève », lui cède la commande de ces tableaux.

On peut rapprocher les panneaux de Detroit de trois tableaux que nous exposons ici (n$^{os}$ 5 à 7) et aussi de la *Jardinière* et de la *Vendangeuse* de l'ancienne collection Mc Cormick de Chicago (cat. exp. Tokyo, 1980, n$^{os}$ 7 et 8, ill. ; *fig. 4* et *5*), comme de la *Jardinière,* plus justement appelée les *Délices maternelles,* aujourd'hui à Indianapolis (cat. exp. Atlanta, 1983-84, n$^{o}$ 49, ill. ; *fig. 6*). On remarquera par parenthèse que ce tableau est de dimensions comparables à ceux de Detroit.

Œuvres décoratives, les tableaux de Detroit font allusion aux saisons, aux travaux des champs, aux joies de la maternité. Mais il serait vain d'y chercher un programme iconographique complexe. Encore très proches de Boucher, les quatre toiles de Detroit s'en distinguent par des couleurs moins artificielles, une exécution plus libre et avant tout une approche plus directe des modèles qui ne relèvent en rien du monde de la mythologie. Dès ses débuts, Fragonard nous séduit par la spontanéité de son art, teintée ici d'une note d'humour et par cette joie de vivre qui ne l'abandonnera que rarement.

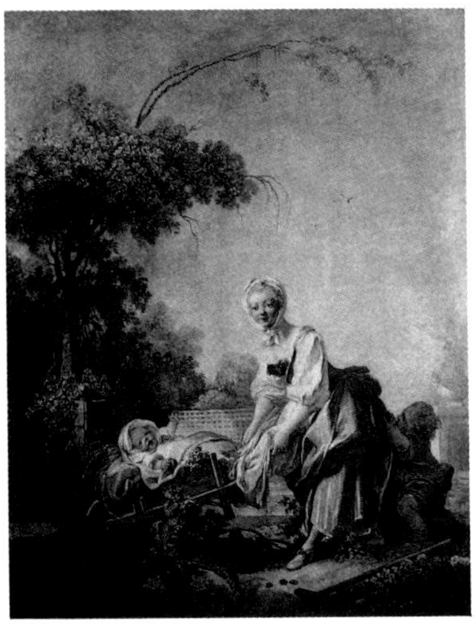

fig. 4. *Jardinière,*
localisation actuelle inconnue

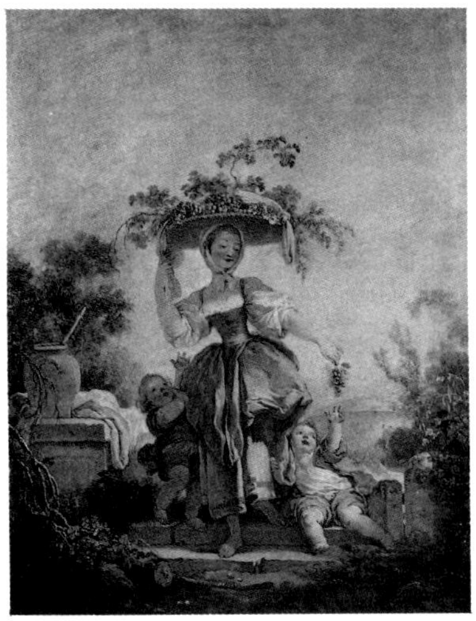

fig. 5. *Vendangeuse,*
localisation actuelle inconnue

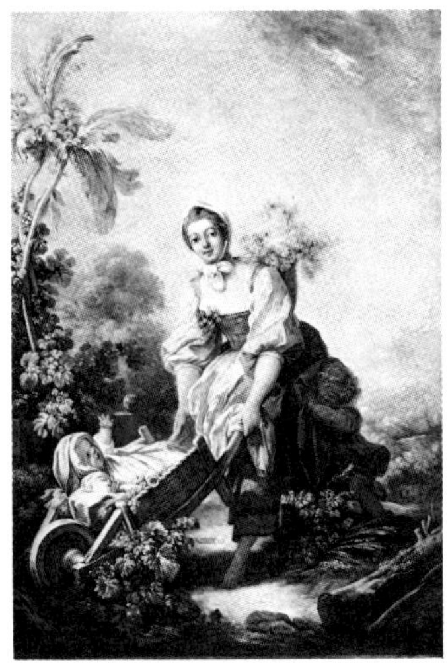

fig. 6. *Les délices maternelles,*
Indianapolis, Museum of Art

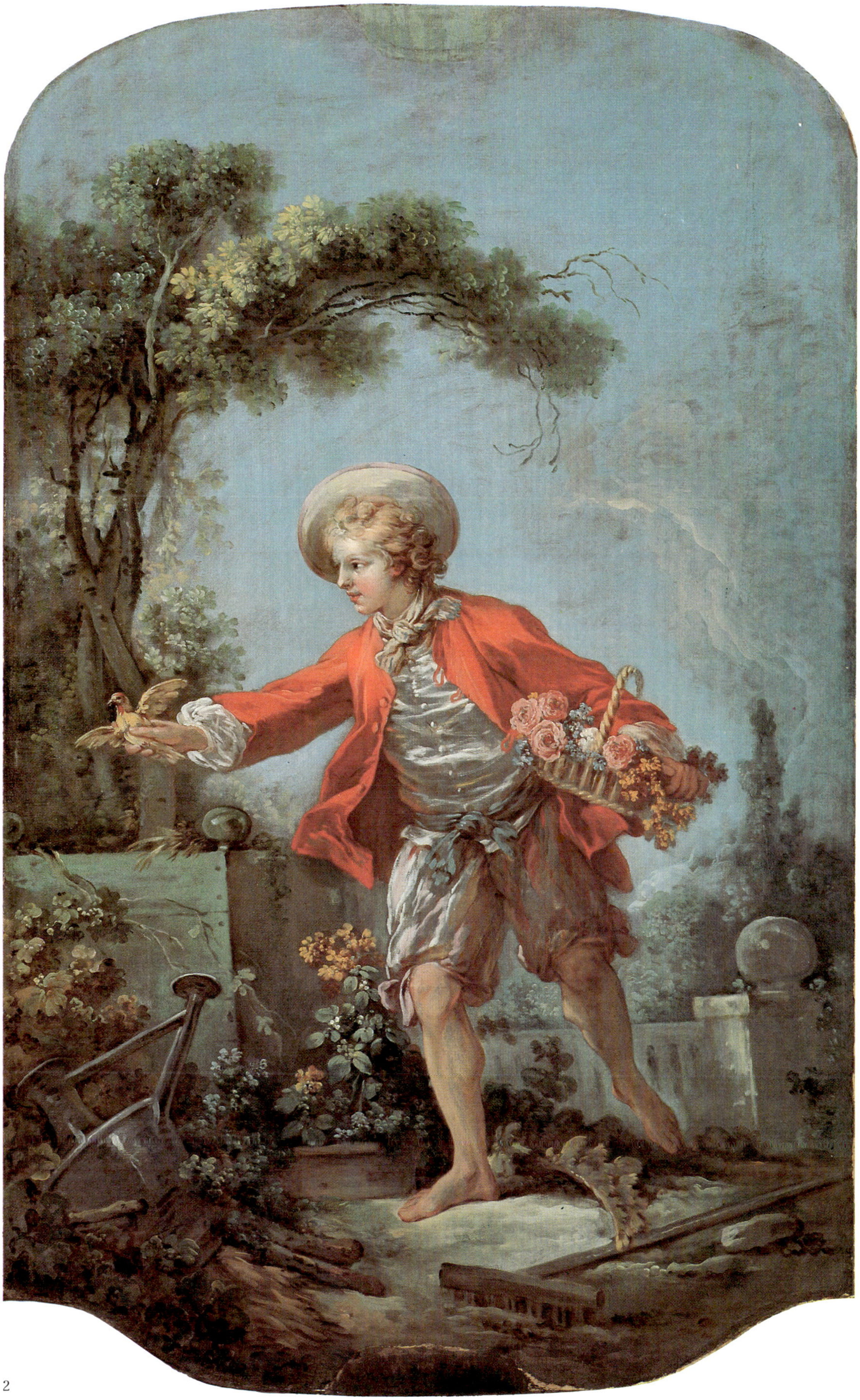

2

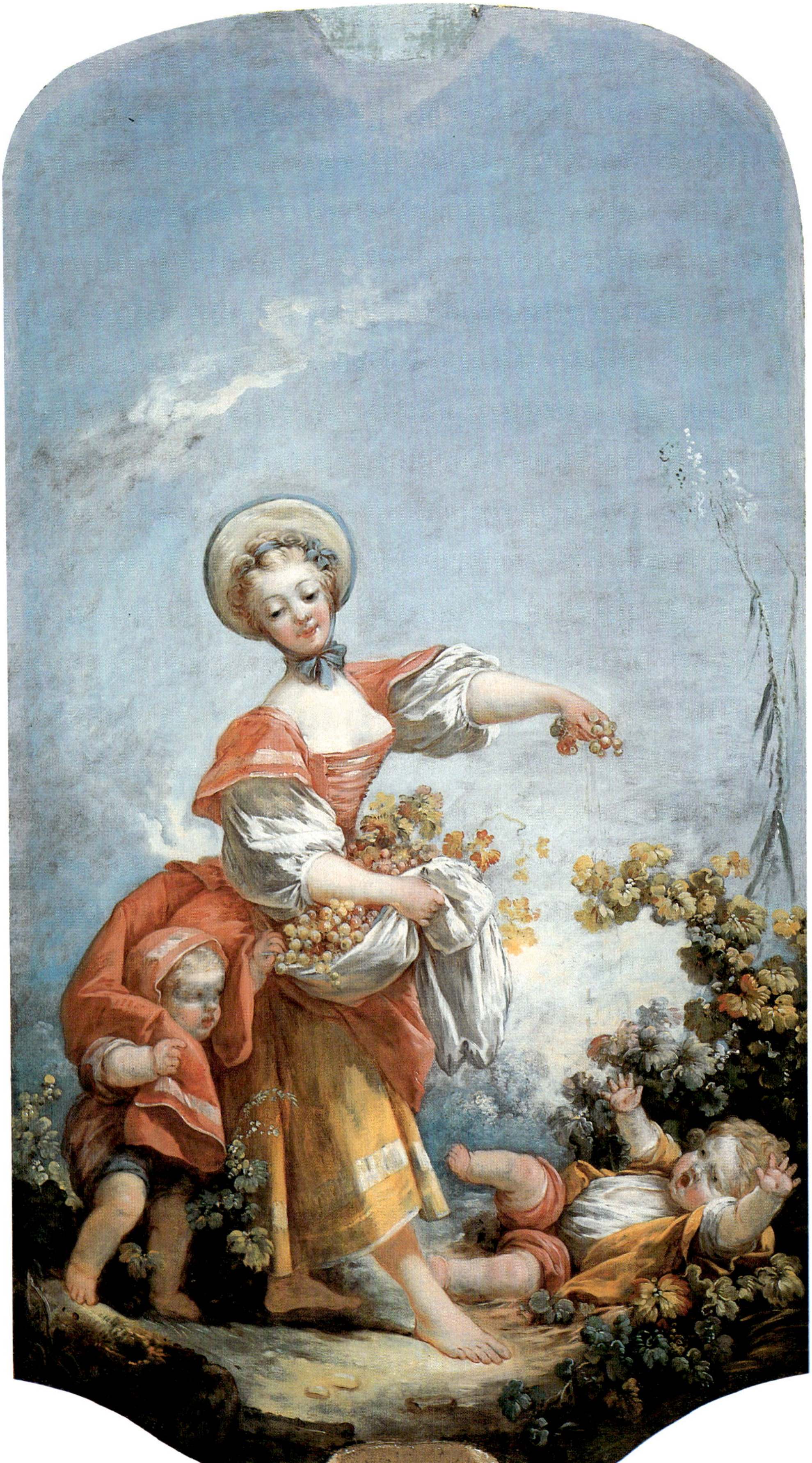

3

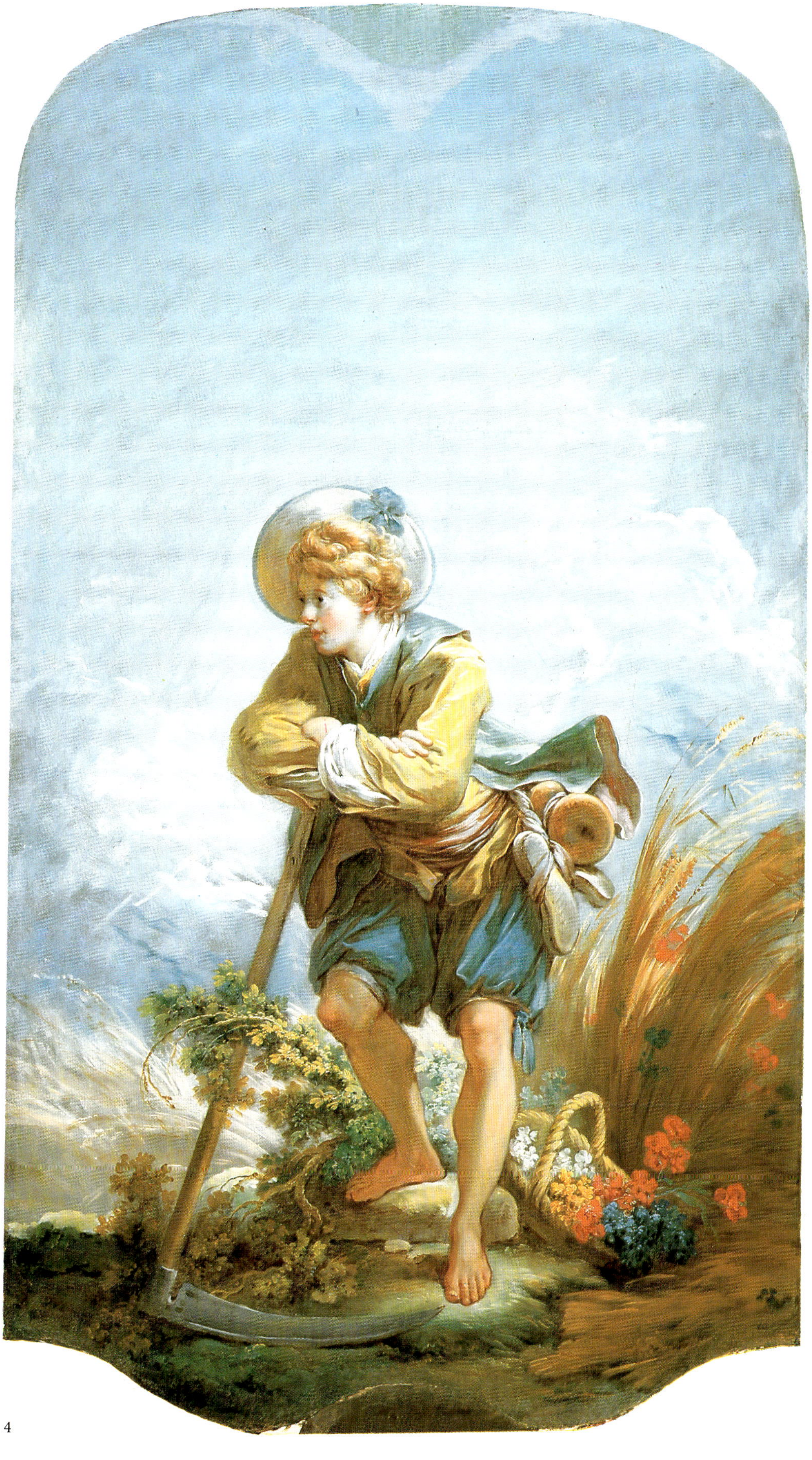

4

# 5 Le colin-maillard

T. H. 117 ; L. 91,5 (sans doute légèrement coupé dans le haut)

Toledo, Toledo Museum of Art, Don Edward Drummond Libbey

**Provenance**
Vente du baron Baillet de S[aint-Julien], 21 juin 1784, nº 75 : « deux tableaux faisant pendant ; l'un représente un jeu de colin-maillard ; composition de quatre figures ; l'autre offre l'amusement de la balançoire avec même nombre de figures. Ces deux charmants tableaux sont gravés par Bauvarlet (*sic*) Haut. 78 pouc. Larg. 34.T » (H. 210,5 ; L. 92 ; vendus 500 livres à Le Brun) ; vente M[orel] (ou Morelle) et autres, 19 avril, repoussée au 3 mai 1786, nº 177, texte extrêmement voisin mais les dimensions (hauteur 42 pouces = 113,5 sur 33 = 89) correspondent approximativement à celles des tableaux de Toledo et de Lugano (vendus 852 livres à Joubert) ; vente après décès Duclos le jeune, 2 avril 1792, nº 98 (42 pouces sur 23 !). Coll. du comte de Sinéty, Paris, en 1889 ; coll. baron Nathaniel (avant 1902 selon Portalis, 1902) puis Alphonse puis Maurice de Rothschild à Vienne puis à Prégny (Suisse) ; [Rosenberg et Stiebel] ; acquis par Toledo en 1954.

**Expositions**
(les plus marquantes)
Londres, 1968, nº 229, pl. VI ;
Toledo-Chicago-Ottawa, 1975-76, nº 36, pl. 82.

**Bibliographie**
G. p. 331 ;
P. p. 15, 62, 273 ;
N. p. 150 ;
Réau, 1927, pp. 147-152, ill. p. 148 ;
R. p. 39, 158 ;
W. 47 fig. 31 ;
Watson, 1971, p. 80, ill. ;
W. et M. 53, ill. ;
Ananoff, 1976, II, sous le nº 315 ;
Cat. musée, 1976, pp. 59-60, pl. couleurs IX, pl. 203 ;
Posner, 1978, p. 561 ;
Slatkin, 1979, p. 123 ;
Posner, 1982, pp. 81-82 et fig. 10 p. 81 ;
Sutton 1980, 1987, p. 104.

**Œuvres en rapport**

*Tableaux*
Wildenstein (1960, nºs 45 et 46) considère que les tableaux de la vente Saint-Julien en 1784 et ceux de la vente Morel deux ans plus tard se distinguent. Nous pensons, sans pouvoir en apporter la preuve, qu'il faut les confondre et que le premier catalogue donne de fausses dimensions pour ce qui est de leur hauteur.

Signalons cependant qu'il existait au château de Champ-de-Bataille (guide non daté dû au duc d'Harcourt, ill. p. 24) deux versions anciennes, de qualité honorable, des tableaux de Toledo et de Lugano *(fig. 1 et 2)*, cintrées dans le haut, dont les dimensions (H. 210 ; L. 82)

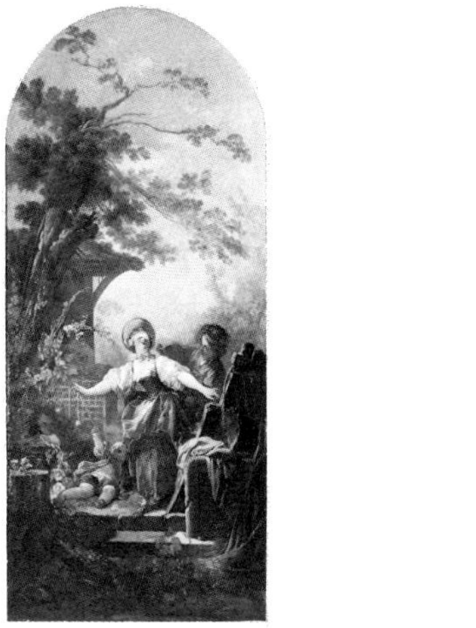

fig. 1. D'après Fragonard, *Colin-maillard*, autrefois château de Champ-de-Bataille

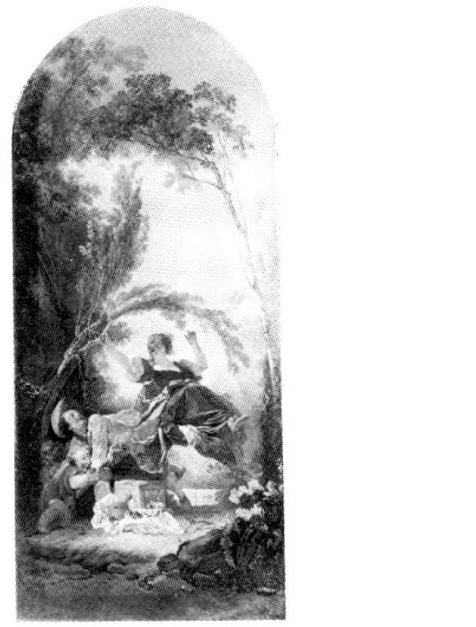

fig. 2. D'après Fragonard, *La bascule*, autrefois château de Champ-de-Bataille

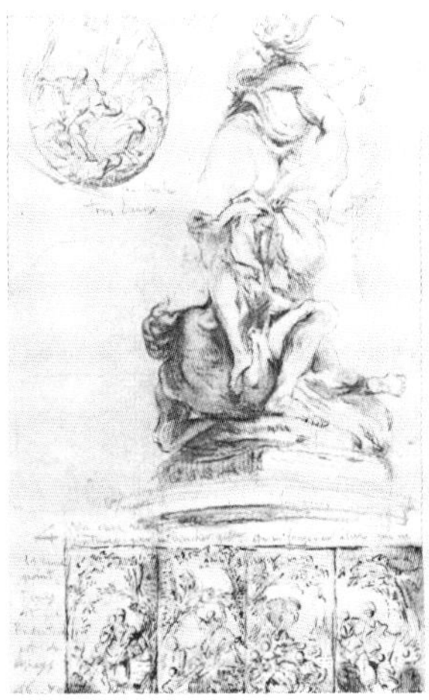

fig. 3. Saint-Aubin (?), *Feuille d'études*, localisation actuelle inconnue

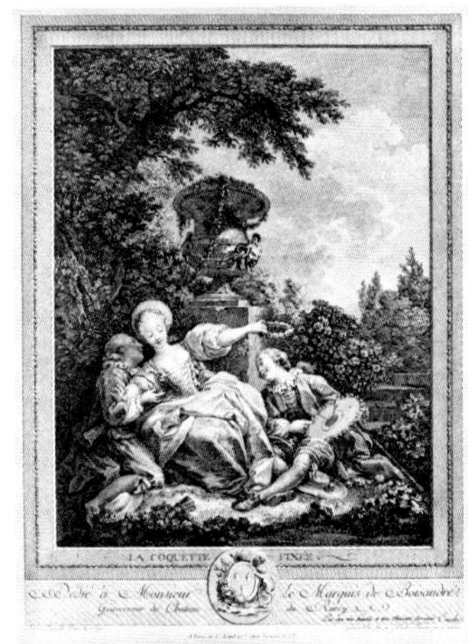

fig. 4. Couché et Dambrun d'après Fragonard, *La coquette fixée*, Paris, musée du Louvre, Cabinet des dessins, coll. Rothschild

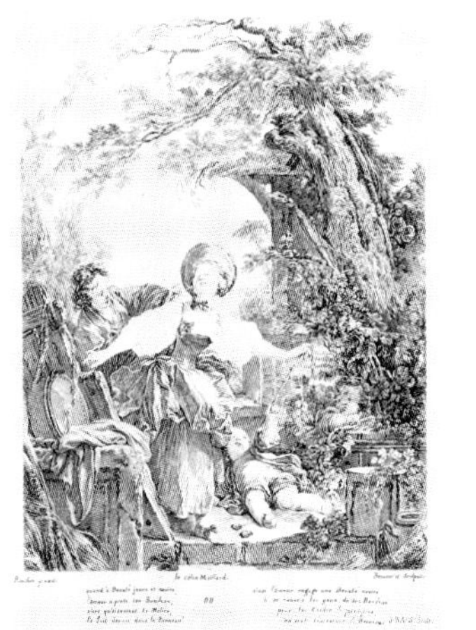

fig. 5. Beauvarlet « d'après Boucher », *Colin-maillard*, Paris, musée du Louvre, Cabinet des dessins, coll. Rothschild

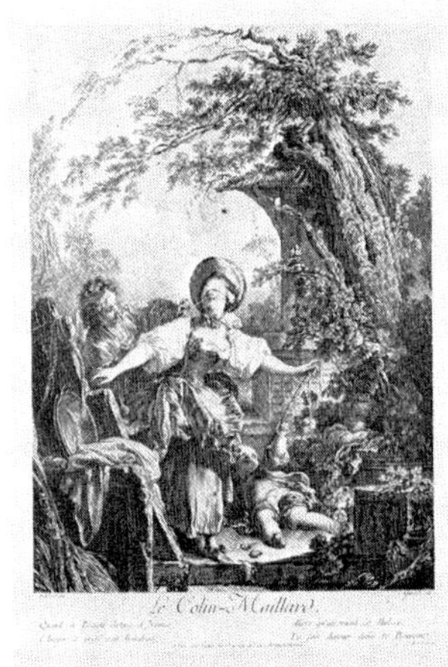

fig. 6. Beauvarlet « d'après Fragonard », *Colin-maillard*, Paris, coll. privée

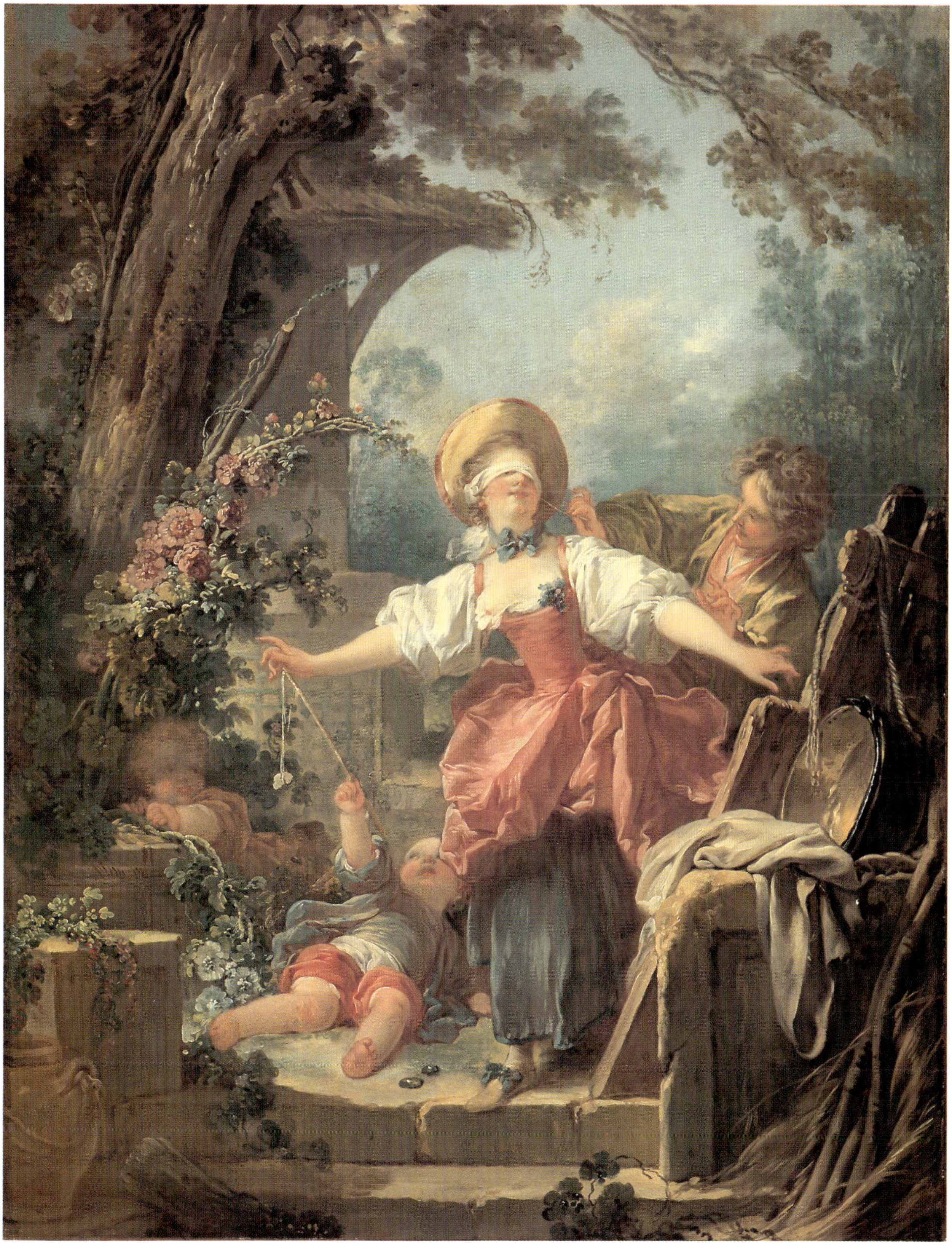

correspondaient à celles des tableaux Saint-Julien (les deux œuvres faisaient partie d'une série de six toiles décoratives).

De celui de Toledo, on connaît de nombreuses copies d'après la gravure (musée du Petit Palais, Paris ; voir aussi Réau, 1927 et 1956, fig. 45 et p. 158 et les versions passées en vente depuis le début du siècle, souvent sous le nom de Boucher ; voir aussi pour le fond de boîtier d'une montre, conservée au Louvre, inspiré par la gravure, Cardinal, 1984, n° 126, ill. ; pour un vase en Sèvres des coll. royales anglaises, G. de Bellaigue, cat. exp. Londres, 1979-80, n° 46, ill. ; pour une boîte à priser, vente Londres, Christie's, 9 octobre 1962 ; pour un cache-pot en Sèvres, vente Versailles, 1er avril 1984 et pour une tapisserie (d'Aubusson ?), vente Fontainebleau, 12 octobre 1986).

Un *Colin-maillard*, en contre-partie du tableau de Toledo, a été vendu sous une double attribution à Boucher et à Fragonard, à Londres, chez Christie's, le 28 juin 1974, n° 119, ill. et publié par Ananoff, II, n° 315. Le même auteur a reproduit un dessin *(fig. 3)* attribué à Gabriel de Saint-Aubin, passé en vente toujours chez Christie's, le 28 mars 1972, n° 123, ill. qui copie le tableau ainsi qu'une version de la *Bascule* (dans le même sens que le tableau de Lugano) et deux autres compositions — la *Coquette fixée* (gravure de Couché et Dambrun *(fig. 4)* reproduite par Ananoff, II, n° 313 ; voir aussi W. 41) et un tableau intitulé *Pourquoi pas nous ?* — passées en vente à Londres chez Christie's, le 29 mars 1974, n° 76, ill. Le dessin porte l'inscription suivante « Vu chez remy 4 peintures par Mr boucher prffeur » (professeur) « et mr fragonard éleve qui ne les aime point. Remy dit que l'invention est de deshays 46 p × 70 p ». Le dessin et les quatre tableaux sont mis en doute par Posner (1978 et 1982) et Slatkin (1979).

*Gravure*
La gravure de Beauvarlet attribue tantôt la composition à Boucher *(fig. 5)*, tantôt à Fragonard (*fig. 6* ; Roux, 1933, II, n° 31). Elle confirme en tout cas que le tableau de Toledo est coupé dans sa partie supérieure.

# 6 La bascule

T. H. 120 ; L. 94,5 (sans doute légèrement coupée dans le haut)

Lugano, collection Thyssen-Bornemisza

**Provenance**
Voir la notice précédente ; acquis par le baron Thyssen en 1956.

**Expositions**
(les plus marquantes)
Londres, 1968, n° 230, ill. en couleurs en couverture du cat. ;
Paris, 1982, n° 48, pl. 93 (notice par A. Rosenbaum).

**Bibliographie**
G. p. 331 ;
P. pp. 15, 62, 271-272 ;
N. p. 150 ;
R. p. 39, 158 ;
W. 48, fig. 32 ;
Wentzel, 1964, pp. 211-214, fig. 160 ;
Cat. musée (Sterling), 1969, n° 98, ill. ;
Ananoff, 1976, II, sous le n° 314 ;
W. et M. 54, ill. ;
Posner, 1978, p. 561 ;
Slatkin, 1979, p. 123.
Posner, 1982, pp. 81-82 et fig. 11 p. 81 ;
Sutton 1980, 1987, p. 104.

**Œuvres en rapport**
*Tableaux*
Voir la notice précédente.
Les copies sont nombreuses. Citons, pour nous limiter aux musées, celles du Petit Palais à Paris et du musée de Bordeaux. Citons encore celle qui a donné lieu à une monographie de Camille Mauclair (non datée, sans doute 1929).
Pour un vase et un cache-pot en Sèvres, voir la notice précédente.
*Gravure*
La gravure de Jacques-Firmin Beauvarlet donnant la paternité de la composition à Boucher *(fig. 1 ;* Roux, 1933, II, n° 30*)* est antérieure à celle en créditant Fragonard *(fig. 2)*. Celle-ci porte la date de 1760.

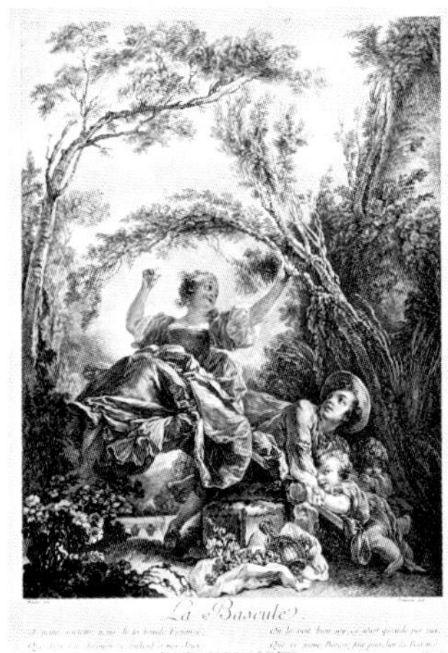

fig. 1. Beauvarlet « d'après Boucher », *La bascule*, Paris, musée du Louvre, Cabinet des dessins, coll. Rothschild

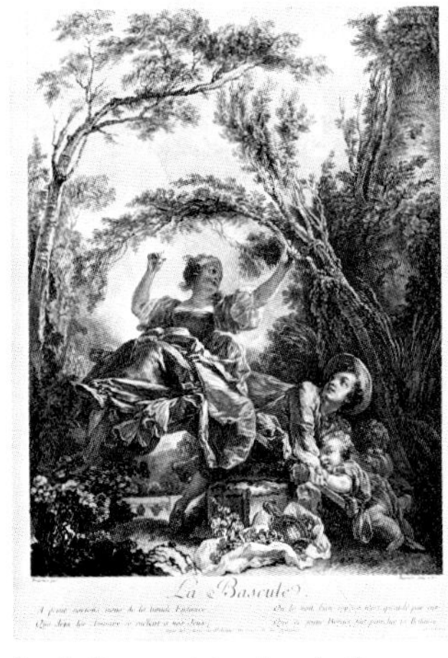

fig. 2. Beauvarlet « d'après Fragonard », *La bascule*, Paris, musée du Louvre, Cabinet des dessins, coll. Rothschild

Plusieurs raisons militent en faveur de l'attribution à Fragonard de ces deux tableaux aujourd'hui malencontreusement séparés : les ventes du XVIIIe siècle, les gravures de Beauvarlet, leur style.

Les deux toiles passent en vente à trois reprises au XVIIIe siècle. Qu'il ait ou non existé d'autres versions autographes de ces deux compositions, un point est certain : elles ont été coupées dans leur partie supérieure. Les gravures de Beauvarlet — nous leur empruntons les titres des deux tableaux — le prouvent.

Celles-ci ont un double intérêt. D'une part, la *Bascule* est datée 1760. À ce moment, Fragonard est en Italie depuis quatre ans. Son tableau est donc antérieur à son départ en 1756. D'autre part, avant d'être gravées comme d'après

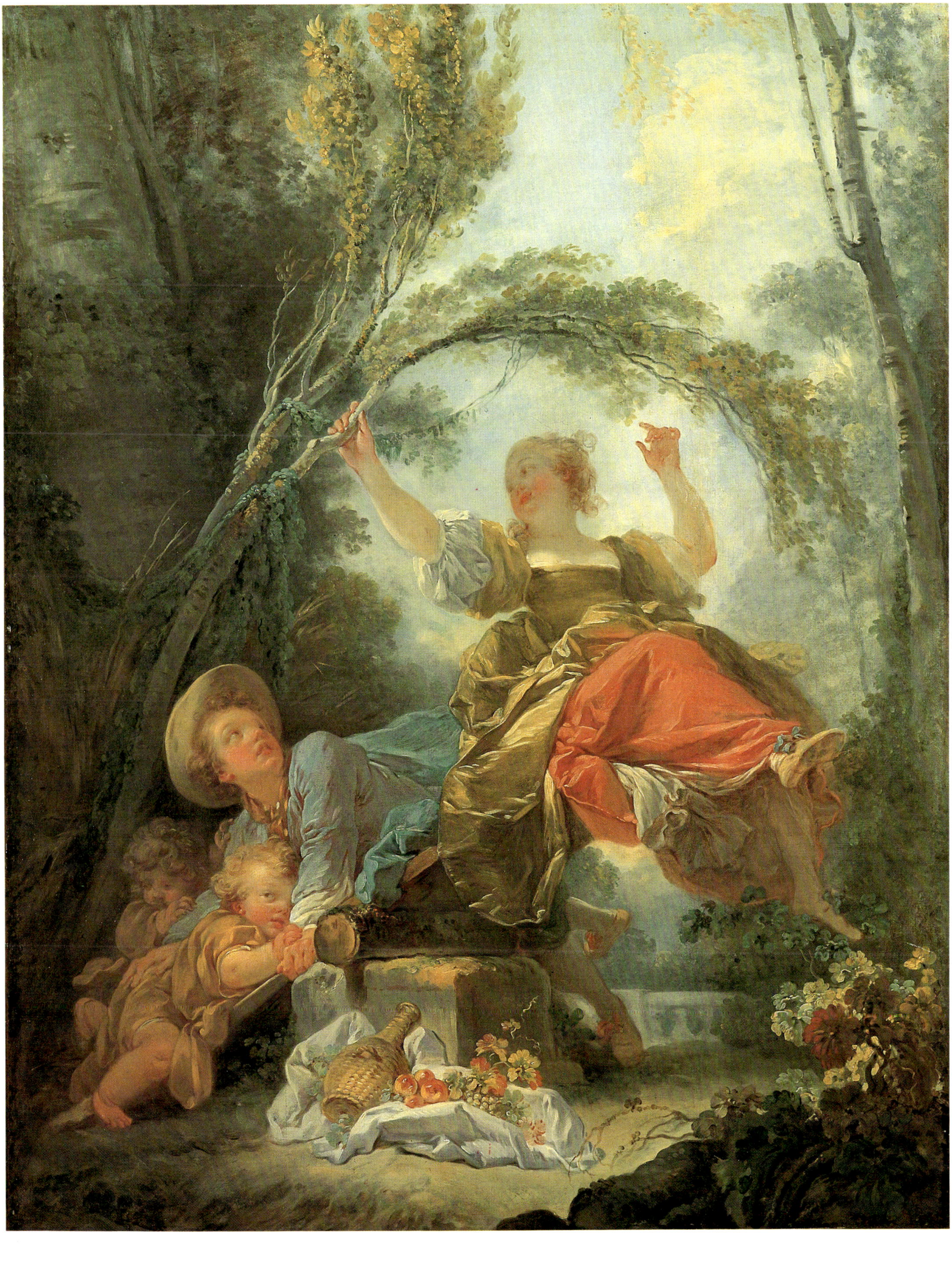

Fragonard, les deux compositions l'avaient été sous le nom de son maître Boucher. Qualification compréhensible tant l'esprit général des deux œuvres est encore proche de celui de Boucher. Mais déjà la fraîcheur du coloris, la verve de la composition distinguent Fragonard de ce dernier. En outre, des couples de jeunes gens — ce ne sont plus des enfants, mais pas encore des adolescents — ont cet âge équivoque que Fragonard donne si souvent à ses modèles, cet âge, pour reprendre la lettre d'une des gravures, où « les Amours se mêlent à nos jeux ».

Le premier propriétaire connu des tableaux, le baron de Saint-Julien, commandera en 1767 à Fragonard sa célèbre *Escarpolette* aujourd'hui dans la collection Wallace à Londres. On connaît exceptionnellement bien les circonstances de la commande de ce tableau fameux. Peut-être la *Bascule,* première version par son style de la composition anglaise, avait-elle donné à Saint-Julien le goût pour les œuvres de Fragonard. En tout cas, le thème de l'escarpolette ainsi d'ailleurs que celui du colin-maillard, comptera parmi ceux que Fragonard abordera avec prédilection, au contraire de Boucher qui ne le traitera qu'exceptionnellement. Le fait que les gravures de Beauvarlet aient tout d'abord porté le nom de Boucher a encore un autre intérêt : elles confirment en quelque sorte que les deux œuvres furent peintes alors que Fragonard travaillait dans l'atelier de Boucher et non pas encore sous les ordres de Carle Vanloo à l'École royale des élèves protégés, donc avant 1752.

# 7 L'hiver

T. H. 80 ; L. 164

Los Angeles, Los Angeles County Museum of Art ; acquis grâce à des fonds des Hearst Magazines, Inc.

**Provenance**
Aurait fait partie d'une suite de quatre saisons dont trois ornent le Grand Salon du premier étage de l'Hôtel Matignon, 17 rue de Varenne à Paris (sur l'historique de l'Hôtel Matignon, voir en dernier cat. exp., *La rue de Varenne,* Paris, musée Rodin, 1981, pp. 27-33). Cette pièce a été aménagée par le duc et la duchesse de Galliéra après 1852. Vente Ferrari de la Renotière (descendant du duc et de la duchesse de Galliéra), Paris, 7 juin 1922, n° 8 ; [Wildenstein entre 1922 et 1926] ; coll. William Randolph Hearst puis Marion Davies ; acquis de celle-ci par le County Museum en 1947.

**Exposition**
Tokyo, 1980, n° 10, ill. en couleurs.

**Bibliographie**
Wildenstein, 1935, pp. 271-274, fig. 1 p. 271 ;
R. p. 145 ;
W. 56, fig. 40 et p. 8 éd. française ;
W. et M. 64 ill. ;
*Apollo,* 1980, pp. 274-275 et fig. 4 p. 273 ;
Cat. exp. Paris, musée Rodin, 1981, p. 35 ;
Sutton 1980, 1987, p. 104.

**Œuvres en rapport**
Les trois autres saisons *(fig. 1-3)* sont toujours à l'Hôtel Matignon (W. 33 à 35, fig. 37 à 39).

L'histoire de l'Hôtel Matignon est mouvementée. Pour nous limiter à la période durant laquelle Fragonard est censé avoir peint pour le Grand Salon du premier étage ce tableau ainsi que les trois autres saisons de la série (toujours en place), contentons-nous de préciser qu'en 1751, à la mort du duc de Valentinois, l'hôtel échut au comte de même nom qui le légua à son fils, Honoré-Camille Grimaldi, prince de Monaco. À sa mort, le 22 floréal an III, un inventaire fut dressé, suivi d'une vente le 15 messidor an XI. Les Fragonard n'y figuraient pas : en fait le Grand Salon était orné de copies d'après l'Albane (comm. écrite du docteur Bruno Pons).

L'hôtel changea ensuite à plusieurs reprises de mains (l'extravagante Eleonora Franchi, épouse du richissime Quentin Crawfurd ou Crawford, n'est pas la moins haute en couleurs), avant d'être acquis, en 1852, par Raphaël, marquis de Ferrari, duc de Galliéra, un richissime banquier gênois et son épouse Marie Brignole Sale, qui le « modernisèrent » en grande partie, avant d'en faire don à l'empereur d'Autriche François-Joseph. Devenu ambassade d'Autriche-Hongrie, l'hôtel fut placé sous séquestre durant la première guerre mondiale avant de devenir en 1935 l'hôtel du Premier Ministre. On admet aujourd'hui que le duc de Galliéra acheta (où ?) les quatre saisons de Fragonard et n'en pouvant placer que trois, garda l'*Hiver* qui fut vendu par un de ses héritiers en 1922. L'hypothèse est séduisante bien que rien ne vienne la prouver. En outre, le tableau de Los Angeles paraît d'un style plus savant que celui des trois dessus de porte de l'Hôtel Matignon.

Les trois saisons encore en place à l'Hôtel Matignon *(fig. 1* à *3)* montrent une mère accompagnée de deux enfants cueillant des fleurs ou distribuant des raisins. Sur la toile de Los Angeles, une fillette bousculée par un épagneul papillon, tombe sur la glace au grand amusement de deux jeunes patineurs. L'expression étonnée de l'élégante personne, toute surprise de sa rapide chute, est dépeinte avec une tendresse amusée. Son manchon et ses longs gants, sa capeline, témoignent de sa coquetterie.

Le tableau est à coup sûr antérieur à 1756 : si certains détails rappellent encore Boucher, en particulier la décoration du boudoir du château de Crécy aujourd'hui au musée Frick à New York, qui date de 1751, les deux enfants sur la gauche de la toile évoquent les allégories de la peinture, de la sculpture, de l'architecture et de la musique réalisées par Carle Vanloo en 1752-53 pour Bellevue et aujourd'hui au musée de la Légion d'Honneur à San Francisco. Peut-être l'*Hiver* est-il contemporain de ces tableaux célèbres.

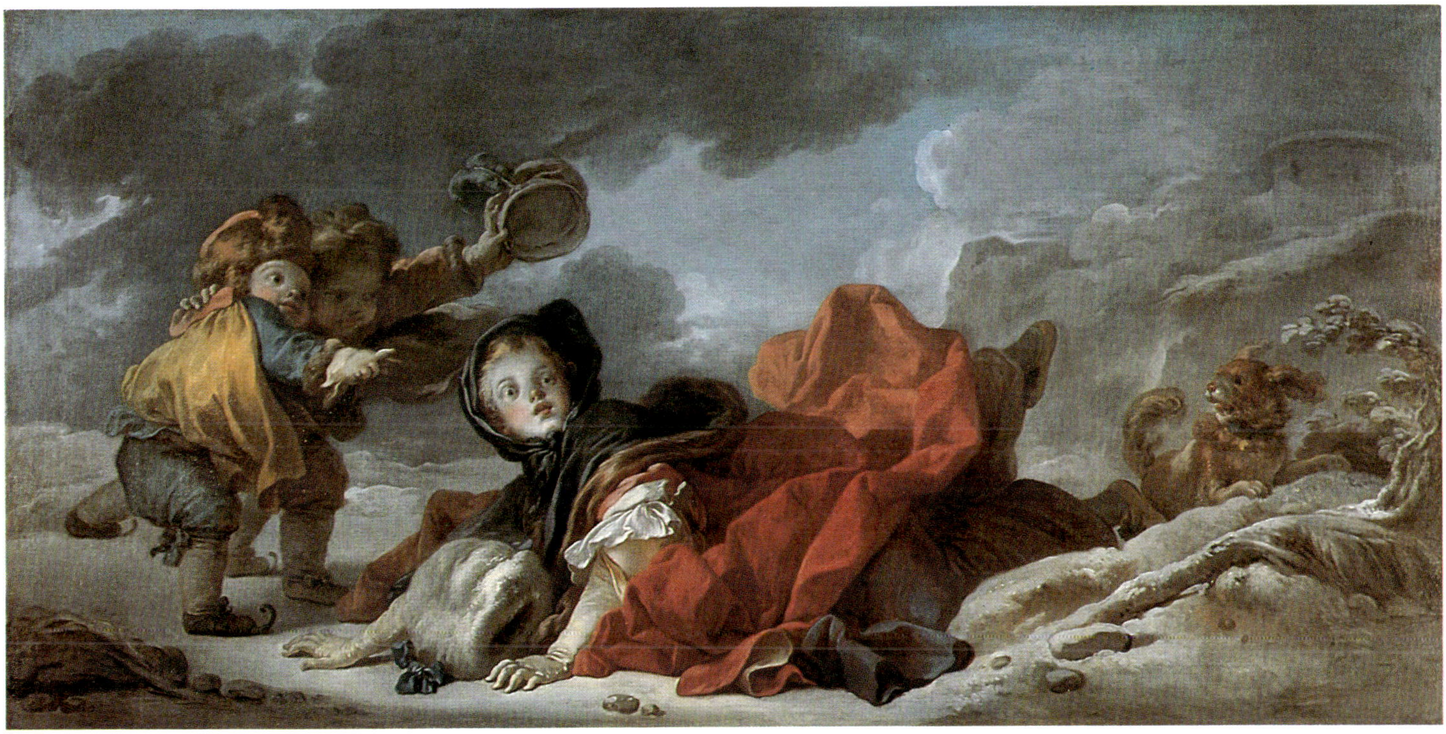

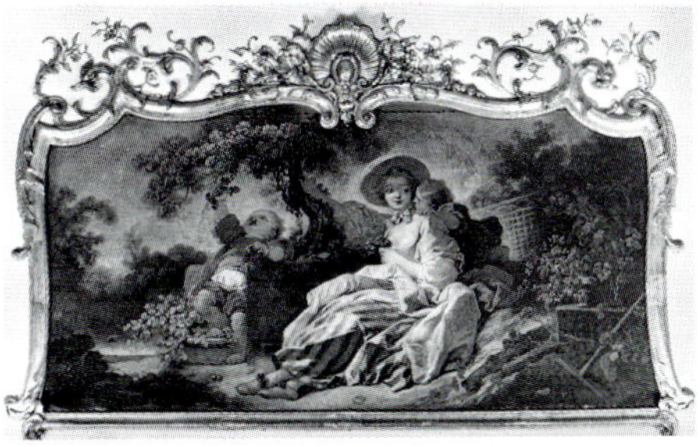

fig. 1. *Le printemps,*
Paris, Hôtel Matignon

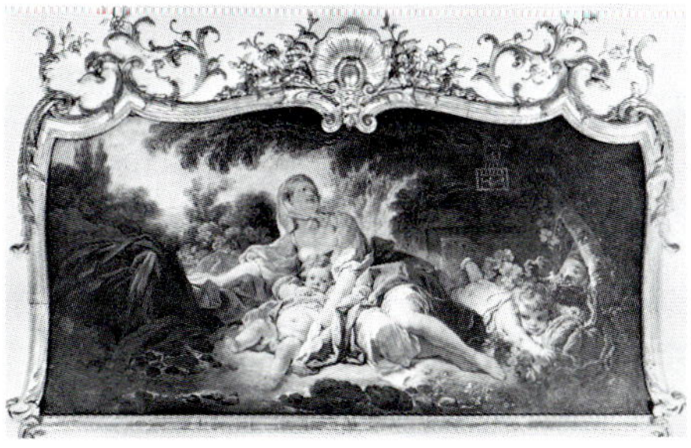

fig. 2. *L'été,*
Paris, Hôtel Matignon

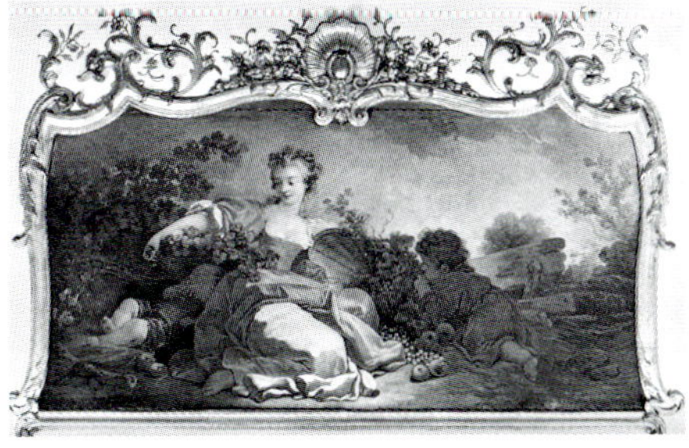

fig. 3. *L'automne,*
Paris, Hôtel Matignon

# 8 Jéroboam sacrifiant aux idoles

T. H. 111,5 ; L. 143,5

Paris, École Nationale Supérieure des Beaux-Arts

**Provenance**
Grand Prix de l'Académie royale de peinture et de sculpture en 1752 ; le 8 avril *(Procès-Verbaux...*, VI, pp. 312-313*)*, Fragonnard est admis à concourir aux côtés de « Corrège, St. Aubin, Monnet... et Perronet ». Le samedi 26 août, son tableau « s'est trouvé mériter le Premier Prix de Peinture », celui de Monnet (et non celui de Gabriel de Saint-Aubin, comme il est toujours répété depuis Duvivier 1857-1858, p. 296 ; Saint-Aubin n'obtint le second prix que l'année suivante ; *fig. 1*) le second *(idem*, p. 331 et aussi p. 328 et 329*)*. Son prix, une « Médaille d'or » *(Mercure de France*, octobre 1753, p. 165*)*, ne lui fut remis par « Monsieur de Vandières, Directeur et ordonnateur Général des Bâtiments » (le frère de la Pompadour et futur marquis de Marigny) que le 7 septembre 1753 *(idem*, p. 363*)*. Entré, avec les collections de l'Académie, à l'École des Beaux-Arts sous la Révolution.

**Expositions**
Paris, 1921, n° 9, ill. ;
Tokyo, 1980, n° 22, ill. en couleurs.

**Bibliographie**
G. p. 249 ;
P. pp. 14-15 ;
N. p. 11 ;
D. et V. 130, ill. ;
Guiffrey, 1908, p. 34 ;
Fontaine, 1910, p. 143 ;
Dacier, 1929, I, p. 29 ;
R. p. 141 ;
W. 88, pl. 8-10 et p. 8 et 10 de l'éd. française ;
Thuillier, 1967, p. 21, ill. couleurs ;
W. et M. 96, pl. V-VII en couleurs ;
Goldstein, 1975, p. 107, fig. 10.
Sutton 1980, 1987, pp. 104-105 et fig. 1 p. 103.

**Œuvres en rapport**
Réau puis Ananoff (n° 1718) rapprochent du tableau de l'École des Beaux-Arts un dessin à la sanguine *(fig. 2* ; H. 192 ; L. 194 mm ; en dernier, vente Paris, Drouot, 18 juin 1984, lettre H et 11 juin 1986, n° 2*)*. La feuille présente d'indéniables similitudes avec la composition de Fragonard, mais nous hésitons à y reconnaître la main de Fragonard. En outre, représente-t-elle *Jéroboam sacrifiant aux idoles* ou bien le sujet si voisin du *Sacrifice de Salomon* ?

Le 26 août 1752, Fragonard — il avait vingt ans depuis le 4 avril — remporte le Grand Prix de Peinture. Cette précoce victoire mérite quelques commentaires.

Tout d'abord, elle récompense un artiste qui n'a pas suivi l'enseignement de l'Académie. Certes, Fragonard a été l'élève de Boucher, encore que la plus ancienne mention de son passage dans l'atelier du maître ne date que du 18 mai 1753, mais rares sont les artistes du XVIIIe siècle qui n'ont pas été formés par l'Académie. La qualité de son enseignement, admiré et copié par une grande partie de l'Europe, permettait, pour les meilleurs des jeunes élèves, de devenir peintres d'histoire, en tout cas de faire carrière. Cet enseignement, qui dispensait également une bonne culture générale, fit défaut à Fragonard et expliquera — nous le verrons — certains de ses choix.

En quoi le Grand Prix de Fragonard relève-t-il du style de son maître ? Avouons-le, aucun des trois tableaux documentés peints par Fragonard avant son départ pour l'Italie en 1756 (n° suivant et le *Lavement des pieds* de Grasse, illustré plus haut) ne témoignent de la seule influence de Boucher, alors au zénith de son talent et de sa réputation. Le *Jéroboam* tient plus de Carle Vanloo, en 1752 aussi réputé en Europe que Boucher, ennobli l'année précédente, et aussi de Jean-François de Troy qui venait de mourir à Rome

fig. 1. G. de Saint-Aubin, *Nabuchodonosor et Sédécias*, Paris, musée du Louvre

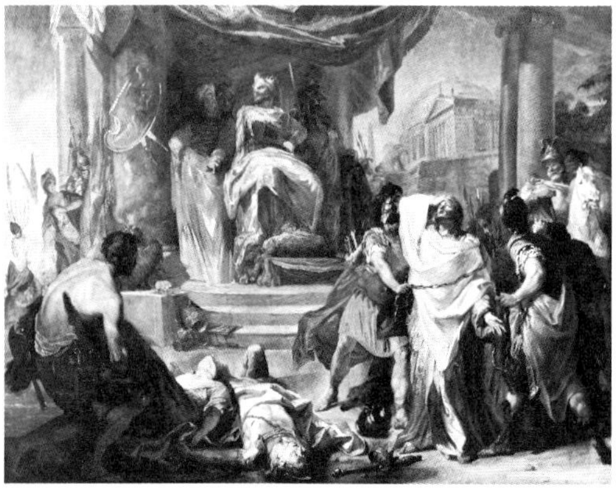

fig. 2. Fragonard (?), *Sacrifice*, Paris, commerce d'art

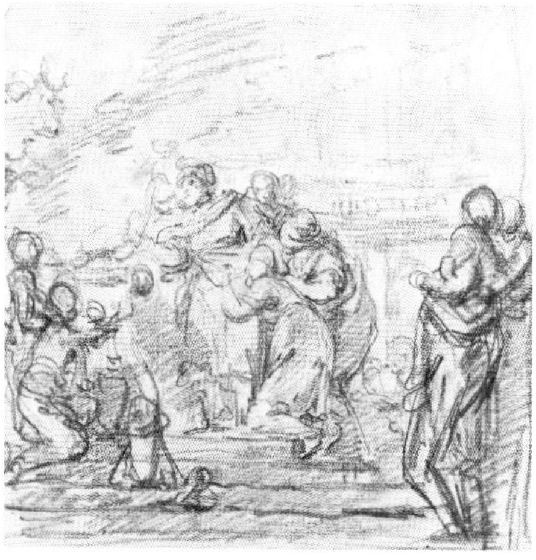

fig. 3. J.F. de Troy, *Le Triomphe de Mardochée* (détail), Paris, musée du Louvre

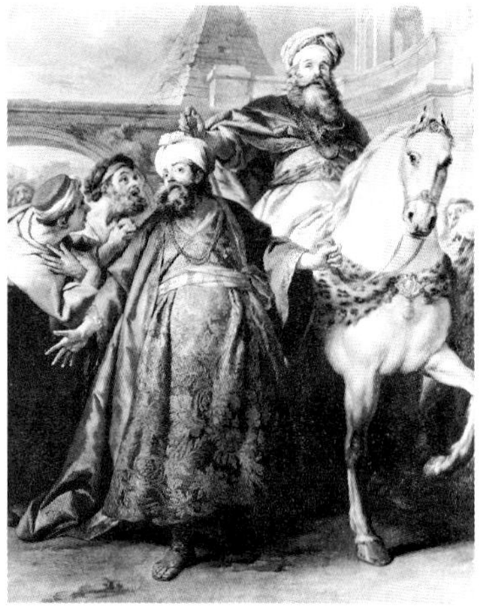

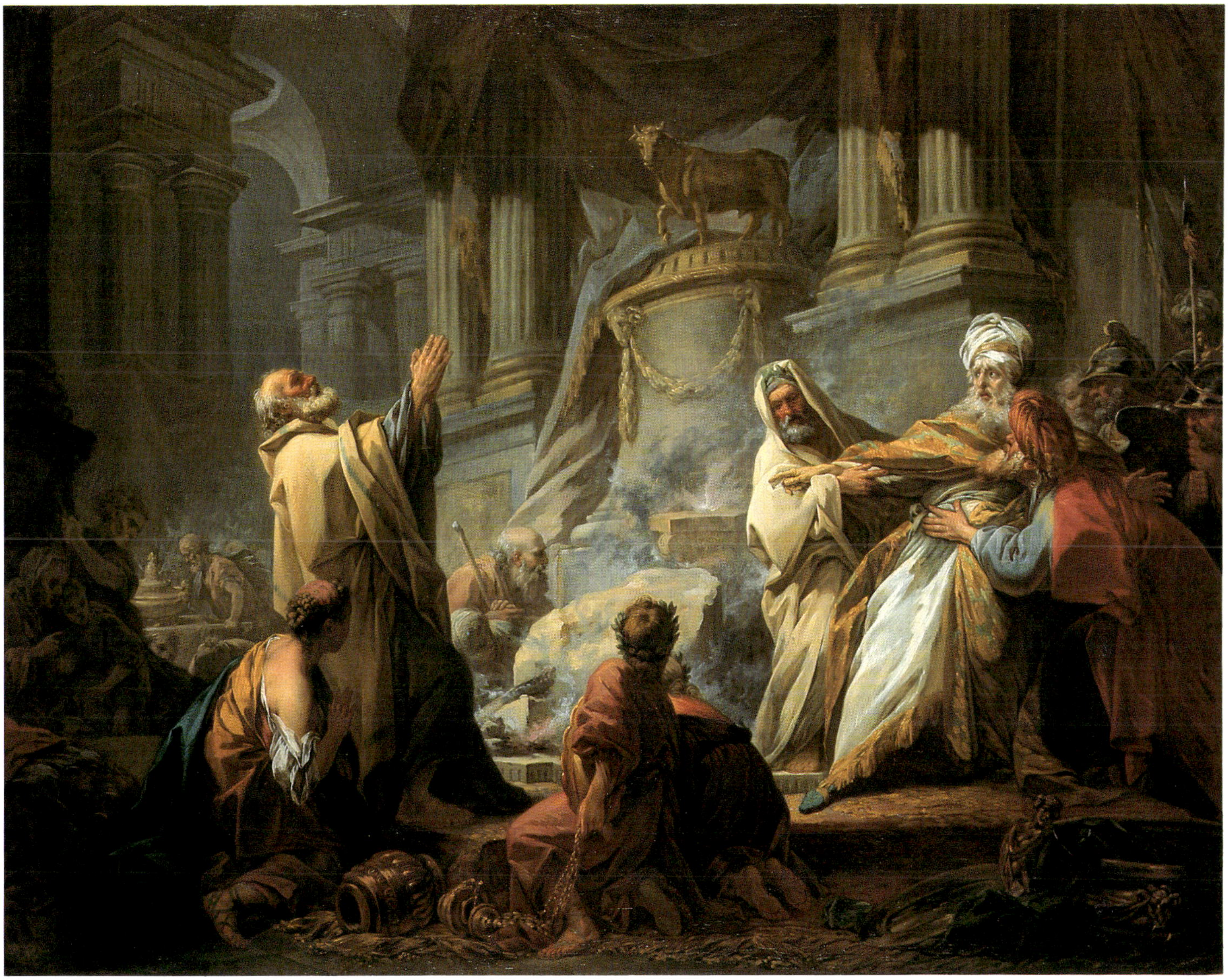

fig. 4. *Jéroboam sacrifiant aux idoles* (infra rouge)

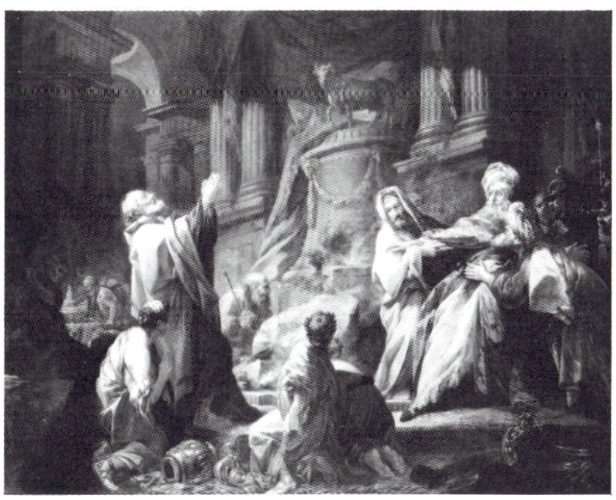

et dont les tapisseries sur l'*Histoire d'Esther* étaient grandement admirées *(fig. 3)*. Certes, il s'agissait d'un tableau de concours destiné à être jugé par des artistes parmi lesquels les peintres d'histoire jouaient un rôle essentiel et Fragonard se devait d'insister sur les attitudes, les gestes et les expressions, rendre la scène particulièrement compréhensible. Il n'en demeure pas moins que les plis cassés des vêtements, les mouvements brusques des personnages, jusqu'à la gamme des couleurs, ne reflètent guère l'esthétique toute en courbes et en grâces de Boucher.

Le sujet retenu — rappelons-le — par les Académiciens (et non par Fragonard !) — *Jéroboam sacrifiant aux idoles* (Premier livre des Rois, 12-13) — n'a pas été communément traité (à l'inverse du *Sacrifice de Salomon*). Devant Jéroboam, premier roi d'Israël, qui s'apprête à sacrifier au Veau d'or, se tient un prophète. Jéroboam donne l'ordre de l'arrêter, mais sa main instantanément « se dessèche ». Fragonard a suivi avec fidélité le récit biblique, décrivant notamment « l'autel qui se fendit et la graisse qui se répandit », preuves du caractère profanatoire du sacrifice (l'infra-rouge, *fig. 4*, de cette partie de la toile, qui montre de nombreux repentirs, témoigne des hésitations de l'artiste).

Un dernier mot : le tableau de l'École des Beaux-Arts porte le n° 88 (sur 545) du catalogue raisonné de l'œuvre de Fragonard de Wildenstein (1960). Certes, nous ne prétendons pas que le *Jéroboam* est le tout premier tableau de Fragonard, mais il nous paraît difficile d'admettre que plus du sixième de sa production entière est antérieur à sa vingtième année. En fait, à son entrée à l'École des élèves protégés, et en dépit des leçons de Boucher, il lui restait encore beaucoup à apprendre.

# 9 Psyché montre à ses sœurs les présents qu'elle a reçus de l'Amour

T. H. 167 ; L. 192

Londres, National Gallery

**Provenance**
Peint en 1753 ; présenté par le futur marquis de Marigny (alors encore Vandières) à Louis XV le lundi 4 mars 1754. Coll. Denis Pierre Jean Papillon de la Ferté (1727-1794) ; saisie avec sa collection sous la Révolution (A. N. F. 17A 1266A 1267) n° 61 : « la toilette de psiché composition de 16 figures hauteur 6 pieds largeur 7 pieds sur toile de Fragonard d'après Boucher », estimé 200 livres) ; rendu à la famille du propriétaire ; vente Papillon de la Ferté, Paris, 20 février 1797, n° 100. Appartenait peut-être déjà au baron Mayer Amschel de Rothschild mort à Mentmore en 1874 ; était en tout cas la propriété du cinquième comte de Rosebery (mort en 1929) à Mentmore. Vente du château de Mentmore (septième comte de Rosebery), Sotheby's, 25 mai 1977, n° 2422, ill. (« Carle Vanloo ») ; [Artemis] ; acquis par la National Gallery en 1978.

**Expositions**
Versailles, 1754, n° 2 ;
Londres, 1978, n° 20, ill. couleurs (notice par David Carritt) ;
Tokyo, 1980, n° 23, ill. couleurs.

**Bibliographie**
Luynes, 1863, XIII, p. 209 ;
Courajod, 1874, p. 36 ;
P. p. 18 ;
N. p. 14 ;
R. p. 146 ;
W. 89 (disparu) ;
W. et M. 97 (disparu) ;
Pigler, 1974, I, p. 173 ;
Roberts, 1978, p. 409 ;
Massengale, 1979, p. 270 ;
Sutton 1980, 1987, p. 105 et 103 fig. 2.

Quelques mois après avoir été proclamé Grand Prix de peinture, Fragonard était admis, le 30 mai 1753, à l'École royale des élèves protégés. On sait l'importance de cette école, créée en 1749 et dirigée avec autant de bonhomie que d'amour pour les jeunes artistes qui lui étaient confiés par Carle Vanloo (l'école a été étudiée en son temps par Louis Courajod, 1874). Le rôle de l'École consistait avant tout à compléter la formation pratique mais aussi l'instruction théorique des jeunes peintres, à leur donner une culture générale avant leur départ pour l'Académie de France à Rome.

Dès son entrée à l'École, Fragonard dut entreprendre sa *Psyché montre à ses sœurs les présents qu'elle a reçus.* L'œuvre fut exposée dans les appartements du roi à Versailles. Le 4 mars 1754, Louis XV put l'admirer aux côtés d'un *Enlèvement de Céphale par l'Amour* par Deshays (dont le nom croise si souvent celui de Fragonard ; Grand Prix en 1751, il avait exposé en 1753, comme élève à l'École un *Psyché abandonnée par l'Amour*... hélas perdu), d'un *Sacrifice à Bacchus* par Monnet (le second Grand Prix de 1752), d'un *Laban sacrifiant aux idoles* par Brenet et de sculptures de Guiard et de Delarue. Si le duc de Luynes, qui nous rapporte l'événement, nous précise le titre du tableau, il ne nous dit rien, hélas, sur les réactions des illustres visiteurs.

L'œuvre n'est pas mentionnée durant le XVIII$^{e}$ siècle. Saisie à la Révolution avec la collection Papillon de la Ferté, elle figure en 1797 dans la vente du célèbre intendant des Menus Plaisirs, graveur et critique d'art, grand collectionneur et admirateur de Boucher et de Vanloo, qui était monté sur l'échafaud trois ans auparavant. Le catalogue de la vente du 20 février précise que le tableau de Fragonard « mesure 72 pouces sur 84 (= 194,4 sur 226,8 cm) et montre seize figures ». La toile de Londres a donc été considérablement rognée (de 27 cm) dans sa partie supérieure (ce qui explique les putti bizarrement coupés à mi-corps) et de près de 35 cm sur la gauche : quelques-unes des « seize figures »

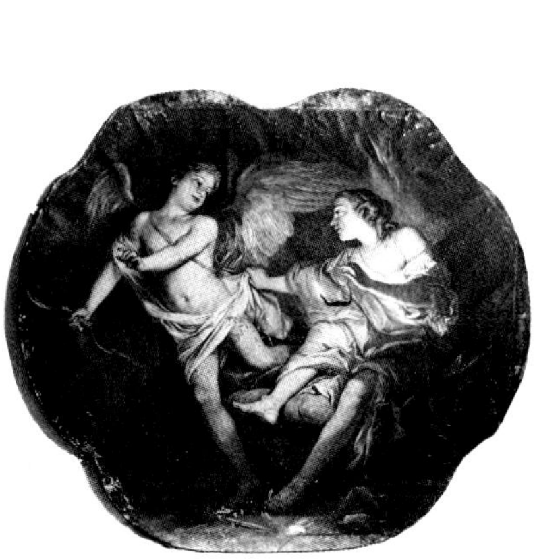

fig. 1. Carle Vanloo, *L'Amour quittant Psyché*, Versailles, château

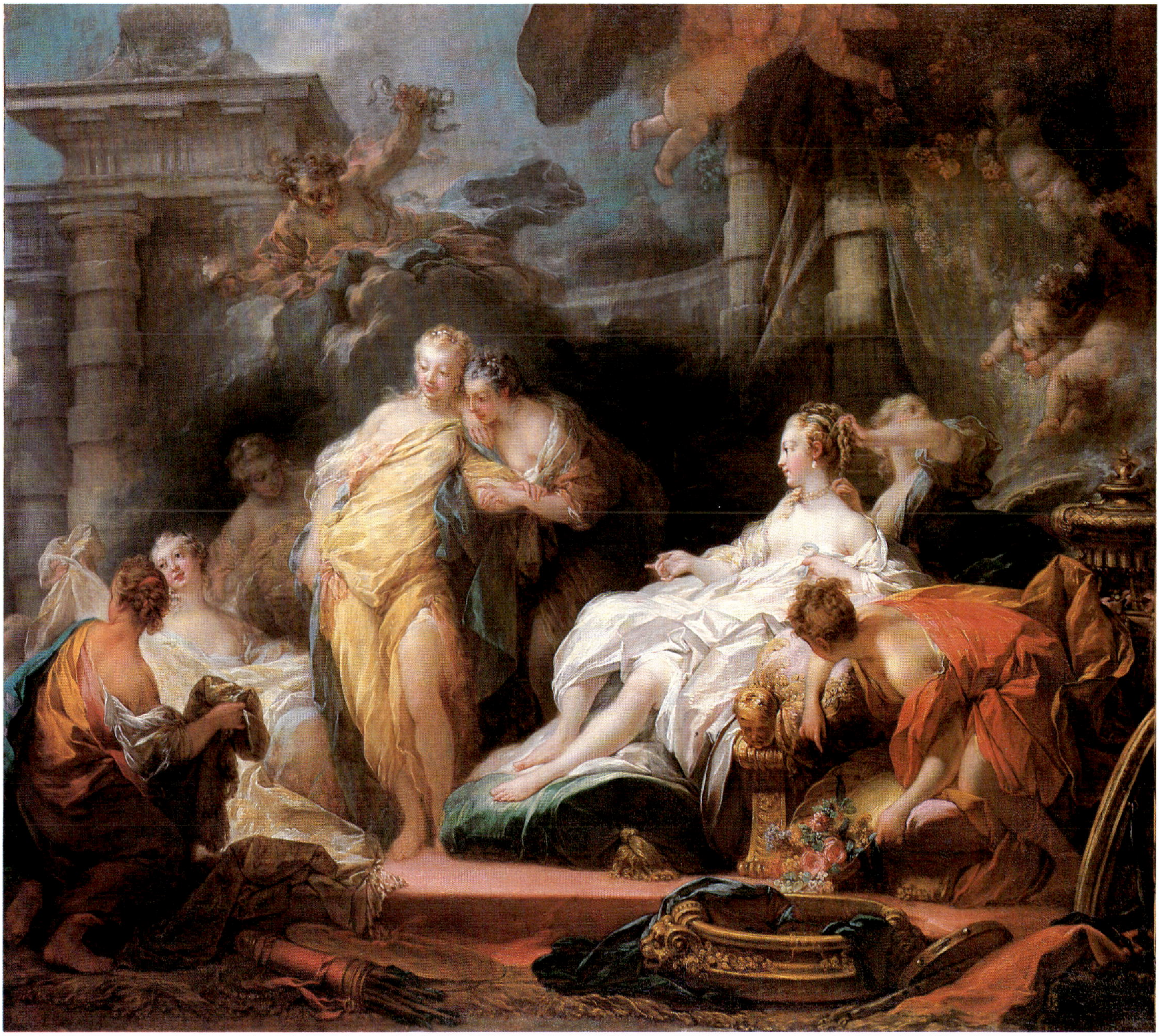

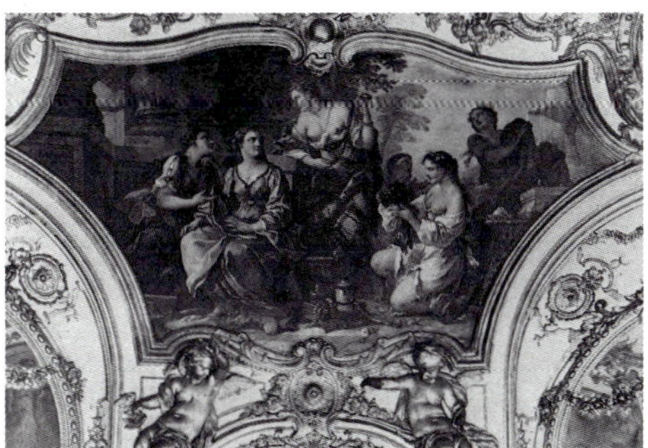

fig. 2. Natoire, *Psyché reçoit les bijoux,*
Paris, Hôtel de Soubise, Archives Nationales

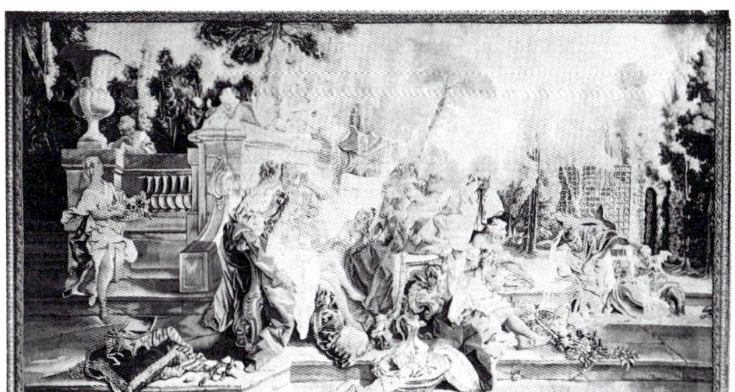

fig. 3. D'après Boucher, *La toilette de Psyché,* tapisserie,
Philadelphie, Philadelphia Museum of Art

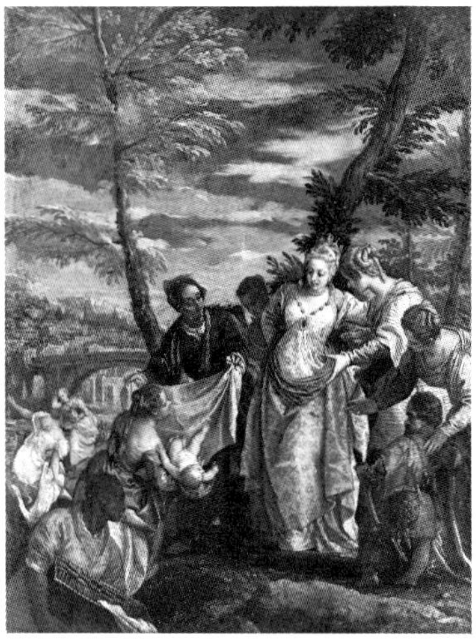

fig. 4. Véronèse, *Moïse sauvé des eaux*, Washington, National Gallery

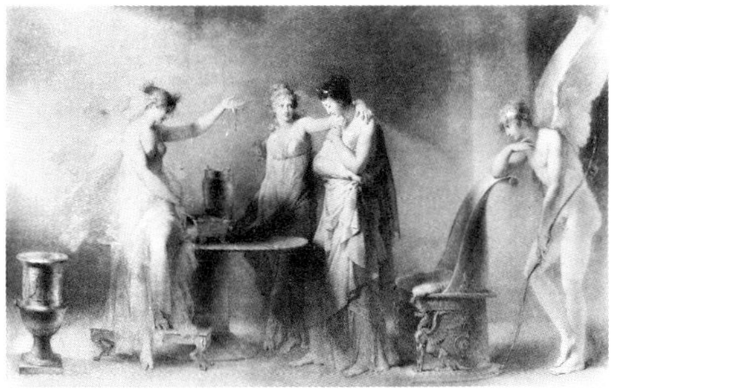

fig. 5. A.-E. Fragonard, *Psyché montre ses richesses à ses sœurs*, Paris, musée du Louvre, Cabinet des dessins

parmi les compagnes de Psyché durent disparaître lors de cette mutilation. En fait, les regards de Psyché et de ses sœurs sont dirigés vers ce qui, clairement, devait constituer à l'origine le sujet du tableau : les bijoux reçus.

Le tableau disparaît durant le XIXe siècle. Il refait surface en 1977 à la vente de Mentmore sous une compréhensible attribution à Carle Vanloo, avant d'être reconnu par le regretté David Carritt qui le vendit à la National Gallery de Londres.

Plusieurs points méritent d'être relevés : que l'œuvre ait été attribuée à Vanloo n'a rien d'étonnant. Lorsque Fragonard la peignit, il était son élève : l'*Amour quittant Psyché*, peint par Vanloo en 1744 pour Versailles *(fig. 1)*, n'est pas sans évoquer la Psyché de Londres. Non moins justement Le Brun, l'expert de la vente Papillon de la Ferté, précise que le tableau a été « fait » alors que Fragonard était « dans l'école de Boucher ». Nous verrons que le jeune provençal s'est directement inspiré de compositions de son premier maître. Mais certains morceaux, les putti, la figure de l'Envie dans la partie supérieure de la composition, la gamme de couleurs avec ses jaunes acides et ses safrans, et surtout la servante qui tresse les nattes de Psyché, reviennent en propre à Fragonard.

Le sujet — inspiré autant de l'*Âne d'or* d'Apulée que des *Amours de Psyché et de Cupidon* de La Fontaine, comme l'a démontré D. Carritt (1978) — n'est pas courant dans la peinture française du XVIIIe siècle. Natoire *(fig. 2)* à l'hôtel de Soubise (actuellement Archives Nationales) en 1738, Boucher pour une suite de tapisseries, l'avaient abordé, partie d'un cycle sur l'Histoire de Psyché. Si l'influence de Natoire, dont bientôt Fragonard allait être l'élève à Rome, se discerne difficilement, celle de Boucher est par contre évidente. Il avait reçu en 1737 pour la manufacture de Beauvais la commande de six cartons de tapisserie sur ce sujet. Six suites de cinq compositions (le *Mariage de Psyché et de l'Amour* ne fut pas tissé ; le tableau de Boucher vient d'entrer dans les collections du Louvre) en furent tissées entre 1741 et 1770 (deux séries complètes subsistent à Philadelphie et au Palais Royal de Stockholm ; on connaît en outre trois esquisses en grisaille ; voir sur cet ensemble, Hussman, 1977, Standen, 1986 et surtout Hiesinger, 1976). Mais plus que l'épisode dépeignant *Psyché montrant à ses sœurs les présents qu'elle a reçus de l'Amour*, peint lui aussi par Boucher, Fragonard s'est inspiré de la *Toilette de Psyché (fig. 3)*.

Enfin, comme a bien voulu nous le préciser Howard Couts, le groupe central de la composition, deux des sœurs de Psyché, est directement inspiré d'un *Moïse sauvé des eaux* de Véronèse, soit celui de Washington *(fig. 4)* qui appartint à Louis-Michel Vanloo, le neveu de Carle, soit celui des collections royales aujourd'hui à Dijon (et en ce cas il aurait copié la gravure).

Un dernier point : le Cabinet des dessins du Louvre conserve une autre représentation du sujet, due cette fois-ci au fils de Fragonard, Alexandre-Évariste *(fig. 5)*. En 1797, âgé de 17 ans (son père en avait 21 lorsqu'il peignit son tableau) et ayant sans nul doute vu le tableau de son père à la vente Papillon de la Ferté, il voulut prouver ce dont il était capable. Il produisit une allégorie plus prudhonienne que davidienne. La perfection technique, le souci archéologique, le purisme glacé, l'érotisme élégant de ce dessin témoignent de la radicale mutation qu'en moins d'un demi siècle, la peinture française avait connue.

# 10 Le repos pendant la fuite en Égypte

T. Ovale. H. 188,5 ; L. 219

Norfolk, The Chrysler Museum, prêt de la collection Walter P. Chrysler Jr.

**Provenance**
Selon le cat. de l'exp. de Portland en 1956, qui cite le « vicomte Jacques de Canson, Paris », proviendrait d'une église de Grasse pour laquelle le tableau aurait été peint (?), puis de la coll. du baron Franchetti à Venise ; acquis de la « galerie Jamarin », Paris, en 1954.

**Exposition**
Portland, 1956, nº 67, ill.

**Bibliographie**
Cuzin, 1986, p. 58.

**Œuvres en rapport**
Une esquisse en hauteur (W. 13 fig. 8) avec variantes appartient au musée de Stockholm *(fig. 1)*, une autre en largeur (W. 12, fig. 7) autrefois dans les coll. Jules Strauss et Salavin, a été vendue le 5 décembre 1973 à Paris *(fig. 2* ; Palais Galliéra, nº 34, ill.*)*. On connaît encore deux études pour la tête de la Vierge, l'une au musée Gosta Serlachius à Mänttä (Finlande ; *fig. 3*), l'autre passée en vente à Londres, Sotheby's, le 18 mai 1938, nº 102, ill. *(fig. 4)*. Enfin, la feuille du musée de Stockholm (cat. Bjurström, 1982, nº 950, ill.), que nous avons tout d'abord hésité à accepter (Rosenberg, 1984, p. 66), nous paraît aujourd'hui être un des plus anciens dessins de Fragonard qui puisse être accepté sans réserve *(fig. 5)*.

On rapprochera ces tableaux et ce dessin de la toile de même sujet, elle aussi ovale mais en hauteur, anciennement dans la coll. Rouart *(fig. 6* ; W. 24 fig. 15*)* et d'un dessin passé en vente en 1955 (A. 1775) qui nous laisse quelque peu hésitant en dépit de la liberté de sa facture *(fig. 7)*.

Citons encore le tableau de la vente Le Prince du 28 novembre 1781, nº 125 : « Un repos de Fuite en Égypte de forme ovale en travers : composition grande et d'un effet piquant. Hauteur 33 pouces. Largeur 34 pouces.T. ».

Saint-Non copia peut-être le tableau de Fragonard « un tableau sur toile de forme ovale, copie par M. de Saint-Non d'après Fragonard et représentant la Vierge considérant l'enfant Jésus endormi dans son berceau » (Wildenstein, 1959, p. 238, nºs 6-7 ; voir aussi p. 239, nºs 42-49).

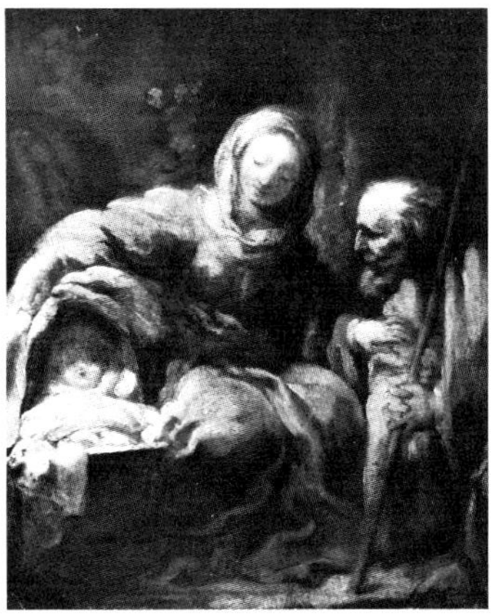

fig. 1. *Sainte Famille,*
Stockholm,
Nationalmuseum

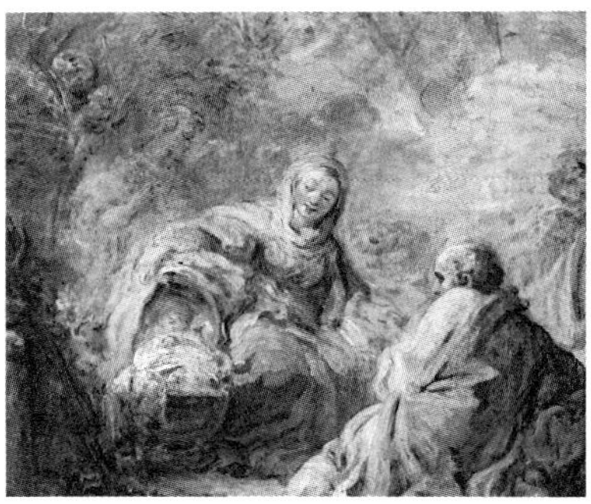

fig. 2. *Sainte Famille,*
localisation actuelle inconnue

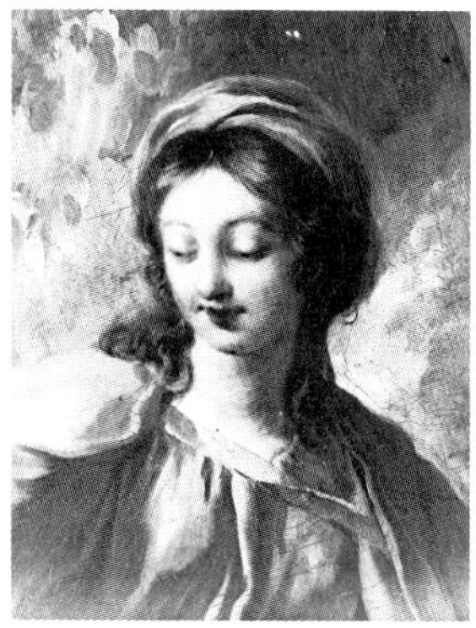

fig. 3. *Étude pour la tête de la Vierge,*
Musée Gösta Serlachius, Mänttä

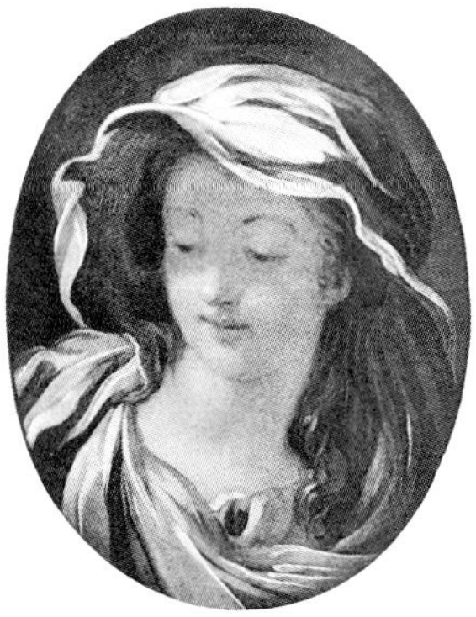

fig. 4. Fragonard (?),
*Étude pour la tête de la Vierge,*
localisation actuelle inconnue

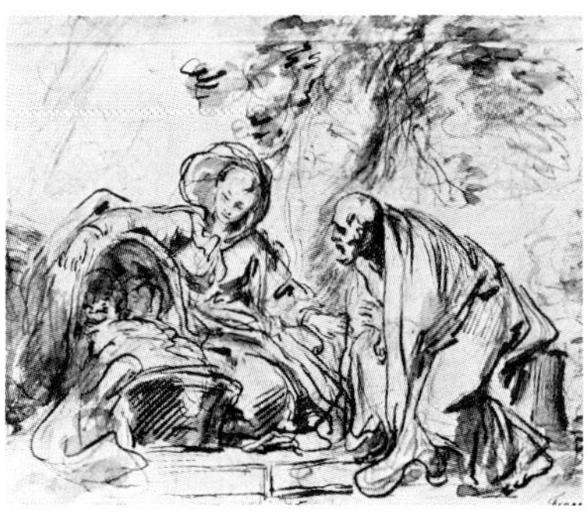

fig. 5. *Sainte Famille,*
Stockholm,
Nationalmuseum

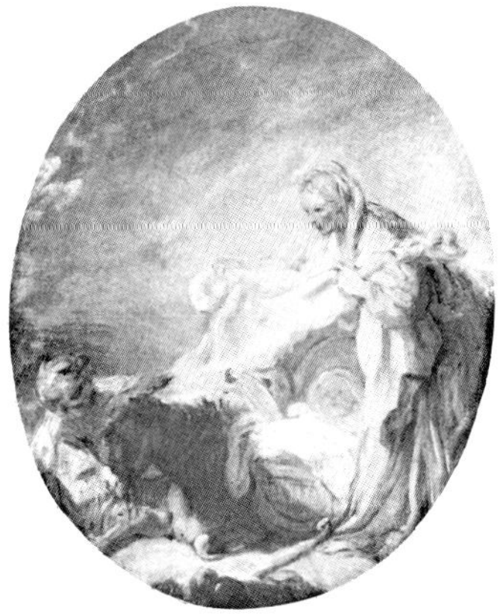

fig. 6. *Sainte Famille,*
localisation
actuelle inconnue

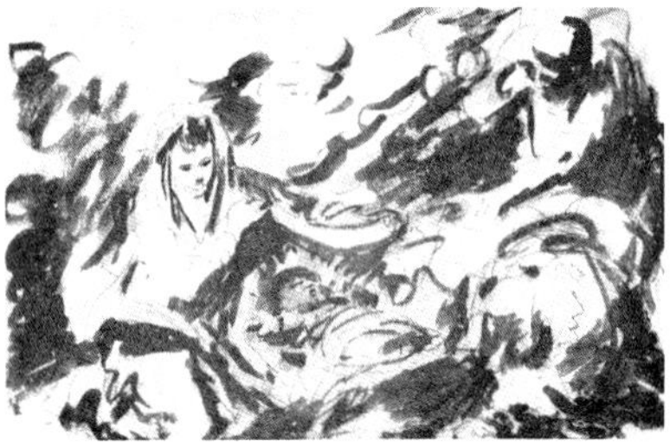

fig. 7. Fragonard (?), *Sainte Famille*, localisation actuelle inconnue

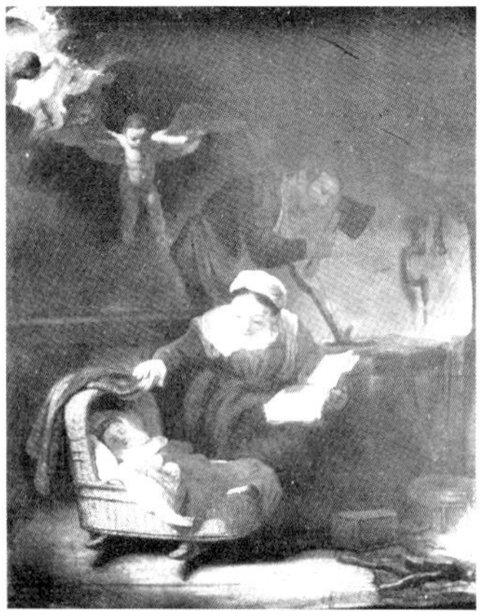

fig. 8. *Sainte Famille*, localisation actuelle inconnue

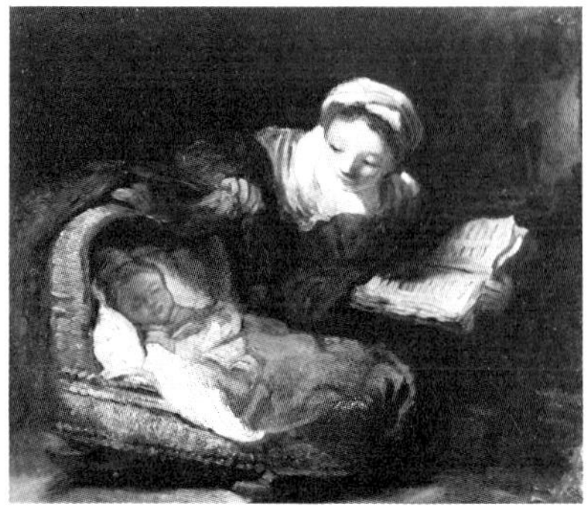

fig. 9. *Sainte Famille*, San Francisco, The Fine Arts Museums

Le tableau, peu étudié, n'a que rarement été reproduit: l'existence de plusieurs esquisses bien connues et unanimement acceptées *(fig. 1* et *2)* d'études de détail *(fig. 3* et *4)* et d'au moins un dessin préparatoire *(fig. 5)*, rend la paternité de Fragonard certaine et prouve l'importance que le jeune artiste attachait à sa composition.

Nous ignorons cependant tout sur la localisation ancienne de l'œuvre: il a été suggéré (voir plus haut *Provenance*) qu'elle provenait d'une église de Grasse. Rien ne le prouve, mais le rapprochement avec le *Lavement des pieds* de la cathédrale de Grasse, commandé par la ville en 1754 et présenté à Louis XV le 13 avril 1755, n'est pas sans intérêt. Le style des deux œuvres offre des analogies, même si les teintes froides et la lumière matinale du tableau de Norfolk font contraste avec les couleurs chaudes, l'éclairage artificiel de la toile de Grasse.

Fragonard ne renouvelle pas – il va sans dire – l'iconographie d'un sujet banal entre tous. Il dirige notre regard vers le groupe de la Vierge et l'Enfant, décentré sur la gauche, plaçant au premier plan un Joseph vu de trois quarts et tenant la Bible, bien confortablement assis. L'important est que Fragonard s'inspire directement de la *Sainte Famille* de Rembrandt aujourd'hui à l'Ermitage, alors dans la collection Crozat. On sait qu'il copia ce tableau et que sa copie appartint à Boucher (vente après décès, 18 février 1771, n° 111). Mais nous ignorons la localisation actuelle de cette copie *(fig. 8*; W. 7 fig. 2*)*, dont il semble avoir répété à plusieurs reprises le motif principal; nous ignorons surtout la date de sa copie. La seule version que nous ayons vue, celle du musée de San Francisco *(fig. 9)*, imite dans son exécution la touche appuyée et grasse si particulière à Rembrandt. Serait-elle contemporaine du tableau de Norfolk, elle confirmerait qu'à la même date, Fragonard peignait dans des manières fort différentes. Pour qui connaît l'artiste, il n'y a là rien pour surprendre.

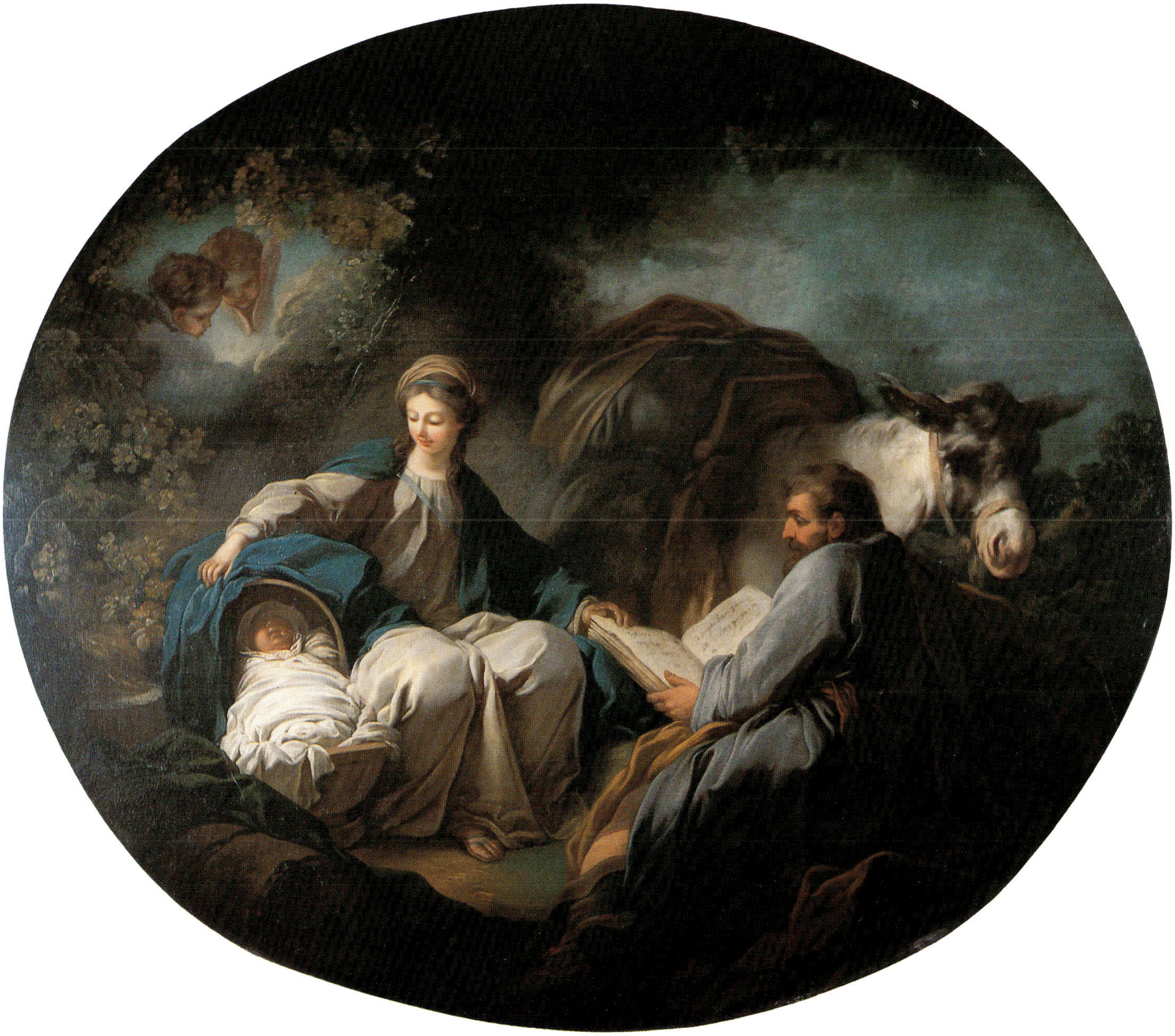

# II Rome 1756-1761

« Tu vas voir là-bas, mon cher Frago, les ouvrages des Raphaël, des Michel-Ange et de leurs imitateurs ; mais je te le dis en confidence, et bien bas, si tu prends au sérieux ‹ces gens-là›, tu es un homme perdu », ce serait en ces termes que Boucher, selon le petit-fils de Fragonard, Théophile (1847), lui aurait vanté l'Italie. Voyageant en compagnie de Madame Vanloo, l'épouse turinoise de son maître, Carle, par ailleurs excellente cantatrice, et avec ses deux autres camarades de l'École royale des élèves protégés, le peintre Monnet et le sculpteur arrageois, Dhuez, Fragonard arriva à Rome peu avant le 22 décembre 1756. Il devait y rester plus de quatre ans.

Sur son séjour, nous manquons de détails. Fragonard n'écrit pas, ses camarades de l'École, alors installée au Palais Mancini sur le Corso — citons Guiard, Pajou, de Wailly, Louis, Chalgrin, Chardin fils, Amand, nous en mentionnerons d'autres plus loin — ne nous ont pas laissé de confidences (seul Greuze, rencontré au début de 1757, se souvenait que Fragonard l'avait surnommé « le chérubin amoureux », à cause de ses cheveux blonds et de ses amours d'alors, Montaiglon, 1860, p. 254). Quant à Natoire (1700-1777), le directeur dont le rôle — nous le verrons — fut important, il n'écrit que ce qu'il veut bien.

Soulignons tout de suite un point de grande importance : Fragonard traversa à son arrivée une très grave crise. Il n'était pas le premier que l'Italie — celle de l'Antiquité, celle de la Renaissance, celle aussi de jeunes peintres italiens ou étrangers (Mengs déjà) dont les ambitions artistiques étaient si différentes de celles de leurs contemporains français — troublait. J. B. Deshays (1729-1765), le futur gendre de Boucher, qui avait précédé à Rome Fragonard de deux ans, avait connu le même « découragement » (Cochin, 1765). Celui de Fragonard fut profond : « l'énergie de Michel-Ange m'effrayait » disait-il « j'éprouvais un sentiment que je ne pouvais rendre. En voyant les beautés de Raphaël, j'étais ému jusqu'aux larmes et le crayon me tombait des mains. Enfin, je restai plusieurs mois dans un état d'indolence que je n'étais pas maître de surmonter, lorsque je m'attachai à l'étude des peintres qui me donnaient l'espérance de rivaliser un jour avec eux : c'est ainsi que Baroche, Piètre de Cortone, Solimène et Tiepolo fixèrent mon attention » nous rapporte Le Noir (1816).

Cette « langueur », connue aussi de Vivant Denon (1829 ; « la vue des chefs d'œuvre des grands maîtres d'Italie le découragea ; il désespéra de pouvoir jamais atteindre à leur perfection et ne chercha pas même à les imiter »), les biographes plus récents de l'artiste n'en ont pas compris tout le sens. Fragonard, qui avait déjà ses idées sur la peinture et en avait donné les preuves à Paris, fut surpris par l'Italie qui les remettait en cause. En France, il ne pouvait deviner ni Raphaël, ni Michel-Ange, ni les fresques des Carrache du Palais Farnèse où, semble-t-il, il alla copier dès avril 1757.

Apprenant la crise que connaissait Fragonard (et quelques autres pensionnaires), Marigny écrira avec compréhension et indulgence (31 juillet 1758) : « quelquefois, la vue des grands maîtres étonne. On désire de les imiter, on croit nécessaire de changer de manière... Le passage d'une manière à une autre coûte et produit une sorte de tâtonnement qui ralentit». Combien de temps dura cet «abattement» et comment Natoire s'y prit-il pour venir en aide à Fragonard ? Une lecture attentive de la correspondance qu'échangaient, avec plus ou moins de régularité, les directeurs de l'Académie et le surintendant des Bâtiments, Marigny, permet de répondre avec précision à cette question : en 1757, Natoire ne prononce pas une seule fois le nom de Fragonard. À une seule occasion, le 2 novembre 1757, on le sent mécontent et encore le reproche, qui s'adresse aux pensionnaires en général, est-il collectif : «je les ai fait recommencer ce qu'ils avaient déjà fait... J'espère qu'ils feront mieux.» Le 15 mars 1758, cependant, il explose : «la faiblesse de leurs talents est la cause de tout» (il n'avait pu envoyer à Paris les travaux des pensionnaires). «Ils ne savent s'arrêter à aucun parti...». Il ajoute toutefois : «ils ont bonne envie... de faire mieux qu'ils ne peuvent. Je ferai tout mon possible pour que ces études» (les copies peintes d'après les maîtres) «les rendent plus forts qu'ils ne sont, car ils ont bien besoin d'acquérir de la science». À en croire les Goncourt, qui remerciaient Théophile de leur avoir communiqué ces précisions, Natoire alla jusqu'à accuser Fragonard «de n'être pas l'auteur du tableau qui l'a fait envoyer à Rome. Il le menace d'écrire à Paris et Fragonard obtient à grand peine de lui un délai, un sursis de trois mois». Natoire, pourtant, ne désespérait pas : il entreprit de délicates tractations pour obtenir pour trois nouveaux pensionnaires — Brenet, Monnet et Fragonard — le droit de copier, selon le règlement de l'Académie, trois chefs d'œuvre du Caravage, de Guido Reni et de Pierre de Cortone. Ces tableaux, il les avait attentivement choisis «de façon que ces trois manières différentes [de peindre de ces trois artistes] feraient étudier chacun dans ce qu'il a besoin». Pour Fragonard — dont la copie de l'*Ananie rendant la vue à saint Paul* de Pierre de Cortone *(fig. 1)* est perdue — le remède réussit. Le 3 mai 1758, plus de *seize mois après son arrivée* à Rome, Fragonard enfin est mentionné : «Flagonart» (*sic*, Natoire n'apprendra jamais à orthographier correctement son nom) a achevé quelques «études» que le directeur expédie à Paris, une académie d'homme, de mystérieux «desseins» ainsi qu'une tête de Prêtresse. Les Académiciens se montreront satisfaits des «desseins», reprocheront à la tête de Prêtresse sa «manière un peu trop doucereuse», mais seront déçus par l'académie masculine : «les dispositions brillantes» de Fragonard à Paris avaient fait espérer mieux ! En août et en octobre 1758, Natoire reste encore sur sa réserve, mais il reconnaît à Fragonard des «dispositions» : «il faut laisser au génie un peu de liberté», écrit-il finement. S'il ne le comprend pas bien, il le respecte. Surtout, Fragonard travaille et «avance» dans ce qu'il fait. La crise est surmontée... Si bien qu'en août 1759, Natoire, d'accord avec Cochin, souhaitera que Fragonard prolonge d'une quatrième année son séjour à Rome : «il est plus à propos qu'il jouisse de cet avantage que les deux autres frères [Brenet], d'autant plus qu'il le désire avec empressement. Son talent donne beaucoup plus d'espérance que celui du sieur Brenet peintre».

Au nouvel envoi d'une académie à Paris, les Académiciens réagissent d'une manière qui nous surprend aujourd'hui. «On est satisfait... Cependant, on craint que l'excès des soins ne refroidisse entièrement le feu que l'on connaissait dans cet artiste...» Plus rien de cette «facilité de pinceau», point de ces «tons frais, hazardés par l'enthousiasme...» qu'on lui connaissait à Paris. «Tout est fondu ; tout est fini. Il est temps que M. Fragonard prenne confiance en ses talents et que, travaillant avec plus de hardiesse, il retrouve ce premier feu et cette heureuse facilité qu'il avait...». Natoire put rassurer ses collègues parisiens : «Flagonard a beaucoup de talent» (octobre 1759) ; «il n'y a point à appréhender que

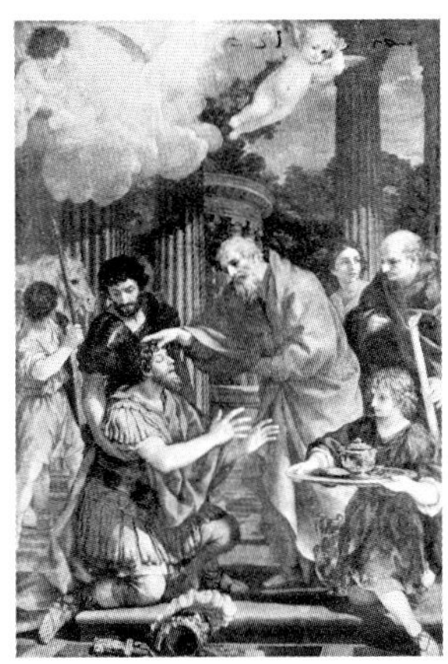

fig. 1. Pierre de Cortone,
*Ananie rendant la vue à saint Paul*,
Rome, église des Capucins

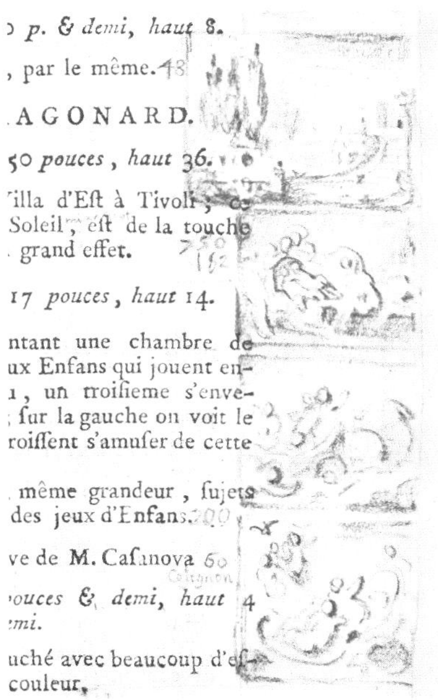
) p. & demi, haut 8.
, par le même.
AGONARD.
50 pouces, haut 36.
'illa d'Eſt à Tivoli,
Soleil, eſt de la touche
grand effet.
17 pouces, haut 14.
ntant une chambre de
ux Enfans qui jouent en-
1, un troiſieme s'enve-
ſur la gauche on voit le
roiſſent s'amuſer de cette
même grandeur, ſujets
des jeux d'Enfans.
ve de M. Caſanova
ouces & demi, haut 4
mi.
uché avec beaucoup d'ef-
couleur.

fig. 2. G. de Saint-Aubin, page du catalogue de la vente Natoire (1778), Paris, Bibliothèque Nationale, Cabinet de estampes

le sr Flagonard refroidisse le feu qu'il a naturellement. Je vois de lui des choses par intervalles qui me donnent de grandes espérances » (novembre). Fragonard a fait la conquête de Natoire... (qui possédait dans sa collection personnelle quatre Fragonard, *fig. 2,* tous retrouvés et sans doute tous les quatre peints durant le séjour romain, *fig. 3, 4, 5,* voir notice 33).

1760 (Fragonard « travaille avec succès... et promet beaucoup ») sera l'année de la rencontre avec l'abbé de Saint-Non et des mois de travail à Tivoli (voir p. 94 et n$^{os}$ 24-27), 1761, celle du court séjour à Naples en compagnie d'Ango et du retour laborieux en France avec l'abbé (p. 118 et n$^{os}$ 43-65). À Colorno, il peindra un *Pan et Syrinx (fig. 6)* pour le puissant ministre de Parme, Du Tillot. Le 26 septembre 1761, Fragonard est de retour à Paris. Il lui faudra près de quatre ans pour s'imposer.

Des travaux « officiels » de Fragonard pensionnaire, nous ne conservons rien. La copie de l'*Ananie rendant la vue à saint Paul* de Pierre de Cortone, la *Tête de Prêtresse*, les académies peintes, les dessins, à l'exception des études d'après « le modèle avec des draperies et différents habillements » du type de celles du Louvre et de Montpellier que nous reproduisons ici (n$^{os}$ 11 et 12), ne nous sont plus connus.

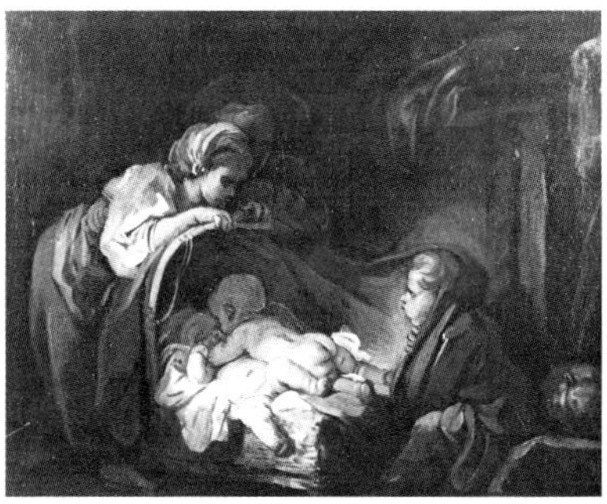

fig. 3. «*Deux enfants qui jouent ensemble dans leur berceau*», New York, coll. privée

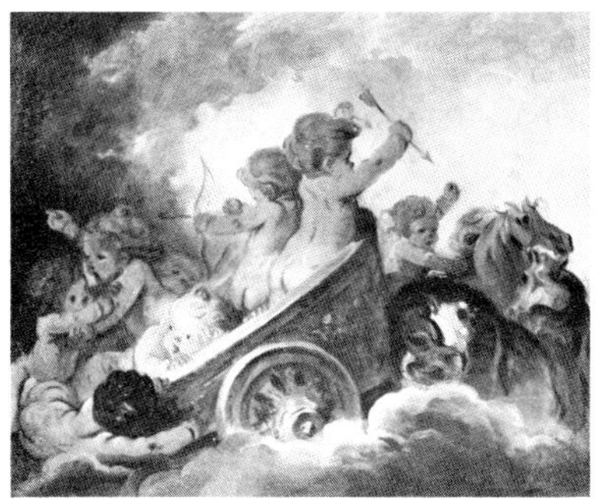

fig. 4. *La guerre*, Paris, coll. privée

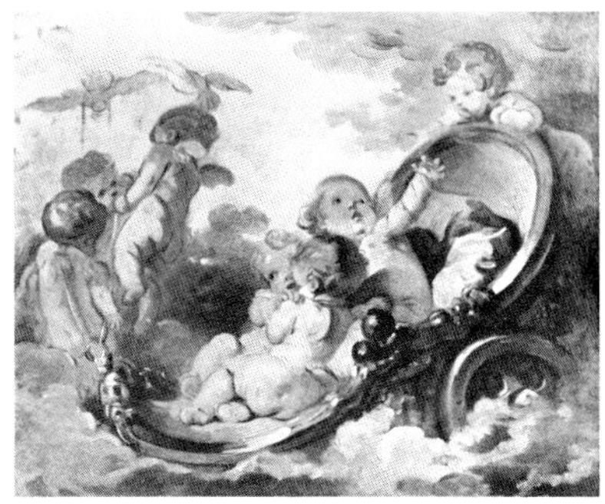

fig. 5. *La paix*, Paris, coll. privée

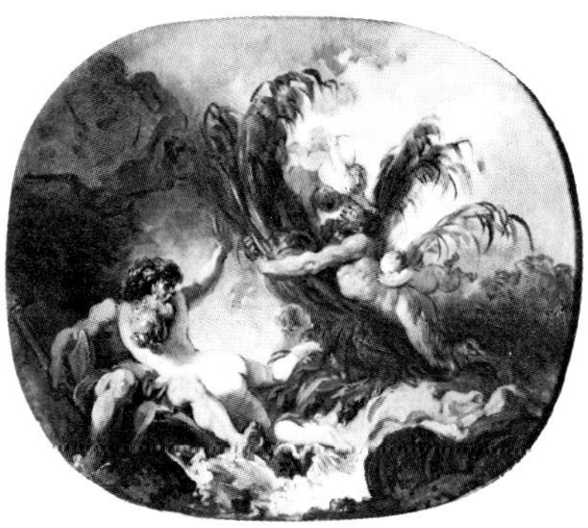

fig. 6. *Pan et Syrinx*, Florence, coll. privée

Nous exposons non seulement quelques-uns des nombreux dessins à coup sûr réalisés en Italie, mais aussi un groupe de tableaux dont nous avons pu prouver, dans nos notices, qu'ils avaient été exécutés durant cette période. Ces tableaux peuvent se diviser en deux groupes, les paysages comme la *Charrette embourbée* du Louvre qui doit dater de 1759, ou la *Vue de Tivoli*, postérieure d'un an, ou encore le *Jeu de la palette* de Chambéry, d'autre part des scènes de la vie romaine de tous les jours, femmes à la fontaine, blanchisseuses, lavandières, etc... S'y ajoute un tableau essentiel, l'*Enjeu perdu*, qui a appartenu au bailli de Brotouil. L'œuvre permet de comprendre les reproches des Académiciens de Paris en 1759. Ce « fondu », ce « fini » qu'ils n'appréciaient guère, la caractérisent parfaitement. Mais son esquisse est exécutée avec une vivacité du pinceau, une liberté d'écriture qui suffit à justifier le tableau. Les autres œuvres romaines, à en juger par les catalogues de vente du XVIII$^{e}$ siècle, furent nombreuses. S'il est sûr que Fragonard fut abattu pendant les deux premières années de son séjour, il est non moins certain que durant les deux années qui suivirent, il peignit beaucoup. Et qu'il dessina — nous le verrons — encore plus.

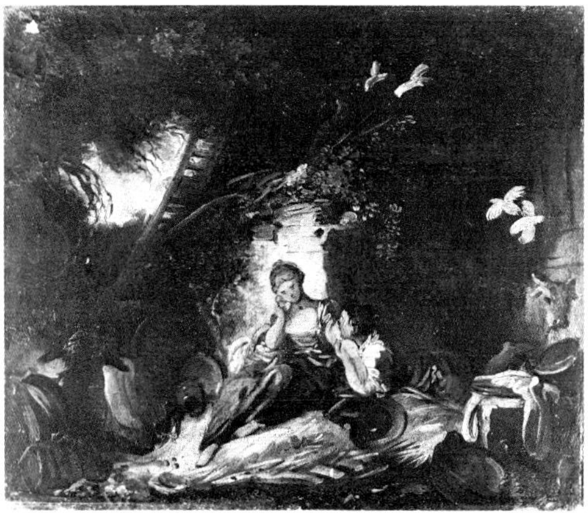

fig. 7. *Intérieur d'étable avec bergère,*
Paris, coll. privée

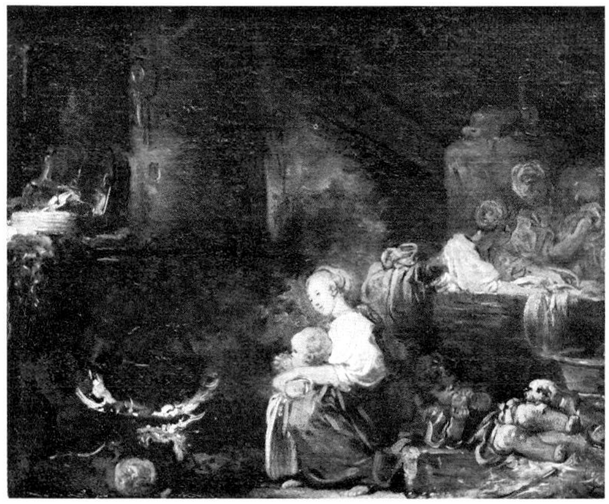

fig. 8. *Femme devant un feu tenant un enfant,*
localisation actuelle inconnue

Les tableaux romains, si certains modèles gardent quelques chose de Boucher *(fig. 7),* sont d'une exécution et d'une inspiration bien différentes des œuvres parisiennes (nous reproduisons ici *(fig. 8)* un exemple inédit passé en vente le 30 janvier 1782, n° 78). L'*Enjeu perdu* indique une voie, mais Fragonard est bien plus à son aise dans les œuvres rapidement exécutées où il ne s'arrête pas à l'exactitude du détail. Pourquoi cette technique, pourquoi ces sujets? La rapidité signifie la justesse de l'observation, l'évocation du moment, une « atmosphère » saisie avec une grande pénétration. Quant à la scène de genre, si elle a son origine dans la bambochade, invention romaine du XVII^e^ siècle, on chercherait en vain chez Fragonard une critique sociale, pas même un souci réaliste ou encore une volonté de pittoresque. Les objets choisis sont les plus banaux, les plus « anonymes », pour mieux nous permettre d'apprécier la virtuosité du métier, de la « goûter » dans toute sa saveur.

Les dessins sont, pour l'essentiel, de deux ordres, les paysages et les copies d'après les maîtres ; de deux techniques, la sanguine et la pierre noire. Au delà, ici encore, de la virtuosité, la sûreté du coup d'œil stupéfie. Mais Fragonard n'est pas photographe ou du moins, il l'est dans l'extraordinaire soin qu'il apporte à choisir le bon angle, à bien « cadrer » le point de vue le plus surprenant, le moins aisément reconnaissable, il l'est par le regard neuf qu'il pose aussi bien sur les cyprès les plus admirés que les Raphaël et les Rubens les plus célébrés.

Ce savoir ne vint pas tout seul. Deux artistes semblent avoir particulièrement compté : Natoire et Robert. Du premier, nous savons qu'il habita Tivoli pour quelques semaines en juin (?) 1759. Il y travaillait en avril 1760 (voir n° 36). Il aimait dessiner la campagne romaine *(fig. 9)* — il n'était pas le premier, pas même le premier directeur de l'Académie, Vleughels avait montré la voie. Mais il estimait et osait l'écrire à son supérieur, le surintendant — à un moment où la peinture d'histoire gardait tout son prestige — que cet exercice était fort utile : « je regarde cette partie » [dessiner des « vues aux environs de Rome »] « fort nécessaire dans l'étude de nos jeunes élèves. Je les encourage à ne pas la négliger en les prêchant d'exemple » (17 janvier 1759, la date mérite d'être soulignée).

Hubert Robert était arrivé à Rome en 1754, il ne sera pensionnaire qu'en 1760. Mais il se fit rapidement remarquer *(fig. 10).* Natoire, à peine plus d'un mois après avoir loué la pratique des paysages, écrivait à Marigny (c'est la première fois qu'il le nomme) : « je voudrais que tous [qui précisément ?] fissent des progrès aussi sensibles que le sr Robert...

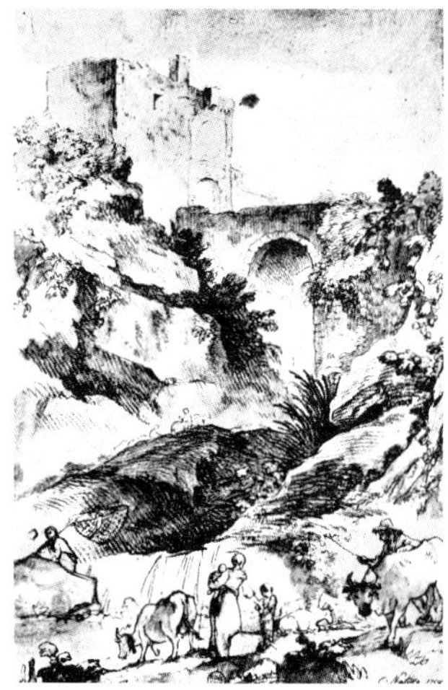

fig. 9. Natoire, *Vue de Tivoli* (1758), Montpellier, musée de la Faculté de Médecine, coll. Atger

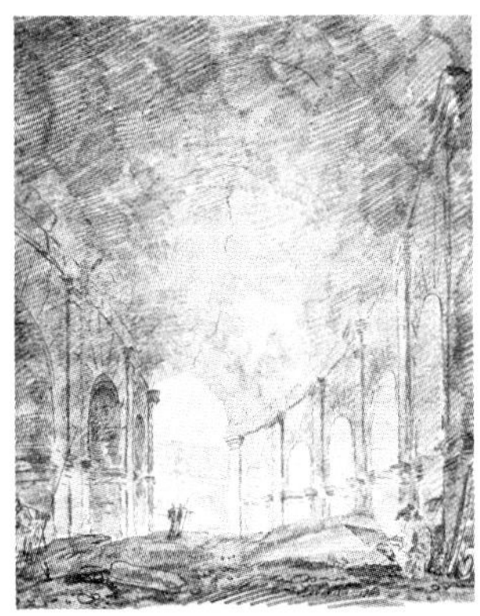

fig. 10. H. Robert, *Intérieur du Colisée* (1759), Valence, musée des Beaux-Arts

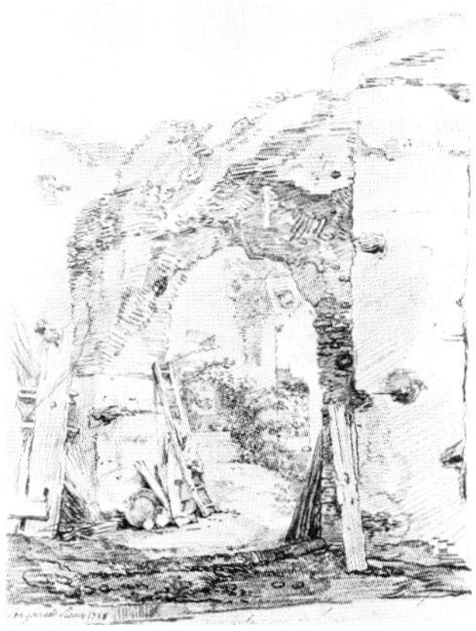

fig. 11. *La cour de l'Ermite du Colisée*, États-Unis, coll. privée

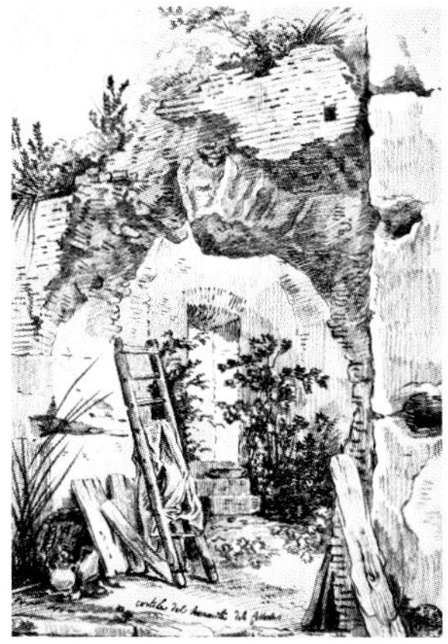

fig. 12. H. Robert (?), *La cour de l'Ermite du Colisée*, Besançon, musée des Beaux-Arts

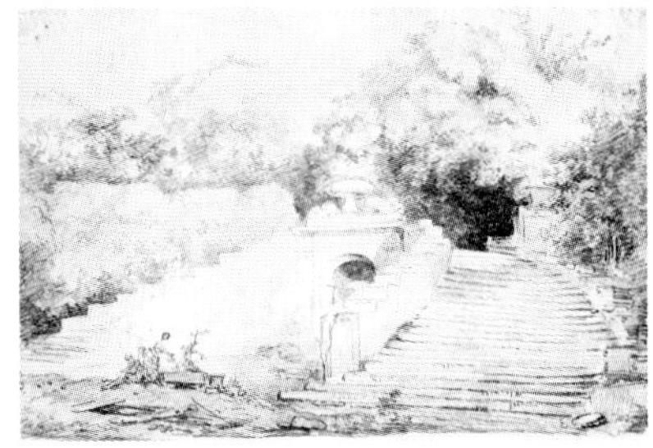

fig. 13. *Paysage romain*, Londres, coll. privée

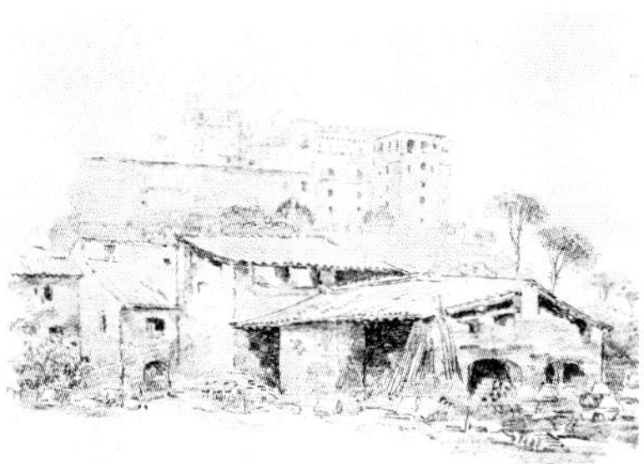

fig. 14. *Vue du Belvédère*, Rotterdam, musée Boymans-van Beuningen

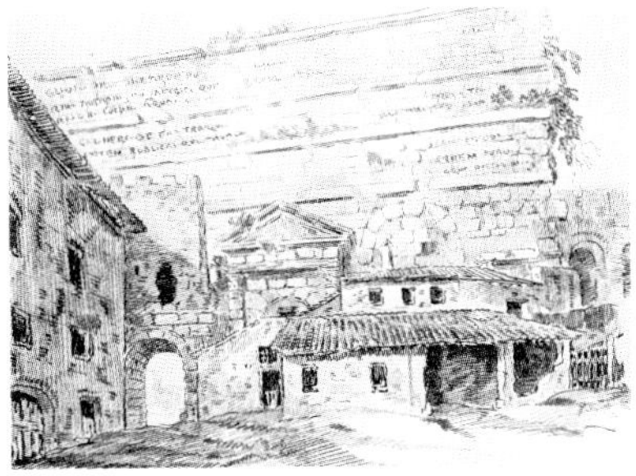

fig. 15. *Vue de la Porta Maggiore à Rome*, Berlin, Kupferstichkabinett

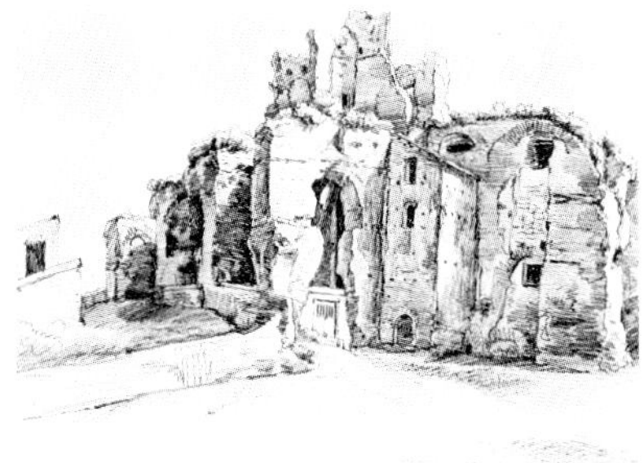

fig. 16. *Vue du Circo Massimo*, Paris, École des Beaux-Arts

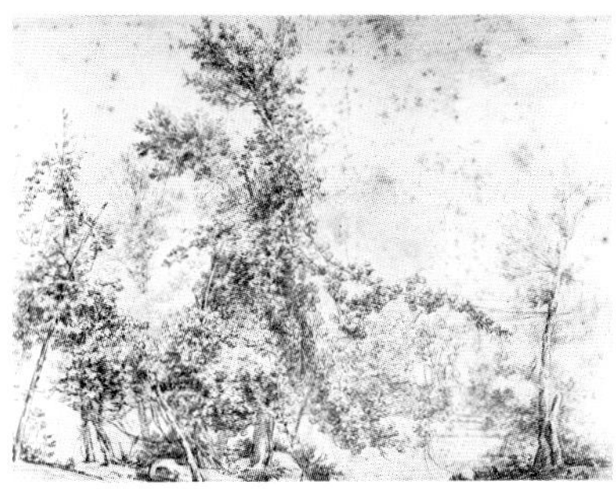

fig. 17. H. Robert (?), *Paysage italien*, Lille, Palais des Beaux-Arts

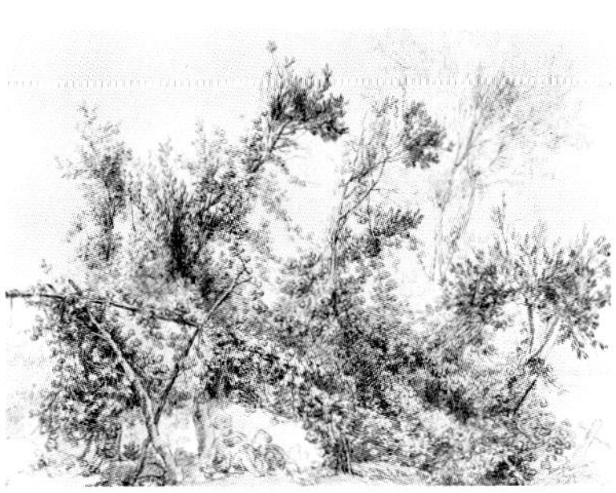

fig. 18. H. Robert (?), *Paysage italien* (dit «*Le nid d'amour*»), Chicago, The Art Institute

C'est un bon sujet et qui travaille avec une ardeur infinie, il est dans le genre de Jean Paul Panini. J'ai beau le citer pour exemple, il y en a peu qui l'imitent».

Fragonard, d'un an plus âgé que Robert, fut-il de ceux-là? Qui a précédé l'autre? Les discussions sur ce point restent acharnées. Nous en dirons un mot plus loin à propos de l'abbé de Saint-Non. Plus constant, plus professionnel mais moins inspiré, Robert, dès Rome, avait d'autres ambitions que Fragonard. A l'arbre, il préférait la ruine.

Si Fragonard triomphe avec la série de Tivoli, il avait auparavant tâtonné. On connaît quelques (trop rares) dessins datés de 1757 (A. 857), de 1758 (A. 1497a, A. 385 fig. 136, Williams, 1978, n° 2, ill., *fig. 11 ;* est-il assuré que la version de Besançon soit de Robert, *fig. 12* ?) ou encore de 1759 (A. 2313, 1483, 888, *fig. 13,* 1581, 377). Ces dessins, et quelques autres du même type (A.313, 317, 368 (?), 884, 910 (?), 916, 1440, *fig. 14,* 1613, 2310 (Budapest), 2281, 2283, *fig. 15,* pour ne citer que les dessins appartenant à des musées ; nous reproduisons ici un exemple inédit (*fig. 16*) qui vient d'entrer à l'École des Beaux-Arts avec la collection du regretté Paul Mathias) qui confirment souvent à quel point la séparation entre Fragonard et Robert est difficile à fixer, montrent un artiste puissant qui écrase brutalement sa craie sur la feuille. Cette technique, si reconnaissable, nous fait hésiter à lui attribuer les célèbres dessins de Lille (A. 960 ; *fig. 17*) et de Chicago (A. 959 ; *fig. 18*), d'autant plus que les inscriptions qu'ils portent — *Napoli 1760* — conduiraient plutôt à les attribuer à Hubert Robert qui séjourna dans cette ville cette année-là. Plus surprenante est l'absence de dessins à la plume, à l'exception de la feuille de Chicago (n° 19). Peut-on accepter celle passée en vente le 21 octobre 1963 (n° 139) à Londres, Sotheby's, qui porte le nom de Fragonard et la date de 1757 *(fig. 19)?*

Il nous reste à nous interroger sur ce que l'Italie a apporté à Fragonard. De celle du passé, il mentionne lui-même (voir plus haut, p. 61) deux noms: Baroche, dont en 1758 les Académiciens lui reprochèrent de trop s'inspirer « Barocci peintre admirable à plusieurs égards mais dont la couleur peut être dangereuse à imiter » et Pierre de Cortone qu'il copie (et copiera encore abondamment pour Saint-Non ; il ne cite pas Castiglione, mais les collections françaises du XVIII<sup>e</sup> siècle étaient riches de ses œuvres). En ce qui concerne ses contemporains, on est mal informé. Les Français du Palais Mancini traitaient de haut leurs collègues étrangers qu'ils méprisaient. Cochin déjà, en 1750, affirmait « l'École de France fort supérieure ». Il n'exceptait que Piazzetta et Tiepolo, ainsi que Solimène. De ce dernier, Fragonard ne connaîtra l'œuvre dans toute son ampleur que quelques mois avant son départ de Rome, à Naples en mars 1761, et ne découvrira Tiepolo, qu'il cite, seul artiste italien vivant qu'il gravera à Paris — le choix est révélateur — que sur le chemin du retour.

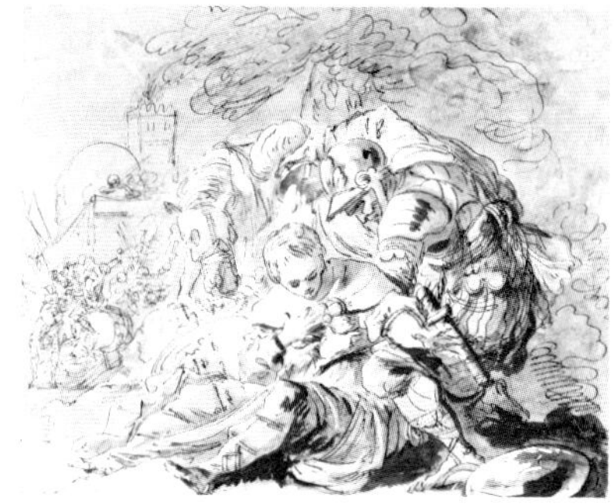

fig. 19. Fragonard (?), *Tancrède baptisant Clorinde*, localisation actuelle inconnue

Mais Fragonard rapportera d'Italie une chose bien plus essentielle, une *couleur*, non pas un coloris — dès avant Rome, Fragonard aimera les jaunes, toutes les variétés et toutes les nuances de jaunes — mais la chaleur de la couleur, l'intelligence de la couleur. Pierre, qui avait précédé Fragonard à Rome entre 1735 et 1740 et allait succéder à Boucher comme Premier peintre du Roi, l'avait bien compris qui écrivait en 1770 *(Corr. des Dir.*, XII, p. 298*)*, toujours à Marigny: « tous les artistes qui reviennent de l'Italie ont de la couleur, souvent de la vrai : ils la perdent insensiblement parce qu'ils sont entraînés par le goût de la nation pour le clair; il faut plaire pour obtenir des travaux». Certes, Fragonard sera à son tour attiré par la couleur claire, mais perdra-t-il cette *couleur* que lui avait enseigné l'Italie ?

Le peintre Loutherbourg (1740-1812), qui l'avait connu, avait-il raison qui disait, selon Joseph Farington (1804) que Fragonard « avait bien du talent pour la peinture mais qu'il perdit bientôt à Paris une grande partie de cette excellence qu'il avait montrée en Italie » ? Cochin (voir Du Broc de Segange, 1849 et Locquin, 1914) ne disait pas autre chose qui écrivait à Jombert: « Fragonard... est un habile homme. Mais gardez vous bien de le prendre pour votre modèle, lui-même s'est gâté à Rome par une imitation mal conçue de M. Mengs ; avant que de partir pour l'Italie, il avait toute la couleur du fameux Lemoine ; il a appris là les tons bleus, violets, aurores, verds, etc. » !

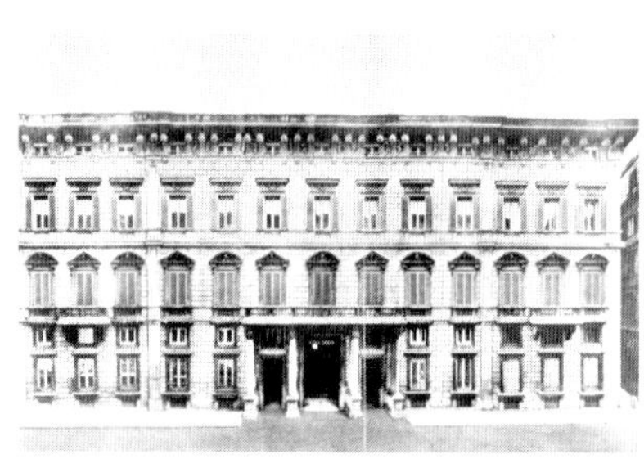

fig. 1. Rome, le Palais Mancini

**1756**

24 novembre
Les frères Brenet, déjà arrivés à Rome, préviennent Natoire que Fragonard, Dhuez et Monet, qui accompagnent Madame Vanloo à Turin, vont arriver *(Corr. des Dir.*, XI, p. 164*)*.

22 décembre
Natoire annonce à Marigny l'arrivée à l'Académie de France, qui se trouvait au Palais Mancini *(fig. 1)*, des trois derniers pensionnaires *(Corr. des Dir.*, XI, p. 168*)*.

**1757**

6 avril
Les nouveaux pensionnaires dessinent d'après les Carrache à la galerie Farnèse (lettre de Natoire à Marigny, *(Corr. des Dir.*, XI, p. 178*)*.

2 novembre
Natoire propose à Marigny que les trois nouveaux pensionnaires peintres copient aux Capucins le *Saint Paul recouvrant la vue* de Pierre de Cortone et le *Saint Michel* du Guide, et à la Chiesa Nuova, la *Mise au tombeau* du Caravage (aujourd'hui à la Pinacothèque du Vatican). D'autre part, il ne peut envoyer encore leurs études car il les juge trop faibles *(Corr. des Dir.*, XI, pp. 199-200*)*.

23 novembre
Marigny approuve le choix des trois tableaux à faire copier par les nouveaux venus (lettre à Natoire, *Corr. des Dir.*, XI, p. 200).

Pour un dessin daté de 1757, voir. p. 65.

**1758**

15 mars
Natoire ne peut toujours pas envoyer à Marigny les études des jeunes peintres : « la foiblesse de leurs talents et la cause de tout ; ils

ne sçavent s'arrêtter à aucun party, et, quoyque je puisse dire pour les fixer, je vois à tout moment des changements qui le prouve » *(Corr. des Dir.*, XI, p. 207*)*.

12 avril
Natoire annonce à Marigny que « les élèves vont commencer leurs copies d'après le Guide, Pietre de Cortone et le Caravage » *(Corr. des Dir.*, XI, p. 209*)*.

3 mai
Premier envoi d'études de Dhuez, Fragonard et Brenet (lettre de Natoire à Marigny, *Corr. des Dir.*, XI, p. 210).

6 juillet
Clément XIII est élu pape et succède à Benoît XIV.

31 juillet
« La figure académique d'homme, peinte par le s$^{r}$ Fragonard, a paru moins satisfaisante que si on n'avoit pas connu les dispositions brillantes qu'il fit paroître à Paris, non qu'il y ait aucune marque de négligence, mais on craint que l'imitation de quelques maîtres ne luy nuise et ne le fasse tomber dans des tons de couleurs maniérés, comme il paroît dans cette figure par plusieurs demies teintes trop bleues et d'autres aurores qui ne sont pas naturelles. On peut croire qu'il les a imitées du s$^{r}$ Barrocci, peintre admirable à plusieurs égards, mais dont la couleur peut être dangeureuse à imiter. Exortés-le donc à ne regarder dans les grands maîtres que ce qui caractérise en eux une imitation vraye de la nature.

Il en est de même de sa tête de *Prêtresse*, qu'on trouve peinte d'une manière un peu trop doucereuse ; mais on a esté plus satisfait de ses desseins, qu'on trouve dessinés avec finesse et vérité » (lettre de Marigny à Natoire, *Corr. des Dir.*, XI, p. 216).

30 août
Réponse de Natoire à Marigny : « Flagonard (*sic*), avec des dispositions, est d'une facilité éthonante à changer de party d'un moment à l'autre, ce qui le fait oppérer d'une manière inégalle » *(Corr. des Dir.*, XI, p. 232*)*.

18 octobre
« Le s$^{r}$ Flagonard avance celle (la copie) qu'il fait d'après Pietre de Cortone, aux Capucins ; ce jeune artiste a un peu de peine à peindre les chairs et à donner le vray caracterre des airs de teste. Je l'exhorte à ne point se lasser pour la retoucher de nouveau, car il s'imagine déjà avoir fait tout ce qu'il faloit et tout ce qu'il pouvoit » (lettre de Natoire à Marigny, *Corr. des Dir.*, XI, p. 239).

Pour les dessins datés de 1758, voir p. 65.

**1759**

10 juillet
Marigny écrit à Cochin : il accepte de prolonger le séjour de Fragonard à Rome, pour combler une cinquième place vacante à l'Académie *(Corr. des Dir.*, XI, p. 283*)*.

12 juillet
« Sur le raport qui m'a été fait des espérances qu'on pourroit concevoir des dispositions du s$^{r}$ Fragonard, je serois disposé à luy donner la préférence s'il la désire et s'il est déterminé à en proffiter » (lettre de Marigny à Natoire, *Corr. des Dir.*, XI, p. 285).

8 août
Natoire est favorable à la prolongation de Fragonard : « son talent donne beaucoup plus d'espérences que celuy du s$^{r}$ Brenet, peintre » (lettre de Natoire à Marigny, *Corr. des Dir.*, XI, p. 294).

22 août
Natoire envoie à Marigny « deux accadémies peintes par les s$^{rs}$ Flagonard et Monet » *(Corr. des Dir.*, XI, p. 294*)*.

5 septembre
« Puisque le s$^{r}$ Fragonard mérite la préférance pour lui accorder une quatrième année de résidence à Rome et qu'il la désire, sur les bons témoignages que vous me rendés de lui, je lui donne avec plaisir mon agrément » (lettre de Marigny à Natoire, *Corr. des Dir.*, XI, p. 305).

11 octobre
« On est satisfait de l'exécution soignée et de l'étude qu'on remarque dans la figure académique d'homme, peinte par le s$^{r}$ Fragonard ; cependant, on craint que l'excès des soins ne refroidisse entièrement le feu que l'on connoissoit dans cet artiste. La peine s'y laisse appercevoir, et l'on n'y découvre point de ces heureux laissés *(sic)*, ny de cette facilité de pinceau qu'il portoit peut-être cy-devant à l'excès ; mais qu'il ne faut cependant pas perdre entièrement en les rectifiant. Sa couleur ne présente point de ces tons frais, hazardés par l'enthousiasme et qui sont suivis du succès dans un artiste qui a étudié son talent et qui se livre avec connoissance aux mouvements de son génie. Tout est fondu, tout est fini. Il est tems que le s$^{r}$ Fragonard prenne confiance en ses talents, et que, travaillant avec plus de hardiesse, il retrouve ce premier feu et cette heureuse facilité qu'il avoit, et qu'il semble qu'une étude trop sérieuse a captivés presqu'au point de les détruire.

On est très satisfait de ses desseins ; ils sont purs, savans et corrects ; mais ne sont-ils pas dessinés avec trop peu d'arrondissement et d'effet ? Ils seroient infiniment louables s'ils étoient de quelqu'un qui se destinât à la sculpture ; mais un peintre doit-il oublier la couleur et l'effet, même quand il dessine ? » (lettre de Marigny à Natoire, *Corr. des Dir.*, XI, p. 313).

24 octobre
Natoire envoie à Marigny les copies faites par Monnet (d'après le Guide), Fragonard (d'après Cortone) et Brenet (d'après Caravage) : « Flagonard (*sic*) a beaucoup de talan ; mais le trop de feu et peu de patiance l'emporte à ne pas travaillez avec assé d'exatitude ses copies ; c'est ce que vous verés dans celle qu'il a fait d'après Pietre de Cortone *(Corr. des Dir.*, XI, p. 317*)*.

7 novembre
« Il n'y a point (à) appréhander que le s$^{r}$ Flagonard rafroidisse le feu qu'il a naturelement pour son talen. Il est vray qu'il arrive quelquefois que, pour vouloir se surpasser, on se trouve au-dessous de soy-même ; mais je crois que celuy-cy reprendra aisément ce que la nature luy a donné, et je vois de luy des choses par intervalles qui me donnent de grandes espérances » (lettre de Natoire à Marigny, *Corr. des Dir.*, XI, p. 318).

21 novembre
L'abbé de Saint-Non arrive à Rome avec Taraval, pour se rendre ensuite à Naples (lettres de Natoire à Marigny et de Marigny à Natoire, *Corr. des Dir.*, XI, p. 319 et 322).

22 novembre
Marigny recommande à Natoire toutes les précautions nécessaires pour l'envoi des copies de Monnet, Fragonard et Brenet : « j'apprends avec plaisir que vous êtes content de celles [les copies] qu'ils ont faittes pendant les vacances, de dessiner le modèle avec des drapperies et différents habillements. Ils peuvent tirer un grand avantage de cette étude » *(Corr. des Dir.*, XI, p. 321*)*.

Pour les dessins datés de 1759, voir p. 67.

**1760**

19 mars
Saint-Non, après un second séjour à Naples avec Robert d'avril à juin 1759, projette de rentrer en France avec Fragonard (lettres de Natoire à Marigny, *Corr. des Dir.*, XI, p. 334, 337, 343).

24 avril
Marigny approuve ce projet : « il voyagera avec un amateur et sera à portée de faire des études des beaux morceaux qui sont à Venise et dans les autres villes sur cette routte » (lettre à Natoire, *Corr. des Dir.*, XI, p. 339).

30 avril
Cochin annonce à Marigny que Fragonard va quitter l'Académie dès l'automne *(Corr. des Dir.*, XI, p. 340*)*.

Juillet
Saint-Non et Fragonard sont à Tivoli (lettre de Natoire à Marigny, *Corr. des Dir.*, XI, p. 354).

Voir aussi le *Journal* de l'abbé de Saint-Non (Rosenberg et Brejon, 1986, pp. 159-162) : « la Villa d'Est est une des plus agréables habitations que je connoisse, et je me ressouviendrai toujours avec plaisir du séjour que j'y ai fait pendant 2 ou 3 mois de suitte ».

27 août
« M. l'abbé de Saint-Nom est depui un moy et demy à Tyvoli avec le pensionnaire Flagonard, peintre. Cet amateur s'amuse infiniment et s'occupe beaucoup. Notre jeune artiste fait de très belles études qui ne peuvent que luy aitre très utilles et luy faire beaucoup d'honneur. Il a un goût très piquant pour ce genre de paysage, où il introduit des sujets champestre qui luy réussissent » (lettre de Natoire à Marigny, *Corr. des Dir.*, XI, p. 354).

26 septembre
Marigny exprime à Natoire sa satisfaction de voir Fragonard travailler avec Saint-Non à Tivoli *(Corr. des Dir.*, XI, p. 359*)*.

Novembre
Fragonard demande l'autorisation de continuer à loger à l'Académie, ne partant qu'après l'hiver avec Saint-Non (lettre de Natoire à Marigny, *Corr. des Dir.*, XI, pp. 363-364).

17 décembre
Natoire remercie Marigny, au nom de Fragonard, de lui avoir accordé l'autorisation souhaitée *(Corr. des Dir.*, XI, p. 367*)*.

24 décembre
Marigny, qui a autorisé Fragonard à loger à l'Académie, précise que c'est à ses frais (lettre de Marigny à Natoire, *(Corr. des Dir.*, XI, p. 369*)*.

Beauvarlet grave *La bascule* d'après Fragonard (n° 6).

**1761**

21 janvier
Natoire souhaiterait que Marigny accorde, en plus du logement, la table et les prérogatives réservées aux pensionnaires, à Fragonard et à Monnet, « jusqu'à l'arrivée des deux nouveaux [Gois et Durameau] qui doivent les remplacer » *(Corr. des Dir.*, XI, p. 371*)*.

28 janvier
Naissance à Grasse de Marguerite Gérard, fille de Claude Gérard, marchand parfumeur et de Marie Gilette (Nice, Arch. Dép.).

12 février
« Je consent, sur les bons témoignages que vous m'avés rendu des s[rs] Monet et Flagonard, qu'ils jouissent du logement, de la table et des prérogatives de pensionnaires jusqu'à l'arrivée des nouveaux » (lettre de Marigny à Natoire, *Corr. des Dir.*, XI, p. 374).

18 mars
Fragonard est à Naples : « le s[r] Flagonard est bien prest de son départ ; M. l'abbé de Saint-Nom, toujour porté à rendre service à ce pensionnaire, puisqu'il l'emmène avec luy, vient de l'envoyer à Naples, pour voir les belles choses que renferme cette ville avant de commancer leur voyage. Cet amateur porte avec luy une quantité de joly morceaux de ce jeune artiste qui, je crois, vous feront plaisir à voir » (lettre de Natoire à Marigny, *Corr. des Dir.*, XI, p. 378).

À Naples, Fragonard obtient l'autorisation de dessiner avec Ango, dans la galerie de Capodimonte : « desiderando i professori M. Flagonard ed Ango di poter disegnare alcuno dei quadri di celebri autori che si conservano in cod. R. Galleria in Capo di Monte, si è il Ré benignamente servito di concederne loro il permesso che hanno supplicato » (document brûlé mais auparavant publié par Filangieri di Candida, 1902, p. 224, note 23 et Réau en 1911, pp. 407-408, note 4).

14 avril
« L'abbé de Saint-Non va partir dans le moment pour Florence. Il emmène avec lui le peintre Fragonard, et une bibliothèque de dessins de choses qui ont été copiées mille fois : il a cependant des morceaux de Naples et des environs de Rome, qui n'ont jamais paru et qui seroient bons pour votre ouvrage [le *Recueil d'Antiquités*]. Vous les verrez à Paris le mois de septembre, et vous vous arrangerez là-dessus ; car il ne m'a rien voulu donner » *(Lettres du père Paciaudi au comte de Caylus*, éd. 1802, pp. 228-229*)*.

Saint-Non quitte Rome avec Fragonard, leur itinéraire nous est bien connu grâce au *Journal* de voyage de l'abbé, qui ne cite d'ailleurs jamais son compagnon (voir Rosenberg et Brejon, 1986, p. 163, que nous mentionnerons désormais comme *Journal*). Ils arrivent le soir à Ronciglione (voir n° 43) et vont visiter le palais Farnèse à Caprarola *(fig. 2)*.

15 avril
« M. l'abbé de Saint-Nom vient de partir pour s'en retourner en France et mène avec luy le s[r] Flagonard, peintre pensionnaire, qui vient de finir son temps. Cet amateur va faire différentes pauses par tout les endroits où il trouvera de belles choses à voir. Ce jeune artiste, qui a fait des progrèst à Rome, profitera avec plaisir de cet avantage et fera encore des études partout où ils s'arrêteront » (lettre de Natoire à Marigny, *Corr. des Dir.*, XI, p. 381).

Saint-Non et Fragonard sont à Aquapendente *(Journal*, p. 163*)*.

*16 avril*
*Sienne (Journal*, pp. 163-167*)*.

17 avril-5 mai
Florence. De là, ils visiteront Pise, Livourne et Lucques *(Journal*, pp. 168-188*)*.

6 mai
Bologne *(Journal*, p. 188*)*.

7 mai
Ferrare *(Journal*, p. 188*)*.

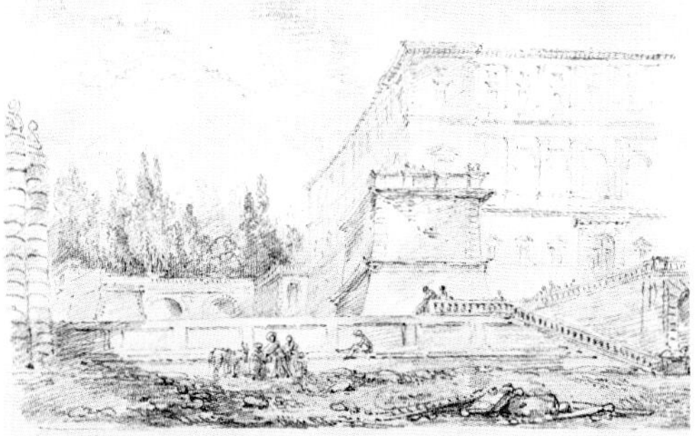

fig. 2. *Vue du Palais Farnèse à Caprarola*,
Paris, coll. privée

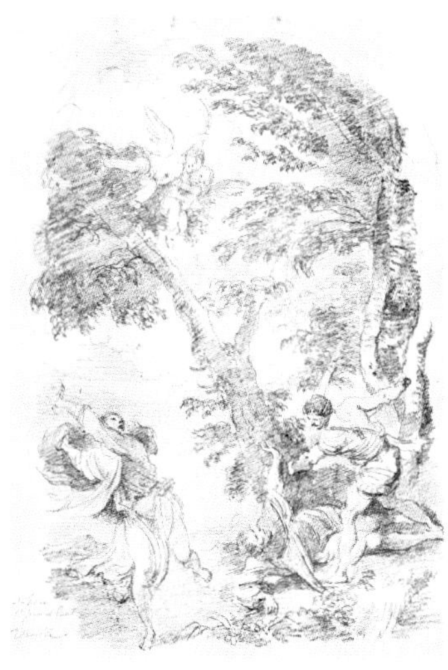

fig. 3. D'après Titien (autrefois à l'église SS. Giovanni e Paolo de Venise), *Le martyre de saint Pierre*,
Pasadena, coll. Norton Simon

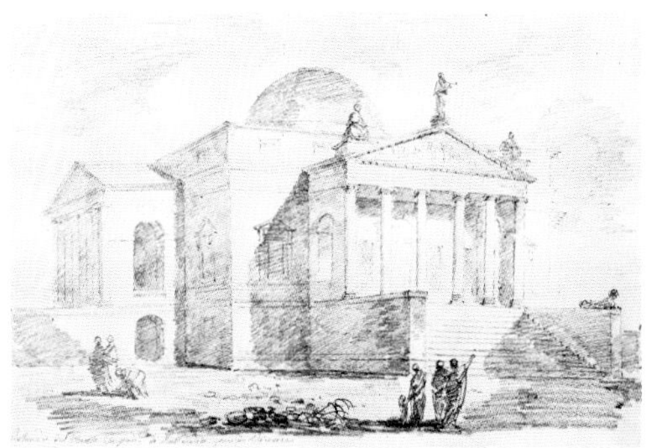

fig. 4. *La Rotonde de Palladio*,
Pasadena, coll. Norton Simon

8 mai-23 juin
Venise *(Journal,* pp. 189-214 ; *fig. 3).*

12 mai
Marigny répond à Natoire en exprimant son plaisir de revoir bientôt Fragonard *(Corr. des Dir.,* XI, p. 383*).*

3 juin
Le sculpteur Gois et le peintre Durameau arrivés le 28 mai à Rome, remplacent Monnet et Fragonard à l'Académie (lettre de Natoire à Marigny, *Corr. des Dir.,* XI, p. 385).

23 juin-3 juillet
Saint-Non et Fragonard visitent Padoue et Vicence. Ils ne manquent pas d'aller voir la Villa Rotonda construite par Palladio : « c'est à coup sûr un de ses plus beaux ouvrages et entierrement terminé. Idée charmante que la forme extérieure de ce petit Edifice, les proportions, la noblesse et la sagesse en même temps de son architecture sont dignes d'être admirés » *(Journal,* pp. 124-224 ; *fig. 4).*

3-5 juillet
Vérone *(Journal,* pp. 224-228*).*

5-6 juillet
Mantoue *(Journal,* pp. 228-230 ; *fig. 5).*

6 juillet
Guastalla *(Journal,* p. 230*).*

7 juillet
Reggio *(Journal,* p. 230*).*

8 juillet
Modène *(Journal,* p. 230*).*

9-31 juillet
Bologne *(Journal,* pp. 230-231 ; *fig. 6).*

1er août
Parme *(Journal,* p. 231*).*

2-18 août
Colorno *(Journal,* p. 231*),* où ils sont reçus par le ministre Du Tillot, marquis de Félino.

4 août
Saint-Non, de Colorno, remercie Du Tillot pour son accueil à Parme : « ...un beau tableau se voit et se laisse sans beaucoup de regrets mais il n'en est pas de même d'un homme aimable. Tout l'art de mon petit camarade [Fragonard] n'y peut rien et je ne voit à celà qu'une chose pour me dédommager, c'est de m'aimer un peu et de me donner quelquefois de vos nouvelles » et en post-scriptum : « Frago me charge de ses hommages et je vous prie de présenter mille compliments à Mrs. Pecchetti et Maurini » (B.N., Rés. Est., publié en partie par Cayeux en 1964, p. 315). Selon A. Cavina (voir *Journal,* pp. 314-315), Maurini serait le peintre Mauro Tesi (1730-1766) et par Pecchetti « il faut comprendre Becchetti qui est un nom courant à Bologne ».

18 août
Saint-Non et Fragonard quittent Colorno pour Plaisance où ils restent jusqu'au 21 août : « le Dosme est la seule Église qui mérite attention pour les Peintures des Caraches et du Guerchin, dont elle est ornée » *(Journal,* pp. 233-237 ; *fig. 7).*

Du Tillot écrit à Trombetti, gouverneur de Plaisance pour annoncer la visite de Saint-Non : « mon bon ami avec le sieur Fragonat sujet de beaucoup de mérite dans la peinture sortant récemment de l'Académie de Rome ; ce dernier désire prendre au vol un croquis des statues équestres de votre ville, et pour celà je le recommande à l'attention de votre seigneurie illustrissime pour qu'il puisse sans aucune difficulté satisfaire sa demande.

Je sais qu'un autre sujet est actuellement occupé à lever des dessins desdites statues ; et comme j'aurais pour infiniment agréable qu'ils fussent parfaits, votre Seigneurie illustrissime pourrait insinuer adroitement à celui qui s'y emploie d'écouter aussi le sentiment du nommé sieur Fragonat et de déférer aux conseils que l'habileté et l'expérience de celui-ci sauront suggérer à celui-là. Je suis déjà persuadé qu'il sera content du mérite d'un si excellent sujet et de sa modestie, qui le rend toujours plus aimable » (Parme, Archivio di Stato, carta Moreau de Saint-Méry. Accademia di Belle Arti, 28, publié par Bédarida, 1928, p. 356).

21 août
Saint-Non et Fragonard quittent Plaisance pour Gênes où ils restent jusqu'au 10 septembre *(Journal,* pp. 237-250*).*

Du Tillot écrit à nouveau à Trombetti : « j'ai eu plaisir d'apprendre que Gilardo a bien accueilli les suggestions dudit peintre (Fragonard), et que ces étrangers sont partis bien contents des actes de politesses dont ils ont été l'objet et dont je vous reconnais comme le principal auteur » (Parme, Archivio di Stato, carta Moreau de Saint-Rémy. Accademia di Belle Arti, 28, publié par Bédarida, 1928, p. 356).

10 septembre
Saint-Non et Fragonard quittent Gênes pour Alassio *(Journal,* p. 250*).*

11 septembre
Antibes *(Journal,* p. 250*).*

12 septembre
Le Luc *(Journal,* p. 251*).*

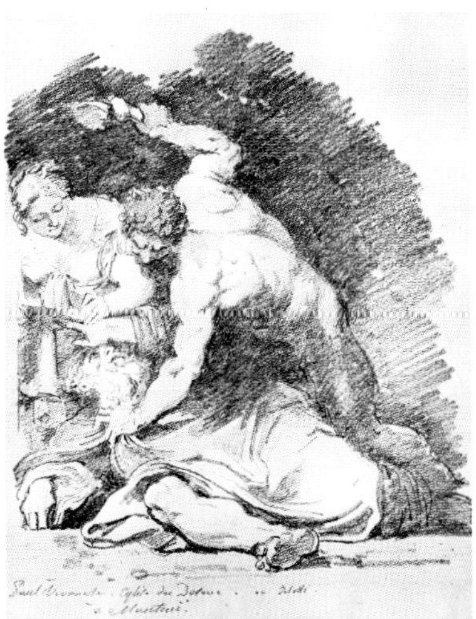

fig. 5. D'après Véronèse (autrefois au Duomo de Mantoue, aujourd'hui au musée des Beaux-Arts de Caen), *La tentation de saint Antoine,* Pasadena, coll. Norton Simon

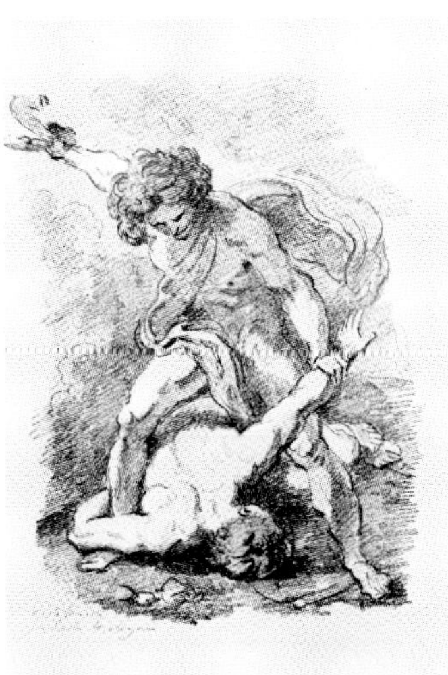

fig. 6. D'après Tornioli (à San Paolo de Bologne), *Caïn et Abel,* Rouen, musée des Beaux-Arts

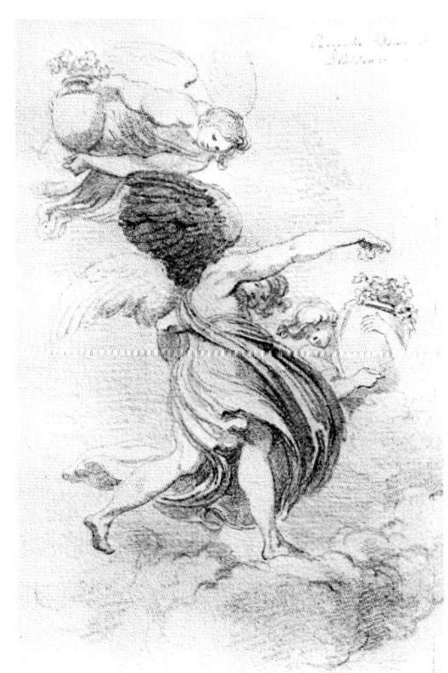

fig. 7. D'après Ludovic Carrache (au Duomo de Plaisance), *Anges,* contre-épreuve, Paris, coll. privée

13 septembre
Toulon *(Journal,* p. 251*)*.

14 septembre
Aubagne *(Journal,* p. 251*)*.

15 septembre
Marseille *(Journal,* pp. 251-253*)*.

16 septembre
Aix-en-Provence *(Journal,* pp. 253-254*)*.

17 septembre
Nîmes *(Journal,* pp. 254-256*)*.

18 septembre
Pont-Saint-Esprit *(Journal,* p. 257*)*.

19 septembre
Saint-Vallier *(Journal,* p. 257*)*.

20-21 septembre
Lyon *(Journal,* p. 257*)*.

22 septembre
Senecay *(Journal,* p. 257*)*.

23 septembre
Dijon *(Journal,* p. 257*)*.

24 septembre
Vermenton *(Journal,* p. 257*)*.

25 septembre
Moret *(Journal,* p. 257*)*.

26 septembre
Saint-Non et Fragonard sont de retour à Paris *(Journal,* p. 257 ; Wille, *Mémoires et journal,* I, p. 180*)*.

Saint-Non grave d'après Fragonard *Jardin et murs de la Villa d'Este (cat. 38 fig. 3).*

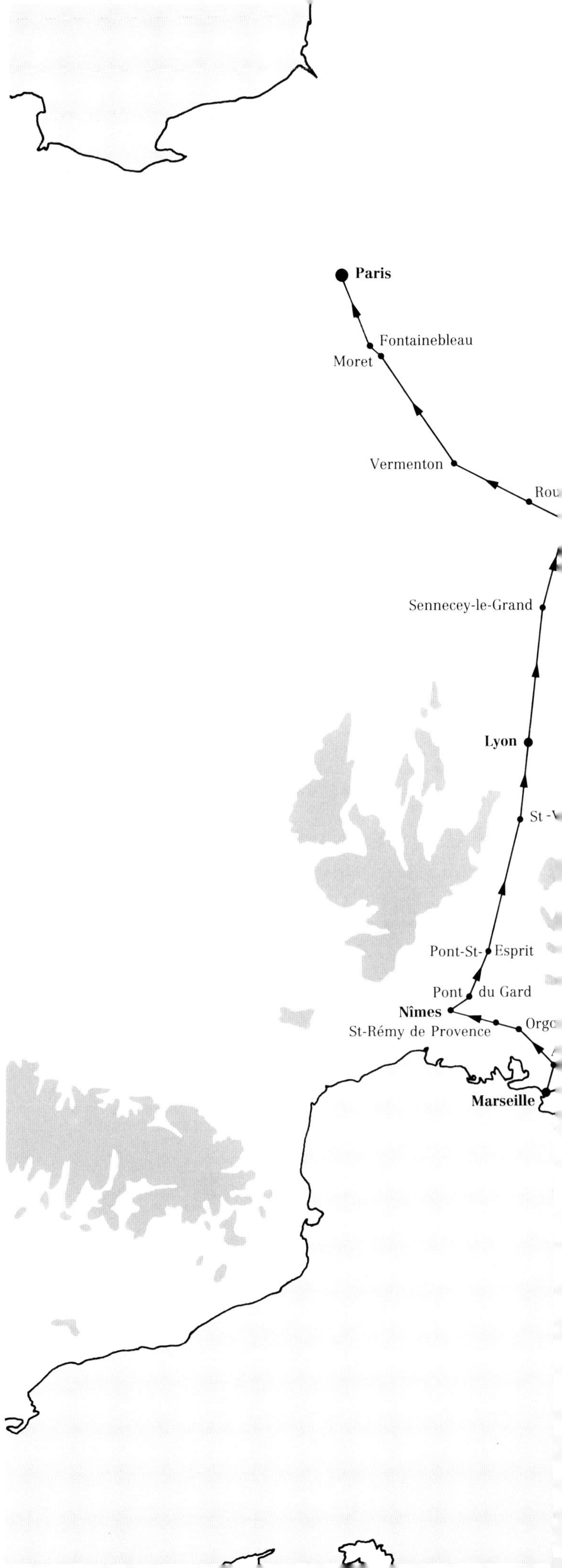

# Itinéraire du retour d'Italie de Fragonard en compagnie de l'abbé de Saint-Non

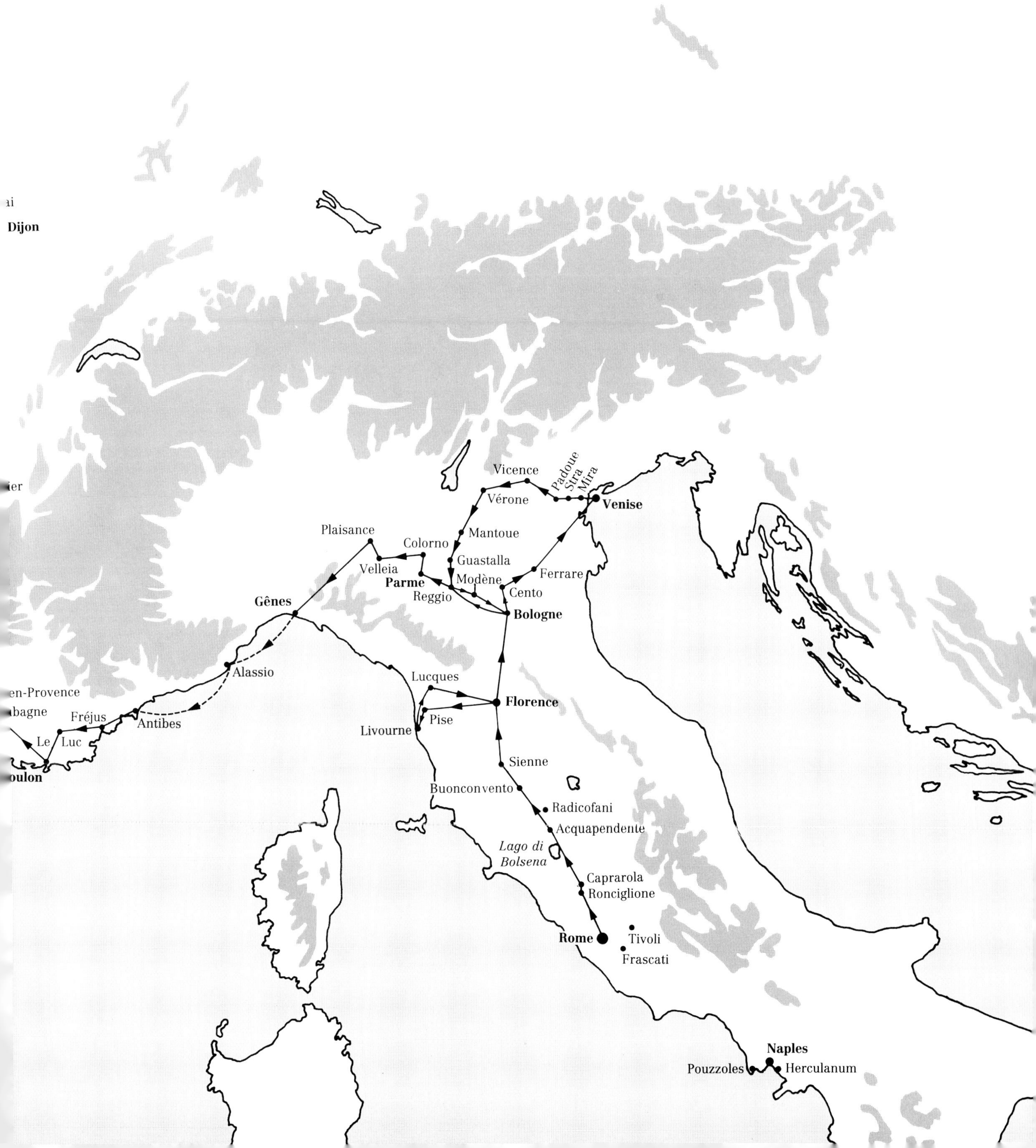

# 11 Homme allongé sur le sol, les mains jointes levées vers le ciel

H. 325 ; L. 520
Sanguine
Annotation à la plume sur le montage : « fragonard pere fecit »

Montpellier, musée de la Faculté de Médecine, collection Atger

**Provenance**
Coll. Xavier Atger (1758-1833) ; donnée au musée de la Faculté de Médecine de Montpellier (marque, Lugt 38, en bas au centre) dès 1828 (M. 44).

**Exposition**
Berne, 1954, n° 106

**Bibliographie**
P. p. 300 ;
R. p. 215 ;
A. 244 ;
Bjurström, 1982, sous le n° 951.

**Œuvres en rapport**
Le musée Atger possède trois autres dessins très comparables (A. 241 à A. 243 ; *fig. 1 à 3*). Tous trois en hauteur, d'une couleur de sanguine plus claire, ils nous paraissent revenir tous trois à Fragonard et dater du premier séjour italien. Peut-être sont-ils légèrement antérieurs.

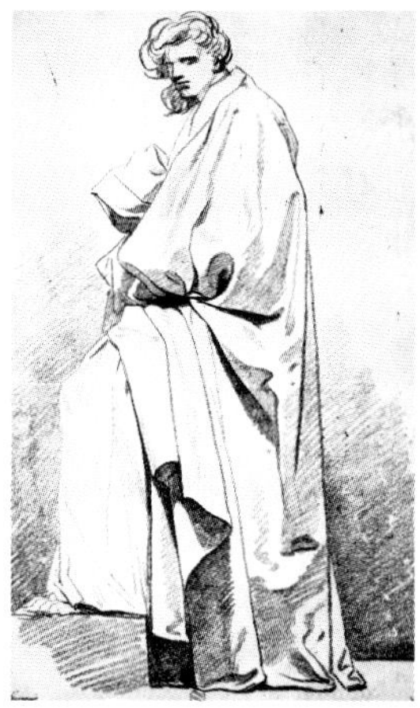

fig. 1. *Homme debout, la tête tournée vers nous,* Montpellier, musée de la Faculté de Médecine, coll. Atger

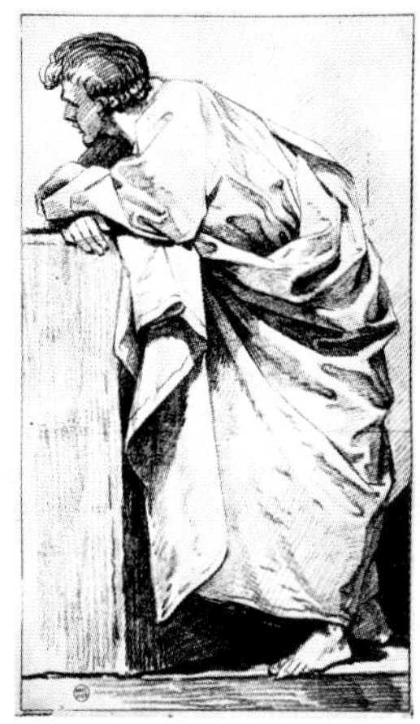

fig. 2. *Homme debout accoudé,* Montpellier, musée de la Faculté de Médecine, coll. Atger

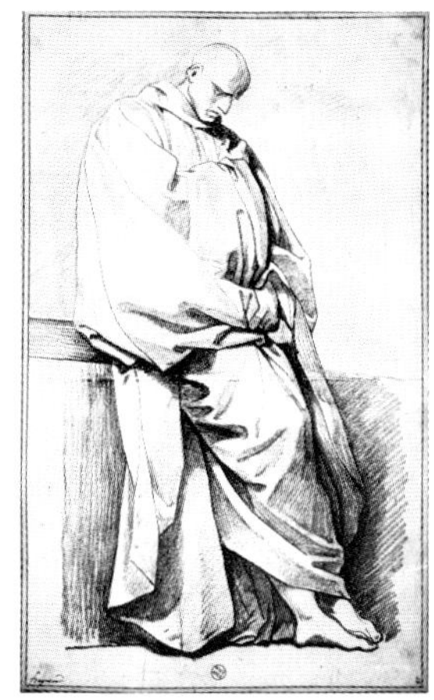

fig. 3. *Homme debout chauve, la tête penchée,* Montpellier, musée de la Faculté de Médecine, coll. Atger

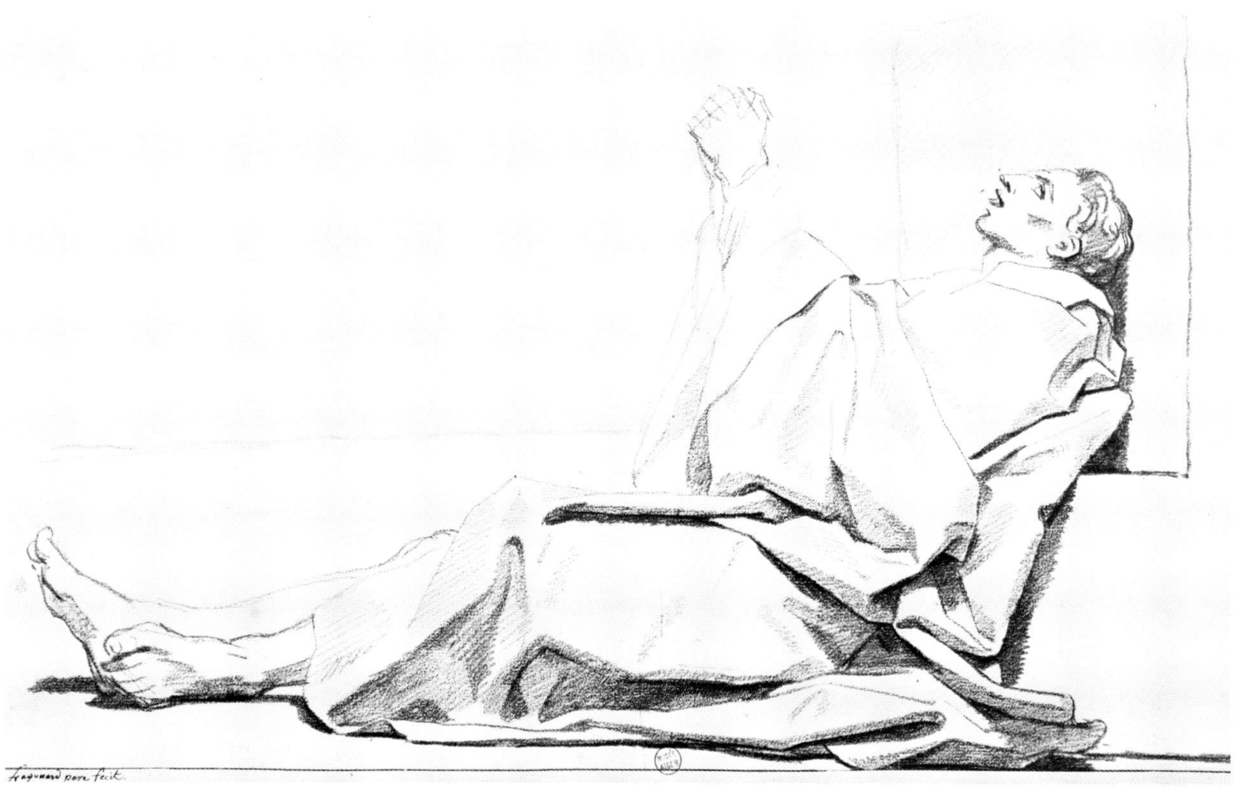

# 12 Homme allongé, la main gauche posée au sol

Paris

H. 410 ; L. 530
Sanguine
Au verso, une étude de tête en contre-épreuve *(fig. 1)*

Paris, musée du Louvre, Cabinet des dessins

**Provenance**
Coll. du comte d'Orsay (1748-1809, sa marque, Lugt 2239, en haut à droite) ; entrée au Louvre sous la Révolution (marque du Louvre, Lugt 1886, en bas à droite). Inv. 32963.

**Exposition**
Paris, 1983 (Orsay), n° 126, ill. (notice par J. F. Méjanès).

**Bibliographie**
Arnaud, 1930, p. 89, n° d. 86.

fig. 1. Verso du n° 12

Le dessin de Montpellier a été attribué à « Fragonard père » par Atger au tout début du XIX^e siècle. Celui du Louvre, entré dans les collections nationales sous la Révolution, a été tour à tour donné par Odette Arnaud à Subleyras (1699-1749) et par J. F. Méjanès à André Le Brun (1733-1811). Méjanès écrit justement à son propos : « ce dessin... révèle beaucoup de points communs avec ces études d'académies drapées, léguées par F. X. Atger à la Faculté de Médecine de Montpellier sous le nom de Fragonard : même vigueur, même sûreté de trait, même sens de la lumière ».

Que les feuilles du Louvre et de Montpellier soient de la même main nous paraît certain. Un détail le confirme : au verso du dessin du Louvre se voit la contre-épreuve d'une tête d'homme encapuchonnée, celle, à quelques détails près, du modèle du dessin de Montpellier.

Mais cette main est-elle bien celle de Fragonard ? Les académies drapées de l'artiste eurent leur gloire : plusieurs furent gravées au retour d'Italie. Trois illustrent le chapitre « dessein » de l'*Encyclopédie* de Diderot (pl. XVII, XVIII et XXVII ; toutes trois gravées par Robert Benard et par A. J. de Fehrt (1723-1774) ; voir Roux et Pognon, VIII, 1955,

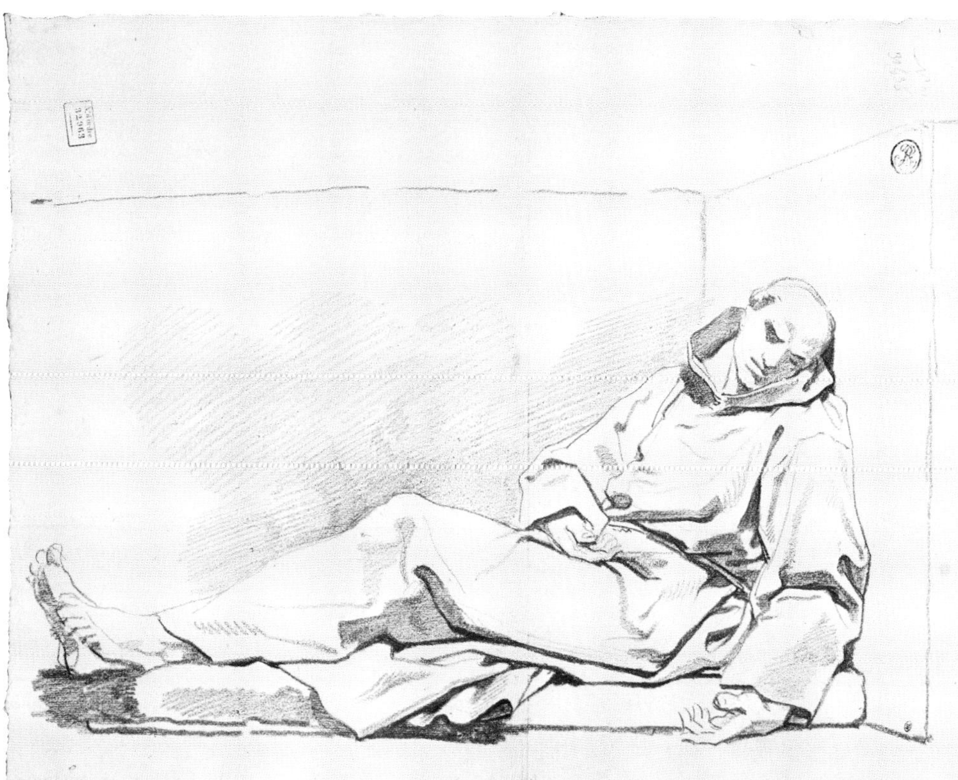

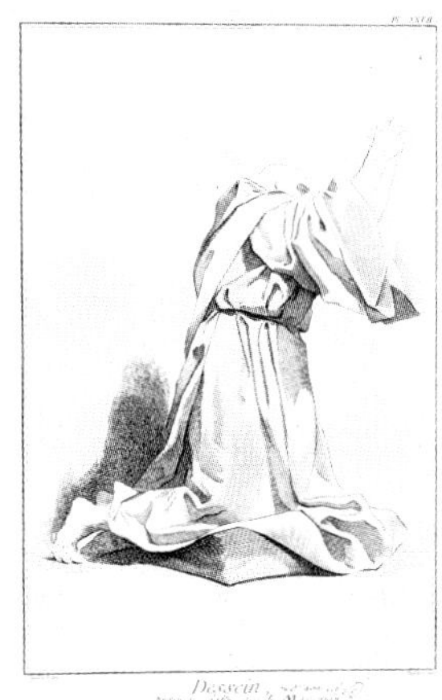

fig. 2. A.J. de Fehrt,
*Homme agenouillé levant les mains*,
Paris, Bibliothèque Nationale,
Cabinet des estampes

pp. 491-492 et cat. exp. Princeton, 1977, n° 16 et *addenda* ; sur l'*Encyclopédie*, Diderot et les Beaux-Arts, voir Pinault, 1984 et 1986 ; nous reproduisons la troisième de ces académies, *fig. 2,* qui paraît antérieure à 1763) et l'on en connaît par Demarteau *(fig. 3* ; Roux, VI, 1941, n° 365*)* et par Bonnet *(fig. 4* ; Hérold, 1935, p. 129, n° 200*)*.

On connaît encore quelques dessins, fort proches dans leur technique comme dans leur mise en page de ceux du Louvre et de Montpellier (Orléans, A. 770 fig. 213, *fig. 5* ; Stockholm, Bjurström, 1982, n° 951, ill., *fig. 6* ; Louvre, nouvelle acquisition 1987, R. F. 41376, *fig. 7*, et plusieurs dans des coll. parisiennes ; voir aussi cat. exp. Tokyo, 1980, n° 159, ill.).

Certes, nous n'ignorons pas que Fragonard ne fut pas le seul, loin s'en faut, à dessiner de telles académies (qui mériteraient une étude d'ensemble). Tous les pensionnaires se devaient d'en réaliser et se plaisaient à faire la preuve de leur savoir. Mais celles de Fragonard nous paraissent se distinguer par leur monumentalité, leur simplification dans le rendu du volume et surtout par leur unité plastique. Ces caractéristiques ne sont-elles pas celles que relevaient déjà les Académiciens parisiens à qui des académies de Fragonard furent montrées en 1759 : « on est très satisfait de ses dessins. Ils sont purs, savants et corrects ; mais ne sont-ils pas dessinés avec trop d'arrondissement et d'effet ? Ils seraient infiniment louables s'ils étaient de quelqu'un qui se destinât à la sculpture. Mais un peintre doit-il oublier la couleur et l'effet, même quand il dessine ? » *(Corr. des Dir.*, XI, p. 313*)*.

Un point encore reste à trancher. Pourquoi Rome ? Nous sommes convaincus que Fragonard dessina des académies à Paris avant et sans doute après son voyage italien. Mais l'essentiel de celles que nous avons mentionnées — celle du Louvre provient à coup sûr de Rome comme l'ensemble de la collection Orsay et une annotation, sur celle d'Orléans, le précise — date du séjour au Palais Mancini. On sait que Natoire, le directeur de l'Académie romaine, avait fait revivre l'usage tombé en désuétude de dessiner « dans le temps des vacances... des figures toutes drapées, variées dans toutes sortes de genre et différents habits, surtout des habits d'églises qui occasionnent de fort beaux plis » (lettre du 18 octobre 1758, *Corr. des Dir.*, XI, p. 239). De telles études passaient pour l'exercice par excellence pour qui se destinait à la peinture d'histoire. Nul doute que les académies de Fragonard justifièrent les espérances des Académiciens parisiens et convainquirent Natoire des talents de son protégé.

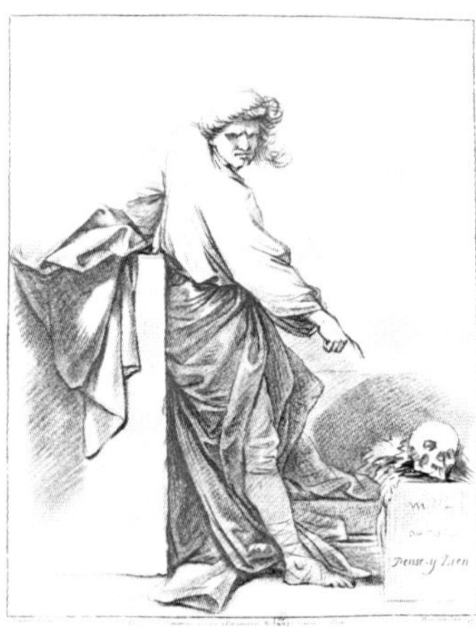

fig. 3. Demarteau,
*«Pense-y Bien»*,
Paris, Bibliothèque Nationale,
Cabinet des estampes

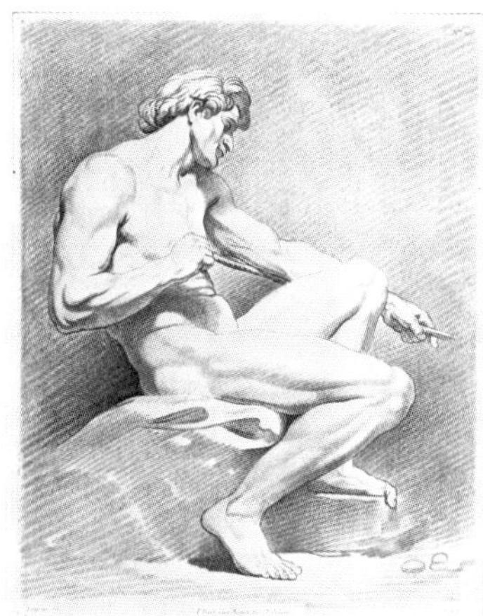

fig. 4. Bonnet,
*Homme tirant sur une corde,*
Paris, Bibliothèque d'Art et d'Archéologie

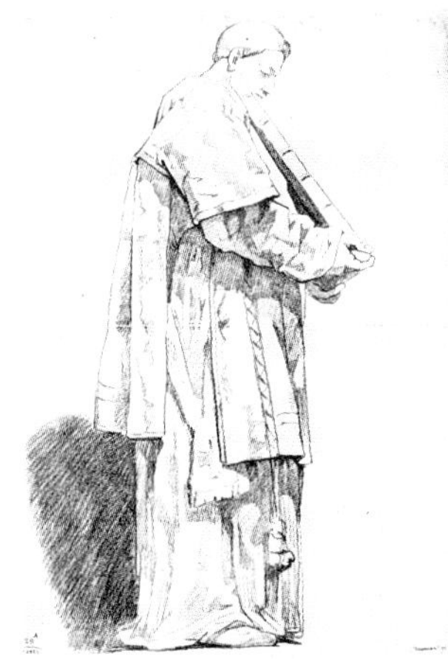

fig. 5. *Homme debout tenant un livre,*
Orléans, musée des Beaux-Arts

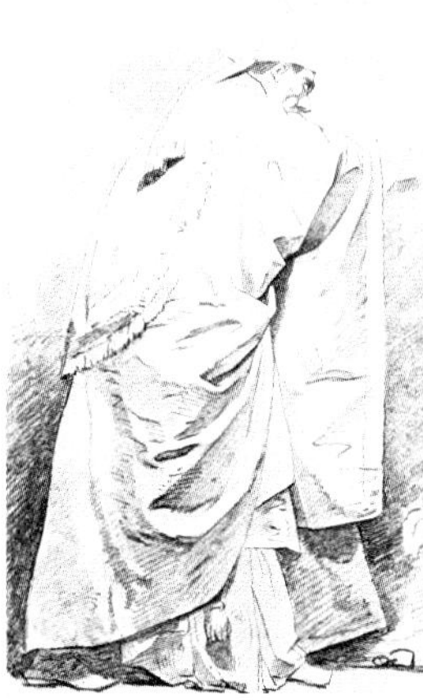

fig. 6. *Évêque les bras tendus*
Stockholm, Nationalmuseum

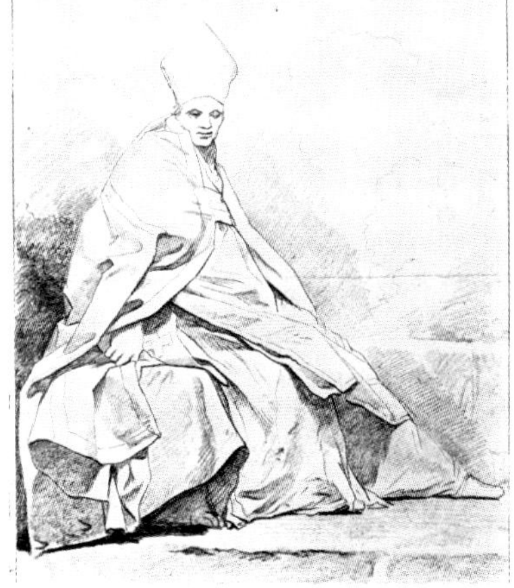

fig. 7. *Évêque assis,*
Paris, musée du Louvre,
Cabinet des dessins

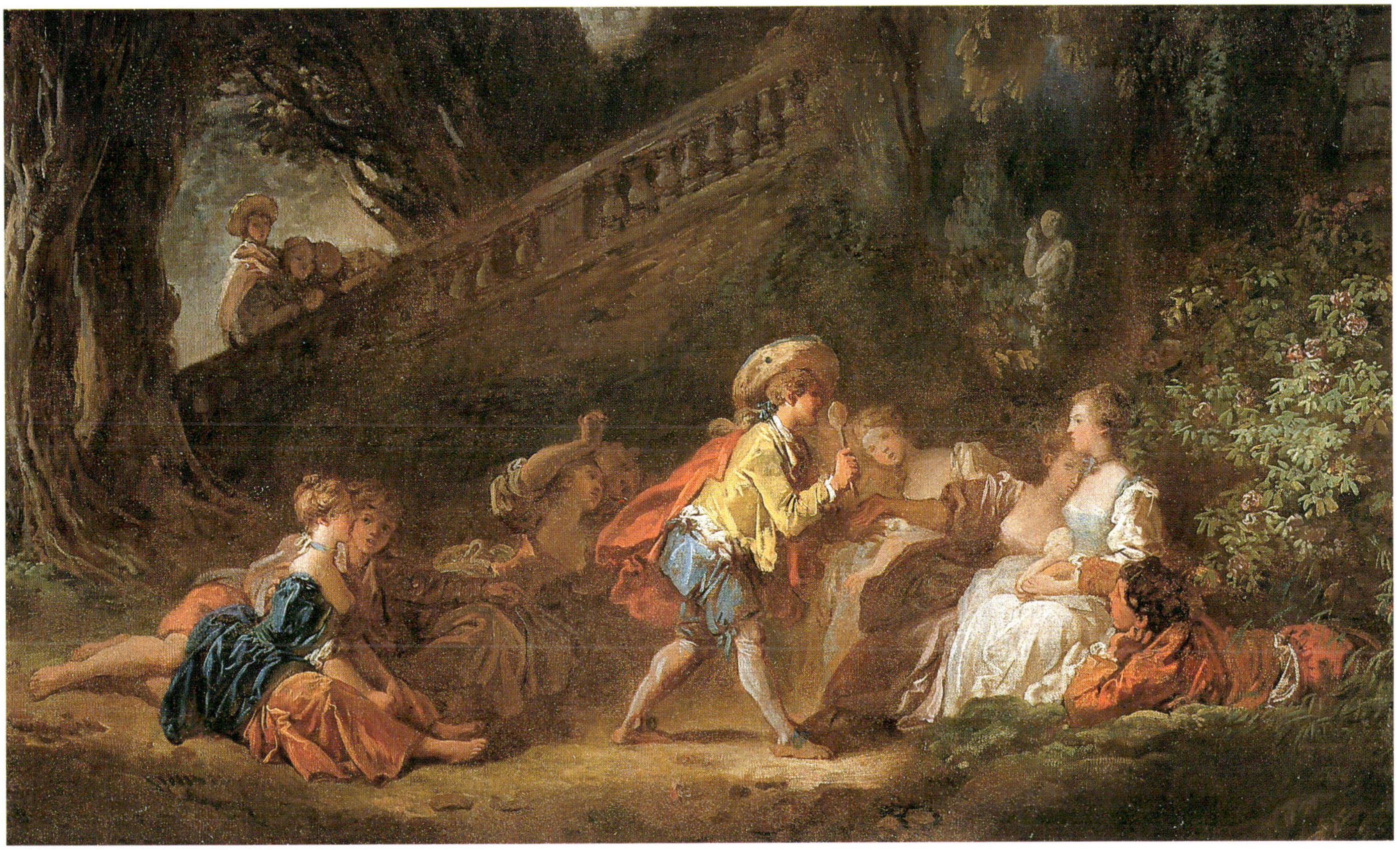

# 13 Le jeu de la palette

T. H. 67,5 ; L. 114,5 (une pièce en bas à droite complète la composition, vraisemblablement à l'origine plus importante)

Chambéry, musée d'Art et d'Histoire

**Provenance**
Coll. baron Hector Gariod (ou Hector de Garriod, 1803-1883), marchand de tableaux, originaire de Savoie, établi à Florence, léguée au musée de Chambéry à sa mort. Restauré en 1961 et en 1987.

**Bibliographie**
Cat. musée, 1911, p. 147, n° 328 (« manière de Boucher ») ;
Cuzin, 1986, pp. 58-59 et notes 7 à 10, fig. 2 en couleurs.

**Œuvres en rapport**
– Pour les tableaux de la coll. Bergeret (W. 449 et 450), voir la notice.
– Pour les dessins de Francfort, de Valence et pour d'autres dessins en relation avec ce tableau, voir notices suivantes.

Le tableau de Chambéry, dont l'état de conservation est loin d'être parfait *(fig. 1* et *2)*, a été publié par J. P. Cuzin en 1986. Il a été à nouveau restauré à l'occasion de l'exposition. Qu'il soit de Fragonard est assuré par l'existence de dessins préparatoires (voir nos suivants) ; mais il n'est pas possible de le confondre avec le tableau de la vente après décès d'un des principaux mécènes de Fragonard, Jacques-Onésyme Bergeret de Grancourt, le 24 avril 1786 (no 107) : « une assemblée de Bergers et de Bergères jouant à la palette ». Ce tableau, comme son pendant, des « Jeunes Garçons et de(s) Jeunes Filles qui se balancent sur une branche d'Arbre ; l'un d'eux joue du tambour de basque », mesurait 79 cm de hauteur sur 97 cm de large et était donc d'un format plus carré.

L'œuvre a été exécutée lors du premier séjour de Fragonard en Italie entre 1756 et 1761 : les dessins en relation avec elle, mais surtout les « accords sonores de bleus opposés à des rouges et à des orangés », la touche bien apparente, à la fois nerveuse et mœlleuse, les profils cernés d'un trait noir, sont caractéristiques des années romaines de Fragonard.

De ses premières années italiennes (1758) ? Tout porterait à le croire, pour autant qu'il soit possible d'établir une chronologie de ces quatre longues années marquées par la révélation de la peinture italienne, mais aussi par une grave crise créatrice que Fragonard mettra longtemps à surmonter.

Avouons notre ignorance pour ce qui est de la définition précise du jeu de la palette : le jeune homme frappe avec une cuiller de bois la paume de la main d'une jeune fille qui détourne la tête. Derrière lui, une autre jeune fille tient une bague...

En pendant, Fragonard avait peint une « bascule », un sujet qu'il avait déjà abordé à Paris et qu'il traitera à de nombreuses occasions, à chaque fois sur un mode tout différent (voir notices 6, 15, 162 et 170).

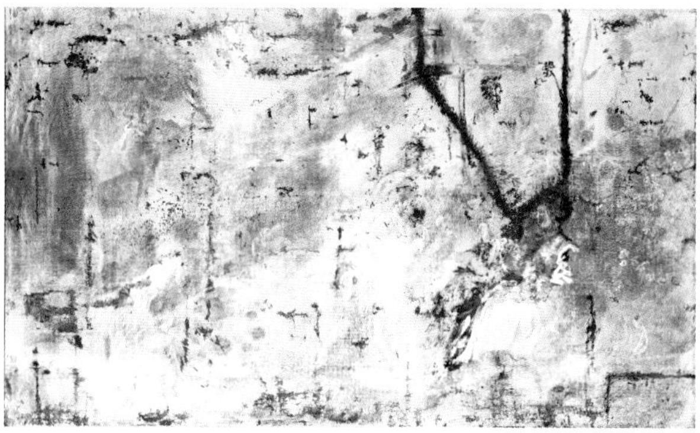

fig. 1. *Le jeu de la palette,* (ultra-violet)

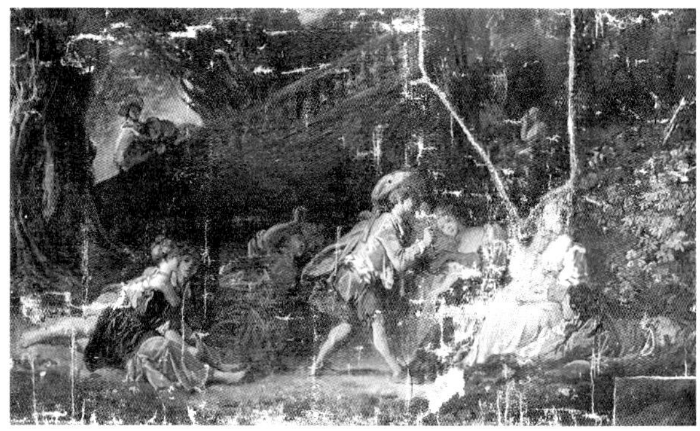

fig. 2. Le tableau débarrassé de ses repeints

## 14 Le jeu de la palette

H. 339 ; L. 468
Sanguine, pli vertical au centre

Francfort, Graphische Sammlung im Städelschen Kunstinstitut

**Provenance**
Coll. Dr. Johann Georg Grambs (1756-1817) ; donnée au musée à sa mort ; inventoriée en 1862 (Inv. 1234).

**Bibliographie**
A. 820 fig. 222 ;
Cuzin, 1986, p. 58, fig. 3 ;
Stuffmann, 1986, no 122, ill.

**Œuvres en rapport**
Pour le pendant, voir notice suivante.

Une contre-épreuve *(fig. 1)*, modifiée et retravaillée par Ango (?), passe en vente à Milan, galerie Salamon Agustoni Algranti le 25 novembre 1985, no 169, ill.

Un dessin de composition très voisine *(fig. 2)*, au lavis de bistre portant « une signature presque illisible et la date de 1771 », passe en vente à Paris (galerie Charpentier) le 24 mai 1955, no 122, ill. : « école française XVIIIe siècle ».

Il ne nous paraît pas inutile de mentionner ici le dessin de Valence *Escalier dans un jardin italien (fig. 3)*, très proche dans sa composition du *Jeu de la palette* de Francfort (sanguine, H. 325 ; L. 435 mm ; A. 1439) qui provient, comme les célèbres H. Robert du musée, de la coll. Julien Victor Veyrenc. D'abord attribué à Robert puis à Fragonard (Beau, 1968 ; Cayeux, 1970), il est aujourd'hui (Cayeux, 1985 ; Cuzin, 1986) rejeté de l'œuvre des deux artistes. À juste titre ?

Pour résoudre cette énigme, il nous faut tout d'abord prendre en compte d'une part la gravure en manière d'aquatinte de l'abbé de Saint-Non d'après Fragonard (Cayeux, 1964, no 108 ; *fig. 4*) datée de 1766, et d'autre part un dessin « une vûe de la Ville d'Estre *(sic)* à Tivoli » de la vente Gros (13 [au lieu de 14] avril 1778, no 71), aujourd'hui disparu, dont un rapide croquis de Gabriel de Saint-Aubin, en marge de son exemplaire du catalogue, nous garde le souvenir *(fig. 5)*. L'aquatinte est dans le même sens que le dessin de Valence, celui de la vente Gros, en sens inverse. Ce dernier a donc toutes les chances d'être le dessin original de Fragonard, copié à Valence par un imitateur extraordinairement habile. L'hypothèse ne pourra être vérifiée que lorsque le dessin de la vente Gros fera surface.

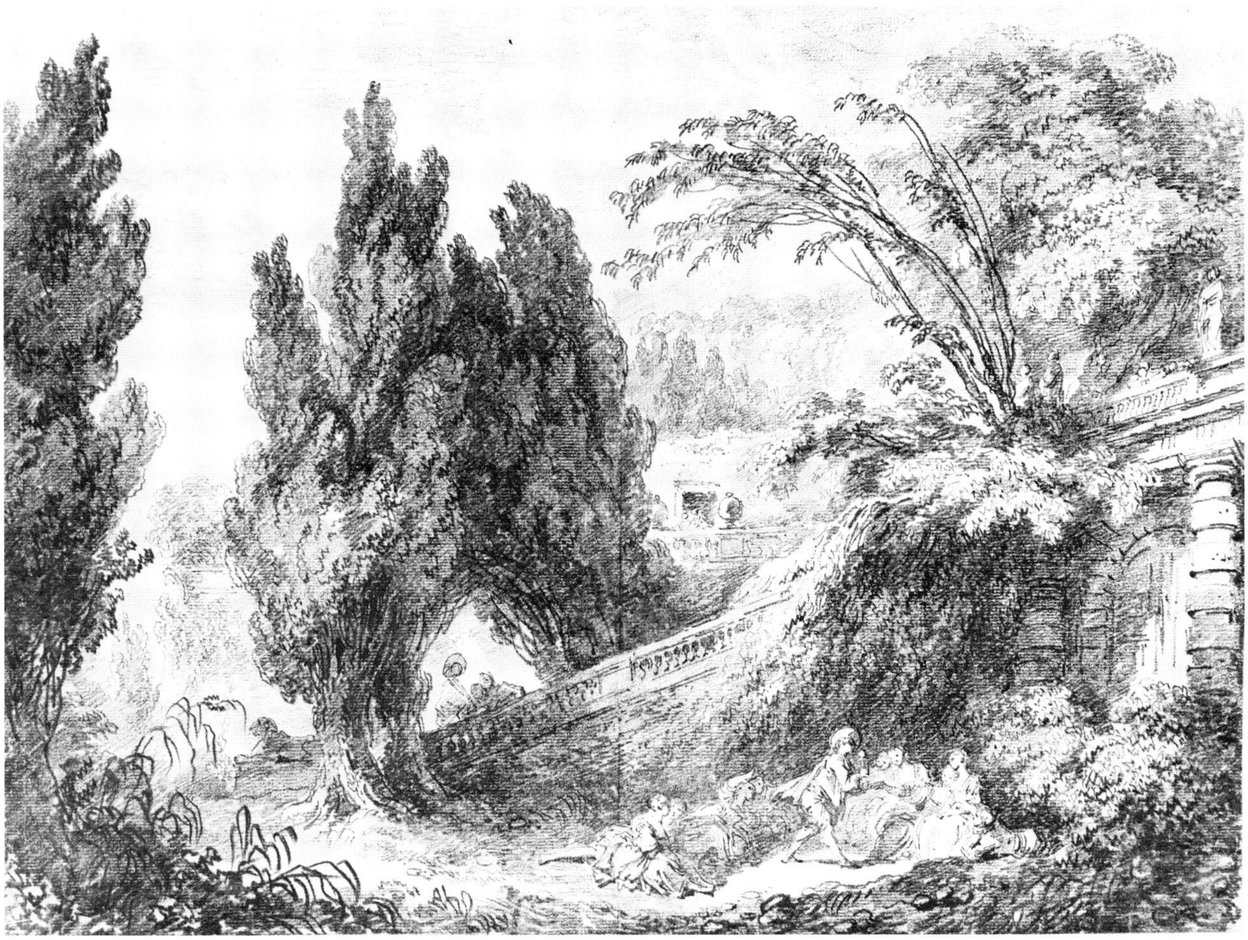

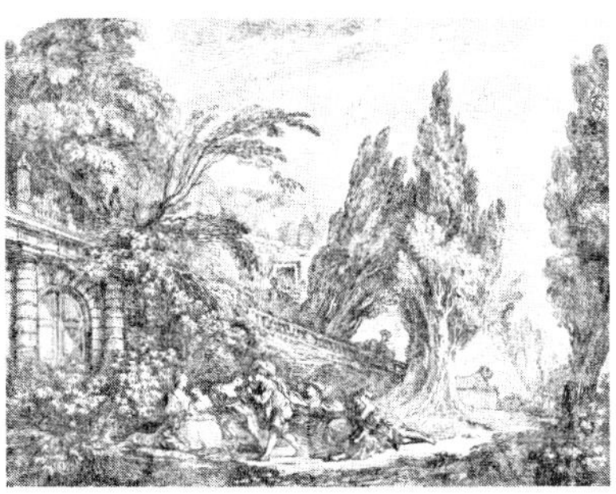

fig. 1. D'après Fragonard (Ango ?),
*Le jeu de la palette,*
localisation actuelle inconnue

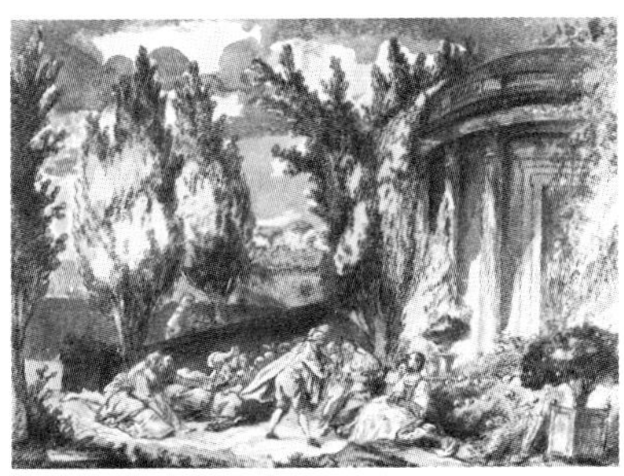

fig. 2. Imitateur de Fragonard,
*Le jeu de la palette,*
localisation actuelle inconnue

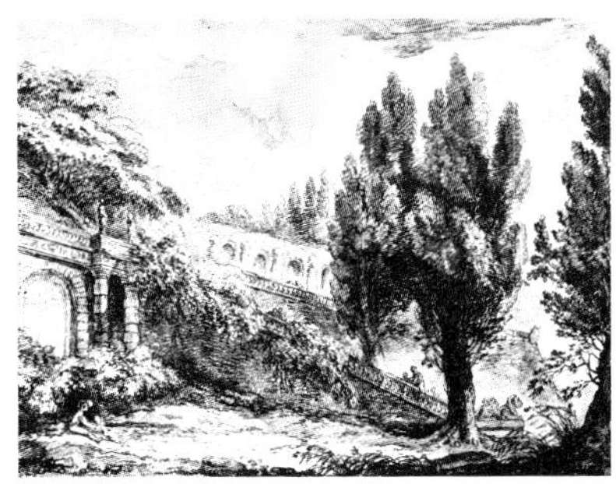

fig. 3. Fragonard (?),
*Vue de la villa d'Este,*
Valence, musée des Beaux-Arts

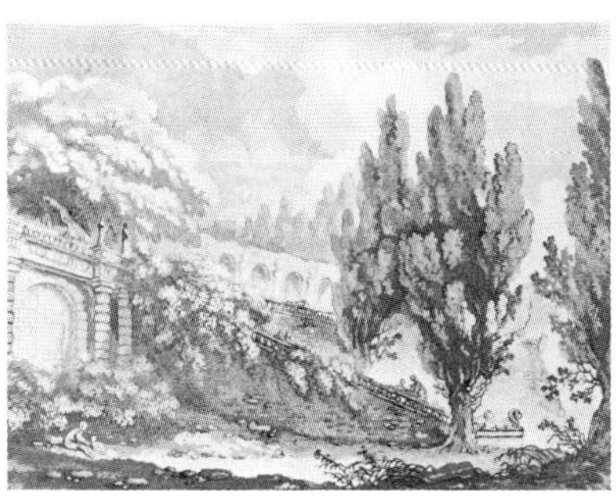

fig. 4. Saint-Non d'après Fragonard,
*Vue de la villa d'Este,* Paris,
Bibliothèque d'Art et d'Archéologie

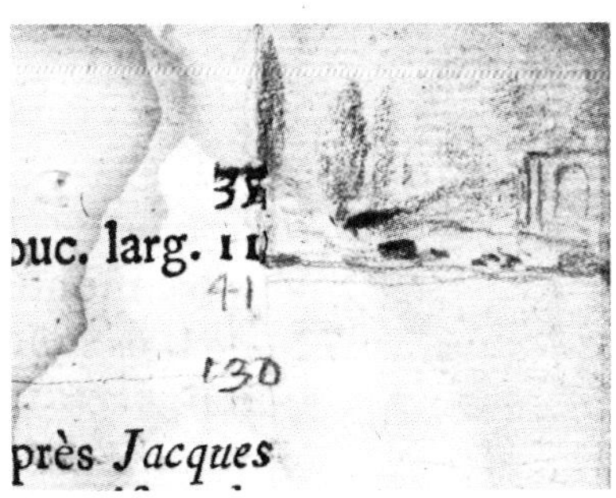


fig. 5. G. de Saint-Aubin,
détail d'une page de la vente Gros (1778),
Paris, Petit Palais

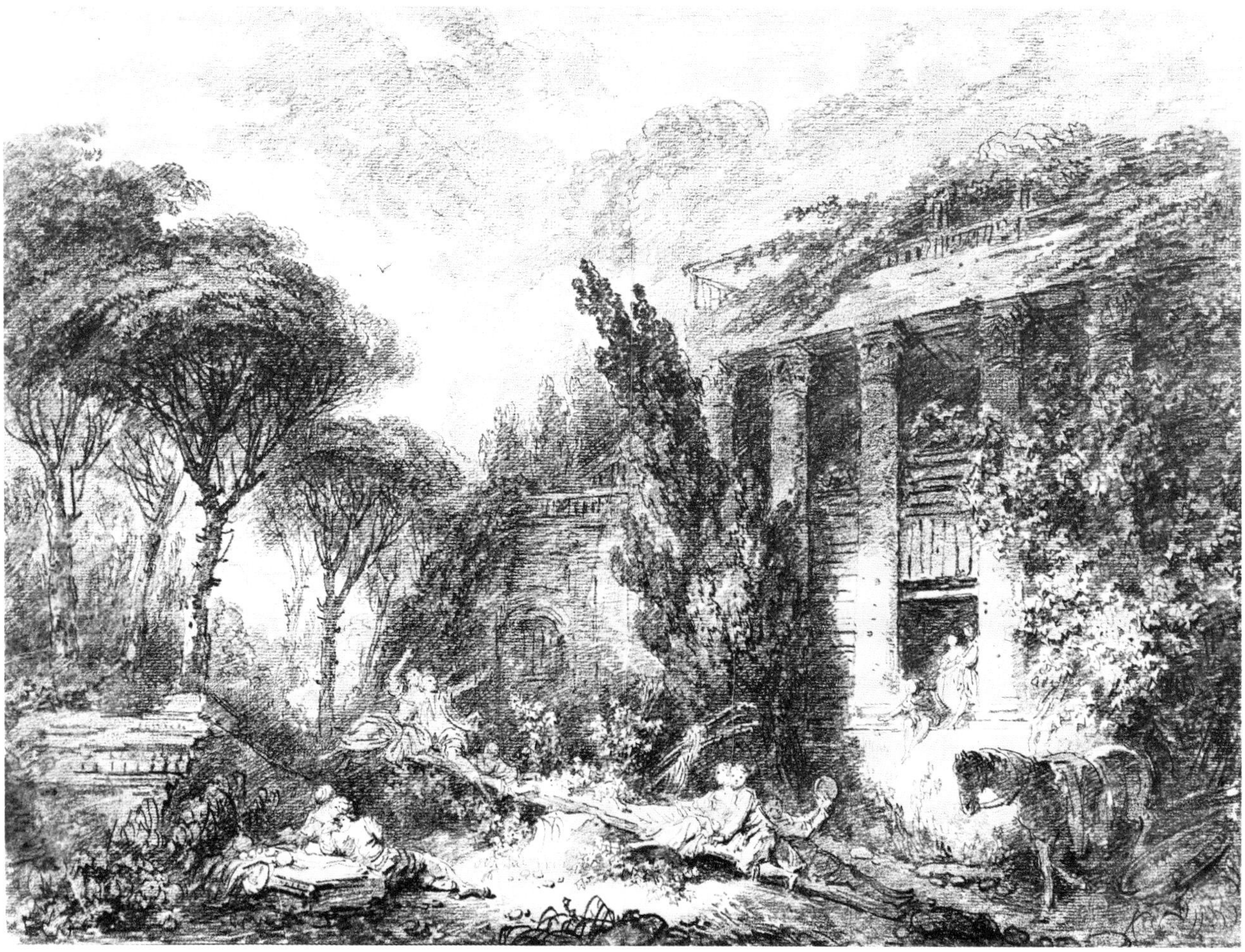

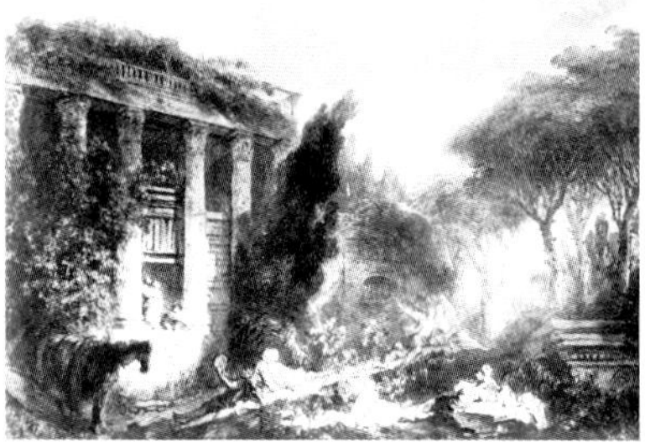

fig. 1. *Le jeu de la bascule,*
Massy-Palaiseau, École Polytechnique

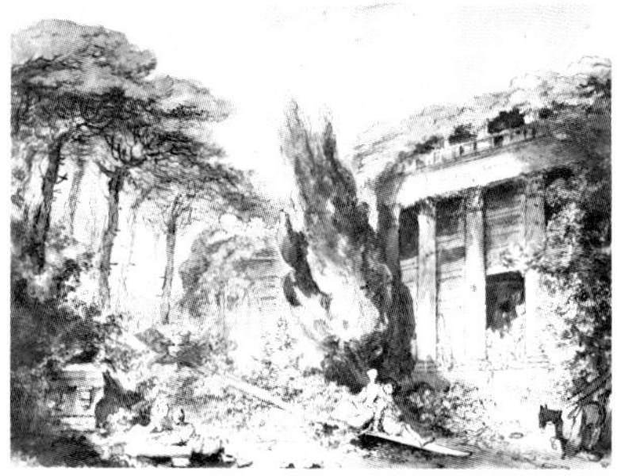

fig. 2. Imitateur de Fragonard,
*Le jeu de la bascule,*
Moscou, musée Pouchkine

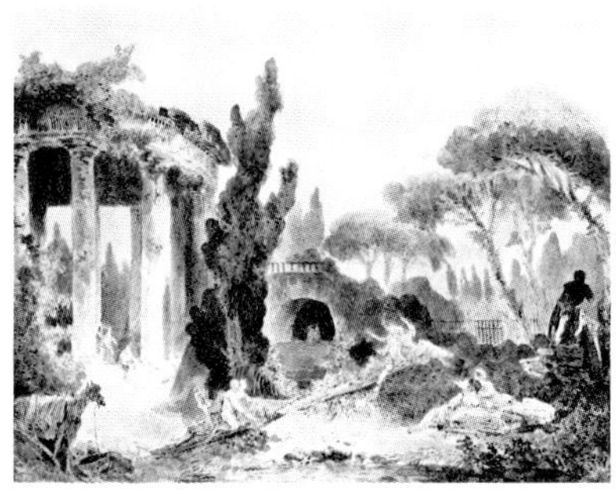

fig. 3. Imitateur de Fragonard,
*Le jeu de la bascule,*
Washington, National Gallery

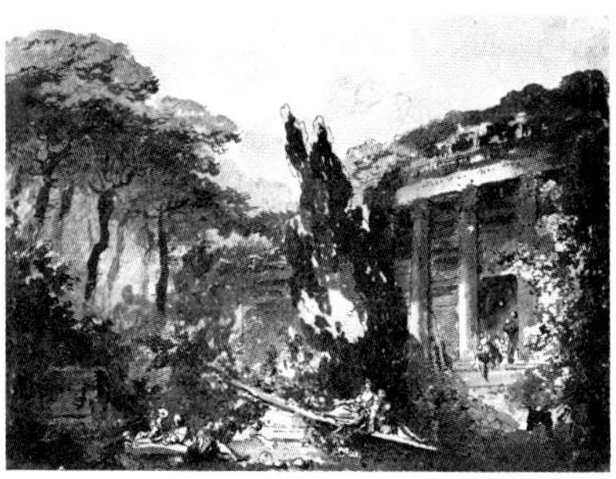

fig. 4. Imitateur de Fragonard,
*Le jeu de la bascule,*
Turin, Biblioteca Reale

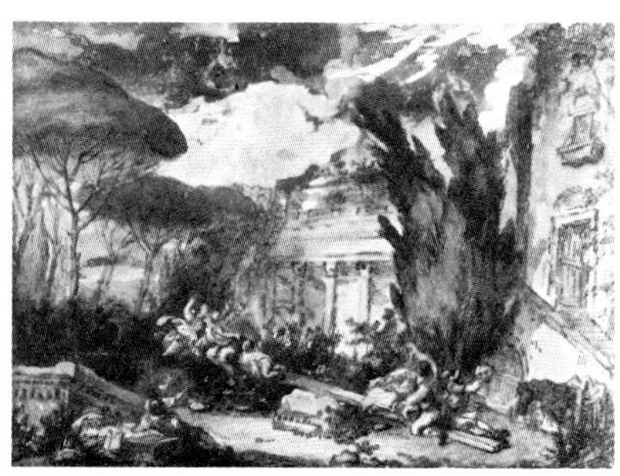

fig. 5. Imitateur de Fragonard,
*Le jeu de la bascule,*
localisation actuelle inconnue

# 15 Le jeu de la bascule

Paris

H. 339 ; L. 462
Sanguine, plié verticalement au centre

Francfort, Graphische Sammlung im Städelchen Kunstinstitut

**Provenance**
Voir le n° précédent (Inv. 1235).

**Bibliographie**
Voir le n° précédent (A. 821 fig. 223 et Stuffmann, n° 123, ill.).

**Œuvres en rapport**
— Le dessin de l'École polytechnique (A. 822), fort endommagé, est une contre-épreuve rehaussée au bistre *(fig. 1)*.
— Le dessin du musée Pouchkine de Moscou (A. 2112) est d'un imitateur *(fig. 2)*, tout comme ceux de Washington *fig. 3 ;* cat. exp. Londres, 1968, n° 613 fig. 269 : « H. Robert » et cat. Eisler, 1977, p. 337, dK 279, fig. 301) et de Turin *(fig. 4* ; cat. Sciolla, 1974, n° 298, ill.*)*.
— Pour le dessin de la vente du 24 mai 1955, n° 123, ill., voir la notice précédente *(fig. 5)*. Voir aussi A. 823 fig. 528 et 2113.
— W. et M. cataloguent et reproduisent sous le n° 595 et parmi les « tableaux attribués » à Fragonard une version peinte de cette composition.

Les deux splendides sanguines de Francfort, dont sans doute des contre-épreuves furent tirées, ce qui explique leur côté quelque peu écrasé, comptent parmi les plus séduisantes réussites romaines de Fragonard. L'intérêt de ces dessins est qu'ils peuvent en toute vraisemblance être rapprochés de deux tableaux de la collection Bergeret disparus depuis 1786. Le *Jeu de la palette*, en tout cas, reprend, en la cadrant de plus loin, la composition (fragmentaire) de même sujet de Chambéry (n° 13). Si ce tableau précède à coup sûr les dessins de Francfort que M. Stuffmann (1986) pense exécutés après le retour en France de Fragonard, après 1761, il n'est bien entendu pas possible de dire à quel moment de sa carrière Fragonard exécuta les deux tableaux de la vente Bergeret. En tout cas, pour notre part, nous pensons que les dessins de Francfort ont été exécutés en 1760.

Évocation d'une Rome rustique, conquise et envahie par une végétation luxuriante, ces deux dessins se veulent de fantaisie. Les jeux des adolescents participent de ce débordement de la nature. Tout différent est le monde d'Hubert Robert, à la fois plus grandiose et moins chaleureux, plus topographique et plus tourné vers un passé qu'il respecte, mais moins panthéiste.

# 16 L'enjeu perdu *ou* Le baiser gagné

Paris

T. H. 47 ;L. 60

Leningrad, musée de l'Ermitage

**Provenance**
Coll. du peintre Sébastien Leclerc II (1676-1763) ; sa vente après décès, 17 décembre 1764, n° 298 : « un jeune homme embrassant une jeune fille, pendant que sa camarade lui tient les mains sur une Table couverte d'un tapis avec des Cartes dont plusieurs sont tombées par terre » ; coll. des princes Youssoupoff à Arkhanguelskœ (on sait qu'un prince Youssoupoff était en relation avec Greuze et mentionne Fragonard en 1789 et en 1790, voir p. 431) dès la fin du XVIIIe siècle, en tout cas en 1839 et jusqu'en 1924 ; saisi durant la Révolution russe et attribué au musée de l'Ermitage.

**Exposition**
Paris, 1965-66, n° 17, ill.

**Bibliographie**
Cat. coll. Youssoupoff, 1839, n° 369 ;
Ernst, 1924, p. 122, ill. ;
Réau, 1928, n° 103 ;
R. p. 157 ;
Sterling, 1957, p. 51, pl. 48 ;
Cat. musée, 1958, I, p. 346, n° 5646 ;
Zolotov, 1959, pl. 11 et détail couleurs en couverture ;
W. 118 fig. 75 ;
W. et M. 128, ill.
Nemilova, 1975, p. 440, 442 et fig. 21 ;
Cat. musée, 1976, p. 231, n° 5646 ;
Cat. Ermitage, 1985, n° 46, ill. (avec bibliographie détaillée).

**Œuvres en rapport**
— Pour le « pendant », voir n° 17.
— Pour la version achevée, voir n° 18.

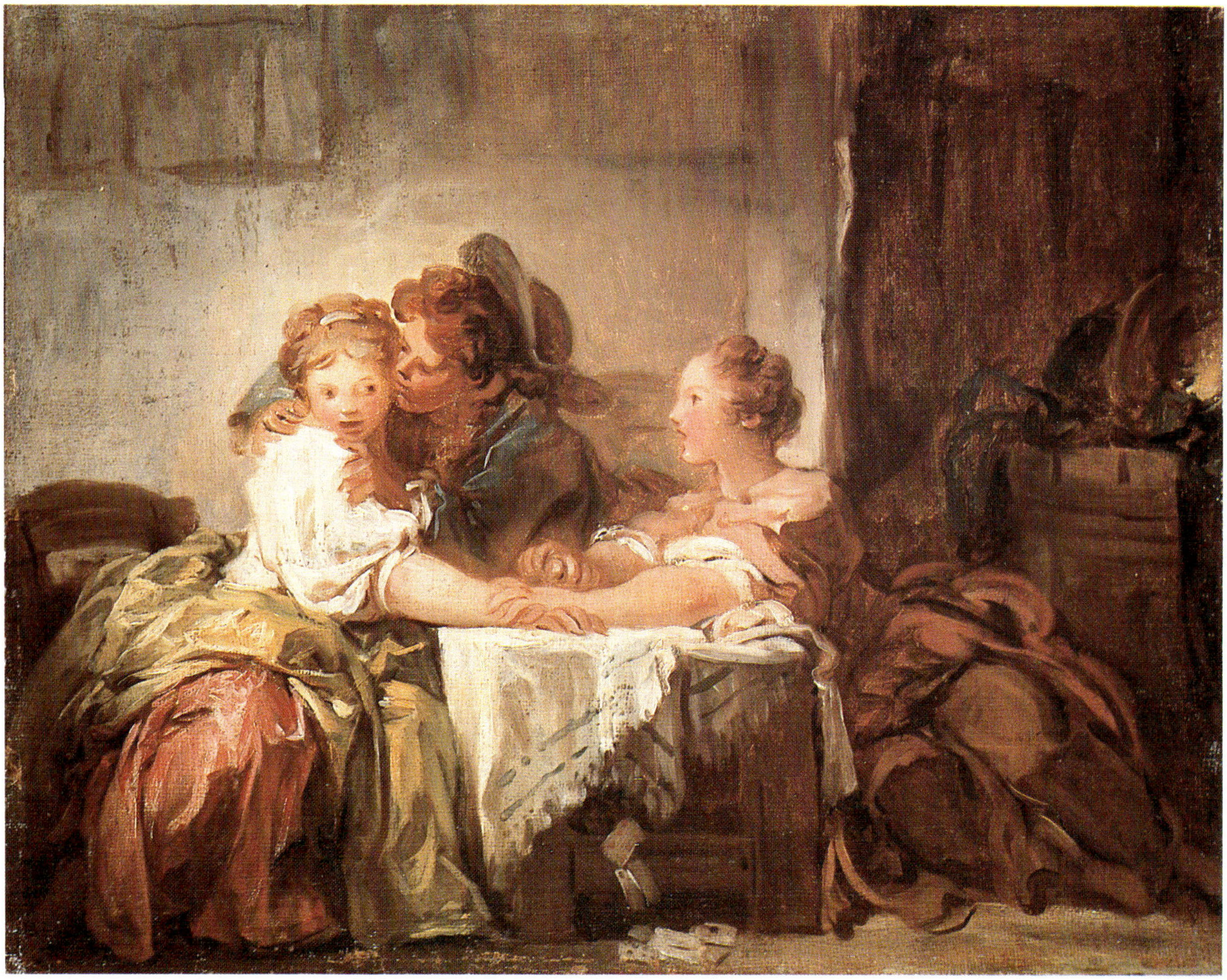

16

# 17 Les apprêts du repas

Paris

T. H. 47 ; L. 61

Moscou, musée Pouchkine

**Provenance**
Voir le n° précédent. Vente Leclerc, 1764, n° 298 : « une femme assise, ayant un enfant entre ses bras ; elle découvre un vase qui est sur un fourneau, pour y mettre des herbes qu'un autre enfant apporte ». Attribué à l'Ermitage en 1924, puis l'année suivante au musée Pouchkine à Moscou.

**Exposition**
Paris, 1965-66, n° 18, ill.

**Bibliographie**
Cat. coll. Youssoupoff, 1839, n° 365 ;
Ernst, 1924, p. 124, ill. ;
Réau, 1928, n° 525 ;
R. p. 168 ;
W. 120 fig. 76 ;
W. et M. 129, ill. ;
Cat. musée, 1980, n° 66, ill.

**Œuvres en rapport**
Voir la notice précédente.

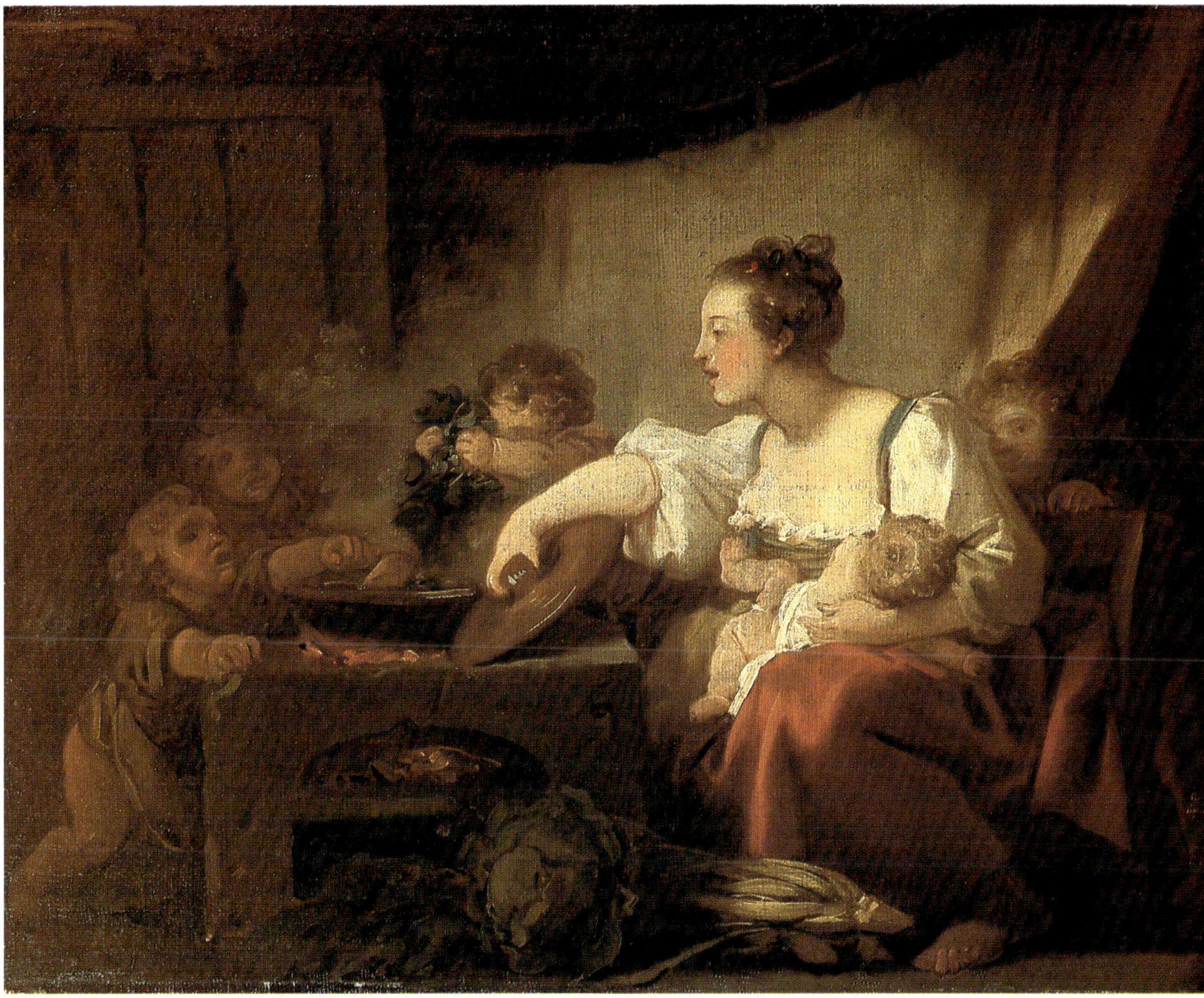

Cette esquisse et son pendant passaient en vente en 1764, à la vente après décès de Sébastien Leclerc II, un peintre de bon renom. C'est la vente la plus ancienne où figurent des tableaux de Fragonard.

Si les deux toiles sont aujourd'hui divisées entre Leningrad et Moscou, elles étaient considérées comme des « pendants » dès 1764. Ce qui surprend. Le sujet du tableau de Leningrad se comprend aisément. Dans une chambre rustique, deux adolescentes jouent aux cartes en compagnie d'un jeune homme. La perdante reçoit de celui-ci un baiser en gage de sa défaite pendant que sa compagne lui tient les mains. Son expression, qui marque plus d'étonnement et de curiosité que d'effroi, nous apprend qu'elle ne se défend pas vraiment.

*Les apprêts du repas* nous montrent-ils la même jeune femme quelques années plus tard ? Elle tient, cette fois-ci, un poupon dans ses bras et soulève le couvercle d'une marmite fumante posée sur un fourneau, autour duquel trois enfants s'affairent. Y a-t-il un lien entre les deux œuvres, s'agit-il de deux épisodes de la même histoire ? Nous le pensons d'autant moins que si Fragonard a répété l'historiette de l'*Enjeu perdu,* peignant un tableau « achevé », il n'en a pas fait de même, jusqu'à plus ample informé, pour *Les apprêts du repas.*

Nous ne nous attarderons pas ici sur le titre de l'œuvre, *Les apprêts du repas*. Il a le mérite de l'objectivité que n'ont ni *La famille malheureuse* (Réau), ni *Une pauvre famille* (Wildenstein), ni *La famille heureuse* (!) qui ont été à ce jour privilégiés.

On admirera, comme le rédacteur du catalogue de la vente Leclerc de 1764, la « touche très hardie ». Elle donne aux deux tableaux cette spontanéité, cette fraîcheur d'observation qui enchantent. On sera surpris par les deux visages peints parfaitement de profil, aux bouches entrouvertes, qui se répètent d'un tableau à l'autre.

Citons en conclusion la page de Sterling (1957) à propos de l'*Enjeu perdu* : « le *Baiser gagné* est déjà plus aéré et enlevé dans des coulées rapides. C'est un chef-d'œuvre de notations saisissantes de justesse et de force qui en une ligne, en un seul point, tout ensemble construisent une forme, la font vibrer de vie, évoquent une expression primesautière. Le sujet anecdotique, insignifiant, est triomphalement sublimé par un sortilège pictural que l'on sent être un équivalent parfait du souffle même de la vie. On songe aux esquisses de Rubens. »

# 18 L'enjeu perdu *ou* Le baiser gagné

T. H. 48,3 ; L. 63,5

New York, The Metropolitan Museum of Art, don Jessie Woolworth Donahue

**Provenance**
Coll. du bailli de Breteuil à coup sûr dès 1766 ; sa vente après décès, 16 janvier 1786, nº 49 (acquis pour 500 livres par Guérin) ; vente [marquis de Chamgrand, de Proth, Saint-Maurice...], 20-24 mars 1787, nº 224. Dr. Aussant, Rennes, sa vente, 28-30 décembre 1863, nº 31 (4.500 francs, Laneuville pour Duchâtel) ; coll. du comte Duchâtel entre 1863 et 1889 ; Morton F. Plant (?) ; Mrs William Hayward, New York entre 1933 et 1944 ; [Knœdler] en 1944 ; Mrs James P. (Jessie Woolworth) Donahue, New York ; don au Metropolitan Museum en 1956 (56.100.1).

**Expositions**
Paris, 1866, nº 49 ;
Paris, 1885, nº 191 ;
Londres, 1933, nº 107 ;
Tokyo, 1980, nº 28, pl. couleurs.

**Bibliographie**
G. p. 257, 333 ;
P. p. 72, 276 ;
N. p. 124 (reproduit entre p. 84 et 85 l'exemplaire Goldschmidt-Rothschild) ;
R. p. 65, 157 ;
W. 119 pl. 31 ;
W. et M. 127, ill. ;
Ergmann, 1986, p. 74, ill.
Sutton 1980, 1987, p. 106 et 105 fig. 4.

**Œuvres en rapport**

*Tableau*
Une version est mentionnée dans la coll. Goldschmidt-Rothschild à Francfort-sur-le-Main en 1925 *(fig. 1 ;* cat. exp. 1925, nº 73, ill. ; H. 56 ; L. 67*)*. Elle avait appartenu à Sedelmeyer en 1900 et en 1903, et était peut-être passée en vente à Paris le 23 mars 1874, nº 22. Une autre version *(fig. 2)* est passée en vente à Paris le 29 avril 1929, nº 111, ill. (T. H. 45 ; L. 55).

*Dessin*
Le tableau du bailli de Breteuil a été dessiné par François Lonsing (1739-1799) en 1766 *(fig. 3) ;* sur Lonsing en Italie à partir de 1761, voir la monographie de Meaudre de Lapouyade*)*. Le dessin, mis au carreau, fait partie d'un album de copies d'après les principaux tableaux de la coll. du bailli dont la plupart sont d'Ango (cat. exp. Breteuil, 1986, nº 107).

*Gravure*
Le tableau aurait été gravé en 1766 (Ernst et Réau) par François ou Robert Brichet (sur Brichet, voir Roux, III, 1934, p. 369) qui aurait dédié sa gravure à la marquise « Gentile Baccupadule » ou « Bassopadule » (W. et M ; Boccapaduli ?). Nous n'avons pu retrouver cette gravure.

« Ce joli tableau a été peint en Italie » précise le rédacteur du catalogue de la vente du bailli de Breteuil en 1786. Le dessin de Lonsing, de vingt ans antérieur, confirme que Le Brun, l'expert de la vente, faisait allusion au premier séjour de Fragonard en Italie entre 1756 et 1761. Jacques-Laure Le Tonnelier, bailli de Breteuil (1723-1785), ambassadeur de l'ordre de Malte à Rome, s'installa au Palais de Malte en juin 1758, mais ne fit son entrée solennelle à Rome qu'en avril 1759. Sincère amateur de tableaux, il fit copier sa collection, pour l'essentiel par Ango (cat. exp. Breteuil, 1986), mais aussi en quelques cas par d'autres artistes comme Monnet ou Lonsing. Nous ignorons comment il entra en contact avec Fragonard et lui commanda l'*Enjeu perdu.* Il dut le faire avec une certaine discrétion : les pensionnaires du roi, on s'en souvient, ne devaient en principe travailler que pour le Roi.

La date précise du tableau de New York reste inconnue mais nous pensons qu'elle doit être voisine de 1759 : l'année précédente, Fragonard avait peint une *Académie masculine,* hélas aujourd'hui perdue, afin que les Académiciens de Paris puissent juger des progrès à Rome du jeune Fragonard. Leur réaction mérite d'être notée : « des tons de couleurs maniérés », « plusieurs demies teintes trop bleues et d'autres aurores qui ne sont point naturelles. On peut croire qu'il les a imitées du Barocci... ». L'année suivante, une nouvelle académie n'est guère mieux accueillie : les Académiciens reprochent cette fois-ci à Fragonard ce « fondu » et ce « fini » qui caractérisent si justement la version de New York de l'*Enjeu perdu.*

Son exécution n'a rien en commun avec celle du tableau de l'Ermitage (nº 16). Les deux œuvres sont pourtant de taille comparable, ce qui interdit de voir dans le tableau russe l'esquisse (au sens propre du terme) pour le tableau de New York. A la « hardiesse » de la première composition s'oppose la « finesse » du tableau Breteuil, déjà notée par l'auteur du catalogue de la vente de 1787.

Si d'un tableau à l'autre Fragonard n'a pas radicalement modifié ses couleurs, il les a raffinées : le blanc devient soyeux, le rouge vif, rose lilacé, le bleu pétrole, iris ; la scène, de rustique devient pastorale, la nappe paysanne devient

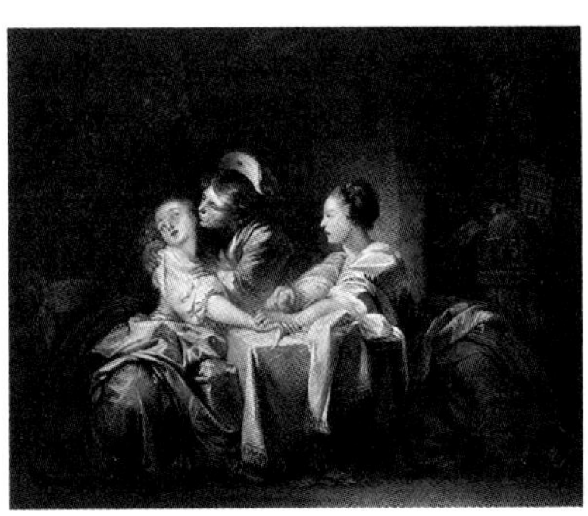

fig. 1. D'après (?) Fragonard, *L'enjeu perdu,* localisation actuelle inconnue

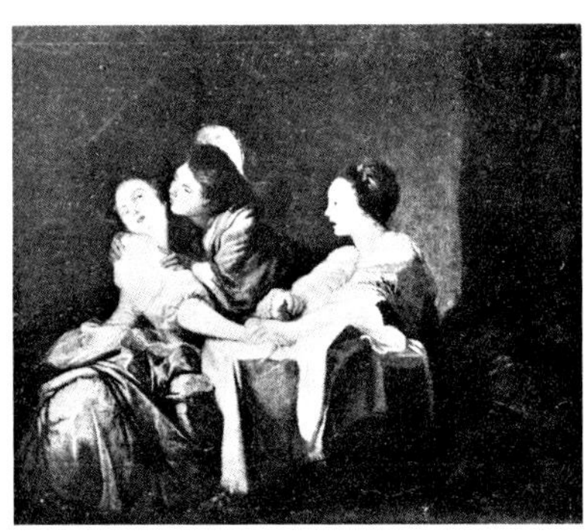

fig. 2. D'après Fragonard, *L'enjeu perdu,* localisation actuelle inconnue

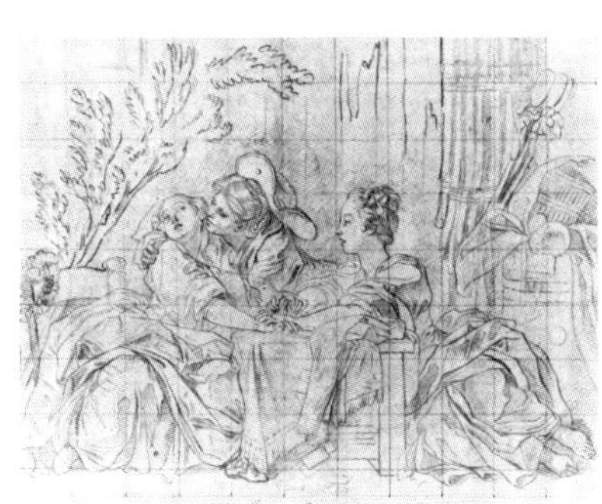

fig. 3. Lonsing d'après Fragonard, *L'enjeu perdu,* château de Breteuil

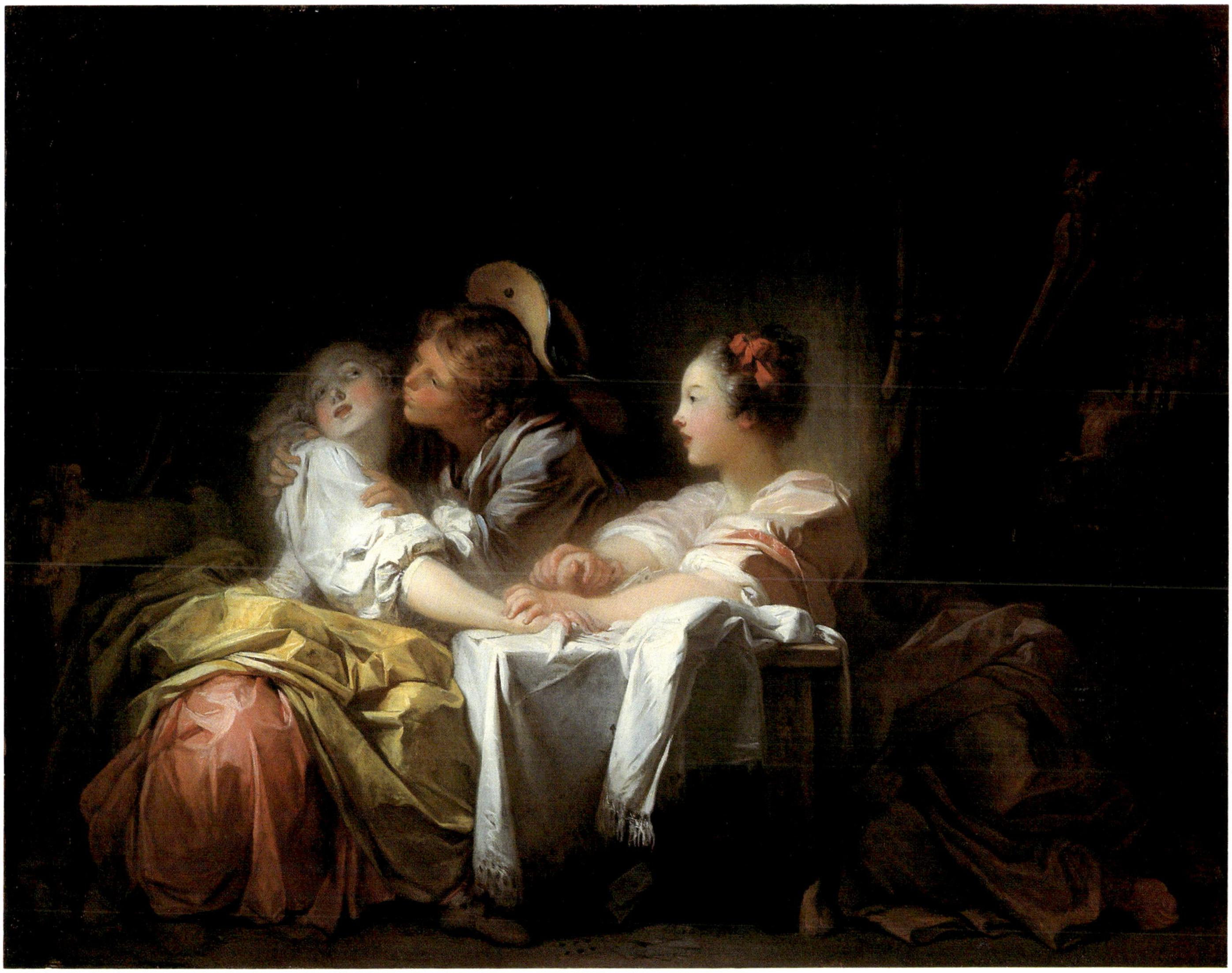

«tapis de mousseline», les adolescents, de jeunes gens gourmands, sont métamorphosés en bergers roués. L'embrassée paraît moins étonnée que curieuse, son vainqueur moins glouton, moins pressé, plus savant, leur compagne moins envieuse, mais plus effrontée et perverse.

L'intéressant est que Fragonard mène de front, à Rome comme à Paris, deux manières de peindre, à première vue radicalement opposées. L'intéressant encore est que l'*Enjeu perdu* — nous ne reviendrons pas sur l'explication du sujet sur lequel nous nous sommes prononcé à propos du tableau de l'Ermitage — reste proche encore du monde de Boucher — qu'on pense à la jeune fille sur la gauche de la composition au visage renversé — tout en annonçant, aussi bien par le fini de l'exécution que par la mise en place de la composition, le Fragonard de la maturité.

On nous permettra de citer ici la page, certes d'une «couleur un peu trop voyante» (Max Jacob, *Correspondance,* I, 1876-1921, Paris, 1953, p. 134) des Goncourt qui virent le tableau en 1863 au moment où ils écrivaient leur étude sur Fragonard : « il étonnait le public par le précieux, le mœlleux, le fini d'un faire rare chez Fragonard, contraire à ses habitudes et presque à son tempérament. La petite toile se jouait finement sur la gamme de suavité des violets pâles, des jaunes paille, des verts de mousse, des roses tendres expirant dans l'adorable défaillance de la rose-thé ; elle semblait peinte avec la palette nuée du maître du *sfumato,* du grand peintre des Assomptions et des Nativités. Fragonard avait cherché la fonte du mœlleux espagnol, la vapeur de ses lumières, ces tons comme enveloppés d'une gaze. Le corsage, les manches blanches de la femme embrassée, sa jupe jaune, son jupon rouge, les visages et les chairs, toute cette gaieté de couleur doucement flambante dans une lumière de groseille faisait penser à une miniature de Murillo ».

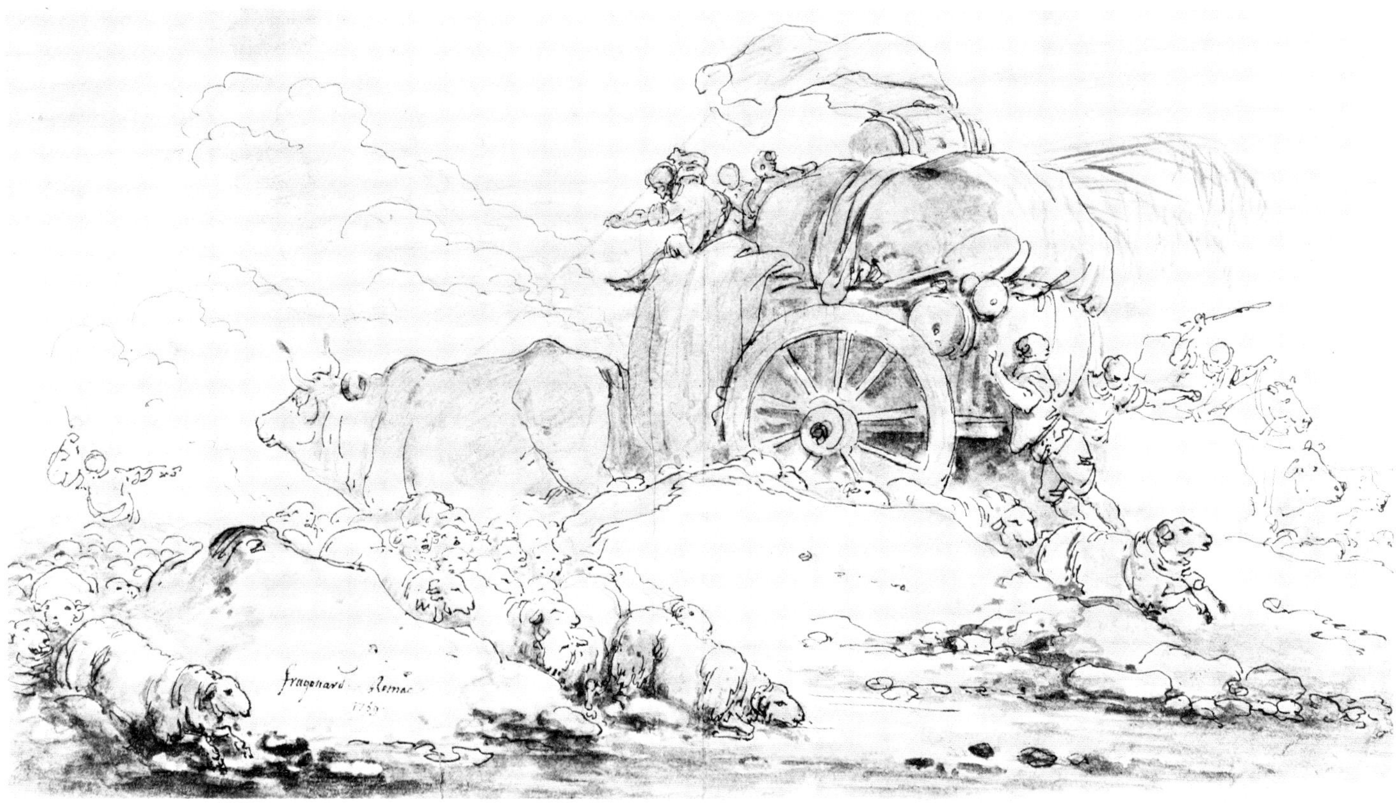

# 19 La charrette embourbée

Paris

H. 215 ; L. 395
Sanguine, plume, lavis de bistre, de gris et de sanguine
Signé (?) à gauche en bas : *fragonard Romae 1759* (l'encre de l'annotation n'est pas la même que celle du dessin)

Chicago, Art Institute, don du Print and Drawing Club

**Provenance**
Coll. H. D[reux], vente Paris, 3-4 février 1870, nº 38 (?) (sans dimensions, « à la plume et à l'aquarelle. Signé », ce dessin a été acquis par « Mayor » pour 160 francs) ; coll. de la princesse Mathilde puis de Louis Gauderax selon cat. vente Fauchier Magnan ; vente anonyme, 12 juin 1917, nº 6 ; coll. vicomte Jacques de La xxx , sa vente, Bruxelles, 3-4 juillet 1919, nº 180, ill. ; coll. Adrien Fauchier Magnan, Paris, sa vente, Londres, Sotheby's, 4 décembre 1935, nº 14, ill. ; [Agnew] ; acquis par Chicago en 1936 (1936.4).

**Expositions**
Washington, 1978, nº 3, ill. ; Richmond, 1981, nº 1, ill.

**Bibliographie**
P. p. 296 (le dessin de la vente Dreux) ; Stanton, 1936, pp. 77-79, ill. ; R. p. 221 ; W. p. 10, éd. française ; A. 825, ill. ; Massengale, 1979, pp. 270-271, fig. 97 ; Cuzin, 1986, p. 66.

**Œuvres en rapport**
Pour le tableau du Louvre, voir le nº suivant.

Depuis Stanton (1936), on rapproche le dessin de Chicago de la feuille de Budapest *(fig. 1* ; A. 827*)* inscrite en bas à droite « fragonart ». Les deux dessins sont dans le même sens (inversé par rapport au tableau du Louvre), celui de Budapest bien plus proche du tableau que celui de Chicago. Attribuée à Fragonard par Eunice Williams (cat. exp. 1978), la feuille de Budapest est considérée comme d'H. Robert par Massengale (1979) et Cuzin (1986).

Voir aussi A. 824 (serait signé) ; A. 826 *(fig. 2* ; se confond peut-être avec la sanguine de la vente Maurice Lange, 12 décembre 1936, nº 55, ill. ; cette sanguine, qui copie fidèlement le tableau du Louvre, paraît d'Ango*)* ; A. 828 (qui provient, comme le dessin précédent, de la coll. Walferdin).

Les débuts de dessinateur de Fragonard sont peut-être plus mystérieux encore que ses débuts de peintre. Nous avons plus haut (pp. 65-67) voulu dresser la liste — bien trop courte — des dessins antérieurs à 1759, date de la feuille de Chicago et tenté une définition du style de l'artiste, ou plus exactement de ses différents styles, avant l'extraordinaire éclosion de 1760.

Le dessin de Chicago, fort bien étudié en son temps par Eunice Williams (cat. exp. 1978), a le grand mérite de porter une date, 1759, que rien n'autorise à mettre en doute. S'il ne prépare pas directement le tableau du Louvre (n° suivant), il en est en quelque sorte une première pensée, inversée par rapport à la toile. La technique, qui mêle sanguine, plume et lavis, en est savante, l'écriture rapide, plus nerveuse et moins carrée que celle du tableau. Comme pour celui-ci, Fragonard cherche à décrire le double mouvement de la charrette lourdement chargée qui se dirige vers la gauche et du troupeau de moutons qui déboule à contresens et s'apprête à boire. Mais sa composition, plus en frise, plus sommaire, est moins complexe que celle du tableau.

Sur celui-ci, Fragonard gardera la bâche qui claque au vent mais supprimera le berger qui aiguillonne son bœuf.

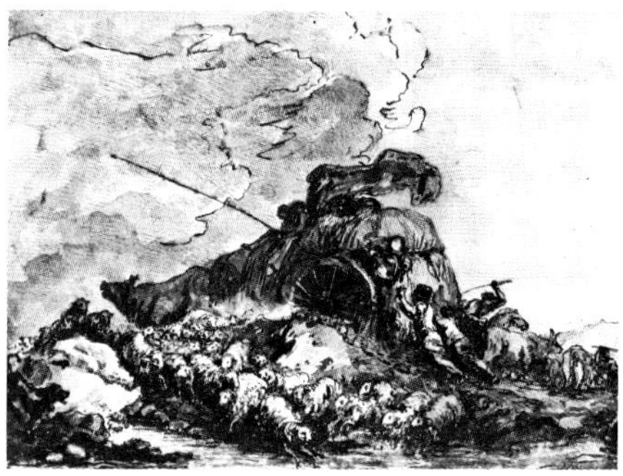

fig. 1. Fragonard (?),
*La charrette embourbée,*
Budapest, musée des Beaux-Arts

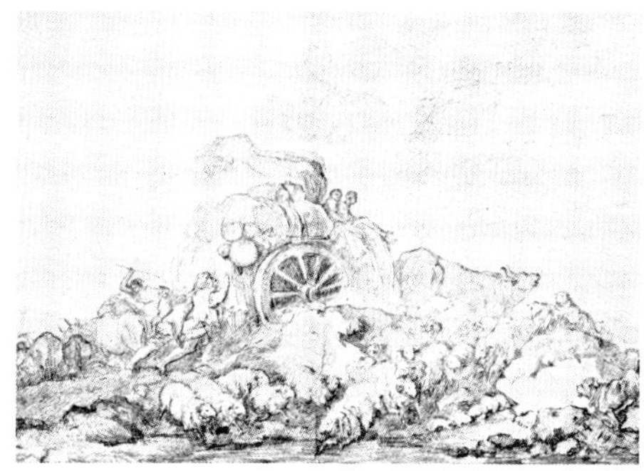

fig. 2. Ango (?),
*La charrette embourbée,*
localisation actuelle inconnue

# 20 La charrette embourbée

T. H. 73 ; L. 97

Paris, musée du Louvre

**Provenance**
Coll. du Dr. Louis La Caze dès 1860 ; entré au Louvre avec la coll. en 1869 (M.I. 1063).

**Exposition**
Paris, 1860, n° 157 ;
Paris, 1974, n° 1, ill.

**Bibliographie**
Bürger [Thoré], 1860, p. 349 ;
Gautier, 1860, p. 2 ;
Saint-Victor, 1860, n. p. ;
Horsin-Déon, 1861, p. 119 ;
Blanc, 1862, p. 16 ;
G. p. 281, 339 ;
Mantz, 1870, p. 16 ;
P. p. 128, 273 ;
R. p. 185 ;
W. 103 pl. 12 et p. 10 éd. française ;
Thuillier, 1967, p. 70, ill. couleurs ;
W. et M. 111 ill., pl. VIII et IX en couleurs ;
Cuzin, 1986, pp. 59-61 et 66.

**Œuvres en rapport**
Voir le n° précédent.

*La charrette embourbée* fit sensation en 1860 à l'exposition du boulevard des Italiens, une des premières qui réunit un grand nombre de toiles du XVIII^e^ siècle français de collections privées, une des premières où le public parisien put découvrir Watteau, Chardin et Fragonard. Paul de Saint-Victor (1860) admire « cette tragédie champêtre... Ce chariot en détresse, ce troupeau aux abois ont la poésie d'un naufrage. Fragonard dans cette simple ébauche égale les plus belles tempêtes de Castiglione et du Guaspre ».

Quant aux Goncourt, toujours aussi lyriques et soucieux de descriptions, ils s'extasient devant « le ciel fumeux, sinistre, électrique, traversé de coups de jour blafards, l'air lourd, la chaude haleine de la terre accablée, l'agitation trépidante, la panique de la Nature... »

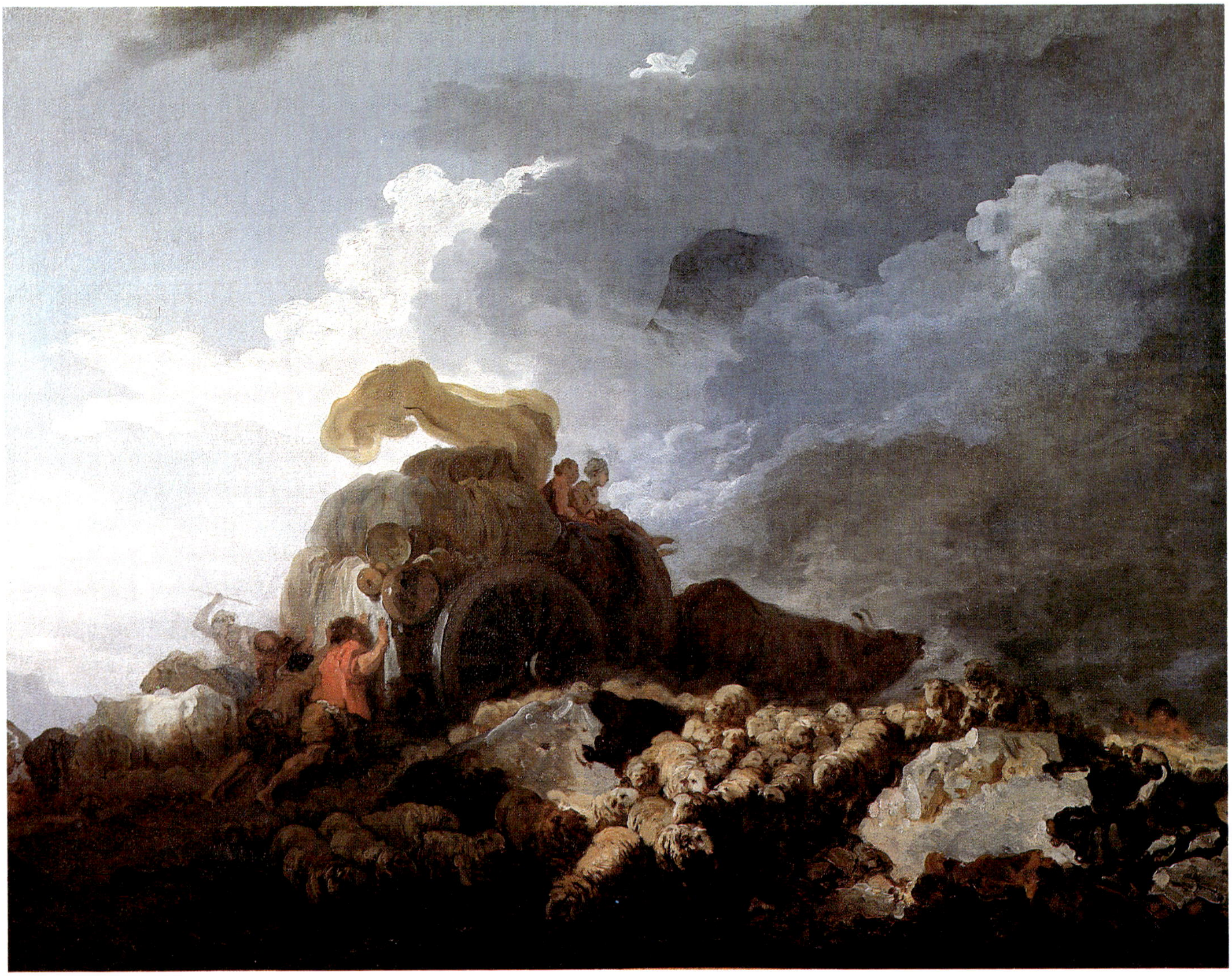

Le tableau, entré au Louvre avec la collection La Caze en 1869, est sans conteste pour beaucoup dans la rapide réhabilitation de Fragonard au milieu du XIXe siècle. L'œuvre cependant est loin d'être en parfait état. Sa restauration, à l'occasion de notre exposition, l'aura rendue plus lisible, sans supprimer, bien entendu, les usures qui laissent apparente la toile italienne à gros grain, mal enduite, utilisée par l'artiste.

Un double mouvement, comme cinématographique, dynamise la toile : la charrette bâchée tirée par un bœuf à la lourde silhouette, poussée par des adolescents aux jambes nues, domine la toile ; les moutons, chassés par un jeune berger vêtu de rouge et par un redoutable bouledogue, se ruent vers la mare du premier plan de l'œuvre, soulevant une poussière rougeâtre. On entend le crissement des essieux, le piétinement du troupeau pressé, le grelot du chien, le vent qui se lève.

Fragonard oppose un ciel gris vert aux nuages blancs à une terre aux bruns rougeoyants. Il veut avant tout décrire les encombrements agités d'une route de campagne à l'approche de la pluie, le croisement de deux troupes, occupées entièrement à fuir l'orage. La trépidante agitation de cette scène fait corps avec la hardiesse de l'exécution.

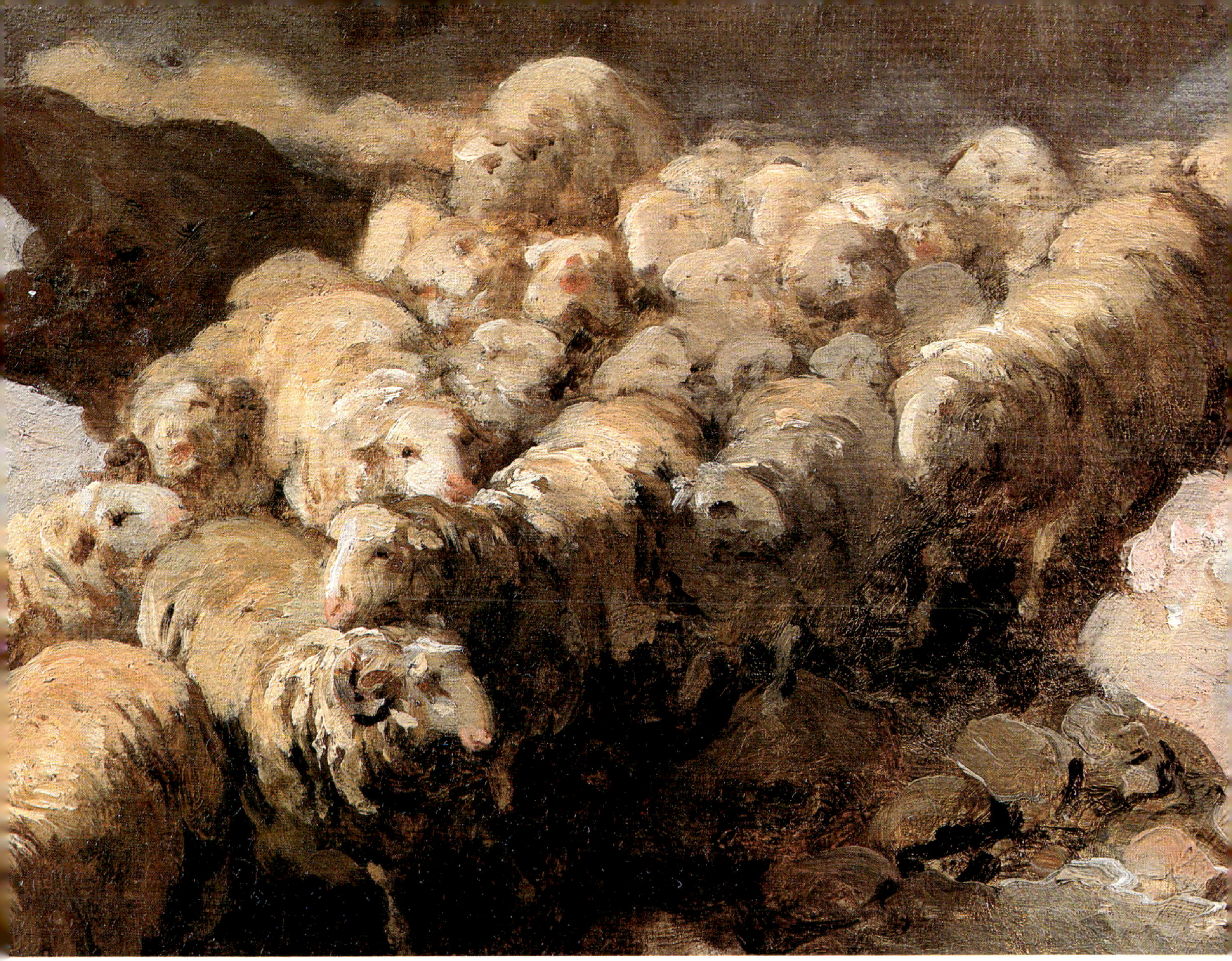

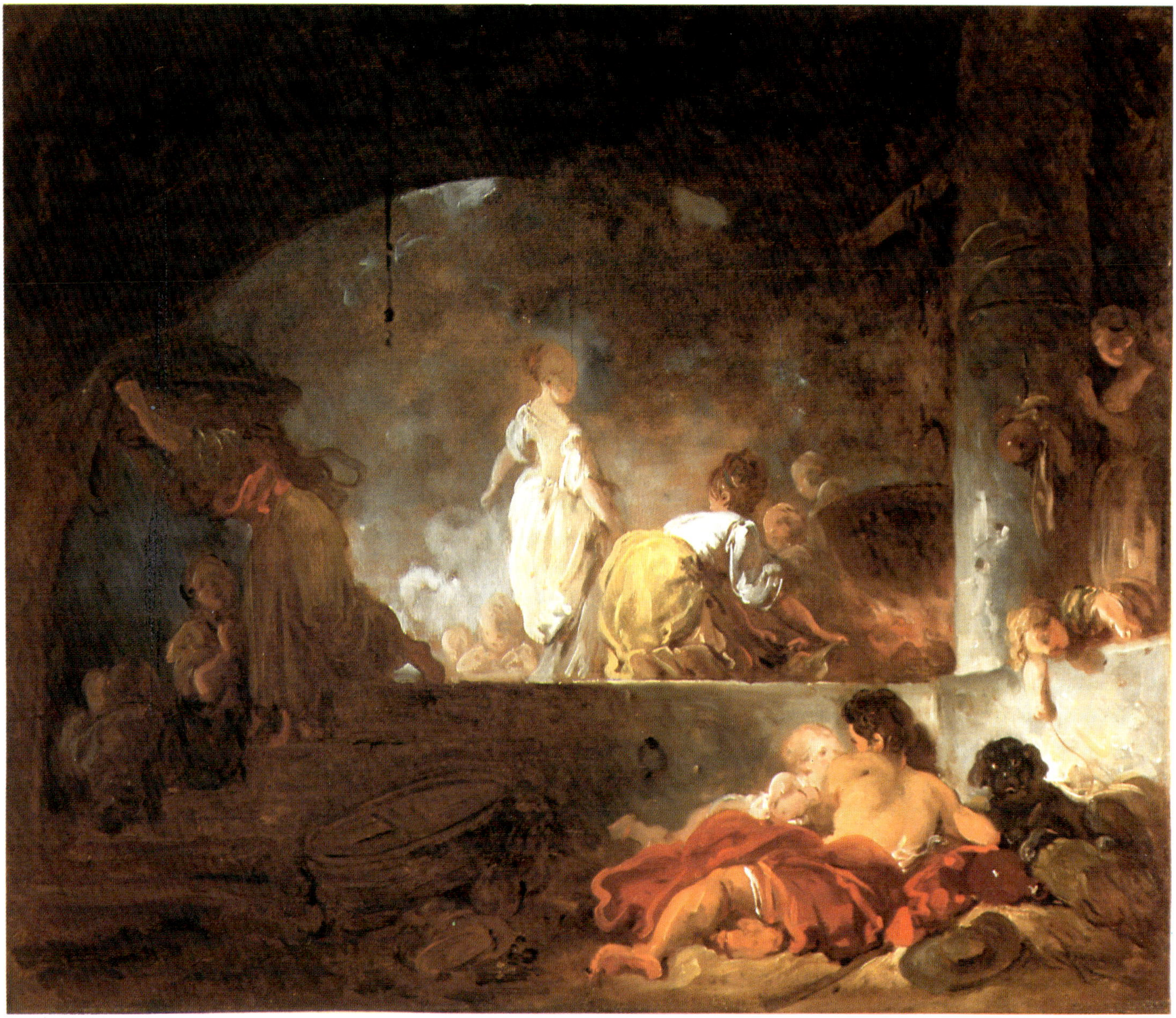

# 21 Les blanchisseuses *ou* La lessive

T. H. 61,5 ; L. 73

Saint Louis, The Saint Louis Art Museum

**Provenance**
Coll. privée de Moscou (selon Rogers, 1938) ; coll. Benedict Cathabard (1869 ?-1917), antiquaire à Lyon, selon W. ; [Galerie Bachstitz, La Haye en 1921] ; coll. privée, New York ; [Arnold Seligmann et Rey], New York. Acquis en 1938 ; 76.1937.

**Expositions**
New York, 1922, n° 6 (non vérifié) ;
Cleveland, 1956, n° 18, ill. ;
New York, 1958, n° 30, ill. p. 48 ;
Baltimore, 1959, n° 11 ;
Londres, 1968, n° 232 ;
Notre Dame, 1972, n° 29, ill. ;
Atlanta, 1983-84, n° 51, ill. couleurs.

**Bibliographie**
Cat. Bachstitz Gallery, La Haye, [1921], I, n° 68, ill. ;
M.[eyric] R.[ogers], 1938, pp. 30-31, ill. ;
Sterling, 1955, p. 152 ;
R. p. 172 ;
W. 361 fig. 153 et p. 25 éd. française ;
Thuillier, 1967, p. 64, ill. couleurs ;
W. et M. 383, ill. ;
Stockho, 1981, pp. 22-23, ill.
Sutton 1980, 1987, p. 105.

**Œuvres en rapport**

Une réplique plus petite *(fig. 1* ; H. 42 ; L. 48*)*, que nous ne connaissons que par la photographie, passe en vente à de nombreuses reprises (en dernier, Fischer, Lucerne, 12-16 juin 1956, n° 1551, ill.). Cataloguée par N. (p. 40 et 139) et W. et M. (384), elle paraît d'une exécution plus lourde que le tableau de Saint Louis.

Pour le dessin de même sujet *(fig. 2)*, mais d'une composition et d'une date sensiblement différentes, voir A. 95 fig. 42 et Williams, 1978, n° 26, ill.

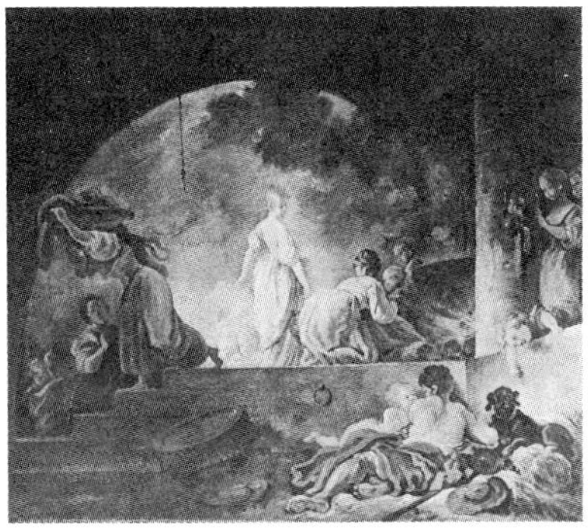

fig. 1. Fragonard (?), *Les blanchisseuses*, localisation actuelle inconnue

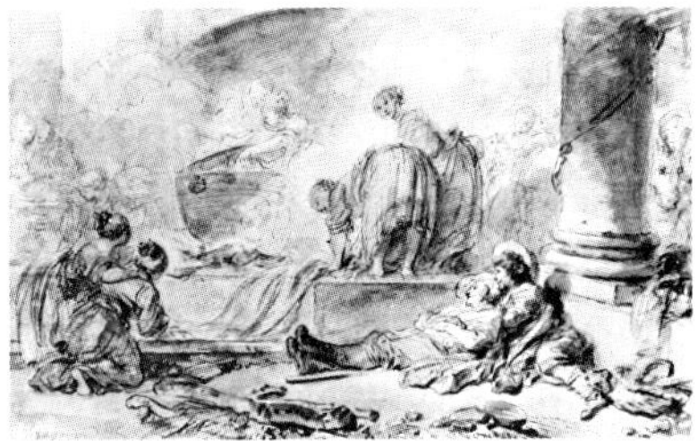

fig. 2. *Les blanchisseuses*, Coll. privée

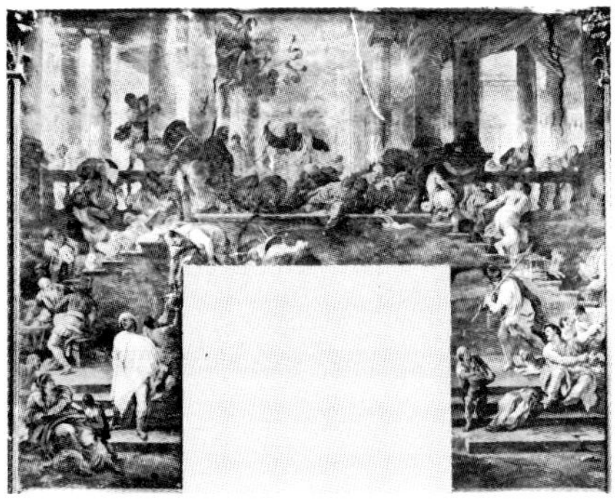

fig. 3. L. Giordano, *Le Christ chassant les marchands du Temple*, Naples, église des Gerolomini

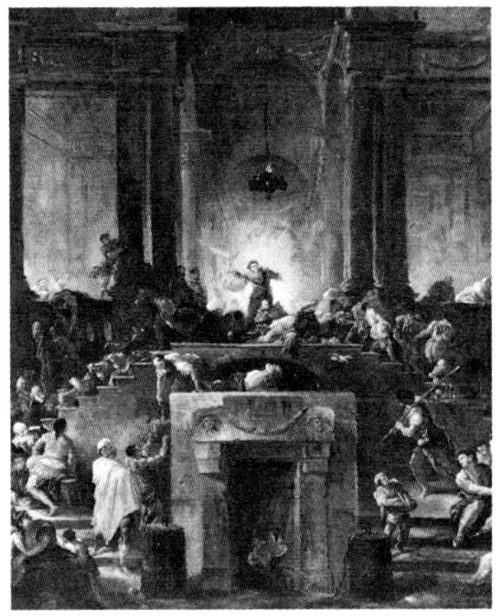

fig. 4. H. Robert, *Le Christ chassant les marchands du Temple* d'après Giordano Berlin-Dahlem, Gemäldegalerie

Si l'on ignore tout sur la provenance ancienne du tableau de Saint Louis, l'on s'accorde aujourd'hui sur deux points d'ordre bien différents : d'une part, à y reconnaître non pas des lavandières mais des blanchisseuses, et surtout à dater le tableau des années romaines de Fragonard entre 1756 et 1761.

Durant son premier séjour en Italie, Fragonard a aimé peindre des scènes de la vie populaire dans la tradition des bambochades du XVII^e siècle. Sous une voûte conduisant à une cave, deux jeunes femmes entourées d'enfants attisent le feu sous un grand chaudron. Une troisième porte sur la tête un lourd panier de linge tandis que, sur la droite, une autre appuyée à une colonne, à laquelle est suspendue une de ces calebasses si fréquentes chez Fragonard (voir n° précédent), surveille un enfant qui taquine un chien noir aux yeux luisants. Au premier plan, un berger joue avec un poupon.

Un coup de lumière éclaire les deux jeunes lingères au centre de la toile ainsi que le berger et son chien. Les flammes des bûches rougissent le corset de la lingère, les bras de sa compagne, le visage de la fillette sur la droite de la composition.

Fragonard décrit le quotidien avec une grande simplicité, sans aucune préoccupation sociale. Il s'intéresse aux alternances des ombres et de la lumière, aux contrastes du feu et du soleil, aux effets de la buée, et veut — grâce à la rapidité de l'exécution — saisir une scène comme entraperçue. Surtout, il compose avec grand soin, plaçant le sujet principal au second plan, jouant de la courbe de la voûte, de l'angle de la terrasse, de l'arrondi de la colonne, des droites des marches.

La lingère qui les descend et qui rompt avec ce que la composition pourrait avoir de trop géométrique, évoque une figure de la fresque de Luca Giordano, le *Christ chassant les marchands du Temple* de l'église des Gerolomini de Naples *(fig. 3)*. Or, Fragonard ne se rendra à Naples qu'en mars 1761. Mais l'œuvre était célèbre et Fragonard pouvait la connaître par la copie d'Hubert Robert *(fig. 4)*, qui accompagnait l'abbé de Saint-Non à Naples en avril 1760.

22 # Les blanchisseuses *ou* L'étendage

T. H. 59,5 ; L. 73,5

Rouen, musée des Beaux-Arts

**Provenance**
Coll. Hippolyte Walferdin (1795-1880), sa vente après décès, Paris, 12-16 avril 1880, n° 22 (acquis pour 1.400 francs).

**Expositions**
Paris, Orangerie, 1931, n° 18 ;
Paris, 1934, n° 151 ;
Munich, 1958, n° 58 ;
Bruxelles, 1975, n° 105, ill. p. 148 ;
Biot, 1985, p. 74, ill. en couleurs.

**Bibliographie**
Portalis, 1880, p. 14 ;
P. p. 272 ;
N. p. 138 ;
Réau, 1931, p. 31, repr. p. 20 ;
R. p. 172 ;
W. 362 pl. 72 et p. 39 éd. française ;
W. et M. 385, ill. ;
Munière, 1985, pp. 61-62, pl. en couleurs.

A la vente Walferdin en 1880, la plus grande collection de Fragonard jamais réunie, le musée de Rouen, grâce à son conservateur, Edmond Lebel et par l'intermédiaire de l'administrateur des Gobelins, Adrien Darcel, acheta *Les blanchisseuses.* En cette occasion unique, ce fut le seul musée français (avec Le Havre, voir n° 211) à se porter acquéreur d'une œuvre de l'artiste !

Le tableau est très voisin de format et d'inspiration des *Blanchisseuses* ou *La lessive* de Saint Louis, au point qu'on a parfois pensé qu'il pouvait s'agir de pendants : même goût du clair-obscur, même manière de placer la scène comme sur une estrade, d'en éclairer le motif central et l'avant plan droit, même goût du contre jour, même colonne (deux à Rouen avec piédestal), même gros chien noir aux yeux luisants (ici avec museau blanc).

Mais c'est surtout leur exécution qui rapproche les deux œuvres. La rapidité de la touche évoque plus qu'elle ne décrit précisément la scène, rendant délicate l'interprétation de certains morceaux. Une jeune blanchisseuse, vêtue d'une jupe jaune et d'une blouse blanche, un ruban d'un beau rouge vif dans les cheveux (trois couleurs chères à Fragonard), tente de suspendre un grand drap blanc. De nombreux assistants se chauffent autour d'un feu tandis qu'un garçonnet encapuchonné de rouge s'apprête à enfourcher un âne couché sur le sol.

On a souvent rapproché les tableaux de Rouen et de Saint Louis de la « Fontaine... dans un lieu pittoresque » *(fig. 1)* et de l'« Enfant dans un panier d'osier à jour » *(fig. 2)* — pour reprendre les titres du XVIII^e siècle — des collections Roy Chalk et Eugene Thaw de New York. Ces deux tableaux appartinrent à plusieurs collections illustres du XVIII^e siècle. Le Brun, l'expert de la vente Gros, le père du peintre, le 13 [au lieu de 14] avril 1778, où Saint-Aubin les dessina en marge de son exemplaire du catalogue, précise justement à leur propos, faisant sans aucun doute allusion au premier séjour : « deux esquisses peintes en Italie ».

C'est sans doute vers 1759-60 que Fragonard peignit ce tableau et les autres toiles de même inspiration. Admirons, comme Portalis (1880), « un de ces coups de lumière qui font gaiement chanter dans les réduits sombres en notes éclatantes, les loques les plus sordides », admirons ce « style ragoûtant» si prisé au XVIII^e siècle, cette « touche spirituelle », ce goût du clair-obscur et des effets d'éclairage et cette liberté dans l'exécution qui se démarque aussi bien dans la technique que dans l'inspiration des exemples du passé. Qui se démarque aussi des œuvres d'Hubert Robert *(fig. 3)* d'une date comparable.

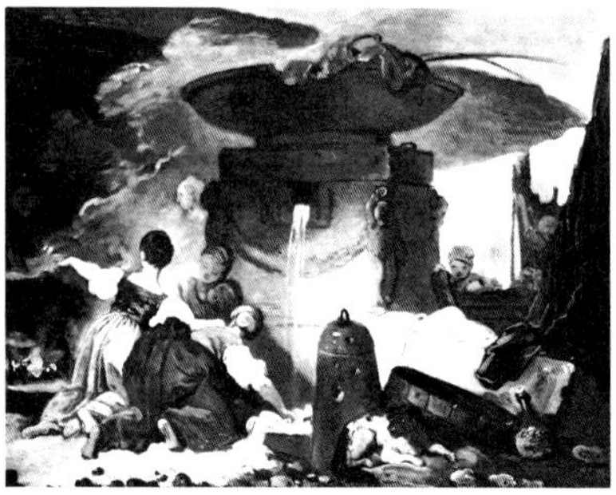

fig. 1. *Les blanchisseuses à la fontaine,* New York, coll. privée

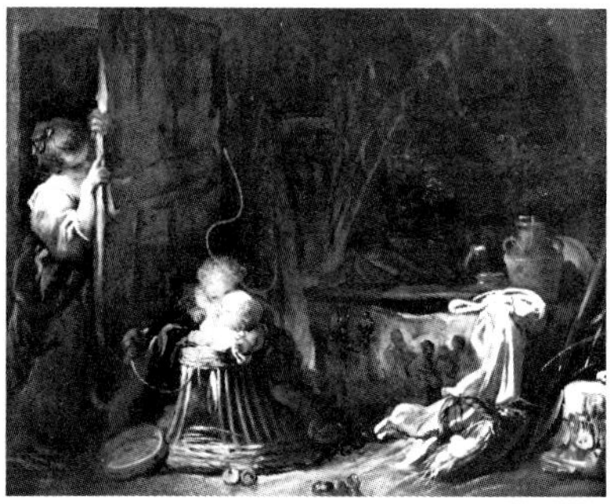

fig. 2. *Mère surveillant ses enfants,* Japon, commerce d'art

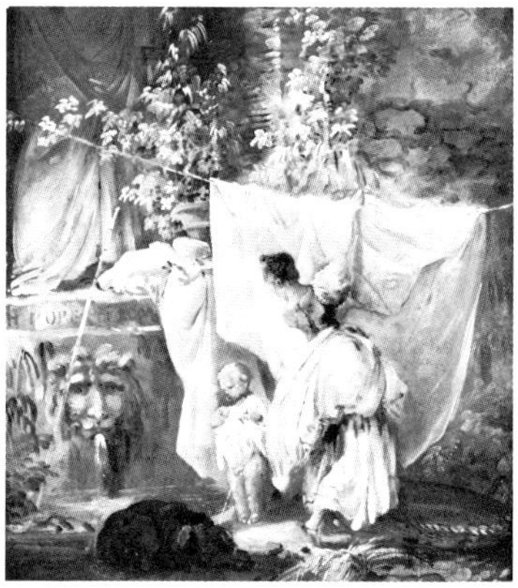

fig. 3. H. Robert, *La lingère* (1761), Williamstown, Sterling and Francine Clark Art Institute

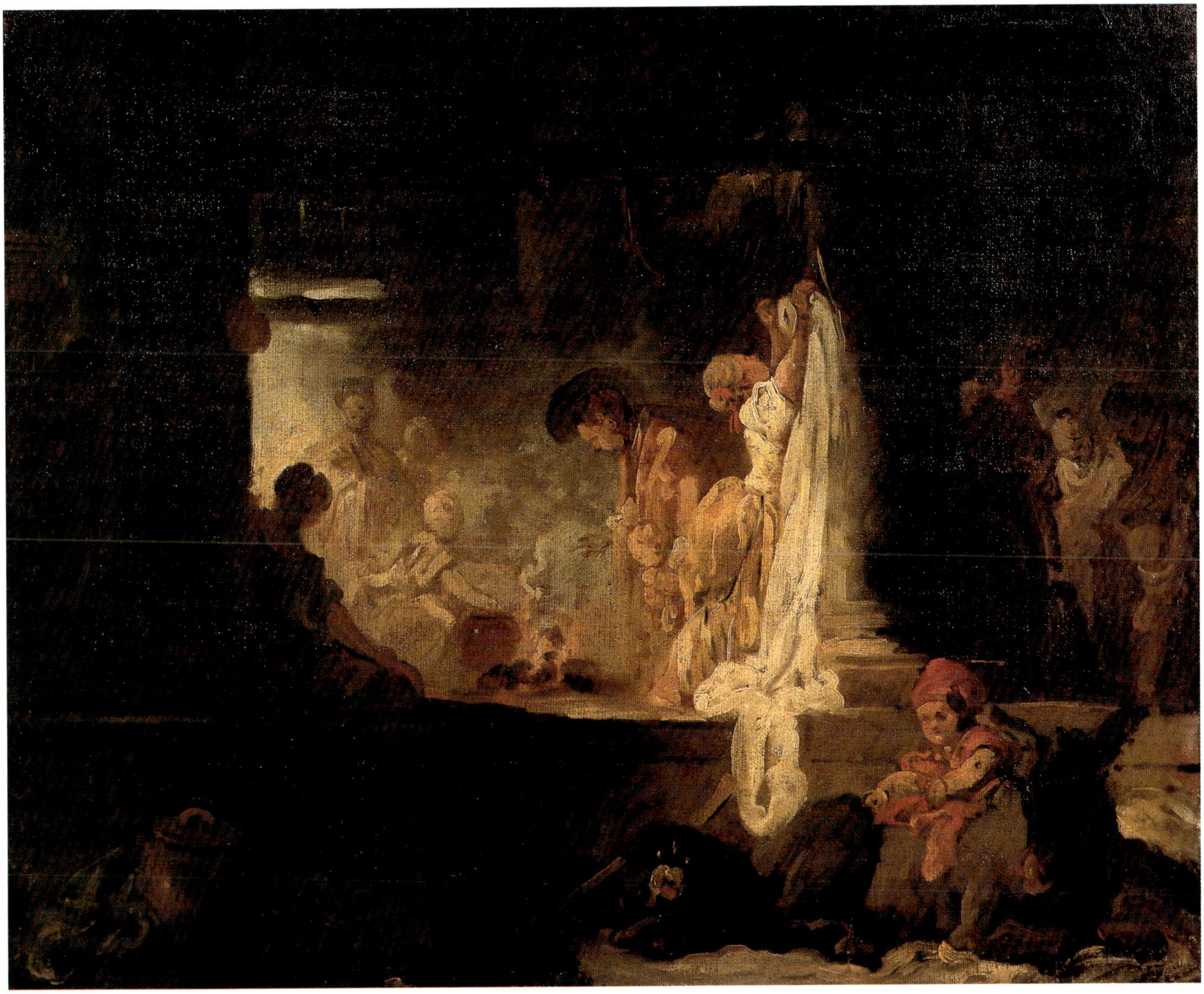

# 23 L'heureuse mère

T. H. 62 ; L. 74

Paris, collection privée

**Provenance**
Coll. Barroilhet, sa vente, 12 mars 1855, nº 36 (« l'heureuse mère (belle esquisse) Toile. H 58 c. L. 71 c. ») ; coll. duchesse de Polignac née Crillon ; comtesse de Béhague ; marquis de Ganay selon W.

**Expositions**
Paris, 1946, nº 370 ;
Berne, 1954, nº 14 ;
Zurich, 1955, nº 88 ;
Londres, 1968, nº 231, fig. 288.

**Bibliographie**
Blanc, 1857, II, p. 601 et 603 ;
P. p. 289 ;
N. p. 132 ;
W. 364 fig. 155 ;
W. et M. 386 ill. (pendant de notice nº 22).

**Œuvres en rapport**
Il existe de ce tableau une seconde version *(fig. 1)* provenant des coll. Walferdin et Hochon, très voisine dans le détail de sa composition (W. 363 fig. 154). Plus petite (T. H. 44 ; L. 53), elle a figuré à l'exposition Fragonard de Tokyo (1980, nº 55, ill.). Nous ne l'avons pas vue, mais son exécution nous paraît bien plus lourde que celle du tableau que nous exposons ici.

Pour la version, à coup sûr autographe, du Metropolitan Museum de New York *(fig. 2 ;* T. H. 49 ; L. 59,5 ; W. 365 pl. 73*)*, qui offre des variantes notables avec le tableau que nous exposons ici, voir Sterling, 1955, pp. 152-153, ill. et cat. exp. New York, Knœdler, 1967, nº 69, ill.

Une mère de famille entourée de ses enfants — nous en avons compté sept mais peut-être y a-t-il parmi eux quelque jeune servante — se penche vers son mari accroupi qui tient par le cou un mouton dont on a lié les pattes. Un des plus jeunes enfants tente de s'approcher d'une assiette de pommes posée sur une nappe blanche.

La composition dut plaire à Fragonard qui en fit (au moins) une autre version aujourd'hui conservée au Metropolitan Museum *(fig. 2)*, sensiblement différente dans le détail de la composition : sur la droite, à côté d'un autel antique, deux fillettes se penchent sur un berceau devant lequel un chien et un chat (assez maladroitement peints) ont fait la paix. Le tableau de New York précède-t-il celui que nous exposons, comme le pense Carla Lord, l'auteur de la notice du catalogue de 1967 *(Masters of the Loaded Brush)*. Certes, il est plus esquissé et sa composition plus papillotante paraît (encore) plus improvisée. Mais l'œuvre a souffert d'un rentoilage trop brutal qui a écrasé la matière, ces empâtements savoureux si chers à Fragonard et nous paraît difficile à comparer avec la version que nous exposons dont l'état de conservation est exceptionnel. Aujourd'hui, en tout cas, un point paraît assuré : ce tableau, comme quelques autres que nous exposons ou que nous reproduisons dans l'introduction à ce chapitre du catalogue, datent du premier séjour romain, vers 1760.

« Scène de Greuze éclairée par un rayon imprévu de la lumière de Rembrandt » (Blanc, 1857), le tableau est « fait au premier coup », comme le notaient déjà, à propos d'œuvres comparables, les experts des ventes du XVIIIe siècle. Fragonard ne s'attarde guère sur le sujet et ne cherche pas plus à inventer une composition qui surprenne. Mais il peint avec une liberté qui fait tout le plaisir du tableau (et frise la provocation). Aux trouvailles de couleurs, à la qualité de l'éclairage, aux luisances de la matière s'ajoutent les notes finement observées et teintées d'une pointe d'humour du chien blanc et du chat noir qui contemplent l'heureuse réunion familiale et des dindons dont les crêtes rougissent dans la pénombre du bien modeste intérieur.

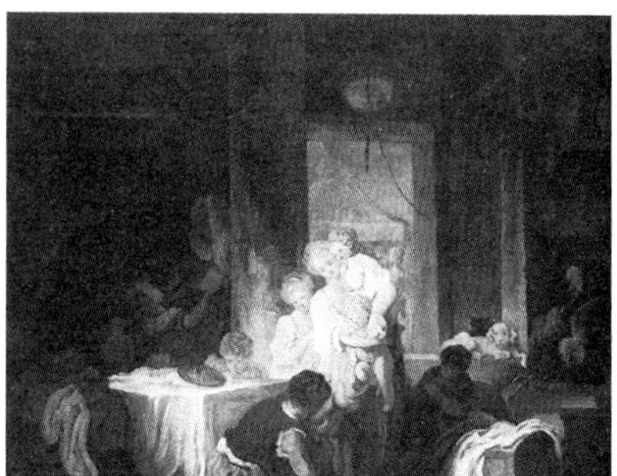

fig. 1. Fragonard (?), *L'heureuse mère,* localisation actuelle inconnue

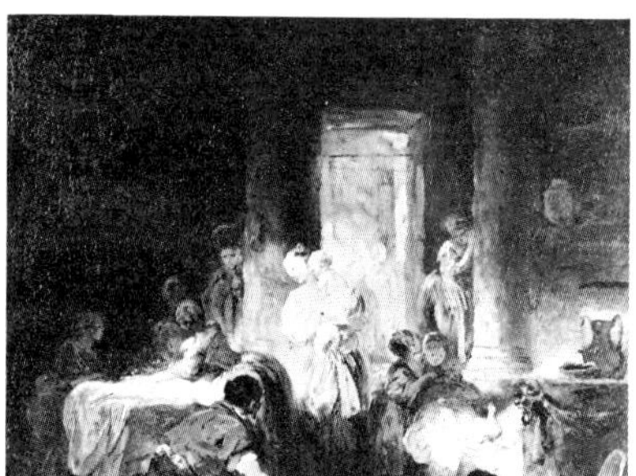

fig. 2. *L'heureuse mère,* New York, The Metropolitan Museum of Art

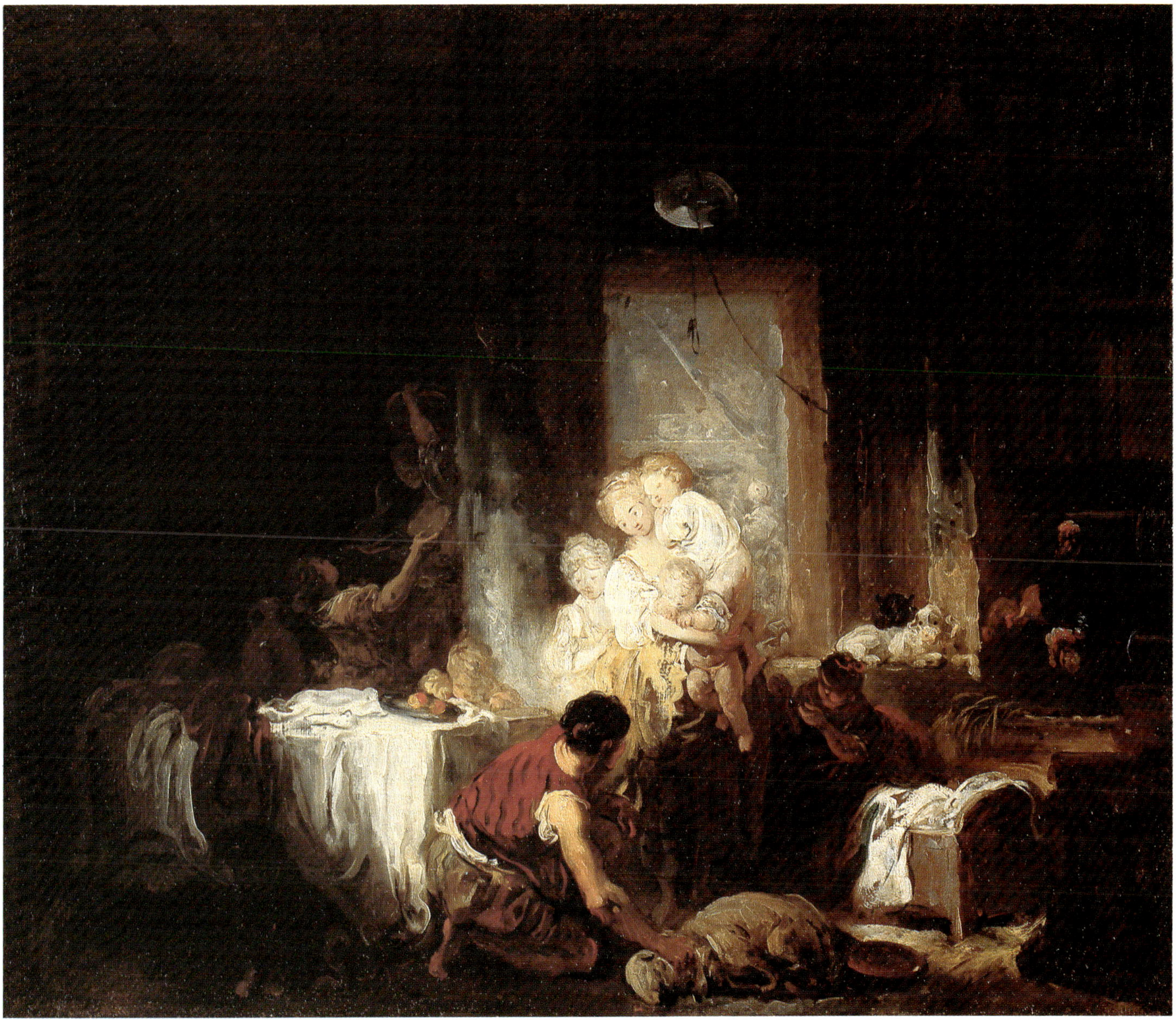

# *Fragonard et l'abbé de Saint-Non à Tivoli*

*Les dix sanguines de Besançon, dix vues de Tivoli et de la villa d'Este, comptent parmi les œuvres les plus justement célèbres de Fragonard, parmi les plus belles sanguines de l'histoire du dessin. Sont-elles pour autant parfaitement connues? Si admirées soient-elles, s'est-on suffisamment interrogé sur les circonstances de leur réalisation, sur les ambitions de Fragonard et sur leur importance pour sa carrière?*

*«Mr l'abbé de St Nom est depuis un moy et demy à Tyvoli avec le Pensionnaire Flagonard* (sic) *peintre. Cet amateur s'amuse infiniment et s'occupe beaucoup. Notre jeune artiste fait de très belles études qui ne peuvent que luy aitre très utilles et luy faire beaucoup d'honneur. Il a un goût très piquant pour ce genre de Paysage ou il introduit des sujets champestre qui lui réussissent», c'est par ces mots (et avec cette orthographe) que, de Rome, Natoire, le 27 août 1760, informe le surintendant des Bâtiments, Marigny, du séjour à Tivoli de l'abbé de Saint-Non et de Fragonard. Du premier, nous savons qu'il était arrivé à Rome le 15 novembre 1759, trois ans après Fragonard. Le second, nous l'avons dit plus haut, avait connu, à son arrivée en Italie, une grave crise créatrice qu'il avait surmontée non sans difficulté.*

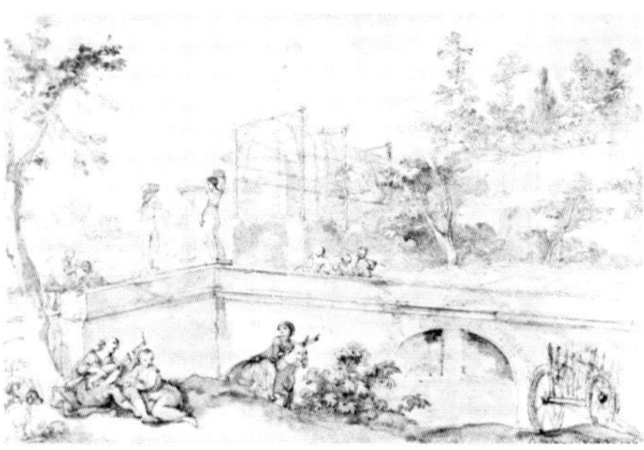

fig. 1. Natoire, *Caprarola* (1758), Berlin, Kunstbibliothek

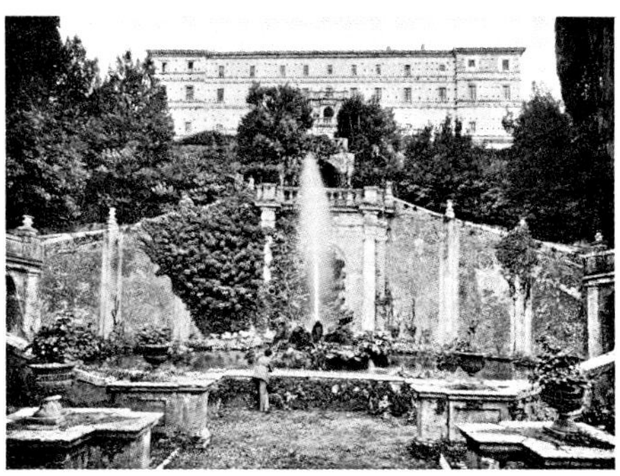

fig. 2. La villa d'Este en 1909

*La lettre de Natoire est notre* seule *source de renseignement sur ce séjour qui, à en croire Saint-Non lui-même (qui ne mentionne pas Fragonard!) se prolongea «2 ou 3 mois de suitte» (Rosenberg et Brejon, 1986, p. 159). Nous savons cependant que Natoire l'avait précédé: le 4 juillet 1759, il écrit à Marigny: «j'ay passé une quinzène de jour... à Tivoli. L'air m'a fait tout le bien du monde pour ma santé. Cette petitte vaccance ne s'est pas passée sans dessiner quelque points de vue dont ce païs-la est remply». Nous reproduisons plus loin un dessin qui prouve qu'en avril 1760, il y était retourné et nous avons précisé plus haut toute l'importance du rôle de Natoire dans la découverte, la redécouverte du paysage romain* (fig. 1) *Précisons d'entrée de jeu — et ce sera notre première mise au point — que, contrairement à ce qui a été partout répété, nous ne pensons pas qu'Hubert Robert ait accompagné les deux hommes à Tivoli (voir à ce sujet Cayeux, 1985, pp. 86-88). En tout cas, rien aujourd'hui ne permet d'affirmer la réalité d'un tel séjour.*

*La villa d'Este, construite au XVI^e^ siècle par Pirro Ligorio (1512/14-1583) pour Hippolyte d'Este et son fils Louis, et ses célèbres jardins, appartenaient au XVIII^e^ siècle au duc de Modène, François III d'Este (1698-1780), gendre du duc d'Orléans. Tout visiteur de Rome s'y rendait. «Depuis longtemps, les peintres ne quittent jamais Rome sans avoir fait nombre de desseins dans les jardins de la villa d'Este» (Bergeret, éd. 1895). «La situation et les jardins de ce Palais sont la plus délicieuse chose du monde» écrit Saint-Non (1986, p. 159) mais «ce Duc n'y venant jamais et mettant très peu d'argent à leur entretien..., ils sont aujourd'hui dans un délabrement affreux»* (fig. 2). *Grâce à qui Saint-Non put-il l'habiter, la loua-t-il comme il paraît vraisemblable, comment y vivait-il, nous l'ignorons. L'endroit, c'est certain, lui plut. «Je me ressouviendrai toujours avec plaisir du séjour que j'y ai fait» écrit-il dans son* Journal, *dans un rare moment d'abandon.*

*Gageons qu'il en fut de même pour Fragonard qui dut tirer quelque fierté des dessins qu'il y avait réalisés. En tout cas, aussitôt de retour à Paris, en 1761, ils les montrèrent à Mariette: «l'abbé de Saint-Non l'a ramené [Fragonard], avec quantité de desseins qu'il lui a fait faire et parmi lesquels j'en ai vu plusieurs représentant des veues de Rome, dont la touche et le faire m'ont beaucoup*

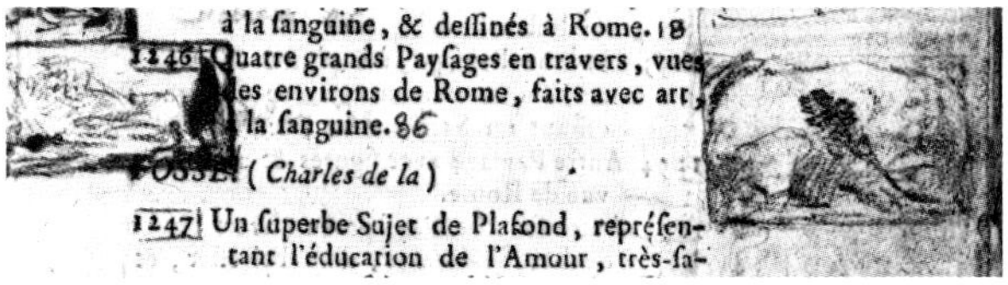
à la sanguine, & dessinés à Rome. 18
1246 Quatre grands Paysages en travers, vue
es environs de Rome, faits avec art
la sanguine. 86
( Charles de la )
1247 Un superbe Sujet de Plafond, représen-
tant l'éducation de l'Amour, très-fa-

fig. 3. G. de Saint-Aubin, détail d'une page du catalogue de la vente Mariette, Boston, Museum of Fine Arts

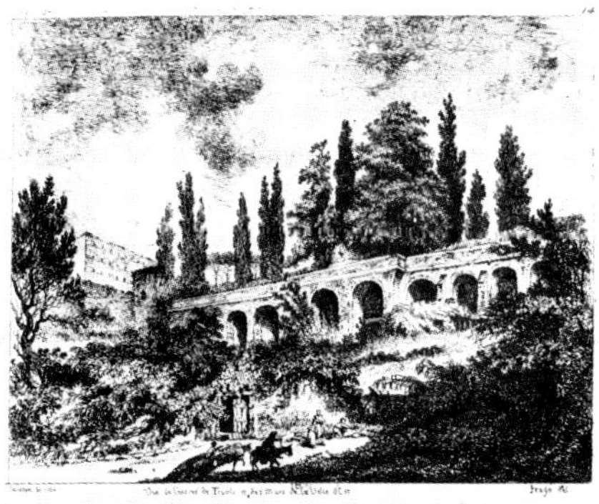

fig. 4. Saint-Non d'après Fragonard, *Vue de l'entrée de Tivoli...*, 1764, Paris, Bibliothèque Nationale, Cabinet des estampes

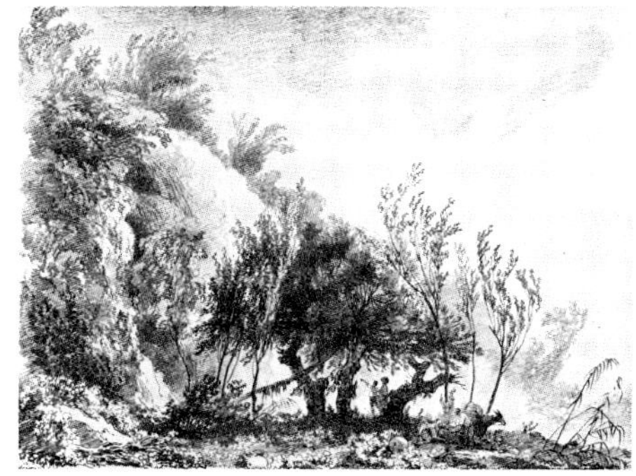

fig. 5. *Vue de la première cascade de Tivoli*, Montpellier, musée de la Faculté de Médecine, coll. Atger

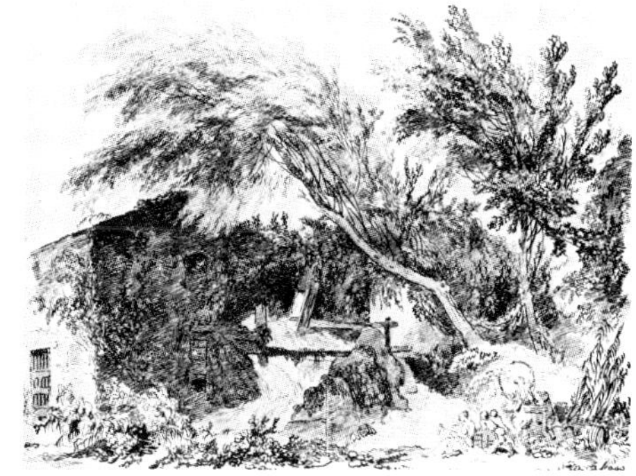

fig. 6. *Paysage italien*, anc. coll. John Nicholas Brown

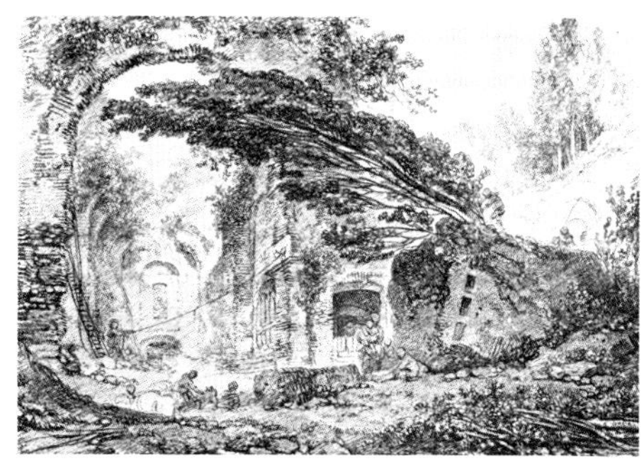

fig. 7. *Ruines de la villa Adrienne près de Tivoli*, Rotterdam, musée Boymans-van Beuningen

*plu». Quatre ans plus tard, Mariette, qui sans doute reçut en don ou acheta «deux paysages dessinés à Rome et quatre grands paysages... aux environs de Rome... à la sanguine»* (fig. 3), *précisait: «étant à Rome, il a fait quantité de veues, et surtout celles des jardins de la Vigne d'Este à Tivoli, qui sont spirituellement faites, et où il règne une grande intelligence» (Mariette, éd. 1852-53, p. 263).*

*Comme de règle au XVIII^e^ siècle, les dessins réalisés par Fragonard à Tivoli appartenaient à l'abbé de Saint-Non. Il en grava à l'aquatinte un dès 1761 (voir notice 38), trois autres en 1764* (fig. 4; *voir n^os^ 33 et 34), il en prêta deux au moins au Salon de 1765 (n^os^ 31 et 32, mais rien ne prouve, tout au contraire, qu'ils furent à nouveau exposés en 1767 comme il est si souvent dit). A en croire Pâris (1806), il n'est pas exclu qu'il ait présenté, en 1765, au public la série complète: «cette précieuse collection a été exposée au Salon qui a suivi la réception de flagonard* (sic) *à l'Académie: elle a été faite pour l'abbé de Saint-Nom». Comment ces dix dessins entrèrent-ils dans la collection de Pierre-Adrien Pâris qui, rappelons-le, les légua à sa ville natale en 1819? Nous l'ignorons. Nous croyons cependant pouvoir affirmer, à la suite de Brizard (1792) — nous reviendrons plus loin sur ce point — qu'en 1765, au moment où Fragonard devint «en un jour» célèbre et où ses «productions acquirent tout-à-coup un prix extraordinaire», l'abbé de Saint-Non rendit à Fragonard les dessins qui lui appartenaient depuis 1760. Celui-ci les garda un temps avant de les vendre, à une date que nous ignorons hélas, à Pâris. Nous tenons là, pensons-nous, l'explication des répétitions autographes, souvent au lavis de bistre, comme par exemple l'*Allée de cyprès *de l'Albertina que nous exposons ici (n^o^ 31), comme des copies par P. A. Pâris.*

*À Tivoli, Fragonard ne se contenta pas de dessiner les dix sanguines de Besançon. Il en fit bien d'autres* (fig. 5 à 7) *que les catalogues de vente du XVIII^e^ siècle mentionnent d'une manière souvent bien vague, mais encore il y trouva une source d'inspiration pour ses tableaux. Trois ont*

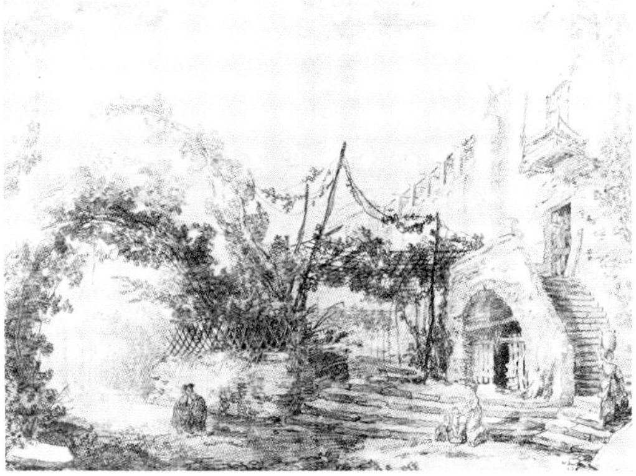

fig. 8. H. Robert, *Vue du Temple de Jupiter Serapis*, Paris, coll. privée

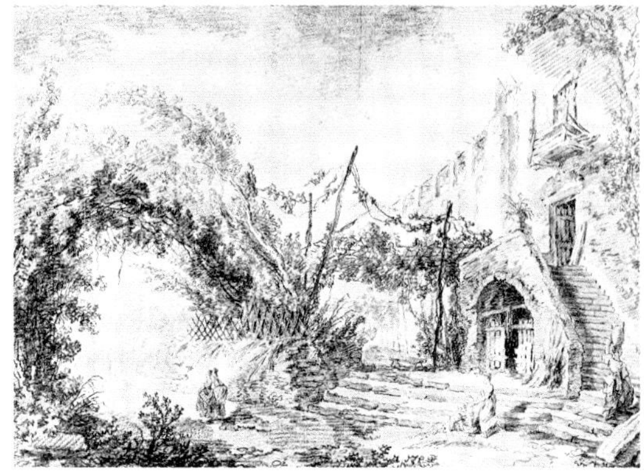

fig. 9. H. Robert (?), *Vue du Temple de Jupiter Serapis*, Vienne, Albertina

*été à ce jour reproduits, dont un est ici exposé, mais on sait (voir n° 26) qu'il en peignit bien plus. Les réalisa-t-il à Rome, à son retour de Tivoli, ou à Paris, à son retour d'Italie? L'examen des toiles — des toiles italiennes à gros grain — en tout cas pour les tableaux du Louvre, de la collection Wallace et celui autrefois dans la collection Gould, autorise à opter pour la première hypothèse.*

*Un point encore reste à préciser: nous avons signalé — et Cochin (1758) qui visita Tivoli dix ans avant Fragonard le confirme — l'état d'abandon de la Villa d'Este au XVIII^e^ siècle, de ces jardins «si mal tenus» (de Brosses, éd. 1931, II, p. 304). Nous connaissons la réalité des lieux grâce à une série de gravures médiocres mais fidèles de Venturini qui datent de 1685. Fragonard a-t-il copié avec fidélité la réalité, peut-on lui faire confiance dans la description des jardins ou, au contraire, a-t-il librement interprété les paysages qui l'inspiraient? Avouons que nous n'avons pas suffisamment poussé l'enquête pour donner une réponse définitive sur ce point, pas plus d'ailleurs que Coffin (1960), Lamb (1966) ou Maria Luisa Madonna. Nous pensons cependant que le poète a pris le pas sur le topographe et que non seulement l'artiste a choisi les points de vue qui enflammaient son imagination, privilégiant la nature au détriment de l'architecture, la magnifiant, la «monumentalisant», négligeant la ruine, à l'inverse de ce qu'Hubert Robert aurait vraisemblablement fait (les trois dessins que nous reproduisons ont tous, un jour ou l'autre, été attribués à Fragonard,* fig. 8 à 10*), mais encore que Fragonard a pris des libertés avec ce qu'il avait sous les yeux.*

*Peut-on le lui reprocher?*

*Ces libertés sont telles qu'il est parfois difficile à qui visite aujourd'hui la Villa d'Este de retrouver le point précis où Fragonard s'est assis pour dessiner. Pour Hubert Robert, Mlle Beau l'a prouvé en son temps, il n'en est pas de même. Mais là ne s'arrête pas la différence entre les deux artistes. Fragonard — Saint-Non, Natoire, Mariette le découvriront vite — ne décrit pas, il idéalise, il transforme, il recrée, il imagine. Il reste, ce faisant, le plus fidèle poète d'une Italie qui comptait déjà au XVIII^e^ siècle bien des amoureux.*

*Nous avons dit plus haut le rôle que joua Natoire dans cette découverte de la nature. Nous nous interrogerons sur la place de Robert et nous évoquerons plus loin l'influence que Fragonard exerça sur toute une génération de pensionnaires qui l'imitèrent avec une habileté encore aujourd'hui bien souvent trompeuse — les Vincent, les Berthélémy, les Suvée pour ne nommer que les plus illustres. Il nous reste à exprimer un regret. Pâris donna ses dessins à Besançon. En 1843, les dix sanguines (presque toutes sont préparées par un léger dessin à la pierre noire; voir Williams, 1978, p. 42) que nous étudions ici (elles sont d'un format comparable; trois sont en hauteur, les autres en largeur) furent déposées au musée. Aujourd'hui, la collection Pâris est divisée, coupée en deux, déchirée entre le musée et la bibliothèque. Souhaitons un ouvrage sur Pâris qui remplace celui d'A. Estignard (1902) aussi obsolète que peu crédible. Souhaitons surtout que la collection Pâris soit étudiée dans son tout. Elle nous éclairera sur une génération d'artistes dont seuls quelques noms ont émergé et que Fragonard dominera encore plus lorsque la place de chacun aura été établie.*

*Fragonard retournera à Tivoli le 2 avril 1774 avec Bergeret (qui se montrera moins généreux avec ses dessins que ne l'avait été Saint-Non). Ils visitèrent la Villa d'Este: «les jardins ont des*

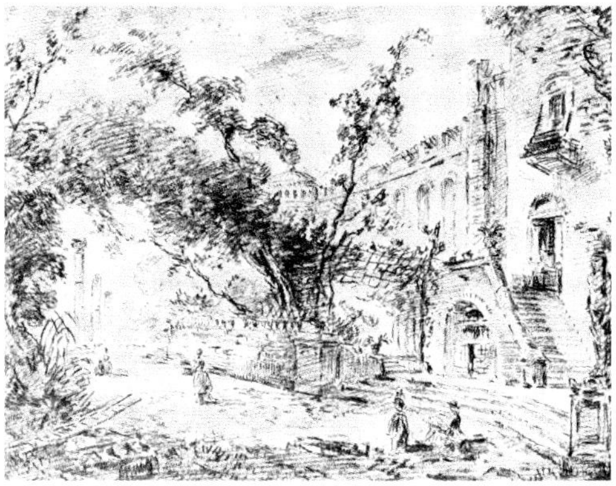

fig. 10. H. Robert, *Vue du Temple de Jupiter Serapis,*
New York, coll. privée

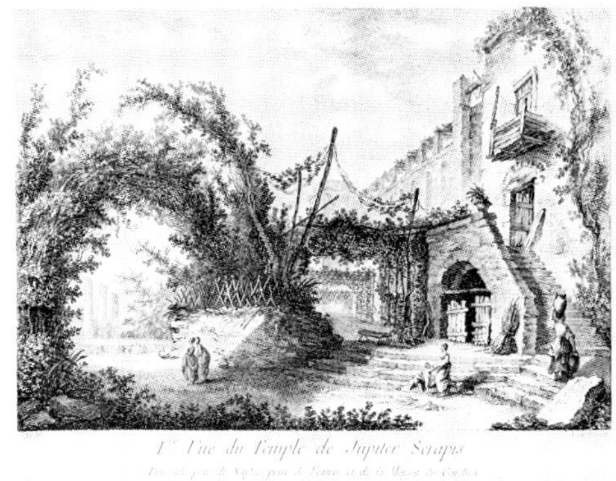

fig. 11. Ch. Guttenberg d'après Robert,
*Vue du Temple de Jupiter Serapis,* pour le *Voyage Pittoresque,*
Paris, Bibliothèque du Louvre

*beautés en les prenant au total, et rien à copier pour nous» notera-t-il dans son* Journal *(éd. 1895, p. 281)! Les dix dessins de Fragonard aujourd'hui à Besançon contredisent sévèrement ce jugement. Nous les avons catalogués en suivant l'ordre de la description de Tivoli et de la Villa d'Este par Cochin (1758, I, pp. 104-114).*
*Les sanguines de Besançon sont des œuvres d'art à part entière : rarement, avant Fragonard, le dessin n'avait été pris à ce point au sérieux, n'avait occupé un tel rang. Au-delà de l'observation attentive du feuillage des arbres, du scintillement de la lumière, du clapotement des eaux, du bruissement du vent, de la chaleur étouffante de l'air, il y a cet hymne à la végétation, une végétation exubérante, et aux arbres. La nature de Fragonard ne nie pas l'homme. Elle ne veut pas inquiéter. Grandiose, elle enchante. À qui l'admire, elle promet l'évasion.*

# 24 Le théâtre antique de la villa Adrienne près de Tivoli

New York

H. 357 ; L. 494
Sanguine sur une légère préparation à la pierre noire

Besançon, musée des Beaux-Arts

**Provenance**
Coll. de l'abbé de Saint-Non (1727-1791) de 1760 à 1765 ; rendu par celui-ci à Fragonard vers 1765 ; vendu (?) par ce dernier à Pierre-Adrien Pâris (1745-1819). Figure dans l'inventaire manuscrit de la coll. Pâris en 1806, p. 59, n° 113 : « neuf beaux dessins de fragonard à la sanguine de 19 à 20 [pouces] sur 14 repr... la vue... d'une Ruine d'un théâtre à Baye connu sous le nom de tombeau d'Agrippine ». Pâris légua sa collection à Besançon en 1819 ; Bibliothèque municipale de Besançon jusqu'en 1843, puis musée des Beaux-Arts ; en bas à gauche, marque du musée de Besançon (Lugt 238 c).
Inv. D. 2848.

**Expositions**
Voir Cornillot, 1957 (qui en donne la liste).

**Bibliographie**
Voir Cornillot, 1957, n° 41, ill. (qui donne la bibliographie antérieure) ;
G. p. 340 ;
P. p. 314 ;
Martine, 1927, n° 25, ill. ;
A. 879 fig. 234.

**Œuvres en rapport**
Le dessin a été gravé en 1771 par Adelaïde Allou *(fig. 1* ; Roux, 1931, p. 160, n° 4*)* sous le titre : *Vuë des restes d'un Theatre que l'on retrouve parmi les débris de la Ville Adriene près Tivoli à 18 milles de Rome.*
Une réplique du dessin de Besançon *(fig. 2)* passe en vente à Paris le 17 juillet 1941, n° 14, ill. en couleurs (A. 880). Une copie de la partie droite de la feuille appartient au musée de Rouen *(fig. 3).* Une autre version *(fig. 4),* inversée et au lavis de bistre, est reproduite dans *Le Gaulois artistique* du 20 novembre 1928, p. 47 (A. 882).
Voir aussi un dessin d'une coll. privée à Paris (A. 883 fig. 526 et Rosenberg et Brejon, 1986, n° 120, ill.).

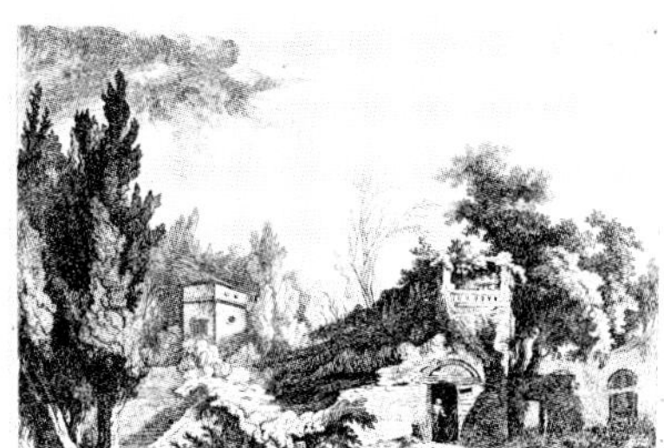

fig. 1. A. Allou, *Le théâtre antique de la villa Adrienne,*
Paris, Bibliothèque Nationale, Cabinet des estampes

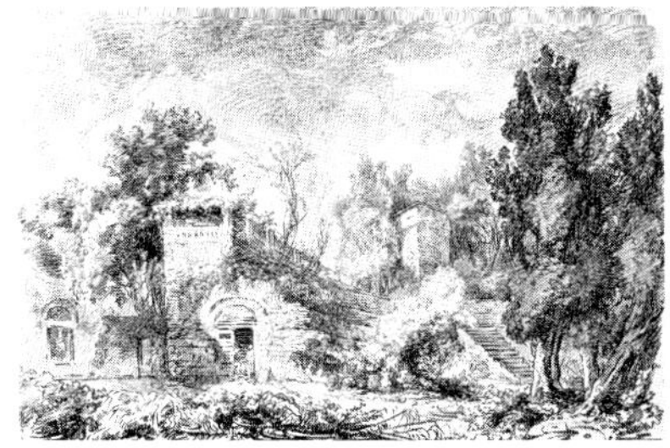

fig. 2. Imitateur de Fragonard, *Le théâtre antique de la villa Adrienne,* localisation actuelle inconnue

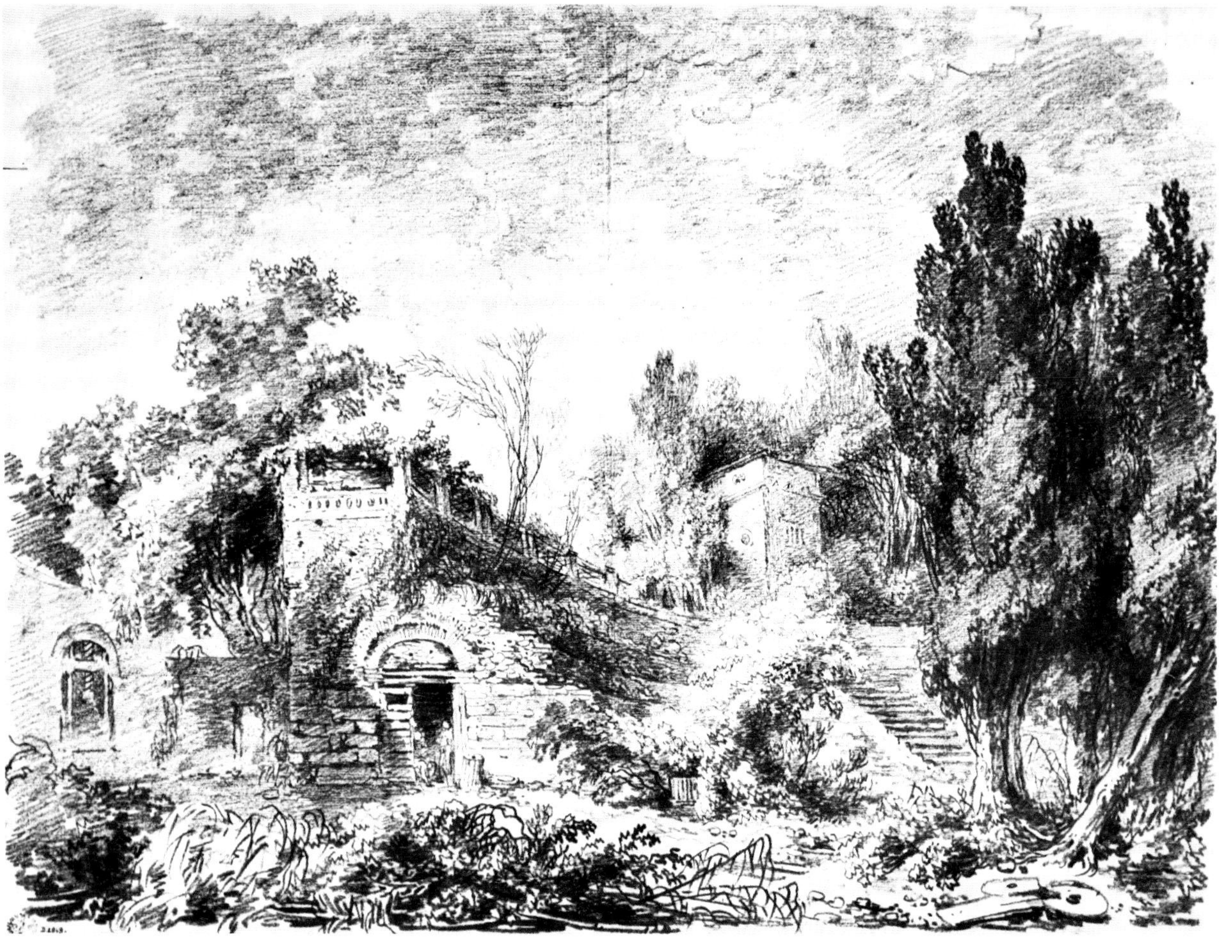

En dépit du titre que Pâris lui donna en 1806 et qui lui resta jusqu'en 1957 — « Théâtre antique en ruines à Baies connu sous le nom de théâtre d'Agrippine » — la feuille de Besançon montre bien, comme l'a établi Marie-Lucie Cornillot, le *Théâtre antique de la villa Hadriana*. La gravure d'Adelaïde Allou, quelques documents de l'époque le confirment, même si les travaux du XIXe et du XXe siècles ont considérablement modifié l'aspect des lieux tels qu'on pouvait les visiter au XVIIIe siècle.

De cette imposante villa impériale construite sous Hadrien entre 121 et 137, il ne « restait que des masses de briques informes : cependant, on démêle encore le théâtre qui était petit » écrit Cochin en 1750 (1756, I, p. 104). Sur les lieux, dix ans plus tard, Fragonard, à son habitude et comme sur le dessin représentant le même site de l'Institut Néerlandais à Paris *(fig. 5)*, privilégie les arbres qui ont envahi les ruines et la végétation qui les a recouvertes.

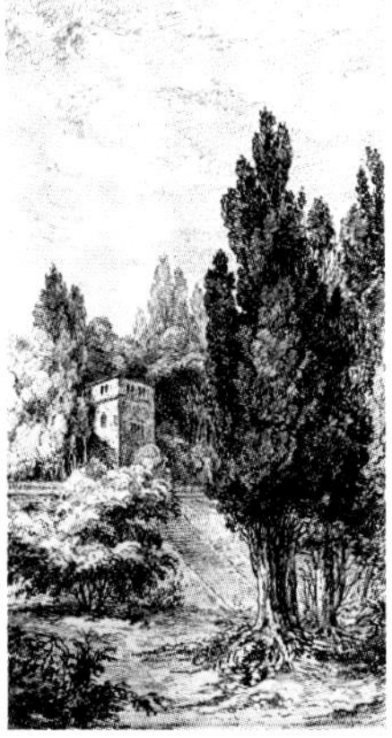

fig. 3. D'après Fragonard, *Le théâtre antique de la villa Adrienne* (partie droite de la composition), Rouen, musée des Beaux-Arts

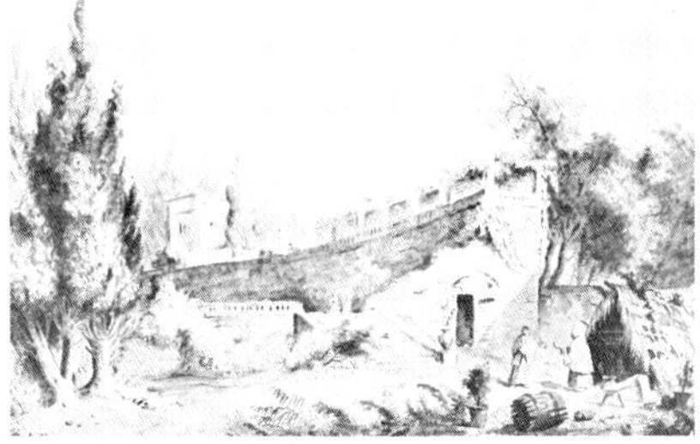

fig. 4. Imitateur de Fragonard, *Le théâtre antique de la villa Adrienne*, localisation actuelle inconnue

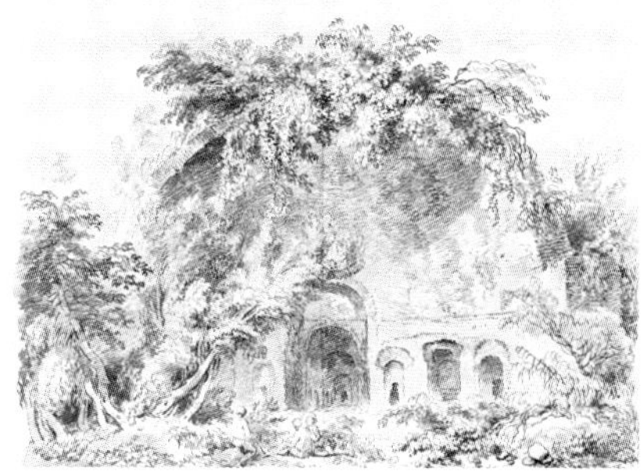

fig. 5. *Les ruines de la villa Adrienne*, Paris, Institut Néerlandais, coll. F. Lugt

# 25 La grande cascade de Tivoli

New York

H. 488 ; L. 361
Sanguine
Inscription « Frago » en lettres capitales, en bas à droite, dans un cartel qui imite un bloc de pierre

Besançon, musée des Beaux-Arts

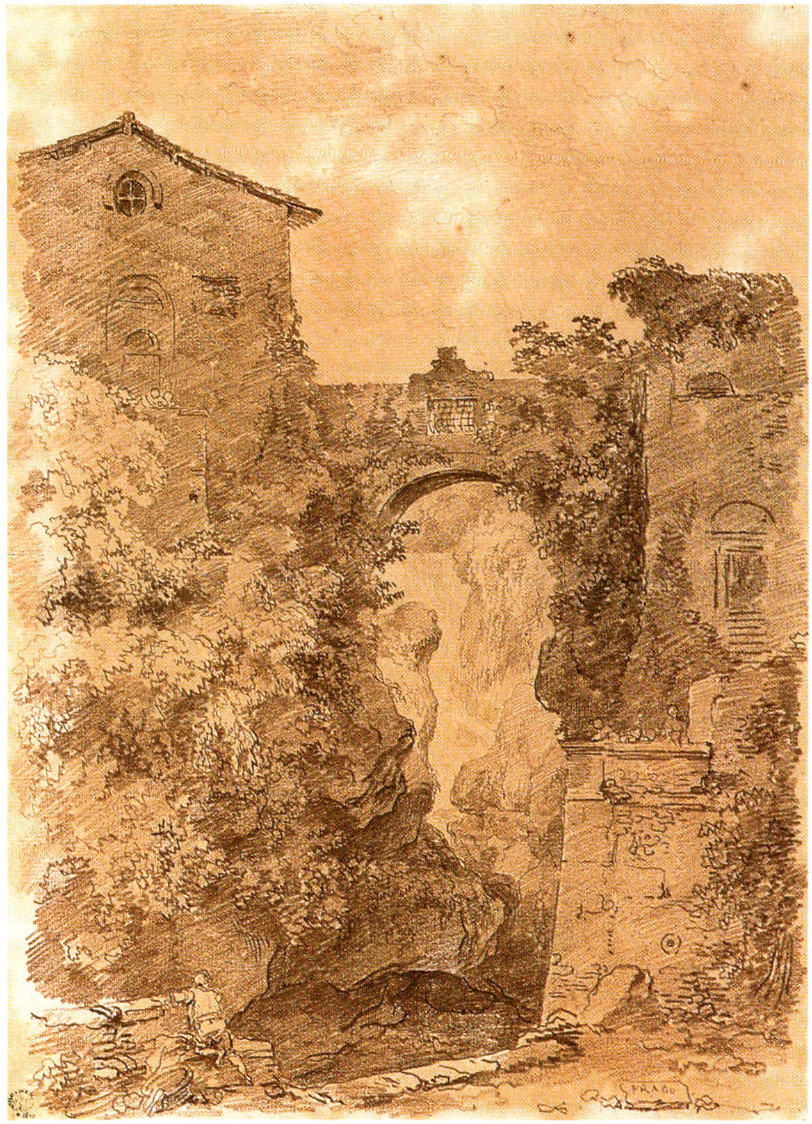

**Provenance**
Voir le n° précédent. Inventaire manuscrit de Pâris, 1806 : « la vue... du dessous du pont d'où l'on voit la grande Cascade du même lieu » [Tivoli]. En bas à gauche, cachet du musée de Besançon (Lugt 238 c).
Inv. D. 2843.

**Expositions**
Voir Cornillot, 1957 ;
Charleroi, 1957, n° 30, ill. ;
Rome-Turin, 1961, n° 140, pl. 31.

**Bibliographie**
Voir Cornillot, 1957, n° 39, ill. ;
G. p. 340 ;
P. p. 302 ;
Martine, 1927, p. 23, ill. ;
R. p. 222 et pl. 1 en couleurs p. 6 ;
A. 1534 fig. 412.

**Œuvres en rapport**
Un dessin représentant le même site mais vu sous un angle différent est conservé dans une coll. privée anglaise (*fig. 1* ; A. 1535 fig. 414).

Pour le tableau du Louvre, voir notice suivante.

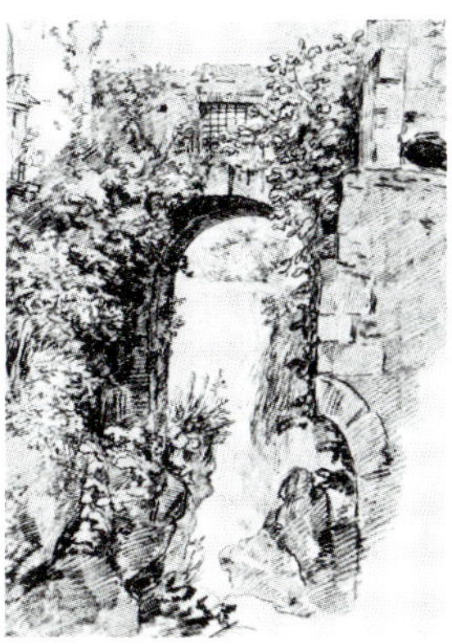

fig. 1. *La grande cascade de Tivoli*, Londres, coll. privée

« La cascade de Tivoli est produite par une petite rivière qui tombe d'environ 40 à 50 pieds de haut et fait un effet fort pittoresque... À l'endroit de sa chûte, elle est un lavoir public... » (Cochin, 1756, I, pp. 105-106). Si sur son dessin Fragonard insiste sur le torrent et les rochers, les façades austères des maisons et le pont couvert qui les relie, sur son tableau il a fait figurer des lavandières qui humanisent le site.

À la sauvagerie de la nature décrite dans toute sa violence, Fragonard préfère pour son tableau une vision plus ensoleillée, plus pittoresque.

# 26 La grande cascade de Tivoli

T. H. 72,5 ; L. 60,5

Paris, musée du Louvre

**Provenance**
Dans l'inventaire après décès de l'abbé de Saint-Non du 21 janvier-15 février 1792 figure « un tableau sur toile, étude de paysage par Fragonard avec cascade et figures, vue de Tyvoli » (Wildenstein, 1959, p. 239, n° 11).
Coll. du Dr. Louis La Caze ; entrée au Louvre en 1869 (M.I. 1110).

**Expositions**
Paris, 1933, n° 31 ;
Paris, 1934, n° 295 ;
Berne, 1954, n° 24 ;
Charleroi, 1957, n° 3 ;
Rome-Turin, 1961, n° 128, pl. 30 ;
Paris, 1974, n° 2, ill. ;
Chicago-Toledo-Ottawa, 1975-76, n° 37, pl. 93 ;
Tokyo, 1980, n° 27, ill. en couleurs.

**Bibliographie**
Paul-Senterrac, 1919, pl. 20 ;
Wildenstein, 1959, p. 244, n° 11 ;
W. 108 fig. 72 et p. 12 éd. française ;
G. et M. 116, pl. XI-XII en couleurs ;
Sutton 1980, 1987, p. 105.

**Œuvres en rapport**
Une réplique qui, à en juger par la photographie, ne paraissait pas sans qualité, est passée en vente à Lucerne en 1979 (29 mai 1979, n° 119, pl. 15 ; T. H. 72 ; L. 61). Elle provenait de la coll. Reininghaus au château de Rabenstein en Autriche et appartient aujourd'hui à une coll. privée de Lausanne *(fig. 1)*.

Deux vues de Tivoli de Fragonard passent en vente au XVIII^e siècle, toutes deux en largeur, la première le 22 avril 1776, n° 92 : « la Cascade de Tivoli, faite d'après nature le peintre s'est placé lui-même dans ce tableau plein de goût. Il est à son chevalet, entouré de plusieurs enfans, d'autres s'amusent auprès en tirant à eux un âne sur lequel est monté un jeune garçon » ; la seconde le 15 décembre 1777, n° 324 : « une vue des cascades de Thivoly... sur le devant l'on voit une femme et plus loin un homme et un âne... » (dans cette même vente figure le célèbre *Petit Parc* de la coll. Wallace).

Un tableau d'Hubert Robert *(fig. 2)*, signé et daté de 1776, très voisin en composition de celui de Fragonard est passé à la vente de la coll. Gould à New York le 25 avril 1985 (n° 87, ill. ; pour une version plus petite, voir cat. vente Paris, 22-23 mai 1924, n° 35, ill.).

Pour le dessin de Besançon et les dessins en relation avec celui-ci, voir la notice précédente.

Le tableau pendant longtemps fut considéré comme de la main d'Hubert Robert (1733-1808). Présenté à l'exposition *Hubert Robert* à Paris en 1933, il fut à cette occasion rendu à Fragonard par Charles Sterling. Cette attribution est aujourd'hui unanimement acceptée. Seul, G. Wildenstein (1960, voir aussi 1959) n'exclut pas « la collaboration » de l'abbé de Saint-Non (qui peut avoir été le propriétaire de l'œuvre et à qui, à coup sûr, appartenait le dessin de Besançon, voir n° précédent).

On comparera utilement le tableau du Louvre au dessin de Besançon mais aussi aux bambochades romaines de Fragonard (n^os 21-23). Si les figures du premier plan, les lingères et les « touristes » qui les observent ou qui se penchent sur le précipice, si le coup de soleil qui les éclaire gardent encore quelque chose dans leur exécution des scènes de la vie romaine que Fragonard peignait avec prédilection durant cette période, les arbustes qui couvrent la paroi rocheuse de la cascade et atteignent le pont, peints par petites touches nerveuses annoncent le célèbre *Petit Parc* de la collection Wallace. Fragonard a-t-il réalisé son tableau devant le motif ou à Rome avant son départ pour Paris ? L'a-t-il peint à son retour en 1761 ? Nous optons pour la seconde hypothèse : notons, en passant, sur la droite, parmi les nombreux détails que l'œil ne découvre pas immédiatement, le feu qui fait bouillir l'eau destinée à rincer le linge.

Le site est célèbre ou du moins l'a été. En 1826, une désastreuse inondation de l'Aniene détruisit une partie de Tivoli. Des travaux furent entrepris, menés à bien en 1834, pour détourner le torrent. Un nouveau pont a remplacé celui que Fragonard — la liste des artistes qui en ont fait de même serait trop longue — a représenté, modifiant sensiblement le site. Nous reproduisons ici son ancien aspect *(fig. 3)*, à l'époque de G. Vanvitelli (1654-1736).

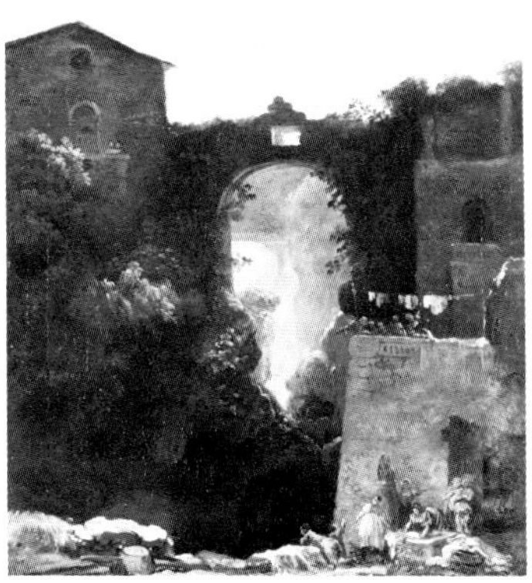

fig. 1. Fragonard (?),
*La grande cascade de Tivoli,*
Lausanne, coll. privée

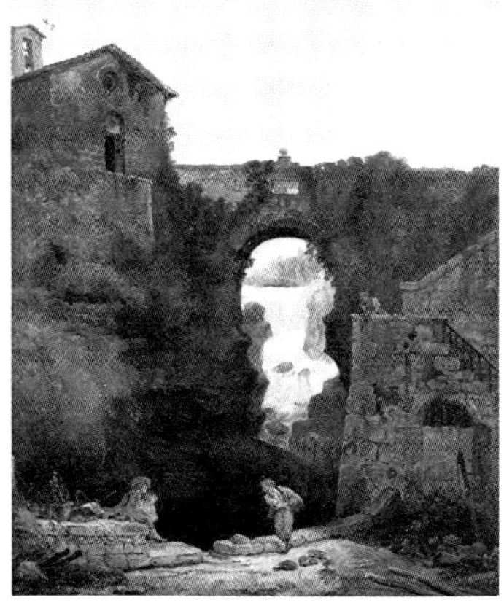

fig. 2. H. Robert,
*La grande cascade de Tivoli,*
localisation actuelle inconnue

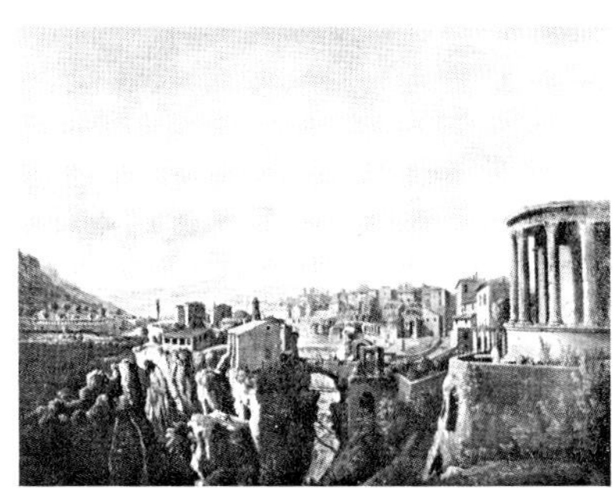

fig. 3. G. Vanvitelli,
*Vue de Tivoli et du Temple de Vesta,*
Viterbe, coll. privée

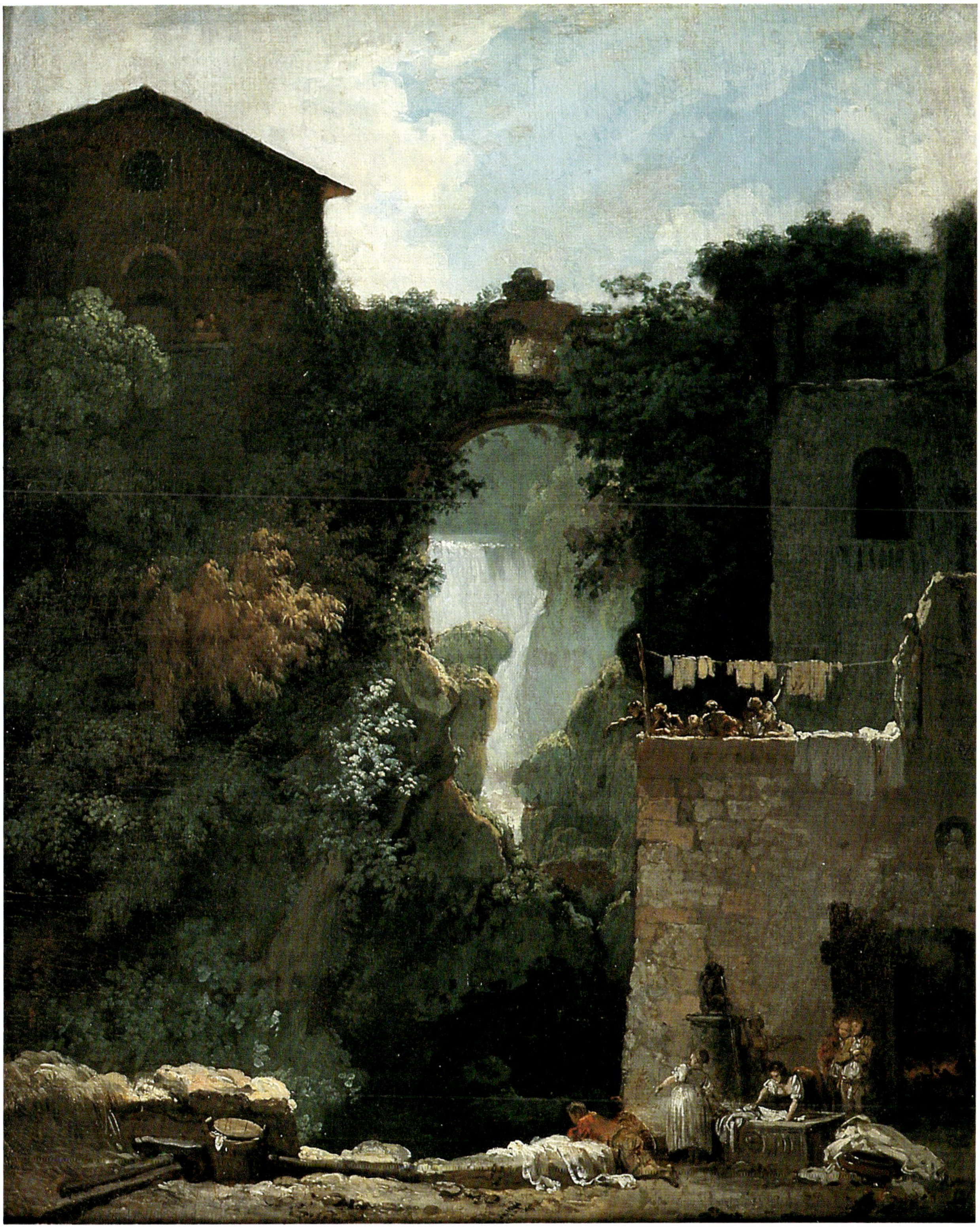

27

# Les temples de Vesta et dit de la Sibylle à Tivoli

Paris

H. 370 ; L. 500
Sanguine sur une légère préparation à la pierre noire

Besançon, musée des Beaux-Arts

**Provenance**
Voir n° 24.
Inv. manuscrit de Pâris, 1806 : « la vue... du temple de la sybille du même lieu » [Tivoli]. En bas à gauche, cachet du musée de Besançon (Lugt 238 c).
Inv. D.2839.

**Expositions**
Voir Cornillot, 1957 ;
Rome-Turin, 1961, n° 138, pl. 34 ;
Bruxelles, 1975, n° 118, ill. p. 162.

**Bibliographie**
Voir Cornillot, 1957, n° 34, ill. ;
G. p. 340 ;
P. p. 313 ;
Martine, 1927, n° 26, ill. ;
R. p. 222 ;
Beau, 1968, ill. sous le n° 41 ;
A. 867 fig. 228 ;
Jullian, 1978, p. 265, fig. 4.

**Œuvres en rapport**
Une contre-épreuve à la sanguine est reproduite par P. (entre p. 34 et p. 35 ; A. 867a), une autre, rehaussée au lavis de bistre, appartient à l'Indiana University Art Museum à Bloomington *(fig. 1* ; A. 868 fig. 229 ; Massengale, 1979, fig. 107*)*.

Pour d'autres vues du temple de la sibylle à Tivoli de Fragonard ou attribuées à l'artiste, voir A. 870 fig. 527 *(fig. 3)* et vente Londres, Christie's, 7 juillet 1981, n° 195, ill. ; A. 871 fig. 707 ; A. 869 *(fig. 2)* et 2298.

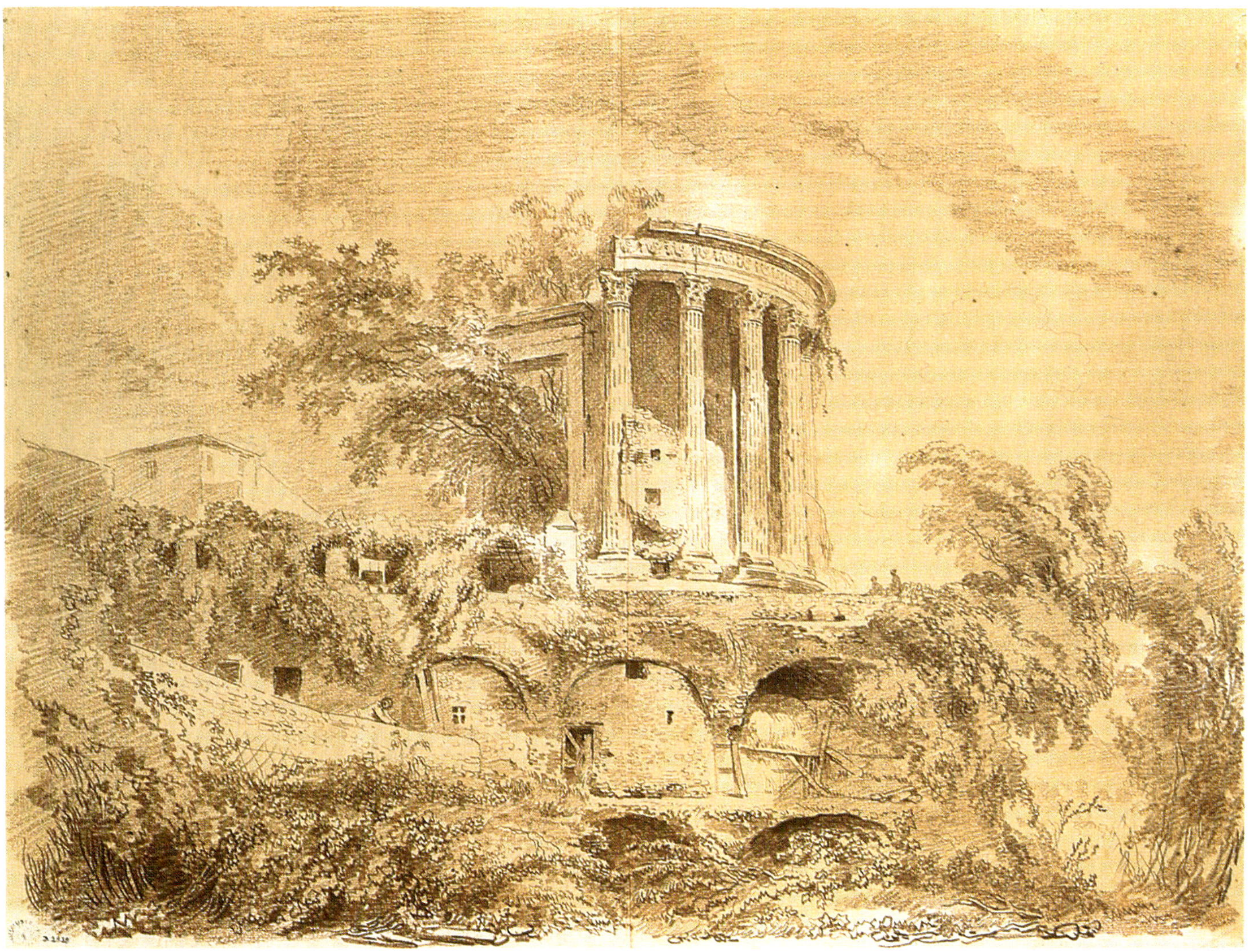

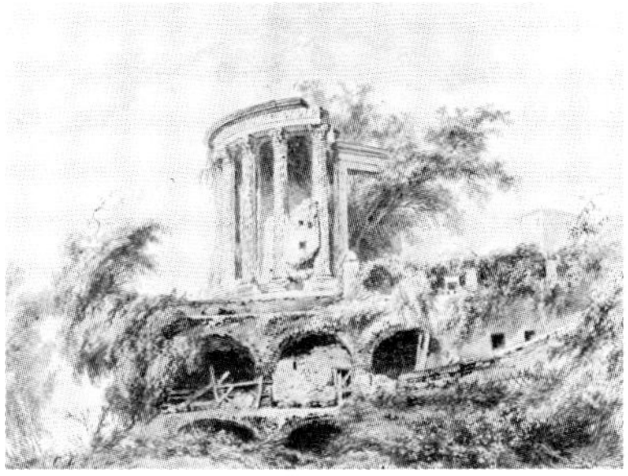

fig. 1. *Les temples de Vesta et de la Sibylle,* contre-épreuve, Bloomington, Indiana University Art Museum

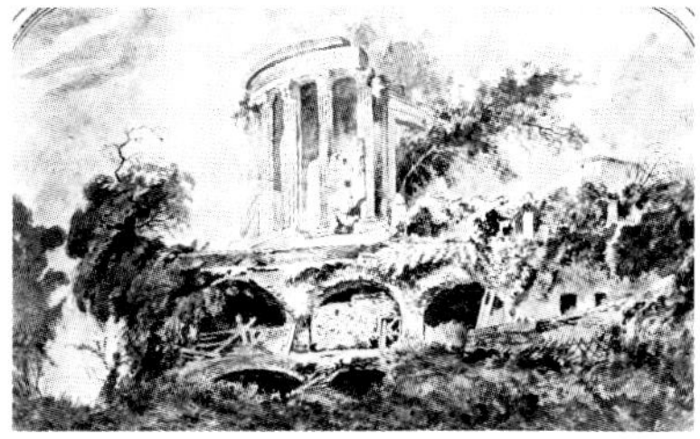

fig. 2. D'après Fragonard, *Les temples de Vesta et de la Sibylle,* Lyon, musée des Beaux-Arts

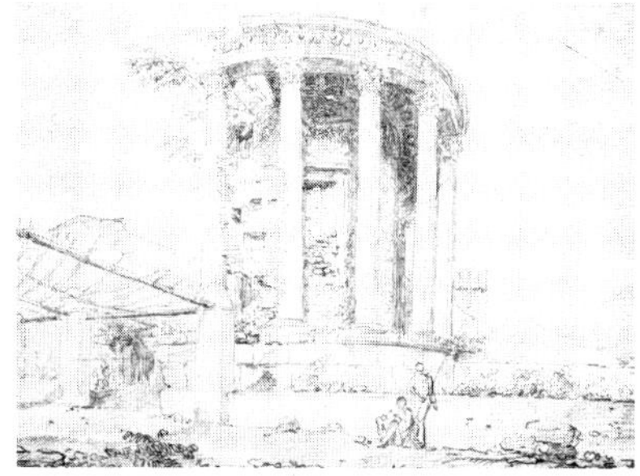

fig. 3. Attribué à Fragonard, *Le temple de Vesta dit à tort de la Sibylle,* localisation actuelle inconnue

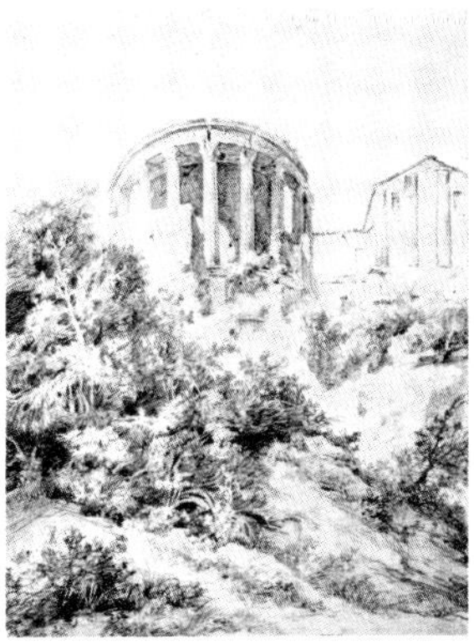

fig. 4. H. Robert, *Le temple de Vesta dit de la Sibylle,* Valence, musée des Beaux-Arts

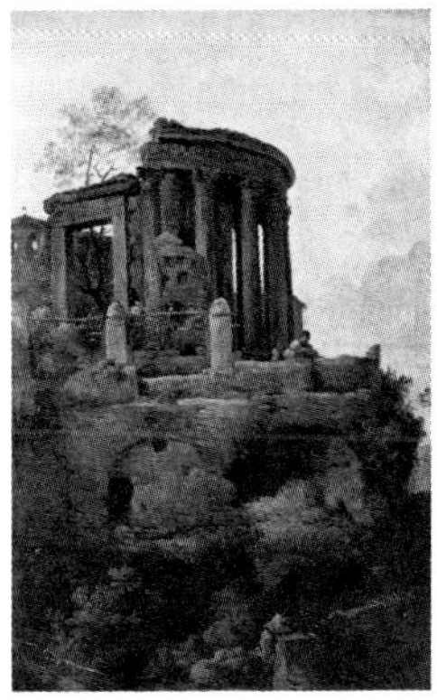

fig. 5. Vincent, *Les temples de Vesta et de la Sibylle,* Marseille, musée des Beaux Arts

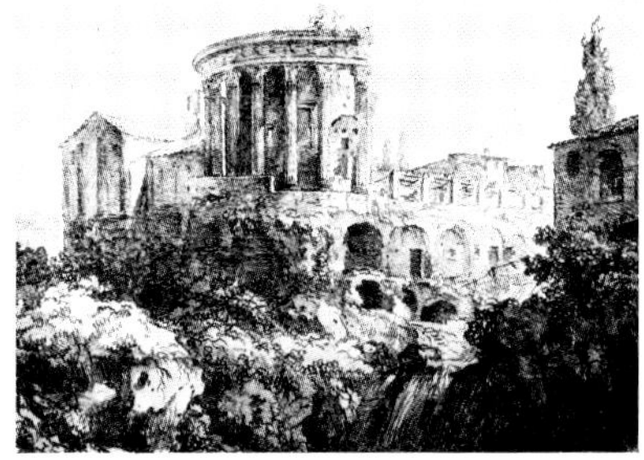

fig. 6. Berthélemy, *Le temple de Vesta dit de la Sibylle,* Besançon, musée des Beaux-Arts

« Dans le même endroit est un petit temple rond appelé le Temple de la Sybille (*sic*) : il y a peu de restes d'antiquité aussi élégants que ce petit édifice. Il en subsiste environ la moitié. Il est bâti de pierre dure de Tivoli. Le plan est un cercle parfait, entouré d'une colonnade ; le chapiteau est court et l'entablement léger. Il y a peu de moulures à la corniche : mais elles sont d'un beau profil. Les ornements de la frise sont travaillés de bon goût ; les colonnes sont d'une proportion légère et élégante ; elles sont cannelées... Derrière ce petit temple rond » (en fait, dit aujourd'hui de Vesta) « on en voit un autre encore fort petit, carré long » (c'est en réalité celui de la Sibylle). « Les colonnes qui en décorent les côtés sont presque ensevelies dans un mur » (Cochin, 1756, I, pp. 106-107).

Le site est célèbre, « les architectes et peintres l'admirent également » (Bergeret), représenté par bien des artistes, de Robert *(fig. 4* ; Valence ; Cayeux, 1985, n° 6, ill.*)* à Vincent *(fig. 5* ; Marseille ; Cuzin, 1983*)*, à Berthélemy *(fig. 6* ; Besançon ; Volle, 1979*)*, pour nous limiter aux seuls français de la seconde moitié du XVIII^e^ siècle.

Fragonard, moins soucieux de vérité topographique, plus lyrique que ses successeurs, plus sensible à l'exubérance de la nature, décrit la vie que la végétation insuffle aux ruines.

## 28 Les cascatelles de Tivoli avec le temple dit de la Sibylle, la Villa de Mécène et la grotte de Neptune

New York

H. 363 ; L. 483
Sanguine sur une légère préparation à la pierre noire
Signé en lettres capitales en bas à droite sur un bloc de pierre : *Frago*

Besançon, musée des Beaux-Arts

**Provenance**
Voir n° 24.
Inventaire manuscrit de Pâris, 1806 : « ...la vue du fond des précipices qui sont au dessous du temple de la sybille à Tivoli ». En bas à gauche, cachet du musée de Besançon (Lugt 238 c).
Inv. D. 2838.

**Expositions**
Voir Cornillot, 1957.

**Bibliographie**
Voir Cornillot, 1957, n° 33, ill. ;
G. p. 340 ;
P. p. 302 ;
Martine, 1927, n° 24, ill. ;
R. p. 222, ill. p. 133 ;
A. 1532 fig. 403.

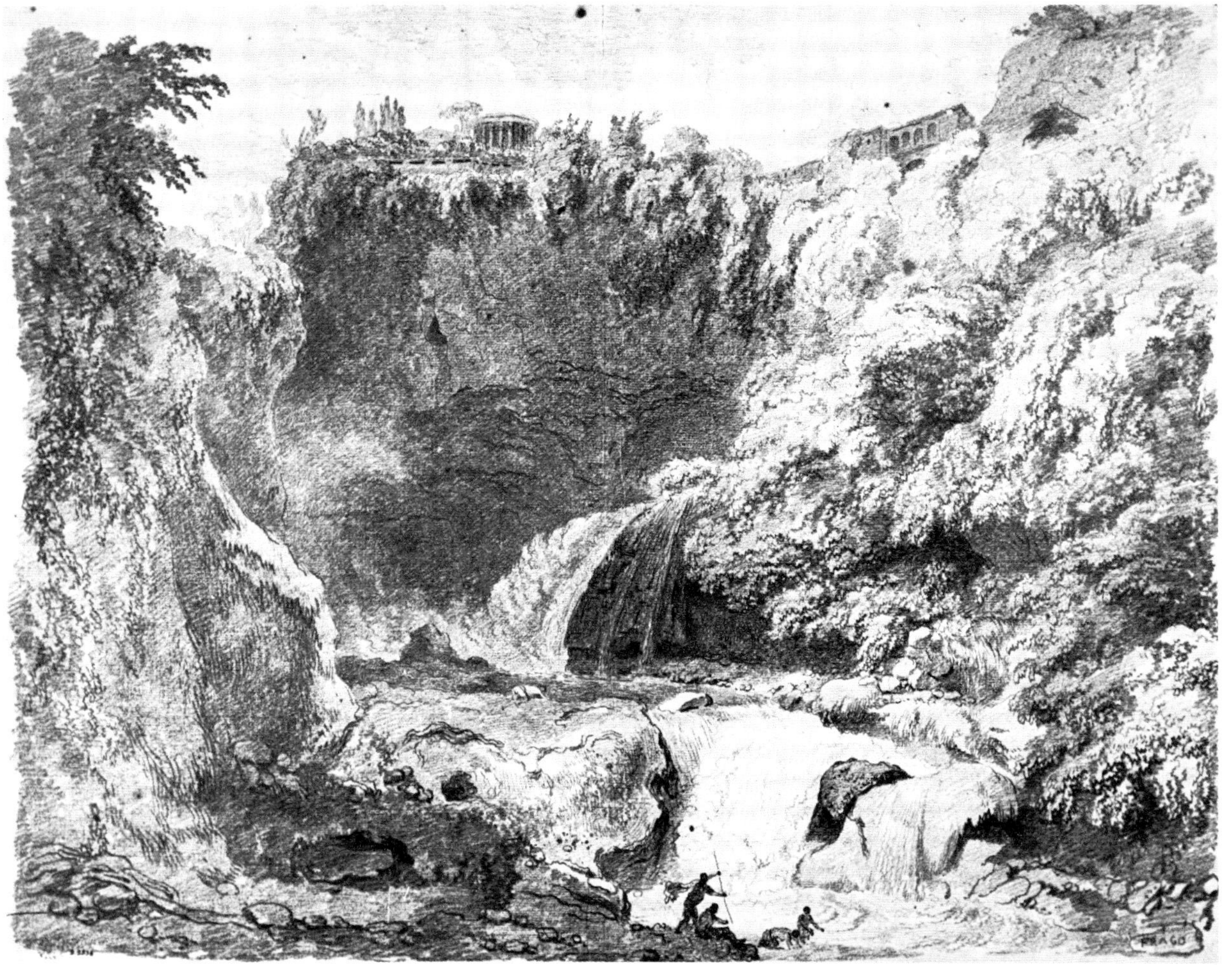

« Vis-à-vis, et de l'autre côté du torrent, on voit la première et la plus grande des cascatelles, qui est une chûte d'eau qui tombe en deux ou trois bonds d'une montagne fort élevée, toute garnie d'arbres et de verdure et mêlée de rochers, ce qui fait un très bel effet... La cime de cette montagne est couronnée de diverses fabriques dont la plus considérable est les restes de la maison de campagne ou des bains de Mécenas » (Cochin, 1756, I, p. 108 ; sur le site, voir cat. exp. Ducros, Lausanne, 1986, n° 52, ill.).

Robert a souvent représenté ce site qui a été sensiblement modifié au début du XIX^e siècle ; citons en particulier les tableaux des musées de Pau (1768 ; *fig. 1*) et du Petit Palais à Paris, et divers dessins inspirés par celui du musée de Valence (Cayeux, 1985, n° 7, ill.) représentant la seule villa de Mécène avec ses arcades superposées (nous reproduisons ici le dessin du Louvre daté de 1769 qui provient de la collection Mariette, *fig. 2,* et un tableau passé en vente sous l'attribution à Fragonard le 6 avril 1954, n° 76, ill., *fig. 3*). Mais le point de vue retenu par Fragonard donne à sa composition un souffle, une ampleur, une inspiration que Robert est loin d'atteindre.

Le tourbillon des eaux dynamise la composition et lui donne un extraordinaire élan.

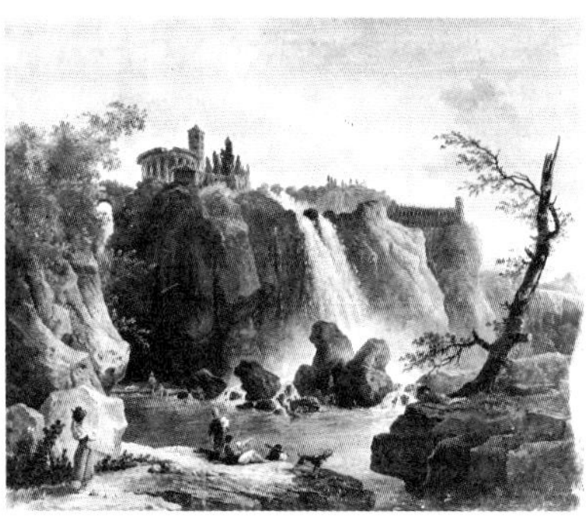

fig. 1. H. Robert, *Les cascatelles de Tivoli avec le temple de la Sibylle et la villa de Mécène,* Pau, musée des Beaux-Arts

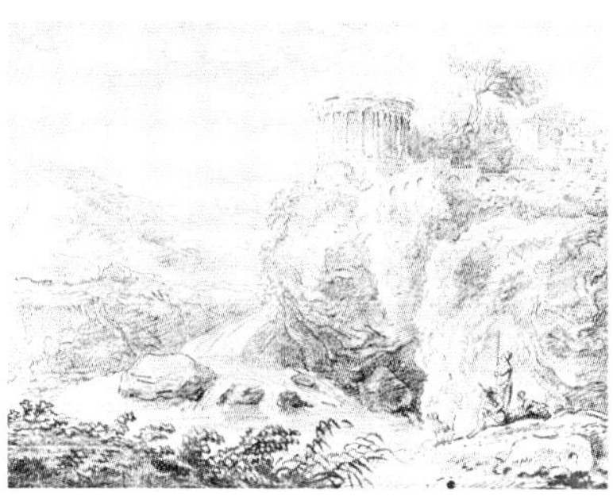

fig. 2. H. Robert, *Les cascatelles de Tivoli avec le temple de la Sibylle,* Paris, musée du Louvre, Cabinet des dessins

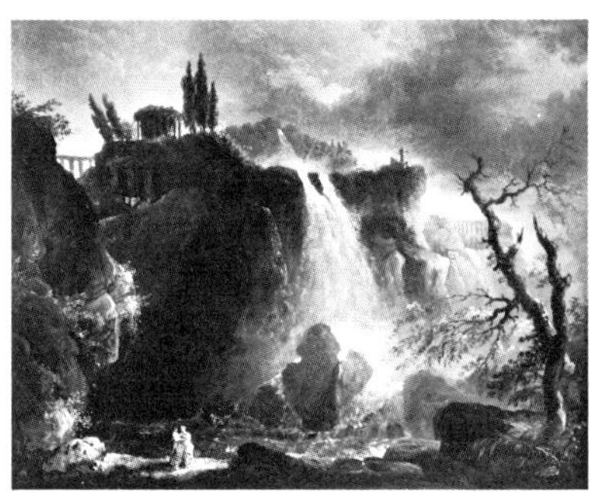

fig. 3. Attribué à H. Robert, *Les cascatelles de Tivoli avec le temple de la Sybille et la villa de Mécène,* Paris, coll. privée

# 29 Vue intérieure des Écuries de Mécène à Tivoli

Paris

H. 357 ; L. 494
Sanguine

Besançon, musée des Beaux-Arts

**Provenance**
Voir n° 24.
Inventaire manuscrit de Pâris, 1806 : « la vue... de l'intérieur des Ruines nommé Les Écuries de Mécène aussi à Tivoli ».
En bas à gauche, cachet du musée de Besançon (Lugt 238 c). Inv. D. 2846.

**Expositions**
Voir Cornillot, 1957 ;
Charleroi, 1957, n° 29 ;
Rome-Turin, 1961, n° 139.

**Bibliographie**
Voir Cornillot, 1957, n° 40, ill. ;
Cat. musée, 1844, n° 309 (H. Robert) ;
Cat. musée, 1879, n° 626 (H. Robert) ;
Cat. musée, 1886, n° 592 (Fragonard) ;
R. p. 222 ;
A. 1423 fig. 395 ;
Cayeux, 1985, p. 326.

**Œuvres en rapport**
Une autre version de ce dessin a été exposée en 1965 à la galerie Aymonnier *(fig. 1)*.

Nous reproduisons une autre vue des Écuries de Mécène par Louis Chaix, datée de 1773 *(fig. 2)*.

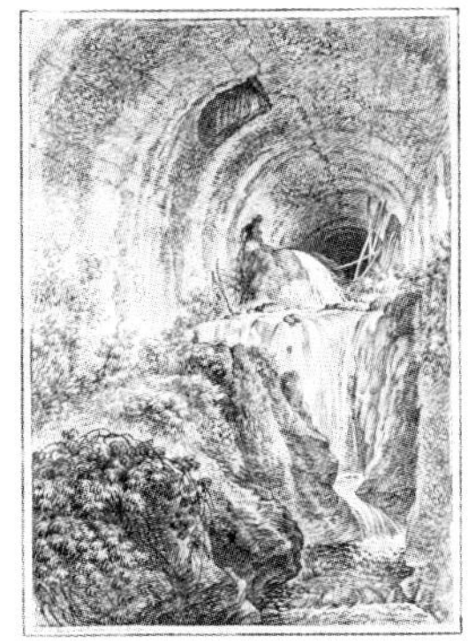

fig. 2. L. Chaix, *Vue intérieure des Écuries de Mécène à Tivoli*, New York, The Metropolitan Museum of Art

« On arrive ensuite à la Villa ou maison de plaisance de Mécenas. Il y a une grande galerie voûtée, sous laquelle passe avec rapidité un petit torrent ». Cochin (1756, I, p. 109) ajoute : « ce lieu ruiné forme des vues très pittoresques ».

Le dessin a été attribué à Robert entre 1844 et 1879 et plus récemment par Cayeux. Attribution en rien surprenante tant la mise en page qui insiste sur l'architecture et la vigueur un peu brutale du coup de crayon évoquent le faire de l'ami de Fragonard. Certes, les végétations qui couvrent une partie de la voûte, les plantes sur l'échelle qui barre la composition sont dessinées avec cette vivacité qui caractérise Fragonard. Mais la comparaison avec le dessin (est-ce le même site ?) du musée Bonnat à Bayonne *(fig. 3* ; A. 1613 fig. 425*)*, à coup sûr de Fragonard, qui provient vraisemblablement de la coll. de Boynes (15 mars 1785, n° 221), ferait pencher la balance en faveur d'Hubert Robert. On aimerait en tout cas connaître l'identité du dessinateur sur la droite de la composition.

Souhaitons que la confrontation de la feuille de Besançon avec les autres dessins de la série permette de définitivement résoudre le problème posé par son attribution.

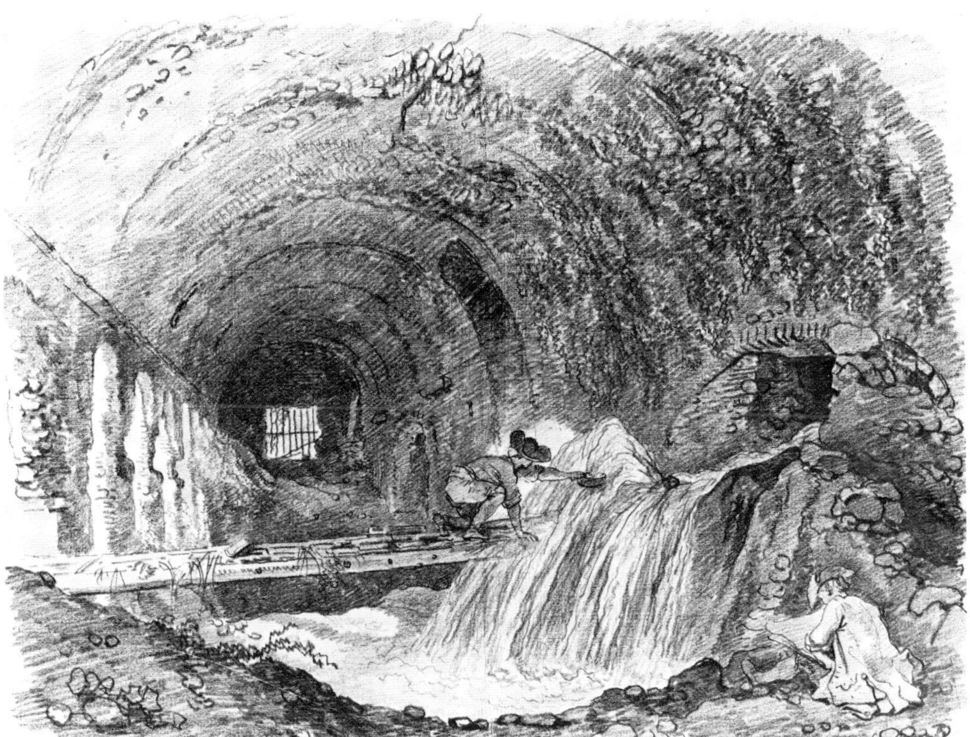

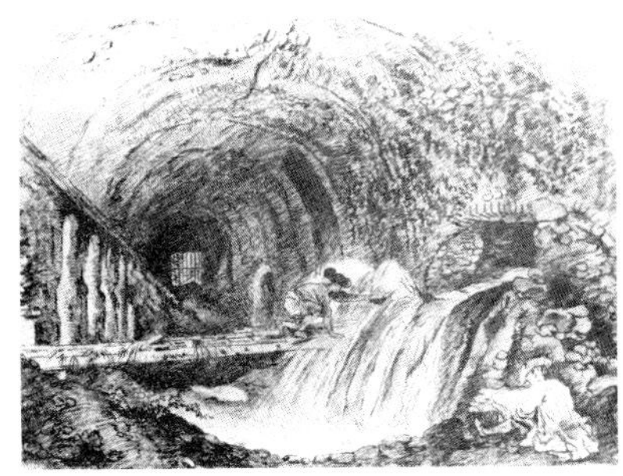

fig. 1. École française du XVIIIe siècle, *Vue intérieure des Écuries de Mécène à Tivoli*, localisation actuelle inconnue

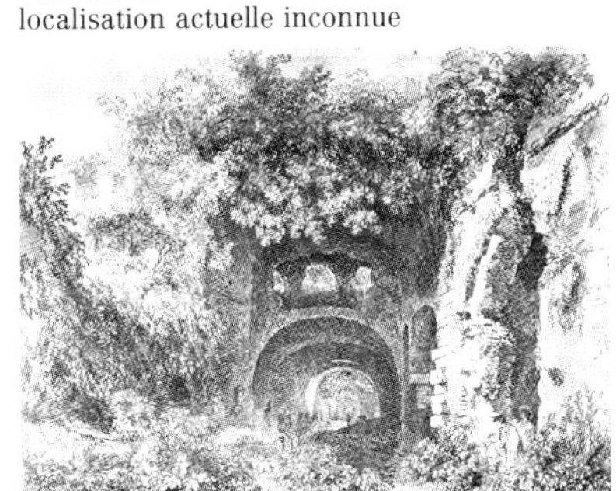

fig. 3. *Vue intérieure des Écuries de Mécène à Tivoli* (?), Bayonne, musée Bonnat

# 30 Les grands cyprès de la Villa d'Este

Paris

H. 495 ; L. 365
Sanguine sur une légère préparation à la pierre noire

Besançon, musée des Beaux-Arts

**Provenance**
Voir n° 24.
Inventaire manuscrit de Pâris, 1806 : « la vue... de dessous les grands ciprès de la Villa d'Este ». En bas à gauche, cachet du musée de Besançon (Lugt 238 c).
Inv. D. 2842.

**Expositions**
Salon de 1765, n° 178 : « deux Desseins : vûes de la villa d'Este à Tivoli. Ils appartiennent à M. l'Abbé de Saint-Non » ;
Voir Cornillot, 1957 ;
Rome-Turin, 1961, n° 136, pl. 33 ;
Bruxelles, 1975, n° 117, ill. p. 161.

**Bibliographie**
Voir Cornillot, 1957, n° 32, ill. ;
G. p. 340 ;
P. p. 302 et 316 ;
Martine, 1927, n° 19, ill. ;
R. pp. 222-223 ;
Ananoff, 1959, pp. 61-63, ill. ;
Ananoff, 1961, p. 9 ;
A. 894 fig. 236 ;
Coffin, 1960, fig. 136 ;
Lamb, 1966, fig. 149 ;
Levey, 1972, pl. 175 ;
Seznec, 1979, p. 43, pl. 68 ;
Bukdahl, 1980, I, p. 174.

**Œuvres en rapport**
Pour le dessin de l'Albertina, voir n° suivant.
Un dessin identique mais moins vigoureux, plus plat, avec quelques variantes au premier plan (où se lit une signature ( ?) *frago*) appartient au Cabinet des estampes de la Bibliothèque de l'Université de Varsovie *(fig. 1* ; cat. exp. Londres, Heim, n° 30, pl. 42 ; Brunswick-Cobourg, 1982, n° 33, ill. ; sanguine, H. 425 ; L. 311*)*. Nous n'excluons pas que nous soyons en présence d'une copie par P.-A. Pâris.
Une splendide contre-épreuve mêlant lavis de bistre et sanguine appartient à la coll. Ian Woodner à New York *(fig. 2* ; vente Paris, 29 novembre 1985, n° 61 ; H. 456 ; L. 340*)*.
Une copie au musée de Rouen *(fig. 3* ; 964.4.55*)* et une autre dans une coll. privée de Lyon.

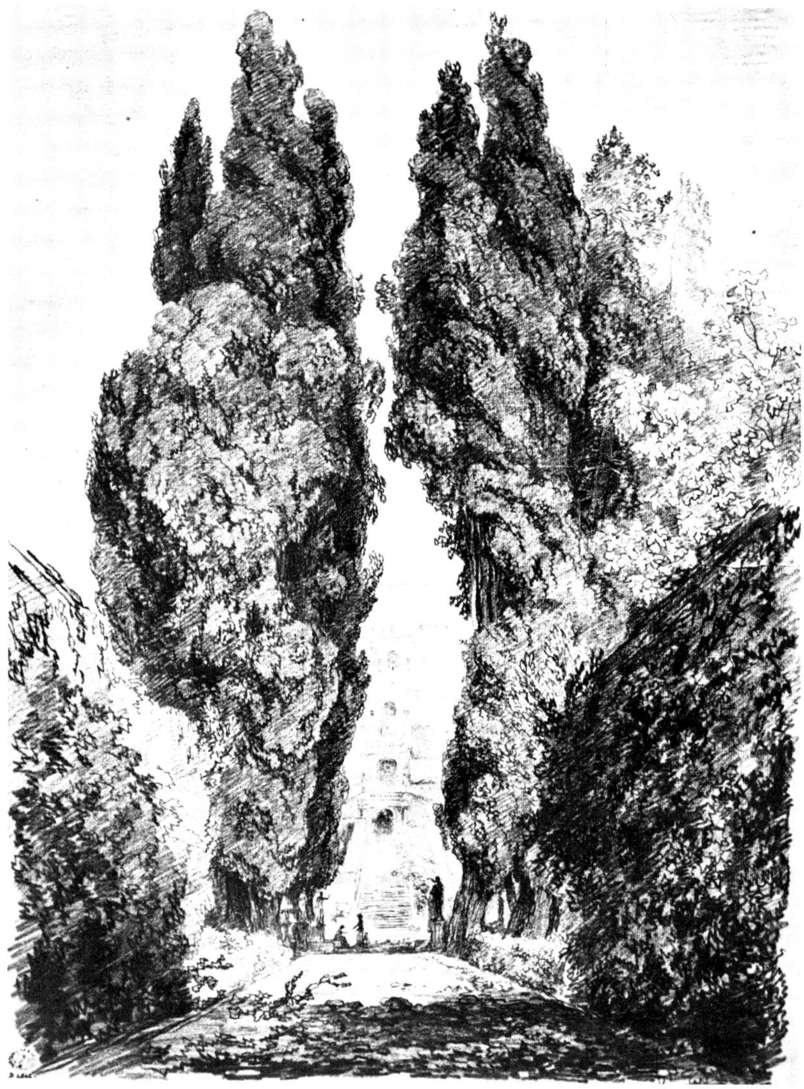

« La Villa d'Este : le jardin en est fort beau, quoique presque abandonné ; il y a des cyprès et des pins très beaux ». À l'arrière-plan du dessin de Besançon, au bout de l'allée centrale, se voit la façade sur jardin de la villa, guère modifiée aujourd'hui *(fig. 4)*. Quelques cyprès, partie de ce que fut la rotonde des cyprès (voir la gravure de Venturini en 1685, *fig. 5*) subsistent.

Si, selon Pâris (voir notre introduction), l'ensemble des dix sanguines qui lui appartenait en 1806 avait figuré au Salon de 1765 et était alors la propriété de Saint-Non, le livret du Salon n'en mentionne que deux, qu'un dessin de Saint-Aubin *(fig. 6* ; Ananoff, 1959*)* permet d'identifier. Les critiques du Salon n'en dirent pas grand chose. Fréron *(L'année littéraire*, 4 octobre 1765, p. 157*)* qualifie à leur propos Fragonard de « peintre de l'harmonie ». Mathon de la Cour (*Troisième lettre à Monsieur XXX*, 1765, p. 21) les signale, ce qu'oublie de faire Diderot, d'une manière générale peu sensible au dessin.

La feuille est justement célèbre : Fragonard privilégie les cyprès dont il accentue la taille. Plus que la villa, bien plus que les fontaines et les jeux d'eau à l'origine de l'admiration pour le lieu, ils sont le sujet du dessin. Fragonard choisit son point de vue, retient une mise en page toute classique. Mais dans le gigantisme des arbres, il n'y a rien du vertige des créations de Piranese.

Mais il y a le calme des jardins italiens, la chaleur du soleil et la fraîcheur de l'ombre. Il y a la description des feuillages des arbres et des chatoiements de la lumière. Il y a aussi cette absence de l'homme au seul profit des arbres. Il y a surtout ce souffle sensuel de la nature, de la vie.

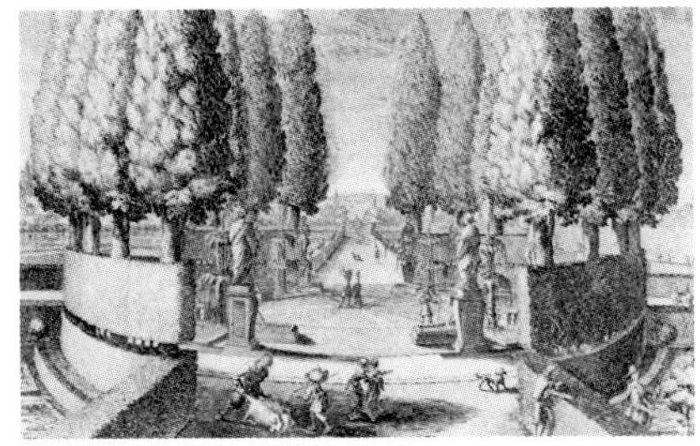

fig. 5. F. Venturini, *La rotonde des cyprès*, gravure

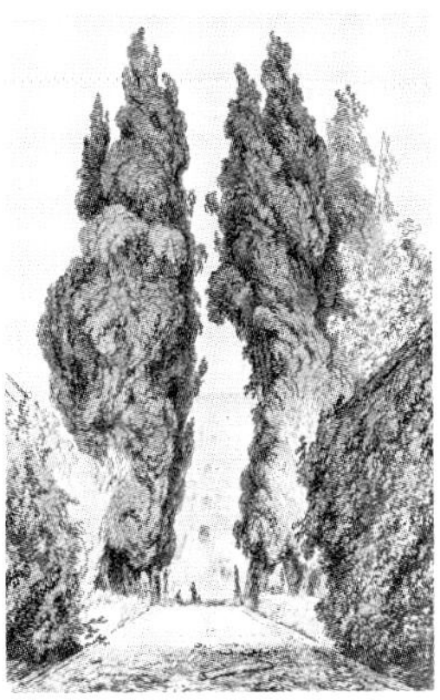

fig. 1. P.-A. Pâris (?), *Les grands cyprès de la villa d'Este*, Varsovie, Bibliothèque de l'Université

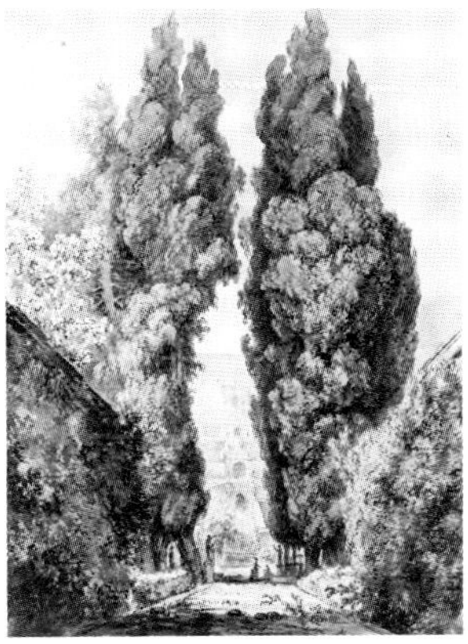

fig. 2. *Les grands cyprès de la villa d'Este*, contre-épreuve, New York, coll. privée

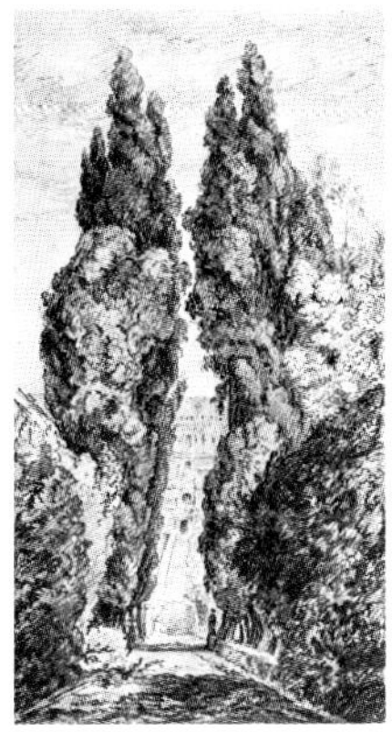

fig. 3. D'après Fragonard, *Les grands cyprès de la villa d'Este*, Rouen, musée des Beaux-Arts

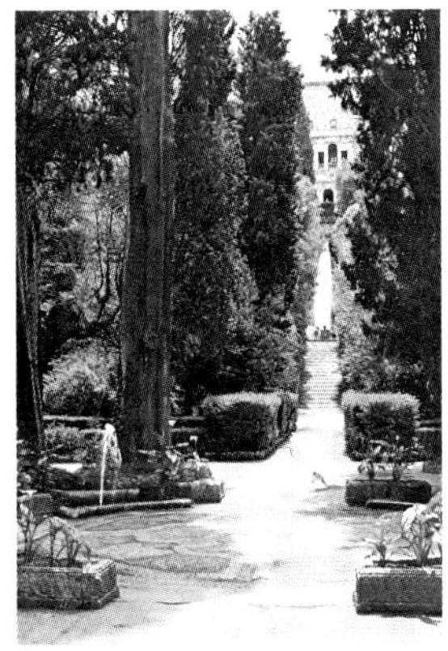

fig. 4. La villa d'Este à Tivoli, vue actuelle

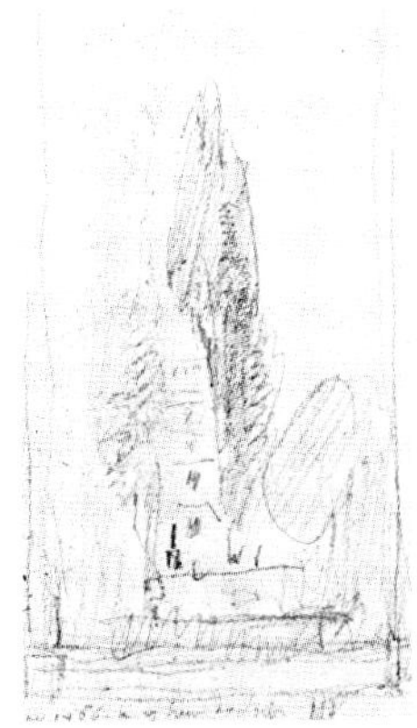

fig. 6. G. de Saint-Aubin, Salon de 1765, dessin d'après Fragonard, Paris, musée du Louvre, Cabinet des dessins

## 31 Les grands cyprès de la Villa d'Este

Paris

H. 465 ; L. 343
Lavis de bistre sur préparation à la pierre noire
Inscription, en bas à droite, au lavis de bistre : « fragonard »
Annoté en bas à gauche à la mine de plomb : « Vue de la Ville d'Este à Tivoli »

Vienne, Graphische Sammlung Albertina

**Provenance**
Rapproché par A. d'un dessin de la vente Sireul, 3 décembre 1781, n° 242 : « un superbe Dessin de ce Maître [Fragonard] lavé au bistre sur papier blanc. Il représente une longue avenue en perspective. Le Dessin est d'un effet piquant et orné de figures analogues » (16 p. sur 13 = 43.2 sur 35.1).
On pourrait également signaler le dessin de la vente de Boynes du 15 mars 1785, n° 217 : « la vue de l'entrée de la villa d'Este à Trivoli *(sic)* l'on distingue les différents paliers qui conduisent au cazin... Hauteur 20 pouces, largeur 15 pouces 3 lignes ».
Coll. du prince Albert de Saxe-Teschen, figure dans l'inventaire de sa coll. en 1822, p. 914 (« cinq paysages et vues ») ; marque de l'Albertina, Lugt 174, en bas à gauche.
Inv. 12.735.

**Expositions**
Paris, 1931, n° 82 ;
Londres, 1932, n° 1015 (n° 676 pl. CLXXV du cat. commémoratif) ;
Paris, 1937, n° 532 ;
Paris, 1950, n° 150, ill. ;
Vienne, 1950, n° 122 ;
Berne, 1954, n° 53, pl. XIII ;
Vienne, 1969, n° 384 ;
Washington, 1984-85, n° 73, ill.

**Bibliographie**
Hempel, 1924, p. 22 et p. 10 fig. 1 ;
Fosca, 1954, pp. 52-53, pl. 8 ;
R. p. 222 ;
A. 1434 fig. 392.

**Œuvres en rapport**
Voir notice précédente.

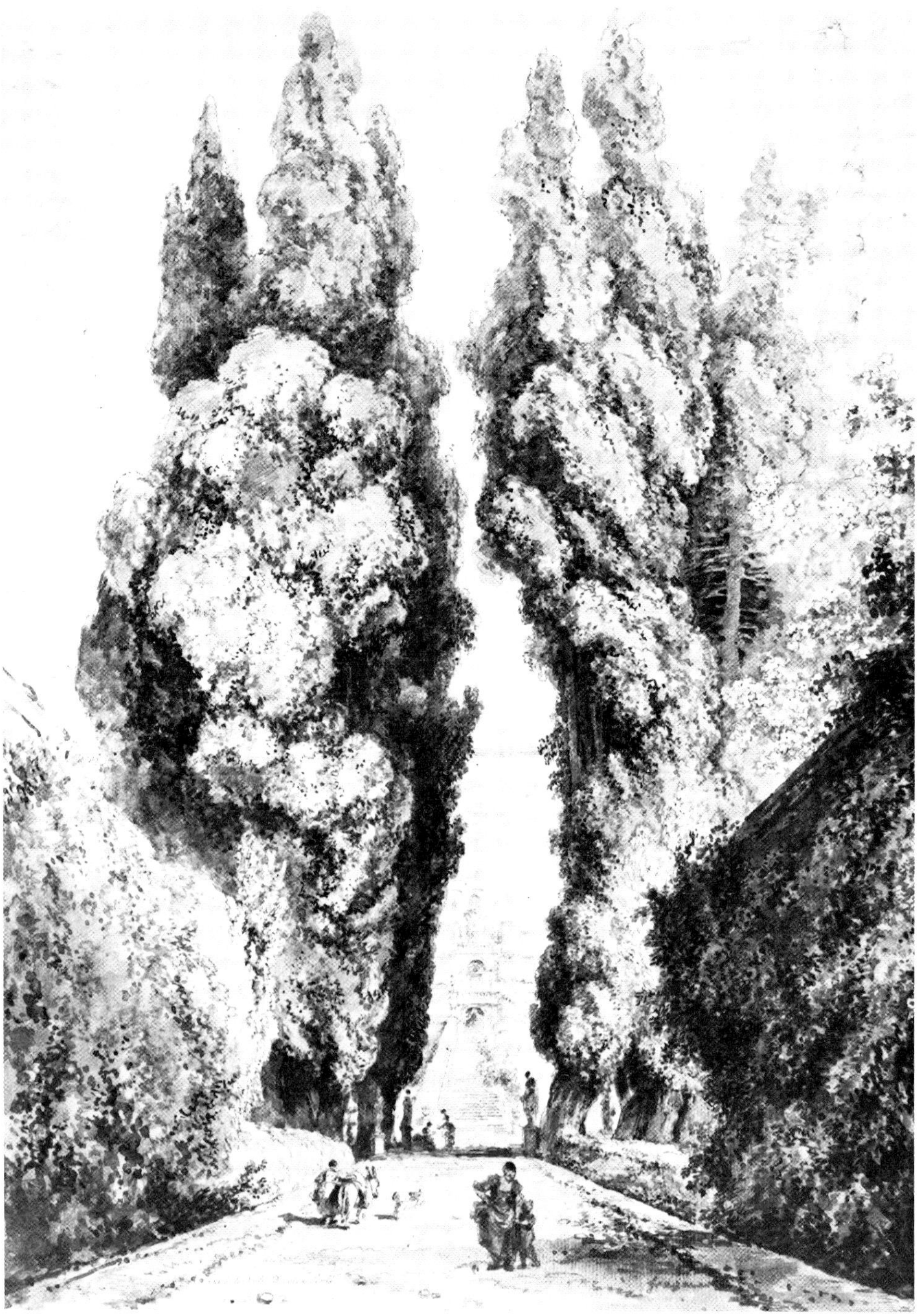

Le splendide dessin de l'Albertina pose problème. Non que son attribution puisse être mise en doute. Mais sa date ne fait pas l'unanimité. Si nombreux sont ceux qui le considèrent comme contemporain de la version de Besançon, il a été récemment proposé par l'auteur de la notice du catalogue de Washington de 1984-85, Christine Ekelhart, de le situer au moment du second voyage de Fragonard à Tivoli avec Bergeret le 2 avril 1774. On comprend les raisons d'une telle proposition : en 1760, Fragonard n'utilise que rarement le lavis de bistre et d'une manière toute différente, à la fois moins monumentale et moins descriptive. Mais, outre que Fragonard n'eut pas le temps, aux dires même de Bergeret, de dessiner lors de sa journée tivolienne (voir notre introduction), les variantes entre le dessin de Vienne et celui de Besançon impliquent que Fragonard avait sous les yeux ce dessin lorsqu'il le répéta. Il n'est pas possible, s'il avait dessiné les cyprès de Vienne devant le motif, qu'il ait exactement retrouvé la place qu'il avait occupé quatorze ans auparavant. Il n'est pas possible non plus que les cyprès, durant cette période, n'aient pas changé. Il nous faut donc admettre que Fragonard a copié son dessin en y ajoutant les minuscules figures du premier plan, à Paris, après 1765, date à laquelle Saint-Non lui rend les dessins aujourd'hui à Besançon, et avant qu'il ne les vende à Pierre-Adrien Pâris.

# 32 La fontaine de Pomone et l'allée des Cent Fontaines à la Villa d'Este

New York

H. 488 ; L. 361
Sanguine

Besançon, musée des Beaux-Arts

**Provenance**
Voir n° 24.
Inventaire manuscrit de Pâris, p. 59, n° 112 : « beau dessin à la sanguine de fragonard représent. la vue de l'Entrée du fontanone de la Villa d'Este de Tivoli » (dans cet inventaire, le dessin de Fragonard a pour « pendant » une feuille de Berthélemy ; Cornillot, 1957, n° 4, ill.).
En bas à gauche, cachet du musée de Besançon (Lugt 238 c).
Inv. D. 2845.

**Expositions**
Voir Cornillot, 1957 ;
Salon de 1765, n° 178 *(fig. 1 ;* voir n° 30*)* ;
Rome-Turin, 1961, n° 135 ;
Londres, 1979, n° 80.

**Bibliographie**
Voir Cornillot, 1957, n° 38, ill. ;
G. p. 340 ;
P. p. 304 et 316 ;
Martine, 1927, n° 22, ill. ;
R. p. 222 ;
Ananoff, 1959, pp. 61-63, ill. ;
A. 908 fig. 716 ;
Lamb, 1966, fig. 148 ;
Bukdahl, 1980, I, p. 174 et fig. 84.

**Œuvres en rapport**
Une contre-épreuve de ce dessin, attribuée à H. Robert par A. (IV, p. 383, n° 908), appartient à une coll. privée de Montréal *(fig. 2 ;* cat. exp. Ottawa, 1976, n° 23, ill.*)*. A. catalogue une autre contre-épreuve (n° 2159a ; voir aussi A. 1561). Nous connaissons une copie dans une coll. privée de Lyon.

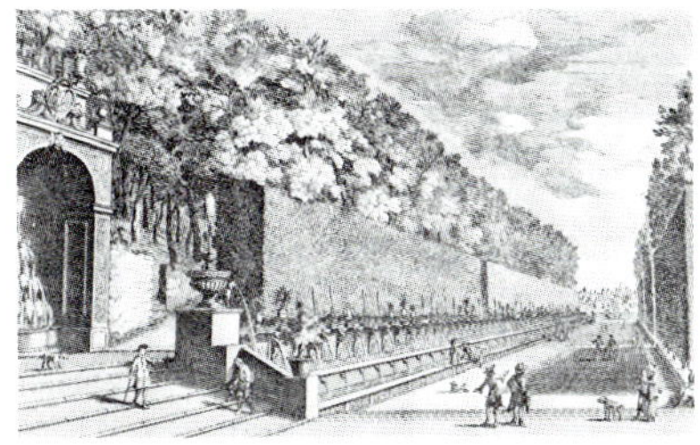

fig. 3. F. Venturini, *L'allée des Cent Fontaines,* gravure

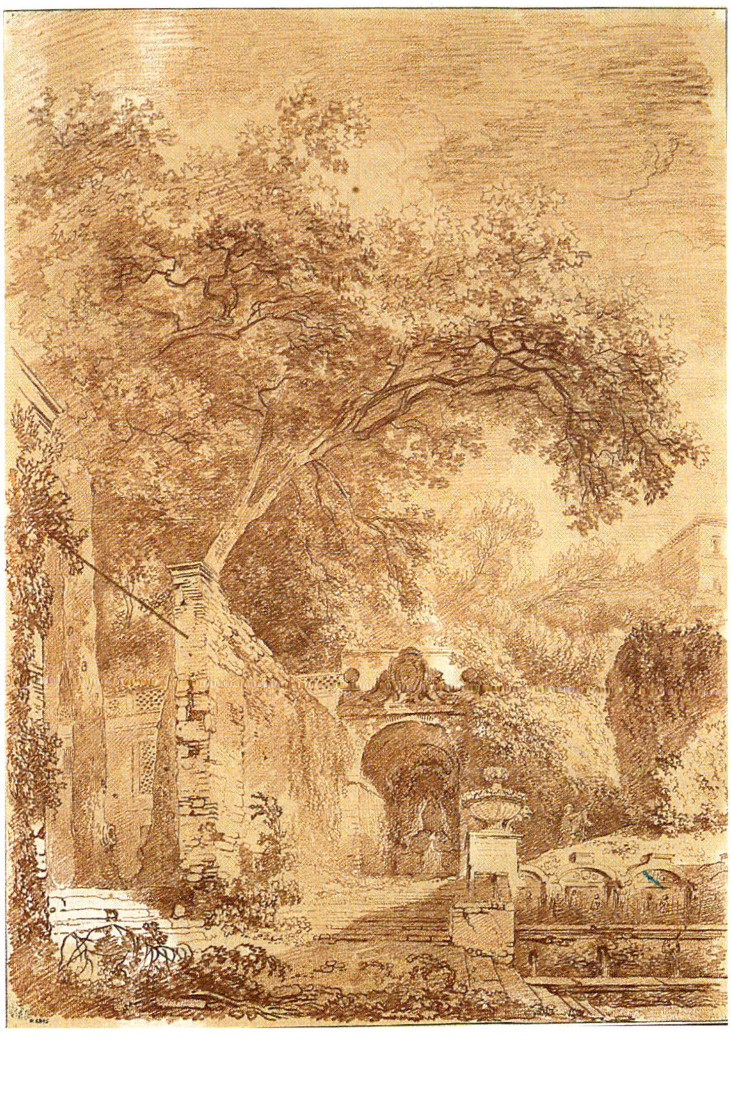

fig. 1. G. de Saint-Aubin, Salon de 1765, dessin d'après Fragonard, Paris, musée du Louvre, Cabinet des dessins

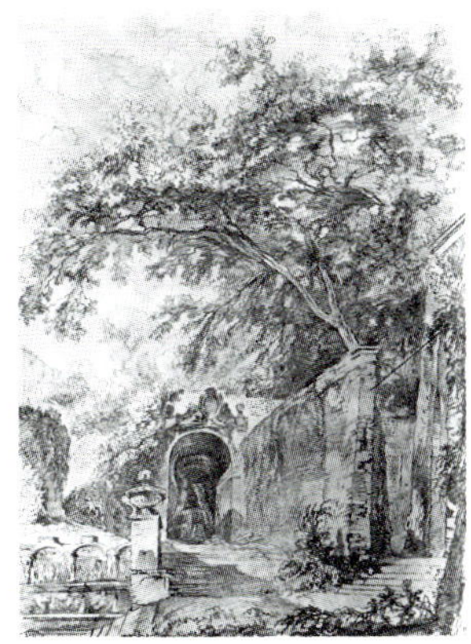

fig. 2. *La fontaine de Pomone et l'allée des Cent Fontaines,* Montréal, coll. privée

Le dessin nous montre la fontaine de Pomone avec sur la gauche le passage qui mène à la fontaine dell'Ovato et sur la droite l'allée dite des Cent Fontaines (la gravure de Francesco Venturini de 1685 *(fig. 3)* permet de reconnaître la partie droite de la composition).

Fragonard, dans ce dessin célèbre, choisit une partie abandonnée des jardins. Les célèbres fontaines sont méconnaissables. Quelques grands arbres envahissent ce qui fut un des jardins les plus savamment ordonnés de l'Occident.

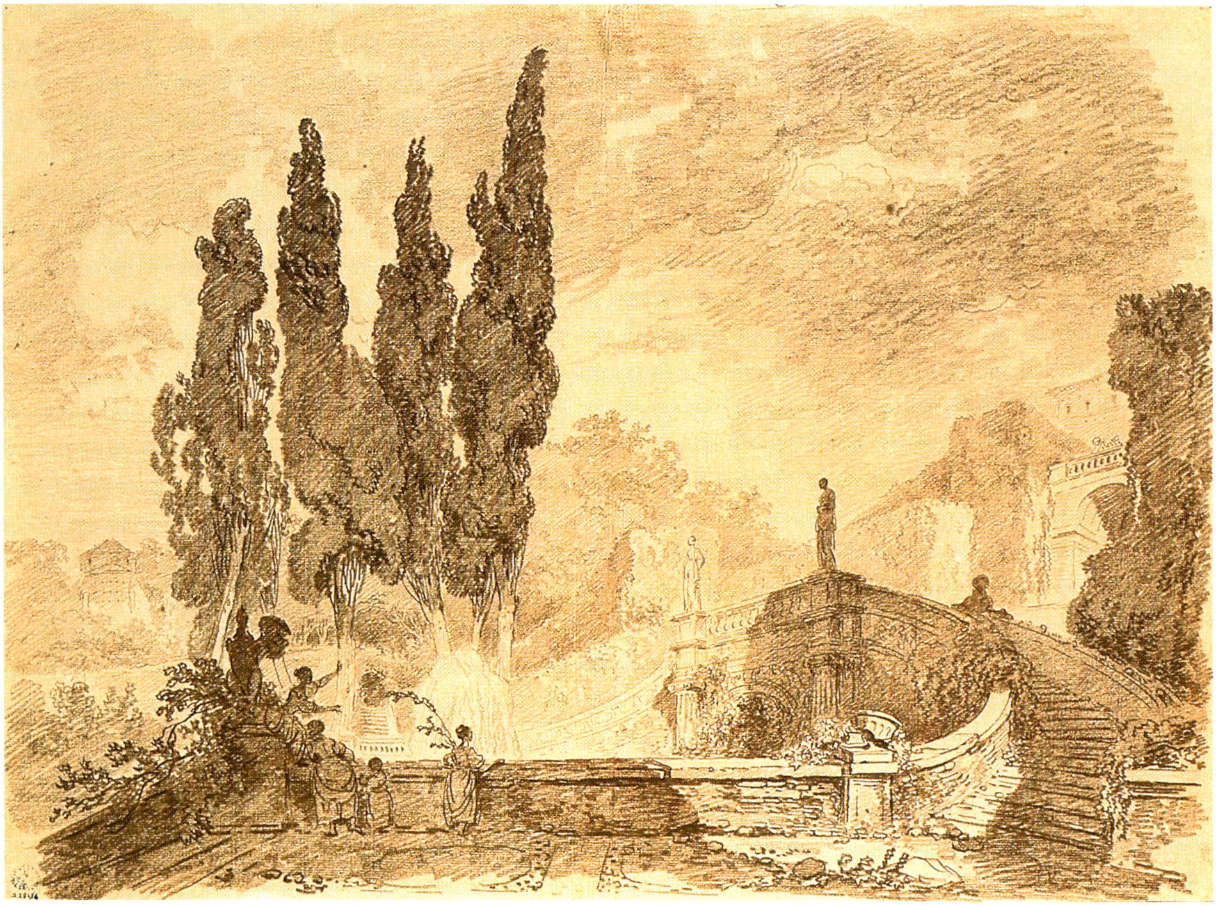

# 33 L'escalier de la gerbe de la Villa d'Este

Paris

H. 350 ; L. 487
Sanguine

Besançon, musée des Beaux-Arts

**Provenance**
Voir nº 24.
Inventaire manuscrit de Pâris, 1806 : « la vue... d'un même jardin [villa d'Este] de devant l'Escalier de la gerbe ». En bas à gauche, cachet du musée de Besançon (Lugt 238 c).
Inv. D. 2844.

**Expositions**
Voir Cornillot, 1957 ;
Rome-Turin, 1961, nº 134 ;
Londres, 1979, nº 79, ill.

**Bibliographie**
Voir Cornillot, 1957, nº 37, ill. ;
G. p. 340 ;
P. p. 304 ;
Martine, 1927, nº 21, ill. ;
R. p. 222 ;
A. 891 fig. 235 ;
Lamb, 1966, fig. 146 ;
Williams, 1978, p. 175 fig. 11.

**Œuvres en rapport**
Le tableau de la coll. Natoire vendu en 1778 (p. 63, fig. 2), en relation directe avec ce dessin, vient d'être vendu avec la coll. Florence Gould (W. 105 ; Sotheby's, New York, 25 avril 1985, nº 86, ill. couleurs). Il a été coupé de 30 cm environ sur la gauche *(fig. 1)*.

Pour d'autres tableaux de Fragonard représentant Tivoli, voir notice nº 26.

Une contre-épreuve rehaussée au lavis de bistre est passée en vente le

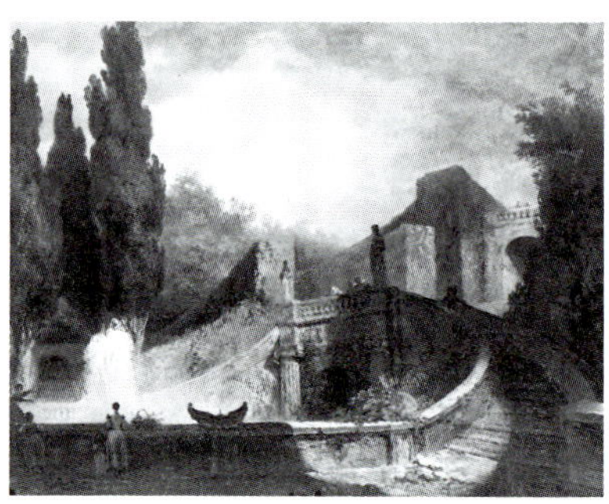

fig. 1. *L'escalier de la gerbe,* localisation actuelle inconnue

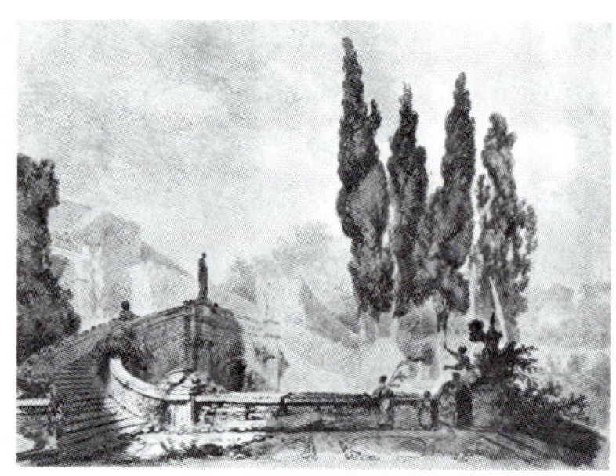

fig. 2. *L'escalier de la gerbe,* contre-épreuve, localisation actuelle inconnue

20 novembre 1941, nº 9, ill. *(fig. 2* ; A. 892 fig. 711*)*.

Voir aussi A. 893, 1542 (reproduit in cat. exp. Los Angeles, 1976, nº 161), 1543a *(fig. 3)*, 2661 fig. 588.

L'abbé de Saint-Non, qui possédait le dessin, l'a gravé en contre-partie en 1764 (Cayeux, 1964, nº 40) sous le titre *Vue prise dans les jardins de la Ville d'Est à Tivoli (fig. 4)*.

Voir aussi le tableau « signé, daté 1769 » de l'abbé de Saint-Non, passé en vente le 14 juin 1983, nº 11, ill., directement inspiré de compositions d'H. Robert.

fig. 3. *L'escalier de la gerbe*, contre-épreuve, Paris, coll. privée

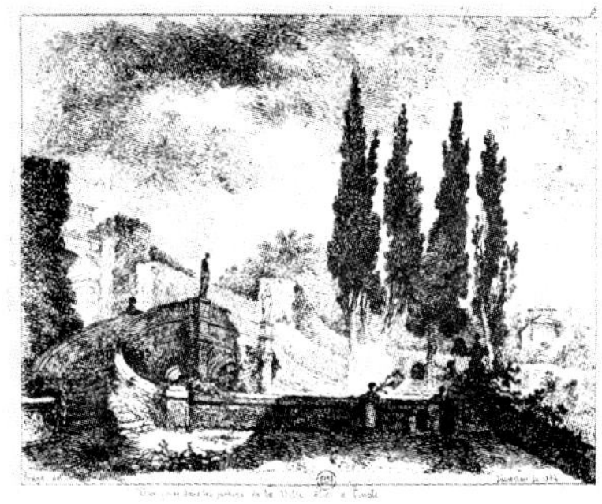

fig. 4. Saint-Non, *L'escalier de la gerbe*, Paris, Bibliothèque Nationale, Cabinet des estampes

Fragonard décrit l'escalier de la gerbe, qui domine la célèbre Fontaine du Dragon. Non seulement Fragonard a peint un tableau directement inspiré par son dessin mais encore l'abbé de Saint-Non l'a gravé en 1764. L'angle de vue retenu par Fragonard lui permet de décrire une nouvelle fois les grands cyprès placés en pleine lumière, qui brûlent dans le ciel comme des torches, alors que les marches de l'escalier sont dans l'ombre. Une fillette, vue à contre-jour, avance avec prudence sur le parapet. Fragonard joue des coups de soleil et des zones d'ombres pour animer sa composition et en accentuer la complexe mise en page. Il a admirablement su rendre la touffeur de l'été.

## 34 Le beau groupe de cyprès de la Villa d'Este avec vue sur la fontaine de l'Orgue

New York

H. 356 ; L. 480
Sanguine
Signé au centre, sur une pierre, en lettres capitales : *Frago*

Besançon, musée des Beaux-Arts

**Provenance**
Voir nº 24.
Inventaire manuscrit de Pâris, 1806 : « la vue du beau groupe de ciprès des jardins de Villa d'Este à Tivoli ». En bas à gauche, cachet du musée de Besançon (Lugt 238 c).
Inv. D. 2841.

**Expositions**
Voir Cornillot, 1957 ;
Rome-Turin, 1961, nº 137 ;
Bruxelles, 1975, nº 119, ill. p. 162.

**Bibliographie**
Cornillot, 1959, nº 36, ill. ;
G. p. 340 ;
P. p. 302 ;
Martine, 1927, nº 20, ill. ;
R. p. 222 ;
A. 1435 fig. 396 ;
Lamb, 1966, fig. 150.

**Œuvres en rapport**
Gravé en 1764 par l'abbé de Saint-Non sous le titre *Vue prise dans les jardins de la Ville d'Est à Tivoli (fig. 1* ; Cayeux, 1964, nº 38*)*.

On rapprochera le dessin de Besançon d'un dessin attribué à P.-A. Pâris passé en vente à Monte Carlo le 15 février 1983, nº 822, ill., d'A. 904 *(fig. 2* ; Williams, 1978, nº 7, ill.*)*, dont il existe une copie (contre-épreuve d'une contre-épreuve ?) au musée Borély à Marseille *(fig. 3* ; A. 905*)*, d'un dessin

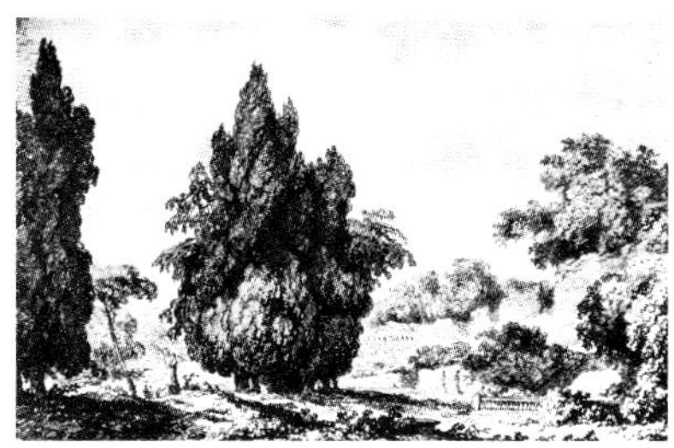

fig. 2. *Paysage romain*, autrefois coll. John Nicholas Brown,

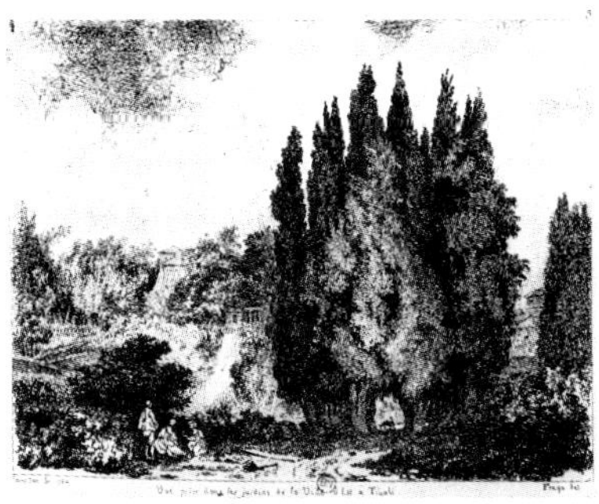

fig. 1. Saint-Non, « *Vue prise dans les jardins de la Ville d'Est à Tivoli* », Paris, Bibliothèque Nationale, Cabinet des estampes

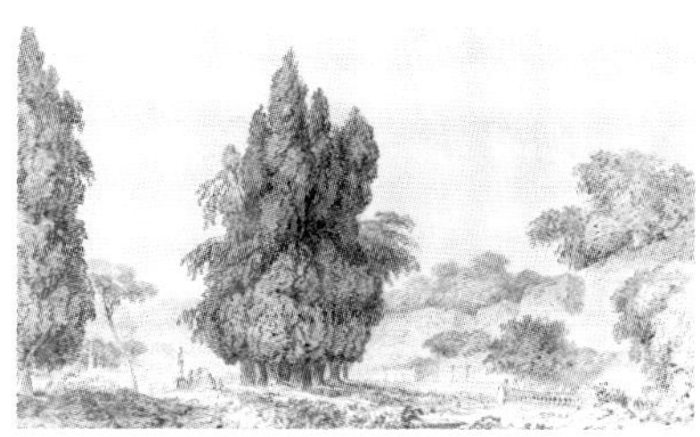

fig. 3. *Paysage romain*, contre-épreuve, Marseille, musée Borély

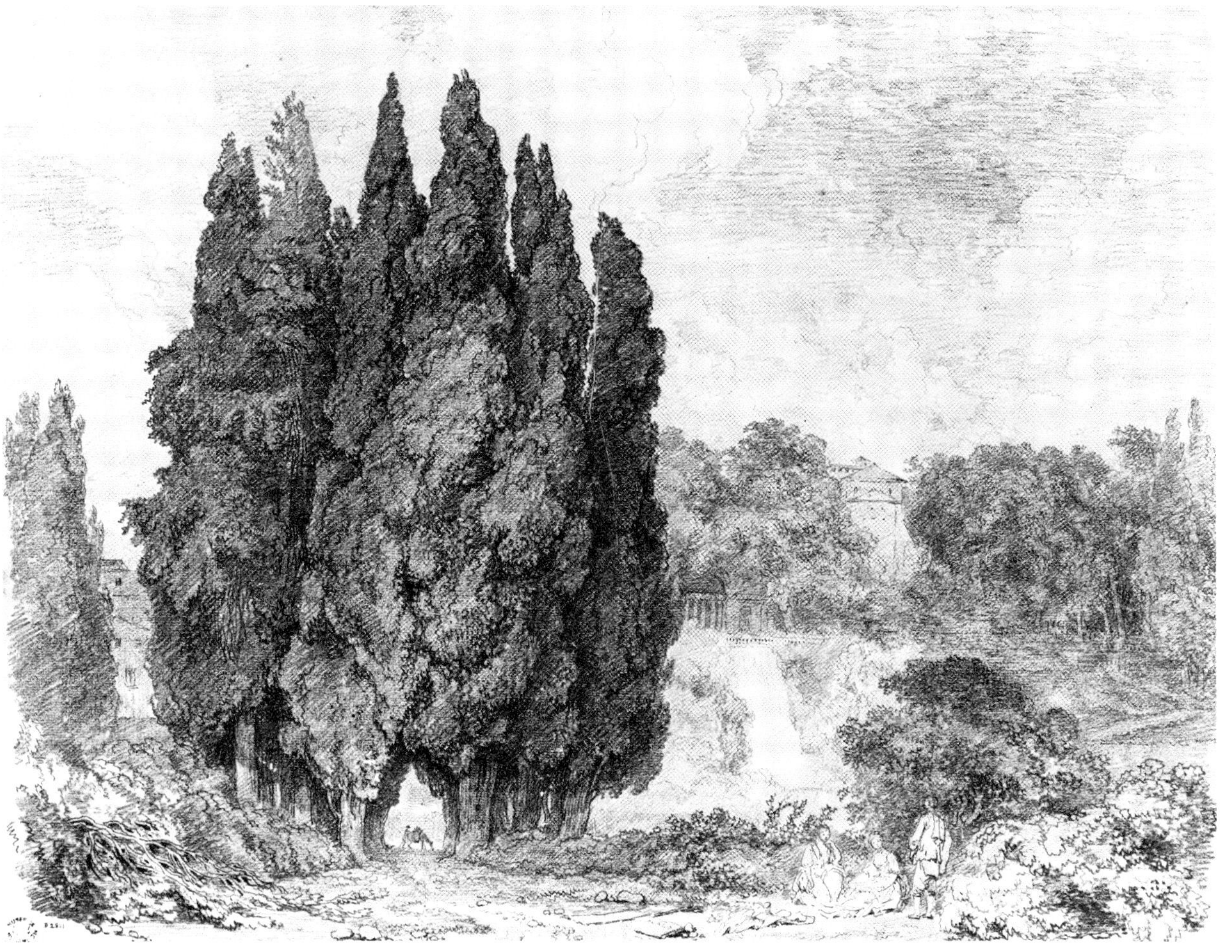

aujourd'hui aux États-Unis, autrefois chez Cailleux (cat. exp. Paris, Cailleux, 1978, nº 13, ill. en couleurs) et enfin d'A. 858 fig. 723 (anc. coll. Dormeuil ; contre-épreuve à la sanguine chez Bœrner, Leipzig, 28 novembre 1912, nº 122, ill.).

Le beau dessin d'Orléans (A. 909 fig. 237) est aujourd'hui attribué à Berthélemy (*fig. 4* ; Volle, 1979, nº 131, fig. 99 ; une copie peu ancienne à Detroit).

Signalons en passant que la contre-épreuve de ce dessin (A. 1507 ; vente Bourgarel, 15-16 juin 1922, nº 90, ill.) était annotée : « A Tivoli 1774 » !

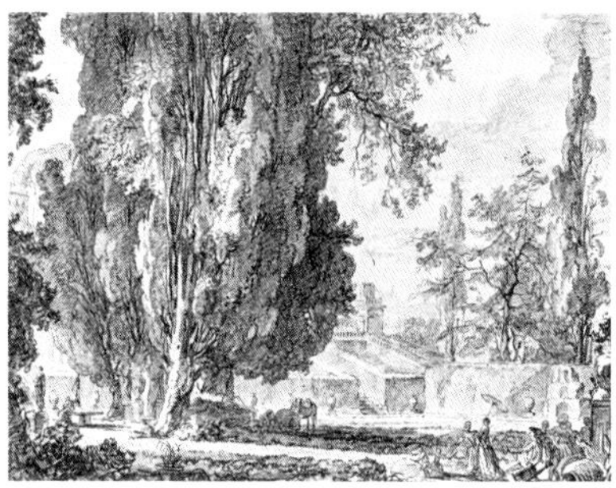

fig. 4. Berthélemy, *Les cyprès de la villa d'Este*, Orléans, musée des Beaux-Arts

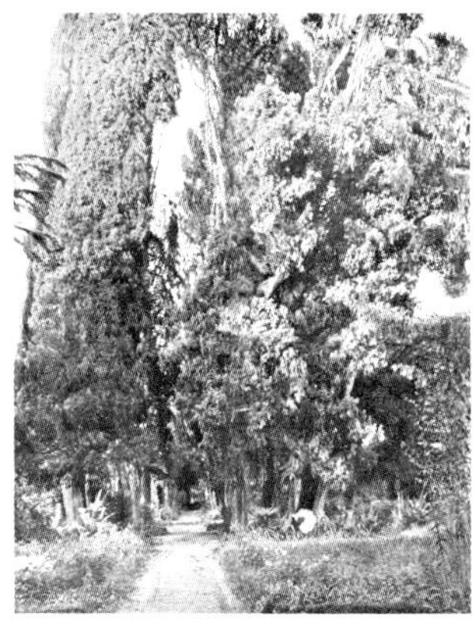

fig. 5. Vue des cyprès de la villa d'Este en 1909

De nouveau, Fragonard retient un point de vue qui privilégie la nature : cascades et êtres humains, escalier et balustrades sont comme ensevelis sous la végétation. Un homme converse avec deux jeunes femmes assises tandis que, sous les immenses cyprès (*fig. 5*), un berger pousse son âne. Le parc n'a rien de mélancolique : il vibre et vit sous le soleil. L'extraordinaire est le sérieux avec lequel Fragonard le décrit et qu'il ait choisi de dessiner en rouge la symphonie de verts qui s'étageait sous ses yeux.

# 35 Le Jardin et les terrasses de la villa d'Este au pied de la fontaine de l'Orgue

Paris

H. 356 ; L. 490
Sanguine

Besançon, musée des Beaux-Arts

**Provenance**
Voir n° 24.
Inventaire manuscrit de Pâris, 1806 : « la vue... du même jardin [de la villa d'Este] du pied d'une cascade ». En bas à gauche, cachet du musee de Besançon (Lugt 238 c).
Inv. D. 2840.

**Expositions**
Voir Cornillot, 1957.

**Bibliographie**
Voir Cornillot, 1957, n° 35, ill. ;
G. p. 340 ;
P. p. 304 ;
R. p. 222 ;
A. 919 ;
Lamb, 1966, fig. 159.

**Œuvres en rapport**
Une contre-épreuve *(fig. 1)* rehaussée au lavis appartient à une coll. parisienne (A. 920 fig. 244). Un lavis de bistre ayant appartenu aux Goncourt *(fig. 2)* serait au verso signé et daté de 1788 (A. 917 fig. 243 et cat. exp. Tokyo, 1980, n° 160, ill.).

Voir aussi A. 918 fig. 245, récemment dans le commerce à Munich, A. 914 fig. 240, entré avec la coll. Feuillet de Borsat au musée Borély à Marseille et A. 2207 passé en vente à Paris le 7 mars 1961, n° 4, ill. ainsi qu'un dessin attribué à Robert *(fig. 3)*, qui copie la feuille de Besançon, qui aurait fait partie de la coll. Deglatigny (chez Herbert E. Feist en 1972, repr. dans la publicité du *Burlington Magazine*, septembre 1972).

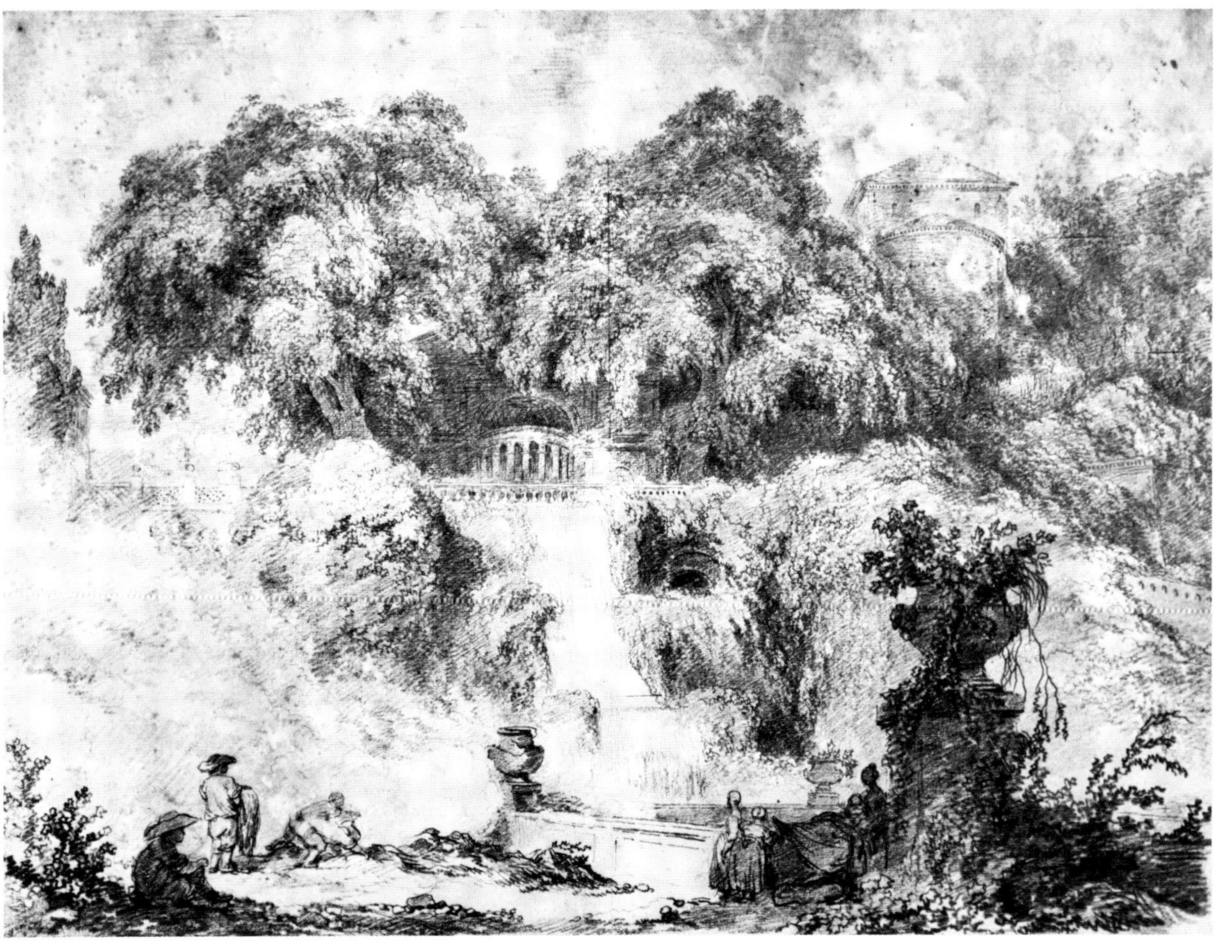

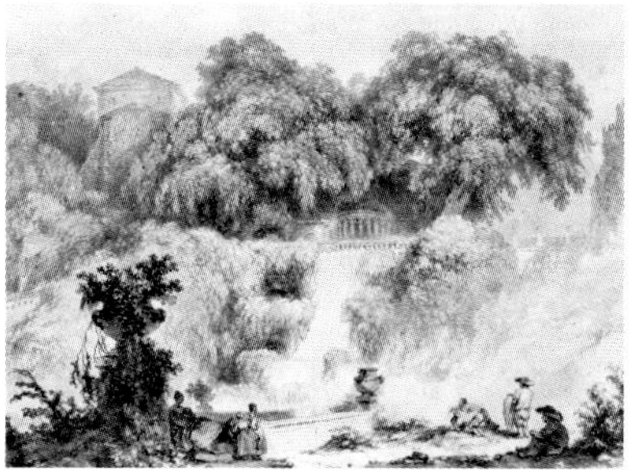

fig. 1. *Les jardins et les terrasses de la villa d'Este au pied de la fontaine de l'Orgue,* contre-épreuve, Paris, coll. privée

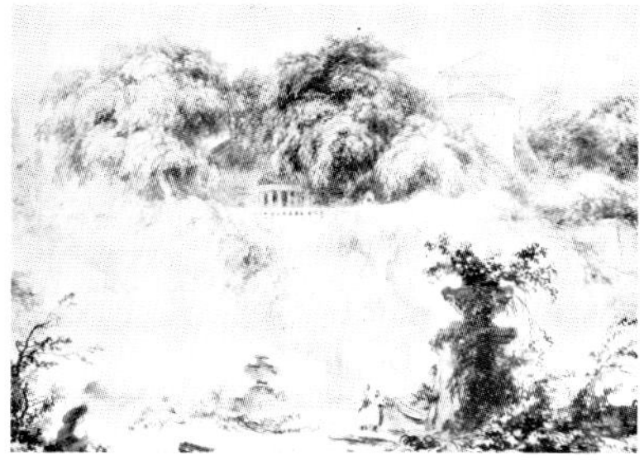

fig. 2. *Les jardins et les terrasses de la villa d'Este au pied de la fontaine de l'Orgue,* New York, coll. privée

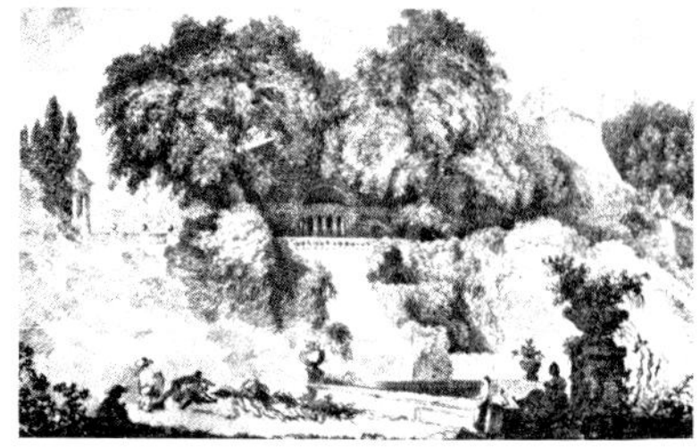

fig. 3. Fragonard (imitateur) *Les jardins et les terrasses de la villa d'Este au pied de la fontaine de l'Orgue,* localisation actuelle inconnue

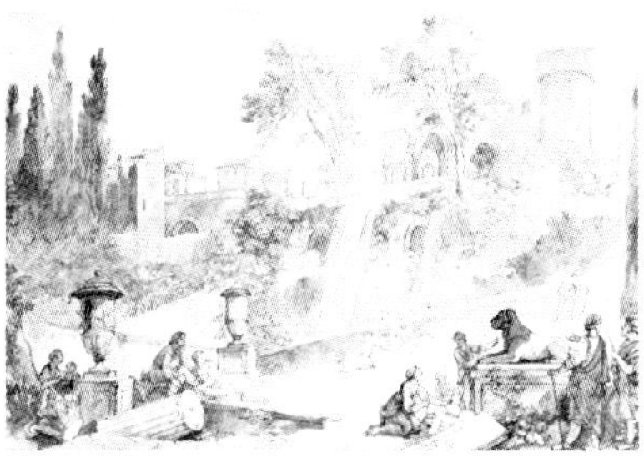

fig. 4. Natoire, *La fontaine de l'Orgue et l'abside de l'église de la Carità de Tivoli,* New York, The Metropolitan Museum of Art

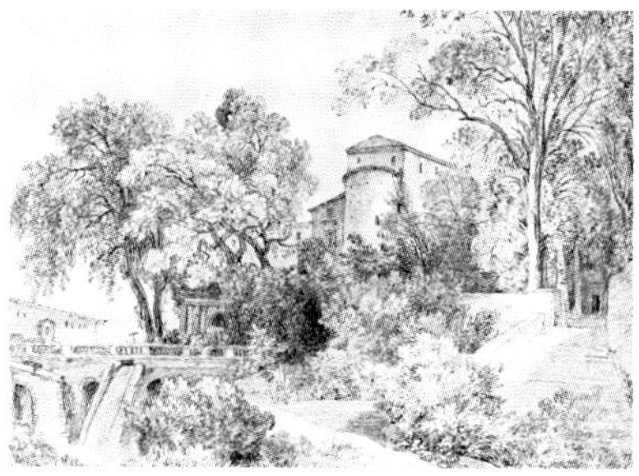

fig. 5. P.-A. Pâris (attribué à), *Les jardins de la villa d'Este et l'abside de l'église de la Carità de Tivoli,* Paris, Institut Néerlandais, coll. F. Lugt

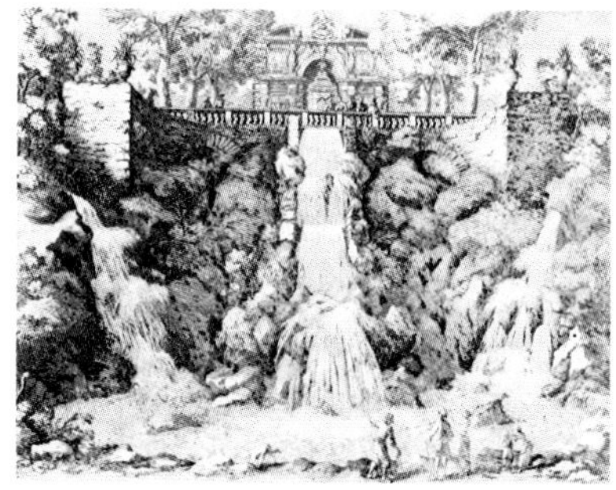

fig. 6. F. Venturini, *La fontaine de l'Orgue,* gravure

Le dessin détaille la partie droite de la feuille précédente. On reconnaît l'Orgue hydraulique (fontaine de l'Orgue) tel qu'il se présentait en 1760, la balustrade, la cascade et sur la droite, l'abside de l'église de la Carità de Tivoli, mais le dessin de Natoire *(fig. 4)* exécuté quelques mois avant celui de Fragonard (New York, Metropolitan Museum) comme celui attribué à Pâris *(fig. 5* ; Paris, Institut Néerlandais*)* sont bien plus fidèles. La gravure de Venturini *(fig. 6)* montre qu'en 1685 le site, aujourd'hui complètement remodelé, était tout différent.

Fragonard, à son habitude, préfère les jeux du vent et du soleil dans les feuilles des arbres et dans la brume des eaux à une description précise d'un jardin dont l'état d'abandon l'inspirait.

# 36 Les cascatelles de Tivoli

H. 363 ; L. 503 (un grand pli vertical coupe la feuille par la moitié)
Sanguine

Marseille, musée Borély

**Provenance**
Vente anonyme 30 avril 1855, n° 2978 : « vue des cascatelles, à Tivoli. Belle étude d'après nature, largement exécutée à la sanguine » ; coll. Pierre Decourcelle, sa vente, Paris, 29-30 mai 1911, n° 90, ill. (1.020 francs) ; vente, 29 janvier 1927, n° 133 (12.550 francs) ; acquis par Maurice Feuillet ; coll. Feuillet de Borsat (marque, Lugt 1864a, en bas à gauche) offerte au musée Borély de Marseille en 1969.

**Expositions**
Paris, 1907, n° 169 ter ( ?) ;
Paris, 1950, n° 108 ;
Marseille, 1971, n° 58, ill.

**Bibliographie**
*Le Gaulois artistique,* 22 février 1927, p. 66, ill. ;
A. 915 fig. 241 ;
Cat. *Donation Maurice et Pauline Feuillet de Borsat,* Marseille, s. d. [1969], n° 95, ill.

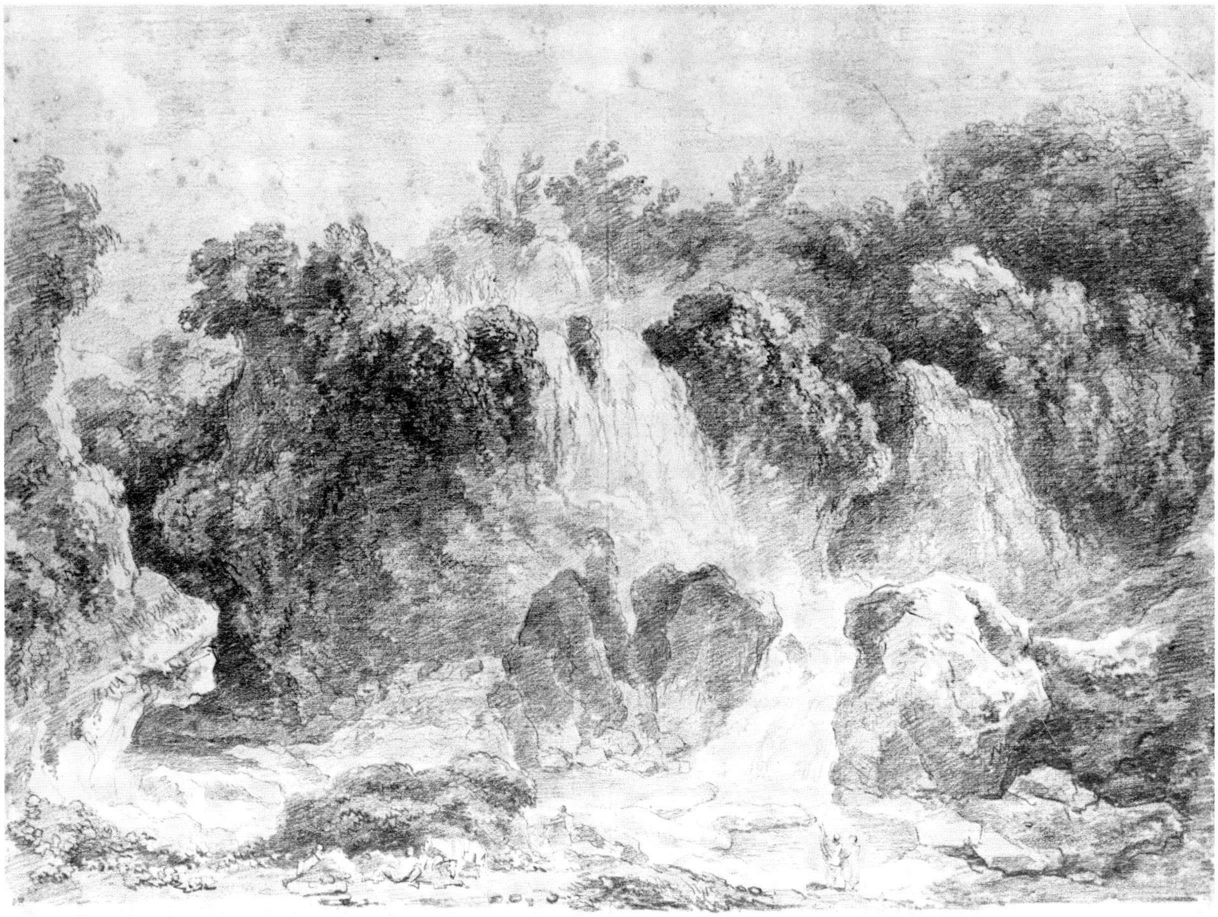

Le dessin de Marseille est un bel exemple de ces sanguines réalisées par Fragonard à Tivoli durant les mois d'été de 1760. On le comparera à une des feuilles de Besançon d'un sujet et d'un format comparable (nº 28) ainsi qu'au dessin du musée Atger de Montpellier (A. 916 fig. 242 reproduit plus haut). Mais l'angle de vue retenu ici par Fragonard lui permet de décrire les Cascatelles de Tivoli sans que se voient la villa de Mécène et le temple dit de la Sibylle.

Seuls des voyageurs qui ont fait halte et contemplent les cascades animent ce paysage grandiose. Moins mouvementée que la feuille de Besançon, cette vue des Cascatelles de Tivoli, qui évoque les tableaux de Dughet de sujet comparable, vient nous rappeler la fragilité de l'homme, sa petitesse face à la nature. Mais Fragonard ne s'intéresse guère à l'aspect moralisateur du thème. Il veut décrire les chatoiements de la lumière, le fracas des eaux, l'irisation de l'écume.

## 37 Paysage italien avec deux promeneurs

H. 360 ; L. 458
Sanguine
Au verso, étude de jeune homme, contre-épreuve

Angers, musée des Beaux-Arts

**Provenance**
Vente Blondel d'Azincourt, 18 avril 1770, nº 69 selon A. : « deux beaux Paysages avec architectures et figures, à la sanguine... 13 pouces de haut (= 35,1) sur 18 pouces de large » (= 48,6). Coll. Lancelot Théodore, comte Turpin de Crissé (1772-1859), offert au musée d'Angers en 1859 ; volé vers 1965, le dessin a été récemment retrouvé.

**Bibliographie**
Jouin, 1885, p. 229, nº 42 ;
Recouvreur, 1932, pp. 14-15 ;
Cat. musée, 1933, p. 153, nº 245 ;
A. 2360 fig. 595.

**Œuvres en rapport**
Le pendant *(fig. 1* ; A. 2361 fig. 596*)* a disparu vers 1965. Il en existe une contre-épreuve au musée de Besançon *(fig. 2* ; anc. coll. Gigoux, D. 929*)*.

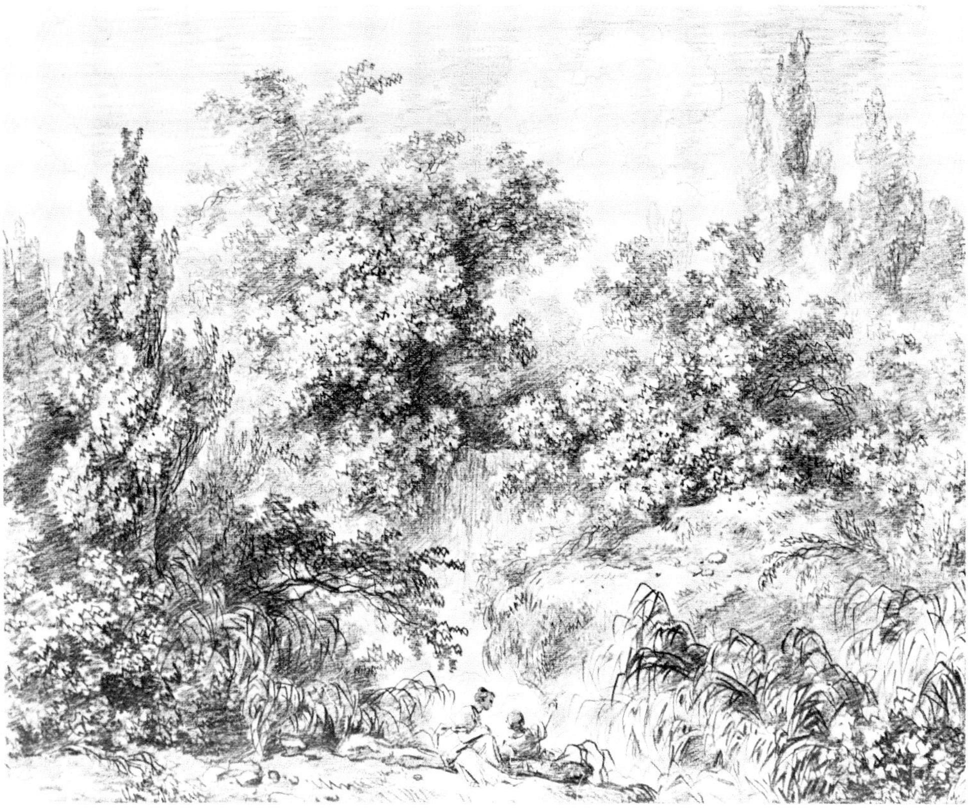

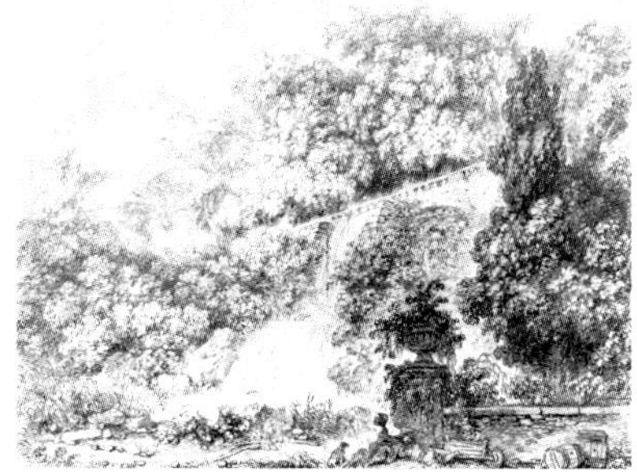

fig. 1. *Paysage avec cascade,*
autrefois Angers, musée des Beaux-Arts

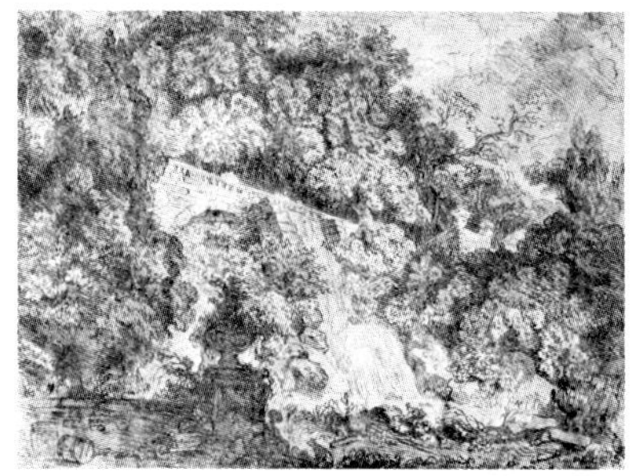

fig. 2. *Paysage avec cascade,*
contre-épreuve,
Besançon, musée des Beaux-Arts

Cette splendide sanguine date à coup sûr du premier séjour romain de Fragonard, sans doute de 1760. Son pendant évoque si précisément un des dessins de Besançon (nº 35) qu'il n'est pas exclu qu'il ait été lui aussi réalisé à Tivoli.

Deux jeunes femmes assises au bord d'un torrent contemplent une cascade. Fragonard s'intéresse avant tout aux feuillages qu'il dessine de son habituel petit trait en zig-zag, aux plantes qu'il indique d'un accent nerveux et aigu, aux buissons, aux arbustes qu'il dispose savamment et à la lumière du soleil qui baigne la scène. Hymne à la nature, la feuille d'Angers vaut par sa simplicité, sa poésie sans artifice et l'originalité de sa mise en page qui nous immerge dans ce coin de campagne ensoleillé.

# 38 Femme poussant une brouette dans un parc italien

H. 278 ; L. 397
Lavis gris et de bistre sur préparation à la pierre noire

New York, The Metropolitan Museum of Art, Harris Brisbane Dick Fund

**Provenance**
Comte de Monterquiou (selon le vendeur) ; [Wertheimer] en 1951 ; [Knœdler] ; acquis en 1952 (52.14).

**Expositions**
Washington, 1978, nº 6, ill. ;
Richmond, 1981, nº 8, ill.

**Bibliographie**
A. 2215 ;
Massengale, 1979, pp. 271-272 ;
Bean et Turčić, 1986, nº 115, ill. ;
Cuzin, 1986, p. 61.

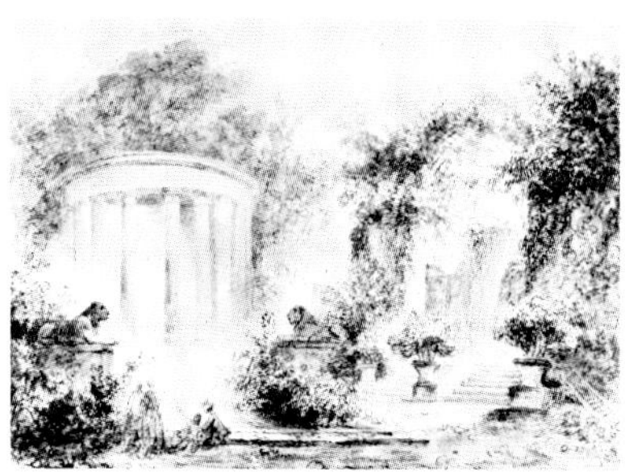

fig. 1. *Vue d'un parc avec un temple,*
Oberlin, Allen Art Museum Oberlin College

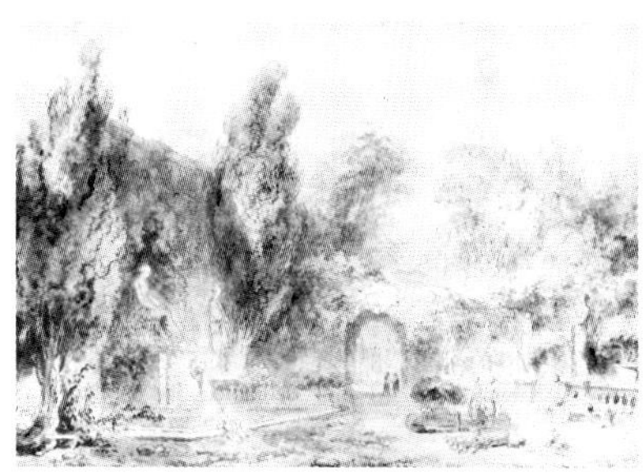

fig. 2. *Vue d'un parc avec une fontaine,*
Paris, coll. privée

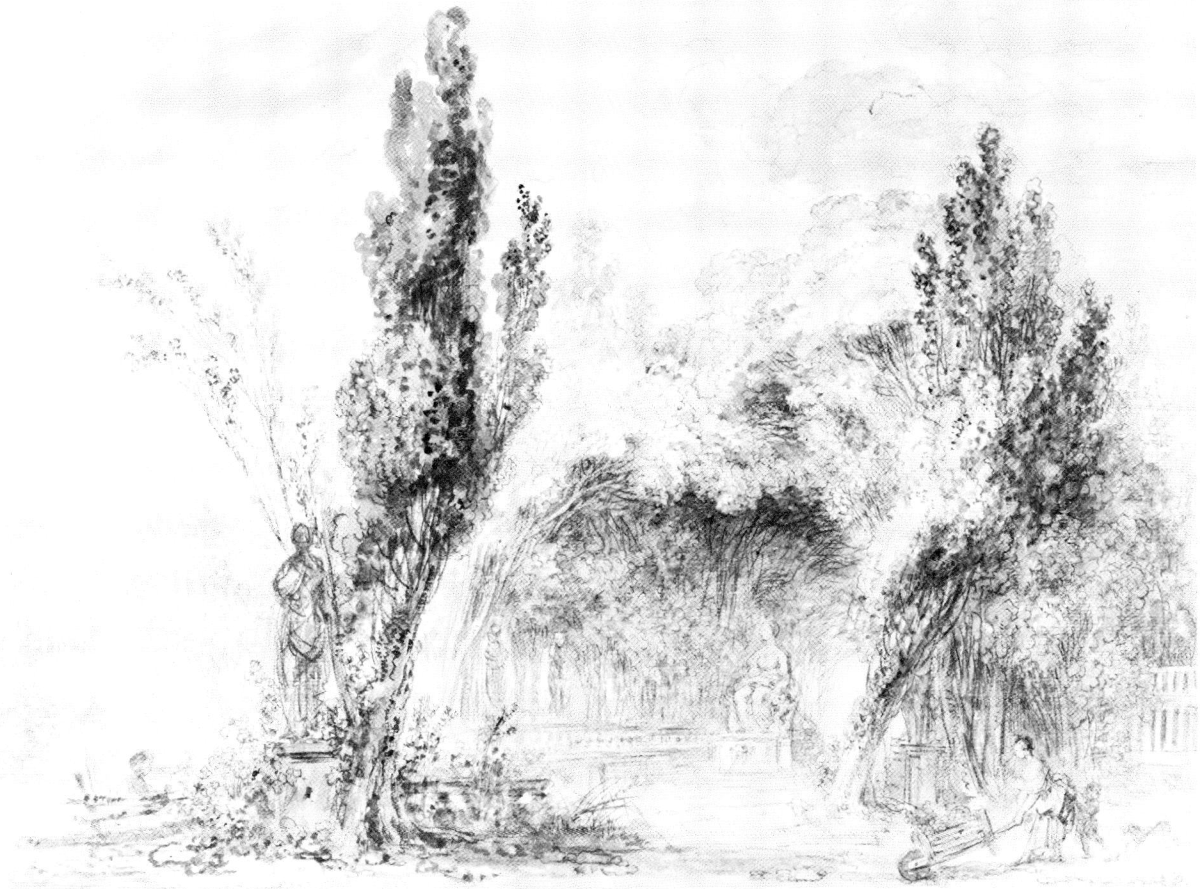

Le dessin fait groupe avec plusieurs feuilles préparées à la pierre noire et rehaussées de lavis gris d'un esprit sensiblement comparable : *Une Vue d'un parc avec un temple* (A. 948 fig. 257 ; Williams, 1978, nº 20, ill.) appartenant au musée d'Oberlin *(fig. 1)*, une autre *Vue d'un parc orné de plusieurs statues* (A. 944 fig. 256) d'une coll. privée parisienne *(fig. 2)*, etc. Sont réunis sur ces dessins des motifs directement inspirés de compositions de Boucher comme, ici, l'élégante jardinière qui pousse sa brouette, et des éléments architecturaux, une nature purement italiens.

Pour Williams en 1978, si le dessin de New York date de 1760 environ, celui d'Oberlin est de quatre ou cinq années postérieur. Pour Massengale (1979) les deux feuilles sont de la même date (automne-hiver 1761). J. M. Massengale compare justement le dessin d'Oberlin et la gravure à l'aquatinte de Saint-Non datée de 1761 *(fig. 3)* montrant les *Jardins et murs de la villa d'Este* et aussi avec une *Via Appia* (?) d'une coll. parisienne (Rosenberg et Brejon, 1986, nº 120, ill.).

Si ces dessins sont postérieurs aux célèbres sanguines de Tivoli et précèdent les copies d'après les maîtres faites elles aussi pour l'abbé de Saint-Non, ils confirmeraient la versatilité du talent de Fragonard et sa capacité à modifier rapidement son style.

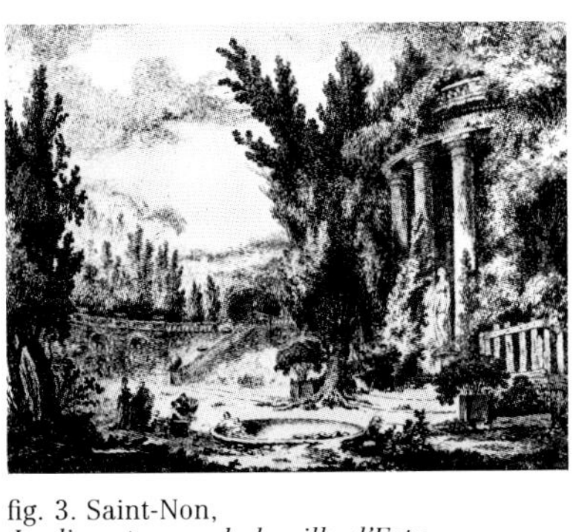

fig. 3. Saint-Non,
*Jardins et murs de la villa d'Este*,
Paris, Bibliothèque Nationale, Cabinet des estampes

# *Le retour en France de Fragonard et de l'abbé de Saint-Non*

*Fragonard, arrivé à Rome en décembre 1756, aurait dû quitter le Palais Mancini trois ans plus tard. Il obtint tout d'abord une prolongation d'une année (voir plus haut) puis, grâce à l'abbé de Saint-Non, put garder son logement jusqu'en avril 1761.*

*Ce n'est pas le lieu de résumer la carrière et l'œuvre de l'abbé Jean Baptiste Claude Richard de Saint-Non (1727-1791), un des nombreux abbés commendataires du XVIII*^e^ *siècle. Nous avons réuni tout ce que nous savions sur lui dans l'ouvrage que nous avons consacré à la publication de son* Journal *de voyage en Italie, resté à ce jour inédit (Rosenberg et Brejon, 1986).*

*Résumons ce voyage. L'abbé quitte Paris le 1*^er^ *octobre 1759 et gagne Rome, via Genève où il rend visite à Voltaire. Il y arrive le 15 novembre. Il loge chez le bailli de Breteuil (voir n*^o^ *18), voyage en compagnie du peintre pensionnaire Hugues Taraval (que Diderot, dans son Salon de 1767, associe à Fragonard en les jugeant tout aussi sévèrement l'un et l'autre). De suite, il repart pour Naples, revient à Rome en décembre 1759, retourne une seconde fois à Naples et Paestum le 17 avril 1760 en compagnie cette fois-ci d'Hubert Robert* (fig. 1). *Le 4 juin 1760, il est de retour à Rome qu'il ne va plus quitter jusqu'au départ pour Paris le 14 avril 1761, si ce n'est pour les «deux ou trois mois» du séjour à Tivoli (n*^os^ *24 à 35).*

*L'abbé, le «petit abbé», comme le nomme Caylus, était un homme cultivé, de la famille des Boullongne par sa mère, ami des arts et des artistes, introduit dans la meilleure société, lié aussi bien avec Mme Geoffrin, l'abbé Delille ou Chamfort. «Très poli, rempli d'érudition, fort aimable et curieux d'apprendre», à Rome «il se tue à dessiner, à graver, à peindre et à jouer du violon» (Paciaudi). Les deux grandes aventures de sa vie seront la gravure à l'aquatinte, à l'imitation du lavis, qu'il pratiquera d'abondance, et la publication d'un ouvrage qui le ruina,* Le Voyage Pittoresque de Naples et de Sicile *(1781-86 ;* fig. 2 *et* 3*), sans conteste un des plus luxueux et des plus richement illustrés «guides» du XVIII*^e^ *siècle. Le voyage en Italie n'est pas étranger à ces deux entreprises.*

*Dès mars 1760, Saint-Non songeait à rentrer en France. Un «tendre engagement», ce sont ses propres mots — l'abbé, on le comprendra aisément, se devait d'être discret sur l'objet de cet «engagement» — le retint pour plus d'un an encore en Italie. L'important pour nous est qu'il souhaita, pour son retour, se faire accompagner par Fragonard: leurs noms sont réunis pour la première fois dans une lettre de Natoire du 19 mars 1760. Ils iront ensemble à Tivoli, puis, en mars 1761, «toujours porté à rendre service à ce pensionnaire» (Natoire), Saint-Non enverra Fragonard* (fig. 4 ; *et Ango,* fig. 5) *à Naples. Avec quelles intentions? Certes, «pour voir les belles choses que renferme cette ville»* (idem) *,mais l'abbé caressait un projet autrement ambitieux. A Naples, à Rome aussi, il avait demandé à Fragonard, comme il l'avait obtenu de Robert, de copier à son intention les œuvres les plus significatives, antiquités (en ce qui concerne Robert) ou tableaux. Sur le chemin du retour, il souhaitait faire travailler à sa guise Fragonard, lui demander de copier ce dont il lui paraissait*

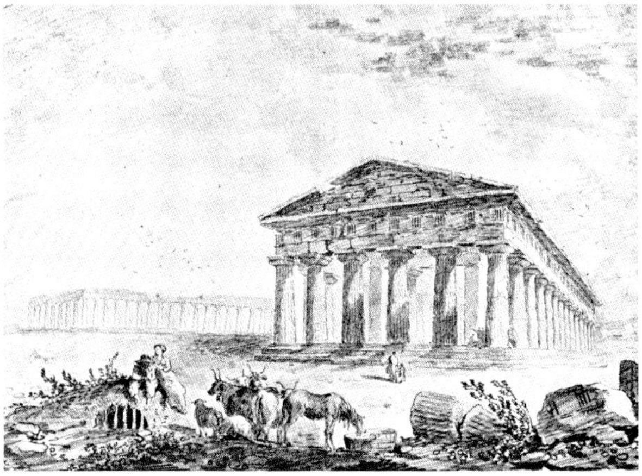

fig. 1. H. Robert, *Paestum*,
Rouen, musée des Beaux-Arts

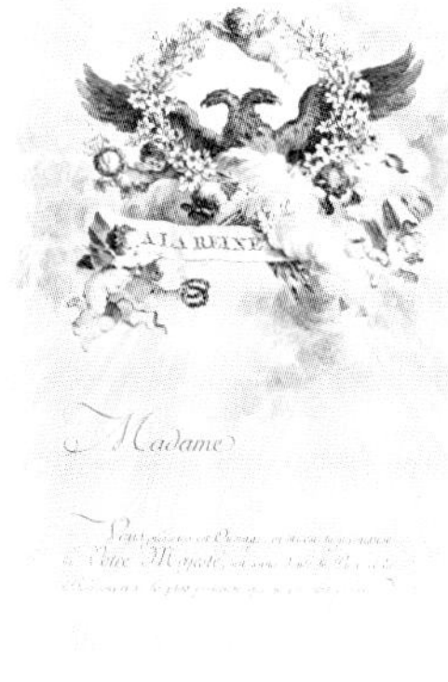

fig. 2. Fleuron de dédicace du premier volume du *Voyage Pittoresque* d'après Fragonard

fig. 3. Dessin préparatoire pour la figure 2, localisation actuelle inconnue

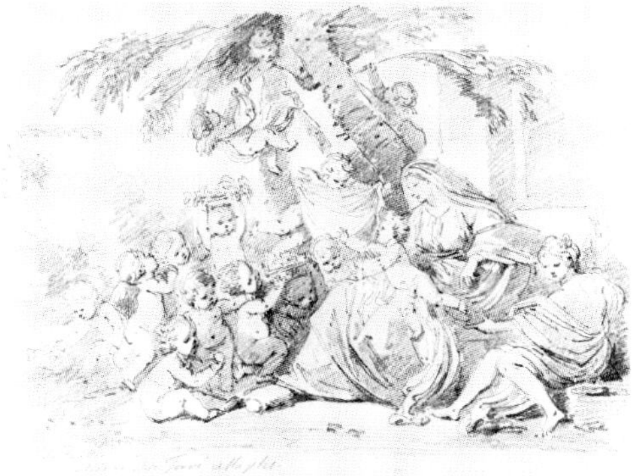

fig. 4. Fragonard d'après Poussin (?), *La Sainte Famille*,
Pasadena, coll. Norton Simon

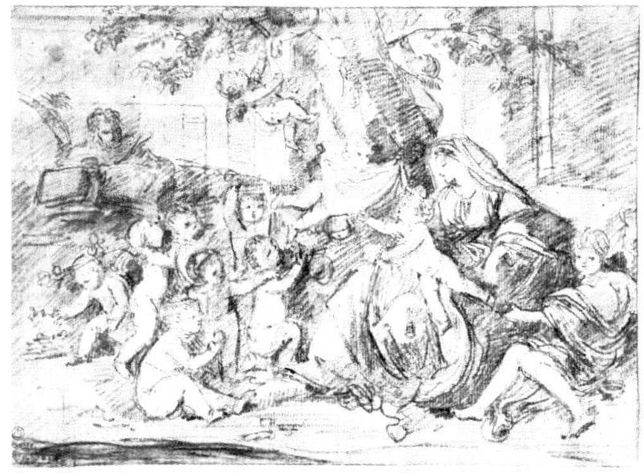

fig. 5. Ango d'après Poussin (?), *La Sainte Famille*,
Besançon, musée des Beaux-Arts

*intéressant de garder le souvenir : de Ronciglione à Nîmes, en passant par Sienne, Florence, Pise, Venise, Padoue, Vicence* (fig. 6 et 7), *Vérone, Mantoue, Reggio, Modène, Bologne, Parme et Colorno* (fig. 8), *Plaisance, Gênes et Saint-Rémy de Provence, l'artiste ne fit guère moins de trois cents copies d'après les maîtres les plus célèbres ainsi que de quelques sites illustres. Le voyage devait durer plus de cinq mois, il fut l'occasion pour l'abbé et pour Fragonard, non seulement de voir les plus beaux tableaux conservés dans ces villes, d'en visiter les plus fameux monuments, mais encore d'assister au carnaval de Venise ou à telle représentation à l'Opéra de Padoue ; ils rencontrèrent en outre quelques grands personnages du temps, comme le critique d'art Algarotti (propriétaire d'un dessin de G. B. Tiepolo que Saint-Non devait graver à l'aquatinte ;* fig. 9*) ou Du Tillot, le puissant ministre de Parme pour qui Fragonard peignit un* Pan et Syrinx (fig. 6 p. 63).

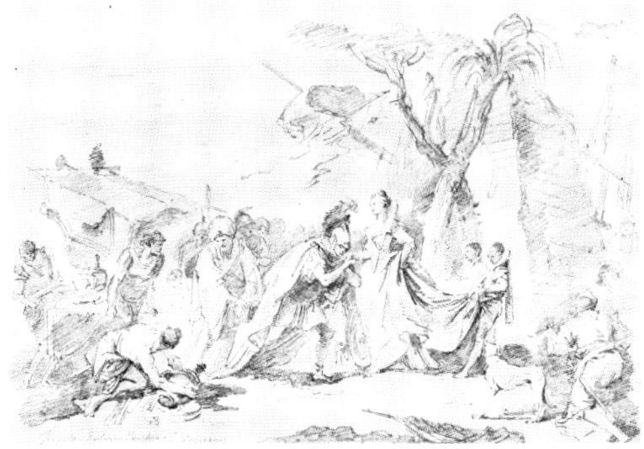

fig. 6. *La rencontre d'Antoine et de Cléopâtre*,
Pasadena, coll. Norton Simon

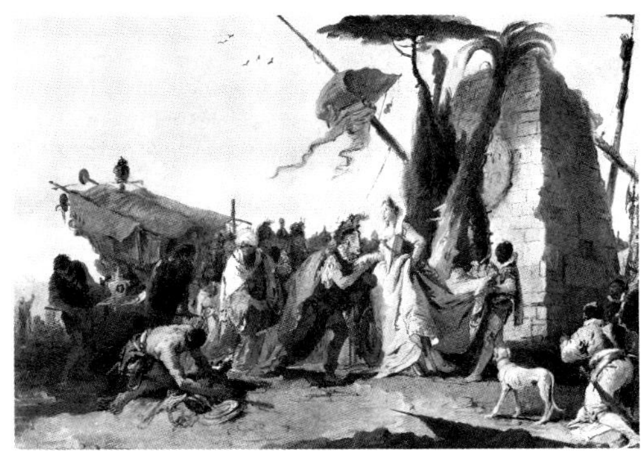

fig. 7. G.B. Tiepolo, *La rencontre d'Antoine et de Cléopâtre*,
New York, coll. Wrightsman

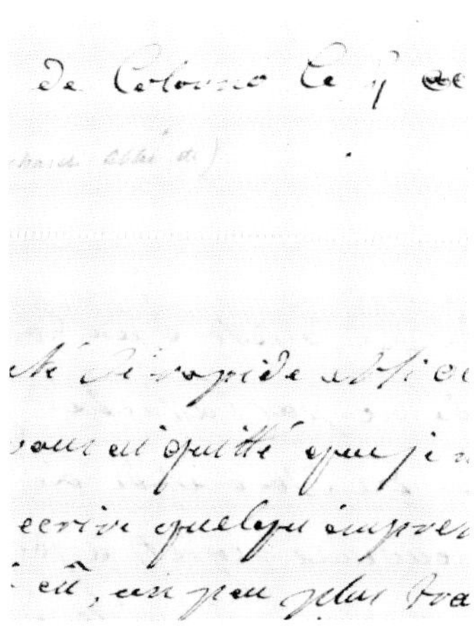

fig. 8. Lettre de l'abbé de Saint-Non
à Algarotti du 4 août 1761,
Paris, Bibliothèque Nationale, Cabinet des estampes

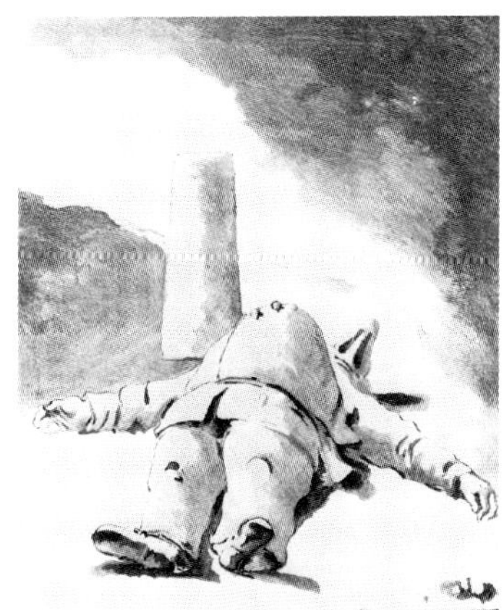

fig. 9. Saint-Non d'après G.B. Tiepolo,
*Polichinelle*,
Paris, Bibliothèque Nationale, Cabinet des estampes

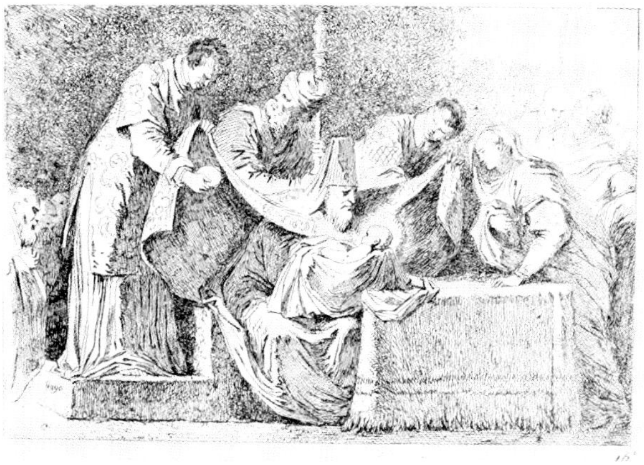

fig. 10. *La circoncision* d'après Tintoret,
Paris, musée du Louvre, Cabinet des dessins, coll. Rothschild

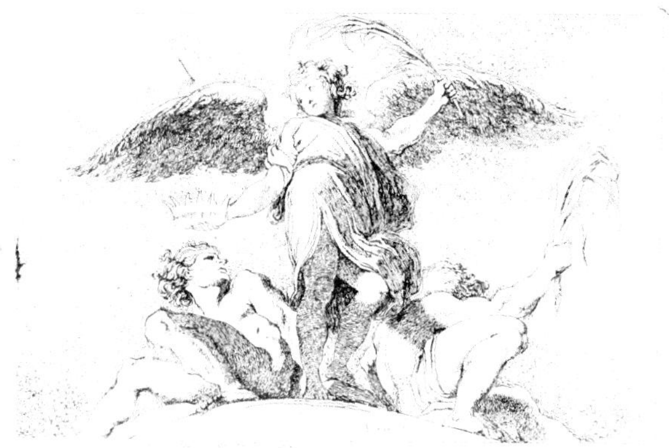

fig. 11. *Ange tenant une couronne*
d'après Ludovic (et non Annibal) Carrache,
Paris, musée du Louvre, Cabinet des dessins, coll. Rothschild

*Quelles étaient les intentions de l'abbé en écrivant son* Journal *et en choisissant de se faire accompagner par Fragonard? Certaines se laissent deviner facilement. À son retour, Saint-Non tirera des aquatintes d'un bon nombre de dessins de Fragonard. Fragonard, de son côté, en gravera à l'eau-forte seize (deux en 1764) d'après Lanfranco, Preti, Mehus, Liss, Tintoret* (fig. 10), *Ricci, Tiepolo, Castiglione, Liberi et Ludovic Carrache* (fig. 11 *et* 12). *Mais nous croyons que l'abbé songeait à publier son journal et à l'illustrer de ses aquatintes. Ce projet ne put se réaliser. Mais* Le voyage Pittoresque *en est, en quelque sorte, la matérialisation.*

*Plusieurs points méritent éclaircissement. Fragonard et Saint-Non s'estimaient. Tivoli, Naples, en témoignent. Le portrait que Fragonard fit de l'abbé (n<sup>o</sup> 133), le nombre d'œuvres de Fragonard que l'abbé possédait dans sa collection et que souvent il copia au pastel (n<sup>o</sup> 157) le confirment. Le testament inédit de l'abbé nous apprend que les deux hommes restèrent liés toute leur vie (il charge son frère, La Bretèche, de choisir «comme des marques de souvenir et d'amitié» parmi ses dessins, ses estampes «et dans le nombre de mes tableaux ceux qui auront été faits par moi» et de les distribuer entre Fragonard, Hubert Robert, Pâris, Séroux d'Agincourt, les abbés Tersan, Brizard, etc...). Et cependant, dans son* Journal, *l'abbé ne mentionne jamais Fragonard! Pourquoi l'ignora-t-il? À son frère, M. de La Bretèche, il écrivait pourtant (à en croire, Guimbaud, p. 98), preuve de l'admiration qu'il portait à l'artiste, «M. Fragonard est tout de feu; ses dessins sont très nombreux; l'un n'attend pas l'autre; ils m'enchantent. Je trouve en eux du sortilège»*

*Les copies d'après les maîtres de Fragonard sont en grande majorité dessinées à la pierre noire (mais on en connaît une douzaine à la sanguine). Il en existe de nombreuses contre-épreuves. Le British Museum et la collection Norton Simon à Pasadena (Ca) se partagent les plus belles. Nous regrettons de n'avoir pu emprunter celles de la collection Norton Simon qui nous auraient permis d'évoquer les cinq mois du voyage italien de l'abbé et de Fragonard d'une manière plus exhaustive.*

*Commentant le départ de Rome, le 14 avril 1761, Natoire écrivait à Marigny: «cet amateur porte avec lui une quantité de jolis morceaux de ce jeune artiste [Fragonard] qui, je crois, vous feront plaisir à voir». Les «morceaux», exécutés à Florence ou à Venise, à Bologne ou à Gênes se distinguent non seulement par leur habileté mais encore grâce à leur mise en page et à l'intelligence du regard dans le choix du détail. L'artiste, certes, respecte l'individualité de son modèle, sa personnalité artistique, ne dénature pas son style. Et pourtant, on ne peut s'y méprendre, Fragonard appose sa marque sur ce qu'il copie, souvent avec précision, parfois en prenant quelque liberté avec ses modèles, lui insuffle cette élégance toute naturelle, cette vie aussi qui anime tout ce qu'il touche.*

*En retour, n'est-ce pas aux œuvres de Rubens et de Raphaël, de Pierre de Cortone et de Castiglione, de Van Dyck et des Carrache, de Tiepolo et de Piazzetta que Fragonard doit sa prodigieuse culture? Comme Caylus (1877, I, p. 142) l'avait prédit à l'abbé de Saint-Non, «il [avait] fait un magasin pour se nourrir le reste de sa vie».*

# 39 Saint Luc

d'après Lanfranco

H. 124 (du cuivre), 110 (du trait carré) ; L. 92 (du cuivre), 80 (du trait carré)
Eau-forte (connue en deux états ; nous reproduisons le premier, l'exemplaire de la coll. Rothschild)
Sous le trait carré, annotation : « Lanfranc a naple aux St Apotre »

Paris, musée du Louvre, Cabinet des dessins, coll. Rothschild (à Paris)
Paris, Bibliothèque Nationale, Cabinet des estampes (à New York)

**Bibliographie**
Wildenstein, 1956, nº XVII, ill. (avec bibliographie et liste des expositions antérieures, liste des ventes et des coll. conservant un exemplaire de l'eau-forte) ;
Pognon et Bruand, 1962, IX, p. 288, nº 16 ;
Rosenberg et Brejon, 1986, sous le nº 12.

**Œuvres en rapport**
Le *Saint Luc* de Lanfranco orne un des écoinçons de la coupole des SS. Apostoli de Naples *(fig. 1)*. Le dessin de Fragonard d'après la fresque (accompagné de deux *Prophètes* d'après Ribera), dans le sens de la gravure, appartient à la coll. Norton Simon à Pasadena *(fig. 2)*.

Il a été gravé à l'aquatinte, en 1773, par Saint-Non pour les *Fragments* (nº 24) et pour les *Griffonis* (nº 223 ; nous reproduisons l'aquatinte de l'exemplaire des *Griffonis* de la Bibliothèque Nationale, *(fig. 3)* composé de contre-épreuves uniques annotées par l'abbé ; cet exemplaire a appartenu à Saint-Non) et par Ch. E. Gaucher, en 1778, pour le *Voyage Pittoresque (fig. 4)*.

Pour tout ce qui concerne les *Fragments* et les *Griffonis* de l'abbé de Saint-Non, on voudra bien se reporter à notre publication du *Journal* de l'abbé (Rome, 1986 ; voir aussi *Biographie*).

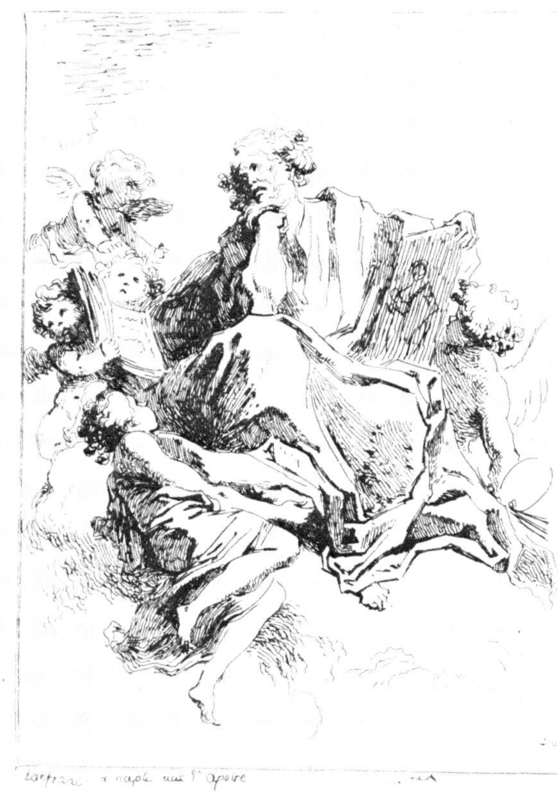

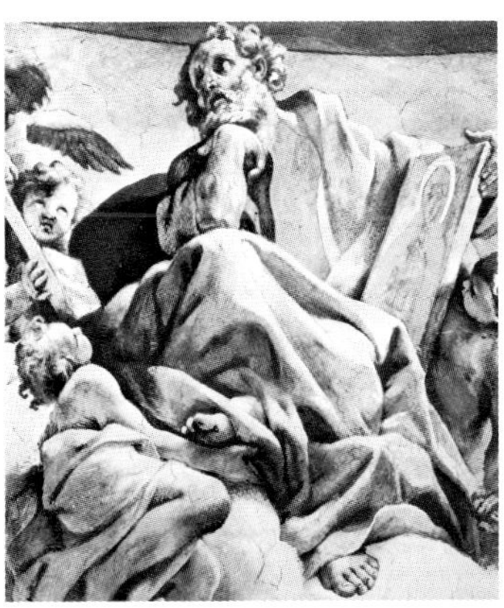

fig. 1. Lanfranco,
*Saint Luc,*
Naples, coupole des SS. Apostoli

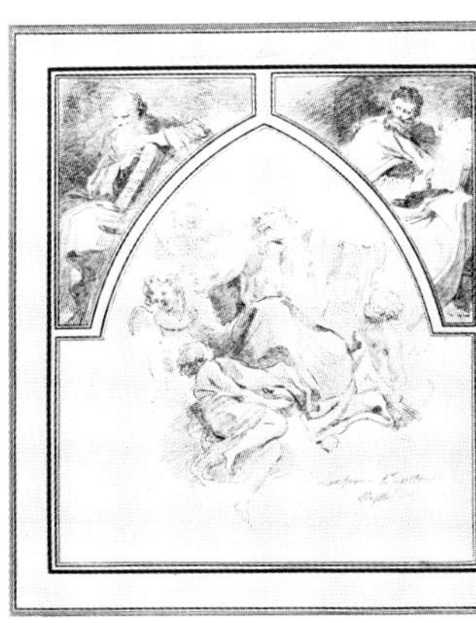

fig. 2. *Saint Luc* d'après Lanfranco ;
*Deux prophètes* d'après Ribera,
Pasadena, coll. Norton Simon

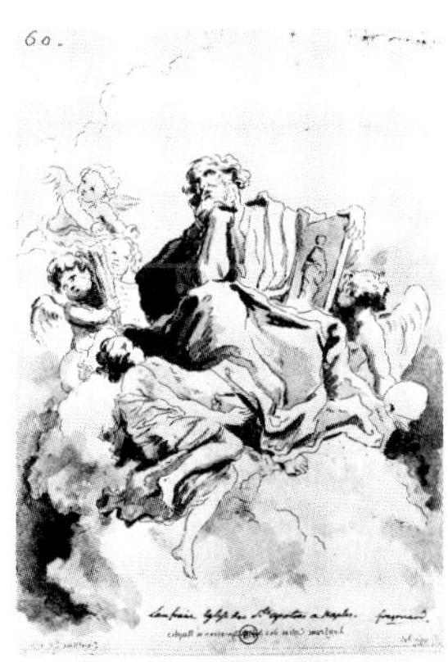

fig. 3. Saint-Non, *Saint Luc,*
Contre-épreuve de l'aquatinte,
Paris, Bibliothèque Nationale,
Cabinet des estampes

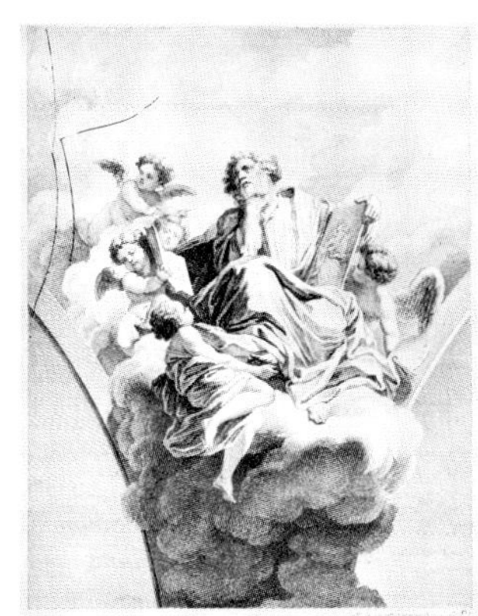

fig. 4. Ch. E. Gaucher,
*Saint Luc,*
Paris, Bibliothèque du Louvre

# 40 Saint Marc

d'après Lanfranco

H. 115 (du cuivre), 110 (du trait carré) ; L. 90 (du cuivre), 80 (du trait carré)
Eau-forte (connue en deux états ; nous reproduisons le second avec fond ombré, l'exemplaire de la coll. Rothschild)
Au-dessus du trait carré, annotation : « Lanfranc aux Sts Apotres à Naples », plus loin : « frago »

Paris, musée du Louvre, Cabinet des dessins, coll. Rothschild (à Paris)
Paris, Bibliothèque Nationale, Cabinet des estampes (à New York)

**Bibliographie**
Wildenstein, 1956, n° VII, ill. (voir notice précédente) ;
Pognon et Bruand, 1962, IX, p. 286, n° 6 ;
Rosenberg et Brejon, 1986, sous le n° 27.

**Œuvres en rapport**
Le *Saint Marc* de Lanfranco, peint à fresque, orne un des écoinçons de la coupole des SS. Apostoli de Naples *(fig. 1)*. Le dessin de Fragonard *(fig. 2)* appartient à la coll. Norton Simon (contre-épreuve à Paris, coll. privée.

Il a été gravé par Saint-Non en 1773 *(Fragments*, n° 24 et *Griffonis*, n° 234, contre-épreuve de l'aquatinte à la Bibliothèque Nationale *(fig. 3)*, voir notice précédente*)* et par Charles E. Gaucher en 1778 pour le *Voyage Pittoresque (fig. 4)*.

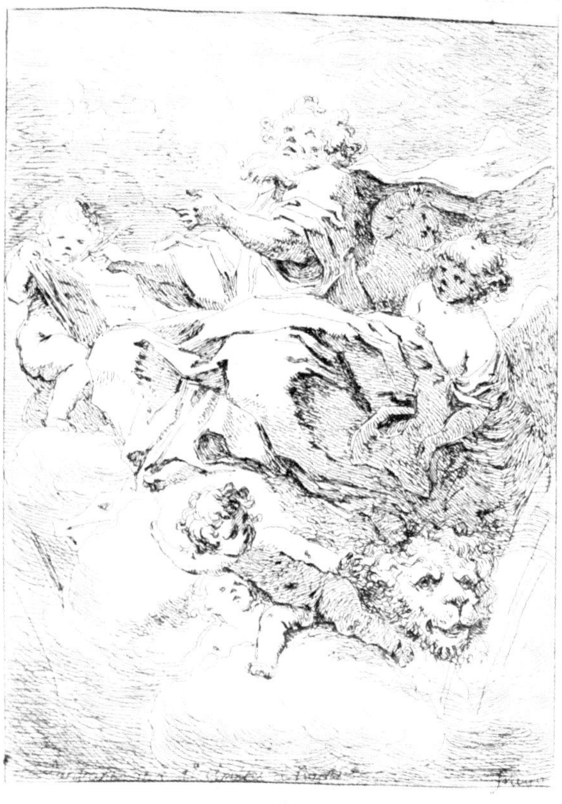

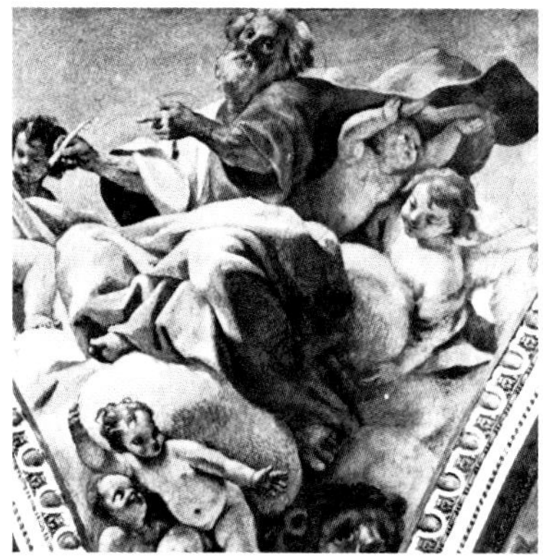

fig. 1. Lanfranco, *Saint Marc*, Naples, coupole des SS. Apostoli

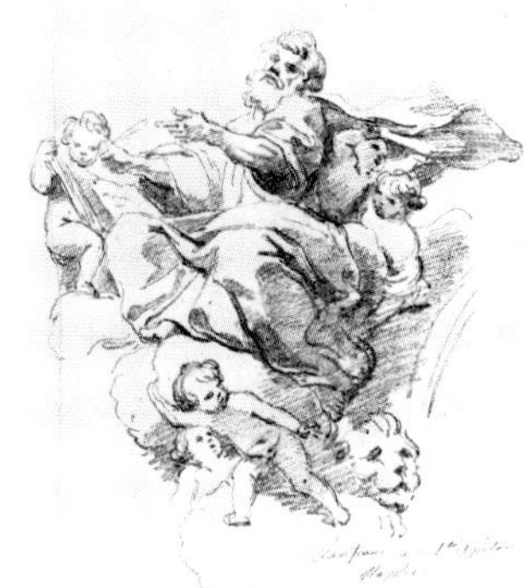

fig. 2. *Saint Marc*, Pasadena, coll. Norton Simon

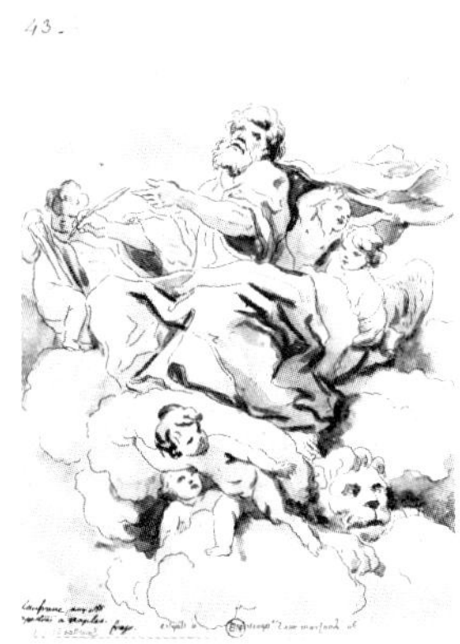

fig. 3. Saint-Non, *Saint Marc*, contre-épreuve de l'aquatinte, Paris, Bibliothèque Nationale, Cabinet des estampes

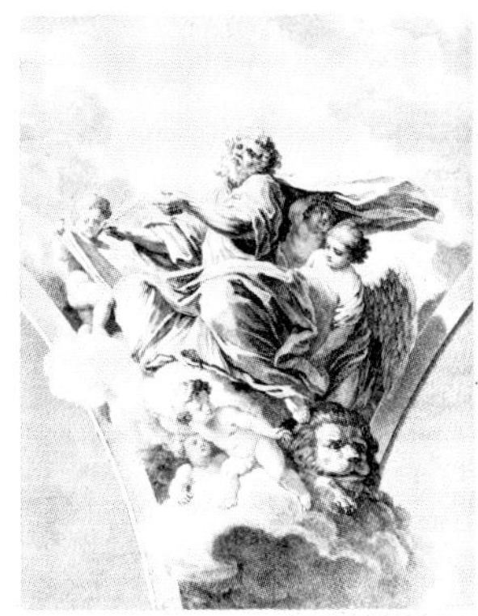

fig. 4. Ch. E. Gaucher, *Saint Marc*, Paris, Bibliothèque du Louvre

Fragonard a peu gravé : Wildenstein (1956) ne lui attribue que vingt-cinq eaux-fortes dont la grande majorité (seize) copie des œuvres de maîtres italiens (outre Lanfranco, Carrache, Castiglione, Liberi, Liss, Mehus, Preti, Ricci, Tiepolo et Tintoret. Une dix-septième reproduit un dessin de Boucher).

Nous avons pris le parti d'exposer *toutes* les eaux-fortes originales. Nous présentons en outre quelques-unes des gravures d'après les maîtres afin d'évoquer les principales étapes du voyage de retour en France de Fragonard. Si les dessins de l'artiste ont bien évidemment été réalisés en Italie (on n'en compte aujourd'hui guère moins de quatre cents !), devant le modèle, il n'en est pas de même des gravures. Deux d'entre elles sont datées de 1764 et tout porte à croire que la série entière est d'un moment voisin. De retour en France depuis plus de deux ans, Fragonard essaie de se faire connaître et tente de s'imposer. Il cherche sa voie dans les genres les plus divers.

Si, grâce à son *Journal* (Rosenberg et Brejon, 1986), les impressions de Saint-Non sur Naples, où il séjourna à deux reprises, nous sont aujourd'hui connues, il n'en est pas de même pour Fragonard. On sait seulement qu'il s'y rendit

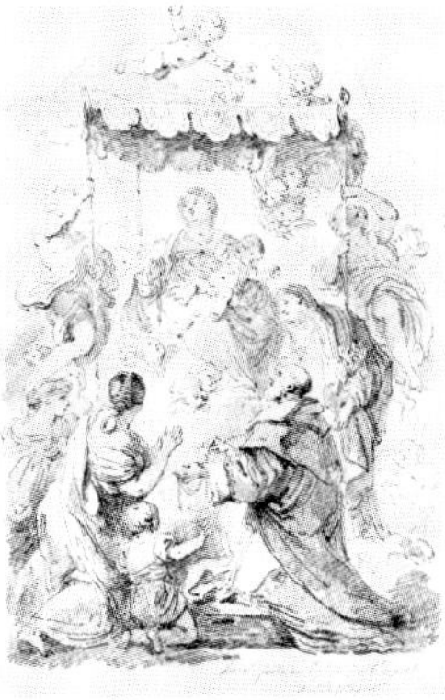

fig. 5. *La Madone du Rosaire*, Pasadena, coll. Norton Simon

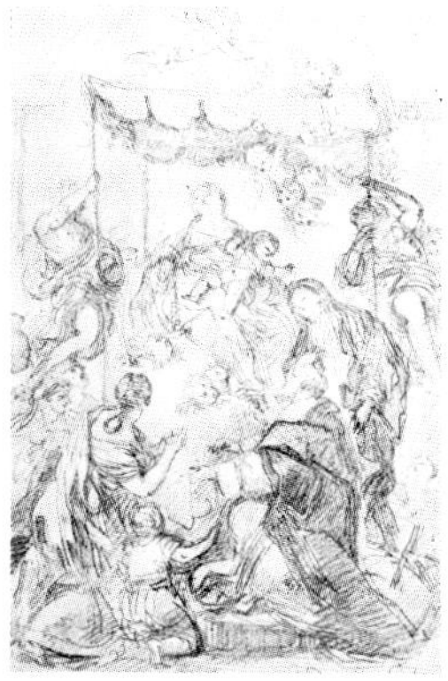

fig. 6. Ango, *La Madone du Rosaire*, Paris, commerce d'art

— aux frais de l'abbé et en compagnie d'Ango, un dessinateur encore souvent confondu aujourd'hui avec Fragonard *(fig. 5* et *6)* — en mars 1761. Saint-Non avait-il dressé une liste des œuvres dont il souhaitait les copies ? Fragonard et Ango avaient-ils la liberté du choix ? Nous l'ignorons. Nous connaissons en tout cas aujourd'hui une quarantaine de dessins de Fragonard d'après des compositions des principaux maîtres napolitains, Ribera, Preti, Giordano, Solimène surtout, mais aussi d'après Pontormo et Ricci, Reni ou Dominiquin, Schedone ou Poussin copiés à Capodimonte ou dans les plus importantes collections privées napolitaines.

Pour court qu'il ait été, l'influence de ce voyage fut durable. Solimène surtout, mais aussi Giordano, qu'il admira à nouveau à Florence, et Schedone (notice 268) ne furent jamais oubliés. Lanfranco (1582-1647) non plus, à en juger par les putti qui assistent *Saint Luc* et *Saint Marc* : ils annoncent ces amours chevelus et gracieux qui accompagnent bon nombre de compositions bien plus profanes de l'artiste.

Saint-Non (1986, p. 117), pour sa part, admirait la « hardiesse et [le] feu étonnant » ainsi que la « belle couleur » des fresques de Lanfranco à l'église des Saints Apôtres : des qualités qui s'appliquent parfaitement à tant d'œuvres de son ami.

## 41 Dieu créant les astres; Le prophète Joël

d'après Michel-Ange

H. 295 ; L. 205
Pierre noire
Inscription à la pierre noire, de la main de Saint-Non, au centre, sur la droite : « Michelange/Chapelle Sistine »

Cambridge, Harvard University Art Museum, Fogg Art Museum

**Provenance**
Coll. René Gimpel ; donnée par celui-ci en 1928.
1928.152.

**Exposition**
Washington, 1978, n° 10, ill.

**Bibliographie**
Cat. musée, 1940, n° 606 (Agnes Mongan et Paul J. Sachs) ;
A. 1085 fig. 293.
Rosenberg et Brejon, 1986, n° 59, ill.

**Œuvres en rapport**
Le dessin a été gravé à l'aquatinte par l'abbé de Saint-Non en 1770 *(fig. 1 ; Fragments*, n° 11 ; *Griffonis*, n° 157*)*.

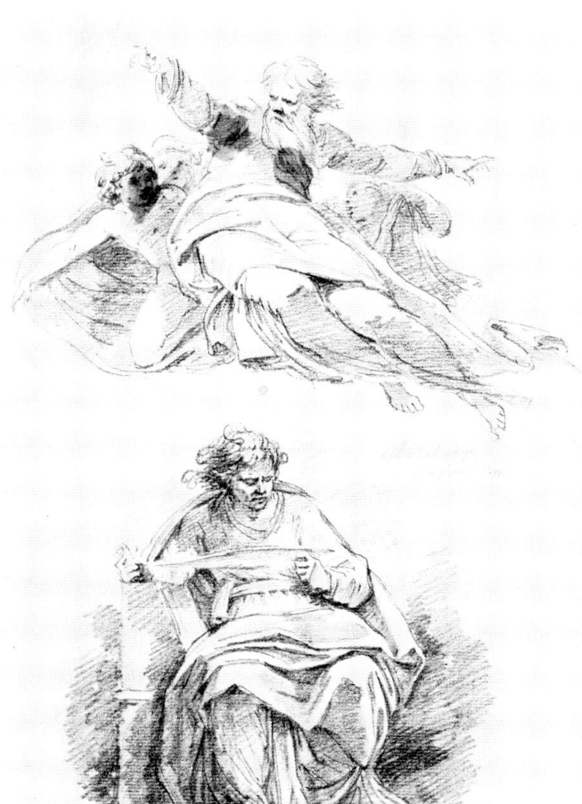

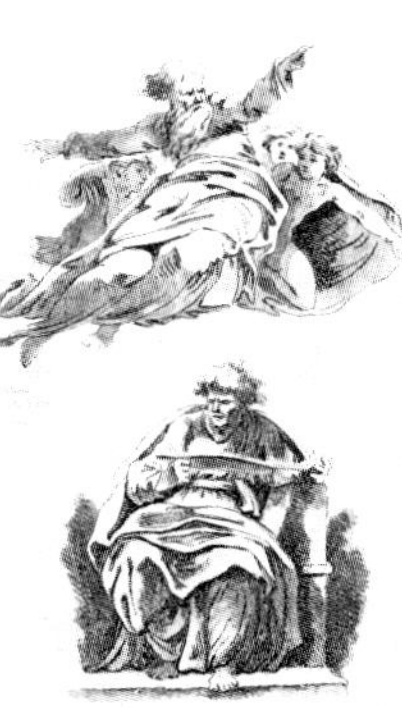

fig. 1. Saint-Non, *Dieu créant les astres ; le prophète Joël*, aquatinte, Paris, Bibl. d'Art et d'Archéologie

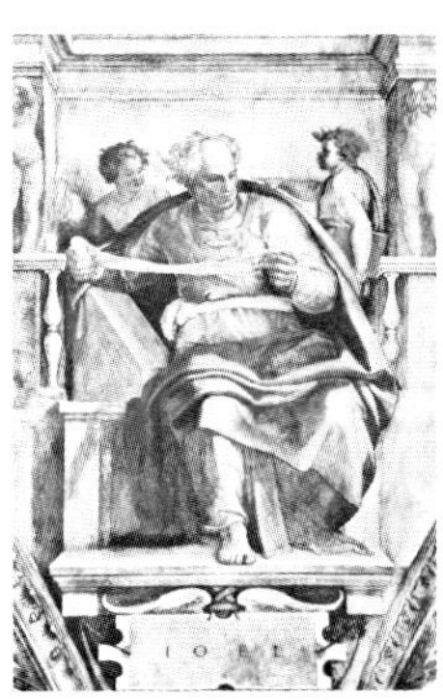

fig. 2. Michel-Ange, *Le prophète Joël*, Vatican, chapelle Sixtine

# 42 La sibylle Érythrée; Le prophète Daniel

d'après Michel-Ange

New York

H. 214 ; L. 295
Pierre noire
Annotation à la pierre noire, en bas au centre, de la main de Saint-Non : « Michelange chappelle Sistine »

Amsterdam, Rijksmuseum Rijksprentenkabinet

**Provenance**
Acquis en 1949, de Colnaghi, à Londres ; 49 :538.

**Exposition**
Londres, Colnaghi, 1949, n° 46.

**Bibliographie**
A. 1827 fig. 457 ;
Rosenberg et Brejon, 1986, n° 60, ill.

**Œuvres en rapport**
Le Louvre conserve une contre-épreuve de la partie droite de la feuille *(fig. 1 ;* A. 1828*)*.

Le dessin a été gravé à l'aquatinte par Saint-Non *(fig. 2 ; Fragments,* n° 55 ; *Griffonis,* n° 154*)*.

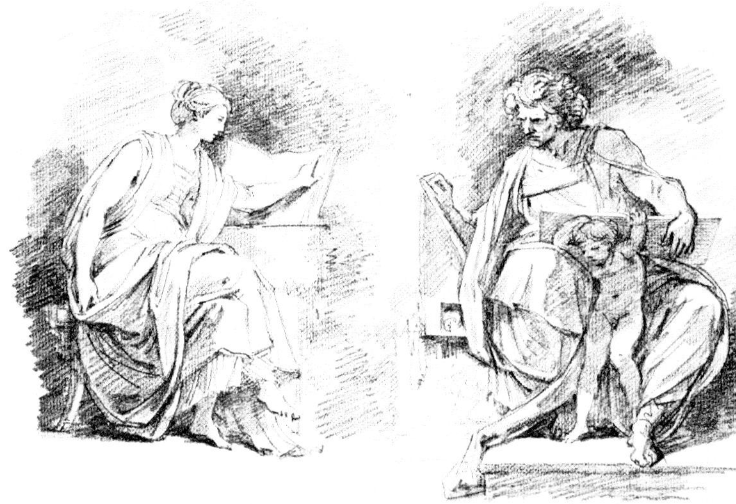

Nous avons recensé (1986) quelques quatre-vingt copies (il y en eut bien plus) dessinées par Fragonard pour l'abbé de Saint-Non d'après les œuvres alors les plus célèbres à Rome : Raphaël et Michel-Ange occupent une place importante, mais aussi les grands maîtres baroques du XVII$^{e}$ siècle, les Carrache aussi bien que Caravage, Rosa et Serodine, Rubens et Poussin. Les deux dessins de Fragonard que nous avons choisi d'exposer, tous deux gravés par l'abbé pour ses *Fragments* comme pour ses *Griffonis,* copient les fameuses fresques de Michel-Ange de la Sixtine *(fig. 3* et *4,* voir aussi *fig. 5)*. S'il est muet sur la voûte de la chapelle, Saint-Non (pp. 140-141) n'apprécie guère le *Jugement dernier :* certes « une leçon pour tous les peintres » mais cependant « l'ouvrage le plus extravagant et le plus mal composé », avec toutefois des « détails... admirables... d'un génie fier et terrible ».

On se souvient (voir notre introduction) que Boucher conseillait à son élève, avant qu'il ne parte pour Rome, de ne pas plus « prendre au sérieux » Raphaël que Michel-Ange. Fragonard ne suivra pas ce conseil. « Ému » par le premier, « effrayé » par le second, il fut si impressionné qu'il faillit renoncer à la peinture. Il lui fallut toute son énergie et les appuis attentifs et bienveillants de Natoire puis de Saint-Non pour surmonter ce moment de découragement.

Les deux copies de Fragonard sont intéressantes en ce qu'elles ne retiennent des figures de Michel-Ange que la forme et non la force. Il leur ôte leur « terribilità », gomme la calvitie des prophètes, rajeunit les *putti,* insiste sur l'élégance là où il y avait puissance.

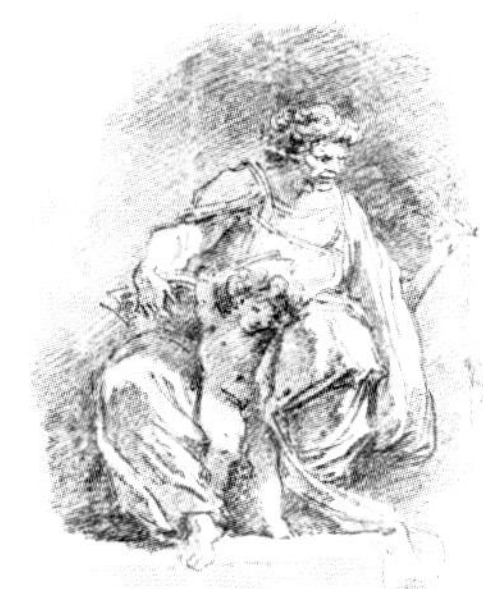

fig. 1. *Le prophète Daniel,* contre-épreuve, Paris, musée du Louvre, Cabinet des dessins

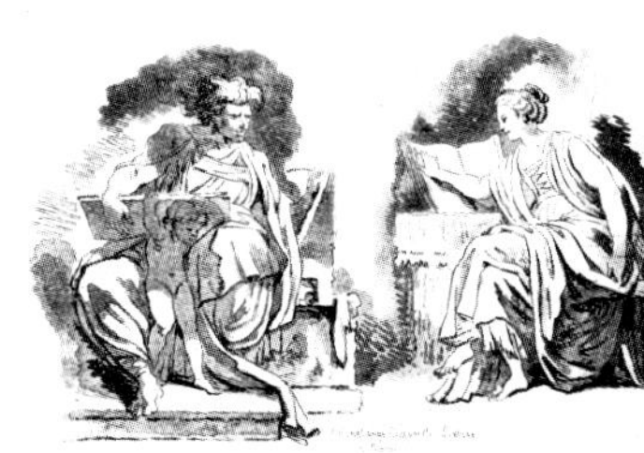

fig. 2. Saint-Non, *Le prophète Daniel ; la sibylle Érythrée,* aquatinte, Paris, Bibl. d'Art et d'Archéologie

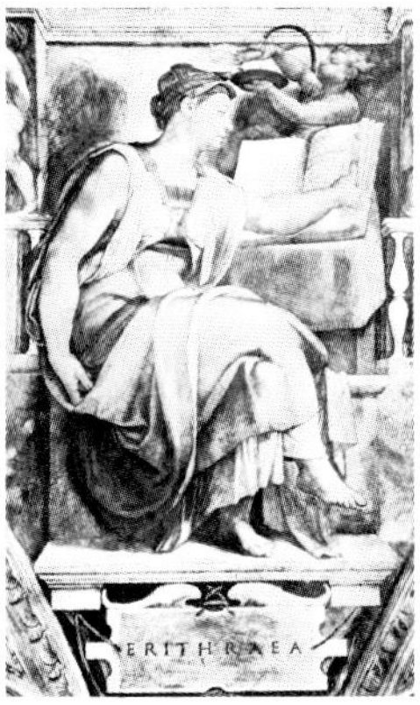

fig. 3. Michel-Ange,
*La sibylle Érythrée,*
Vatican, chapelle Sixtine

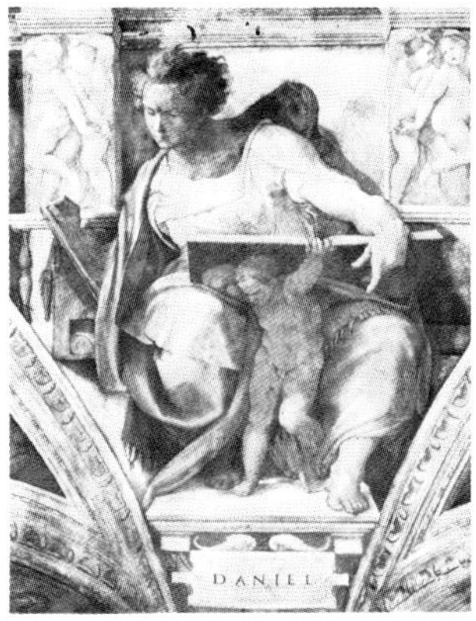

fig. 4. Michel-Ange,
*Le prophète Daniel,*
Vatican, chapelle Sixtine

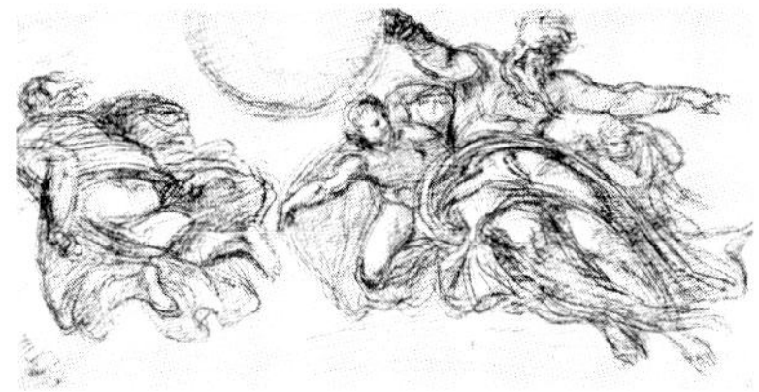

fig. 5. Ango,
*Dieu créant les astres,*
localisation actuelle inconnue

# 43 Vue de Ronciglione

New York

H. 208 ; L. 292
Pierre noire
En bas à gauche, annotation de la main de l'abbé de Saint-Non : « Vüe de Ronciglione 14 avril 1761 »

Londres, British Museum

**Provenance**
Coll. de l'« antiquaire » Sir Samuel Rush Meyrick (1783-1848), ancêtre de Mrs Spencer Whatley qui le donna en 1936 au British Museum avec 70 autres feuilles de Fragonard, des copies d'après les maîtres et quelques vues de sites et de monuments.
1936.5.9.1.

**Exposition**
Tokyo, 1980, n° 92, ill.

**Bibliographie**
Senior, 1936, pp. 5-9, ill. pl. Va ;
A. 2126 fig. 568 ;
Cayeux, 1985, p. 98 ;
Rosenberg et Brejon, 1986, n° 123 et fig. V.

« Partis de Rome le 14 avril 1761 a midy, pour aller coucher à Ronciglione petite ville à 5 postes de Rome (en fait à 54 kilomètres), dont la situation a quelque chose de très singulier ; Rochers admirables, forges et ferrières très pittoresques » (Saint-Non, éd. 1986, p. 163).

L'abbé de Saint-Non et Fragonard quittent Rome pour Paris. Le voyage en commun des deux amis dura cinq mois. Ce dessin, un des rares qui soit daté, est le plus ancien du voyage, un des rares aussi qui ne copie pas un monument ou une œuvre d'art, mais décrit un site.

On sera sans doute surpris par la technique qui paraît menue et appliquée. Elle s'explique par la volonté de l'abbé de réunir un ensemble de dessins aussi précis — en

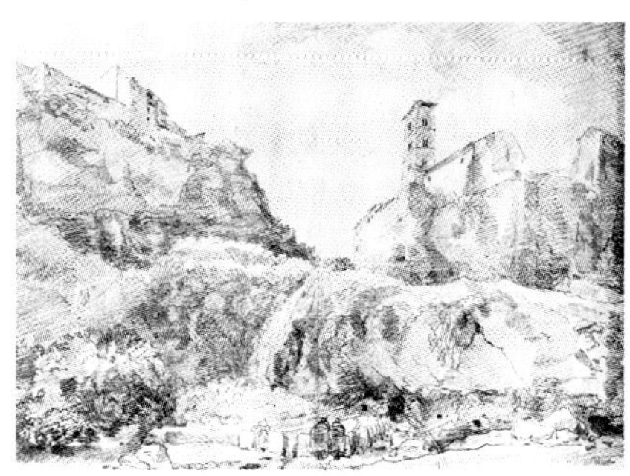

fig. 1. H. Robert, *Vue de Ronciglione,*
Valence, musée des Beaux-Arts

l'occurrence du point de vue topographique — que fidèle. Que cette exactitude ne nous empêche pas d'admirer la légèreté de la main, la délicatesse des annotations, notamment dans les indications des ombres et de la lumière. La comparaison entre le dessin de Fragonard et la célèbre sanguine d'Hubert Robert *(fig. 1)*, très vraisemblablement exécutée au même moment — nous pensons que Robert accompagna Fragonard et Saint-Non jusqu'à Caprarola — est concluante. Plus puissante, plus monumentale, elle n'a pas le relief, la finesse de la feuille de Fragonard. Ni son charme lorsqu'elle décrit les lavandières réunies autour du lavoir.

# 44 La cour du Palais Pitti à Florence

New York

H. 208 ; L. 296
Pierre noire
Annotation, en bas à gauche, de la main de Saint-Non : « Palais Pitti. florence 25 avril 1761 »

Londres, British Museum

**Provenance**
Voir notice 43.
1936.5.9.19.

**Exposition**
Tokyo, 1980, n° 93, ill.

**Bibliographie**
Senior, 1936, pp. 5-9 ;
A. 2292 fig. 593 ;
Rosenberg et Brejon, 1986, n° 126 et fig. VIII.

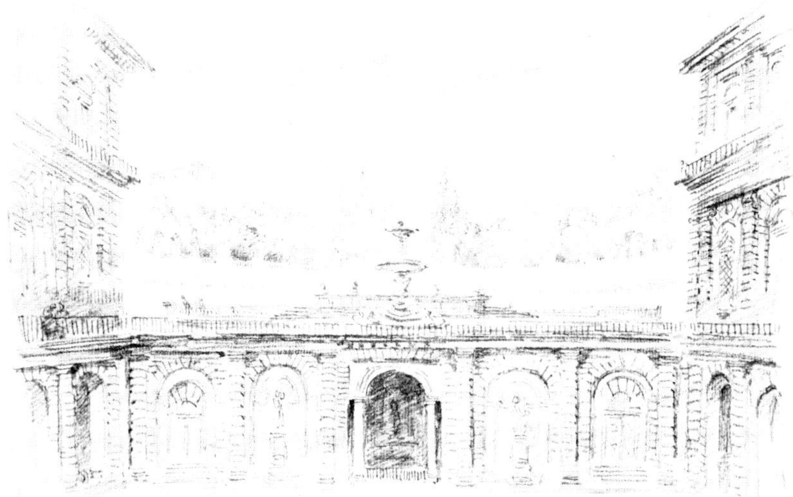

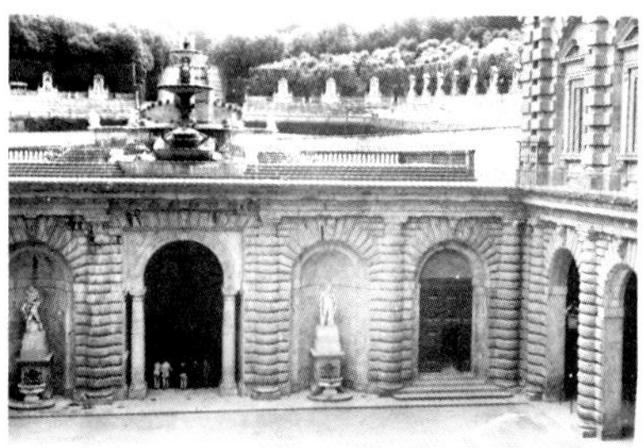

fig. 1. La cour du Palais Pitti, photographie actuelle

La première étape importante, après le départ de Rome de Fragonard et de l'abbé de Saint-Non, fut Florence où les deux voyageurs arrivèrent le 18 ou le 19 avril 1761 et restèrent une quinzaine de jours : « c'est une des villes d'Italie les mieux bâties et où l'on retrouve, en général, le plus le goût de la bonne architecture, mais la pierre dont on s'y sert étant fort brune donne à l'intérieur des rues quelque chose de triste et de sombre » écrit l'abbé (1986, pp. 168-169). Il ajoute, à propos du Palais Pitti : « ...l'architecture de ce palais tient beaucoup de celle du Luxembourg à Paris *(sic)*, mais est encore plus massive et plus propre à une forteresse qu'à un Palais ».

Fragonard, le 25 avril, en a dessiné, à partir de la galerie du premier étage, la cour intérieure d'Ammanati qui n'a guère changé depuis *(fig. 1)*, et une partie des jardins. H. Robert *(fig. 2)* représenta lui aussi aux trois crayons (ce qui est exceptionnel pour lui) la cour, vraisemblablement durant son séjour à Florence entre décembre 1762 et mars 1763, à en juger par les gardes qui se chauffent autour d'un feu !

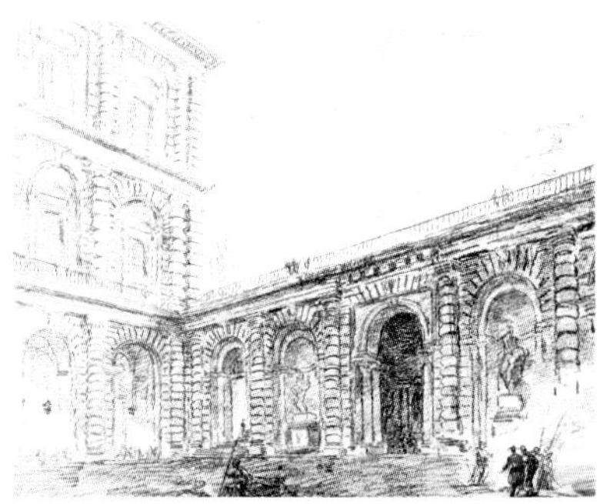

fig. 2. H. Robert, *La cour du Palais Pitti*, Lille, Palais des Beaux-Arts

# 45 La fontaine de Vénus

d'après Jean de Bologne

Paris

H. 286 ; L. 207
Pierre noire
Annotation en bas à gauche, à la pierre noire, de la main de Saint-Non : « Jardins de Boboli/florence 19. avril 1761 »

Londres, British Museum

**Provenance**
Voir n° 43.
1936.5.9.17

**Exposition**
Tokyo, 1980, n° 94.

**Bibliographie**
Senior, 1936, pp. 5-9 ;
A. 1048 fig. 727 ;
Rosenberg et Brejon, 1986, n° 164, ill. et fig. XXIII.

**Œuvres en rapport**
Une contre-épreuve *(fig. 1)* à Paris, dans une coll. privée (A. 1049).

Pigache possédait en 1776 une contre-épreuve du dessin, dessinée par G. de Saint-Aubin en marge du cat. de sa vente *(fig. 2* ; voir aussi notices 47 et 49*)*.

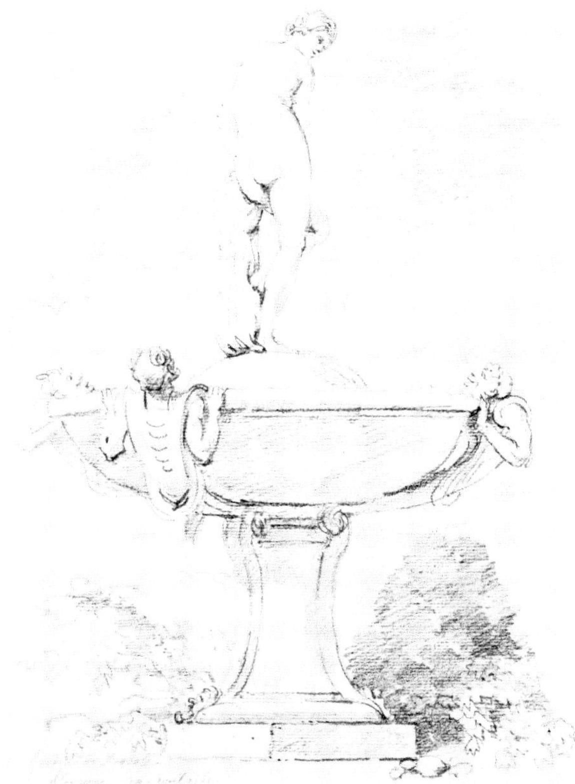

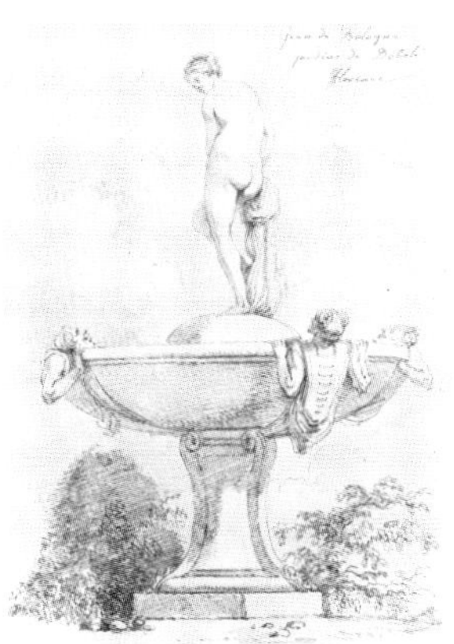

fig. 1. *La fontaine de Vénus,* contre-épreuve, Paris, coll. privée

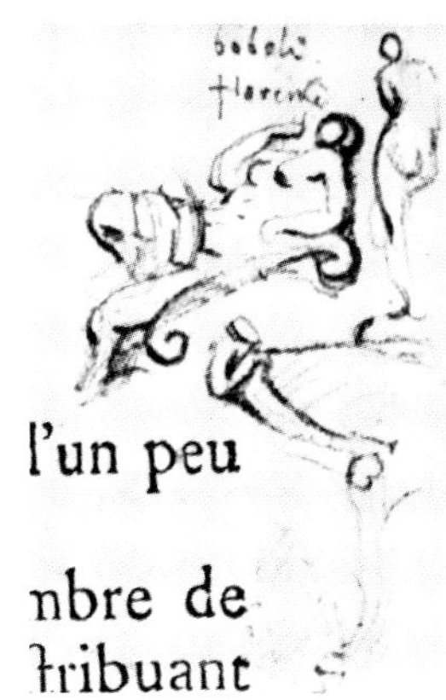


fig. 2. G. de Saint-Aubin, détail d'une page du catalogue de la vente Pigache (1776), Paris, Bibliothèque Nationale, Cabinet des estampes

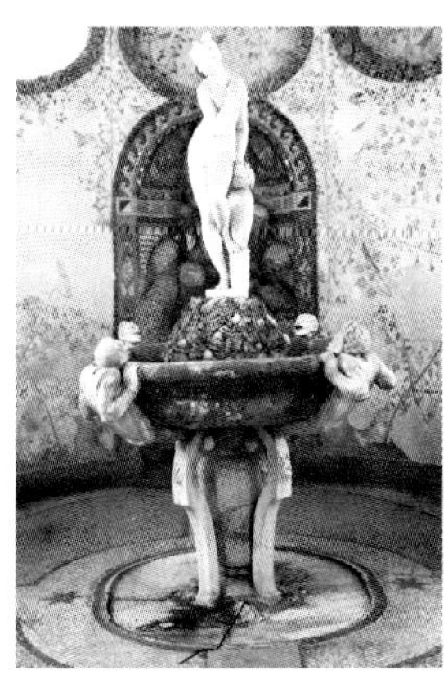

fig. 3. Jean de Bologne, *La fontaine de Vénus,* Florence, jardins de Boboli

Saint-Non, dans son *Journal*, ne fait aucune allusion à la célèbre fontaine de Jean de Bologne, *Vénus sortant du bain épiée par quatre satyres (fig. 3),* qui orne une des grottes des jardins de Boboli.

Le dessin de Fragonard, un des trois seuls réalisés à Florence qui portent une date précise (voir le n° précédent et le n° 127 de Rosenberg et Brejon), est très fidèle à l'original (qu'il place en plein air, se détachant devant un ciel nuageux). L'élégance sensuelle de l'œuvre ne pouvait laisser Fragonard insensible.

# 46 Les horreurs de la guerre

d'après Rubens

New York

H. 197 ; L. 294
Pierre noire
Annotation à la pierre noire, en bas à gauche : « Rubens. Palais Pitti. florence »

Londres, British Museum

**Provenance**
Voir notice 43.
1936.5.9.22.

**Bibliographie**
Senior, 1936, pp. 5-9, pl. IVb ;
A. 1099 fig. 313 ;
Watson, 1971, p. 81, ill. ;
Rosenberg et Brejon, 1986, n° 129, ill. et fig. IX.

**Œuvres en rapport**
Une version très insolée, à la pierre noire rehaussée au lavis gris, est conservée au musée de Grenoble *(fig. 1* ; Inv. M.G.D. 1317*)*.

Une contre-épreuve appartient à la coll. Norton Simon *(fig. 2* ; A. 1100 fig. 314*)*.

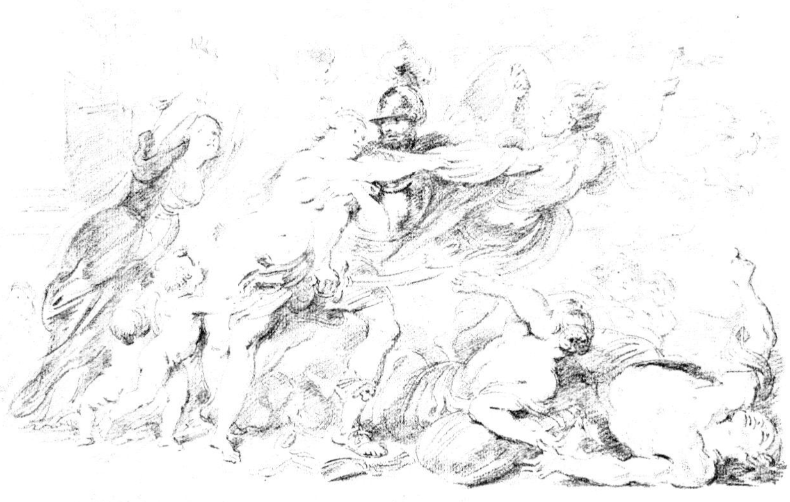

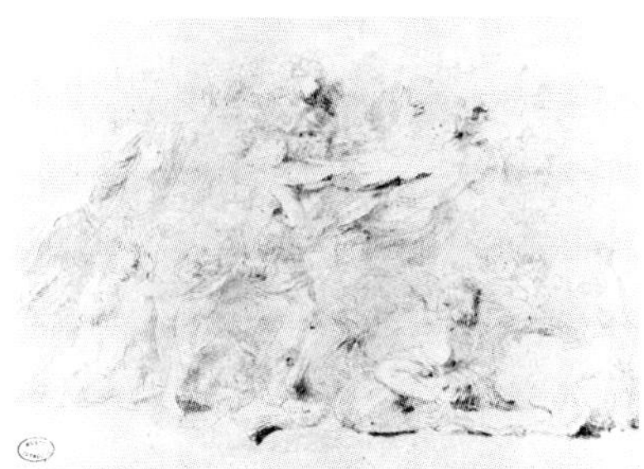

fig. 1. *Les horreurs de la guerre,* Grenoble, musée des Beaux-Arts

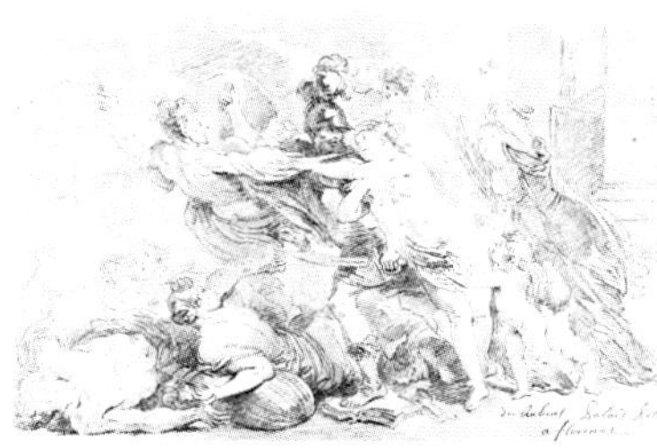

fig. 2. *Les horreurs de la guerre,* contre-épreuve, Pasadena, coll. Norton Simon

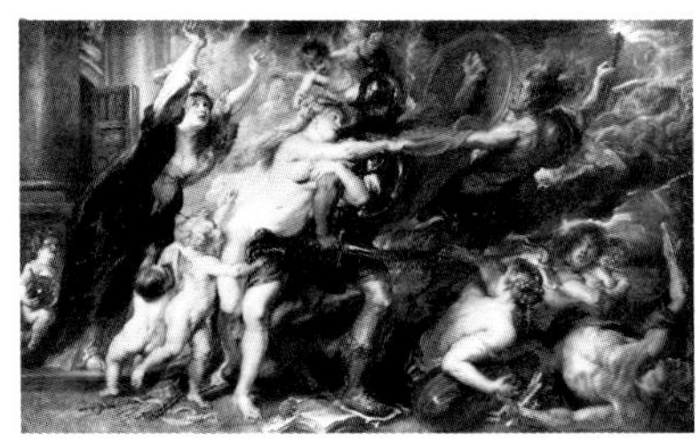

fig. 3. Rubens, *Les horreurs de la guerre,* Florence, Palais Pitti

« Rubens paraît autant Poëte que grand Peintre dans un Tableau Capital de lui, dont le sujet allégorique représente les fureurs de la Guerre ou la destruction des arts. C'est un morceau plein de feu et d'Enthousiasme » (Saint-Non, *Journal*, 1986, p. 170).

Si Fragonard, admirateur inconditionnel de Rubens, ôte quelque chose de la brutalité, de l'émotion et du pathétique du chef d'œuvre *(fig. 3)*, alors comme aujourd'hui conservé au Palais Pitti, il en a admirablement saisi la vitalité et l'élan.

# 47 Minerve arrache l'Adolescence des bras de Vénus

d'après Pierre de Cortone

Paris

H. 204 ; L. 284
Pierre noire
Annotation de la main de Saint-Non, en bas à gauche : « du Cortone Palais Pitti. florence »

Londres, British Museum

**Provenance**
Voir notice 43.
1936.5.9.20.

**Bibliographie**
Senior, 1936, pp. 5-9 ;
A. 1852 fig. 466 ;
Rosenberg et Brejon, 1986, n° 137 ill. et fig. XII.

**Œuvres en rapport**
Nous connaissons quatre contre-épreuves :
— coll. Norton Simon *(fig. 1* ; A. 1853 fig. 467*)* avec erreur dans la légende : « Luca Giordano Gallerie Ricardi a florence » ( !) ;
— Besançon, à la sanguine sur contre-épreuve à la pierre noire, anc. coll. Pâris *(fig. 2* ; A. 1854 ; Cornillot, 1957, n° 51, ill.*)*, sans légende ;
— Paris, coll. privée *(fig. 3* ; idem mais bien plus pâle*)* ;
— Avant guerre au musée de Darmstadt *(fig. 4* ; contre-épreuve d'une contre-épreuve*)*, sans légende ;
— Une contre-épreuve, annotée dans la partie supérieure « giordane ricardi florence », ( !) est dessinée par Saint-Aubin en marge de son exemplaire du cat. de la vente Pigache du 21 octobre 1776, lots 493-499 *(fig. 5* ; voir aussi n^os^ 45 et 49*)*.

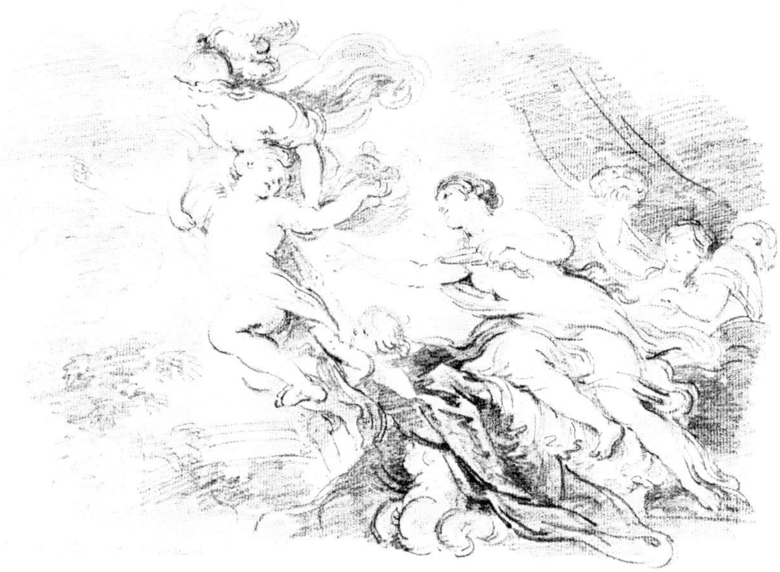

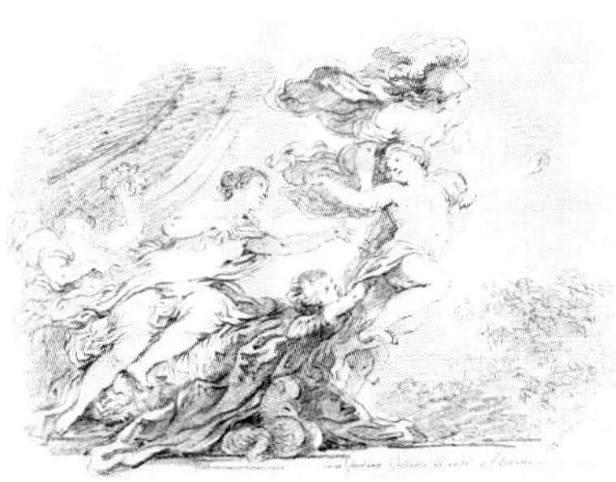

fig. 1. *Minerve arrache l'Adolescence des bras de Vénus,* contre-épreuve, Pasadena, coll. Norton Simon

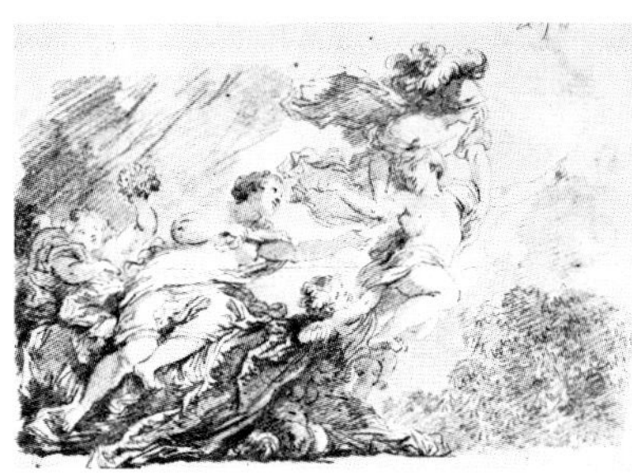

fig. 2. *Minerve arrache l'Adolescence des bras de Vénus,* contre-épreuve, Besançon, musée des Beaux-Arts

fig. 3. *Minerve arrache l'Adolescence des bras de Vénus,* contre-épreuve, Paris, coll. privée

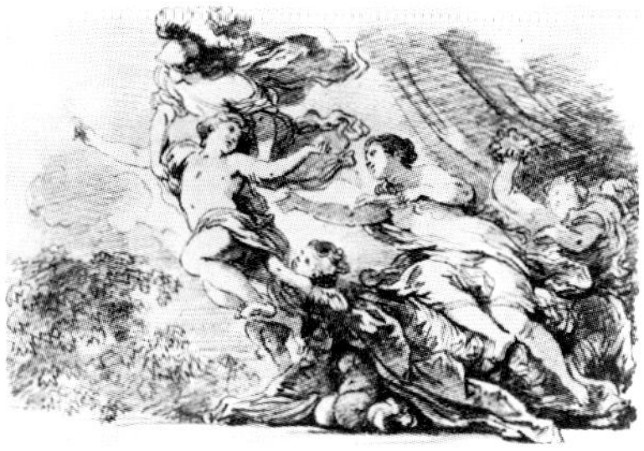

fig. 4. *Minerve arrache l'Adolescence des bras de Vénus,* contre-épreuve, autrefois à Darmstadt

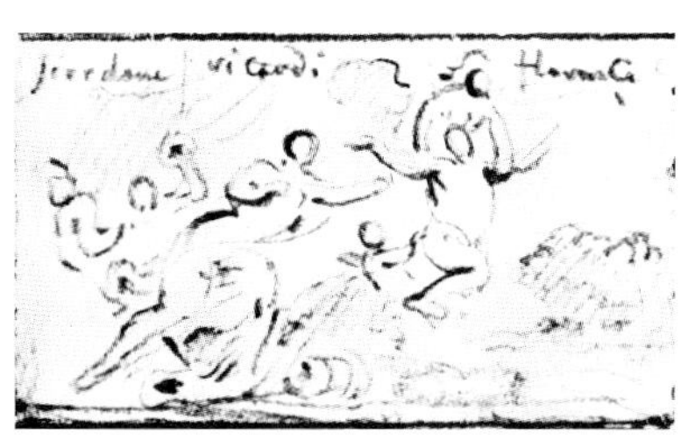

fig. 5. G. de Saint-Aubin, détail d'une page du catalogue de la vente Pigache (1776), Paris, Bibliothèque Nationale, Cabinet des estampes

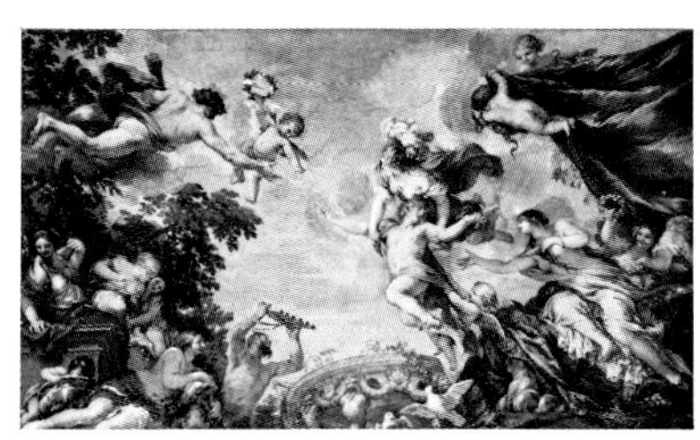

fig. 6. P. de Cortone, *Minerve arrache l'Adolescence des bras de Vénus,* Florence, Palais Pitti

« Mais un des principaux ornements du Palais Pitti est une suite de plafonds peints par le Cortone, dans lesquels ce grand peintre a réuni la composition la plus riche et la plus agréable à la couleur la plus harmonieuse » (Saint-Non, *Journal*, 1986, p. 170).

On se souvient qu'à Rome le pensionnaire Fragonard avait copié un tableau de Pierre de Cortone, *Ananie rendant la vue à saint Paul*. Le sujet ici est plus plaisant *(fig. 6)*, dont Fragonard, à son habitude, rajeunit les modèles : nous retrouverons la jeune fille au second plan à droite, qui tend une couronne de fleurs, sur la *Vénus et l'Amour (fig. 7)*, un des dessus-de-porte du château vieux de Louveciennes, aujourd'hui à Dublin.

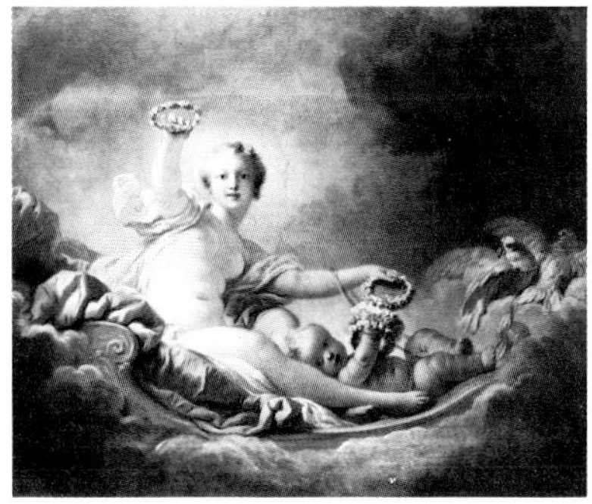

fig. 7. *Vénus et l'Amour*, Dublin, National Gallery

## 48 La Nuit, le Jour

d'après Michel-Ange

New York

H. 190 ; L. 299
Pierre noire
Annotation en bas à gauche, de la main de Saint-Non : « Michelange-/florence Sacristie de St Laurent. Tombeau de Laurent de Medicis duc de Nemours »

Londres, British Museum

**Provenance**
Voir notice 43.
1936.5.9.15.

**Exposition**
Tokyo, 1980, nº 101, ill.

**Bibliographie**
Senior, 1936, pp. 5-9 ;
A. 1830 fig. 756 ;
Rosenberg et Brejon, 1986, nº 149 et fig. XV.

**Œuvres en rapport**
Une contre-épreuve passe en vente chez Sotheby's, Londres, le 10 juin 1959, partie du nº 19.

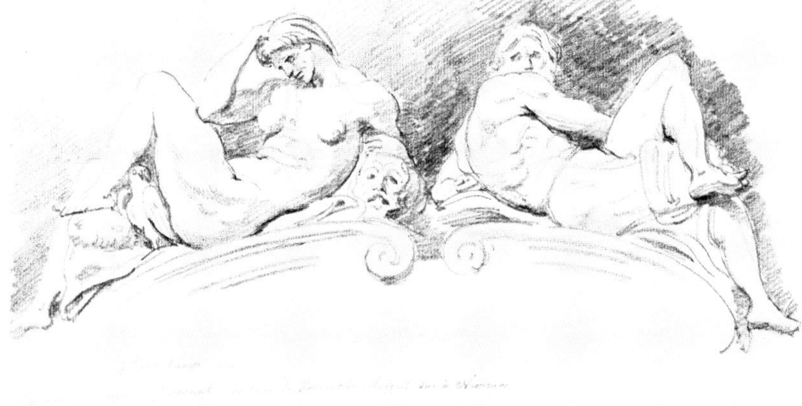

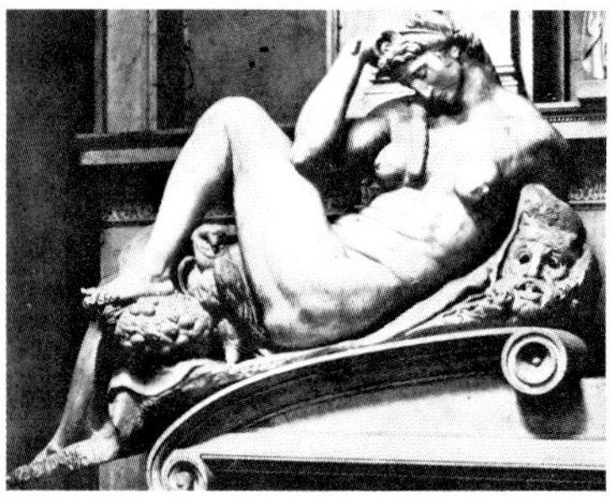

fig. 1. Michel-Ange, *La Nuit*, Tombeau de Julien de Médicis, Florence, San Lorenzo, chapelle Médicis

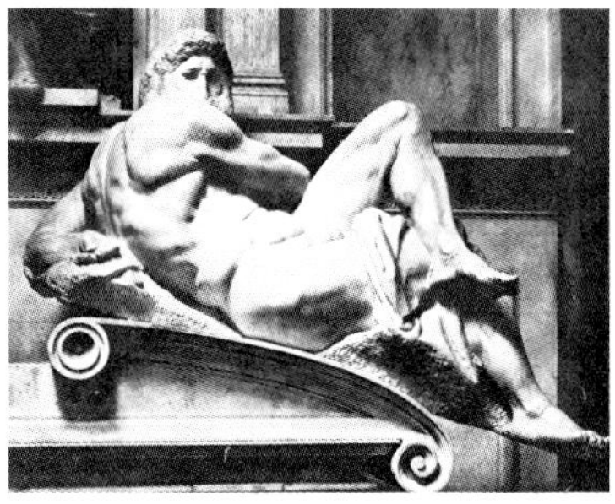

fig. 2. Michel-Ange, *Le Jour*, Tombeau de Julien de Médicis, Florence, San Lorenzo, chapelle Médicis

Fragonard copiera non seulement la *Nuit (fig. 1)* et le *Jour (fig. 2)* du tombeau de Julien de Médicis mais aussi le *Crépuscule* et l'*Aurore* de celui de Laurent (Saint-Non a interverti les légendes) à la Sacristie Neuve de San Lorenzo de Florence. Les deux dessins sont au British Museum (Rosenberg et Brejon, 1986, nº 150, ill. pour le second ; voir aussi nº 151, ill. pour le portrait de Laurent).

« Ces deux tombeaux sont remarquables par des statues admirables de la main de Michel Ange, quoiqu'on puisse leur reprocher des attitudes un peu outrées » (que Fragonard, à son habitude, « gommera ») « elles sont d'un dessin si fier et si savant que l'on y reconnaît d'abord le maître de tous les sculpteurs » (Saint-Non, *Journal*, 1986, p. 175).

# 49 Allégorie de la Tempérance

d'après L. Giordano

New York

H. 275 ; L. 205
Pierre noire
Annotation de la main de Saint-Non : « Luca Giordano / Palais Riccardi. florence »

Londres, British Museum

**Provenance**
Voir nº 43.
1936.5.9.29.

**Exposition**
Tokyo, 1980, nº 106, ill.

**Bibliographie**
Senior, 1936, pp. 5-9 ;
A. 1840 ;
Rosenberg et Brejon, 1986, nº 159, ill. et fig. XX.

**Œuvres en rapport**
Une contre-épreuve dans la coll. Norton Simon *(fig. 1 ;* A. 1841*)*.

Un dessin de Saint-Aubin, en marge de son exemplaire du cat. de la vente Pigache du 21 octobre 1776, lots 493 à 499 *(fig. 2),* conservé aujourd'hui à la Bibliothèque Nationale nous apprend que ce collectionneur possédait une contre-épreuve du dessin (voir aussi nºˢ 45 et 47).

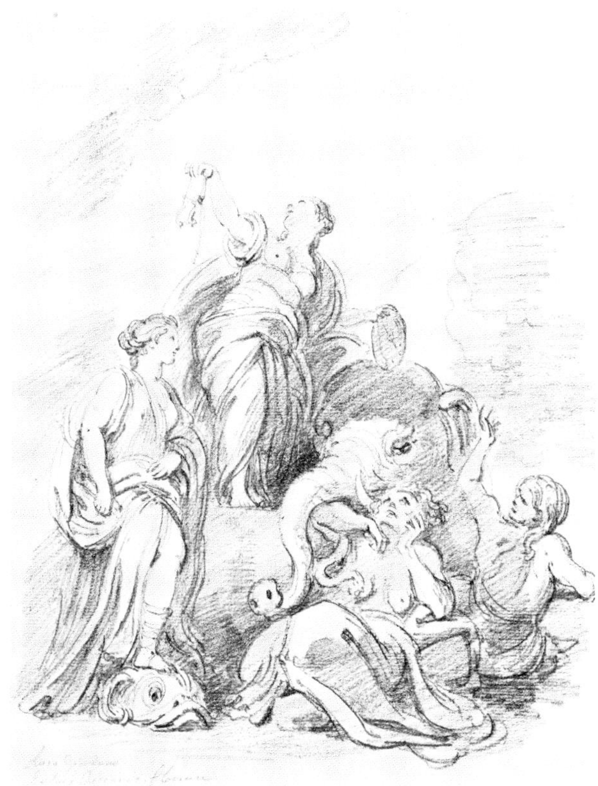

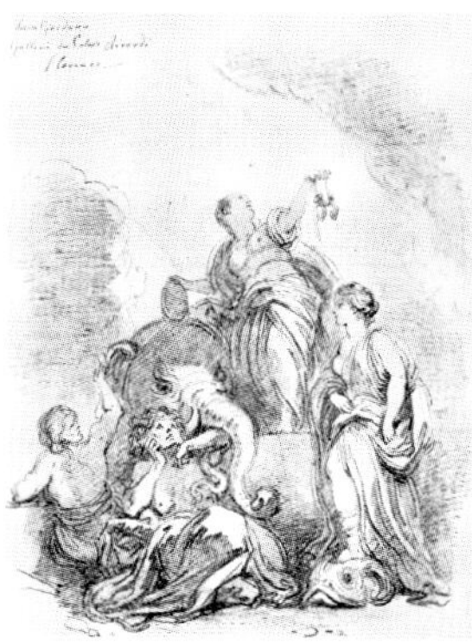

fig. 1. *Allégorie de la Tempérance,* contre-épreuve, Pasadena, coll. Norton Simon

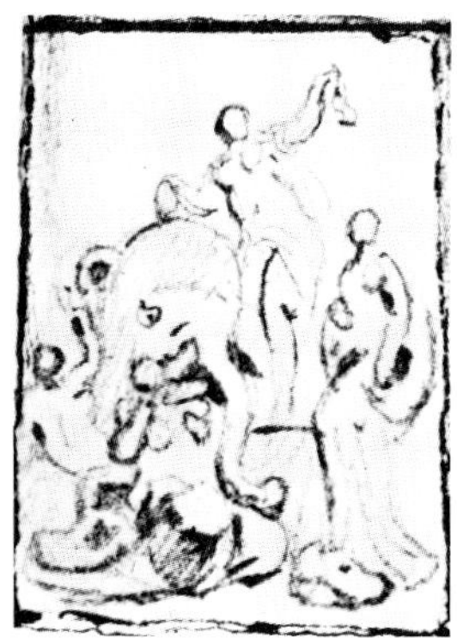

fig. 2. G. de Saint-Aubin, détail d'une page du catalogue de la vente Pigache (1776), Paris Bibliothèque Nationale, Cabinet des estampes

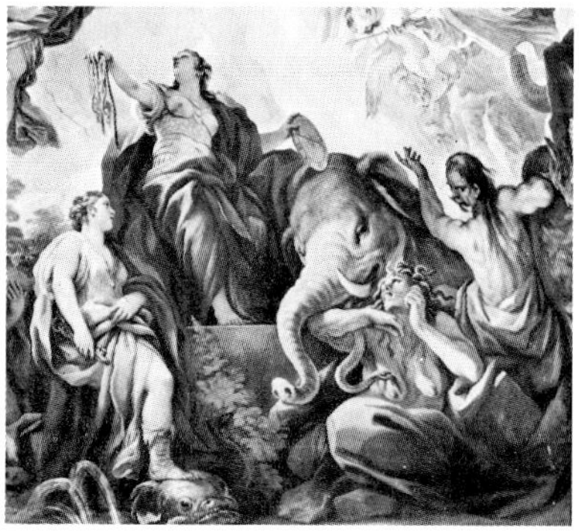

fig. 3. L. Giordano, *Allégorie de la Tempérance* (détail), Florence, Palais Medici-Riccardi

« Le Palais... du marquis Riccardi... renferme une gallerie dont tout le plafond est peint par Luca Giordano, et qui est assurément un des plus beaux et des plus agréables ouvrages de ce grand maître ; la composition en est bien un peu chargée d'allégories, mais traitées avec tant de goût et d'agrément qu'on ne peut se lasser de l'admirer ; toutes les figures en sont traitées avec un tour charmant et une harmonie de couleur qui est enchanteresse. Pour moi, c'est une des choses qui m'ait fait le plus de plaisir dans toute l'Italie » (Saint-Non, *Journal,* 1986, p. 179).

Fragonard exécuta pour l'abbé sept dessins au moins d'après les fresques de Luca Giordano du Palais Medici-Riccardi à Florence *(fig. 3 ;* conservés en majeure partie au British Museum ; Rosenberg et Brejon, 1986, nºˢ 156-162, ill.*)*. Nul doute que le génie inventif du *fa presto,* la liberté de sa facture, son goût pour l'improvisation eurent pour Fragonard une grande importance. Fragonard avait déjà admiré Giordano à Naples : il le copiera à nouveau à Venise, à Padoue, à Vicence et à Gênes !

## 50 Pise : le Baptistère, le Campo Santo, le Dôme et la Tour penchée

Paris

H. 183 ; L. 289
Pierre noire
Annotation en bas à gauche, de la main de Saint-Non : « Vüe de l'Église du Dosme de Pise - 1er may 1761. »

Londres, British Museum

**Provenance**
voir n° 43.
1936.5.9.35

**Bibliographie**
Senior, 1936, pp. 5-9 ;
A. 1495 fig. 405 ;
Rosenberg et Brejon, 1986, n° 166, ill. et fig. XXV.

Saint-Non et Fragonard entreprirent « la petite tournée de Pise et de Livourne » à la fin du mois d'avril 1761 et durant les premiers jours de mai. Ils admirèrent les « campagnes » bien « cultivées » (et aussi les « jolies filles » !).

Pise « n'a rien de curieux à voir que trois ou quatre monuments très gothiques, *mais* (c'est nous qui soulignons) d'une belle forme et qui, étant réunis ensemble, forment un très beau coup d'œil » (Saint-Non, *Journal,* 1986, p. 179, 182 et 186). Saint-Non n'oublie pas de mentionner le Dôme, le Baptistère, le Campo Santo et la « Tour penchante », « chose singulière ». Il nous donne surtout une longue description du Jeu du Pont qui se tenait tous les trois ans « sur un fort beau pont de marbre ». Quel dommage que Fragonard ne nous en ait pas laissé quelque croquis !

## 51 Le festin d'Antoine et de Cléopâtre

d'après G. B. Tiepolo

H. 165 (du cuivre), 150 (du trait carré) ; L. 115 (du cuivre), 107 (du trait carré)
Eau-forte (connue en deux états ; nous reproduisons le premier, avant le n° 6 en bas à droite, l'exemplaire de la coll. Rothschild)

Paris, musée du Louvre, Cabinet des dessins, coll. Rothschild (à Paris)
New York, The Metropolitan Museum of Art, Rogers Fund, 1921 (à New York)

**Exposition**
Tokyo, 1980, n° 169, ill. (l'exemplaire de New York).

**Bibliographie**
Wildenstein, 1956, n° XII, ill. (avec bibliographie, expositions, ventes et coll. conservant un exemplaire de l'eau-forte) ;
Pognon et Bruand, 1962, IX, p. 287, n° 11 ;
Rosenberg et Brejon, 1986, sous le n° 212.

**Œuvres en rapport**
Le dessin de Fragonard appartient à la coll. Norton Simon à Pasadena *(fig. 1 ;* A. 1108 fig. 311 ; Williams, 1978, n° 12, ill. ; Rosenberg et Brejon, 1986, n° 212, ill., pl. XXXVII*)*.

La Bibliothèque Nationale en possède la contre-épreuve *(fig. 2 ;* A. 1109 fig. 312*)*.

Également gravé à l'aquatinte par Saint-Non en 1775 *(fig. 3 ; Fragments,* n° 40 ; *Griffonis,* n° 267*)*.

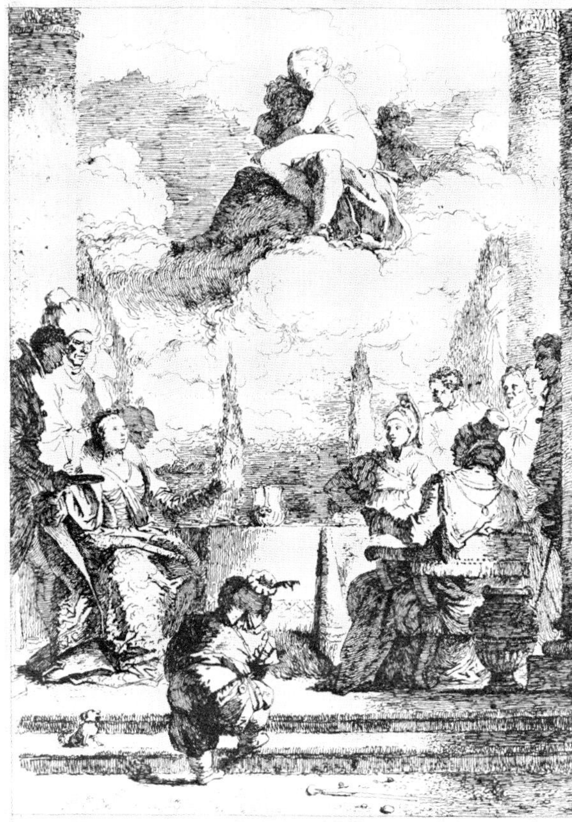

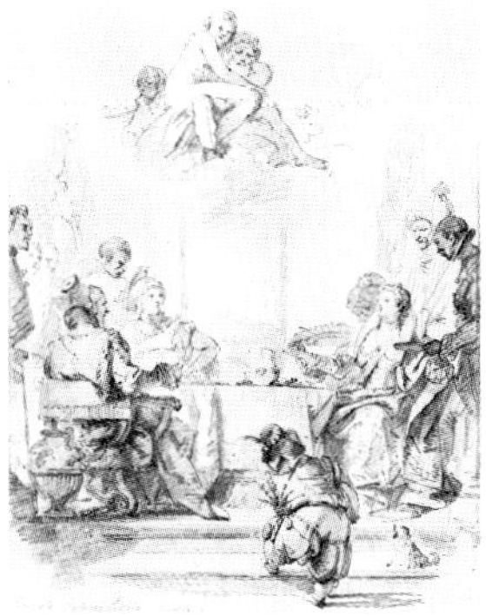

fig. 1. *Le festin d'Antoine et de Cléopâtre,* Pasadena, coll. Norton Simon

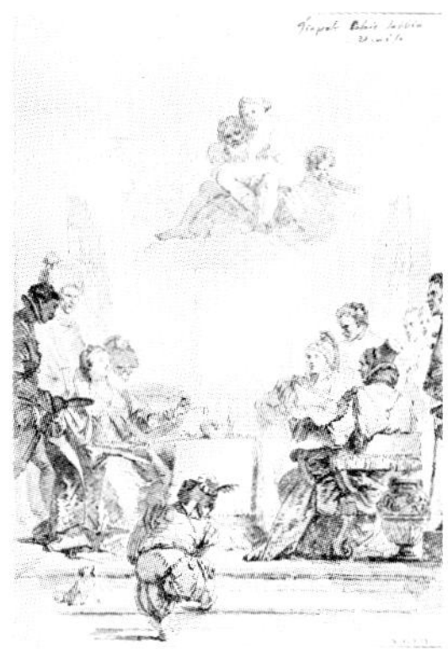

fig. 2. *Le festin d'Antoine et de Cléopâtre,* contre-épreuve, Paris, Bibliothèque Nationale, Cabinet des estampes

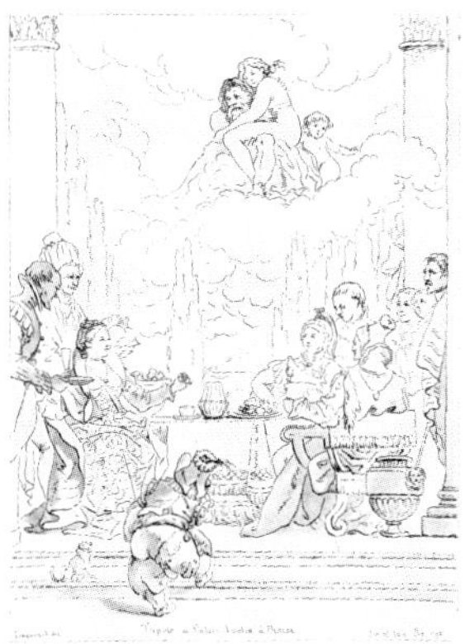

fig. 3. Saint-Non, *Le festin d'Antoine et de Cléopâtre,* aquatinte, Paris, Bibl. d'Art et d'Archéologie

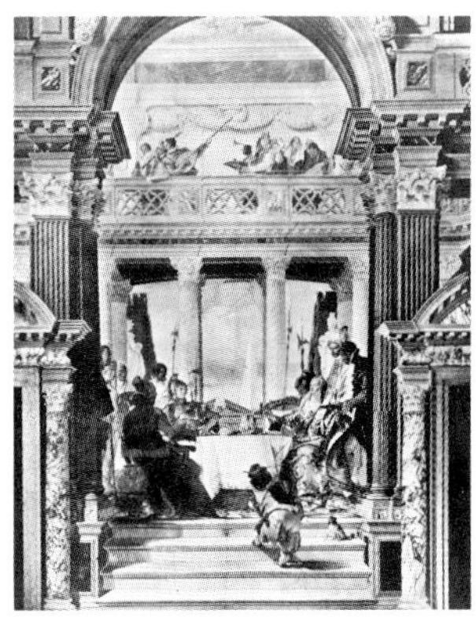

fig. 4. G.B. Tiepolo, *Le festin d'Antoine et de Cléopâtre,* Venise, Palais Labia

Fragonard et Saint-Non arrivèrent à Venise le 8 mai 1761. Ils y resteront jusqu'au 23 juin, quittant la ville « sans nul regret » (!), admirant surtout — outre les œuvres d'art et le Carnaval — les conservatoires de filles et les régates (*Journal,* 1986, pp. 189-214). On connaît une soixantaine de dessins de Fragonard qui copient des œuvres vénitiennes — Titien, Veronese, Tintoret, S. Ricci, Tiepolo... — mais aussi des tableaux de Giordano et de Castiglione.

Malheureusement, l'essentiel de ces dessins est conservé dans la collection Norton Simon, dont le prêt nous a été refusé. Nous avons donc dû nous résigner à n'exposer que trois eaux-fortes originales de Fragonard qui évoquent — insuffisamment à nos yeux — ce séjour.

« Un grand nombre de palais et d'églises sont remplis des ouvrages de Tiepolo, tous avec un caractère et une manière à lui qui se fait aisément reconnaître, mais toujours plutôt pour un homme de goût que pour un grand maître ». Le jugement est réservé. Était-il partagé par Fragonard ? À en juger par l'influence exercée par Tiepolo (1696-1770) et aussi par le nombre de copies exécutées d'après l'artiste à Venise (une dizaine) mais aussi à Vicence, Fragonard se montrait bien plus admiratif. Tiepolo, en tout cas, est le seul artiste vivant que Fragonard grava.

On ignore le jour où les deux amis se rendirent au Palais Labia, mais on comparera le jugement de Saint-Non à celui de Bergeret, de treize ans postérieur (éd. 1895, p. 388). Visitant à son tour le Palais, il décrivait le *Festin d'Antoine et de Cléopâtre (fig. 4) :* « tout est grand et noble, de la plus riche composition ». Il ajoutait : « j'aurais souhaité plus de noblesse dans la figure de Cléopâtre et de Marc Antoine, mais les détails en sont ravissants. Mille accessoires de chiens, de nains sont admirables et bien à leur place ».

Nous aimerions conclure sur une nouvelle citation, bien plus récente : « — Ça ressemble beaucoup à Tiepolo, dit Sigrid — Aussi le copie-t-il à Venise en 1761, année où Casanova se bat en duel à Paris. C'est l'été. Il est là avec un abbé au nom prédestiné : l'Abbé Saint-Non *(sic)* — Non ? — Si. Le tableau de Tiepolo qui l'intéresse est un banquet d'Antoine avec Cléopâtre » ! (Ph. Sollers, *Le cœur absolu,* 1987, p. 324).

# 52 La Vierge en gloire avec sainte Catherine, sainte Rose qui tient l'Enfant Jésus et sainte Agnès

d'après G. B. Tiepolo

H. 230 (du cuivre), 213 (du trait carré) ; L. 160 (du cuivre), 130 (du trait carré)
Eau-forte (un seul état connu)

Paris, Bibliothèque Nationale, Cabinet des estampes

**Bibliographie**
Wildenstein, 1956, n° IX, ill. (avec notice détaillée) ;
Pognon et Bruand, 1962, IX, p. 286, n° 8 ;
Rosenberg et Brejon, 1986, sous le n° 215.

**Œuvres en rapport**
Le dessin de Fragonard n'est pas connu, mais Saint-Non en fit une aquatinte datée de 1775 (*fig. 1 ; Fragments,* n° 37, *Griffonis,* n° 295 ; nous reproduisons également la contre-épreuve, *fig. 2,* de cette aquatinte, exemplaire unique conservé à la Bibliothèque Nationale*)*.

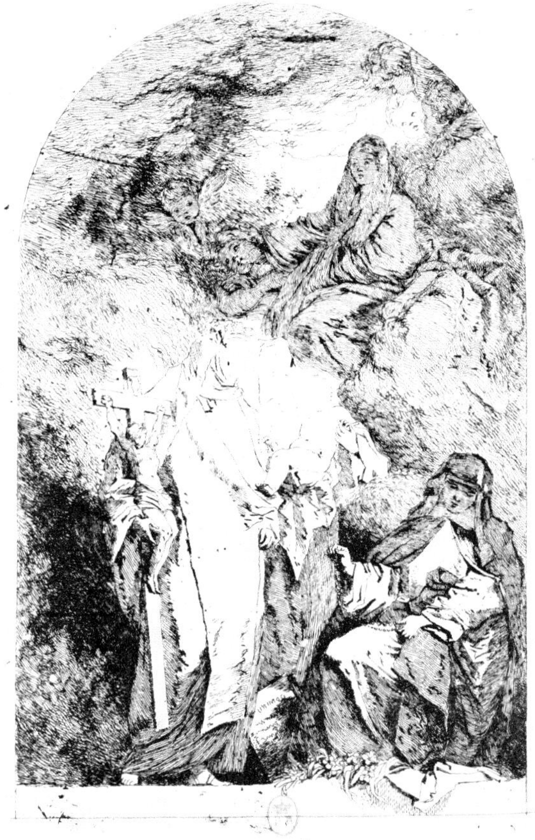

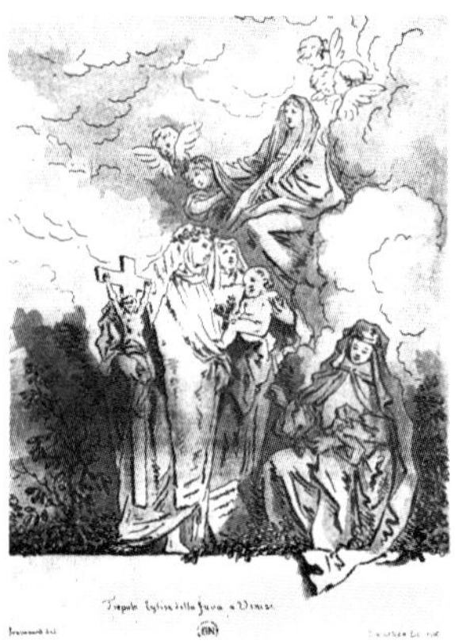

fig. 1. Saint-Non, *La Vierge en gloire avec trois saintes,*
Paris, Bibliothèque Nationale, Cabinet des estampes

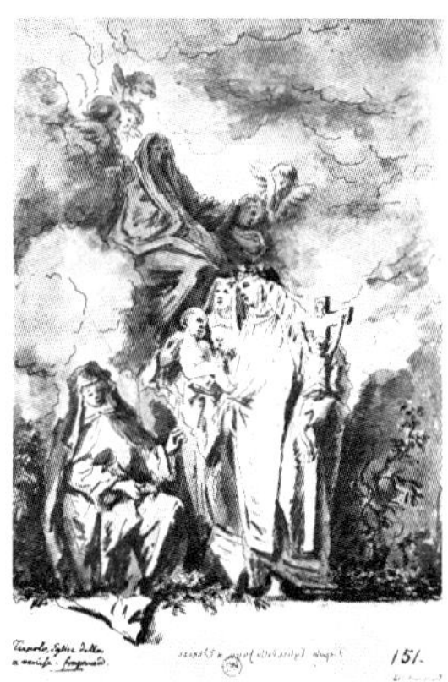

fig. 2. Saint-Non, *La Vierge en gloire avec trois saintes,*
contre-épreuve annotée,
Paris, Bibliothèque Nationale, Cabinet des estampes

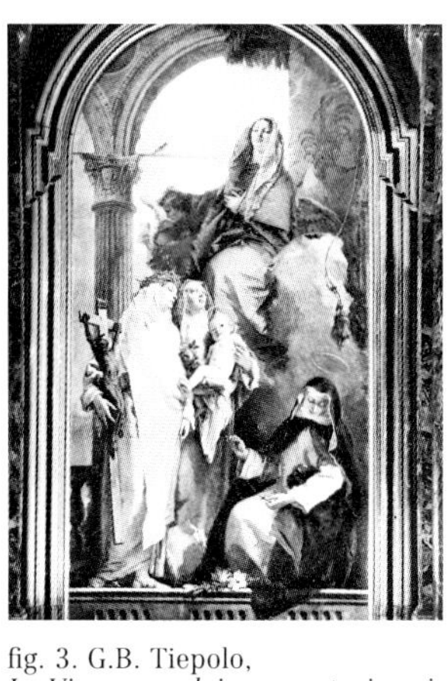

fig. 3. G.B. Tiepolo,
*La Vierge en gloire avec trois saintes,*
Venise, Santa Maria della Fava

Le tableau de G. B. Tiepolo est aujourd'hui encore conservé à Santa Maria della Fava à Venise *(fig. 3).* Dans la même église, Fragonard copia (Rosenberg et Brejon, 1986, n° 214, ill.) la bien plus célèbre *Éducation de la Vierge* qui l'influença d'une manière durable (voir notice 232).

Nous reproduisons ici — outre le tableau de Tiepolo *(fig. 3)* avec lequel Fragonard a pris quelques libertés, supprimant les auréoles et ajoutant dans le ciel de nombreux *putti* — l'aquatinte de l'abbé de Saint-Non *(fig. 1),* ainsi que la contre-épreuve unique de cette aquatinte tirée par Saint-Non à son propre usage *(fig. 2),* conservée à la Bibliothèque Nationale. Une comparaison entre la gravure de Fragonard et celle de Saint-Non n'appelle aucun commentaire.

# 53 Saint Jérôme

d'après G. Liss

H. 163 (du cuivre), 152 (du trait carré) ; L. 113 (du cuivre), 105 (du trait carré)
Eau-forte (connue en trois états ; nous reproduisons ici le premier, l'exemplaire de la coll. Rothschild)

Paris, musée du Louvre, Cabinet des dessins, coll. Rothschild (à Paris)
New York, The Metropolitan Museum of Art (à New York)

**Bibliographie**
Wildenstein, 1956, n° XIV, ill. (avec précisions sur les états, les exemplaires connus, les ventes et bibliographie complète) ;
Pognon et Bruand, 1962, IX, p. 287, n° 13 ;
Rosenberg et Brejon, 1986, sous le n° 216.

**Œuvres en rapport**
Le dessin original est perdu mais on connaît la contre-épreuve *(fig. 1 ;* coll. Ian Woodner à New York*)*.

Saint-Non grava le dessin de Fragonard en 1772 *(fig. 2 ; Fragments,* n° 15 ; *Griffonis,* n° 273*)*. A. Laing (comm. écrite) n'exclut pas que la copie peinte de la National Gallery de Dublin soit de Fragonard.

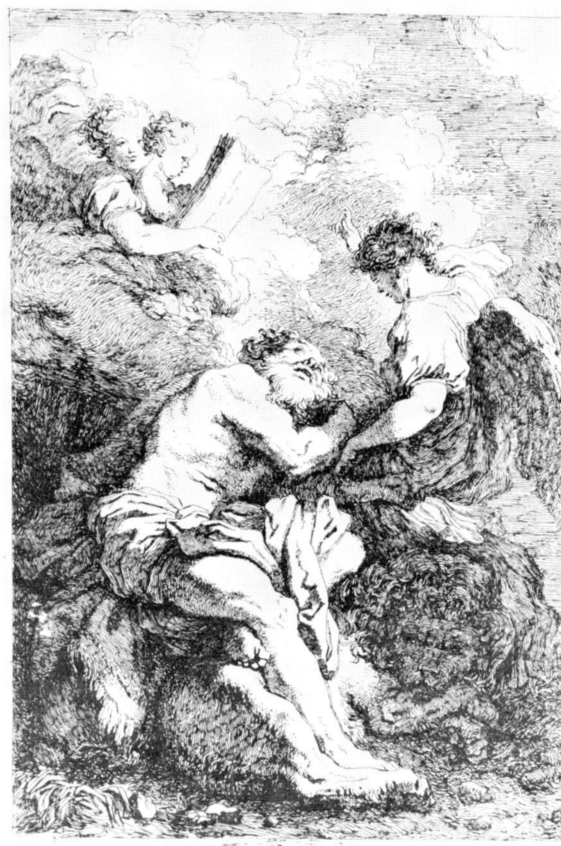

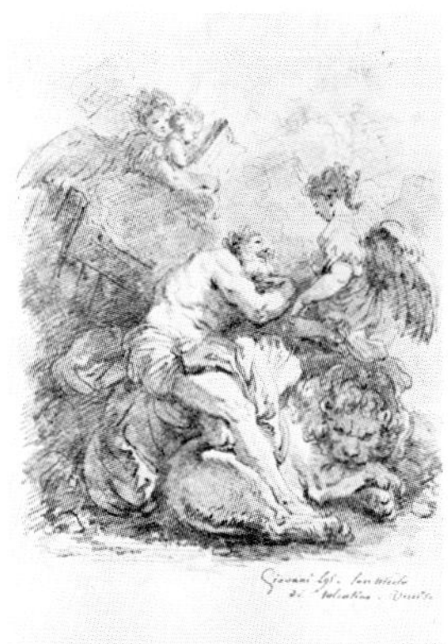

fig. 1. *Saint Jérôme inspiré par l'Ange,* contre-épreuve, coll. Ian Woodner

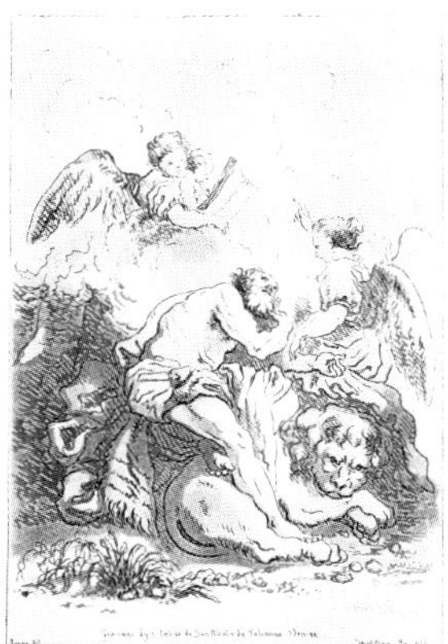

fig. 2. Saint-Non, *Saint Jérôme inspiré par l'Ange,* Paris, Bibl. d'Art et d'Archéologie

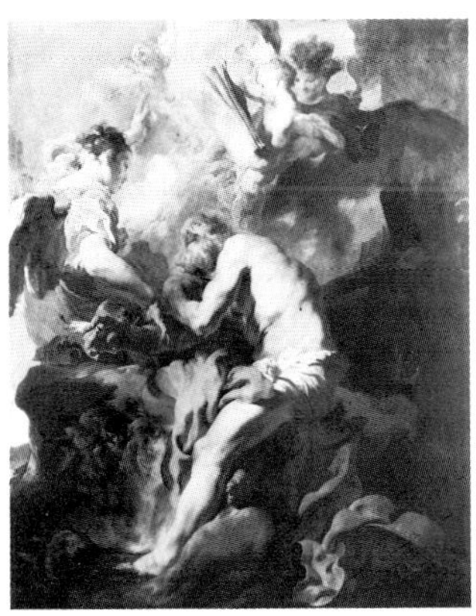

fig. 3. Liss, *Saint Jérôme inspiré par l'Ange,* Venise, San Nicolò da Tolentino

On a souvent noté (Sterling, 1964 et cat. exp. Liss, Augsbourg-Cleveland, 1975-76 entre autres) l'influence de Giovanni Liss (1597-1629) sur Fragonard. Et pourtant, pas plus Saint-Non que Bergeret ne font allusion à son chef d'œuvre, son *Saint Jérôme inspiré par l'Ange (fig. 3),* alors comme aujourd'hui conservé à San Nicolò da Tolentino.

Les couleurs claires, les roses pastel du tableau de Liss, la liberté de la touche, la sensualité de la facture ne pouvaient que séduire Fragonard, sensible à l'union chez ce Nordique, entre l'élan baroque à la Rubens et un chaleureux coloris vénitien. Fragonard copie avec fidélité. Il appose toutefois à la composition sa marque : l'ange dans le ciel, qui tient le livre, nous regarde avec ce sourire enjoué et rêveur qui revient en propre à l'artiste.

# 54 Le massacre des Innocents

d'après Guido Reni

H. 294 ; L. 208
Pierre noire
Annotation en bas à droite, à la pierre noire, de la main de Saint-Non : « Du Guide Eglise de San Domenico/Bologne »

Paris, collection privée

**Bibliographie**
A. 2596 fig. 651 ;
Rosenberg et Brejon, 1986, nº 278, ill.

**Œuvres en rapport**
Contre-épreuve autrefois au musée de Darmstadt *(fig. 1)*.

Gravé à l'aquatinte par Saint-Non en 1772 pour les *Fragments* (nº 30) et pour les *Griffonis* (nº 179 ; la Bibliothèque Nationale conserve une contre-épreuve de l'aquatinte annotée par Saint-Non, *fig. 2*).

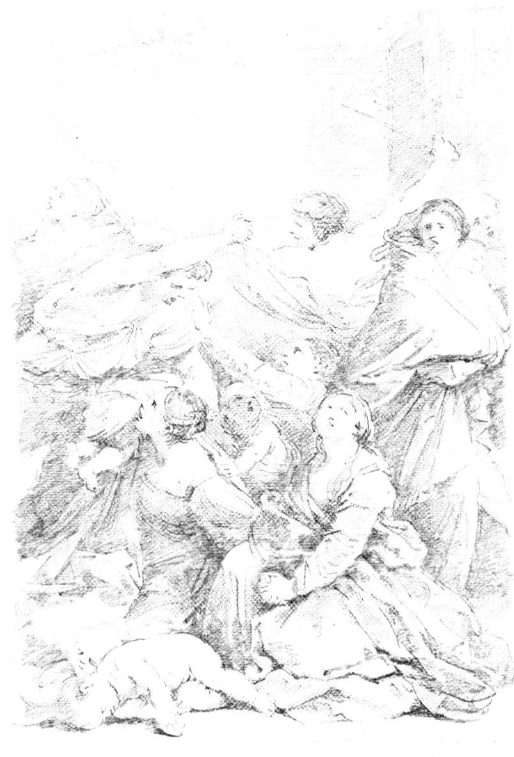

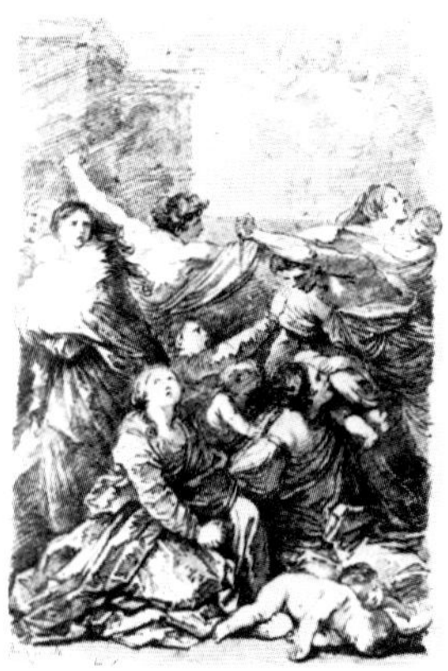

fig. 1. *Le massacre des Innocents,* contre-épreuve, autrefois à Darmstadt

Fragonard et Saint-Non restèrent à Bologne durant le mois de juillet 1761. « Le massacre des Innocents par le Guide [alors à S. Domenico, aujourd'hui à la Pinacothèque] ...est un des plus beaux tableaux de ce maître célèbre et des plus attachants par la vivacité des expressions » (Saint-Non, *Journal,* 1986, p. 83). Le jugement est attendu, comme est banal le choix des œuvres copiées par Fragonard : les Carrache, Guerchin, l'Albane et quelques maîtres bolonais du XVIIe siècle moins fameux.

La copie du *Massacre des Innocents (fig. 3)* est fort précise. Mais Fragonard adoucit les expressions, semble plus sensible au rythme de la composition qu'à sa tension. La terrible pulsation de l'œuvre du Guide, sa violence lui échappent au seul bénéfice de son élégance. S'est-il souvenu de l'admirable femme agenouillée au premier plan, qui serre ses mains, lorsqu'il dessine *S'il m'était aussi fidèle* (nº 119) ?

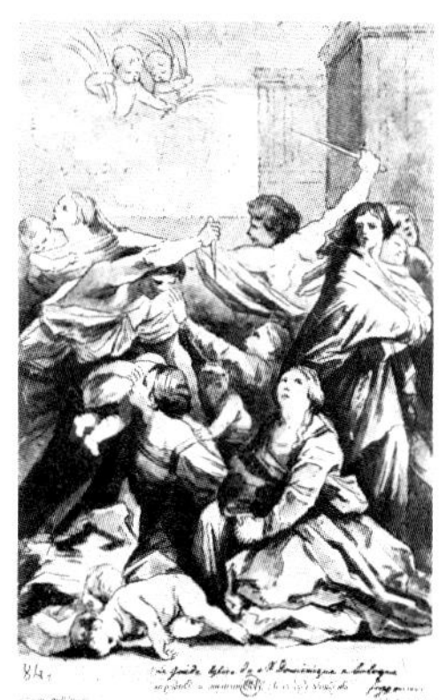

fig. 2. *Le massacre des Innocents,* contre-épreuve de l'aquatinte, Paris, Bibliothèque Nationale, Cabinet des estampes

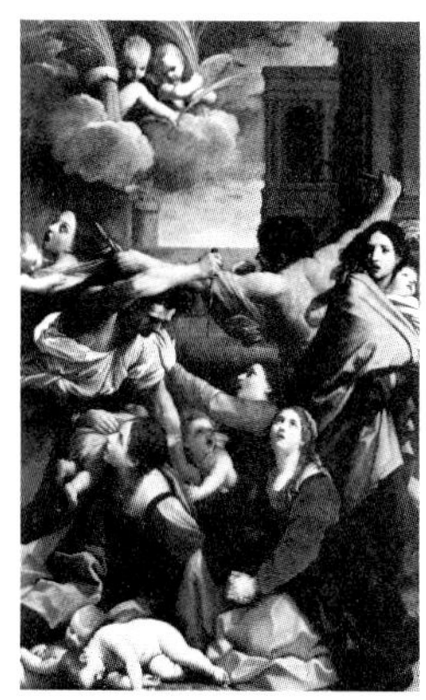

fig. 3. G. Reni, *Le massacre des Innocents,* Bologne, Pinacothèque Nationale

# 55 L'entrée de Gênes du côté du bastion San Tommaso

New York

H. 201 ; L. 290
Pierre noire
Annotation en bas à gauche, de la main de l'abbé de Saint-Non : « Vuëde L'entrée de Gesnes du Coté du Bastion San Tomasi.7.7.bre 1761 »

Londres, British Museum

**Provenance**
Voir notice 43.
1936.5.9.36.

**Exposition**
Tokyo, 1980, nº 95, ill.

**Bibliographie**
Senior, 1936, pp. 5-9 ;
A. 930 fig. 247 ;
Cat. exp. Cailleux, Paris, 1983, sous le nº 25 ;
Rosenberg et Brejon, 1986, nº 343, ill. et fig. LV.

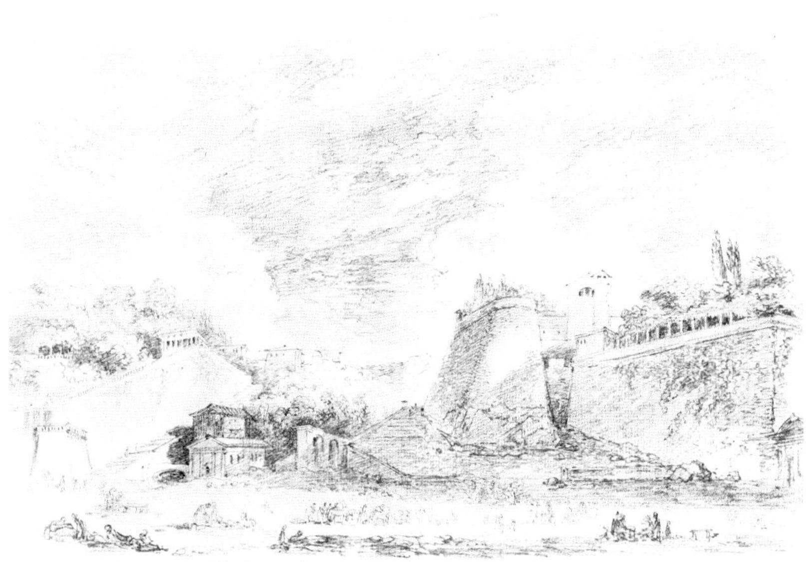

Par Parme, Colorno (voir l'introduction à ce chapitre) et Plaisance, Saint-Non et Fragonard gagnèrent Gênes, dernière étape de leur voyage italien. Fragonard copia beaucoup de tableaux pour l'abbé dans cette ville ; il dessina aussi les principaux palais et certains points de vue pittoresques. Il s'agirait ici, selon E. Gavazza, du bastion San Tommaso, aujourd'hui détruit, qui se trouvait près du Palais Doria. On connaît un autre dessin de Fragonard (*fig. 1* ; Rosenberg et Brejon, 1986, nº 342, ill.), une « Seconde Vue de l'entrée de Gênes », montrant le même bastion, dessiné sous un angle différent.

La vue que nous avons choisi d'exposer est datée du 7 septembre 1761. Trois jours plus tard, « à 6 heures du matin, nous sortîmes du port de Gênes à la rame... » (Saint-Non, *Journal*, 1986, p. 250). Les dessins de Gênes, dont la majorité est conservée au British Museum, comptent parmi les plus beaux du voyage de retour en France.

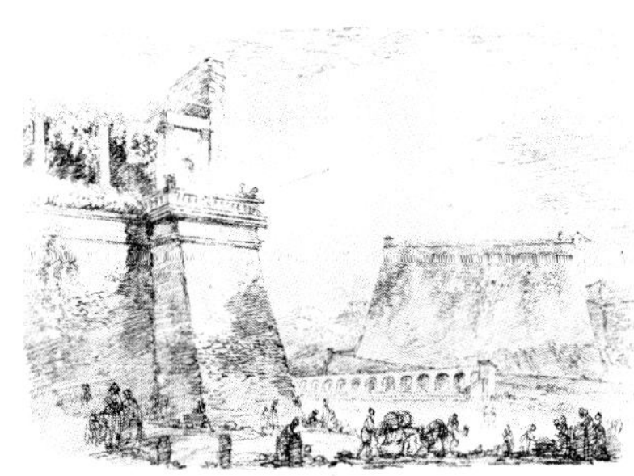

fig. 1. *L'entrée de Gênes, vue du bas de la terrasse du Palais Doria,* localisation actuelle inconnue

## 56 Le Palais Balbi à Gênes

Paris

H. 202 ; L. 292
Pierre noire
Annotation en bas à gauche, de la main de l'abbé de Saint-Non : « Palais Balby donné aux Jesuites.à Gesnes »

Londres, British Museum

**Provenance**
Voir n° 43.
1936.5.9.43.

**Exposition**
Tokyo, 1980, n° 97, ill.

**Bibliographie**
Senior, 1936, pp. 5-9, pl. Vb ;
A. 927 fig. 248 ;
Rosenberg et Brejon, 1986, n° 330, ill.

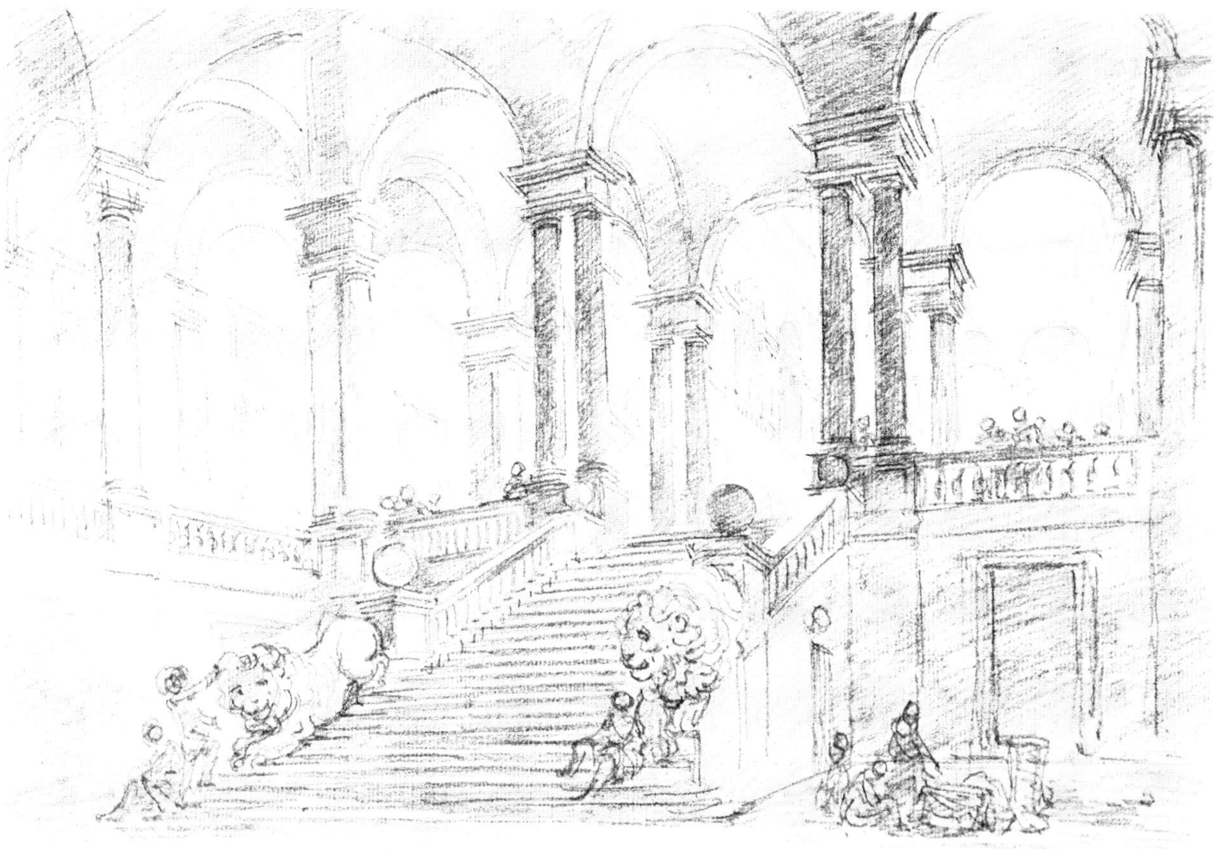

Saint-Non et Fragonard admirèrent les richesses de Gênes, les collections de tableaux comme les palais, dont « l'Intérieur... correspond à merveille à [la] magnificence extérieure » (Saint-Non, *Journal*, p. 244).

Fragonard dessina plusieurs de ces palais, le Palais Filippo Durazzo dit Durazzo Pallavicini et le Palais Marcellino Durazzo dit Palazzo Reale (Rosenberg et Brejon, 1986, n$^{os}$ 319 et 323). Le Palais Balbi, édifié par Bianco à partir de 1634, aujourd'hui Palais de l'Université, était destiné à être un collège de Jésuites (ce que Saint-Non ne manque pas de noter). L'escalier qui unit l'atrium à la cour est de Parodi, les lions sont de F. Biggi.

# 57 Le Repas chez Simon

d'après Véronèse

Paris

H. 201 ; L. 283
Pierre noire
Annoté en bas à gauche, par l'abbé de Saint-Non : « Paul Veronese. Palais de M.[no] Durazzo. Gesnes »

Londres, British Museum

**Provenance**
Voir n° 43.
1936.5.9.61.

**Exposition**
Tokyo, 1980, n° 110, ill.

**Bibliographie**
Senior, 1936, pp. 5-9 ;
A. 1801 fig. 758 ;
Rosenberg et Brejon, 1986, n° 329, ill.

**Œuvres en rapport**
Une contre-épreuve d'une contre-épreuve, annotée, dans une coll. privée parisienne *(fig. 1)*.

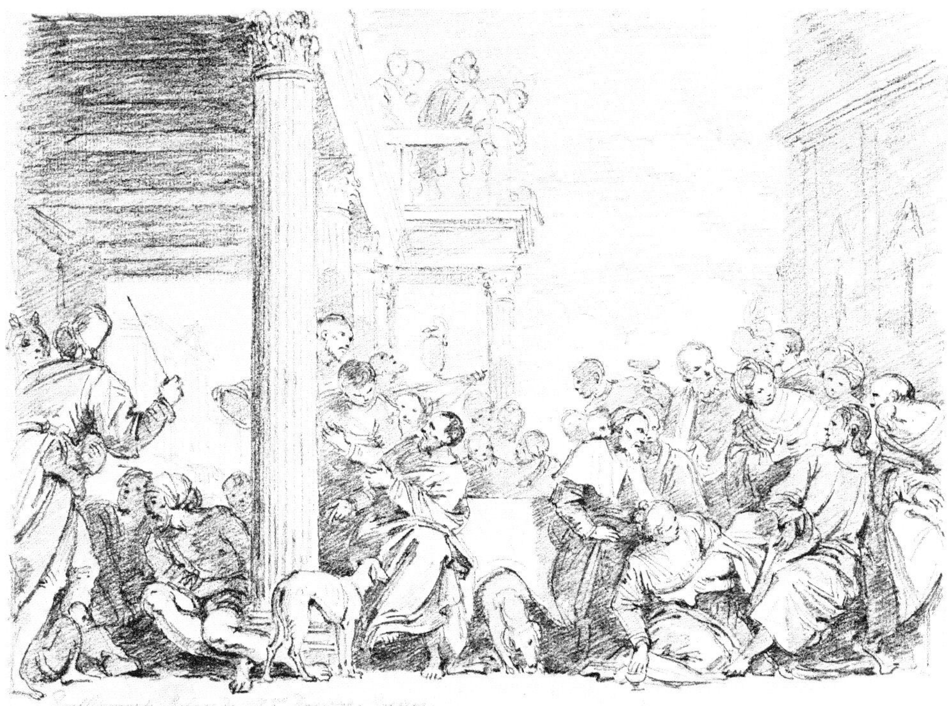

fig. 1. *Le Repas chez Simon,*
contre-épreuve,
Paris, coll. privée

« Le Palais Marcellino Durazzo possède en particulier un tableau fameux de Paul Véronèse qu'on peut regarder assurément comme le chef d'œuvre de ce grand peintre et le plus *(sic)* conservé qu'il y ait nulle part » (Saint-Non, *Journal*, 1986, p. 245). La célèbre toile qui montre Marie Madeleine lavant les pieds du Christ durant le repas chez Simon le Pharisien, est aujourd'hui conservée à Turin, à la galerie Sabauda *(fig. 2)*.

La copie de Fragonard est d'une parfaite précision et pourtant paraît exécutée avec une grande rapidité. On comprend l'intérêt de ces exercices pour le peintre et tout le profit qu'il saura en tirer.

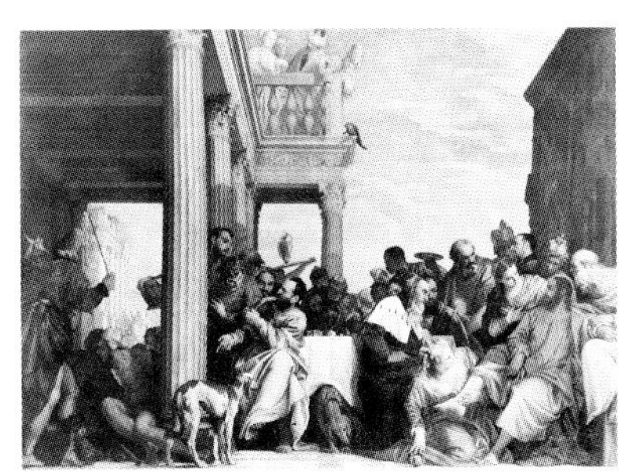

Fig. 2. Véronèse, *Le Repas chez Simon,*
Turin, galleria Sabauda

# 58 Oiseaux de toutes espèces

d'après G. B. Castiglione

New York

H. 203 ; L. 266
Annoté par l'abbé de Saint-Non, en bas à gauche : « Benedette. Palais de Philippo Durazzo. Gesnes »

Londres, British Museum

**Provenance**
Voir notice 43.
1936.5.9.66.

**Bibliographie**
Senior, 1936, pp. 5-9 ;
A. 1823 fig. 754 ;
Rosenberg et Brejon, 1986, nº 320, ill. et fig. L.

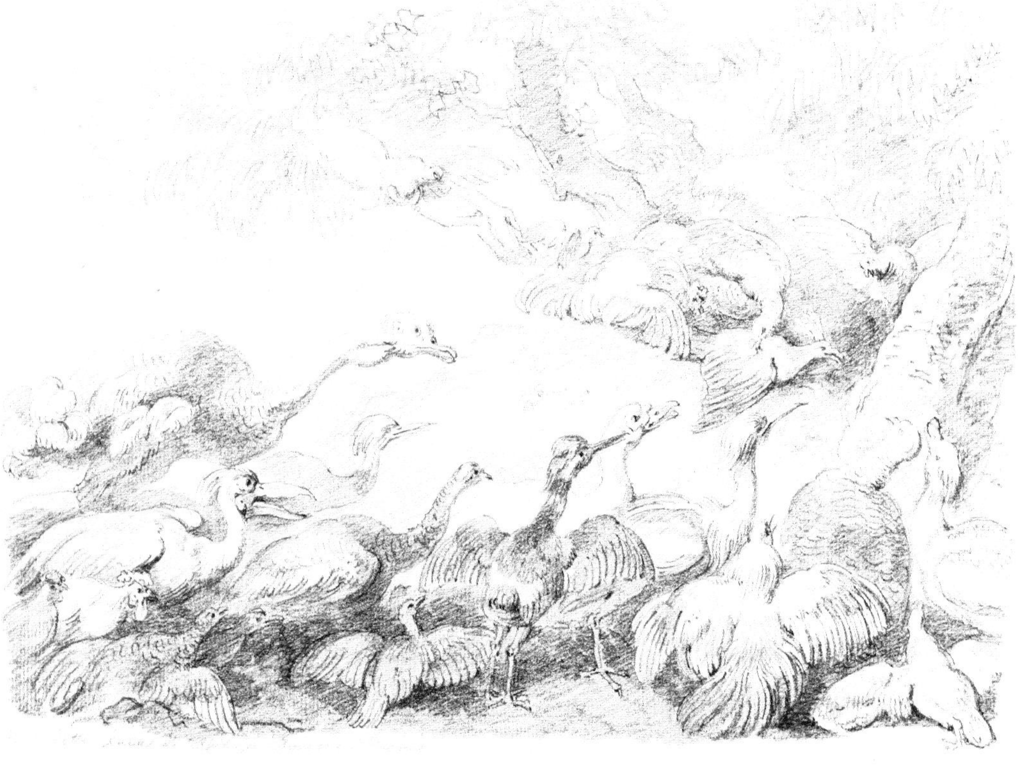

Le tableau de Castiglione (1609-1663/65 ; *fig. 1*), autrefois au Palais Durazzo, est aujourd'hui dans la collection Durazzo Pallavicini à Gênes. Mais Fragonard ne l'a que partiellement copié. Il s'est intéressé aux oiseaux exotiques, comme aux oiseaux de basse-cour, mais néglige la partie gauche de l'œuvre (peut-être est-elle postérieure à Fragonard) ainsi que sa partie supérieure (où l'on a tour à tour reconnu Dieu et Jupiter).

« Un maître dont les ouvrages sont prodigieusement rares et recherchés ailleurs et qui sont en fort grand nombre ici, c'est le Benedette ou plutôt le Greghetto, car c'est ainsi qu'on l'appelle à Gênes où il est né. Peintre plein de feu, de génie et de goût, surtout dans le genre des bacchanales et des animaux qu'il aimait à peindre, ce qu'il faisait excellement » (Saint-Non, *Journal*, 1986, p. 245 et 247).

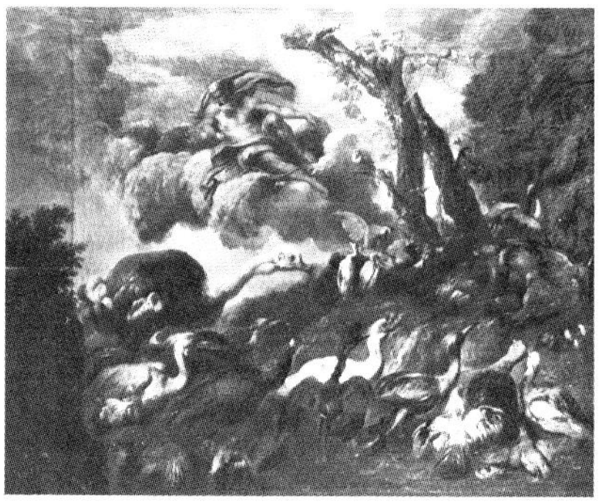

fig. 1. G.B. Castiglione
*Jupiter entouré d'oiseaux de toutes espèces*,
Gênes, Palais Durazzo Pallavicini

# 59 La Nativité

d'après G. B. Castiglione

Paris

H. 288 ; L. 192
Pierre noire
Annotation en bas à gauche, à la pierre noire, de la main de Saint-Non : « Benedette-Eglise di S^t Luc. Gesnes »

Londres, British Museum

**Provenance**
Voir n° 43.
1936.5.9.42.

**Bibliographie**
Senior, 1936, pp. 5-9 ;
A. 1817 fig. 755 ;
Rosenberg et Brejon, 1986, n° 350, ill.

**Œuvres en rapport**
Une contre-épreuve d'une contre-épreuve, non annotée, appartient à une coll. privée parisienne *(fig. 1* ; A. 1818 fig. 757 ; voir aussi A. 1821, sans doute le même dessin, mais coupé de sa légende*)*.

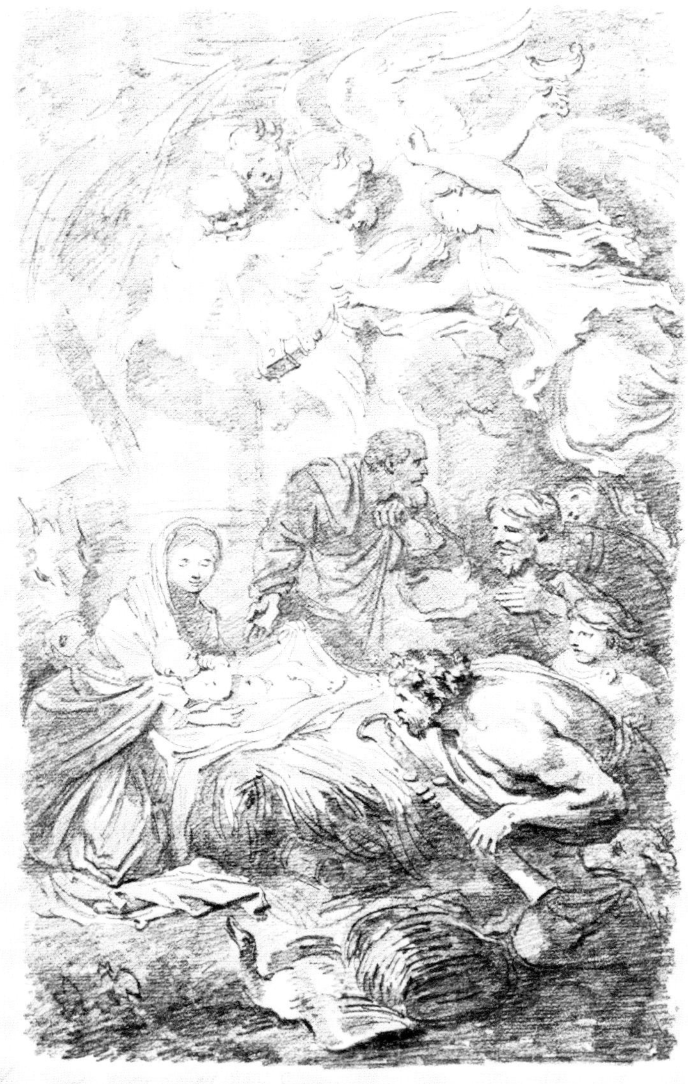

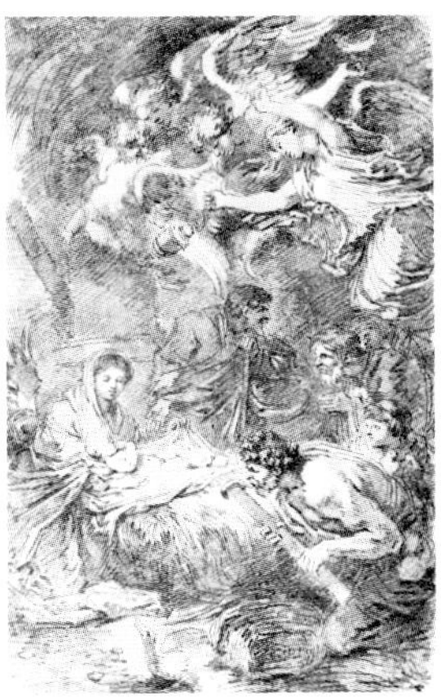

fig. 1. *La Nativité,* contre-épreuve, Paris, coll. privée

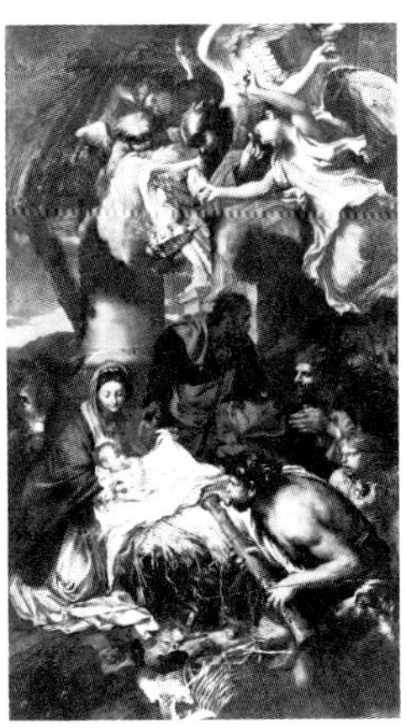

fig. 2. G.B. Castiglione, *La Nativité,* Gênes, San Luca

La *Nativité (fig. 2)* de Castiglione (1645) — un « des plus beaux » tableaux de l'artiste (Saint-Non) — est toujours à l'église San Luca de Gênes. Nous savons (voir notice précédente) l'admiration de Saint-Non pour Castiglione. Celle de Fragonard ne fut pas moins grande. En cela, l'artiste ne se distinguait guère de ses contemporains. Boucher, déjà, s'était à plusieurs occasions inspiré du maître génois.

Pour Fragonard, Castiglione, qu'il avait abondamment copié dans la collection du consul Smith à Venise, symbolisait autant la pastorale et le plein air qu'une fantaisie et une inspiration sans cesse renouvelées.

60 **Saint Alexandre Sauli**

d'après Pierre Puget

Paris

H. 273 ; L. 169
Pierre noire
Annotation en bas à gauche, à la pierre noire, de la main de l'abbé de Saint-Non : « Du Puget. Eglise de Carrignano. Gesnes »

Londres, British Museum

**Provenance**
Voir nº 43.
1936.5.9.38.

**Exposition**
Tokyo, 1980, nº 108, ill.

**Bibliographie**
Senior, 1936, pp. 5-9 ;
A. 2590 fig. 654 ;
Rosenberg et Brejon, 1986, nº 352, ill.

Voir notice suivante.

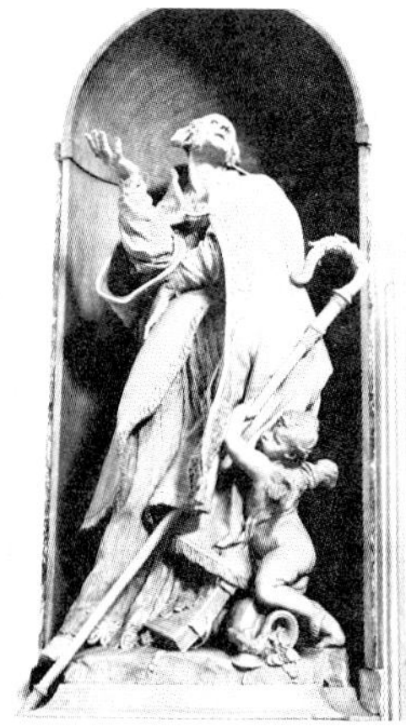

fig. 1. P. Puget, *Saint Alexandre Sauli,* Gênes, Santa Maria di Carignano

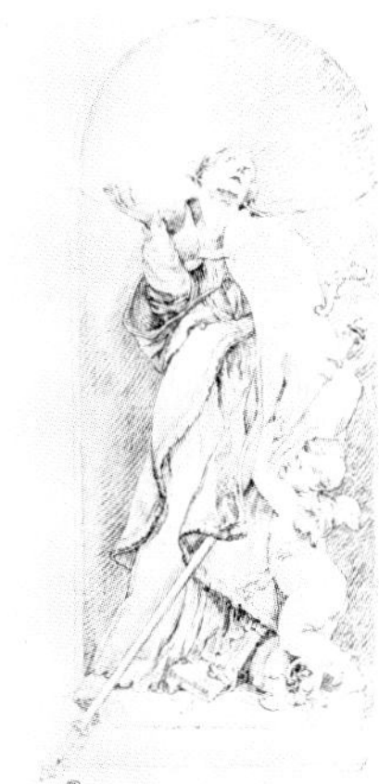

fig. 2. E. Bouchardon, *Saint Alexandre Sauli,* Paris, musée du Louvre, Cabinet des dessins

61 **Saint Sébastien**

d'après Pierre Puget

New York

H. 179 ; L. 288
Pierre noire
Annotation en bas à gauche, de la main de Saint-Non : « Du Puget Eglise de Carignano à Gesnes »

Londres, British Museum

**Provenance**
Voir nº 43.
1936.5.9.37.

**Bibliographie**
Senior, 1936, pp. 5-9 ;
A. 2589 fig. 653 ;
Rosenberg et Brejon, 1986, nº 351, ill.

« C'est dans cette église (Santa Maria di Carignano) que sont les deux fameuses statues de Puget dont l'une représente Saint Sébastien attaché à un tronc d'arbre, et l'autre un saint Évêque avec la mitre et les habillements pontificaux *(cat. 60 fig. 1),* morceaux de la plus grande beauté surtout celle de l'Évêque » (Saint-Non, *Journal,* 1986, p. 247). L'abbé se distingue de ses contemporains qui, presque sans exception, accordent leur préférence au *Saint Sébastien (fig. 1).* La liste des artistes qui l'ont copié est longue (voir cat. exp. Florence, 1968, nº 39) : on comparera les dessins de Fragonard à ceux de Bouchardon (1698-1762 ; *fig. 2* et *cat. 60 fig. 2*), considéré de son vivant comme un des, sinon le plus grand, dessinateur du temps. Bouchardon sans doute est plus solide, plus vigoureux, mais n'a pas l'élégance inspirée que Puget a su donner à ses deux admirables créations.

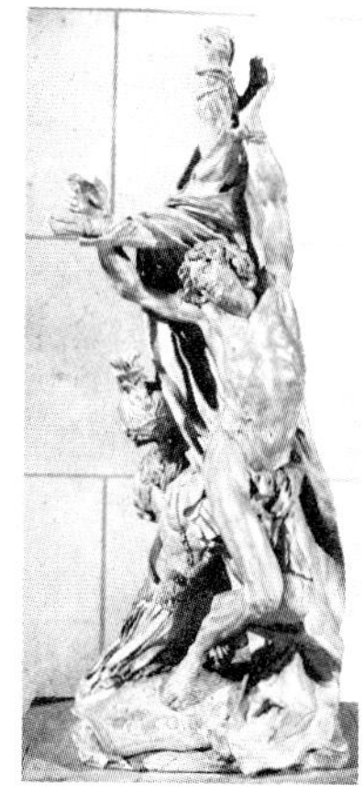

fig. 1. P. Puget, *Saint Sébastien,* Gênes, Santa Maria di Carignano

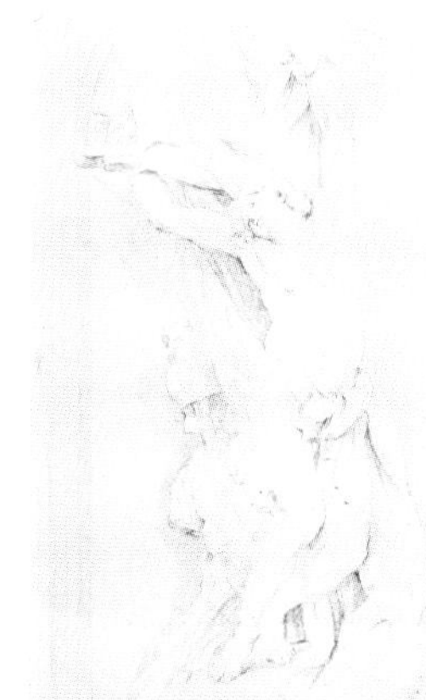

fig. 2. E. Bouchardon, *Saint Sébastien,* Paris, musée du Louvre, Cabinet des dessins

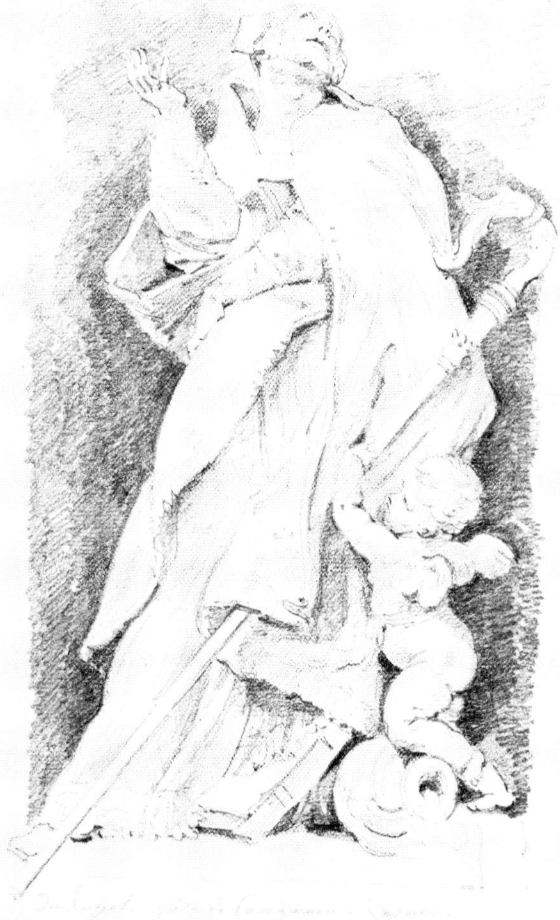

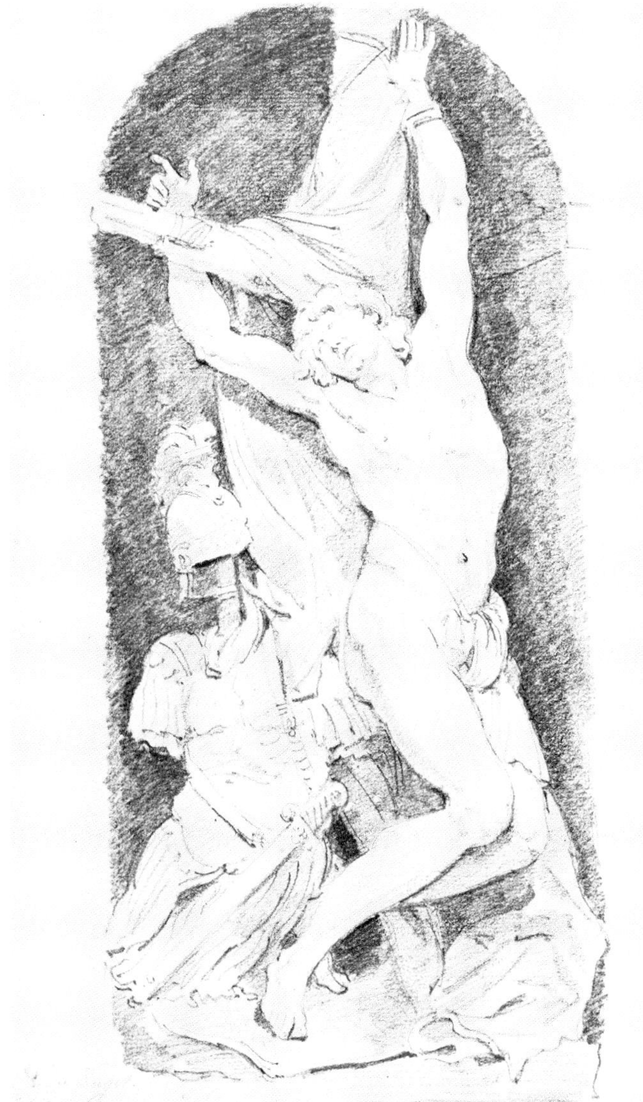

# 62 La villa Lomellini Rostan à Multedo, près de Gênes

Paris

H. 199 ; L. 284
Pierre noire
Annotation en bas à gauche, à la pierre noire, de la main de l'abbé de Saint-Non : « Chateau de Multado appartenant au Serenissime Aug. de Lomellini Doge de Gesnes 1761 »

Londres, British Museum

**Provenance**
Voir n° 43.
1936.5.9.69.

**Exposition**
Tokyo, 1980, n° 96, ill.

**Bibliographie**
Senior, 1936, pp. 5-9 ;
A. 1489 fig. 404 ;
Rosenberg et Brejon, 1986, n° 357, ill. et fig. LVII ;
Sutton 1980, 1987, p. 106 et fig. 11 p. 112.

« Avant d'y arriver (aux jardins du prince Doria), l'on rencontre Multado *(sic)* appartenant aux Lomellini dont la plus grande singularité pour le pays est une petite étendue de près de la grandeur de deux arpents environ, entouré d'arbres, qui forment le demi-cercle et une promenade fort agréable ; cette espèce de petite esplanade est toute formée à force de voûtes et répond à la hauteur du premier étage de la maison » (Saint-Non, *Journal*, 1986, p. 250). Fragonard a placé la villa à l'arrière-plan sous une voûte de grands arbres en berceau. Au premier plan, des enfants jouent, un couple s'enlace. Le copiste s'efface devant l'artiste !

# 63 L'arc de triomphe de Saint-Rémy de Provence

Paris

H. 193 ; L. 274
Pierre noire
Annotation en bas à gauche, de la main de l'abbé de Saint-Non : « Arc de triomphe près St.Remy petite Ville de provence à 3 Lieux de Tarascon »

Londres, British Museum

**Provenance**
Voir notice 43.
1936.5.9.70

**Exposition**
Tokyo, 1980, nº 99, ill.

**Bibliographie**
Senior, 1936, pp. 5-9 ;
A. 864 fig. 525 ;
Rosenberg et Brejon, 1986, nº 358, ill. et fig. LVIII.

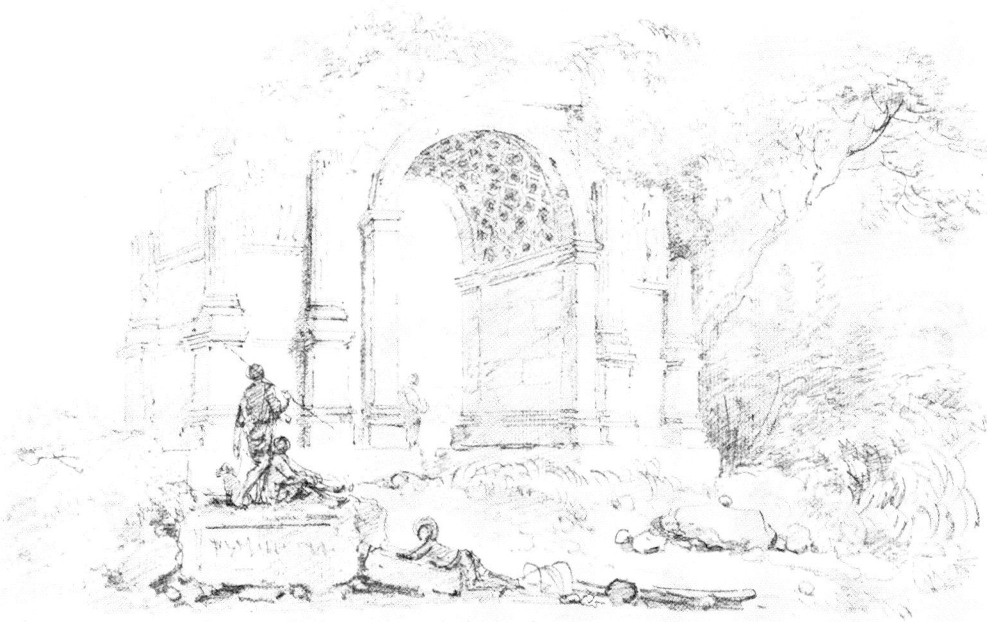

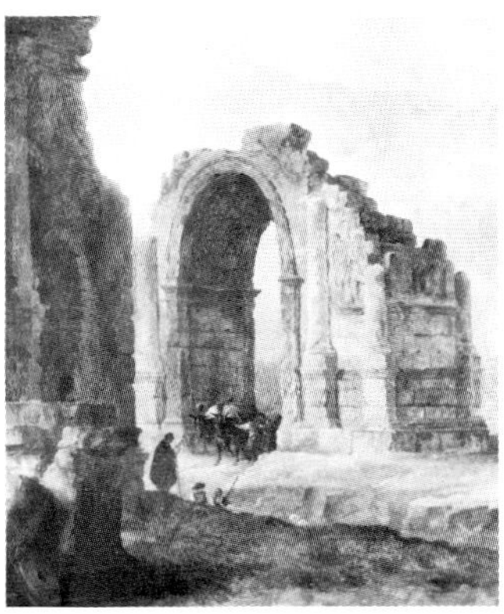

fig. 1. H. Robert,
*L'arc de triomphe d'Orange*
(détail montrant l'arc
de triomphe de Saint-Rémy),
Paris, musée du Louvre

Les trois derniers dessins de Fragonard du voyage de retour d'Italie, les trois seules feuilles réalisées en France, représentent des monuments de l'Antiquité : l'arc de triomphe de Saint-Rémy-de-Provence (Glanum) a été érigé à l'entrée de la ville en 40 avant J. C. environ. De part et d'autre de l'arcade centrale, on reconnaît, entre les colonnes cannelées, deux groupes de deux personnages figurant des captifs et des captives.

Alors que pour dessiner les monuments grecs ou romains d'Italie — Paestum notamment — Saint-Non avait employé Hubert Robert, sur la route du retour il n'en fait reproduire aucun — à notre connaissance — par son compagnon de voyage. En outre, dans son *Journal*, il ne mentionne pas même Saint-Rémy.

Fragonard, loin de Rome, loin d'Hubert Robert, a-t-il voulu se prouver qu'il n'était pas inférieur, sur son propre terrain, à son ami dans la reproduction des monuments antiques ? Son dessin, s'il n'a pas la puissance des feuilles de Robert, n'est pas une banale copie de l'arc de triomphe. Fragonard retient un angle de vue flatteur et anime sa composition par des personnages vus à contre-jour, inspirés par Panini.

Au second plan de son célèbre *Arc de triomphe d'Orange* peint pour Fontainebleau en 1787 *(fig. 1)*, Hubert Robert a représenté, à son tour, l'arc de triomphe de Saint-Rémy.

# 64 Le mausolée de Saint-Rémy de Provence

New York

H. 259 ; L. 194
Pierre noire
Longue annotation dans le bas, de la main de l'abbé de Saint-Non : « Tombeau antique à St. Remy en provence./au dessous de La frise du Pr. ordre est Cette inscription. SEX. L. M. JULI. AE J.C.F. PARENTIBUS SUIS »

Londres, British Museum

**Provenance**
Voir notice 43.
1936.5.9.71.

**Bibliographie**
Senior, 1936, pp. 5-9 ;
A. 885 fig. 712 ;
Rosenberg et Brejon, 1986, n° 359, ill. et fig. LIX.

**Œuvres en rapport**
Une contre-épreuve annotée appartient à une coll. privée parisienne (A. 885a).

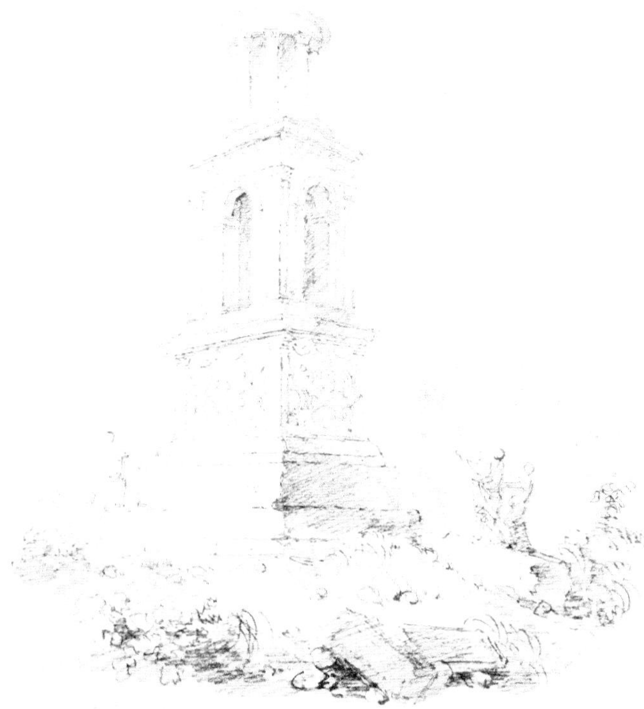

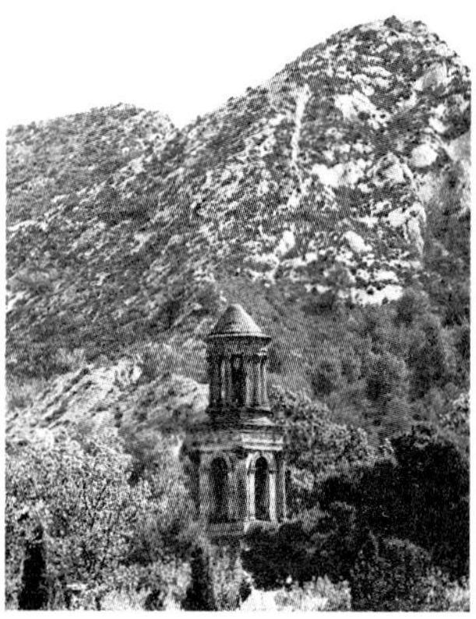

fig. 1. Le mausolée de Saint-Rémy de Provence, photographie

Le mausolée de Saint-Rémy de Provence (Glanum) est un des plus fameux monuments romains de la Gaule. Il daterait des débuts de notre ère et serait, selon Henri Roland, un cénotaphe élevé à la mémoire des petit-fils d'Auguste *(fig. 1)*. Fragonard a copié avec précision deux des bas-reliefs de l'étage inférieur, les arcades de l'étage intermédiaire, les colonnes dont l'entablement supporte une coupole. Ce monument comptait dès le XVIIIe siècle parmi les antiques les plus fameux de France. Hubert Robert le reproduit au second plan de son *Arc de triomphe d'Orange (fig. 2)* peint en 1787 pour le château de Fontainebleau. Sur le dessin de Fragonard, quelques touristes contemplent le monument.

À l'arrière plan, un cyprès nous rappelle Tivoli : 128 ans plus tard Van Gogh, interné à Saint-Rémy, dessinera et peindra inlassablement ces cyprès dont il donnera une image autrement émouvante.

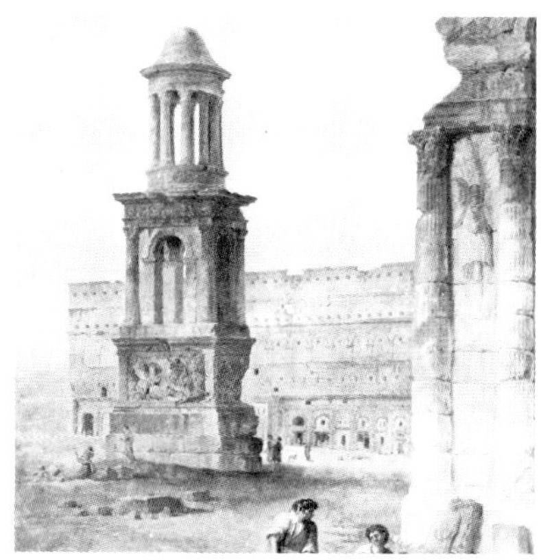

fig. 2. H. Robert, *L'arc de triomphe d'Orange* (détail montrant le mausolée de Saint-Rémy), Paris, musée du Louvre

# 65 La Maison Carrée à Nîmes

H. 194 ; L. 289
Pierre noire
Annotation en bas à gauche, de la main de l'abbé de Saint-Non : « Vuë de La Maison Quarrée à Nismes »

Karlsruhe, Staatliche Kunsthalle, Kupferstichkabinett

**Provenance**
Coll. Henri Lacroix (1889) ; coll. Camille Groult ; vente Paris, Palais d'Orsay, 14 décembre 1979, n° 7, ill. ; [Adolphe Stein] ; acquis en 1980.
1980.21.

**Exposition**
Karlsruhe, 1983, n° 33, ill. p. 75 (notice par Eckart von Borries).

**Bibliographie**
P. p. 316 et ill. p. 156 ;
R. p. 224 ;
A. 877 ;
*Jahrbuch der Staatlichen Kunstsammlungen in Baden-Württemberg,* 1981, p. 138 et fig. 11 ;
Rosenberg et Brejon, 1986, n° 360, ill. et fig. LX.

**Œuvres en rapport**
Une contre-épreuve annotée appartient à une coll. privée parisienne (A. 877a).

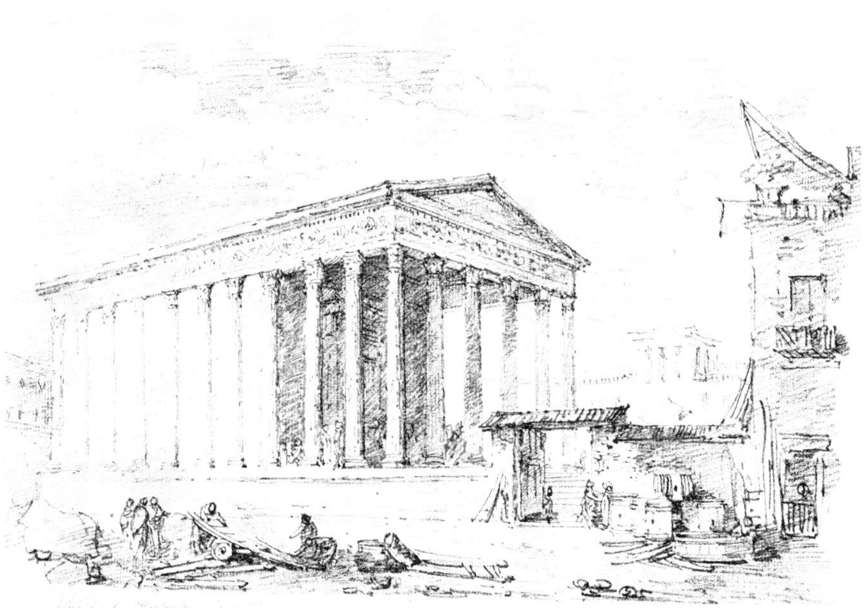

« Monument unique pour sa beauté et sa conservation », la Maison Carrée, qui date de l'époque d'Auguste, comptait parmi les monuments de la Gaule les plus admirés au XVIIIe siècle. Saint-Non (1986, p. 254) et Fragonard la visitèrent le 17 septembre 1761. H. Robert *(fig. 1)* la peindra magnifiquement un quart de siècle plus tard.

Fragonard, bien sûr, dessine avec fidélité la Maison Carrée. Mais il ne néglige pas pour autant les bâtisses voisines, les passants, les visiteurs, les ouvriers qui semblent charger des blocs de pierre. À l'inverse de Robert qui isole le monument et le décrit comme hors du temps, Fragonard l'inscrit, non sans une certaine familiarité, dans la réalité quotidienne. L'heure du jour, le pittoresque du site lui importent autant, sinon plus, que l'évocation des grandeurs du passé.

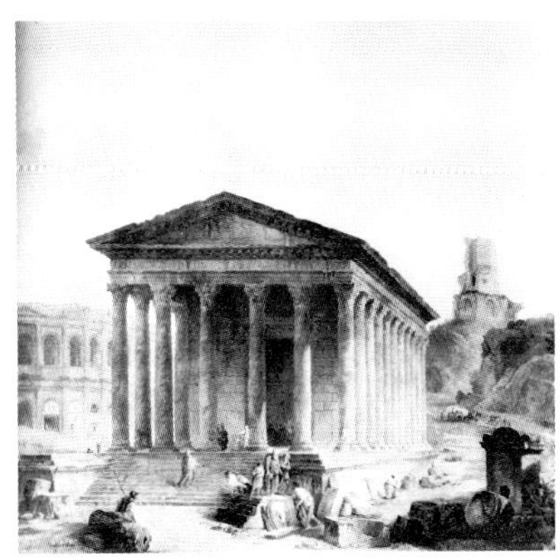

fig. 1. H. Robert,
*La Maison Carrée,*
Paris, musée du Louvre

# III 1761-1765

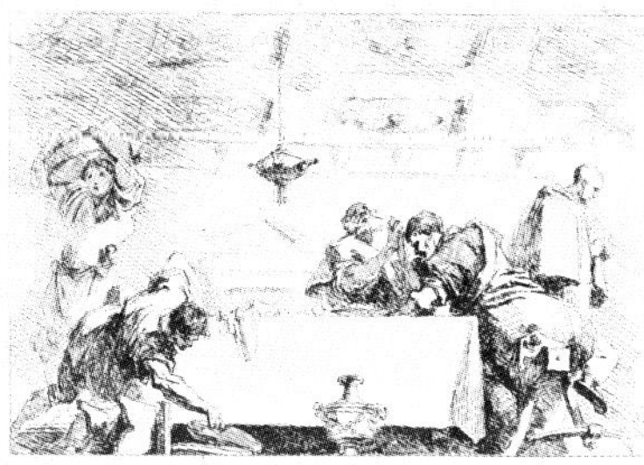

fig. 1. *Les pélerins d'Emmaüs* d'après S. Ricci, Paris, musée du Louvre, Cabinet des dessins, coll. Rothschild

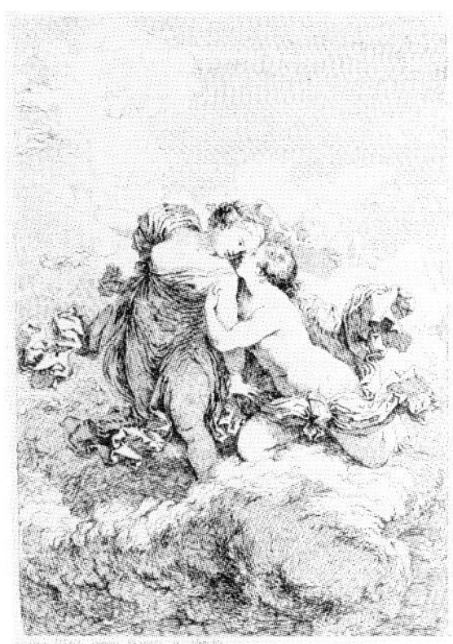

fig. 2. *Femmes dans les nuages* d'après P. Liberi, Paris, musée du Louvre, Cabinet des dessins, coll. Rothschild

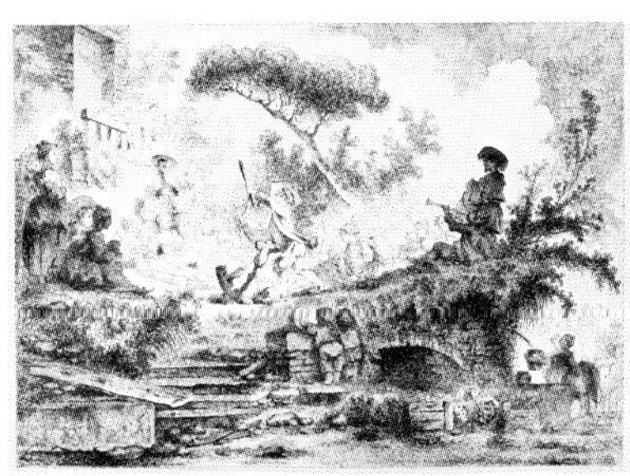

fig. 3. Saint-Non, *La danse de l'ours*, Paris, musée du Louvre, Cabinet des dessins, coll. Rothschild

Le 26 septembre 1761, Fragonard est de retour à Paris. Le 30 mars 1765, il est agréé à l'Académie. Que fit Fragonard pendant ces trois ans et demi ? Avouons-le, cette période reste pour nous encore bien mystérieuse.

Tout d'abord, Fragonard grave : il grave quelques dessins d'après les maîtres qu'il avait copiés en 1761 *(fig. 1* et *2* ; voir n^os^ 39-40, 51-53*)*. En 1763, il grave quatre bacchanales (n^os^ 67-70) inspirées de l'antique qui plurent beaucoup et plaisent toujours et dont les sujets agréables inspirèrent les sculpteurs, de Sergel à Clodion. Il reproduit encore une vue de la villa d'Este, le *Petit Parc* (n° 66), dont il avait rapporté le dessin d'Italie. Mais c'est surtout l'abbé de Saint-Non qui grave à l'aquatinte les œuvres italiennes de son compagnon de route (une première dès 1761). Caylus l'avait prédit : « il [l'abbé] fait un magasin pour se nourrir le reste de sa vie ». Une des plus anciennes de ces gravures, la *Danse de l'ours (fig. 3)*, mérite que l'on s'y arrête un instant. En effet, on en connaît le dessin préparatoire (A. 2115 ; Tokyo, 1980, n° 114, ill.) qui pourrait bien, comme l'eau-forte, dater de 1762. Mais les points d'ancrage sont rares. Aussi bien pour ce qui est de la vie quotidienne de Fragonard, de ses amitiés ou de ses amours, qu'en ce qui concerne son activité artistique, nous en sommes réduits aux hypothèses (qui sont allées bon train !).

Soudain en mars 1765, Fragonard présente aux Académiciens non seulement un immense tableau, *Corésus et Callirhoé* (n° 104), mais encore « plusieurs paysages bien faits et bien coloriés (voir n^os^ 30 et 32), comme aussi des dessins de diverses manières » (Wille), enfin — une autre source ancienne nous l'apprend — un tableau *L'absence des pères et mères mise à profit* (n° 108). Deux remarques s'imposent. Fragonard aborde tous les « genres » : l'Histoire, la scène de genre, le paysage, le dessin... Et dans des styles de la plus grande diversité. Qui pourrait croire que le paysage d'Annecy (n° 86), si hollandisant, le tableau de l'Ermitage, *L'absence des pères et mères mise à profit*, qui doit beaucoup à Greuze, et le *Corésus* du Louvre sont contemporains ?

La seconde constatation répond en partie à notre première interrogation : ces œuvres, par leur nombre et leur ambition, constituent un immense effort, représentent un travail considérable qui dut tenir Fragonard occupé pendant l'essentiel de cette période. Certes, et nous en avons la certitude pour ceux exposés quelques mois plus tard au Salon, les « dessins » montrés par Fragonard à ses (futurs) collègues de l'Académie peuvent fort bien avoir été exécutés en Italie, mais *Corésus* ne fut entrepris qu'au retour. Les « milieux informés », comme on dirait aujourd'hui, savaient que quelque chose de grand se préparait. La présentation aux Académiciens était la conclusion d'un long labeur : qui lit attentivement la Correspondance échangée entre le surintendant des Bâtiments et le secrétaire de l'Académie retient l'impression qu'aussi bien Marigny que Cochin, bien avant mars 1765, avaient eu tout le loisir d'examiner *Corésus* et d'en suivre l'élaboration.

Au Salon, quelques mois plus tard, *Corésus* fit sensation : nous citons dans notre notice les passages les plus louangeurs des critiques du

Salon et aussi les quelques réserves. Le long texte de Diderot, un des plus élaborés qu'il ait consacré à un tableau, même s'il ne fut pas publié au XVIII^e siècle, était connu et signalait à l'attention de tous l'auteur du *Corésus*. Mais ce triomphe n'était pas dû au seul mérite de Fragonard. Carle Vanloo, alors le plus célèbre peintre français, respecté aussi bien pour ses qualités humaines que pour la qualité de son enseignement, admiré pour le sérieux et le savoir de son art, venait de mourir, tout comme Deshays, le prometteur gendre de Boucher (et propriétaire de copies de Fragonard d'après Rembrandt), l'espoir de l'École française. À tout prix, il leur fallait un remplaçant qui puisse devenir le peintre officiel de la France. *Corésus* annonçait un artiste de cette mesure. Grimm en fait la remarque à Diderot : « Vous avez bien fait de vous arrêter à ce tableau de Fragonard qui a principalement fixé l'attention du public, moins encore par son propre mérite que peut-être par le besoin que nous avons de trouver un successeur à Carle Van Loo et à Deshays ».

L'agrément à l'Académie valut à Fragonard l'achat de *Corésus* par le Roi (2.400 livres payées avec les lenteurs de l'administration d'alors), la commande d'un pendant (n^o 107), un logement au Louvre. De ces paiements, de ces secours, Fragonard avait grand besoin. À Marigny qui ne se hâtait guère (le pouvait-il ?), Cochin demande, suppliant, un acompte sur le prix du *Corésus*, sinon « il [Fragonard] se trouverait obligé par [le] besoin de se livrer à des ouvrages peu conformes à son génie et qui retarderaient les succès que l'on a droit d'en attendre ».

Sur cette remarque si intéressante, nous conclurons, non sans avoir auparavant insisté sur trois points qui nous éclairent sur ce que durent être les débuts de notre peintre et sur ce que signifia pour lui le Salon de 1765.

On sait l'amitié qui lia Fragonard et Saint-Non de 1760 à la mort de l'abbé en 1791. L'on n'a pas prêté suffisamment attention, à ce jour, à cette remarque de son biographe, un autre abbé commendataire, l'abbé Brizard : « un peintre, aujourd'hui célèbre, avait reçu de lui, en Italie et en France, des marques multipliées du vif intérêt que lui inspiraient ceux qui, à des talents distingués, joignaient des qualités aimables. Par un événement particulier, les productions de cet artiste » (il s'agit bien sûr de Fragonard) « acquirent tout-à-coup un prix extraordinaire. L'Abbé de Saint-Non en possédait un grand nombre ; il les lui donne en lui disant : Mon ami, je faisais un cas infini de tes ouvrages, mais j'ignorais le prix que les autres y attachent ; je te les rends afin que tu profites de la justice du public amateur, et que tu en tires le parti avantageux que tu peux en espérer ».

Il est clair pour nous que l'abbé de Saint-Non, non seulement restitua à Fragonard en 1765, au moment de l'« événement particulier » qui « tout à coup » rendit l'artiste célèbre, ses dessins, notamment ceux du voyage à Tivoli et du séjour à la villa d'Este, mais encore qu'il l'avait aidé matériellement durant les difficiles années 1762-1764.

On retient de Fragonard l'image d'un artiste frivole, peignant comme l'on chante, créant avec autant de facilité que de rapidité. Les témoignages des contemporains sur les débuts de Fragonard, unanimes, prouvent qu'il n'en est rien. « La timidité, qui règne dans le caractère de cet artiste, lui retient la main, et, jamais content de sa production, il efface et revient sur lui-même, ce qui est une méthode qui nuit au talent, et qui peut faire tort à ce jeune artiste », écrit Mariette en 1765, qui ajoute : « j'en serais fâché, les efforts qu'il fait pour bien faire méritent un meilleur succès ». Cochin, le 1^er avril 1765, n'est pas moins explicite : « j'ajouterai qu'un des mérites de cet artiste est une modestie qui va jusqu'à une défiance outrée de soi-même ». Cette « timidité », ce

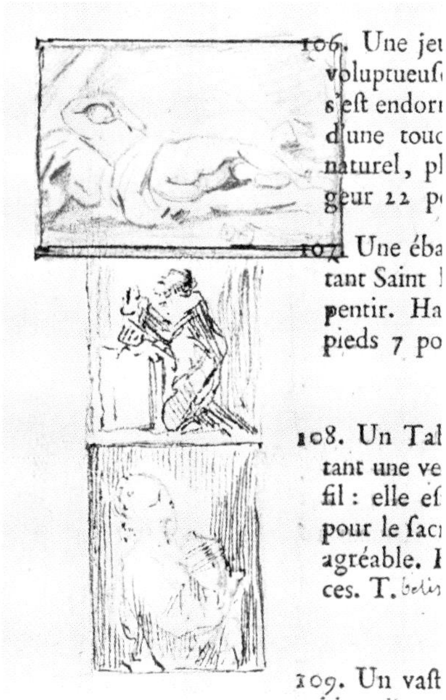
106. Une jei
voluptueuſ
s'eſt endorı
d'une touc
naturel, pl
geur 22 p
107. Une éba
tant Saint
pentir. Ha
pieds 7 po

108. Un Tal
tant une ve
fil : elle eſ
pour le ſaci
agréable. I
ces. T.

109. Un vaſt

fig. 4. G. de Saint-Aubin, détail d'une page du catalogue de la vente Verrier (1776), Paris, Bibliothèque Nationale, Cabinet des estampes

manque de confiance en soi, nous en signalerons d'autres témoignages. Elles ne rendent pas compte de *tout* Fragonard, mais elles auront — nous le verrons bientôt — leur conséquence.

Il faut enfin revenir à Grimm : « quand on pense à cette foule de jeunes gens revenus de Rome et agréés par l'Académie, sans donner la moindre espérance, on n'en peut pas bien augurer pour la gloire de l'École française, déjà assez décriée d'ailleurs. Nous n'avons qu'un Fragonard qui promette contre cette foule de Briard, Brenet, Lépicié, Amand, Taraval, qui certainement ne feront jamais rien. Je ne crois pas le tableau de Fragonard sans mérite, tant s'en faut, mais il faut attendre le Salon prochain pour voir ce que cet artiste deviendra. Ce ne serait pas la première fois que nous aurions vu un peintre nouvellement arrivé de Rome et la tête pleine des richesses de l'Italie, débuter d'une manière assez brillante et puis s'affaiblir et s'éteindre de Salon en Salon... »

« Des ouvrages peu conformes à son génie » ! On ne voit que trop bien les tableaux auxquels Cochin faisait allusion. Fragonard, avant 1765 assurément, en peignit et s'en fera bientôt le spécialiste. La difficulté n'est pas tant d'en dresser la liste que de tenter d'identifier les premiers de ceux qu'il réalisa durant ces années obscures. Certains sont lestes et sont catalogués plus loin (voir n^os^ 72 et 73 ; voir aussi *fig. 4*). Certains ne le sont pas et sont reproduits ici (n° 71 bis *fig. 3* et *4*) car nous n'avons pu en obtenir le prêt. Aucun n'est d'une date sûre. Ils confirment la variété des talents de Fragonard, la diversité de ses manières et son aisance, d'autant plus manifeste qu'elle est liée à la rapidité de l'exécution. Fréron, dans l'*Année littéraire* de 1765, avait-il tort entièrement qui écrivait : « M. Fragonard a surtout l'avantage de ne paraître l'imitateur d'aucun grand Peintre ».

**1762**

Saint-Non grave *La danse de l'ours* d'après Fragonard *(fig. 3 p. 149).*

**1763**

Fragonard grave à l'eau-forte une suite de quatre planches désignées sous le titre de *Les mœurs des Nymphes et des Satyres* ou encore *Bacchanales (voir nos 67-70).*

7 février
Première vente où figurent des dessins de Fragonard (sans que leurs sujets soient spécifiés).

1er avril
« Vu 1° avril 1763 », inscription portée en manuscrit sur la marge de la gravure par de Fehrt d'après Fragonard : *Draperie jettée sur le Mannequin* (B. N., Kc. 14, petit in-fol.), voir *cat 12 fig. 2.*

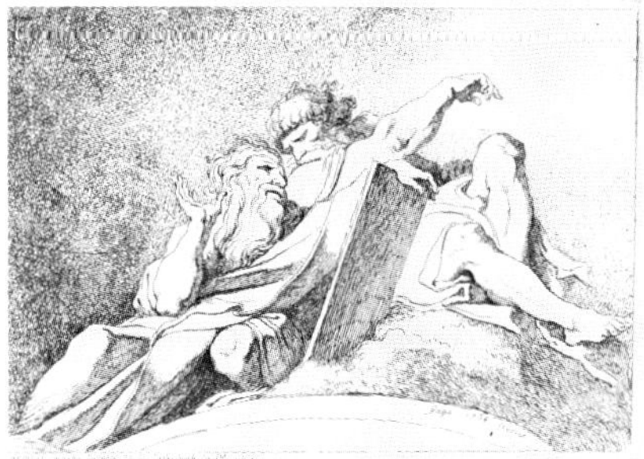

fig. 1. *Moïse et un prophète*
d'après Annibal (en réalité Ludovic) Carrache,
Paris, musée du Louvre, Cabinet des dessins, coll. Rothschild

**1764**

Fragonard grave *Les deux prophètes* d'après Annibale (en réalité Ludovic) Carrache *(fig. 1)* et *Saint Roch en prison conforté par l'Ange* d'après Tintoret (l'exemplaire du musée de Grasse que nous reproduisons, *fig. 2*, comporte une inscription manuscrite : « fragonard sculp. »).

Saint-Non grave d'après Fragonard : *Vue de l'entrée de Tivoli et des murs de la Villa d'Este* et deux autres *Vue prise dans les jardins de la Villa d'Este à Tivoli* (voir *fig. 4 p. 95, cat 33 fig. 4* et *cat. 34 fig. 1*).

17 décembre
Le catalogue de la vente Leclerc mentionne deux tableaux de Fragonard (nos 16 et 17).

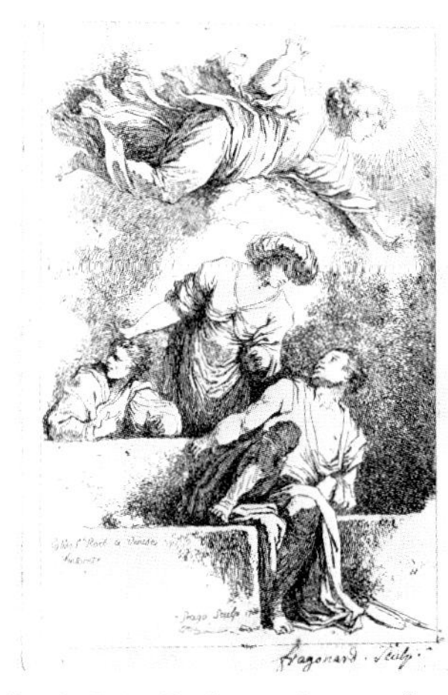

fig. 2. *Saint Roch en prison conforté par l'Ange*
d'après Tintoret,
Grasse, musée Fragonard

**1765**

30 mars
Fragonard est agréé à l'Académie sur présentation du tableau *Corésus et Callirhoé* (n° 104) (*Liste de messieurs les agréés à l'Académie Royale de peinture et de sculpture*, Bibliothèque de l'E.B.A, ms. 45 ; *Procès-Verbaux...*, VII, p. 295 ; Wille, *Mémoires et Journal*, I, p. 284 ; Mariette, *Abécédario*, II, p. 263, donne comme date le 31 mars).

1er avril
Cochin commente à Marigny l'agrément de Fragonard : « la satisfaction que vous avés bien voulu marquer des ouvrages de M. Fragonard me donne lieu de croire qu'il ne peut que vous être agréable que j'aye l'honneur de vous proposer des moyens de l'encourager et de développer ses talens ; j'ajouteray qu'un des mérites de cet artiste est une modestie qui va jusqu'à une défiance outrée de soy-même. C'est pourquoy je croy qu'il a besoin plus que personne des encouragemens qu'il mérite d'ailleurs si bien ».

Et pour cela il propose de faire exécuter en tapisserie aux Gobelins le *Corésus* ainsi qu'un pendant à commander à l'artiste en remplacement de deux autres commandes passées à Deshays qui vient de mourir. Fragonard pourrait aussi succéder à Deshays dans son atelier du Louvre : « M. Fragonard paroist dans la carrière des Arts avec un éclat si supérieur au leur [Brenet et Lépicié] qu'il n'est plus question de droits d'ancienneté : c'est pourquoy j'ay l'honneur de vous demander pour lui cet atelier. Ces bienfaits encourageans le mettront à portée de suivre des talens qui paroissent destinés à soutenir la gloire de notre école. » (Furcy-Raynaud, 1904, pp. 10-11).

3 avril
« J'adopte d'autant plus volontiers, Monsieur, tout ce que vous me proposés pour M. Fragonard que vous ne faites que me confirmer dans les dispositions où j'étois en sa faveur.

Vous pouvés donc luy annoncer que je retiens pour les Gobelins son tableau de *Callirhoé*, que je le charge d'en faire un autre de la même grandeur pour servir de pendant, et que je lui accorde l'atelier dont feu M. Deshays jouissoit au Louvre » (Furcy-Raynaud, 1904, pp. 11-12).

16 avril
Marigny annonce à Natoire l'agrément de Fragonard à l'Académie : « Le sr Fragonard vient d'être reçu à l'Académie avec une unanimité et un applaudissement dont il y a peu d'exemple. On espère qu'il contribuera beaucoup à nous consoller de la perte de M. Deshays, voilà un beau sujet d'émulation pour vos élèves » (*Corr. des Dir.*, XII, p. 77).

15 mai
« Je suis bien charmé que le sr Flagonard ce soit fait honneur dans sa réception à l'Académie, et encore, de plus, que vous ayés la bonté de me le confirmer ; c'est flateur pour luy et pour moy, attendu l'intérest que je dois prendre à tout ceux qui s'élèvent sous ma direction, et un bel exemple d'émulation pour les autres qui viendrons après luy » (lettre de Natoire à Marigny, *Corr. des Dir.*, XII, p. 80).

5 août
« J'ay remis longtemps à vous faire une prière en faveur de Mr Fragonard, mais son besoin m'y détermine. Il se trouveroit obligé par ce besoin de se livrer à des ouvrages peu conformes à son génie et qui retarderoient les succès que l'on a droit d'en attendre. Je vous supplie donc de vouloir bien lui accorder un acompte sur le tableau de *Corésus se sacrifiant pour Callirhoé* que vous avés bien voulu retenir pour la manufacture des Gobelins ; cet à-compte, si vous voulés bien l'en favoriser, peut être de 1.200 liv., et ce secours le mettroit en état de travailler, tant au tableau qui y fera pendant qu'à celui qu'il doit faire pour sa réception à l'Académie » (lettre de Cochin à Marigny, Furcy-Raynaud, 1904, p. 27).

8 août
Cochin insiste auprès de Marigny pour que Fragonard soit payé : « Maintenant, la grâce que je vous demande pour lui, c'est de l'aider de quelques secours d'argent.

Ce tableau de *Callirhoé* est un morceau d'environ 13 pieds de large sur 10. Les figures sont de proportion moyenne, il est fort riche et très fini : s'il étoit de quelqu'un de nos anciens, je ne pourrois l'estimer moins de 3.600 liv., prix auquel ont été estimés les tableaux qui ont servi aux tapisseries de votre salon, qui sont moins chargées d'ouvrage et n'ont que 10 pieds de large. J'use un peu de la jeunesse de M. Fragonard, et quoiqu'il soit aisé de prévoir qu'il prendra bientost un vol aussi élevé que ces Mrs, néanmoins je n'estime son tableau que 2.400 liv. ». (Furcy-Raynaud, 1904, p. 28).

17 août
Fragonard reçoit une ordonnance de 1.200 livres comme acompte pour son tableau *Corésus* (Registre du Louvre, *Paiements*, enregistrée le 16 août, Bibliothèque du Louvre, Réserve, $8^2$, fol. 49).

25 août
Au Salon, Fragonard expose trois tableaux, le *Corésus* (n° 104), un *Paysage* (n° 86) et l'*Absence des pères et des mères mise à profit* (n° 108), et au moins deux dessins, des *Vues de la Ville d'Este à Tivoli* (voir nos 30 et 32) (*Livret* du Salon de 1765).

Campion grave une scène d'intérieur avec cette inscription : « Frago. Delin. Romae-c. Campion Sc. antipoli 1765 » *(fig. 3)*.

15 septembre
Fragonard donne un dessin à Aignan-Thomas Desfriches (1715-1800). Le catalogue de la vente Calando du 11-12 décembre 1899, n° 54, précise : « habitation devant un cours d'eau, dans le fond, une vieille tour. Contrépreuve d'un beau dessin à la sanguine. Au verso, on lit : ‹dessin d'après nature de Monsieur Fragonard, dont il m'a fait présent le 15 septembre 1765. Desfriches› (H. 0,32 ; L. 0,43) ».

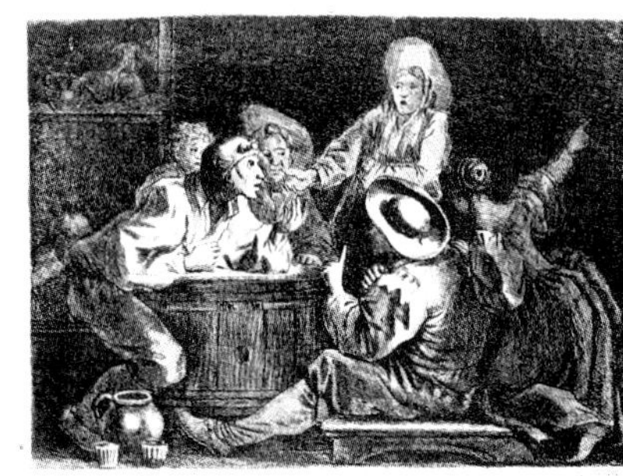

fig. 3. Campion, *Scène d'intérieur*,
Paris, musée du Louvre,
Cabinet des dessins, coll. Rothschild

# 66 Le petit parc

H. 112 (du cuivre), 103 (du trait carré) ; L. 165 (du cuivre), 140 (du trait carré)
Eau-forte originale
Signé au centre, sur le piédestal de la statue : *fragonard*

Paris, Bibliothèque Nationale, Cabinet des estampes

**Bibliographie**
Wildenstein, 1956, n° II, ill. (avec bibliographie complète, liste des ventes, collections possédant un exemplaire de l'eau-forte, etc...) ;
Pognon et Bruand, 1962, IX, p. 289, n° 22.

**Œuvres en rapport**

*Gravures*
Il existe un exemplaire de cette eau-forte, de dimensions différentes (il est d'un format moins large), avec variantes, qui passe parfois pour un second état de la gravure originale. Il est considéré par Wildenstein (1956, après P. p. 329 n° 129) comme de l'abbé de Saint-Non *(fig. 1)*.

On connaît d'autre part une copie par F. E. Weiroter de la partie inférieure de la gravure de Fragonard *(fig. 2)*.

*Tableaux*
La collection Wallace conserve un célèbre tableau, assez voisin dans sa mise en page générale *(fig. 3* ; W. 106 pl. 13*)*.

*Dessins*
Plusieurs dessins sont en relation avec le tableau comme avec l'eau-forte (A. 351 fig. 125, aujourd'hui dans le commerce à New York *(fig. 4)* ; A. 352 fig. 126, anc. coll. Beurdeley, sans doute le dessin gravé, *(fig. 5)* ; voir aussi A. 2148 fig. 578, une contre-épreuve rehaussée, autrefois dans la coll. Crocker).

Il existe enfin une gouache sur velin (A. 1575), autrefois en dépôt au musée de Portland (Oregon), passée en vente à New York (Sotheby's, 14 janvier 1987, n° 181, ill. couleurs), aujourd'hui dans une coll. newyorkaise *(fig. 6)*.

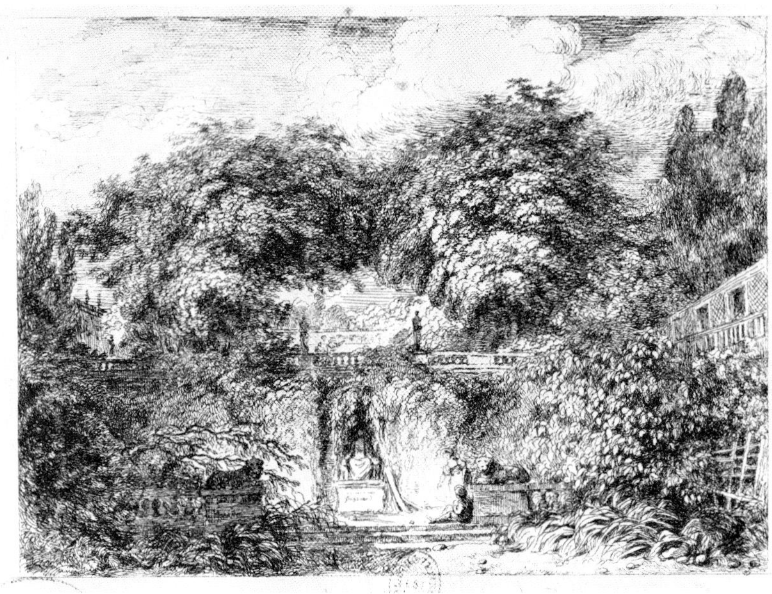

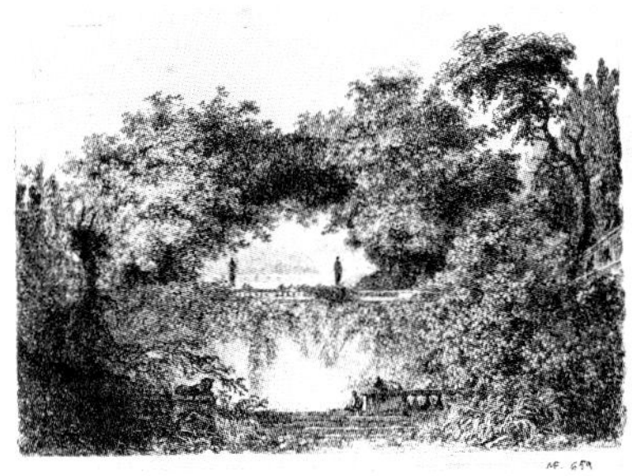

fig. 1. Saint-Non, *Le petit parc*, Grasse, musée Fragonard

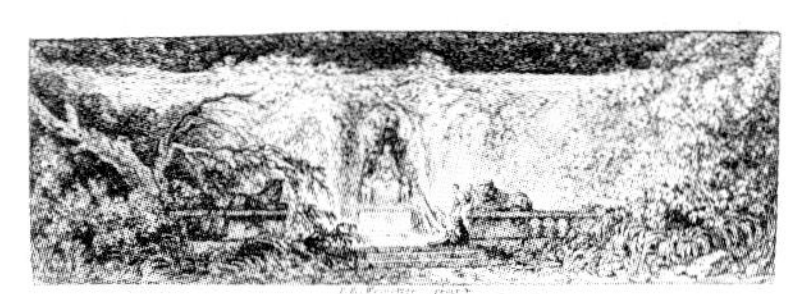

fig. 2. Weiroter, *Le petit parc*, Paris, coll. privée

Le *Petit parc* compte parmi les compositions les plus célèbres de Fragonard : l'existence d'un tableau (coll. Wallace à Londres), de deux dessins et d'une gouache, redécouverte récemment, d'une gravure imitée, à deux reprises dès le XVIII^e siècle, a obligé les spécialistes à s'interroger sur l'ordre d'exécution de ces œuvres. L'accord s'est fait pour dater l'eau-forte de Fragonard de 1763 (voir l'excellente notice de Victor Carlson, cat. exp. Baltimore, 1984, n° 46, ill.), bien que pendant longtemps l'hypothèse qui voulait que Fragonard l'ait réalisée à Rome, avant son départ pour la France, ait prévalu. Pour le tableau, l'hypothèse inverse a généralement été adoptée. Le fait qu'il soit peint sur une toile à gros grain, donc plutôt italienne (comm. écrite de Richard Beresford) nous fait hésiter à nous y rallier.

Quoi qu'il en soit, l'œuvre de Fragonard, directement inspirée par les dessins et les tableaux exécutés à Tivoli et à la villa d'Este durant l'été 1760, est un des plus vibrants hommages à la nature - une nature, certes, domestiquée par l'homme, mais qui reprend ses droits et se déploie avec exubérance.

Le graveur a parfaitement su traduire cette vitalité des arbres et des buissons qui envahissent le parc et recouvrent balustrades et statues. Fragonard n'a pas écarté toute présence humaine, mais la végétation a comme absorbé les visiteurs du parc.

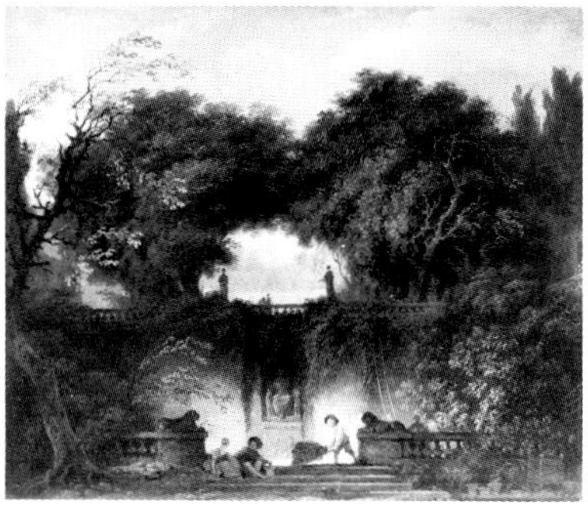

fig. 3. *Le petit parc*,
Londres, collection Wallace

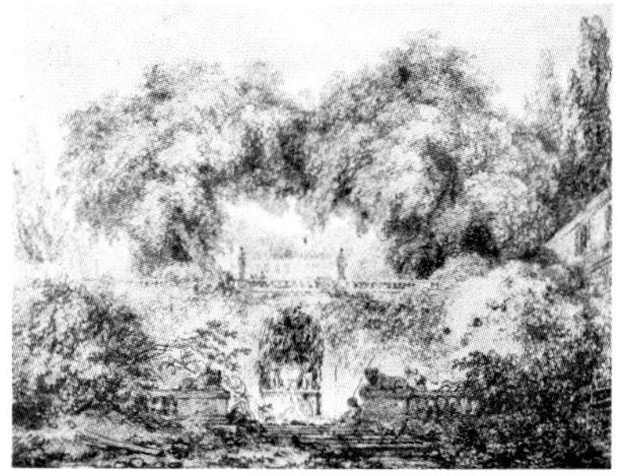

fig. 4. *Le petit parc*,
New York, commerce d'art

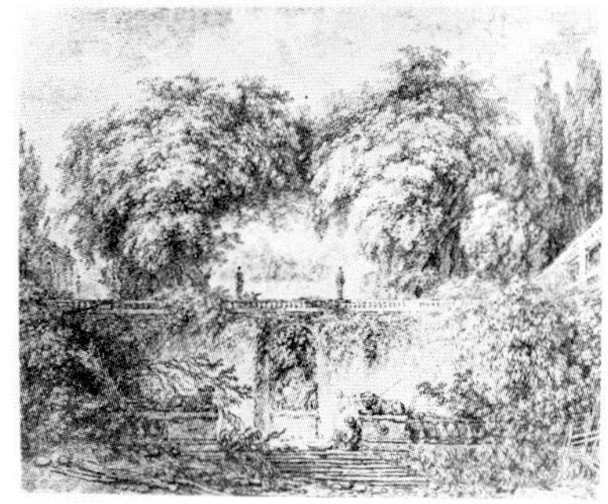

fig. 5. *Le petit parc*,
localisation actuelle inconnue

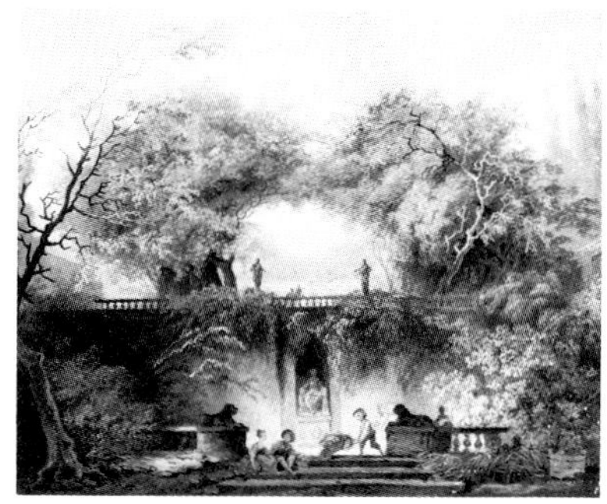

fig. 6. *Le petit parc*,
New York, coll. privée

## 67-70 Bacchanales *ou* Jeux de satyres

Eaux-fortes

## 67 Nymphe s'asseyant sur les mains de deux satyres

Signature (grattée) dans le bas, vers le centre : *frago 17(6* inversé*)3*

## 68 La famille du satyre

Signé sur la gauche en lettres capitales : *Frago*

## 69 Jeune fille à califourchon sur un satyre

Signé au centre, dans le bas du médaillon : *FRAG90*

## 70 Danse de satyres

Signé en bas, sur la gauche : *Frago*

H. entre 147 et 143 (du cuivre), entre 136 et 134 (du trait carré) ; L. entre 213 et 210 (du cuivre), entre 204 et 203 (du trait carré)
Chacune des eaux-fortes est connue en deux états (nous reproduisons les premiers états, les exemplaires de la Bibliothèque Nationale)

Paris, Bibliothèque Nationale, Cabinet des estampes (à Paris)
New York, The Metropolitan Museum of Art ( à New York)

**Bibliographie**
Wildenstein, 1956, n° III-VI, ill. (les seconds états ; avec bibliographie détaillée, liste des expositions, ventes et collections conservant des exemplaires de la suite) ;
Pognon et Bruand, 1962, IX, pp. 284-286, n$^{os}$ 2-5.

**Œuvres en rapport**
On n'a retrouvé aucun dessin de Fragonard dont on puisse affirmer sans hésitation qu'il ait servi à la gravure (voir cependant A. 2142, 1660, 1667, 2413, 982, 1662 et 1663 ; voir aussi l'article de P. Culot, 1974). Pour les dessins de la coll. Destailleur, entrés avec la coll. Ph. Hofer au Fogg Art Museum, voir en dernier E. W.[illiams], cat. exp., 1984, n° 31. Ils ne reviennent sûrement pas à Fragonard. Seraient-ils de l'abbé de Saint-Non lui-même *(fig. 1* à *4)* ? Celui-ci, en tout cas, en a gravé certains. Il a aussi gravé le médaillon central de la notice 61 *(fig. 5* ; Cailleux, 1964, n° 86, voir aussi 61*)*, vraisemblablement d'après un de ses dessins *(fig. 6)*, ainsi que ceux des notices 69 et 70 *(fig. 7* et *8)*.

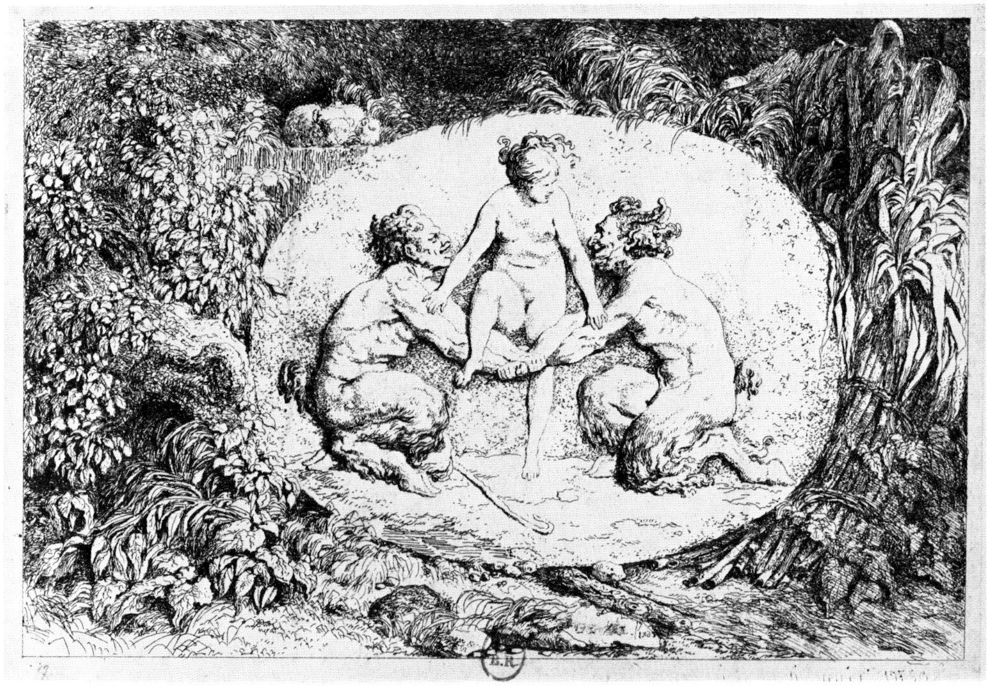

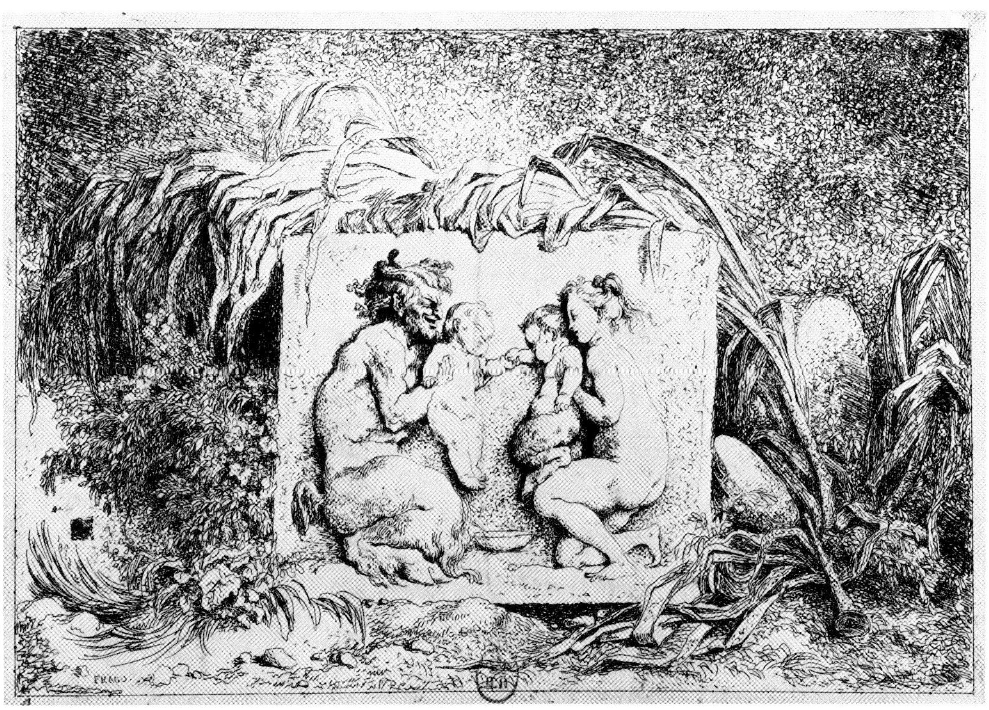

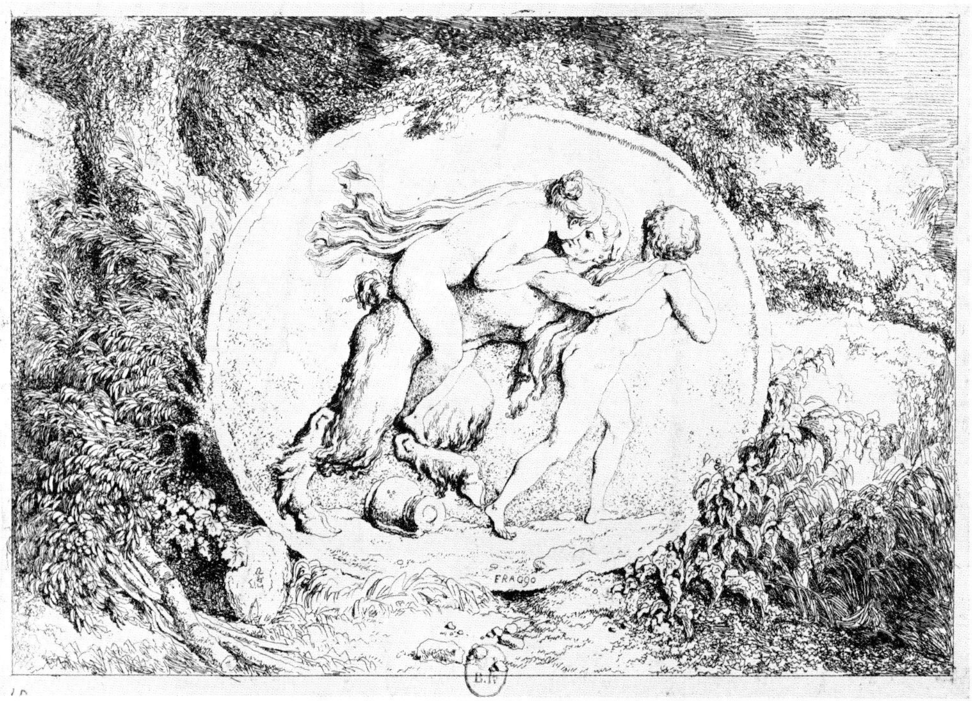

Les quatre bacchanales de Fragonard comptent sans conteste parmi les plus délicieuses eaux-fortes de tout le XVIIIe siècle. L'une est datée, 1763, et tout porte à croire que les trois autres sont d'un moment extrêmement voisin.

L'on répète que « Fragonard a exécuté les dessins de ces gravures en Italie d'après les bas-reliefs antiques d'Herculanum » (Wildenstein, 1956), mais seul Vermeule (1964, pp. 129-130) a tenté de les identifier. La *Nymphe s'asseyant sur les mains de deux satyres* serait la parodie d'un relief d'un sarcophage, aujourd'hui en partie détruit, alors dans la célèbre collection Mattei à Rome et reproduit dans les *Monumenta Matheiana* (1779 ; l'aquatinte de Saint-Non, *fig. 9*). En fait, le sujet en était vraisemblablement la *Naissance d'Aphrodite* ! Quant à la *Danse des satyres,* Vermeule, plutôt que d'y reconnaître un sarcophage bachique précis, préférerait voir « la parfaite expression de ce que Fragonard pensait devoir figurer sur un relief de cette catégorie ».

La part d'invention et d'imagination est considérable et, pas plus que Vermeule, nous ne pensons qu'il faille voir en Fragonard un « antiquaire », un archéologue méticuleux, respectueux de la vérité du passé. La fantaisie, notamment dans la place accordée à la végétation luxuriante inspirée de certaines eaux-fortes de Castiglione, l'humour aussi, notamment dans la *Famille du satyre,* teinté d'une fort plaisante note de licence.

Deux points encore : on n'a peut-être pas suffisamment attiré l'attention sur l'inscription en contre-épreuve (notée par Wildenstein), qui se lit plus ou moins difficilement selon la qualité des tirages, sur la première planche : « Bergeret invenit et fecit ». Cette inscription semble indiquer que, dès 1763, le peintre était en relation avec un des membres de la famille, si importante pour lui, du fermier général, Jacques-Onésyme (1715-1785), vraisemblablement élu associé-libre à l'Académie en 1754 et qui, en 1762, avait souhaité se rendre en Italie (mais semble ne pas avoir fait le voyage).

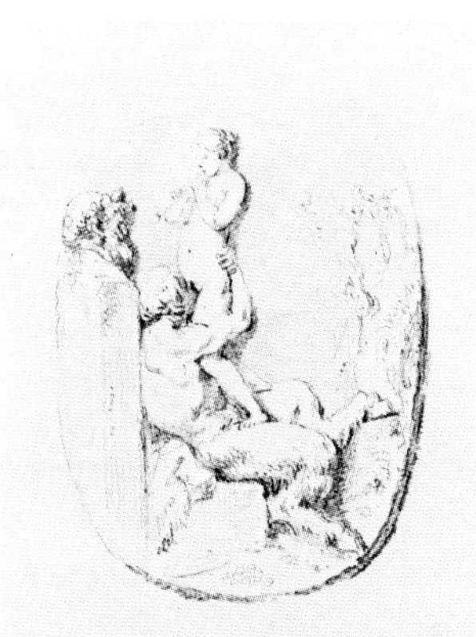

fig. 1. Saint-Non,
*Satyre embrassant une fillette,*
Cambridge, Fogg Art Museum

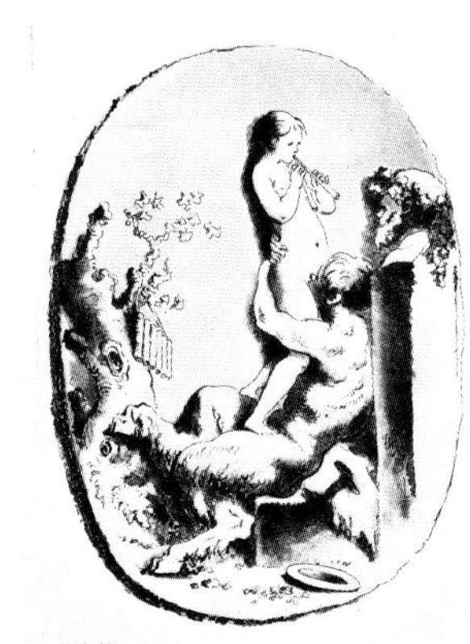

fig. 2. Saint-Non,
*Satyre embrassant une fillette,*
Paris, Bibl. d'Art et d'Archéologie

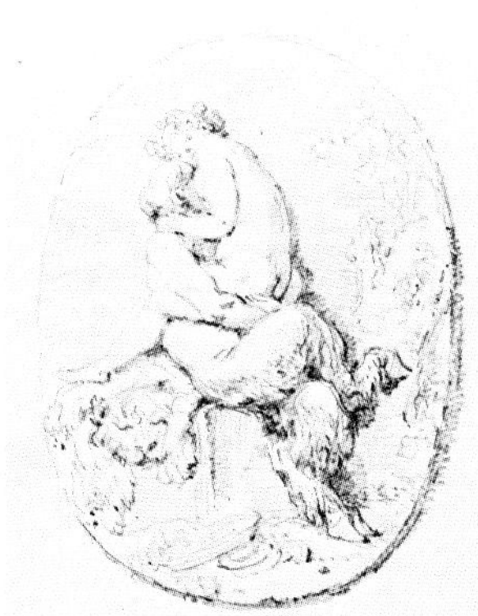

fig. 3. Saint-Non,
*Nymphe chevauchant un satyre,*
Cambridge, Fogg Art Museum

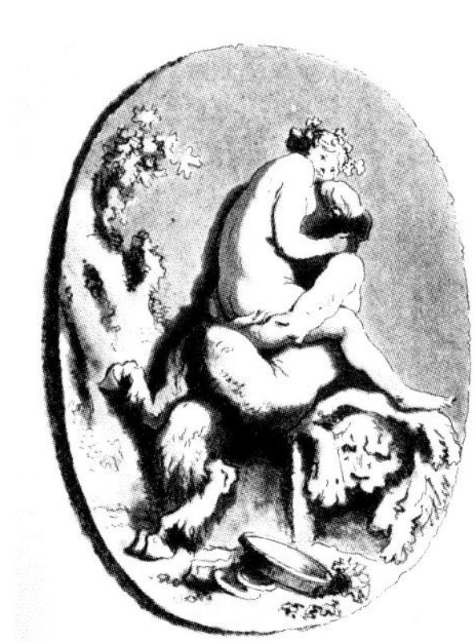

fig. 4. Saint-Non,
*Nymphe chevauchant un satyre,*
Paris, Bibl. d'Art et d'Archéologie

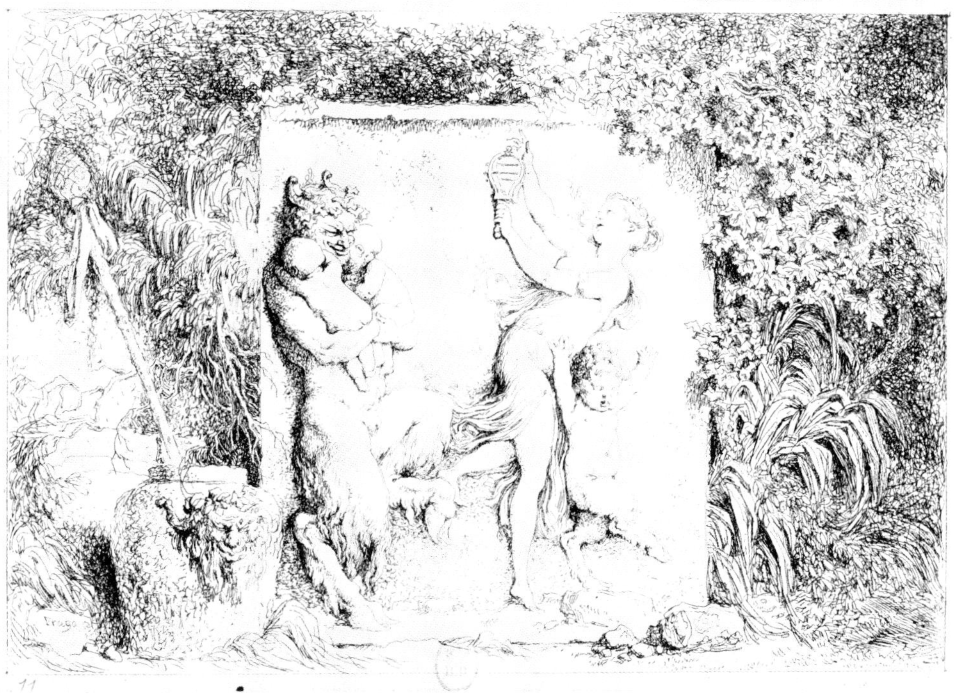

Cette même première planche (ou peut-être l'aquatinte de Saint-Non), qui représente une nymphe, qui ne nous cache rien, s'asseyant sur les mains de deux satyres, a été copiée par Sergel *(fig. 10*; Göthe, 1919, p. 60, ill.; Antonsson, 1942, p. 145, ill.*)*. L'on ne s'étonnera pas que le grand sculpteur suédois, qui vécut à Rome de 1767 à 1778 (y rencontra-t-il Fragonard?), ait retenu la plus leste des compositions de Fragonard.

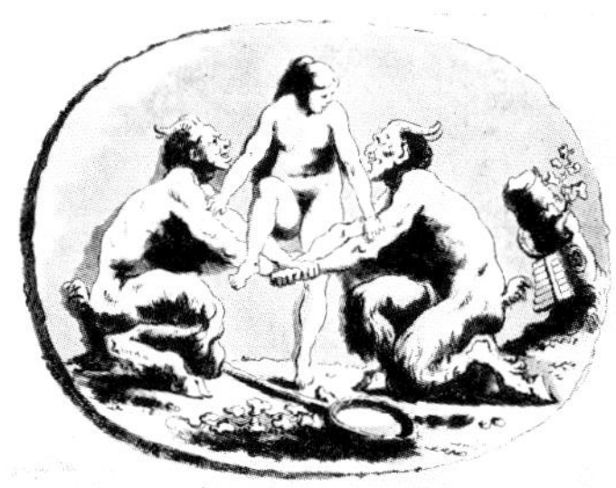

fig. 5. Saint-Non, *Nymphe s'asseyant sur les mains de deux satyres*, Paris, Bibl. d'Art et d'Archéologie

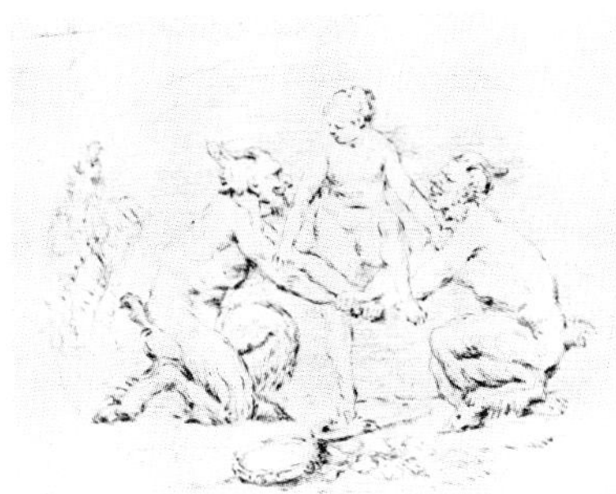

fig. 6. Saint-Non (?) *Nymphe s'asseyant sur les mains de deux satyres*, Cambridge, Fogg Art Museum

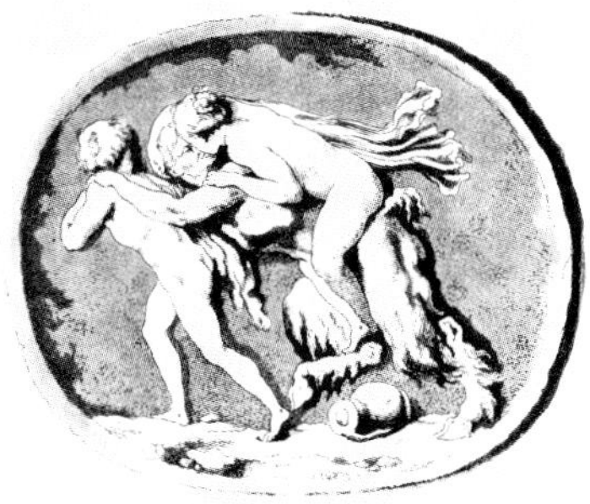

fig. 7. Saint-Non, *Jeune fille à califourchon sur un satyre*, Paris, Bibl. d'Art et d'Archéologie

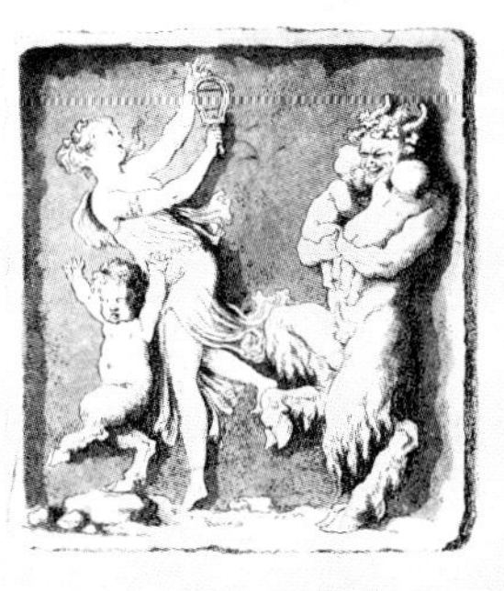

fig. 8. Saint-Non, *Danse de satyres*, Paris, Bibl. d'Art et d'Archéologie

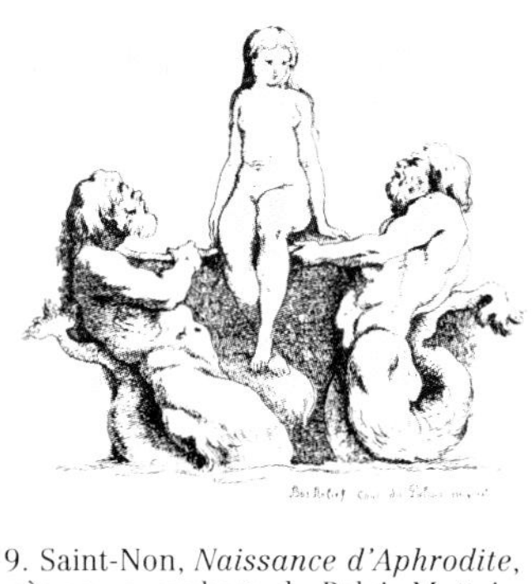

fig. 9. Saint-Non, *Naissance d'Aphrodite*, d'après un sarcophage du Palais Mattei Paris, Bibliothèque d'Art et d'Archéologie

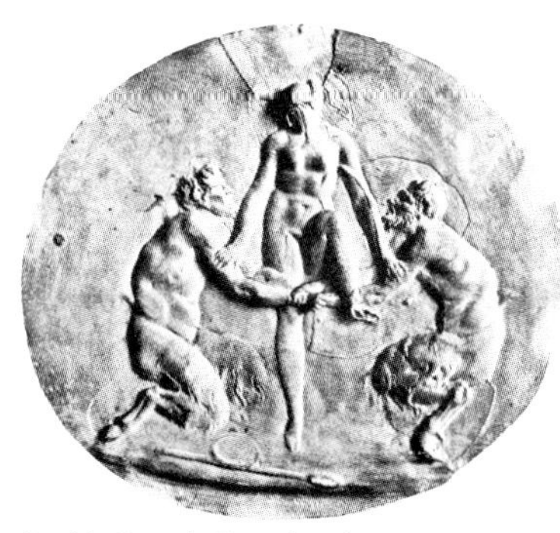

fig. 10. Sergel, *Nymphe s'asseyant sur les mains de deux satyres*, Stockholm, Nationalmuseum

# 71 «Le Maître du Monde»

Paris

T. H. 52 ; L. 44
Inscription, en haut à gauche : « Fragonard / après son / retour d'Italie », en bas à droite : « le Maître du Monde »

Paris, collection privée

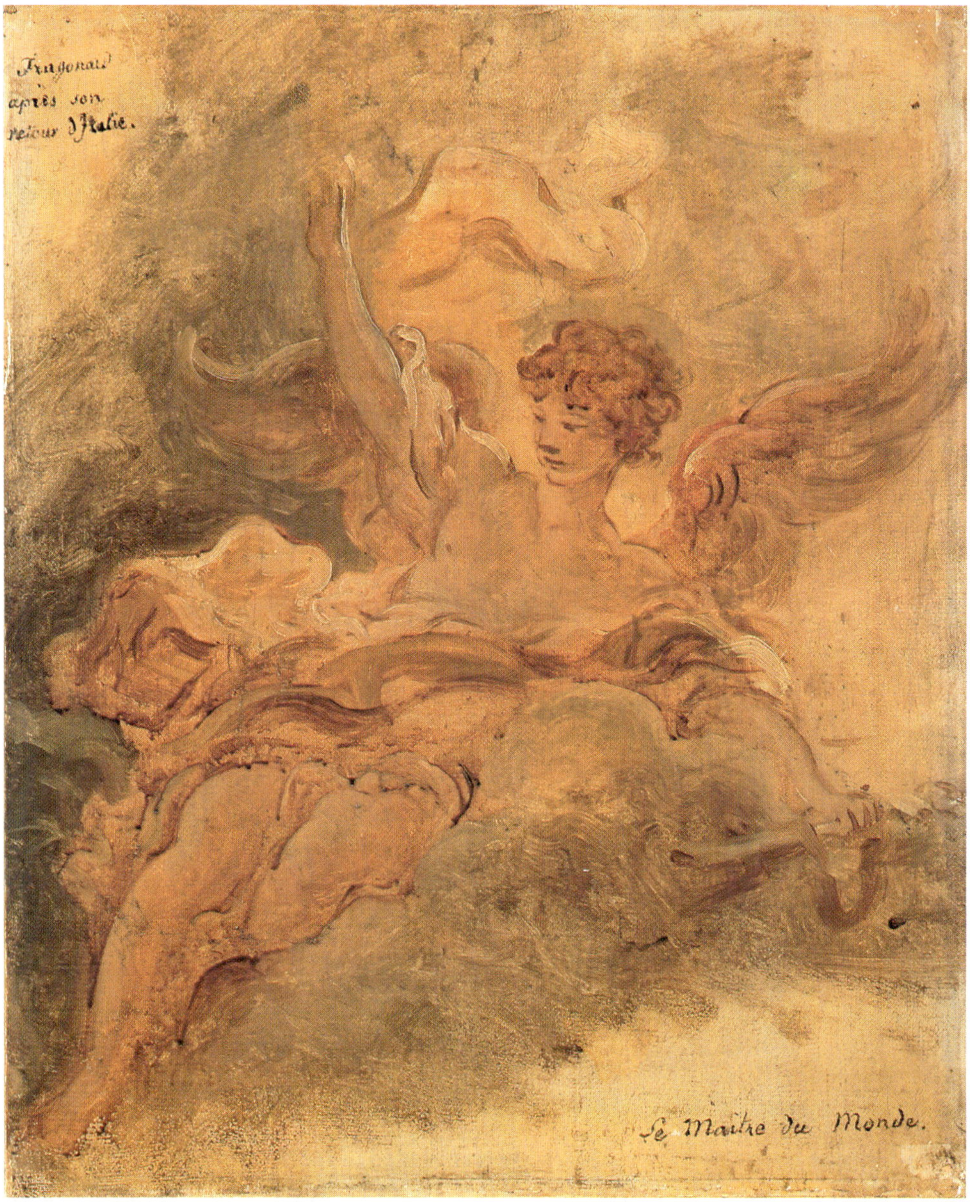


**Provenance**
Proviendrait de la coll. Marcille, selon W. et M. ; coll. Hippolyte Walferdin (1795-1880), sa vente après décès, 12-16 avril 1880, n° 53 (810 francs à Malinet) ; coll. comte Mniszech en 1889 ; coll. Landau-Finaly, Paris et Florence ; Paris, coll. privée.

**Bibliographie**
P. p. 282 ;
N. p. 155 ;
W. et M. 239, ill.

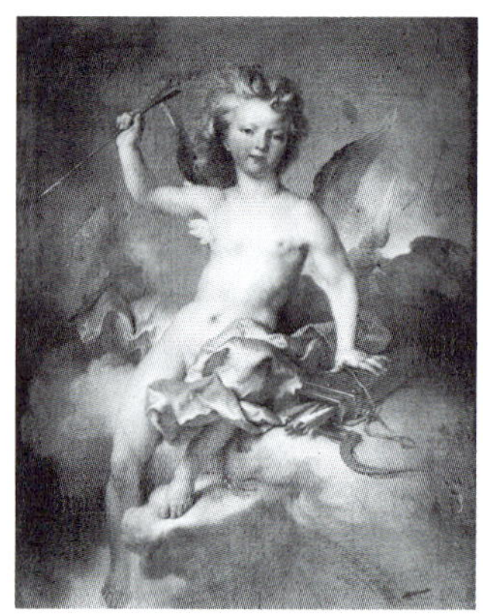

fig. 1. N. de Largillierre,
*Geneviève Houzé de la Boulaye en Éros*,
France, coll. privée

Le tableau, en dépit d'une bonne provenance, est très peu connu. Il nous a été signalé par Jacques Wilhelm. Selon une inscription, qui se voit en haut à gauche, il a été peint au retour d'Italie, ce que son style confirme.

Une autre inscription — en bas à droite — nous apprend son sujet, « le maître du monde ». On aura reconnu sans mal l'Amour, sous les traits d'un bel adolescent ailé. L'iconographie n'a rien d'original, que Largillière *(fig. 1)*, entre autres, dès 1726, avait abordé d'une manière assez voisine.

Le tableau de Fragonard est le projet, rapidement jeté sur la toile, d'une composition plus ambitieuse que l'artiste a laissé inachevée, pour des raisons que nous ignorons. Il n'a pas même peint la toile autour, laissant apparente la préparation. Mais le mouvement qu'il donne à la figure qui s'élance vers le ciel, la fougue de l'exécution annoncent *Renaud dans la forêt enchantée* et *Renaud dans les Jardins d'Armide* de la collection Veil-Picard.

# 71 bis Renaud dans la forêt enchantée

Paris

H. 335 ; L. 462
Lavis de bistre sur très légère préparation à la pierre noire

Paris, collection privée

**Provenance**
Coll. F. de Villars, sa vente, 13 mars 1868, n° 33 ; coll. Demidoff, prince de San Donato, sa vente, 27-28 avril 1874, n° 75 ; vente de l'expert Féral, 27 février 1877, n° 64 ; selon A., « coll. de la Rochefoucault, chez Guiraud frères, Paris ; coll. Jacques Guerlain ». Paris, coll. privée.

**Exposition**
Paris, 1951, n° 35.

**Bibliographie**
P. p. 303 ;
Ananoff, 1960, p. 8, ill. ;
Ananoff, 1968, pp. 12-16, p. 13 fig. 3 ;
A. 1703 fig. 404.

**Œuvres en rapport**
Le pendant de ce dessin, *Renaud dans les jardins d'Armide (fig. 1* ; A. 1702 fig. 435*)*, dont nous ignorons la localisation, passe aux ventes Natoire le 14 décembre 1778, n° 102 *(fig. 2)* et du comte de Vaudreuil le 26 novembre 1787, n° 163.

Les deux dessins paraissent être les études pour les deux célèbres tableaux de la coll. Veil-Picard, *Renaud dans la forêt enchantée (fig. 3* ; W. 214, pl. 25*)* et *Renaud dans les jardins d'Armide (fig. 4* ; W. 213, pl. 24*)*. Les deux tableaux sont reproduits en couleurs dans le cat. de l'exp. de Tokyo, 1980, n$^{os}$ 38 et 37.

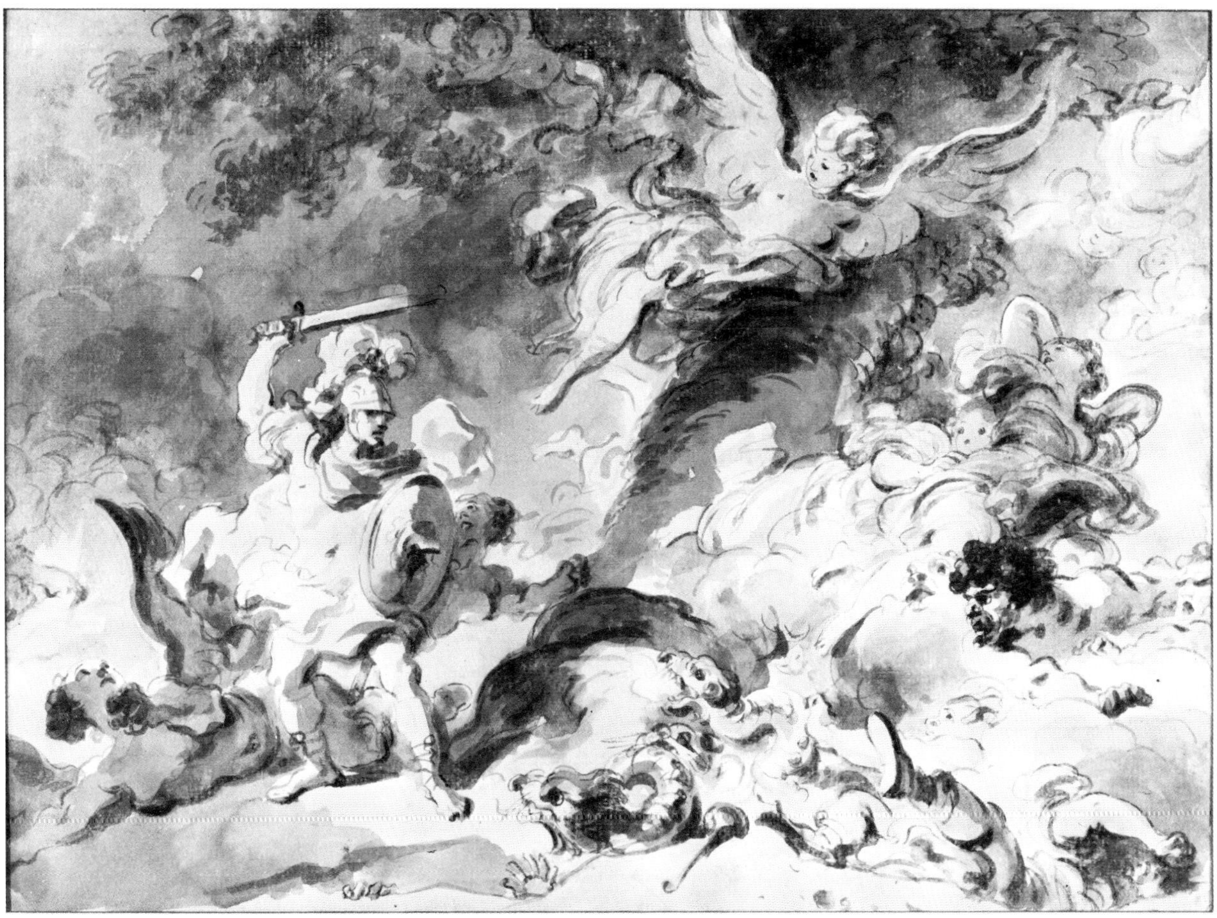

Le dessin, comme le célèbre tableau de la collection Veil-Picard *(fig. 3)*, dont l'absence à l'exposition est particulièrement cruelle, est toujours rapproché d'un second dessin *(fig. 1)* et d'un second tableau *(fig. 4)*, *Renaud dans les jardins d'Armide*. Pourtant, les catalogues de vente du XVIII$^{e}$ siècle n'associent pas les deux œuvres et ne mentionnent qu'une seule composition, à laquelle ils donnent toujours pour titre : « Renaud dans la forêt enchantée » (vente Mercier, 1$^{er}$ octobre 1778, n$^{o}$ 16). Une nouvelle fois, grâce à Gabriel de Saint-Aubin, nous savons qu'une au moins de ces compositions (et vraisemblablement toutes les trois) représentait en fait *Renaud dans les jardins d'Armide*.

On connaît l'immense fortune, parmi les peintres du XVII$^{e}$ et du XVIII$^{e}$ siècles, de la *Jérusalem délivrée* du Tasse, et tout particulièrement de l'épisode de *Renaud et Armide* (voir la célèbre étude de R. Lee, parue une première fois en 1940). De Poussin à Tiepolo, sans oublier Vouet et les Carrache, les principaux artistes du temps ont aimé peindre les épisodes les plus évocateurs du grand poème épique.

Armide l'enchanteresse découvre Renaud, son pire ennemi, endormi et en tombe amoureuse. Elle tente de retenir le héros, sorte d'Achille chrétien, dans ses jardins enchantés, avant qu'il ne reprenne la lutte pour libérer Jérusalem des impies. Plutôt que du texte du grand poète italien et tout particulièrement du célèbre chapitre XVI, qui décrit les jardins d'Armide et la passion langoureuse des amants, c'est du populaire opéra de Lulli et Quinault (1686) que Fragonard semble s'être inspiré : Renaud combat les harpies qui protègent la demeure de l'enchanteresse avant que celle-ci ne lui apparaisse dans toute sa rayonnante beauté. En fait, dans les deux compositions de Fragonard, on sent encore la scène toute proche.

Les variantes entre le dessin et le tableau sont importantes, essentiellement dans la partie centrale de la composition. L'extraordinaire est que la multiplicité des détails, les sphinges et les serpents, ne nuisent en rien à la lecture de l'œuvre, à son extraordinaire pouvoir évocateur.

L'opéra de Quinault et de Lulli, qui sera supplanté en 1777 par celui de Gluck, fut repris à Paris en 1761 et en 1764. C'est très vraisemblablement entre ces deux dates que Fragonard exécuta dessins et tableaux.

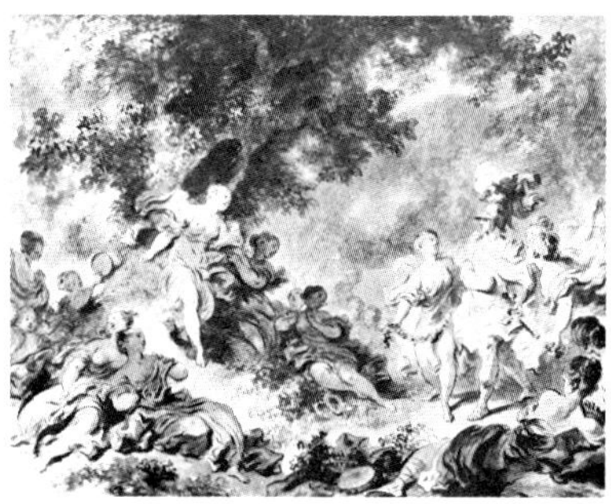

fig. 1. *Renaud dans les jardins d'Armide*, localisation actuelle inconnue

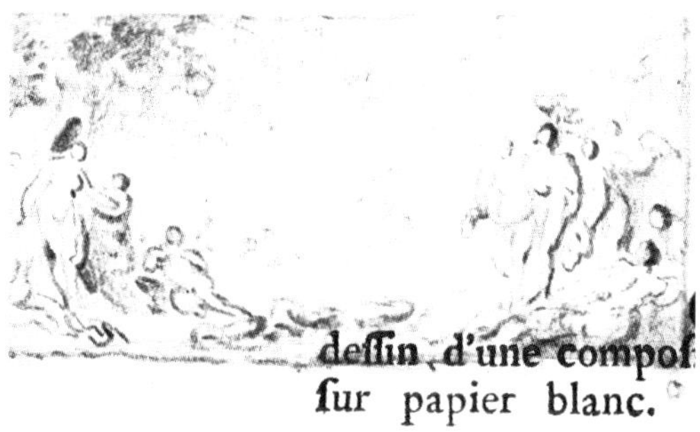


fig. 2. G. de Saint-Aubin, détail d'une page du catalogue de la vente Natoire (1778), Paris, Bibliothèque Nationale, Cabinet des estampes

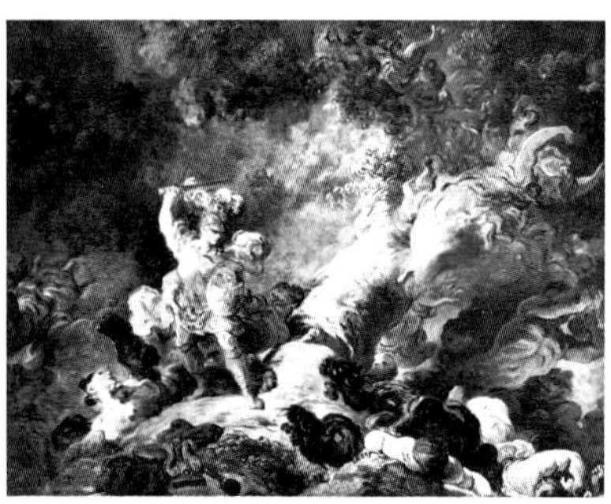

fig. 3. *Renaud dans la forêt enchantée*, Paris, coll. privée

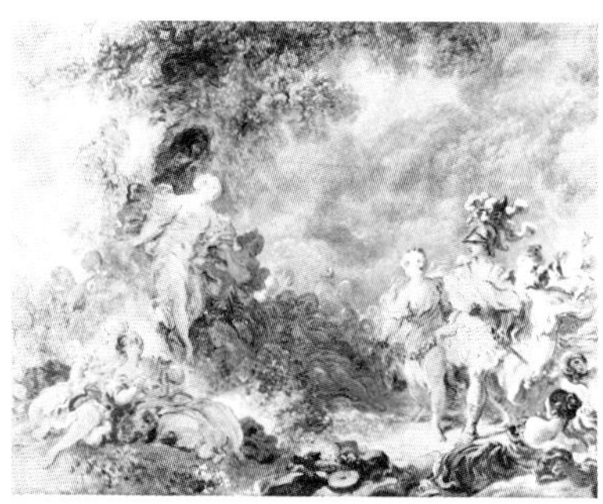

fig. 4. *Renaud dans les jardins d'Armide*, Paris, coll. privée

## 72 La chemise enlevée

T. Ovale. H. 35 ; L. 42,5 (légèrement agrandie dans le bas)

Paris, musée du Louvre

**Provenance**
Provient peut-être de la vente Gros, 13 [au lieu de 14] avril 1778, nº 57 : « deux tableaux faisant pendant. L'un et l'autre représentent une femme couchée sur un lit et jouant avec des amours. Esquisses ovales en travers. H. 13 pouc. (= 35,1) larg. 16 pouc. (= 43,2) T. » ; vendu 180 (ou 250) livres à « Vautricr » (Dacier) ou « Vauthier » (W.) ou Vautrin ; dessiné par G. de Saint-Aubin en marge de son exemplaire du cat. conservé au musée du Petit Palais à Paris *(cat. 73 fig. 2)*. Coll. du Dr. Louis La Caze dès 1860, selon G. (p. 276) : « M. La Caze m'a dit l'avoir trouvée exposée sur un trottoir et l'avoir payée un louis », « en 1835 » selon W. ; voir aussi le dossier du tableau au Service d'études et de documentation du Louvre ; légué avec l'ensemble de sa collection au Louvre en 1869 ; M. I. 1057.

**Expositions**
Paris, 1860, nº 150 ;
Paris, 1974, nº 15, ill.

**Bibliographie**
Bürger [Thoré], 1860, p. 349 ;
Gautier, 1860, p. 1 ;
Saint-Victor, 1860, n. p. ;
Horsin Déon, 1861, p. 119 (et 244) ;
G. pp. 275-277, 327 ;
Mantz, 1870, p. 16 ;
P. p. 69, 132, 273 ;
N. p. 59 [et 120 ?] ;
Dacier, 1909, p. 41 ; 1913, pp. 17-18, 25 ;
Gillet, 1929, p. 85, ill. p. 86 ;
R. p. 158 ;
W. 230 pl. 29 et p. 15, 40 éd. française ;
Thuillier, 1967, ill. couleurs p. 108 ;
W. et M. 242, ill., pl. XXI en couleurs.

**Œuvres en rapport**
Nous connaissons la version des coll. Paul de Saint-Victor (vente Paris, 23-24 janvier 1882, nº 26) et Récipon souvent citée (P. p. 273 ; N. p. 120 ; R. p. 158). Elle ne nous paraît pas de la main de Fragonard.
Voir aussi ventes à Bièvres, 16 février 1964, nº 28, ill. et Paris, Drouot, 28 mars 1979, nº 165, ill.
La miniature de la coll. Panhard exposée en 1921 (nº 108) a été vendue à Paris, Galliéra, le 5 décembre 1975, nº 61, ill. *(fig. 1)*.
Une version *en hauteur* du tableau a été gravée, dans le même sens, avec, dans le bas, adjonction de la torche de l'Amour « tombée et brûlante encore », par E. Guersant chez Massard *(fig. 2)* en pendant à l'*Amour châtié par sa mère* (*Journal de Paris,* 19 mai 1787, p. 603 et *Mercure de France,* 7 juillet 1787, p. 47 ; voir aussi P. p. 323, nº 40 et Bruant et Hébert, XI, 1970, p. 92, nº 2) ; pour une gravure de Louis-Marin Bonnet, voir Hérold, 1935, nº 301.

## 73 Le feu aux poudres

Paris

T. Ovale. H. 37 ; L. 45

Paris, musée du Louvre

**Provenance**
Pour la vente Gros et le dessin de G. de Saint-Aubin *(fig. 2)* en marge du cat., voir notice précédente.
Coll. F. de Villars, sa vente, Paris, 13 mars 1868, nº 29 (H. 43 ; L. 36 ; 1.520 francs) ( ?) ; coll. Merton, sa vente, Paris, 24 mars 1874, nº 14 (2.550 francs) ( ?) ; coll. Bécherel, sa vente, 26-28 novembre 1883, nº 21 (2.000 francs) ; coll. Jacques Doucet, sa vente, 6 juin 1912, nº 148, ill. (111.000 francs) ; coll. Pardinel puis, dès 1921, François Coty ; coll. Carlos de Beistegui (acquis de Cailleux, en 1935), donnée sous réserve d'usufruit en 1942 ; entrée au Louvre en 1953 ; R. F. 1942.21.

**Expositions**
Paris, 1921, nº 80 (ill. par erreur comme nº 82) ;
Paris, 1974, nº 16, ill.

**Bibliographie**
G. pp. 277-278, 330 ;
P. p. 277 ;
N. p. 59, 120 ;
Dacier, 1909, p. 41 ; 1913, pp. 17-18, 25 ;
R. pp. 70, 158-159 ;
W. 229, pl. 28 et p. 15 éd. française ;
Cailleux, album jubilaire, 1912-1962, ill. ;
Thuillier, 1967, ill. couleurs p. 109 ;
W. et M. 241, ill. ;
Bernier, 1977, pp. 62-63.

**Œuvres en rapport**
S'il est sûr que le *Feu aux poudres* du Louvre provient des ventes Bécherel et Doucet, Nolhac, suivi par Réau, ont avancé qu'il ne se confondait pas avec celui des ventes Villars et Merton. Le tableau Villars mesurait 43 cm de hauteur sur 36 cm mais l'auteur du catalogue peut avoir inversé les dimensions ; plus grave, il ne précise pas qu'il est ovale et sa description ne correspond pas parfaitement avec le tableau du Louvre (« *des* amours jettent le trouble dans son sommeil en l'embrasant avec *des* torches... »).
Si aucune gravure ancienne de l'œuvre n'est mentionnée, on en connaît de nombreuses copies du XIXe siècle (une au Louvre, M.N.R. 983, *fig. 1*).

Les deux tableaux du Louvre sont célèbres et comptent parmi les œuvres de Fragonard les plus souvent reproduites. Force est cependant d'admettre notre ignorance sur bien des points.

Les deux tableaux de la vente Gros en 1778 sont, à en juger par les dessins que Gabriel de Saint-Aubin en fit en marge de son catalogue *(fig. 2),* très proches dans leur composition de ceux du Louvre. Mais se confondent-ils avec eux ? La réunion des deux œuvres — rappelons que la *Chemise enlevée* est entrée au Louvre avec la collection La Caze, le *Feu aux poudres,* près d'un siècle plus tard avec la collection Beistegui qui doit, de par la volonté de son donateur, rester regroupée et donc loin des salles du XVIIIe siècle français — donne le sentiment que nous ne

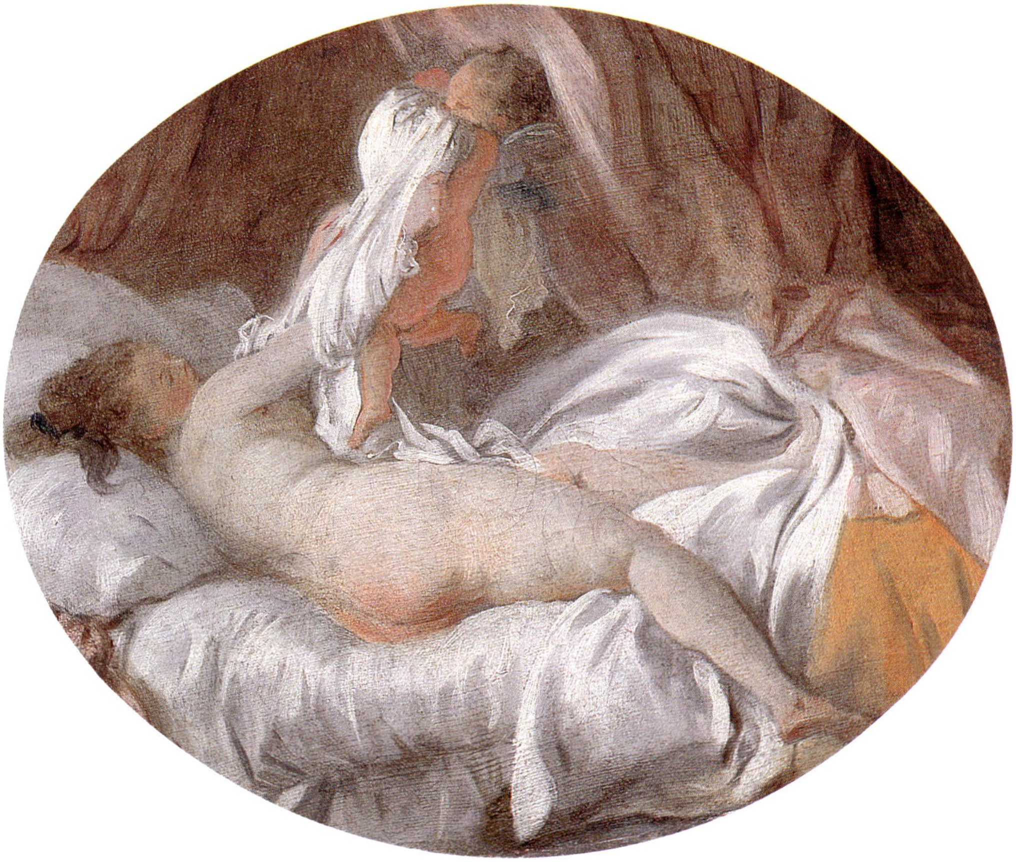

72

sommes pas en présence d'œuvres conçues pour se répondre. Leur exécution, la gamme des couleurs, l'inspiration même les séparent. Nous pensons, sans pouvoir en apporter la preuve, que les deux tableaux du Louvre sont bien ceux de la vente Gros mais que ceux-ci auraient été artificiellement réunis pour un amateur averti — Jean du Barry peut-être, le beau-frère de la favorite (voir W. 290) ?

On doit son titre, la *Chemise enlevée,* à la gravure de Guersant (qui montre une version en hauteur de la composition). Les Goncourt nous apprennent que son possesseur, M. de Villars, « baptisa » le *Feu aux poudres.* Mais le *Feu aux poudres* du Louvre est-il bien celui de la collection de Villars (et Merton) ? La notice du catalogue de la vente Villars (1868, voir rubrique *Œuvres en rapport*) et la description du tableau — qui suit, reconnaissons-le, celle de la *Chemise enlevée* — par les Goncourt, « une mêlée de torches... » *(sic),* permet d'en douter.

Reste à nous prononcer sur leurs dates : Wildenstein, le seul auteur qui s'y soit risqué, propose entre 1765 et 1772. Nous les placerions plus près du retour d'Italie, avant 1765, à un moment où l'artiste est obligé de gagner sa vie en peignant des « polissonneries » (pour reprendre l'expression de Lempereur (1778) en marge de son exemplaire du catalogue de la vente Gros conservé à la Bibliothèque Nationale. Lempereur, évidemment peu favorable, ajoute « vendues plus qu'elles ne valent » !).

Mais même en admettant la complémentarité des sujets,

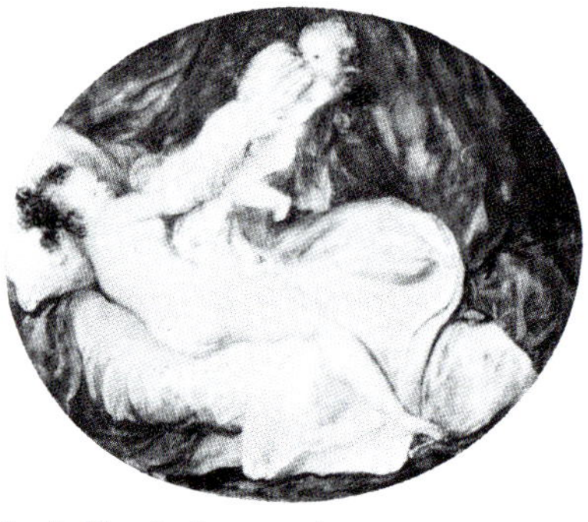

fig. 1. D'après Fragonard, *La chemise enlevée*, miniature, localisation actuelle inconnue

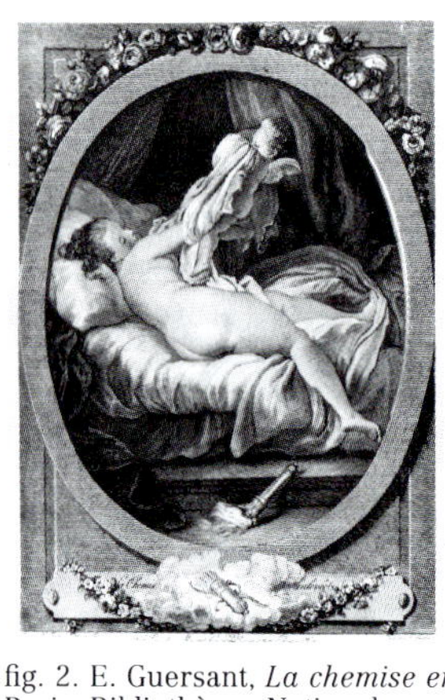

fig. 2. E. Guersant, *La chemise enlevée*, Paris, Bibliothèque Nationale, Cabinet des estampes

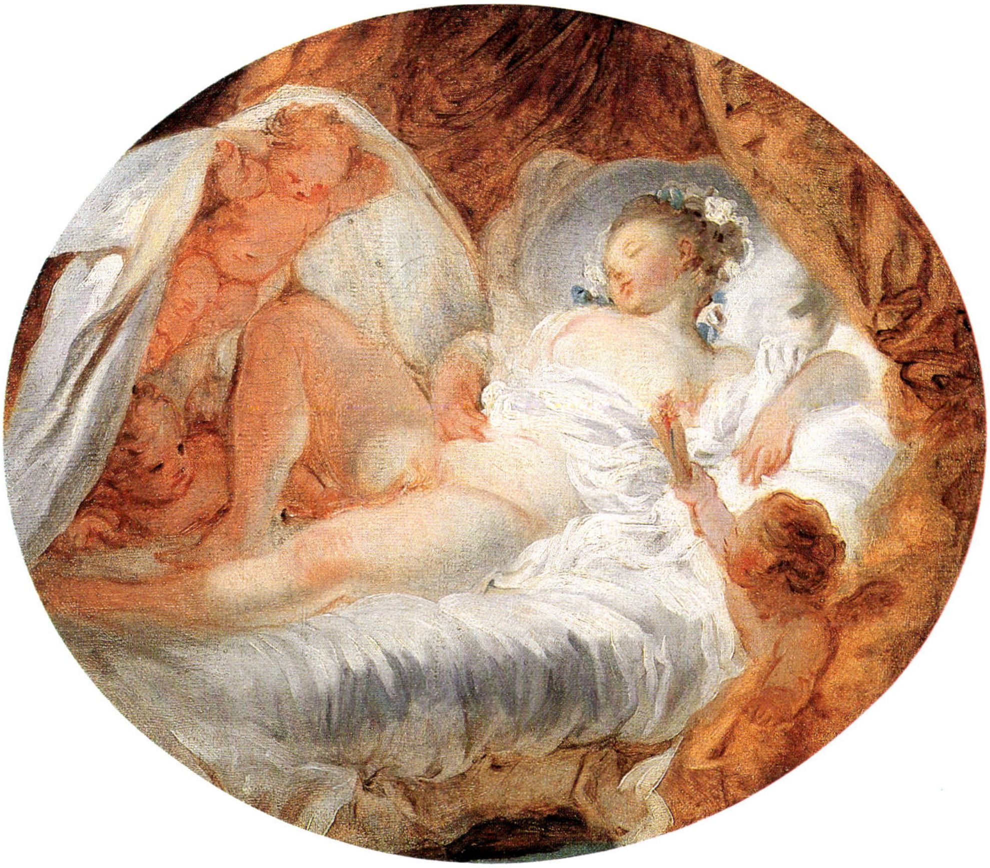

73

ou du moins l'opposition recherchée — la *Chemise enlevée* est une scène matinale, baignée par le jour, un doux réveil, le *Feu aux poudres* est un nocturne artificiellement éclairé, un brûlant sommeil — nous ne pouvons croire que les deux œuvres soient de la même date. La légèreté de l'exécution de la *Chemise enlevée,* ses gris et ses jaunes si délicats, la pudeur avec laquelle le sujet, pourtant osé, est traité, nous inciterait à la placer quelques années après le *Feu aux poudres,* peint plus vigoureusement dans une gamme de terre brûlée et de bruns d'une audace plus directe.

En 1860, présentée pour la première fois au public, la *Chemise enlevée* fit sensation : « le ton des chairs sur ce blanc mat est un ton de coloris que peu de peintres ont risqué : Velazquez, Rembrandt, Titien... En l'air, se dessinant sur les courtines roses du lit, un Amour bien avisé s'envole avec la dépouille qu'il a ravie, mais il retourne la tête pour admirer encore une des femmes les plus attrayantes du sérail de Fragonard » (Thoré, 1860). « La scène est vive, mais elle est voilée par le coloris de rêve qui l'enveloppe » (Paul de Saint-Victor, 1860). « Les médaillons de nudité, ces petits tableaux si vifs, ces poèmes, libres, comment Fragonard les sauve-t-il ?... Il les montre à demi. La légèreté est sa décence ». Les Goncourt ajoutent à propos du *Feu aux poudres* : « l'impureté... n'a ni ordure, ni dégoût, ni honte... Le tableau demeure une inspiration lumineuse ».

Contentons-nous d'admirer les yeux clos des deux jeunes rêveuses, leurs sourires endormis...

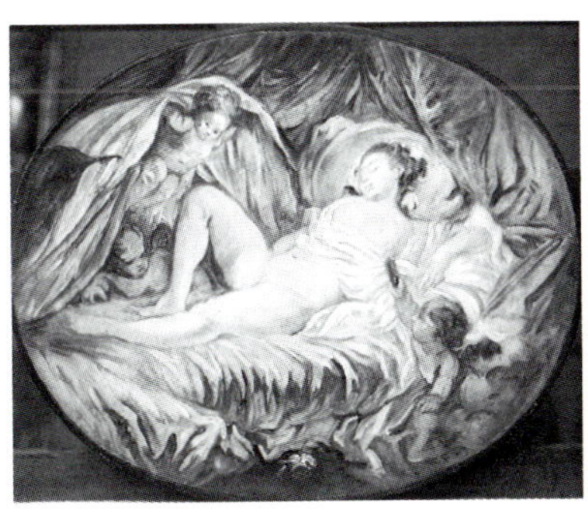

fig. 1. D'après Fragonard,
*Le feu aux poudres*,
Paris, musée du Louvre

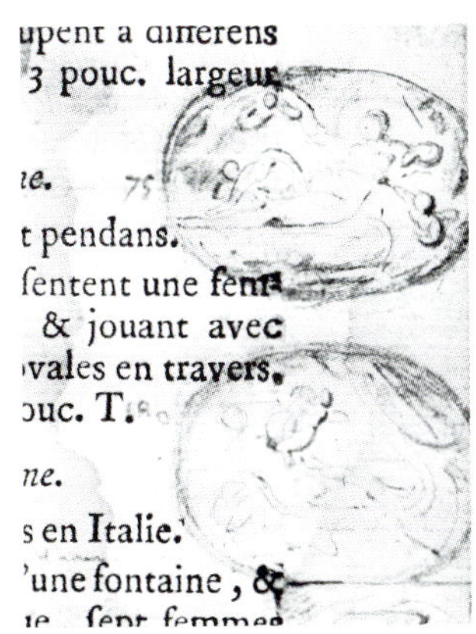


fig. 2. G. de Saint-Aubin, détail d'une page du catalogue de la vente Gros (1778),
Paris, Petit Palais

# 74 Les baigneuses

T. H. 64 ; L. 80

Paris, musée du Louvre

**Provenance**
Coll. [du Barry, peut-être Madame du Barry, voir Dacier, 1910, p. 12] ; vente, 11 mars 1776, nº 77 (550 livres, acquis par Jo(m)bert ?) ; dessiné par Saint-Aubin *(fig. 1* ; l'illustration est inédite et permet de reconnaître deux autres compositions de Fragonard) en marge de son exemplaire du catalogue conservé au musée de Philadelphie ; coll. [Varanchan] de Saint-Geniès, fermier général de la régie du tabac, sa vente, 29-31 décembre 1777, nº 12 (542 livres) ; coll. Abbé de Gevigney, sa vente, 1er-29 décembre 1779, nº 594. Probablement acquis par La Caze de l'expert Féral pour 3.000 francs en 1854 selon Rochefort (1905, p. 4 : « on serait heureux, en 1905, de les acquérir au centuple ») ; legs du Dr. Louis La Caze en 1869 ; M. I. 1055.

**Expositions**
Paris, 1860, nº 151 ;
Londres, 1932, nº 196 (nº 171, pl. LXIX du cat. commémoratif) ;
Copenhague, 1935, nº 68 ;
Vienne, 1966, nº 30, pl. 43 (figure au cat. mais ne fut pas exposé) ;
Paris, 1974, nº 14, ill.

**Bibliographie**
Bürger [Thoré], 1860, p. 349 ;
Gautier, 1860, p. 2 ;
Saint-Victor, 1860, n. p. ;
Horsin-Déon, 1861, p. 119 (et 244) ;
Blanc, 1862, p. 16 ;
G. p. 280, 330 ;
Mantz, 1870, p. 16 ;
P. p. 66, 69, 271 (ill. gravée entre p. 64 et 65) ;
D. et V. pl. 93 ;
N. p. 59, 118, ill. couleurs entre p. 120 et 121 ;
Gillet, 1929, p. 86, ill. p. 87 ;
Boudet, 1936, p. 99 ;
Rudrauf, 1947, pp. 10-14, ill. ;
R. p. 152 ;
Seznec et Adhémar, 1963, p. 7 ;
W. 233 pl. 32-33 et couleurs face p. 16 ;
Thuillier, 1967, ill. p. 90 et détail couleurs p. 93 ;
W. et M. 245, ill. et pl. XVIII en couleurs.

**Œuvres en rapport**
Une version sur carton provenant de la coll. Jules Strauss, exposée en 1921, nº 79, est passée à de nombreuses reprises en vente à Londres ces dernières années *(fig. 2)* ; en dernier Christie's, 7 mars 1980, nº 36 ; W. et M. 246, voir aussi W. et M. 247, 248 (sur bois, anc. coll. Walferdin, ventes 12-16 avril 1880, nº 79 et 27 avril 1928, nº 69) et 249 (ventes Walferdin, 3 avril 1880, nº 13 et Salomon, New York, 4-7 avril 1923, nº 387, ill.). Nombreuses copies du XIXe siècle et du XXe siècle (une en hauteur décorait la récente *Traviata* de Zeffirelli à l'Opéra de Paris !).

Pour le « pendant » ( ?) du tableau du Louvre, voir W. 234 fig. 115 et cat. exp. Tokyo, 1980, nº 41, ill. couleurs.

P. (p. 322, nºs 21 et 22) mentionne deux gravures du XIXe siècle d'après le tableau du Louvre.

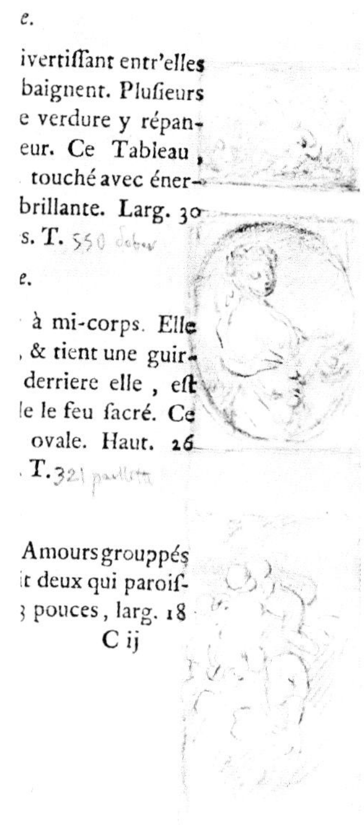
e.
ivertiſſant entr'elles
baignent. Pluſieurs
e verdure y répan-
eur. Ce Tableau,
touché avec éner-
brillante. Larg. 30
s. T. 550
e.
à mi-corps. Elle
, & tient une guir-
derriere elle, eſt
le le feu ſacré. Ce
ovale. Haut. 26
. T. 321
Amours grouppés
it deux qui paroiſ-
3 pouces, larg. 18
C ij

fig. 1. G. de Saint-Aubin, détail d'une page du catalogue de la vente du Barry (1776) Philadelphie, Philadelphia Museum of Art, coll. John G. Johnson

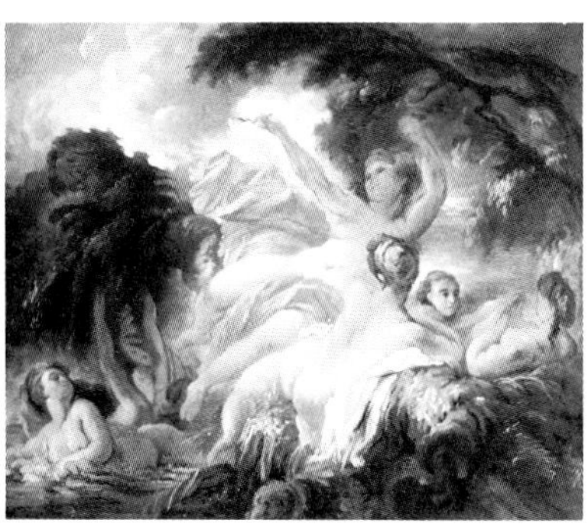

fig. 2. D'après Fragonard, *Les baigneuses*, localisation actuelle inconnue

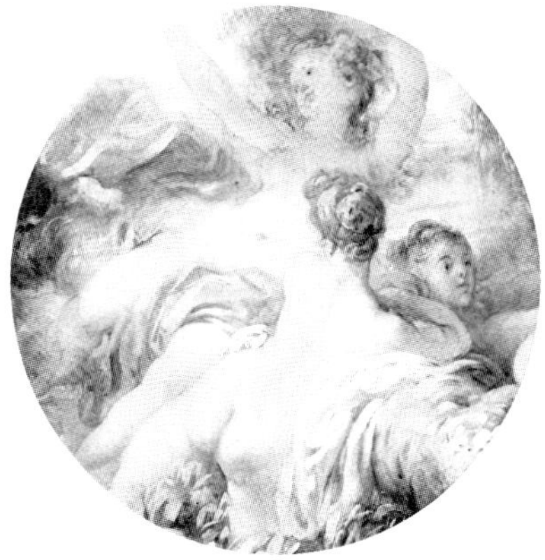

fig. 3. Détail des *Baigneuses*

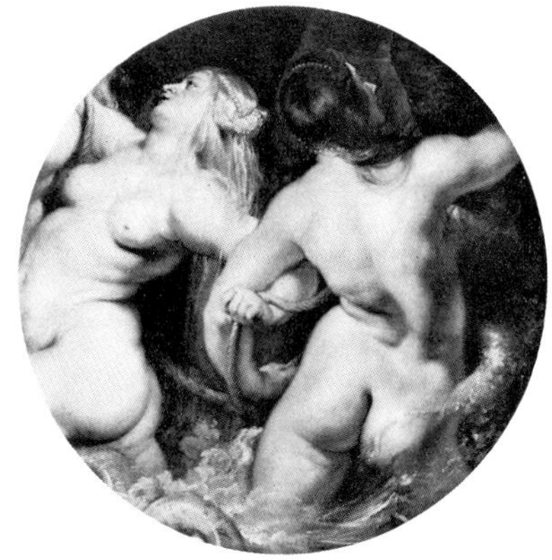

fig. 4. Rubens, *Le débarquement de Marie de Médicis* (détail) Paris, musée du Louvre

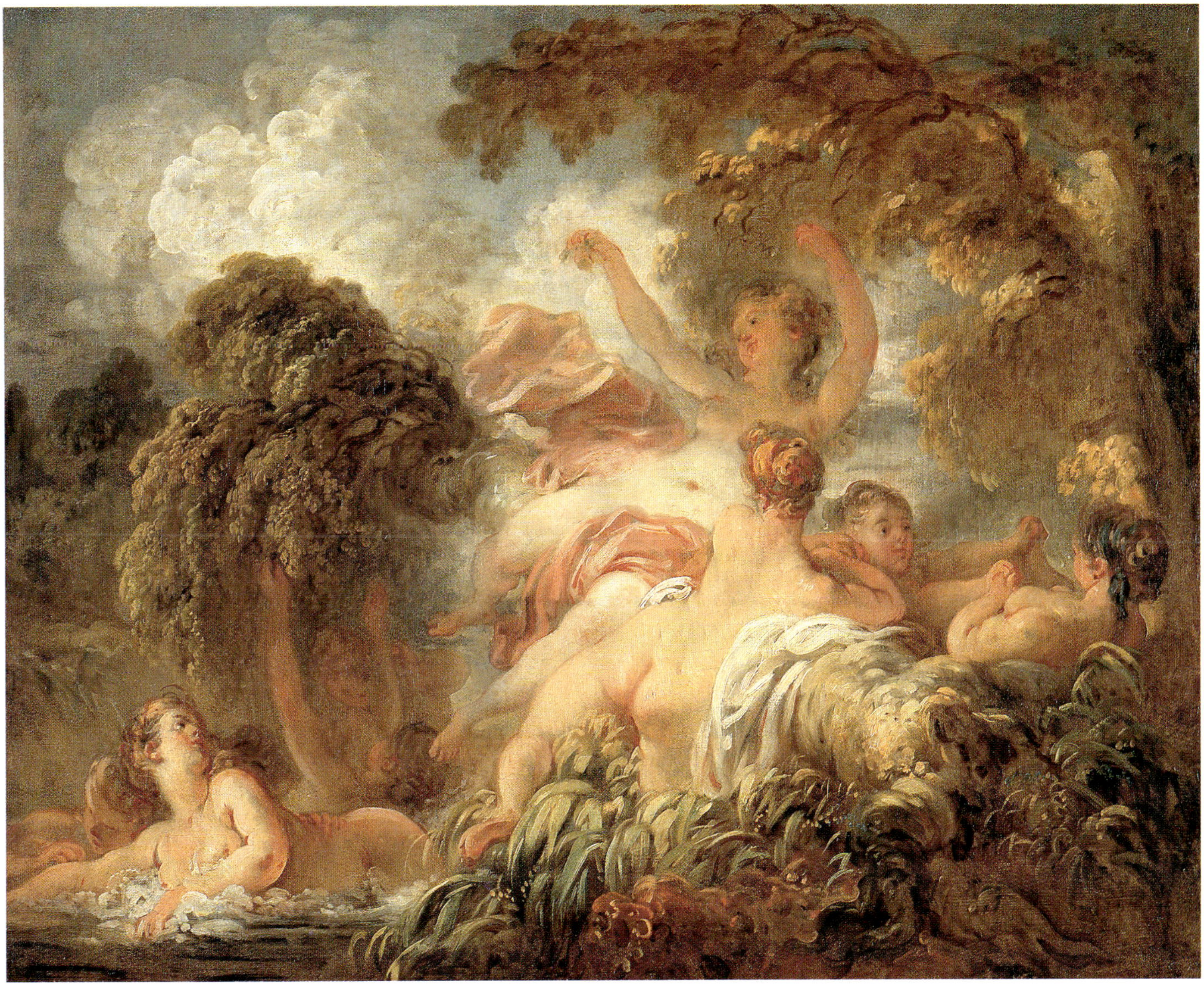

Si depuis 1860, à l'occasion de sa première présentation au public parisien, les *Baigneuses* ont inspiré bien des commentateurs, rares sont ceux qui se sont souciés de les dater. Bazin (1957, p. 228) pense que le tableau est antérieur à 1756, Wildenstein le place dans la tranche 1765-1772, Seznec et Adhémar (III, 1963, p. 7) n'excluent pas que les *Baigneuses* soient l'un des deux tableaux, « prêts à être mis en place », que Fragonard, en raison de sa « délicatesse trop scrupuleuse » (*Mercure de France*, octobre 1767, p. 171), avait fait retirer du Salon de 1767 à cause de leurs sujets, alors que Mantz (1870) se contredit en proposant d'abord d'y voir une œuvre de la « première manière de Fragonard, à l'époque où... il est encore très voisin de Boucher », puis la date de peu avant 1777. Nous ne prétendons pas trancher ici cette question d'autant moins que nous sommes persuadés que la juxtaposition à l'exposition des principaux tableaux de Fragonard permettra de résoudre tout naturellement l'essentiel des problèmes de chronologie.

On — Gautier le premier en 1860 — a justement insisté sur l'influence de Rubens et tout particulièrement de la suite de la vie de Marie de Médicis alors conservée au Palais du Luxembourg (*fig. 3* et *4)*. En octobre 1767, Fragonard obtient non sans difficulté l'autorisation d'y travailler (voir p. 227). Hélas, 1767 est également la date de l'*Escarpolette* de la collection Wallace, une œuvre que tout, son exécution, son inspiration, son coloris, oppose aux *Baigneuses*.

La marque des compositions de Boucher reste profonde. Si, à coup sûr, Fragonard voulut lui succéder à sa mort en 1770, avant cette date, il tenta de lui ravir sa clientèle, d'autant plus qu'à son retour d'Italie en 1761, Fragonard connut quelques années de grandes difficultés financières. Ce sont ces années qui nous paraissent être celles durant lesquelles Fragonard peignit ses *Baigneuses*.

Les experts des trois ventes du XVIII^e^ siècle où figure le tableau vantent « l'air de fraîcheur » de l'œuvre, l'« énergie » de la touche, sa « couleur brillante », sa « composition fôlatre » *(sic)*. « Monceau de fleurs où domineraient les roses » (Bürger, 1860), « ce sont des rires, des mines, des ébats, des airs de fête fous et lascifs à faire revenir les Faunes. Les chairs brillent comme des fleurs humides » (Saint-Victor, 1860). « Les *Baigneuses* forment comme une

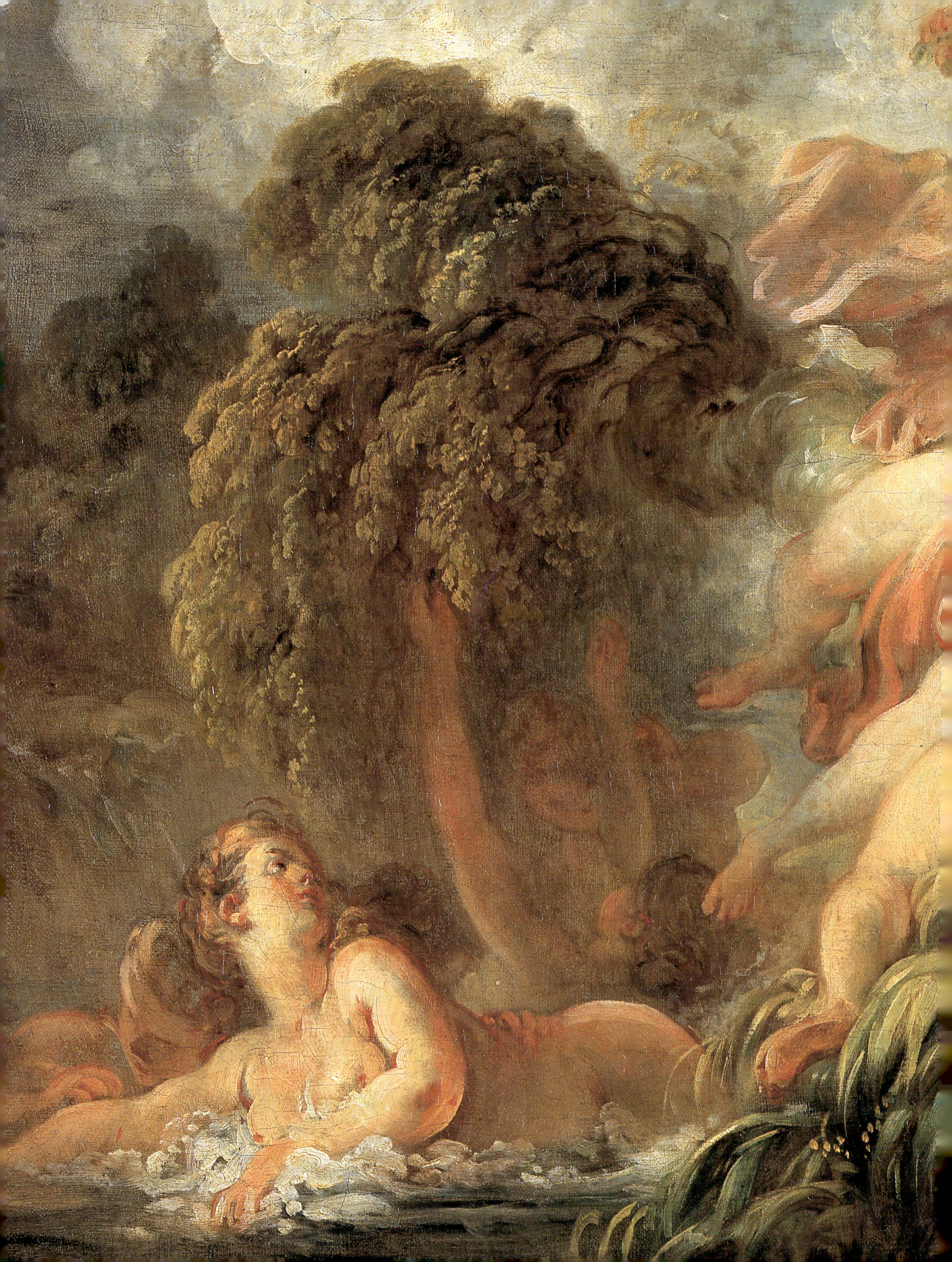

gamme complète de carnations féminines, un bouquet de fleurs vivantes serties par les joncs d'un étang» (Gautier, 1860). Vite, l'érotisme de ce bain collectif cessa de troubler et le caractère voluptueux de ces huit nus féminins n'empêcha plus l'admiration : « des nymphes à la crême fouettée montrent tout ce qu'elles peuvent ; mais quand la polissonnerie est aussi impalpable, elle pourrait être approuvée par Mgr l'archevêque de Tours» peut écrire «Hix» dès 1870 (p. 331). L'analyse de Jacques Thuillier (1967) reste la plus solidement conduite : « il faut d'abord se laisser réjouir par cette confusion de tons, rose foncé, ambre, cendre verte, ce mélange indistinct de nus, d'écume, de feuillages. Puis, reprenez-vous. Quelques instants sont nécessaires pour restituer à la scène sa logique. D'abord on n'apercevait point cet arbre tombé en travers de la rivière et en travers du tableau, qui en est comme le prétexte et la clef. Peu à peu se distinguent les deux rives, les frondaisons se séparent du ciel, les roseaux des racines et des linges. Deux masses de verdure s'organisent, mêlées de bleus et de terres, coupées par une grande diagonale où viennent se réunir tous les tons chauds : les corps dorés ou laiteux des baigneuses, une draperie rose qu'exaltent quelques touches de vermillon. Et comment ne pas constater que le tableau est d'abord cela : un bouquet de couleurs ? Sujet charmant, certes, et qui veut plaire, et même qui cherche visiblement à plaire. Mais non plus représentation. Qu'importe même l'invr aisemblance ? Cet arbre tombé, ces joncs qui se courbent, ces corps qui glissent ou basculent : tout fuit non seulement le repos, mais cette autre pesanteur qu'est la réalité. Ces roseaux ne sont plus des roseaux, mais des traînées de pâte ; ce linge qui s'envole dans un coup de vent sans raison, c'est d'abord quelques balafres de rose et de blanc. Un pinceau rapide emprunte au ciel l'ombre de la jambe ou du sein, tire des fonds la transparence même des modelés. La main semble courir, les formes surgir sous les yeux, les rythmes envahir tout le champ de la toile : et voici le tableau, non plus traduction d'un spectacle, mais *tableau* et d'un bout à l'autre tissé des mêmes écheveaux soyeux.

On croit volontiers que toute peinture «pure» est nécessairement une peinture «plate»... Or il importe de sentir (et certaine peinture abstraite nous y dispose aujourd'hui) que le jeu plastique peut s'organiser dans un espace dynamique. Même on désignerait ici deux familles d'esprits, qui aiment au même degré exalter la touche ou combiner les taches de couleurs : l'une préfère la surface de la toile, l'autre l'espace intérieur du tableau... Le Tintoret ou Tiepolo, les décorateurs napolitains ou encore Rubens, sont les maîtres de cette dernière tendance. Fragonard se range à leur côté, et une œuvre comme les *Baigneuses* offre l'exemple même de ce souci plastique accordé à la recherche de l'espace».

# 75 Le taureau blanc à l'étable

T. H. 72,5 ; L. 91

Paris, musée du Louvre

**Provenance**
Coll. Sigismond Bardac avant 1913 (il est mentionné dans le cat. de la coll. Heseltine, n° 30) ; [Wildenstein] ; acquis de Nathan Wildenstein par David David-Weill. Don au Louvre d'Éliane et Michel David-Weill en 1975 ; R. F. 1975.10.

**Expositions**
Paris, 1921, n° 21, ill. ;
Londres, 1932, n° 238 (n° 163, pl. LXX du cat. commémoratif) ;
Paris, 1934, n° 146 ;
Paris, 1980, n° 50, ill. ;
Lille, 1985, n° 50, ill.

**Bibliographie**
Henriot, 1926, I, pp. 145-146, pl. p. 147 ;
R. p. 173 ;
W. 115 pl. 15 et p. 12 éd. française ;
W. et M. 124.

**Œuvres en rapport**
Pour les dessins, voir les notices suivantes.

Pour un *Taureau*, autrefois attribué à Fragonard, passé en vente chez Christie's à Londres le 29 juin 1982, n° 50, voir W. et M. 124A.

On comparera le tableau du Louvre à l'*Étable (fig. 1)*, anciennement dans la coll. Veil-Picard (W. 114 pl. 14) et avec l'*Étable du vacher (fig. 2)*, d'une date bien plus tardive, autrefois dans les coll. Rothschild (A. 849).

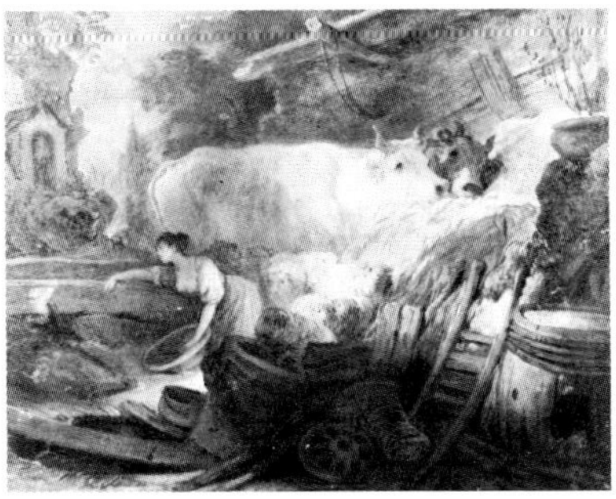

fig. 1. *L'étable*,
Paris, coll. privée

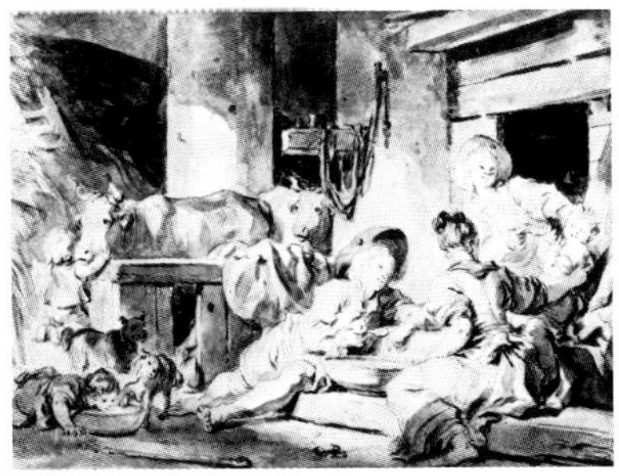

fig. 2. *L'étable du vacher*,
localisation actuelle inconnue

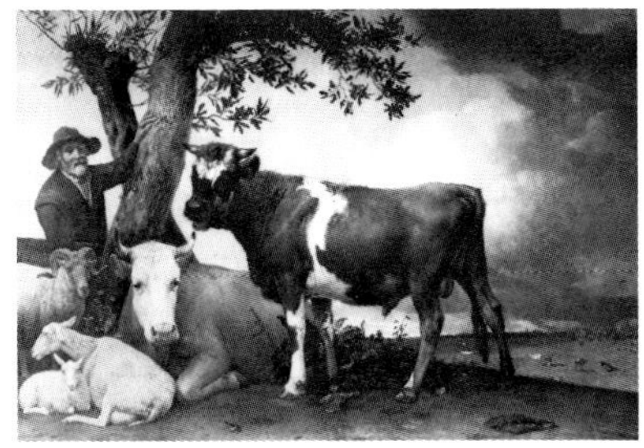

fig. 3. P. Potter, *Le taureau*,
La Haye, Mauritshuis

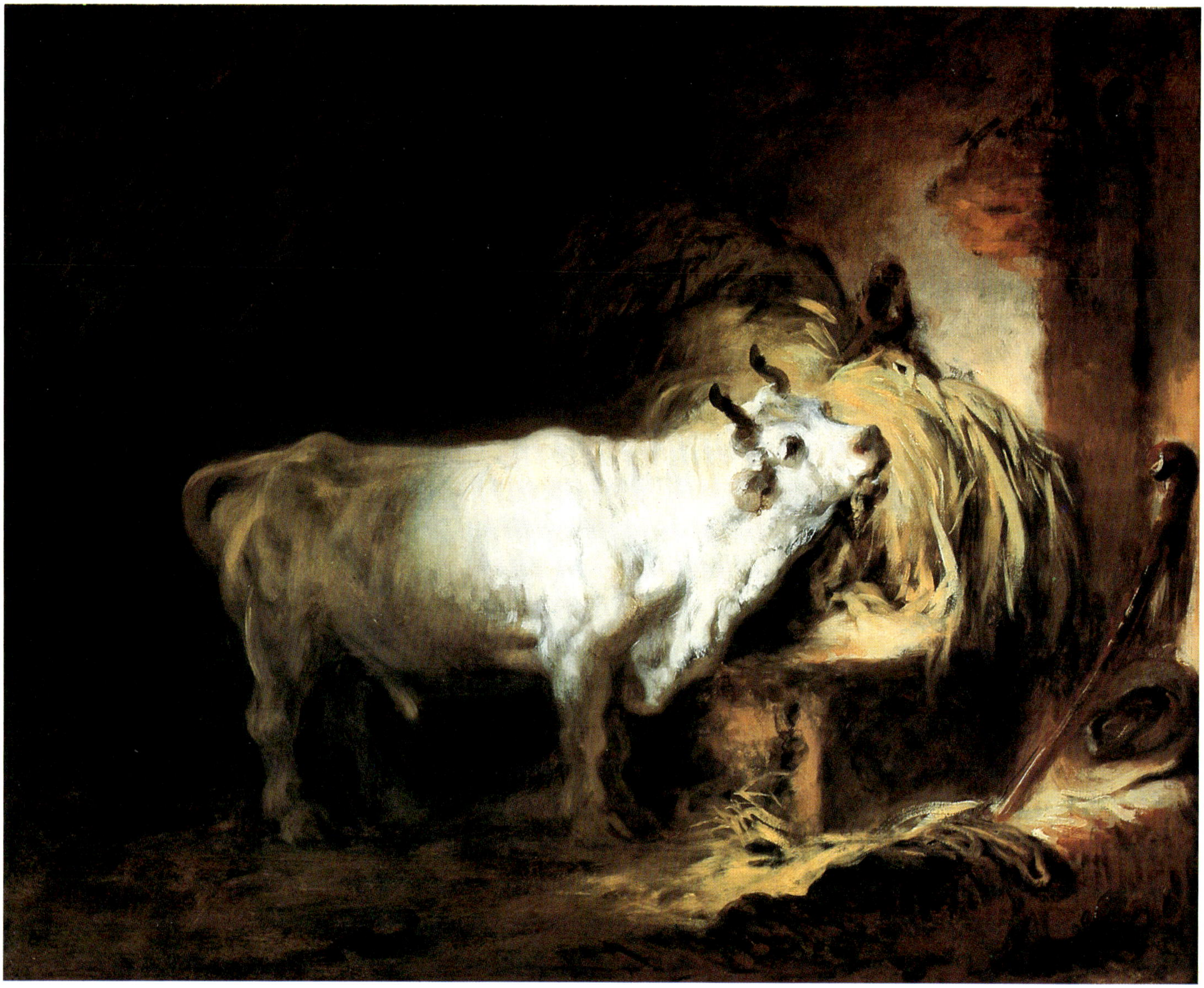

Fragonard a, durant toute sa carrière (nous les avons arbitrairement regroupés ici), peint et dessiné (voir n[os] 77 et 79) de nombreux taureaux (mais s'agit-il *toujours* de taureaux ?). Celui offert, en 1975, au Louvre par Éliane et Michel David-Weill est sans conteste le plus beau, le plus impressionnant aussi. Unique sujet du tableau à l'exclusion de toute anecdote, la bête occupe le centre de la composition. Seuls, le gros bâton recourbé du berger et son chapeau de paille (ou est-ce un feutre ?), un vieux chapeau aplati, une des « signatures » de Fragonard, font allusion — non sans humour — à une présence humaine.

Bien debout devant sa mangeoire, le taureau dont la robe blanche « un peu ambrée » éclaire la toile, arrache des touffes de fourrage (est-ce du maïs ?) à une gerbe. La gamme des couleurs, une gamme chaude, est réduite à des jaunes, des roux, des bruns, accentuant l'effet de clair-obscur. L'exécution vigoureuse, franche, la largeur de la touche, rappellent aussi bien les *Baigneuses* (n° 74) du Louvre que *Mercure et Argus* (n° 121), tous deux peints au retour d'Italie.

H. Oursel (Lille, 1985) a dressé la liste des taureaux de la peinture hollandaise du XVIIe siècle, en tout premier le célèbre *Taureau* de Potter *(fig. 3)* du musée de La Haye. Celui de Fragonard doit certes beaucoup à la peinture nordique, peut-être plus à l'esthétique de Rembrandt qu'aux peintres animaliers de stricte obédience. Mais l'artiste, en magnifiant la puissance de la bête, en rendant présente sa force, en sacrifiant — contrairement à son habitude — l'anecdote, innove. Ce n'est plus tant la ressemblance physique de l'animal qui l'occupe. Comme Buffon, c'est le caractère de la bête, son portrait moral qui devient le sujet du tableau.

# 76 La génisse échappée

H. 318 ; L. 425
Lavis de bistre et aquarelle sur préparation à la pierre noire

New York, collection privée

**Provenance**
Coll. [Verrier], sa vente, 14 [en réalité 18] novembre 1776, n° 133 (pas dessiné par Saint-Aubin en marge de son exemplaire du cat.) ; coll. [Leroy de Senneville], sa vente, 5-11 avril 1780, n° 144 (200 livres à Paillet ; racheté) ; coll. [Leroy de Senneville], sa vente après décès, 26 avril 1784, n° 105 (144 livres à Paillet) ; coll. de La Mure [« M. de Namur »], sa vente, 19 avril 1791, n° 59 (1.200 livres selon cat. vente Cronier, 1905) ; coll. Le Brun, sa vente, 26 septembre 1806, n° 231 (910 livres à Constantin) ; coll. A. Miron, sa vente, 17-19 mars 1823, n° 122 ; coll. Jacques de Bryas, sa vente, 4-6 avril 1898, n° 51, ill. (11.100 à Chappey) ; coll. Ernest Cronier, sa vente après décès, 4-5 décembre 1905, n° 29, ill. (35.500 francs) acquis par le duc Decazes qui en est encore propriétaire en 1910 ; coll. Mrs Reginald Fellowes en 1931 ; coll. Lucien Guiraud, sa vente après décès, 14-15 juin 1956, n° 55, pl. X (1.850.000 francs) ; [Wildenstein] ; New York, coll. privée

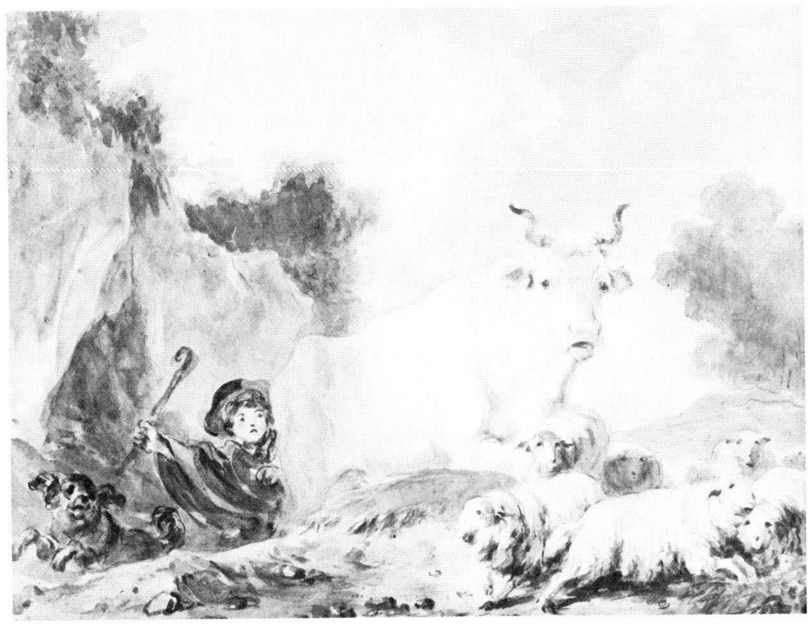

**Expositions**
Berlin, 1910, n° 176 (petite éd.) ;
Paris, 1931, n° 50 ;
Paris, 1951, n° 55.

**Bibliographie**
P. p. 309 ;
R. p. 209 ;
A. 301 fig. 116 ;
Huisman, 1968, p. 40, pl. p. 41.

**Œuvres en rapport**
Pour des taureaux et des bœufs peints ou dessinés par Fragonard, voir n$^{os}$ 75, 77, 79 et 80.

Le dessin provient à coup sûr des ventes Leroy de Senneville de 1780 et de 1784 (où il est associé avec un « bœuf à son ratelier » que l'on voudrait confondre avec le *Taureau* de l'Albertina, n° 77). Sa description : « un Dessin aquarellé, représentant un paysage au milieu duquel est une belle vache blanche, un troupeau de moutons et un jeune garçon derrière qui lève son bâton pour frapper dessus, étant accompagné d'un chien » interdit de voir dans le modèle de l'œuvre, comme il a été répété jusqu'à présent, un « taureau ». Le catalogue de la vente Verrier de 1776 est encore plus précis qui reconnaît une « belle génisse, d'une blancheur éclatante ». Le rédacteur ajoute « dessin aquarellé plein de fougue et d'un faire surprenant... on admire dans ce morceau une magie de couleur et un grand feu de composition ». Le dessin repasse en vente le 26 septembre 1806 dans une vente Le Brun dont le catalogue a été rédigé par le célèbre expert, ami de Fragonard. Le texte en est intéressant car, postérieur de quelques semaines à la mort de Fragonard (22 août), il est écrit à une date où l'artiste a perdu son crédit. « Si alors (à la vente Senneville) l'amour d'une composition pittoresque et des chaînes d'ombre et de lumière, balancées avec un goût délicat et rare, fit mettre un prix considérable à ce beau dessin, nous ne pouvons qu'applaudir à la justice que l'on a rendu à Fragonard, et au bonheur que l'on a eu de l'apprécier ; car ce génie neuf et créateur sera souvent et longtemps consulté par les maîtres de l'art ». Un siècle plus tard, Gide *(Journal*, 2 décembre 1905, éd. 1955, pp. 187-188*)* se rend, avant la vente, à l'exposition de la collection Cronier où le *Billet doux* de Fragonard, aujourd'hui au Metropolitan Museum de New York (W. 388, pl. en couleurs entre p. 24 et 25) fit sensation : « délicieux, merveilleux tant qu'on voudra mais pas à payer trois cent mille (francs) comme on veut y pousser le Musée » (du Louvre) ! Il en fit 420.000 dans l'admiration générale. Le Brun avait vu juste !

# 77 Le taureau au chien

New York

H. 319 ; L. 437
Lavis de bistre sur préparation à la pierre noire

Vienne, Graphische Sammlung Albertina

**Provenance**
Coll. [Leroy de Seneville], sa vente, 5-11 avril 1780, nº 145 (59 livres 19 sols à Paillet, racheté) ( ?) : « l'intérieur d'une étable où l'on voit un bœuf à son ratelier ») ; coll. [Leroy de Senneville], sa vente, 26 avril 1784, nº 106 (20 livres 2 sols à Basan) ( ?) ; coll. Chabot et duc de la Mure ou Desmarets, leur vente, 17-22 décembre 1787, nº 161 (272 livres 19 sols à Paillet) ; coll. d'Albert, duc de Saxe-Teschen (1738-1822), Vienne (marque, Lugt 174, en bas à gauche) ; Inv. 12734.

**Expositions**
(Pour une liste plus complète, voir Fosca, 1954 et Benesch, 1964)
Paris, 1931, nº 49 ;
Paris, 1950, nº 151, ill. ;
Berne, 1954, nº 119.

**Bibliographie**
Leporini, 1925, pl. 6 ;
Meder, 1923, p. 521 et pl. 58 (détail) ;
Fosca, 1954, pp. 57-58, pl. 18 ;
R. p. 210 ;
A. 285 fig. 101 ;
Benesch, 1964, nº 222, ill.

**Œuvres en rapport**
Le même taureau, mais avec sur la droite une jeune femme endormie tenant contre elle un chien, est dans une coll. new-yorkaise *(fig. 1* ; A. 281 fig. 102 ; voir aussi A. 282, ventes Paris, 25 mars 1953, nº 89, ill. et 8 décembre 1964, nº 65, ill.*)*. Une vente du XVIIIᵉ siècle (Vassal de Saint-Hubert, 29 mars 1779, nº 182) mentionne un dessin de ce sujet. Il s'agit vraisemblablement du dessin exposé au Salon de la Correspondance en août 1782, nº 13.

Le même taureau, mais mangeant son foin et avec un chien à droite (le dessin de la vente Aubert, 2 mars 1786, le dit à gauche) qui lui tourne le dos, est passé en vente à Monte Carlo le 11 novembre 1984, nº 2, ill. *(fig. 2* ; A. 283 fig. 103 et A. 284 ; voir aussi vente Versailles, 8 juin 1974, nº 12, ill.*)*.

Voir aussi vente Basan, 1er-19 décembre 1798, partie du nº 94, et Bruun-Neergaard, 30 août 1814, nº 129, et les dessins du musée de Saint-Quentin *(fig. 3* ; A. 287*)* et de la coll. Cottin (A. 288) que nous n'avons pas vus.

Pour le tableau du Louvre, voir notice nº 75.

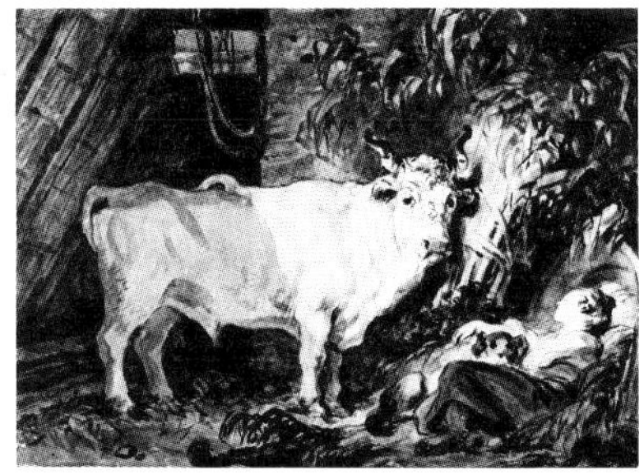

fig. 1. *Le taureau à la jeune femme endormie*, New York, coll. privée

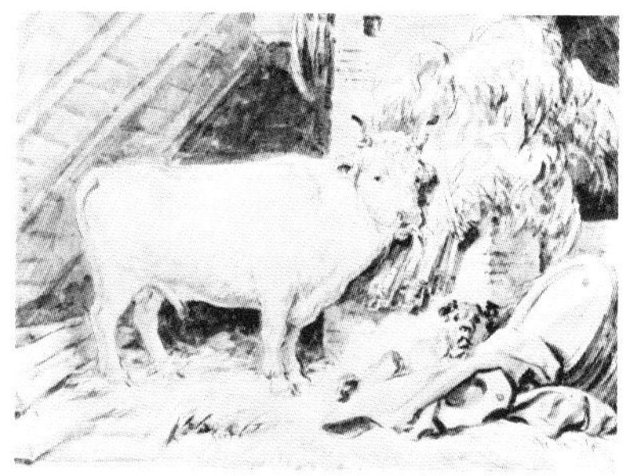

fig. 2. *Le taureau au chien*, Paris, coll. privée

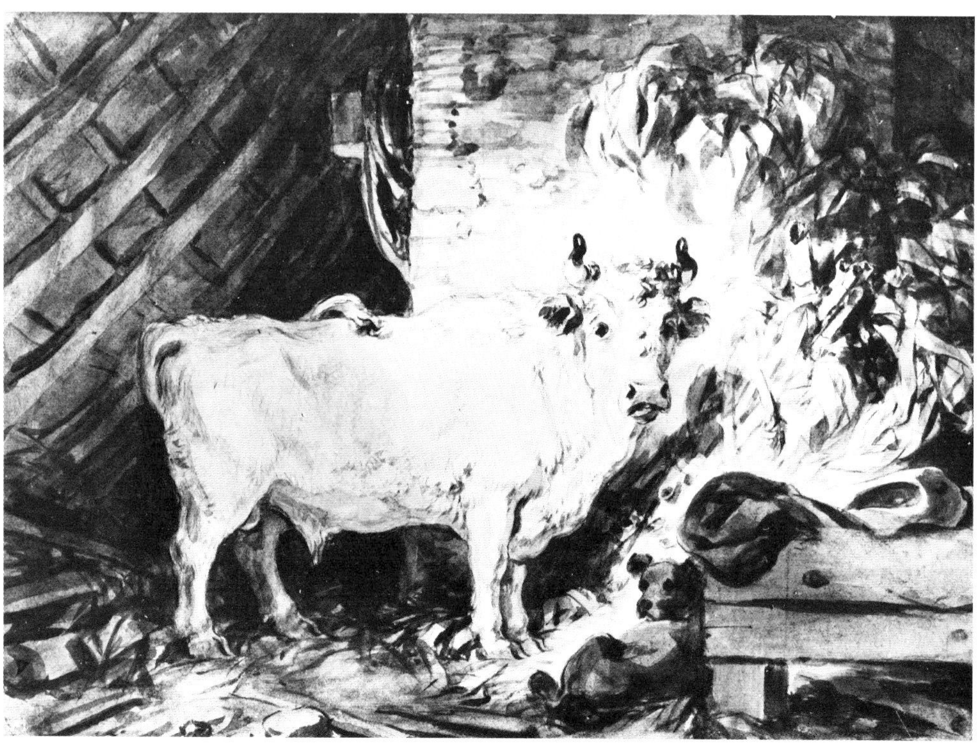

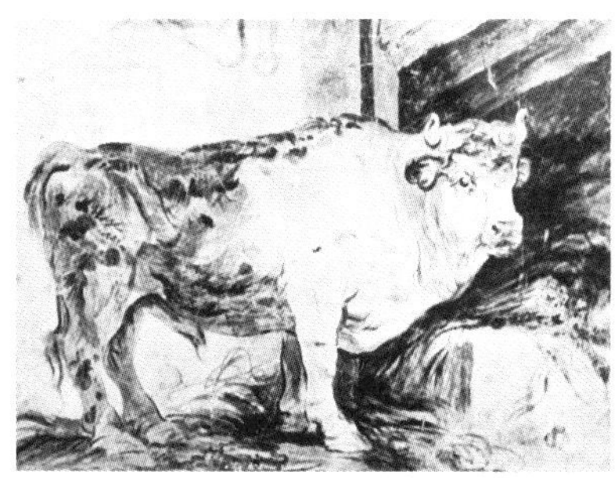

fig. 3. Fragonard ( ?), *Le taureau à l'étable*, Saint-Quentin, musée Antoine-Lécuyer

Nous hésitons à identifier ce dessin, qui a gardé toute sa fraîcheur, avec celui des ventes Leroy de Senneville de 1780 et 1784. Les deux catalogues reconnaissent dans cette feuille « un bœuf à son ratelier », ce qui visiblement n'est pas le cas ici. Il est par contre certain que le dessin de l'Albertina a fait partie de la collection du duc de La Mure avant 1787 où un « Taureau » était associé avec un « Lion » (voir nº suivant). « Ils sont chacun dans des intérieurs d'étable et de cage pittoresquement rendus. Ces deux Dessins d'une fierté d'exécution admirable, sont d'une correction de contours aussi parfaite que nature ». Un chien qui semble garder les habits de son maître, se tourne vers nous comme le jeune taureau qui nous fixe et semble poser pour le peintre. Comme le tableau du Louvre (voir nº 75), qui doit lui être antérieur de quelques années (cinq ?), le dessin de Vienne se veut portrait plus que simple exercice de virtuosité technique.

Il y a plus : Fragonard n'a pas voulu ici se contenter de dessiner une étude sur le vif, comme le faisaient ses plus grands contemporains, mais réaliser une œuvre achevée à l'égal d'un tableau.

# 78 Lion

Paris

H. 334 ; L. 445
Lavis de bistre sur préparation à la pierre noire

Vienne, Graphische Sammlung Albertina

**Provenance**
« Cabinet Puisegur », selon une inscription au crayon qui se lit en bas au centre (au-dessus, à demi effacé, *fragonard* ; sur Puisegur, voir Sandoz, 1983, p. 405).
Coll. Chabot et duc de la Mure ou Desmarets, leur vente, 17-22 décembre 1787, nº 161 (272 livres 19 sols à Paillet, avec le pendant nº 77, vraisemblablement racheté), vente après décès de la Mure, 19 avril 1791, nº 57 ; coll. Albert, duc de Saxe-Teschen (marque, Lugt 174, en bas à gauche) ; figure dans l'inv. de sa succession en 1822, p. 914 : « un vieux lion » ;
Inv. 12733.

**Expositions**
Paris, 1931, nº 48 ;
Paris, 1950, nº 152 ;
Berne, 1954, nº 120, pl. XXIV ;
Munich, 1958, nº 269 ;
Vienne, 1969, nº 383.

**Bibliographie**
Fosca, 1954, p. 58, pl. 19 ;
Wilhelm, 1955, p. 373, fig. 7 ;
R. p. 210 ;
A. 291 fig. 106.

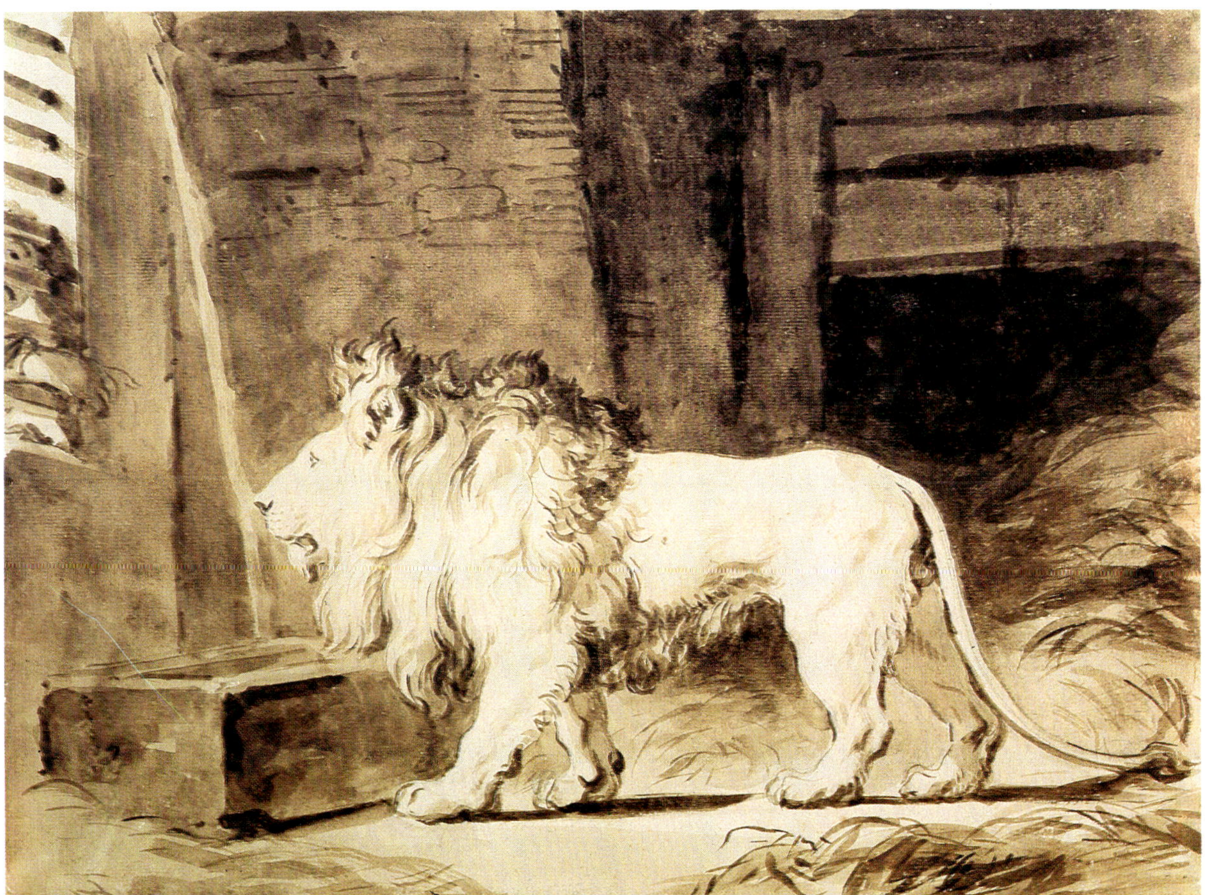

**Œuvres en rapport**
Pour le « pendant », voir la notice précédente.

Le Kupferstichkabinett de Berlin conserve une étude pour ce *Lion (fig. 1* ; A. 289 fig. 505*)*. Elle n'offre que peu de variantes avec le dessin de Vienne. Berlin conserve une autre feuille d'études d'un lion couché et endormi *(fig. 2* ; A. 290 fig. 506*)*.

Plusieurs « lions » de Fragonard sont mentionnés au XVIIIe siècle (coll. Varanchan, vente, 29 décembre 1777, nº 14 ; coll. Hall en 1778 ; coll. Denon, vente, 1er mai 1826, nº 154 ; W. 116 et 117).

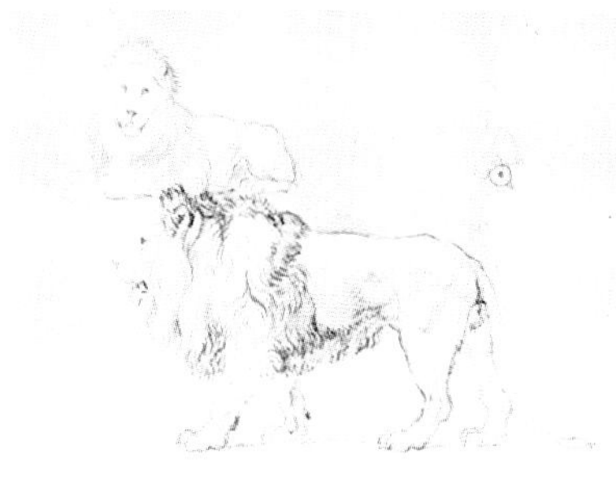

fig. 1. *Lions*, Berlin, Kupferstichkabinett

fig. 2. *Études d'un lion*, Berlin, Kupferstichkabinett

Le *Lion* et le *Taureau* de l'Albertina ne semblent pas toujours avoir été associés : en fait, il le furent en 1787, cessèrent de l'être en 1791, le sont de nouveau depuis leur entrée dans les collections du duc Albert de Saxe-Teschen au début du XIXe siècle. Ils ne sont pas de format identique.

Intitulé *Le lion dans sa cage*, le dessin est apprécié par le rédacteur du catalogue de la vente de 1791 : « cette étude savante présente admirablement la fierté et la force du Roi des animaux ». Mais il ne remarque pas la jeune femme ( ?), sur la gauche, qui nargue l'animal et passe imprudemment la main à travers les barreaux.

Où Fragonard a-t-il pu dessiner ce lion ? À la ménagerie de Versailles comme le propose Wilhelm (1955) ou au Jardin des Plantes ? D'autres dessins, des tableaux (voir rubrique *Œuvres en rapport*) prouvent en tout cas que la feuille de Vienne n'est nullement unique.

On admirera l'extraordinaire fraîcheur du dessin et la parfaite maîtrise technique de l'artiste : à l'inverse de Rembrandt qui, dans sa célèbre feuille du Louvre, dessine l'animal et rien de plus, Fragonard dessine tout, l'auge, la paille, les murs de brique, sauf le lion lui-même qu'il campe magistralement grâce à la réserve du papier et par quelques accents posés de la pointe du pinceau.

# 79 Le taureau à l'étable

New York

H. 363 ; L. 493
Lavis de bistre sur légère préparation à la pierre noire

Chicago, The Art Institute, Collection Joseph et Helen Regenstein

**Provenance**
Coll. Calonne Angelot, sa vente, 11 mai 1789, nº 271 : « un dessin au bistre sur papier blanc représentant l'étable d'un taureau. Ce dessin savamment fait est piquant d'effet. H. 14 p. L. 21 p. » (= H. 378 ; L. 567) ( ?). Coll. Hippolyte Walferdin (1795-1880), sa vente après décès, 12-16 avril 1880, nº 195 (305 francs) ; coll. de la baronne de Ruble, Paris, en 1889 ; coll. Alfred Beurdeley (1847-1919), sa vente, Paris, 13-15 mars 1905, nº 78 (11.000 francs), marque de sa coll., Lugt 421, en bas à gauche, acquis par le comte de Moltke ; coll. William K. Vanderbilt vers 1920, puis princesse Charles Murat née Vanderbilt, New York ; vente de sa coll. Londres, Sotheby's, 29 novembre 1961, nº 29, ill. (7.000 livres) acquis par [R. Munns] ; acquis par Chicago en 1962 (1962.116).

**Expositions**
(pour une liste plus complète, voir Washington, 1978)
Paris, 1879, nº 584 ;
Toronto..., 1972, nº 49, ill. ;
Paris, 1976-77, nº 17, ill. ;
Washington, 1978, nº 37, ill.

**Bibliographie**
Chennevières, 1880, p. 110 ;
P. 1889, p. 200, 313, ill. entre p. 170 et 171 ;
R. p. 209 et 210 (confond les différents dessins représentant des taureaux) ;
A. 280 fig. 105 ;
Joachim, 1962-63, p. 69, ill. p. 70.

**Œuvres en rapport**
Une seconde version très sensiblement identique autrefois dans les coll. Decourcelle et David Weill est aujourd'hui dans une coll. de New York *(fig. 1* ; A. 279 fig. 104 et Tokyo, 1980, nº 135 ill.*)*. A. (IV, p. 352) en signale une copie dans une coll. parisienne.

Pour l'étude de Grasse, voir nº suivant.

Pour d'autres taureaux (ou bœufs !) peints ou dessinés, voir nos 75 et 77.

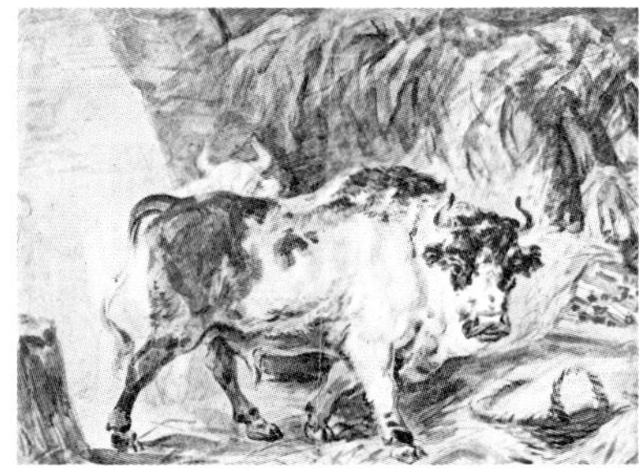

fig. 1. *Le taureau à l'étable*, New York, coll. privée

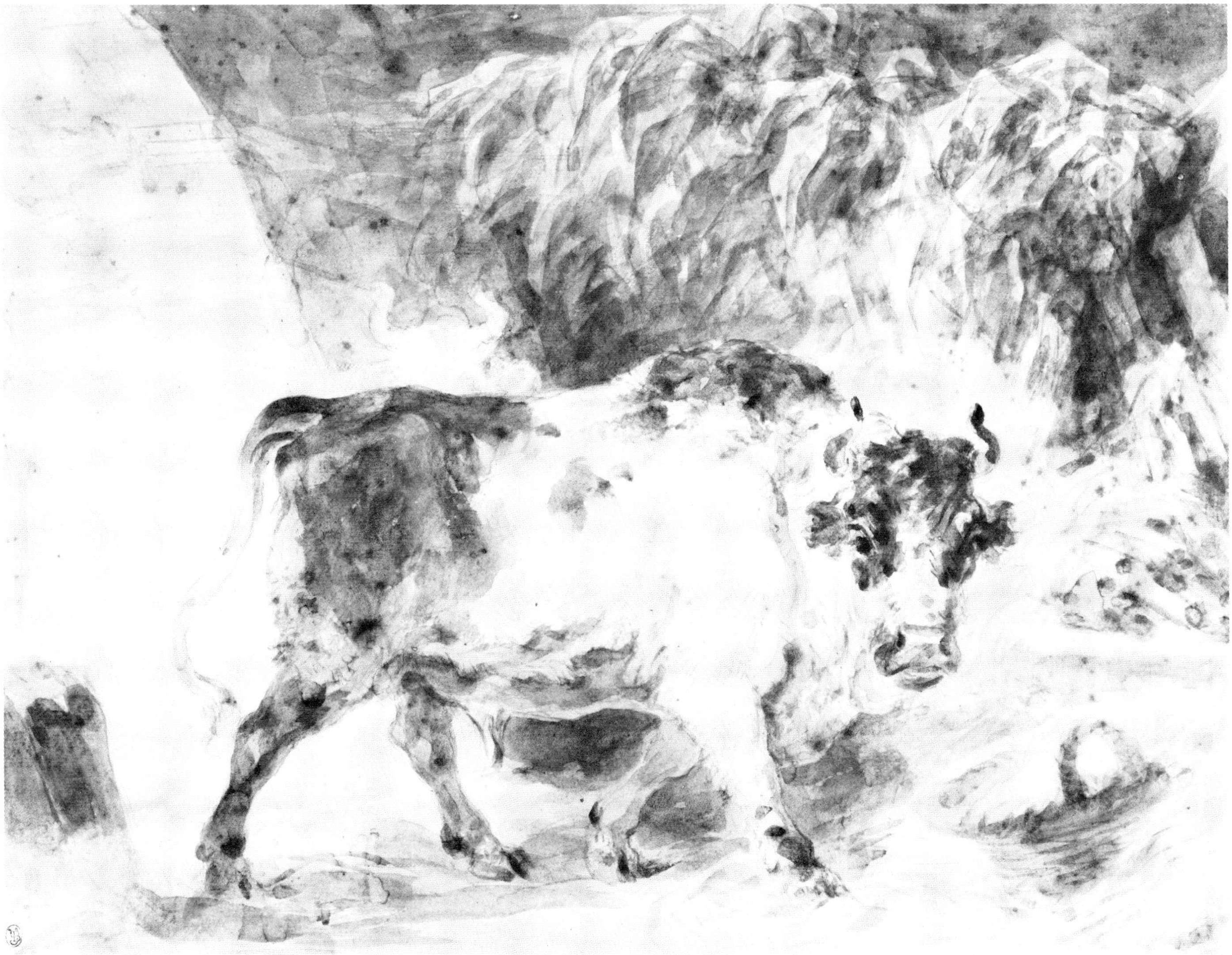

Le dessin de Chicago est justement célèbre : il ne peut pourtant se confondre avec aucun de ceux mentionnés dans les ventes du XVIIIe siècle (à l'exception du dessin cité plus haut et de celle — peu vraisemblable — du « taureau blanc » de la vente Basan du 1er décembre 1798, partie du n[o] 94). Eunice Williams le date, un peu tardivement à notre avis, des années du second voyage en Italie, vers 1773-74.

Œuvre complexe, mêlant raffinement et humour, le dessin de Chicago ne se réduit pas à une simple étude animalière. Le fourrage dans le râtelier est évoqué par quelques coups de pinceau, avec une grande intelligence dans la répartition des taches de brun et de bistre. La présence que Fragonard a su donner à son taureau, qui tourne avec fureur son museau vers nous, fait contraste avec l'amusante idée de la vache (?) à la robe claire, esquissée au second plan.

80 # Deux bœufs à l'étable

H. 244 ; L. 382
Pierre noire et lavis de bistre

Grasse, musée Fragonard

**Provenance**
Proviendrait de la coll. Walferdin (selon le cat. de la vente Beurdeley ?) ; coll. Alfred Beurdeley (comme le n° précédent), sa vente, Paris, 13-15 mars 1905, n° 79 (1.100 francs à Danlos ; marque de la coll. Beurdeley, Lugt 421, en bas à gauche) ; coll. du baron J. Vitta ; donné au musée de Grasse.

**Exposition**
Paris, 1921, n° 288.

**Bibliographie**
Fajol, 1937, p. 8, ill. ; A. 278 fig. 100.

**Œuvres en rapport**
Voir le n° précédent.

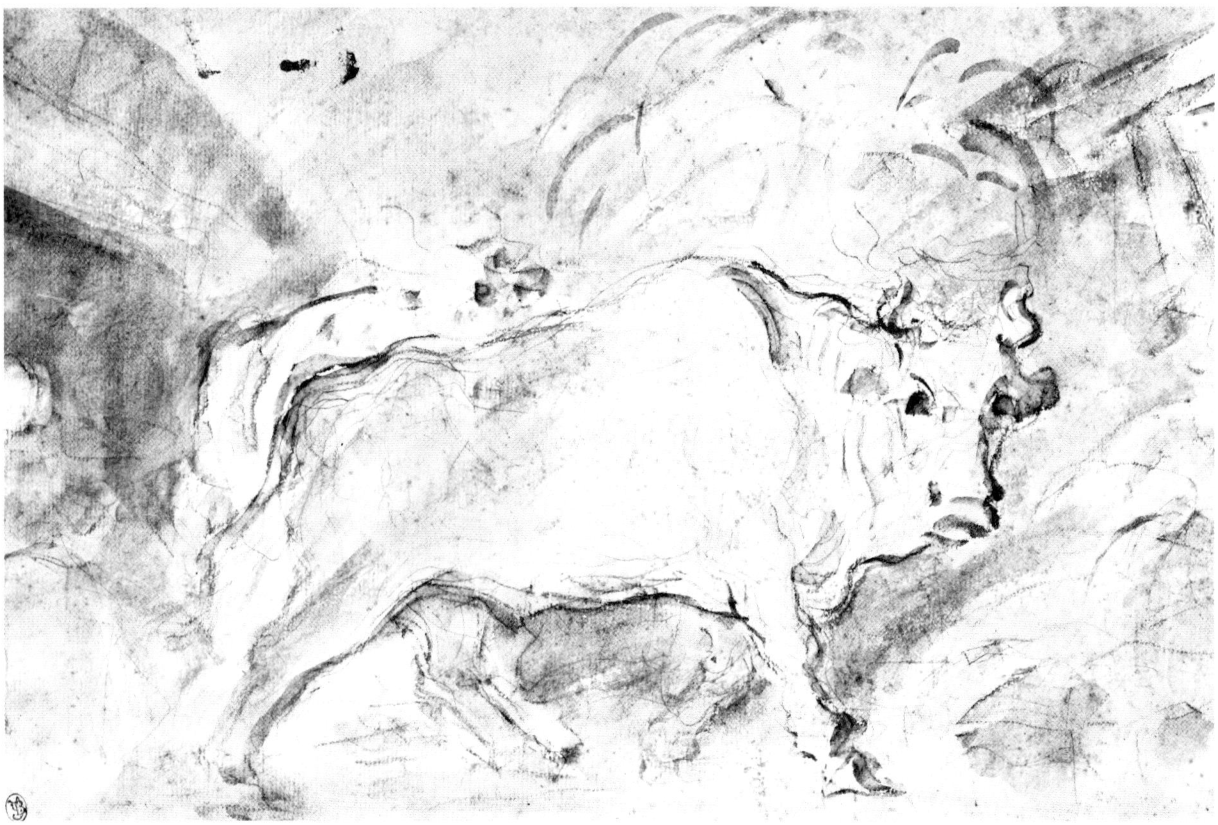

Ce dessin, comme celui de Chicago qu'il prépare (n° 79), provient de la collection Beurdeley. Il est passionnant car il nous fait découvrir la méthode de travail si particulière de Fragonard. Tout d'abord, l'artiste met, très rapidement en place, à la pierre noire, les grandes masses de sa composition. Son crayon couvre la feuille de longues lignes souples guère appuyées mais d'une grande mobilité, qui reviennent, se répètent, se multiplient sur tel muscle, telle courbe, d'une manière qui peut sembler désordonnée et sans soin. Ensuite, avec une pierre noire plus grasse, il indique certains accents, le museau du bœuf, ses cornes, son poitrail... Puis vient un premier lavis qui permet à Fragonard de diversifier les plans, de donner leur volume aux formes. Un second lavis — ce sera l'ultime phase, celle du dessin de Chicago — accusera les masses, animera la feuille, créera l'effet de la couleur... Si la plupart des dessins de Fragonard semblent montrer des taureaux, il semble bien que nous soyons ici en présence de bœufs. Rappelons que nous avons regroupé les représentations de taureaux (et de bœufs), à la suite du tableau du Louvre (n° 75), sans grand souci chronologique.

# 81 L'étable

H. 146 ; L. 183
Lavis de bistre sur préparation à la pierre noire

Paris, musée Cognacq-Jay

**Provenance**
Coll. baron Louis-Auguste de Schwiter (sa marque, Lugt 1768, en bas à gauche), sa vente, Paris, 20-21 avril 1883, nº 39 (500 francs ; est-ce le dessin passé en vente le 24 février 1883, nº 17 : « l'Étable », sans dimensions ? ; est-ce « le Berger entreprenant » d'une vente du 20-21 juin 1833, nº 22, sans dimensions ?) ; coll. Hochon en 1889 ; coll. marquis de Biron, sa vente, Paris, 9-11 juin 1914, nº 20, ill., acquis pour 13.500 francs par [Stettiner] ; acquis par Gabriel Cognacq-Jay (Inv. 139).

**Expositions**
U.S.A., 1952-53, nº 86 ;
Berne, 1954, nº 96.

**Bibliographie**
(pour une bibliographie détaillée, voir Burollet, 1980)
P. p. 300 ;
R. p. 197, 209 et fig. 124 p. 250 ;
A. 97 fig. 34 ;
Thuillier, 1967, p. 110 pl. couleurs ;
Burollet, 1980, nº 130 ill.

**Œuvres en rapport**
Une copie à San Francisco (A. 1232 ; Hattis, 1977, nº 55 ; celle-ci reproduit une seconde copie, nº 55b).

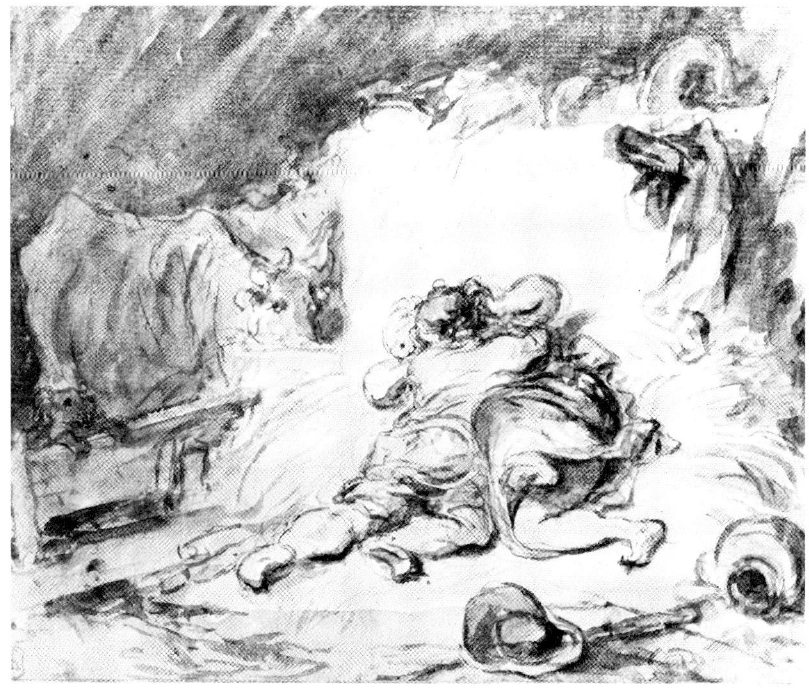

« Or, voici, au Musée Cognacq-Jay, *L'étable*. Simple paysannerie : mais qui songerait à *La cage* de Boucher ou à son *Berger galant ?* C'est un garçon qui culbute sur la paille une fille soudain prise de peur. Cela est dit sans brutalité comme sans réticence. L'histoire d'*Il pleut, il pleut, bergère*... se passe ici de compliments fades et de blancs moutons » (Thuillier, 1967, p. 114).

Un taureau (?) contemple le spectacle de son « œil torve ». Une vache (?), tire sur une botte de paille. Un petit chien amusé jappe, le chapeau du berger, sa canne, la cruche de la bergère ont roulé au sol. Fragonard a traité le sujet avec franchise et cette tension dont il sait marquer la plus modeste de ses inventions. Nous regrettons de n'avoir pu exposer le *Taureau indiscret,* célèbre dessin d'un esprit voisin, autrefois dans la coll. des frères Goncourt (Jules de Goncourt le grava ; *fig. 1),* aujourd'hui à New York *(fig. 2 ;* A. 99 fig. 47*) :* un berger bouscule une bergère qui crie un peu tandis qu'un taureau (mais comment savons-nous qu'il s'agit d'un taureau ?) les regarde. Ici Fragonard déplace l'anecdote sur la droite de la composition, contre la margelle de l'abreuvoir, mais dans les deux cas — sans qu'il soit besoin de faire appel à la psychanalyse — la présence d'un taureau prend tout son sens.

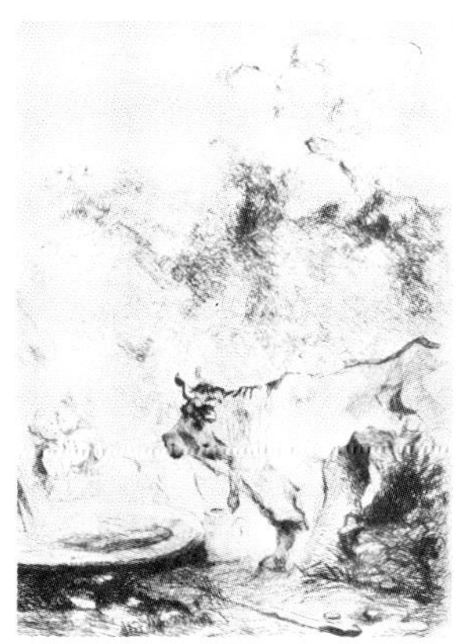

fig. 1. Jules de Goncourt, *Le taureau indiscret*, Paris, Bibliothèque Nationale, Cabinet des estampes

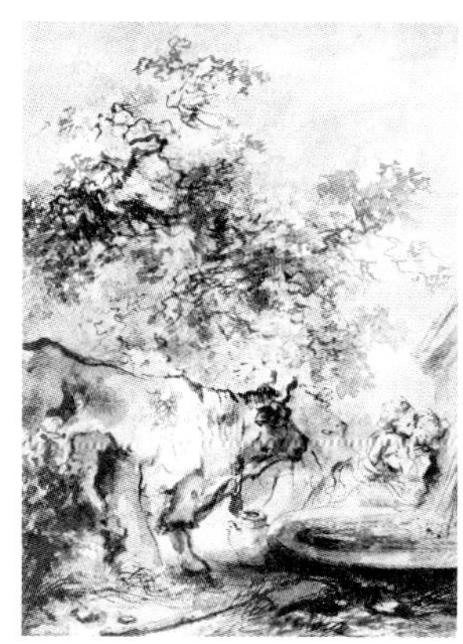

fig. 2. *Le taureau indiscret*, coll. privée

# 82 La sortie du troupeau

Paris

H. 282 ; L. 375
Lavis de bistre sur préparation à la pierre noire
Inscription en bas à gauche : « frago »

Montpellier, musée Fabre

**Provenance**
Coll. Louis Antoine Auguste (de) Rohan Chabot, sa vente après décès, 8 décembre 1807, nº 44 : « un autre dessin au bistre sur papier blanc, offrant le sujet d'un jeune pâtre faisant sortir son troupeau de l'étable » (21 livres 95) ; coll. Bonnet Mel, de Pézenas, dès 1841 ; donné au musée Fabre (cachet, Lugt 919, en bas à droite) en 1864.

**Expositions**
Paris, 1939, nº 145 ;
Berne, 1954, nº 97 ;
Montpellier, 1980, nº 60, ill.

**Bibliographie**
Lafenestre et Michel, 1878, nº 191 ;
Fosca, 1954, p. 69, pl. 45 ;
R. p. 209, 225 et fig. 86 p. 170 ;
A. 840 fig. 226.

**Œuvres en rapport**
Une étude préparatoire *(fig. 1)* provenant d'une vente à Paris (5 décembre 1984, nº 68, « Casanova ») a été exposée chez Cailleux, Paris, 1985, nº 15, ill.

Nous n'avons pu retrouver le dessin du musée de Romorantin (A. 2135), qui semble avoir disparu (!), et ignorons tout sur A. 2134.

Un tableau d'Hubert Robert *(fig. 2)*, inspiré par les dessins de Fragonard et aussi par l'aquatinte de Saint-Non, a fait partie de la coll. Decourcelle (vente 29-30 mai 1911, nº 38, ill.).

On comparera le dessin de Montpellier avec le *Troupeau affolé (fig. 3 ;* A. 300 fig. 100*)* qui, comme son pendant *La sangle brisée (fig. 4 ;* A. 98 fig. 44*)*, provient de la vente [de Bièvres] du 10 mars 1790, nº 29.

Pour la gravure de l'abbé de Saint-Non *(fig. 5)*, en sens inverse du dessin, datée de 1776, destinée aux *Griffonis*, voir G. p 338, Guimbaud, p. 200, nº 71 (ill. entre p. 32 et 33) et Cayeux, 1964, nº 298.

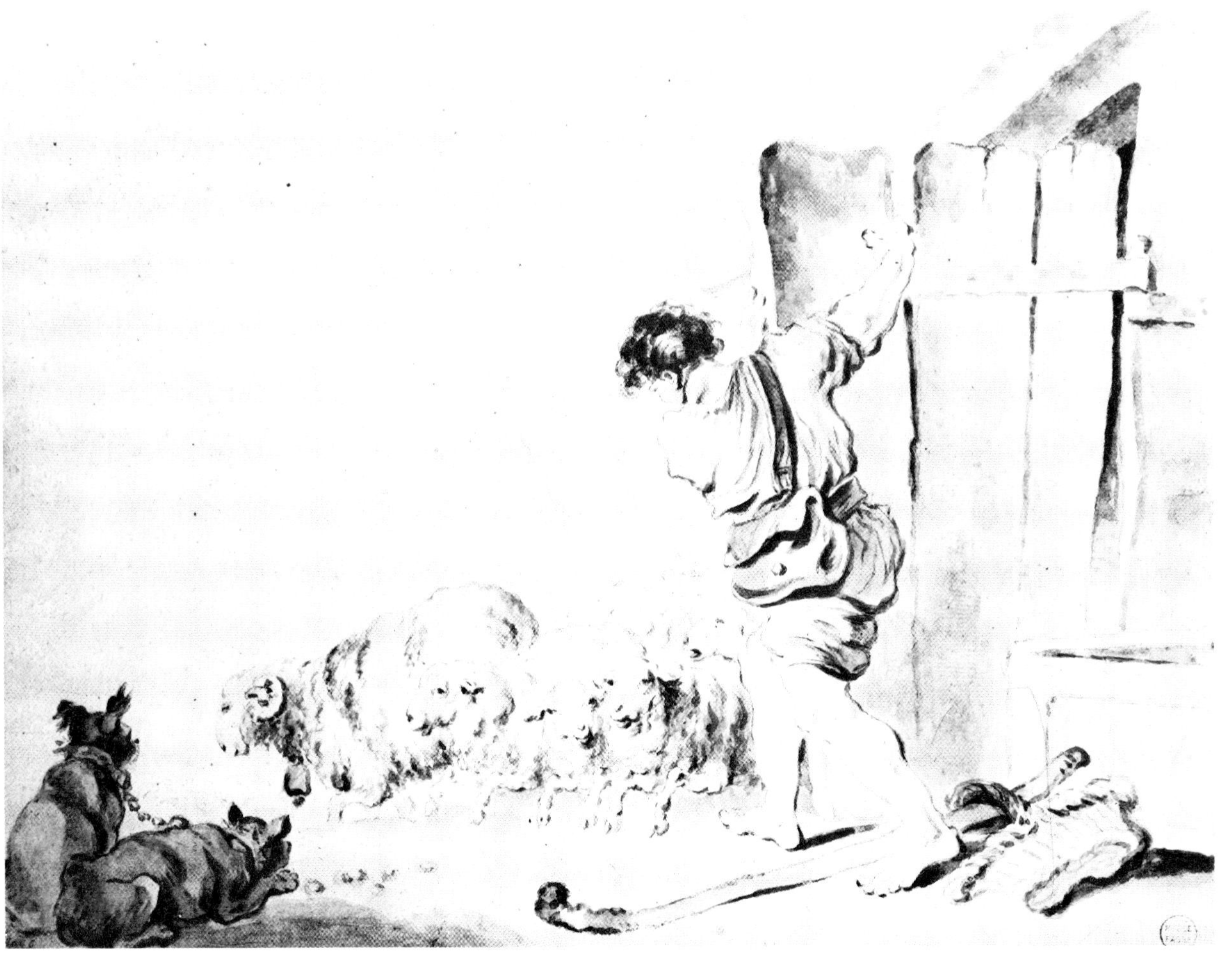

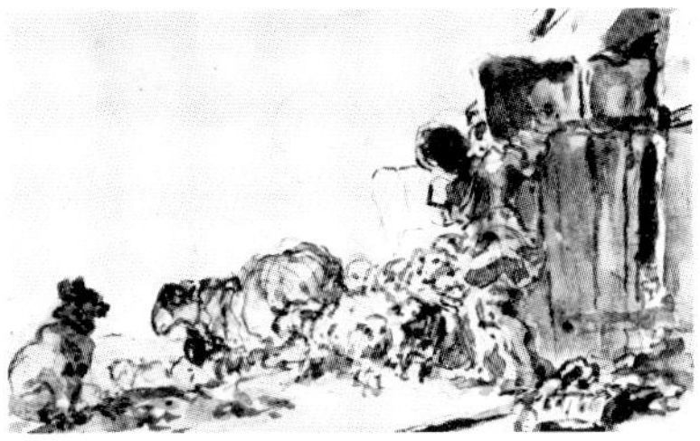

fig. 1. *La sortie du troupeau*,
Paris, commerce d'art

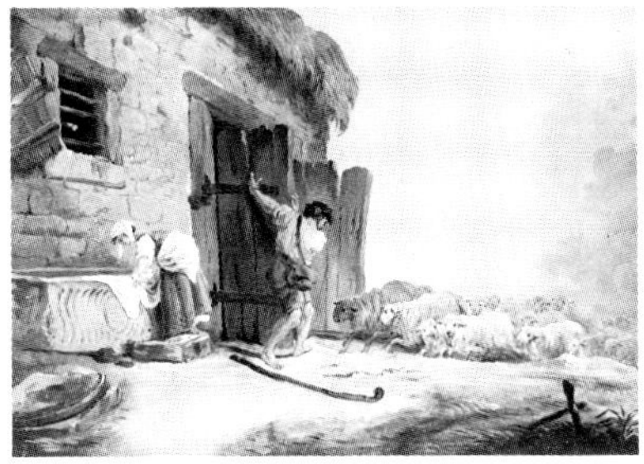

fig. 2. H. Robert, *La sortie du troupeau*,
Paris, commerce d'art

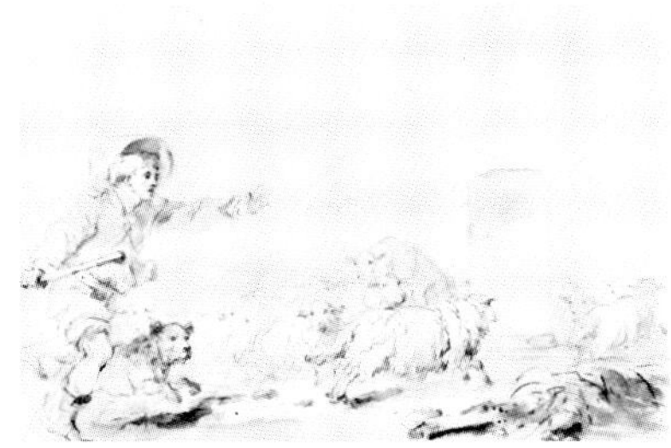

fig. 3. *Le troupeau affolé*,
localisation actuelle inconnue

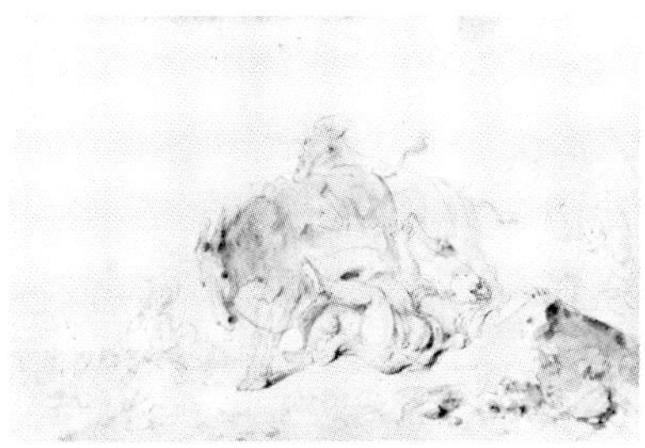

fig. 4. *La sangle brisée*,
localisation actuelle inconnue

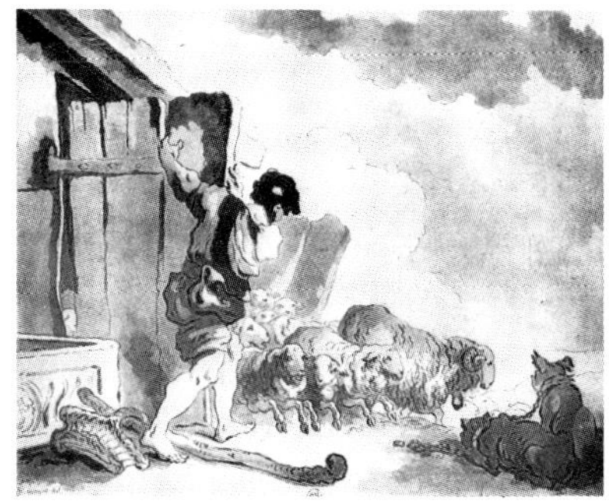

fig. 5. Saint-Non, *La sortie du troupeau*,
Paris, Bibliothèque Nationale,
Cabinet des estampes

Gravé en 1776 par l'abbé de Saint-Non pour les *Griffonis*, le dessin de Montpellier a directement inspiré un tableau d'H. Robert qui confirme que les relations entre les deux artistes restèrent bonnes après leurs retours respectifs d'Italie. Le dessin a été trop longtemps exposé à la lumière et a un peu perdu de la vivacité qu'a gardé l'étude préparatoire. Le geste si bien étudié du berger qui ouvre la porte de l'étable centre la composition. Fragonard a su parfaitement rendre le bêlement des moutons qui sortent précipitamment, leur piétinement affolé, le son de la clochette du bélier. Deux gros chiens enchaînés les surveillent.

La date du dessin embarrasse : l'étude serait, selon M. Roland Michel (cat. exp. Cailleux, 1985), de 1761-65. Le dessin de Montpellier est-il du même moment ou bien plus tardif ?

# *Le voyage en Hollande de Fragonard*

*Si, bien évidemment, personne n'a mis en doute les séjours italiens de Fragonard (1756-61, pp. 61-66 et 1773-74, pp. 361-364), la certitude d'un voyage en Hollande a longtemps été débattue. Elle a passionné les érudits du début du siècle. Pour les uns (Goncourt et encore Fourcaud en 1907), Fragonard n'avait pas de raison de se rendre aux Pays-Bas pour découvrir la peinture flamande et hollandaise. Paris suffisait et les artistes n'avaient nul besoin de quitter la France pour admirer les chefs d'œuvre des écoles du Nord. Les autres (Thoré, Portalis, Nolhac surtout, 1907 et 1918) décelaient dans les documents du XVIII^e siècle trop de traces nordiques pour écarter un tel voyage qui ne pouvait qu'enrichir un artiste aussi curieux de tableaux que Fragonard.*

*Le débat est aujourd'hui clos : on a, à juste titre insisté sur l'importance de la vente Gros* (fig. 1) *de 1778* (fig. 2 ; *voir n^os 83 et 84) ; y figuraient des dessins de Fragonard d'après des tableaux de Rembrandt, de Van Dyck et de Jordaens qu'il ne pouvait avoir copiés que* de visu. *D'autres dessins sont mentionnés dans des ventes du XVIII^e siècle ou sont apparus, qui confirment irréfutablement le voyage.*

*Depuis quelques années, la question s'est déplacée : on s'est interrogé sur la date à laquelle Fragonard avait pu faire ce voyage. Résumons les points de vue : Nolhac (1907), entre 1761 et 1769 ; Réau (1932), soit en 1766 avec Boucher et Randon de Boisset, soit entre 1775 et 1778 au retour d'Italie ; Wilhelm (1948) entre 1762 et 1773 ; Ananoff (1959), à la suite de Tornézy (1895, p. 34), peu avant 1773 avec Bergeret ; Massengale (1979), qui a rallié la plupart des suffrages, en 1769.*

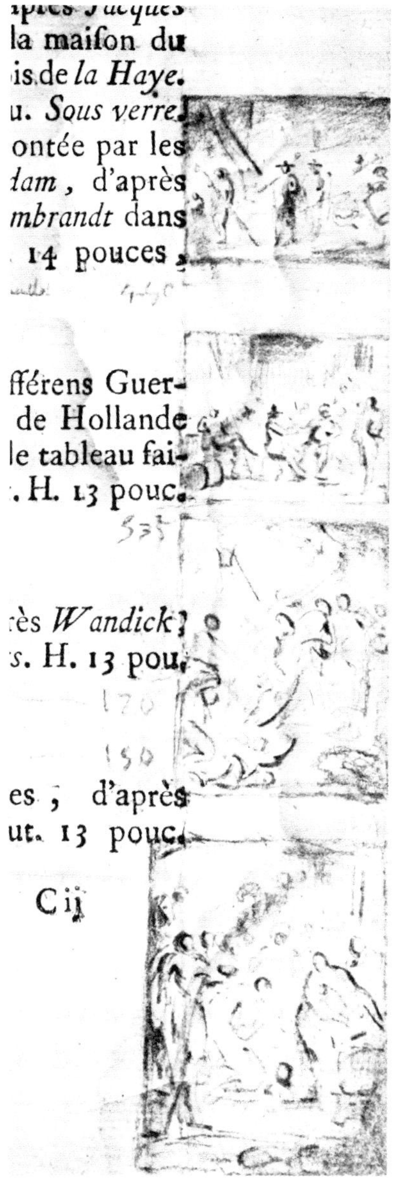


fig. 2. G. de Saint-Aubin,
détail d'une page du catalogue de la vente Gros (1778),
Paris, Petit Palais

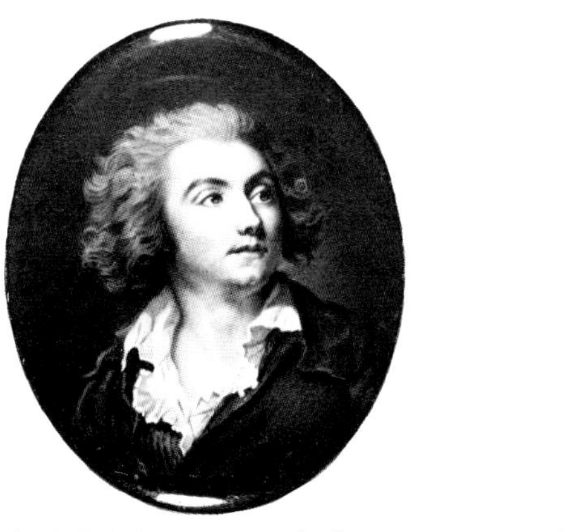

fig. 1. J.-A. Gros, *Portrait dit de Drouais* (miniature),
Paris, musée du Louvre,
Cabinet des dessins

*Avant de prendre parti, disons un mot sur les éventuels compagnons de voyage de Fragonard. Il est aujourd'hui confirmé que Randon de Boisset fit son voyage en Hollande en 1766, comme Sireuil l'affirmait déjà dans la préface du catalogue de la vente Randon de Boisset et comme le confirment les Archives du Ministère des Affaires Étrangères* (Franchises, exemptions de droits-1738-1783, *vol. 2033, avril 1766, F^o 81 r^o). Avec Boucher (qui sans doute ne l'accompagna que pendant une partie du voyage) et sans Fragonard. Pour Ananoff, le voyage se fit avec Bergeret. Il appuie son hypothèse sur une lecture attentive du*

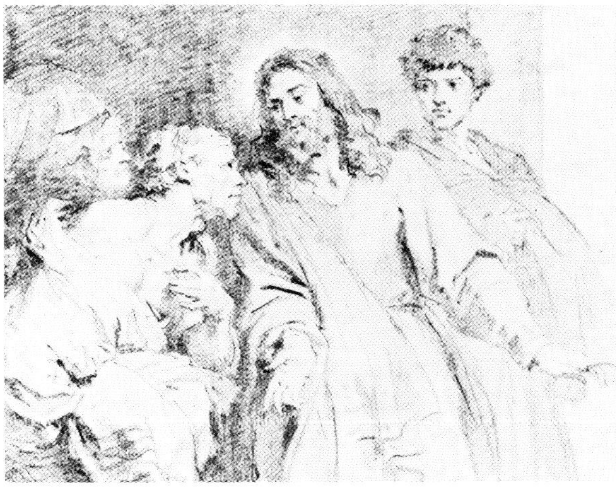

fig. 3. *Le Christ et le paralytique*, Paris, coll. privée

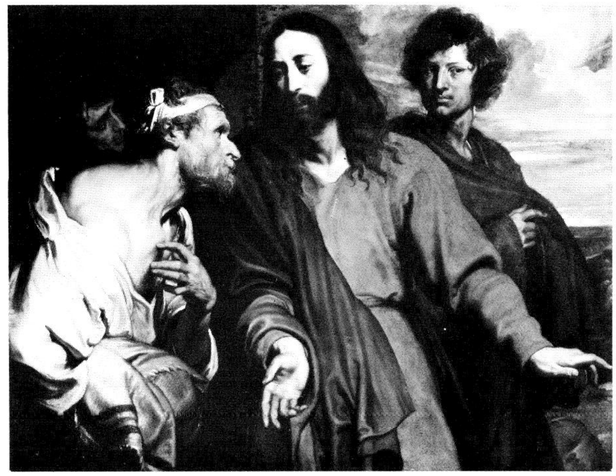

fig. 4. Van Dyck, *Le Christ et le paralytique*, Munich, Pinacothèque

Journal *du voyage en Italie de Bergeret (1773-74) sur lequel nous reviendrons bientôt (pp. 361-364). Certaines allusions, auxquelles il convient de ne pas vouloir faire dire trop, donnent l'impression que Bergeret, lorsqu'il part pour l'Italie, non seulement « n'était pas encore rouillé du train d'auberge depuis la Hollande et l'Allemagne », mais encore qu'il estimait Fragonard « commode pour voyager » ! Les deux hommes se connaissaient depuis longtemps, dès 1763 sans doute (nos 67-70). Bergeret avait prêté de ses Fragonard aux Salons de 1765 et de 1767. Ajoutons qu'un dessin de Fragonard* (fig. 3) *d'après Van Dyck, représentant le* Christ et le paralytique (fig. 4), *confirmerait l'interprétation d'Ananoff. Le tableau copié se trouvait à coup sûr en 1766 à Düsseldorf où Bergeret, il nous l'affirme dans son* Journal *italien, s'était rendu.*

*Disons un mot de la date de 1769 proposée par Massengale. Elle s'appuie sur un dessin d'après Rubens représentant* Decius Mus renvoyant les licteurs (fig. 5), *qui porte, d'une écriture ancienne, cette date ; le tableau certes était à Vienne avec la collection Liechtenstein, mais Massengale précise qu'en 1773 quatre tableaux de cette série, provenant de Bruxelles — sans doute des copies se vendaient à Londres. Disons pour renforcer le point de vue de Massengale qu'en 1769, le 17 décembre, Fragonard, sur l'acte de baptême d'Henriette-Rosalie, sa fille, est déclaré « absent » !*

*Revenons aux deux dates proposées. Elles nous surprennent l'une et l'autre pour les mêmes raisons. En 1769 comme en 1773, Fragonard est surchargé de commandes. Ce sont les années du plafond de l'Hôtel Voyer d'Argenson et des figures de fantaisie, des travaux pour la du Barry et pour la Guimard... En outre, en 1769 comme en 1773, Fragonard n'aurait-il pas dû demander à l'Académie, dont il faisait partie depuis 1765, une autorisation d'absence pour se rendre à l'étranger comme Pierre lui reproche de ne pas l'avoir fait en 1773, au moment du second départ pour l'Italie !*

*Est-il possible de trancher en s'appuyant sur le style de ces copies ? Nous ne le pensons pas. Les copies à la pierre noire (n° 84) paraissent encore très proches de celles d'après les maîtres italiens exécutées en 1761 ; d'autres, au contraire, comme le* Saint Hermann *(n° 85) annoncent les compositions en hauteur, à plusieurs figures, des années 1775, comme la* Rêveuse *ou la* Lecture (nos 271 et 270). *Á l'inverse, l'utilisation du lavis dans l'*Apothéose du prince Frédéric Henri *(n° 83) ou l'*Éducation de la Vierge *du Louvre d'après Rubens* (fig. 6), *reste bien maladroite...*

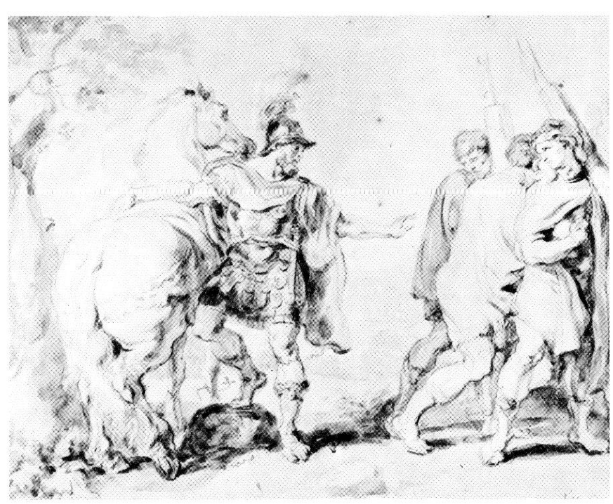

fig. 5. *Decius Mus renvoyant les licteurs*, localisation actuelle inconnue

*Notre conclusion sera aussi prudente que décevante. Nous pensons que Fragonard s'est rendu à plusieurs reprises dans le nord, une première fois peut-être en 1763 ou en 1764 en compagnie de Bergeret (l'année précédente, le 17 juillet 1762, il avait été recommandé par Marigny à Natoire, directeur de l'Académie romaine, mais on sait qu'il renonça à ce premier voyage en Italie), ce sont les années où Fragonard est le plus disponible. Un second voyage plus court, eut lieu vers 1772, peut-être avec Le Brun pour qui Fragonard semble avoir travaillé pendant toute sa carrière.*

*La date du voyage en Flandres et en Hollande est-elle en définitive si importante ? Nous l'avons déjà constaté, Fragonard absorbe, avec sa caractéristique avidité, tous les tableaux qu'il voit. Longtemps, il saura faire son profit des exemples du passé, marquant, certes, ses choix dans ses préférences. Que le nord — celui de Rembrandt comme celui de Ruysdael, celui de Jordaens comme celui de Van Dyck — ait compté, nous le savons. Que le voyage en Hollande ait radicalement modifié sa manière de voir et de peindre, nous ne le pensons pas.*

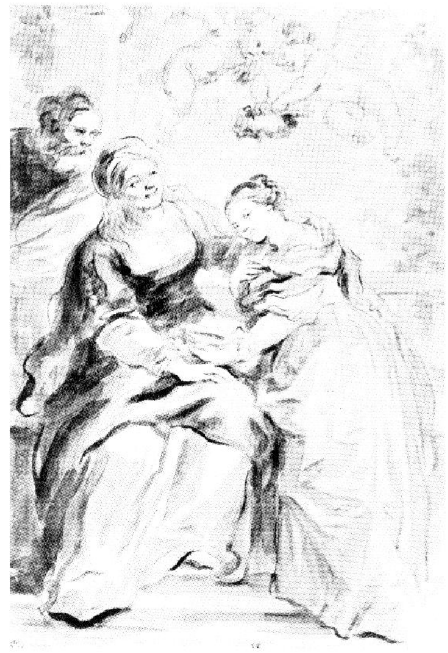

fig. 6. *L'éducation de la Vierge*,
Paris, musée du Louvre, Cabinet des dessins

# 83 L'apothéose du prince Frédéric Henri

d'après Jordaens

New York

H. 355 ; L. 435
Lavis de bistre sur préparation à la pierre noire
En bas à droite, à la plume : « f »

Paris, musée du Louvre, Cabinet des dessins

**Provenance**
Coll. du miniaturiste toulousain Jean Antoine Gros (1725-entre 1784 et 1786), père du baron peintre, sa vente, lundi 13 [au lieu de 14] avril 1778, nº 72 : « un sujet allégorique d'après Jacques Jordaens, exécuté dans la maison du Prince d'Orange dans le bois de la Haye... sous verre » ; nous apprenons, grâce à une longue inscription au verso *(fig. 1)*, qu'Abraham Fontanel acquit le dessin à Paris pour 500 livres (en fait, il n'en « fit » que 130 livres, si l'on en croit l'exemplaire de la vente que nous avons consulté, celui de la Bibliothèque d'Art et d'Archéologie Doucet) pour le vicomte de Saint-Priest, intendant du Languedoc (à qui il appartenait à coup sûr en 1779) ; il échut en partage à son gendre, M. de Masclary, qui l'échangea avec Fontanel. Coll. A. Carrier, sa vente, 9-10 mars 1846, nº 165 (catalogue rédigé par Thoré ; 23 francs) ; coll. Camille Groult avant 1907 (acquis « pour mille francs », Gimpel, 1963, p. 160 à la date du 23 avril 1920), puis Pierre Bordeaux Groult. Don par celui-ci en 1978 au Louvre (marque du Louvre, Lugt 1886, en bas à gauche). R. F. 36.737.

**Expositions**
Montpellier, 1779, nº 61 ;
Paris, 1984, nº 92, ill. ;
Lille, 1985, nº 55, ill.

**Bibliographie**
Nolhac, 1907, pp. 20-21, ill. ;
Dacier, 1913, pp. 18-19 et 26-27 ;
Stein, 1913, p. 376, 394 ;
Nolhac, 1918, pp. 211-212 ;
Nolhac, 1931, pp. 220-221 ;
Réau, 1932, p. 99 et 103 ;
Mathey, 1933, p. 185 ;
Mesuret, cat. exp. 1954, pp. 19-21 ;
R. p. 55, 234 ;
Ananoff, 1959, p. 16 fig. 1 ;
A. 480 fig. 165 ;
Massengale, 1970, p. 271 ;
Slive, 1981, pp. 272-273, 275, note 12.

fig. 1. Verso du nº 83

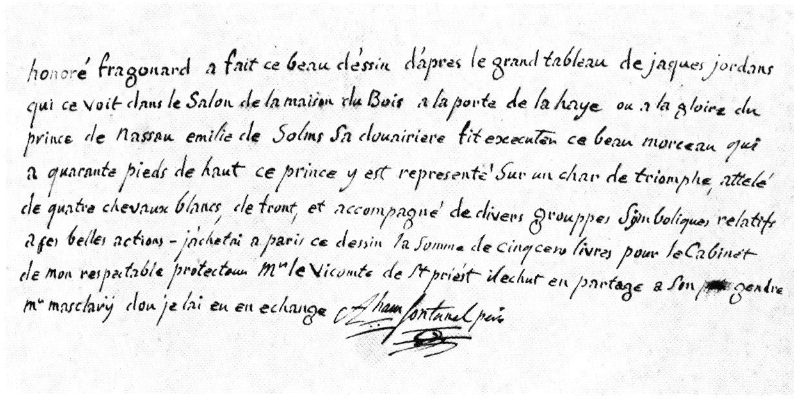
honoré fragonard a fait ce beau déssin d'apres le grand tableau de jaques jordans
qui ce voit dans le Salon de la maison du Bois a la porte de la haye ou a la gloire du
prince de nassau emilie de Solms Sa douairiere fit executer ce beau morceau qui
a quarante pieds de haut ce prince y est representé Sur un char de triomphe attelé
de quatre chevaux blancs de front et accompagné de divers grouppes Symboliques relatifs
a ses belles actions - j'achetai a paris ce dessin la Somme de cinq cens livres pour le Cabinet
de mon respectable protecteur Mr le Vicomte de St priest il echut en partage a son gendre
mr masclary dont je l'ai eu en echange Abraham fontanel pere

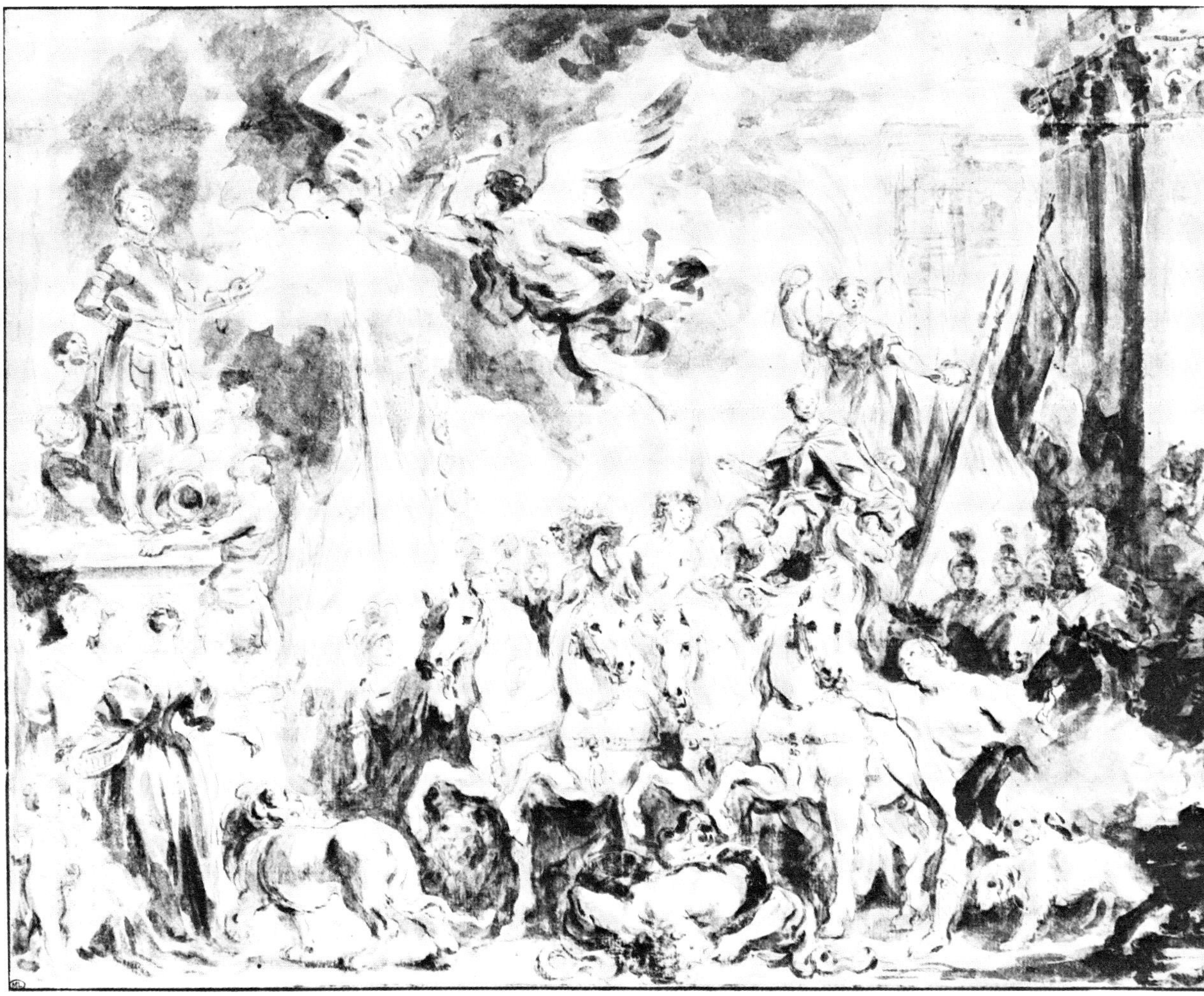

C'est à Pierre de Nolhac que revient le mérite d'avoir, en publiant ce dessin (1907), compris toute son importance. « Document définitif » qu'il recherchait, « ce témoignage nous assure de la visite rendue par Fragonard à ses chers maîtres hollandais ». Ici l'artiste copie l'immense composition de Jordaens, l'*Apothéose du prince Frédéric Henri d'Orange* (1652), conservée aujourd'hui comme alors à la Huis ten Bosch à La Haye *(fig. 2)*. Comment en effet Fragonard aurait-il pu copier l'œuvre ailleurs qu'aux Pays-Bas alors qu'il n'en existait pas de gravure et que les esquisses connues sont toutes fort différentes de la toile de La Haye ?

fig. 2. J. Jordaens, *L'apothéose du prince Frédéric Henri d'Orange*, La Haye, Huis ten Bosch

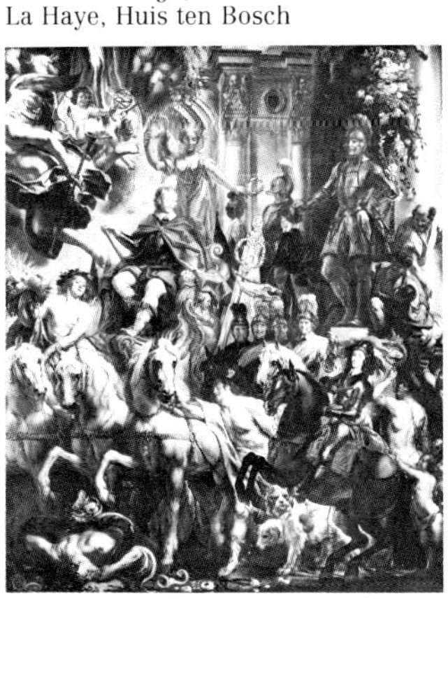

fig. 3. G. de Saint-Aubin, détail d'une page du catalogue de la vente Gros (1778), Paris, Petit Palais

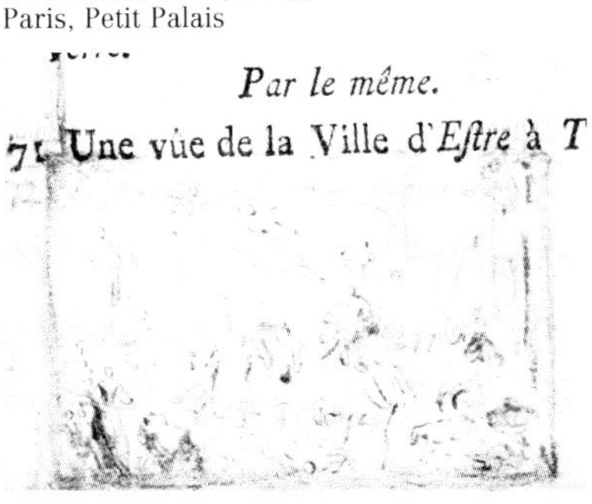


Peu après, Réau, en 1932, réalisa qu'en fait la feuille de Fragonard était passée à la vente Gros en 1778 et que Saint-Aubin l'avait précisément dessinée en marge de son exemplaire du catalogue *(fig. 3 ;* aujourd'hui conservé au Petit Palais à Paris*)*. Mais l'on ignore toujours dans quelles conditions Jean Antoine Gros, le père du célèbre peintre, lui-même peintre et miniaturiste, réunit sa riche collection qui ne comptait pas moins de sept copies de Fragonard d'après les maîtres nordiques. Ni les raisons qui le poussèrent à la vendre, fort cher d'ailleurs. Le Brun, l'expert de la vente, confirme en tout cas le voyage en Hollande, qui précise que Fragonard a « exécuté » son dessin « *dans* (c'est nous qui soulignons) la maison du Prince d'Orange ».

Sur la date de sa copie et de son voyage, on se reportera aux pages qui précèdent (p. 179). Contentons-nous de dire seulement que, si Fragonard a pris quelques libertés avec le tableau de Jordaens, notamment dans la partie supérieure de la composition, il anime l'œuvre grâce à l'emploi de différents lavis et lui garde la vitalité que Jordaens avait su lui donner.

84

New York

# Le couronnement de sainte Catherine

d'après Rubens

H. 209 ; L. 185
Pierre noire

Paris, musée du Louvre, Cabinet des dessins

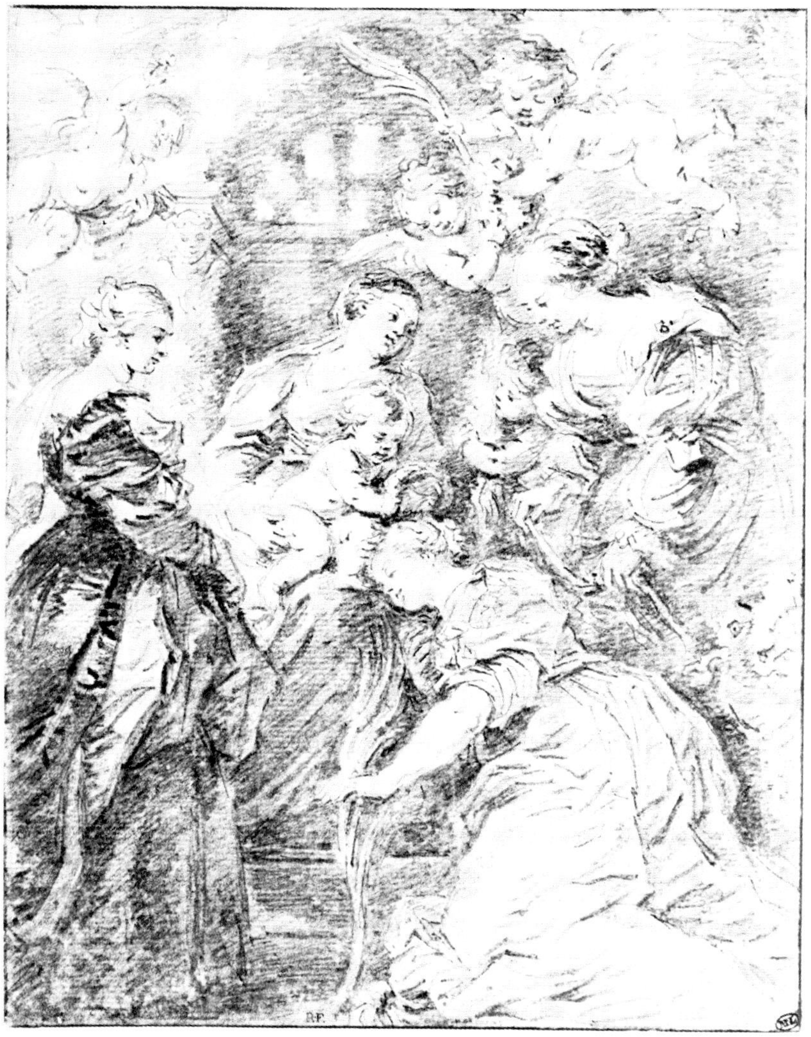

**Provenance**
Coll. Gros, sa vente, 13 avril 1778, n° 79 (60 livres à Langlier, voir n° précédent) ; coll. [de Ghendt], sa vente, 15-22 novembre 1779, n° 272 ; coll. chevalier de Saint-Morys ; entrée au Louvre (marques, Lugt 1886 et 2207, en bas à droite et au centre) à la Révolution avec les coll. saisies aux émigrés ; Inv. 26643.

**Expositions**
Paris, 1921, n° 226 ;
Berne, 1954, n° 126 ;
Lille, 1985, n° 57, ill.

**Bibliographie**
Guiffrey et Marcel, V, 1910, n° 4051, ill. (sous le n° 4050) ;
Dacier, 1913, pp. 18-19 et 27 ;
Martine, 1927, n° 2, ill. ;
Réau, 1932, p. 99 et 103 ;
Mathey, 1933, pp. 185-186 ;
R. p. 55, 233, 272 ;
Ananoff, 1959, p. 16 ;
A. 2618 fig. 660.

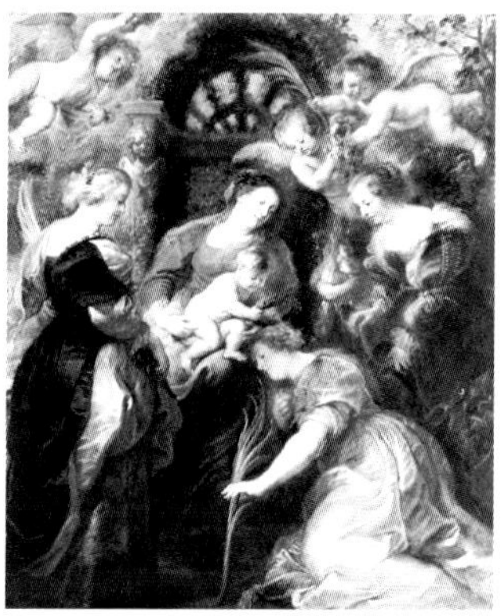

fig. 1. Rubens, *Le couronnement de sainte Catherine*, Toledo, The Toledo Museum of Art

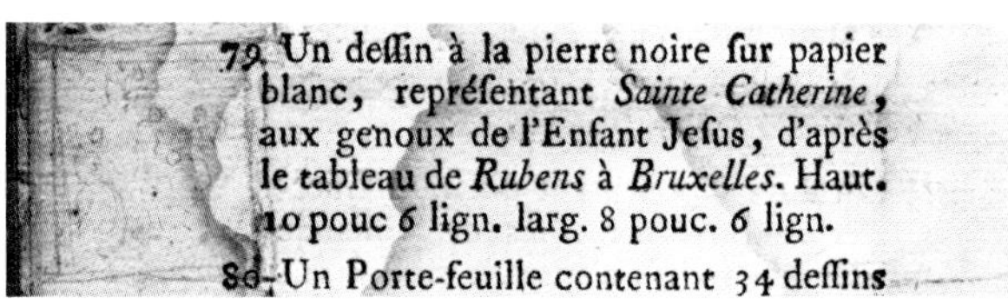

79. Un deſſin à la pierre noire ſur papier blanc, repréſentant *Sainte Catherine*, aux genoux de l'Enfant Jeſus, d'après le tableau de *Rubens* à *Bruxelles*. Haut. 10 pouc 6 lign. larg. 8 pouc. 6 lign.
80. Un Porte-feuille contenant 34 deſſins

fig. 2. G. de Saint-Aubin, détail d'une page du catalogue de la vente Gros (1778), Paris, Petit Palais

Fragonard copie sans le modifier le *Couronnement de sainte Catherine* peint en 1633 par Rubens *(fig. 1)* pour l'autel Sainte Barbe de l'église des Augustins de Malines. Le tableau resta en place jusqu'en 1765. Entre 1765 et 1779, il appartenait à la collection Gabriel François Joseph de Verhulst à Bruxelles. Il entra au musée de Toledo (Ohio) en 1950 (cat. musée, 1976, pp. 146-147, pl. 102).

Le dessin, comme l'*Apothéose de Frédéric Henri* d'après Jordaens (n° 83), a fait partie de la vente Gros en 1778 (la copie par Saint-Aubin, *fig. 2,* est fort pâle). À cette date, Le Brun, l'expert, n'ignore pas que le tableau était « à Bruxelles ». Sans doute, l'y avait-il vu.

Des sept dessins d'après Rembrandt (un, en réalité, copie Van der Helst), Van Dyck et Rubens de la collection Gros, les copies d'après Jordaens (n° précédent) et Rubens sont les seules qui aient été retrouvées. Les deux autres copies de Rubens (voir *fig. 2* p. 00), d'après l'*Adoration des Mages* d'Anvers et d'après la *Remise des clefs à saint Pierre* (la version aujourd'hui à Berlin-Est, Bode Museum ? ; voir Freedberg, 1984, p. 94), sont perdues.

Pour la date bien problématique du voyage en Hollande, on se reportera à notre introduction (pp. 178-180). On remarquera cependant que cette copie à la pierre noire est encore proche de celles si nombreuses que Fragonard avait réalisées en 1761, lors de son retour d'Italie.

# 85 Le bienheureux Hermann Joseph agenouillé devant la Vierge

d'après Van Dyck

H. 246 ; L. 217
Lavis de bistre sur préparation à la pierre noire (en bas à droite, marque du collectionneur propriétaire du dessin).

Paris, collection privée

**Provenance**
Coll. [Vassal de Saint-Hubert], sa vente 29 mars 1779, n° 186 : « Saint Herman composition de quatre figures dans le goût de Van Dyck... » (64 livres). Acquis par son propriétaire en 1985.

**Bibliographie**
A. 458 (perdu).

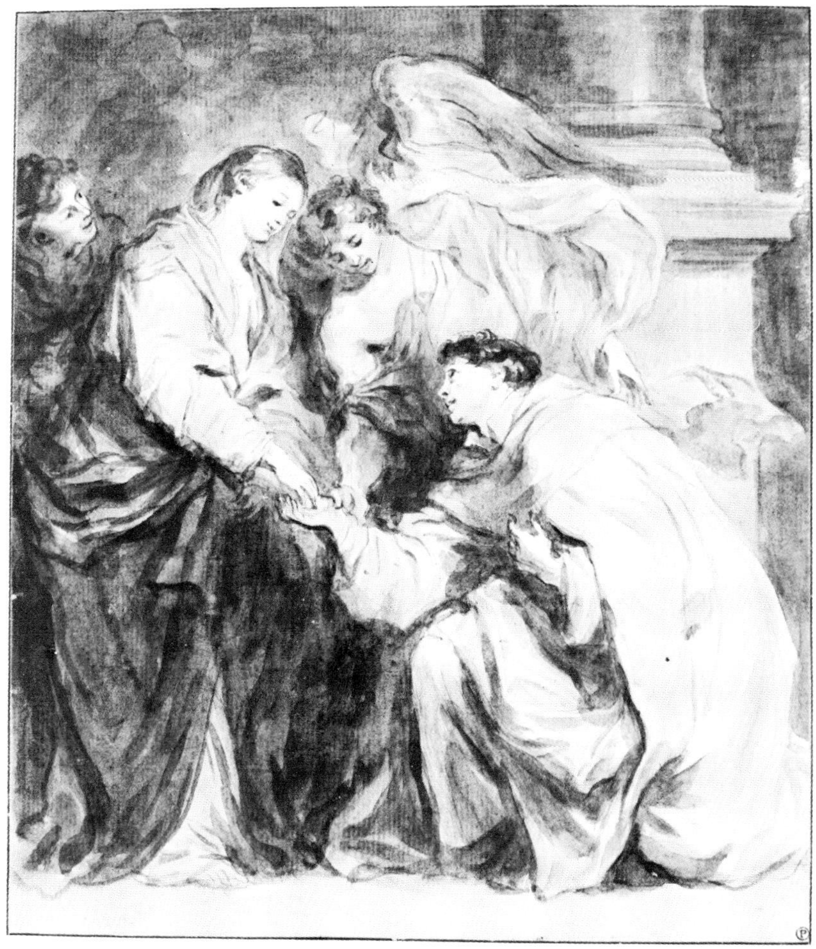

Le dessin copie fidèlement un tableau de Van Dyck *(fig. 1)* aujourd'hui au Kunsthistorisches Museum de Vienne, représentant le bienheureux Hermann, un prémontré du XIIIe siècle d'une grande dévotion à la Vierge. Peinte en 1629 pour la confrérie des célibataires d'Anvers, l'œuvre fut vendue par les Jésuites de la ville en 1776. C'est donc dans cette ville (ou peut-être à Saint-Aubin de Namur qui en conserve la copie) que Fragonard dessina le tableau de Van Dyck et non à Vienne où il séjournera au retour de son second voyage en Italie en 1774.

Fragonard aima copier Van Dyck — avec Rembrandt et Rubens, l'artiste nordique qui l'inspira le plus fréquemment. Il est d'une grande fidélité à l'égard de son modèle sans que pour autant il s'efface entièrement devant l'œuvre reproduite. Ainsi, le jeune homme, sur la gauche de la composition qui assiste à la scène, inspirera directement une figure de la *Rêveuse* (n° 271).

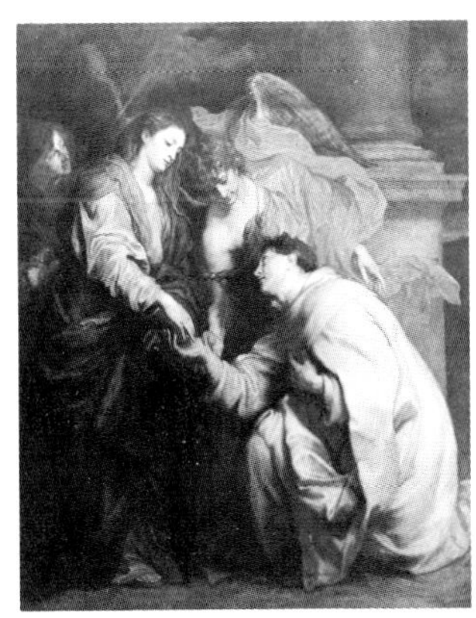

fig. 1. Van Dyck,
*Le bienheureux Hermann*,
Vienne, Kunsthistorisches Museum

# *Fragonard et le paysage dans le goût hollandais*

« *Jacques Ruysdael*, La vue d'un chemin boisé *où l'on remarque... Ce rare et admirable Tableau de la plus belle et de la plus brillante manière de ce maître, nous a jadis appartenu. Nous le cédâmes à M. Fragonard, auquel il servait d'inspiration pour faire ses charmants paysages... », la citation est inédite ; elle figure dans le catalogue d'une vente organisée par Le Brun, le 16 avril 1811 (n° 93), dont l'amitié pour Fragonard est prouvée.*

*Le tableau de Ruysdael, la préface du catalogue nous l'apprend, avait été la propriété de Le Brun en 1773 et donc de Fragonard peu après.*

*L'admiration de Fragonard pour Ruysdael est bien connue. Tous ceux qui — de L. Réau (1932) à l'équipe qui rédigea le catalogue de la récente exposition à Lille (1985), A. Schnapper, J. Foucart, H. Oursel, en passant par l'irremplaçable H. Gerson (1942), J. Wilhelm (1948) et Carpenter (1955) — se sont interrogés sur l'importance des influences nordiques sur le maître de Grasse, l'ont relevée. Sans oublier de citer Le Carpentier (1821) : « le génie facile de Fragonard se prêtait à tous les genres de la peinture. On l'a vu souvent imiter Ruisdael et d'autres peintres de cette école, à tromper ». Et tous mentionnent les très nombreux catalogues de vente (Wildenstein en a dressé une première liste ; voir aussi Slive, 1981 et par exemple 5 mars 1789, n° 17) qui, à partir de 1780, associent régulièrement les noms des deux artistes : « deux paysages... d'une touche aussi spirituelle que les meilleurs ouvrages de Ruisdael » (vente Leroy de Senneville, 5 avril 1780, n° 53) ou encore : « ce joli tableau est aussi vigoureux et aussi piquant qu'une des bonnes productions de Ruysdael » (vente La Ferté, 20 février 1797, n° 101 ; pour un exemple parmi les dessins passés en vente au XVIII^e siècle, citons la vente du 31 mai 1790, n° 181 : « un paysage pittoresque dans le goût de Ruisdael » ; voir aussi n° 308).*

*Récemment, Seymour Slive a démontré que la dette de Fragonard à l'égard de Ruysdael ne se limitait pas à la simple influence. On connaissait la mention d'un tableau de la vente Leroy de Senneville du 5 avril 1780, n° 49 : « un paysage touffu d'arbres... deux jeunes femmes qui lavent du linge dans un étang et à droite un chien qui poursuit des canards. Ce morceau fait au premier coup, est un ressouvenir juste pour l'effet, du tableau de Ruisdael de M. Lempereur... ». La toile, considérée encore récemment comme disparue (W. 185), vient d'être acquise par Fort Worth* (fig. 1). *L'œuvre de Ruysdael* (fig. 2) *est perdue mais nous est connue par une photographie. Certes, Fragonard, s'il modifie quelque peu la composition du maître hollandais en introduisant dans un paysage qui avait dû lui paraître trop vide, les lingères, le chien, copie Ruysdael, mais l'expert de la vente Leroy de Senneville, Paillet, avait-il tort d'ajouter que son tableau « par sa touche spirituelle et facile, devient original » ?*

*Un autre exemple nous instruit sur certaines habitudes du XVIII^e siècle : dans la vente du chevalier de Clesne le 4 décembre 1786, figurait (n° 16) un « paysage » de « J. Ruisdael ». Le*

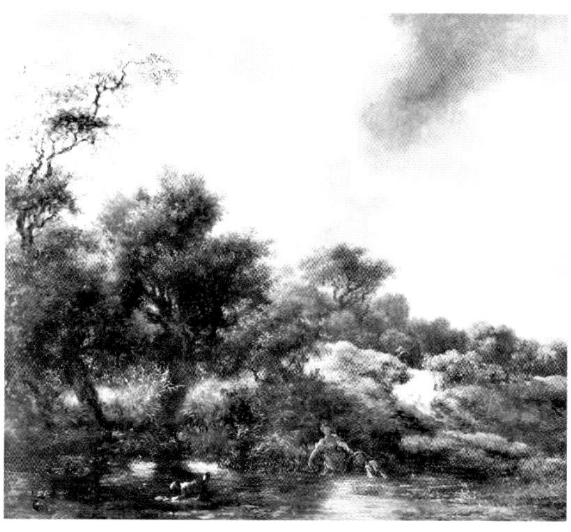

fig. 1. *La mare*,
Fort Worth, Kimbell Art Museum

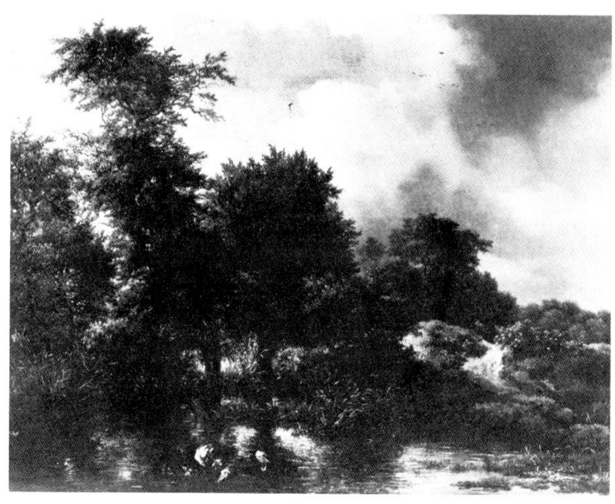

fig. 2. J. Ruysdael, *La mare*,
localisation actuelle inconnue

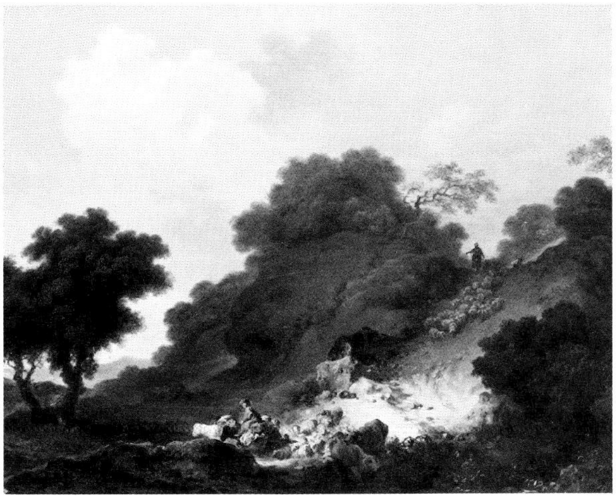

fig. 3. *Troupeau de moutons descendant une colline*, Paris, commerce d'art

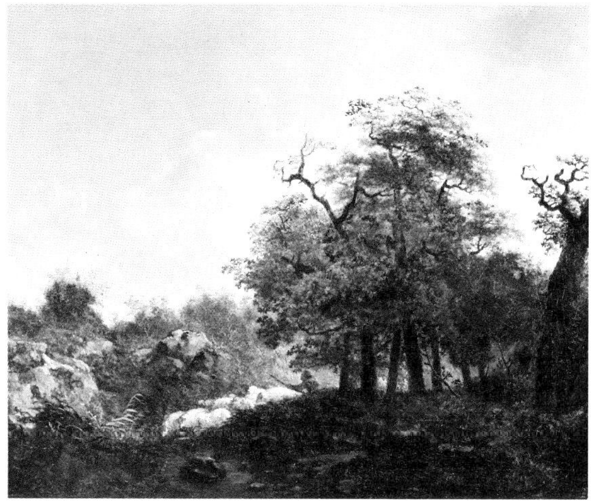

fig. 4. *Berger poursuivant des moutons*, New York, coll. privée

*rédacteur du catalogue décrit longuement l'œuvre. Il ajoute : « M. Fragonnard, consulté pour ajouter des figures à ce morceau savant a profité, en Artiste habile, de ce foyer de jour » (on trouvait sans doute au XVIII^e siècle le tableau de Ruysdael trop vide) « pour y composer un groupe de trois figures et une vache, dont l'accord et la touche s'unissent parfaitement à l'effet général » !*

*Les critiques du XVIII^e siècle, lorsqu'ils commentent les paysages de Fragonard ne citent pas que Ruysdael : ils mentionnent à l'occasion Castiglione, Claude Lorrain. En un cas (vente de Boynes, 15 mars 1785, n^o 92), un « paysage… où des femmes de campagne sont à laver leur linge… » de Fragonard fait pendant à celui de Jean Wynants « de la même collection ». Mais Ruysdael est le rival, reste le modèle. Ce sera le XIX^e siècle, Thoré avec finesse, puis Portalis, qui citera, avec Ruysdael et Wynants, Berchem, Hobbema…*

*On sait aujourd'hui que les meilleurs collectionneurs français de la seconde moitié du XVIII^e siècle se sont passionnés pour les paysages hollandais du siècle précédent et que les ventes parisiennes du temps virent passer les plus beaux tableaux du genre. Fragonard — tout le monde l'admet aujourd'hui — n'avait nul besoin de se rendre en Hollande pour les étudier et s'en inspirer. La date, tant discutée, de son voyage (voir à ce sujet pp. 178-180) est donc de peu d'importance pour le point que nous abordons.*

*Est-il possible de dater les paysages hollandais de Fragonard ? Nous avouons ne pas pouvoir répondre à cette question, mais nous pensons que Fragonard, assez vite après son retour d'Italie en*

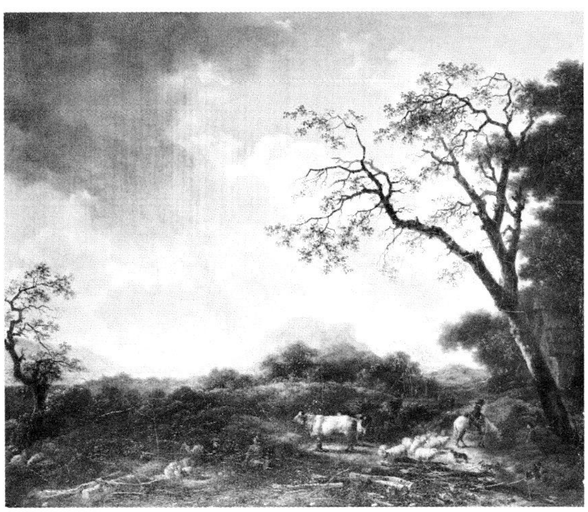

fig. 5. *Paysage à l'averse*, Detroit, Detroit Institute of Arts

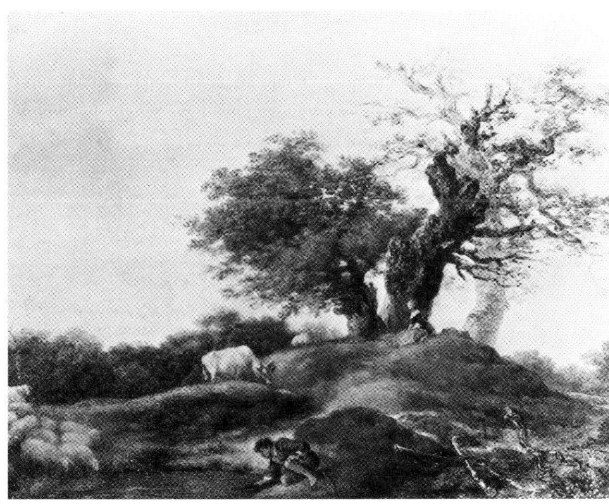

fig. 6. *Paysage avec garçon au bord d'une mare*, Paris, coll. privée

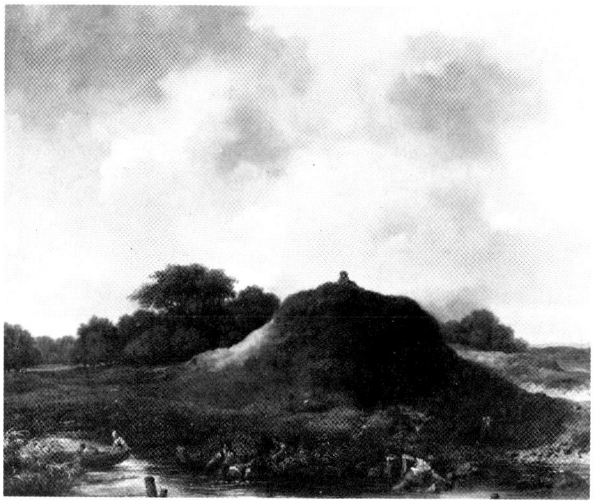

fig. 7. *Le tertre*,
Angleterre, coll. privée

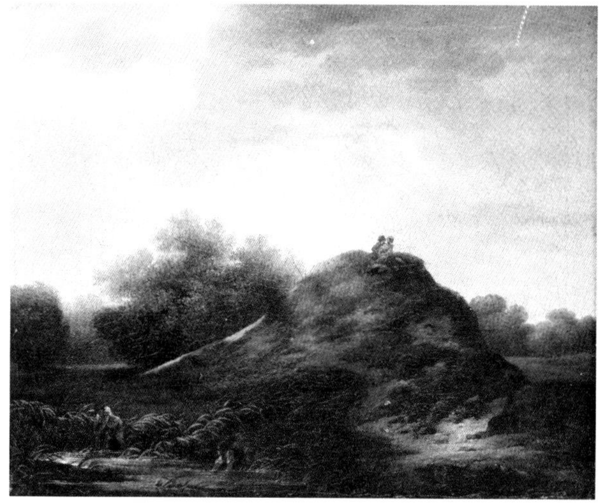

fig. 8. *Le tertre avec couple d'amoureux*,
localisation actuelle inconnue

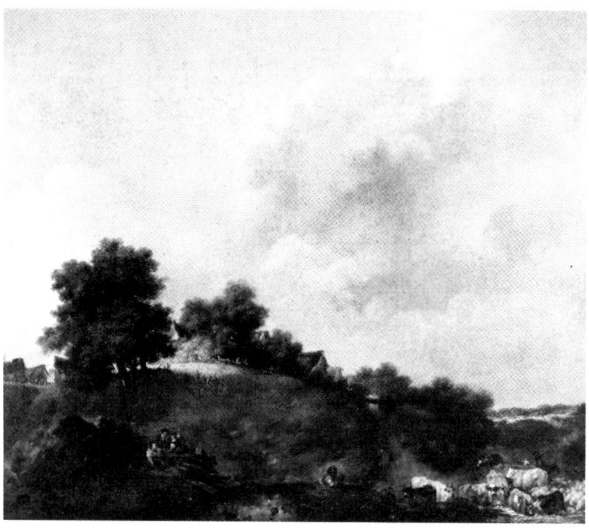

fig. 9. *Le cours d'eau*,
Lisbonne, coll. Gulbenkian

*1761, en 1775 très vraisemblablement encore (voir notice 91) et peut-être toujours dans les années 1780, continua de peindre ce genre de tableaux, d'une inspiration si différente de ses paysages italiens.*

*S'il est assuré que Fragonard admirait et aimait ses modèles nordiques (et pas seulement les paysagistes, voir notices 83 et 85), s'il est certain que ses propres tableaux trouvaient clients et se vendaient à bon prix, s'il est non moins sûr que Fragonard ne voulait pas peindre des copies minutieuses, encore moins tromper, mais qu'il souhaitait réaliser des «pastiches inspirés» que les amateurs sauraient reconnaître et distinguer des œuvres hollandaises premières, il faut s'interroger sur la part personnelle de l'artiste. En rivalisant avec les Hollandais, Fragonard voulait-il faire* pareil *ou, comme nombre de ses collègues peintres, fiers d'avoir fait admettre l'indépendance et l'originalité de l'École française, voulait-il prouver qu'il savait faire* aussi bien ?

86 # Pâtre jouant de la flûte, une paysanne l'écoute

T. Ovale. H. 40 ; L. 30

Annecy, musée-château (dépôt du Louvre)

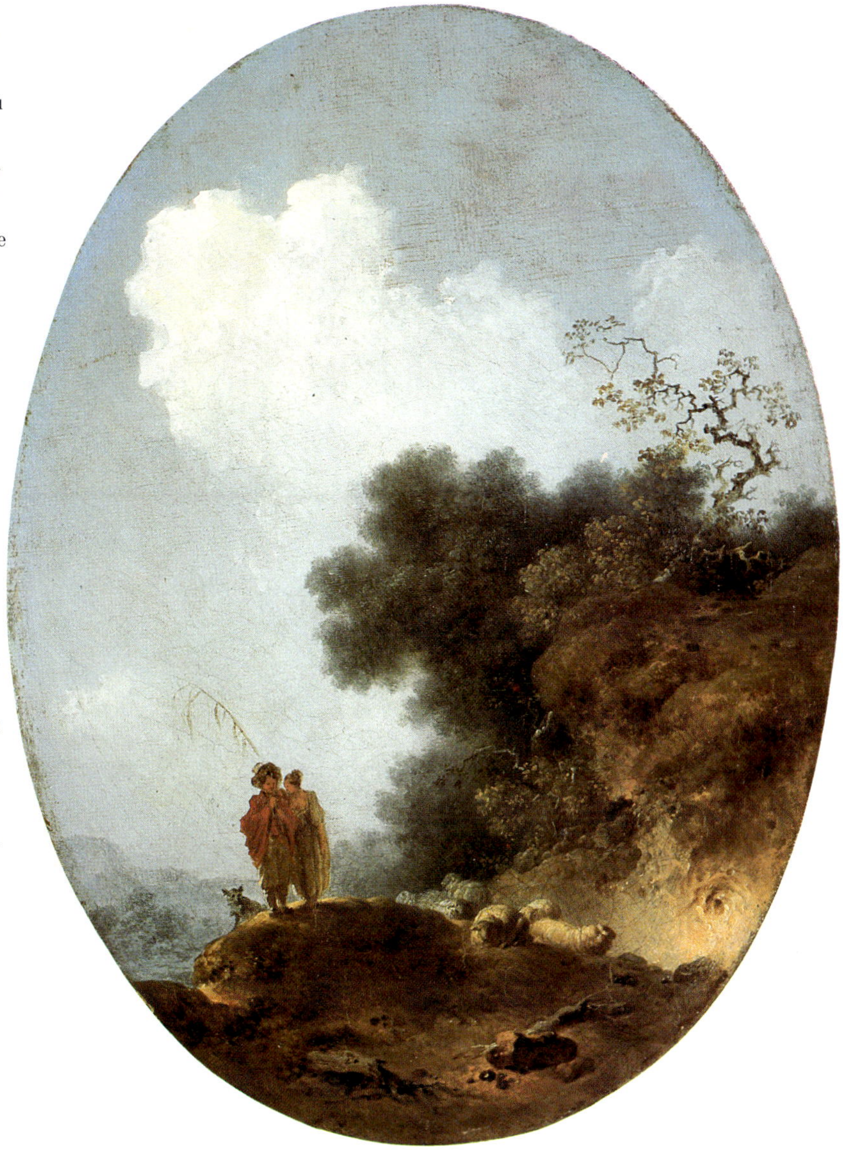

**Provenance**
Coll. Jacques-Onésyme Bergeret en 1765 (? ; pour la description, voir la notice) ; vente [Nogaret], 23 février 1778, n° 51 : « un agréable paysage de forme ovale, où se voit sur le devant un troupeau de moutons et deux figures avec un chien sur une élévation de terrain 15 pouc. sur 11 de larg » (= 40,5 sur 29,7) (?) ; vente Vassal de Saint-Hubert, 24 avril 1783, n° 66 : « ...on y voit sur un plan élevé une jeune fille ayant le bras droit posé sur l'épaule d'un jeune homme qui joue du flageolet en gardant des moutons... ovale... 14 pouces 3 lignes de haut sur 10 pouces de large ». Coll. Henri Rouart, sa vente, Paris, 9-11 décembre 1912, n° 38, ill. (70.000 francs) ; coll. B., vente Paris, 10 décembre 1935, n° 36, ill., invendu ; coll. Fabiani (selon W.). Attribué au Louvre par l'Office des Biens Privés M.N.R. 870 ; déposé à Annecy en 1954 (nous remercions Jacques Foucart d'avoir attiré notre attention sur le tableau dont il avait compris toute l'importance).

**Expositions**
Salon, 1765, n° 177 : « un Paysage » (?) ; Salon de la Correspondance, 1782 (*Nouvelles de la République des Lettres et des Arts*, 12 juin 1782, p. 171, n° 8 et 19 juin, p. 180, n° 6 (les descriptions sont identiques) : « un paysage dans lequel on voit sur un terrain élevé un jeune homme jouant du flageolet et une jeune fille qui garde des moutons... » (?).

**Bibliographie**
Bellier de la Chavignerie, 1865, p. 84 ;
G. pp. 317-318 ;
P. p. 272, 284 ;
N. pp. 134-135 ;
Wildenstein, 1926, p. 11, 19 ;
Wilhelm, 1948, p. 302 et fig. 6 ;
R. p. 186 ;
Seznec et Adhémar, 1960, II, pp. 43, 198-199 ;
W. 153, 153bis fig. 85 ; pp. 7 et 12-13 éd. française ;
W. et M. 169 et 170 ;
Bukdahl, 1980, I, p. 174, 278.

**Œuvres en rapport**
Wildenstein catalogue sous trois numéros différents, trois versions différentes de la même composition.

La description du tableau exposé au Salon de 1765 par Diderot correspond à celle de la toile d'Annecy : mais, à en croire le livret, il mesurait 22 pouces sur 18 (= 60 sur 48,5). L'expert de la vente Nogaret ne nous dit pas si le paysage qui y figurait était ovale. Quant au tableau du Salon de la Correspondance de 1782, nous ignorons ses dimensions et sa forme. Il ne nous paraît pas impossible — mais nous ne pouvons pas le prouver — que ces références se rapportent en réalité au même tableau.

W. reproduit (fig. 85bis ; *fig. 1*) une seconde version du tableau d'Annecy de mêmes dimensions qui proviendrait de la coll. Beurnonville (vente, Paris, 9-16 mai 1881, n° 75 et non 65). Elle se distingue du tableau que nous exposons ici par l'absence de la grande tige de roseau qui se détache sur le ciel dans le dos du berger. W. l'associe à un *Pâtre au repos* (fig. 85 ter ; *fig. 2* ; n° 76 de la vente Beurnonville), aujourd'hui dans le commerce à Paris, monogrammé « L 1769 », vraisemblablement Loutherbourg (P. p. 272).

On comparera la composition d'Annecy à un dessin rectangulaire de sujet voisin (*fig. 3* ; A. 847 fig. 227) dont il existe une version sans personnages (A. 970) passée en vente chez Christie's, à Londres, le 28 mars 1972, n° 109.

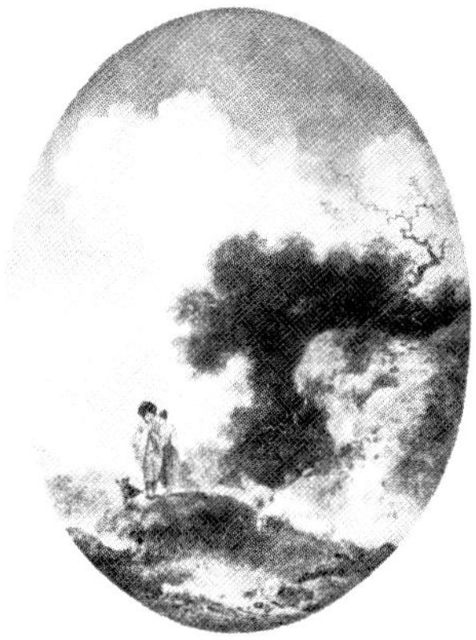

fig. 1. *Pâtre jouant de la flûte*, localisation actuelle inconnue

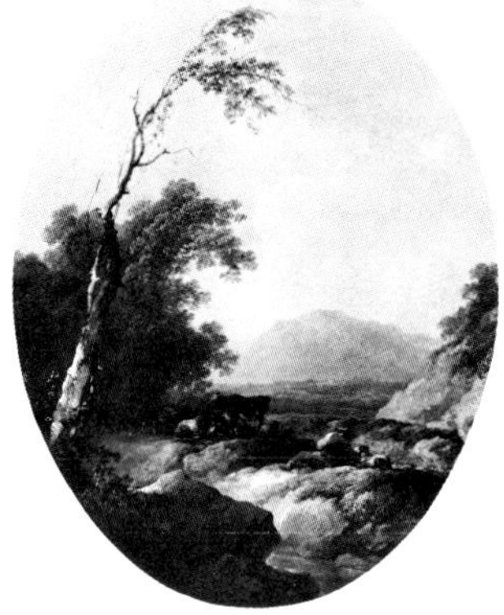

fig. 2. Loutherbourg (?), *Pâtre au repos*, Paris, commerce d'art

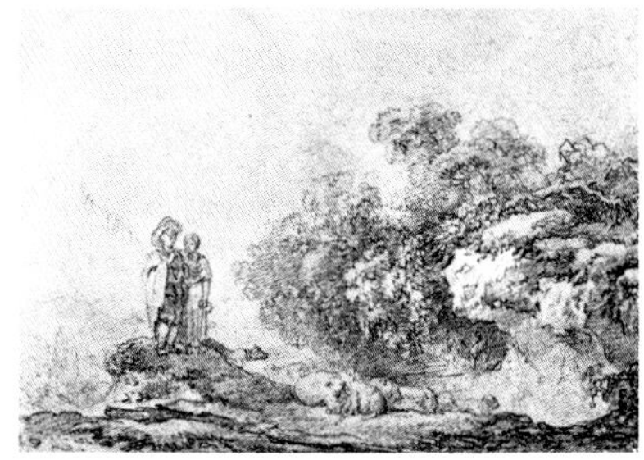

fig. 3. *Pâtre jouant de la flûte*, localisation actuelle inconnue

« On y voit un pâtre debout sur une butte. Il joue de la flûte. Il a son chien à côté de lui, avec une paysanne qui l'écoute. Du même côté, une campagne ; de l'autre, des rochers et des arbres. Les rochers sont beaux. Le pâtre est bien éclairé et de bel effet ; la femme est faible et floue. Le ciel mauvais ». Grâce à la description de Diderot, nous savons que le tableau d'Annecy (ou peut-être une version identique mais plus grande, voir plus haut) a figuré au Salon de 1765. Les autres commentateurs de ce Salon sont laconiques, qui se contentent de mentionner « un assez bon païsage » *(sic)*. Diderot, toujours lui, le trouve « vigoureusement colorié, mais non touché ferme, deux choses fort diverses ; dont le site n'est pas assez varié ; ou les petites figures, quoique faites avec humeur et esprit, sont faibles, et ou les terrasses ne sont pas, à beaucoup près, aussi bien que les montagnes ».

Le coup de lumière qui frappe les rochers et devant lequel se détachent le berger musicien et sa compagne donne son originalité à ce paysage composé par plans nettement séparés, selon les normes les plus traditionnelles. L'intéressant est que quatre ans après son retour d'Italie, Fragonard peigne une œuvre d'inspiration aussi nordique. Est-elle imaginable sans un voyage en Hollande ?

L'arbre tout cassé, comme foudroyé, qui se découpe sur les nuages signe le tableau.

## 87 «Annette à l'âge de vingt ans»

T. H. 37 ; L. 46

Rome, Galleria Nazionale d'Arte Antica

**Provenance**
Coll. Vassal de Saint-Hubert dès 1772, sa vente, 17 janvier 1774, n° 107 (2.000 livres avec son pendant, acquis par Quesnet) ; vente vicomte Adolphe du Barry (fils de Jean « le Roué », beau-frère de la comtesse), 21 novembre 1774, n° 104 (1.400 livres avec son pendant, par Boileau) ; coll. prince de Conti, vente, 9 avril 1777, n° 757 (1.597 livres avec son pendant, par Quesnet, précise la provenance du Barry) ; coll. de Boulogne, 22 novembre 1787, n° 71 (1.611 livres avec son pendant, signale la provenance Conti). Selon G. (p. 338), qui peut-être confond l'œuvre avec notre 91, « a repassé à la vente Robert de Saint-Victor où il s'est vendu 150 francs » ; [Wildenstein] ; coll. duc de Cervinara († 1960), Londres ; léguée aux musées de Rome.

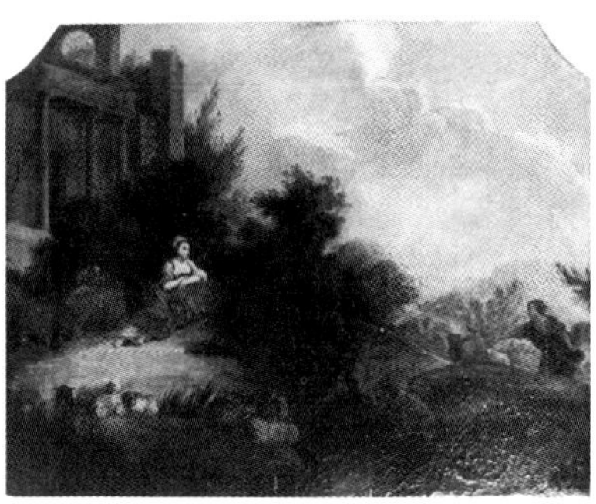

fig. 1. D'après Fragonard, *Annette à quinze ans*, Italie, coll. privée

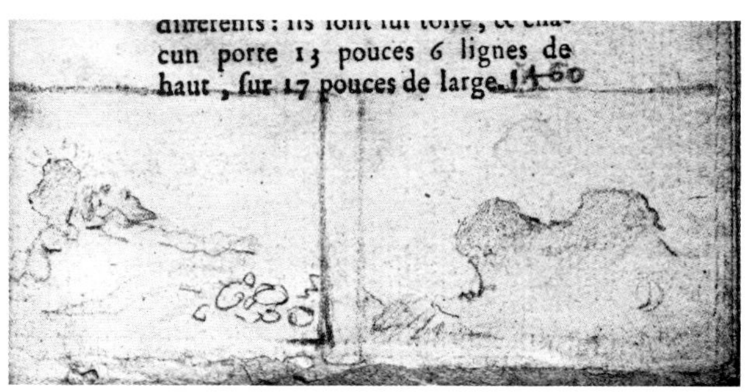

cun porte 13 pouces 6 lignes de
haut, sur 17 pouces de large.

fig. 2. G. de Saint-Aubin, détail d'une page du catalogue de la vente du Barry (1774), Paris, Petit Palais

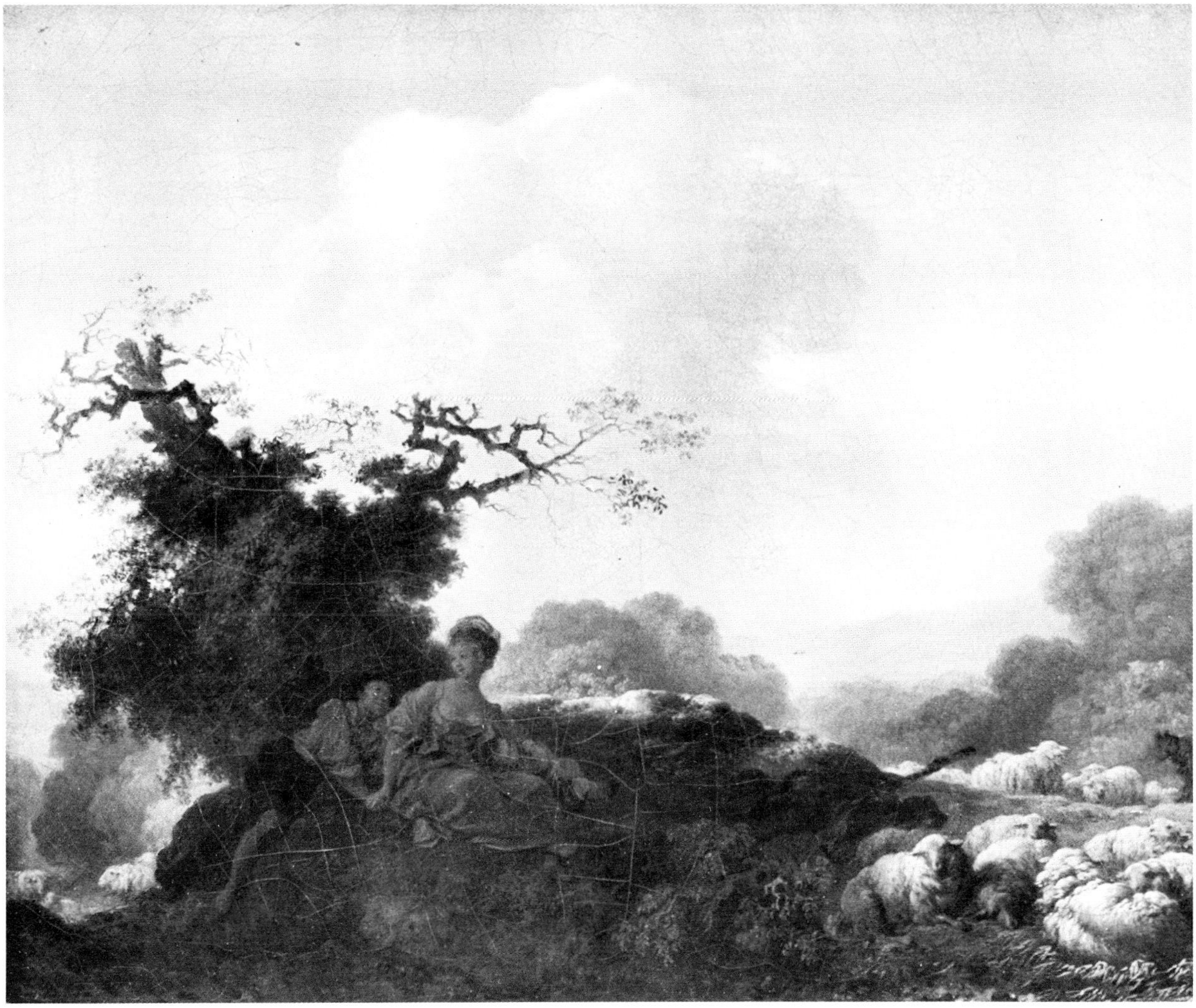

**Expositions**
Londres, 1968, n° 233 ;
Tokyo, 1980, n° 31, ill. couleurs.

**Bibliographie**
G. p. 338 ;
P. pp. 116, 270-271, 284, 321-322 ;
N. p. 142 ;
Dacier, 1910, p. 12 et 28 ;
Wilhelm, 1948, p. 302 ;
Wilhelm, 1955, p. 374 ;
R. p. 160 ;
W. 129, pl. 16 et pp. 13-15 éd. française ;
Carpenter, 1962, p. 361 ;
Cat. coll. Cervinara, Rome, 1962, n° 15, ill. ;
W. et M. 161, ill. ;
Cat. exp. Paris, 1984, *La Nouvelle Athènes*, p. 20, sous le n° 20 ;
Bœrlin-Brodbeck, 1987, p. 168 note 46 ;
Sutton 1980, 1987, p. 107.

**Œuvres en rapport**
Le pendant, *Annette à quinze ans* (W. 128 fig. 82, la gravure), à coup sûr réuni avec *Annette à vingt ans* entre 1772 et 1787, ne nous est pas connu (nous en reproduisons une copie ; *fig. 1*). Les deux tableaux sont dessinés par Gabriel de Saint-Aubin *(fig. 2)* en marge de son exemplaire du cat. de la vente du Barry (1774). Ils avaient été gravés par François Godefroy *(fig. 3* et *4)* en 1772 *(Mercure de France*, novembre 1772, p. 173 ; *Avant-coureur*, 19 octobre 1772, p. 659 ; *Affiches, Annonces, Avis divers*, 1772, p. 882 ; Hébert, Pognon et Bruand, X, 1968, p. 369-370, n$^{os}$ 32-33*)*.

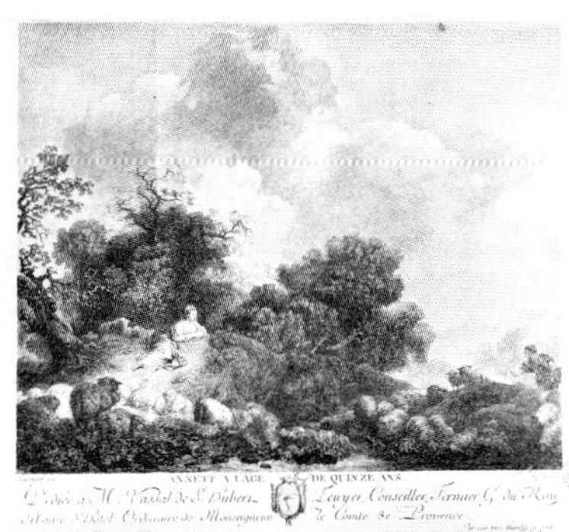

fig. 3. F. Godefroy,
« *Annete à l'âge de quinze ans* »,
Paris, Bibliothèque Nationale,
Cabinet des estampes

Les deux estampes sont dédiées à « Mr Vassal de S$^{t}$. hubert, Ecuyer, Conseiller, Fermier G$^{l}$. du Roy... ». Le cat. de la vente Boulogne (1787) les dit « gravés par Marchand ».

*Annette à quinze ans* se voit dans le *Salon de Mme Geoffrin* d'Anicet Charles Gabriel Lemonnier (1810, nous reproduisons ici la réduction du musée de Rouen ; *fig. 5*).

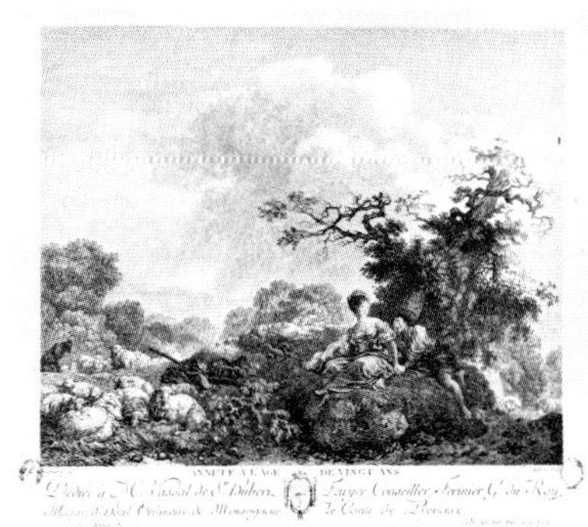

fig. 4. F. Godefroy,
« *Annete à l'âge de vingt ans* »,
Paris, Bibliothèque Nationale,
Cabinet des estampes

L'intéressant est que Lemonnier semble copier non pas la gravure mais le tableau qu'il connaissait sans doute encore. Il avait rencontré Fragonard à Rome à l'occasion de son second voyage en Italie (voir aussi nº 149) et Marmontel, l'auteur du roman qui a inspiré ces œuvres, figure bien entendu sur son tableau.

Pour un dessin à rapprocher du tableau, voir A. 2144 (vente, Paris, Palais Galliéra, 7 décembre 1973, nº 8, ill. ; voir aussi nº 9).

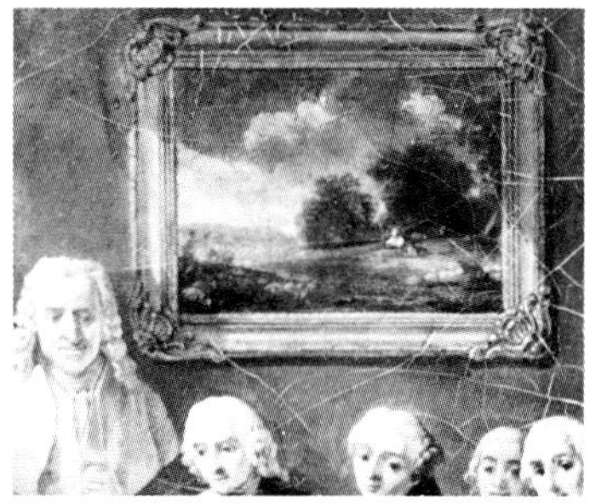

fig. 5. A. Ch. G. Lemonnier, *Le salon de Mme Geoffrin* (détail), Rouen, musée des Beaux-Arts

En 1761, Marmontel fait paraître son roman *Annette et Lubin*, joué comme sujet d'un opéra comique l'année suivante par Favart. Que le tableau de Fragonard et son pendant, hélas perdu, soient l'illustration de cet ouvrage qui conte les amours innocentes d'un frère et de sa demi-sœur — populaire au XVIIIe siècle mais aujourd'hui bien oublié — est assuré d'une part par les légendes des gravures parues en 1772, et aussi par un passage de la notice du catalogue de la vente de 1787 où figuraient les deux tableaux : « deux très beaux paysages, pendants, ornés de sujets tirés d'Annette et Lubin ».

Il n'y a rien d'étonnant à ce que Fragonard ait voulu plaire à Marmontel : depuis 1758 secrétaire des Bâtiments et puissant au *Mercure de France* dont il avait obtenu le privilège, l'homme de lettres fréquentait le Tout Paris littéraire et artistique de la seconde moitié du XVIIIe siècle. Fragonard semble l'avoir pratiqué si l'on en croit une mention d'une vente Collet du 14 mai 1787 (nº 414) : « deux dessins sujets des contes moraux de M. de Marmontel ».

Audacieusement, Fragonard place la scène dans l'ombre ; sur une butte, sous un épais buisson, Annette, son enfant serré contre elle, regarde tendrement son berger qui lui tient la main, devant elle son panier et sa brouette. Des moutons assoupis, surveillés par un chien de berger, occupent la droite de la composition. La réussite du tableau réside dans l'effet de contre-jour et dans la gamme des couleurs du bois et des collines de l'arrière plan, des gris vert, des bleus gris.

Sans conteste, la toile compte parmi les plus délicates pastorales de Fragonard. On s'est souvent interrogé sur sa date. L'œuvre ne peut être antérieure à 1762 ni postérieure à 1772. Par comparaison avec le *Pâtre*... du musée d'Annecy (nº 86), nous la croyons plus proche de 1765.

## 88 Bergers gardant leur troupeau

New York

H. 314 ; L. 436
Gouache et huile sur papier

Lyon, musée des Arts Décoratifs

**Provenance**
Acquis par la Chambre de Commerce de Lyon dans la seconde moitié du XIXe siècle (marque, Lugt 1699a, en bas à gauche). Inv. 534.

**Bibliographie**
Cuzin, 1986, pp. 64-65, note 25 et fig. 9 couleurs.

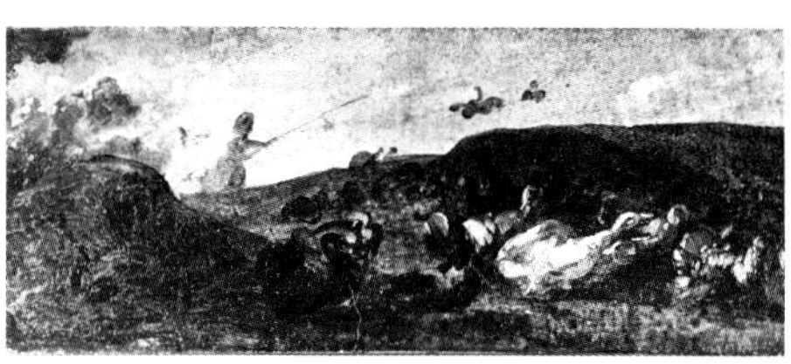

fig. 1. *La gardeuse d'oies*, Rouen, musée des Beaux-Arts

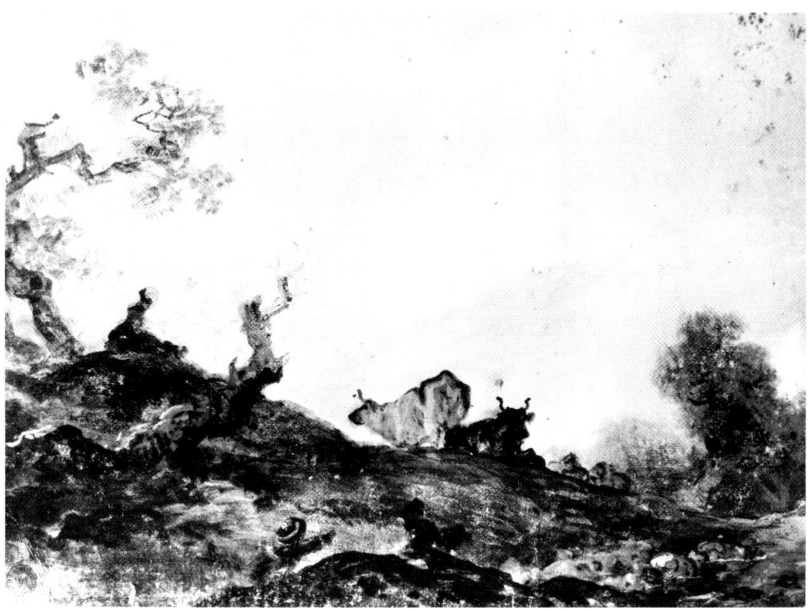

Autrefois attribuée à Loutherbourg, cette pochade revient à coup sûr à Fragonard. Cuzin la date, justement à notre avis, des années du retour à Paris, vers 1762. L'influence d'un tableau comme *La charrette embourbée* du Louvre (n° 20) est certaine.

Une bergère, assise au sommet d'une butte, surveille ses bœufs et ses vaches tandis qu'un petit berger, aidé de son chien noir, pousse ses moutons. « Le coup de pistolet d'une jupe rouge de paysanne » (Goncourt, *Journal*, 1894, IV, p. 689), les bleus turquoises du ciel, les « bruns rougeoyants » des terrains donnent vie à cette œuvre sans prétention, comparable à la *Gardeuse d'oies* du musée de Rouen (*fig. 1* ; anc. coll. Baderou) et au *Départ de la ferme* ou à l'*Abreuvoir* d'une collection privée newyorkaise (W. 130 et 131, fig. 79 et 81).

## 89 Pâtre assis sur un rocher

Paris

H. 248 ; L. 395
Gouache et crayons de pastel

Paris, collection privée

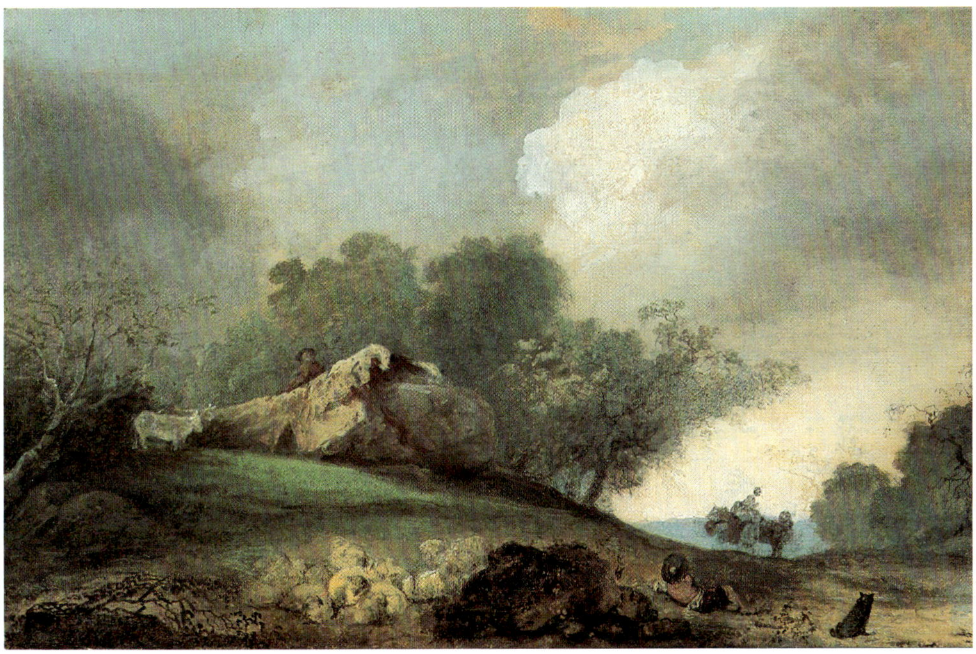

**Provenance**
Coll. A. Carrier, sa vente, 4 mai 1875, n° 15 (95 francs) ; coll. Philippe Burty, sa vente, 2-3 mars 1891, n° 91 (585 francs) ; coll. Léon Michel-Lévy, sa vente, 17-18 juin 1925, n° 57 ; coll. M. D., sa vente, 9 décembre 1952, n° 14, pl. VI ; vente, Orléans, 7 juin 1975, lettre A., ill.

**Bibliographie**
P. p. 309 ;
*La Chronique des Arts et la Curiosité*, 14 mars 1891, p. 1 ;
A. 297.

La variété des sujets chez Fragonard est aussi grande que celle des techniques. Il aborde tous les thèmes, tous les genres (sauf peut-être la nature morte), il utilise aussi bien la pierre noire que le bistre, la sanguine que la plume (celle-ci plus rarement). On connaît encore quelques aquarelles, quelques pastels (trop fragiles pour être empruntés) et même quelques gouaches. Celle que nous exposons, qui mêle gouache et crayons de pastel, est peu connue. Elle n'est pas sans évoquer le tableau de la collection Roy Chalk à New York, *Un pâtre assis sur un bloc de pierre (fig. 1* ; W. 148 fig. 84*)*, et doit, comme celui-ci, dater du milieu des années 1760. Au premier plan, un berger, accompagné de son chien, allongé sur le sol, tourne le dos à son troupeau de moutons. Sur un tertre, assis sur un gros rocher, un pâtre surveille son bétail.

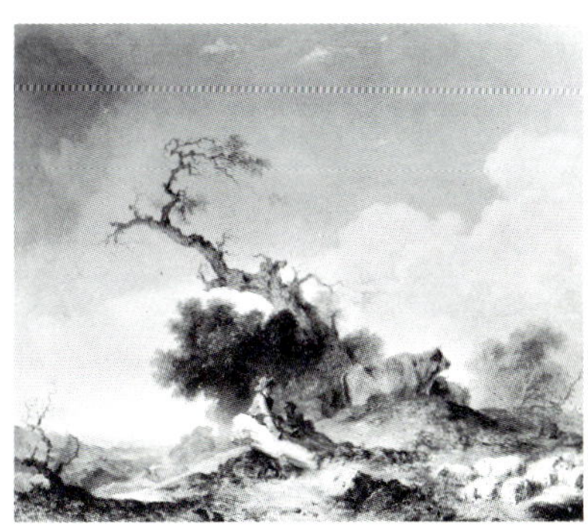

fig. 1. *Un pâtre assis sur un bloc de pierre*, New York, coll. privée

# 90 Le retour du troupeau

T. H. 64 ; L. 80
Signé en bas à droite : *fragonard (fig. 1)*

Worcester, The Worcester Art Museum

**Provenance**
Coll. Hippolyte Walferdin (1795-1880) ; sa vente après décès, 16-18 avril 1880, nº 55 (acquis par l'expert Féral pour 3.850 francs) ( ?) ; marquise d'Harcourt en 1907 et 1921 ; marquis d'Harcourt en 1925 ; [Germain Seligmann] en 1929 ; coll. T. T. Ellis Worcester ; donné par Mary G. Ellis en 1940, partie de la collection Theodore T. and Mary G. Ellis ; 1940.62.

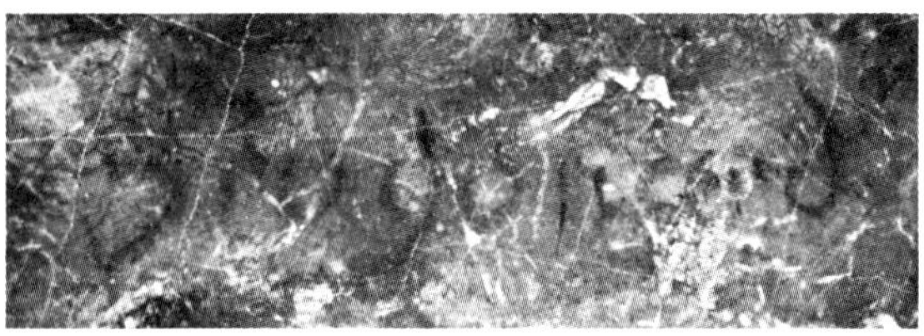
fig. 1. Signature du nº 90

**Expositions**
(pour une liste complète, voir cat. du musée, 1974)
Paris, 1907, nº 106 ;
Paris, 1921, nº 17, ill. ;
Paris, 1923, nº 20 ;
Paris, 1925, nº 109, ill. ;
Baltimore, 1959, nº 12, ill. p. 51 ;
Tokyo, 1980, nº 35, ill. couleurs ;
Richmond, 1981, nº 19, ill.

**Bibliographie**
G. p. 339 ( ?) ;
Portalis, 1880, p. 13 ( ?) ;
P. p. 287 ( ?) ;
N. p. 133 ( ?) ;
R. p. 184, 225, 270 ;
W. 152, pl. 18 ;
W. et M. 168, ill. ;
Cat. musée (Daniel Catton Rich), 1974, pp. 244-246, ill. p. 588 ;
Conisbee, 1981, p. 195, fig. 164.

**Œuvres en rapport**
Le tableau a été gravé en contre-partie par Vivant Denon *(fig. 2 ;* G. p. 338 ; Roux, VI, 1949, p. 554, nº 190*)* avant 1791.

Un dessin (A. 309) pour la composition a appartenu à Le Brun (sa vente, 11 avril 1791, nº 312) : il précise que « l'on en connaît l'estampe gravée... par Denon »). Se confond-il avec le dessin Cailleux *(fig. 3* ; A. 310 ; cat. exp. Richmond, 1981, nº 13*)* ou avec celui de la coll. Marius Paulme qui paraît signé *(fig. 4* ; A. 311*)* « détruit par le feu » selon R., ou encore avec celui de l'ancienne coll. Zarine (A. 312) ?

Un autre dessin qui n'est pas celui de la vente Le Brun fit partie de la coll. Collet (vente, 14 mai 1787, nº 371).

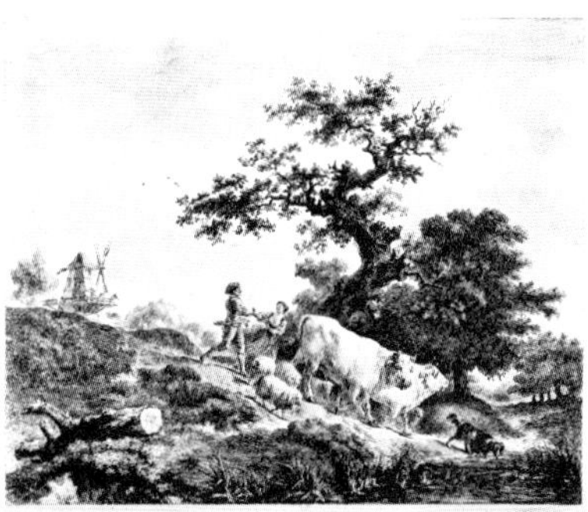
fig. 2. Vivant Denon, *Le retour du troupeau*, Paris, Bibl. Nationale, Cabinet des estampes

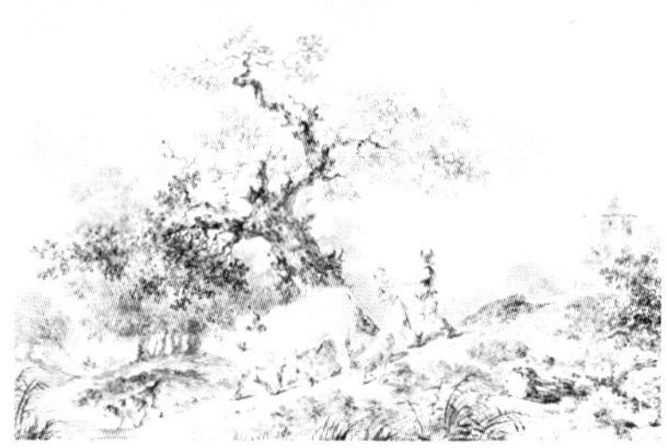
fig. 3. *Le retour du troupeau*, Paris, commerce d'art

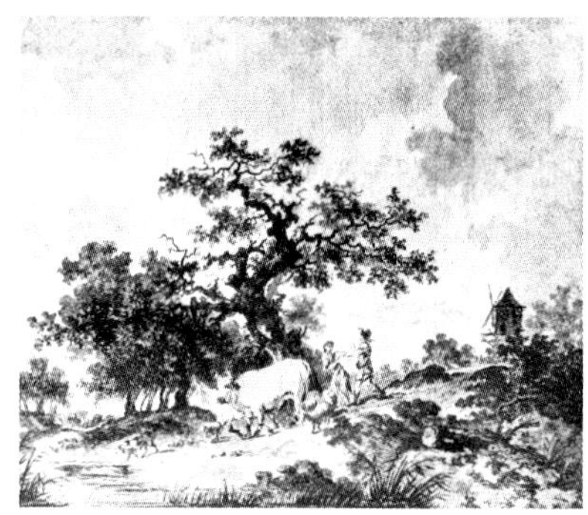
fig. 4. *Le retour du troupeau*, détruit, anc. coll. Marius Paulme

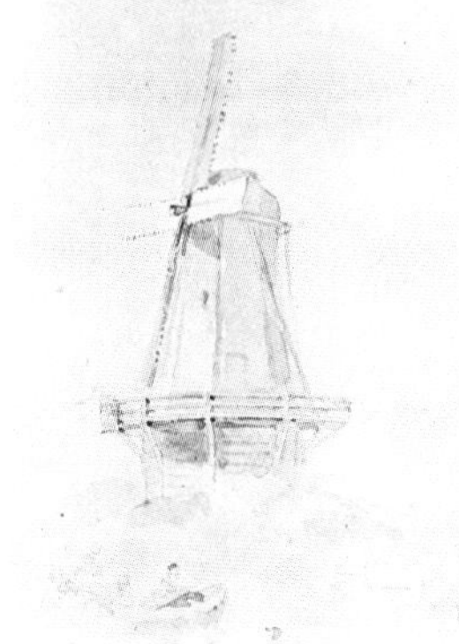
fig. 5. *Le moulin*, Grasse, musée Fragonard

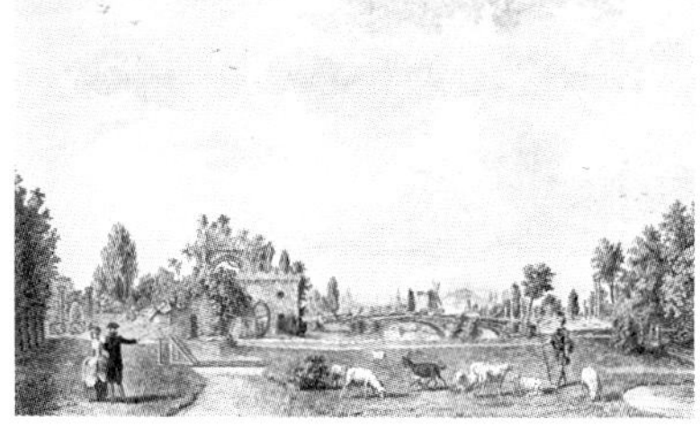
fig. 6. Couché d'après Carmontelle, *Vue du moulin du parc Monceau*, Paris, Bibl. Nationale, Cabinet des estampes

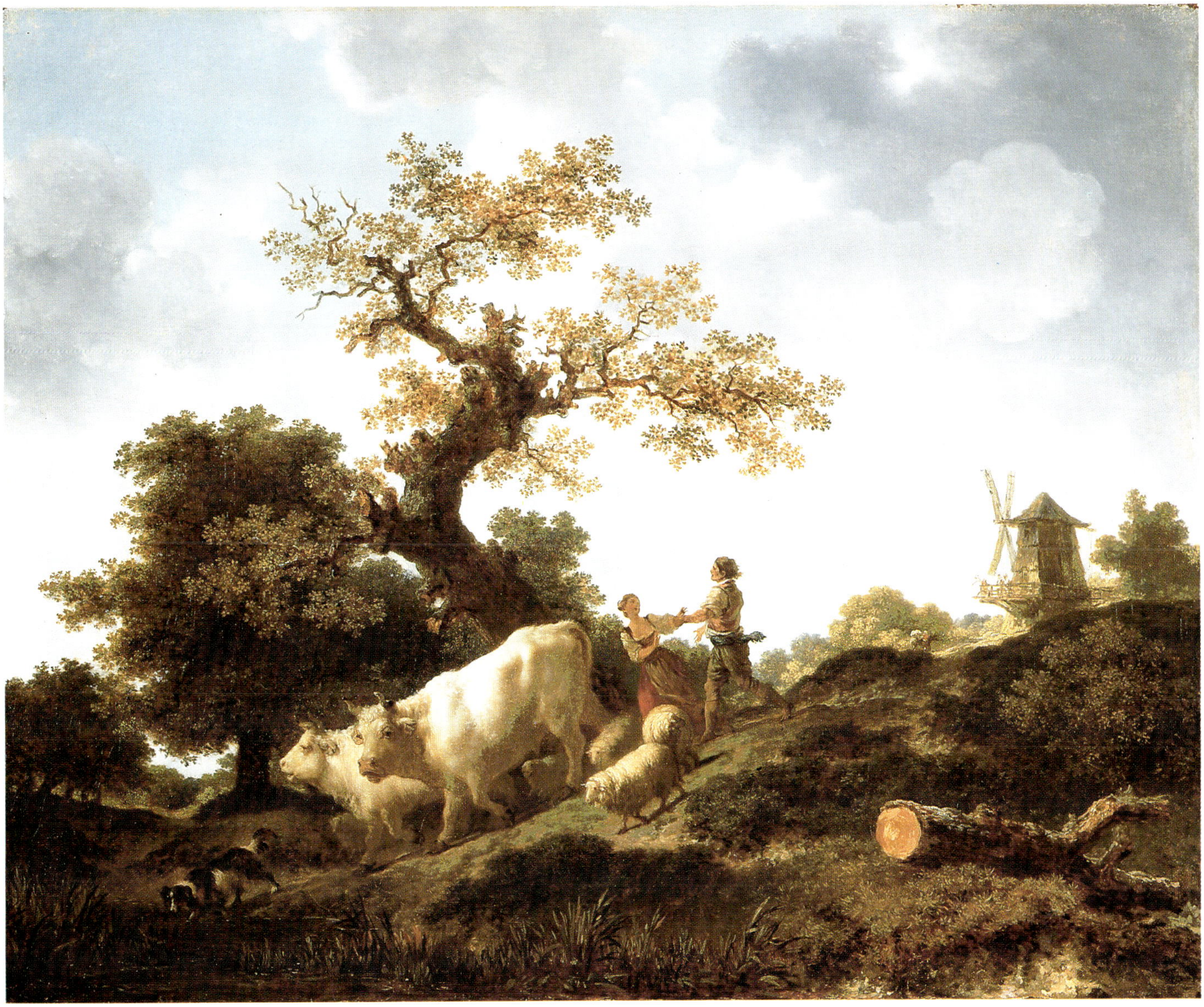

Au XVIII^e siècle, le tableau dut être célèbre : il est gravé par Vivant-Denon (1747-1825) avant 1791 ; deux dessins préparatoires sont décrits dans des catalogues de vente de 1787 et de 1791. Et pourtant, nous n'en avons trouvé nulle mention avant 1880 et encore ne sommes-nous pas certains, loin s'en faut, qu'il se confonde avec le tableau de la collection Walferdin.

Le moulin *(voir aussi fig. 5)* qui se voit sur la droite de la composition a alimenté bien des discussions. Pour en peindre un si précis, Fragonard n'avait-il pas dû entreprendre le voyage de Hollande ? S'il est aujourd'hui assuré que Fragonard se rendit aux Pays-Bas (voir pp. 178-180), il est non moins certain que l'artiste pouvait voir de similaires moulins à Paris, au Parc Monceau, par exemple (voir la gravure de Couché d'après Carmontelle, *(fig. 6)* : « vue [du] Moulin à eau et du Pont qui y conduit » qui orne l'ouvrage de Carmontelle, *Le Jardin de Monceau*).

La date de l'œuvre a été, comme on s'y attend, discutée : 1765 environ pour Wildenstein, plutôt 1770 pour D. Catton Rich, le savant rédacteur du catalogue de Worcester. Nous préférons nous en tenir à la première proposition, comme Philip Conisbee (1981) qui rapproche *Le retour du troupeau* du *Paysage pastoral* de Loutherbourg peint en 1763 (musée de Liverpool), un artiste et un tableau exemplaires pour Fragonard.

Le sujet est banal dans la peinture du temps : un pâtre (ou est-ce le meunier ?) tente de convaincre et d'entraîner une encore quelque peu farouche bergère. Un chien, deux « bœufs » (selon Le Brun des taureaux), des moutons animent ce paysage orné de « plusieurs arbres de forme pittoresque ». Les robes crémeuses des bestiaux, la jupe rouge de la bergère éclairent la composition. L'habileté de Fragonard est d'avoir placé les jeunes gens qui badinent sur la pente déclinante d'une colline.

S'il ne faut voir là aucune allusion moralisatrice trop précise contraire à l'esprit de Fragonard, du moins à ce moment de sa carrière, le jeune couple, qui semble esquisser un pas de danse, donne à l'œuvre un allant, une gaieté qui la différencie de celles de ses contemporains.

# 91 Les deux moulins à vent

T. H. 32 ; L. 41
Signé en bas au milieu : *Frag...*

Paris, collection privée

**Provenance**
Coll. Président Robert de Saint-Victor (1738-1822) à Rouen, sa vente, 26 novembre 1822-7 janvier 1823, n° 621 (79 francs). Peut-être coll. Huot-Fragonard, vente, 19-20 mai 1876, n° 6 : « le Moulin. Il est auprès de deux chaumières construites au bord d'une rivière ; ciel nuageux. Paysage inspiré des œuvres de J. Ruysdaël » (T. H. 30 ; L. 38) et Beurnonville, vente, 3 juin 1884, n° 383 (« le moulin à vent. Un moulin de bois est construit sur une éminence baignée par un cours d'eau, après de deux cabines entourées de palissades. Ciel gris » (T. H. 31 ; L. 40). Coll. Félix (1842-1891) puis Hippolyte Adrien Panhard.

**Exposition**
Paris, 1921, n° 85.

**Bibliographie**
Blanc, 1862, p. 15 ;
P. p. 283, 284 ;
N. p. 143 ;
Ratouis de Limay, 1913,p. 439 ;
R. p. 185 ;
W. 180 fig. 97 ;
Carpenter, 1962, p. 360 ;
W. et M. 152, ill.

**Œuvres en rapport**
Pour le pendant, voir la notice.

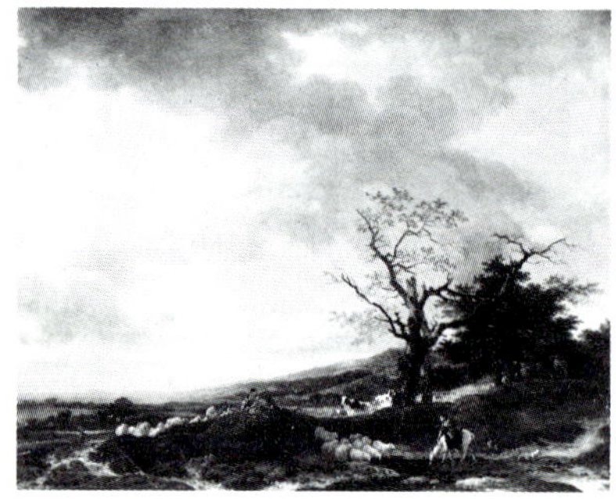

fig. 1. *Le troupeau*, localisation actuelle inconnue

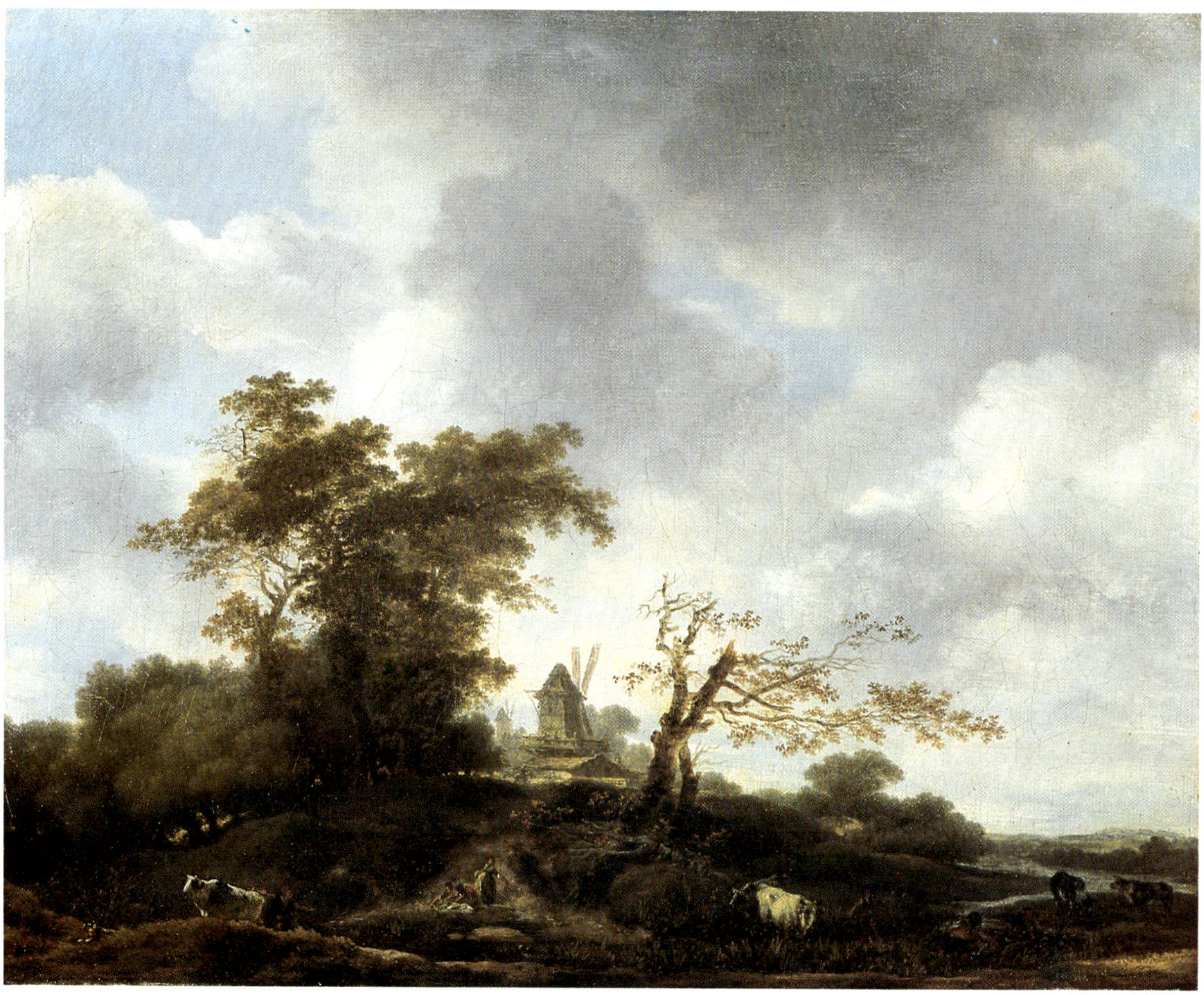

Le tableau compte sans conteste parmi les plus beaux paysages à la manière des maîtres hollandais de Fragonard. Axée sur un grand moulin placé au second plan, la composition avec ses arbres et ses buissons, son grand ciel nuageux et ses coups de soleil, a cette simplicité, ce « naturel » si prisés par les amateurs et les collectionneurs au XVIIIe siècle.

Les taches blanches des robes des vaches, les notes rouges vifs d'une toque, d'une jupe, d'une veste animent la gamme assourdie des gris vert pâle et des roux de ce paysage de bord de rivière.

L'œuvre toutefois a un autre intérêt : elle était, à l'exposition Fragonard de 1921, associée à un *Troupeau* (W. 179 fig. 96) dont nous avons malheureusement perdu la trace. Or, ce *Troupeau (fig. 1)* était, à en croire le catalogue (n[o] 86, voir aussi Wilhelm, 1948, p. 302 et fig. 2), non seulement signé comme les *Deux moulins*, mais encore daté de 1775. Comme on sait, les tableaux datés sont rares dans l'œuvre de Fragonard et la chronologie des paysages à la manière des maîtres hollandais particulièrement délicate. C'est dire l'importance de cette date.

Si vraiment les *Deux moulins* est le pendant du *Troupeau* (mais pourquoi, en ce cas, les deux œuvres n'étaient-elles pas réunies dans la collection Robert de Saint-Victor formée à Rouen à la fin du XVIIIe siècle ?), nous pourrions irréfutablement dater l'œuvre de 1775. Nous nous garderons de le faire, tant que le *Troupeau* n'aura pas été retrouvé.

## 92 L'abreuvoir

T. H. 53 ; L. 65

Suisse, collection privée

**Provenance**
Coll. Mme [de Saint-Sauveur], sa vente, 12 février 1776, n[o] 53 ; coll. Randon de Boisset, sa vente, 27 février 1777, n[o] 230 (1.650 livres à Mercier) ; vente anonyme, 23 mai 1780, n[o] 40 (800 livres) ; coll. du comte de Choiseul Gouffier en 1783 ( ?), vente du duc de Choiseul (ou Chabot), 10 décembre 1787, n[o] 67 (610 livres à Dulac) ; vente anonyme, 8 juillet 1793, n[o] 14 : « un autre tableau offrant un point de vue de paysage avec diverses figures et des animaux. Ce beau morceau est digne d'être comparé à la belle touche de Ruysdael » ( ?) ; [ne provient pas d'une vente anonyme, 28-29 décembre 1846, n[o] 50 : « paysage. Des bœufs s'abreuvent dans une rivière. Plus loin des ruines et des arbres. sur bois »] ; coll. Laperlier, sa vente, 11-13 avril 1867, n[o] 33 (acquis pour 790 francs par Féral) ; coll. H. Walferdin, sa vente, 3 avril 1880, n[o] 14 (1.230 francs) ; coll. Mme Ch. Kestner puis G. de Lauverjat ; coll. Arthur Veil-Picard ; coll. privée. Alors que notre catalogue était sous presse, ce tableau est passé en vente à Monte Carlo, Sotheby's, les 20-21 juin 1987, n[o] 389, ill. couleurs. Son acquéreur, un collectionneur suisse qui a tenu à garder l'anonymat, a bien voulu consentir à nous le prêter.

**Expositions**
Paris, Salon de la Correspondance, août 1783, n[o] 156 (ou 157) ;
Paris, 1860, n[o] 158 : « le troupeau qui s'abreuve. Sous la garde d'un berger à cheval, un troupeau de vaches et de moutons vient boire à une fontaine placée au bas d'un coteau boisé ». La description coïncide assez précisément mais non les dimensions (H. 35 ; L. 45) ; en outre, le tableau est dit appartenir à Walferdin ( ?) ;
Londres, 1954, n[o] 210 ;
Zurich, 1955, n[o] 92 ;
Tokyo, 1980, n[o] 29, ill. couleurs.

**Bibliographie**
*Journal de Paris*, 25 mars 1777, n[o] 84, p. 2 n[o] 230 (le texte est incomplet) ;
Blanc, 1862, p. 15 ;
G. p. 339 ;
Le Hir, *Journal des amateurs*, 1866, p. 128 ;
P. p. 127, 269, 289 ;
N. p. 140 ;
Wildenstein, 1921, p. 20 ;
Wilhelm, 1948, p. 302 ;
R. p. 183, 186 ;
W. 126 fig. 78 ;
W. et M. 158, ill.

**Œuvres en rapport**
Pour l'aquarelle et le(s) dessins(s) préparatoire(s), voir n[o] suivant.
Pour l'actuel pendant, voir n[o] 94.
Pour le pendant du XVIIIe siècle, voir notice et n[o] 93.

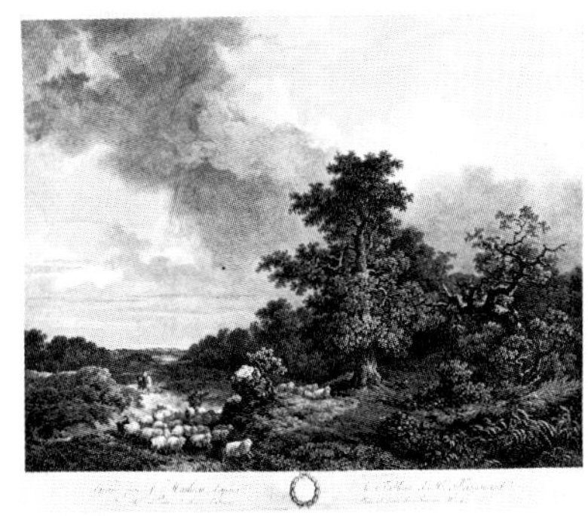

fig. 1. J. Mathieu,
*Le temps orageux*,
Paris, Bibl. Nationale, Cabinet des estampes

L'*Abreuvoir* est aujourd'hui réuni avec le *Rocher* (n[o] 94). Une telle association est récente. Walferdin qui possédait les deux œuvres ne les avait pas rapprochées. A sa mort, elles furent vendues dans deux ventes différentes.

L'*Abreuvoir* passa en vente publique, seul, à cinq (ou quatre) reprises entre 1776 et 1793 (ou 1787). Nous pensons cependant qu'il fut à un certain moment associé avec *Le temps orageux*, gravé par Jean Mathieu *(fig. 1)* après 1784, alors qu'il appartenait au comte de Choiseul Gouffier. Celui-ci prêta en 1783 au Salon de la Correspondance deux « paysages avec figures d'hommes et d'animaux », à notre avis l'*Abreuvoir* et *Le temps orageux*. Peut-on aller plus loin et considérer que les deux œuvres sont des pendants ? L'existence des deux splendides aquarelles de la collection Lagoy (n[o] suivant), restées réunies jusqu'à ces dernières années, tendrait à le prouver.

Les experts des ventes du XVIIIe siècle sont, bien entendu, unanimes pour vanter les mérites de l'auteur du tableau « dont le talent varié et infatigable nous fait toujours éprouver le même plaisir dans quelque genre qu'il s'exerce » (vente 1787). Un seul, en 1776 (voir aussi 1793), rapproche l'œuvre des paysages hollandais : « ce tableau peut soutenir la comparaison de ceux des maîtres en réputation dans l'École des Pays-Bas ».

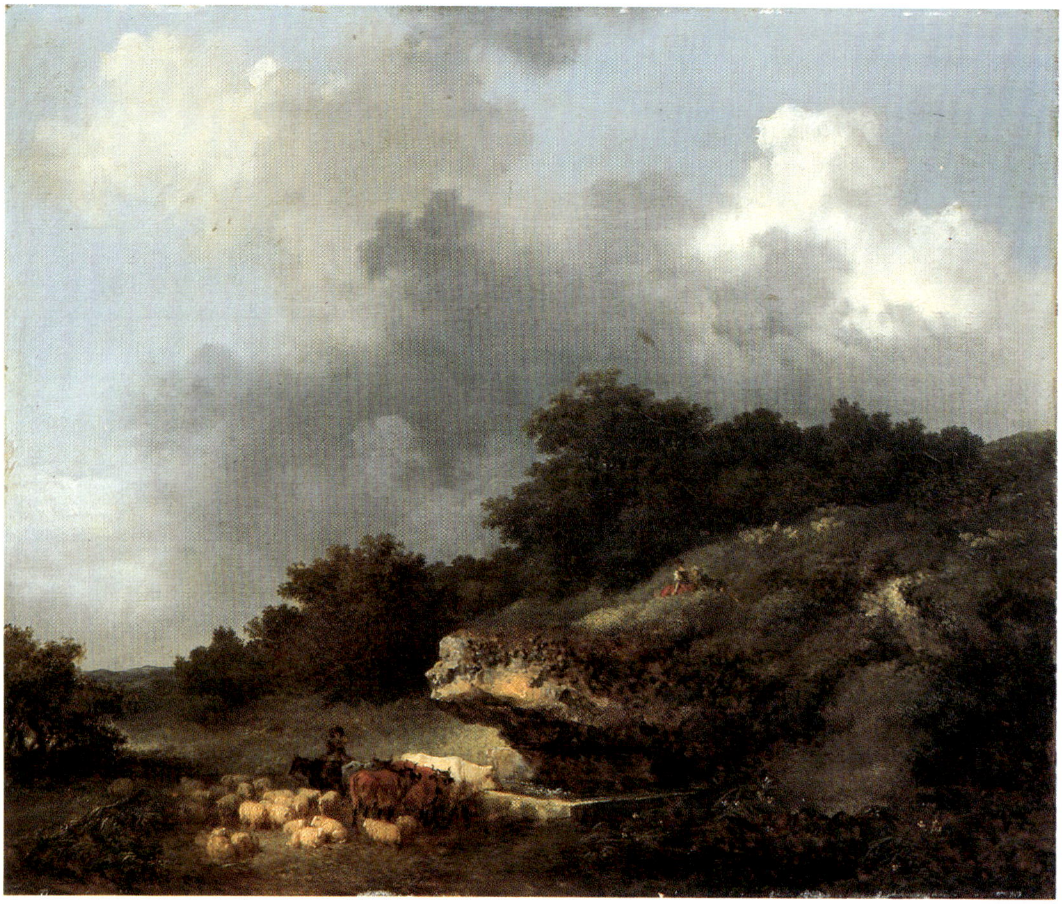

Une vache blanche boit dans un abreuvoir protégé par l'avance d'une roche. Un berger à cheval surveille des vaches rousses et des moutons. Sur la colline, un jeune couple garde un troupeau de moutons. La tache rouge de la jupe de la bergère, une signature, attire les regards. Le soleil n'éclaire qu'une partie du tableau, le jeune couple, les rochers, l'échine de la vache blanche.

Si la connaissance des modèles nordiques est évidente, Fragonard ne se contente pas d'imiter, de pasticher. Il a son métier, fait de petites touches libres et variées, d'accents qui lui permettent de mettre en valeur un détail qu'il souhaite que l'on remarque. Il a ses couleurs, cette gamme de marrons et de verts assourdis, ces tons chauds et froids qu'il rapproche habilement.

Quant à la date de l'œuvre, elle n'est, une nouvelle fois, guère facile à préciser. Nous proposons, sans conviction, les années 1770.

# 93 L'abreuvoir

Paris

H. 340 ; L. 456
Aquarelle sur préparation à la pierre noire

Paris, collection privée

**Provenance**
Coll. W. A. Lestevenon, marchand et collectionneur hollandais établi à Rome et à Paris, un des fondateurs du musée Teyler à Haarlem, selon l'inv. Lagoy ; coll. du marquis de Lagoy (1746-1829 ; sa marque en bas à droite, Lugt 1710 ; figure dans l'inv. ms. établi entre 1800 et 1820 que nous a communiqué Mme A. de Moustier) ; coll. Camille Groult ; coll. privée.

**Exposition**
Paris, 1921, nº 115.

**Bibliographie**
A. 832 fig. 710 ;
Ananoff, 1968, p. 99, ill. en couleurs ;
Williams, 1978, p. 126.

**Œuvres en rapport**
Une version très voisine provenant de la coll. des Goncourt, au lavis de bistre, est conservée au British Museum (*fig. 1* ; A. 306 fig. 360 ; voir aussi A. 829).

Pour le tableau, voir le nº 92.

Pour le pendant, lui aussi à l'aquarelle *(fig. 2)*, voir A. 842 fig. 722 (voir aussi A. 828 aujourd'hui à New York et vente, Paris, galerie Charpentier, 18 mars 1959, nº 95, ill.).

Pour le tableau gravé par Jean Mathieu (1749-1815 ; *cat. 92 fig. 1*) correspondant à ce pendant, *Le temps orageux (fig. 3)*, voir W. 167 fig. 89, vente Paris, Palais Galliéra, 7 décembre 1971, nº 13, ill. couleurs et notre notice précédente.

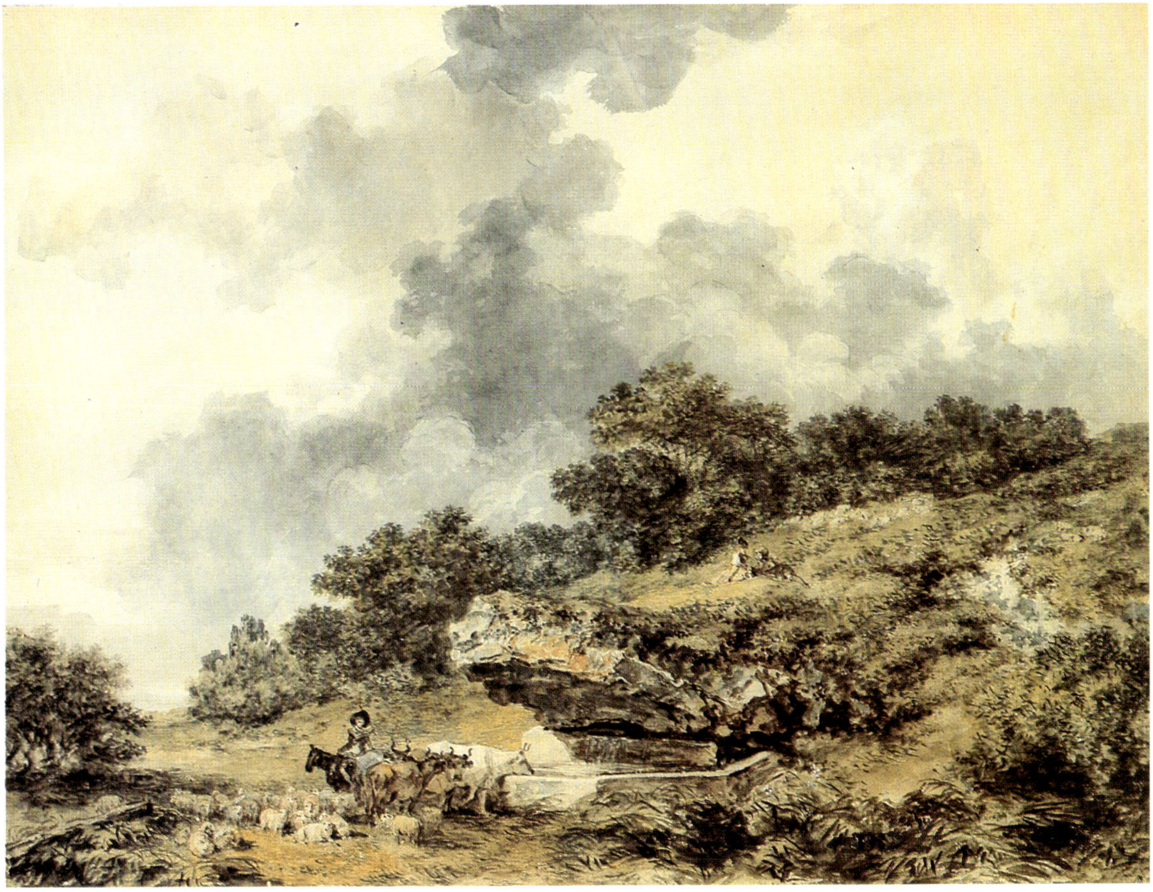

Les aquarelles sont rares dans l'œuvre de Fragonard : l'*Abreuvoir* compte parmi les plus lumineuses. Remarquons tout de suite que l'aquarelle et le tableau (voir n° précédent) sont en tous points identiques. Seule la gamme de couleurs a été radicalement modifiée, altérée. Le tableau décrivait un lourd soir d'automne. Les teintes claires et fraîches de l'aquarelle évoquent plutôt un vibrant matin d'été. Fragonard procédera de même en ce qui concerne *Le temps orageux*, le pendant de l'*Abreuvoir*. Il privilégie sur le tableau les tons roux et chauds alors que l'aquarelle est toute en gris vert, en bleu acier, en teintes froides...

Que les deux aquarelles, réunies dès 1800 environ, aient été exécutées pour se répondre, nous paraît certain. Qu'elles aient été réalisées après et d'après les tableaux, non moins sûr. Mais nous ignorons hélas la date à laquelle Fragonard dessina ses copies et si cette date se confond avec celle de ses tableaux ou si les aquarelles leur sont sensiblement postérieures (vers 1780 par exemple).

On n'oubliera pas que les frères Goncourt possédaient une étude au lavis de bistre de l'*Abreuvoir* aujourd'hui conservée au British Museum. Watson (1971, p. 84, ill.) la publie comme « d'après Ruysdael ». Sans aller aussi loin, Chennevières (1880, p. 111) la considère comme une « sorte de composition à la Ruysdael, un Ruysdael de chic... » Ce terme vaut tout aussi bien pour notre *Abreuvoir* à la fois si proche des aquarelles anglaises et que l'on sent pourtant d'une main française.

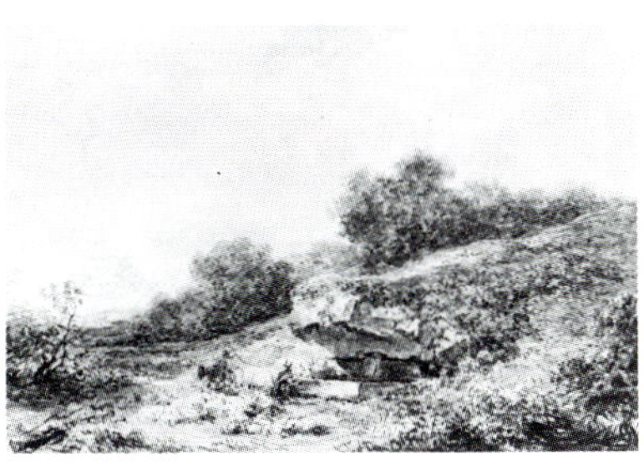

fig. 1. *L'abreuvoir*,
Londres, British Museum

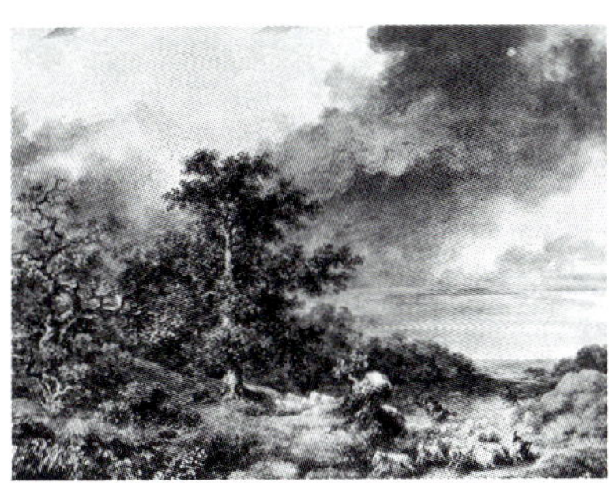

fig. 2. *Le temps orageux*,
localisation actuelle inconnue

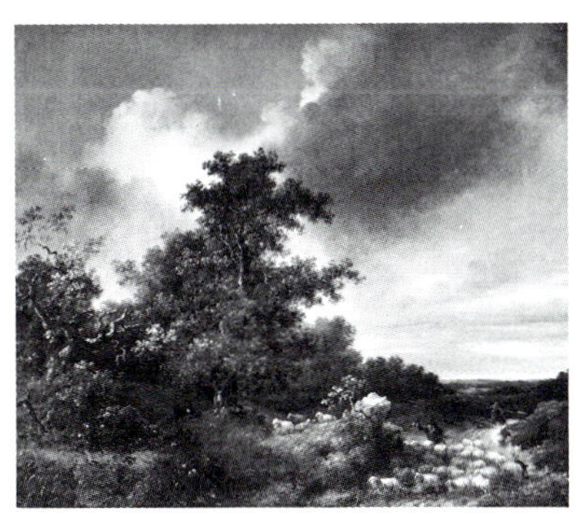

fig. 3. *Le temps orageux*,
localisation actuelle inconnue

# 94 Le rocher

T. H. 55 ; L. 64
Signé à gauche en bas : *fragonard*

Paris, collection privée

**Provenance**
Coll. Hippolyte Walferdin (dès 1860 ?), sa vente, 12-16 avril 1880, nº 54 (acheté par Malinet pour 5.900 francs) ; vente Auguste C[ourtin], 29 mars 1886, nº 7 (2.550 francs) ; vente anonyme, 4 mars 1897, nº 16 ; vente anonyme, 8 avril 1908, nº 9 (11.000 francs) ; coll. G. de Lauverjat puis Arthur Veil-Picard ; coll. privée.

**Expositions**
Paris, 1860, nº 135 : « des chevaux viennent à un abreuvoir taillé à droite dans le prolongement d'un rocher qui occupe le milieu de la composition. Signé Fragonard » (description en partie erronée comme pour les trois autres paysages de Fragonard de la coll. Walferdin prêtés en 1860) ;
Londres, 1954, nº 204 ;
Zurich, 1955, nº 93 ;
Tokyo, 1980, nº 30, ill. couleurs.

**Bibliographie**
Bürger [Thoré], 1860, p. 347 (« le *Rocher,* signé en toutes lettres, ce qui est rare ») ;
Saint-Victor, 1860, n. p. ;
G. pp. 338-339 ;
Portalis, 1880, pp. 11-12 ;
P. pp. 126-127, 287 ;
N. p. 141 ;
R. p. 186 ;
W. 127 fig. 80 ;
W. et M. 159 ill.

**Œuvres en rapport**
Pour le « pendant », voir nº 92.

Une réplique *(fig. 1)* autographe de même format, exécutée plus librement, est passée en vente à Paris, Palais Galliéra, le 9 juin 1964, nº 65, ill. en couleurs.

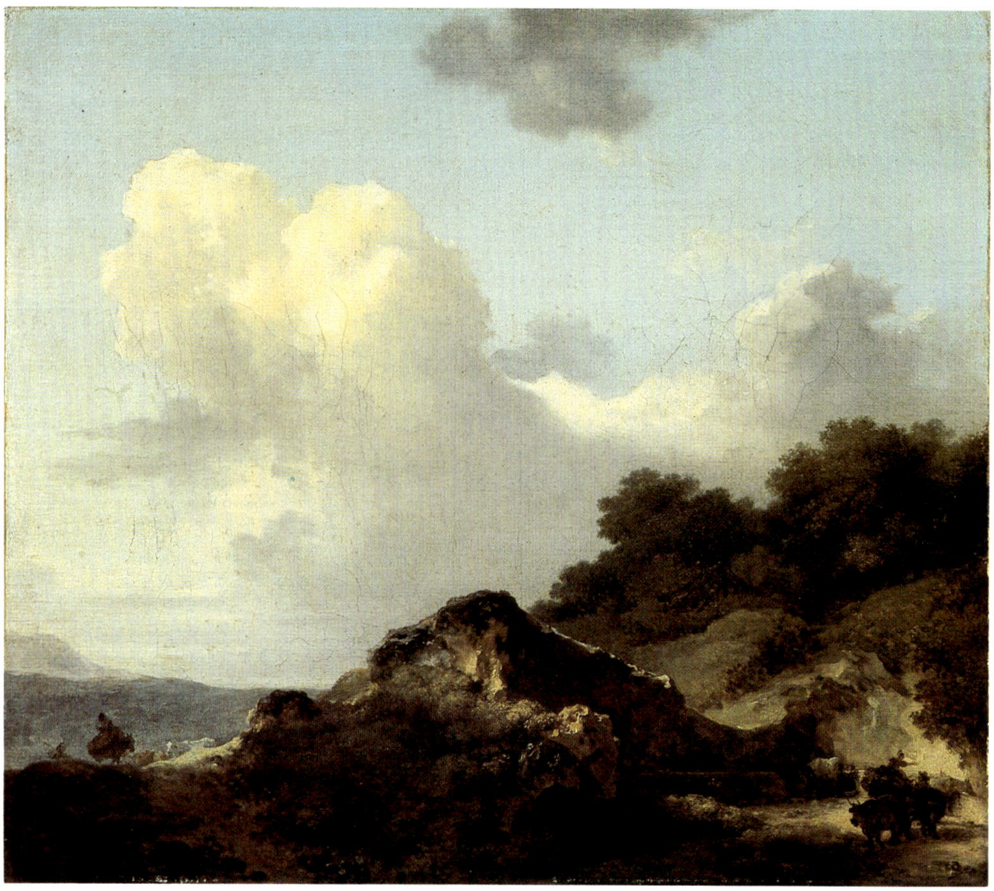

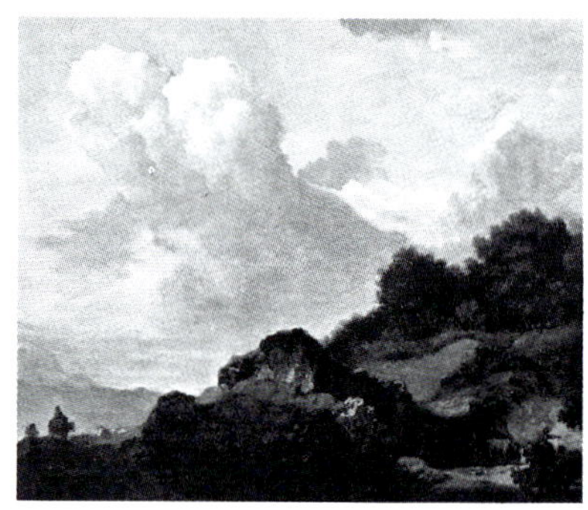

fig. 1. *Le rocher,*
localisation actuelle inconnue

Très admiré dans la collection Walferdin, le tableau n'est réuni à l'*Abreuvoir* (nº 92) que depuis le début du siècle. Ils sont l'un et l'autre très voisins de composition, d'inspiration et de date.

Thoré, dès 1860, signalait la signature « en toutes lettres, ce qui est rare ». Il prononçait le nom de Berchem alors que la critique plus récente préfère citer Ruysdael et ses nuages fuyants.

# 95 Berger et moutons sur une colline ensoleillée

H. 344 ; L. 466
Lavis de bistre sur préparation à la pierre noire

New York, The Pierpont Morgan Library

**Provenance**
Coll. Sir James Knowles (1831-1908), sa marque, Lugt 1546, ne semble pas avoir été apposée sur le dessin ; sa vente après décès, Londres, Christie's, 27-29 mai 1908, n° 238 ; coll. Ch. Fairfax Murray puis J. Pierpont Morgan, The Pierpont Morgan Library (III, 114).

**Expositions**
Washington, 1978, n° 49 ;
New York, 1981, n° 105, ill. (qui cite les exp. précédentes).

**Bibliographie**
P. p. 309 (?) ;
A. 1380 fig. 389 ;
Massengale, 1978, p. 271 et fig. 104 ;
Sutton 1980, 1987, p. 106.

**Œuvres en rapport**
Voir A. 303 fig. 111 pour un dessin qui reprend sans convaincre un motif de la feuille de New York.

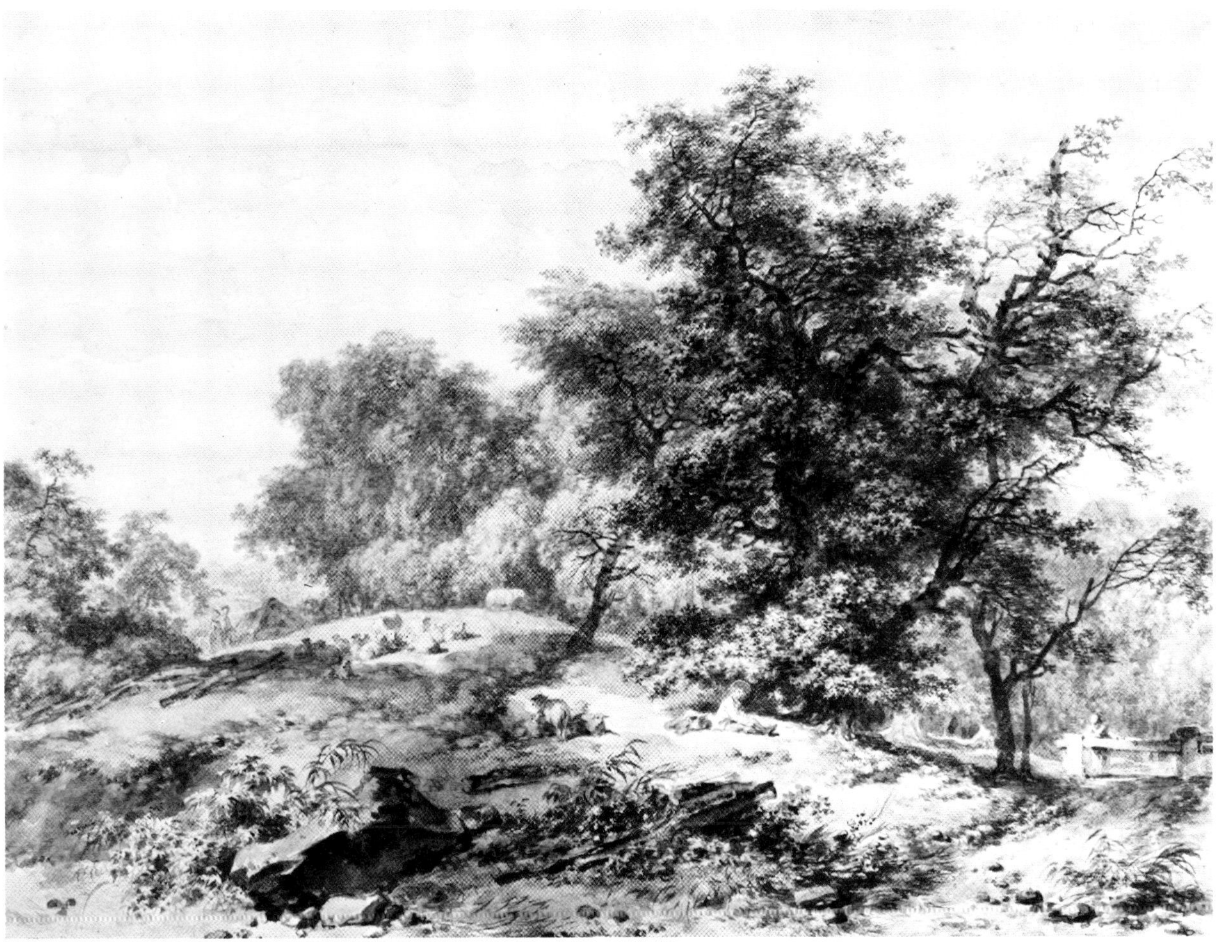

Exceptionnel par sa taille et sa fraîcheur, le dessin de la Pierpont Morgan Library l'est aussi par sa qualité. Il illustre parfaitement les principes techniques de Fragonard. L'artiste prépare sa composition par un léger tracé à la pierre noire. Puis, il utilise son pinceau afin d'indiquer les masses sombres du feuillage, des arbres, des rochers à l'avant plan, pour décrire plus légèrement la chaumière et la barrière au second plan, les arbres au lointain. Il ne couvre pas la feuille entière, il joue au contraire, avec une grande habileté, du blanc du papier qu'il lave légèrement pour bien marquer la colline et les clairières éclairées par le soleil. Grâce à sa touche, rapide et minutieuse, par petites saccades, Fragonard capte, comme nul autre en son temps, les vibrations de la lumière et comme le souffle de l'air.

Massengale considère ce dessin comme antérieur à 1765, Eunice Williams, plus justement à notre avis, le place dix ans plus tard.

# 96 Paysage avec laveuses près d'une mare au bord de laquelle un âne est arrêté

T. H. 73 ; L. 91,5

Grasse, musée Fragonard

**Provenance**
« Coll. de M. Belizar » selon Le Brun, l'expert de la vente Vaudreuil ; coll. du comte de Vaudreuil, sa vente, 26 novembre 1787, nº 110 (1.235 livres, acquis par Beryten). Acquis par Louis XVIII en 1822 pour le château de Saint-Cloud (« compris dans les 20.000 francs de tableaux, acquis de M. de Langeac », 25 septembre 1822, Inv. Louis XVIII, 2 DD 1).
Au Louvre (Inv. 4544), galerie d'Apollon en 1837. Déposé à Compiègne de 1887 à 1959, puis à Grasse à partir de 1959.

**Expositions**
Londres, 1949, nº 94 ;
Berne, 1954, nº 3 ;
Bordeaux, 1956, nº 74 ;
Charleroi, 1957, nº 2 ;
Tokyo, 1978, nº 34, ill. en couleurs.

**Bibliographie**
Thiéry, 1787, II, p. 547 ;
Cat. Saint-Cloud, 1831, nº 196 ;
Cat. Louvre, Villot, 1855, nº 209 (avec inversion dans les dimensions) ;
Blanc, 1862, p. 16 ;
Lejeune, 1863, p. 294 ;
Gautier, 1882, p. 184 ;
P. p. 284 ;
N. p. 139 ;
R. p. 185 ;
W. 183 fig. 99 ;
Thuillier, 1967, p. 71, ill. couleurs ;
W. et M. 194, ill. ;
Rosenberg et Compin, 1974, p. 192.

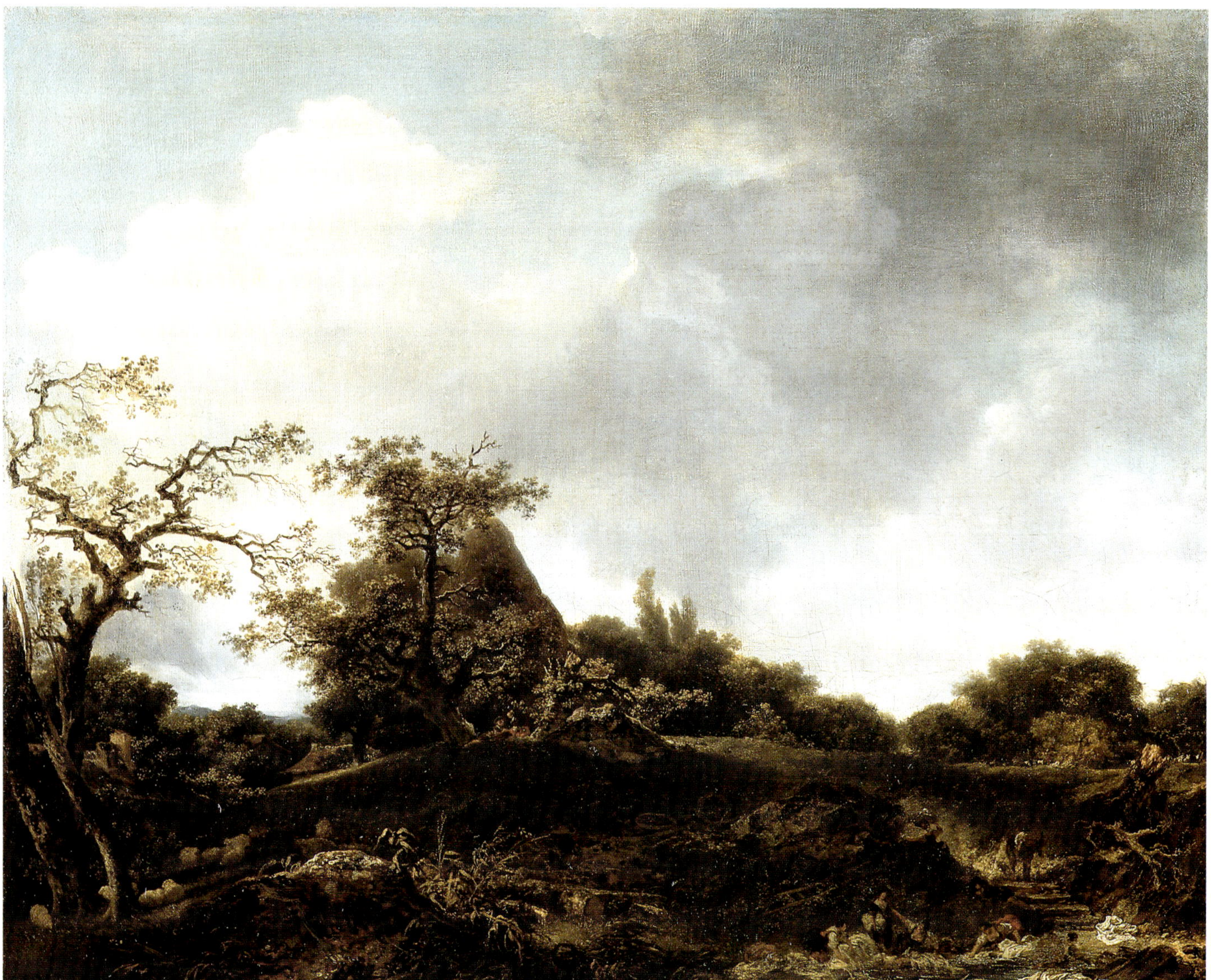

Admiré au XVIIIe siècle, — aussi bien par Le Brun, expert de la vente Vaudreuil en 1787, que par Thiéry dans son *Guide des Amateurs* paru la même année, (« un grand et délicieux Paysage par Fragonard ») — ce « magnifique paysage », « un des plus considérables et des plus terminés de cet artiste » n'est plus ce qu'il a été.

Acheté par Louis XVIII, c'est le second Fragonard qui soit entré au Louvre après *Corésus,* acquis par Louis XV. Il était dès le milieu du XIXe siècle en piteux état : le « pauvre paysage tout craquelé » (Blanc) « a beaucoup souffert du temps et des restaurations inintelligentes qu'on lui a fait subir » (Lejeune). Pour l'exposition Fragonard, et en dépit des bitumes qui le rendent peu lisible, nous avons fait notre possible pour le présenter dans les meilleures conditions.

L'ambition de Fragonard de rivaliser avec les paysagistes hollandais du XVIIe siècle est certaine : il multiplie les détails pittoresques, l'« escalier rustique », les troncs d'arbres, une échelle, une chaumière... Des blanchisseuses, penchées au bord de la mare, un âne qui attend sa charge (on le retrouve sur le *Paysage, fig. 1,* du Virginia Museum de

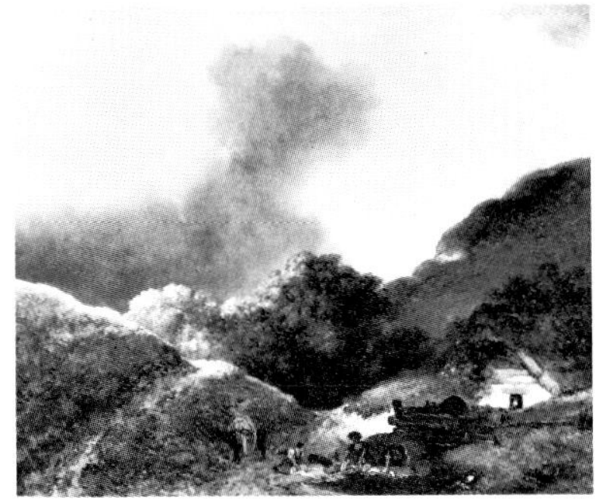

fig. 1. *Paysage aux lavandières,*
Richmond, Virginia Museum of Art

Richmond, W. 160 pl. 19), un couple « assis au pied d'une meule de blé » attirent l'attention. Le soleil qui frappe la crête de tel rocher et la grande pelouse qui barre horizontalement la composition donne son unité à l'œuvre.

Daté par Wildenstein entre 1761 et 1765, le tableau nous paraît plus tardif.

# 97 Le gué

H. 28,5 ; L. 38
Papier marouflé sur bois

Chartres, musée des Beaux-Arts

**Provenance**
Coll. Justin Courtois, donnée au musée de Chartres en 1889.

**Expositions**
Paris, 1925, nº 110 ;
Londres, 1949, nº 95 ;
Berne, 1954, s. n. (entre nº 6 et nº 7) ;
Charleroi, 1957, nº 27 ;
*Le paysage en Orient et en Occident,* 1960, nº 70, pl. XIX.

**Bibliographie**
Wilhelm, 1948, p. 301 ;
W. 164 fig. 87 ;
W. et M. 183, ill.

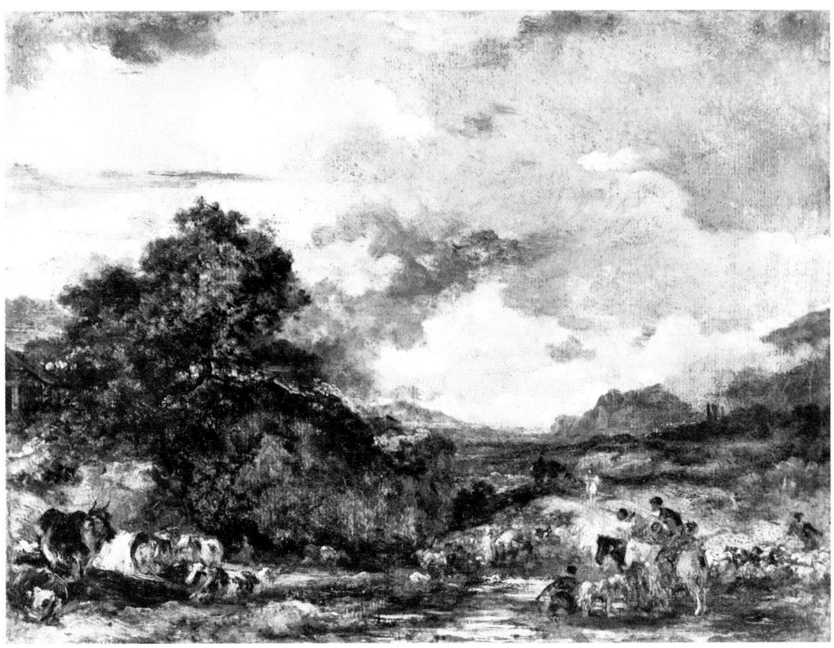

Peinte sur papier, la brillante pochade du musée de Chartres, si elle doit beaucoup à la Hollande, annonce autant par son exécution que par son esprit, les études des paysagistes de l'École de Barbizon.

Fragonard a eu plaisir à peindre par un soir d'été un ciel nuageux, des cavaliers qui passent un gué, des bœufs et des vaches qui se fondent déjà avec la pénombre des arbres qui les abritent. Fragonard sacrifie le détail à l'impression du moment.

Dater précisément un tel tableau n'est pas aisé : nous proposons les années 1765-1770.

## «*Une tête de vieillard, peinte dans la manière de Rembrandt*»

*Au Salon de 1767, Fragonard exposait une* Tête de Vieillard. Tableau de forme ronde. *Aucun des nombreux critiques de ce Salon ne nous en donne une description plus détaillée. Seul, Diderot précise : « ce vieillard regarde au loin ». Ce qui ne permet pas d'identifier avec certitude le tableau du Salon avec celui de la Ball State University Art Gallery de Muncie, Indiana* (fig. 1, *voir aussi* fig. 2 ; *W. 207 fig. 105*). *Aucun critique non plus ne prononce, à propos du tableau du Salon, le nom de Rembrandt. Or, à partir de 1770, apparaissent dans les ventes parisiennes de très nombreuses « Têtes de vieillard peintes (par Fragonard) dans la manière de Rembrandt ».*

*Rembrandt, si admiré en France durant la seconde moitié du XVIII*[e] *siècle (voir en dernier, Cayeux, 1975), fut pour Fragonard (comme pour nombre de ses contemporains,* fig. 3*) à la fois un exemple et un prétexte. Certes, il s'inspire de ses compositions, les adapte au goût du jour (il les copie même, voir vente Choiseul-Stainville du 21-24 mai 1784, nº 8), mais il n'en retient que l'aspect extérieur, le coup de brosse, le clair obscur, la gamme des bruns chauds et les ors dans la pénombre. Fragonard ne paraît pas sensible au Rembrandt qui sonde l'âme humaine et veut émouvoir. Il tente de montrer — non sans orgueil — ce dont il est capable, il veut qu'on admire son métier, il a plaisir à peindre et veut nous communiquer son plaisir. Et comment ne pas être séduit par cette belle pâte maniée avec tant d'assurance, par cette vitalité du pinceau qui plie le modèle aux exigences de l'artiste, par cette vie donnée à la matière picturale.*

*On l'aura compris, Fragonard ne cherche pas à peindre des portraits, ne vise pas à la ressemblance. Ajoutons encore que si nous prononçons aujourd'hui à propos de ces têtes les noms de Rubens (nº 102), de Hals ou de Tiepolo (nº 98), les contemporains mentionnaient ceux de Guido Reni (à propos de la* Tête *du Salon de 1767), de Van Dyck ou de Grimou (nº 103).*

*A quelle date Fragonard peignit-il ces vieillards ? Sont-ils de la même année ou du moins de la même période ? Wildenstein n'exclut pas une commande du graveur et marchand de tableaux Emmanuel De Ghendt (1738-1815). Comme l'auteur de la notice du tableau de Cincinnati (E. V., cat. exp. New York, 1967, voir notice 100, fig. 1), nous pensons que ces têtes, plutôt qu'une série, sont autant de recherches personnelles, de variations sur un même thème.*

*Sont-elles antérieures au* Corésus et Callirhoé *(1765) sur lequel se voient plusieurs vieillards, contemporaines de la* Tête *de Muncie, pour utant que celle-ci date de 1767, plus proches des* Figures de fantaisie *arbitrairement placées en 1769 ? Les premières mentions de telles têtes figurent dans le catalogue de la vente Baudouin, le gendre de Boucher, en 1770. Certaines nous paraissent plus proches du retour d'Italie, comme le tableau du musée Jacquemart-André (nº 98),*

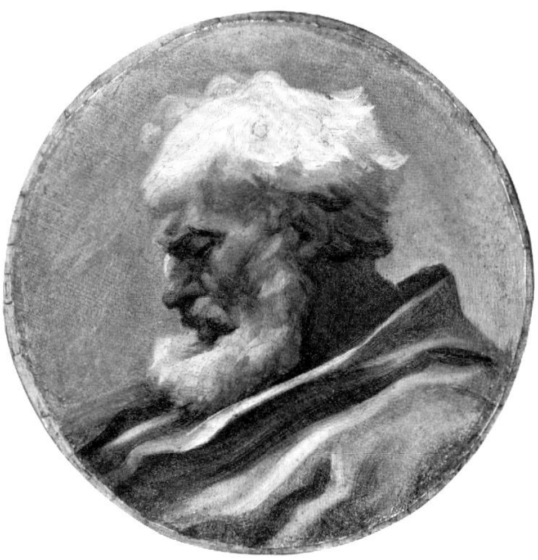

fig. 1. *Tête de vieillard*,
Muncie, Ball State University Art Gallery

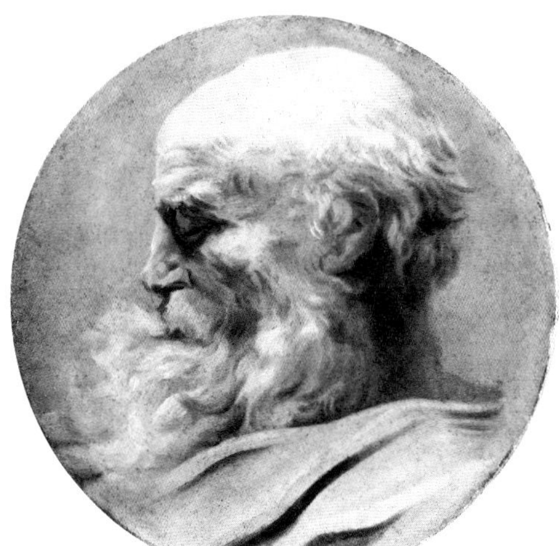

fig. 2. *Tête de vieillard*,
Paris, coll. privée

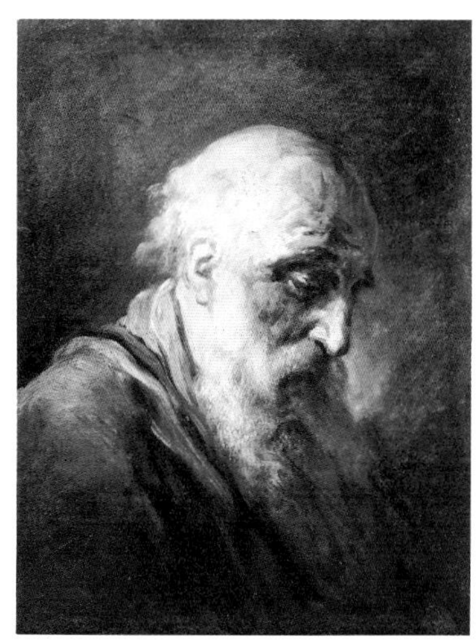

fig. 3. Durameau, *Tête de veillard*
(signé et daté 1773), Paris, commerce d'art

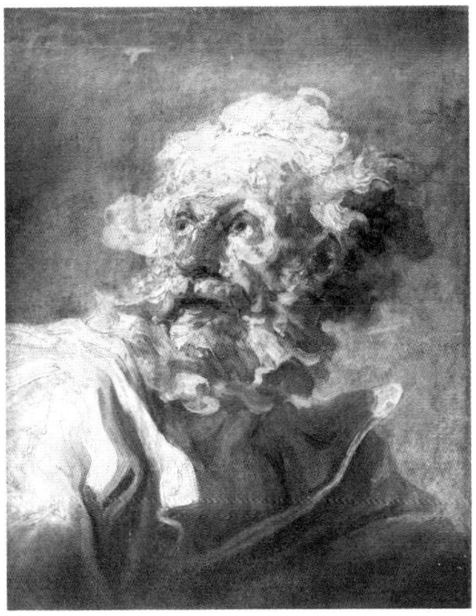

fig. 4. *Tête de vieillard*,
Paris, coll. privée

*d'autres plus tardives comme le* Vieillard *de Nice (n° 99) qui évoque la* Guimard *(n° 125) ou le* Philosophe *de Hambourg (n° 101, on songe à* Naigeon, *n° 134) ou encore le* Vieillard *d'Amiens (n° 102). Enfin, la dernière en date, la* Tête d'homme *de la collection André Meyer à Paris* (fig. 4 ; *W. 208 pl. 23*), *hélas absente de notre exposition, nous semble de peu antérieure à 1770 : l'emprise de la matière picturale sur le sujet est poussée à ses limites extrêmes.*

# 98 Buste de vieillard à la toque

T. H. 54 ; L. 43,5 (à l'origine de forme ovale)

Paris, musée Jacquemart-André

**Provenance**
Acquis pour 1.500 francs de F. de Villars (un an avant la célèbre vente de l'amateur) en 1867, par M. Edouard André.

**Expositions**
Paris, 1878, n° 104 ;
Tokyo, 1980, n° 36, ill. couleurs.

**Bibliographie**
P. p. 290 ;
R. p. 183, 268, fig. 109 p. 230 ;
W. 205 fig. 104 et p. 14 éd. française ;
Zolotov, 1968, p. 154, ill. ;
W. et M. 216 ill. ;
Cayeux, 1975, p. 299 ;
[Gétreau, 1976, n° 21].

**Œuvres en rapport**
Une copie au pastel, qui aurait été signée et datée de 1778, par le comte de Brehan *(fig. 1)* est passée à la vente Georges Bourgarel, le 13-15 novembre 1922, n° 69, ill. (sur Brehan, copiste de Fragonard, voir n° 138).

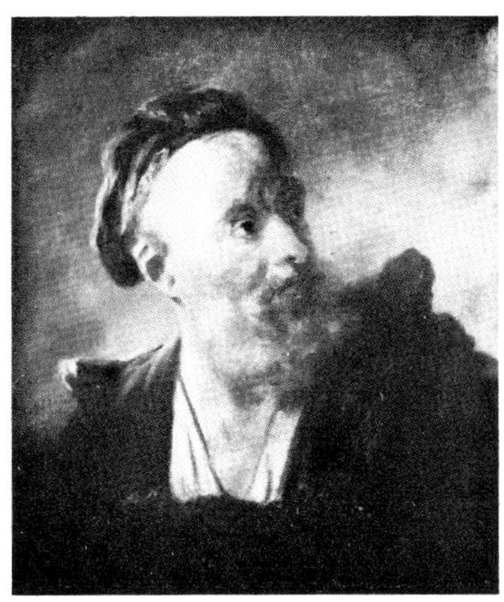

fig. 1. Brehan,
*Buste de vieillard à la toque*,
localisation actuelle inconnue

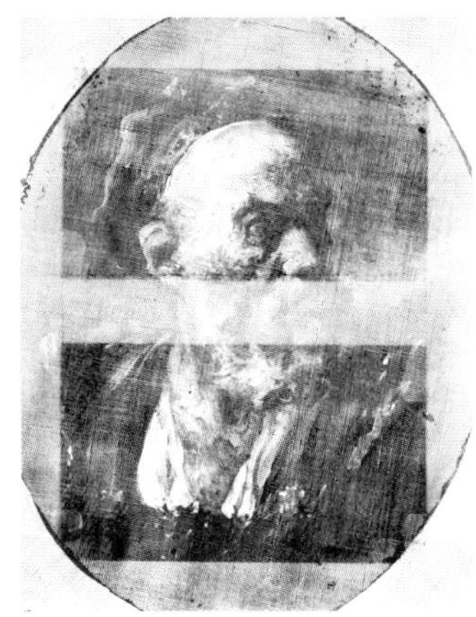

fig. 2. Radiographie

Le tableau était encadré en ovale en 1878 : en fait, comme le prouve la radiographie *(fig. 2)*, il avait à l'origine cette forme et a été agrandi en rectangle au XIX<sup>e</sup> siècle. Il avait appartenu, avant 1867, à F. de Villars, le propriétaire du *Feu aux poudres* aujourd'hui au Louvre (n° 73).

De tous les portraits de vieillards de Fragonard, celui du musée Jacquemart-André est le plus « vénitien ». Portalis, déjà, l'avait remarqué, qui le qualifiait « dans la manière de Tiepolo ».

Lors de son retour en France en 1761, Fragonard avait pu étudier les œuvres de Tiepolo à Venise et à Vicence et en avait copié plusieurs (voir Rosenberg et Brejon, 1986). S'il admira avec l'abbé de Saint-Non les fresques de Tiepolo de la villa Contarini à Mira aujourd'hui conservées... au musée Jacquemart-André, il ne put voir celles de la villa Pisani à Stra « qui n'étai[ent] point encore finie[s] ». Rencontra-t-il Tiepolo ? Le *Journal* de l'abbé de Saint-Non ne permet pas de répondre à la question. Il a, en tout cas, été ébloui et durablement marqué par ses œuvres. Ce sont les têtes

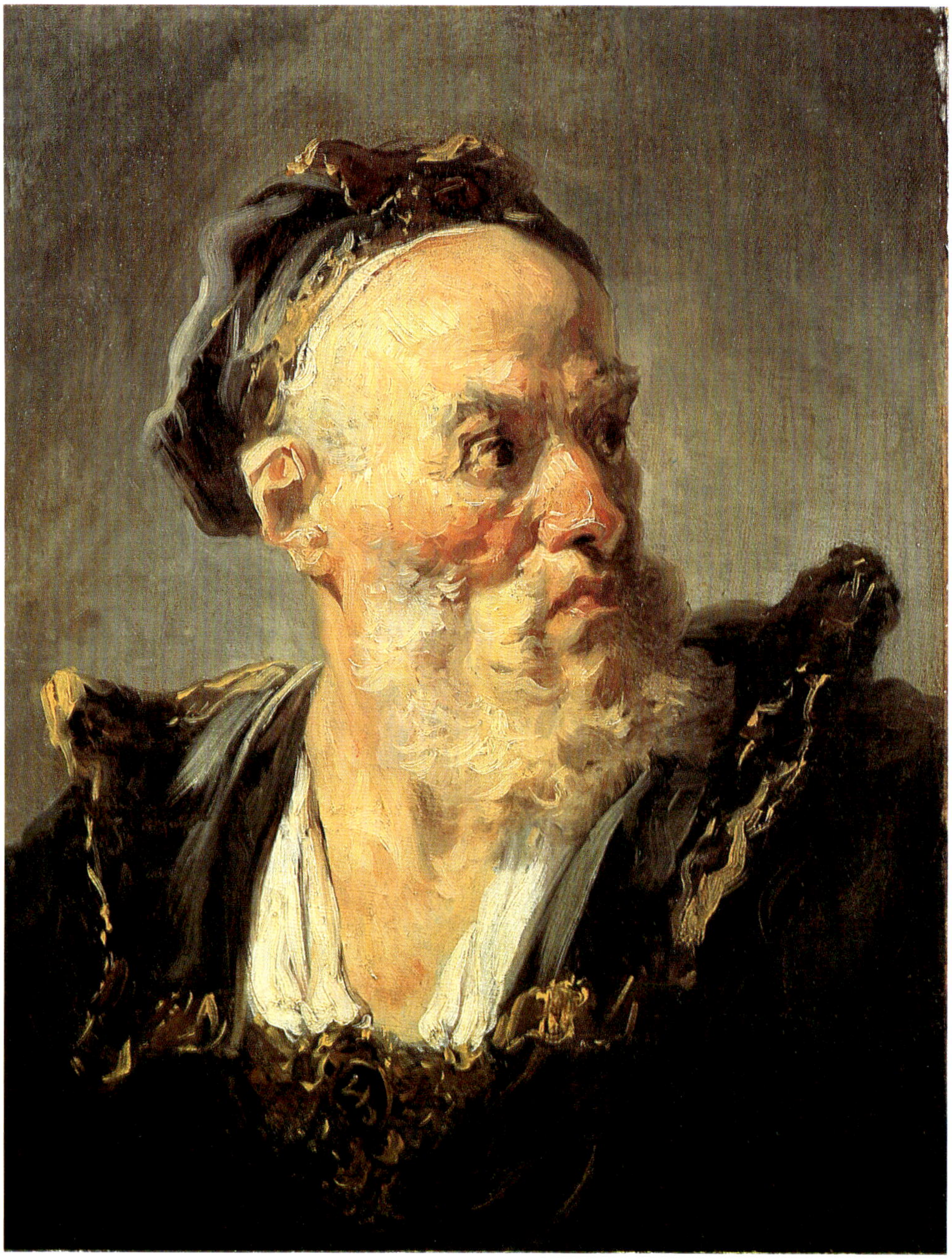

fig. 3. G. B. Tiepolo,
*Tête de vieillard*,
localisation actuelle inconnue

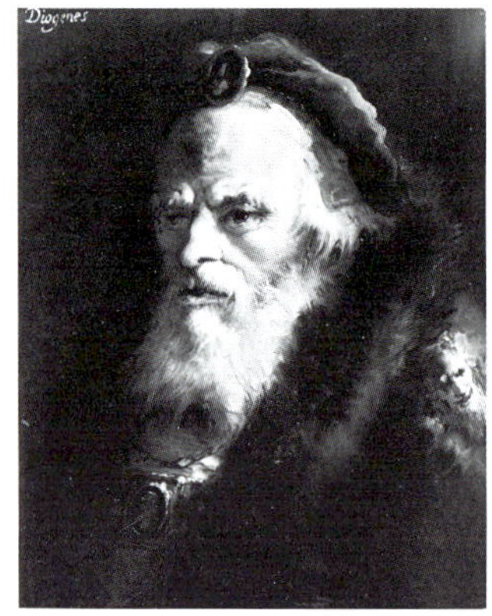

fig. 4. G. D. Tiepolo d'après G. B. Tiepolo,
*Tête de vieillard*,
Paris, coll. privée

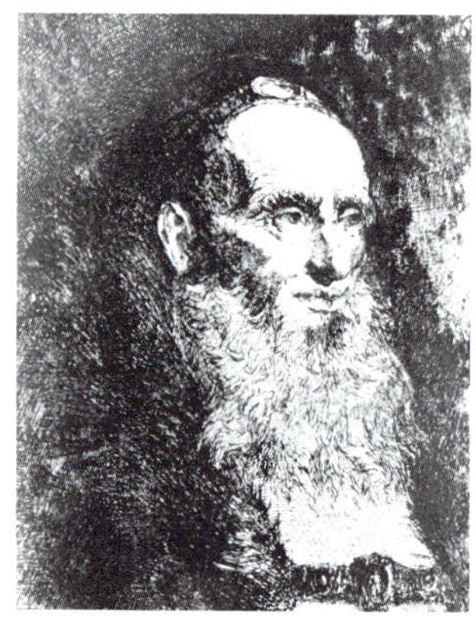

fig. 5. Rembrandt,
*Autoportrait* (1633),
Paris, musée du Louvre

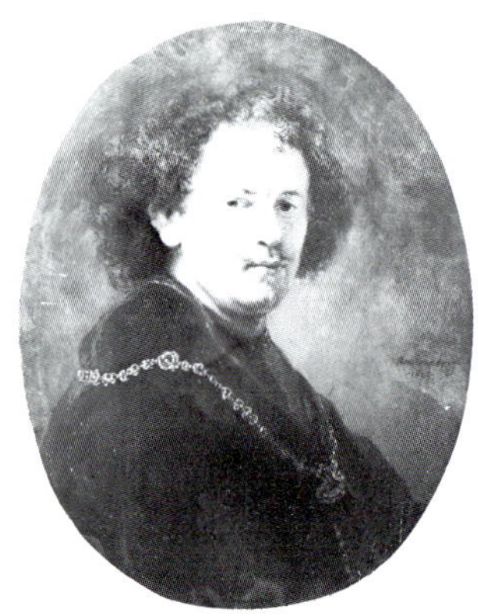

d'orientaux dont G. B. Tiepolo peignit plusieurs exemples vers 1755 *(fig. 3* et *4)* qui inspirèrent le tableau du musée Jacquemart-André. Mais, comme pour Rembrandt *(fig. 5)*, Fragonard retient un type physionomique, une mise en page. Il ne copie pas l'artiste vénitien, ni ne le pastiche.

Fragonard joue sur l'opposition des tons chauds du visage, du jaune or du col, de la chaîne et de la barbe avec les gris lilacés de la toque et du manteau. La bravoure de l'exécution stupéfie : Fragonard « maçonne » la barbe, le front, le nez afin de donner au visage la plus grande solidité. La bouche serrée du modèle, son regard sévère et fixé au loin en accentue la force expressive.

On signalera le *F* inscrit dans le pendentif qui orne la poitrine du modèle. Serait-ce l'initiale du nom du peintre ?

## 99 Vieillard aux cheveux blancs

T. Ovale. H. 60 ; L. 49

Nice, musée Chéret

**Provenance**
Vente B[ellanger ?], 17 mars 1788, nº 30 ; est-ce le tableau de la vente du peintre Sauvage, 6 décembre 1808, nº 38 : « une étude de tête de vieillard, d'une touche heurtée et de goût, au premier coup » qui mesurait 20 pouces sur 18 (= 54 sur 48,6) ? ; le catalogue ne précise pas s'il est ovale.
Coll. du peintre Fernand Sabatté de l'Institut (né en 1874, élève de G. Moreau), sa vente après décès, 18 novembre 1945 à Chamigny près de la Ferté-sous-Jouarre (au profit des Sœurs de Saint-Vincent-de-Paul, légataires de la succession), acquis par le Louvre et déposé à Nice en 1946 ; R. F. 1945-27.

**Expositions**
Genève, 1949, nº 76 ;
Paris, 1953, nº 49, ill. ;
Berne, 1954, nº 18 ;
Bordeaux, 1956, nº 76 ;
Grasse, 1957, nº 14 ;
Bruxelles, 1975, nº 26, ill. ;
Lille, 1985, nº 51, repr. couleurs.

**Bibliographie**
*Arts,* 14 décembre 1945 ;
*Gazette de l'Hôtel Drouot,* 9 novembre 1945, p. 1, ill. et 16 novembre 1945, p. 1 ;
Bernard, 1946, pp. 40-41, ill. ;
R. p. 183 ;
W. 206 fig. 106 ;
W. et M. 217 ill. ;
Cat. musée (J. Fornéris), 1986, nº 12, ill. couleurs.

**Œuvres en rapport**
Wilhelm, dans sa monographie inédite sur Fragonard, signale « dans la coll. de Mme Meunié » « un pastel ovale identique », qu'il attribue au comte de Brehan.

Dans l'inventaire après décès de l'abbé de Saint-Non est mentionnée une « figure de St Pierre, copie de Fragonard par M. de St Non » ovale. Est-ce la copie de ce tableau (voir Wildenstein, 1959, p. 239, nº 8 ; Wildenstein, p. 244, note 8 signale en l'église de « Pothières... une tête d'expression qui pourrait être celle-ci ou une autre copie de Saint-Non ») ?

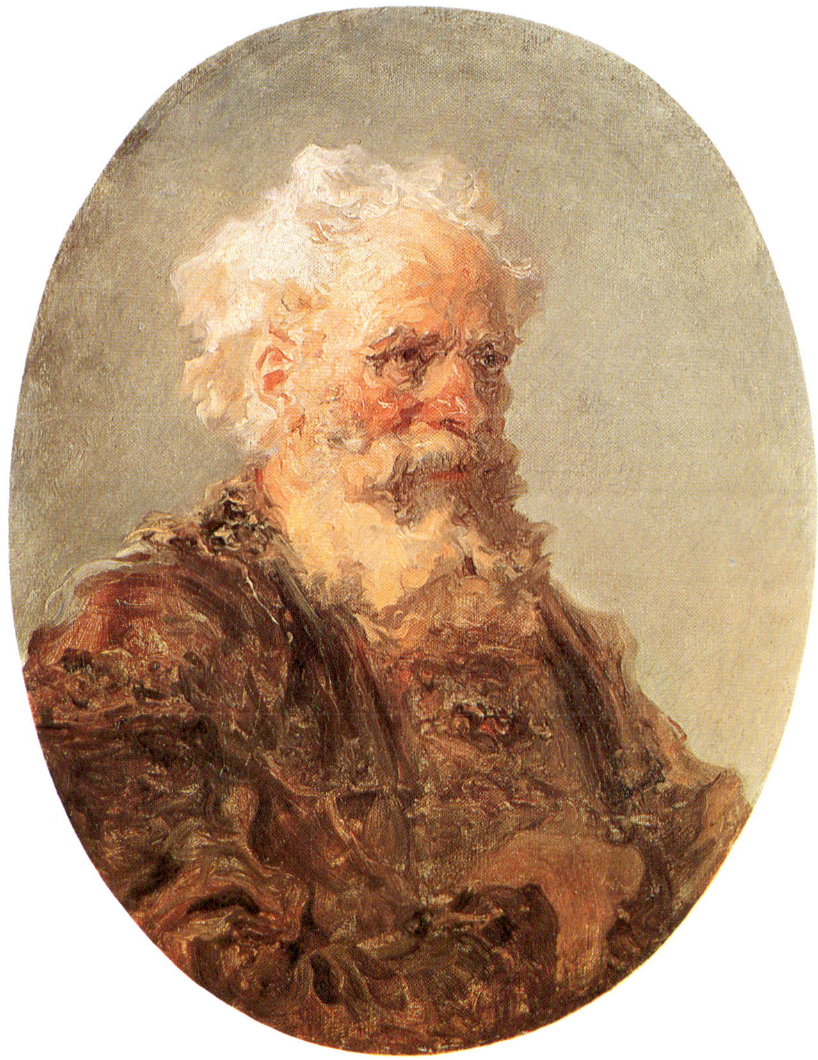

Jacques Wilhelm (monographie inédite) reconnaissait dans le modèle du tableau un saint Pierre et distinguait dans sa main droite une clef. L'hypothèse n'est pas à écarter, bien que le sujet de l'œuvre semble n'avoir que peu compté pour Fragonard. Ou, s'il lui attachait quelque importance, l'a-t-il fait sur le mode humoristique en donnant au saint (comme à tous ses « saint Jérôme » et « philosophes ») un beau nez d'ivrogne au teint bien couperosé !

On sera sensible au savoureux métier, à la virtuosité de l'exécution, à la touche — le tableau est en parfait état et les empâtements n'ont pas été « écrasés » comme il arrive si souvent au cours des rentoilages — qui a gardé cette spontanéité, cette vitalité, cette vigueur propres à Fragonard. Admirons encore la trouvaille du rubis enchassé dans un cabochon qui scintille sur la poitrine du modèle. Le tableau nous paraît très voisin en date du *Portrait de la Guimard* du Louvre (nº 125).

# 100 Tête de vieillard vue de face

Rond. Diamètre 212 mm
Sanguine
Au verso, ancienne inscription attribuant le dessin à Jouvenet

Rouen, Bibliothèque municipale

**Provenance**
Legs Jules Hédou (1833-1905) à la Bibliothèque (sa marque, Lugt 1253, en bas au centre).

**Expositions**
Rouen, 1970, n° 16, ill. ;
Washington et autres lieux, 1981, n° 39, pl. 76.

**Œuvres en rapport**
Pour le tableau autrefois dans la coll. Georges A. Reutschler à Cincinatti *(fig. 1* ; W. 192 pl. 22*)*, voir la notice (voir aussi A. 707 fig. 201).

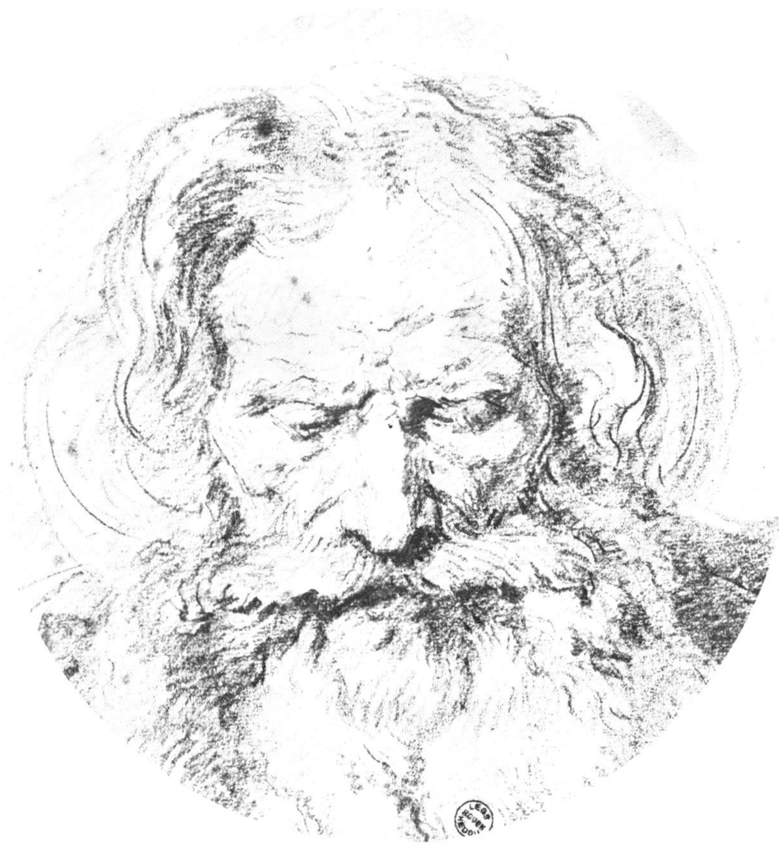

La *Tête de vieillard* de Rouen paraît l'étude pour une petite huile sur papier signée *frago*, autrefois conservée dans une collection privée de Cincinnati *(fig. 1)*. Le tableau, qui provenait peut-être de la vente Baudouin de 1770 (15 février, n° 37 : « une tête de vieillard vue de face » qui mesurait 39 sur 32,4 cm), est très voisin du dessin : seules variantes, outre la chevelure plus abondante à Rouen et le format, la position des yeux qui sont légèrement plus levés sur le tableau que sur le dessin. Les deux œuvres nous paraissent contemporaines (vers 1767 ?).

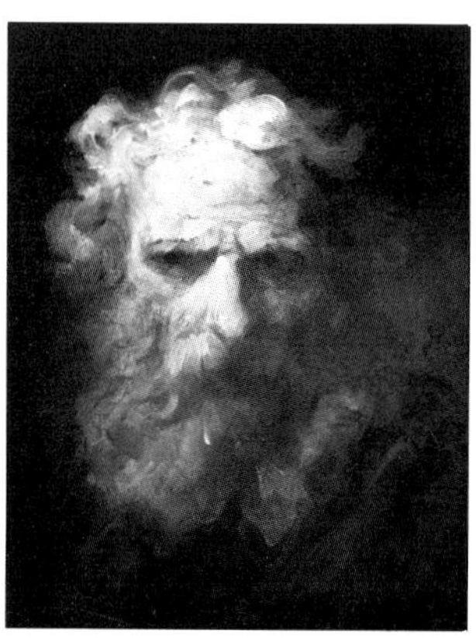

fig. 1. *Tête de vieillard vue de face*, États-Unis, coll. privée

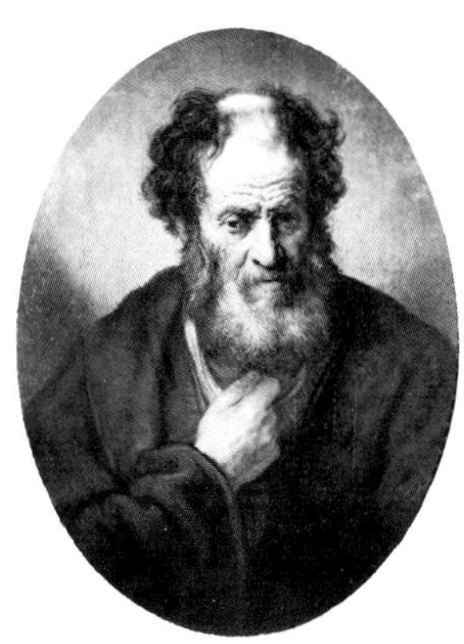

fig. 2. Rembrandt, *Étude de vieillard*, Paris, musée du Louvre

# 101 Un philosophe lisant

T. Ovale. H. 59 ; L. 72,2

Hambourg, Kunsthalle

**Provenance**
Coll. De Ghendt (1737-1815), sa vente, 15 novembre 1779, n° 28 : « un philosophe à tête chauve et barbe blanche ; il est assis et a les yeux fixés sur un grand livre ; on reconnaît dans ce morceau la main habile et savante de son auteur. Ce tableau de forme ovale porte 2 pieds sur 18 pouces de haut. T. » (= 48,6 sur 64,8). Se confond-il avec le « Saint Jérôme lisant, plein d'enthousiasme » qui appartenait avant 1778 au miniaturiste Hall (Villot, 1867, p. 75) ? Hall avait payé son tableau « 144 livres », celui de la vente De Ghendt en fit, selon W., 120. Vente anonyme, 23 mai 1903, acheté par Michel-Lévy) ; vente Léon Michel-Lévy, 17-18 juin 1925, n° 138, ill. (415.000 francs) ; [Wildenstein] ; coll. David puis Pierre David-Weill ; vente, Londres, Sotheby's, 10 juin 1959, n° 86, ill. (13.000 livres) ; [Hallsborough] ; acquis par Hambourg en 1960.

**Bibliographie**
G. p. 333 ;
*Le Figaro Artistique*, 16 juillet 1925, p. 633, ill. ;
Henriot, 1926, I, p. 129, ill. ;
R. p. 182 ;
W. 202 fig. 102 et p. 14 éd. française ;
Mathey, 1961, p. 304, fig. 4 ;
Roskamp, 1961, pp. 72-78, ill. ;
Cat. musée, 1966, p. 63, n° 777, ill. ;
Francis, 1966, p. 68, fig. 4 ;
Watson, 1971, p. 85, ill. ;
W. et M. 213, ill.

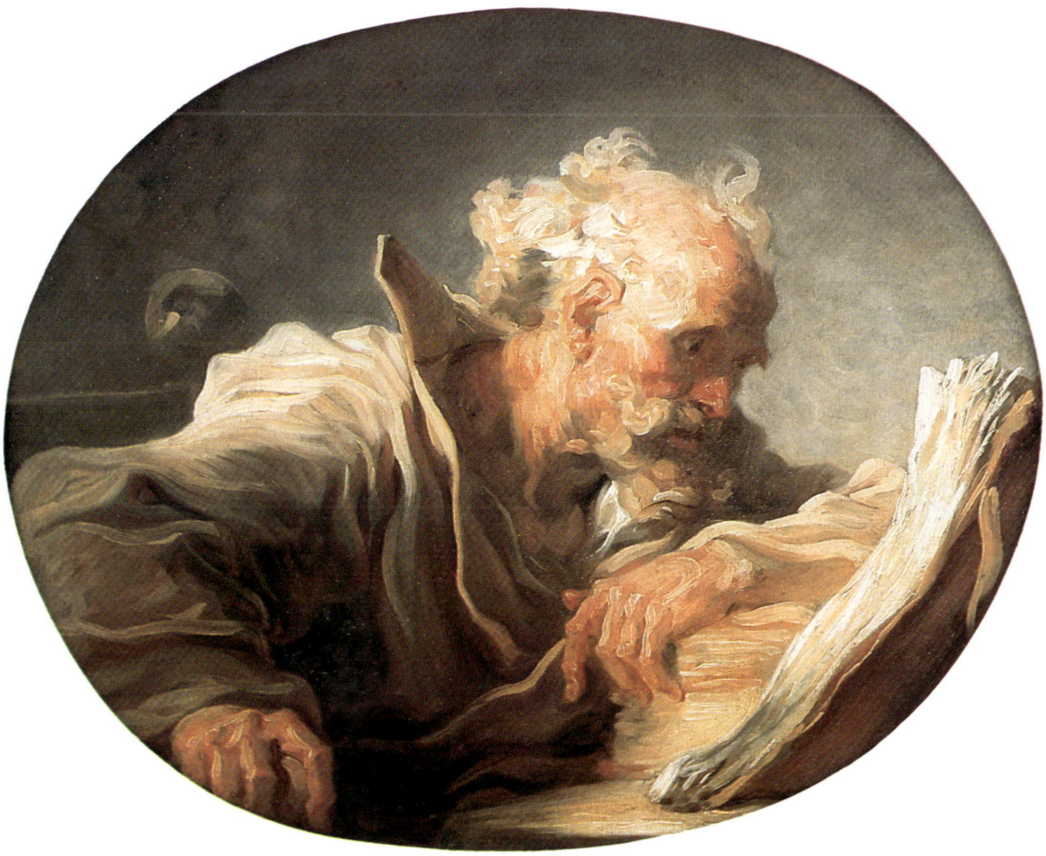

Fragonard a peint un grand nombre de vieillards barbus, de « philosophes », de « saint Jérôme » ou de « saint Pierre ». A en juger par les ventes du XVIIIe siècle qui en mentionnent, malheureusement d'une façon souvent imprécise, tous n'ont pas été retrouvés. Le tableau de Hambourg provient à coup sûr d'une vente De Ghendt de 1779 où figurèrent plusieurs « Têtes de vieillards ». Avait-il appartenu au miniaturiste suédois Pierre-Adolphe Hall (qui possédait également une « Étude de tête de vieillard ») ? Il est d'autant moins possible de l'affirmer que Hall voyait dans son tableau un « saint Jérôme » alors que l'expert de la vente De Ghendt reconnaissait dans le sien « un philosophe ».

Ces têtes, le graveur flamand établi à Paris, Emmanuel De Ghendt, les avait-il commandées, comme l'avance avec prudence Wildenstein, faisaient-elles partie d'une série ? Nous croyons plutôt qu'il s'agissait de variations sur un même thème, inspirées par l'œuvre et l'exemple de Rembrandt. Nous avons étudié plus haut l'influence que celui-ci exerça sur Fragonard, sans que pour autant il renonce à sa manière si facilement reconnaissable.

Fragonard place le visage de son modèle, qui se concentre et se passionne pour sa lecture, dans l'ombre, son grand livre en pleine lumière. Celle-ci frappe quelques mèches de cheveux neigeux, l'épaule et le col du philosophe, le bout rougeoyant de son nez, son avant-bras gauche. La gamme des couleurs, du jaune acide au vert olive en passant par des terres plus ou moins chaudes, est restreinte au profit du jeu du pinceau et de la touche bien mise en évidence et bien apparente : elle est le sujet du tableau.

# 102 Tête de vieillard chauve

T. Ovale. H. 54 ; L. 45

Amiens, musée de Picardie

**Provenance**
Vente anonyme, 29 avril 1782, nº 35 (et non 82) : « une tête peinte à l'huile très savamment. Hauteur 20 pouces, largeur 17 pouces » (= 54 sur 46 cm) ; coll. des frères Olympe et Ernest Lavalard, de Roye, depuis 1862 au moins (Horsin-Déon : « tête d'homme dans la manière de Rubens » !) ; légué en 1890, entré au musée d'Amiens en 1894.

**Expositions**
Paris, 1921, nº 26, ill. ;
Besançon, 1956, nº 17 ;
Bordeaux, 1956, nº 75, pl. 29 ;
Charleroi, 1957, nº 17, ill.

**Bibliographie**
Horsin-Déon, 1862, p. 144 ;
R. pp. 182-183, fig. 110 p. 235 ;
W. 204 fig. 103 ;
W. et M. 215, ill.

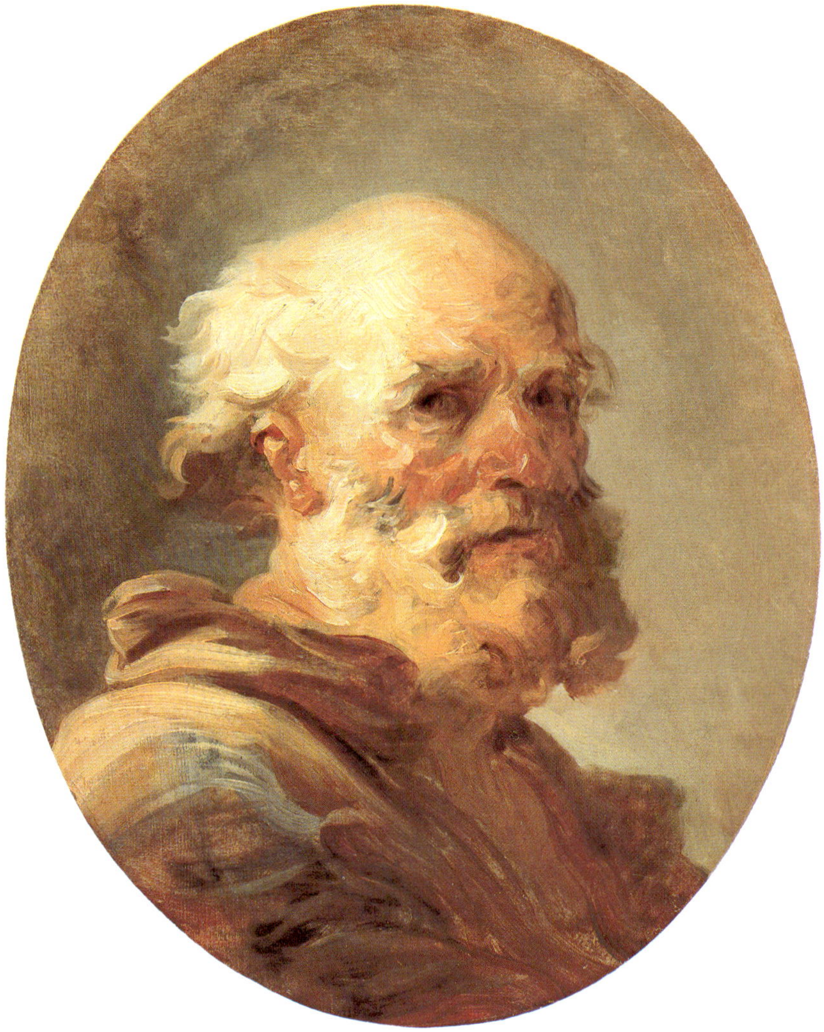

On a voulu voir dans ce tableau, comme dans les deux précédents (nºs 99 et 101), un *Saint Pierre*. Rien ne l'infirme ou ne le confirme et rien ne permet d'assurer que la tête d'Amiens se confond avec celles mentionnées dans la collection Hall en 1778 (Villot, 1867, p. 74), des ventes De Ghendt en 1779 (15 novembre, nº 32 : « une tête de vieillard, vue de face avec cheveux et barbe blanche, savamment touchée » H. 49,6 ; L. 40,5) ou Gevigney, la même année (1er décembre, nº 596 : « une tête de vieillard, peinte dans la manière de Rembrandt » sans dimensions), pour ne citer que trois exemples parmi bien d'autres.

Le sujet de l'œuvre n'est qu'un prétexte : le visage, les cheveux, la barbe indiquée par de larges et épaisses touches ondulantes, le col plus rapidement brossé sont rendus par le rapide va et vient du pinceau que l'on voit à l'œuvre, que Fragonard veut que l'on voit à l'œuvre. Rarement, l'emprise de la matière picturale sur le sujet n'a été aussi éclatante.

On remarquera la touche incongrue de bleu acier sur l'épaule droite du modèle.

# 103 Jeune fille

T. H. 62,9 ; L. 52,7
Une inscription à droite vers le bas : « Grimou »

Dulwich, Dulwich Picture Gallery

**Provenance**
Coll. Sir Francis Bourgeois, léguée au collège de Dulwich en 1811. Provenait peut-être de la coll. du marchand Noël Joseph Desenfans, né à Douai en 1745. Prêt des Gouverneurs du Collège.

**Bibliographie**
Cat. Dulwich, 1816, nº 123 ;
Réau, 1930, p. 210 nº 40 ;
Rosenberg et Compin, 1974, pp. 191-192, fig. 9 ;
Murray, 1980, p. 65 nº 74, ill. ;
Pupil, 1985, p. 299.

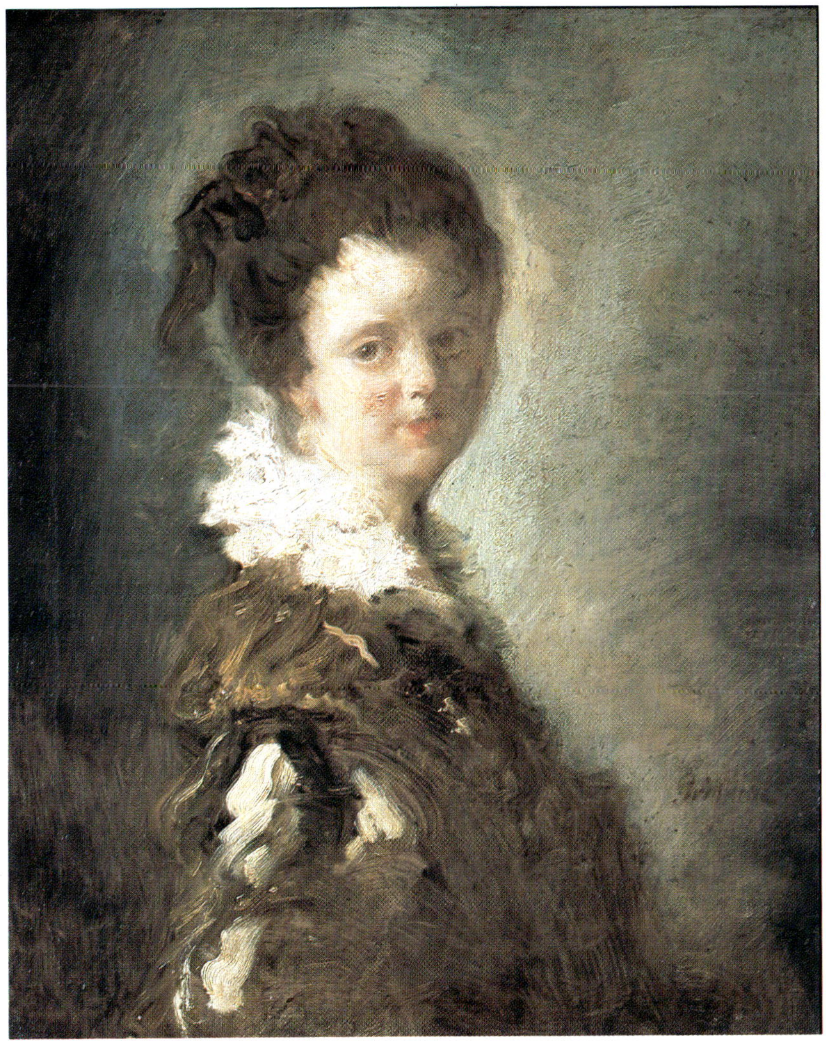

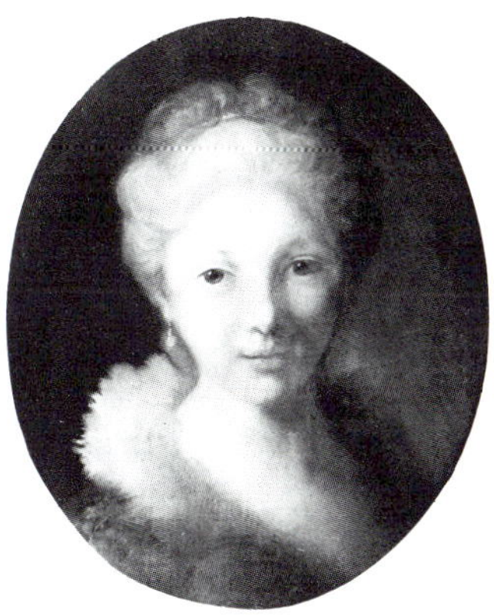

fig. 1. Fragonard (?),
*Tête de jeune fille*,
Leningrad, musée de l'Ermitage

Le tableau, sur la foi de sa « signature », a toujours été considéré comme de Jean-Alexis Grimou (1678-1733). Grimou, surnommé de son temps le « Rembrandt français », a aimé – comme Fragonard un demi siècle plus tard – pasticher le maître de Leyde. Il a aussi, aux côtés de Raoux et de Santerre, introduit en France et mis à la mode les costumes « espagnols », les larges cols de dentelles, les crevés, les déguisements de la scène. Mais rien, dans l'exécution, n'apparente ses tableaux à la toile de Dulwich. La largeur et la franchise de la touche, la liberté et la rapidité de la facture, la nervosité et l'assurance du coup de pinceau sont déjà celles des *Figures de fantaisie*.

Le tableau de Dulwich n'est pas le seul Grimou qui puisse être rendu à Fragonard. L'Ermitage (Nemilova, 1978, pp. 12-13, ill. et cat. 1985, p. 139, ill. en couleurs) conserve une tête de jeune fille inscrite dans un ovale *(fig. 1)* dont l'attribution à Fragonard est aujourd'hui proposée. Et l'on signalera que dans la vente B[ellanger ?] du 17 mars 1788, nº 30, se vendaient « une tête de vieillard (de Fragonard) et pour pendant, une copie de Grimou »..

On ne s'étonnera pas que Fragonard ait mis plus d'élégance et de délicatesse à peindre cette très jeune fille que ses habituels vieillards. Il n'est pas indifférent au petit visage bien dessiné de son modèle, à ses yeux noisette, à sa perle à l'oreille droite. Mais lorsqu'il brosse sa robe « espagnole » en larges coulures brunes ou peint le bouillonnement du col blanc comme s'il le fouettait, il retrouve son métier si personnel.

Pastiche d'un pasticheur, selon la remarque de François Pupil, le tableau de Dulwich n'est pas dépourvu de cette note d'humour si fréquente dans l'œuvre de Fragonard.

# 104 «Le Grand-Prêtre Corésus se sacrifie pour sauver Callirhoé»: Corésus et Callirhoé

Paris

T. H. 311 ; L. 400

Paris, musée du Louvre

**Provenance**
Présenté par Fragonard comme morceau d'agrément à l'Académie le 30 mars 1765 (*Procès-Verbaux*, VII, p. 295).
Dès le 1er avril, Cochin « propose ‹à Marigny, le surintendant›, de prendre pour les Gobelins ce tableau qui se trouve exécuté avec tant de succès et de vouloir bien lui en ordonner un autre pour y faire pendant » (Furcy-Raynaud, 1905, pp. 10-11).
Le 8 août 1765, quelques jours avant l'ouverture du Salon, le tableau est acheté par le roi pour 2.400 livres afin d'être reproduit en tapisserie (Cochin précise, *idem*, p. 28, « s'il était de quelqu'un de vos anciens, je ne pourrais l'estimer moins de 3.000 livres »). Cochin avait demandé, dès le 5 août, 1.200 livres d'acompte pour Fragonard (*idem*, p. 27) : le 17 août, Fragonard signe le reçu. Il touchera encore 600 livres le 24 mai 1766 (ordonnancement le 13) : le « parfait payement » est en date... du 1er janvier 1773 ! (Engerand, 1901, pp. 194-195 ; voir aussi *N.A.A.F.*, 1888, p. 120).
Le tableau ne sera jamais tissé : en septembre 1794, les commissaires du Jury des Arts, le trouvant en attente aux Gobelins, décidaient de le rejeter, « le sujet... ne rappelant que des idées superstitieuses » (Guiffrey, 1897, p. 366 ; voir aussi p. 383).
Au musée spécial de l'École française à Versailles (cat. 1801, no 99). Au Louvre depuis 1824 au plus tard (Inv. 4541).

**Expositions**
Salon, 1765, no 176 (nous avons conservé le titre donné par le livret du Salon) ;
Paris, 1974, no 3, ill. ;
Paris, 1984-85, no 55, ill.

**Bibliographie**
(essentielle)
Launay, 1859, n. p. ;
Houssaye, 1860, p. 325 ;
Blanc, 1862, pp. 5-6 ;
Lejeune, 1863, p. 294 ;
Renouvier, 1863, p. 166 ;
Bellier de la Chavignerie, 1865, p. 83 ;
G. pp. 258-261, 292, 317, 324 ;
Lachaise, 1866, p. 335 ;
P. pp. 48-54, 274 (ill. gravure) ;
Engerand, 1901, pp. 194-195 ;
N. pp. 51-53, ill. ;
D. et V. p. XIII, pl. 103 ;
Fenaille, 1907, p. 198 ;
Locquin, 1912, pp. 26, 28, 233, 235-237, 241, pl. XIII ;
Gillet, 1929, pp. 80-81, pl. 86 ;
Pigler, 1931, pp. 192-197 ;
R. 1956, pp. 26-27, 38, 64-65, 123-124, 148, 239, ill. ;
Seznec et Adhémar, 1960, pp. 6-8, 11, 43, 188-200 ;
W. 225, pl. 27, p. 15 et note 3 éd. française ;
Levey, 1972, p. 180 pl. 177 ;
W. et M. 232, ill. ;
Bukdhal, 1980-82, I, pp. 133-135, 250, 317-320, 326, 352, 455, 491, 501, fig. 52 ; II, pp. 109, 173, 185-186, 229-230, 233, 282, 330, 338 ;
Fried, 1980, pp. 142, 145, 234-235 et fig. 62 p. 144 ;
Bryson, 1981, p. 196 fig. 76 ;
Crow, 1985, pp. 168-169 fig. 78 ;
Wright, 1986, pp. 54-59, ill. ;
Sutton 1980, 1987, pp. 102, 107-108.

**Œuvres en rapport**

*Tableaux*
Pour une esquisse, voir no suivant.
Une esquisse (*fig. 1* ; T. H. 30 ; L. 55 ; W. 224, fig. 111 ; W. et M. 234, pl. XVI en couleurs), sans grande variante, dont le prêt a été refusé à notre exposition, est conservée à l'Academia San Fernando à Madrid. Elle proviendrait (cat. exp. Londres, 1968, no 236) de la coll. Godoy, prince de la Paix. Une autre (*fig. 2* ; T. H. 69,2 ; L. 92 ; W. 222 fig. 112 ; W. et M. 235 reproduisent par erreur l'esquisse d'Angers) a été prêtée à l'exposition Fragonard à Tokyo (no 39, ill. en couleurs). Est-ce l'esquisse Bergeret (vente après décès 24-29 avril 1786, no 104 ; T. H. 65 ; L. 92) ? « S'agit-il vraiment d'une œuvre authentique ? » (cat. exp. *Diderot*, Paris, 1984-85, p. 212).
L'esquisse des ventes [Trouard], 22-27 février 1779, no 78 (T. H. 62 ; L. 78,5) et [d'Espagnac et Tricot], 22 mai 1793, no 122 (T. H. 59 ; L. 78) reste à retrouver. Est-ce celle, « à un anonyme », exposée au Salon de la Correspondance en 1783, no 155 (et non pas no 1555, coquille dans le catalogue) ?
L'esquisse du musée de Quimper (*fig. 3* ; 873.1.669), celle d'une vente du 25 novembre-15 décembre 1927, no 120 (ill.), repassée en vente à Marseille le 28 novembre 1986, puis à Bourg-en-Bresse, 12 avril 1987, no 13, ill., ne peuvent revenir à Fragonard (nous ignorons tout sur le *Sacrifice* passé en vente à Paris les 21-22 juin 1920, no 69).

*Dessins*
Pour un dessin, voir no suivant. Nous reproduisons, à titre d'hypothèse, un dessin du Louvre (*fig. 4*) et une étude à l'huile sur papier (*fig. 5*) qui peuvent être des études pour ce tableau.

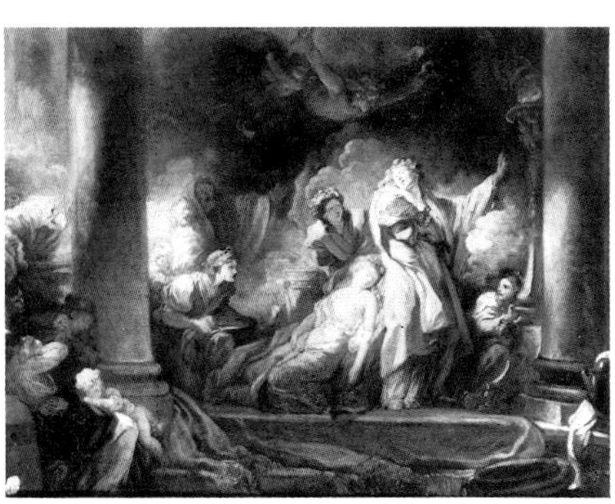
fig. 1. *Corésus et Callirhoé*, Madrid, Académie San Fernando

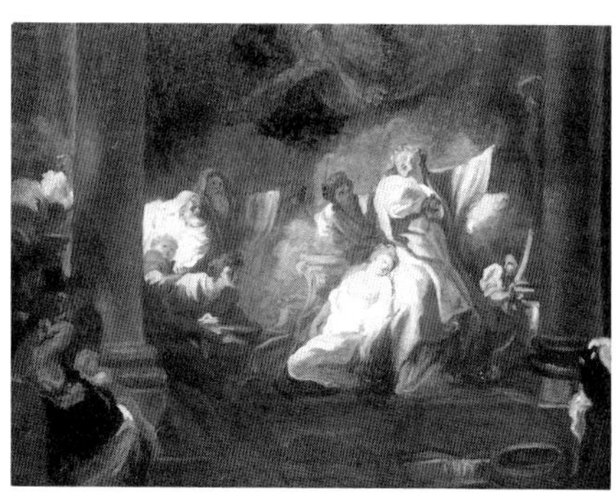
fig. 2. Fragonard (?), *Corésus et Callirhoé*, New York, coll. privée

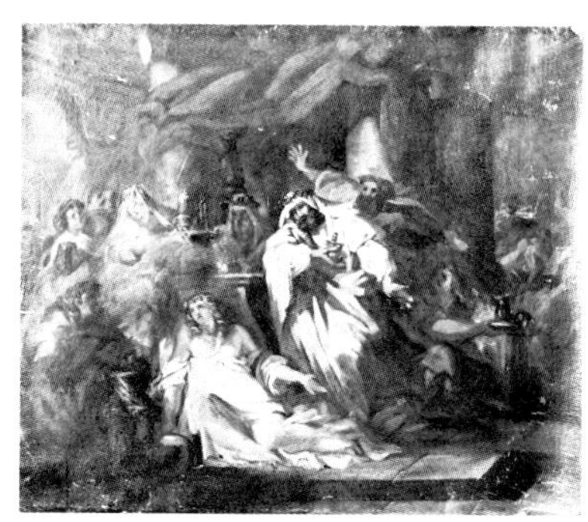
fig. 3. École française du XVIIIe siècle, *Corésus et Callirhoé*, Quimper, musée des Beaux-Arts

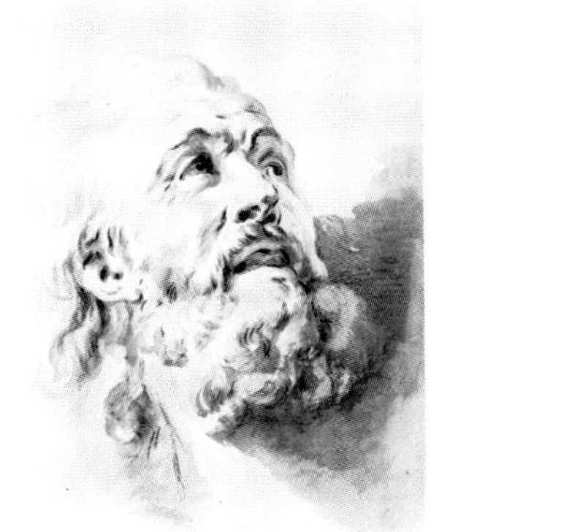

fig. 4. Fragonard (?),
*Tête de vieillard*,
Paris, musée du Louvre, Cabinet des dessins

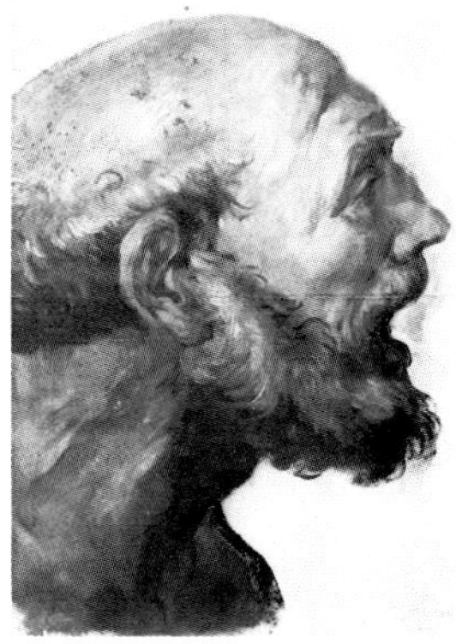

fig. 5. Fragonard (?),
*Tête de vieillard*,
Paris, coll. privée

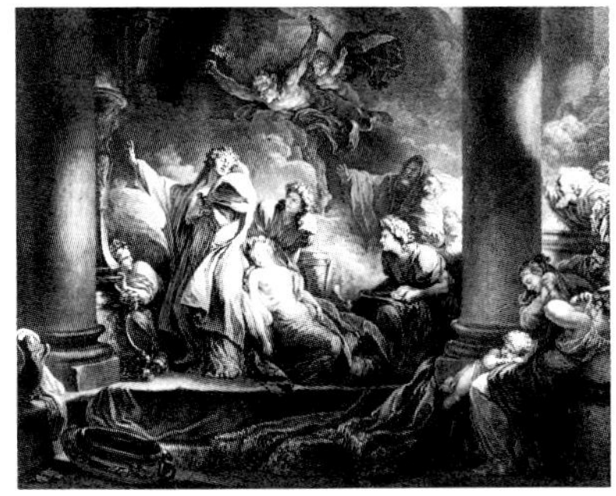

fig. 6. Jacques-Claude Danzel,
*Corésus et Callirhoé*,
Paris, Bibl. Nationale, Cabinet des estampes

*Gravures*
Le tableau du Louvre a été gravé par Jacques-Claude Danzel, « très connu par sa belle Estampe de Callirhoé d'après Fragonard », (*fig. 6* ; 1737-1809) en 1773 (Roux, VI, 1949, p. 13, n° 11) ; Joullain (1786, p. 42) ajoute : « il faut l'avoir avant les rouleaux ». Saint-Non possédait un exemplaire de cette gravure (Wildenstein, 1959, p. 241, n° 232) ainsi que Berthélemy (Volle, 1979, p. 24 et 142).

Il a été à nouveau gravé par C. Normand pour la deuxième édition de Landon (1832, I, pl. 43, pp. 91-94 ; le texte, « emprunté à Taillasson », est une de nos sources de renseignements les plus précieuses sur Fragonard).

Saint-Aubin a dessiné à deux reprises le tableau : sur la célèbre aquarelle du Louvre (*fig. 7*) montrant le Salon de 1765, et à la p. 34 d'un album de dessins (*fig. 8*) de l'artiste conservé au Louvre (sur cet album, voir les deux études de Dacier, 1944 ; le dessin de Saint-Aubin est inédit).

Pour le *Sacrifice au minotaure*, voir n° 107.

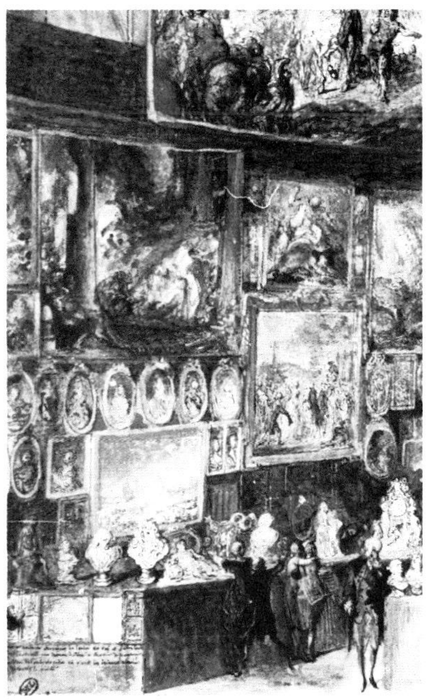

fig. 7. G. de Saint-Aubin,
*Le Salon de 1765* (détail),
Paris, musée du Louvre,
Cabinet des dessins

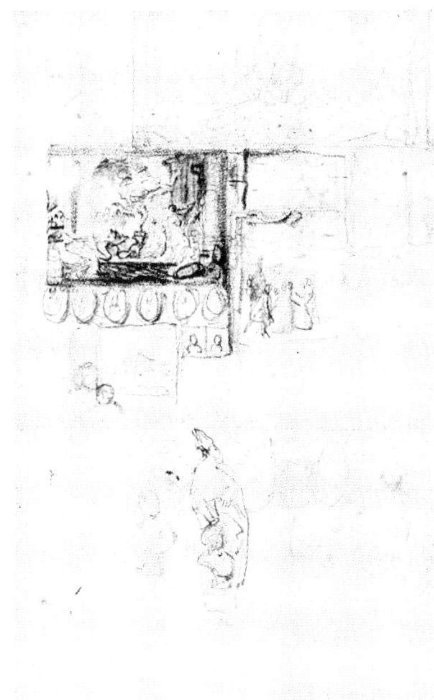

fig. 8. G. de Saint-Aubin,
une page d'album,
Paris, musée du Louvre,
Cabinet des dessins

De toutes les œuvres de Fragonard, *Corésus et Callirhoé* est sans doute, non pas, loin s'en faut, la plus populaire, mais celle qui a été la plus commentée et ceci pour deux raisons. Elle fit figure d'événement au Salon de 1765, nous verrons pourquoi ; d'autre part, pendant longtemps, jusqu'à la donation La Caze en 1869, elle fut la seule œuvre de Fragonard d'une certaine importance que l'on pouvait admirer dans les salles du Louvre. Certes, en 1822, Louis XVIII avait acquis pour le château de Saint-Cloud un *Paysage* (n° 96, aujourd'hui déposé à Grasse) exposé dans la Galerie d'Apollon à partir de 1837. Certes, H. Walferdin et Ch. Sauvageot (n° 218) avaient respectivement offert au Louvre, en 1849 et 1856, un tableau de l'artiste, mais aucune de ces œuvres ne pouvaient rivaliser avec *Corésus et Callirhoé*.

Le 30 mars 1765, Fragonard est agréé à l'Académie « avec applaudissements. Il avait exposé aux yeux de la compagnie un très grand tableau d'histoire qui était très beau, et plusieurs paysages bien faits et bien coloriés, comme aussi des dessins de diverses manières qui avaient bien du mérite » écrit, dans son *Journal*, le jour même, Wille (éd. 1852, I, pp. 284-285). Marigny, le surintendant des Bâtiments, « avait vu » *Corésus et Callirhoé* avant cette date. Le 1er avril, Cochin, le très puissant secrétaire de l'Académie (Furcy-Raynaud, 1905, pp. 10-11), propose d'acquérir le tableau pour les collections du Roi afin de le faire tisser à la manufacture des Gobelins. Il souhaite encore commander un pendant à Fragonard et lui offrir un atelier au Louvre, resté vacant à la mort de Deshays. Cochin avait songé à l'attribuer à Brenet ou à Lépicié, mais « Fragonard paraît dans la carrière des Arts avec un éclat si supérieur au leur, qu'il n'est plus question de droits d'ancienneté ». Dès le 3 avril, Marigny « adopte d'autant plus volontiers... tout ce que vous me proposez pour M. Fragonard que vous ne faites que me confirmer dans les dispositions où j'étais en sa faveur ». Le 16 avril, il annonce, non sans fierté, à Natoire, le directeur de l'Académie de France à Rome, que « Fragonard vient d'être reçu » (en fait agréé) « à l'Académie avec une unanimité et un applaudissement dont il y a peu d'exemple » *(Correspondance*, XII, p. 77*)*. « C'est flatteur pour lui et pour moi » lui répond le directeur, son ancien maître *(idem*, p. 80*)*.

Toujours en 1765, le 25 août, *Corésus et Callirhoé* est présenté au Salon : il occupe, comme on peut le vérifier sur l'aquarelle de Saint-Aubin *(fig. 7)*, une belle place sur le mur du côté de l'escalier, bien que « le haut du tableau n'était pas éclairé » *(Journal Encyclopédique*, 1765, p. 84*)*. La presse du Salon, attentivement étudiée par Seznec et Adhémar (1960), Bukdahl (1980-82) et Sahut (1984-85), ne ménagea pas ses éloges. « M. Fragonard... paraît dans cette Exposition avec un éclat peu commun » (Fréron, p. 155, qui le qualifie plus loin (p. 157) de « Peintre de l'harmonie »). « Ce tableau... attire tous les regards » *(L'Avant Coureur*, p. 556*)*. « Ce morceau fait beaucoup d'honneur à l'auteur » (Mathon de la Cour, p. 21). « Avec un peu plus de fierté dans la touche, ce jeune Artiste pourra prétendre à la gloire des plus grands maîtres » *(Journal Encyclopédique)*. « Cet auteur mérite de grands éloges » (Le P[aon], p. 31).

La longue analyse de Diderot, quasi cinématographique (M. Fried, 1980), fait contraste avec ces platitudes. Il n'est pas de notre propos de revenir sur ce texte, brillamment étudié à plusieurs reprises ces dernières années. « Imaginant à la façon de Platon un spectacle d'ombres vu par des spectateurs qui tournent le dos à la source de lumière, Diderot commence par décrire à Grimm une mise en scène de quatre tableaux qui en annoncent un cinquième, le dénouement final, le moment choisi par le peintre » (Volle dans *Diderot*, 1984-85). « Fragonard [a fait] un beau tableau. Il a toute la magie, toute l'intelligence et toute la machine pittoresque. La partie idéale est sublime dans cet artiste... » conclut Diderot dans un texte qui a été autant commenté que la toile qui lui sert de prétexte.

Précisons encore trois points. Tout d'abord, achetée 2.400 livres, l'œuvre ne fut définitivement payée que le 1er janvier 1773. Nul doute que ces lenteurs sont pour quelque chose dans le peu de goût dont Fragonard fera preuve dorénavant pour les commandes officielles.

Ajoutons que, grandement vanté, le tableau fit l'objet de quelques réserves : dès le jour de l'agrément à l'Académie, Mariette — moins enthousiaste que ses collègues — trouve le tableau « agréablement composé mais peint avec peine ». Sa couleur trop jaune ne plaît guère à certains critiques du Salon, pourtant très admiratifs de son clair-obscur (sur lequel Diderot reviendra en 1766 dans ses *Essais sur la peinture*, éd. 1768, pp. 681-682). Surtout, l'on reproche à Corésus de n'être pas assez « caractérisé, ni comme homme, ni comme grand prêtre ; d'ailleurs, il y a trop de monotonie entre [dans] les attitudes... » (Bachaumont, 1784, II, p. 227).

Ces quelques restrictions ne diminuent en rien l'admiration générale qui prend une résonance toute particulière dans le contexte de ce Salon... Nous avons déjà évoqué ce point plus haut. 1765 avait vu la mort de Deshays, le plus brillant espoir de la jeune génération, et celle de Carle Vanloo, Premier peintre du roi, « premier peintre de l'Europe ». Il fallait à tout prix remplacer ces disparitions.

Venons-en, enfin, au tableau : son sujet est obscur. Résumons-le brièvement avec Armand Dayot (n. p., n. d. [1907]). « La peste, envoyée par les dieux, dépeuple Athènes. Il faut une victime propitiatoire. Le sort a désigné une jeune fille, Callirhoé. Corésus, le grand prêtre de Dionysos, doit exécuter l'arrêt fatal mais il aime la jeune fille et, plutôt que de l'immoler, il se frappe à sa place ». Cette dramatique légende, tirée de Pausanias, avait inspiré à Roy le livret d'un

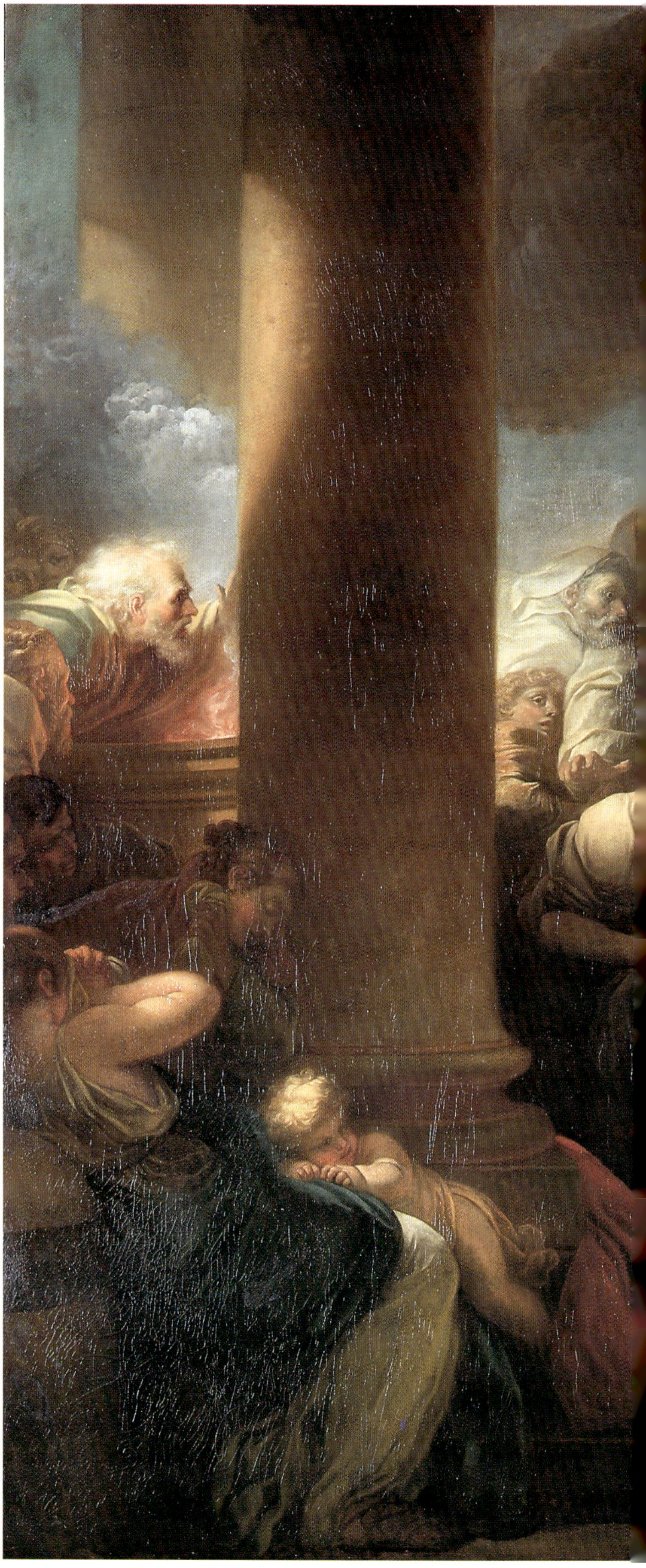

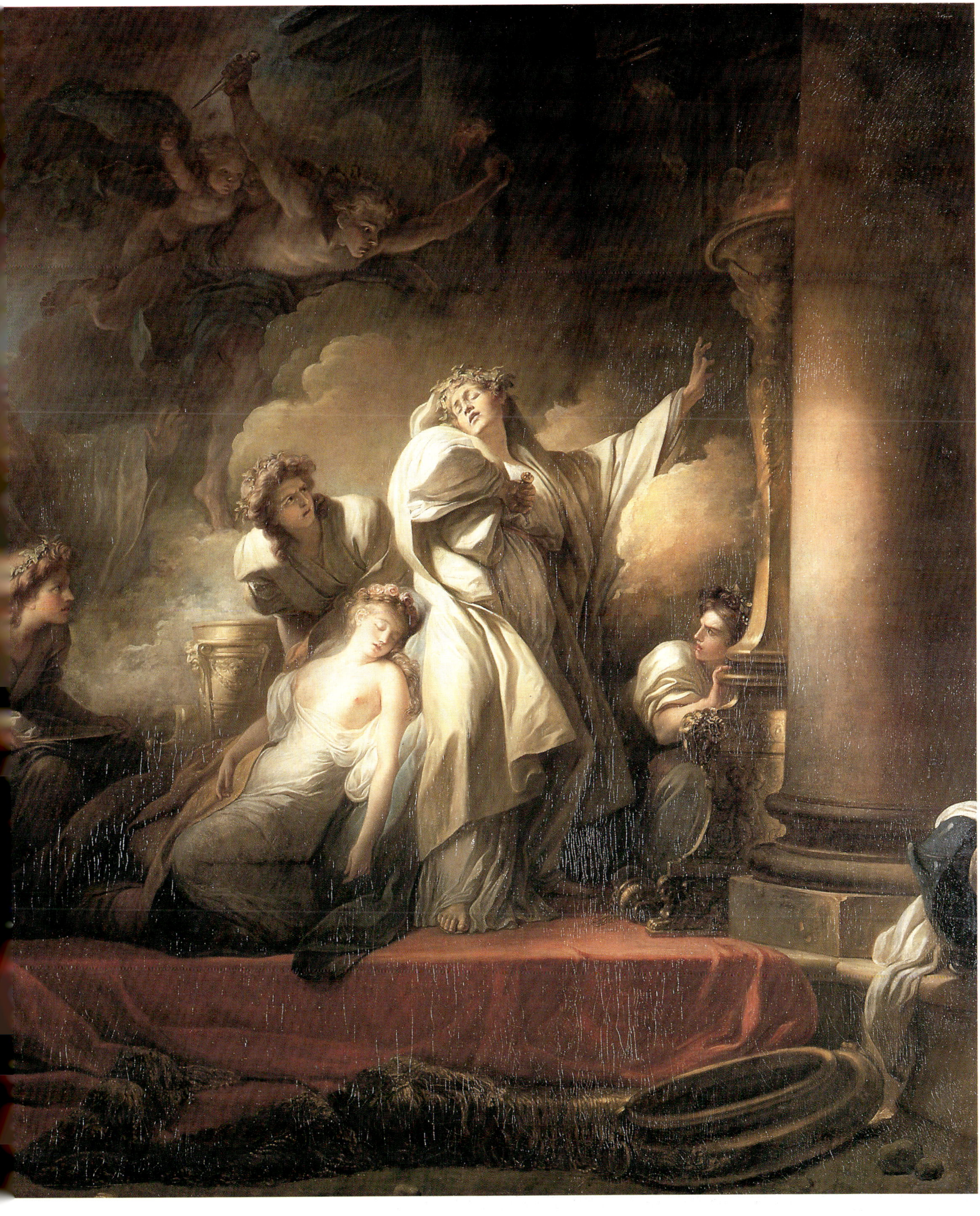

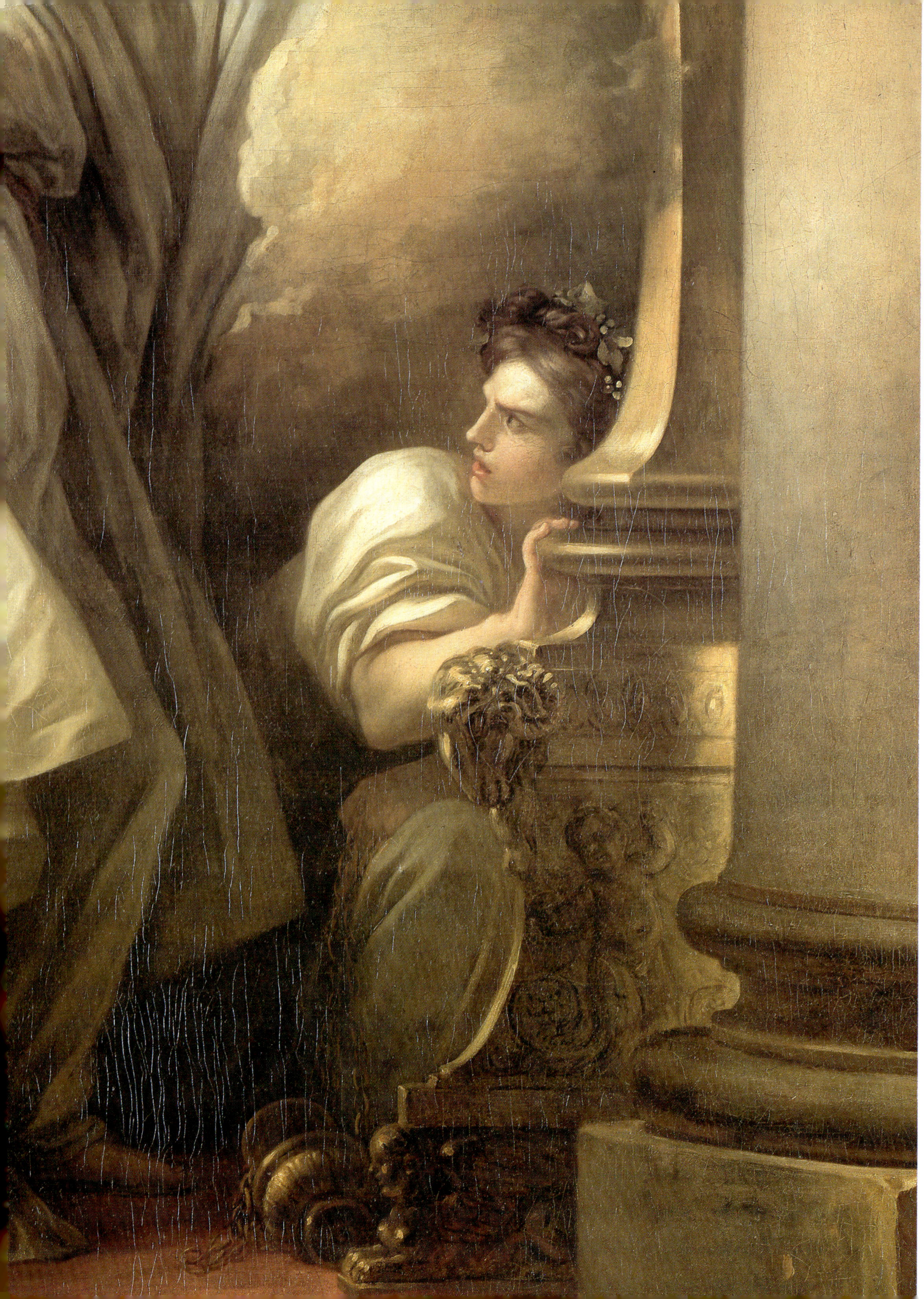

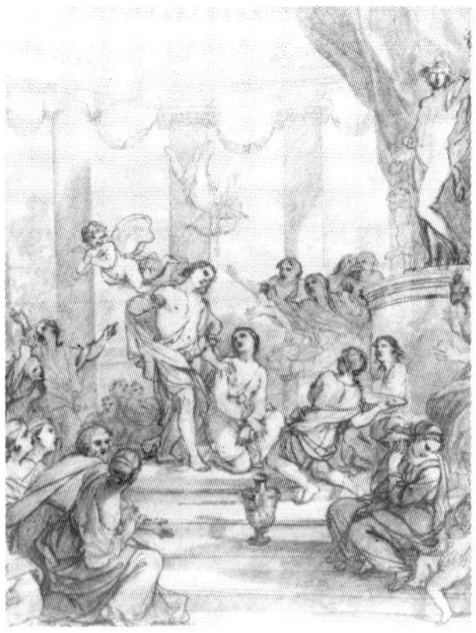

fig. 9. Natoire,
*Corésus et Callirhoé*,
Nice, musée Chéret

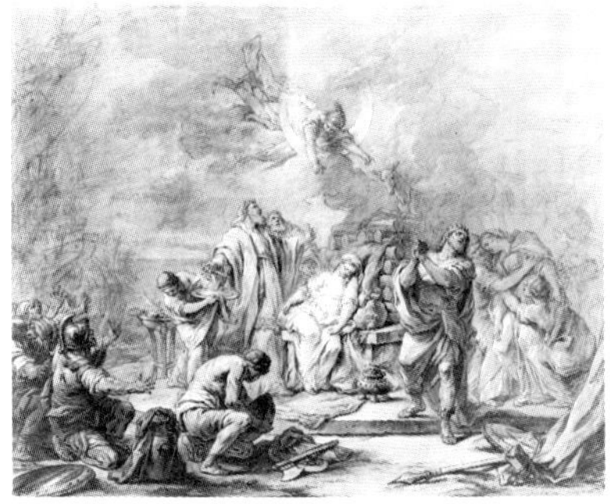

fig. 10. Carle Vanloo,
*Le sacrifice d'Iphigénie*,
New York, The Metropolitan Museum of Art

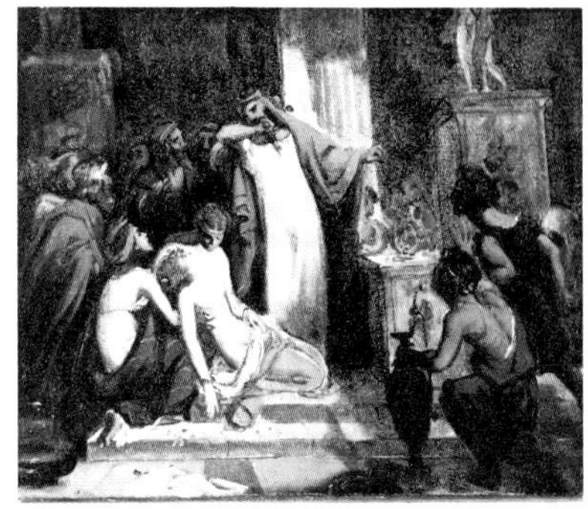

fig. 12. Richomme,
*Corésus et Callirhoé*,
Paris, École des Beaux-Arts

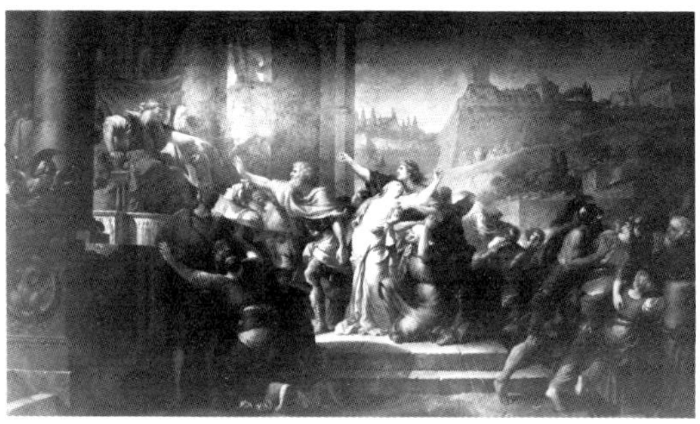

fig. 11. Doyen,
*La mort de Virginie*,
Parme, Pinacothèque

opéra de Destouches joué à plusieurs reprises au XVIII^e^ siècle. Elle n'avait tenté que peu d'artistes avant Fragonard : citons un dessin du Louvre attribué à Luca Giordano (Pigler, 1931) et une feuille de Natoire *(fig. 9* ; musée Chéret à Nice ; Vilain, 1975 et 1977*)*. On n'oubliera pas non plus le dessin de Boucher, la *Mort de Callirhoé* des ventes Randon de Boisset (1777) et Sireul (1781 ; Ananoff, 1966, n° 749). Mais c'est surtout le *Sacrifice d'Iphigénie* de Carle Vanloo — plus sans doute le grand dessin du Metropolitan Museum de New York *(fig. 10)* que le tableau de Potsdam achevé en 1757 alors que Fragonard était déjà en Italie — qui influença l'artiste. Et il ne nous surprendrait pas que ce soit Carle Vanloo qui ait conseillé au jeune Fragonard, à son retour d'Italie, de peindre *Corésus et Callirhoé* afin de s'imposer à Paris. On se souviendra encore que Doyen avait fait sensation au Salon de 1759 avec sa grande *Mort de Virginie* que Fragonard eut tout le loisir d'étudier à Paris en août 1761 *(fig. 11)*. Sans oublier le rôle du théâtre contemporain, comme l'a bien démontré Beth S. Wright (1986).

Le tableau de Fragonard ne fut jamais oublié. Les peintres s'en inspirèrent (pour nous limiter au sujet de *Corésus et Callirhoé*, citons, outre l'esquisse de Quimper mentionnée plus haut, celle de Richomme qui date de 1840, *fig. 12* ; voir Grunchec, 1986, p. 90, n° 43, ill. couleurs). Les commentateurs du Salon de 1767 regrettèrent que Fragonard n'y présentât rien de comparable. En 1785, l'auteur du *Discours sur l'état actuel de la peinture* reproche au peintre de *Callirhoé* de n'avoir « pas pris un vol plus élevé ». Au début du XIX^e^ siècle, alors que la condamnation du XVIII^e^ siècle et de Fragonard est générale, *Corésus* échappe à cette désaffection. L'œuvre « suffit pour placer son auteur au rang des premiers peintres de son siècle » (Gault de Saint-Germain, 1808, p. 232). « Mais il abandonne », écrit avec regret Landon (1808, p. 8), « les compositions nobles et les études sérieuses pour se vouer à des sujets d'un ordre inférieur... ». Depuis la redécouverte de Fragonard, le tableau embarrasse : sous les plumes les plus illustres, on sent l'admiration mais aussi la réserve : « effort louable mais unique » (Portalis, 1885, p. 482), « Rembrandt chez Ruggieri » (G. p. 261). Son caractère théâtral et mélodramatique n'est plus guère apprécié. Sam Francis résume l'opinion contemporaine : « ludicrous, insensitive. No emotion » (Schneider, 1971, p. 181). Que le « divin » Fragonard ait pu peindre un tableau d'histoire, une grande machine d'un pathétique éminemment artificiel serait la preuve de la nocivité et de la perversité du goût des « officiels » du temps. Nous avons dit plus haut ce qu'il fallait penser d'une telle analyse. Il est vrai que l'œuvre reste unique dans la production de Fragonard et qu'elle se distingue des tableaux d'histoire du temps. En quoi ?

La splendide analyse de Locquin (1912) n'a pas vieilli : « le sujet... non seulement est nouveau, mais c'est un grand drame d'amour...le sacrificateur, au lieu d'immoler celle qu'il aime et que l'oracle a désignée, se plonge le couteau dans la poitrine. La composition est conçue de manière à produire l'impression la plus forte. Aucun détail inutile. Le groupe tragique est ramassé entre deux colonnes. Un large souffle de poésie passe sur l'ensemble de la scène et en atténue l'horreur ». L'effroi « devient sublime ». Guère plus de dix ans après *Corésus et Callirhoé*, Fragonard tentera à nouveau de peindre les passions du cœur. Mais à l'Histoire, il préférera l'Allégorie.

Concluons sur Diderot (décrivant la partie haute du tableau) : « à travers les ténèbres, je vis planer un génie infernal, je le vis : des yeux hagards lui sortaient de la tête ; il tenait un poignard de la main ; de l'autre, il secouait une torche ardente ; il criait. C'était le Désespoir, et l'Amour, le redoutable Amour, était porté sur son dos ».

« Fragonard revient de Rome : *Corésus et Callirhoé* est son morceau de réception (en réalité d'agrément) : il le présenta il y a quelques mois à l'Académie qui reçut l'artiste par acclamation. C'est en effet une belle chose, et je ne crois pas qu'il y ait un peintre en Europe capable d'en imaginer autant ». Et laissons le dernier mot à Fréron *(L'année Littéraire*, 1765, p. 155*)* : « M. Fragonard a surtout l'avantage de ne paraître l'imitateur d'aucun grand peintre » !

# 105 Corésus et Callirhoé

T. H. 129 ; L. 188

Angers, musée des Beaux-Arts

**Provenance**
Coll. du marquis de Lassay (?) ; sa vente (« dont la majeure partie provient du célèbre Cabinet de M. le Marquis de Lassay »), 22 mai 1775, nº 102 ; vente Mercier, 1er octobre 1778, nº 15 : « le Sacrifice de Callirhoé, grande et superbe composition et première pensée du tableau du roi qui fait tant honneur à ce célèbre artiste... » ; coll. Pierre-Louis Éveillard, marquis de Livois (1736-1790) à Angers (cat. après décès par Pierre Sentout, 1791, nº 243). Considéré comme faisant partie du lot d'œuvres des héritiers Livois absents ou émigrés, et de ce fait saisi à la Révolution pour le musée d'Angers.

**Expositions**
Paris, 1921, nº 23, ill. ;
Genève, 1949, nº 75 ;
Besançon, 1956, nº 18 ;
Vienne, 1966, nº 27.

**Bibliographie**
G. p. 324 ;
Jouin, 1885, p. 21 ;
P. p. 49, 274 ;
N. p. 154 ;
Locquin, 1912, p. 237 note 1 ;
Recouvreur, 1932, pp. 247-257 ;
W. 221 fig. 110 ;
Thuillier, 1967, p. 26 ill. couleurs ;
W. et M. 233 (reproduit par erreur pl. XVII le nº 235).

**Œuvres en rapport**
Voir la notice précédente et le nº suivant.

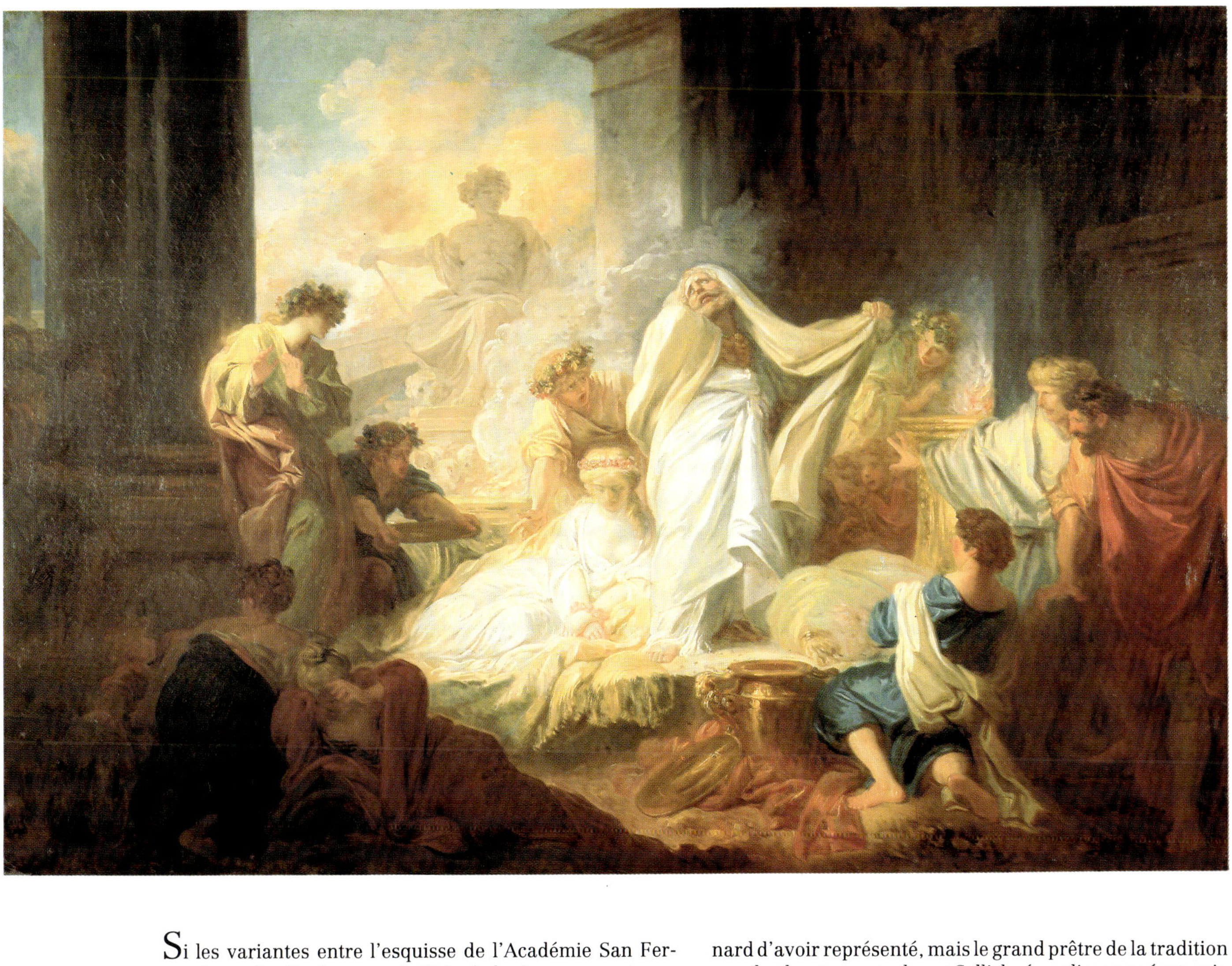

Si les variantes entre l'esquisse de l'Académie San Fernando et le *Corésus et Callirhoé* du Louvre sont peu significatives, elles sont par contre très importantes entre la grande esquisse d'Angers et les deux œuvres achevées. La malheureuse Callirhoé, les poignets liés par une guirlande de roses, baisse les yeux. Corésus n'est pas encore l'adolescent androgyne que Bachaumont reprochera à Fragonard d'avoir représenté, mais le grand prêtre de la tradition avec barbe et moustache, et Callirhoé ne glisse pas évanouie le long du terrible trépied du sacrifice. Certes, le moment décrit est le même, mais l'esquisse d'Angers n'a rien de la clarté de la toile du Louvre. La lumière du soleil qui, comme un coup de projecteur, frappe les héros du drame, les regards des sacrificateurs et des témoins qui assistent à la scène pétrifiés, pas plus que les figures allégoriques du désespoir (empruntées à l'Envie de la *Psyché* de Londres, n° 9) et de l'amour, aucune de ces magnifiques inventions n'est encore en place.

L'esquisse d'Angers a souffert : sans nul doute, Fragonard est revenu à plusieurs reprises sur sa composition. Elle n'est qu'une lointaine première pensée pour le tableau du Louvre et n'est pas dépourvue de maladresses. Les deux jeunes femmes au premier plan à gauche, l'enfant qui joue, rappellent les bambochades romaines peintes par Fragonard en 1758-60 alors que les drapés aux plis excessivement multipliés évoquent les études du temps de l'École royale des élèves protégés et de l'Académie de France à Rome (n[os] 11 et 12).

Citons Mariette (éd. 1853-54, II, p. 263) : « La timidité qui règne dans le caractère de cet artiste lui retient la main, et, jamais content de ses productions, il efface et revient sur lui-même... » !

# 106 Corésus et Callirhoé

H. 347 ; L. 465
Lavis brun et de bistre sur préparation à la pierre noire

New York, The Pierpont Morgan Library

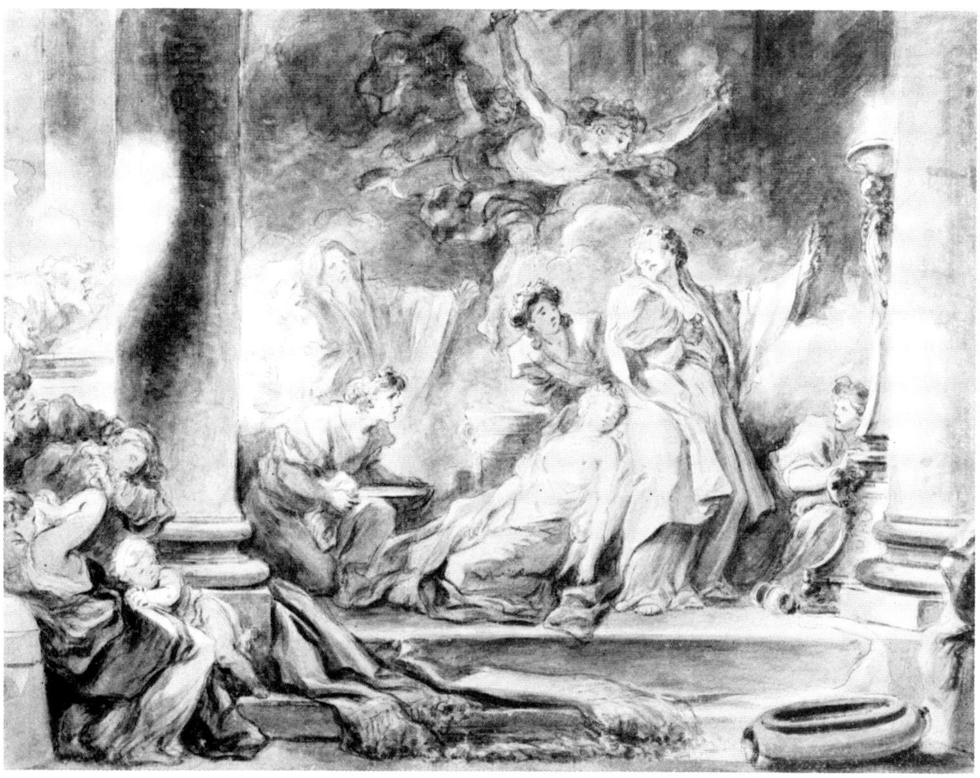

**Expositions**
Baltimore, 1959, n° 47, fig. p. 47 ;
New York, 1977, n° 87, fig. 89 ;
Washington, 1978, n° 18, ill. (avec liste complète des expositions).

**Bibliographie**
G. p. 324 ;
P. p. 297 ;
N. p. 51, ill. entre p. 50 et 51 ;
R. p. 148, 192 ;
A. 1714 fig. 433 ;
Massengale, 1979, p. 271.

**Œuvres en rapport**
Pour les tableaux, voir les deux numéros précédents. Voir aussi le n° 107.

Le A. 1716 (musée Borély à Marseille) ne revient pas à Fragonard (voir aussi A. 1715).

A la vente Le Breton (6-8 décembre 1921, n° 62, ill.), figurait, sous le titre de *Corésus et Callirhoé* (A. 667), un dessin montrant en réalité une scène de mariage, un jeune homme conduisant une jeune fille devant un prêtre !

Le dessin de la coll. Turpin de Crissé à Angers n'a rien à voir avec Fragonard (Recouvreur, 1932, p. 257, ill. et cat. 1933, p. 56, n° 19, fig.), pas plus que celui d'une vente du 3 mai 1913, n° 84 quater (ill.).

**Provenance**
Coll. Varanchan de Saint-Geniès, sa vente, 29-31 décembre 1777, n° 58 : « s'il y a plusieurs répétitions de cette belle composition qui a été gravée, on peut assurer que celle-ci est la mieux rendue ; hauteur 13 pouces ; largeur 17 pouces » (= 351 sur 474) ; coll. [Morel], sa vente, 19 avril 1786, n° 375 : « le dessin réunit l'avantage d'être le véritable parmi ceux que l'on connaît. Hauteur 16 pouces et demi, largeur 20 pouces et demi » (= 445 sur 551) (?). Coll. Maherault, sa vente, 27-29 mai 1880, n° 58 : « dessin pour le tableau qui est au Musée du Louvre. Estompe et crayon noir » (H. 33 ; L. 42 cm) (?). Coll. C. Fairfax Murray ; coll. J. Pierpont Morgan en 1910. Parfois associé, sans raison, à un dessin d'une vente [Huser] du 10 [13] décembre 1765, n° 269 : « un Grand-Prêtre à l'Autel, belle composition de plus de douze Figures dessiné avec esprit à la plume et au bistre par Fragonard, jeune Artiste nouvellement agréé sur un Tableau exposé au dernier Salon qui a eu tout le suffrage des connoisseurs ».

Eunice Williams estime, à juste titre à nos yeux, que le dessin de la Pierpont Morgan Library n'est pas une étude préparatoire pour *Corésus et Callirhoé,* mais une répétition autographe achevée, un souvenir *(record)* d'après le tableau. Massengale va plus loin, qui pense pouvoir dater, pour des raisons de style, le dessin newyorkais de 1769 environ. Un point est sûr : il n'y a pas de variantes notables entre le dessin et le tableau. Il est certain, d'autre part, qu'il existait au XVIIIe siècle — ce qui n'a rien pour étonner — d'autres études de Fragonard pour (ou d'après) *Corésus et Callirhoé :* les experts des ventes signalent « plusieurs répétitions » (voir rubrique *Œuvres en rapport*).

Fragonard ne préparait pas toujours, on pourrait même écrire qu'exceptionnellement, ses tableaux par des dessins : il préférait étudier la mise en page, le groupement des figures, les couleurs, grâce à des esquisses à l'huile. Le dessin de New York, le modello d'Angers (n° 105) sont l'illustration de cette méthode de travail bien particulière.

Grande page mélodramatique, le dessin de la Pierpont Morgan Library est aussi un exceptionnel document sur l'habileté technique de Fragonard et sur son goût pour les mises en scène théâtrales.

# 107 Le sacrifice au Minotaure

New York

H. 336 ; L. 442
Lavis de bistre, lavis gris et aquarelle sur préparation à la pierre noire

Coll. privée

**Provenance**
Vente Godefroy, 15 novembre (au lieu de 25 avril) 1785, n° 98 : « un sujet d'histoire représentant une jeune fille ôtant d'un vase des billets comme pour savoir son sort ; dessin lavé de bistre » ( ? ; A. 1645) ; coll. Bruun-Neergaard, sa vente, 30 août 1814, n° 127 : « jeunes hommes et jeunes Filles tirant au sort pour être livrés au minotaure. Morceau colorié et d'un bel effet. Haut. 10 p. ; larg. 16 p. » (= 270 sur 432 mm) ( ?). Coll. Guyard, « marchand de tableaux à Tours », sa vente, 26-28 novembre 1824 : « les Athéniennes tirant au sort » ( ?). Coll. Jacques Doucet, sa vente, Paris, 5 juin 1912, n° 16, ill. (48.500 francs) ; coll. E. M. Hodgkins, sa vente, Paris, 30 avril 1914, n° 25, ill. ; coll. Seymour de Ricci ; coll. Mortimer Schiff, New York ; coll. privée.

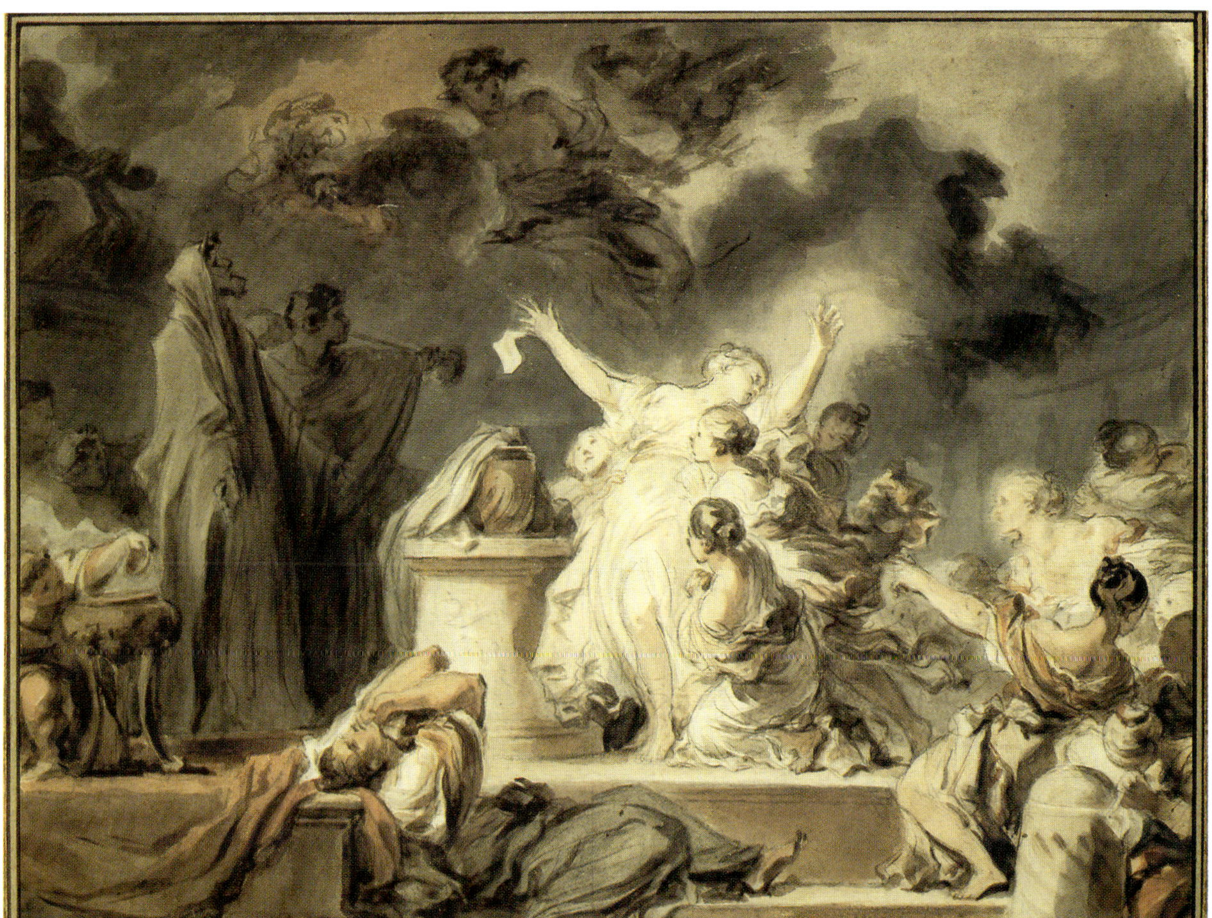

**Exposition**
Washington, 1978, n° 19, ill.

**Bibliographie**
G. p. 325 ;
R. p. 192 ;
A. 418 fig. 150 (voir aussi A. 416, 417 fig. 149 et 1645) ;
Rosenberg et van de Sandt, 1983, p. 81 et fig. 23.

**Œuvres en rapport**
A. catalogue quatre dessins de ce sujet (A. 416-418 et 1645). En dehors de celui que nous exposons ici, il n'en reproduit qu'un que nous n'avons jamais vu.

On connaît deux études à l'huile de ce sujet. L'une, très proche du dessin new-yorkais, provient des coll. Walferdin et Jacques Doucet *(fig. 1 ;* W. 217 pl. 26*)* et est conservée dans une coll. parisienne : son prêt nous en a été refusé ; l'autre, que nous n'avons pu retrouver, autrefois dans la coll. de Mme Jacques Doucet *(fig. 2 ;* W. 218 fig. 109*)*, est d'une composition fort différente, au point qu'on y a parfois vu un *Sacrifice d'Iphigénie.* Les deux œuvres sont de dimensions comparables : il est difficile de décider si elles (et laquelle) se confondent avec les tableaux des ventes Varanchan, 29-31 décembre 1777, n° 15 et anonyme, 8 juillet 1777, n° 31 (« Le sacrifice d'Iphigénie » ; « un Sacrifice »).

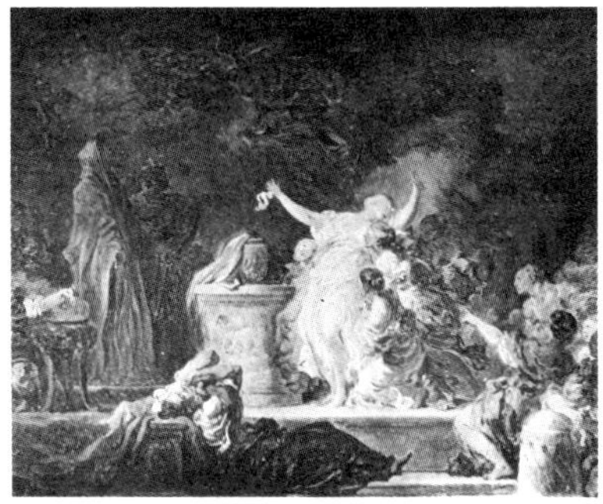

fig. 1. *Le sacrifice au Minotaure,* Paris, coll. privée

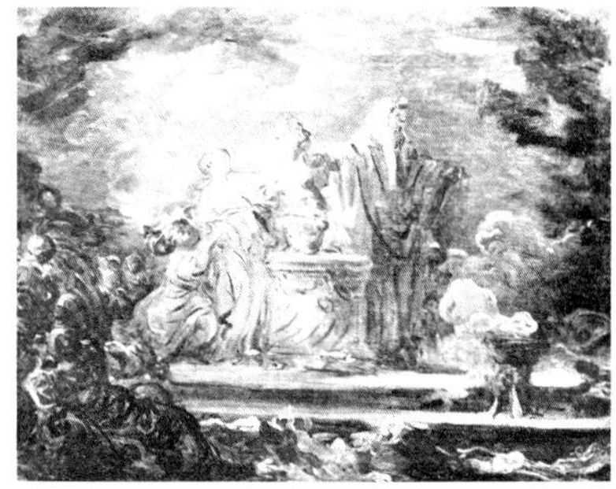

fig. 2. *Le sacrifice d'Iphigénie* (?), localisation actuelle inconnue

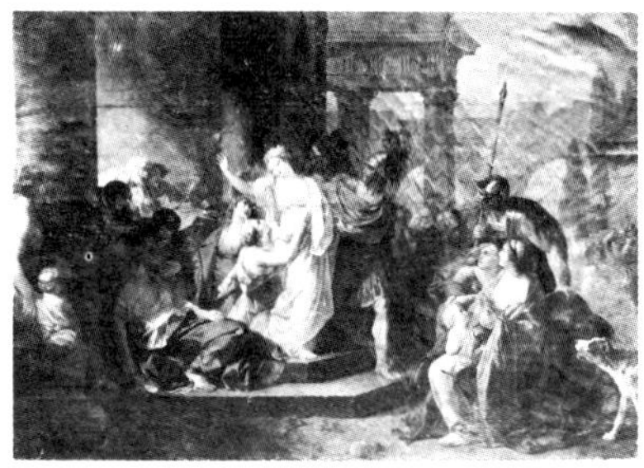

fig. 3. Ménageot, *Les adieux de Polyxène à Hécube,* musée de Chartres

Le dessin exposé et la splendide esquisse autrefois Jacques Doucet sont très proches. Eunice Williams (1978) n'a vraisemblablement pas tort quand elle voit dans le dessin, non pas une étude achevée pour le tableau mais sa copie aussi fidèle que magistrale. Aucune raison, par contre, ne s'oppose à nos yeux à reconnaître dans la scène le *Sacrifice au Minotaure,* en dépit des libertés prises avec la légende antique (absence de jeunes Athéniens au profit des seules athéniennes...). Fragonard est familier de ce genre d'inexactitudes, d'autant plus qu'en choisissant de peindre et de dessiner ce thème, il innovait.

On connaît le sujet tiré avant tout de Plutarque. Minos, roi de Crète, pour venger la mort de son fils, prit Athènes. Il accorda la paix à la ville à la condition que chaque année un certain nombre de jeunes gens soit livré au Minotaure. Nous assistons ici au tirage au sort des victimes désignées.

Pourquoi Fragonard choisit-il de peindre ce sujet ? On se souvient du triomphe de *Corésus et Callirhoé* (n° 104). Sur le conseil de Cochin, Marigny décida d'acquérir le tableau pour le roi afin de le faire tisser. Dès le 3 avril 1765, il lui en commanda un pendant (mentionné à nouveau dans la *Correspondance* les 5 et 8 août). Il n'est plus fait allusion à un pendant et aucun document du XVIIIe siècle ne permet d'affirmer en toute certitude que Fragonard avait retenu de peindre un *Sacrifice au Minotaure.* Mais la mise en page des esquisses et du dessin, la comparaison avec les différents *Corésus et Callirhoé* que nous exposons, entraînent l'adhésion.

Pourquoi Fragonard renonça-t-il à peindre son grand tableau ? Nous l'ignorons. Mais les lenteurs mises par l'administration à lui payer son *Corésus,* ne l'encouragèrent sûrement pas à mener à son terme la réalisation de son œuvre. En 1777, en tout cas, il y avait renoncé : à cette date, d'Angiviller, le successeur de Marigny, s'interroge dans une lettre au nouveau Premier peintre, Pierre, à propos des *Adieux de Polyxène à Hécube* de Ménageot *(fig. 3 ;* musée de Chartres*)* : « Ce tableau qui est fort beau, me paraitrait fort propre à faire pendant à celui de M. Fragonard et servir à la Manufacture royale des Gobelins qui a grand besoin d'être renouvelée en sujets neufs et en tableaux » (Furcy-Raynaud, 1905, XXI, p. 162 et Willk-Brocard, 1976, p. 62).
Le dessin exposé est d'une exceptionnelle fraîcheur, d'une exceptionnelle maîtrise : la lumière frappe la malheureuse victime du tirage au sort qui lâche le billet fatal et tombe évanouie. Au premier plan — un morceau particulièrement bien venu sur l'esquisse — sa mère se tord de douleur. Comme sur *Corésus,* l'attention des spectateurs comme la nôtre, est ramassée sur l'instant où se décide le destin de la jeune fille. Fragonard veut décrire les émotions au moment de la tension la plus forte du drame.

# 108 L'absence des pères et mères mise à profit *dit aussi* La famille du fermier

T. H. 50 ; L. 60,5

Paris Leningrad, musée de l'Ermitage

**Provenance**
« L'un des morceaux d'agrément à l'Académie » (Le Brun dans vente Lambert et Porail de 1787) ; coll. Jacques-Onésyme Bergeret de Grancourt (1715-1785), en 1770, à en croire la lettre de la gravure de Beauvarlet ; vente Lambert et [Porail], 27 mars 1787, n° 222 (1.830 livres) ; vente du docteur Cochu, 21 février 1799, n° 17 (395 livres) ; coll. de la reine Hortense de Beauharnais (1783-1837), fille de Joséphine, épouse de Louis, roi de Hollande, duchesse de Saint-Leu et mère de Napoléon III ; acquis en 1829 par Nicolas Ier de Russie ; musée de l'Ermitage.

**Expositions**
(pour une liste complète, voir cat. Ermitage, 1985, p. 91)
Salon, 1765, H. C. ;
Tokyo, 1980, n° 40, ill. ;
Paris, 1984, n° 56, ill. (figure au cat. mais ne fut pas présenté).

**Bibliographie**
Pour une liste complète des critiques du Salon de 1765, voir Volle dans cat. exp. *Diderot,* 1984, p. 214.
Landon, 1808, p. 9 ;
Blanc, 1862, p. 7 ;
G. p. 331 ;
P. p. 54, 115, 122, 269, 279 ;
N. p. 54, 82, 132, ill. entre p. 132 et 133 ;
Réau, 1928, n° 101 ;
R. p. 152 ;
Sterling, 1957, p. 218 ;

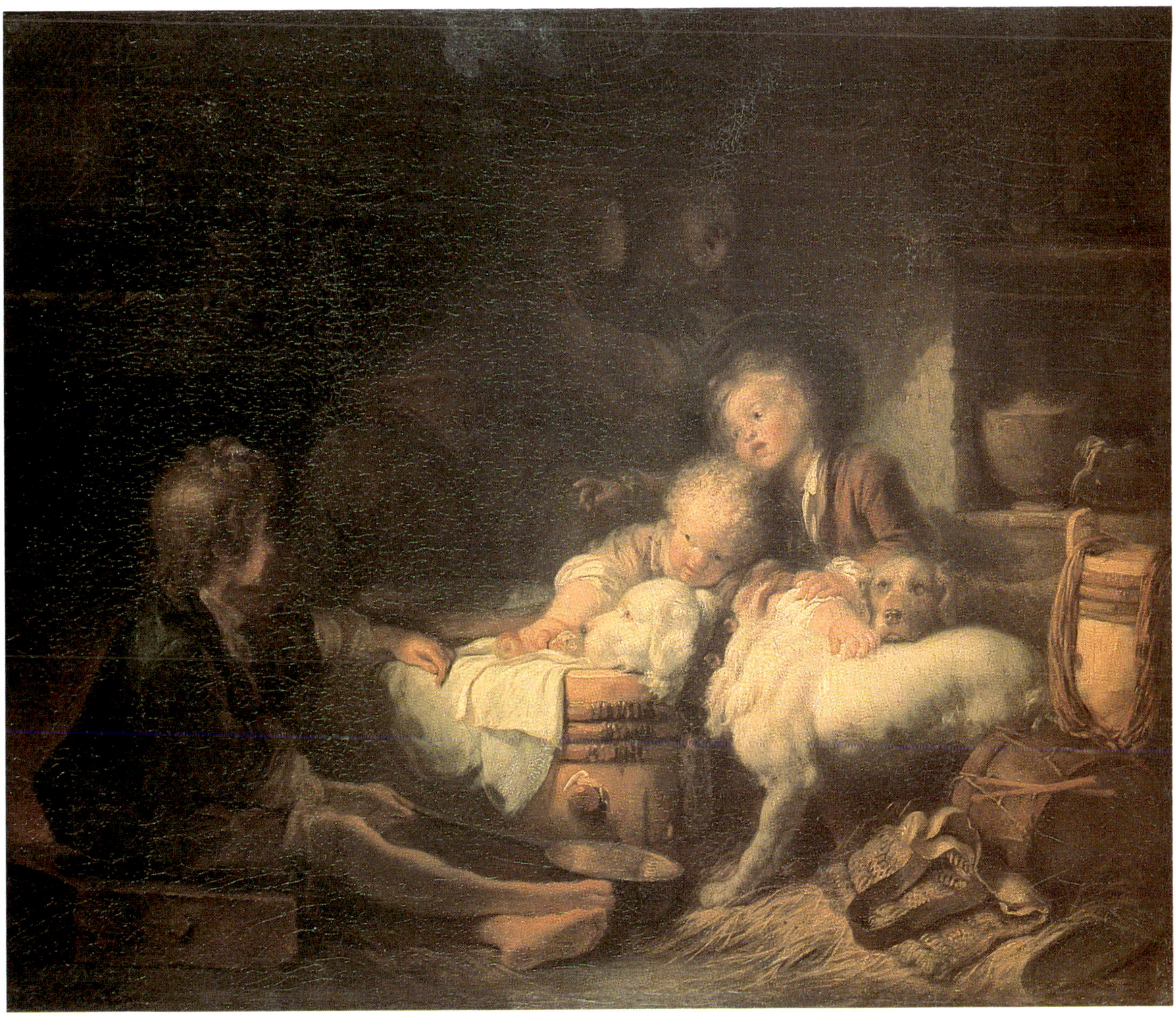

W. 226 pl. 30 et p. 25 éd. française ;
Seznec et Adhémar, 1960, II, p. 43, pl. 72 ;
W. et M. 237, ill. ;
Seznec, 1979, p. 43, fig. 62 ;
Bukdahl, 1980, I, p. 203 et 387 ;
Cat. Ermitage (Nemilova), 1985, n° 47, ill. (avec bibliographie détaillée).

**Œuvres en rapport**

Une étude de Fragonard, ovale sur chêne (*fig. 1* ; H. 56 ; L. 46), pour l'adolescente qui se défend à l'arrière plan du tableau de l'Ermitage, est conservée au musée d'Amiens (W. 227 fig. 113).

Le tableau a été gravé en contre-partie, en 1770, par J. F. Beauvarlet sous le titre *La Famille du Fermier* (Roux, 1933, II, p. 24, n° 74 ; nous reproduisons un état avant la lettre ; *fig. 2*). Il l'a été à nouveau par C. P. Marillier, terminé au burin par A. Romanet (P. p. 326, n$^{os}$ 83 et 82), par Podokinsky et a été lithographié par H. Robillard.

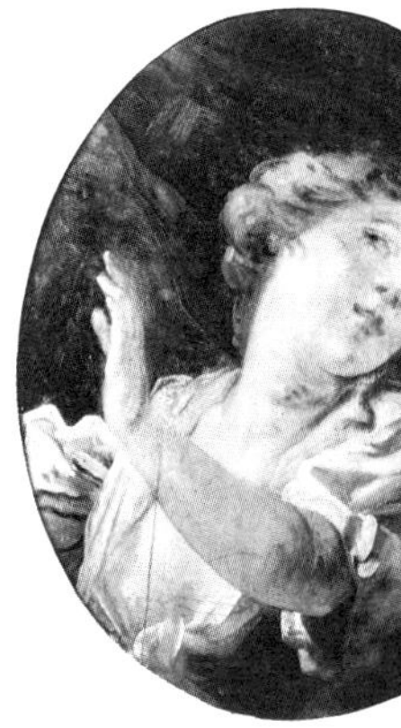

fig. 1. *La résistance*, Amiens, musée de Picardie

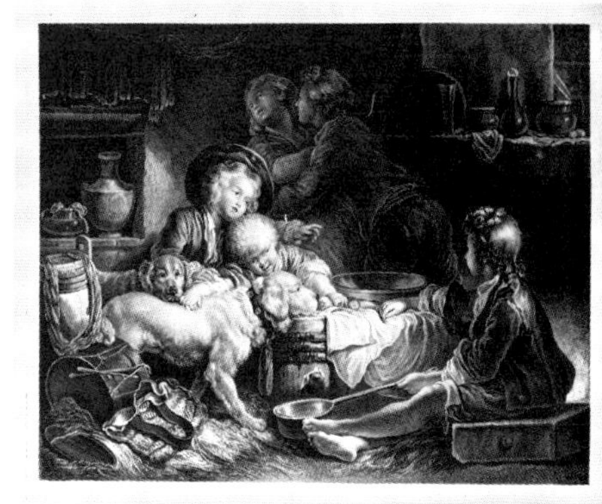

fig. 2. Beauvarlet d'après Fragonard *La famille du fermier*, Paris, Bibliothèque Nationale, Cabinet des estampes

L'expert (et ami de Fragonard) Le Brun (vente 1787) nous le confirme, « L'absence des pères et mères mise à profit » (nous empruntons le titre de l'œuvre à Diderot) fit partie des tableaux que Fragonard présenta à l'Académie en mars 1765 afin d'être agréé. On se souvient (n° 104) qu'il fut admis « tout d'une voix ». Le tableau n'est pas catalogué dans le livret du Salon. « Il n'a été exposé... que tard›› précise Diderot. Nous en ignorons la raison.

Les critiques du Salon ne s'étendent guère sur ce tableau « dans le genre rustique », bien moins — ce qui ne surprendra pas — que sur le *Corésus*. Ils en apprécient le « ton de couleur très vrai », le seul « progrès » qui restait encore à faire à l'artiste. Seul, Mathon de la Cour lui reproche les « figures... d'un ton olivâtre. L'auteur a cherché l'effet ; mais il serait à souhaiter qu'il ne lui eût pas sacrifié la vérité ». Le commentaire de Diderot est, bien entendu, le plus intéressant : « C'est un bon petit tableau... Le sujet est joliment imaginé ».

Réunis dans une chaumière, trois enfants jouent avec deux bons chiens de ferme. Le plus jeune tente de donner à manger à l'un d'eux des pommes. Dans le fond, on « discerne à peine » écrit Diderot — et l'épais vernis qui jaunit le tableau ne nous aide pas à mieux la déchiffrer — « la partie la plus intéressante du sujet, le petit voisin qui violente la petite voisine » et explique le titre du tableau.

L'œuvre est de même taille que l'*Enjeu perdu* (n° 18) et en est la prolongation directe. Mais nous ne pensons pas qu'elle ait été peinte avant 1761 en Italie. Quand il mentionne Greuze et Loutherbourg pour constater que leurs chiens, à l'inverse de ceux de Fragonard, « sont les vrais », Diderot reconnaît la dette de celui-ci à l'égard de ces deux artistes, les autres triomphateurs du Salon de 1765. Fragonard, du premier surtout, tente ici non seulement d'imiter les sujets, mais encore l'esprit mêlant l'attendrissant au pittoresque. Seul le morceau du voisin qui tente d'embrasser la grande fillette, profitant de ce que ses petits frères ne regardent pas, trahit Fragonard. Toujours, il aimera peindre les jeunes gens à l'âge où leurs sens s'éveillent. Mais dorénavant il placera la scène en plein jour.

# IV

# 1766-1770
# Fragonard entre le vice et la vertu

En 1765, Fragonard avait triomphé au Salon. Son avenir paraissait assuré. En quelques années, le peintre, auquel s'ouvrait pourtant une prometteuse carrière officielle, « se contente[ra] de briller... dans les boudoirs et dans les gardes-robes » (Bachaumont, 1769). Quelles sont les raisons de ce revirement ?

Durant cette période, la vie privée de Fragonard reste pour nous toujours aussi mystérieuse. Il habite maintenant le Louvre. Un critique, une nouvelle fois, mentionne sa modestie (1767). Un autre (Bachaumont) en 1769, relève son « appas du gain », un reproche qu'il ne sera pas seul à adresser à l'artiste. Sur sa vie sentimentale, à laquelle tant de critiques et d'écrivains ont depuis 1850 accordé tant de place, lui prêtant pour maîtresses toutes les danseuses du temps et toutes les protégées du roi, aucune allusion contemporaine. Seul, Bachaumont — médisant mais bien informé — écrit le 6 septembre 1767, la date est à retenir : « pourquoi M. Fragonard sur lequel on avait fondé de si grandes espérances au Salon dernier, dont les talents s'étaient annoncés avec un fracas bien flatteur pour son amour-propre, s'est-il arrêté tout à coup ? Les délices de Capoue l'auraient-ils amolli ? ». Les mêmes « délices », quelques années auparavant, avaient tari la veine créatrice de Doyen, amoureux fou d'une actrice célèbre, Mlle Hus. Fragonard, à son tour, s'interroge Bachaumont, se fera-t-il à nouveau un jour remarquer par un coup de tonnerre, comme Doyen venait d'y réussir avec son *Miracle des ardents (fig. 1),* le tableau le plus admiré du Salon de 1767 ?

Toujours durant la même période, Fragonard accepte plusieurs élèves : en 1767, Jean-François Martin, de Cahors, l'année suivante, un Parisien de seize ans, Louis André Dalbeau. Une jeune Grassoise lui demande quelques conseils. Née en 1745, Marie-Anne Gérard, « l'aînée des douze enfants d'une famille de distillateurs de Grasse » (les Goncourt, qui reconnaissent tenir leurs informations de Théophile, le petit-fils de Jean-Honoré), en fait des parfumeurs, avait été envoyée à Paris pour gagner sa vie. Placée chez un confrère de son père du nom d'Isnard, elle semblait avoir plus de goût pour la miniature et peignait des éventails. C'est ainsi qu'elle rencontra Fragonard. Un contrat de mariage est signé le 21 septembre 1768, donc guère plus d'un an après les indiscrétions de Bachaumont. Les bans sont publiés le 21 mai de l'année suivante, à Saint-Germain l'Auxerrois, la paroisse du peintre, et le mariage célébré le 2 septembre 1769 à Saint-Lambert de Vaugirard. Pourquoi ce mariage aux portes de Paris ? Nous l'ignorons. En tout cas, le 16 (et non le 9) décembre, naissait Henriette-Rosalie, baptisée le lendemain à Saint-Eustache.

Qu'on nous permette deux brèves remarques : la copie inédite de l'acte de naissance que nous avons pu consulter nous apprend qu'au baptême de sa fille le « père est déclaré absent ». Quelles raisons majeures peuvent bien justifier cette étrange absence ? En 1806, à la mort de son mari, dans l'acte de la liquidation des biens entre la mère et le fils, le 10 octobre 1806, Marie-Anne déclare avoir épousé Jean-

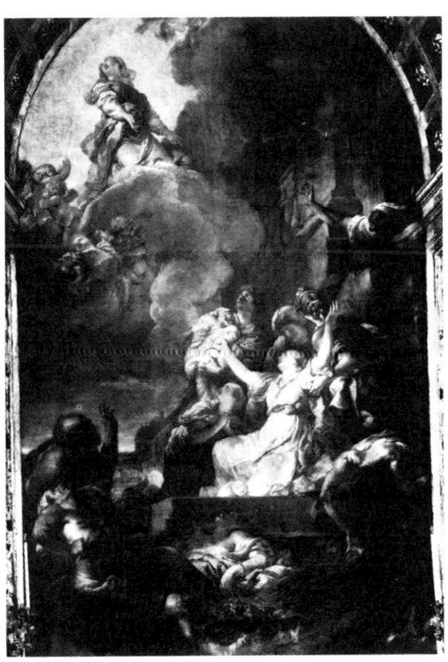

fig. 1. Doyen,
*Le miracle des Ardents*,
Paris, église Saint Roch

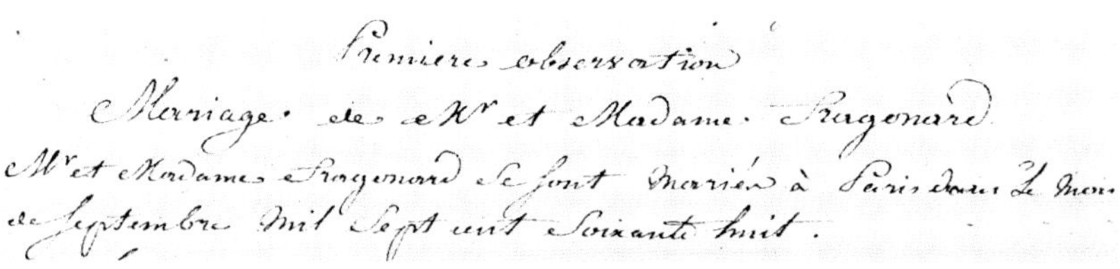
Première observation
Mariage de Mr et Madame Fragonard
Mr et Madame Fragonard se sont mariés à Paris dans le mois de septembre mil sept cent soixante huit.

fig. 2. Extrait de la liquidation de la communauté de biens entre Madame veuve Fragonard et son fils Évariste, Paris, Minutier central

Honoré en 1768 *(fig. 2)*. Sur son mariage hâtif, Mme Fragonard ne souhaitait pas, semble-t-il, attirer l'attention.

Nous rencontrerons à plusieurs occasions Mme Fragonard dont nous exposons deux portraits (n^os^ 291 et 292) qui confirment qu'elle n'était point belle. Mais rien n'indique que le ménage n'était pas uni. « C'est ma caissière » disait, en parlant d'elle, son mari (toujours selon les Goncourt et toujours selon Théophile). Plus sévère, et dans les premières années de l'Empire, un biographe que nous pensons être Camille Vernet, la sœur aînée d'Horace, née en 1788, la future Mme Hippolyte Lecomte (P. p. 242 et H. Delaroche Vernet, 1923, p. 224), nous la décrit : « bien grande, bien épaisse, bien commune surtout était Mme Fragonard. Et quel goût. Elle gâtait le peu de charmes qui avaient survécu à sa jeunesse par les désaccords de toilette les plus extravagants... Elle avait rapporté de Grasse... un accent horriblement prononcé... »

La *vertu*, ce sont les commandes officielles qui se multiplient à partir de 1765 : il y a d'abord la commande de Cochin et de Marigny d'un pendant au *Corésus et Callirhoé*. Il y a ensuite le morceau de réception, un des plafonds de la galerie d'Apollon au Louvre, puis, pour le château de Bellevue, la commande de deux dessus-de-portes pour le Salon des Jeux, « *Le Jour*, représenté par Apollon sur son char, précédé par l'Aurore qui répand des fleurs et suivy par les Heures », « *La Nuit*, représentée par Diane sur son char traîné par des biches, précédée de la Nuit qui étend son voile parsemé d'étoiles et suivie par des Songes » ; enfin celle pour Versailles, en collaboration avec le jeune J. B. Huet, de quatre tableaux pour la salle à manger du roi.

De tout cela, rien qui ait été mené à terme. Examinons les raisons : l'État, alors, était lent à payer et souvent ses caisses étaient vides. Le dernier paiement du *Corésus* ne fut versé que le 1^er^ janvier 1773. Fragonard aimait l'argent et en gagna beaucoup. L'État, qui lui apportait le prestige, n'assurait pas le quotidien. Il y a enfin la commande de Louveciennes : à plusieurs occasions, nous le dirons, Fragonard prit prétexte des travaux qu'il achevait pour la du Barry pour excuser ses retards. Il y a aussi la mort de Louis XV en 1774 et le remplacement de Marigny par d'Angiviller qui dégagea Fragonard de ses promesses. Mais ces raisons ne nous paraissent pas satisfaisantes : ces commandes officielles, ces dessus-de-portes et ces plafonds, ces décors convenaient-ils au génie de Fragonard ? Certes, il en tenta l'expérience : des débris, des mentions de vente, ce « sujet allégorique de la Nuit qui étend ses voiles » d'une vente du 8 juillet 1793, n° 17, par exemple, le *Triomphe de Vénus* de Besançon *(fig. 3)* en témoignent. Mais s'il ne mena à bien aucun de ces projets, s'il s'arrêta toujours en chemin, c'est que rapidement, il se rendit compte qu'il n'était pas l'homme de la situation, soit que son éducation artistique ait été insuffisante, soit que son tempérament impatient qui le portait aux tableaux de petit format rapidement brossés, ne lui permettait pas, sans décevoir, de réaliser des œuvres qui demandaient réflexion et lenteur.

Deux exemples *a contrario* nous paraissent confirmer cette interprétation : au Salon de 1767 (dont il avait retiré en raison de « sa

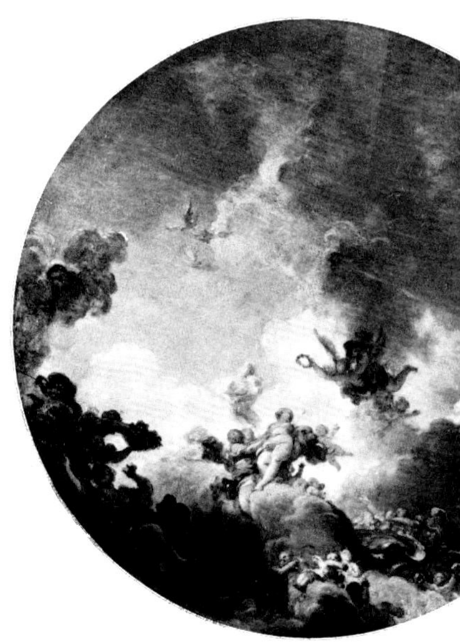

fig. 3. *Le triomphe de Vénus*, Besançon, musée des Beaux-Arts

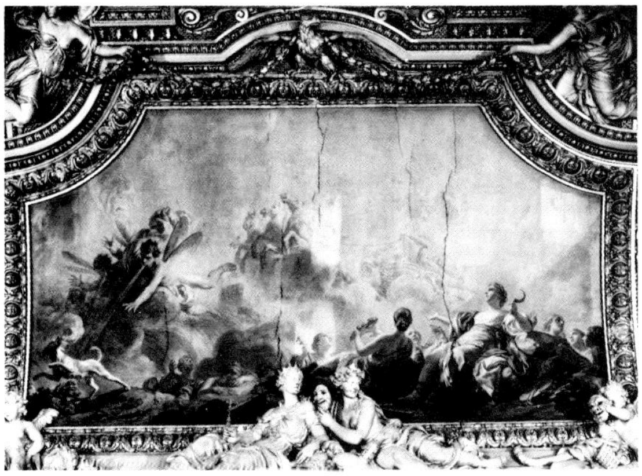

fig. 4. Durameau,
*L'Été ou Cérès et ses compagnes implorant le Soleil*,
Paris, musée du Louvre (galerie d'Apollon)

délicatesse trop scrupuleuse» deux grands tableaux!), Fragonard exposait l'*Essaim d'amours* du Louvre (n° 109), la fameuse «omelette d'enfants» de Diderot. Diderot (qui le compare à Taraval, le compagnon de voyage de Saint-Non!) ne fut pas le seul à se montrer sévère. Tentative mal comprise, Fragonard tira les leçons de son échec: il n'aborderait plus le grand genre, il ne serait pas peintre d'histoire. Une commande à ce jour inédite et dont nous devons la connaissance à Monique Mosser (voir aussi cat. exp. *De Wailly,* Paris, 1979, p. 44) n'eut pas plus de succès: le 4 avril 1767, l'architecte de Wailly nous apprend que «Fragonard commencera lundi prochain à peindre» un plafond pour la salle à manger de la Chancellerie d'Orléans, rue des Bons-Enfants, ordonné par Marc-René, marquis de Voyer (1722-1782), fils du célèbre comte d'Argenson, chancelier d'Orléans et Secrétaire d'État à la Guerre. Fragonard n'était pas le seul à travailler pour l'hôtel: Durameau qui, pour morceau de réception avait reçu, comme Jean-Honoré, l'ordre de peindre un plafond de la galerie d'Apollon qu'il achèvera en 1774 *(fig. 4)* alors que Fragonard sera dispensé en 1776 de réaliser le sien, Durameau donc avait lui aussi reçu la commande d'un plafond *(fig. 5* et *6).* Le 5 juin 1769, «les plafonds sont faits»: «vous ne serez peut-être pas aussi content du plafond de Fragonard que de celui de Durameau qui réunit tous les suffrages». On connaît le triste sort de l'hôtel d'Argenson démoli en 1916 par la Banque de France. Les décors peints sont déposés dans un garde-meubles d'Asnières: le *Lever de l'Aurore* est conservé, celui de Fragonard n'a pas été retrouvé. Gageons que de Wailly avait bien jugé.

Venons-en au *vice*... Certes ce n'est pas à la *Tête de vieillard* exposée au Salon de 1767 (voir p. 202 *fig. 1*), qui ne plut guère, que convient cette définition. Parmi d'autres ouvrages de ce type, elle témoigne de l'admiration de Fragonard pour Rembrandt et de son exemplarité. Nous ne songeons pas non plus à la requête du 20 octobre 1767, adressée à Marigny. Fragonard souhaitait «faire des études dans la Gallerie *(sic)* du Luxembourg». Il fallut l'autorité du surintendant pour que «la clef» lui soit «confiée». L'intéressant est que Fragonard n'est pas seul à solliciter cette faveur: Baudouin, le gendre de Boucher, spécialiste de gouaches galantes et licencieuses, l'accompagne.

Le diable pointe l'oreille...

Mais c'est bien entendu la commande des *Hasards heureux de l'Escarpolette (fig. 7* et *8)* qui confirme le nouveau choix de Fragonard.

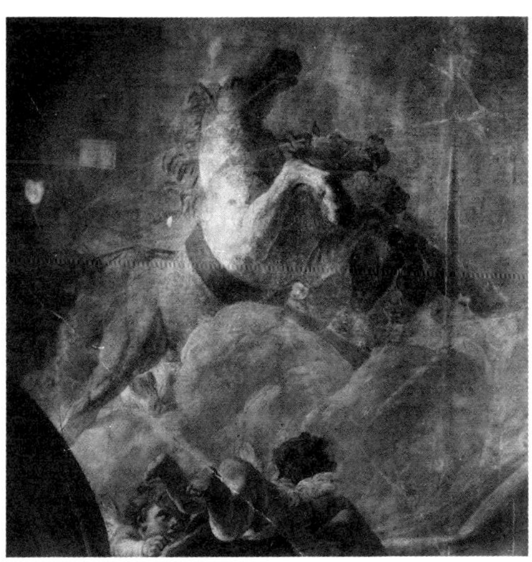

fig. 5. Durameau,
*Le lever de l'Aurore* (détail),
coll. de la Banque de France

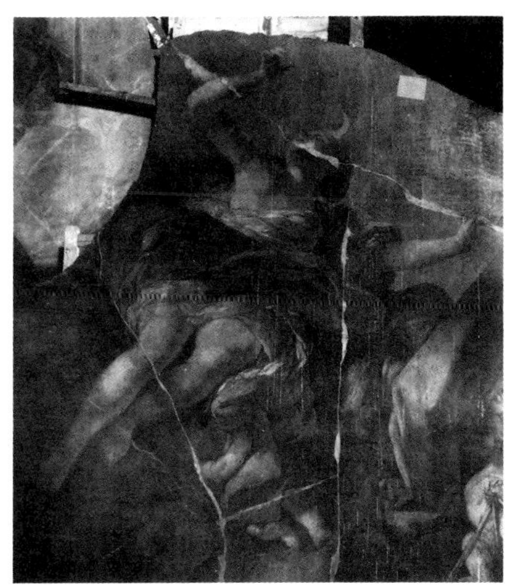

fig. 6. Durameau,
*Le lever de l'Aurore* (détail),
coll. de la Banque de France

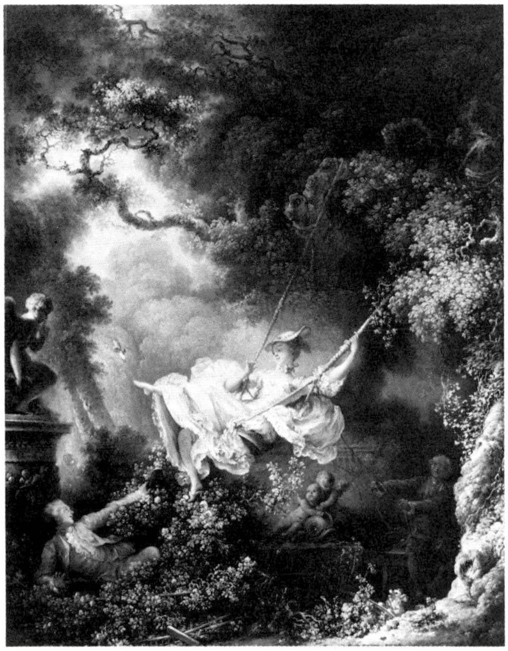

fig. 7. *Les hasards heureux de l'escarpolette*, Londres, collection Wallace

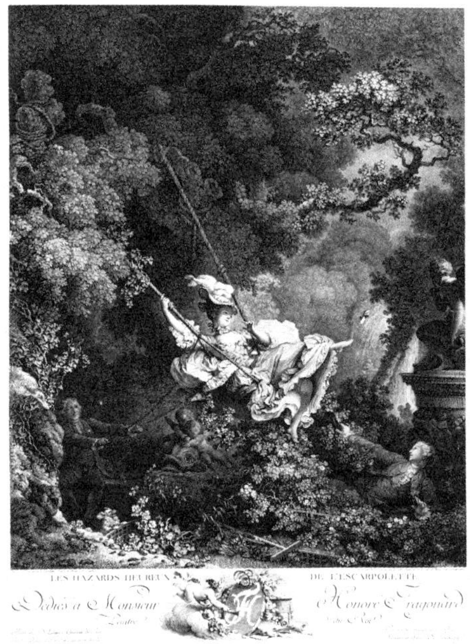

fig. 8. N. Delaunay, «*Les hazards heureux de l'escarpolette*», Paris, Bibliothèque Nationale, Cabinet des estampes

On sait que le tableau, un des plus reproduits de tout le XVIII$^{e}$ siècle, ne peut quitter les murs de la collection Wallace de par la volonté du donateur. On connaît aussi les circonstances de la commande, rapportées par Collé dans ses *Mémoires* (Paris, 1868, III, p. 165 et suivantes): «je suis revenu à Paris, le 1$^{er}$ de ce mois (octobre). Le lendemain de mon arrivée je rencontrai M. Doyen, peintre, dont un tableau dans le grand genre, vient d'être exposé dans le Salon du mois d'août dernier *(fig. 1)*, et il a remporté le prix... Croiroit-on, me disoit ce peintre, que peu de jours après l'exposition de mon tableau au Salon, un homme de la Cour m'a envoyé chercher pour m'en commander un dans le genre que je vais vous dire ?... Je désirerois, continua-t-il, que vous peignissiez madame (en me montrant sa maîtresse) sur une escarpolette qu'un évêque mettrait en branle. Vous me placerez de façon, moi, que je sois à portée de voir les jambes de cette belle enfant et mieux même...» Doyen est «pétrifié»! «Comme j'étois bien éloigné de vouloir traiter un pareil sujet, si opposé au genre dans lequel je travaille, j'ai adressé ce seigneur à M. Fagonat *(sic)* qui l'a entrepris et qui fait actuellement cet ouvrage singulier».

Si nous ignorons les noms de l'« évêque » et de la « maîtresse », nous savons celui du commanditaire, le baron de Saint-Julien, receveur du clergé de France, qui aima Fragonard, dont il posséda plusieurs tableaux importants n$^{os}$ 5 et 6), mais aussi Chardin, sur qui il écrivit. Nous connaissons surtout le tableau, ce triomphe vert et bleu de la forêt trouée de la tâche rose d'une robe et d'une pantoufle. Que nous sommes loin des boudoirs graveleux de Baudouin ! Tableau unique, l'*Escarpolette* mêle à la vision panthéiste de la nature tout le bonheur de vivre d'un siècle.

Nous avons exposé les faits: les «délices de Capoue» de 1767 faisaient-elles allusion aux proches fiançailles de Fragonard ? Absent au baptême de sa fille Henriette-Rosalie en 1769, Fragonard était-il à cette date en Hollande ?

1765, *Corésus*, 1767, l'*Escarpolette*, 1769, les *Figures de fantaisie* : le chemin parcouru, l'ambition sont immenses. Le 30 mai 1770, meurt Boucher. Fragonard saura-t-il, voudra-t-il prendre sa place ?

**1766**

24 mai
Fragonard touche un second acompte, cette fois de 600 livres, pour le *Corésus* sur une ordonnance du 13 mai (enregistré le 21 mai, *Registres du Louvre, Paiements,* 1762-1785, Bibliothèque du Louvre, Réserve, 8, fol. 61).

31 mai
Fragonard et Durameau « seront chargés, pour leur réception [à l'Académie] de peindre chacun un des plafonds qui restent à faire pour achever la décoration de la Galerie d'Apollon qui a été accordée à l'Académie » *(Procès-Verbaux,* VII, p. 331*)*.

*15 juillet*
*Cochin propose à Marigny un projet de distribution des tableaux pour le château de Bellevue : « dans le salon des Jeux, il y a deux dessus de porte, que j'ay l'honneur de vous proposer de donner à M. Fragonard. Les sujets proposés du Jour* et de la *Nuit* avec leurs emblêmes poëtiques, fournissent à son génie pittoresque... » (Furcy-Raynaud, 1904, p. 51 ; Engerand, 1901, pp. 246-247 et note 1).

On sait, par la liste des *Tableaux pour les appartements du château de Bellevue* (Furcy-Raynaud, p. 53) quels en étaient les sujets : « SALON DES JEUX, Deux dessus de porte :
M. Fragonard. Il promet d'y travailler tout à l'heure. *Le Jour,* représenté par *Apollon sur son char précédé par l'Aurore qui répand des fleurs et suivy par les Heures.*
*La Nuit,* représentée par *Diane sur son char traîné par des biches, précédée de la Nuit qui étend son voile parsemé d'étoiles et suivie par des Songes.* »

Les œuvres semblent n'avoir jamais été exécutées (voir 23 décembre 1771 et 29 mars 1773).

15 septembre
Annonce dans *L'Avant-coureur* (n° 37, pp. 577-578) de la gravure de Charpentier, la *Culbute* d'après Fragonard : « composition piquante et pittoresque » *(fig. 1)*.

20 décembre
Dans une lettre à Marigny, Cochin commente un projet de concours sous forme d'une loterie où : « ni les Boucher, ni les Pierre, ni les Vien, etc... ne seroient tentés de hazarder leur réputation à de pareils essais. Ce ne seroit cependant pas une raison pour rejetter entièrement le projet, puisque les jeunes artistes, les Fragonard, les Durameau, Taraval et autres, en pourroient profiter ; mais il se rencontre une autre petite difficulté : quel usage feront de leur tableau ceux qui n'auront pas de prix ? C'est de quoy en arrêter beaucoup » (Furcy-Raynaud, p. 97).

A Rome, Longsing copie *L'enjeu perdu* de Fragonard qui appartenait au marquis de Breteuil *(cat. 18 fig. 3)*.

Saint-Non grave deux *Ronde d'amours (cat. 109 fig. 2* et *4)* et les *Jardins de la villa d'Este* (n° 14).

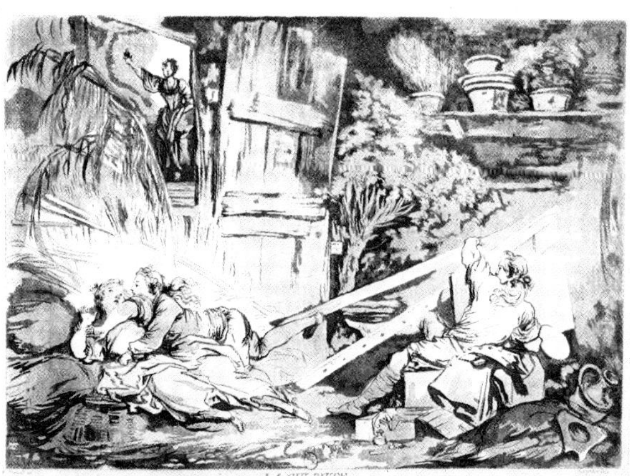


fig. 1. Charpentier, *La culbute*,
Paris, Bibliothèque Nationale, Cabinet des estampes

**1767**

4 avril
L'architecte de Wailly rend compte à Marc-René d'Argenson, marquis de Voyer (1722-1782), de l'état des travaux conduits dans son Hôtel, rue des Bons-Enfants (ancienne Chancellerie d'Orléans puis Hôtel d'Argenson, aujourd'hui siège de la Banque de France) : « ...1° La corniche et les guirlandes de la salle à manger qui restaient à dorer le sont, les fonds des arabesques du plafond ont été essayés de toute manière et nous avons reconnus qu'ils devoient rester comme ils étoient en obscursissant insensiblement les parties qui entourent le tableau de Fragonard afin de le faire valoir ; Mr Fragonard commencera lundy prochain à peindre » (Poitiers, Bibliothèque Universitaire, Archives du marquis Voyer d'Argenson, en cours de cotation, aimablement communiqué par Monique Mosser).

Juin
Jean-François Martin, de Cahors, « protégé par M. Boucher, élève de M. Fragonard », et demeurant chez lui, cour du Louvre, est admis à suivre les cours de l'Académie (Bibliothèque de l'E.B.A., *Liste de Messieurs les élèves,* ms. 45, fol. 124).

23 août
Cochin confirme, à la demande de Marigny, que le tableau de Fragonard, *Corésus,* destiné à être exécuté en tapisserie, a bien été fait pour le service du Roy (Gerspach, 1888, p. 120).

25 août
Fragonard expose au Salon : « N° 137. Tableau ovale, représentant des grouppes d'Enfans dans le Ciel. Tiré du Cabinet de M. Bergeret (voir n° 109). N° 138. Une Tête de Vieillard. Tableau de forme ronde (voir p. 202). N° 139. Plusieurs dessins, sous le même N°. » *(Livret* du Salon de 1767*)*.

Parmi les dessins, nous savons grâce à Diderot (éd. Seznec et Adhémar, III, p. 280), qu'il y avait un *Paysage, Un homme appuyé sur sa bêche,* et un *« espèce de brocanteur, assis devant sa table dans un fauteuil à bras ».*

Selon le *Mercure de France* (octobre 1767, p. 171), Fragonard avait songé à exposer deux autres tableaux : « On nous assure que sa délicatesse trop scrupuleuse lui a fait enlever du sallon deux grands tableaux prêts à être mis en place ».

2 octobre
C'est ici que se place la fameuse anecdote de l'*Escarpolette (fig. 7* p. 226*)*. Doyen raconte à Collé la commande que désirait lui passer le baron de Saint-Julien, receveur du clergé de France : « ce seigneur [le baron de Saint-Julien] étoit à sa petite maison avec sa maîtresse lorsque je me présentai à lui pour savoir ce qu'il me vouloit. Il m'accabla d'abord de politesses et d'éloges, et finit par m'avouer qu'il se mouroit d'envie d'avoir, de ma façon, le tableau dont il alloit me tracer l'idée.

‹Je désirerois, continua-t-il, que vous peignissiez madame (en me montrant sa maîtresse) sur une escarpolette qu'un évêque mettrait en branle. Vous me placerez de façon, moi, que je sois à portée de voir les jambes de cette belle enfant, et mieux même si vous voulez égayer davantage votre tableau, etc.› — J'avoue, me dit M. Doyen, que cette proposition, à laquelle je n'aurois jamais dû m'attendre [Doyen venait de triompher au Salon avec son *Miracle des ardents*], vu la nature du tableau d'où il partoit pour me la faire, me confondit et me pétrifia d'abord. Je me remis pourtant assez pour lui dire presque sur-le-champ : ‹Ah ! monsieur, il faut ajouter au fond de l'idée de votre tableau, en faisant voler en l'air les pantoufles de madame, et que des amours les retiennent » (Collé, éd. 1868, III, pp. 165-167).

20 octobre
Fragonard et Baudouin sollicitent auprès de Cochin la permission « de pouvoir faire des études dans la Gallerie du Luxembourg » où se trouvaient la série de la *Vie de Marie de Médicis* par Rubens (Paris, Arch. Nat. O[1] 1911).

26 octobre
Cochin appuie la demande de Fragonard et Baudouin auprès de Marigny (Furcy-Raynaud, 1905, II, p. 128).

7 novembre
L'accord est donné pour que Fragonard et Baudouin puissent copier dans la Gallerie du Luxembourg (Paris, Arch. Nat., O[1] 1911).

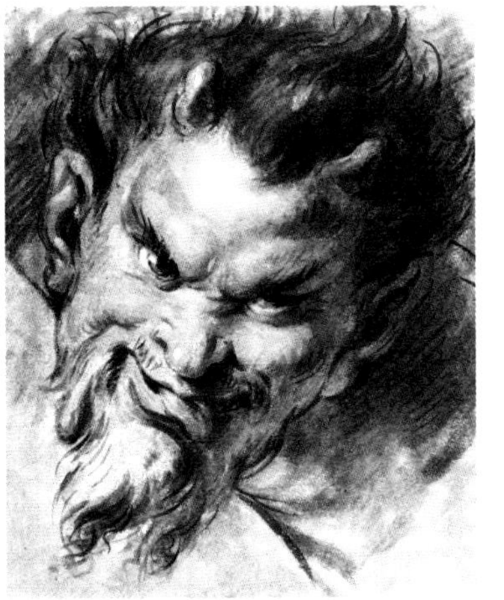

fig. 2. D'après Rubens,
*Tête de satyre,*
Paris, musée du Louvre, Cabinet des dessins

Aucune copie de Fragonard ne nous est connue. Seule une aquarelle gouachée *(fig. 2 ;* Paris, musée du Louvre, Cabinet des dessins, inv. 20033), classée parmi les dessins de Jordaens, a été attribuée par Michael Jaffé à Fragonard (annotation manuscrite au dos du dessin, « 4 VIII 1956 », signalée par E. Starcky). Cette tête copie celle du satyre des *Félicités de la Régence.*

**1768**

Mai
Louis André Dalbeau « protégé par M. Boucher élève de M. Fragonard », est admis à suivre les cours de l'Académie (Bibliothèque de l'E.B.A., *Liste de messieurs les élèves,* ms. 45, folio 46).

21 septembre
Contrat de mariage établi entre Fragonard et Marie-Anne Gérard (Étude Marchand, répertoire C9 ; le contrat ne figure plus dans les minutes, mais il en existe aux Archives de la Seine ($DC^6$ 187) une copie (?), enregistrée le 24 mai 1780, plaçant ce contrat le 21 septembre 1778 *(sic).* Il en existe une version plus détaillée aux Archives Nationales (Y 458, folio 120). Par ce contrat, Catherine-Henriette La Fond fait aux futurs époux une donation de 6.000 livres, à charge pour eux de la nourrir et loger. François Fragonard, le père de l'artiste, leur fait également un don de 600 livres « de rente et succession viagiere pour par les dits donateurs en jouir pendant la vie dudit ».

Saint-Non grave d'après le dessin de Fragonard *Vénus endormie avec l'Amour épiés par un satyre (fig. 3),* tableau copié d'un caravagesque du XVII^e^ siècle, au Palais Durazzo (voir Rosenberg et Brejon, 1986, n° 322).

**1769**

5 juin
De Wailly rend à nouveau compte au marquis d'Argenson des progrès des travaux de son Hôtel : « ...vous ne serez peut estre pas aussy content du plafons de Fragonard que de celui de Durameau qui réuni tous les sufrages » (Poitiers, Bibliothèque Universitaire, Archives du marquis Voyer d'Argenson, en cours de cotation).

On ne connaît pas le tableau que réalisa Fragonard, en revanche celui de Durameau, *Le lever de l'Aurore,* est aujourd'hui au dépôt de la Banque de France à Asnières *(fig. 5* et *6* p. 225*).* Selon Anne Leclair (communication orale), le tableau de Jean-Jacques Lagrenée (1739-1821), *Hébé versant le nectar à Jupiter (fig. 4)* dut remplacer celui de Fragonard qui n'avait pas plu.

17 juin
Mariage à Saint-Lambert de Vaugirard de Fragonard avec Marie-Anne Gérard ; l'acte non retrouvé fut publié par les Goncourt (éd. 1910, pp. 286-287) ; nous connaissons la copie « collationné à l'original par nous pretre bachelier en théologie, curé de la ditte paroisse de Vaugirard ce deux septembre mil sept cent soicente neuf » (Bibliothèque du musée de Grasse, MF 16, fol. 1) : les bancs avaient été publiés à Grasse et à Saint-Germain l'Auxerrois et les futurs époux avaient été fiancés le 27 mai. La bénédiction nuptiale fut donnée par Granchier, prêtre de Saint-Germain l'Auxerrois. Assistaient au mariage le père de Jean-Honoré, François Fragonard, « bourgeois de Paris demeurant au Louvre », ainsi que Jean-Gérard, frère de Marie-Anne.

25 août
Fragonard n'ayant pas exposé au Salon cette année, s'attire les critiques de Bachaumont : « M. Fragonard, ce jeune Artiste, qui avoit donné, il y a quatre ans, les plus grandes espérances pour le genre de l'histoire, dont les talens s'étoient peu développés au Sallon dernier, ne figure d'aucune façon à celui-ci. On prétend que l'appas du gain l'a détourné de la belle carrière où il étoit entré et pour la postérité, il se contente de briller aujourd'hui dans les boudoirs et dans les gardes-robes » (*Mémoires secrets,* XIII, pp. 32-33).

Nolhac (1907, p. 21) place le voyage en Hollande à cette date (voir pp. 178-180).

Fragonard signe et date une figure de fantaisie (n° 132) ; cette date semble être confirmée par une étiquette placée au revers du tableau : « Portrait de La Bretèche, peint par Fragonard en 1769, en une heure de temps ». Une étiquette comparable figurait également au revers du portrait de l'abbé de Saint-Non (n° 133).

16 décembre
Naissance à Paris de Henriette-Rosalie Fragonard, la fille de Jean-Honoré, baptisée le jour suivant en l'église Saint-Eustache ; le père est mentionné comme absent (voir extrait de l'acte de naissance, collationné le 30 mai 1794, Minutier central, XCVI-568).

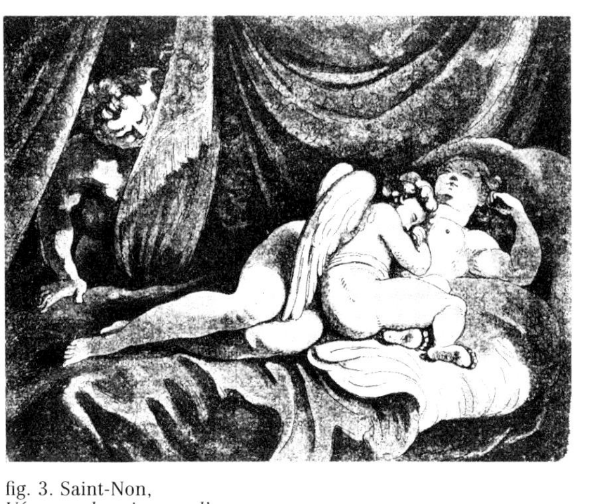

fig. 3. Saint-Non,
*Vénus endormie avec l'amour,*
localisation actuelle inconnue (d'après Guimbaud)

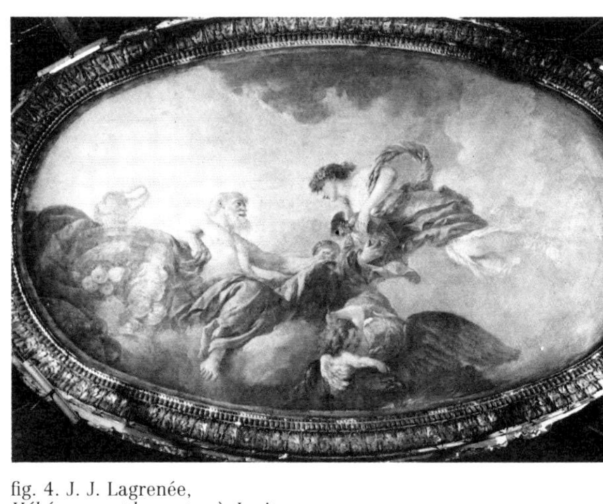

fig. 4. J. J. Lagrenée,
*Hébé versant le nectar à Jupiter,*
Paris, coll. de la Banque de France

# 109 «Groupes d'enfants dans le ciel»

T. Ovale. H. 65 ; L. 56

Paris, musée du Louvre

**Provenance**
Appartenait vraisemblablement en 1767 à Jacques-Onésyme Bergeret de Grancourt (1715-1785). À coup sûr, coll. comte [du Barry], sa vente, 11 mars 1776, nº 75 (en réalité, 76 ; à la suite d'une coquille, deux œuvres portent le nº 75 dans le cat.) : « un Tableau de forme ovale. Il représente une foule de petits Amours grouppés sur des nuages, les uns avec les autres. Ce morceau, composé avec beaucoup de goût, est fait avec une intelligence de couleurs ordinaire à ce Maître... » (2.090 livres, acquis par [H]« amon » ; selon Dacier, 1910, p. 12, certains tableaux de cette vente appartenaient à la comtesse du Barry) ; ne se confond pas avec le nº 94 d'une vente du 22 avril 1776, en fait le 78bis de la vente du Barry de 1776 ; vente [Masso et Benoît], 10 avril 1786, nº 42 (999 livres 19 sols, acquis par Hutin ?) ; le tableau a figuré dans une autre vente *(fig. 1)* que nous n'avons pu retrouver. Coll. baron de Beurnonville, sa vente, 9-16 mai 1881, nº 58 (13.500 francs) ; coll. Henri puis André Péreire. Donné au Louvre sous réserve d'usufruit en 1949 ; entré au Louvre en 1974 ; R. F. 1949-2.

**Expositions**
Paris, Salon, 1767, nº 137 : « tableau ovale représentant des grouppes d'Enfans dans le Ciel » ;
Paris, 1921, nº 29 ;
Londres, 1933, nº 14, ill. ;
Paris, 1974, nº 4, ill. ;
Paris, 1984-85, nº 57, ill. (N. V[olle] mentionne les exp. auxquelles le tableau a participé, ainsi que tous les compte-rendus de Salon).

**Bibliographie**
Blanc, 1862, pp. 7-8 ;
G. pp. 262-263, 317 ;
P. p. 54, 81, 270, 276, 278 ;
N. pp. 54-55, 158 ;
Wildenstein, 1926, pp. 12-13 ;
R. p. 38 et 145 ;
W. 78 fig. 54 et pp. 15-16 éd. française ;
Wildenstein, 1961, p. 50 et 59 note 27 ;
Carpenter, 1962, p. 360 ;
Seznec et Adhémar, 1963, pp. 37, 279-280, 283, 296, 318 ;
Thuillier, 1967, ill. couleurs p. 44 ;
W. et M. 86, ill. ;
Rosenberg et Compin, 1974, p. 187 et note 12 ;
Rosenberg, 1975, pp. 262-264, ill. ;
Bukdahl, 1980, I, p. 135, 272, 337, 340 ;
Sutton 1980, 1987, p. 108.

**Œuvres en rapport**
Le tableau a parfois été confondu avec le 78bis de la vente du Barry du 11 mars 1776. Le dessin de Saint-Aubin que nous reproduisons *(fig. 7)* permet aujourd'hui de se faire une idée précise de la composition de cette œuvre (qui ne se confond sans doute pas avec celle, qui appartenait à M. Rémy, exposée au Salon de la Correspondance le 25 janvier 1786, nº 25 : les *Nouvelles de la République des Lettres et des Arts*, p. 45, avancent en effet qu'il existe de ce tableau une « gravure »). Saint-Non a gravé en 1766 deux *Couronnes d'amours (fig. 2* et *4)* d'après des dessins de Fragonard *(fig. 3* ; Albertina, Inv. 12722, A. 2449 ; voir aussi A. 1634 fig. 428 et 2452 fig. 613*)* ; elles offrent une parenté certaine avec le tableau du Louvre (voir aussi *fig. 5* et *6*).

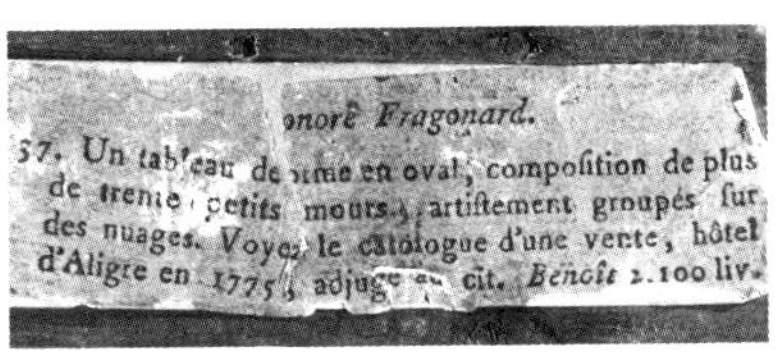
onorê Fragonard.
57. Un tab'eau de ...me en oval, composition de plus de trente petits ...mours, artistement groupés sur des nuages. Voyez le catalogue d'une vente, hôtel d'Aligre en 1775, adjugé ... cit. Benoît 2.100 liv.

fig. 1. Étiquette ancienne qui figure au verso du nº 109

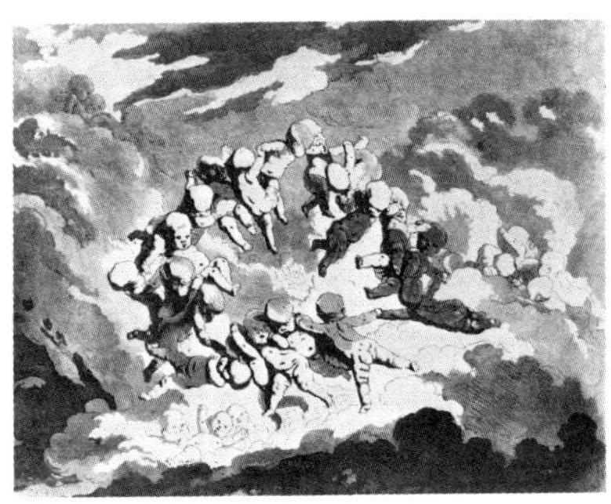

fig. 2. Saint-Non d'après Fragonard, *Couronne d'amours* (1766), Paris, musée du Louvre, Cabinet des dessins, coll. Rothschild

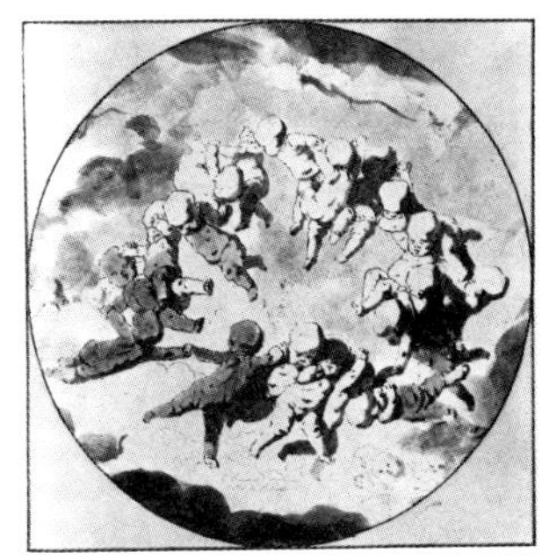

fig. 3. *Couronne d'amours*, Vienne, Albertina

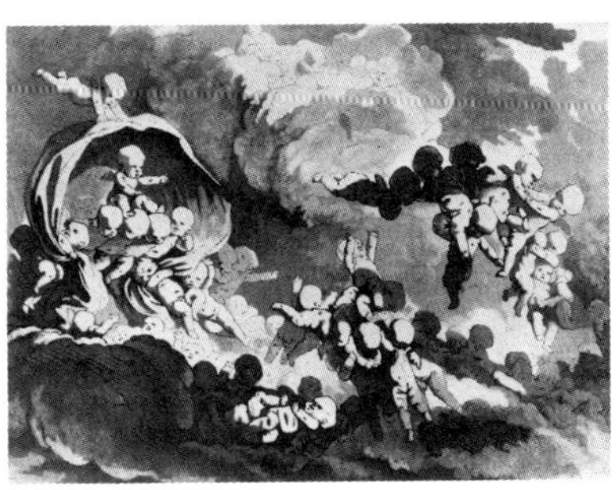

fig. 4. Saint-Non d'après Fragonard, *Couronne d'amours* (1766), Paris, musée du Louvre, Cabinet des dessins, coll. Rothschild

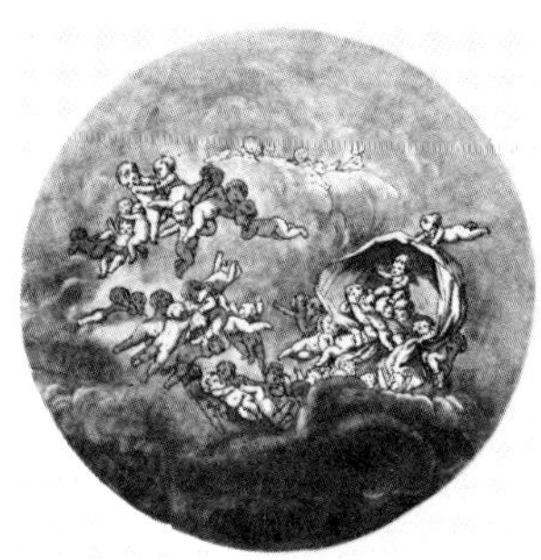

fig. 5. Comte de Paroy, *Couronne d'amours* (Salon de 1787), Paris, Bibliothèque Nationale, Cabinet des estampes

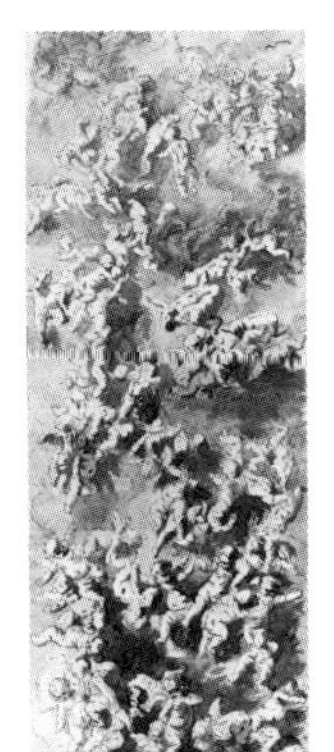

fig. 6. Fragonard ( ?), *Guirlande d'amours*, Besançon, musée des Beaux-Arts

Le tableau est célèbre, mais soulève certains problèmes. S'il est sûr — le dessin inédit de Gabriel de Saint-Aubin que nous reproduisons *(fig. 7)* ici le confirme — qu'il a figuré à la vente du comte du Barry en 1776 (il semble même avoir gardé depuis cette date son cadre !), rien n'assure qu'il se confonde avec le tableau du Salon de 1767. Les doutes de Wildenstein en 1926, de Thuillier plus récemment, sont justifiés, même si les présomptions en faveur de l'hypothèse 1767 sont très fortes. Le tableau du Salon appartenait à « M. Bergeret ». S'agit-il du célèbre Jacques-Onésyme Bergeret que nous rencontrons si souvent dans ces pages ou, comme l'assurait Wildenstein en 1961, de son oncle, Bergeret de Grancourt qui meurt en 1777 et assurément possédait à cette date un *Paysage* de Fragonard ?

Plus essentielle et plus discutée, la date du tableau : Wildenstein, Seznec et Adhémar le pensent peint vers 1750 dans l'atelier de Boucher, donc bien avant le départ pour l'Italie alors que Carpenter dans son compte-rendu de la monographie de Wildenstein le date de 1765 environ. Que Fragonard ait peint ce tableau deux ans après *Corésus et Callirhoé* (n° 104) surprend moins si l'on se souvient que durant cette période Fragonard reçoit de nombreuses commandes de décorations plafonnantes. Le « groupe d'enfants dans le ciel », pour reprendre le titre du livret du Salon, peut fort bien être l'étude pour l'une d'elles.

Outre cette œuvre, Fragonard exposait en 1767 « Une tête de Vieillard. Tableau de forme ronde » et plusieurs dessins. Nous avons dit un mot de ce tableau plus haut (p. 202). Diderot nous livre les titres des dessins (qui restent, pour la plupart, à identifier) : un *Paysage* (« mauvais »), un « Homme appuyé sur sa bêche » et une « espèce de brocanteur devant sa table dans un fauteuil à bras » ainsi que « d'autres » dessins « à la sanguine et sur papier bleu » ( !) qui sont « jolis et d'un bon crayon ».

La critique du Salon est déçue par les envois de Fragonard : « le public attendait quelque chose de plus considérable de l'auteur de *Callirhoé* » *(Mercure de France)*. La page de Diderot est aussi sévère que célèbre : « C'est une belle et grande omelette d'enfants dans le ciel.... Cela est plat, jaunâtre, d'une teinte égale et monotone et peint cotonneux. Ce mot n'a peut-être pas encore été dit » (il fera fortune) « mais il rend bien et si bien, qu'on prendrait cette composition pour un lambeau d'une belle toison de brebis... Mr Fragonard, cela est diablement fade. Belle omelette, bien douillette, bien jaune et bien brûlée ». Comment expliquer les restrictions de Diderot ? « La fricassée d'anges de Fragonard est une singerie de Boucher... Il a rapporté de Rome le goût, la négligence et la manière de Boucher qu'il y avait portés ». Pourfendant Boucher, alors Premier peintre du roi, Diderot, qui, par parenthèse, donne l'impression de dater le tableau du retour d'Italie, ne pouvait apprécier cet *Essaim d'amours* (le titre remonte à la vente Beurnonville de 1881), ce tableau qui semble le pasticher.

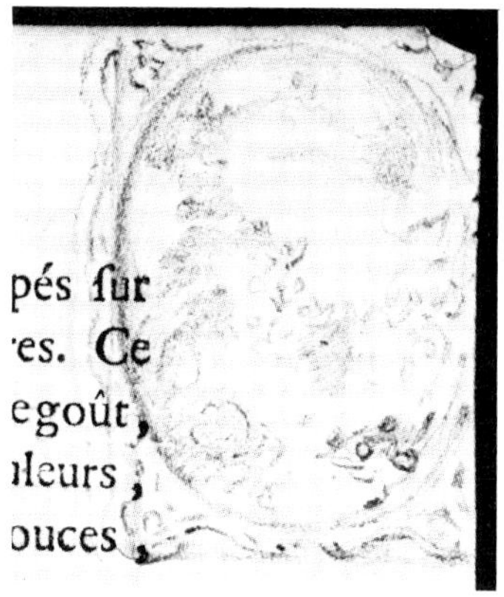


fig. 7. G. de Saint-Aubin, détail d'une page du catalogue de la vente du Barry (1776), Philadelphie, Philadelphia Museum of Art, coll. John G. Johnson

L'œuvre pourtant se sépare radicalement des compositions mythologiques de Boucher. Certes, elle n'a rien de didactique qui puisse rappeler le *Corésus*. Elle relève d'une toute autre ambition.

Nous l'avons dit plus haut, Fragonard reçut, dans les années qui nous occupent, plusieurs importantes commandes décoratives : au-delà du tour de force illusionniste, de l'exercice de pure virtuosité, nous pensons que l'*Essaim d'amours* est une tentative — mal comprise à l'époque — pour aborder ce qui passait aux yeux des contemporains pour le sommet de l'art, l'ornementation d'une voûte, la peinture de plafonds. Fragonard avait pu admirer les plus illustres en Italie : il savait que depuis le Salon d'Hercule de Lemoine, aucun projet d'envergure n'avait pu être mené à bien en France. La place était vacante. A-t-il tenté de l'occuper ? A-t-il pour une fois fait preuve d'ambition ?

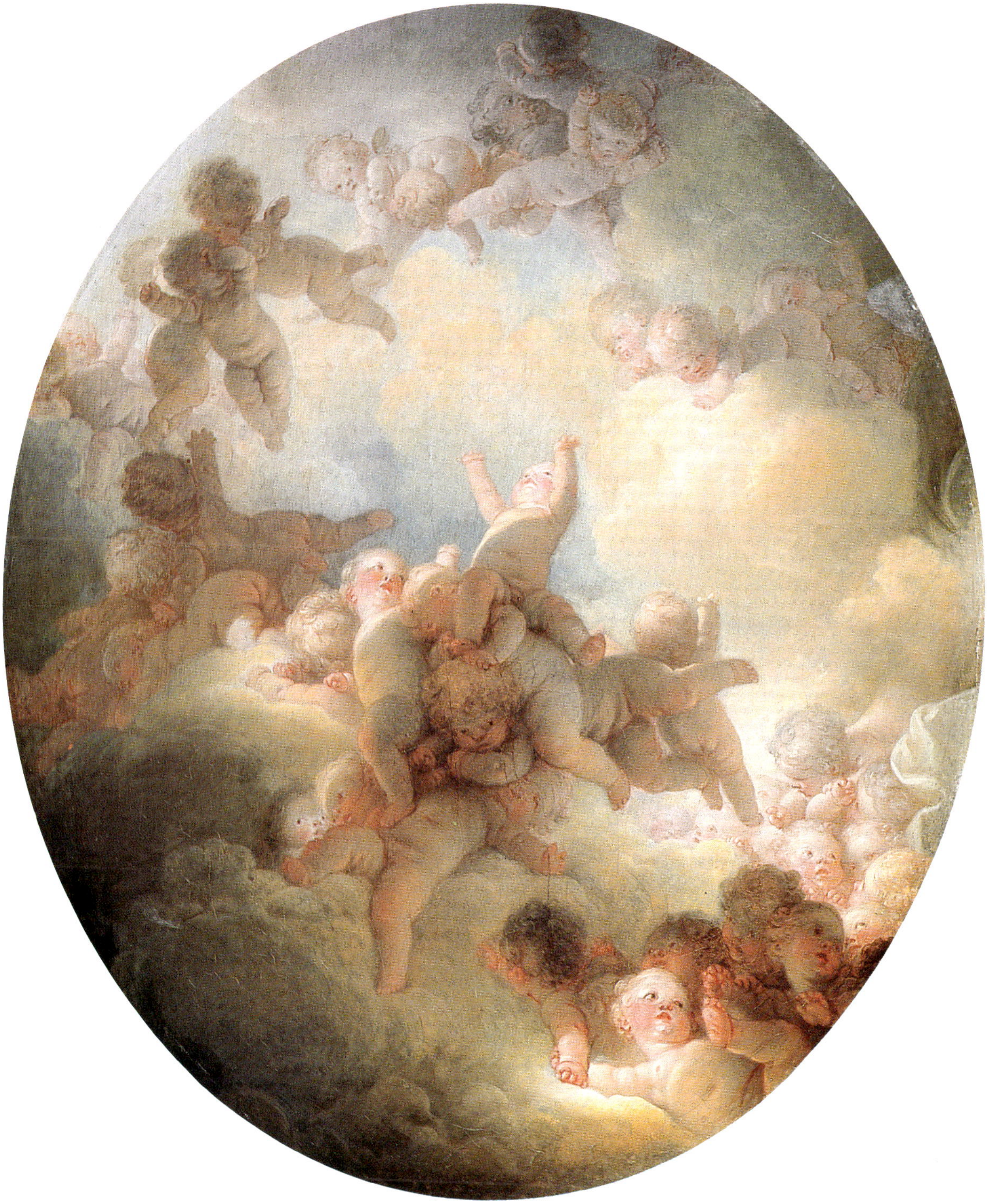

# 110 «Jeune fille faisant danser son chien sur son lit» *dit à tort* La gimblette

T. H. 89 ; L. 70

Munich, Alte Pinakothek, coll. de la Bayerische Hypotheken- und Wechsel-Bank

**Provenance**
Vente veuve Lebas de Courmont, 26 mai 1795, n° 40 : « une légère ébauche du sujet d'une jeune fille sur son lit qui fait danser son chien. Haut. 33 p. larg. 26 p.T » (= 90,5 sur 71) ; coll. Demidoff père, sa vente, 8-13 avril 1839, n° 88 : « très belle esquisse avancée de la gimblette ; connue par la gravure » ( ?) ; vente anonyme, 10-11 décembre 1847, n° 38 : « la Gimblette. Jeune fille couchée et jouant avec un petit chien. Il existe trois ou quatre compositions de la Gimblette. Celle-ci, qui est d'une adorable couleur, provient de M. Théophile Fragonard » ( ?) ; vente anonyme, 14 mars 1868, n° 8 : « esquisse du tableau intitulé la Gimbelette » (sans dimensions) ( ?) ; coll. Hippolyte Walferdin (1795-1880), sa vente après décès, 12-16 avril 1880, n° 61 (acquis pour 7.000 francs par Haro) ; coll. Poidatz en 1889 (P.) ; coll. Arthur Veil-Picard avant 1906 qui l'acheta 25.000 francs (Gimpel, 1963, p. 173) ; coll. Jeannette Veil-Picard, acquis par la Bayerische Hypotheken-und Wechsel Bank pour la Pinacothèque de Munich en 1977 ; HuW 35.

**Expositions**
Genève, 1951, n° 27, pl. IV ;
Paris, 1953, n° 81, ill. ;
Paris, *Bernheim*, 1954, n° 21 ;
Besançon, 1956, n° 1 ;
Paris, 1956, n° 39, ill. ;
Grasse, 1957, n° 13 ;
Munich, 1958, n° 59.

**Bibliographie**
Blanc, 1862, p. 11 ;
Renouvier, 1863, p. 168 ;
G. p. 329 ;
Lachaise, 1866, p. 335 ;
Portalis, 1880, pp. 15-16 ;
P. p. 68, 226, 278, pl. entre p. 60 et 61 ;
N. p. 59, 60, 119 ;
R. p. 70, 159 ;
W. 280, pl. 49 et pp. 18-19, 35, 37 éd. française ;
*Connaissance des Arts*, novembre 1965, p. 29, ill. ;
W. et M. n° 299, ill. ;
Hohenzollern, 1977, p. 393, ill. ;
*Münchner Jahrbuch der bildenden Kunst*, 1978, pp. 242-244, ill. ;
Sutton 1980, 1987, p. 110.

**Œuvres en rapport**
Trois *Jeunes filles faisant jouer leur chien sur leur lit* ou, pour simplifier, trois *Gimblettes* (nous reviendrons plus loin sur le titre) sont mentionnées dans des ventes du XVIII$^{e}$ siècle : le 8 juillet 1793, n° 21 : « une jeune fille dans son lit et accompagnée de son chien » (T. H. 35 ; L. 40,5), le tableau de Munich qui passe en vente le 26 mai 1795 (voir plus haut) et le 10 août 1795 (23 thermidor, an III), n° 77 : « une jeune fille couchée sur le dos et dans un lit voluptueux, s'amusant avec un joli épagneul auquel elle présente une gimblette... » (T. H. 70 ; L. 86,5 ; W. 281 signale par erreur une autre *Gimblette* dans la coll. Varanchan vendue le 29-31 décembre 1777, n° 32).

Le premier tableau se confond peut-être avec une toile de la coll. Walferdin (vente du 12-16 avril 1880, n° 62) acquise par Cedron (W. 282), mais disparue depuis lors. Décrite avec chaleur par les Goncourt (p. 275), elle se vendit pour 1.010 francs alors que, dans la même vente et au numéro précédent, la toile de Munich en faisait 7.000 !

Le troisième tableau, qui avait appartenu au baron de Bézenval, est lui aussi perdu, mais on en garde le souvenir par la gravure de Bertony *(fig. 1* et *2)* annoncée par le *Journal de Paris* du 19 avril 1783, une version plus grande que l'original passée en vente à Paris, Palais Galliéra, le 11 décembre 1961, n° 39, ill. *(fig. 4)*, ainsi que par un dessin préparatoire pour la tête du modèle (A. 107 fig. 690 et vente, Paris, Palais d'Orsay, 14 décembre 1979, n° 5, ill. *(fig. 4)* ; pour un autre dessin représentant une *Gimblette*, à juste titre rejeté par A. 691, voir vente, 20 novembre 1941, n° 7 ill.).

Il existe encore une quatrième composition, connue en trois exemplaires, présentant tous trois des variantes les uns par rapport aux autres et de qualité sensiblement divergente : le tableau de la coll. Muhlbacher *(fig. 5)*

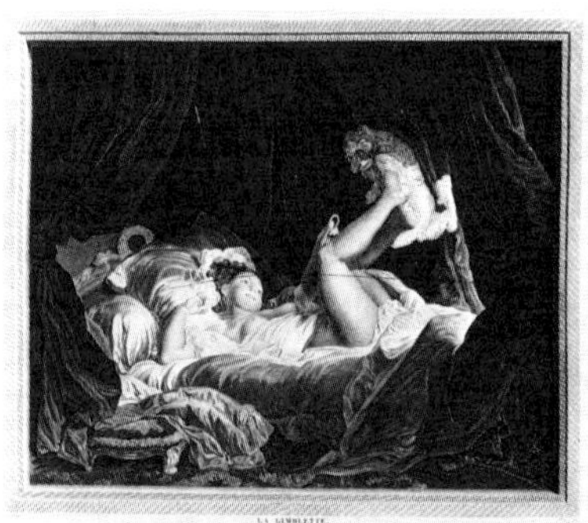

fig. 1. Bertony,
*La gimblette* (version « habillée »),
Paris, Bibliothèque Nationale,
Cabinet des estampes

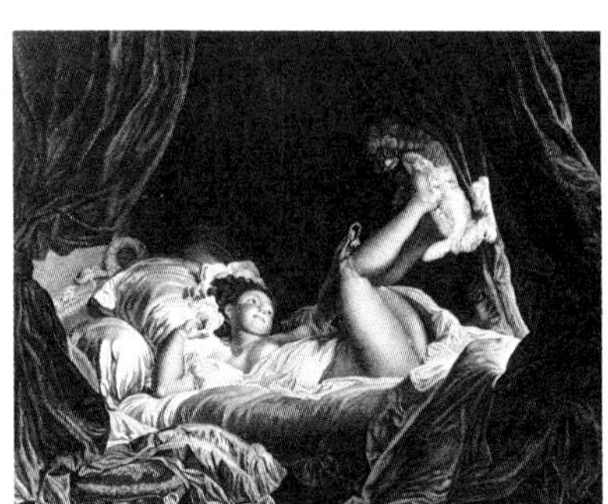

fig. 2. Bertony,
*La gimblette* (version « nue »),
Paris, musée du Louvre,
Cabinet des dessins, coll. Rothschild

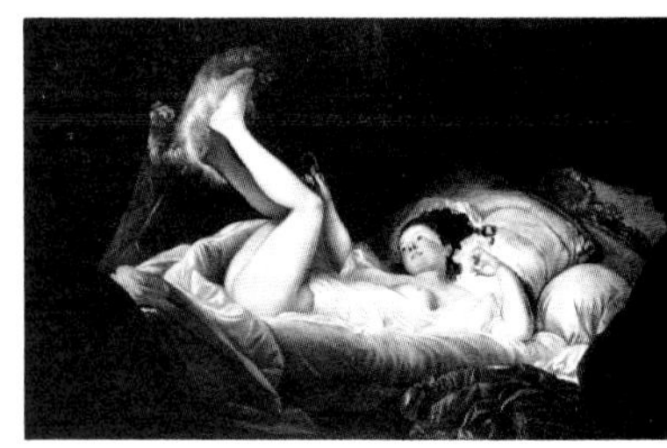

fig. 3. Fragonard ( ?),
*La gimblette*,
Genève, coll. privée

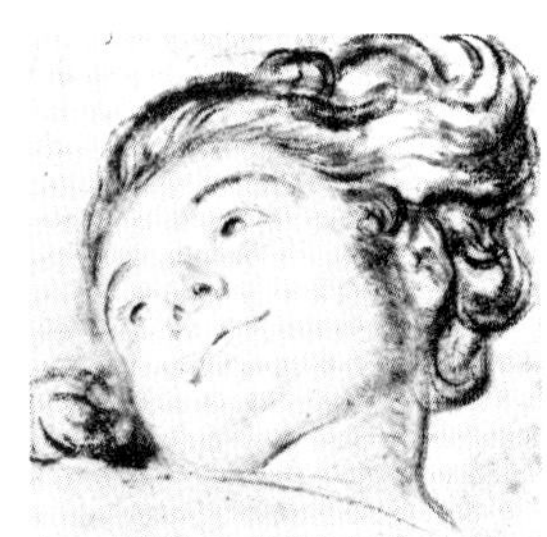

fig. 4. *Tête de jeune femme*,
localisation actuelle inconnue

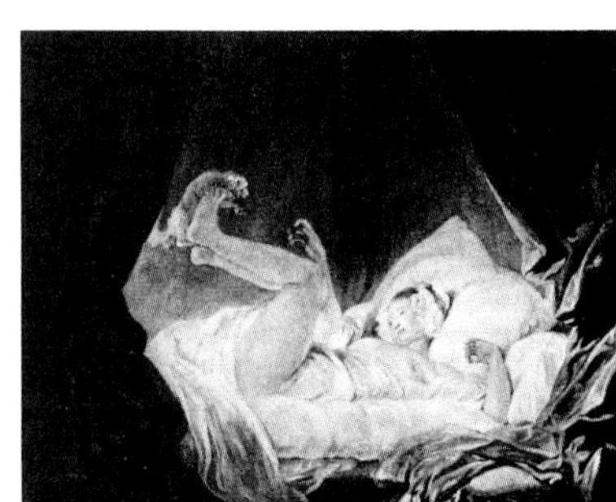

fig. 5. Fragonard ( ?),
*La gimblette*,
localisation actuelle inconnue

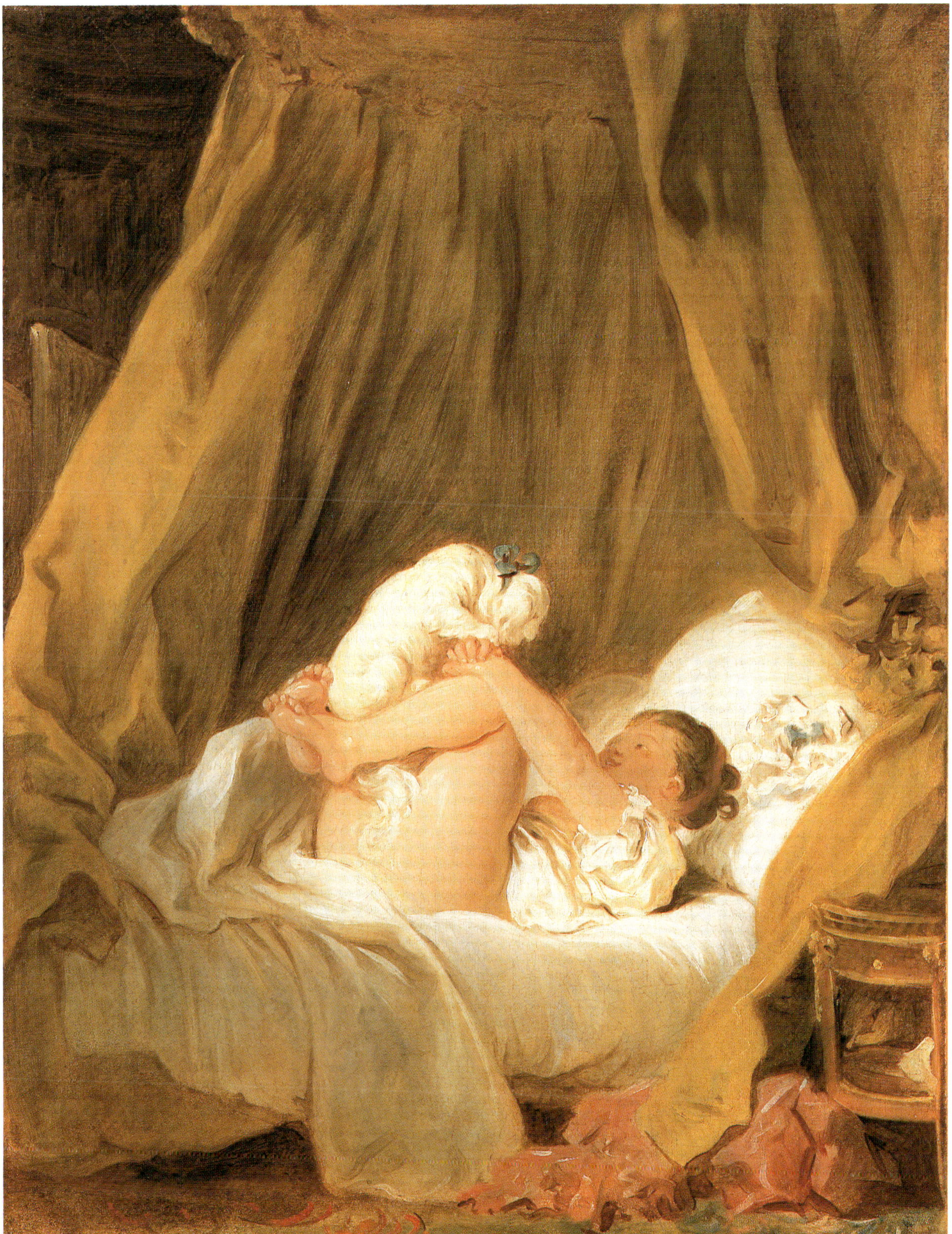

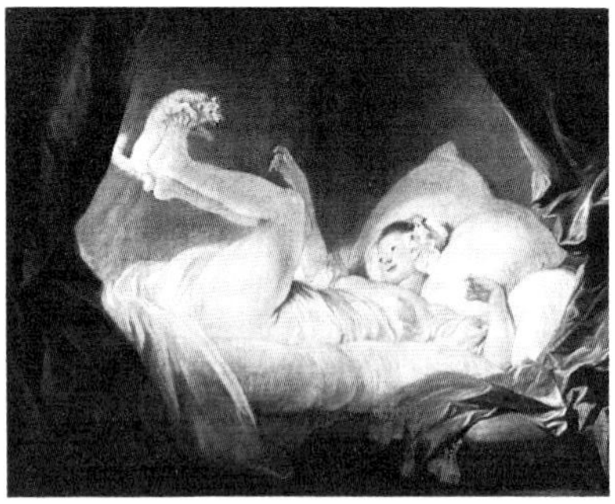

fig. 6. Fragonard (?),
*La gimblette*,
localisation actuelle inconnue

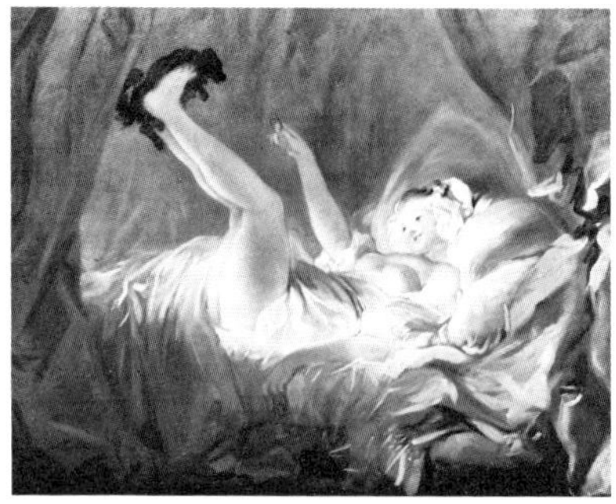

fig. 7. Fragonard (?),
*La gimblette*,
Paris, commerce d'art

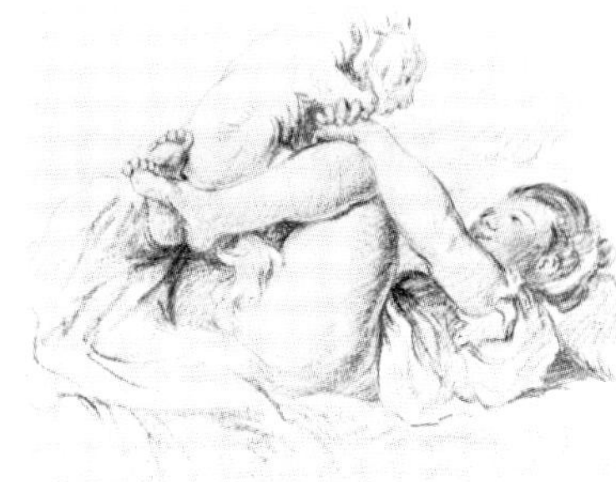

fig. 10. D'après Fragonard,
*La gimblette*,
Cambridge, Fogg Art Museum

vendu le 13-15 mai 1907, n° 23, ill. (T. H. 72 ; L. 90 ; vente, Versailles, 23 février 1969, n° 25, ill. couleurs en couverture), le tableau Kraemer *(fig. 6)* vendu le 3 mai 1913, n° 36 ill. (H. 63 ; L. 80 ; vente, Paris, 4 juin 1970, n° 164 ill.) et le tableau Cailleux *(fig. 7* ; T. H. 61 ; L. 77,5 ; cat. exp. New York, 1967, n° 70, repr. en couleurs en couverture, mais voir D. Posner, 1967, p. 363 ; voir aussi Steinberg, 1967, p. 44, ill.*)*.

On connaît de nombreuses mentions de *Gimblettes* vendues au XIXe et au XXe siècles (voir Clay, 1959, p. 82 et 102) : il est difficile de les distinguer entre elles, d'autant plus que les descriptions sont vagues et les dimensions rarement précisées. Ajoutons aux mentions relevées par N., R. et W. la « jeune femme à son réveil [qui] joue avec un jeune chien auquel elle donne des gimbelettes *(sic)* », qui passait en vente le 16 décembre 1833 et mesurait 65 sur 81 cm.

Concluons par le tableau de Munich : sa provenance, entre 1795 et 1880, telle que nous l'avons indiquée plus haut, est incertaine. Nous avons repris celle adoptée par W. En tout cas, s'il a appartenu, comme l'affirme le rédacteur d'une vente de 1847 à Théophile Fragonard, le petit-fils du peintre, on voit mal comment il pourrait se confondre avec le tableau passé en vente en 1795. Mais la composition a été gravée par Fr. A. Hémery, sans titre, par V. M. Picot (1744-1802) à Londres le 18 mai 1783 (en rond avec une erreur dans le prénom de Fragonard « Ra. »), sous le titre « *New Thought* » *(fig. 8* ; voir aussi Bourcard, 1885, p. 188 qui mentionne une gravure par « L. Guyot en couleurs, in 4°, ovale et publiée à Londres » ; voir aussi Portalis et Béraldi, 1881, II, pp. 366-367*)*. Il existe au Cabinet des dessins du Louvre

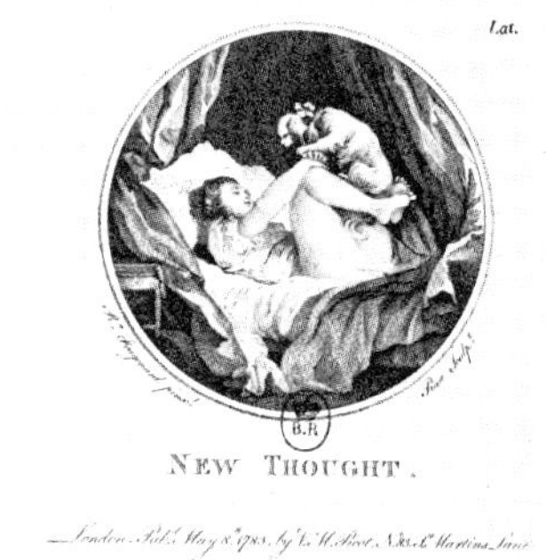


fig. 8. Picot, « *New Thought* »,
Paris, Bibliothèque Nationale,
Cabinet des estampes

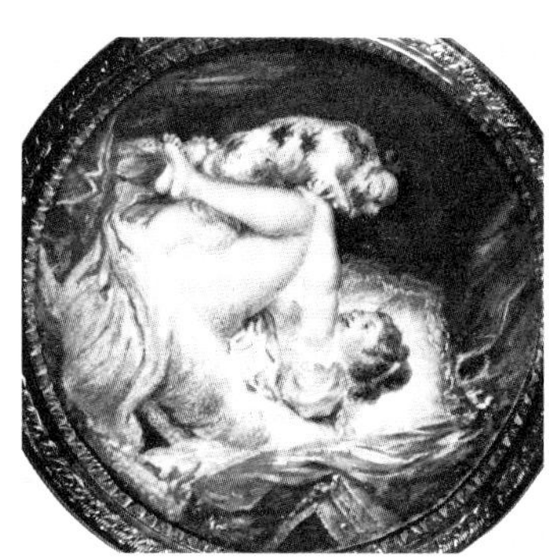

fig. 9. D'après Fragonard,
*La gimblette* (miniature),
Paris, musée du Louvre,
Cabinet des dessins

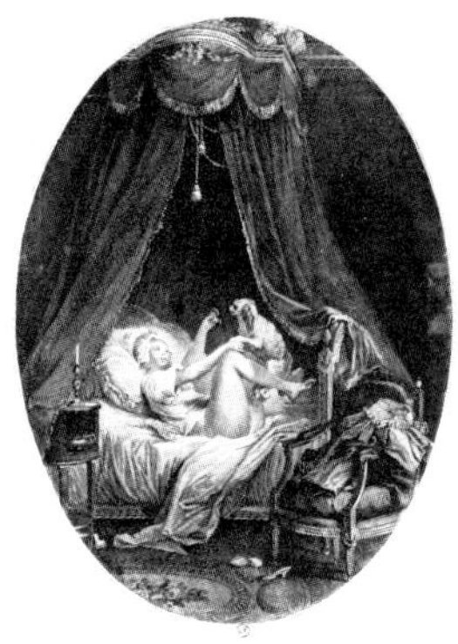

fig. 11. A. Legrand, « *Le joli chien* »,
Paris, Bibliothèque Nationale,
Cabinet des estampes

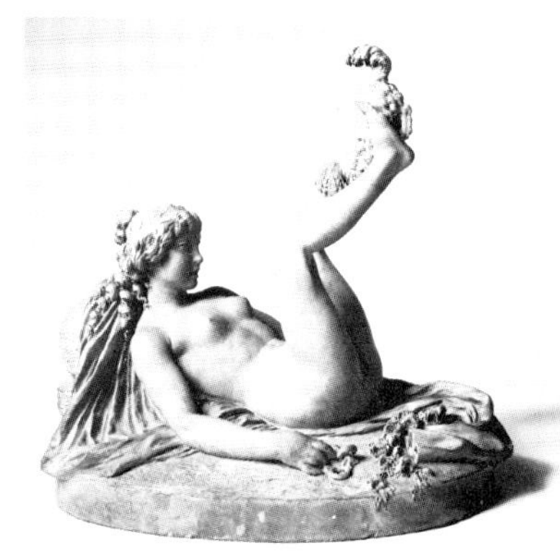

fig. 12. Clodion,
*La gimblette*,
Paris, musée des Arts décoratifs

une copie en miniature *(fig. 9* ; R.F. 4999 ; se confond-elle avec celle qui passe en vente le 19 novembre 1783, n° 359 : « Fragonard. Une miniature en rond connue sous le nom de la Gimblette » ?*)* et au Fogg Art Museum *(fig. 10)* une copie dessinée (1957.179).

La composition a été abondamment pastichée (par le graveur Augustin Legrand *(fig. 11)* , par Lavreince...).

Levons tout de suite une équivoque concernant le titre habituel du tableau : la gimblette. Les gimblettes étaient de petites pâtisseries sèches ayant la forme d'anneaux (d'origine provençale, à en croire le *Larousse*). Sur certaines versions du tableau, mais pas sur celle de Munich, la jeune personne tient d'une main une gimblette qu'elle tend au petit animal. *L'Intermédiaire* du 10 août 1875 (W. 473) précise que la gravure de Bertony « était aussi connue sous le nom de *La Caroline* par allusion à des femmes auxquelles certain vice était attribué et au carlin qui joue un rôle important dans le tableau » (voir sur ce point Rochefort, 1905, p. 10, qui accuse la Du Barry de cette « étrange distraction » !, et Le Coat, 1987, p. 182) .

La planche de Bertony, un artiste qui n'a pas laissé un grand nom (Roux, 1933, II, p. 463) dut faire scandale. Certains exemplaires, plus dénudés (voir Réau), sont accompagnés d'une inscription destinée aux libraires du XVIIIe siècle : « le sujet ne doit pas être mis à l'étalage ». Elle fit forte impression sur les Goncourt (p. 275) : « le bonnet échappé, les yeux gais et pleins de ses seize ans, un large sourire à la bouche, une fillette sans souci de ce que montre sa chemise plissée en ceinture, soutient en l'air, du bout de ses pieds, un caniche frisé à figure de conseiller en perruque... c'est la *Gimblette*, une fleur d'érotisme toute fraîche, toute française... ». Deux exemplaires de la composition appartinrent à Walferdin. Toujours grâce aux Goncourt, nous apprenons que la version « en largeur d'une peinture assez froide » (on ignore la localisation) était loin de valoir la première, le tableau aujourd'hui à Munich, « d'une peinture beaucoup plus libre, plus claire, plus *fragonardisante,* où la nudité de la femme resplendit dans l'or de rideaux jaunes » ; les prix respectifs des deux tableaux, 7.000 et 1.010 francs, confirment le jugement des Goncourt.

Plutôt qu'érotique, le tableau, que l'on s'accorde à dater de 1768 environ, compte parmi les images les plus « polissonnes » de tout le XVIIIe siècle français. Une nouvelle fois, l'artiste glorifie le lit. La « jeune fille sous ses courtines mordorées, n'a pas de gimblette à donner au bichon blanc qu'elle soutient du bout de ses pieds roses, mais les colorations des chairs sont merveilleusement juvéniles et d'un ton aurore, l'aurore de la vie ! » (Portalis, 1889).

Plusieurs terres cuites de Clodion *(fig. 12* ; ou attribuées à l'artiste : il travailla, lui aussi, pour le baron de Bézenval*)* s'inspirent plus ou moins directement de la composition de Fragonard.

# 111 Une métamorphose de Jupiter

H. 242 ; L. 373
Lavis de bistre sur préparation à la pierre noire

Saint-Jean-Cap-Ferrat, musée de l'Île-de-France, fondation Ephrussi de Rothschild

**Provenance**
Trois dessins d'un sujet comparable passent en vente au XVIIIe siècle : ventes Caffieri, 10 octobre 1775, n° 62 : « Jupiter et Danae, dessin à la plume et au bistre, d'une composition neuve et d'un effet piquant », Vassal de Saint-Hubert, 29 mars [13 avril] 1779, n° 180 : « Danaé et ses courtisanes » (360 livres) et Chabot et duc de la Mure ou Desmarets, 17-22 décembre 1785, n° 165 : « Io recevant Jupiter transformé en nuage... » (120 livres 2 sols à Quesnet). Coll. Saint, sa vente, 4 [en fait 30] mai 1846, n° 13ter (« Danaé, dessin lavé à la sépia » ; 32 francs) ; coll. Walferdin, sa vente après décès, 12-16 avril 1880, n° 211 (950 francs à Goupil) ; coll. Henri Meilhac en 1889 (P.) ; coll. Émile Straus dès 1907 ; sa vente, 3-4 juin 1929, n° 70, ill. (500.000 francs à Stettiner) ; coll. Mme Maurice Ephrussi, donné en mémoire de son père, le baron Alphonse de Rothschild, à l'Institut de France en 1933 (musée de l'Île-de-France).

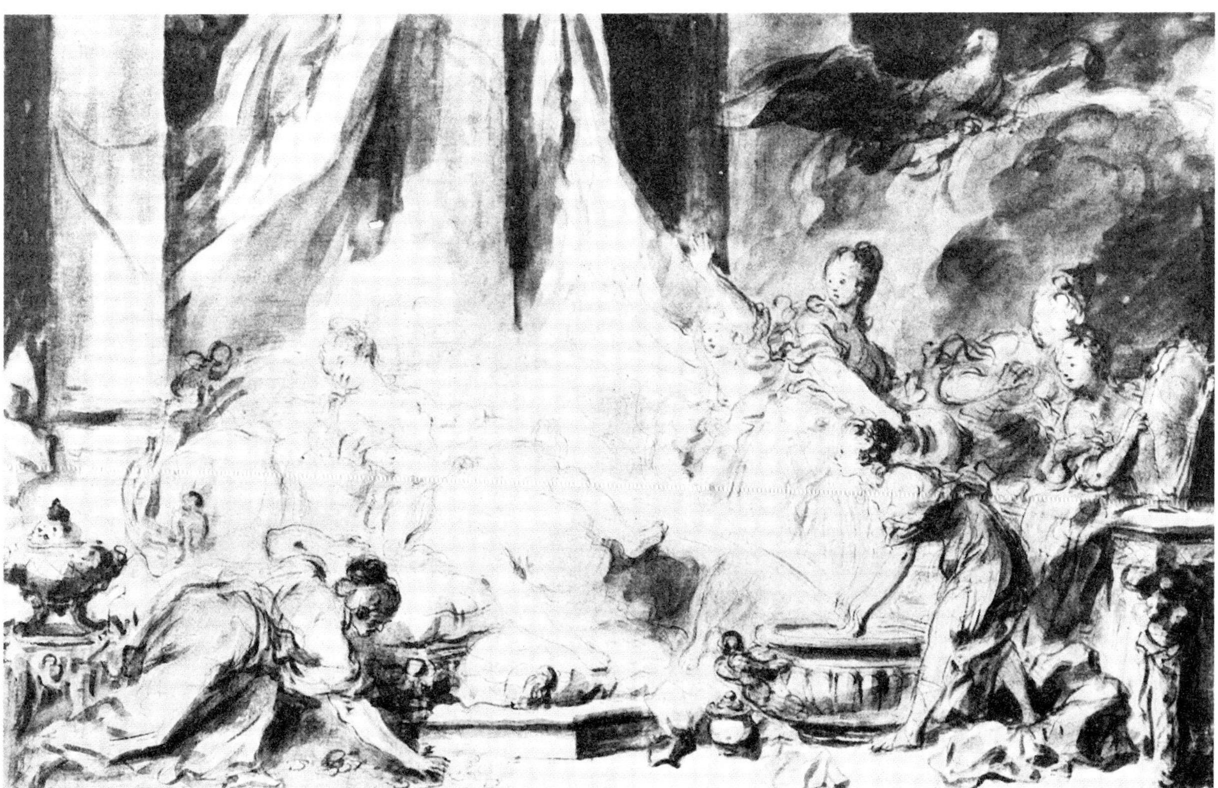

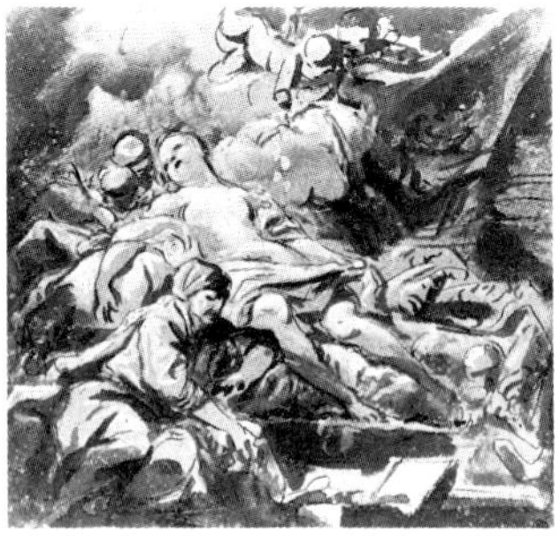

fig. 1. Deshays, *Danaé*,
Paris, musée du Louvre, Cabinet des dessins

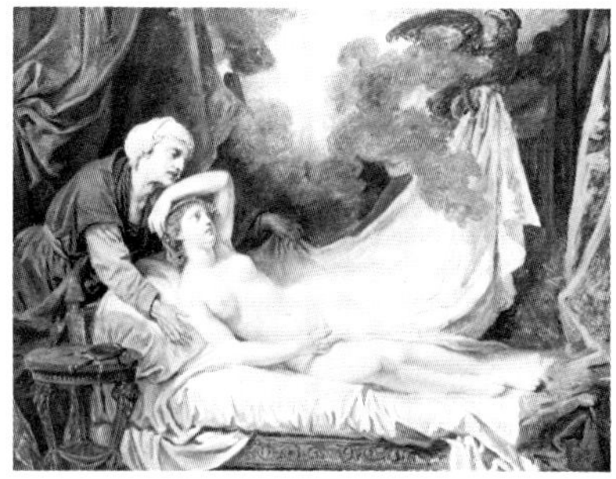

fig. 2. Greuze, *Égine visitée par Jupiter*,
New York, The Metropolitan Museum of Art

**Expositions**
Paris, 1907, n° 208 ;
Paris, 1921, n° 164.

**Bibliographie**
G. p. 325 ;
Portalis,1880, p. 26 ;
P. p. 298 (voir aussi pp. 198-199) ;
R. p. 191 ;
Réau, 1960-61, pp. 78-79, pl. 1 ;
A. 395 fig. 143.

**Œuvres en rapport**
Pour une composition voisine, voir n° 112.
Voir aussi A. 393 et 397 et un dessin de la vente Eugène Tondu, 10-13 mai 1865, n° 219 : « Danaë. Charmant petit dessin lavé à l'encre de Chine ».

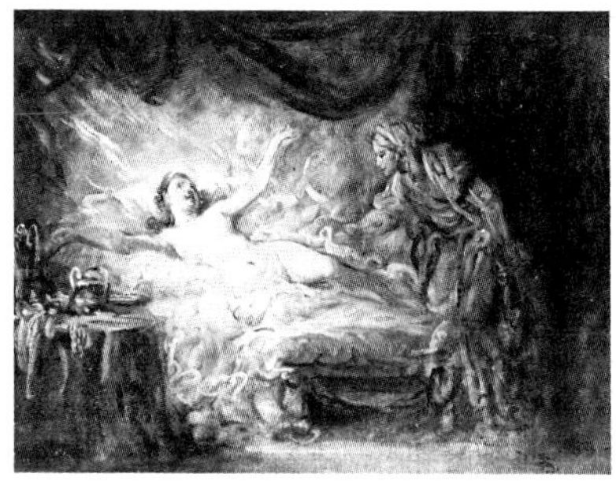

fig. 3. Greuze, *Égine visitée par Jupiter*,
Paris, musée du Louvre

Le sujet du dessin de Saint-Jean-Cap-Ferrat et de la version fort comparable de Fort Worth (n° suivant) ne se laisse pas aisément deviner. Les rédacteurs des catalogues de vente du XVIIIe siècle paraissent embarrassés et hésitent entre Danaé et Io. Les auteurs plus récents penchent pour Danaé. Jennifer Montagu (communication écrite) y voit un « inexplicable mélange » entre diverses amours de Jupiter. Si celui-ci, personnifié par l'aigle, ne peut prêter à confusion, quelle peut bien être l'identité de l'héroïne de la composition ? Est-ce Io et son divin nuage, Danaé et la fameuse pluie d'or que ramasse une servante empressée ? Quant à Sémélé, on se souvient qu'elle souhaita voir Jupiter dans l'éclat de sa gloire, mais fut consumée par les flammes qui entouraient le dieu. Peut-être faut-il chercher le sujet de cette « composition neuve » dans quelque commande bien précise, illustrant quelque « conte » plus ou moins licencieux, aujourd'hui tombé dans l'oubli.

Au verso du dessin de Fort Worth, une inscription ancienne, peut-être de la main de Fragonard (D. Carritt cité par Richardson) mérite quelque attention : « jupiter chez la Mde de Modes... » *(cat. 112 fig. 1)*. On se souvient en tout cas que Fragonard avait copié la « *Danaé* » (en fait Lia) de Rembrandt alors Crozat, aujourd'hui à l'Ermitage, que cette copie appartint à Deshays et fut vendue à la mort de l'artiste en 1765, que le même Deshays peignit et dessina plusieurs *Danaé* (Salon de 1763 ; *fig. 1*), que Greuze enfin peignit, peu avant 1767 (selon E. Munhall, cat. exp. Dijon, 1977, n° 65, ill.), une grande *Danaé*, à moins que son œuvre ne représente le sujet voisin, *Égine visitée par Jupiter* (tableau au Metropolitan Museum de New York, *fig. 2*, première idée au Louvre, *fig. 3*).

Le dessin de Saint-Jean-Cap-Ferrat, vraisemblablement exécuté entre 1765 et 1770, est riche en détails pittoresques : un brûle-parfum posé sur un trépied, un grand bassin d'orfèvrerie, un miroir ornent une chambre d'apparat. Les regards des cinq compagnes « en négligé » de l'héroïne sont tournés vers celle-ci, pâmée de volupté. Une servante au premier plan ramasse les pièces d'or. Deux des jeunes femmes aspergent d'eau les « vapeurs brûlantes ».

La surprise et l'étonnement des compagnes, la jouissance de l'héroïne qui ferme les yeux de bonheur, la rapacité de la servante, accentuent l'étrangeté de cette composition, particulièrement animée et ambitieuse.

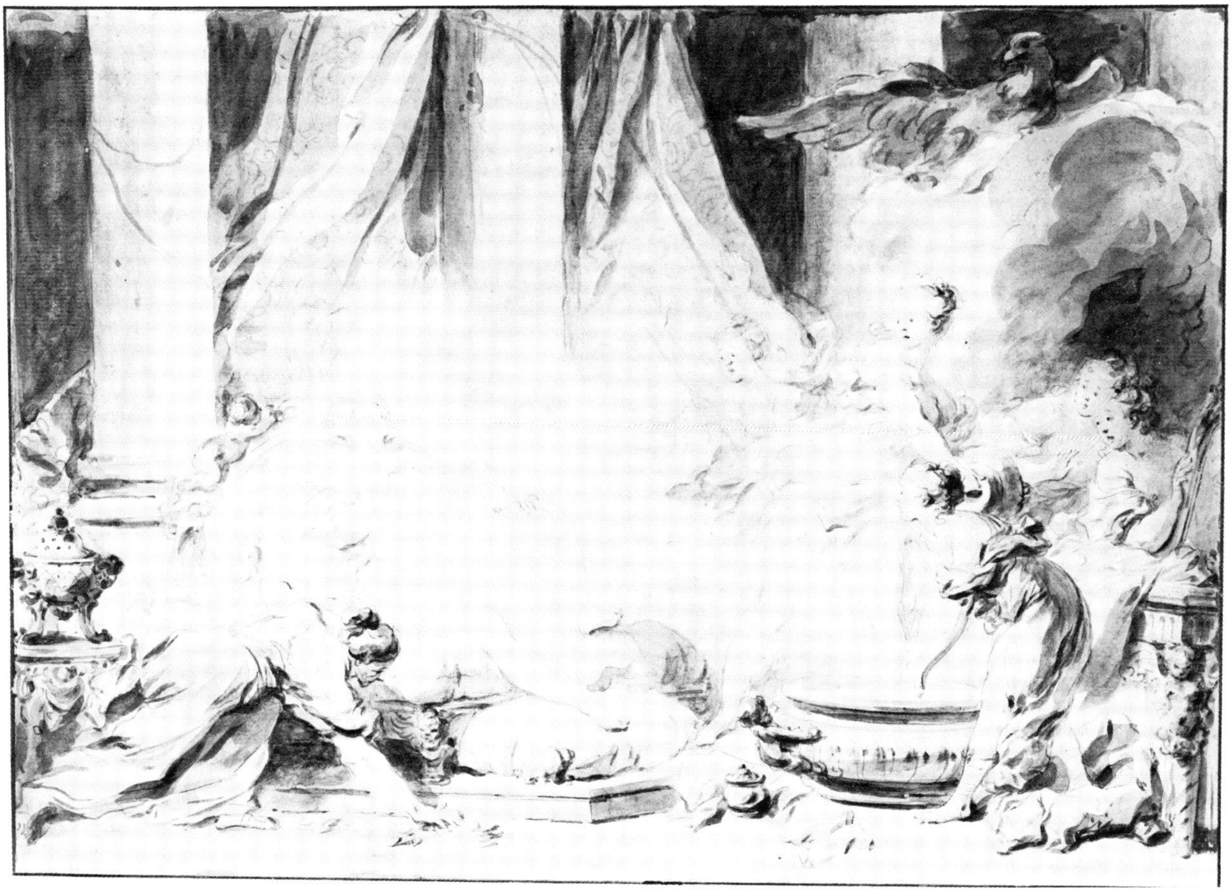

## 112 Une métamorphose de Jupiter

H. 268 ; L. 387
Lavis de bistre sur préparation à la pierre noire
Au verso : «jupiter chez la Mde de Modes/Bambochade/ h. fragonard, nº 422» *(fig. 1)*

Coll. privée

**Provenance**
Voir nº précédent.
Porte sur le montage la marque sèche de François Renaud (Lugt 1042), un monteur de dessins de la seconde moitié du XVIIIᵉ siècle. Coll. de l'architecte Pierre François Léonard Fontaine (1762-1853) (?) ; coll. Foulon de Vaux (en 1921) ; [Wildenstein] ; coll. Albert L. Meyer, Paris ; coll. Germain Seligman (dès 1931, sa marque, non inventoriée par Lugt, en bas à droite sur le montage). Acquis par Fort Worth en 1979.

**Expositions**
Paris, 1921, nº 290 ;
Paris, 1931, nº 5 ;
Paris, 1937, nº 537.

**Bibliographie**
Seligman, 1952, pp. 88-89, fig. 36 ;
R. p. 191 ;
A. 396 ;
Richardson, 1979, nº 22, ill.

**Œuvres en rapport**
Pour une composition voisine, voir nº 111.
Il existe une seconde version de ce dessin, plus achevée, (A. 394 fig. 144) dont on suit les changements de propriétaires depuis 1883 *(fig. 2)*.

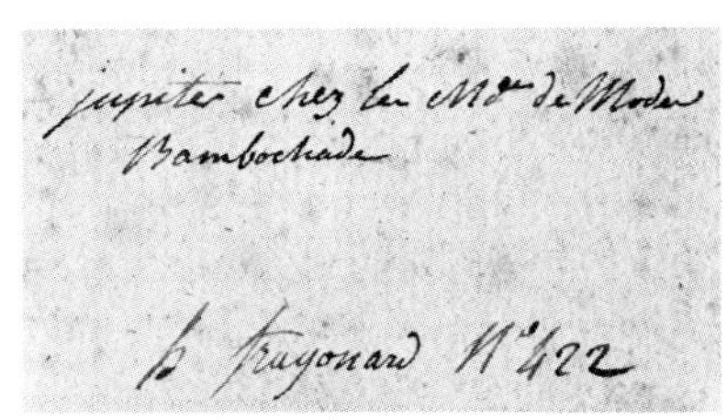


fig. 1. Verso du nº 112

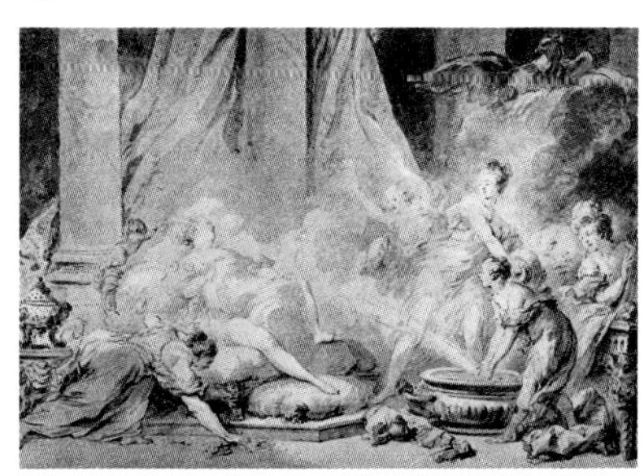

fig. 2. Fragonard (?),
*Une métamorphose de Jupiter*,
localisation actuelle inconnue

Il n'y a que peu de variantes entre le dessin de Fort Worth et celui de Saint-Jean-Cap-Ferrat (notice précédente) : la principale concerne l'héroïne. Elle lève ici la tête vers l'aigle, alors que sur le second dessin, elle la détournait.

# 113 Le dortoir des jeunes filles

H. 239 ; L. 367
Lavis de bistre sur préparation à la pierre noire

Cambridge, Harvard University Art Museum, Fogg Art Museum, don Charles E. Dunlap

**Provenance**
Le dessin a appartenu au graveur Gabriel Huquier (sa marque Lugt 1285, en bas à droite), mais ne figure pas à sa vente après décès du 9 novembre 1772 (sur Huquier, voir Bruand, 1950). Est-ce le dessin de la vente [Varanchan de Saint-Geniès], 29-31 décembre 1777, nº 63 : « l'intérieur d'une chambre à coucher où l'on voit beaucoup de jeunes filles paraissant éveillées par la chaleur dans une nuit d'été », acheté par le miniaturiste Hall pour 240 livres (« le Dortoir vente Varaujean »), Villot, 1867, p. 77) ? Est-ce le dessin de la vente [De Ghendt] du 15-22 novembre 1779, nº 261 (550 livres avec son pendant) : « le dortoir d'une pension de jeunes filles dans lequel on voit trois lits et sept jeunes fillettes en chemises occupées à plusieurs ouvrages du matin », ou celui de la coll. [Boyer de Fons-Colombes], 13 décembre 1790, nº 116 : « composition de sept figures au bistre sur papier blanc », ou celui de la vente Destaisniche du 16 novembre 1806, nº 29 (170 francs) : « le dortoir des marchandes de mode » ? Pour un dessin, peut-être de même sujet, dans la vente H. Robert, 1809, voir nº suivant. Vente Saint, 4 [en fait 30] mai 1846, nº 15 : « le coucher des ouvrières » ( ? ; au nº 16 : « le Maître de danse enlevant son élève ») ; vente, Brunet Denon, 2 février 1846, nº 245 : « le coucher des ouvrières » ( ?) ; vente Norblin, 16-17 mars 1860, nº 56 : « le lever des ouvrières modistes composition de sept figures... » ( ?).
Citons encore le dessin de la vente du chevalier de C[lesne], 4 décembre 1786, nº 114 : « un dortoir de jeunes filles dans lequel on compte sept figures variées entre elles par différentes attitudes intéressantes » ; pourrait se confondre avec celui de la vente Walferdin, 12-16 avril 1880, nº 213 (1.100 francs à Haro, mais voir Williams, 1978, nº 25 et notice nº 117 fig. 1) et de l'anc. coll. Groult (voir Portalis, 1880, p. 27, P. p. 297 et *Œuvres en rapport* de la notice 117). Mentionnons enfin le dessin chez Bélizard, an II : « le réveil des ouvrières, dessin au bistre... 14 p. sur 18... flagonard » (A. N. F[17] 372, p. 154, nº 23), attribué par les commissaires de la saisie révolutionnaire à « Denon ». Est-ce le dessin de la vente Brunet Denon de 1846 ? [Wildenstein] en 1928 ; coll. David David-Weill ; [Wildenstein] en 1938 ; don de Charles E. Dunlap ; 1954.106.

**Expositions**
Paris, 1928, nº 167 ;
Paris et autres lieux, 1958-59, nº 46, pl. 66 ;
Washington, 1978, nº 22, ill. (avec liste complète des exp.).

**Bibliographie**
G. p. 298 et 330 ;
P. p. 66, 194, 297 ;
R. p. 197 ;
A. 1988 fig. 540 ;
Starobinski, 1964, p. 120, 125 et p. 121 ill. ;
Massengale, 1979, fig. 99.

**Œuvres en rapport**
Pour le pendant, voir notice suivante.
Pour la version exposée à Grasse en 1957, nº 59, pl. XVI, voir A. 1989 (voir aussi A. 1990).
Pour la provenance du A. 1991 fig. 541, voir plus haut. Voir aussi Geraldine Norman, *Times*, 9 mars 1978.

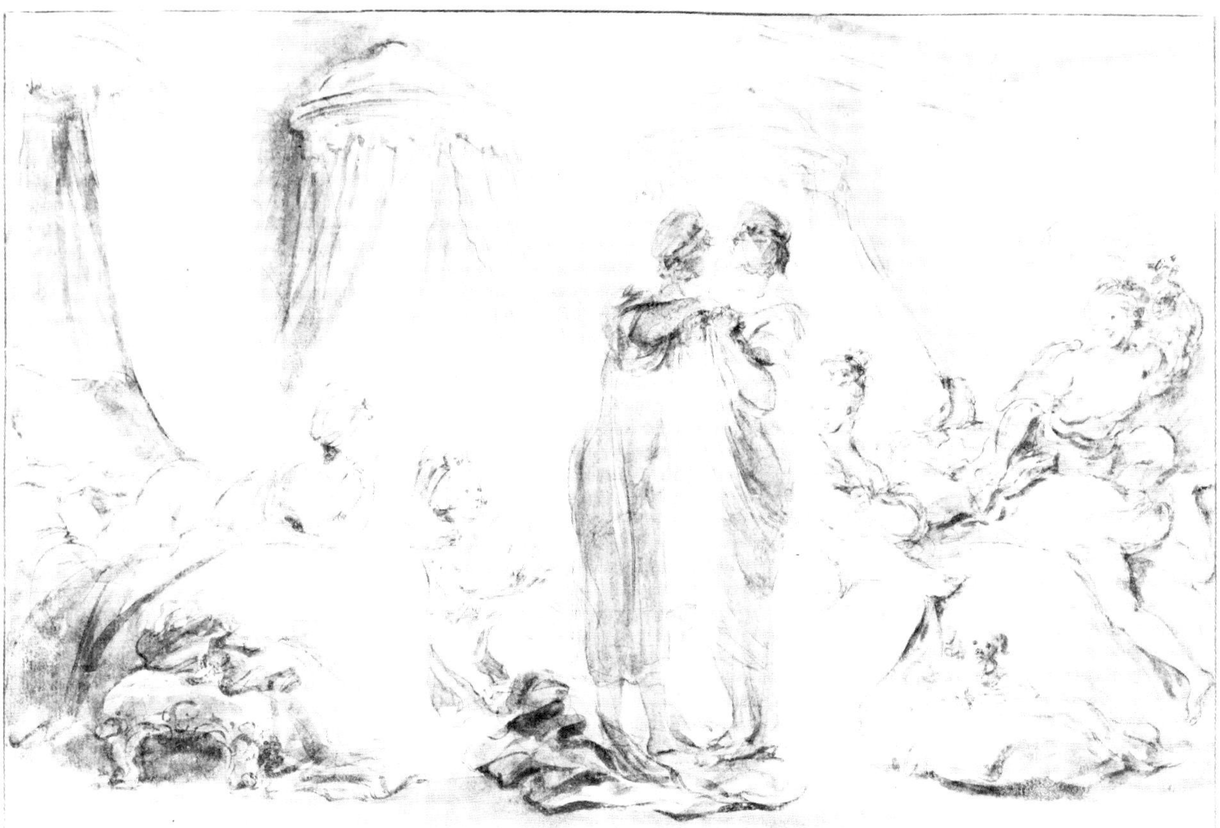

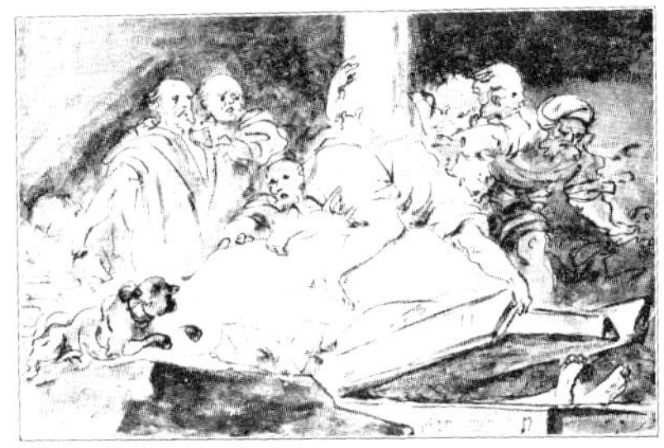

fig. 1. *La Résurrection de Lazare*, localisation actuelle inconnue

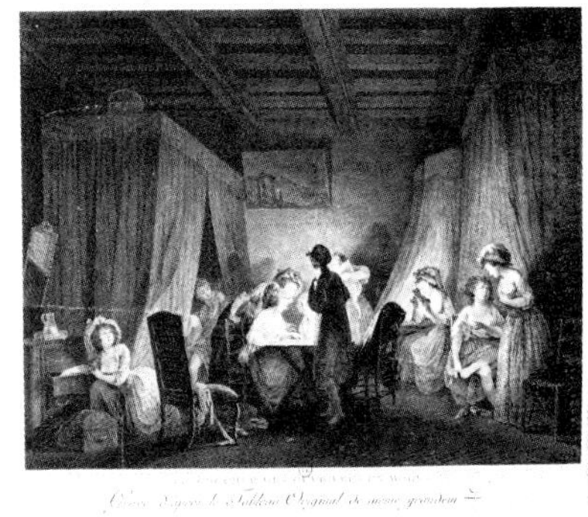

fig. 2. Dequevauviller d'après Lavreince, *Le coucher des ouvrières*, Paris, Bibliothèque Nationale, Cabinet des estampes

« C'est, on le devine, une nichée de jeunes filles, se devêtant sans défiance, ou s'étirant sur leurs lits, et, détail amusant, deux d'entre elles entrouvrant leurs chemises, semblent en train de chercher... une puce ! » (Portalis).

Le dessin appartint à Gabriel Huquier (1695-1772) dont il porte la marque de la collection en bas à droite. En marge de son exemplaire du catalogue de la vente après décès du graveur, Mariette note, à propos d'un dessin de Leprince (1734-1781) et de la *Résurrection de Lazare* de Fragonard (qui passe pour le dessin que nous reproduisons ici, *fig. 1*), vendus sous le même numéro : « ils les firent en badinant et sur la même table chez Huquier » (P. p. 201). L'indication mérite d'être relevée car, outre qu'elle nous confirme la virtuosité de Fragonard, elle associe les noms de deux artistes qui parfois s'imitèrent et se pastichèrent et aujourd'hui encore sont souvent confondus.

Il (ou une seconde version de l'œuvre) est mentionné dans plusieurs collections importantes du XVIIIe siècle, dont celles de Varanchan, un amateur averti et très particulier d'œuvres de Fragonard, du miniaturiste Hall, d'Hubert Robert vraisemblablement. L'intéressant, bien sûr, est qu'il est possible de donner une date approximative à ce dessin, avant 1772 en tout cas, vers 1770 au plus tard.

À son accoutumé, Fragonard prépare sa composition par tout un jeu de lignes à la pierre noire. Puis, de la pointe du pinceau, il dessine les corps, marque les yeux, quelques plis de vêtements auxquels il donne leur volume en appliquant avec délicatesse, sur les parties de la composition qu'il souhaite laisser dans l'ombre, un lavis de bistre plus ou moins sombre.

Le dessin, souvent intitulé « Le dortoir des marchandes de mode » ou « Le coucher des ouvrières en modes », sans doute par allusion à la célèbre composition de Lavreince *(fig. 2)*, ou encore, dès 1779 : « le dortoir d'une pension de jeunes filles », est à la limite de la polissonnerie (du voyeurisme ?). Qu'elles cherchent une puce ou tentent de se protéger de la chaleur d'une nuit d'été en se devêtant, les deux jeunes filles dont nous entr'apercevons les charmes grâce à un habile effet d'éclairage, grâce « à la complicité d'un contre-jour » (Starobinski, 1964), sont là pour notre délectation. Et la fessée administrée sans conviction par une de leurs compagnes, elle aussi en chemise légère, ajoute à notre plaisir.

# 114 La leçon de danse

H. 235 ; L. 365
Lavis de bistre sur préparation à la pierre noire

Lisbonne, fondation Calouste Gulbenkian

**Provenance**
Peut provenir, comme le dessin précédent (n° 113) de la vente [Varanchan de Saint-Geniès], 29-31 décembre 1777, n° 62 : « ...l'intérieur d'une chambre où l'on voit plusieurs dames assises devant une cheminée et s'amusant à faire tenir droit un petit chien ; derrière elles, un jeune homme fait sauter une jeune demoiselle, et plus loin est une autre personne s'occupant à lire », acheté pour 385 livres (selon le cat., 416 selon Hall) par le miniaturiste suédois Hall (« vente Varaujean », Villot, 1867, p. 77). Peut se confondre avec les dessins des ventes [De Ghendt], 15-22 novembre 1779, n° 262 (550 livres avec son pendant) : « ...derrière elles un jeune homme qui s'amuse à faire sauter devant un miroir une demoiselle », chevalier de C[lesne], 4 décembre 1786, n° 113, Hubert Robert, 5 avril 1809, n° 172 : « trois dessins légèrement lavés de bistre par Fragonard, dont la Leçon de danse » (40 francs à Constantin) ; coll. Amédée Constantin, sa vente, 29 mars 1830, n° 91 (71 francs) : « ...réunion de jeunes femmes, dont une occupée à lire » (?) ; coll. Saint, vente, 4 [en fait 30] mai 1846, n° 16 (? ; 120 francs ; voir notice précédente et plus bas rubrique *Œuvres en rapport*) ; coll. Émile Norblin, vente, 16-17 mars 1860, n° 5 du suppl. (250 francs) ; coll. Camille Marcille dès 1862 (Burty, 1876, p. 15), vente, 6-7 mars 1876, p. VII et n° 78 (2.020 francs) ; coll. Josse dès 1889, sa vente après décès, 28-29 mai 1894, n° 11, ill. (10.900 francs ; le cat. le dit à tort provenir de la coll. Dreux) ; coll. du marquis de Biron, Paris, dès 1899 puis Mme de Polès ; David David-Weill en 1921 ; [Wildenstein] en 1937 ; acquis par C. S. Gulbenkian en 1937. Fondation Calouste Gulbenkian.

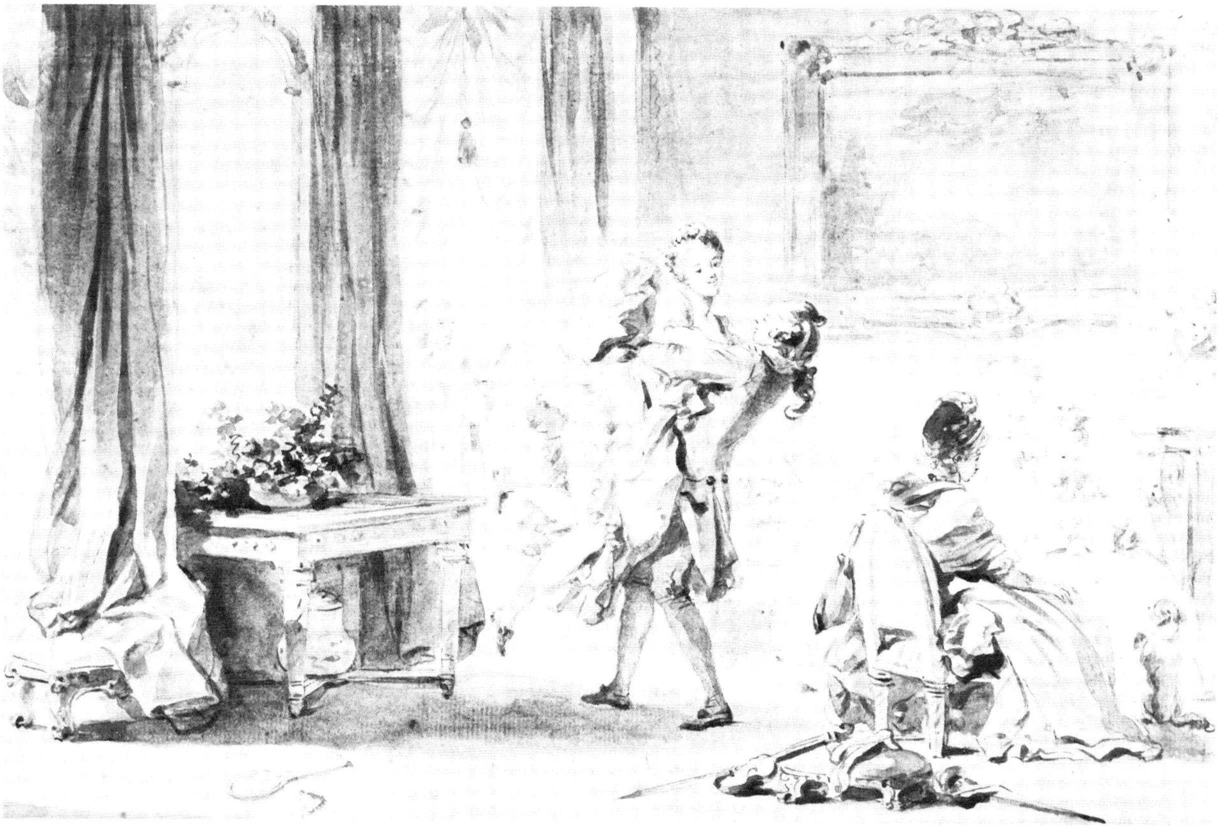

**Expositions**
Paris, 1884, n° 275 ;
Paris, 1921, n° 157 ;
Porto, 1964, n° 62, ill.

**Bibliographie**
G. p. 297-298, 329 et 330 ;
P. p. 194, 196, 307, repr. entre pp. 192-193 ;
Martine, 1927, n° 40, ill. ;
Henriot, 1928, III, pp. 173-174, ill. p. 175 ;
R. p. 197 ;
A. 1992 fig. 544.

**Œuvres en rapport**
Pour une autre version, Donadieu Dreux, vente, 3-4 février 1870, n° 40 (430 francs), anonyme, 23-25 mars 1874, n° 30 (« collection Saint (voir plus haut, rubrique *Provenance*), Donadieu et Dreux »), puis Horace de Choiseul dès 1889 (P. p. 311), vente, 7 mai 1897, n° 10, voir R. ill. p. 36 et A. 1993 fig. 545 *(fig. 1* ; ce dernier cat. est le seul qui précise la date, 1784*)*, voir aussi A. 1994 et 1995 (Grappe, 1913, II, ill. entre p. 18 et 19).

Gravé partiellement par Jules de Goncourt *(fig. 2)* en 1862 (illustre l'édition de 1865 de l'étude des deux frères ; Burty, 1876, p. 15, n° 68).

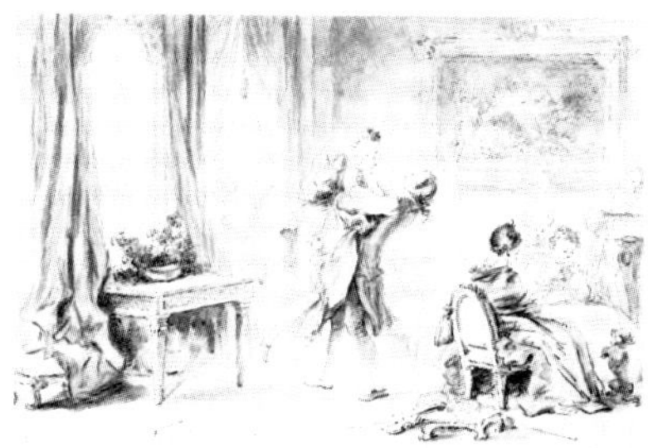

fig. 1. *La leçon de danse*, localisation actuelle inconnue

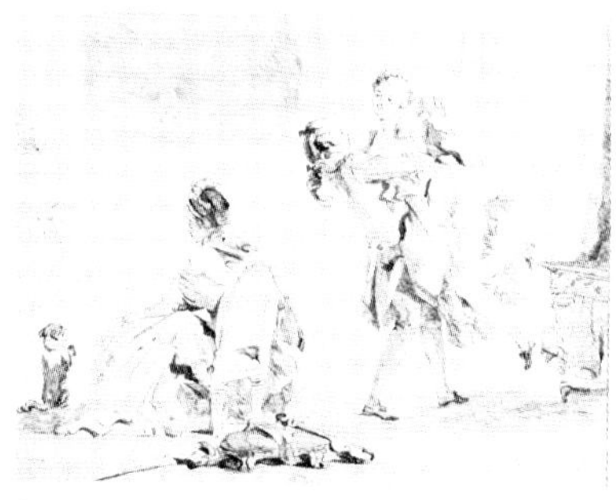

fig. 2. J. de Goncourt, *« Le Maître à danser »*, Paris, Bibl. Nationale, Cabinet des estampes

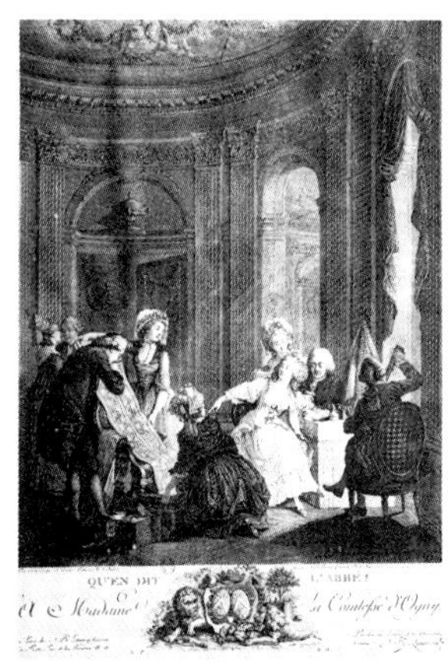

fig. 3. Delaunay d'après Lavreince, *Qu'en dit l'abbé ?*, Paris, Bibl. Nationale, Cabinet des estampes

Le dessin a souvent été intitulé « Qu'en dit l'abbé ? », titre d'une célèbre composition de Lavreince *(fig. 3)*. La feuille de Lisbonne, ou une seconde version de l'œuvre, était associée au *Dortoir* (n° 113) dans la collection Varanchan de Saint-Geniès, chez le miniaturiste Hall, chez Emmanuel De Ghendt, dans la collection du chevalier de Clesne, enfin chez Hubert Robert (et chez Saint en 1846 !). Remarquons cependant qu'elle ne porte pas la marque du graveur Huquier (voir n° précédent).

Le sujet est plaisant : laissons à Edmond de Goncourt le

soin de le décrire (en nous souvenant de la belle gravure qu'en a laissé son frère Jules) : « tandis que des dames s'amusent, auprès de la cheminée, d'un petit chien qui fait le beau, à côté du tabouret où pose la pochette, le ravissant petit maître, enlevant et faisant pirouetter entre ses bras sa belle élève, montre, sans le vouloir un peu de ses jolies jambes au fin matois d'abbé lisant son bréviaire, là bas, dans l'embrasure de la fenêtre ». Au sol, le volant de la jeune fille, un tableau de paysage, un miroir qui reflète un peu de la scène, complètent le tableau. « Fragonard, trempant sa plume dans une goutte de bistre, n'a jamais troussé un billet doux plus spirituel et plus gai, plus brillant et plus sémillant que cette saynète de château qui a pour titre : *qu'en dit l'abbé ?* » (Paul de Saint-Victor, préface du cat. de la vente Marcille, 1876, p. VII).

Le petit chien, la jupe retroussée de la jeune héroïne, l'abbé qui lève les yeux au bon moment, Fragonard multiplie les points d'intérêt sans pour autant détruire l'unité d'une composition particulièrement « riante », pour reprendre le juste qualificatif de l'expert de la vente de 1786.

## 115 Les pétards

H. 262 ; L. 380
Lavis de bistre sur préparation à la pierre noire

Boston, Museum of Fine Arts

**Provenance**
Coll. Paignon Dijonval (cat. par Bénard, 1810, p. 154, n° 3652), vendue par son petit-fils le vicomte Morel de Vindé le 17 décembre 1821 et jours suivants : « trois femmes couchées sur un lit et effrayées par des fusées que l'on tire dans leur chambre par une trappe » ; coll. « Jacob de la Cottière, Directeur de la Librairie Hachette » qui le donne à Émile Templier « de la Société des Gens de Lettres » (cette inscription aurait figuré autrefois au verso du dessin) ; son gendre, M. Desclosière, directeur de la librairie Hachette ; acquis de celui-ci par David David-Weill en 1913 ; [Wildenstein] en 1938 ; acquis par le musée de Boston en 1944 grâce au Otis Norcross et Seth K. Sweetser Fund ; 44.815.

**Expositions**
Paris, *Beaux-Arts,* 1935, n° 310 ;
Paris et autres lieux, 1958-59, n° 45, pl. 65 ;
Londres, 1968, n° 259 fig. 299 ;
Washington, 1978, n° 23, ill. (avec liste des exp. et bibliographie complète).

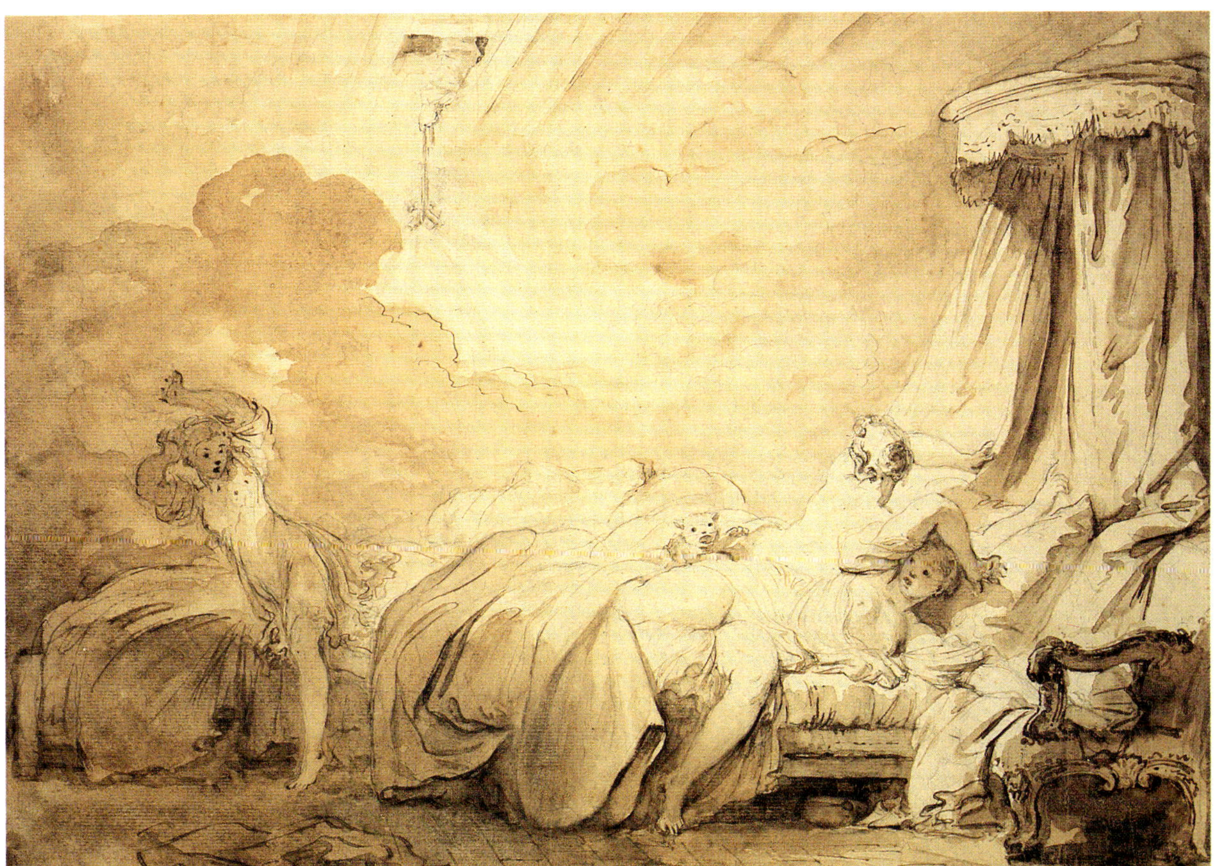

**Bibliographie**
G. pp. 273-274 et 329 ;
Portalis et Béraldi, 1880, I, p. 54 ;
P. p. 194 ;
Martine, 1927, n° 43, ill. ;
Henriot, 1928, pp. 165-166, pl. p. 167 ;
Wilhelm, 1951, p. 25 ;
R. pp. 70 et 196-197 ;
A. 2009 fig. 552.

**Œuvres en rapport**
Le dessin a été gravé par Pierre-Laurent Auvray (1736- ?) sous le titre « Les pétards » *(fig. 1)*, accompagné des vers suivants : « De ces feux apprétés ne craignez point les flames *(sic)*/ Punissez plutôt l'indiscret : / Les feux que vos appas allument dans nos ames/ Font moins d'éclat mais plus d'effet » (P. p. 328 ill. p. 193 et Roux, I, 1930-31, p. 270, n° 6). Voir aussi A. 2010 et 2011.
Une copie à la gouache par L. Barbier est mentionnée dans une vente Barbier le 19 juillet 1779, n° 18 : « le jeu des Seringues et celui des Pétards, à gouache d'après H. Fragonard, par le même » (L. Barbier) « Hauteur 6 pouces 6 lignes, largeur 9 pouces 3 lignes ». Voir aussi numéro suivant.

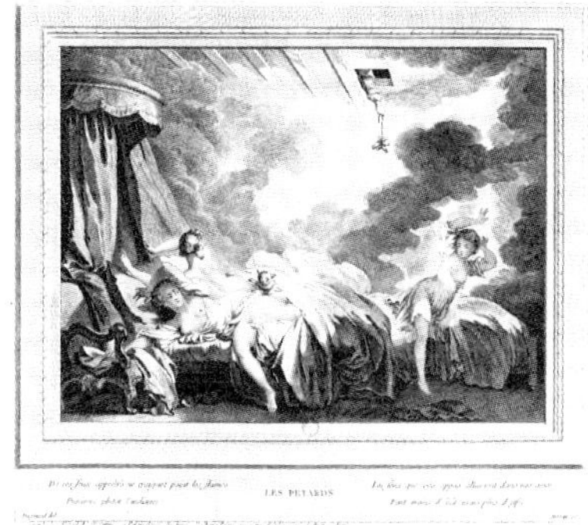
fig. 1. P.-L. Auvray, *Les pétards*, Paris, Bibl. Nationale, Cabinet des estampes

On rapproche parfois, sans grande raison, ce dessin du tableau de « Fragonard et la Citoyenne Gérard », de la vente Villers du 2 décembre 1795, n° 5 : « ... deux jeunes filles auxquelles un Amant invisible présente un bouquet et une lettre, à travers une trape pratiquée dans le plafond... »

Les *Pétards* et les *Jets d'eau* (n° 116) ont à coup sûr été réunis entre 1810 et 1938. Les deux dessins que nous exposons sont très vraisemblablement ceux qui ont été gravés à une date inconnue par Pierre-Laurent Auvray, un des collaborateurs du *Voyage Pittoresque* de l'abbé de Saint-Non. Et ce sont très vraisemblablement ceux qui, avant 1779, ont été copiés à la gouache par L. Barbier. Ajoutons qu'une date voisine de 1770 semble aujourd'hui faire l'unanimité.

Une main anonyme passe par la trappe du plafond des pétards dont le fracas affole trois jeunes filles endormies et leur chat. Leurs feux éclairent la chambre, nous révélant les charmes mal dissimulés des dormeuses surprises. L'effroi peu convaincant des jeunes filles n'est bien sûr qu'un prétexte : Fragonard s'adresse au voyeur qui somnole en chacun de nous... « La légèreté est sa décence ».

## 116 Les jets d'eau

H. 265 ; L. 384
Lavis de bistre sur préparation à la pierre noire

Williamstown, Sterling and Francine Clark Art Institute

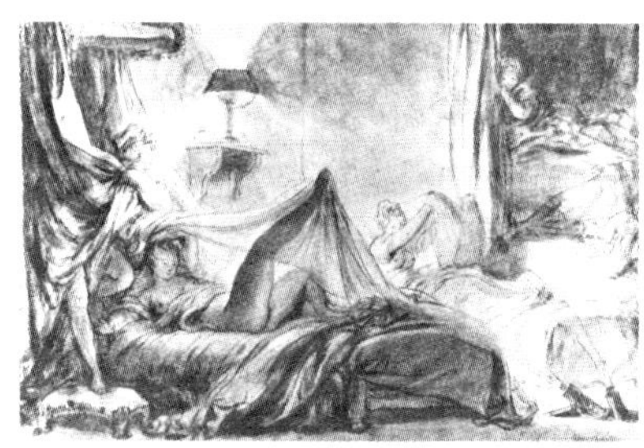
fig. 2. *Les jets d'eau*, localisation actuelle inconnue

**Provenance**
Trois dessins de ce sujet sont mentionnés dans des ventes du XVIII$^{e}$ siècle : coll. [Varanchan de Saint-Geniès], sa vente, 29-31 décembre 1777, n° 64 (480 livres) ; coll. [Dulac] et Lachaise, leur vente, 30 novembre 1778, n° 77 (140 livres) ; coll. [de Boynes], sa vente, 15 mars 1785, n° 218 (200 livres) ; coll. Paignon Dijonval (cat. par Bénard, 1810, p. 154, n° 3652), vendue par son petit-fils, le vicomte Morel de Vindé, le 17 décembre 1821 et jours suivants : « trois femmes couchées sur un lit, on leur jette de l'eau avec des pompes par une trappe qui est ouverte au pied de leur lit ». Au verso du dessin : « ce dessin a été donné à M. Émile Templier, Directeur de la Librairie Hachette par M. Jacob de la Cottière, de la Société des

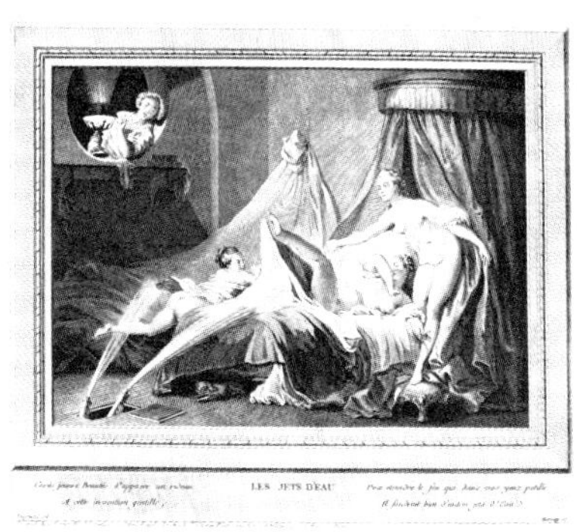
fig. 1. P.-L. Auvray, *Les jets d'eau*, Paris, Bibl. Nationale, Cabinet des estampes

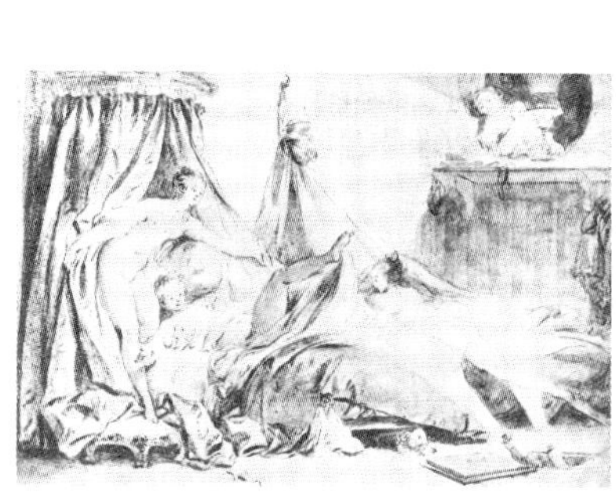
fig. 3. *Les jets d'eau*, localisation actuelle inconnue

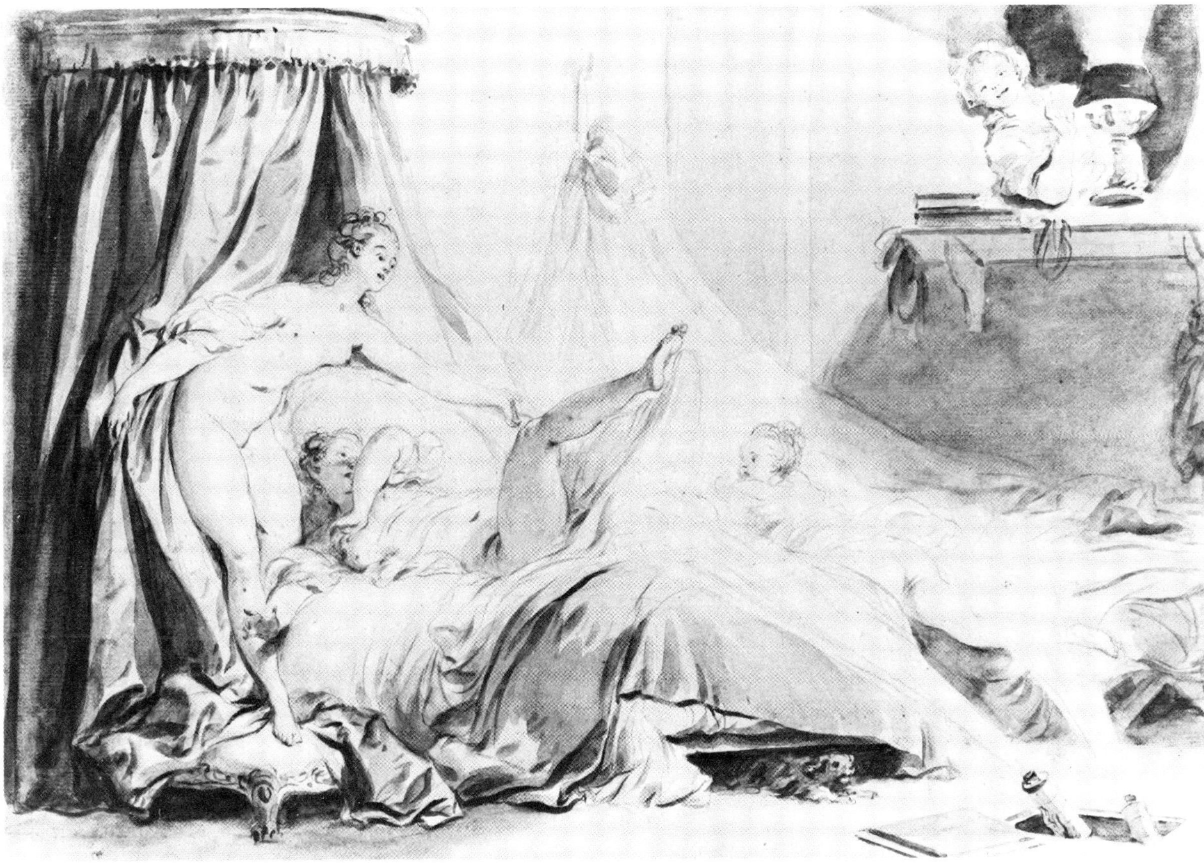

Gens de Lettres » ; acquis en 1913 par David David-Weill de M. Desclosières, gendre d'Émile Templier, Directeur de la librairie Hachette ; [Wildenstein] en 1938 ; acheté par R. S. Clark en 1941.

**Expositions**
Paris, *Beaux-Arts,* 1935, nº 311 ;
Washington, 1978, nº 24, ill.

**Bibliographie**
G. p. 274, 329 ;
Portalis et Béraldi, 1880, I, p. 54 ;
P. p. 66, 194, 304 ;
Martine, 1927, nº 42, ill. ;
Henriot, 1928, III, pp. 145-146, pl. p. 147 ;
R. p. 70, 124, 196 ;
Haverkamp-Bergemann..., 1964, nº 36, pl. 36 ;
A. 2012 fig. 547.

**Œuvres en rapport**
Le dessin a été gravé par Pierre-Laurent Auvray (1736- ?) sous le titre « Les jets d'eau » *(fig. 1)*, accompagné des vers suivants : «Cessés jeunes Beautés d'opposer un rideau/ À cette invention gentille ;/ Pour éteindre le feu qui dans vos yeux petille/ Il faudroit bien d'autres jets d'Eau » (P. p. 328 et Roux, I, 1930-31, pp. 269-270 nº 5).

On connaît au moins deux versions autographes de ce dessin (A. 2013 fig. 548 ; A. 2014, vente, Paris, 13 octobre 1983, nº 9, ill. ; A. 2015 fig. 546 ; A. 2016, cat. exp Paris 1931, nº 18, ill.). Celle, plus petite, des coll. Marius Paulme (vente, 13 mai 1929, nº 80, ill., 295.000 francs) puis Franz Kœnigs à Haarlem (cat. exp Paris 1937, nº 542), aujourd'hui disparue, est d'une composition sensiblement différente *(fig. 2)*. Le dessin, autrefois dans la coll. Veil-Picard, a été exposé à Tokyo (1980, nº 120, ill. ; *fig. 3*).

Pour la copie à la gouache par Barbier, voir notice précédente.

Les *Jets d'eau,* parfois intitulé le *Jeu des seringues,* ont été gravés et copiés au XVIIIᵉ siècle, avec les *Pétards* (voir notice précédente). Or, les trois *Jets d'eau* qui passent en vente au XVIIIᵉ siècle ne sont jamais accompagnés de *Pétards.* En conséquence, rien ne permet d'affirmer que les dessins des ventes Varanchan, Dulac et de Boynes se confondent avec celui de Williamstown.

D'une trappe au sol, deux jets d'eau arrosent trois jeunes filles juste sorties du lit qui cachent bien mal leurs appas et se défendent sans grande conviction. Une compagne, qui tient une lampe à abat-jour, éclaire, d'un œil de bœuf, la scène. « Fragonard adore ces espiègleries du temps qui éclaboussent de lumière un corps de femme surpris dans l'inconscience du premier mouvement » (Goncourt). Scène « tout à fait folâtre » (catalogue de la vente Varanchan 1777), « rendue avec toutes les grâces et l'agrément possibles » (vente 1785), le dessin de Williamstown illustre parfaitement la veine grivoise du talent de Fragonard.

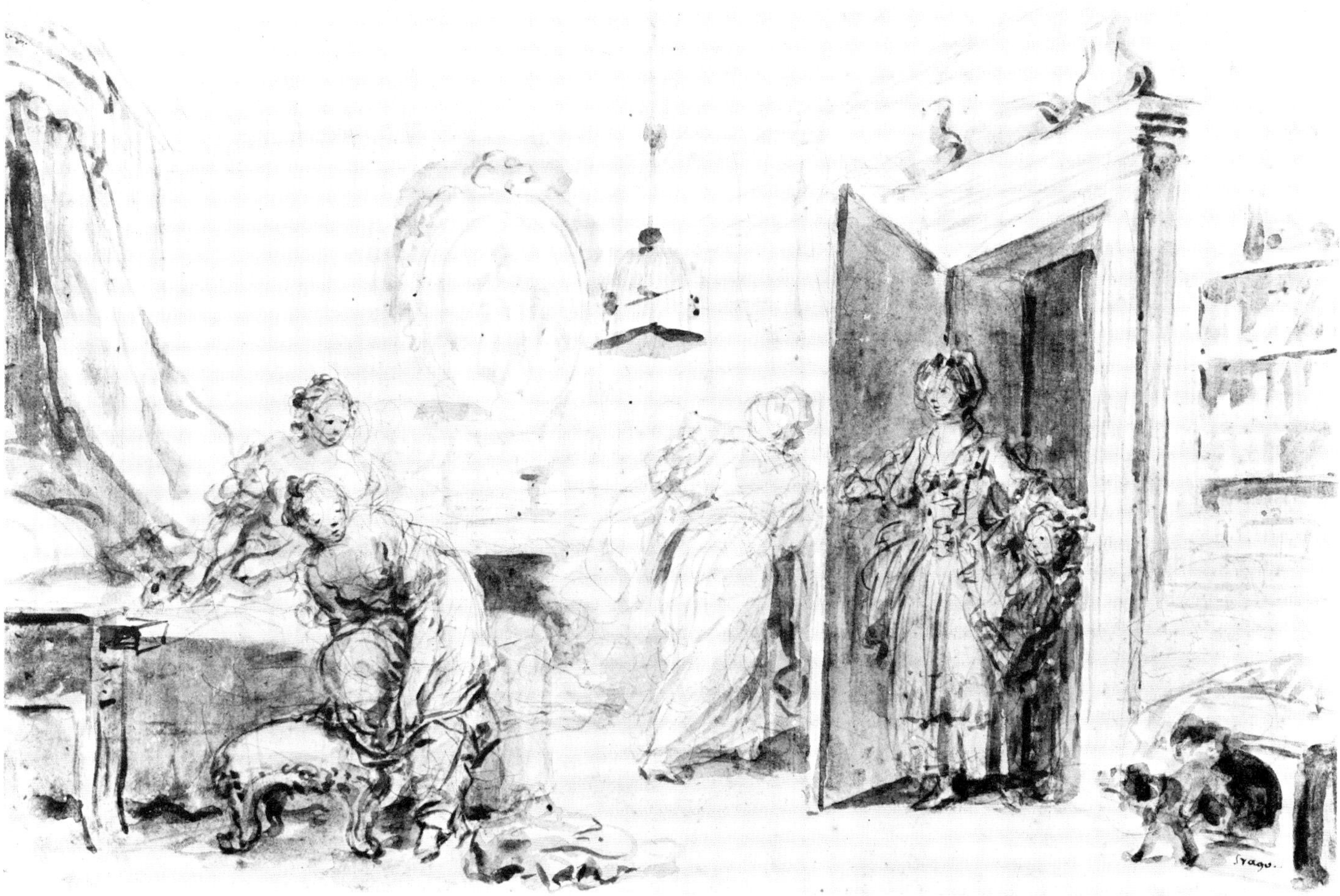

# 117 Le lever

H. 240 ; L. 368
Lavis de bistre sur préparation à la pierre noire
Signé (?), en bas à droite, sur la niche, d'une encre d'une autre couleur : *frago*
A gauche, en bas, une étoile bleue : est-ce la marque d'un collectionneur ?

Washington, The National Gallery of Art, Collection Samuel H. Kress

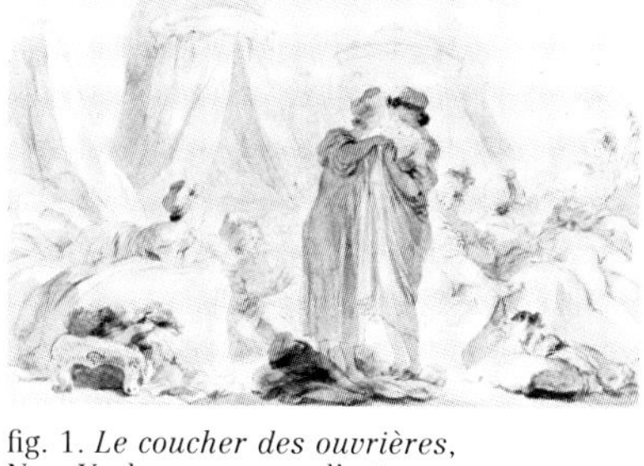

fig. 1. *Le coucher des ouvrières*,
New York, commerce d'art

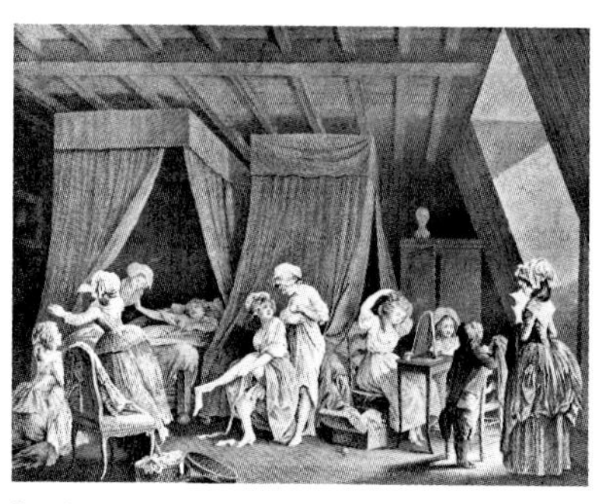

fig. 2. Dequevauviller d'après Lavreince,
*Le lever des ouvrières en modes*,
Paris, Bibl. Nationale, Cabinet des estampes

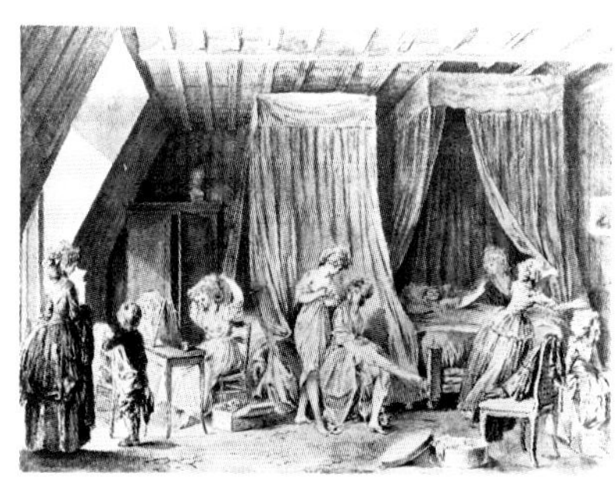

fig. 3. Lavreince,
*Le lever des ouvrières en modes*,
Paris, musée des Arts décoratifs

**Provenance**
Coll. Adrien Fauchier Magnan, sa vente, Londres, Sotheby's, 4 décembre 1935, nº 13, ill. (440 livres) ; [Richard Owen], Paris ; coll. Samuel H. Kress depuis 1936 ; donné à la National Gallery en 1963 ; 1963.15.10.
Eunice Williams (1978) a émis l'hypothèse que le dessin de Washington pouvait se confondre avec le nº 213 de la vente Walferdin du 12-16 avril 1880 : « le lever des ouvrières en modes. Première pensée très supérieure à la composition gravée ». Elle a fait remarquer que le dessin de Washington n'avait pas été gravé, mais qu'il était proche, dans sa mise en page, du dessin du Louvre *Ma chemise brûle* (nº 118) qui, lui, l'a été, médiocrement. Son hypothèse est séduisante.

Notons toutefois que les Goncourt (p. 330), qui avaient vu le dessin Walferdin, le rapprochent d'un dessin décrit dans le catalogue de la vente De Ghendt (1779) où « sept (et non quatre) fillettes sont occupées à leur toilette » et Portalis mentionne le dessin Walferdin à deux reprises. Il le décrit en 1880 (p. 27) : « le lever des ouvrières, dans son aimable abandon, rappelle avec plus de gaieté et d'esprit la composition bien connue de Lavreince » puis, en 1889 (p. 297), le catalogue cette fois sous le titre « Le coucher des ouvrières ». Mais surtout, il donne le nom de son nouveau propriétaire, Camille Groult, et le reproduit (entre p. 200 et p. 201). Le dessin Groult est resté dans cette collection jusqu'à une date toute récente *(fig. 1)*.

**Exposition**
Washington, 1978, nº 25, ill.

**Bibliographie**
R. p. 198 ;
A. 87 fig. 339 ;
Eisler, 1977, p. 337, nº dK 451, ill.

Le dessin a tour à tour porté, depuis 1935, trois titres : *« Ma chemise brûle », Le Coucher* ou plus prudemment *La chambre à coucher*. Le premier prend son sens pour qui se souvient du dessin du Louvre (nº suivant) d'une mise en page tout à fait comparable. Mais rien ne le justifie. Le second n'est pas plus convaincant. Il nous semble que la jeune fille qui, au premier plan, se penche vers nous en laissant voir ses seins, finit de s'habiller. La comparaison avec la célèbre composition de Lavreince « Le lever des ouvrières en modes » nous paraît concluante *(fig. 2* et *3* ; la gouache, datée de 1783, appartient à l'Institut Tessin à Paris*)*.

La scène se déroule en effet dans une belle chambre à coucher. Mais que font les jeunes femmes qui s'y affairent ? Et que vient annoncer la visiteuse, accueillie par les jappements du chien ? Fragonard décrit avec vivacité et sans aucune prétention cette scène du quotidien.

Est-ce lui qui a inscrit son nom sur le bas de la niche du chien ? Cette note humoristique n'aurait rien de surprenant de la part de l'artiste.

# 118 « Ma chemise brûle »

Paris

H. 246 ; L. 372
Lavis de bistre sur préparation à la pierre noire

Paris, musée du Louvre, Cabinet des dessins

**Provenance**
Coll. [Chabot et duc de la Mure ou Desmarets], leur vente, 17-22 décembre 1787, nº 160 : « l'intérieur d'une Chambre à coucher où l'on voit quatre jeunes femmes agréablement ajustées, dont une est encore dans son lit » (68 livres 19 sols à Constantin). Coll. Jean Marc dit John Dupan, de Genève, sa vente, 26-28 mars 1840, nº 1392 (marque de cette collection, Lugt 1440, en bas à gauche) ; coll. du marquis de Chennevières Pointel (1820-1899), « acheté en 1862 d'un restaurateur de curiosités, demeurant dans la Cité, près Notre-Dame de Paris » (Chennevières, 1896) ; sa vente, 5-6 mai 1898, nº 50, ill. (marque de sa coll., en bas à gauche, Lugt 2073 ; 16.500 francs à Lunel pour Camondo) ; coll. comte Isaac de Camondo ; donné au Louvre en 1911 (marque du Louvre, Lugt 1886, en bas à droite) ; R.F. 4059.

**Expositions**
Paris, 1921, nº 160 ;
Copenhague, 1935, nº 363 ;
Paris, 1946, nº 373 ;
Vienne, 1950, nº 118.

**Bibliographie**
G. p. 274, 329 ;
P. p. 307 ;
Chennevières, 1896, p. 175 (Prat, p. 204) ;
Martine, 1927, nº 11, ill. ;
Lavallée, 1938, nº 10, ill. ;
R. p. 198, 254 fig. 128 ;
A. 86 fig. 338.

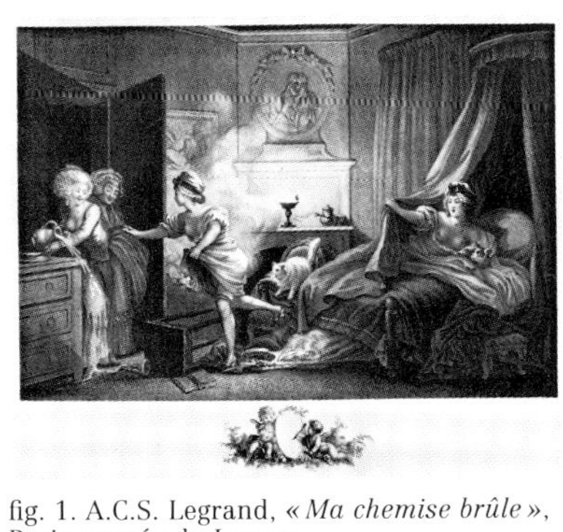

fig. 1. A.C.S. Legrand, « *Ma chemise brûle* », Paris, musée du Louvre, Cabinet des dessins, coll. Rothschild

**Œuvres en rapport**
Augustin Claude Simon Legrand dit aussi Legrand-Furcy (1766-1815) a gravé ce dessin ou plutôt une version sensiblement différente de l'œuvre, en 1788 *(Gazette de France*, mardi 23 décembre 1788, p. 456 ; Sjöberg et Gardey, XIII, 1974, p. 568, nº 37*)*. La gravure est dédiée à « Mlle/Amable/Irene/Des F/S/ et H... ». Nous reproduisons *(fig. 1)* un premier état (Hérold, 1935, p. 399, nº 1085, en catalogue quatre).

A. (171 fig. 345) rapproche, sans grande raison, du dessin du Louvre un dessin représentant une « Jeune fille nue s'enfuyant », en fait plus proche de la *Fuite à dessein* (W. 308 fig. 59).

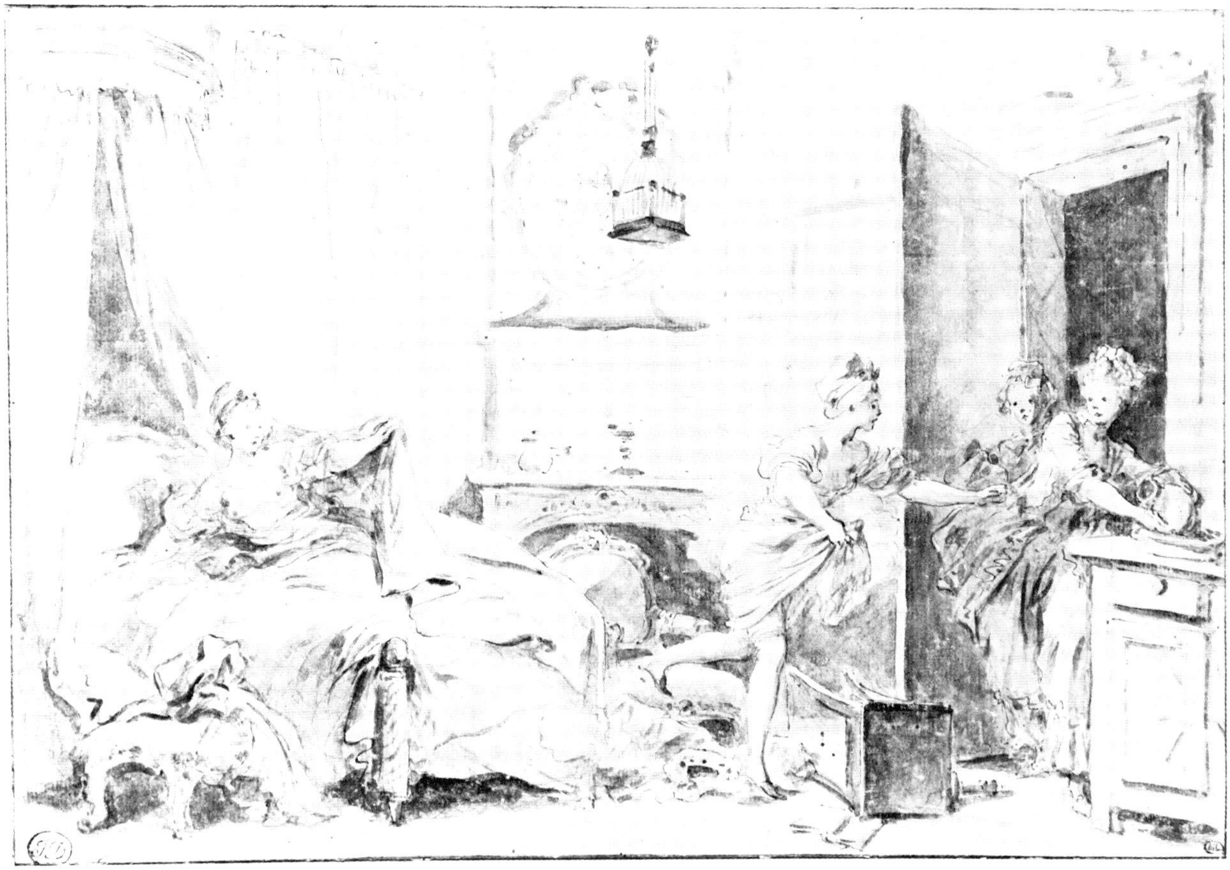

Le dessin est très proche dans sa mise en page comme dans certains détails du *Lever des ouvrières* de Washington (nº 117) : même cage à oiseau pendue au plafond, même trumeau au-dessus de la cheminée, même lit, même porte entr'ouverte sur la droite, mêmes personnes affriolantes, même composition... Mais la saynète est différente.

Alors qu'une jeune fille couchée dans un grand lit à baldaquin soulève le rideau, sa compagne se saisit précipitamment d'un pot à eau afin d'éteindre sa chemise en flammes. A terre, le réchaud, cause de l'incident. « Cette charmante composition est traitée avec tout l'esprit et le charme que cet Artiste aussi savant que plaisant met dans ses production ».

Fragonard aime les scènes où l'on se sauve, où l'on court, où l'on crie sans grande conviction et où, dans l'effarement et la précipitation, un jeune sein se découvre...

## 119 S'il m'était aussi fidèle !

H. 246 ; L. 381
Lavis de bistre sur préparation à la pierre noire

Malibu, The J. Paul Getty Museum

**Provenance**
Coll. comte Jacques de Bryas, sa vente, Paris, 4-6 avril 1898, nº 58 (1.705 francs) ; coll. Pierre Decourcelle en 1907, sa vente, 29-30 mai 1911, nº 87, ill. (acquis par Danlos) ; coll. James Edmond de Rothschild (1845-1934) ; coll. Mme Albert-Max de Goldschmidt-Rothschild (1879-1941) ; vente, Bâle, 24 janvier 1970, nº 28, ill. ; acquis en 1982 ; inv. 82 GB 165.

**Expositions**
Paris, 1907, nº 169 ;
Washington, 1978, nº 27, ill. (longue discussion sur la provenance du dessin) ;
Tokyo, 1980, nº 122, ill.

**Bibliographie**
D. et V. 158, ill. ;
R. p. 198 ;
A. 636 fig. 198 ;
Cailleux, 1962, p. iii, fig. 3 ;
Launay, 1983-84, sous le nº 8108 ;
Sutton 1980, 1987, p. 112.

**Œuvres en rapport**
Il existe une seconde version de ce dessin au musée de l'Île de France à Saint-Jean-Cap-Ferrat (fondation Ephrussi de Rothschild) (*fig. 1* ; A. 637 ; cat. 1969, ill. p. 35) : elle proviendrait de la coll. Goncourt et porte en bas à *gauche* la marque de François Renaud (Lugt 1042). Nous pensons que le dessin est un faux (et non une copie par l'abbé de Saint-Non). Sans doute a-t-il été substitué à l'original à une date inconnue, mais à notre avis après 1931.

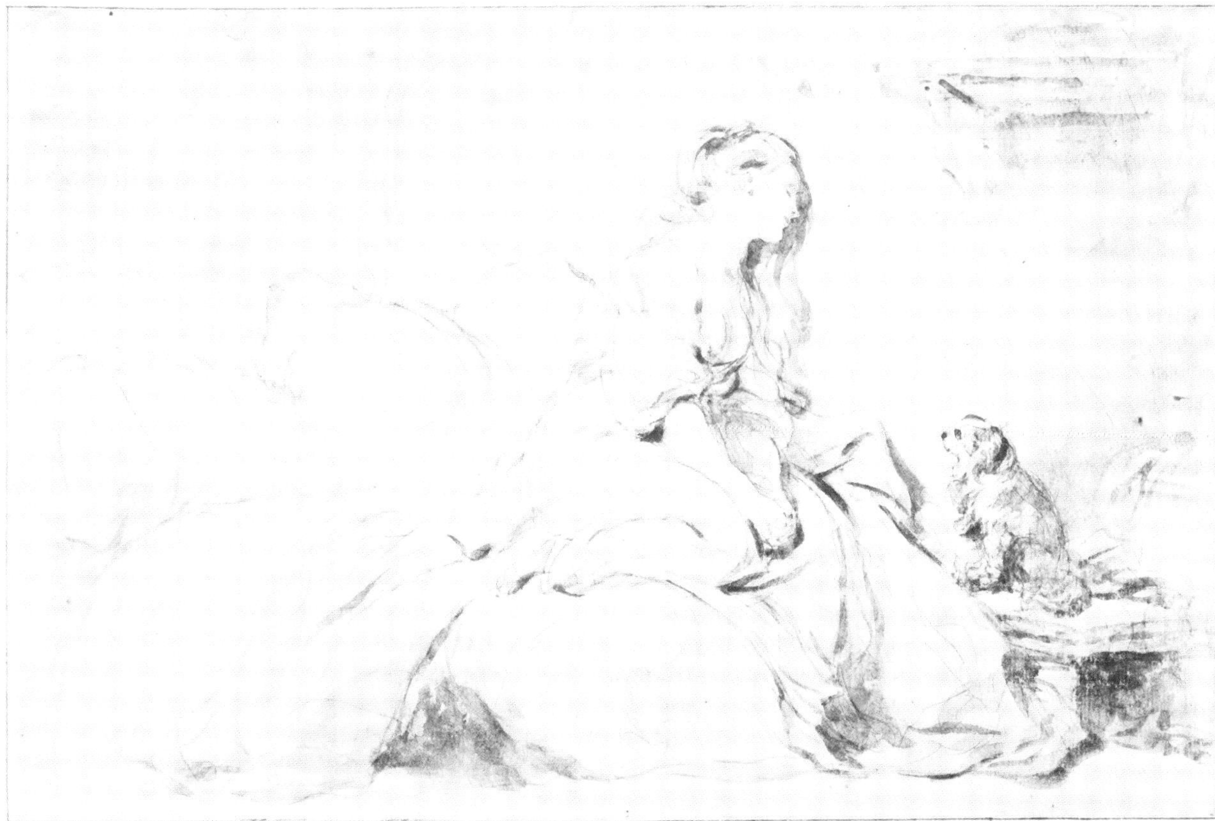

Voir aussi A. 638 (dessin que nous ne connaissons pas) et une copie à Orléans (7294).

Ce dessin a été gravé « en bistre » par l'abbé de Saint-Non en 1776 *(fig. 2)*. Guimbaud (1928, p. 201, n° 72) précise que cette aquatinte est « rare ». Nous ne l'avons pas rencontrée, mais son existence ne peut être contestée : Portalis (p. 313 et 331, n° 157) la mentionne lui aussi et la reproduit (p. 228).

Antoine-François Dennel a gravé une version en hauteur du dessin sous le titre *« S'il m'étoit aussi fidel » (sic)*. Son estampe est dédiée à « Madame Yon de St Pierre » (Roux, 1949, VI, p. 509, n° 12). Nous reproduisons une épreuve avant la lettre *(fig. 3)*.

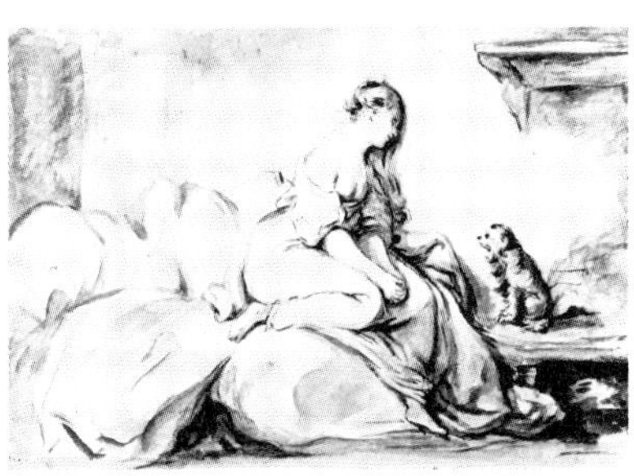

fig. 1. D'après Fragonard, *S'il m'était aussi fidèle !*, Saint-Jean-Cap-Ferrat, fondation Ephrussi de Rothschild

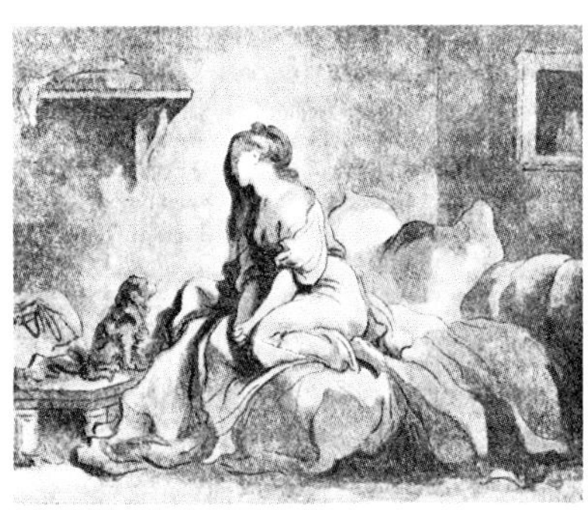

fig. 2. Saint-Non, *S'il m'était aussi fidèle !*, localisation actuelle inconnue (d'après Portalis)

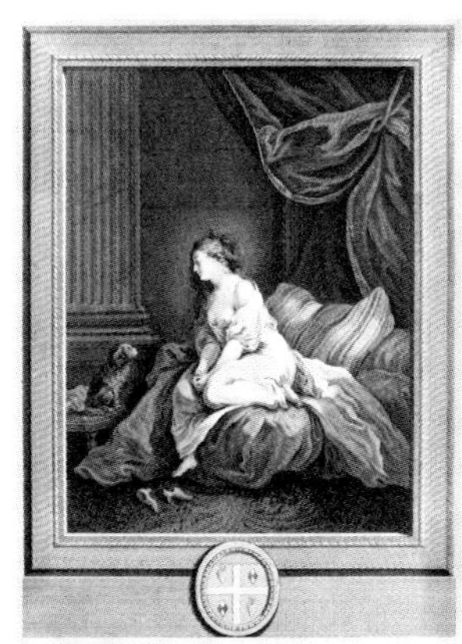

fig. 3. Dennel, *S'il m'étoit aussi fidel !*, Paris, musée du Louvre, Cabinet des dessins, coll. Rothschild

Le sujet du dessin ne demande guère d'explications : une jeune fille en déshabillé, agenouillée sur son lit défait, regarde mélancoliquement son petit chien : le titre des gravures, *S'il m'étoit aussi fidèl*, nous donne la raison de sa tristesse. Pareille à une Madeleine repentante — et Fragonard s'est certainement inspiré d'exemples célèbres, de Titien à Rubens (et a remplacé, note d'humour d'un goût douteux le crâne par un bichon !) —, la jeune fille abandonnée s'oublie à sa rêverie. Un (trop) grand lit orne sa chambre vide, décorée d'une glace et d'une étagère.

Le dessin est à coup sûr antérieur à 1776, date de l'aquatinte de l'abbé de Saint-Non, et sans doute antérieur au second voyage en Italie de 1773, vers 1770 probablement. Fragonard mêle avec intelligence pierre noire et lavis de bistre. La réussite de l'œuvre réside dans le dépouillement de la composition qui se déploie comme une frise.

# 120 L'agresseur puni

H. 250 ; L. 384
Lavis de bistre sur préparation à la pierre noire

Rotterdam, musée Boymans-van Beuningen

**Provenance**
Coll. baron Roger, sa vente, 23-24 décembre 1841, partie du n° 112 ; coll. Émile Norblin, sa vente, 16-17 mars 1860, n° 55 (185 francs à Marmontel) ; vente Marmontel, 11-14 mai 1868, n° 234 : « scène d'ivresse » (400 francs) ; coll. Gustave Muhlbacher, sa vente, 15-18 mai 1899, n° 122 ; coll. marquis de Biron, sa vente, 9-11 juin 1914, n° 19, ill. (29.500 francs) ; [N. Beets] ; acquis par Franz Kœnigs (Lugt 1023a) en 1927 ; donné au musée de Rotterdam en 1940 (F-I-102) grâce à C.D. van Beuningen.

**Expositions**
Paris, 1952, n° 92 ;
U.S.A., 1952-53, n° 85, pl. 27 ;
Berne, 1954, n° 135 ;
Rotterdam, 1957, n° 64, ill. ;
Londres, 1968, n° 277 (avec liste complète des exp. auxquelles le dessin a participé) ;
Amsterdam, 1974, n° 46, ill.

**Bibliographie**
G. p. 335 ;
P. p. 306, 312, 313 ;
Boucher et Jaccottet, 1952, pl. 88 ;
Fosca, 1954, pp. 59-60, n° 23, ill. ;
R. p. 197 ;
A. 671 fig. 199.

**Œuvre en rapport**
Une copie est conservée dans une coll. privée newyorkaise.

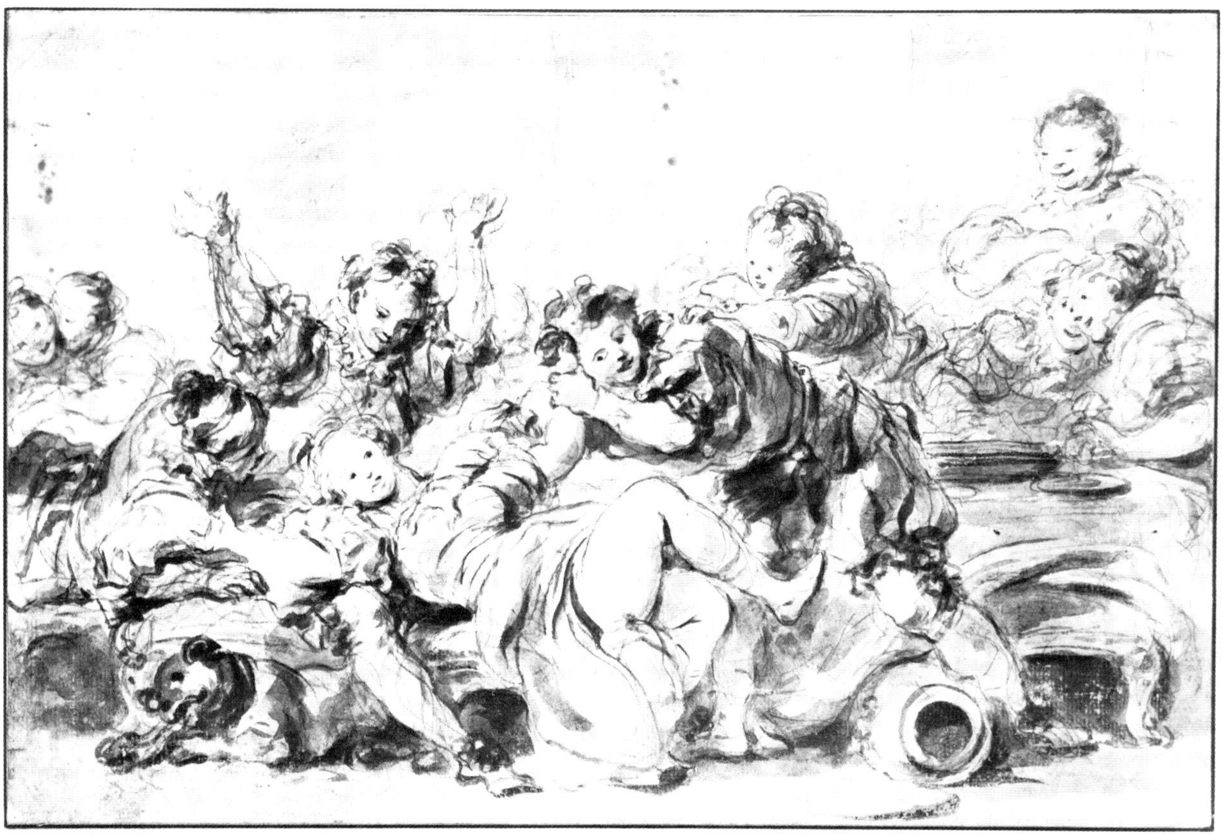

Le dessin porte, depuis le XIX$^{e}$ siècle, plusieurs titres : « les suites de l'orgie », « la débauche », « scène d'ivresse », « une fête galante »... qui témoignent de l'embarras des spécialistes. Pourtant le sujet ne prête guère à confusion : un entreprenant jeune homme culbute une jeune fille qui dans sa chute s'agrippe à pleine main à ses cheveux. Une jeune femme retient l'agresseur tandis que les convives du repas s'amusent du spectacle ; sur la gauche, un couple s'enlace ; sous un tabouret un gros chien ronge son os.

Certes, la scène est vive et Fragonard n'a rien fait pour tenter de nous cacher le désordre de la toilette de la jeune fille, mais la drôlerie l'emporte sur la grivoiserie car c'est la surprise du galant, son étonnement douloureux de se voir pris aux cheveux qui suscite la gaieté des compagnons de tablée. Fragonard a autant insisté sur l'involontaire punition de l'audacieux que sur sa téméraire agression.

Hommage aux kermesses et aux scènes de cabaret flamandes des Téniers, des Ostade et des Steen, sans oublier Rubens que Fragonard comme tous ses contemporains admirait, le dessin de Rotterdam sait éviter toute vulgarité. Fragonard donne à chacun des participants le geste et l'expression juste. Il saisit la scène en plein mouvement, en décrit la rapidité avec la même rapidité qu'il met à la dessiner.

Comme M. Roland-Michel (cat. exp. Paris, Cailleux, 1983, sous le n° 26), nous datons le dessin vers 1765, peut-être légèrement plus tard.

# 121 Mercure et Argus

T. H. 59 ; L. 73

Paris, musée du Louvre

**Provenance**
Coll. Hippolyte Walferdin (1795-1880), sa vente après décès, Paris, 12-16 avril 1880, nº 47 (700 francs à Lazard). Vente anonyme, Paris, Hôtel Drouot, 25 mars 1981, nº B du cat. : « école française du XVIIIᵉ siècle... Le Berger endormi » ; acquis par le Louvre à cette vente ; R. F. 1981-17.

**Expositions**
Paris, 1983, pp. 49-50 ;
Lille, 1985, nº 53, ill. et pp. 13, 15-16.

**Bibliographie**
G. p. 325 ;
P. p. 283 ;
N. p. 162 ;
R. p. 186 ;
Brown, 1986, p. 799 et fig. 19.

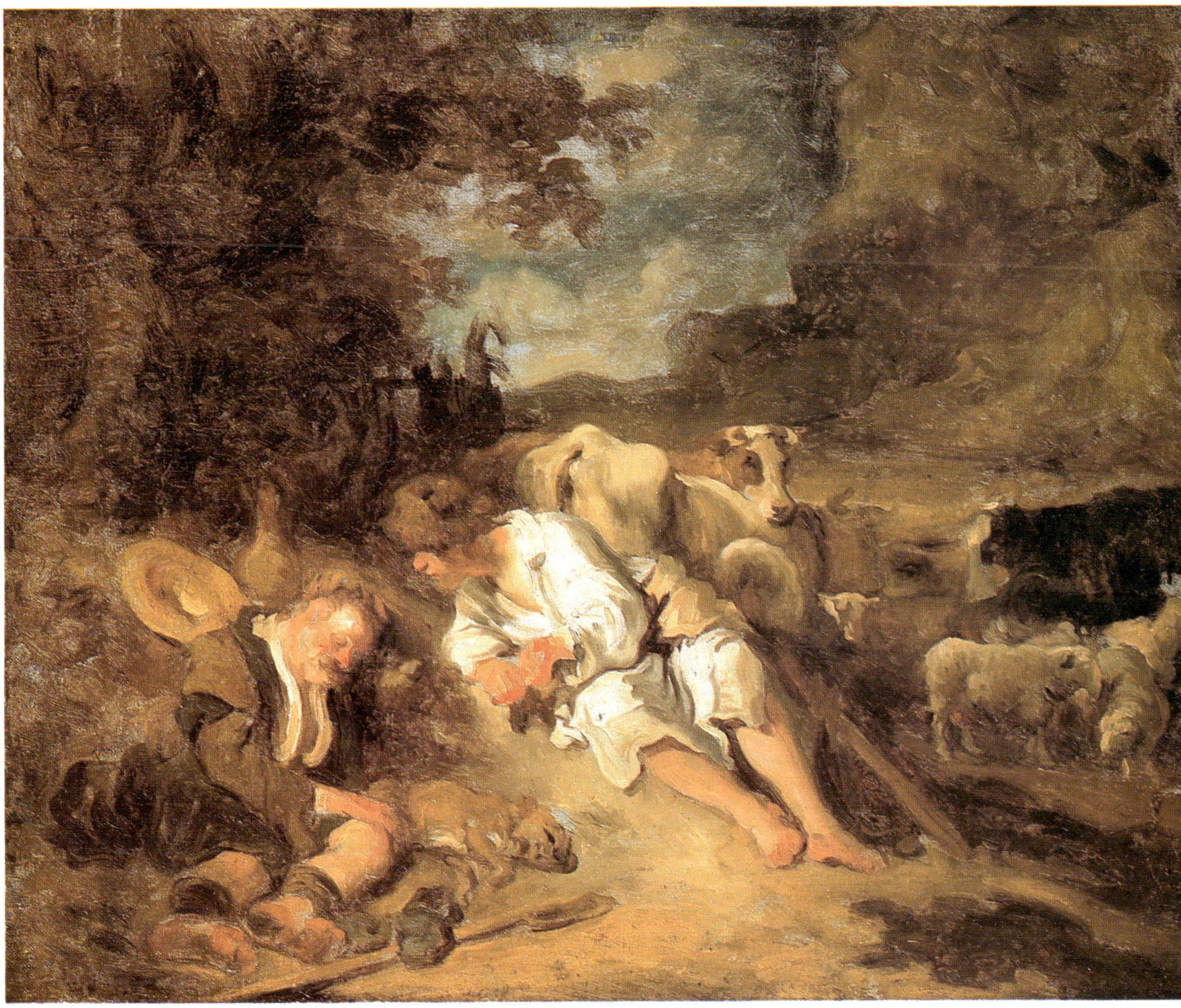

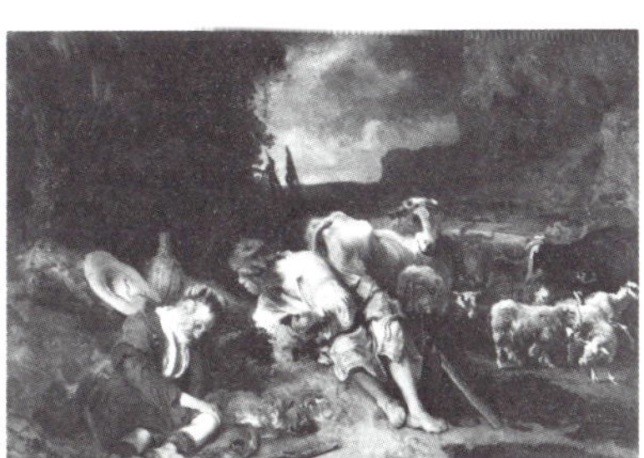

fig. 1. C. Fabritius,
*Mercure et Argus*,
New York, commerce d'art

Le tableau a appartenu, comme tant de beaux Fragonard du Louvre, à Hippolyte Walferdin (1795-1880). Disparu depuis 1880, il a été acquis par le musée en 1981.

Mercure, déguisé en berger, vient d'endormir au son de sa flûte Argus chargé (par Junon) de garder la nymphe Io transformée en vache (par Jupiter) et s'apprête à le tuer et à lui voler ses troupeaux.

On sait aujourd'hui que Fragonard a fidèlement copié une toile de Carel Fabritius (1622-1654 ; *fig. 1 ;* Brown et Duparc, 1986), signée, passée en vente à Monte Carlo (le 22 juin 1985, nº 147, ill. en couleurs), aujourd'hui dans le commerce à New York. Peut-elle ne faire qu'une avec le « Rimbrandt Vanrin » « Argus endormi par Mercure », passé en vente à Paris le 19 juin 1764, nº 20 en dépit des différences dans les dimensions (il mesurait 97,2 de large sur 113,8 de haut [au lieu de 73,5 sur 104], mais les dimensions peuvent inclure le cadre (« avec bordure ») et avoir été interverties) ? Nous aimerions d'autant plus volontiers le penser que la signature de Fabritius n'a été découverte qu'à l'occasion d'une toute récente restauration.

Quoi qu'il en soit, Fragonard a copié, avec autant de fidélité que de liberté, le tableau de son malheureux prédécesseur hollandais, précocement disparu dans l'explosion de la poudrière de Delft. L'œuvre de Fabritius, d'une exécution vigoureuse, avait tout pour le séduire. S'il a, selon sa pratique, éliminé les détails superflus, résumé les formes à l'essentiel, s'il accentue les teintes chaudes et rougeoyantes, il n'a pas sensiblement modifié la composition ni la gamme des couleurs. Fragonard peint large, épais, avec violence, son écriture est rapide, la touche est ronde, brutale comme l'est l'attitude de Mercure, attentivement penché sur Argus afin de s'assurer de son sommeil qui lui permettra de commettre son crime. Certes, Fragonard copie (plus qu'il ne pastiche), mais comme Delacroix copiera Rubens, autant pour apprendre que pour montrer ce dont il est à son tour capable.

On remarquera le travail en réserve qui laisse voir la préparation bleuâtre de la toile.

Reste à s'interroger sur la date de cette copie. Nous l'avons dit, l'original de Fabritius est vraisemblablement passé en vente en 1764 à Paris. Pourquoi ne serait-ce pas à l'occasion de cette vente organisée par un admirateur de l'artiste, l'expert Le Brun, que Fragonard aurait copié l'œuvre hollandaise ? En tout cas, son *Mercure et Argus* annonce les *Figures de fantaisie*.

## 122 Le retour du soldat (?)

T. H. 74,5 ; L. 99,5

Paris, coll. privée

**Provenance**
Vente Trouard, « contrôleur des bâtiments du roi », 22 février 1779, n° 80 : « sur la droite un homme, une jeune femme et un enfant assis devant un feu ; à gauche est un vieillard endormi ». Vente anonyme, Paris, 9 juin 1903, n° unique de la vente, ill. (43.000 francs) ; coll. Jacques Doucet, sa vente, 6 juin 1912, n° 147, ill. (acquis pour 125.000 francs par E. M. Hodgkins) ; coll. Eduardo Guinle, Rio de Janeiro ; coll. Arthur Weisweiller ; vente, Paris, 25 mai 1976, n° 35, ill. en couleurs (2.300.000 francs) ; coll. privée, Paris ; vente, Monte Carlo, 11 novembre 1984, n° 8, pl. en couleurs (« succession d'un grand amateur » ; [Rossignol], invendu à 8.500.000 francs).

**Expositions**
Paris, 1921, n° 44 ;
Paris, 1934, n° 148 ;
Paris, 1937, n° 161.

**Bibliographie**
G. p. 333 ;
N. p. 133 ;
R. pp. 151-152 ;
W. 358, pl. 71 et p. 25 éd. française ;
W. et M. 378, ill.

**Œuvres en rapport**
Pour les dessins, voir n° suivant.

Le tableau est célèbre : il a appartenu à un grand architecte, Louis-François Trouard, un grand couturier, Jacques Doucet, un grand collectionneur, Arthur Weisweiller. Et pourtant, il surprend et reste, sur bien des points, bien mystérieux.

Avisé, l'expert Paillet, au XVIIIe siècle, ne lui donnait pas de titre : « une esquisse chaudement touchée et d'un grand effet ». Lorsque le tableau refit surface en 1903, Marius Paulme brocha autour de la composition une saynète qu'il intitula « Souviens-toi » ! Le jeune couple, réuni autour du feu, évoquerait ses récentes amours. À la vente Doucet en 1912, Marcel Nicolle, s'inspirant sans doute du titre que le dessin de la collection Walferdin portait dès 1880 (voir n° suivant), choisit d'intituler le tableau *Le songe du mendiant,* nom qui lui est depuis lors resté.

Le sujet de l'œuvre — un nocturne — comme si souvent chez Fragonard, déroute : sur la gauche, accoudé à une borne, un vieillard barbu, portant chapeau et bonnet, dort auprès du feu ; sur la droite, une jeune femme assise sur un baluchon se chauffe. Elle tient un bébé blond sur ses genoux, qui tend ses pieds nus vers le feu. Surgit un jeune homme portant chapeau à plumes et épée. Il tient amoureusement par le cou la jeune femme qui le prie de faire silence pour ne pas réveiller le vieillard. Fragonard n'a-t-il pas voulu peindre le nocturne retour au bien modeste foyer du soldat ?

Nous sommes autant en plein air qu'à l'intérieur d'une chaumière à l'abandon. Quelques tuiles, une marmite suspendue à une bûche rougeoyante, un fût de colonne sur laquelle — on ne sait trop pourquoi — un panier est posé, un chien que fascinent les tisons, évoquent un bien pauvre intérieur.

Ce qui séduit dans le tableau, ce sont la touche et le coloris. L'exécution brutale, autoritaire, le coup de pinceau bien visible, cassé et nerveux, permet à Fragonard de résumer une attitude, de décrire un geste et d'indiquer un mouvement avec une grande économie. Quant aux couleurs, rarement l'artiste a-t-il su exalter avec plus de bonheur le blanc d'une manche, le noir fuligineux du ciel dans la nuit que la fumée balaie, l'anthracite d'un chaudron, le vert humide d'une borne, le bleu canard et le rouge cinabre de la toque à plumes, et toute une gamme de jaunes, du bouton d'or au safran.

La datation de l'œuvre reste problématique : la vivacité de la touche rappelle celle des tableaux du premier séjour italien, le coloris rougeoyant évoque *Mercure et Argus,* le large coup de pinceau est celui des *Figures de fantaisie* que le *Retour du soldat* ne précède peut-être que de peu.

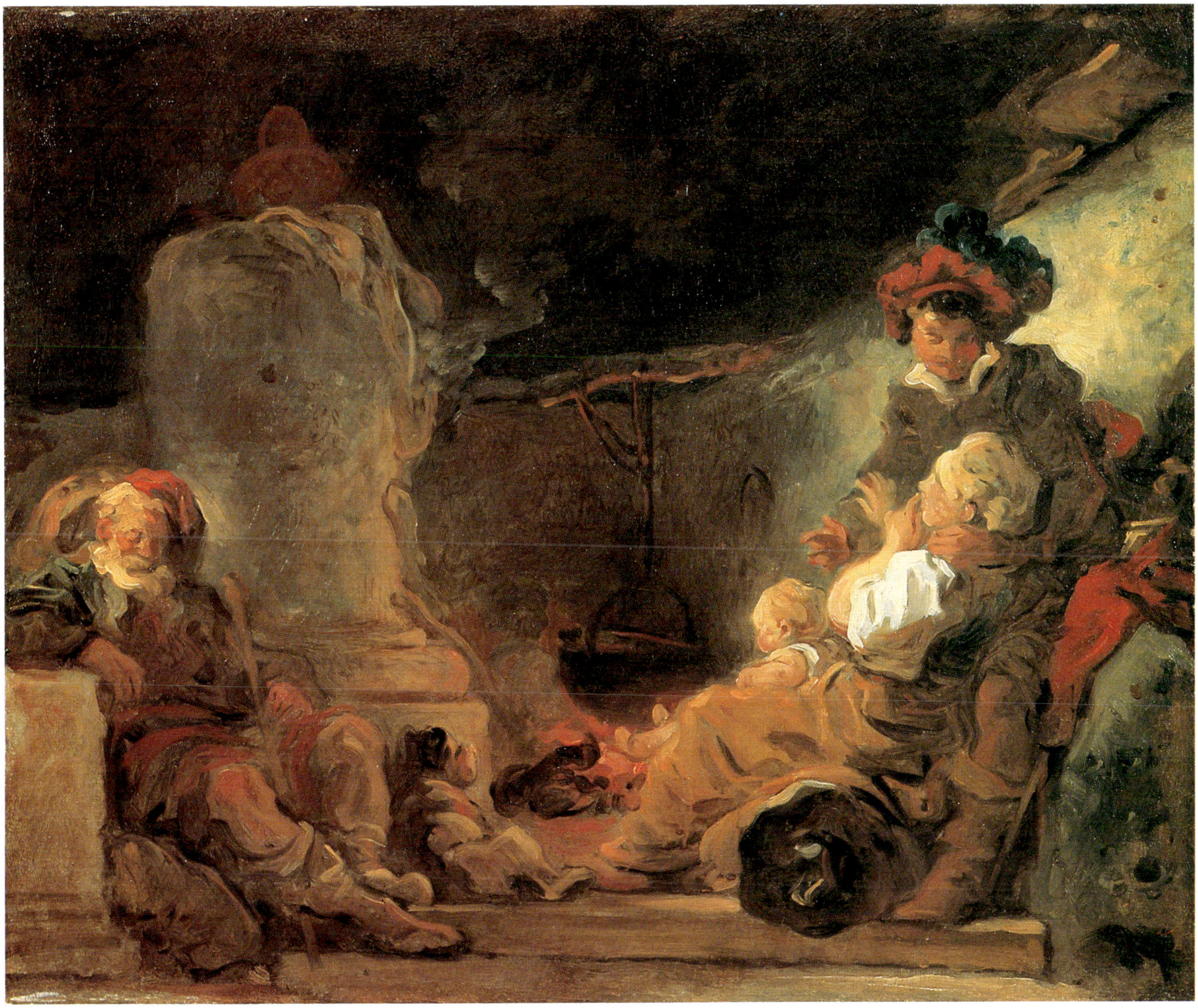

# 123 Le songe du mendiant *ou* Le vieillard endormi

H. 336 ; L. 506
Pierre noire sur préparation à la pierre noire
En bas à gauche, en oblique, une inscription : « frago »

Paris, coll. privée

**Provenance**
Coll. Vassal de Saint-Hubert, sa vente, 29 mars 1779, n° 178, (421 livres). Vente anonyme, 8 juillet 1793, n° 67 : « un beau dessin lavé au bistre représentant un intérieur de cuisine dans laquelle des femmes et des enfants sont autour du feu ; aussi un vieillard endormi ». Vente anonyme, 9-10 avril 1827, n° 101 : « un des dessins les plus capitaux de cet artiste ». Ventes anonymes, 6-7 mai 1859, n° 64 et 2 février 1860, n° 48 (« signé Frago ») ; coll. H. Walferdin dès 1860, sa vente après décès, 12-16 avril 1880, n° 202 (acquis par Fournier, selon P., 1.025 francs) ; coll. Mme Ernesta Stern ; coll. Jacques Doucet, sa vente, 5 juin 1912, n° 20, ill. ; coll. Maurice de Rothschild, Sigismond Bardac puis Adrien Fauchier Magnan à Paris ; sa vente, Londres, Sotheby's, 4 décembre 1935, n° 11, ill. ; coll. M. de L., vente, Paris, 22 juin 1938, n° 4, pl. 1 ; [Wildenstein] ; ventes, Paris, 30 mars 1981, n° 6, ill. couleurs et Monte Carlo, 11 novembre 1984, n° 3 (invendu ; même coll. que le n° précédent).

**Exposition**
Paris, 1860, n° 11.

**Bibliographie**
G. p. 242, 336 ;
P. p. 313 ;
N. p. 49, ill. ;
R. p. 195 ;
A. 75 fig. 683.

**Œuvres en rapport**
Le Cabinet des dessins du Louvre conserve de ce dessin une version de plus petit format *(fig. 1)* datée en bas à gauche de 1786 (R. F. 6759 ; A. 76) dont l'attribution à Fragonard est, à juste titre, rejetée par Ananoff (voir aussi A. 1186). Le dessin de la coll. Adolphe Thibaudeau, vente, 20-25 avril 1857, n° 726, mesurait 350 mm de large sur 290 de haut.

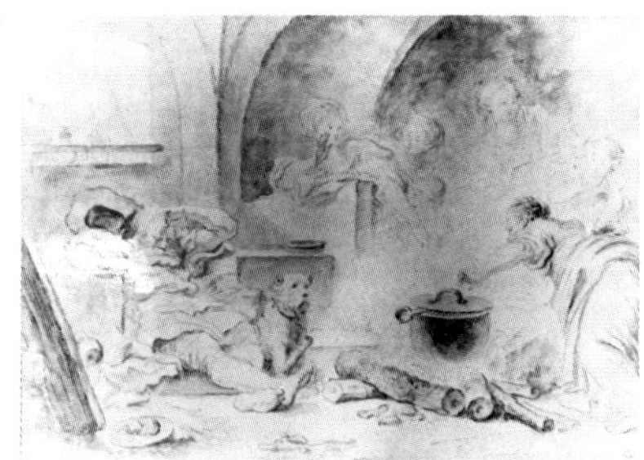

fig. 1. D'après Fragonard, *Le songe du mendiant*, Paris, musée du Louvre, Cabinet des dessins

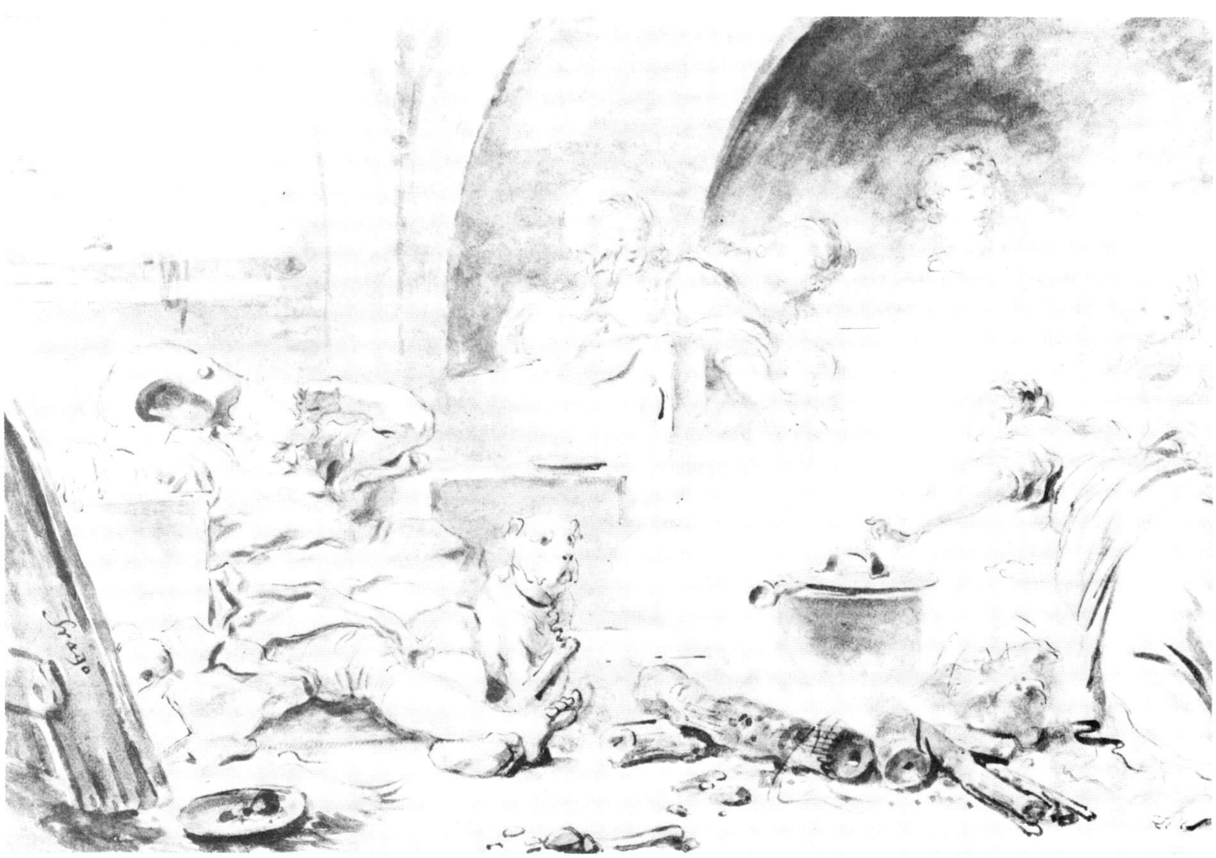

Le lien avec le *Retour du soldat* (nº 122) est ténu : seuls les vieillards endormis sur la gauche des deux œuvres sont comparables. Encore faut-il constater que le vieillard dessiné est pieds et bras nus et paraît plus allongé. Si nous avons refusé d'adopter pour le tableau son titre traditionnel, le *Songe du mendiant*, rien ne nous empêche de l'accepter pour le dessin : un vieillard assoupi, accompagné de son chien, se chauffe auprès d'un feu. Il rêve à la marmite qui lui apportera le réconfort. Dans la cuisine voûtée, « un essaim de jeunes fées » (G.) s'affairent.

Le dessin est à coup sûr postérieur au tableau — l'un et l'autre sont pour la première fois mentionnés en 1779 dans les catalogues de deux ventes célèbres, toutes deux riches en œuvres « admirables » de Fragonard. Il peut, à notre avis, être daté vers 1772-1773.

124

# Le berceau

T. H. 46 ; L. 55

Amiens, musée de Picardie

**Provenance**
Parfois identifié, sans raison, avec un tableau d'une vente du 8 juillet 1793, nº 15. Proviendrait d'une vente Dubois en 1860, dont nous n'avons pas retrouvé le catalogue. Coll. Ernest et Olympe Lavalard, de Roye, dès 1862, léguée au musée d'Amiens, entrée au musée en 1894.

**Expositions**
Paris, 1883-84, nº 52 ;
Paris, 1921, nº 67 ;
Paris, 1931, nº 16 ;
Besançon, 1956, nº 21 ;
Bordeaux, 1956, nº 77 ;
Bruxelles, 1975, nº 106, pl. p. 148 ;
Tokyo, 1980, nº 72, ill. couleurs ;
Lille, 1985, nº 52, ill.

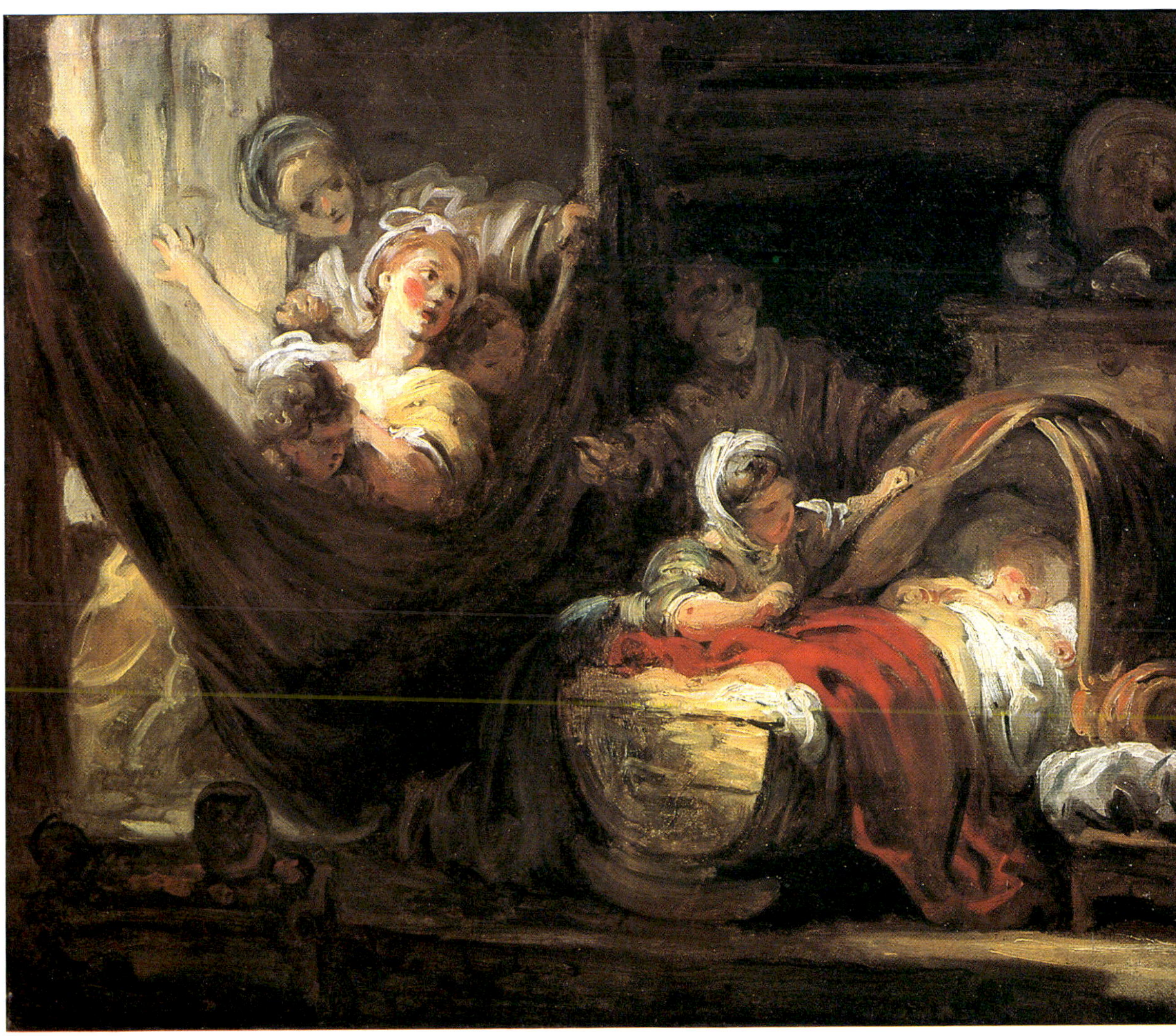

**Bibliographie**
Horsin-Déon, 1862, p. 144 ;
P. p. 272 (?) ;
N. p. 128 ;
Brière, 1931, p. 199 ;
Réau, 1932, p. 102 ;
R. pp. 164-166 ;
W. 457 pl. 100 ;
Thuillier, 1967, p. 69, ill. couleurs ;
W. et M. 481, ill., pl. LVII-LVIII en couleurs ;
Cayeux, 1975, p. 299 et note 64.

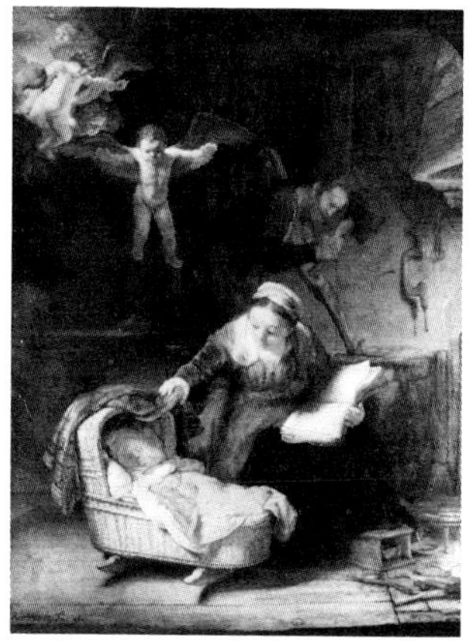

fig. 1. Rembrandt, *Sainte Famille*, Leningrad, Ermitage

Fragonard, tout au long de sa carrière, a aimé peindre les berceaux : il les copie chez Rembrandt, on en voit un sur un des premiers tableaux de Fragonard, le *Repos de la Sainte Famille* de Norfolk (n° 10), ils occupent une place essentielle dans le *Retour au logis* et la *Visite à la nourrice*, deux compositions, hélas absentes de notre exposition, répétées à plusieurs exemplaires (voir cependant n° 211). *Le premier pas de l'enfant* (n° 303) en montre un encore, peint vraisemblablement par Marguerite Gérard. Celui d'Amiens, dans sa rusticité, doit beaucoup au berceau de la célèbre *Sainte Famille* de Rembrandt *(fig. 1* ; Ermitage*)*, au XVIIIe siècle dans la collection Crozat et à coup sûr copié avant 1770 par l'artiste.

Mais à quelle date Fragonard a-t-il pu peindre le tableau d'Amiens ? L'exécution vigoureuse, la touche ronde et emportée, les empâtements sont ceux des œuvres exécutées au retour d'Italie, à un moment où les effets de clair-obscur jouent dans les recherches de Fragonard un rôle essentiel. Mais nous ne sommes pas loin des *Figures de fantaisie*, du *Retour du soldat* (n° 122) en tout cas. La lumière qui vient de la gauche éclaire l'ovale d'un visage, une coiffe blanche, la joue et les bras nus de l'enfant endormi ainsi qu'un gros chat roux qui observe la scène. Les notes rouges et jaunes éclatent dans la pénombre de la pièce. Tous, garçons et filles, la jeune mère et la grande sœur, contemplent avec une admiration étonnée le nouveau né.

En dépit de l'exemple de Rembrandt, Fragonard ne sacralise pas cette scène familière qui n'est en rien courante dans la peinture française du XVIIIe siècle. Il la traite avec une grande délicatesse et une joie communicative.

Citons pour conclure la description du critique Horsin-Déon (1862), un des plus méconnus des « redécouvreurs » de Fragonard au XIXe siècle : « Fragonard a doué ce tableau de toutes les qualités poétiques qui distinguent ses meilleurs ouvrages. Rien n'est réjouissant que de voir toutes ces petites filles qui viennent à l'envi contempler le joli enfant dormant d'un sommeil si calme, tandis que tout s'agite autour de lui... »

# *Les figures de fantaisie*

*Nous avons la grande chance d'avoir pu réunir pour la première fois* toutes *les figures de fantaisie aujourd'hui connues de Fragonard. Ce groupe de tableaux compte sans conteste parmi les plus beaux du XVIIIe siècle, mais aussi parmi les plus mystérieux. Pour qui ces œuvres exceptionnelles furent-elles peintes, à quelle date, qui ou que représentent-elles, telles sont, sommairement regroupées, les principales questions qui se posent à leur sujet.*

*Rappelons qu'on a rassemblé, sous le terme de figures de fantaisie, un certain nombre de toiles de dimensions rigoureusement identiques (80 cm de hauteur sur 65 cm de large), montrant des hommes ou des femmes, richemment costumés, vus à mi-corps derrière des entablements de pierre : fraises à godrons, hautes collerettes empesées, grands cols blancs, chaînes d'or, chapeaux à plumes, épées, manchettes, tels sont les accessoires qui permettent d'identifier ces tableaux. L'échelle des figures dans l'espace est toujours identique. Quinze œuvres répondent à cette définition — il y en eut certainement bien plus — six représentent des hommes et neuf des femmes. Le* Portrait de Lalande *du musée du Petit Palais (nº 126) devrait être compté parmi les figures de fantaisie, mais il est d'un format sensiblement plus petit. Quant au splendide* Portrait d'un cavalier, *dit de l'*Abbé de Saint-Non *(nº 129), plus grand et d'une mise en page radicalement différente, il est, depuis sa redécouverte avant la dernière guerre, associé à cet ensemble. Il nous a paru difficile de l'écarter, d'autant plus que le parti chronologique pour lequel nous avons opté nous obligeait à lui attribuer sa place dans cet ensemble.*

*Au XVIIIe siècle, les figures de fantaisie ne sont nulle part mentionnées. Aucun auteur du temps n'y fait allusion, aucun document d'archives nous permet de connaître leurs localisations premières. Certes, quelques-unes, fort peu en réalité, sont mentionnées dans les ventes du XVIIIe siècle. Ce sont les moins caractéristiques. Ainsi la* Liseuse *de Washington (nº 136) se vend avec la collection du comte du Barry en 1776, un dessin de Gabriel de Saint-Aubin nous le confirme, mais peut-on la considérer à coup sûr comme une figure de fantaisie ? De même pour le* Portrait d'homme *du musée de Chicago (nº 128) qui passe à la vente Mauperin de 1780. Quant au* Cavalier *de Barcelone (nº 129) qui est signalé dans deux ventes, en 1777 et en 1779, il est exclu, nous l'avons déjà dit, de le classer parmi les figures de fantaisie.*

*L'absence de toute indication sur l'origine précise de ces tableaux a donné lieu à bien des conjectures. Elles sont de deux ordres. Les tableaux font-ils partie d'une série unique (voir sur ce point W. pp. 16-17) ? Sinon, comment les répartir et les regrouper ? Et pour qui ces ensembles furent-ils peints ? Sans trop entrer dans les détails, disons que sur ces points les hypothèses sont aussi nombreuses que peu convaincantes. Si l'on s'accorde pour admettre que les deux portraits encore récemment Harcourt (nos 140 et 141) ont été peints pour les modèles (nous exposerons dans les notices des deux œuvres les raisons qui militent en faveur de cette hypothèse), deux noms reviennent — sans grande raison, répétons-le — celui de l'abbé de Saint-Non et celui de Jacques-Onésyme Bergeret de Grancourt. Un point est sûr : à leur mort en 1791 et en 1785, ils ne possédaient pas les figures de fantaisie. Les relations entre Bergeret et Fragonard ne furent pas toujours bonnes et rien n'autorise à voir en Bergeret le commanditaire de ces œuvres ou de partie d'entre elles. Quant à Saint-Non, certes à sa mort, il possédait « cinq tableaux peints en pastel représentant différentes têtes de fantaisie d'après Boucher, Fragonard et Greuze. Deux autres bustes en pastel, l'un représente une femme qui écrit, l'autre lit une lettre. Deux autres bustes, aussi en pastel portrait d'homme vêtu à l'espagnole » (c'est la première fois que nous rencontrons le terme sur lequel nous aurons l'occasion de revenir) « et un vieillard » (inventaire après décès de l'abbé, étude de Me Giard, XVIII, 899 ; voir aussi Wildenstein, 1959, p. 239, nos 21 à 29), mais, s'il est possible que certains de ces pastels — vraisemblablement dessinés par l'abbé lui-même — copient certaines figures de fantaisie, rien ne permet d'assurer que celles-ci lui appartenaient. Quant à l'hypothèse (Vilain, cat. Sydney, 1980-81) qui voudrait que l'abbé de Saint-Non ait rendu les figures de fantaisie à Fragonard au moment où « les productions de cet Artiste acquirent tout à coup un prix extraordinaire » (Brizard, 1792), elle ne peut être retenue. Nous avons prouvé que cet « événement particulier » se situait en 1765 très précisément, à une date où les figures de fantaisie n'avaient pas encore été peintes.*

*Nous mesurons bien toute la fragilité de notre proposition : elle nous paraît en tout cas digne* *d'être discutée. On sait que depuis 1765, Fragonard habitait le Louvre. Son atelier recevait bien des visites, par exemple celle, en 1782, du futur tsar Paul I$^{er}$, le comte du Nord. Or, en 1847, Théophile, le petit-fils de Jean-Honoré, écrit : « Il recevait chez lui les étrangers de distinction qui n'avaient pas tout vu quand ils n'avaient pas vu la galerie de tableaux qu'Honoré s'était faite... Cette galerie de tableaux* tout entière de sa main *(c'est nous qui soulignons) lui fut enlevée par le duc de Luynes qui lui paya une somme considérable en or, c'était la condition du marché ». Le duc dont il s'agit est vraisemblablement Louis-Joseph (1748-1807) et la vente doit se placer peu avant la Révolution.*

*Ajoutons que le duc de Luynes possédait à Dampierre un des plus célèbres portraits costumés à l'espagnole du temps, le portrait de la comtesse d'Egmont par Roslin (1763,* fig. 1).

*Précisons encore que ce texte (voir aussi Blanc, 1862, p. 12, dont la biographie de Fragonard a été écrite avant cette date et dont les informations ont la même origine, ainsi que Launay, 1859, n. p. et Renouvier, 1863, p. 168, texte lui aussi bien antérieur à cette date, ainsi que la notice Fragonard dans le catalogue de Frédéric Villot du Louvre, p. 127) est antérieur à l'apparition au XIX$^{e}$ siècle des figures de fantaisie. La Caze en prêta deux à l'exposition de 1860 qui fit date et où ils firent sensation, François Marcille père, Barroilhet et Cypierre en avaient possédées qui furent vendues en 1857, 1856 et 1845 mais dans l'indifférence.*

*Nous ignorons bien entendu le nombre de tableaux qui ornait cette « galerie », mais que Fragonard ait, « en une heure de temps » (voir notices n$^{os}$ 132, 134 et 138), peint ses amis de passage et ses commanditaires afin d'orner son logement de leurs portraits placés en dessus-de-porte ne nous paraît pas invraisemblable. En outre, la pratique de sa lettre ou des textes directement inspirés par ses souvenirs nous a prouvé que l'on pouvait bien souvent faire confiance à Théophile Fragonard.*

*À quelle date Fragonard peignit-il ses figures de fantaisie ? Répétons que si trois sont signées (n$^{os}$ 132, 134 et 138), une seule est datée (n$^{o}$ 132), de 1769, l'année du mariage de Fragonard. Cette date se lit également sur deux étiquettes anciennes qui figuraient au verso de deux d'entre elles. Elle est celle que l'on assigne généralement à l'ensemble des figures de fantaisie. Ajoutons que deux d'entre elles (n$^{os}$ 133 et 138) ont été copiées par le comte de Brehan qui date ses pastels de 1773 et sont donc antérieures à cette date, que la* Liseuse *(n$^{o}$ 136) est en vente en 1776 et que deux années plus tard le miniaturiste suédois Hall possédait dans sa collection personnelle « une tête d'après moi, dans le temps qu'il [Fragonard] faisait les portraits au premier coup pour un louis », qu'il estimait 36 livres (Villot, 1867, p. 74 ;* fig. 2).

*Si Fragonard a pu peindre certaines de ses plus belles figures de fantaisie en 1769, il nous semble que la réalisation de sa galerie l'occupa durant plusieurs années, qu'il dut l'entreprendre peu après son installation au Louvre en 1765 et ne*

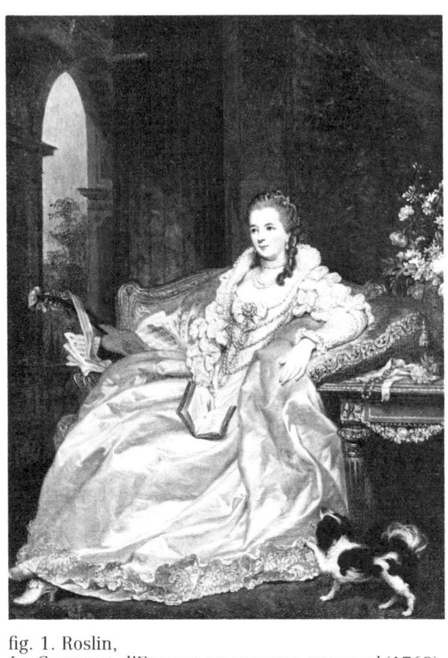

fig. 1. Roslin,
*La Comtesse d'Egmont en costume espagnol* (1763),
Versailles, musée du château

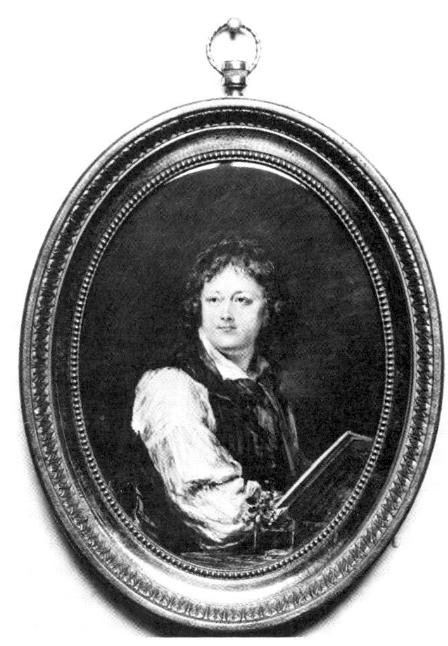

fig. 2. Hall,
*Autoportrait*,
Stockholm, Nationalmuseum

*l'abandonner que peu avant son second départ pour l'Italie en 1773.*

*Fragonard, certainement, n'a pas peint pour cette galerie les dix-sept tableaux que nous exposons et il en a sans doute peint d'autres qui sont perdus : rappelons que le tableau de Williamstown (nº 135) était inconnu avant 1974 ! Certains, nous l'avons dit plus haut, furent vendus entre 1776 et 1780. Nous avons cependant tenté de dater chacun d'eux, tout en mesurant la fragilité de nos propositions.*

*Qui représentent-ils ? Que représentent-ils ? Le XVIII^e siècle, une nouvelle fois, est muet. S'agit-il de portraits, de « caractères » ou d'états professionnels ?*

*Saint-Non et son frère La Bretèche sont identifiables par les étiquettes anciennes dont nous avons déjà parlé. L'actuel duc d'Harcourt reconnaît ses ancêtres sur les deux tableaux qui lui ont appartenu. Après avoir été réfutée par le principal spécialiste de l'iconographie de l'écrivain, Maurice Tourneux, l'identification de Diderot fait aujourd'hui l'unanimité. On n'a cependant retrouvé aucune allusion à son portrait sous la plume du grand bavard que fut Diderot. Après quelques tâtonnements, l'on s'accorde aujourd'hui à reconnaître l'astronome Lalande et la Guimard dans les portraits du Petit Palais et du Louvre (nºs 126 et 125). Les autres propositions, plus ou moins récentes, sont plus contestables. Répétons-le, toutes ces identifications sont souvent fort fragiles par manque d'éléments de comparaison, mais il nous paraît certain que Fragonard s'est voulu —* à sa manière — *portraitiste.*

*Il n'avait pourtant pas reçu la formation du portraitiste et son art n'a jamais recherché la ressemblance, la description minutieuse du détail d'un visage (même si Fragonard semble plus s'appliquer pour les femmes que pour les hommes et souvent avec moins de bonheur), ni même à percer la psychologie du modèle. Portraitiste à sa façon, Fragonard aurait-il tenté, en outre, de fixer sur sa toile* l'état, *la profession de ses modèles ? Certains attributs font allusion à un métier, l'écrivain, la cantatrice, le soldat, en certains cas un concept plus abstrait semble privilégié, l'inspiration, la musique, mais nous ne croyons nullement à un programme mûrement réfléchi : une telle attitude est contraire à la nature même du génie de Fragonard, à ses conceptions artistiques. Ni portraits au sens où l'entendait le XVIII^e siècle, ni représentation cohérente et rationnelle des arts libéraux ou des muses, les figures de fantaisie échappent à toute catégorisation.*

*Comment le XVIII^e siècle reçut-il les figures de fantaisie ? Nous l'avons dit, par le silence, mais sur deux points cependant nous possédons quelques indications. S'il en admira l'exécution « au premier coup », « librement touchée », il y vit* des esquisses *et non pas des œuvres achevées. Le terme, souvent repris au XIX^e siècle, n'avait pas*

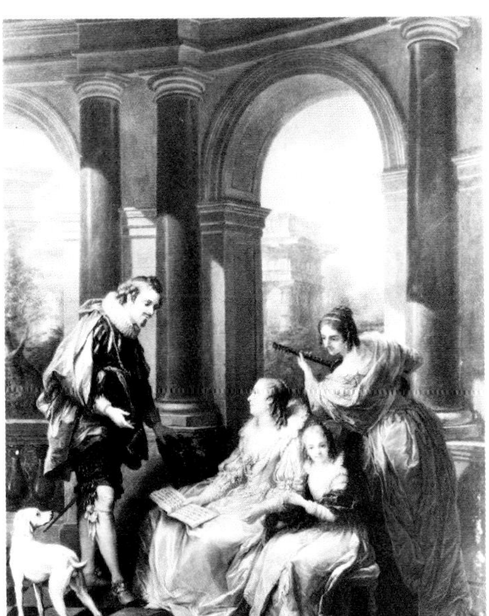

fig. 3. Carle Vanloo,
*Le concert espagnol,*
Leningrad, Ermitage

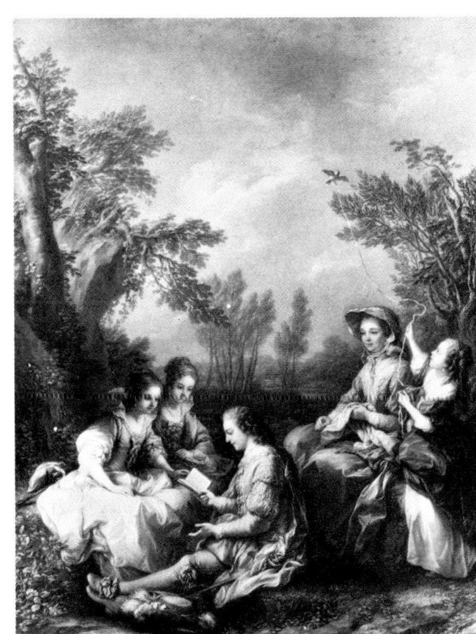

fig. 4. Carle Vanloo,
*La lecture espagnole,*
Leningrad, Ermitage

alors l'acceptation flatteuse que — depuis l'Impressionnisme — nous lui avons donné. Mais surtout, il se prononça sur les costumes des modèles, ces costumes qui n'avaient d'« espagnols » que le nom. Le terme est utilisé à trois reprises dans les catalogues des ventes Varanchan (1777), Dulac (1778) et Mauperin (1780). Et lorsque Le Brun décrit en 1791 le dessin de Chicago (nº 266) qui lui appartenait, il précise avec une pointe d'humour que les jeunes gens sont « vêtus dans un costume pittoresque et un peu espagnol ».

On ne retracera pas ici, après François Pupil (1985), l'histoire de cette mode. On voudra cependant préciser que le goût des costumes espagnols était ancien en France, qu'il fut revivifié par les deux tableaux commandés par Mme Geoffrin à l'un des maîtres de Fragonard, Carle Vanloo, un Concert espagnol (fig. 3 ; signé et daté 1754, Salon de 1755) et une Lecture espagnole (fig. 4 ; Salon de 1761, tous deux en Russie depuis 1772), qu'enfin en 1769 — la date n'est pas sans importance — Louis-Michel Vanloo, le neveu de Carle et l'auteur d'un Diderot (Salon de 1767) plus ressemblant, exposait en pendant de son Allemande jouant de la harpe, une Espagnole jouant de la guitare (voir fig. 5, voir aussi fig. 6). Certes, les tableaux de Fragonard se distinguent immensément de ces œuvres : il n'est pas moins certain qu'il a voulu rivaliser avec ces artistes, sans du tout les imiter.

Si certains peintres ont compté pour Fragonard, ce sont avant tout Rubens, auquel il emprunte les hautes collerettes empesées à la Marie de Médicis (rappelons que Fragonard copia au Luxembourg en 1769) et, comme l'a brillamment analysé Charles Sterling en 1964, les Vénitiens, Tintoret, et aussi Domenico Feti (voir notice 127).

Il reste à s'interroger sur un point, le terme « portrait de fantaisie » (voir aussi notice 140) : l'Encyclopédie — Mary D. Sheriff le rappelait récemment dans un excellent article — donne cette définition : « un peintre fait un portrait de fantaisie, qui n'est [pas] d'après le modèle » et la « tête de fantaisie, peinte en miniature » de Mme Fragonard vendue le 3 juin 1793 (nº 109), répondait, à coup sûr, à cette définition. Fragonard, secrètement, a peint le souvenir d'une image (ce qui peut expliquer certaines « erreurs », ainsi la couleur des yeux de Diderot, nº 127). Qu'il ait, par ailleurs, disposé — comme Watteau — d'un lot de costumes de théâtre ne surprendrait pas. On reste étonné devant la fureur de l'exécution et l'exaltation des couleurs. Si Fragonard plie sans pitié ses modèles à ses pinceaux (et à son imagination), il les fait aussi se mouvoir sous nos yeux et leur donne vie, un instant...

Certes, on peut, comme Jacques Thuillier (1967) s'interroger sur les limites de cet art : « le pinceau court : son jeu devient l'essentiel, sa vitesse même se prend pour but... La vitesse, quelle que soit la virtuosité, parfois ne laisse que des traces vaines... la main écrit de confiance... ». C'est négliger l'essentiel : Fragonard ne s'efface jamais devant son modèle, au contraire, le modèle sert de prétexte au tableau. Cette attitude d'une grande modernité, il faudra attendre la fin du XIXe siècle pour qu'elle devienne essentielle à l'œuvre d'art, pour qu'elle soit consciemment pratiquée et comprise par tous.

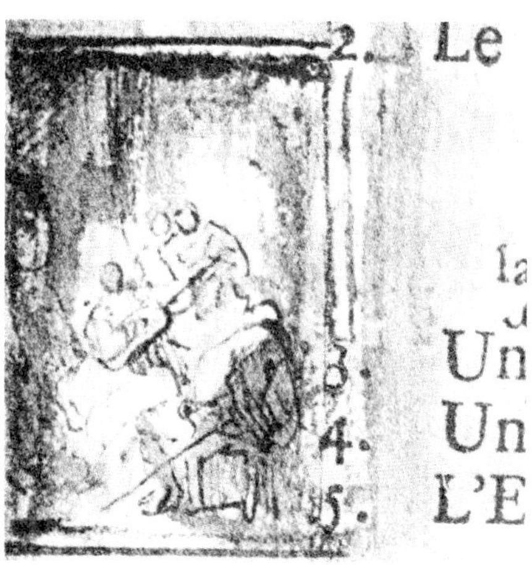

fig. 5. G. de Saint-Aubin d'après L. M. Vanloo, *Espagnole jouant de la guitare*, détail d'une page du livret du Salon de 1769
Paris, Bibliothèque Nationale, Cabinet des estampes

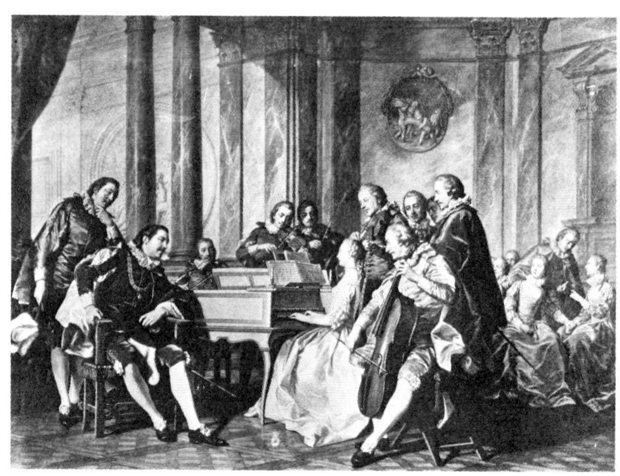
fig. 6. L. M. Vanloo, *Le concert* (1768), Leningrad, Ermitage

# 125 Portrait de mademoiselle Guimard

T. H. 81,5 ; L. 65

Paris, musée du Louvre

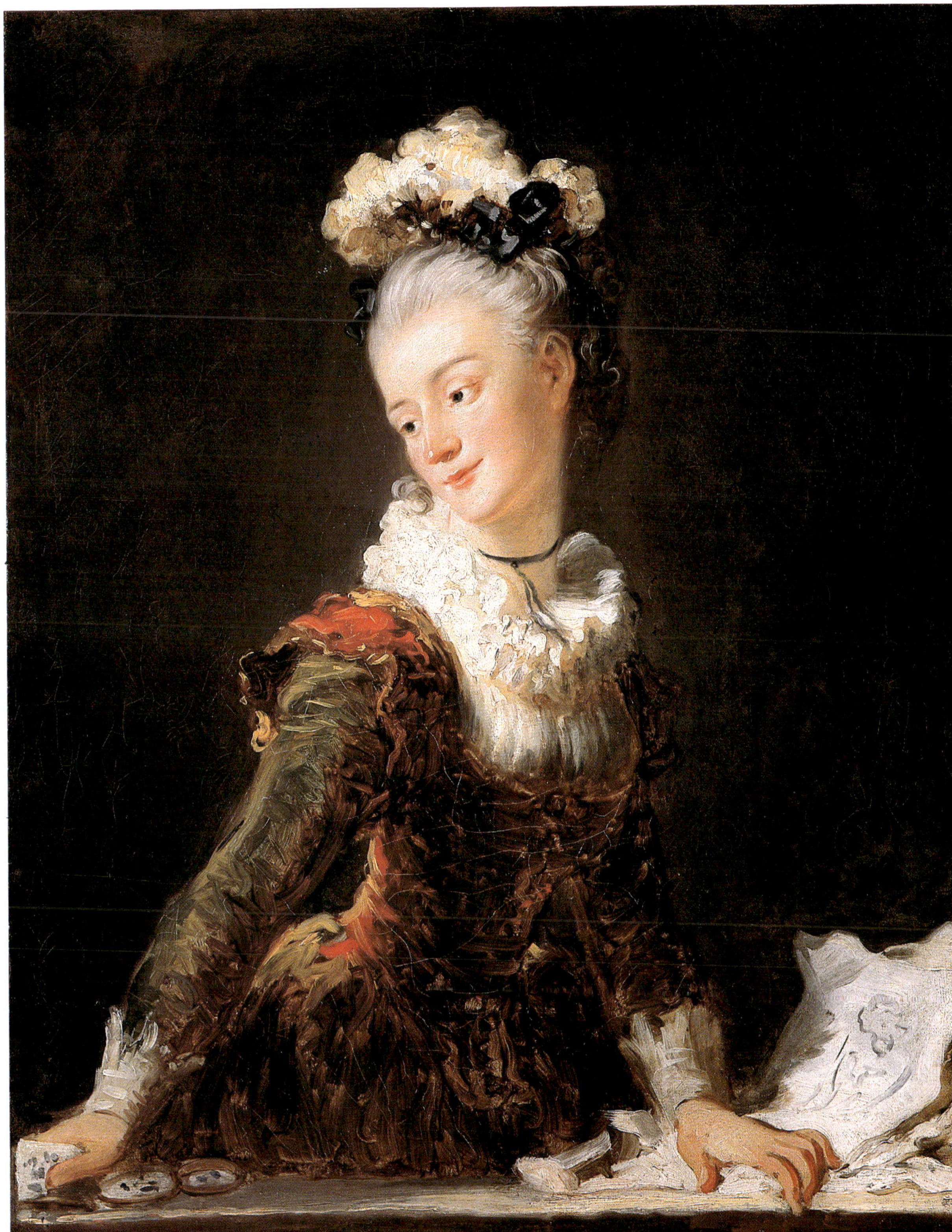

**Provenance**
Anc. coll. François Marcille (1790-1856), sa vente après décès, Paris, 12-13 janvier 1857, nº 64 : « portrait d'une actrice », sans dimensions (?) ; coll. Hippolyte Walferdin dès 1860 (1795-1880 ; voir Godard), sa vente, 12-16 avril 1880, nº 35 (acheté par Fichel pour 9.100 francs) ; coll. de Mme Watel dès 1885 ; coll. Watel-Dehaynin, Paris.
Entré au Louvre par dation en paiement en 1974 ; R. F. 1974.1.

**Expositions**
Paris, 1885, nº 81 ;
Paris, 1974, nº 13, ill. ;
Paris, 1974-75, nº 106 ;
Toledo-Chicago-Ottawa, 1975-76, nº 38, ill. et pl. XIII en couleurs ;
Paris, 1978, nº 5, ill. en couleurs ;
Bordeaux, 1980, nº 19, pl. coul. p. 23 ;
Paris, 1980-81, nº 51, ill. couleurs.

**Bibliographie**
Godard, 1860, p. 297 ;
G. p. 322 ;
Portalis, 1880, pp. 18-19 ;
P. pp. 92-93, 134, 278, repr. entre p. 84 et p. 85 ;
Goncourt, 1893, pp. 310-311 ;
N. p. 111, pl. entre p. 110 et p. 111 ;
R. p. 178 ;
W. 342, repr. en couleurs face pl. 66 et p. 22 éd. française ;
Sterling, 1964, n. p., fig. 10 ;
W. et M. 362, ill. ;
Rosenberg et Compin, 1974, pp. 188-191, repr. couleurs p. 189 ;
*Gazette des Beaux-Arts, La chronique des Arts*, 1974, p. 7, fig. 2 ;
Sheriff, 1987, p. 85 fig. 6.

**Œuvres en rapport**
L'iconographie de la Guimard est aussi gigantesque que douteuse. Voir outre la monographie des Goncourt, 1893, Rosenberg et Compin, 1974, p. 188 note 21. Signalons cependant la mention d'un *Portrait de Mlle Guimard* dans une vente Barroilhet du 10 mars 1856, nº 28.

Depuis son entrée au Louvre en 1974, le tableau a conquis la célébrité. La mieux conservée des figures de fantaisie, la *Guimard* n'est pas la plus caractéristique. Sa mise en page nous montre la célèbre danseuse jusqu'à la taille et non à mi-corps. Elle est peinte, non pas par grands coups de pinceau bien visibles qui résument les formes, mais dans une technique plus précieuse, plus soucieuse du détail, celle du *Vieillard* du musée de Nice (nº 99) qui doit être d'une date sensiblement voisine.

Mais sommes-nous bien en présence de la Guimard (1743-1816) ? Depuis 1860, depuis Godard, la plupart des spécialistes de Fragonard (ou de la danseuse) s'accordent sur ce point. Seul Sterling (1964) préfère voir dans le modèle un peintre, une miniaturiste qui tiendrait de sa main droite « un torchon tâché de peinture, placé près de deux coquilles contenant des couleurs comme celles qu'utilisaient les miniaturistes ». S'il faut admettre que les objets posés sur la balustrade de pierre sont bien difficiles à reconnaître (les Goncourt y voyaient des lettres chiffonnées et un médaillon, plus récemment on a songé à la trousse de maquillage de l'artiste !), l'identité de la danseuse ne nous paraît pas poser problème. Certes, l'iconographie de la Guimard est des plus incertaines et l'on peut hésiter à la reconnaître dans les autres portraits de Fragonard (ou attribués au peintre) qui passent généralement pour la représenter, mais la comparaison avec son buste en marbre par Gaetano Merchi (1747-1823 ; *fig. 1*), signé et daté de 1779, emporte l'adhésion.

On ne résumera pas ici la vie de la Guimard qui a fait l'objet d'un charmant livre des Goncourt (1893). On rappelle toujours ses aventures, ses liaisons qui furent nombreuses. On cite les bons (méchants) mots qui tournent souvent autour de l'extraordinaire minceur (maigreur, disent ses ennemies qui furent également nombreuses) de la danseuse (ainsi Sophie Arnould, faisant allusion à la feuille des bénéfices où puisait Mgr de Jarente, un de ses amants, s'écrie : « je ne conçois pas comment ce petit ver à soie n'est pas plus gros ; il vit sur une si bonne feuille ! ». La voyant danser entre Vestris et Dauberval qui la regardaient amoureusement, elle compare « le trio à deux chiens se disputant un os »), on oublie plus la danseuse de grand talent. « Sa danse n'était qu'une esquisse, elle ne faisait que de petits pas, mais avec des mouvements si gracieux, que le public la préférait à toute autre danseuse ; elle était petite, mince, très bien faite et quoique laide, elle avait les traits si fins qu'à l'âge de quarante cinq ans » (lorsque Fragonard la peint, elle ne devait pas en avoir vingt-cinq), « elle semblait sur la scène n'en avoir pas plus de quinze » écrit admirativement Mme Vigée-Le Brun (1835, I, p. 133).

Que Fragonard ait bien connu la Guimard est certain. On a broché sur leurs relations un roman d'amour à épisodes auquel les contemporains ne font pas allusion. Nous verrons pourtant qu'ils furent sévères et surent être indiscrets sur l'artiste comme sur son mécène. Nous dirons plus loin que s'il y eut peut-être histoire d'amour entre la danseuse et son peintre, il y eut certainement une histoire d'argent. Nous savons aujourd'hui que c'est en 1769 ou en 1770 que Fragonard reçut de la Guimard la commande de la décoration de son Hôtel de la rue d'Antin dont la construction avait été confiée à Ledoux. Et si cette décoration est perdue, il nous est plus facile, pensons-nous, grâce à certains dessins de Besançon et à des descriptions assez précises, de nous en faire une idée.

Reste le tableau du Louvre : serrée dans un corsage qui lui pince la taille, la danseuse penche gracieusement la tête à droite. Ses cheveux poudrés sont « relevés sous la ruche noire d'un toquet, surmonté de plumes blanches » (Goncourt, 1893). Une large fraise à godrons, un ruban bleu mettent en valeur le long cou de la Guimard et un visage dont on comprend qu'il ait séduit. La précision et la délicatesse avec laquelle la tête est peinte fait contraste avec la liberté de la facture de la robe de velours verte et couleur rubis. On n'oublie pas ce visage à l'expression si mobile et si spirituelle.

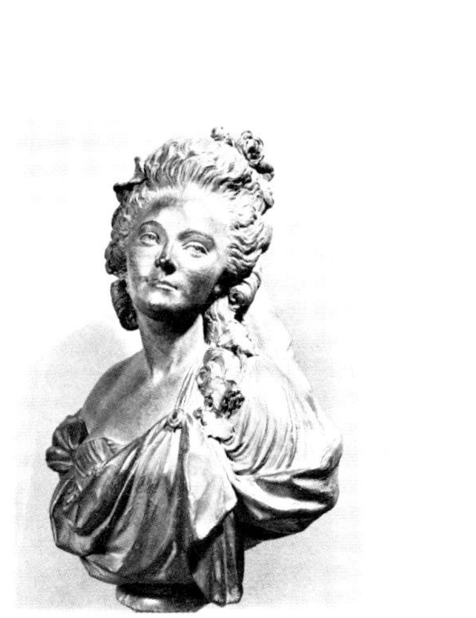

fig. 1. G. Merchi,
*La Guimard*,
Paris, musée des Arts décoratifs

# 126 Portrait de Jérôme de Lalande

T. H. 72 ; L. 59,5

Paris, musée du Petit Palais

**Provenance**
Coll. Edouard Larcade en 1921 ; coll. Alec Weisweiller.
Acquis par la ville de Paris en 1978 pour 1.726.500 francs.

**Expositions**
Paris, 1921, n° 32, ill. ;
Tokyo, 1980, n° 44, ill. en couleurs ;
Bourg-en-Bresse, 1982, I.2, repr. en couleurs en couverture.

**Bibliographie**
R. pp. 90-91, 174 ;
W. 253 fig. 121 ;
Sterling, 1964, n. p., note 3 ;
W. et M. 271, ill. ;
Laffon, 1981, pp. 297-298, ill.

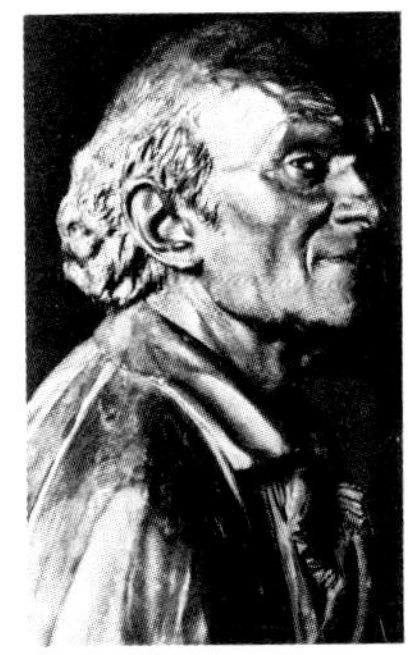

fig. 1. Houdon, *Lalande*, Paris, Observatoire

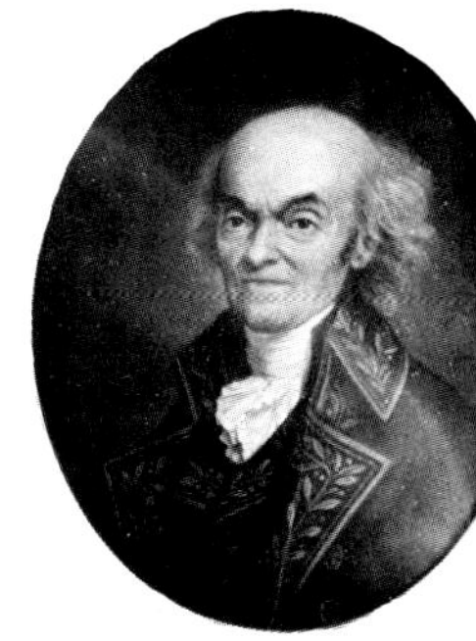

fig. 2. Ducreux, *Lalande*, Versailles, musée du château

Nous ignorons tout sur ce tableau avant 1921 ! Il passait alors pour représenter « Naudin, astronome et peintre ». C'est à L. Réau (1956), croyons-nous, que l'on doit d'avoir identifié d'une manière qui nous paraît convaincante le modèle, l'astronome Jérôme de Lalande (1732-1807). L'iconographie réunie à Bourg-en-Bresse, sa ville natale, à l'occasion du 250e anniversaire de sa naissance, le buste plus tardif de Houdon surtout *(fig. 1)*, ainsi que le pastel de Ducreux *(fig. 2)* et les nombreuses caricatures de Vincent *(fig. 3* à *6)* le confirment. Le grand front dénudé, le crâne d'une forme très caractéristique rendent aisément reconnaissable l'astronome, même si Fragonard a quelque peu « gommé » sa laideur, attestée par les contemporains. Lalande avait acquis très jeune la célébrité grâce à ses calculs cométaires. Jean-Claude Pecker, dans la préface du catalogue de Bourg-en-Bresse, rappelle : « ce fut aussi l'organisation, à l'échelle mondiale, des observations en 1761 et en 1769 du passage de Vénus devant le soleil ». Ces dates sont celles de son portrait par Fragonard. En fait, Lalande s'était rendu en Italie en 1765 et 1766. Il en ramena son *Voyage d'un Français en Italie*, publié en 1769-1770 qui, avec ceux de Richard et de Cochin, furent abondamment utilisés par les touristes du XVIIIe siècle, par Bergeret entre autres qui le cite à de nombreuses occasions. Si l'intérêt de Lalande pour les Beaux-Arts est de notoriété, nous ignorions qu'il maniait les pinceaux, mais peut-être ceux qui se voient sur la gauche du tableau sont-ils à mettre sur le compte de ces licences auxquelles Fragonard nous a habitués.

Le portrait de Lalande, acquis par le musée du Petit Palais en 1978, qui ne paraît pas coupé sur les côtés, est sensiblement plus petit que les figures de fantaisie : il

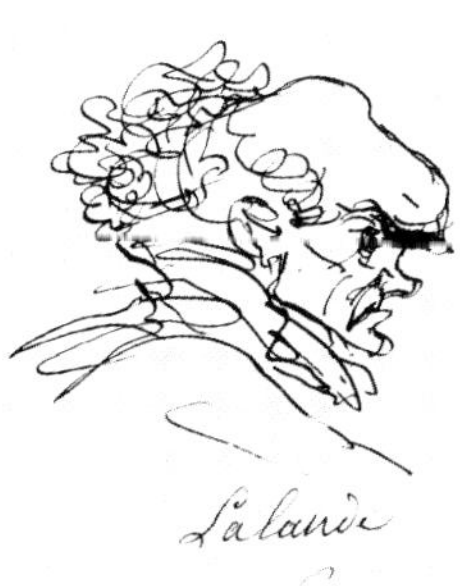

fig. 3. Vincent, *Lalande*, Rouen, musée des Beaux-Arts

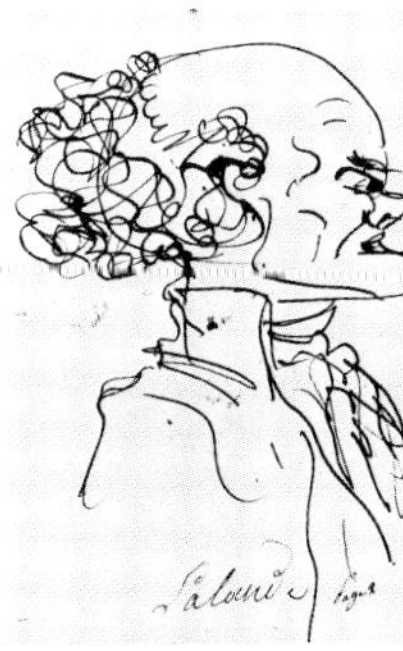

fig. 4. Vincent, *Lalande*, Rouen, musée des Beaux-Arts

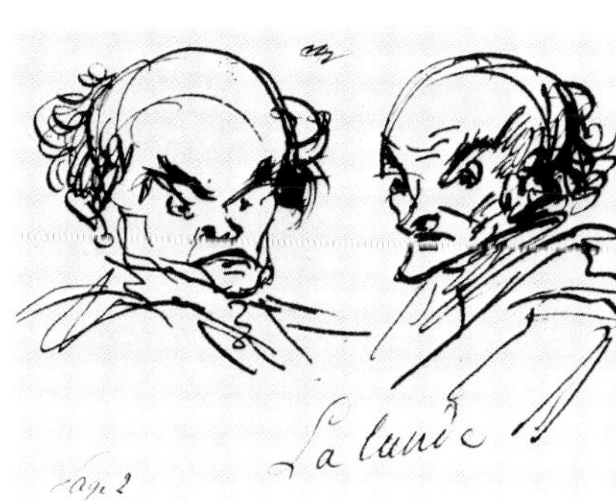

fig. 5. Vincent, *Lalande*, Rouen, musée des Beaux-Arts

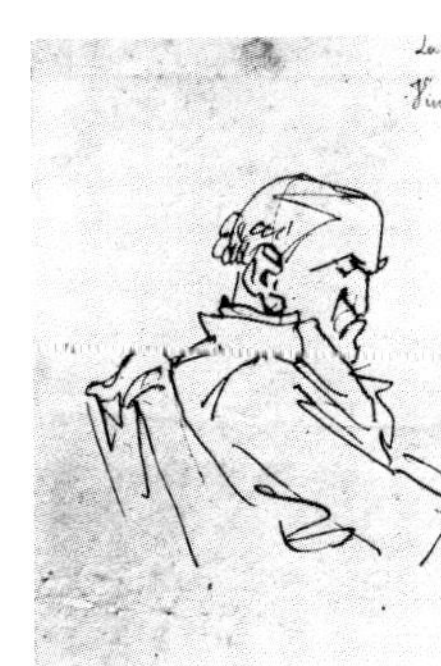

fig. 6. Vincent, *Lalande*, Paris, coll. particulière

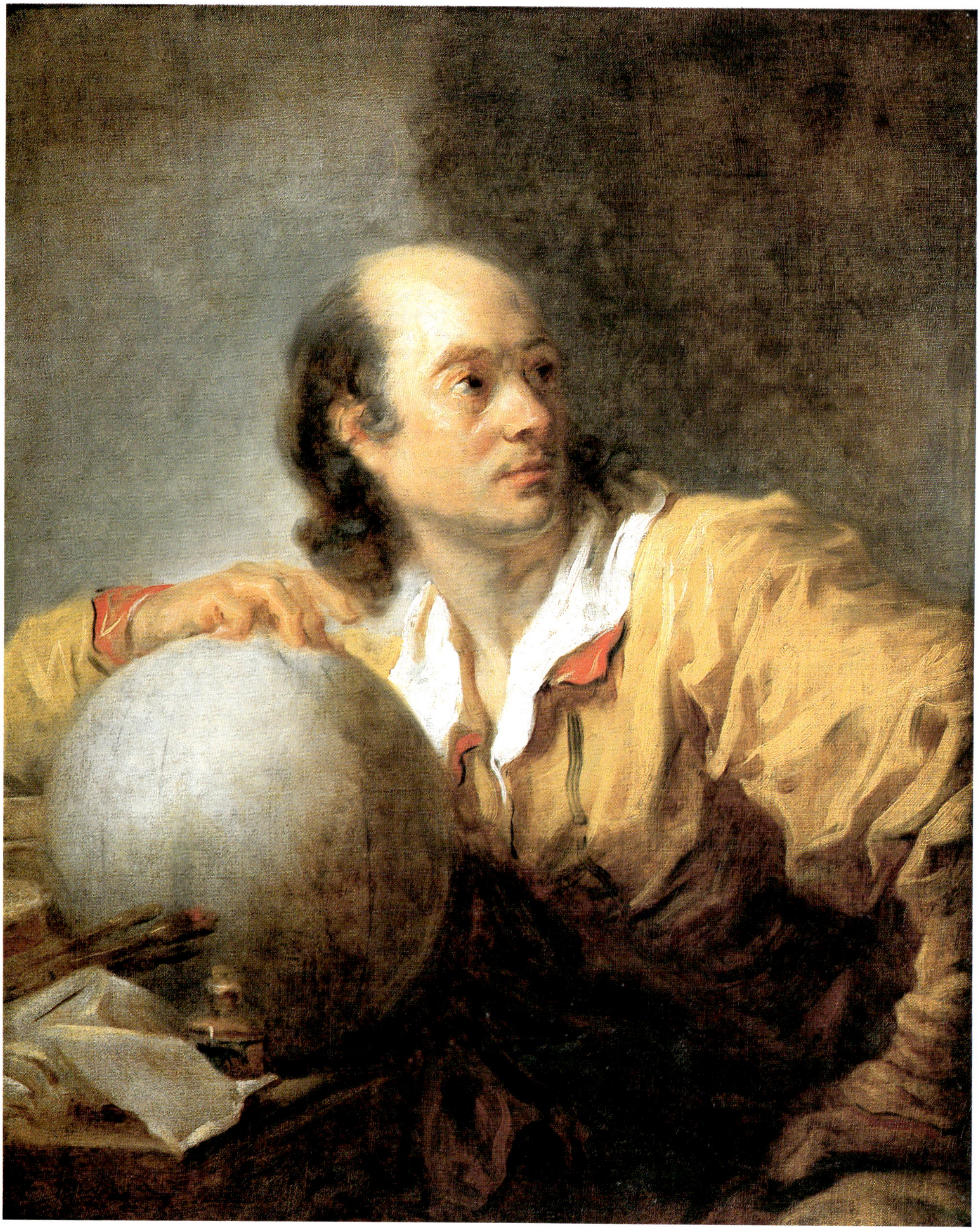

répond pourtant partiellement à la définition du genre : figure à mi-corps, entablement de pierre, tête tournée vigoureusement vers la droite, pose autoritaire, exécution hâtive avec un goût marqué pour les jaunes (seules font défaut les habituelles fraises, manchettes et chaînes d'or...).

Il doit être postérieur au retour d'Italie de l'astronome (né la même année que Fragonard) et de peu antérieur au portrait de Diderot, que Lalande connut en Hollande en 1774.

On ne manquera pas de noter la touche d'humour si caractéristique de Fragonard : il place bien en évidence, sur la gauche de la composition, le globe terrestre sur lequel Lalande pose son bras et au centre de l'œuvre, le globe à peine moins dégarni du crâne de l'astronome.

## 127 Portrait de Diderot

T. H. 81,5 ; L. 65

Paris, musée du Louvre

**Provenance**
Coll. Hippolyte Walferdin (1795-1880) dès 1877 (le tableau était alors à Nice), sa vente après décès, 3 avril 1880, n° 10 (6.000 francs à Beurnonville) ; baron de Beurnonville, sa vente, 9-16 mai 1881, n° 61 (acquis pour 6.900 francs par Lannoy) ; coll. comte Daupias, de Lisbonne, sa vente, 16-17 mai 1892, n° 17 (16.000 francs à Goldschmidt) ; coll. Léopold Goldschmidt, Paris ; coll. comte André Pastré entre 1902 et 1931 ; coll. comtesse Charles de Vogüe, Paris en 1934.
Entré au Louvre par dation en 1972 ; R. F. 1972.14.

**Expositions**
(liste complète dans cat. *Diderot,* 1984)
Paris, 1878, n° 537 ;
Paris, 1894, n° 119 ;
Paris, 1907, n° 130 ;
Paris, 1921, n° 92, ill. ;
Paris, 1934, n° 158, ill. ;
Paris, 1974, n° 12, ill. ;
Paris, 1974-75, n° 105, ill. p. 131 ;
Paris, 1977-78, n° 4, ill. ;
Paris, 1984, n° 1, ill. ;
Paris, 1986-87, n° 105, ill.

**Bibliographie**
G. p. 322 ;
Assézat et Tourneux, 1877, pp. 115-116 ;
Tourneux, 1878, p. 126 ;
Eudel, 1881, p. 151 ;
P. p. 135, 275 ;
Nevill, 1903, p. 291, ill. ;
N. p. 110 ;
Tourneux, 1907, p. 100 ;
Nicolle, 1931, p. 49 fig. 3 ;
R. p. 88, 90, 130, 173 ;
W. 250, pl. en couleurs p. 275 et p. 17 éd. française ;
Sterling, 1964, n. p. ;
Zolotov, 1968, p. 161, ill. ;
W. et M. 268, ill. ;
Rosenberg et Compin, 1974, pp. 186-188 fig. 5 ;
Bukdahl, 1980, I, p. 2 (ill.) ;
Fried, 1980, p. 139, fig. 58 ;
Rubin, 1980, p. 78, fig. 5 ;
[Fride, 1984-85, pp. 90-93, pl. 8] ;
Sheriff, 1987, p. 82 fig. 1 ;
Sutton 1980, 1987, p. 82 fig. 1.

**Œuvres en rapport**
« Une copie moderne » appartenait également à Walferdin qui, en 1877, la conservait à Paris (Tourneux et Assézat).
Pour l'iconographie de Diderot, voir outre Tourneux, 1878, l'article de Wilhelm (1969), [Fride] et le récent cat. de l'exp. *Diderot,* Paris, 1984.

Entré au Louvre par dation en 1972, le tableau a, depuis un siècle, été exposé et publié à de très nombreuses reprises. Et pourtant, que nous sachions, il n'est nulle part mentionné avant 1877. Il appartenait à cette date, comme tant de beaux Fragonard, à Hippolyte Walferdin. Ce Langrois — comme Diderot auquel il vouait un culte, comme à Fragonard, son peintre favori — ce farouche républicain qui, en 1849, fut le premier à offrir au Louvre un Fragonard, ne nous a pas dit d'où il tenait son tableau. Maurice Tourneux, le premier à le mentionner, hésita d'ailleurs en un premier temps à reconnaître, dans cette « ébauche », « une esquisse du philosophe ».

On comprend, sans bien entendu les partager, les doutes du critique : une œuvre aussi négligemment brossée, aussi sommairement achevée ne pouvait, à ses yeux, passer pour un *portrait* au sens où on l'entendait alors, comme d'ailleurs au XVIII$^{e}$ siècle. Il aurait en outre pu relever que Fragonard avait donné des yeux bleus à son modèle, qui, en réalité, les avait marrons !

Pourquoi Diderot n'a-t-il rien dit de son portrait ? On se souvient que le philosophe qui, en 1765, avait partagé les espoirs de toute la critique et avait cru voir en Fragonard l'artiste qui la consolerait de la mort de Carle Vanloo et de celle de Deshays et saurait les remplacer, avait marqué sa déception au Salon de 1767. Puis c'est le silence, si ce n'est une allusion dans les *Essais sur la peinture* et une spirituelle remarque, rarement notée, dans *Jacques le Fataliste* (éd. Assézat, VI, 1875, p. 194), qui mériterait commentaire. Nous ignorons bien entendu les raisons de ce silence. Gageons que si Diderot a posé, la séance fut courte. En tout cas, elle ne fit pas forte impression sur le philosophe. Ajoutons que si, comme nous le supposons (voir notre introduction au présent chapitre), ce tableau, avec d'autres figures de fantaisie, faisait partie de la « galerie » que Fragonard s'était constituée dans son logement du Louvre, il ne pouvait guère être remarqué, en tout cas de l'écrivain, dont on ne sache pas qu'il soit souvent venu voir le peintre.

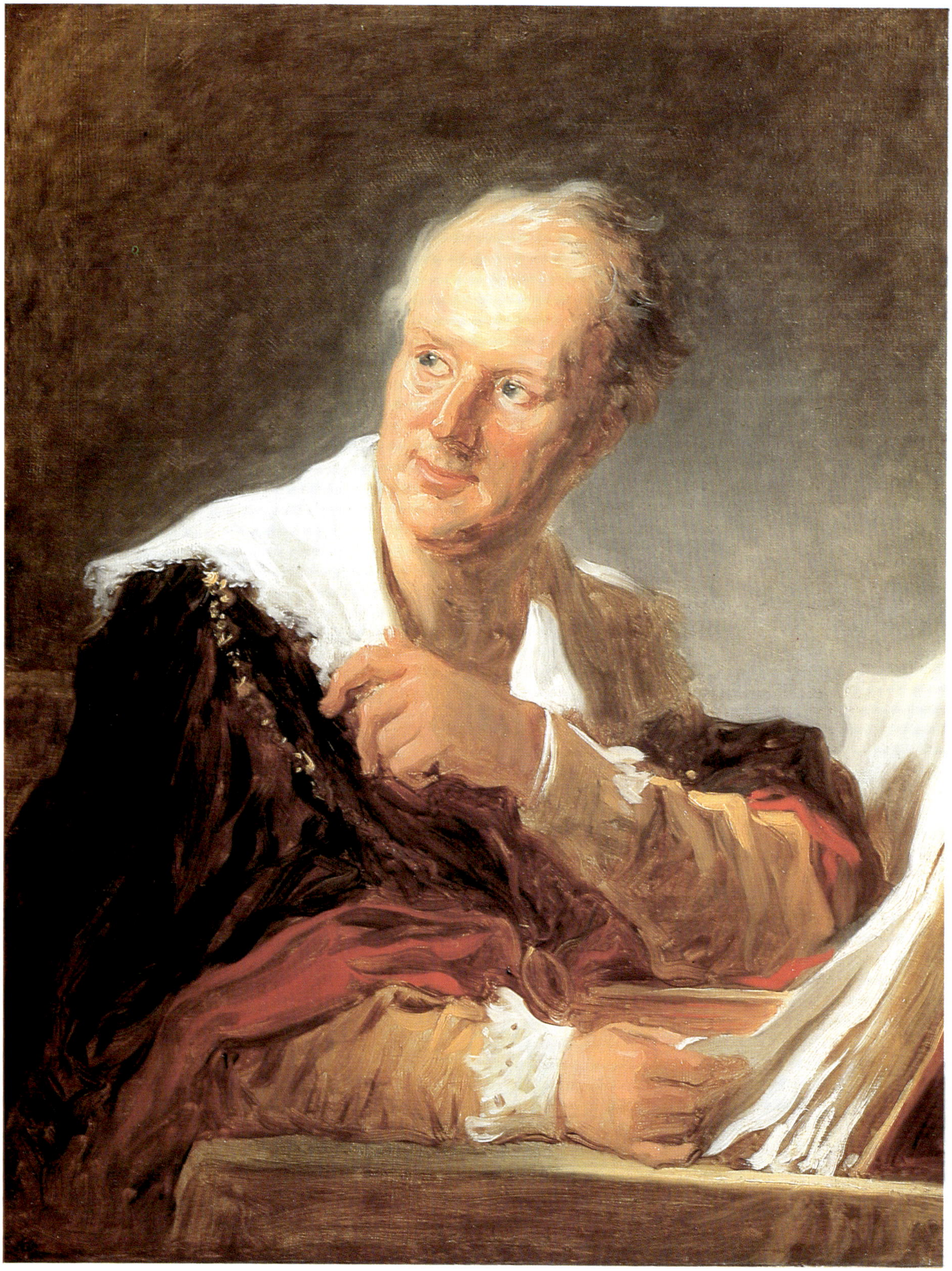

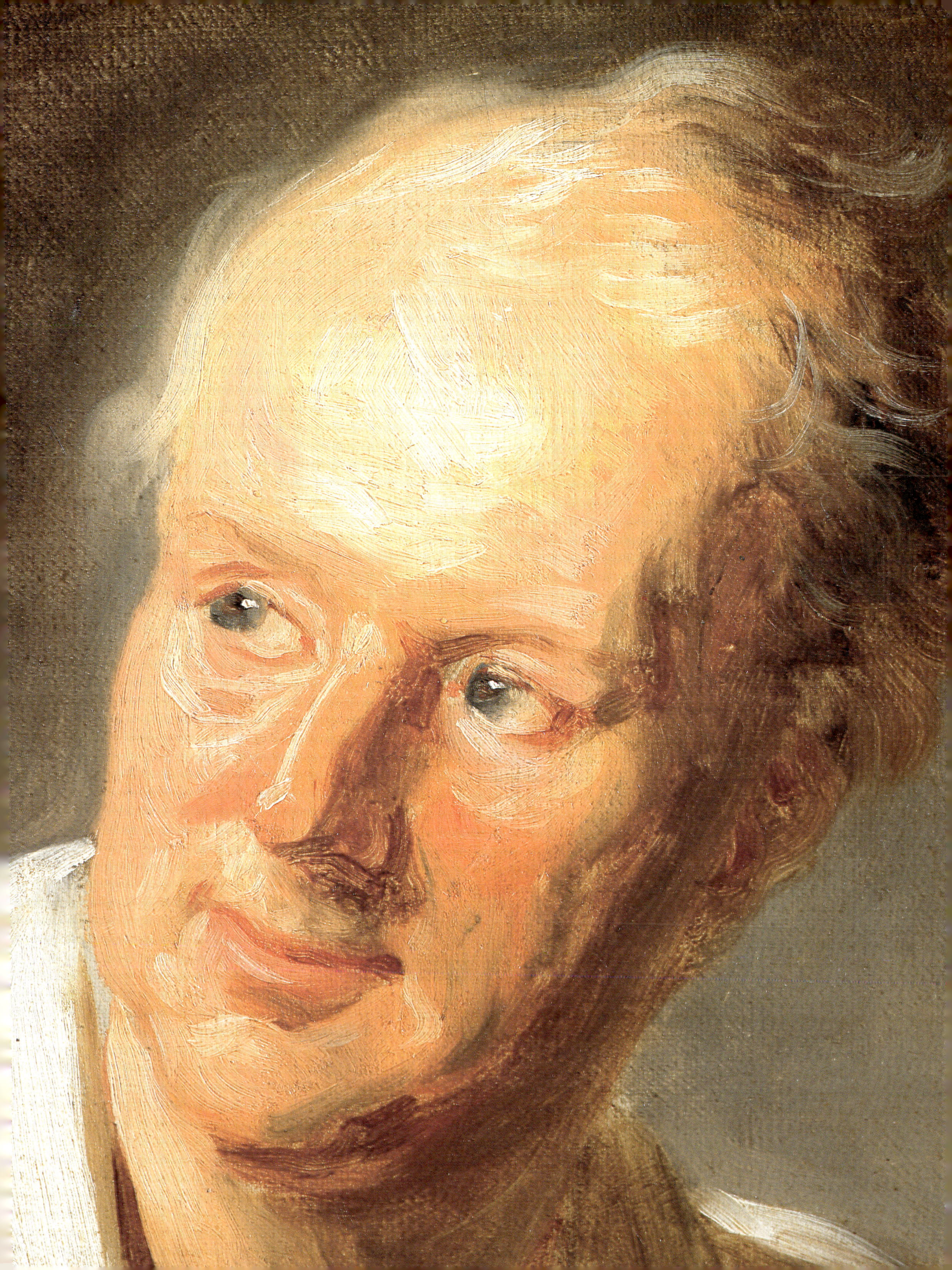

La date de l'œuvre a été débattue. Nous pensons, comme la majorité des spécialistes, que Fragonard dut peindre son tableau peu avant 1769. Louis-Michel Vanloo avait exposé son *Portrait de Diderot (fig. 1)* au Salon de 1767 (de mêmes dimensions que la toile de Fragonard). Que Fragonard, qui sans doute ne connaissait pas les réticences de Diderot à l'égard de l'œuvre de Louis-Michel Vanloo, ait voulu rivaliser et même prendre le contre-pied de celui-ci, nous paraît certain. À l'image fidèle, prudente et figée, il a voulu opposer une œuvre d'invention qui, plus que l'homme, évoque l'écrivain. Et comment aurait-il pu mieux le faire qu'en le costumant, en lui faisant porter, sans doute intentionnellement, la lourde chaîne d'or des philosophes de Rembrandt *(fig. 2)*, sans pour autant négliger Venise, celle de Feti (on songe à son *Poète*, aujourd'hui au musée de Stockholm, *fig. 3*).

On nous permettra de conclure sur deux citations : la première, de Diderot, traite de la difficulté qu'il y a pour le peintre à figer sur la toile les traits et les pensées si rapidement changeantes de son modèle : « c'est l'abbé Le Blanc qui s'est présenté à mon idée ; et j'ai baillé d'ennui. C'est l'abbé Trublet qui s'est montré ; et j'ai l'air ironique. C'est mon ami Grimm ou ma Sophie [Volland] qui m'ont apparu ; et mon cœur a palpité... » *(Œuvres esthétiques*, éd. 1968, p. 680*)*. La seconde revient à Edmond de Goncourt : « Parfois, je m'imagine Fragonard sorti du même moule que Diderot. Chez tous deux pareil bouillonnement, pareille verve. Une peinture de Fragonard, ça ne ressemble-t-il pas à une page de Diderot ? » *(Journal*, 15 novembre 1859, I, pp. 226-227*)*.

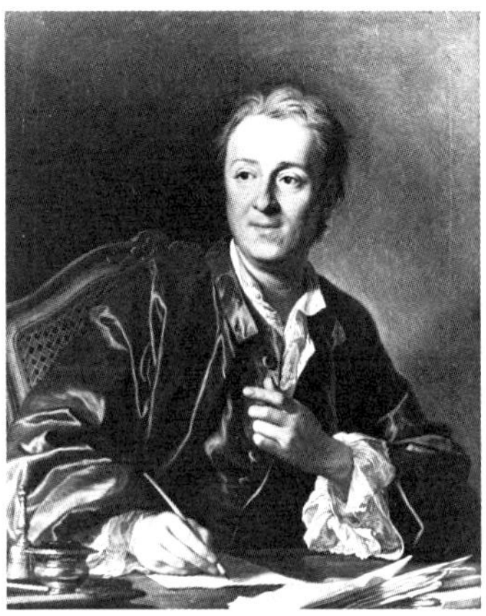

fig. 1. L. M. Vanloo,
*Diderot*,
Paris, musée du Louvre

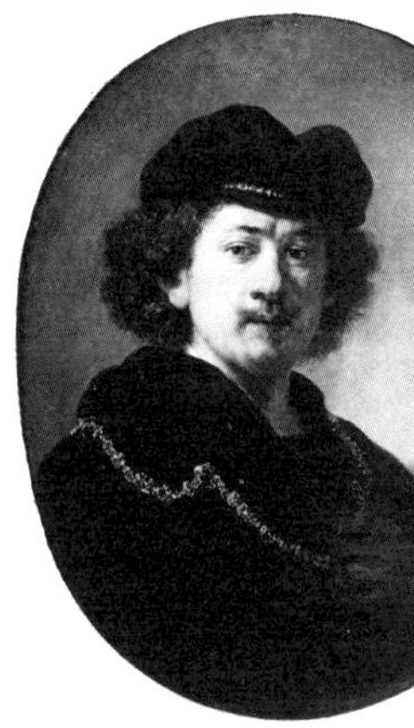

fig. 2. Rembrandt,
*Autoportrait*,
Paris, musée du Louvre

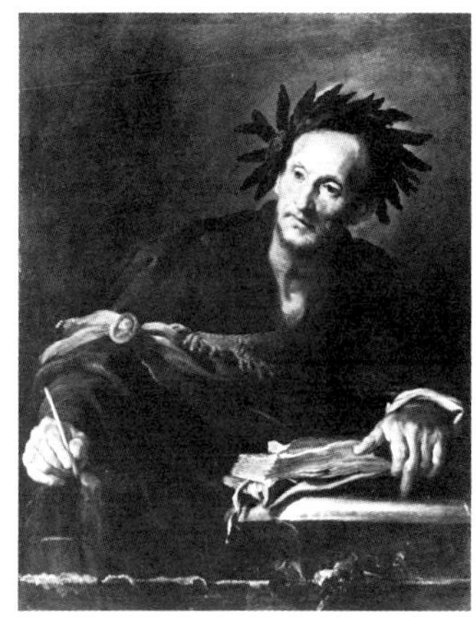

fig. 3. D. Feti,
*Le poète*,
Stockholm, Nationalmuseum

# 128 Portrait d'homme *dit autrefois de* Don Quichotte

T. H. 80,5 ; L. 64,7

Chicago, The Art Institute

**Provenance**
Est dit provenir de la vente Mauperin, 4 décembre 1780, n° 38 : « un portrait d'homme ajusté selon le costume espagnol. Ce morceau Étude et d'une touche savante est d'un grand effet. Hauteur 30 pouces, largeur 24 T. » (= 81 sur 64,8). Vente anonyme, 20 avril 1885, n° 14 :
« portrait d'homme vu jusqu'à la ceinture, tourné à droite, la main appuyée sur la poignée de son épée » (celle-ci ne se distingue pas sur le tableau de Chicago) ; « le front chauve, moustaches épaisses et barbiche ; il porte un costume espagnol rayé. Superbe esquisse exécutée avec une fougue et un brio étonnants » (2.900 francs) ; coll. Camille Groult (1890-1953) ; [Wildenstein] en 1954 ; coll. Mr. et Mrs Leigh B. Block à Chicago ; offert à l'Art Institute de Chicago en l'honneur de John Maxon ; 1977.123.

**Expositions**
Chicago, 1978, n° 9, ill. (avec liste des exp. précédentes) ;
Houston, 1986-87, n° 15 ill. et p. 23 pl. en couleurs.

**Bibliographie**
P. p. 277 et 286 ;
W. 247, pl. couleurs face à la pl. 42 et p. 17 éd. française ;
Sterling, 1964, n. p., fig. 17 ;
W. et M. 264, ill. ;
Cat. exp. Washington-Detroit, ..., 1975-76, p. 30 ;
[Wise], à paraître (avec bibliographie complète) ;
Sutton 1980, 1987, p. 110.

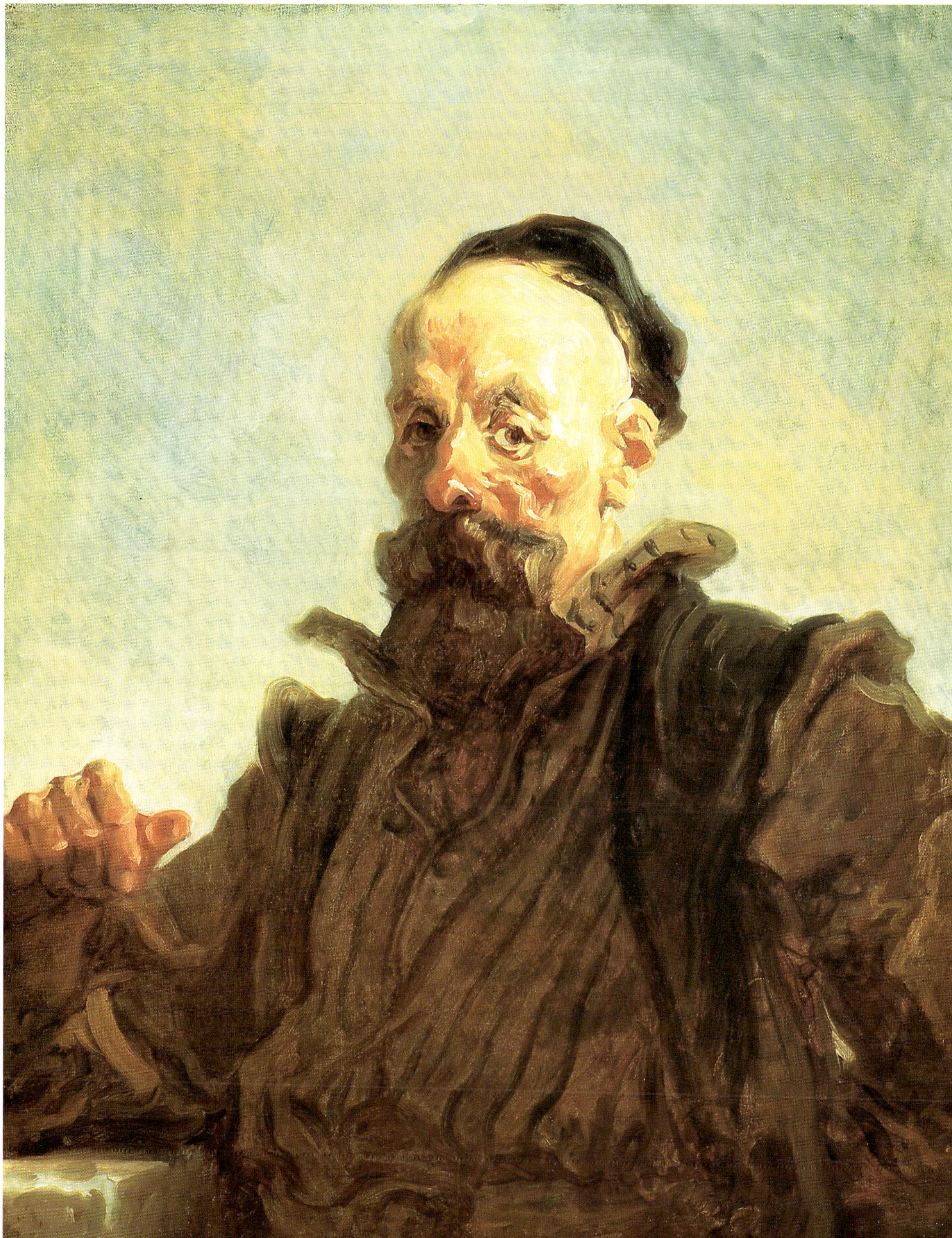

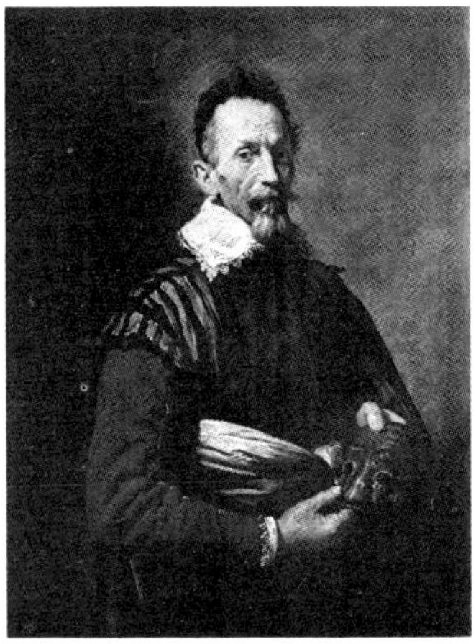

fig. 1. D. Feti,
*Portrait d'acteur,*
Leningrad, Ermitage

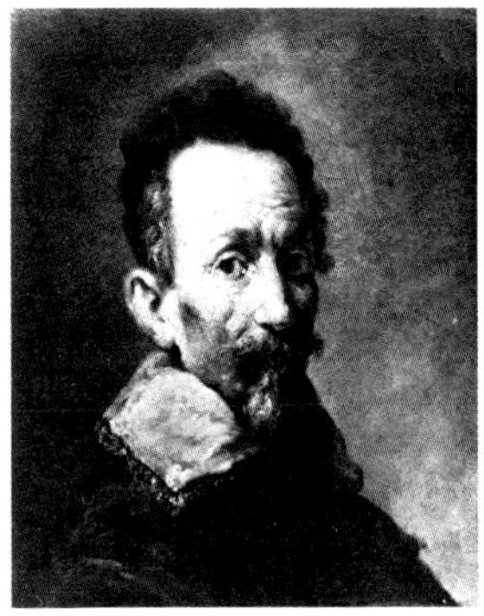

fig. 2. D'après (?) D. Feti,
*Portrait d'acteur,*
Manchester,
Manchester City Art Gallery

Sommes-nous bien en présence du tableau de la vente Mauperin — un peintre de l'Académie de Saint-Luc dont nous ignorons jusqu'au prénom — de 1780 ? La description du catalogue est trop imprécise pour permettre de l'affirmer. Cette description — « un portrait d'homme ajusté selon le costume espagnol » — la taille de l'œuvre — « 30 pouces » sur « 24 » (= 81 sur 65 cm) — sa qualification — « touche savante » et « d'un grand effet » — prouvent que le tableau Mauperin était à coup sûr une figure de fantaisie.

Si Fragonard a pu décorer sa « galerie » de ce genre d'œuvres, il dut également — quelques catalogues de ventes du XVIII^e^ siècle le prouvent — en peindre pour des amateurs avertis. L'intéressant est l'allusion au « costume espagnol » (à l'origine peut-être du titre du tableau aussi récent que sans fondement, *Portrait de Don Quichotte* !). On sait le goût de la seconde moitié du XVIII^e^ siècle pour de tels costumes qui en réalité n'avaient rien d'espagnol. Inspiré autant du théâtre que de la mode du temps de Louis XIII, cet accoutrement satisfaisait le goût de l'époque pour les travestissements somptueux et évocateurs du passé.

Fragonard, une fois encore, s'est directement inspiré d'une œuvre vénitienne, le célèbre *Portrait d'acteur* de Domenico Feti (1588/89-1623), aujourd'hui à l'Ermitage, alors et jusqu'en 1772 dans la collection Pierre Crozat *(fig. 1).* On a parfois pensé que Fragonard avait partiellement copié ce tableau au pastel (vente Yves Le Moyne, 5 février 1912, n^o^ 47, ill. ; A. 2063) et à l'huile *(fig. 2* ; cat. musée de Manchester, 1980, p. 36, ill.*).* Ces hypothèses paraissent peu convaincantes, mais l'influence de Feti sur Fragonard est indéniable.

Les longues moustaches tombantes et la barbe du modèle se confondent avec son habit marron. Les jaunes vifs et les vermillons de son visage couperosé se détachent sur le fond verdâtre de la toile. Mais c'est l'exécution, comme si souvent pour les figures de fantaisie, qui retient par sa rapidité, son accent, sa spontanéité et cette liberté alors si nouvelle.

## 129 Cavalier assis près d'une fontaine

Paris

T. H. 94 ; L. 74

Barcelone, musée d'Art Moderne, collection Cambo

**Provenance**
Coll. Varanchan de Saint-Geniès, fermier général de la Régie du tabac, sa vente, 29-31 décembre 1777, n^o^ 16 : « un cavalier vêtu à l'Espagnol *(sic)* ; il est assis près d'une fontaine, et tient la bride de son cheval qui se désaltère ; ébauche librement touchée, hauteur 37 pouces ; largeur 27 pouces 6 lignes (= 100 sur 74 cm ; 61 livres, selon W.) ; coll. [De Ghendt], sa vente, 15 novembre 1779, n^o^ 599 : « un guerrier très pittoresquement vêtu, assis sur une pierre faisant abreuver son cheval qui se voit derrière lui T. 3 pieds sur 2 pieds 4 pouc. de large ». [Paul Cailleux] en 1932 ; coll. Don Francisco Cambo, Montreux, léguée au musée de Barcelone en 1941.

**Expositions**
Londres, 1932, n^o^ 219 (165 du cat. commémoratif) ;
Paris, 1934, n^o^ 880 ;
Paris, 1934 *(Portraits),* n^o^ 33, ill. ;
Copenhague, 1935, n^o^ 71 ;
Paris, 1937, n^o^ 158, pl. 59 de l'album ;
Berne, 1954, n^o^ 21, ill.

**Bibliographie**
P. p. 273 ;
N. p. 112 ;
Nolhac, 1932, pp. 35-38, ill. ;
Florisoone, 1934, p. 4, ill. ;
Sanchez Canton, 1955, pp. 105-107, pl. LVII ;
R. p. 174 ;
Réau, 1956, pp. 20-21 ;
Wildenstein, 1959, p. 239 et 244 ;
W. 251 pl. 41 et p. 17 et 34 éd. française ;
Cailleux, 1962, n. p., ill. ;
Sterling, 1964, n. p., fig. 12 et notes 3, 8 et 16 ;
Thuillier et Châtelet, 1964, p. 246, détail en couverture ;
Thuillier, 1967, p. 78, ill. en couleurs ;
Zolotov, 1968, p. 158, ill. et 159 (détail) ;
Watson, 1971, p. 78, ill. ;
W. et M. 269, ill. et pl. XXIX en couleurs ;
Bjurström, 1976, p. 26 fig. 10 ;
Pupil, 1985, p. 301, ill. p. 300 ;
Sutton 1980, 1987, p. 110.

**Œuvres en rapport**
Selon Wildenstein (1959), le « portrait d'homme vêtu à l'espagnole » au pastel de l'inventaire après décès de l'abbé de Saint-Non serait de la main de l'abbé, ce qui paraît probable et copierait le tableau de Barcelone, ce qui l'est moins, le « portrait » étant en « buste ».

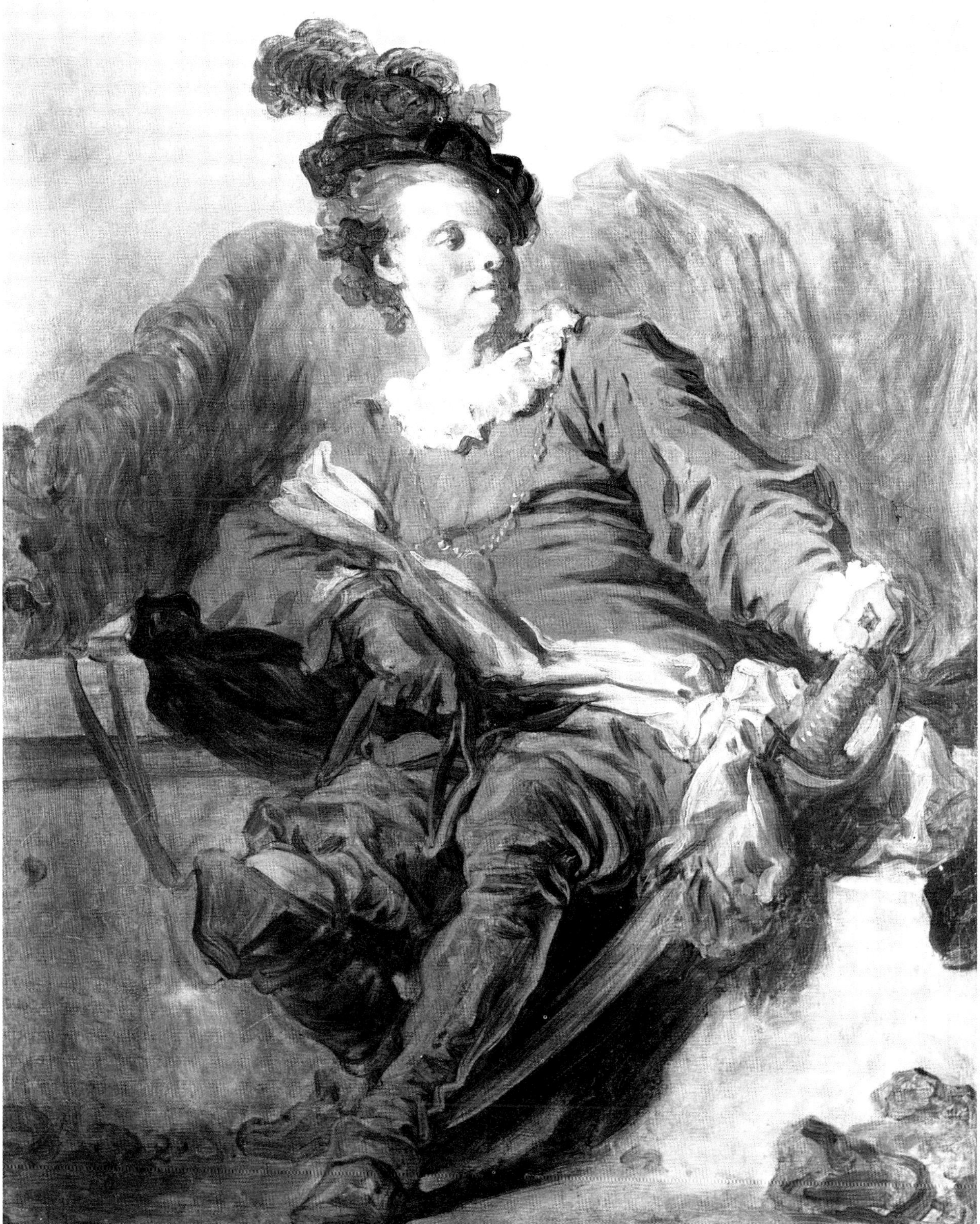

Le *Cavalier assis près d'une fontaine* de Barcelone n'est pas, au sens précis du terme, une figure de fantaisie. Par ses dimensions, sa mise en page — un portrait en pied — il s'en distingue radicalement. Mais la conception de l'œuvre — un portrait costumé — son exécution, son coloris, la rapprochent de ce groupe de toiles dont on ne peut l'écarter qu'arbitrairement.

Le tableau passe à deux reprises en vente au XVIII^e siècle : une première fois en 1777 avec la collection d'un riche fermier général, grand amateur de Fragonard, puis deux ans plus tard dans la vente Emmanuel De Ghendt, un graveur nécessiteux lié à l'abbé de Saint-Non, qui possédait plusieurs têtes de vieillards de Fragonard inspirées par celles de Rembrandt (voir n° 101).

Puis l'œuvre disparaît pour un siècle et demi : elle est publiée en 1932 par Pierre de Nolhac qui n'hésite pas à reconnaître dans le modèle l'abbé de Saint-Non. Depuis lors, cette identification n'a pas été sérieusement mise en doute. Nous reviendrons plus en détail sur ce point à propos du *Portrait de l'abbé de Saint-Non* du Louvre (n° 133). Contentons-nous pour le moment de rappeler que le premier catalogue, rédigé par Paillet, voyait dans le modèle « un cavalier vêtu à l'Espagnol » (et dans l'œuvre une « ébauche librement touchée » !), le second « un guerrier très pittoresquement vêtu ». Ajoutons que si le tableau représente l'abbé, ou bien Fragonard ne l'a pas peint à son intention ou bien Saint-Non s'est défait de son portrait avant 1777.

Le « cavalier » est assis près de la margelle d'une fontaine et tient par la bride son cheval « qui se désaltère ». Il est vêtu d'un justaucorps rouge vermillon à collerette et manchettes blanches et est chaussé de hautes bottes de cuir fauve. Il appuie sa main sur le pommeau de son grand sabre, et porte un chapeau à plumes brun orné d'un nœud rouge. Une chaîne, une grande écharpe jaune doré barrent sa poitrine.

« La toile synthétise... toutes les qualités de Fragonard, l'éclat, la fougue, la virtuosité du pinceau qui multiplie les difficultés pour se donner le plaisir de les résoudre et mettre en joie les connaisseurs. La composition présente un équilibre singulier où le personnage, par la disposition de l'épée, de la bride, des bras et des jambes, semble malgré son abondante fantaisie, s'inscrire dans les lignes d'un losange régulier... Bien entendu, les diverses influences qu'il a subies peuvent s'y chercher, de Tiepolo à Boucher et à Frans Hals, car le tableau appartient exactement au moment de sa carrière où toutes ces diverses admirations s'étant succédées, l'originalité qui en résulte est dans son plein épanouissement » (Nolhac, 1932).

## 130 Portrait d'homme *dit* L'écrivain

T. H. 80,5 ; L. 64,5
Paris, musée du Louvre

**Provenance**
Coll. du Dr. La Caze (1798-1869), léguée au Louvre en 1869 ; M.I. 1060.

**Expositions**
Bruxelles, 1935, n° 943 ;
Rennes et autres lieux, 1964-65, n° 16, ill. ;
Paris, 1974, n° 8, ill. ;
Atlanta, 1983-84, n° 34, ill. couleurs.

**Bibliographie**
G. pp. 281-282, 322 note 1 ;
P. p. 132 et 279 ;
Grappe, *Figaro*, supplément artistique, 2 mai 1929, ill. en couverture (et confondu avec *Saint-Non*, n° 133) ;
R. pp. 88, 181-182 ;
W. 241 fig. 117 et pp. 16-17 éd. française ;
Sterling, 1964, n. p., fig. 3 ;
Zolotov, 1968, p. 157, ill. ;
W. et M. 257, ill. pl. XXII en couleurs ;
Rubin, 1980, p. 79 fig. 6.

**Œuvres en rapport**
Gravures par E. Wallet, reproduite par P. entre p. 144 et p. 145 de son ouvrage (voir aussi p. 323 n° 38) et par Mlle Jacob (p. 17) dans le *Catalogue illustré de l'Exposition Internationale de Blanc et Noir*, Paris, 1888.

En 1869, le docteur La Caze léguait au Louvre sa collection qui comprenait, entre autres merveilles, quatre figures de fantaisie. En 1860, il en avait prêté deux à l'exposition organisée par Philippe Burty qui révéla à beaucoup la peinture française du XVIII^e siècle. Si nous ignorons où et quand La Caze entra en possession de ces œuvres, nous pensons — et une remarque des Goncourt le confirme — qu'il avait acheté les quatre toiles en un seul lot.

Si personne n'a mis en doute leur attribution, deux points restent cependant débattus. Les quatre tableaux formaient-ils un groupe homogène et avaient-ils à coup sûr été peints pour l'abbé de Saint-Non, le modèle de l'un d'entre eux ? Toute discussion cesse dès lors qu'on admet, comme nous avons tenté plus haut d'en apporter la preuve (p. 256), que les figures de fantaisie ornaient pour leur plus grand nombre la galerie de tableaux que Fragonard s'était constituée dans son logement du Louvre.

fig. 1. Détail du n° 130 (rayons X)
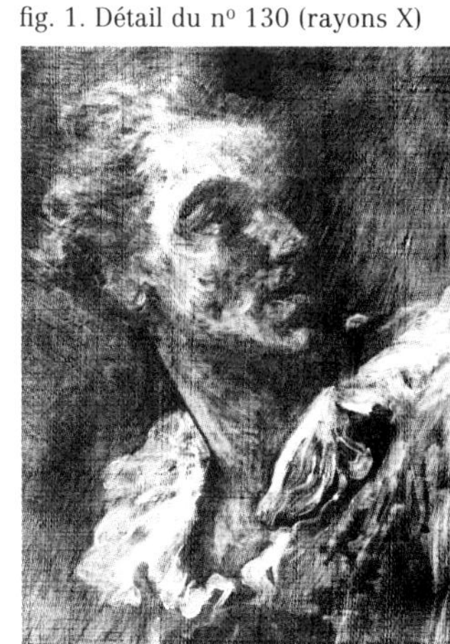

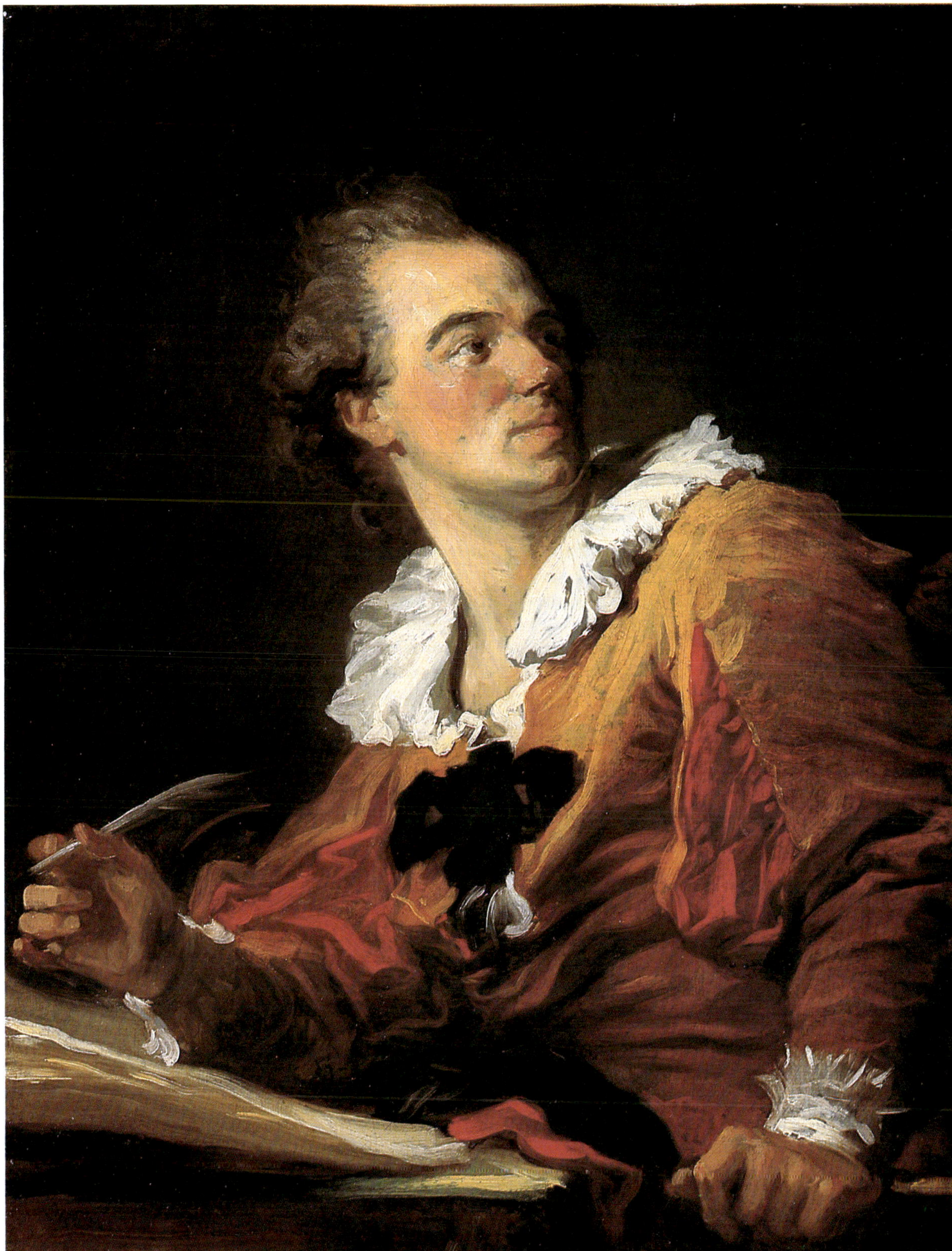

On s'est également interrogé sur l'identité du modèle. Plusieurs spécialistes, dont Réau, qui ont noté une ressemblance avec le célèbre tableau du Louvre (nº 133), ont penché pour Saint-Non. Nous restons réservé. Fragonard n'est pas un portraitiste professionnel, il ne recherche pas la ressemblance et souvent donne le même air à ses têtes. À l'inverse, le tableau veut-il être la représentation de *L'écrivain*, avec ses « attributs », la plume et le cahier ? Ou encore une simple allégorie de l'Inspiration, selon les règles de Ripa ? Que Fragonard ait souhaité peindre des portraits nous paraît certain, vraisemblablement des portraits qui fassent allusion à la profession de leur modèle ; mais son ambition n'était pas là. Ses portraits étaient des prétextes. Il voulait capter le mouvement, l'expression changeante d'un visage, et pensait les saisir en peignant vite.

Des quatre figures de fantaisie La Caze, celle-ci nous paraît la première en date.

# 131 Portrait d'une cantatrice feuilletant un cahier de musique

T. H. 81,5 ; L. 65,5

Paris, musée du Louvre

**Provenance**
Selon Ph. Burty, auteur du catalogue de l'exposition de 1860, proviendrait de la coll. Randon de Boisset (1708-1776), receveur général des Finances de Lyon, mais rien ne permet de le prouver. Coll. du Dr Louis La Caze (1798-1869) dès 1860 ; legs au Louvre en 1869 ; M.I. 1059.

**Expositions** (essentielles)
Paris, 1860, nº 148 ;
Londres, 1933, nº 470, ill. ;
Rome, 1962, nº 92 ;
Vienne, 1966, nº 29, pl. 41 ;
Londres, 1968, nº 239, fig. 298 ;
Paris, 1974, nº 9, ill. ;
Francfort, 1986-87, nº 20, ill.

**Bibliographie** (essentielle)
Bürger [Thoré], 1860, p. 349 ;
Godard, 1860, p. 297 ;
Saint-Victor, 1860, n. p. ;
G. pp. 281-282, 322 note 1 ;
P. p. 93, 132, 276 ;
N. ill. entre p. 90 et 91 ;
Gillet, 1929, p. 87, pl. 92 p. 88 ;
Pouthas, 1938, p. 226 et fig. 6 et 7 ;
R. p. 88, 182 ;
W. 244 fig. 118 et p. 16 éd. française ;
Sterling, 1964, n. p., fig. 9 ;
Thuillier, 1967, p. 83, ill. couleurs ;
W. et M. 260, ill. et pl. XXIII en couleurs ;
Rosenberg et Compin, 1974, p. 191.

**Œuvres en rapport**
Réau (1949, p. 71) reproduit une répétition du tableau du Louvre autrefois dans la coll. Stroganoff à Saint Petersbourg, qu'il considère comme originale. Signalons encore une copie dans la coll. J. W. Church à Londres en 1926 et une autre, ovale limité à la tête, dans une vente Verrier à Bruxelles, 8-9 décembre 1924 (est-ce l'œuvre reproduite par D. et V. 131, *fig. 1*, faisant alors partie de la coll. Waldemar von Rehling-Quistgaard ?). Le tableau du Louvre se voit sur la toile de Vuillard *La salle La Caze (fig. 2* ; cat. exp. Vuillard, Roussel, Munich-Paris, 1968, nº 156*)*.

Pour des gravures du XIXᵉ siècle, voir P. (entre p. 4 et 5, reproduction de celle de E. Wallet) et W. Il en existe une par A. Bellenger en supplément du numéro du 22 juin 1907 de *L'Illustration*. Nous reproduisons *(fig. 3)* une page d'un ensemble de gravures d'après Watteau, récemment acquis par le musée de Valenciennes. Mentionnons enfin le timbre de 1 franc (1972).

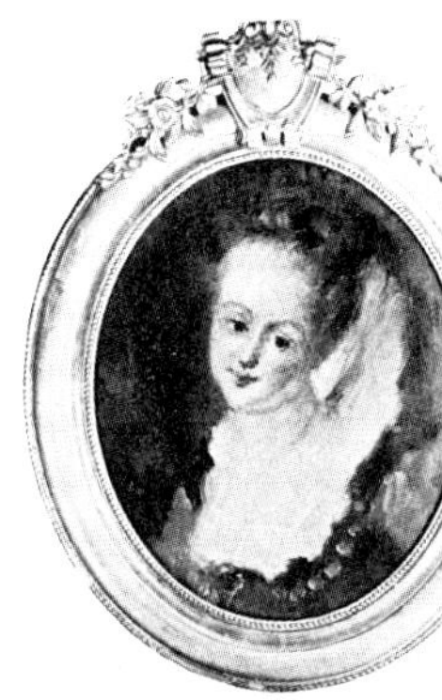

fig. 1. D'après Fragonard,
*L'étude* (détail),
localisation actuelle inconnue

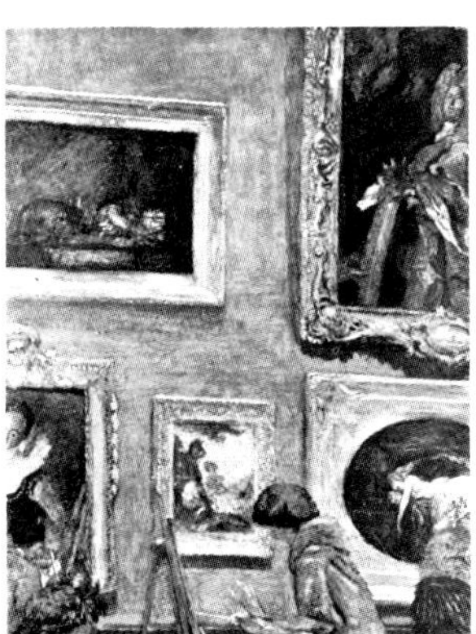

fig. 2. Vuillard,
*La salle La Caze*,
localisation actuelle inconnue

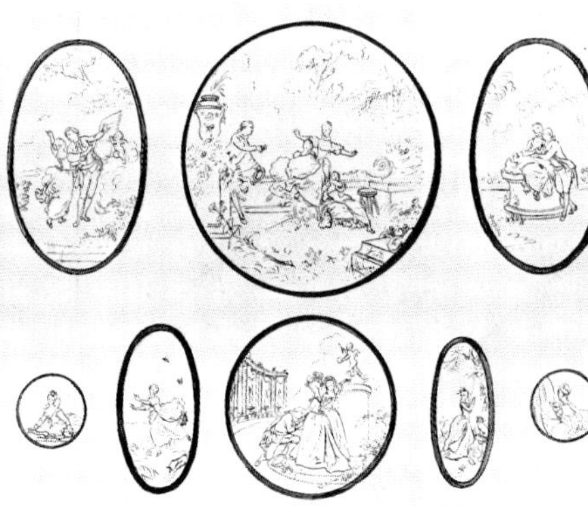

fig. 3. D'après Fragonard,
gravures du XIXᵉ siècle,
Valenciennes, musée des Beaux-Arts

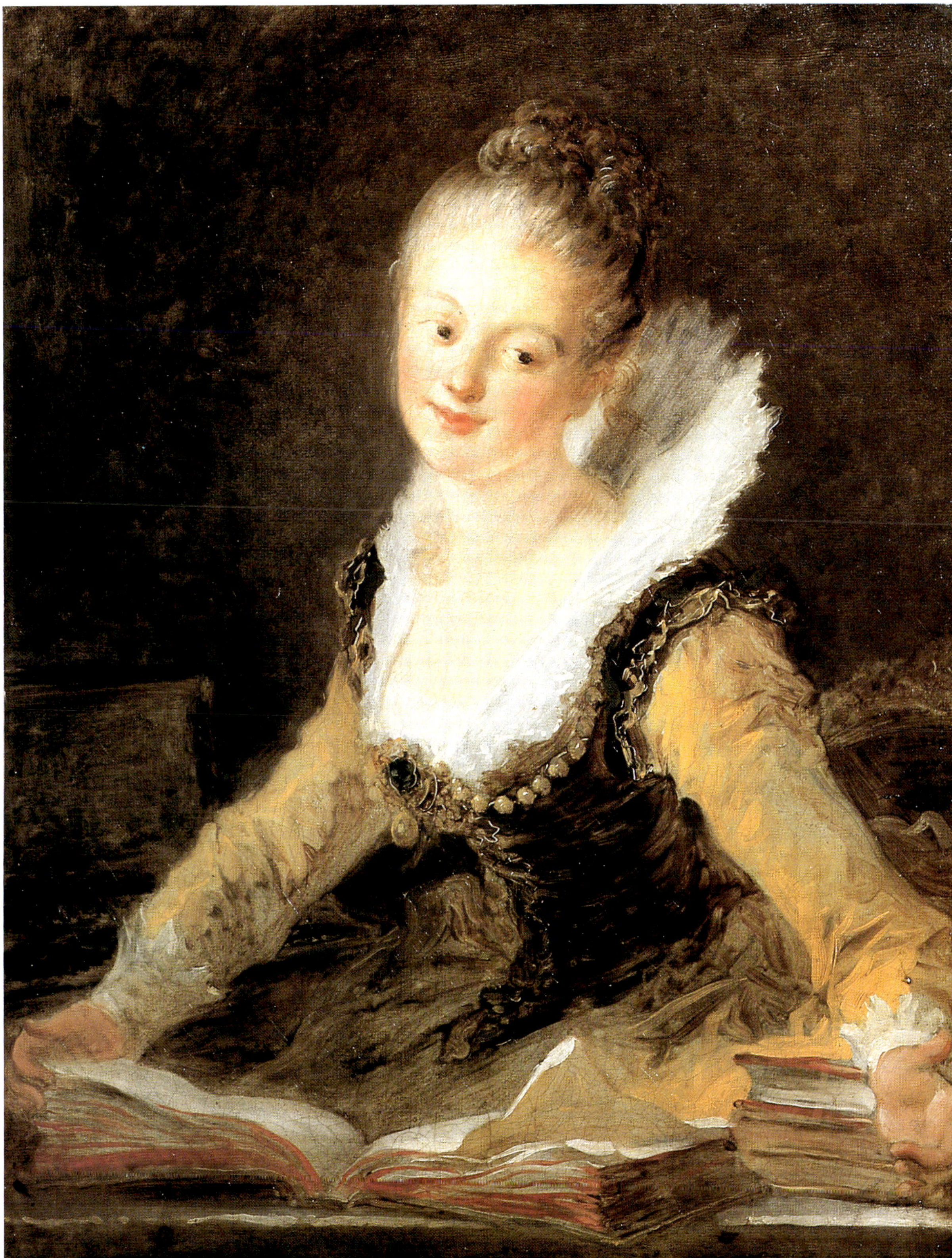

Des quatre figures de fantaisie de la collection La Caze (voir notice précédente), celle-ci est la seule dont le modèle soit féminin. En 1860, Philippe Burty précisait qu'elle provenait de la collection Randon de Boisset. Rien ne le prouve. Nous pensons au contraire qu'elle a décoré la « galerie » de Fragonard au Louvre (voir plus haut).

On s'est interrogé sur le sujet de l'œuvre, allégorie de l'étude, de la poésie ou encore de la musique, comme il a toujours été répété. À nos yeux, le modèle feuillette les pages d'un cahier de musique. Le clavecin à double clavier *(fig. 4)* qui se distingue à l'arrière plan à gauche, celui de la bien plus tardive *Leçon de musique* du Louvre *(fig. 5)*, confirme ses intérêts musicaux. Serions-nous en présence d'une chanteuse dont le nom nous échappe ? Son identité ne nous paraît pas impossible à percer tant l'ovale de son visage, la morphologie de son nez et l'orbite des yeux la rendent reconnaissable.

Quelques touches de vermillon animent l'harmonie jaune or et brun de la composition. La grande collerette blanche à la Marie de Médicis nous rappelle qu'en 1769, Fragonard copiait Rubens au Luxembourg. Le tableau doit être de peu postérieur à cette date.

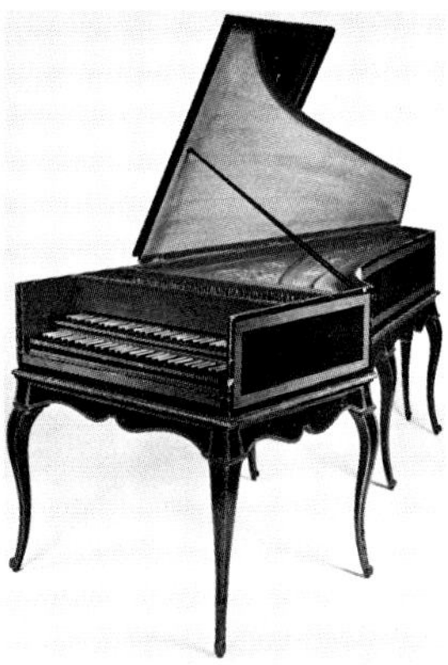

fig. 4. Clavecin à double clavier,
Paris, Conservatoire national de musique

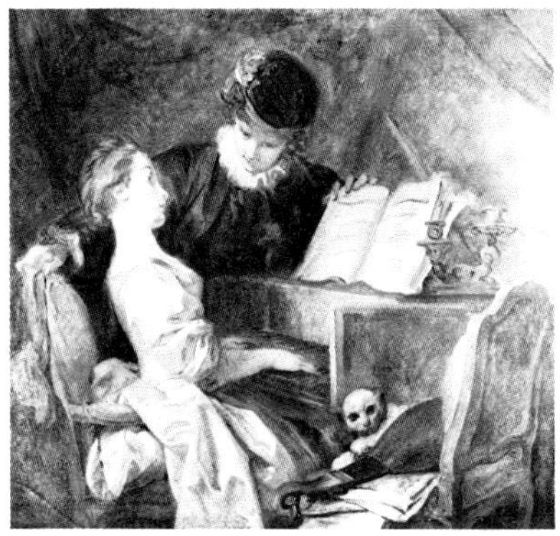

fig. 5. *La leçon de musique*,
Paris, musée du Louvre

# 132 Portrait de M. de La Bretèche

T. H. 80 ; L. 65
Signé et daté, en bas à droite : *frago 1769 (fig. 1)*
Au verso, une étiquette : « portrait de Mr De La Bretèche/peint par fragonard,/ en 1769, en une heure de temps » *(fig. 2)*

Paris, musée du Louvre

**Provenance**
Voir le n° précédent ; coll. La Caze ;
M.I. 1058.

**Expositions**
Paris, 1860, n° 147 ;
Charleroi, 1957, n° 5, pl. 1 (inversée) ;
Grasse, 1957, n° 16 ;
Paris, 1957-58, n° 29 ;
Munich, 1958, n° 55 fig. 17 ;
Paris, 1974, n° 7, ill. ;
Tokyo, 1980, n° 43, ill. en couleurs.

**Bibliographie**
Bürger [Thoré], 1860, p. 349 ;
Gautier, 1860, p. 2 ;
Saint-Victor, 1860, n. p. ;
Blanc, 1862, p. 16 ;
G. pp. 281-282, 322 ;
Mantz, 1870, p. 16 ;
P. 132, 283 ;
Guimbaud, 1928, ill. entre p. 126 et p. 127 ;
R. p. 89, 129, 173 ;
W. 242, pl. 38 ;
Sterling, 1964, n. p., fig. 1 ;
Mirimonde, 1966, p. 156, fig. 28 ;
Thuillier, 1967, p. 82 ;
Watson, 1971, p. 78, ill. ;
W. et M. 258, ill. et pl. XXV en couleurs ;
Mirimonde, 1977, p. 38 ;
Conisbee, 1981, p. 142, fig. 119 ;
Sheriff, 1987, p. 83 fig. 3 ;
Sutton 1980, 1987, p. 110 et fig. 9 p. 109.

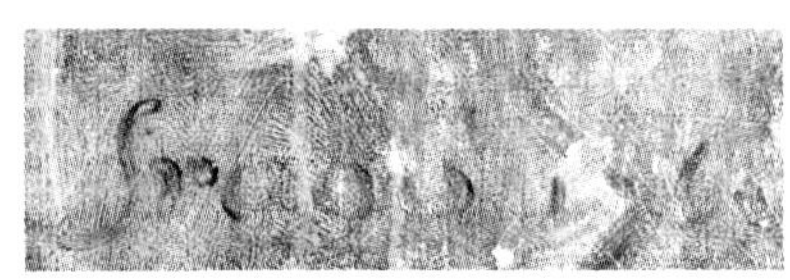

fig. 1. Signature

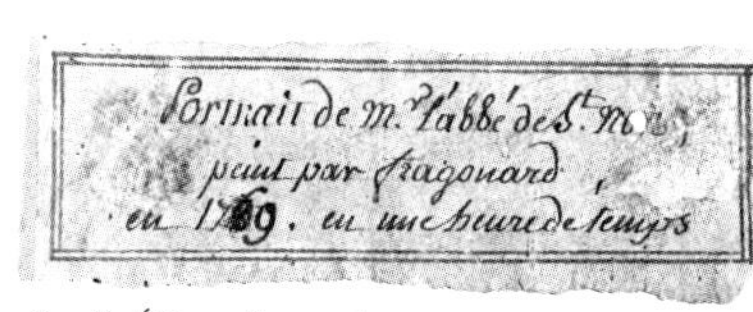



fig. 2. Étiquette ancienne
qui figurait au verso du tableau

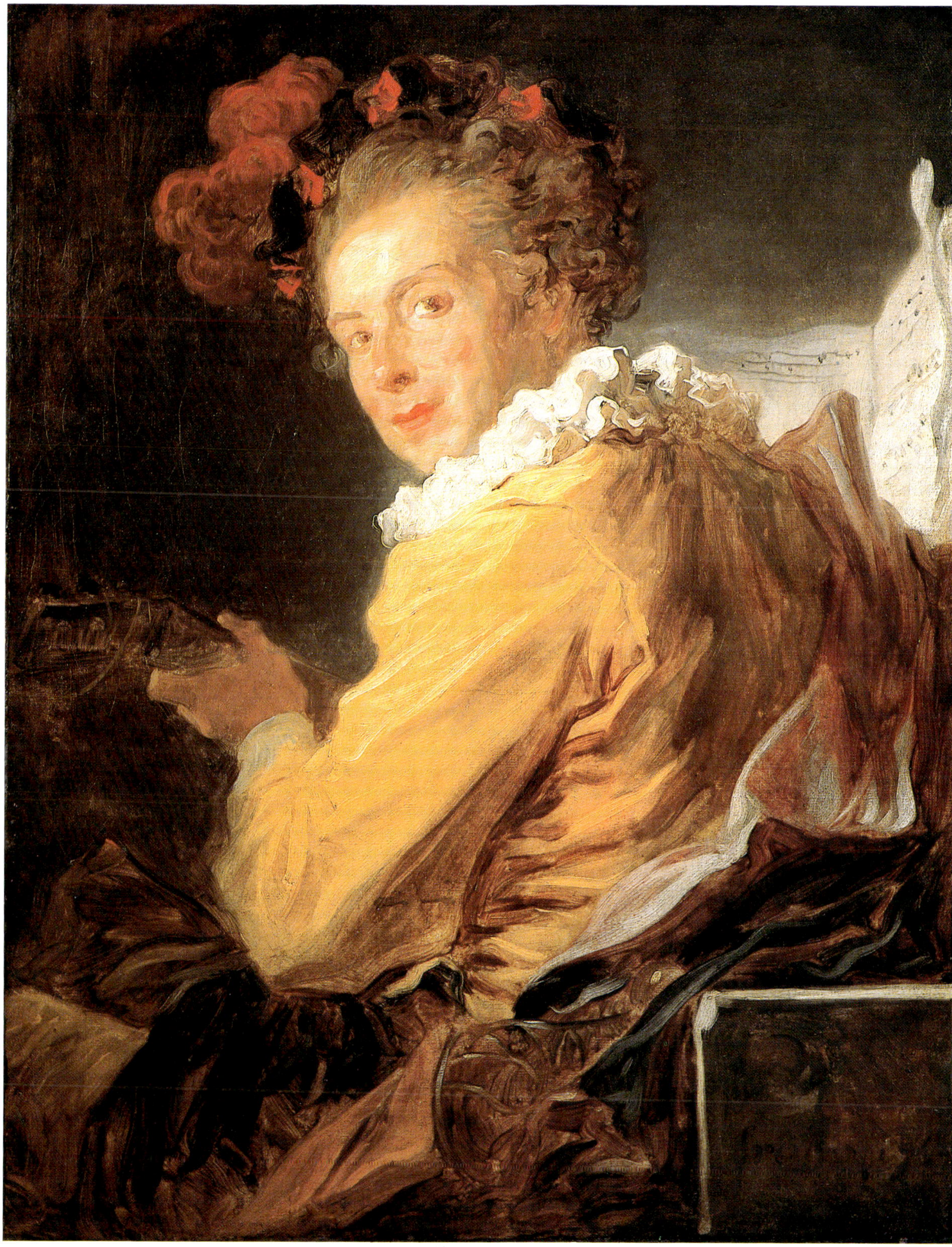

**Œuvre en rapport**
R. (p. 173) catalogue un second portrait de M. de La Bretèche aujourd'hui au Fogg Art Museum de Cambridge *(fig. 3)*. Nous pensons que cette œuvre est du XIX^e^ siècle.

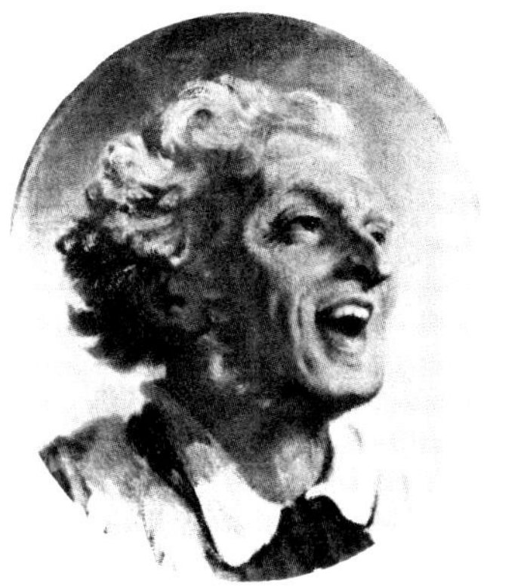

fig. 3. École française du XIX^e^ siècle (?), *Portrait d'homme*, Cambridge, Fogg Art Museum

De toutes les figures de fantaisie, la mieux documentée : c'est en effet la seule qui soit *à la fois* signée et datée (1769). On sait en outre, par une étiquette ancienne qui figurait au verso de la toile, que le modèle serait M. de La Bretèche, le frère aîné de Saint-Non. Mieux encore, la même étiquette (dont on ignore le rédacteur) nous apprend que Fragonard peignit l'œuvre « en une heure de temps ».

Disons tout de suite que nous ne voyons aucune raison de mettre en doute ces précieuses informations. Ajoutons cependant que nous ne connaissons aucun portrait de Louis de La Bretèche et que nous ignorons tout sur ses goûts musicaux et notamment sur son amour de la guitare.

Fils aîné de Jean-Pierre Richard, « receveur général des Finances pour la généralité de Tours », et de Marie-Anne Boullongne, elle-même descendante de la célèbre dynastie de peintres de ce nom, Louis Richard prit en 1747 le nom d'une terre acquise par son père, La Bretèche, voisine de la terre de Saint-Non (l'actuel Saint-Nom La Bretèche, près de Versailles), qui revenait à l'abbé,son cadet. Les deux frères furent inséparables. La Bretèche soutint moralement et financièrement Saint-Non, notamment au moment de la coûteuse publication du *Voyage Pittoresque de Naples et de Sicile*. « Jamais le plus petit nuage ne vint altérer la pureté de leur union » écrit Brizard (1792), le biographe de l'abbé. En 1791, La Bretèche sera « l'héritier universel et l'exécuteur testamentaire » de Saint-Non (Minutier central : XX, 752, testament communiqué par Françoise Arquié-Bruley). Mais nous ne savons pas si La Bretèche partageait l'enthousiasme de son frère pour les œuvres de Fragonard.

Coiffé d'une curieuse toque à nœuds ornée de plumes rouges, La Bretèche « retourne vers le spectateur sa tête goguenarde... En quelques traits de crayon, en quelques coups de pinceau, le peintre a sculpté le masque, coloré les chairs, troussé le costume et jeté sur ce reflet vivace un chaud rayon de soleil » écrit Paul de Saint-Victor en 1860 qui admire, non sans quelques réticences, l'« improvisation » de l'œuvre : « le temps ne fait rien à l'affaire ». Même les Goncourt sont quelque peu réservés : « il lui suffisait d'une heure pour camper, bâcler et trousser si fièrement ces grands portraits où se déploie et s'étale toute cette fantaisie à l'espagnole dont la peinture d'alors habille et anoblit les contemporains ».

Pas plus que les critiques du XVIII^e^ siècle, les découvreurs de Fragonard du XIX^e^ siècle n'appréciaient l'aspect esquissé de ses œuvres, qui leur paraissaient inachevées, simplement « ébauchées ». Il aura fallu le triomphe de l'Impressionnisme et de la « peinture pure » pour laquelle le sujet n'était qu'un prétexte, pour assister à un complet revirement. Laissons à Théophile Gautier (1860) le mot de la fin : « la rapidité, quoiqu'on en dise, a son mérite, lorsqu'elle ne s'obtient pas aux dépens de l'œuvre. Certes, M. de la Bretèche ne fut pas mieux venu en vingt séances sous un pinceau moins habile et moins sûr de lui-même ».

## 133 Portrait de l'abbé de Saint-Non

T. H. 80 ; L. 65
Au verso *(fig. 1)* : « portrait de Mr. l'abbé de St. Non/peint par fragonard,/ en 1769. en une heure de temps »

Paris, musée du Louvre

**Provenance**
Voir n° 131 ; coll. La Caze ; M. I. 1061.

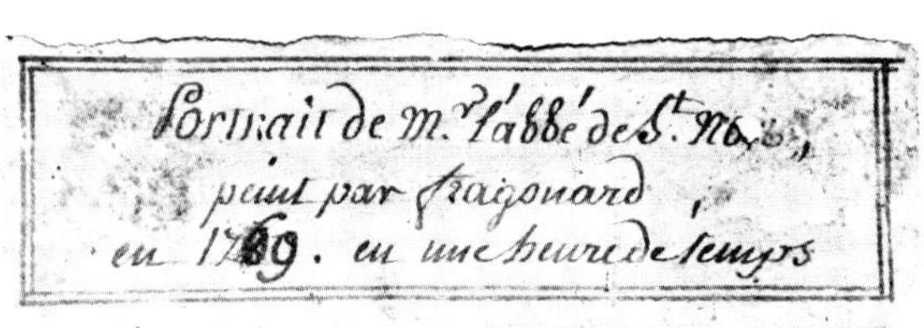
Portrait de Mr. l'abbé de St. Non,
peint par fragonard,
en 1769. en une heure de temps

fig. 1. Étiquette ancienne qui figurait au verso du tableau

**Expositions**
Paris, 1953, n° 48 ;
Besançon, 1956, n° 27 ;
Grasse, 1957, n° 15 ;
Paris, 1957-58, n° 28, pl. XX ;
Bordeaux, 1958, n° 168 ;
Copenhague, 1960, n° 17, ill. ;
Vienne, 1966, n° 28, pl. 40 ;
Saint-Paul-de-Vence, 1973, n° 774, ill. couleurs ;
Paris, 1974, n° 6, ill. ;
Sydney, 1980, n° 38, ill., pl. 1 en couleurs ;
Shangaï, 1982, n° 52.

**Bibliographie**
G. pp. 281-282, 322 note 1 ;
P. pp. 132-133, 281 ;
Guimbaud, 1928, pl. entre p. 132 et 133 ;
R. p. 89, 174 ;
Wildenstein, 1959, pp. 226-244 ;
W. 243, pl. 40 et pp. 16-17 éd. française ;
Sterling, 1964, n. p., fig. 2 ;
Thuillier, 1967, p. 78, ill. couleurs ;
W. et M. 259, ill. et pl. XXIV en couleurs ;
Haskell, 1976, fig. 181 ;
Harris, 1979, p. 60, fig. 7 ;
Rosenberg et Brejon de Lavergnée, 1986, reproduit en couleurs en frontispice ;
Sheriff, 1987, p. 84 fig. 5.

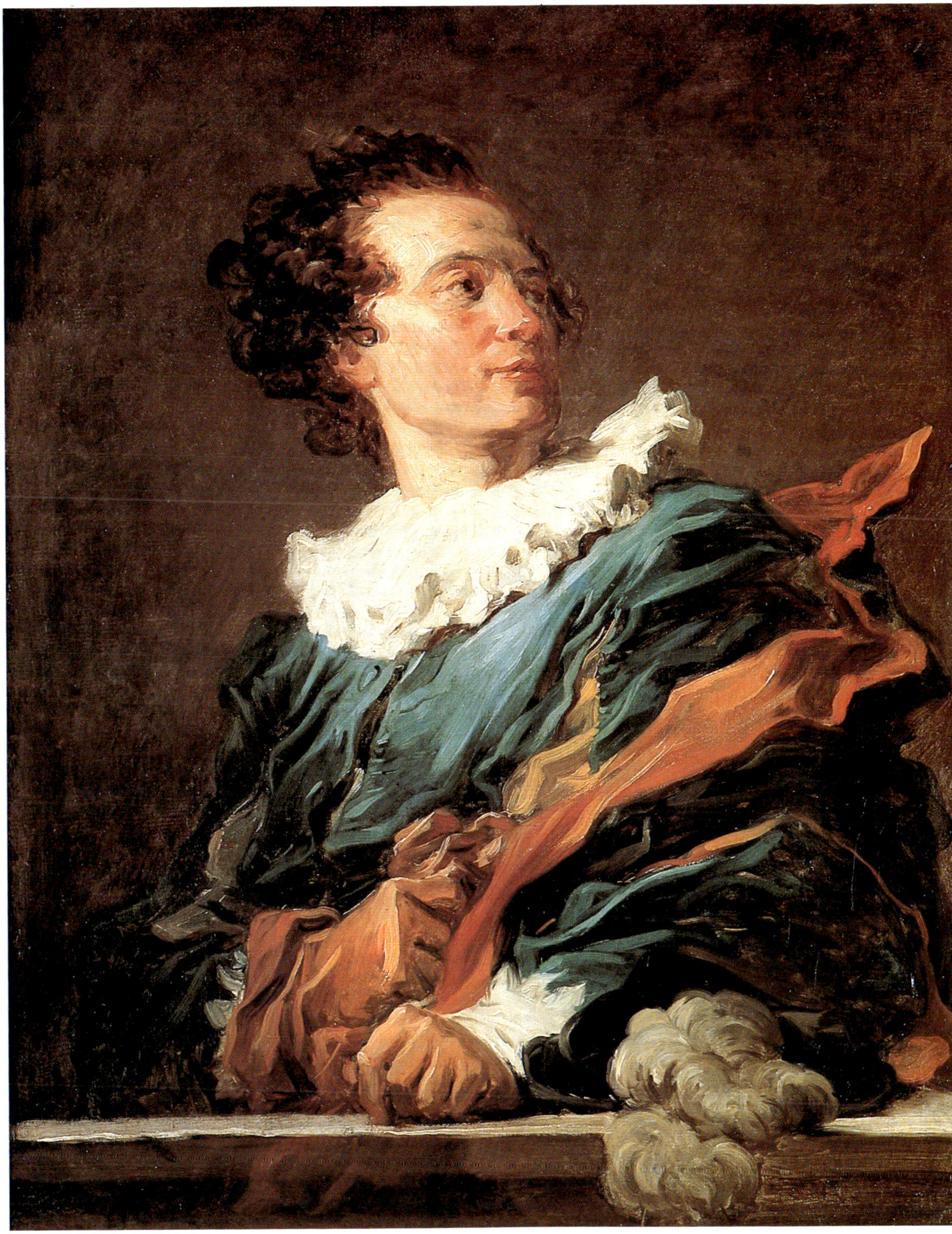

**Œuvres en rapport**

Réau (1935, p. 4), puis Ratouis de Limay (1946, p. 164) ont précisé que le tableau avait été copié au pastel par le comte de Brehan (sur cet artiste amateur, voir notice n° 138). Cette copie, à l'inverse de celle de la *Cantatrice* (n° 138) ne semble pas avoir été datée. P. et à sa suite W. pensaient que Brehan avait copié le *Portrait dit d'un acteur* (n° 137 ; vente E. M. Hodgkins, Londres, Christie's, 29 juin 1934, partie du n° 1).).

Gravé au XIX<sup>e</sup> siècle par E. Wallet, selon W.

Pour le tableau de Barcelone et aussi pour deux autres tableaux du Louvre sur lesquels on a parfois voulu reconnaître l'abbé, voir n<sup>os</sup> 129, 130 et 134.

Pour le dessin du musée Atger, voir n° 199.

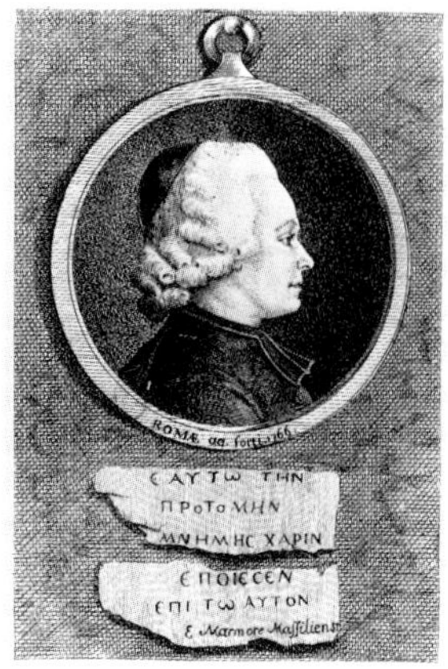

fig. 2. Tersan, *Autoportrait* (1766), Paris, Bibl. Nationale, Cabinet des estampes

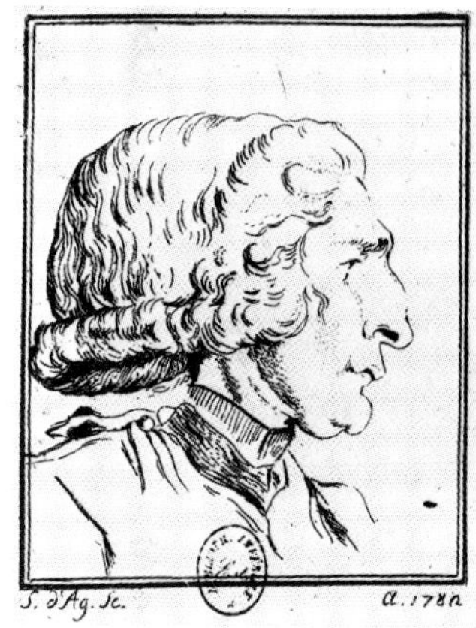

fig. 3. Séroux d'Agincourt, *Saint-Non* (?), 1782, Paris, Bibl. Nationale, Cabinet des estampes

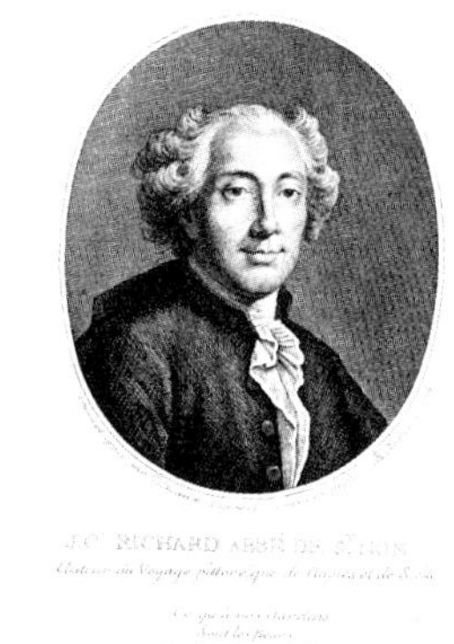

fig. 4. Delvaux d'après A. de Saint-Aubin, *Saint-Non* (1774), Paris, coll. privée

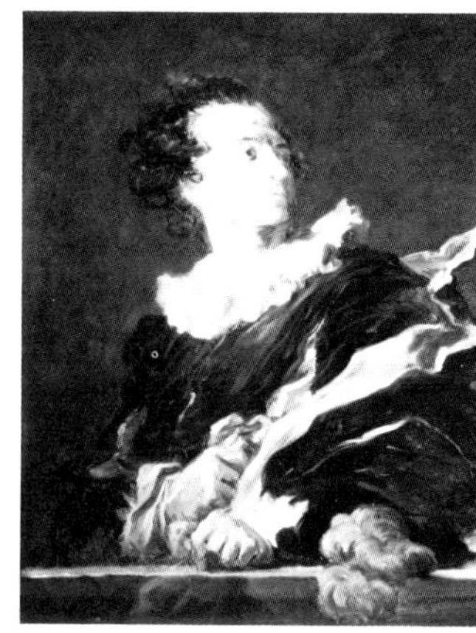

fig. 5. Infrarouge du tableau

Grâce à une étiquette, autrefois au verso de la toile, nous pouvons supposer que ce portrait est bien celui de l'abbé de Saint-Non. Les points de comparaison sont cependant peu nombreux : l'« autoportrait » gravé reproduit en frontispice de l'ouvrage de Louis Guimbaud sur Saint-Non et Fragonard (1928) représente en fait un autre « antiquaire », l'abbé Charles Philippe de Tersan *(fig. 2)*. Comme Charles Sterling (1964, note 4), nous hésitons à reconnaître notre abbé dans une gravure de Séroux d'Agincourt, datée de 1782 *(fig. 3)*, reproduite par Wildenstein en 1959 (fig. 1). Restent une miniature de Hall exposée au Salon de 1775 (voir Seznec et Adhémar, 1967, IV, p. 291) que nous croyons perdue et surtout une gravure de Delvaux *(fig. 4)*, d'après un pastel d'Augustin de Saint-Aubin daté de 1774 (dont Legénisel fit une copie au XIX<sup>e</sup> siècle, Rosenberg et Brejon, 1986, p. 11, fig. a).

L'abbé de Saint-Non (1727-1791), dont nous avons déjà évoqué à plusieurs reprises la personnalité (voir aussi notre ouvrage consacré à la publication de son *Journal* de voyage en Italie), compte parmi les rares admirateurs inconditionnels de Fragonard au XVIII<sup>e</sup> siècle. Les deux hommes se rencontrèrent à Rome en 1760 et entretinrent toujours de bonnes relations, auxquelles seule la mort de l'abbé mit fin. Fragonard est, avec H. Robert et P.-A. Pâris, un des artistes que Saint-Non coucha sur son testament. L'abbé a collectionné les dessins et les tableaux de Fragonard, les a gravés à l'aquatinte, en a copiés certains au pastel mais rien ne permet d'affirmer qu'il a été en possession de son portrait.

Des quatre figures de fantaisie La Caze, le *Portrait de l'abbé de Saint-Non* est le plus accompli : la réussite tient dans la vibrante harmonie entre les couleurs — les bleus de Prusse du justaucorps, le rouge safran d'une écharpe, la tache jaune citron, le blanc d'une manchette et de la large collerette, les gris des plumes du chapeau posé sur la balustrade de pierre, le fauve des gants — et l'exécution. La complicité entre la touche et la gamme colorée se fait au détriment aussi bien du réalisme du détail que de l'analyse psychologique. Seuls importent la fulgurance du métier et le bonheur de peindre, un bonheur communicatif.

On remarquera un repentir bien visible. En un premier temps, le gant de l'abbé de Saint-Non glissait du rebord de la balustrade *(fig. 5)*.

# 134 Portrait présumé de Jacques-André Naigeon

Paris

T. H. 81,5 ; L. 65
Signé au milieu, dans le bas : *frago (fig. 1)*

Paris, musée du Louvre

**Provenance**
Coll. de « M. Naigeon » en 1885 ; [Cailleux] en 1933 ; coll. Carlos de Beistegui depuis 1934, donnée au Louvre sous réserve d'usufruit en 1942 ; entré au Louvre en 1953 ; R. F. 1942.20.

**Expositions**
Paris, 1885, n° 82 (« Inconnu ») ;
Paris, 1974, n° 10, ill.

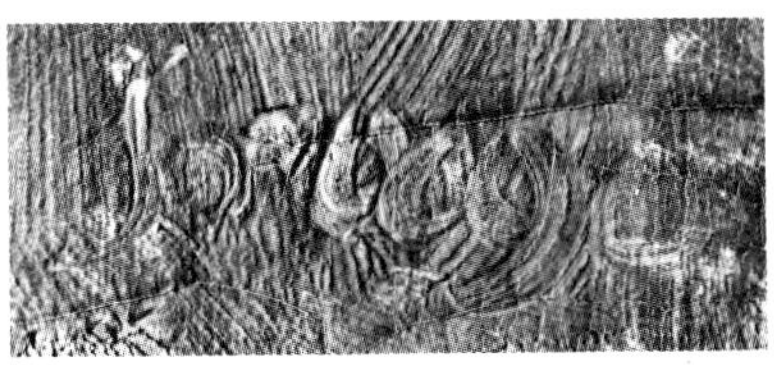

fig. 1. Signature

**Bibliographie**
P. p. 286 ;
Réau, 1956, p. 20 ;
R. p. 89, 91, 174 et détail en couleurs en couverture ;
W. 254 (consulter aussi l'édition anglaise), fig. 122 et p. 17 éd. française ;
Cailleux, 1962, n. p., ill. ;
Sterling, 1964, n. p., fig. 4 ;
W. et M. 272, ill. ;
Coulon, 1976, p. 190 ;
Coulon, 1977, n. p. ;
Cat. exp. Dijon, 1982-83, p. 126 et fig. 199 p. 127.

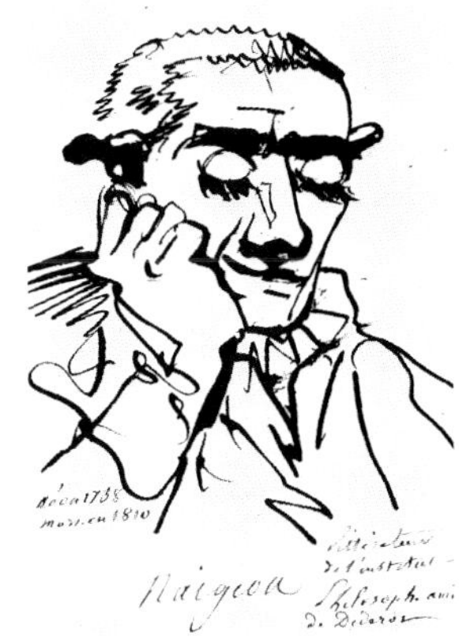

fig. 2. Vincent, *Jacques-André Naigeon*, Rouen, musée des Beaux-Arts

L'identification du modèle a donné lieu à débat : tour à tour furent proposés les noms du peintre Jean Naigeon (1757-1832) qui joua, comme Fragonard, un rôle important dans l'administration des Beaux-Arts sous la Révolution, de l'abbé de Saint-Non (Cailleux, 1962), enfin celui de Pierre-Jacques Bergeret (1742-1807), le fils de Jacques-Onésyme (Coulon, 1976 et 1977). La première hypothèse reposait sur le fait que le tableau en 1885, à l'occasion de sa première apparition en public, appartenait à un « M. Naigeon » ; la seconde sur la « ressemblance » du modèle avec le portrait de l'abbé de Saint-Non de la collection La Caze (n° 133) ; la troisième sur sa parenté avec un célèbre dessin du Louvre (n° 175) qui est censé représenter le fils Bergeret.

Aucune de ces hypothèses ne nous a paru concluante. Si nous avons opté pour celle proposée par Daniel Wildenstein et Gabriel Mandel en 1972, qui voient dans le modèle du tableau Jacques-André Naigeon (1738-1810), c'est qu'elle a le mérite d'associer le nom du propriétaire de l'œuvre en 1885 à celui d'un peintre converti à la philosophie matérialiste et ami de Diderot (on le surnommait le « singe de Diderot » !). On notera en outre une indéniable ressemblance avec la caricature de Vincent *(fig. 2)*. Mais nous mesurons la fragilité de notre proposition.

Fragonard n'emploie que peu de couleurs : un lumineux rouge sang de bœuf, un jaune or, un blanc pur. Un coup de projecteur frappe le beau visage du jeune homme dont la tête qui pivote sur la nuque jaillit de la toile, imprimant un mouvement brusque à la composition. La dynamique de l'exécution fait corps avec la vitalité du modèle en une des plus inspirées et des plus parfaites parmi les figures de fantaisie.

# 135 Portrait d'homme *dit* Le guerrier

T. H. 81,5 ; L. 64,5

Williamstown, Sterling and Francine Clark Art Institute

**Provenance**
Dans la même collection « depuis près de trois générations » (Ananoff, 1965 [il s'agit de la coll. Sabatier d'Espeyran, de Montpellier], voir Sterling, 1964) ; [Wildenstein] en 1963 ; acquis en 1964.

**Expositions**
Williamstown, 1964 (voir Sterling, 1964) ;
New York, 1967, n° 14 ;
Londres, 1968, n° 238, fig. 280.

**Bibliographie**
Sterling, 1964, n. p., fig. 6, reproduit en couleurs en couverture et détails de la tête et du bras, pl. 2 et 3 ;
Ananoff, 1965, p. 113, ill. ;
Thuillier, 1967, p. 80, pl. en couleurs ;
Watson, 1971, p. 79, ill. ;
W. et M. 261, ill. et pl. XXVI.

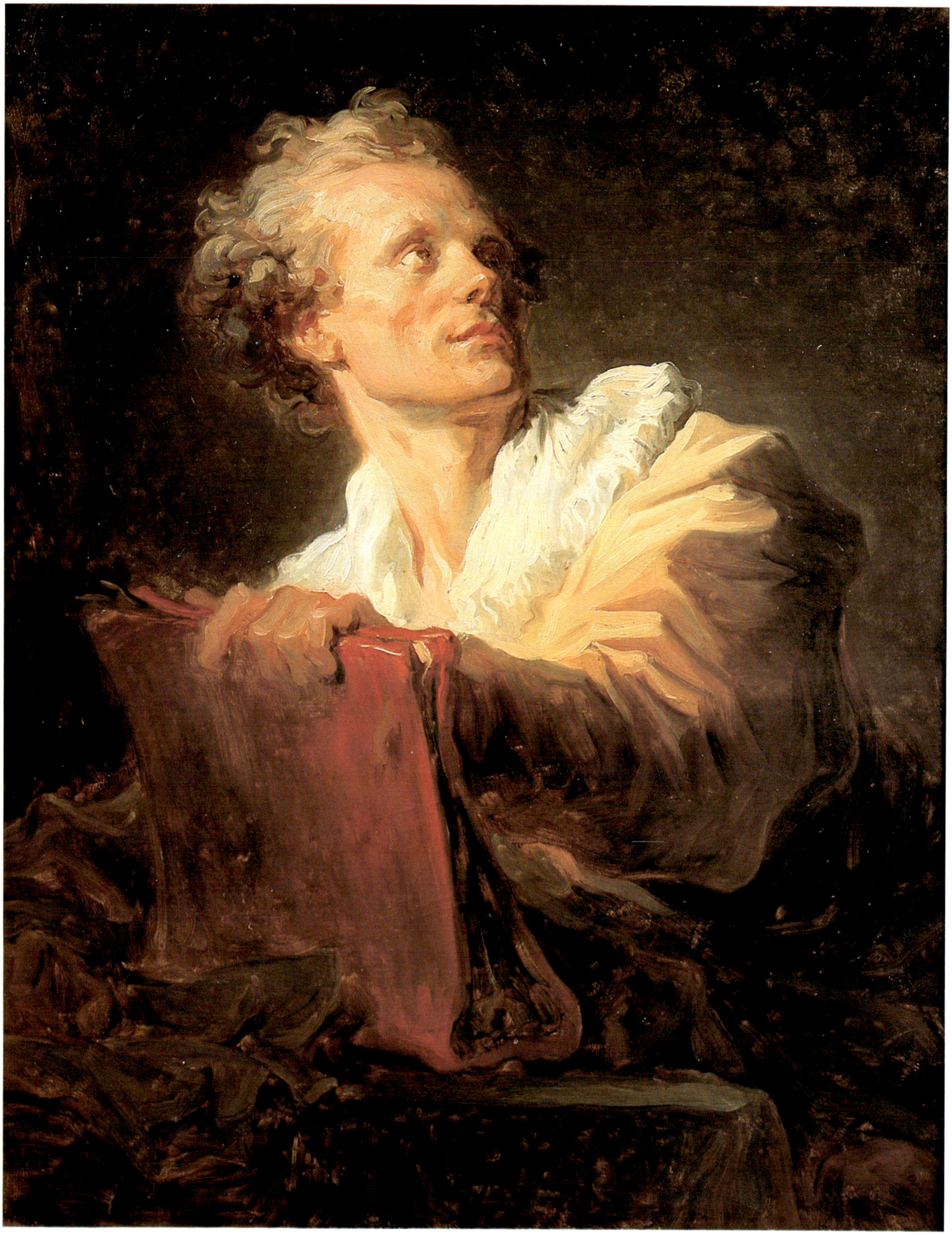

134

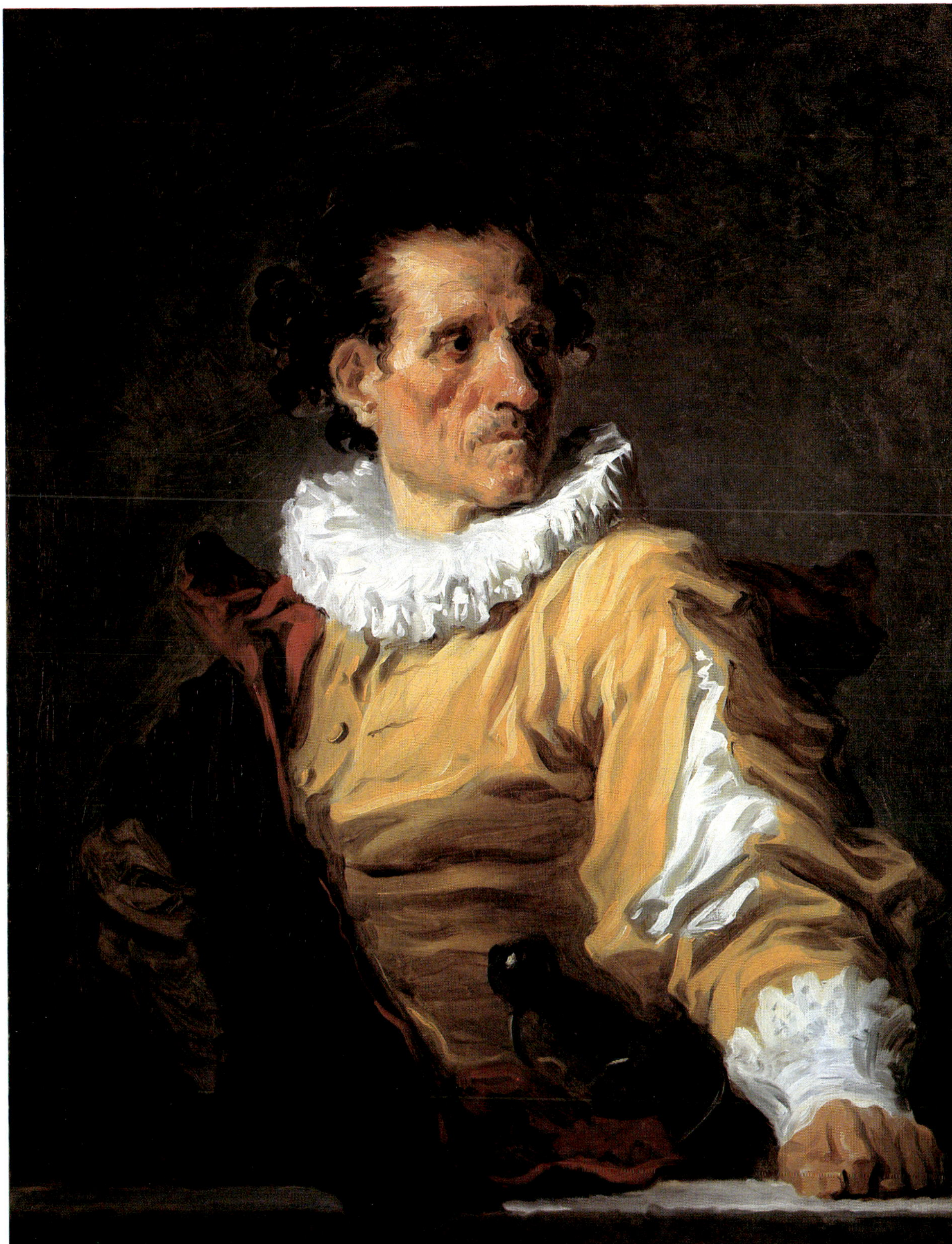

135

A l'occasion de sa découverte et de son achat en 1964 par le musée de Williamstown, le *Guerrier,* dont l'identité est provisoirement mystérieuse, a fait l'objet d'une magistrale étude par Charles Sterling.

Plus que pour la majorité des figures de fantaisie, Fragonard s'attache à décrire les traits de son modèle, un « homme âgé, sévère et sec ». Il s'attarde sur son visage arrogant, « incertain », aux lèvres serrées, à l'expression autoritaire. Mais le geste est avantageux, faussement naturel, le regard faussement assuré : nous sommes dans le monde du théâtre et non dans celui des armes. Non sans humour, Fragonard a dressé le portrait d'un matamore de comédie...

Les blancs éclatants du large col, du crevé et de la manchette, le jaune soleil de l'habit, le rouge laque du manteau se détachent sur un fond gris ardoise peint en frottis. Le coup de pinceau, vigoureux et carré, résume et construit. Ainsi, la main du modèle, sur la droite de la composition : les phalanges, l'ongle du pouce sont indiqués par de larges touches d'ocre rehaussées de quelques accents blancs ou noirs qui lui donnent son volume, tout son poids.

# 136 La jeune liseuse

T. H. 81 ; L. 65

Washington, The National Gallery

**Provenance**
Coll. du comte du Barry, sa vente, 11 mars 1776, n° 80 (190 livres ; dessiné par G. de Saint-Aubin en marge de son exemplaire du cat. , *fig. 1,* conservé au musée de Philadelphie) ; vente anonyme, 7 février 1777, n° 15 ; vente [Leroy de Senneville], 5 avril 1780, n° 59 (121 livres 1 sol, à Duquesnoy, selon W.) ; vente Duquesnoy, 10 mars 1803, n° 19 : « une jeune fille assise tenant un livre de la main droite, l'autre appuyée sur une table. Esquisse de 28 pouces 6 lignes de haut sur 22 pouces de large » (24 livres, selon W.) ; vente anonyme, 26 avril 1844, n° 14 (sans dimensions) ; coll. du marquis de Cypierre dès 1844, sa vente, 10 mars 1845, n° 55 (300 francs, sans dimensions) ; coll. du comte de Kergolay en 1889 ; [Wildenstein] ; coll. Ernest Cronier, sa vente, 4-5 décembre 1905, n° 8, ill. (acquis par Ducrey pour 182.000 francs) ; coll. du Dr Tuffier dès 1910, jusqu'en 1921 au moins ; [Wildenstein] ; coll. Mrs Alfred W. Erickson à New York en 1932 ; vente, New York, Parke-Bernet, 15 novembre 1961, n° 16, ill. (437 millions d'anciens francs). Don à la National Gallery par Mrs Mellon Bruce en souvenir de son père Andrew W. Mellon ; 1961.16.1.

**Expositions**
Paris, 1909, n° 64 ;
Berlin, 1910, n° 138 (petite éd.) ou 51 (grande éd.) ;
Paris, 1921, n° 56, ill. ;
Londres, 1933, n° 517 ;
Tokyo, 1980, n° 61, ill. en couleurs et couverture en couleurs.

**Bibliographie**
Thoré, 1844, p. 3 ;
P. p. 202 et 282 ;
N. p. 146 et 147 (ill. entre p. 146 et p. 147) ;
Brière, 1909, p. 129 ;
Meier-Graefe, 1910, pp. 269-270, 262 ill. ;
Siple, 1932, p. 115, pl. II B ;
R. p. 171 ;
W. 391, pl. 80 ;
Gimpel, 1963, p. 310, 415 et 303 ill. ;
W. et M. 416, ill. et pl. XLI en couleurs ;
Cuzin dans cat. exp. *La France et la Russie,* Paris, 1986-87, p. 75 ;
Sutton 1980, 1987, p. 111, ill. couleurs en couverture.

**Œuvres en rapport**
Pour une *Lettre* comparable à la *Liseuse,* voir notice n° 142.

Pour un dessin *(fig. 2)* sur lequel se retrouve notre liseuse, mais inversée par rapport au tableau de Washington, voir A. 640 (voir aussi A. 64 fig. 29, Williams, 1978, n° 59, ill. et Tokyo, 1980, n° 125, ill.).

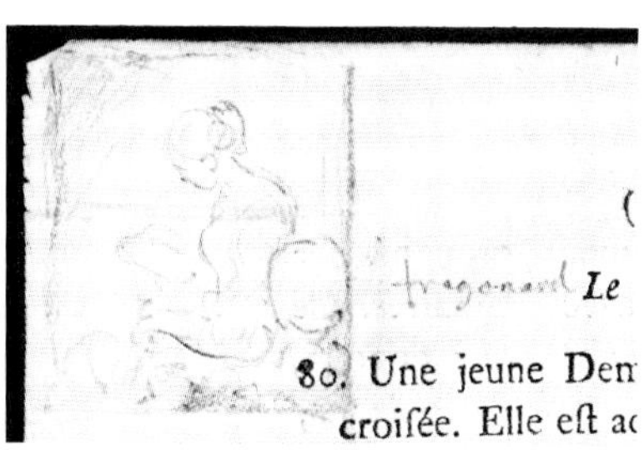


fig. 1. G. de Saint-Aubin, détail d'une page du catalogue de la vente du Barry (1776) Philadelphie, Philadelphia Museum of Art, coll. John G. Johnson

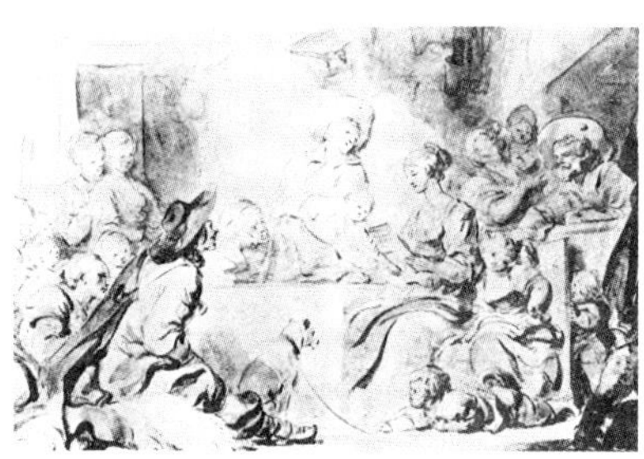

fig. 2. *La liseuse,* localisation actuelle inconnue

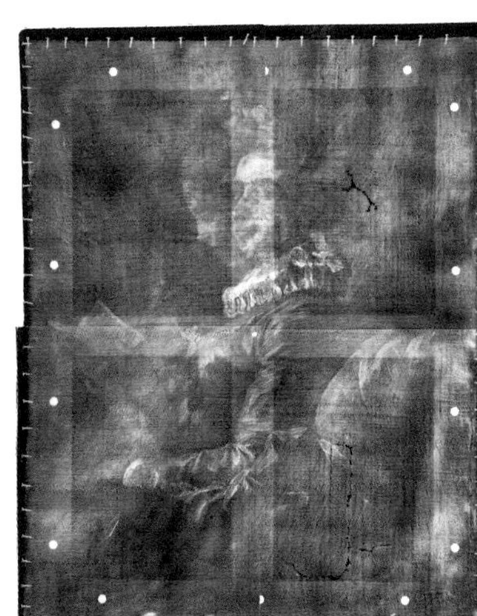

fig. 3. Radiographie du tableau

La récente restauration de la *Liseuse,* nous éclaire sur les méthodes de travail de Fragonard. En effet, ses dimensions, l'habillement du modèle apparentent la toile de Washington aux figures de fantaisie. Seul, le visage de la jeune fille distingue l'œuvre des autres tableaux de cette suite. Or, de récents examens de laboratoire *(fig. 3)* ont démontré que, sous la tête du modèle en figurait une première — celle d'un homme ou d'une femme ? — qui se tournait ironiquement vers nous. Fragonard, pour des raisons que nous ignorons, a transformé en *Liseuse* une figure de fantaisie.

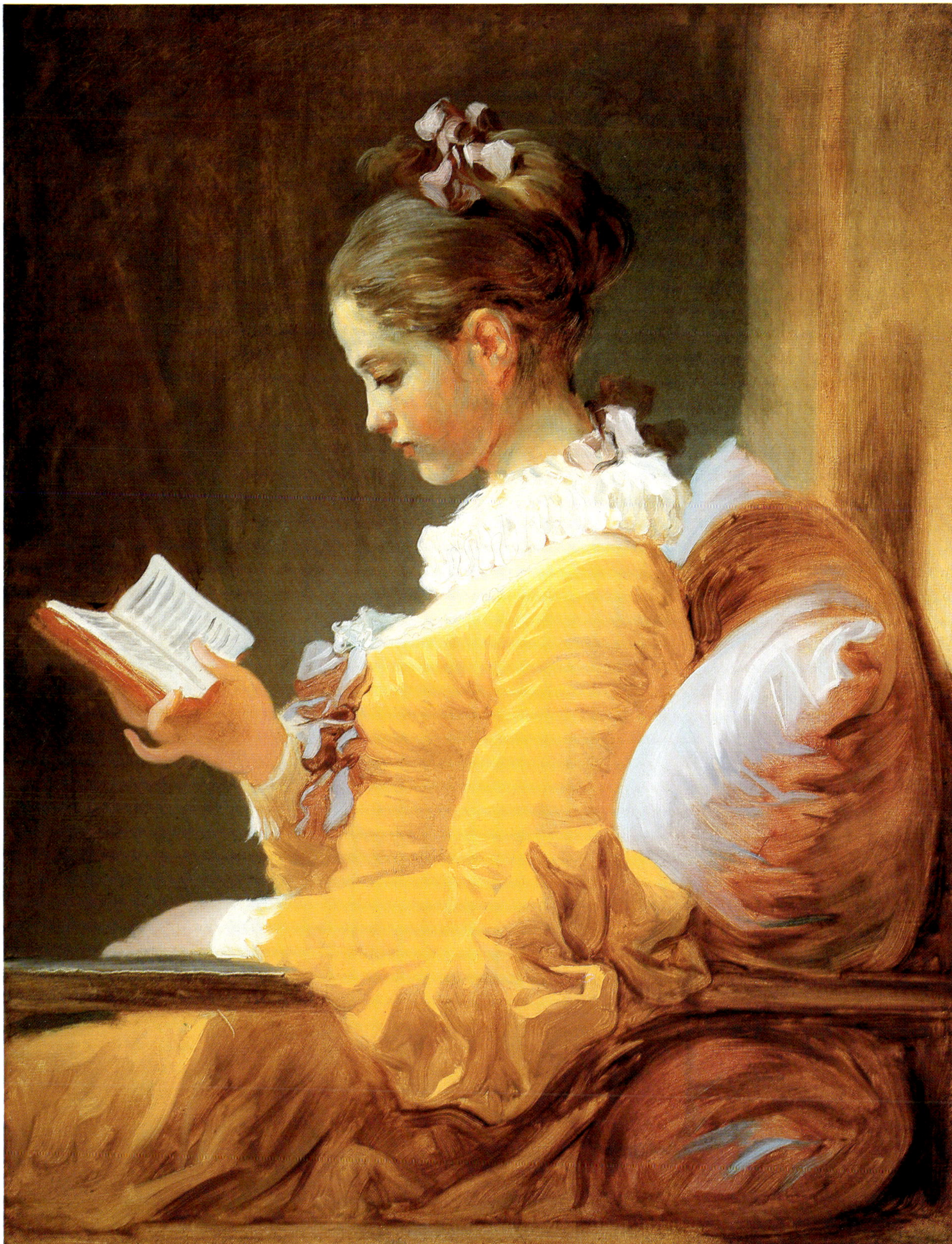

Le tableau passe en vente à trois reprises entre 1776 et 1780. La lecture des notices des catalogues est instructive. Le premier — une vente du Barry (une partie des tableaux provenait de la collection de la comtesse, Dacier, 1910, p. 12) — se contente de décrire le tableau. Mais le troisième nous apprend qu'il a été peint « d'après nature » et répète, comme le second, « fait au premier coup ». Il ajoute qu'il « a tout l'effet du fini par la justesse de la touche et l'harmonie de la couleur ».

Les textes donnent à penser que, pour les contemporains de Fragonard, les figures de fantaisie étaient des œuvres à usage intime. Elles n'étaient pas destinées au commerce et ne pouvaient plaire qu'à quelques amateurs avertis comme Varanchan. Les collectionneurs du temps préféraient des œuvres plus « terminées », selon l'esthétique de l'époque.

On remarquera l'emploi de la hampe du pinceau pour modeler la fraise à godrons qui orne le cou de la jeune liseuse concentrée dans sa lecture. Thoré, dès 1844, admirait en ces termes la *Liseuse* : « son frais visage est velouté comme la peau d'une pêche ; sa collerette blanche est sillonnée par le bois de la brosse pour modeler les tuyaux : elle porte une robe couleur citron clair, avec de larges accents de lumière. Elle s'appuie sur un coussin lilas à reflets amaranthe. Il est difficile d'imaginer une exécution plus franche et plus vive ».

# 137 Portrait d'homme *dit* L'acteur

New York

T. H. 80 ; L. 65

États-Unis, collection privée

**Provenance**
Pour une possible provenance, vente G.[odefroy], 1794, voir n° suivant. Coll. Émile Vallet, conservateur du musée de Bordeaux dès 1882, sa vente, Paris, 25 janvier 1884, n° 15, « signé et daté » (ill. d'une gravure d'E. Champollion) ; acquis par Gaucher pour 16.500 francs pour le baron Alphonse de Rothschild ; coll. Edouard de Rothschild, resté depuis lors dans cette famille.

**Exposition**
Bordeaux, 1882, n° 2460 ;
Paris, 1946, n° 19.

**Bibliographie**
P. p. 113 et 285 ;
N. p. 111 ;
R. p. 182 ;
W. 245 fig. 119 ;
Sterling, 1964, n. p., fig. 5 ;
Thuillier, 1967, p. 84, ill. couleurs et détail couleurs p. 86 ;
W. et M. 262, ill.

**Œuvres en rapport**
Pour la gravure de Champollion, voir *Provenance*.

A la suite de P. et de W., il est dit que le comte de Brehan a copié au pastel ce tableau. L'œuvre copiée est en réalité le *Portrait de l'abbé de Saint-Non* (voir n° 133 ; voir Ratouis de Limay, 1946, p. 164).

Le tableau a été parfaitement restauré à l'occasion de l'exposition : il s'est révélé dans un merveilleux état de conservation.

Il passe en vente en 1884 avec le *Portrait d'une cantatrice* (n° 138), souvent considéré comme son pendant. Le titre de l'œuvre, *L'acteur* ou *Le comédien*, est récent. Il s'explique sans doute (et sans raison) par la pose avantageuse du modèle.

L'exécution est particulièrement savoureuse. Fragonard peint avec la même touche large et onctueuse la tête et les cheveux du modèle, son costume, ses mains et ses gants. « Son pinceau étend les couleurs en lanières... Sous sa brosse enfiévrée qui va et vient, les collerettes bouillonnent et se guindent, les plis serpentent, les manteaux se tordent, les vestes se cambrent, les étoffes s'enflent et ronflent... » (Goncourt, p. 282). Quelques éclats de bleus et de rouges résonnent sur les coulées brunes de l'habit. La lumière anime le visage, l'épaule, la main qui s'appuie sur l'épée, éclaire une manchette bleue pâle. Rarement Fragonard a plié avec plus de bonheur son modèle à son pinceau.

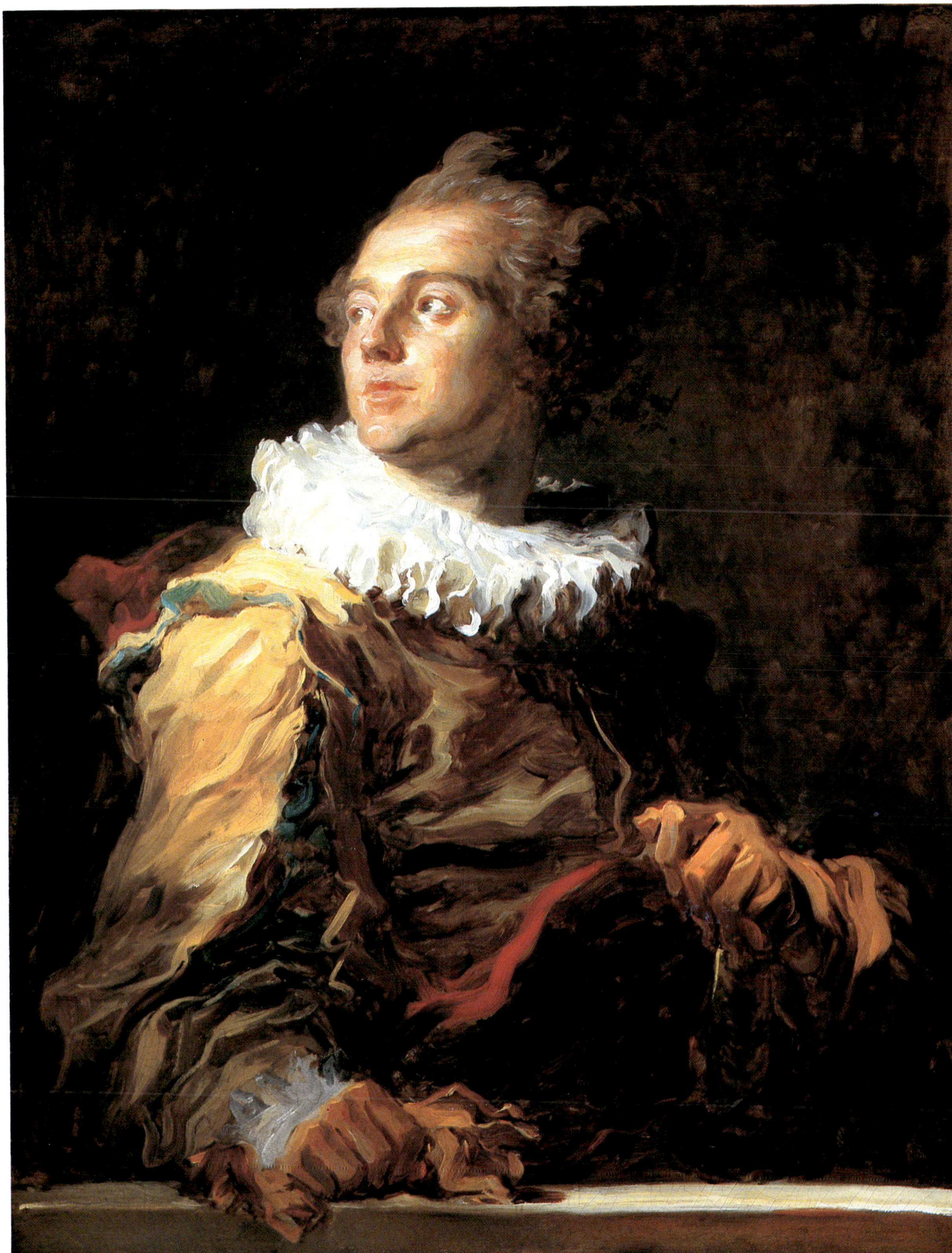

138 # Une cantatrice tenant une partition de musique

New York T. H. 81 ; L. 65
Signé en bas à droite : *fragao* (!), suivi d'un chiffre *17*..

États-Unis, collection privée

**Provenance**
Se confond peut-être avec la « jeune dame, vue à mi-corps et galamment ajustée ; elle tient un papier à musique et semble sourire. Ce morceau est bien touché et d'une bonne couleur » d'une vente R[œttiers], 13 janvier 1778, n° 20 : « hauteur 29 pouces, largeur 24 pouces » (= 78,3 sur 64,8 ; 161 livres) ; est-ce le tableau de la vente [Dulac] et Lachaise, 30 novembre 1778, n° 218 : « le Portrait d'une jeune Demoiselle vue à mi-corps, et ajustée à l'Espagnole ; elle tient d'une main un papier à musique. Ce morceau gracieux et librement touché est d'un ton de couleur transparent » (17 pouces sur 14 p. = 46 sur 38 !) ; W. suppose encore qu'il pourrait se confondre, ainsi que le pendant actuel (n° 137), avec les « deux tableaux. Portraits d'homme et de femme » de la vente G[odefroy], 2 avril 1794, n° 24.
Coll. Émile Vallet, conservateur du musée de Bordeaux dès 1882, sa vente, Paris, 25 janvier 1884, n° 14, ill. d'une gravure d'E. Champollion (acquis par Gaucher pour 25.000 francs pour le baron Alphonse de Rothschild) ; coll. baron Edouard de Rothschild ; resté dans cette famille depuis lors.

**Exposition**
Bordeaux, 1882, n° 2461.

**Bibliographie**
P. pp. 133, 285-286, ill. de la gravure entre p. 280 et p. 281 ;
N. p. 112 ;
Wilhelm, 1951, p. 26 ;
R. p. 119, 182 ;
W. 246 pl. 42 et p. 16 éd. française ;
Sterling, 1964, n. p., fig. 11 ;
W. et M. 263, ill.

**Œuvres en rapport**
L'œuvre, signée et datée 1773 en bas à droite, a été copiée au pastel aux dimensions de l'original par le comte Jean René François Almaric de Brehan (*fig. 1* ; 1734-après 1813) ; vente Hodgkins, Londres, Christie's, 29 juin 1934, partie du n° 1 (sur Brehan, voir Réau, 1935, p. 4, fig. 7 ; W. p. 14 ; le t. IX des *Procès-Verbaux* de l'Académie, pp. 59-64 et 307, ainsi que la *Biographie Michaud,* t. 59, pp. 211-212).
Pour une copie à l'huile d'après Noël Hallé de Brehan, signée et datée de 1782, voir vente, Monte Carlo, Sotheby's, 9 décembre 1984, n° 616, ill. et Troyes, 2 juin 1985, ill.
Une gravure d'E. Champollion illustre le cat. de la vente Vallet de 1884 ainsi que l'ouvrage de Portalis.
Un pastel qui présente quelques affinités avec notre *Cantatrice* passe à la vente Vassal de Saint-Hubert le 24 avril 1783, n° 102 : « le buste d'une jeune femme ornée d'une fraise » que W. (p. 16, éd. française) rapproche d'un pastel de la coll. Félix Doistau (*fig. 2* ; vente, 9 juin 1909, n° 91, ill. ; vente, Londres, Sotheby's, 16 octobre 1963, n° 535 ; A. 1256).

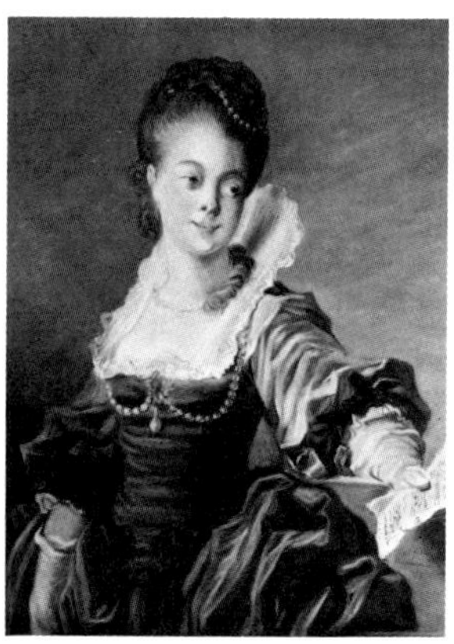
fig. 1. Brehan, *Une cantatrice tenant une partition de musique* (1773), localisation actuelle inconnue

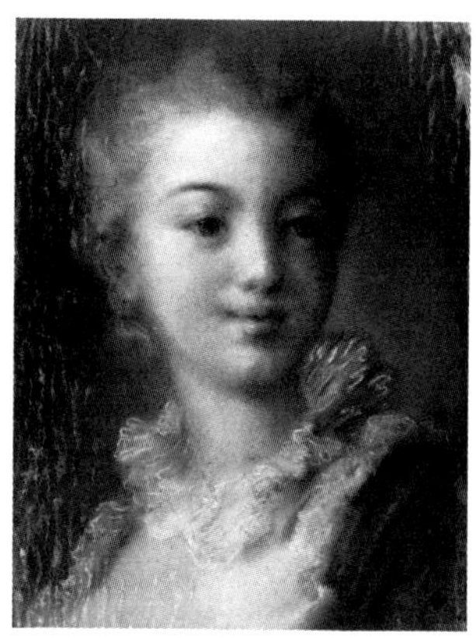
fig. 2. Fragonard (?), *Tête de jeune fille*, localisation actuelle inconnue

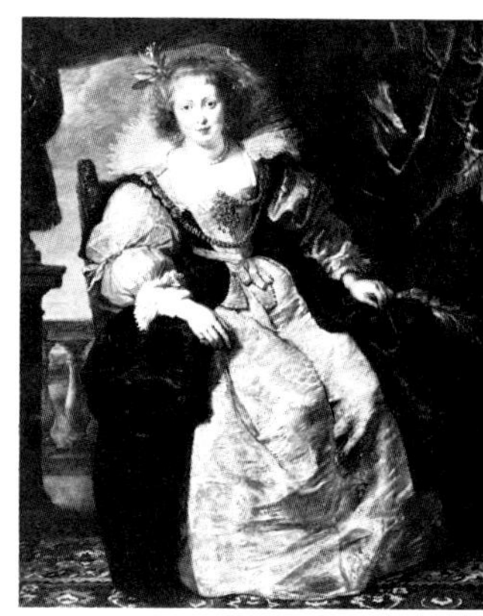
fig. 3. Rubens, *Hélène Fourment*, Munich, Pinacothèque

L'œuvre, parfaitement restaurée à l'occasion de l'exposition, est associée depuis 1884 au moins au *Portrait dit d'un acteur* (n° 137). Mais rien n'indique, bien au contraire, qu'elle l'était dès le XVIII^e siècle. En tout cas, elle passe en vente seule, pour autant qu'elle se confonde avec le(s) tableau(x) des ventes Rœttiers et Dulac de 1778. En outre, elle est copiée au pastel par un artiste amateur, le comte de Brehan, en pendant non pas à notre *Acteur* (n° 137), mais au *Portrait de l'abbé de Saint-Non* (n° 133).

La *Cantatrice* est curieusement signée *fragao* : c'est une des trois seules figures de fantaisie qui le soit. Elle était vraisemblablement également datée, mais les deux derniers chiffres de cette date ne sont plus lisibles (et ne l'étaient déjà pas en 1884 au moment de la vente Vallet). L'œuvre ne peut en tout cas être postérieure à 1773, date qui se lit sur le pastel de Brehan : elle devrait, nous semble-t-il, avoir été peinte vers 1770.

La *Cantatrice* est la plus rubénienne (*fig. 3*) des figures de fantaisie : la haute collerette empesée, l'embonpoint du modèle, son visage plein aux joues roses, jusqu'à sa coiffure, rappellent les portraits de jeunes femmes du maître flamand. Le collier de grosses perles, les perles dans les cheveux, le lourd pendentif évoquent la scène et ses déguisements. Seul le visage jeune et quelque peu ingrat du modèle, avec son petit nez retroussé aux narines bien dégagées confirme que Fragonard a voulu faire œuvre de portraitiste.

On remarquera le travail de la hampe du pinceau sur la collerette et l'admirable raccourci de la main gauche de la cantatrice qui serre la feuille de musique entre ses doigts gantés de peau.

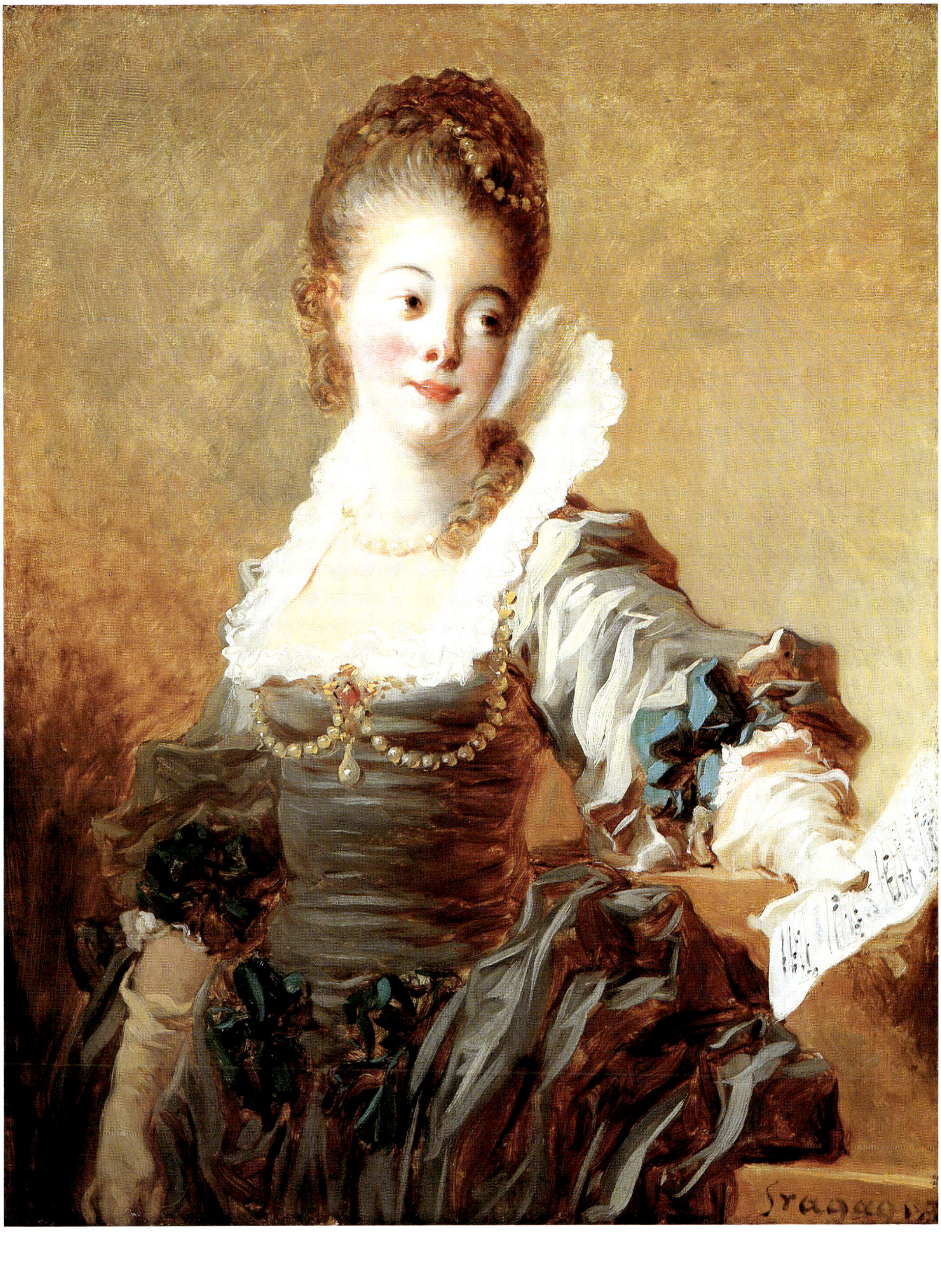
Fragonard

# 139 Portrait d'une femme tenant un chien

T. H. 81,3 ; L. 65,4

New York, The Metropolitan Museum of Art

**Provenance**
Est dit provenir d'une vente anonyme du 25 juin 1779, n° 265 : « une femme jouant avec un petit chien » (sans dimensions) ; coll. « Mme Jagerschmidl » en 1897. Selon D. et V. (1907, p. XI) : « ce tableau provient de la collection de M. Féral qui le tenait de deux familles De Cambise ou Des Isnards » ; coll. Mme Louis Burat (dès 1907 et encore en 1921), sa vente après décès, 17 juin 1937, n° 3 (1.450.000 francs ; en fait, dès 1932, le tableau appartenait à J. Besnier) ; acquis par le Metropolitan Museum en 1937, Fletcher Fund ; 37.118.

**Expositions**
Paris, 1897, n° 59 ;
Paris, 1907, n° 91 ;
Paris, 1921, n° 31, ill. ;
Londres, 1932, n° 264 (n° 164 du cat. commémoratif) ;
Paris, 1934, *Louis XV*, n° 150 ;
Leningrad-Moscou, 1975, n° 52, ill.

**Bibliographie**
D. et V. 77 ;
Williams, 1938, pp. 14-16, ill. en couleurs ;
Sterling, 1955, pp. 154-155, ill. ;
R. p. 182, 252 ;
W. 256, fig. 123 et p. 17 éd. française ;
Sterling, 1964, n. p. ;
W. et M. 273, ill. ;
Cat. exp. Providence, 1975, p. 155 et fig. 18 p. 154.

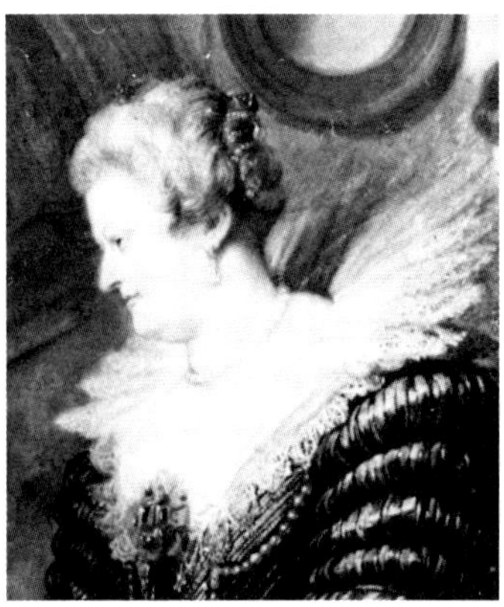

fig. 1. Rubens, *Henri IV confie à la reine le gouvernement de son royaume* (détail), Paris, musée du Louvre

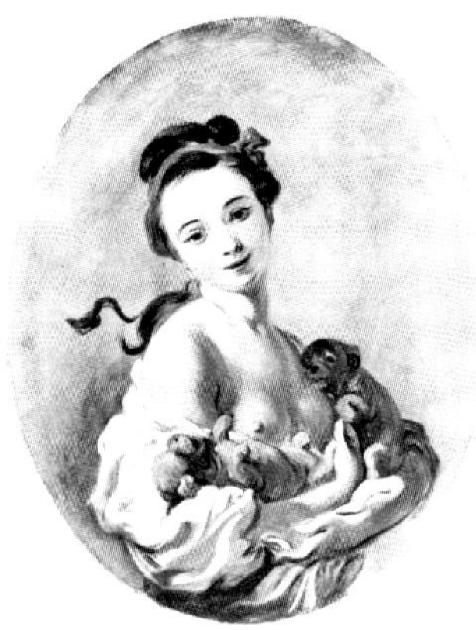

fig. 2. *Jeune fille aux chiots*, Paris, coll. privée

Fragonard n'a pas manqué d'humour dans la représentation de cette grasse dame en qui on a parfois voulu reconnaître, sans raison, « Rosalie Fragonard, tante de l'artiste » ( !). Son imposante fraise tuyautée, ses « perles de reine de théâtre », ses bijoux de pacotille évoquent la scène, le travestissement dont le XVIII^e siècle fut friand. Mais le tableau est dans toutes les acceptations du terme un hommage à Rubens *(fig. 1)*. Le modèle (qui évoque irrésistiblement la Castafiore de *Tintin*) tient un bichon enrubanné de fleurs (qui a fait beaucoup pour la gloire du tableau) et nous regarde d'un œil gourmand. Fragonard a voulu nous faire sourire en jouant sur le contraste entre le gracile animal et l'imposante personne, mais moins à l'aise qu'avec ses modèles masculins tout aussi corpulents, n'a pas su éviter une certaine vulgarité tant dans l'exécution que dans le choix des couleurs.

Quelques années avant de peindre le tableau de New York, Fragonard avait abordé un thème voisin : une toute jeune fille serrant contre ses seins nus deux chiots *(fig. 2)* : mais dans cette œuvre, l'allusion érotique l'emportait sur toute autre préoccupation.

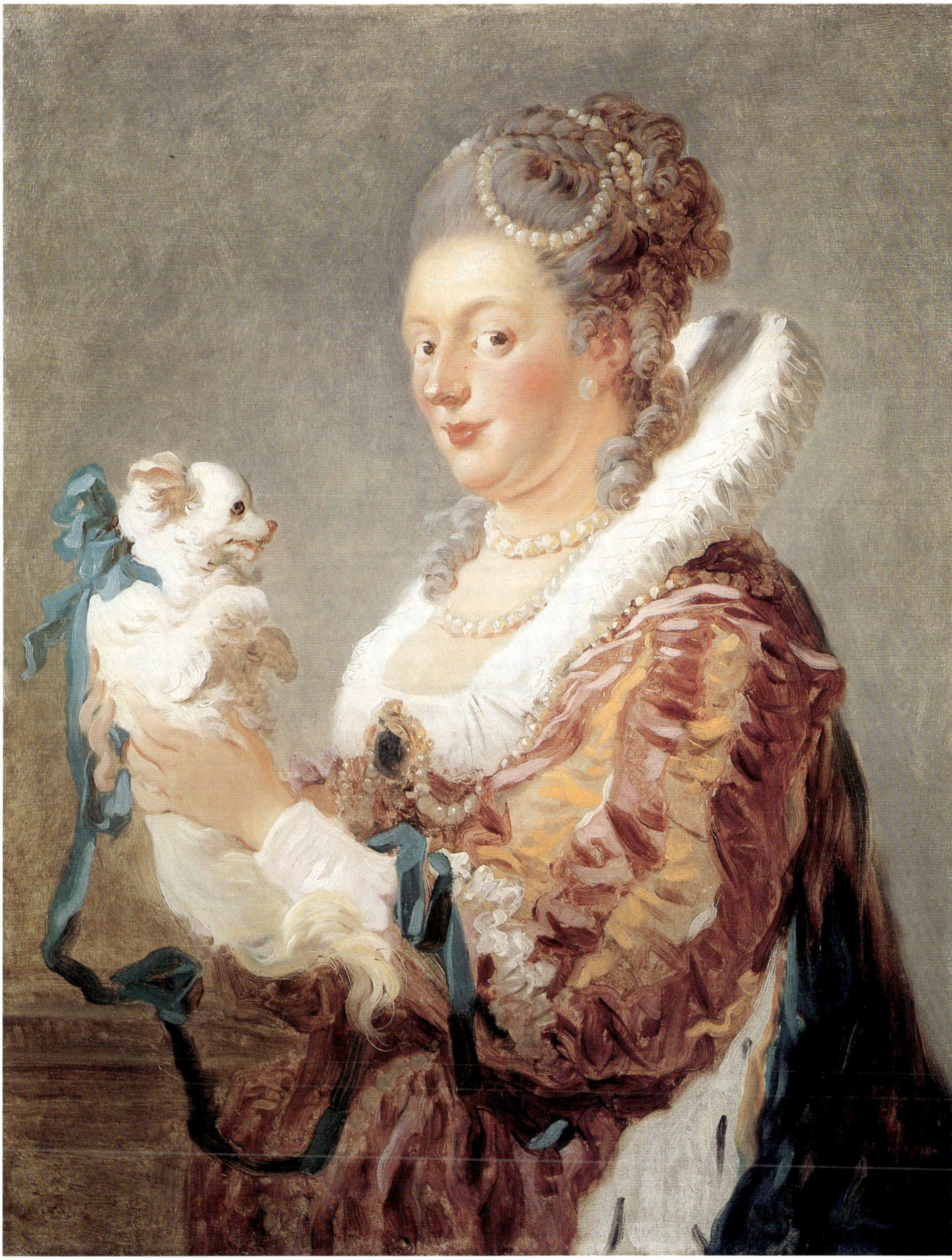

# 140 Portrait de François-Henri, duc d'Harcourt

T. H. 81,5 ; L. 65

Suisse, collection privée

**Provenance**
Coll. du duc d'Harcourt, sa vente, Londres, Sotheby's, 8 décembre 1971, nº 21, ill. (340.000 livres) ; acquis à cette vente par son actuel propriétaire.

**Expositions**
Paris, 1921, nº 90 ;
Paris, 1929, nº 31 ;
Paris, 1934, nº 133 ;
Berne, 1954, nº 22 ;
Paris, 1957, nº 33.

**Bibliographie**
Wildenstein, 1921, p. 360 ;
R. p. 88, 174, pl. 93 p. 181 ;
W. 240 pl. 36 (et non 37), pp. 16-17 éd. française ;
Sterling, 1964, n. p. ;
Zolotov, 1968, p. 160, ill. ;
W. et M. 256, ill. (comme portrait d'Anne-François) ;
Rosenberg et Compin, 1974, pp. 184-186, fig. 4 ;
*Art de Basse-Normandie*, 1979, nº 78, p. 34 ;
Sutton 1980, 1987, p. 110.

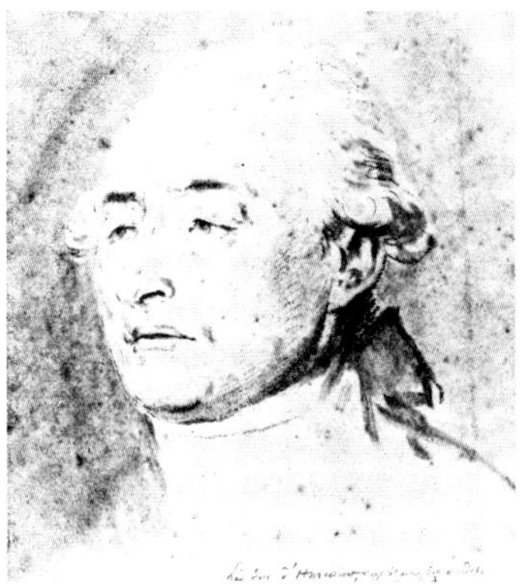

fig. 1. A. Ch. G. Lemonnier,
*François-Henri, duc d'Harcourt*,
Rouen, musée des Beaux-Arts

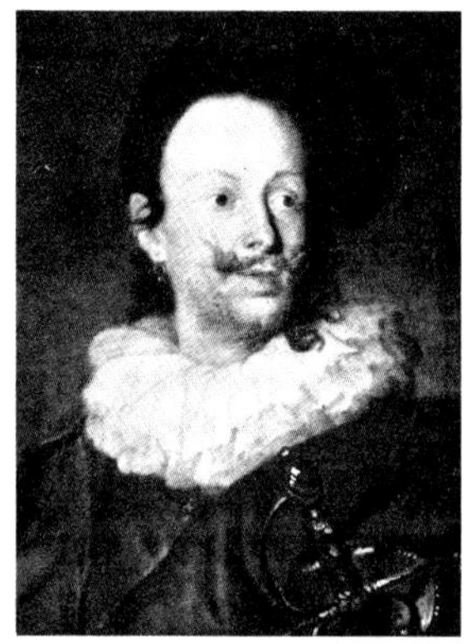

fig. 2. École française du XVIIIᵉ siècle,
*L'homme à l'épée*,
Southside House (près de Londres)

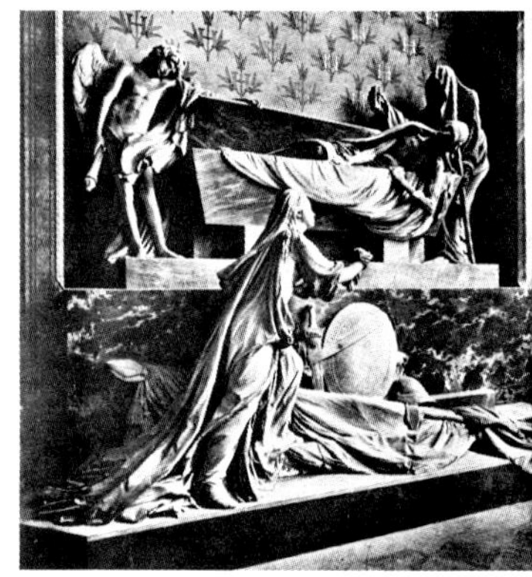

fig. 3. Pigalle,
*Le mausolée du comte d'Harcourt*,
Paris, Notre-Dame

Le tableau et son pendant (nº suivant) sont mentionnés pour la première fois en 1921. Ils sont restés réunis jusqu'en 1971 et le sont à nouveau à l'occasion de l'exposition *Fragonard*.

Dès 1921, ils passaient pour représenter François-Henri, duc d'Harcourt, gouverneur de Normandie (1726-1802) et son frère cadet, Anne-François d'Harcourt, duc de Beuvron (1727-1797). Exposés et publiés à plusieurs reprises, ils ont souvent été intervertis et pris l'un pour l'autre. Nous avons tenté (1974) de mettre fin à ces confusions, à l'aide notamment d'autres portraits du XVIIIᵉ siècle des deux ducs. Ainsi, la comparaison entre le tableau de Fragonard et un dessin d'Anicet-Charles-Gabriel Lemonnier conservé au musée de Rouen *(fig. 1)* vient conforter l'identité du duc d'Harcourt.

Répétons que les tableaux ne semblent pas signalés avant 1921 et que Thury-Harcourt n'a pas toujours appartenu aux Harcourt. Pillé sous la Révolution, détruit pour une grande part en 1944, le château a changé de mains dans la première moitié du XIXᵉ siècle, laissant subsister un doute sur l'identité des modèles.

Une lettre du duc d'Harcourt de 1964 (ou 1969), conservée dans les archives du Service d'Etudes et de documentation du département des Peintures du Louvre et citée récemment à plusieurs reprises, a voulu prouver que les tableaux étaient à Harcourt au XVIIIᵉ siècle : « il vous intéresserait peut-être de savoir que le comte Potocki, récemment décédé, possédait en Pologne une toile de Fragonard dont l'envers portait l'inscription « peint à Harcourt ». D'après une tradition de sa famille, Fragonard aurait peint à Harcourt (Calvados) six portraits ou plutôt six personnages déguisés à l'occasion d'une de ces fêtes qui s'y donnaient fréquemment. Certaines se déroulaient dans le ‹Pavillon de Fantaisie› qui subsiste encore et fut édifié dans le parc du château ». Hélas, le *Portrait d'homme* vendu le 26 mars 1952 avec la collection Alfred Potocki de Làncut chez Sotheby's (nº 37, ill. ; cat. exp. Londres, Royal Academy, 1953-54, nº 203 ; W. et M. 261A, ill.) et aujourd'hui conservé près de Londres à Southside House *(fig. 2)*, ne peut revenir à Fragonard.

Il n'en demeure pas moins que des liens, tout au moins professionnels, existaient entre Fragonard et la famille Harcourt : le 16 novembre 1784 (en réalité le 11) se vendait (nº 157) un dessin représentant le « Tombeau du Comte d'Harcourt » (« l'Hymen et l'Amour plongent leurs flambeaux dans les cendres du comte et le recréent ; sa Femme se jette dans ses bras, tandis que l'Hymen et l'Amour repoussent la mort... » !). Henri-Claude, comte d'Harcourt, lieutenant général des armées du Roi, mourut en 1769 ; sa veuve commanda en 1771 un splendide mausolée à Pigalle, toujours à Notre-Dame de Paris *(fig. 3)*. C'est fort probablement entre ces deux dates que Fragonard peignit les portraits des deux ducs, les neveux du défunt.

Le portrait de François-Henri a fière allure. Le duc, l'épée au côté, tourne la tête vers la droite et sourit non sans une satisfaction certaine. Il semble tenir de sa main gauche son chapeau à plumes blanches et de l'autre, une fine chaîne d'or. Fragonard l'habille d'un justaucorps vert eau et d'un mantelet rouge et noir. Mais surtout, il sait saisir et rendre sensible toute la vitalité de son modèle.

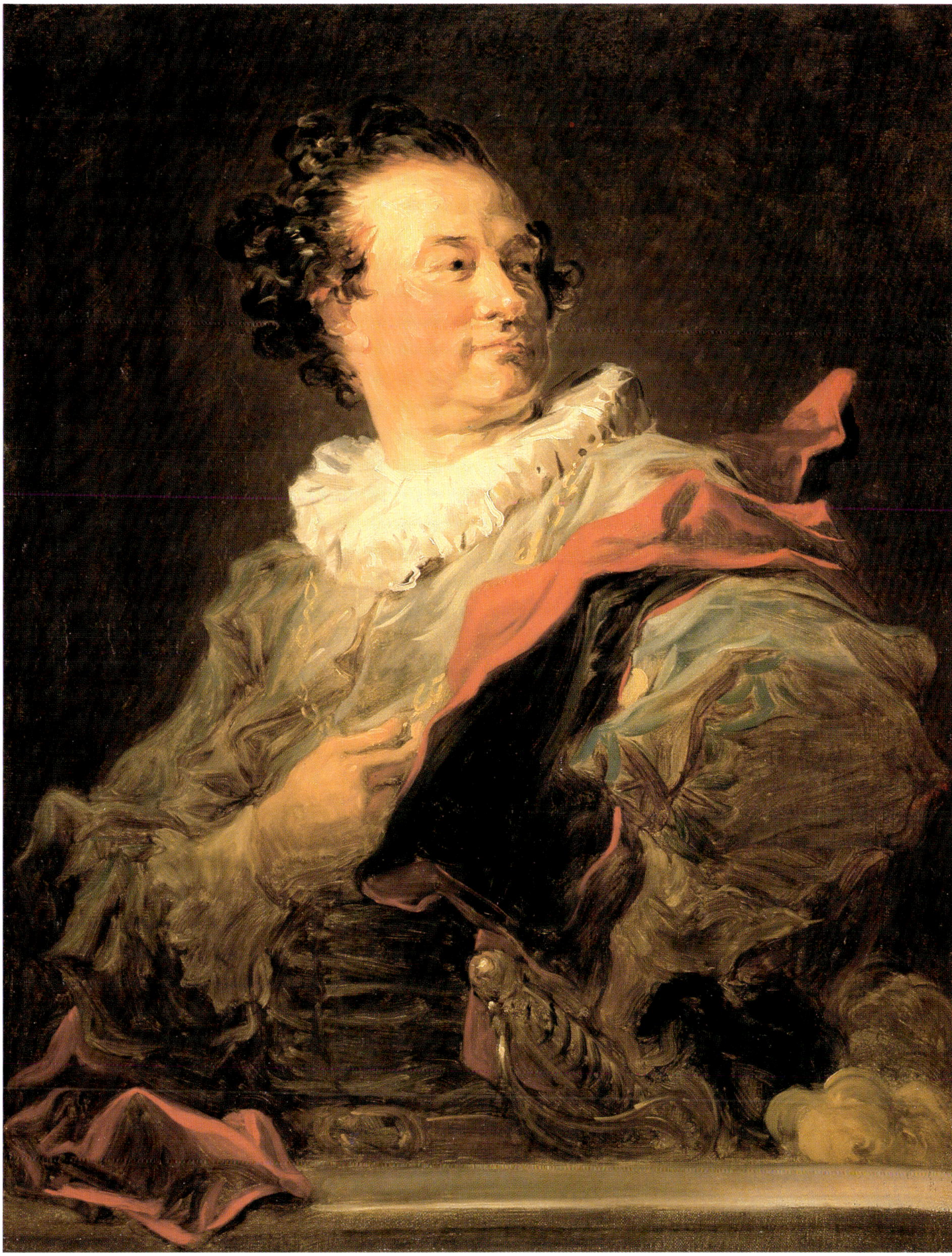

# 141 Portrait d'Anne-François d'Harcourt, duc de Beuvron

T. H. 81,5 ; L. 65

Paris, musée du Louvre (don sous réserve d'usufruit du duc d'Harcourt)

**Provenance**
Mentionné, à notre connaissance pour la première fois, en 1921. Était alors au château d'Harcourt à Thury-Harcourt. Après la dernière guerre, au château de Champ-de-Bataille.
Donation du duc d'Harcourt, sous réserve d'usufruit, en 1970 ;
R. F. 1970.32.

**Expositions**
Paris, 1921, n° 89 ;
Paris, 1929, n° 30 ;
Paris, 1934, *Louis XV*, n° 134 ;
Berne, 1954, n° 23 ;
Paris, 1974, n° 11, ill.

**Bibliographie**
Wildenstein, 1921, p. 360 ;
R. p. 88, 174 ;
W. 239 pl. 37 (et non 36), pp. 16-17 éd. française ;
Sterling, 1964, n. p. ;
W. et M. 255, ill. (interversion dans l'identification du modèle avec 256) ;
Rosenberg et Compin, 1974, pp. 184-186, fig. 1 ;
*Art de Basse-Normandie,* 1979, n° 78, p. 34 et 36, ill. en couleurs en couverture ;
Sutton 1980, 1987, p. 110.

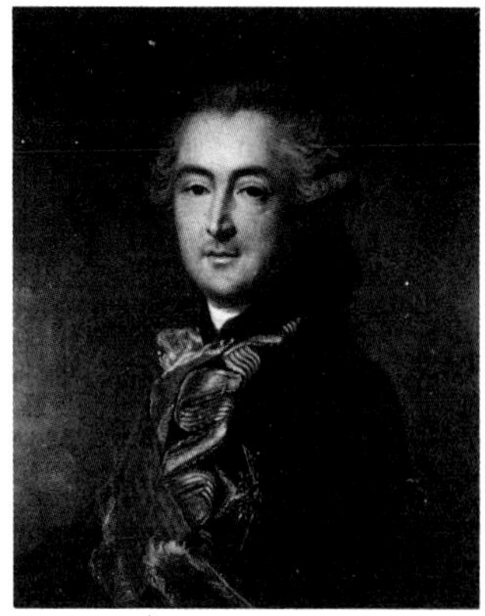

fig. 1. Vanloo (un des), *Anne-François d'Harcourt, duc de Beuvron*, France, coll. privée

Le portrait du duc de Beuvron, frère cadet du duc d'Harcourt (voir notice précédente), est entré au Louvre, en 1970, sous réserve d'usufruit, grâce à la générosité d'un descendant du modèle. Que nous soyons bien en présence d'Anne-François d'Harcourt (1727-1797) semble confirmé par un portrait attribué à l'un des Vanloo *(fig. 1)* qui le représente, aujourd'hui encore conservé dans les collections d'Harcourt.

Anne-François s'appuie des deux mains sur le pommeau de son épée. Son éclatant habit jaune tournesol dore ses manchettes, son mantelet, sa large fraise à godrons. Seule la tâche rouge d'un crevé colore la composition. La tête du modèle, que Fragonard ne fait que dégrossir, pivote brusquement vers la gauche.

Fragonard, certes, peint, avec son habituelle rapidité, un portrait. Grâce à cette vitesse, il veut saisir l'insaisissable, une expression fugitive, un geste, une attitude, non pas tant la psychologie du modèle, mais son humeur d'un instant.

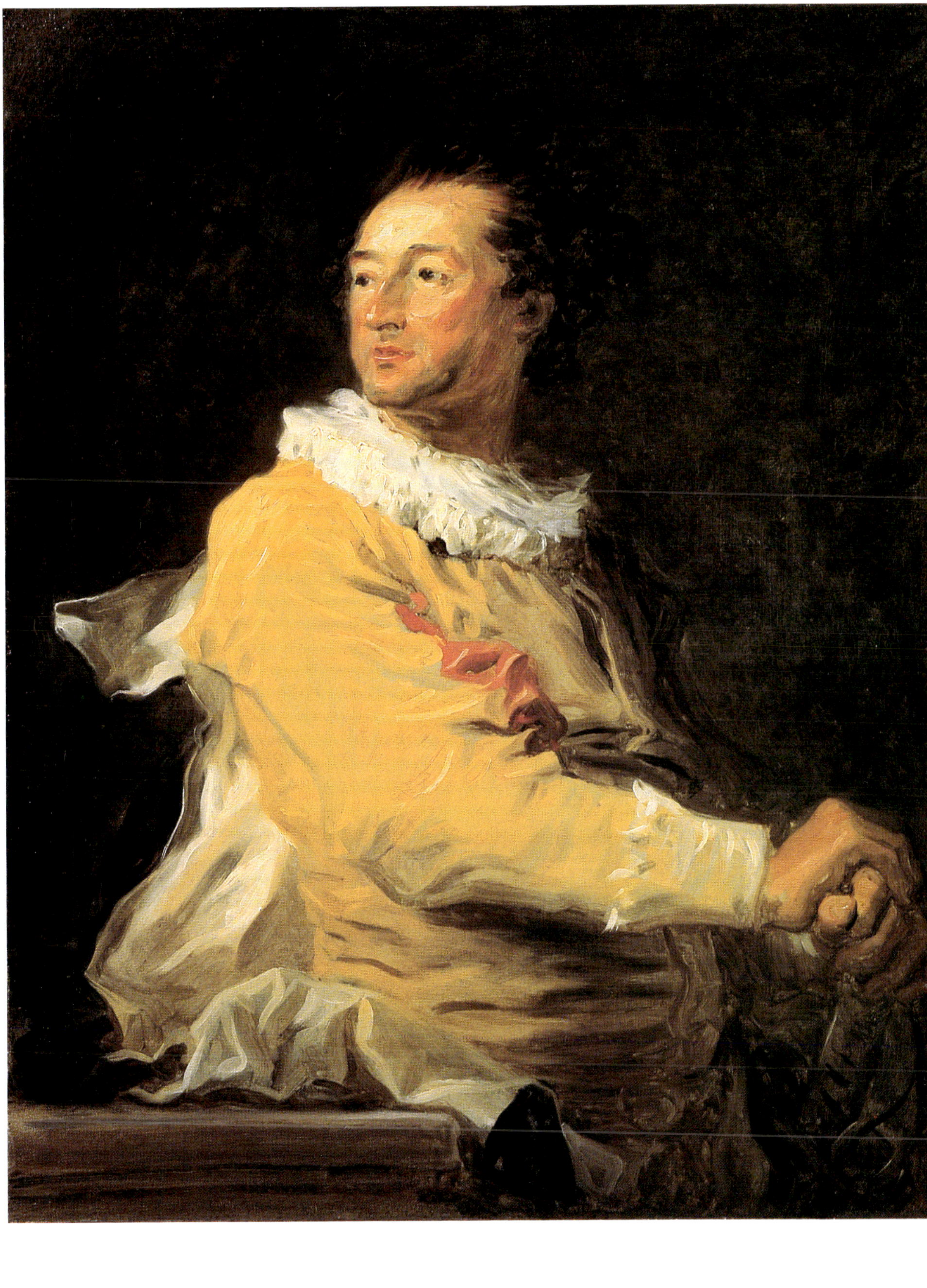

# V

# 1770-1773
# La du Barry et la Guimard

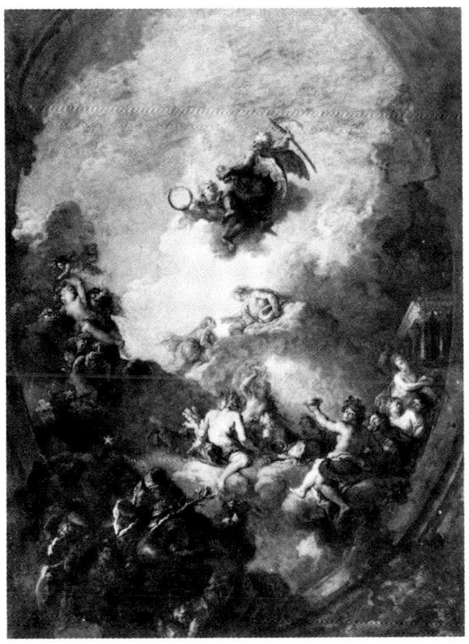

Fig. 1. La Fosse, *Le Temps, Apollon et les quatre Saisons*, Manchester, City Art Gallery

1770 voit la mort de Boucher (deux mois après celle de Tiepolo) : le Premier peintre est remplacé par Pierre qui prend rapidement, auprès de Marigny, le surintendant des Bâtiments, la place qu'occupait Cochin. Boucher collectionnait. A sa vente après décès, qui eut lieu le 18 février 1771, Fragonard se porte acquéreur de tableaux, de dessins, de gravures. Son choix est intéressant, outre qu'il confirme sa réussite financière. Fragonard achète un « Bourguemestre » autrefois attribué à Van Dyck mais, selon l'expert, de « Jean Van Kalcker », quatre tableaux de La Fosse (très vraisemblablement le « Temps, Apollon et les quatre saisons » aujourd'hui à la City Art Gallery de Manchester, *fig. 1*, et une *Assomption*, soit celle du musée Magnin à Dijon, *fig. 2*, soit celle du musée de Caen, *fig. 3*), des dessins du même La Fosse, de Bramer, de Roos, de Verdier, de Stella et bien entendu de Boucher, ainsi que des études anonymes, à l'huile sur papier, des fleurs, des plantes et des fruits, enfin de nombreuses gravures de C. Schut, de W. Hollar, de Rembrandt, de Luiken entre autres.

On connaît le sort de la collection de gravures de Fragonard, accrue année après année « d'estampes de son temps » : « un jour... il voit de la fumée s'échapper de la porte d'une chambre et il trouve son fils devant un feu de joie de papier : ‹misérable, qu'est-ce que tu fais là ?› lui dit le père, ‹je fais un holocauste au bon goût› répond sérieusement son fils. Il brûlait la collection d'estampes de son père » ! (Goncourt, pp. 306-307 note 2).

Revenons un instant à Charles de La Fosse (1636-1716). On se souvient du rôle de l'artiste, dans le débat qui opposa au tournant du siècle, rubénistes et poussinistes, partisans de la couleur et défenseurs

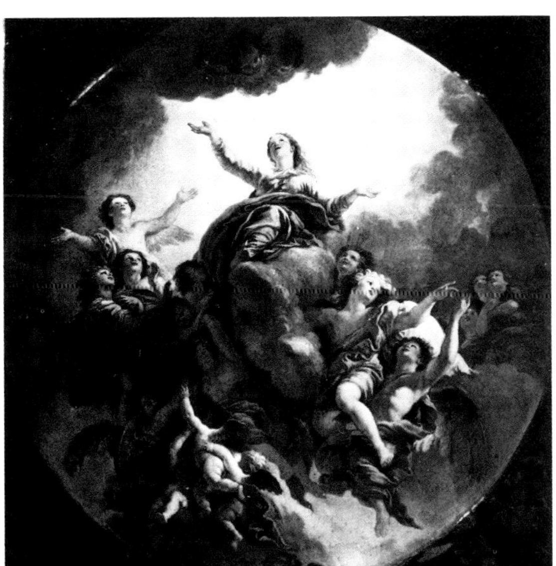

Fig. 2. La Fosse, *Assomption*, Dijon, musée Magnin

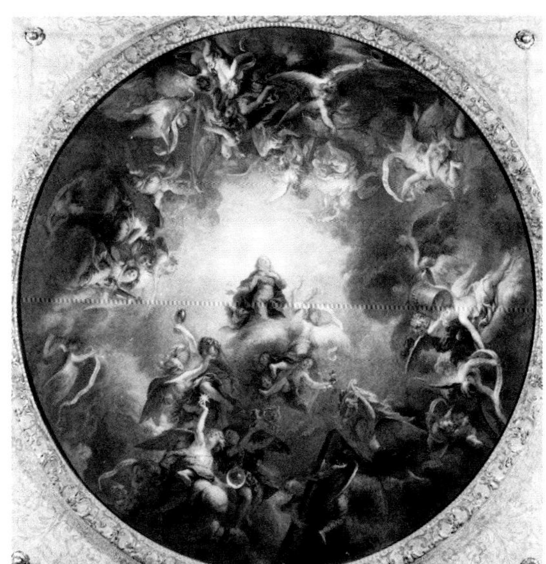

fig. 3. La Fosse, *Assomption*, Caen, musée des Beaux-Arts

de la ligne, Venise et Rubens à Raphaël et à Bologne. Dans ce contexte, le choix de Fragonard prend tout son sens. D'autant plus que l'artiste s'est exprimé sur le peintre : parmi les notes d'un chanteur de l'Opéra de l'époque révolutionnaire, Michel Nitot, dit Dufresne (1759-1828), sélectivement publiées par P. Ratouis de Limay en 1949 (p. 76), figure cette précieuse indication (que nous avons recopiée sur le manuscrit original conservé à la Bibliothèque des Arts décoratifs à Paris) : « M. Fragonard père qui sentoit les effets de couleur comme Rembrandt, me faisoit voir une esquisse de plafond painte par La Fosse, un de nos meilleurs coloristes ; ce qu'il admiroit, c'était le sentiment du peintre qui sembloit avoir traité la couleur par grandes masses comme on traitte les grouppes, en sorte que chaque groupe de nuages, de figures, de terrains, avoit un ton général ; l'effet du tableau est d'abord déterminé et chaque masse étoit diversifiée par la lumière, l'ombre et la variété des teintes amies, plus ou moins brillantes dont il l'enrichissoit ».

Cette admiration de Fragonard pour La Fosse ne surprend guère. Mais l'analyse de l'« esquisse de plafond » qui lui appartenait, une des *Assomption* reproduite plus haut, nous en apprend beaucoup sur les conceptions artistiques de Fragonard qui, nulle part ailleurs à notre connaissance, ne s'est prononcé aussi clairement. Ce qu'il admire chez son aîné, ce sont les grandes masses de couleurs qu'il anime à son gré, grâce à la lumière, les ombres et la « variété des teintes amies ». Autant qu'un La Fosse, c'est un Fragonard que Fragonard décrit !

Entre 1770 et 1773, Fragonard n'expose plus, ce dont se plaignent plusieurs critiques : ainsi « Raphäel le Jeune » en 1771 (en réalité Daudet de Jossan), qui est censé écrire à un de ses amis de Rome : « il [Fragonard] a abandonné le grand genre ; il a renoncé à la gloire ; il fait des petits Portraits, cela ne se vend pas cher, mais les petites sources font les grandes rivières et puis on jouit toujours d'une petite gloriole ». « Il n'y a gloriole qui tienne » lui répond son ami. « C'est perdre son temps et sa belle jeunesse, plaignons-le d'être si tôt défunt pour les Arts avec de si belles espérances ». Madame d'Epinay, dans une lettre à l'abbé Galiani (voir Diderot, XI, 1964, p. 204) se fait l'écho de ce pamphlet : « M. Fragonard ? Il perd son temps et son talent ; il gagne de l'argent ».

Mais la pièce la plus intéressante à verser au dossier, souvent citée depuis Portalis, mais rarement lue en son entier, revient au peintre Antoine Renou, l'auteur présumé des *Dialogues sur la peinture* « imprimé chez Tartouillis, aux dépens de l'Académie » *(sic)* en 1773. Dans ce pamphlet dont la violence n'a d'égale que la médiocrité du style, riche en allusions dont le sens parfois nous échappe, « Mylord Littelton », « Monseigneur Fabretti, Prélat Romain » et « Monsieur Remi, Marchand de Tableaux » (le célèbre expert Rémy, le seul des trois amis dont l'identité est certaine) s'entretiennent du Salon de l'année, de l'état des Arts à Paris par comparaison avec Rome et l'Angleterre, en particulier de la « Peinture, vu l'extrême péril où elle est en France ». Si la sculpture moderne française trouve grâce aux yeux des trois amateurs, ils n'épargnent ni le Premier peintre Pierre, ni Vien et les premiers tenants du retour à l'Antique, ni Doyen dont les libertés de l'exécution leur paraissent factices.

« Qu'on se représente le vertueux Romain au milieu de nos cabinets... et de toutes les ordures des le Pr.[ince], Frago... et la Gre[née]... » (p. 164). Le ton est donné. Nous reviendrons, bientôt à propos de Louveciennes, sur ce texte : contentons-nous pour l'instant de rappeler que l'un des principaux reproches faits à Fragonard, comme à Bri[ard] et à Caza[nova], est de ne pas exposer au Salon : « je commence à concevoir pourquoi plusieurs s'obstinent à ne rien exposer ici. Frago... est un des plus prudents, il ne s'est point hazardé au Salon depuis son agrément. Je vois bien leurs raisons ; ils aiment mieux rester retranchés dans quelques cabinets que de s'avanturer dans la place publique». «Quelques amateurs, des amis, des connaissances, sont les seuls à les voir, à les vanter, de bonne foi ou pour faire leur cour au maître du logis et jamais le public, qui n'est point admis dans le Sallon des Turcarets que ces messieurs décorent...». «Une fois en raze campagne, le public sera prompt à leur sillier (siffler ou signifier?) le contraire» (pp. 30-31).

Si Fragonard n'expose pas, s'il ne mène à terme aucune des commandes royales qu'il a reçues, c'est, dit-il, à cause «des ouvrages de Mme la comtesse du Barry». Nous consacrons plus loin (pp. 320-235) quelques pages à la célèbre commande de Louveciennes : l'intéressant est la réaction de Renou, souvent citée, qui prouve que l'œuvre de Fragonard ne passa pas aussi inaperçue qu'on le répète : « vous avez vu à Lussienne encore le *nec plus ultra, pour le heurté le roullé, le bien fouetté, le tartouillis*. Le voilà, le voilà le véritable *Tartouillis* » s'exclame Rémy. «*Le roullé, le bien fouetté, le Tartouillis*, sont-ce des injures ?» demande Mgr Fabretti. « Comment vous vous moquez, je crois, c'est du divin Fragr. dont je vous parle, le peinceau *(sic)* le plus capital selon les chefs de notre peinture» répond Rémy. Pas plus que Mgr Fabretti, Milord Littelton ne semble partager l'enthousiasme (en fait de commande ou plus justement de commerce, découvrirons-nous bientôt) de Rémy qui avance comme dernier argument : « il s'est fait cependant une réputation chez les financiers et pour un Peintre, elle en vaut bien un *(sic)* autre». « Midas, le bon Midas peut bien en faire son Premier peintre » lui rétorque avec dédain Milord.

Est-ce une allusion au duc de Chartes, une des plus grosses fortunes de France ? Le futur Philippe-Égalité avait souhaité faire peindre, écrit-il à sa maîtresse, Madame de Genlis, le 30 juillet 1772, «deux tableaux d'après le conte que vous connaissez» (nous sommes moins fortunés que son amie), un «charmant conte» qui l'a fait «pleuré». «Je les ai commandés à Fragonard qui a trouvé l'idée fort jolie et qui m'a assuré que j'en serais content» (Maugras, 1904, pp. 36-38). A cette étape de sa carrière, Fragonard dut souvent être approché de la sorte afin d'exécuter pour tel fermier général (ils furent les amateurs de prédilection de Fragonard) tel dessin ou telle œuvre de commande.

On se souvient que vers 1769, Fragonard avait peint un portrait de la Guimard (n° 125) : quand elle confia à Ledoux, l'architecte de Louveciennes, la construction de sa maison parisienne dédiée à Terpsichore, elle s'adressa à Fragonard pour la décoration du grand salon. Citons à notre tour le texte de Grimm (en réalité de Meister, qui assurait, depuis 1773 la rédaction de la *Correspondance littéraire* ; mars 1773, X, 1879, p. 210), répété depuis 1806 par tous les biographes de Fragonard : «l'hôtel de Mlle Guimard est presque achevé ; si l'Amour en fit les frais, la Volupté même en dessina le plan, et cette divinité n'eut jamais en Grèce un temple plus digne de son culte. Le salon est tout en peintures ; Mlle Guimard y est représentée en Terpsichore, avec tous les attributs qui peuvent la caractériser de la manière du monde la plus séduisante. Ces tableaux n'étaient pas encore finis lorsque, je ne sais à quel propos, elle s'est brouillée avec son peintre, M. Fragonard ; mais la querelle a été si vive qu'il a été renvoyé et qu'on a fait marché avec un autre artiste. Depuis, curieux de savoir ce que devenait l'ouvrage entre les mains de son successeur, M. Fragonard a trouvé le moyen de s'introduire dans la maison. Il pénètre jusque dans le salon sans y rencontrer personne. Apercevant dans un coin une palette et des couleurs, il imagine sur-le-champ le moyen de se venger. En quatre coups de pinceau, il efface le sourire des lèvres de Terpsichore, et leur donne l'expression de la colère et de la fureur, sans rien ôter, d'ailleurs, au portrait de sa ressemblance. Le sacrilège consommé, il se sauve au plus vite, et le

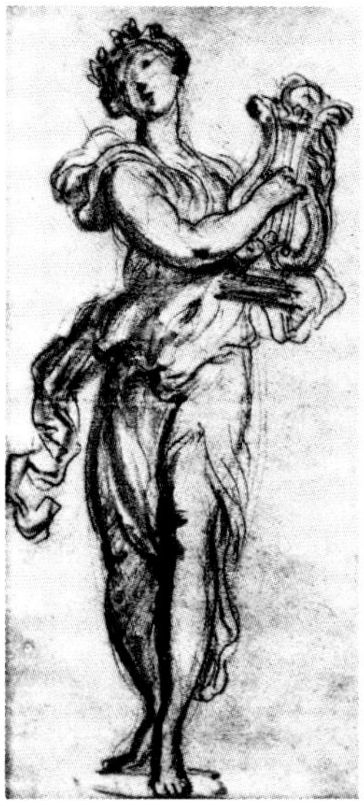

fig. 4. *Une muse* dite *Calliope* (en fait plutôt *Terpsichore*), *Besançon, musée des Beaux-Arts*

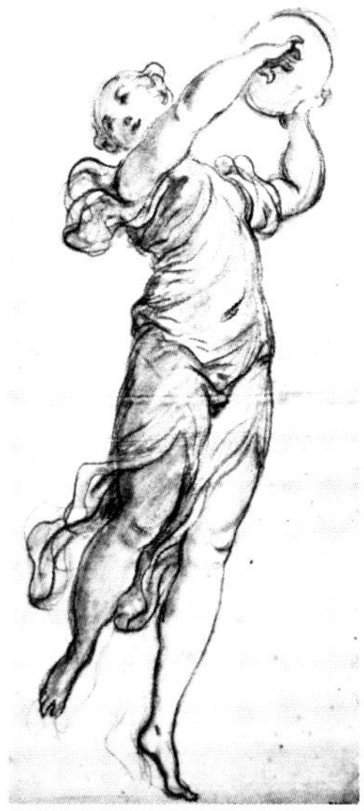

fig. 5. *Une muse* dite *Terpsichore*, Besançon, musée des Beaux-Arts

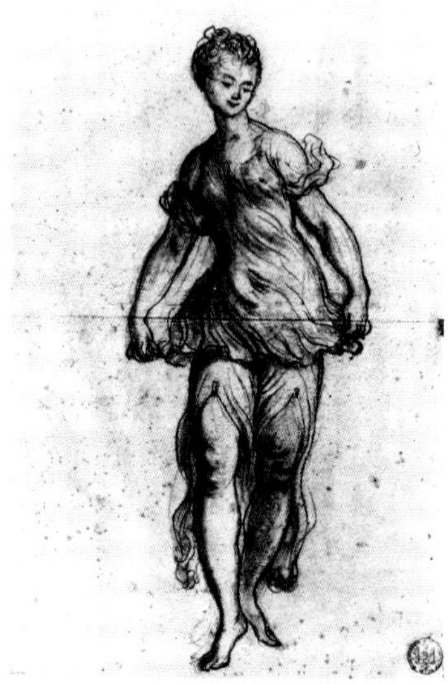

fig. 6. *Une muse*, Besançon, Bibliothèque Municipale

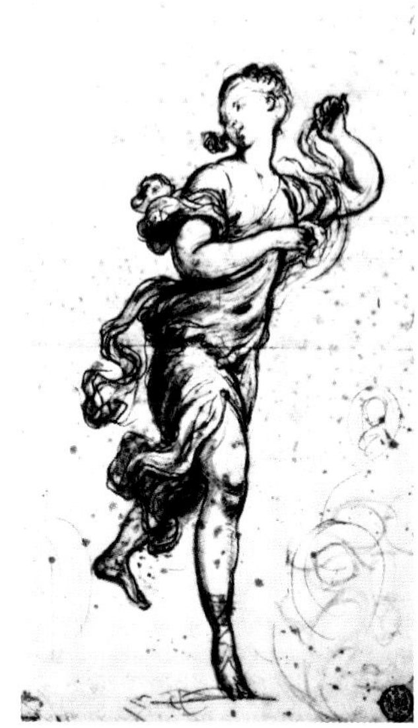

fig. 7. *Une muse*, Besançon, musée des Beaux-Arts

malheur veut que Mlle Guimard arrive elle-même quelques moments après avec plusieurs de ses amis qui venaient juger les talents du nouveau peintre. Quelle n'est pas son indignation en se voyant défigurée à ce point ! Mais plus sa colère éclate, plus la charge devient ressemblante ».

L'« autre peintre » est le jeune David. Une lettre du 15 novembre 1773 de Pierre à Ledoux, publiée par Régis Michel (1981-82), donne des faits leur version : « ce matin seulement Monsieur j'ay pu voir M. David... Il prétend que M. Fragonard étoit convenu de faire l'ouvrage pour six mille livres, qu'après l'ébauche il avait exigé vingt mille livres » (rappelons que Louveciennes lui avait été payé 18.000), « et quatre ans, que Mad^elle^ Guimard effrayée de la somme dernière avoit renoncé à son projet et n'étoit pas fachée d'en être quitte pour les autre louïs qu'elle avoit donné à M. Fragonard qui de son coté soit négligence soit dessin de suivre son second arrangement laissoit la salle imparfaite.

M. Fragonard est parti » (pour l'Italie, voir plus loin) « et a trop rependu qu'il ne se souçioit pas de finir cet ouvrage de façon que le S. David ne luy a point ecrit par les assurances qu'il a reçu de plusieurs personnes du dégoût de M. Fragonard.

La première faute est d'avoir demandé six mille livres pour un ouvrage qui en vaut vingt et plus, soit même par un commençant, de là les tracasseries et les plaintes de part et d'autres.

Que voules vous faire Monsieur, si Mad^elle^ Guimard ne veut plus de M. Fragonard ; et si M. Fragonard a renoncé tacitement à l'ouvrage. Surement Mad^elle^ Guimard est maîtresse de son choix et David ne paroit point dans le maintien d'un homme qui a des reproches à se faire. Bien loin de là ; il croit fermement obliger M. Fragonard en le debarrassant d'une besogne dont son caractere trop vifs le degoûte, et l'éloigne ».

Cette version est certes moins pittoresque que la première que, par parenthèse, elle ne contredit pas sensiblement (voir aussi celle rapportée par les Goncourt, p. 283 en note, qui la devaient à Théophile). Mais elle nous éclaire peut-être davantage sur le caractère de Fragonard, sa nature capricieuse et peu crédible.

On sait que David acheva le décor (et peignit en outre un portrait de la Guimard). Vendus le 21-22 décembre 1846 (n° 16), les « quatre grands

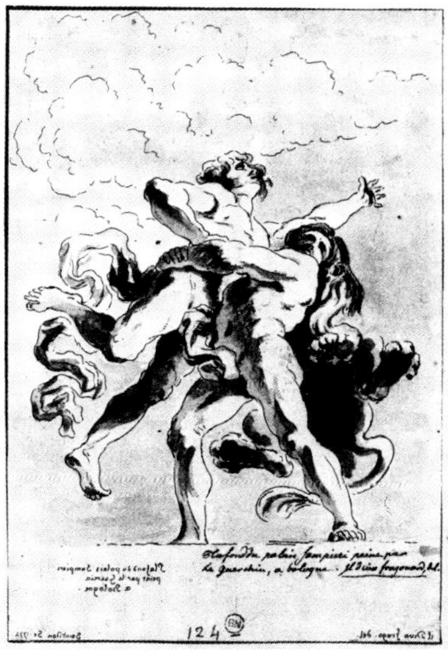

fig. 8. Saint-Non d'après Fragonard, *Hercule et Anthée* d'après Guerchin Paris, Bibliothèque Nationale, Cabinet des estampes

tableaux, les plus séduisants qu'on connaisse » (3,09 de haut sur 2,60 ou 2,45 pour les deux moins larges) sont perdus. Avaient-ils quelques ressemblance avec les quatre célèbres dessins du musée de Besançon que nous reproduisons ici *(fig. 4* à *7)*?

N'abandonnons pas Fragonard sur ces graves échecs tant avec la du Barry qu'avec la Guimard : ils durent être plus cruels que ne le laisse entendre Pierre dans sa lettre et furent certainement pour beaucoup dans le départ de l'artiste pour l'Italie, le 5 octobre 1773.

Deux citations prouvent qu'il gardait ses fidèles et n'avait pas perdu toute sa faveur.

Dans *Jacques le Fataliste*, Diderot fait allusion au peintre. Jacques décrit avec vivacité une scène de rue :

Le Maître : « Comment diable ! Jacques, ta composition est bien ordonnée, riche, plaisante, variée, pleine de mouvement. A notre retour à Paris, porte ce sujet à Fragonard ; et tu verras ce qu'il en saura faire ».

Jacques : « Après ce que vous m'avez confessé de vos lumières en peinture, je puis accepter votre éloge sans baisser les yeux » (éd. J. Assézat, VI, 1875, p. 194).

L'abbé de Saint-Non ne l'oublie pas non plus. Il grave à l'aquatinte les dessins du premier voyage italien de son ami. De ses aquatintes, il tire, pour sa collection personnelle, un premier exemplaire en contre-épreuve qui, lui, conserve la composition originale sans qu'elle soit inversée. Sur une de ses aquatintes *(fig. 8)*, l'abbé inscrit : « plafond du palais Sampieri peint par/ Le Guerchin/ a bologne. *Il divo fragonard*, del. » !

**1770**

30 mai
Mort de François Boucher.

5 juin
Le permis de construire d'un pavillon, à la chaussée d'Antin, destiné à la Guimard, est accordé à Ledoux (voir Gallet, 1980, p. 84 et 252). C'est sans doute autour de cette date que la danseuse commande à Fragonard la décoration de son nouvel Hôtel. Cette date coïncide avec le délai de quatre ans demandé par le peintre pour exécuter cette commande, rappelé par Pierre dans une lettre à Ledoux du 15 novembre 1773 (voir plus bas).

24 juin
François-Hubert Drouais (1727-1775) vend à la comtesse du Barry « quatre dessus de portes, pour l'ancien pavillon de Louveciennes, l'un représentant les Grâces, l'autre l'amour qui embrase l'univers, l'autre Vénus & l'amour & l'autre la nuit. Ces quatre dessus de portes, peints par Mr Fragonard, peintre du Roy. Ils ont été achetés par madame la comtesse au Sr Drouais, à qui ils appartenoient, 1.200.

Selon l'ordre de madame la comtesse, avoir fait remettre sur toille, trois des dessus de portes cy-dessus, les avoir r'agrandis, fait repeindre & accorder les agrandissages, argent déboursé 420 » (*Mémoire* ayant appartenu au baron Pichon et publié par lui en 1856, pp. 288-289).

Les quatre tableaux concernés par ce mémoire ont été identifiés par J. Wilhelm (1956). Il s'agit des *Trois Grâces* (voir nº 153), *L'amour embrasant l'univers* (voir nº 152), *Vénus et l'amour* (Dublin, National Gallery) et *La nuit* (coll. Edmond de Rothschild, Suisse).

20 septembre
Ange-Jacques Gabriel, Premier architecte du Roi, reçoit aux Gobelins, en présence de Marigny, le *Corésus et Callirhoé* (nº 104), destiné à être exécuté en tapisserie. « Lequel tableau nous avons trouvé d'une belle composition et exécution » (Gerspach, 1888, p. 120).

Son prix, 2.400 livres, est confirmé (voir 31 janvier 1773).

3 décembre
Pierre propose à Marigny, Fragonard et Huet pour exécuter les quatre tableaux de la Salle à manger du Roi à Versailles : « ...on les leur partageroit ; quoyque l'idée des sujets que j'ay eu l'honneur de vous proposer paroisse pouvoir réussir par la nouveauté, je vous supplie cependant, Monsieur, d'agréer que je ne la présente à ces deux artistes que comme un canevas, qui ne doit point donner d'entraves à leur génie » (Furcy-Raynaud, I, 1905, p. 220).

10 décembre
Marigny accepte la proposition de Pierre, mais leur laisse le choix des sujets : « j'agrée aussi Mrs Fragonard et Huet pour l'exécution des quatre tableaux de la salle à manger du même appartement. Vous pouvez les leur distribuer, deux à chacun, sans leur imposer néanmoins absolument la loi des sujets que vous m'avez proposés. Je sçais combien ces sortes d'entraves sont gênantes pour un artiste et nuisent à l'exécution de son ouvrage » (Furcy-Raynaud, I, 1905, p. 221).

Ces tableaux, ceux de Fragonard et Huet, estimés 1.600 livres (voir 1774), semblent ne jamais avoir été achevés (voir 1771).

Une lithographie de Barathier de 1841 *(fig. 1)*, d'après *La toilette* de Fragonard (W. 314 fig. 140), date cette œuvre de 1770.

Saint-Non grave *L'écurie de l'âne (fig. 2)*. Le dessin *L'écurie*, qui avait appartenu aux Goncourt (A. 1), était signé et daté 1770. Aujourd'hui non localisé (voir [Launay, 1983-84, nº 99]), ce dessin, dont Edmond de Goncourt donne une longue description, semble correspondre à la gravure que nous reproduisons. Un lavis conservé au musée de l'Île-de-France à Saint-Jean-Cap-Ferrat représente la même scène *(fig. 3)*.

Parution de la première suite (Rome) des *Fragments choisis dans les Peintures et les Tableaux les plus intéressants des Palais et des Églises de L'Italie*, gravés par Saint-Non d'après Fragonard, Robert et Ango. Les autres suites, Bologne, Naples et Venise, paraîtront en 1771, 1772, 1773 et 1774.

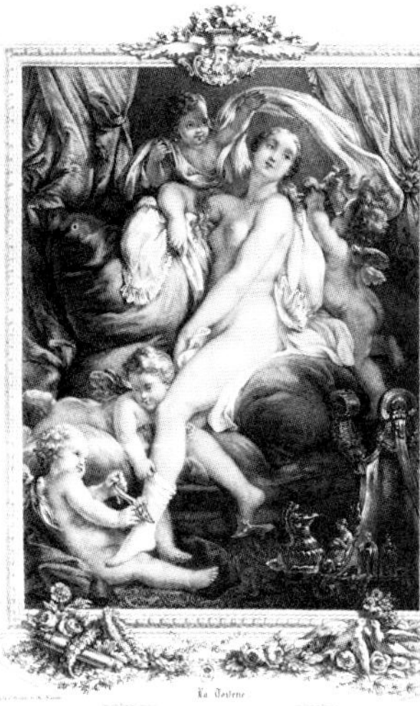

fig. 1. Barathier, *La toilette*,
Paris, Bibliothèque Nationale,
Cabinet des estampes

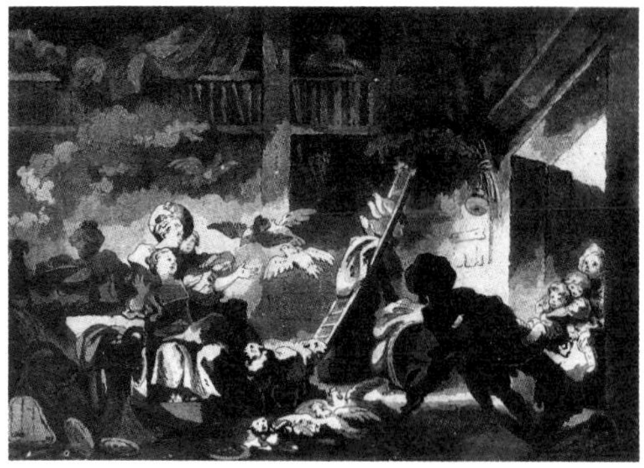

fig. 2. Saint-Non, *L'écurie de l'âne*,
Paris, Bibliothèque Nationale,
Cabinet des estampes

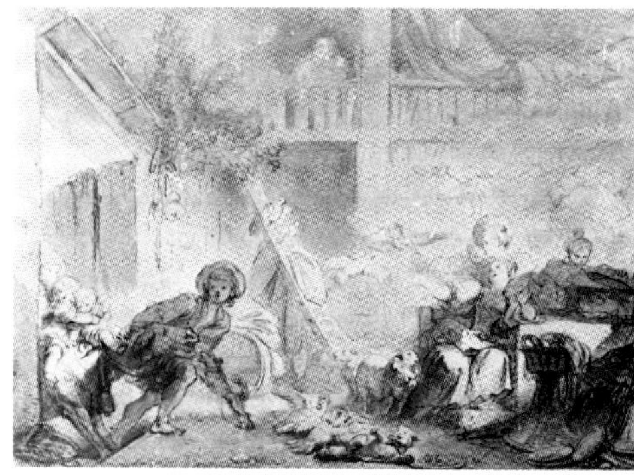

fig. 3. Fragonard (?), *L'écurie de l'âne,*
Saint-Jean-Cap-Ferrat,
fondation Ephrussi de Rothschild

**1771**

C'est sans doute au début de l'année que la comtesse du Barry (1743-1793) commande à Fragonard les quatre panneaux, aujourd'hui à New York dans la Collection Frick (voir nos 154 et 155), pour son nouveau pavillon de Louveciennes, construit par Ledoux et dont le chantier avait été ouvert fin décembre 1770 (voir Gallet, 1980, p. 252).

Dans un mémoire des « ouvrages faits dans le courant des six premiers mois de l'année 1771, sous l'ordre et conduitte de monsieur Le Doux architecte ; par Carbilliet, mtre menuisier », arrêté le 30 septembre 1772, figure la mention suivante : « Plus fait et fourny 4 grand chassis pour les tableaux de mr Flagonard *(sic)*, les d[its] de 9 pied 10 po[uces] sur 6 pied 8 po[uces], dont deux de cintré en pland, valent pour les droits 12 livres piesse, et les cintré 20 livres piesse, font les 4 ensemble 64 livres ». Somme ramenée par Ledoux à 46 livres (B.N. ms. fr. 8160, « compte de Me du Barry », fol. 155 verso, publié par Cayeux, 1935, p. 45 note 1).

18 février
A la vente après décès de Boucher, Fragonard achète de nombreuses œuvres (voir l'exemplaire annoté de la Bibliothèque d'Art et d'Archéologie), entre autres « Un bourguemestre, figure en pied » attribué à Van Dyck mais que l'auteur du catalogue croit de Jean Van Kalcker (Van Calraet ?), no 11 ; plusieurs tableaux de La Fosse (nos 58, 61, 65), de nombreux dessins de Bramer, Roos, Verdier, Stella et Boucher (nos 253, 263, 336, 488), enfin des estampes, principalement de l'école flamande et hollandaise (nos 548, 586, 604). Outre son intérêt désormais bien connu pour l'art nordique, on remarque son goût pour les études de plafonds (no 343).

13 juillet
Dans les comptes de madame du Barry figure une somme de 1.200 livres : « A Fragonard, sur un mandat de madame la comtesse ». En marge, il est précisé : « le mandat n'est pas acquitté » (B.N., ms. fr. 8158, fol. 83, « Paiements faits sur les 300.000 du mois de juin », publié par Vatel, 1883, p. 325).

Octobre
L'absence de Fragonard au Salon est remarquée par la critique : dans sa *Lettre... sur les peintures, sculptures et gravures qui sont exposées cette année au Louvre* (que nous citons plus haut, p. 296), l'auteur, Raphaël le Jeune, pseudonyme de Daudet de Jossan, peintre de l'Académie de Saint-Luc, imagine un dialogue entre les tableaux, recueilli par un suisse du Louvre : « — M. Fragonard... — M. Fragonard ! M. Fragonard ! Il n'y sera pas [au Salon] — Pourquoi ? — Oh ! c'est qu'il a abandonné le grand genre ».

4 octobre
Madame d'Épinay (1725-1783), dans une lettre à l'abbé Galiani (1728-1787 ; *Correspondance de Diderot*, éd. Roth, 1964, p. 204) résume ainsi la *Lettre* de Raphaël le Jeune : « M.Fragonard ? Il perd son temps et son talent : il gagne de l'argent ».

25 novembre
La somme de 1.200 livres est à nouveau attribuée à Fragonard, cette fois sans autre précision (B.N., ms. fr. 8158, fol. 86, « État des paiements faits sur les 300.000 du mois de septembre » ; Vatel, 1883, p. 528).

Ces paiements ont été mis en relation par Davidson et Munhall (1968, p. 102) avec la série des tableaux exécutés pour Louveciennes (voir p. 323).

23 décembre
Marigny ordonne à Pierre de faire accélérer les travaux entrepris à Versailles : « ... il faudroit savoir de MM. Briard et Fragonard quand ils comptent pouvoir y travailler, et les presser de s'y mettre le plus tôt possible, sans préjudice néanmoins des ouvrages de Mme la comtesse du Barry » (Furcy-Raynaud, I, 1905, p. 247).

L'état des tableaux ordonnés pour Bellevue et le nouveau Trianon rend compte du retard pris par Fragonard dans ses commandes : « Bellevue, ordonnés en 1766 : le jour, la nuit par m. Fragonard qui promet d'y travailler en diligence en décembre 1772.

Petits appartements du Roi à Versailles, ordonnés en décembre 1770 : deux tableaux pour la salle à manger, par m. Fragonard qui y travaille en ayant été empêché par ses ouvrages pour madame la comtesse du Barry » (A.N.O1 1912).

Diderot écrit cette année-là *Jacques le Fataliste* qui, rappelons-le, fut publié au XVIIIe siècle dans la *Correspondance littéraire* de Grimm, sous forme de « feuilletons » échelonnés de 1778 à 1780. La citation qui suit appartient aux « additions » qui furent envoyées aux abonnés de la *Correspondance*, en 1780. Un récit savoureux de Jacques amène une réflexion de son maître, qui ne manque pas d'intérêt :
« Jacques : Voyez au milieu de la rue un fiacre, la soupente cassée, et renversé sur le côté.
Le maître : Je le vois.
Jacques : Un moine et deux filles en sont sortis. Le moine s'enfuit à toutes jambes. Le cocher se hâte de descendre de son siège. Un caniche du fiacre s'est mis à la poursuite du moine, et l'a saisi par sa jaquette ; le moine fait tous ses efforts pour se débarrasser du chien. Une des filles, débraillée, la gorge découverte, se tient les côtes à force de rire. L'autre fille, qui s'est fait une bosse au front, est appuyée contre la portière, et se presse la tête à deux mains. Cependant la populace s'est attroupée, les polissons accourent et poussent des cris, les marchands et les marchandes ont bordé le seuil de leurs boutiques, et d'autres spectateurs sont à leurs fenêtres.
Le maître : Comment diable ! Jacques, ta composition est bien ordonnée, riche, plaisante, variée et pleine de mouvement. A notre retour à Paris, porte ce sujet à Fragonard ; et tu verras ce qu'il en saura faire. » (éd. Assézat, 1875, VI, pp.193-194).

Adélaïde Allou grave une *Vue des restes d'un théâtre que l'on retrouve parmi les débris de la villa Adrien près Tivoli à 18 milles de Rome* (no 24).

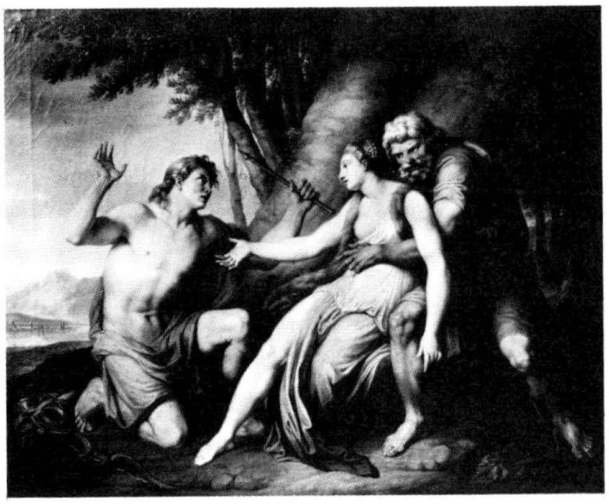

fig. 4. Mannlich, *Silvio et Dorine*,
Munich, Bayerische Staatsgemäldesammlungen

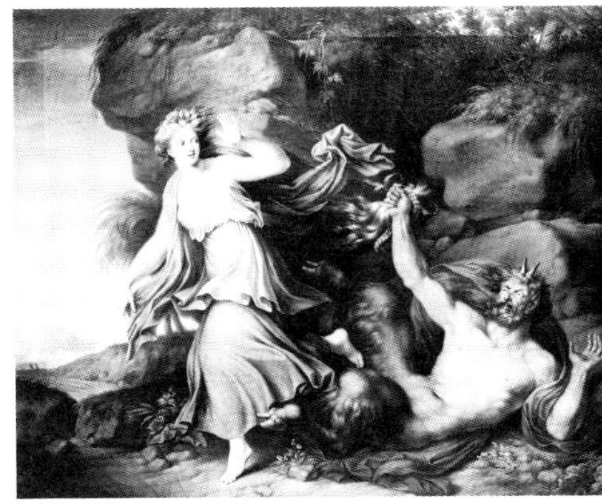

fig. 5. Mannlich, *Satyro et Corisca*,
Munich, Bayerische Staatsgemäldesammlungen

**1772**

20 juillet
Bachaumont, dans ses *Mémoires secrets* (vol. 24, p. 161), fait une description du pavillon de Louveciennes : « les artistes les plus renommés se sont efforcés d'enrichir de leurs productions un séjour aussi délicieux. Le plafond d'un des salons de côté est du Sieur Briard ; la devise en est ruris amor et représente les plaisirs de campagne. De l'autre côté, c'est un ciel vague, et quatre grands tableaux du Sieur Fragonard, qui roulent sur les amours des bergers et semblent allégoriques aux aventures de la maîtresse du lieu ; ils ne sont pas encore finis ».

30 juillet
Le duc de Chartres, futur Philippe-Égalité (1747-1793), écrit à Madame de Genlis (1746-1830) : « j'ai commandé ce matin deux tableaux d'après le conte que vous connaissez. Je l'ai relu encore deux fois, ce charmant conte. Rien ne me fait ce plaisir et cet effet-là. J'ai encore pleuré en le relisant la dernière fois. Oh ! mon amour, mon cher enfant, il n'y a rien de tendre et d'aimable comme vous. J'ai bien trouvé l'adresse de Pérignon [certainement Nicolas, peintre paysagiste, 1726-1782], mais il est en Hollande, ce qui fait que je les ai commandés à Fragonard, qui a trouvé l'idée fort jolie et qui m'a assuré que j'en serais content. Je n'avais pas besoin de son assurance, car de quelque manière qu'il la rende, cela me rappellera toujours... et me rendra bien content » (Maugras, 1904, pp. 36-38).

19 octobre
Annonce dans *L'Avant coureur* (p. 659) de deux gravures de Godefroy d'après les tableaux de Fragonard, *Annete à l'âge de quinze ans* et *Annete à l'âge de vingt ans* (voir n° 87).

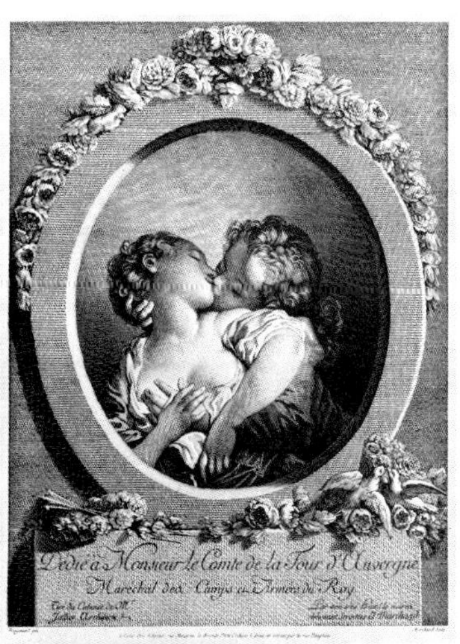

fig. 6. Marchand, *Le Baiser*,
Paris, musée du Louvre,
Cabinet des dessins, coll. Rothschild

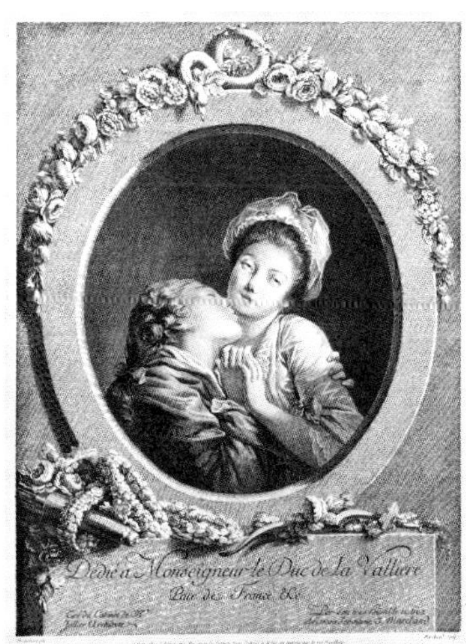

fig. 7. Marchand, *Le Baiser*,
Paris, musée du Louvre,
Cabinet des dessins, coll. Rothschild

Novembre
Annonce des mêmes gravures dans le *Mercure de France* (p. 177).

9 novembre
Sur l'exemplaire du catalogue de la vente Huquier, annoté par Mariette (exemplaire ayant appartenu au baron Pichon), Portalis (1889, p. 201) a relevé : « à propos de deux dessins de Leprince et de Fragonard, représentant l'un des soldats russes, et le second, celui de Frago, la *Résurrection de Lazare* (...) Mariette a mis en note de sa main : Ils les firent en badinant et sur la même table chez Huquier » *(fig. 1 p. 239)*.

Cette année, arrive à Paris Henri Gérard, frère de Marguerite (fait mentionné dans le *Registre des cartes de sureté*, 13 juin 1793, A.N. $F^7$ 4806).

Saint-Non grave *Le petit montreur d'ours* d'après Fragonard *(fig. 3 p. 149)*.

Le peintre allemand, Johann Christian von Mannlich (1740-1822) alors à Paris, achève deux toiles inspirées du *Pastor Fido* de Guarini, qu'il montre à différents peintres : « Da ich jeden Morgen sehr eifrig an einem Bilde arbeitete, das ich unvollendet von Zweibrücken mitgebracht hatte, führte ich es trotz meines bewegten Lebens in Paris bald zu Ende. Es stellte die von Silvio verwundete Dorinda dar, ein Vorwurf, zu dem mich ebenfalls Guarinis *Pastor Fido* angeregt hatte. Ich zeigte dieses Gemälde sowie meinen *Satyr und Koriska* den Künstlern, mit denen ich immer verkehrte, Vernet, Vien, Greuze, Doyen, Fragonard und meinen alten Kameraden von Rom » (« Je travaillais chaque matin avec ardeur à un tableau que j'avais apporté inachevé des Deux-Ponts que, en dépit de ma vie agité à Paris, j'avais rapidement mené à bien. Il représentait *Dorine blessée par Sylvio (fig. 4)*, une esquisse pour laquelle le *Pastor Fido* de Guarini m'avait également inspiré. Je montrais ce tableau, de même que mon *Satyre et Corisca (fig. 5)*, aux artistes avec lesquels j'étais en relation, Vernet, Vien, Greuze, Doyen, Fragonard et mes vieux camarades de Rome »).

**1773**

Janvier
Le *Mercure de France* (pp. 183-184) annonce la publication de deux gravures de Marchand « représentant deux baisers d'après les pastels de M. Fragonard, qui sont dans le cabinet de M. Jallier, architecte » *(fig. 6 et 7)*. Elles sont dédiées « à Monseigneur le Duc de la Vallière ».

31 janvier
Fragonard touche 600 livres sur l'exercice de 1769, dernier paiement qui lui est dû pour son *Corésus et Callirhoé* (Arch. Nat. $O^1$ 1934 B, publié par Engerand, 1901, pp. 194-195, et aussi *Registre des paiements*, Bibliothèque du Louvre, fol. 151bis, signé par Fragonard, le 18 février).

Mars
Meister (prenant la suite de Grimm) rapporte dans la *Correspondance littéraire* (éd. 1879, X, pp. 210-211) la célèbre anecdote de la

brouille entre la Guimard et Fragonard que nous citons plus haut (pp. 297-298).

Alexandre Lenoir, dans un manuscrit inédit qui appartenait à Georges Wildenstein (W. éd. française, 1960, p. 41) nous donne le même récit, à quelques mots près, et dit le tenir de Fragonard lui-même : « en 1773, chargé de peindre le Salon de Melle Guimard, elle fut représentée en Terpsichore avec les attributs qui caractérisent la Muse de la danse. On raconte que les tableaux n'étaient pas encore terminés, lorsqu'on ne sait pourquoi elle se brouille avec son peintre et en choisit un autre. Fragonard curieux de savoir ce que devenait son ouvrage entre les mains de son successeur, trouva le moyen de s'introduire dans la maison. Il pénètre jusque dans le salon sans y rencontrer personne ; apercevant dans un coin une palette et des couleurs, il imagina sur le champ le moyen de se venger. En quatre coups de pinceaux il efface le sourire, sans nuire à la ressemblance du portrait. Cela fait il se sauve au plus vite, et le hazard veut que Melle Guimard arriva quelques moments après avec plusieurs de ses amis qui venaient juger les talents du nouveau peintre. Quelle fut son indignation en se voyant défigurée de la sorte ! mais plus sa colère éclate plus la métamorphose devient ressemblante... Comme je l'ai déjà remarqué, les peintres se sont souvent servis du pinceau pour consacrer publiquement un juste ressentiment. J'ai consacré cette anecdote que le peintre m'a raconté lui-même, dans un article imprimé dans la *Biographie* des frères Michaud (t. 15, p. 421) ».

Nous donnerons plus loin (15 novembre) une autre version de la brouille entre la Guimard et son peintre.

29 mars
L'« état des tableaux commandés pour le château de Bellevue » permet de constater une nouvelle fois le retard pris par Fragonard dans ses commandes : « M. Fragonard a eu l'honneur de passer chez M. de Montucla pour l'assurer de ses civilités et lui rendre réponse à la lettre qu'il a reçu *(sic)* touchant les tableaux qu'il a à faire pour le Roi ; jusqu'à présent, il n'a pu y travailler ayant été occupé des tableaux dont il était chargé pour Madame du Barry. Présentement, il assure qu'il va y travaillé avec tout le zèle et l'assiduité » (Arch. Nat. $O^1$ 1531, publié par Bapst, 1892, avec la côte $0^1$ 1514 et par Engerand, 1901, p. 196).

Août
Au Salon, où une nouvelle fois Fragonard n'expose pas, sont présentés les tableaux de Vien, sous les numéros 5 et 6 : « deux jeunes Grecques font serment de ne jamais aimer et se jurent un attachement éternel sur l'autel de l'Amitié ; le Temps endormi et sa faux brisée, dont les débris servent à entretenir le feu qui brûle sur l'autel, indiquent que leur union sera durable ; mais l'Amour qui se rit de pareils sermens et qui favorise les vœux du jeune homme qu'on aperçoit dans le fond du Tableau, profite du sommeil du Temps pour allumer son flambeau à l'autel même de l'Amitié » et « de jeunes Grecques rencontrent l'Amour endormi dans un jardin ; elles s'en approchent sans le connoître, et s'amusent à le parer de guirlandes de fleurs. Ces deux Tableaux, l'un de 10 pieds de haut, sur 6 pieds 9 pouces de large, appartiennent à Madame la Comtesse du Barry, et sont destinés pour Lucienne *(sic)*. Le dernier ne pourra être exposé que dans le courant du Salon ».

Les tableaux sont peu commentés ; ceux de Fragonard encore moins. Seuls les *Dialogues sur la peinture*, imprimés la même année « chez Tartouillis » et sans doute dûs au peintre Antoine Renou (1731-1806), ironisent à leur propos. Le célèbre expert Rémy, un mystérieux Monseigneur Fabretti et un « anglais » Milord Littelton se querellent à propos de ses œuvres, de Fragonard en général, et d'autres artistes de sa génération (pp. 20-21, 24, 30, 31, 83, 84 et 164) :

« — M. Remi : Vous avez vu à Lussienne encore le *nec plus ultra*, pour le heurté, le roullé, le bien fouetté, le tartouillis. Le voilà, le voilà le véritable Tartouillis.

— M. Fabretti : Le roullé, le bien fouetté, le Tartouillis, sont-ce des injures, Monsieur Remi, ou des éloges ?

— M. Remi : Comment, vous vous moquez, je crois, c'est du divin Fragr.[onard] dont je vous parle, le peinceau le plus capital selon les chefs de notre peinture. Pour celui-là rien ne lui manque. Il va paroître sous peu une dissertation de l'ami Foliot » (un autre expert du temps), « dans laquelle il déduit fort au long que le divin Fragr.[onard] est un Michel-Ange et un Titien, les deux à lui tout seul.

— M. Fabretti : M. Fragr.[onard] n'en déplaise au dissertateur, les amis de Michel-Ange et de Titien ne seront jamais les vôtres. J'imagine que la dissertation essuiera une réponse.

— Milord : Il y a plus de trente ans que Rousseau l'a faite.
‹Griffon, rimailleur subalterne,
Vante Siphon le barbouilleur,
Et Siphon, Peintre de taverne,
Prône Griphon le rimailleur,
Or en cela certain railleur,
Trouve qu'ils sont tous deux fort sages.
Car sans Griphon et ses ouvrages,
Qui jamais eut vanté Siphon,
Et sans Siphon et ses suffrages,
Qui jamais eut prôné Griphon›.

— M. Remi : Il s'est fait cependant une réputation chez les financiers, et pour un Peintre elle en vaut bien un autre. Pour l'un, c'est un Raphaël, et pour l'autre un Guerchin. Tous leurs cabinets sont ornés de ses œuvres.

— Milord : De pareils châlans ne m'étonnent pas, et Midas le bon Midas peut bien en faire son Premier Peintre.

(...)

— M. Remi : En 1755, on imprima à Paris chez les libraires associés un livre intitulé, l'art de devenir Peintre en trois heures, et d'exécuter au pinceau les ouvrages des grands maîtres sans avoir appris le dessein. Cette recette eut, comme vous l'imaginez, un succès prodigieux, et cette seule année valut à notre Académie plus de sujets que tout le siècle n'en avait fourni : les Frago.[nard], les Casa.[nova], les Ha.[llé], les Tar.[aval] et une foule d'autres.

(...)

— M. Fabretti : (...) On entend dire que les Bri.[ard] Frago.[nard], Caza.[nova] ont rempli quelques cabinets de leurs précieux ouvrages, on le répète sans en avoir rien vu. Quelques amateurs, des amis, des connoissances, sont les seuls à les voir, à les vanter, de bonne foi ou pour faire leur cour au maître du logis, et jamais le public, qui n'est point admis dans le sallon des Turcarets que ces messieurs décorent.

(...)

— Milord : Leurs tableaux sont comme les lectures de société qui enthousiasment tous les auditeurs. Ainsi la *Pucelle* de Chapelain fut pendant vingt ans une chose sublime, pour être à sa juste place, il faut paroître sur la scêne. Que les auteurs se fassent imprimer, que les Peintres peignent des coupoles à St. Roch [Le Moyne], qu'ils se montrent au sallon ; et vous verrez alors ces messieurs, qui dans leurs cercles sont toujours les premiers hommes du siècle, une fois en raze campagne, le public sera prompt à leur sillier [siffler, ou signifier ?] le contraire.

— M. Remi : Je commence à concevoir pourquoi, plusieurs s'obstinent à ne rien exposer ici. Frago.[nard]... est un des plus prudents, il ne s'est point hazardé au sallon depuis son agrément. Je vois bien leurs raisons ; ils aiment mieux rester retranchés dans quelques cabinets que de s'avanturer dans la place publique.

(...)

— M. Remi : Je ne sçais si ce salon fait bien à l'art, mais il fait grand mal à la plûpart des Artistes. La critique les désole ; et c'est pourquoi Gre.[uze] Pie.[rre] Frago[nard], Bri.[ard], Caza[nova] n'y ont pas paru cette année.

— Milord : Mais ils n'y gagnent rien, et à propos de Peinture, c'est comme à propos de botte, il est aisé de parler du grand Turc si l'on veut.

— M. Remi : Il est vrai que vous ne vous êtes pas mal égayés sur leurs comptes, et les absents ont été souvent interloqués.

(...)

— Milord : (...) Selon un ancien sage, les Artistes forment les mœurs plus sûrement et brièvement que les philosophes. Les statues des héros, la représentation d'une belle action, d'un acte de vertu enflammoient le grand Scipion.

4 octobre
Le Premier peintre du roi, Pierre, adresse à Fragonard ce billet, inédit, qui nous a été signalé par Udo Van de Sandt, montrant le peu de respect de l'artiste pour l'Académie : « Monsieur Fragonard, J'apprends monsieur par une lettre de m. Bergeret que vous este déterminé à refaire le voyage d'Italie. Je vous en fais mon sincere complimen mais vous ne pouvez pas partir sans un congé parce que vous êtes attaché à une académie Royale. Peut être avez vous peu de tems : le moyen d'abréger serois de m'écrire un mot sur lequel je vous obtiendroi la permission de partir et vous santez bien qu'il m'est impossible de ne l'en pas informer » (Arch. Nat. $AP^2$, fol. 246-247).

# 142 La lettre

T. H. 38 ; L. 30
Au verso du châssis, se lisait, selon le cat. de la vente de 1873 : « La plume sera inhabile à décrire le charme et la grâce répandu *(sic)* sur cette délicieuse figure de Fragonard »

New York, collection privée

**Provenance**
Vente [Baché, Brilliant, de Cossé, Quenet], 22 avril 1776, nº 91 : « une jeune et belle Italienne vue à mi-corps, accoudée contre un pupitre et s'appuyant la joue contre sa main : elle tient une lettre décachetée et semble la lire avec émotion... Hauteur 12 pouces longueur 8 pouces » (= 32,4 sur 21,6) ( ?) ; comte de Merle, sa vente, 1er mars 1784, nº 31 : « une jeune fille, vue à mi-corps, assise et appuyée devant une table, lisant une lettre.... 11 pouces 6 lignes, 8 pouces 6 lignes » (200 livres) ( ?) ; vente Volpeto et Morghen, 6 novembre 1822, nº 20 : « deux petits tableaux faits avec facilité et avec goût, représentant deux jeunes filles dont l'une a la tête appuyée sur sa main, et est occupée à lire une lettre » ; marquis de Roche Bousseau, 5-8 mai 1873, nº 122 : « appartenait, sous le premier Empire, à Mme Récamier » (3.800 francs) ; coll. comte de La Béraudière dès 1874, sa vente, 18-30 mai 1885, nº 25 (6.000 francs à Féral) ; coll. Muhlbacher, dès 1889, sa vente, 15-18 mai 1899, nº 16 (44.500 francs à Stettiner) ; coll. marquis de Chaponay dès 1906 et jusqu'en 1918 (Gimpel, 1963, p. 38) ; [Wildenstein] ; coll. David David-Weill dès 1921 puis en 1936 Fritz Mannheimer, premier mari de l'actuelle propriétaire.

**Expositions**
Paris, 1874, nº 150 ;
Paris, 1883-84, nº 47 ;
Paris, 1921, nº 55, repr. ;
Paris, 1946, nº 15 ;
Londres, 1968, nº 240 fig. 290 ;
New York, 1977, nº 39, fig. 46 ;
Tokyo, 1980, nº 60, ill. couleurs.

**Bibliographie**
G. p. 335 ;
P. p. 65, 202, 282 ;
N. p. 147, ill. entre p. 158 et 159 ;
Henriot, I, 1926, pp. 123-125, ill. p. 126 ;
R. p. 168 et 171 ;
W. 386 fig. 164 et pp. 26-27 éd. française ;
Thuillier, 1967, p. 37, ill. couleurs ;
W. et M. 410, ill. et pl. XL en couleurs.

**Œuvres en rapport**
Le tableau a été gravé à l'eau-forte par Paul-Edme Le Rat (1849-1892) avant 1873 (P. p. 329, nº 121, Naquet, 1890, ill. p. 72 et Sjöberg et Gardey, XIV, 1967, pp. 89-90 nº 18).

Une réplique plus esquissée mais de belle qualité *(fig. 1)*, légèrement plus petite (H. 33 ; L. 27), a fait partie de la coll. Hahnloser (vendue à Londres, Sotheby's, 30 juin 1965, nº 27, ill.).

Les plus récents biographes de Fragonard estiment que la *Lettre* provient de la vente De Ghendt du 15 novembre 1779 (nº 30). Plusieurs raisons s'y opposent : le tableau De Ghendt ne mesurait que 32,5 sur 24,5 cm ; son modèle tenait *« de la main droite »* (c'est nous qui soulignons) « une lettre ». Ce tableau nous paraît en fait faire paire avec le « vieillard portant chapeau sur sa tête... sa main droite est appuyée sur un livre, et de la gauche il tient une bourse » de la même vente. Les deux œuvres avaient vraisemblablement appartenu en 1778 à Hall (Villot, 1867, p. 74) : « une petite fille tenant une lettre 144 » livres et « un avare tenant un sac d'argent, de M. Telusen 401 » (livres). Ce Telusen est-il le Thélusson qui vendait le 1er décembre 1777 un « buste de vieillard » ? Les deux tableaux repassent en vente le 28 novembre 1783, nº 29 : « vieillard tenant un sac de la main gauche et la droite appuyée sur un livre, ayant un chapeau sur sa tête... » et « une tête de jeune fille cœffée en cheveux, le bras droit appuyé sur une table, tenant un livre (*sic*) à la main ».

Ajoutons que le *Vieillard* ne nous paraît pas se confondre avec le W. 385 pl. 78 *(fig. 2* ; dont il existe une réplique (?) passée en vente à Chartres le 5 décembre 1971, nº 59, ill. couleurs) et signalons parmi les gouaches et miniatures de la vente Vassal de Saint-Hubert du 24 avril 1783, nº 87 une « femme à mi-corps tenant un miroir par M. Hall et une autre femme tenant une lettre par Honoré Fragonard » qui mesuraient 10,8 cm de haut sur 21,6 cm de large !

On évoquera encore à propos de la *Lettre* un tableau conservé au Cincinatti Art Museum *(fig. 3)*. La toile provient des coll. Paul de Saint-Victor et Wildenstein (P. 280 et N. p. 147) et montre non pas une liseuse mais une femme s'apprêtant à écrire une lettre. De mêmes dimensions que la *Lettre*, elle s'apparente, tant à cause de la liberté de sa facture que de la collerette largement échancrée du modèle, aux figures de fantaisie.

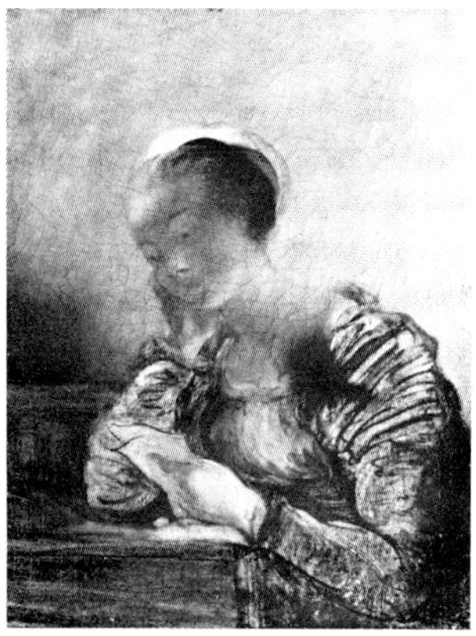

fig. 1. *La lettre*, localisation actuelle inconnue

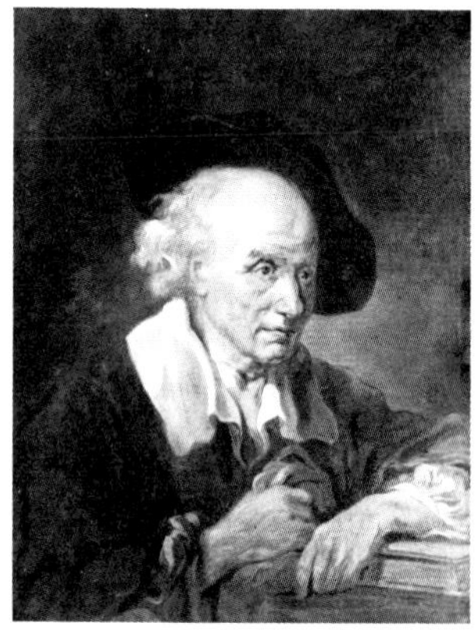

fig. 2. *Vieillard*, New York, coll. privée

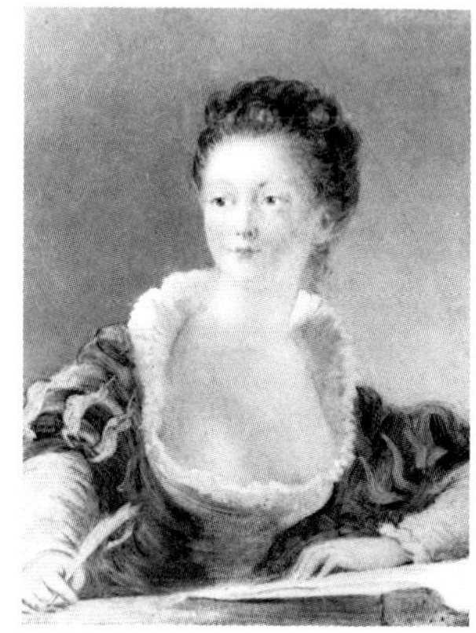

fig. 3. *Femme s'apprêtant à écrire une lettre*, Cincinatti, Cincinatti Art Museum

Une toute jeune fille lit une lettre marquée d'un cachet de cire brisé. Accoudée au rebord du tiroir entrouvert d'un secrétaire qui déborde de lettres, elle sourit avec tendresse et espièglerie. La lumière éclaire sa coiffe, son corsage blanc, la main qui tient la lettre tandis que le visage au menton bien plein est dans la pénombre.

La toile, sans doute quelque peu antérieure au second voyage en Italie de 1773-74, est admirée dès le XVIIIᵉ siècle (1776) pour sa « transparence de couleur » et pour son « charme ». La simplicité de la mise en page, la gamme restreinte des couleurs qui joue sur le contraste des bruns et des vermillons, la liberté de la facture de certains morceaux, par opposition aux nuances délicates avec lesquelles Fragonard ombre le juvénile visage, font de la *Lettre* une des œuvres de l'artiste qui mêlent le plus heureusement la grâce et la poésie.

# 143 Perrette et le pot au lait

T. Ovale en largeur. H. 53 ; L. 63

Paris, musée Cognacq-Jay

**Provenance**

Coll. Prault, imprimeur du Roi, sa vente, 27 novembre 1780, nº 26 (110 livres) ; coll. Nicolas Ponce dès 1787 ; sa vente après décès, Paris, 12-16 décembre 1831, nº 1 : « esquisse ovale » (pour « 1 fr. 55 cent.... devant l'enchère ridicule, on serait tenté de douter de l'originalité, si ce n'était pas à la vente de Ponce le graveur de la composition », G. p. 329). Il nous a été impossible de retrouver le cat. d'une vente anonyme, 9 février 1848, nº 65, souvent mentionnée ; vente, 26 novembre 1849, nº 58 : « la cruche renversée » ( ? ; un tableau avec le même titre passe à une vente Barroilhet le 1er mars 1856, nº 22) ; ne peut se confondre ni avec le tableau de la vente du duc de La Rochefoucault-Liancourt, 20-23 mars 1827, nº 24 : « ...une jeune fille désolée d'avoir cassé sa cruche ; un jeune garçon, appuyé sur la fontaine, se moque d'elle ; l'Amour placé en haut de cette fontaine semble observer » ni avec « La cruche renversée », vendue à une autre vente Barroilhet, 2-3 avril 1860, nº 104 et le 3 mai 1876 ; coll. Mme Bl[anc], nº 5, qui mesurait 1 mètre de haut sur 81 cm de large ; acquis par [Jonas] en 1923 (pour 300.000 francs ? selon Gimpel, 1963, p. 248 ; vendu par François à Ernest Cognacq le 15 décembre 1913 au prix de 525.000 francs, selon un inventaire de la coll. écrit vers 1924-25) ; acquis par Ernest Cognacq et Louise Jay en 1928 ; musée Cognacq-Jay depuis sa fondation en 1929.

**Expositions**

Pour une liste complète, voir Burollet, 1980, p. 80.

**Bibliographie**

G. pp. 328-329 ;
P. p. 286 ;
N. p. 123 ;
R. p. 161 ;
W. 283 fig. 134 ;
Zick, 1969, pp. 178-179, 184-185 et fig. 126 ;
W. et M. 301, ill. ;
Cat. musée (Th. Burollet), 1980, nº 27, ill. couleurs (détail en couverture).

**Œuvres en rapport**

Une modeste réplique *(fig. 1)* sur parchemin ( ?) que nous ne connaissons que par la photographie, autrefois dans la coll. Doistau est passée en vente les

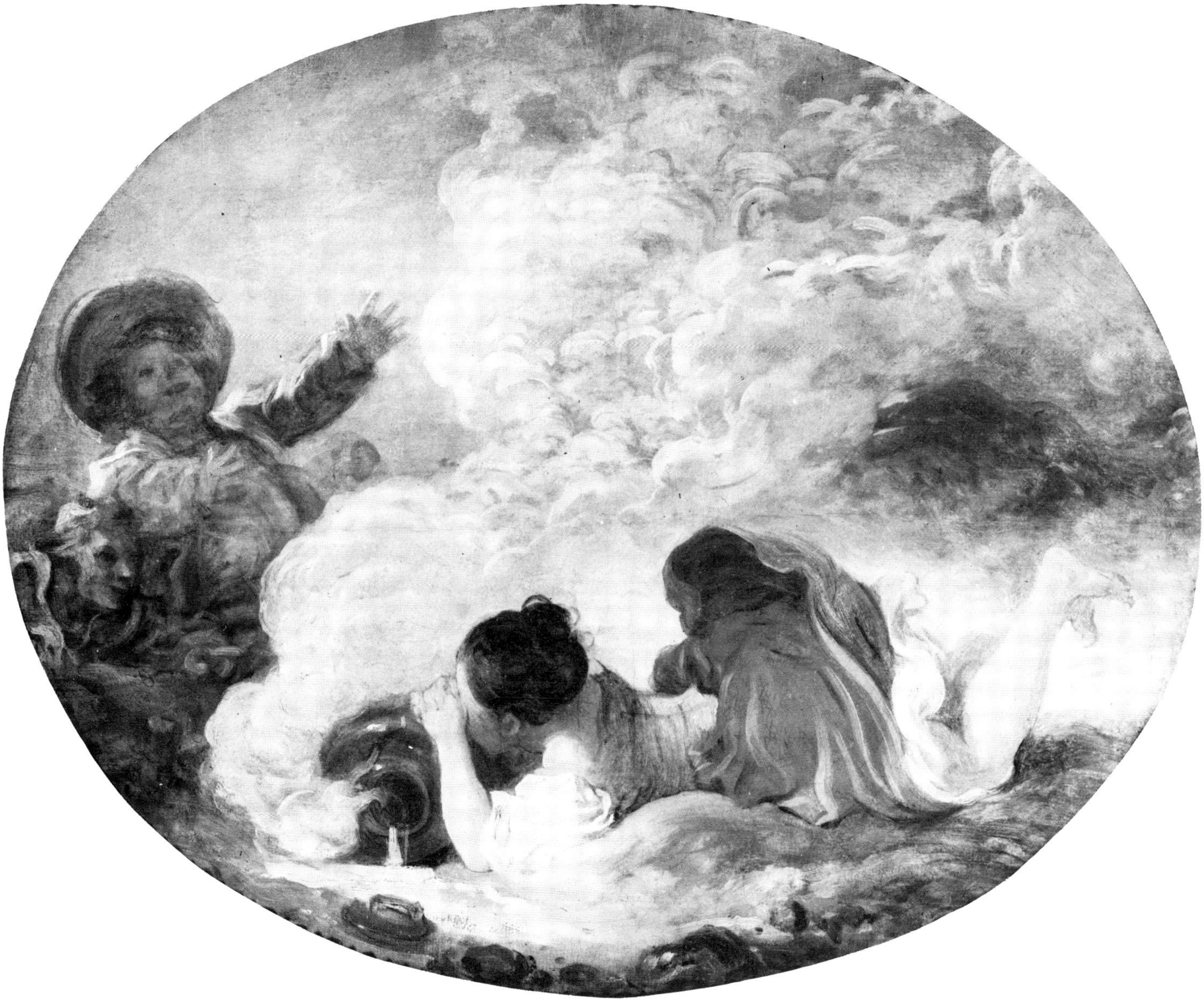

5-6 mars 1937, nº 30, ill.

Pour un dessin de même sujet, voir A. 1922.

Nicolas Ponce (1746-1831) a gravé le tableau *(fig. 2)* dans le même sens et dans un encadrement ovale, en 1787 (*Journal de Paris*, 17 juin 1787, p. 745 ; *Journal général de France*, 28 juin 1787, p. 307 ; P. p. 330, nº 136, ill. p. 229 et surtout cat. exp. Clermont-Ferrand, 1977, nº 58) ajoutant quelques détails, notamment dans la partie haute de la composition. En pendant, le même Ponce grava *Le verre d'eau (fig. 3)*, tableau perdu de Fragonard (voir W. 284 et 285, voir aussi G. p. 276, sans doute le tableau passé en vente le 23 juin 1926, nº 31, ill.).

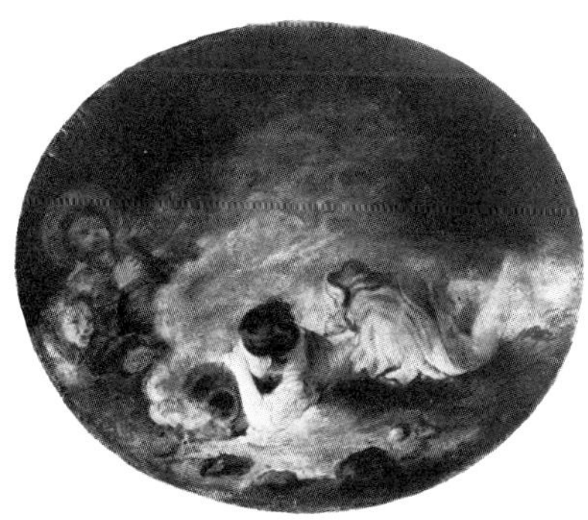

fig. 1. D'après Fragonard, *Perrette et le pot au lait*, localisation actuelle inconnue

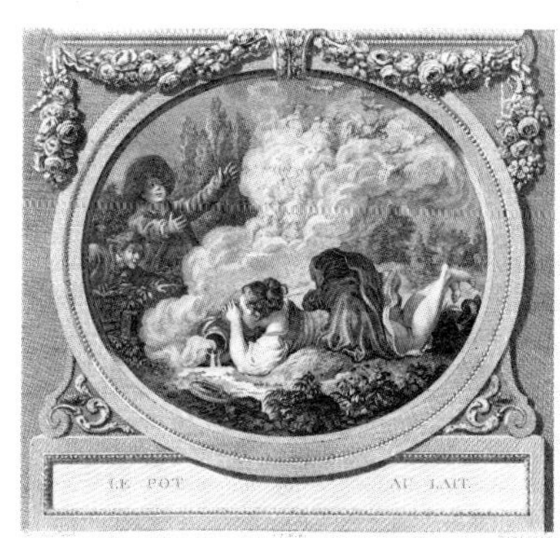


fig. 2. N. Ponce, *Le pot au lait*, Paris, Bibliothèque Nationale, Cabinet des estampes

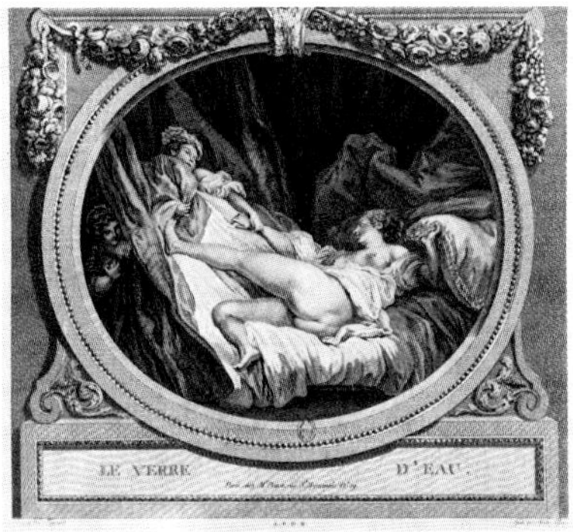

fig. 3. N. Ponce, *Le verre d'eau*, Paris, Bibliothèque Nationale, Cabinet des estampes

A la vente Prault, imprimeur du Roi, en 1780, figuraient six Fragonard, tous ovales. A propos de deux de ces tableaux, Le Brun, l'expert de la vente, précise : « Nous aurions pu à chacun des tableaux de M. Fragonard que nous venons de décrire, mettre un éloge particulier, mais nous avons mieux aimé réserver pour un article séparé l'hommage qui est dû à ses talents. On y reconnaît la touche neuve et piquante qui caractérise ses productions ». Si, hélas, nous n'avons pu retrouver l'« article » annoncé, ce court texte confirme qu'en Le Brun, le mari de Madame Vigée, mais avant tout le plus redouté des experts parisiens, Fragonard comptait un défenseur.

Inspiré d'une des plus populaires fables de La Fontaine, *La laitière et le pot au lait* (voir Zick, 1969), le tableau du musée Cognacq-Jay a été gravé par Ponce en 1787. L'intérêt de cette gravure, outre qu'elle multiplie les détails, est qu'elle décrit minutieusement ce que Fragonard n'avait fait que suggérer : le rêve de Perrette, chez Fragonard une large fumée bleutée tourbillonnante qui s'échappe de la cruche de terre vernissée — quelques taches brunes et jaunes suffisent pour évoquer les échines du troupeau, quelques virgules blanches, les oiseaux — devient brebis, vaches et volatiles minutieusement recensés. L'intérêt aussi est qu'en pendant à *Perrette*, Ponce ait gravé un *Verre d'eau*, bien plus dévêtu.

Dans les deux œuvres, des spectateurs, des spectatrices contemplent une scène réjouissante (qu'en un cas elles ont provoquée), mais tout est fait pour que nous assistions dans les meilleures conditions à ce spectacle nullement innocent. Le lait perdu, grâce auquel Perrette bâtissait ses rêves de richesse, n'est qu'un prétexte pour attirer nos regards sur les grassouillets mollets d'une jeune paysanne et sur la tache écarlate « de l'envol de son jupon ». Ses mains croisées sur la cruche nous cachent ses larmes alors que deux compagnons s'esclaffent.

De la fable de La Fontaine, Fragonard n'a fait que prendre prétexte. De sa morale :

« Quel esprit ne bat la campagne ?
Qui ne fait châteaux en Espagne...
Chacun songe en veillant, il n'est rien de plus doux... »

il n'a pas tenu compte...

Reste à s'interroger sur la date de l'œuvre : Wildenstein la situe entre 1765 et 1772, Thérèse Burollet, qui la rapproche des *Figures de fantaisie*, précise 1770. Point de vue que nous adoptons volontiers.

On ne nous en voudra pas de rappeler que Fragonard fut le plus célèbre illustrateur de La Fontaine, non pas de ses *Fables*, mais des *Contes*. De cet aspect de l'activité de l'artiste, connu mais complexe, l'exposition — nous le regrettons — ne rend pas compte.

## 144 L'amour de l'or

Paris

Ovale en largeur. H.186 ; L. 234
Pierre noire avec rehauts de pastel sur papier jaune

Paris, collection privée

**Provenance**
Coll. Laurent Laperlier, sa vente, 22-23 décembre 1856, n° 30 (38 francs) ; coll. Frédéric Villot, sa vente, 16-18 mai 1859, n° 115 (acquis pour 24 francs par les Goncourt) ; coll. Edmond et Jules de Goncourt (leur marque, Lugt 1089, en bas au centre), leur vente après décès, 15 février 1897, n° 91 (1.600 francs, acquis par le marquis de Biron) ; coll. marquis de Biron, ventes du 29 mars 1900, n° 38 (290 francs, racheté) et 9-11 juin 1914, n° 22, ill. (5.350 francs à Seymour de Ricci pour Robert Boas) ; vente anonyme, 28-29 octobre 1919, n° 61 (6.900 francs) ; coll. Bourgarel dès 1921, sa vente, 15-16 juin 1922, n° 84, ill. (3.000 francs à Jules Straus) ; coll. Jules Straus (parfois écrit Strauss) encore en 1933 puis M. Nast à Nice, sa vente, Paris, 7 mars 1967, n° 3, ill. (29.000 francs).

**Expositions**
Paris, 1921, n° 148 ;
Paris, 1931, n° 8 ;
Paris, 1933, n° 193 ;
Paris, *Pastel français*, 1933, n° 9.

**Bibliographie**
Goncourt, 1881, p. 80 ;
P. p. 294 ;
R. p. 192 et 228 ;
Mathey, 1961, p. 304 et 305, fig. 6 ;
A. 49 fig. 336 ;
[Launay, 1983-84, n° 97].

**Œuvres en rapport**
Pour l'« avare tenant un sac d'argent » de la coll. Hall en 1778 (Villot, 1867, p. 74), voir notice n° 142.

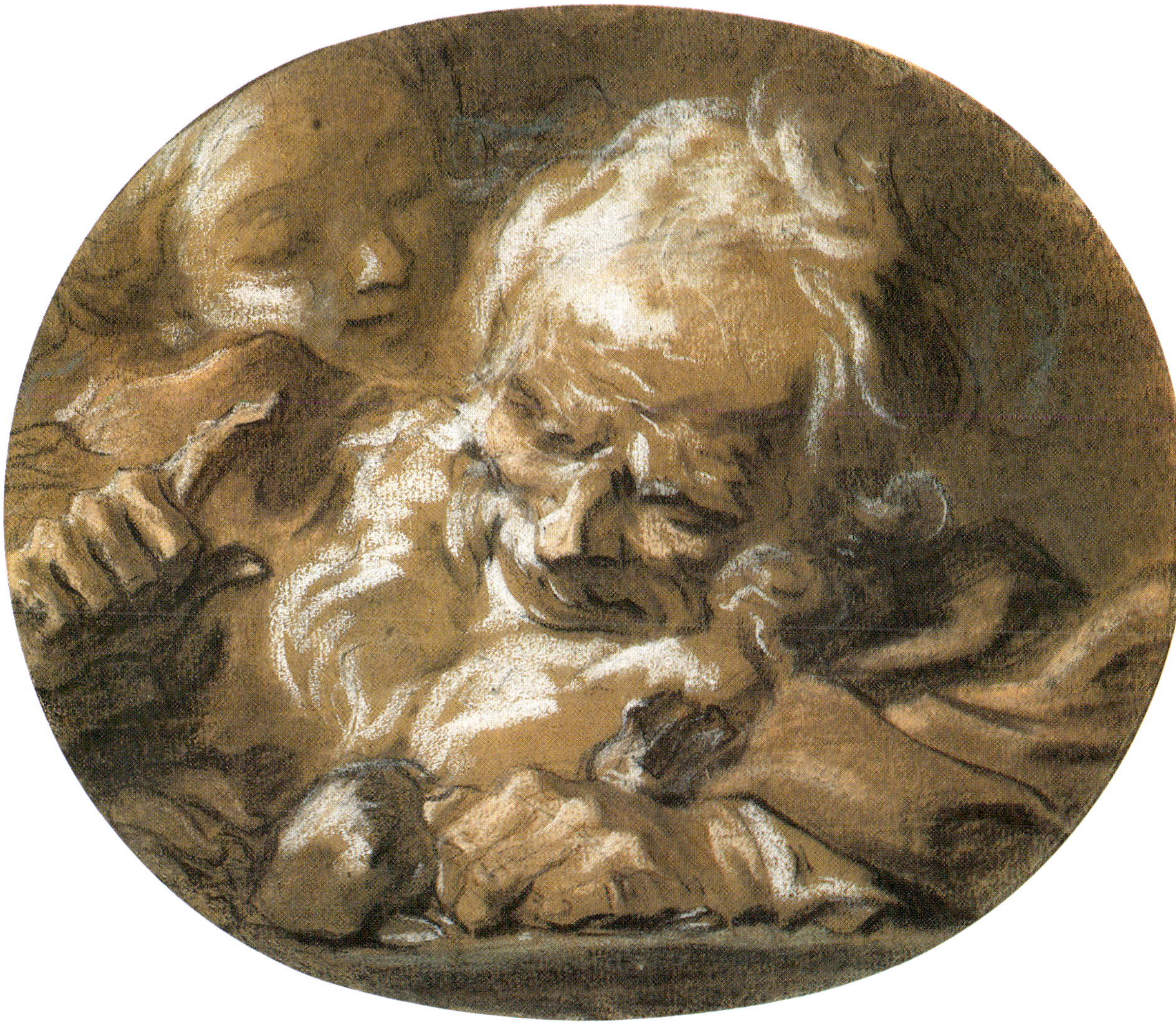

Le dessin a appartenu, dès 1859, aux Goncourt : en voici la description tirée de la *Maison d'un artiste* (1881) : « un vieillard penché sur des sacs d'argent que ses mains semblent défendre de la convoitise d'une jeune femme les regardant par dessus son épaule ». Son titre, l'*Amour de l'or*, plus évocateur que précis — en fait, le dessin est une variation sur le thème, à la mode au XVI<sup>e</sup> siècle, de l'amour vénal et du couple mal assorti — remonte à la vente Laperlier en 1856.

Rehaussé de vigoureuses touches de pastel, de notes bleues et roses sur le manteau du vieillard, ce dessin n'est pas sans parenté avec les têtes de vieillard peintes par Fragonard vers 1765-1769 (mais est-elle de la même date ?). Comme pour celles-ci, Fragonard multiplie les accents, les coups de crayon nerveux, privilégie le mouvement, la vivacité du regard. Il place ses figures au premier plan, élimine tout détail superflu (en ajoute d'incongrus comme ce sixième doigt à la main droite du vieillard !), mais surtout veut rendre sensible la vitesse de l'exécution. La rapidité participe de l'œuvre et du plaisir qu'elle donne.

145 Le baiser

T. Ovale en largeur. H. 54 ; L. 65

Paris, collection privée

**Provenance**
Vente anonyme, 26 novembre 1834, nº 41 : « le baiser, tableau de forme ovale représentant deux personnages à mi corps » ( ? ; nous n'avons retrouvé aucun exemplaire de ce cat. de vente) ; le cat. de l'exp. d'Amiens de 1860 mentionne un « baiser amoureux. Provient de la coll. du marquis Desandrouin ; a été gravé et lithographié (appartient à M. Boca à Amiens) » qui ne se confond peut-être pas avec le tableau que nous exposons ; coll. Laperlier, sa vente, 17-21 février 1879, nº 12 (acheté pour 1.750 francs par Lenoir ; le nº 19 de cette vente était le tableau aujourd'hui à Stockholm, *cat. 146 fig. 1)* ; coll. Deglise en 1889, sa vente, 2 décembre 1896, nº 17 ; coll. Charvet ; [Wildenstein] en 1919 et en 1921 ; coll. Robert puis Alain de Rothschild (en 1954-55) ; coll. privée.

**Expositions**
Amiens, 1860, nº 23 ( ?) ;
Paris, 1921, nº 34, ill. ;
Londres, 1954, nº 224.

**Bibliographie**
Mantz, 1860, p. 6 ( ?) ;
Burty, 1879, p. 150 ;
*L'Art*, 1879, p. 22 ;
G. p. 270 ( ?) ;
P. p. 72, 196, 198, 271 ;
N. p. 118 ;
Wildenstein, 1921, p. 356, ill. ;
R. p. 157 ;
W. 272 pl. 43 ;
Wildenstein, 1961, p. 249 ;
du Colombier, 1962, p. 68 ;
Gimpel, 1963, p. 99 ;
W. et M. 290 ill.

**Œuvres en rapport**
Gravé par Adolphe Lalauze pour le cat. de la vente Laperlier de 1879 (P. p. 322 nº 23 qui la reproduit à son tour entre p. 196 et p. 197).

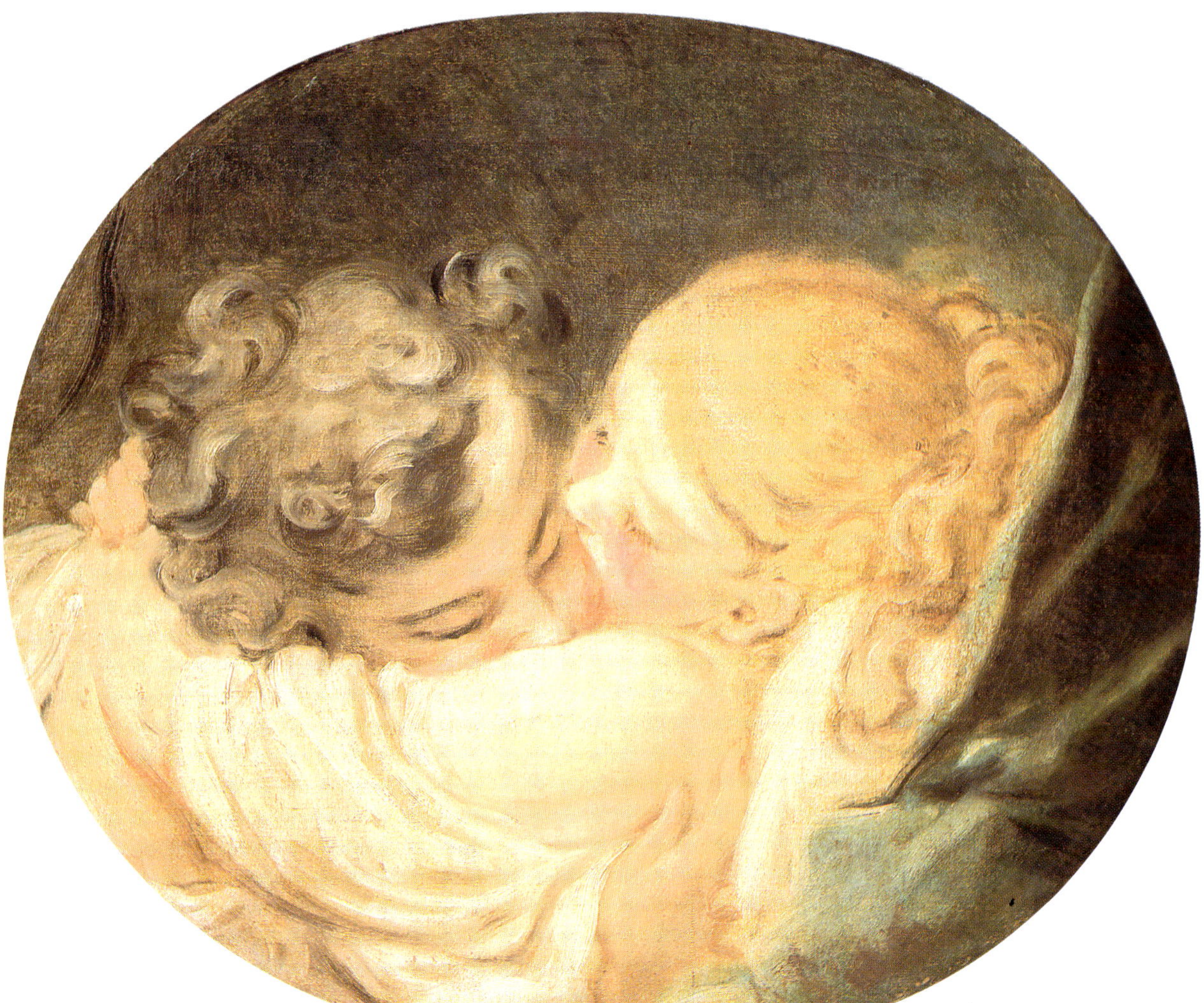

Le *Mercure de France* de janvier 1773 annonçait la parution de « deux estampes représentant deux *Baisers* d'après les pastels de M. Fragonard qui sont dans le cabinet de M. Jallier, architecte » (voir ill. p. 301). Trois ans auparavant, Claude-Joseph Dorat avait publié avec succès ses *Baisers* (voir Wildenstein, 1961) dont Fragonard s'est peut-être inspiré pour peindre « sept petits Tableaux de différentes formes, contenus dans le même cadre, ayant différentes compositions, sujet des Baisers » vendus le 8 juillet 1793, n° 20

Le tableau que nous exposons fait regretter que ces œuvres aient disparues (pour un dessin assez comparable dans la collection Ronald Lauder à New York, voir Williams, 1978, n° 42, ill.).

Vu en gros plan, un couple s'enlace. Le jeune homme tient dans ses bras sa compagne et réfugie sa tête contre son épaule. Elle le serre vigoureusement contre elle et l'embrasse sur la joue en fermant les yeux.

Fragonard inscrit sa composition dans un ovale parfait : on admirera le rythme des courbes, la verve, le mouvement que Fragonard sait imprimer à son œuvre. Quelques notes de couleurs — les roses des joues, les noirs des cils et des sourcils, les blonds des cheveux, les blancs du coussin et des chemises, les verts d'un rideau, la curieuse note grise des cheveux bouclés, comme cendrés, du jeune homme — ponctuent une composition aux tons assourdis.

Loin du monde, absorbé dans son rêve, le couple s'abandonne. Nous sommes à mille lieux des petites scènes de genre piquantes, si en faveur au XVIIIe siècle. Fragonard dépeint les amants avec sérieux, avec respect et, paradoxalement si l'on songe à l'idée que l'on se fait souvent de l'artiste, avec gravité. Avec poésie et émotion surtout.

## 146 L'heureux moment

H. 230 ; L. 347
Lavis de bistre sur préparation à la pierre noire avec rehauts d'aquarelle
Annotation, en bas à droite, à la plume et au lavis de bistre : « frago ».
En haut à droite, au crayon et tête bêche : « frago »

États-Unis, collection Mr et Mrs George Cheston

**Provenance**
Vente [de Bièvres], 10 mars 1790, n° 30 : « deux autres, dont un colorié, représentant un jeune homme et une jeune femme sur un lit... » (?) ; coll. Brunet Denon, vente, 2 février 1846, n° 331 : « la résistance : sujet de deux figures » (? ; voir aussi n° 273) ; coll. Frédéric Villot, sa vente, 16-18 mai 1859, n° 120 : « femme couchée sur un lit tenant un jeune homme dans ses bras. Aquarelle très vigoureuse. Au verso, différents croquis pour la même composition » (?). Coll. Henri Michel-Lévy dès 1907, sa vente, 12-13 mai 1919, n° 79, ill. (33.100 francs) ; coll. David David-Weill dès 1921, sa vente, Londres, Sotheby's, 10 juin 1959, n° 79 (4.500 livres) ; coll. Jean Davray à Paris en 1963 ; [Knœdler] ; coll. privée, États-Unis.

**Expositions**
Paris, 1907, n° 179 (« Le baiser ») (?) ;
Paris, 1921, n° 161 ;
Londres, 1968, n° 276, fig. 301 ;
Washington, 1978, n° 28, ill. (et liste complète des exp.) ;
Tokyo, 1980, n° 127, ill.

**Bibliographie**
D. et V. 174, ill. ;
Martine, 1927, n° 41, ill. ;

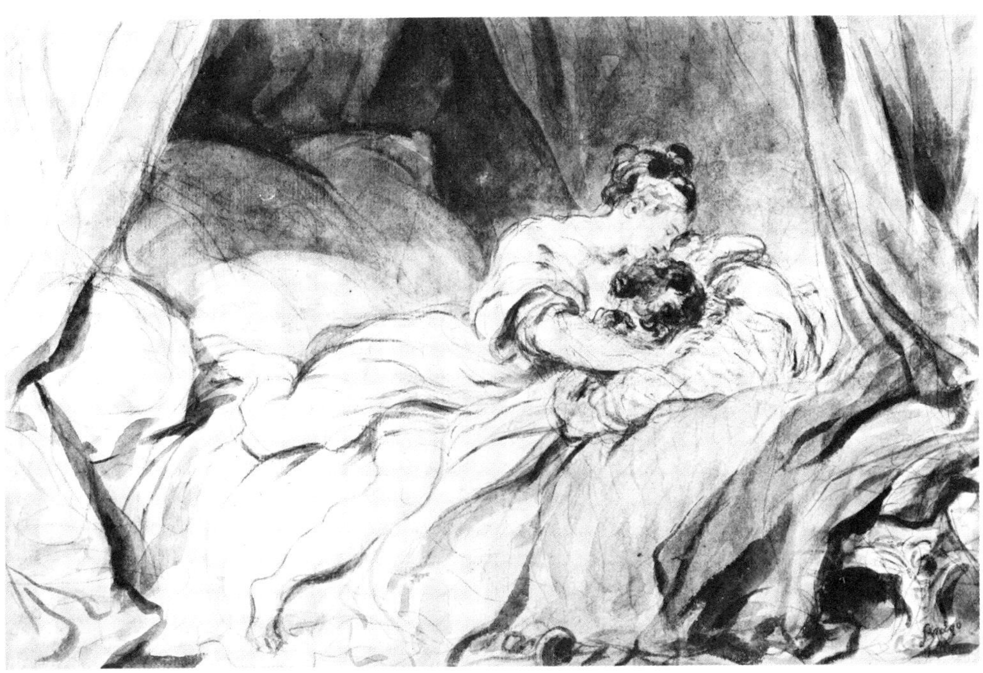

Henriot, III, 1928, p. 177, ill. ;
R. p. 198 (et 227 ?) ;
A. 88 fig. 36 (et A. 89 ?) ;
Leymarie, dans Cooper, 1963, p. 254, ill. ;
Sollers, 1987, pp. 323-324.

**Œuvres en rapport**

— Selon Réau, p. 298 « un dessin analogue a passé dans une vente anonyme le 14 mai 1936 ». Ce dessin (nº 28) est sans lien avec celui que nous exposons.

— Une réplique appartient à une coll. privée de Caluire.

— Un dessin intitulé « Le Baiser », passé en vente à Londres le 21 avril 1926, nº 31 D, ill., reprend la composition du dessin que nous exposons en la plaçant dans le célèbre et peu convaincant dessin de Besançon *Le lit aux amours* (A. 2431 fig. 614).

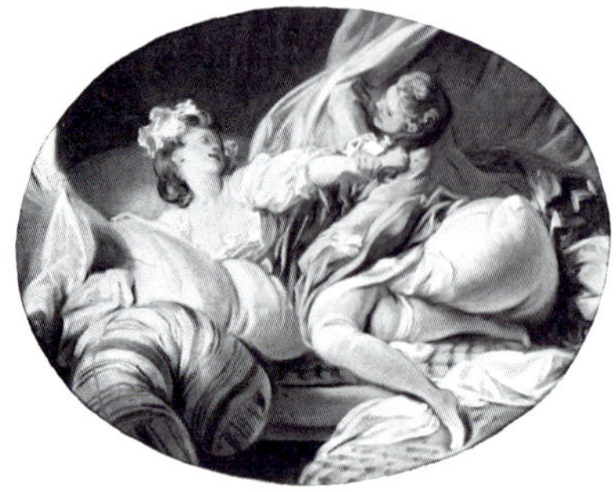

fig. 1. *La feinte résistance*, Stockholm, Nationalmuseum

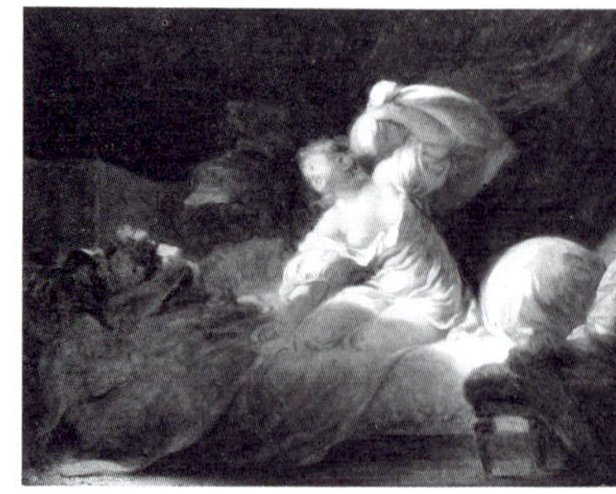

fig. 2. *Jeune femme frappant un garçonnet avec un oreiller*, San Francisco, The Fine Arts Museums

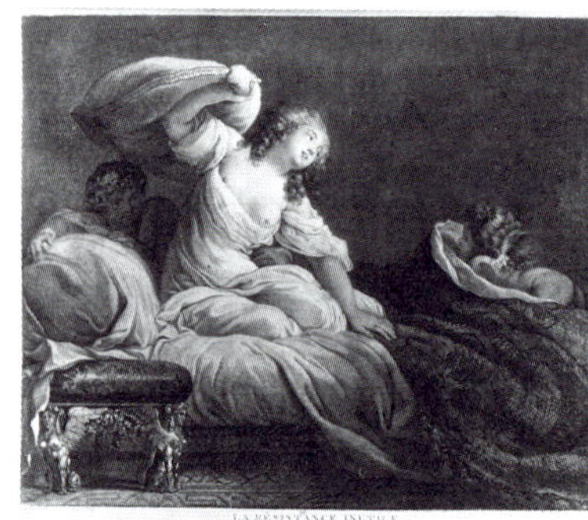

fig. 3. Regnault, « *La résistance inutile* », Paris, Bibliothèque Nationale, Cabinet des estampes

Deux tableaux déjà portent, à plus ou moins juste raison, le titre *La résistance inutile*, traditionnellement donné au dessin Cheston. Celui du musée de Stockholm *(fig. 1* ; W. 276 pl. 46) montre une jeune femme ne résistant guère aux entreprises de son amant. Sur celui de San Francisco *(fig. 2)*, une jeune femme frappe de son oreiller un garçonnet qui se cache dans les draps. Mais une gravure de Géraud Vidal (nous reproduisons celle plus courante de Regnault, *fig. 3)*, contemporaine de Fragonard, a considérablement modifié la composition et en a détourné la signification : d'où son titre, *La résistance inutile*.

Rien n'indique, sur le dessin Cheston, une bien grande résistance : la jeune femme se penche sur son amant comme pour l'embrasser ; de sa main droite, elle le repousse sans conviction alors qu'elle l'enlace de son bras gauche. Dans un grand lit ouvert, encadré des draperies du baldaquin, les deux jeunes gens s'abandonnent.

La scène tourbillonne comme la *Kermesse* de Rubens. Certes, elle est sensuelle, mais directe, franche, sans pudibonderie et, à sa façon, honnête. Loin de tout, absorbés dans leur découverte réciproque, les amants s'étreignent. Rarement, Fragonard a su décrire avec autant de délicatesse la jeune tendresse du couple.

## 147 L'instant désiré *ou* Les amants heureux

T. H. 49,5 ; L. 60,5

Suisse, collection privée

**Provenance**

Coll. Hœntschel, selon Wilhelm (dans sa monographie inédite) ; coll. J. Pierpont Morgan en 1907 ; coll. « M.T.B. » en 1921 ; coll. comtesse de La Béraudière en 1928 (n'est pas *L'instant désiré* d'une vente La Béraudière à New York, 11-13 décembre 1930, nº 10, ill.) ; coll. privée.

**Expositions**

Paris, 1907, nº 127 ;
Paris, 1921, nº 33, ill. ;
Paris, 1946, nº 368 ;
Londres, 1954, nº 193, ill.

**Bibliographie**

D. et V. 111, ill. ;
Mayer, 1928, p. 281, pl. entre p. 282 et 283 ;
Brookner, 1955, p. 43 ;
R. p. 159 ;
W. 288 fig. 135 et p. 18 éd. française ;
Vermeule, 1964, p. 129 ;
W. et M. 306, ill.

**Œuvres en rapport**

Il existe une autre version *(fig. 1)* parfaitement autographe de ce tableau, légèrement plus grande (W. 287 pl. 48).

Une copie au pastel *(fig. 2)* appartient à une coll. privée d'Avignon.

G. (p. 328) et P. (p. 322 nº 27) citent une gravure en pendant à un *Baiser amoureux* (W. 289) : « très petites pièces » « sans nom de graveur » « édités chez Esnault et Rapilly ».

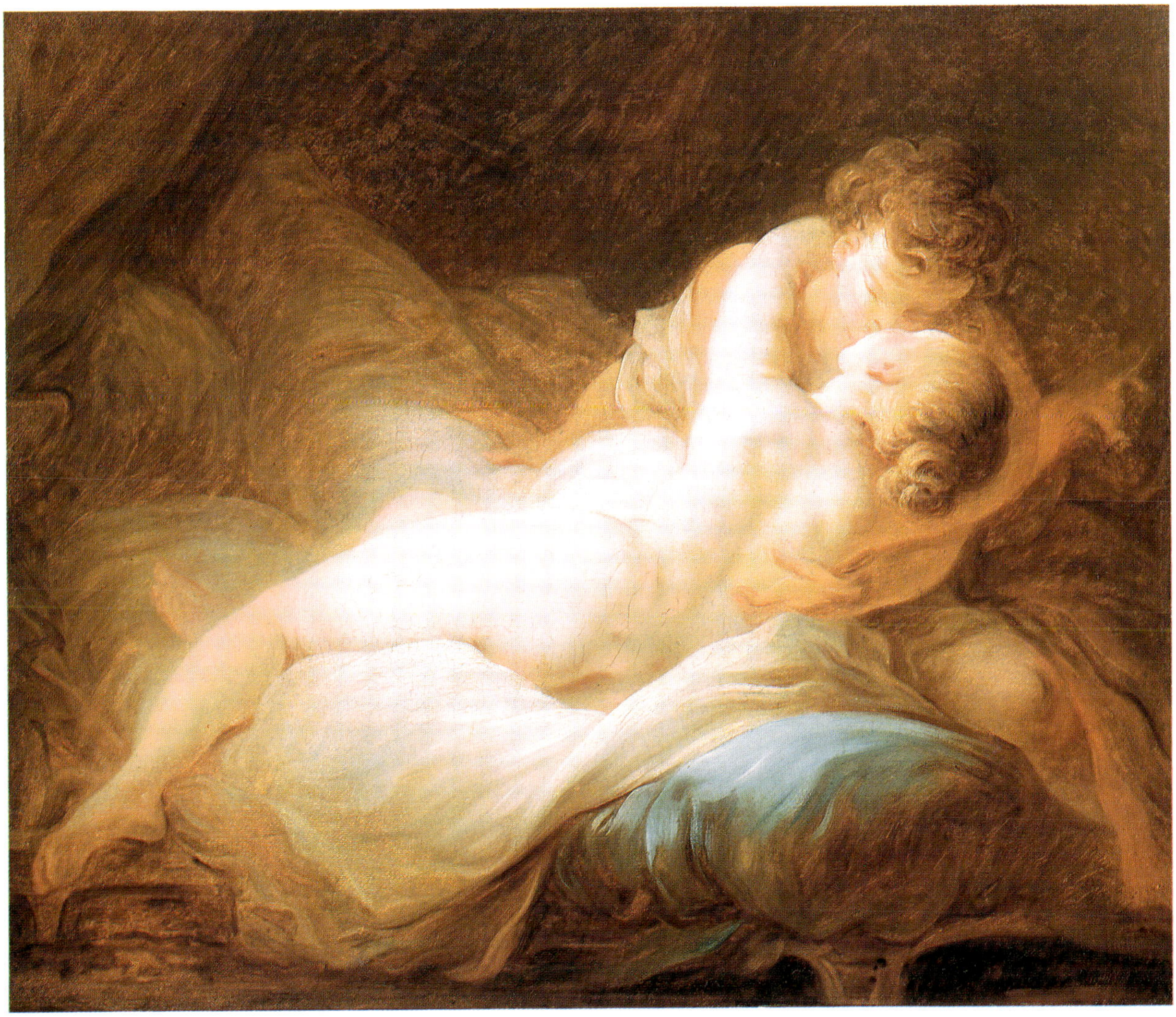

La composition est célèbre — justement. Il en existe deux versions très voisines. La première, dans la collection Veil-Picard, est connue depuis 1880 et la vente Walferdin. Celle que nous exposons a été présentée au public parisien pour la première fois en 1907. Légèrement plus petite, elle a été restaurée, à l'occasion de l'exposition à New York, par Mario Modestini.

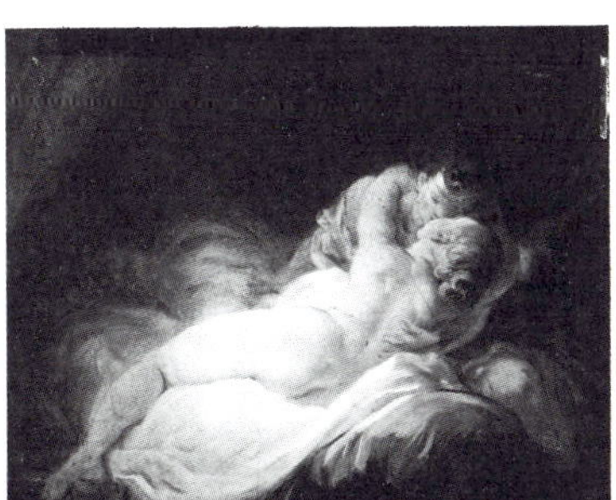

fig. 1. *L'instant désiré*,
Paris, coll. Veil-Picard

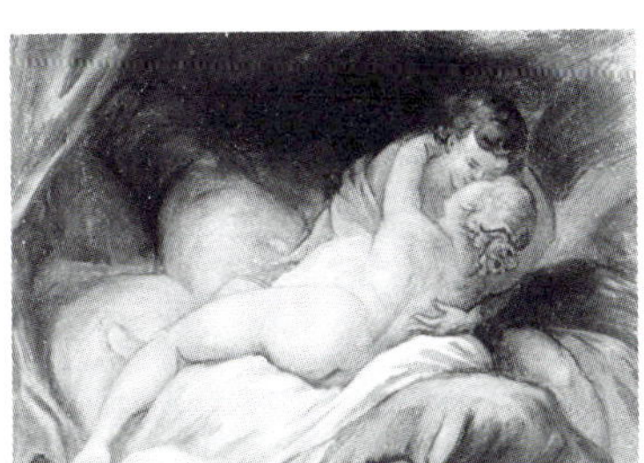

fig. 2. D'après Fragonard,
*L'instant désiré*,
France, coll. privée

Les deux versions sont similaires dans leur coloris (pour l'exemplaire parisien, voir une reproduction en couleurs dans Thuillier, 1967, p. 106) : la gamme des bruns et des crèmes plus ou moins soutenus, les roses du corps et des joues, la tâche bleue azur du matelas sont identiques. Mais les deux tableaux diffèrent sensiblement dans leur exécution. Le premier est plus écrit, à la fois plus esquissé et plus précis que le second, peint plus léger. La touche, sur la version Veil-Picard, vigoureuse, visible, lisible, est ici plus fondue, plus vaporeuse.

Quelle est la plus ancienne des versions, la première en date ? Il est difficile de trancher tant nous connaissons encore mal la pratique de Fragonard. Mais nous pensons que le tableau parisien, daté par Wildenstein (cat. exp., 1921) entre 1767 et 1771, précède celui que nous exposons, plus fini dans son exécution, plus idéalisé dans son inspiration.

La composition a sa source dans la mythologie antique, chez Rubens, dans la *Vénus et Adonis* de Titien de la National Gallery de Londres (voir Vermeule, 1964) : mais Fragonard gomme ces références auxquelles nous le savons pourtant sensible, au profit de la simple réalité, une réalité brûlante, sensuelle sans doute, mais franche, sans équivoque et sans sensiblerie. Dans cette étreinte et dans ce consentement réciproque de deux tous jeunes gens, rien des sous-entendus d'un Baudouin ou d'un Lavreince. Dans cette description de l'amour physique, rien du cynisme et de la perversion de Laclos (Sutton). « Les accessoires se fondent et les prétextes s'évanouissent » pour laisser libre cours au souffle de l'amour.

« Pour quelques-uns, ce charmant corps de femme... ne sera peut-être qu'une esquisse, une simple préparation ; mais pour ceux qui sont dans le secret du maître, l'inachevé est... une grâce de plus. Nous ne croyons pas qu'il soit possible de montrer, dans une peinture brûlante du feu de l'improvisation, des chairs plus blondes, des demi-teintes plus finement bleutées, des roses d'une pâleur plus exquise, des morbidesses plus savoureuses » (Paul Mantz, préface du cat. de la vente Courtin de 1886 où figurait la version Veil-Picard de l'œuvre).

# 148 La petite espiègle

Paris

T. H. 90 ; L. 76
Paris, collection privée

**Provenance**
Coll. Laurent Laperlier (1805-1878) dès 1860 ; sa vente, 11-13 avril 1867, n° 31 (acheté par Moreau pour 1.120 francs) ; coll. baron Edouard de Rothschild ; resté dans la même collection.

**Expositions**
Paris, 1860, n° 154 ;
Paris, 1946, n° 18.

**Bibliographie**
Gautier, 1860, p. 2 ;
Saint-Victor, 1860, n. p. ;
G. p. 331 ;
Burty, *La liberté*, mars 1867 (reprend l'introduction du cat. de la vente Laperlier) ;
Le Hir, *Journal des amateurs...*, 1867, p. 128 ;
Burty, 1879, p. 148 ;
P. p. 276 ;
N. p. 131 ;
R. p. 162 ;
W. 480, pl. en couleurs face à la pl. 106 ;
W. et M. 509, ill.

« Une petite fille, assise sur un tabouret, tire en riant les cheveux d'un magot posé sur un meuble », telle est la désignation du tableau à l'exposition du boulevard des Italiens de 1860 qui fit date tant elle fut une révélation pour les Parisiens comme pour les étrangers qui ignoraient jusqu'alors l'existence des peintres français du XVIIIe siècle (et leur originalité).

Revenons à cette description. La petite fille, âgée d'une dizaine d'années, est assise sur un tabouret d'inspiration néoclassicisante qui pourrait dater, selon notre collègue, Stéphane Loire, des années 1765-70. Elle tire, non pas tant en riant mais avec une concentration toute malicieuse, les cheveux de filasse du magot. Cette statuette serait, à en croire nos collègues Amina Okada et Jacques Giès, celle d'un mandarin chinois reconnaissable à son vêtement et surtout à l'emblème brodé sur sa robe, ainsi qu'à sa coiffe conique. Mais ce mandarin venait-il de Chine ? Nos collègues du musée Guimet pencheraient plutôt pour une œuvre occidentale, un pastiche, sans qu'il soit exclu que Fragonard, à son habitude, ait pris quelque liberté avec son modèle. C'est en tout cas ce qu'il a fait avec le guéridon sur lequel est posée la statuette, qui est inspiré des modèles des années 1755-60 mais dont « l'invention » lui revient, nous confirme Stéphane Loire.

Il nous reste à dire un mot du pantin retenu par ses fils et posé à plat ventre sur le sol. On sait la mode des pantins qui fut vive, en 1746 très précisément, et amusa tout Paris. Boucher, nous rapporte Barbier (1857, IV, pp. 211-212), en peignit (nous voulons dire en décora ; il en dessina aussi qui furent gravés). Mais le tableau de Fragonard, qui témoigne également de la mode pour les chinoiseries, est postérieur à cette date. Fut-il peint, comme le pense Wildenstein entre 1777 et 1779 ? Ou date-t-il, comme l'avance Wilhelm, vers 1771-1772 ? La robe de la fillette, mais surtout l'exécution de la toile, sa technique, nous feraient opter pour la seconde datation.

Ph. Burty, en 1867 déjà, s'extasiait sur le tableau : « c'est sonore et c'est rapide comme l'éclat de rire d'un enfant mutin ». Ce sont surtout les accords de couleurs qui enchantent : le vert Nil de la robe, les rouges du pantin, de la jupe et des escarpins, les laques du magot, les rubans roses qui se marient si harmonieusement au vert de la robe, au gris du large chapeau, le fil bleu roi qui serre le cou de la fillette...

La jeune fille se sait-elle observée ? Son élégance, sa coquetterie naissante, le pas de danse qu'elle esquisse le laisseraient croire. Mais dans ce tableau, Fragonard a avant tout voulu décrire le monde de l'enfance, ses jeux, ce monde si éloigné du nôtre et que le XVIIIe siècle de Rousseau découvrait avec délice.

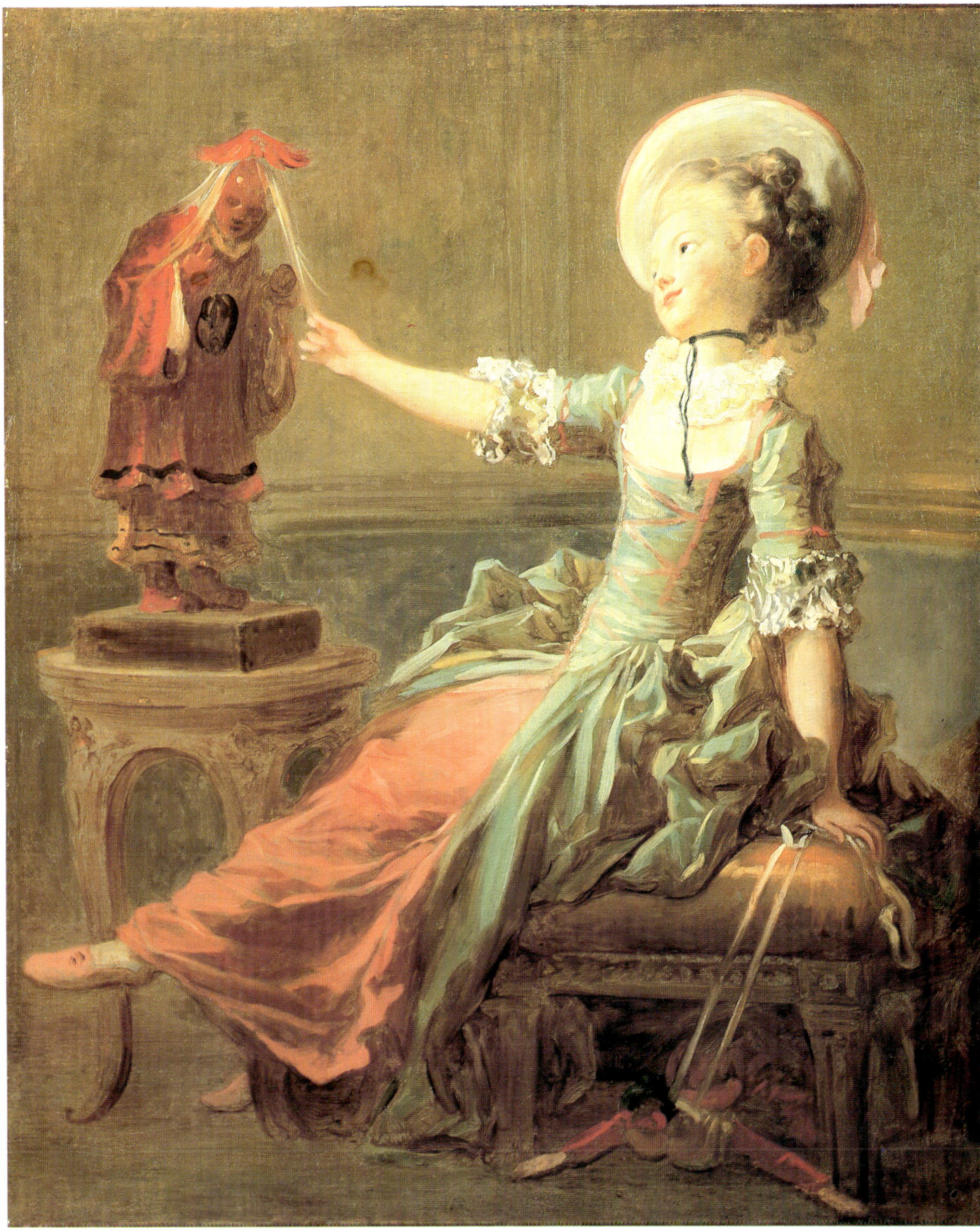

# 149 Le combat de Minerve contre Mars

T. H. 45 ; L. 37

Quimper, musée des Beaux-Arts

**Provenance**
Coll. « feu L. » (Anicet Charles Gabriel Lemonnier, 1743-1824), sa vente, 8 avril 1843 : « combat de Mars et de Minerve. Sujet tiré de l'Iliade. Quatre figures. Esquisse d'une charmante couleur » ( ?). Legs de Jean-Marie-François-Xavier, comte de Silguy (1785-1864) en 1864 ; Inv. 873-1-387.

**Expositions**
Paris, 1931, nº 19 (un autre tableau de Quimper fut envoyé par erreur, voir notice) ;
Genève, 1949, nº 80 ;
Besançon, 1956, nº 19.

**Bibliographie**
Cat. musée 1873, nº 614 ;
P. p. 289 ;
Vergnet-Ruiz et Laclotte, 1962, p. 236 ;
Cariou, 1985, p. 24, ill. couleurs ;
Cuzin, 1986, p. 62, fig. 6, 65 et notes 20-21.

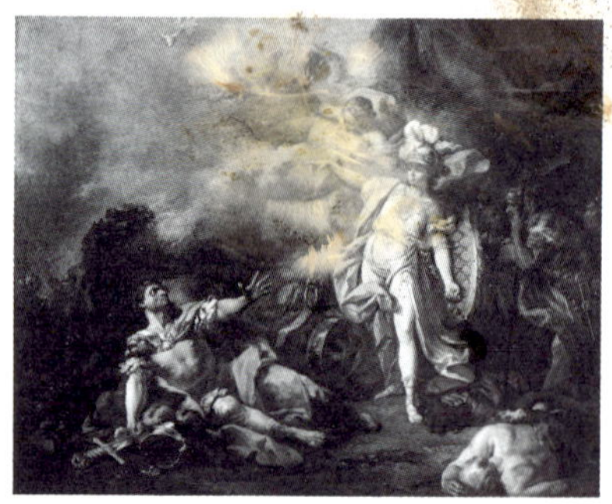

fig. 1. David, *Le combat de Minerve contre Mars*, Paris, musée du Louvre

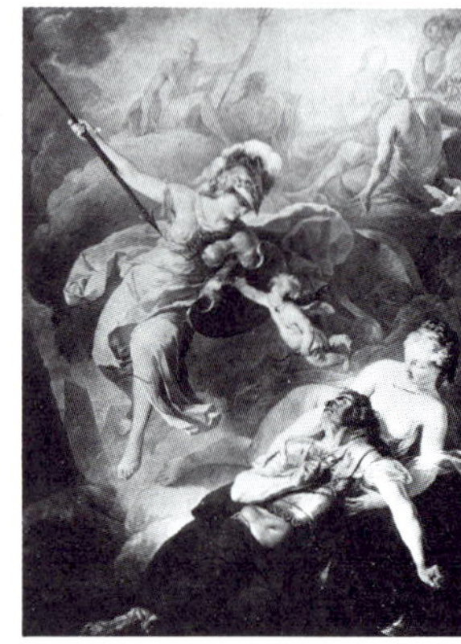

fig. 2. Suvée, *Le combat de Minerve contre Mars*, Lille, musée des Beaux-Arts

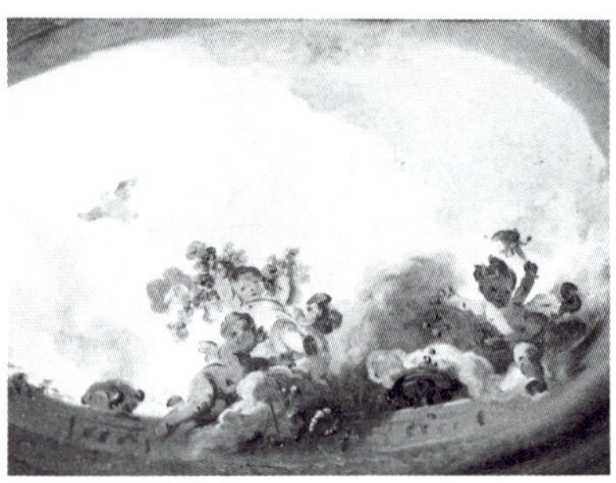

fig. 5. *« Trois Enfants dont un représente la Folie... »*, localisation actuelle inconnue

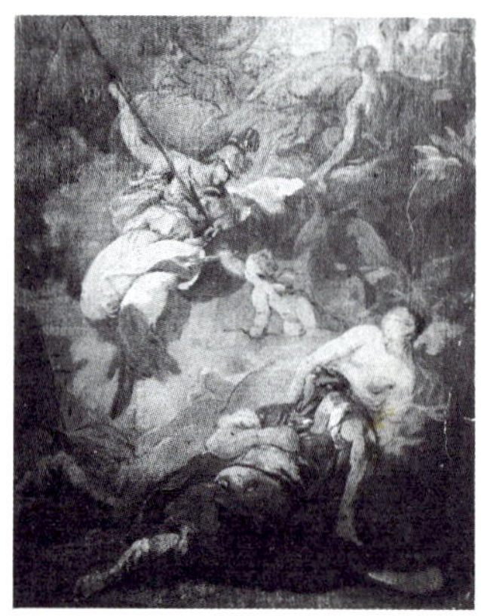

fig. 3. Suvée, *Le combat de Minerve contre Mars*, Rouen, musée des Beaux-Arts

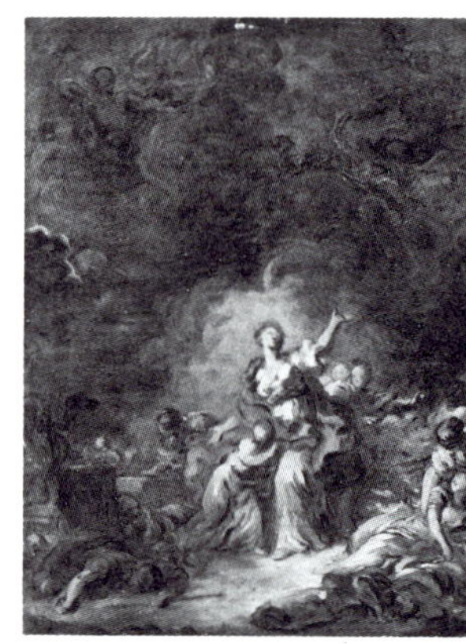

fig. 4. *Niobé et ses enfants*, localisation actuelle inconnue

L'œuvre, une des plus délicates esquisses de Fragonard des musées français, a manqué de chance : elle avait été demandée en prêt par les organisateurs de la grande exposition des chefs d'œuvre des musées de province de 1931. Par suite d'une erreur, une autre étude du musée de Quimper, elle aussi attribuée à Fragonard, fut envoyée à sa place à Paris. Quelle ne fut pas la déception des historiens d'art qui rendirent compte de la manifestation (Réau, par exemple) ! Nicolle, entre autres (p. 23), la trouve « insignifiante ». « C'est l'œuvre banale d'un décorateur habile de la fin du XVIIIe siècle » écrit pour sa part Gaston Brière (1931, p. 191, voir aussi p. 217). Le tableau exposé revenait en fait à Berthélemy et représentait le *Lever du soleil* (Volle, 1979, nº 25, fig. 22) !

C'est à Jacques Wilhelm, dans sa monographie inédite sur Fragonard, que revient le mérite d'avoir redécouvert l'œuvre et de n'avoir pas hésité à l'attribuer à l'artiste. Le sujet l'embarrasse plus : il s'agit à coup sûr du *Combat de Minerve contre Mars*, selon le récit de l'*Iliade*, comme la comparaison avec les tableaux de David *(fig. 1 ;* Louvre*)* et surtout de Suvée *(fig. 2 ;* Lille*)*, respectivement second et premier Grand prix du Concours dit de Rome de 1771, le confirme. Remarquons par parenthèse que l'esquisse du tableau de Lille (musée de Rouen, *fig. 3*) portait, avant 1967, une attribution à Fragonard (Rosenberg, 1967, pp. 33-34, ill.) !

L'artiste choisit le moment où Vénus intervient auprès de Minerve afin qu'elle ne frappe pas à nouveau Mars, déjà blessé et couché au sol, avec le javelot que lui a confié Diomède.

J. Wilhelm situe l'esquisse de Quimper entre 1762-65 alors que J. P. Cuzin la place en 1783 ou peu avant. La date de 1771 nous paraît, pour notre part, tout à fait convaincante, par comparaison avec les esquisses pour les tableaux Frick que nous avons la chance de pouvoir exposer (nºs 154 et 155) et qui ont assurément été peintes à cette période. Fragonard aurait-il voulu montrer ce dont il était capable dans le genre de la peinture d'histoire, alors encore

grandement prisé, aurait-il eu un élève parmi les concurrents ? Nous l'ignorons. L'esquisse de Quimper nous paraît en tout cas postérieure de cinq ans au moins à la *Niobé et ses enfants* (*fig. 4*), autrefois dans la collection Heijne en Suède (D. et V. 99, ill. ; vente, Londres, Christie's, 7 juillet 1972, nº 79, ill. ; voir Rosenberg, 1968, p. 137), mais de peu postérieure aux *Trois enfants dont un représente la folie* de la vente Dulac du 30 novembre 1778, nº 7 (W. 316 perdu ; vente Sotheby's, Monaco, 26 octobre 1981, nº 529, ill. ; *fig. 5*).

En quelques coups de pinceau rapidement jetés sur la toile, Fragonard met en place le récit. Des accents bleus, blancs, de laque rouge, posés avec une assurance qui confond, se détachent des bruns de la composition, des bleus laiteux du ciel. D'une unique touche posée de la pointe du pinceau, Fragonard indique les yeux, le nez et la bouche de Vénus. Il en fait de même, avec autant de précision que d'humour, pour ses seins...

# 150 Les débuts du modèle

T. Ovale en largeur. H. 54 ; L. 65

Paris, musée Jacquemart-André

**Provenance**
Vente J. Folliot, 15-16 avril 1793, nº 49 : « Un peintre dans son atelier, occupé à poser le modèle, esquisse sur toile... hauteur 19 pouces largeur 23 pouces » (= 51.3 sur 62.1 ; sur Folliot, voir Renou, 1773, p. 20) ; coll. Barroilhet, sa vente, 10 mars 1856, nº 27 : « le peintre et son modèle » (sans dimensions, 75 francs) ; vente anonyme, 18 mars 1857, nº 16 : « le Modèle » (sans dimensions) ; coll. Hippolyte Walferdin (1795-1880) dès 1860, sa vente après décès, 12-16 avril 1880, nº 31 ; acquis à cette vente par Mme Édouard André pour 15.000 francs ; coll. Jacquemart-André.

**Expositions**
Paris, 1860, nº 141 ;
Paris, 1883-84, nº 58 ;
Bordeaux, 1958, nº 169, pl. 29 ;
Paris, 1974-75, nº 107, ill. ;
Tokyo, 1983-84, nº 15, ill. couleurs.

**Bibliographie**
Bürger [Thoré], 1860, pp. 348-349 ;
Gautier, 1860, pp. 1-2 ;
Saint-Victor, 1860, n. p. ;
G. p. 334 ;
Portalis, 1880, p. 16 et 18 ;
P. pp. 69-70 et 275, ill. entre p. 66 et 67 ;
N. p. 145 ;
D. et V. 118, ill. ;
R. pp. 73-74, 89, 160 et pl. 56 p. 109 ;
W. 293, pl. couleurs face p. 50 et p. 39 éd. française ;
Brookner, 1961, p. 112 ;
Sterling, 1964, n. p. ;
W. et M. 403, ill. ;
[Getreau, 1976, nº 22] ;
Georgel et Lecoq, 1982-83, p. 197 et fig. 345 ;
Sheriff, 1986, p. 346 et note 44, fig. 1 p. 347.

**Œuvres en rapport**
La copie rectangulaire de la coll. G. Soulier (R. p. 160) est reproduite par Algoud, 1941, pl. 57 ; celle de la coll. Alexis Andréieff par G. Grappe, 1913, II, p. 62. Florence Getreau (1976) en cite une dans une coll. privée de Béziers.

W. et M. rapprochent la *Tête de femme* (nº 404 ill.) du modèle du tableau Jacquemart-André.

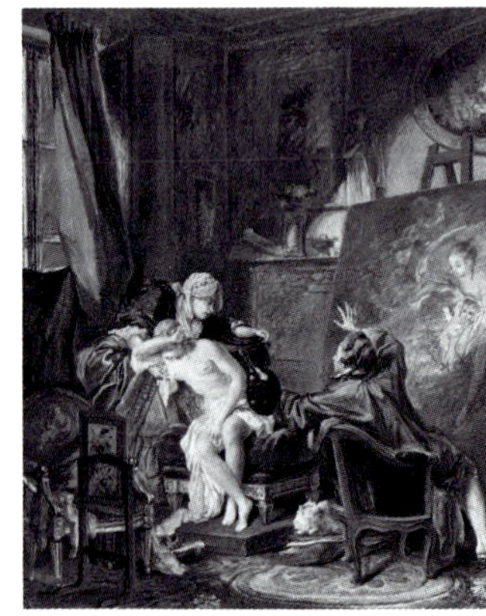

fig. 1. Baudouin, *Le modèle honnête*, Washington, National Gallery

Le sujet du tableau ne demande pas d'explication particulière : un jeune artiste soulève de son appui-main la jupe d'un nouveau modèle. Sa mère complaisante, si jeune qu'elle paraît sa sœur aînée, découvre la poitrine de la blonde jeune fille.

Depuis sa première présentation au public parisien en 1860, le tableau a toujours été admiré. Seule Anita Brookner en 1961 émet quelques réserves sur l'anatomie du modèle « une poupée de cire avec des jambes de kapok » (« dwindling »). Elle constate, après Thoré (« un berger de Watteau »), que l'attitude, le geste du jeune artiste, jusqu'au rose de son habit, doivent beaucoup à Watteau.

Mais dès 1860, le nom d'un autre artiste est associé à celui de Fragonard : Baudouin (1723-1769) qui « aurait fait une priape de cette saynète d'atelier » (Saint-Victor). Or, Baudouin exposait au Salon de 1769 une gouache, *Le modèle honnête (fig. 1)*, devenue très rapidement populaire grâce à la gravure. Cette gouache, récemment donnée par Ian Woodner à la National Gallery de Washington (cat. exp. *Diderot*, 1984, nº 34, ill.), fit l'objet de quelques commentaires caustiques de la part des critiques du Salon tant l'ambiguité avec laquelle Baudouin traitait le sujet était manifeste.

L'intéressant, une nouvelle fois, est la réaction de Diderot : en 1767, Greuze lui avait demandé : « Je voudrais bien peindre une femme toute nue, sans blesser la pudeur et je [Diderot] lui réponds faites le modèle honnête ». Diderot dépeint ensuite le tableau tel qu'il le voit : « ...que son expression soit celle de l'innocence, de la pudeur et de la modestie, que sa mère soit à côté d'elle... qu'elle se cache le visage de ses mains... que le vêtement de sa mère annonce aussi l'extrême indigence... et que l'artiste, témoin de cette scène, attendri, touché, laisse tomber sa palette... » Deux ans plus tard, à propos de la gouache de Baudouin, Diderot donne une nouvelle description de son tableau idéal : « une jeune fille toute nue, assise sur la sellette de l'artiste, la tête penchée sur une de ses mains laissant échapper de ses yeux baissés deux larmes, son autre bras posé sur les épaules de sa mère, ses haillons épars en désordre à côté d'elle ; cette mère honnête et déguenillée se cachant le visage de son tablier. Le peintre, suspendant son ouvrage et attachant ses regards attendris sur ces deux figures et tout était dit ».

Pas plus que Baudouin, Fragonard ne s'en est exactement tenu au vertueux programme de Diderot. Ces longues citations prouvent en tout cas qu'un accord sincère entre l'écrivain et le peintre n'était guère possible tant leurs conceptions artistiques les éloignaient.

Fragonard ne pouvait guère mieux s'entendre avec Baudoin. Certes, on s'en souvient, les deux hommes, en 1767, copiaient Rubens au Luxembourg et c'est en commun qu'ils accomplirent les démarches pour obtenir l'autorisation nécessaire. Mais l'hypocrite gouache de Baudouin est l'antithèse de la merveilleuse invention de Fragonard.

Que celui-ci ait connu le *Modèle honnête* de Baudouin nous paraît assuré et qu'il ait voulu, deux années plus tard environ, en prendre le contre-pied, certain. Tout, jusqu'à la

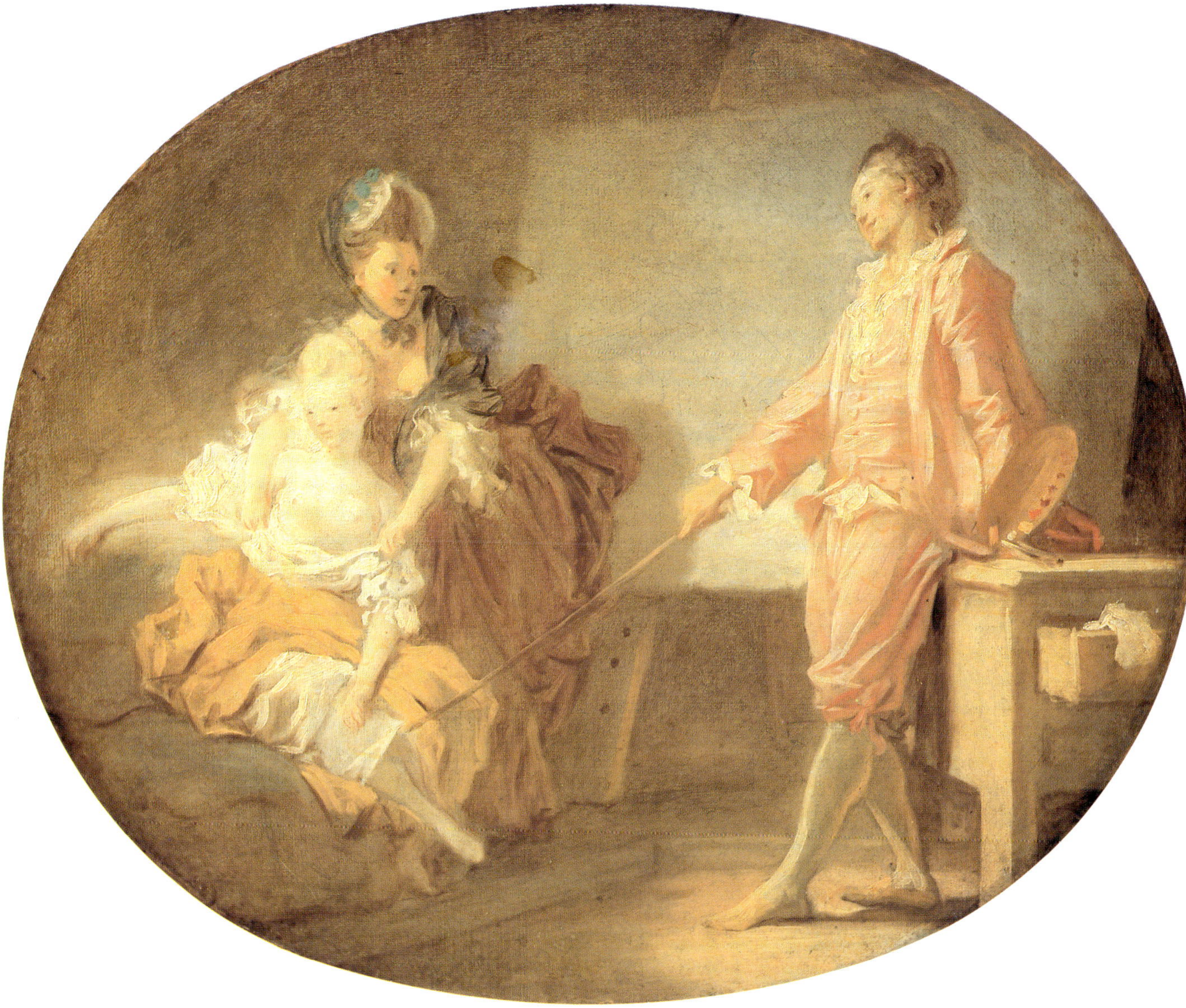

toile sur laquelle le peintre de Baudouin a déjà esquissé une *Diane* à la Boucher alors que chez Fragonard le rectangle encore vierge du tableau s'inscrit si intelligemment dans l'ovale de la composition, tout oppose les deux artistes.

On l'a souvent répété à propos des *Débuts du modèle* (voir notamment Gautier, 1860), la légèreté de la touche rend le sujet léger, le pinceau effleure sans appuyer, suggère sans décrire. On a parfois noté la franchise avec laquelle Fragonard aborde le thème. On a également insisté sur la qualité de l'exécution, la délicatesse des couleurs, la finesse de la lumière. On a moins souvent observé le sourire avec lequel Fragonard nous décrit la scène : la fausse pudeur du modèle, le regard interrogateur de la gracieuse mère, la satisfaction entendue du peintre. Il y a déjà accord entre les trois protagonistes, mais chacun, selon les convenances du temps, joue un moment encore son rôle.

# 151 Le dessinateur

H. 346 ; L. 242
Pierre noire
Inscription, en bas à droite, sur le montage, à l'encre : « Fragonard. »

New York, The Metropolitan Museum of Art, Collection Robert Lehman

**Provenance**
Coll. du graveur Gabriel Huquier (1695-1772 ; sa marque, Lugt 1285, en bas à gauche) ; coll. E. De Ghendt, sa vente, 15-22 novembre 1779, nº 266 : « la vue d'un joli Bosquet, dans le fond duquel est la statue de l'Amour : on voit sur le devant un Dessinateur assis ; ce dessin est à la pierre noire 14 sur 10 de l. » (= 378 sur 270 ; 12 livres 1 sol à Desmarest). Coll. Camille Groult ; vente anonyme, 26 mars 1953, nº 90, ill. ; coll. Robert Lehman donnée au Metropolitan Museum de New York ; 1975.1.626.

**Expositions**
Washington, 1978, nº 21, ill. (avec liste des précédentes exp.) ;
New York, 1980, nº 12, ill. ;
Tokyo, 1980, nº 140, ill.

**Bibliographie**
A. 650 fig. 702 ;
Munhall, 1971, pp. 406-407 et 404 fig 9 ;
Massengale, 1979, p. 271 et fig. 102 ;
*Apollo*, novembre 1980, p. 349 fig. 2.

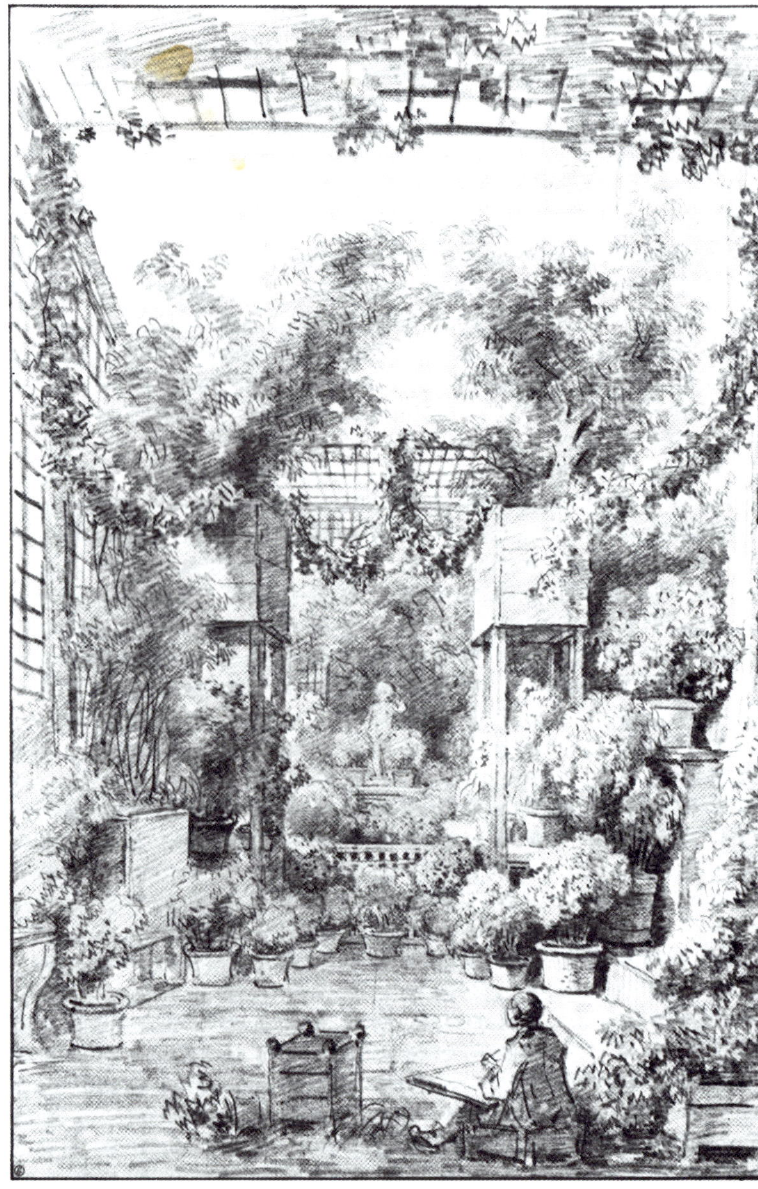

Le dessin est intéressant à plusieurs points de vue : il porte la marque de Gabriel Huquier (voir nº 113), ce qui a conduit Eunice Williams (1978) à le considérer comme de peu antérieur à 1772, date de la mort du graveur. Mais J. M. Massengale (1979) a émis l'hypothèse que la marque Huquier pouvait avoir été apposée par le fils du collectionneur, après la mort de son père. En tout cas, son passage à la vente De Ghendt en 1779 prouve qu'il est antérieur à cette date.

E. Munhall (1971), pour sa part, a tenté de rapprocher le dessin d'une des compositions de Louveciennes, l'*Amant couronné (p. 319 fig. 1),* sans convaincre Eunice Williams. Sur les deux compositions, le dessinateur, placé sur la droite, nous tourne le dos. Nous pensons comme elle que le lien entre les deux œuvres est fortuit et que le *Dessinateur* Lehman peut être considéré comme une œuvre achevée, indépendante (et d'une datation fort délicate).

Assis dans une sorte de grand jardin d'hiver, un artiste copie une statuette, celle de l'Amour semble-t-il. Grâce aux accents à la pierre noire qui hachent la feuille, Fragonard donne à l'œuvre une animation, une vivacité qui enchantent.

# Les panneaux de Louveciennes

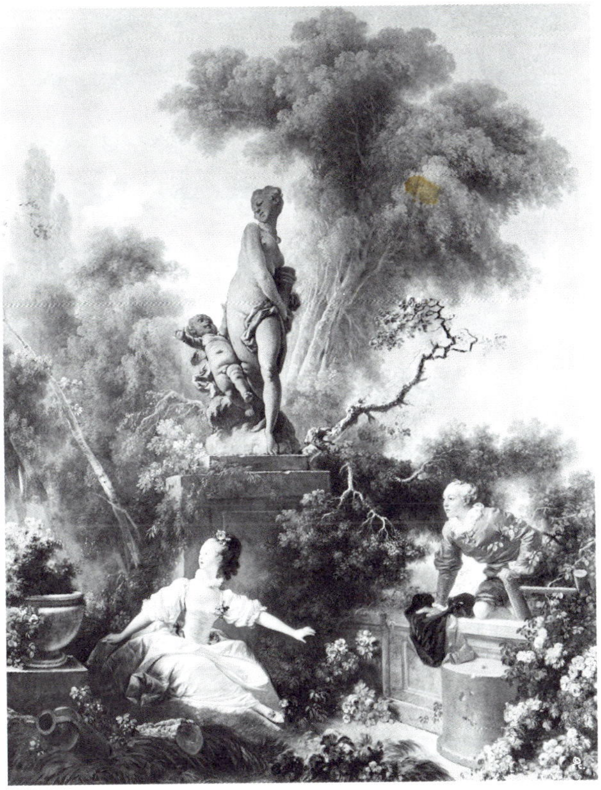

fig. 1. *La surprise,*
New York, coll. Frick

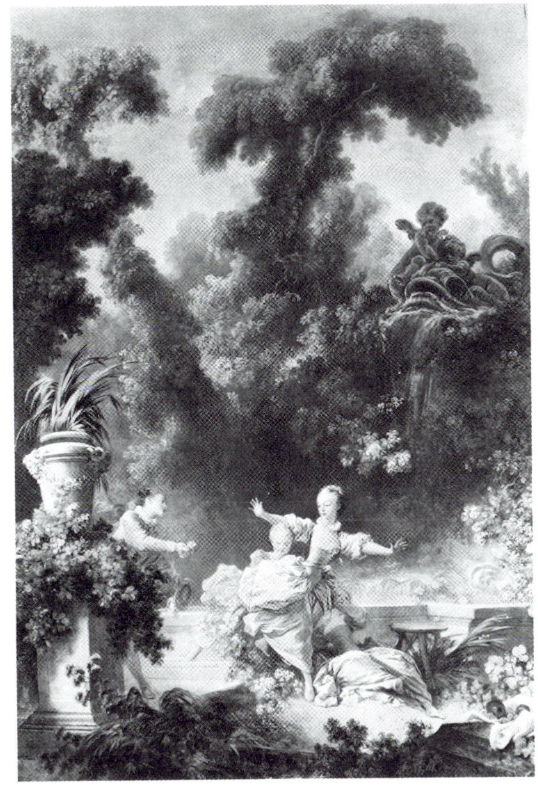

fig. 2. *La poursuite,*
New York, coll. Frick

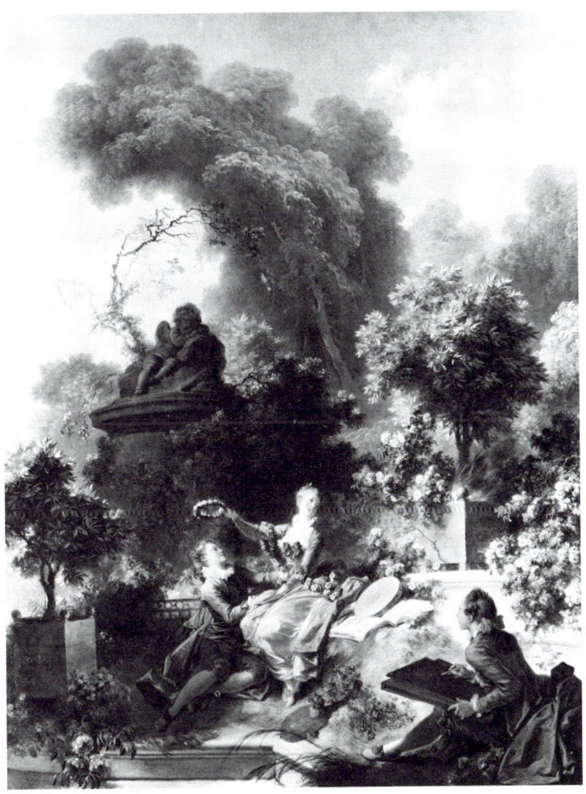

fig. 3. *L'amant couronné,*
New York, coll. Frick

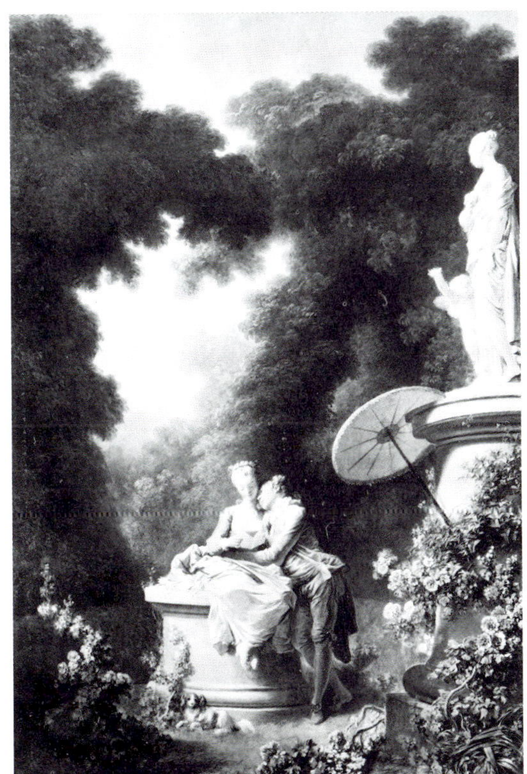

fig. 4. *L'amour-amitié,*
New York, coll. Frick

*Le musée Frick de New York conserve, depuis 1915, un ensemble de quatorze toiles de Fragonard qui, de par le règlement du musée, ne peuvent être prêtées. Aux quatre grandes compositions principales de plus de trois mètres de hauteur* (fig. 1 *à* 4), *dont trois sont signées, s'ajoutent deux autres grandes toiles plus étroites,* l'Amour triomphant (fig. 5) *et* l'Abandon (fig. 6) *ainsi que quatre dessus-de-porte d'un format presque carré, représentant des amours* (fig. 7 *à* 10), *et quatre étroites bandes en hauteur montrant des roses trémières* (fig. 11 *à* 14).

*C'est le chef d'œuvre de Fragonard.*

*On se souvient que la comtesse du Barry (1743-1793)* (fig. 15), *maîtresse de Louis XV, avait reçu du roi, en 1769, le château de Louveciennes. Elle s'occupa d'abord du vieux château puis chargea l'architecte Claude-Nicolas Ledoux (1736-1806) de lui construire une maison de plaisance qui fera date par sa modernité (voir Cayeux, 1935 et Gallet, 1980). Après neuf mois de travaux, le Pavillon neuf fut inauguré en grande pompe et en présence du roi, le 2 septembre 1771* (fig. 16).

*Tout d'abord, pour le vieux château, la du Barry acheta à Fragonard, par l'intermédiaire du peintre Drouais, quatre dessus-de-porte (voir notices nos 152 et 153), puis elle passa commande à l'artiste du décor qui nous occupe.*

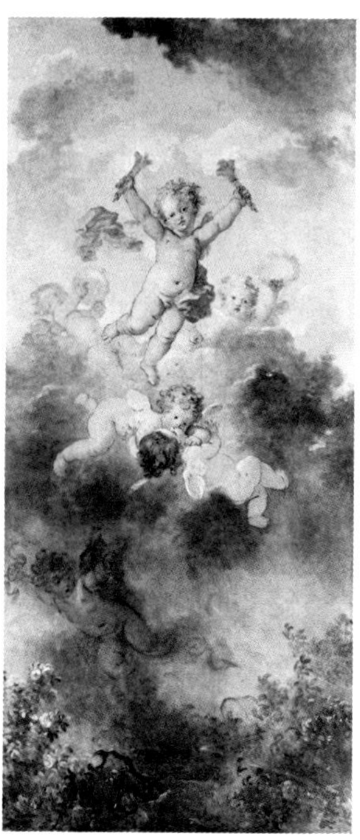

fig. 5. *L'amour triomphant,*
New York, coll. Frick

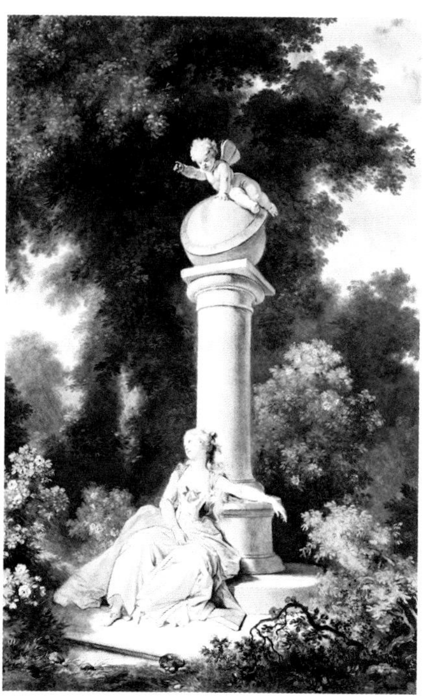

fig. 6. *L'abandon,*
New York, coll. Frick

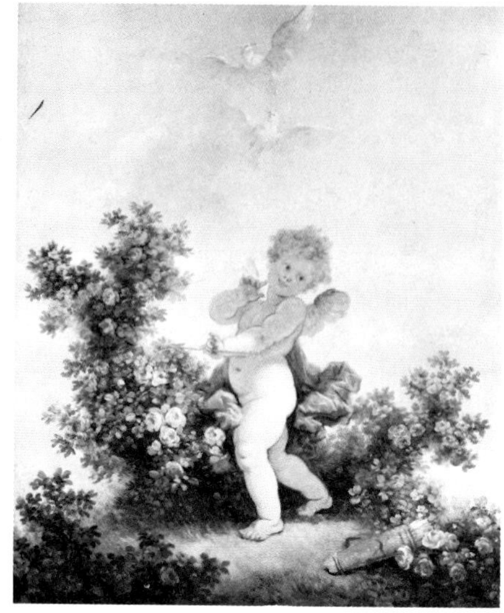

fig. 7. *L'amour en sentinelle,*
New York, coll. Frick

*Avant d'en venir au détail de ce décor, il nous faut résumer en quelques lignes l'historique de sa redécouverte. Il fit tout d'abord l'objet d'une courte note anonyme en 1858 dans la* Revue universelle des Arts, *qui passa inaperçue : « Il y a aujourd'hui à Grasse, département du Var, quatorze tableaux de Fragonard qui ont été faits pour madame Dubarry. Ce sont des sujets champêtres. Il paraît qu'après avoir achevé son travail l'artiste n'a pu s'entendre sur le prix avec la comtesse. Sur ces entrefaites, Fragonard se retire à Grasse, emportant ses tableaux avec lui, et depuis ce temps, ils sont restés dans la même maison ». Les œuvres sont ensuite mentionnées par Léon Lagrange en 1867. A Grasse, dans « le logis de M. Malvillars »* (sic, *Malvilan) se trouvent « quatorze tableaux » que Fragonard avait peints pour Madame du Barry. Les Goncourt, qui les signalent, ne les connaissaient que de seconde main par l'article de Lagrange, mais aussi grâce à deux lettres, une de M. Malvilan du 26 janvier 1865 et l'autre d'Ernest Chesneau du 17 avril 1865 qui nous apprend que du Sommerard avait « vu » les tableaux (Bibliothèque Nationale, ms. fr. 22468 fol. 342-343 et ms. fr. 22457 fol. 98-99). Mais c'est Roger Portalis qui, en 1885, attira l'attention sur l'importance primordiale de cet ensemble.*

*La visite de la maison restait cependant difficile et le gardien obligeait ceux qui en faisaient la demande d'acquérir (pour 500 francs !) les gravures d'après les tableaux de Marcellin Desboutin (ce que Camille Groult, le grand collectionneur de Fragonard, dut se résigner à faire). L'ensemble des toiles fut cédé en 1898 par M. Malvilan pour 1.250.000 francs par*

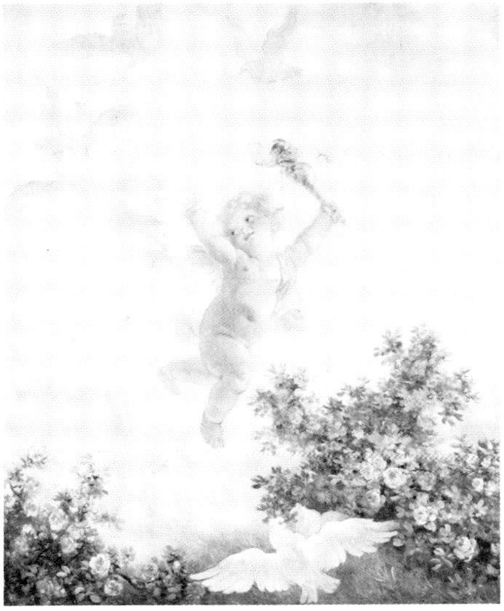

fig. 8. *L'amour folie*,
New York, coll. Frick

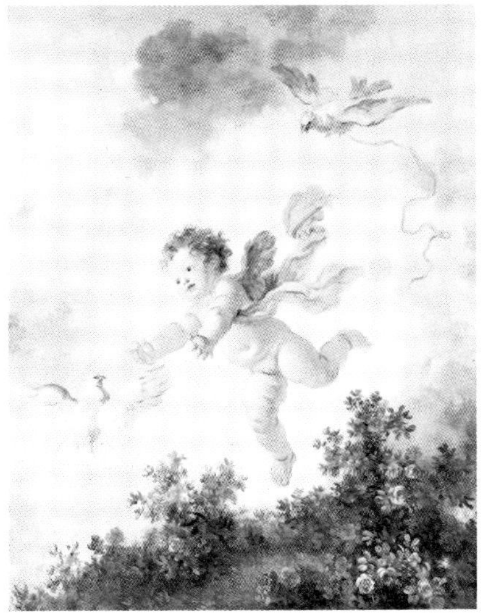

fig. 9. *L'amour poursuivant une colombe*,
New York, coll. Frick

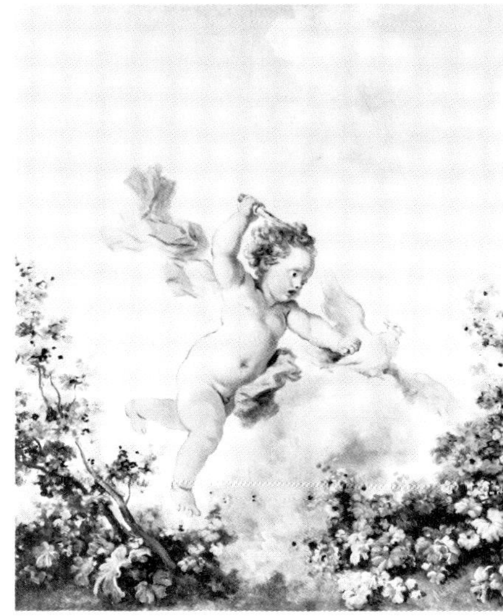

fig. 10. *L'amour assassin*,
New York, coll. Frick

*l'intermédiaire de Charles Wertheimer à Agnew qui le vendit à J. Pierpont Morgan. Les originaux, remplacés à Grasse par des copies (payées 25000 francs) dûes à Auguste La Brély, furent d'abord installés à Londres, puis acquis, à la mort de Pierpont Morgan en 1914, par Duveen et vendus par celui-ci pour 1.425.000 dollars à Henry Clay Frick. Récemment restaurée par John Brealey, la décoration a repris son enchanteresse fraîcheur primitive.*

fig. 11-14
*Roses trémières*,
New York, coll. Frick

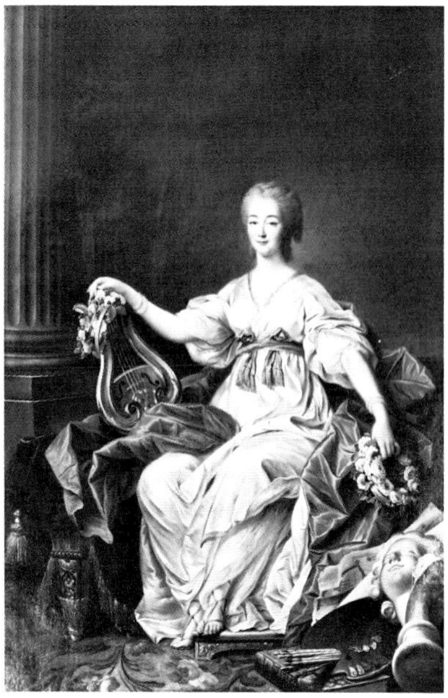

fig. 15. Drouais,
*Portrait de Mme du Barry*,
Versailles, Chambre de Commerce

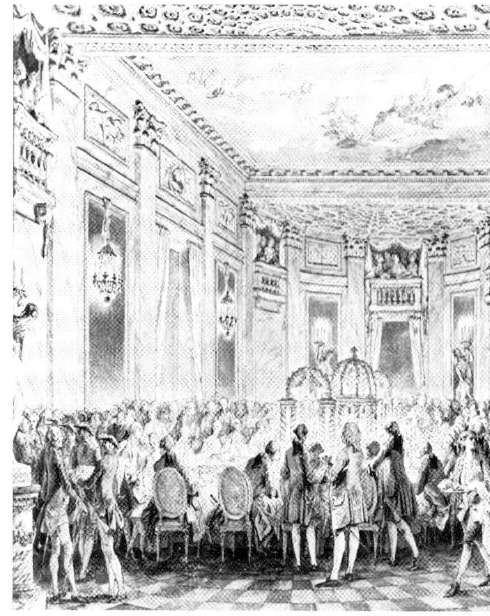

fig. 16. Moreau le Jeune,
*L'inauguration du Pavillon neuf de Louveciennes*,
Paris, musée du Louvre, Cabinet des dessins

*Comment ce décor était-il parvenu à Grasse, la ville natale de Fragonard, avec laquelle l'artiste ne semblait guère avoir gardé de liens? Nous reviendrons tout à l'heure sur la commande elle-même. Contentons-nous pour le moment de rappeler que les tableaux de Fragonard lui furent rendus et qu'il les garda roulés dans son atelier jusqu'en 1790 (à en croire Malvilan en 1865). Si, à cette date, Fragonard accompagné de sa femme, de sa belle-sœur Marguerite Gérard et de son fils Évariste, quitte Paris, ce n'est pas, comme on l'a longtemps cru, pour des raisons politiques mais à cause du délabrement de sa santé. Il s'installa chez son cousin Alexandre Maubert, y plaça les panneaux de Louveciennes et en compléta la décoration: une quittance du 10 mars 1791 (le dernier chiffre de la date peut se confondre avec un 0 mais le verso du reçu confirme cependant* cette lecture, fig. 17 et 18) *nous apprend que Fragonard reçut 3.600 livres de Maubert «pour ouvrages de Peinture». Fragonard était en tout cas de retour à Paris en août 1792. Même si elle n'est pas sans erreur, il ne nous paraît pas inutile de citer ici la lettre de Malvilan du 26 janvier 1865: «Pendant son séjour qui fut de trois ans à peu près, il forma le projet de disposer un appartement pour y placer les toiles qui y sont encore. Il s'entendit à cet effet avec mon aïeul et il entreprit le voyage de Paris d'où il rapporta, quelque temps après, les quatre tableaux destinés à Mme Dubarry ainsi qu'un mobilier de l'époque. Pour mettre tout en harmonie, il peignit aussi sur place deux autres toiles et des dessus-de-porte...». Malvilan s'étend ensuite sur l'«infatigable activité» du peintre «et de sa grande facilité» et sur le décor en trompe l'œil et*

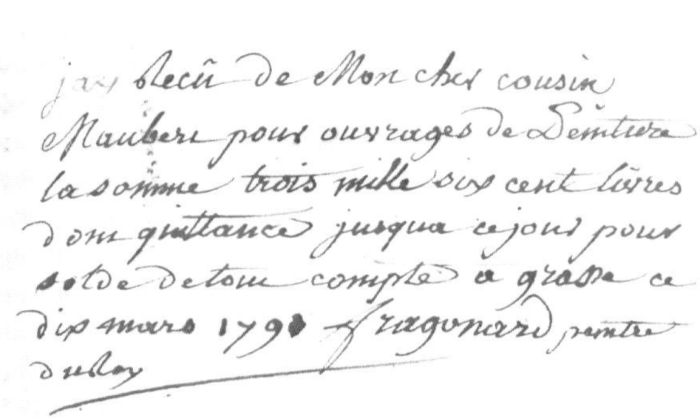

j'ay Recû de Mon cher cousin
Maubert pour ouvrages de Peinture
la somme trois mille six cent livres
dont quittance jusqua ce jour pour
solde de tout compte a grasse ce
dix mars 1791 Fragonard peintre
du Roy

fig. 17. Quittance de Fragonard pour « ouvrages de Peinture »,
New York, coll. Frick

du 10 mars 1791
1791 Quittance de Fragonard peintre du Roy

fig. 18. Verso du reçu

*en grisaille, toujours visible et guère étudié de l'escalier de la maison, l'actuel musée Fragonard* (fig. 19).

*Précisons tout de suite, et sans trop vouloir nous étendre, que la présentation de ce décor, à Louveciennes, puis à Grasse, puis à Londres, enfin à New York, a été sensiblement modifiée à chacune des étapes. En tout cas, l'actuelle disposition au musée Frick n'a rien d'historique. Disons surtout que des dix tableaux prétendument peints par Fragonard à Grasse, certains — notamment les dessus-de-porte représentant des* Amours, *l'*Amour en sentinelle, *l'*Amour assassin, *et surtout l'*Amour folie, *et l'*Amour poursuivant une colombe - *nous paraissent sensiblement antérieurs à 1790, sans doute réalisés pour Louveciennes avec les quatre compositions principales, et ceci aussi bien pour des raisons documentaires qu'à cause de leur style.*

*Qui recommanda Fragonard à la du Barry? La question n'a jamais été résolue, même si les noms de Drouais ou de Ledoux ont parfois été avancés. Nous pensons pour notre part que Jean du Barry dit le Roué (1723-1794), le «beau-frère» de la comtesse, grand amateur de Fragonard comme le prouvent ses ventes de 1774 (en fait celle du vicomte Alphonse du Barry, son fils) et de 1776, dut jouer un rôle essentiel.*

*Nous ignorons cependant les dates précises de la commande: Fragonard y travaillait dès 1771. Le 23 décembre, Marigny, le surintendant des Bâtiments, écrit au tout récent Premier peintre Pierre: le roi sait les raisons du retard de Fragonard dans la réalisation des «tableaux ordonnés pour les petits appartements» de Versailles: il travaille «pour Mme la comtesse du Barry». Il faudrait cependant le «presser à s'y mettre (à l'ouvrage) le plus tôt possible, sans préjudice néanmoins des ouvrages de Mme la comtesse du Barry». Le 20 juillet 1772, Bachaumont, dans un texte souvent cité, nous apprend que les tableaux «ne sont pas encore finis». «Ils roulent sur les amours de bergers et semblent allégoriques aux aventures de la maîtresse du lieu». Enfin, le 29 mars 1773, Fragonard s'abrite une nouvelle fois derrière la commande du Barry pour tenter de justifier ses retards dans l'exécution des commandes royales. A cette date très certainement, la comtesse avait refusé les tableaux de Fragonard et déjà passé commande à J. M. Vien (1716-1809) de quatre tableaux* (fig. 20-23) *destinés à les remplacer (il en exposera deux au Salon de 1773; les tableaux, rappelons-le, sont aujourd'hui divisés entre le*

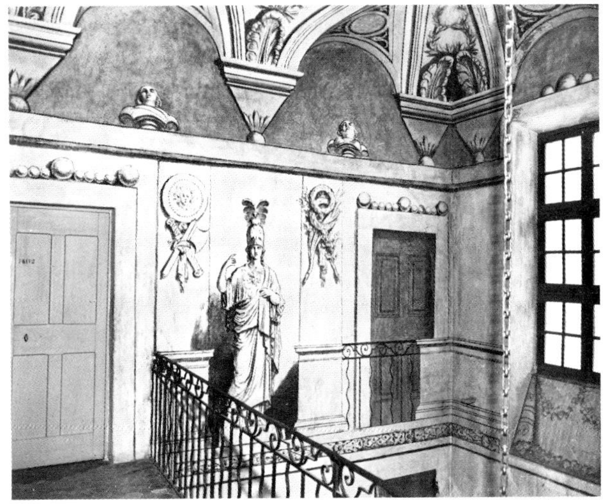

fig. 19. Jean-Honoré et Évariste Fragonard,
Escalier de la villa Fragonard à Grasse

*Louvre et la préfecture de Chambéry [voir Gaehtgens et Lugand, à paraître]). Elle les paya 16.000 livres alors que Fragonard, à en croire son petit-fils Théophile (cité par Portalis), en avait reçu 18.000 (la différence s'explique peut-être par les dessus-de-porte).*

*On connaît fort bien la configuration de la pièce de Louveciennes, ce salon en cul-de-four* (fig. 24) *destiné à accueillir les quatre tableaux. Mais furent-ils mis en place? Si l'on s'en tient à l'intrigant pamphlet (nous en avons analysé plus haut le contenu) publié en 1773 qui oppose «M. Fabretti» et l'expert Rémy, la réponse est oui: «vous avez vu à Lussienne encore le* nec plus ultra *pour le heurté, le roullé, le bien fouetté, le tartouillis...» (voir aussi sur ce point les deux excellents articles de Cayeux de 1935). Ils ne durent cependant pas y rester longtemps.*

*Mais la question qui a divisé depuis un siècle les historiens d'art est celle de la suite du récit, de l'ordre de sa lecture. Lagrange puis Portalis (1885), Brière (1949), Réau (1956), Biebel (1960) et enfin et surtout W. Sauerländer (1968) et D. Posner (pour lequel nous penchons) se sont opposés sur ce point: la* Surprise *précède-t-elle la* Poursuite, *l'*Amant couronné *succède-t-il à l'*Amour-Amitié *(ce dernier tableau a été finement analysé par Sauerländer, qui prend magistralement en compte le grand groupe sculpté qui orne l'œuvre). Disons, avec Marianne Roland Michel (1977) que la question a trop fait couler d'encre. Pour qui connaît Fragonard peu soucieux de vraisemblance, narrateur approximatif, qui privilégie l'improvisation, l'idée d'une* progression *dans le récit paraît peu convaincante. A l'opposé de Vien, homme d'un programme, peintre du*

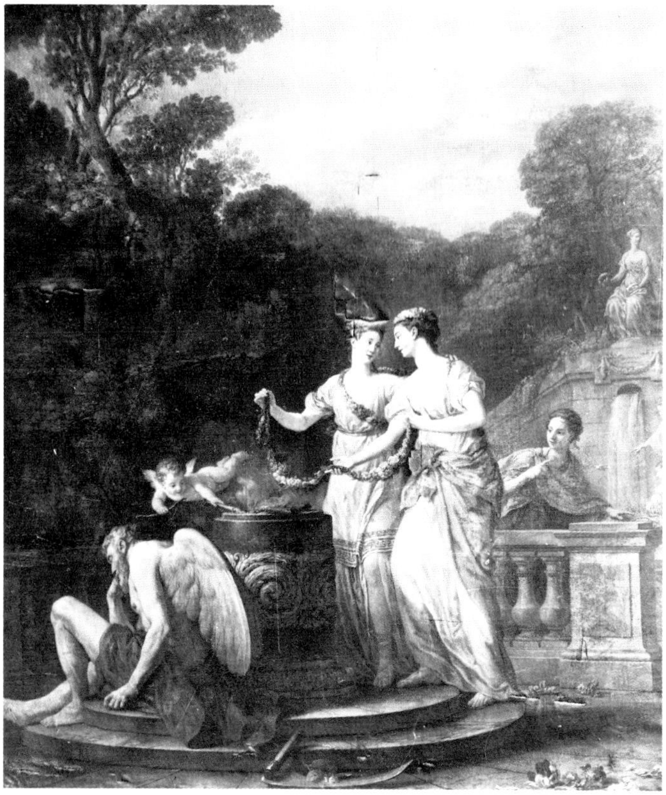

fig. 20. Vien, *Deux jeunes Grecques font serment de ne jamais aimer*, Chambéry, Préfecture

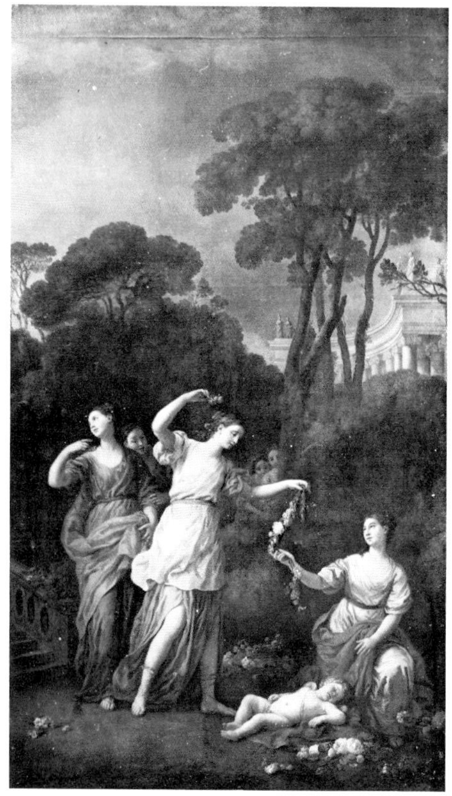

fig. 21. Vien, *Jeunes Grecques parant de fleurs l'amour endormi*, Paris, musée du Louvre

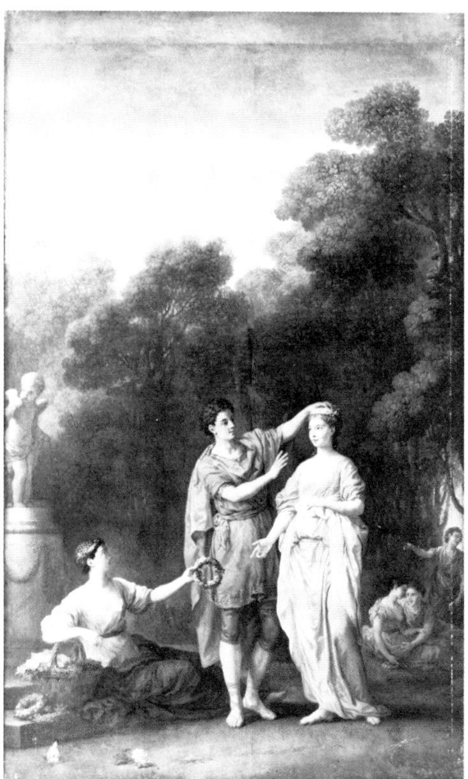

fig. 22. Vien, *Amant couronnant sa maîtresse*, Paris, musée du Louvre

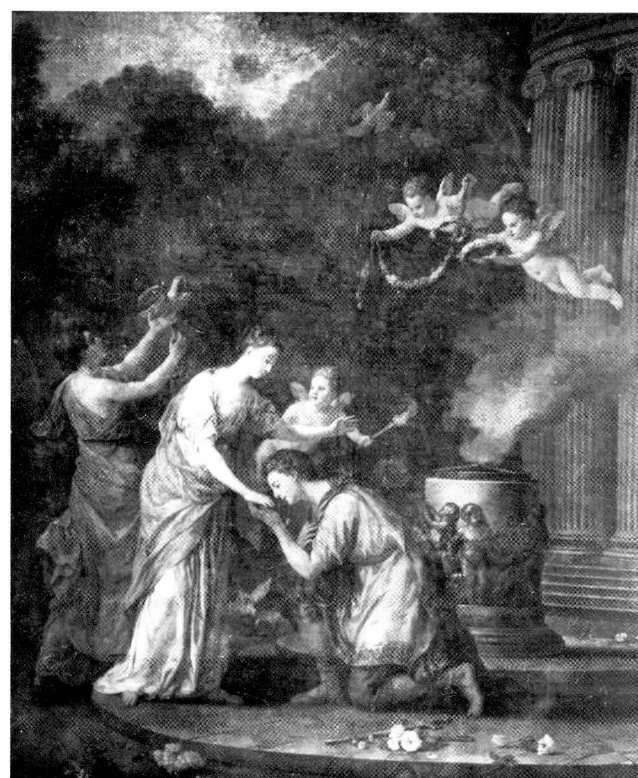

fig. 23. Vien, *Le Temps de l'Hymen*, Chambéry, Préfecture

Progrès de l'amour dans le cœur des jeunes filles, *Fragonard a voulu représenter « quatre avatars différents du roman amoureux ». Le curieux est que s'il y a progrès du récit chez Vien, il n'y a dans ses œuvres bien intentionnellement figées, aucun mouvement alors que le dynamisme des quatre compositions de Fragonard est éclatant.*

*Nous ne nous attarderons pas sur la rareté des esquisses et des dessins préparatoires (voir notices nos 154 à 156) ; nous ne nous interrogerons pas plus sur l'ordre dans lequel Fragonard peignit ses tableaux ni sur les intentions de l'artiste qui donnent lieu depuis quelques années à ces « surinterprétations » chères à tant de jeunes historiens d'art (par exemple Lynne Kirby, 1982) et bien souvent hors de propos en ce qui concerne Fragonard, pour en venir au point le plus débattu. Pourquoi la du Barry rejeta-t-elle les tableaux de Fragonard ? Toutes sortes de romans ont été bâtis à ce sujet. Depuis Franklin Biebel (1960), l'accord semble fait pour admettre que la comtesse préférait le néoclassicisme naissant, alors à la mode, d'un Vien à l'art plus spontané, plus libre, mais qui paraissait moins réfléchi, de Fragonard qui lui semblait dépassé. Ayant fait construire une œuvre à la pointe du nouveau goût (comme l'écrit drôlement Michel Gallet, à propos de l'inauguration du pavillon le 2 septembre 1771, « Louis XV était assis chez la du Barry sur une chaise Louis XVI »), elle a voulu que le décor peint le soit aussi. Pour qui, en 1773, se voulait d'avant-garde, Fragonard ne comptait plus : il lui faudra attendre un siècle sa revanche ! La malheureuse aventure de Fragonard — disons-le sans malice — n'est pas unique et mérite aujourd'hui encore réflexion.*

*Ce qui surprend pour qui voit pour la première fois à New York le décor de Louveciennes — surtout aujourd'hui après sa restauration — c'est l'éclatante gerbe des couleurs, des bleus de fond d'aquarium, toute une gamme de verts, de roses et la végétation luxuriante, quasiment tropicale. C'est le triomphe du plein air.*

*Puis vient ce plaisir que l'on sent que Fragonard a eu à peindre et que l'on a à le regarder peindre, ce plaisir si proche du bonheur. C'est le triomphe de la peinture.*

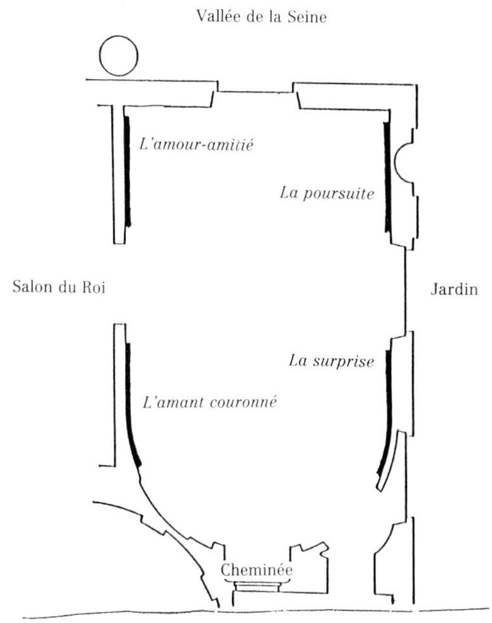

fig. 24. Plan du Salon en cul-de-four du Pavillon neuf de Louveciennes, avec l'emplacement des tableaux selon Posner (1972)

*Jamais œuvre de décoration n'aura plus parfaitement rempli son rôle, n'aura trouvé plus noble justification.*

*On l'aura compris, les panneaux de Grasse sont loin d'avoir livré tous leurs secrets. On ignore le détail de la commande, on ignore les modifications qu'inévitablement les œuvres ont subies au cours de leurs déplacements successifs, on ne s'accorde pas sur le programme iconographique.*

*Nous pensons pouvoir prouver que l'essentiel des quatorze panneaux, et pas seulement les quatre compositions principales, sont antérieures à 1790, mais on ignore tout sur les intentions de Fragonard, sur ses ambitions. Si l'influence des panneaux de Grasse, qui furent roulés puis restèrent pour un siècle difficiles d'accès, fut négligeable, il est temps, nous semble-t-il, de consacrer à ce chef d'œuvre de l'art français la monographie qui lui rendra sa pleine dimension.*

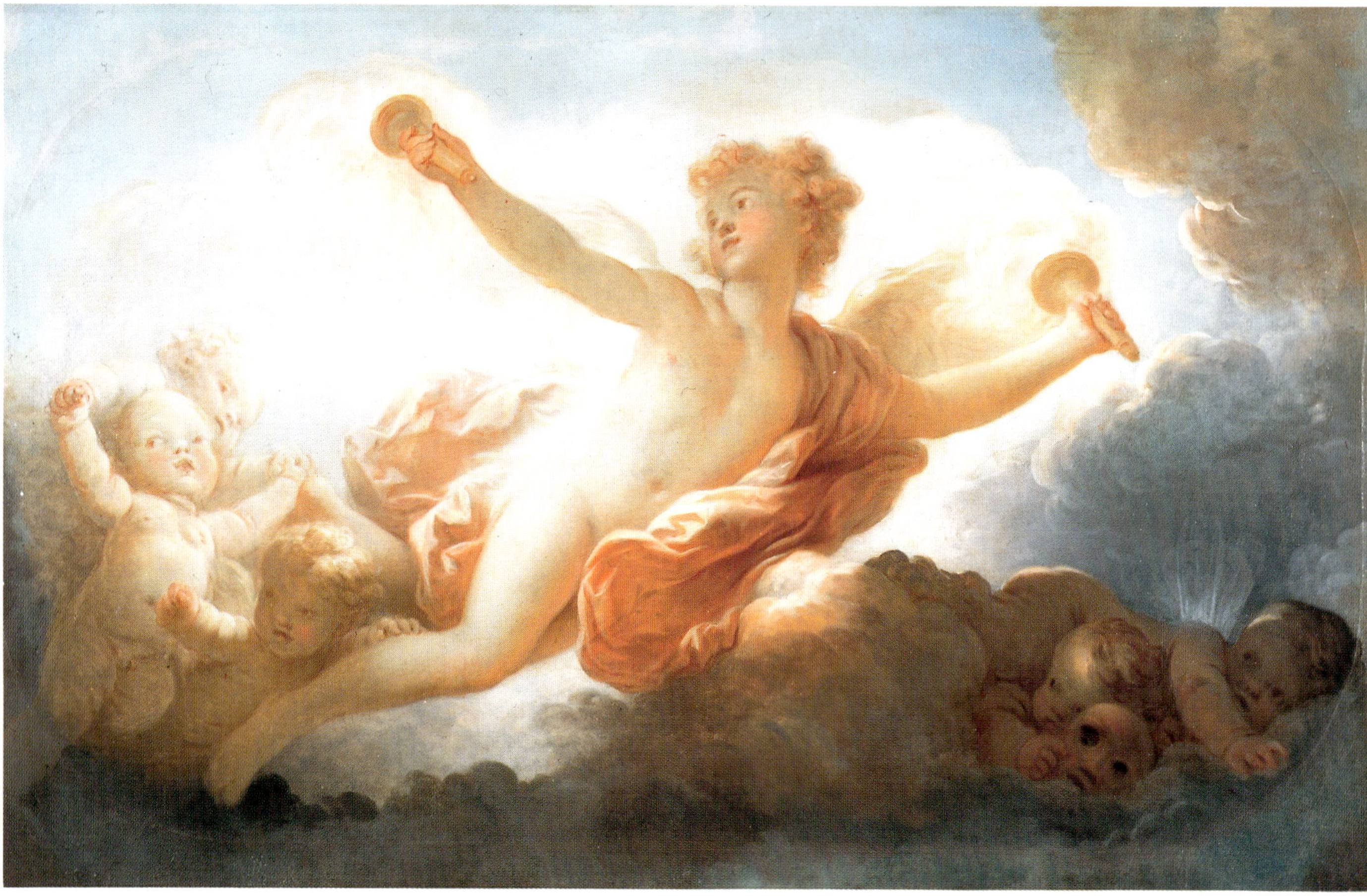

# 152 L'amour embrasant l'Univers

T. H. 116 ; L. 145 ; trumeau agrandi sur les côtés (mesurait à l'origine H. 79 ; L. 1,39 ; pour la dimension primitive, voir notice suivante)
Au dos, étiquette sur le châssis : « n° 694 » ; à l'encre : « Lagrenée. L'Amour »

Toulon, musée des Beaux Arts

**Provenance**
Acheté par la comtesse du Barry au peintre François-Hubert Drouais (1727-1775) avec trois autres dessus-de-portes, le 21 juin 1770. Dulaure (1786) mentionne quatre dessus-de-porte dans le salon du Pavillon neuf. Ils sont saisis sous la Révolution mais les rapports révolutionnaires, dont certains ne sont connus que de seconde main, se contredisent : Boizot (voir Tuetey, 1902), le 29 frimaire an II, ne mentionne qu'un « tableau du citoyen Fragonard, représentant la Nuit » dans la salle à manger de l'ancien château. Beaumont, en 1872, a publié un autre inventaire, daté du 2 pluviose an II (du 22 pluviose à en croire Molinier, vers 1896, p. 177), disparu depuis lors mais dont la Bibliothèque du Louvre conserve la copie : les « quatre dessus-de-porte par fragonard rep. la nuit et les trois parties du jour », estimées 800 livres, étaient alors dans le Château vieux. Les quatre œuvres furent transférées à Versailles. Réclamé en vain par les héritiers de Mme du Barry en 1830 (Bibl. de Versailles, ms. fr. 272 fol. 2, 46e pièce) ; n° 694 de l'inv. B du Louvre ; envoyé sous Napoléon III au cercle d'Artillerie de la Garde impériale à Versailles ; déposé à Toulon le 18 avril 1895 ; Inv. 5572bis.

**Exposition**
Grasse, 1957, n° 2.

**Bibliographie**
Dulaure, 1786, p. 19 ;
Villiers, 1802, I, pp. 516 et 518-519 ;
Pichon, 1856, pp. 288-289 ;
G. p. 147 ;
Beaumont, 1872, p. 132 ;
Portalis, 1885, p. 484, 486 ;
P. pp. 93-94, 275 ;
Molinier, s.d. (mais entre 1896 et 1911), p. 177 ;
Tuetey, 1902, p. 242 ;
N. pp. 62-63 ;
Cayeux, 1935, pp. 41-42 ;
R. p. 145 ;
Wilhelm, 1956, pp. 215-222 et fig. 4 p. 220 ;
Andia, 1960, p. 24, ill. ;
W. 298 fig. 137 et p. 19 éd. française ;
W. et M. 312, ill. ;
Rosenberg et Compin, 1974, p. 192, note annexe ;
Cat. Toulon, M. A. D[upuy]-P. R[osenberg], 1985, n° 12, ill. (avec bibliographie complète) ;
Thuillier, 1987, p. 9 ; fig. 2.

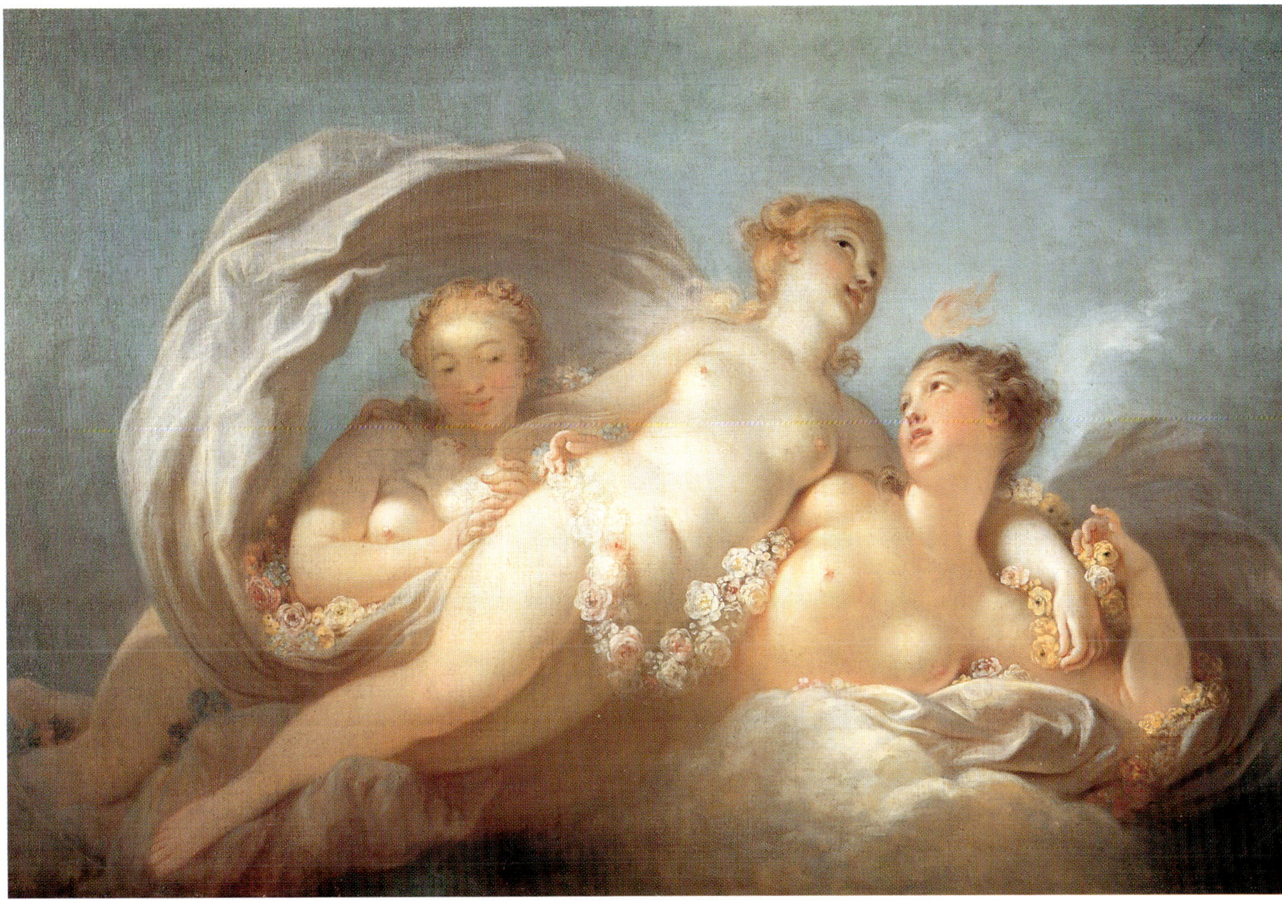

# 153 Les trois Grâces

T. H. 89 ; L. 134 ; trumeau agrandi sur les côtés (le tableau mesure en réalité 80,5 cm de hauteur)
Un examen de la toile de Grasse, mené à bien par le laboratoire du Louvre, permet d'affirmer que les agrandissements, visibles à l'œil nu, datent du XVIII^e^ siècle, mais surtout de constater que la composition a été repliée sur les côtés (de 7 cm au maximum en haut, de 10 cm dans le bas, cachés par le cadre). En fait, le dessus-de-porte de Grasse (et il en fut sans doute de même des trois autres compositions) fut déposé à la Révolution et encadré en rectangle afin de le transformer en tableau de chevalet.

Grasse, musée Fragonard

**Provenance**
Voir la notice précédente.
N° 695 de l'inv. B du Louvre. Déposé par le Louvre à Grasse en 1958 ; Inv. 5572

**Exposition**
Grasse, 1957, n° 1.

**Bibliographie**
Voir la notice précédente.
Cat. Louvre (Brière), 1924, n° 451 ;
Wilhelm, 1956, pp. 215-222 et fig. 3 p. 218 ;
Cailleux, 1960, pp. i-ix, fig. 10-18 ;
Cailleux, 1961, pp. i-iii ;
W. 297 fig. 136 et pp. 19-20 éd. française ;
Carpenter, 1962, p. 359 ;
W. et M. 311, ill.

**Œuvres en rapport**
Wilhelm (1856, p. 221 fig. 5) a publié une version autographe avec variantes conservée dans une coll. privée parisienne *(fig. 1* ; T. H. 62,5 ; L. 138*)*.

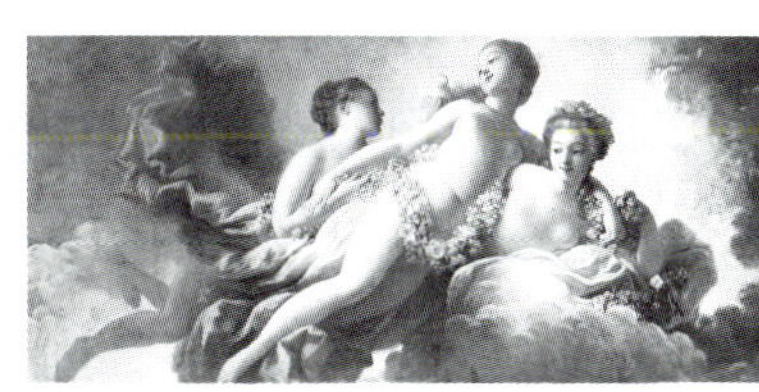

fig. 1. *Les trois Grâces*, Paris, coll. privée

Si la série dite des *Progrès de l'Amour*, peinte par Fragonard pour Louveciennes et aujourd'hui au musée Frick à New York, est bien connue et passe à juste titre pour le chef d'œuvre de Fragonard, les quatre dessus-de-porte du même Fragonard destinés aux mêmes lieux le sont infiniment moins. Grâce aux récents travaux de Cayeux, de Wildenstein et surtout de Wilhelm (1956), il est désormais possible de répondre à quelques-unes des questions que pose cette commande.

Le château de Louveciennes fut donné par Louis XV à sa maîtresse, la comtesse du Barry (1743-1793) le 24 juillet 1769. Elle décida très rapidement de confier la construction d'un nouveau pavillon à Claude-Nicolas Ledoux (1736-1806) — pour lequel Fragonard reçut la célèbre commande (voir n$^{os}$ 154 et 155) — et de restaurer le vieux château. Pour décorer celui-ci, elle acheta le dimanche 24 juin 1770 au peintre François-Hubert Drouais, pour 1.200 livres, quatre « dessus-de-porte, peints par M. Fragonard peintre du Roy... l'un représentant les Grâces, l'autre l'Amour qui embrase l'Univers, l'autre Vénus et l'Amour et l'autre la Nuit ». Le même jour, la comtesse déboursait 420 livres pour « avoir fait remettre sur toile trois des dessus de portes cy dessus, les avoir r'agrandis, fait repeindre et accorder les aggrandissages ».

Au XVIII$^{e}$ siècle, seul Dulaure en fait mention, mais dans le Pavillon neuf (« Le sallon, décoré très richement, a des Dessus-de-portes peints par M. Fragonard »). Les documents de saisie révolutionnaire se contredisent, tant sur leur emplacement que sur leur nombre (voir plus haut *Provenance*). Quoi qu'il en soit, et après bien des tribulations, nous pouvons affirmer que les « Grâces » se confondent à coup sûr avec le tableau attribué pendant un siècle et demi à Jean-Jacques Lagrenée (1740-1821), déposé par le Louvre à Grasse en 1958 ; l'« Amour qui embrase l'Univers » avec le tableau de Toulon redécouvert en 1956 par Jacques Wilhelm (n° 152) ; « Vénus et l'Amour » avec le tableau acquis par le musée de Dublin en 1978 (T. H. 114 ; L. 133 ; W. 299 fig. 138 ; *fig. 2*) ; enfin, la « Nuit » avec la toile de la collection Edmond de Rothschild à Prégny (W. 300 pl. 51 ; *fig. 3*).

Il reste à s'interroger sur deux points : ces tableaux composaient-ils un programme iconographique cohérent, montrant les Grâces accompagnées des heures du Jour ? Nous pensons que les quatre toiles ont été artificiellement réunies, agrandies et repeintes (par qui ? ; voir *fig. 4*) afin de satisfaire rapidement la requête de la comtesse.

Mais la question la plus débattue concerne leur date : ont-elles été peintes par Fragonard pour la comtesse peu avant 1770 ou datent-elles, comme le pensait Wilhelm (1956) et comme nous l'avancions dans la notice du tableau de Toulon en 1985, de la période qui précède le premier départ pour Rome en 1756 ?

L'influence de Boucher reste encore fort sensible, mais les putti qui accompagnent la *Nuit* présentent des affinités avec ceux de l'*Essaim d'amours* du Salon de 1767 (n° 109). Avançons sans courage que la restauration du tableau de Toulon, celle toute récente du tableau de Grasse et leur confrontation avec des Fragonard datables résoudra la question.

Les deux tableaux se veulent avant tout décoratifs : on sait que Fragonard fut tenté par un genre qui avait assuré à Boucher la gloire et la fortune. Il reçut à partir de 1765 de nombreuses commandes de décorations, tant royales que privées. De ces commandes, une seule, dont le sort demeura incertain, fut menée à bien. Peut-on suggérer que les quatre toiles de Louveciennes, précipitamment livrées à la comtesse pressée de s'installer dans son château, sont les débris (qu'on ne prenne pas ce mot en mauvaise part) détournés, complétés et artificiellement réunis de certains de ces projets ?

Il nous reste à exprimer un souhait : seule la réunion des quatre compositions aurait permis d'en saisir l'importance et l'éventuelle cohérence. Si nous regrettons de n'y avoir pas réussi, nous regrettons bien entendu encore bien davantage l'absence à notre exposition des quatre grandes compositions commandées par la comtesse pour son Pavillon neuf.

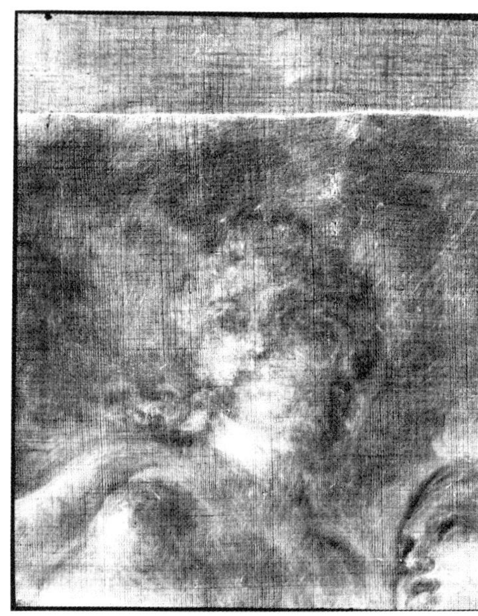

fig. 4. Radiographie du n° 153

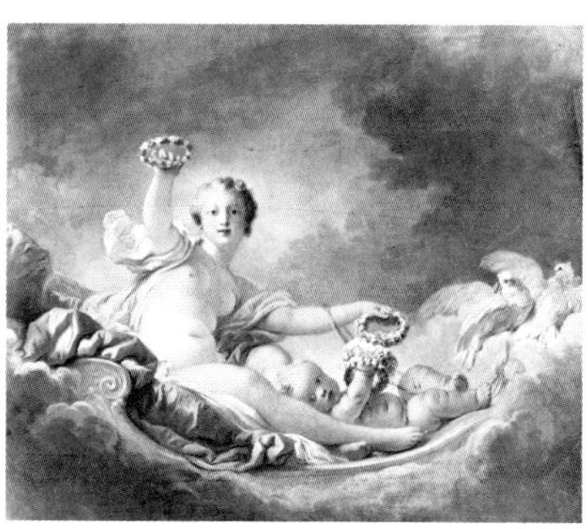

fig. 2. *Vénus et l'Amour*,
Dublin, National Gallery

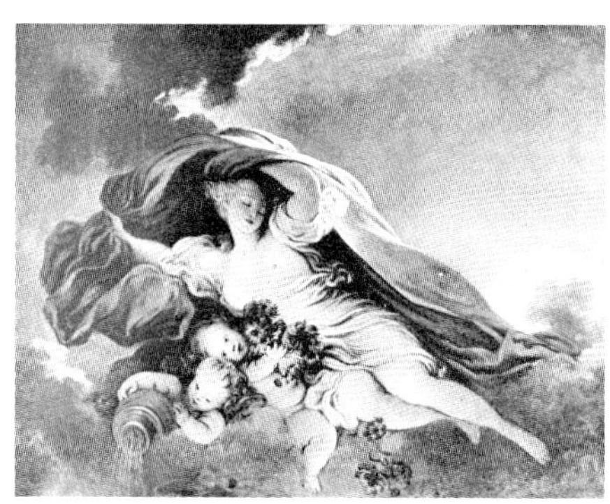

fig. 3. *La Nuit*,
Suisse, coll. privée

# 154 L'escalade

Paris

T. H. 69 ; L. 38

Paris, coll. privée

**Provenance**
Coll. du peintre miniaturiste Auguste-Joseph Carrier (1800-1875), sa vente, 9-10 mars 1846, n° 100, avec son pendant : « les indiscrets... ; dans l'un, quelques jeunes filles cachées dans un bosquet, s'enfuient tout à coup à l'approche d'un garçon comme une volée d'oiseaux, dans l'autre, une jeune fille assise toute seule, sur le gazon, au dessous d'une statue, écoute avec inquiétude, tandis qu'un jeune garçon grimpe une échelle pour arriver sur cette petite éminence » (cat. par Thoré ; 180 francs selon P.) ; coll. Hippolyte Walferdin (1795-1880) dès 1860, sa vente après décès, 12-16 avril 1880, n° 33 (acquis par Fichel pour 15.000 francs) ; coll. Mme Watel dès 1885.

**Expositions**
Paris, 1860, n° 143 ;
Paris, 1880, n° 98 ;
Paris, 1887, n° 46.

**Bibliographie**
Bürger [Thoré], 1860, p. 348 ;
Gautier, 1860, p. 2 ;
G. p. 334 ;
Portalis, 1885, p. 490, ill. p. 485 ;
P. p. 276, 279 ;
N. p. 121 et 122 ;
W. 302, pl. 53 et p. 21 éd. française ;
Sauerländer, 1968, p. 136, fig. 5 ;
Munhall, 1971, p. 402, fig. 5 ;
W. et M. 320 ill.

**Œuvres en rapport**
— Pour le tableau du musée Frick, voir la notice.
— Pour un dessin de ou d'après Fragonard (nous n'en connaissons pas de reproductions), voir A. 675.

# 155 La poursuite

Paris

T. H. 70 ; L. 38

Paris, coll. privée

**Provenance**
Voir notice précédente.
Vente Walferdin, n° 32 (15.000 francs).

**Expositions**
Paris, 1860, n° 143 bis ;
Paris, 1880, n° 98 bis ;
Paris, 1887, n° 47.

**Bibliographie**
Bürger [Thoré], 1860, p. 348 ;
Gautier, 1860, p. 2 ;
G. p. 334 ;
Portalis, 1885, p. 490, ill. p. 489 ;
P. p. 279, 286 ;
N. p. 122 ;
W. 301 pl. 52 et p. 21 éd. française ;
Munhall, 1971, p. 401 fig. 3 ;
W. et M. 322 ill.

**Œuvres en rapport**
— Une étude, quelque peu lâche, appartient à la coll. Frick à Pittsburgh (*fig. 1* ; H. 28 ; L. 36 ; W. 303 fig. 139 ; provient sans doute d'une vente J. D., 16-17 mai 1906, n° 71*)*.
— Pour le tableau de la coll. Frick, voir la notice.

Pour ce qui concerne les grands panneaux de New York, leur histoire mouvementée, les avatars de la commande, sa date, l'ordre de leur exécution, l'interprétation de leur sujet et surtout la progression de la narration, l'ordre de la lecture de ces quatre scènes, on voudra bien se reporter à notre introduction.

Les deux esquisses sont connues depuis 1846. En 1860, Théophile Gautier en fait une description enthousiaste. Dès 1880, elles sont associées aux célèbres panneaux Frick alors encore à Grasse.

Les variantes entre l'étude de l'*Escalade* et le grand tableau *(fig. 2)* sont considérables. Sur l'esquisse, seule la

fig. 1. *La poursuite*, Pittsburgh, The Frick Art Museum

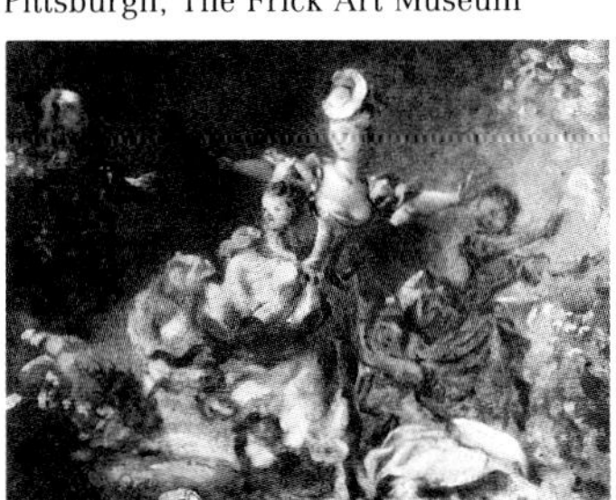

fig. 2. *L'escalade*, New York, coll. Frick

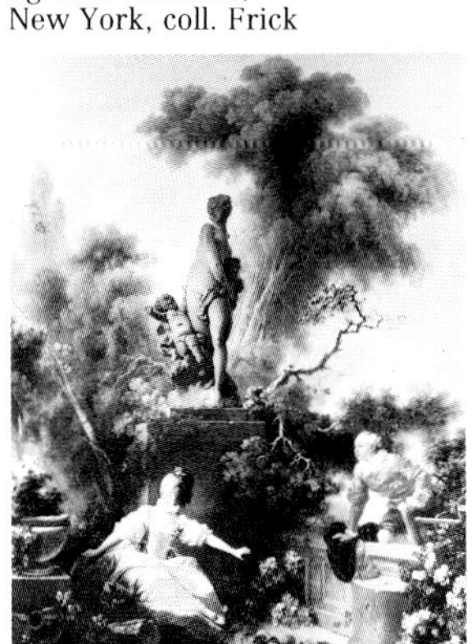

fig. 3. Radiographie de l'*Escalade* Frick, détail

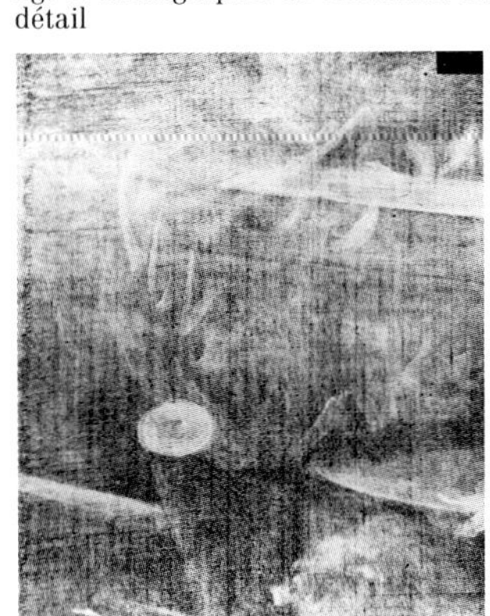

fig. 4. *La poursuite*, New York, coll. Frick

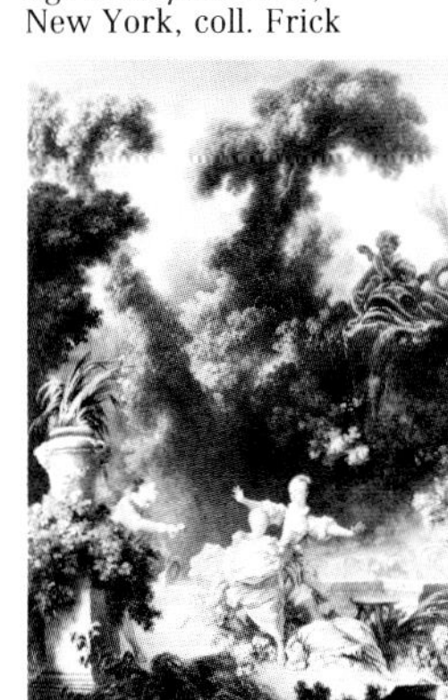

tête du jeune galant apparaît en haut de l'échelle. Fragonard, sur son tableau achevé, a introduit quelques éléments architecturaux, un parapet de pierre, le fût d'une colonne, un grand socle pour la statue de Vénus, une vasque fleurie, qui ne figuraient pas sur l'esquisse. L'intéressant est que sur son tableau, dans un premier temps, comme on le distinguait clairement au cours de la récente restauration et comme le confirme la radiographie *(fig. 3)*, Fragonard avait fidèlement repris la composition de l'esquisse. Ajoutons que l'héroïne de la scène, toute vêtue de blanc sur le tableau définitif, porte sur l'esquisse une robe jaune et framboise.

En ce qui concerne la *Poursuite*, les variantes entre l'étude et le tableau achevé *(fig. 4)* sont moins significatives : le jeune galant offre une rose et Fragonard a supprimé une des compagnes de l'héroïne. En outre, l'artiste a modifié les coiffures et les couleurs des habits.

L'intéressant, bien sûr, est la facture de ces deux splendides esquisses, si différente de celle des œuvres achevées : la luminosité de la touche, la justesse de chaque accent, la liberté et la vitalité de l'exécution témoignent de la magnifique maîtrise technique de l'artiste qui met sa composition en place à l'aide de son pinceau, comme s'il dessinait.

154

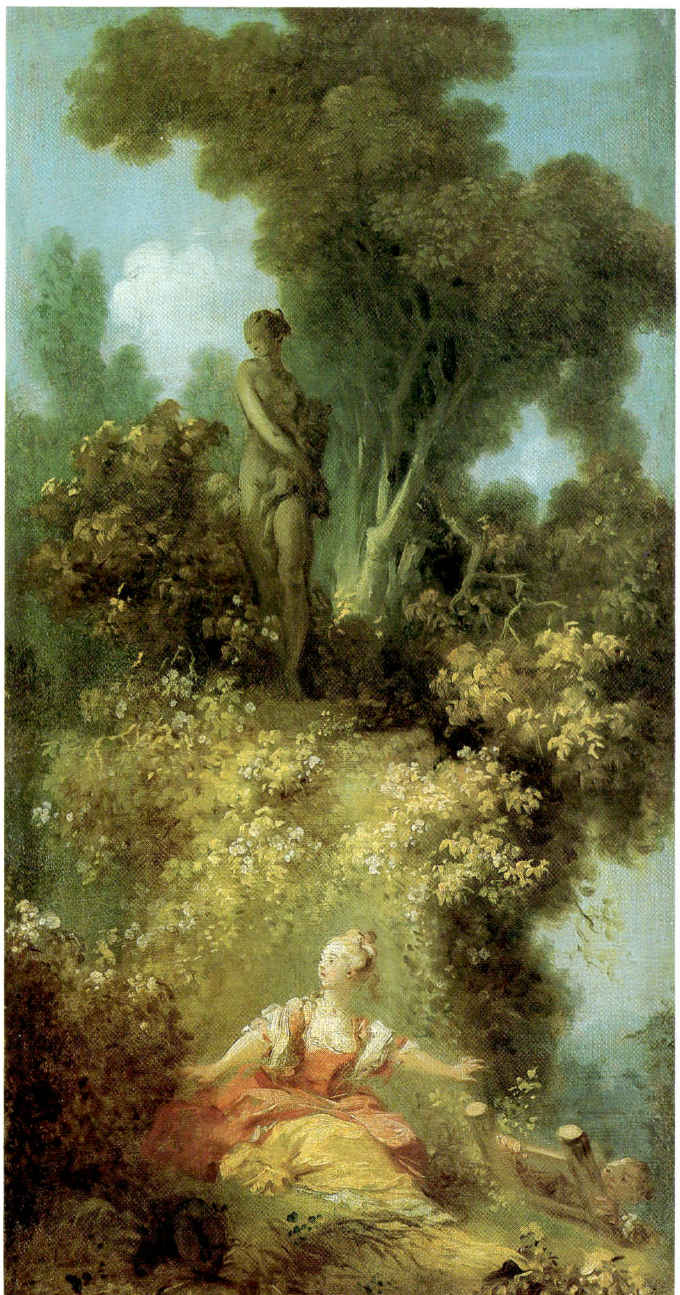

155

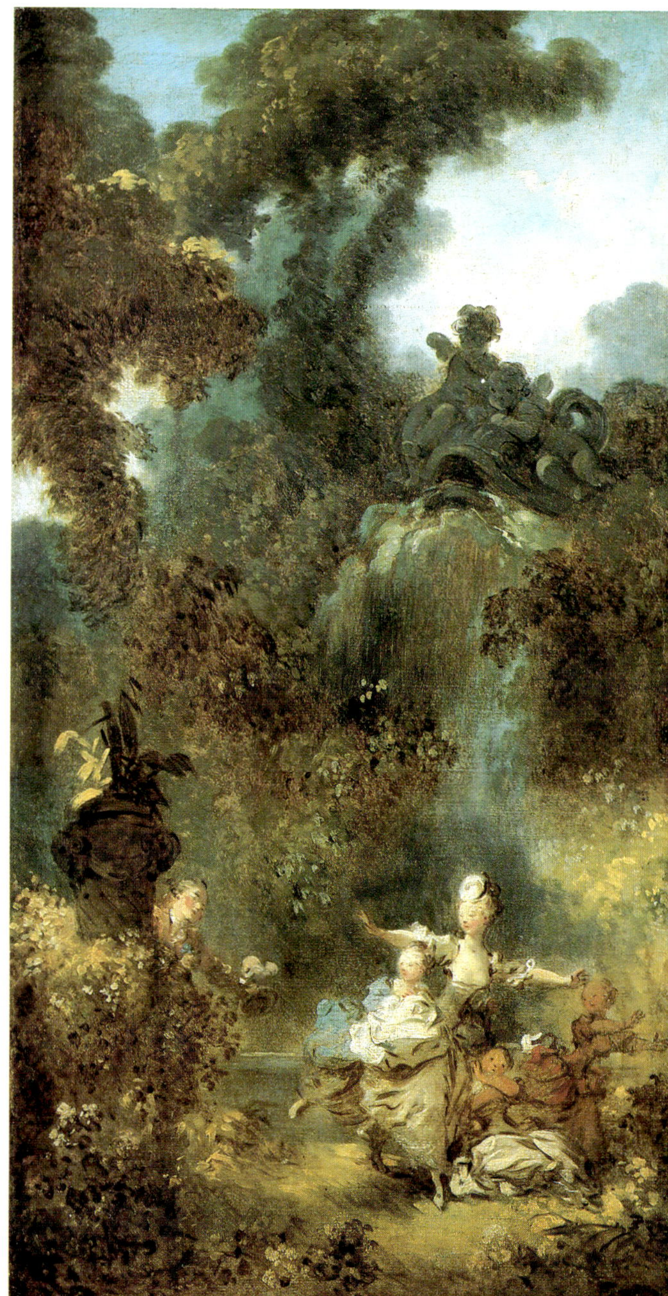

# 156 L'abandonnée

H. 338 ; L. 250
Lavis de bistre sur préparation à la pierre noire

Cambridge, Harvard University Art Museum, Fogg Art Museum, Don Charles E. Dunlap

**Provenance**
Coll. Hippolyte Walferdin, sa vente après décès, 12-16 avril 1880, nº 209 (acheté pour 545 francs par Albert Meyer) ; coll. Camille Groult dès 1889 ; [Wildenstein] ; coll. Charles E. Dunlap ; donné par celui-ci au Fogg Art Museum en 1955 ; 1955.186.

**Expositions**
Paris, 1921, nº 205 ;
Washington, 1978, nº 61, ill.

**Bibliographie**
G. p. 336 ;
P. p. 100, 294, ill. entre p. 100 et 101 ;
R. p. 196 ;
A. 723 fig. 520 ;
Munhall, 1971, p. 406 fig. 14.

**Œuvre en rapport**
Pour le tableau l'*Abandonnée (fig. 1)*, aujourd'hui au musée Frick, voir la notice.

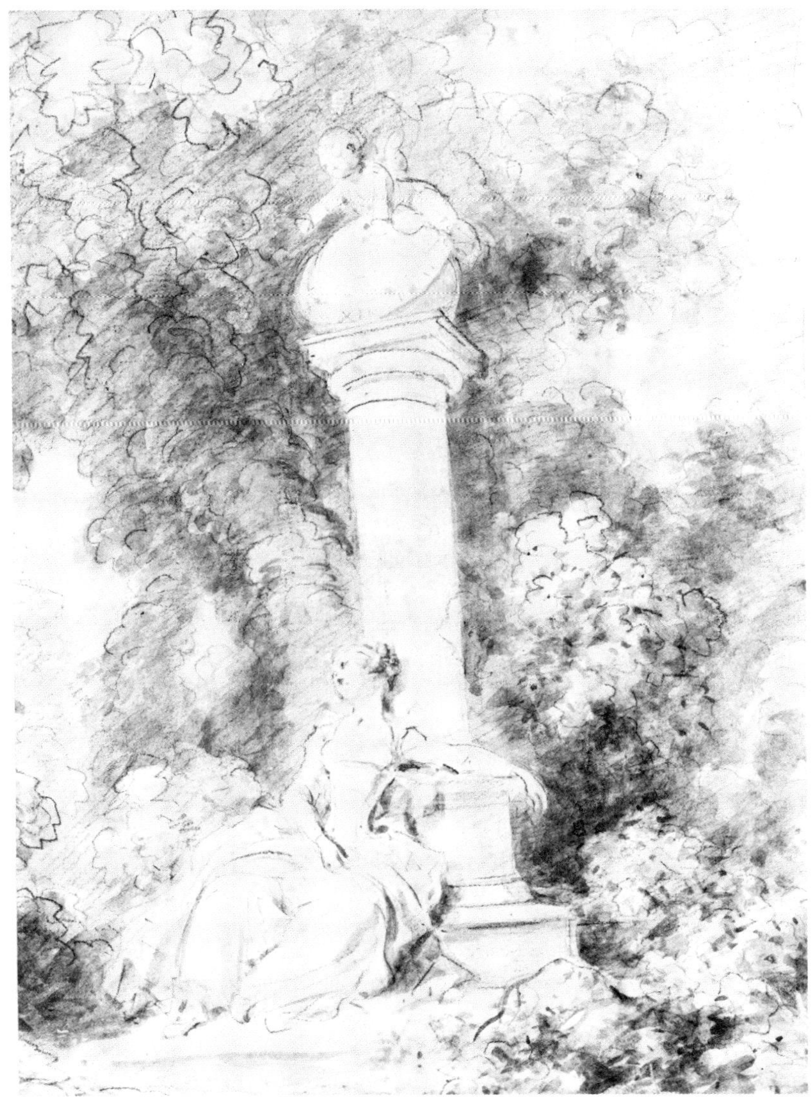

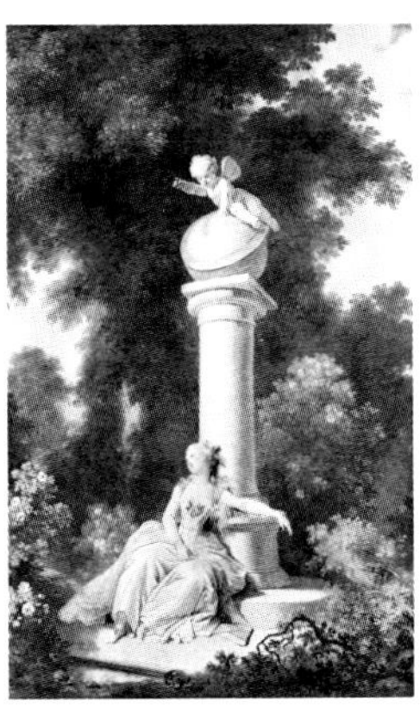

fig. 1. *L'abandon*,
New York, coll. Frick

Nous avons rappelé plus haut que l'*Abandonnée* ne faisait pas partie de la décoration commandée en 1771 par la comtesse du Barry pour Louveciennes. On sait que Fragonard dut reprendre ses tableaux : il les installa à Grasse en 1790-91 dans le Salon de son cousin Alexandre Maubert et compléta, vraisemblablement à cette date, mais ce point est débattu, la décoration primitive.

Mais l'on ignore si le dessin de la Pierpont Morgan Library prépare le tableau, ou s'il lui est postérieur comme le pense Eunice Williams (1978). On signalera quelques variantes de détail entre les deux œuvres : ainsi l'amour, juché sur le cadran, semble, sur le dessin, pointer le doigt vers l'abandonnée et non plus vers nous.

Quoi qu'il en soit, le dessin est tardif et partage certaines caractéristiques avec d'autres dessins de Fragonard, à coup sûr postérieurs à 1780 : la pierre noire gagne en importance, la ligne perd de sa vigueur, les accents de leur nervosité, l'œuvre devient plus narrative, plus anecdotique...

# 157 «Les jeunes sœurs»

T. H. 71,3 ; L. 56

New York, The Metropolitan Museum of Art

**Provenance**
Coll. Louis Gabriel de Veri Raionard, marquis de Veri, sa vente après décès, 12 décembre 1785, n° 35 (350 livres au marquis de Saint-Marc) : « ...deux jeunes filles occupées à des jeux de leur âge ; la plus petite est montée sur un cheval de carton porté par des roulettes et sa sœur est auprès d'elle qui la soutient et pousse l'équipage. Elles sont toutes deux coëffées en cheveux et vêtues d'ajustements gracieux... Hauteur 37 pouces largeur 30 pouces.T. » (= 1,00 sur 0,81) ; coll. du marquis de Saint-Marc (1728-1818). En 1916, coll. A. Zarine, consul général de Russie à Paris, qui « l'a trouvé en Suède » (Vauxcelles) ; [Wildenstein] ; vendu pour 194.000 dollars par Gimpel le 10 juin 1918 à Edgar J. Berwind, « le roi du charbon » (Gimpel, 1963, p. 46) ; donné sous réserve d'usufruit par sa fille, Miss Julia A. Berwind en 1953 (53.61.5), entré au musée en 1961.

**Exposition**
Tokyo, 1980, n° 77, ill. en couleurs.

**Bibliographie**
G. p. 331 ;
P. p. 63 et 275 ;
N. p. 131 ;
*New York Herald Tribune*, 2 décembre 1916, p. 4 (éd. en français) ;
Damécourt, 1916, pp. 141-142 et 1917, p. 182 ;
Davenport, 1917, p. 5, ill. ;
L. V. (Louis Vauxcelles), 1917, pp. 9-11, ill. ;
R. p. 167 ;
Wildenstein, 1959, p. 228 ;
W. 476, pl. 106 et p. 29 éd. française ;
W. et M. 501, ill. ;
Williams, 1978, p. 136 ;
Harris, 1979, pp. 57-61, ill.

**Œuvres en rapport**
Pour l'esquisse de Lisbonne (nous en connaissons une copie sur bois dans une coll. du Nord de la France), voir le n° suivant.

Le tableau a été gravé par Géraud Vidal, de Toulouse (1742-1801), sous le titre « *Les Jeunes Sœurs* » *(fig. 1* ; P. p. 329, n° 116, repr. entre p. 114 et 115 et cat. exp. Toulouse, 1951, n° 428*)*. Une copie au pastel *(fig. 2)*, signée et datée 1779 plutôt que 1770 par l'abbé de Saint-Non (1727-1791), qui mesure H. 80,3 sur L. 63,5, a été offerte, en 1977 par M. Daniel Wildenstein, au Metropolitan Museum. Elle provenait d'une vente à Nice, le 2 (7 ?) novembre 1951 (le pastel était reproduit dans le numéro du 16 novembre 1951 du journal *Arts*).

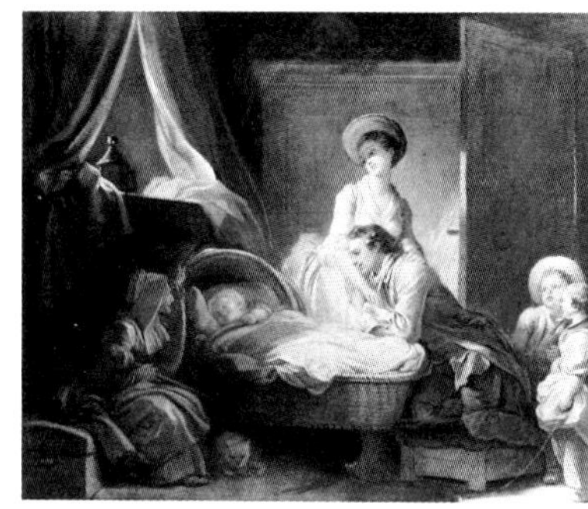

fig. 3. *La visite à la nourrice*, Washington, National Gallery

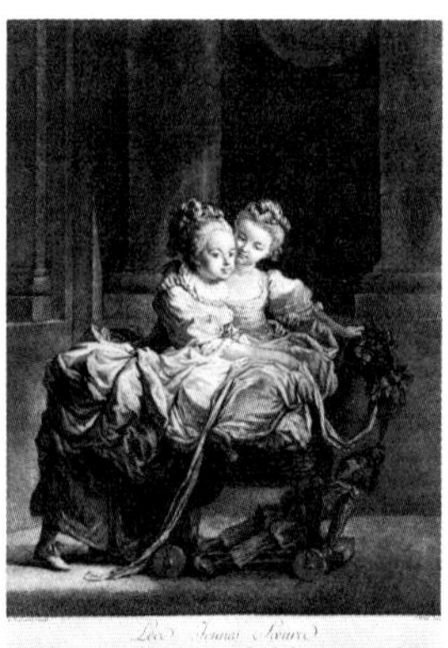

fig. 1. G. Vidal, *Les jeunes sœurs*, New York, The Metropolitan Museum of Art

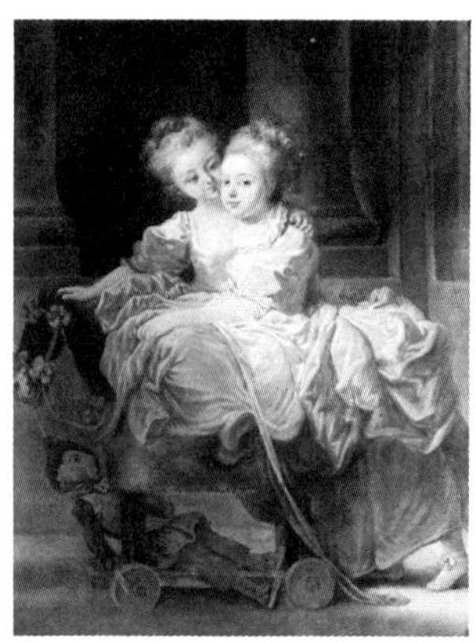

fig. 2. Saint-Non, *Les jeunes sœurs*, New York, The Metropolitan Museum of Art

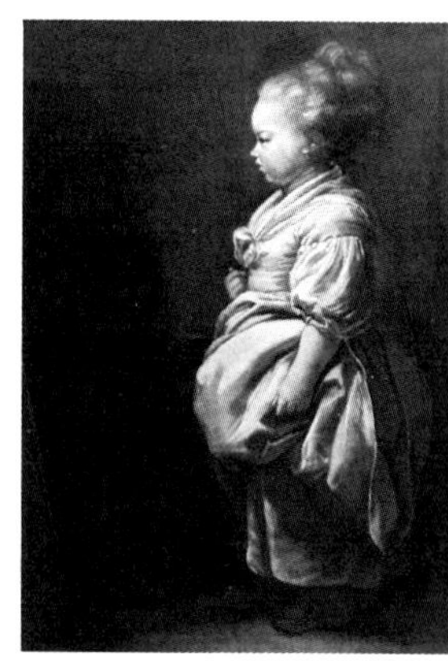

fig. 4. Fragonard (?), *Fillette debout de profil*, Londres, coll. privée

Le tableau n'est qu'un fragment. Nous savons qu'il mesurait en 1785 1 mètre de hauteur sur 81 cm de large. Il a, entre cette date et 1916, été diminué de près de 30 cm dans sa partie supérieure et dans le bas, et de 25 cm sur les côtés. Grâce cependant à la gravure de Vidal *(fig. 1)*, nous pouvons nous imaginer de façon précise la composition primitive. Dans le bas, entre les roulettes du cheval de carton, se voyait un polichinelle. Un décor de colonnes, un occulus ( ?) complétaient le haut de la composition. Le pastel de Saint-Non *(fig. 2)* se rapproche plus du tableau primitif, mais lui aussi, soit qu'il ait été rogné sur les côtés, soit que l'abbé n'ait copié que la partie centrale de l'œuvre, n'en montre que les morceaux principaux.

Le pastel a le grand intérêt d'être daté. Malheureusement, la lecture des derniers chiffres de la date n'a pas fait l'unanimité. Mary Ann Wurth Harris (1979) avançait 1770, le catalogue du Japon (1980), 1790 ou 1799 (l'abbé de Saint-Non était mort en 1791 !). On s'accorde aujourd'hui à préférer 1779.

Plusieurs noms illustres sont réunis autour des *Deux sœurs*. Son propriétaire, le marquis de Veri (1722-1785) fut un grand collectionneur, amateur averti de Fragonard (voir

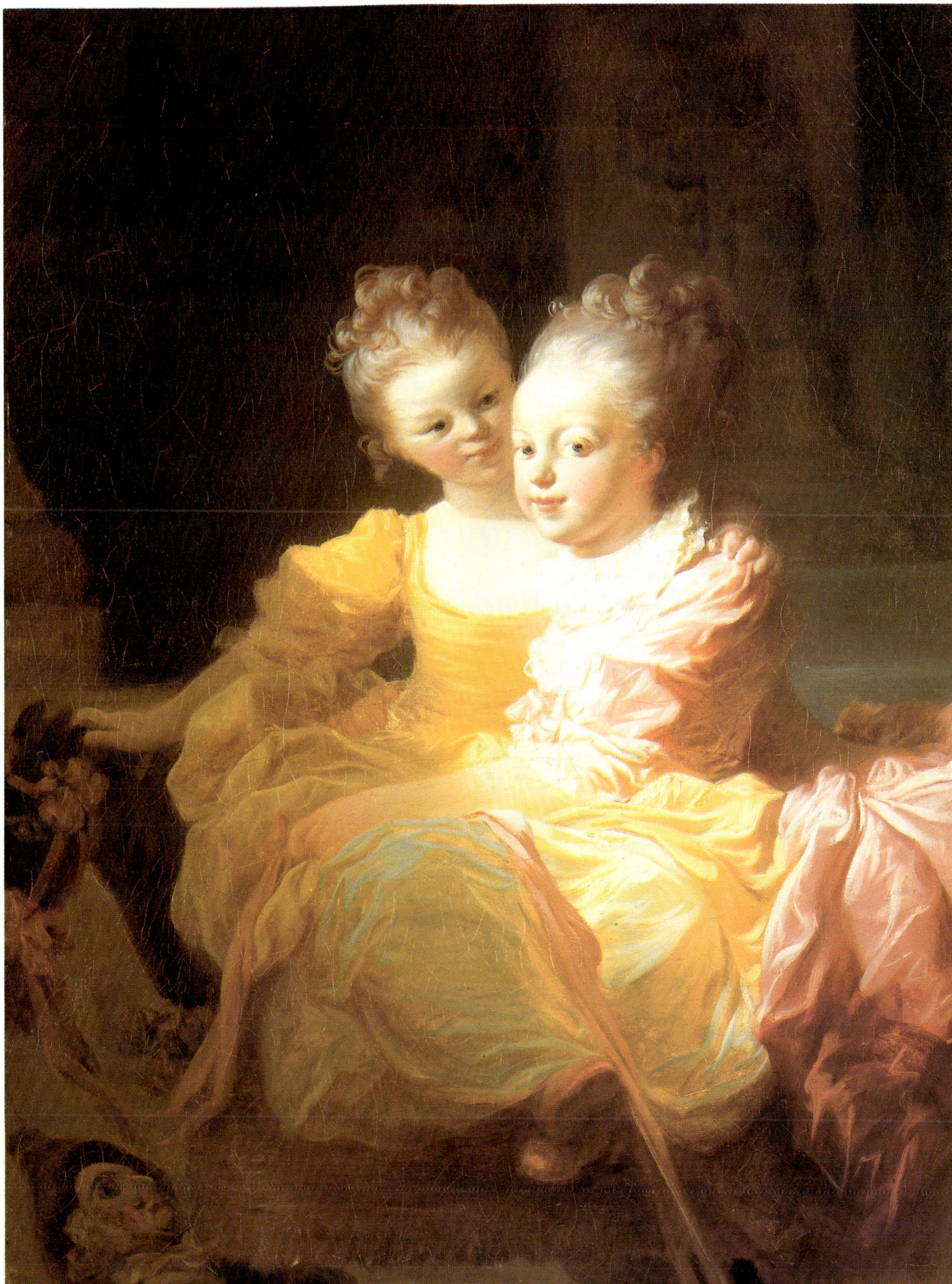

nº 236) qu'il connut personnellement. Son biographe Colin Bailey (1985, p. 70) nous apprend qu'il constitua l'essentiel de sa collection entre 1775 et 1779. L'abbé de Saint-Non copia au pastel plusieurs œuvres de Fragonard dont il resta l'intime (Wildenstein, 1959).

Mais nous ignorons les circonstances précises de la commande, ainsi que l'identité des modèles. Il ne peut pas s'agir, à notre avis, de Rosalie Fragonard et de sa tante Marguerite Gérard, nées respectivement en 1769 et en 1761. Outre que la gravure de Vidal et le catalogue de la vente Veri sont d'accord pour affirmer que les modèles étaient « sœurs », un écart d'âge de près de neuf ans entre les deux fillettes ne semble pas crédible. En outre, Marguerite Gérard avait les yeux bleus et non gris ou noirs. De plus l'œuvre, par son style, ne paraît guère être postérieure à 1770.

Saint-Non sur son pastel, plus encore la gravure de Vidal, affadissent et banalisent les traits des fillettes (qui n'étaient guère jolies !). Plus qu'à son habitude, Fragonard a tenu à faire ressemblant, s'est voulu portraitiste. Sa réussite est ailleurs. Elle est dans l'accord des roses, des verts et des jaunes (absents du pastel de Saint-Non), dans la qualité de la lumière qui baigne les visages et dans la complicité des deux fillettes, arrêtées un instant dans leur jeu. L'aînée se retrouve à l'extrême droite de la *Visite à la nourrice*, une composition connue en plusieurs versions *(fig. 3* ; voir aussi *fig. 4)*.

## 158 Les deux sœurs

Huile sur bois. H. 31,7 ; L. 24

Lisbonne, museu nacional de Arte Antiga

**Provenance**
Acquis par le musée de Lisbonne de M. Ribeiro da Cunha en 1915 grâce au legs Valmor.

**Exposition**
Lisbonne, 1966, nº 309.

**Bibliographie**
R. p. 183 ;
Cat. 1959, nº 299 ;
Watson, 1961, p. 39 et 38 fig. 1 ;
Cat. musée, 1966, nº 309 ;
Harris, 1979, p. 58 fig. 4.

**Œuvres en rapport**
Voir notice précédente.

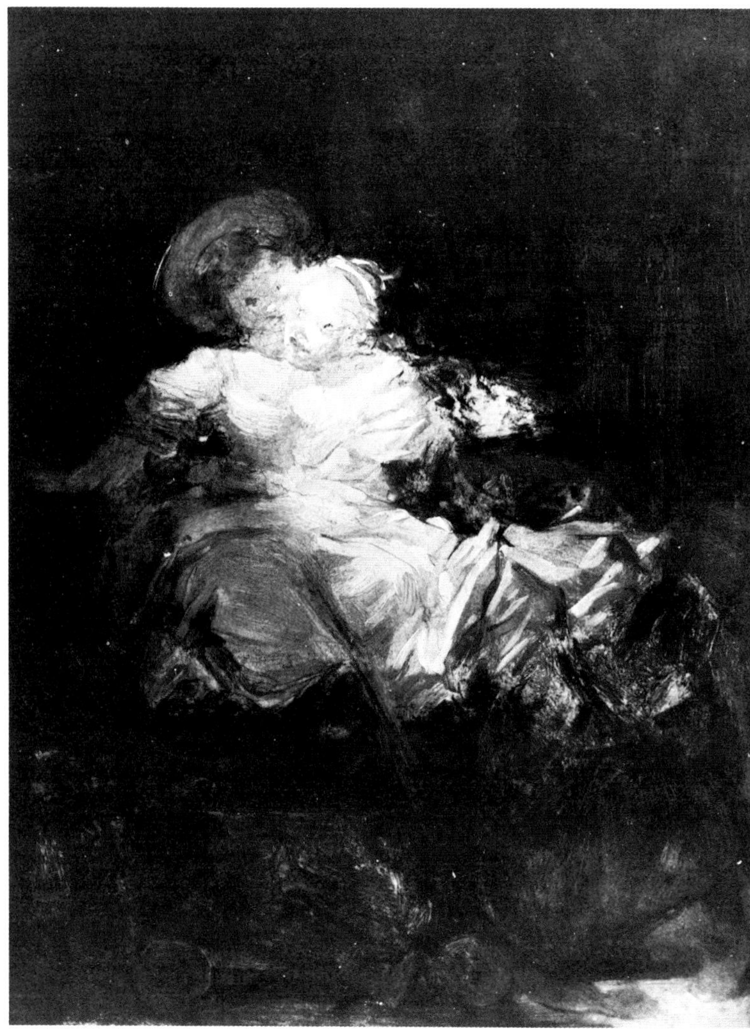

Première idée pour les *Deux sœurs* du Metropolitan Museum de New York (nº 157).

Les études peintes sont rares dans l'œuvre de Fragonard. Celle du musée de Lisbonne, peu connue, a du être rapidement exécutée, peut-être devant les jeunes modèles dont il modifiera les attitudes et surtout les coiffures. En quelques coups de pinceau nerveux, Fragonard crée l'image et lui donne vie.

# 159 «La bonne mère»

T. Ovale en hauteur. H. 49 ; L. 39

Suisse, collection privée

**Provenance**
Coll. du fermier général Marie-François Ménage de Pressigny en 1779 ; le tableau est mentionné dans le registre de réception des objets d'art... trouvés chez les émigrés et condamnés » (Archives Nationales F[17] 372 fol. 116, à la date du 26 brumaire an III (16 novembre 1794) et jours suivants : « Ménage de Presigni, condamné, rue des Jeuneurs n° 8 La Bonne Mère, gravé par Delaunay hauteur 17 pouces 1/2, de largeur 13 pouces 1/2 forme ovale (de fragonard) » (estimé 600 livres). « Prisé 300 livres par Le Brun dans l'inventaire dressé par lui le 17 brumaire 1794 an III (7 novembre 1794) et remis le 20 à la Commission temporaire des Arts » (A. N. F[17] 1268, n° 175 ; voir W. 452).
Plusieurs « bonne mère », généralement associées avec le tableau de Boston (voir *Œuvres en rapport*), passent en vente au XIXe siècle, généralement sans que les cat. n'en précisent les dimensions. Il est difficile de décider si l'une d'elles s'identifie avec le tableau présentement exposé.
Selon Alvin-Beaumont (1913), proviendrait des coll. du baron d'Aubigny (« descendant direct de Ménage de Pressigny », selon Apollinaire, 1914) puis Charrette ; coll. Arthur Veil-Picard dès 1907 ; coll. Mme Jeannette Veil-Picard en 1958 ; coll. privée.

**Expositions**
Paris, 1907, n° 142 ;
Berlin, 1910, n° 65 (éd. petit format) ;
Berne, 1954, n° 10 (confusions dans la provenance) ;
Londres, 1954, n° 218 ;
Zurich, 1955, n° 89 ;
Besançon, 1956, n° 3 ;
Munich, 1958, n° 57.

**Bibliographie**
G. p. 306 et 331 (gravure) ;
Tourneux, 1907, p. 100 ;
Alvin-Beaumont, 1913, pp. 25-31 ;
Alvin-Beaumont, *Le Temps*, 1er décembre 1913 , p. 5 ;
Thiébault-Sisson, *Le Temps*, 9 novembre, p. 3 et 27 novembre 1913, p. 3 ;
Apollinaire, 1914, pp. 8 et 11-14 ;
Wilhelm, 1954, p. 2 ;
R. p. 171 ;
W. sous le n° 452 (« semble avoir été exécuté d'après la gravure ») et p. 36 de l'éd. française (voir aussi W. 451) ;
W. et M. sous le n° 476 (« copie ») ;
cat. exp. St Petersburg, 1982-83, sous le n° 11.

**Œuvres en rapport**

*Tableau*
Le Museum of Fine Arts de Boston conserve une version plus grande *(fig. 1* ; H. 65 ; L. 54*)* qui offre quelques variantes avec la toile que nous exposons (W. 451 pl. 98 ; cat. exp. Tokyo, 1980, n° 71, pl. en couleurs) : connue à coup sûr depuis 1883, elle provient vraisemblablement d'une vente [La Fontaine ou Cochu] du 22 février 1798, n° 146 : « ce morceau gracieux a longtemps jouit d'une réputation que justifioit le talent de cet artiste » !. Il est difficile de la juger sereinement tant son état de conservation est médiocre, mais nous pensons qu'il s'agit au mieux d'une réplique guère inspirée.

*Gravure*
L'œuvre a été popularisée grâce à une gravure de Nicolas Delaunay (1739-1792), citée par tous les auteurs anciens qui se sont interessés à Fragonard. La version la plus célèbre de cette gravure « est dédiée à M. Ménage de Pressigny, Conseiller, Fermier général de S. M.... » (*Journal de Paris*, 3 décembre 1779, n° 337, p. 1373, voir aussi 28 novembre 1779, n° 332, p. 1353 et *Mercure de France*, 1er janvier 1780, p. 45) et a été exposée au Salon de 1779 (n° 288). Delteil (1910, pp. 141-142) nous apprend que Delaunay la vendait six livres. Nous en reproduisons une version fort rare sans l'habituelle dédicace *(fig. 2*, voir aussi *fig. 3)*. Pour les autres versions de la gravure, voir P. p. 323, n[os] 34-36, Delteil, W. et Hébert et Sjöberg, XII, 1973, n° 196).

Les Goncourt (p. 306), souvent cités, affirment que, sous la Révolution, « Fragonard... dédie la *Bonne Mère* à la Patrie ». L'origine de cette phrase est à chercher dans Launay, 1859 (« Il a peint aussi l'*Heureuse mère* qu'il dédia à la patrie, lorsque la révolution eut éclaté »).

Pour la gouache, voir la notice suivante.

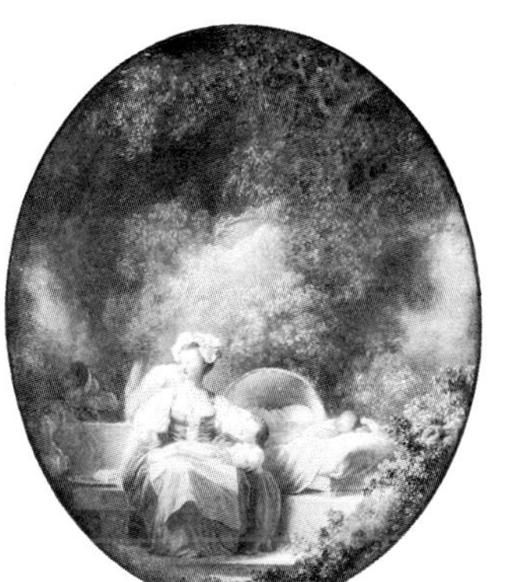

fig. 1. Fragonard ( ?), *La bonne mère*, Boston, Museum of Fine Arts

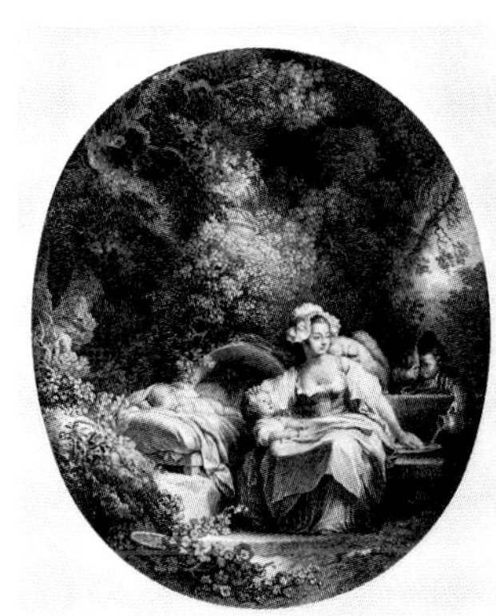

fig. 2. N. Delaunay, *La bonne mère*, Paris, musée du Louvre, Cabinet des dessins, coll. Rothschild

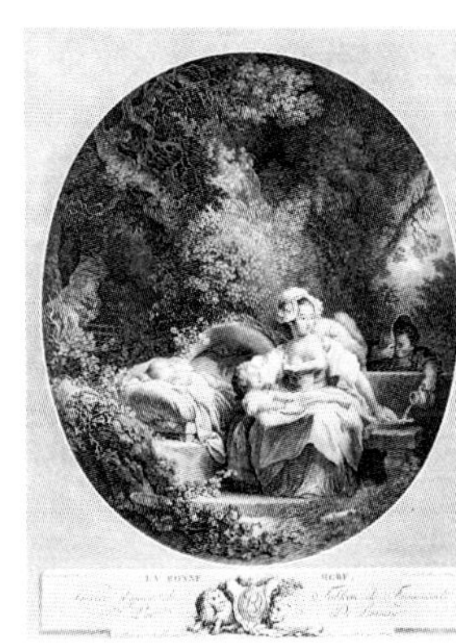

fig. 3. N. Delaunay, *La bonne mère*, Paris, musée du Louvre, Cabinet des dessins, coll. Rothschild

Le tableau est peu connu : il a fait l'objet en 1913-1914 d'une violente polémique qui opposa Thiébault-Sisson, défenseur de la version de Boston (voir *Œuvres en rapport*) à Alvin-Beaumont et à Guillaume Apollinaire, « payé par Jacques Seligmann [pour] publier... un opuscule où il attaquait l'original *(sic)* de *La Bonne Mère* de Fragonard » (Gimpel, 1963, p. 258), partisans du tableau alors Veil-Picard.

Il n'a depuis cette époque que rarement été vu et n'a jamais été étudié sérieusement. Seuls Jacques Wilhelm (monographie inédite) et David Carritt (voir cat. exp. St Petersburg, 1982-83) avancent que le tableau gravé en

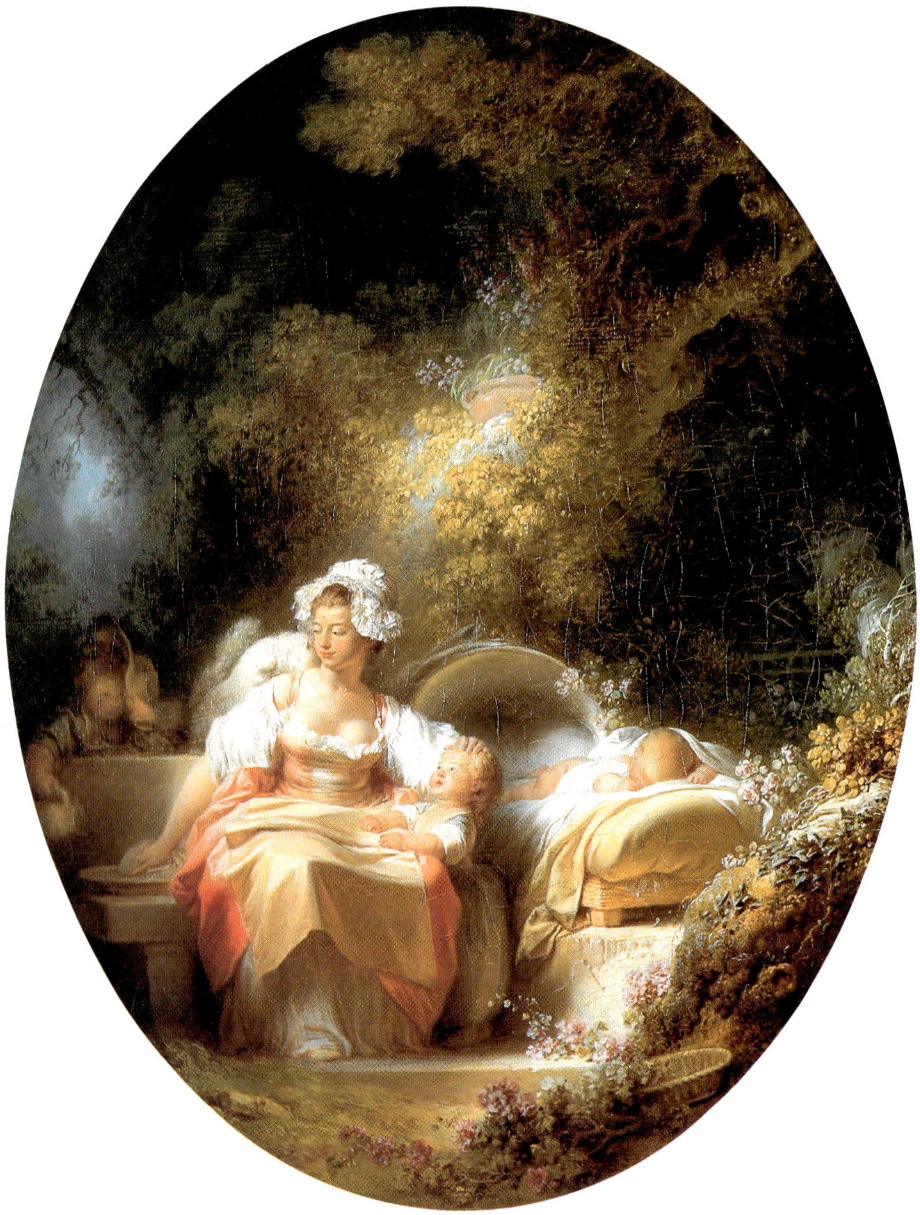

1779 par Delaunay se confond très vraisemblablement avec celui que nous exposons ici : on se souvient que Delaunay avait dédié sa gravure au puissant fermier général, Marie-François Ménage de Pressigny. A la Révolution, une «*Bonne Mère*» est saisie chez lui, de dimensions très voisines à celles de notre tableau.

Nous pensons que Fragonard peignit d'abord son tableau, puis quelques années plus tard exécuta la gouache que nous présentons au numéro suivant, exposée au Salon de la Correspondance en 1781. Pour Wilhelm (1954), le tableau a été peint « peu après le retour du premier voyage d'Italie ». Pour Wildenstein, la composition date de 1777-79. Nous préférons la situer peu avant le second voyage de 1773-74.

L'œuvre, restaurée pour l'exposition, est le parfait exemple de ces scènes de la vie familiale qui constituent un aspect essentiel de l'activité artistique de Fragonard. Une mère s'apprête à laver le visage de sa fillette. Un garçonnet se cache pudiquement derrière un grand chapeau et verse de l'eau dans un plat. Sur la droite, dans un grand berceau, un bébé dort. Un gros chat blanc se frotte amoureusement contre le cou de la bonne mère, auréolée d'un coquet bonnet blanc.

Si pour Sutton (1987, p. 112), le tableau évoque Greuze, il s'inspire directement selon Grayson (1980, pp. 20-26) de l'*Emile* de Rousseau (1762) dédié à « une bonne mère », Mme de Chenonceaux.

Fragonard a multiplié ces « détails pittoresques » chers aux amateurs du XVIIIe siècle (le chat, le pot curieusement caché dans l'arbre, une végétation luxuriante) ; il a surtout animé sa composition grâce à des coups de lumière qui éclairent, comme des projecteurs, le visage heureux de la jeune mère (ainsi que ses seins !), le bébé endormi et aussi ces roses trémières si chères à l'artiste.

Scène familière, la *Bonne Mère* est aussi une scène de plein air délicatement colorée, classiquement composée, toute de calme, de simplicité et de bonheur de vivre.

# 160 La bonne mère

Ovale en hauteur. H. 420 ; L. 342
Lavis de bistre, aquarelle avec rehauts de gouache

St Petersburg, Museum of Fine Arts

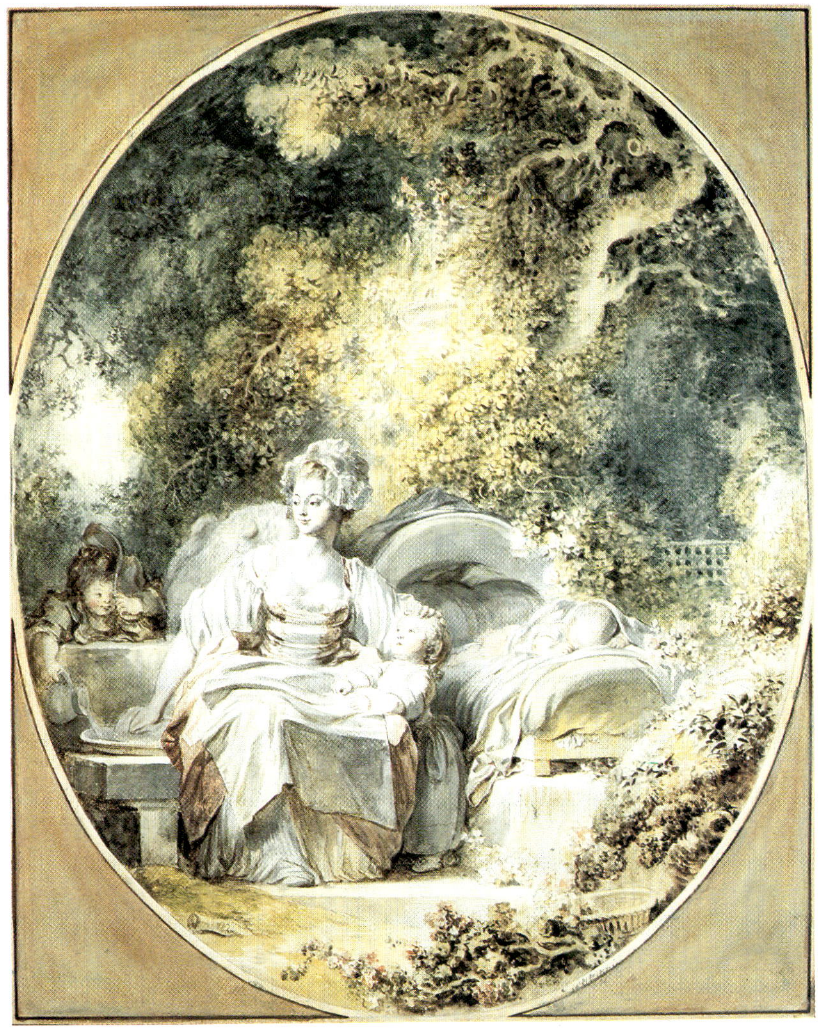

**Provenance**
Coll. de l'architecte Trouard, sa vente, 22 février 1779, nº 192 : « un morceau peint à gouache et de forme ovale en hauteur ; sur le devant, on voit une mère qui va débarbouiller son enfant qui est auprès d'elle ; plus loin un berceau, et dedans un petit enfant endormi. Le fond de ce morceau piquant et agréable est terminé par un Paysage » ; coll. Vassal de Saint-Hubert, sa vente après décès, 24 avril 1783, nº 465 : « ... une femme et trois enfants, dont un dans son berceau ; le fond est du paysage avec des rosiers et autres fleurs » ; coll. E. Norblin, 16-17 mars 1860, nº 59. Coll. David Weill en 1913 (voir Thiébault-Sisson, 1913) ; coll. Edouard Jonas en 1931 ; [Wildenstein] ; coll. A. E. Ball, New York ; vente, Londres, Sotheby's, 9 juillet 1968, nº 50, ill. Don de Mrs Acheson Stuart au musée de St Petersburg en 1979 ; 79.7.

**Expositions**
*Salon de la Correspondance*, 1781, nº 5 : « deux tableaux peints à l'aquarelle représentant l'un, une jeune mère de famille vaquant aux soins de ses enfans, sujet très connu par la belle estampe de M. de Launay... un pied et demi de haut sur un pied trois pouces de large » (H. 486 ; L. 405 ; pour « l'autre », voir notice 229) ;
New York, 1926, nº 4 ;
Paris, 1931, nº 20 (avec erreur dans les dimensions) ;
St Petersburg, 1982-83, nº 10, ill. (ill. en couleurs en couverture).

**Bibliographie**
Bellier de la Chavignerie, 1865, p. 84 ;
P. p. 306 ;
Apollinaire, 1914, pp. 12-13 ;
R. p. 227 et fig. 76 p. 153 ;
Grayson, 1980, pp. 20-26 fig. 2 p. 23 ;
A. 632 fig. 195 (voir aussi 631 et 633).

**Œuvres en rapport**
— Voir notice précédente (tableaux et gravures).
— Voir aussi A. 630. Bellier de la Chavignerie (1865) en possédait une « copie contemporaine au pastel ».

Il nous paraît difficile d'affirmer que la *Bonne mère* que nous exposons est bien celle qui figurait aux ventes Trouard (1779) et Vassal de Saint-Hubert (1783) ou encore celle du Salon de la Correspondance de 1781. Nous savons en tout cas que Pahin de la Blancherie (ou Fragonard) avait réuni en 1781 une *Bonne mère* et un *Repos pendant la fuite en Égypte*, (nº 229) lui aussi à l'aquarelle et lui aussi ovale, les deux œuvres qui très vraisemblablement passent en vente en 1783. Et nous croyons pouvoir affirmer que l'aquarelle gouachée est sensiblement postérieure en date au tableau, sans doute proche de la gravure de Delaunay qui paraît en 1779 (voir notice précédente).

Comme il a aimé le faire, Fragonard oppose la plus banale des scènes de la vie de tous les jours à un sujet par excellence religieux, comme pour mieux indiquer la similitude des thèmes, celle du bonheur — toujours menacé — de la maternité.

# 161 «La Fête à Saint-Cloud»

T. H. 216 ; L. 335

Paris, Banque de France

**Provenance**
Voir notice.
Mentionné pour la première fois le 7 février 1862 à l'occasion d'une « Estimation des tableaux et des boiseries de la Galerie Dorée en vue de l'assurance contre l'incendie... Un Fragonard... 3.000 francs » (la note elle-même n'est connue que par une copie ; l'expert appelé par la Banque de France portait le nom de M. Petit ; voir aussi Cayeux, 1948).

**Expositions**
Paris, 1907, n° 87 ;
Paris, 1921, n° 51, ill. ;
Paris, 1937, n° 159, pl. 75 de l'album ;
Paris, 1943, n° 29, ill. ;
Paris, 1948, n° 10, pp. 7-8 (Adam Saulnier) et 11-14 (Jean de Cayeux), ill. ;
Amsterdam, 1951, n° 9, ill. et couverture ;
Paris, 1951, n° 86 ;
Londres, 1954, n° 200, ill. ;
Paris, 1974, n° 108, pl. en couleurs p. 112 ;
Bordeaux, 1980, n° 20, pl. couleurs pp. 20-21 ;
Berlin, 1983, s. n., ill. couleurs.

**Bibliographie**
Portalis, 1885, p. 483 ;
Gonse, 1889, p. 77 ;
P. p. 82, 83, 202 et 277, ill. entre p. 78 et 79 d'une eau-forte de de Mare ;
Naquet, 1890, p. 36 ;
Champeaux, 1893, p. 241 ;
N. pp. 69-70 ;
Tourneux, 1907, p. 90, 100, ill. p. 99 ;
Rudrauf, 1947, p. 16 ;
R. p. 144 ;
*Plaisirs de France*, janvier 1960, p. 32 (détail) ;
W. 436, pl. 84-85, 87, 89 et pl. couleurs face p. 40 et p. 26, 35 éd. française ;
Wildenstein, 1960, pp. 45-50, fig. 3 p. 47 ;
Thuillier, 1967, ill. pp. 120-121 et 123 ;
Levey, 1972, p. 180 fig. 176 ;
W. et M. 458, pl. XLVIII-L en couleurs ;
Conisbee, 1981, p. 194 fig. 163 ;
Gaehtgens, 1983, pp. 26-35 et 78, ill. couleurs ;
Wakefield, 1984, p. 144 fig. 173 ;
Sutton 1980, 1987, pp. 111-112 ;

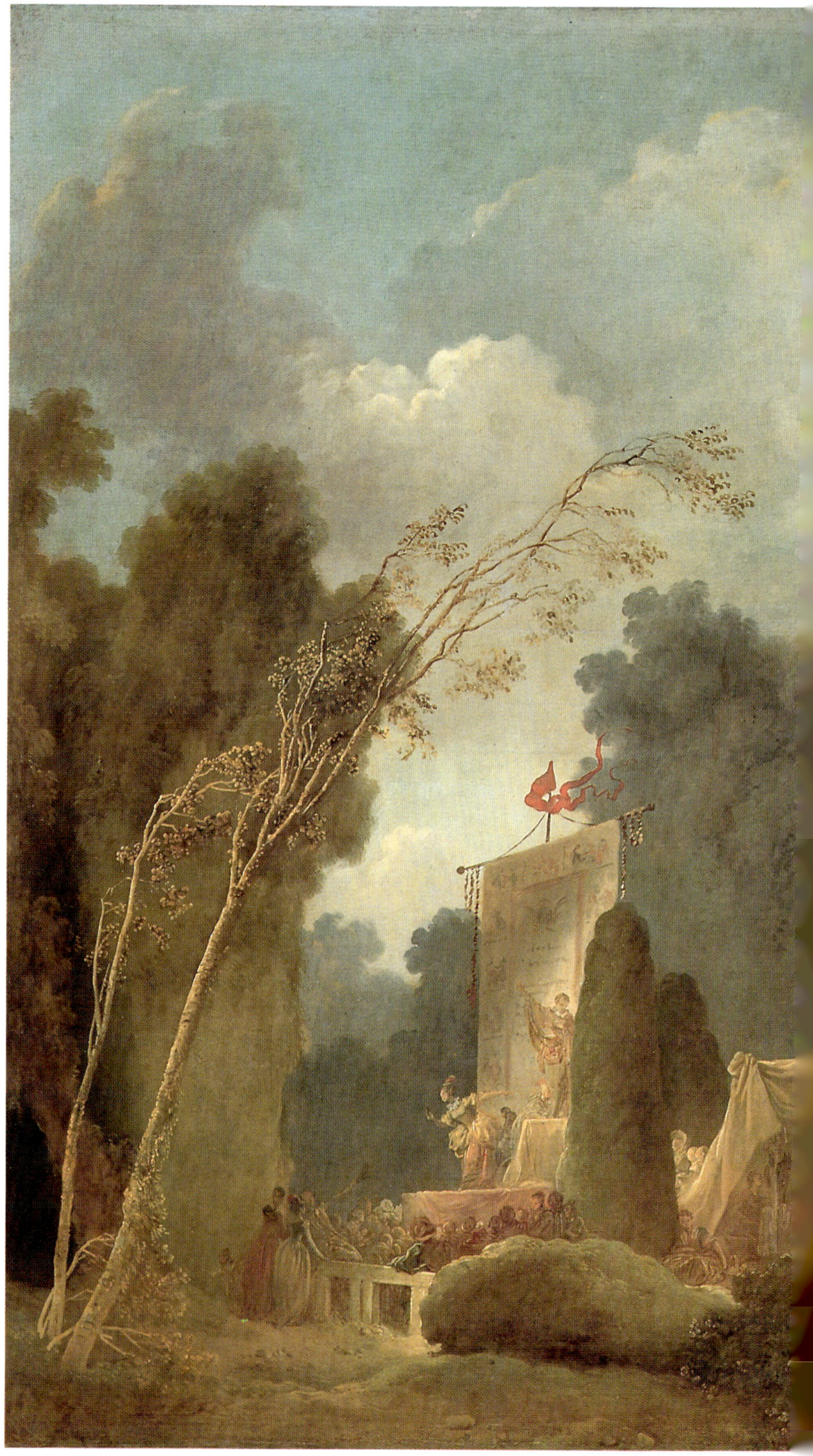

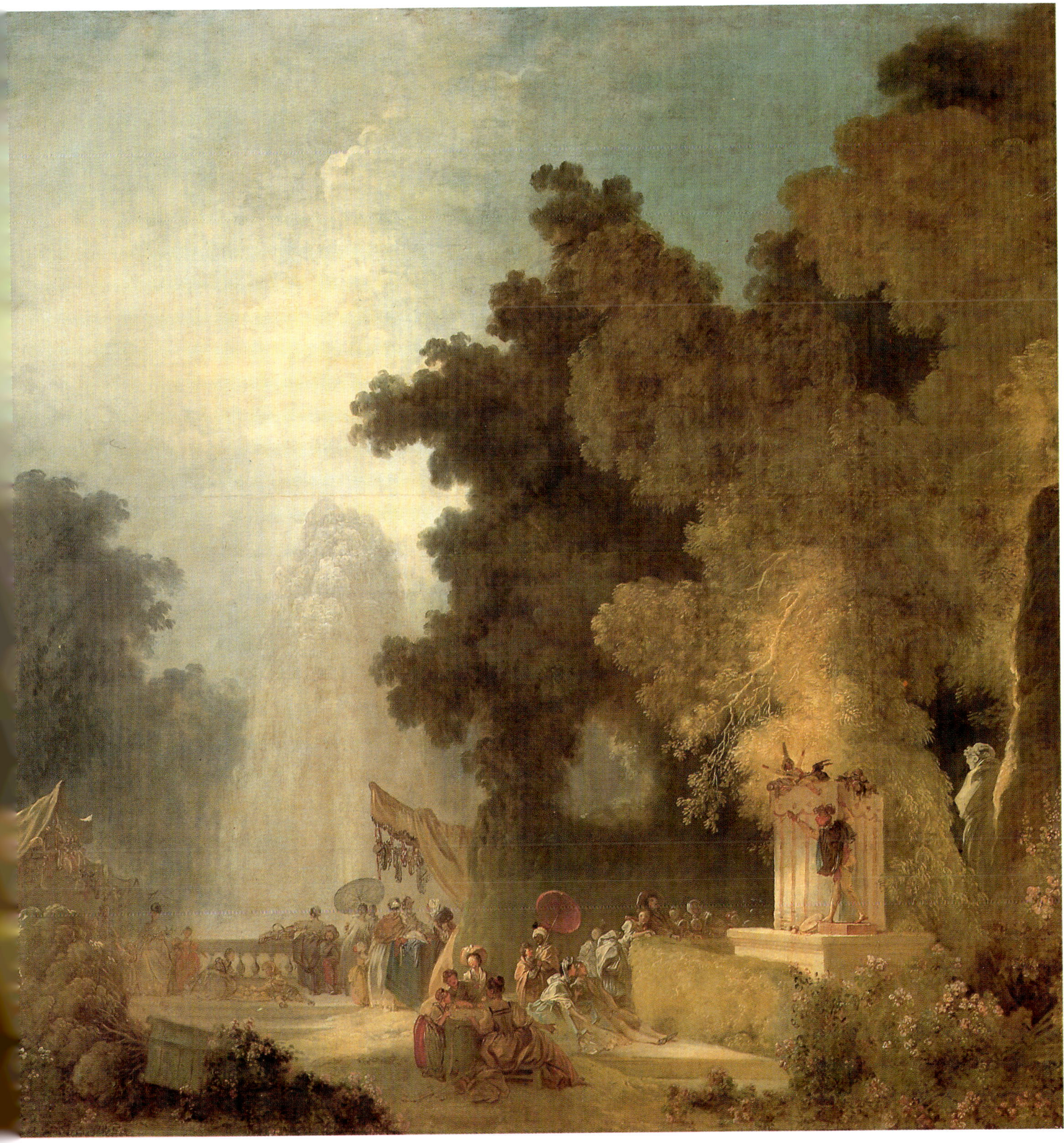

**Œuvres en rapport**

On connaît trois esquisses avec variantes pour la composition : une, autrefois dans la coll. Arthur Veil-Picard, aujourd'hui dans une grande coll. parisienne *(fig. 1* ; W. 435 fig. 185), les deux autres autrefois dans la coll. Bührle à Zurich, aujourd'hui dans une coll. new-yorkaise *(fig. 2*, W. 434 pl. 88 ; *fig. 3* ; W. 433 pl. 86 et cat. exp. Rotterdam-Brunswick, 1983-84, nº 64, ill.).

Toutes trois ont été exposées à Londres en 1968, nº 243 fig. 281, nº 244 fig. 283 et nº 245 fig. 279.

Pour une petite « vue de Saint-Cloud » sur bois, qui reste à identifier, saisie à la Révolution, voir W. 437 (le document d'archives que nous avons consulté parle « d'un tableau de paisage » !).

Pour le dessin de la coll. Lehman, voir notice nº 274 (voir aussi A. 1452 fig. 402, à comparer au dessin de Saint-Aubin reproduit ici-même).

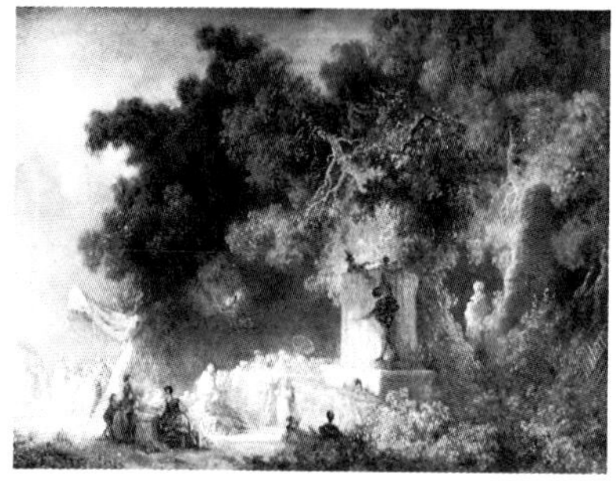

fig. 1. *Les marionettes*,
Paris, coll. privée

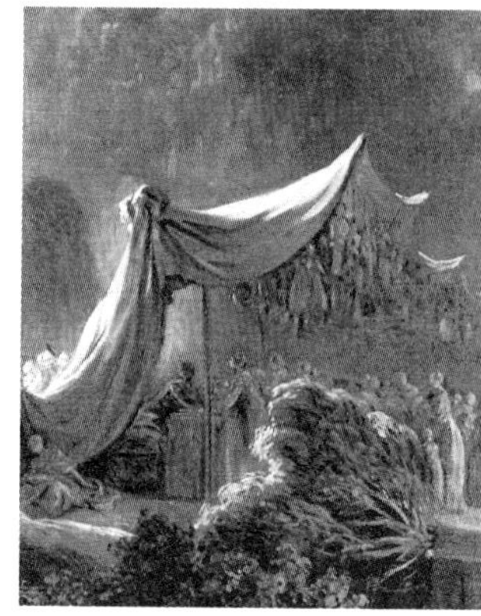

fig. 2. *Le marchand de jouets*,
New York, coll. privée

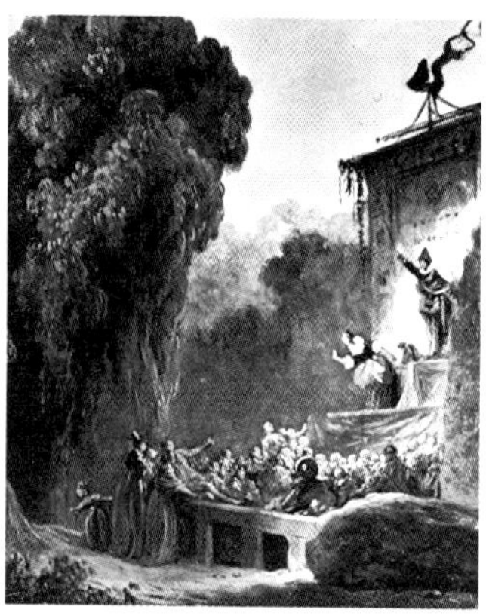

fig. 3. *Les charlatans*,
New York, coll. privée

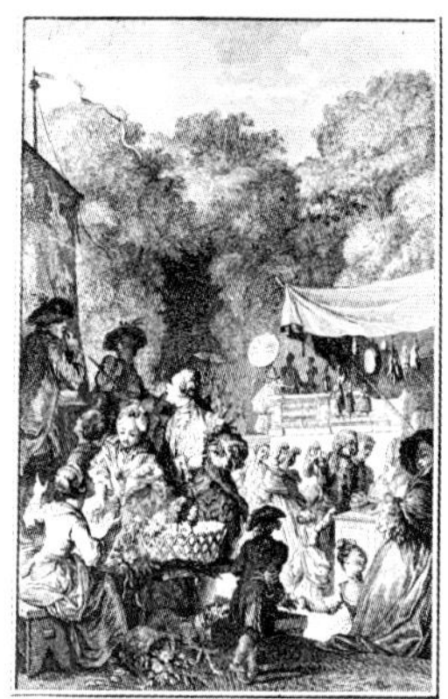

fig. 4. Delaunay d'après Moreau le Jeune,
*La fête à Saint-Cloud*,
Paris, Bibliothèque Nationale,
Cabinet des estampes

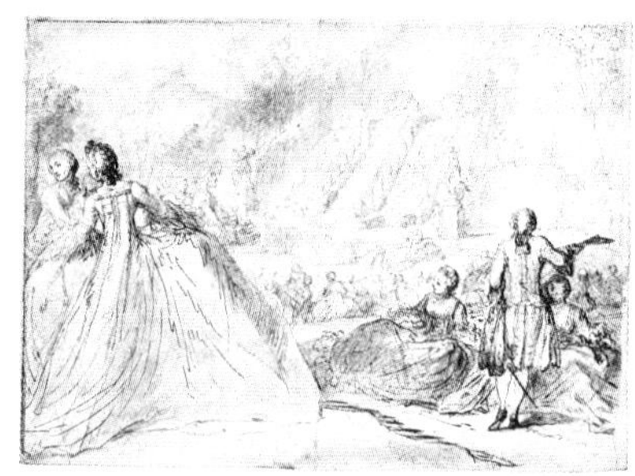

fig. 5. G. de Saint-Aubin,
*Les cascades de Saint-Cloud*,
Edimbourg, National Gallery of Scotland

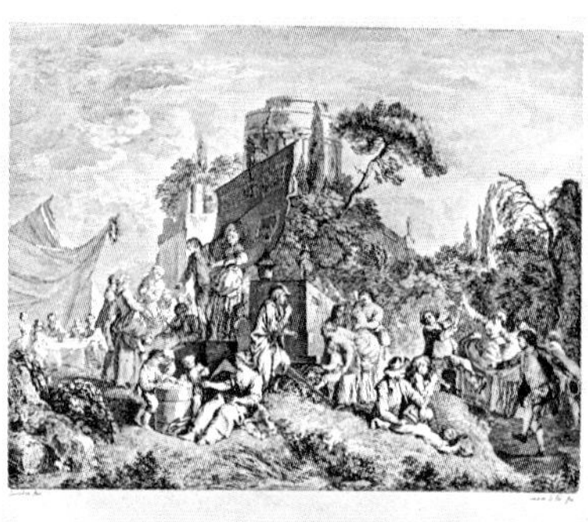

fig. 6. Cochin d'après Boucher,
*Foire de campagne*,
Paris, musée du Louvre,
Cabinet des dessins, coll. Rothschild

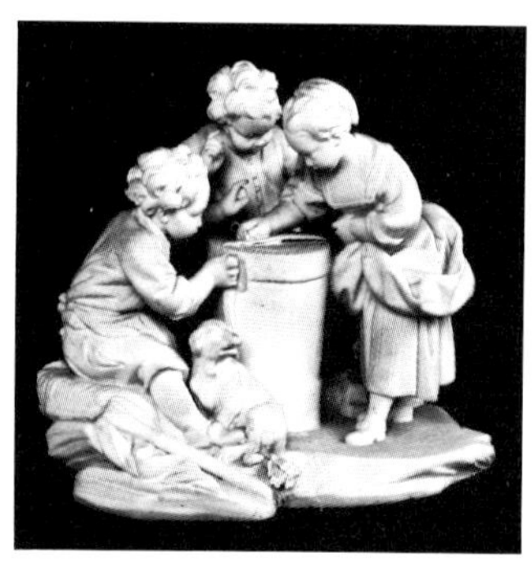

fig. 7. *Les marchands de plaisirs au tourniquet* (biscuit),
d'après un modèle de Falconet,
Sèvres, musée national de la Céramique

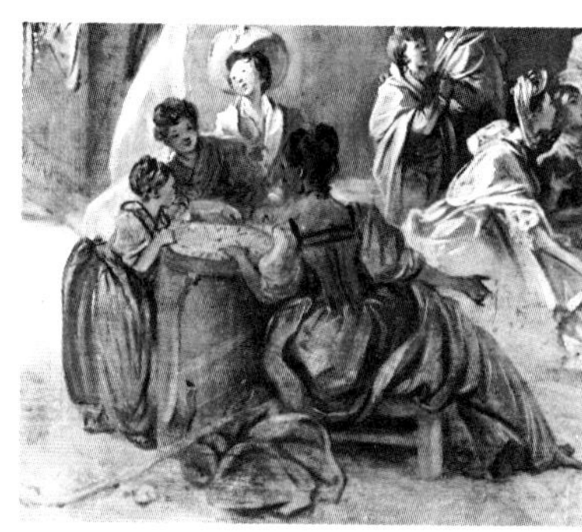

fig. 8. Détail du nº 161

L'œuvre est aussi belle qu'elle reste — en dépit de nos recherches — mystérieuse : sa provenance ancienne n'est pas connue, sa date n'est pas sûre, son titre n'a rien de certain !

*La Fête à Saint-Cloud* passe pour avoir été peinte pour le duc de Penthièvre ou du moins pour son hôtel dit de Toulouse, l'actuelle Banque de France. Rien n'est moins sûr. Au XVIIIe siècle, le tableau n'est mentionné par aucun guide de Paris et au moment de la Révolution, les inventaires de saisie sont muets. L'hôtel est pillé, devient « Imprimerie de la République » en 1795 puis « Imprimerie Impériale » avant d'être vendu en 1808 à la Banque de France. En 1862, une expertise, demandée par la Banque en vue de l'établissement d'une police d'assurances contre

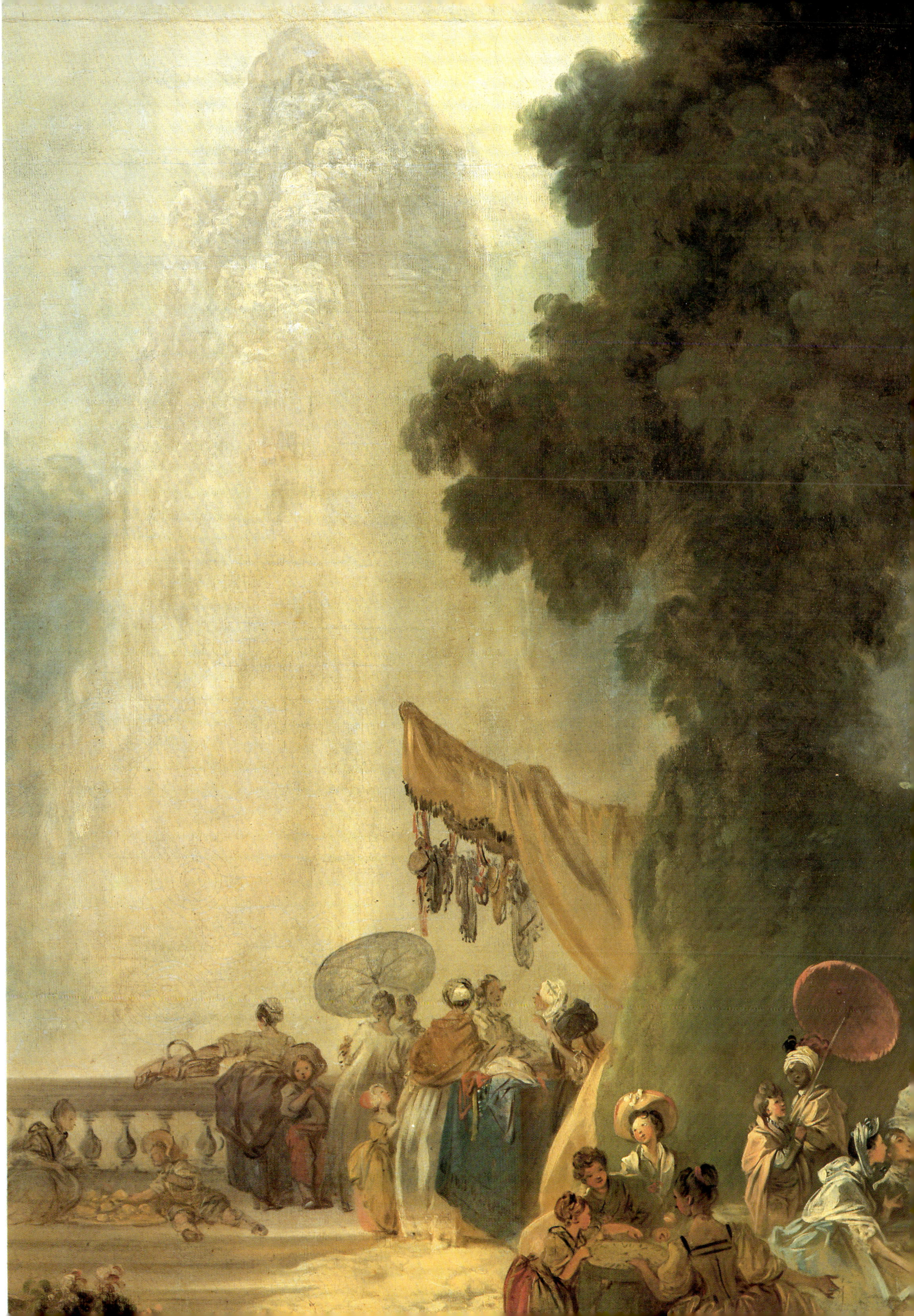

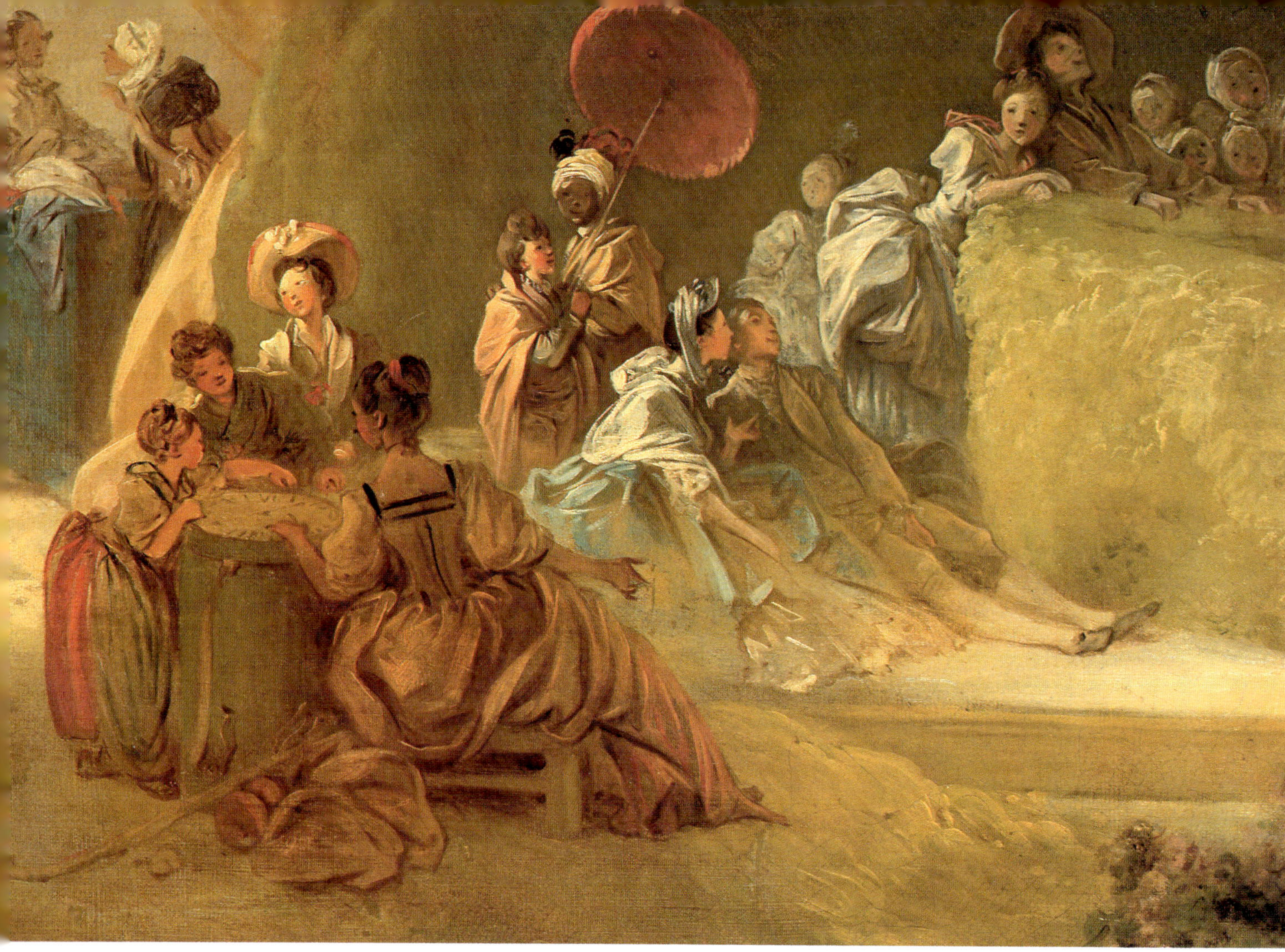

l'incendie, le mentionne sans lui donner de titre. Roger Portalis, à notre connaissance, est le premier à le publier en 1885.

La date de l'œuvre fait aujourd'hui l'unanimité : elle aurait été peinte, au retour du second voyage d'Italie, entre 1775 et 1780. Ce que l'on sait du style de Fragonard et de son évolution, ainsi que de l'histoire du costume, semble confirmer une telle datation. Mais elle nous paraît ne pas prendre suffisamment en compte les raisons qui amenèrent Fragonard à entreprendre son voyage et les inflexions subies à cette occasion par son style. En d'autres mots, à nos yeux, le tableau pourrait avoir été peint avant — peu avant — 1773.

Quant au titre de l'œuvre, il n'est guère ancien : il remonte à 1885. Certes, l'on sait que chaque année, durant les trois derniers dimanches de septembre, se tenait à Saint-Cloud, dans le parc bas (la partie haute était réservée à la famille royale), une foire très prisée des Parisiens. Les artistes, Robert, Carle Vernet (voir Wildenstein, 1960), Gabriel de Saint-Aubin, Moreau le Jeune *(fig. 4)*, parmi bien d'autres, s'y rendaient, en dessinaient les cascades *(fig. 5)*. Mais rien ne prouve que Fragonard ait voulu la décrire. Bien au contraire, son génie le poussait à l'invention, à l'évocation d'un site, bien plus qu'à sa fidèle représentation. C'est faute de mieux que nous avons conservé à l'œuvre son titre...

On remarquera en passant que Fragonard reste sensible à l'exemple de Boucher et de sa *Foire de campagne* gravée en 1740 par Cochin *(fig. 6)*.

Celui qui aimerait percer les mystères qui entourent l'origine du chef d'œuvre de Fragonard devrait, croyons-nous, orienter ses recherches dans deux directions radicalement opposées à celles qui ont, à ce jour, été suivies : la *Balançoire* et le *Colin-maillard* de Washington, nous le dirons, nous paraissent les pendants du tableau de la Banque de France. Or, à la vente de Louis-René Marchal de Saincy, le 29 avril 1789, figuraient (n° 41) : « cinq grands Tableaux » de Fragonard « exécutés pour former la tenture d'un Sallon ; ils représentent divers sujets de Paysages de sites variés et gracieux et sont ornés de figures intéressantes » (malheureusement, le catalogue n'en donne pas les dimensions ; rappelons que Saincy fut le mécène du peintre Casanova, dont il possédait de nombreuses œuvres). Michael Clark nous informe que l'hôtel habité par Saincy, 6 rue d'Aboukir, avait été acquis par la Banque de France en 1806 ! Et n'oublions pas, d'autre part, la citation, rarement relevée, des Goncourt, une fois de plus inspirés par Théophile, le petit-fils du peintre : « Fragonard eut toujours le goût de décorer ses habitations. Il fit des peintures dans sa maison de campagne de Carrières, puis dans celle de Petit-Bourg à la décoration de laquelle il fit travailler son fils avec lui » (Goncourt, p. 284, note 1).

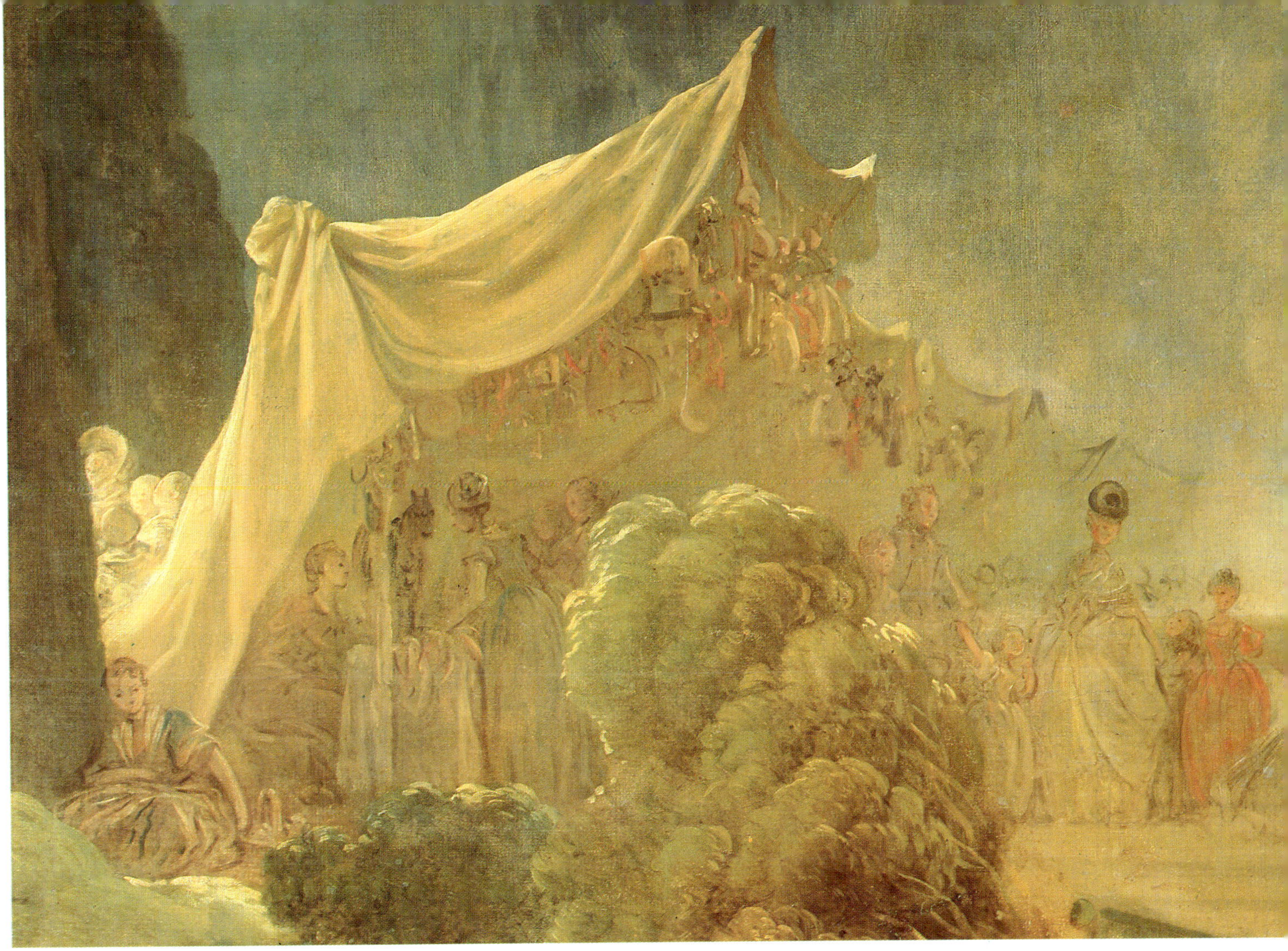

En un siècle, l'œuvre a progressivement conquis l'admiration générale. Rarement visible, elle compte aujourd'hui parmi les « chefs d'œuvre secrets » de Paris. Deux des plus brillants historiens d'art de notre temps, Francis Haskell qui lui consacra une conférence hélas inédite et Thomas Gaehtgens (1983), la considèrent comme « un des plus beaux tableaux du monde », comparable seulement en son siècle à l'*Enseigne de Gersaint*. Quelles sont les raisons de cette fascination ?

Le sujet en est fort simple : au centre, un grand jet d'eau dont nous sommes séparés par une balustrade de pierre ; sur les côtés, d'immenses arbres et des groupes serrés de personnages qui assistent aux spectacles. Sur la gauche, des charlatans puis un marchand de jouets, enfin sur la droite un montreur de marionnettes. Pour chacun des groupes (pour lesquels on connaît trois esquisses ; *fig. 1* à *3)*, Fragonard multiplie les notations amusantes : une petite fille tente d'échapper à sa mère, un homme assis sur l'enclos de bois salue de son chapeau la belle présentatrice sur son estrade ; près d'elle, un cerceau et un singe évoquent le cirque, la prestidigitation. Puis vient la tente qui abrite des poupées, un cheval de bois, un garçonnet qui vend des beignets puis la marchande d'oublies (ou de plaisirs ; *fig. 7* et *8*) débitant, grâce à sa petite loterie, ses pâtisseries (on distingue le cadran et ses chiffres avec son tourniquet), enfin le montreur de marionnettes juché sur un socle de pierre et sur une sorte de casier à boutons avec, à ses pieds, un tambour et des balles.

La grande harmonie vert et or (« de l'ambre à l'émeraude », J. Thuillier) du tableau est ponctuée des taches rouge vif de l'oriflamme, du parasol que tient un négrillon turbanné de blanc avec plumes rouge et noire. Le soleil compose la scène, sépare les plans, éclaire certains groupes, un Pan sur la droite caché dans les bosquets qui fait songer à Watteau. C'est dans la fusion entre la nature et les éléments — l'écume du jet d'eau, le vent qui a renversé une caisse d'orangers, un soleil « vagabond », les grands nuages vaporeux — que réside la beauté de l'œuvre, une nature pacifiée, civilisée, en rien inquiétante, accueillante à l'homme.

Moins « paysagiste » que Moreau l'Aîné, dont la conception de la nature rappelle si souvent Rousseau, moins « sublime » et héroïque que Joseph Vernet, moins sensible à l'architecture et à la marque de l'homme qu'Hubert Robert, Fragonard, comme eux, n'échappe pas à son temps (ni à son pays : que l'on songe aux grands exemples vénitiens, Canaletto, Guardi ou Bellotto !). Sa vision, comme l'a bien vu Gaehtgens, plus que celle déjà romantique d'un Burke, est celle d'un contemporain de Diderot : l'homme a domestiqué la nature pour mieux l'admirer encore, pour en jouir en toute insouciance, dans le bonheur.

# 162 La balançoire

T. H. 216 ; L. 185,5

# 163 Le colin-maillard

T. H. 216 ; L. 198

Washington, National Gallery, Collection Samuel H. Kress

**Provenance**
Coll. Casimir Perrin, marquis de Cypierre (1784-1844), sa vente après décès (cat. rédigé par Thoré), 10 mars 1845, n^os^ 52 (*La balançoire*, 751 francs avec le n° suivant) et 53 (300 francs, selon Blanc) ; coll. Montesquiou-Fezensac, selon éd. anglaise de W. (Eisler, 1977, p. 331, indique qu'un exemplaire du cat. de la vente Montesquiou-Fezensac de 1897 annoté par L. Soulié mentionne qu'Haro avait acheté à l'amiable, pour Groult, de cette coll. deux Fragonard et un Chardin), puis Camille Groult dès 1889 (P.) et jusqu'en 1952 ; [Wildenstein en 1952] ; acquis par Samuel H. Kress en 1954 ; à la National Gallery depuis 1961 ; 1961.9.17 et 1961.9.16.

**Exposition**
Jamais exposés.

**Bibliographie**
Thoré, *Le Constitutionnel*, 1er octobre 1844, p. 3 ;
*Bulletin de l'Alliance des Arts*, 10 février 1845, p. 243 ;
Blanc, 1862, p. 16 ;
G. p. 334 ;
P. p. 272 (*Balançoire*) et 273 (*Colin-maillard*) ;
N. pp. 69-71, 150 (ill. des deux tableaux entre p. 70 et 71 et détails entre p. 150 et 151 et entre p. 152 et 153) ;
Réau, 1927, pp. 150-151 et ill. détails p. 151 (*Colin-maillard*) ;
R. p. 158 ;
Clay, 1959, p. 78, ill. (*Balançoire*) ;
Wildenstein, 1959, p. 244, nos 1 et 2 ;
W. 447 pl. 92 et 94 (*Balançoire*) et 448 pl. 93 et 95 et pl. couleurs en face pl. 94 ; p. VIII éd. angl. et p. 25 éd. française ;
Wentzel, 1964, pp. 214-216, p. 215 fig. 162 (*Balançoire*) et 217 fig. 163 (*Colin-maillard*) ;
W. et M. 471 ill. pl. LIII et LV en couleurs, et 472 pl. LII et LIV en couleurs ;
Eisler, 1977, pp. 328-331, fig. 296 et 298 (*Balançoire*), 295 et 297 (*Colin-maillard*) (avec bibliographie complète) ;
Girod de l'Ain, 1977, pp. 168-169 ;
Fried, 1980, p. 139, fig. 60 p. 141 (*Colin-maillard*) ;
Conisbee, 1981, p. 178, pl. 15 en couleurs p. 189 (*Balançoire*) ;
Posner, 1982, p. 80, fig. 8 (*Colin-maillard*) et 9 (*Balançoire*) ;
Sutton 1980, 1987, p. 112.

Comme Pierre de Nolhac (1906), nous espérions pouvoir prouver que les deux grandes compositions de Washington, la *Balançoire* et le *Colin-maillard*, n'en faisaient qu'une à l'origine : en fait, dans la collection Groult, entre les deux guerres,les deux toiles avaient été réunies, d'une manière assez convaincante *(fig. 1)*. Mais un examen attentif, mené à bien par le laboratoire de la National Gallery, a confirmé que les deux œuvres étaient, dès le XVIIIe siècle, séparées.

Pourquoi attachions-nous quelque importance à ce point ? Le *Colin-maillard*, la *Balançoire*, ont exactement la même hauteur (2,16 m) que la « *Fête à Saint-Cloud* » de la

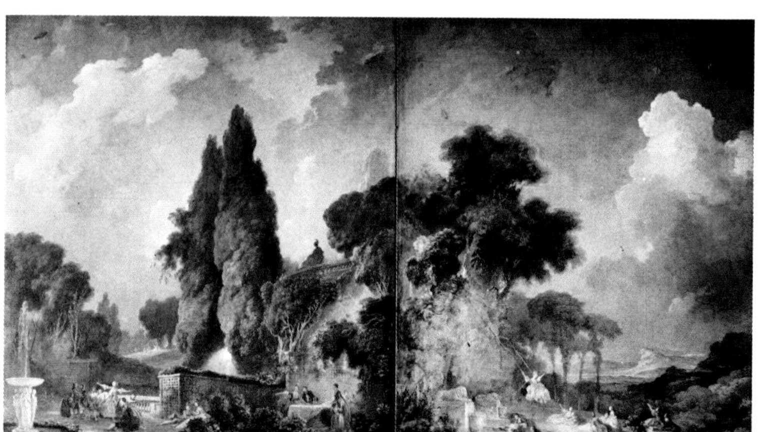
fig. 1. Les deux tableaux de Washington réunis dans la coll. Groult

Banque de France (n° 161). Réunies, les deux toiles de Washington, sont plus larges de près de cinquante centimètres que la soi-disante « *Fête* ». Mais pouvaient-elles, à l'origine, faire partie d'un même ensemble, d'une même décoration et orner une même pièce, même si le *Colin-maillard* et la *Balançoire* étaient séparés l'un et l'autre par un lambris ? Nous croyons que la réunion des trois œuvres à l'exposition en apportera la preuve.

Où ? La question n'a guère retenu l'attention. Pour Wildenstein (1959, p. 238 et 244), les deux toiles de Washington se confondent avec la *Balançoire* et la *Main chaude* de la collection de Saint-Non. Mais l'inventaire après décès de 1792 de l'abbé, outre qu'il ne donne pas les dimensions de ces deux œuvres, précise qu'elles ont été peintes « en Italie ». Surtout il associe à une *Balançoire*, sujet banal entre tous dans l'œuvre de Fragonard, une *Main chaude*, jeu bien plus rarement représenté par l'artiste (n° 165), et difficile à confondre avec un *Colin-maillard*.

Les deux toiles de Washington sont mentionnées pour la première fois, en 1844, dans la collection du marquis de Cypierre. Mais l'on ignore d'où le célèbre amateur, propriétaire du *Gilles* de Watteau, les tenait. Et Fragonard a peint trop de *Balançoire* et de *Colin-maillard* pour que nous puissions affirmer que les deux compositions de ces sujets de la collection de Gérard de Nerval (1808-1855), « achetées quelque part pour 50 francs » (Simches, 1964, p. 68 ; voir aussi Tourneux, 1887 et Bizet, 1928) puissent se confondre avec les toiles de Washington.

Nous pensons, sans hélas pouvoir en apporter la preuve, que les toiles de Washington, comme la « *Fête* », ont pu faire partie de la collection de Louis-René de Saincy, vendue en 1789 (voir notice précédente), ou encore orner une des

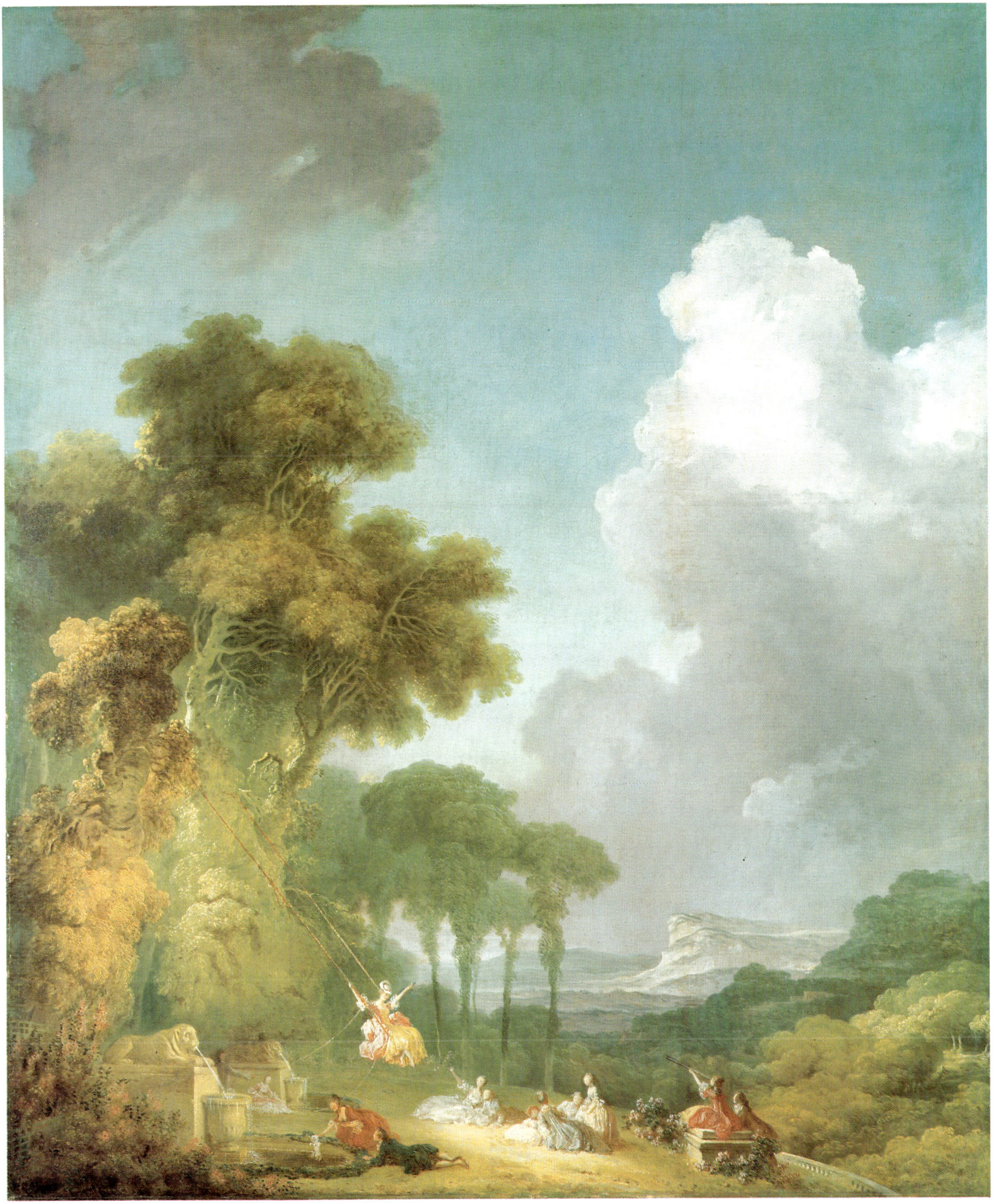

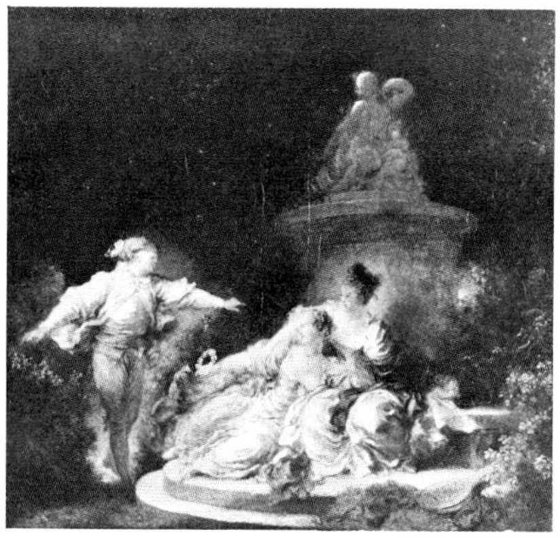

fig. 2. *Le colin-maillard*,
Suisse, coll. privée

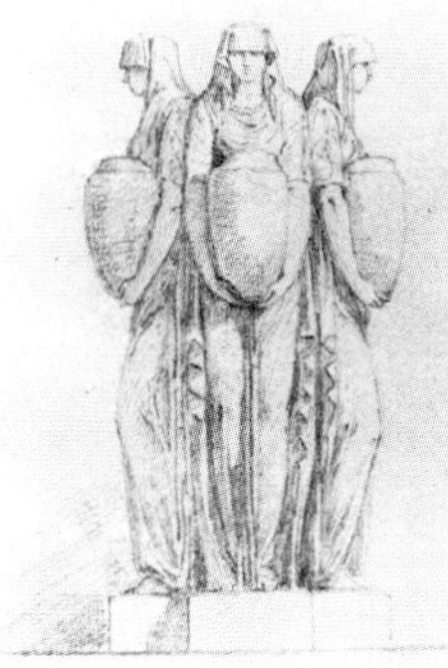

fig. 3. P.-A. Pâris,
*Trois femmes tenant des urnes*,
Montréal, musée des Beaux-Arts

maisons de campagne que Fragonard acheta aux environs de Paris quand vint le succès. Nous avons cité plus haut (nº 161) le texte des Goncourt qui s'appuie sur le témoignage du petit-fils de Fragonard, Théophile, et confirme que l'artiste aimait peindre ses logements. Alphonse de Launay en 1859, s'il ne nous apprend rien de précis sur les tableaux de Washington, décrit l'atelier de l'artiste au Louvre, que Fragonard « avait décoré lui-même » d'« une végétation d'une richesse inconnue dans nos climats... des arbustes, des lianes, des plantes grimpantes, des rochers factices, des fleurs ». Il ajoute — renseignement plus précieux — que Fragonard possédait « dans un coin » de son atelier « une balançoire sur laquelle il faisait poser ses modèles ».

Nous exposons quatre *Balançoires* (nos 6, 15 et 170), chacune bien caractéristique d'un aspect du talent de Fragonard (l'*Escarpolette* de Londres, la plus célèbre et la mieux étudiée [voir Wentzel, 1964 et Posner, 1982], sinon la plus belle des œuvres sur ce thème, absente de l'exposition, aurait ajouté un quatrième éclairage). Nous présentons autant de *Colin-maillard* (il manque, hélas, celui de la collection Rothschild à Prégny, W. 313, pl. 60, *fig. 2)* qui confirment tout l'intérêt (voir Réau, 1927) que Fragonard portait à ces deux thèmes qu'il a aimé réunir.

De sa balançoire (en réalité une escarpolette), une jeune femme jette des fleurs à ses compagnes allongées sur le sol. L'on aperçoit, entre deux lions de pierre « égyptiens » crachant un mince filet d'eau, le couple qui tient les guides et, devant eux, une jeune femme qui baigne un caniche blanc. Une dame, assise sur un banc de pierre, braque vers le ciel une longue-vue. La scène se déroule sur la terrasse d'un parc qui domine une vallée boisée. Au lointain, on distingue des montagnes d'une « roche crayeuse dressée sur la plaine blanche ».

Une jeune femme, les yeux bandés, virevolte comme une danseuse. A l'extrême gauche, une fontaine à l'antique (voir *fig. 3)*. Au centre, près d'une cascade, un jeune homme tient la main de son amie, plus loin, sous une terrasse dominée par la statue de Minerve et un grand jet d'eau, un couple, deux mères avec leurs enfants sont attablés autour d'une collation.

Les deux grandes toiles de Washington, bien étudiées par Eisler en 1977, dont la matière picturale a été quelque peu écrasée par un rentoilage brutal, comptent sans conteste parmi les plus parfaites et les plus caractéristiques créations de Fragonard : jamais les jaunes et les verts, les bruns chauds ponctués de quelques taches de rouges n'ont été à ce degré magnifiés. Fragonard décrit une nature heureuse, l'eau des fontaines, les grands nuages vaporeux, les immenses arbres et les fleurs, les bosquets et les buissons, le soleil surtout qui la fait vibrer, une nature civilisée par l'homme dont la marque est partout visible. Adultes et enfants s'y sentent à l'aise, ne semblent en rien la craindre, ni même s'apercevoir de sa beauté, encore moins s'en extasier.

La vision de Fragonard est nouvelle : elle sera sans véritables lendemains. Elle n'évoque pas plus la solitude de Watteau que l'artificialité si séduisante de Boucher. Elle n'annonce pas le réalisme barbizonien, ni l'inquiétude romantique et si elle ne manque pas de grandeur, elle n'est pas grandiose, encore moins effrayante. Fragonard n'est pas non plus peintre de plein air, paysagiste, comme le seront les impressionnistes, ni « visionnaire » à la Turner, ni « solaire » comme Monet. Il fuit le sentiment, tout lyrisme excessif. Il peint une nature *aimable*, dans toute sa beauté ; il peint le bonheur de ceux qui la vivent. « Tout cela est fabuleux, fantastique, impossible ; mais c'est l'art le plus amusant qui se puisse voir. C'est une poésie aérienne et mélodieuse comme l'*Île de Cythère* de Watteau qui est au Louvre. On croirait que la musique seule peut exprimer les effets fugitifs comme le vent du matin » (Thoré, 1844).

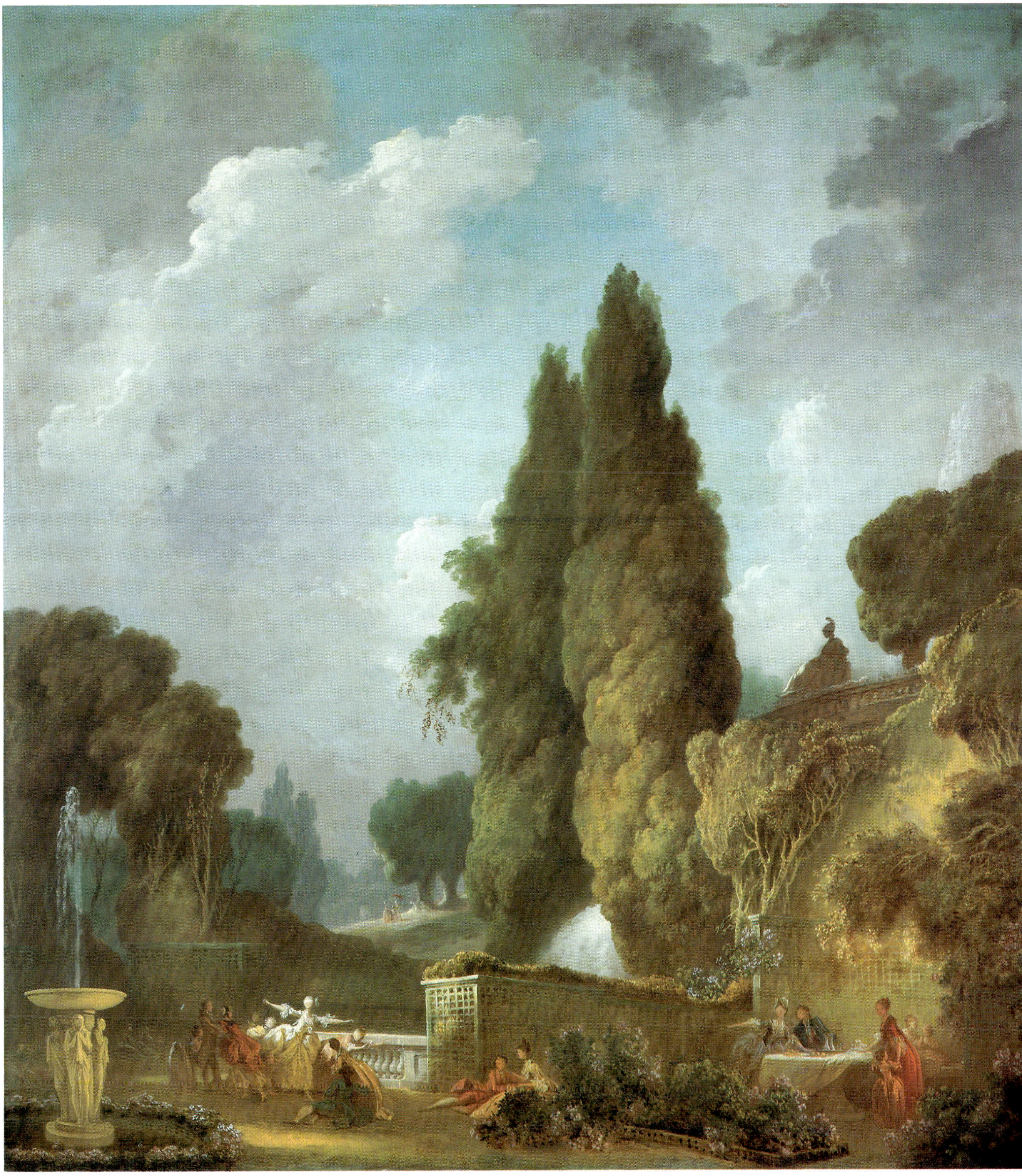

# 164 Le cheval fondu

T. H. 1,15 ; L. 87,5

# 165 La main chaude

T. H. 1,155 ; L. 91,5

Washington, National Gallery, Collection Samuel H. Kress

**Provenance**
« Ils proviennent de l'ancienne galerie de M. Hope qui les avait donnés à la belle Mme Jenny Colon » (Bürger, 1864).
Coll. Émile et Isaac Péreire, leur vente, 6-9 mars 1872, n$^{os}$ 61 et 60 (acquis par Pillet-Will pour 10.400 francs) ; coll. du comte Pillet-Will encore en 1910 ; [Wildenstein] en 1932, acquis par Samuel H. Kress en 1942 ; Calouste Gulbenkian et à nouveau [Wildenstein] ; donnés à la National Gallery en 1946 ; 1946.7.5 et 1946.7.6.

**Expositions**
Paris, 1885, n$^{os}$ 192 (intitulé *Colin-maillard*) et 193 ;
Berlin, 1910, n$^{o}$ 317 (n$^{o}$ 44 du grand cat.) et n$^{o}$ 320 (n$^{o}$ 45 du grand cat.) ;
Londres, 1932, n$^{os}$ 183 et 211 (cat. commémoratif, n$^{os}$ 166 et 167).

**Bibliographie**
Bürger [Thoré], 1864, p. 201 ;
Portalis, 1885, p. 483 ;
P. p. 82, 273 (*Le cheval fondu*), 282 (*La main chaude*) ;
Naquet, 1890, p. 36 ;
Champeaux, 1898, p. 318 ;
N. p. 159 ;
Wildenstein, 1932, p. 66 fig. 14 et 13 ;
*The Illustrated London News*, 9 avril 1932, ill. p. III et II ;
R. p. 158 ;
W. 443 pl. 96 et 444 pl. 97, frontispice en couleurs et p. 25 éd. française ;
Carpenter, 1962, p. 360 (*La main chaude*) ;
W. et M. 468, ill. et 469, ill. ;
Haskell, 1976, p. 84, pl. 200 (*La main chaude*) ;
Eisler, 1977, pp. 331-332, fig. 293 et 294 (avec bibliographie complète) ;
Sutton 1980, 1987, p. 112.

**Œuvres en rapport**
Les deux tableaux ont été gravés par Jules Jacques Veyrassat pour illustrer le cat. de la vente Péreire en 1872 (P. p. 323, n$^{o}$ 41 qui reproduit entre p. 276 et 277 *La main chaude*).

Les deux tableaux ont été conçus pour se répondre : leurs tailles très voisines, l'échelle des figures dans les paysages, leurs sujets, leur historique, tout indique que nous sommes en présence de pendants.

Jeux populaires et de pratique courante jusqu'au XIX$^{e}$ siècle, le cheval fondu et la main chaude sont aujourd'hui à ce point oubliés qu'il nous faut en décrire les règles. Le premier est plutôt un jeu de garçons qui oppose deux camps : les joueurs d'un premier groupe se rangent à la file, se courbent et se tiennent les uns sur les autres de manière à former une sorte de cheval à pattes multiples. Le premier de la file s'appuie solidement, ici à un arbre. Les cavaliers du second camp sautent à califourchon, les uns après les autres, sur le dos de leurs adversaires. Si le « cheval » s'est effondré sous le poids des cavaliers, a « fondu », les « chevaux » conservent leur rôle.

La main chaude, jeu mixte, concerne aussi bien les enfants que les adolescents : un joueur que le sort a désigné se tient à genoux, les yeux fermés (ou comme chez Fragonard, la tête cachée dans les genoux d'une personne qui ne participe pas au jeu, appelée confesseur). Il tend sur son dos sa main ouverte. A tour de rôle, les participants

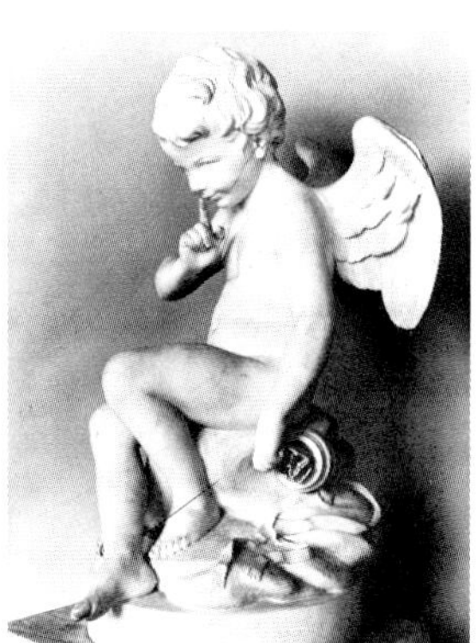

fig. 1. Falconet, *L'amour menaçant*, Paris, musée du Louvre

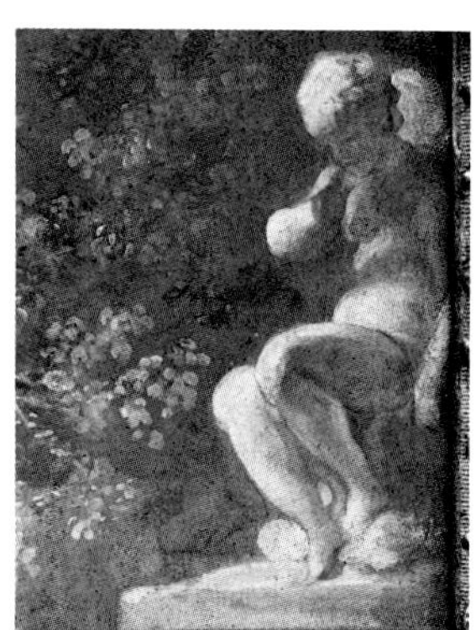

fig. 2. Détail de la *Main chaude*

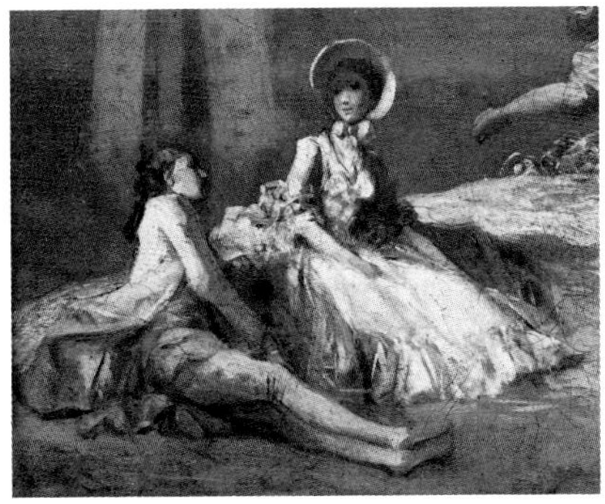

fig. 3. Détail du *Cheval fondu*

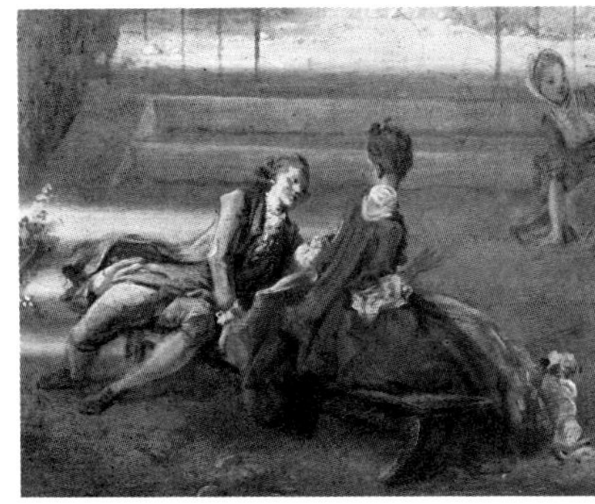

fig. 4. Détail de la *Main chaude*

frappent cette main. Le joueur doit identifier celui qui l'a ainsi attaqué. S'il devine juste, il est remplacé au « confessionnal » par celui qui s'est laissé découvrir.

On ignore tout sur l'origine première des tableaux. Rappelons seulement que l'abbé de Saint-Non possédait à sa mort (1791) « une étude de paysage fait en Italie par Fragonard avec figures, sujet de la Main chaude » qui avait pour pendant une « Balançoire prisés ensemble cent livres » (Wildenstein, 1959, p. 238), que la provenance bailli de Saint-Julien parfois avancée (cat. exp. 1932 et aussi Mauclair [1929]) semble avoir pour origine une confusion avec le *Colin-maillard* et la *Balançoire*, aujourd'hui partagés entre Toledo et la collection Thyssen (n[os] 5 et 6) et que la provenance William Hope-Jenny Colon (1808-1842) remonte à Thoré (1864). Remarquons en passant que Jenny Colon, la maîtresse de William Hope, passe pour l'avoir été aussi de Gérard de Nerval, un des premiers admirateurs de Fragonard du XIXe siècle, qui possédait justement une *Escarpolette* et un *Colin-maillard* « qu'il avait payé cinquante francs chez un brocanteur » (Bizet, 1928, p. 94 ; voir aussi Tourneux, 1887 et Simches, 1964).

Leur date a été débattue : elle l'est moins aujourd'hui tant le rapprochement stylistique et coloristique avec la « Fête à Saint-Cloud » paraît probant. Mais sont-ils antérieurs ou postérieurs au tableau de la Banque de France ? La réunion de ces œuvres permettra, souhaitons-le, de trancher. Rappelons que Robert exposait au Salon de 1779 « un grand Jet d'Eau dans des jardins d'Italie : on voit sur le devant du tableau des Femmes qui jouent à la main chaude ».

Les deux tableaux plurent à Thoré : « je n'en connais pas de plus francs, de plus purs, de plus délicieux ». Ils séduisirent moins Portalis, peu sensible aux « approximations » de Fragonard, qui leur reproche leur « inconsistance » qu'il met sur le compte de cet « art de décorateur qui exige tant de légèreté et si peu d'ombres ».

La scène du *Cheval fondu* se situe, semble-t-il, sur une île qui expliquerait la barque à l'arrière plan. La *Main chaude* se déroule dans une campagne tout aussi imaginaire (s'est-on interrogé sur les essences des arbres ?), mais bien plus domestiquée. La présence, sur la droite de la composition, de l'*Amour menaçant (fig. 1* et *2)* de Falconet (exécuté pour Madame de Pompadour, Salon de 1757, Louvre), dont Fragonard avait déjà fait usage pour l'*Escarpolette* (collection Wallace), indique bien que les amusements des adultes sont d'une autre nature que les jeux des enfants. Seul un couple, assis sur le sol (sur le premier tableau), sur un long banc (sur le second ; *fig. 2* et *3)*), loin du monde et de ses jeux, sert de lien entre les deux œuvres.

D'une grande fraîcheur d'exécution, dans un parfait état de conservation, les deux toiles de Washington séduisent. La lumière du soleil, l'habituel soleil vagabond de Fragonard, les fait vibrer. Leur spontanéité, leur liberté, leur richesse chromatique enchantent.

La joie de vivre des participants aux jeux est comme communicative.

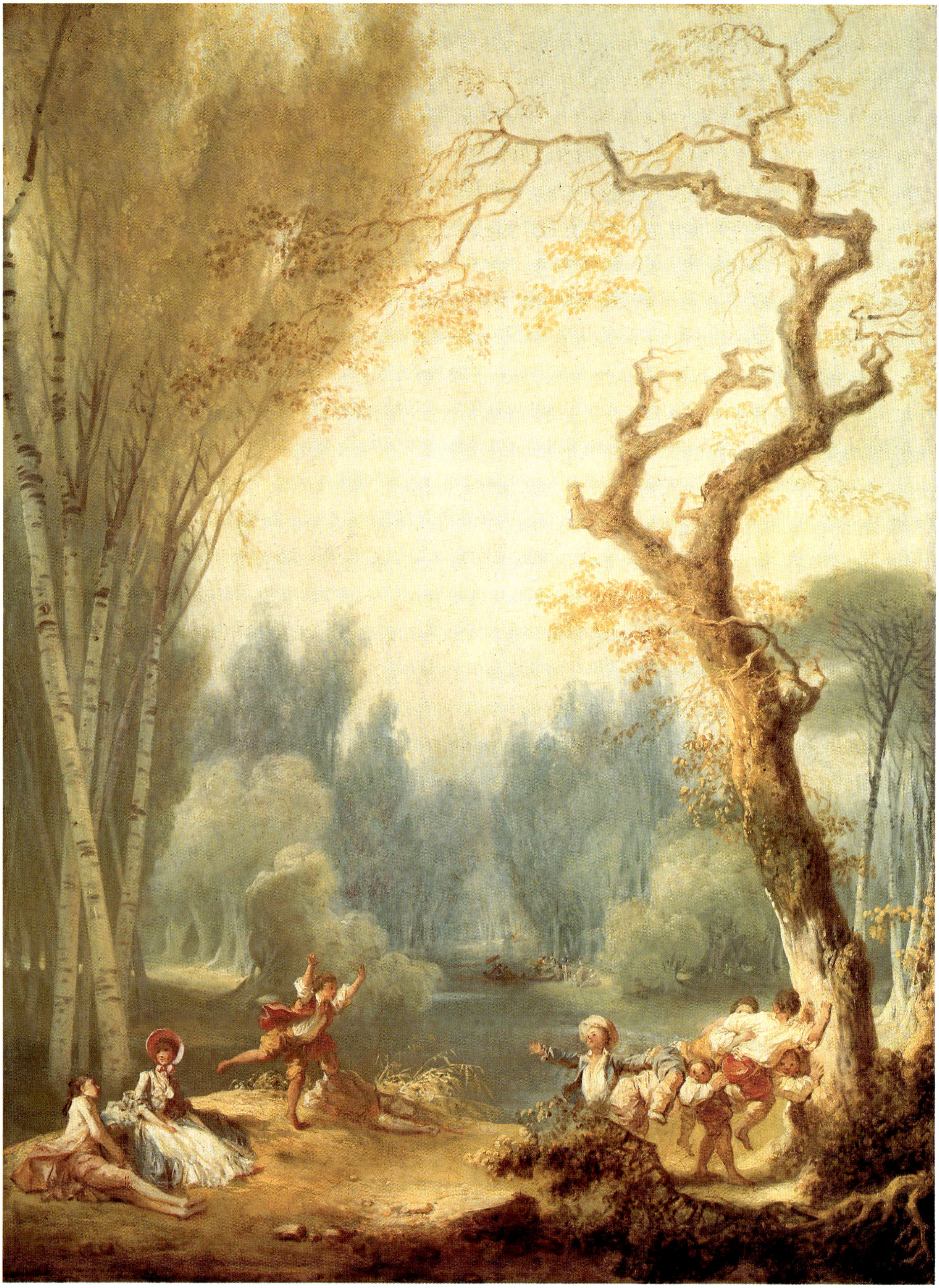
164

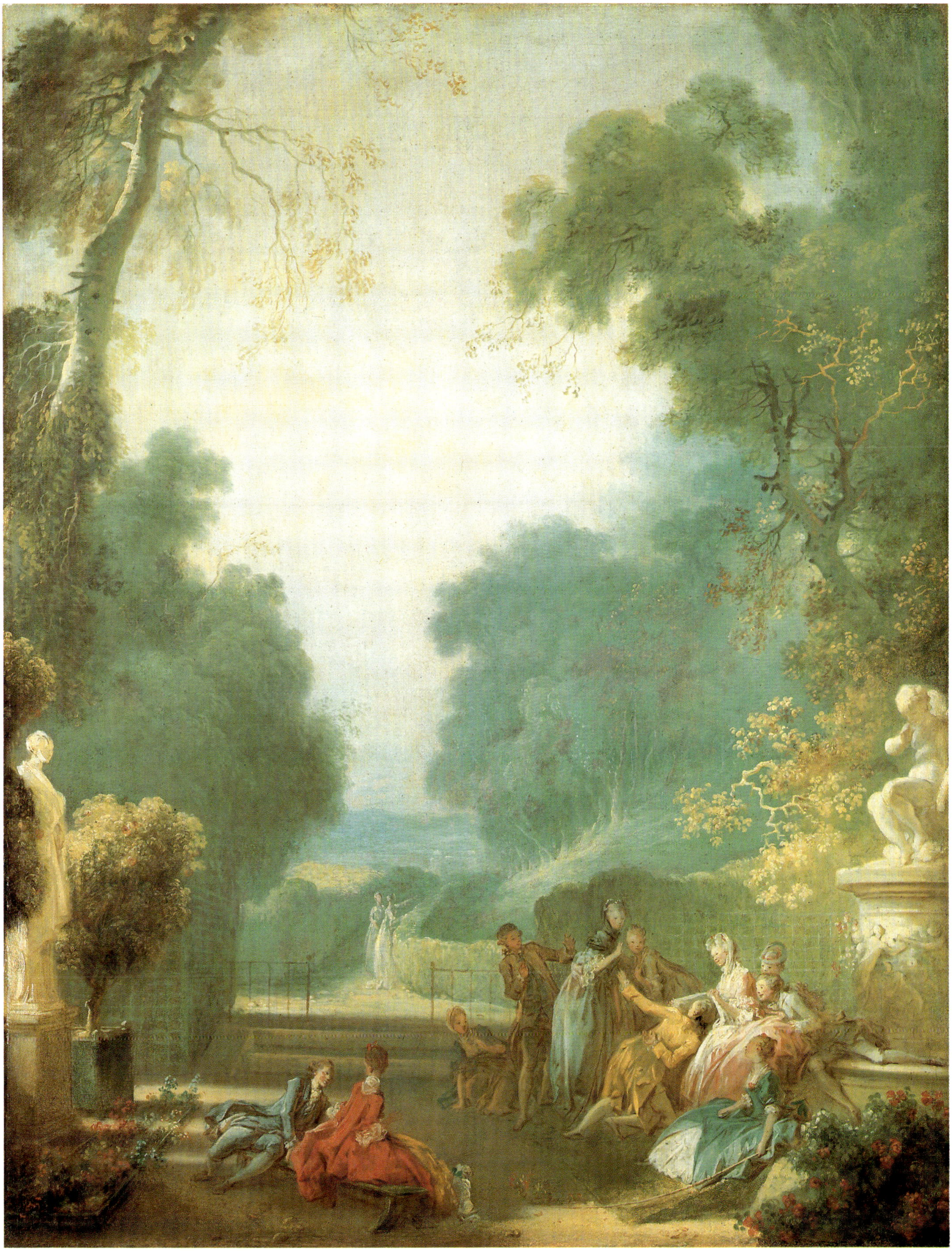

165

# 166 Le colin-maillard à l'ombrelle rose

New York

T. H. 61,5 ; L. 44,7

San Diego, Collection Putnam, Timken Art Gallery

**Provenance**
Coll. Hippolyte Walferdin (1795-1880), sa vente après décès, 3 avril 1880, n° 12 (acquis pour 3.500 francs par Beurnonville) ; coll. Camille Groult dès 1889 ; aurait dû passer à la vente Groult de 1952 (voir publicité du *Burlington Magazine*, 1952) ; [Wildenstein en 1954] ; acquis par la Fondation Putnam en 1954.

**Expositions**
Paris, 1885, n° 199 ;
Minneapolis et New York, 1954, n° 11.

**Bibliographie**
G. p. 335 ;
P. p. 273 ;
N. p. 150 ;
*Art News*, novembre 1954, p. 50, ill. ;
R. p. 158 ;
W. 446 fig. 188 et p. 26 éd. française ;
du Colombier, 1962, p. 73, ill. ;
Cat. musée (A. et E. Morgan), 1969, n° 37, p. 98 et 132, ill. p. 99 ;
W. et M. 379, ill.

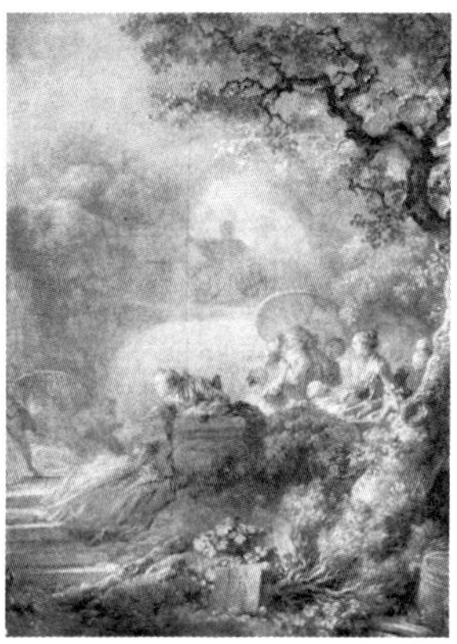

fig. 1. *Le colin-maillard à l'ombrelle rose* (avant restauration), San Diego, Timken Art Gallery

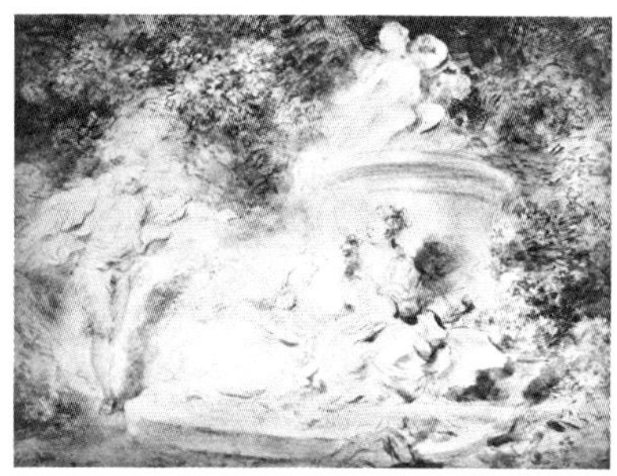

fig. 2. *Le colin-maillard*, localisation actuelle inconnue

Le tableau est un fragment : une ancienne photographie *(fig. 1)* montre, sur la gauche de la composition, la jambe d'un homme coupé à mi-corps qui, à la suite d'une restauration, sans doute vers 1952-54, a été éliminée. Mais surtout nombre des participants se tournent vers la gauche et regardent fixement une scène qui a disparu. Il est difficile d'en deviner le sujet : selon D. Wildenstein et G. Mandel qui renvoient à Réau (mais où ?), on voyait, sur la gauche de l'œuvre, un « groupe de figures autour d'une balançoire ».

Fragonard a peint de nombreux *Colin-maillard*, une première fois avant son premier départ pour l'Italie (n° 5) et au moins à quatre reprises après 1761. Nous avons la chance de pouvoir exposer trois de ces tableaux (n^os^ 5, 163 et 167). Seule, hélas, manque la petite toile Rothschild conservée à Prégny *(cat. 163 fig. 2* ; W. 313, pl. 60 ; voir aussi Tornézy, 1895, p. 41) qui provient de l'importante vente Trouard du 22 février 1779, n° 79, que nous n'avons pu voir, sans aucun doute la dernière en date de ces œuvres (nous ignorons la localisation présente du beau dessin, très voisin de composition, des collections Samson et Meunié, *fig. 2)*.

A ceux qui reprocheraient encore à Fragonard son manque d'invention, la monotonie de son art, faisons remarquer l'extraordinaire capacité de renouvellement de l'artiste en guère plus de vingt ans. Chacune de ces œuvres est une création originale qui n'emprunte que peu à la précédente. La conception générale, les couleurs, la taille des figures dans le paysage, la narration elle-même, en dépit de la minceur du thème, sont à chaque occasion radicalement réinventées, repensées.

C'est avec le *Colin-maillard* de Washington que le fragment de San Diego offre le plus d'affinités. Selon Agnes et Elisabeth Morgan (1969), il aurait été peint après 1776, peu après la grande toile de Washington, ce qui nous paraît quelque peu tardif. Le coloris clair et blond avec ses taches de roses et de bleus pastel, le feuillage automnal du grand arbre déchiqueté, les architectures du parc avec ses marches et sa balustrade, la statue qui semble protéger la scène (celle, ou peu s'en faut, du *Corésus et Callirhoé* d'Angers, n° 105), le jet d'eau qui surplombe la cascade, jusqu'à l'arbuste renversé dans sa caisse au premier plan, évoquent les grandes toiles de Washington ainsi que la *« Fête à Saint-Cloud »* de la Banque de France.

Fragonard retient ici l'instant qui précède le jeu : deux jeunes filles bandent les yeux d'un jeune homme, protégé du soleil par un parasol rose. Il remonte son foulard comme pour tenter d'apercevoir la scène qui fascine ses compagnons. La lumière du soleil — le véritable héros de la fête — baigne la scène et lui donne son extraordinaire éclat.

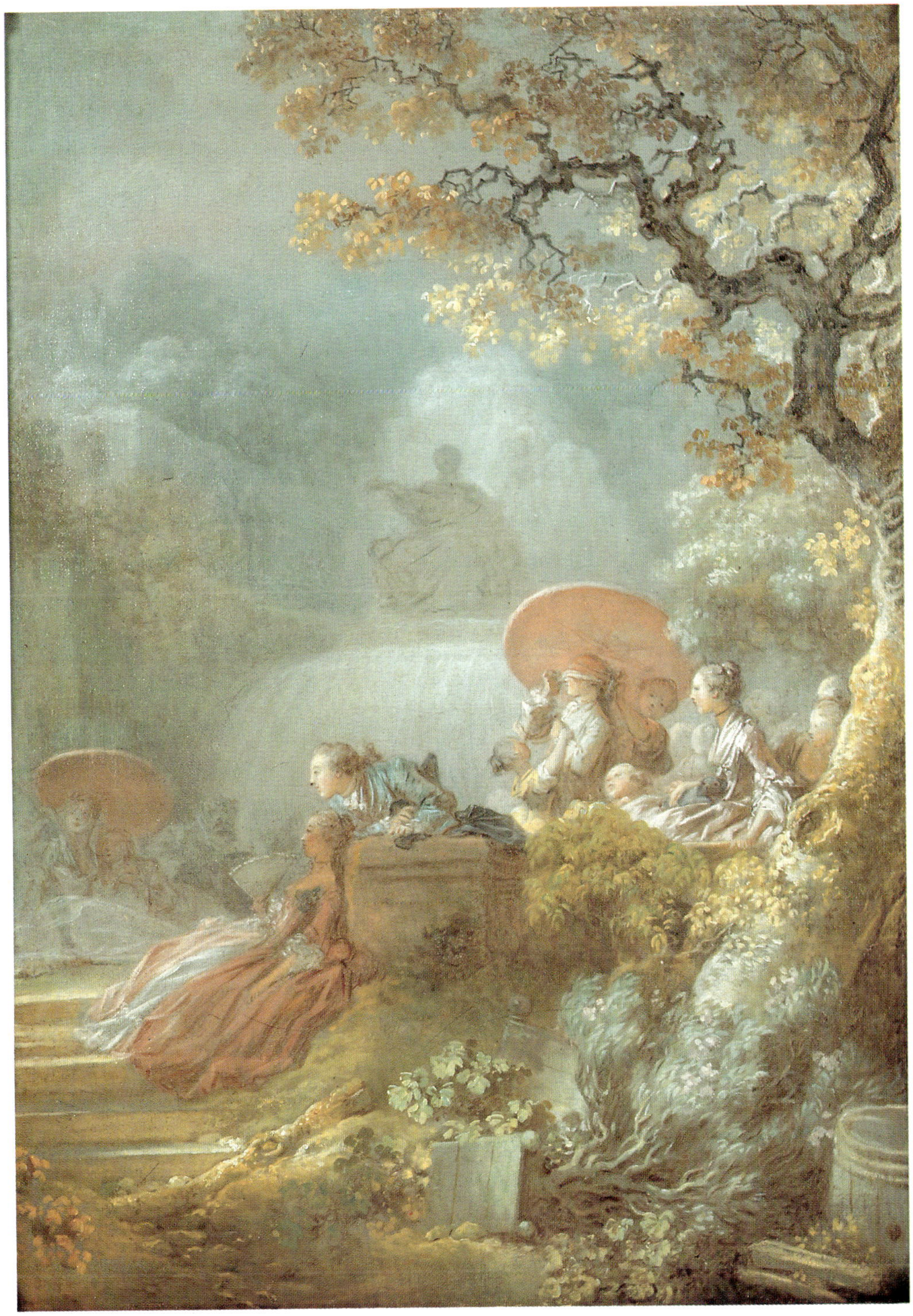

# 167 Les apprêts du colin-maillard

T. H. 38 ; L. 45

Paris, musée du Louvre

**Provenance**
Vente après décès [Baudouin], 15 février 1770, n° 39 : « une Récréation, après la collation faite, dans un jardin : ce Tableau agréable et frais de coloris est peint sur toile qui porte treize pouces six lignes de haut, sur seize pouces six lignes de large » (= 36,5 sur 44,5 ; acquis par Basan pour 50 livres) ( ?) ; vente du miniaturiste Jean-Antoine Gros, père du peintre baron, 13 [au lieu de 14] avril 1778, n° 56 : « un Paysage d'un stile frais et champêtre, pris des environs de *Meudon*. Sur le devant du tableau, et sur une terrasse, on voit plusieurs groupes de jeunes filles et de garçons, dont les uns se disposent à jouer à *colin-maillard*, et les autres, près d'une table, s'occupent à différens autres jeux... » (H. 35,1 sur 44,5 ; 400 livres à Feuillet) ; vente après décès du graveur Nicolas Delaunay, 7 mai 1792, n° 6 : « vue intérieure d'un jardin : sur le devant des jeunes Filles et des jeunes Garçons jouent au Colin-Mayard ; des Masses de Paysages et des Cascades terminent cette agréable production... » (37,8 sur 44,5) ; « un paysage vue des environs de Meudon hauteur 14 pouces sur 15. de fragonard » (= 37,8 sur 40,5) est saisi chez Papillon de la Ferté (1727-1794) sous la Révolution (A.N. F $17^A$ $1266^A$ 1267 n° 30), estimé 300 livres ( ?). Acquis par le Louvre pour 250.000 francs de M. Alexandre Poliakoff en 1926, « grâce à la bienveillante et généreuse intervention de M. David-Weill » (*Beaux-Arts*, 15 novembre 1926, p. 295, ill.) ; R. F. 2556.

**Expositions**
Ipswich, 1927, n° 13 ;
Paris, 1933, n° 91 ;
Paris, 1946, n° 367 ;
San Francisco, 1949, n° 13 ;
Amsterdam, 1951, n° 46 ;
Paris, 1974, n° 19, ill. ;
Tokyo, 1980, n° 70, ill. couleurs.

**Bibliographie**
G. p. 338 ;
P. p. 273 (et 16 et 287 ?) ;
N. p. 150 ;
Dacier, 1913, p. 25 ;
Réau, 1927, pp. 148-152, ill. ;
Gillet, 1929, pp. 87-89, pl. 93 ;
R. p. 95, 158, pl. 122 p. 249 ;
W. 445 fig. 187 et p. 26 éd. française ;
W. et M. 470, ill. et pl. LI en couleurs.

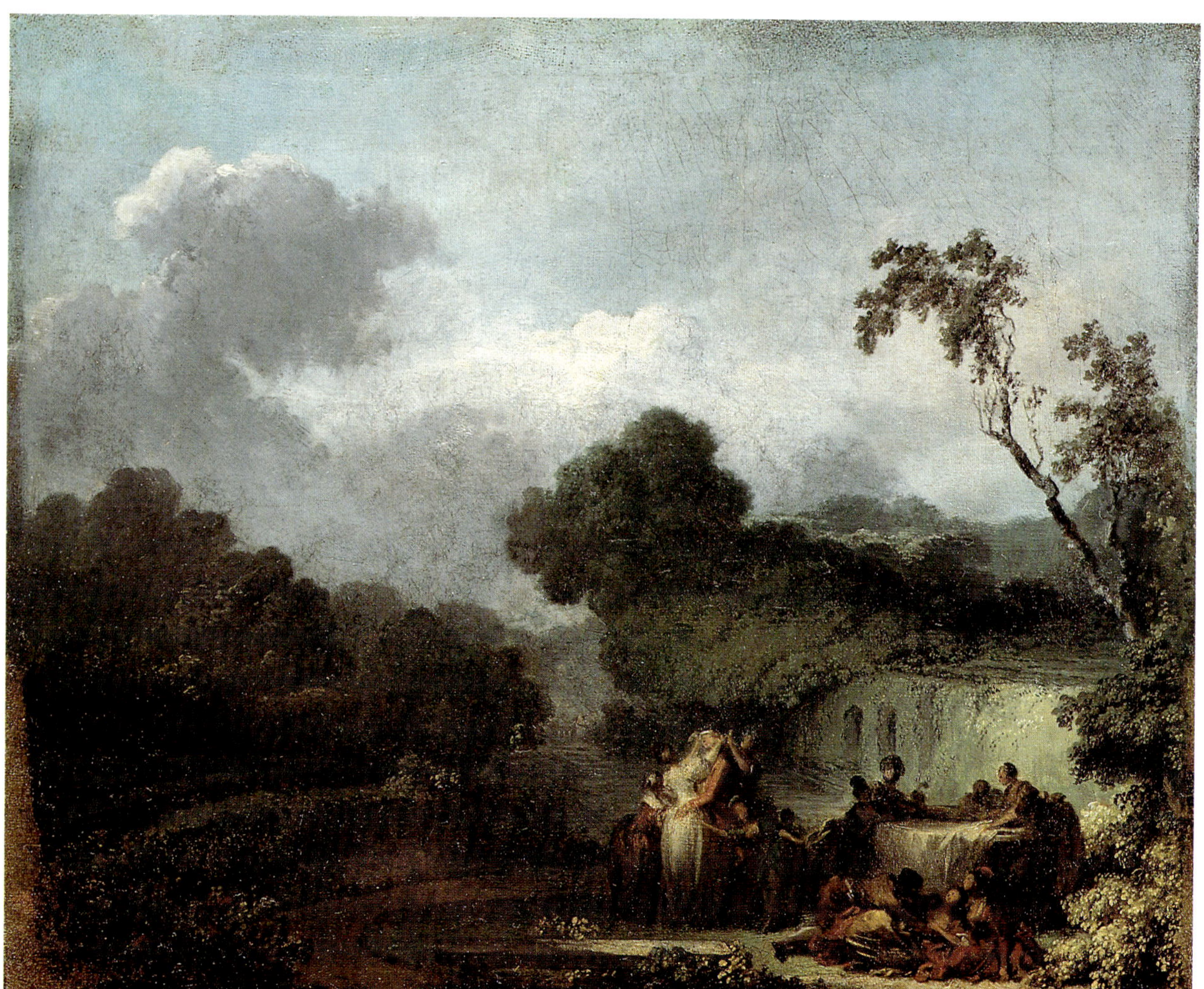

Si le tableau provient à coup sûr de la vente du miniaturiste Gros de 1778, comme le confirme le dessin de Gabriel de Saint-Aubin en marge de son exemplaire du catalogue, aujourd'hui conservé avec la collection Dutuit au musée du Petit Palais à Paris *(fig. 1)*, s'il paraît assuré qu'il a par la suite appartenu au graveur Nicolas Delaunay (1739-1792) qui popularisera quelques-unes des œuvres les plus célèbres de Fragonard, dont les *Hasards heureux de l'Escarpolette* de la collection Wallace, rien ne prouve qu'il se confond avec la « Récréation après la collation.. » de la vente du peintre Baudouin, gendre de Boucher, de 1770. Non seulement, ce qui est de règle au XVIII^e^ siècle, les dimensions du tableau Baudouin ne coïncident pas parfaitement avec celles du *Colin-maillard* du Louvre (depuis 1926) mais surtout la description du catalogue de 1770 qui ne fait aucune allusion au jeu, reste trop imprécise pour nous permettre d'assurer qu'il s'agit bien du même tableau.

Le point est d'importance pour qui s'intéresse à la chronologie de l'œuvre de Fragonard, à l'évolution si complexe de son art, à sa transformation. S'il est assuré que le *Colin-maillard* est antérieur à 1778, il nous paraît peint à une date voisine du second voyage en Italie, sans doute juste avant son départ en 1773.

La restauration du tableau, menée à bien à l'occasion de l'exposition, a débarrassé l'œuvre de son épais vernis jaune, rendant au ciel sa clarté et ses teintes grises et bleues premières et rétablissant l'accord de couleurs vert et or primitif.

On n'a peut-être pas suffisamment attiré l'attention sur une précision apportée par le rédacteur du catalogue de la vente Gros de 1778, l'expert Le Brun, un ami proche de Fragonard, et peut-être même, à en croire certains dictionnaires anciens, son élève. Selon Le Brun, le site représenterait les « environs de Meudon ». Or, on se souvient que Fragonard reçut plusieurs commandes — pour le château de Bellevue, pour Louveciennes où la du Barry faisait construire, pour Versailles — auxquelles il travailla plus ou moins assidûment entre 1766 et 1773. Ces châteaux sont tous voisins de Meudon.

Des quatre *Colin-maillard* que nous exposons (voir n^os^ 5, 163, 166 et aussi *cat. 163 fig. 2* pour une cinquième composition sur ce thème), celui du Louvre est le plus petit, celui aussi où le jeu occupe une place mineure : une jeune fille bande les yeux d'un jeune homme qui en profite pour lui tenir la taille. Sur la droite, un adolescent culbute une jeune fille tandis que ses compagnes dressent la table. Mais la scène n'est qu'un prétexte pour peindre un parc ensoleillé avec ses haies, ses charmilles, ses parterres taillés et ses épais massifs de verdure.

« Fragonard s'y montre le continuateur de Watteau » (*Beaux-Arts*, 15 novembre 1926), « un certain Watteau, celui de l'*Île heureuse* et de l'*Assemblée dans un parc*, le Watteau des petites figures dans de grands paysages » (L. Gillet, 1929). Si nous sommes moins sensibles aujourd'hui à cet aspect de l'œuvre, si le tableau fit impression sur Saint-Aubin qui apporta un soin tout particulier à son dessin, il n'en fut pas de même pour Jean-Denis Lempereur (1701-1779), le célèbre diamantaire et collectionneur. En marge du *Colin-maillard*, dans son exemplaire du catalogue de la vente Gros, aujourd'hui conservé à la Bibliothèque Nationale, il écrivait « médiocre » !

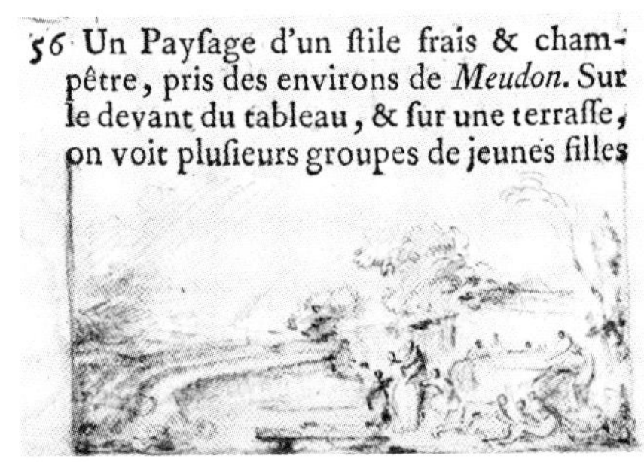
56 Un Payſage d'un ſtile frais & champêtre, pris des environs de *Meudon.* Sur le devant du tableau, & ſur une terraſſe, on voit pluſieurs groupes de jeunes filles

fig. 1. G. de Saint-Aubin,
détail d'une page du catalogue de la vente Gros (1778), Paris, Petit Palais

# 168 L'île d'amour

Paris

T. H. 71 ; L. 90

Lisbonne, Fondation Gulbenkian

**Provenance**
Coll. [Jean Benjamin Delaborde, 1734-1794], sa vente, 14 juin 1784, n^o^ 10 ; coll. Duclos-Dufresnoy, sa vente, 18-21 août 1795, n^o^ 29 (2.000 livres en assignats à raison de 100 assignats pour 2 livres, selon N.) ; coll. Villeminot, sa vente, 25 mai 1807, n^o^ 22 (acquis par « Renout » pour 74.5 livres ( ?) ; coll. Guérin, sa vente, 30 avril 1810, n^o^ 30. Coll. marquis de Sayve, Paris ; [Wildenstein] ; acquis par C. S. Gulbenkian en mai 1928, exposé à la National Gallery de Londres de 1936-50 (sauf durant la guerre) puis à celle de Washington de 1950 à 1960.

**Expositions**
Salon de la Correspondance, 1782, n^o^ 24 : « un charmant paysage, représentant une grotte ornée d'architecture, avec figures » ou n^o^ 6 : « un Tableau représentant un Paysage orné d'arbres et d'eaux en cascade » ( ?) ;
Londres, 1937, p. 30 ;
Washington, 1950, n^o^ 11, ill. (notice par Fern Rusk Shapley) ;
Paris, 1960, n^o^ 15, ill. ;
Porto, 1964, n^o^ 3, ill. (donne la liste des exp. où le tableau a figuré).

**Bibliographie**
*Nouvelles de la République des lettres et des Arts*, 21 août 1782, p. 253 ou 271 ( ?) ;
G. p. 339 ;
N. p. 142 et 151 ;
Rudrauf, 1947, pp. 14-15, ill. ;
R. p. 185 ;
Vaudoyer, 1961, pp. 22-23, pl. en couleurs ;
W. 439, pl. 90-91 et p. 26 éd. française ;
Carpenter, 1962, p. 360 ;
Thuillier, 1967, pl. en couleurs p. 124 et détails pp. 126-127 et en couverture ;
W. et M. 464, ill. ;
Sutton 1980, 1987, p. 112.

**Œuvres en rapport**
On rapprochera la toile Gulbenkian d'un petit panneau sur bois, disparu, passé en vente le 22 mars 1790, nº 344 : « la vue d'une Forêt, au bord de laquelle passe une rivière où l'on voit plusieurs barques, pleines de gens qui s'amusent, quantité d'autres figures ornent ce charmant tableau qui est une des plus belles productions de ce Maître » (W. 440).
Pour la gouache Straus et les dessins de Fragonard, voir notice suivante.

Rarement tableau célèbre aura livré aussi peu de ses secrets.

Son titre, *La fête à Rambouillet*, ne remonte qu'au XIXe siècle : la gouache de la collection Straus (nº suivant) passe en vente en 1868. L'expert Haro, dans le catalogue, en donne la description suivante : « fête donnée dans le parc de Rambouillet, à la famille royale, par le duc de Penthièvre ». Cette interprétation du sujet ne repose sur rien de sérieux. Réau (1956), suivant le catalogue de l'exposition de la collection Gulbenkian, à Londres en 1937, a préféré y voir « un souvenir des fêtes données à Chantilly par le prince de Condé en l'honneur du grand duc héritier de Russie, le futur Paul 1er, fils de Catherine II, qui voyageait en France sous le nom de Comte du Nord. La duchesse de Chartres et la princesse de Lamballe y tenaient le rôle de batelières de l'Île d'amour ». Là encore, aucune preuve ne vient appuyer cette « lecture », sinon que nous croyons avoir pu apporter la preuve qu'au cours de son voyage en France en 1782, le « Comte du Nord », futur Paul Ier, avait visité l'atelier de Fragonard du Louvre. Troisième hypothèse proposée par Fern Rusk Shapley en 1950 : le tableau représenterait le parc du château de Cassan, propriété de Bergeret de Grancourt, mais, à nouveau, cette identification ne repose sur aucun document.

Précisons que le tableau passe en vente à quatre reprises entre 1784 et 1810 (un dessin en 1787) et qu'aucun des rédacteurs des catalogues ne proposa de lui donner un titre « historique ». Tous paraissent sincèrement admiratifs

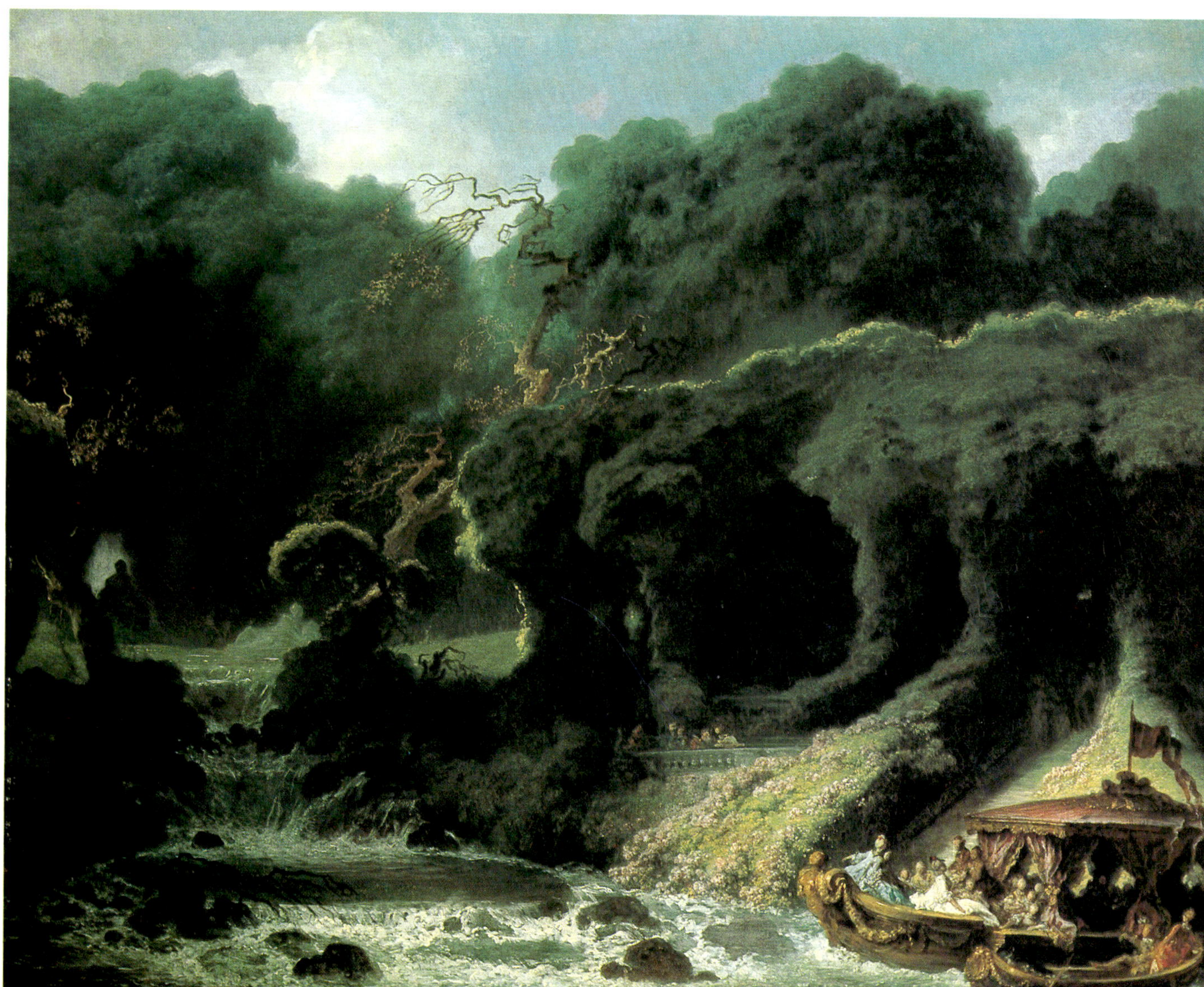

(« tableau aussi admirable par l'effet magique et l'harmonie de la couleur que par sa touche spirituelle et l'agrément général de la composition » 1784), tous le décrivent avec une précision qui prouve l'importance qu'on lui accordait mais un seul, en 1795, tente d'en résumer le sujet « *L'Îsle d'amour...* ». Nous avons adopté ce titre.

Sur la droite, une barque aborde une gondole. En haut d'un escalier qui rappelle celui des cascades du parc de Saint-Cloud (voir le dessin de G. de Saint-Aubin du musée d'Edimbourg, *cat. 161 fig. 5)*, des couples conversent dans l'ombre. Plus loin, et aussi à l'extrême gauche, accoudés à des balustrades, des hommes et des femmes contemplent la rivière qui tombe en cascades. Le squelette d'un arbre occupe le centre de la toile ; sur la gauche, se distinguent des sculptures, dont celle d'un fleuve. Nous croyons, comme Louis Vaudoyer (1961) qu'« à coup sûr, ce très précieux tableau est né de la seule imagination du peintre ». Mais ne faut-il pas pour autant tenter de le comprendre ? La personnalité de son premier propriétaire connu peut nous y aider.

Jean-Benjamin Delaborde (Boyer, 1962, pp. 148-149 ; voir aussi Yves Durand, 1971), premier valet de chambre de Louis XV, compte parmi les familiers de Fragonard. Guimbaud (1928) l'a évoqué, le confondant parfois avec son homonyme, Jean-Joseph, lui aussi fermier général et collectionneur. En tout cas, Jean-Benjamin est en Italie en 1774, comme Fragonard et Bergeret, et s'occupe activement en 1776 de la publication d'un ouvrage illustré sur la Suisse (*Tableaux de la Suisse*) qui déçut. Pour l'Italie, il confie la tâche à l'abbé de Saint-Non. Ce sera le *Voyage Pittoresque de Naples et de Sicile*. Est-ce lui qui commanda le tableau à Fragonard et le guida dans le choix du sujet ? Nous l'ignorons, mais nous pensons que la grande gondole, sur la droite de l'œuvre, peut avoir son origine à Venise. Un dessin, pourtant illustre mais jamais reproduit à ce jour *(cat. 169 fig. 2)*, qui montre, outre notre gondole, une architecture et une scène de rue qui paraissent vénitiens tendrait à confirmer que le tableau Gulbenkian a bien été peint au retour d'Italie vers 1775 environ. Mais nous mesurons toute la fragilité de notre hypothèse et nous n'excluons pas que l'œuvre soit légèrement antérieure au départ pour l'Italie.

Le tableau est magique : on entend le bouillonnement des eaux, on jouit de la fraîcheur des ombres, de la douceur du soleil. Le grand arbre dépouillé, comme foudroyé, qui zigzague la composition aurait son origine, selon D. Wildenstein et G. Mandel (1972) et D. Sutton (1980-87) dans une œuvre de Wu Zhen autrefois dans la collection Bergeret (?), grand amateur de chinoiseries (pagode de Cassan ; mais l'hypothèse n'est pas retenue par notre collègue du musée Guimet, Jacques Giès). Il jette sa note d'or dans cette profusion de verts et de bleus, des bleus de fond d'aquarium, parmi les épais bosquets, les charmilles profondes et les arbres taillés. Hymne à la dynamique hydraulique et à la végétation triomphante, une végétation envahissante, le tableau de Lisbonne inquiète, effraie et enchante. « Rêve épique », l'*Île d'amour* renoue avec Watteau, sans la nostalgie et la mélancolie, mais avec la poésie et l'évasion.

# 169 L'île d'amour

H. 267 ; L. 356
Gouache

New York, coll. John W. Straus

**Provenance**
Coll. du miniaturiste A. Saint, sa vente cataloguée par Thoré, 4 mai 1846, n° 287 (90 francs, 22 francs selon P.) ; coll. Eugène Tondu, sa vente après décès, 24-26 avril 1865, n° 127 (400 francs) ; coll. F. de Villars, 13 mars 1868, n° 37 (820 francs à Haro, préfacier du cat.) ; coll. Mme Périer ; coll. Sigismond puis Joseph Bardac en 1921 ; [Wildenstein] ; coll. Herbert N. Straus (1926) puis John W. Straus à New York.

**Expositions**
Paris, 1921, n° 112 ;
Buffalo, 1935, n° 84, ill. ;
Londres, 1954, n° 603 ;
Paris, 1958, n° 52, pl. 68 ;
Washington, 1978, n° 51, ill. (donne une liste complète des nombreuses expositions où l'œuvre fut présentée).

**Bibliographie**
G. p. 339 ;
P. pp. 303-304 ;
R. p. 185, 228, fig. 88 p. 175 ;
A. 246 ;
Massengale, 1979, p. 270, fig. 103.

**Œuvres en rapport**
Un dessin au lavis de bistre appartenait à la coll. Forsyth Wickes *(fig. 1)* ; une étude pour la seule gondole et accompagnée de « marchands et leurs enfants sur un quai... avec construction à portes et fenêtres ogivales » fait partie de la coll. Schiff *(fig. 2* ; A. 247 et 248, mélange les provenances des deux œuvres ; voir aussi A. 249 et 250, le dessin de la vente Chabot de 1787 dont nous parlerons plus loin).

Pour le tableau, voir la notice précédente.

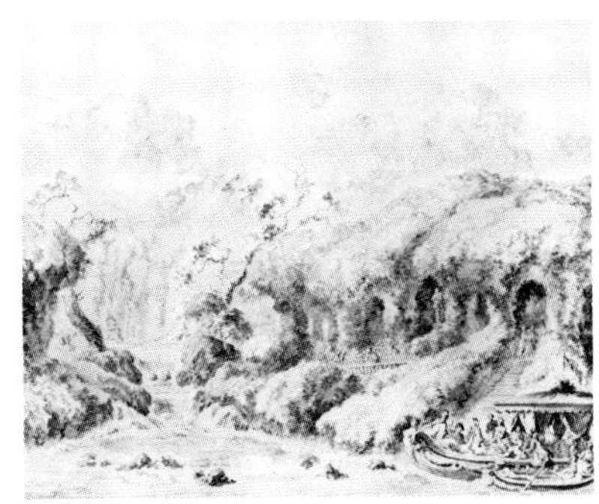

fig. 1. *L'île d'amour*,
localisation actuelle inconnue

fig. 2. *Une gondole*,
New York, coll. privée

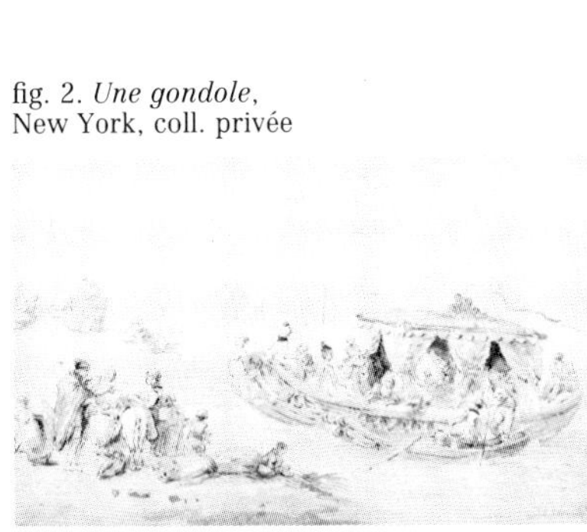

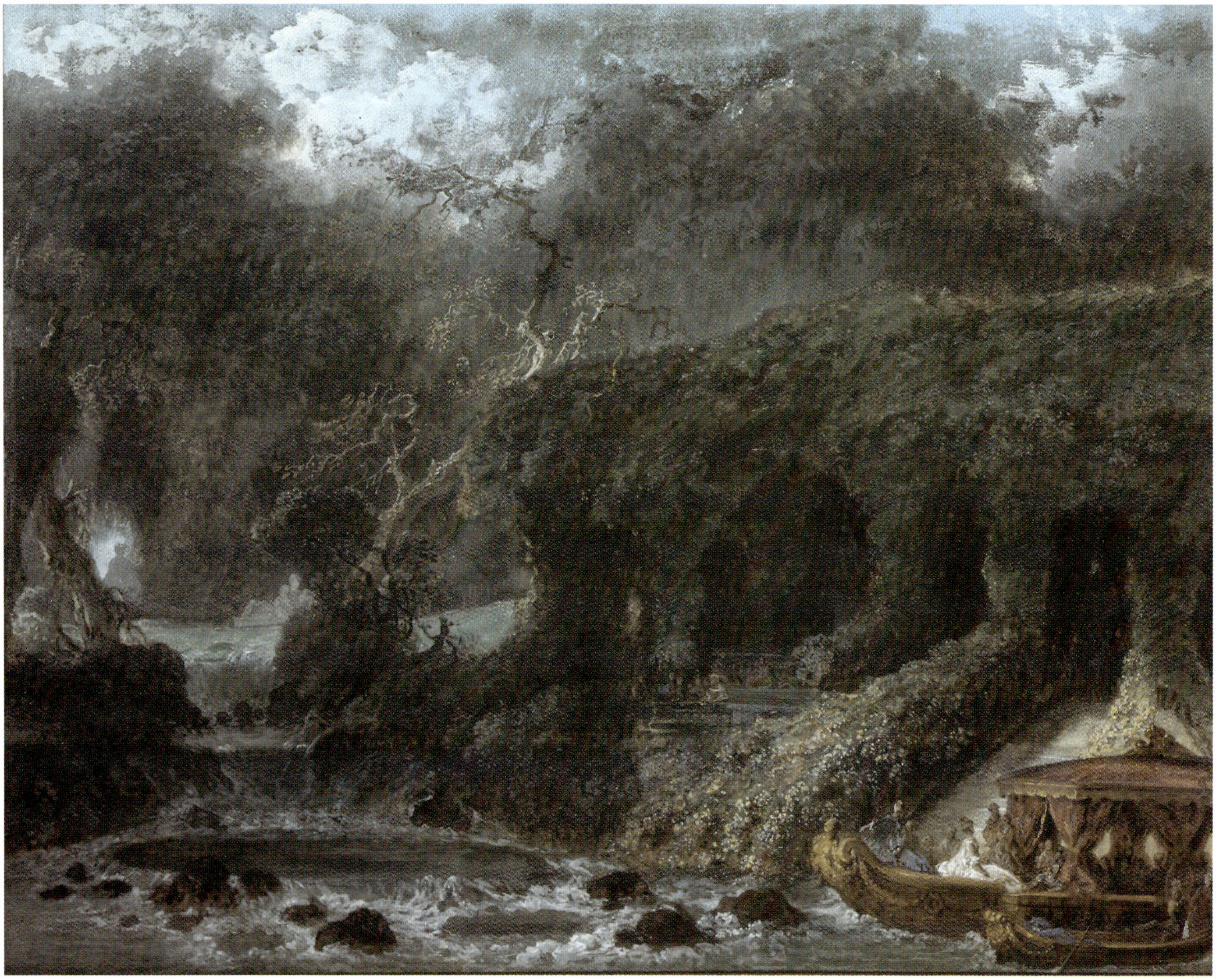

Sans conteste, la plus célèbre gouache de Fragonard. Et la plus belle, « perle unique dans l'écrin du maître » (Haro dans la préface du catalogue de la vente Villars en 1868). *L'île d'amour* offre, aussi bien avec le tableau de Lisbonne (n° précédent où nous donnons les raisons qui nous ont fait adopter ce titre) qu'avec les deux dessins que nous reproduisons ici, quelques variantes. Si le dessin Schiff, (date-t-il du second passage de l'artiste à Venise, entre le 19 et le 31 juillet 1774 ?) semble le plus ancien, il est difficile de décider de leur ordre précis d'exécution. Peut-être la gouache Straus et le dessin F. Wickes, très voisins dans le détail, sont-ils postérieurs au tableau de Lisbonne.

Comme pour l'*Île d'amour* de Lisbonne, Fragonard joue sur le contraste entre la dynamique quelque peu inquiétante de l'eau et la paix d'un site grandiose et enchanteur. Il laisse libre cours à son imagination, à sa fantaisie comme pour mieux décrire les éléments, l'eau, le soleil, la lumière, l'air, les dépeindre avec une sensualité évidente. Bien plus que les spectateurs, c'est la nature qui devient le sujet de l'œuvre.

# 170 La petite escarpolette

T. H. 52 ; L. 71,2

Paris, coll. privée

**Provenance**
Vente anonyme, 15-17 avril 1844, n° 24 ; marquise de Crillon en 1861 ; coll. duchesse de Polignac, née Crillon (en 1883 et en 1889) ; coll. Rodolphe Kann en 1900 et en 1907 ; [Wildenstein] ; comtesse de Béhague (en 1926) ; marquis de Ganay (en 1956).

**Expositions**
Paris, 1883-84, n° 62 ;
Amsterdam, 1926, n° 47, ill. ;
Londres, 1954, n° 214 ;
Paris, 1956, n° 32.

**Bibliographie**
Horsin-Déon, 1861, p. 126 (*Annuaire des Artistes...*) ou 246 (*L'Artiste*) ;
P. p.276,
Bode, 1900, pp. XXXII-XXXIII, n° 97, ill. ;
Michel, 1901, pp. 504-505, ill. ;
N. p. 121 ;
Cat. coll. R. Kann, 1907, I, pp. XXV-XXVI ; II, n° 146, ill. ;
D. et V. 133, ill. ;
R. p. 158 ;
W. 438 fig. 186 et p. 26 éd. française ;
Wentzel, 1964, p. 214 et fig. 161 p. 213 ;
W. et M. 463 ill. ;
Posner, 1982, p. 88 fig. 18.

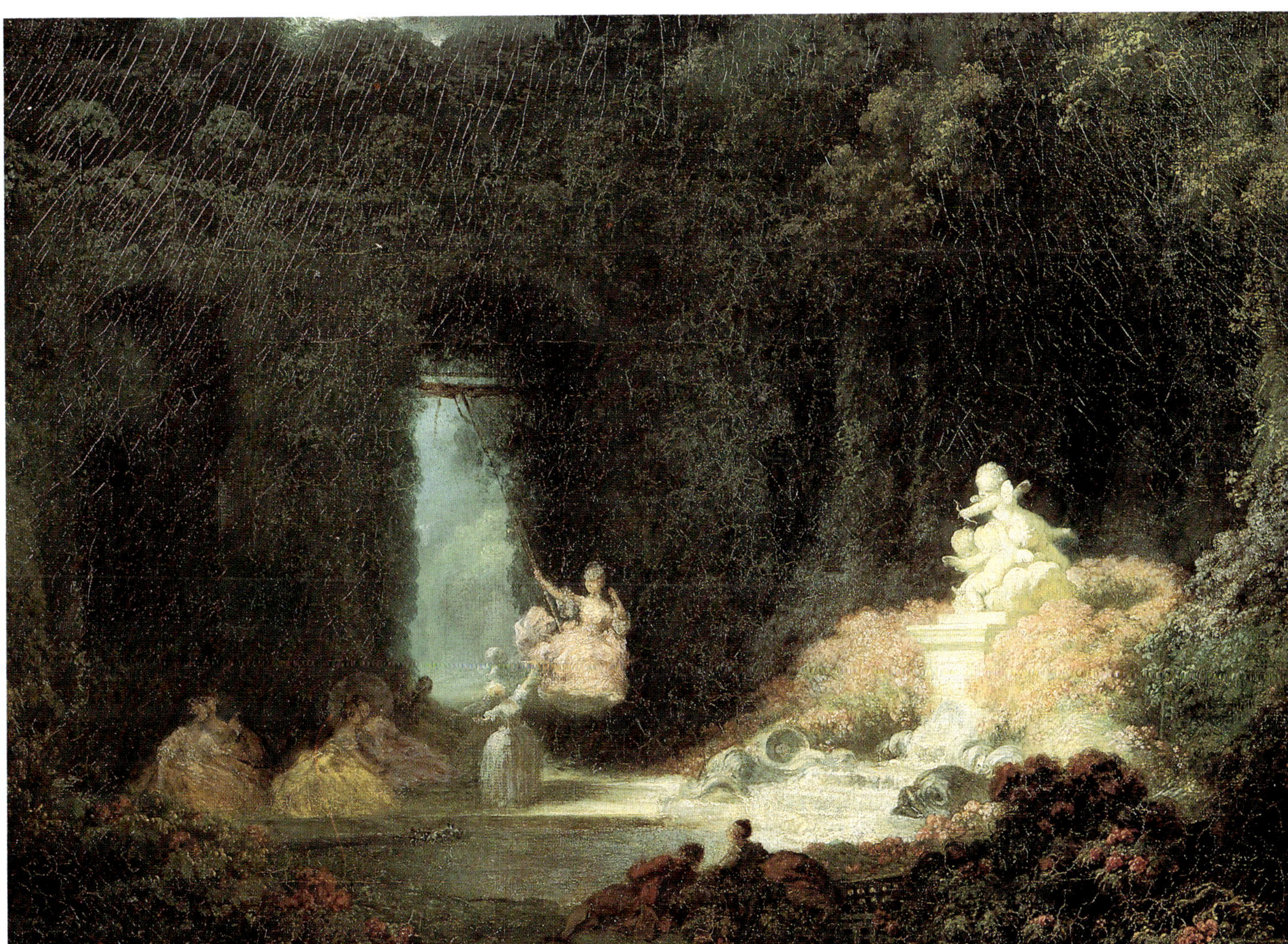

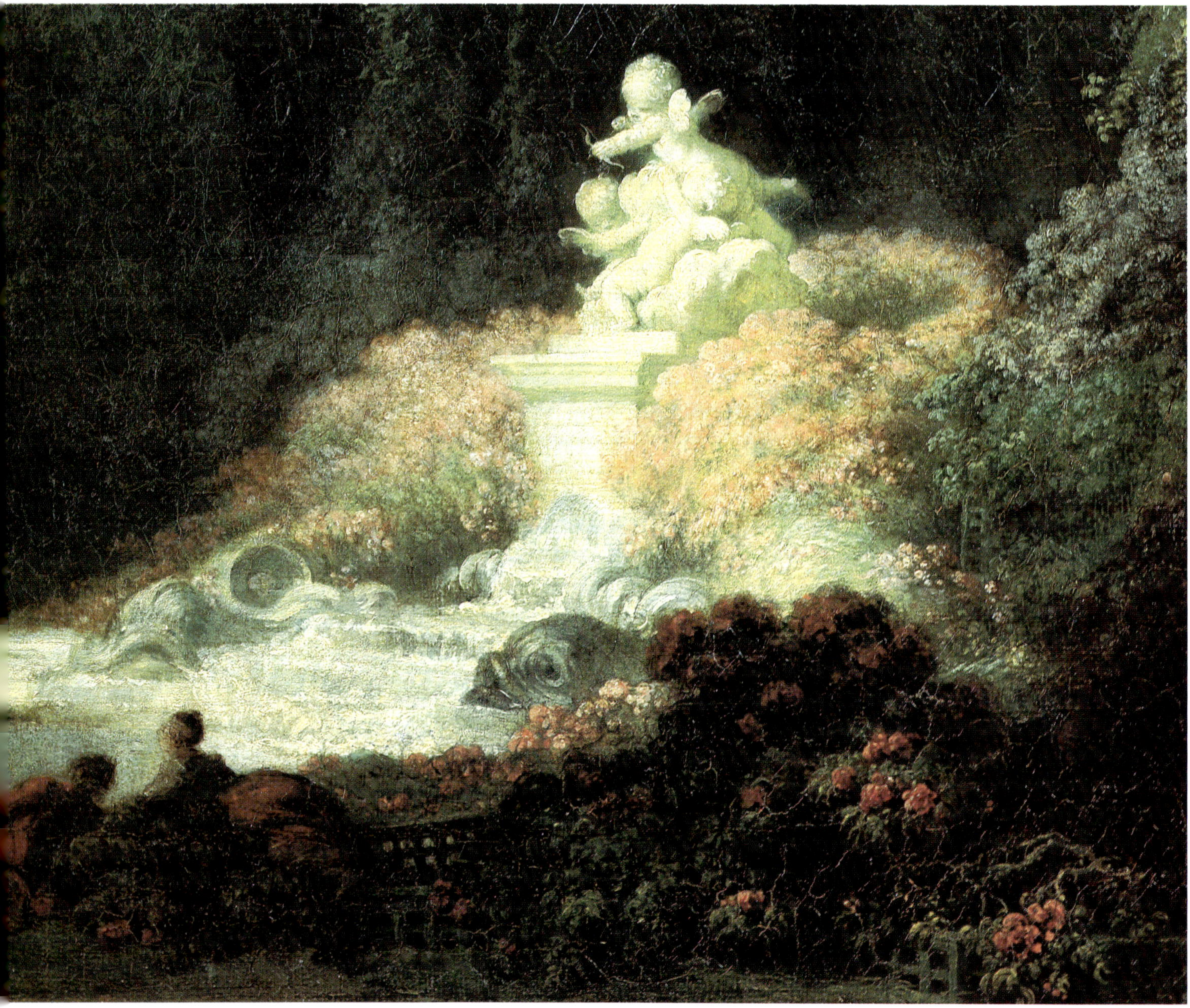

Le tableau a été fort délicatement restauré à l'occasion de l'exposition : il tient, aux côtés de l'*Île d'amour* de Lisbonne (n° 168), une place unique dans l'œuvre de Fragonard. Devant un mur de verdure qui bouche la composition et ne laisse voir qu'un bout de ciel, une jeune fille toute de rose vêtue se balance sous les yeux de jeunes gens assis autour d'un bassin. Sur la droite, le soleil éclaire trois amours entourés par des dauphins de plomb et par des buissons de roses trémières : deux amours tiennent entre leurs bras un gros cœur de pierre tandis que le troisième de son arc vise la jeune fille. Deux sources lumineuses savamment disposées donnent vie à l'œuvre : la première, qui vient de la gauche, fait scintiller l'eau de la fontaine, la robe de la jeune fille. A l'arrière-plan, par une percée qui apporte sa profondeur à la composition, on aperçoit les bleus laiteux du ciel, des arbres et d'une prairie illuminée par le soleil.

La composition respire la paix, la joie de vivre et le bonheur. Seul le va et vient de l'escarpolette agite l'air. L'œuvre, certes, n'est pas innocente. Mais nous sommes bien loin de l'*Escarpolette* de la collection Wallace de Londres, peinte avec une minutie à laquelle Fragonard ne nous a guère habitués, de près de dix ans antérieure, où rien n'était laissé au hasard. Ici Fragonard suggère avec pudeur et réserve un climat enchanté et amoureux.

Hymne à la nature et au soleil, la *Petite escarpolette* est autant un hymne au bonheur de vivre.

# VI Le second voyage en Italie (1773-74)

On s'étonnera sans doute de voir le chapitre précédent se conclure sur la présentation de quelques-uns des tableaux les plus justement célèbres de Fragonard, *La fête à Saint-Cloud* de la Banque de France, les quatre tableaux de même goût que Washington a consenti à prêter pour la première fois, ainsi que la toile que nous avons baptisée, en nous appuyant sur la notice d'un catalogue de vente du XVIII$^{e}$ siècle, *L'île d'amour*, un des joyaux de la collection Gulbenkian à Lisbonne. Confessons-le en toute humilité, nous avons beaucoup hésité avant d'opter pour ce parti. Si pour l'onirique tableau de Lisbonne notre religion n'est pas faite et si nous attendons la présentation de ce chef-d'œuvre du paysage du XVIII$^{e}$ siècle pour nous prononcer sur sa date, nous n'excluons pas que la *Fête à Saint-Cloud* soit antérieure au départ de Fragonard pour l'Italie en 1773.

Ce voyage n'était pas seulement pour l'artiste un voyage d'agrément. Certes, l'offre de Bergeret était alléchante, mais elle venait à la bonne heure. Fragonard avait essuyé deux sévères échecs, aussi bien auprès de la du Barry à Louveciennes qu'avec la Guimard pour son hôtel de la Chaussée d'Antin. Ces échecs, qu'il souhaitait oublier, durent profondément l'affecter. L'artiste sentait bien que la peinture française, depuis 1770, depuis la mort de Boucher, avant même celle de Louis XV, avant le remplacement de Marigny par d'Angiviller, cherchait de nouvelles orientations, se tournait vers de nouveaux modèles. Et que son art, qui n'avait jamais eu rien d'officiel mais qui avait compté ses partisans, paraissait « dater ». Que Fragonard ait voulu se replonger aux sources du passé italien, qu'il ait voulu voir les créations plus récentes (de Tiepolo, par exemple), qu'il ait souhaité revivifier son inspiration n'a rien pour surprendre. La *Fête à Saint-Cloud*, premier tableau du retour ou conclusion — magnifique achèvement — d'une longue période de floraison qui conduisit Fragonard du *Corésus et Callirhoé* aux tableaux de Louveciennes ? Nous croyons qu'il ne faut pas exclure la seconde hypothèse. Au retour, la rupture avec le passé ne sera sans doute pas entière et il restera dans les premières toiles, réalisées après 1774, bien des éléments de l'ancien style, mais la volonté de Fragonard de se renouveler, d'explorer de nouveaux thèmes, dans une technique nouvelle, est patente. L'Italie lui aura permis de rompre avec un passé qui ne lui rappelait pas que de bons souvenirs et qui ne lui avait pas valu que des succès. Elle sera plus.

Le 5 octobre 1773, Fragonard quittait Paris pour Rome. Il avait oublié de demander à l'Académie l'autorisation de faire ce voyage, négligeant une nouvelle fois l'institution dont il était membre. Il ne sera de retour qu'en septembre 1774. C'était son second voyage en Italie (voir pp. 61-66), bien plus court que le premier.

Il partait avec Jacques-Onésyme Bergeret de Grancourt, un fermier général âgé de 58 ans qu'il connaissait depuis dix ans au moins (voir n$^{os}$ 67 à 70 ; voir aussi Wildenstein, 1961 et Terver, 1987). Celui-ci avait prié Madame Fragonard de faire partie du voyage. Une « ancienne femme de chambre » de la défunte Madame Bergeret, Jeanne Vignier, qui deviendra la troisième Madame Bergeret, faisait partie de la troupe. Un « fils » d'un premier lit suivait « dans un cabriolet avec un cuisinier ». Deux « grands cochers », un « valet de chambre » complétaient la compagnie.

Bergeret, un des hommes les plus riches de France — en 1771 la succession de son père s'élevait à plus de huit millions de livres (Durand, 1971, p. 134) — eut la bonne idée de tenir son *Journal*, dont le manuscrit, conservé aujourd'hui à la Bibliothèque municipale de Poitiers, a été intégralement publié en 1895 par Albert Tornézy (et partiellement réédité en 1948 par Jacques Wilhelm). Le *Journal* est passionnant (plus sans doute, sous certains aspects, que celui de l'abbé de Saint-Non que nous venons de faire connaître), non qu'il soit d'un grand intérêt littéraire ni qu'il apporte sur l'Italie des précisions d'une grande originalité. *Mais il sonne vrai.* Les détails du voyage (voir plus loin la carte et les étapes des voyageurs), la vie quotidienne des Italiens, les cérémonies et les fêtes sont décrites d'une plume consciencieuse, parfois alerte. Qu'on lise la description d'un labourage (p. 124), du Mardi-gras à Rome (p. 230) ou la visite de Pompéi (p. 314) et l'on prendra la mesure de Bergeret, « honnête homme un peu fat » sans doute, mais bon observateur, curieux de tout et de tous, plus intéressé par les mœurs des habitants que par le glorieux passé artistique du pays. Le célèbre portrait de Bergeret, peint par Vincent à Rome *(fig. 1)*, qui insiste sur la suffisance du modèle, donne de son auteur une image quelque peu sarcastique et ironique ; elle a, à coup sûr, sa part de vérité. Mais le *Journal* nous intéresse avant tout en ce qui concerne Fragonard. Répétons, à notre tour (pour plus de détails, on voudra bien se reporter à la *Biographie*), l'artiste est assez rarement cité. Les deux hommes se brouillèrent au cours du voyage, à une date et pour des raisons que nous ignorons. L'incompatibilité entre les deux hommes, entre Bergeret et Madame Fragonard aussi, fut certaine. Aux éloges que Bergeret avait décerné au couple le jour de son départ, il substituera à son retour des critiques fort sévères (« des gens faux »). Fragonard ne serait qu'un lâche, qu'un poltron, « ayant peur de tout le monde et n'osant donner un avis franc en négative, disant toujours ce qu'il ne pense pas ». Le mépris pour Madame Fragonard est encore plus grand. Plus intéressants, plus nuancés aussi, sont les jugements sur l'artiste : « ses connaissances... qui sont certaines » sont « noyées dans beaucoup de fantaisie » (en engageant Fragonard, Bergeret avait espéré trouver un guide...). Pour tous les auteurs, le responsable de cette brouille serait le seul Bergeret. Elle serait survenue au retour d'Italie quand le financier avait voulu s'approprier les dessins que Fragonard avait réalisés durant le voyage en Italie. Rappelons que telle était la règle au XVIII$^{e}$ siècle et que, si procès il y eut, perdu par Bergeret, obligé d'acheter ou de rendre (il opta pour la première solution) les dessins qu'il avait espéré obtenir gratuitement, le jugement dut faire date et faire figure de première (nous n'avons pas, hélas, nous non plus, retrouvé les pièces du procès ; voir cependant notre *Biographie*).

Quant au jugement sur l'homme, il est sans doute excessif, mais il rejoint trop d'observations de la même eau pour être écarté *a priori*. Un grand créateur — admettons-le avec tristesse — n'est pas toujours un grand caractère.

S'il ne mentionne pas assez souvent, à notre gré, Fragonard, Bergeret ne satisfait pas non plus notre curiosité à propos des autres artistes qu'il a pu rencontrer. Quelles furent les retrouvailles entre Natoire, le directeur vieillissant de l'Académie de France, et son ancien élève Fragonard ? Nous l'ignorons, comme nous aimerions en savoir plus sur l'« heure » passée « chez le fameux Piranèze » le 10 janvier 1774. Berthélemy, Ménageot, deux brillants pensionnaires du Palais Mancini,

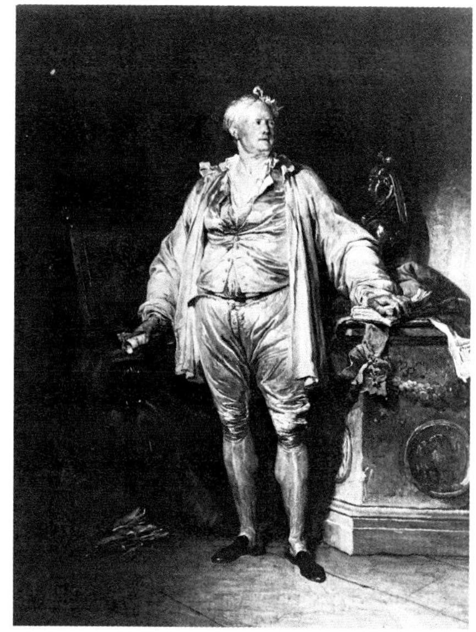

fig. 1. Vincent, *Portrait de Bergeret*, Besançon, musée des Beaux-Arts

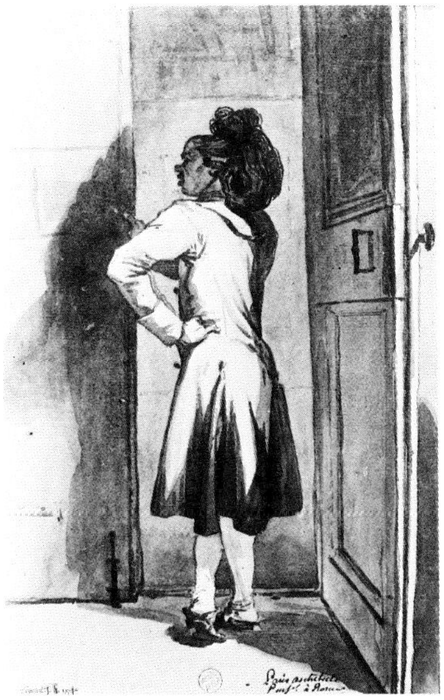

fig. 2. Vincent, *Portrait de P.-A. Pâris*, Montpellier, musée de la Faculté de Médecine, coll. Atger

sont cités, ainsi que P.-A. Pâris *(fig. 2)*, qui lui sert de guide à Rome (et restera un ami de Fragonard pour toute son existence). Et si Vincent est mentionné à deux reprises (voir aussi p. 250), qui lui fait la surprise de peindre « délicieusement » et de lui donner le portrait de « ma chienne blanche Diane », ce ne sont que des allusions (« mes docteurs peintres ») qui permettent d'avancer que le jeune pensionnaire accompagna le fermier général et son peintre à Naples (sur ce point, voir aussi J.P. Cuzin, 1983). De même, ne nomme-t-il pas son « guide » de Naples, sans doute l'architecte Bernard Poyet (Serbat, 1924, pp. 50-51).

Sur la peinture moderne italienne, Bergeret est discret. Mais ses jugements ne sont pas communs. Il vante Tiepolo, mais aussi Corrado Giaquinto, ce qui est rare sous une plume française et a échappé à Tornézy, qui n'a pas su reconnaître, sous le nom de « Sorrado », le pcintrc napolitain qui « tient beaucoup des grâces de M. Boucher ».

Mais c'est, bien sûr, l'activité artistique de Fragonard durant ce voyage qui nous importe essentiellement. Elle fut abondante, variée, uniquement consacrée au dessin : des paysages, des scènes de genre, souvent liées à tel épisode du voyage, des portraits, des copies d'après les maîtres. Ces œuvres — nous avons la chance de pouvoir exposer des exemples de chaque catégorie — se distinguent de celles du premier voyage, aussi bien par leur technique — le lavis de bistre, qui nécessite l'emploi du pinceau, remplaçant le crayon, la pierre noire comme la sanguine — que par leur ambition.

Ce sont surtout les paysages des environs de Rome qui témoignent de la nouvelle inspiration de Fragonard *(fig. 3 ; voir aussi fig. 4)*. Nous avons tenté d'en identifier les sites et interrogé plusieurs spécialistes sur ce point. Jusqu'à nouvel ordre, *en vain*... Tant d'allées « ombreuses », tant de villas « Borghese » ou « d'Este », tant de bosquets et de pins parasols seraient-ils de pure invention ? Certes, avant d'affirmer que ces dessins n'ont rien à voir avec la réalité romaine, il nous faudra nous livrer à de nouvelles recherches, mais il nous paraît aujourd'hui que Fragonard dessinait à la pierre noire les lieux qu'il avait choisis, couvrant à son habitude la feuille d'un entrelacs qui paraît confus — à la Bonnard, 150 ans avant — de lignes noires. De retour en atelier et à l'aide du lavis, sans tenir compte de la vérité topographique à laquelle il voulait échapper (à l'inverse de tant de jeunes pensionnaires), il menait à bien son œuvre. Ce sont les fraîcheurs d'une allée, les crissements des aiguilles des pins, les palpitements de la chaleur que Fragonard souhaitait transcrire et a su admirablement dépeindre.

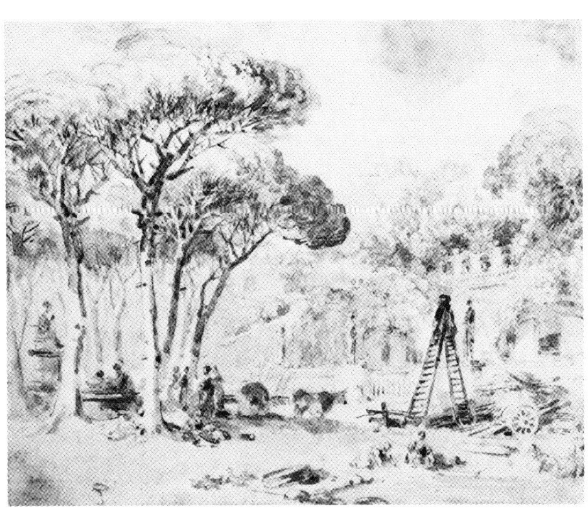

fig. 3. *Jardins italiens*,
Washington, National Gallery, coll. Samuel H. Kress

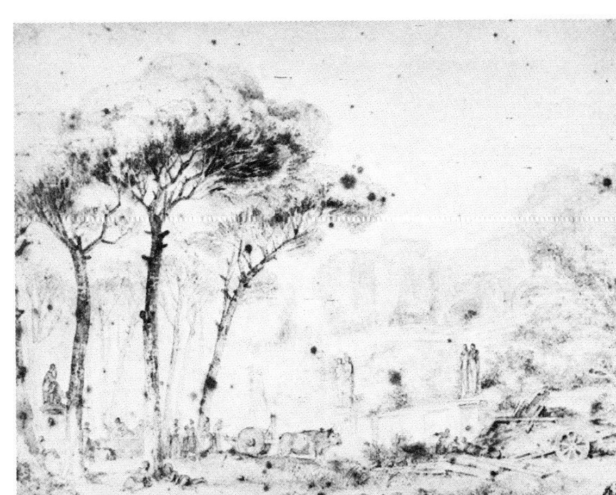

fig. 4. J. B. Lefaivre d'après Fragonard, *Jardins italiens*.
Besançon, musée des Beaux-Arts

Un point encore : bon nombre de dessins que nous exposons sont accompagnés de précieuses indications, précisant la date et le lieu de leur exécution *(fig. 5)*. De qui sont-elles ? Il faut, à nos yeux, y reconnaître la main de Bergeret, le propriétaire rapidement et provisoirement dépossédé des dessins.

À Naples, le 22 mai 1774, « nous aprenons *(sic)* à quatre heures du matin l'affreuse nouvelle » : Louis XV est mort. Cette mort dégageait Fragonard de ses engagements de mener rapidement à bien les commandes officielles qu'il avait reçues. Son voyage en Italie lui avait apporté ce renouveau de vitalité qu'on avait semblé lui dénier.

Fragonard — il n'avait après tout guère plus de quarante ans — serait-il le grand peintre du règne de Louis XVI ?

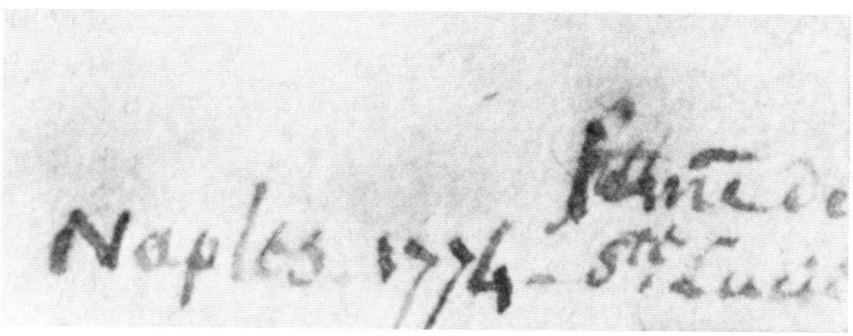


fig. 5. Inscription qui se lit sur la *Femme napolitaine à mi-corps* (n° 192)

**1773**

5 octobre
Départ de Pierre-Jacques-Onésyme Bergeret (1715-1785) pour l'Italie. Sous forme d'un récit à ses nièces restées à Paris, le financier rédige presque quotidiennement son journal de voyage. Le manuscrit, *Voyage d'Italie (revu depuis mon départ)*, a été publié intégralement par Tornézy en 1895, mais les Goncourt en avaient eu connaissance. Bergeret cite assez rarement Fragonard : « notre bagage est composé d'une berline dans laquelle nous sommes [1]. *M. et Madame Fragonard, peintre excellent pour son talens, qui m'est nécessaire surtout en Italie, mais d'ailleurs très commode pour voyager, et toujours égal* [2], *Madame* [3] *se trouve de même, et comme il m'est très utile j'ai voulu le payer de reconnaissance*, en lui procurant sa femme qui a du talent et en état de goûter un pareil voyage rare pour une femme [4]. La 4ᵉ personne est une gouvernante à moy, ancienne femme de chambre de Madame B.[ergeret]. Bien des raisons me l'ont fait emmener : elle n'est pas embarrassante en voyage, elle est forte et en état de rendre quelques services à des malades, et elle remplit le vœu que j'ai fait de tout temps, que plus je ferois tard ce voyage, plus j'y apporterois de commodité, et elle me seroit utile si je devenois malade, et enfin de plus je l'ai emmenée pour me garantir de toutes demandes dont j'ai été souvent persécuté par gens *(sic)* qui souhaitoient faire le voyage avec moy. *Par mon arrangement tout est d'accord ; je me trouve le maître de ma bande et je suis sûr de faire un voyage agréable* [5]. Mon fils suit dans un cabriolet avec un cuisinier ; mes deux grands cochers assis sur le siège, mon valet de chambre Loss courant avec le domestique de mon fils ; tous ces derniers de meilleure volonté et avec espérance que cela durera tout le voyage » (Tornézy, pp. 67-68 ; les passages soulignés, ici comme plus loin (voir 9 octobre 1773), ont été rayés par Bergeret à son retour de voyage ; pour les notes 1 à 5, voir p. 370). L'ancienne femme de chambre de Madame Bergeret est Jeanne Vignier que Bergeret épousera en 1777. Le fils de Bergeret était Pierre-Jacques (1742-1807), avec qui Fragonard semble avoir conservé de très bons rapports (voir Portalis, pp. 18, 89, 223-224). On ne sait pas à qui fut confiée Rosalie Fragonard, la fille de l'artiste, pendant la durée du voyage.

Le soir même, ils sont à Orléans.

6 octobre
Vierzon.

7 octobre
Argenton-sur-Creuse.

8 octobre
Limoges.

9 octobre
Uzerche : « comme nous sommes arrivés de bonne heure dans l'endroit le plus affreux par la situation, sur une butte entourée de montagnes et terminée par une rivière meublée de chaussées et moulins qui occassionnent des chûtes et cascades d'eau nous avons, en peintres et amateurs, admiré avec extase ce que personne n'admire *et notre docteur M. Fragonard toujours laborieux et actif a projetté et exécuté un dessein de cette situation jusqu'à l'heure de notre dîner* ou souper qui s'est fait avant 6 heures » (Tornézy, p. 73)

10 octobre
Souillac.

11 octobre
Cahors.

12 octobre
Fragonard et Bergeret s'arrêtent quinze jours à Négrepelisse (voir nº 171) : Bergeret est propriétaire du château et receveur général des Finances de la Généralité de Montauban.

26 octobre
Toulouse.

27 octobre
Carcassonne.

28 octobre
Béziers.

29 octobre
Lunel.

30 octobre
Tarascon et Nîmes.

31 octobre
Aix-en-Provence.

1er novembre
Aix et Marseille.

2 novembre
Marseille.

3 et 4 novembre
Toulon *(fig. 1)*.

5 novembre
Le Luc (Var).

6 novembre
Fréjus.

7-10 novembre
Antibes.

Fragonard semble être le seul à avoir échappé au mal de mer lors de la traversée en felouque d'Antibes à San Remo, qu'il retrace dans un amusant dessin *(fig. 2)*.

11 et 12 novembre
San Remo *(cat. 173 fig. 1)*.

13 novembre
Oneglia.

14 novembre
Laigueglia.

15 novembre
Finale.

Pierre écrit à Ledoux au sujet de l'hôtel de la Guimard (voir 5 juin 1770 et mars 1773) : « ce matin seulement Monsieur j'ay pu voir M. David après l'exposé de ma façon de penser sur son procédé ; il s'est assés bien justifié, par le reçut des faits ; et il est honnête. Il prétend que M. Fragonard étoit convenu de faire l'ouvrage pour six mille livres, qu'après l'ébauche il avoit exigé vingt mille livres, et quatre ans, que Mad^elle^ Guimard effrayée de la somme dernière avait renoncé à son projet et n'étoit pas fachée d'en être quitte pour les autres louïs qu'elle avoit donné à M. Fragonard qui de son côté soit négligence soit dessin de suivre son second arrangement laissoit la salle imparfaite.

M. Fragonard est parti et a trop rependu qu'il ne se souçioit pas de finir cet ouvrage de façon que le S. David ne luy a point écrit par les assurances qu'il a reçu de plusieurs personnes du dégoût de M. Fragonard.

La première faute est d'avoir demandé six mille livres pour un ouvrage qui en vaut vingt et plus, soit même par un commençant, de là les tracasseries et les plaintes de part et d'autres.

Que voulés vous faire Monsieur, si Mad^elle^ Guimard ne veut plus de M. Fragonard ; et si M. Fragonard a renoncé tacitement à l'ouvrage. Sûrement Mad^elle^ Guimard est maîtresse de son choix et David ne paroît point dans le maintien d'un homme qui a des reproches à se faire. Bien loin de là ; il croit fermement obliger M. Fragonard en le débarrassant d'une besogne dont son caractère trop vif le dégoûte, et l'éloigne.

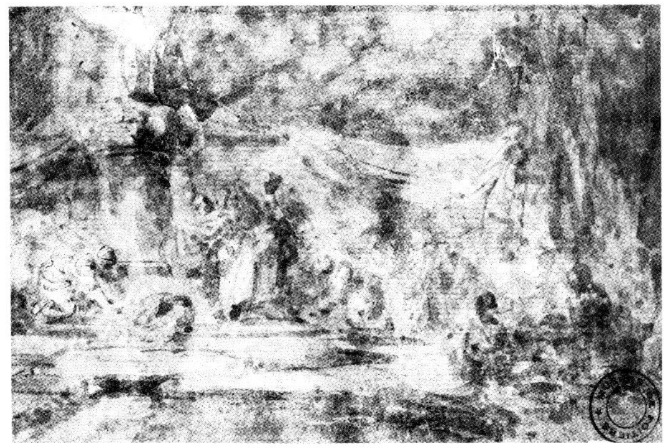

fig. 1. *La foire de Toulon*,
Poitiers, musée Sainte-Croix

Je ne vois que la certitude des faits détruite qui puisse donner prise sur M. David, vous êtes plus à portée que moy de voir Mad^elle^ Guimard, et de juger ensuitte » (Arch. Nat. 392, AP, fol. 247-248, publié par Régis Michel dans *David e Roma*, Rome, 1981-82, pp. 238-239).

Ce décor, aujourd'hui perdu, fut vendu en 1844 (21-22 décembre, nº 16) : « quatre grands tableaux, les plus séduisants qu'on connaisse, décoraient autrefois le grand salon de l'hôtel de M^lle^ Guimard, depuis hôtel de M. le comte de Perregaux (...). Nous nous contenterons de dire que ces quatre compositions nous offrent des scènes idéales tirées de la mythologie, embellies par tout ce que l'imagination de l'auteur y a répandu d'esprit et de charme, par un coloris frais et brillant, par tout le prestige de l'art, qui captivent à la fois l'œil, l'esprit et le cœur, et font naître de douces illusions.

Deux de ces tableaux portent 3 mètres 9 cent. de hauteur sur 2 mètres 60 cent. de largeur. Les deux autres portent 3 mètres de hauteur sur 2 mètres 45 cent. de largeur »

Le récit que Madame Fragonard avait fait à son petit-fils et que rapportent les Goncourt (1865, p. 283) semble concorder avec la teneur de cette lettre, qui diffère un peu de la version de Meister (voir p. 297) : « ce fut Fragonard qui donna son congé au lieu de le recevoir. Il était fatigué des grands airs et du peu d'égards de la princesse. Un jour qu'elle lui répétait pour la centième fois : Monsieur le peintre, ça ne finira-t-il pas ? C'est impossible ! — C'est tout fini ! lui dit Fragonard. Il prit la porte, et jamais la Guimard ne put le décider à revenir. Un détail fort curieux, c'est que plus tard, à l'heure où David n'était pas encore à Rome et *vanlootisait* à Paris, il vint trouver Fragonard et lui demanda son autorisation pour finir les peintures commencées par lui et dont la Guimard venait de lui commander l'achèvement. Fragonard se hâta de lui accorder sa demande, avec une grâce que n'oublia jamais, il faut le dire, la reconnaissance de David ».

16 novembre
Savone *(cat. 173 fig. 2)*.

17-22 novembre
Gênes.

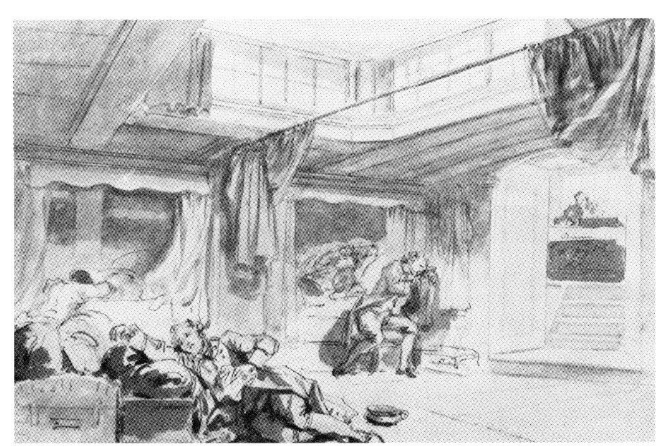

fig. 2. *Vue intérieure d'un bateau*,
New York, coll. privée

# Itinéraire du voyage de Fragonard et Bergeret

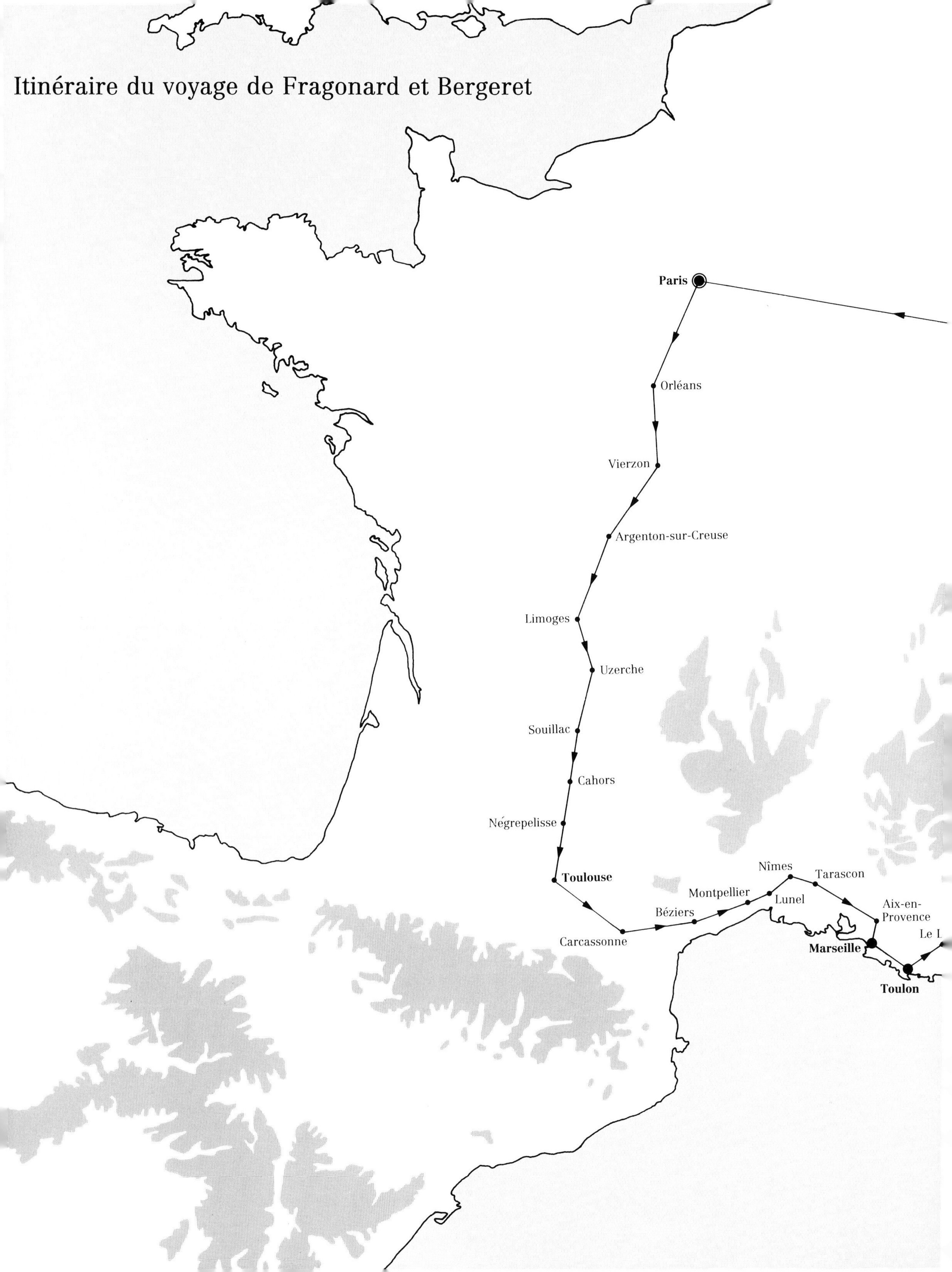

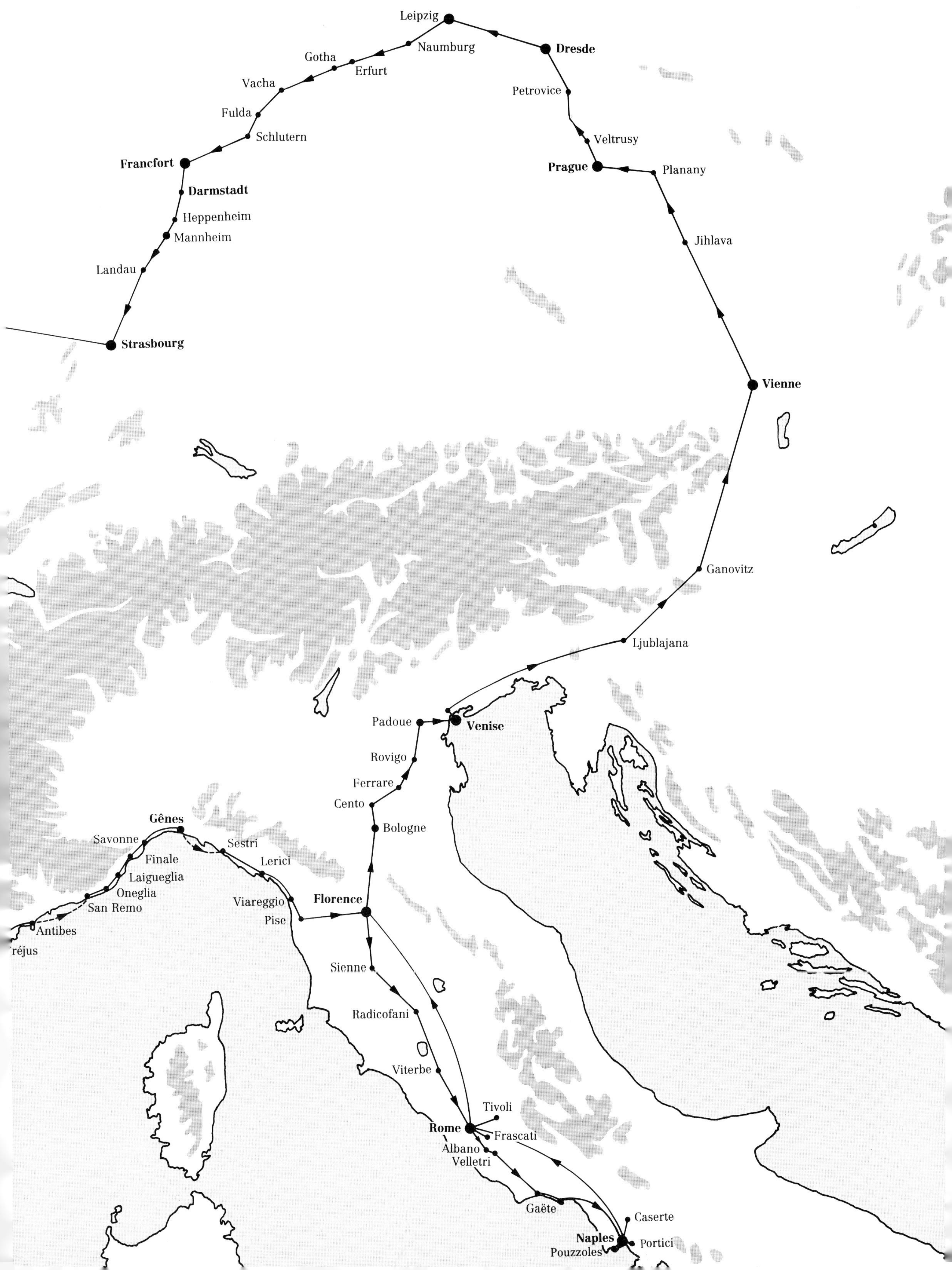
Leipzig
Naumburg
Dresde
Gotha
Erfurt
Vacha
Petrovice
Fulda
Schlutern
Veltrusy
Francfort
Prague
Planany
Darmstadt
Heppenheim
Mannheim
Jihlava
Landau
Strasbourg
Vienne
Ganovitz
Ljublajana
Padoue
Venise
Rovigo
Ferrare
Cento
Bologne
Gênes
Savonne
Sestri
Finale
Lerici
Laigueglia
Oneglia
Viareggio
San Remo
Florence
Pise
Antibes
réjus
Sienne
Radicofani
Viterbe
Tivoli
Rome
Frascati
Albano
Velletri
Gaëte
Caserte
Naples
Portici
Pouzzoles

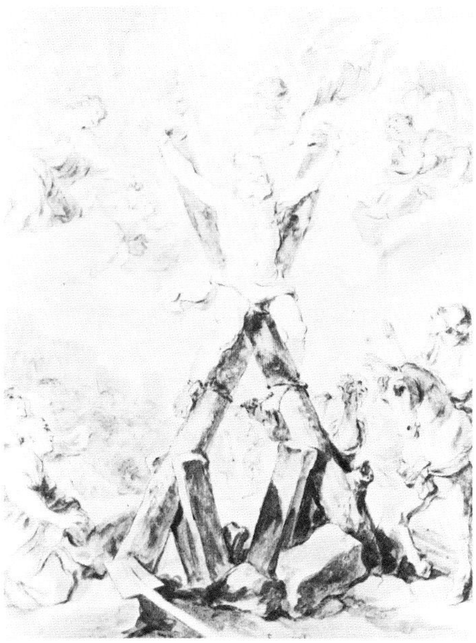

fig. 3. *Le martyre de saint André* (d'après Preti), localisation actuelle inconnue

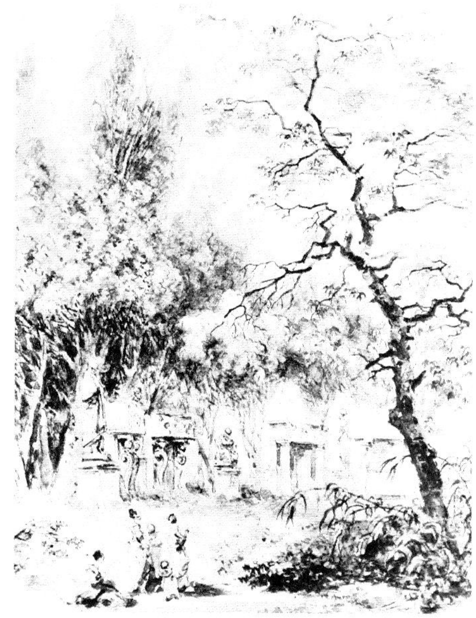

fig. 4. *Paysage près de Velletri*, localisation actuelle inconnue

24-26 novembre
Sestri (voir n° 172).

27 novembre
Lerici.

28 novembre
Viareggio.

29 novembre
Pise.

31 novembre et 1er décembre
Florence.

2 décembre
Sienne.

3 décembre
Radicofani.

4 décembre
Viterbe.

5-31 décembre
Rome.

9 décembre
À Sant'Andrea della Valle, Bergeret admire « un magnifique plafond du Dominiquain, superbe caractère, beaux angles de la coupole. Derrière le maître autel, trois tableaux du martyre et mort de saint André, de Calabraise, à fresque *(fig. 3)*. Ce sera à revoir plus d'une fois, beau dessein et belle couleur. Voilà deux auteurs bien capables de décider les jeunes gens qui vont à Rome pour se perfectionner » (Tornézy, pp. 141-142).

16 décembre
A Fragonard, Bergeret semble préférer comme cicérone l'architecte Pierre-Adrien Pâris (1745-1819), alors logé à l'Académie de France à Rome malgré son échec au concours du Grand Prix : « le meilleur conducteur, qui connaît tout avec les anecdotes historiques. Il n'est pas indifférent d'être bien mené » (Tornézy, pp. 154-155).

Dans le journal de Pâris (Besançon, Bibliothèque municipale), dont malheureusement l'année 1774 est perdue, Chipon (1906, p. 11) a relevé cette mention : « déjeuner à Mme Fragonard et à la signora Martina 6 livres ».

Cochin, dans ses *Lettres à un jeune artiste peintre pensionnaire à l'Académie royale de France à Rome* (Pierre-Charles Jombert), ajoute en post scriptum : « Fragonard est à Rome, c'est un habile homme, mais gardez-vous bien de le prendre pour votre modèle, lui-même s'est gâté à Rome [lors de son premier séjour] par une imitation mal conçue de M. Mengs ; avant que de partir pour l'Italie, il avait toute la couleur du fameux Lemoine ; il a appris là les tons bleus, violets, aurores, verds, etc. » (éd. Du Broc de Segange, p. 66 ; voir aussi Locquin, 1914, p. 8).

27 décembre
Bergeret et ses amis rendent visite aux peintres Ménageot et Berthélemy, alors pensionnaires de l'Académie de France à Rome (Tornézy, pp. 171-172).

**1774**

L'*État des ouvrages de peinture ordonnés pour le Roy* (Arch. Nat. O1 1933) rend compte des nombreuses commandes passées à Fragonard mais jamais achevées :
« 1765. Un tableau pour les Gobelins de même grandeur que celui de *Callirhoé*, 4.500 livres.
1767. À lui ordonné deux tableaux dessus de porte : 1° *Le Jour* sous la figure d'Apollon ; 2° *La Nuit* représentée par Diane. Ces tableaux sont destinés pour Bellevue, 1.600 livres.
1770. À lui ordonné deux autres tableaux dont les sujets sont au choix de l'auteur. Ils sont destinés pour la salle à manger des petits appartements de Versailles, 1.600 livres.
*Nota*. L'auteur ne paroît pas beaucoup s'occuper des trois articles cy dessus, il vient de retourner à Rome » (Engerand, 1901, p. 195).

24 février
Bergeret décrit ainsi, et non sans orgueil, son cercle d'artistes : « quand je dirai que je vois icy tous les jours quelque chose de nouveau, je ne peux être entendu que d'un amateur de peinture. Tantôt c'est un joli dessein, une galanterie que me font quelques pensionnaires de l'Académie, tantôt, ma chienne blanche Diane, levrette délicieusement peinte par M. Vincent, pensionnaire du Roy, qui m'en a fait l'agréable surprise, tantôt un dessein nouveau par mon camarade de voyage, M. Fragonard, quelquefois un morceau de porphire précieux, à bon marché, ou autre marbre granite, souvent faisant de fréquents voyages, inutiles, mené par un brocanteur qui nous vante des tableaux ou curiosités que nous jugeons infâmes dès le pas de la porte » (Tornézy, pp. 239-240).

1er-31 mars
Rome.

1er mars
« Depuis plusieurs jours nous sommes plus occupés dans l'intérieur que dans l'extérieur, à des desseins et petites entreprises que nous suivons et qui se verront dans notre collection à Paris ». Cette remarque de Bergeret (Tornézy, p. 243) a souvent été interprété, à tort, comme pouvant faire allusion à l'illustration des *Contes* de La Fontaine par Fragonard (voir p. 508).

6 mars
La collection de Bergeret s'enrichit : « nous y fournissons, rangé dans mon cabinet, ce que mon camarade de voyage, M. Fragonard, a fait dans la semaine, ainsi que M. Vincent, pensionnaire du Roy à l'Académie, qui a un talent particulier et qui nous procure de quoy meubler notre petit sallon. Il s'y joint les petites emplettes de vases, de porphire, granite » (Tornézy, p. 245).

2 avril
Bergeret et sa petite troupe se rendent à Tivoli. Bien qu'il accorde une description au temple de la Sibylle et à la villa d'Este, il précise : « rien à copier pour nous » (Tornézy, p. 281).

13 avril
Bergeret part avec ses compagnons de voyage pour Naples. Première étape, Velletri *(fig. 4)*.

« Velletri est à 8 lieües de Rome environ ; nous y voilà arrivés à 5 heures du soir par le plus beau tems. Presque toute cette route depuis Rome est de plaines incultes, pays plat ; on y voit quelques tombeaux ruinés de côté et d'autre, mais qui n'ont pas de nom » (Tornézy, p. 290).

14 avril
Gaète.

15 avril
Arrivée à Naples où ils restent jusqu'au 12 juin (voir nos 191 et 192).

Bellier de la Chavignerie (1865, p. 86) rapporte cette aventure advenue à Madame Fragonard et que son petit-fils, Théophile, lui aurait raconté : « à Naples, nous nous arrêtâmes dans un des meilleurs hôtels de la ville ; un matin, mon mari était sorti ; on m'annonce un visiteur italien dont le nom m'était inconnu. — Mon mari n'y est pas, répondis-je. — C'est madame que l'on demande. — Faites entrer alors, mais ne me quittez pas, ajoutai-je à ma femme de chambre. Mon visiteur était un *signor* d'assez bonne mine, supérieurement vêtu ; après trois saluts profonds, il me fit signe de m'asseoir, oubliant que j'étais chez moi. Je lui obéis, le regardant toutefois de tous mes yeux ; alors il tira de sa poche un mouchoir de fine batiste qu'il déposa à mes pieds, et sur ce carreau improvisé il s'agenouilla respectueusement. Que signifiaient toutes ces cérémonies ? Avais-je affaire avec un fou ? Je me trouvais clouée sur mon fauteuil par la crainte et la surprise. Je regardai ma servante, qui conservait un imperturbable sang-froid ; heureusement, l'explication ne se fit pas longtemps attendre ; mon chevalier tira de sa poche une mesure et l'approcha de mon pied (J'avais en effet demandé à mon hôtelier un cordonnier dont l'intervention m'était nécessaire ; l'hôtelier avait averti le cordonnier de la cour !). Mon artiste, son opération terminée, recommença avec solennité ses révérences et disparut. Dès qu'il fut parti, je me pris à rire de lui et de moi ».

23 avril
Portici : « j'étois avec un peintre nommé M. Volaire qui réussit supérieurement à rendre l'horreur du Vésuve dont je rapporterai un tableau » (Tornézy, p. 303).

6 mai
Visite de Pompéi (voir no 189).

10 mai
Mort de Louis XV.

Juin
Retour à Rome où ils restent jusqu'au 28 juin au moins.

20 juin
Bergeret est présenté au pape Clément XIV (1769-1774) et semble n'avoir été accompagné que par son fils. Théophile (1847, p. 7) donne à penser que Fragonard faisait partie de l'équipe : « on ne peut voir l'Italie sans voir le Pape ; c'était le sentiment de notre financier : Fragonard demanda la faveur de lui être présenté avec son ami ; le pape les reçut étant seul, dans son cabinet de travail, et comme suivant l'usage, mon grand-père mettait un genou en terre pour baiser la pantoufle sacrée, Ganganelli, car c'était lui, s'écria : — Laissez cela aux italiens. Fragonard, dans mes bras, dans mes bras ». Dans le récit retranscrit par Ch. Blanc (1862, p. 8), il est ajouté : « mon cher artiste ».

21-22 juin
Frascati.

29 juin-7 juillet
Bergeret ne semble pas avoir rédigé son journal.

8-12 juillet
Florence.

14-16 juillet
Bologne.

17 juillet
Ferrare.

18 juillet
Padoue.

19-31 juillet
Venise.

3 août
Ljublajana.

4-5 août
Ganovitz.

7-15 août
Vienne.

10 août
« Le palais du Prince Lichtemstein, riche en beaux Rubens et superbes Vandyck. J'en raporte des desseins faits par M. Fragonard. Mais Vienne n'a la réputation de rien renfermer de curieux. En cherchant bien, on peut trouver quelques cabinets, mais nous ne resterons que huitaine suffisante » (Tornézy, p. 400).

16 août
Jihlava.

17 août
Planany.

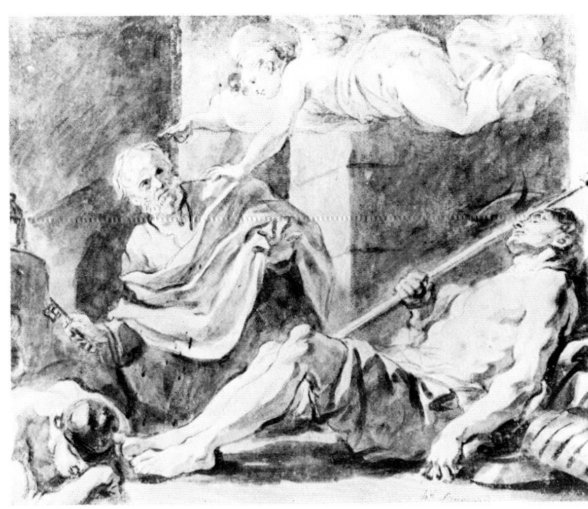

fig. 5. *La délivrance de saint Pierre* (d'après Preti), Narbonne, musée d'Art et d'Histoire

Julien de Parme (1736-1799), dans une lettre au peintre belge Lens (1739-1822), exprime, sur un ton ironique, son espoir de succès : « j'espère que mes productions galantes iront en foule orner les Quais de Paris, et faire nargue aux Fragonard, aux le Prince etc. On m'assure que je suis très capable de peindre en petit des sujets gracieux » (Rosenberg, 1984, p. 225).

18 août
Prague et Veltrusy.

19 août
Petrovice.

20-30 août
Dresde : « je suis retourné en carrosses aux galleries où est établi M. et Mme Fragonard dès le matin, pour y faire récolte de desseins. Je crois que l'on iroit exactement pendant un mois qu'il ne seroit pas possible de se faire un local suffisant de tout ce qu'il peut s'y voir » Tornézy, p. 409 ; voir no 193, Fragonard copie *La délivrance de saint Pierre* de Preti *(fig. 5)*.

1er septembre
Naumburg.

2 septembre
Erfurt.

3 septembre
Vacha.

4 septembre
Schluchtern.

5 septembre
Francfort et Darmstadt.

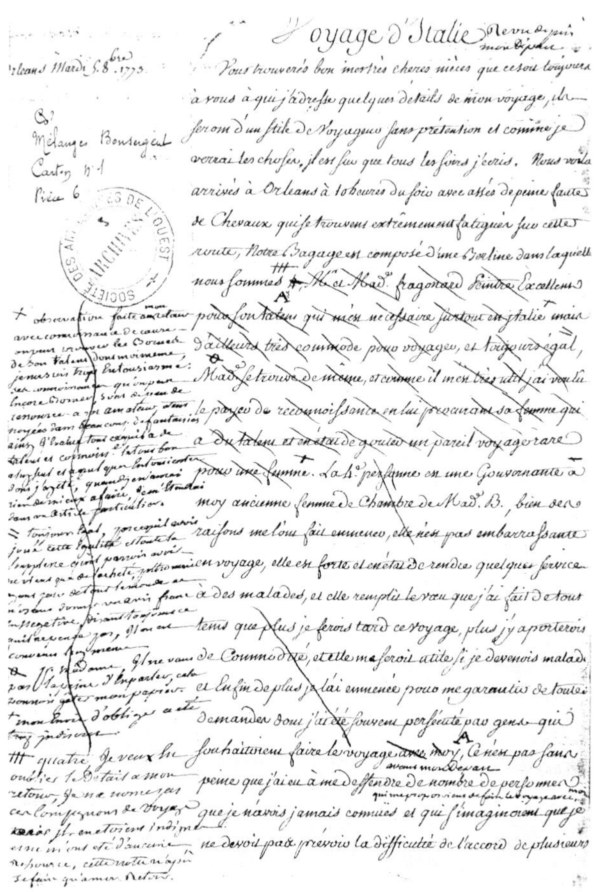
Orleans Mardi 5. 8bre 1773

Mélanges Bonsergent
Carton n° 1
Pièce 6

Voyage d'Italie Revu depuis mon départ

Vous trouverés bon mes très cheres nieces que ce soit toujours
à vous à qui j'adresse quelques details de mon voyage, ils
seront d'un stile de voyageur sans prétention et comme je
verrai les choses, il est sur que tous les soirs j'ecris. Nous voila
arrivés à Orleans à 10 heures du soir avec assés de peine faute
de Chevaux qui se trouvent extrêmement fatiguer sur cette
route, Notre Bagage est composé d'une Berline dans laquelle
nous sommes M. et Mad. Fragonard Peintre Excellent
pour son talent qui m'est necessaire surtout en Italie mais
d'ailleurs très commode pour voyager, et toujours égal,
Mad. se trouve de même, et comme il m'est très util j'ai voulu
le payer de reconnoissance en lui procurant sa femme qui
a du talent et en état de gouter un pareil voyage rare
pour une femme. La 4e personne est une Gouvernante à
moy ancienne femme de Chambre de Mad. B., bien des
raisons me l'ont fait emmener, elle n'est pas embarrassante
en voyage, elle est forte et en état de rendre quelques service
à des malades, et elle remplit le vœu que j'ai fait de tout
tems que plus je ferois tard ce voyage, plus j'y aporterois
de Commodité, et elle me seroit utile si je devenois malade
et enfin de plus je l'ai emmenée pour me garantir de toutes
demandes dont j'ai été souvent persécuté par gens qui
souhaitoient faire le voyage avec moy, Ce n'est pas sans
peine que j'ai eu à me deffendre de nombre de personnes
que je n'avois jamais connües et qui s'imaginoient que je
ne devois pas prévoir la difficulté de l'accord de plusieurs

fig. 6. Page du *Journal* de Bergeret,
Poitiers, Bibliothèque municipale

6 septembre
Heppenheim.

7 septembre
Landau.

8 septembre
Mannheim.

9 septembre
Strasbourg, d'où ils regagnent Paris.

Une nouvelle fois, c'est Théophile qui nous raconte les démêlés de Fragonard avec Bergeret au retour du voyage : « dans ce voyage notre artiste réunit une grande quantité de matériaux, mais ses moindres croquis étaient eux-mêmes des petits chefs-d'œuvre, c'est du moins ce qu'en pensait notre financier car, de retour à Paris, il pensa que s'il pouvait se les attribuer, il ferait une bonne affaire, au lieu d'un voyage agréable, mais fort coûteux — c'était pourtant un fermier-général ? Mon grand-père réclama ses effets à son retour, on ne lui rendit que ses habits, il fallut plaider et des arbitres condamnèrent le fermier général à payer les dessins, ou à les rendre. Il aima mieux donner 30.000 livres, c'était une somme alors ». Nous n'avons, hélas, pas retrouvé trace de ce procès dans les Archives. Cependant, dans l'inventaire après décès de Bergeret, figure « une liasse de vingt huit pièces qui sont mémoires et procédures relatif au procès contre le Sieur Chagonard *(sic)* peintre qui paraît terminé » (Paris, M.C., XVIII, 846, fol. 13, cité par G. Wildenstein en 1961, p. 48).

Plus loin, toujours dans le même inventaire, figure : « 28 pièces qui sont quittances d'une somme de 3.000 livres données par M. Fragonard, peintre, audit feu sieur Bergeret pour ouvrages de peinture, tableaux et solde de tout compte et toutes les pièces, notes et mémoires relatifs à cette dette ». Bien qu'il soit question de tableaux et non de dessins, il est tentant de penser, comme le sous-entend Wildenstein, qu'il s'agit de la somme que Bergeret fut obligé de verser ; il y aurait une différence d'un zéro avec le témoignage de Théophile.

C'est vraisemblablement à l'occasion de ce procès que Bergeret raya certains passages de son journal *(fig. 6)* et rajouta en marge ces commentaires (voir 5 octobre 1773) :

« (1) Je veux en oublier le détail à mon retour ; je ne nome pas ces compagnons de voyage, car ils en étoient indignes et ne m'ont été d'aucune ressource. Cette note n'a pu se faire qu'à mon retour.
(2) Toujours égal ! — Parce qu'il avoit joué cette égalité et toute la soupplesse qu'il paroît avoir ne vient que de lâcheté, poltronnerie, ayant peur de tout le monde et n'osant donner un avis franc en négative, disant toujours ce qu'il ne pense pas. Il en est convenu lui-même.
(3) Pour Madame il ne vaut pas la peine d'en parler, cela pourrait gâter mon papier » [À ce propos, Théophile confiait ceci aux Goncourt (1865, p. 28) : « il n'y a rien d'étonnant à ce que M. Bergeret en voulût davantage à madame Fragonard qu'à son mari. Elle seule était chargée des affaires d'intérêt de la maison, *c'est ma caissière*, disait en parlant d'elle, l'artiste qui avait les chiffres en horreur, adressez-vous à elle »].
(4) Observation faite à mon retour avec connaissance de cause : On peut trouver les bornes à son talent, dont moi-même je me suis trop enthousiasmé. Ses connoissances, qu'on peut encore borner, sont de peu de ressources à un amateur, étant noyées dans beaucoup de fantaisies. Ainsi, j'évalue tout ce qu'il a de talent et de connoissance, le tout bon à luy seul et à quelques enthousiastes dont j'ay été. Quand je n'aurai rien de mieux à faire, je m'étendrai dans un article particulier.
(5) Oui, pour le moment et même tout le voyage en apparence pour moi, mais j'étois avec des gens faux ».

# 171 Le château de Négrepelisse, près de Montauban

H. 362 ; L. 494
Sanguine avec traces de pierre noire

Rotterdam, musée Boymans-van Beuningen

**Provenance**
Vente M. C., 21-23 novembre 1895, nº 224 : « deux dessins à la sanguine... Vieux château aux bords d'une rivière » ( ?) ; coll. de Mme de la Girennerie à Paris, descendante de Bergeret ; coll. Mme C. S. Hofer à Cincinnati (selon cat. exp. Paris, 1952) ; coll. Franz Kœnigs (1881-1941, marque, Lugt 1023 a, au verso) ; acquis en 1940 par D. G. van Beuningen et donné au musée de Rotterdam en 1941 ; F-I-244.

**Expositions**
Paris, 1952, nº 90 (avec liste des exp. précédentes) ;
Amsterdam, 1974, nº 37, ill.

**Bibliographie**
R. p. 224 et 225 ;
A. 381 fig. 132 ;
Ananoff, 1961, p. 50, ill. ;
Méras, 1961, pp. 5-6 et ill. entre p. 4 et p. 5 ;
Méras, 1972, p. 334 note 3.

**Œuvres en rapport**
Une version plus petite, mais inversée et au lavis de bistre, datée d'octobre 1773 appartenait en 1931 au prof. A. Chauffard (*fig. 1* ; cat. exp. Paris, 1931, nº 70).
Pour une autre vue du château, également à la sanguine, autrefois dans une coll. privée à Essen, voir A. 1488 fig. 400 (*fig. 2*).

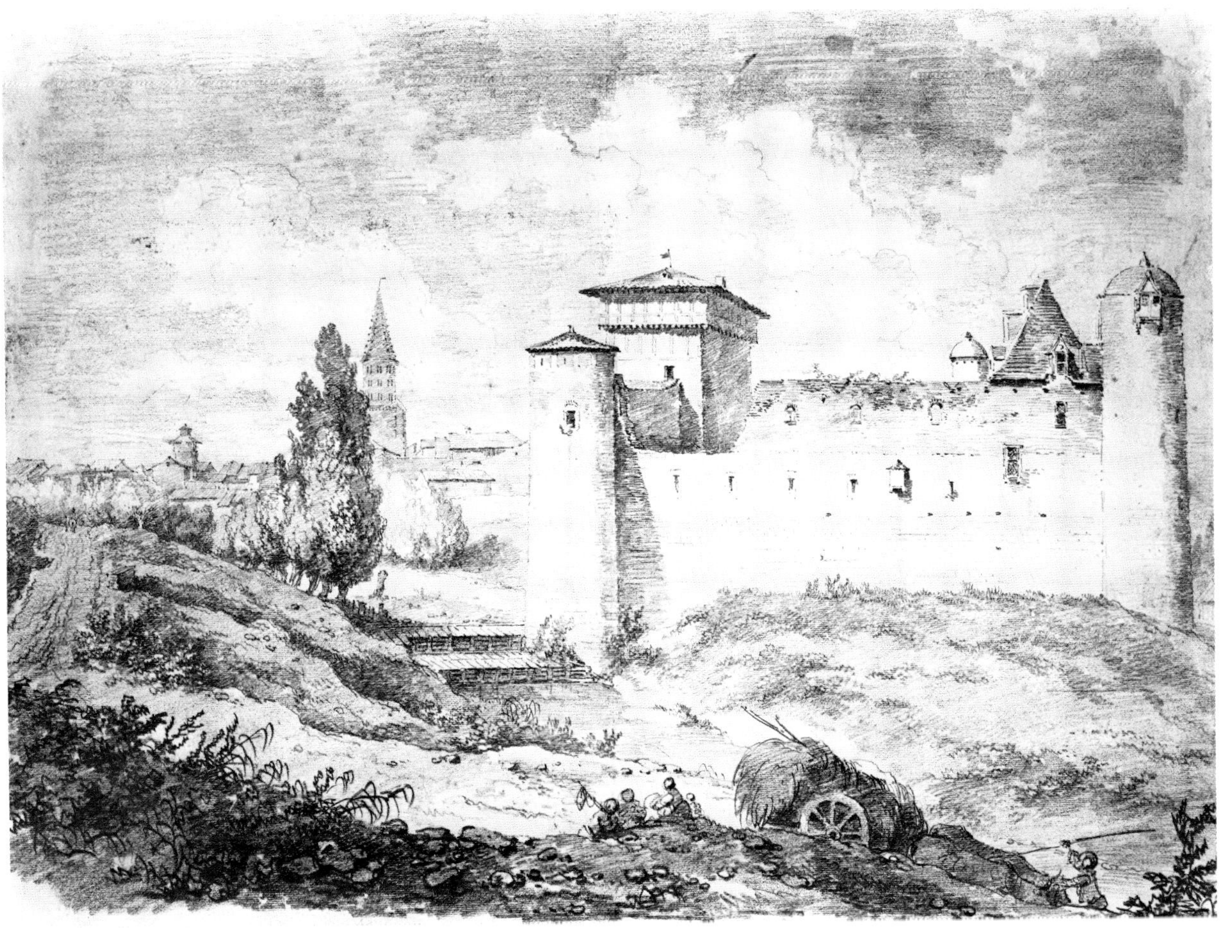

Le 5 octobre 1773, Fragonard et sa femme quittaient Paris en compagnie de Jacques-Onésyme Bergeret de Grancourt (1715-1785). Ils se rendaient en Italie (voir plus haut), mais Bergeret, qui tint son *Journal*, souhaitait faire un crochet par sa terre de Négrepelisse près de Montauban qu'il avait rachetée à son père dès 1751 avec la charge de receveur général de la Généralité de Montauban (Wildenstein, 1961, p. 43).

Ils arrivaient, le 12 octobre, « à 2 heures après midi par un tems d'été dans la meilleure santé. Nous voilà bien dîné, et ensuite bien harangué » (seule allusion aux fêtes et aux discours qui furent donnés au seigneur du lieu à l'occasion de son passage ; Tornézy, 1895, p. 76 ; voir aussi p. 74). Le *Journal* ne donne aucun détail sur le séjour à Négrepelisse. Il ne reprend qu'à partir du 26 octobre, de Toulouse : « après être restés 15 jours bien justes à ma terre de Négrepelisse près Montauban ».

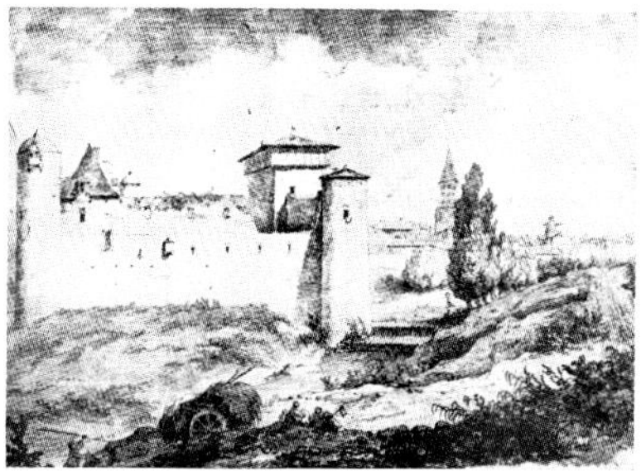

fig. 1. *Le château de Négrepelisse*, localisation actuelle inconnue

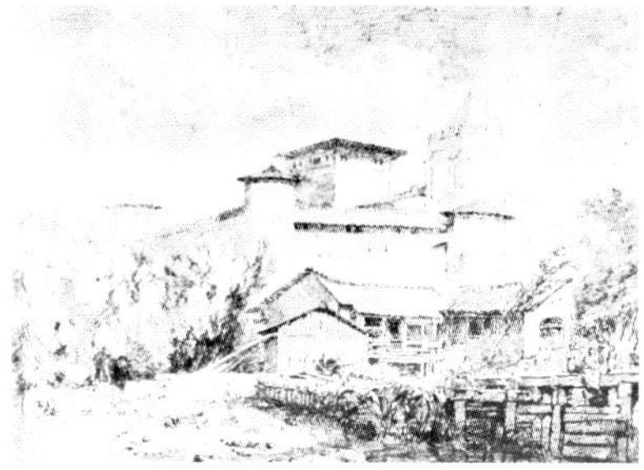

fig. 2. *Le château de Négrepelisse*, localisation actuelle inconnue

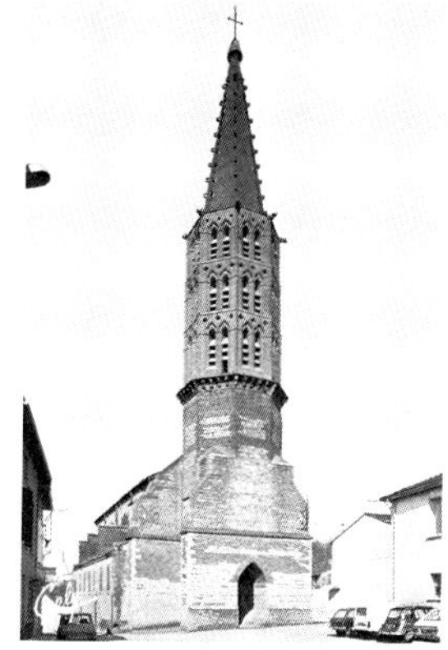

fig. 3. Le clocher de l'église de Négrepelisse

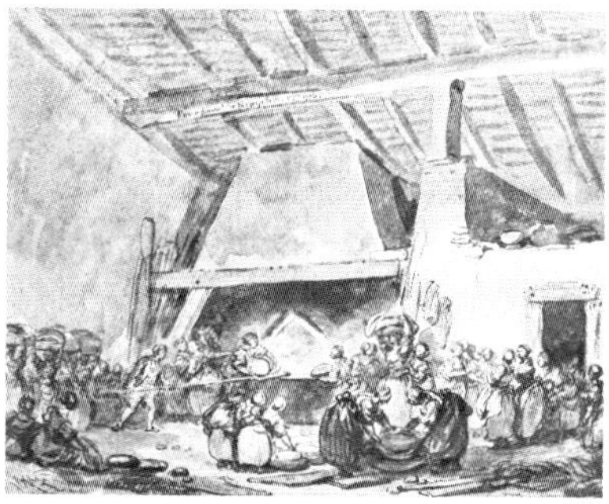

fig. 4. *Le four banal à Négrepelisse*, New York, coll. privée

Le château de Négrepelisse était en médiocre état à l'époque du voyage mais ne fut rasé qu'en 1845. Que le dessin de Rotterdam le représente est certain : les articles de Mathieu Méras, des documents qui nous ont été confiés par M. A. Lombrail et Madame Deilhes (de Négrepelisse) le confirment ; les restes d'une tour, des remparts surplombant l'Aveyron, sont encore aujourd'hui reconnaissables comme peut être identifié sans peine le clocher toulousain octogonal de briques du XVe siècle *(fig. 3)*, qui n'a guère subi de modifications depuis le temps de Fragonard.

Fragonard dut beaucoup dessiner Négrepelisse et à Négrepelisse (mais consulter avec prudence Tornézy, pp. 41-42 ; voir aussi Méras, 1972). On connaît trois vues du château et deux dessins représentant le *Four banal de Négrepelisse (fig. 4)*. Le plus célèbre, identifié grâce à une description (de la main de Bergeret ?), qui a appartenu aux Goncourt, est d'un esprit et d'une technique tous différents du dessin de Rotterdam.

La vue du château se veut précise, fidèle dans son détail : tours, courtine, meurtrières, fenêtres exiguës, petite coupole sont attestées. Au premier plan, sous un grand ciel nuageux, un bouvier qui rentre son foin, pique ses bœufs.

Mais l'importance du dessin n'est pas seulement topographique : il constitue, au même titre que le *Four banal* (hélas absent), un document précieux sur le style de Fragonard à la veille de son second séjour en Italie.

## 172 Vue du pont San Stefano à Sestri près de Gênes

New York

H. 160 ; L. 215
Lavis de bistre sur préparation à la pierre noire

Besançon, musée des Beaux-Arts

**Provenance**
Coll. Pierre-Adrien Pâris (1745-1819) ; légué en 1819 à la Bibliothèque municipale de Besançon ; transféré au musée en 1843. Inv. D. 2851.

**Expositions**
Paris, 1925, n° 423 ;
Besançon, 1956, n° 43.

**Bibliographie**
G. p. 340 ;
P. p. 300 ;
Martine, 1927, pl. 27 ;
Wilhelm, 1948, p. 157 ;
R. p. 223 ;
Cornillot, 1957, n° 45, ill. (avec bibl. complète) ;
A. 1590.

**Œuvres en rapport**
Le musée de Lille conserve une seconde version plus grande de ce dessin *(fig. 1)*, annotée en bas à gauche : « pont St. Stephano a Sestry le 26.9.[bre] 1773. » et au crayon : « rivière de Genes » *(fig. 2* ; lavis de bistre et pierre noire ; H. 292 ; L. 370 ; A. 1589 ; le dessin provient des coll. Bruun-Neergaard, vente, 30 août 1814, partie du n° 129, et de La Béraudière, 16-17 avril 1883, n° 116 ; voir aussi cat. exp. Londres, Heim, 1974, n° 37, pl. 24).

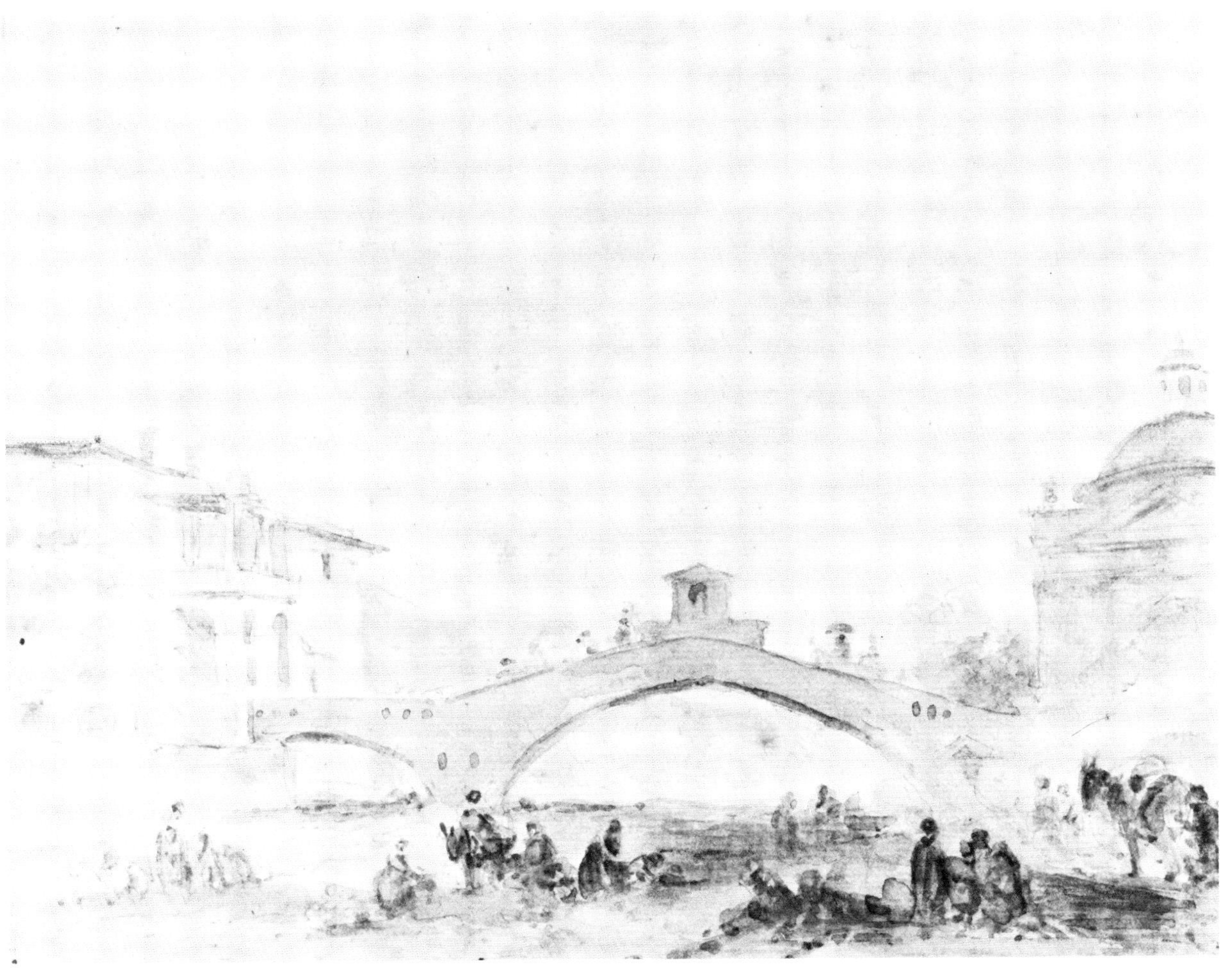

Grâce à la légende qui se lit sur le dessin du musée de Lille (voir rubrique *Œuvres en rapport*), trop insolé pour être emprunté, nous pouvons affirmer que la feuille de Besançon représente le pont San Stefano à Sestri Levante, près de Gênes *(fig. 3)*. Sur le sommet de ce pont fort ancien, peut-être roman, qui n'a guère subi de modifications depuis le temps de Fragonard, se voit un petit édicule dédié à la Madonna del Carmine qui date de l'extrême fin du XVIIe siècle (comm. écrite de Fausta Franchini Guelfi). Sur la droite du torrent, le Gromolo, on distingue l'église San Stefano al Ponte.

Bergeret et Fragonard arrivèrent à Sestri par mer le 24 novembre 1773. Dans son *Journal* (pp. 116-120), Bergeret décrit la bourgade : (« c'est une plage et non un port ») « composée d'une seule rue », « partout on voit des tableaux, bons ou mauvais.... » sans toutefois signaler le pont San Stefano. « La mer est trop mauvaise » pour permettre aux voyageurs de continuer leur voyage avant le 26 novembre.

Le dessin, comme celui de Lille qu'il semble précéder, a souffert. Fragonard ne se contente pas de décrire le site : il l'anime de lavandières à leurs travaux, de mulets chargés de linge, de promeneurs sommairement indiqués par quelques touches de lavis de bistre, mais parfaitement reconnaissables.

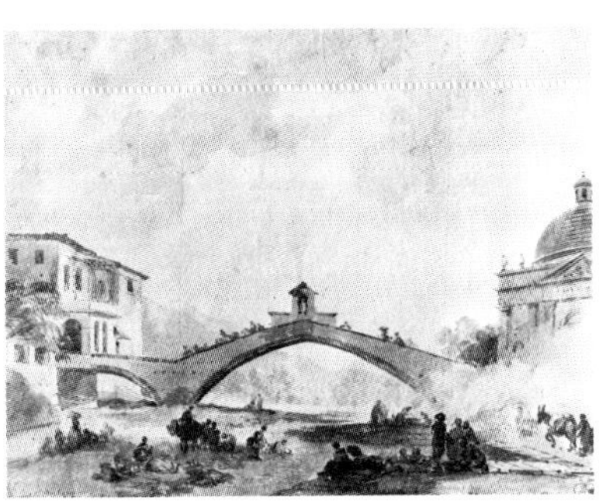

fig. 1. *Vue du pont San Stefano à Sestri*, Lille, musée des Beaux-Arts

fig. 2. Détail de la fig. 1

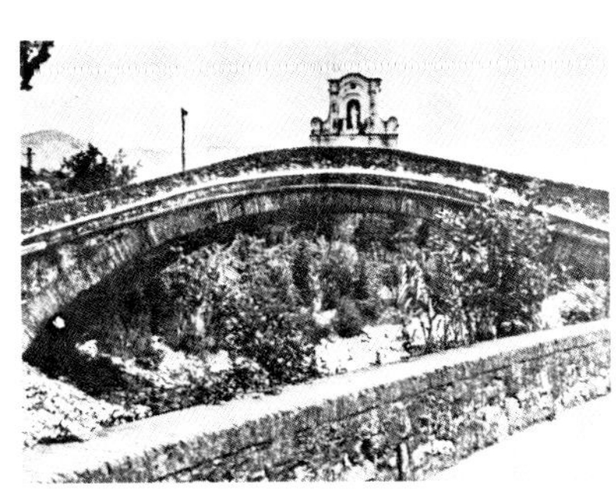

fig. 3. Le pont San Stefano à Sestri Levante

# 173 Vue de la côte aux environs de Gênes

Paris

H. 353 ; L. 462
Lavis de bistre sur préparation à la pierre noire
En bas à gauche : « fragonard »

Besançon, musée des Beaux-Arts

**Provenance**
Coll. Pierre-Adrien Pâris (1745-1819) dès 1806 ; légué à la Bibliothèque municipale de Besançon en 1819 ; déposé au musée en 1843 (marque, Lugt 238 c, en bas à gauche). Inv. D. 2850.

**Expositions**
Paris, 1925, nº 421 ;
Paris, 1935, nº 258 ;
Besançon, 1956, nº 42 ;
Grasse, 1957, nº 34 ;
Paris, 1957, nº 148 ;
Londres, 1977, nº 82.

**Bibliographie**
G. p. 340 ;
P. p. 295 ;
Martine, 1927, pl. 15 ;
Wilhelm, 1948, p. 33, pl. IV ;
R. p. 223 ;
Cornillot, nº 44, ill. (avec bibl. complète) ;
A. 1614 fig. 423 ;
Ananoff, 1961, p. 51, ill.
Sandoz, 1983, p. 40.

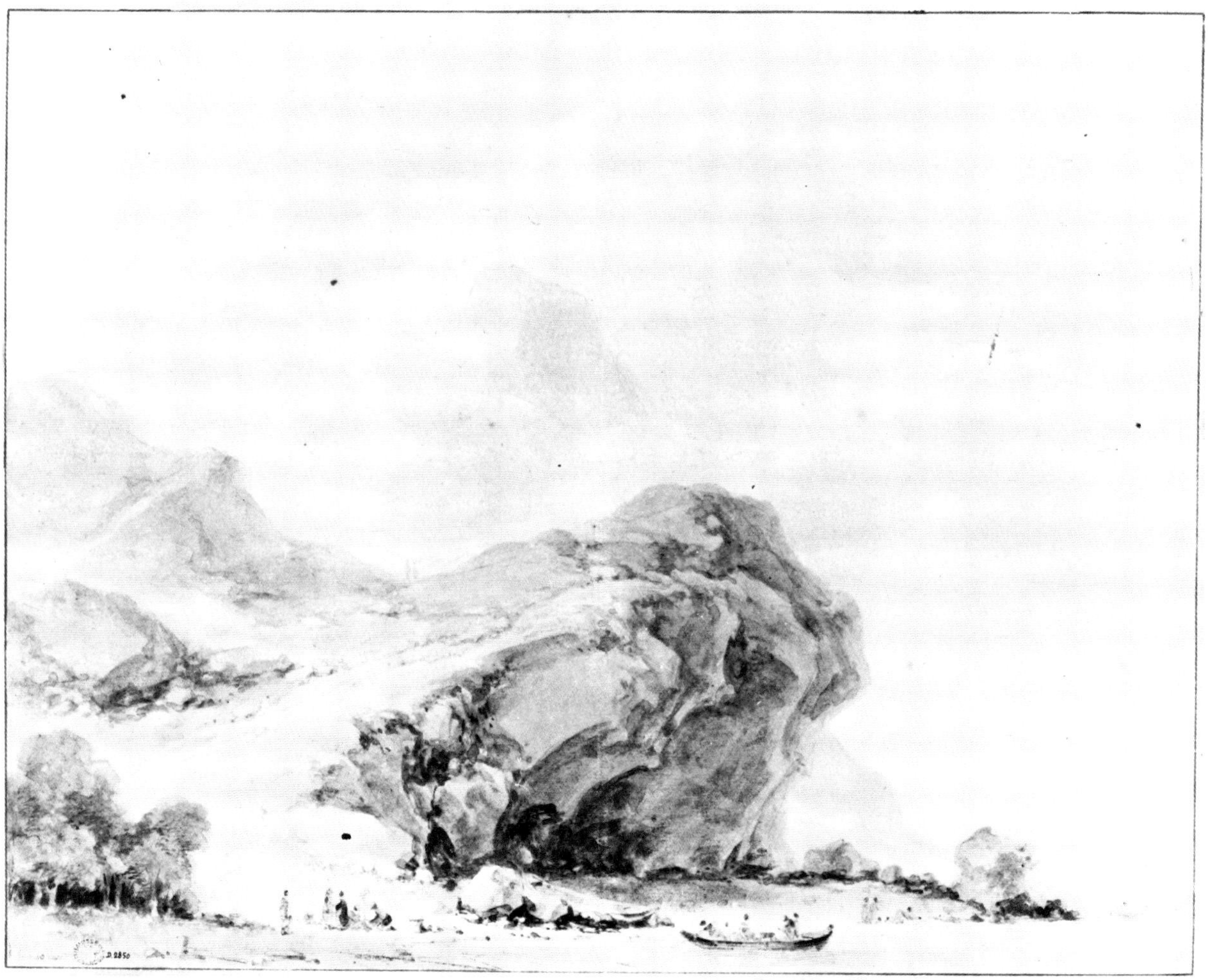

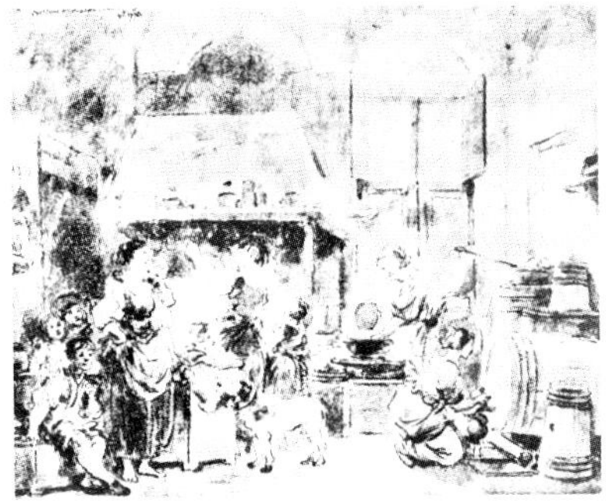

fig. 1. *Cuisine à San Remo*, localisation actuelle inconnue

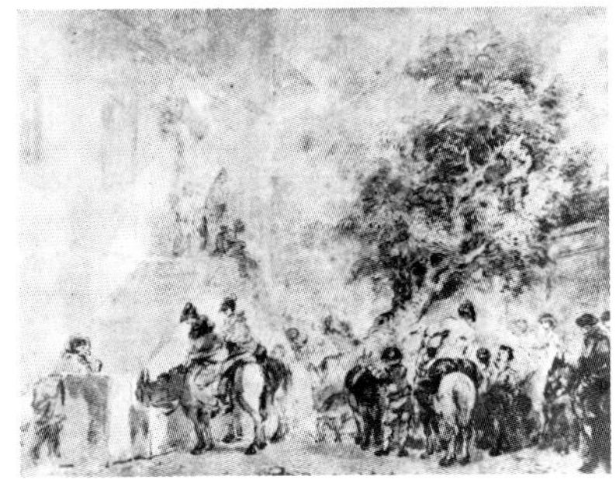

fig. 2. *Chemin de Savone à Gênes*, France, coll. privée

L'inventaire manuscrit de l'architecte P.-A. Pâris (1806, n° 119) mentionne le dessin : « un beau dessin... fait sur les côtes de genes vue de la mer ». Mais il ne localise pas plus précisément le site. Pour se rendre à Rome, Bergeret souhaitait emprunter la voie maritime, par Gênes (où il devait séjourner une semaine) et Pise (où il arrivait le 29 novembre 1773, *Journal*, pp. 98-124). Il embarqua avec Fragonard et ses compagnons de voyage à Antibes le 11 novembre mais, à San Remo, la mer étant trop mauvaise, il « prit la décision de gagner Gesnes par terre ».

Des dessins — ils furent sans aucun doute nombreux — que Fragonard fit durant cette première partie du voyage, fort peu ont survécu. L'un *(fig. 2 p. 365)* décrit « l'intérieur d'un vaisseau battu par la tempête où se trouvaient mr fragonard, Bergeret, Lubersac et Motion » tous atteints du mal de mer (A. 272 fig. 91 ; voir aussi A. 233 fig. 92). Citons encore une « *Cuisine à San Remo* » et un *Chemin de Savone à Gênes (fig. 1* ; A. 267 fig. 96 et *fig. 2* ; A. 273 fig. 128) que Bergeret et ses compagnons parcoururent à dos de mulet.

L'on a parfois tenté d'identifier avec précision, à l'aide du *Journal*, le grand rocher qui surplombe la mer que Fragonard a retenu pour motif principal de son dessin. Pour Cornillot et R. Bacou (cat. exp. Londres, 1977), il se trouvait à « Aiguilla » (Laigueglia, 14 novembre 1773). Mais Bergeret en mentionne d'autres à « Oneil » (Oneglia) où les « rochers prennent mille formes », ainsi que sur la côte, entre Gênes et Sestri, où les « rochers [sont] variés à l'infini ».

Les silhouettes des voyageurs dans la barque ou sur la plage sont résumées en quelques coups de pinceau. Fragonard s'est avant tout attaché à décrire la grande masse du rocher dont la forme bizarre a retenu toute son attention.

# 174 Homme assis dans un fauteuil

Paris

H. 365 ; L. 284
Lavis de bistre sur légère préparation à la pierre noire
Annoté, au centre en bas, vers la droite, de la pointe du pinceau : « Rome 1774 »

Paris, musée du Louvre, Cabinet des dessins

**Provenance**
Coll. [Vassal de Saint-Hubert], sa vente, 29 mars 1779, n° 184 : « un homme assis sur une pierre et un autre dans un fauteuil proche d'une table, ces deux dessins lavés au bistre sur papier blanc sont faits à Rome et datés de 1774 Hauteur chacun 13 pouces 3 lignes, largeur 10 pouces 2 lignes (= 360 sur 270 mm environ). Saisis à la Révolution, 3 prairial an II, chez Jean Thérèse Louis de Beaumont, marquis d'Autichamp, émigré habitant rue de Lille : « n° 13. Deux dessins au bistre sur papier blanc représentant des Hommes assis par Fragonard » (Furcy-Raynaud, 1912, p. 254 ; voir aussi Archives du Louvre, IDD6) et entrés à cette époque au Louvre, marque du Louvre, Lugt 1886, en bas à gauche ; Inv. 23.586.

**Expositions**
Paris, 1931, n° 40, ill. ;
Besançon, 1956, n° 50 ;
Grasse, 1957, n° 42 pl. X ;
Paris, 1967, n° 87 (G. Monnier).

**Bibliographie**
Guiffrey et Marcel, I, 1907, n° 90, ill. (« Etienne Aubry ») ;
R. p. 212 ;
A. 215 fig. 79 ;
Bacou, 1971, pl. XXIV en couleurs (éd. française 1976) ;
Coulon, 1971-73, p. 190.

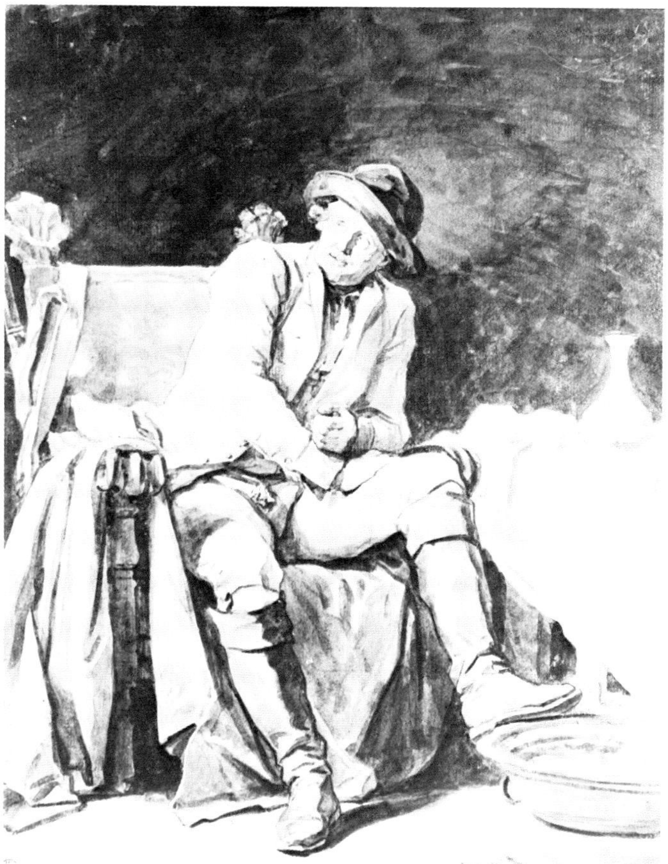

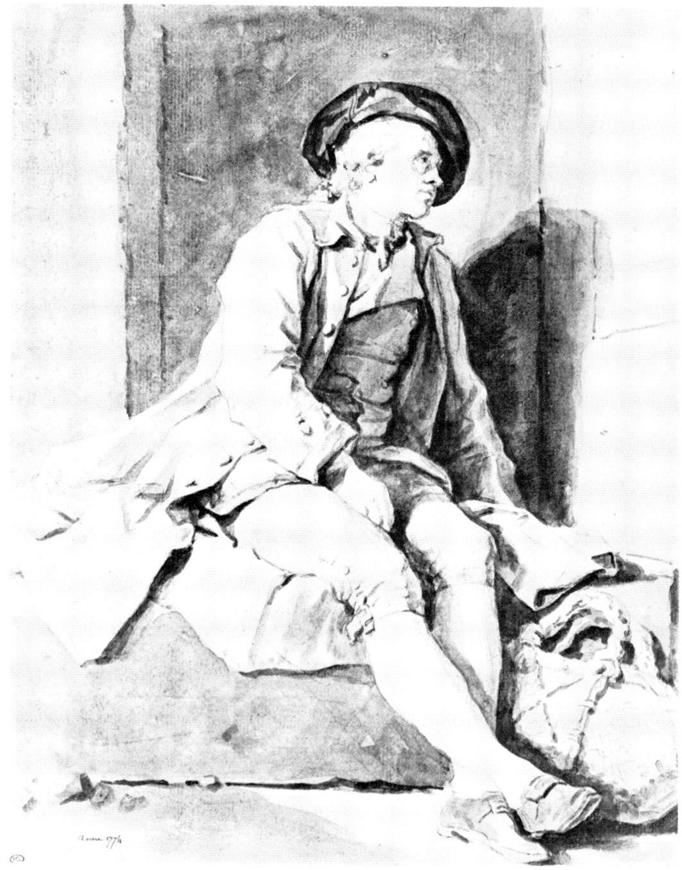

# 175 Homme assis sur une pierre

New York

H. 365 ; L. 286
Lavis de bistre sur préparation à la pierre noire
Annoté, en bas à gauche, à la plume : « Rome 1774 »

Paris, musée du Louvre, Cabinet des dessins

**Provenance**
Voir n° précédent ; marque du Louvre, Lugt 1886, en bas à gauche ; Inv. 23.587.

**Expositions**
Paris, 1931, n° 41 ;
Paris, 1946, n° 374 ;
Vienne, 1950, n° 121, pl. 6 ;
Berne, 1954, n° 104 ;
Vienne, 1966, n° 82 ;
Paris, 1967, n° 86 (G. Monnier avec liste complète des exp.).

**Bibliographie**
Guiffrey et Marcel, I, 1907, n° 91, ill. (« Etienne Aubry ») ;
Lavallée, 1938, n° 8, pl. 8 ;
Wilhelm, 1948, p. 73, pl. X ;
Fosca, 1954, pp. 49-50, pl. 2 ;
R. p. 212 ;
A. 216 fig. 80.

Les deux dessins avaient été attribués au début du XIXe siècle à Étienne Aubry (1745-1781) : ils furent rendus à Fragonard par Louis Demonts, Eugène Rodriguès et Jacques Mathey (annotations aux versos des montages), Louis Réau (cat. exp. 1931) et Pierre Lavallée (1938). Ils portaient déjà cette attribution en 1779 à la vente Vassal de Saint-Hubert.

Qu'ils aient été exécutés en 1774 à Rome n'est mis en doute par personne et qu'ils représentent certains des compagnons de voyage de Jacques-Onésyme Bergeret de Grancourt (1715-1785) semble aujourd'hui accepté. Mais l'on veut reconnaître sur les deux dessins le même modèle, le fils de Jacques-Onésyme, Pierre-Jacques (1742-1807). Constatons que les deux hommes ne se ressemblent guère, ne portent pas le même costume et ne paraissent pas du même âge. En fait, on oublie trop que « deux grands cochers », un « cuisinier », « mon valet de chambre Loss », « le domestique de mon fils » (Bergeret, p. 68) faisaient partie de l'équipée. Les grandes bottes de l'homme assis dans un fauteuil, le pied gauche posé sur une bassine, seraient-elles celles du cocher, et le cabas de son compagnon celui du cuisinier ?

Les deux dessins se répondent : Fragonard a joué sur le contraste entre une scène d'intérieur (fauteuil) et une scène de plein air (banc de pierre). Au lavis brun soutenu, fortement contrasté, répond un lavis plus blond, plus transparent, plus lumineux. Plutôt que des portraits, il a voulu avant tout créer des « types », dans la tradition d'un Bouchardon, d'un Greuze. La rigueur de la mise en page, la maîtrise de l'exécution, l'assurance du métier placent les deux dessins du Louvre parmi les plus parfaites réussites du second séjour romain.

## 176 Un nain conversant avec une jeune femme

Paris

H. 366 ; L. 286
Lavis de bistre sur préparation à la pierre noire
Annotation, en bas à droite, à la plume, sur une pierre : « Rome 1774 »
Au verso, inscription ancienne au crayon : « Bayoque mendiant de Rome/h. fragonard n° 422/du cabinet De La Reinière »

Francfort-sur-le-Main, Städelsches Kunstinstitut, Graphische Sammlung

**Provenance**
Vente [Chabot et duc de la Mure ou Desmarets], 17-22 décembre 1787, n° 174 : « une Étude de deux figures représentant un Mendiant de taille raccourcie et grotesque, il est arrêté devant une jeune femme assise qui tient un chapeau sur elle » (72 livres, à Millioti) ; vente anonyme, 31 mai 1790, n° 183 : « deux dessins au bistre : l'un représentant le portrait d'un mendiant de Rome et celui de sa femme ; il est connu sous le nom de Bajocco ; pour pendant une femme Napolitaine » (432 sur 351 mm, donc , vraisemblablement, dimensions avec cadre) ; coll. Grimod de La Reynière (voir annotation au verso du montage), vente, 7-17 septembre 1797 (selon Stuffmann) ( ?) ; vieux fonds du musée ; inventorié en 1862 ; Inv. Nr. 1103.
A. , à tort semble-t-il, précise que le dessin porte la marque du monteur de dessins Glomy (Lugt 1085).

**Exposition**
Francfort-sur-le-Main, 1986-87, n° 125, ill. (notice par M. Stuffmann).

**Bibliographie**
A. 262 fig. 88 ;
Van Regteren Altena, 1965, p. 140, 142 note 9, et fig. 88 ;
Cat. exp. *Gagneraux*, Rome, 1983, p. 102 et note 2 (notice par S. Laveissière) ;
Cuzin, 1983, p. 111 et note 37, fig. 15.

**Œuvres en rapport**
Au numéro suivant de la vente [Chabot...], figurait « Une autre Étude d'après le même personnage, bien drapée et touchée aussi largement que la précédente ». Ce dessin, également annoté « Rome 1774 », est toujours dans une collection parisienne *(fig. 1* ; A. 264 fig. 89).

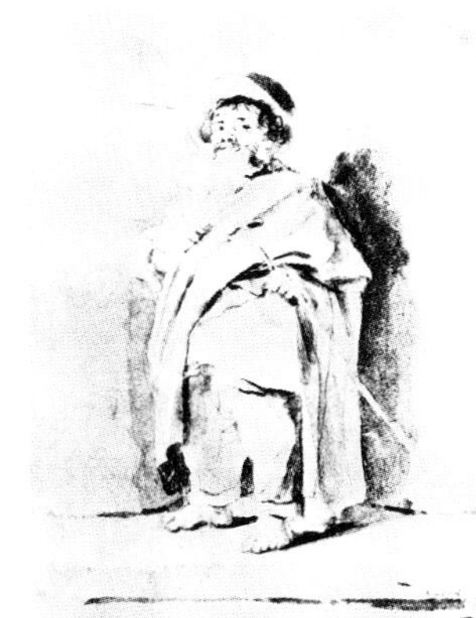

fig. 1. *Le nain Bajocco*, Paris, coll. privée

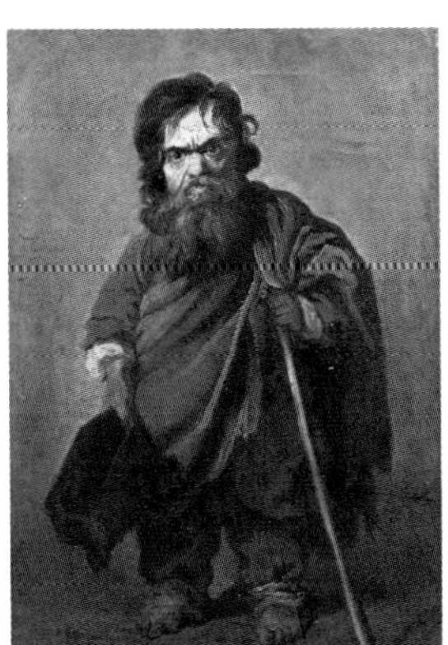

fig. 2. Vincent, *Le nain Bajocco*, Copenhague, Statens Museum for Kunst

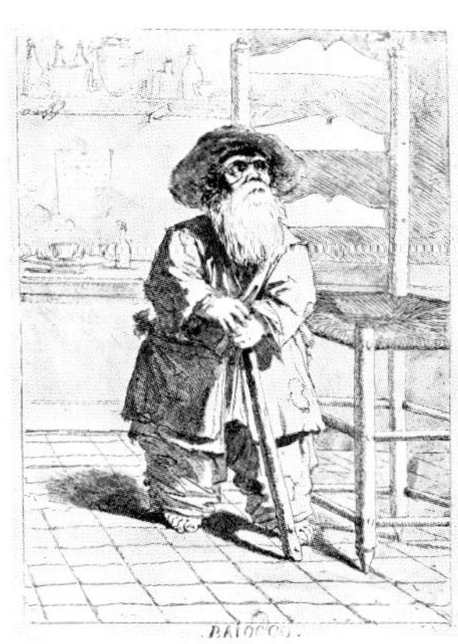

fig. 3. Gagneraux, *Le nain Bajocco*, Paris, Bibliothèque Nationale, Cabinet des estampes

fig. 4. *Femme s'appuyant à une borne*, Cambridge, Fogg Art Museum

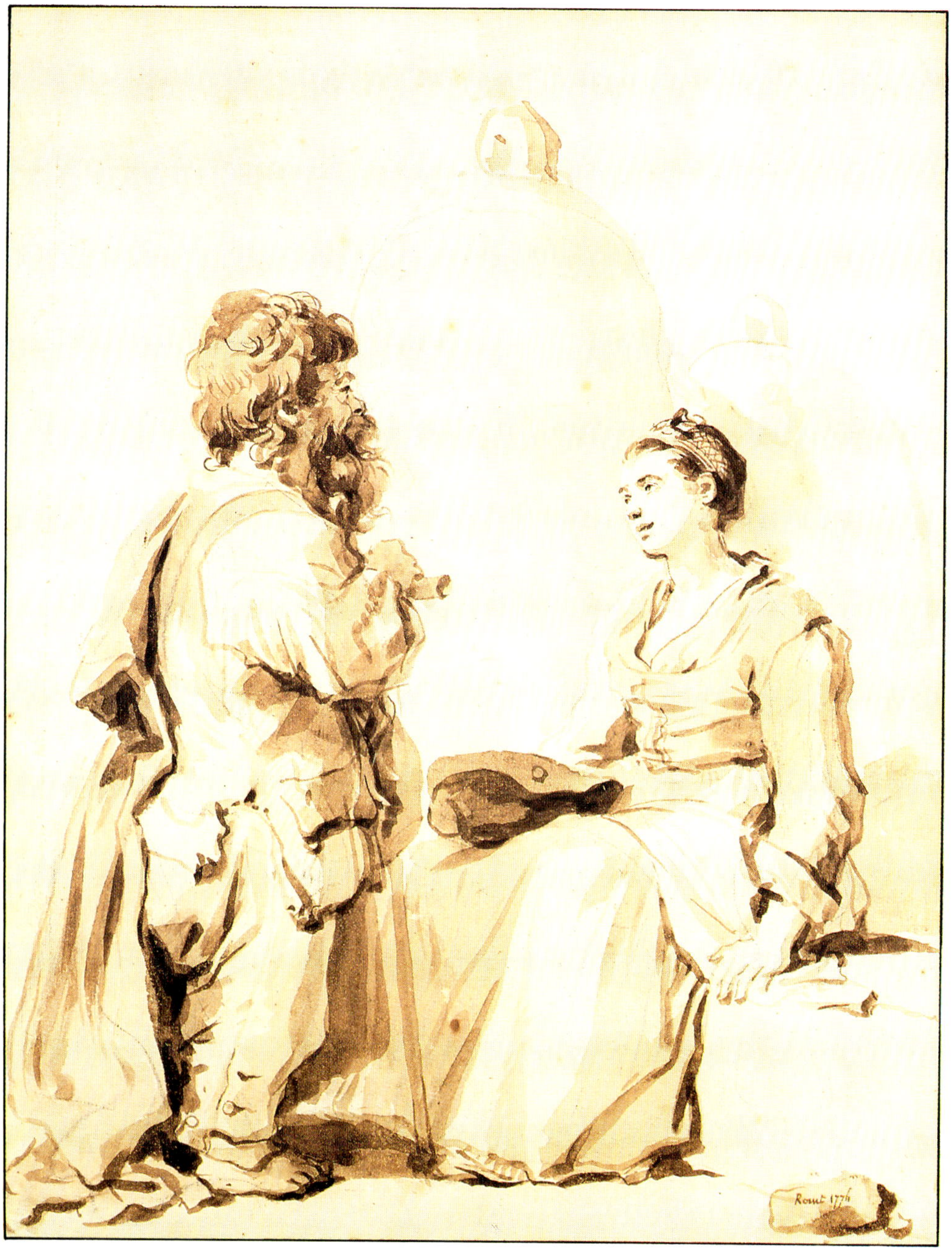

Le nain Bajocco était une figure aussi populaire que pittoresque de la Rome des années 1770 : nain mendiant, barbu et très chevelu, il servit de modèle à de nombreux artistes italiens ou étrangers *(fig. 2* et *3)* de passage, dont Van Regteren Altena (1965), Carlo Pietrangeli (1971), Brinsley Ford (1974), J. P. Cuzin (1983) et Silvain Laveissière (1983) ont dressé la liste. Il s'appelait en réalité Francesco Ravai, mais avait été surnommé Bajocco du nom des baïoques, petites pièces de monnaies qu'il sollicitait des passants, à l'entrée du café Greco ou place d'Espagne. Fragonard l'a dessiné à deux reprises : sur le dessin de Francfort, il s'appuie sur une béquille et se tient debout devant une jeune femme assise sur un banc de pierre (sa femme, selon le rédacteur de la vente de 1790). Elle a posé sur ses genoux le chapeau du mendiant qu'elle regarde avec une attention inquiète. On distingue derrière le couple deux bornes, celles qui sur le second dessin de Fragonard *(fig. 1)* encadrent le nain et donnent sa mesure (celles aussi qui se voient sur un autre dessin de Fragonard du Fogg Art Museum, *fig. 4* ; A. 2091, fig. 565, et 2092 (?) ; cat. exp. Washington, 1978, n° 32, ill.).

Fragonard fait poser le mendiant et le décrit avec respect, sans vouloir le caricaturer, tel qu'il est, pieds nus et en haillons, sans trop insister sur le pittoresque de son accoutrement. Plus que sa petite taille, il se préoccupe du dialogue entre le mendiant et sa compagne. Et avec le goût du clin d'œil dont il y a tant d'exemples dans son œuvre, il insiste sur la ressemblance entre son modèle et les bustes de Socrate dont il a le masque ironique.

## 177 Jeune romain tenant une fiasque

H. 368 ; L. 255
Lavis de bistre sur préparation à la pierre noire
Annotation, en bas à droite, coupée (par le montage ?) : « Rom »

Paris, collection privée

**Provenance**
Vente Le Brun, 11 avril 1791, n° 311 : « un Jeune Homme assis, et tenant de la main droite une bouteille. Ce dessin, lavé au bistre sur papier blanc, est de l'effet le plus piquant et de la touche la plus facile et la plus spirituelle » (39 livres 19 ; H. 459 ; L. 378).
Selon A., se confondrait avec les n^os 735 de la vente Vivant Denon (1826) : « un jeune garçon assis et tenant une poële *(sic)* » et 266 de la vente Brunet Denon, 2 février 1846 : « étude d'homme assis, dessiné d'après nature à Rome », mais ne porte pas la marque de la coll. (le dessin, il est vrai, peut avoir été coupé).
Coll. Hippolyte Walferdin, sa vente après décès, 12-16 avril 1880, n° 184 (350 francs à Haro) ; coll. Jacques Doucet dès 1889, sa vente, 5 juin 1912, n° 15, ill. (32.000 francs) ; coll. David-Weill (selon W.) ; coll. privée, Paris.

**Bibliographie**
P. p. 303, 309 ;
A. 220 fig. 83 ;
Ananoff, 1961, p. 53, ill. ;
W. p. 24 note 3 éd. française.

**Œuvre en rapport**
Une copie, portant en bas à gauche une inscription : « Fragonard 1779 » (H. 195 ; L. 135), appartient à une collection privée belge.

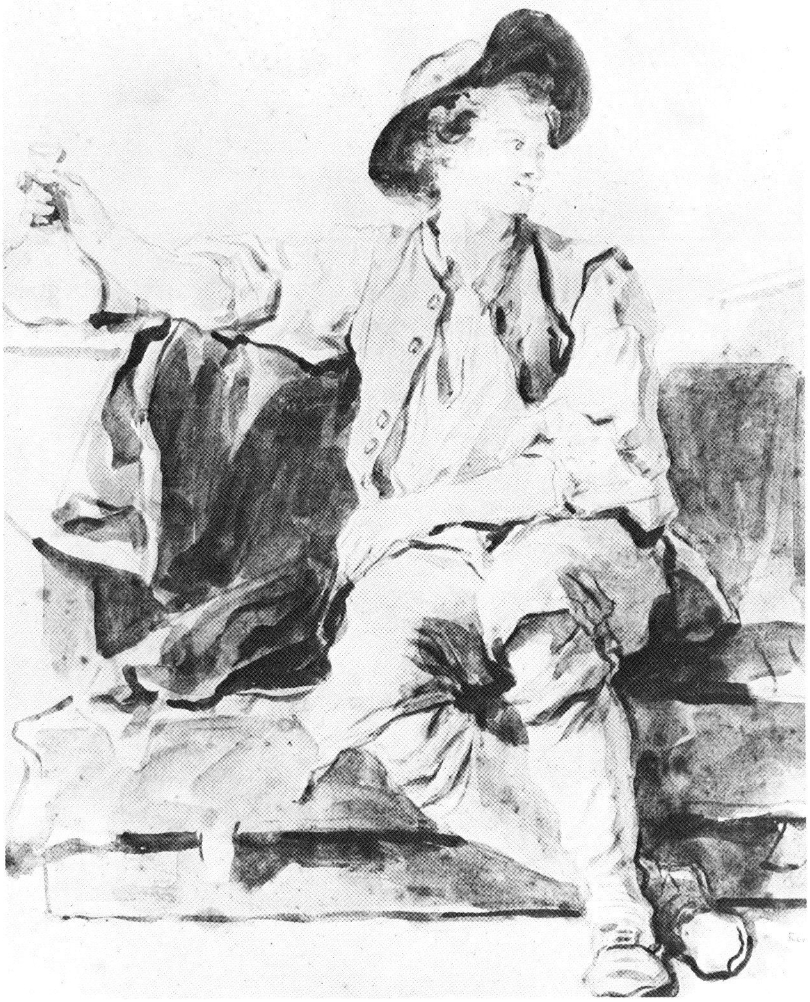

Le dessin a sans doute été coupé dans le bas et sur les côtés, comme le confirment ses dimensions données par le catalogue d'une vente de 1791. Il compte cependant parmi les belles pages romaines de Fragonard. Assis sur une caisse, le jeune homme, coiffé d'un feutre à bords relevés, regarde vers la droite.

A l'aide du seul lavis de bistre, Fragonard donne au corps son volume, aux étoffes leurs plis, leur poids, à la fiasque sa transparence. Il place son modèle en plein soleil : seul son visage est délicatement ombré. « Le pinceau a la vivacité du geste... un peu d'eau, un peu de bistre, un coup de main, et le tour est fait » (Goncourt, p. 298).

# 178 Tête d'homme coiffé d'un turban

New York

H. 332 ; L. 264
Lavis de bistre sur préparation à la pierre noire
Annotation, en bas à gauche, à la plume : « Fragonard. »

Besançon, musée des Beaux-Arts

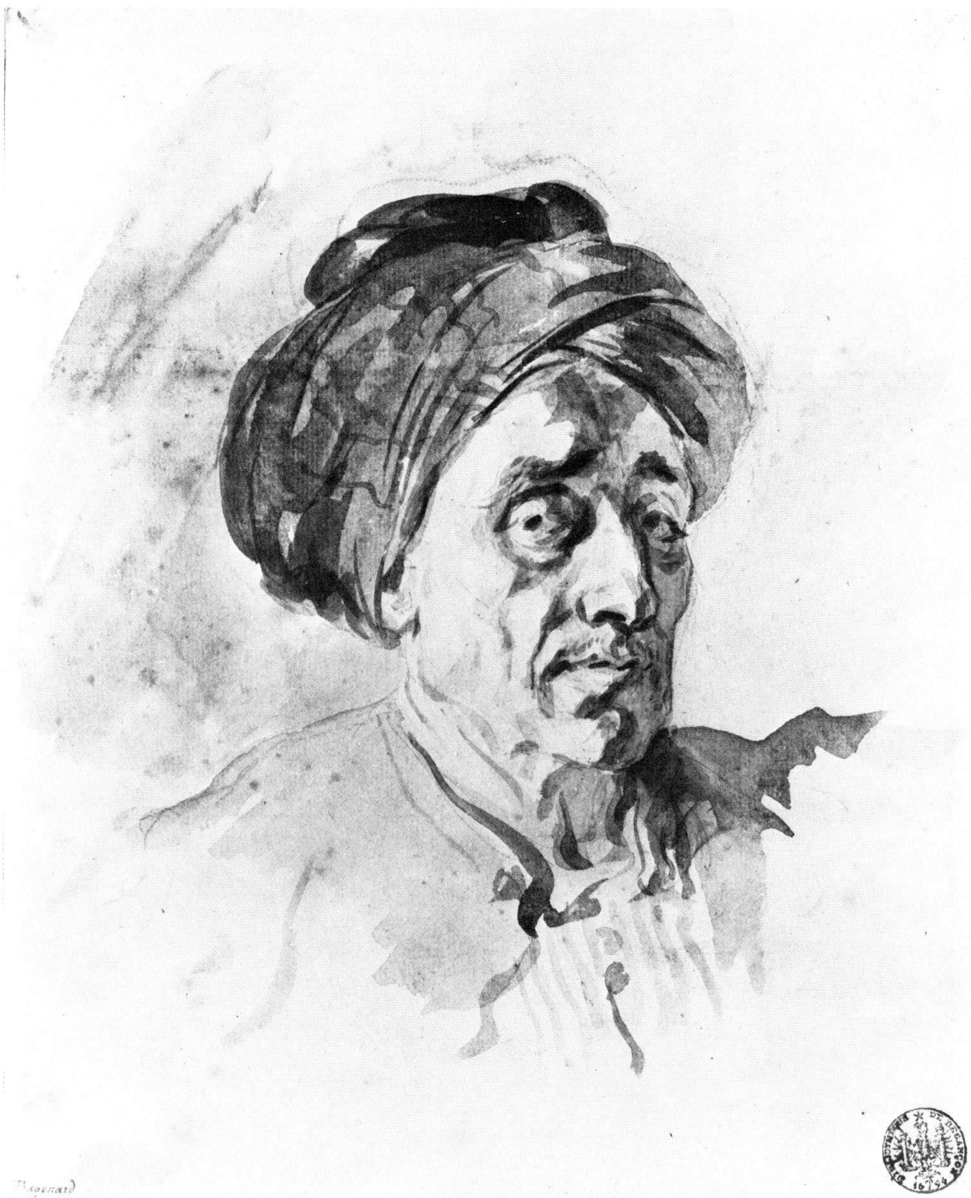

**Provenance**
Coll. Pierre-Adrien Pâris (1745-1819) ; figurait dans le *Recueil des différents maîtres*, réunis par l'artiste, t. I, n° 312 ; légué à sa mort à la Bibliothèque municipale de Besançon (marque, Lugt 238 c, en bas à droite), mis en dépôt au musée en 1843 ; Inv. D. 2944.

**Expositions**
U.S.A., 1952-53, n° 81 ;
Zurich, 1955, n° 109 ;
Besançon, 1956, n° 73 ;
Munich, 1958, n° 272.

**Bibliographie**
P. p. 314 ;
R. p. 215 ;
Cornillot, 1957, n° 74, ill. (avec bibl. et liste des exp. plus complètes) ;
Watelet, 1959, p. 126 ;
A. 131.

**Œuvres en rapport**
Étude pour le dessin autrefois dans la coll. Vivant Denon, litographié par « Du Fi » (Dufourny ? ; *fig. 1)*, n° 729 cat. de la vente du 1er-19 mai 1826 ; passé en vente à Londres, chez Christie's, le 29 juin 1962, n° 46, ill. *(fig. 2* ; voir aussi *fig. 3* ; A. 758 fig. 209).

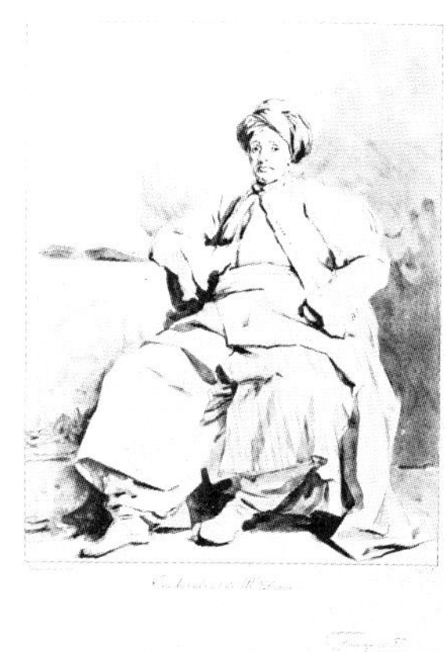

fig. 1. Dufourny (?), *Un oriental assis devant un grand livre* (« Le sultan »), Paris, coll. privée

Souvent rapproché d'une *Tête d'homme portant une toque de fourrure* (A. 135 fig. 341) du Fitzwilliam Museum de Cambridge *(fig. 4)* et du *Portrait d'homme avec un turban blanc* (A. 2054 fig. 558) de Francfort *(fig. 5)*, tous deux inscrits « Rome 1774 » et l'un et l'autre attribués par Cuzin (1983) à Vincent (voir cependant Stuffmann, 1986-87).

La *Tête d'homme coiffé d'un turban* de Besançon est l'étude pour un dessin disparu depuis 1962 représentant un oriental assis devant un grand livre. Ce dessin avait appartenu à Dominique Vivant Denon et portait l'habituelle inscription « Rome 1774 », date et lieu qui conviennent parfaitement à l'étude de Besançon. Il avait été litographié au moment de la vente Vivant Denon en 1826.

A son habitude, Fragonard veut rendre le volume du visage sans s'attarder sur les détails. Son portrait cherche la ressemblance sans être minutieux. Il ne fait qu'indiquer la moustache, le regard un peu lourd, le volume du turban. Le coup de pinceau est large, vigoureux, et insiste sur l'unité plastique de l'image. Ni vériste, ni franchement réaliste, l'étude de Fragonard est subjective mais chaleureuse et humaine.

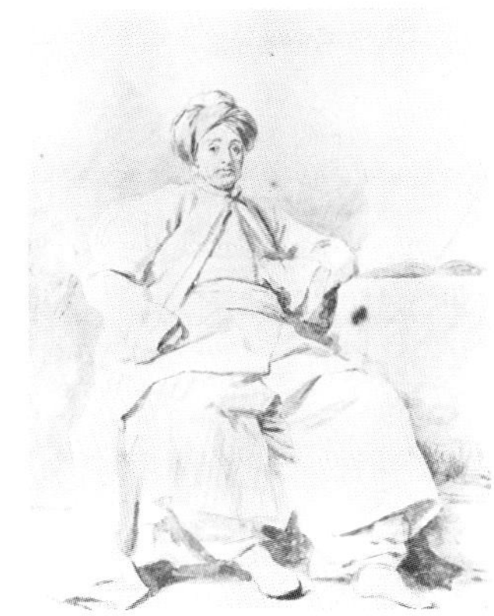

fig. 2. *Un Oriental assis devant un grand livre*, localisation actuelle inconnue

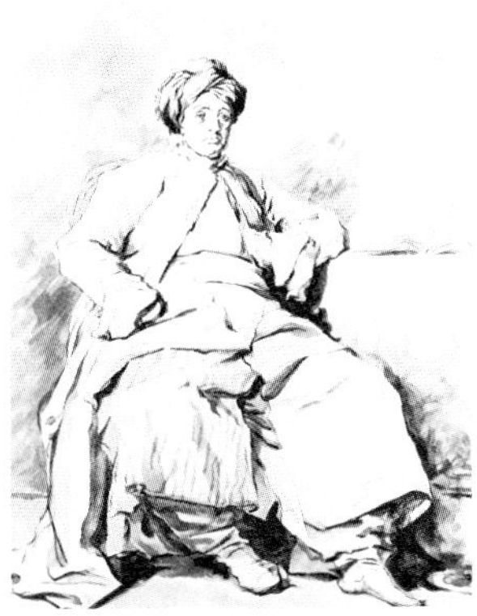

fig. 3. D'après Fragonard, *Un Oriental assis devant un grand livre*, New York, The Metropolitan Museum of Art

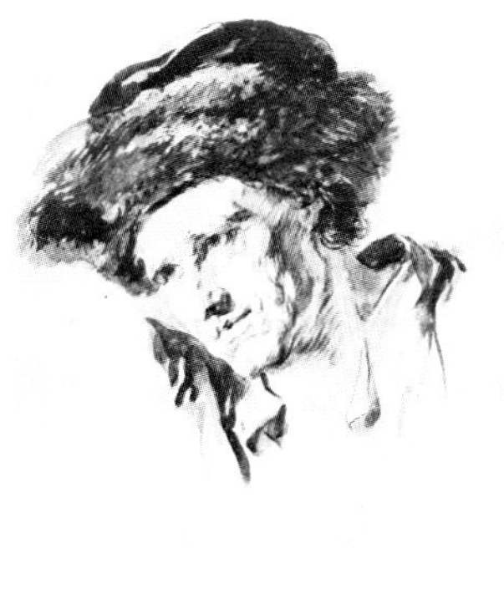

fig. 4. Fragonard (?), *Tête d'homme avec toque de fourrure*, Cambridge, Fitzwilliam Museum

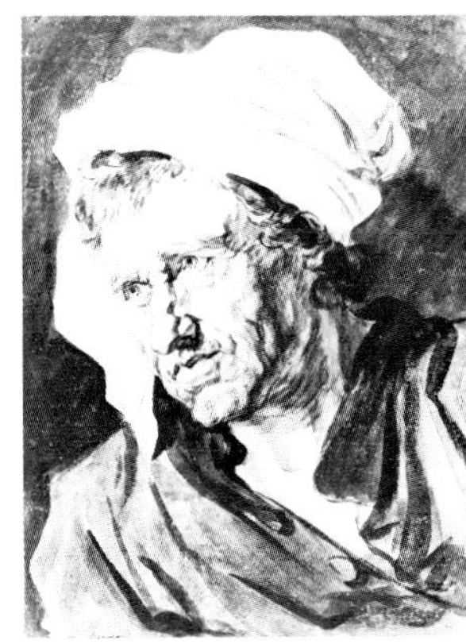

fig. 5. Vincent (?), *Tête d'homme avec turban blanc*, Francfort, Städelsches Kunstinstitut

## 179 Tête de moine

H. 452 ; L. 335
Sanguine
Annotation, en bas à gauche, sur le montage (de la même main que les n^os^ 197 à 200), à la plume : « fragonard-fecit romæ. »
En bas à droite, sur le dessin, marque sèche du monteur de dessins de la fin du XVIII^e^ siècle, François Renaud (Lugt 1042).

Montpellier, Musée de la Faculté de Médecine, collection Atger

**Provenance**
Coll. Xavier Atger (1758-1833) ; légué, en 1829, au musée de la Faculté de Médecine de Montpellier (dont il ne porte pas la marque) ; Inv. 146.

**Exposition**
Berne, 1954, nº 85.

**Bibliographie**
Cat. Atger, 1830, nº 146 ;
Lagrange, 1860, p. 143 (?) ;
P. p. 314 ;
Saunier, 1922, p. 164 ;
Fosca, 1954, p. 64, nº 34, ill. ;
Claparède, 1955, nº XVIII, ill. ;
R. p. 215 ;
A. 137 fig. 58 ;
Ananoff, 1961, p. 11, ill.

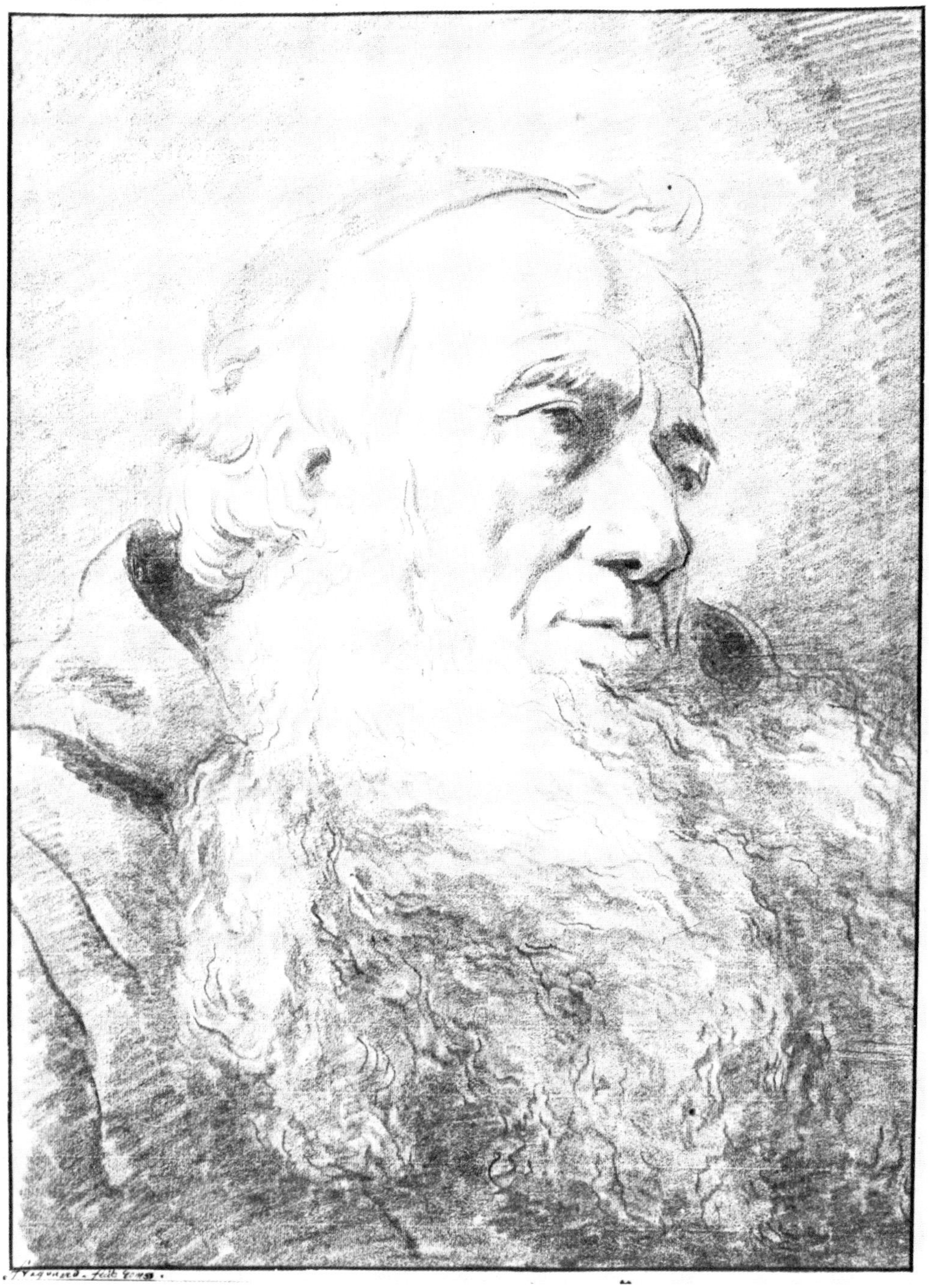

Le papier a quelque peu jauni, les plans sont un peu écrasés (sans doute le dessin a-t-il été contre-épreuvé), l'œil a perdu de sa vivacité, mais cette « belle tête de vieillard à barbe et de grandeur naturelle », pour reprendre la description du catalogue de 1830, reste admirable. A en croire le responsable de l'annotation qui se lit sur le montage, le dessin date de Rome, bien évidemment du second voyage de 1773-74.

La tête du moine — est-ce un portrait ? — dont on distingue la capuche et le calot, le fleuve de sa barbe couvrent l'entière surface de la feuille. L'unité de la conception, la monumentalité ne suffisent pas à qualifier cette feuille : sa *vibration* la rend exceptionnelle.

# 180 Parc romain avec tête colossale crachant de l'eau

H. 290 ; L. 369
Lavis de bistre sur légère préparation à la pierre noire
En bas, au centre : « Rome 1774 »

Karlsruhe, Staatliche Kunsthalle Kupferstichkabinett

**Provenance**
Dr. Peter Dalbert (selon cat. exp. Karlsruhe, 1983) ; vente, Sotheby's, Londres, 25 novembre 1971, nº 34, ill. (4.400 livres) ; [Cailleux] ; acquis en 1976 (1976.54). Au verso du vieux montage, une marque de coll. non identifiée.

**Expositions**
New York, 1974-75, nº 141, ill. ; Karlsruhe, 1983, nº 34, ill. (notice par Eckart von Borries).

**Bibliographie**
*Jahrbuch der Staatlichen Kunstsammlungen in Baden-Württemberg*, 14, 1977, p. 162 et pl. 13.

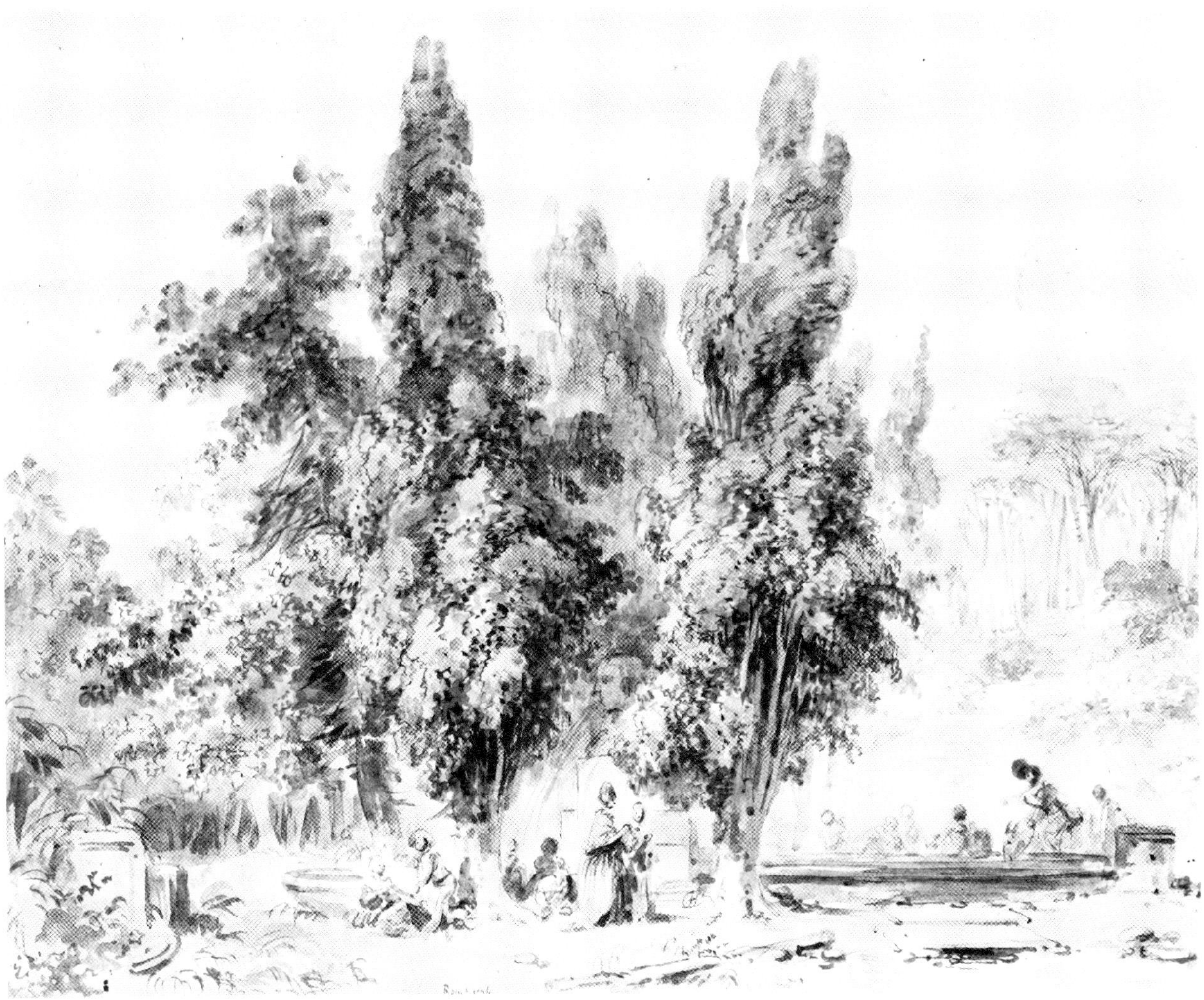

Ce paysage fait partie d'un groupe de dessins au lavis de bistre qui portent tous la même indication « Rome 1774 » : nous avons dit plus haut les raisons qui nous faisaient penser que ces inscriptions étaient de la main de Bergeret.

Des cyprès ombragent le large bassin plat. Une fontaine en forme de tête colossale y crache son eau : on distingue encore un couple d'amoureux, des promeneurs, un âne qui boit et, sur la colline à droite, les pins parasols si chers à Fragonard.

Nous pensons, comme Eckart von Borries, que ce site est de fantaisie, même si les arbres et la configuration du parc font allusion aux villas des environs de Rome.

Presqu'entièrement exécuté du bout du pinceau, ce dessin évoque, avec autant de précision que de légèreté, les beautés de la campagne romaine auxquelles les visiteurs du XVIII<sup>e</sup> siècle furent si sensibles.

181 Parc romain avec une fontaine

New York

H. 289 ; L. 368
Lavis de bistre sur préparation à la pierre noire
Annoté, au centre en bas, au bistre : « Roma 1774 » ; à droite, à la pierre noire : « levi » et en haut à droite : « fragonard du Cabinet de Mr. De Lévi »

Vienne, Graphische Sammlung Albertina

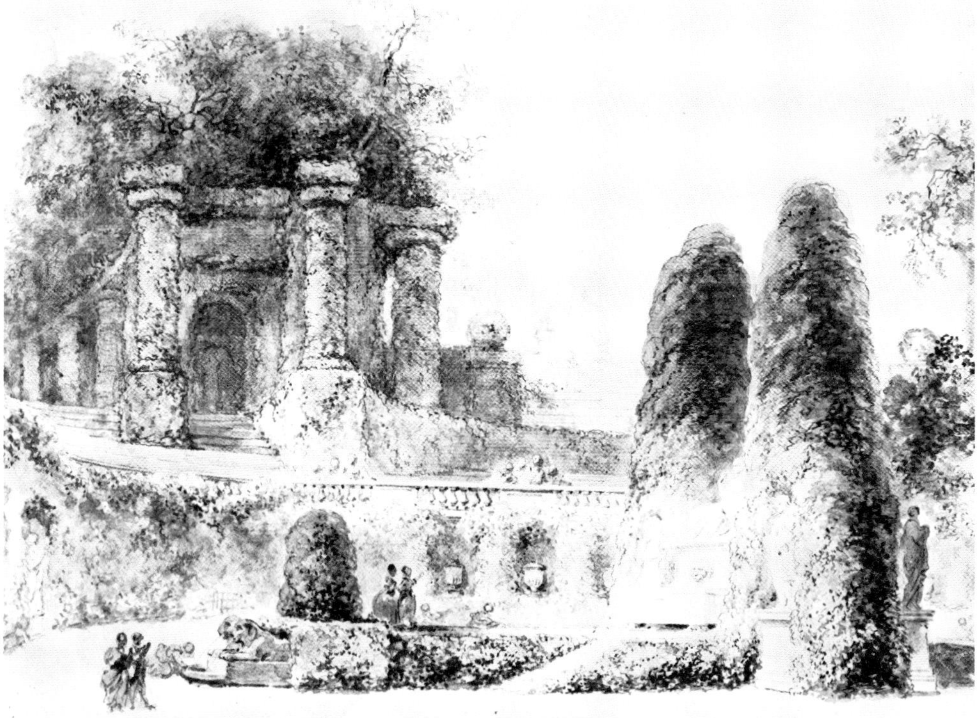

**Provenance**
Coll. M. de Lévi (un membre de l'illustre famille des Lévis, le maréchal duc François-Gaston, 1720-1787 par exemple ?) ; coll. du duc Albert de Saxe-Teschen (1738-1822, sa marque, Lugt 174, en bas à gauche ; il séjourna à Paris en 1786). Inv. 12.736.

**Expositions**
Paris, 1931, n° 76 ;
Londres, 1932, n° 1018 (cat. commémoratif n° 679, pl. CLXXVI) ;
Paris, 1950, n° 153 ;
Vienne, 1950, n° 124 ;
Berne, 1954, n° 56.

**Bibliographie**
Meder, 1922, n° 32 ;
Hempel, 1924, p. 22 et 21 fig. 8 ;
Wilhelm, 1948, p. 118, pl. XVIII ;
R. pp. 221, 222 et 223 (!) ;
A. 2158 fig. 577 ;
Benesch, 1964, n° 223 (avec bibl. et liste des exp. plus complète).

**Œuvres en rapport**
Pour une répétition de la partie droite du dessin, avec la fontaine et les arbres taillés, voir Paris, Palais Galliéra, 9 décembre 1960, n° 61, pl. XXIII *(fig. 1)*. Voir aussi le dessin du musée Pouchkine à Moscou *(fig. 2* ; A. 2396 ; A. 906 attribue à Maréchal la répétition autrefois dans la coll. Anatole France). Le dessin à la sanguine, original de la contre-épreuve de Besançon (A. 1552a ; Cornillot, 1957, n° 42), est conservé au musée de Quimper *(fig. 3* ; cat. exp. Pont-Aven, 1983, n° 17, pl. X).

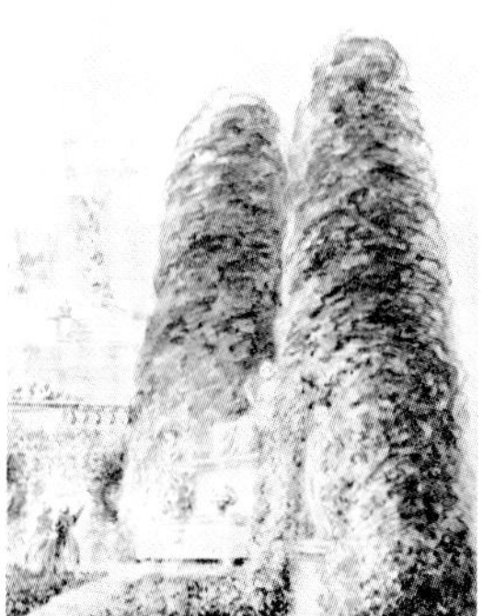

fig. 1. Fragonard ( ?), *Fontaine*, localisation actuelle inconnue

fig. 2. *Parc italien*, Moscou, musée Pouchkine

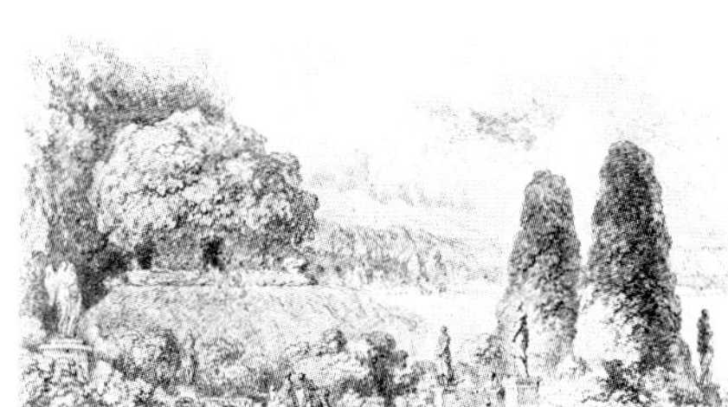

fig. 3. Fragonard ( ?), *Parc italien*, Quimper, musée des Beaux-Arts

Grâce à l'inscription qui se lit dans le bas au centre de la feuille, nous avons la certitude que le dessin date du second séjour en Italie de Fragonard. Mais représente-t-il vraiment Tivoli, comme il est souvent répété ? Nous savons que Bergeret et Fragonard s'y rendirent le 2 avril 1774 (*Journal*, pp. 279-281) : « depuis longtemps les peintres ne quittent jamais Rome sans avoir fait nombre de desseins dans les jardins de la villa d'Este ». Bergeret resta sur sa réserve : « les jardins ont des beautés en les prenant au total, et rien à copier pour nous ; ils tirent leur mérite de beaucoup d'eau, comme nous n'en avons guère dans la France ».

Nous croyons que si Fragonard s'inspirait des sites qu'il visitait et très vraisemblablement prenait, au cours de ses promenades, de rapides notes à la pierre noire, des « indications » très succintes, il réalisait les dessins de ce type en atelier. En faisant intervenir son imagination pour une part non négligeable qu'on aimerait mieux pouvoir cerner.

Benesch (1964) a justement insisté sur la technique « pointilliste » du dessin et sur sa « lumière magique et argentée » (« silbrigen Lichtzauber »).

# 182 Parc romain aux cyprès

Paris

H. 289 ; L. 369
Lavis de bistre sur préparation à la pierre noire
En haut à droite, à la pierre noire : « Levi a Rome »

Vienne, Graphische Sammlung Albertina

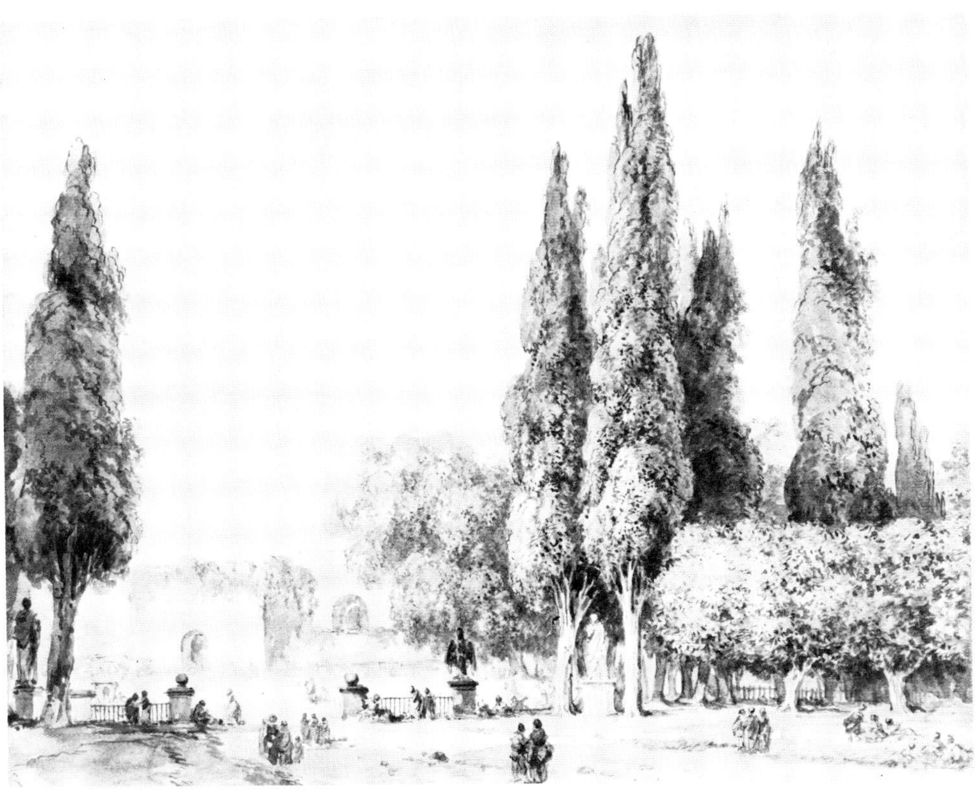

**Provenance**
Voir n° précédent (marque, Lugt 174, en bas à gauche). Inv. 12.737.

**Expositions**
Paris, 1931, n° 77 ;
Paris, 1950, n° 149 ;
Vienne, 1950, n° 123 ;
Berne, 1954, n° 59.

**Bibliographie**
Meder, 1922, p. 13, pl. 62 ;
Hempel, 1924, p. 22 et fig. 2 ;
Fosca, 1954, p. 67, pl. 41 ;
R. p. 221 ;
A. 2216 fig. 583.

Le dessin est bien évidemment le pendant du numéro précédent et date à coup sûr de 1774. Les promeneurs à l'entrée de la villa sont d'une taille particulièrement réduite par rapport à celle des cyprès.

A l'opposé de Robert qui se veut avant tout topographe et « architecte » et pour qui la figure humaine ne joue souvent qu'un rôle accessoire — on aimerait écrire d'accessoire — Fragonard décrit le quotidien, un moment du jour, la vie de tous les jours avec ses rencontres, les jeux des enfants... Le temps chez Hubert Robert, allusif à l'Antiquité comme à la destruction inexorable de ses monuments, est décrit dans sa durée alors que chez Fragonard, il n'est que l'instant.

# 183 Un jardin des environs de Rome

H. 348 ; L. 462
Lavis de bistre sur préparation à la pierre noire
Inscription, en bas à gauche, au lavis : « fragonard »

Paris, musée du Petit Palais

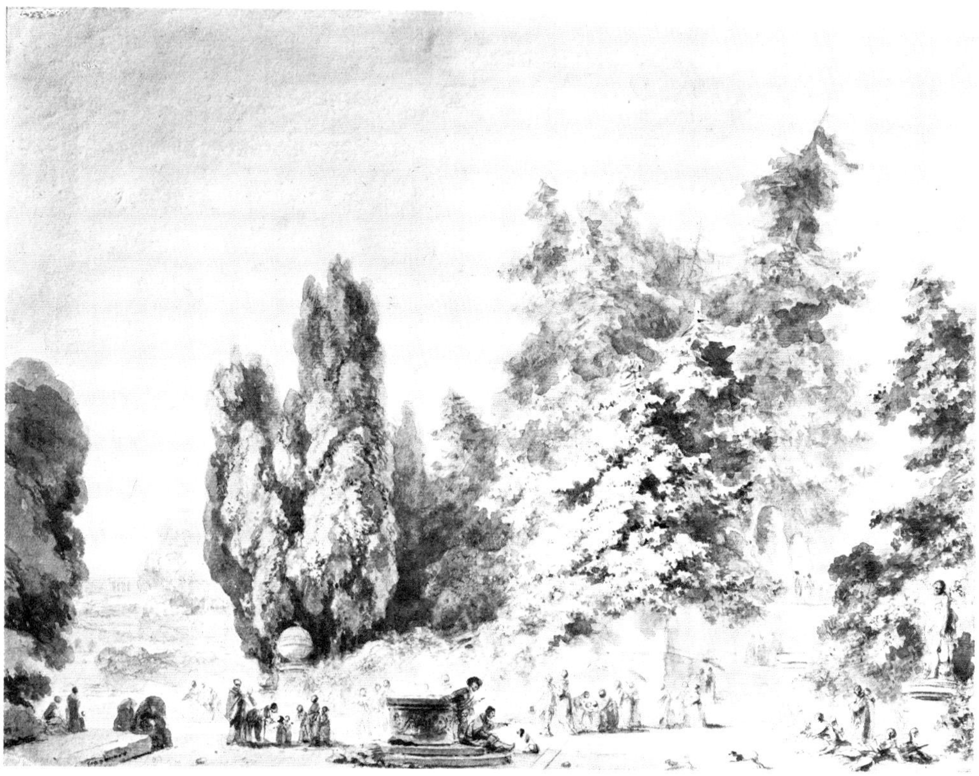

**Provenance**
Coll. Hippolyte Walferdin (1795-1880), sa vente après décès, 12-16 avril 1880, n° 237 (3.120 francs, à M. Malinet) ; coll. des frères Eugène et Auguste Dutuit, à Rouen, dès 1889 (leur marque, Lugt 709 a, en bas à droite) ; offert au Petit Palais en 1902 ; Dutuit 965.

**Expositions**
Paris, 1879, n° 580 ;
Paris, 1934, n° 452 ;
Londres, 1949-50, n° 419 (et non 415), pl. 77 ;
Amsterdam, 1951, n° 168, pl. XXXIII ;
U.S.A., 1952-53, n° 88, pl. 29 ;
Berne, 1954, n° 63 ;
Londres, 1977, n° 83 ;
Tokyo, 1982, n° 69, pl. 72 en couleurs (avec liste des exp. et bibl. complète).

**Bibliographie**
P. p. 316 ;
Leclère, 1913, p. 105, ill. ;
Martine, 1927, pl. 13 ;
Fosca, 1954, p. 60, pl. 24 ;
R. p. 222 ;
A. 2151 fig. 585 (voir aussi A. 1547) ;
Sandoz, 1983, p. 40.

**Œuvres en rapport**
Parfois rapproché de A. 357 fig. 369, intitulé en 1931 (cat. exp. n° 80) « les jardins de la villa d'Este à Tivoli » *(fig. 1)*.
Voir aussi A. 1547 reproduit dans Fosca, 1954, p. 60, pl. 25.

Si tous les auteurs, à l'exception de Fosca (1954) qui le place en 1760, sont d'accord pour dater ce splendide dessin du second voyage en Italie, l'identification du site reste problématique. Au XIXe siècle, on préférait y voir un « parc animé de nombreux personnages » ou encore un « parc orné de statuettes (!) avec promeneurs ». Puis on voulut y reconnaître (Leclère, 1913) les jardins de la villa d'Este (sur ceux-ci, voir nos 30 à 36). Plus récemment, et à juste titre à notre avis, R. Bacou (cat. exp. Londres, 1977) préfère le considérer comme une vue imaginaire inspirée par la villa d'Este.

La comparaison entre les vues des jardins des environs de Rome et les dessins exécutés durant l'été 1760 à Tivoli est passionnante : tout d'abord, à la sanguine Fragonard préfère désormais le lavis de bistre ; au crayon, il substitue le pinceau qu'il manie avec une dextérité qui confond. S'il choisit toujours des angles de vues qui surprennent et qui rendent l'identification des lieux délicate, la part qu'il accorde à l'invention et à l'imagination, à l'« idéalisation poétique » s'est encore accrue.

Sur le dessin du Petit Palais, on sera particulièrement sensible au coup de soleil qui frappe le groupe d'arbres au centre de la composition, les promeneurs qui se saluent et les enfants que leurs parents poussent à s'embrasser. On remarquera encore, placés dans l'ombre de la margelle d'un puits, un jeune homme qui joue avec son chien et à l'extrême droite, le dessinateur assis sur le sol qui paraît copier la statue de l'Hercule Farnèse.

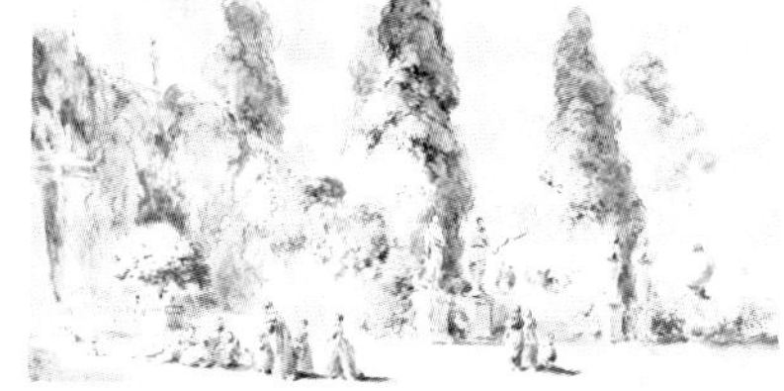

fig. 1. *Parc italien*, localisation actuelle inconnue

# 184 Les pins parasols d'une villa des environs de Rome

New York

H. 447 ; L. 337
Lavis de bistre sur légère préparation à la pierre noire

Amsterdam, Rijksmuseum, Rijksprentenkabinet

**Provenance**
Coll. David David-Weill en 1921 ; coll. Fritz Mannheimer avant la dernière guerre mondiale ; entré au Rijksmuseum en 1953 ; 53 :206.

**Expositions**
Paris, 1921, nº 174 ;
Paris, 1934, nº 457 ;
Paris, 1946, nº 115 ;
Paris, 1964, nº 111, pl. 94 en couleurs ;
Londres, 1968, nº 269, fig. 294 ;
Amsterdam, 1974, nº 40, ill.

**Bibliographie**
*Société de reproductions de dessins de Maîtres*, Vᵉ année, 1913, p. 13, ill. ;
Martine, 1927, pl. 46 ;
Henriot, 1928, III, p. 169, ill. ;
Henraux, 1946, p. 9, ill. ;
R. p. 221 ;
Wildenstein, 1961, p. 47 fig. 6 ;
A. 2388 fig. 607 ;
Roland Michel, 1983, p. 475.

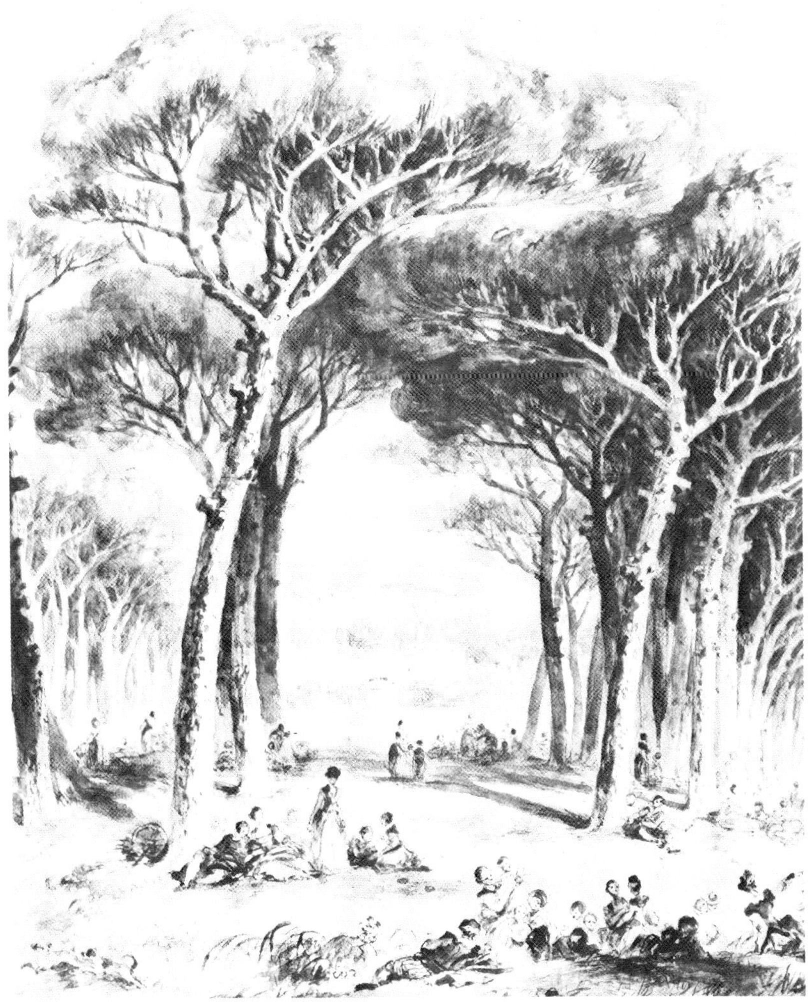

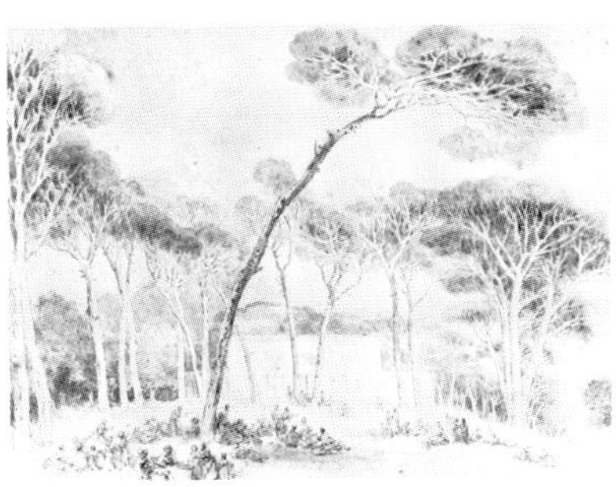

fig. 1. *Vue d'une villa des environs de Rome*, New York, The Metropolitan Museum of Art, coll. Lehman

Le dessin passe pour représenter « les pins parasols de la villa Pamphili ». Mais il ne peut s'agir ni de la villa des portes de Rome, célèbre pour son casino de l'Algarde et pour ses jardins, qui n'étaient « plantés que de pins, cyprès, chenes verds, lauriers » (Bergeret, p. 156) et de ce fait toujours verts, ni de celle des environs de Frascati, dite aussi Aldobrandini ou du Belvédère (*idem*, p. 357), d'une architecture toute différente. Philippe Morel (comm. orale) a proposé d'y reconnaître la villa Arrigoni-Muti, qui offre en effet une architecture comparable (voir cat. exp. Rome, 1980, p. 118 et suiv.), mais nous avons dit plus haut les raisons qui nous faisaient penser que la part d'invention l'emportait sur le souci topographique.

On rapproche fréquemment la construction, à l'arrière plan, de celle qui se voit au centre d'un dessin autrefois Goncourt, aujourd'hui conservé avec la collection Lehman au Metropolitan Museum de New York (parfois intitulé « vue de la villa Borghese », *fig. 1*, A. 1441 fig. 736). Mais, à l'examen, les deux villas n'ont rien en commun et ne peuvent se confondre.

La journée est ensoleillée mais reste fraîche : seuls quelques promeneurs s'abritent sous les pins parasols. Des groupes d'adultes et d'enfants placés à plus ou moins grande distance donnent à la composition toute sa profondeur ; sur la gauche, au premier plan, deux jeunes chiens se poursuivent.

On admirera la virtuosité de Fragonard dans l'utilisation du lavis, une technique qui oblige à la rapidité et ne permet pas de repentirs. Il obtient, grâce à la gradation des teintes, de l'ocre le plus doux au brun le plus opaque, des effets de lumière et d'ombres d'une grande sensibilité.

185 Jardin aux pins parasols à Rome

New York

H. 353 ; L. 488
Lavis de bistre sur légère préparation à la pierre noire

Besançon, musée des Beaux-Arts

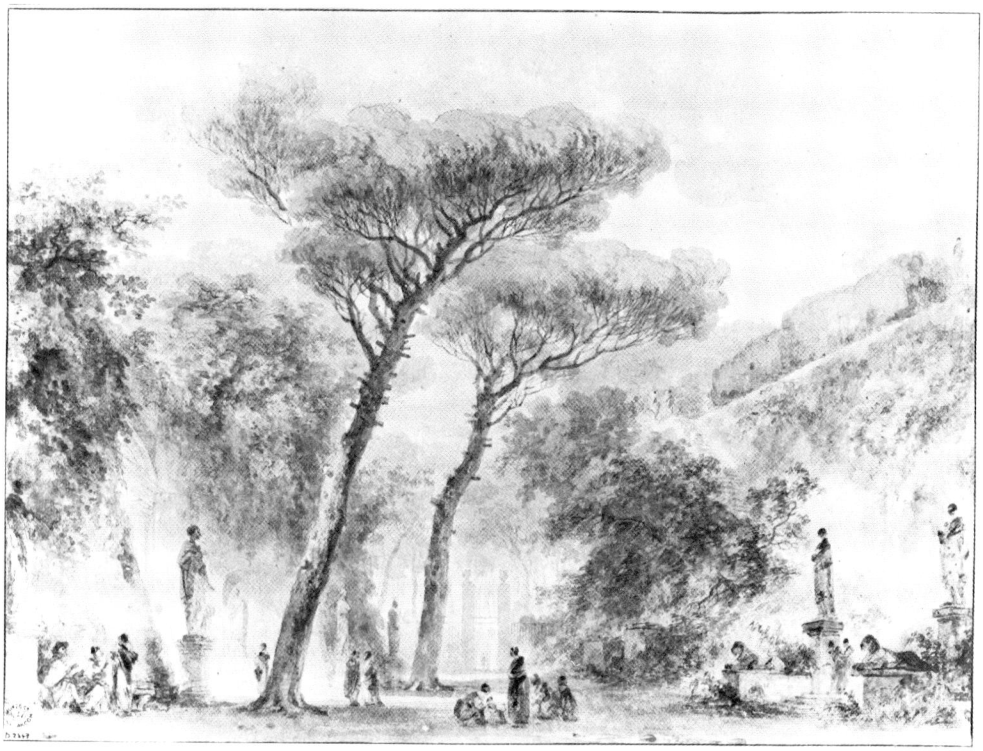

**Provenance**
Marque du monteur J.-B. Glomy (deuxième moitié du XVIIIe, Lugt 1085), sur le montage, en bas à droite ; coll. Pierre-Adrien Pâris (1745-1819) dès 1806 ; légué à la Bibliothèque municipale de Besançon en 1819 ; transféré au musée en 1843 (marque, Lugt 238 c, en bas à gauche). Inv. D. 2847.

**Expositions**
Paris, 1925, nº 419 ;
Amsterdam, 1951, nº 166 ;
U.S.A., 1952-53, nº 89 ;
Zurich, 1955, nº 111 ;
Grasse, 1957, nº 36 ;
Paris, 1957, nº 149.

**Bibliographie**
P. p. 303 ou 309 ;
Estignard, 1902, ill. entre p. 17 et 18 ;
Martine, 1927, pl. 16 ;
R. p. 222 ;
Cornillot, 1957, nº 46, ill. (avec bibliographie complète) ;
A. 2389 fig. 605.

Dans l'inventaire de la collection Pâris (1806, nº 118), ce dessin faisait paire avec une autre « vue des jardins de Rome au Bistre fait à Rome en 1773 », elle aussi aujourd'hui conservée à Besançon mais trop insolée pour être exposée *(fig. 1)*. On ignore s'il provient de la collection Bergeret, mais l'on sait que Glomy, qui monta le dessin au XVIIIe siècle, travaillait pour les principaux amateurs du temps, dont l'abbé de Saint-Non.

Le site paraît facile à identifier. Il ne s'agit pourtant pas de la villa d'Este ni de la villa Pamphili, comme il a été parfois avancé, et les spécialistes auxquels nous en avons montré la photographie, ne nous ont pas proposé de solution satisfaisante.

Fragonard est « fasciné par les pins parasols » (Sollers, 1987, p. 324). Ils sont le sujet de ce dessin comme de bien d'autres feuilles du premier et du second séjour romain. Les statues, les bosquets, l'escalier de pierre encadré de lions sur la droite, la grille qui ferme l'entrée du parc, les promeneurs et les enfants qui jouent ne sont que les accessoires des deux grands arbres.

Presqu'entièrement exécuté au pinceau et au bistre, un bistre allant du plus sombre au plus clair, le dessin de Besançon est une des plus belles évocations de ces jardins de Rome tant admirés par les étrangers au XVIIIe siècle et aujourd'hui presque tous abandonnés ou disparus.

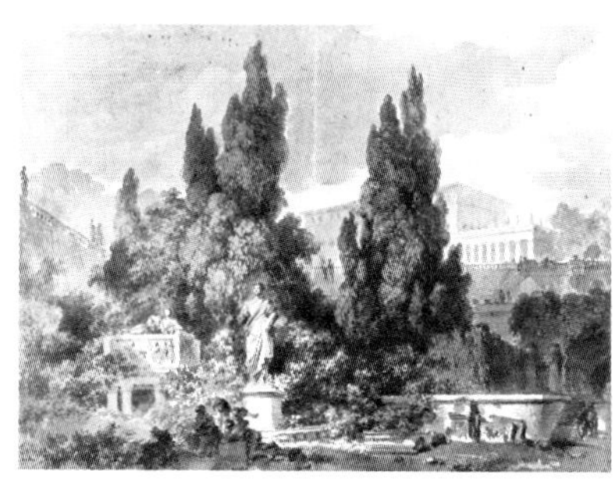

fig. 1. « *Vue des jardins de Rome* », Besançon, musée des Beaux-Arts

# 186 L'allée ombreuse

H. 455 ; L. 347
Lavis de bistre sur préparation à la pierre noire

Paris, musée du Petit Palais

**Provenance**
Coll. Sireul, sa vente, 3 décembre 1781, n° 242 : « un superbe dessin de ce maître, lavé au bistre sur papier blanc. Il représente une longue avenue en perspective. Ce dessin est d'un effet piquant et orné de figures analogues » (149 livres 19 à Paillot) ; coll. du miniaturiste Saint, sa vente, 4 mai 1846, n° 13 (99 francs 50, à Mayor, de Londres) ; coll. Hippolyte Walferdin, sa vente après décès, 12-16 avril 1880, n° 206 (1.810 francs à Malinet) ; coll. du peintre Jean Gigoux (1806-1894), sa vente, 20-23 mars 1882, n° 583 (2.030 francs à Clément, l'acheteur des Dutuit ; sa marque, Lugt 1164, en bas à gauche) ; coll. des frères Eugène et Auguste Dutuit, à Rouen (leur marque, Lugt 709 a, en bas à droite) ; offert au Petit Palais en 1902 ; Dutuit 966.

**Expositions**
Paris, 1879, n° 581 ;
Paris, 1934, n° 460 ;
Londres, 1949-50, n° 415 ;
Amsterdam, 1951, n° 168, pl. 33 ;
Londres, 1977, n° 84, ill. ;
Tokyo, 1980, n° 139, ill.

**Bibliographie**
Thoré, 1846, p. 371 ;
G. p. 340 ;
Eudel, 1883, p. 123 ;
P. p. 191 et 293 ;
Dorbec, 1905, pp. 79-80 note 1 ;
Martine, 1927, pl. 12 ;
Wilhelm, 1951, p. 27 ;
Sterling, 1955, p. 155 ;
R. p. 216 ;
A. 327 fig. 120 et A. 365 ;
Wrigley, 1981, p. 746 note 11 ;
Sandoz, 1983, p. 40.

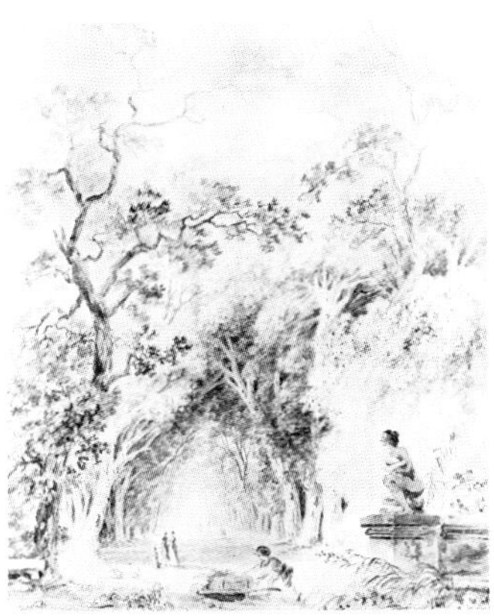

fig. 1. D'après Fragonard,
*L'allée ombreuse*,
Cambridge, Fogg Art Museum

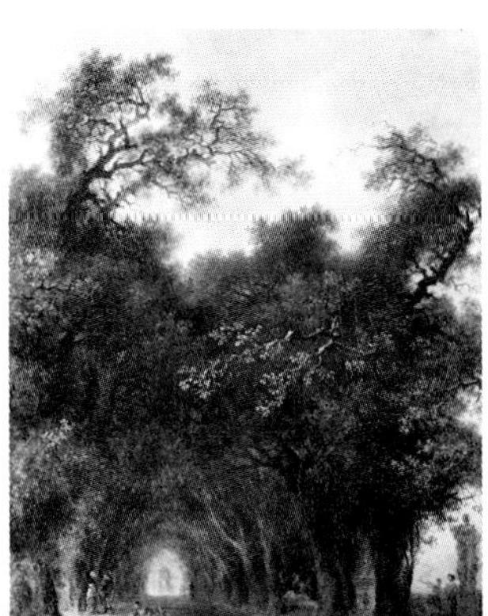

fig. 2. *L'allée ombreuse*,
New York,
The Metropolitan Museum of Art

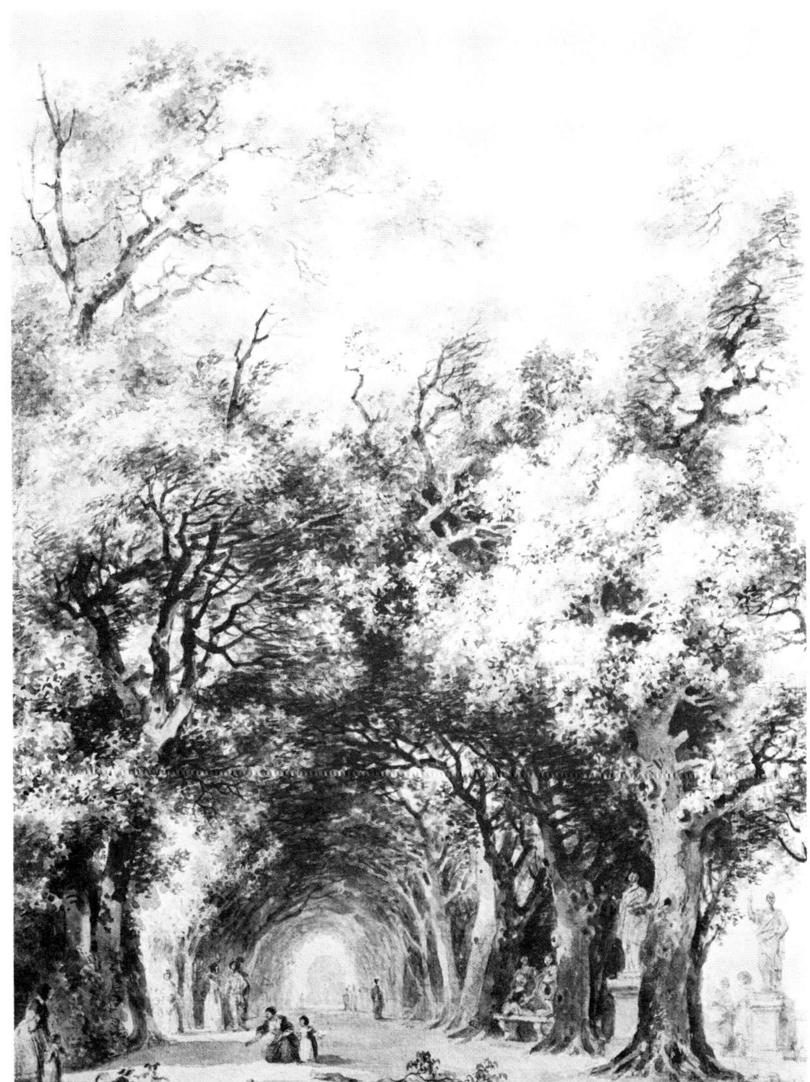

**Œuvres en rapport**
Le dessin a été gravé par Gustave-Marie Greux, en 1882, pour le catalogue de la vente Gigoux et pour l'ouvrage de P. (repr. entre p. 40 et 41 ; voir aussi p. 321 nº 3).

Pour une seconde version du dessin, voir notice suivante.

Plusieurs *Allée ombreuse* sont citées entre les deux guerres : nous ne connaissons pas l'exemplaire Groult (A. 329), ni celui Fauchier Magnan (A. 330 fig. 121). Celui de la coll. Joubin, fort douteux, est aujourd'hui conservé au Fogg Art Museum *(fig. 1* ; 1953.99 ; A. 1525). Voir aussi A. 331 (douteux), A. 897 (nous est inconnu), A. 1451 (sanguine exposée chez Stein à Londres, 1981, nº 53, ill. ; P.-A. Pâris ?) et A. 1522 (coll. Seilern, aujourd'hui propriété des Courtauld Institute Galleries ; cat. exp. Londres 1981, nº 166, ill. ; douteux).

On citera enfin le tableau du Metropolitan Museum *(fig. 2* ; T. et non bois, H. 29 ; L. 24 ; Sterling, 1955, pp. 155-156 ; W. 350, pl. 69) qui a pour pendant une *Vue d'une villa italienne* (W. 349, pl. 68).

L'on s'accorde aujourd'hui à dater des années 1773-74 l'admirable *Allée ombreuse* du Petit Palais (seul Portalis songeait au premier voyage en Italie, seul Dorbec a mis en doute l'attribution pour laquelle il propose le nom de Pierre Delaunay !). Mais les discussions vont bon train pour ce qui est de la localisation du site : l'allée du château de Négrepelisse (voir nº 171), celle du château de Nointel, propriété du même Bergeret près de l'Isle-Adam (pour des vues du château et du parc, voir Wildenstein, 1961), enfin la villa Mattei à Rome (Réau). Ceux qui reconnaissent dans les arbres qui bordent l'allée, des platanes (Sterling), se voient contraints d'opter pour le midi de la France où de telles allées sont fréquentes.

Mais Fragonard a-t-il tenu à représenter fidèlement un site réel ou n'a-t-il pas plutôt, selon son habitude, laissé libre cours à son imagination ?

Sous l'allée, des promeneurs bavardent ou jouent avec leurs enfants : deux chiens se poursuivent (voir nº 184). Sur la droite, un couple, au pied d'une statue, appuyé à la balustrade d'une terrasse, contemple le paysage.

Mais le véritable sujet du dessin est la voûte des arbres qui couvre la promenade. Fragonard s'est attaché, avec toute la somptuosité du bistre, à décrire les feuillages et les branchages que le soleil fait vibrer. La longue perspective des troncs donne à la composition sa profondeur, sa monumentalité, sans rien emprunter au surréalisme visionnaire d'un Piranèse.

## 187 L'allée ombreuse

H. 445 ; L. 344
Lavis de bistre sur préparation à la pierre noire

Paris, collection privée

**Provenance**
Coll. Sigismond Bardac, sa vente, 10-11 mai 1920, nº 4, ill. (à Lucien Guiraud pour 143.000 francs) ; coll. Edward Esmond.

**Expositions**
Paris, 1921, nº 192 ;
Paris, 1931, nº 69 ;
Londres, 1932, nº 838 (cat. commémoratif, nº 689, pl. CLXXV) ;
Paris, 1937, nº 536 ;
Paris, 1951, nº 48 ;
Londres, 1954, nº 456 ;
Grasse, 1957, nº 35, pl. VIII.

**Bibliographie**
R. G., 1920, pp. 296-298, ill. p. 297 ;
Boucher et Jaccottet, 1952, p. 174, pl. 95 ;
R. p. 216 ;
A. 328 (« les rehauts de plume sont dus à une main étrangère »).

**Œuvres en rapport**
Voir la notice précédente.

Le dessin est de dimensions comparables à celui du Petit Palais (voir notice précédente) et par conséquent, sensiblement plus grand que le tableau du Metropolitan Museum *(cat. 186 fig. 2)*. Sur ce dernier, les promeneurs, moins nombreux, sont très voisins de ceux de la feuille du Petit Palais. A notre avis, celui-ci précède en date le tableau de New York qui paraît antérieur à la seconde *Allée ombreuse*.

Fragonard a réduit la dimension des promeneurs pour accorder encore plus d'importance aux arbres. Le frémissement des feuilles, l'éclat de la lumière, la fraîcheur de l'ombre, le lointain de la perspective sont rendus avec un naturel et une simplicité, qui cachent un grand savoir.

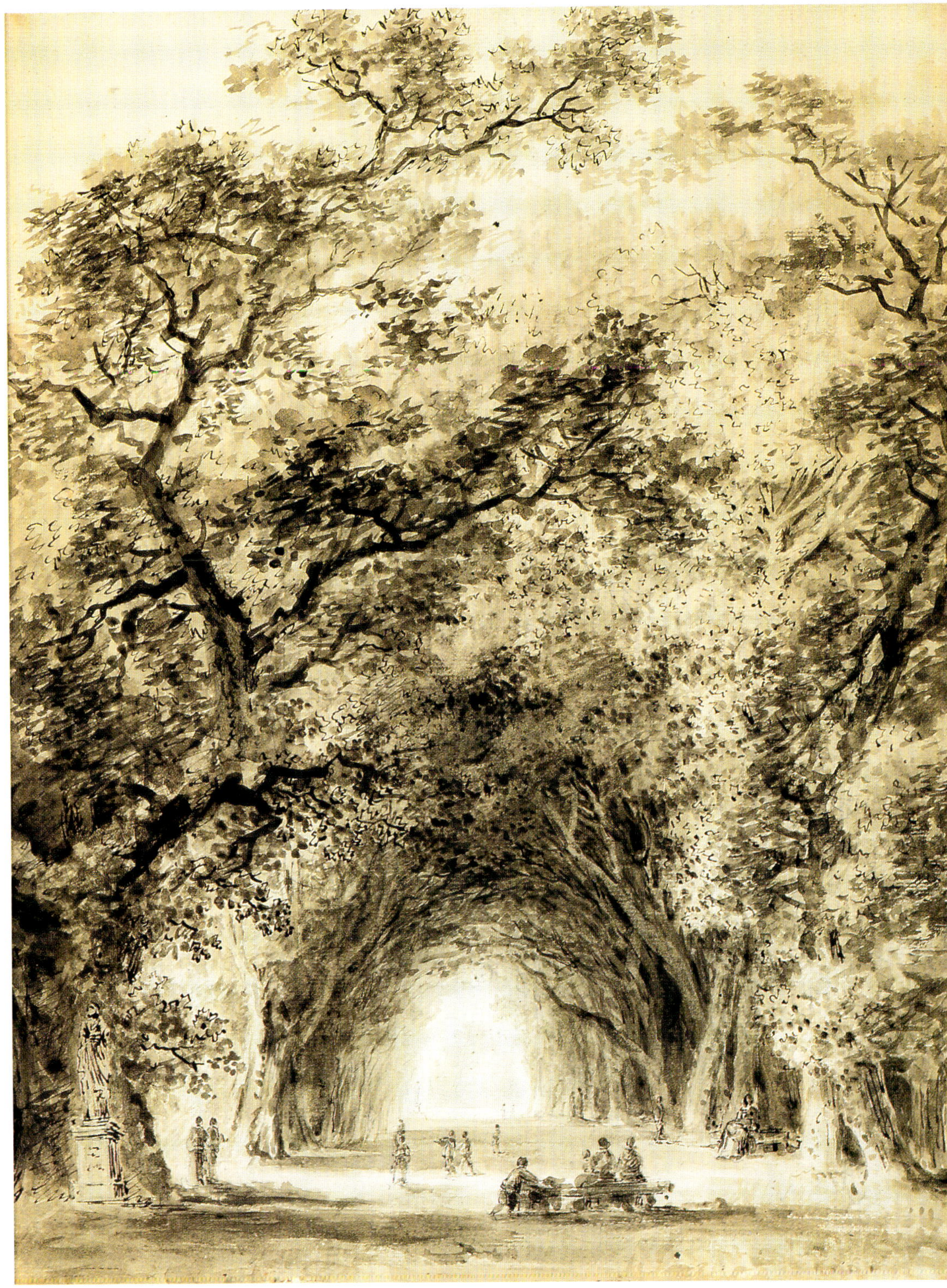

# 188 Vue d'un parc italien

H. 355 ; L. 465
Lavis de bistre sur préparation à la pierre noire

Paris, collection privée

**Provenance**
Dans la même coll. depuis le début du XIX^e^ siècle. Est-ce le dessin de la vente [Chabot et duc de la Mure ou Desmarets] du 17-22 décembre 1787, nº 173 : « la vue d'une arcade soutenue par quatre colonnes au milieu desquelles est une statue sur un piedestal. Ce morceau touché avec un goût admirable, au bistre sur papier blanc, est orné de diverses figures rendues avec esprit », adjugé 79.19 livres à Constantin ? Cette mention est généralement associée avec le dessin de Stockholm (voir plus loin *Œuvres en rapport*).

**Bibliographie**
Inédit.

**Œuvres en rapport**
Une seconde version, très voisine dans le détail de la composition, inscrite « fragonard 1780 », appartient à une coll. privée new-yorkaise *(fig. 1* ; P. p. 309 ; A. 1476*)*.

Un dessin pour la partie centrale de la composition mais avec quelques variantes appartient aujourd'hui au musée de Stockholm *(fig. 2* ; A. 350 fig. 366 et Bjurström, 1982, nº 954, ill. et p. XXiii en coul.).

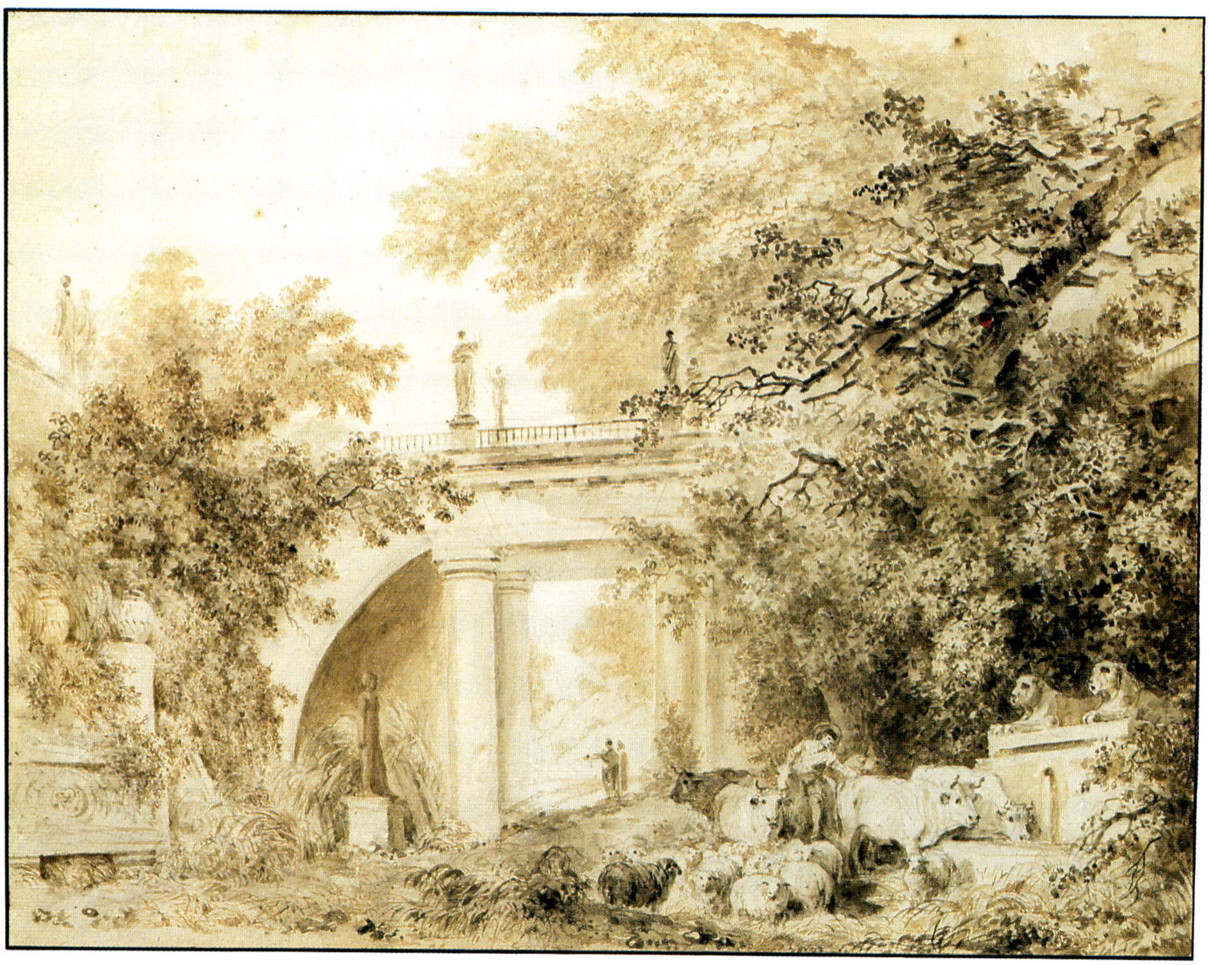

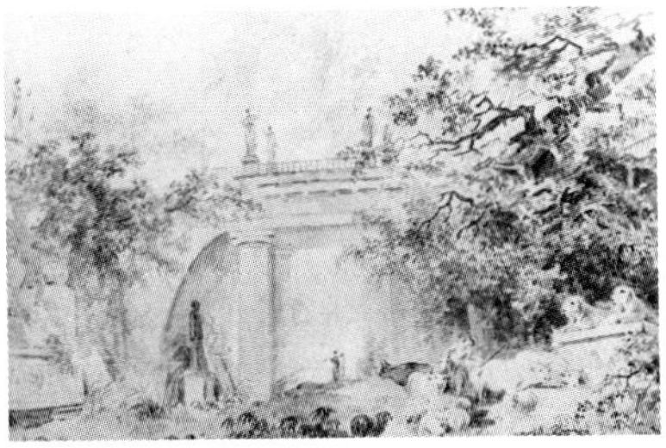

fig. 1. *Vue d'un parc italien*, New York, coll. privée

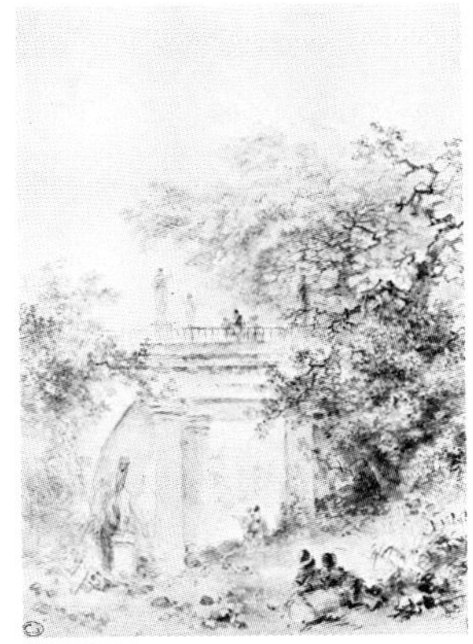

fig. 2. *Vue d'un parc italien*, Stockholm, Nationalmuseum

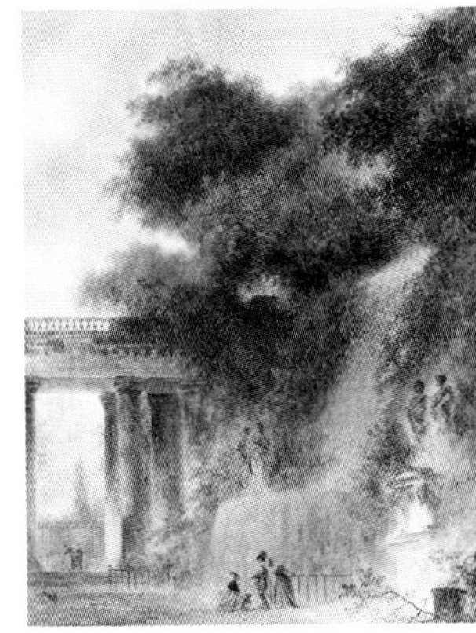

fig. 3. *Vue d'une villa italienne avec cascade*, New York, The Metropolitan Museum of Art

Le dessin est directement inspiré des paysages des environs de Rome réalisés par Fragonard durant son second séjour en Italie en 1773-74. On se doit de le rapprocher d'une feuille en hauteur aujourd'hui conservée au musée de Stockholm *(fig. 2)* qui étudie le motif central de la composition, l'arche et les quatre colonnes surmontées d'une balustrade ornée de statues, ainsi que de la *Vue d'une villa italienne avec cascade* du Metropolitan Museum *(fig. 3)*. On comparera encore l'épaisse ramure de l'arbre, sur la droite du pendant de ce tableau, *L'allée ombreuse (cat 186 fig. 2)*, à celle qui se voit sur notre dessin.

Une végétation touffue a envahi un parc à l'abandon orné d'urnes, de sarcophages, d'une statue, d'une fontaine à l'égyptienne à laquelle un troupeau vient s'abreuver. Deux promeneurs, un berger à cheval animent le parc ensoleillé, ombragé par les grands arbres.

Fragonard a joué sur le contraste entre d'une part les architectures et les troupeaux, et d'autre part une nature omniprésente, exubérante, envahissante, dont on sent le frémissement et la vie.

## 189 «Vue d'un Caveau découvert à Pompéii près du Vésuve»

Paris

H. 285 ; L. 368
Lavis de bistre sur préparation à la pierre noire
Inscription, en bas à droite, à la plume : « fait en 1774. pompeia près de portici, ville découverte./chambre ou on voit une feme *(sic)* qui s'est trouvé *(sic)* surprise par les cendres du Vésuve »

Lyon, musée des Arts décoratifs

**Provenance**
Coll. M. Rabasse ; acquis le 15 octobre 1815 par « le chevalier » Alexandre Lenoir (inscription autographe au verso du dessin) ; coll. Alexandre Lenoir, sa vente, 11 décembre 1837, n° 335 : « vue de Pompeïa, par Fragonard ; l'abbé de St. Non et sa sœur *(sic)* visitent une cave dans laquelle on voit une table et un squelette » ; coll. Laperlier, sa vente, 22-23 décembre 1856, n° 26 (19 francs) ; coll. Tondu, sa vente après décès, 10-13 mai 1865, n° 231 (1 franc 50) : « Pompéi. Vue d'une chambre où une famille fut surprise par l'éruption du Vésuve et ensevelie. On voit vers le milieu des *(sic)* squelettes et à gauche trois visiteurs » (?) ; acquis par le musée des Arts décoratifs de Lyon (marque, Lugt 1699 a, en bas à gauche) de M. Rochoux en 1865 ; Inv. 429.

**Expositions**
Besançon, 1956, n° 4 ;
Paris, 1974-75, n° 45, ill. (notice par Jacques Vilain) ;
Naples-Chicago, 1981-82, n° 99, ill. ;
Lyon, 1984-85, n° 84 (avec liste complète des exp.).

**Bibliographie**
G. p. 339 ;
Barazzeti, 1935, p. 2, ill. ;
d'Hennezel, 1938, p. 20 fig. 106 ;
A. 670 fig. 188 ;
Ananoff, 1961, p. 54, ill.

**Œuvres en rapport**
Claude Fessard *(fig. 1)* a gravé le dessin, dans le même sens, pour le premier volume du *Voyage Pittoresque de Naples et de Sicile* de l'abbé de Saint-Non paru en 1781 (voir en dernier Pognon et Bruand, IX, 1962, p. 14, n° 86).

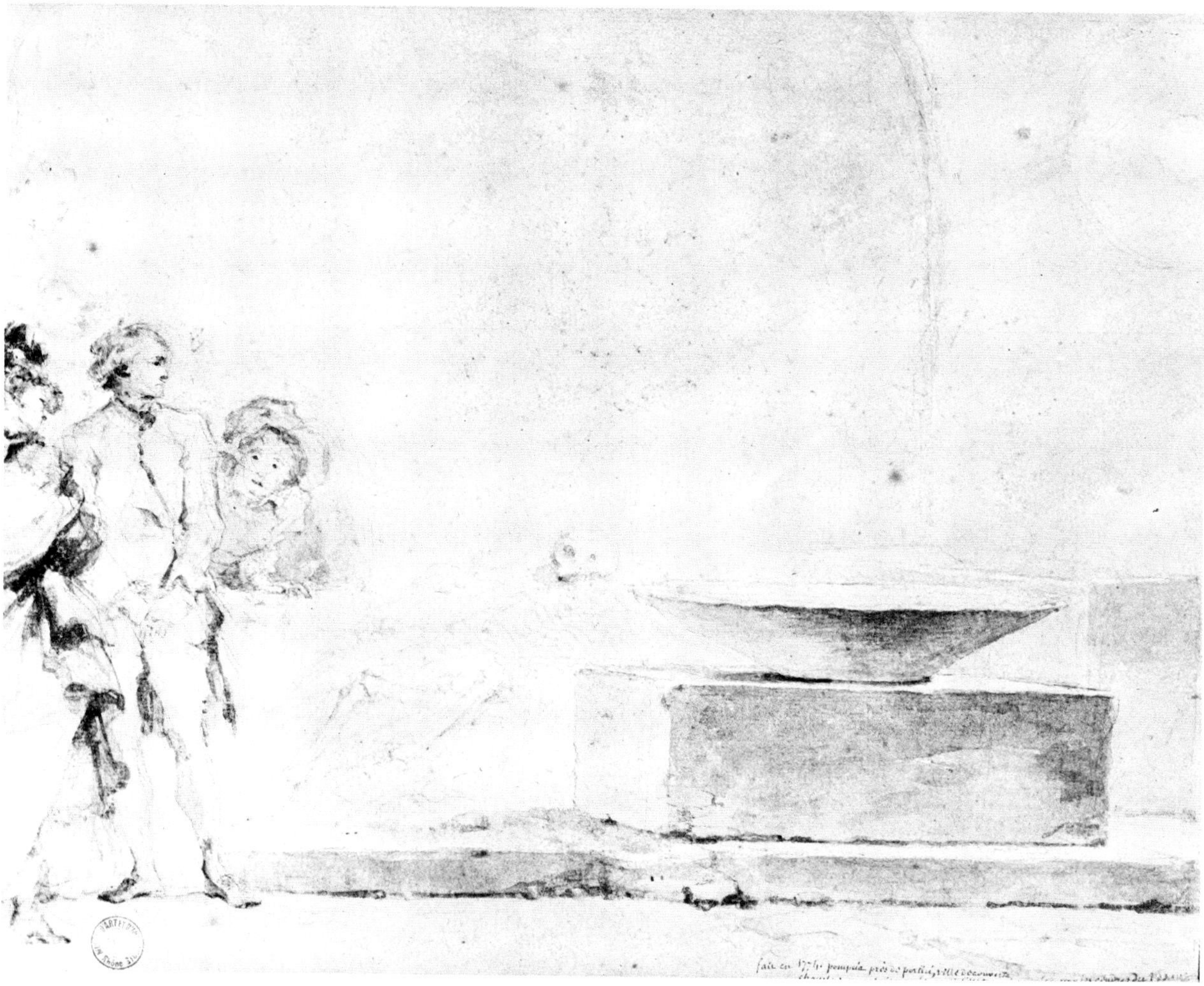

« Nous sommes partis à 8 heures du matin de Naples pour nous rendre à Pompeia, ville curieuse, découverte depuis peu d'années... Dans une maison, entr'autres, dans une chambre par bas, où sans doute on faisoit la lessive, on y voit tous les ustencils *(sic)*, fourneau, lavoir, etc..., et un tas de cendres sur lequel est le cadavre d'une femme dans la position de quelqu'un qui, après avoir cherché à se sauver de la cendre delayée qui entroit à flos *(sic)* partout, étoit enfin tombée à la renverse ou elle étoit morte. Toute l'attitude y est parfaitement dans le mouvement qui indique tout cela, et on reste en extase sur l'espace de 1.700 ans » (Bergeret, *Journal*, pp. 314-315).

Exceptionnels sont les dessins de Fragonard qui illustrent avec autant de précision un passage du *Journal*. La visite de Pompéi eut lieu le 6 mai 1774. Si le dessin a souffert d'insolement, ce qui rend l'identification des visiteurs aujourd'hui difficile, la gravure de Fessard, qui illustre le premier volume du *Voyage Pittoresque de Naples et de Sicile* de l'abbé de Saint-Non, est bien plus précise.

Deux femmes — Mesdames Fragonard et Jeanne Vignier, la future troisième Madame Bergeret ? — et quatre hommes — les Bergeret père et fils, Fragonard et le guide, la clef à la main, qui se tourne vers les visiteurs pour surprendre leur étonnement (mais peut-être un des hommes est-il cet « ancien pensionnaire du roy, architecte avec beaucoup de talents » (*Journal*, p. 292) qui habitait Naples et aida de ses conseils la petite troupe) — découvrent un squelette de femme vivement éclairé par un rayon de soleil. Sur les visages des touristes se lisent l'effroi et la surprise, cette « extase », pour reprendre le mot de Bergeret, devant le vertige du temps. Bien plus que l'Antiquité et ses vestiges, pourtant bien visibles au premier plan de la composition, c'est cette présence humaine qui retient les visiteurs.

Le dessin de Fragonard, qui paraît parodier *Hamlet*, ne manque pas d'humour : saisis par le spectacle, les touristes s'interrogent sur eux-mêmes et songent rêveusement à leur destinée...

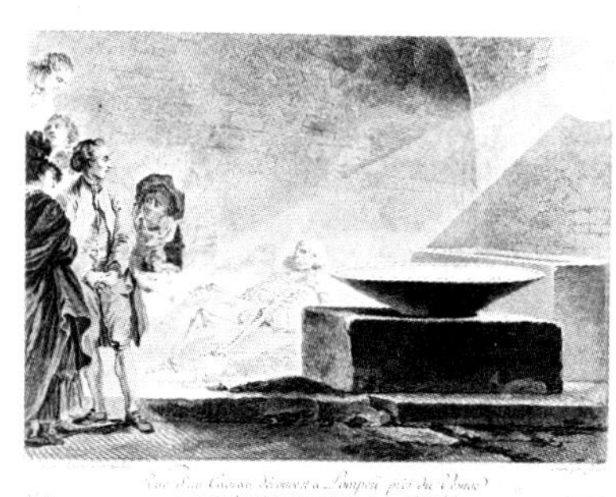

fig. 1. Cl. Fessard,
*Vue d'un Caveau découvert à Pompeii...*,
Paris, Bibliothèque du Louvre

# 190 Le char à bœufs

H. 273 ; L. 366
Lavis de bistre sur préparation à la pierre noire
Annotation à droite, en partie cachée par le montage : « Naples 1774. »

Paris, collection privée

**Provenance**
Vente [Chabot et duc de la Mure ou Desmarets], 17-22 décembre 1787, n° 177 : « la Vue d'un parapet ou passe un homme sur un chariot *(sic)* attelé de deux Bœufs, on voit aussi sur le devant de jeunes blanchisseuses » (73 livres à Desmarais). Selon A., coll. comte Eduard Karolyi (1830 ?-1885 ?), château de Füzer-Radvany en Hongrie ; coll. de son fils, le comte Istvan Karolyi, émigré en France en 1944 ; vente anonyme, sans cat., 21 mai 1951 ; [Cailleux] ; Paris, coll. privée.

**Expositions**
Paris, 1954, n° 69, pl. 41 ;
Londres, 1954, n° 273 ;
Besançon, 1956, n° 106 ;
Grasse, 1957, n° 43.

**Bibliographie**
Boucher et Jaccottet, 1952, p. 174, pl. 85 ;
Ananoff, 1956, p. 41, ill. ;
R. p. 223 et 126 fig. 41 ;
Ananoff, 1957, p. 515, ill. ;
A. 271 fig. 94.

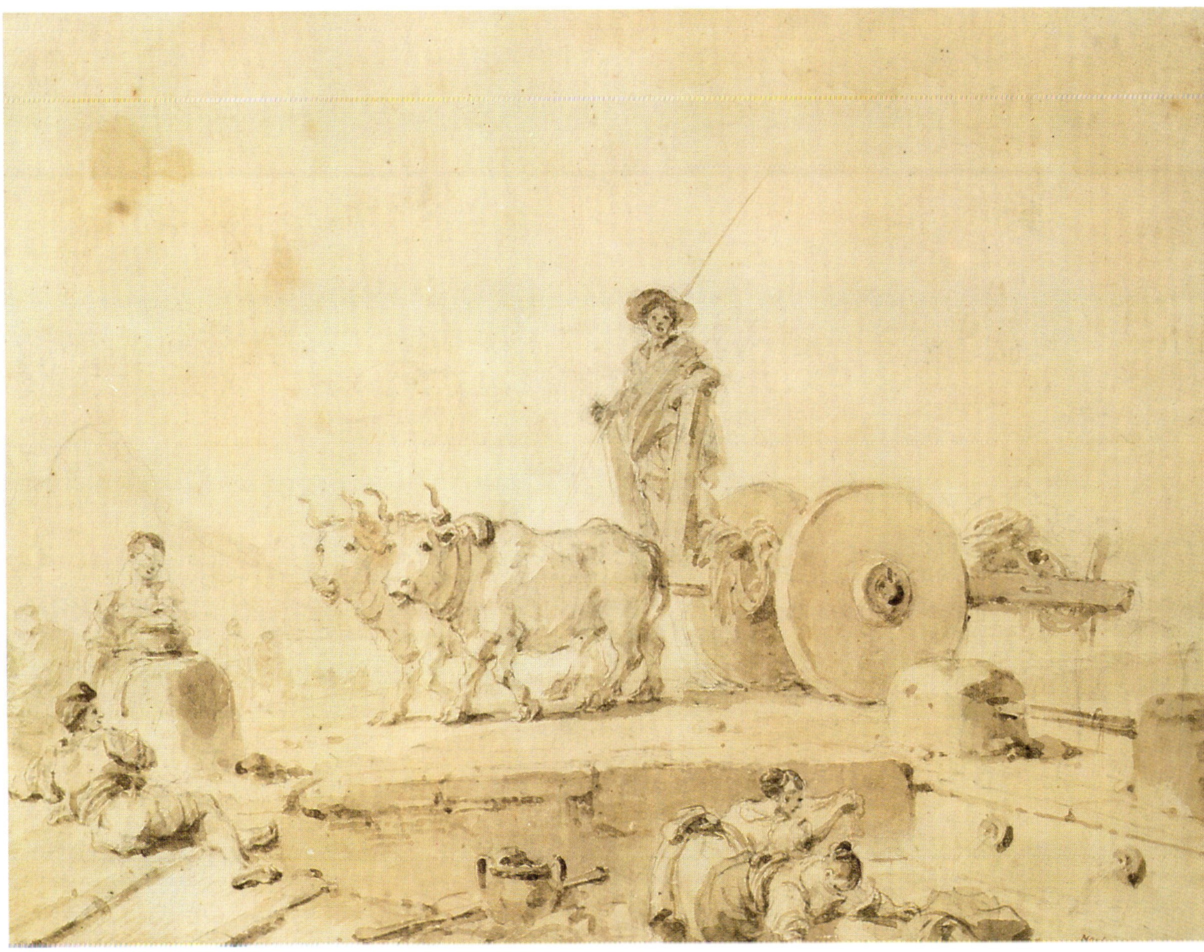

Fragonard et Bergeret séjournèrent près de deux mois à Naples, du 15 avril 1774 au 12 juin. Mais le *Journal* (pp. 291-350) ne fait guère qu'allusion au peintre (voir cependant pp. 325, 340, 344). Et les dessins de Fragonard datés de Naples ne l'illustrent qu'exceptionnellement (ainsi n° 189). Peut-être les relations entre les deux hommes s'étaient-elles déjà gâtées et s'ignoraient-ils.

Ainsi ne savons-nous pas précisément où et quel jour Fragonard dessina ce char à bœufs. Les bœufs et le bouvier — qui se tourne vers nous et nous regarde, debout sur son char, son aiguillon à la main — placés comme sur une estrade sont le sujet du dessin. On admirera l'enchaînement savant des courbes — les roues pleines du chariot, les bornes — et des droites — les marches de l'escalier qui conduisent au lavoir, et la chaude lumière qui baigne la scène.

# 191 «Une femme de sainte Lucie» à Naples

New York

H. 364 ; L. 281
Lavis de bistre sur préparation à la pierre noire
Annoté, en bas à droite, à la plume, sur le socle : «Naples 1774 feme de Ste Lucie»
Sur le montage, au crayon : «Honoré Fragonard fec»
Au verso, sur le montage, à la plume, d'une écriture du XVIII^e siècle : «honorée fragonard N° 422» ; «N° 53 honoré fragonard»

Francfort-sur-le-Main, Städelsches Kunstinstitut, Graphische Sammlung

**Provenance**
Vente anonyme, 31 mai 1790, n° 183 (voir notice n° 176) ; coll. Grimod de La Reynière (voir notice 176), vente, 7-17 septembre 1797 (selon Stuffmann) ( ?) ; vieux fonds du musée ; inventorié en 1862 ; Inv. Nr 1104.

**Expositions**
Naples, 1980, n° 247, ill. (mais n'a pas figuré à l'exp.) ;
Francfort, 1986-87, n° 124, ill. (notice par M. Stuffmann).

**Bibliographie**
Leporini, 1925, pl. 5 ;
R. p. 215 et fig. 51 p. 100 ;
Ananoff, 1956, p. 41, ill. ;
W. p. 24 éd. française ;
A. 181 fig. 71 ;
Bacou, 1971, pl. XXV en couleurs (éd. française, 1976) ;
Williams, 1978, p. 94 ;
Cuzin, 1983, p. 110 et note 30 ;
Zafran, 1983, p. 90, fig.III.7 («Vincent»).

**Œuvres en rapport**
Vincent a dessiné, à deux reprises au moins *(fig. 1)*, et peint *(fig. 2)* le même modèle mais en pied (voir Cuzin et Zafran, 1983).
Voir aussi notice suivante.

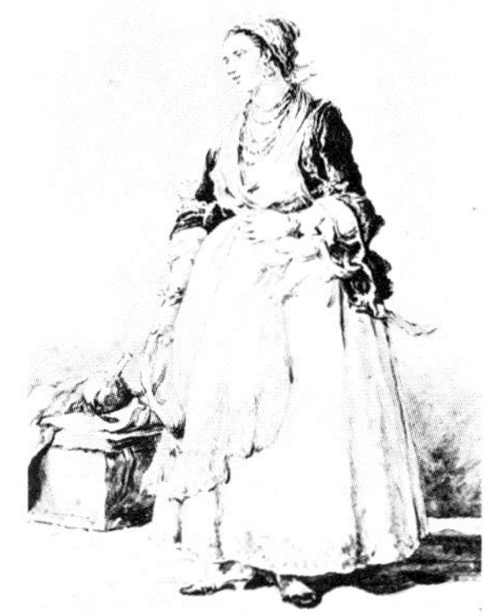

fig. 1. Vincent, *Femme napolitaine*, localisation actuelle inconnue

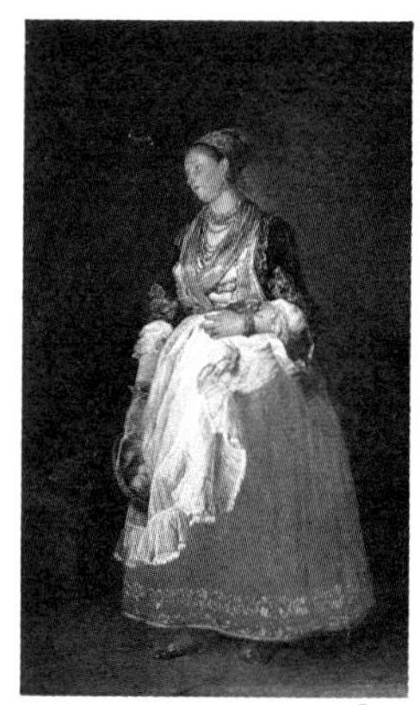

fig. 2. Vincent, *Femme napolitaine*, États-Unis, coll. privée

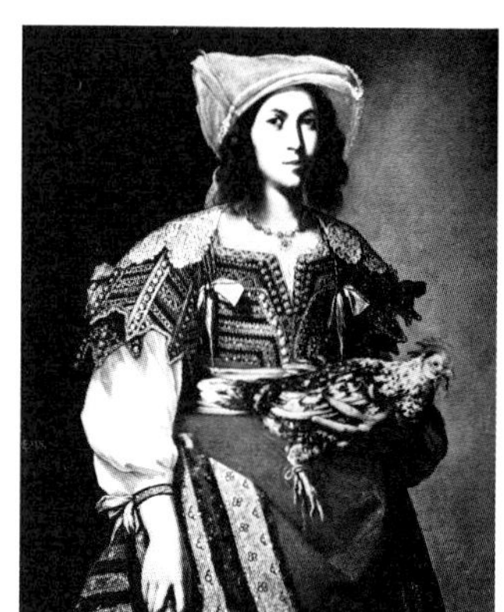

fig. 3. Stanzione, *La femme au coq*, San Francisco, The Fine Arts Museums

Le 15 mai 1774, alors qu'il est à Naples depuis un mois, Bergeret note dans son *Journal* (p. 324) : «l'après midi, un peu avant le coucher du soleil, les carrosses le disputent, je crois, à la quantité de ceux de Paris, aux promenades de Chiaia, de Sainte Lucie, et de Strada Nuova».

La passeggiata di Santa Lucia était (et demeure) un des lieux de promenade favoris des Napolitains. Les habitantes du quartier — des femmes de pêcheurs au caractère farouche — étaient connues pour leur élégance. Leur costume, fort recherché (on songe à la célèbre *Femme au coq* de M. Stanzione, *fig. 3*), combinait, selon Nicola Spinosa (comm. écrite), les souvenirs islamiques, espagnols et français. Les «luciane» s'habillaient avec élégance les jours de fête, aimaient les bijoux de pacotille (d'origine arabo-espagnole) et se livraient dans la rue, selon les saisons, à toutes sortes de petits commerces (en mai, maïs grillé, en novembre, châtaignes, en toutes saisons sèches et pieuvres bouillies).

Afin de ne pas disperser notre attention, Fragonard ne s'appesantit guère sur les détails du «costume napolitain» : plus que le pittoresque ou l'anecdotique, ce qui retient avant tout son attention, c'est la réalité du modèle, sa présence.

On admirera une nouvelle fois la franchise de l'exécution et cette magistrale entente entre la ligne et les volumes.

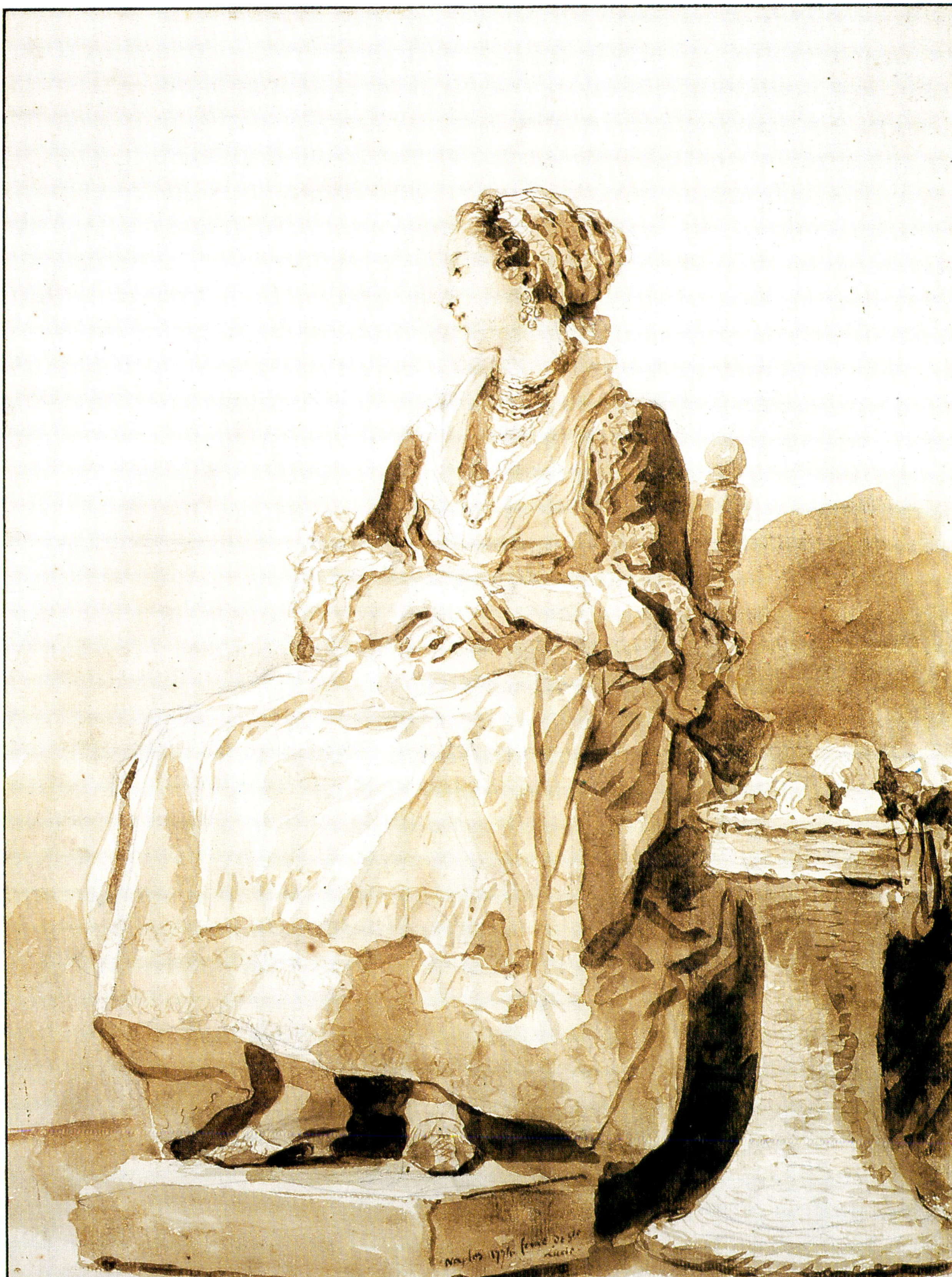
Naples 1776 femme de Ste Lucie

## 192 Femme napolitaine à mi-corps

H. 367 ; L. 282
Lavis de bistre sur préparation à la pierre noire
Annotation, à la plume, en bas à gauche, légèrement coupée : « Naples 1774. feme de Ste. Lucie »

New York, coll. Eugene Victor Thaw

**Provenance**
Coll. M. [de Bièvres], sa vente, 10 mars 1790, n° 34 : « trois belles études de têtes dont un buste de femme vu de face et richement ajusté » ( ?) ; coll. Martial Pelletier, sa vente, 29 avril-4 mai 1867, n° 1315 (111 francs) ; coll. M. Marmontel, ses ventes, Paris, 25-26 janvier 1883, n° 103 (400 francs, racheté par la famille) et 28-29 mars 1898 (et non 1868), n° 24 (1.200 francs) ; coll. E. M. Hodgkins, sa vente, Paris, 30 avril 1914, n° 28 (racheté ; appartient toujours à ce coll. en 1921) ; coll. Mrs C. I. Stralem (dès 1931), son fils Donald S. Stralem puis Mrs Donald S. Stralem encore en 1972.

**Expositions**
Paris, 1921, n° 173 ;
Paris, 1931, n° 64 ;
Paris, 1958-59, n° 50, pl. 63 ;
Londres, 1968, n° 270, fig. 297 ;
New York, 1972, n° 20 ;
Washington, 1978, n° 33, ill. ;
New York, 1985, n° 11, ill.

**Bibliographie**
P. p. 314 ;
Wilhelm, 1948, p. 102, pl. XIV ;
R. p. 215, fig. 13 p. 30 ;
A. 119 fig. 495 ;
Williams, 1979, p. 77, ill. ;
Cuzin, 1983, p. 110, note 31 et fig. 12 ;
Zafran, 1983, p. 90 fig. III.6 ;
Aaron, 1985, p. 18 fig. 2 ;
Sutton, 1987, p. 88 fig. 8.

**Œuvres en rapport**
Voir notice précédente.

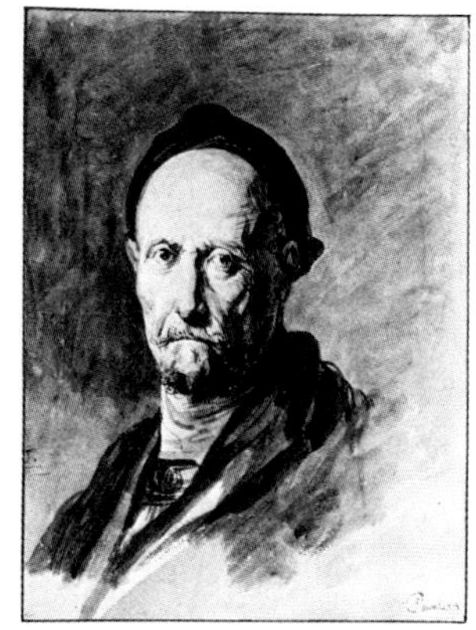

Fig. 1. Vincent, *Portrait d'homme* (1775), Vienne, Albertina

Le modèle de ce dessin est à coup sûr la « *Femme de Sainte Lucie* » que Fragonard avait dessinée une première fois mais assise et de profil (voir notice précédente). On reconnaît sans aucune hésitation son bonnet, ses colliers en bimbeloterie, sa somptueuse robe brodée et jusqu'à ses boucles d'oreille. Jean-Pierre Cuzin et Eric Zafran (1983) ont pu prouver que Vincent, très vraisemblablement à Naples en même temps que Fragonard et Bergeret (voir aussi notre introduction, pp. 362-363), avait dessiné (deux dessins aujourd'hui non localisés) et peint (coll. privée en Géorgie), mais en pied, la même Napolitaine, portant le même costume à quelques détails près.

Que la *Napolitaine* Thaw soit bien de Fragonard est confirmé non seulement par sa provenance (elle semble se confondre avec un dessin de l'inattaquable collection de Bièvres vendue en 1790), mais encore par comparaison avec les dessins — incontestés — de Vincent : nous reproduisons ici à titre d'exemple un *Portrait d'homme* (inédit) de l'Albertina, daté de 1775 *(fig. 1)*. Si Vincent imite, dans sa manière d'utiliser le lavis, Fragonard, s'il le pastiche parfois redoutablement, il se distingue de son modèle par une écriture plus détaillée, plus dispersée, plus minutieuse. Fragonard ne fait pas que décrire ; il fait preuve à l'égard de son modèle d'une attention qui ne s'arrête pas à ses seuls traits. Il enveloppe avec douceur et délicatesse son visage à l'ovale un peu plein et le fond harmonieusement dans l'espace.

Des traits de cette jeune Napolitaine, un sentiment communicatif de sympathie se dégage.

## 193 Satyre pressant des grappes de raisin

Paris

H. 346 ; L. 247
Lavis de bistre sur préparation à la pierre noire
Annotation, en bas à droite, de deux écritures différentes : « h. frago-Dresden 1774 an... »

Chicago, The Art Institute, don de Mr et de Mrs Robert J. Hamman

**Provenance**
Vente Paris, 12 juin 1980, n° 32, ill. ; [Cailleux] ; don en 1982 de Mr et de Mrs Robert J. Hamman, en l'honneur de Suzanne Folds Mc Cullagh ; 1982.500.

**Exposition**
Chicago, 1985, n° 42, ill. p. 101.

**Bibliographie**
Shestack, 1984, p. 46.

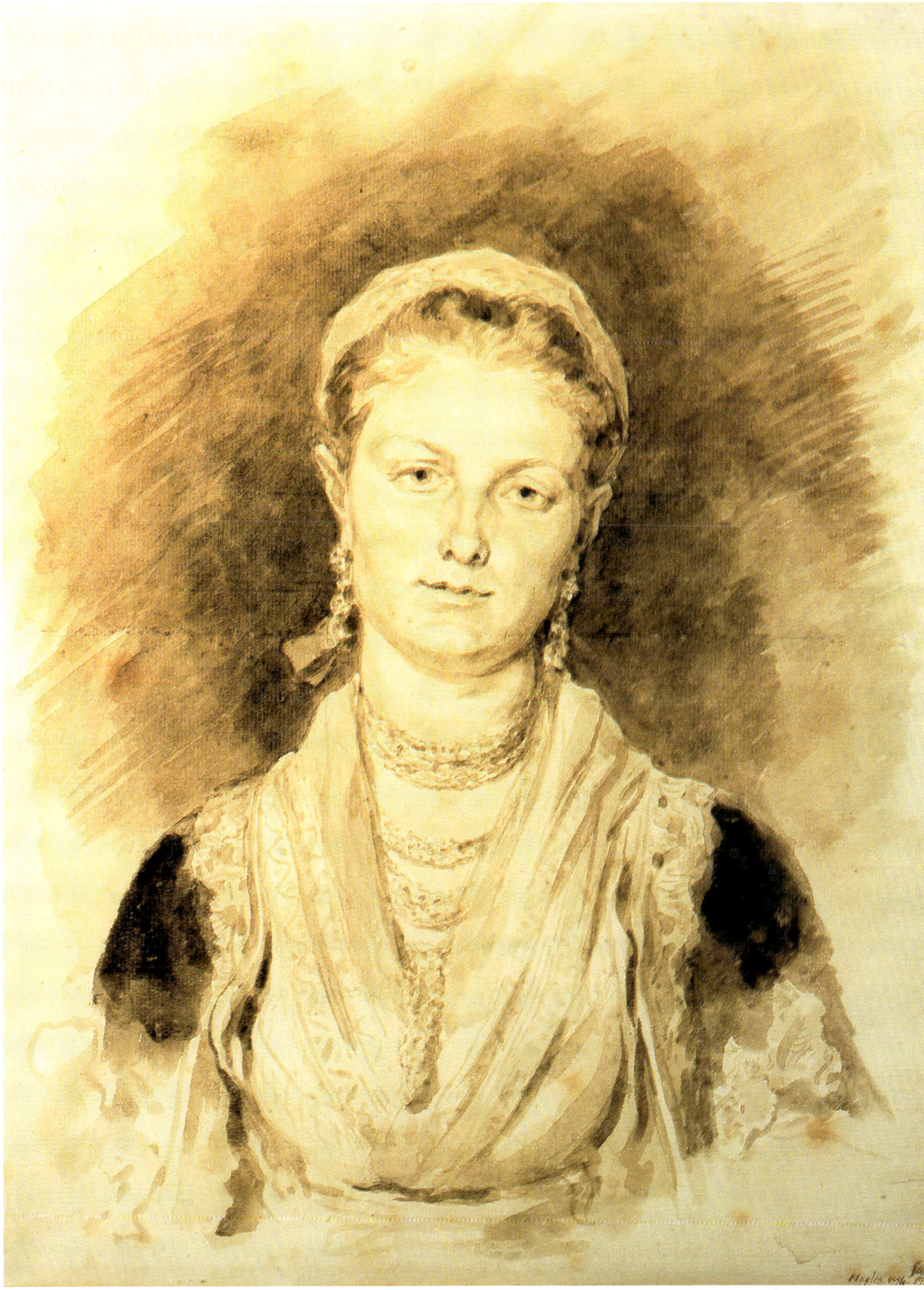

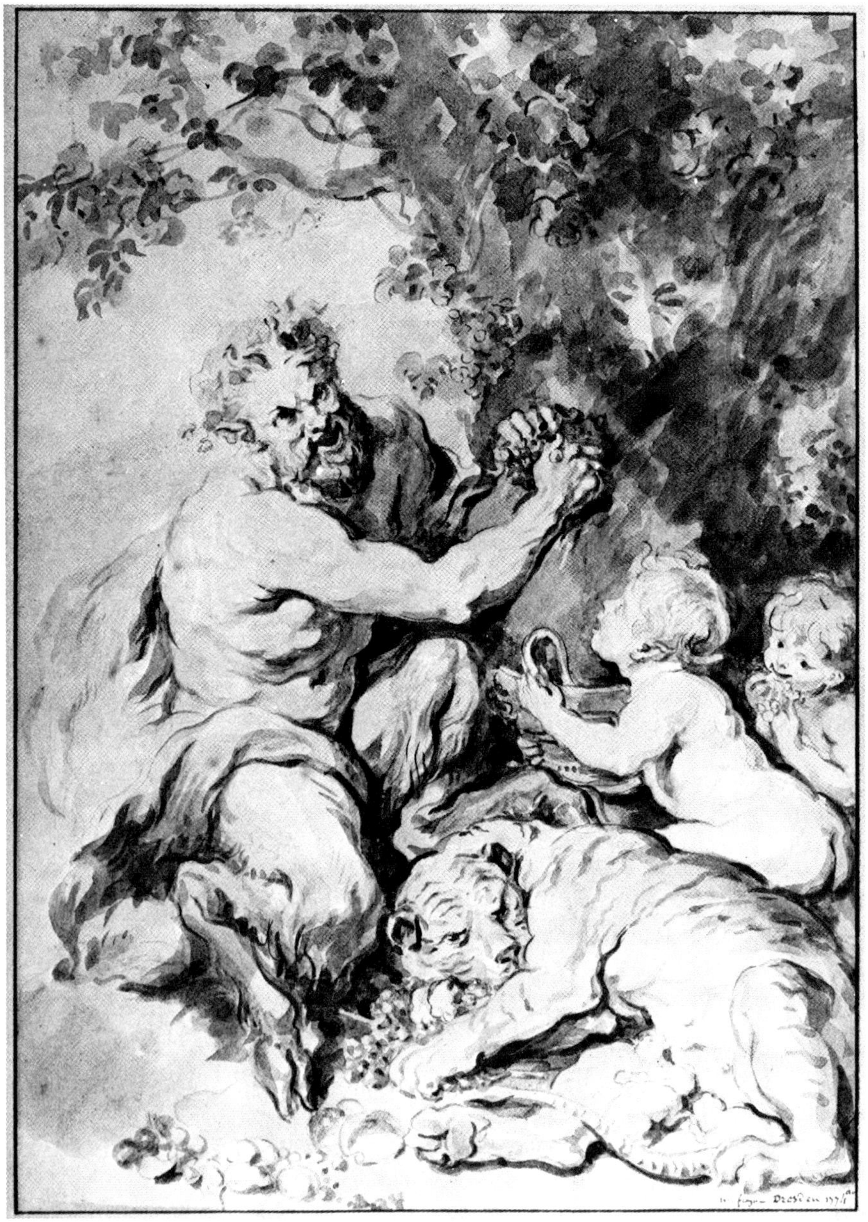

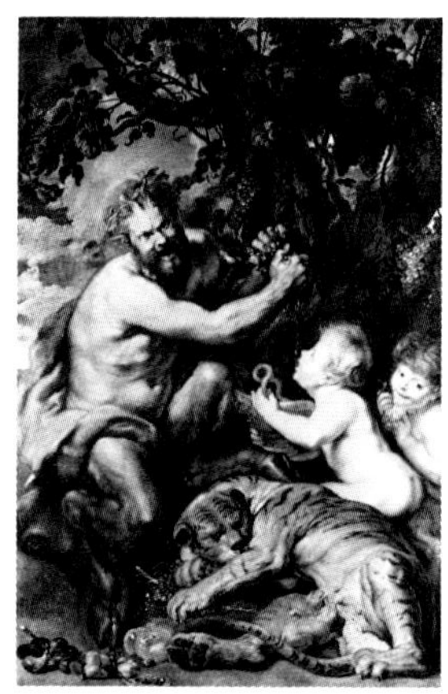

fig. 1. Atelier de Rubens,
*Satyre pressant des grappes de raisin*,
Dresde, Kunstmuseum

Bergeret et ses compagnons de voyage arrivèrent à Dresde le 20 août 1774. Le lundi 22, il se rendait « aux galleries ou est établi M et Mme Fragonard dès le matin, pour y faire récolte de desseins » (*Journal*, p. 409). La collection de l'électeur de Saxe fit forte impression sur Bergeret qui la visita à de nombreuses occasions durant son séjour.

Fragonard copie avec fidélité un grand tableau, alors attribué à Rubens et considéré aujourd'hui comme de l'atelier du maître *(fig. 1)*, montrant un satyre pressant des grappes de raisin dont le jus est recueilli par un jeune enfant, tandis qu'au premier plan une tigresse allaite ses petits (cat. 1902, nº 974).

Qui, de Fragonard ou de Bergeret, choisissait les œuvres copiées ? Nous l'ignorons, mais l'on remarquera l'admiration de Bergeret pour la galerie et pour son organisation : « il y a un inspecteur et des gardiens tous des plus honnêtes, avec liberté à tout le monde d'y dessiner, copier ce que l'on veut. Rien n'est plus glorieux pour un prince que de se prêter ainsi au progrès des arts » (*Journal*, p. 409).

On remarquera également tout le chemin parcouru par Fragonard depuis son premier voyage en Italie : à la pierre noire des copies d'après les maîtres exécutées pour l'abbé de Saint-Non, il préfère la technique bien plus picturale du lavis de bistre. Et lorsqu'il copie Rubens, il en imite le style, sans renoncer à sa personnalité. Il réussit le tour de force de dessiner un Fragonard sans trahir son modèle.

Fragonard, on le sent, est sensible à la vitalité qui se dégage de tant d'œuvres du maître. Ne cherchait-il pas, aussi, en entreprenant son second voyage en Italie, à renouveler son inspiration et à conquérir une nouvelle énergie dont il sentait qu'elle lui serait nécessaire pour conserver sa position parisienne ?

# 194 Satyre lutiné par deux enfants

H. 460 ; L. 349
Lavis de bistre sur préparation à la pierre noire

New Haven, Yale University Art Gallery, The Paul Moore, Manson Collection et Marie Antoinette Slade Funds

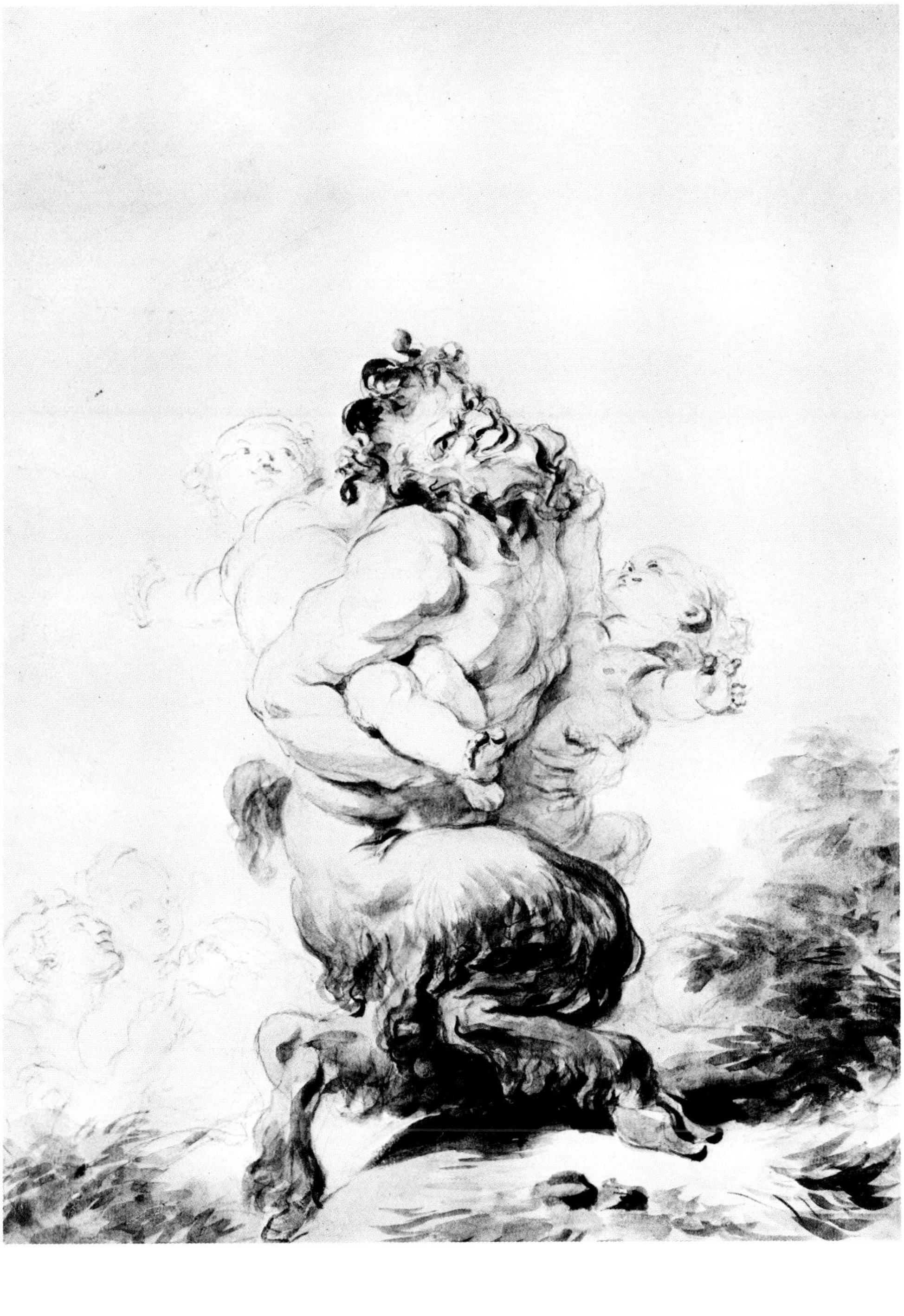

**Provenance**
Coll. Feuchère père, sa vente, 26 janvier 1829, n° 87 : « ...un satyre et deux amours » ; coll. baron Brunet Denon, sa vente, 2 février 1846, n° 267 : « satyre lutiné par deux amours, dessin au bistre » (20 francs) ( ?) ; coll. Hippolyte Walferdin (dès 1862 ?), sa vente après décès, 12-16 avril 1880, n° 207 (490 francs à Reboul) ( ?) ; chez Reboul en 1889 (P.) ( ?). Vente, Paris, 23 janvier 1980, n° 164, ill. ; [David Carritt et Eugene V. Thaw] ; acquis par Yale en 1981 grâce aux Paul Moore, Manson Collection et Marie Antoinette Slade Funds ; 1981.37.

**Expositions**
Londres, *Artemis*, 1979-80, n° 14, ill. en couleurs ;
New Haven, 1984, n° 8, ill. (notice par Alan Shestack).

**Bibliographie**
Blanc, 1862, p. 15, ill. ( ?) ;
G. p. 325 ( ?) ;
Portalis, 1880, p. 26 ( ?) ;
P. p. 312 ( ?).

**Œuvres en rapport**
Le dessin du musée Boymans-van Beuningen de Rotterdam (F-I-107 ; *fig. 1* ; A. 408 fig. 147) passe pour l'original. Il ne s'agit à notre avis que d'une copie. Il est mentionné pour la première fois en 1927 dans la coll. Richard Owen à Paris, qui le vend à Franz Kœnigs (cat. exp. Paris, 1931, n° 7, ill.). Le *pedigree* ancien tel qu'il figure dans les récents ouvrages sur Fragonard se rapporte, à notre avis, au dessin de Yale et non pas au dessin de Rotterdam.

Pour une copie à la sanguine reproduite par Dayot en 1907 (p. 146) et autrefois dans la coll. P. Decourcelle (vente, 29-30 mai 1911, n° 95), voir A. 409.

Deux tableaux, l'un rectangulaire *(fig. 2)*, autrefois Veil-Picard, l'autre ovale *(fig. 3)*, ne peuvent pas non plus revenir à Fragonard.

Une terre cuite en bas relief, attribuée à Clodion et directement inspirée par le dessin de Fragonard (variantes pour l'enfant sur la gauche de la composition), mais que Anne Poulet (comm. écrite) pense de la fin du XIX$^{e}$ siècle et Dean Walker *(idem)* considère comme fausse, appartient à l'Ackland Art Museum à Chapel Hill *(fig. 4)*. Un groupe, autrefois dans la coll. P. Decourcelle (même vente, n° 182, ill.) et aujourd'hui au musée de Boulogne-sur-Mer *(fig. 5)*, est également considéré par A. Poulet comme de la fin du XIX$^{e}$ siècle.

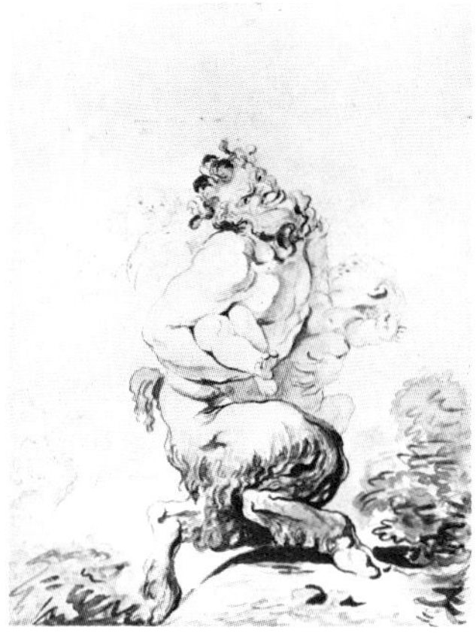

fig. 1. D'après Fragonard,
*Satyre lutiné par deux enfants*,
Rotterdam, musée Boymans-van Beuningen

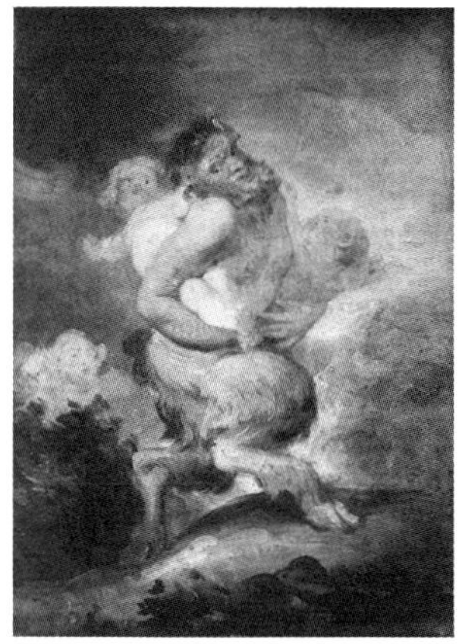

fig. 2. D'après Fragonard,
*Satyre lutiné par deux enfants*,
localisation actuelle inconnue

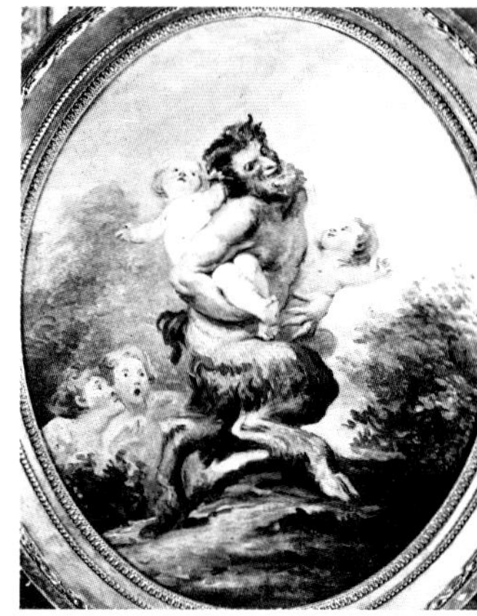

fig. 3. D'après Fragonard,
*Satyre lutiné par deux enfants*,
localisation actuelle inconnue

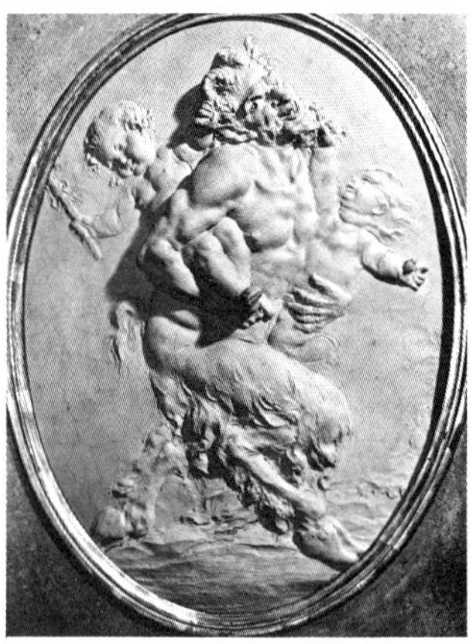

fig. 4. D'après Clodion,
*Satyre lutiné par deux enfants*,
Chapel Hill, Ackland Art Museum

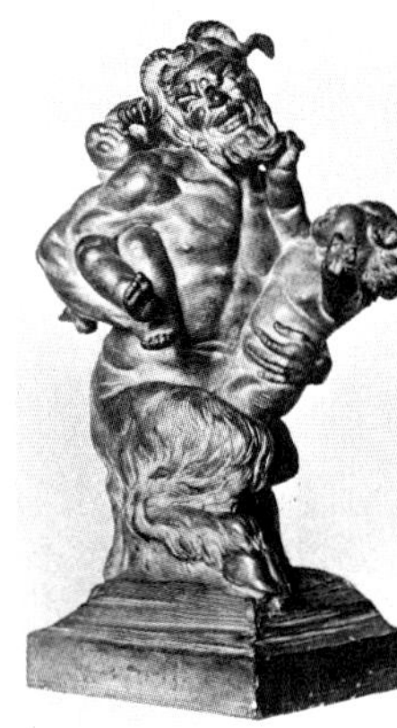

fig. 5. D'après Clodion,
*Satyre lutiné par deux enfants*,
Boulogne-sur-Mer, musée des Beaux-Arts

Le dessin est célèbre et cependant peu connu. On en suit les déplacements entre 1829 et 1889. Puis il disparaît. En 1927, apparaît un dessin, rapidement acquis par Franz Kœnigs, aujourd'hui au musée Boymans-van Beuningen à Rotterdam, qui passe pour l'original. On lui donne, en toute bonne foi, le *pedigree* de la première œuvre... qui ne refait surface qu'en 1980. La comparaison photographique entre les dessins de Yale et de Rotterdam *(fig. 1)* ôte tout doute : seul le premier revient à Fragonard.

La composition, gravée dans la courte monographie sur Fragonard de Charles Blanc parue en 1862, fut vite populaire : est-ce à cette époque, comme le pense Anne Poulet, qu'elle inspira les faussaires qui en firent des terres cuites attribuées à Clodion (1738-1814) ? Rappelons que Clodion et Fragonard se connaissaient et que le sculpteur possédait un desin de son ami (estimé 3 francs dans son inventaire après décès ! Guiffrey, 1893, p. 414 et Guiffrey, 1912, p. 213). Mentionnons surtout une vente du 9 décembre 1811 (nº 128) où figurait une « terre cuite... par Claudion *(sic)* sur la pensée de Fragonard offrant le sujet de la Fontaine d'amour » qui confirme l'influence du peintre sur le sculpteur.

Le dessin — qui se souvient des *Bacchanales* de 1763 — est très vraisemblablement postérieur — de peu — au retour d'Italie en 1774. La marque de Rubens, que Fragonard put admirer en Italie, mais surtout à Vienne puis à Dresde, est sensible. En 1880 déjà, Portalis vantait « la largeur en même temps que le mouvement et la vie ». Ajoutons le dynamisme et l'humour. Deux enfants enjoués tirent la barbe et les cheveux d'un satyre complaisant. Un couple regarde sans trop s'étonner le spectacle. Mais vers quels lieux et dans quel but le satyre emporte-t-il les enfants ? Nous l'ignorons. Tout à la joie de la scène, nous ne sommes guère plus inquiets qu'eux.

195

# Jeunes filles lutinant un satyre

H. 233 ; L. 362
Lavis de bistre sur préparation à la pierre noire
A gauche, en bas, un paraphe non identifié

Paris, collection privée

**Provenance**
Coll. E. Lefèvre, sa vente, 22-27 février 1883, nº 466 : « Nymphes et Satyres » (1.005 francs à Clément) ( ?) ; coll. Richard Lion, 3 avril 1886, nº 41 (ill. avec une gravure d'A. Lalauze ; 4.900 francs à Bouillon, pour Muhlbacher) ; vente G. Muhlbacher, 15-18 mai 1899, nº 124, ill. (33.000 francs à Boin) ; coll. Boin-Taburet en 1904 ; coll. E. M. Hodgkins à Paris dès 1907 ; coll. privée.

**Expositions**
Paris, 1888, nº 9 ;
Bruxelles, 1904, nº 103, ill. ;
Paris, 1907, nº 186 ;
Paris, 1950, nº 105, pl. XXVIII ;
Berne, 1954, nº 133 ;
Paris, 1961, nº 17.

**Bibliographie**
P. p. 312 ;
Fosca, 1954, pp. 60-61, pl. 26 ;
A. 410 fig. 146 (et A. 413 ?).

**Œuvres en rapport**
Le tableau de la coll. Oskar Reinhart de Winterthur qui reproduit la composition (*The Burlington Magazine*, mai 1970, fig. 76) n'est pas de Fragonard *(fig. 1)*.

Pour la gravure de Lalauze, voir plus haut *Provenance* et P. p. 330 nº 152.

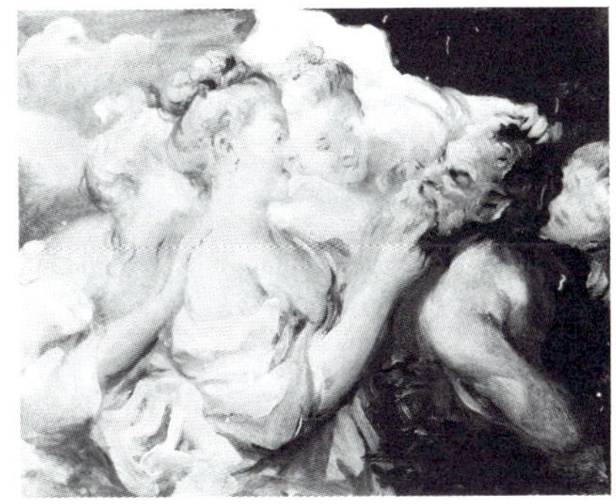

fig. 1. D'après Fragonard, *Jeunes filles lutinant un satyre*, Winterthur, coll. O. Reinhart

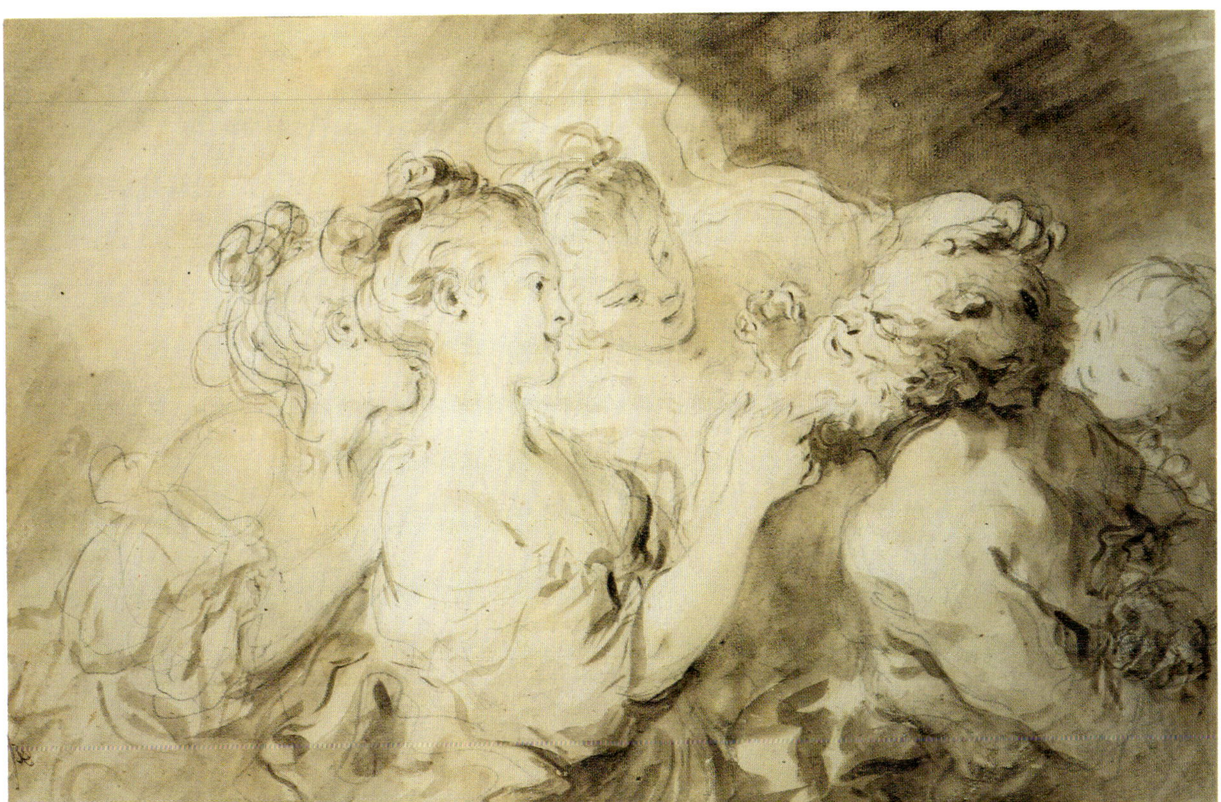

Deux jeunes filles, très peu vêtues, tirent en riant la barbe et les cheveux d'un satyre dont les mains sont attachées derrière le dos. Leurs deux compagnes contemplent le spectacle.

Fragonard a aimé aborder ce genre de sujet où la mythologie n'est qu'un prétexte. Sa fantaisie, sa verve, servies par la légèreté du pinceau y sont à leur aise. Préparée par une légère esquisse à la pierre noire, la composition, comme souvent les dessins postérieurs au second voyage, se déroule comme une frise. L'humour, la virtuosité, la grâce juvénile le disputent à l'allégresse, le bonheur de vivre, la spontanéité, l'amour de la vie...

# 196 Tête d'Oriental

Paris

H. 345 ; L. 255
Lavis de bistre sur préparation à la pierre noire
Sur la droite, au milieu de la feuille, annotation au pinceau : « frago 1775 » (plutôt que 1773)

Paris, musée du Louvre, Cabinet des dessins

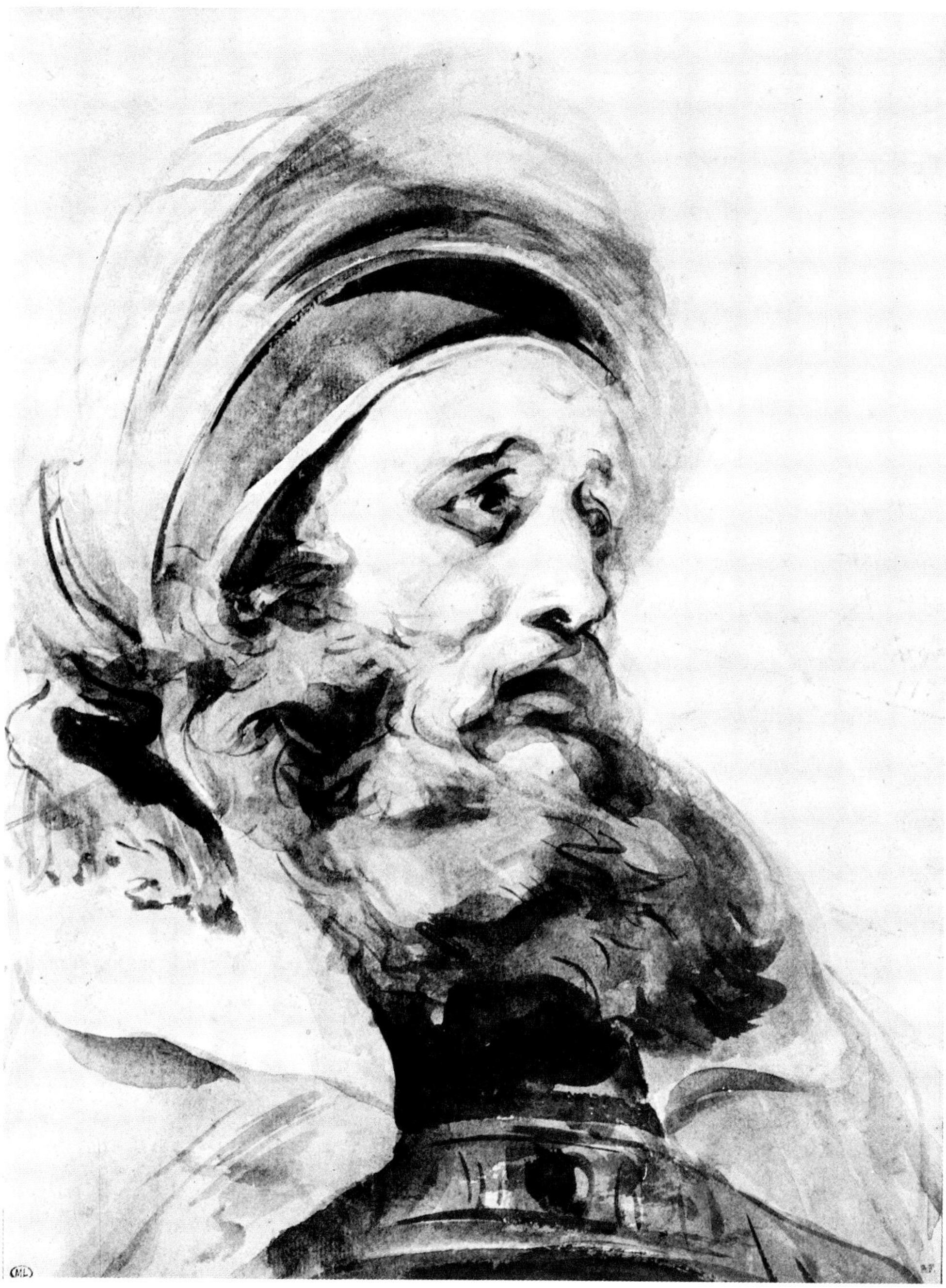

**Provenance**
Coll. Saint-Morys, saisie à la Révolution ; marques du Louvre, Lugt 1886, en bas à gauche et, Lugt 2207, en bas à droite. Inv. 26645.

**Expositions**
Paris, 1911, nº 157 ;
Paris, 1921, nº 217 ;
Paris, 1946, nº 377 ;
Berne, 1954, nº 110, pl. XXII ;
Besançon, 1956, nº 74, pl. XVI ;
Munich, 1958, nº 270.

**Bibliographie**
P. p. 300 ;
Guiffrey et Marcel, V, 1910, nº 4059 ;
Martine, 1927, pl. 8 ;
Lavallée, 1938, nº 5, ill. ;
Lavallée, 1948, p. 82, pl. XLI ;
Fosca, 1954, p. 69, pl. 46 ;
R. p. 215 ;
A. 130 fig. 340.

**Œuvre en rapport**
Une copie, inversée, à la pierre noire et à la sanguine (H. 148 ; L. 114), est conservée au musée de Grasse *(fig. 1)*.

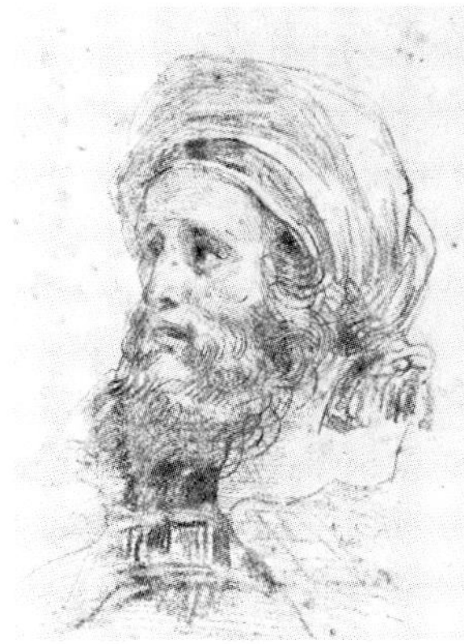

fig. 1. D'après Fragonard,
*Tête d'Oriental*,
Grasse, musée Fragonard

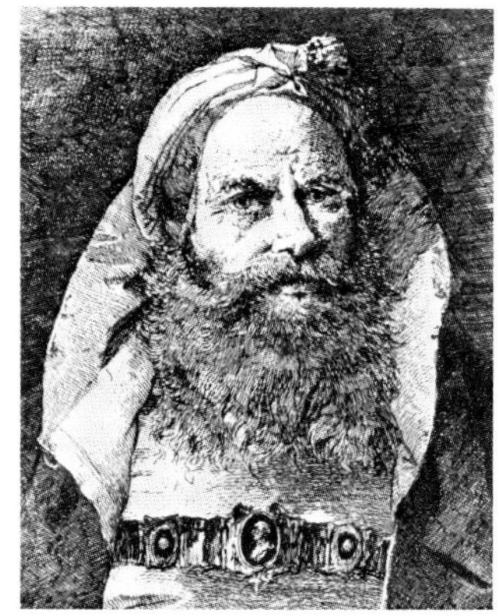

fig. 2. G. D. Tiepolo,
*Tête d'Oriental*,
Paris, coll. privée

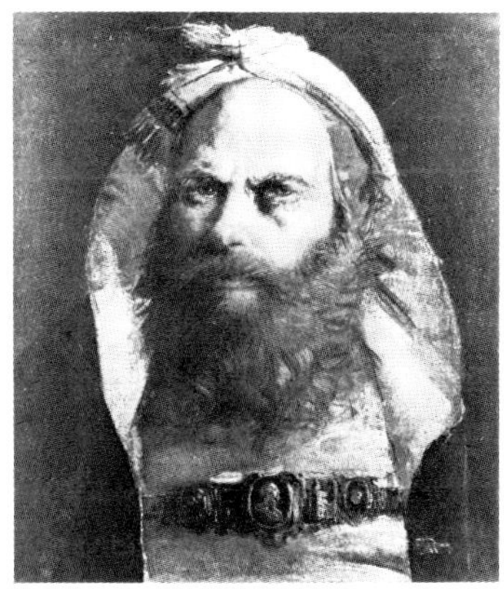

fig. 3. G. D. (ou G. B.) Tiepolo,
*Tête d'Oriental*,
Pavie, Pinacoteca Malaspina

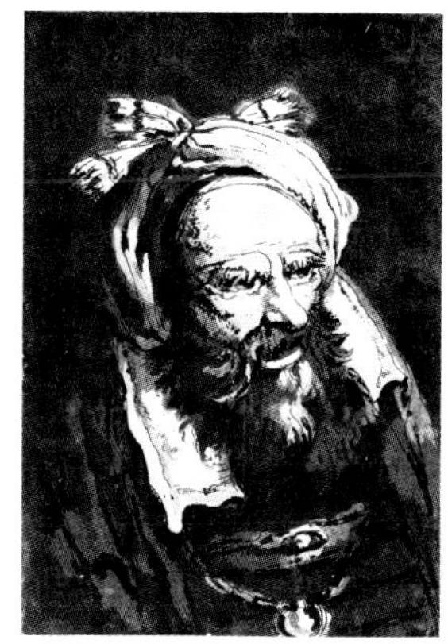

fig. 4. Saint-Non d'après Tiepolo,
*Tête d'Oriental*,
Paris, Bibliothèque d'Art
et d'Archéologie

Plus encore qu'à Rembrandt, ce sont aux *teste* peintes ou gravées des Tiepolo que ce dessin fait songer. Fragonard, lors de son premier voyage en Italie, avait copié Tiepolo (Rosenberg et Brejon de Lavergnée, 1986) qu'il avait pu rencontrer. Il devait s'arrêter à Venise au retour de son second voyage à Rome, où les œuvres de Tiepolo firent une forte impression sur Bergeret : « tout y est large, grand et plein de goût et fait pour plaire à tout le monde » écrit-il du décor du Palais Labia (*Journal*, p. 388). Il n'est d'ailleurs pas impossible qu'il ait acquis, au cours de son voyage, les feuilles de Gian Domenico Tiepolo aujourd'hui au musée Atger de Montpellier (voir Knox, 1970, n. p.).

Le dessin du Louvre est directement inspiré de la première suite de la *Raccolta di Teste* éditée par Gian Domenico peu après la mort de son père en 1770 (voir Knox, 1970 ; *fig. 2* et *3*, voir aussi *fig. 4*)). Mais Fragonard, plutôt que de copier une des têtes d'orientaux de ce recueil, s'inspire de plusieurs gravures pour en créer une de sa propre invention.

Fragonard sacrifie moins au pittoresque du sujet, à un « orientalisme » de commande que les Tiepolo, et sans doute ne cherche-t-il pas à donner du caractère de son modèle une véritable analyse psychologique, mais le dynamisme de la ligne et la solidité des volumes obtenus par quelques touches du pinceau lui permet de rivaliser en virtuosité avec ses deux grands contemporains vénitiens. Pour être l'égal de l'aîné, il aura manqué à Fragonard l'occasion (et sans doute la capacité) de peindre ces grands décors qui, d'Udine à Milan, de Würzburg à Madrid, font de Gian Battista Tiepolo le plus grand peintre de l'Europe du XVIII^e^ siècle.

# *Bergeret et ses amis*

*Les quatre portraits que nous exposons ici font partie d'une même série : leur technique, la sanguine, leur format, la mise en page surtout et le jeu des chaises et des fauteuils, toujours différents mais qui, d'un dessin à l'autre, se répondent, les unissent. En outre, ils portent tous des inscriptions comparables. Sur la gauche, se voit une annotation à la pierre noire, reprise à la plume :* fragonard fecit *ou* fragonard pere fecit, *qui doit remonter à l'époque où la réputation d'Évariste l'emportait sur celle de son père, Jean-Honoré. Les autres inscriptions figurent soit sur le montage (que le* Portrait de Bergeret, *n° 197, a perdu), soit partie sur le dessin, partie sur le montage. Si l'on ignore l'auteur du premier type d'inscriptions, les secondes (qui se veulent drôlatiques) reviennent, sans aucun doute, à Xavier Atger, le collectionneur montpelliérain qui fut le propriétaire des dessins au début du XIXe siècle.*

*S'ils ont appartenu à Jacques-Onésyme Bergeret de Grancourt (1715-1785 ; sur celui-ci, voir* Journal, *1895, Wildenstein, 1961, notre introduction et n° 197), l'on ignore s'ils se confondent avec le lot 210 de la vente après décès du fermier général, le 24 avril 1786 : « les Graces, Dessin à la sanguine sur papier blanc, et huit études de figures et de paysages, faites de même et à la pierre noire ». L'on ne sait pas plus qui les fit monter par François Renaud à la fin du XVIIIe siècle.*

*Plus grave, l'on ignore à quelle date (avant 1776, voir notice 197) les dessins furent réalisés et surtout, dans la majorité des cas, qui en sont les modèles !*

*Ajoutons que le* Vieillard assis *du musée Atger* (fig. 1 ; *A. 225 fig. 353), comme le célèbre et soit-disant* Postillon *de la même collection* (fig. 2 ; *A. 214 fig. 352), déchiré anciennement dans sa partie inférieure et d'une autre couleur de sanguine, nous semblent faire partie d'une autre série. Dernier détail, Xavier Atger possédait également la belle* Tête de moine, *elle aussi à la sanguine, que nous exposons (n° 179). L'annotateur, sur ce seul dessin, a précisé qu'il avait été exécuté à Rome !*

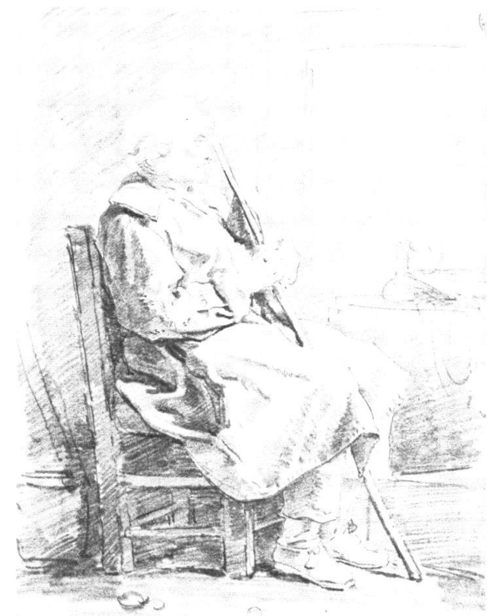

fig. 1. *Vieillard assis tenant un bâton*, Montpellier, musée de la Faculté de Médecine, coll. Atger

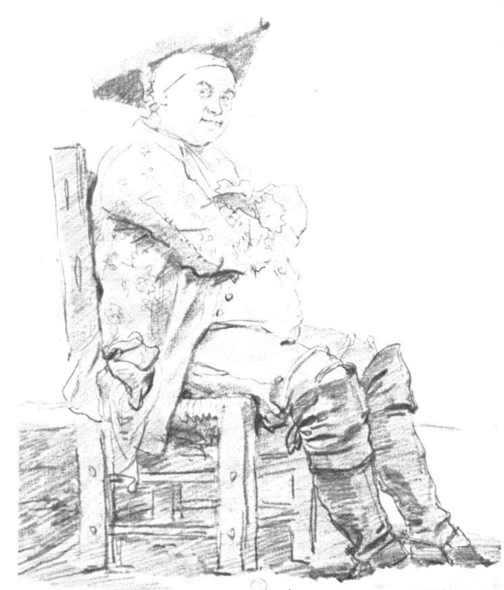

fig. 2. *Le postillon*, Montpellier, musée de la Faculté de Médecine, coll. Atger

# 197 Portrait de Jacques-Onésyme Bergeret de Grancourt nu-tête

H. 448 ; L. 338
Sanguine
Annotation, en bas à gauche, au crayon, reprise à la plume : « fragonard fecit »
En bas, à droite, à la pierre noire : « c'est le dessin original »

Montpellier, musée de la Faculté de Médecine, collection Atger

**Provenance**
Coll. Jacques-Onésyme Bergeret de Grancourt (1715-1785) avant 1776 ; coll. Xavier Atger (1758-1833) ; donné au musée de la Faculté de Médecine en 1826 (marque, Lugt 38, en bas au centre et, en haut au centre, une autre marque ; une troisième marque sèche, illisible, en bas à droite). Ce dessin n'a plus son montage primitif. Inv. M. 47 f° 42.

**Exposition**
Berne, 1954, n° 80 ;
Rome-Turin, 1961, n° 131.

**Bibliographie**
P. p. 295 ;
Saunier, 1922, p. 37, 162 et 163, ill. ;
Wilhelm, 1948, p. 157, ill. en frontispice ;
Fosca, 1954, pp. 64-65, pl. 36 ;
Claparède, 1955, ill. ;
R. p. 210 ;
Ananoff, 1961, p. 49, ill. ;
Wildenstein, 1961, p. 56, fig. 15 et 59 note 29 ;
A. 217 fig. 81.

**Œuvres en rapport**
Une copie à la pierre noire, signée Aubry, est reproduite dans un cat. de la maison Prouté de 1964, n° 57 *(fig. 1)*.

Le dessin, « Du Cabinet de Monsieur Bergeret », a été gravé à la manière du crayon de sanguine, dans le même sens, par Gilles Demarteau (1722-1776 ; *fig. 2)* (« Fagonard *(sic)* inv. del » ; voir cat. *Demarteau*, 1788, n° 251 ; Portalis et Béraldi, 1880, p. 719 ; P. p. 80 (ill.) et 323 n° 31 ; Leymarie, 1896, p. 73, n° 251 et Roux, VI, 1949, n° 289).

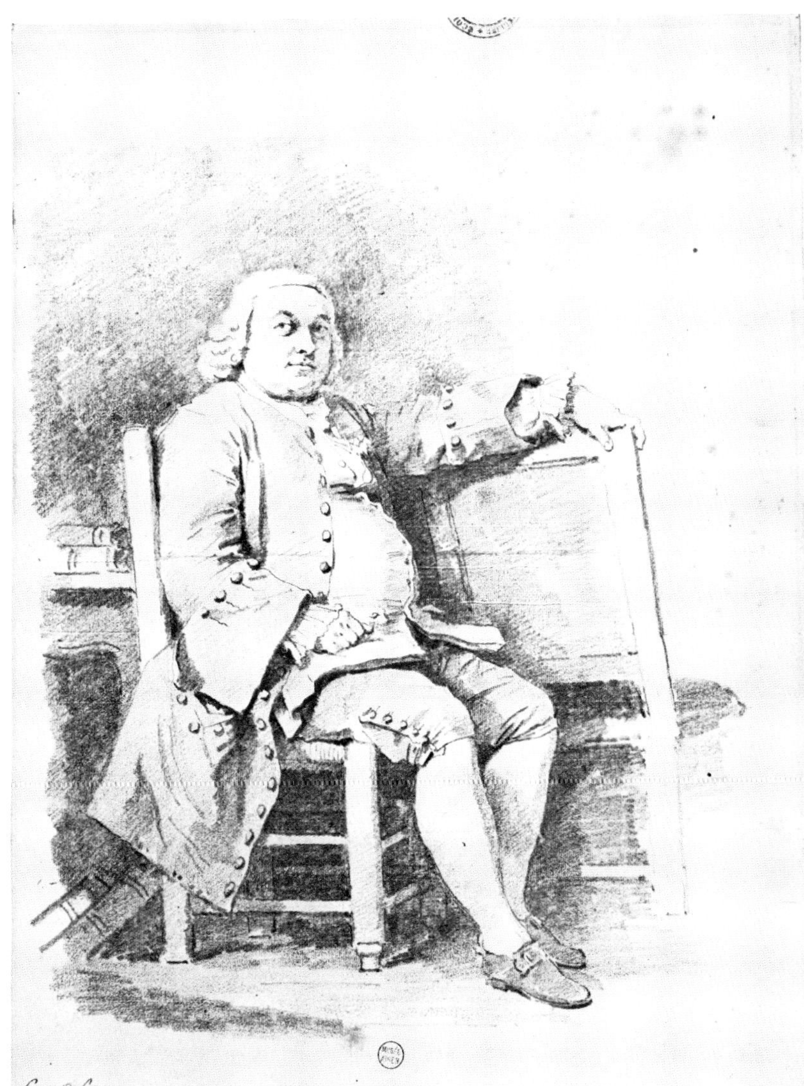

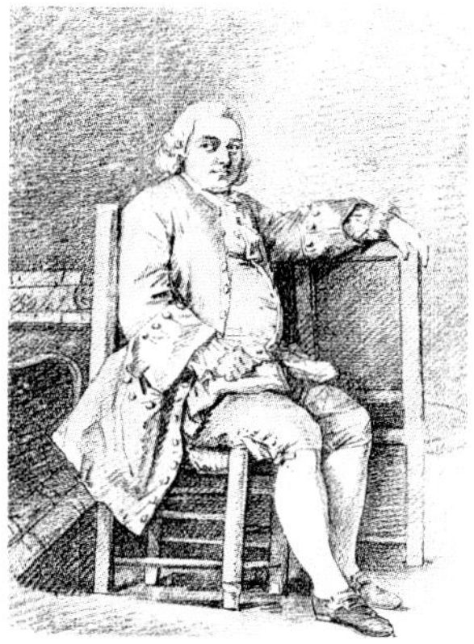

fig. 1. D'après Fragonard (?),
*Portrait de Jacques-Onésyme Bergeret*,
Paris, coll. privée

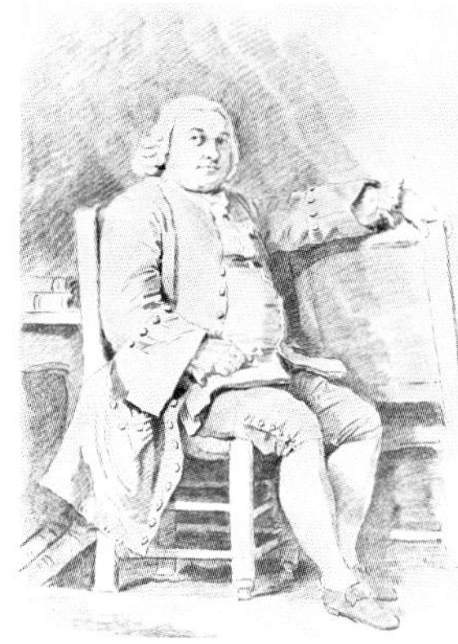

fig. 2. Demarteau,
*Portrait de Jacques-Onésyme Bergeret*,
Paris, musée du Louvre,
Cabinet des dessins, coll. Rothschild

Qui est le modèle du dessin ? A qui a-t-il appartenu ? Et à quelle date Fragonard l'a-t-il exécuté ?

En 1788, Gilles-Antoine Demarteau faisait paraître un « catalogue des estampes » de son oncle, Gilles Demarteau. Au numéro 251 figurait un *Portrait de Bergeret*, la splendide gravure à la manière du crayon de sanguine dont nous donnons la reproduction *(fig. 2)*. La lettre précise que le dessin faisait partie du « cabinet de Monsieur Bergeret ». Demarteau mourait en 1776, c'est donc avant cette date que Fragonard dessina le portrait de Bergeret. L'exécuta-t-il en Italie, comme il est toujours répété ? Bergeret, lorsqu'il entreprit son voyage en 1773, avait 58 ans. Il ne les marque pas (mais ne les marque pas non plus sur le portrait de Vincent de Besançon *(p. 362 fig. 1)*, qui date sûrement du voyage) et l'on comprend que Wildenstein ait daté la gravure « vers 1770 ».

Portant perruque, assis sur une chaise et son bras gauche appuyé sur le dossier d'une autre chaise, Bergeret se tourne vers nous et nous regarde en souriant. Fragonard ne le flatte guère et ne tente pas de dissimuler sa corpulence. C'est le portrait d'un « brave homme », content de la vie et sans grande prétention intellectuelle. Est-ce le Bergeret que nous imaginons à la lecture de son *Journal* ?

## 198 Portrait d'homme assis, coiffé d'un tricorne

H. 483 ; L. 369
Sanguine
Annotation, en bas à gauche, à la pierre noire, reprise à la plume : « fragonard pere fecit »
Sur le montage, au centre, à la plume : « philosophus meditans »
En bas à droite, marque sèche du monteur de dessins de la seconde moitié du XVIII$^{e}$ siècle, François Renaud (Lugt 1042)

Montpellier, musée de la Faculté de Médecine, collection Atger

**Provenance**
Coll. Bergeret (?) ; coll. Xavier Atger (1758-1833) ; offert à la Faculté de Médecine de Montpellier en 1829 (marque, Lugt 38, au centre). Inv. 148.

**Expositions**
Berne, 1954, n° 79 ;
Paris, 1974-75, n° 41 (avec liste des exp. précédentes et bibl. complète).

**Bibliographie**
Cat. Atger, 1830, n° 148 ;
Lagrange, 1860, p. 143, repr. p. 129 ;
P. p. 310 ;
Gonse, 1904, p. 272, ill. ;
D. et V. pl. 178 (par erreur « A. M. Montenard », par confusion avec A. 218 fig. 82) ;
Saunier, 1922, p. 37, 162 et 164 ;
Fosca, 1954, p. 67, n° 40 ;
Claparède, 1955, n° XII, ill. ;
R. p. 210 ;
A. 219 fig. 350 ;
Chopin de Janvry, 1979, p. 13, ill. ;
Terver, 1987, p. 171 note 1 et p. 173, ill.

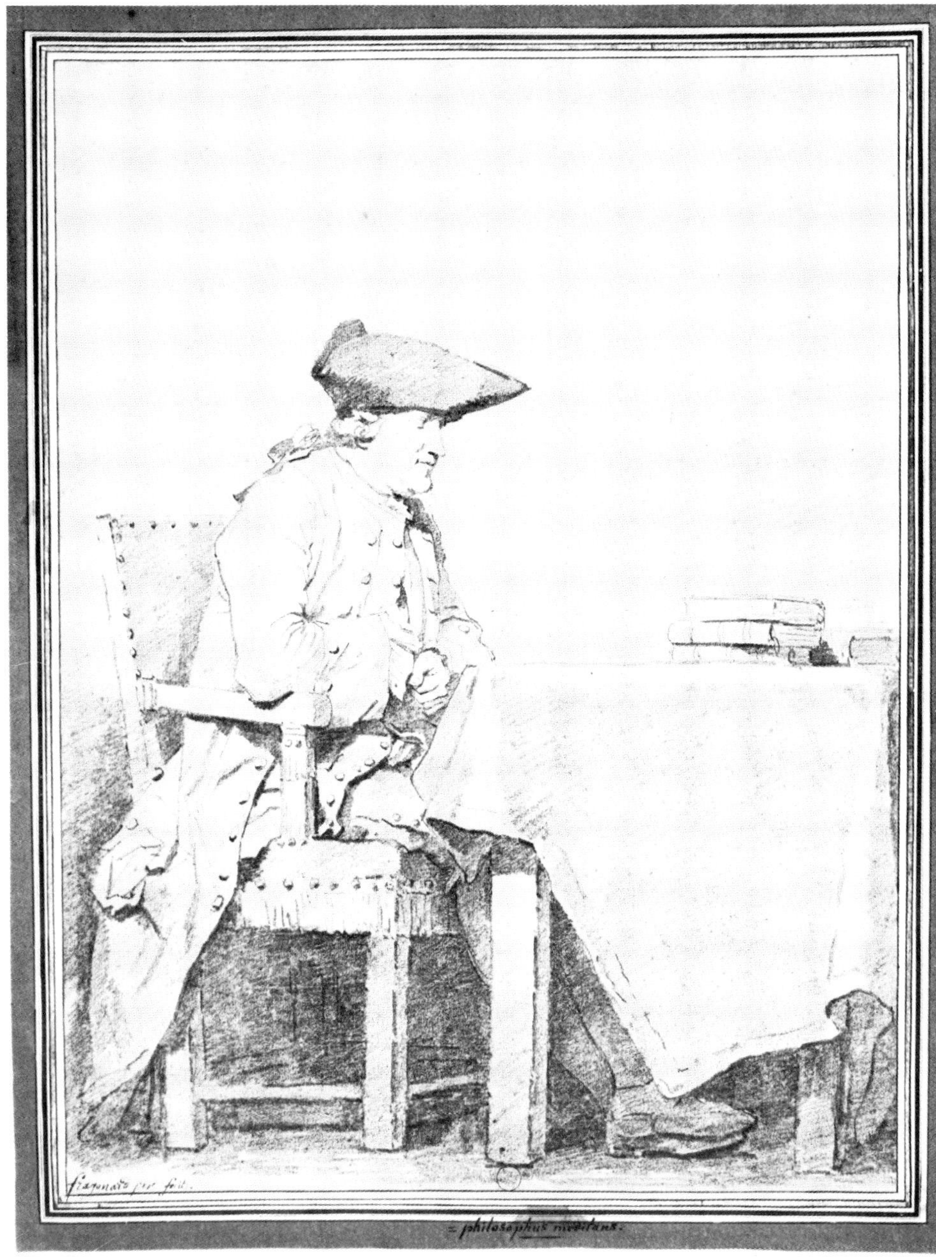


Le dessin passe sans raison pour représenter Bergeret de Grancourt (1715-1785) : le modèle, plus jeune, plus robuste ne ressemble nullement à celui du dessin précédent. Légèrement penché en avant, assis dans un fauteuil clouté, portant tricorne, la main droite passée dans son gilet, il regarde fixement devant lui.

Faut-il voir dans les livres posés sur la table — outre l'expression méditative du modèle — la raison de l'inscription à la plume et en latin *philosophus méditans* qui se lit sur le montage ancien de la feuille ? Elle est certainement de Xavier Atger, propriétaire du dessin au début du XIXe siècle.

Fragonard a voulu faire un portrait : il cherche la ressemblance. Comme pour les lavis de bistre, il vise à l'unité de la page et sacrifie tout détail qui pourrait distraire le regard. La composition, d'une parfaite simplicité, est d'une grande rigueur et cherche la monumentalité.

# 199 Homme assis tenant un grand livre

H. 476 ; L. 380
Sanguine
Annotation en bas à gauche, à la pierre noire, reprise à la plume : « fragonard pere fecit »
Au centre : « f » à la sanguine
A droite, marque sèche du monteur de dessins de la seconde moitié du XVIII$^{e}$ siècle, François Renaud (Lugt 1042)
Sur le montage ancien, à la plume : « L'avare Seul/gardant son or- » et au verso : « Portrait d'après nature »

Montpellier, Musée de la Faculté de Médecine, collection Atger

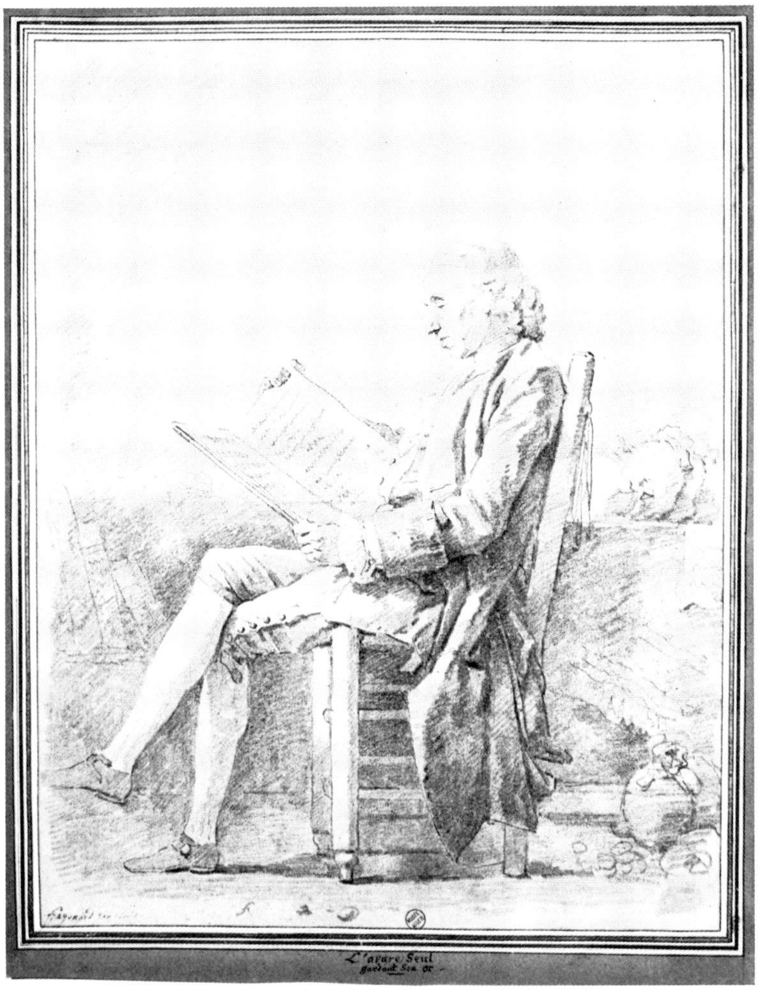

**Provenance**
Coll. Bergeret ( ?) ; coll. Xavier Atger (1758-1833), donné au musée de la Faculté de Médecine de Montpellier en 1829 (marque, Lugt 38, en bas au centre). Inv. 147.

**Expositions**
Berne, 1954, n° 81 ;
Rome, 1959-60, n° 84, pl. 41 ;
Rome-Turin, 1961, n° 132 ;
Paris, 1974-75, n° 43, pl. XVIII (avec liste des exp. et bibl. complètes) ;
Naples, 1979, n° 248, ill. ;
Detroit-Chicago, 1981-82, n° 100, ill.

**Bibliographie**
Cat. Atger, 1830, n° 147 ;
Lagrange, 1860, p. 143 ;
P. p. 303 ;
Gonse, 1904, p. 272, ill. ;
Saunier, 1922, pp. 161-162, ill. p. 162 ;
Fosca, 1954, p. 54, n° 11, ill. ;
Claparède, 1955, n° XIII, ill. ;
R. p. 211 et 212 ;
A. 223 fig 351.

Ce portrait passe pour représenter l'abbé de Saint-Non (1727-1791 ; voir notice 133) : comme Ananoff, nous n'en voyons pas la raison. L'identification est récente (Gonse, 1904), et la ressemblance avec la gravure de Delvaux d'après Augustin de Saint-Aubin (1774), le seul portrait incontestable de l'abbé (avec bien entendu le tableau de Fragonard), est superficielle.

Vu de profil, assis sur une chaise, un grand homme maigre tient sur ses genoux un grand livre ouvert. D'autres livres sont posés devant lui ; sur le sol et sur une table recouverte d'un tapis se voient une facture ( ?) et des « sacs d'or » ( ?). Ces sacs (comment en connaît-on le contenu ?), sont à l'origine de l'inscription de la main d'Atger (voir les dessins précédents et suivant) qui se lit sur le montage ancien : « L'avare Seul gardant son or ». Visiblement, Atger (comme nous) ignorait l'identité du modèle et a voulu décrire son caractère à la manière de La Bruyère.

Ceux qui ont cru reconnaître dans le modèle du dessin l'abbé de Saint-Non, dont la prodigalité fut proverbiale, ont quelque mal à concilier cette générosité avec les « sacs d'or » et l'« avarice » de leur possesseur.

Ils ne sont pas non plus d'accord sur la date du dessin : 1759-61 pour François Fosca (1954), 1773-74 (Cailleux en 1983), 1780-85 selon Cailleux (en 1978), 1789-91 pour Lise Duclaux (cat. exp. 1974-75).

Nous pensons que le dessin fait partie d'une série homogène de grands portraits monumentaux à la sanguine dont nous avons dit plus haut (n° 197) les raisons qui nous permettaient d'affirmer qu'ils ne pouvaient être postérieurs à 1776.

# 200 Portrait d'un magistrat

H. 435 ; L. 360
Sanguine
Annotation, en bas à gauche, à la pierre noire, reprise à la plume : « fragonard père fecit » ; en bas à droite, à la plume, d'une autre écriture, moitié sur le dessin, moitié sur le montage : « Est ne Canis aut volpes/sub taberla positus. », marque sèche du monteur de dessins de la seconde moitié du XVIII$^{e}$ siècle, François Renaud (Lugt 1042) et marque de la galerie Cailleux.

New York, collection privée

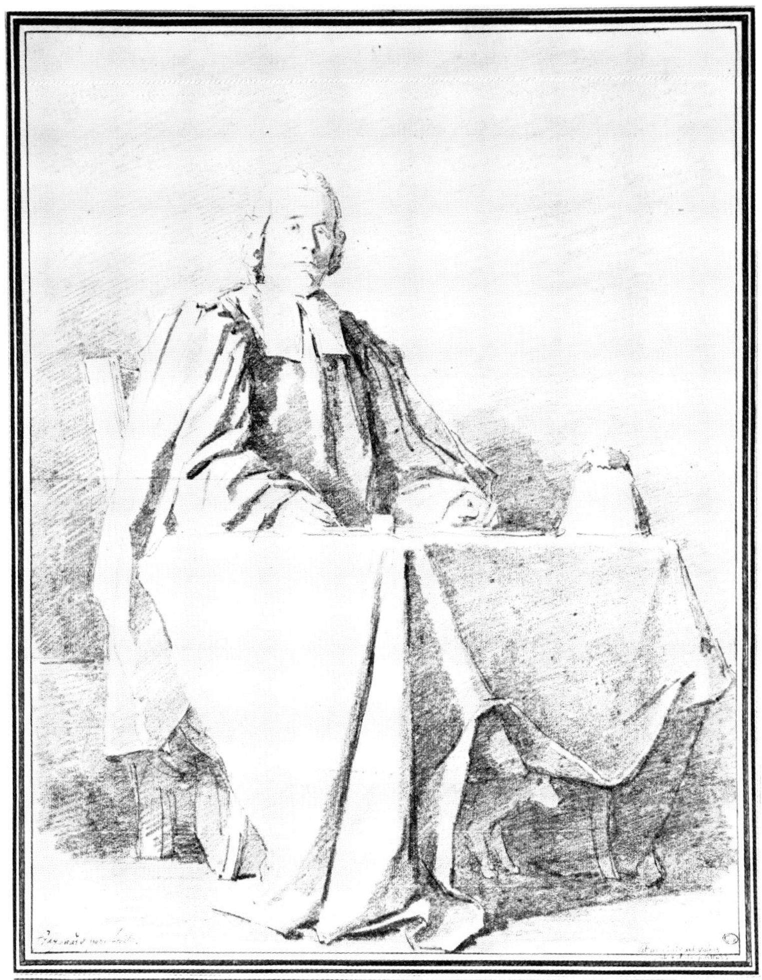

**Provenance**
Coll. Bergeret (?) ; coll. Xavier Atger (1758-1833) ; vente, Dromont, 6-9 décembre 1871, n° 759 ; coll. Laperlier, sa vente, 17-18 février 1879, n° 67 ; coll. Alphonse Kann, vente, 8 décembre 1920, n° 99, ill. (3.600 francs) ; coll. O. Lévy, sa vente, Paris, 25 mai 1962, n° 33, pl. I ; [Cailleux] ; coll. privée américaine.

**Expositions**
Paris-Genève, 1978-79, n° 14, ill. ; Paris, 1983, n° 31, ill.

**Bibliographie**
A. 231 fig. 356.

**Œuvre en rapport**
A. (231a) catalogue une contre-épreuve dont nous ignorons tout.

Ce dessin fait indéniablement partie de la suite des portraits du musée Atger de Montpellier (voir trois n$^{os}$ précédents) : sa technique, sa mise en page, les inscriptions à la plume de deux mains différentes confirment non seulement que ces dessins ont appartenu au même collectionneur (qui les fit monter à la fin du XVIII$^{e}$ siècle par François Renaud), mais surtout qu'ils ont été conçus (avec d'autres sans doute) pour faire une série.

L'annotation en latin de cuisine, en partie sur le dessin, en partie sur le montage, de la main d'Atger, se veut humoristique : « est ce un chien : ou un renard placé sous la table ? ». Elle fait allusion à l'animal, en effet difficilement identifiable, qui se cache sous le tapis de table. Le magistrat a posé sa toque sur la nappe et, la plume à la main, nous regarde avec distance.

En quelques traits, Fragonard campe cette figure imposante dont nous ignorons l'identité.

A quelle date fit-il son portrait ? La réponse n'est pas évidente : Cailleux en 1978-79 (cat. exp.) pensait d'abord aux années 1780-85, puis (1983) au second voyage d'Italie (1773-74). S'il ne peut être postérieur à 1776 (voir notice 197), le coup de crayon carré et vigoureux, la volonté de résumer une forme à l'essentiel, l'unité de la vision, nous paraissent autoriser une datation proche du second voyage italien.

# 201 Deux berlines sous de grands arbres

H. 285 ; L. 327
Sanguine

Rotterdam, musée Boymans-van Beuningen

**Provenance**
Porte, sur le montage, la marque du monteur de dessins de la fin du XVIIIe siècle, François Renaud (Lugt 1042).
Coll. Richard Owen en 1925 ; coll. Franz Kœnigs avant 1939 (1881-1941 ; sa marque, Lugt 1023 a, au verso) ; acquis en 1940 par C. D. van Beuningen et offert l'année suivante au musée de Rotterdam ; F-I-155.

**Expositions**
Paris, 1925, n° 443 ;
Paris, 1950, n° 85 ;
Paris, 1952, n° 89, pl. 23 ;
U.S.A., 1952-53, n° 87, pl. 28 ;
Berne, 1954, n° 44 ;
Paris, 1964, n° 109, pl. 98 en couleurs (avec liste complète des exp.) ;
Amsterdam, 1974, n° 36, ill. ;
Brême, 1977-78, n° 187, ill.

**Bibliographie**
Martine, 1927, pl. 52 ;
Wilhelm, 1948, pl. XVI p. 109 et ill. en couleurs en couverture ;
Boucher et Jaccottet, 1952, pl. 90 ;
Fosca, 1954, pp. 65-66, pl. 37 ;
Haverkamp Begemann, 1957, n° 63, ill. (avec bibl. complète) ;
Ananoff, 1961, p. 50, ill. ;
A. 334 fig. 364 ;
Roland Michel, 1983, p. 475.

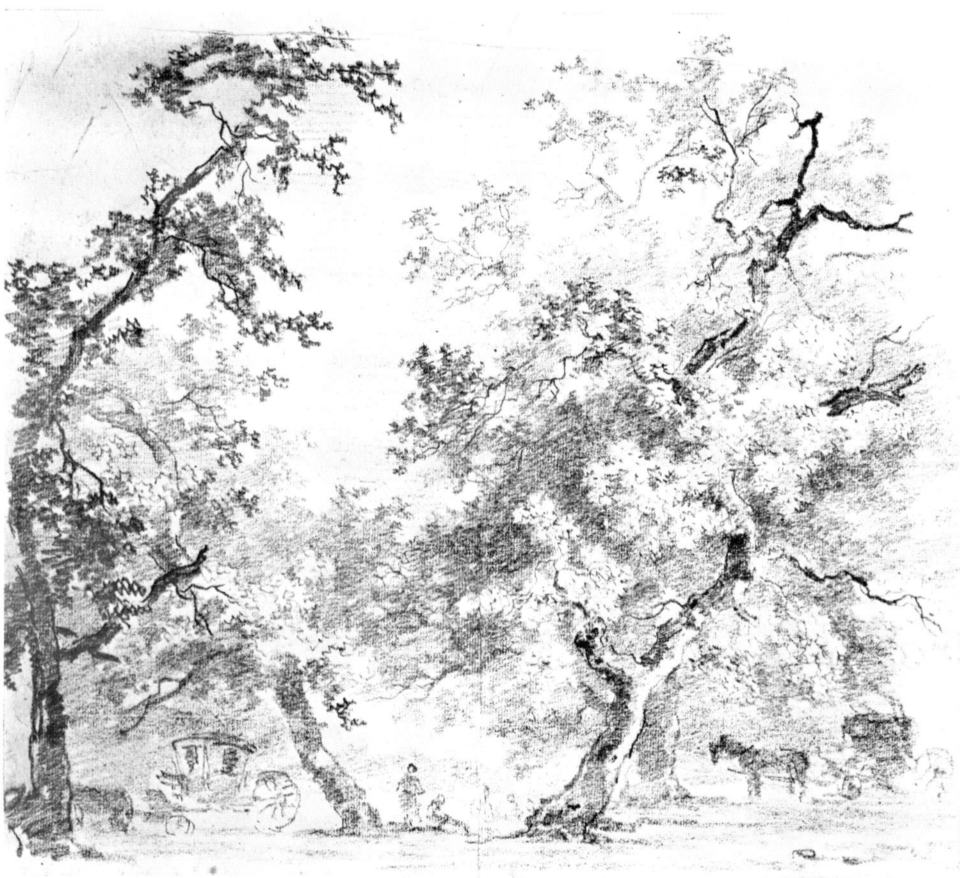

Depuis sa redécouverte en 1925, l'on répète que ce dessin représente M. Bergeret et ses compagnons de voyage en route pour l'Italie, faisant halte afin de pique-niquer sous de grands arbres (des chênes). Ananoff va jusqu'à dater le dessin du 11 octobre 1773 et à le localiser « en Dordogne ».

Rien ne nous paraît moins sûr (voir aussi Roland Michel, 1983) : la présence de deux berlines *identiques* est en contradiction avec le *Journal* (pp. 67-68). Bergeret précise qu'il voyage en « *berline* » avec les Fragonard et sa « gouvernante » ( la future Madame Bergeret !), son « fils suit dans un *cabriolet* » (c'est nous qui soulignons) « avec un cuisinier ». Ajoutons que de par son style le dessin nous paraît antérieur — de peu, sans doute — à 1773.

Fragonard aime dessiner les grands arbres : pour bien indiquer les troncs et les branches principales, il appuie son crayon et joue des blancs du papier pour marquer les feuillages et indiquer leur miroitement. L'artiste a su admirablement transcrire la poésie de la forêt, une forêt civilisée, nullement inquiétante (ou romantique) mais non sans grandeur.

# 202 Un vieillard assis

H. 257 ; L. 279
Sanguine
Sur le montage, d'une écriture ancienne : « fragonard portrait de son pere »
En bas à droite, marque sèche du monteur de dessins du XVIIIe siècle, François Renaud (Lugt 1042)

Jérusalem, musée d'Israël, don de M. Georges Halphen et de Mme Jacques Schumann en souvenir de leurs parents, M. et Mme Fernand Halphen, de Paris

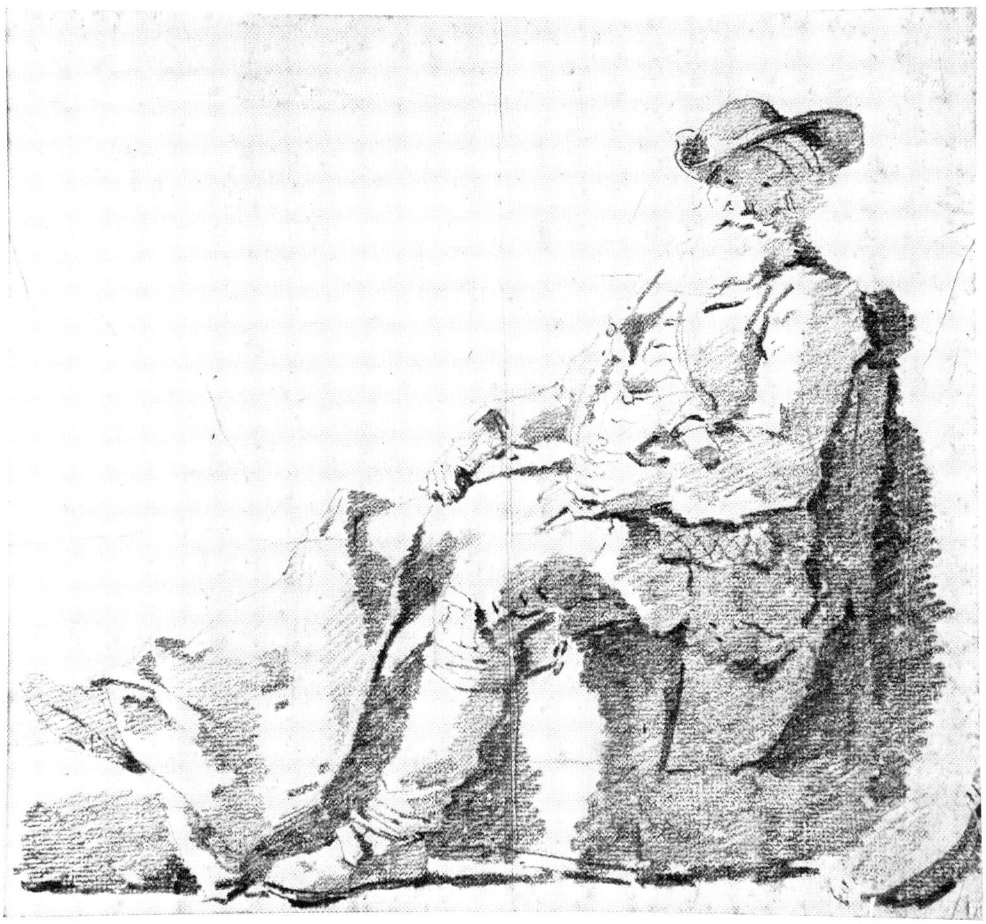

**Provenance**
Peut-être coll. Trouard, sa vente, 22 février 1779, n° 228 : « deux dessins à la sanguine sur papier blanc, l'un représente un vieillard assis et l'autre un jeune garçon ». Coll. Pierre Decourcelle, sa vente, 29-30 mai 1911, n° 94 (1.305 francs à Stettiner pour M. Fernand Halphen) ; coll. Fernand Halphen ; vente [Halphen], 8 décembre 1964, n° 64, ill. ; racheté par la famille ; offert au musée de Jérusalem par M. Georges Halphen et Mme Jacques Schumann en souvenir de leurs parents, M. et Mme Fernand Halphen, en 1966 ; 545.3.66.

**Expositions**
Paris, 1951, n° 37 ;
Jérusalem, 1986, n° 26, ill.

**Bibliographie**
R. p. 210 ;
A. 224 fig. 354 ;
*Chronique des Arts*, supplément à la *Gazette des Beaux-Arts*, février 1967, p. 121, n° 442, ill.

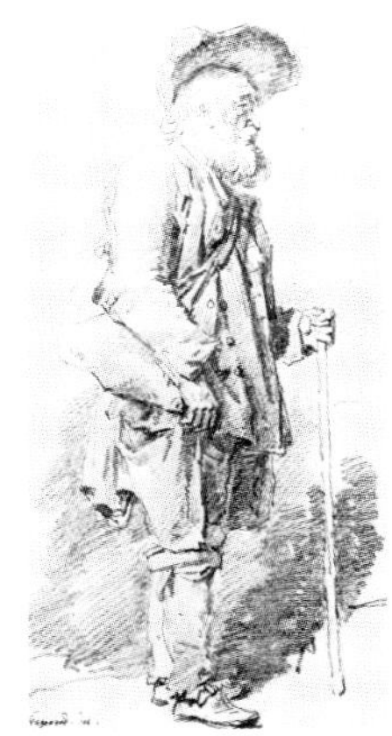

fig.1. *Mendiant s'appuyant sur un bâton*, localisation actuelle inconnue

Depuis 1911, ce dessin passe pour représenter le « père de Fragonard ». Celui-ci mourut le 4 mars 1781 à Grasse, où il s'était retiré, sans doute sans que son fils l'ait revu depuis son mariage en 1769. Il paraît plus raisonnable de reconnaître dans le modèle un mendiant appuyant sa jambe blessée à une béquille.

Sous un feutre à bord relevé, on distingue un bonnet et, posée sur le sol à droite, une écuelle (ou une bassinoire). Peut-on reconnaître le même mendiant sur deux sanguines de Fragonard, l'un assis sur le sol (A. 232a fig. 689, en réalité une contre-épreuve), l'autre debout, appuyé sur sa canne *(fig. 1* ; A. 259 fig. 97)? Ce dernier dessin se confond-il avec un des « vieillards debout, appuyés sur un bâton et chargés chacun d'une besace » de la vente Huquier de 1772 ? Et en ce cas, le dessin de Jérusalem est-il antérieur à cette date ? Nous pensons en tout cas qu'il doit être de peu antérieur ou de peu postérieur aux sanguines du second voyage d'Italie avec lesquelles il partage la même vibration lumineuse et la même solidité des formes.

Moins sans doute que le *Vieillard à la besace*, le dessin de Jérusalem reste marqué par l'exemple des savoyards ou des mendiants aux trois crayons de Watteau.

# VII

# 1774-1791 «Par légèreté et insouciance...»

«Par légèreté et insouciance...». La citation, qui date du 23 décembre 1788, est cruelle : trois mois à peine auparavant, Fragonard avait perdu sa fille unique, Rosalie. Sommé de soumettre son morceau de réception, qui lui aurait donné — enfin — le titre toujours envié d'académicien, Fragonard s'esquive une nouvelle fois. Il n'était pas seul dans son cas. Pour quelles raisons les membres du comité qualifièrent-ils son attitude de « légère » et d'« insouciante » ?

Trois ans plus tôt, un auteur resté anonyme dressait un tableau nuancé de la situation des arts en France. La page qu'il consacre à Fragonard (on pourra la lire ici, p. 427) est élogieuse. Sa conclusion l'est moins : « on regrettera toujours que M. Fragonard n'ait pas pris un vol plus élevé ».

Pourquoi ce jugement ?

Que s'était-il passé ?

La longue période qui fait l'objet de ce septième chapitre — elle couvre 17 années — est marquée par trois événements privés qui eurent chacun pour Fragonard une grande importance.

A son retour d'Italie, en 1775 vraisemblablement, une grande gamine de quatorze ans, Marguerite Gérard, vint partager le logement de sa sœur et de son beau-frère au Louvre. Elle était le portrait de Marie-Anne, en plus jeune. En plus élégante et gracieuse aussi. Dans ses alertes descriptions des occupants des ateliers du Louvre, Camille Vernet, la sœur aînée d'Horace, la future Madame Hippolyte Lecomte, nous a laissé de Marguerite un portrait séduisant (nous l'avons transcrit plus loin, p. 565), que les deux dessins de Fragonard que nous exposons (n^os^ 295 et 296 ; l'un vient d'être heureusement acquis par le Louvre) ne contredisent en rien.

Mais quelle fut sa place dans la vie et dans le cœur de Fragonard ? Longtemps, l'hypothèse a prévalu que Marguerite avait remplacé dans la couche du peintre sa sœur, de seize ans son aînée. Les biographes du XIX^e^ siècle, de plus récents aussi, ne se sont pas fait faute de broder un « roman amoureux » sur les relations de Fragonard et de sa jeune et jolie compatriote, sur l'étrange ménage à trois de l'artiste. Les mœurs du temps, selon eux, les habitudes du peintre — n'avait-il pas été, selon eux, l'amant des plus célèbres danseuses et comédiennes du temps — ses tableaux invitaient à une telle interprétation. Nous avons déjà dit qu'aucune plume du XVIII^e^ siècle — et Dieu sait si souvent elles étaient acérées et ne craignaient pas l'allusion perfide frisant la calomnie, le *Barbier de Séville* date de 1775 — ne confirme ses liaisons ni ne permet d'assurer que Fragonard fut l'amant de sa belle-sœur.

Restent les fameuses lettres... Il s'agit d'un groupe de billets découverts par Roger Portalis et aujourd'hui conservés à la Bibliothèque Doucet à Paris, tous de la main de Marguerite Gérard. Écrits avec une orthographe d'enfant (que nous avons respectée pour l'un deux), ils sont intégralement publiés (pp. 593-594) dans notre prochain (et dernier) chapitre, consacré aux dernières années de Fragonard. Car ils datent à coup sûr des premières années du XIX^e^ siècle et ont été adressés par une

Marguerite de quarante ans à un Jean-Honoré de soixante-dix ans. Ces lettres ne manquent ni de finesse, ni d'esprit. Indéniablement, elles dénotent une grande intimité, une familiarité entre les deux artistes, de la tendresse même. Mais y eut-il liaison entre les deux amis ? Nous en doutons sérieusement. Marguerite, qui survécut de trente ans à Fragonard et vécut en bonne intelligence avec sa sœur après 1806, ne se maria pas.

De Jean-Honoré, elle ne nous a jamais rien dit.

Très vite, la jeune Marguerite devint l'élève de son beau-frère. Elle l'aida à graver en 1778 (nos 239 à 242). Ses premiers tableaux sont postérieurs de quelques années. Et là s'ouvre le second débat qui a, en quelque sorte, remplacé — qu'on veuille bien ne pas ironiser sur le mot — le premier : quelle fut la part de Marguerite Gérard dans les tableaux tardifs de son beau-frère ? En Sally Wells-Robertson, Marguerite a trouvé sa Jeanne d'Arc. Elle a défendu, dans plusieurs articles, ses arguments avec fermeté et souvent avec pertinence. Mais sa thèse reste malheureusement inédite. Elle a, de l'œuvre de Marguerite Gérard, une vision expansionniste. Pour Wells-Robertson, pour ne citer qu'un exemple, le *Premier pas de l'enfance* (no 303) est entièrement de sa main. Pour nous, la participation de Fragonard ne se limite pas à quelques coups de pinceau, à quelques morceaux de la composition. La conception même du tableau lui revient et sa participation à quelques autres toiles tardives nous paraît certaine. Pour nous, le monde de Fragonard et celui de Marguerite Gérard relèvent de deux conceptions opposées de la peinture. N'anticipons pas, mais disons seulement que la vision du peintre est dynamique, ne se conçoit guère sans le mouvement, sans cet élan et cette exubérance qui donnent vie aux êtres comme aux arbres et aux plantes. Marguerite est plus soucieuse du détail, plus soigneuse. Elle peint petit. Son temps, certes, souhaitait un métier plus fini, plus « hollandisant » : elle dût se plier sans mal à la nouvelle esthétique. Mais les « clins d'œil » entre les deux artistes prouvent leur complicité artistique : *L'élève intéressante* de Marguerite Gérard *(fig. 1)*, qui daterait de 1787, contemple la *Fontaine d'amour* de Fragonard *(cat. 283 fig. 4)*. *La nouvelle du retour (fig. 2)*, gravé par Louis-Charles Ruotte sous le nom de Fragonard (Salon de 1793, no 429), passe en vente sous le nom de Fragonard en 1787 (20-24 mars, no 223, coll. Chamgrand), sous celui de Marguerite Gérard en 1804 (5 janvier, no 12, coll. Mesnard de Clesne). Marguerite Gérard eut son heure de gloire, qu'elle mériterait de retrouver. A l'époque des billets, sa réputation avait supplanté celle de son beau-frère.

Cinq ans après l'arrivée de Marguerite à Paris, sa sœur, Marie-Anne, donnait le jour à un fils, Alexandre-Évariste (no 294). A Grasse, et en l'absence de son père, coutumier du fait (souvenons-nous, il était déjà absent de Paris onze ans auparavant au baptême de Rosalie). Alexandre-Évariste n'a pas même bénéficié de l'enthousiasme féministe qui a attiré sur Marguerite Gérard un regain d'intérêt. Artiste précoce, protégé — comme son père ! — par David, il n'est pas le fade zélateur d'un néoclassicisme qu'on a trop rapidement condamné *(fig. 3)*. Tenté par le style troubadour, par le romantisme, il a eu le tort de naître la même année qu'Ingres et de ne pas prendre parti. Indécis dans ses choix, trop discret dans ses goûts, distrait dans ses amitiés, il est aujourd'hui fort injustement oublié. A la mort de son père, il avait vingt-six ans. Comme son père, il semble n'avoir plus guère peint dans les dernières années de son existence. « Lorsqu'il mourut en 1850, le public fut très étonné, on le croyait mort depuis vingt ans », écrit le grand Larousse en 1872. En 1850, Jean-Honoré connaissait un encore timide renouveau de gloire. Si

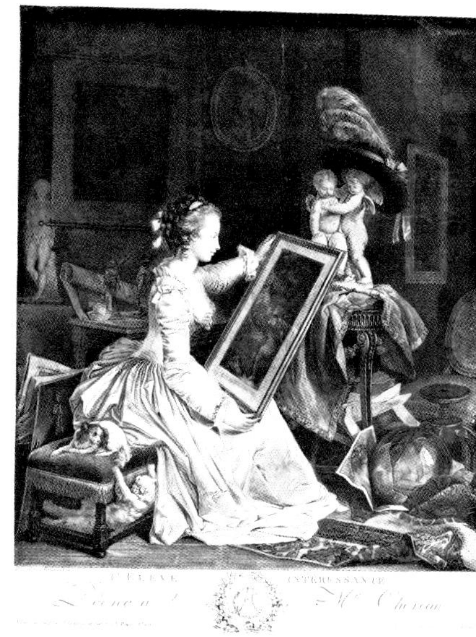

fig. 1. Vidal d'après M. Gérard,
*L'élève intéressante*,
Paris, Bibliothèque Nationale, Cabinet des estampes

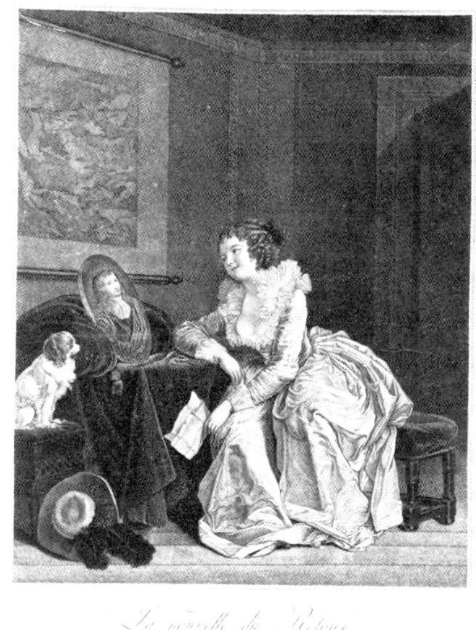

fig. 2. Ruotte d'après Fragonard (?),
« *La nouvelle du Retour* »,
Grasse, musée Fragonard

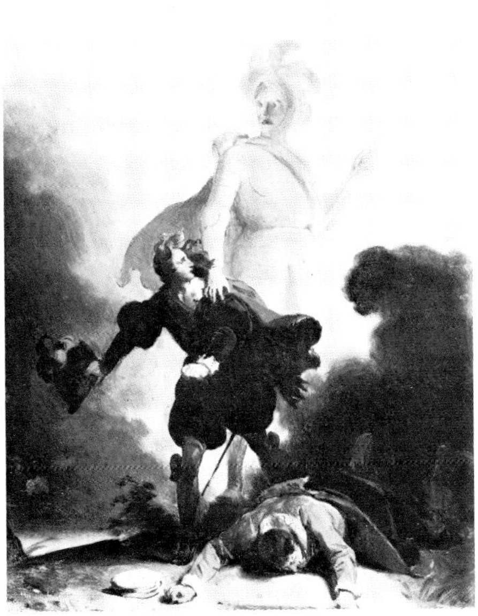

fig. 3. A.-É. Fragonard,
*Don Juan et la statue du Commandeur*,
Strasbourg, musée des Beaux-Arts

Alexandre-Évariste semble avoir gardé de bons rapports avec sa tante Marguerite, à laquelle il survivra treize ans, lui non plus ne nous a rien livré sur son père. Tout au plus *(cat. 9 fig. 5)*, dessine-t-il à dix-sept ans une *Psyché montrant à ses sœurs les présents qu'elle a reçus*, qu'il expose au Salon, comme pour rappeler que son père — mais il en avait plus de vingt — s'était fait connaître quarante-quatre ans plus tôt avec un tableau — ô! combien différent — de même sujet (n° 9). Quel jeune chercheur viendra rendre à Évariste sa place dans l'histoire de la peinture? Qui nous aidera à comprendre la dette du fils à l'égard du père? Dans les tableaux de Jean-Honoré, on sent un tel amour des enfants que l'on serait déçu d'apprendre qu'il avait négligé Alexandre-Évariste.

Cet amour, la chose est attestée, Jean-Honoré l'eut pour Rosalie (n° 293). Elle mourut, elle n'avait pas 19 ans, à Cassan près de l'Isle-Adam, chez les Bergeret avec qui les Fragonard s'étaient réconciliés (ce que la mort de Jacques-Onésyme, en 1785, avait dû faciliter). L'épreuve fut dure et sans doute explique pour beaucoup les reproches adressés plus haut à Fragonard. Cette légèreté et cette insouciance n'étaient-elles pas le masque d'une profonde blessure? Fragonard — Théophile en fit le récit aux Goncourt — tomba gravement malade. « Il fut si violemment affecté [par la mort de Rosalie] qu'il éprouva une grave atteinte de choléra-morbus, maladie rare alors » (était-ce bien cette redoutable maladie qui sévit en Europe au XIX^e^ siècle ?). Les médecins se consultèrent... La guérison ne venant pas, ils décidèrent d'envoyer Fragonard à la campagne, à Grasse, sa patrie, pour reprendre des forces.

Entre-temps, la Révolution avait éclaté.

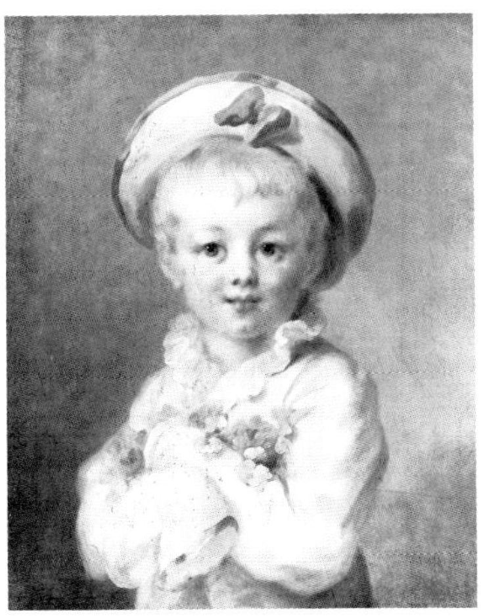

fig. 4. *L'enfant en Pierrot*,
Londres, coll. Wallace

La mort de Louis XV libérait Fragonard de ses engagements : il pouvait oublier les commandes officielles pour lesquelles il ne se sentait aucun goût. Défenseur d'une peinture édifiante, éducatrice (les qualificatifs sont mal venus et ne rendent pas compte du rôle exceptionnel du nouveau surintendant), d'Angiviller, qui avait succédé à Marigny, l'ignorait. L'histoire de France remplaçait — officiellement — la mythologie. Le goût changeait. Fragonard voulut s'adapter.

Certes, il continua à ne pas exposer, sinon au Salon de la Correspondance. Certes, il se tint (on le tint) à l'écart du monde officiel,

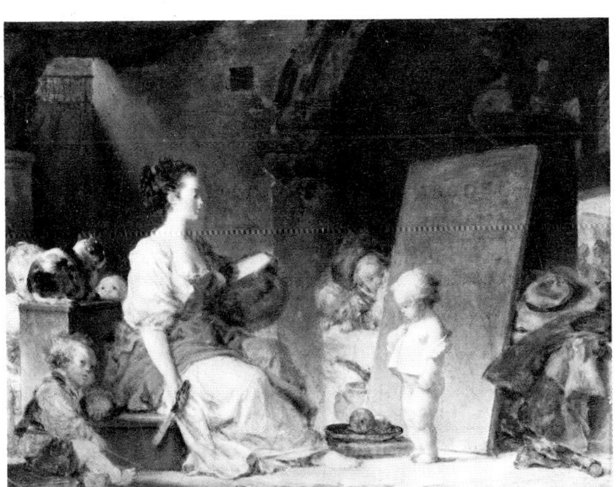

fig. 5. *Dites donc s'il vous plaît*,
Londres, coll. Wallace

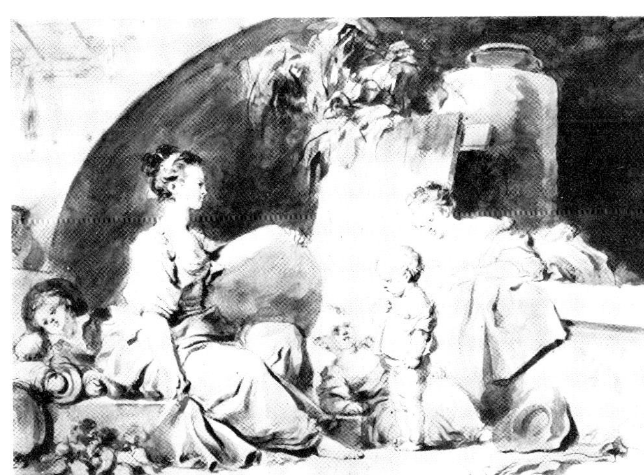

fig. 6. *Dites donc s'il vous plaît*,
localisation actuelle inconnue

mais, une nouvelle fois, il put croire que son heure était venue. Pour trois raisons.

Jamais auparavant, dans les ventes publiques, ses tableaux n'avaient été aussi disputés. Sa *Visitation* en 1777 (voir notice 231), son *Adoration des bergers* (nº 234) et son *Verrou* (nº 236) en 1785, ses dessins aux ventes Varanchan de Saint-Geniès (1777), Gros (1778) ou de Boynes (1785) atteignaient des prix enviables.

Certes, les rédacteurs des catalogues de vente y étaient pour quelque chose, qui ne tarissaient pas d'éloges, Le Brun en premier, mais aussi Paillet et Rémy, les experts les plus réputés du temps (qu'est devenue la notice consacrée à Fragonard par le mystérieux Folliot à laquelle un contemporain fait allusion ?). C'était leur rôle, dira-t-on. C'est sur, mais l'on sent sous leur plume une admiration sincère, partagée par quelques collectionneurs avertis, souvent des fermiers généraux. Fragonard avait sa clientèle.

Il en eut, vers la même époque, une seconde, plus populaire. « La gravure en a multiplié plusieurs » (tableaux) « que les amateurs se sont empressés d'accueillir », écrira en juin 1784 le *Mercure de France*. Fragonard avait toujours « flirté » avec la gravure. Il la pratiquait lui-même et avait fourni à l'abbé de Saint-Non de nombreux dessins pour ses aquatintes et pour son *Voyage Pittoresque* qui paraissait enfin. En 1778, il manifesta un nouvel intérêt qui fut de courte durée (nºs 239, 244), associant, avec un indéniable sens publicitaire, sa belle-sœur au lancement de quelques planches à sujets familiers ou allégoriques *(Au génie de Franklin*, nº 240*)*.

S'il renonça rapidement (pourquoi ?) à graver lui-même, il confia dorénavant ses tableaux à quelques-uns des plus habiles praticiens du temps, Nicolas Delaunay en premier. Ceux-ci *(fig. 6* et *7 p. 458)* traduisirent adroitement ses scènes de genre comme certaines de ses compositions plus ou moins licencieuses, ses dessins comme ses tableaux, des œuvres déjà anciennes comme ses productions les plus récentes (regrettons en passant l'absence d'une étude d'ensemble sur la question, rendue difficile par les immenses lacunes de la Bibliothèque Nationale dans ce domaine). Ces graveurs popularisèrent l'œuvre de Fragonard (ou du moins certaines d'entre elles ; il n'est pas de semaine, à l'Hôtel Drouot, sans que ne se vende une épreuve, plus ou moins médiocre, du *Verrou* !), élargissant sa clientèle, apportant aux Fragonard une aisance certaine : les 8.000 livres de la maison de Charenton acquise en 1782, les « quinze à dix-huit mille livres de rente sur l'État » qu'il possédait à la veille de la Révolution, en sont la preuve.

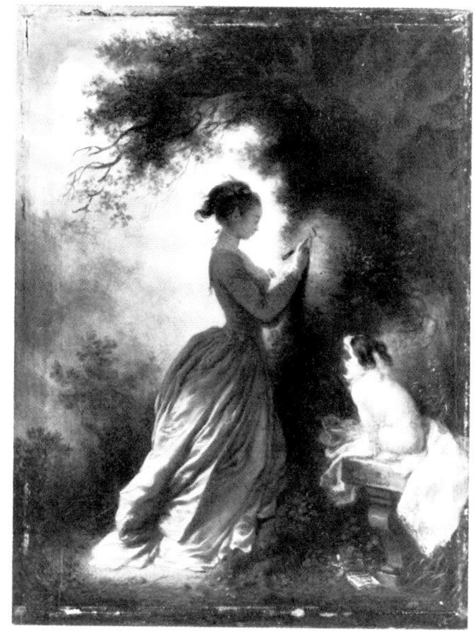

fig. 7. *Le chiffre d'amour*, Londres, coll. Wallace

Une troisième raison put faire croire à Fragonard qu'il avait gagné la partie : il avait adopté un nouveau style. Certes, on reconnaissait toujours Fragonard, mais les sujets qu'il abordait étaient neufs, il avait renouvelé son métier, son inspiration. Ce sont d'abord cette *Visitation*, cette *Adoration des bergers*, ce *Verrou*, puis ce *Vœu à l'amour* (nº 280), ce *Sacrifice de la rose* (nº 284), ce splendide *Réveil de la nature* daté de 1780, détruit durant la dernière guerre *(fig. 18 p. 424)*, cette *Fontaine d'amour (cat. 283 fig. 4)* et ce *Chiffre d'amour (fig. 7)*, tous deux conservés à Londres dans la collection Wallace et donc, hélas, « inempruntables », ce *Serment d'amour (fig. 8)* enfin, dont seule une version, conservée dans une collection privée anglaise, nous paraît autographe (la version de Grasse est en tout cas trop endommagée pour être empruntée). Ces tableaux se distinguent par une exécution moins apparente, un goût prononcé pour le clair-obscur, une gamme de couleurs allant de l'or aux bruns les plus chauds. Ils se distinguent encore par une stylisation et une « intellectualisation » auxquelles Fragonard ne nous avait pas habitués. A la réalité de corps engagés dans le combat amoureux, Fragonard préfère dorénavant des images brû-

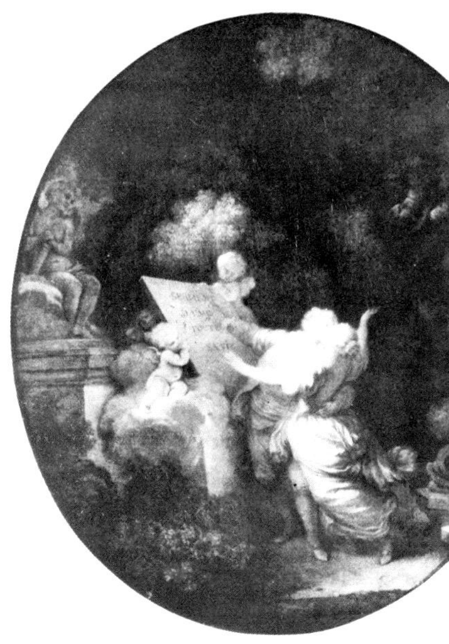

fig. 8. *Le serment d'amour*, Londres, coll. privée

lantes de désirs, le soleil cède le pas à la lune, le fait au symbole. En une ultime mutation dont on a longtemps mal mesuré l'importance (et la modernité), son art, moins à fleur de peau, devient plus réfléchi et gagne en émotion ce qu'il a peut-être perdu en spontanéité.

La chute fut rude : « quant à sa vogue, elle fut grande c'est vrai et de peu de durée », écrira Théophile, qui ajoute : « l'on peut dire qu'il survécut 25 ans à son public », situant un peu tôt, à nos yeux, la fin de la « vogue », en 1780 environ (pour nous, vers 1785). Elle fut brutale, ruinant Fragonard qui ne fut peut-être pas l'insouciant financier de la légende, tout au moins en ce qui concerne ses œuvres (les conseils pratiques qu'il donne à Léonard Defrance, voir plus loin pp. 421-422, sur la manière d'assurer à ses œuvres une « cote » sont d'un homme d'affaires avisé), l'obligeant à se consacrer dorénavant aux dessins d'illustration (pour l'*Arioste,* pour *Don Quichotte* ou pour les *Contes* de La Fontaine).

Mais rien n'y fit « et pourtant il n'avait pas démérité de son talent ». « Puis voilà qu'après tant de bruit, un silence se fait autour de Fragonard ; ils se regardaient, lui et Greuze et se demandaient où et comment tout cela s'en était allé ». La mort de Rosalie, la maladie (un refuge ?) vinrent, le départ pour Grasse en 1790, où Fragonard emportait — pour se rassurer sur son talent ? — les grandes compositions peintes pour Louveciennes.

A son retour, Paris avait bien changé : les plus chanceux de ses clients avaient émigré. Fragonard renonça à la peinture : il mit ses talents au service du nouveau Louvre.

**1774**

Début septembre, Fragonard est de retour en France après son voyage avec Bergeret.

**1775**

5 avril
Julien de Parme commente en ces termes la dispersion de la collection Du Tillot (marquis de Félino) du 27 mars : « j'y ai vû vendre des desseins de Robert, au nombre de deux, jusqu'à 1200, et une détestable esquisse de Fragonard 600 » (lettre à Lens, voir Rosenberg, 1984, p. 227).

L'esquisse est le nº 69 de la vente : « *Pan et Syrinx*, tableau esquisse de forme ovale, touché avec esprit : largeur 21 pouces, hauteur 17. T. » ; ces dimensions coïncident avec celles d'une œuvre de même sujet, actuellement sur le marché d'art italien (fig. 6 p. 63).

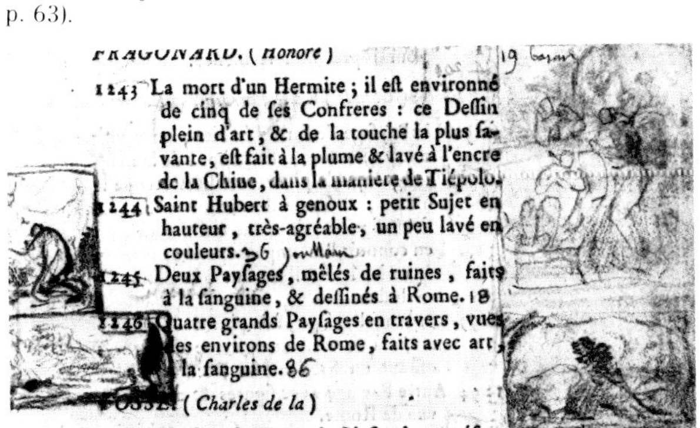
FRAGONARD. (*Honoré*)

1243 La mort d'un Hermite ; il eſt environné de cinq de ſes Confreres : ce Deſſin plein d'art, & de la touche la plus ſavante, eſt fait à la plume & lavé à l'encre de la Chine, dans la maniere de Tiépolo.

1244 Saint Hubert à genoux : petit Sujet en hauteur, très-agréable, un peu lavé en couleurs. 36

1245 Deux Payſages, mêlés de ruines, faits à la ſanguine, & deſſinés à Rome. 18

1246 Quatre grands Payſages en travers, vues des environs de Rome, faits avec art, à la ſanguine. 86

FOSSE (*Charles de la*)

1247 Un ſuperbe Sujet de Plafond, repréſen-

fig. 1. G. de Saint-Aubin,
détail d'une page du catalogue de la vente Mariette (1775), Boston, Museum of Fine Arts

12 juillet
Décès à Grasse de Marie Gérard, née Gilette, mère de Marie-Anne et Marguerite Gérard (Grasse, Arch. Mun., G.G. 23).

L'arrivée de Marguerite Gérard chez sa sœur à Paris est généralement située cette année-là sans qu'aucune preuve ne vienne la confirmer, si ce n'est la mort de sa mère qui pourrait être une raison pour que la fillette, alors âgée de quatorze ans, vienne rejoindre sa sœur (Doin, p. 430 et Robertson, 1979, p. 179).

15 novembre
A la vente Mariette, Gabriel de Saint-Aubin dessine quelques œuvres de Fragonard qui y figurent (exemplaire annoté au Museum of Fine Arts de Boston, *fig. 1*). On y reconnaît *Saint Hubert adorant la croix (fig. 2*, Orléans, musée des Beaux-Arts), et *La mort d'un ermite* qui fut gravé « L'an 4 » par Claude Hoin *(fig. 3)*. D'autre part, Henri Cohen (1912, I, p. 179) note que Fragonard, à cette vente, acheta 600 livres la suite de 60 contre-épreuves des dessins de Bouchardon pour *Les cris de Paris*.

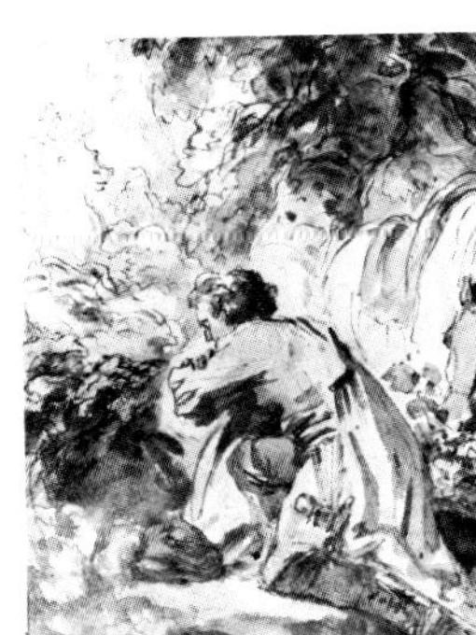

fig. 2. *Saint Hubert adorant la croix*,
Orléans, musée des Beaux-Arts

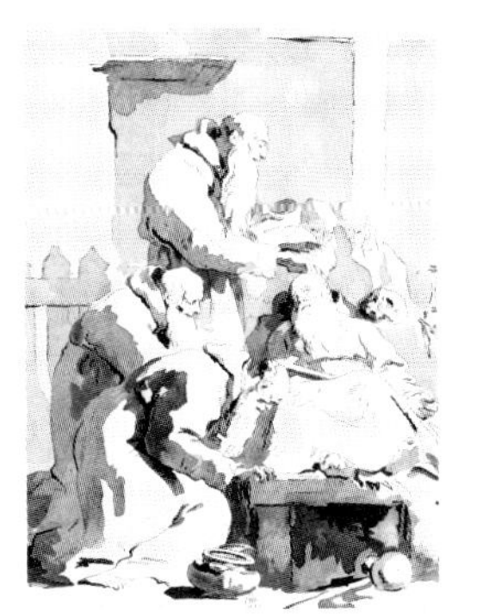

fig. 3. C. Hoin d'après Fragonard, *La mort d'un ermite*,
Paris, Bibliothèque Nationale, Cabinet des estampes

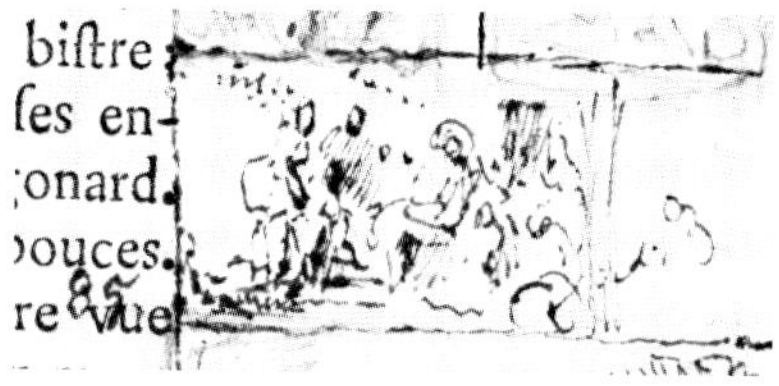

fig. 4. G. de Saint-Aubin,
détail d'une page
du catalogue de la vente Pigache (1776),
Paris, Bibliothèque Nationale,
Cabinet des estampes

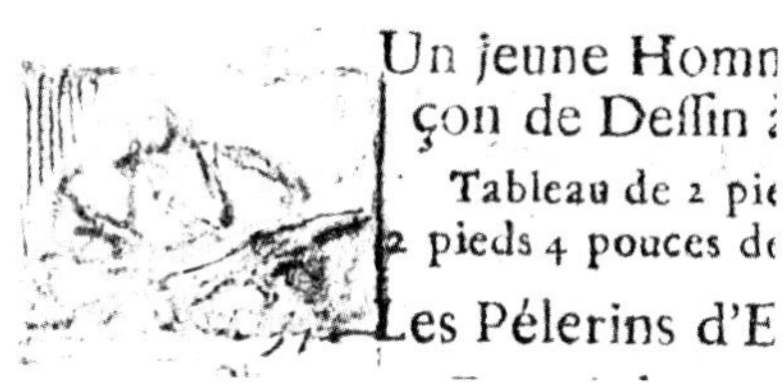

fig. 5. G. de Saint-Aubin,
détail d'une page du livret du *Salon* de 1777,
Bibliothèque Nationale, Cabinet des estampes

**1776**

14 mars
Liquidation de la succession de Jean Gérard (décédé le 24 juillet 1770), frère de Madame Fragonard, en présence de Jean-Honoré, Marie-Anne, François Fragonard, ainsi que des trois enfants Pierre, Henri et Marguerite Gérard, dont François Fragonard est tuteur (Minutier Central, LXIV-441).

20 septembre
A la demande écrite de Fragonard (lettre que nous n'avons pas retrouvée), celui-ci est dégagé de l'obligation d'exécuter un plafond pour la galerie d'Apollon, mais il n'est pas pour autant dispensé de réaliser son morceau de réception : « il a ensuitte été fait lecture d'une lettre de M. Fragonard, Agréé, adressée à M. le Directeur, par laquelle il suplie l'Académie de le dispenser de l'exécution du plafond pour la Gallerie d'Apollon, qui lui avoit été ordonné pour sa réception, qu'il craint de ne pouvoir faire assés promptement pour satisfaire la Compagnie. L'Académie a accordé sa demande, et il fera un autre tableau, dans la forme ordinaire de ceux de l'Académie » (*Procès-Verbaux...*, VIII, p. 242).

Saint-Non grave dans les *Griffonis*, *La sortie du troupeau* d'après le dessin de Fragonard (n° 82) et *S'il m'était aussi fidèle !* (n° 119).

21 octobre
A la vente [Pigache], Saint-Aubin dessine en marge de son catalogue quelques œuvres de Fragonard qui y figurent, dont « un vieillard recevant ses enfans et petits-enfans » *(fig. 4* ; voir A. 42).

**1777**

Mars
Le *Mercure de France* (pp. 198-199) annonce la publication du *Voyage de Naples et de Sicile* par l'abbé de Saint-Non, orné de « 1.200 estampes gravées... d'après les dessins de MM. Robert, Pérignon, Fragonard... ».

19 mars
A la vente de la collection Randon de Boisset, la *Visitation* est adjugée pour un prix énorme et suscite des réflexions amusantes dans la presse (voir notice 231).

Septembre
Au Salon figure sous le n° 196 une œuvre de Vincent, *Un jeune homme donnant une leçon de dessin à une demoiselle* (New York, coll. privée). Saint-Aubin, dans la marge de son exemplaire du livret (*fig. 5* ; voir Dacier, 1910, p. 53), a noté : « commancé *(sic)* par Fragonard, dit-on ». Le tableau, qui appartint à Bergeret, est daté « 10.III.1774 ». A cette date, Fragonard et Vincent se trouvaient tous les deux à Rome. Sur l'identité présumée des modèles de l'œuvre, voir Cuzin, 1983, pp. 107-109.

Au même Salon, Delaunay expose (n° 311) *L'heureuse fécondité*, gravure d'après Fragonard (voir n° 222), commentée ainsi par Bachaumont : « on trouve un faire dans le moëlleux dans sa Complaisance maternelle et son heureuse fécondité d'après H. Fragonard » (*Mémoires secrets*, XI, p. 58).

27 septembre
Métra, dans son compte rendu du Salon (*Correspondance littéraire secrète*, n° 38), reproche aux peintres d'utiliser de vilains coloris : « c'est ainsi que les enfants bien constitués de parens qui bégayent, bégayent à leur tour, et que tous les défauts, les vices même se perpétuent dans les familles. Voilà pourquoi les peintres qui se forment dans l'attelier *(sic)* des Vernets, des Hallé, peindront gris et toujours à travers un brouillard, ceux qui suivent les Brenets, les Tragonards *(sic)*, même les Greuses, seront voués au bleu, au violet, à l'olivâtre : voilà pourquoi les peintres les plus médiocres de l'école flamande sont encore excellens coloristes en ce moment où cette école est entièrement déchue. Au reste, M. , avec de grands talens on fait rendre ces défauts supportables et les faire même oublier ; vous n'en douterez pas en apprenant qu'on les reproches aux Vernets, aux Fragonards, aux Greusses ».

Octobre
Annonce dans le *Mercure de France* (second volume, p. 164 et 167) de la gravure de Delaunay, *L'heureuse fécondité* (voir n° 222) et de la gravure de Janinet, *L'amour en sentinelle (fig. 6)*, d'après le tableau de Fragonard. De très nombreuses versions de ce tableau sont connues. Les principales sont celles de la Collection Frick *(fig. 7 p. 320* et de la National Gallery de Washington (W. 527 fig. 226 et W. 320 fig. 143).

2 octobre
Le *Journal de Paris* (n° 275, p. 3) annonce la parution de la gravure de Delaunay, *L'heureuse fécondité* (n° 222) : « elle a tout le piquant de l'effet du tableau original » (annonce également dans les *Affiches, Annonces et Avis divers* du 15 octobre, p. 167).

24 novembre
Annonce dans le *Journal de Paris* (n° 328, p. 3) de la gravure de Janinet, *L'amour en sentinelle* : « cette estampe coloriée est très agréable et rend bien l'idée du coloris du maître ».

22 décembre
Le tableau de Ménageot, *Les adieux de Polyxène à Hécube* (musée de Chartres, *cat. 107 fig. 3)*, exposé au Salon (n° 202), est acheté 2.000 livres par la direction des Bâtiments afin d'être tissé par la manufacture des Gobelins : « ce tableau, qui est fort beau, me

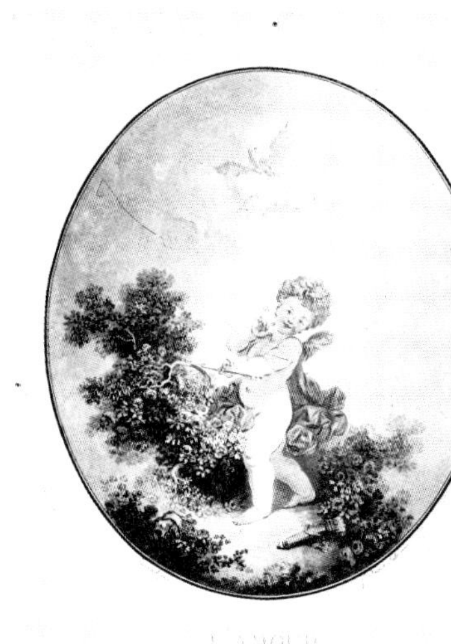
fig. 6. Janinet, *L'amour en sentinelle*,
Paris, musée du Louvre,
Cabinet des dessins, coll. Rothschild

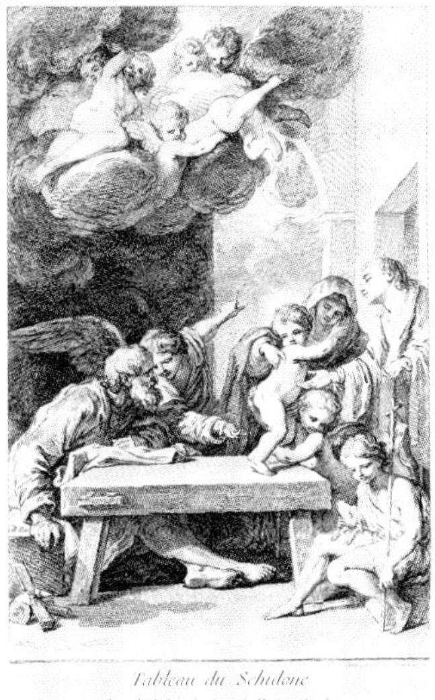


fig. 7. Prévost d'après Fragonard,
*La Sainte Famille* d'après Schedone,
Paris, Bibliothèque du Louvre

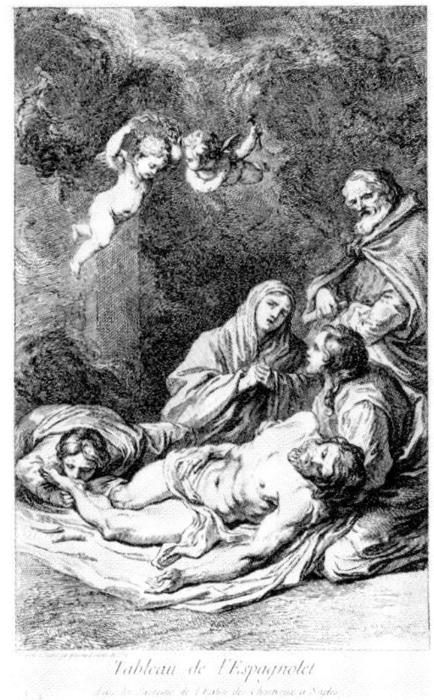


fig. 8. Prévost d'après Fragonard,
*La Déploration du Christ mort* d'après Ribera,
Paris, Bibliothèque du Louvre

paroîtroit fort propre à faire pendant à celuy de M. Fragonard, et servir à la manufacture royale des Gobelins qui a grand besoin d'être renouvelée en sujets neufs et en tableaux» (lettre de d'Angiviller à Pierre, *A.A.F.*, 1905, p. 162). Le tableau de Fragonard auquel il est fait allusion est bien entendu le *Corésus et Callirhoé* (nº 104).

29 décembre
L'« avis » du catalogue de la vente Varanchan de Saint-Geniès, dans laquelle figurent de nombreux Fragonard, précise que la collection vaut surtout par « les plus belles esquisses et les plus beaux Dessins d'un de nos premiers Peintres [Boucher] toujours regretté, et recherché davantage depuis qu'il n'est plus : on verra avec plaisir beaucoup des pensées d'un de ses Élèves [Fragonard], devenu célèbre sans lui ressembler. Si les Tableaux soigneusement finis plaisent plus vulgairement, il est une certaine classe d'Amateurs qui jouissent suprêmement sur un seul croquis ; ils recherchent l'âme et les pensées de l'homme de génie qu'ils savent voir et reconnoître ».

Prévost grave *(fig. 7* et *8)* d'après les dessins de Fragonard, *La Sainte Famille* de Schedone, alors à Capodimonte et la *Déploration du Christ mort* de Ribera de la chartreuse de San Martino pour le *Voyage Pittoresque* de l'abbé de Saint-Non (vol. I, face p. 111).

**1778**

Parution de la première gravure exécutée par Fragonard en collaboration avec sa jeune belle-sœur, Marguerite Gérard, *Le chat emmailloté* (voir nº 239), où on lit dans la marge : « première planche de mlle Gérard agée de 16 ans 1778 ». Le tableau de Fragonard, aujourd'hui perdu, d'après lequel cette gravure fut exécutée, est exposé l'année suivante au Salon de la Correspondance.

Janvier
Le *Mercure de France* (second volume, pp. 171-172) annonce la parution de la gravure de Delaunay, *Le bonheur du ménage*, d'après Leprince *(cat. 222 fig. 5)* en pendant à *L'heureuse fécondité* (voir nº 222), d'après Fragonard.

13 mars
Léonard Defrance (peintre liégeois, 1735-1805, *fig. 9)*, dans une lettre à Abraham Fontanel (1750-1819, marchand et garde des dessins de la Société des Beaux-Arts de Montpellier, voir aussi nº 83), l'informe qu'il a répété deux petits tableaux « poliçons » identiques à ceux qu'il a confiés à Fragonard :
« Monsieur,

J'ai toujours une singulière satisfaction d'aprendre des nouvelles de Mr. Fragonard à qui je vous prie, quand vous le verrez, de lui dire de ma part bien des choses agréables, ainsi qu'à Madame et tout ce qui lui appartient. Votre lettre, datée du quatre Mars courant, m'est parvenue le 12 ; elle a tardé au moins trois jours.

Depuis mon départ de Paris, je n'ai rien fait dont je puisse disposer aiant été contraint de peindre des sujets de nuit pour notre prince [1], comme fonderie, clouterie, fenderie, etc., manufacture de fer de ce paijs. J'ai cependant fait à la dérobée deux petits tableaux dont je puis disposer, grand onze pouces et demi large, sur 8 1/2 de haut.
L'un est à peu près le répété de la petite [2] qui quitte son ouvrage [3]..., que vous avez vu à Mr. Fragonard ; il y a quelque changement dans le fond, et la tête qui regarde en face, au lieu que celui que vous avez vu regarde le ciel. L'autre est le pendant ; c'est un garçon ou écolier qui, en faisant ses lectures de classe, les quitte... Un lit, une table, quelqu'accessoires, un chien, un écran compose le fond. Je crois qu'il n'y a pas tant de sécheresse que dans celui de Mr. Fragonard ; ils sont généralement plus moëlleux ; je puis me tromper, mais je ne le crois pas. S'ils peuvent vous convenir au prix de dix louis d'or les deux, je vous les ferai remettre, tant par égard pour M. Fragonard que pour lier connoissance, ainsi qu'en mémoire de votre pays où j'ai été si heureux. Ils pourront encore arriver à Paris avant la fin d'Avril, autrement je pourrai avec le tems vous en faire quelqu'autre moins poliçons ; je n'aimerois pas même trop qu'ils fussent montré à personne de l'Académie royale. Cela pourroit me faire du tort. Vous sentez bien que n'est pas compris

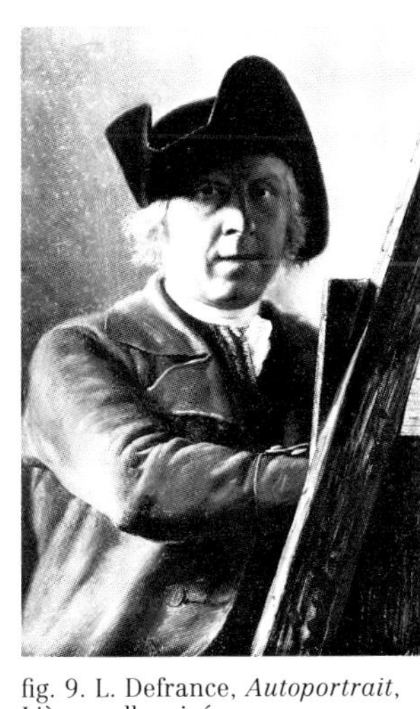

fig. 9. L. Defrance, *Autoportrait*,
Liège, coll. privée

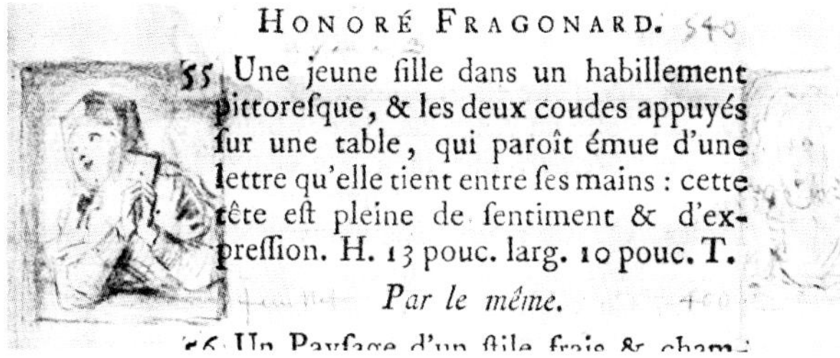
HONORÉ FRAGONARD.

55 Une jeune fille dans un habillement pittoreſque, & les deux coudes appuyés ſur une table, qui paroît émue d'une lettre qu'elle tient entre ſes mains : cette tête eſt pleine de ſentiment & d'expreſſion. H. 13 pouc. larg. 10 pouc. T.

*Par le même.*

fig. 10. G. de Saint-Aubin,
détail d'une page du catalogue de la vente Gros (1778),
Paris, Petit Palais

dans ce nombre Mr. Fragonard. Je suis en hâte votre très humble serviteur.

L. Defrance

(1) Le prince-évêque de Liège, François-Charles de Velbrick.
(2) Ce mot est répété dans le texte.
(3) Le reste de la description prouve qu'il s'agissait d'un sujet libre, de même que pour le pendant.
(lettre ayant appartenu à Jean Vallery-Radot, annotée et publiée par lui en 1926, pp. 25-26).

Les *Mémoires* de Defrance, écrites durant la Révolution (éd. 1980, p. 64), nous apprennent que Fragonard l'aidait à vendre ses œuvres à Paris : « satisfait de mes essais en petit, je me mis à composer des tableaux ; quoique je les finissais assez, je les peignais au premier coup, c'est-à-dire sans ébauche ; je les envoyai à des marchands en Hollande. Ils furent acceptés et payés le prix demandé ; je hasardai d'en emporter quelques-uns à Paris. Avant de les présenter à personne, je les montrai au citoyen Fragonard que j'avais connu à Rome. Cet aimable artiste en parut content. Je lui confiai que je venais tenter la fortune, il me demanda le prix des tableaux que je lui montrais et, le lendemain, ils étaient vendus ; J'eus lieu d'être content de mon entreprise, et ce qui m'a le plus flatté, c'est que ce célèbre artiste m'en a demandés pour lui-même.

Je profitai de ce débouché, je fis des tableaux que je vendais aux marchands. Fragonard me conseilla de ne pas augmenter trop le prix ; il faut, me dit-il, que le marchand gagne et attendre qu'il ait lui-même établi une valeur plus forte, parce qu'alors il est obligé de la soutenir pour ne pas passer pour avoir survendu ».

13 avril
Gabriel de Saint-Aubin dessine dans l'exemplaire de son catalogue de la vente Gros, quelques œuvres de Fragonard qui y figurent (voir *cat. 83 fig. 3)* dont « Une jeune fille dans un habillement pittoresque », il précise au crayon : « il y en a trois » et en dessine deux *(fig. 10* et *11 ;* voir W. 382 pl. 79).

10 mai
Dans l'« État des tableaux et dessins composant le Cabinet de Hall » (le peintre suédois, Peter Adolf Hall, 1739-1793) figurent de nombreuses œuvres de Fragonard (Villot, 1867, pp. 74-77).

24 juin
Le *Journal de Paris* (n° 175, p. 699) annonce la parution d'une nouvelle gravure de Janinet d'après Fragonard : *La folie (fig. 12)*, en pendant à *L'amour en sentinelle.*

4 juillet
Au Salon de la Correspondance, Fragonard expose une gouache « représentant un bosquet, au milieu duquel s'élève un pavillon entouré d'eau, dessiné par M. Boucher [sans doute Juste-Nathan, le fils de François Boucher], architecte du Roi » *(Journal de Paris,* n° 185, p. 738*).*

15 novembre
Annonce dans le *Journal de Paris* (n° 319, pp. 1278-1279) de la parution de la gravure dédiée « Au Génie de Franklin » (voir n° 240). Cette gravure ne doit pas être confondue avec celle de l'abbé de Saint-Non d'après un autre dessin de Fragonard *(cat. 240 fig. 3).*

27 novembre
Le *Journal de Paris* (n° 331, p. 1333) annonce la parution de *L'armoire* : « cette estampe a l'avantage rare d'être tout entière de la main de l'Auteur » (voir n° 238).

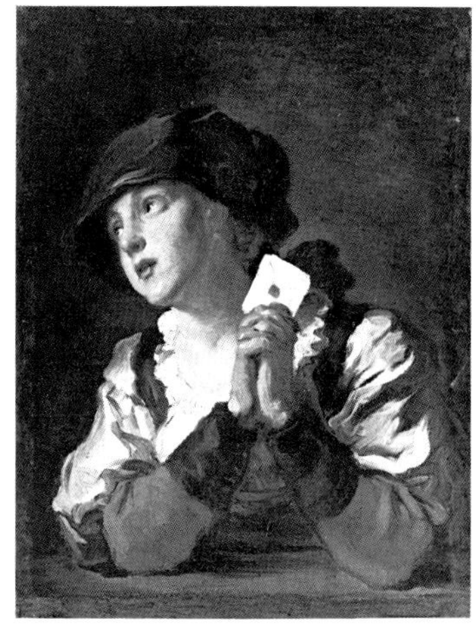

fig. 11. *La lettre*,
États-Unis, coll. privée

La même année, Fragonard grave en collaboration avec Marguerite Gérard *Les traitants* et un *Intérieur* (n$^{os}$ 241 et 242).

Pour le *Voyage Pittoresque* de l'abbé de Saint-Non (vol. I, entre p. 112 et p. 113), Le Mire grave *La naissance de la Vierge* et *L'institution du Saint Rosaire (fig. 13)* de Giordano d'après les copies de Fragonard et Gaucher grave le *Saint Luc* et le *Saint Marc* peints par Lanfranco aux Saints Apôtres de Naples, d'après les copies de Fragonard *(cat. 39 fig. 4* et *cat. 40 fig. 4).*

**1779**

26 janvier
Au Salon de la Correspondance, l'artiste expose « *Au génie de Franklin,* dessiné par M. Fragonard peintre du Roi et gravé par Mlle. Gérard, sa belle-sœur » *(Nouvelles de la République des lettres et des Arts,* n° 1, p. 4).

13 avril
Parution du *Voyage Pittoresque d'Italie.* « M. l'abbé de Saint-Non (...) est, dit-on, le principal coopérateur de cette entreprise (...) Les sujets de la première livraison sont : N° 1 *Héliodore* (...) dessiné par M. Fragonard, gravé par M. Martini (...) N° 2 Un tableau de l'Espagnolet (...) un second (...) du Schedone, dessiné par M. Fragonard, gravé par M. Prévost *(Nouvelles de la République des lettres et des Arts,* pp. 64-65*).*

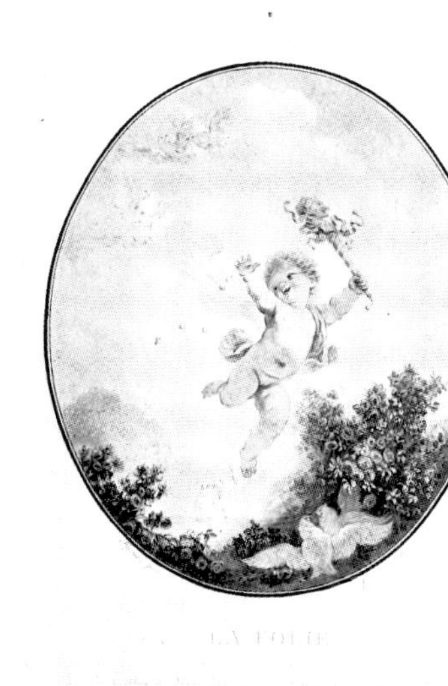

fig. 12. Janinet, *L'amour folie*,
Paris, musée du Louvre,
Cabinet des dessins, coll. Rothschild

13 juillet
Fragonard expose au Salon de la Correspondance « un tableau représentant un enfant tenant entre ses bras un chat emmailloté, tandis qu'un autre enfant se réjouit de l'embarras du chat, par M. Fragonard, peintre du Roi : 3 pieds 6 po. de haut et 2 pi. 10 po. 6 lig. de large. Ce tableau très-gai et de la plus belle couleur, dans la manière vive de Rubens, a fait le plus grand plaisir » *(Nouvelles de la République des lettres et des Arts,* p. 173*)*. La gravure a paru l'année précédente.

14 juillet
Le *Journal de Paris* (n° 195, p. 795) annonce la parution de « *L'armoire,* estampe gravée par Coron, d'après Fragonard » (voir n° 236).

20 juillet
Madame Fragonard expose au Salon de la Correspondance « deux têtes de jeunes filles peintes en miniature (...) chacune de deux pouces et demi de haut sur deux pouces de large. Ces ouvrages d'une manière libre et très-pittoresque, et d'ailleurs d'un coloris charmant, ont été vus avec le plus grand plaisir » *(Nouvelles de la République des lettres et des Arts,* p. 181*)*.

28 novembre
Annonce dans le *Journal de Paris* (n° 332, p. 1352) de la publication de la gravure de Delaunay, *La bonne mère* d'après Fragonard (voir n° 159). Cette estampe est exposée la même année au Salon (n° 288 du livret).

Le même journal précise, le 3 décembre (n° 337, p. 1373), qu'elle est dédiée au fermier général Ménage de Pressigny.

Miger expose au même Salon une autre estampe d'après Fragonard : *L'amour en sentinelle* (n° 268 du livret, *fig. 14*).

L'économiste Du Pont de Nemours (1739-1817), dans une lettre sur le Salon adressée à la margrave Caroline-Louise de Bade (K. Obser, 1908, p. 100 et 122), s'interroge sur l'absence de Fragonard (voir n° 254) et loue les deux gravures précédemment citées.

« ...Quant aux gravures, je n'y ai pas apporté la même attention. Elles courent partout. V. A. a peut-être déjà les meilleures. Je n'en ai bien regardé que deux, toutes deux d'après M. Fragonard, auxquelles les grands effets de lumière qui lui sont particuliers m'ont appelé et que la disette où nous sommes de ses tableaux m'a fait considérer plus soigneusement. L'une est *La bonne mère* gravée par de Launay (n° 288). L'autre est *L'amour en sentinelle* (n° 268) où M. Miger me paraît avoir rendu tout l'éclat du charmant tableau qu'il a copié... ».

Toujours au Salon, Miger expose : « 270. Le Portrait de François de Bourbon, comte d'Enghien *(fig. 15)*.
271. Le Portrait de Louis de Bourbon, premier du nom, prince de Condé.

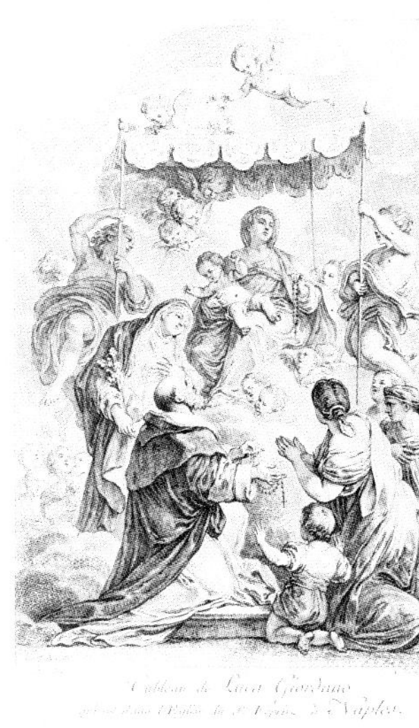

fig. 13. N. Le Mire d'après Fragonard,
*L'institution du Saint Rosaire* d'après Giordano
Paris, Bibliothèque du Louvre

272. Le Portrait de Charles, troisième du nom, duc de Bourbon, Connétable de France *(fig. 16)*.
Ces portraits ont été dessinés par M. Fragonard d'après les originaux ».

Ces gravures qui illustrent *L'Histoire de la Maison de Bourbon,* par Desormeaux (édition en cinq volumes, 1772-1788) ont laissé croire à tort que Fragonard était également l'auteur des portraits « originaux ». Pour l'attribution à Jean-Marie Ribou de cette série, conservée au château de Chantilly *(fig. 17)*, voir Seligman, 1958.

La Société des Beaux-Arts de Montpellier organise une exposition où figurent :
« Par M. Honoré Fragonard, Peintre du Roi.
60. *Un jeune Amour tenant une Marotte* (Du Cabinet de M. le Vicomte de Saint-Priest)
61. Un Dessein au bistre, représentant le *Triomphe du premier Prince d'Orange* (Du même Cabinet) (voir n° 83)

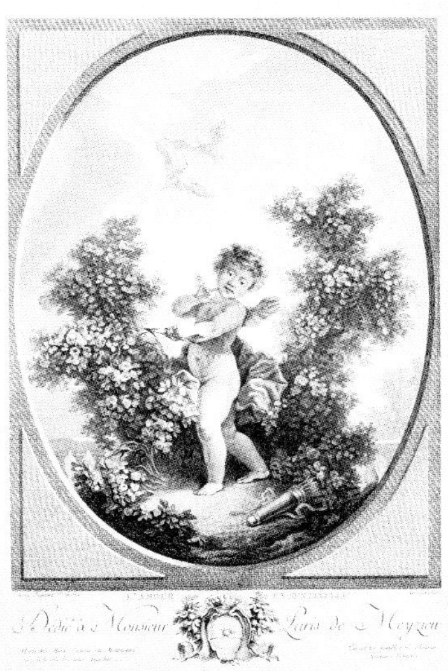

fig. 14. Miger, *L'amour en sentinelle*,
Paris, musée du Louvre,
Cabinet des dessins, coll. Rothschild

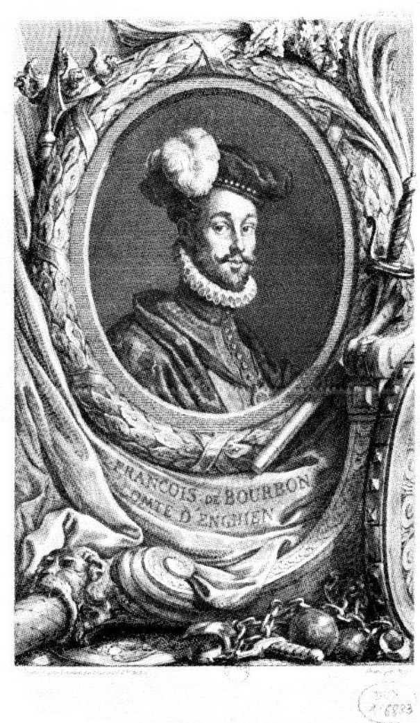


fig. 15. Miger, *Portrait de François de Bourbon, comte d'Enghien*,
Paris, Bibliothèque Nationale,
Cabinet des estampes

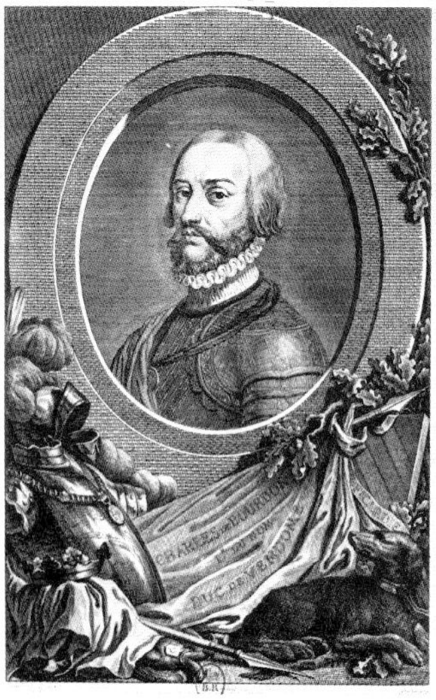

fig. 16. Miger, *Portrait de Charles de Bourbon, duc de Vendôme,* Paris, Bibliothèque Nationale, Cabinet des estampes

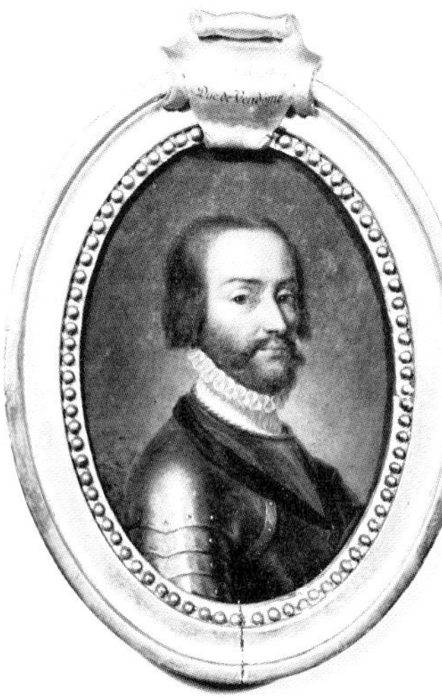

fig. 17. J.-M. Ribou, *Portrait de Charles de Bourbon, duc de Vendôme,* Chantilly, musée Condé

Par Madame Fragonard.
62. Le portrait d'une petite Fille, en Mignature (Du Cabinet de M. Boudet)
Par Mademoiselle Lusurier.
155. Copie du Tableau de M. Fragonard, appartenant à M. le Vicomte de Saint-Priest, représentant l'*Amour* (Stein, 1913, p. 394 et 400).

**1780**

1er janvier
Nouvelle annonce, cette fois au *Mercure de France* (p. 45) de la gravure de Delaunay, *La bonne mère* (voir no 159).

29 janvier
De Paris, Fragonard signe une procuration en faveur de Claude Gérard, habitant à Grasse afin qu'il puisse signer l'acte d'émancipation que François Fragonard, le père du peintre, désire faire en faveur de son fils unique (Nice, Arch. Dép. 3 E 76/226).

9 février
François Fragonard, « bourgeois demeurant au dit Grasse lequel désirant donner des marques de son affection au Sieur Jean honoré fragonard son filz unique, peintre agrée à l'académie royale demeurant à Paris, de son gré l'a emancipé comme par le présent acte il l'émancipe et le met hors de sa puissance et autorité paternelle à l'effet qu'il régisse et administre pour lui même ses biens et affaires.... » (Nice, Arch. Dép. E 3 76/226). Claude Gérard, muni de la procuration, signe l'acte à la place de Fragonard. François mourra l'année suivante.

1er septembre
Jean-Honoré Fragonard verse une rente viagère de 6.160 livres 16 sols 6 deniers sur sa tête et celle de Marguerite Gérard, sa belle-sœur, ainsi que sur celle de Marie-Anne, qui en jouira après son décès.

Ce même jour, il verse une autre rente de 14.814 livres 16 sols 4 deniers pour en jouir à partir du 1er octobre 1779, et sa femme à partir du décès de son mari (Minutier central, XX-694).

17 octobre
Fragonard est présent au nom de Claude Gérard, son beau-père, à l'occasion d'un legs par « dame Perrine Héligon, décédée, épouse du sieur Christophe Isnard au sieur Augustin Héligon, son frère et à Guillaume françois et augustin Thomas-Benoît Héligon, ses neveux » (Minutier Central, XX-694).

26 octobre
Naissance et baptême à Grasse d'« Alexandre-Évariste Fragonard, fils de sieur Jean-Honoré fragonard peintre du Roy et de Marie anne Gérard son épouse. Le parrain sieur Alexandre Maubert négociant et la marraine dlle Marie Catherine Rose Mercurin épouse du sieur pierre Joseph Camatte negotian qui ont signé. Le pere se trouve absant. Le grand pere paternel a signé » (Nice, Arch. Dép. 70/15, publié par Sardou, 1865, p. 3 ; la copie de l'acte, Minutier Central XCVI 568, donne par erreur comme date de naissance le 20).

Les trois documents cités ci-dessus confirment, contrairement à ce qu'ont pu avancer certains biographes, l'absence de Fragonard de Grasse au moment de la naissance d'Évariste.

Fragonard date, sur le piédestal de la statue, « MDCCLXXX » *Le réveil de la nature.* Le tableau semble avoir été détruit durant la dernière guerre *(fig. 18 ;* W. 490 ; nous le reproduisons à partir d'une photographie aimablement prêtée par Jacques Wilhelm).

H. W. Singer (1917, p. 309, no 16) signale un exemplaire de la gravure d'Édouard Gautier-Dagoty, *Dites donc s'il vous plaît,* d'après le tableau de Fragonard (la plus célèbre version est celle de la Collection Wallace, W. 468, pl. 103) qui porterait la mention manuscrite : « peint par fragonard. et gravée en/couleurs par Édouard/Dagoty 2me fils/1780 ». Nous reproduisons l'exemplaire de la Bibliothèque d'Art et d'Archéologie *(fig. 19).*

27 novembre
Le Brun, l'auteur du catalogue de la vente Prault, ajoute au numéro 27 : « nous aurions pu à chacun des Tableaux de M. Fragonard que nous venons de décrire, mettre un éloge particulier ; mais nous avons mieux aimé réserver pour un article séparé l'hommage qui est dû à ses talens. On y reconnoit par-tout le génie libre et facile et la touche neuve et piquante qui caractérisent ses productions ». Hélas « l'article » annoncé ne nous est pas connu.

**1781**

4 mars
Décès à Grasse de François Fragonard, père du peintre, âgé de quatre vingt un ans, enterré le surlendemain. Aucun membre de sa famille n'est cité dans l'acte de sépulture (Nice, Arch. Dép. 2 E 70/16).

25 avril
Métra, dans sa *Correspondance secrète* (p. 221), relate une curieuse anecdote au sujet de Mlle Colombe (Marie-Thérèse), dont le sens nous échappe partiellement (voir no 245)

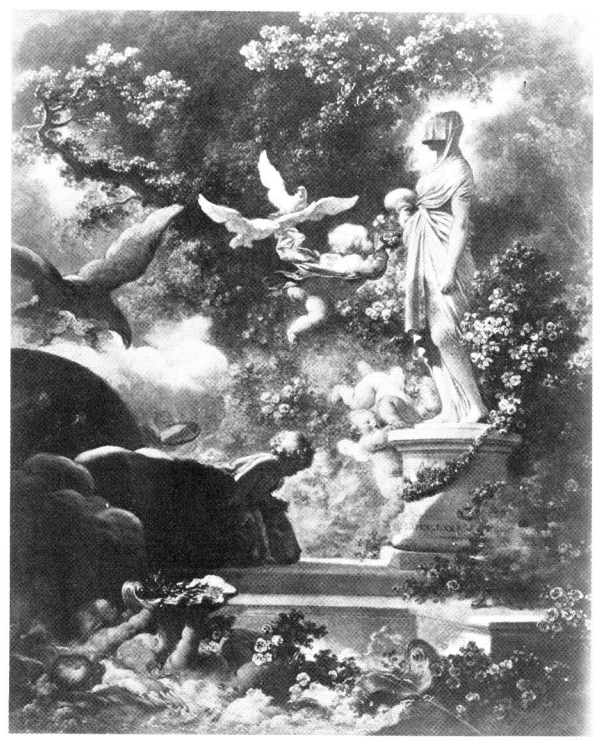

fig. 18. *Le réveil de la nature* (1780), probablement détruit

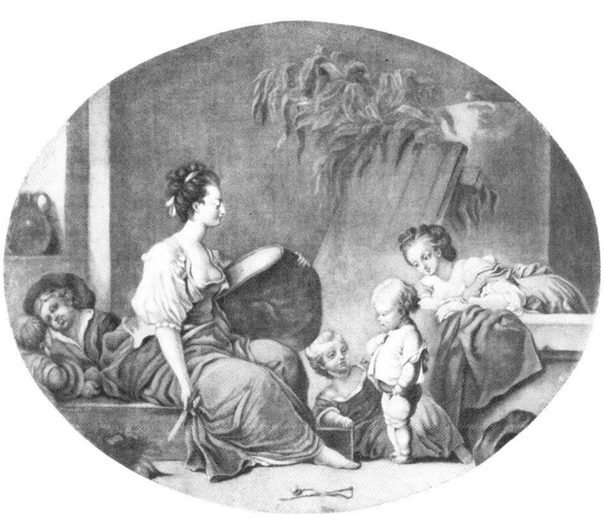

fig. 19. E. Gautier-Dagoty, *Dites donc s'il vous plaît*,
Paris, Bibliothèque d'Art et d'Archéologie

22 août
Fragonard expose « deux tableaux peints à l'aquarelle » au Salon de la Correspondance, *La bonne mère* et le *Repos pendant la fuite en Égypte* (voir nos 160 et 229), ainsi qu'un dessin représentant l'intérieur d'une étable (*Nouvelles de la République des lettres et des Arts*, p. 55 et 56).

29 août
Au Salon de la Correspondance figure « une vue du bois de Boulogne d'après M. Fragonard peintre du Roi, portant huit pouces de haut, un pied de large » (*Nouvelles de la République des lettres et des Arts,* p. 63).

Fragonard n'expose toujours pas au Salon. Quelques lignes de Carmontelle *(La patte de velours,* p. 35*)* témoignent de l'évolution du goût : « — Le particulier : On voit au Sallon de cette année beaucoup moins de ces tableaux (de genre). — L'éditeur : J'en suis ravi ; tout ce qui charme des caillettes, doit être soustrait au regard des hommes ; car le goût du beau tient au bonheur comme aux vertus politiques. Un peuple sage et libre, est bien rebuté des minauderies de Boucher, des polissonneries de Fragonard, des simplicités de Wille ».

**1782**

2 avril
Annonce dans la *Gazette de France* (nº 27, p. 130) de la gravure de Delaunay, *Les hasards heureux de l'escarpolette* d'après le tableau de Fragonard peint en 1767 (Londres, Collection Wallace ; *fig. 8 p. 226*).

Mai
Le *Mercure de France* (pp. 30-31) annonce une nouvelle gravure de Delaunay d'après Fragonard, *Les beignets (cat. 222 fig. 6)*. Le 2 mai, le *Journal de Paris* (nº 122, p. 487) précise qu'elle est dédiée à « Mme la Présidente de Plaa », comme la lettre le confirme.

12 juin
Fragonard expose au Salon de la Correspondance un « paysage dans lequel on voit sur un terrein élevé, un jeune homme jouant du flageolet, et une jeune fille qui gardent des moutons, par M. Fragonard, peintre du Roi » (voir nº 86 ; *Nouvelles de la République des lettres et des Arts,* p. 171, nº 8).

19 juin
Les *Nouvelles de la République des lettres et des Arts* citent à nouveau le paysage de Fragonard exposé au Salon de la Correspondance (p. 180, nº 6) : « M. Fragonard est en possession de plaire au public : la légèreté et l'esprit de sa touche sont étonnantes. On applaudit toujours au génie pittoresque qui préside à ses productions ».

À ce même Salon, Marie-Anne Fragonard expose sous le nº 29 « une tête de jeune fille, peinte en miniature ». Les *Nouvelles de la République des lettres et des Arts* du 26 juin (nº 13) précisent : « cet artiste émule de Rose-Alba, a fixé l'attention des Artistes et des Amateurs par la légèreté de sa touche et la couleur agréable ».

4 juillet
Fragonard et sa femme achètent à Edmée Anne Bouquet pour 8.000 livres, une maison « en deux corps de logis, et une terrasse donnant sur la rivière, le tout scis aux carrieres de Charenton avec les appartenances et dependances tenant presentement d'un costé à la maison où pend pour enseigne l'épée Royalle, d'autre costé au sieur Vaugeois et cidevant à Mde de Foussé aboutissant par derrière à la rivière et par devant sur le chemin des carrières. Ainsi que ladite maison se poursuit et comporte sans aucune exception, laquelle ledit sieur et dame fragonard ont dit bien connoître ainsi que ses apartennances et dépendances et en être contents » (Minutier central, XX-714 et Archives de la Seine, DC 6 408, fol. 94 verso). Fragonard avance 2.000 livres et s'engage à en payer 3.000 livres dans trois mois (confirmé, au bas de cet acte, le 27 septembre) et 3.000 autres le 1er janvier1783.

Rappelons que Charenton, à l'est de Paris, au bord de la Marne était un lieu de promenade très fréquenté. Boucher, entre autres artistes, a peint le fameux moulin de Quinquengrogne (Toledo, Museum of Art).

21 août
Fragonard expose au Salon de la Correspondance « un charmant paysage représentant une grotte ornée d'architecture, avec figures » (*Nouvelles de la République des lettres et des Arts,* p. 253, nº 24 ; voir nº 168).

6 novembre
Picot grave à Londres un buste de jeune fille « from a painting of M. Fragonard » *(fig. 20 ;* voir W. 418, fig. 176).

27 novembre
Fragonard expose au Salon de la Correspondance « un tableau représentant un paysage orné d'arbres et d'eaux en cascade » *(Nouvelles de la République des lettres et des Arts,* p. 271, nº 66 ; voir nº 168*)*.

À en croire Théophile Fragonard (1847, p. 9), le grand duc de Russie, alors en voyage *incognito* en France, aurait rendu visite à Fragonard dans son atelier du Louvre : « Paul Ier, sous le nom de comte du Nord, vint chez lui plusieurs fois et fit un jour une belle révérence à son mannequin qui était habillé en dame ».

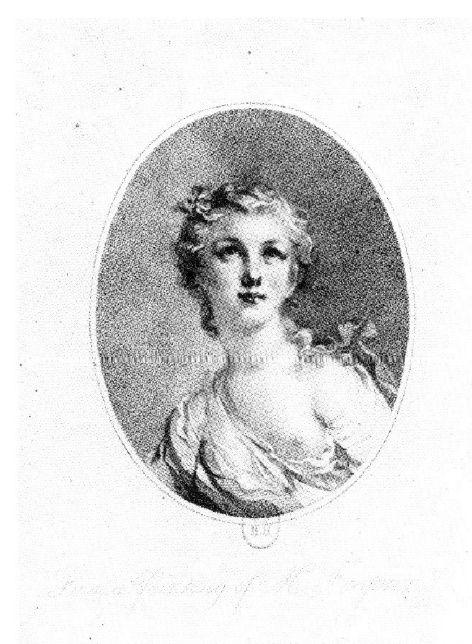

fig. 20. Picot, *Buste de jeune fille*,
Paris, Bibliothèque Nationale, Cabinet des estampes

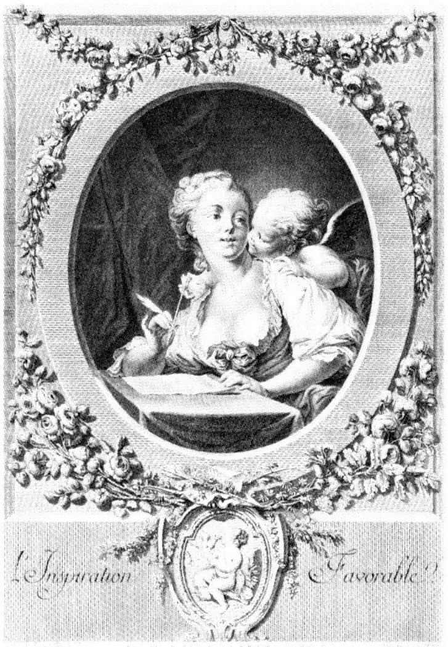


fig. 21. Halbou, *L'inspiration favorable*,
Paris, musée du Louvre,
Cabinet des dessins, coll. Rothschild

**1783**

Février
Le *Mercure de France* (pp. 137-138) annonce à nouveau la gravure de Delaunay *Dites donc s'il vous plaît,* exposée, avec celle des *Beignets (cat. 222 fig. 7* et *6),* au Salon de 1783, voir aussi les annonces de la *Gazette de France* du 21 février (n° 15) et du 8 avril (p. 72 et 136).

8 mai
Picot grave *La gimblette* sous le titre *New Thought (cat. 110 fig. 8).*

21 mai
Fragonard expose au Salon de la Correspondance sous le n° 76, un tableau dont le titre n'est pas précisé (voir aussi les *Nouvelles de la République des lettres et des Arts* des 28 mai et 4 juin, p. 168, 176, n° 112 et p. 187, n° 131).

Juin
Le *Mercure de France* (pp. 81-82) annonce la parution de la gravure d'Halbou, *L'inspiration favorable* d'après Fragonard *(fig. 21),* en pendant du *Messager fidèle* d'après Lallié. Plusieurs versions du tableau de Fragonard intitulé aussi *Sapho inspirée par l'amour* sont aujourd'hui connues (W. 423-427 ; autres annonces dans le *Journal de Paris,* 7 juin, n° 158, pp. 660-661, dans la *Gazette de France,* 10 juin, n° 46, p. 210 et dans *Affiches, Annonces et Avis divers,* 11 juin, n° 24, p. 96).

2 juillet
Au Salon de la Correspondance, Fragonard expose : « N° 155. L'esquisse du tableau de Callirhoé qui est chez le Roi, à un anonyme *(sic)* Bergeret » (voir n° 104) et : « N$^{os}$ 156-157 *(sic).* Paysage avec figures d'hommes, d'animaux, à M. le comte de Choiseul-Gouffier » (voir n° 92 ; *Nouvelles de la République des lettres et des Arts,* 2 juillet 1783, p. 246, cité par Wildenstein, 1960, p. 54).

3 juillet
Annonce dans le *Journal de Paris* de la parution de la gravure de Macret et Couché, *La fuite à dessein (fig. 22),* d'après un tableau de Fragonard *(fig. 23 ;* une version à Cambridge, Fogg Art Museum, W. 308, pl. 59), en pendant à *La petite Thérèse* d'après Caresme. L'estampe est dédiée à Madame la Marquise de Turpin de Crissé (nouvelle annonce dans le *Journal de Paris,* 30 juin 1784, n° 182, p. 781, dans la *Gazette de France,* 11 juillet 1783, n° 55, p. 250 et dans *Affiches, Annonces et Avis divers,* 25 juin 1784, n° 78, p. 371 et 20 août 1783, n° 34, p. 135).

26 novembre
Fragonard expose au Salon de la Correspondance « l'intérieur d'un ménage où l'on voit un père caresser son enfant en présence de la mère, esquisse » *(Nouvelles de la République des lettres et des Arts,* p. 313, n° 2*).* Le tableau se confond peut-être avec W. 501 fig. 501 (nous reproduisons une autre version plus achevée, *fig. 24 ;* W. 502 fig. 502) et semble correspondre à cette description.

Le 10 décembre, les *Nouvelles de la République des lettres et des Arts* (pp. 327-328) mentionnent à nouveau ce tableau en précisant : « À M. Vestier, peintre. Cette composition est remarquable par le mouvement de ses figures, et sur-tout par la grâce de l'enfant qui joue sur les genoux de son père ».

**1784**

8 mai
Annonce de la gravure de Blot, *Le verrou (cat. 236 fig. 5) :* « quant au sujet, il est de ceux dont la gaieté est un peu exagérée et il ne contribuera pas à la réforme des mœurs. Les Grâces toutes nues de l'Antique sont bien plus décentes que ce jeune homme et cette jeune

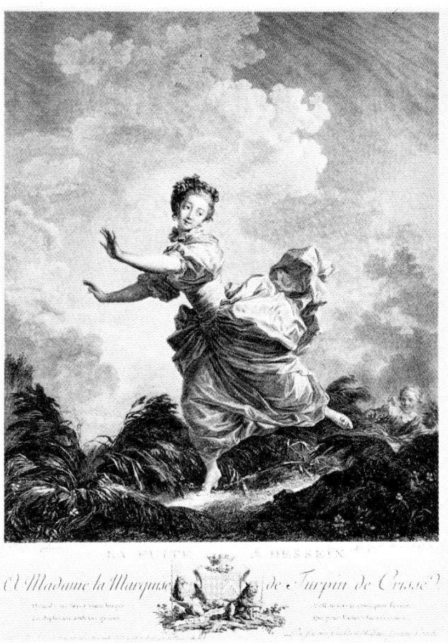


fig. 22. Macret et Couché, *La fuite à dessein*,
Paris, musée du Louvre,
Cabinet des dessins, coll. Rothschild

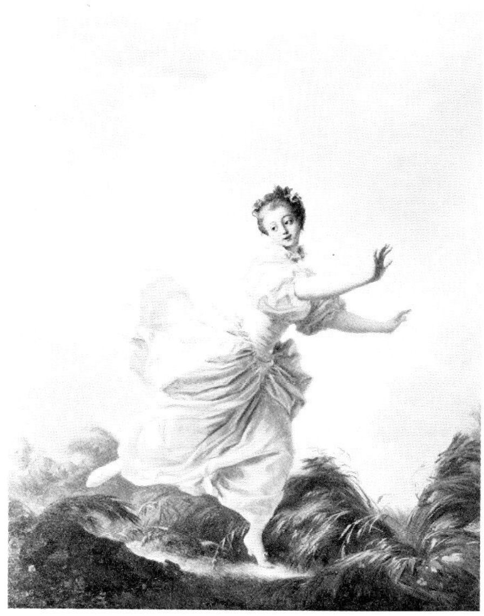

fig. 23. *La fuite à dessein*,
Cambridge, Fogg Art Museum

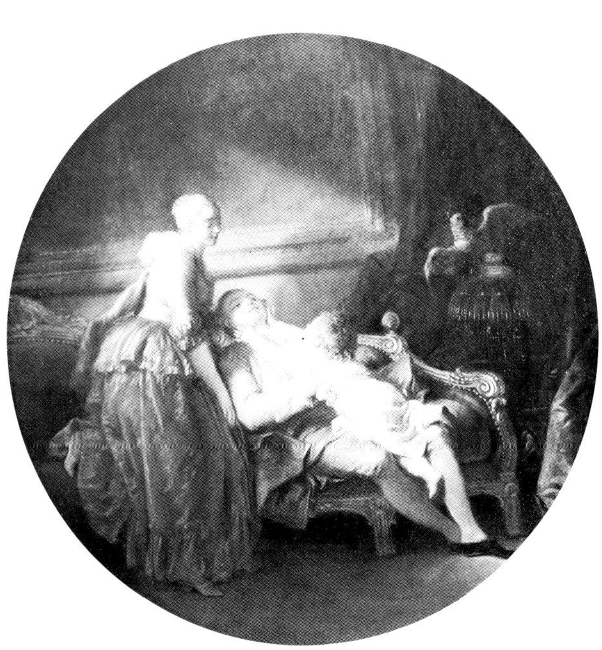

fig. 24. *L'heureux ménage*,
États-Unis, commerce d'art

fille, tout habillés qu'ils sont » (*Affiches, Annonces et Avis divers*, n° 56, p. 272).

22 mai
Les *Affiches, Annonces et Avis divers* (n° 62, p. 300) publient une lettre d'un lecteur, M. de Saint Félix, du 16 mai qui répond aux critiques parues dans le même journal le 8 mai (n° 56, p. 272) sur l'uniformité du traitement des étoffes dans la gravure de Blot, *Le verrou* : « le tableau a un effet piquant. Si M. Blot l'a exprimé ; comme vous en devez convenir, il a rempli sa tâche. Je ne connois pas cet Artiste : mais j'ai vu son modèle, et enchanté de la belle et large manière avec laquelle il l'a imité, j'ai pris la liberté de vous adresser mon observation, d'après laquelle vous détruirez peut-être l'effet d'une censure rigoureuse ». La réponse du directeur des *Affiches, Annonces et Avis divers* suit immédiatement : « nous admettons la distinction de Peintre d'histoire et de Bambochade, seulement par leurs productions. Or, comme l'Auteur du Verrou ne traitoit pas un sujet d'histoire, il auroit dû entrer dans tous les détails essentiels aux tableaux du genre inférieur » (voir n° 236).

Juin
Nouvelle annonce, cette fois dans le *Mercure de France* (p. 37) de la gravure de Blot : « on connoît la magie du pinceau de M. Fragonard, les grâces et la vérité qu'il a répandues dans ses tableaux ; la gravure en a multiplié plusieurs que les amateurs se sont empressés d'accueillir. M. Blot vient d'en graver un qui offre une estampe charmante, intitulée le verroux ; le sujet est galant et rendu de manière à produire l'effet le plus agréable ».

Choffard grave un grand fleuron pour le *Voyage Pittoresque* (vol. V) : « Cérès vient d'allumer deux branches de Sapin à l'Etna » *(fig. 25)*, d'après un dessin de Fragonard.

**1785**

Le *Discours sur l'origine, les progrès et l'état actuel de la peinture en France*, publié anonymement à Paris, se montre déçu par l'évolution de Fragonard (pp. 23-24) : « M. Fragonard, né avec une forme de génie propre à former plusieurs artistes, ne nous paroît pas avoir rempli toute l'étendue de ses obligations envers la Nature. Loin de suivre la carrière sublime de son Art, où les plus grands succès lui étoient assurés, il s'est détourné dans de petits sentiers inconnus, pour se faire un genre plus favorable au délire de l'imagination qu'à l'exacte vérité. Nous devons avouer cependant que les compositions dans ce genre ont eu quelquefois des succès mérités ; mais son ambition s'est bornée à faire briller quelques éclairs, dans une carrière où son génie pouvoit répandre une lumière plus grande et plus durable. Son tableau de *Callirhoé*, qui l'a fait agréer à l'Académie, autorise d'autant plus les reproches que nous lui faisons, qu'on le peut regarder comme un chef-d'œuvre d'harmonie et d'expression. Malgré quelques incorrections de dessin, on regrettera toujours que M. Fragonard n'ait pas pris un vol plus élevé ».

C'est vers cette époque que Vincent aurait acheté à Fragonard deux paysages, comme en témoigne une lettre du 29 janvier 1845 aux conservateurs du Louvre : « les tenant de mon père qui les avoit acheté à monsieur fragonard même dont il était l'ami, il y a de cela à peu près 60 ans, ils sont peu connus, n'ayant depuis ce tems nullement été vus du publique. Artiste moi même et connoissant leur mérite, j'ai pensée que le musée n'en ayant qu'un peu remarquable de ce maître ils seroient comme je le crois digne d'y figurer honorablement. C'est dans cet espoir, monsieur, que je prends la liberté de m'adresser à vous pour vous prier de me permettre de les soumettre à votre jugement. Si donc messieurs, vous le trouviez convenable je les ferois porter à l'administration, ou vous voudrez bien je vous prie faire savoir votre détermination.

Mon père à l'époque que je vous ai dit, les a payés 1.200 livres quand à moi monsieur quoique que *(sic)* je les regarde comme deux, peut être, des meilleurs de cet habile artiste, je borne mes prétentions à beaucoup moins, n'en demandant que la moitié c'est à dire 600 livres » (lettre du fils du peintre Vincent, Archives du Louvre, P. 30). La proposition ne fut pas acceptée.

14 mars
L'inventaire après décès de Bergeret, mort le 21 février, comprend plusieurs œuvres de Fragonard, « une esquisse », estimée 26 livres, et « cinq tableaux quatre dessus de porte et un devant de cheminée », estimés 24 livres (Minutier central, XVIII, 846, publié par Wildenstein en 1961). Par recoupement avec le catalogue de la vente après décès qui eut lieu le 24 avril 1786, on peut affirmer que l'« esquisse » se confond avec une étude pour *Corésus et Callirhoé* (voir n° 104) et Wildenstein en 1961 (p. 74) propose de reconnaître, dans « les quatre dessus de porte », les quatre allégories des arts (W. 57-60).

Sont également mentionnés dans l'inventaire « quatre tableaux » estimés vingt-six livres qui sont peut-être la série des *Quatre heures du jour* (W. 74-77).

29 mars
Annonce de la gravure de Couché, *La coquette fixée (cat. 5 fig. 4)*, d'après Fragonard, en pendant aux *Sabots* d'après Lavreince (*Gazette de France*, n° 25, p. 104). Voir aussi le *Mercure de France* du 11 juin (p. 93) qui précise que la gravure est « terminée par Dambrun ».

2 mai
Annonce dans le *Journal de Paris* (n° 122, p. 497) de la parution de la gravure de Robert Delaunay, *La cachette découverte* (en fait *L'armoire*, n° 238) d'après Fragonard. La *Gazette de France* du 24 mai (n° 41, p. 178) et le *Mercure de France* du 4 juin (pp. 46-47) signalent également la parution de cette estampe.

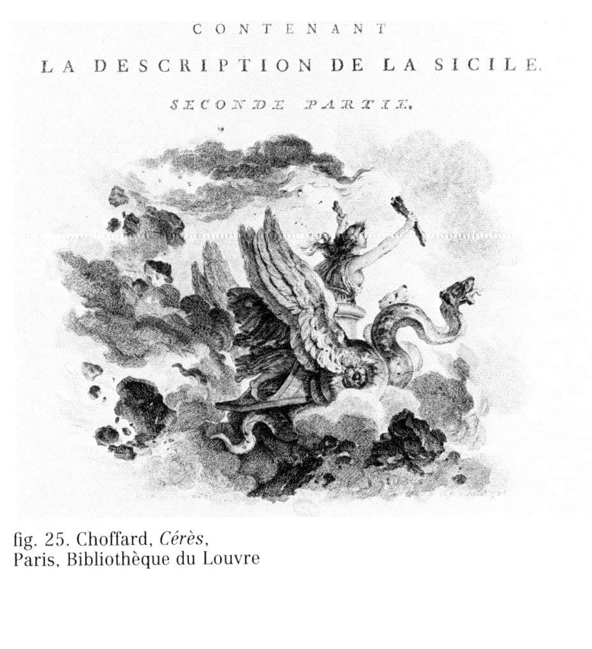


fig. 25. Choffard, *Cérès*,
Paris, Bibliothèque du Louvre

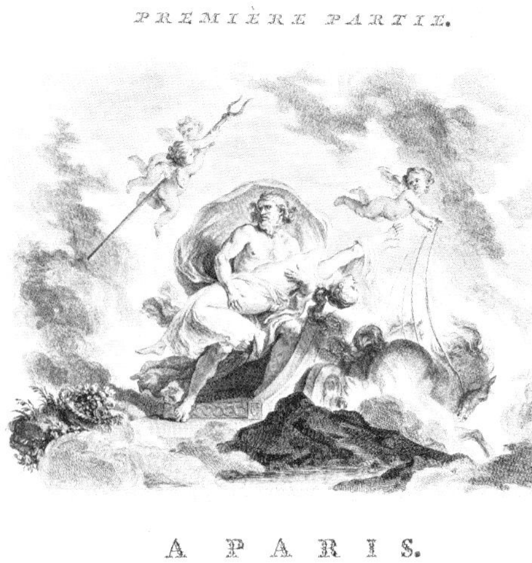


fig. 26. Choffard, *L'enlèvement de Proserpine*,
Paris, Bibliothèque du Louvre

14 juillet
Fragonard expose au Salon de la Correspondance sous le nº 43 « une vue de jardin, dans lequel de haut arbres se joignent par les tiges... laissent apercevoir un château, différentes figures d'hommes... » *(Nouvelles de la République des lettres et des Arts,* 14 juillet, p. 215, cité par Wildenstein, 1960, p. 54*)*.

Décembre
Le *Mercure de France* (p. 191) signale la parution de *La fontaine d'amour* gravée par Regnault d'après le tableau de Fragonard de la Collection Wallace *(cat. 283 fig. 2* et *3)*.

Choffard grave pour le *Voyage Pittoresque* (vol. IV) un fleuron d'après le dessin de Fragonard, *L'enlèvement de Proserpine (fig. 26)*.

12 décembre
Vente après décès du marquis de Veri, où figurent plusieurs œuvres de Fragonard (voir nºˢ 157, 234 et 236).

**1786**

Parution du premier tome du *Guide des amateurs et des étrangers voyageurs à Paris* par Thiéry. Chez monsieur de Courmont, régisseur général, on voit « une jolie esquisse de M. Fragonard » (p. 180), et chez le Chevalier Lambert (voir nº 235), rue de Richelieu « deux tableaux de monsieur Fragonard, dont la *Visitation,* tableau d'un effet et d'une magie de peinture au-dessus de tout éloge » (p. 189). Enfin, dans le cabinet de monsieur Le Noir Dubreuilh, rue Montmartre, on peut admirer un paysage et « nombre de dessins » (p. 461).

Également cette année-là, parution de la *Nouvelle description des environs de Paris* par Dulaure, qui y décrit le pavillon de la du Barry à Louveciennes : « le sallon, décoré très-richement, a des Dessus-de-portes, peints par M. Fragonard » (p. 19 ; voir nºˢ 152-153).

25 janvier
Au Salon de la Correspondance du 19 janvier, Fragonard expose « un tableau représentant des Amours dans des nuages, qui jouent et se font des caresses ; par M. Fragonard, Peintre du Roi ; à M. Rémy, peintre. L'Artiste se montre, dans cet ouvrage, l'émule de Solimène. Ce Tableau est d'autant plus précieux, que la Gravure, qui a multiplié avec tant de satisfaction pour les Amateurs, des compositions de cet Artiste, pleines d'esprit ne peut rendre ni la couleur, ni la chaleur de ton qui caractérisent celle-ci » (voir nº 109 ; *Nouvelles de la République des lettres et des Arts,* 25 janvier, p. 45, nº 25).

22 juillet
Annonce de la gravure de Mathieu d'après le tableau de Fragonard, *Le serment d'amour (fig. 27),* qui fait pendant à celle de Delaunay, *La bonne mère* (voir nº 159).

6 août
Le *Journal de Paris* (nº 218, p. 903) annonce la parution de « la foible résistance ou le verroux et l'Amant victorieux ; deux estampes faisant pendant ; coloriées au pinceau, 2 liv. 8 s. chaque. À Paris, chez le Sieur Le Beau, graveur ».

11 octobre
Mémoire concernant la destruction et la reconstruction d'un mur mitoyen entre la maison de Pierre Roustain de la Barolliere, avocat au parlement et conseiller du roi, et celle de Fragonard à Charenton (A.N. $Z^2$ $661^A$).

Claude Gérard, résidant à Grasse, donne procuration à Fragonard « peintre du Roy demeurant à Paris au Louvre paroisse St Germain Lauxerrois » pour « en son nom recevoir les arreages echus et à échoir, des rentes perpetuelles qui luy appartiennent et de celles dont il a droit de jouir... » (Minutier central, XX-730, déposée le 13 décembre).

19 décembre
Annonce de la parution de la gravure de Delaunay, *Le chiffre d'Amour (fig. 28 ;* Gazette de France, nº 101, p. 434 et 22 décembre, nº 102, p. 438). La gravure figure au Salon, nº 314. Le tableau (W. 390) appartient à la Collection Wallace (voir aussi le *Journal général de France,* 9 janvier 1787, pp. 14-15).

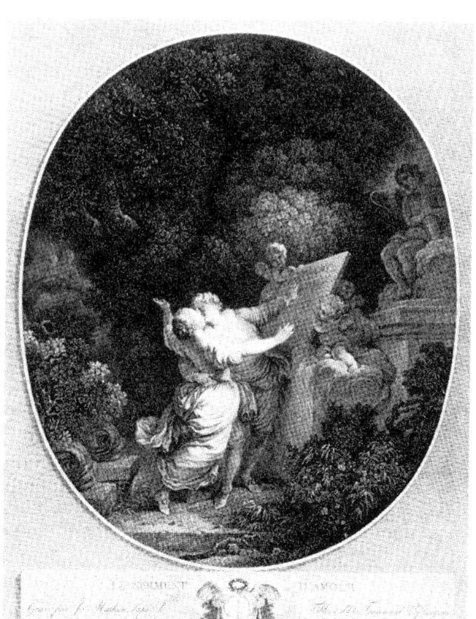

fig. 27. Mathieu, *Le serment d'amour*,
Paris, Bibliothèque Nationale, Cabinet des estampes

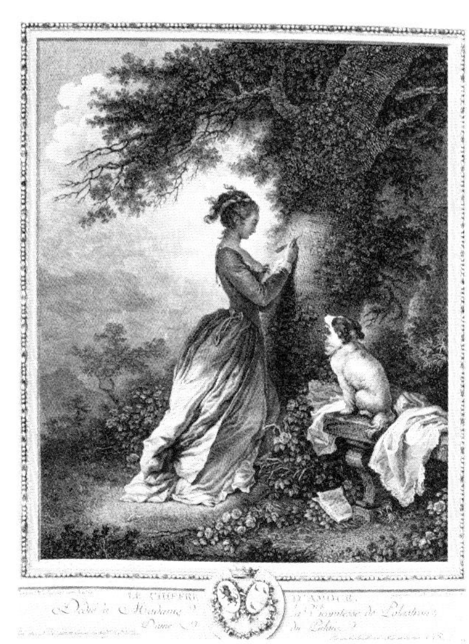

fig. 28. N. Delaunay, *Le chiffre d'amour*,
Paris, Bibliothèque Nationale, Cabinet des estampes

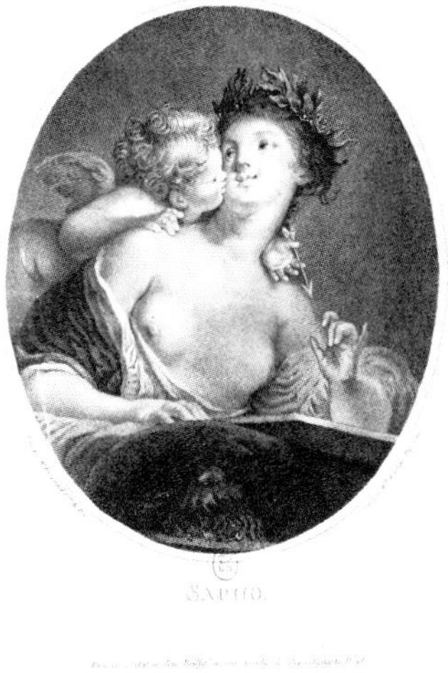

fig. 29. A. Papavoine, *Sapho*,
Paris, Bibliothèque Nationale,
Cabinet des estampes

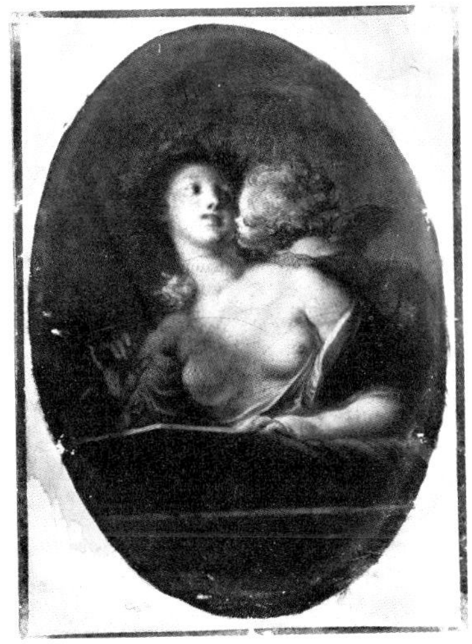

fig. 30. *Sapho*,
Paris, coll. privée

**1787**

Avril
C'est vraisemblablement de cette époque que l'on peut dater une lettre du président Haudry à Desfriches (par la référence, en fin de lettre, à la récente vente du chevalier de Chamgrand qui eut lieu le 20-24 mars 1787) : « ...ne croyez pas, Monsieur, qu'en fait de dessins, on ne paye que le nom de l'artiste ; quelquefois l'engouement a lieu mais on en revient promptement. Quelque nom que porte un dessin, s'il est movais il se donne, s'il est médiocre, il se donne encore ; s'il est bon, il se vend ; s'il est excelent on se l'arrache... Fragonard jouit de la plus grande réputation, ses bons dessins se payent au poids de l'or et ils le méritent ; mais nous voyons tous les jours des Fragonards auxquels personne ne fait attention. Pourquoy cela ? C'est que Fragonard ne peut pas toujours être sublime et qu'un aigle ne peut pas toujours être dans les airs ; le bon Homère n'a-t-il pas quelquefois dormi ? M. du Coudray vous a parlé d'une petite acquisition que j'ai faite, mais il auroit dû vous dire que ce n'est qu'un très petit échantillon du maître, agréable à la vérité mais peu conséquent. Quand on ne peut pas mettre des sommes considérables à la curiosité (surtout en fait de tableaux), il faut se borner fortement à ces petites choses » (publiée par Ratouis de Limay, 1907, pp. 26-27). Le « petit échantillon » pourrait se confondre avec A. 284 qui, selon le texte de la vente du 17-19 mars 1823, n° 123, proviendrait « du cabinet du président Haudry ».

19 mai
Le *Journal de Paris* (p. 603) annonce la parution de la gravure de Guersant, « *La chemise enlevée*, estampe faisant pendant à l'*Amour chatié par sa Mère*, gravée par Massard d'après M. Fragonard » *(cat. 72 fig. 2)*. Voir aussi le *Mercure de France* (7 juillet, p. 47) : « la *Chemise enlevée*, peinte par H. Fragonard, peintre du Roi, gravée par E. Guersant, prix. 3 liv. À Paris, chez Massard, Graveur du Roi (...). Cette Estampe fait pendant à celle de l'*Amour chatié par sa mère* ».

17 juin
Annonce dans le *Journal de Paris* (p. 745) de la parution de deux estampes de Nicolas Ponce, *Le pot au lait* et *Le verre d'eau*, d'après des tableaux de Fragonard, voir n° 143 ; (voir également le *Journal général de France* du 28 juin, n° 77, p. 307, et le *Mercure de France* du 25 août).

Le comte de Paroy expose au Salon une gravure, n° 287 : « l'Hermite se faisant enlever par des Démons, pour courir après Angélique. Sujet de l'Arioste, d'après M. Fragonard. Gravure imitant le crayon » (voir p. 509).

17 décembre
L'auteur du catalogue de la vente [Chabot-la Mure] commente ainsi le talent de Fragonard (p. 41) : « tous les sujets de fantaisie y sont traités avec un charme et un agrément, qui n'appartiennent qu'à l'imagination de M. Fragonard, on retrouve... dans les compositions de caractère toute l'âme et tout le sentiment qu'exige le grand genre... ».

Parution du second tome du *Guide des amateurs*... de Thiéry qui signale deux « délicieux » paysages de Fragonard, l'un dans le cabinet du duc de Chabot, à l'Hôtel de La Rochefoucault, rue Mazarine (p. 494 ; sur l'Hôtel et l'académie de dessin qui s'y trouvait, voir n° 277), l'autre chez le comte de Vaudreuil, rue de la Chaise, celui-ci possédait également des dessins (p. 547 et 549). Enfin, un tableau, dont le sujet n'est pas précisé, est mentionné dans le cabinet du baron de Bezenval, rue de Bourgogne (p. 578).

Huber, dans ses *Notices générales des graveurs et des peintres*, éditées cette année-là à Leipzig, écrit (p. 661) : « HONORAT FRAGONARD, reçu membre de l'Académie de Paris en 1765. Le Baiser dangereux, F. Flipart fc. Les Baignets, N. de Launay fc. Dites donc, s'il vous plait, id. ».

L'abbé Brizard, dans son *Analyse du Voyage Pittoresque de Naples et de Sicile*, ne rend pas seulement hommage à l'abbé de Saint-Non, mais aussi à toute l'équipe d'artistes qui a collaboré à cette entreprise : « pour employer à la fois tous les genres de séduction, l'Auteur du Voyage Pittoresque s'est entouré de tous les talens... Fragonard... reproduit les compositions des grands Peintres ; morceaux neufs et piquans, dûs à l'amitié et à l'amour des Arts : tous les talens ont concouru pour élever un monument au génie » (p. 13). « On sent qu'une telle production ne pouvoit être le fruit des travaux d'un seul homme ; M. l'Abbé de S.... aime à payer un juste tribut d'éloges et de reconnoissance à tous les talens qui l'ont secondé dans cette vaste entreprise, et qui ont contribué à sa perfection. À la tête des Artistes, il nomme MM. Fragonard et Robert, dont les dessins pleins d'esprit et d'imagination ont embelli cette collection » (p. 77).

**1788**

30 mars
Annonce dans le *Journal de Paris* (n° 90 p. 399) de la gravure de mademoiselle Papavoine, *Sapho (fig. 29)*, d'après Fragonard. La composition, sous le titre de *L'inspiration favorable* avait été gravée par Halbou *(fig. 21)*. Nous reproduisons une petite version du tableau, en grisaille, jamais reproduite jusqu'à présent *(fig. 30)*.

14 juin
Annonce du *Baiser à la dérobée* par Regnault d'après le tableau de Fragonard (voir n° 303) dans le *Mercure de France* (p. 95, voir aussi le *Journal de Paris*, juin, p. 666 et le *Journal général de France*, p. 274).

26 juillet
Une sentence est rendue contre « la dame Dufour et autres locataires d'une salle et dépendance » de la maison de Charenton qui appartenait à Fragonard. Les locataires, pour une année de loyer de retard, sont condamnés à payer cent livres plus « vingt cinq livres pour le terme courant qui echeoirois le premier octobre prochain afin de congé desdits lieux pour ledit jour premier octobre » ; « pour faciliter le payement de ladite somme de cent livres échüe de vingt cinq livres à échoir, il seroit dit que les effets saisis et gagés par le procès verbal sus daté (12 juillet) seroient vendus sur la place du pont St Michel de la ville de Paris », l'argent ainsi récolté devant revenir à Fragonard (A.N., baillage de Charenton, $Z^2$ 661 B).

8 septembre
Legrand grave *L'amour ingénieux* et *Télémaque et Eucharis (fig. 31-32)* d'après des dessins de Fragonard.

8 octobre
Mort, au château de Cassan *(fig. 33)*, de Rosalie Fragonard : « le jeudi neuvième jour du mois d'octobre le corps de Rosalie fille de Sieur Jean honoré fragonard Peintre du Roi, et aggrégé *(sic)* à l'académie de Peinture et Sculpture, et de Marie Anne gérard sa femme, décédée hier chez monsieur Bergeret à Chateau-Pré dit Cassan âgé de dix huit ans, munie des sacrements de Pénitence et d'Extrême onction, a été inhumé dans le cimetiere par moi pretre soussigné en présence de Louis hubert Deaubonne concierge dudit Chateau Pré, soussigné et des soussignés. D'Eaubonne Joseph Culot Chevron prêtre » (L'Isle-Adam, Arch. Mun., mairie, registre des inhumations, *fig. 34)*.

1er novembre
Legrand grave *Ma chemise brûle* d'après le dessin de Fragonard

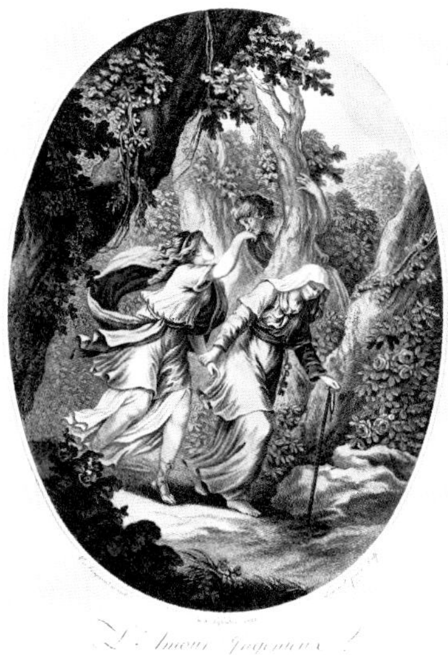


fig. 31. Legrand, *L'Amour ingénieux*, Paris, Bibliothèque Nationale, Cabinet des estampes

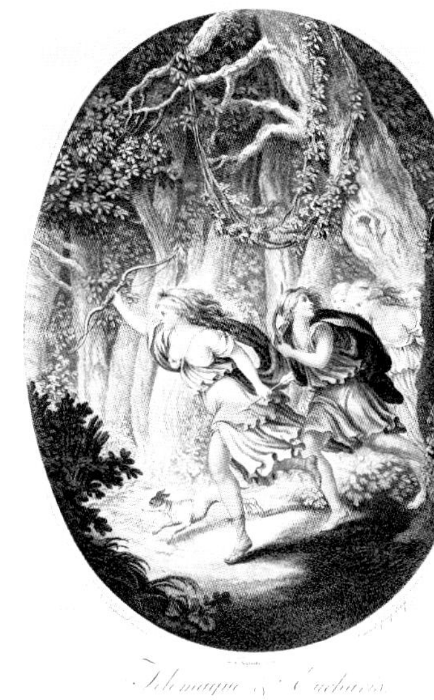


fig. 32. Legrand, *Télémaque et Eucharis*, Paris, Bibliothèque Nationale, Cabinet des estampes

*(cat. 118 fig. 1)*. La gravure est annoncée dans la *Gazette de France* du 23 décembre, n° 103, p. 456 et dans le *Mercure de France* du 3 janvier 1789, p. 45.

17 décembre
L'Académie convoque deux de ses membres qui n'ont pas présenté leurs morceaux de réception : « Déclaration faites par mrs. les Agréés au comité : 1765. Fragonard P. s'est présenté, mais est parti en disant qu'il allait revenir, et n'est point revenu » (A.N. $O^1$ 1925 $B^{15}$). La déclaration est certifiée véritable par Renou, l'auteur des *Dialogues* de 1773.

23 décembre
Après la déclaration du 17 décembre, une injonction dut être faite aux peintres qui n'avaient pas encore présenté leur morceau de réception : « mais on peut dès à présent prévoir qu'il y aura plusieurs agréés anciens qui ne satisferont pas et même sont dans l'impossibilité de fournir leur morceau de réception comme : M. Portier âgé de 72 ans, M. Courtois devenu aveugle, M. Fragonard par légèreté et insouciance, M. Strange à cause de son absence habituelle de France » (A.N. $O^1$ 1925 $B^{15}$ ; cité par Locquin, éd. 1978, p. 36).

**1789**

7 juillet
Fragonard signe un certificat demandé pour Fiquet par M. Mercier, garantissant l'authenticité de deux dessins provenant de la vente Varanchan de Saint-Geniès, *Le verrou* et *L'armoire* (n$^{os}$ 236-238).

21 novembre
Greuze informe le prince Youssoupoff des commandes qu'il a passées à plusieurs artistes français : « votre commission a été faite avec une telle indifférence, qu'il a fallu vous être attaché comme je vous le suis, pour m'en être occupé, et même je suis le seul, Fragonard m'a dit que personne ne lui en avait parlé, Mr Vincent est à peu près dans le même cas, Mme Lebrun ne l'a pas commencée, son mari m'a dit qu'elle le ferait à Rome, où elle est actuellement ». Il ajoute en post-scriptum : « Mr Fragonard va commencer votre tableau ainsi que Mr Vincent » (Archives de Moscou, publié par Ernst, 1924, p. 267). Sur Greuze et Fragonard, voir notice n° 254.

7 septembre
La séance de l'Assemblée Nationale est interrompue par l'arrivée d'une délégation de femmes et filles d'artistes venues « offrir leurs

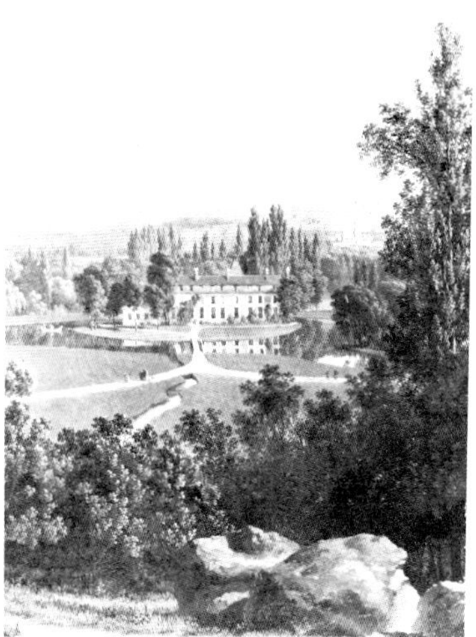

fig. 33. Alavoine, *Le château de Cassan*, (détail) musée de L'Isle-Adam

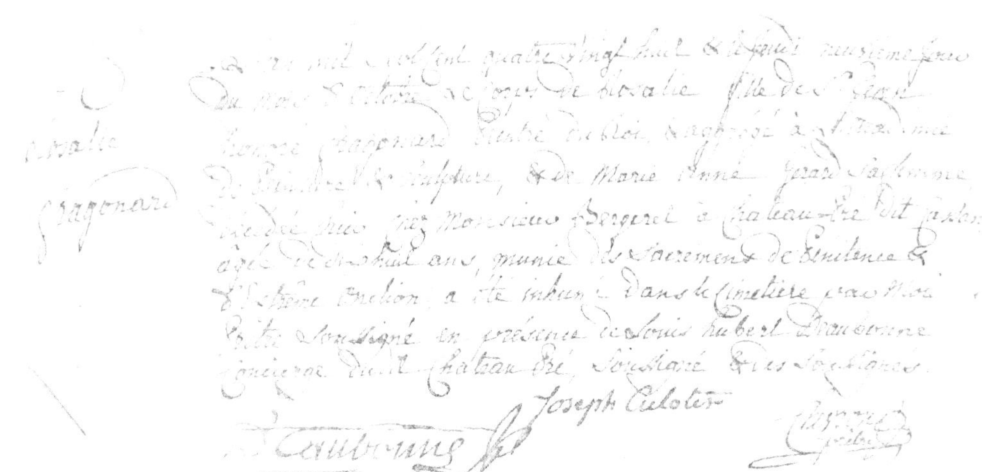
Rosalie Fragonard

L'an mil sept cent quatre vingt huit & le [illegible] neuvième jour
du mois d'octobre le corps de Rosalie fille de S. Jean
Honoré Fragonard Peintre du Roi, agréé à l'Académie
de Peinture & Sculpture, & de Marie Anne Gérard son épouse
décédée hier chez Monsieur Bergeret à Chateau Pré dit [illegible]
âgée de dix huit ans, munie des sacrements de Pénitence &
d'Extrême Onction a été inhumée dans le cimetière par moi
Prêtre soussigné en présence de Louis Hubert [illegible]
concierge dudit Chateau Pré soussigné & des soussignés.
Joseph Culoteau
[illegible]

fig. 34. Acte d'inhumation de Rosalie Fragonard, L'Isle-Adam, Archives municipales bijoux à la patrie ». Parmi celles-ci, Madame Fragonard et Mademoiselle Gérard (*Le Moniteur Universel*, n° 54, p. 223 et le *Mercure de France*, pp. 202-203, voir aussi le *Journal* de Madame Moitte, éd. Cottin, 1932, p. 2).

### 1790

12 janvier
Fragonard, sa femme et Marguerite Gérard (et Évariste ?) arrivent à Grasse où ils sont reçus par leur cousin, Alexandre Maubert (Bibliothèque du Musée de Grasse, *Livre de compte de Maubert*, fol. 24). Sur la page où il signale leur arrivée, Maubert enregistre chaque mois, du 18 février 1790 au 12 février 1791, la somme de 168 livres versée par Fragonard, vraisemblablement comme loyer.

Contrairement à ce qui a pu être écrit (Wildenstein, 1960, p. 51), Fragonard ne semble pas avoir été reçu à la Loge maçonnique de Grasse. Peut-être y a-t-il eu une confusion avec Maubert qui fut reçu en 1782 à la Loge maçonnique de Saint-Jean de la vraie humanité (certificat appartenant à la Bibliothèque du musée de Grasse).

Nous avons dit plus haut (p. 417) que Fragonard s'est établi à Grasse non pour des raisons politiques, mais pour rétablir sa santé.

20 avril
Greuze annonce au prince Youssoupoff qu'il a achevé le tableau qu'il lui a commandé, *La colombe retrouvée ou la volupté* (aujourd'hui à Moscou, musée Pouchkine). Il ajoute : « Mme Lebrun est toujours en Italie, son mari m'a assuré qu'elle travaille à votre tableau ; Mr Fragonard n'est plus à Paris, il est en Provence, je ne sais où en est son ouvrage, dès qu'il sera fini on vous en donnera avis, de même que de celui de Mr Vincent » (Archives de Moscou, publié par Ernst, pp. 267-268 et Zolotov, 1958, p. 147).

20 septembre
Le tableau du prince Youssoupoff est parti, Greuze ajoute : « je n'ai point de nouvelles des tableaux, que vous m'avez chargé de vous faire faire par Mme Lebrun, Fragonard et Vincent. Je suis persuadé qu'ils ne manqueront pas de vous instruire lorsqu'ils seront terminés » (Archives de Moscou, publié par Ernst, 1924, p. 268). Nous ignorons tout sur la commande passée à Fragonard.

### 1791

1er janvier
Annonce dans le *Journal de Paris* (n° 1, p. 4) de la parution de deux gravures de Delaunay d'après Fragonard : *L'éducation fait tout* et *Le petit prédicateur* (voir n° 226 et 227). L'estampe de *L'éducation fait tout* est exposée au Salon (n° 538, voir aussi le *Mercure de France*, 12 mars, pp. 83-84).

10 mars
Fragonard signe un reçu de 3.600 livres à Maubert. Ce reçu est généralement rapproché des toiles que l'artiste avait réalisées pour la du Barry et qui furent refusées par la comtesse (voir p. 322 ; ces toiles, on le sait, furent installées par Fragonard dans ce qui est l'actuel musée Fragonard à Grasse, *fig. 35*) : « j'ay reçu de mon cher cousin Maubert pour ouvrages de peinture la somme trois mille six cent livres dont quittance jusqu'a ce jour pour solde de tout compte à grasse ce dix mars 1791 — signé — Fragonard peintre du ROY » (New York, Frick Collection, *fig. 17 p. 322*, publié par Nolhac, 1907, p. 22).

19 avril
Annonce dans le *Journal de Paris* de la parution de la gravure de Regnault, *Le songe d'Amour* d'après Fragonard (voir n° 283), faisant pendant à la *Fontaine d'amour*.

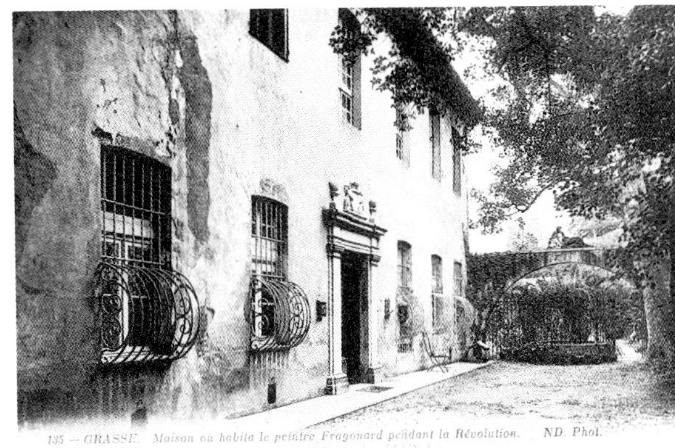


fig. 35. La Villa Fragonard, Grasse (ancienne carte-postale)

25 juillet
Le *Journal de Paris* (n° 206, p. 832), signale la parution de la gravure de Romanet, *La mère de famille*, d'après Fragonard (voir n° 222).

4 octobre
La gravure de Delaunay, *Les regrets mérités* d'après Marguerite Gérard (*fig. 36*), « élève et sœur *(sic)* de M. Fragonard » est annoncée par le *Journal de Paris* (n° 277, p. 1129).

25 novembre
Mort de l'abbé de Saint-Non. Dans son testament (Minutier central, XX, 752, 26 novembre 1791, communiqué par madame Arquié Bruley), Saint Non prie son frère La Bretèche « de choisir dans mes dessins ou estampes, et dans le nombre de mes tableaux, ceux qui auront été faits par moi, et les distribuer à son choix et comme des marques de souvenir et d'amitié à ceux et celles de nos parents et parentes et amis communs avec lesquels nous vivons le plus, et sommes liés le plus familièrement. Comme [...] M. Pâris, Robert et Fragonard [...] ».

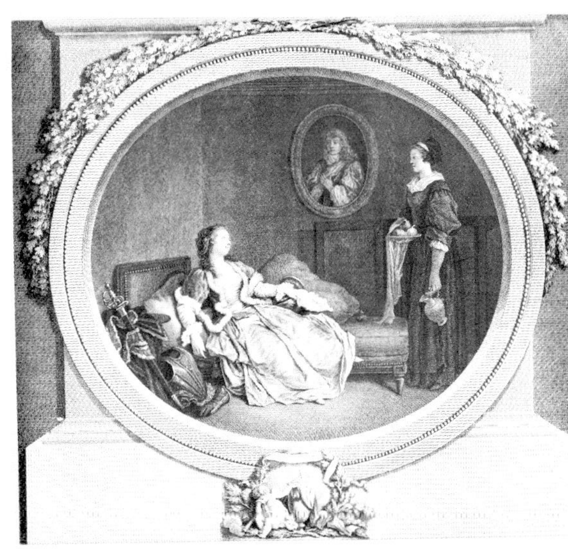

fig. 36. N. Delaunay, *Les regrets mérités* d'après Marguerite Gérard, Paris, musée du Louvre,
Cabinet des dessins, coll. Rothschild

# 203 Jeune fille vue de face

New York

H. 396 ; L. 256
Sanguine
Annoté en bas à gauche, à la plume : « frago...d »

Amsterdam, Rijksmuseum, Rijksprentenkabinet

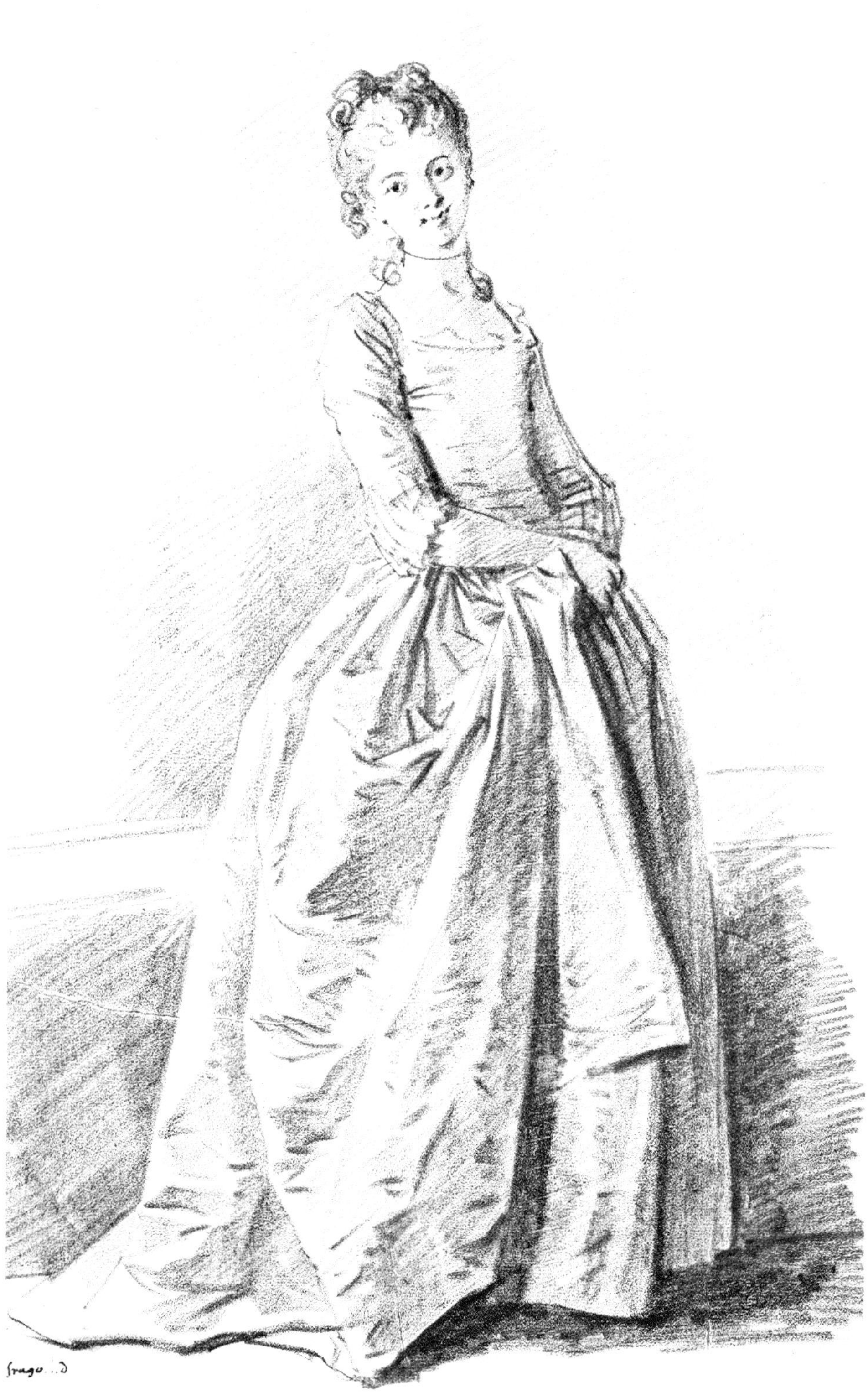


**Provenance**
Coll. E. J. von Dalberg (?) ; Hessisches Landesmuseum de Darmstadt ; vendu vers 1933 ; [Wildenstein] ; coll. Fritz Mannheimer, Amsterdam ; entré au musée d'Amsterdam en 1953 ; 1953 : 207.

**Expositions**
Londres, 1968, nº 257, fig. 292 (confusion avec le dessin suivant) ; Amsterdam, 1974, nº 47a, ill.

**Bibliographie**
Schrey, 1929, pl. 167 et p. 11 ;
A. 729 fig. 210 ;
Roland Michel, 1983, p. 474 ;
Schulz, 1984, p. 443, notes 1 et 9.

**Œuvres en rapport**
Nous donnons une liste des sanguines comparables aux quatre dessins que nous exposons ici :
– *Jeune fille debout la main gauche sur la hanche, baissant les yeux* (A. 164 fig. 67 ; A. 724 ; copie à Grasse ; gravé dans le même sens par Demarteau (1722-1776) ; *fig. 1*) ;
– *Jeune fille debout levant la tête* (gravé par Bonnet, Hérold, 1935, p. 128, nº 201 ; copie, vente 20 novembre 1941, nº 10, ill. ; *fig. 2*) ;
– *Jeune fille debout vue de face* (A. 165 fig. 343 ; *fig. 3*) ;
– *Jeune fille debout, vue de trois quarts et levant la tête* (A. 169 fig. 692 ; porte une inscription : « frago » qui paraît de la même main que celle du présent dessin ; *fig. 4*) ;
– *Jeune fille debout, la main gauche sur la hanche, baissant les yeux* (A. 726 fig. 212 ; Williams, 1978, nº 30, ill. ; *fig. 5*) ;
– *Jeune fille debout, tournée vers la droite, baissant les yeux* (A. 727 fig. 211 ; *fig. 6*) ;
– *Jeune fille debout, tournée vers la gauche, baissant les yeux* (Schulz, 1984 ; *fig. 7*).
– *Jeune fille assise* (A. 197 fig. 498 ; Williams, 1978, nº 31, ill. ; *fig. 8*) ;
Pour les dessins de même type à la pierre noire, voir A. 166 fig. 68 ; A. 167 fig. 69 et A. 168 fig. 50.

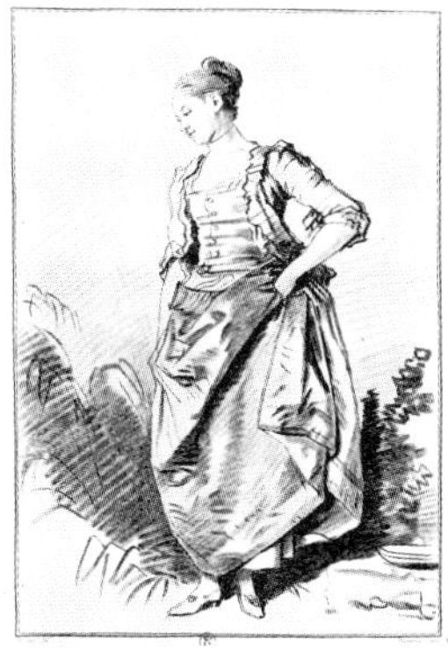

fig. 1. Demarteau, *Jeune fille debout*,
Paris, Bibliothèque Nationale,
Cabinet des estampes

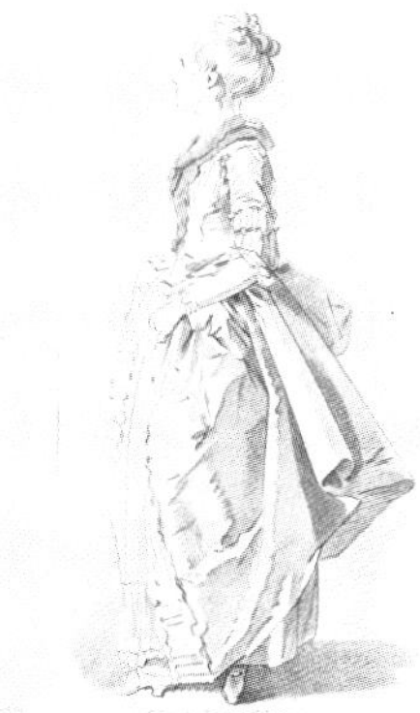

fig. 2. Bonnet, *Jeune fille debout*,
Paris, Bibliothèque d'Art et d'Archéologie

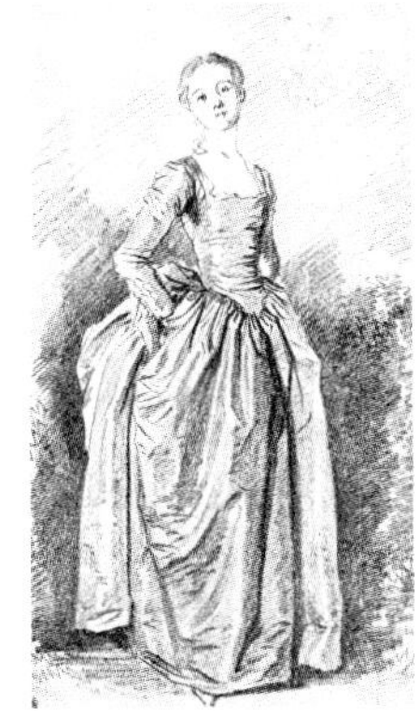

fig. 3. *Jeune fille debout*,
localisation actuelle inconnue

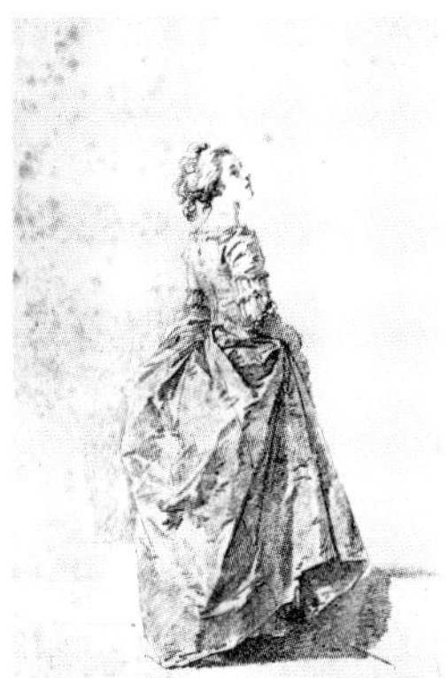

fig. 4. *Jeune fille debout*,
localisation actuelle inconnue

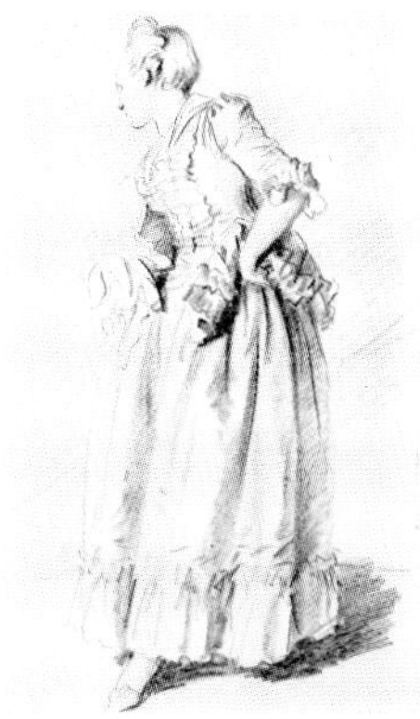

fig. 5. *Jeune fille debout*,
Cambridge, Fogg Art Museum

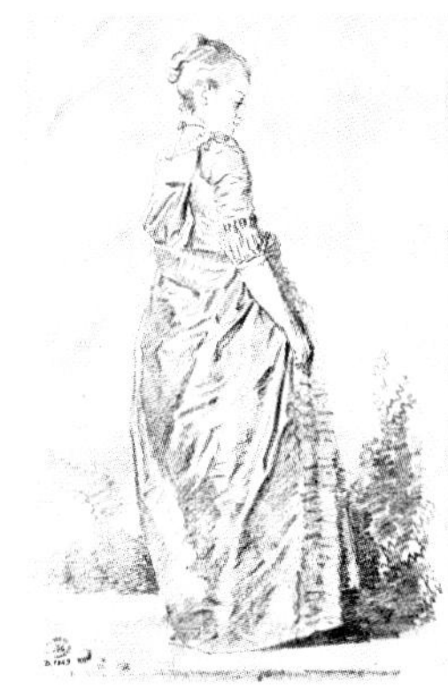

fig. 6. *Jeune fille debout*,
Besançon, musée des Beaux-Arts

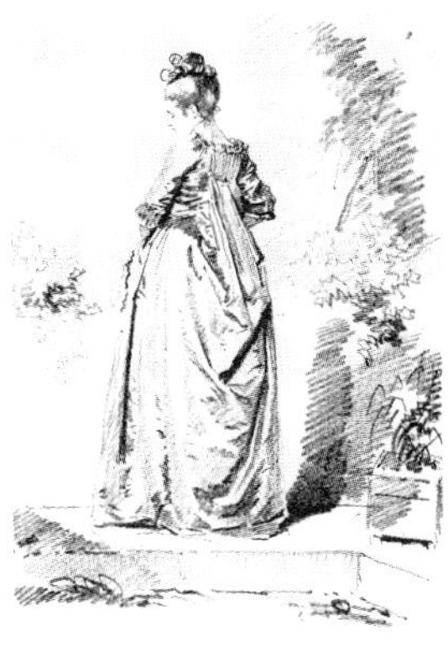

fig. 7. *Jeune fille debout*,
Darmstadt, Hessisches Landesmuseum

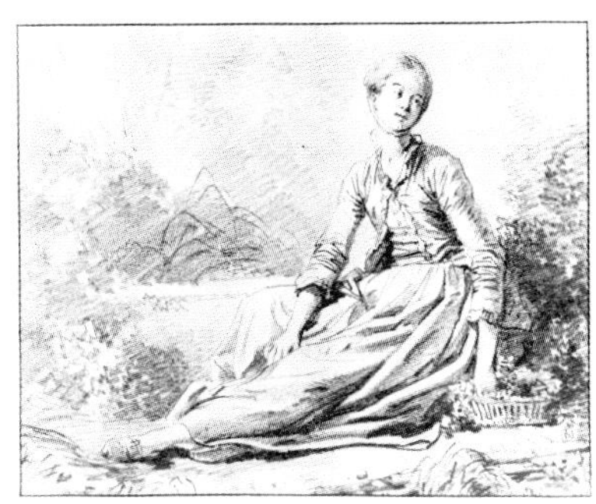

fig. 8. *Jeune fille assise*,
New York, Pierpont Morgan Library

Fragonard a dessiné toute une série de jeunes filles debout, élégamment vêtues, dans des attitudes qui varient d'une feuille à l'autre. Certains de ces dessins ont été gravés dès le XVIIIe siècle.

Deux questions méritent d'être abordées : qui représentent-ils et à quelle date Fragonard les réalisa-t-il ?

Pendant longtemps ces dessins passèrent tous pour être les portraits de Marguerite Gérard (1761-1837), la jeune et jolie sœur de Marie-Anne Fragonard. Arrivée à Paris en 1775, dit-on, elle aurait posé pour son beau-frère entre cette date et 1780. Eunice Williams (1978) et Marianne Roland Michel (1983) ont justement prouvé que Fragonard n'avait pas toujours fait appel au même modèle. Non seulement d'un dessin à l'autre les robes changent, ce qui pourrait aisément s'expliquer, mais encore les coiffures varient et surtout les traits des jeunes filles ne sont pas comparables. Ce sont ces raisons qui ont poussé Marianne Roland Michel à reconnaître Rosalie Fragonard (1769-1788), la fille du peintre dans le second dessin d'Amsterdam (n[o] suivant) et Eunice Williams (1978) à en faire de même pour la feuille de Cambridge. La présente feuille représenterait Marguerite Gérard dont on se souvient de la beauté et de l'élégance.

Si l'on suit ces deux spécialistes, on est amené à dater les dessins de ce groupe sur une période de temps assez longue, 1775-1785 environ, ce que le style de ces feuilles si séduisantes ne contredit pas.

# 204 Jeune fille debout la tête tournée vers la droite

New York

H. 380 ; L. 242
Sanguine

Amsterdam, Rijksmuseum, Rijksprentenkabinet

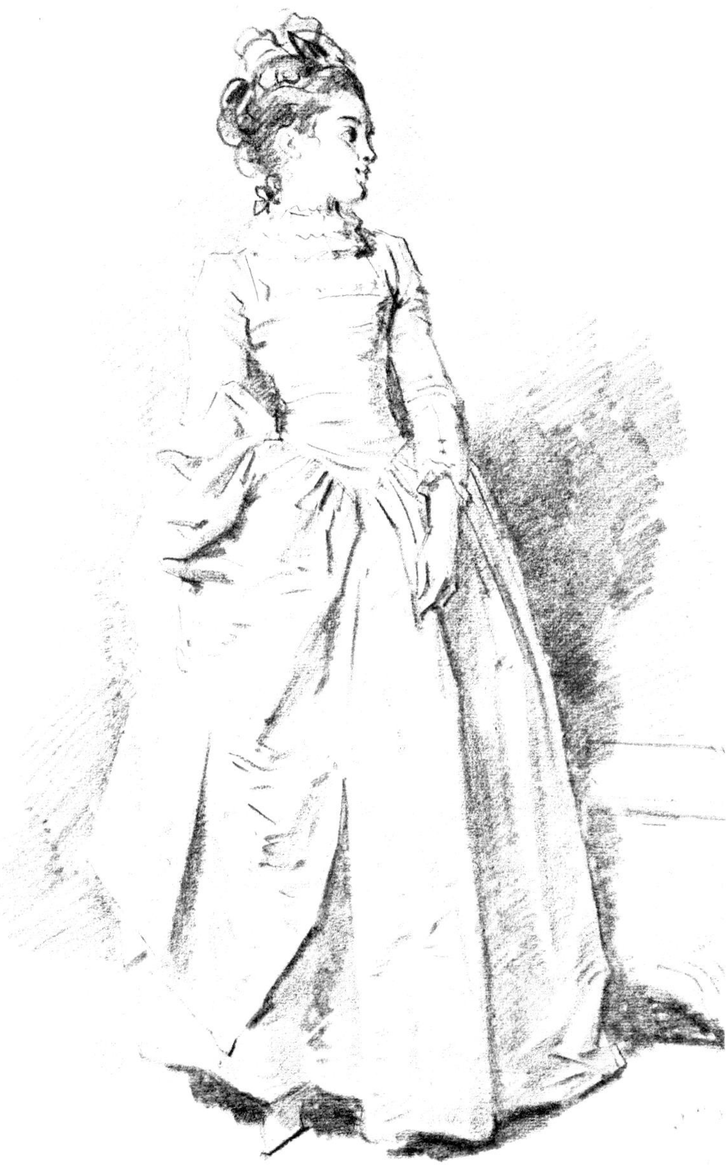

**Provenance**
Voir notice précédente ; 1953 : 208.

**Expositions**
Paris, 1964, n° 115, pl. 97 ;
Amsterdam, 1974, n° 47b, ill.

**Bibliographie**
Schrey, 1929, pl. 129 ;
A. 730 fig. 705 ;
Roland Michel, 1983, pp. 474-75 ;
Schulz, 1984, p. 443, notes 1 et 9.

**Œuvres en rapport**
Voir notice précédente.

Le dessin représenterait, à en croire Marianne Roland Michel (1983), non pas Marguerite Gérard, comme la feuille précédente, mais sa nièce Rosalie Fragonard. Les deux jeunes filles ne sont ni vêtues ni coiffées de la même façon. Huit ans d'âge les séparent. En dépit de la couleur du crayon de sanguine — une sanguine brûlée pour la première feuille, une sanguine plus vermillon ici — bien des détails confirment que les deux dessins sont de date comparable : la manière de hacher brutalement le fond, d'évoquer par quelques lignes parallèles les balustrades, de dessiner, non sans une raideur voulue, les bras des jeunes filles et d'indiquer leurs mains.

Fragonard a voulu faire œuvre d'élégance : les chatoiements du satin, le joli profil du modèle, sa fraîcheur, son pas et son attitude que l'artiste met si bien en valeur, charment.

Du fond blanc du papier, Fragonard fait surgir son modèle, à la fois présent et absent, là pour faire rêver...

# 205 Jeune fille debout vue de profil

H. 375 ; L. 245
Sanguine

Paris, musée des Arts décoratifs

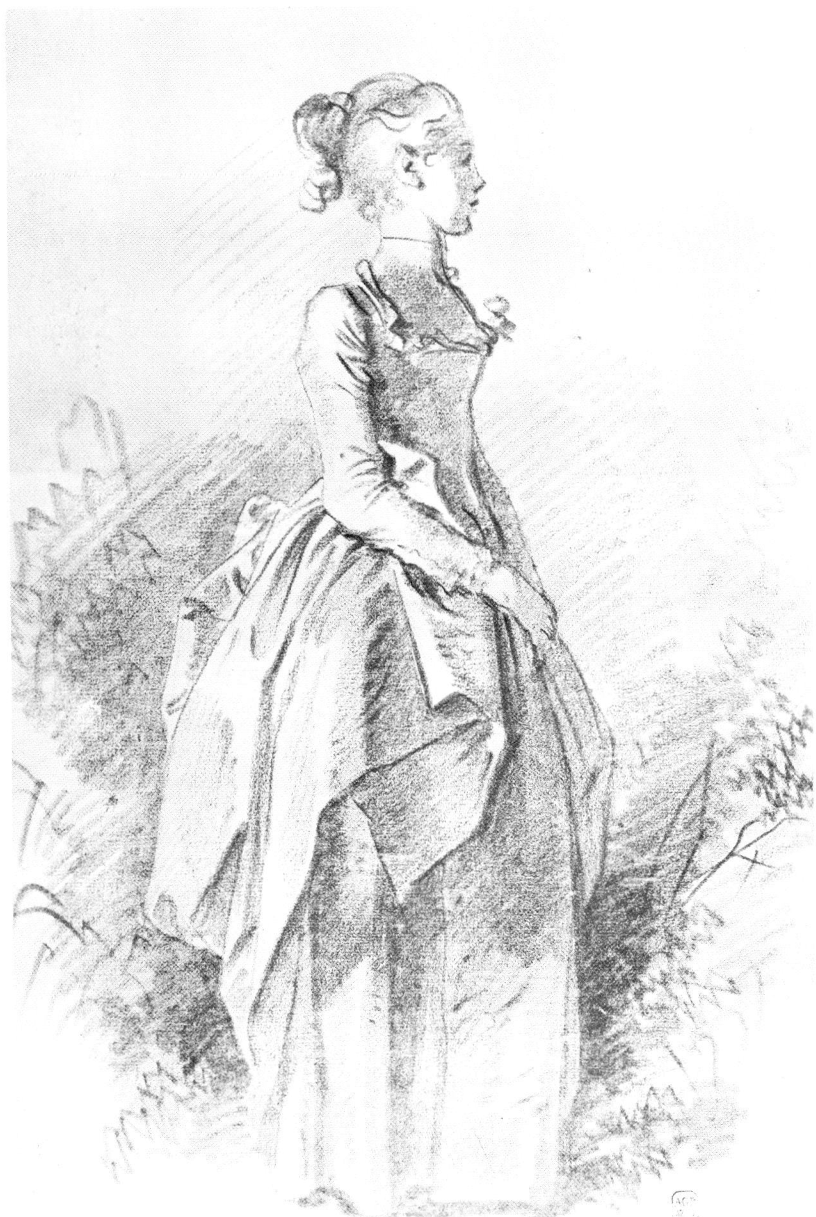

**Provenance**
Coll. comte André Gaspard Parfait de Bizemont H. Prunelé (1752-1837 ; sa marque, Lugt 128, en bas à droite) ; vente de sa coll., 16 juin 1904, n° 18, ill. en couverture ; coll. Houppe ; légué au musée des Arts décoratifs en 1923 ; 23.971.

**Expositions**
Paris, 1931, n° 45 ;
Berne, 1954, n° 116, pl. XXIII ;
Charleroi, 1957, n° 48 ;
Grasse, 1957, n° 56.

**Bibliographie**
Fosca, 1954, p. 56, pl. 14 ;
R. p. 215 ;
A. 163 fig. 347.

**Œuvres en rapport**
Voir notice 203.

Bien que pâle, le dessin du musée des Arts décoratifs est particulièrement séduisant. La nuque fine et dégagée du modèle (mais est-ce Rosalie ou Marguerite Gérard ? voir notices précédentes), ses cheveux relevés, son profil placé dans l'ombre mais si délicatement indiqué, sont dessinés avec une sorte de tendresse communicative.

De toutes les sanguines, c'est celle qui par son climat évoque le plus directement le monde de Watteau.

## 206 Jeune fille debout vue de dos

H. 370 ; L. 245
Sanguine
Annotation en bas à gauche, à la sanguine : « fragonard »

Orléans, musée des Beaux-Arts

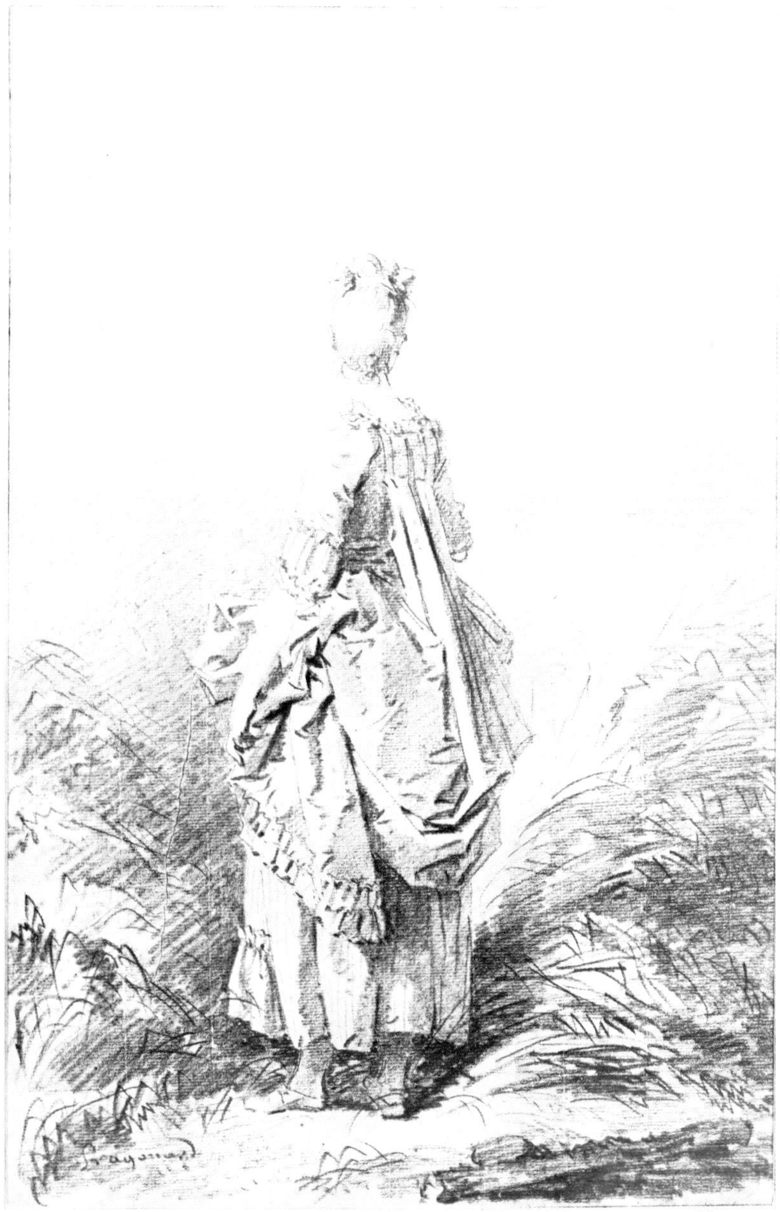

**Provenance**
Coll. Auguste-Lazare Belot ; legs au musée d'Orléans en 1872 (marque du musée, Lugt 1999 c, en bas à droite) ; entré au musée en 1878 ; Inv. 726.

**Expositions**
Paris, 1931, (*Province*), n° 89 ;
Paris, 1931, n° 44 ;
Vienne, 1950, n° 119 ;
U.S.A., 1952-53, n° 83 ;
Berne, 1954, n° 113 ;
Zurich, 1955, n° 108, pl. 9 ;
Munich, 1958, n° 273, pl. 72 ;
Orléans, 1975-76, n° 38, pl. XCIX (en fait IC ; avec liste complète des exp.) ;
Tokyo, 1983, n° 96, ill.

**Bibliographie**
P. p. 305 ;
Fosca, 1954, p. 56, pl. 15 ;
R. p. 215 ;
A. 725 fig. 521 ;
Schulz, 1984, p. 441 et pl. 42.

**Œuvres en rapport**
Voir n° 203.

Le dessin a été justement rapproché par Barbara Schulz (1984) des feuilles de Besançon et de Darmstadt (voir notice 203). Ces trois sanguines sont d'une exécution plus minutieuse, plus détaillée que nos numéros précédents et pourraient les précéder en date, ce que confirmerait la robe d'un modèle assez particulier : « la jeune femme de Fragonard porte une double jupe retroussée sur le jupon en trois pans. Deux coulisses partent des hanches, soulèvent la jupe et dessinent de larges échancrures. Les manches sont plissées, froncées à la hauteur du coude et les parements forment des plis horizontaux. Par l'absence de ceinture qui dissimule l'intervalle entre le buste et les hanches, la robe se prête admirablement aux balancements des plis de la double jupe » (Fosca, 1954).

La jeune fille — nous la devinons jolie — se promène dans la campagne parmi les herbes folles. Elle nous tourne le dos pour mieux nous faire admirer sa tournure élégante, sa nuque fine et délicate....

# 207 Homme assis lisant

H. 340 ; L. 233
Sanguine
En bas à droite, tache au lavis de bistre et annotation au crayon : « Fragonard »

New York, The Metropolitan Museum of Art

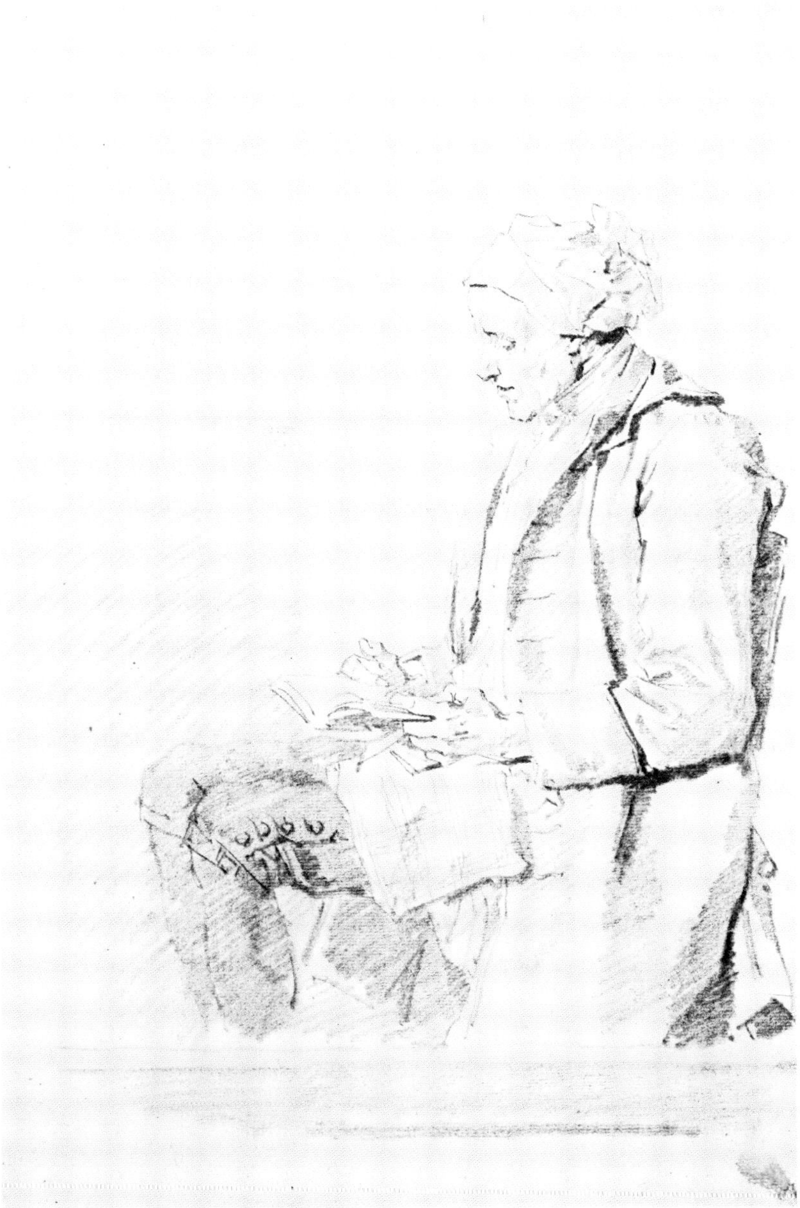

**Provenance**
Coll. Francis Abott (sa marque sèche, Lugt 970, en bas à droite), sa vente après décès, Édimbourg, chez Dowell, 22-26 janvier 1894, partie du nº 337 : « Man Reading, and a Man in the attitude of Meditation, red chalk » ; coll. Camille Groult, sa vente (anonyme), Paris, galerie Georges Petit, 21-22 juin 1920, nº 153 (3.600 francs) ; [Wildenstein] ; coll. Miss Edith Sachs ; don en 1978 de Mrs Howard J. Sachs et Peter G. Sachs en souvenir de Miss Edith L. Sachs ; 1978.516.1.

**Bibliographie**
A. 226 fig. 86 ;
Cat. Metropolitan, 1986, nº 112, ill. (notice par J. Bean et L. Turčić).

**Œuvres en rapport**
L'École des Beaux-Arts conserve une contre-épreuve de ce dessin *(fig. 1)*, légèrement coupée dans la partie supérieure (Inv. 911).
Voir aussi notice suivante.

fig. 1. *Homme assis lisant* (contre-épreuve), Paris, École des Beaux Arts

Le dessin est tardif, postérieur au second voyage en Italie : le trait reste toujours aussi nerveux, les accents aussi précis, mais les formes sont plus cernées, et leurs volumes rendus avec une plus grande économie de moyens.

Une fois encore, Fragonard revient sur le thème de la lecture qui occupe dans son œuvre une place importante.

# 208 Homme assis accoudé

H. 365 ; L. 240
Sanguine

Musée d'Ixelles, Bruxelles

**Provenance**
Coll. Francis Abott (sa marque sèche, Lugt 970, en bas à droite), sa vente après décès, Édimbourg, 22-26 janvier 1894, partie du n° 337 (voir notice précédente) ; offert en 1896 par Léon Gauchez (donation Joseph-Benoit Willems, du nom de son grand-père maternel) au musée d'Ixelles.

**Exposition**
Bruxelles, 1925, n° 110.

**Bibliographie**
Cat. Ixelles (par Émile Meunier), 1921, n° 674 ;
Lugt, 1956, p. 145.

**Œuvres en rapport**
Voir notice précédente.

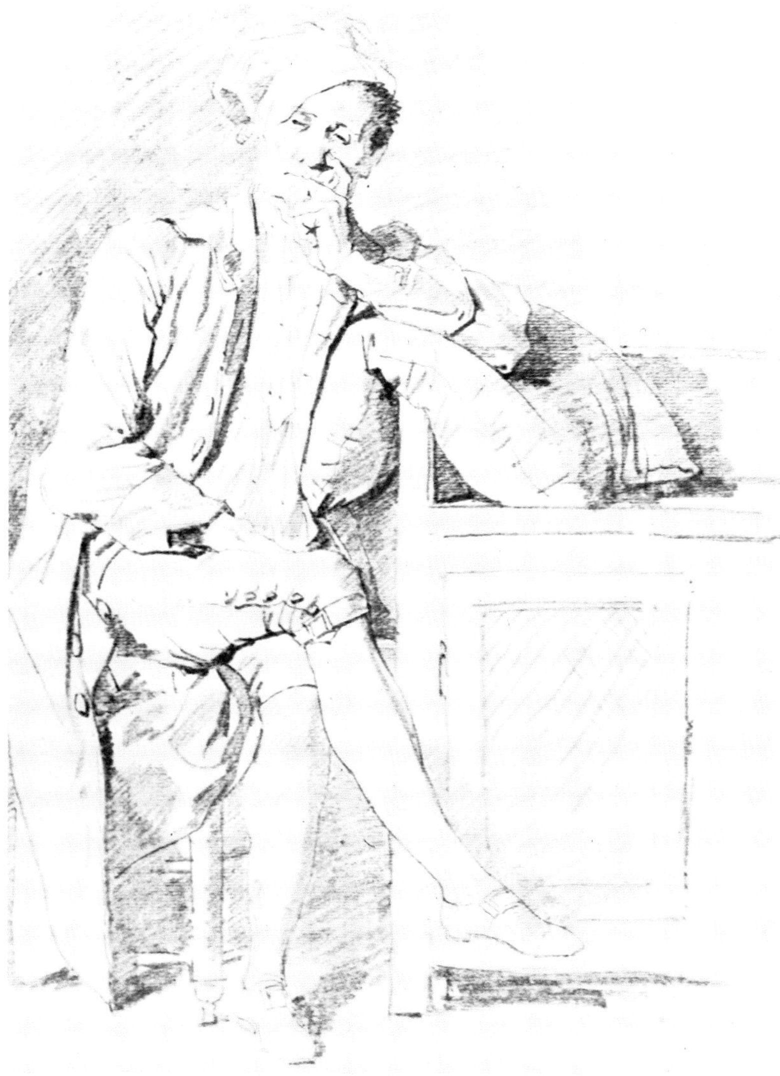

Le dessin, connu et publié par Frits Lugt en 1956, provient, comme celui du Metropolitan Museum, de la collection Abott, réunie dans la seconde moitié du XIXe siècle à Édimbourg.

Le modèle est-il le même que celui du dessin de New York ? L'hypothèse paraît vraisemblable, sans que nous puissions en apporter la preuve. Nous ne pouvons, hélas, proposer de nom pour celui-ci.

# 209 Garçonnet au chat

New York

H. 356 ; L. 492
Sanguine

Paris, musée du Louvre, Cabinet des dessins

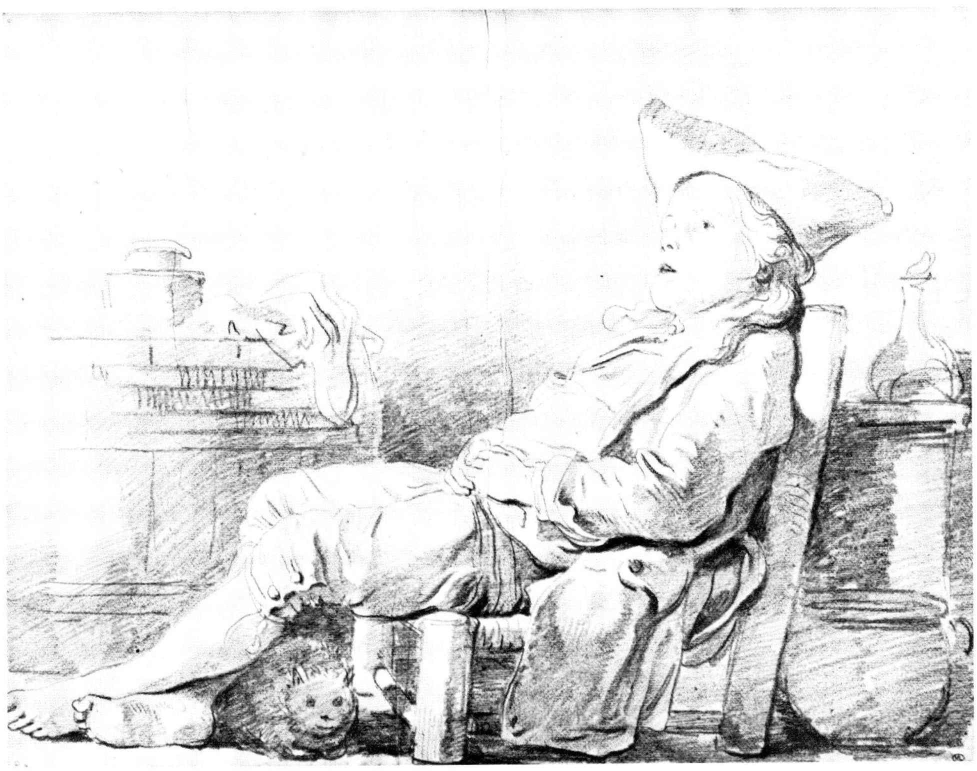

**Provenance**
Coll. Jean Masson (1856-1933) dès 1921 (sa marque, Lugt 1494 a, en bas à gauche), sa vente, 7-8 mai 1923, n° 77, ill. (16.700 francs) ; coll. Mme Frank Jay Gould à Cannes ; don de la Fondation Florence J. Gould en 1984 (marque du Louvre, Lugt 1886, en bas à droite). R.F. 40.959.

**Exposition**
Paris, 1921, n° 227.

**Bibliographie**
A. 10 fig. 5.

**Œuvres en rapport**
Ananoff (1984, p. 13) reproduit un dessin de composition très voisine appartenant à la « coll. Y. A. » sur l'authenticité duquel il ne nous appartient pas de nous prononcer.

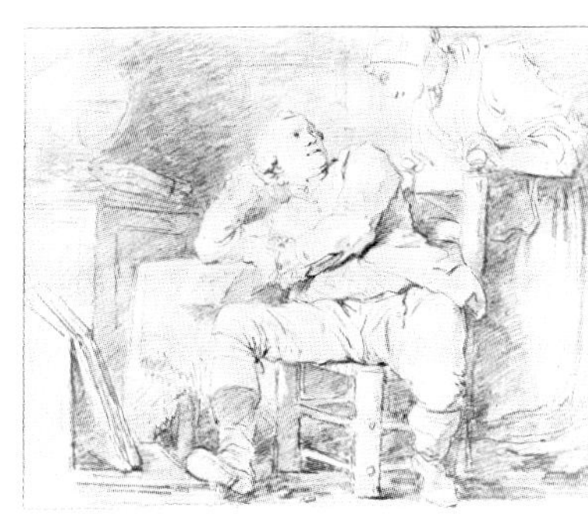

fig. 1. *Un artiste dessinant*,
San Francisco, The Fine Arts Museums

Cette imposante sanguine a été récemment offerte au Louvre par Florence Gould. Un garçonnet bien en joue, pieds nus, plutôt allongé qu'assis sur une chaise basse de paille, tourne la tête vers la gauche. Son tricorne en papier, le gros chat qu'il abrite sous ses jambes, le tonneau, la carafe et son bouchon de toile, le pot (de chambre ?) attirent les regards sans pour autant distraire.

Fragonard a aimé peindre et dessiner les enfants — leurs jeux, leurs humeurs, leur monde — qui occupent une place non négligeable dans son œuvre. Le garçonnet qui pose ici pour lui, semble trouver la séance longue et interroger du regard. Placé sur le devant du dessin, comme en gros plan, il est observé avec cette sûreté du coup d'œil qui séduit tant.

Ce dessin est généralement daté des années 1775-80, mais nous n'excluons pas qu'il soit, comme le dessin de San Francisco montrant un *Artiste dessinant (fig. 1)*, des années du second voyage italien.

# 210 La marchande de boudin

New York

H. 232 ; L. 171
Lavis de bistre sur préparation à la pierre noire

Vienne, Graphische Sammlung Albertina

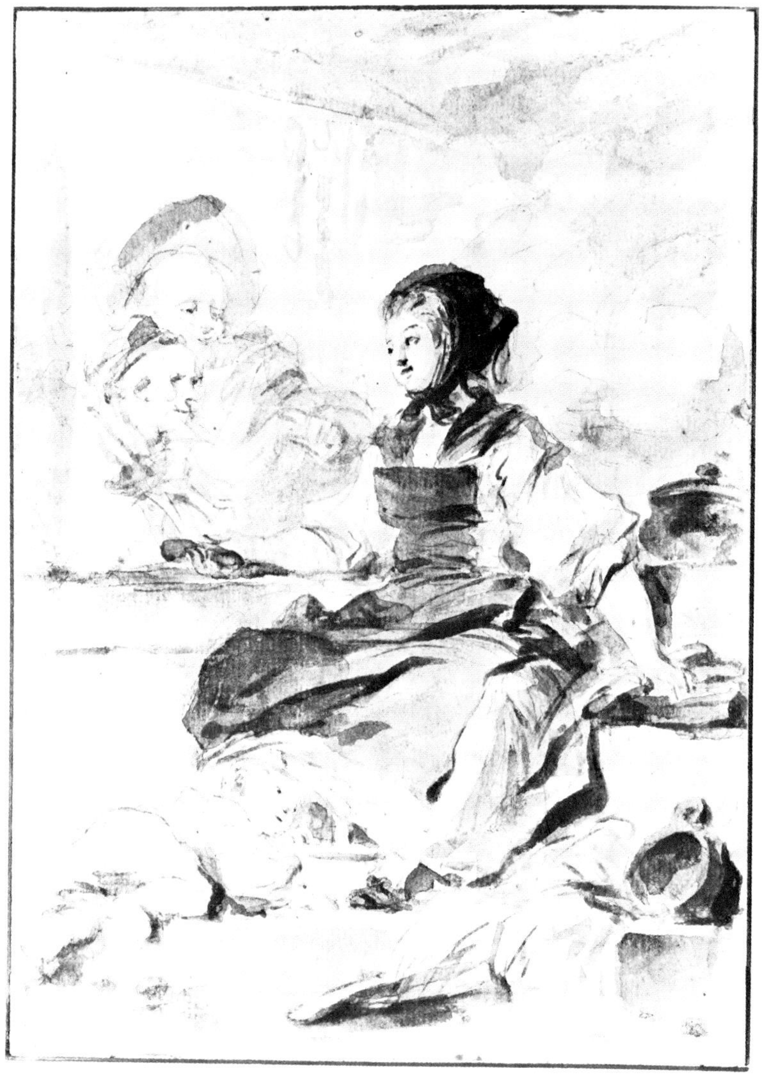

**Provenance**
En bas à droite, marque sèche du monteur de dessins de la seconde moitié du XVIIIe siècle, François Renaud (Lugt 1042) ; coll. [M. Sauzay], sa vente, 8 janvier 1810, n° 129 : « marchande de boudin. Sujet napolitain » ( ?) ; coll. Albert, duc de Saxe-Teschen (1738-1822) (marque sèche de sa coll., Lugt 174, en bas à gauche) ; entré à l'Albertina à sa fondation ; Inv. 12.728.

**Expositions**
Paris, 1935, n° 201, pl. XVIII ; Berne, 1954, n° 86.

**Bibliographie**
Meder, 1922, pl. 23, *fac simile* ; Fosca, 1954, p. 50, pl. 3 ; R. p. 106, pl. 69 ; A. 73 fig. 493.

Une jeune femme, assise dans sa boutique, présente un boudin à deux hommes qui la lorgnent, comme les vieillards Suzanne. Elle pose sa main gauche sur d'autres boudins tandis qu'un enfant joue sous ses jupes. À l'auvent de l'échoppe pendent des saucisses.

Ce dessin se confond-il avec celui de la vente Sauzay de 1810 ? Et en ce cas, la scène est-elle, comme le précise le rédacteur du catalogue de la vente, « napolitaine » ? L'œuvre, en tout cas, ne doit guère être postérieure à 1774 à en juger par l'abondance du lavis de bistre.

D'une banale scène de rue, Fragonard sait faire un amusant tableau de mœurs à plusieurs épisodes, où l'observation psychologique la plus fine le dispute à un humour teinté d'une note de tendresse.

# 211 Tête de jeune homme

T. H. 46 ; L. 38

Le Havre, musée des Beaux-Arts

**Provenance**
Vente [Mme de Cossé], 11 novembre 1778, nº 95 : « Joseph Vien et Honoré Fragonard. Une tête de vieillard et une tête de jeune homme, tableaux faisant pendans » (= H. 43,2 sur L. 35,1) ( ?). Coll. Hippolyte Walferdin, sa vente après décès, 12-16 avril 1880, nº 51 (610 francs) ; coll. de Bournonville, sa vente, 9-16 mai 1881, nº 70 (400 francs) ; coll. Mme Charras (selon P.) ; acquis par Le Havre, toujours en 1881 pour 480 francs.

**Expositions**
Paris, 1931, (*Province*), nº 17 ;
New York, 1967, nº 71, ill. ;
Bruxelles, 1975, nº 42, ill. p. 83.

**Bibliographie**
P. p. 290 ;
N. p. 115 ;
Nicolle, 1931, p. 23 ;
Réau, 1931, p. 92 ;
R. p. 182 ;
W. 483, pl. 110 ;
Thuillier, 1967, p. 107, repr. couleurs p. 40 ;
Cat. exp. Londres, 1968, sous le nº 247 ;
W. et M. 512 ill.

**Œuvres en rapport**
Le tableau est une étude pour la première version du *Retour au logis* (*fig. 1* ; W. 453 fig. 189 ; deux autres versions plus tardives sont connues : W. 454 fig. 190, *fig. 2*, et W. 455 pl. 99, *fig. 3*). On mentionne de cette composition une gravure de J. G. Huck (P. p. 328, nº 103) qui daterait de 1777.
On connaît également un dessin pour la première version (*fig. 4* ; A. 36 fig. 11).

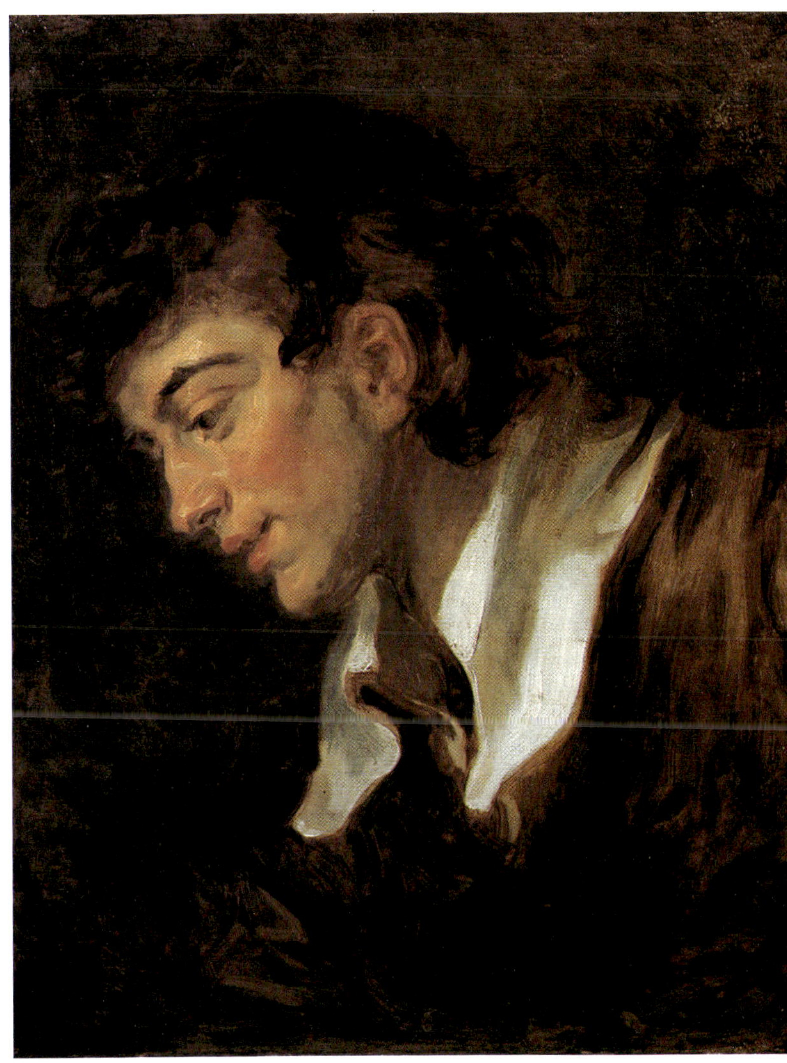

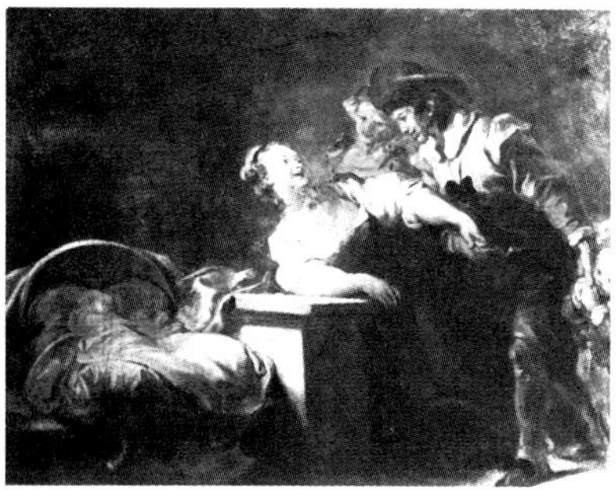

fig. 1. *Le retour au logis*,
Paris, coll. privée

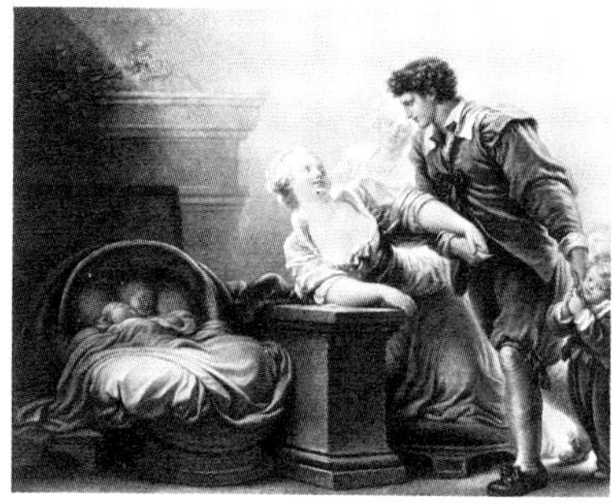

fig. 2. *Le retour au logis*,
Suisse, coll. privée

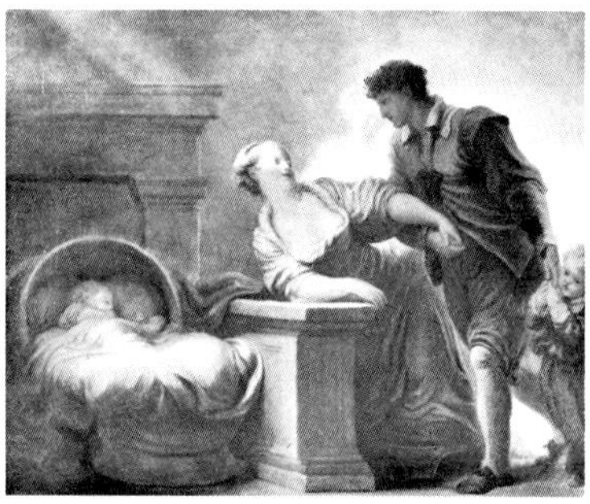

fig. 3. *Le retour au logis*,
New York, coll. privée

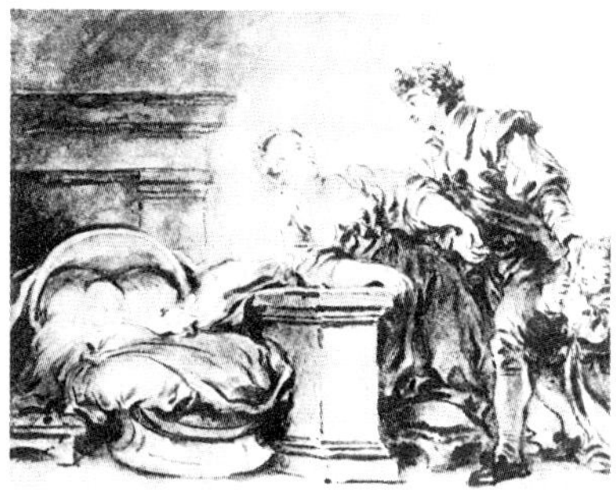

fig. 4. *Le retour au logis*,
localisation actuelle inconnue

Le tableau peut provenir d'une vente Cossé qui eut lieu en 1778. L'intéressant est que, dans le catalogue, la *Tête de jeune homme* de Fragonard se vendait en pendant à une *Tête de vieillard* de Vien. On s'en souvient, ce dernier l'avait emporté sur son rival pour la commande de la décoration du Pavillon neuf de la comtesse du Barry à Louveciennes. Deux styles, deux conceptions de la peinture, s'étaient affrontés.

L'étude du Havre a été reprise par Fragonard dans la première version de son tableau, le *Retour au logis* (Paris, collection privée), pour la tête du jeune père de famille qui se penche, un sourire aux lèvres, sur le berceau de son nouveau-né. Seule modification, le large feutre, absent sur l'étude, mais directement emprunté à un dessin du musée de Besançon (voir notice suivante).

L'intéressant aussi est la précision qu'apporte le catalogue de la vente de « M. de la Mure » en 1791 (19 avril, n° 58) où figurait ce qui semble avoir été un dessin préparatoire (que nous n'avons pu localiser) pour le tableau : « une première pensée d'un sujet tiré du roman de Miss Sara représentant cette tendre mère accompagnée de son époux considérant leur enfant endormi dans un berceau ». Les allusions au (alors) célèbre conte sentimental de Saint-Lambert (l'amant de Mme du Châtelet), *Sara Th*, publié en 1765 et fréquemment réédité, ne sont pas rares dans les catalogues du XVIIIe siècle. Ainsi, dans la vente Leroy de Senneville du 5 avril 1780, passe la *Visite à la nourrice* aujourd'hui à Washington (W. 459 pl. 101) « dont le sujet est tiré du Roman de Miss Sara... ». Rappelons cependant que dans le roman, le jeune fermier et sa femme se penchent avec attendrissement sur le berceau de leur *cinquième* enfant (voir à ce propos L. Réau, *Beaux-Arts*, 15 juin 1934, p. 4). Or, le compte n'est bon que sur le beau dessin du Fogg Art Museum (A. 37 fig. 16), l'*Heureuse famille* !

La fortune de l'étude du Havre fut considérable : dans deux versions plus tardives de son tableau (l'une serait gravée dès 1777), Fragonard a repris le même thème en purifiant le profil du père de famille (cette fois-ci sans chapeau) et en idéalisant le thème. C'était un premier pas vers la *Fontaine d'amour* de la collection Wallace de 1785. Qui aurait pu le prévoir, Vien, en quelque sorte, avait gagné !

# 212 Tête d'homme coiffé d'un chapeau

Paris

H. 192 ; L. 155
Ovale en hauteur (agrandi de 2 cm dans la partie supérieure)
Lavis de bistre sur préparation à la pierre noire
Sur le carton d'encadrement : « Belle tête de Fragonard. peintre du Roi. N° 158 »

Besançon, musée des Beaux-Arts

**Provenance**
Coll. Pierre-Adrien Pâris (1745-1819) avant 1806 (date du cat. ms., n° 130) ; légué à la ville de Besançon en 1819 ; Bibliothèque municipale ; mis en dépôt au musée (marque, Lugt 238 c, en bas à gauche) en 1843 ; D. 2873.

**Expositions**
Besançon, 1956, n° 75 ;
Charleroi, 1957, n° 44 ;
Gray-Besançon, etc., 1977-78, n° 23, ill.

**Bibliographie**
P. p. 314 ;
Cornillot, 1957, n° 75, ill. (avec bibliographie détaillée ; n'est pas reproduit dans Estignard, 1902) ;
A. 129 fig. 57.

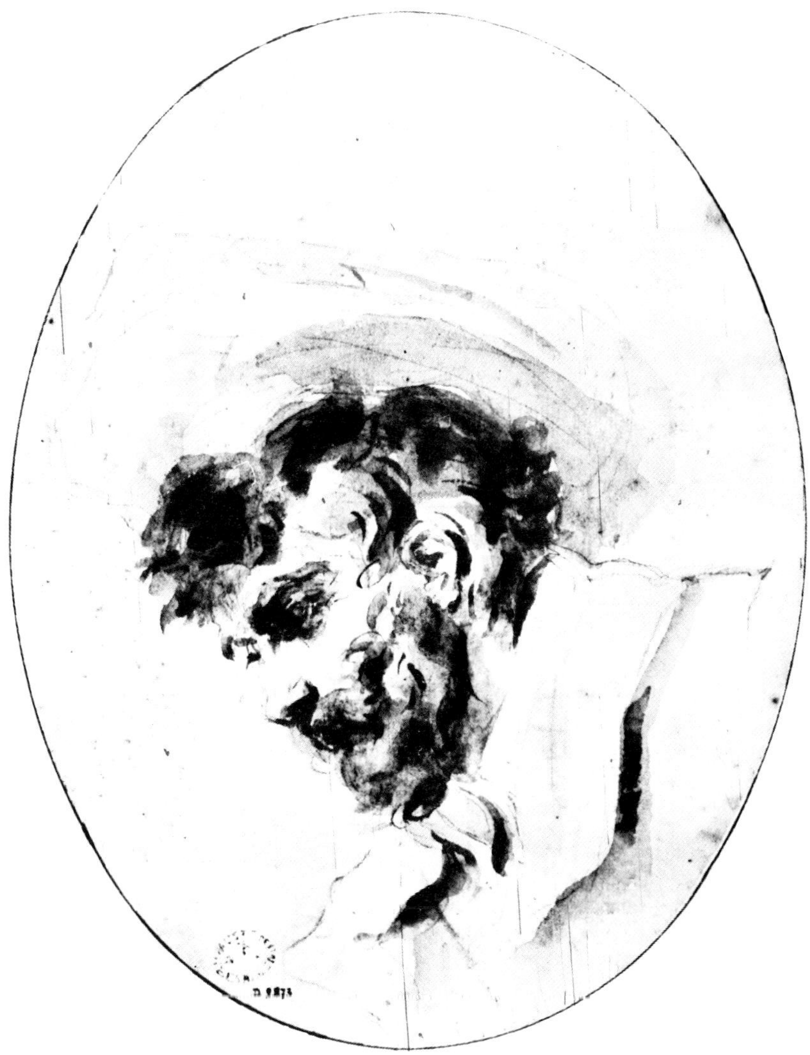

Le dessin est décrit dans l'inventaire manuscrit de Pierre-Adrien Pâris rédigé en 1806, n° 130 : « Deux médaillons au Bistre du même » [Fragonard] « (le portrait de son épouse » (voir notice n° 291) « et une tête d'homme coiffée d'un chapeau)... ». Il doit dater du second voyage italien ou être de peu postérieur au retour : Fragonard utilisera la même tête chevelue (mais sans la barbe) pour le père de famille du *Retour au logis* (W. 453 fig. 189) pour lequel nous exposons (notice précédente) une étude préparatoire.

# 213 Une vente publique sous les arbres

H. 250 ; L. 381
Lavis de bistre sur préparation à la pierre noire

Rotterdam, musée Boymans-van Beuningen

**Provenance**
Vente [de Bièvres], 10 mars 1790, n° 42 : « deux autres (dessins) dont une foire ou vente publique... » (?) ; coll. E. J. von Dalberg (?) puis, dès 1812, du grand duc Louis de Hesse Darmstadt (1753-1830). Au Hessisches Landesmuseum de Darmstadt jusqu'en 1933 (marque, Lugt 1257 e, au verso) ; coll. Fritz Mannheimer entrée au musée Boymans-van Beuningen en 1953 ; MB 1953/T21.

**Expositions**
Paris, 1946, n° 126 ;
Genève, 1950, n° 92 ;
Paris, 1950, n° 92 ;
Amsterdam, 1951, n° 169 ;
Berne, 1954, n° 94 pl. XX ;
Paris, 1964, n° 114 pl. 96 ;
Brême, 1977, n° 186, ill.

**Bibliographie**
*Stift und Feder*, 1928, I, n° 11, ill. et p. 4 ;
Fosca, 1954, p. 63, n° 32 ill. ;
R. p. 224 ;
A. 266 fig. 93 ;

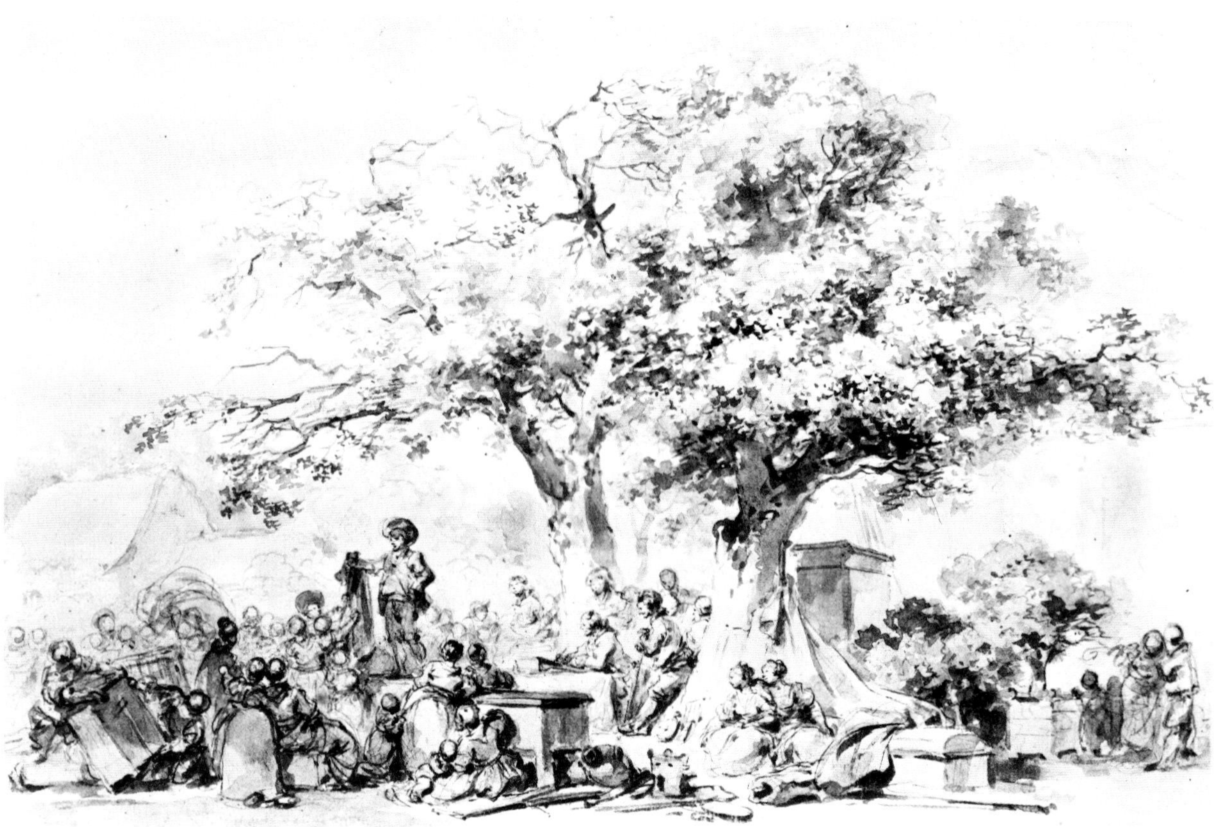

Le dessin semble décrire une vente publique en plein air : un commis juché sur une table présente une pièce d'étoffe tandis qu'un clerc, assis sous de grands arbres, s'apprête à noter son prix. La date de la feuille doit être voisine de celle du second voyage en Italie (1773-74), peut-être même le dessin nous montre-t-il une scène observée durant une étape.

Fragonard, à son habitude, prépare sa composition par un léger dessin à la pierre noire. Puis, grâce au lavis de bistre qu'il dilue plus ou moins, il donne aux meubles comme aux feuillages et aux branches des arbres leur poids, et vie et réalité aux nombreux acquéreurs qui se pressent autour du présentateur.

# 214 Le montreur de marionnettes

H. 295 ; L. 450
Léger lavis de bistre sur préparation à la pierre noire

France, coll. privée

**Provenance**
Vente anonyme, 2 avril 1787, nº 75 : « un catalan jouant de la musette et faisant avec son pied danser des marionnettes... Largeur 19 pouces hauteur 14 pouces » (= 351 sur 513 mm). Coll. Frédéric Villot, sa vente, 16-18 mai 1859, nº 110 (29 francs) ; coll. Hippolyte Walferdin (1795-1880), sa vente après décès, 12-16 avril 1880, nº 178 (160 francs) ; coll. comte de La Béraudière, sa vente, 16-17 avril 1883, nº 110 (145 francs) ; vente anonyme, 29 mars 1884, nº 67 ; coll. du docteur Suchet en 1889 (P.) ; coll. Camille Groult ; vente, 21 mars 1952, nº 33, pl. X ; coll. privée, Paris.

**Expositions**
Charleroi, 1957, nº 37 ;
Grasse, 1957, nº 48.

**Bibliographie**
G. p. 298 (?) ;
P. p. 306 ;
R. pp. 223-224 ;
Ananoff, 1961, p. 11 (ill. partie droite du dessin) ;
A. 256 fig. 357.

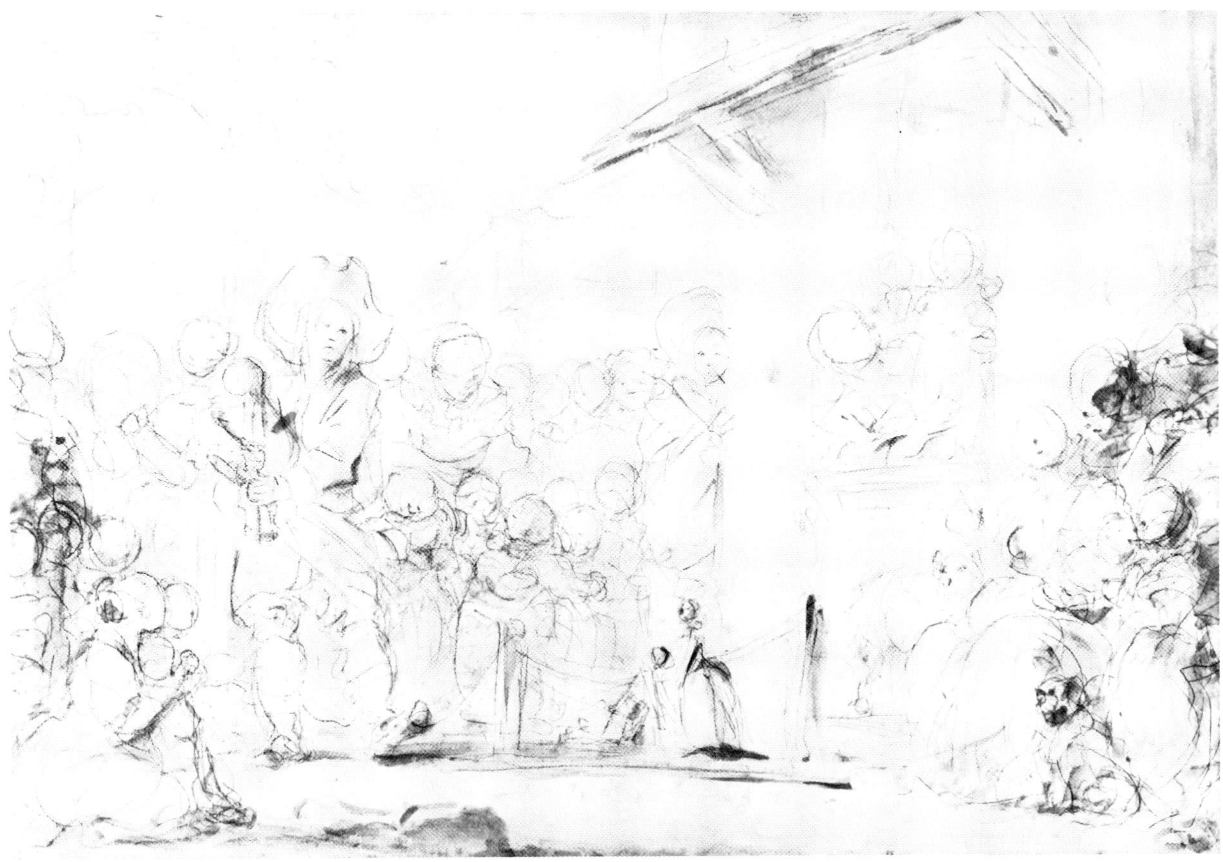

De son pied gauche, un joueur de cornemuse coiffé d'un large feutre fait danser deux marionnettes ; des enfants en grand nombre et de tous âges l'entourent et contemplent le spectacle.

Sur ce dessin, dont la date embarrasse, la première esquisse à la pierre noire reste parfaitement lisible. De larges taches de lavis de bistre marquent les accidents du sol, l'auvent d'une fenêtre, la robe d'une marionnette, un chien sur la droite de la composition.

Le trait du crayon qui indique sans cerner, qui revient sur tel détail pour suggérer une forme, retenir une attitude donne vie à la scène avec une étonnante économie de moyens et la charpente avec un sens de l'essentiel d'une grande modernité.

## 215 «Scène comique entre des joueurs de cartes» *dit aussi* «La perruque brûlée»

H. 351 ; L. 462
Lavis de bistre sur préparation à la pierre noire

Cambridge, Harvard University Art Museum, Fogg Art Museum (don Charles E. Dunlap)

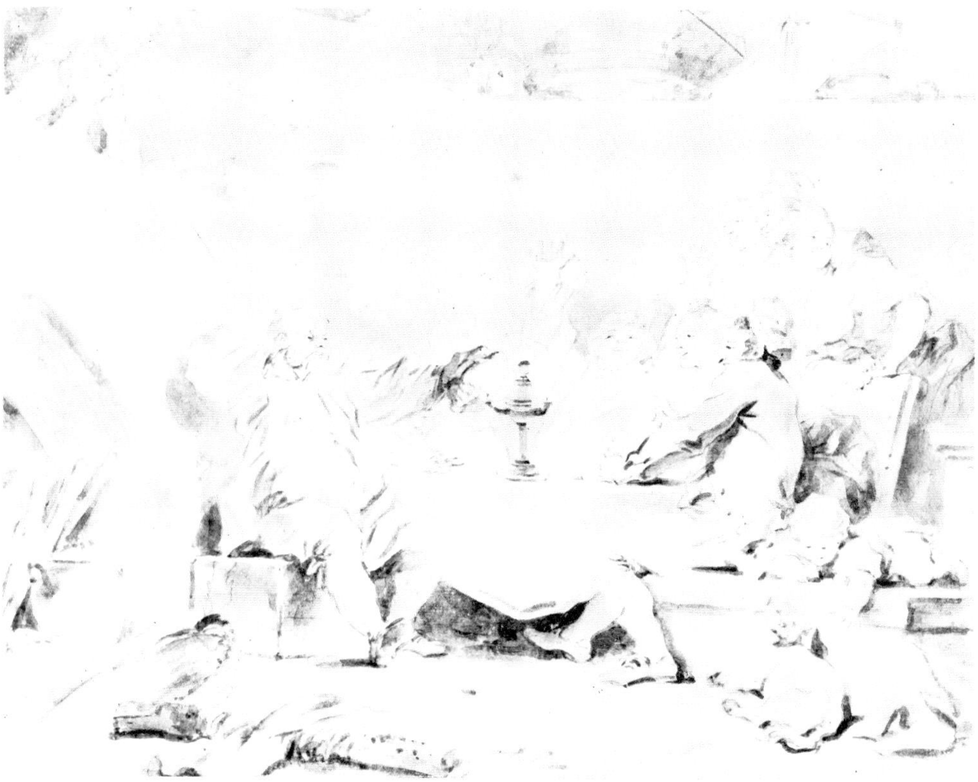

**Provenance**
Coll. M. de [Bièvres], sa vente, 10 mars 1790, n° 23 : « deux sujets, l'un représentant des joueurs en colère, l'autre une étude de fleuve » (?) ou n° 24 : « deux autres sujets dont une scène comique entre des joueurs de cartes » (?) ; coll. D..., vente, 19 janvier 1818, n° 124 : « une famille groupée autour d'une table, s'amuse à jouer aux cartes » (?). Coll. baronne de Ruble (1889) ; coll. Sigismond Bardac (1907) ; [Wildenstein] ; coll. Charles E. Dunlap ; donné au Fogg Art Museum en 1954 ; 1954.107.

**Exposition**
Paris, 1907, n° 159.

**Bibliographie**
P. p. 310, ill. entre p. 242 et 243 ;
R. p. 198 ;
A. 69 fig. 33.

**Œuvre en rapport**
Une seconde version, plus petite, avec sur la gauche une inscription « frago », intitulée tantôt *L'escamoteur* (1889), tantôt la *Petite bacchanale* (! ; cat. exp. 1907, n° 209), est reproduite par D. et V. en 1907, n° 171 *(fig. 1)*. Elle appartenait, dès 1889, au marquis de Chennevières et a fait partie de la coll. du Dr. Tuffier (A. 68).

Intitulé en 1907 *La perruque brûlée*, titre qui lui est depuis lors resté, le dessin nous montre, réunis autour d'une table éclairée par une lampe, des joueurs de cartes. La fortune semble sourire au joueur qui est assis sur la droite alors que, de rage, son malheureux compagnon, assis sur une caisse, jette une carte d'une main (ou la déchire-t-il entre ses dents ?) et de l'autre brûle sa perruque.

Selon Ananoff, le « personnage de gauche pourrait... être M. Bergeret et, lui faisant face, Fragonard ». La scène représenterait les deux hommes « se divertissant dans une auberge », au cours du voyage d'Italie de 1773-74.

Le dessin pourrait provenir de la collection de Bièvres, vendue en 1790 : dans une note, le rédacteur du catalogue précise que la collection de dessins de Fragonard de cet amateur « formait un porte feuille infiniment précieux et intéressant d'études... exécutées par cet Artiste, tant dans son voyage de Rome que depuis son retour ».

La scène divertit l'assistance qui s'esclaffe, à l'exception d'un enfant qui joue avec un chien. Prise sur le vif, elle veut avant tout faire sourire. Elle permet à Fragonard de dessiner un nocturne avec ses effets d'ombres particulièrement bien venus en ce qui concerne la figure centrale de la composition qui lève joyeusement les bras.

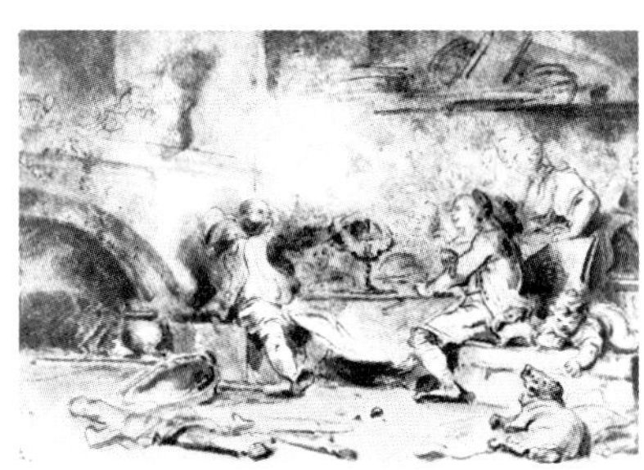

fig. 1. *La perruque brûlée*, localisation actuelle inconnue

# 216 La chaise basculée

H. 234 ; L. 363
Lavis de bistre sur préparation à la pierre noire

Paris, collection privée

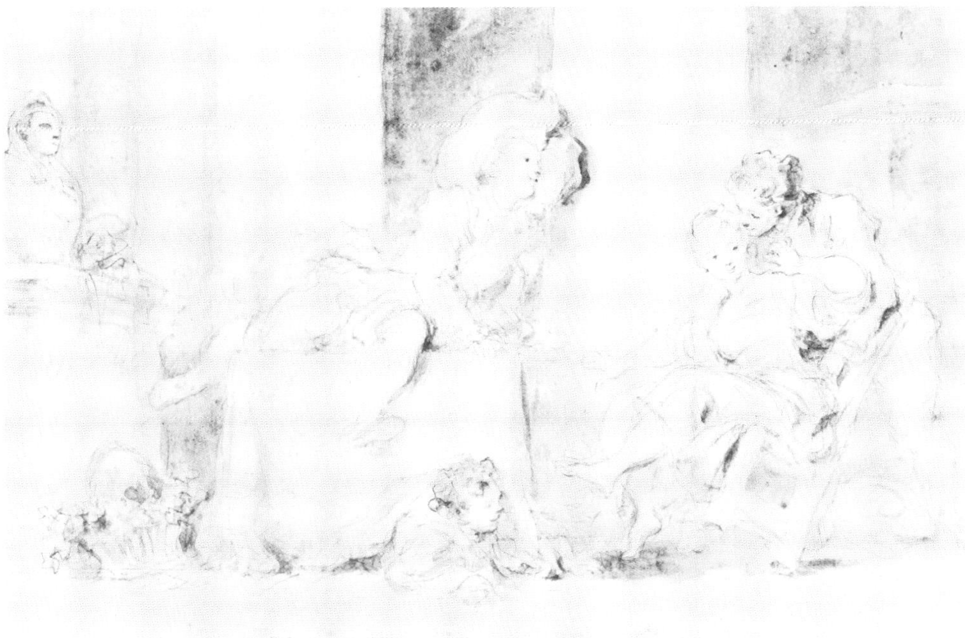

**Provenance**
Coll. Camille Groult dès 1921, sa vente, 9-10 juin 1953, n° 5, pl. III (1.655.000 francs) ; Paris, coll. privée.

**Expositions**
Paris, 1921, n° 156 ;
Paris, 1956, n° 115 ;
Charleroi, 1957, n° 33 ;
Grasse, 1957, n° 60.

**Bibliographie**
Ananoff, 1956, p. 41, ill. ;
R. p. 203 et fig. 5 p. 11 ;
A. 92 fig. 38.

**Œuvres en rapport**
Une copie au musée d'Orléans (A. 686 et t. III p. 293) proviendrait des cartons d'Alexandre-Évariste Fragonard (1780-1850) *(fig. 1)*.

Un adolescent fait basculer de sa chaise une jeune fille. Deux complices s'amusent de la scène, l'un dissimulé sous le tapis de la table, l'autre coiffé d'un large feutre, assis sur elle. Au sol, un chapeau, un panier de fleurs. Sur la gauche, un canope égyptien à tête de sphynx (le même que celui qui accompagne le *Portrait de Bergeret* par Vincent, voir *fig. 1 p. 362*) est posé sur un grand entablement de pierre.

La surprise de la jeune fille dont les pieds nus esquissent un pas de danse, les expressions joyeuses des trois jeunes gens, la vivacité des attitudes donnent à cette scène, comme saisie au vol, une grande fraîcheur. A son habitude, Fragonard se plaît à confondre et à mêler les jeux de l'enfance et ceux de l'adolescence.

L'artiste commence par rapidement esquisser à la pierre noire sa composition, puis la reprend de la pointe du pinceau avant d'en ombrer, plus ou moins légèrement, certains morceaux au lavis de bistre.

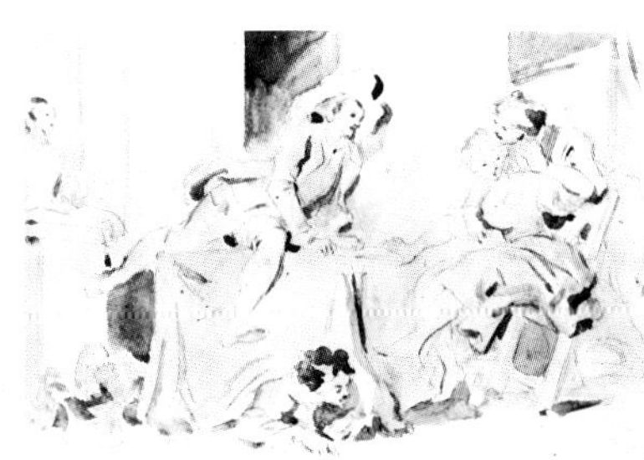

fig. 1. D'après Fragonard,
*La chaise basculée*,
Orléans, musée des Beaux-Arts

217

# Déjanire et le centaure Nessus

d'après Rubens

Paris

H. 426 ; L. 340
Aquarelle, rehauts de gouache et lavis de bistre sur préparation à la pierre noire

Paris, musée du Louvre, Cabinet des dessins

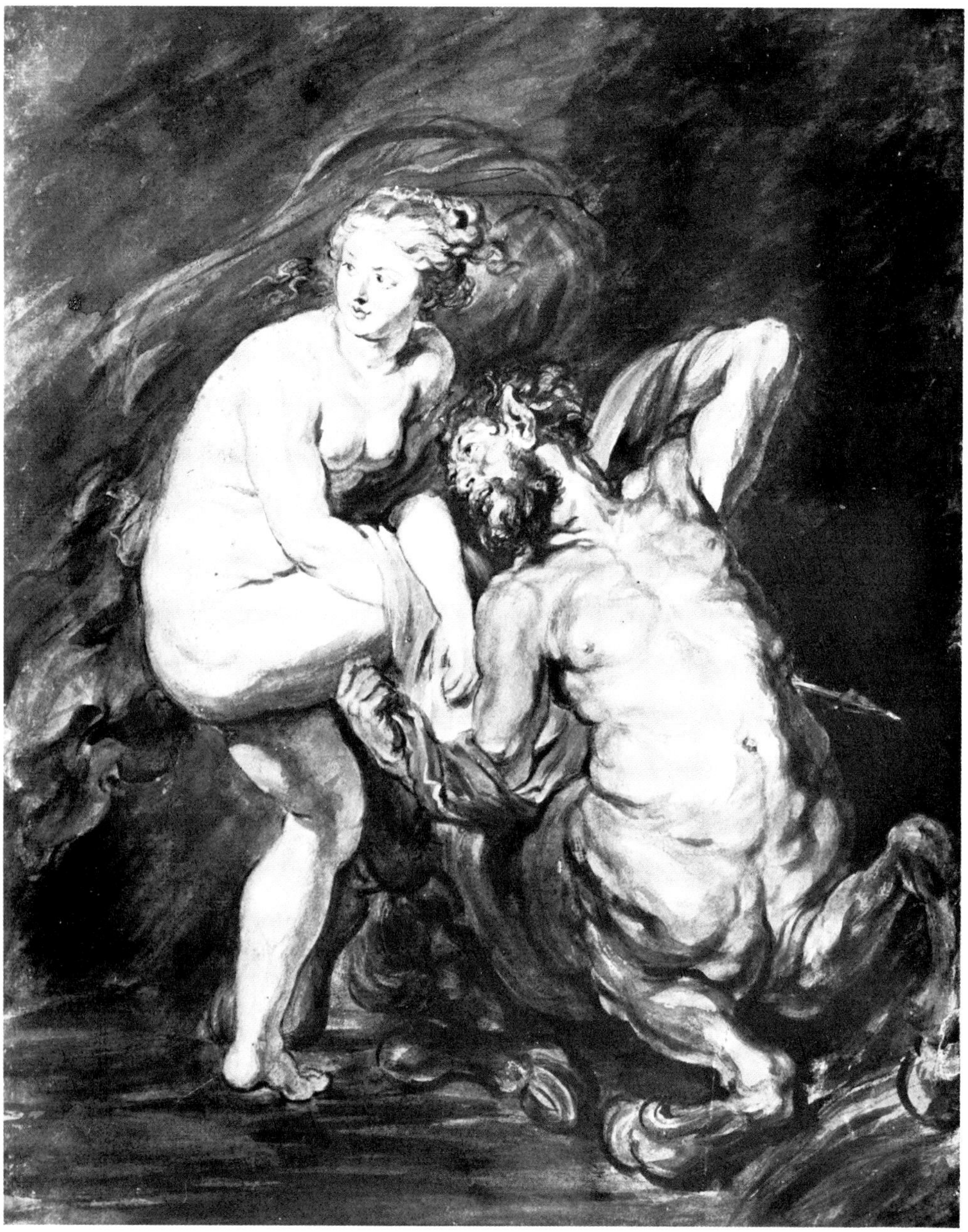

**Provenance**
Coll. de l'aquarelliste Louis-Marie Lanté (au verso du dessin sa signature, Lugt 1660 a) ; légué au Louvre en 1873 ; R. F. 0025.

**Exposition**
Paris, *Rubens*, 1959, nº 51.

**Bibliographie**
Erdmann, 1929, p. 68 ;
Mathey, 1933, p. 185 ;
P[arker], 1933, p. 106 ;
Lugt, 1949, nº 1152, pl. LXVI ;
Ananoff, 1956, p. 38 ;
A. 1103 fig. 292 ;
Cat. exp. Londres, 1968, sous le nº 250 ;
Röthlisberger, 1971, p. 83 et note 44 ;
Varshavskaya, 1975, p. 236, ill.

**Œuvre en rapport**
Il existe, au British Museum, une seconde version de cette aquarelle, « ayant appartenue au petit-fils de Fragonard » (Mathey) (*fig. 1* ; A. 1104 ; Wilhelm, 1948, pl. XXII), rendue à Fragonard par Sir Karl Parker en 1933.

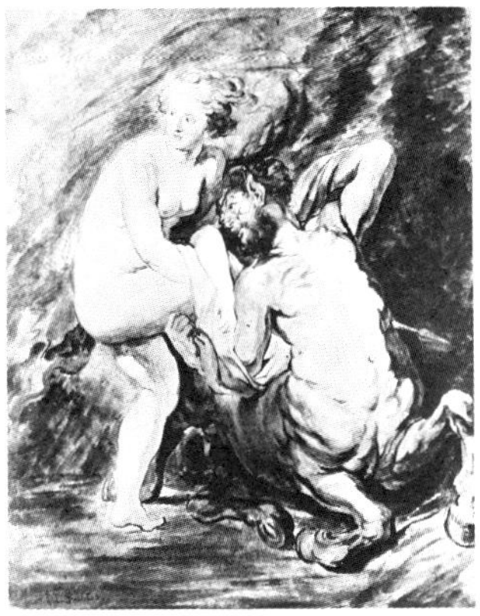

fig. 1. *Déjanire et le centaure Nessus*, Londres, British Museum

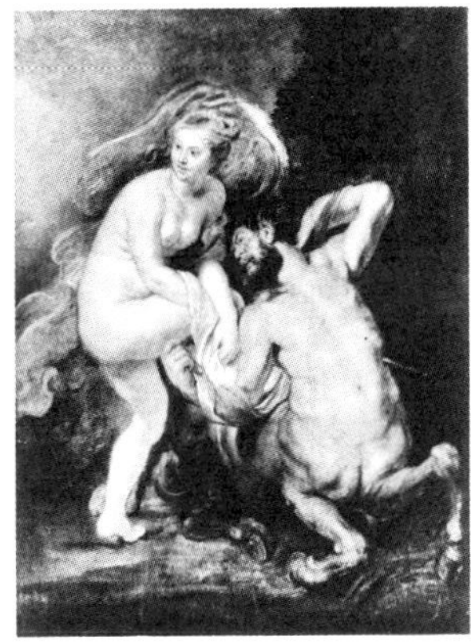

fig. 2. Rubens, *Déjanire et le centaure Nessus*, Leningrad, Ermitage

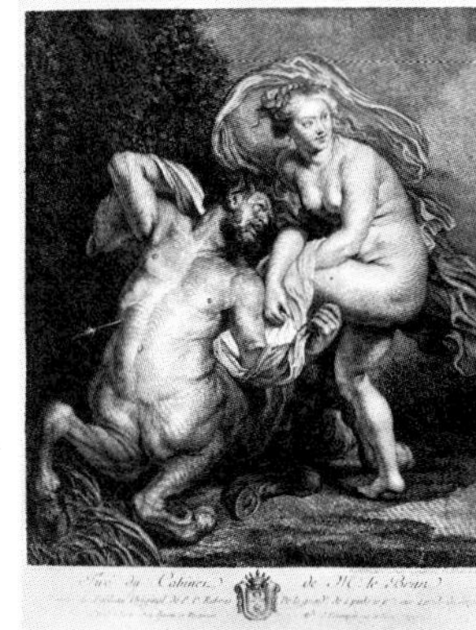

fig. 3. G. Schultze d'après Rubens, *Déjanire et le centaure Nessus*, Paris, Bibliothèque du Louvre

L'aquarelle du Louvre, longtemps classée parmi les œuvres attribuées à Rubens, a été rendue à Fragonard par Mathey, celle de Londres par Parker ; dans les deux cas, c'est à J. Byam Shaw que revient le mérite d'avoir attiré l'attention des deux spécialistes sur ces splendides copies dont les attributions n'ont, depuis lors, jamais été sérieusement mises en doute.

Il est clair que Fragonard copie le célèbre tableau de Rubens, *Déjanire et le centaure Nessus*, mais il faut s'interroger sur deux points : s'il nous paraît facile de répondre au premier — l'antériorité de l'aquarelle du Louvre sur celle de Londres *(fig. 1)*, plus lourde, moins spontanée — le second embarrasse plus. Des versions du tableau connues au XVIIIe siècle, laquelle fut copiée par Fragonard et à quelle date ? Celle de Pommersfelden, alors comme aujourd'hui dans cette célèbre collection princière, est souvent citée. Mais Fragonard ne passa pas par Pommersfelden en 1774, à son retour d'Italie. En fait, tout porte à croire qu'il copia l'exemplaire, aujourd'hui à l'Ermitage *(fig. 2)*, que le marchand Le Brun fit graver par G. Schultze en 1778 *(fig. 3)* et vendit au prince Alexandre Stroganoff. A notre avis, les copies de Fragonard sont de peu antérieures à la gravure de Schultze.

Le centaure Nessus, qui avait tenté d'enlever Déjanire, est mortellement blessé d'une flèche, trempée dans le sang de l'hydre de Lerne, par Hercule. Il remet à Déjanire sa tunique dont bientôt elle fera usage pour tenter de reconquérir Hercule.

La luminosité de l'œuvre, l'audace des bleus et des rouges la placent parmi les plus belles copies de l'artiste, parmi les plus intelligentes aussi, tant est bien traduite la sensualité chaleureuse et vibrante du grand maître d'Anvers.

## 218 Les petites curieuses

Paris

Bois. H. 16,5 ; L. 12,5

Paris, musée du Louvre

**Provenance**
Vente anonyme, 8 juillet 1793, n° 18 : « deux petites Études touchées avec intelligence ; l'une offre la figure d'un Sultan sur des coussins, l'autre des jeunes filles qui jettent des roses par une fenêtre. Haut. 6 p. larg. 4.T. » (= 162 sur 108 mm) (?). Donation Charles Sauvageot (1781-1860) en 1856 ; M. I. 860.

**Expositions**
Paris, 1921, n° 37 ;
Paris, 1974, n° 18.

**Bibliographie**
Cat. musée Sauvageot, 1861, n° 1022 ;
R. pp. 161-162 ;
W. 279 fig. 132 ;
Wildenstein, 1961, p. 249 ;
W. et M. 297, ill. et pl. XXXI en couleurs ;
Clay, 1980, p. 17, ill.

**Œuvres en rapport**
Un pastel *(fig. 1)* de même composition passe en vente en 1780 (27 novembre, n° 34, vente Prault) : « ...deux jeunes filles a demi cachées par un rideau vert et jettant des roses » (189 sur 135 mm). Il se confond sans doute avec une œuvre bien documentée aujourd'hui dans la collection Edmond de Rothschild à Prégny (A. 48 fig. 23), attribuée par W. et M. à l'abbé de Saint-Non.

Le tableau passe pour se confondre avec une œuvre qui figurait dans une vente anonyme de 1793. Mais celle-ci était sur toile (et non sur bois), plus petite et montrait des jeunes filles qui jettaient des roses « par une fenêtre ». Elle avait pour pendant un « Sultan sur des coussins » qui serait celui « assis sur un sopha » d'une vente Leroy de Senneville du 5 avril 1780 (n° 218 ; H. 156 sur 129 mm), perdu (mais voir Tokyo, 1980, sous le n° 52), considéré comme faisant paire avec la plus petite des *Sultanes* (W. 335 fig. 145, voir n[os] 218 et 219). Quant au pastel, que nous n'avons jamais vu *(fig. 1)*,

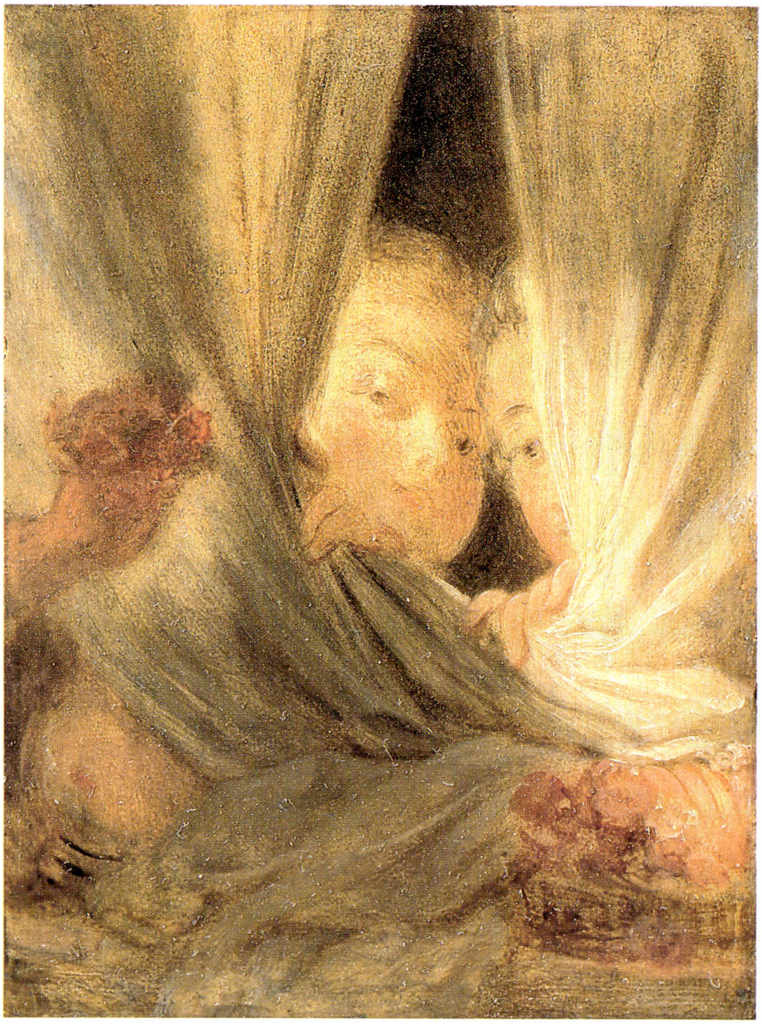

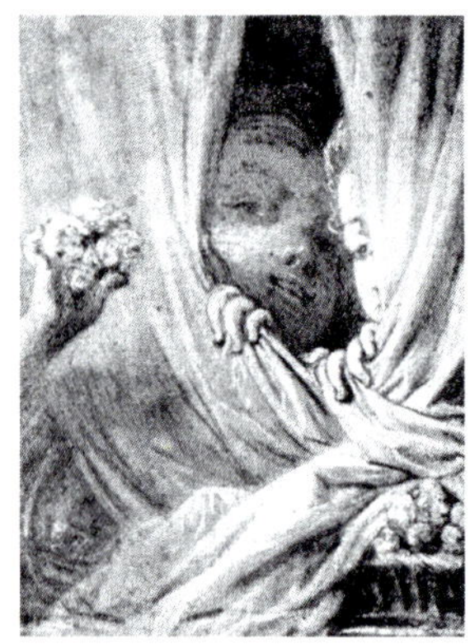

fig. 1. *Les petites curieuses*, Suisse, coll. privée

de composition très comparable à celle du tableau mais plus grand, il est mentionné dès 1780.

Le petit bois du Louvre est très mal connu et a échappé à bien des spécialistes de Fragonard : il est pourtant un des tous premiers Fragonard qui soit entré au Louvre, en 1856, avant ceux de la collection La Caze (1869). Mais, sans doute à cause de sa taille et surtout parce qu'il n'était pas exposé dans les salles de peintures, il ne fut guère remarqué.

Il mérite pourtant un meilleur sort : dissimulées derrière un rideau gris-perle qui cache mal le sein de l'une d'entre elles, deux jeunes filles nous regardent curieusement. La plus souriante des deux nous jette des pétales de roses qu'elle tire d'un panier posé sur la droite. Fragonard veut donner l'impression que nous sommes les spectateurs de cette délicieuse scène, autant que le spectacle, les victimes du jeu de ces espiègles jeunes filles. Nous regardons, mais nous sommes regardés : « réversibilité des regards, permutation des rôles, effet de vertige » (J. Clay, 1980). Mais la scène est abordée avec le sourire, non sans une pointe d'humour, sans pédanterie, sans parti pris didactique.

La mise en page est habile, hardie, l'exécution, d'une grande délicatesse, la gamme des couleurs d'un grand raffinement : seules les notes roses et rouges des mains, du sein, des joues et des lèvres, des fleurs, se détachent sur les gris et les blancs froids du rideau. Fragonard a traité ce sujet léger avec une légèreté de grand maître.

# 219 La petite sultane

Huile sur papier collé sur bois. H. 32,3 ; L. 23,8 (le panneau 33,6 sur 25,2)

Muncie, Ball State University Art Gallery

**Provenance**
Vente M[orel ou Morelle] et autres, 3 mai 1786, n° 178 : « L'Esquisse de la Sultane, connue par le grand Tableau terminé qui était dans la collection de M. de Boisset... » (32,4 sur 21,6 ; 118 livres). Coll. Veil-Picard, selon les autorités du musée de Muncie ; [Wildenstein] ; coll. E. Arthur Ball à Muncie (Indiana) depuis 1941 ; prêt permanent depuis 1951 de la collection E. Arthur Ball à la Ball State University Art Gallery (fondation des frères Ball). Voir aussi rubrique *Œuvres en rapport*.

**Exposition**
New York, 1967, n° 68, ill.

**Bibliographie**
G. p. 333 ;
N. p. 145 ;
Wilhelm, 1955, p. 372 ;
W. 337 fig. 146 ;
Posner, 1967, p. 363, fig. 48 ;
Mesuret, 1972, p. 415 ;
W. et M. 353, ill.

**Œuvres en rapport**
Une version de cette œuvre a été célèbre, celle des ventes Randon de Boisset (27 février 1777, n° 227) et Vassal de Saint-Hubert (24 avril 1783, n° 64). Vendue une première fois pour la somme énorme de 4.200 livres, puis pour 2.700 livres, elle vient de faire surface dans une vente Sotheby's, à Londres, le 10 décembre 1986, n° 75, ill. en couleurs (400.000 livres) et a été acquise par le commerce new-yorkais *(fig. 1)*. Elle est en cours de restauration (T. H. 103,7 ; L. 81,5). Elle fut souvent mentionnée au XVIII$^{e}$ siècle : les catalogues des ventes Morel (voir plus haut) et Vieux-Viller (voir plus loin) y font allusion.
Trois « sultanes » sont encore citées au XVIII$^{e}$ siècle, en 1801 et en 1803 : dans la coll. du marquis de Fourqueveaux exposée au Salon de Toulouse en 1783, n° 146 : « une femme assise, appuyée sur un coude par Fragonard » (Mesuret, 1972, n° 4645), dans la coll. dite de François Louis Joseph de Laborde Méréville (vente à Londres, Christie's, les 6-7 mars 1801, n° 2 : « A sultana » ; 4 guinées, acquis par Fraser ; sur ce collectionneur, voir Boyer, 1968) et enfin dans la coll. [Lespinasse, d'Arlet, de Langeac] 11 juillet 1803, n° 252 (sans dimensions, généralement identifié avec notice suivante, voir aussi P. p. 62 qui avance que La Reynière possédait également une *Sultane*).

Outre les deux tableaux que nous exposons et celui qui vient d'être retrouvé *(fig. 1)*, l'on connaît aujourd'hui une *Petite sultane (fig. 2* ; H. 16 ; L. 11 ; W. 335 fig. 145 ; Tokyo, 1980, n° 54, ill. couleurs, que l'on dit, sans grande raison, être le pendant d'un *« Sultan assis sur un sopha »* passé en vente en 1780 et en 1793 (voir n° 218).

Enfin un dessin « au bistre » passe à la vente de V[ieux]-V[iller] le 18 février 1788, n° 242 : « la Sultane dont le tableau était dans le Cabinet de M. de Boisset ». Ses dimensions (378 sur 324 mm) empêchent de le confondre avec le célèbre dessin de la collection Fauchier Magnan *(fig. 3* ; H. 223 ; L. 161 ; vente, Londres, Sotheby's, 4 décembre 1935, n° 12, ill. ; voir A. 192 et aussi 740).

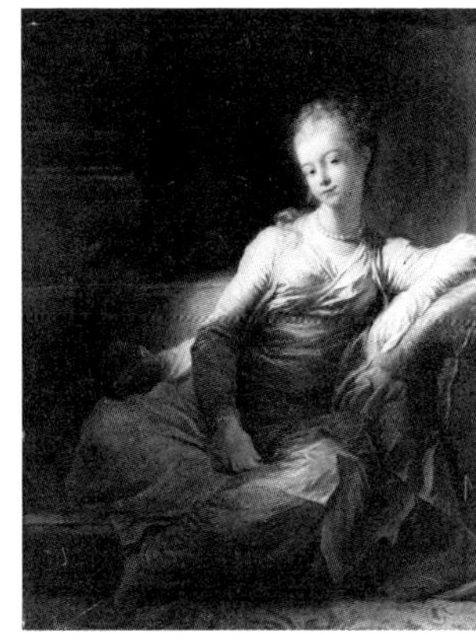

fig. 1. *La grande sultane*, New York, commerce d'art

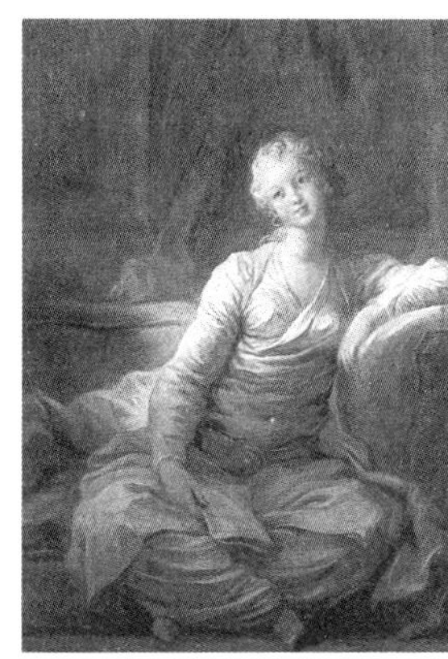

fig. 2. *Sultane assise sur une ottomane*, New York, commerce d'art

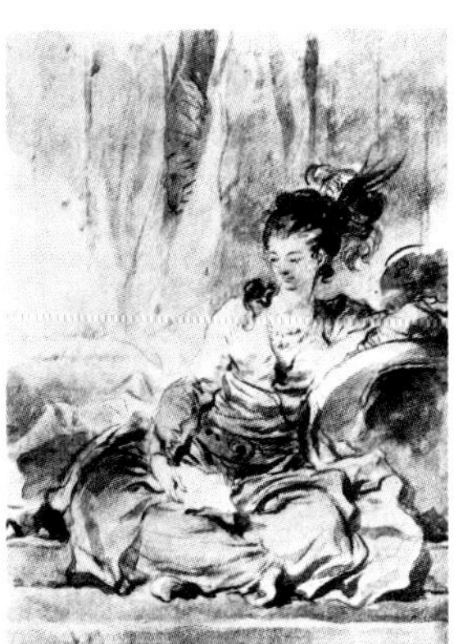

fig. 3. *La sultane à la lettre*, localisation actuelle inconnue

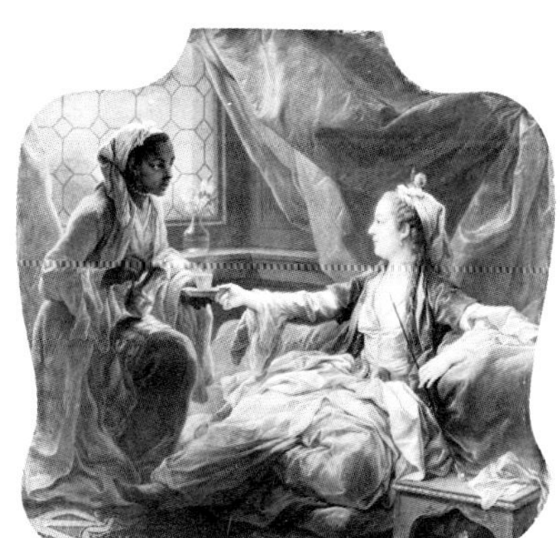

fig. 4. Carle Vanloo, *Sultane prenant du café*, Leningrad, Ermitage

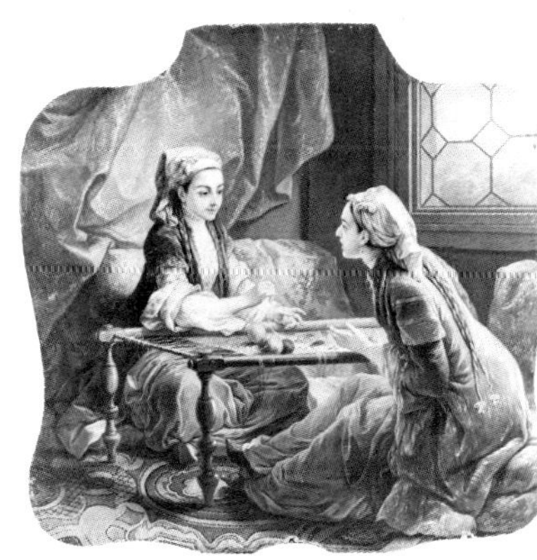

fig. 5. Carle Vanloo, *Deux sultanes travaillant à la tapisserie*, Leningrad, Ermitage

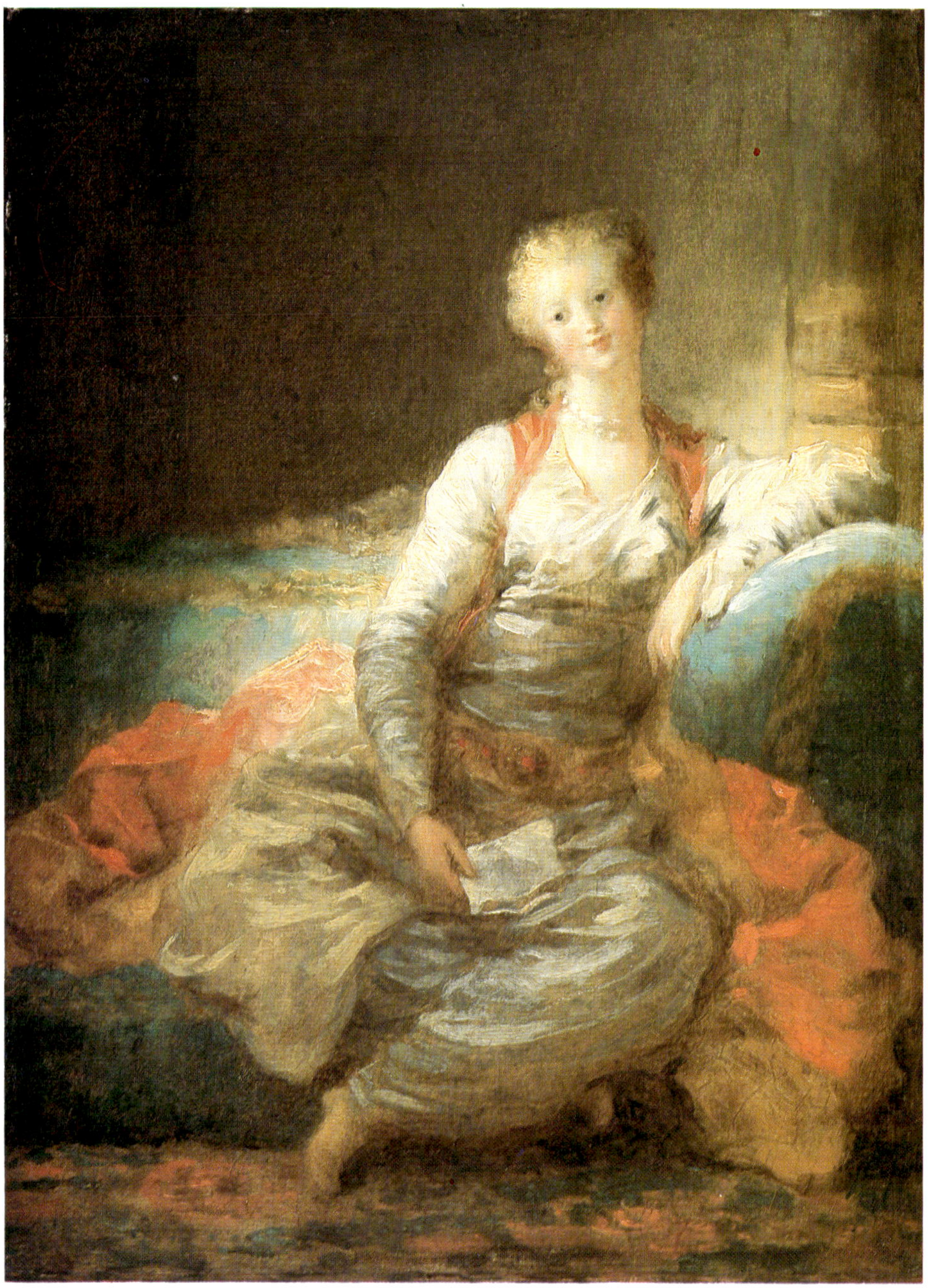

L'on connaît aujourd'hui quatre « *Sultanes* » : la plus grande, qui mesure plus d'un mètre de hauteur et vient d'être retrouvée *(fig. 1)*, fit sensation au XVIIIe siècle. Elle se vendit pour une somme énorme en 1777 (vente de Pierre-Louis Randon de Boisset, 1708-1776, receveur général des finances de Lyon) et entra dans la collection d'un autre fermier général, grand amateur de Fragonard, Vassal de Saint-Hubert. On n'a peut-être pas suffisamment prêté attention au cartel fixé sur le cadre (peu ancien) du tableau : « Countess Violette de Vismes ». Les Vismes de Saint-Alphonse, riches financiers apparentés aux Laborde, furent favorisés par Marie-Antoinette.

Mais Fragonard a-t-il voulu peindre un portrait ? Aucun des catalogues de vente du XVIIIe siècle ne le précise. Remarquons toutefois que les traits du modèle sont suffisamment caractérisés pour permettre de l'affirmer (le nom de Marguerite Gérard a parfois été prononcé, sans raison).

L'auteur de la notice du catalogue de la vente Vieux-Viller en 1786, où passe une étude dessinée pour la *Sultane*, précise que « Fragonard [en] a fait plusieurs changemens » *(sic)* « d'après... cette première pensée ».

Ce sont deux de ces « changements » que nous exposons (voir notice suivante). Le dessin *(fig. 3)* et la plus petite version peinte connue *(fig. 2)* offrent entre eux des points communs (ainsi la sultane croise les jambes de la même manière), qui les isolent quelque peu des autres exemplaires. Sur la plus grande version *(fig. 1)*, Fragonard a modifié l'inclinaison de la tête de la jeune fille et a supprimé l'habituelle lettre.

Une toute jeune fille de guère plus de seize ans, assise sur une ottomane, le coude appuyé sur le coussin du dossier de

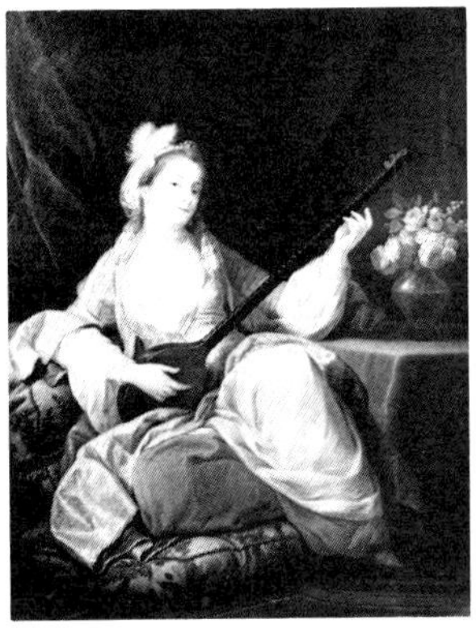

fig. 6. Carle Vanloo,
*Sultane jouant d'un instrument à cordes*,
Paris, coll. privée

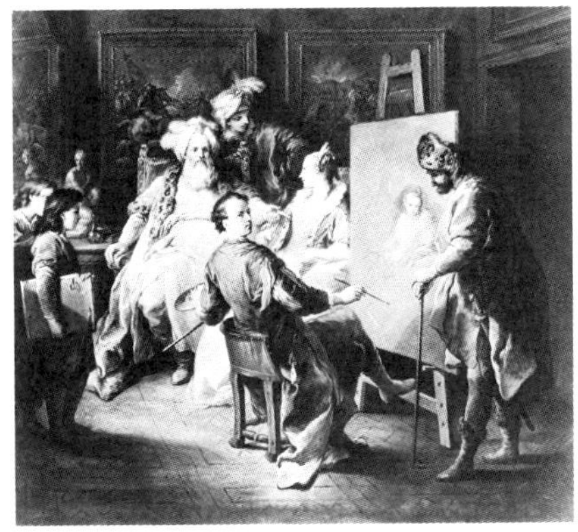

fig. 7. Carle Vanloo,
*Le pacha faisant peindre sa maîtresse*,
Richmond, Virginia Museum of Fine Arts

ce type de canapé fort apprécié sous Louis XVI, s'est déguisée en « sultane », dont elle porte les traditionnels pantalons bouffants et la large ceinture à cabochons de verroterie. Un collier de perles à double rang orne son cou.

Les « turqueries » ont connu la faveur durant tout le XVIII<sup>e</sup> siècle (voir Boppe, 1911). Le théâtre en particulier (Boppe, 1905, p. 229) leur fit une grande place, comme la peinture. Carle Vanloo, le maître de Fragonard, peignit pour la Pompadour ses célèbres « *Sultane prenant du café, représentée sous les traits de madame de Pompadour* » *(fig. 4)* et « *Deux sultanes travaillant à la tapisserie (fig. 5)* (Salon de 1755 ; aujourd'hui à l'Ermitage) et encore une *Sultane jouant d'un instrument à cordes (fig. 6)* commandée par la marquise pour le château de Bellevue en 1754 (vente Londres, Christie's, 2 avril 1976, n° 71, ill.). Ces œuvres, certes, sont fort différentes des tableaux de Fragonard mais relèvent du même genre, à mi-chemin entre le portrait et la fantaisie (citons encore *Le pacha faisant peindre sa maîtresse* du Salon de 1737, *fig. 7)*.

La version de Muncie, peinte sur papier, est, comme l'écrit le compilateur du catalogue de la vente Morel en 1786, « de la couleur la plus brillante et de la touche la plus facile ». « Elle semble réfléchir avec intérêt sur la lecture d'une lettre qu'elle tient de la main droite ».

Le pittoresque du costume, l'exotisme de pacotille ne durent pas déplaire à Fragonard qui se fait le complice, non sans humour, d'une mode de son temps.

# 220 La sultane à la perle

T. H. 47,5 ; L. 38,5

New York, collection privée

**Provenance**
Pour une possible provenance de ce tableau, voir la rubrique *Œuvres en rapport* du n° précédent. [Wildenstein] en 1956 ; coll. baronne von Cramm à New York en 1960 ; vente Sotheby's, Londres, 24 juin 1964, n° 40, ill. ; [Wildenstein] ; New York, coll. privée.

**Exposition**
Tokyo, 1980, n° 52, pl. en couleurs.

**Bibliographie**
R. p. 163 (fausse provenance ancienne) ;
W. 336 pl. 67 ;
W. et M. 352 ill.

**Œuvres en rapport**
Voir notice précédente.

A peine plus grande que la *Sultane* de Muncie et très voisine dans le détail des couleurs et de la composition (seul l'arrière-plan est complété par le piédestal et le fût d'une seconde colonne, par un rideau violet à franges d'or), la *Sultane* de New York s'en distingue par son métier. A la vivacité de la touche du premier tableau, à sa nervosité papillonnante, à la multiplication d'accents bien lisibles, répond une exécution plus fine, comme fondue, porcelainée, toute en nuances et en gradations. Sur le tableau de New York, tous les détails — le tapis d'Orient, les franges de l'ottomane, chacune avec des perles — sont décrits avec minutie.

L'harmonie est obtenue grâce aux contrastes des effets de lumière et des demi-teintes des zones placées dans l'ombre, grâce aussi à l'accord des verts turquoise et des roses framboise.

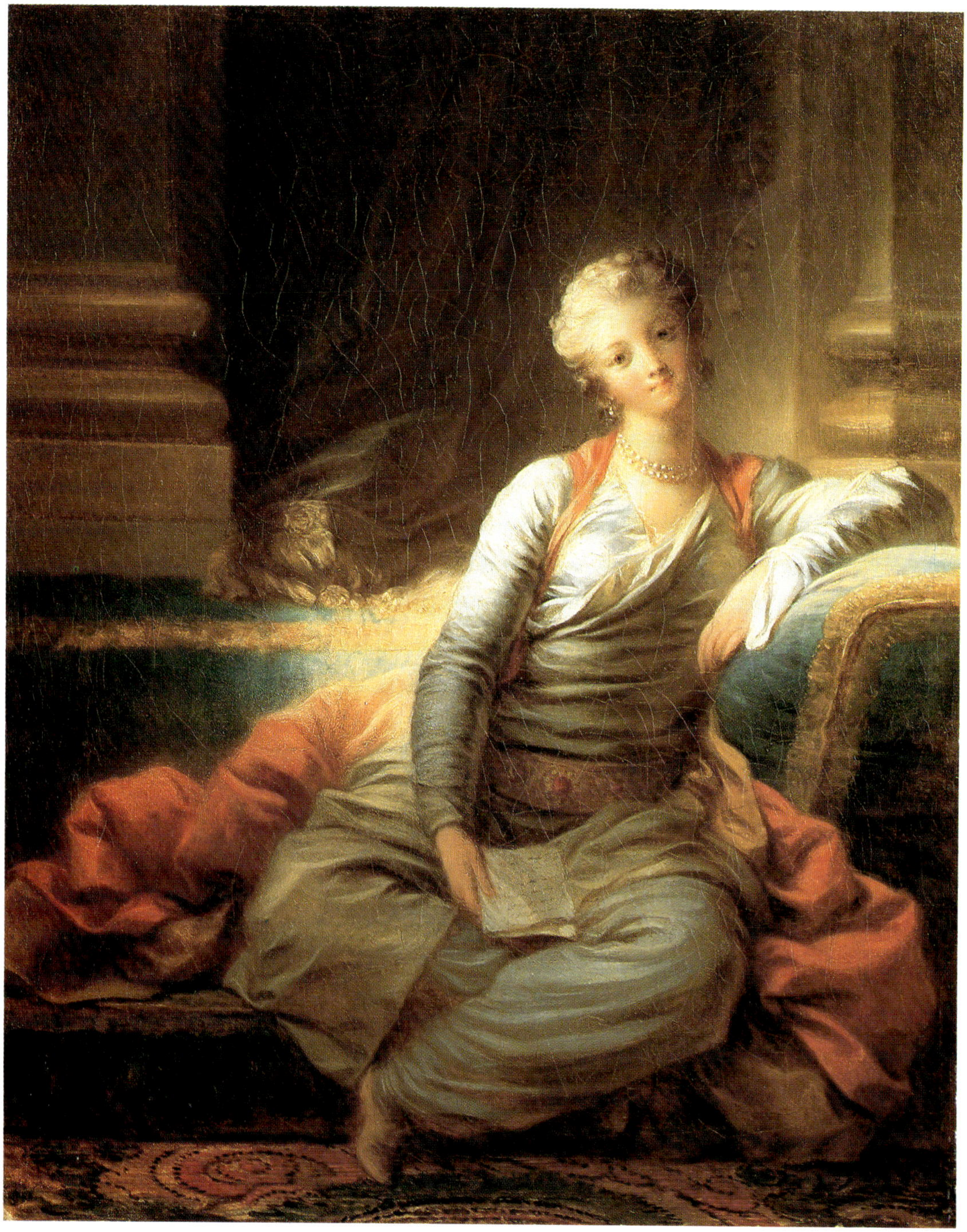

fig. 1. Ch.-Amédée Vanloo,
*La toilette d'une sultane*,
Paris, musée du Louvre

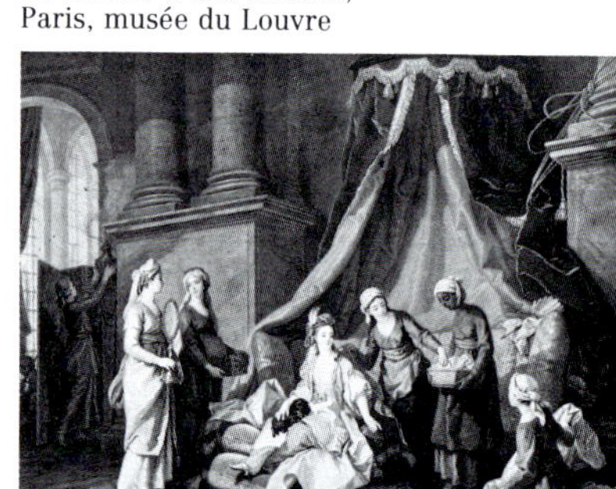

Comme il a aimé le faire durant toute sa carrière, Fragonard traite le même tableau, répète le même sujet en deux styles radicalement opposés. Mais les deux œuvres, à coup sûr antérieures à 1777, précèdent-elles le second voyage en Italie de 1773 ou ont-elles été réalisées à son retour ? L'exécution du tableau de New York, déjà celle du *Verrou* (n° 236), nous inciterait à pencher pour la seconde hypothèse. Rappelons qu'au Salon de 1775, le neveu de Carle, Charles-Amédée Vanloo, exposait quatre immenses *Sultanes* destinées aux Gobelins (deux sont aujourd'hui à Nice, une est au Louvre, *fig. 1*, et une est perdue) qui lui avaient été commandées en 1772, pour le Roi, par l'intermédiaire de la du Barry

# 221 Le pacha

Paris

H. 249 ; L. 331
Pinceau et lavis de bistre ; quelques traces de pierre noire dans la partie supérieure

Paris, musée du Louvre, Cabinet des dessins

**Provenance**
Coll. chevalier de Saint-Morys ; entré au Louvre à la Révolution avec les coll. saisies aux Émigrés (marque du Louvre, Lugt 1886, en bas vers la gauche) ; Inv. 26.660.

**Expositions**
Paris, 1911, n° 158 ;
Paris, 1921, n° 209 ;
Paris, 1946, n° 376 ;
Genève, 1950, n° 90 ;
Paris, 1950, n° 90 ;
U.S.A., 1952-53, n° 80 ;
Paris, 1962, n° 100.

**Bibliographie**
Guiffrey et Marcel, V, 1910, n° 4058, ill. ;
Fœrster, [1925], pl. V ;
Martine, 1927, pl. 7 ;
Boucher et Jacottet, 1952, n° 86, ill. ;
R. p. 203 et fig. 140 p. 280 ;
A. 757 ;
L. D[uclaux], dans Sérullaz, 1968, n° 58, ill. couleurs ;
Bryson, 1981, p. 108, fig. 45 ;
Cuzin, cat. exp. Paris, *La France et la Russie...*, 1986-87, p. 180.

**Œuvres en rapport**
Le tableau paraît être une étude pour le *Pacha* des anc. coll. Waldeck-Rousseau et Charcot (W. 339 fig. 147), vendu à Londres, chez Christie's, le 11 décembre 1984, n° 138, ill. couleurs *(fig. 1)*.

On connaît deux dessins pour ce tableau, l'un dans une coll. privée parisienne *(fig. 2* ; A. 50 fig. 24) et l'autre dans une coll. privée de New York *(fig. 3)*.

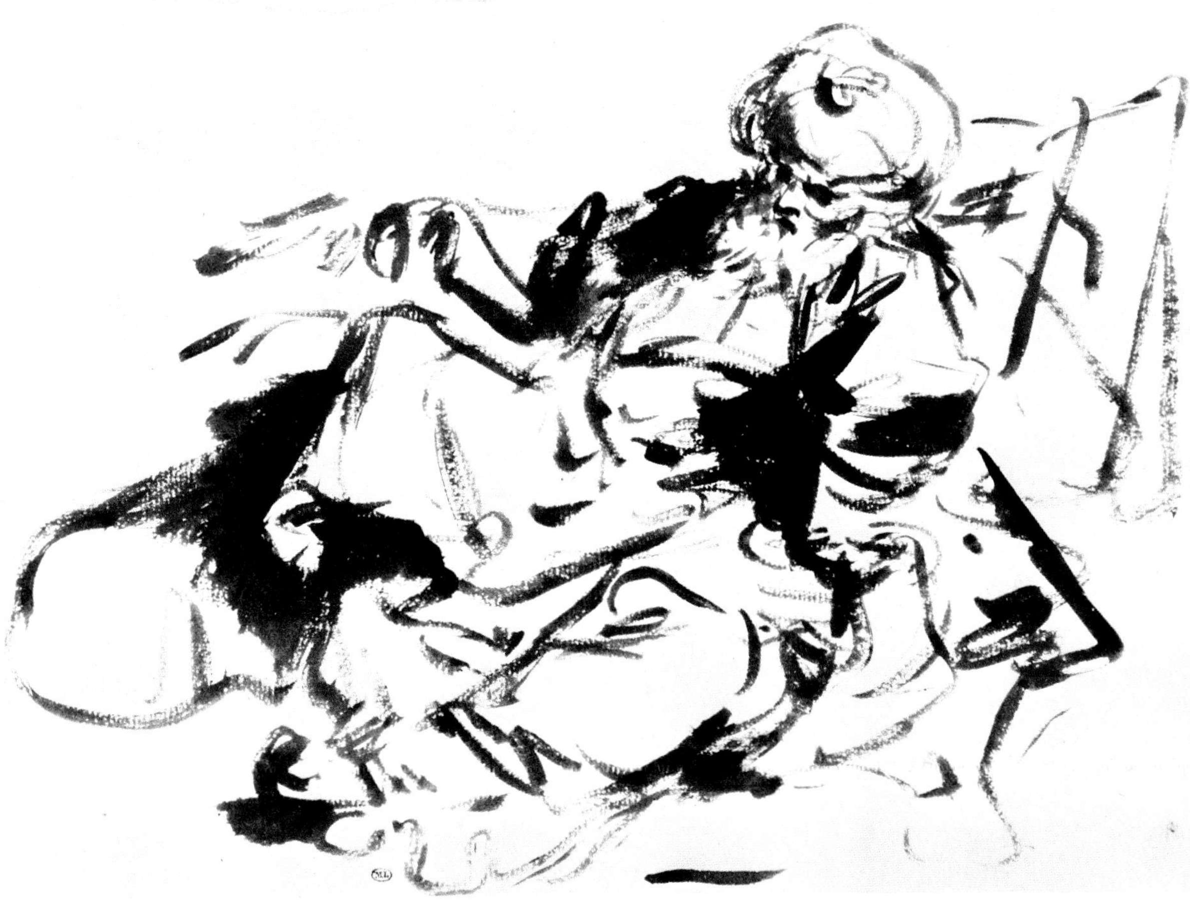

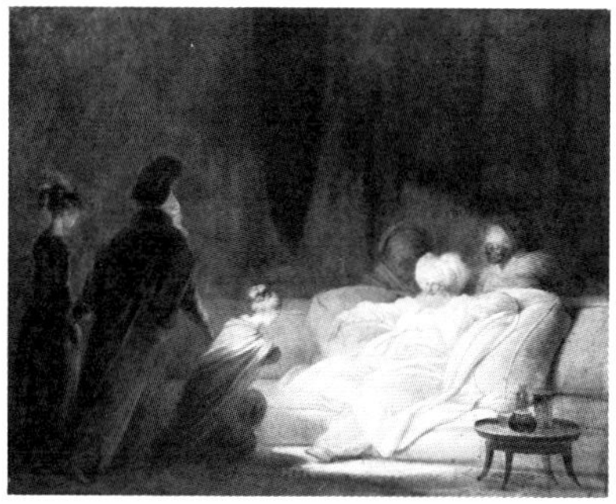
fig. 1. *Le pacha,*
Paris, coll. privée

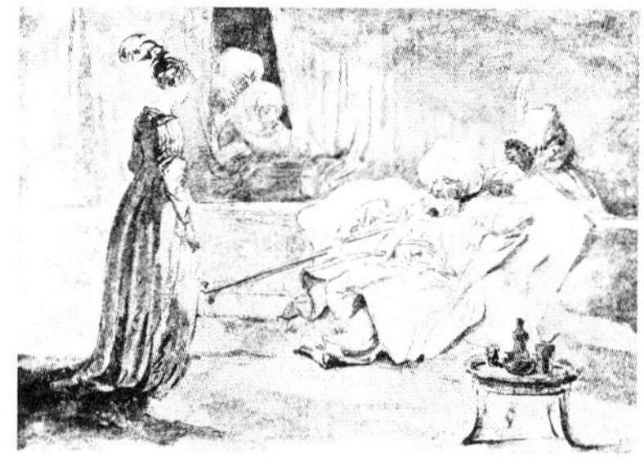
fig. 2. *Le pacha,*
localisation actuelle inconnue

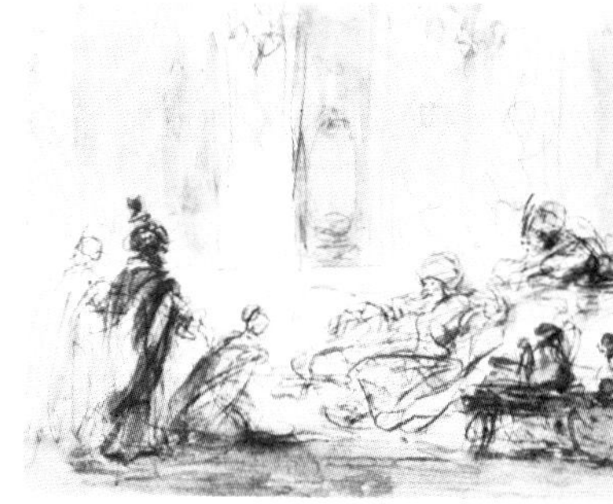
fig. 3. *Le pacha,*
New York, coll. privée

Le dessin est célèbre et exceptionnel. Exécuté au lavis de bistre et au seul pinceau, il peut surprendre. Jean-Pierre Cuzin, récemment, n'excluait pas qu'il puisse revenir à Jean-Baptiste Leprince (1734-1781 ; sur Leprince et Fragonard, voir notice 113). Mais, outre que celui-ci n'atteint jamais ce niveau de qualité, le lien entre le dessin du Louvre, le tableau de même sujet *(fig. 1)* et surtout deux dessins préparatoires *(fig. 2* et *3)*, nous paraît trop étroit pour écarter l'attribution traditionnelle.

L'influence de Rembrandt est patente, la connaissance de la technique de Greuze certaine. Mais Fragonard y ajoute sa marque personnelle : du seul pinceau — à la manière d'un peintre chinois — il résume un geste, indique un volume, précise un pli. Nouvel exemple de la virtuosité de l'artiste et de la variété de ses talents, le *Pacha* compte parmi les dessins les plus libres, les plus vigoureux, mais surtout parmi les plus synthétiques de tout l'œuvre de Fragonard.

## 222 L'heureuse fécondité

T. Ovale en largeur. H. 54 ; L. 64,8

New York, collection privée

**Provenance**
Vente [du Barry, Radix de Sainte Foy], 17 février 1777, n° 55 : « un tableau touché avec beaucoup de feu et d'un effet excellent, il représente l'intérieur d'une chambre dans laquelle est une femme avec plusieurs enfans ; on voit paroître à une croisée un homme qui semble les surprendre (acquis pour 1.500 livres par l'orfèvre Aubert ; 51,3 sur 62,1) ; ou coll. Servat (parfois orthographié Serval), également en 1777 (?). Selon W. et M., coll. « Paris, puis, vers 1800, Charpentier » ; selon Sutton (Tokyo), coll. « Adrien Pâris de Carpentier (c. 1800) ». Coll. privée suisse en 1972.

**Expositions**
Caracas, 1977, n° 20, ill. ;
Tokyo, 1980, n° 56, ill. couleurs.

**Bibliographie**
Blanc, 1862, p. 12 (?) ;
Renouvier, 1863, p. 168 (?) ;
G. p. 331 et 333 (?) ;
P. p. 115, 279 et 280 (?) ;
N. p. 130 (?)
R. pp. 167-168 (?) ;
W. et M. 392, ill. et pl. XXXVII et XXXVIII en couleurs ;
Hallam, 1981, p. 619 fig. 2 ;
Hoving, 1982, pp. 90-91, ill. (et détail couverture).

**Œuvres en rapport**
On connaît plusieurs versions de la composition. Celle de Washington *(fig. 1* ; W. 368 fig. 157) est de dimensions identiques à celle que nous exposons. Elle pourrait se confondre soit avec l'exemplaire de la collection Servat en 1777, soit avec celui de la vente [du Barry...] de 1777.

Une petite version *(fig. 2* ; T. Ovale. H. 19 ; L. 22 ; W. 366 et W. et M. 389, ill.), autrefois dans la coll. Marinescu, a été léguée au Palm Beach Atlantic College. Provient-elle d'une vente anonyme du 29 avril 1790, n° 46 ?

Pour Wildenstein (W. 367), le tableau Servat mesurait 29 sur 32 cm. En fait, il s'agit là des dimensions de la gravure de Delaunay, comme le confirme le texte des *Affiches, Annonces et Avis divers* du 15 octobre 1777, p. 167. Voir aussi cat. exp. Amsterdam, 1926, n° 52 et vente Perregaux, 8-9 décembre 1841, n° 50.

Pour les dessins, voir la notice suivante.

Le tableau Servat a été gravé en ovale par Nicolas Delaunay (1739-1792) en 1777 (Salon, n° 311 ; voir Hébert et Sjöberg, XII, 1973, pp. 509-510, n° 159 ; nous reproduisons un exemplaire avant la lettre, *fig. 3)*. La lettre de la gravure, les commentateurs *(Affiches..., Mercure de France*, janvier 1778, pp. 171-172) confirment que la gravure de Delaunay, dédiée à Cochin, est d'après un *tableau* de Fragonard. Delaunay grave en pendant, l'année suivante, un *Bonheur du ménage* de Leprince *(fig. 5)*, en 1782, d'après Fragonard, les *Beignets (fig. 6)*, puis en 1783 *Dites-donc s'il vous plaît* toujours d'après Fragonard *(fig. 7)* et la *Gaieté conjugale* d'après Freudeberg *(fig. 8)*, puis en 1791 le *Petit prédicateur* (n° 227) et l'*Education fait tout* (n° 226). Enfin, en 1791, Pierre-Clément Marillier grave à son tour, mais en rectangle, la même composition « terminée au burin par Romanet » (Portalis et Béraldi, 1882, III, p. 18 ; *fig. 4)*.

On prendra garde de ne pas confondre l'*Heureuse fécondité* d'une part avec l'*Heureuse famille* (W. 371, pl. 74 ; nous reproduisons un dessin ; *fig. 9)* et d'autre part avec *L'écurie de l'âne* (W. 369, pl. 75 ; *fig. 10)*.

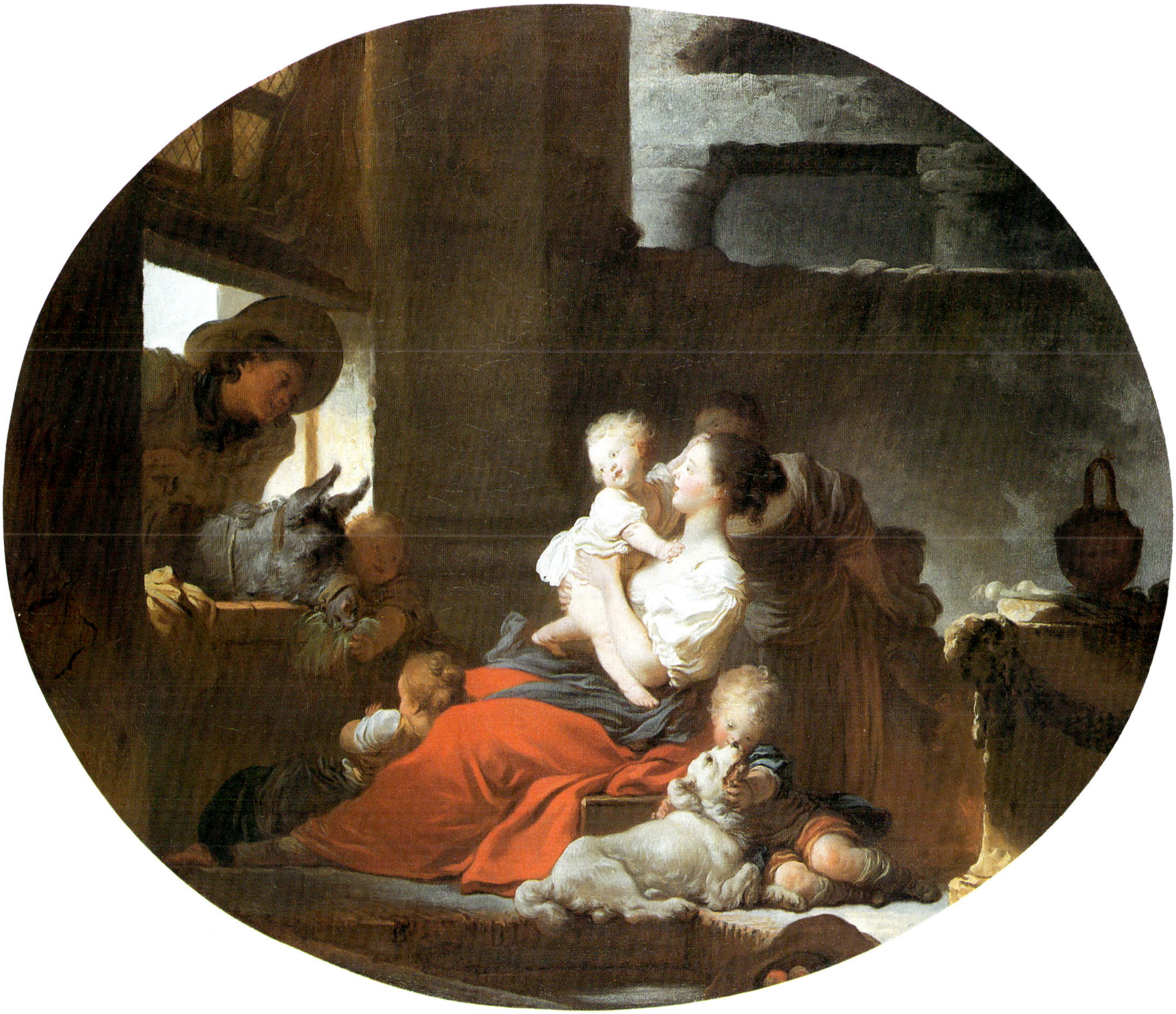

On connaît aujourd'hui deux versions autographes de l'*Heureuse fécondité* (nous ne nous prononçons pas sur l'exemplaire Marinescu que nous ne connaissons que par la reproduction ; voir rubrique *Œuvres en rapport*), toutes les deux ovales et de dimensions similaires. Or, il semblerait qu'il ait existé en 1777 deux exemplaires de l'œuvre, celui gravé par Delaunay qui appartenait à « Monsieur Servat » et un autre, passé en vente publique la même année. Si nous pouvons préciser les dimensions de ce dernier tableau, nous ignorons celles de l'exemplaire gravé.

Quoi qu'il en soit, la composition, la plus ancienne en date des scènes familières gravées par Nicolas Delaunay, doit être de peu postérieure au retour d'Italie en 1774. Elle marque un intérêt nouveau de la part de Fragonard pour les enfants, leurs jeux et la vie familiale. « Il y a dans l'*Heureuse fécondité* », écrivait dès 1862 Charles Blanc, « comme un reflet de la manière de Greuze ». Il ajoutait, accompagnant son commentaire de la gravure d'après le tableau, « Fragonard y a peint une mère qui, entourée de ses enfants, joue avec l'un d'eux, tandis que les autres, déjà plus forts, s'occupent selon leur caprice. Le mari contemple par une fenêtre ouverte cette scène de tranquille bonheur. Des animaux aux mœurs douces complètent le tableau et semblent s'associer à cette fraîche églogue comme s'ils étaient de la famille. Un goût spirituel et délicat brille dans le dessin de chaque personnage et dans les expressions que Fragonard leur a prêtées. Les enfants, surtout, sont charmants ». Launay, dès 1859, nous avait averti de cette mutation dans le choix des sujets et peut-être aussi dans la manière de peindre de Fragonard : « mais en même temps, une révolution s'opérait dans l'art et tous les jeunes peintres se lançaient dans la sévère réaction dont Vien avait donné le signal.

Ce fut alors que, cherchant à accomoder son facile génie aux exigences du temps, il chercha d'autres effets dans des scènes plus pures de la vie intime, et qu'il produisit ces

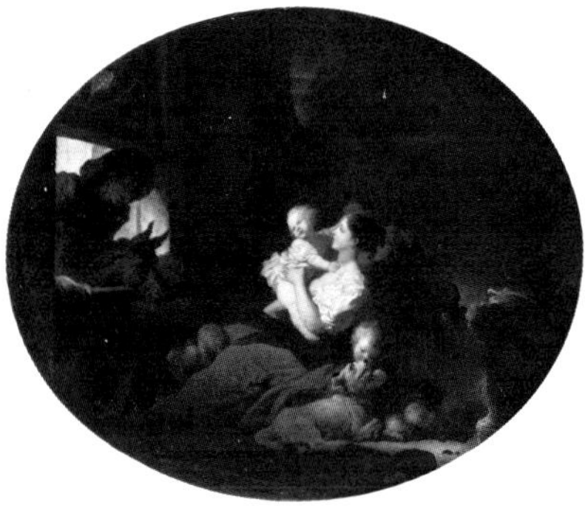

fig. 1. *L'heureuse fécondité*,
Washington, National Gallery

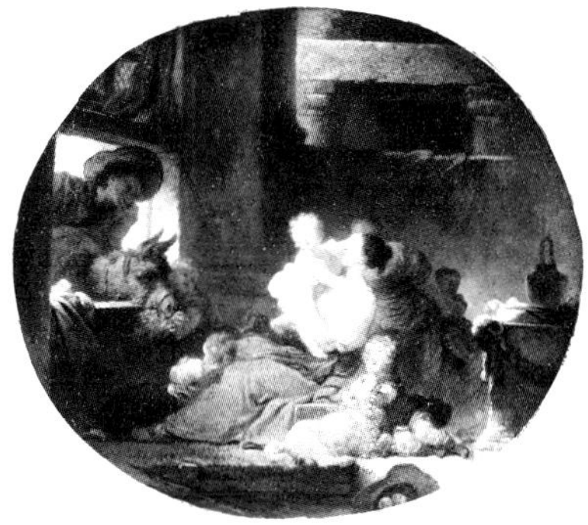

fig. 2. Fragonard (?), *L'heureuse fécondité*,
Palm Beach Atlantic College

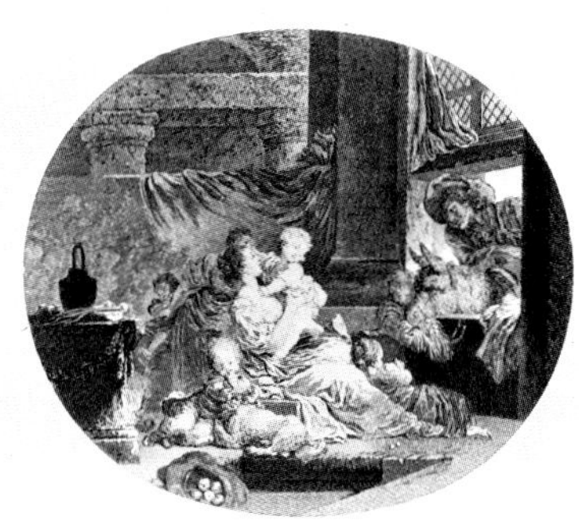

fig. 3. N. Delaunay d'après Fragonard,
*L'heureuse fécondité* (épreuve avant la lettre),
Paris, musée du Louvre,
Cabinet des dessins, coll. Rothschild

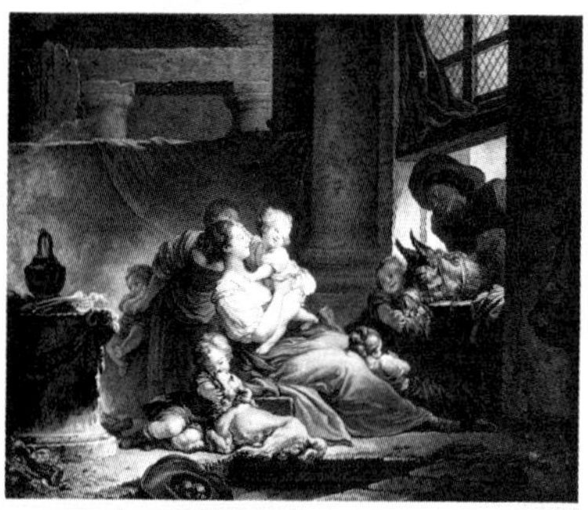

fig. 4. Marillier et Romanet,
*L'heureuse fécondité*,
Paris, musée du Louvre,
Cabinet des dessins, coll. Rothschild

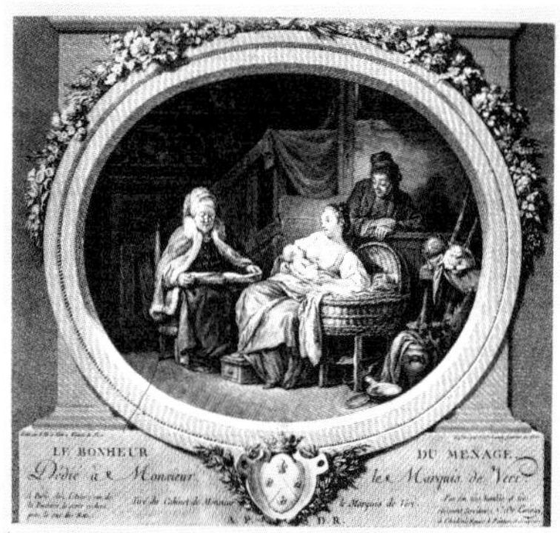

fig. 5. N. Delaunay d'après Leprince,
*Le bonheur du ménage*,
Paris, Bibliothèque Nationale,
Cabinet des estampes

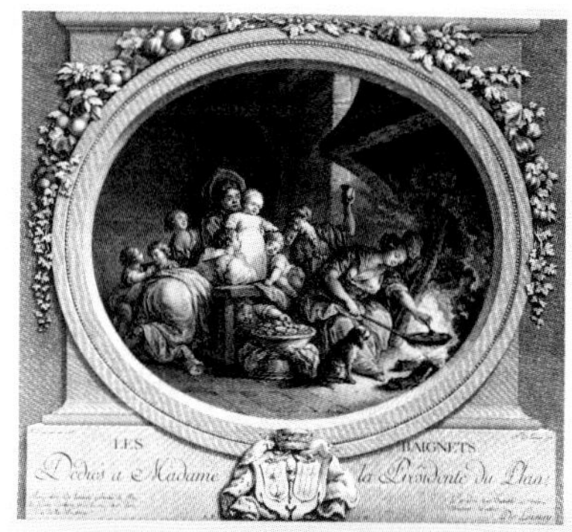

fig. 6. N. Delaunay d'après Fragonard,
*Les beignets*,
Paris, musée du Louvre,
Cabinet des dessins, coll. Rothschild

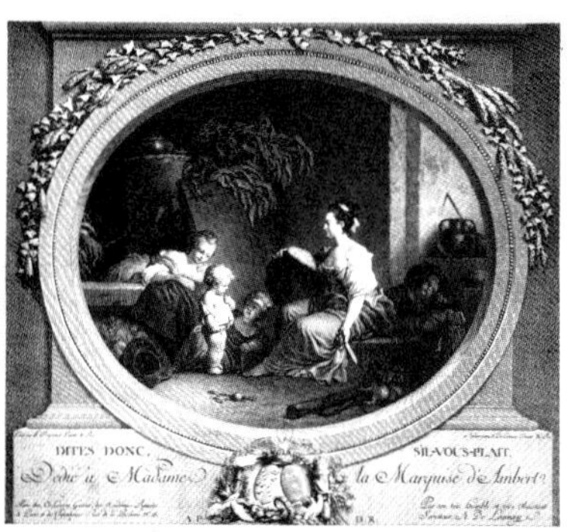

fig. 7. Delaunay d'après Fragonard,
*Dites donc s'il vous plaît*,
Paris, Bibliothèque Nationale,
Cabinet des estampes

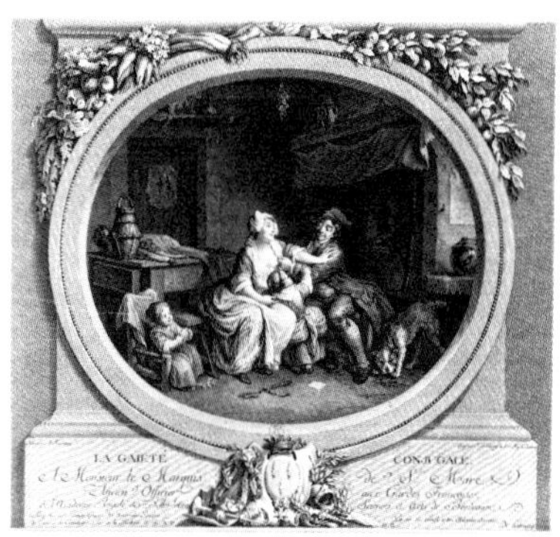

fig. 8. N. Delaunay d'après Freudeberg,
*La gaieté conjugale*,
Paris, Bibliothèque Nationale,
Cabinet des estampes

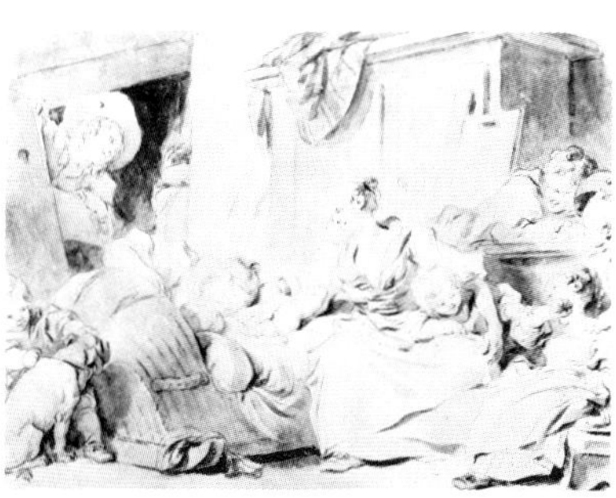

fig. 9. *L'heureuse famille*,
Cambridge, Fogg Art Museum

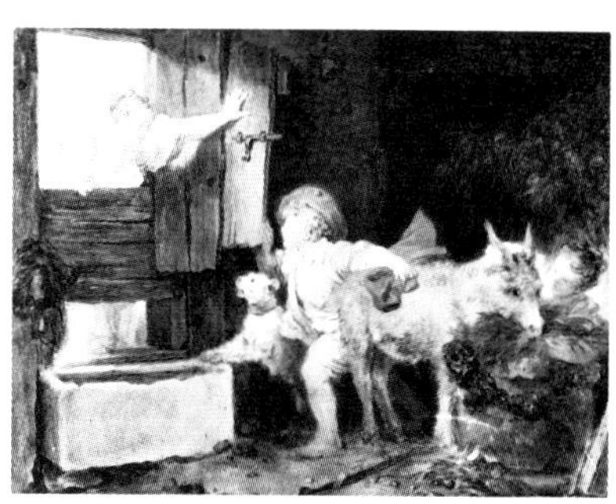

fig. 10. *L'écurie de l'âne*,
Paris, coll. privée

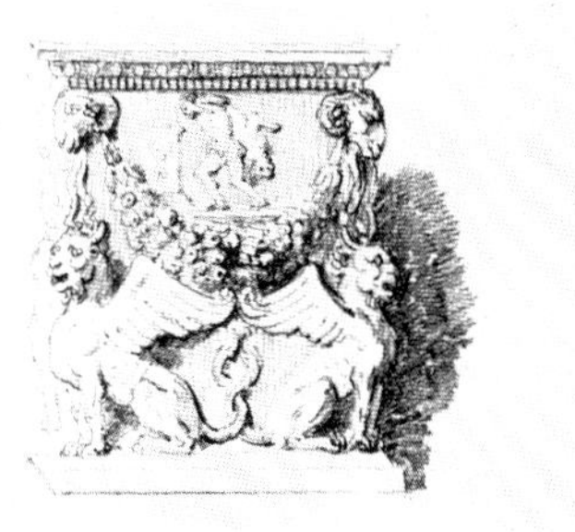

fig. 11. Fragonard d'après A. Federighi,
*Piédestal d'une colonne du Dôme de Sienne*,
Londres, British Museum

compositions délicates, pleines de sentiment, de grâce, et parfois de naïveté que l'on appelle l'*Heureuse fécondité*, la *Bonne mère*, le *Berceau*, et que le graveur a tant de fois et si heureusement reproduites ».

La composition pyramidale inscrite dans un ovale se déploie comme une frise. Fragonard modèle chaque figure grâce à une adroite utilisation de la lumière qui vient de la gauche. Si son art perd de son mœlleux, il joue des contre-jours et des reflets avec une habileté consommée.

Un détail mérite attention : sur la droite de la composition se voit une sorte d'autel antique à tête de bélier sur lequel sont posés quelques poireaux : Fragonard en avait dessiné un fort voisin dans le Dôme de Sienne au cours de son premier voyage en Italie (*fig. 11* ; Rosenberg et Brejon de Lavergnée, 1986, n° 124, ill.). S'il cherchait à renouveler son inspiration, Fragonard ne renonçait pas à ces clins d'œil qui parsèment son œuvre.

## 223 L'heureuse fécondité

Ovale en largeur. H. 350 ; L. 425
Aquarelle avec rehauts de gouache sur préparation à la pierre noire difficilement visible et lavis de bistre

Paris, musée Cognacq-Jay

**Provenance**
Coll. du chevalier de C[lesne], sa vente, 4 décembre 1786, n° 111 : « ...l'exécution en est savante, et offre partout des richesses et de la *couleur* » (c'est nous qui soulignons ; ovale, 351 sur 432 mm ; invendu ?) ; vente de la Mure, 19 avril 1791, n° 56 (même texte ; invendu ?) ; vente Mesnard de Clesne, 11 nivose an XII (5 janvier 1804), n° 22 (le catalogue précise qu'il s'agit d'un « *dessin sous verre* » ; coll. du comte de Charmaillé. Entré au musée Cognacq-Jay dès sa fondation.

**Expositions**
Paris, 1946, n° 378 ;
Grasse, 1957, n° 57.

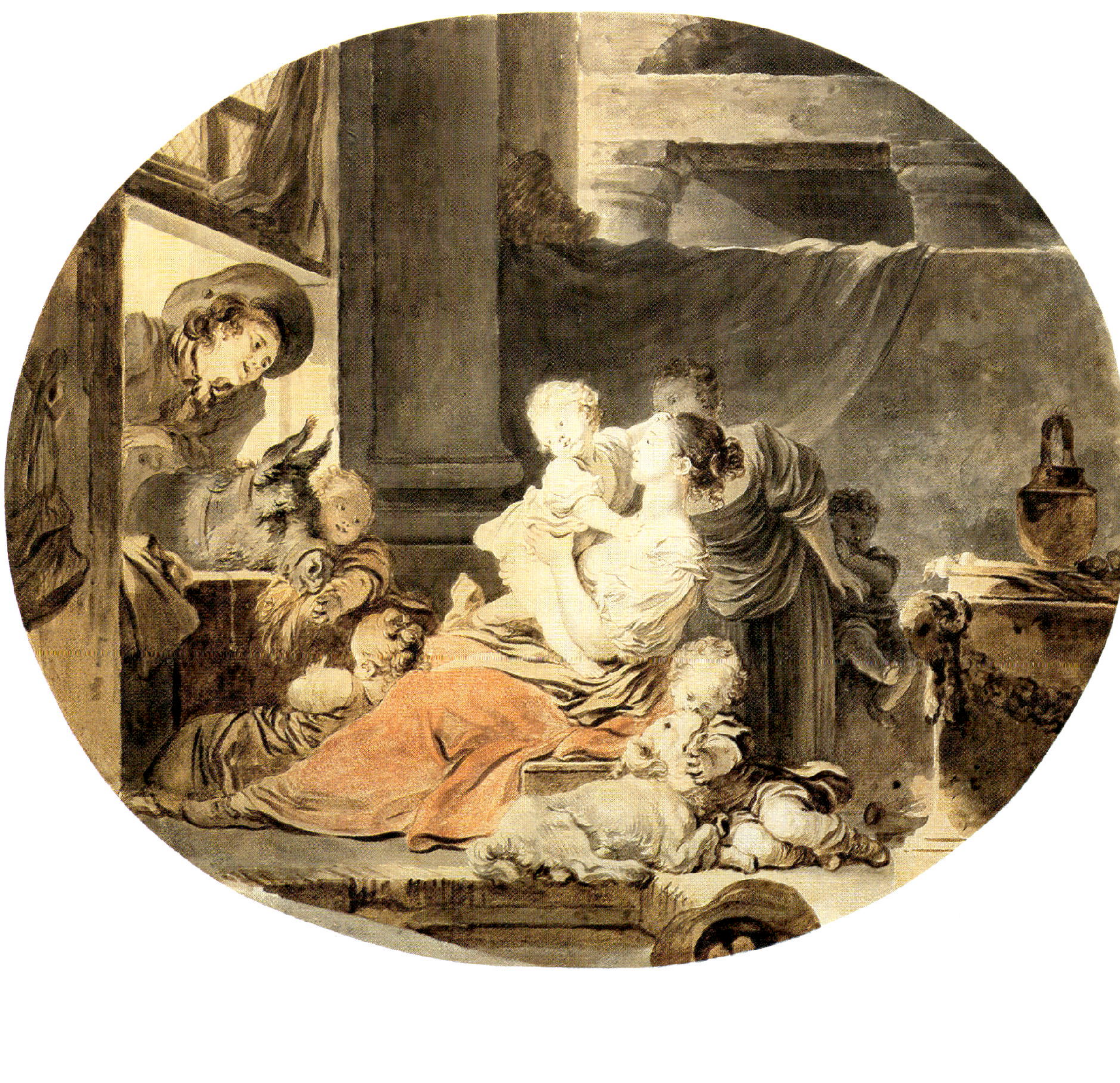

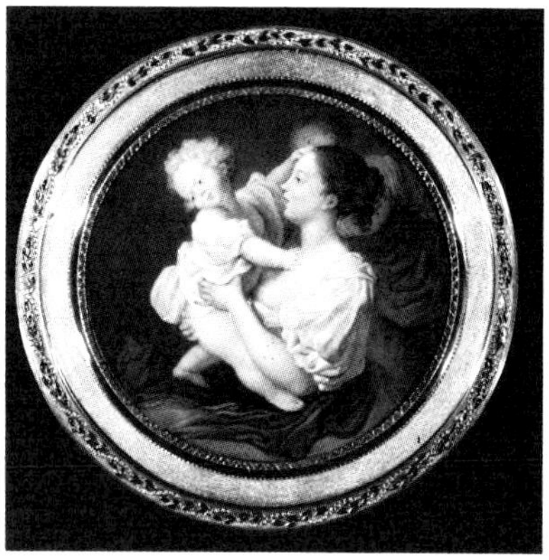

fig. 1. D'après Fragonard, *L'heureuse fécondité*, Paris, musée du Louvre, Cabinet des dessins

**Bibliographie**
H. A., 1929, p. 440 et p. 435, ill. ;
R. p. 227 et fig. 89 p. 176 ;
A. 635 fig. 697 ;
Burrolet, 1980, nº 132, ill. (avec bibl. plus complète et liste des exp.).

**Œuvres en rapport**
Pour les tableaux et les gravures de même sujet, voir notice précédente.

Un second dessin « à l'encre de Chine sur papier blanc » passe à la vente Montullé, 19 novembre 1787, nº 70 (voir A. 1949).

Une copie passe en vente à Saint-Germain-en-Laye le 23 février 1969, nº 35 (ill.) puis à Paris le 31 mai 1972, nº 7.

Une miniature du groupe central, bien entendu attribuée à Marguerite Gérard, est entrée au Louvre avec la collection Schlichting en 1914 *(fig. 1)*.

Il n'y a guère de variantes entre l'aquarelle gouachée du musée Cognacq-Jay et le tableau de même sujet que nous exposons ici (nº 222) : tout porte à croire que l'aquarelle a été exécutée par Fragonard après et d'après son tableau.

La morale de la composition se lit sans mal : le couple, leurs cinq enfants, la servante (ou la petite sœur) respirent le bonheur, tout comme le gros chien et l'âne. La modestie du logis, la médiocrité de la chère — deux poireaux, quelques pommes — n'y changent rien, au contraire. La vie simple et laborieuse du couple consacrée à l'éducation des enfants, explique cette joie de vivre. On l'admettra aisément, la leçon moralisatrice de Rousseau a été rapidement entendue. Mais qu'elle l'ait été par Fragonard et qu'il l'ait transcrite avec autant de sincérité et de conviction dérange quelque peu nos idées sur le peintre.

## 224 « Demandez pardon au grand-papa »

H. 339 ; L. 442
Lavis de bistre sur préparation à la pierre noire

Los Angeles, The Armand Hammer Foundation

**Provenance**
Coll. Louis-Antoine Auguste [de] Rohan-Chabot, sa vente 8 décembre 1807, nº 43 (15 livres 5) ; coll. baron Vivant Denon, sa vente, 1er-19 mai 1826, nº 732 : « une scène familière rendue avec esprit et à l'effet, au lavis, au bistre représentant la réprimande du grand papa » ; coll. de son neveu le baron Brunet Denon, sa vente, 2 février 1846, nº 269 : « la prière au grand papa » ; coll. Hippolyte Walferdin dès 1860 ; sa vente après décès, 12-16 avril 1880, nº 199 (850 francs) ; comte de Jaucourt en 1889 ; coll. Sigismond Bardac ; coll. Georges et Florence Blumenthal en 1921, leur vente, Paris, 1er-2 décembre 1932, nº 30 (236.000 francs) ; [Jacques Seligmann] ; coll. Mrs Jesse I. Straus, sa vente, New York, Parke Bernet, 21 octobre 1970, nº 34, ill. ; acquis peu après par Armand Hammer.

**Expositions**
Paris, 1860, nº 12 ;
Paris, 1921, nº 133 ;
Washington, 1978, nº 46, ill.

**Bibliographie**
P. p. 310 (« La Prière » et « La Prière au Grand-Père ») et 311 (« La Réprimande du Grand Papa ») ;
R. p. 206 (« La Visite au docteur ») ;
A. 41 fig. 19 ;
Dalevèze, 1977, p. 11 fig. 8 ;
Cat. Hammer, 1982, nº 79, ill. couleurs (liste complète des exp. auxquelles le dessin a participé pp. 17-18).

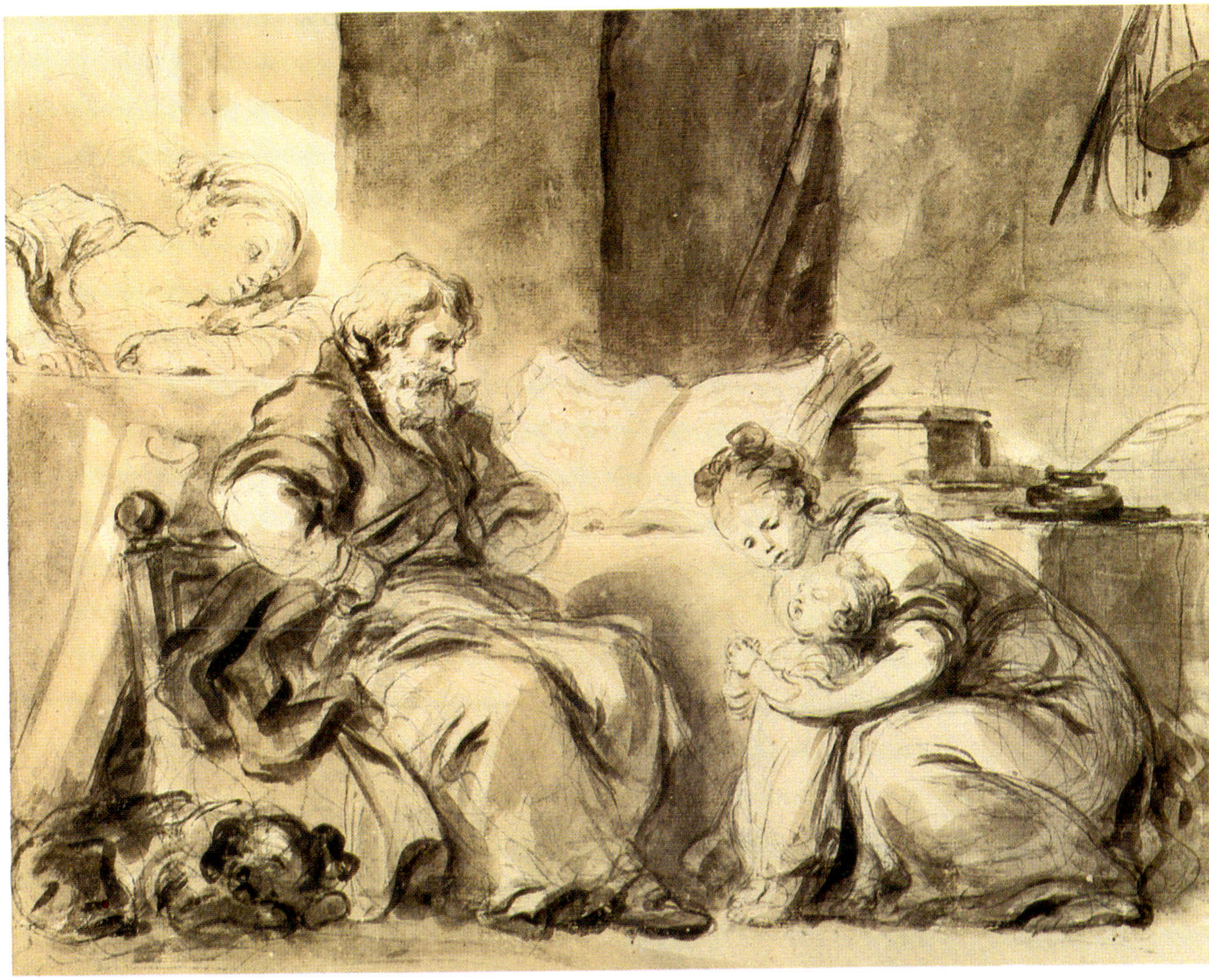

Le sujet du dessin a embarrassé : en 1807, il représentait « une Mère qui semble dire à son Enfant : *Demandez pardon au grand-Papa* » ; en 1860, « La Prière », en 1921 « La visite chez le docteur », aujourd'hui « La réprimande du grand-père ». En 1889, Portalis le catalogue à trois reprises, sous trois titres différents.

La première hypothèse nous paraît la plus convaincante : la petite fille pieds nus, que sa mère, fort mécontente, tient par les bras, ferme les yeux et semble se faire prier pour présenter ses excuses ; le grand-père, les poings sur les hanches, attend gravement, forçant sa colère ; une jeune femme sourit de la scène, le gros chien dort aux pieds de son maître. « Il appartenait à cet Artiste très spirituel, d'exprimer toutes les actions du sentiment et les justes mouvements de la nature » écrit maladroitement, mais avec pertinence, le rédacteur de la notice du catalogue de la vente de 1807.

A dater de son retour d'Italie, Fragonard multipliera les dessins à sujet familier ; il est passé maître dans la description de ces petites saynettes et traduit avec bonheur les réactions et les humeurs de chacun, feintes ou sincères. Attitudes, gestes, jeu des regards, expressions, poses sont observés à la perfection.

Selon son habitude, Fragonard couvre sa feuille d'un fin réseau de lignes à la pierre noire, première mise en place quasi abstraite de l'œuvre. Puis, grâce à une maîtrise du lavis de bistre, qui atteint la perfection entre 1775 et 1785, il peint (plus qu'il ne dessine) sa composition.

# 225 Le déjeuner de l'âne

H. 340 ; L. 490
Lavis de bistre sur préparation à la pierre noire

Cambridge, Harvard University Art Museum, Fogg Art Museum, don de Therese Kuhn Straus, en souvenir de son mari, Herbert N. Straus

**Provenance**
Vente [Chabot et duc de la Mure ou Desmarets], 17-22 décembre 1787, nº 163 : « la vue intérieure d'un ancien Temple habité par des villageois ; on y compte huit figures, dont quatre enfans qui s'amusent à faire manger de l'herbe à un âne sur un autel antique ; à la gauche au bas d'une statue, est placée une marmite sur un feu qui contribue à l'harmonie et à l'effet de ce sujet plaisant » (219 livres à Carrière) ; coll. Pierre-François Basan, sa vente, 1er-19 décembre 1798, partie du nº 94 : « des Enfans jouant avec un âne près d'une vieille femme et d'une jeune fille, occupées de soins domestiques, des paysans partagent l'intérêt de cette scène » (36 francs à Basan fils) ; vente Louis Antoine Auguste (de) Rohan-Chabot, 8-9 décembre 1807, nº 40 : « famille villageoise dans l'intérieur d'une Étable » (30 livres ; une note ms. précise que le dessin provient de la vente Basan) ; vente E..., 4-5 juin 1874, nº 141 (acquis par Rapilly, pour Edmond de Goncourt, pour 259 francs) ; coll. Goncourt, leur marque, Lugt 1089, en bas vers la droite, leur vente 15 février 1897, nº 102, ill. (14.500 francs pour Mme A. Mayer) ; coll. Noël Bardac en 1910 ; coll. Mme Noël Bardac en 1921 ; [Wildenstein] en 1925 ; coll. Mr et Mrs Herbert N. Straus à New York en 1931 ; don par Mrs Therese Kuhn Straus en mémoire de son mari, Herbert N. Straus (Harvard Class de 1903) en 1978 ; 1978.23.

**Expositions**
Paris, 1879, nº 587 ;
Berlin, 1910, nº 180 (nº 170, éd. petit format) ;
Paris, 1921, nº 135 ;
New York, 1925, nº 104 ;
Paris, 1931, nº 35 ;
Washington, 1978, nº 45 ill. et ill. détail.

**Bibliographie**
Chennevières, 1880, p. 112 ;
P. p. 201, 298 et 310 ;
Fœrster, [1925], pl. 26 ;
R. p. 206 et 209 ;
A. 3 fig. 93 (voir aussi A. 1949) ;
[Launay, 1983-84, nº 107].

**Œuvres en rapport**
Une copie *(fig. 1)* avec quelques variantes au Städelsches Kunstinstitut de Francfort (A. 4 fig. 4).

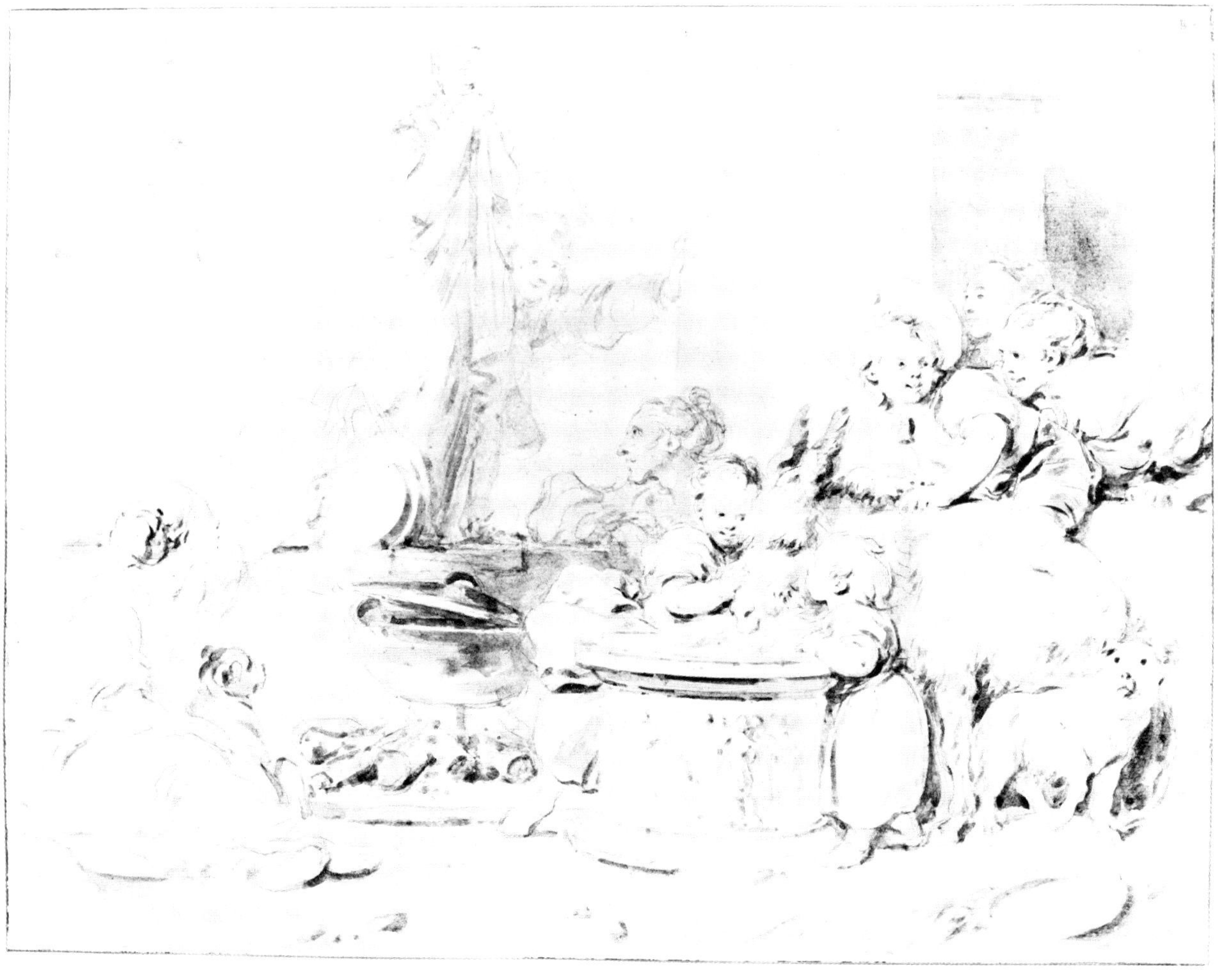

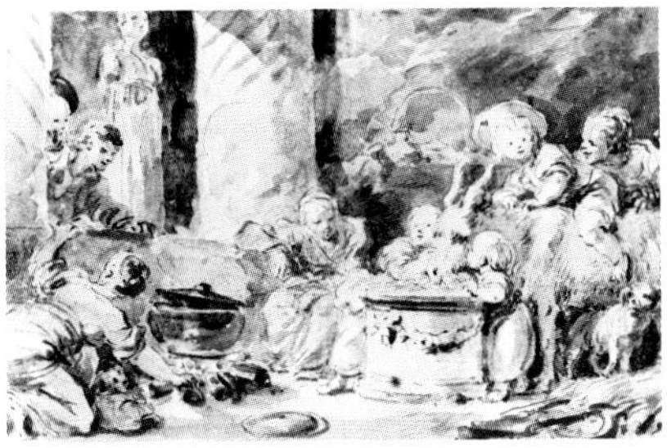

fig. 1. D'après Fragonard,
*Le déjeuner de l'âne*,
Francfort, Städelsches Kunstinstitut

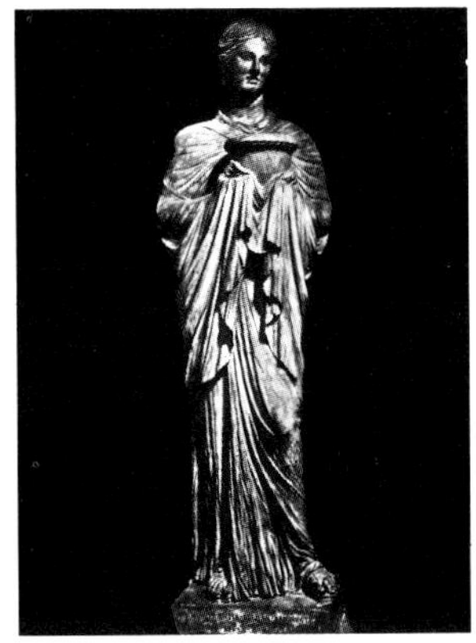

fig. 2. *Pandore*,
Rome, musée du Capitole

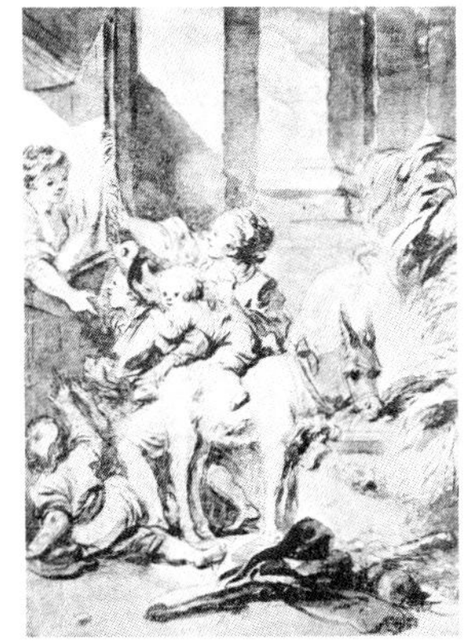

fig. 3. D'après Fragonard,
*Le déjeuner de l'âne*,
Vienne, Albertina

Deux enfants font manger un ânon sur la base d'un autel antique sur lequel se déroule une scène de sacrifice. Plus au centre, une marmite bout au pied d'une statue — la statue de Pandore, conservée aujourd'hui au musée du Capitole *(fig. 2)*. Sur la gauche, une jeune femme fait chauffer des assiettes à la vapeur de la marmite.

La présence de la déesse, pour qui se souvient de sa place dans la mythologie grecque, témoigne une nouvelle fois de l'humour (et de la culture) de Fragonard : Pandore, la première femme, était ornée de tous les dons, mais sa curiosité la poussa à ouvrir la fameuse boîte qui contenait les maux. Ils se répandirent sur la terre ; seule l'Espérance, celle de cette joyeuse famille, resta au fond de la boîte.

Le dessin, moins bistré, plus gris que la plupart des feuilles de cette date, est postérieur au second retour d'Italie. La vieille femme, placée dans l'ombre, qui se tourne vers le jeune homme appuyé d'une main à la colonne, se retrouve sur d'autres œuvres de Fragonard de cette période (voir n° 227).

Quant au motif du repas de l'âne, il a inspiré Fragonard à plusieurs reprises : outre l'*Heureuse fécondité* (n° 222), deux tableaux sont aujourd'hui encore connus, l'*Heureuse famille* (W. 371, pl. 74), l'*Écurie de l'âne* (W. 369, pl. 75) proche d'un dessin de l'Albertina, lui aussi intitulé l'*Écurie de l'âne (fig. 3* ; A. 6 fig. 13). Un quatrième tableau, ovale en hauteur, aujourd'hui perdu est passé dans la vente Prault du 27 novembre 1780 (n° 23) : « un enfant voulant monter sur un âne tandis qu'un petit garçon et une petite fille lui font manger de l'herbe ». Le dessin de Cambridge, une des plus heureuses inventions de Fragonard, s'en inspirait-il ?

## 226 «L'éducation fait tout»

H. 56 ; L. 66

São Paulo, Museu de Arte

**Provenance**
Coll. Aubert, sa vente, 2 mars 1786, n° 73 : « ... une jeune fille vue par le dos en corset et juppe *(sic)* blanche assise sur ses talons, faisant faire l'exercice à deux chiens épagneuls, pour amuser plusieurs enfans... » (900 livres, acquis par l'expert Paillet) ; coll. Nicolas Delaunay, sa vente après décès, 7 mai 1792, n° 5 (avec son pendant, voir notre notice suivante) ; coll. comte Constantin Stroganoff à Rome (selon cat. vente Roussel) ; coll. Mme Eugène Roussel, sa vente, 25-28 mars 1912, n° 7, ill. (250.000 francs) ; [Mr Lockeh Agnew] en 1913 ; coll. Walter Burns à Londres ; [Wildenstein] en 1924 (il en demande « quinze cent mille francs », Gimpel, 1963) et en 1926 ; coll. baron Heinrich Thyssen-Bornemisza à Lugano en 1930 ; [Wildenstein] ; acquis par Abbis de Chateaubriand pour São Paulo en 1958.

**Expositions**
Londres, 1913, n° 39 (autre éd. 1914, n° 72, pl. XXXVIII) ;
Detroit, 1926, n° 21, ill. ;
Munich, 1930, n° 112 pl. 130 ;
Paris, 1953-54, n° 20, ill. ;
Tokyo, 1980, n° 76, ill. en couleurs.

**Bibliographie**
G. p. 332 ;
P. p. 67, 114, 276 ;
N. p. 128, ill. entre p. 128 et 129 ;
Mayer, 1930, p. 320, ill. ;
R. p. 171 et fig. 85 p. 170 ;
W. 472, pl. 105 et p. 28 et 40 éd. française ;
du Colombier, 1962, p. 70, ill. ;
Gimpel, 1963, p. 263 ;
W. et M. 496, ill. et pl. LVI en couleurs.

**Œuvres en rapport**
Le tableau a été gravé en ovale en largeur *(fig. 1)* sous le titre *L'éducation fait tout* par Nicolas Delaunay en 1791 (Salon de 1791, n° 538 ; *Mercure de France*, mars 1791, pp. 83-84 ; Hébert et Sjöberg, XII, 1973, p. 544, n° 264).

Il existerait une autre version de cette gravure par Benedetto Eredi dédiée à Giuseppe Rucellaï *(sic* ; nous ne l'avons pas retrouvée).

Un magnifique dessin, connu depuis 1787, en relation avec la composition mais avec quelques variantes, est conservé à Waddesdon Manor *(fig. 2* ; A. 11 fig. 6).

Pour un dessin, sur lequel nous ne nous prononçons pas, en relation avec le groupe principal de la composition, voir entre autres, vente, Versailles 19 novembre 1978, n° 29, ill.

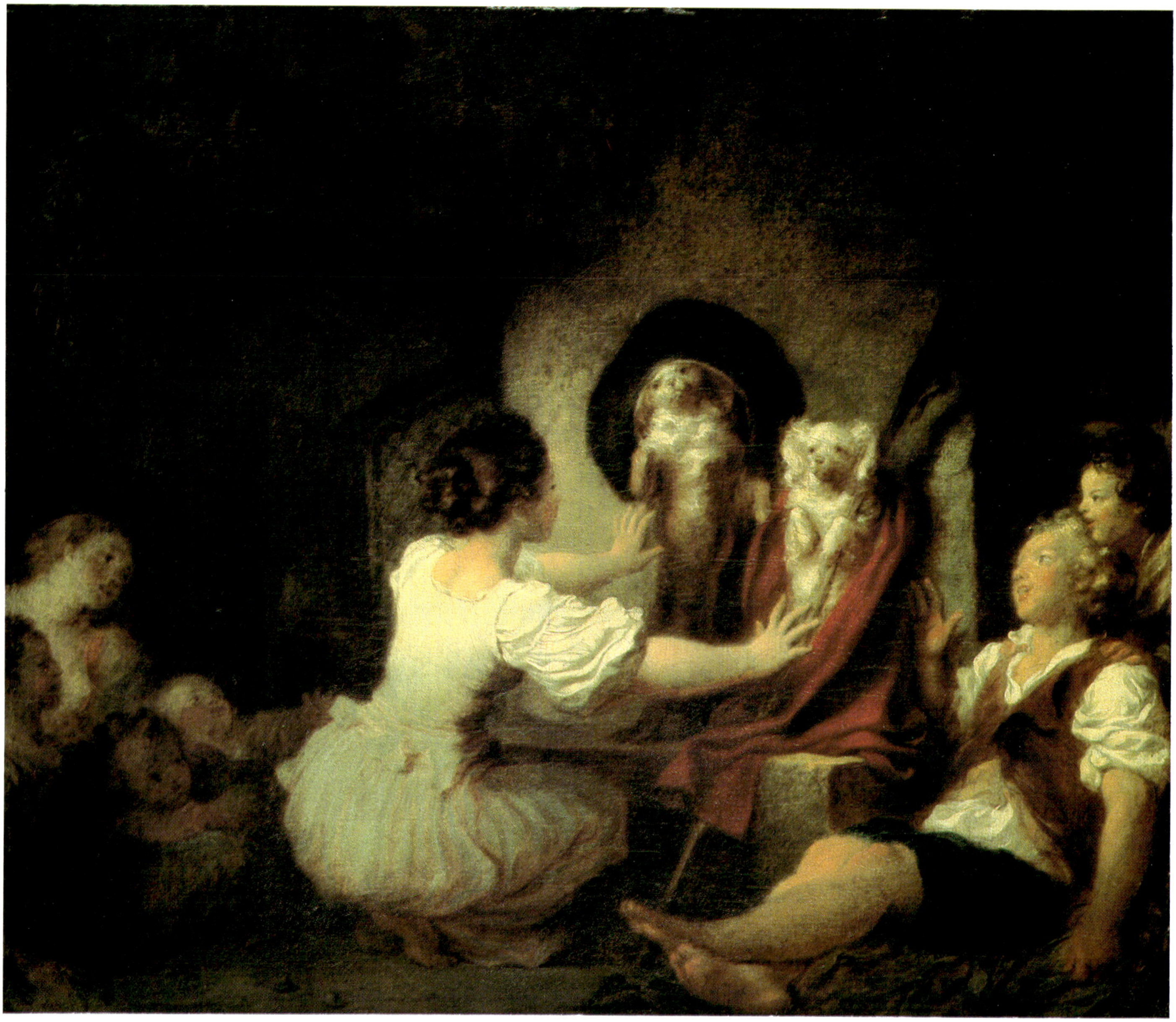

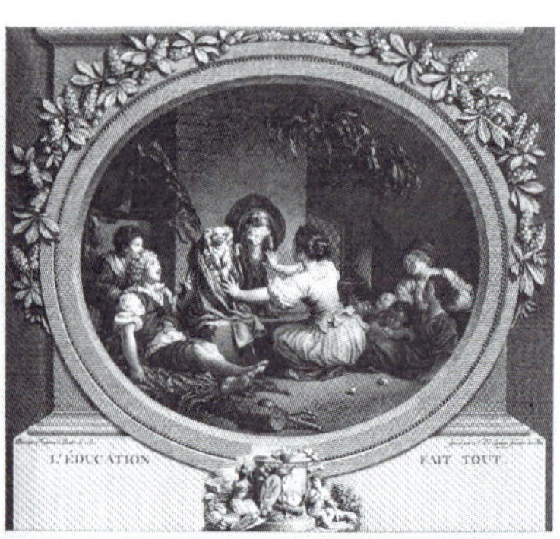


fig. 1. N. Delaunay d'après Fragonard,
*L'éducation fait tout*,
Paris, musée du Louvre,
Cabinet des dessins, coll. Rothschild

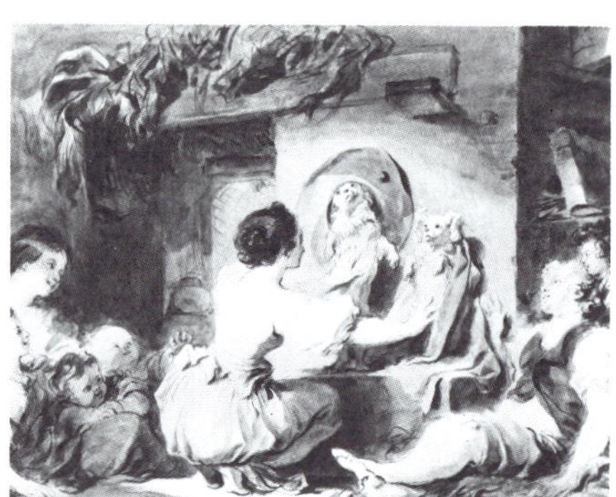

fig. 2. *L'éducation fait tout*,
Aylesbury, Waddesdon Manor

Le tableau est mentionné dès 1786, le dessin (qu'il n'est hélas pas possible d'emprunter), un an plus tard. Mais les deux œuvres sont sensiblement antérieures à cette date, antérieures même sans doute à 1780.

Deux épagneuls — à la plus grande joie des grands comme des petits — font le beau devant leur jeune maîtresse, assise sur ses talons. L'un, vêtu d'un manteau, tient entre ses pattes une grande tige de maïs, l'autre est coiffé d'un large feutre : selon le rédacteur du catalogue de la vente Aubert en 1786, ils feraient « l'exercice ». L'auteur de la notice admire « l'esprit, l'intelligence et l'harmonie » dont Fragonard sait faire « preuve dans tous ses ouvrages », ses « ton(s) de couleur vigoureux ». Les blancs crémeux, les rouges de Pouzzoles, les terres de Sienne, les ocres, les ors et les jaunes dans toutes leurs nuances sont animés par le coup de lumière qui frappe les épaules de la jeune éducatrice.

Scène familière peinte pour distraire et pour faire sourire, *L'éducation fait tout* confirme l'intérêt de Fragonard pour le monde de l'enfance et ses jeux. L'artiste observe avec tendresse les jeunes et les moins jeunes. Moins sensible au sérieux des enfants que Chardin, peu intéressé par leur éducation morale à l'inverse de Greuze, Fragonard décrit leur étonnement et leurs joies avec une communicative sympathie.

# 227 Le petit prédicateur

H. 349 ; L. 467
Lavis de bistre sur préparation à la pierre noire

Los Angeles, The Armand Hammer Foundation

**Provenance**
Vente anonyme, 31 mai 1790, nº 180 : « un dessin très capital et intéressant composé de sept figures : Une jeune femme *(sic)* tient un enfant sur une huche et le fait prêcher devant la grand-mère et d'autres enfans « (H. 432 sur L. 567). Coll. Marmontel, sa vente, Paris, 25-26 janvier 1883, nº 100 (1.500 francs à Clément) ; coll. Richard Lion, sa vente, 3 avril 1886, nº 40 ; coll. P. Ledoux, sa vente, 5 mars 1918, nº 27 (36.500 francs) ; coll. Adrien Fauchier Magnan, Paris ; coll. Arthur Veil-Picard ; [Lucien Guiraud], Paris ; coll. Mrs Jesse I. Straus, sa vente, New York, Parke Bernet, 21 octobre 1970, nº 31, ill. ; acquis par Armand Hammer peu après cette date.

**Exposition**
Washington, 1978, nº 47, ill.

**Bibliographie**
G. pp. 300-301 (la composition) et 332 ;
P. p. 200 et 310 ;
Ananoff, 1956, p. 32, ill. ;
R. p. 205 et fig. 79 p. 154 ;
A. 40 fig. 18 ;
Gimpel, 1963, p. 22 ;
Dalevèze, 1977, p. 11 fig. 7 ;
Cat. Hammer, 1982, nº 80, ill. couleurs (liste des exp. auxquelles le dessin a participé pp. 17-18).

**Œuvres en rapport**
Le dessin est à rapprocher du tableau de même sujet de la coll. Veil-Picard *(fig. 1* ; W. 471, fig. 104 ; pour le pendant, voir notice précédente) mentionné, lui aussi, dès la vente Aubert du 2 mars 1786 (nº 74) : les deux œuvres passent ensuite, réunies sous le même numéro (5), à la vente Delaunay, le 7 mai 1792.

Comme « *L'éducation fait tout* », « *Le petit prédicateur* » est gravé en ovale en largeur par Delaunay *(fig. 2* ; Hébert et Sjöberg, XII, 1973, p. 544, nº 263). Nous ne connaissons pas la gravure de « Batta Cecchi... [Giovanni Battista Cecchi] dédiée au baron Ricasoli » mentionnée par les Goncourt (p. 332).

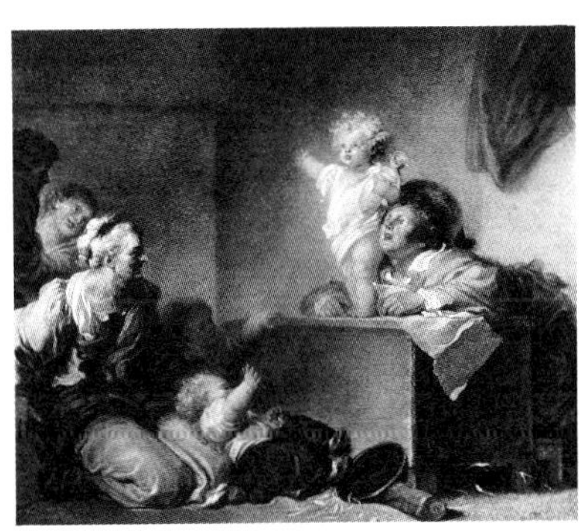

fig. 1. Le petit prédicateur,
Paris, coll. privée

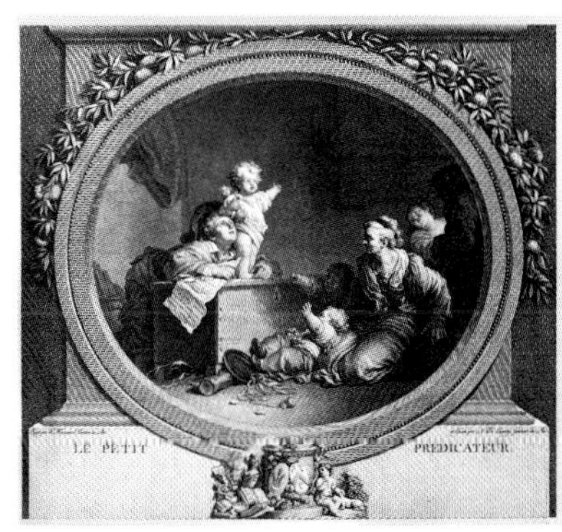


fig. 2. N. Delaunay d'après Fragonard,
*Le petit prédicateur*,
Paris, musée du Louvre,
Cabinet des dessins, coll. Rothschild

En 1791, Nicolas Delaunay publiait les gravures du *Petit prédicateur* et de *L'éducation fait tout* (voir notice précédente). Mais outre leurs lettres, plusieurs détails de ces gravures confirment que ce sont les tableaux de Sao Paulo et de la collection Veil Picard et non pas les dessins de Waddesdon Manor et de la collection Hammer qui furent gravés. Les deux dessins ont-ils précédé les tableaux comme il semblerait logique ? Nous pensons, comme

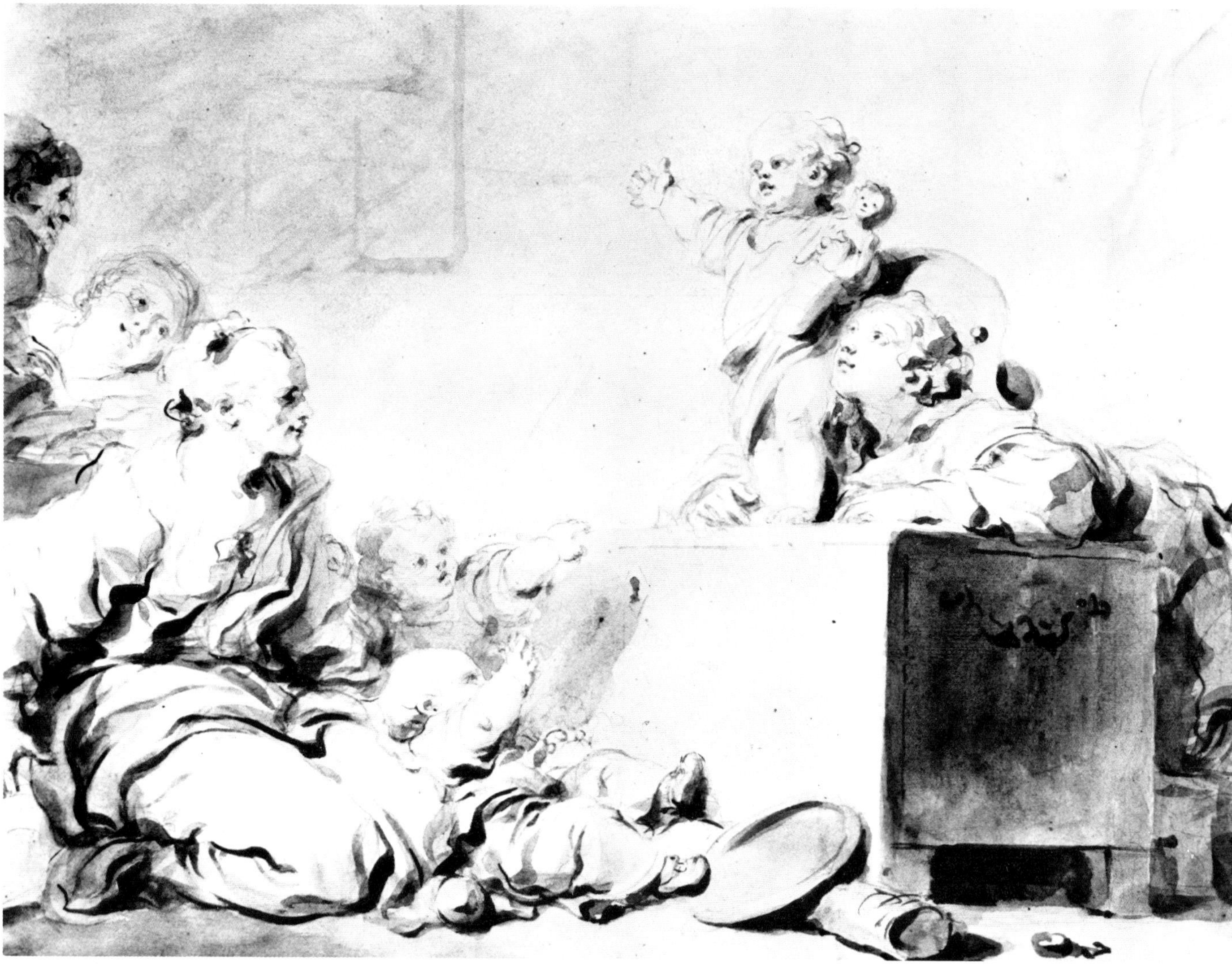

Eunice Williams (1978), que Fragonard les a réalisés à son habitude *a posteriori* vers 1780, en tout cas avant 1782, date des *Beignets*, une estampe du même Delaunay *(cat. 222 fig. 6)*: les deux œuvres offrent plusieurs traits communs et sont voisines dans l'agencement général de la composition.

Le rédacteur de la notice de la vente Aubert (1786) décrit parfaitement le tableau : « il représente un joli enfant en chemise, coëffé de cheveux blonds naturellement bouclés, monté sur un grand coffre et débitant d'un air grave et en même temps agréable, son petit sermon ; un homme qui semble être son père, lui sert de point d'appui, en l'aidant à ne point faire de fautes ; la grand mère, le bon papa, la mère et deux petits enfans *(sic)* forment à la gauche un grouppe *(sic)* de spectateurs qui regardent avec intérêt cette scène naturelle et divertissante ». Description reprise, dans leur langue imagée, par les Goncourt : « l'enfant blondin et frisé, une poupée dans les bras qui prêche sur un buffet avec l'air d'un petit saint Jean de Cire ».

Etudiés avec un sens aigu de l'observation, chacun des participants réagit selon son âge. Classique dans sa composition, brillante dans son exécution, originale par son sujet, l'œuvre veut distraire et provoquer un sourire.

## 228 Le repos pendant la fuite en Égypte

T. Ovale. H. 55 ; L. 45

New Haven, Yale University Art Gallery (prêt de la Barker Welfare Foundation)

**Provenance**
A parfois été associé, sans raison, au « Repos de la sainte Famille » d'une vente A... du 2 avril 1859, nº 15 ; coll. Mme [Oger de Bréart, « ancienne maîtresse de Richard Wallace »], sa vente, 17-22 mai 1886, nº 19 (2.550 francs) ; coll. Charles Pillet (P.) ; coll. Chevalier puis Mme Feuillet (selon W.) ; [Wildenstein] ; coll. Mr et Mrs Charles V. Hickox en 1956 et en 1968.

**Expositions**
New York, 1914, nº 20 (selon Chicago, 1933, mais il s'agissait vraisemblablement du tableau de Baltimore) ;
Chicago, 1933, nº 215 ;
New Haven, 1956, nº 18, ill. ;
Londres, 1968, nº 224, fig. 282 ;
Atlanta, 1983-84, nº 11, pl. en couleurs.

**Bibliographie**
P. p. 287 ;
N. p. 166 ;
R. p. 142 ;
W. 22 fig. 13 ;
Rosenberg, 1969, p. 99 ;
W. et M. 23, ill.

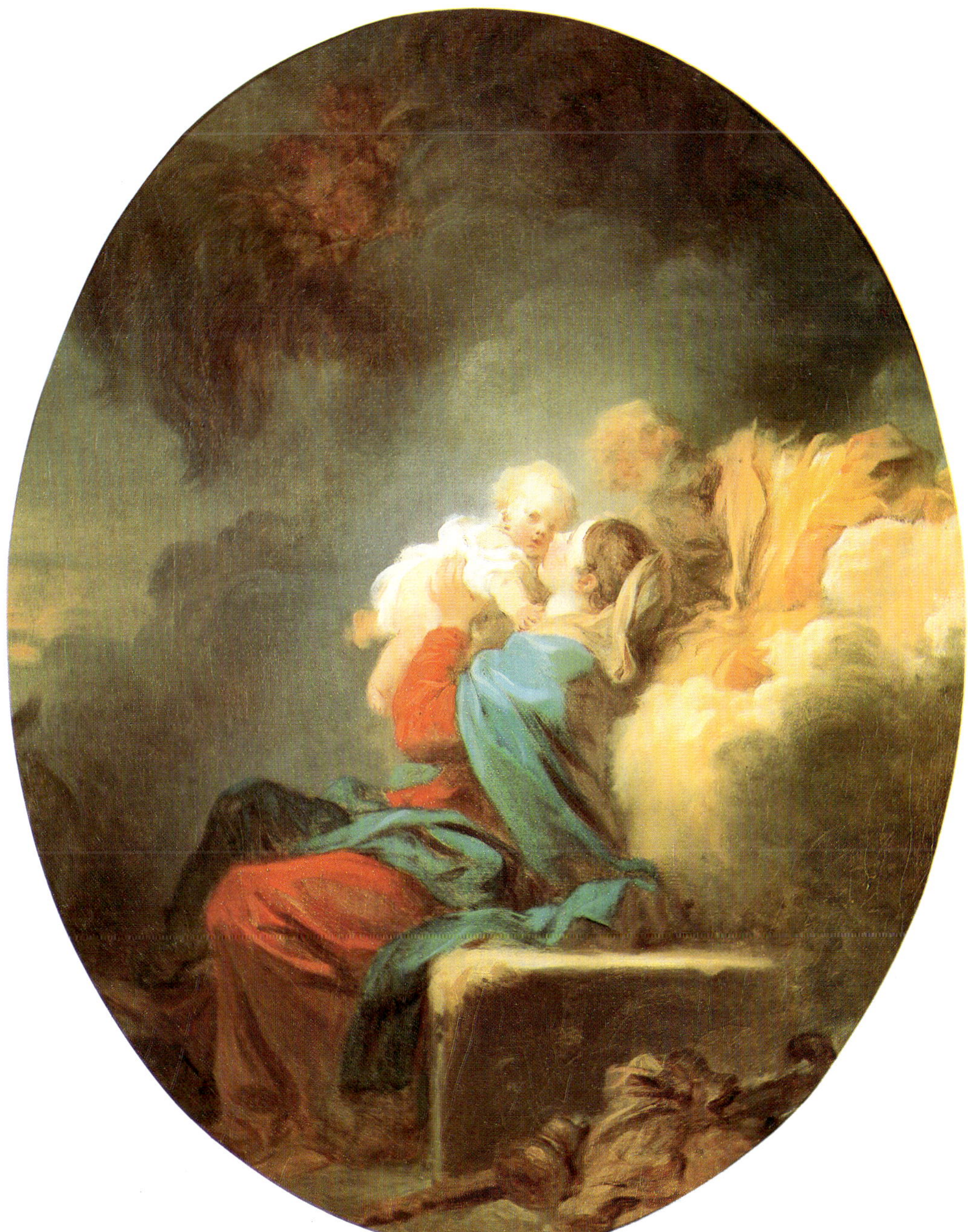

**Œuvres en rapport**
Pour le dessin, voir le nº suivant.

Le tableau de Yale est très proche de celui du Baltimore Museum of Art qui est toutefois légèrement plus grand *(fig. 1* ; ovale, H. 66 ; L. 55,9 ; W. 23 fig. 14 ; cat. exp. Tokyo, 1980, nº 4, ill. en couleurs).

Il existe en outre, de la même composition, une grande version en hauteur *(fig. 2* ; H. 187 ; L. 124,5), déposée par l'église Saint-Nizier de Troyes au musée de la ville (Boutillier du Retail, 1913, pp. 19-23, ill. ; W. 21 fig. 12 ; cat. exp. Tokyo, nº 3, ill. en couleurs). Nous ne possédons, hélas, sur cette œuvre aucune information antérieure à 1894 (Fichot, p. 487). Quant au tableau de la vente après décès du peintre Le Prince (28 novembre 1781, nº 125), souvent cité, certes, il était ovale, mais « en travers », donc en largeur (H. 89 ; L. 92) et a plus de chance d'avoir quelque lien avec la toile de Norfolk (nº 10).

On rapprochera ces divers *Repos pendant la fuite en Égypte* de deux dessins du musée de Grenoble *(fig. 3* et *4* ; Tokyo, 1983, nºs 97 et 98) représentant tous deux le *Songe de saint Joseph*. Or, tout porte à croire que Fragonard a peint un grand tableau de ce sujet : il a été concédé à l'église de Neuilly (sur Seine ?) le 28 janvier 1820 et mesurait 3,33 sur 1,70 m (Courajod, 1878, p. 383 ; nos recherches pour le retrouver sont, à ce jour, demeurées vaines). Les dessins de Grenoble offrent des points communs avec les différents *Repos*. Sur l'un d'eux, le gradin, la calebasse et le bâton du premier plan sont presque identiques.

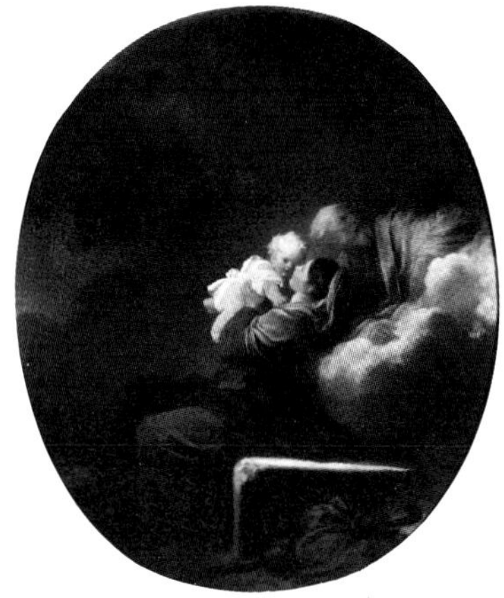

fig. 1. *Le repos pendant la fuite en Égypte*, Baltimore, The Baltimore Museum of Art

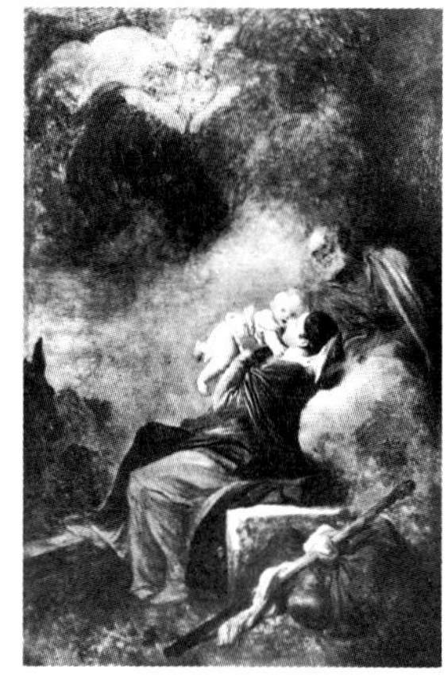

fig. 2. *Le repos pendant la fuite en Égypte*, Troyes, musée des Beaux-Arts

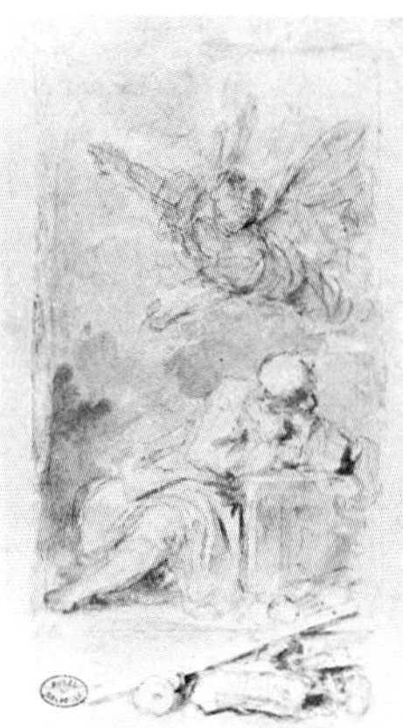

fig. 3. *Le songe de saint Joseph*, Grenoble, musée des Beaux-Arts

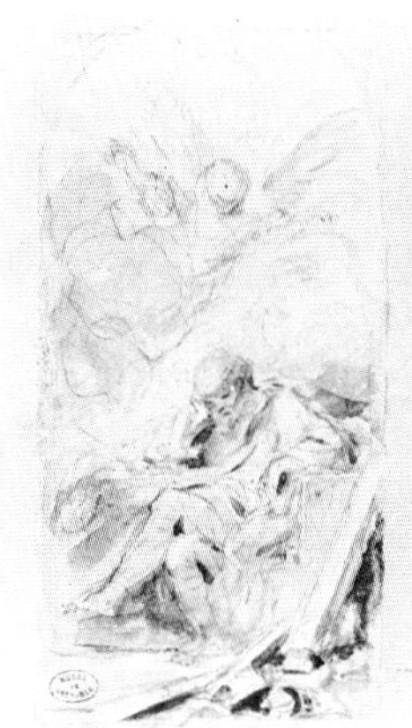

fig. 4. *Le songe de saint Joseph*, Grenoble, musée des Beaux-Arts

L'esquisse de Yale, la version légèrement plus grande, à la fois plus achevée et plus vaporeuse (et en moins bon état) de Baltimore *(fig. 1)*, le tableau d'autel (fort endommagé et médiocrement restauré) de Troyes *(fig. 2)*, les dessins préparatoires (voir nº 229) prouvent toute l'importance que Fragonard accorda à son *Repos pendant la fuite en Égypte*.

Et pourtant, nous n'avons pu retrouver aucune trace de sa commande, aucune mention antérieure à 1781, date de la présentation de l'aquarelle (nº 229) au Salon de la Correspondance. Entre ces œuvres, peu de variantes, même dans les couleurs : sur le tableau de Troyes, Joseph (voir aussi nº 230) se tourne vers l'enfant Jésus que sa mère soulève délicatement et s'apprête à embrasser. Sur l'aquarelle, il porte le curieux bonnet du *Vieillard* du musée Jacquemart-André (nº 98 ; celui d'Amiens (nº 102) pourrait passer pour l'étude pour le Joseph de Yale et de Baltimore).

Les toiles à sujet religieux sont peu communes dans l'œuvre de Fragonard (pour un grand *Saint Joseph*, voir la rubrique *Œuvres en rapport*). On les a généralement datées de la première période de Fragonard, avant son départ pour Rome (1756). Cette date, que Wildenstein et Sutton (cat. exp. Tokyo, 1980, mais voir Sutton 1980, 1987, p. 102) ont retenue pour la toile de Yale, convient parfaitement pour le *Repos en Égypte* de Norfolk (nº 10). Mais l'œuvre de Yale est sensiblement plus tardive.

La classique simplicité de la composition, son rythme si harmonieux nous incitent à la dater vers 1775. La maîtrise de la mise en page, parfaitement inscrite dans un ovale, le jeu des courbes et des droites, l'assurance avec laquelle Fragonard dispose ses figures, la sûreté des effets lumineux qui éclairent et baignent l'Enfant Jésus et le visage mutin de sa mère et viennent frapper le banc de pierre sur lequel elle est assise, et le surprenant nuage dont Joseph tente de se dégager, les jaunes or du manteau de Joseph, le bel accord carmin et bleu canard de la robe de la Vierge, témoignent d'une maîtrise postérieure au second retour d'Italie.

Les repentirs, visibles à l'œil nu — ainsi la calebasse, la besace et le bâton de Joseph occupaient en un premier temps une place plus importante sur le devant de la composition — prouvent que la toile de Yale a précédé les autres versions.

## 229 Le repos pendant la fuite en Égypte

Ovale en hauteur. H. 422 ; L. 340
Plume, pierre noire, lavis de bistre avec rehauts d'aquarelle

Paris, musée du Louvre, Cabinet des dessins
Donation Kaufmann et Schlageter

**Provenance**
Vraisemblablement coll. Vassal de Saint-Hubert dès 1781, sa vente après décès, 24 avril 1783, nº 464 : « la Sainte Vierge assise et caressant l'Enfant Jésus ; Saint Joseph est vu à mi corps ; trois têtes d'anges sont dans l'air. Ce Dessin, fait avec beaucoup d'art, a un coloris brillant ; il est de forme ovale et porte 15 pouces 6 lignes de haut sur 12 pouces 6 lignes de large » (41,9 sur 33,8). Vente après décès, M. D., Paris, 26 mai 1909, nº 18 (acquis pour 14.000 francs par Léonce Coblence) ; coll. George et Florence Blumenthal, Paris et New York, avant 1930 ; coll. baronne von Wrangell, vente Londres, Sotheby's, 26 novembre 1970, nº 72, ill. ; acquis à cette vente par Othon Kaufmann et François Schlageter ; don au Louvre, sous réserve d'usufruit, en 1983 ; R. F. 40.439.

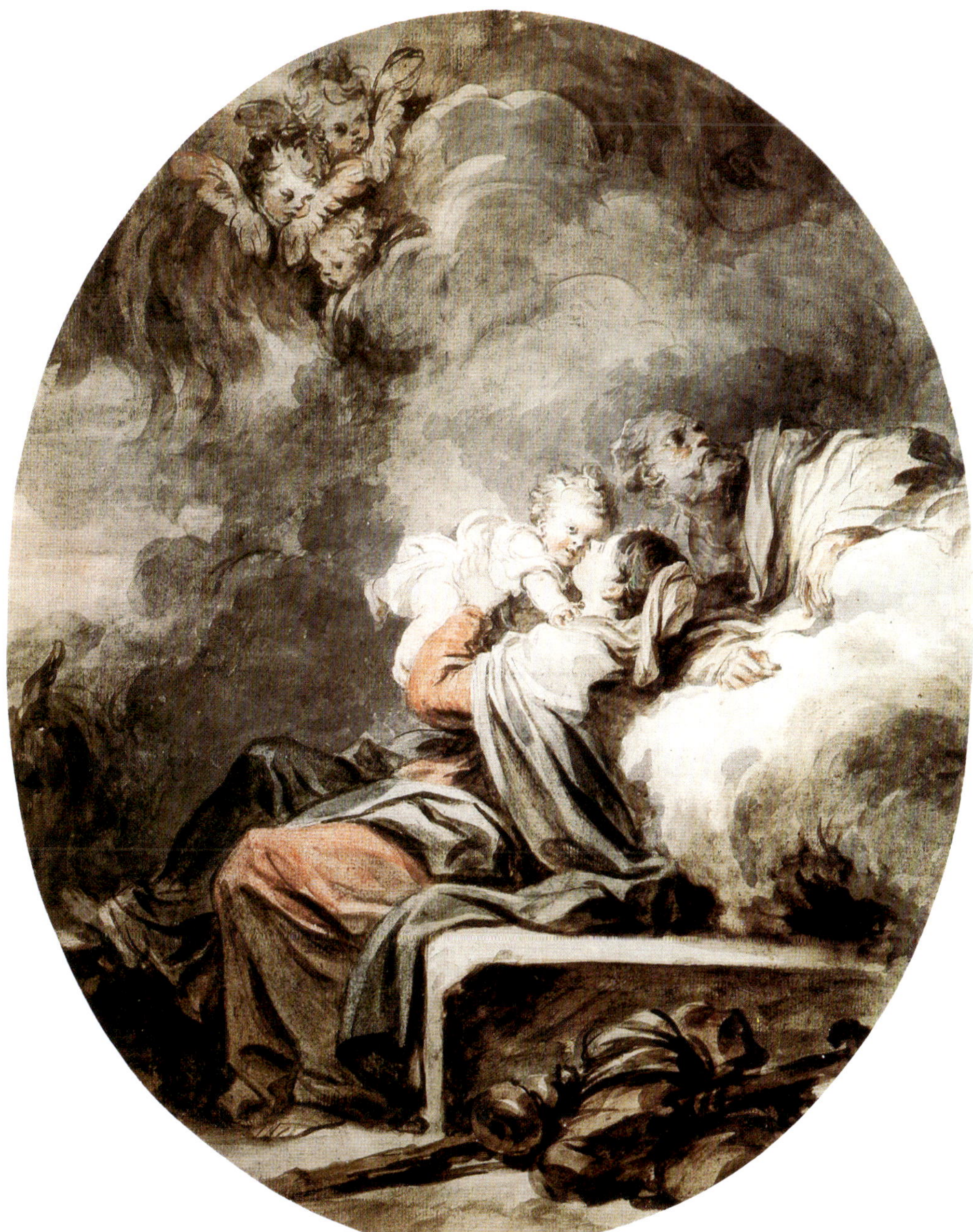

**Expositions**
Paris, *Salon de la Correspondance*, 1781, n° 6 ;
Paris, 1931, n° 4, ill. ;
Paris, 1984, *(Kaufmann et Schlageter)*, n° 3, ill.

**Bibliographie**
(voir Rosenberg, cat. exp. Paris, 1984)
*Nouvelles de la République des lettres et des Arts*, VII, 22 août 1781, p. 55 ;
Bellier de la Chavignerie, 1865, p. 84 ;
G. p. 318 ;
Wildenstein, 1926, pp. 18-19 ;
Rubinstein-Bloch, V, 1930, n. p., pl. XXXI ;
R. p. 142, 188 et 227 ;
A. 1773 fig. 438.

**Œuvres en rapport**
Ananoff (A. 1774) catalogue une seconde version de cette œuvre, à la plume et au lavis de bistre : elle proviendrait, selon lui, des collections Vassal de Saint-Hubert (voir plus haut) et Denon (1er-19 mai 1826, n° 734), mais il ne la reproduit pas et nous ignorons sa localisation. Le dessin Denon est décrit de la manière suivante par A.-N. Pérignon : « un croquis à la plume et au bistre représentant la Sainte Famille... de forme ovale ». Quant à celui de la coll. Vassal de Saint-Hubert, le fait, d'une part, qu'il soit d'un « coloris brillant » et que, d'autre part, figure au n° suivant de la vente (n° 465) le n° 5 du Salon de la Correspondance de 1781 (notre n° 160) nous incite à le confondre avec le dessin que nous exposons ici. Le dessin Denon ne semble pas être celui de la coll. Gustave Déloye (1838-1899 ; Lugt 756), passé en vente à Paris, les 10-11 juin 1899, n° 55 (« ex-coll. Loyeux ») et Palais Galliéra, le 5 décembre 1964, n° 2, ill. (H. 340 ; L. 280).

Une seconde version du dessin Kaufmann et Schlageter, à l'aquarelle et de dimensions comparables, nous a été signalée par M. Bruno de Saint-Victor *(fig. 1)*.

Citons encore une « fuite en Égypte », passée en vente le 21 mars 1768, partie du lot 190.

Pour les tableaux, voir le n° précédent

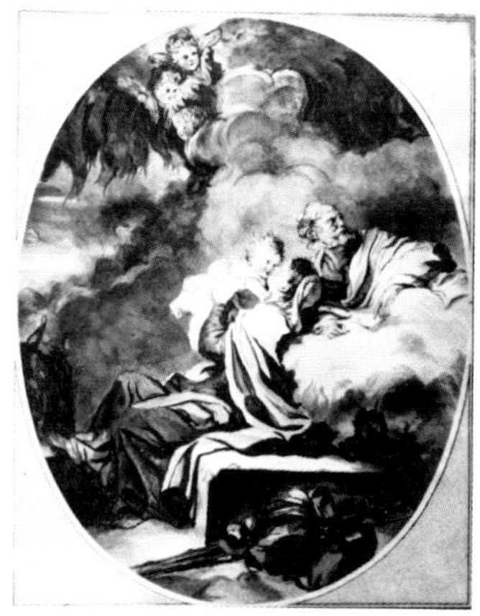

fig. 1. *Le repos pendant la fuite en Égypte*, France, coll. privée

Au Salon de la Correspondance de 1781, le Salon rival du Salon du Louvre réservé aux Académiciens, Pahin de la Blancherie, son organisateur, exposait trois dessins de Fragonard, un *Intérieur d'une étable avec une femme endormie tenant un chien, et un taureau qui semble étonné et ému de ce spectacle* et deux « aquarelles », la *Bonne mère* (n° 160), et un *Repos pendant la fuite en Égypte*.

L'aquarelle Kaufmann et Schlageter (pour sa date, voir la notice précédente) vaut par la fraîcheur de sa conservation. Mais surtout, la liberté de la facture, la rapidité avec laquelle Fragonard pose le lavis et met en place les figures, la simplicité de la composition avec le palmier et, sur la gauche, la tête de l'âne qui confirme le sujet, le *Repos pendant la fuite en Égypte*, prouvent que l'artiste est autant à son aise lorsqu'il aborde les sujets religieux que dans les autres genres qu'il traite.

# 230 Tête de vieillard chauve

Paris

H. 355 ; L. 278
Lavis de bistre sur préparation à la pierre noire

Paris, collection privée

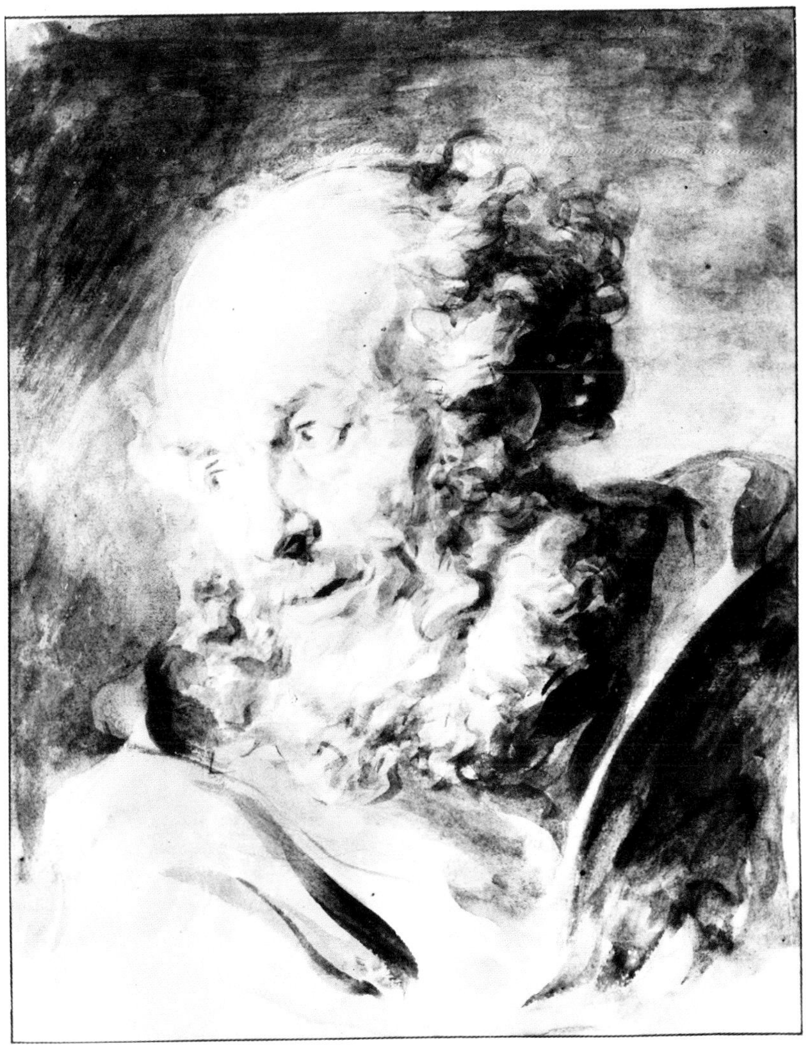

**Provenance**
Vente anonyme, 8 juillet 1793, n° 70 : « deux belles Études de têtes de vieillard portant leur barbe ; dessins très savans lavés au bistre » (?). Coll. Jacques Doucet, sa vente, 16-17 mai 1906, n° 27, ill. (2.500 francs à Marius Paulme) ; vente J. L., 25-26 mai 1932, n° 12, pl. IV ; vente 14 décembre 1932, n° 96, ill. (30.000 francs) ; [ne semble pas provenir de la coll. Walferdin].

**Bibliographie**
Mathey, 1961, p. 304, fig. 5 p. 305 ; A. 132 fig. 59.

Ce vigoureux dessin se rattache encore aux têtes de vieillards peintes par Fragonard vers 1767. Il doit cependant être quelque peu postérieur à cette date tant la fluidité du lavis annonce les plus parfaites créations de l'artiste qui datent du second voyage en Italie. Tant surtout cette tête de vieillard est proche de celle du Joseph du *Repos pendant la fuite en Égypte* de Troyes *(cat. 228 fig. 2).*

# 231 La Visitation de la Vierge

Bois. H. 24 ; L. 32

New York, Coll. Gertrude L. Chanler

**Provenance**
Coll. Carrier, sa vente, 9-10 mars 1846, nº 91 (cat. rédigé par Thoré ; sans indications de dimensions, mais Thoré, en 1860, confirme que le tableau Walferdin est bien celui de cette vente ; 172 francs selon Lejeune, 1863, p. 296) ; coll. Hippolyte Walferdin (1795-1880) dès 1860, sa vente après décès, 12-16 avril 1880, nº 34 (acheté par Pilloy pour 2.400 francs) ; selon P., peut-être à tort, vente de Beurnonville, 9-16 mai 1881, nº 71 (le tableau est dit peint sur toile ; 1.000 francs) ; coll. M. Peigné-Crémieux (P.) ; coll. Félix Doistau en 1904, sa vente, 9-11 juin 1909, nº 38, ill. (25.500 francs) ; coll. Mme Brasseur, de Lille, sa vente, 1er juin 1928, nº 16, ill. (205.000 francs) ; [Wildenstein] ; coll. Mrs Irving Laughlin, Washington ; coll. privée, New York.

**Expositions**
Paris, 1860, nº 145 ;
Bruxelles, 1904, nº 23 ;
Paris, 1907, nº 103.

**Bibliographie**
Bürger [Thoré], 1860, p. 348 ;
Gautier, 1860, p. 2 ;
Saint-Victor, 1860, n. p. ;
Portalis, 1880, p. 10 ;
P. p. 291 ;
N. p. 165 ;
D. et V. 121, ill. (reproduit par erreur le dessin de l'École Polytechnique) ;
*Revue de l'Art Ancien et Moderne*, 1928, pp. 271-272, ill. ;
Wilhelm, 1955, p. 371 ;
R. pp. 141-142 et 188 ;
W. 15 fig. 10 ;
W. et M. 17, ill.

**Œuvres en rapport**
L'œuvre achevée passe aux ventes [Gramont], 16 janvier 1775, nº 81 (3.000 livres) ; Randon de Boisset, 27 février 1777, nº 226 (7.030 livres), [Chevalier] Lambert [et du Porail], 27 mars 1787 (7.030 livres) et [Vaudreuil], 26 novembre 1787, nº 109 (6.700 livres, le tableau à en croire les catalogues de vente, a été transféré de toile sur bois entre 1777 et 1787). Depuis cette époque, on ignore sa localisation.

Une esquisse est mentionnée au XVIIIe siècle, ventes prince de Conti, 8 avril 1777, nº 755 (2.501 livres), puis [Calonne], 21 avril 1788, nº 173 (et à nouveau Calonne à Londres, 23-28 mars 1795, nº 24 ; sans dimensions ; 80 livres anglaises ; peut-être le tableau achevé ; Calonne, selon le cat., l'aurait acquise pour 250 louis d'or, six mille livres !). Elle était sur toile et mesurait 24,3 cm de haut sur 32,4 cm de large.

Plusieurs *Visitation de la Vierge* sont mentionnées au XIXe siècle (voir outre *Provenance*, ventes Laneuville, 5-7 juin 1826, nº 147, Laperlier, 17-18 février 1879, nº 15 (H. 25 ; L. 32), Beurnonville, 9-16 mai 1881, nº 72 (provenant, selon le cat., de la coll. Laperlier ; H. 25 ; L. 32), Alexandre Dumas, 12-13 mai 1892, cat. non retrouvé et Eugène Kraemer, 5-6 mai 1913, nº 38) : ces ventes ne distinguent pas toujours les exemplaires peints sur bois de ceux exécutés sur toile (le tableau de la vente Robert de Saint-Victor, 26 novembre 1822-7 janvier 1823, souvent cité, sur bois, représentait une « Annonciation »).

W. reproduit deux esquisses, celle que nous exposons et une seconde (*fig. 1* ; W. 14 fig. 9), qui n'est pas celle de la vente Kraemer (*fig. 2*) de 1913 (Wilhelm, 1955, p. 365, fig. 2). Il en signale une autre (voir aussi W. et M. 16) qui est peut-être celle passée en vente le 12 décembre 1966, nº 56, ill. (*fig. 3*).

P. (p. 291) en mentionne une autre chez « M. Trumet de Fontarce ».

Reproduisons enfin le dessin de l'École Polytechnique (*fig. 4* ; A. 1027 fig. 719), saisi à la Révolution chez le prince de Condé à Chantilly, trop endommagé et trop insolé pour être emprunté.

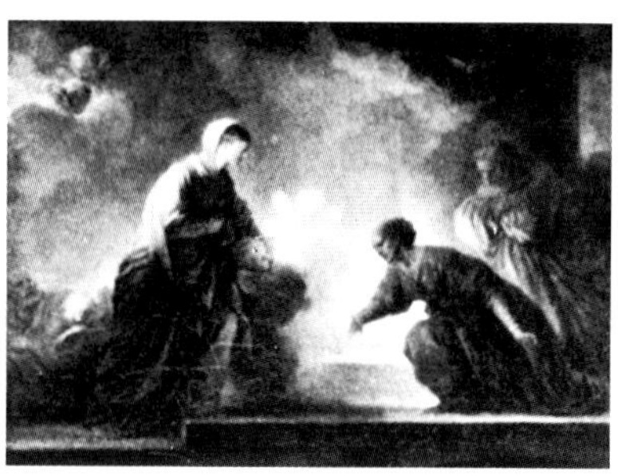

fig. 1. *La visitation de la Vierge*, localisation actuelle inconnue

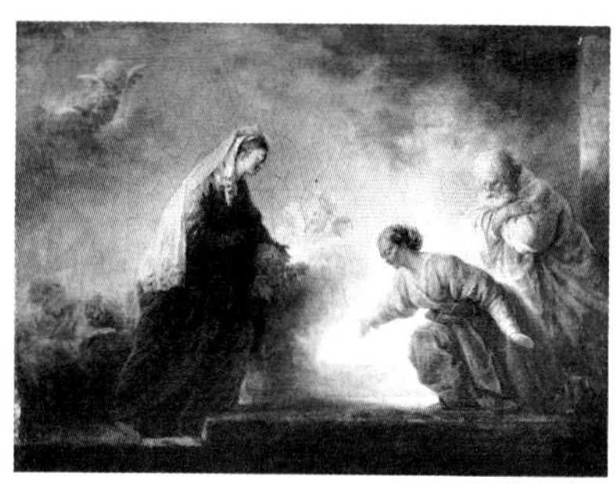

fig. 2. Fragonard ( ?), *La visitation de la Vierge*, localisation actuelle inconnue

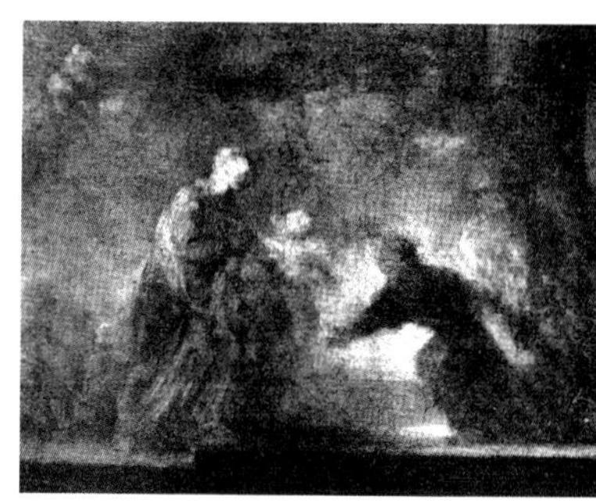

fig. 3. *La visitation de la Vierge*, localisation actuelle inconnue

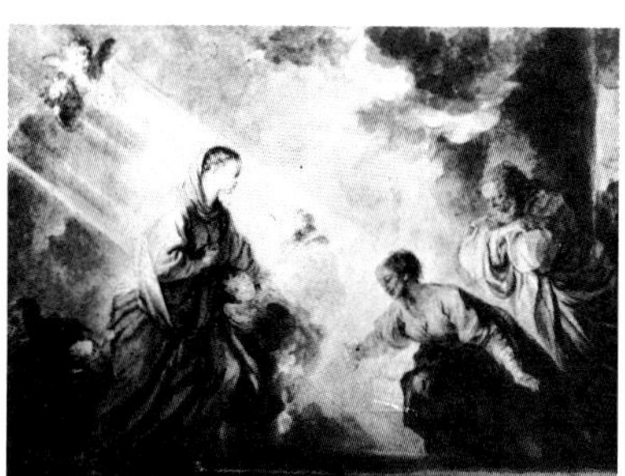

fig. 4. *La visitation de la Vierge*, Massy-Palaiseau, École Polytechnique

De toutes les compositions de Fragonard, la *Visitation de la Vierge* est l'une des rares que les biographes du XVIIIe siècle, presque sans exception, mentionnent. Son prix à la vente Randon de Boisset en 1777 fit sensation. Le Carpentier en 1821 (II, p. 282) en gardait le souvenir. « Ce tableau est d'un mérite éminent, tant par la pureté du dessin que par la finesse de la touche et l'intelligence de la lumière » écrit, dans le style de l'époque, Rémy, l'expert de la vente. La réaction plus ambiguë du *Journal de Paris* du mercredi 19 mars 1777 mérite d'autant plus d'être intégralement citée que le texte a été rarement mentionné : « Eh bien ! on a donc vendu 7.030 livres la Visitation de *Honoré*

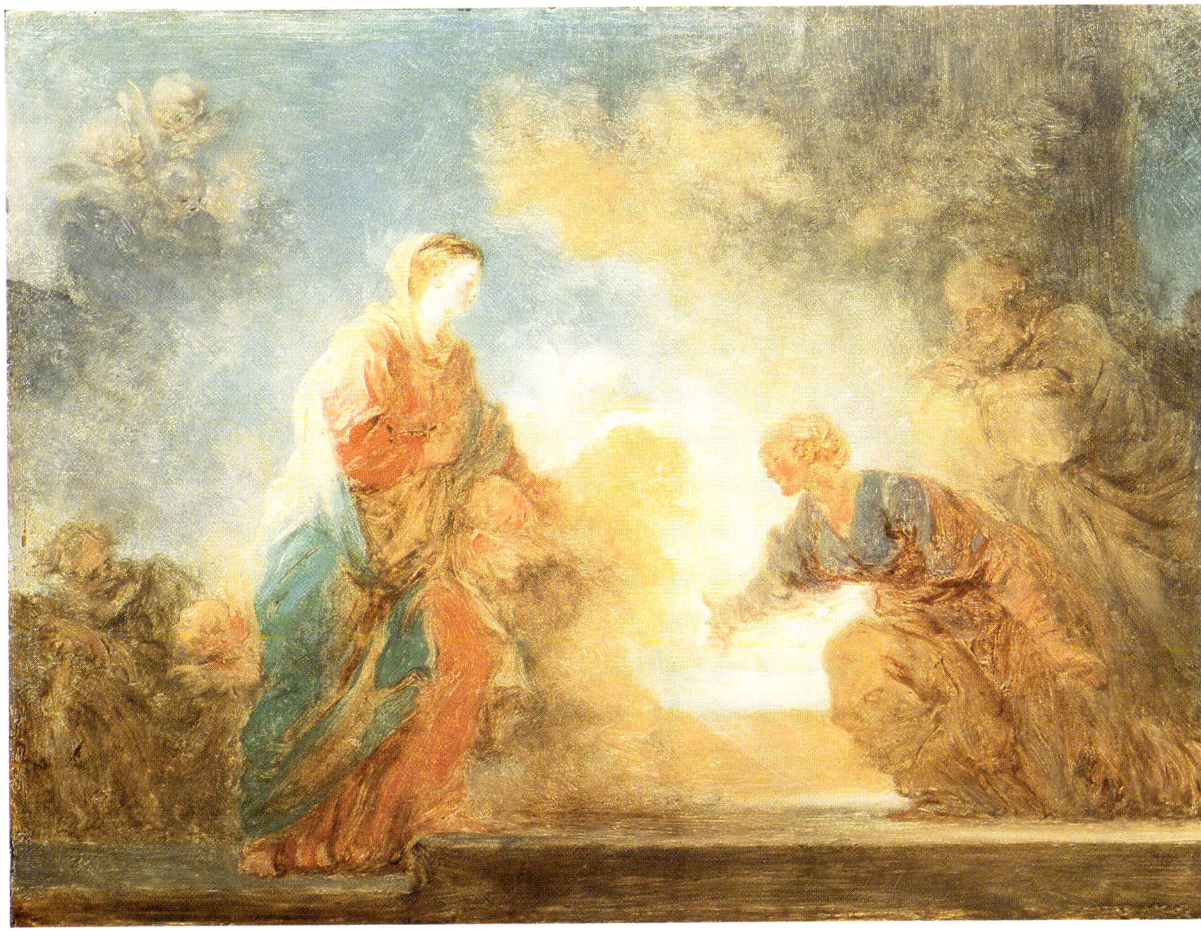

*Fragonard*? Tant mieux. Un Benet près de moi me disoit, Monsieur, est-ce *de nuit ou de jour*? Et que t'importe? ne vois-tu pas idiot, que c'est une lumière céleste, un éclair miraculeux qui suit ces chérubins, les gardiens vigilans du dépôt précieux que la Vierge porte en son sein? Tu ne t'apperçois pas que c'est là le piquant de ce morceau et le cachet du génie : *Mais les pieds, les mains, les draperies*?... Ventre bleu, tais-toi. N'as-tu pas du plaisir? fais comme moi : je suis trop ravi des beautés pour y voir des défauts. Ce tableau est bien payé et il vaut l'argent. Ce qui me charme encore c'est que l'on m'a dit que l'Auteur lui-même est assez modeste pour être étonné de sa gloire. Bon signe. Car les génies engraissés d'orgueil sont très souvent fort maigres de talens ».

Il avait été acquis pour le « chevalier Lambert », en réalité Sir John Lambert (1728-1799), un marchand anglais établi à Paris, directeur de la Compagnie des Mers du Sud, l'« Anglais » auquel font allusion plusieurs biographes anciens (Landon, 1832, p. 93). Vanté par Thiéry (1786, I, p. 189 : « tableau d'un effet et d'une magie de peinture au dessus de tout éloge ») comme par le colonel-peintre américain, John Trumbull (*Autobiography*..., éd. 1953, pp. 119-120 : « a most striking picture, small; The effect aerial, mystical, etc... », qui ajoute : « cost three hundred pounds »), on ne peut que regretter que le tableau ne soit aujourd'hui plus connu.

La belle esquisse que nous exposons nous console quelque peu de cette disparition. Présentée au public en 1860, elle suscita à son tour l'admiration : Théophile Gautier lui trouvait « la lumière, la finesse et la grâce d'un Tiepolo ». Thoré y voyait un « petit chef-d'œuvre d'une extrême délicatesse et de la plus harmonieuse couleur » et Paul de Saint-Victor « une perle qui jette une lueur d'auréole ». Que peut-on ajouter à ces commentaires, qui n'ait déjà été écrit?

Tous les auteurs anciens font grand éloge du *Corrésus et Callirhoé* présenté au Salon de 1765. Ils enchaînent, Lenoir par exemple (1816, p. 420) : « il peignit de suite la *Visitation de la Vierge* pour le duc de Gramont » (sans doute Antoine-Antonin, le beau-frère de Choiseul). De cette phrase et de passages similaires sous d'autres plumes, est résultée une grave incompréhension de la chronologie de l'œuvre de Fragonard. Ainsi Wildenstein date-t-il la *Visitation de la Vierge* au tout début de la carrière du peintre, entre 1748 et 1752. A nos yeux, c'est à son retour du second voyage d'Italie que l'artiste peignit sa composition. L'admiration qu'elle suscita dut le convaincre qu'il avait su se renouveler, non seulement en revenant à la peinture religieuse, mais surtout dans sa technique et dans son inspiration. Décidément — et qui pourrait en douter à regarder le petit joyau nacré que nous exposons — Fragonard restait un grand peintre.

## 232 L'éducation de la Vierge

Bois. H. 30,3 ; L. 24,4

Los Angeles, The Armand Hammer Foundation

**Provenance**
Vente de l'expert Le Brun « par cessation de commerce », 26 septembre 1806, nº 150 : « l'Éducation de la Vierge par Sainte-Anne, en présence de plusieurs chérubins... » (31 sur 22, sur bois ; acheté par Constantin pour 60 livres) ; Fontaine (l'architecte ?), selon cat. coll. Hammer ; coll. Camille Groult, selon P. (p. 276) et N. (p. 164), sans doute par confusion avec notre notice suivante (ne semble pas en tout cas pouvoir provenir de la vente Walferdin de 1880) ; coll. Charles T... en 1921 ; [Wildenstein] ; coll. M. et Mrs Henry R. Luce en 1956 ; acquis par Armand Hammer en 1969.

**Exposition**
New Haven, 1956, nº 19, ill.

**Bibliographie**
P. p. 276 (?) ;
N. p. 164 ;
Cat. exp. Paris, 1921 sous le nº 27 ;
Cat. exp. Paris, musée Carnavalet, 1950, sous le nº 17 (l'auteur parle d'une « esquisse sur toile » !) ;
R. p. 141 (?) ;
W. 18, pl. 1 ;
Sterling, 1964, non paginé, note 23 ;
W. et M. 20, ill. ;
Cat. exp. Tokyo, 1980, ill. sous notice 2 du texte japonais ;
Lee, 1980, p. 219 ;
Cat. Hammer, 1982, nº 7, pl. en couleurs (et liste complète des exp. ; voir aussi nº 77) ;
Sutton 1980, 1987, p. 102.

**Œuvres en rapport**
Une grande « Éducation de la Vierge, esquisse très librement peinte sur toile, hauteur 5 pieds 10 pouces (= 189 cm), largeur, 4 pieds 10 pouces » (= 157 cm) passe à la vente du peintre expert Folliot (voir notice 150) du 15-16 avril 1793, nº 48.

Une « charmante esquisse du sujet terminé plus en grand par cet habile Peintre [Fragonard], représentant l'Éducation de la Vierge par Sainte Anne. T. »[oile] figure à la vente [Aubert] du 17 avril 1806, nº 13 (acquis pour 20 livres par Brunet).

Trois *Éducation de la Vierge* sont encore mentionnées dans des ventes du XIXᵉ siècle : le 17 mars 1852, nº 37, le 27 janvier 1853, nº 6 et le 13-15 décembre 1853, nº 28, mais sans précisions de support ni de dimensions.

On connaît aujourd'hui trois *Éducation de la Vierge* : outre le tableau Hammer, le tableau Bérard (*fig. 1* ; T. H. 90 ; L. 72 ; W. 17 fig. 11), conservé dans une collection particulière à Paris qui provient à coup sûr de la vente Walferdin (nº 66) et peut-être de la vente Aubert, et le tableau de San Francisco (*fig. 2* ; T. H. 84 ; L. 115 ; W. 19, pl. 2) qui provient à coup sûr de la vente Walferdin (nº 65) et qui, pour se confondre avec le tableau de la vente Folliot, doit avoir été considérablement diminué sur les côtés et surtout en haut et en bas (de plus d'un mètre !).

Pour les dessins de Fragonard de même sujet, voir notice suivante.

L'abbé de Saint-Non a copié une *Éducation de la Vierge* « tableau sur toile, esquisse d'après Fragonard » (Wildenstein, 1959, p. 239).

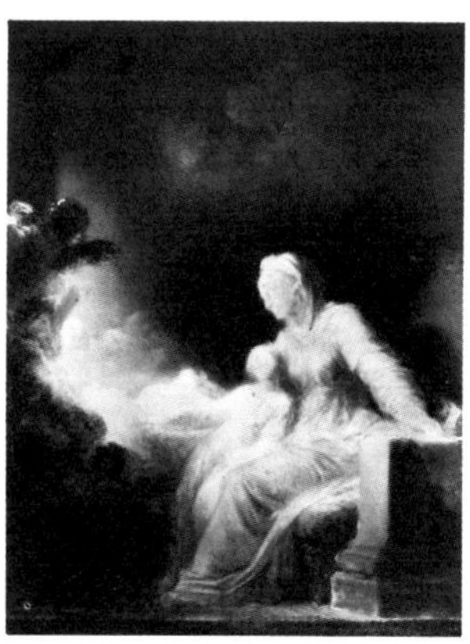

fig. 1. *L'éducation de la Vierge*, Paris, coll. privée

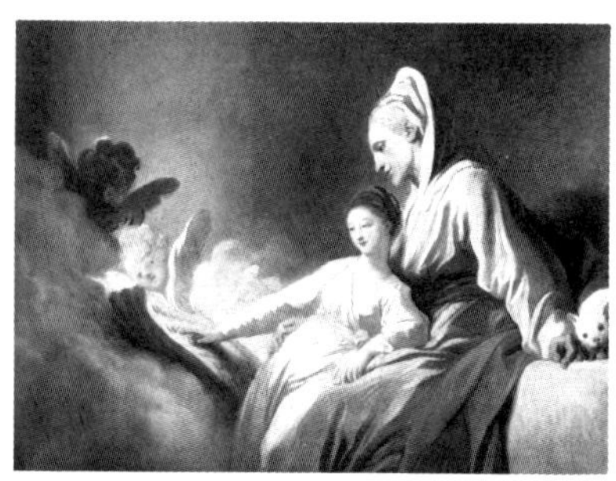

fig. 2. *L'éducation de la Vierge*, San Francisco, The Fine Arts Museums

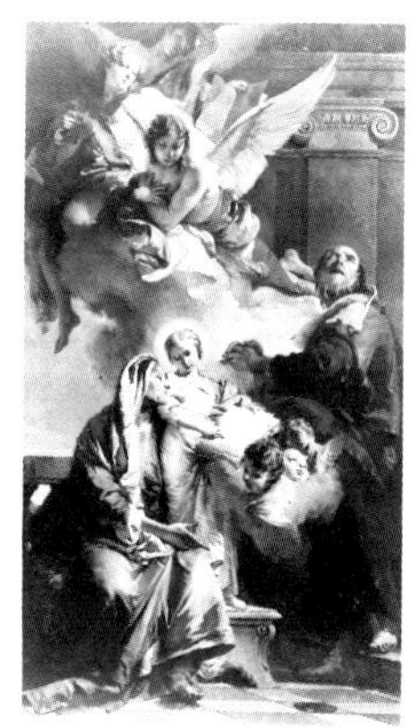

fig. 3. Tiepolo, *L'éducation de la Vierge*, Venise, église Santa Maria della Fava

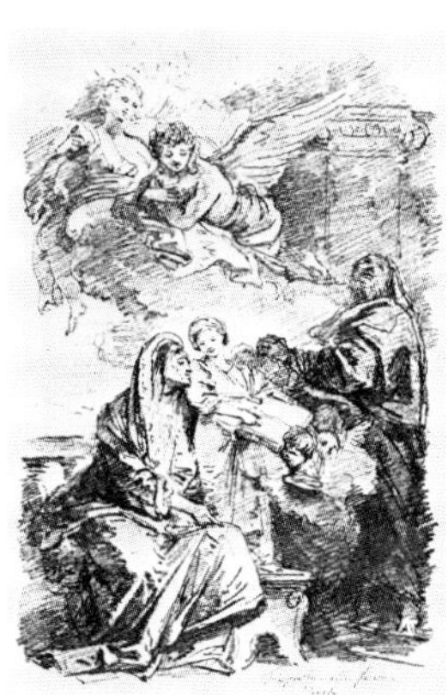

fig. 4. Fragonard d'après Tiepolo, *L'éducation de la Vierge*, Pasadena, coll. Norton Simon

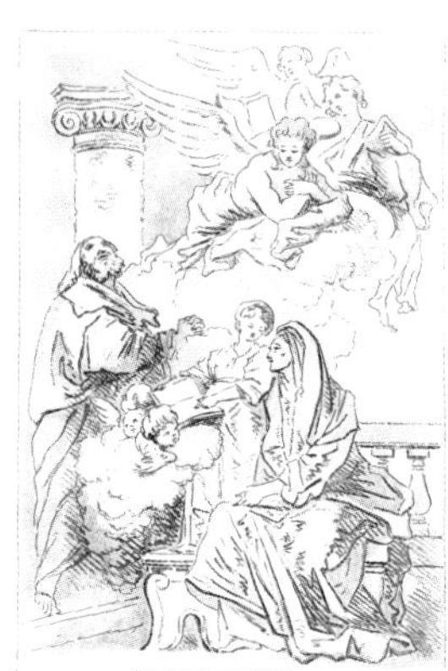

fig. 5. Saint-Non d'après Fragonard, *L'éducation de la Vierge* d'après Tiepolo, Paris, Bibliothèque d'Art et d'Archéologie

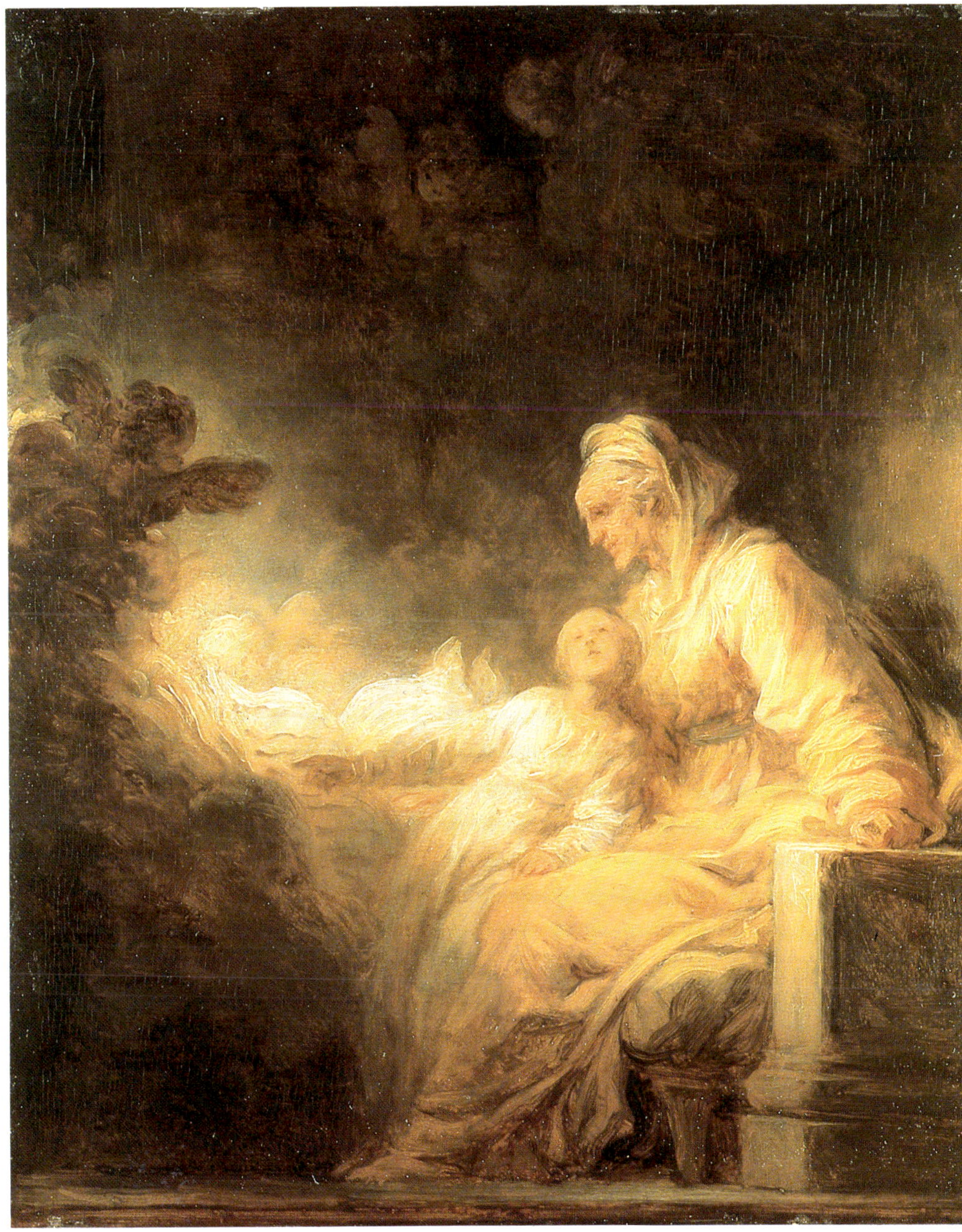

Fragonard, peintre de tableaux religieux ? Ce sont pourtant les œuvres de ce type qui firent connaître l'artiste et souvent suscitèrent les réactions les plus vives du public et de la critique. Nous le verrons pour l'*Adoration des bergers* (et son pendant, le *Verrou*). Nous l'avons constaté pour la *Visitation de la Vierge* (nº 231). Nous en avons une nouvelle preuve pour l'*Éducation de la Vierge*.

On connaît aujourd'hui trois tableaux de ce sujet et plusieurs dessins (voir notice suivante et nos rubriques *Œuvres en rapport*). Mais l'on sait que Fragonard peignit une grande composition de près de deux mètres de haut dont le tableau de San Francisco *(fig. 2)* est peut-être un fragment.

Si les spécialistes se sont accordés pour regrouper ces différentes œuvres, ils se sont opposés — considérablement — en ce qui concerne leur datation. En 1960, Wildenstein les place toutes entre 1748 et 1752 ; à l'autre extrême, Marianne Roland Michel (cat. exp. New York, 1983) date le tableau de San Francisco entre 1780 et 1785. Sans entrer dans le détail, mentionnons Sterling qui en 1964 rapproche l'*Éducation de la Vierge* des figures de fantaisie (1769) et Wildenstein en 1921 qui, comme Wilhelm en 1950, la date « vers 1764 » (voir aussi Lee et Sutton).

Un texte qui est à ce jour passé inaperçu, et qu'il convient d'utiliser avec prudence, nous permet de proposer une solution : il est tiré des *Dialogues sur la peinture*, publiés en 1773, et attribués à Renou, que nous avons déjà abondamment cité à propos des tableaux de Louveciennes. Il s'agit d'une note accompagnant une violente diatribe de « Milord » contre les artistes qui n'osent peindre des coupoles, qui ne se risquent pas au Salon : « ces messieurs, qui dans leurs cercles sont toujours les premiers hommes du siècle, une fois en raze *(sic)* campagne, le public sera prompt à leur siffier *(sic)* le contraire». Contre qui, contre quelles œuvres se dresse «Milord»? «Ce tableau si peu édifiant est une éducation de la Ste. Vierge, qui est bien la plus indigne croûte qui se soit torchée depuis la décadence des arts et de l'empire romain» (p. 30, note n).

Cette «croûte» est-elle l'*Éducation de la Vierge* de la vente Folliot de 1793, «esquisse très librement peinte», se confond-elle avec le tableau de San Francisco ou, du moins, avec ce qui en reste?

Un autre indice peut le confirmer. Durant son premier voyage en Italie, Fragonard copiait l'*Éducation de la Vierge* de Tiepolo de l'église Santa Maria della Fava à Venise *(fig. 3* et *4*; Rosenberg et Brejon de Lavergnée, 1986, nº 214, ill.). En 1774, Saint-Non (qui à son tour copia le tableau de Fragonard!) gravait à l'aquatinte le dessin de son ami *(fig. 5)*. Inversée, la composition de Fragonard est fort proche de celle de Tiepolo.

Nous reconnaissons cependant qu'il nous est difficile de dater d'avant le retour du second voyage en Italie le tableau Hammer comme le dessin de Saint Louis (nº 233). Est-il exclu qu'après 1774, Fragonard soit revenu sur une composition qui lui tenait à cœur et l'ait reprise dans son nouveau style? Il avait en tout cas revu le tableau de Tiepolo à Venise, dont Bergeret (1895, p. 389) vante la «composition la plus heureuse et de la plus belle couleur».

Tiepolo n'est pas la seule source d'inspiration de l'artiste: Le Brun, commentant le tableau de Fragonard quelques jours après la mort de l'artiste en 1806, notait: «cette composition est d'un effet et d'une harmonie dignes de Rembrand *(sic)* dont M. Fragonard a su apprécier le génie».

En dépit de sa taille, l'œuvre est monumentale, construite avec une rigueur toute classique. Mystérieuse, céleste, la lumière anime les couleurs, les blancs crus, les bruns chauds et surtout les jaunes, *la* couleur de Fragonard par excellence. On admirera la simple audace avec laquelle l'artiste renouvelle le thème, la beauté des visages, celui songeur de Sainte Anne usée par l'âge et l'expérience, méditant sur le Livre, et celui, sur lequel se mêlent confiance et interrogation, de la Vierge et la qualité du dialogue qui se noue entre la mère et la fille.

## 233 L'éducation de la Vierge

H. 395; L. 294
Lavis de bistre avec préparation à la pierre noire

Saint Louis, The Saint Louis Art Museum

**Provenance**
Coll. [De Ghendt], vente, 15 novembre 1779, nº 268: «l'Éducation de la Vierge, sujet en hauteur d'une charmante composition, au bistre, du plus grand effet» (?); coll. duc de Ch[abot ou Choiseul], vente, 10-15 décembre 1787, nº 268: «l'Éducation de la Sainte Vierge, par Sainte Anne; on voit en haut un groupe d'Anges. Dessin capital d'un grand effet, lavé de bistre sur papier blanc» (?). Coll. François Marcille père, sa vente, 4 mars 1857, nº 66: «l'éducation de la Vierge. Dessin à l'encre de Chine» (?). Coll. Camille Groult en 1889 (P., qui le dit acquis de Féral en 1884 pour 120 francs); vente [Groult], 9-10 juin 1953, nº 6, pl. IV (racheté); vente d'œuvres «provenant de la collection Camille Groult», 23 février 1979, nº 1, ill.; [Cailleux]; acquis par Saint Louis en 1986 grâce au Sidney et Sadie Cohen Print Purchase Fund; 146:1986.

**Exposition**
New York, Cailleux et Colnaghi, 1983, nº 5, ill.

**Bibliographie**
P. p. 299;
*Connaissance des Arts*, 15 août 1953, nº 18, p. 34, ill.;
R. p. 187;
A. 1769 fig. 441;
*Connaissance des Arts*, janvier 1979, nº 323, p. 103, fig. 3;
Lee, 1980, p. 219.

**Œuvres en rapport**
Pour les tableaux de même sujet, voir la notice précédente.

On connaît aujourd'hui deux *Éducation de la Vierge* au lavis de bistre, celle de Saint Louis et une autre plus grande *(fig. 1*; H. 550; L. 440), reproduite par P. (entre p. 130 et p. 131) qui provient à coup sûr des coll. Norblin et Walferdin (A. 1770 fig. 440). Il est impossible de décider lequel de ces dessins provient des ventes de 1779 et 1787 que nous avons citées plus haut.

Deux dessins «à la pierre noire »passent aux ventes [Trouard] le 22 février 1779, nº 227bis et [duc de Chabot et de La Mure ou Desmarets] le 17 décembre 1787, nº 167, mais nous hésitons à y reconnaître les dessins du musée de Rouen *(fig. 2*; A. 1771 fig. 746) ou de la coll. Hammer *(fig. 3*; cat. Hammer, 1982, nº 77), peu convaincants l'un et l'autre.

Ajoutons l'*Éducation de la Vierge* de la coll. Hall en 1778 (Villot, 1867, p. 77) et celle d'une vente anonyme du 31 mai 1790, partie du lot 326 (voir aussi A. 1767, 1768, 1772).

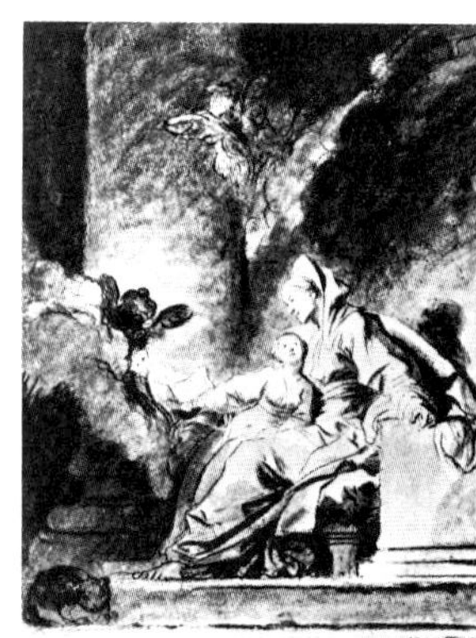

fig. 1. *L'éducation de la Vierge*, localisation actuelle inconnue

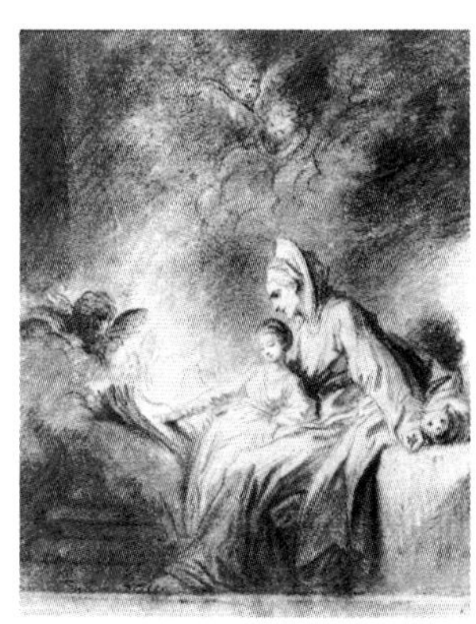

fig. 2. Fragonard (?), *L'éducation de la Vierge*, Rouen, musée des Beaux-Arts

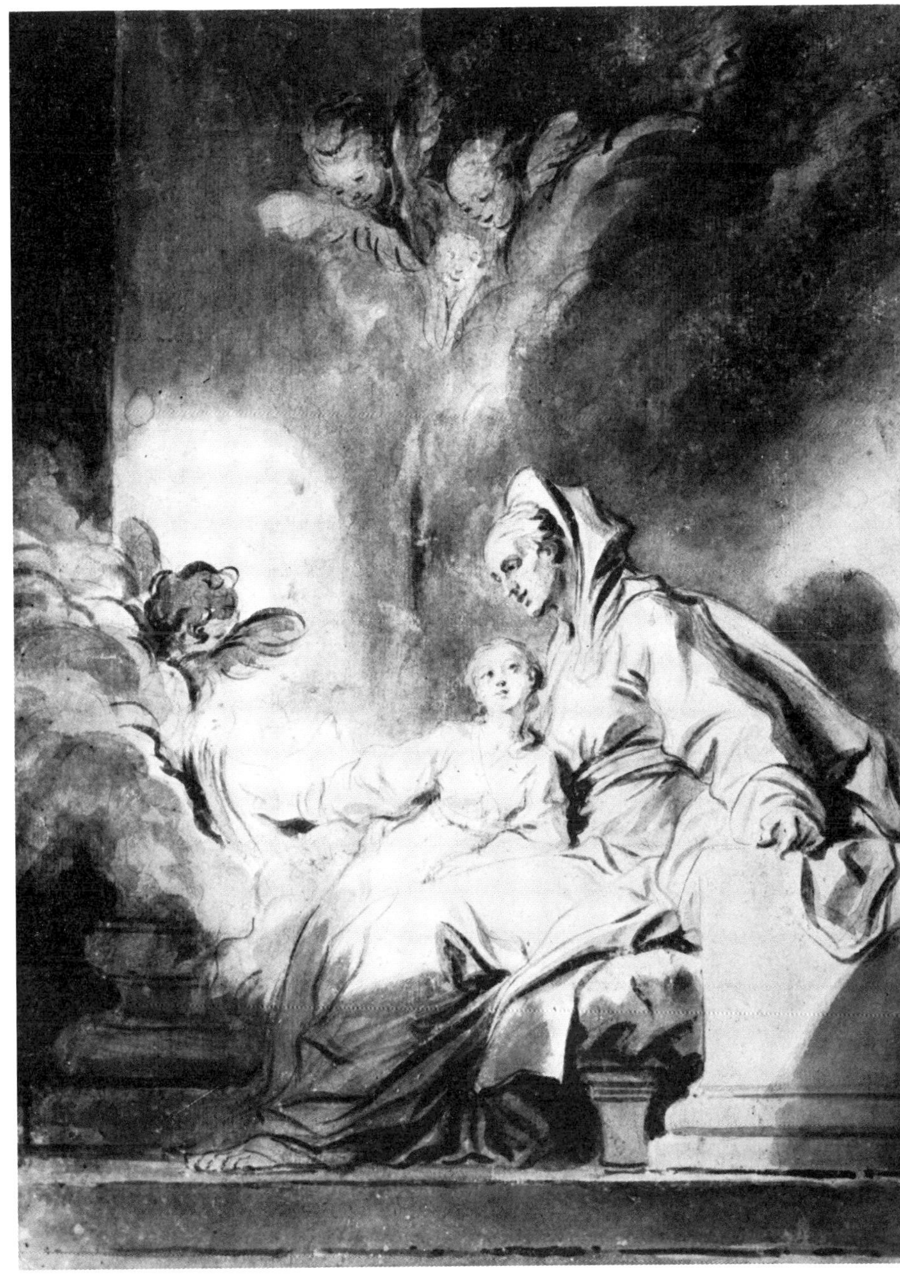

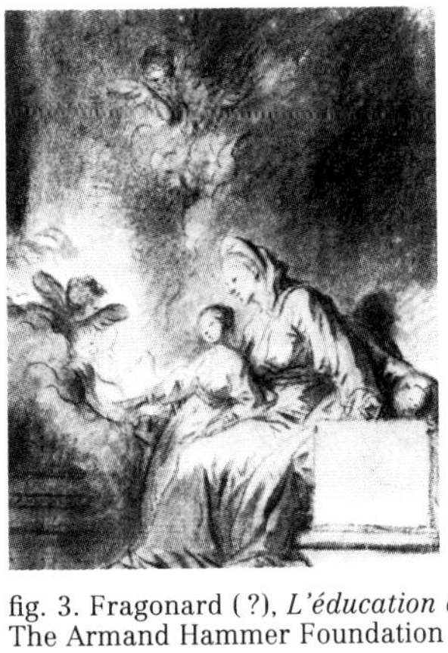

fig. 3. Fragonard (?), *L'éducation de la Vierge*, Los Angeles, The Armand Hammer Foundation

On voudra bien se reporter à la notice précédente pour tout ce qui concerne le datation de l'œuvre et ses sources d'inspiration. Nous pensons que Fragonard élabora une première version de la composition avant 1773 dont le tableau de San Francisco et les dessins de Rouen et Hammer sont les reflets. Il revint sur son œuvre après son retour d'Italie en 1774 : les tableaux Hammer (nº 232) et Bérard, le second dessin au lavis de bistre font partie de ce deuxième groupe d'œuvres que l'on datera approximativement vers 1776-78. On remarquera que dans le premier groupe, comme sur le tableau de Tiepolo, la Vierge et Sainte Anne regardent le Livre alors que dans le second, elle tourne un regard confiant mais quelque peu interrogateur vers sa Mère.

# 234 L'Adoration des bergers

T. H. 73 ; L. 93

New York, collection privée

**Provenance**
Coll. Louis Gabriel, marquis de Veri Raionard (1722-1785), sa vente après décès, 12 décembre 1785, nº 36 : « ...la Sainte Famille y est représentée dans un lieu où paroit descendre toute la gloire et toute la lumière des cieux, dont le principal effet se porte sur la figure de l'Enfant Jésus : près de lui est assise la Vierge sa mère dans l'attitude la plus gracieuse et la plus intéressante, et dans le fond on entrevoit à peine la figure de saint Joseph, qui paroit enveloppée sous l'éclat de la lumière céleste ; sur le devant sont placés les Bergers, les uns prosternés contre terre, les autres dans l'attitude du respect et de l'adoration... » (= H. 72,9 ; L. 91,8 ; 9501, acheté par Paillet, l'expert de la vente). Coll. Heurtault et Henri Leroux à Versailles (selon W. et cat. exp. Tokyo, 1980) ; [Wildenstein] en 1962 ; New York, coll. privée.

**Expositions**
Londres, 1962, nº 44, ill. ;
Tokyo, 1980, nº 24, pl. en couleurs.

**Bibliographie**
(voir aussi *Bibliographie* du *Verrou*, nº 236)
Lenoir, 1816, pp. 421-422 ;
Landon, 1832, p. 93 ;
Blanc, 1862, p. 10 ;
G. p. 258, 323 ;
P. pp. 62-63, 123-124, 269 ;
N. p. 165 ;
Locquin, 1912, p. 265 note 10 ;
Wildenstein, 1921, p. 357 ;
R. p. 142 ;
W. 90 fig. 64 ;
Brookner, 1962, p. 173 ;
W. et M. 98, ill. ;
*L'Œil*, novembre 1974, nº 232, p. 67, ill. ;
Rosenberg et Compin, 1974, p. 277 fig. 22 ;
Bailey, 1985, p. 75, 78 note 2 et p. 72 fig. 5 ;
Sutton 1980, 1987, p. 105.

**Œuvres en rapport**
Une copie *(fig. 1)* de même format que le tableau que nous exposons a appartenu aux coll. Bruant (vente veuve Bruant, 18-20 juin 1908, nº 228, ill.) et Marius Paulme (vente, 22 novembre 1923, nº 40, ill.). Exposée en 1921 (nº 13), elle a figuré à la vente Florence Gould (Sotheby's, New York, 25 avril 1985, nº 73, ill.).

Aucune des *Adoration des bergers* parfois attribuées à Fragonard (Lille, Dijon, musée Magnin) ne lui revient (voir aussi W. et M. 98A, un tableau passé en vente à Paris, 14 décembre 1960, nº A ill. puis coll. Marshall, cat. Sotheby's, 1974, nº 43, ill.).

A la vente de Villars (13 mars 1868, nº 35 ; voir G. p. 323 et N. p. 165 ; 1.400 francs) passe une *Adoration des bergers* dont la description est voisine de celle du tableau Veri, mais dont les dimensions (T. H. 34 ; L. 45) ne correspondent pas. Était-ce une esquisse préparatoire ?

Citons encore le tableau de la vente du comte Castellani, 28 février-1er mars 1859, nº 120 : « Adoration des Bergers », sans autre précision.

Pour le dessin, voir notice suivante.

Le tableau n'a pas été gravé.

Pour le pendant, voir notices 236 et 237.

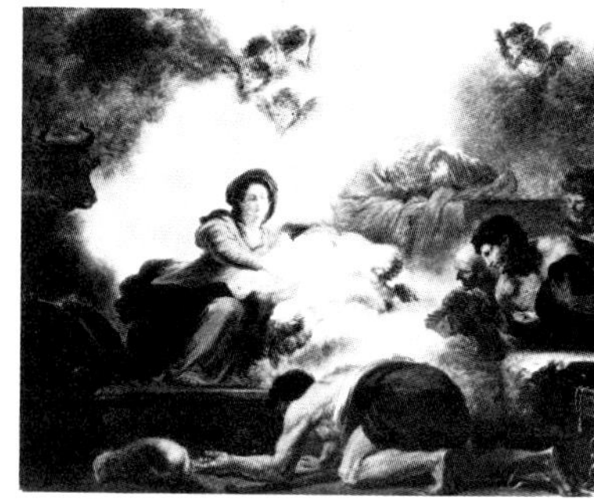

fig. 1. D'après Fragonard, *L'Adoration des bergers*, localisation actuelle inconnue

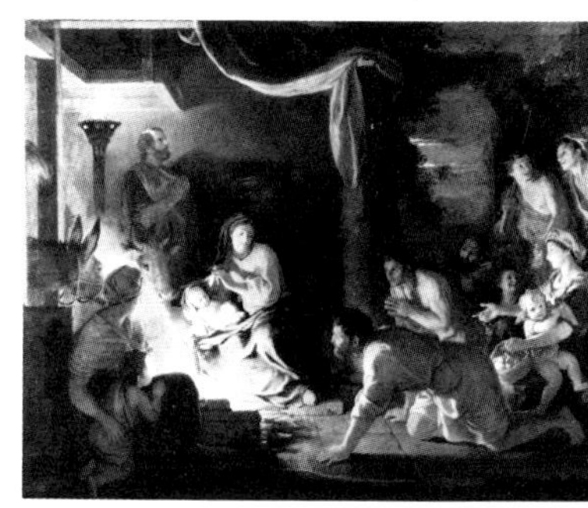

fig. 2. Le Brun, *L'Adoration des bergers*, Paris, musée du Louvre

A la vente du marquis de Veri en 1785, l'*Adoration des bergers* fit sensation : elle se vendit pour 9.501 livres, un gros prix, l'enchère la plus élevée pour un Fragonard au XVIIIe siècle, moins cependant que le *Fils puni* et le *Fils ingrat* de Greuze qui en firent 21.000. L'expert de la vente (et par ailleurs acquéreur du tableau, mais sans doute opérait-il pour le compte d'un collectionneur) s'était, dans le catalogue, montré enthousiaste : « ce Tableau merveilleux et sublime tout à la fois, présente une des plus belles compositions que la Peinture ait produit dans le genre... Et il est plus aisé de sentir que de rendre tout l'effet de ce chef-d'œuvre, dans lequel M. Fragonard semble avoir voulu prodiguer toutes les richesses d'une imagination vive et savante. Chaque figure porte un caractère aussi magique que l'ensemble, et l'œil sait à peine à quelle partie se fixer... ». Si l'œuvre est citée par les premiers biographes de Fragonard, qui se souvenaient sans doute de l'impression qu'elle fit à la vente Veri, elle n'était plus connue au XIXe siècle. Et pendant un demi-siècle, la copie *(fig. 1)* qui vient de passer à la vente Florence Gould et qui avait appartenu à un collectionneur de grand goût, Marius Paulme, fut considérée comme l'œuvre originale. Il ne fait cependant aucun doute aujourd'hui que l'original est bien l'œuvre que nous exposons.

Présentée au public pour la première fois à Londres en 1962, elle suscita l'admiration d'Anita Brookner, « a smoky masterpiece recognizably, Italian in origin but with a Rembrandtesque softness and chiaroscuro ».

Le tableau avait été commandé par le marquis de Veri, frère du plus célèbre abbé, auditeur de rote à Rome avant 1772, un amateur distingué, ami des artistes (de Greuze et d'Hubert Robert, des Lagrenée et de Fragonard en particulier dont il possédait dix tableaux ; pour un autre Fragonard de sa collection, voir nº 157). Grâce à Colin Bailey (1985), nous connaissons mieux sa personnalité. « Les acquisitions de Veri se firent avec moins de bruit (que celles de La Live de Jully) et furent groupées entre les années 1775 et 1779 ». Ces dates nous paraissent parfaitement convenir pour l'*Adoration des bergers* peinte, à nos yeux, peu après 1776, avant en tout cas son pendant, le *Verrou* (nº 236).

L'œuvre renouvelle un thème banal entre tous *(fig. 2)* : la

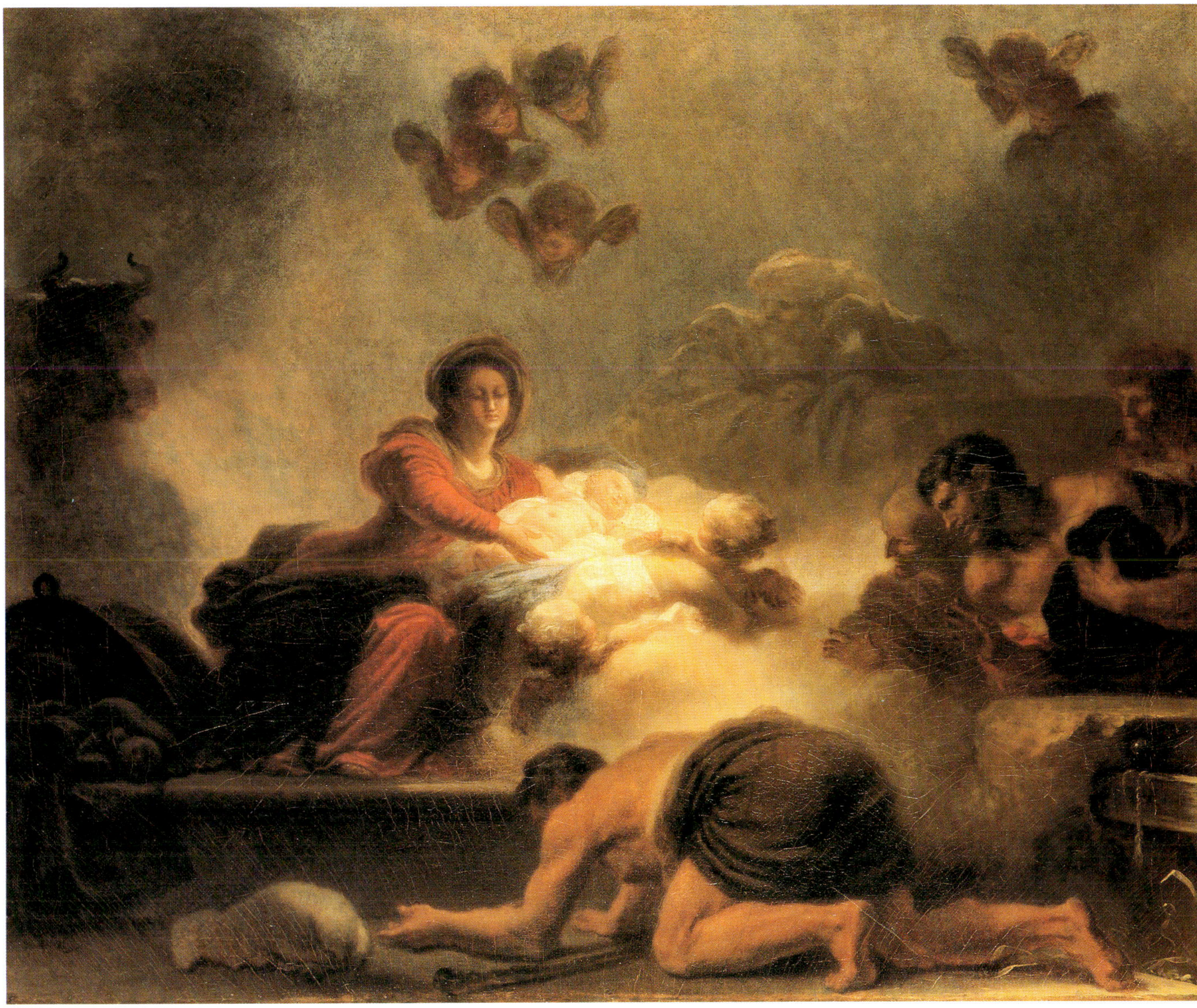

mise en page de la composition à deux niveaux, avec, au premier plan, l'agneau et le berger à genoux et au centre, sur un degré de pierre comme sur une estrade, la Vierge, la lumière céleste qui vient éclairer le corps de l'enfant Jésus et la chevelure dorée de Joseph, le groupe des bergers sur la droite de la toile et sur la gauche, la selle de l'âne et le bœuf dont les cornes et le museau se détachent devant un fond peint en frottis, témoignent de la volonté de Fragonard de ne pas s'en tenir aux formules en usage en son temps. L'œuvre est monumentale et dose habilement réalisme et stylisation. Mais, avant tout, Fragonard a voulu qu'au même titre que les bergers, nous soyons éblouis et touchés par la merveilleuse et mystérieuse apparition de la Vierge et de son Enfant.

On conclura avec l'expert de la vente : « nous présumons avec plaisir que ce tableau sera vu aux expositions avec le même enthousiasme qu'il excitoit chez M. le marquis de Véri et surtout avec le zèle nécessaire pour l'empêcher de passer dans des collections étrangères ». Sur ce dernier point, Paillet n'a pas été entendu.

# 235 L'Adoration des bergers

Paris

H. 360 ; L. 469
Lavis de bistre sur préparation à la pierre noire

Paris, musée du Louvre, Cabinet des dessins

**Provenance**
Coll. du duc de Chabot, sa vente anonyme, 10-15 décembre 1787, nº 273 : « l'adoration des Bergers, composition de sept figures. Ce dessin d'une touche facile et pleine d'esprit, est au crayon lavé de bistre » (180 livres à Desmavert (?)) ; vente anonyme, 22-23 avril 1830, nº 86 : « ...étude de son tableau de l'adoration des bergers ». Coll. Hippolyte Walferdin (1795-1880), sa vente après décès, 12-16 avril 1880, nº 219 (550 francs à Malinet) ; coll. du Dr. Suchet en 1889 ; coll. Sigismond Bardac ; coll. George et Florence Blumenthal, Paris et New York, en 1921 ; vente Blumenthal, Paris, 1er-2 décembre 1932, nº 29, ill. (107.000 francs) ; en bas à droite, un cachet ovale rouge que nous n'avons pu identifier ; acquis par le Cabinet des dessins en 1968 (marque du Louvre, Lugt 1886, en bas à droite) ; R. F. 31.875.

**Exposition**
Paris, 1921, nº 202.

**Bibliographie**
(Voir aussi notice précédente et notice du *Verrou*)
G. p. 323 ;
Portalis, 1880, p. 27 ;
P. p. 293 ;
Rubinstein-Bloch, V, 1930, n. p., nº XXXII ;
R. p. 186 ;
A. 460 fig. 160 ;
*Gazette des Beaux-Arts*, supplément, février 1969, p. 66, nº 63, ill. ;
Rosenberg et Compin, 1974, p. 277 fig. 23.

**Œuvres en rapport**
Pour le tableau, voir notice précédente.
Pour les pendants, voir notices 236 et 237.
Pour le dessin de Vienne (A. 462), voir Ananoff, 1968. Voir aussi A. 461, A. 1035.

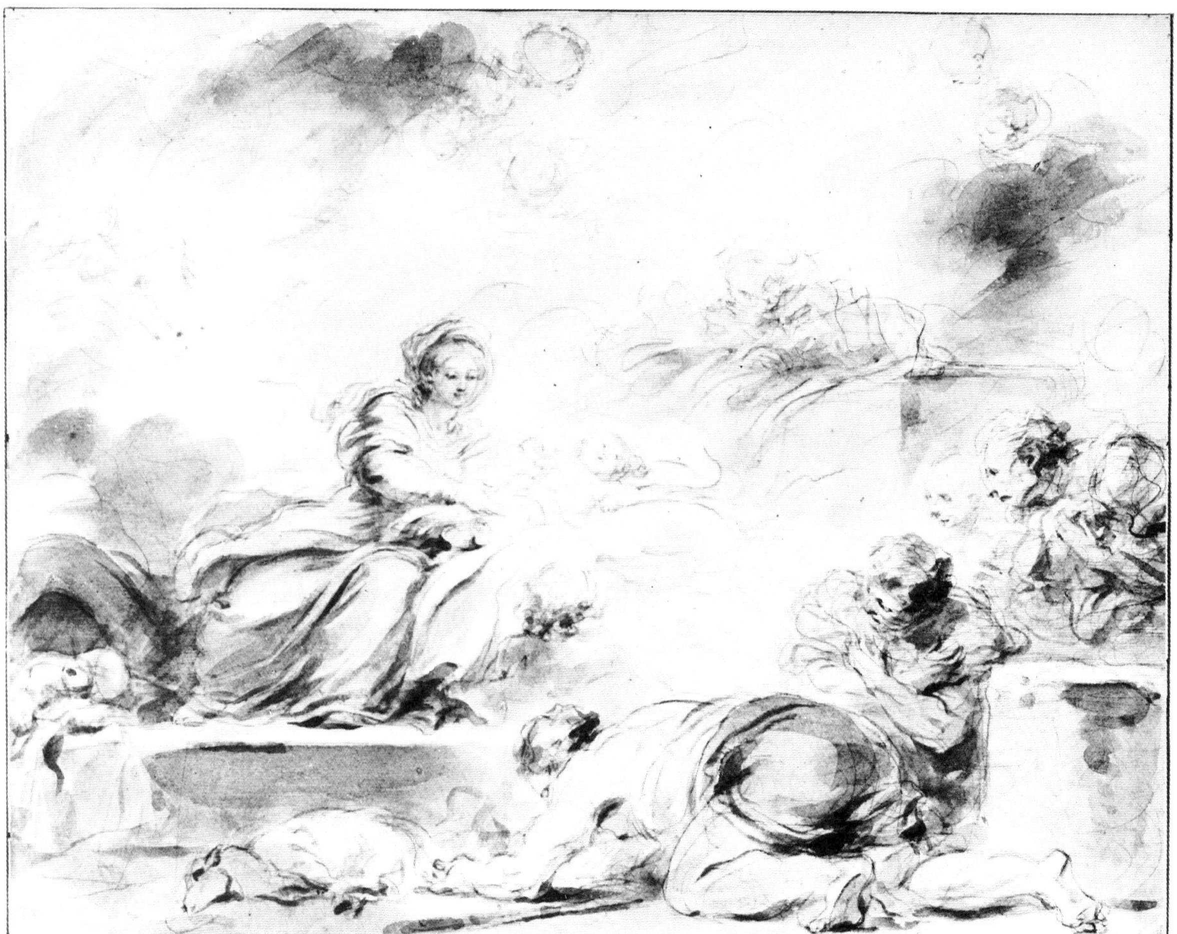

La splendide *Adoration des bergers* du Louvre n'offre que peu de variantes avec le tableau de même sujet peint pour le marquis de Veri (notice précédente).

Sur sa toile, Fragonard modifiera cependant le groupe des bergers, isolera davantage celui qui au premier plan s'agenouille devant la Vierge et donnera plus d'importance au nuage cotonneux qui l'isole. Mais le dessin paraît une étude très avancée pour la composition définitive et ne doit guère la précéder en date.

# 236 Le verrou

T. H. 73 ; L. 93

Paris, musée du Louvre

**Provenance**
Coll. de Louis-Gabriel, marquis de Veri Raionard (1722-1785), sa vente après décès, 12 décembre 1785, n° 37 : « ...il est connu et gravé sous le titre *du Verrou* : il représente un intérieur d'appartement dans lequel sont un jeune homme et une jeune fille ; celui-ci fermant le verrou de la porte, l'autre s'efforçant de l'en empêcher. La scène se passe auprès d'un lit, dont le désordre indique le reste du sujet... » (= H. 72,9 ; L. 91,8 ; 3.950 livres à Le Brun) ; coll. du fermier général Laurent Grimod de La Reynière (1734-1793), sa vente, novembre 1792 (en fait 3 avril 1793, n° 28 : « ...le verrouil... » ; 3.010 livres ; acquis à nouveau par Le Brun). Peut-être le tableau fut-il proposé à l'achat au Louvre en 1817 par « Mr. d'Arjuzon », Gabriel d'Arjuzon (1761-1851) (Archives des Musées Nationaux, P. 5, 1817, 8 avril). Coll. du marquis A. de Bailleul en 1887 (au château de Rouville à Alizay dans l'Eure ; figurait, selon François Heim, dans un inventaire après décès du 7 juin 1887) ; coll. Mme de La Potterie, fille du marquis, décédée en 1921 ; proposé à l'achat au Louvre en 1922 par l'expert Georges Sortais (Archives des Musées Nationaux, P. 5, 1922, 14 juin) ; coll. Mme Le Pelletier, belle-mère d'une des héritières La Potterie, en 1927 (voir Wildenstein, 1975, p. 21) ; coll. André Vincent ; vente Vincent, Paris, galerie Charpentier, 26 mai 1933, n° 21, ill. ; coll. Lebaron-Cotnareanu puis Spoturno Coty ; vente Paris, Palais Galliéra, 21 mars 1969, n° 166, ill. ; [galerie Heim] ; acquis en 1974 par le Louvre, grâce à une subvention exceptionnelle du Ministère de l'Économie et des Finances ; R. F. 1974.2.

**Expositions**
Paris, 1974, n° 22, ill. ;
Paris-Detroit-New York, 1974-75, n° 59, ill. et pl. en couleurs ;
Paris, 1980-81, n° 52, ill. en couleurs.

**Bibliographie**
(la composition est citée par tous les biographes de l'artiste)
Lenoir, 1816, pp. 421-422 ;
G. p. 272, 329 ;
P. pp. 62, 118, 192, 290-291 ;
N. p. 59, 124 ;
R. p. 161 ;
W. 495 fig. 204 (la gravure) (perdu) ;
W. et M. 506 (ill. gravure) ;
*L'Œil*, novembre 1974, n° 232, pp. 59-67 ;
Rosenberg et Compin, 1974, pp. 263-278, pl. en couleurs ;
Thuillier dans cat. Paris, 1974, p. 1 ;
Wildenstein, 1975, pp. 13-24, p. 15 fig. 4 ;
Ananoff, 1979, pp. 211-218 ;
Bailey, 1985, p. 71, 75, 78 note 2 et fig. 6 p. 72.

**Œuvres en rapport**

*Tableaux*
Pour le pendant, voir notice 234.

Pour l'esquisse, voir notice suivante.

On connaît de nombreuses copies du tableau (pour une liste, voir Rosenberg et Compin, 1974, p. 272, note 50 et 1975, p. 22 ; pour une bonne photographie du tableau Penon, voir *L'Œil*, novembre 1974, p. 65), passées en vente au XIXe siècle.

Une copie sur bois de 13 pouces sur 16, en pendant à une « armoire », fut saisie le 25 vendémiaire, an II chez Bhoir Lantenay, émigré (A. N., $F^{17}$ 372, p. 111).

Pour d'autres copies, voir vente Versailles, 14 février 1971, n° 28, ill. ; Londres, Christie's, 24 mai 1985, n° 63. La version du musée de Baroda est citée par Wilenski, 1949, p. 145.

*Dessins*
— Dessin *(fig. 1)* de la coll. Varanchan de Saint-Geniès, vente, 29-31 décembre 1777, n° 61 (800 livres à Mercier ; A. 2002 fig. 549 ; c'est le dessin pour lequel on connaît un certificat d'authentification de Fragonard *(fig. 2)* en date du 7 juillet 1789, Rosenberg et Compin, 1974, p. 267, fig. 10 ; anc. coll. baron Edmond de Rothschild ; voir aussi notice 238).
— Dessin d'une vente M... du 15 (avancée au 11) novembre 1784, n° 155 (96 livres). Selon le cat. de la vente, le dessin était carré (voir A. 2005 ; pour son pendant, notice 238).
— Dessin de la vente Morel, 19 avril 1786, n° 377 (300 livres) et peut-être Boyer de Fons Colombe, 18 janvier 1790, n° 190 (A. 2003).

Le dessin des coll. Walferdin et Beurdeley (A. 2004 fig. 550), passé en vente chez Sotheby's, New York, le 16 janvier 1985 (n° 149, ill. couleurs) est aujourd'hui dans le commerce à Londres *(fig. 3)*.

Une « huile et gouache sur papier collé sur carton » a figuré à l'exp. de Berne (n° 103 ; A. 2006 ; il en existe la photographie à l'Institut Courtauld à Londres). Le A. 2007 *(fig. 4)* est reproduit dans Rosenberg et Compin, 1974, p. 269, fig. 14. Pour d'autres dessins de ce sujet de ou d'après Fragonard, voir Rosenberg et Compin, 1974, p. 272, note 50.

*Gravures*
Maurice Blot (1753-1818) a gravé *(fig. 5)* le tableau en 1784 (Roux, III, 1934, pp. 59-60, n° 10). La gravure est annoncée le 1er mai 1784 dans le *Journal de Paris*, dans la *Gazette de France* du 11 mai et dans le *Mercure de France* du 5 juin (p. 37). Voir aussi le texte du directeur des *Affiches, Annonces et Avis divers*, l'abbé de Fontenai, du samedi 8 mai 1784 (p. 272), la lettre d'un lecteur, M. de Saint Félix et la réponse du directeur (*idem*, 22 mai, p. 300). Portalis (p. 331) ne catalogue pas moins de cinq états de la gravure de Binet. Il mentionne les gravures ovales de Binet et Pierre Adrien Lebeau (sous le titre de la *Faible résistance*, *Journal de Paris*, 6 août 1786, p. 903 ; Sjöberg et Gardey, XIII, 1974, p. 326, n° 12), à l'aquatinte

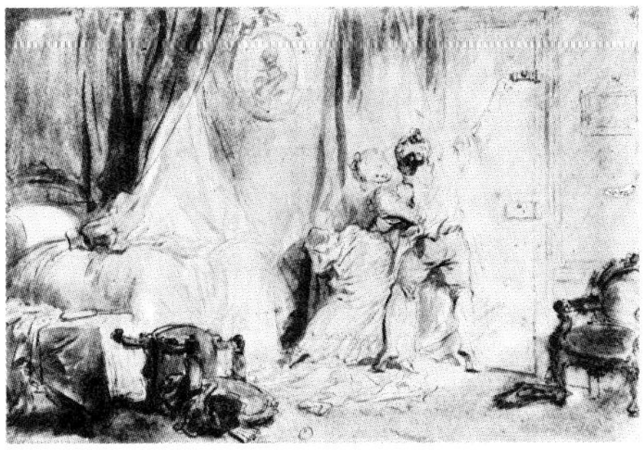

fig. 1. *Le verrou*,
localisation actuelle inconnue

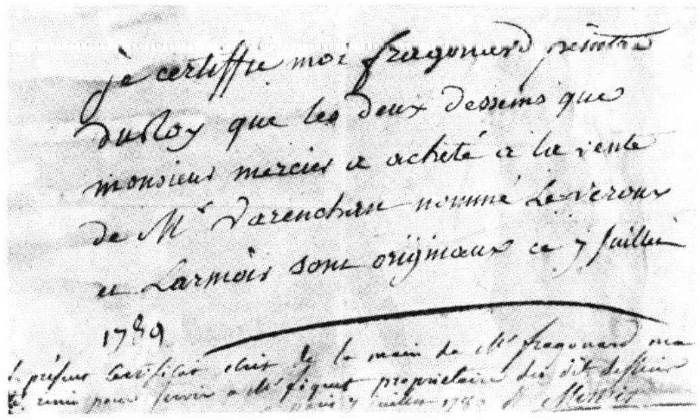
je certiffie moi fragonard peintre du Roy que les deux dessins que monsieur mercier a acheté a la vente de Mr Varenchan nommé Le verrou et Larmoir sont originaux ce 7 juillet 1789

fig. 2. Certificat d'authentification signé par Fragonard,
localisation actuelle inconnue

par Noipmacel (anagramme de Lecampion ; Sjöbert et Gardey, XIII, 1974, p. 413, nº 1) et attribuée à J. M. Mixelle. Ajoutons celles de A. M. de Gouy (Hébert, Pognon et Bruand, X, 1968, p. 449, nº 21), de Laurent Guyot (1756-1808), reproduite par Wildenstein, 1975, p. 17 fig. 5), et d'innombrables tirages plus ou moins médiocres du XIXe siècle. Voir aussi les très intéressantes notices du cat. de l'exp. de Clermont-Ferrand, 1977, *Aimer en France 1780-1800*, nos 11 à 17 et pl. 16 (« Nous avons la clef il a trouvé la serrure ») et 17 « l'Inutile Résistence » *(sic)* ; nous reproduisons ici deux gravures qui prouvent la popularité de la composition, *fig. 6* et *7)*.

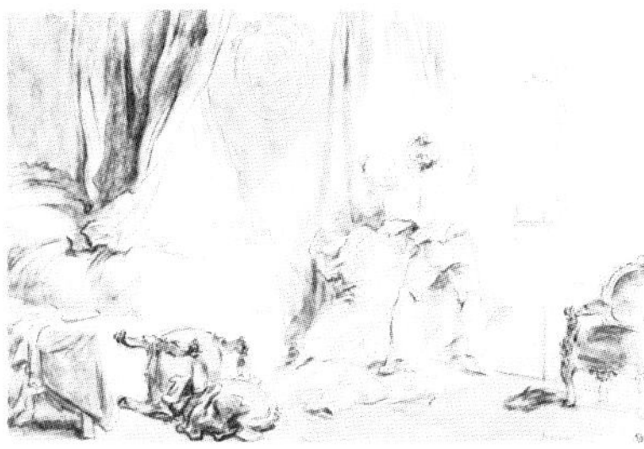

fig. 3. *Le verrou*,
Angleterre, commerce d'art

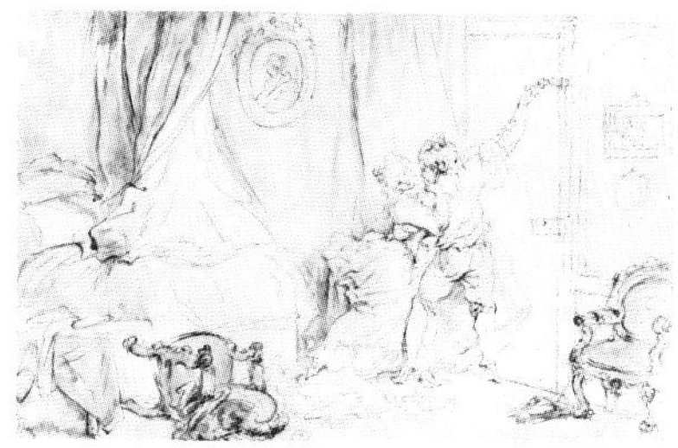

fig. 4. *Le verrou*,
France, coll. privée

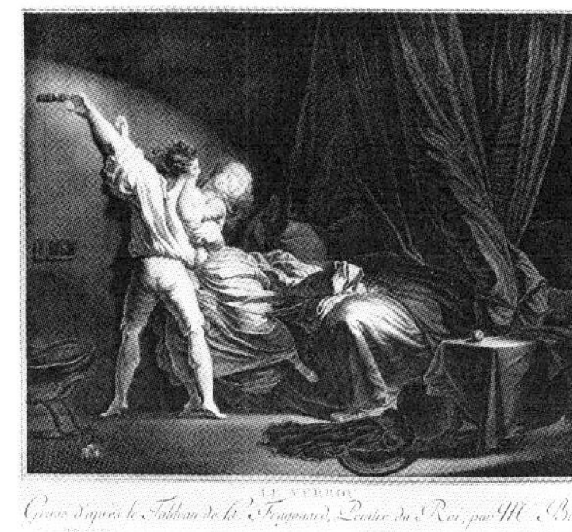

fig. 5. Blot d'après Fragonard,
*Le verrou*,
Paris, Bibliothèque Nationale,
Cabinet des estampes

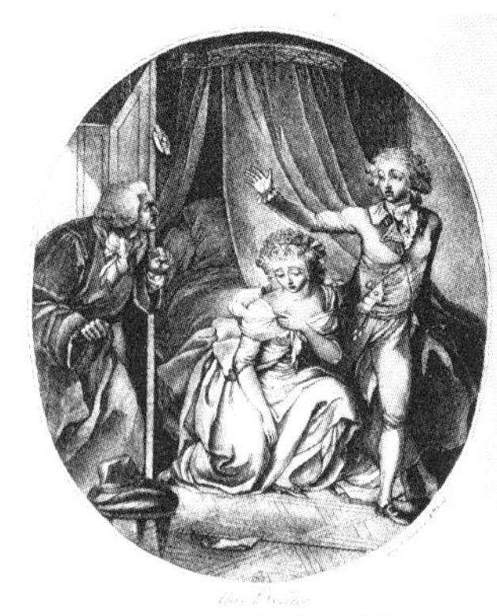

fig. 6. Mlle David, *A bas le verrou*,
Paris, Bibliothèque Nationale,
Cabinet des estampes

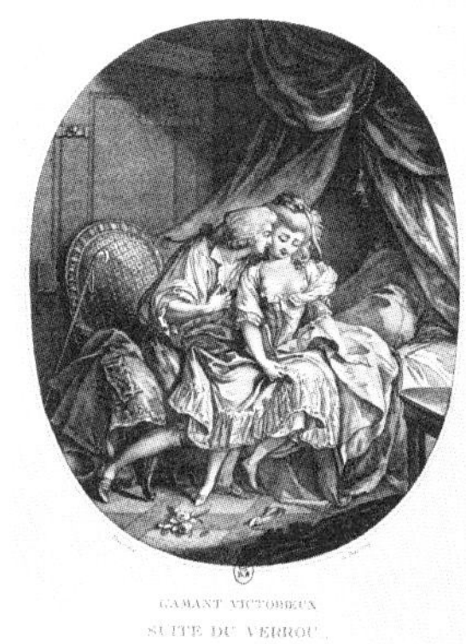

fig. 7. Lebeau d'après Touzé,
*L'amant victorieux. Suite du Verrou*,
Paris, Bibliothèque Nationale,
Cabinet des estampes

Le *Verrou* a été acquis par le Louvre en 1974. Nous le publiâmes la même année. Une polémique extrêmement violente éclata, qui portait sur plusieurs points.

La provenance du tableau telle que nous l'avions minutieusement (et prudemment) rétablie et telle que nous la résumons plus haut (rubrique *Provenance*) était-elle critiquable ? Elle n'a pas été remise en cause sauf sur des points de détails.

Le tableau était-il original, était-il l'original ? On trouvera un excellent résumé des prises de positions de la presse dans le numéro de novembre 1974 de l'*Œil*, mais on consultera encore les numéros de décembre 1974 et de janvier 1975 de *Galerie Jardin des Arts* (André Parinaud), de décembre 1974 de *Connaissance des Arts* (François Duret-Robert). Un article de Daniel Wildenstein : « *Le Verrou* du Louvre est un faux » dans le *Quotidien de Paris* du 9 octobre 1974 donne une idée du ton des attaques. Celles-ci n'ont pas entièrement cessé, même si les adversaires du tableau sont aujourd'hui bien peu nombreux et si certains d'entre eux semblent pencher pour une œuvre inventée par Fragonard, « très inférieure » à l'esquisse (Wildenstein, 1975, p. 13).

Le Louvre avait-il eu raison d'acheter le *Verrou* ? La réponse aujourd'hui nous paraît encore plus évidente qu'en 1974 tant le tableau donne l'impression d'avoir depuis toujours fait partie des collections nationales, tant surtout la toile complète l'ensemble de Fragonard du Louvre et lui donne sa dimension.

La confrontation entre l'*Adoration des bergers* (nº 234), dont nul ne met en doute qu'il est l'original de Fragonard, et de son pendant le *Verrou* devrait faire cesser une polémique qui peut s'expliquer — aussi — par une incompréhension des œuvres tardives de Fragonard, de l'évolution, sinon radicale du moins fort sensible, de sa manière de peindre. A partir de 1774, tant le choix des couleurs que l'utilisation du clair-obscur, les compositions comme les conceptions du peintre évoluent dans des voies qui ont pu surprendre.

Venons-en au tableau : « c'est la composition si connue, ce groupe enlacé d'ardeur et de faiblesse, l'homme en chemise, en caleçon, allongeant un bras nu et musculeux jusqu'au verrou de la porte qu'il pousse du bout des doigts ; la tête retournée, il enveloppe d'un regard de désir la femme qu'il embrasse de son bras droit *(sic)*, la femme éperdue, le visage renversé, les yeux effrayés et suppliants, désespérant d'elle-même et repoussant d'une main déjà molle la bouche de son amant... Sa chute, on la voit, Fragonard n'est

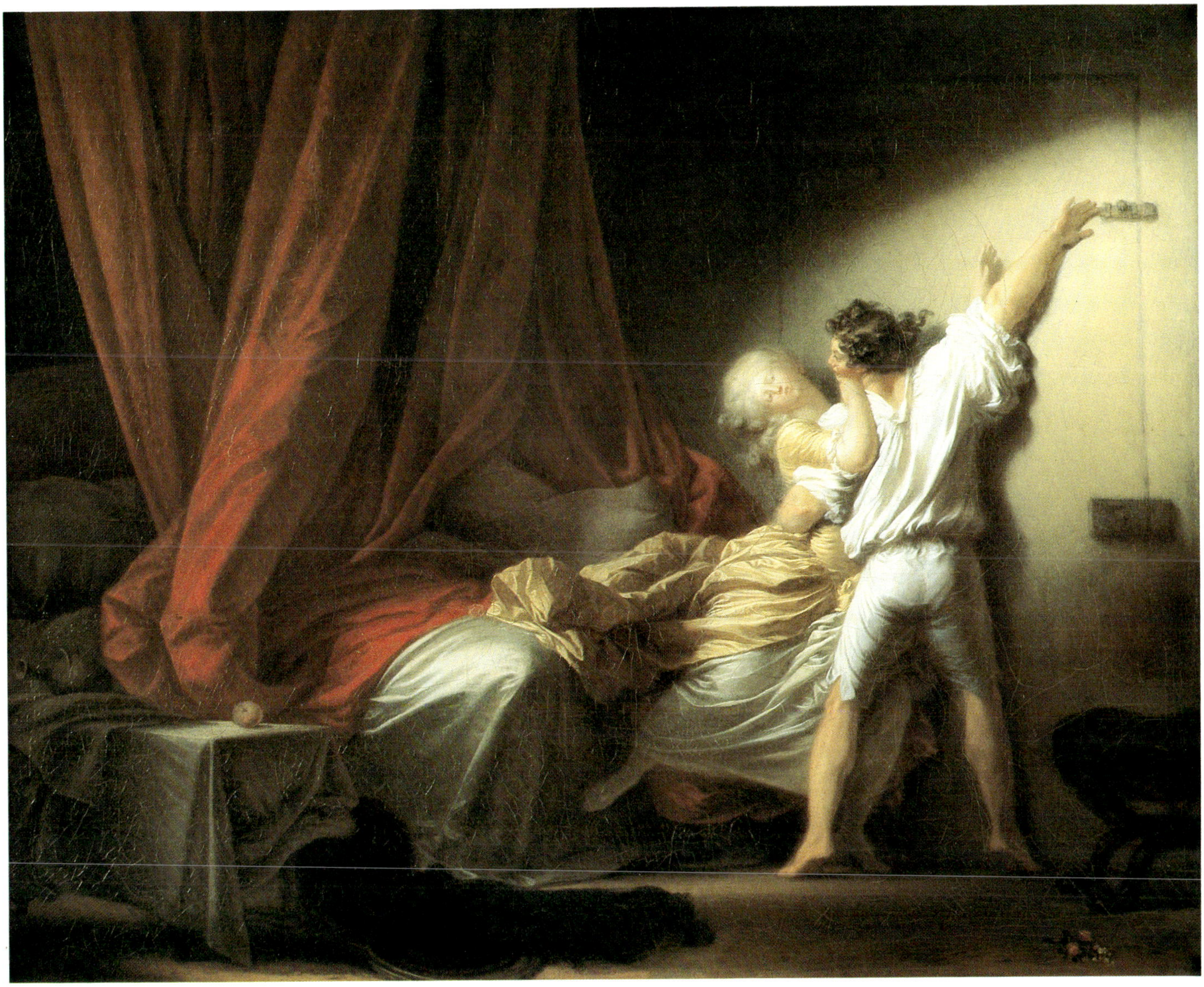

pas homme à oublier dans le fond du tableau ce qu'il sait si bien ouvrir et défaire : le lit » (Goncourt).

On se souvient (voir notice précédente) que Fragonard avait peint pour le marquis de Veri une *Adoration des bergers* ; « et comme l'amateur lui en demandait un second [tableau] pour servir de pendant au premier, l'artiste, croyant faire preuve de génie, par un contraste bizarre lui fit un tableau libre et rempli de passion, connu sous le nom du *Verrou* » écrit Alexandre Lenoir en 1816 dans un texte souvent cité (dans une première rédaction, dont le manuscrit qui lui appartient a été publié par D. Wildenstein en 1975, p. 16, Lenoir avait écrit « afin que le tableau mis en pendant offrit un contraste prononcé, il fit le *Verrou* »).

Nous reviendrons bientôt sur ce « contraste » et sur les raisons qui ont pu pousser peintre et commanditaire à réunir deux œuvres à première vue si différentes de par leurs sujets.

Contentons-nous de rappeler que le tableau de Fragonard fut gravé une première fois — de tous les tableaux de l'artiste, c'est celui que la reproduction a le plus popularisé — par Blot en 1784, un an avant qu'il ne soit vendu après la mort de son commanditaire. Devant le succès de sa gravure, Blot décida en 1786 de graver (mais la gravure ne paraîtra qu'en 1792) une autre composition de Fragonard, le *Contrat (fig. 8* ; W. 522 ; l'original est-il l'exemplaire de la vente d'Hautpoul, 29 juin 1905, nº 42, ill. ? ; ce tableau se confond-il avec celui de la vente Radziwill du 8 juin 1967, nº 6, ill. : « attribué à Marguerite Gérard » ?).

Un détail apparaît clairement à qui regarde bien la reproduction du *Contrat* : au mur de la chambre où sont réunis le jeune homme et la jeune fille en robe de satin, deux tableaux ou plutôt deux dessins, si l'on en juge par l'encadrement, sont représentés : l'un est le *Verrou (fig. 9)*, l'autre l'*Armoire (fig. 10* ; voir nº 238). Ainsi Fragonard et Blot, en faisant allusion dans l'une des trois compositions aux deux autres établissaient un lien entre elles et les présentaient comme trois chapitres d'un roman : la « faute » (le *Verrou*), les amants surpris (l'*Armoire*), la régularisation (le *Contrat*). Mais à la même époque que Blot, un autre graveur voulut donner au *Verrou* un pendant moins « moral » que le *Contrat*. Regnault, dans ce but, fit paraître en 1788 une gravure du *Baiser à la dérobée* de l'Ermitage (notre notice 304)...

La parution de la gravure de Blot donna lieu à un échange de lettres entre le directeur des *Affiches, Annonces et Avis divers*, l'abbé de Fontenai, et un lecteur, M. de Saint

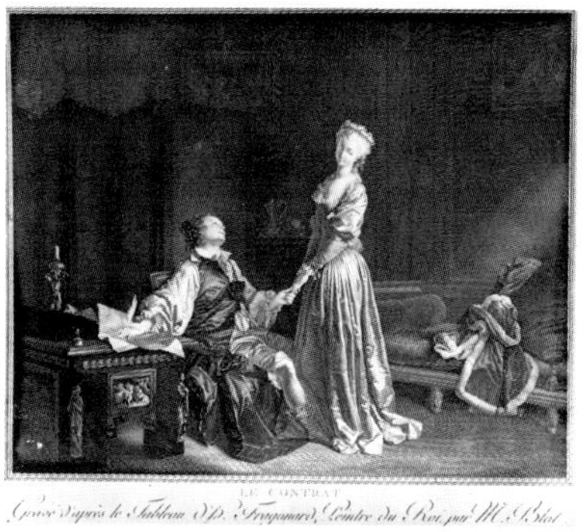

fig. 8. Blot d'après Fragonard, *Le contrat*, Paris, Bibliothèque Nationale, Cabinet des estampes

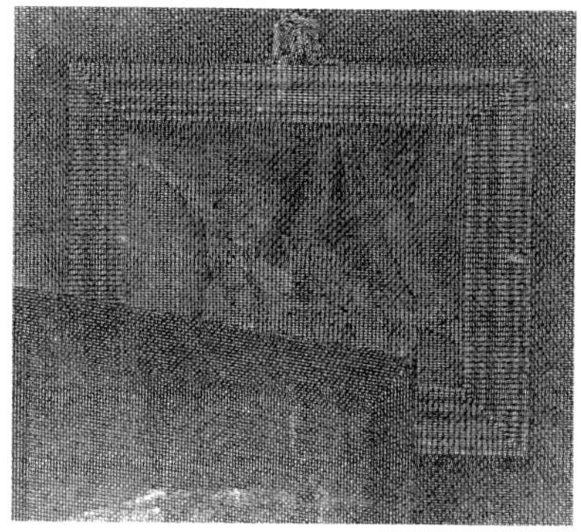

fig. 9. Détail de la fig. 8

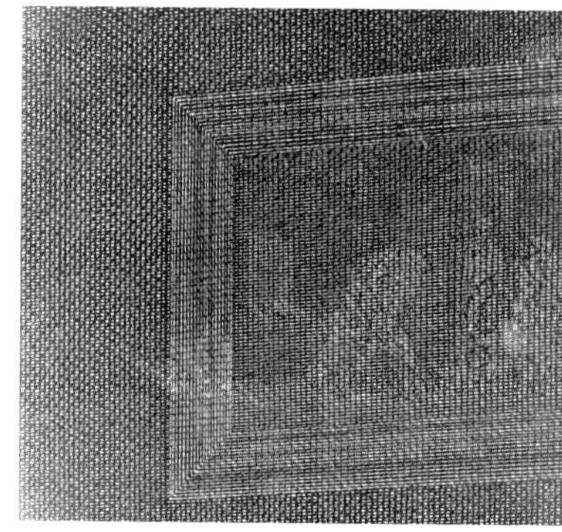

fig. 10. Détail de la fig. 8

Félix, qui écrit : « si vous eussiez connu le tableau d'après lequel il [Blot] a gravé, vous auriez vu que cet ouvrage est d'un Peintre d'Histoire ». Ainsi, à M. de Saint Félix, le « contraste » paraissait moint surprenant qu'à Lenoir. Certaines allusions, la cruche renversée, la pomme surtout, ne sont nullement fortuites. A l'amour sacré, l'artiste avait voulu juxtaposer l'amour profane. « Le thème profane s'oppose au thème religieux, la passion amoureuse à l'innocence de l'enfant... Le parallèle, loin de diminuer l'œuvre, pourrait bien en révéler le sens profond » (J. Thuillier, 1974).

Si dans l'utilisation d'un chaud clair-obscur, Fragonard rend hommage à Rembrandt, il simplifie la composition, la construit, la réduit à la grande diagonale qui relie le verrou à la pomme et qui effleure les visages, la dépouille de tout détail superflu. Si Fragonard n'oublie ni Rubens ni Boucher, si l'artiste garde cette vitalité, cet élan qui lui sont propres, il tente de modifier sa conception artistique et donne à sa création une gravité, un sérieux et une émotion auxquels il ne nous avait guère habitués.

Comme les *Baigneuses*, comme tous les chefs-d'œuvre de Fragonard, le *Verrou* est à la croisée d'une réalité palpitante et d'un rêve voluptueux. Mais il est plus, car Fragonard y approfondit sa personnalité et, de prodigieux virtuose, devient un authentique créateur capable de se renouveler. Avec le *Verrou*, l'artiste atteint un point d'équilibre qu'il ne retrouvera plus. Équilibre entre la composition et l'exécution, entre la sensualité et la poésie du sujet...

Il faudra attendre le Salon de 1785 et le *Serment des Horaces* de David pour rencontrer un tableau plus neuf dans la peinture française.

# 237 Le verrou

Bois. H. 26 ; L. 32,5 (17 mm ajoutés dans le bas du panneau)

Collection M. Akram Ojjeh

**Provenance**
Saisie durant la Révolution chez « Coigny, émigré » (Marie François, duc de Coigny, maréchal de France, 1739-1821 ; Inventaire du dépôt national de Nesle, dressé par Le Brun, 27 germinal-30 prairial, an II (16 avril-18 juin 1794), n° 6 : « Esquisse du Verrou, sur bois, haut 8 p°. larg 12 p°. » (= H. 21,6 ; L. 32,4) de fragonard » (A. N. $F^{17}$ 372, p. 314, en marge « Jourdan » ; la pièce de saisie, signée Lemonnier, date du 23 avril) ; vente Jourdan, 4 avril 1803, n° 13 : « l'esquisse du sujet agréable, déjà connu dans la curiosité... » (80 francs) ; vente après décès B. G. Sage, de l'Académie royale des Sciences, 8 février 1827, n° 43 ; vente Abel Remusat, 1er-3 avril (en fait 22-23 avril) 1833, n° 17 ou 11 (selon l'édition du cat.) : « Le Verroux *(sic)*. Esquisse faite avec beaucoup d'esprit » (sans dimensions) ; vente B. [Bertrand], de Saint-Germain-en-Laye, 17 mars 1854, n° 7 (acheté par Georges pour 40 francs ; sans doute racheté) ; vente Bertrand, « calligraphe académicien », 16-17 novembre 1855, n° 387 (acheté par H. D.) ; coll. Adrien Fauchier Magnan ; [Wildenstein] ; coll. baronne von Cramm, New York en 1960, sa vente, Londres, Sotheby's, 24 juin 1964, n° 41, ill. ; [Knœdler] ; coll. privée ; vente Monte Carlo, Sotheby's, 14 février 1983, n° 645, ill. en couleurs.

**Expositions**
Cambridge, 1931 ;
Hartford, 1934, n° 28 ;
San Francisco, 1934, n° 27 ;
Glen Falls, 1941, n° 9 (nous n'avons pu vérifier ces cat. d'expositions cités dans le cat. de la vente de Londres de 1964).

**Bibliographie**
(Voir la notice précédente)
Lejeune, 1863, p. 295 et 296 ;
P. p. 291 ;
N. p. 124 ;
Wilenski, 1949, p. 153 ;
R. p. 161 ;
W. 494, pl. 61 et p. 21, 36, éd. française ;
W. et M. 507, ill. ;
Rosenberg et Compin, 1974, p. 268 fig. 11 ;
Wildenstein, 1975, p. 14 fig. 2 ;
Roland Michel, cat. exp. New York, 1983, p. 21, ill. ;
*Figaro Magazine*, supplément « Arts », 22 juin 1985 ;
*Gazette des Beaux-Arts*, supplément, novembre 1985, pp. 20-21.

**Œuvres en rapport**
Voir la notice précédente.

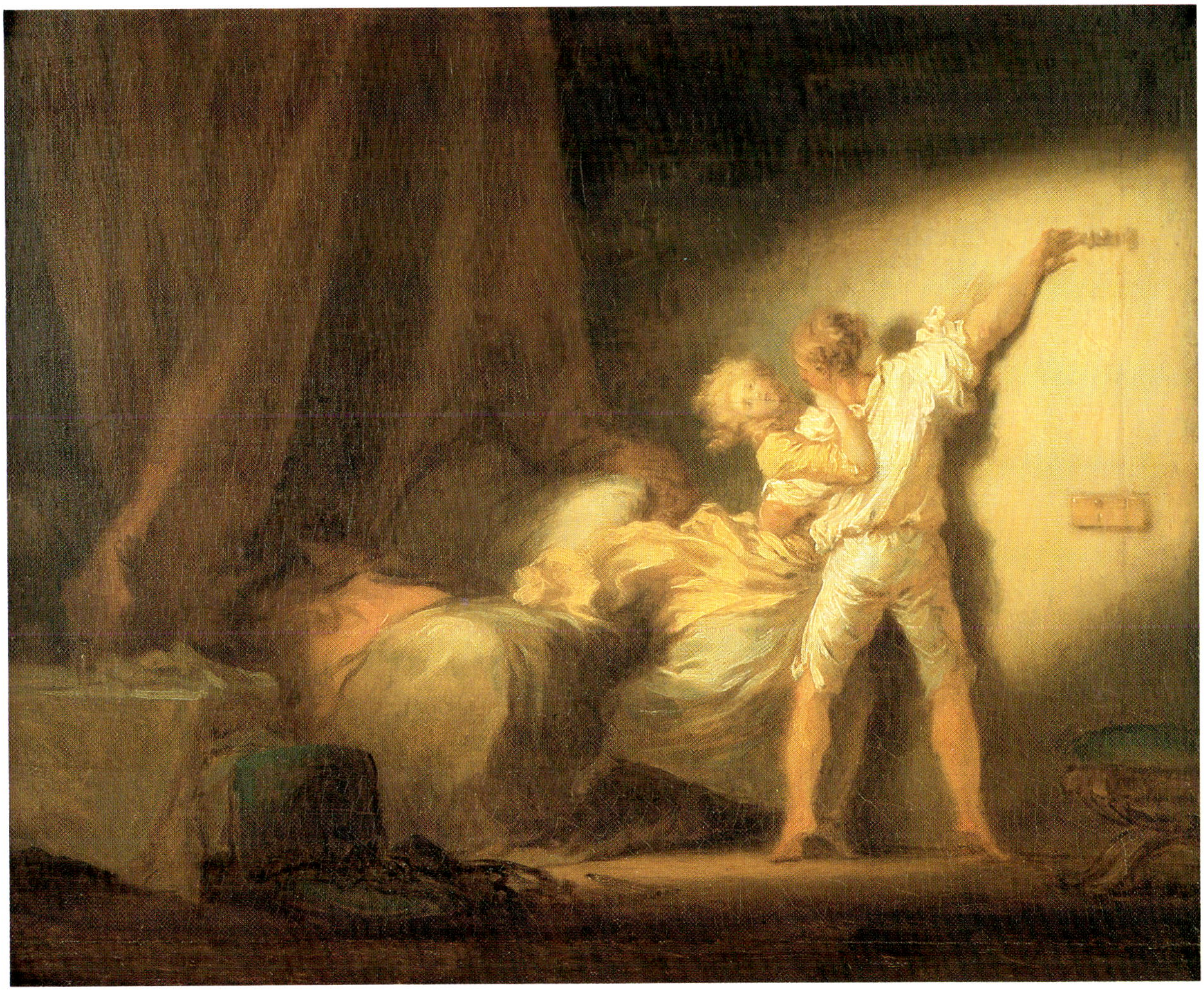

L'esquisse du *Verrou* (voir notice précédente) offre des différences de détail aussi bien avec les dessins préparatoires qui ont été retrouvés qu'avec le tableau achevé.

Sur les premiers, un portrait ovale d'homme richement ouvragé et une esquisse ou une gravure décorent le mur de la chambre, un tricorne, des vêtements, un éventail gisent à terre, le bois du lit s'orne d'un motif sculpté et surtout deux fauteuils d'un style Louis XV mouvementé occupent le premier plan. Dans l'esquisse peinte, nombre de ces détails — les tableaux, le tricorne, ... — ont disparu, le fauteuil renversé a été remplacé par une chaise de forme plus sobre, l'autre par un pliant. La simplification générale est encore accentuée, dans le tableau définitif. Tout ce qui est accessoire est éliminé, les seuls détails qui subsistent sont chargés d'un sens symbolique : une pomme mise en évidence sur la table alors que dans les dessins elle a roulé sur le sol (et qu'elle n'existe pas dans l'esquisse), une cruche renversée et quelques fleurs abandonnées à terre. On peut encore remarquer entre l'esquisse et la peinture du Louvre, deux différences notables : l'adolescent, bien musclé et noir de cheveux, est ici un blond et frêle amoureux en négligé et sa « victime » a les yeux ouverts et non cette expression grave et plus intériorisée.

Ajoutons que si l'on compare les couleurs de l'esquisse à celles de la composition finale, on ne peut manquer d'être frappé par l'opposition voulue dans la gamme chromatique. Les teintes froides de l'esquisse ont fait place à des couleurs chaudes : un rouge saturé sang de bœuf au lieu d'un brun-rose saumoné, un jaune or au lieu d'un citron acide, des blancs crémeux et non pas crus. Autre différence fondamentale, l'utilisation de la lumière qui, dépourvue encore de toute signification dans l'esquisse, crée dans le tableau du Louvre cette grande diagonale qui relie le verrou à la pomme après avoir effleuré les visages et les corps enlacés des amants.

La date de l'esquisse et des dessins, celle de la composition ne font pas l'unanimité. Marianne Roland Michel (1983) date l'esquisse de 1778. Pour D. Wildenstein (1975, p. 13), « Fragonard a fait sur ce sujet (du *Verrou*) un dessin vers 1765-70 puis, un an après, un tableau qu'en raison de sa liberté d'exécution, on appelle une *esquisse*. Enfin, vers 1780-84, il reprit, ou fit reprendre par son atelier, son tableau dans un sens érotique très différent de l'esquisse et très à la mode du temps, et ce nouveau tableau fut gravé par Blot en 1784 ».

Fragonard a-t-il lentement élaboré ses compositions sur une longue période de temps ou était-il capable de changer de technique selon qu'il exécutait une esquisse ou peignait une œuvre achevée ? Nous sommes de ceux qui retenons la seconde hypothèse : pour nous le *Verrou* — rappelons qu'un dessin pour la composition passe en vente dès 1777 — ou du moins les *Verrou* que nous connaissons ont été exécutés entre 1776 et 1779. Les nombreux dessins, la splendide esquisse démontrent en tout cas l'importance que Fragonard attachait à sa toile et témoignent de son ambition.

# 238 L'armoire

H. 340 ; L. 465
Lavis de bistre sur préparation à la pierre noire

Hambourg, Kunsthalle, Kupferstichkabinett

**Provenance**
Dans le fonds du musée dès la fin du XIXe siècle (après 1869 mais avant 1913) ; Inv. 24005.

**Bibliographie**
Inédit.

**Œuvres en rapport**

*Tableaux*
W. et M. (n° 508) n'excluent pas que Fragonard ait pu peindre un tableau de ce sujet. Ils en signalent une copie en coll. privée. Une copie sur bois de 13 pouces sur 16 fut saisie le 25 vendémiaire, an II, chez Bhoir Lantenay, émigré (A. N. $F^{17}$ 372 p. 111 ; voir notice 236).

*Dessins*
Ananoff catalogue plusieurs dessins identiques ou très voisins de celui de Hambourg.
— Le plus célèbre, qui offre quelques variantes avec la gravure, appartint à la coll. Varanchan de Saint-Geniès vendue les 29-31 décembre 1777, n° 66 : « un dessin fort plaisant et spirituellement composé, on le connoît sous le titre du jeune garçon surpris dans l'Armoire » (= H. 378 ; L. 243 ; acquis par Mercier pour 900 livres). C'est le dessin pour lequel Fragonard établit un certificat d'authenticité en date du 7 juillet 1789 *(cat. 236 fig. 2)*. Il a fait partie de la coll. Edmond de Rothschild *(fig. 1* ; A. 1987 fig. 542).
— Un autre dessin d'un curieux format carré (10 pouces sur 10 pouces) passe en vente le 15 (avancée au 11) novembre 1784, n° 156 : « un autre... sous le nom de l'Armoire » (en pendant à un *Verrou*) (A. 1986).
Citons encore A. 1985, aujourd'hui coll. Ian Woodner à New York sur lequel nous ne nous prononçons pas, A. 683 dont Ananoff n'accepte pas l'attribution (cat. exp. Tokyo, 1980, n° 131, ill.), A. 684 également refusé par Ananoff, ainsi qu'un dessin passé en vente le 10 juin 1975, n° 11, ill.

*Gravures*
Fragonard a gravé lui-même la composition (voir Wildenstein, 1956, n° XXIII ill. qui en signale quatre états et en dernier, cat. exp. Baltimore, 1984, n° 76, ill., notice par Victor Carlson). La gravure *(fig. 2)*, signée et datée de 1778 (2e état), est annoncée par le *Journal de Paris* du 27 novembre 1778, n° 331, p. 1333. Elle a été copiée par Coron (Roux, V, 1946) en 1779, par Robert de Launay (1749-1814) en 1785 (Hébert et Sjöberg, XII, 1973, p. 574, n° 73), par Laurent Guyot (Portalis et Béraldi, 1881, II, p. 367, n° 2), par Campion ou Lecampion (sans le chapeau ! ; P. p. 322, n° 15 et Wildenstein, 1956), etc...
Pour l'emploi de l'*Armoire* dans le *Contrat*, voir notice 236.

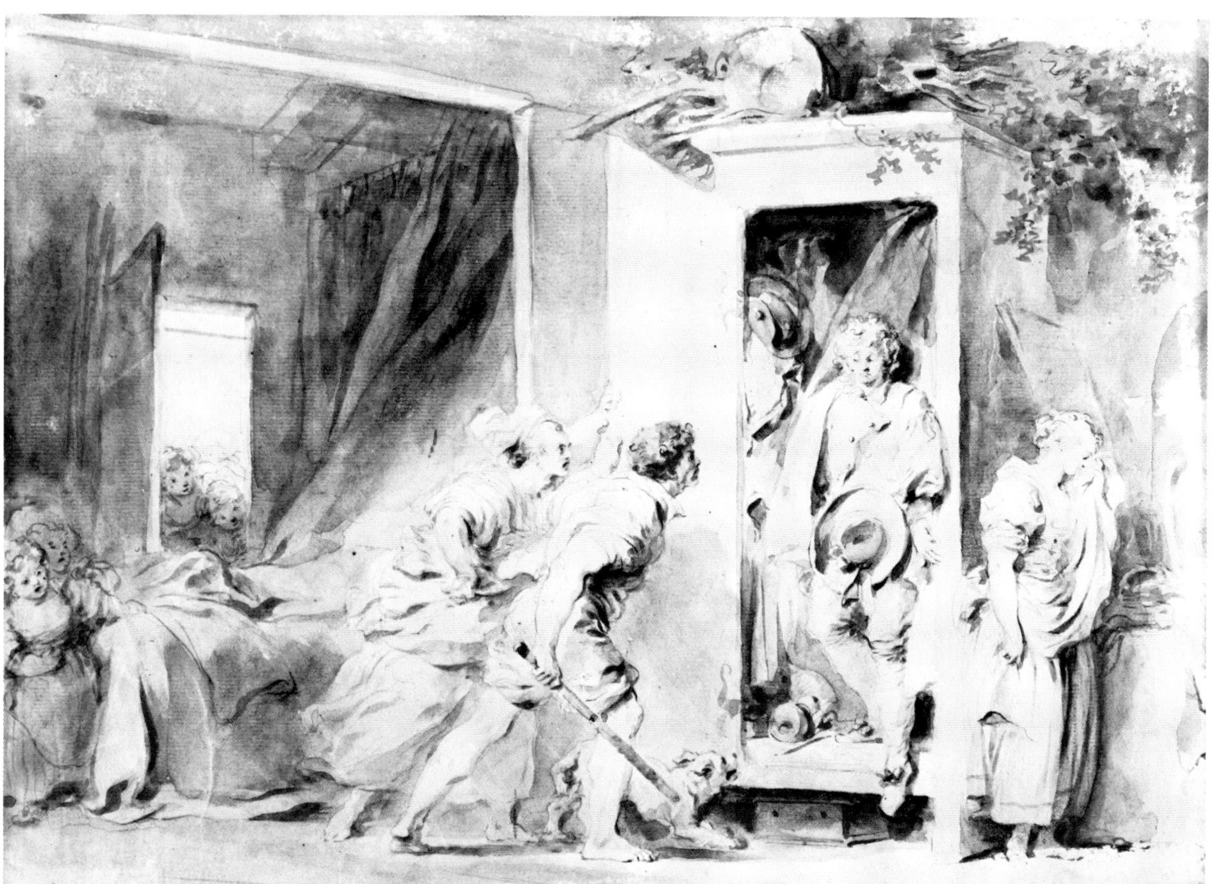

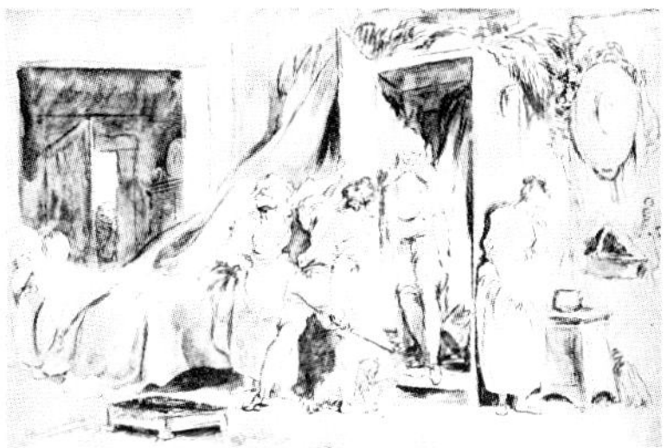

fig. 1. *L'armoire*,
localisation actuelle inconnue

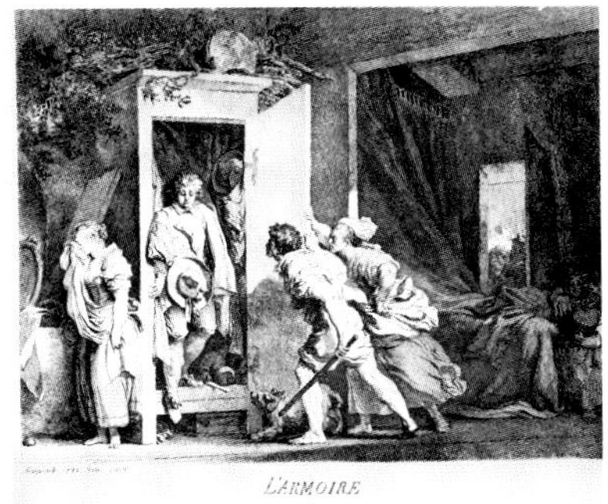


fig. 2. *L'armoire*, Paris, musée du Louvre,
Cabinet des dessins, coll. Rothschild

Des nombreux dessins pour l'*Armoire*, celui de Hambourg — inédit ! — nous paraît le plus beau, le plus incontestable (avec celui autrefois dans la coll. Rothschild). Il n'offre que des variantes de détails avec la gravure de Fragonard, « tout entière de la main de l'Auteur » précise le *Journal de Paris* du 27 novembre 1778. « La colère du Père et de la Mère qui ouvrent l'armoire ou s'étoit caché le Galant est exprimée avec autant d'énergie que la douleur de la jeune fille et la peur du jeune homme ». « Celui-ci semble dire comme Guillot — Une odeur de baton se répand à la ronde », ajoute le *Journal de Paris* qui apprécie « l'esprit et le sel répandus » par l'artiste « à pleine-mains ». Portalis et Béraldi (1881, II, p. 210) ne sont pas les seuls à en faire la remarque (voir sur ce point très précis, Posner, 1982, p. 85) : « il y a dans la manière dont le drôle tient son chapeau une invention bien libre », qui ajoutaient « mais quelle étonnante virtuosité dans l'exécution ! quelle heureuse distribution de lumière, quelle vérité d'expression et quelle malice ! ».

L'œuvre, célèbre, popularisée par la gravure, veut distraire : à l'inverse des compositions de Greuze des mêmes années avec lesquelles l'*Armoire* est souvent comparée (le *Fils ingrat* est exposé au Salon de 1778, la mère de l'*Armoire* est très greuzienne de traits), elle n'a aucune intention moralisatrice. Fragonard ne prend pas partie, n'approuve ni ne condamne, ne veut tirer aucune leçon. Il constate, raconte sur le mode de la farce, il ne juge pas et surtout ne tient pas à nous attendrir.

Composée avec un grand savoir dont témoigne le jeu des portes plus ou moins largement ouvertes, l'*Armoire* est aussi un brillant exercice de virtuosité artistique.

On remarquera le chaudron de cuivre et les branches étrangement posés au-dessus de l'armoire : Fragonard en usera à nouveau dans la contemporaine *Visite à la nourrice* de Washington (W. 459, pl. 101).

## 239 Le chat emmailloté

H. 260 (du cuivre), 228 (du trait carré) ; L. 190 (du cuivre), 170 (du trait carré)
Eau-forte (connue en deux états ; nous reproduisons le second, l'exemplaire de Grasse)

Grasse, musée Fragonard

**Provenance**
Appartenait, semble-t-il, en 1921, à « M. Maurice Fenaille » ou à « M. Fix-Masseau ».

**Exposition**
Paris, 1921, n° 269 (?).

**Bibliographie**
Wildenstein, 1956, pp. 38-39, n° XXVI (avec détails sur les exemplaires passés en vente, bibliographie plus ancienne, etc.) ;
Pognon et Bruand, IX, 1962, pp. 290-291, n° 26 ;
Hébert, Pognon et Bruand, X, 1968, p. 107, n° 2.

**Œuvres en rapport**
Fragonard avait exposé, en 1779, au Salon de la Correspondance, « un Enfant tenant un chat emmailloté ». Un tableau de même sujet passa aux ventes De Ghendt, 15 novembre 1779, n° 37 ; [Silvestre], 17 avril 1780 (et non 1778), n° 55 et anonyme, 25 novembre 1782, n° 54. Ce tableau (W. 474) est perdu.

On connaît un dessin de même sujet, autrefois dans la collection Edmond de Rothschild (*fig. 1* ; A. 15 fig. 9).

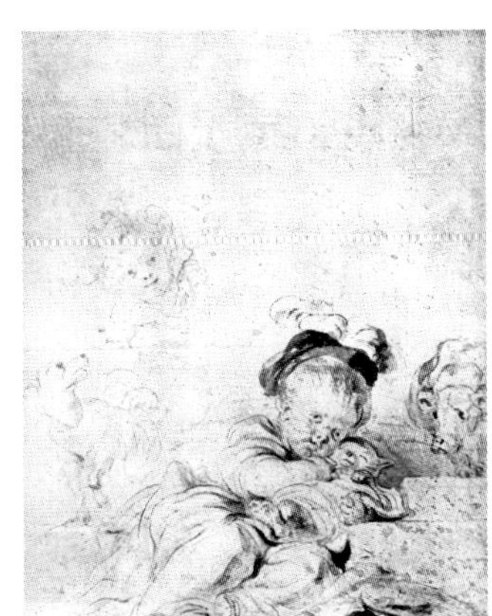

fig. 1. *Le chat emmailloté*,
localisation actuelle inconnue

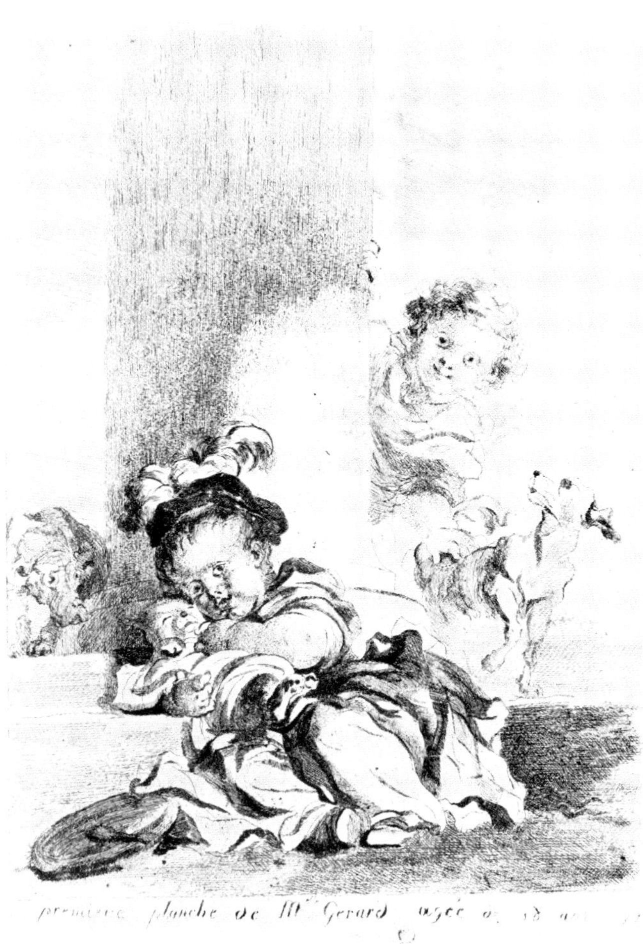

L'eau-forte, fort rare, porte une inscription dont il faut se demander s'il faut la prendre à la lettre : « première planche de Mlle Gérard agée de 16 ans en 1778 ».

Marguerite Gérard, la jeune sœur de Madame Fragonard, avait quitté sa Grasse natale, en 1775 semble-t-il, à la mort de sa mère. Elle s'était installée au domicile de son beau-frère, au Louvre, qui lui avait enseigné les rudiments du dessin et de la gravure. Son eau-forte doit dater des premiers jours de 1778, car le 24 janvier, elle entrait dans son dix-septième printemps.

La vraie question est de s'interroger sur la part qui, dans cette eau-forte, lui revient et sur celle de Fragonard, à coup sûr « inventeur » de la composition (voir rubrique *Œuvres en rapport*). 1778, rappelons-le, voit l'artiste revenir à la gravure qu'il avait abandonnée depuis quinze ans. La sûreté de l'exécution nous fait partager le point de vue de Georges Wildenstein qui, en 1956, écrivait : « à bien examiner la technique de cette œuvre composée en étroite collaboration, la main du professeur domine le plus souvent le travail délicat de sa jeune élève ».

A en juger par la gravure, qui marque plus de sympathie pour les deux chiens que pour le malheureux chat emmailloté, on peut regretter la disparition du tableau qui devait compter parmi les plus savoureux de l'artiste.

## 240 Au génie de Franklin

H. 555 (du cuivre), 478 (du trait carré) ; L. 478 (du cuivre), 374 (du trait carré)
Eau-forte (connue en deux états ; nous reproduisons le second, l'exemplaire de la Bibliothèque Nationale)

Paris, Bibliothèque Nationale, Cabinet des estampes (à Paris)
New York, The Metropolitan Museum of Art (à New York)

**Expositions**
Paris, 1976-77, nº 206, ill. (exemplaire de la Bibliothèque Nationale) ;
Baltimore, 1984, nº 78, ill. (exemplaire du Metropolitan Museum).

**Bibliographie**
Wildenstein, 1956, pp. 40-41, nº XXVII (avec liste détaillée des coll. qui conservent une épreuve de la composition, des ventes et bibliographie complète) ;
Pognon et Bruand, IX, 1962, p. 291, nº 27 ;
Betz, 1966, pp. 111-114 ;
Hébert, Pognon et Bruand, X, 1968, p. 107, nº 3 ;
Sheriff, 1983, pp. 180-193.

**Œuvres en rapport**
Le dessin préparatoire *(fig. 1* ; A. 450 fig. 156), avec de considérables variantes appartient à la Maison Blanche à Washington.

On confond parfois ce dessin avec un autre dessin de Fragonard *(fig. 2)*, celui-ci gravé à l'aquatinte *(fig. 3)* par l'abbé de Saint-Non en présence de Franklin (A. 451 fig. 157 ; Guimbaud, 1928, pp. 166-167, 186-187).

Nous sommes de ceux qui émettons quelques réserves sur l'authenticité du dessin de Chicago *(fig. 4* ; A. 138 fig. 60), proche du célèbre buste de Houdon *(fig. 5)*, légué au Louvre, en 1880, par H. Walferdin.

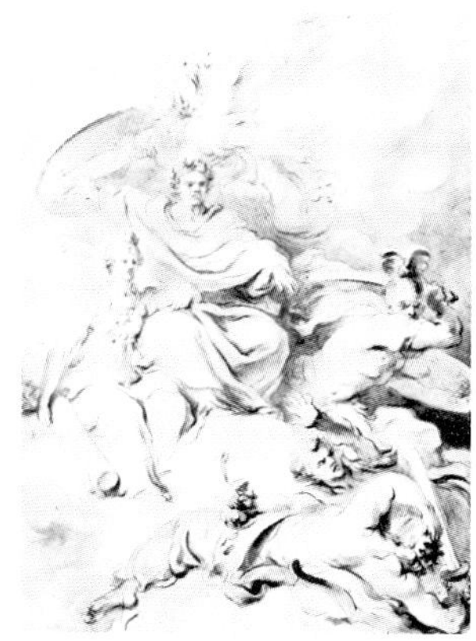

fig. 1. *Au génie de Franklin*, Washington, Maison Blanche

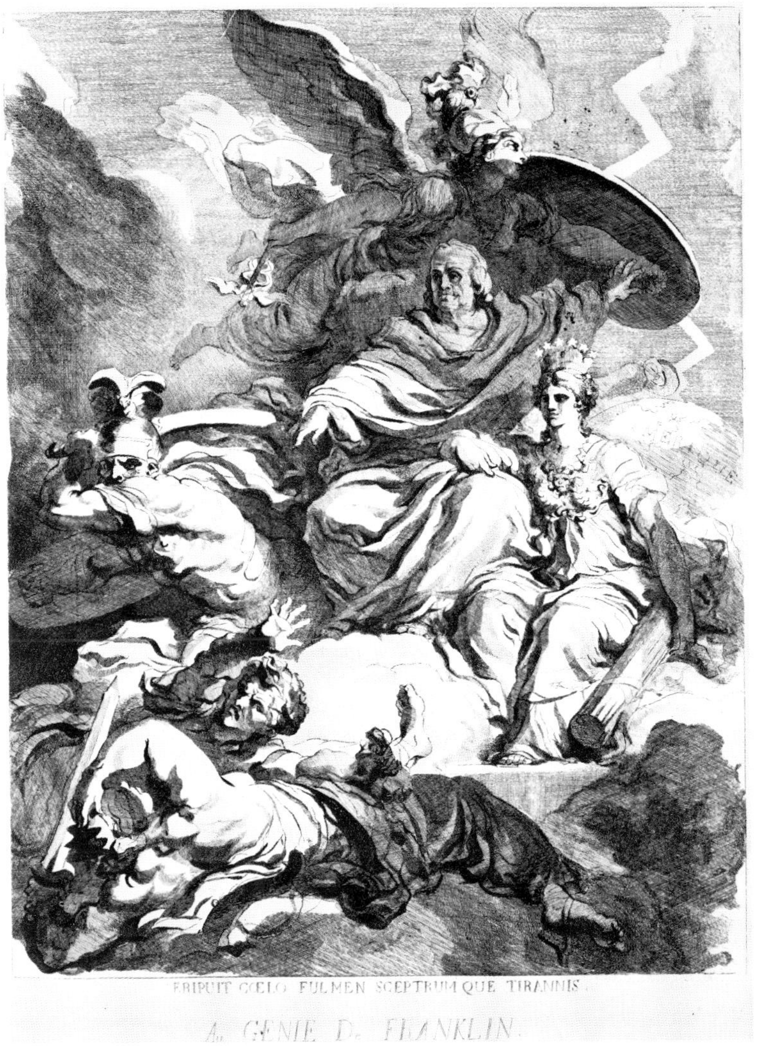


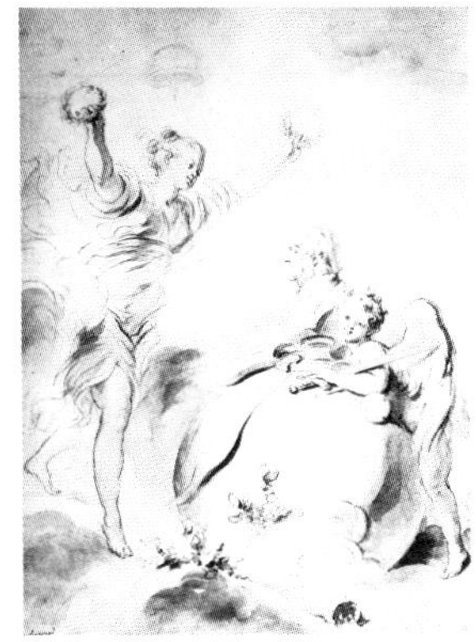

fig. 2. *Le buste de Franklin couronné par la Liberté*, localisation actuelle inconnue

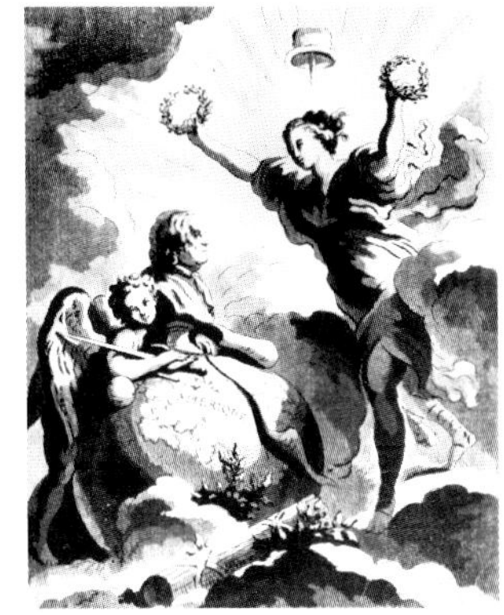

fig. 3. Saint-Non d'après Fragonard, *Le buste de Franklin couronné par la Liberté*, Paris, Bibliothèque Nationale, Cabinet des estampes

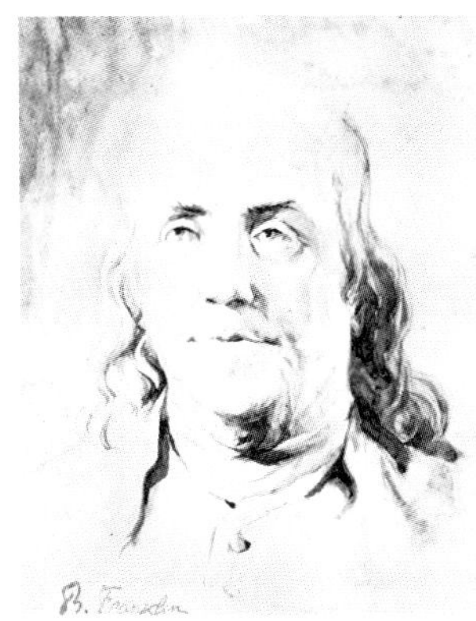

fig. 4. Fragonard (?), *Franklin*, Chicago, The Art Institute

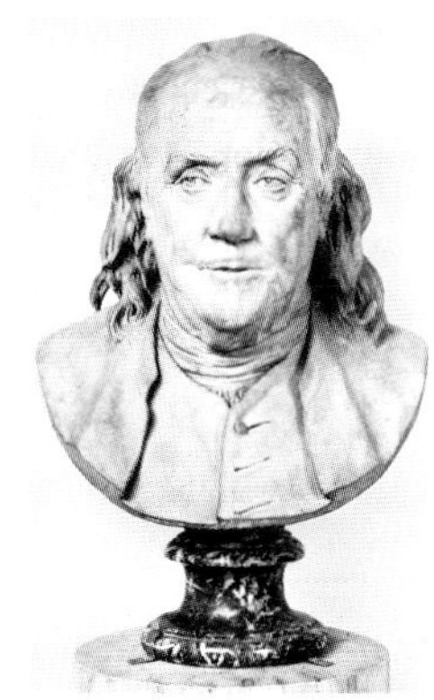

fig. 5. Houdon, *Franklin*, Paris, musée du Louvre

Le dessin est de la main de Fragonard, l'eau-forte passe pour revenir à sa belle-sœur, Marguerite Gérard. Comme pour la gravure précédente, nous pensons (voir aussi Wildenstein, 1956 et Victor Carlson, cat. exp. Baltimore, 1984) que la part de Fragonard dans sa réalisation fut loin d'être négligeable. Le *Journal de Paris* du 15 novembre 1778 (p. 1278) le confirme, qui précise que l'œuvre a été « gravée par Mlle Gérard d'après les dessins et sous les yeux de Fragonard ». Walferdin, pour sa part, possédait un exemplaire de l'eau-forte, l'expert Féral nous l'apprend (vente, 22-24 avril 1901, n° 198 bis), annotée par Marguerite Gérard elle même qui reconnaissait l'aide de « mon maître et bon ami M. Frago ».

L'eau-forte, qui existe soit en bistre soit en noir, porte pour titre « Au GENIE De FRANKLIN ». Elle est accompagnée d'un vers en latin : Eripuit coelo Fulmen sceptrumque Tirannis (Il arrache la foudre au ciel et le sceptre au tyran). Imité d'un vers de l'*Anti-Lucrèce* : Eripuitque jovi fulmen Phœbusque sagittas, il serait dû à Turgot (et fit l'objet de bien des traductions, voir M. Sheriff, 1983). Il fait, bien entendu, allusion à l'invention du paratonnerre par Franklin. Ce n'est pas le lieu de résumer le triomphal séjour du « bonhomme Franklin » à Paris entre 1776-1785. On le sait, l'homme politique américain fut accueilli à bras ouverts par tout ce qui comptait alors à Paris. Rencontra-t-il Fragonard ? C'est vraisemblable, mais nous n'en avons pas la preuve. Nous savons par contre que l'abbé de Saint-Non lui fit la démonstration du procédé de l'aquatinte, tandis que le « thé se préparait », gravant sous ses yeux un second dessin de Fragonard (*fig. 2* et *3*).

La composition n'est pas sans ambition : « le peintre l'a représenté (Franklin) tout à la fois opposant d'une main l'égide de Minerve à la foudre qu'il a su fixer par des conducteurs, et de l'autre ordonnant à Mars de combattre l'avarice et la tyrannie ; tandis que l'Amérique, noblement appuyée sur lui et tenant un faisceau, symbole des Provinces-Unies, contemple avec tranquillité ses ennemis terrassés » (Pahin de la Blancherie, *Nouvelles de la République des lettres et des Arts*, 26 janvier 1779, n° 1, p. 4). Un texte analogue se lit dans le numéro du 15 novembre 1778 (p. 1278) du *Journal de Paris* : « on n'a désiré que d'exprimer par la pointe les touches hardies et spirituelles du dessin, avec la même rapidité que le dessin lui-même a été exécuté, et il nous semble que l'on y a réussi ». Cette réussite est-elle celle de Marguerite Gérard ou celle de Fragonard ? On peut penser, à lire ces lignes, que le rédacteur connaissait la réponse.

# 241 Les traitants

H. 233 ; L. 175 (du trait carré)
Eau-forte (un seul état connu ; nous reproduisons l'exemplaire de la Bibliothèque Nationale)
Signature et date au centre : *fragonard 1778* (et marque du Cabinet des estampes, Lugt 249)

Paris, Bibliothèque Nationale, Cabinet des estampes (à Paris)
New York, The Metropolitan Museum of Art ( à New York)

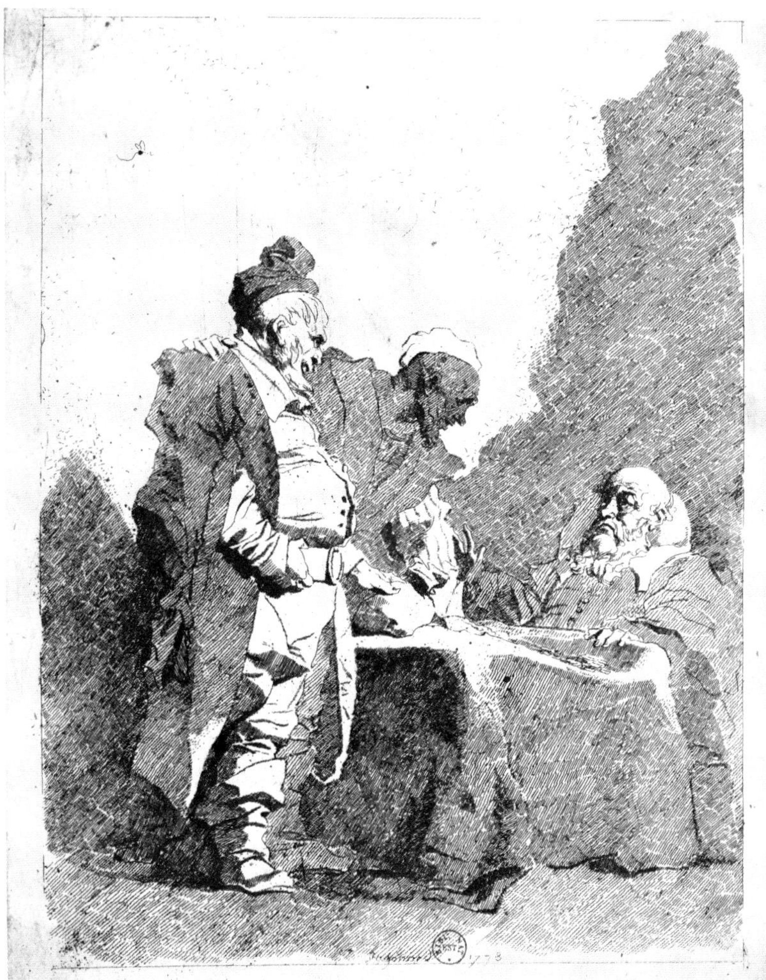

**Expositions**
Tokyo, 1980, nº 171, ill. (l'exemplaire de New York) ;
Baltimore, 1984, nº 77, ill. (l'exemplaire de New York).

**Bibliographie**
Lafuente Ferrari, 1947, p. 108, fig. 17 ;
Wildenstein, 1956, p. 34, nº XXIV (avec liste des coll. et des ventes, ainsi qu'une bibliographie détaillée) ;
Pognon et Bruand, IX, 1962, p. 290, nº 24.

**Œuvre en rapport**
Une copie dessinée d'après l'eau-forte est conservée au musée de Worcester (1952.5 ; *fig. 1*). Est-ce A. 79 ?

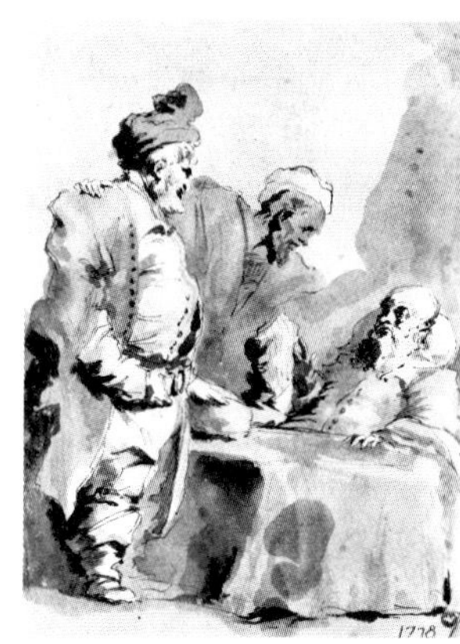

fig. 1. D'après Fragonard, *Les traitants*, Worcester Art Museum

L'œuvre — chose trop rare chez Fragonard — est datée. 1778 marque le retour, aussi fulgurant que passager, de l'artiste à la gravure. Mais quel est son sujet? Un vieil homme, botté et curieusement coiffé, pose sur une table un sac (d'or?). Un noir (aux mains blanches!) scrute avec attention un magistrat (?) assis, dont il attend une réponse. Scène d'usure? A quel commerce se livrent les trois protagonistes aux têtes bien typées? Contrairement à ce qu'affirmait Guimbaud (1928, p. 167 et p. 211 nº 18), l'œuvre ne paraît pas copier Tiepolo. Mais elle s'inspire du monde du maître vénitien (et aussi de la technique, de taille simple sans croisure, des eaux-fortes de son fils).

Fragonard a-t-il tenté de plier la technique de l'eau-forte à son habituelle rapidité d'exécution? S'en est-il montré insatisfait? En tout cas, l'œuvre, jugée sévèrement par Guimbaud (« esquisse sommaire et qui semble découragée *(sic)* »), a trouvé en Victor Carlson (1984) un défenseur convaincant. Elle a sa place, nullement négligeable, dans une exposition qui veut présenter Fragonard dans toute la diversité de son talent.

# 242 Scène d'intérieur

H. 232 ; L. 173 (du trait carré)
Eau-forte (un seul état connu ; nous exposons et reproduisons l'exemplaire de Berlin)

Berlin, Staatliche Museen Preussischer Kulturbesitz, Kupferstichkabinett

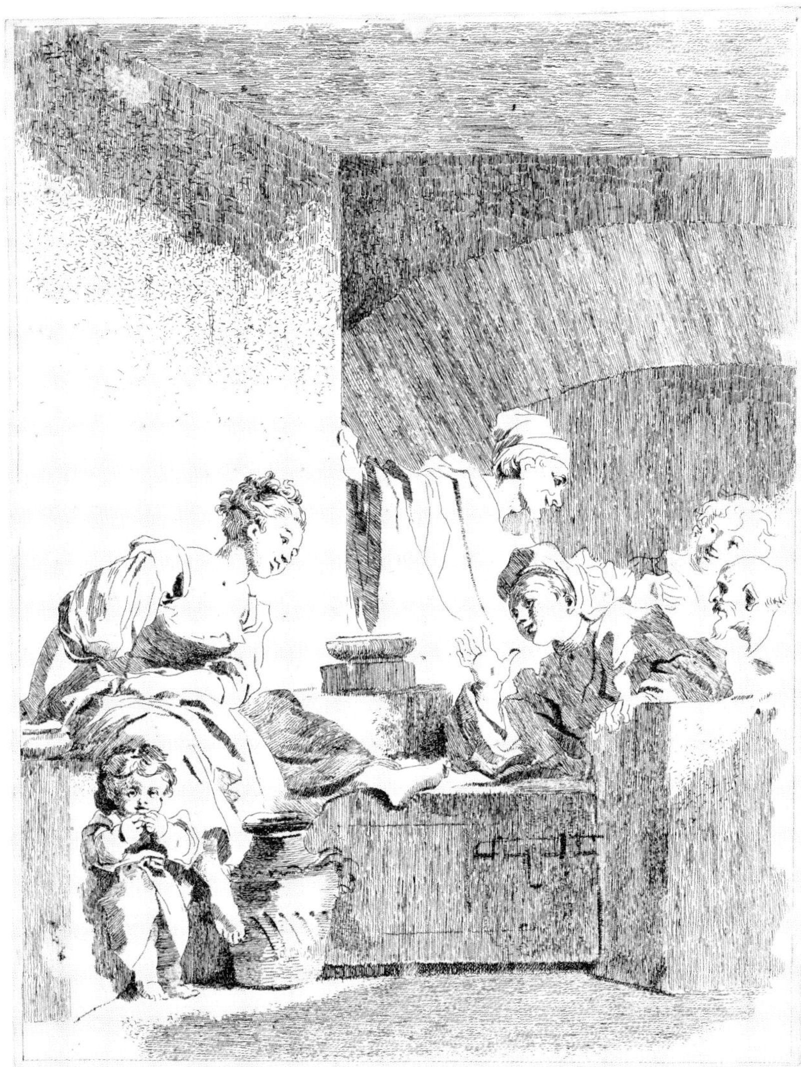

**Bibliographie**
Wildenstein, 1956, p. 36, nº XXV (voir aussi p. 35) ;
Pognon et Bruand, IX, 1962, p. 290, sous le nº 25 ;
Hébert, Pognon et Bruand, X, 1968, p. 107, sous le nº 1.

**Œuvre en rapport**
Le dessin préparatoire pour l'eau-forte a appartenu à Camille Groult *(fig. 1* ; A. 795 fig. 704)

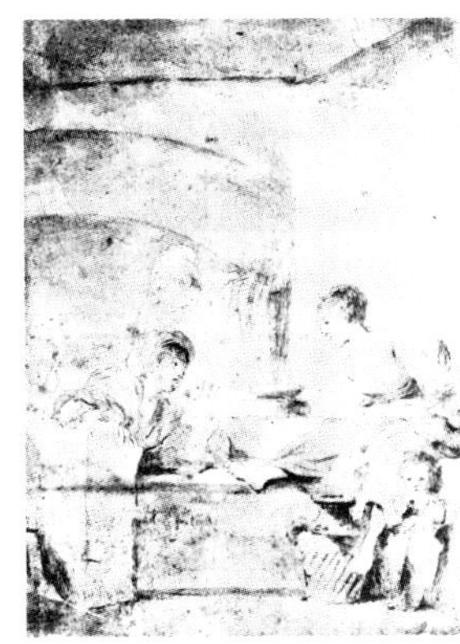

fig. 1. Scène d'intérieur, localisation actuelle inconnue

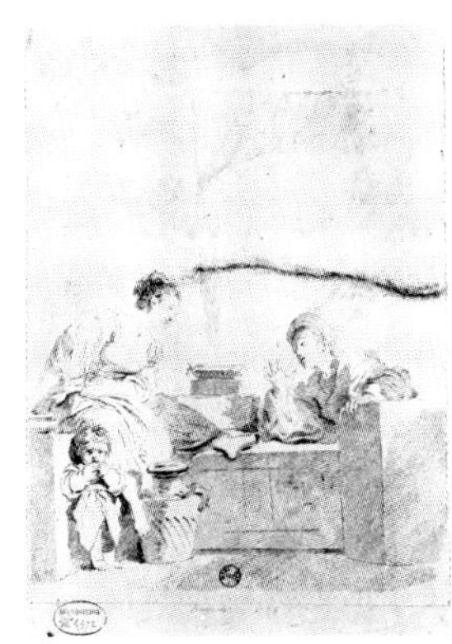

fig. 2. *Scène d'intérieur*, Paris, Bibliothèque Nationale, Cabinet des estampes

Wildenstein (1956) a pu démontrer qu'il existait deux planches distinctes de la même composition. Nous reproduisons l'exemplaire de la Bibliothèque Nationale de la première planche (second état) *(fig. 1)* qui a le mérite d'être signé par Fragonard et daté (une nouvelle fois) de 1778, et nous exposons la très rare épreuve de la seconde planche conservée à Berlin.

Comme pour les gravures précédentes, se posent les questions du sujet et de la participation de Marguerite Gérard à la réalisation de l'eau-forte. Peut-on affirmer (voir Wildenstein, 1956), par comparaison avec la *Première leçon d'équitation (cat. 243 fig. 3)*, que la version de Berlin de la *Scène d'intérieur* est de Marguerite Gérard, alors que celle de Paris serait entièrement de la main de Fragonard ? Il nous paraît que le problème de la collaboration entre les deux artistes est loin d'être résolu. La qualité de l'épreuve de Berlin nous inciterait à ne pas la considérer comme d'une date d'exécution sensiblement postérieure à celle des *Traitants* (nº précédent).

Le sujet embarrasse : trois hommes discutent avec animation ; une femme qui marque sa surprise, s'est approchée d'une jeune femme, dont le pied nu repose sur un coffre et qui semble écouter. Un petit enfant porte ses mains à la bouche. Fragonard n'a-t-il pas voulu, simplement, improviser et décrire une scène prise sur le vif, sans véritable sujet ?

# 243 La première leçon d'équitation

H. 348 ; L. 452
Lavis de bistre sur préparation à la pierre noire

New York, The Brooklyn Museum, don Mr et Mme Alastair Bradley Martin

**Provenance**
Coll. duc de Ch[abot ou Choiseul], vente, 10-15 décembre 1787, nº 274 : « ... c'est une jeune femme qui fait asseoir son enfant sur un dogue, qu'un homme retient par le museau... » (60 livres à Le Brun) ; vente [Le Brun], 8 juillet 1793, partie du nº 69 : « une jeune femme et son mari promenant leur enfant sur le dos d'un chien » (le dessin était associé à un « Dites donc s'il vous plaît », vraisemblablement le A. 600 fig. 190) ; coll. baron de Silvestre, 4-6 décembre 1851, nº 258 (19 francs 50) ; coll. Hippolyte Walferdin dès 1860, sa vente après décès, 12-16 avril 1880, nº 224 (950 francs, à Lacroix) ; coll. baron Edmond de Rothschild en 1889 et en 1907 ; son fils Maurice de Rothschild ; coll. Mr et Mrs Alastair Bradley Martin (The Guennol Coll.) ; donnée en 1957 ; 57.189.

**Expositions**
Paris, 1860, nº 8 ;
Paris, 1907, nº 198 ;
Paris, 1958, nº 54, pl. 72 ;
Washington, 1978, nº 44, ill. ;
Tokyo, 1980, nº 129, ill.

**Bibliographie**
G. p. 332 ;
Portalis, 1880, p. 22 ;
P. p. 114, 199, 310, repr. entre p. 118 et p. 119 ;
D. et V. 164, ill. ;
N. p. 83 ;
R. p. 205 ;
Wildenstein, 1956, p. 43 ;
A. 12 fig. 2 ;
Mrozińska, 1960, p. 10 fig. 2.

**Œuvres en rapport**
On connaît par la photographie deux autres versions de ce dessin : une première (A. 13), provenant elle aussi de la coll. Walferdin (nº 223 de la vente de 1880), est rejetée par Ananoff *(fig. 1)*. Une seconde, plus petite que le dessin de Brooklyn, provenant de la coll. d'Ignace Paderewski, appartient au musée national de Varsovie (voir Londres, galerie Heim, 1980, nº 29 pl. 41 ; *fig. 2)*. Voir aussi A. 14 et 1943.

Le dessin a été gravé en sens inverse par Marguerite Gérard (avec l'aide de Fragonard ?), vraisemblablement en 1778 *(fig. 3)*. On connaît trois états de l'œuvre (nous reproduisons le second ; voir Wildenstein, 1956, XXVIII, p. 291, nº 28, Pognon et Bruand, IX, 1962, p. 291, nº 28 et Hébert, Pognon et Bruand, X, 1968, p. 107, nº 4). Vivant Denon *(fig. 4)* grava à son tour la composition (Roux, 1949, VI, p. 553, nº 189) d'après le dessin de Varsovie.

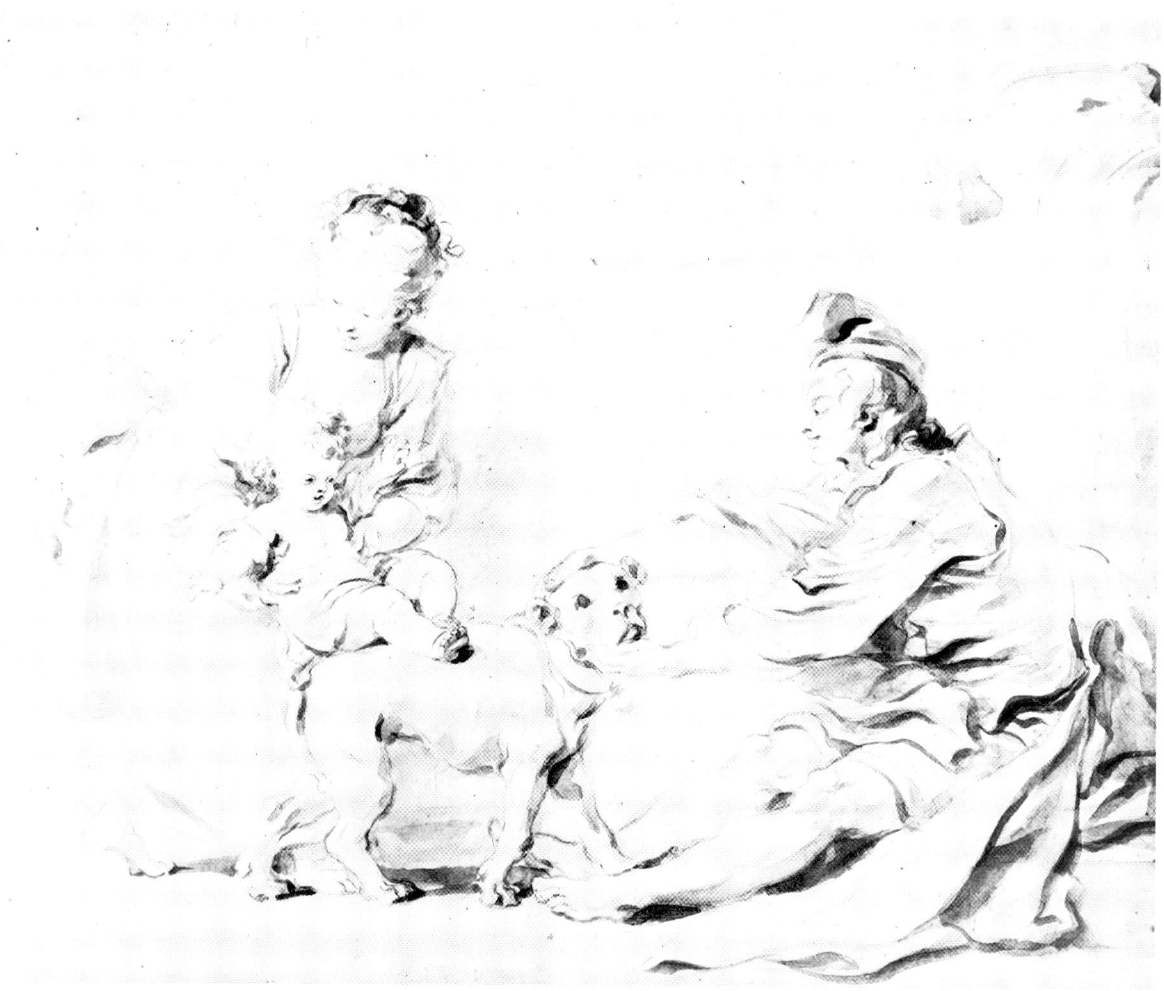

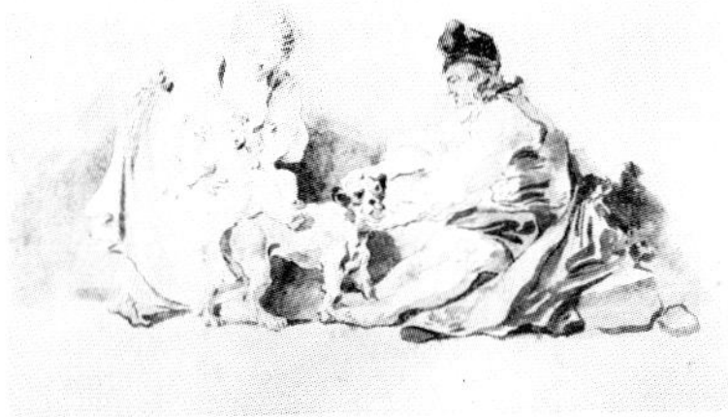

fig. 1. D'après Fragonard (?), *La première leçon d'équitation*, localisation actuelle inconnue

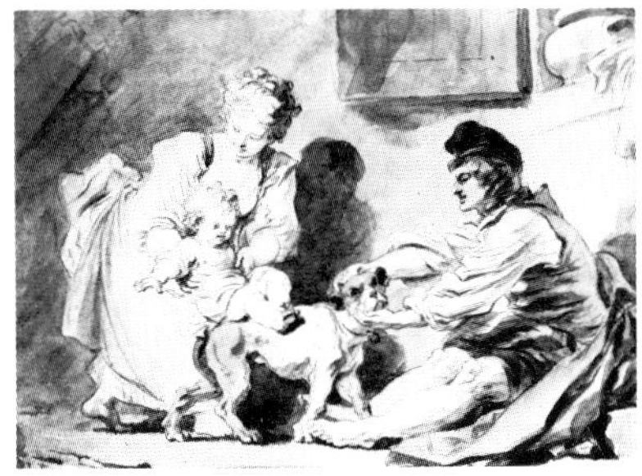

fig. 2. *Le première leçon d'équitation*, Varsovie, Musée National

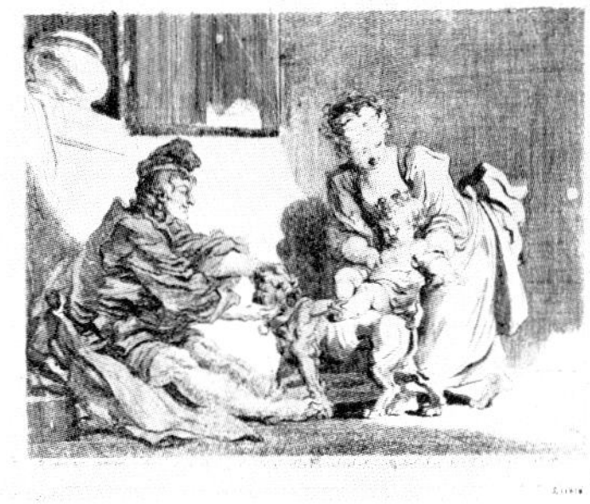

fig. 3. Marguerite Gérard d'après Fragonard, *La première leçon d'équitation*, Paris, Bibliothèque Nationale, Cabinet des estampes

Le sujet du dessin ne nécessite pas d'explication particulière. Contentons-nous de signaler que le bouledogue, avec son grelot, n'est pas unique dans l'œuvre de Fragonard — qui pourrait fort bien avoir été le propriétaire de l'animal — et que le curieux bonnet du jeune père ne l'est pas non plus. Le porte un des personnages de la gravure fort rare, intitulée sans grand souci de précision *Intérieur* (nº 242). Cette eau-forte, signée du seul Fragonard, est datée de 1778 *(cat. 242 fig. 1)*, ce qui nous paraît résoudre la question fort débattue de la date du dessin.

Plus peut-être que sur les autres feuilles de cette période de grande activité graphique, Fragonard emploie la pointe du pinceau pour marquer les volumes et cerner les visages. Avec succès, lorsqu'il s'agit de la mère et de son enfant, avec moins de bonheur pour le père au visage au rire quelque peu grimaçant.

Plus aussi qu'à son habitude, Fragonard résume sa composition et la simplifie : il élimine tout détail superflu pour se concentrer sur son sujet, faisant le meilleur usage du blanc du papier.

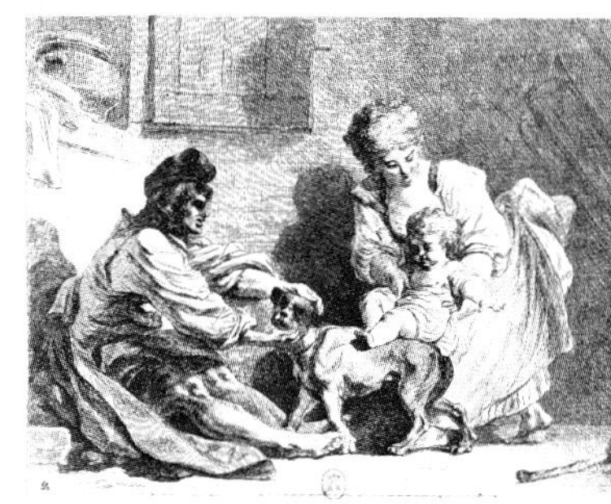

fig. 4. D. Vivant Denon d'après Fragonard, *La première leçon d'équitation*, Paris, Bibliothèque Nationale, Cabinet des estampes

## 244 «Mosieur Fanfan»

H. 260 (du cuivre), 232 (du trait carré) ; L. 192 (du cuivre), 178 (du trait carré)
Eau-forte

Paris, musée du Louvre, Cabinet des dessins, coll. Rothschild (à Paris, l'exemplaire reproduit)
New York, The Metropolitan Museum of Art (à New York ; *fig. 5)*

Il existe trois planches de cette composition : une première, connue en un état et en un exemplaire, a été publiée en 1971 par A. Ananoff *(fig. 1)*, une seconde, elle aussi connue en un état, annotée : « épreuve avant la lettre » (nous exposons l'exemplaire de la coll. Rothschild) et une troisième, dont Wildenstein, 1956, mentionne trois états *(fig. 2, 4* et *5* ; nous en connaissons un quatrième, *fig. 3* ; vente, Paris, 31 mai 1962, nº 341, ill.).

**Bibliographie**

Wildenstein, 1956, pp. 44-45, nºs XXIX et XXX (avec toutes les précisions sur les différents états, les ventes, les collections possédant l'eau-forte, la bibliographie antérieure et la liste des expositions) ;
Pognon et Bruand, IX, 1962, pp. 291-292, nºs 29-30 ;
Hébert, Pognon et Bruand, X, 1968, p. 108, nºs 5 et 6 ;
Ananoff, 1971, pp. 179-182.

**Œuvres en rapport**

Un tableau de ce sujet passe à la vente Leroy de Senneville, le 5 avril 1780, nº 54 : « un jeune enfant représenté debout en chemise tenant un polichinel *(sic)* avec lequel il paroit s'enfuir et deux petits chiens qui le suivent, cherchant à mordre une poupée qu'il tient sous son bras... » (W. 475, perdu ; voir aussi vente Reber, Bâle, 1809, nº 953).

Pour un dessin, que nous n'avons pas vu et sur lequel nous refusons de nous prononcer, voir A. 623 fig. 196.

Pour une miniature d'après la gravure, attribuée à Marguerite Gérard, voir vente, Paris, Palais Galliéra, 5 décembre 1975, nº 59, ill. *(fig. 6)*.

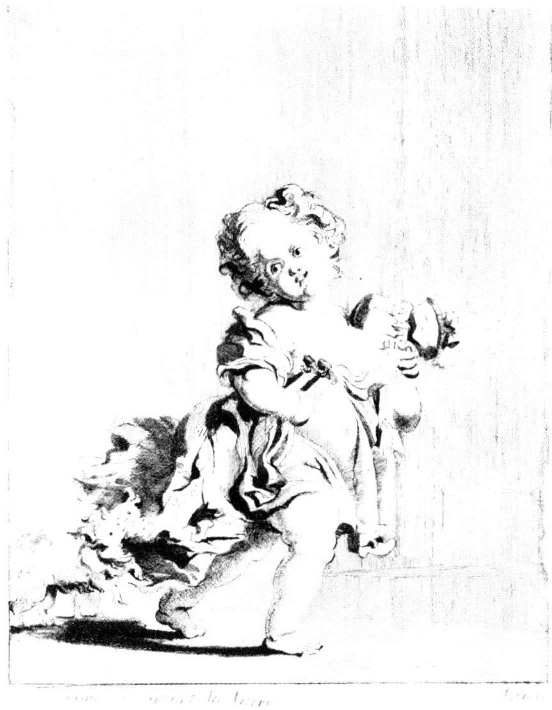

La planche a pour titre « Mosieur *(sic)* Fanfan jouant avec Monsieur Polichinelle et Compagnie ». On en a déduit et on a souvent répété qu'elle avait pour modèle Alexandre-Évariste, le fils de Fragonard, né à Grasse en 1780 (sur celui-ci, voir nº 296). Il n'en est rien. En effet, seuls les états les plus tardifs *(fig. 4* et *5)* de la dernière des trois planches portent une telle inscription. Mais surtout, plus de six mois *avant* la naissance d'Alexandre-Évariste, se vendait le tableau, hélas disparu, mais décrit avec précision dans le catalogue (voir rubrique *œuvres en rapport)*, qui, à coup sûr, inspira directement les différentes versions de l'eau-forte.

Sur la foi de l'âge du modèle (du pseudo-modèle, puisqu'il ne s'agit pas d'Alexandre-Évariste), qui paraît avoir deux ans, l'œuvre était généralement datée de 1782. Nous pensons que la planche a été réalisée en 1778, comme toutes celles que nous exposons (nos 239 à 242). Comme pour celles-ci, se pose la question de la part qui revient à Fragonard et de celle de sa belle-sœur. Si l'invention, la composition sont du premier, le rôle de la belle Marguerite dans la réalisation technique, dans l'exécution matérielle ne fut sans doute pas négligeable, ce que confirme la lettre des premiers états.

Reste à s'interroger sur les raisons qui amenèrent Fragonard, comme Marguerite Gérard, à renoncer définitivement à la pratique de la gravure après 1778.

La composition se veut attendrissante : un tout jeune enfant tente d'échapper à deux redoutables épagneuls qui lui disputent sa poupée. « Fanfan » semble prendre sa mésaventure en bonne part, d'autant plus que son polichinelle, qu'il serre fermement contre sa poitrine, semble à l'abri des convoitises des deux insupportables petits chiens.

Fragonard aborde avec une grande fraîcheur le thème de l'enfance, à la mode, à la suite de l'*Émile*, à la fin du XVIIIe siècle. Il entre sans difficulté dans la psychologie de son modèle qu'il décrit avec tendresse et sympathie. Traitée avec humour et délicatesse, l'œuvre fait sourire.

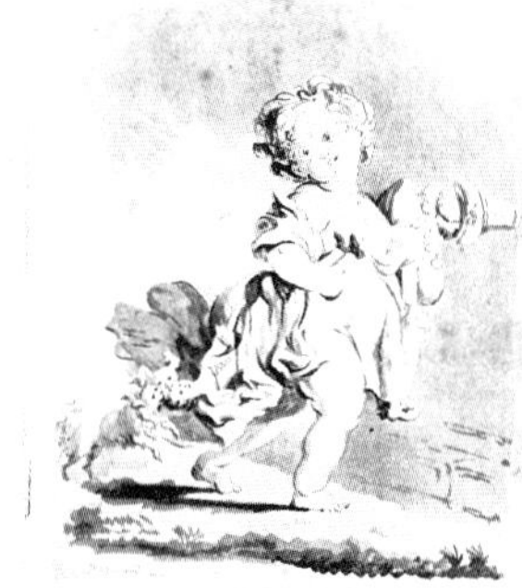

fig. 1. *Monsieur Fanfan* (1ère planche), (d'après Ananoff)

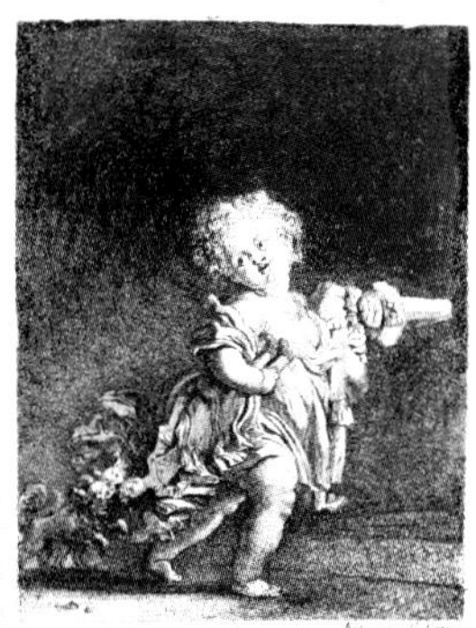

fig. 2. *Monsieur Fanfan* (3e planche, 1er état), Paris, musée du Louvre, Cabinet des dessins, coll. Rothschild

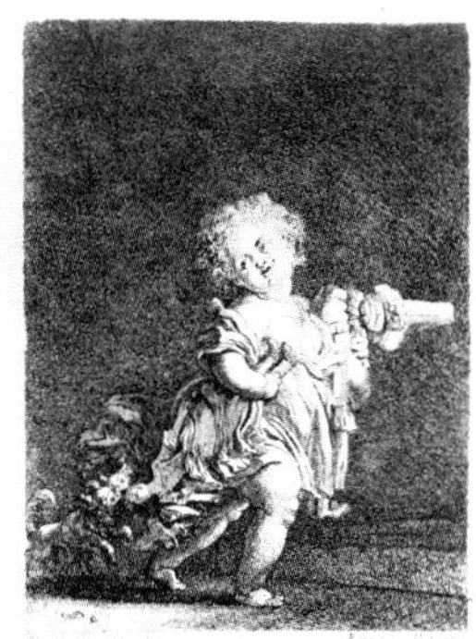

fig. 3. *Monsieur Fanfan* (3e planche, 2e état), localisation actuelle inconnue

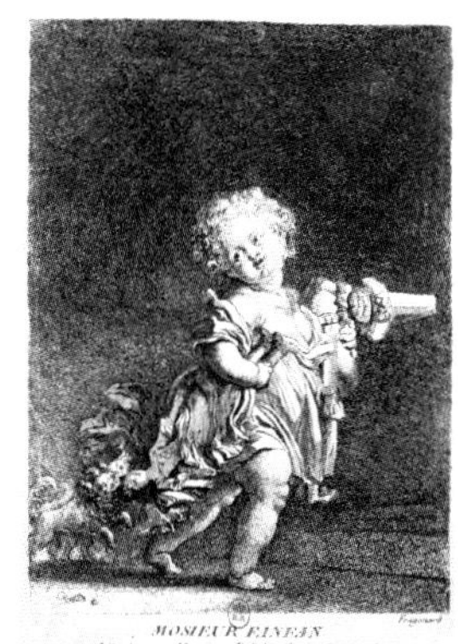

fig. 4. *Monsieur Fanfan* (3e planche, 3e état), Paris, Bibliothèque Nationale, Cabinet des estampes

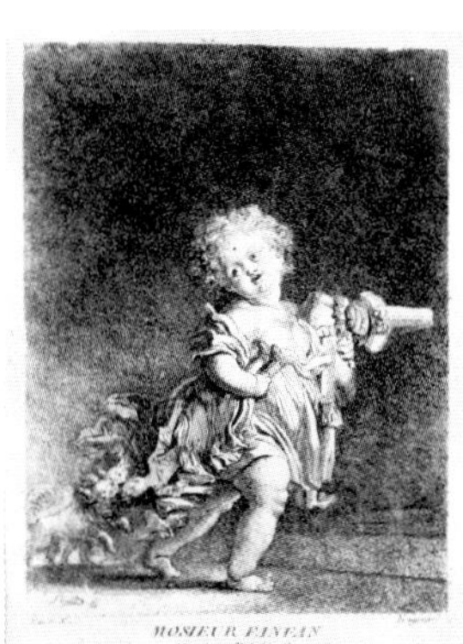

fig. 5. *Monsieur Fanfan* (3e planche, 4e état), New York, The Metropolitan Museum of Art

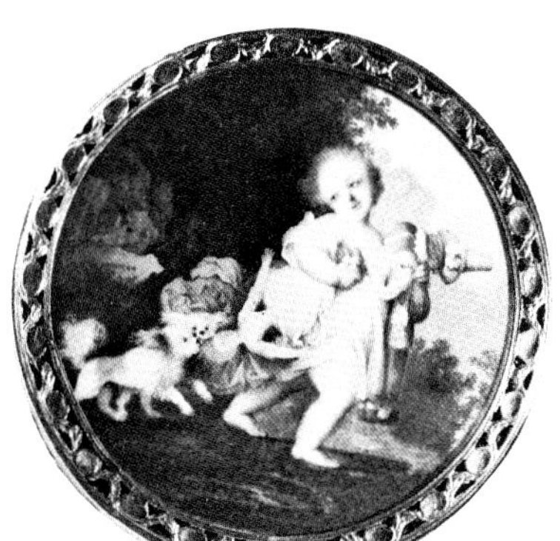

fig. 6. D'après Fragonard, *Monsieur Fanfan*, localisation actuelle inconnue

# 245 Jeune fille tenant dans ses bras une colombe

T. Ronde. Diamètre 65

Tel Aviv, collection privée

**Provenance**
« Il y a quinze ans », écrivait, le 29 janvier 1921, René Gimpel (éd. 1963, p. 182), « un chercheur passionné d'objets d'art, lisant le guide Baedeker, vit qu'à Saint-Brice, au nord de Saint-Denis, existait encore une maison de plaisance ayant appartenu à Mlle Colombe qui fut la maîtresse de Fragonard. Il s'y rendit et y trouva deux portraits de Mlle Colombe. Je les achetai avec lui. Ils sont aujourd'hui dans la collection du baron Edmond de Rothschild ». Coll. baron Edmond de Rothschild ; [Wildenstein] ; coll. privée, Israel.

André Vassal, le frère de Jean-Antoine Vassal de Saint-Hubert, avait fait construire pour sa maîtresse, Marie-Catherine Riggieri (1751-1830) une folie à Saint-Brice, sur une terre qu'il avait acquise en 1769. Elle la vendit avec son mobilier en 1805 au sieur Revenaz (Revenez, selon W.) qui la revendit au maire de Saint-Brice, M. de Guy ; son gendre, le colonel de Mondonville, en hérita. Le portrait se trouvait dans la chambre à coucher : « dans un panneau qui faisait face à la cheminée, on voyait encastrée dans la boiserie » la jeune fille tenant dans ses bras une colombe. « Au dessus de la cheminée, et faisant pendant au portrait de Marie-Catherine, on remarquait un portrait rond de sa sœur Adeline *(sic)* » (Stern, 1923 ; voir aussi pour les changements de propriétaire au XIXe siècle, W.).

**Expositions**
Paris, 1907, H. C. ;
Paris, 1946, n° 17.

**Bibliographie**
N. repr. entre p. 56 et 57 (« Mademoiselle Colombe ») ;
Dayot, 1907, ill. p. 151 ;
D. et V. pl. 90 ;
Stern, 1923, pp. 51-52, 59, 283, ill. en vis-à-vis de la p. XII ;
R. p. 177 ;
Andia, 1960, p. 23, ill. ;
Cailleux, 1960, pp. iii-v, p. ii fig. 1 ;
W. 411 fig. 170 ;
W. et M. 436 ill.

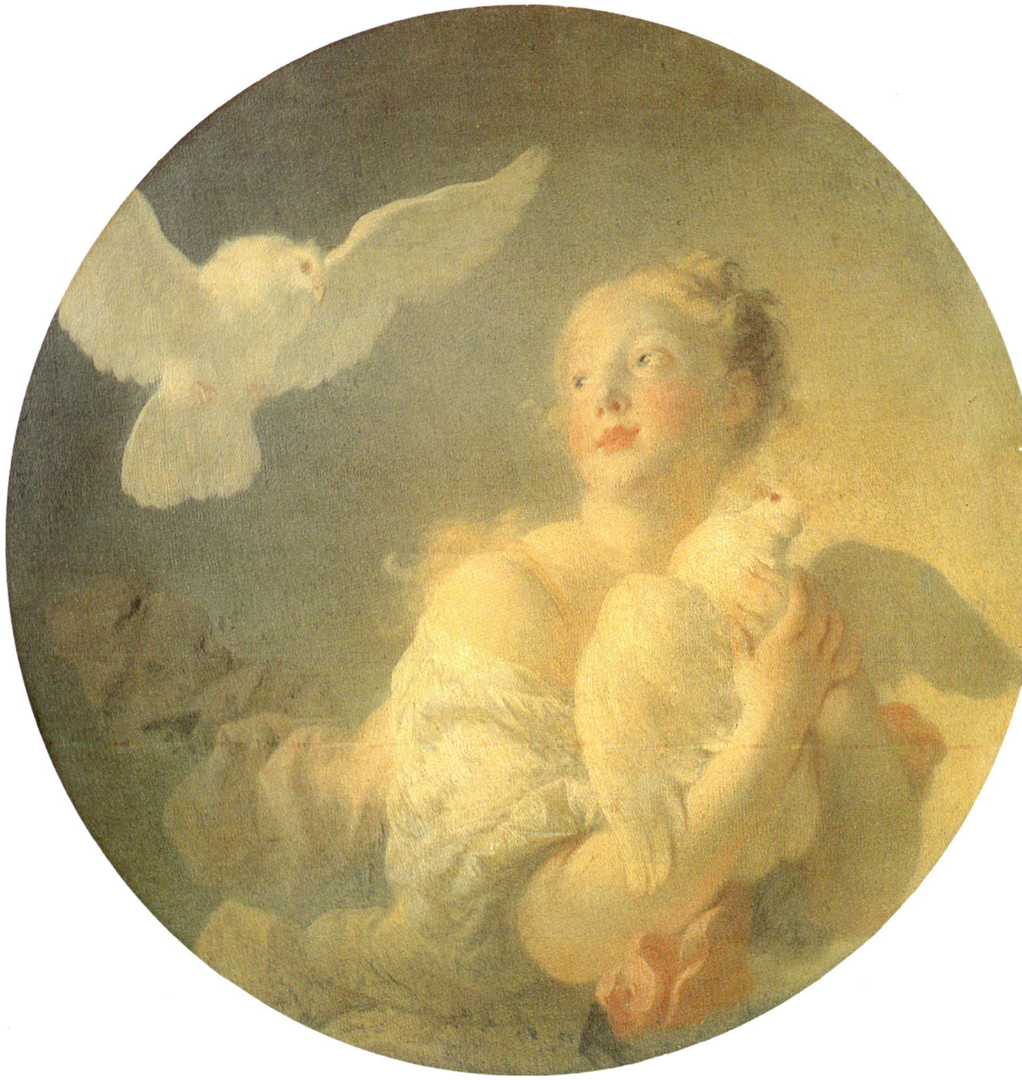

**Œuvres en rapport**
Réau puis W. et M. mentionnent une réplique autrefois dans la coll. Davies puis dans celle du County Museum of Art de Los Angeles. Il s'agit en fait du W. 416 fig. 175 (W. et M. 442 !), vendu le 21 juin 1982, n° 37 à Los Angeles, Sotheby's et à nouveau dans une coll. privée de Los Angeles. Si une œuvre de Fragonard peut être rapprochée du tableau que nous exposons ici, c'est le W. 420 fig. 179 aujourd'hui dans le commerce à New York *(fig. 1)*.

Pour un panneau attribué à Sauvage et provenant, sans doute, de Saint-Brice, voir cat. Béziers, 1976, p. 34, ill.

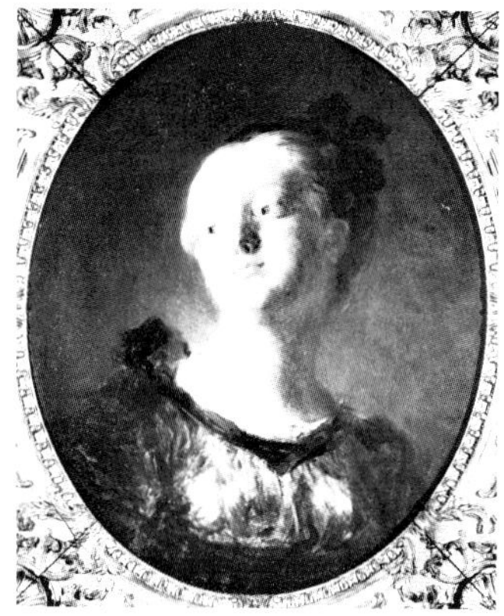

fig. 1. *Tête de jeune fille*, New York, commerce d'Art

Les deux tableaux sont admirables : ils passent pour représenter deux des sœurs Colombe et ceci pour une seule raison : ils furent retrouvés au début du siècle à Saint-Brice-la-Forêt, dans un pavillon proche de Paris, en lisière de la forêt de Montmorency, qui avait été donné par son amant, André Vassal, à l'aînée, des trois sœurs, Marie-Catherine (1751-1830) (voir rubrique *Provenance*).

Les sœurs Colombe, des actrices de la Comédie Italienne d'origine vénitienne, de leur vrai nom Riggieri-Romboccoli, défrayèrent la chronique de la seconde moitié du XVIIIe siècle. Marie-Thérèse (1754-1837) dite Marie-Thérèse Théodore ou encore Colombe l'aînée car elle fut la première à débuter sur les planches, serait (pour la majorité des auteurs) le modèle du second tableau (voir notice suivante). Quant à Marie-Madeleine (1760-1841), elle eut une vie aussi aventureuse que ses deux sœurs aînées (voir Stern, 1923). Les sœurs Colombe (du moins, certaines d'entre elles), passèrent sans raison pour les maîtresses de Fragonard : sans guère plus de raison, on a voulu reconnaître chacune des sœurs dans un grand nombre de tableaux de Fragonard (voir Cailleux, 1960). C'était méconnaître l'habitude de l'artiste (de bien des artistes !) de toujours peindre les mêmes types de visages. En réalité, on ignore tout sur les relations qui ont pu exister entre Fragonard et les sœurs Colombe : au XVIIIe siècle, leurs noms ne furent associés, à notre connaissance, qu'à une seule occasion. Métra, dans sa *Correspondance secrète*, à la date du 25 avril 1781 (XI, p. 221), rapporte cette anecdote aussi douteuse que peu claire dans sa conclusion : « Mlle Colombe (il s'agit de Marie-Thérèse), cette jolie actrice dont j'ai déjà eu plus d'une fois des aventures à vous raconter est tombée amoureuse du farceur Dugazon » (un acteur bien connu) « en lui voyant jouer le rôle comique du *Roi de Cocagne*. Le moyen qu'elle choisit pour lui faire une déclaration fut de lui envoyer son portrait. Elle demande un habile peintre : on lui indique M. Fragonard. Elle y court et le prie de rendre parfaitement ses traits. *J'en suis bien fâché, Mademoiselle*, lui dit l'artiste, *mais je ne peins que des histoires, de grands sujets, — Et bien, Monsieur, commençons toujours : quelqu'autre fera le reste* ».

En dépit des colombes, l'oiseau de Vénus, nous préférons voir dans cette œuvre plutôt qu'un portrait ressemblant de l'actrice, une œuvre d'imagination. La jeune fille tient dans ses bras une colombe et en regarde une autre qui volette. Fragonard joue souverainement de l'accord des blancs des plumes des oiseaux, de la chemise du modèle, avec les roses de ses joues, de ses lèvres, d'une draperie, des pattes, des becs et des yeux des colombes. La chaude lumière du soleil enveloppe la scène toute en courbes, parfaitement inscrite dans le rond de la composition. Les battements des ailes des colombes, l'expression heureuse de la jeune fille, la grâce de son geste, placent l'œuvre parmi les plus parfaites réussites de Fragonard.

## 246 Jeune fille tenant dans ses bras un chat et un chien

T. Ronde. Diamètre 65

Tel Aviv, collection privée

**Provenance**
Voir la notice précédente.

**Expositions**
Paris, 1907, H. C. ;
Paris, 1946, n° 16.

**Bibliographie**
N. repr. entre p. 112 et 113 (« Portrait de jeune fille ») ;
Dayot, 1907, ill. p. 151 ;
D. et V. pl. 92 ;
Stern, 1923, pp. 52, 167, 168, 288-289 ;
R. p. 177 ;
Andia, 1960, p. 23, ill. ;
Cailleux, 1960, pp. iii-v, p. ii fig. 2 ;
W. 410 fig. 169 ;
W. et M. 435 ill.

**Œuvre en rapport**
Pour le pendant, voir la notice précédente.

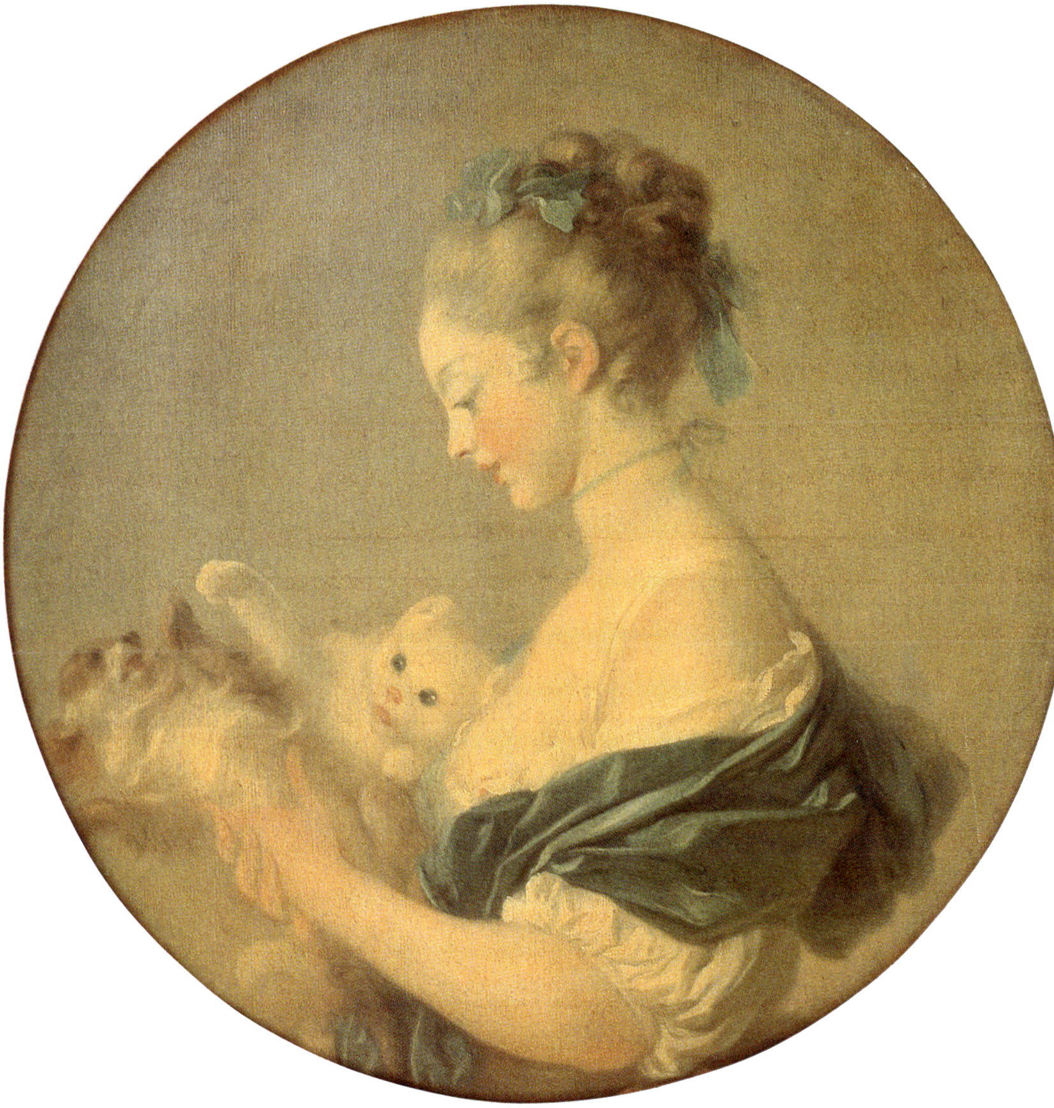

Le tableau passe pour représenter une des sœurs Colombe, Marie-Thérèse (1754-1837) pour quelques auteurs (Cailleux, 1960), Marie-Madeleine (1760-1841), la cadette, pour la majorité. Nous avons donné plus haut nos raisons pour y voir non pas un portrait, mais une œuvre de fantaisie.

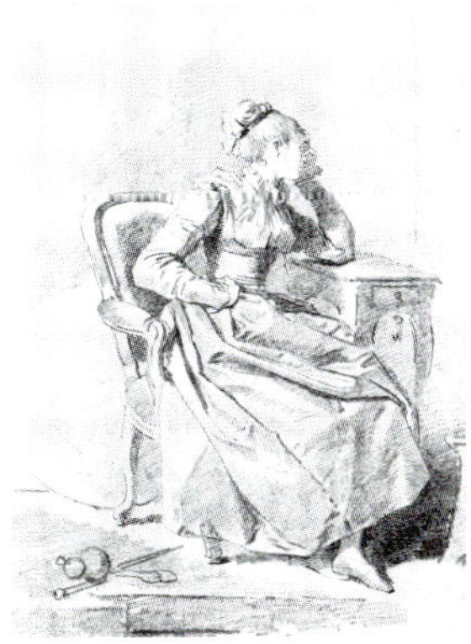

fig. 1. *Jeune fille accoudée à une table à ouvrage*, Paris, coll. privée

A la gamme des blancs et des roses de l'œuvre précédente, Fragonard oppose un accord de bleus et de blancs : un ruban bleu retient la chevelure poudrée de la jeune fille, un simple fil bleu lui serre le cou qu'il met admirablement en valeur, elle est drapée de bleu, même le chat blanc, qui donne un coup de griffe au jeune chien, a les yeux bleus vifs.

La date des deux tableaux pose problème. Grâce à un dessin, nous pouvons proposer une réponse. A l'arrière-plan d'une belle sanguine *(fig. 1)* récemment passée en vente à Paris (29 novembre 1985, n° 60, ill. en couleurs en couverture du cat.), montrant une jeune fille accoudée à une table à ouvrage, se voit un tableau rond. Posé sur le sol, sans cadre, il copie, sommairement mais indiscutablement, notre jeune fille tenant dans ses bras un chien et un chat. Ce dessin passe pour représenter Marguerite Gérard (née en 1761), et peut être daté, par son style, entre 1775 et 1780. La douceur des couleurs qui imitent les teintes du pastel, une matière plus fondue, un coup de pinceau moins apparent, nous incitent à proposer une datation comparable.

La jeune fille est vue de profil : elle paraît prendre quelque plaisir à la bataille entre les deux jeunes animaux qu'elle tient à distance.

# 247 Le baiser

H. 453 ; L. 310
Lavis de bistre sur préparation à la pierre noire

Vienne, Graphische Sammlung Albertina

**Provenance**
Coll. Albert, duc de Saxe-Teschen (sa marque, Lugt 174, en bas à gauche) ; fonds primitif de l'Albertina ; Inv. 12.726.

**Expositions**
Paris, 1931, nº 11 ;
Vienne, 1950, nº 127 ;
Berne, 1954, nº 98.

**Bibliographie**
Meder, 1922, pl. 22 ;
Leporini, 1925, pl. I ;
Fosca, 1954, p. 61, pl. 27 ;
R. p. 192, 198 et 261 fig. 135 ;
A. 449 fig. 372 ;
Thuillier, 1967, pl. couleurs p. 130 ;
Bacou, 1971, pl. XXVII couleurs (éd. française, 1976).

**Œuvres en rapport**
Pour une autre version de ce dessin, reproduite par D. et V. pl. 173, qui serait datée de 1767, voir A. 2455 (et aussi A. 2456, autrefois dans la coll. du Dr. Tuffier *(fig. 1)*.

Pour la gravure de Jean Philippe Guy Le Gentil, comte de Paroy *(fig. 2)*, un « graveur amateur » associé libre à l'Académie le 3 septembre 1785 (*Procès-Verbaux*, IX, p. 255), voir Portalis et Béraldi, 1882, III, p. 276, P. p. 331 qui la reproduit p. 224, Delteil, 1910, pp. 234-235 et Bellier et Auvray, II, p. 206.

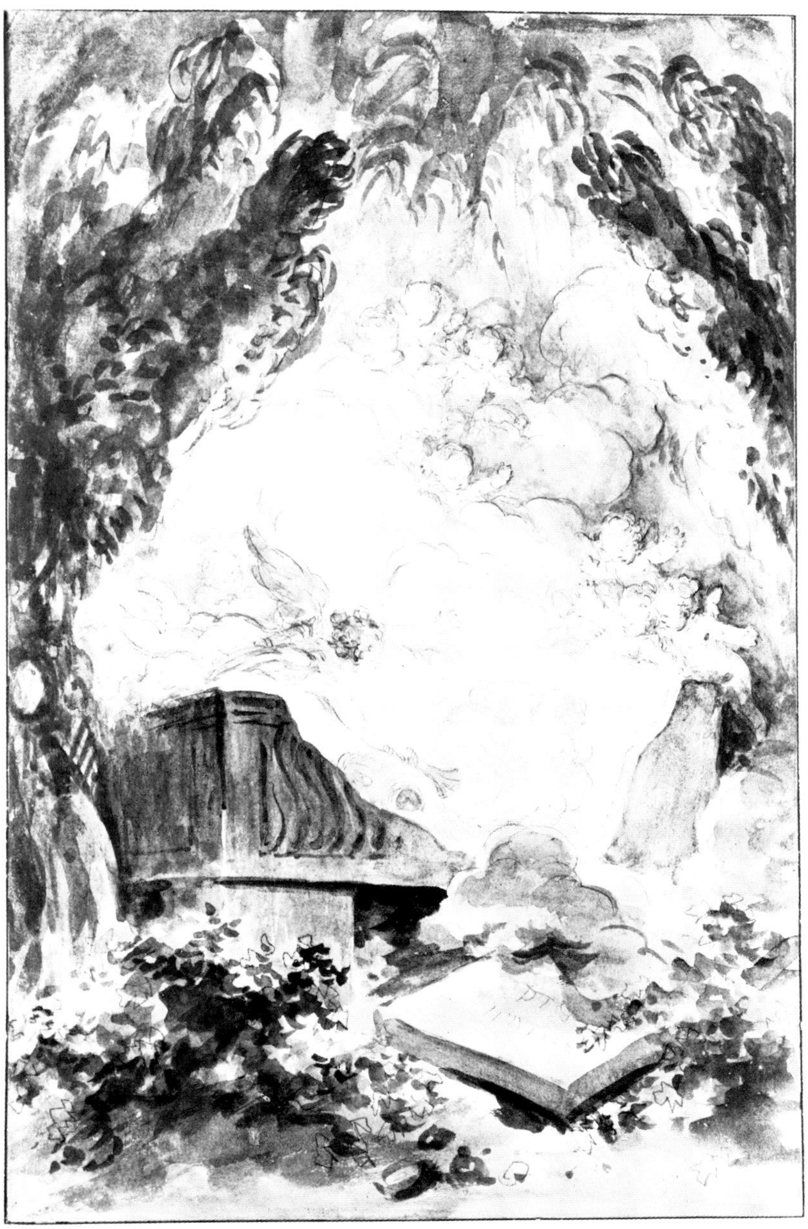

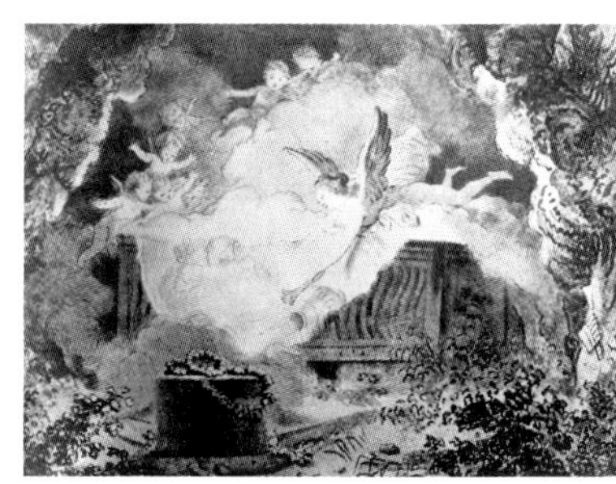

fig. 1. *Le baiser*,
localisation actuelle inconnue
(d'après D. et V.)

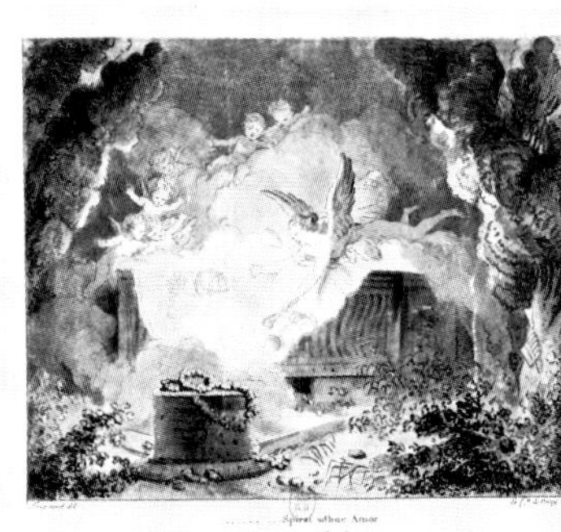

fig. 2. Comte de Paroy d'après Fragonard,
*Le baiser*,
Paris, Bibliothèque Nationale,
Cabinet des estampes

« Spirat adhuc Amor, vivunt commissi calores » (Il respire encore, l'amour, elles sont vivantes, les ardeurs...). Le vers d'Horace (Livre IV, ode IX, vers 10-11) accompagne la gravure du comte de Paroy (1750-1824) d'après une version en largeur de la composition.

L'amour plonge son flambeau dans les restes d'un sarcophage antique. Des cendres de l'urne funèbre renaît le couple qui s'enlace. Émerveillés, des amours contemplent le spectacle. De grands arbres touffus, éclairés par la lumière de la torche, enveloppent la scène de mystère.

Fragonard aborde le « thème éternel du lit et de la tombe, de la mort et de l'amour ». Il le traite avec sensualité, mais aussi avec une gravité et une émotion auxquelles l'artiste ne nous avait pas habitué.

Admirable fusion de l'imaginaire, du rêve et du morbide, le dessin de Vienne évoque les noms de Goya, de Füssli et de leurs plus audacieux contemporains que, parfois, Fragonard semble annoncer.

# 248 Jeune fille consultant un devin

H. 405 ; L. 530
Lavis de bistre sur préparation à la pierre noire

Paris, musée Marmottan

**Provenance**
Coll. M. [de Bièvres], sa vente, 10 mars 1790, n° 27 : « deux autres, une étude de saint Jérôme et une Jeune fille consultant un Nécromancien » ; vente anonyme, 26-27 novembre 1793, n° 28 : « la Bonne Aventure et St. Jérôme... » (le *Saint Jérôme* pourrait se confondre avec A. 457 fig. 161 ou avec A. 1082, récemment passé en vente à Paris, 14 avril 1986, n° 54, ill.). Coll. François-Martial Marcille, sa vente après décès, 4-7 mars 1857, n° 63 : « L'Horoscope » (83 francs) ; coll. M. E. N.[orblin], sa vente, 16-17 mars 1860, n° 57 (acheté pour 42 francs selon Lejeune, 1863, p. 297, par Gigoux) ; en 1889 chez Eudoxe Marcille, selon P. (confond sans doute le père et le fils) ; coll. Georges de Bellio (1828-1894) ; coll. de son gendre, Ernest Donop de Monchy (n° 199 du cat. ms. de cette coll. établi avant 1897) ; léguée en 1957 à l'Académie des Beaux-Arts par Mme Victorine Donop de Monchy, fille de Georges de Bellio.

**Exposition**
Tokyo, 1980, n° 119, ill.

**Bibliographie**
P. p. 305 (?) ;
Cat. Marmottan, 1965, p. 15, n° 726 ;
Niculescu, 1970, p. 72 ;
Cannon-Brookes, 1980, p. 471 fig. 2.

**Œuvres en rapport**
Deux versions de ce dessin sont cataloguées par Ananoff (A. 35 fig. 78 et A. 1980 fig. 538 ; voir aussi A. 1324). Nous nous refusons de nous prononcer sur ces deux dessins.

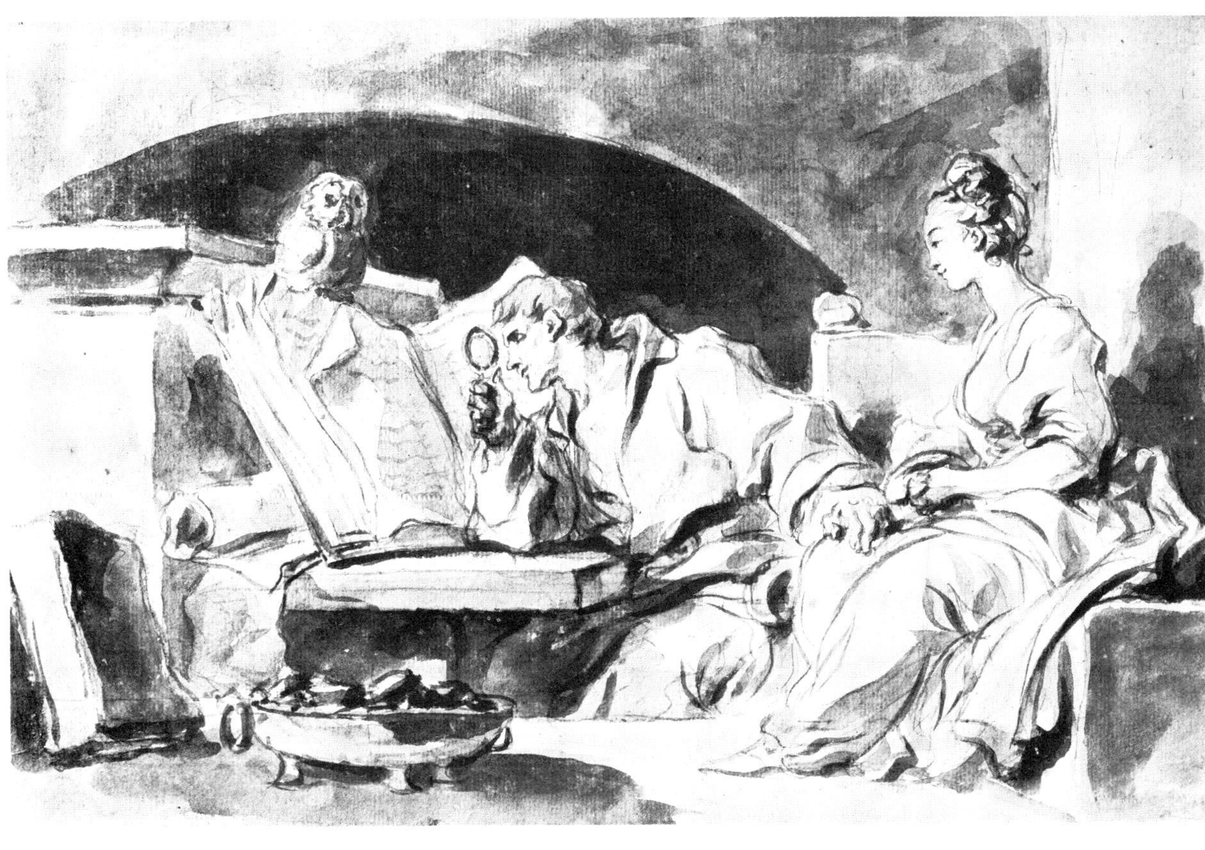

Une chouette est juchée sur un grimoire qu'un nécromancien consulte à l'aide de sa loupe. Le jeune homme pose négligemment sa main sur le genou de la jeune fille venue le consulter. Le visage de la jeune fille, à la fois rêveur et attentif, paraît avant tout désireux de connaître la réponse du devin.

Fragonard traite le sujet avec son habituel humour. Il ne force pas le trait, il ne critique pas, il ne condamne pas, il veut amuser et faire sourire.

L'originalité de la composition du dessin mérite d'être soulignée : le jeu des courbes et des droites rythme la feuille, le lavis lui donne sa profondeur. Tout concourt à attirer notre regard sur la chouette qui se détache devant le berceau d'une voûte obscure et sur la main vagabonde.

# 249 La mort d'un ermite

Paris

H. 339 ; L. 448
Lavis de bistre sur préparation à la pierre noire

Vienne, Graphische Sammlung Albertina

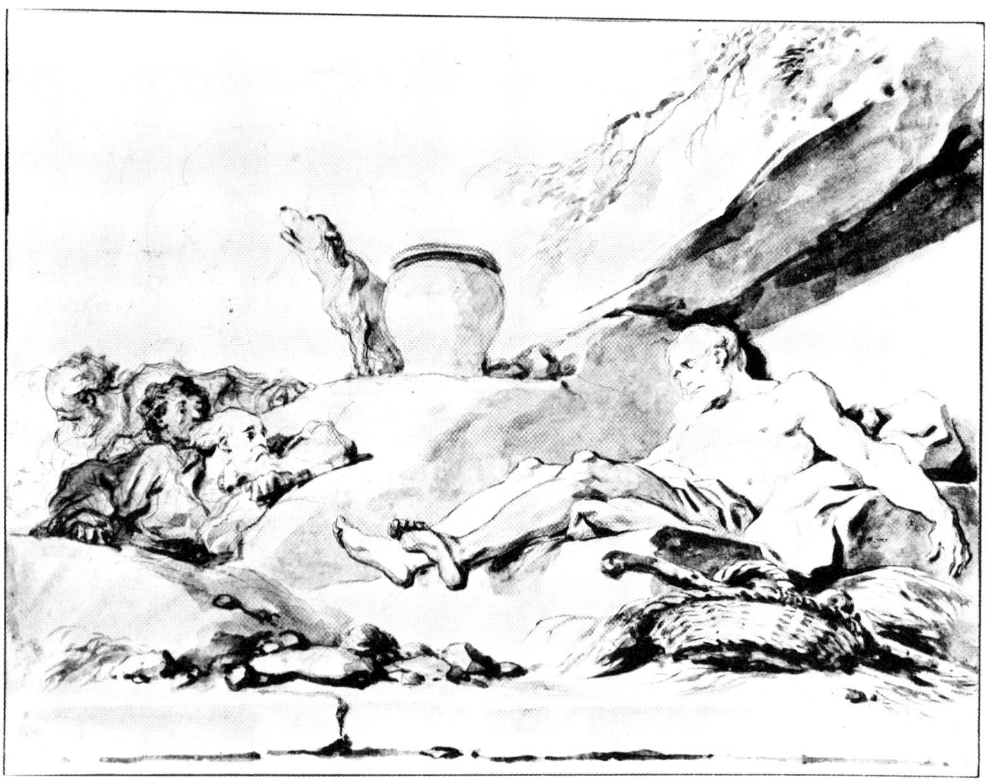

**Provenance**
Coll. Albert, duc de Saxe-Teschen (1738-1822) ; coll. de l'Albertina depuis sa fondation (marque, Lugt 174, en bas à gauche).
Deux mentions de vente du XVIII$^{e}$ siècle ne nous paraissent pas pouvoir se rapporter au dessin de Vienne (vente Le Brun, 23 décembre 1771-7 janvier 1772, n$^{o}$ 377 : « la Mort d'un Hermite... » (sans doute A. 459) et vente M. [de Bièvres], 10 mars 1790, n$^{o}$ 31 : « ...un sujet de Diogène, une composition d'après le Calabrese »). Inv. 12.730.

**Exposition**
Berne, 1954, n$^{o}$ 129.

**Bibliographie**
A. 2485 fig. 618.

L'identité de l'ermite n'est pas évidente : selon Jennifer Montagu, il pourrait s'agir de Diogène qui s'était laissé mourir en arrêtant volontairement sa respiration et fut découvert par ses amis. Il est souvent représenté une jarre à ses côtés et accompagné d'un chien qui, ici, hurle à la mort.

Les ermites sont abondants dans l'œuvre de Fragonard qui a aimé décrire leurs corps décharnés (et pas seulement celui des jolies femmes !) : plusieurs sont cités dans diverses ventes du XVIII$^{e}$ siècle (dont la vente Mariette) et plusieurs aujourd'hui connus. Celui de Vienne est sans conteste le plus beau, le plus étrange aussi par l'étonnante mise en page de la composition — on est tenté d'écrire mise en scène. Le philosophe gît abandonné dans un paysage de grands rochers : devant lui, au premier plan, son bâton et une corbeille d'osier et sur la gauche des vieillards dont deux, fascinés, méditent sur le spectacle.

Le dessin de Vienne est tardif, postérieur au second voyage. Il peut à notre avis être daté entre 1775-1780.

# 250 L'attaque

Paris

H. 343 ; L. 460
Lavis de bistre sur préparation à la pierre noire
En bas à gauche, annotation à la plume : « E. Le Sueur »

Moscou, musée Pouchkine

**Provenance**
Fonds d'État des musées ; musée des Beaux-Arts de Moscou depuis 1925 ; Inv. 5636.

**Expositions**
Moscou, 1927, nº 60 ;
Moscou, 1955, p. 85 ;
Leningrad, 1956, p. 98 ;
Moscou, 1959, p. 8 et 39 ;
Moscou-Leningrad, 1966, n. p. [p. 68], ill.

**Bibliographie**
Sidoroff, 1929-30, I, p. 224, ill. ;
Sidoroff, 1940, pp. 120-121, ill. ;
A. 1978 fig. 537 ;
Cat. dessins français du musée Pouchkine, 1977, nº 158, ill. en couleurs.

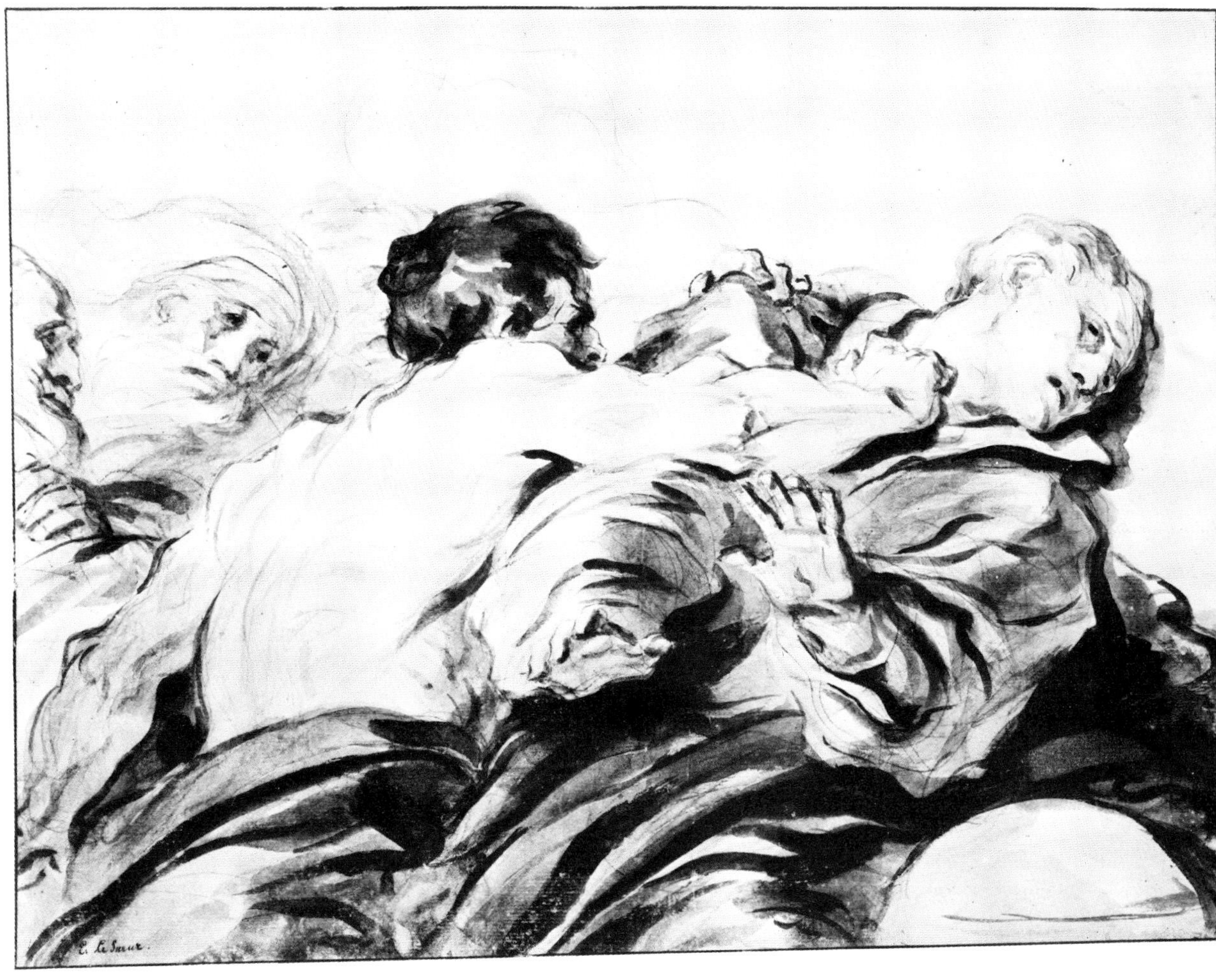


Le dessin est exceptionnel : sous les yeux de trois vieillards — les habituels vieillards barbus et chevelus de Fragonard — un homme, torse nu, frappe au menton, de son poing droit, un jeune homme qui vacille sous le coup.

Ce qui attire Fragonard dans de telles scènes, n'est pas tant leur violence, mais leur rapidité. Comment saisir le geste sans le figer, comment le transcrire sans l'arrêter, comment décrire le mouvement. A son tour, Fragonard tente d'apporter une réponse à un problème qui a de tout temps fasciné les artistes.

Une question de détail : à qui appartient la main qui se voit sur l'épaule droite de la victime ?

# 251 Prêtre poignardant une jeune femme sur un autel

H. 337 ; L. 470
Lavis de bistre sur préparation à la pierre noire
Annotation, en bas à gauche, à la pierre noire, reprise à la plume : « fragonard fecit »

Montpellier, musée de la Faculté de Médecine, collection Atger

**Provenance**
A été monté au XVIII$^{e}$ siècle (porte, sur le montage, la marque sèche ARD, Lugt 172). Vente anonyme, 13-14 octobre 1828, n$^{o}$ 134 : « le sacrifice d'Iphigénie » (?). Donné par Xavier Atger (1758-1833, sa marque, Lugt 38, en bas au centre) en 1829 ; Inv. 145.

**Expositions**
Berne, 1954, n$^{o}$ 130 ;
Paris, 1974-75, n$^{o}$ 44, pl. XVII.

**Bibliographie**
Cat. Atger, 1830, n$^{o}$ 145 (« dessin plein d'expression et de force fait au pinceau et au bistre ») ;
P. p. 315 ;
Saunier, 1922, p. 164 ;
Fosca, 1954, p. XXII, 58 et pl. 20 ;
Claparède, 1955, pl. XIX et XX ;
R. p. 192 ;
A. 1681 fig. 431 ;
Wilson, 1981, p. 149 fig. 42.

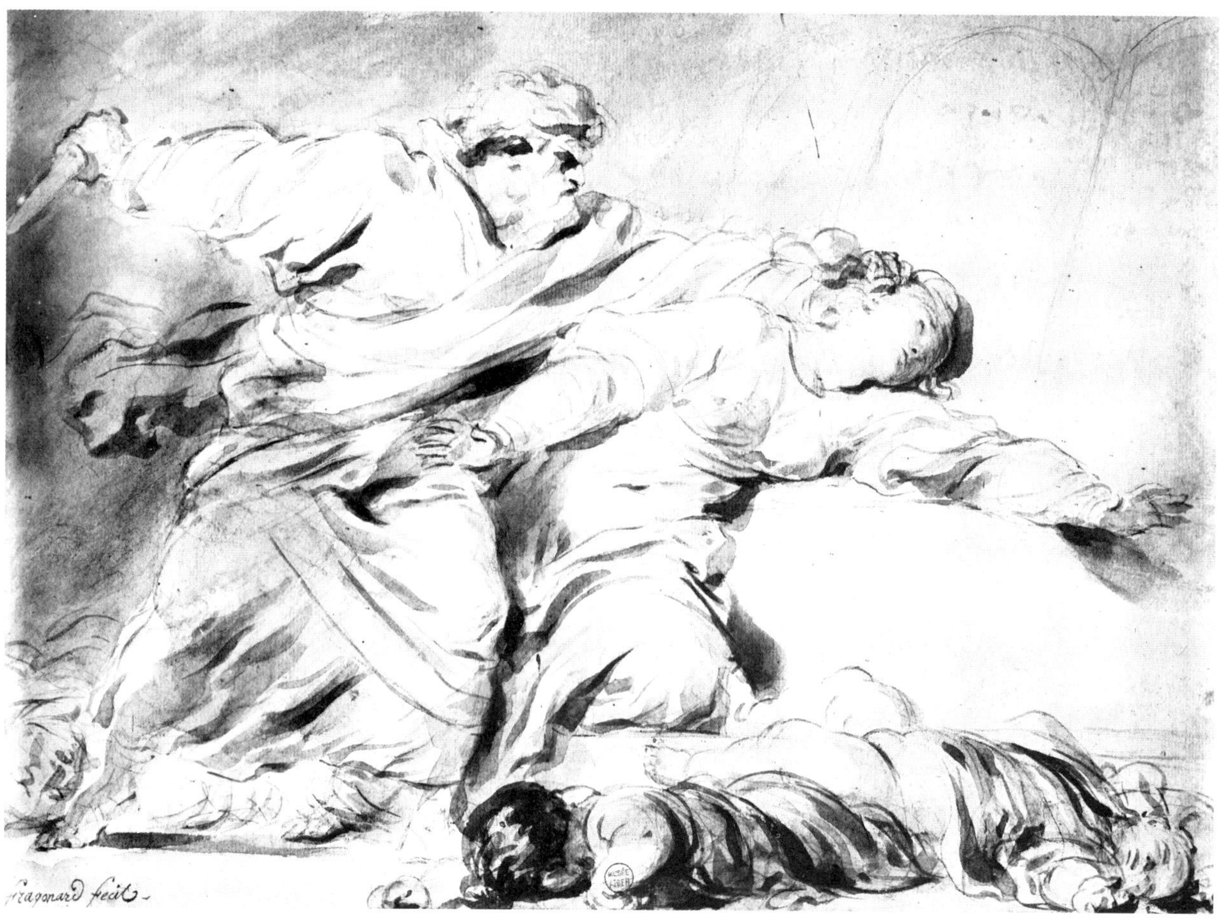

Le sujet du dessin reste mystérieux et Atger fut sage, en tout cas prudent, qui l'intitulait « sujet inconnu ». Il ne peut représenter le *Sacrifice d'Abraham* (Portalis) en dépit des Tables de Loi, ni celui d'*Iphigénie* (Saunier, Réau, Ananoff), pas plus celui de *Jephté* (Ananoff), encore moins un *Massacre des Innocents* (Fosca).

Un prêtre (?) s'apprête à égorger sur un autel une jeune femme qu'il tient vigoureusement par les cheveux. Au sol reposent les cadavres de deux bébés et d'un homme.

Le dessin ne peut être antérieur à 1767 (Wilson) et paraît sensiblement plus tardif, tant la maîtrise du lavis est évidente, tant la composition en frise est déjà d'un sentiment néoclassique. Il vaut par sa vitalité, sa violence. La grande diagonale, qui va du poignard à la main ouverte de la victime, les expressions des visages placés en pleine lumière, le mouvement pivotant quasiment cinématographique, donnent à l'œuvre un caractère exceptionnel que l'étrange effet de gros plan accentue.

# 252 Un dieu fleuve

H. 320 ; L. 220
Lavis de bistre sur préparation à la pierre noire
En bas à gauche, à la plume, d'une encre plus sombre : « Par h. fragonard »

Paris, collection privée

**Provenance**
Ancienne coll. Sir Robert Abdy.

**Bibliographie**
Inédit.

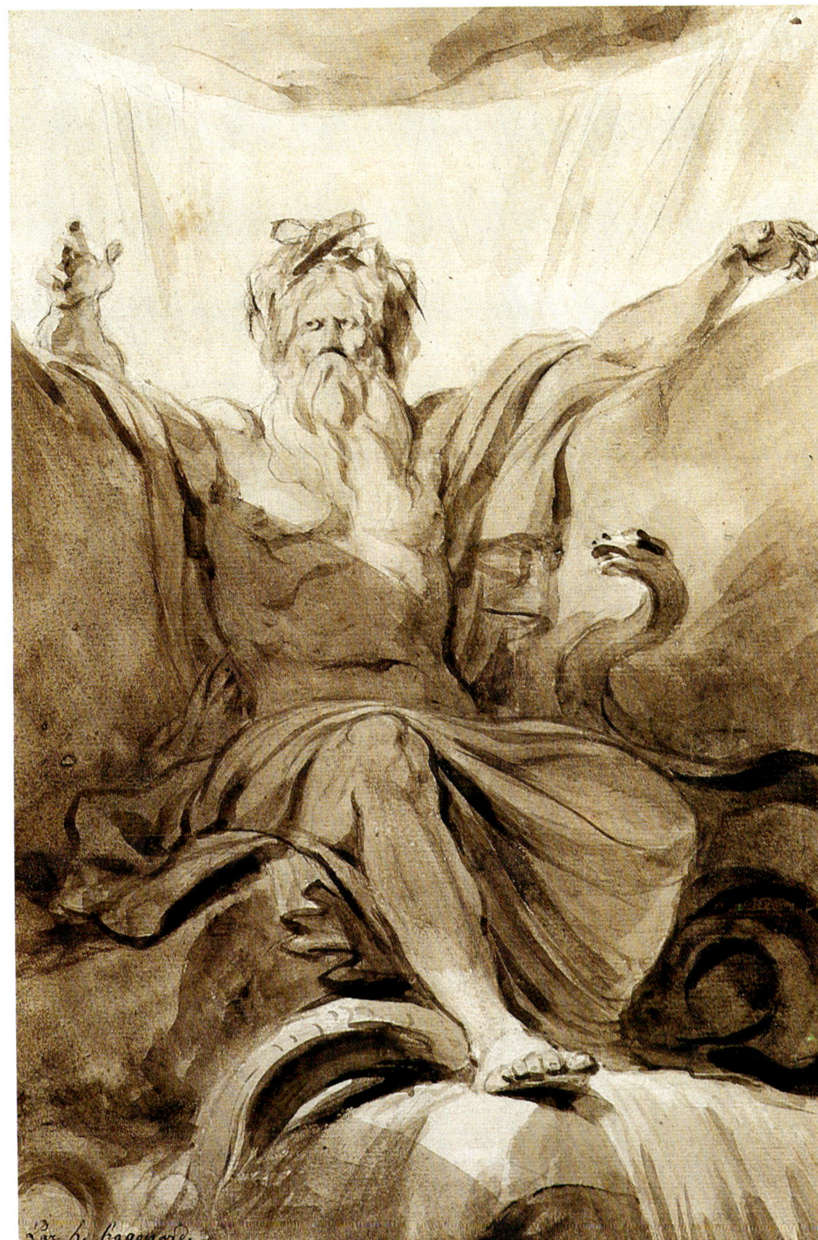


Fragonard a aimé dessiner les divinités fluviales : un « fleuve » figurait à la vente de Bièvres le 10 mars 1790 (partie du lot 23) et plusieurs sont reproduits par Ananoff (390 pl. D. ; 391 fig. 141 ; 392 fig. 142).

Le plus inquiétant, le plus grandiose (le plus tardif en date aussi) est celui que nous avons retenu pour l'exposition. Le dieu, assis sur un rocher, paraît sortir de l'onde et comme vouloir bénir. Une lumière vive éclaire son visage majestueux et grave, son torse, sa jambe droite. Un serpent qui se déroule à ses pieds le regarde. De conception déjà romantique, ce dessin qui évoque Romney, est d'un grand pouvoir évocateur et vient rappeler l'importance et la présence de l'élément aquatique dans l'œuvre de Fragonard.

# 253 Le songe de Plutarque

Paris

H. 351 ; L. 489
Lavis de bistre sur préparation à la pierre noire

Paris, collection privée

**Provenance**
Vente [Chabot et duc de la Mure ou Desmarets], 17-22 décembre 1787, n° 168 : « une Figure de vieillard entouré de tous les accessoires d'un savant et dont le sujet ingénieux paraît indiquer une vision allégorique dont nous ne pouvons rendre plus de compte » ( ? ; 74 livres à Paillet). Coll. Dr. G., sa vente après décès, 15-17 mai 1883, n° 76 : « un historien de l'antiquité » (25 francs à M. André) ; coll. Charles André, sa vente après décès, 18-19 mai 1914, n° 51, ill. (à Léo Dalligny) ; coll. Mme Fernand Halphen en 1931 et en 1951.

**Expositions**
Paris, 1931, n° 9 ;
Paris, Cailleux, 1951, n° 36.

**Bibliographie**
R. p. 195 ;
A. 453 fig. 154 ;
Roland Michel, 1961, p. iii fig. 4.

**Œuvres en rapport**
Pour une étude, voir notice suivante.

Le musée de Rouen *(fig. 1)* conserve un tableau de même sujet plus petit que le dessin (bois H. 24,3 ; L. 31,5 ; W. 85 fig. 62, cat. exp. Tokyo, 1980, n° 20, pl. en couleurs) qui a malheureusement beaucoup souffert. Il provient de la coll. du peintre Jean-Baptiste Descamps (1742-1836), dit Descamps fils, premier conservateur du musée en 1806. Il est catalogué par Descamps dès 1809 (cat. du musée, n° 195).

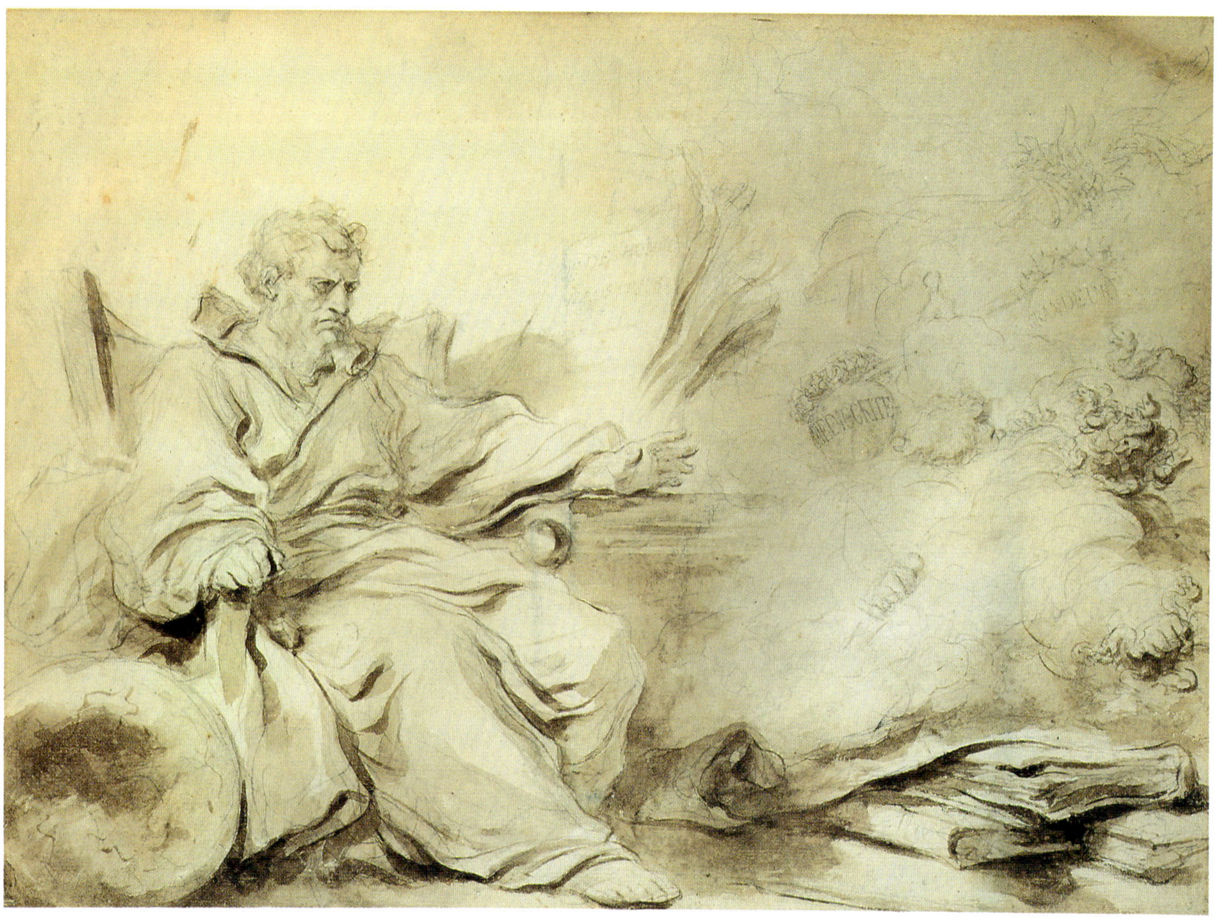

Le dessin provient-il de la vente Chabot de 1787 comme il est toujours répété ? Nous en doutons car le rédacteur du catalogue n'aurait pas manqué de noter l'indication en lettres capitales qui se lit sur le grand livre et permet aisément d'identifier le sujet, *Vie des Hommes Illustres* : nous sommes en présence de Plutarque qui assiste en philosophe à la victoire de la *Médiocrité* sur la *Grandeur* (toujours en lettres capitales).

L'intéressant est qu'il existe un tableau d'un sujet très voisin entré au musée de Rouen *(fig. 1)* avec la collection de son premier conservateur, le peintre Jean-Baptiste Descamps. Le tableau, sur bois, a trop souffert du bitume pour être exposé. Mais la notice sur l'œuvre de sa collection, écrite en 1809 par Descamps, nous instruit sur les intentions de Fragonard : « le sujet de ce petit tableau donne une idée du caractère du peintre », écrit-il tout d'abord, avant de le décrire longuement : « ...un fléau... qui a chaque extrémité...porte une boule ; on lit sur la plus élevée *grandeur* ; elle est couronnée d'épines ; la couronne de l'immortalité l'attend dans le ciel, sur la plus basse est écrit *médiocrité* ;

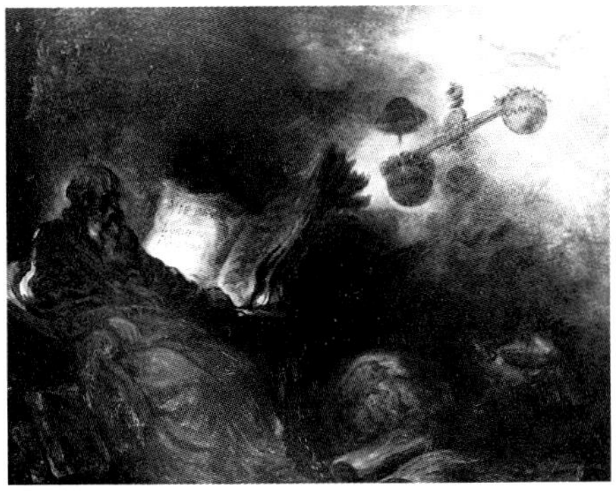

Fig. 1. *Le songe de Plutarque*,
Rouen, musée des Beaux-Arts

elle est couronnée de roses et surmontée du chapeau de la liberté » (!). La suite de la notice de Descamps mérite d'être citée intégralement : « l'artiste termine son rêve par comparer sur la terre les hommes à des reptiles qui déposent leur venin dans un vase sur le feu ; il prétend que lorsque cette mixtion a acquis un certain degré de chaleur, elle s'évapore et trouble le globe ».

Descamps ajoute : « ce petit tableau est traité dans la manière de Rambrandt *(sic)* pour l'effet. On y trouve une tête échauffée jusqu'à l'enthousiasme, une touche pâteuse et fondue, et cette magie du clair-obscur qui caractérisent le pinceau de ce peintre original dans son genre ».

Écrite quelques mois après la mort de Fragonard par un artiste qui l'avait très vraisemblablement connu, cette notice s'applique tout aussi bien au dessin que nous exposons, exécuté, comme l'a démontré avec pertinence Marianne Roland Michel (1961), en 1778-80. Il ne faut donc pas voir dans le tableau et son dessin des pamphlets antirévolutionnaires. Les deux œuvres nous éclairent cependant sur les conceptions philosophiques du peintre (pour autant que nous puissions faire confiance à Descamps), sur son élitisme et son pessimisme profond.

Qui aurait pu imaginer en Fragonard, peintre de la joie, de l'exubérance et de l'élan vital, un sceptique, un misanthrope ?

## 254 Étude pour Plutarque

H. 325 ; L. 330
Lavis d'encre de Chine sur préparation à la pierre noire
Certains traits de plume, autour de la main gauche par exemple, semblent être le fait d'une adjonction plus tardive

Tournus, musée Greuze

**Provenance**
Acquis par la Société des Amis des Arts de Tournus à une « vente Tinardon » (que nous n'avons pu retrouver), à Paris, en 1897 (selon le cat. du musée Greuze de 1910, et non en 1927, Martin et Masson, [1907]).

**Bibliographie**
Martin et Masson, [1907], n° 14 ;
Cat. musée Greuze [Jean Martin], 1910, n° 28 ;
Rosenberg, dans cat. exp. *David à Delacroix*, 1974-75, p. 457.

**Œuvres en rapport**
Voir la notice précédente.

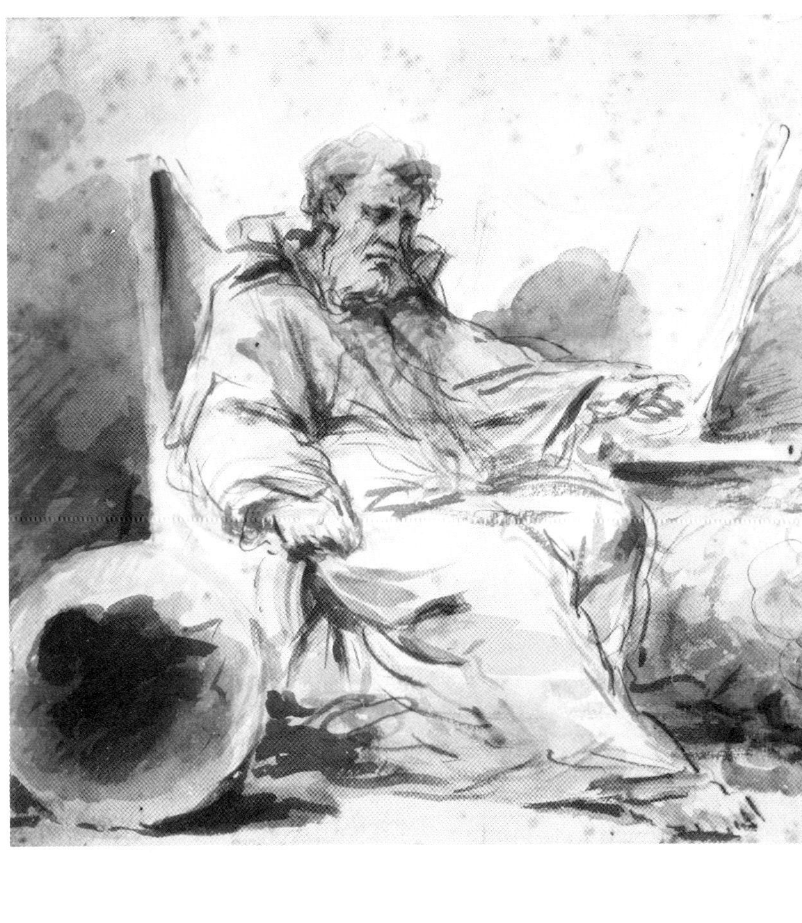

Le dessin, qui a souffert et a peut-être été trop « restauré » au XIXe siècle, a toujours été attribué à Greuze et rapproché du *Donneur de chapelets (fig. 1)* : il revient pourtant à Fragonard et prépare la figure principale de la feuille précédente, le *Songe de Plutarque*.

Les dessins de Fragonard ne sont pas toujours aussi éloignés de ceux de Greuze qu'on pourrait le penser. Certes, les deux hommes ne travaillèrent pas pour la même clientèle et eurent des ambitions différentes. Mais la technique de leurs œuvres, même si Greuze privilégie le lavis gris, peut parfois prêter à confusion.

Citons deux curieux textes qui associent les deux hommes : dans son compte rendu du Salon de 1779, à une date voisine du *Songe de Plutarque*, l'économiste Dupont de Nemours écrit à la margrave Caroline-Louise de Bade (Obser, 1908, p. 100) : « mais deux grands artistes qui boudent sérieusement l'Académie sont Fragonard et Greuze. Tous deux pleins d'expression, le premier hardi, brillant, employant avec les plus vives oppositions toute la magie des couleurs... ». Quelques années plus tard, le ton a changé : « puis voilà qu'après tant de bruit, un silence se fait autour de Fragonard ; ils se regardaient, lui et Greuze et se demandaient où et comment tout cela s'en était allé ! » (Théophile Fragonard en 1847).

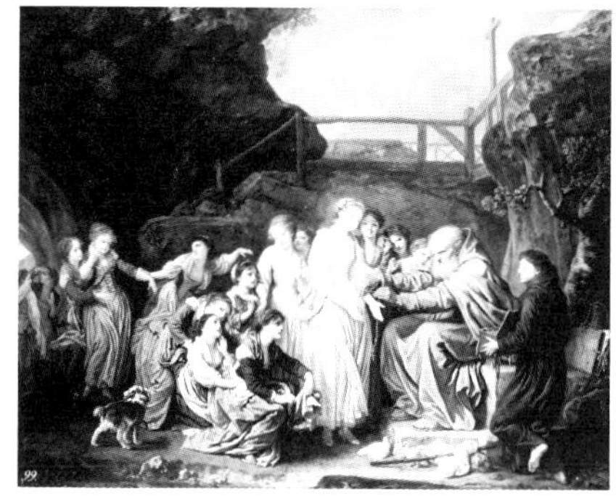

fig. 1. Greuze, *Le donneur de chapelets*, Montclair, Montclair Art Museum

# 255 L'Arioste inspiré par l'amour et la folie

Paris

H. 334 ; L. 454
Lavis de bistre sur préparation à la pierre noire

Besançon, musée des Beaux-Arts

**Provenance**
Coll. Pierre-Adrien Pâris (1745-1819), son inventaire manuscrit, 1806, n° 120 : « autre beau dessin au bistre du même, représentant Arioste composant ses Poëmes, inspiré par l'amour et la folie » ; légué à la Bibliothèque municipale de Besançon ; déposé au musée des Beaux-Arts en 1843; marque, Lugt 238 c, en bas à gauche ; Inv. D. 2862.

**Exposition**
Besançon, 1956, n° 80, pl. XIV.

**Bibliographie**
P. p. 294 ;
Martine, 1927, pl. 34 ;
Cioranescu, 1939, II, pl. XIV ;
Mongan, Hofer et Seznec, 1945, pp. 20-21, repr. entre p. 8 et p. 9 ;
Friedlaender, 1947, p. 215 ;
Bouchot-Saupique, 1956, p. 17 ;
Cornillot, 1957, n° 80, ill. (qui donne plus de détails) ;
R. p. 226 ;
A. 452 fig. 159 ;
Roland Michel, 1961, pp. i-iii, fig. 3 p. ii ;
Wakefield, 1976, pp. 14-15 et 61 fig. 39a ;
Wakefield, 1978, n. p. ;
Williams, 1978, p. 153 ;
Michine, 1980, p. 188 ;
Bjurström, 1982, n° 956.

**Œuvres en rapport**
Fragonard a traité à plusieurs reprises de manière comparable le thème de l'inspiration :
— *L'inspiration du poète (fig. 1* ; A. 454 fig. 155) ;
— *L'hommage à Gluck (fig. 2* ; A. 455 fig. 158, New York, coll. privée).
M. Roland Michel (1961, p. ii, note 4) pense pouvoir confondre ce superbe dessin avec le n° 239 de la vente Sireul (3 décembre 1781, n° 239 : « La peinture dédiant ses crayons à Homère, Virgile et Mécène ») ;
— Voir aussi A. 456 et Tokyo, 1980, n° 141, ill.

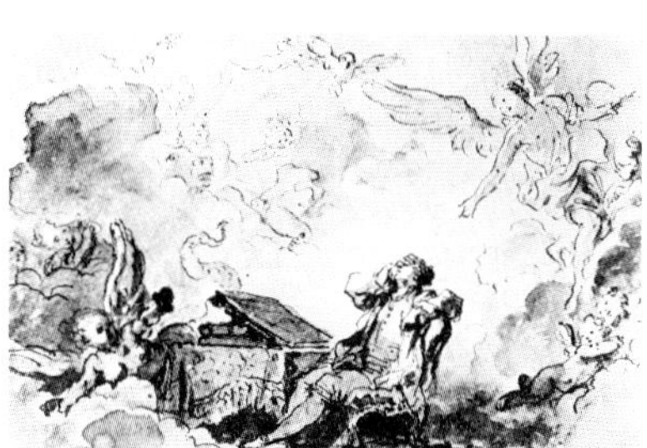

fig. 1. *L'inspiration du poète*, localisation actuelle inconnue

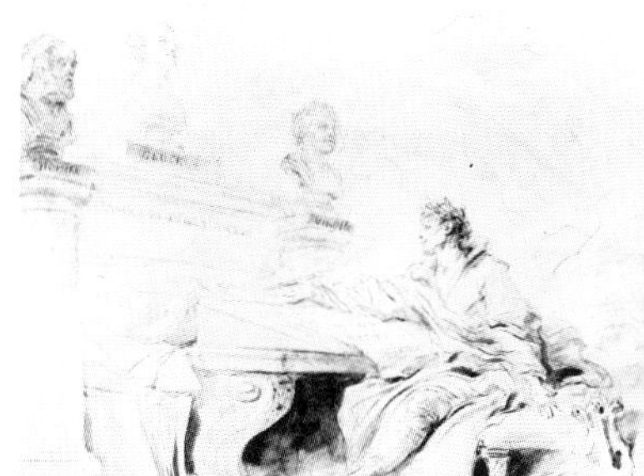

fig. 2. *L'hommage à Gluck*, États-Unis, coll. privée

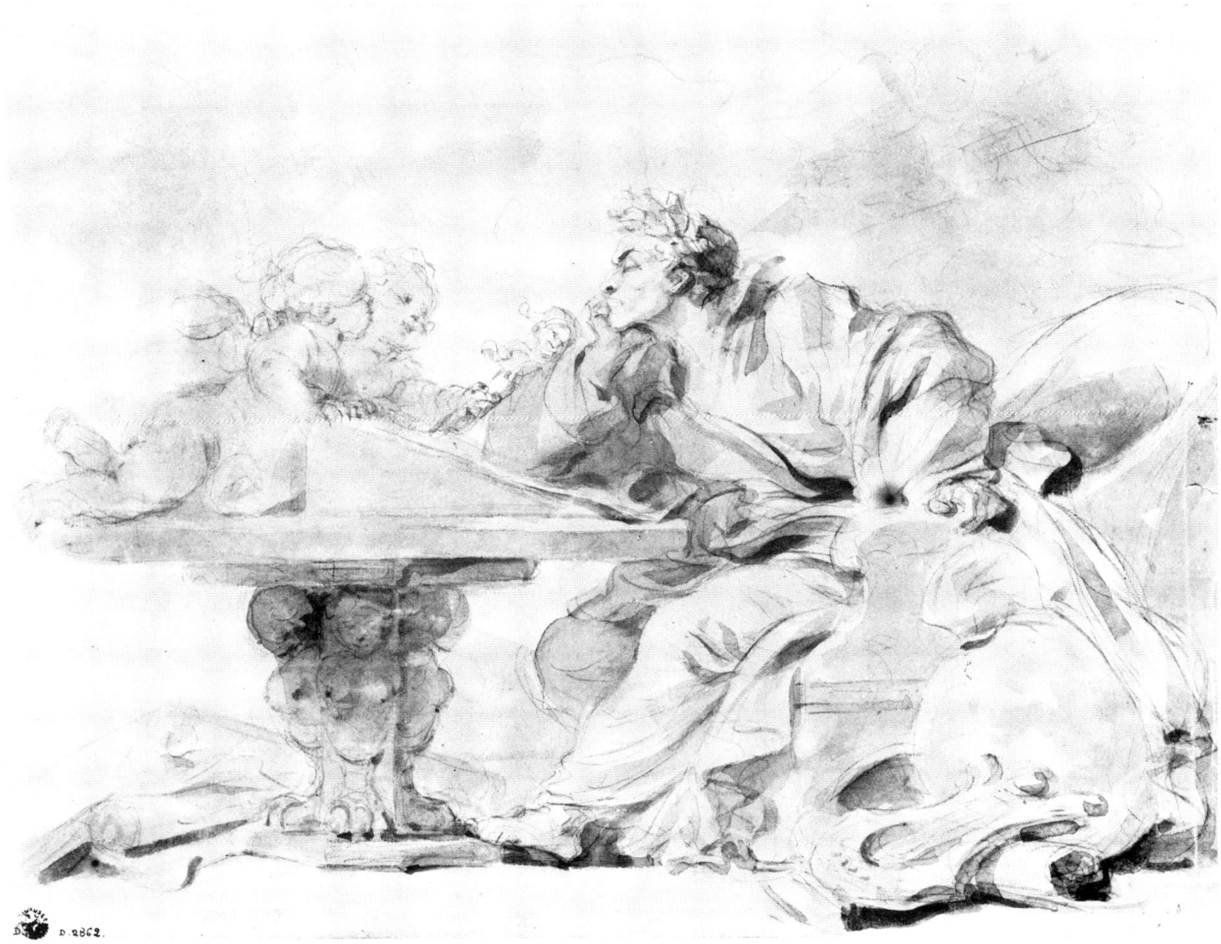

Le titre de ce célèbre dessin nous est donné par l'inventaire manuscrit de P.-A. Pâris (1806). Il ne s'agit pas à proprement parler d'un portrait de l'Arioste. Les traits du poète, tels qu'on pouvait alors les connaître (voir sur ce sujet, Gronau, 1933), trouvent leur origine dans le tableau du Titien, gravé en frontispice de l'édition de l'*Orlando furioso* de 1532 et repris dans de nombreuses éditions postérieures, où il est représenté barbu.

Le dessin de Besançon montre plutôt l'inspiration du poète. Seules les figures de l'amour et de la folie font directement allusion au thème central du grand poème de l'Arioste : Roland, amoureux d'Angélique, sombre dans la folie à l'annonce de l'union entre sa bien aimée et Médor (chant XXIII). On n'a pas manqué de rapprocher le dessin de Besançon de la série d'illustrations pour le *Roland furieux* (nº 256 à 265) et l'on a parfois émis l'hypothèse qu'il pouvait s'agir du frontispice d'une éventuelle édition. Les dimensions du dessin de Besançon, bien supérieures à celles des feuilles de la série, et le format en largeur ne permettent pas de l'affirmer. Si le dessin de Besançon présente d'évidentes affinités avec le *Songe de Plutarque* (nº 253) tout porte à croire que la série du Roland Furieux est légèrement postérieure, plus proche de 1788 que de 1780.

On remarquera l'originalité du mobilier, le fauteuil au large dossier, la table au pied orné de sphinges — on songe à Jacob — la lyre et le globe, fréquent dans l'œuvre de Fragonard.

L'Arioste, couronné de lauriers, accoudé à sa table de travail, les paupières closes, tente de se concentrer tandis que l'amour et la folie, celle-ci agitant sa marotte, veulent le distraire.

Fragonard traite son héros avec la désinvolture avec laquelle l'Arioste — le reproche lui fut souvent adressé (voir sur ce point Seznec, 1945, p. 37) — ridiculise les siens. Mais comme le note si justement Walter Friedlaender (1947, p. 215) au-delà de la satyre et de l'humour, il y a chez Fragonard une sympathie attendrie pour le grand poète malheureux, comme une secrète connivence.

# *Fragonard illustrateur, Fragonard et l'Arioste*

*On sait que Fragonard s'est parfois inspiré, pour ses tableaux, d'œuvres littéraires célèbres :* La Jérusalem délivrée *du Tasse, pour les merveilleuses toiles de la collection Veil-Picard (voir nº 71bis),* Annette et Lubin *de Marmontel (voir nº 87) ou encore* Perrette et le pot au lait *de La Fontaine (nº 143). Pourtant son activité comme illustrateur de contes, de romans ou de poèmes demeure en partie méconnue. En fait, seuls ses dessins pour les* Contes *de La Fontaine ont été attentivement étudiés.*

*Halbou, Patas, Alliamet, Duclos gravèrent les dessins pleins de verve de Fragonard, destinés à l'édition des* Contes *de Didot l'aîné, commencée en 1795 mais jamais achevée. Trois séries de feuilles, sans doute bien antérieures au projet d'édition, sont aujourd'hui connues. La plus célèbre est celle de la collection Béraldi (Paris, musée du Petit Palais), qui comprend 57 lavis de bistre sur contre-épreuves à la pierre noire. Elle a été réalisée à partir des 42 croquis à la pierre noire de la collection Schiff et d'autres dessins qui restent à retrouver. La troisième série, dispersée dans plusieurs collections, est composée de dessins, beaucoup plus poussés, sans doute ceux destinés à la gravure (pour un résumé de la question, voir Roland Michel, 1970, pp. i-v et E. Williams, 1978, nº 53).*

*Mais d'autres projets ont, vers la fin de sa carrière, occupé Fragonard. Nous ne parlerons pas ici des illustrations pour les* Veillées du château *de Madame de Genlis (A. 2668). Les quelques dessins mentionnés — nous ne les connaissons que par la reproduction (P. p. 218 et vente du 21 mars 1922, nº 39) — ne nous semblent pas pouvoir revenir au maître. En revanche, les illustrations pour le* Don Quichotte *de Cervantès et pour le* Roland furieux *de l'Arioste méritent attention. Lisons tout d'abord Théophile Fragonard, le petit-fils du peintre (1847, p. 9) : « David et son école donnèrent une impulsion si différente au goût des artistes et des amateurs, que Fragonard vit cesser sa vogue lorsqu'il n'avait pas encore cinquante ans : l'on peut dire qu'il survécut 25 ans à son public car il avait 75 ans en 1806 quand il est mort — et pourtant il n'avait en rien démérité par son talent. C'est dans ce temps-là qu'il fit plusieurs centaines de dessins sur le poème de « Roland furieux », il en avait fait autant sur le Don Quichotte : ceux-ci surtout, étaient de grands et magnifiques dessins. M. Denon en possédait une partie qu'il s'était réservé de graver lui-même à l'eau-forte : à la vente de ce dernier, ces dessins furent achetés par un riche amateur anglais qui fit faire une édition* in folio *de l'ouvrage espagnol et en fit tirer un seul exemplaire pour y renfermer les dessins : il faut dire que le talent de Fragonard fut toujours plus apprécié en Angleterre qu'en France ».*

*Ce texte capital, rarement cité, est essentiel sur de multiples points. Les années 1780, proposées, pour des raisons stylistiques, par la majorité des auteurs ayant étudié les dessins pour l'Arioste, trouvent confirmation dans ces lignes. Encore qu'une lecture attentive donnerait à penser — ce que leur style, à nos yeux, confirme — que Fragonard les aurait exécutés dans « le temps » qui avait vu « sa vogue cesser ».*

*Nous avouons ne pas connaître l'exemplaire unique du Cervantès édité par le « riche anglais ». A-t-il seulement existé ? Il est vrai que beaucoup de dessins illustrant le* Don Quichotte *se trouvent aujourd'hui en Angleterre, au British Museum ou à l'Ashmolean Museum d'Oxford* (fig. 1). *Leur attribution à Fragonard a été mise en doute par Ananoff (1961, pp. 155-157) qui, par comparaison avec des carnets de croquis conservés au musée de Grasse, y voit plutôt la main de son fils Évariste. Comme Eunice Williams (1978, p. 148),*

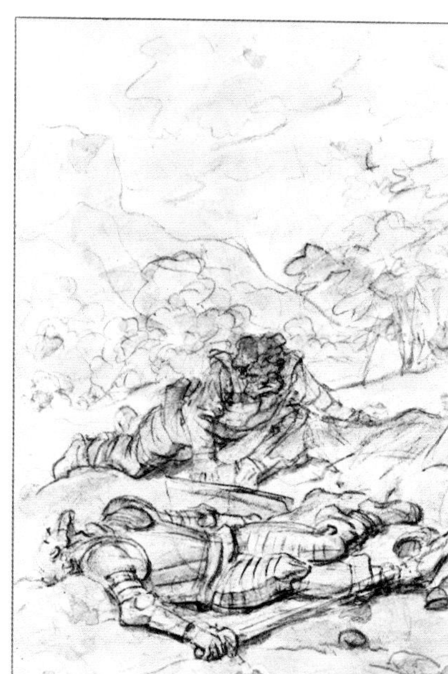

fig. 1. *Scène de Don Quichotte*, Oxford, Ashmolean Museum

*nous ne le suivons pas dans cette voie. Ces dessins, moins d'une trentaine sont aujourd'hui connus, s'ils n'ont pas toute la vigueur de ceux pour le* Roland *— certains contours semblent repris, peut-être par Évariste ? — doivent certainement leur invention à Jean-Honoré. Le témoignage de Théophile et les huit gravures* (fig. 2) *de Denon, d'après les dessins qu'il possédait, tendraient à le confirmer.*

*L'*Orlando furioso *est l'œuvre la plus célèbre de Ludovico Ariosto (1474-1533), poète à la Cour du duc Alphonse d'Este à Ferrare. Publié en 1516, l'ouvrage fut constamment remanié par son auteur jusqu'à son édition définitive en 1532. Ce long poème épique de 46 chants raconte les luttes entre les Chrétiens et les Païens et tire son origine de la* Chanson de Roland. *Roland, neveu de Charlemagne, amoureux de la belle Angélique, princesse orientale, sombre dans la folie quand elle épouse le Sarrasin Médor. Autour de ce thème principal viennent se greffer de multiples épisodes chevaleresques et galants, où les devoirs guerriers et les convictions religieuses de chacun entrent en conflit avec leurs sentiments.*

*L'illustration de ce fameux poème par Fragonard semble, par la quantité de dessins aujourd'hui répertoriés (plus de 160), avoir été une entreprise fort ambitieuse. En 1945, Elizabeth Mongan, Philip Hofer et Jean Seznec publiaient, accompagnés d'introductions très détaillées, les 137 dessins provenant, par les collections Rœderer puis Rosenbach, de la collection Walferdin (vente après décès, 12-16 avril 1880, n° 228 : « 136 compositions » ; à sa vente du 3 avril 1880, n° 65, figuraient déjà cinq dessins pour cette série). La tradition veut que Walferdin les ait acquis de la famille de Fragonard. Beaucoup d'autres dessins se sont, depuis, ajoutés à ce magnifique ensemble resté réuni jusqu'en 1922 et aujourd'hui dispersé dans de nombreux musées et collections privées. Un lot d'une soixantaine de feuilles de cette collection, propriété de Norton Simon, fut porté sur le marché en 1978 (Londres, galerie Agnew).*

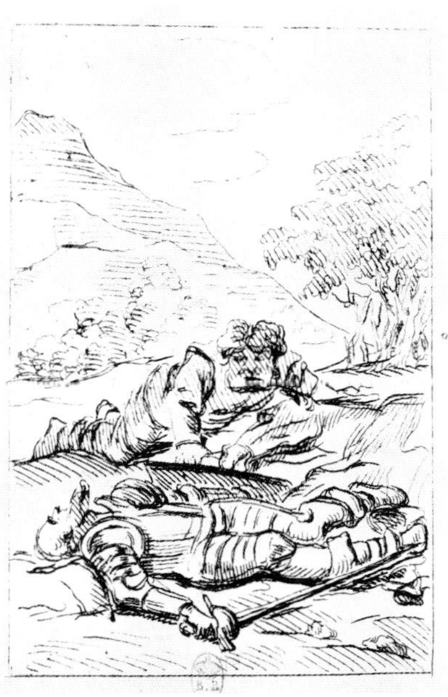

fig. 2. Denon d'après Fragonard, *Scène de Don Quichotte*, Paris, Bibliothèque Nationale, Cabinet des estampes

*Mais, comme le soulignait Seznec (1945, p. 41), sur les 46 chants du poème, seul le premier tiers est illustré de façon assez suivie. A l'exception du cinquième chant qui ne l'est pas du tout, les deux autres tiers du texte le sont de façon très sporadique. Reste-il encore beaucoup de dessins à découvrir ? Théophile parle de plusieurs centaines. Ou plus raisonnablement doit-on supposer que Fragonard — comme si souvent — ne mena pas à bien son projet ?*

*Nous ignorons tout sur l'origine de cette entreprise, sur son commanditaire, ainsi que sur les raisons de la commande. Les inscriptions « honoré fragonard » que nous pensons être autographes, qui se lisent en général dans la partie supérieure de quelques feuilles (n° 263), de même que les lignes à la pierre noire qui délimitent certaines compositions, démontrent que notre artiste ne les dessina pas pour son seul plaisir, et qu'elles étaient vraisemblablement destinées à être gravées. Ce fut, à notre connaissance, le cas pour un seul dessin. En effet, au Salon de 1787, figurait, sous le n° 287, une gravure du comte de Paroy (sur celui-ci, voir n° 247) : « l'hermite se faisant enlever par des Démons, pour courir après Angélique. Sujet de l'Arioste, d'après M. Fragonard. Gravure imitant le crayon ». Nous n'avons malheureusement pas retrouvé cette gravure. Elle devait copier* L'hermite, l'âne et les démons (fig. 3 *; Londres, galerie Agnew), illustration des vers 31-32 du chant VIII (Mongan, Hofer et Seznec, pl. 42). L'hermite qui poursuit Angélique abandonne son âne trop lent, pour faire appel à des démons qui l'emportent plus rapidement auprès de sa proie.*

*Le poème de l'Arioste connut, dès sa première édition en 1516, un très vif succès. Mais, comme le fait remarquer Cioranescu (1939, II, p. 174), « le moment culminant de l'intérêt qu'il suscita jamais en France demeure aux alentours de 1780 ». La traduction de d'Ussieux (1775-83 ; voir exemplaire Bibliothèque Nationale, Réserve,*

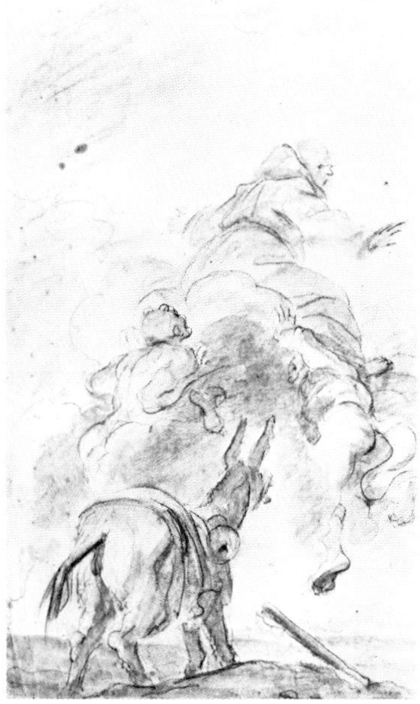

fig. 3. *L'hermite, l'âne et les démons*, Londres, galerie Agnew

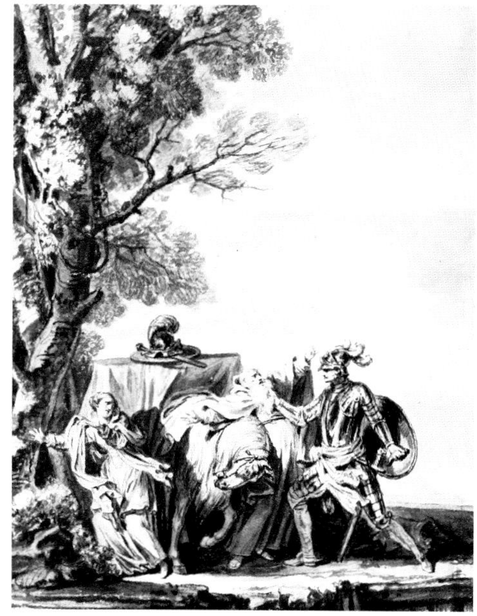

fig. 4. Greuze, illustration pour le chant XXIX de l'*Orlando Furioso*, Francfort, Städelsches Kunstinstitut

*Yd 256-259) était ornée de 46 planches de Ponce d'après Cochin, auxquelles 46 autres furent ajoutées d'après des dessins de Cipriani, Moreau, Eisen, Monnet, Cochin et Greuze* (fig. 4), *déjà utilisées pour l'édition Baskerville en 1773.*

*Une partie de la critique avait été sévère pour cette édition : « notre belle édition de l'Arioste de Baskerville : eh bien ils l'ont polluée par de maudites vignettes de ce pitoyable Eis(en) »... L'auteur — il s'agit du redoutable auteur des* Dialogues sur la peinture *que nous avons rencontré à plusieurs occasions — ajoutait, à propos de Cochin : « dans (...) l'Arioste dont je vous parlois tout à l'heure, il y a quelques jolies idées, quelques compositions heureuses. Mais pour le reste, le passage du petit au grand rend tout difforme » et concluait : « voilà précisément l'origine du mal : c'est que chez vous (en France ; c'est Milord qui parle) les dessinateurs sont une classe à part ; que vos grands Artistes fassent les desseins. Si j'avois un livre à embellir, ce ne sont pas vos Mar(illier) vos Mon(net) vos Coc(hin) mais vos premiers Peintres et Sculpteurs à qui je m'adresserois » (Renou, 1773, pp. 90-91 et 94-95). Fragonard prit-il à son compte cette réflexion et voulut-il rivaliser avec les vignettistes professionnels ? Son entreprise, en tout cas, arrivait trop tard, les éditions Baskerville puis d'Ussieux avaient « absorbé » l'essentiel de la clientèle.*

*On n'a pas suffisamment insisté sur l'extraordinaire nouveauté que Fragonard apportait dans la conception de l'illustration. Contrairement aux habituelles éditions ornées de gravures, Fragonard ne groupait pas plusieurs épisodes sur une feuille, multipliant ainsi les dessins pour chaque chant, ce qui aurait rendu son projet fort coûteux. Enfin, ses dessins ne pouvaient être gravés tels quels : le foisonnement des lignes à la pierre noire et les larges taches, plus ou moins claires, du lavis de bistre n'auraient pas pu être facilement traduits.*

*Nous présentons un choix de dessins peu connus, parfois inédits, à côté de feuilles plus célèbres. Selon Jean Seznec, Fragonard aurait lu l'Arioste dans le texte italien, tant la précision des détails est fidèle aux nuances du récit original. Nous avons choisi de citer, en regard du texte italien, la traduction, souvent inexacte mais savoureuse, du comte de Tressan, qui parut en 1780.*

# 256 Roger et Alcine s'avouent leur passion mutuelle

H. 394 ; L. 260
Lavis de bistre sur préparation à la pierre noire
Philadelphie, The Rosenbach Museum and Library

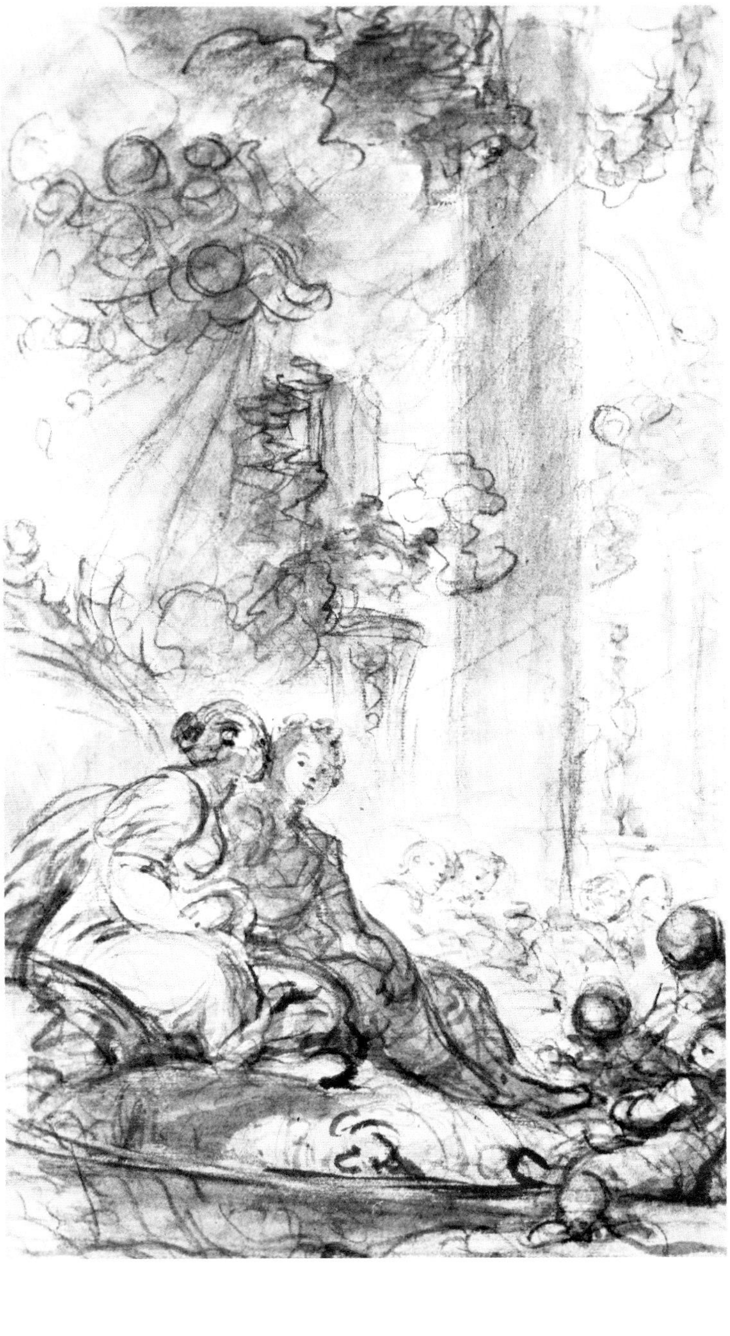

**Provenance**
Coll. Hippolyte Walferdin, sa vente après décès, 12-16 avril 1880, partie du lot 228 ; acheté par Louis Rœderer, Reims ; à sa mort, coll. de son neveu, Léon Olry-Rœderer ; acheté en 1922 par le Dr A. S. W. Rosenbach pour la Rosenbach Company ; Rosenbach Museum and Library ; 54.99.

**Bibliographie**
Mongan, Hofer et Seznec, 1945, pl. 32 ; Rorschach et Taylor, 1985, n° 43, ill.

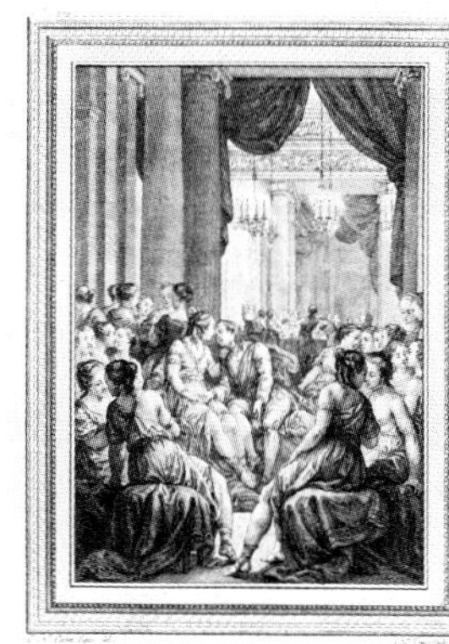

fig. 1. Ponce d'après Cochin, gravure en tête du chapitre VII de l'édition de 1775-85 du *Roland*, Paris, Bibliothèque Nationale, Département des imprimés (réserve)

Chant VII, 21 :
« Tolte che fur le mense e le vivande,
Facean, sedendo in cerchio, un giuoco lieto,
Che nell'orecchio l'un l'altro domande,
Come più piace lor, qualche secreto.
Il che agli amanti fu commodo grande
Di scoprir l'amor lor senza divieto :
E furon loro conclusioni estreme
Di ritrovarsi quella notte insieme »

« On enlève les tables ; tous les convives, réunis en cercle, se livrent à ces jeux inventés par l'amour pour favoriser les tendres et discrets aveux. Chacun se dit à l'oreille une partie des secrets de son cœur. Alcine et Roger se font avec mystère les plus doux aveux ; un même désir amène la même promesse de se retrouver pendant la nuit prochaine ».

Le Sarrasin Roger est momentanément distrait de sa passion pour Bradamante par les charmes d'Alcine. Dans le palais où volettent des amours au milieu des nuées, Roger et Alcine, assis sur une sorte d'ottomane au pied de laquelle roulent des putti, se donnent rendez-vous pour la nuit prochaine.

Ce n'est que rarement que Fragonard illustre les mêmes épisodes que ceux habituellement gravés dans les éditions précédentes. C'est pourquoi il est intéressant de confronter ce dessin avec la gravure de Ponce d'après Cochin pour l'édition d'Ussieux (1775-1783), datée de 1776 et illustrant le chapitre VII *(fig. 1)*.

A la raideur des attitudes et à la multiplication des personnages, Fragonard préfère un premier plan composé de deux figures et esquisse rapidement un décor évocateur, se prêtant peu à la gravure. Fragonard n'a rien d'un vignettiste !

# 257 Alcine retrouve Roger

Paris

H. 385 ; L. 235
Lavis de bistre sur préparation à la pierre noire

Paris, collection privée

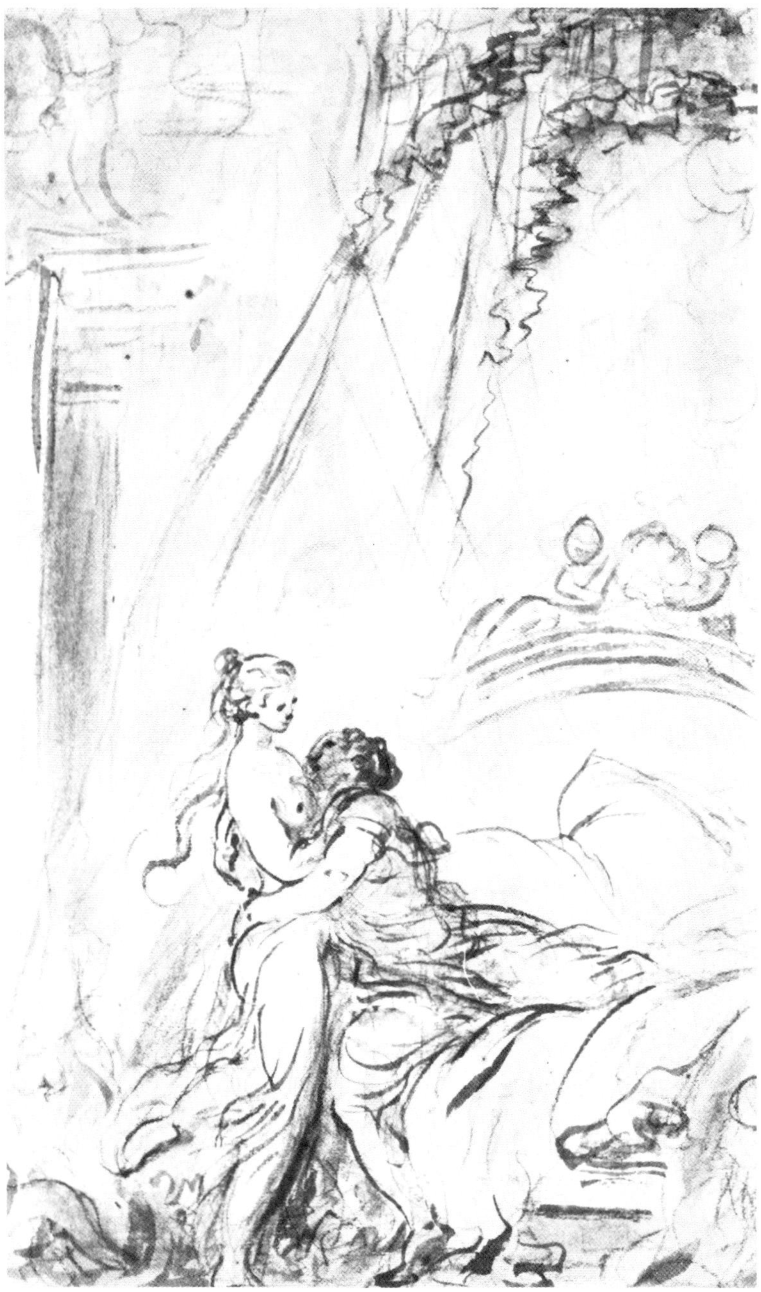

**Provenance**
Vente Th. H[ertzog], 3-8 avril 1876, nº 1420 : « jeune femme suppliée par son amant » (?) ; coll. Groult (?) ; vente anonyme, 26 mars 1953, nº 91, ill. ; coll. Dormeuil ; Paris, coll. privée.

**Bibliographie**
A. 485 fig. 166.

Chant VII, 27-29 :
« Salta del letto, e in braccio la raccoglie,
Nè può tanto aspettár ch'ella si spoglie ;

Benchè nè gonna nè faldigia avesse,
Che venne avvolta in un leggiér zendado,
Che sopra una camicia ella si messe
Bianca e sottíl nel più eccellente grado.
Comme Ruggiero abbracciò lei, gli cesse
Il manto, e restò il vel sottile e rado,
Che non copría dinanzi nè di dietro,
Più che le rose o i gigli un chiaro vetro.

Nè così strettamente édera preme
Pianta, ove intorno abbarbicata s'abbia,
Come si stríngon li due amanti insieme,
Cogliendo dello spirto in sulle labbia
Söave fior, qual non produce seme
Indo o Sabéo nell'odorata sabbia »

« Il s'élance de son lit ; et toute vêtue qu'Alcine soit encore, il la reçoit dans ses bras. Heureusement elle n'avait fait que s'entourer d'une espèce de manteau qu'un amour badin, témoin de cet heureux moment, fit tomber. Le voile léger qui la couvrait encore ne dérobait pas plus aux regards de Roger tout ce qu'Alcine avait de charmes, que la lame du cristal le plus pur ne cacherait les agréables contours des lis et des roses. Le lierre ne serre point si étroitement l'arbre qui le soutient et le nourrit, que les bras de ces heureux amants ne s'enlacèrent ensemble. La fleur que les sables de l'Inde et les plaines de Sabée produisent n'a point de parfums aussi doux, que les soupirs que semblent respirer leurs lèvres brûlantes ».

Fragonard a représenté à plusieurs reprises l'étreinte amoureuse (nºs 145 et 147). Ici, le poème de l'Arioste lui permet de renouveler le sujet. Roger, assis sur le bord du lit, enlace avec fougue Alcine qui vient de le rejoindre. La porte entrouverte — on est loin du *Verrou* — laisse passer la brise qui gonfle le voile du lit. La rapidité du pinceau et du crayon transforme le baldaquin en guirlandes de lierre.

# 258 Roger s'abandonne aux plaisirs de l'île d'Alcine

H. 405 ; L. 253
Lavis de bistre sur préparation à la pierre noire
Restauré à l'occasion de l'exposition

Narbonne, musée d'Art et d'Histoire

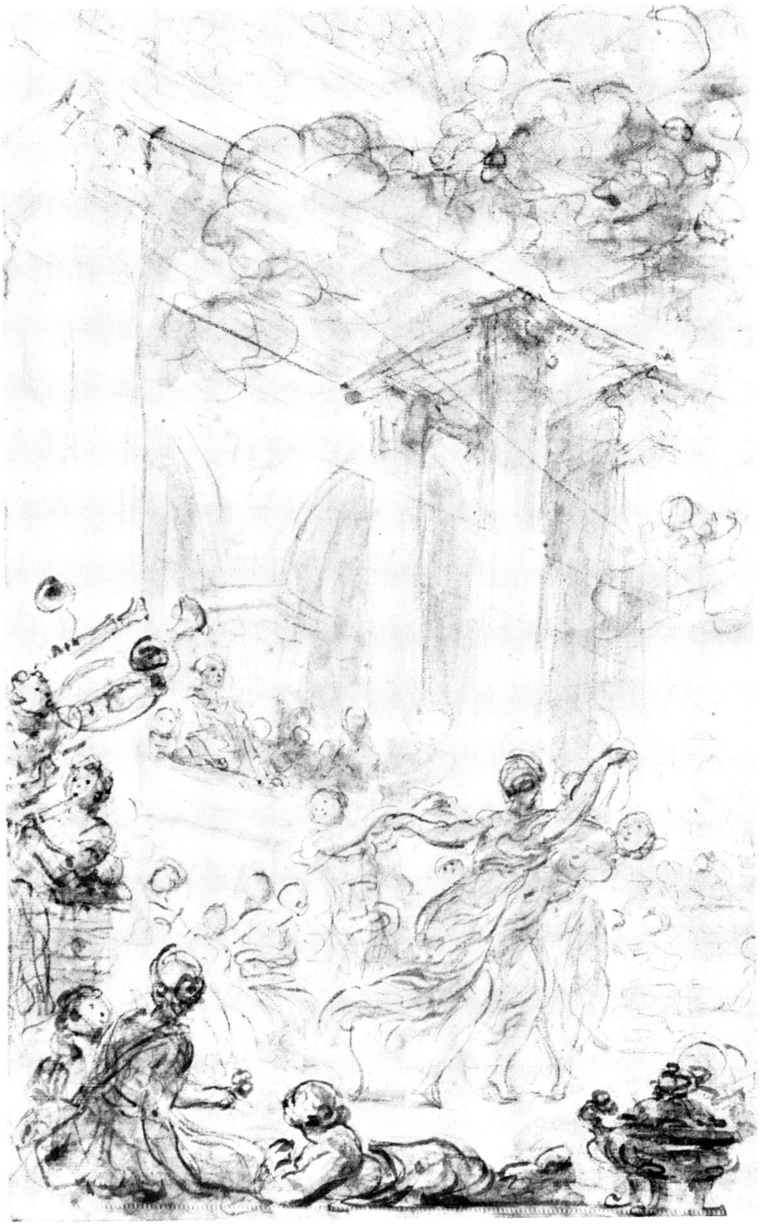

**Provenance**
Légué au musée en 1859 par Maurice Peyre (1800-1859), homme politique narbonnais.
Non inventorié.

**Bibliographie**
Cat. exp. Paris, 1974-75, p. 147.

Chant VII, 31 :
« Non è diletto alcún che di fuor reste,
Che tutti son nell'amorosa stanza ;
E due e tre volte il dì mútano veste,
Fatte or ad una or ad un'altra usanza.
Spesso in conviti, sempre stano in feste,
In giostre, in lotte, in scene, in bagno, in danza »

« Les deux amants ne négligent aucun plaisir. Dans le cours de la même journée ils changent deux et trois fois de vêtements. Pour eux les heures s'écoulent au milieu des joutes, de la lutte, de la danse et des spectacles ».

Le décor est le même que celui du nº 256 mais plus précis : des colonnes à chapiteaux corinthiens encadrent une tribune où s'est installé un public attentif, parmi lequel sans doute Roger et Alcine, venus se distraire. On distingue, à l'arrière-plan, des arcades reposant sur de larges piliers. Au son d'un petit orchestre de cors, trompettes, flûtes et autres instruments, une ronde de jeunes filles s'élance. Des fumées s'échappent du brûle-parfum au premier plan à droite. Si l'aspect ludique du récit est savamment rendu grâce à l'enchevêtrement du crayon et du lavis, par la souplesse des lignes qui ne font qu'esquisser les formes, il n'y a pour autant aucune confusion dans la description. L'œil apprend, d'un dessin à l'autre, à reconnaître les personnages, les lieux, les objets si fidèlement tirés du récit de l'Arioste.

# 259 La magicienne Mélisse fait apparaître Roger et Alcine

H. 400 ; L. 248
Lavis de bistre sur préparation à la pierre noire

Langres, musée

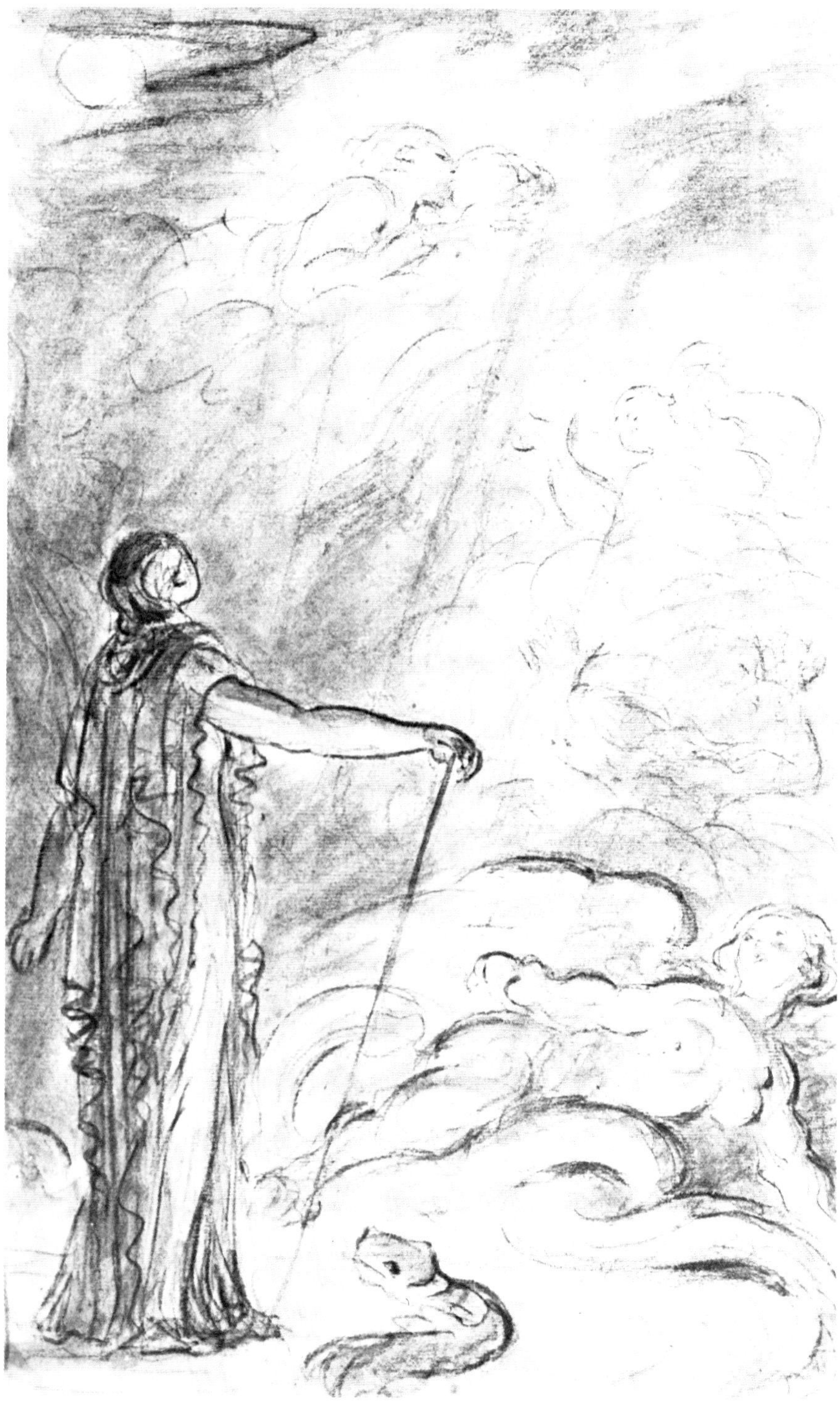

**Provenance**
Coll. Walferdin, originaire de Langres. Donné au musée à sa mort, en 1880, par sa famille ; 880-7.

**Bibliographie**
*Bulletin de la société historique et archéologique de Langres*, juillet 1880, p. 14 ;
Cat. musée, 1886, n° 79 ;
Sérullaz et Volle, 1976, pp. 77-78, ill.

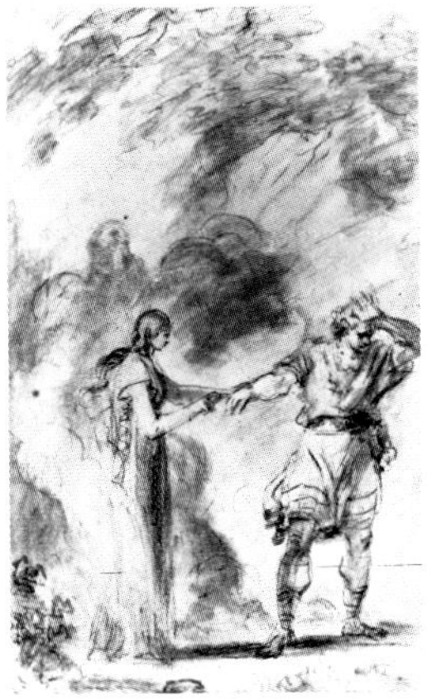

fig. 1. *Mélisse et Roger*,
localisation actuelle inconnue

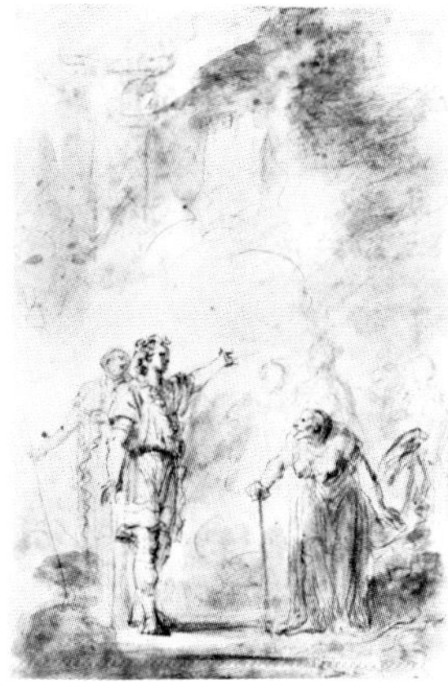

fig. 2. *Alcine apparaît à Roger sous son véritable aspect*,
Paris, musée du Louvre,
Cabinet des dessins

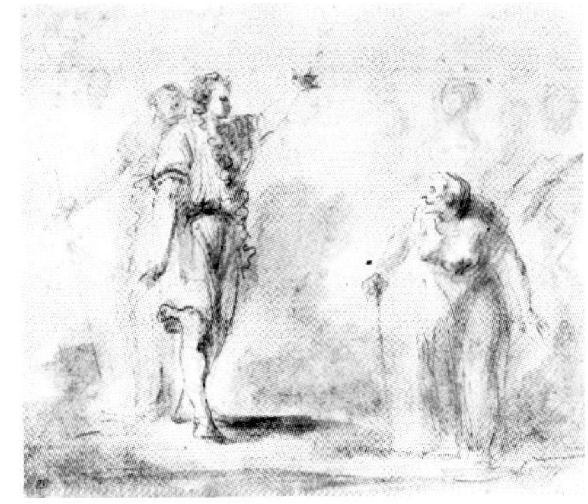

fig. 3. *Alcine apparaît à Roger sous son véritable aspect*,
Paris, commerce d'art

Chant VII, 40-41 :
« E ben sapéa che sta in gioco e in ballo,
E in cibo, e in ozio molle e delicato ;
Né più memoria avéa del suo signore,
Nè della donna sua, nè del suo onore.

E così il flor de' più begli anni suoi
In lunga inerzia avér potría consunto
Sì gentîl cavalier, e per dovér poi
Pérdere il corpo e l'ánima in un punto ;
E quell'ódor che sol rimán di noir,
Poscia che 'l resto frágile è defunto,
Che trae l'uom del sepolcro, e in vita il serba,
Gli saría stato o tronco, o svelto in erba »

« Elle voyait avec douleur que ce brave Paladin passoit alors une vie molle et voluptueuse dans les plaisirs et l'oisiveté, sans penser à sa belle maîtresse, à son souverain, à son honneur même : elle ne pouvoit supporter que celui qui devoit être un héros, perdit les plus beaux jours de sa vie dans cette honteuse inertie, et qu'à la fin de sa carrière, sa réputation éteinte dès sa jeunesse restât déshonorée dans la mémoire des hommes ».

Des différentes interprétations proposées (voir Sérullaz et Volle, 1976), une seule nous paraît convenir : le récit du chant VII avec lequel ce dessin semble parfaitement concorder. Désirant ardemment l'union de Roger et de Bradamante, la magicienne Mélisse — que Fragonard décrit en suivant scrupuleusement l'Arioste : « à demi nue, les pieds nus et les cheveux défaits » (« discinta e scalza e sciolta avea le chiome », III, 8) — impérieusement appuyée sur sa baguette, fait apparaître Roger et Alcine qui s'enlacent. Leur étreinte contraste avec l'univers étrange et inquiétant de la magicienne : serpent, sphinge et monstres de toutes sortes.

Mélisse « désenchantera » Roger en lui passant un anneau magique au doigt (vente, Londres, Christie's, 19 mars 1975, n° 134, ill. ; *fig. 1)* pour le contraindre à voir sous son jour réel son ancienne vie de débauche : Alcine renaîtra sous son véritable aspect, celui d'une atroce vieille femme (VII, 72). Ce dernier épisode est illustré par un dessin faisant partie des collections du Louvre (R.F. 24.318, *fig. 2)*. Cas unique, il en existe une réplique de dimensions sensiblement inférieures (257 mm de haut sur 223 mm de large), récemment passée en vente et appartenant au commerce parisien *(fig. 3)*.

## 260 Angélique est emportée par les habitants de l'île d'Ébude

H. 391 ; L. 251
Lavis de bistre sur préparation à la pierre noire

Dijon, musée des Beaux-Arts

**Provenance**
Coll. His de La Salle (1795-1878), cachet, Lugt 1333, en bas à gauche ; don au musée de Dijon entre 1862 et 1865 ;
CA 857.

**Expositions**
Dijon, 1960, n° 32 ;
Dijon, 1974, n° 68, ill.

**Bibliographie**
Cat. musée, 1883, n° 857 ;
Lavallée, 1947, p. 117 (« l'attribution à Fragonard ne peut être conservée, on penserait plutôt à Deshays ») ;
Cat. exp. Paris, 1974-75, p. 147.

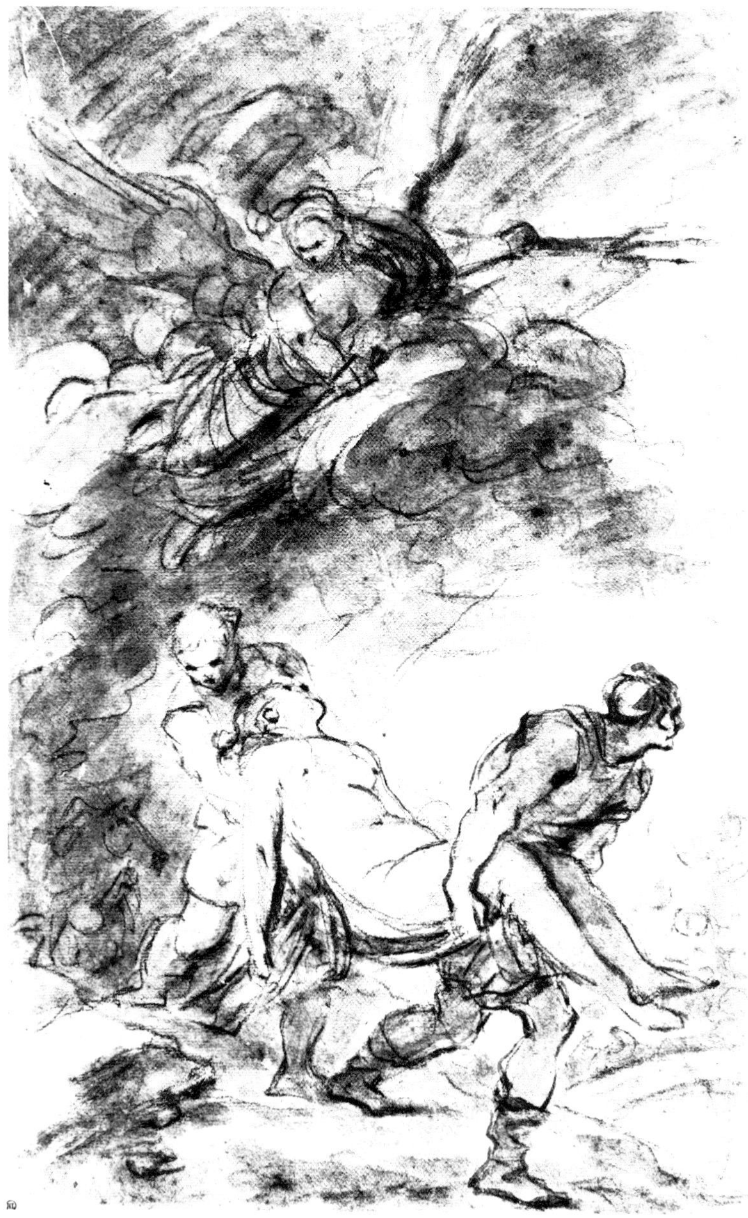

Chant VIII, 64 :
« La bella donna di gran sonno oppressa
Incatenata fu, prima che desta :
Portaro il frate incantatór con essa
Nel legno pien di turba afflitta e mesta »

« Toujours engourdie dans un sommeil profond, elle est enchaînée par les Ébudiens ; et ce n'est que lorsqu'elle est portée dans le vaisseau avec l'enchanteur ermite qu'elle revient à elle pour gémir sur ses nouveaux malheurs ».

Angélique, fuyant Renaud, se retrouve sur des rochers, à la merci d'un peu recommandable ermite. Les habitants de l'île d'Ébude, qui recherchaient une jeune fille afin de l'offrir en sacrifice à Protée, maître des troupeaux marins, aperçoivent Angélique endormie et l'emportent. Du haut d'un nuage, une figure ailée, armée d'un poignard et d'un trident, surveille l'enlèvement. Cette figure allégorique qui, comme souvent dans cette série de dessins, comble le vide de la partie supérieure de la feuille, fait ici allusion à la cruauté de Protée.

# 261 Angélique est exposée à la voracité de l'orque

H. 393 ; L. 258
Lavis de bistre sur préparation à la pierre noire

Washington, National Gallery of Art

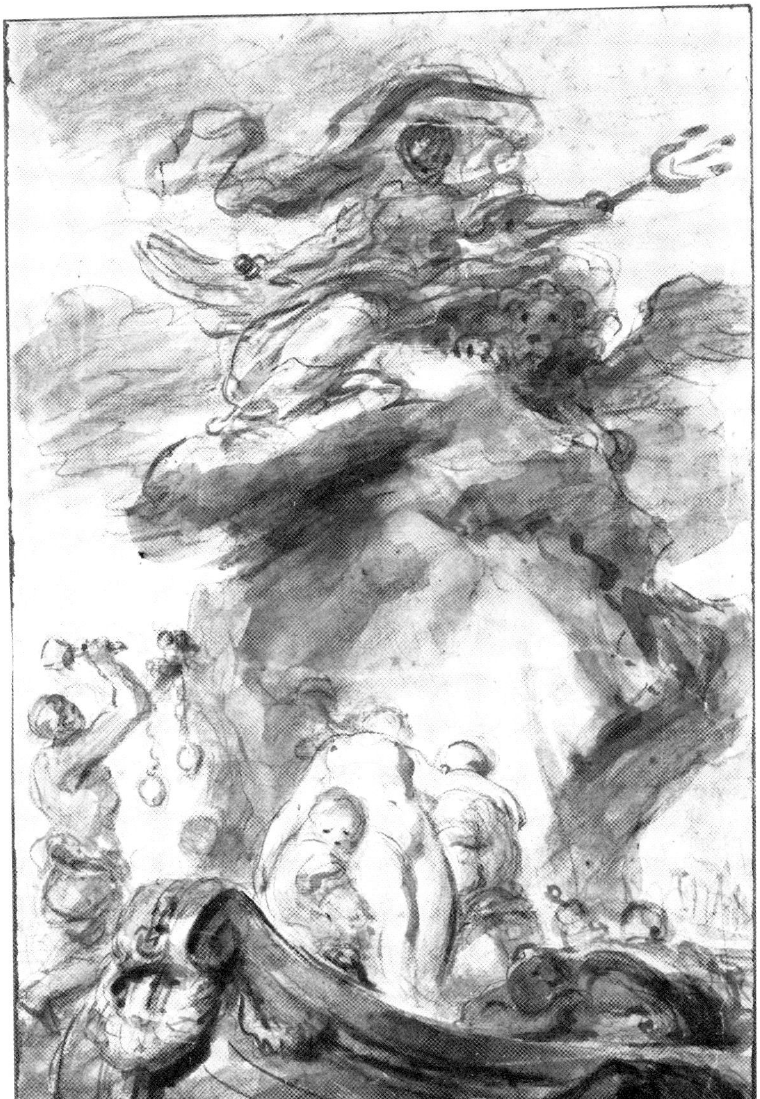

**Provenance**
Coll. Walferdin, sa vente après décès, 12-16 avril 1880, partie du nº 228 ; acheté par Louis Rœderer, Reims ; à sa mort, coll. de son neveu, Léon Olry-Rœderer ; acheté en 1922 par le Dr. A. S. W. Rosenbach pour la Rosenbach Company ; acheté en 1945 par Mrs. Lessing J. Rosenwald de Jenkintown ; donné par Edith G. Rosenwald à la National Gallery en 1978 ; 1978.10.2.

**Exposition**
Washington, *Master Drawings*, 1978, pp. 84-85, ill.

**Bibliographie**
Mongan, Hofer et Seznec, 1945, pl. 66 ; *National Gallery Annual Report*, 1978, p. 30.

Chant X, 94-95 :
« La fiera gente inospitale e cruda
Alla bestia crudel nel lito espose
La bellissima donna cosi ignuda,
Come natura prima le compose.
Un velo non ha pure, in che richiuda
I bianchi gigli e le vermiglie rose,
Da non cader per luglio o per dicembre,
Di che non sparse le polite membre.
Vi fu legata pur quella mattina,
Dove venia per trangugiarla viva
Quel smisurato mostro, orca marina,
Ché di abborrévol esca si nutriva.
Dissi di sopra come fu rapina
Di quei che la trovaro in sulla riva
Dormire al vecchio incantatore accanto
Ch'ivi l'avéa tirata per incanto »

« Angélique avait été enchaînée ce matin même, pour attendre sur ce rocher que l'orque vint la dévorer. J'ai dit aussi dans le même chant comment cette rare beauté avait été surprise par les Ébudiens, lorsqu'endormie par les enchantements d'un scélérat d'ermite, elle était couchée sur le sable à côté de ce vieux magicien : ces barbares Insulaires l'avaient donc exposée aux dents meurtrières du monstre. Cette jeune princesse, nue comme la nature l'avait formée, n'avait pas un seul voile qui pût couvrir les lis et roses vermeilles placées à propos où leur éclat pouvait embellir un si beau corps ».

Deux hommes retirent Angélique de la nacelle, tandis qu'un troisième cloue, à la paroi d'un rocher, les fers qui la retiendront attachée. On retrouve la même figure allégorique, cette fois accompagnée d'un lion que sur le dessin précédent. Roger arrivera suffisamment à temps pour soustraire la belle Angélique à la cruauté de l'orque. La scène, rappelons-le, a fait l'objet d'un célèbre tableau d'Ingres *(fig. 1)*.

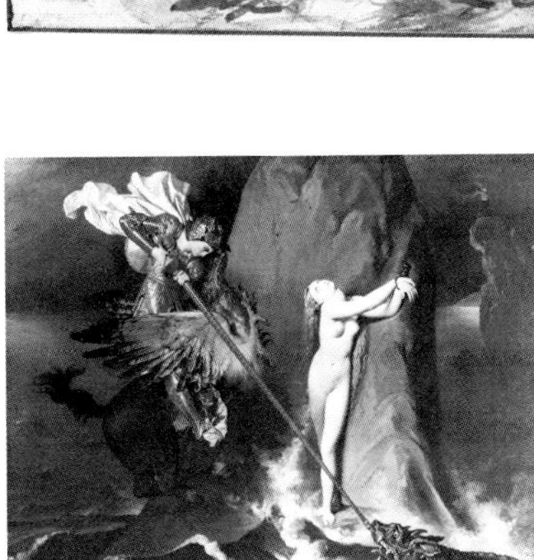

fig. 1.
Ingres, *Roger et Angélique*, Paris, musée du Louvre

# 262 Roland tire l'orque sur le rivage

H. 394 ; L. 260
Lavis de bistre sur préparation à la pierre noire

Philadelphie, The Rosenbach Museum and Library

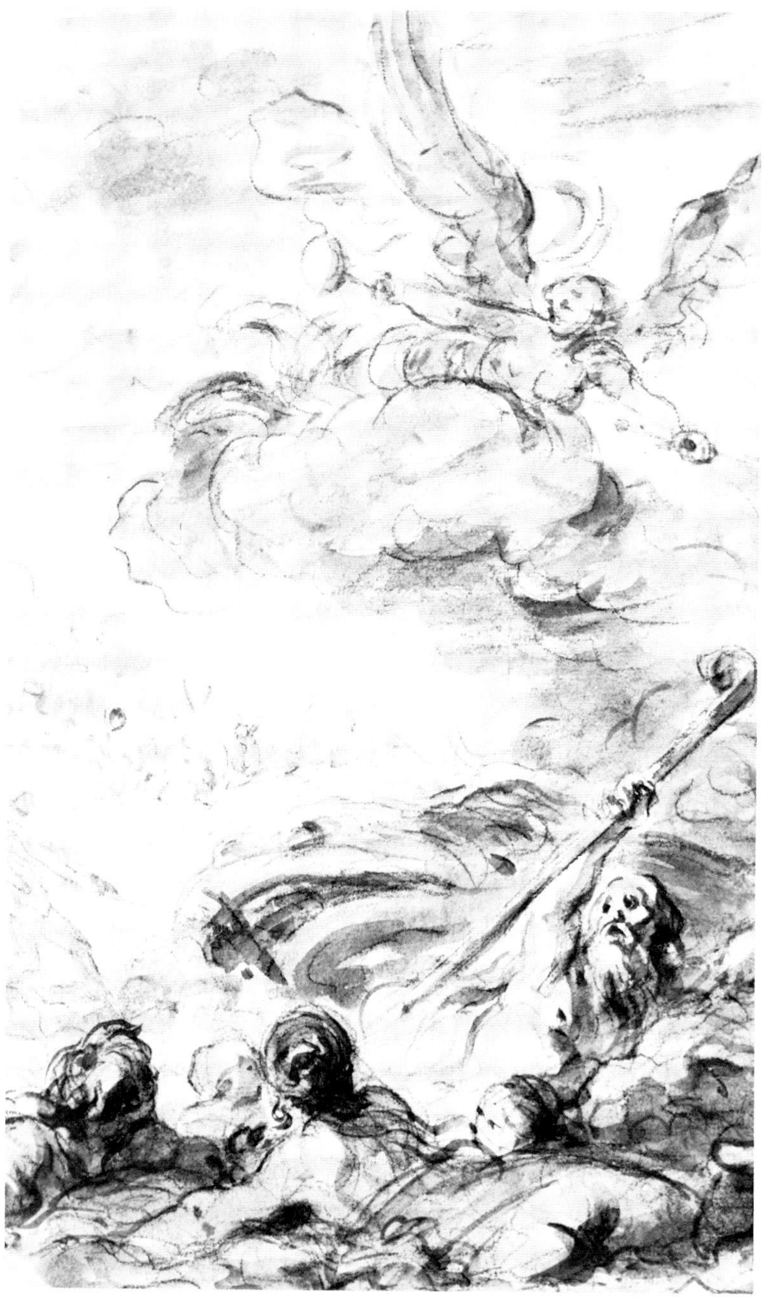

**Provenance**
Coll. Hippolyte Walferdin, sa vente après décès, 12-16 avril 1880, partie du nº 228 ; acheté par Louis Rœderer, Reims ; à sa mort, coll. de son neveu, Léon Olry-Rœderer ; acheté en 1922 par le Dr. A. S. W. Rosenbach pour la Rosenbach Company ; Rosenbach Museum and Library ; 54.105.

**Exposition**
Philadelphie, 1950-51, nº 71, ill.

**Bibliographie**
Mongan, Hofer et Seznec, 1945, pl. 78 ; Rorschach et Taylor, 1985, nº 49.

Chant XI, 44-46 :
« Fuor della grotta il vecchio Proteo, quando
Ode tanto rumór, sopra il mar esce ;
E visto entrare e uscír dell'orca Orlando,
E al lito trar sì smisurato pesce,
Fugge per l'alto océano, obbliando
Lo sparso gregge ; e sì 'l tumulto cresce,
Che fatto al carro i suoi Delfini porre,
Quel dì Nettuno in Etïopia corre.

Con Melicerta in collo Ino piangendo,
E le Neréide coi capelli sparsi,
Glauci, e Tritoni, e gli altri, non sapendo
Dove, chi quà chi là van per salvarsi.
Orlando al lito trasse il pesce orrendo,
Col qual non bisognò più affaticarsi,
Che pel travaglio e per l'avuta pena,
Prima morì che fosse in sull'arena.

Dell'ísola non pochi érano corsi
A riguardár quella battaglia strana »

« Le vieux Protée sort à ce bruit de sa grotte profonde, et s'élève sur la surface des eaux ; mais ayant vu Roland aller et venir dans la gueule de son orque, en sortir, et tirer sur le rivage ce monstrueux animal, saisi de frayeur, il abandonne le reste de ses troupeaux épars. Le bruit et l'agitation de l'onde s'accroissent tellement encore que Neptune lui-même fait bien vite atteler ses dauphins à son char, et s'enfuit tout effrayé dans les mers d'Éthiopie : Ino en pleurs et portant à son cou Mélicerte, les néréides, les cheveux épars, Glaucus, les Tritons, et le reste de la cour du dieu des mers, se sauvent chacun comme ils peuvent de tous côtés. Cependant le bon et nerveux Roland commençait à tirer avec moins d'effort l'orque, dont les forces étaient épuisées ; le monstre expira même avant d'être entraîné jusque sur le rivage. Le peuple de l'île s'était avancé de toutes parts pour voir cet étrange combat ».

A son tour, Roland passe au large de l'île d'Ébude. Il aperçoit, liée à un arbre, une jeune fille. Il s'agit cette fois d'Olympie, que l'orque s'apprête à dévorer. Roland décide de le tuer. Grâce à une ancre jetée dans la gueule de la bête, nous le voyons ici, au second plan à gauche, tirer le monstre sur le rivage. Les trompettes de la renommée célèbrent son exploit.

Au premier plan, nous assistons à la déroute du peuple marin.

# 263 Caligorant enchaîné à un arbre

H. 435 ; L. 287
Lavis de bistre sur préparation à la pierre noire
Inscription : « honoré fragonard », à la pierre noire, en haut, au centre

Berlin, Staatliche Museen Preussischer Kulturbesitiz, Kupferstichkabinett

**Provenance**
Coll. Portalis en 1889 ; vente [Portalis], 2-3 février 1911, nº 93 : « un géant enchaîné » ; acheté par le Cabinet des dessins de Berlin à cette vente ; KdZ 4553.

**Bibliographie**
P. p. 311 et ill. entre p. 296 et 297 ;
Wescher, 1934, p. 357 ;
Mongan, Hofer et Seznec, 1945, p. 22 ;
A. 1918 fig. 763.

**Œuvres en rapport**
Le musée de Berlin possède un autre dessin pour le *Roland* (A. 1912 fig. 487, ill.) qui illustre le chant XIII *(fig. 1)* et provient, lui aussi, de la coll. Roger Portalis (marque, Lugt 2232, en bas à droite).

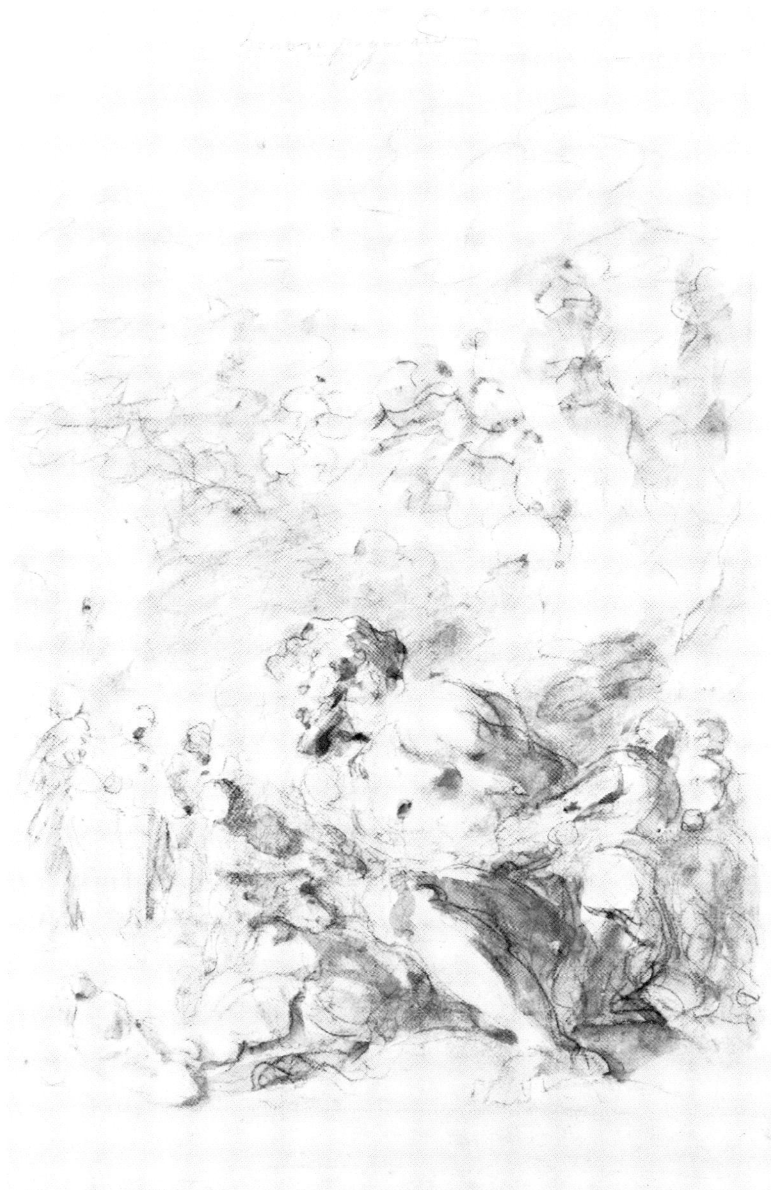

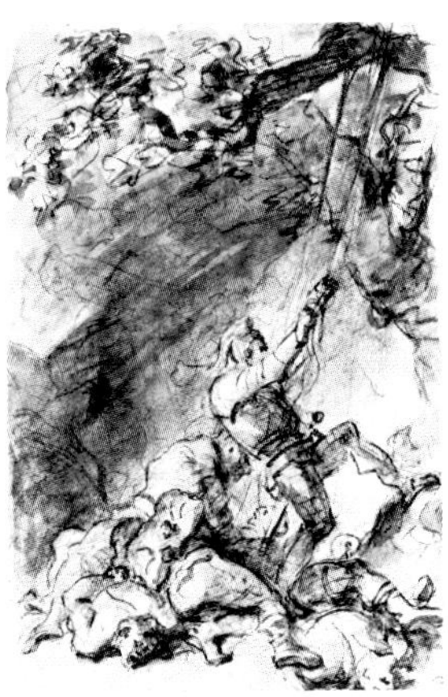

fig. 1. *Roland enchaînant les prisonniers*, Berlin, Kupferstichkabinett

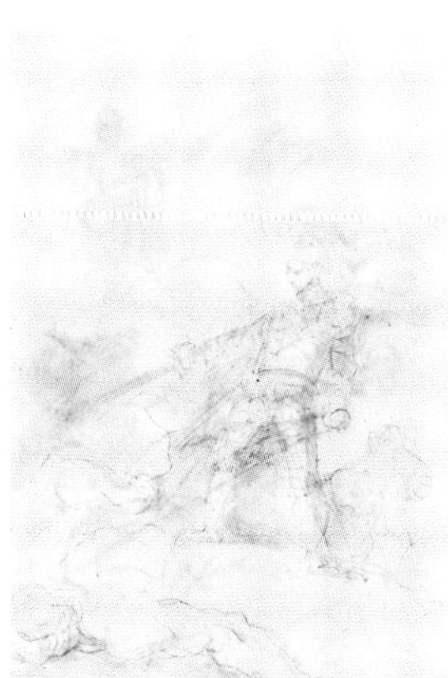

fig. 2. *Astolphe maîtrisant Caligorant*, Narbonne, musée d'Art et d'Histoire

Chant XV, 77 :
« Fan legare il gigante alla verdura
Con un'altra catena molto grossa
Ad una quercia di molt'anni dura,
Che non si romperà per una scossa ;
E da dieci sergenti averne cura,
Chè la notte discior non se ne possa,
Ed assalirli e forse far lor danno,
Mentre sicuri e senza guardia stanno »

« Astolphe eut soin de faire attacher son géant avec une seconde chaîne très forte au tronc d'un arbre que les années ont durci, et que toutes ses secousses ne pourraient ébranler ; et, pour plus de sûreté, dix sergents furent chargés de le garder à vue, les efforts et quelques moments d'humeur d'un pareil géant étant toujours à craindre ».

Astolphe, qui a maîtrisé le géant Caligorant (chant XV, dessin inédit au musée de Narbonne, *fig. 2)*, renonce à le tuer et l'emmène avec lui. Arrivé à l'embouchure du Nil, il rencontre Griffon et Aquilant et tous ensemble décident de festoyer, mais en prenant bien soin d'enchaîner le géant barbu au regard vide.

Fragonard décrit avec humour, par quelques taches de lavis, l'impressionnante musculature de Caligorant et ses gigantesques pieds, ainsi que les liliputiennes silhouettes qui tentent de le ligoter au tronc d'un arbre, sous les yeux d'une garde vigilante.

## 264 Griffon, Aquilant et Astolphe chargent Caligorant

H. 375 ; L. 250
Lavis de bistre sur préparation à la pierre noire

Marseille, musée Grobet-Labadié

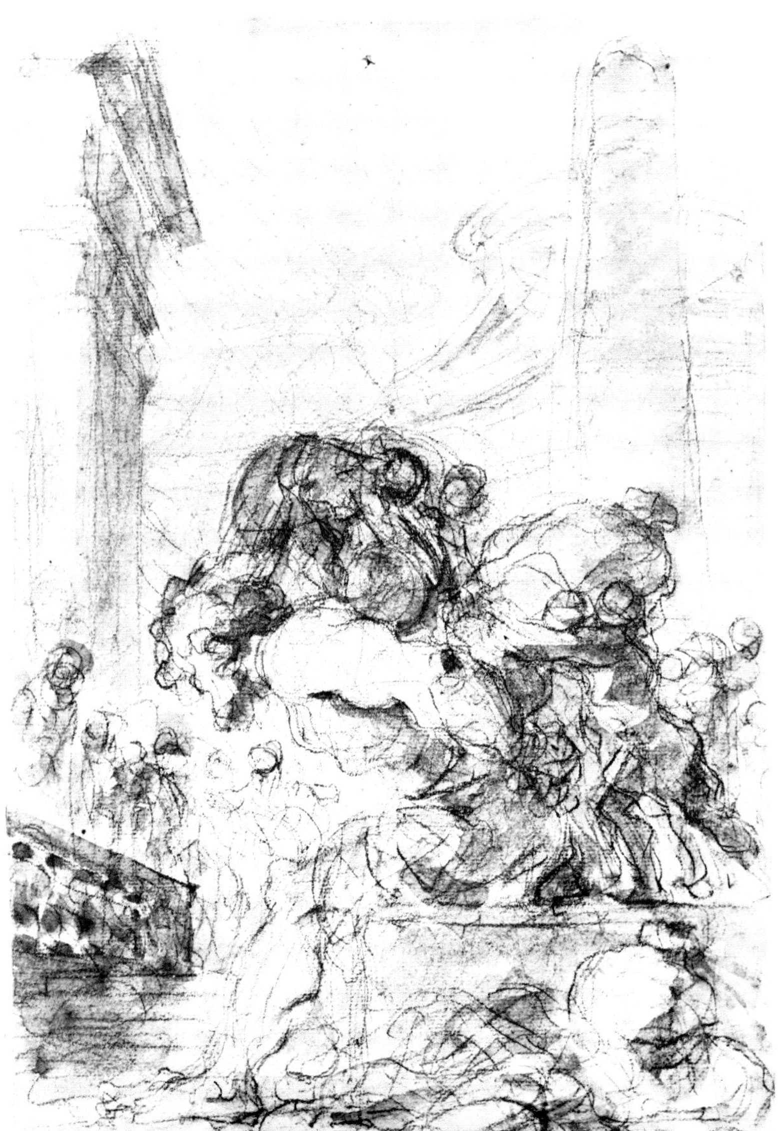

**Provenance**
Coll. Walferdin, sa vente après décès, 12-16 avril 1880, partie du n° 228 ; coll. Louis Rœderer, Reims ; à sa mort, coll. de son neveu, Léon Olry-Rœderer ; acheté en 1922 par le Dr. A. S. W. Rosenbach pour la Rosenbach Company ; acheté, avec cinquante-neuf autres dessins de la même série, en 1955, par Norton Simon ; acheté en 1978 par Agnew, Londres ; acheté à la galerie Cailleux en 1984 par le musée Grobet-Labadié ; GL 499.

**Bibliographie**
Mongan, Hofer et Seznec, 1945, pl. 118 ; *La Revue du Louvre...*, 1984, n° 4, p. 290, ill.

Chant XV, 93-94 :
« Acqua si trova ed arba in questa via :
Di tutti gli altri ben v'è carestia.

Si che prima ch'entrassero in viaggio,
Ciò che lor bisognò fecion raccorre ;
E carcar sul gigante il carrïaggio,
Ch'avria portato il collo anco una torre »

« ... Quoiqu'ils sussent qu'ils n'y trouveraient que de l'eau, des herbages et quelques arbres, ce fut celui [le chemin] qu'ils préférèrent. Il est vrai qu'ils avaient une bonne ressource : ils firent promptement rassembler tout ce qui pouvait leur être nécessaire, commode même, pour le voyage ; ils chargèrent tout ce gros bagage sur les épaules de Caligorant ; ils eussent pu même, s'ils l'eussent voulu, prendre la tour d'Orrile, et l'emporter par la même commodité ».

Astolphe, qui désire visiter la Terre Sainte, décide de continuer sa route avec Griffon et Aquilant. Dans un décor de balustres, colonnades et frontons, qui, à l'exception de l'obélisque, n'évoque guère l'Égypte, des hommes chargent sur le dos du géant Caligorant, dont les mains sont liées dans le dos, les provisions nécessaires au voyage.

L'enchevêtrement des traits de pierre noire, mêlés à des plages de lavis de bistre, est caractéristique des dessins pour le *Roland furieux*. Il aurait été bien difficile, pour un graveur, de les reproduire.

Le dessin a été tout récemment acquis par le musée de Marseille.

# 265 Roger écrit à Bradamante

Paris

H. 365 ; L. 236
Lavis de bistre sur préparation à la pierre noire

Paris, musée du Louvre, Cabinet des dessins

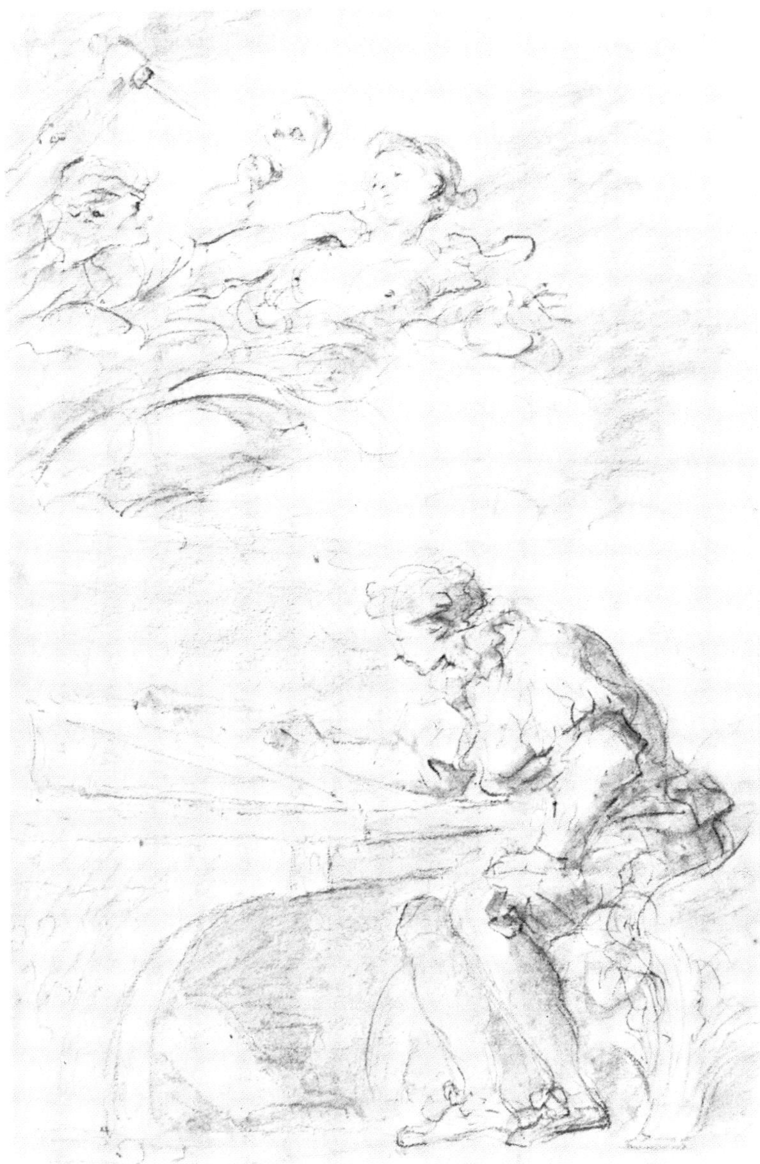

**Provenance**
Attribué en 1950 au musée du Louvre par l'Office des Biens privés ; MNR-CD 90.

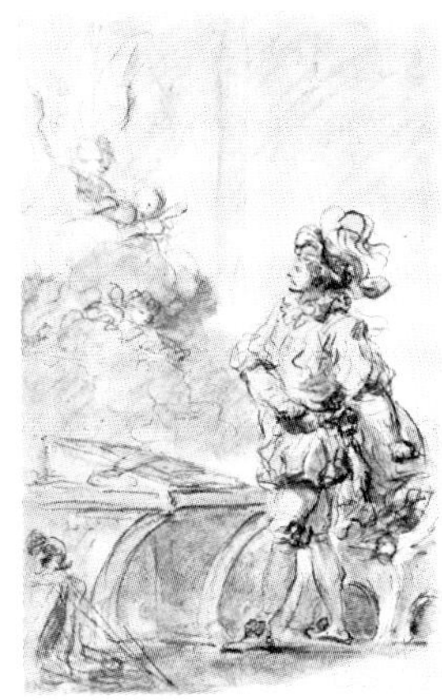

fig. 1.
*Roger s'apprêtant à écrire à Bradamante*, Stockholm, Nationalmuseum

Chant XXV, 85-86 et 90 :
« Poi che più cose immaginate s'ebbe,
Pensa scriverle alfin quanto gli accada ;
E bench'egli non sappia come debbe
La lettera invïar, si che ben vada,
Non però vuol restar ; chè ben potrebbe
Alcun messo fedel trovar per strada.
Più non s'indugia, e salta delle piume :
Si fa dar carta, inchiostro, penna e lume.

I camerieri discreti ed avveduti
Arrecano a Ruggier ciò che comanda.
Egli comincia a scrivere, e i saluti,
Come si suol, nei primi versi manda :
Poi narra degli avvisi che venuti
Son dal suo re, ch'aiuto gli domanda ;
E se l'andata sua non è ben presta,
O morto o in man degl'inimici resta.
(...)
Voglio, lo soggiunga, quando vi piaccia,
L'assedio al mio signor levar d'intorno,
Acciò che l'ignorante vulgo taccia,
Il qual direbbe, a mia vergogna e scorno :
Ruggier, mentre Agramante ebbe bonaccia,
Mai non l'abbandonò notte nè giorno ;
Or che fortuna per Carlo si piega,
Egli col vincitor l'insegna spiega »

« – Permettez-moi donc, ô chère et souveraine maîtresse de ma vie, permettez-moi d'aller délivrer le camp assiégé d'Agramant, d'aller imposer silence à la calomnie ; elle n'osera plus dire que je servais cet empereur quand sa puissance faisait trembler la France, mais que j'ai suivi les étendards de Charles dès que je l'ai vu victorieux. Si du moins une lettre, un message pouvaient la rassurer et obtenir son pardon !› Enfin il se décide à écrire, bien qu'il ne sache comment lui faire parvenir sa lettre. Peut-être rencontrera-t-il un messager fidèle. Il saute de son lit et se fait apporter un flambeau. D'abord il adresse à son amante les compliments d'usage ; il lui fait part ensuite du messager par lequel Agramant demande son secours. S'il ne se hâte, le prince perdra la vie ou la liberté ».

Ce dessin inédit est à rapprocher de celui du musée de Stockholm (*fig. 1 ;* Mongan 129), qui représente Roger s'apprêtant à écrire à Bradamante, afin de justifier son retard. Sur le dessin de Stockholm, Roger, torturé entre son amour et son devoir, se dirige vers un pupitre, où l'attendent une plume et un encrier. L'inspiration, sous la forme d'un génie ailé, lui apparaît. Le dessin du Louvre lui succède immédiatement, telles les images d'une bande dessinée. Roger porte le même habit, collerette, manches à crevées et chausses à gros nœuds. Le chapeau, l'encrier et le bouclier ont disparu, mais le fauteuil, qui n'est pas sans rappeler celui de l'*Arioste inspiré par l'amour et la folie* (n° 266) et le bureau (sous lequel s'entassent de gros volumes) sont bien les mêmes.

Grâce à la figure allégorique qui se voit dans la partie supérieure du dessin, il est facile de deviner le contenu de la lettre : la calomnie, tenant d'une main le masque du mensonge et de l'autre une bourse d'argent (?), est poignardée par un homme. En fait, Roger va se convertir à la foi catholique afin d'épouser Bradamante, mais non sans avoir auparavant porté secours à son roi assiégé, afin qu'on ne l'accuse pas de l'avoir abandonné pour Charlemagne, roi victorieux, et de s'être converti par lâcheté.

# 266 La lettre

New York

H. 399 ; L. 290
Lavis de bistre sur préparation à la pierre noire

Chicago, The Art Institute, don Tiffany et Margaret Blake

**Provenance**
Vente anonyme, 31 mai 1790, n° 323 « un jeune homme par une croisée remet une lettre à une femme qui est dans un appartement » ; vente Le Brun, 11 avril 1791, n° 347 : « une femme assise sur un sopha, surprise de l'arrivée d'un homme qui lui apporte une lettre : ils sont vêtus dans un costume pittoresque et un peu espagnol » (24 livres). Coll. Saint, sa vente, 4 mai 1846, partie du n° 18 : « l'intrigue à la fenêtre » ; coll. duc de Montesquiou-Fezensac, selon cat. exp. 1921 ; [ne provient pas, à notre avis, de la coll. Hippolyte Walferdin]. Coll. David David-Weill avant 1913 ; [Wildenstein] en 1938 ; coll. Mr et Mrs Tiffany et Margaret Blake, donné à l'Art Institute en 1945 ; 1945.32.

**Expositions**
Paris, 1921, n° 126 ;
Londres, 1932, n° 808 (cat. commémoratif, n° 687) ;
Paris, 1958, n° 49, pl. 64 ;
Paris, 1976-77, n° 18, ill. ;
Washington, 1978, n° 43, ill. (qui donne une liste complète des exp. auxquelles ce dessin a figuré).

**Bibliographie**
*Société de reproductions des dessins de maîtres,* 1913, vol. 5 ;
P. p. 300 ;
Wildenstein, 1921, p. 359, ill. ;
Fœrster, [1925], pl. 10 ;
Martine, 1927, pl. 39 ;
Henriot, III, 1928, p. 117, ill. p. 119 ;
R. p. 203 ;
A. 74 fig. 32 (voir aussi A. 1955) ;
Munhall, 1971, p. 404 fig. 8 ;
Meder, II, 1978, pl. 207.

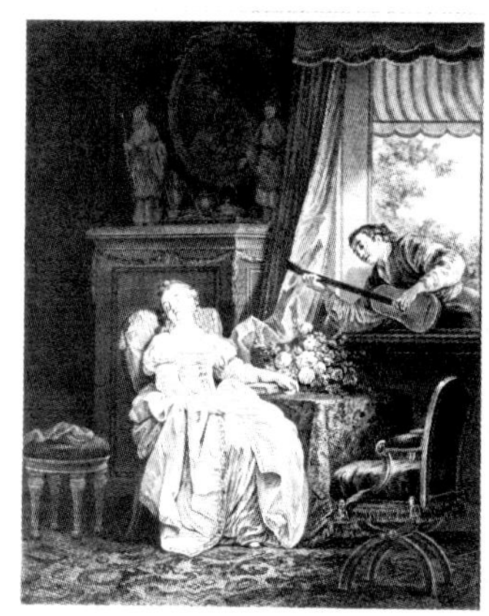

fig. 1. A. de Saint-Aubin et N. Pruneau d'après Le Prince, *L'Amour à l'Espagnole*, Paris, musée du Louvre, Cabinet des dessins, coll. Rothschild

« Dessin capital » (vente 1791), la *Lettre* de Chicago est datée par E. Williams (1978) sensiblement après 1770. Elle nous paraît précéder de peu les célèbres *Femmes conversant*, la *Lecture* et la *Rêveuse* (n$^{os}$ 269-271). Les « costumes pittoresques » passaient pour « un peu espagnol » par allusion aux manchettes et au large col empesé du jeune homme.

Le récit est simple : une jeune femme reçoit une lettre d'amour livrée par un jeune messager qui apparaît à la croisée. Elle se retourne vers le galant serviteur qui nous regarde ironiquement. Le sujet est banal : Leprince avait peint un *Amour à l'Espagnole* gravé par A. de Saint-Aubin et N. Pruneau en 1783 *(fig. 1)*, qui offre quelques similitudes avec le dessin de Chicago.

Narrateur adroit, Fragonard sait saisir sur un visage l'expression qui aide à la compréhension du récit. Il décrit objectivement, mais aime adresser au spectateur que nous sommes un clin d'œil amusé. Il met sa virtuosité technique au service d'une exceptionnelle vivacité de l'observation.

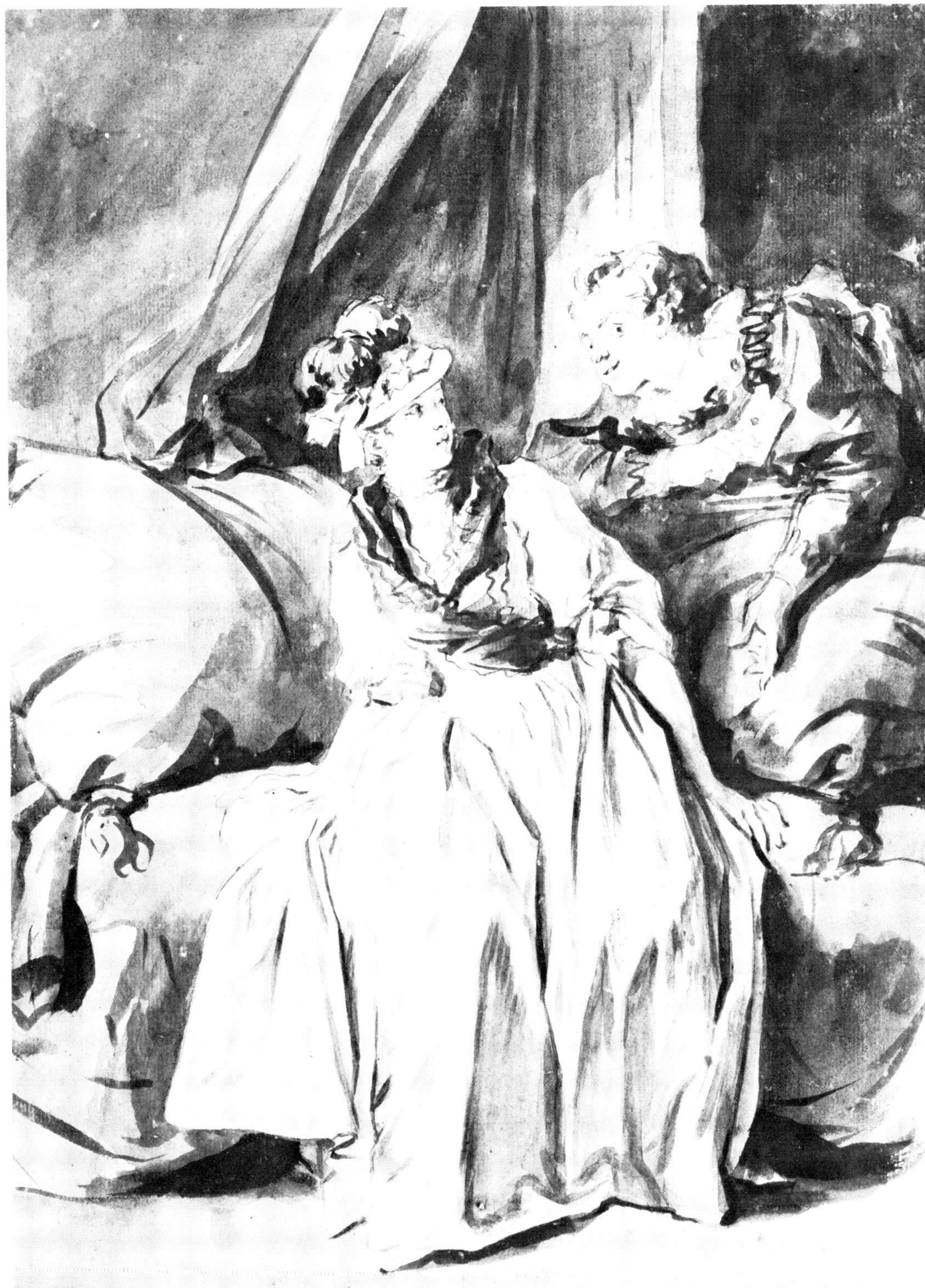

## 267 Jeune fille lisant

Paris

H. 446 ; L. 339
Lavis de bistre sur préparation à la pierre noire

Vienne, Graphische Sammlung Albertina

**Provenance**
Coll. Varanchan de Saint-Geniès, sa vente, 29-31 décembre 1777, nº 56 : « une très belle étude de jeune personne coëffée à l'anglaise et assise devant un livre. Ce dessin lavé au bistre sur papier blanc, est d'un caractère noble et d'un excellent effet » (= H. 459 ; L. 338, 100 livres) ; coll. Desmarets, vente, 17 mars 1797, nº 87 : « deux dessins, au bistre sur papier blanc, représentans *(sic)* l'un une femme qui dessine, l'autre une qui lit » (= 459 sur 338) ; coll. Albert, duc de Saxe-Teschen (1738-1822) marque sèche de sa coll., Lugt 174, en bas à gauche ; entré à l'Albertina à sa fondation ; Inv. 12.732.

**Expositions**
Paris, 1931, nº 59 ;
Londres, 1932, nº 1007 (nº 691 du cat. commémoratif) ;
Paris, 1950, nº 155 ;
Berne, 1954, nº 76, repr. sur la couverture.

**Bibliographie**
P. p. 306 (dessin Varanchan) ;
Schönbrunner et Meder, III, 1896-1908, pl. 255 ;
Meder, 1922, pl. 27 ;
Fosca, 1954, p. 51, pl. 5 ;
R. p. 211 ;
Mrozińska, 1960, p. 17 fig. 6 ;
A. 178 fig. 695.

**Œuvres en rapport**
Voir notice suivante.

Ce dessin se confond-il avec celui de la vente Varanchan de 1777 (voir rubrique *Œuvres en rapport*) ? Tout porte à le croire et en ce cas, il ne peut être, c'est évident, qu'antérieur à cette date. Rien dans son style ne contredit cette datation : à partir du second voyage en Italie, Fragonard aime dessiner (on pourrait écrire peindre) au lavis de bistre sur une délicate préparation à la pierre noire, dans le cas présent presque invisible.

Assise sur un coffre rembourré d'un coussin, une jeune femme lit devant un lutrin en forme de lune ou du moins paraît lire, tant elle donne l'impression de poser. D'autres livres dont on distingue les tranches sont éparpillés sur le sol ou posés sur une armoire. La liseuse est-elle Marguerite Gérard (1761-1837), la jeune sœur de Madame Fragonard ? On répète sans preuves absolues, mais sans doute à juste titre, que Marguerite vint s'installer chez son beau-frère au Louvre en 1775. Et ce que nous savons des traits de la belle Marguerite ne s'oppose pas à cette identification, à laquelle, notons-le en passant, le catalogue de la vente Varanchan ne fait pas allusion.

L'originalité du dessin repose, entre autre, sur la forme du lutrin devant lequel se détache le délicat profil de la jeune fille.

## 268 Jeune fille dessinant

New York

H. 451 ; L. 338
Lavis de bistre sur préparation à la pierre noire
Annotation, en bas à droite : « Fragonard »
En bas au centre, un accident du papier a été restauré

Vienne, Graphische Sammlung Albertina

**Provenance**
Vente Desmarets, 17 mars 1797, partie du nº 87 (voir notice précédente) ; coll. Albert, duc de Saxe-Teschen (1738-1822 ; marque sèche de sa coll., Lugt 174, en bas à gauche) ; entré à l'Albertina à sa fondation ; Inv. 12.731.

**Expositions**
Paris, 1931, nº 58 ;
Paris, 1950, nº 154 ;
Berne, 1954, nº 75 ;
Washington, 1984-85, nº 72, pl. en couleurs (notice par Christine Ekelhart).

**Bibliographie**
Schönbrunner et Meder, VII, 1896-1908, pl. 749 ;
Meder, 1922, pl. 26 ;
Fosca, 1954, pp. 50-51, pl. 4 ;
R. p. 211 ;
A. 1965 fig. 536 ;
Benesch, 1964, nº 224, ill.

**Œuvres en rapport**
Voir notice précédente.

Le dessin, clairement, est le pendant de la *Jeune fille lisant* de l'Albertina (notice précédente). Il doit être antérieur (de peu) à 1777 et peut représenter Marguerite Gérard, la jeune sœur de Madame Fragonard.

Assise sur un escabeau bas, la jeune fille tient sur ses genoux un carton à dessin. Elle dessine d'après le modèle vivant (un buste à l'antique abandonné sur le sol fait allusion à ses précédents travaux), un homme dans la force de l'âge, chevelu et barbu, au regard sévère, un bébé, sa mère. Installés derrière un muret (une caisse ?), les modèles posent pour une *Sainte Famille*, une *Sainte Famille* qui n'est pas sans ressembler à celle du musée de Troyes *(cat. 228 fig. 2 ;* la mère et l'enfant pour leur part évoquent le groupe principal de l'*Heureuse fécondité*, n° 222). Mais Fragonard n'a pas seulement voulu faire allusion à ses propres œuvres. Mêlant avec adresse et esprit le sacré et le profane, la réalité et la fiction, il s'est directement inspiré d'un tableau de Schedone qu'il avait copié à Naples en 1761 *(fig. 1)*. Sur la *Sainte Famille* de l'artiste émilien, alors à Capodimonte, aujourd'hui au Palais Royal (Rosenberg et Brejon, 1986, voir n° 6), l'enfant Jésus se tient debout sur la table du menuisier, dans une attitude dont Fragonard, quinze ans plus tard, se souviendra.

L'œuvre se décompose en deux triangles que lie le regard que la jeune dessinatrice porte sur ses modèles. L'attention de son observation donne toute sa tension à la composition dont on admirera la luminosité chatoyante.

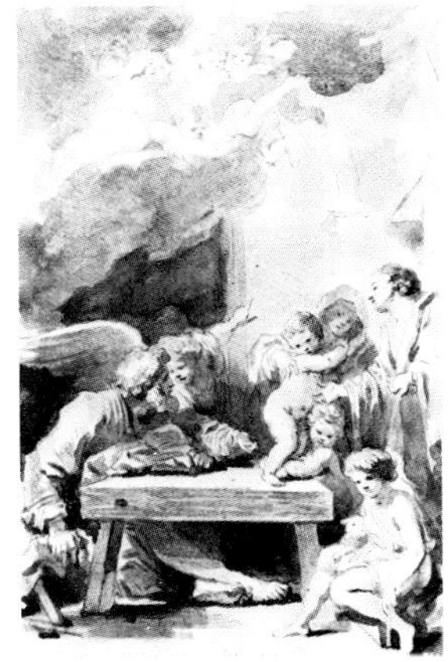

fig. 1
*La Sainte Famille* d'après Schedone, Vienne, Albertina

## 269 Deux jeunes femmes conversant

H. 281 ; L. 210
Lavis de bistre sur préparation à la pierre noire

Rotterdam, musée Boymans-van Beuningen

**Provenance**
Coll. [Chabot et duc de la Mure ou Desmarets], leur vente, 17-22 décembre 1787, n° 171 : « deux Études de figures de femmes, assises et bien drappées ; l'une cœffée d'un chapeau est très ressemblante à un habile artiste dans le genre de la miniature » (60 livres, à Millioty ( ?) ; vente anonyme, 8 juillet 1793, n° 66 : « deux autres dessins lavés au bistre ; l'un représente une jeune fille tenant un livre à la main, l'autre deux femmes qui causent ensemble » ( ?) ; vente Desmarets, 17 mars 1797, n° 88 : « deux dessins, au bistre, l'un une femme endormie devant une glace, l'autre deux femmes conversant » (= H. 297 ; L. 216 ( ?) ; coll. baron Brunet Denon, sa vente, 2 février 1846, n° 264 : « la confidence » (46 francs) ( ?). Coll. Marius Paulme depuis « la fin de 1925 » (sa marque, en bas à droite, Lugt 1910), sa vente après décès, 13 mai 1929, n° 86, pl. 58 (560.000 francs à F. Lugt) ; coll. Franz Kœnigs dès 1929 (1881-1941 ; sa marque, Lugt 1023 a, au verso), Haarlem ; acquis par D. G. van Beuningen en 1940 et donné l'année suivante au musée de Rotterdam ; F-I-228.

**Expositions**
Paris, 1931, n° 53 ;
Paris, 1937, n° 541, pl. 95 de l'album ;
Paris, 1950, n° 87, pl. 6 ;
Paris, 1952, n° 93 ;
Paris, 1964, n° 116, pl. 95 (avec liste complète des exp. et bibl.) ;
Amsterdam, 1974, n° 45, ill.

**Bibliographie**
P. p. 296 ( ?) ;
R. pp. 211-212 et 23 fig. 10 ;
Haverkamp Begemann, 1957, n° 65, ill. (avec bibl. détaillée) ;
A. 722 fig. 204 (et A. 60).

**Œuvres en rapport**
Le dessin de même sujet, légèrement plus grand, autrefois conservé à la Galerie Nationale du Canada à Ottawa (A. 721 fig. 203 et cat. exp. Paris, 1969-70, n° 44 fig. 21) est aujourd'hui considéré par les conservateurs du musée comme un faux (G. Normann, *The Times*, 8 et 9 mars 1978, ill. dans le n° du 9 mars). Pour le verso de ce dessin, voir notice n° 270.

Le dessin peut-il se confondre avec une des deux feuilles de la vente Chabot et de la Mure de 1787 ? La notice du catalogue précise que sur l'un des deux dessins, une des « femmes assises » « est très ressemblante à un habile artiste dans le genre de la miniature ». Cet « artiste » ne peut être, à notre avis, que Madame Fragonard qui, au XVIIIe siècle, se fit un nom dans ce genre. Nombreuses sont les ventes qui la mentionnent et lui attribuent des miniatures (alors qu'il est de règle de les donner aujourd'hui à son mari !).

Malheureusement, la vente de 1787 précise que l'« habile artiste » « est cœffée d'un chapeau ». Or pour nous — on l'aura deviné — la porteuse de chapeau — un élégant piqué

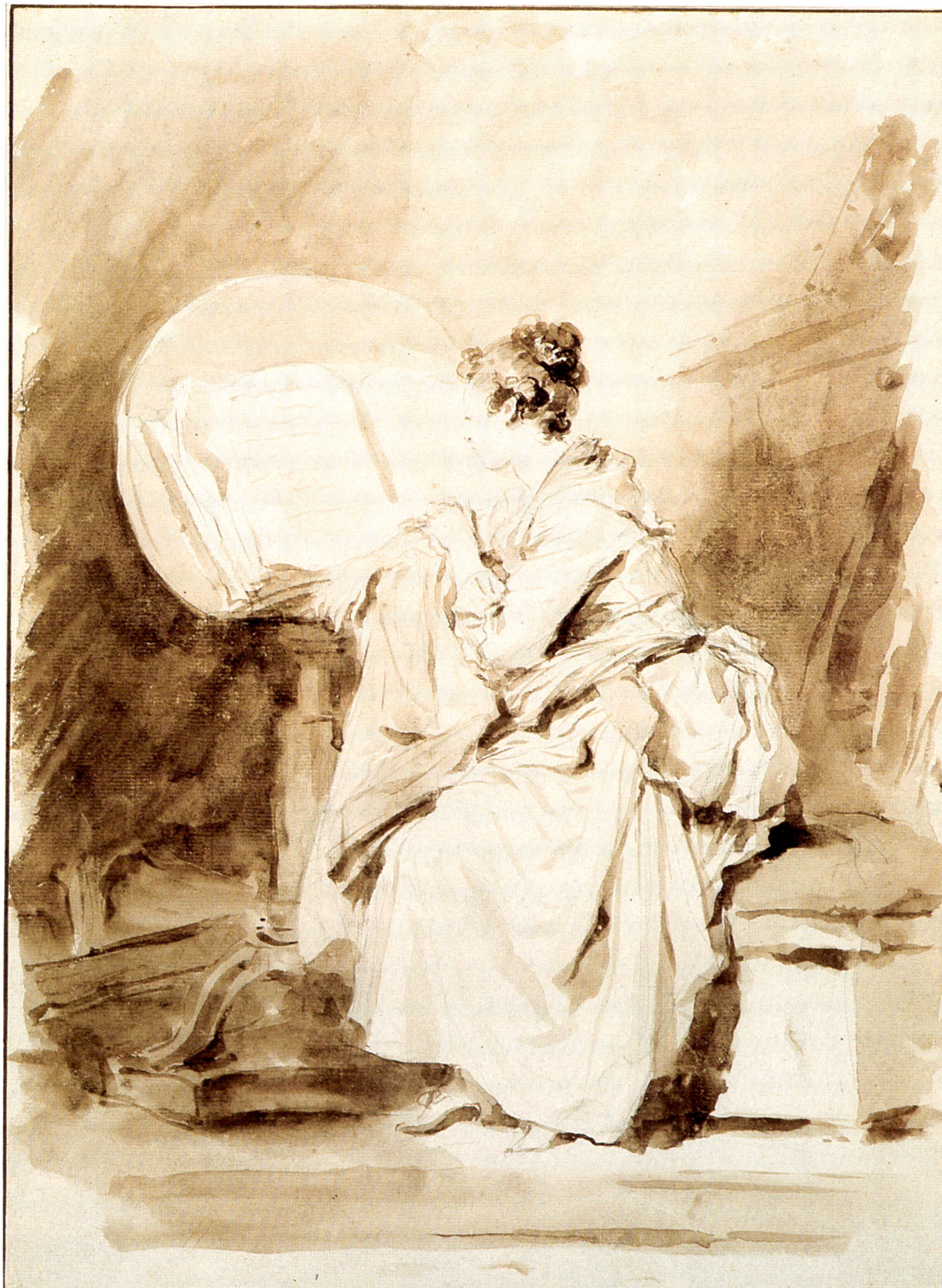

267

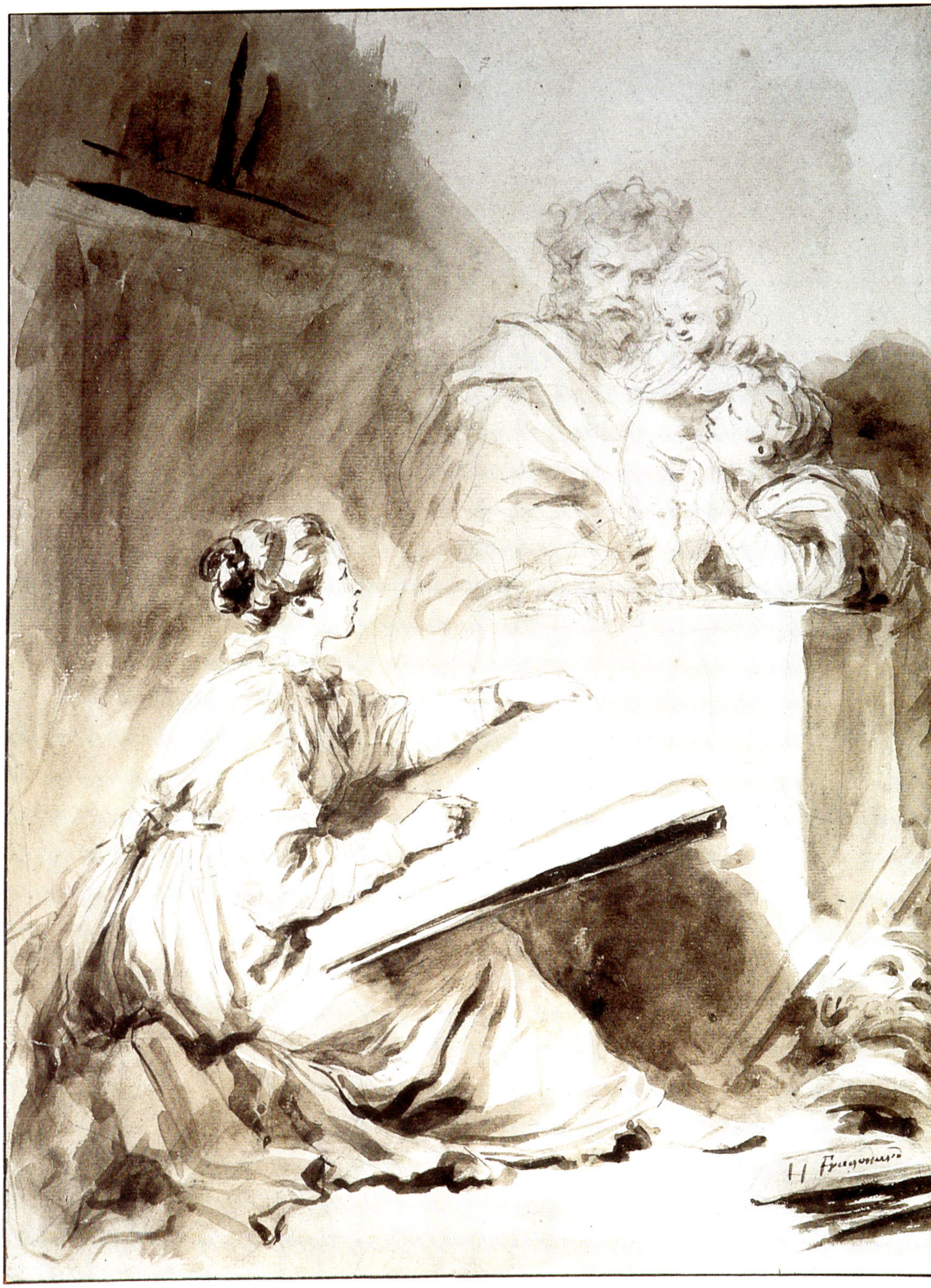

268

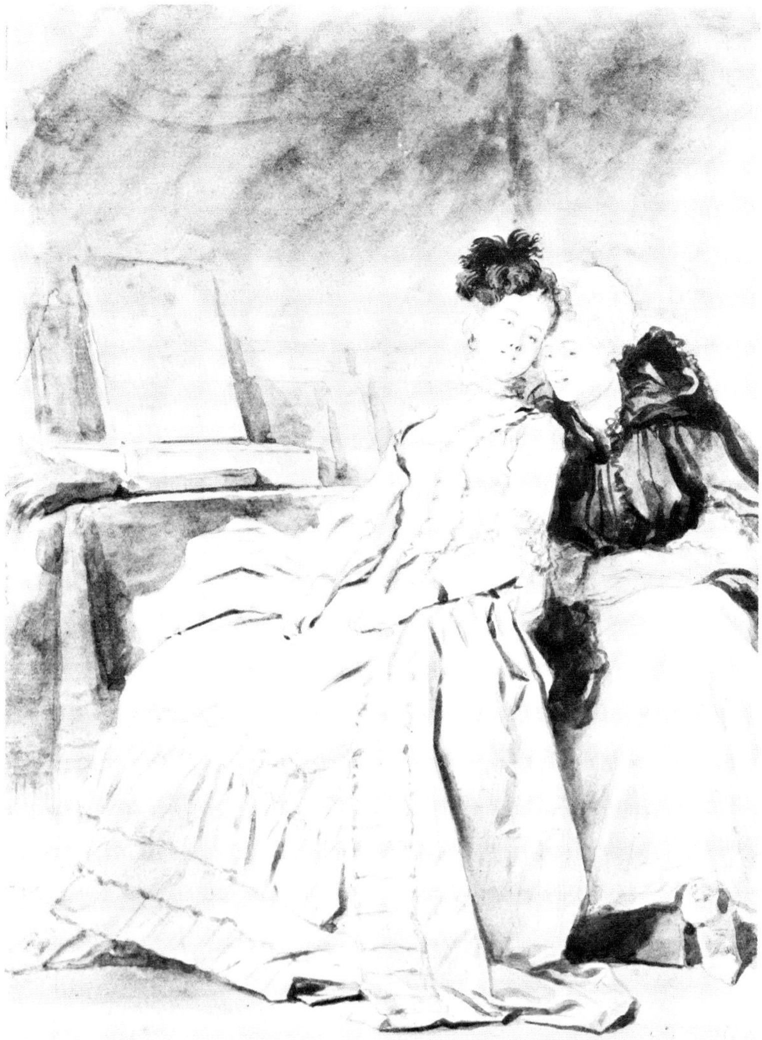

269

(une huppe) de plumes noires — n'est pas Madame Fragonard mais sa belle-sœur, la belle Marguerite Gérard (née en 1761), de seize ans sa cadette. Ce n'est pas le lieu de retracer sa carrière artistique, ni de nous pencher à notre tour (pour le confirmer ou l'infirmer) sur le « roman d'amour » entre Jean-Honoré et sa belle-sœur. Mais nous n'excluons nullement que le dessin de Rotterdam puisse représenter les deux sœurs vers 1780.

Les deux femmes sont assises devant une table recouverte d'un tapis où se distinguent (mal) des livres, des dessins ( ?), une toile vierge ( ?), un plumeau (sommes-nous dans l'atelier du peintre ?). La plus jeune est vêtue d'une élégante robe plissée décolletée, à manches courtes et à volants, ornée au cou d'une ruche. Sa compagne, les bras croisés sur les genoux, porte une robe de ville avec une mante noire à capuchon et est coiffée d'un petit bonnet blanc de dentelles. Elles nous regardent comme elles regardent l'artiste en train de les dessiner et se penchent l'une vers l'autre. Échangent-elles quelque confidence, pour reprendre le titre que son redécouvreur, Marius Paulme, a donné au dessin en 1925 (et qu'il portait en 1846 s'il se confond avec le nº 264 de la vente Brunet Denon) ? Rien n'est moins sûr, même si leur attitude donne à penser que les deux jeunes femmes s'apprêtent à échanger quelques propos. Elles causent, mais aussi elles posent.

## 270 La lecture

New York

H. 281 ; L. 210
Lavis de bistre sur traces de préparation à la pierre noire

Paris, musée du Louvre, Cabinet des dessins

**Provenance**
Pour une possible provenance du dessin du Louvre, voir notice nº 267.
Coll. chevalier de Saint-Morys, entrée au Louvre à la Révolution avec les coll. saisies chez les Émigrés (marques du Louvre, Lugt 1886 et 2207, en bas à gauche et au centre) ; Inv. 26.651.

**Expositions**
Paris, 1921, nº 127 ;
Amsterdam, 1926, nº 150 ;
Paris, 1931, nº 54 ;
Londres, 1932, nº 690 (cat. commémoratif, nº 839, ill.) ;
Paris, 1937, nº 540 ;
Paris, 1946, nº 375 ;
Paris, 1950, nº 88, pl. 36 ;
Paris, 1962, nº 99.

**Bibliographie**
G. p. 297, 331 ;
P. p. 307, repr. entre p. 224 et p. 225 ;
N. repr. entre p. 94 et p. 95 ;
Guiffrey et Marcel, V, 1910, nº 4053 ;
Fœrster [1925], pl. 19 ;
Leporini, 1925, pl. III ;
Nolhac, 1933, ill. entre p. 192 et 193 ;
Lavallée, 1938, nº 7, ill. ;
Claudel, 1946, p. 152, ill. en vis-à-vis ;
Wilhelm, 1951, p. 24, ill. ;
R. p. 212 ;
A. 61 fig. 27.
Starobinski, 1964, p. 125 et ill. p. 123 ;
Fried, 1980, p. 138, ill. p. 137 ;

**Œuvres en rapport**
Deux autres versions sont connues, l'une, vraisemblablement de Fragonard, autrefois dans les coll. Walferdin et Heseltine, appartient à la coll. Hammer à Los Angeles *(fig. 1 ;* A. 62 fig. 28 ; cat. Jacquemart-André-Louvre, 1977, nº 67, ill. couleurs), l'autre, vraisemblablement d'après Fragonard, au Rhode Island School of Design Museum à Providence *(fig. 2 ;* A. 63).

Une version de la *Lecture* se voit au verso de *La confidence,* autrefois à Ottawa (voir nº 269).

Jules de Goncourt a gravé *(fig. 3)* le dessin du Louvre (frontispice de l'étude sur Fragonard publiée en 1865).

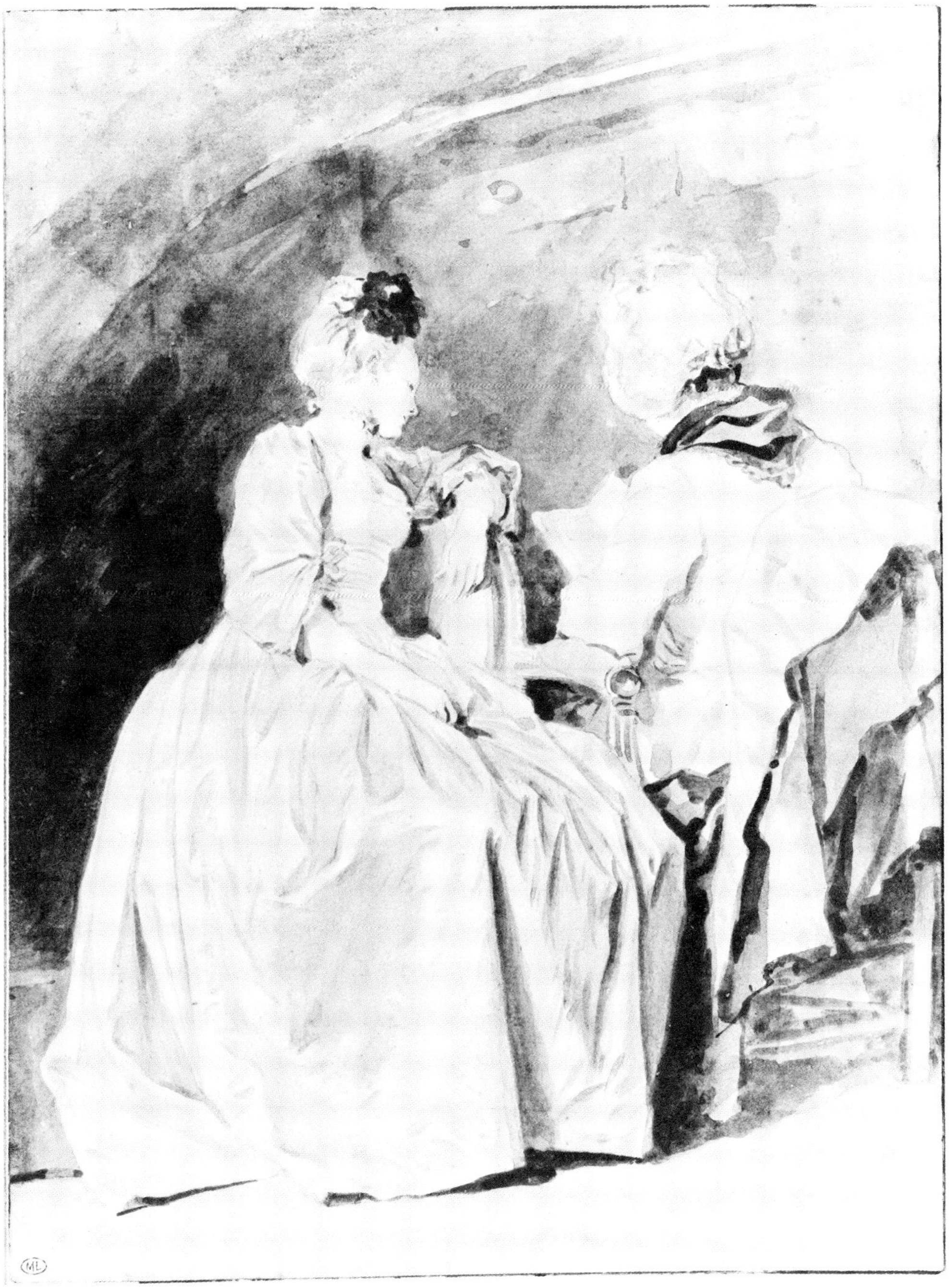

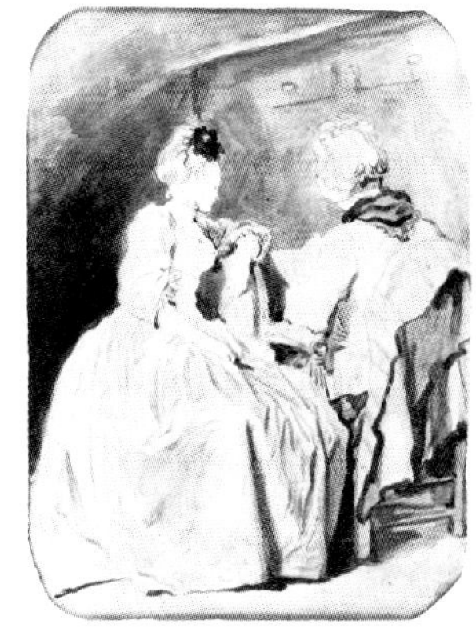

fig. 1. Fragonard (?), *La lecture*, Los Angeles The Armand Hammer Foundation

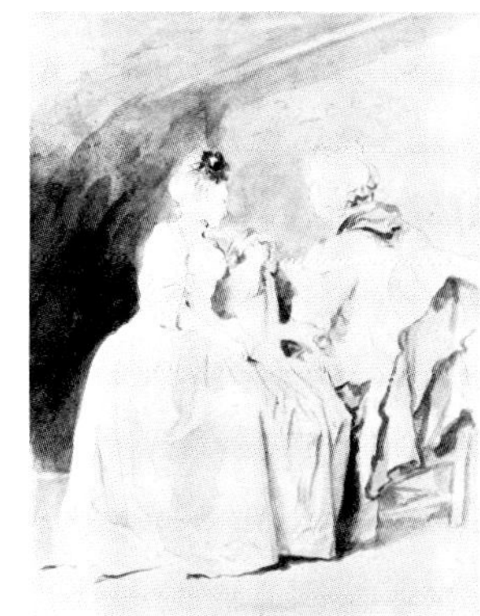

fig. 2. D'après Fragonard (?), *La lecture*, Providence, Rhode Island School of Design

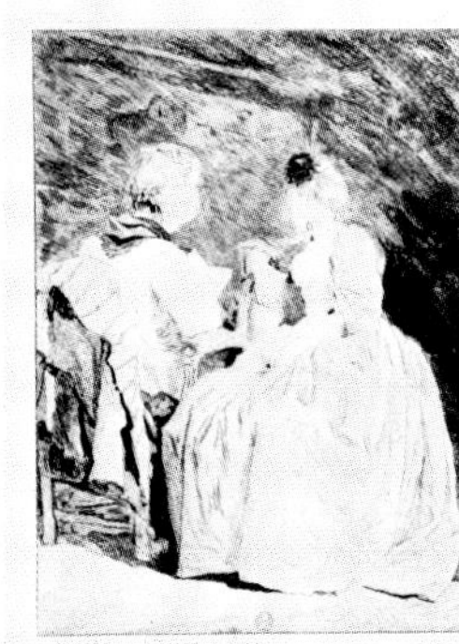

fig. 3. Jules de Goncourt d'après Fragonard, *La lecture*, Paris, Bibliothèque Nationale, Cabinet des estampes

Le dessin est justement célèbre. Est-il le pendant de celui de Rotterdam (n° 269) ou d'une version de la *Rêveuse* (n° 271) ? Il est difficile de trancher. Disons en tout cas, que l'on retrouve d'un dessin à l'autre certains motifs (fauteuil), les mêmes robes de satin, telle mante, telle ruche et certains détails des coiffures. Et que rien ne s'oppose, à nos yeux, à reconnaître dans les deux jeunes femmes Marguerite Gérard (1761-1837) et sa sœur Marie-Anne Fragonard (1745-1823).

Avec une grande économie de moyens et son habituelle virtuosité technique dans l'utilisation des clairs et des sombres du bistre, Fragonard a campé ses deux figures dans l'espace avec une solidité et un sens du rythme qui confond.

Mais plus encore, il a su capter cette atmosphère de silence recueilli et de rêverie qui entoure la lecture : la liseuse « tourne carrément le dos à la réalité. C'est son rêve au contraire qui s'épanouit et se présente à nous, mais tout à fait de face, du fait de cette jeune femme assise : je parle de cette robe aux larges plis et aux reflets chatoyants, mais l'attention de la pensive qui ne nous livre qu'un profil effacé est toute entière, là-bas, par derrière, adhérente au site imaginaire qu'elle hésite à joindre ou à quitter. Accoudée et comme pendante au balustre d'un invisible bassin » (Paul Claudel, écrit à Brangues le 8 juillet 1941, dans *L'œil écoute*, éd. 1946).

# 271 La rêveuse

H. 305 ; L. 215
Lavis de bistre sur préparation à la pierre noire

New York, The Metropolitan Museum of Art, Collection Robert Lehman

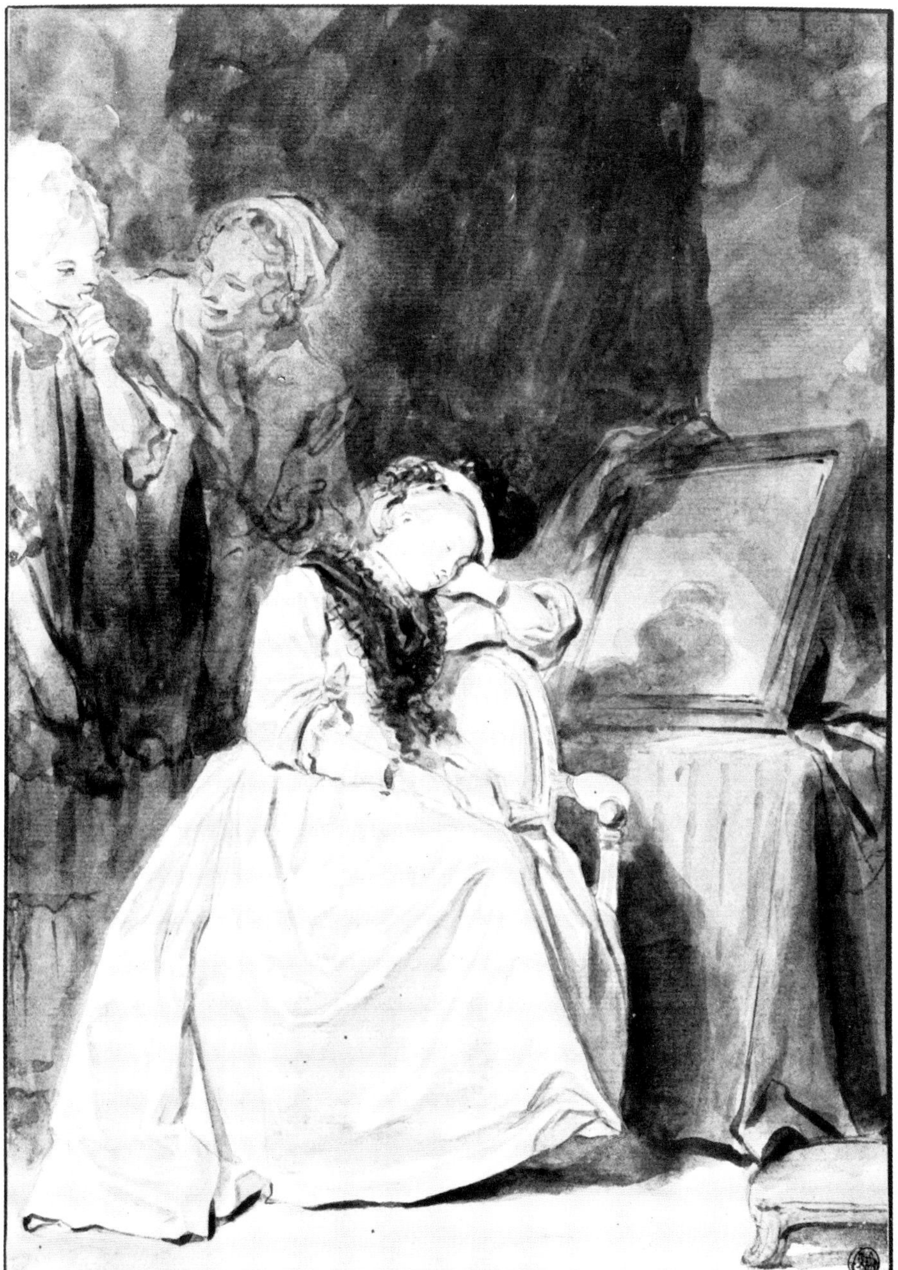

**Provenance**
Selon Thirion (1895), une *Rêveuse* aurait appartenu à un des Roslin, une puissante dynastie de fermiers généraux.
Peut-être la « Jeune fille tenant un livre à la main » d'une vente anonyme du 8 juillet 1793, nº 66 (mais voir *Œuvres en rapport* et notice 269). Coll. baronne de Ruble en 1889 ; coll. Alfred Beurdeley (sa marque, en bas à droite, Lugt 421), sa vente, Paris, 13-15 mars 1905, nº 71 (20.000 francs à E. Cognacq ; sur l'achat du dessin par E. Cognacq qui crut, un temps, d'après les dires d'un « charitable ami », que le dessin était faux, « c'est Groult qui l'a fait », voir l'anecdote rapportée par Eudel, 1908) ; coll. Ernest (1921) puis Gabriel (1931) Cognacq ; vente de ce dernier, 14 mai 1952, nº 1, ill. ; [Feilchenfeld] à Zurich ; acquis par Robert Lehman et entré au Metropolitan Museum avec sa collection.

**Expositions**
Paris, 1907, H. C. ;
Paris, 1921, nº 145 ;
Paris, 1931, nº 26 ;
Berne, 1954, nº 77, pl. XVII ;
Zurich, 1955, nº 102 ;
Stockholm, 1958, nº 250 ;
Washington, 1978, nº 48, ill. ;
New York, 1980, nº 14, ill.

**Bibliographie**
P. p. 305, ill. entre p. 140 et 141 ;
Thirion, 1895, p. 332 ;
D. et V. pl. 169, ill. ;
Eudel, 1908, pp. 428-429 ;
Fœrster [1925], pl. 20 ;
Fosca, 1954, p. 61, pl. 28 ;
R. p. 216 ;
A. 58 fig. 682.

**Œuvres en rapport**
Il existe une seconde version de ce dessin avec variantes *(fig. 1)*. Il appartient à la coll. Forsyth Wickes donnée au musée de Boston en 1965 (avec restriction en ce qui concerne le prêt aux expositions ; A. 59).

Le musée d'Orléans conserve une copie de ce dessin (A. 734).

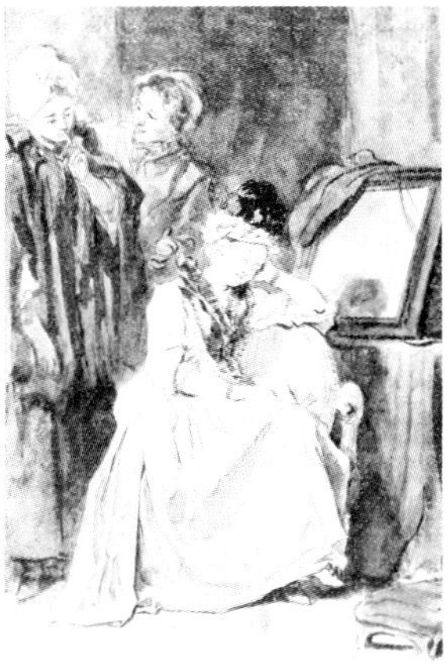

fig. 1. *La rêveuse*,
Boston, Museum of Fine Arts

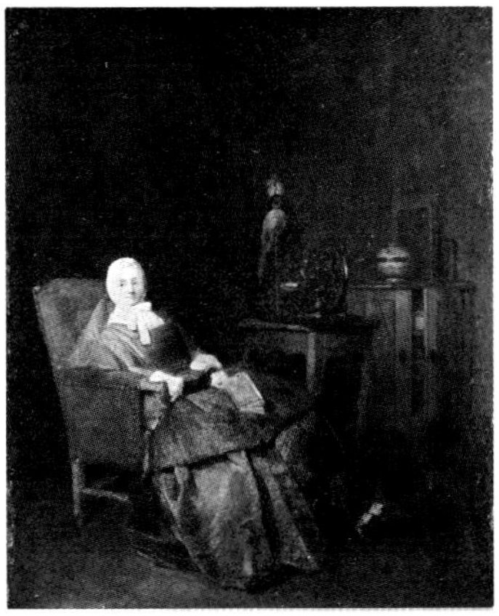

fig. 2. Chardin,
*Les amusements de la vie privée*,
Stockholm, Nationalmuseum

Il existe de ce dessin une seconde version autographe, conservée au musée de Boston *(fig. 1)* : elle offre, avec le dessin de New York, des variantes, avant tout dans la pose du modèle qui paraît plus rapproché de nous et plus tourné vers la gauche. Comme Eunice Williams (1978), nous pensons que la version de Boston, bien plus belle et moins insolée, précède en date le dessin de New York (qui a dû souffrir : que sont devenus les pieds du modèle ?). Et nous croyons que si un des deux dessins est le pendant des *Deux jeunes femmes conversant* de Rotterdam (nº 269), ce ne peut être que celui de Boston.

Une jeune fille, assise au bord d'un fauteuil, devant un miroir drapé (une coiffeuse ?), un livre ouvert à la main, s'est assoupie : sommeille-t-elle ou bien sa lecture l'a-t-elle entraînée dans une heureuse rêverie ? Une jeune femme debout la regarde et porte son doigt à la bouche pour faire silence. Sa compagne se tourne vers elle et lui montre ironiquement l'endormie.

Sa robe, son chapeau surtout, autorisent-t-ils à reconnaître dans l'héroïne Marguerite Gérard et dans sa compagne coiffée d'un bonnet de dentelles sa sœur Marie-Anne Fragonard ? Dès le XVIIIe siècle (voir notice 267), certains rédacteurs de catalogues de ventes n'hésitaient pas à proposer une telle identification.

Plongée dans le monde de son livre, la jolie liseuse, si inconfortablement accoudée au dossier de son fauteuil, est loin de toute réalité. Par une opposition voulue, ses compagnes nous ramènent sur terre.

On ne manquera pas de comparer le dessin de Fragonard aux *Amusements de la vie privée* de Chardin *(fig. 2 ;* Stockholm ; Rosenberg, 1983, nº 123, ill.*)*. Les deux artistes explorent la même voie, celle de l'évasion par la lecture. La liseuse de Chardin est éveillée, même si son regard est celui de quelqu'un qui vient de quitter une lecture à laquelle ses pensées sont encore attachées. Fragonard a construit autour du sommeil de son modèle une petite saynète destinée à faire sourire.

# 272 La fête de village

Paris

H. 348 ; L. 433
Lavis gris (et quelques taches de bistre) sur préparation à la pierre noire

Amsterdam, Rijksmuseum, Rijksprentenkabinet

**Provenance**
Coll. du duc de Feltre, sa vente après décès, 6-9 mai 1867, nº 89 (sans dimensions ; 430 francs à Basset) ; vente anonyme, 15-17 mai 1883, nº 78 : « un marché de village. Fête de village. Deux jolis dessins à la sépia » ( ?) ; coll. baronne Mandraut (selon Henriot) ; coll. baronne de Ruble en 1889 (selon P. et A., à tort à notre avis) ; coll. David David-Weill en 1927, puis Fritz Mannheimer ; entré au musée d'Amsterdam en 1953 ; 53 :205.

**Expositions**
Paris, 1946, nº 120 ;
Amsterdam, 1951, nº 170 ;
Paris, 1964, nº 112, pl. 93 ;
Amsterdam, 1974, nº 42, ill.

**Bibliographie**
P. p. 301 ;
Martine, 1927, pl. 47 ;
Henriot, III, 1928, p. 141, ill. p. 143 ;
A. 815, fig. 522 (voir aussi à tort A. 253 et 254) ;
Roland Michel, 1983, p. 475.

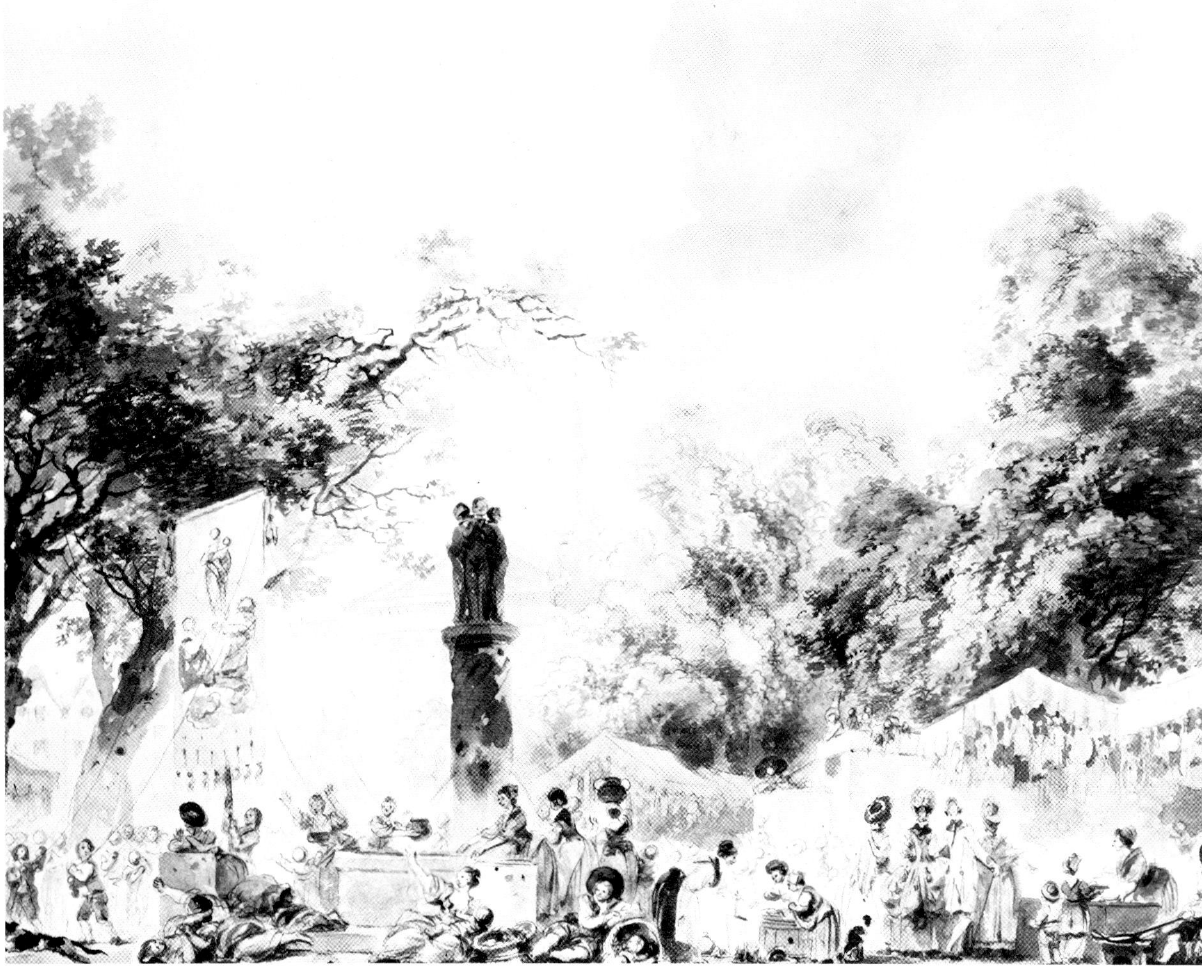

Le dessin est associé, depuis 1867, au moins et vraisemblablement depuis le XVIII^e siècle, à la *Danse des enfants dans un parc* (n° 274). Trois scènes se distinguent : sur la gauche, des enfants portent une bannière de procession montrant la Vierge et deux saints ; au centre, une fontaine publique surmontée des trois Grâces avec des porteuses d'eau, sur la droite une fête foraine avec son théâtre de marionnettes, ses baraques de jouets (« *À LA BELLE...* »), un marchand de crêpes... À l'arrière plan, se voit l'église du village avec son clocher pointu, ses colonnes et son fronton classique. Fragonard a multiplié les détails pittoresques, ainsi les deux femmes qui se battent et ont roulé à terre, le chien à l'extrême gauche qui s'enfuit, effrayé, et sur la droite les trois élégantes et leur compagnon qui visitent la foire.

Leurs costumes, l'architecture de l'église, la délicatesse technique du dessin qui privilégie le lavis gris confirment la datation tardive, entre 1775 et 1780, proposée par Marianne Roland Michel.

## 273 La danse des enfants dans un parc

Paris

H. 348 ; L. 433
Lavis gris sur préparation à la pierre noire (avec quelques taches de lavis de bistre)

Amsterdam, Rijksmuseum, Rijksprentenkabinet

**Provenance**
Coll. du duc de Feltre, sa vente après décès, 6-9 mai 1867, n° 88 (sans dimensions ; acquis par Basset pour 450 francs) ; vente 1883 ( ? ; voir notice précédente) ; coll. baronne de Mandraut (selon Henriot) ; coll. baronne de Ruble en 1889 (selon P. et A., mais à notre avis il s'agit de notre 274) ; coll. David David-Weill en 1927 en tout cas ; coll. Fritz Mannheimer ; entré au musée d'Amsterdam en 1953 ; 53.204.

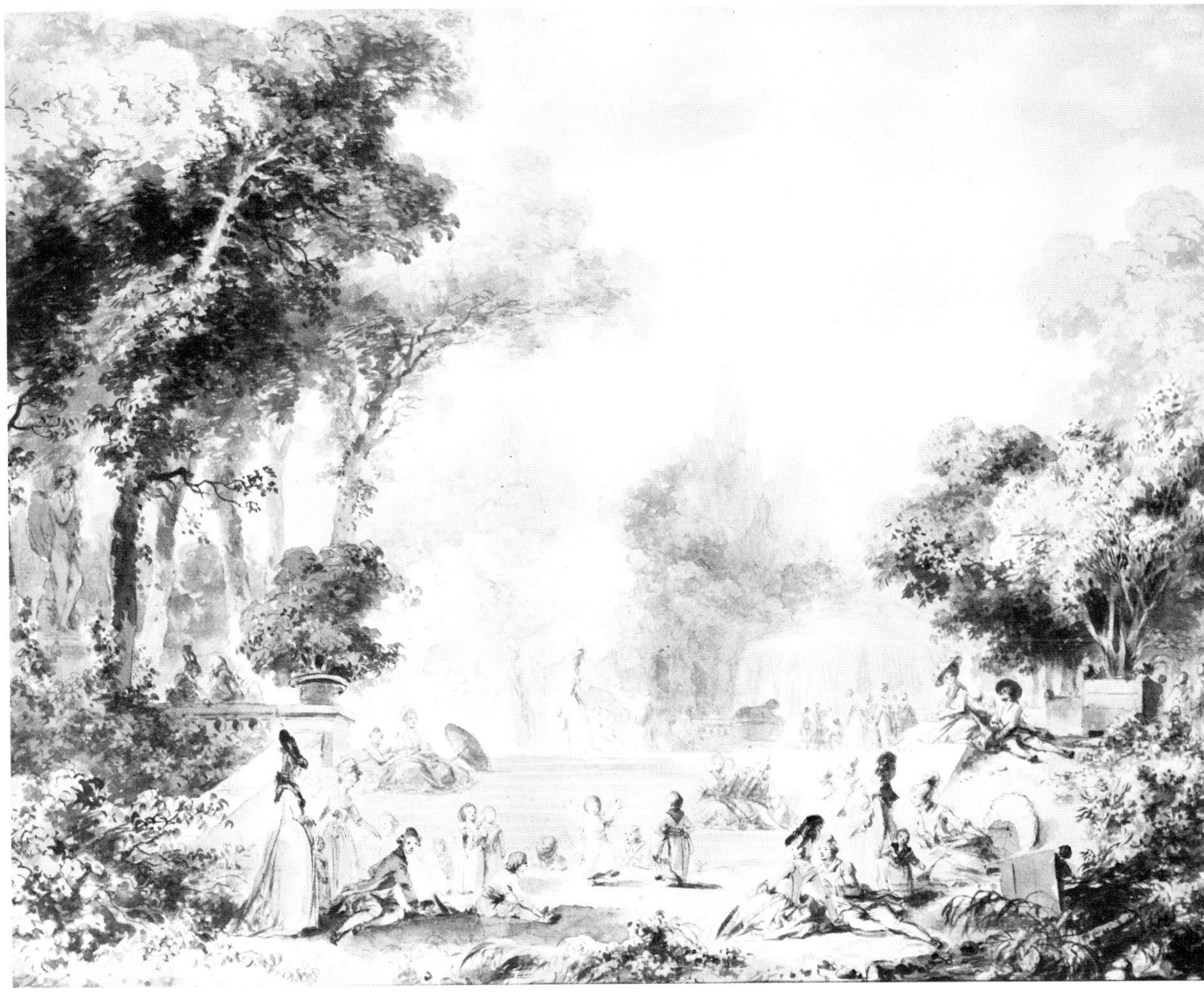

**Expositions**
Londres, 1932, n° 788 (cat. commémoratif n° 684) ;
Paris, 1946, n° 119 ;
Paris, 1950, n° 89 ;
Amsterdam, 1951, n° 171 (et non 170), pl. 34 ;
Paris, 1964, n° 113, pl. 92 ;
Amsterdam, 1974, n° 43, ill.

**Bibliographie**
P. p. 311 ;
Martine, 1927, pl. 45 ;
Henriot, III, 1928, p. 125, ill. p. 127 ;
A. 817 fig. 523 (voir aussi à tort A. 253 et 254) ;
Williams, 1978, p. 107 fig. 4 ;
Roland Michel, 1983, p. 475.

**Œuvre en rapport**
Pour le dessin de la coll. Lehman, voir notice n° 274.

Pour le pendant de ce dessin, voir notre notice précédente.

Pas plus que pour ce dernier, nous ne pensons que la *Danse des enfants dans un parc* copie un site réel. Et nous ne croyons pas non plus qu'on puisse le considérer comme une étude pour quelque tableau de Fragonard.

Bien au centre de la composition, au pied des marches d'un escalier, deux tout jeunes enfants esquissent un pas de danse sous les regards de l'élégante assistance. La cascade, les orangers en caisse, la statue de l'Amour sous les grands arbres, les ombrelles éclairées par le soleil évoquent le calme d'une heureuse après-midi estivale.

# 274 Deux jeunes enfants dansant dans un parc

H. 343 ; L. 425
Lavis gris avec touches de rose et de vert sur préparation à la pierre noire
Au verso, une étude à la pierre noire pour le dessin d'Amsterdam n° 273 *(fig. 1)*

New York, The Metropolitan Museum of Art, Collection Robert Lehman

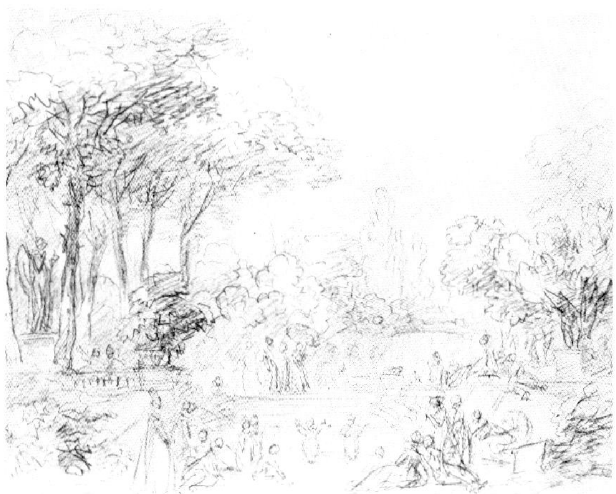

fig. 1. Verso du n° 274

**Provenance**
Coll. baronne de Ruble en 1889 (voir P. 1889, p. III) ; coll. Alfred Beurdeley (sa marque, Lugt 421, en bas à gauche et à droite), sa vente 13-15 mars 1905, n° 80, ill. (acquis par Walter Gay pour 9.000 francs) ; coll. Walter Gay ; [André Weil en 1938] puis, après la dernière guerre, Robert Lehman ; 975.1.628.

**Expositions**
Paris, 1921, n° 114 ;
Paris, 1931, n° 66 ;
Londres, 1932, n° 798 (cat. commémoratif n° 677) ;
Paris, 1946, n° 122 ;
Paris, 1957, n° 97 ;
Washington, 1978, n° 39, ill. ;
New York, 1980, nos 13a et b, ill.
Bordeaux, 1981, n° 160, ill.

**Bibliographie**
P. p. 301, ill. p. 81 ;
R. p. 228 ;
Ananoff, 1957, p. 520, ill. ;
Wildenstein, 1960, p. 47, 50 note 7 et 46 fig. 2 ;
A. 790 fig. 706 ;
Williams, 1979, p. 76, ill. ;
Gaehtgens, 1983, p. 33 fig. 21 ;
Roland Michel, 1983, p. 475.

**Œuvres en rapport**
— Pour le dessin d'Amsterdam, voir n° 273.
— Pour le tableau de la Banque de France, voir n° 161.

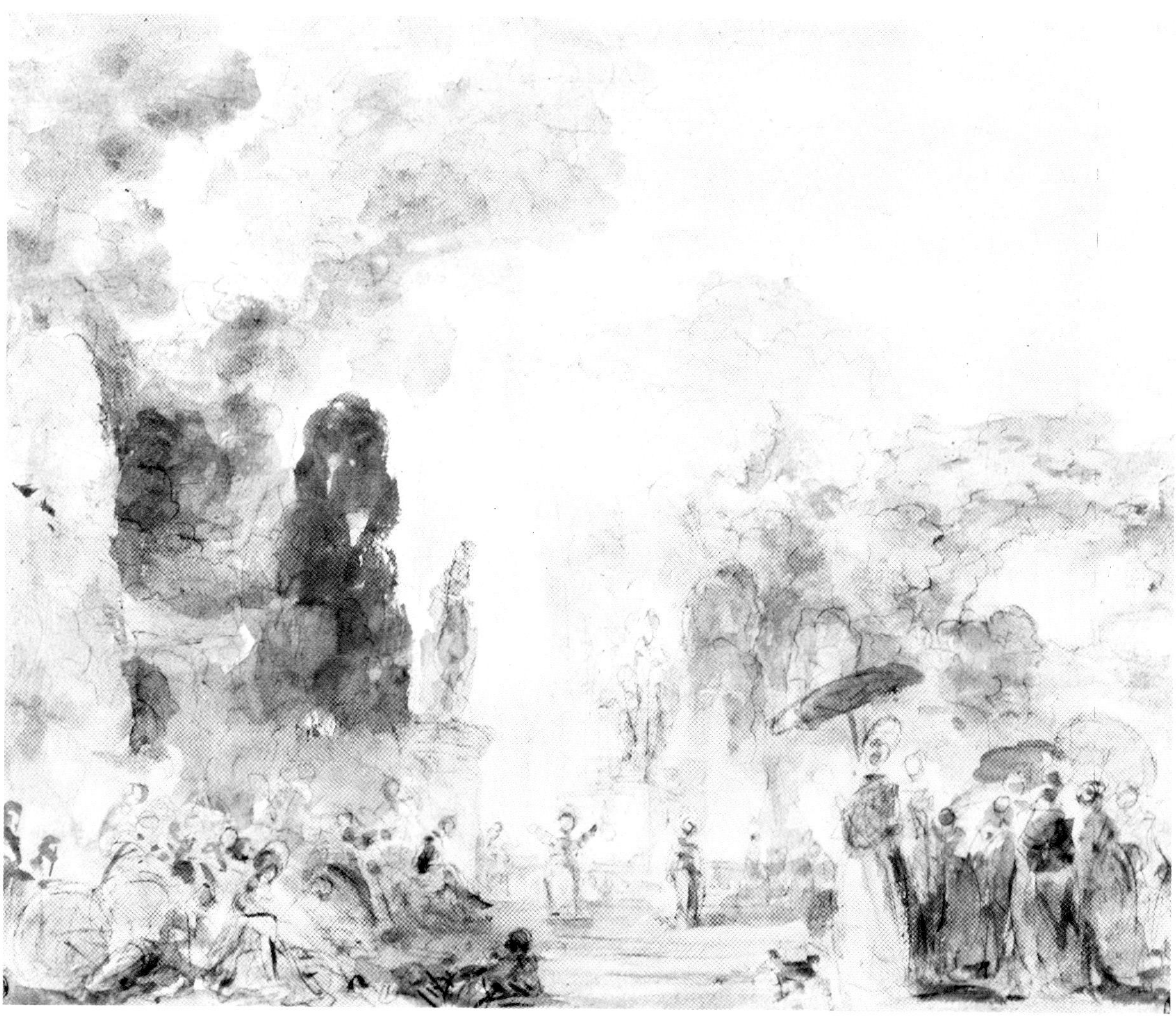

Le dessin a toujours été associé avec la *Fête à Saint-Cloud* de la Banque de France (nº 161), mais il est difficile de le considérer comme une étude préparatoire pour le tableau, tant les différences entre les deux œuvres sont considérables, tant surtout la pratique du dessin préparatoire, au sens habituel du terme, est contraire au génie de Fragonard.

La composition, à la seule pierre noire, qui figure au verso de la feuille n'a, à notre connaissance, été reproduite qu'à une seule occasion en 1980. Elle est très voisine, dans son détail, du dessin d'Amsterdam, la *Danse des enfants dans un parc* (nº 273), au point qu'Eunice Williams (1978), en dépit de la liberté de sa facture, la considère, à juste titre nous semble-t-il, comme un « souvenir » de la feuille d'Amsterdam plutôt qu'une étude.

Se pose à nouveau la question de la date des trois dessins qui, à nos yeux, autant pour des raisons de technique que de mode, ne peuvent guère être antérieurs à 1775 et postérieurs à 1780.

L'aquarelle Lehman vaut par la liberté de l'invention, son caractère improvisé mais surtout par l'évocation de ces jardins et de ces parcs tant aimés par la société du XVIIIe siècle.

# 275 L'instruction des enfants

H. 434 ; L. 347
Lavis gris sur préparation à la pierre noire
Annotation à la plume difficilement visible, au premier plan à gauche : « fragonard »

Paris, collection privée

**Provenance**
Coll. Laurent Laperlier dès 1860, sa vente, 11-13 avril 1867, nº 60 (700 francs avec le pendant) ; acquis par Eudoxe Marcille ; resté dans la coll. des descendants Marcille.

**Expositions**
Paris, 1860, nº 14 ;
Paris, 1879, nº 573 ;
Paris, 1884, nº 272 ;
Paris, 1921, nº 129 ;
Paris, 1931, nº 24.

**Bibliographie**
G. p. 341 note 1 ;
Burty, 1879, p. 147 ;
Chennevières, 1880, p. 108 ;
Tornézy, 1895, pp. 53-54 et 56 ;
P. p. 296, ill. entre p. 92 et 93 ;
Fœrster, [1925], pl. 31 ;
R. p. 204 ;
A. 26 fig. 14.

**Œuvres en rapport**
Pour le pendant, voir la notice suivante.
Pour l'étude, voir nº 277.

# 276 Le retour du vainqueur

H. 434 ; L. 347
Lavis gris sur préparation à la pierre noire
Sur la droite, sur le tabouret, à la plume : « fragonard »

Paris, collection privée

**Provenance**
Voir la notice précédente (nº 61 de la vente Laperlier).

**Expositions**
Paris, 1860, nº 15 ;
Paris, 1879, nº 574 ;
Paris, 1884, nº 273 ;
Paris, 1921, nº 130 ;
Paris, 1931, nº 25.

**Bibliographie**
G. pp. 341-342 note 1 ;
Burty, 1879, p. 147 ;
Chennevières, 1880, p. 108 ;
Tornézy, 1895, pp. 53-54 et 56 ;
P. p. 296, ill. entre p. 158 et 159 ;
N. ill. entre p. 88 et 89 ;
R. p. 204 ;
Ananoff, 1957, p. 522, ill. ;
A. 27 fig. 15.

**Œuvres en rapport**
Pour le pendant, voir notice précédente.
Pour l'étude, voir nº 278.

Les deux dessins, s'ils nous montrent un aspect peu habituel du talent de Fragonard, ne nous ont pas livré tous leurs secrets.

Que représentent-ils? Leurs titres habituels, le *Concours* et la *Récompense*, ne nous paraissent pas parfaitement satisfaisants. Sur le premier, des hommes, des femmes élégamment vêtus, des enfants se penchent attentivement autour d'une table. Deux gouvernantes coiffées d'anglaises et portant de superbes chapeaux veillent sur les enfants, l'une fait réciter sa leçon à une fillette, l'autre apprend à écrire à un garçonnet. Au premier plan, une autre fillette lit sagement tandis que son petit compagnon, qui a abandonné sur le sol son livre et son chapeau à plumes, détourne la tête vers les deux chiens qui contemplent la scène. Sur le second dessin, parfois intitulé « Il a gagné le prix », un garçonnet est porté en triomphe par un couple (sa gouvernante et son précepteur ?). Il est accueilli à bras ouverts par ses parents au milieu d'une assistance aussi nombreuse que joyeuse. Les deux chiens, qui ont reconnu leur maîtresse, l'ont précédé. S'il n'y a pas trace de « récompense » sur le second dessin, nous comprenons mal le sens du « concours » auquel, sur la première composition, se livreraient les enfants.

Le XIX$^{e}$ siècle et certains catalogues récents ont voulu reconnaître, dans les modèles des dessins, la famille Bergeret et localiser les scènes, la Folie Beaujon ou Cassan, mais ces tentatives ont fait long feu.

Peut-être tenons-nous le début d'une explication dans l'inscription fort ancienne qui se lit au verso de l'étude plus libre mais tout aussi fouillée du musée de Francfort (n° 277): « instruction d'enfans fait chez le Duc de Chabost ». Swarzenski le premier, a rappelé que le duc de Chabot — Louis Antoine Auguste de Rohan Chabot (1733-1807), un des héros de la Guerre de Sept ans, comte puis duc de Chabot, il ne prit le nom de duc de Rohan qu'en 1791 — et la duchesse, née Élisabeth Louise de la Rochefoucault (1740-1786), tenaient à Paris dans leur hôtel la Rochefoucault, faubourg Saint-Germain, une Académie de dessin

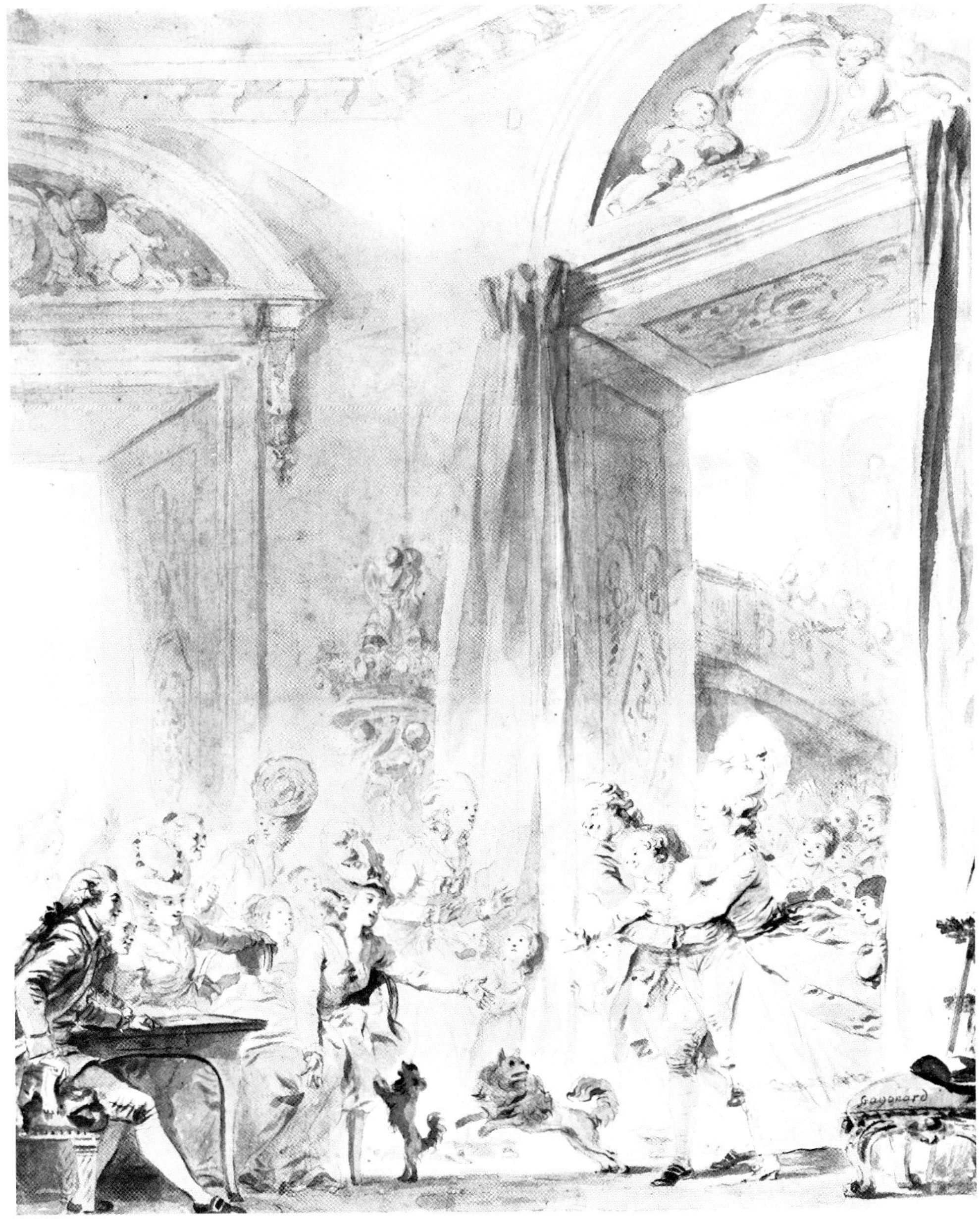


fort courue. H. Robert (voir Carlson, cat. exp. *Robert*, Washington, 1978, p. 22 note 73), Vien, Lagrenée, mais aussi Taraval, Durameau, Pierre, Desfriches, bien d'autres y enseignaient (voir Ratouis de Limay, 1907, pp. 6-7, note 1 et p. 51). Moreau le Jeune y joua un rôle important : ainsi Mahérault (1880, p. 481, n° 467) catalogue une œuvre de l'artiste « dessinée chez le duc de Chabot 1777 ». Wâtelet et d'autres amateurs la fréquentaient assidûment ; la duchesse dessinait elle-même (dessins à Besançon et à San Francisco, cat. Hattis, 1977, n° 73, ill.). « Après quoi elle s'assit et commença de dessiner, toute une heure durant, en compagnie d'autres Messieurs, qui étaient tous assis en cercle autour d'une grande table... », écrit Mozart. « Pour abréger, je me mis enfin à jouer, sur ce misérable et détestable *piano-forte*. Mais le plus vexant c'est que Madame et tous ses Messieurs n'interrompaient pas un instant leur dessin... », poursuit le jeune prodige dans une lettre à son père du 1er mai 1778 (éd. Curzon, 1928, p. 187).

Que Fragonard se soit lui aussi rendu chez la duchesse de Chabot paraît probable et qu'il y ait dessiné, vraisemblable (on aimerait imaginer qu'il ait été de ceux qui gratifièrent Mozart d'« une foule d'éloges » !). Reste à décider si les deux scènes représentées reposent sur quelque événement précis — et en ce cas à espérer en connaître un jour le détail — ou si une nouvelle fois l'imagination de Fragonard, son goût de l'invention se sont donnés libre cours.

La mode vestimentaire, l'architecture, les quelques meubles, le lavis gris, le côté narratif des scènes... tout indique que les deux dessins de Fragonard sont postérieurs à 1780. Fragonard, à un moment où on le sent tenté par le dessin d'illustration, a-t-il voulu, dans un genre qui connaissait alors sa floraison, prouver qu'il pouvait rivaliser sans crainte avec Moreau le Jeune ?

# 277 L'instruction des enfants

New York

H. 434 ; L. 344
Lavis gris sur préparation à la pierre noire et rehauts de couleurs
Sur le montage : « Honoré Fragonard fec. », au verso : « n° 52 honoré Fragonard » à la plume, « honorée *(sic)* fragonard/inv$^{t}$ fecit » à la pierre noire d'une encre ancienne, « fragonard 304 » à la plume, et toujours à la plume d'une écriture ancienne : « fragonard 304 » « instruction d'enfans fait chez le Duc de Chabost »

Francfort-sur-le-Main, Städelsches Kunstinstitut, Graphische Sammlung

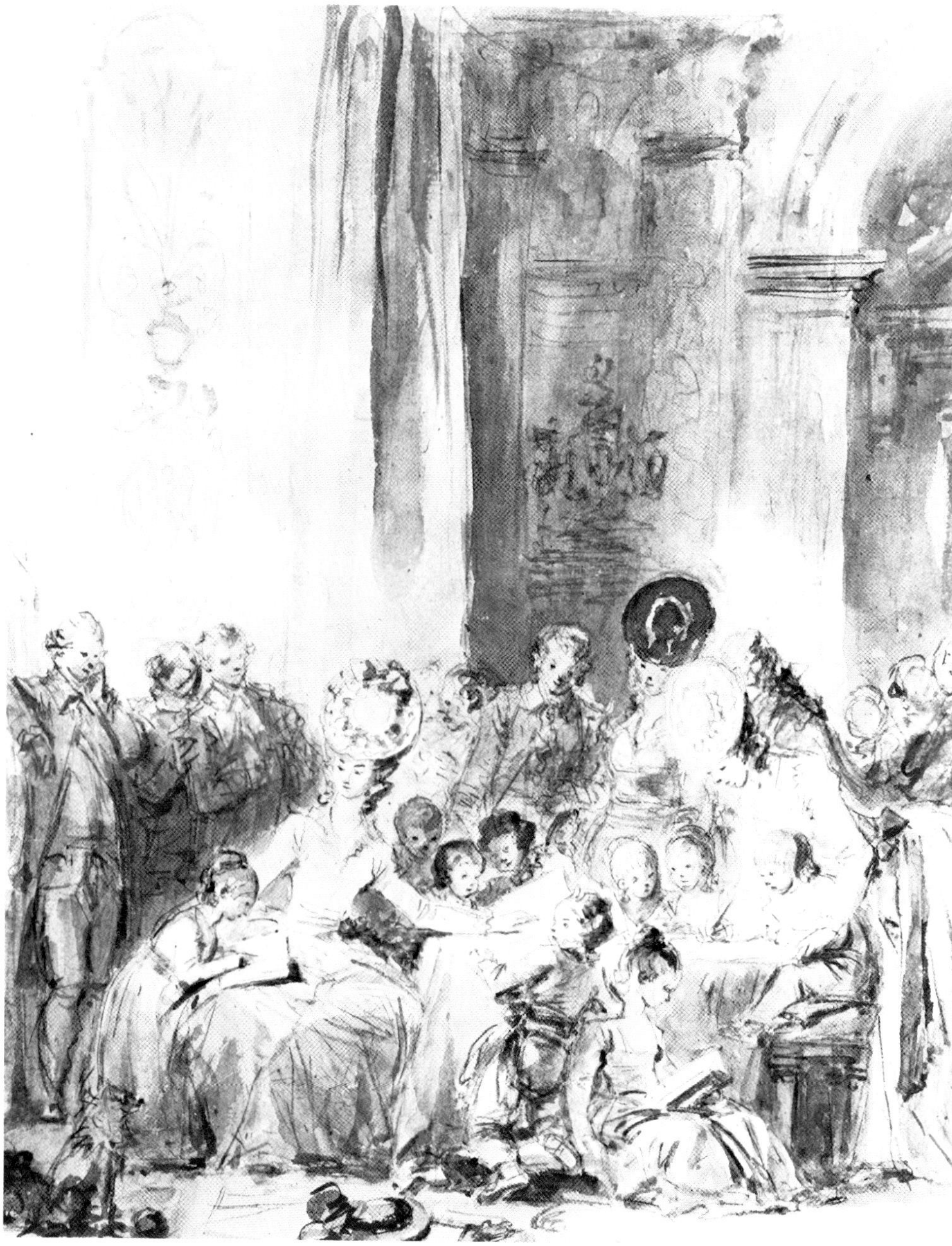

**Provenance**
Vieux fonds du musée ; figure dans le premier inventaire de 1862 ; Inv. 1233.

**Exposition**
Francfort, 1986, n° 127, ill. couleurs.

**Bibliographie**
Swarzenski, s. d., pp. 3-14 ;
A. 604 fig. 192 ;
Williams, 1978, p. 166.

**Œuvres en rapport**
Pour le pendant, voir notice 278.
Pour le dessin achevé, voir notice 275.
Voir les trois notices précédentes.

Les deux dessins de Francfort et de New York n'ont jamais été réunis ni regroupés avec les compositions, de même format mais plus achevées, de Paris. La feuille de New York a été incisée au stylet : on peut en déduire que Fragonard a utilisé son premier dessin pour réaliser le second bien plus minutieux et d'une plus grande variété de détails. Grâce aux taches de couleurs, Fragonard donne à la feuille de Francfort une vie, une spontanéité qui manquent peut-être à la version parisienne.

Mais on admirera sur celle-ci le rendu de la lumière et la manière dont Fragonard sait faire circuler l'air entre les groupes.

# 278 Le retour du vainqueur

H. 429 ; L. 342
Lavis gris sur préparation à la pierre noire
Le dessin, selon Eunice Williams (1978) a été incisé au stylet

New York, The Pierpont Morgan Library

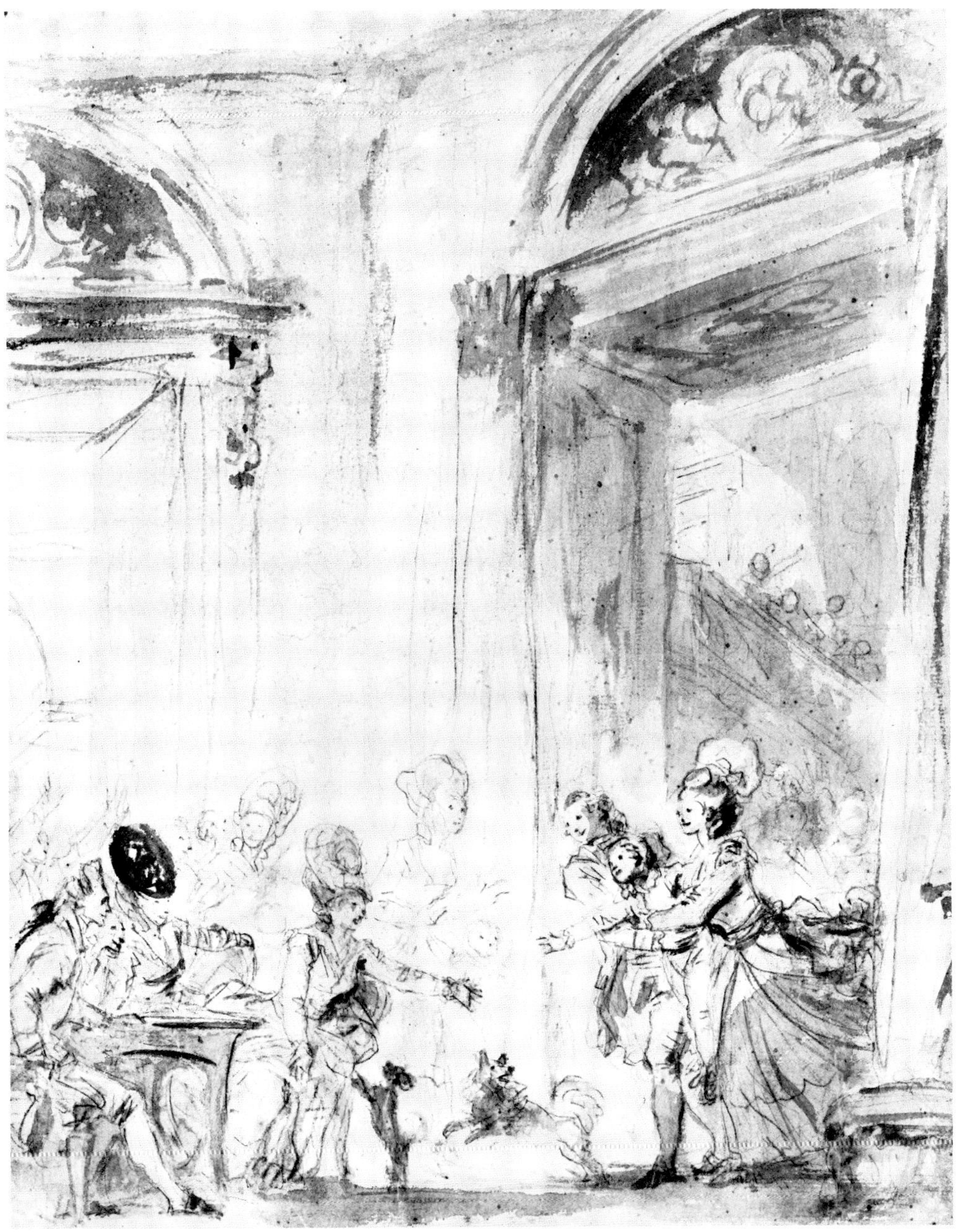

**Provenance**
Coll. Hippolyte Walferdin, sa vente après décès, 12-16 avril 1880, nº 261 (165 francs) ; coll. Camille Groult en 1889 ; vente anonyme, 19 décembre 1941, nº 46, pl. III (acquis par Ancel) ; coll. Mme Mottart, la vente de sa succession, Paris, galerie Charpentier, 8 février 1945, nº 38, pl. XXV ; [de Bayser] avant 1955 ; acquis par la Pierpont Morgan Library en 1955 avec l'aide de Walter C. Baker, Mme Renée de Becker, Francis Kettaneh, Mrs. Paul Moore, John S. Newberry Jr., Mr et Mrs Carl Stera, Mrs Herbert N. Straus et Forsyth Wickes ; 1955.5.

**Expositions**
Baltimore, 1959, nº 48 ;
Londres, 1968, nº 278, fig. 293 ;
New York, 1974, nº 29, ill. ;
Washington, 1978, nº 58, ill.

**Bibliographie**
G. p. 342 ;
P. p. 311 ;
R. p. 204 ;
Ananoff, 1957, p. 522, ill. ;
Stampfle, 1957, pp. 76-79 ;
A. 605 fig. 193 ;
Cat. Pierpont Morgan, 1981, nº 106, ill.

**Œuvres en rapport**
Voir les trois notices précédentes.

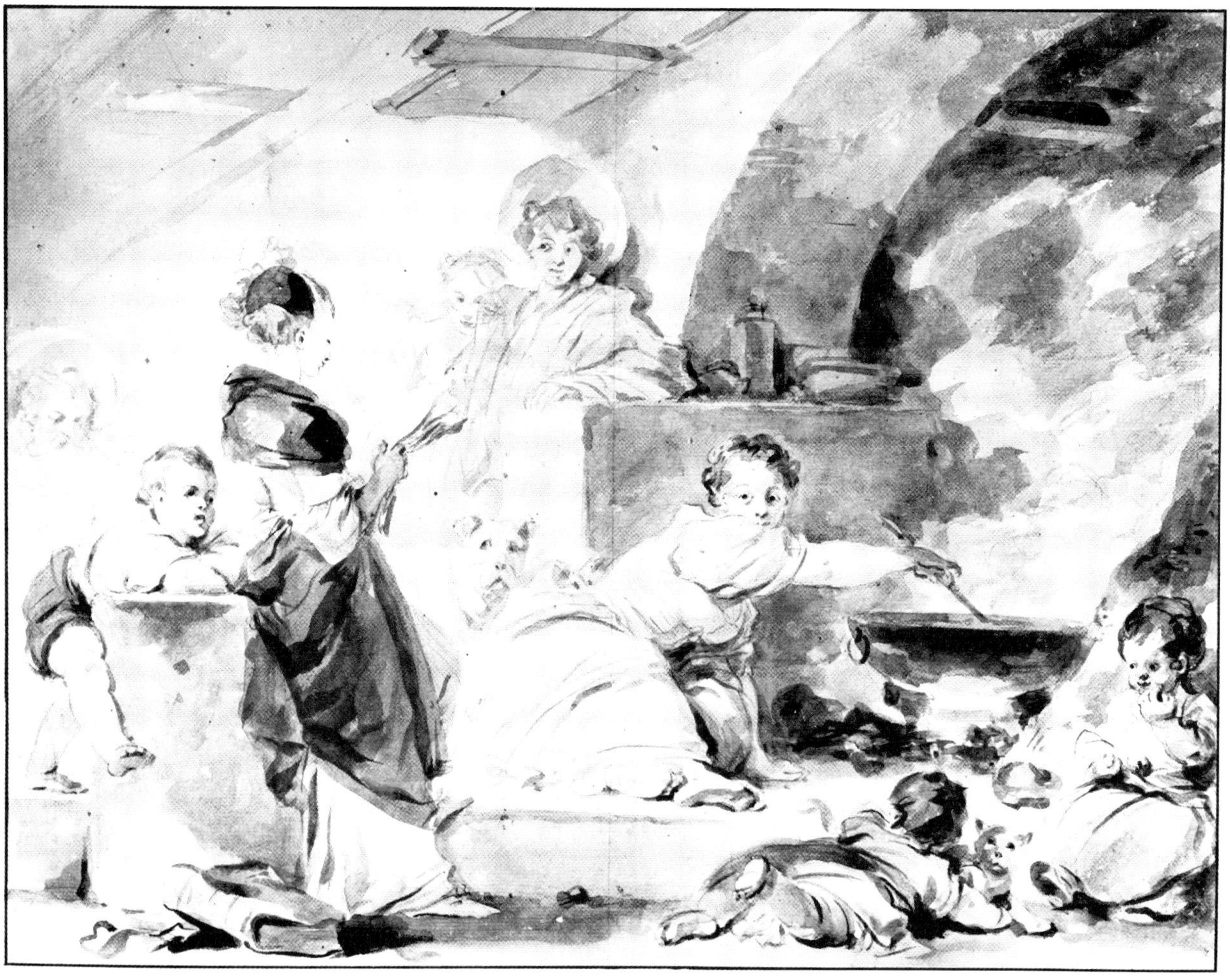

# 279 La lecture

H. 340 ; L. 475
Lavis de bistre sur préparation à la pierre noire

Paris, collection privée

**Provenance**
Dans la même famille depuis le début du XIXe siècle.

**Bibliographie**
Inédit.

**Œuvres en rapport**
On connaît un dessin avec variantes pour la partie gauche de la composition, autrefois dans la coll. Walferdin *(fig. 1 ;* A. 45 fig. 22) et un autre, lui aussi avec quelques variantes, pour le groupe central *(fig. 2 ;* anc. coll. Beurdeley, A. 52 fig. 26). La petite fille assise sur le sol, à l'extrême droite du dessin que nous exposons, se voit sur la droite de la première de ces feuilles.

Pour une première version de la composition, voir *cat. 136 fig. 2.*

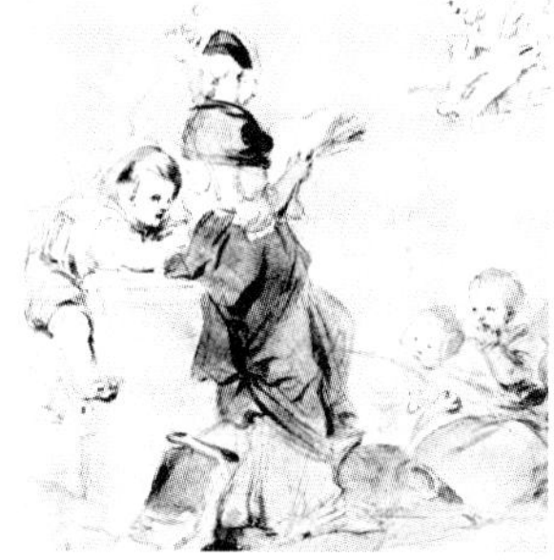

fig. 1. *Femme lisant*, localisation actuelle inconnue

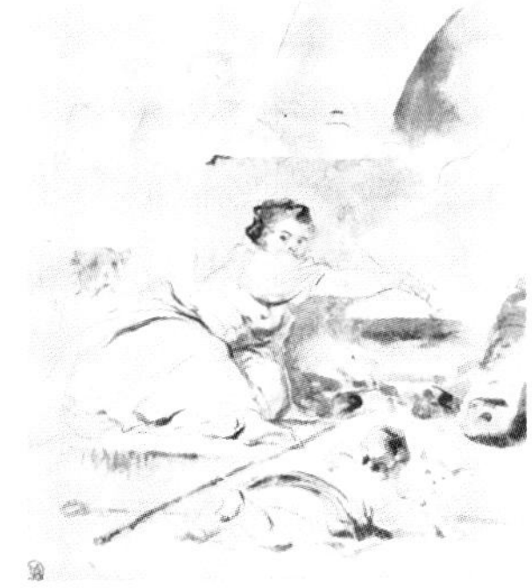

fig. 2. *Femme cuisinant*, localisation actuelle inconnue

Une jeune femme fort élégante s'apprête à lire : deux jeunes gens l'écoutent avec attention alors que, sur la gauche, un vieillard paraît assoupi. Près de lui, un garçonnet s'impatiente, tandis que sur la droite deux enfants jouent, l'un avec un chat, l'autre avec une pomme. Au centre, une jeune femme allongée sur le sol, remue à l'aide d'une louche le contenu d'une marmite. Comme le bouledogue, elle se tourne avec curiosité vers nous.

Fragonard traite à son tour – et à sa manière – du thème de la lecture fort à la mode au XVIIIe siècle et s'attache à étudier le comportement de chacun selon son âge, sa condition sociale.

Du mantelet de la liseuse à la buée de la marmite, Fragonard utilise toutes les nuances du bistre, toutes ses possibilités sans pour autant négliger sa composition construite avec une rigueur à peine dissimulée.

Le dessin est tardif, vers 1780 environ.

## 280 Le vœu à l'amour

T. H. 52 ; L. 63

Collection privée (n'a pu être prêté)

**Provenance**
Coll. François Alexandre Frédéric, duc de la Rochefoucault-Liancourt (1747-1827), sa vente après décès, 20-23 mars 1827, n° 23 : « ce joli tableau représente une jeune fille venant prier l'Amour de lui accorder un amant plus constant » (T. H. 51,4 ; L. 62,1) ; coll. duc de Polignac ; coll. duchesse de Polignac, née Crillon (selon cat. exp. 1921) ; [Wertheimer] à Londres ; coll. L. Neumann à Londres (cat. exp. 1921) ; coll. Mrs Ferris-Thompson (W.) ; [Wildenstein] ; coll. Jean Bartholony en 1921 ; acquis de [Wildenstein] par Mortimer Schiff en 1923 (Gimpel) ; coll. John M. Schiff en 1933 et en 1960 ; New York, coll. privée.

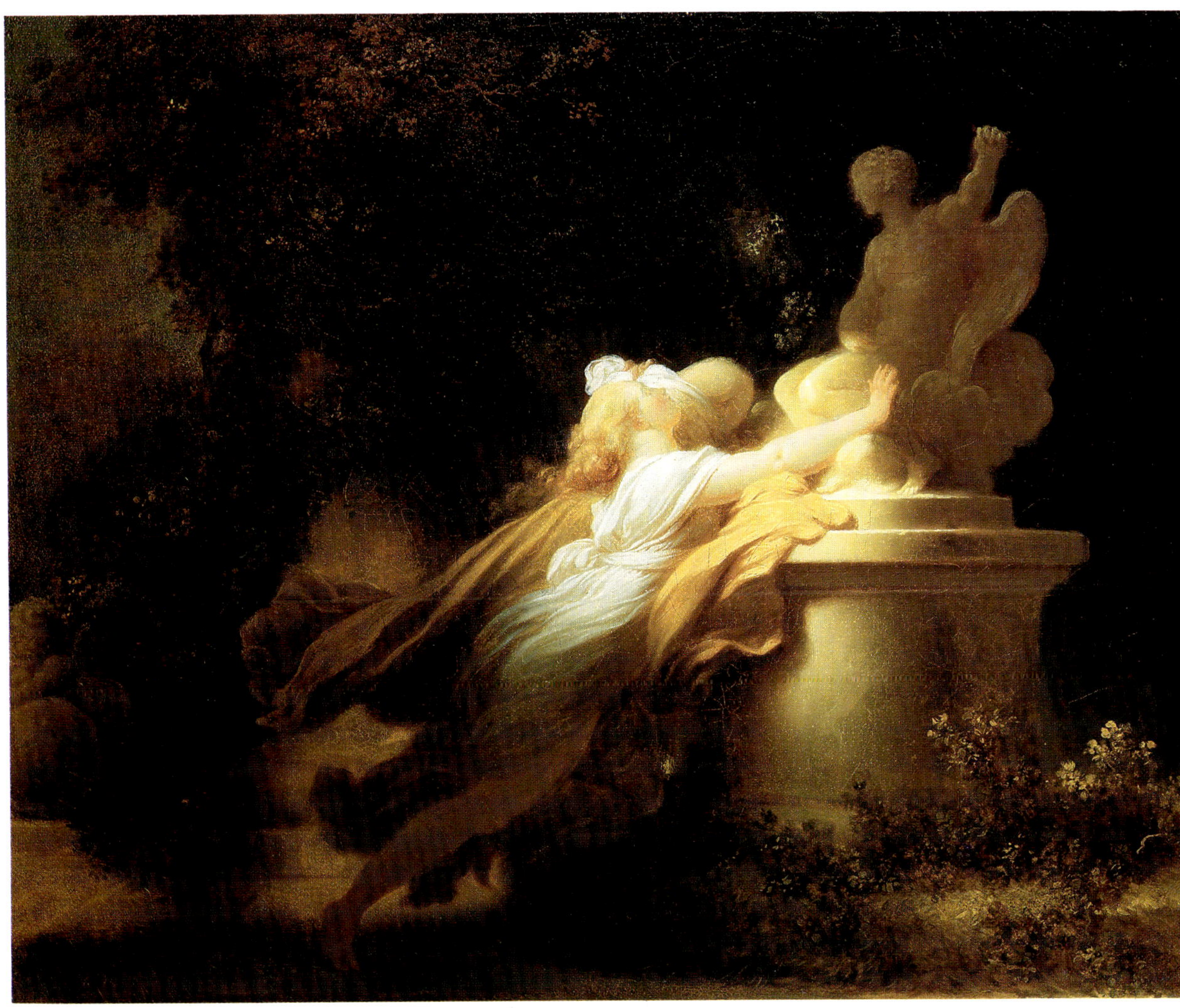

**Expositions**
Paris, 1921, n° 65, ill. ;
Londres, 1933, n° 115, pl. 27 ;
Paris, 1937, n° 164 ;
New York, 1940, n° 198 ;
Pittsburg, 1951, n° 94, ill. ;
New Haven, 1960, n° 26, ill.

**Bibliographie**
N. p. 116 ;
R. p. 164 ;
*Panthéon,* septembre-octobre 1960, p. LXXX, ill. ;
W. 491 pl. 113 et p. 29 éd. française ;
Gimpel, 1963, p. 238 ;
Vermeule, 1964, p. 129 ;
W. et M. 520, ill. ;
Hallam, 1986, p. 183 ;
Sutton 1980, 1987, pp. 112-113.

**Œuvres en rapport**
Pour l'esquisse, voir n° suivant.

Pour les dessins, voir notice n° 282.

Il existe une version du tableau au musée d'Orléans *(fig. 1 ;* T. H. 35 ; L. 45 ; W. 492 fig. 203 ; cat. exp. Tokyo, 1980, n° 82, ill. en couleurs ; O'Neill, 1981, n° 55, ill. en couleurs*).* En dépit des variantes, elle nous paraît une copie intéressante de la fin du XVIII^e^ siècle (voir aussi un tableau passé en vente le 24 mars 1952, n° 43).

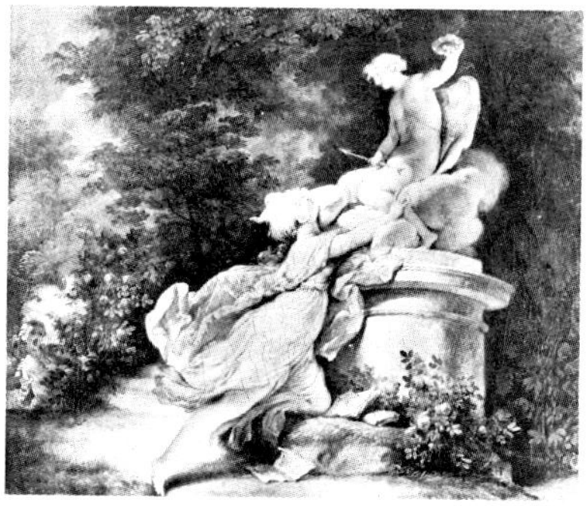
fig. 1. D'après Fragonard,
*Le vœu à l'amour,*
Orléans, musée des Beaux-Arts

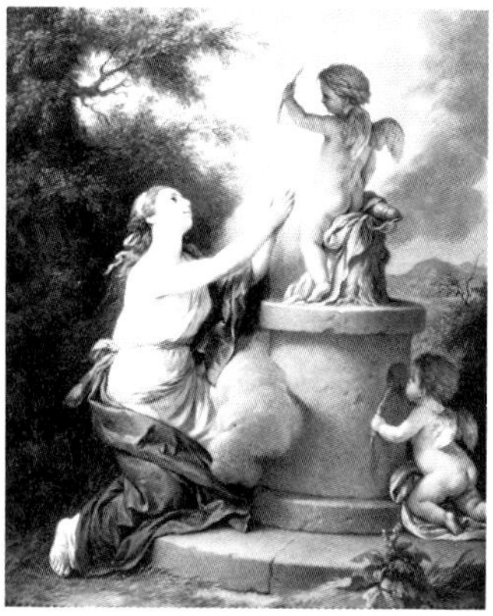
fig. 2. Lagrenée l'aîné,
*L'invocation à l'amour,*
Paris, commerce d'art

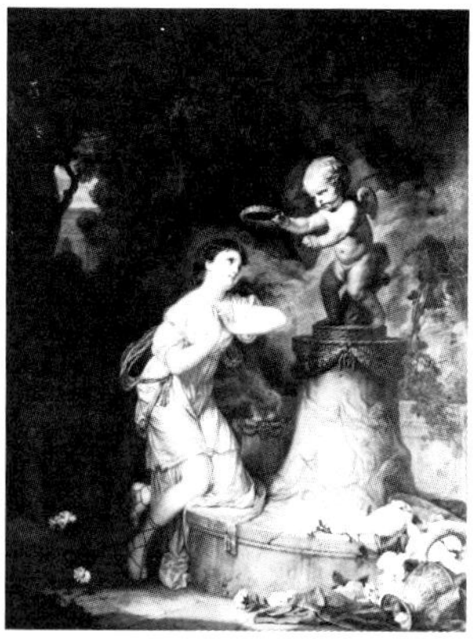
fig. 3. Greuze,
*L'offrande à l'amour,*
Londres, coll. Wallace

Le tableau — célèbre — a été restauré — magnifiquement — à l'occasion de l'exposition. Sa date, 1780 au plus tard, peut difficilement être contestée : l'année suivante, passait en vente un dessin pour (ou d'après) cette composition. La toile appartenait au duc de la Rochefoucault-Liancourt et passa en vente à sa mort, en 1827. En 1775, Lagrenée l'aîné (1725-1805) avait peint pour lui une *Invocation à l'amour (fig. 2 ;* Sandoz, 1983, pp. 245-246, n° 285, pl. XXXVIII) qui confirme que Fragonard n'est pas l'inventeur d'un thème (Greuze peignit son *Offrande à l'amour, fig. 3,* pour Choiseul dès 1767, Londres, coll. Wallace) auquel il a donné ses lettres de noblesse.

L'œuvre fait partie d'un groupe d'allégories amoureuses dont Fragonard se fit le spécialiste à partir de 1775. Elles connurent un grand succès dont témoignent les gravures (souvent coloriées) parmi les plus populaires, encore aujourd'hui, de tout notre XVIII^e^ siècle. Curieusement le *Vœu à l'amour* fait exception (voir toutefois la rubrique *Œuvres en rapport* de la notice 282) et n'eut pas, auprès des graveurs, la fortune du *Sacrifice à la rose* (n° 284), de la *Fontaine d'amour (cat. 283 fig. 2),* du *Chiffre d'amour (fig. 7 p. 418)* ou du *Serment d'amour (fig. 8 p. 418).*

Les yeux clos, la tête voluptueusement renversée en arrière, une toute jeune fille blonde aux joues bien roses tend son bras droit vers la statue de l'Amour aux yeux bandés, posée sur un large piédestal. La jeune fille, dont les voiles blancs et or flottent autour du corps nu, jaillit, suppliante, de la pénombre mystérieuse.

Néoclassique dans sa composition en frise, d'inspiration pré-romantique, l'œuvre traduit magnifiquement les élans de la passion. Fragonard a créé une image intemporelle et abstraite des désirs de l'amour et de ses rêves, bien différente des polissonneries qui restent trop exclusivement attachées à son nom.

281 # Le vœu à l'amour

Paris

Bois. H. 24 ; L. 32,5

Paris, musée du Louvre

**Provenance**
Coll. Hippolyte Walferdin (1795-1880) dès 1848 ; sa vente après décès, 12-16 avril 1880, n° 28, ill. (acheté par Brame pour 10.000 francs) ; coll. L. Tabourier dès 1883, sa vente après décès, 20-22 juin 1898, n° 92, ill. (acheté par Huchez pour 18.500 francs) ; donation du docteur Maurice Audéoud sous réserve d'usufruit en 1898 ; entré au Louvre en 1907 ; R. F. 1722.

**Expositions**
Paris, 1848, n° 30 ;
Paris, 1860, n° 144 ;
Paris, 1883-84, n° 59, ill. ;
Amsterdam, 1926, n° 50, ill. ;
Paris, 1974, n° 23, ill.

**Bibliographie**
Clément de Ris, 1848, p. 194 ;
Bürger [Thoré], 1860, p. 348 ;
Gautier, 1860, p. 2 ;
Saint-Victor, 1860, n. p. ;
Portalis, 1880, p. 16, ill. p. 17 ;
P. p. 73, 280, 292 ;
N. p. 116 ;
Le Prieur, 1909, pp. 78-80, ill. ;
Gillet, 1929, pp. 83-84, pl. 88 p. 85 ;
R. p. 163 ;
W. 493 fig. 205 et p. 29 éd. française
Sterling, 1964, non paginé ;
Thuillier, 1967, pp. 55, 136-137, pl. en couleurs p. 133 ;
W. et M. 522, ill. pl. LX en couleurs ;
Wildenstein, 1975, p. 19 (« très vraisemblablement les *Égarements de l'Amour* d'Évariste Fragonard, exposé au Salon de 1795 (n° 204) par le jeune artiste, âgé de quatorze ans » !) ;
Haskell, 1976, p. 63 et pl. 155.

**Œuvres en rapport**
Voir les notices précédente et suivante.

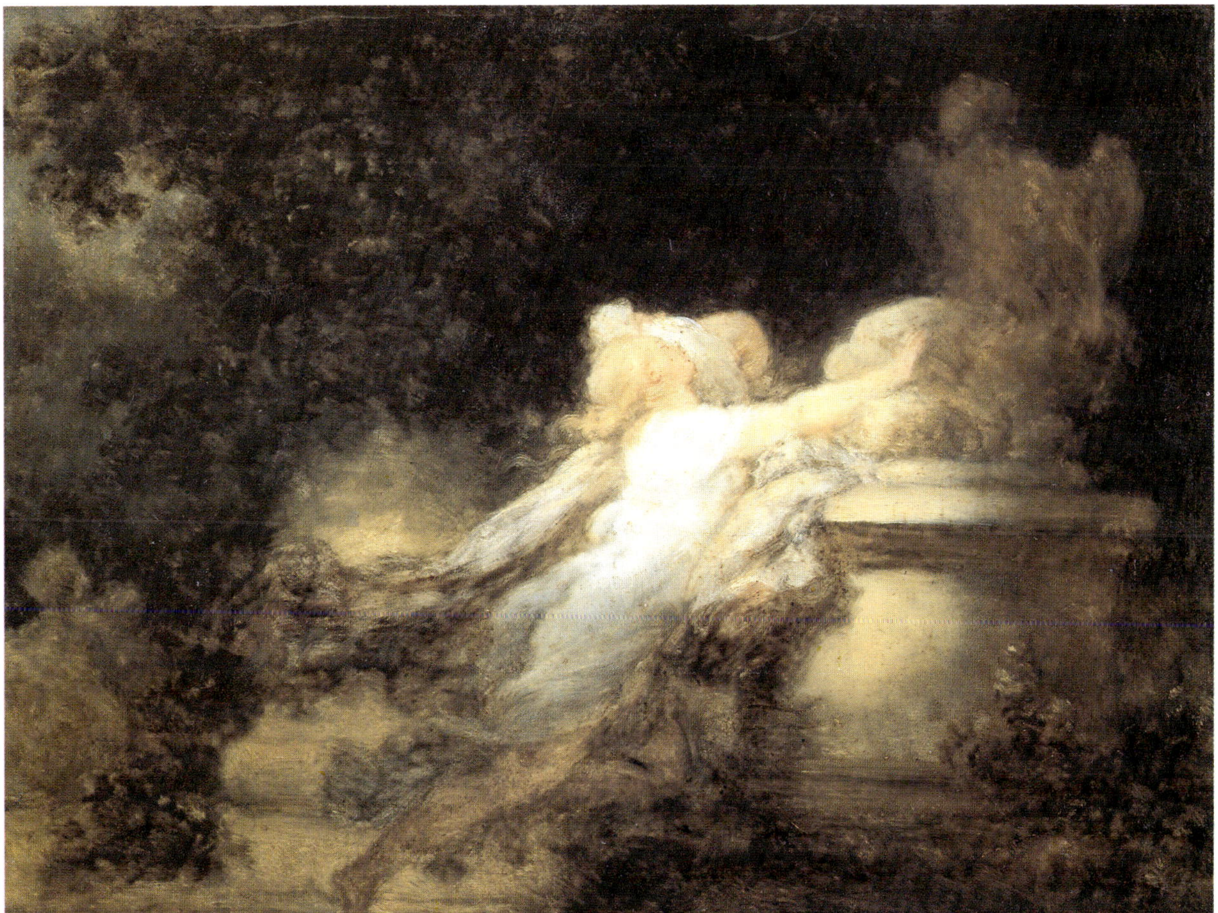

L'esquisse du *Vœu à l'amour* (pour le tableau, voir la notice précédente), montrée au public parisien dès 1848 (elle appartenait déjà à Walferdin), fit sensation en 1860 lors de sa présentation à la légendaire exposition du boulevard des Italiens organisée par Philippe Burty. Citons trois « réactions » de Paul de Saint-Victor, de Théophile Thoré et de Théophile Gautier qui témoignent non seulement de l'admiration de leurs auteurs pour Fragonard mais plus encore de leur surprise devant une œuvre d'une poésie aussi brûlante.

« Le *Vœu à l'amour* est d'un poète plutôt que d'un peintre. Ce n'est pas même une esquisse, à peine un frottis. Si les Ombres peignaient, elles peindraient ainsi. Une jeune fille, ou plutôt un nuage modelé en femme, s'abat sur un autel noyé dans la nuit. N'approchez pas ! un souffle ferait évanouir l'apparition vaporeuse ! Mais quelle âme entraîne cette forme éthérée ! C'est l'incarnation d'un brûlant soupir » (Saint-Victor).

« Le *Vœu à l'amour*, un rien, une merveille ! un frottis vague sur une petite toile, un chef-d'œuvre de poésie ! C'est dans Sapho et les lyriques grecs seulement qu'on trouverait une inspiration égale à celle du peintre dans cet inimitable croquis. Qu'est-ce donc ? Une jeune fille qui se précipite vers une statue de l'Amour. Quel élan, comme un vol d'aiglon ! Elle vole, en effet, et ne tient plus à la terre ; elle est bien sûre de saisir l'Amour, cette violente ! Mais dans quel monde fantastique est-elle emportée ? Autour d'elle, toute réalité a disparu ; elle semble enveloppée de je ne sais quel encens qui enivre et qui consume, quand on se livre au fils de Vénus. — En cette simple esquisse, Fragonard, — comme son amoureuse, — s'est élancé au delà des limites de la peinture, et il envahit le domaine de la poésie rythmée. André Chénier eût écrit une belle pièce de vers sur ce *Vœu à l'Amour* » (Thoré).

« Sous le nom de *Vœu à l'amour* se présente une des plus étonnantes esquisses qui soient jamais échappées au pinceau de Fragonard. — Il y a dans cette petite toile une passion aussi délirante que dans l'ode immortelle de Sappho. — L'art a disparu, et la fougue du désir se précipite avec un tel essor que la brosse n'indique plus les formes, de peur de rester en arrière. Jamais le jet d'un mouvement n'a été rendu d'une façon plus ailée. — Une jeune fille dans un tourbillon de draperies volantes, les cheveux au vent, s'élance vers une statue de l'Amour, s'offrant corps et âme à la divinité avec un abandon frénétique. Le fond n'offre que des silhouettes confuses, insaisissables, comme celles qu'on entrevoit à travers une course rapide ; il est plein de mystère et d'orage, presque sinistre et plein d'une horreur sacrée. Il semble qu'on y entrevoie parmi l'ombre des figures alarmantes et difformes poursuivant la jeune fille. L'Amour lui-même a sur son socle une attitude narquoise et farouche. On dirait un de ces dieux qui demandent des victimes humaines. Il est difficile d'exprimer autant avec si peu de chose : quelques touches de blanc dans un fouillis de gris, de noir et de bitume, tripoté avec une turbulence fiévreuse ! Qui jamais aurait cru le 18e siècle susceptible de tant de poésie et de passion dans la personne de son peintre le plus frivole, Honoré Fragonard ? » (Gautier).

Vingt ans plus tard, Roger Portalis s'extasiait à son tour devant cette « vaporeuse vision aux tons gris argentins ». Jacques Thuillier enfin, notait (1967) devant ce *Vœu à l'Amour* « qui contient tout le meilleur Prud'hon » (mais le nom de Corrège vient également aux lèvres) : « Un pâle rayon frôle une jeune fille aux joues rondes, le teint paré de quelques touches de vermillon, et qui semble, elle, s'échapper d'une toile de Rubens. Mais pour quel rêve singulier ? Ici encore, plus de sourire, plus de gestes déclamatoires : une sorte de lévitation qui emporte le corps dans un don absolu. Plaisir physique ? Ravissement de l'âme ? Ou tous les deux à la fois ? Quel est désormais cet Éros souverain, à demi caché dans l'ombre, et quel philtre offre-t-il aux amants ? Nulle réponse, que l'affirmation même de ce secret, comme s'il était la propre nature de l'amour. À ce lyrisme qui exalte la passion en protégeant son mystère, mesurons le refus opposé au regard lucide jusque dans l'égarement spirituel, jusque dans la jouissance ou la mélancolie, qui avait été celui de ce siècle depuis Watteau, et qui souvent le demeurait. Mesurons le chemin parcouru depuis *L'escarpolette* et *L'orgie* ».

## 282 Le vœu à l'amour

Paris

H. 335 ; L. 416
Lavis de bistre sur préparation à la pierre noire, légèrement passé au carreau

Cleveland, The Cleveland Museum of Art

**Provenance**
Voir rubrique *Œuvres en rapport*.
Porte, en bas à droite, la marque sèche FR (Lugt 1042), celle d'un monteur de dessins de la seconde moitié du XVIIIe siècle, François Renaud.
Coll. François-Martial Marcille, sa vente après décès, 4-7 mars 1857, partie du no 416 : « prière à l'amour et scène de famille 2 dessins lavés au bistre » ( ? ; se confond peut-être avec le dessin de Princeton) ; vente anonyme Paris, 1er-2 juin 1875, no 333 : « Invocation à l'amour, à l'encre de chine rehaussé de bistre » (sans dimensions). Coll. du peintre Pierre Désiré Eugène Franc Lamy (1855-1919 ; sa marque, Lugt 949 b, au verso du montage) ; [Wildenstein] ; coll. Mrs Grace Rainey Rogers, sa vente New York, Parke Bernet, 18-20 novembre 1943, no 46, ill. ; acquis, cette année-là, par Cleveland grâce au Rainey Rogers Fund ; 43.657.

**Expositions**
Montréal, 1950, no 73 ;
Paris, 1958, no 51, pl. 67 ;
Los Angeles, 1961, no 46, avec pl. ;
Toronto, et autres lieux, 1972-73, no 50, pl. 112 ;
Providence, 1975, no 56, ill. ;
Washington, 1978, no 50, ill. ;
Tokyo, 1980, no 156, ill.

**Bibliographie**
P. pp. 64-65, 305 (le dessin de la vente Sireul) ;
Francis, 1945, p. 88, ill. p. 91 ;
Vermeule, 1964, p. 129 et fig. 108 ;
A. 2422 fig. 612 ;
Williams, 1979, p. 75, ill. ;
Ross dans cat. Princeton, 1983, p. 18.

**Œuvres en rapport**
Pour les tableaux, voir les notices précédentes.

On connaît deux mentions de vente du XVIIIe siècle se rapportant au *Vœu à l'amour :* la vente Sireul du 3 décembre 1781, no 241 : « ... une jeune fille invoquant l'Amour, au pied de sa Statue ; le fond présente une intention de Paysage... » (H. 351 ; L. 459 ; 60 livres) et une vente anonyme (citée par O'Neill en 1981) du 24 mars 1783, no 39 : « ... une jeune fille se jetant au pied de la statue de l'Amour dans un bosquet.... » (sans dimensions). Le dessin Sireul, cité par P. (p. 305 et 315), passe pour se confondre, à cause de ses dimensions (H. 354 ; L. 463), avec celui de la vente Walferdin (no 185). Il appartint ensuite au comte Arthur de Vogüe, à Sigismond Bardac ; sa femme épousa en secondes noces Debussy et vendit le dessin le 11 mai 1918 à René Gimpel pour « quinze mille francs » (1963, p. 36). Il est aujourd'hui, avec une partie de la coll. Margaret Mowes, à l'Art Museum de l'Université de Princeton *(fig. 1* ; A. 2421 fig. 611 ; cat. Princeton, 1983, p. 18, ill., notice par Barbara T. Ross).

Voir aussi A. 1630 et 688 une gouache, peut-être celle en1950, dans une coll. de Bruxelles *(fig. 2).*

Citons enfin une rare gravure anonyme de 1800 environ *(fig. 3 ;* P. 328 no 111*).*

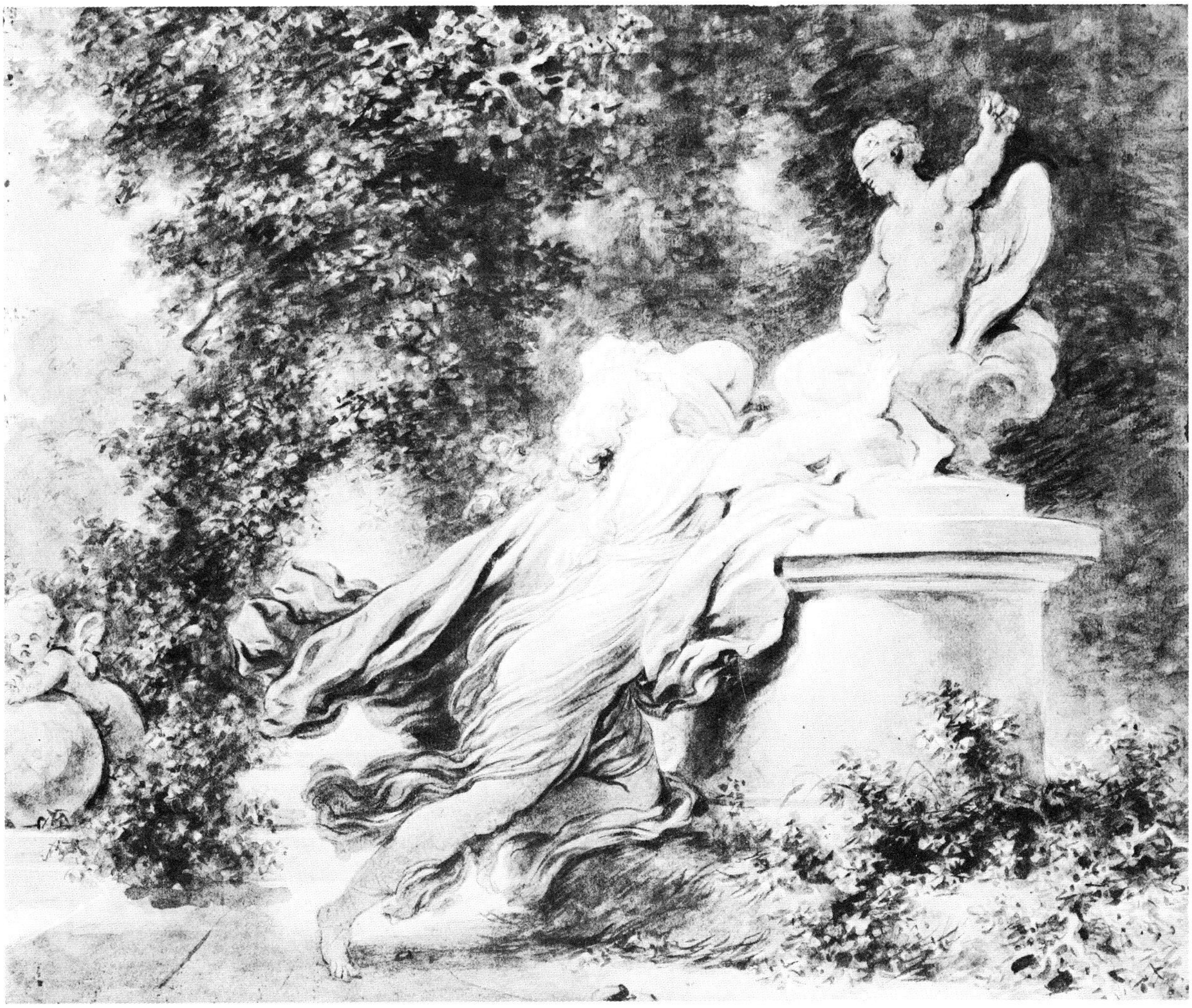

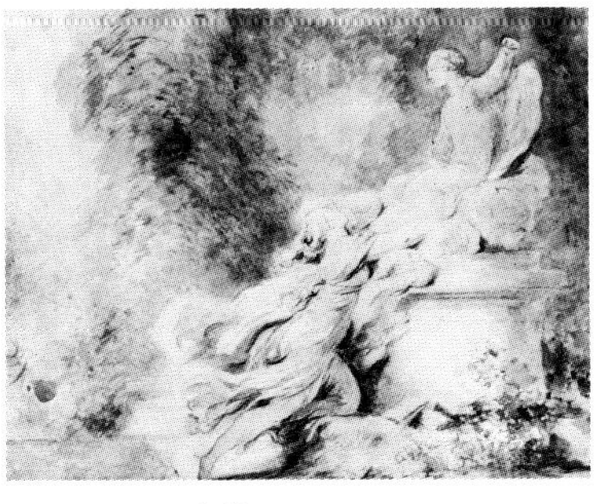

fig. 1. *Le vœu à l'amour*,
Princeton University Art Museum

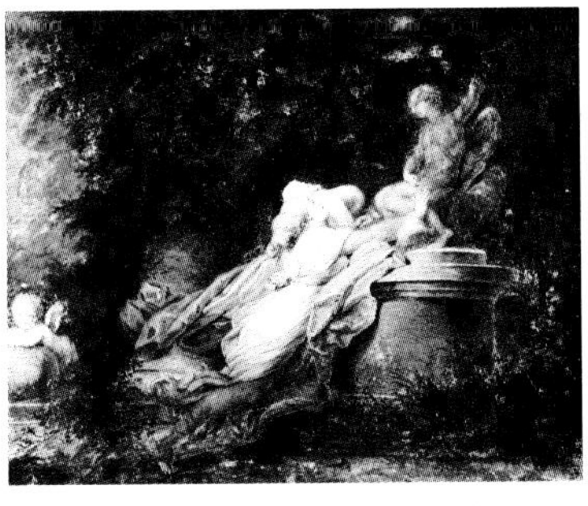

fig. 2. D'après Fragonard, *Le vœu à l'amour*,
localisation actuelle inconnue

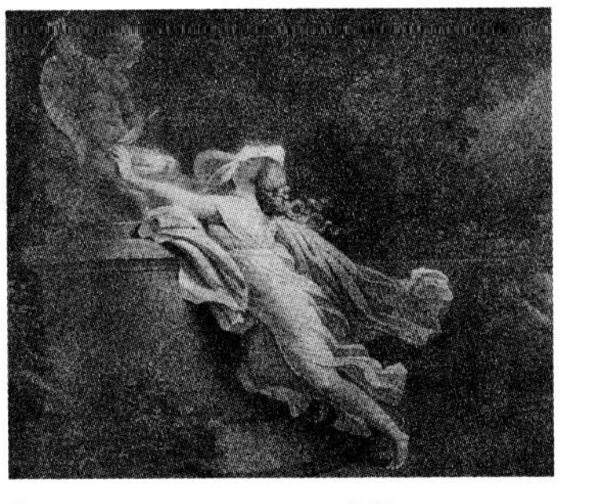

fig. 3. Anonyme, *Le vœu à l'amour*,
localisation actuelle inconnue

Comme l'a prouvé Eunice Williams, et selon la pratique de Fragonard, le dessin de Cleveland copie fidèlement le tableau de New York (nº 280). Celui de Princeton *(fig. 1)* embarrasse plus : Eunice Williams (1978) hésite entre une étude préparatoire et une copie. Les faiblesses de cette feuille, relevées par le récent catalogue de Princeton (1983), ainsi le pied gauche de la jeune fille, nous paraissent pouvoir être mis sur le compte de l'état du dessin, trop longtemps exposé à la lumière et ne pas mettre en cause son authenticité.

Plus minutieux dans l'observation du détail, plus précis que le tableau, le dessin de Cleveland symbolise lui aussi les élans de la passion. La jeune fille s'offre aveuglément à l'Amour, lui aussi aveuglé par un bandeau. Sur la gauche, un petit amour ailé s'appuie négligemment sur le globe terrestre, comme pour signifier son règne.

Nous l'avons dit, à partir de 1775, Fragonard aborde de nouveaux thèmes : dans ses tableaux comme pour ses esquisses, il modifie sa technique, privilégiant une touche plus fondue, plus brumeuse, plus vaporeuse, des compositions plus en frise, une gamme de couleurs plus monochrome, favorisant le clair-obscur. Mais il ne renonce pas, dans ses dessins les plus achevés, au lavis de bistre qu'il maîtrise avec une exceptionnelle virtuosité.

# 283 Le songe d'amour du guerrier

T. H. 61,5 ; L. 50,5

Paris, musée du Louvre

**Provenance**
Coll. François-Martial Marcille, sa vente après décès, 12-13 janvier 1857, nº 55 : « le rêve du bonheur » (150 francs) ; coll. Jules Burat, sa vente après décès, 28-29 avril 1885, nº 70 : « le Songe d'amour... Il provient de la vente Marcille, 1857 » (3.300 francs) ; acquis à la vente par le marquis de Talleyrand, duc de Dino ; coll. du baron Basile de Schlichting dès 1907 ; legs Schlichting en 1915 ; R.F. 2149.

**Expositions**
Paris, 1883-84, nº 61 ;
Paris, 1907, nº 136 ;
Bregenz, 1968-69, nº 213, pl. 117 ;
Paris, 1974, nº 21, ill.

**Bibliographie**
Horsin-Déon, 1861, p. 129 (même texte, mais sans nom d'auteur, dans *L'Artiste*, XII, 1861, p. 247) ;
Mantz, 1885, p. 294 ;
Eudel, 1886, p. 366 ;
P. p. 71, 289 ;
N. p. 117 ;
D. et V. 106, ill. ;
Tourneux, 1907, p. 100 ;
Pigler, II, 1956, p. 571 ;
R. p. 163 ;
W. 211, pl. 21 et p. 14 éd. française ;
Carpenter, 1962, p. 361 ;
Thuillier, 1967, p. 132 ;
W. et M. 221, ill. et pl. XV en couleurs (voir aussi 518 A) ;
Cat. exp. *Liss*, Augsbourg-Cleveland, 1975-76, p. 127 et 182, fig. 173 ;
Sutton 1980, 1987, p. 110.

**Œuvres en rapport**
Une « esquisse » sur bois est citée dans la vente du chevalier de C[lesne] du 4 décembre 1786, nº 81 : « ... le sujet nous a semblé représenter un guerrier endormi, couronné par l'Amour et rêvant à une femme qui lui apparaît en songe, portée sur des nuages et accompagnée de plusieurs Amours... » (= H. 31 ; L. 23 ; 100 livres).

Le tableau (ou l'esquisse, selon W.) a été gravé en pointillé par Nicolas-François Regnault (1746-vers 1810) en 1791 *(fig. 1)*, en pendant à la *Fontaine d'amour (fig. 2)*, parue en 1785 (P. p. 331, nº 158, qui en signale quatre états et la reproduit entre la p. 232 et 233 ; voir aussi G. pp. 267-268 et 327 et cat. exp. Clermont-Ferrand, 1977, pp. 64-65).

La gravure est citée dans le *Journal de Paris* du 19 avril 1791, p. 440. Elle a été utilisée pour le couvercle d'une boîte à priser passée en vente chez Christie's à Londres le 9 octobre 1975 ( ?).

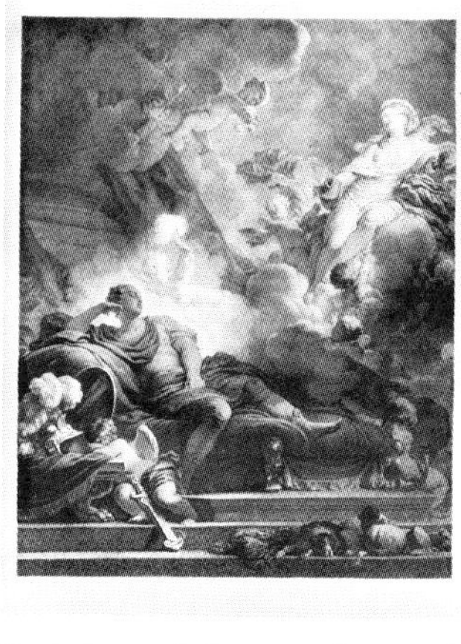

fig. 1. Regnault, *Le songe d'amour du guerrier*, Paris, Bibliothèque Nationale, Cabinet des estampes

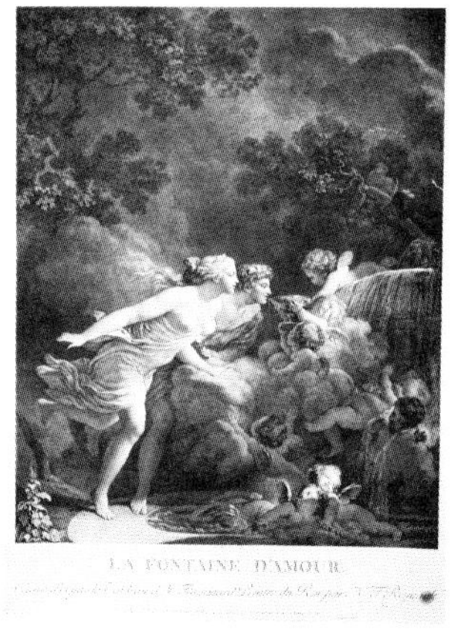


fig. 2. Regnault, *La fontaine d'amour*, Paris, Bibliothèque Nationale, Cabinet des estampes

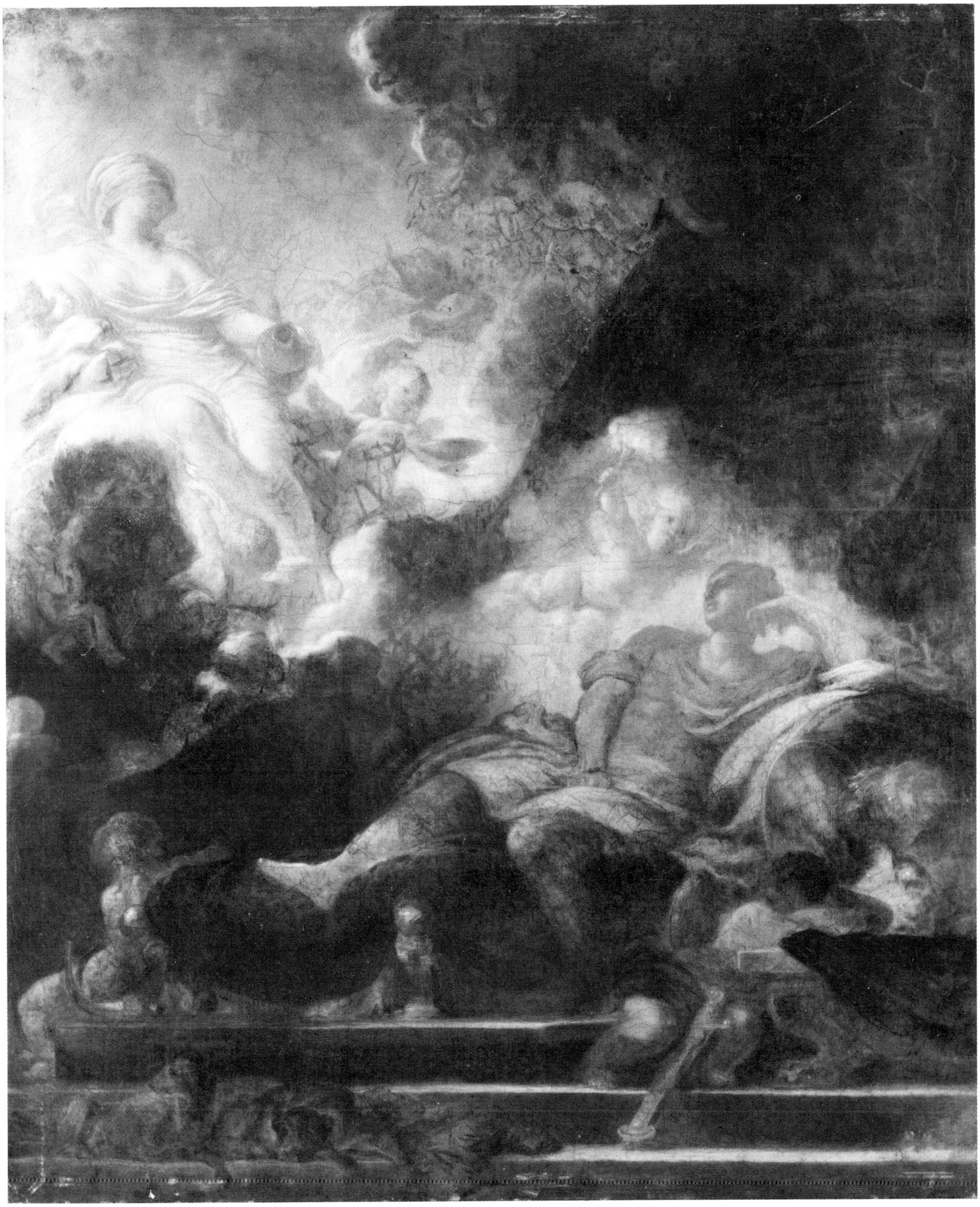

Photographie avant restauration

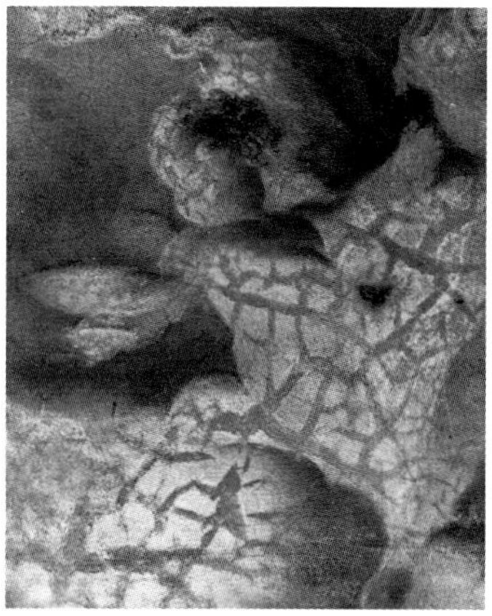

fig. 3. Détail des craquelures du n° 283

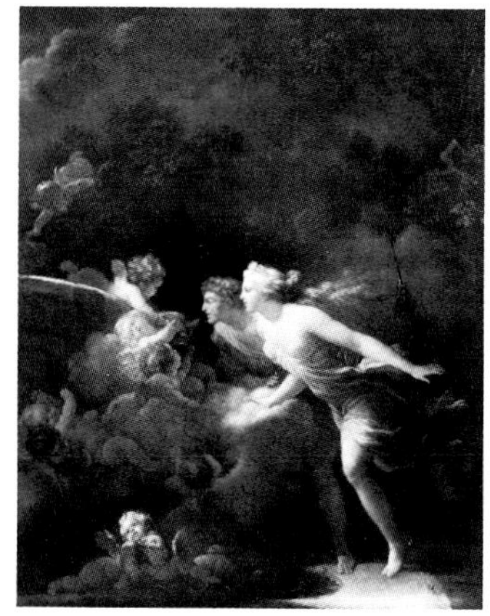

fig. 4. *La fontaine d'amour*, Londres, coll. Wallace

Qu'on nous pardonne l'expression, le tableau « revient de loin ». Sa restauration a été décidée après des hésitations bien compréhensibles. Un réseau de craquelures en couvrait l'essentiel de la surface, de profondes craquelures prématurées *(fig. 3)*, de plusieurs millimètres de largeur. Dégagée de ses repeints, la toile montrait quelques morceaux intacts mais certaines parties étaient dénaturées : il fallut tout le talent de la restauratrice, Mme Le Pavec, pour lui rendre sa lisibilité primitive, son éclat premier.

Que représente-t-elle ? Regnault la grava sous le titre *Le Songe d'amour.* Il accompagne son œuvre, une gravure en pointillé — technique importée d'Angleterre, à la mode depuis 1770 environ et qu'il fut un des premiers à pratiquer en France — de cette légende : « L'Amour et la Volupté charment le sommeil du guerrier par la douce illusion des plaisirs ». Un soldat, assoupi sur un lit antique, a déposé son casque et son glaive. Il rêve tandis que ses chiens veillent à ses pieds. « De ce sommeil... se dresse comme une échelle de Jacob d'amours » « portant et soulevant l'Assomption de Vénus » (Goncourt, pp. 267-268). Cette Vénus, ou plutôt cette Volupté, tend, par l'intermédiaire d'un amour (nous en avons compté 13 ou 14), une coupe au guerrier. Fragonard a recouvert d'un voile les yeux de la déesse, que Regnault lui a ôté.

La gravure de Regnault *(fig. 1)* date de 1791. Elle faisait pendant, aux dires du *Journal de Paris,* à la *Fontaine d'amour* que Regnault *(fig. 2)* avait publiée en 1785 (d'après le célèbre tableau aujourd'hui dans la collection Wallace à Londres, *fig. 4)* qui avait connu un immense succès. Mais Fragonard a-t-il conçu les deux tableaux pour se répondre ? Certes, ils sont de taille similaire et d'inspiration voisine. Mais là s'arrête la ressemblance et nous préférons croire que les deux œuvres furent peintes indépendamment l'une de l'autre.

À quelle date ? Wildenstein situait le tableau entre 1761 et 1765, mais cette proposition a été justement combattue par Carpenter (1962) et Thuillier (1967). Son esquisse passe en vente en 1786 (voir rubrique *Œuvres en rapport*) et Regnault, nous l'avons dit, publie sa gravure de la *Fontaine d'amour* en 1785. C'est donc avant ces dates que Fragonard réalisa les deux œuvres. Si la *Fontaine* est de peu antérieure en date à la gravure, nous n'excluons pas que le *Songe* soit de quelques années plus ancien. Les couleurs vives, les bleus stridents, les rouges somptueux et chauds, la matière émaillée rappellent encore le *Verrou.*

Avec la *Fontaine d'amour,* plus qu'avec le *Songe,* Fragonard a franchi un pas : les corps se figent, les profils s'antiquisent, une lumière lunaire baigne la scène dans une atmosphère irréelle, la passion s'intellectualise, la poésie devient plus littéraire, la sensualité, allégorie : dans ce chef d'œuvre, l'amour est décrit avec une gravité à laquelle le XVIIIe siècle ne nous avait guère habitués.

## 284 Le sacrifice de la rose

Paris

Bois. H. 54 ; L. 43

France, collection privée

**Provenance**
Coll. Godefroy, sa vente 14 décembre 1813, n° 46 : « le sacrifice de la rose. Une jeune fille entièrement nue, la tête doucement inclinée sur l'épaule gauche, les yeux fermés, et la bouche entrouverte dans un moment de langueur et d'abandon est assise près d'un autel ; l'Amour, les deux ailes déployées, sous la figure d'un bel adolescent la soutient et brûle au feu de son flambeau la rose dont elle vient de lui faire le sacrifice. Un essaim de petits Amours jouant dans les nuages, célèbrent son triomphe. Tableau gracieux dont la couleur mystérieuse et l'exécution suave répondent à l'idée heureuse du peintre. Bois 19 p sur 15 p. 1/2 » (= 51,3 sur 42 ; vendue 355 francs) ; coll. baron Vivant Denon, sa vente, 1er mai 1826, n° 153 (sur bois, mêmes dimensions (19 p. sur 15 p.), précise que le tableau est « gravé sous le titre le Sacrifice de la rose », vendu 245 francs, selon G.) ; vente de son neveu Brunet Denon, 2 février 1846, n° 329 (à coup sûr celui de la coll. Vivant Denon ce que confirme

le cat.) ; vente succession A. A., 30 mars 1882, nº 18 (B. H. 51 ; L. 41 ; 3.050 francs, acheté par Daupias selon W.) ; vente comte Daupias de Lisbonne, 16-17 mai 1892, nº 14 (B. H. 54 ; L. 42 ; 6.000 francs) ; vente de la coll. M. S., 14 juin 1900, nº 5, ill. (18.000 francs) ; coll. Deutsch de la Meurthe, selon W. ; [Wildenstein] en 1906 ; coll. David Weill, selon W. ; coll. Jean Bartholoni en 1921 ; coll. Paul Dutasta, sa vente, 3-4 juin 1926, nº 64, ill. (acquis par Lesieur pour 200.000 francs) ; coll. R. R., sa vente, 5-6 juin 1946, nº 14, ill.

**Expositions**
Marseille, 1906, nº 534 ;
Paris, 1921, nº 66, ill.

**Bibliographie**
G. p. 327 ;
P. p. 288 ;
N. p. 117 ;
Dorbec, 1921, p. 26 et 27 ;
W. 497 pl. 115 ;
W. et M. 527, ill. ;
Haskell, 1976, p. 43 note 91.

**Œuvres en rapport**
Voir nº suivant.
— Los Angeles, coll. privée *(fig. 1 ;* T. H. 65 ; L. 54*)*. Provient d'une vente Christie's Londres, le 10 avril 1981, nº 64, ill. et se confond peut-être avec le tableau de la coll. du sénateur Eugène Mir, exposé en 1921 (nº 93), cité par R. ; voir, sur ce tableau que nous regrettons de n'avoir pu emprunter, l'excellente étude de David Carritt parue dans le cat. Artémis de 1982, nº 13, ill. couleurs.
— Tableau, ancienne coll. comte Charles de Gramont *(fig. 2 ;* T. H. 59,5 ; L. 49,5 ; W. 498 fig. 207 ; vente Christie's Londres, 25 juin 1971, nº 20, ill. ; cat. exp. Tokyo, 1980, nº 83, ill. couleurs*)*, connu depuis 1860 (nº 140) et la vente Walferdin (nº 57).
— Tableau Wildenstein *(cat. 286 fig. 3 ;* T. H. 31 ; L. 24 ; W. 499 fig. 208*)*. Le tableau provient à coup sûr des coll. Marcille, vente, 12-13 janvier 1857, nº 54 : « offrande à l'Amour » et Walferdin, vente, 12-16 avril 1880, nº 58. Mais se confond-il avec « Le sacrifice de la Rose. Cette gracieuse composition est un des meilleurs ouvrages de ce savant peintre » (sans dimensions) d'une vente du 11-12 février 1842, nº 1 (sur cette vente, voir Robertson, 1979, p. 186 note 26), d'une vente « de feu M. Destouches peintre » du 4-5 mars 1847, nº 6 : « tableau qui a précédé la composition du même sujet, connue par la gravure » et d'une vente anonyme du 27-28 février 1852, nº 36 : « le Sacrifice à l'Amour. Première pensée du maître » ?
— Marguerite Gérard possédait en 1824 un *Sacrifice de la rose* (Robertson, 1979, p. 183 et 189).
— À la vente Walferdin du 12-16 avril 1880, nº 59, figurait une « Tête d'étude pour le Sacrifice de la Rose » (B. H. 19 ; L. 15 ; voir Portalis, 1880, p. 16).

La composition aurait été, selon Sutton (Tokyo, 1980, sous le nº 83), copiée par Prud'hon.

Le tableau, la version exposée vraisemblablement, a été gravé en pointillé *(fig. 3)* pour la Société des Amis des Arts par Henri Gérard (1755-vers 1835) en 1790 (voir Hébert, Pognon, Bruand, X, 1968, p. 103, nº 4 et cat. exp. Clermont-Ferrand, 1977, nº 65, ill.). Saint-Non en possédait une épreuve (Wildenstein, 1959, p. 241, nºs 128-137).

Pour les dessins, voir notice nº 286.

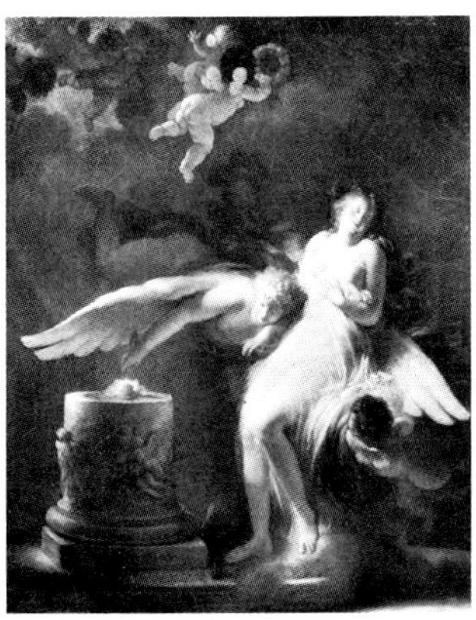
fig. 1. *Le sacrifice de la rose*, Los Angeles, coll. privée

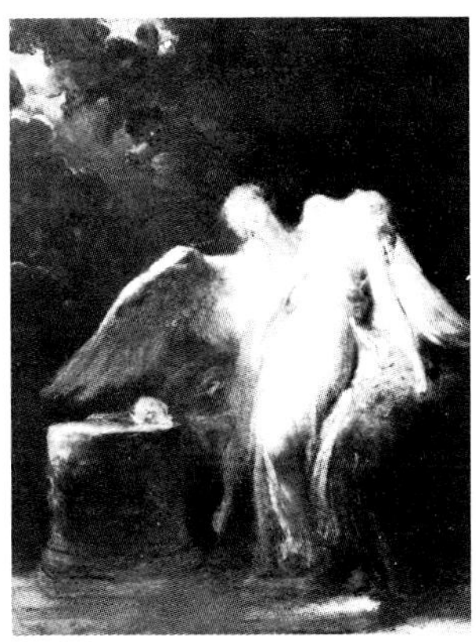
fig. 2. *Le sacrifice de la rose*, localisation actuelle inconnue

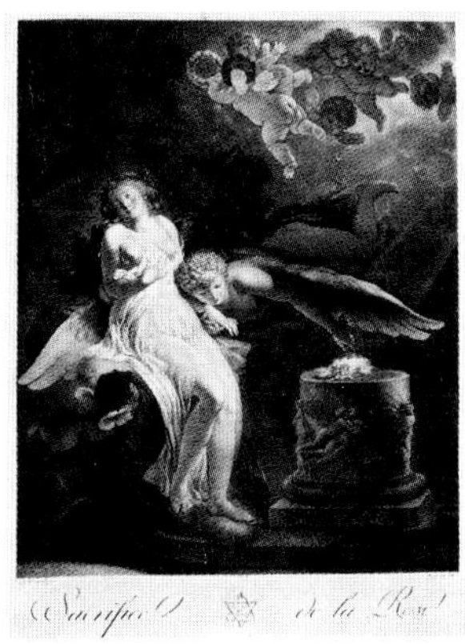
fig. 3. H. Gérard, *Le sacrifice de la rose*, Paris, Bibliothèque Nationale, Cabinet des estampes

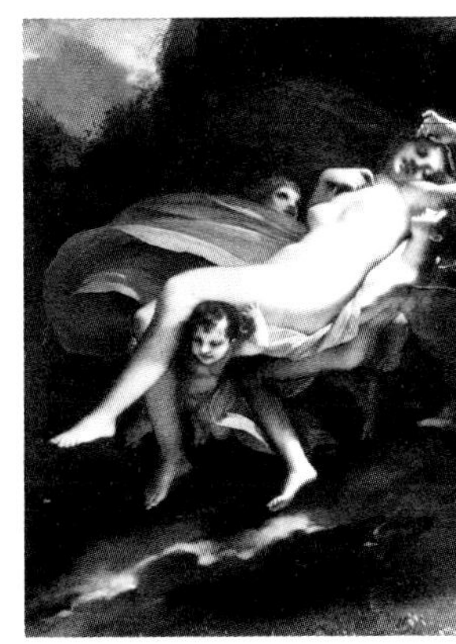
fig. 4. Prud'hon, *L'enlèvement de Psyché*, Paris, musée du Louvre

« M. Fragonard père est mort vendredi matin, à la suite d'une assez courte maladie. Il était âgé de 74 ans et demi et extraordinairement replet. L'école française perd en lui un peintre justement estimé : *Callirhoé*, la *Fontaine d'Amour*, le *Sacrifice de la rose* et divers autres sujets reproduits et multipliés par la gravure, ont attaché au nom de Fragonard l'idée même des Grâces ». C'est par ces mots que le *Journal de Paris* du lundi 25 août 1806 rendait compte de la disparition de Fragonard. Les œuvres citées (deux sont tardives) « lui valurent des sommes énormes » nous apprend Landon (1832, p. 93).

On connaît aujourd'hui cinq versions peintes ayant pour thème l'*Offrande à l'amour* ou encore, pour reprendre le titre de la gravure d'Henri Gérard de 1790, le *Sacrifice de la rose*.

Les deux esquisses *(fig. 3* et *cat. 286 fig. 3)*, qui ont appartenu à Hippolyte Walferdin, furent longuement commentées en 1860 et en 1880. La première, très proche du dessin de Minneapolis (nº 286), est d'une date sensiblement antérieure à celle des autres versions ; la seconde est une première pensée pour le tableau : la jeune fille évanouie est portée vers l'autel par l'Amour, qui la soutient dans ses bras.

Des trois versions achevées, seule celle du musée de Buenos Aires (nº 285) — que nous n'avons jamais vue ! — nous montre la jeune fille entièrement nue (mais vraisemblablement, elle l'était aussi sur le présent tableau, avant l'adjonction de « voiles de pudeur »). Le tableau argentin pourrait se confondre avec une toile passée en vente en 1849, bien que la description du catalogue de la vente laisse quelques doutes. La version de la vente Godefroy de 1813 était sur bois, comme le présent tableau. La troisième version, la plus belle peut-être, mais elle a, elle aussi, beaucoup souffert, aujourd'hui dans une collection privée de Los Angeles *(fig. 1)* est peut-être la toile qui appartenait en 1824 à Marguerite Gérard, la belle-sœur de Fragonard et la sœur du graveur.

De ces versions, quelle est celle qui fut gravée par Henri Gérard en 1790 ? Il est difficile d'en décider. Mais nous n'excluons pas que ce puisse être celle restée en France.

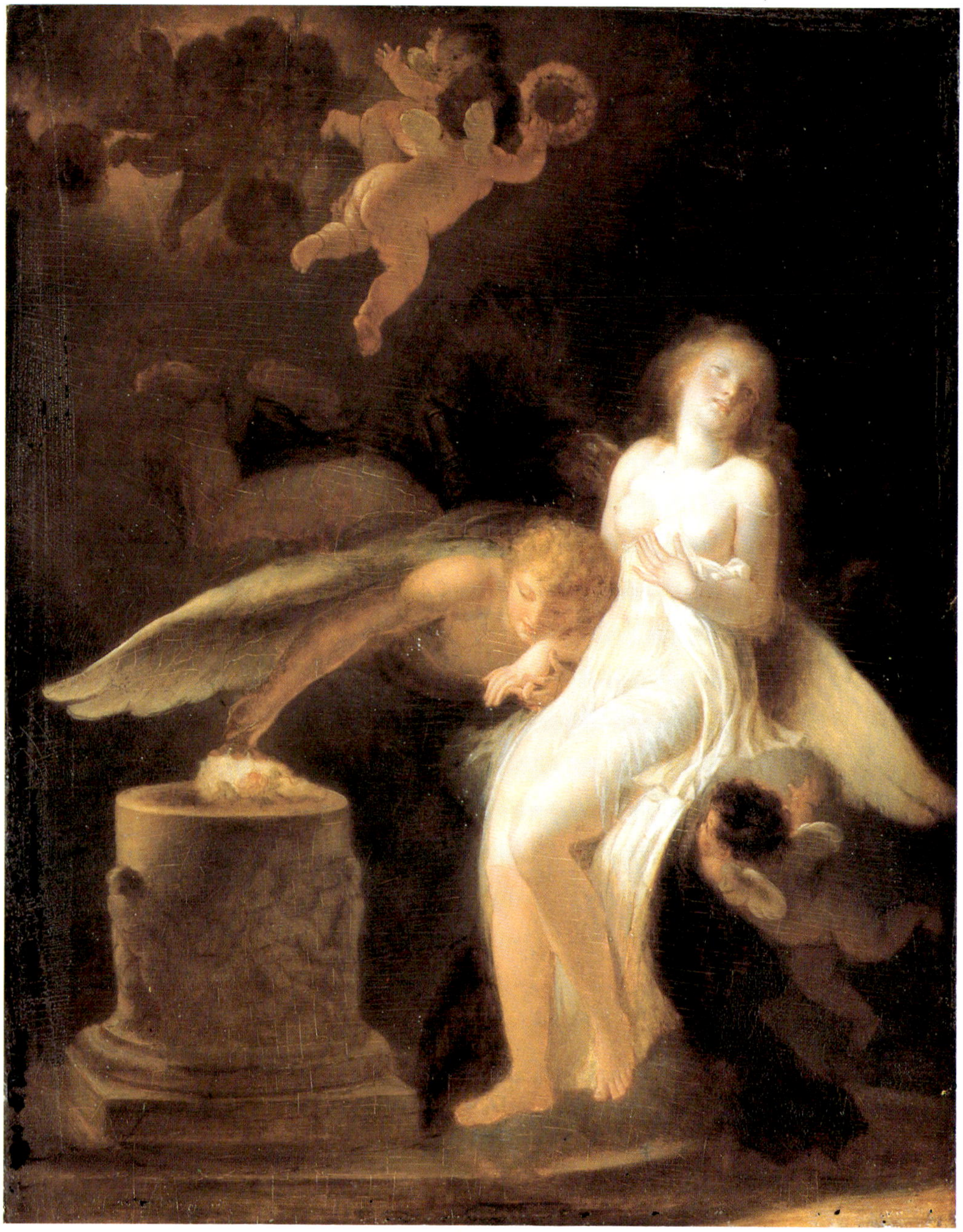

C'est en tout cas celle qui présente le moins de variantes avec la gravure.

L'œuvre doit être antérieure à 1788, et sans doute de peu postérieure à 1785, date de la *Fontaine d'amour* de la collection Wallace de Londres *(cat. 283 fig. 4)*, gravée cette année-là. Nous serions tentés — nous ne sommes pas les premiers — de les rapprocher et d'y voir, sinon des pendants, du moins des œuvres conçues dans le même esprit. Le sujet du tableau, une jeune fille pâmée « en défaillance devant l'autel de l'amour » (Thoré, 1860, p. 348) ne se commente pas : allégorie de la perte de la virginité, extase de l'amour, l'œuvre évite par son souffle ardent, grâce au génie du peintre, la polissonnerie égrillarde comme la niaiserie sentimentale ou la fadeur galante. Mieux que bien d'autres, ce sont encore les Goncourt (p. 269) qui ont trouvé les mots justes pour décrire cette œuvre au lyrisme brûlant qui dépasse en étrangeté et en invention les plus belles pages de Prud'hon *(fig. 4)* et égale Corrège : « poussée, presque soulevée et détachée de terre par de petits amours qui s'essayent à la porter et jouent dans la transparence de ses voiles, une femme s'avance entre deux rayons, deux rampes de jour montant devant elle, et sur lesquelles tremblent des vols d'amours dans des immobilités frémissantes. Elle sourit, elle faiblit et, comme accablée sous la caresse de la lumière, elle laisse échapper une rose à laquelle un génie ailé met le feu avec sa torche, c'es le Sacrifice de la rose — un souffle de sainte Thérèse dans une image de Parny ! »

Un détail encore, non sans signification : l'autel où brûle la rose est copié, comme l'a démontré Vermeule (1964, p. 129), sur un cinérarium circulaire autrefois conservé au musée du Capitole à Rome. Fragonard l'avait déjà représenté sur l'*Escarpolette* de la collection Wallace. Quel chemin parcouru en vingt ans !

# 285 Le sacrifice de la rose

Paris

T. H. 65 ; L. 54

Buenos Aires, museo nacional de Arte Decorativo

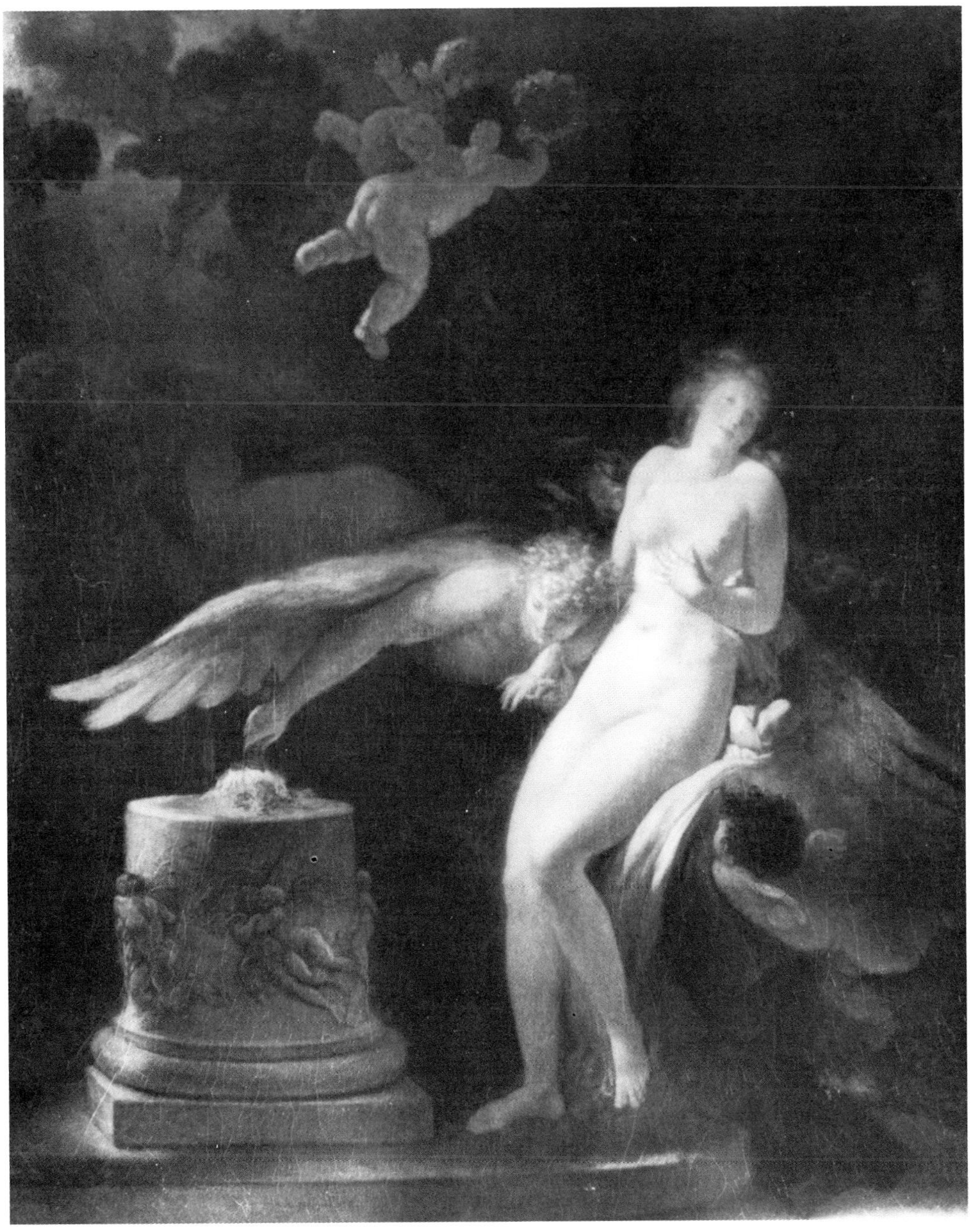

**Provenance**
Coll. Forbin Janson, sa vente, 12 juin 1849, n° 28 : « une jeune fille entièrement nue brûle sur l'autel de l'Amour la rose qu'elle tient à la main. Un nuage voluptueux l'entoure à demi, une molle langueur est dans ses yeux. Le tableau est gravé. T. H. 65 cent. L. 54 cm » (130 francs) (?). Coll. Constant Santa Maria, de Buenos Aires ; donné par lui en 1890 à Manuel Quintana, président de la République d'Argentine ; coll. de sa veuve, Mme Susanna Rodriguez de Quintana ; sa vente, Buenos Aires, J. C. Naony Cia, 28 novembre 1930, n° 46 ; acquis par Matias Errazuriz, riche collectionneur chilien ; acquis par le musée des arts décoratifs de Buenos Aires, avec l'ensemble de sa coll., en 1937.

**Expositions**
Buenos Aires, 1893, cat. non retrouvé ; Buenos Aires, 1968, n° 13.

**Bibliographie**
N. p. 117 ;
Schiaffino, 1933, p. 342 note 2 et 343, ill. (reproduit par erreur le tableau de la coll. du sénateur Eugène Mir, celui aujourd'hui à Los Angeles, renseignement dû à Mariano Aldao) ;
Cat. musée, 1947, n° 53 ;
R. p. 164 (dit que le tableau provient de la coll. Eugène Mir) ;
W. sous le n° 497 fig. 206 ;
W. et M. 526 ill.

**Œuvres en rapport**
Voir la notice précédente.

Les variantes entre le tableau de Buenos Aires — que, répétons-le, nous n'avons jamais vu — et la gravure ainsi qu'avec la version sur bois que nous exposons (notice précédente) sont intéressantes à noter : l'héroïne est ici entièrement nue, sans les habituels voiles de pudeur. Son expression est plus mièvre, plus doucereuse. Elle ne se pâme pas et n'a plus l'extraordinaire sourire extatique et presque terrifiant de la gravure. Réplique moins inspirée, répétition plus tardive, variante autographe ? Seule, la présentation de l'œuvre à Paris et sa confrontation avec un autre exemplaire de la composition permettra de trancher.

# 286 Le sacrifice de la rose

Paris

H. 422 ; L. 331
Lavis de bistre et rehauts d'aquarelle sur préparation à la pierre noire
Inscription en bas à gauche : « fragonard »

Minneapolis, The Minneapolis Institute of Arts, don de Mr et de Mrs Clinton Morrison

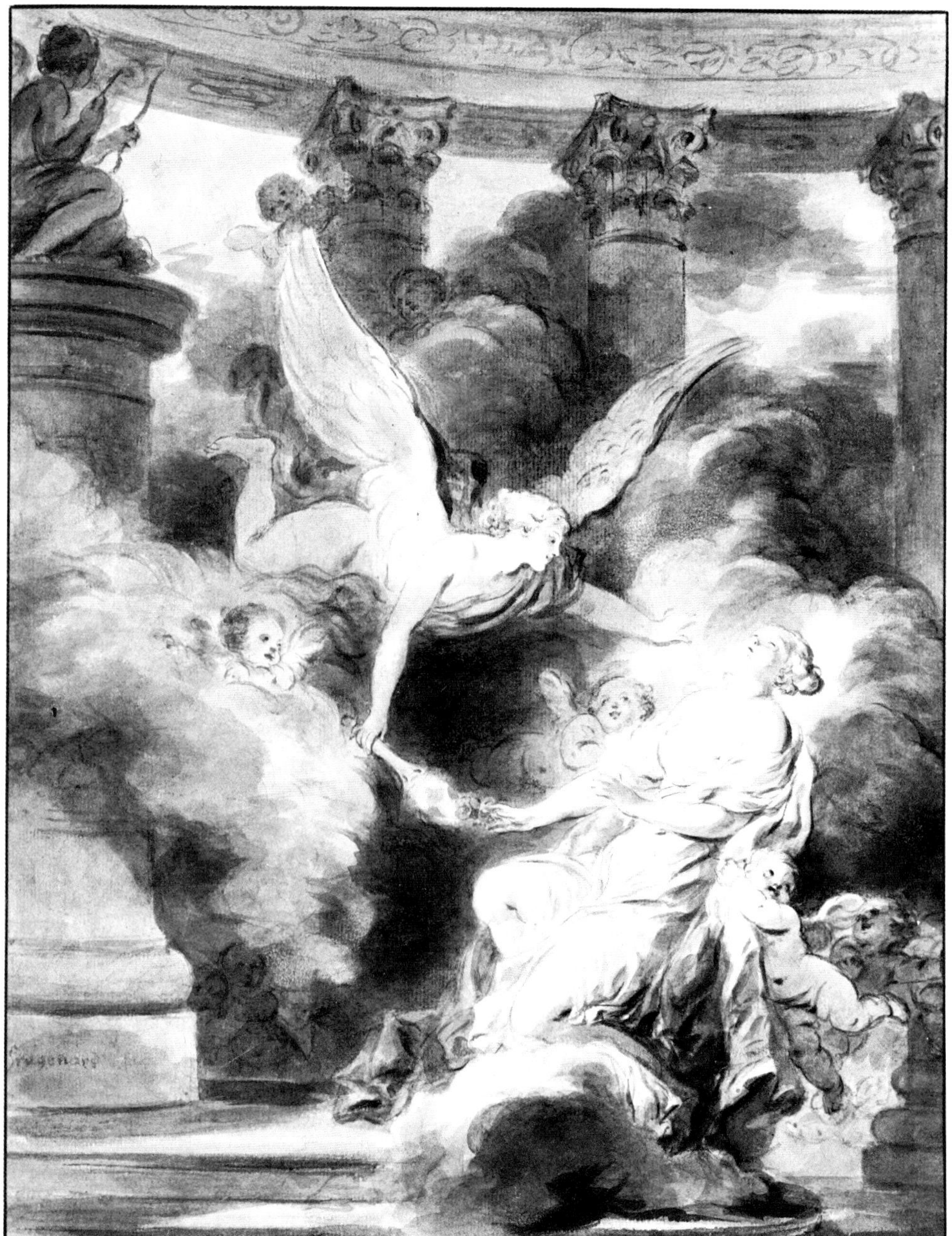

**Provenance**
Coll. du peintre en miniatures Saint, sa vente 4 mai 1846, n° 17 : « le sacrifice à la rose, charmant et gracieux dessin lavé à l'encre de chine et mêlé d'aquarelle » (90 francs) ; coll. Hippolyte Walferdin dès 1860 ; sa vente après décès, 12-16 avril 1880, n° 189 (acquis par Bartholdi pour 2.600 francs) ; coll. Bartholdi en 1889 ; coll. baron de Neuflize, puis Roberte, comtesse Bessborough ; coll. Desmond Browne, Esq. (selon cat. vente Christie's) ; acquis par Minneapolis, grâce à Artemis, à la vente du 5 juillet 1983, Londres, Christie's, n° 34, ill. couleurs. Don de Mr et de Mrs Clinton Morrison en 1983 ; 83.109.

**Expositions**
Paris, 1860, n° 7 ;
Minneapolis, 1985-86, ill., n. p.

**Bibliographie**
G. p. 269 (?) et 327 ;
Portalis, 1880, p. 16 et 20 ;
P. p. 199, 312 ;
R. p. 204 ;
A. 2427 et 988 ;
*Gazette des Beaux-Arts,* supplément, mars 1984, p. 29, n° 182, ill.

**Œuvres en rapport**
Pour les tableaux et la gravure, voir notices précédentes.

Il existe un dessin en largeur de même sujet *(fig. 1 ;* A. 2424 fig. 616*)*, exposé lui aussi en 1860 (n° 17) et dont nous ignorons la localisation. Se confond-il avec la « nymphe qui est venue offrir sa rose dans le temple de l'Amour et à laquelle rose l'Amour met le feu ; elle est sur des nuages soutenue par un groupe de plaisirs. Ce dessin *colorié* (c'est nous qui soulignons) est d'un effet piquant, et est un des beaux dessins de ce maître » (= H. 324 ; L. 405 ; voir A. 1619 ; voir aussi A. 2426 et *L'Estampille,* janvier 1984).

Le musée de Karlsruhe possède une première version de cette composition à la pierre noire *(fig. 2 ;* A. 2425 fig. 617).

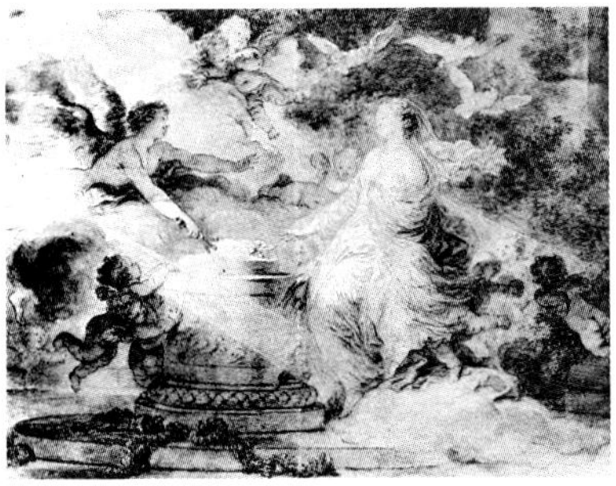

fig. 1. *Le sacrifice de la rose*, localisation actuelle inconnue

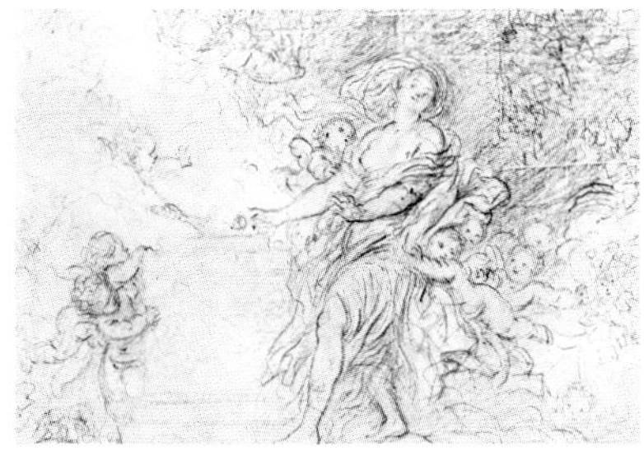

fig. 2. *Le sacrifice de la rose*, Karlsruhe, Staatliche Kunsthalle

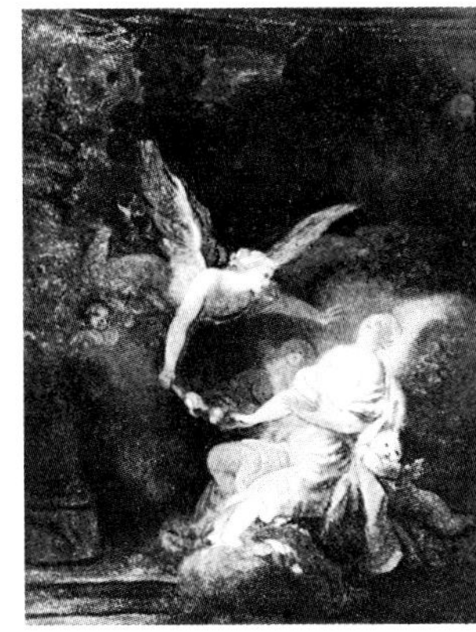

fig. 3. *Le sacrifice de la rose*, localisation actuelle inconnue

Le dessin, nouvellement acquis par Minneapolis, est fort proche dans le détail de la composition d'une étude pour le *Sacrifice de la rose* (que nous n'avons jamais vue), autrefois dans la collection Wildenstein *(fig. 3* ; W. 499 fig. 208*)*. Cette esquisse peinte, plus petite que le dessin, en est une première pensée et paraît antérieure à 1780.

Deux autres dessins, l'un à la pierre noire, l'autre au lavis de bistre traitent du même sujet. Tous deux en largeur et de dates différentes, ils témoignent de l'intérêt de Fragonard pour un thème qui semble l'avoir longtemps intéressé.

Sur le dessin de Minneapolis, qui mêle avec bonheur le bistre et l'aquarelle, l'Amour aux grandes ailes enflamme de sa torche la rose que lui tend la jeune fille extasiée. Des amours sourient de la scène. L'allégorie est claire mais n'a rien de l'ardeur passionnée, de l'extraordinaire pouvoir évocateur et de l'étrangeté lunaire du tableau. Ni de sa grave émotion.

## 287 Autoportrait vu de face

Paris

Rond. Diamètre 129
Pierre noire avec rehauts de crayon de couleurs sur les lèvres et les joues
Collé en plein sur une autre feuille et cerné de deux traits à la pierre noire
Au verso, annotation au crayon : « son portrait dessiné par lui-même »

Paris, musée du Louvre, Cabinet des dessins

**Provenance**
Coll. Huot-Fragonard, vente, 19-20 mai 1876, partie du n° 26 : « sous ce numéro qui sera divisé seront vendus les sept dessins suivants : Trois portraits de l'artiste... » (vendu avec le portrait d'Alexandre-Évariste, n° 294, 50 francs) ; coll. Camille puis Jean Groult ; vente de la coll. de ce dernier, 24 mai 1955, n° 125 C, pl. III (les sept dessins, 450.000 francs) ; coll. René Hinzelin, Paris ; offert au Cabinet des dessins du musée du Louvre par la Société des Amis du Louvre en 1986 (marque du Louvre, Lugt 1886, en bas à droite) ; R.F. 41.192.

**Exposition**
Paris, 1921, n° 118.

**Bibliographie**
P. 1889, p. 138 et 267, ill. en frontispice de l'ouvrage ;
R. p. 210 ;
Wildenstein, 1959, n° 192, fig. 1 ;
Lamy, 1961, p. 47, ill. ;
A. 123 fig. 53.

**Œuvres en rapport**
Pour trois autres autoportraits, voir les trois notices suivantes. Pour les autres autoportraits et les portraits de Fragonard, voir la notice.

Pour d'autres portraits ronds ou ovales, voir le texte de la notice.

Le musée de Besançon (Cornillot, 1957, n° 86, ill.) conserve un portrait d'homme qui paraît faire série avec les sept dessins du Louvre *(fig. 1)*. Il porte une date « x$^{bre}$ 1787 » et un nom « Mlle. Gerard ». Attribué en un premier temps à Fragonard par Ananoff (A. 125 fig. 54), le même auteur le considère aujourd'hui (1979, p. 215 fig. 5) comme de Marguerite Gérard. Nous ne pouvons nous résoudre à accepter cette attribution.

Le Louvre vient d'acquérir ou, pour être plus précis, vient de recevoir en don de la Société des Amis du Louvre, les trois autoportraits dessinés de Fragonard, ainsi que les portraits de Mme Fragonard, de Rosalie, d'Alexandre-Évariste Fragonard et de Marguerite Gérard des collections Huot-Fragonard, Groult et Hinzelin (n$^{os}$ 288, 289, 292 à 294, 296). Grâce à un descendant direct de M. Huot-Fragonard, M. Pierre Huot (comm. écrite), et grâce aux Goncourt aussi,

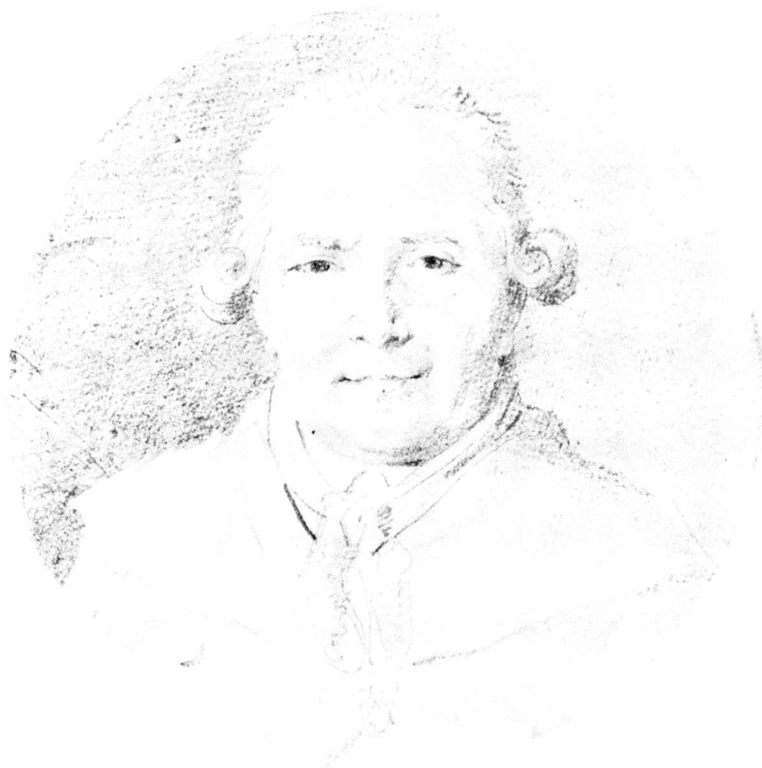

nous pouvons affirmer aujourd'hui que les sept dessins vendus en 1876 en quatre lots provenaient bien de la collection de Théophile Fragonard, mort en 1876, la même année que sa mère Julie Fournier, l'épouse d'Alexandre-Évariste. À la même vente Huot-Fragonard, figurait un portrait de Fragonard que les Goncourt (p. 286 note 1) affirmaient avoir vu chez Théophile (et pensaient pouvoir attribuer à Marguerite Gérard !).

L'iconographie de Fragonard a donné lieu à bien des débats : nous avons, dans notre introduction, dressé le portrait de l'homme : petit, extraordinairement replet et avec « des cheveux gris très ébouriffés » sur le tard de sa vie, « toujours alerte, toujours gai ». Mais il ne semble pas souvent s'être représenté et les tentatives de reconnaître dans les toiles de Grasse (rendue par Cuzin, 1983, p. 104, fig. 1, à Vincent), de l'ancienne collection M. C. à Neuilly (Lamy, en 1961, à deux reprises), de l'ancienne collection Groult (W. 376, pl. 76 ; cat. exp. Tokyo, 1980, n° 58, ill. couleurs), du musée de San Francisco (W. 486, pl. 111 ; cat. exp. Tokyo, 1980, n° 80, ill. couleurs), les traits de l'artiste n'ont guère été suivies.

Certes, Fragonard s'est peint face aux cascades de Tivoli (vente Baché..., 22 avril 1776, n° 92), mais le tableau est perdu. Et seul le tableau attribué à Marguerite Gérard (par Portalis également, p. 138) que nous avons cité plus haut (passé en vente à Londres chez Christie's, le 10 décembre 1982, n° 14, ill.) nous paraît ne pouvoir guère être mis en doute *(fig. 2)*, de même que la « miniature à l'huile » de Marguerite Gérard (vente Walferdin, 12-16 avril 1880, n° 103), gravée, selon le catalogue, « par Charpentier » (*idem*, n° 360, mais voir P. p. 319) et en tout cas par Le Rat *(fig. 3)*. Proposons à notre tour de reconnaître Fragonard — un Fragonard jeune et impertinent — dans le tableau de Washington *(fig. 4)* qui passe pour représenter Hubert Robert et est souvent attribué à Fragonard, mais nous ne pouvons appuyer cette proposition sur aucune preuve. Si parmi les dessins qui sont considérés comme des autoportraits de Fragonard, aucun, à l'exception bien entendu des quatre feuilles que nous exposons — pas même celui du Louvre autrefois dans la collection Péreire (A. 120) qui est de Hoin (et encore moins celui de la collection Gustave Deloye (1839-1899 ; A. 124), le sculpteur qui fit un buste de Fragonard aujourd'hui à Versailles) — ne lui revient, il n'en est pas de même pour la rare gravure de Charles Le Carpentier (1744-1822) qui date de 1803 *(fig. 5)*, donc du vivant de l'artiste (Sjöberg et Gardey, XIII, 1974, pp. 446-447, n° 27). On se souvient que le même Le Carpentier devait publier en 1821 une *Vie* de Fragonard, dont chaque mot est précieux pour qui veut comprendre la carrière et les ambitions du peintre. Une autre gravure, moins souvent reproduite, n'est pas de moindre intérêt : elle copie un dessin de Lemoine daté de 1797 *(fig. 6)* qui appartint à Walferdin (sa vente, 12-16 avril 1880, n° 325 ; il provenait d'une vente Silvestre, 4-6 décembre 1851, n° 262). Pour le collectionneur langrois comme pour Tourneux (1907, p. 100), le dessin de Lemoine, d'un certain Émmanuel Lemoine, représentait Fragonard. Ils avaient sans aucun doute raison car en 1798, Jacques-Antoine Marie Lemoine (1751-1824), un autre Rouennais, exposait au Salon (partie du n° 269) un « Portrait dessiné à la pierre noire du C. Fragonard » !

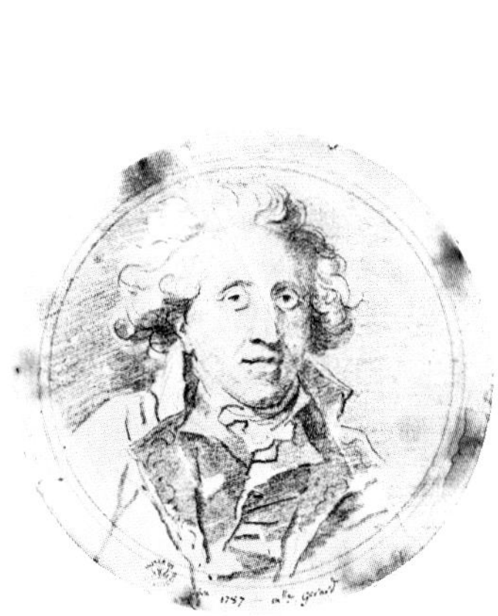

fig. 1. Fragonard (?), *Portrait d'homme*, Besançon, musée des Beaux-Arts

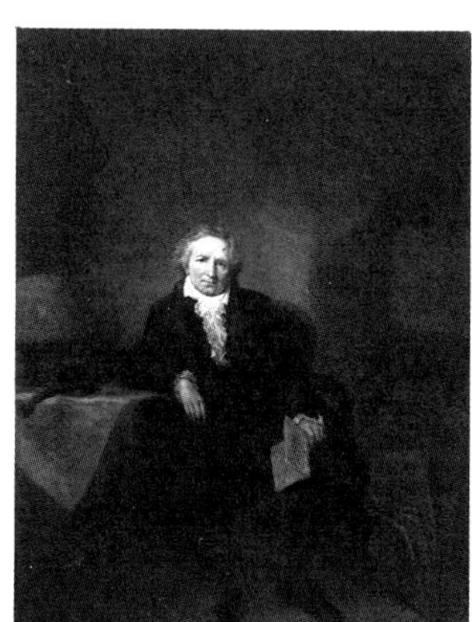

fig. 2. M. Gérard (?), *Fragonard*, localisation actuelle inconnue

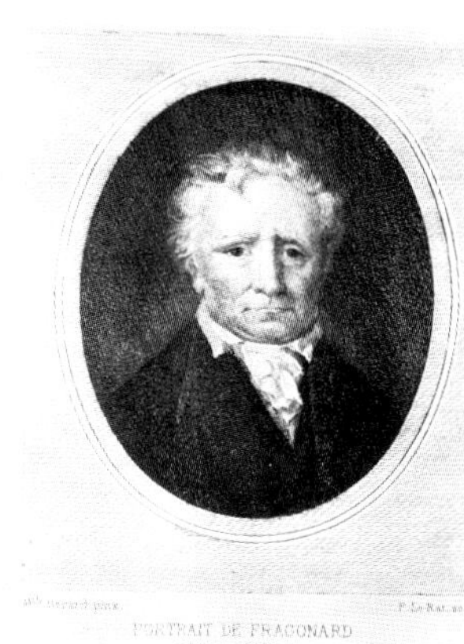

fig. 3. Le Rat d'après M. Gérard, *Fragonard* (d'après Portalis, 1880)

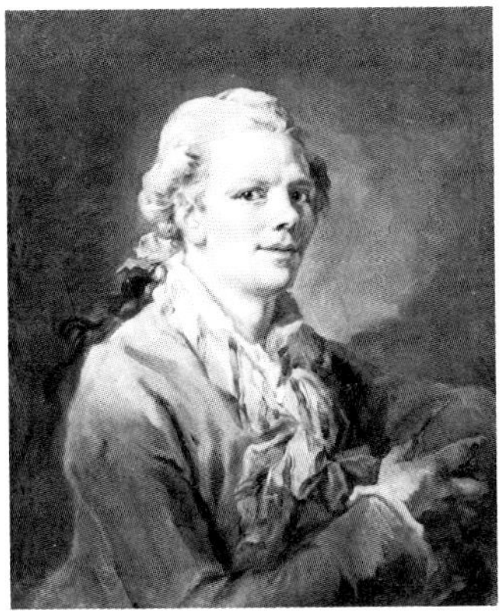

fig. 4. Anonyme,
*Fragonard* (?),
Washington, National Gallery

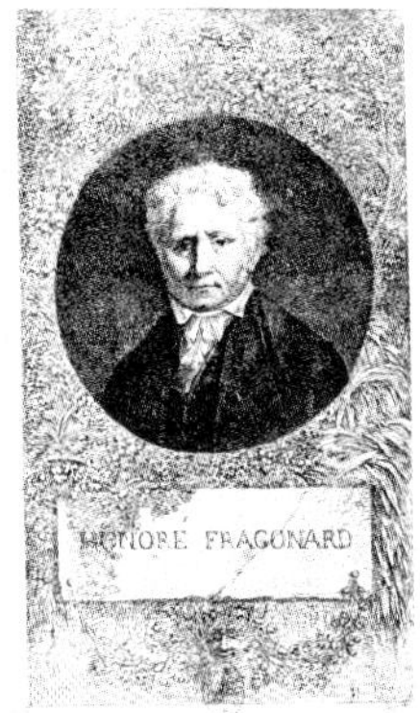


fig. 5. Le Carpentier,
*Fragonard* (1803),
Paris, Bibliothèque Nationale,
Cabinet des estampes

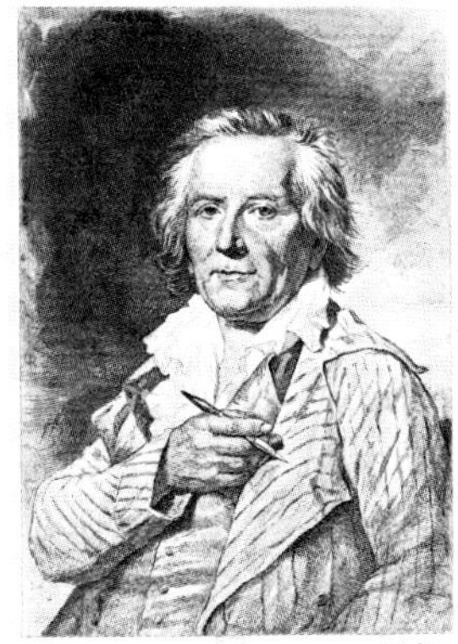

fig. 6. T. de Mare
d'après Lemoine (1797),
*Fragonard*,
Paris, Bibliothèque Nationale,
Cabinet des estampes

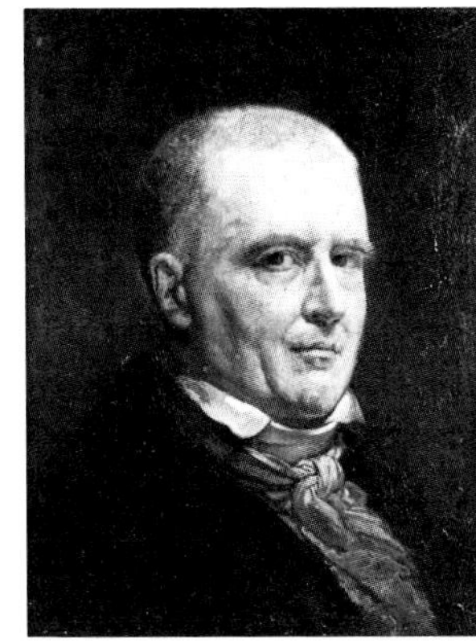

fig. 7. Anonyme,
*Fragonard* (?),
musée de Grasse

Avouons enfin notre embarras pour le célèbre portrait, dit de Fragonard chauve, de la collection Walferdin, déposé par le Louvre (R.F. 422) à Grasse *(fig. 7)*.

Il reste à s'interroger sur deux points : à quelle date et pour quelle occasion Fragonard songea-t-il à se représenter ?

L'homme, âgé, paraît la cinquantaine (sur les trois dessins ; nous avouons qu'il nous a été impossible de décider de l'ordre d'exécution des trois feuilles). L'on sait que Fragonard fit toute une série de portraits similaires, à la pierre noire, ovales ou ronds, qui représenteraient des membres de la famille Bergeret (A. 115 fig. 686 ; A. 126 fig. 688 ; A. 2036 fig. 553 ; A. 127 fig. 55 ; voir aussi A. 2037 fig. 555 et A. 104 fig. 685, fort proche d'un tableau passé en vente à Versailles le 14 décembre 1969, n° 159, comme Fragonard et plus récemment à Monte Carlo, Sotheby's, le 20 janvier 1987, n° 404, pl. en couleurs, comme M. Gérard, mais considéré comme de Schall en 1954 chez Léger à Londres). On sait encore qu'après la brouille de 1774, Fragonard se réconcilia avec Bergeret, avec son fils Pierre-Jacques surtout (voir notice 175). Jacques-Onésyme père, qui mourut en 1785, avait acquis en 1778 une propriété à Cassan, près de l'Isle-Adam, où les Fragonard se rendirent à plusieurs reprises et où Rosalie devait mourir en 1788. À notre avis, c'est peu avant cette date et à Cassan que Fragonard se dessina. Un Fragonard qui paraît bien portant, souriant et qui soutient hardiment notre regard.

## 288 Autoportrait tourné de trois-quarts à gauche

New York

Ovale légèrement en hauteur. H. 130 ; L. 128
Pierre noire
Agrandi à gauche de 11 mm, à droite de 14 mm (sur la droite une bande au lavis élargit la composition)
Collé en plein
Au verso, annotations : « fragonard Peintre », à l'encre, « son portrait dessiné par lui même », au crayon

Paris, musée du Louvre, Cabinet des dessins

**Provenance**
Voir la notice précédente.
Vente Huot-Fragonard, 1876, partie du n° 26 (vendu avec le portrait de Marguerite Gérard, n° 296, 75 francs) ; vente Jean Groult, 1955, n° 125 B, pl. III (marque du Louvre, Lugt 1886, en bas à droite) ; R. F. 41.191.

**Exposition**
Paris, 1921, n° 117.

**Bibliographie**
P. p. 138 et 267, ill. p. 268 ;
Lamy, 1961, p. 46, ill. ;
Lamy, 1961 (*B.S.H.A.F.)*, p. 80, ill. ;
A. 121 fig. 52 ;
W. et M. p. 83, ill. ;
Cat. exp. Tokyo, 1980, fig. 21 (accompagne la notice 58 du texte japonais).

**Œuvres en rapport**
Voir la notice précédente.

Le sourire est plus ironique que sur le dessin précédent. L'on sent que Fragonard s'observe dans un miroir.

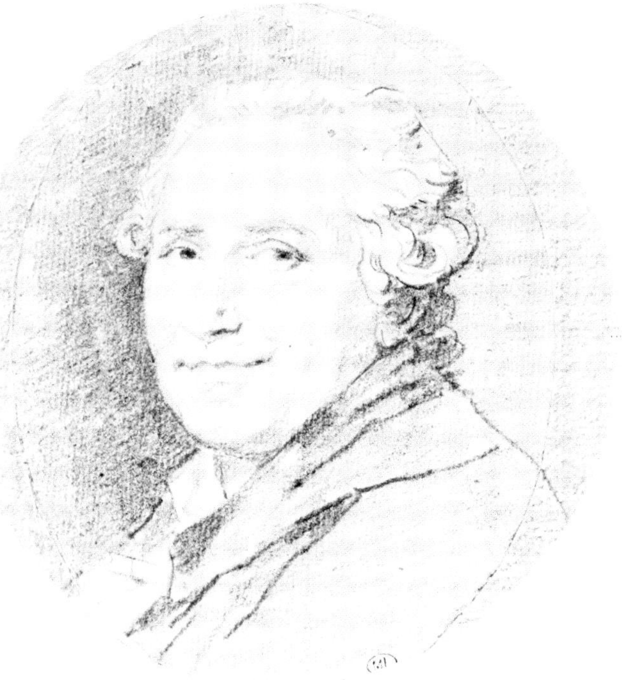

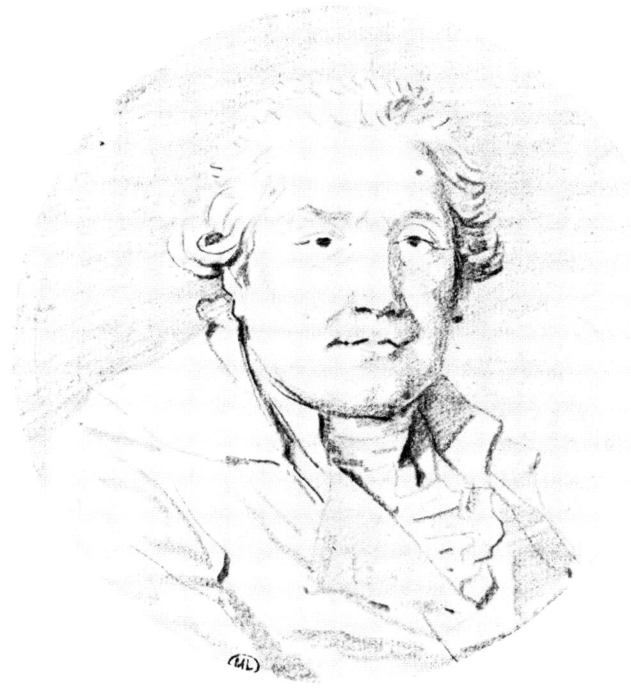

# 289 Autoportrait légèrement tourné vers la droite

New York

Ovale légèrement en hauteur. H. 129 ; L. 128
Pierre noire (sur la droite, une bande au lavis)
Collé en plein
Au verso, annotation à l'encre : « Fragonard peintre »

Paris, musée du Louvre, Cabinet des dessins

**Provenance**
Voir notice n° 287.
Vente Huot-Fragonard, 1876, partie du n° 26 (vendu seul, 22 francs) ; vente Jean Groult, 1955, n° 125 D (marque du Louvre, Lugt 1886, en bas au centre) ; R. F. 41.193.

**Bibliographie**
P. p. 138 ;
A. 122 fig. 687.

**Œuvres en rapport**
Voir les notices précédentes.

Des trois autoportraits, celui qui paraît le plus proche du portrait et de la miniature de Marguerite Gérard *(cat 287 fig. 2* et *3)*. « Rond, replet, fringant, toujours alerte, toujours gai, il avait de bonnes joues rouges, les yeux pétillants, des cheveux gris très ébouriffés et on le voyait aux galeries (du Louvre) éternellement vêtu d'une houppelande ou roquelaure en drap gris mêlé... », tel est le portrait de Fragonard dressé par Mme Hippolyte Lecomte (née Camille Vernet, 1788-1858) au début du XIXe siècle (voir Delaroche-Vernet, 1923, p. 224 et P. p. 242). Les trois dessins du Louvre en sont la parfaite illustration.

# 290 Portrait de Fragonard assis dans un fauteuil

Paris

Rond. Diamètre 175
Pierre noire
En bas, annotation, à la pierre noire, en latin : « se ipsum delineabat frago/apud de Bergeret/anno 1789. »

Paris, Fondation Custodia (coll. F. Lugt), Institut Néerlandais

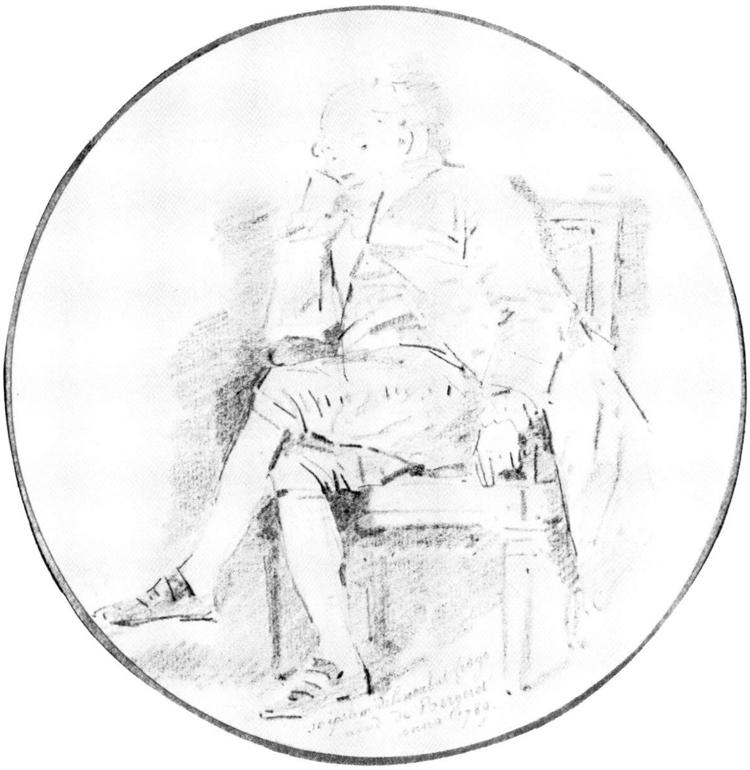

**Provenance**
Semble provenir de la coll. du colonel de la Girennerie, descendant de Bergeret (voir cat. vente Walferdin, nº 272) ; coll. Hippolyte Walferdin (1795-1880) ; sa vente après décès, 12-16 avril 1880, nº 274 (415 francs à Lefilleul) ; coll. Camille Groult (?), selon cat. exp. 1974 ; coll. Eugène Paillet en 1889 ; vente anonyme, 19 décembre 1928, nº 5 (25.500 francs à Féral) ; acquis par Frits Lugt, (Lugt 1028), en 1929 ; coll. de l'Institut Néerlandais ; Inv. 3943.

**Expositions**
Paris, 1935, nº 250 ;
Paris, 1964, nº 108, pl. 89 ;
Amsterdam, 1974, nº 35, ill.

**Bibliographie**
G. p. 322 ;
Gonse, 1889, p. 75, ill. ;
P. p. 268, ill. p. 221 ;
Guimbaud, 1928, repr. entre p. 92 et p. 93 ;
R. p. 210 ;
W. p. 31 éd. française ;
A. 1315 fig. 386 ;
W. et M. p. 84, ill. ;
Cat. exp. Tokyo, 1980, ill. (non paginé).

**Œuvres en rapport**
Le musée de Grasse conserve une gravure anonyme d'après le dessin *(fig. 1)*. Il existe une seconde gravure de Martial Potémont dit Martial *(fig. 2)*, qui orne une réédition de 1891 des *Contes* de La Fontaine. Sur cette gravure, la tête de Fragonard a été « remplacée » par celle de la gravure de Le Carpentier *(cat. 287 fig. 5)*, elle-même sensiblement modifiée.
Voir aussi les trois notices précédentes.

Le colonel de la Girennerie était le petit-fils de Jacques-Onésyme Bergeret. Hippolyte Walferdin lui avait acheté des lots de dessins de Fragonard exécutés à la Folie Beaujon, la résidence parisienne du fils de Bergeret, Pierre-Jacques, qui avaient pour sujet « Fanfan entre Mlle Gérard et son père » ou « Frago donnant une leçon de dessin à M. de la Gérénerie *(sic)* » ou encore « M. Frago qui se trompe de porte et tombe dans un endroit où il n'y avait point de chaise percée et se fait une entorse cruelle à huit heures et demie et deux secondes » ! (voir vente Walferdin, 12-16 avril 1880, nºs 272 et 273 et Portalis, 1880, p. 22).

Tout porte à croire que le dessin de la collection Lugt avait appartenu à M. de la Girennerie : l'inscription nous l'apprend, Fragonard s'est représenté en 1789 au domicile de Bergeret. A Cassan, à Nointel ou à Paris ? Nous l'ignorons. On se souviendra cependant qu'en 1788, Rosalie, la fille du peintre, était morte à Cassan et que Fragonard

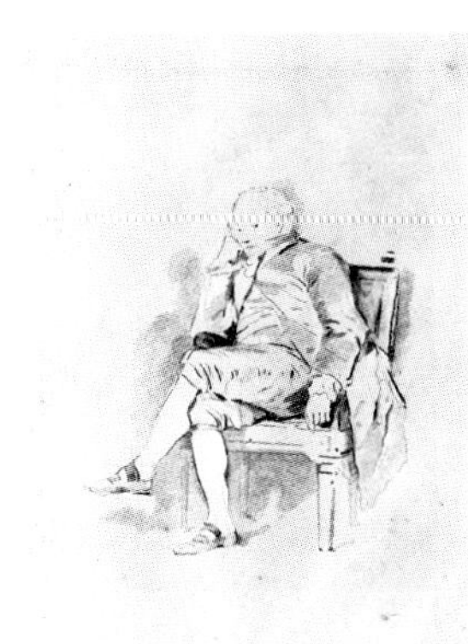

fig. 1. Anonyme, *Fragonard*, Grasse, musée Fragonard

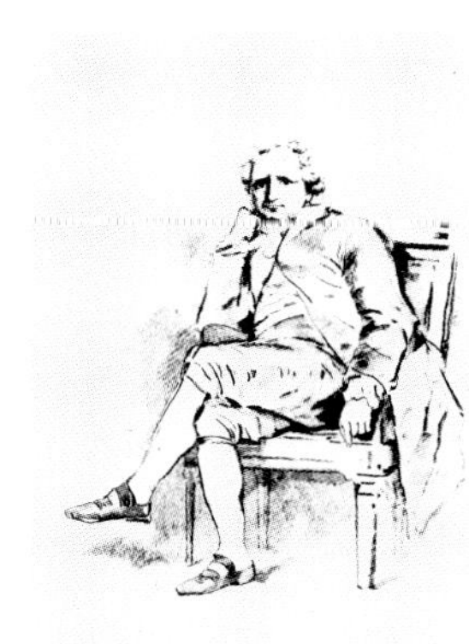

fig. 2. Martial d'après Fragonard, *Fragonard*, Paris, Bibliothèque Nationale, Cabinet des estampes

en «fut si violemment affecté qu'il éprouva une grave atteinte de choléra morbus» rapportent les Goncourt (p. 293 en note), sous la dictée de Théophile Fragonard, le petit-fils du peintre.

Sur le dessin de l'Institut Néerlandais, Fragonard ne semble guère souffrir de cette «maladie rare alors». Rien n'autorise cependant à mettre en doute la véracité de l'inscription, sans doute de l'écriture de Bergeret fils, en tout cas pas de celle de Fragonard qui ignorait tout du latin et qui était, ou peu s'en faut — nous l'avons dit à plusieurs occasions — illettré.

Fragonard, à l'inverse des trois autoportraits du Louvre, ne cherche pas à décrire avec minutie les traits de son visage. Il note rapidement un geste, une attitude et paraît s'observer. Certes, le dessin Lugt n'est pas une grande page de Fragonard. Mais le clin d'œil de l'artiste qui s'apprête à quitter la scène artistique, prend pour nous une valeur particulièrement émouvante.

## 291 Portrait de Madame Fragonard

Paris

Ovale en hauteur. H. 195 ; L. 157
Lavis de bistre sur légère préparation à la pierre noire
Annotation, au verso, à l'encre : «Portrait de Madame Fragonard faite *(sic)* par son mari, peintre du Roi»

Besançon, musée des Beaux-Arts

**Provenance**
Coll. Pierre-Adrien Pâris (1745-1819) depuis 1806 (cat. ms. nº 130 : «deux médaillons au Bistre du même» [Fragonard] «le portrait de son épouse...») ; légué à la ville de Besançon ; Bibliothèque municipale, puis, depuis 1843, musée de Besançon (marque, Lugt 238 c, en bas à gauche) ; Inv. D. 2872.

**Expositions**
Paris, 1921, nº 120 ;
Besançon, 1956, nº 65, pl. XI.

**Bibliographie**
Bellier de la Chavignerie, 1865, p. 86 ;
G. 288 note 1 et 322 ;
P. p. 302, ill. entre p. 110 et 111 ;
Bouchot, 1906, p. 207, ill. ;
N. ill. entre p. 78 et 79 ;
D. et V. pl. 143 ;
Fœrster, [1925], pl. 1 ;
Martine, 1927, pl. 31 ;
Wilhelm, 1948, pl. XXIII, p. 143 ;
Wilhelm, 1951, p. 28, ill. ;
Cornillot, 1957, nº 76, ill. (avec liste complète des exp. et bibliographie exhaustive) ;
R. p. 211, fig. 3 p. 10 ;
A. 109 fig. 684 ;
Terver, 1987, p. 93, ill.

**Œuvres en rapport**
Théophile Fragonard copia un dessin fait en 1793 et représentant Madame Fragonard dont il fit don à Edmond de Goncourt (figure dans l'exemplaire de *L'art du dix-huitième siècle* des Goncourt de la donation Audéoud à la Bibliothèque Nationale, Rés. 2, Audéoud, 281 ; *fig. 1*).

Voir le nº suivant et le texte de notre notice.

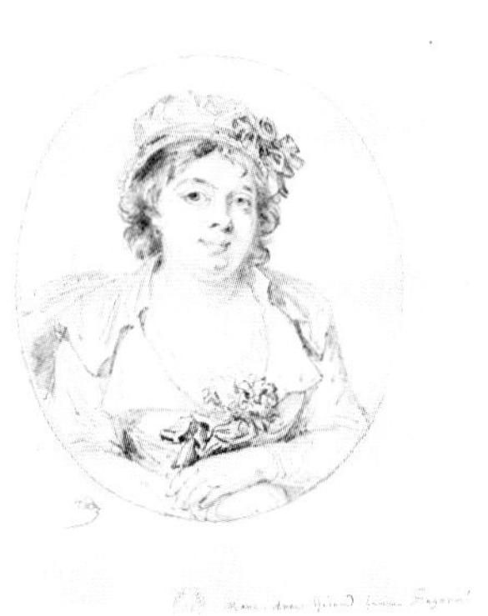

fig. 1. Théophile Fragonard, *Marie-Anne Fragonard*, Paris, Bibliothèque Nationale, Département des imprimés (réserve)

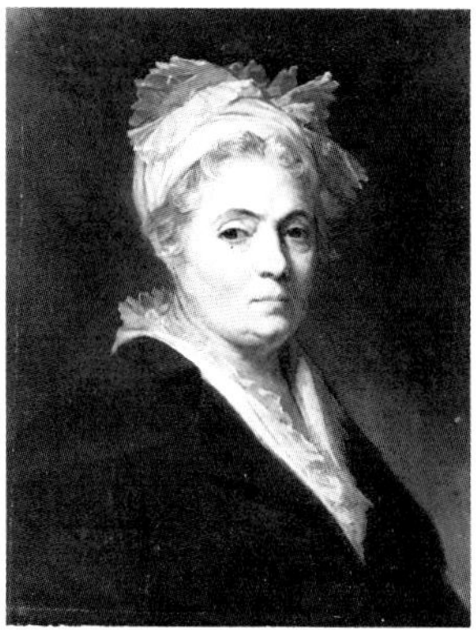

fig. 2. M. Gérard, *Marie-Anne Fragonard*, musée de Grasse

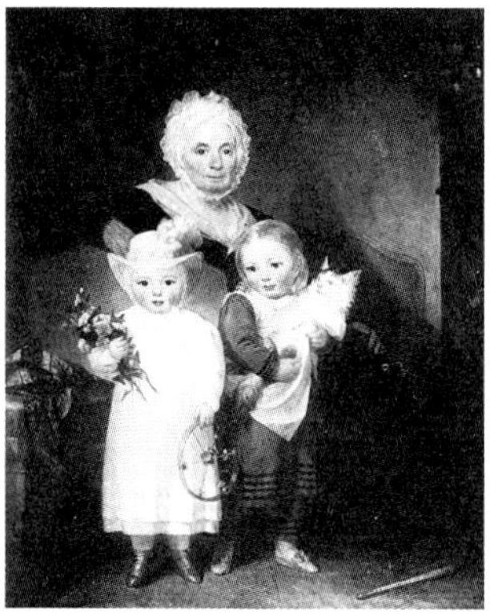

fig. 3. M. Gérard, *Marie-Anne Fragonard et ses petits enfants*, localisation actuelle inconnue

Ce n'est pas le lieu d'écrire une biographie de Marie-Anne Gérard (1745-1823), devenue Madame Fragonard en 1769. Les deux dessins de son mari, les deux portraits que nous devons à sa sœur Marguerite (musée de Grasse, *fig. 2*, et autrefois dans la coll. Marcel Fragonard, *fig. 3)* nous montrent une femme d'autorité, «ma caissière» disait d'elle son mari. Mme Hippolyte Lecomte (Delaroche-Vernet, 1923, p. 224 et P. p. 242) nous a laissé d'elle un portrait sans indulgence qui date des premières années du XIXᵉ siècle : «bien grande, bien épaisse, bien commune surtout était Mme Fragonard. Et quel goût ! Elle gâtait le peu de charmes qui avaient survécu à sa jeunesse par les désaccords de toilette les plus extravagants... Elle avait rapporté de Grasse où elle était née un accent horriblement

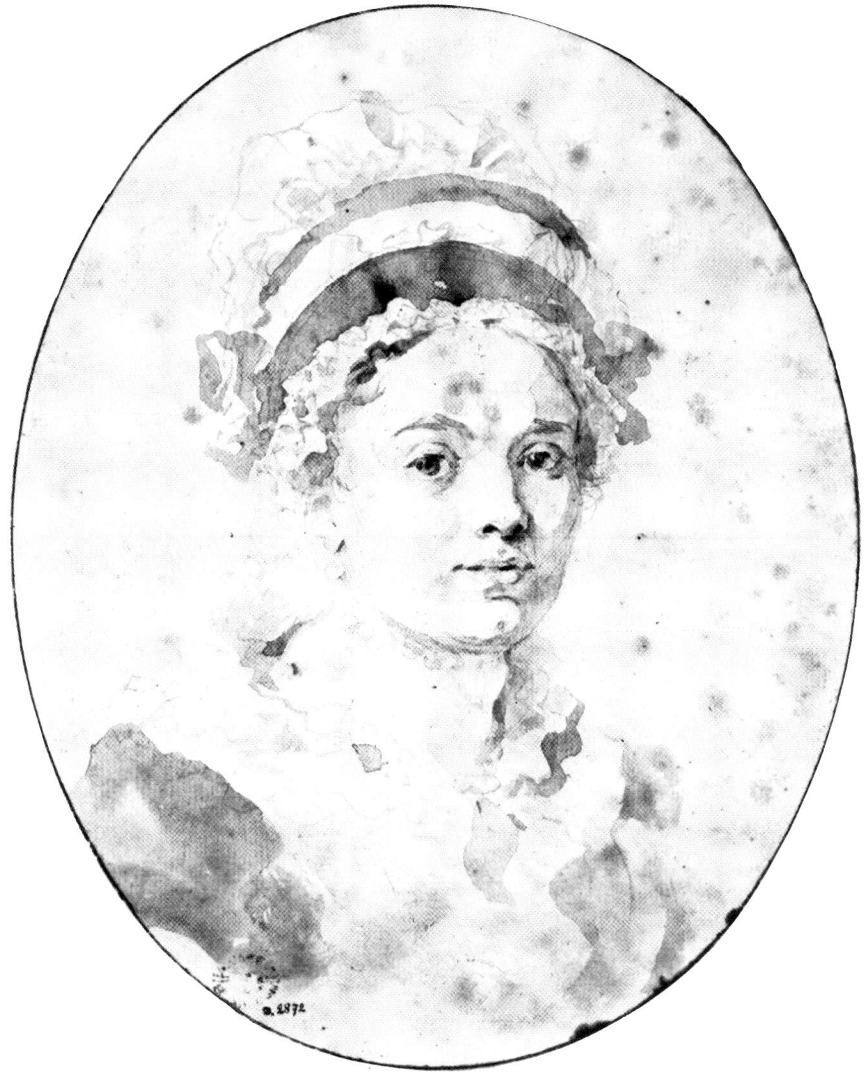

prononcé ». Mais rien n'indique, tout au contraire, que le ménage de Fragonard n'ait pas été heureux (même si Madame Fragonard mesurait huit centimètres de plus que son mari !) et que les relations du couple aient laissé à désirer.

Madame Lecomte, qui dresse le portrait des habitants des ateliers du Louvre, précise encore : « peintre en miniature, on lui reconnaissait beaucoup d'habileté en ce petit genre, et il n'était pas rare que certains de ses ouvrages fussent attribués à son mari ». Les expositions privées, le Salon de la Correspondance de 1783, les catalogues de vente du XVIIIe siècle surtout (trente miniatures en seize ventes entre 1778 et 1785 !) confirment l'importance de sa production dans ce genre. Et les miniatures qui peuvent lui être attribuées (la plupart de celles qui portent le nom de son plus glorieux mari, voir P. pp. 316-318 et W. et M. p. 112, lui reviennent ; une excellente mise au point d'Eunice Williams, 1982, pp. 210-212) prouvent l'originalité de son talent *(fig. 4)* : une étude qui s'appuierait sur les catalogues de vente réserverait quelques surprises.

Revenons à la feuille de Besançon dont l'attribution à Fragonard remonte à 1806. Coiffée de ce bonnet à dentelles qui permet de la reconnaître sur certains dessins célèbres de l'artiste (*Deux jeunes femmes conversant*, n° 269, la *Lecture*, n° 270, la *Rêveuse*, n° 271), l'épouse encore jeune du peintre nous regarde, un sourire aux lèvres. Ses yeux sombres, ses sourcils bien dessinés, ses lèvres bien ourlées la rendent séduisante. Le dessin, qui a souffert d'insolement et aussi d'humidité, comme le prouvent les taches qui rendent difficile la lecture de certains morceaux, paraît être antérieur de quelques années à la naissance d'Alexandre-Évariste, son second enfant, en 1780.

Pour la représenter, Fragonard n'a guère utilisé que son pinceau, selon une pratique qui caractérise ses dessins tardifs.

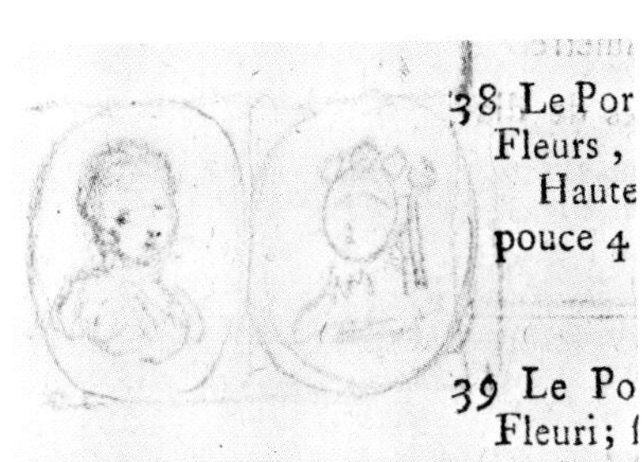

fig. 4. G. de Saint-Aubin d'après Marie-Anne Fragonard, détail d'une page du catalogue de la vente Calvière (1779), Paris, Bibliothèque Nationale, Cabinet des estampes

# 292 Portrait de Madame Fragonard

New York

Ovale légèrement en hauteur. H. 129 ; L. 126
Pierre noire (bande au lavis, sur la droite)
Collé en plein
Au verso, annotation à l'encre : « Mme Fragonard »

Paris, musée du Louvre, Cabinet des dessins

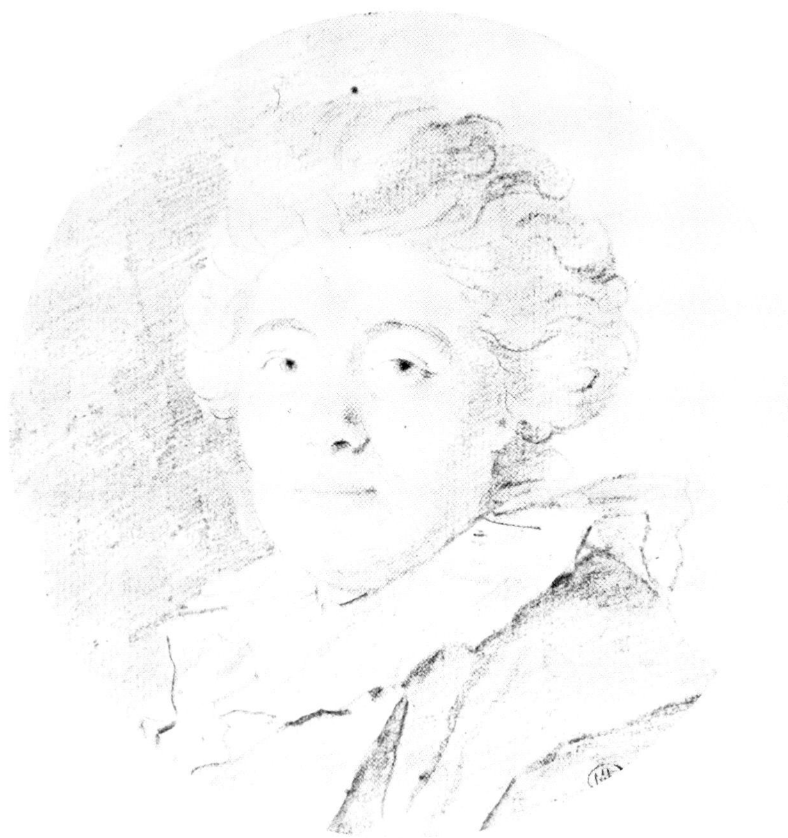

**Provenance**
Voir notice 287.
Vente Huot-Fragonard, 1876, partie du nº 26 : « portrait de Madame Fragonard » (137 francs avec le portrait de Mlle Fragonard, nº 293) ; coll. Hippolyte Walferdin, sa vente, 3 avril 1880, partie du nº 67 ; coll. Camille Groult ; coll. Jean Groult, sa vente, 24 mai 1955, nº 125 F (cachet du Louvre, Lugt 1886, en bas à droite) ; R. F. 41.194.

**Exposition**
Paris, 1921, nº 121.

**Bibliographie**
G. pp. 287-288 ( ?) ;
P. p. 138 et 302 ;
R. p. 211 ;
Ananoff, 1961, p. 49, ill. ;
A. 111 fig. 49.

**Œuvres en rapport**
Voir la notice précédente.

Est-ce à ce dessin que faisaient allusion les Goncourt lorsqu'ils écrivaient : « un portrait d'elle, que possède M. Théophile Fragonard, nous la montre vers la quarantaine avec des traits forts, des méplats sensuels, de perçants yeux noirs sous d'épais sourcils, un nez gros et court, une grande bouche, une coloration brune, des cheveux d'un brun ardent... » ? En tout cas, leur description ne pourrait pas être plus précise, qui se poursuit, sans indulgence : « je ne sais quel air réjoui et passionné de forte commère hollandaise chauffée au soleil du Midi ».

Fragonard nous donne de son épouse un portrait qui dénote une véritable tendresse.

293 Portrait de Rosalie Fragonard

New York

Ovale en hauteur. H. 128 ; L. 127
Pierre noire (sur la droite, bande au lavis)
Collé en plein
Annotation au verso à l'encre : « Mlle Fragonard »

Paris, musée du Louvre, Cabinet des dessins

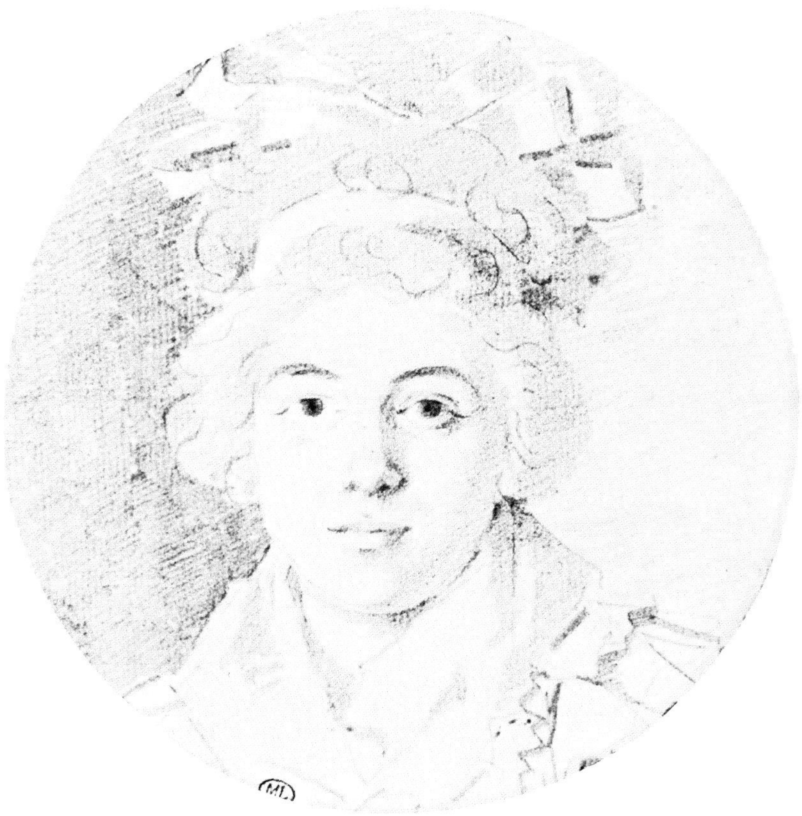

**Provenance**
Voir notices 287 et 292.
Vente Huot-Fragonard, 1876, partie du nº 26 : « portrait de Mademoiselle Fragonard » (vendu 137 francs avec sa mère, Marie-Anne Gérard) ; vente Walferdin, partie du nº 67 ; vente Jean Groult, nº 125 E (cachet du Louvre, Lugt 1886, en bas légèrement à gauche) ; R. F. 41.195.

**Bibliographie**
P. p. 138, 302 et 311 ;
R. p. 211 ;
A. 112 fig. 50 ;
Williams, 1978, p. 136.

**Œuvres en rapport**
Pour plusieurs portraits supposés de Rosalie, voir notices 297 à 299.
Il existe au Louvre (R. F. 3880 ; A. 188 fig. 502) un dessin célèbre provenant de la coll. Goncourt qui passe pour représenter Rosalie. Cette identification a été confirmée aux Goncourt par Théophile Fragonard, par une inscription sur le dessin lui-même (« ma tante Rosalie »). A nos yeux, ce très beau dessin ne revient pas à Fragonard *(fig. 1)* et n'a que peu de chances de représenter la fille du peintre.

Née en 1769, Rosalie Fragonard mourut en 1788. On sait que sa précoce disparition fut durement ressentie par son père qu'elle avait souvent inspiré (peut-être moins souvent toutefois que ne le prétendent les biographes de Fragonard, trop prompts à reconnaître Rosalie dans toute gamine jouant, dans toute élégante jeune fille déguisée en « savoyarde » etc...).

A en juger par ce dessin, Rosalie tenait de sa mère. Son menton un peu lourd, ses yeux sombres aux sourcils bien arqués, son nez camus, appartenaient déjà à Marie-Anne. Mais on ne devine pas encore, chez la jeune fille qui nous regarde placidement, une personnalité bien affirmée.

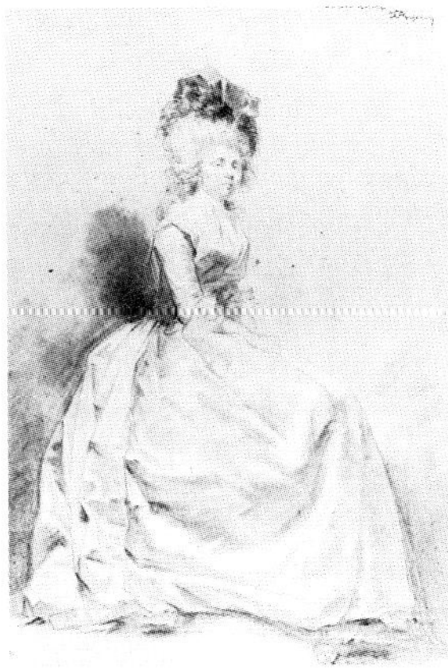

fig. 1. École française du XVIIIe siècle, *Portrait de femme*, Paris, musée du Louvre, Cabinet des dessins

# 294 Portrait d'Alexandre-Évariste Fragonard

Paris

Ovale en hauteur. H. 130 ; L. 128
Pierre noire
Annotation au verso, à l'encre : « Fragonard fils peintre »

Paris, musée du Louvre, Cabinet des dessins

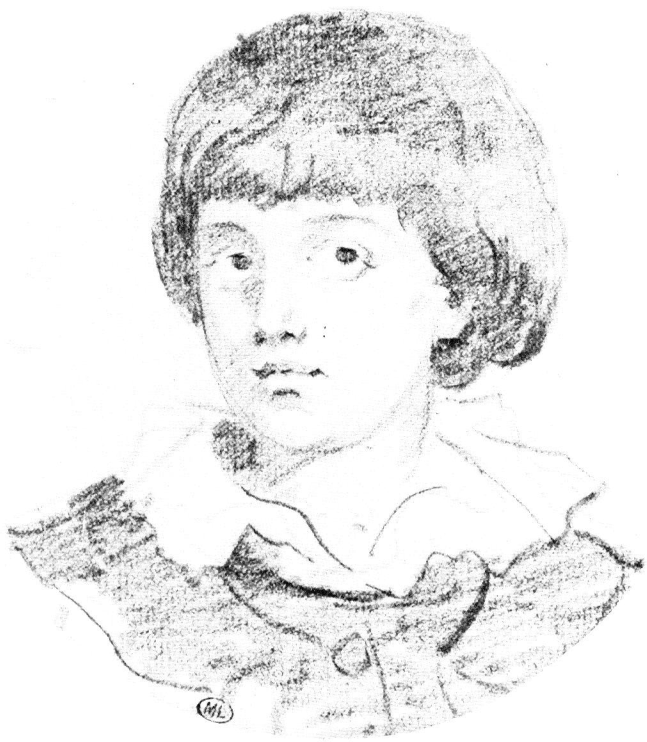

**Provenance**
Voir notice 287.
Vente Huot-Fragonard, 1876, partie du nº 26 : « portrait d'Alexandre Fragonard enfant » (vendu 50 francs avec un portrait de son père, nº 287) ; vente Jean Groult, 24 mai 1955, nº 125 G (marque du Louvre, Lugt 1886, en bas légèrement à gauche) ; R. F. 41.196.

**Bibliographie**
P. p. 138 et 302 ;
R. p. 212 ;
A. 103 fig. 48.

Né en 1780, la même année qu'Ingres, à Grasse, comme son père, Alexandre-Évariste fit une grande carrière. Sa célébrité, de son vivant, fut bien plus grande que celle de son père, tôt oublié. Lorsqu'il mourut en 1850, il cessait d'être à la mode alors qu'un premier groupe d'amateurs, les Walferdin, les Thoré, les Renouvier, les Saint, les Carrier, les Burty, les Gautier, les Saint-Victor, les Blanc..., découvraient avec bonheur et s'enthousiasmaient pour les œuvres de son père.

On ignore à peu près tout des relations entre le père et le fils (pour notre part, nous doutons qu'elles aient été bonnes). David, écrivant à Alexandre-Évariste, son élève, n'oublie jamais de se rappeler au souvenir de ses parents. Fort précoce, le fils, qui avait appris les rudiments de son métier auprès de Jean-Honoré, se tourna vers le maître du néoclassicisme qu'il n'imita cependant guère plus qu'il ne pasticha les œuvres de son père. On attend en tout cas beaucoup des recherches entreprises depuis quelques années sur ce peintre « flamboyant » (Jal, 1872, p. 606) qui fut tenté par le style troubadour et voulut concilier l'esthétique davidienne avec le romantisme naissant. Nul doute qu'Alexandre-Évariste occupera un jour, dans la peinture de la première moitié du XIX^e siècle, une place notoire qu'il mérite, en toute indépendance de son père.

Le dessin, nouvellement au Louvre, nous le montre âgé de cinq ans environ. Rien n'autorise à le reconnaître dans les nombreux portraits d'enfant que Fragonard peignit durant une grande partie de sa carrière, ni bien entendu à voir en lui le modèle du *Petit prédicateur* (nº 227) ou des autres scènes enfantines chères à son père.

# 295 Portrait de Marguerite Gérard

New York

H. 186 ; L. 130
Lavis de bistre sur une très légère préparation à la pierre noire

Besançon, musée des Beaux-Arts

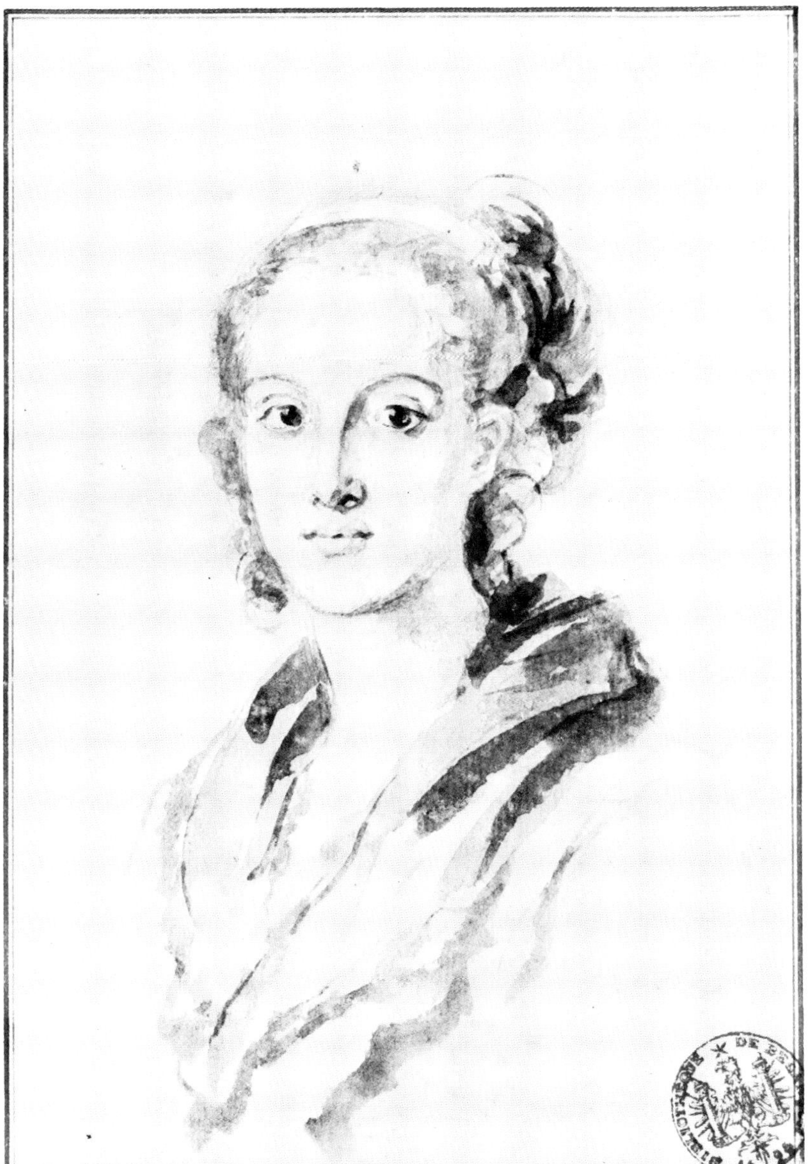

**Provenance**
Coll. Pierre-Adrien Pâris (1745-1819), léguée à la ville de Besançon ; inventorié dès 1806, n° 163 : « le portrait de Mlle Gérard au Bistre par Fragonard ». Bibliothèque municipale de Besançon (marque, Lugt 238 c, en bas à droite), mis en dépôt au musée en 1919 ; D. 2945.

**Expositions**
Paris, 1933, n° 151 ;
Paris, 1950, n° 86 ;
Besançon, 1956, n° 68, pl. XII ;
Grasse, 1957, n° 53 ;
Bordeaux, 1958, n° 174.

**Bibliographie**
P. p. 314 ;
Estignard, 1902, ill. entre p. 126 et p. 127 ;
Bouchot, 1906, p. 215 et 205 ill. ;
Martine, 1927, pl. 32 ;
Cornillot, 1957, n° 78, ill. (avec liste des exp. et bibliographie exhaustive) ;
A. 2039 fig. 560 ;
Mrozińska, 1960, p. 16 fig. 5 ;
Harris, 1979, p. 61 et note 22, fig. 8.

**Œuvres en rapport**
Voir notice 296.

Théophile Fragonard copia un autoportrait de M. Gérard de 1814 et fit don de son dessin à Edmond de Goncourt (se trouve dans l'exemplaire de *L'art du dix-huitième siècle* des Goncourt offert à la Bibliothèque Nationale par Audéoud, Rés. 2, Audéoud, 281 ; *fig. 1*).

Un « portrait de l'habile Artiste Mlle Gérard, fait au crayon rouge » par Fragonard, passe en vente le 8 juillet 1793, n° 73.

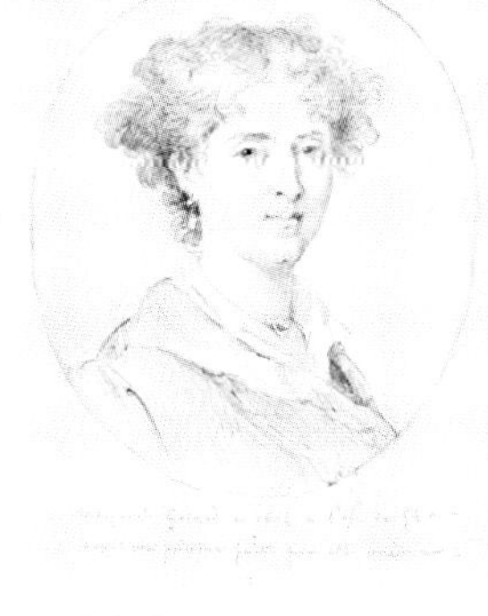

fig. 1. Théophile Fragonard, *Marguerite Gérard*, Paris, Bibliothèque Nationale, Département des imprimés (réserve)

Marguerite Gérard (1761-1837), la jeune sœur de Madame Fragonard — elle était de seize ans sa cadette — a été la victime de sa chance : sa cohabitation, à partir de 1775 vraisemblablement, a donné lieu à bien des médisances et les biographes du peintre ont brodé à loisir sur les relations de ce « ménage à trois » (que l'œuvre de Fragonard paraissait en quelque sorte annoncer). En vérité, rien, pas même les billets que Marguerite adressa à son beau-frère dans les premières années du XIX^e^ siècle (nous les publions plus loin intégralement), ne permet d'affirmer que les liens entre le peintre et son élève ont été autres que ceux d'une étroite amitié. Une chose est certaine, pour longtemps le « roman amoureux » a fait négliger l'artiste.

L'autre malchance de Marguerite Gérard tient à sa condition de femme. Les féministes ont fait d'elle une victime, la victime de son temps qui ne lui a pas accordé la place qu'elle méritait, la victime plus récente d'une histoire de l'art convaincue une fois pour toute de la supériorité créatrice masculine.

En fait, Marguerite Gérard fut célèbre et si elle a été oubliée — regrettons que l'excellente thèse de Sally Wells-Robertson n'ait pas été publiée — elle ne l'a pas été moins que son talentueux neveu, Alexandre-Évariste. Comme lui, Marguerite Gérard a été écartée du devant de la scène par les tenants d'un néo classicisme intransigeant, comme lui, elle s'en démarque par un talent indépendant, une originalité d'inspiration qui la distingue autant de Fragonard que de David.

Peut-être son état — il a souffert d'insolement — explique-t-il que le dessin de Besançon ait été, récemment en tout cas, attribué à Marguerite Gérard (par S. Wells-Robertson et Eunice Williams ; voir Harris, 1979) et considéré comme un autoportrait. Pour Pâris en tout cas, et dès 1806, l'année de la mort de Fragonard, il n'y avait aucun doute qu'il représentait bien Marguerite Gérard et était de la main de son beau-frère. Henri Bouchot, en 1906, proposait de le dater de 1778, une date que nous accepterions d'autant plus volontiers qu'il ne nous paraît pas impossible que le portrait de Marguerite soit contemporain de celui de sa sœur, Marie-Anne (nº 291).

Nous savons que Marguerite Gérard était belle (voir notice suivante). Elle inspira à plusieurs reprises son beau-frère et lui servit de modèle pour la *Lecture* (nº 270), la *Rêveuse* (nº 271)... Qu'elle ait été par ailleurs une artiste de grand talent ne semble guère avoir préoccupé Fragonard.

# 296 Portrait de Marguerite Gérard

Paris

Ovale en hauteur. H. 129 ; L. 128
Pierre noire (sur la droite, bande au lavis)
Collé en plein
Annotation, au verso à l'encre : « Melle Gérard-peintre »

Paris, musée du Louvre, Cabinet des dessins

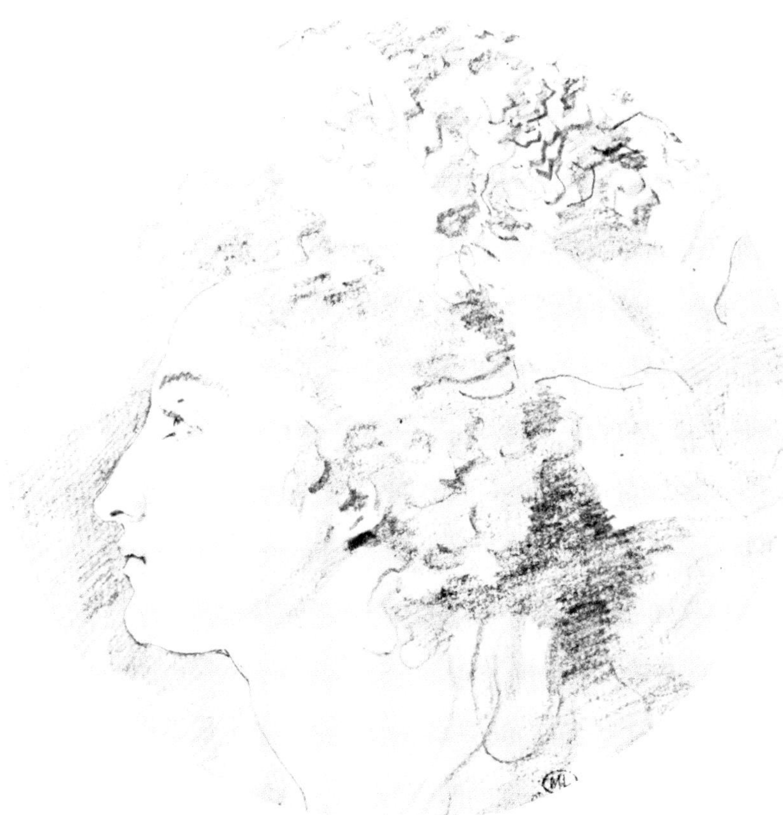

**Provenance**
Voir notice 287.
Vente Huot-Fragonard, 1876, partie du nº 26 : « portrait de Mademoiselle Gérard » (75 francs avec un autoportrait, nº 288) ; vente Jean Groult, 1955, nº 125 A, ill. (cachet du Louvre, Lugt 1886, en bas à droite) ; R. F. 41.197.

**Exposition**
Paris, 1921, nº 923.

**Bibliographie**
P. p. 138 et 267 ;
Algoud, 1936, p. 246, ill. ;
R. p. 211 ;
A. 113 fig. 51.
Mrozińska, 1960, p. 19 fig. 8.

**Œuvres en rapport**
Voir notice précédente.

« Elle [Madame Fragonard] avait rapporté de Grasse... un accent horriblement prononcé, et, chose singulière, si déplaisant chez elle, cet accent devenait une séduction, au contraire dans la bouche de sa sœur, Mlle Gérard. C'était alors une harmonie qui enchantait. Elle avait autant de taille que Mme Fragonard, mais autrement d'élégance et d'air, et pour la distinction ne le cédait à personne. Pour tout dire, au superlatif l'opposé de sa sœur » écrit, au début du XIXe siècle, Madame Hippolyte Lecomte dans sa description du Louvre des artistes (voir Delaroche-Vernet, 1923, p. 224 et P. p. 242). Comment ne pas souscrire à ce jugement devant le dessin récemment acquis par le Louvre !

Il nous montre en médaillon la jeune artiste tournée vers la gauche, le visage vu de profil. Son long cou, la délicatesse de ses traits sont harmonieusement mis en valeur. Ce dessin date-t-il lui aussi des années 1785 et y a-t-il homogénéité de la série ? Nous le pensons aujourd'hui. Et nous n'excluons pas que Fragonard s'en soit souvenu lorsqu'il peignit le profil grave de la jeune femme au visage sublimé, tendu vers la *Fontaine d'amour (cat. 283 fig. 4)*. Consciemment ou inconsciemment ? Nul ne le saura jamais.

## 297 La jeune fille à la marmotte

New York

H. 259 ; L. 212
Aquarelle et lavis de bistre sur préparation à la pierre noire

Vienne, Graphische Sammlung Albertina

**Provenance**
Coll. Albert de Saxe-Teschen (1738-1822 ; marque sèche de sa coll., Lugt 174, en bas à gauche) ; entré à l'Albertina à sa fondation ; Inv. 17.543.

**Expositions**
Paris, 1931, no 61, ill. ;
Londres, 1932, no 1020 (no 692 du cat. commémoratif) ;
Vienne, 1950, no 120 ;
Berne, 1954, no 78, pl. XVIII.

**Bibliographie**
Schönbrunner et Meder, V, 1896-1908, pl. 362 ;
Meder, 1922, pl. 25 ;
Fosca, 1954, p. 51, pl. 5bis ;
R. p. 181 et 211 ;
A. 2066 fig. 561 ;
Benesch, 1964, no XXV, ill. en couleurs.

**Œuvres en rapport**
La *Jeune fille à la marmotte* a pour pendant un *Enfant à la curiosité*. On connaît plusieurs versions de ces œuvres :
— Sur cuivre, au musée de Moscou *(fig. 1* ; H. 32 ; L. 24 ; W. 508 fig. 212 ; elle a fait partie de la coll. du marquis de Veri, vente 12 décembre 1785, no 41 ; nous ignorons la localisation du pendant *(fig. 2)* qui a également appartenu au prince Youssoupof, W. 509 fig. 213) ;
— Sur toile, au musée de Portland (Oregon) *(fig. 3* ; H. 39,8 ; L. 32 ; W. 507, pl. 119 ; provient, selon W., de la coll. Ménage de Pressigny ; le pendant *(fig. 4)* est conservé dans le même musée ; W. 506, pl. 118) ;
— Ovale (H. 40 ; L. 32 ; autrefois René Gimpel, dans le commerce à Paris en 1969 *(fig. 5)* ; pendant *(fig. 6)* en vente à plusieurs reprises : Versailles, 11 et 13 juin 1968, no 207, ill. couleurs ; Paris, Palais Galliéra, 13 juin 1969, no 9, pl. V ; l'attribution des deux tableaux est loin d'être toujours acceptée) ;
— Pour deux pastels *(fig. 7* et *8* ; H. 40 ; L. 31), voir vente H. Michel Lévy, 25 mai 1905, nos 37 et 38, ill. L'abbé de Saint-Non conservait « deux... dessins

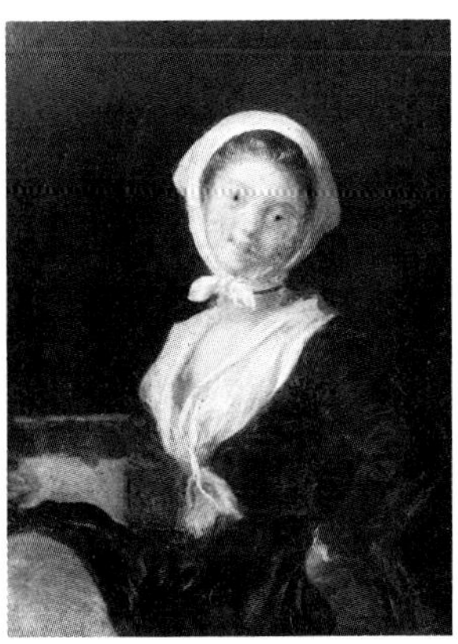

fig. 1. *Jeune fille à la marmotte*, Moscou, musée Pouchkine

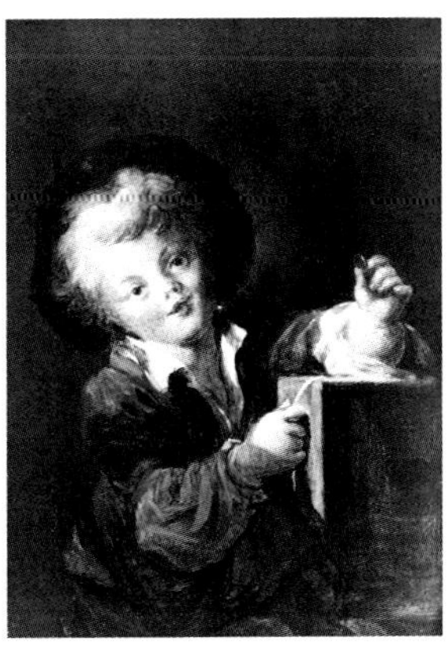

fig. 2. *Enfant à la curiosité*, localisation actuelle inconnue

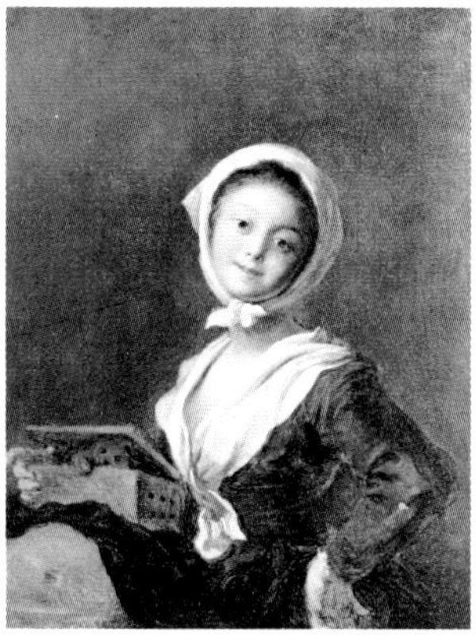

fig. 3. *Jeune fille à la marmotte*, Portland Art Museum

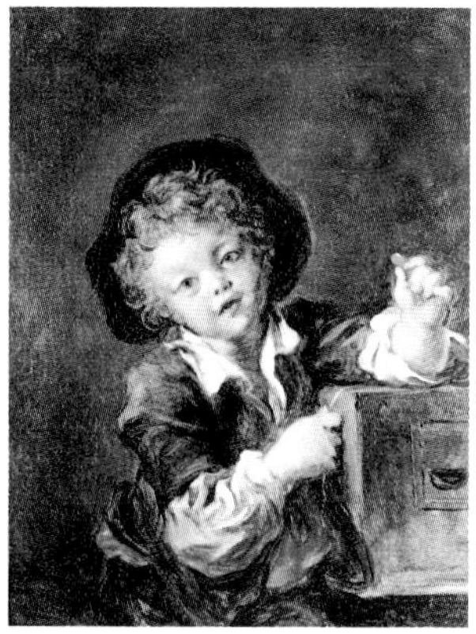

fig. 4. *Enfant à la curiosité*, Portland Art Museum

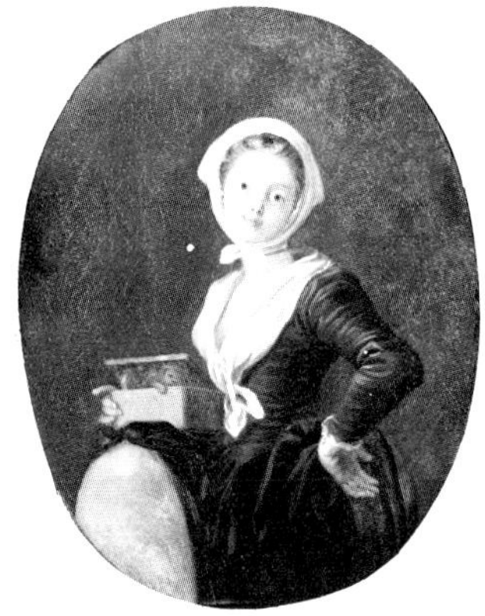

fig. 5. Fragonard (?), *Jeune fille à la marmotte*, localisation actuelle inconnue

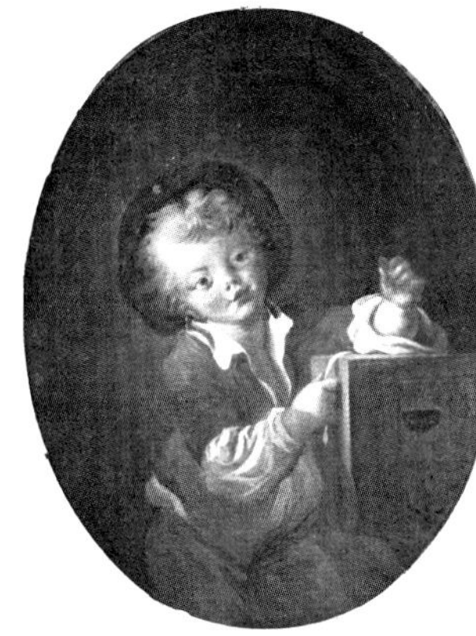

fig. 6. Fragonard (?), *Enfant à la curiosité*, localisation actuelle inconnue

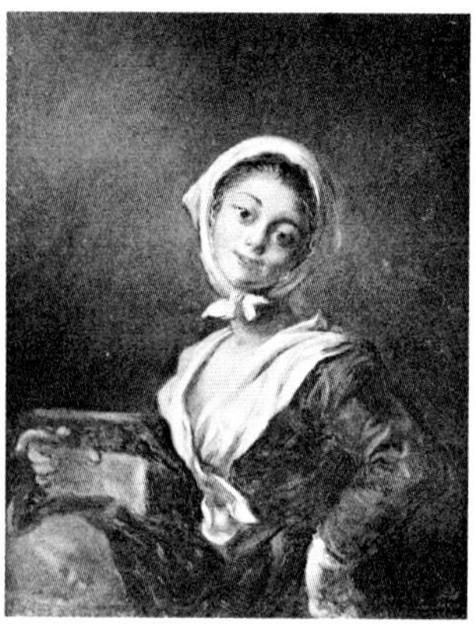

fig. 7. *Jeune fille à la marmotte* (pastel), localisation actuelle inconnue

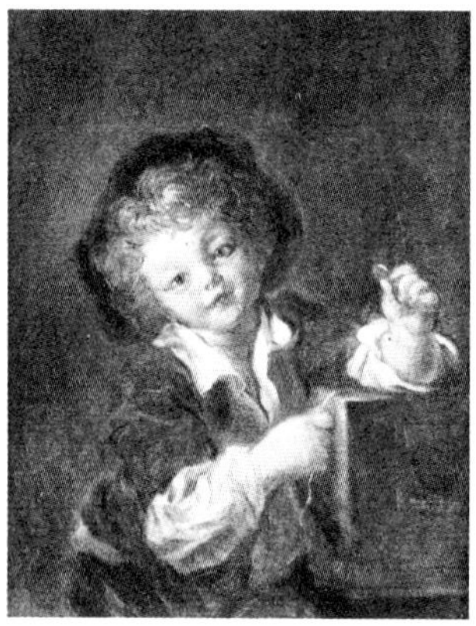

fig. 8. *Enfant à la curiosité* (pastel), localisation actuelle inconnue

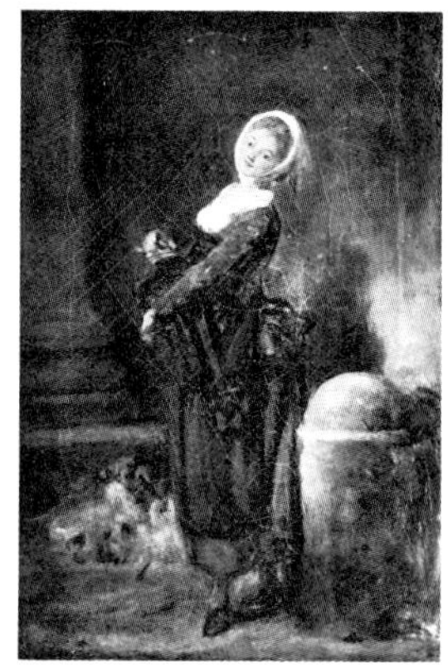

fig. 9. *La vielleuse*, localisation actuelle inconnue

coloriés par M. de St Non représentant un jeune savoyard qui montre la curiosité et une marmotte copies d'après Fragonard » estimés 12 livres dans son inventaire après décès (Wildenstein, 1959, p. 239, n$^{os}$ 35-37).

Pour les versions en pied, dites *Rosalie en fanchon* ou *La vielleuse*, voir W. 505 fig. 211 ; *fig. 9* ; voir aussi W. 42 et 43 fig. 30, ainsi que, pour ce dernier tableau, très douteux, Rosenberg, 1983, n° 89A ; il existe de cette œuvre, qui appartient au Fogg Art Museum, une version vendue sous le nom de Marguerite Gérard à Versailles le 27 mai 1973, n° 251.

L'œuvre, séduisante, est célèbre : elle oblige cependant à s'interroger sur toutes sortes de points concernant sa date, ses liens avec les diverses versions peintes, l'identité du modèle...

Nous n'en aborderons que certains. Précisons tout d'abord que la composition peinte a pour pendant, et le couplage est de tradition au XVIII$^{e}$ siècle, un « petit garçon à la curiosité » comme l'écrit le catalogue de la vente du marquis de Veri en 1785 (souvent une boîte de raretés géologiques ou d'objets curieux). Ajoutons que l'aquarelle de l'Albertina n'est pas, à notre connaissance, mentionnée du vivant de Fragonard. Nous savons cependant que l'abbé de Saint-Non fit des deux tableaux de Fragonard des copies « coloriées ». Nous avons un instant pensé que l'aquarelle de l'Albertina pouvait être une de ces copies : le regard de la jeune fille, comme absent, l'aspect figé de la composition nous y avaient, un temps, incité. Mais si l'on se souvient de l'enthousiasme de Benesch, pour qui l'aquarelle de Vienne comptait parmi les œuvres « les plus précieuses » de Fragonard, il faut renoncer à cette hypothèse. Ajoutons que les œuvres de l'abbé de Saint-Non que nous connaissons ne sont jamais (à l'exception des aquatintes) d'une grande qualité.

Le modèle du dessin est-il Rosalie (1769-1788), la fille du peintre (et en ce cas, le garçonnet serait-il Alexandre-Évariste, son frère, né en 1780) ? Nous ne le pensons pas. La ressemblance entre notre jeune fille et la « joueuse de vielle » de la vente Vassal de Saint-Hubert de 1774 (dont on connaît une réplique autographe, W. 505 fig. 211 ; *fig. 9*) exclut, nous semble-t-il, une telle identification. On se souvient que la joueuse de vielle passe pour représenter Françoise Chemin, une physionomie foraine très connue des parisiens de la fin du XVIII$^{e}$ siècle. On se souvient également que le tableau de Fragonard avait « été peint » pour faire « pendant » à un Chardin, l'« aveugle des Quinze-vingts », nouvelle association entre les deux artistes dont un commanditaire (est-ce Vassal lui-même ?) souhaitait comparer les mérites.

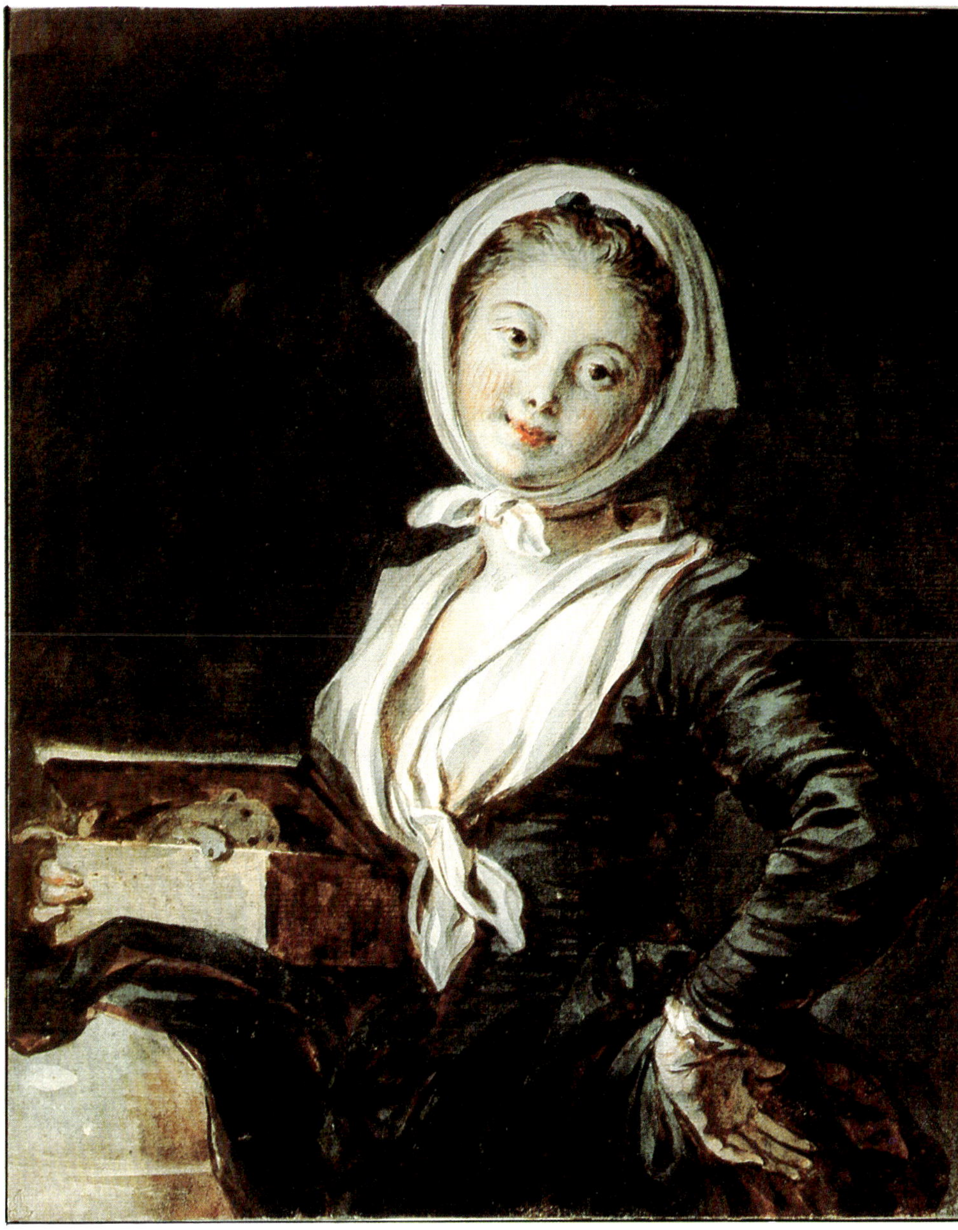

La jeune fille, élégamment coiffée d'un fichu noué sous le cou, aux lèvres trop rouges, aux joues trop roses, au corsage trop dégagé, tient, posée sur une borne, une boîte entrouverte : on y distingue une de ces marmottes que les Savoyardes montraient dans les rues de Paris. Mais Fragonard s'est-il contenté de décrire une scène de genre ou, selon certaines interprétations à la mode (à titre d'exemple, Vada Dunifer, 1985, p. 177), son œuvre n'est-elle pas riche en connotations sexuelles, comprises de tous au XVIIIe siècle ?

Que Fragonard ait embelli la réalité paraît certain. Que les Savoyardes n'aient pas toutes été jolies, également et que celles qui l'étaient ne se soient pas toujours contentées de présenter leurs marmottes, paraît convaincant. Mais il nous semble que l'œuvre de Fragonard se prête particulièrement mal à toute tentative de surinterprétation.

L'artiste veut charmer, séduire, montrer son savoir. Il ne se veut pas portraitiste fidèle. Il n'est pas le censeur des mœurs de son époque. Il en est le poète.

# 298 Jeune fille assise sur le sol

H. 220 ; L. 170
Sanguine
En bas, à gauche, annotation à la plume : « frago.1785. »

New York, collection privée

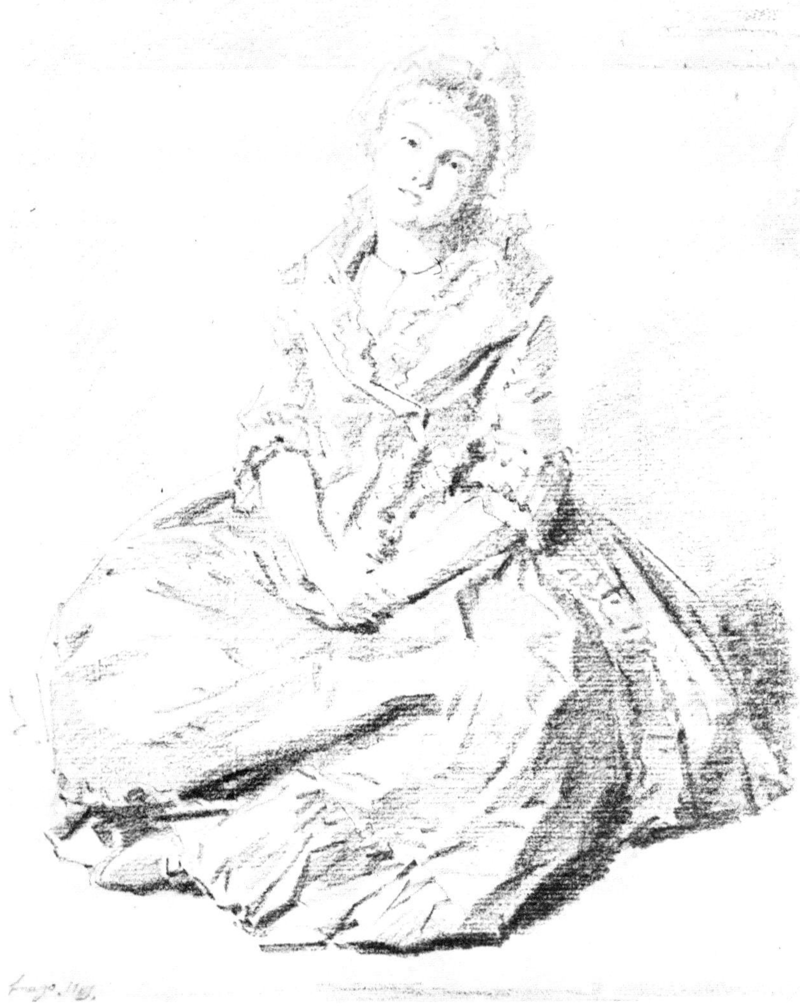

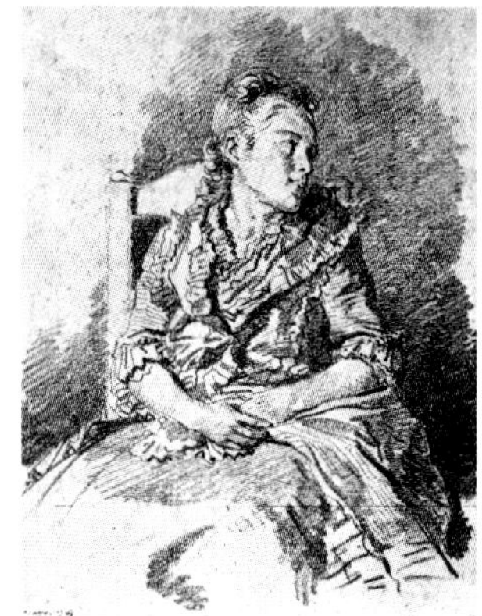

fig. 1. *Jeune fille assise sur une chaise*, Londres, Courtauld Institute of Art, coll. Seilern

**Provenance**
Coll. François-Martial Marcille (1790-1856), sa vente après décès, 4-7 mars 1857, nº 65 : « jeune femme assise » ( ?) (cette indication pourrait concerner l'autre dessin de même sujet *(fig. 1)* de la coll. des frères Goncourt ; ceux-ci, dans un carnet inédit cité par E. Launay, précisent qu'ils achetèrent ce dessin 15 francs ; le nº 65 de la vente Marcille en fit 42 !) ; coll. Edmond et Jules de Goncourt, leur vente, 15 février 1897, nº 84 (acquis par Homberg pour 2.400 francs ; ne semble pas porter la marque de la coll. des frères Goncourt, Lugt 1089) ; coll. Joseph Homberg, sa vente, 11 mai 1923, nº 14, ill. (15.100 francs acheté par Mme Gould) ; coll. Florence J. Gould, près de Nice, sa vente, New York, Sotheby's, 24 avril 1985, nº 3, ill. en couleurs. New York, coll. privée.

**Exposition**
New York, Zangrilli, Brady et Cº, 1986, nº 17, ill.

**Bibliographie**
Goncourt, 1881, p. 78 ;
P. p. 305 ;
W. p. 30 éd. française ;
A. 191 fig. 78 ;
Williams, 1978, p. 136 ;
[Launay], 1983-84, nº 94, pl. 117.

Les Goncourt avaient acquis en 1857 deux feuilles de format très voisin, toutes deux à la sanguine. Le second de ces dessins est récemment entré avec la collection Seilern *(fig. 1)* au Courtauld Institute de Londres (A. 199 fig. 77 ; cat. exp. Londres, 1981, nº 135, ill.) et ne peut, par la volonté du donateur, être prêté aux expositions. L'importance des deux feuilles réside dans les inscriptions qu'elles portent, l'une et l'autre, dans l'angle inférieur gauche : « frago.1785. » (et non « 1765 » comme il a parfois été lu), inscriptions (et non signatures) dont il n'y a aucune raison de mettre en doute l'authenticité. On sait que les œuvres datées sont rares dans la production de Fragonard et que les points d'ancrage sont précieux pour qui s'intéresse à l'évolution et aux transformations du style du maître.

Les deux dessins, incontestablement, sont des portraits : mais doit-on voir le même modèle sur les deux feuilles et peut-on suivre sans hésitation Eunice Williams (1978) qui reconnaît dans les deux cas Rosalie Fragonard, la fille du peintre, née en 1769, qui devait être emportée par la maladie en 1788 ? Nous restons réservés tant la ressemblance entre les deux jeunes filles nous paraît contestable. Seule, à nos yeux (voir sur ce point la notice 293), la feuille que nous avons choisi d'exposer a quelque chance de représenter Rosalie.

Coiffée d'un petit bonnet, habillée d'une robe et d'un mantelet, la jeune fille, les jambes croisées sous elle, se détache d'un drap blanc posé sur une table. L'expression rêveuse de son regard donne tout son charme au dessin.

# 299 Jeune fille assoupie

New York

H. 241 ; L. 188
Sanguine

New York, coll. privée

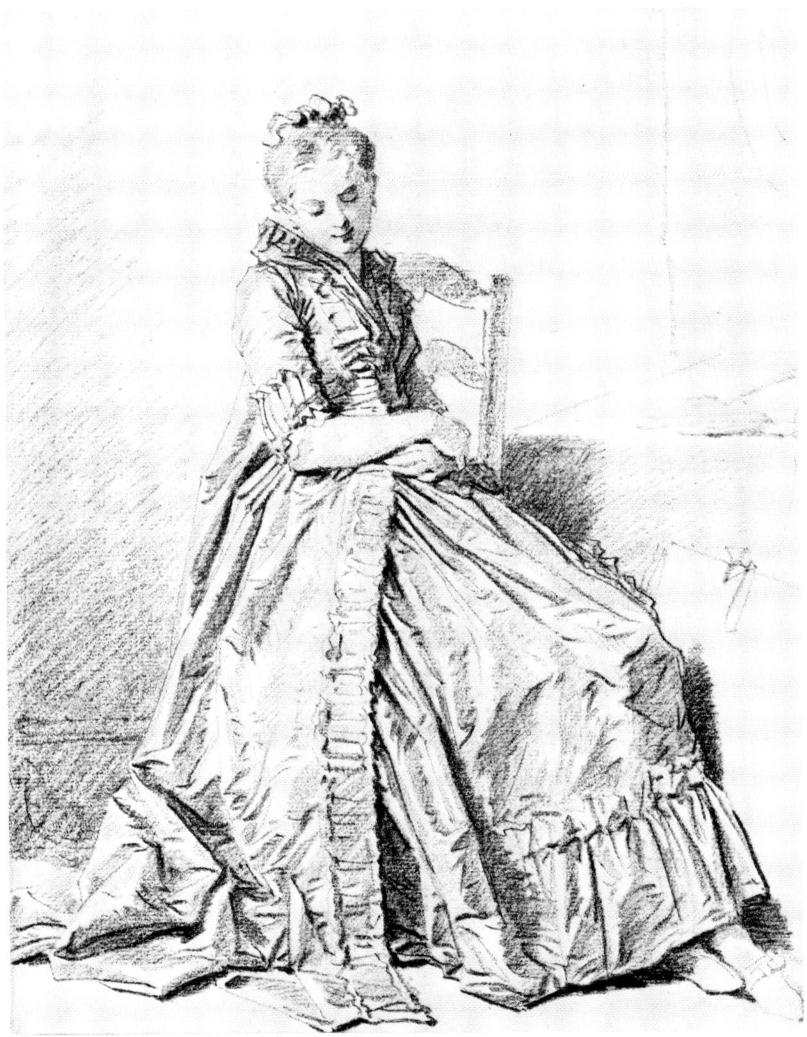

**Provenance**
Vente M. E. N.[orblin], 16-17 mars 1860, nº 58 : « très joli dessin, spirituellement exécuté à la sanguine, représentant une jeune femme assise » (?) ; coll. de l'architecte Hippolyte Destailleur, sa vente, 27-28 avril 1866, nº 70 : « jeune fille assise » (8 francs 50) (?). Coll. privée, New York.

**Expositions**
Washington, 1978, nº 54, ill. ;
New York, Aaron, 1984, nº 16, fig. 24.

**Bibliographie**
A. 2068 fig. 562.

**Œuvres en rapport**
Le dessin a été gravé, avec quelques variantes, au crayon à la manière de sanguine par Martel *(fig. 1)* sous le titre *La Reflection* et par Alexandre Briceau (« Briceau Direxit » !) *(fig. 2)*. Ces deux gravures sont dans le sens du dessin.

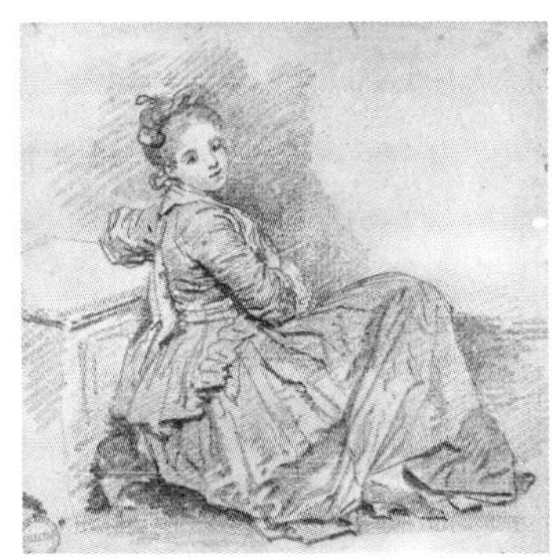

fig. 3. *Jeune fille assise*,
localisation actuelle inconnue

fig. 1. Martel d'après Fragonard, « *La Reflection* »,
Paris, Bibliothèque d'Art et d'Archéologie

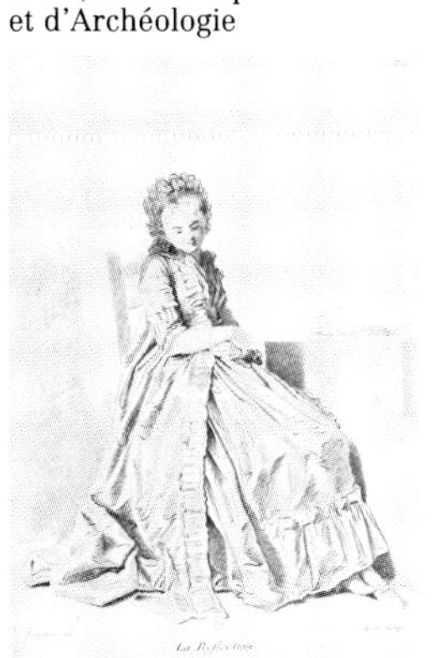

fig. 2. Alexandre Briceau, *Jeune fille assoupie*,
Paris, Bibliothèque d'Art et d'Archéologie

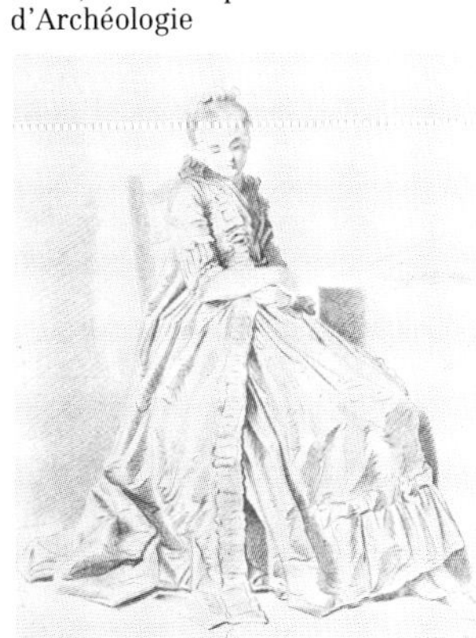

Eunice Williams (1978) voit, peut-être avec raison, dans le modèle du dessin, Rosalie Fragonard, la fille prématurément disparue du peintre. En tout cas, la date de cette sanguine doit être très voisine de celle du dessin précédent : 1785. On reconnaît la même jeune fille dans une feuille, elle aussi à la sanguine, conservée au British Museum et exposée en 1968 à Londres comme attribuée à David (nº 183), que nous avons rendue à Fragonard en 1969 *(fig. 3* ; p. 99 ; voir aussi A. 1177 fig. 732). Mais au lieu d'être assoupie sur une chaise, la jeune fille est assise par terre et se tourne vers le spectateur.

L'œuvre est harmonieuse et se caractérise par la douceur du trait, la délicatesse des hâchures.

# 300 Jeune fille devant une cheminée, un soufflet entre les mains

H. 241 ; L. 209
Sanguine

Paris, collection privée

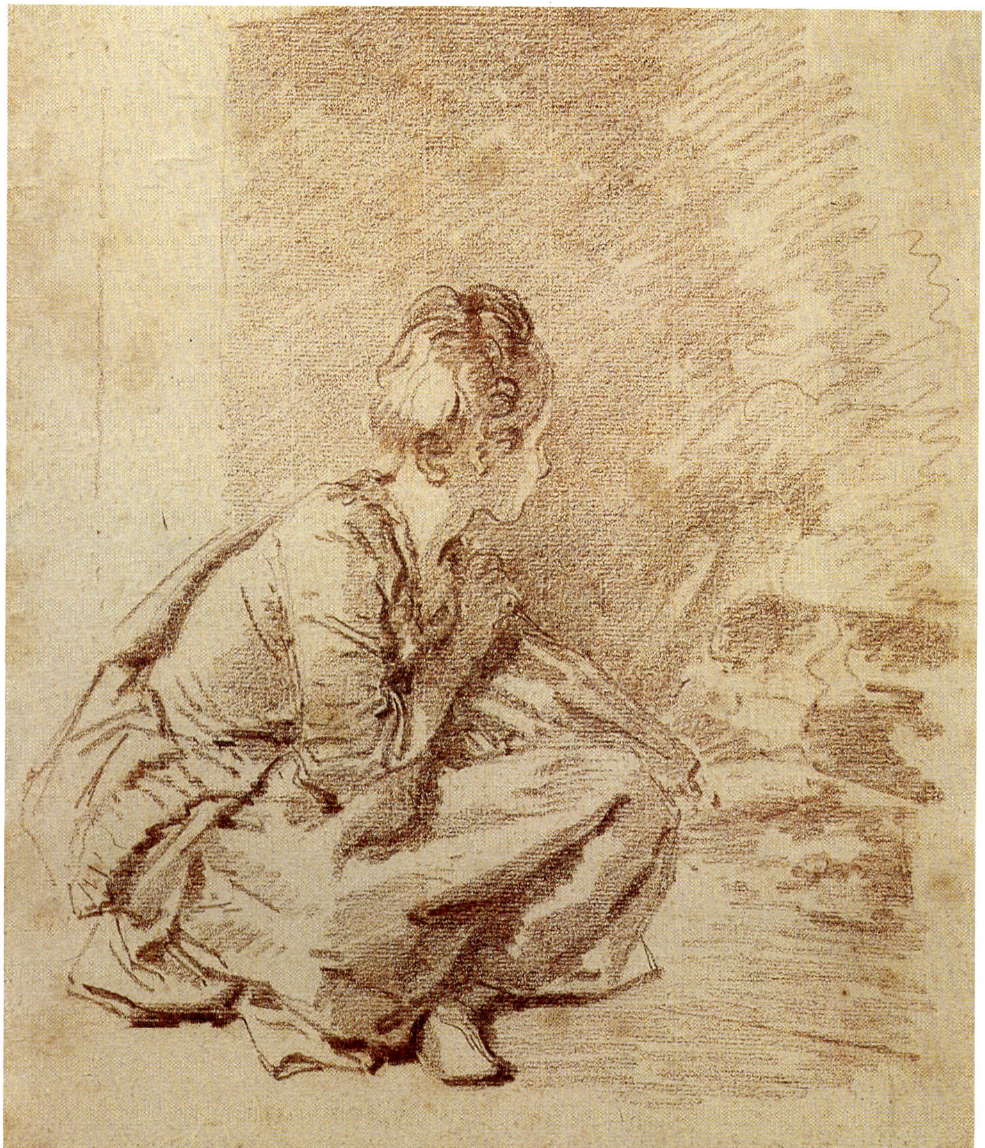

**Provenance**
Coll. François-Martial Marcille (1790-1856), sa vente après décès, 4-7 mars 1857, n° 67 : « Cendrillon. Dessin à la sanguine » ; coll. Hippolyte Walferdin, sa vente après décès, 12-16 avril 1880, n° 193 (465 francs, à M. de Turenne) ; coll. comte Arthur de Vogüe en 1889 ; coll. Camille Groult, selon cat. exp. Londres, 1968 ; coll. Stanley Shaw Bond, à Londres en 1932 ; sa vente, Londres, Christie's, 9 juin 1944, n° 57 (550 guinées, à Hatvany) ; coll. du baron Paul Hatvany en 1950, sa vente, Londres, Christie's, 24 juin 1980, n° 47, ill. couleurs ; Paris, coll. privée.

**Expositions**
Londres, 1932, n° 818 (n° 688 du cat. commémoratif) ;
Londres, Matthiesen, 1950, n° 27, ill. ;
Londres, 1968, n° 280.

**Bibliographie**
P. p. 295 ;
A. 748.

**Œuvres en rapport**
Un dessin similaire mais au lavis de bistre, daté de Rome 1774, sur lequel nous refusons de nous prononcer, est catalogué par A. (A. 195 fig. 76). Pour un dessin montrant une (la même ?) jeune fille accroupie, s'appuyant sur un soufflet, voir A. 196 fig. 75 et cat. exp. Grasse, 1957, n° 55, pl. XIII *(fig. 1)*.

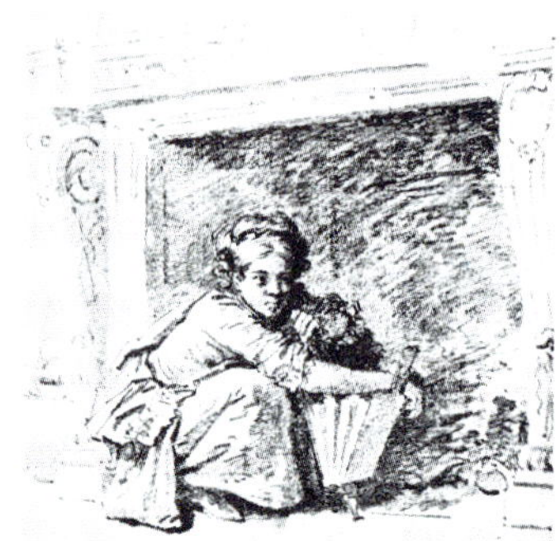

fig. 1. *Jeune fille accroupie s'appuyant sur un soufflet*, localisation actuelle inconnue

L'œuvre est précieuse et l'on comprend que Walferdin puis Portalis aient été tentés de lui donner un titre qui fasse rêver : « Cendrillon ». Plus simplement, il nous semble que Fragonard a dessiné une jeune fille accroupie près d'un feu, ravivant les flammes à l'aide de son soufflet.

Sans guère appuyer son crayon, Fragonard décrit le geste précis de la fillette, son expression attentive. Surtout, il a su rendre les reflets des flammes sur son visage. Rapide annotation, œuvre de caractère intime, le dessin séduit par la délicatesse de sa poésie.

# 301 Paysage au double escalier

H. 475 ; L. 330
Lavis de bistre sur préparation à la pierre noire

Paris, collection privée

**Provenance**
Dans la même famille depuis le début du XIXe siècle.

**Bibliographie**
Inédit.

**Œuvres en rapport**
Une étude préparatoire à la pierre noire (H. 165 ; L. 210 ; A. 1517) est passée en vente, à Paris, le 23 mai 1928, n° 54, pl. X *(fig. 1)*. Elle provenait, semble-t-il, de la coll. Walferdin (partie du lot 275 de la vente après décès du 12-16 avril 1880).

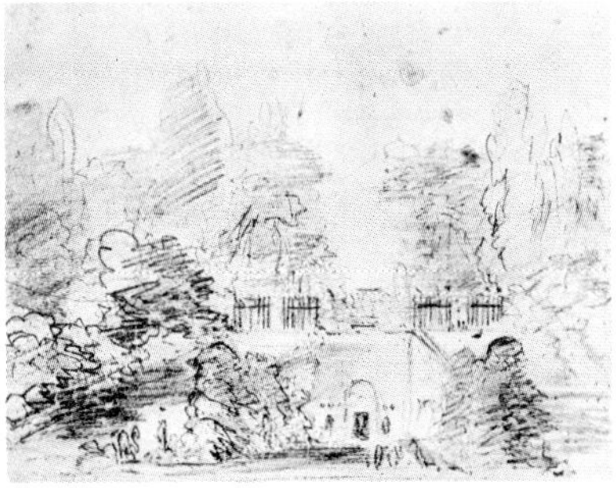

fig. 1.
*Paysage au double escalier*,
localisation actuelle inconnue

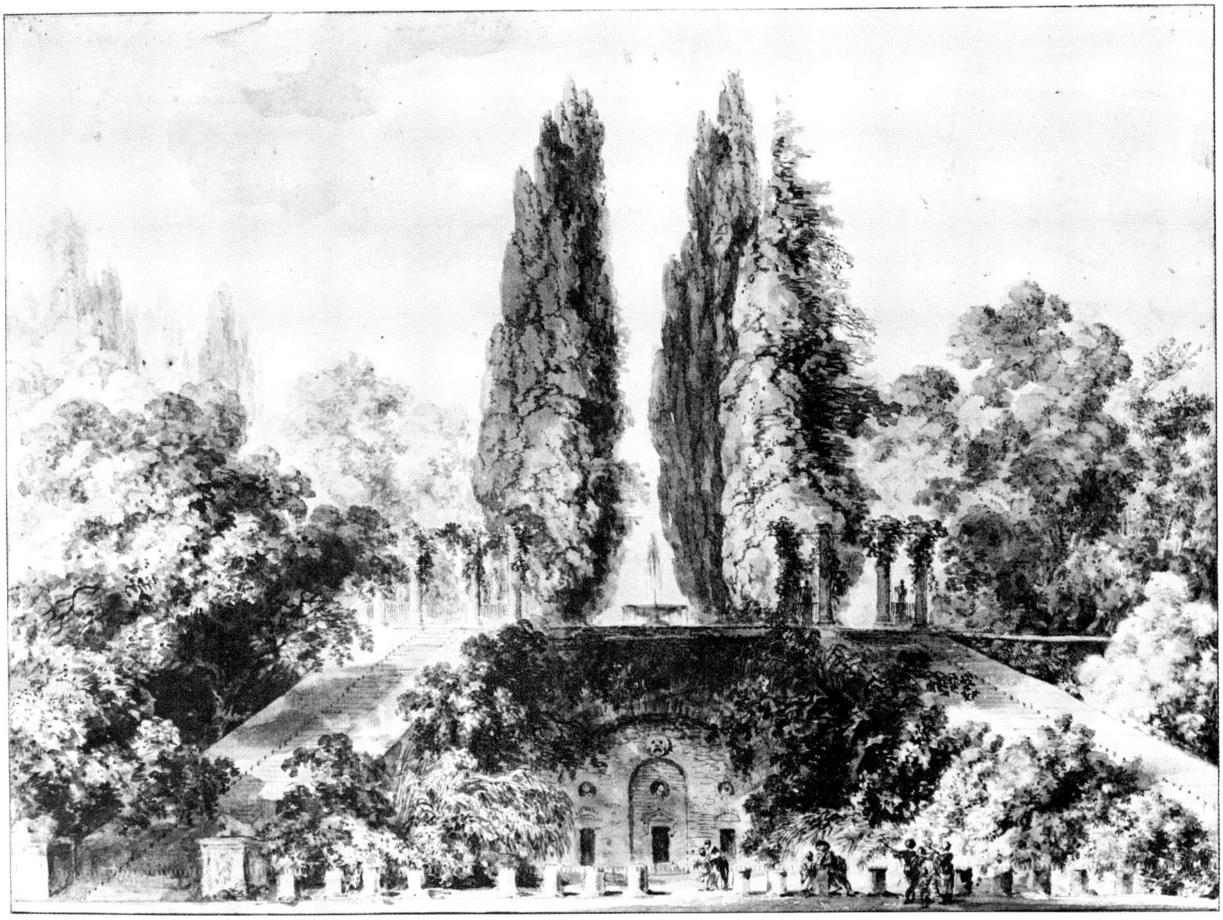

Deux questions se posent à propos de cette splendide feuille : est-il possible de la dater, peut-on localiser le site représenté ?

Clairement, le dessin s'inspire des parcs et des jardins romains, mais Fragonard copie-t-il la réalité ou ne fait-il que s'en inspirer ? Nous penchons pour la seconde hypothèse de même que nous n'excluons pas que le dessin soit sensiblement postérieur au second retour d'Italie en 1774. Vers 1780, l'artiste aime, pour ce type de compositions très complètes, utiliser presqu'exclusivement le lavis de bistre. Il part d'une rapide annotation à la pierre noire, semblable à celle que nous reproduisons ici *(fig. 1)* pour ensuite, à l'aide du seul pinceau, mettre en place ces vues imaginaires si évocatrices dont il sut se faire le spécialiste. Sans doute — et l'immense production d'Hubert Robert qui, plus que Fragonard privilégie la sanguine et l'architecture, le confirme — y avait-il à Paris des clients pour ce genre d'œuvres.

# 302 Parc dans le goût italien avec bustes et promeneurs

H. 238 ; L. 380
Lavis de bistre sur préparation à la pierre noire
Annotation, à la plume, en bas à droite : « frago 1786 »

Sacramento, Crocker Art Museum

**Provenance**
Coll. du juge Edwin Bryant Crocker (1818-1875), offerte à Sacramento par sa veuve, Margaret E. Rhodes en 1885 ; 1871.407.

**Expositions**
Sacramento, 1940, nº 63a, pl. 9 ; Berkeley, 1968, nº 5 : 82, ill. ; Claremont, 1976, nº 24, ill. ; Washington, 1978, nº 52, ill.

**Bibliographie**
A. 947 ;
Cat. musée, 1964, p. 89, nº 407, ill. ; Rosenberg, 1970, p. 35, nº 16, pl. 34 ; Cat. musée, 1971, nº 88, pl. p. 129.

**Œuvres en rapport**
Le dessin A. 946 fig. 260, d'une composition similaire à celle de la feuille de Sacramento, est passé en vente le 9 décembre 1981, nº 42, ill. Il est daté de 1774 : nous refusons de nous prononcer sur son authenticité.

Pour d'autres dessins comparables, voir A. 364 fig. 133 (aujourd'hui coll. Thaw à New York) ; A. 1445 fig. 394 ; A. 1580 fig. 741 ; A. 1598 fig. 422 et A. 2362 fig. 601 ; voir aussi A. 361 fig. 135, acquis par le musée de Stanford, et un dessin passé en vente chez Sotheby's, à Londres, le 26 novembre 1970, nº 74, ill.

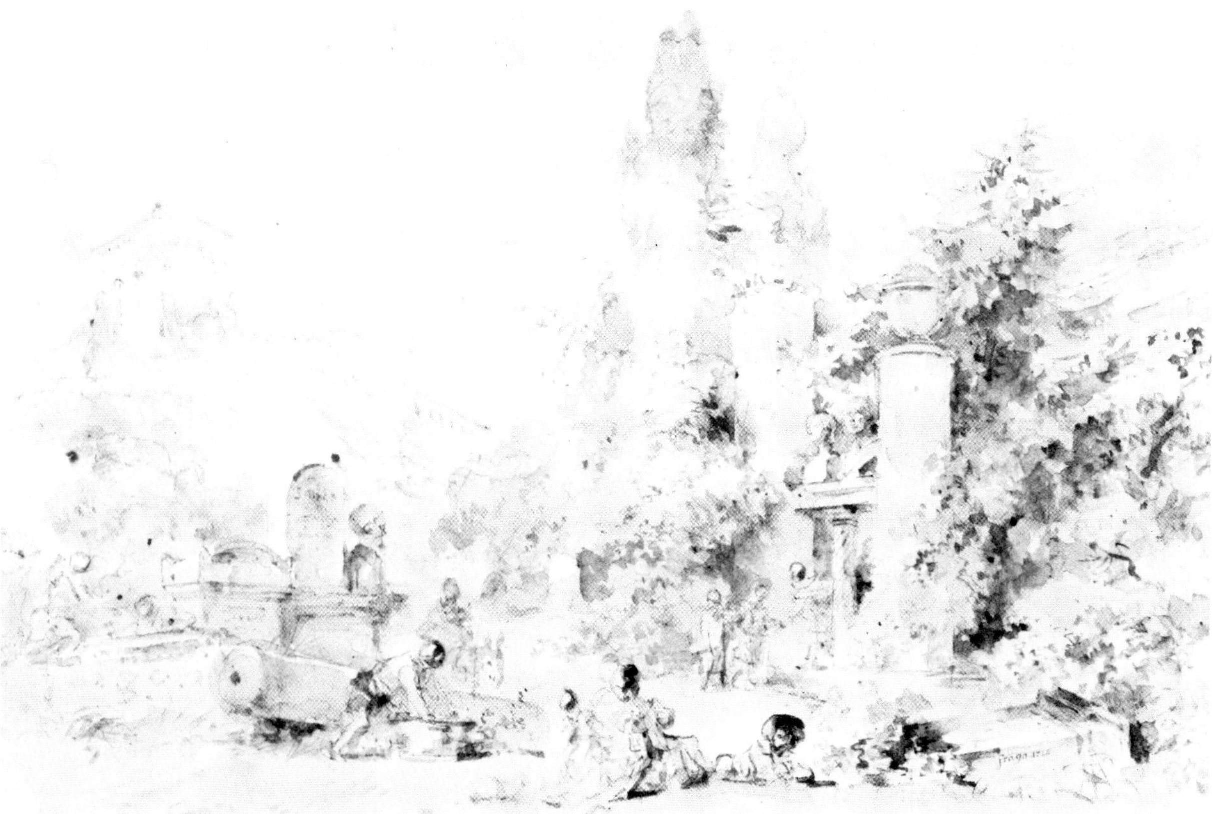

Le dessin de Sacramento n'est peut-être pas exceptionnel mais, outre qu'il s'agit d'une des premières œuvres de Fragonard qui soit entrée dans une collection publique américaine, il est daté. La date qui se lit en bas à droite, 1786, confirme que douze ans après son retour d'Italie, Fragonard puisait toujours son inspiration dans ses souvenirs de voyage.

Les touches de lavis papillotantes paraissent comme éparpillées sur la feuille : la vision de Fragonard devient plus globale, plus « impressionniste », au détriment de la rigueur de la composition.

Dans un parc dominé par une villa romaine, des promeneurs devisent parmi les tombes antiques, les colonnes et les bustes. Des pins, des cyprès, d'autres arbres ombragent le site. La description pourrait s'appliquer à bien d'autres dessins de Fragonard : l'artiste pourtant ne se répète et ne lasse jamais.

# 303 Le premier pas de l'enfance

T. H. 44 ; L. 55

Cambridge, Harvard University Art Museum, Fogg Art Museum ; don Charles E. Dunlap

**Provenance**
Coll. O., sa vente, 16-17 décembre 1839, n° 88 (avec *L'enfant chéri*) ; coll. de Rigny, sa vente, 2 juin 1857, n° 40 ; coll. Pillot, sa vente, 6-8 décembre 1858, n° 43 (acquis par Morens pour 1.605 francs) ; coll. Lord Rosebery ; Wells-Robertson (1974-75) hésite à voir dans le tableau du Fogg celui de la vente de la Roncière du 28 mars 1859, n° 25 ; [Wildenstein] ; coll. Charles E. Dunlap ; donné au Fogg en 1961.

**Exposition**
Paris-Detroit-New York, 1974-75, n° 71, pl. 16 (notice par Sally Wells-Robertson qui cite d'autres exp.).

**Bibliographie**
Doin, 1912, p. 432 ;
Wilhelm, 1951, p. 22 ;
W. 540 fig. 234 ;
W. et M. 561, ill. ;
Rosenberg et Compin, 1974, p. 276 note 59 fig. 24 ;
Rosenberg, cat. exp. 1974-75, p. 416 ;
Gaehtgens, 1975, p. 46 ;
Wells-Robertson, 1979, pp. 185-186, et notes 34 et 35 ;
Berezina, 1983, p. 221.

**Œuvres en rapport**
Le tableau a été gravé par Géraud Vidal et Nicolas-François Regnault en 1786 ( ? ; 1792 plutôt) avec pour légende « Peint par M. Fragonard et Mlle Gérard. Retouché par Regnault et G. Vidal. Dédié aux bonnes mères » (P. p. 330, n° 139 ; Doin, 1912, p. 433, ill. et cat. exp. Toulouse, 1951, n° 412 ; l'estampe est fort rare, nous ne l'avons pas rencontrée ; nous reproduisons la « seconde édition » du musée Paul-Dupuy à Toulouse ; *fig. 1)*.

Le pendant, *L'enfant chéri*, lui aussi gravé *(fig. 2)* mais en 1792 (*Mercure de France*, 26 mai 1792, p. 108), appartient également au Fogg Art Museum *(fig. 3* ; W. 541, pl. 125). A la vente Pillot du 6-8 décembre 1858, n° 46, le tableau est catalogué sous le double nom de Fragonard et de Mlle Gérard : « figures par Mlle Gérard, paysage par Fragonard ». Marguerite Gérard est revenue sur la composition dans une œuvre d'un esprit plus néoclassicisant, aujourd'hui conservée à l'Ermitage, gravée en 1788 sous le titre *L'Élant* (sic) *de la nature* par son frère, Henri Gérard *(fig. 4)*. Une autre version, plus grande, signée (et datée ?) fait partie des coll. du Hillwood Museum à Washington *(fig. 5)*.

Les esquisses du tableau et de son pendant passent à la vente Van Leyden, d'Amsterdam, le 10 septembre 1804, n° 131 : « Fragonard : Deux charmantes Esquisses, dont les sujets en grand ont été gravés sous le titre des Premiers Pas de l'Enfance... ».

E. Williams a présenté à Cambridge, à un colloque en l'honneur de Ian Woodner, un dessin appartenant à une coll. privée française *(fig. 6)*, en relation avec le tableau du Fogg. Elle estime, comme nous, que ce dessin revient à Fragonard seul. Sa communication paraîtra dans le courant de l'année.

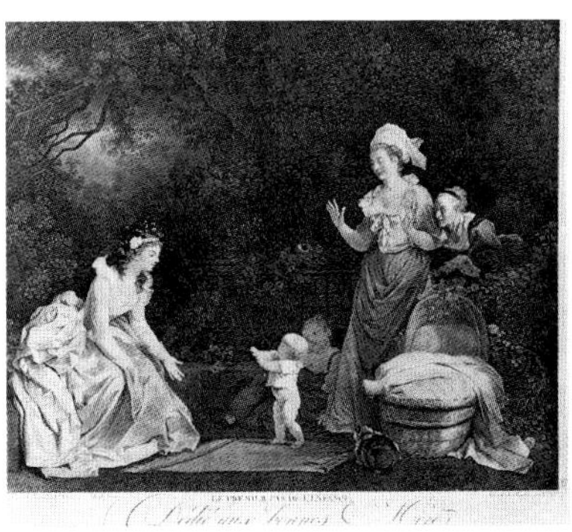

fig. 1. Regnault et Vidal, *Le premier pas de l'enfance*, Toulouse, musée Paul-Dupuy

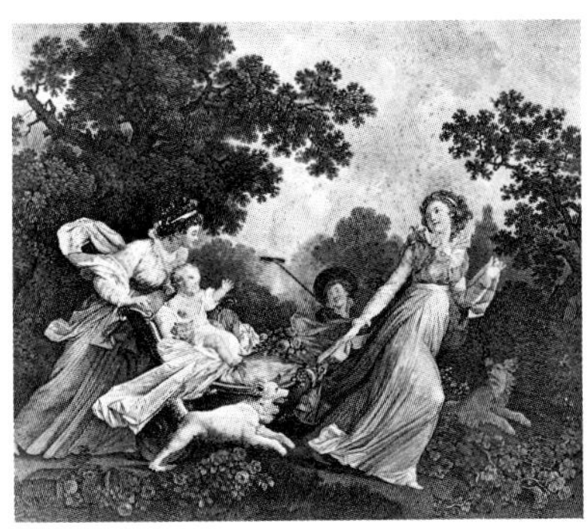

fig. 2. Regnault et Vidal, *L'enfant chéri*, Toulouse, musée Paul-Dupuy

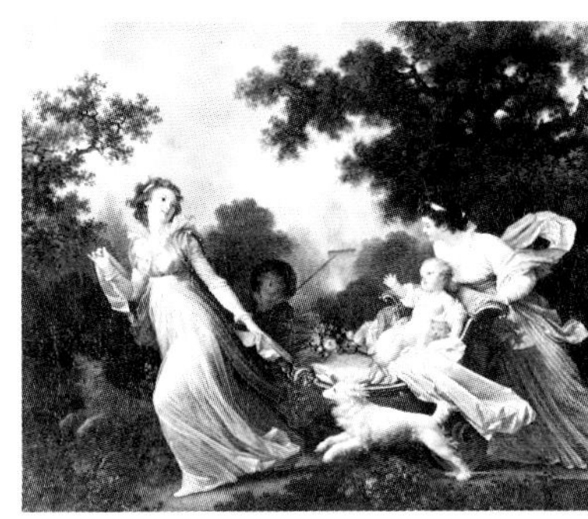

fig. 3. M. Gérard et Fragonard, *L'enfant chéri*, Cambridge, Fogg Art Museum

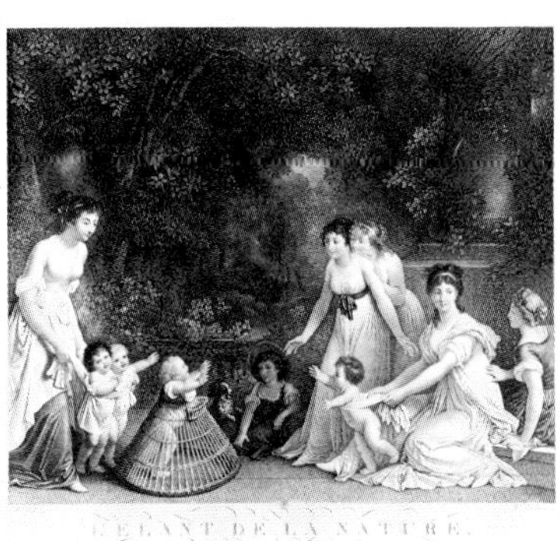

fig. 4. H. Gérard d'après M. Gérard, *L'élan de la nature*, Paris, Bibliothèque Nationale, Cabinet des estampes

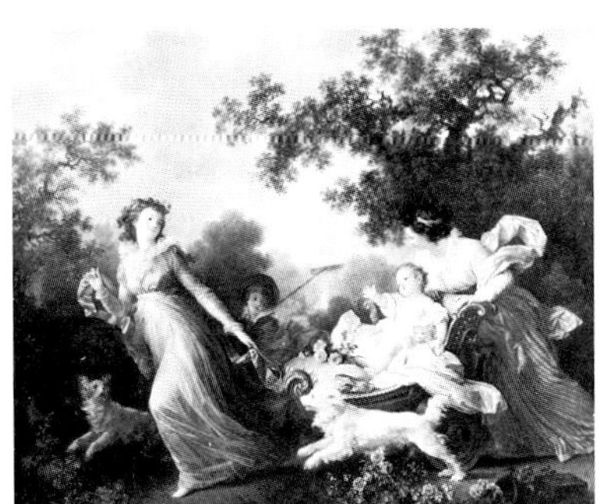

fig. 5. M. Gérard, *L'enfant chéri*, Washington, Hillwood Museum

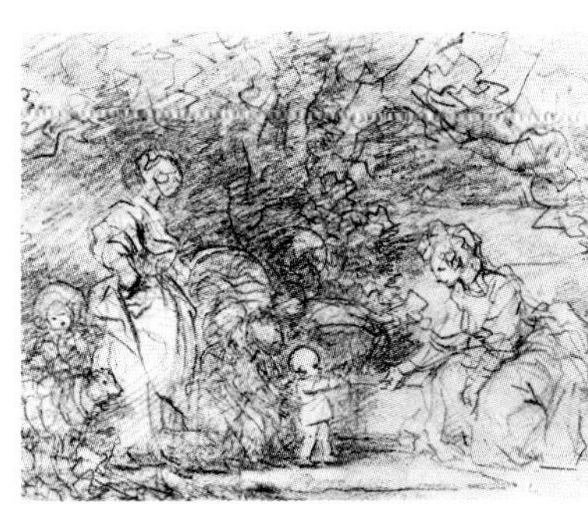

fig. 6. *Le premier pas de l'enfance*, France, coll. privée

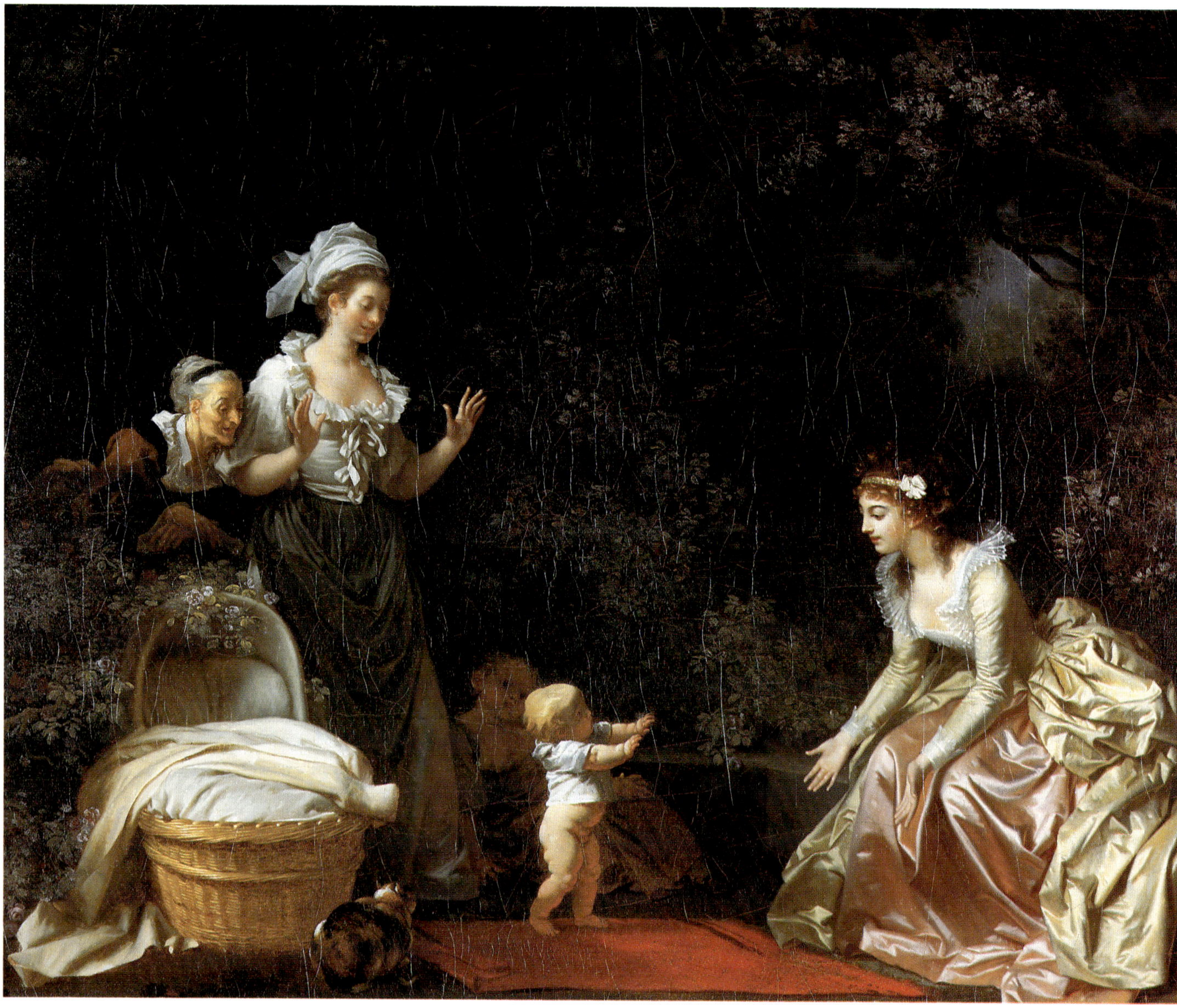

Le tableau oppose les défenseurs de Fragonard aux partisans de sa belle élève, Marguerite Gérard : son sujet en tout cas ne nécessite pas d'explication particulière. Surveillé par un gros chat tricolore, un bambin se dirige en vacillant vers sa mère, sous les regards de la petite sœur, de la nourrice et de la grand-mère. L'œuvre a été gravée en 1786, dit-on (1792 ?), par Regnault et Vidal *(fig. 1)*, sous le titre *Le premier pas de l'enfance*. La lettre précise « Peint par M. Fragonard et Mlle Gérard ». Sally Wells-Robertson, à plusieurs reprises, a tenté de prouver qu'en dépit de la lettre, l'œuvre revenait intégralement à Marguerite Gérard (1761-1837), « sous l'œil de son maître » et beau-frère tout au plus. Pour elle, la légende de la gravure avait pour but de « favoriser » les « intérêts commerciaux » des graveurs « en présentant les charmantes scènes domestiques de la jeune artiste sous l'égide du célèbre peintre de Grasse ». S. Wells-Robertson, plus récemment (1979) a démontré qu'il avait existé un autre état de l'estampe (disparu) qui donnait la composition « à Mlle Gérard seule ».

Nous reconnaissons bien volontiers qu'une grande partie du tableau revient à Mademoiselle Gérard : mais, comme en 1974 et 1974-75, nous pensons que certains morceaux du tableau — la grand-mère et le bébé assurément — sont du pinceau de Fragonard. Les teintes chaudes à prédominante jaune et un goût prononcé pour une touche épaisse et grasse nous paraissent la marque incontournable de l'artiste. De même, nous n'excluons pas aujourd'hui que sur le pendant (pour S. Wells-Robertson, il s'agit en fait d'un faux pendant) du tableau, *L'enfant chéri* — du moins dans la version de Cambridge *(fig. 3)* — le feuillage des arbres et leurs troncs puissent revenir à Fragonard.

Notre point de vue a été conforté par la présentation du *Premier pas* à l'exposition *De David à Delacroix* à Paris et aux États-Unis en 1974-75. Près du *Verrou* d'une part (n° 236), du *Baiser à la dérobée* de l'autre (n° suivant), il paraissait aisé de distinguer, sur le tableau du Fogg, ce qui était du pinceau de Fragonard et ce qui revenait à sa belle-sœur (voir le remarquable compte rendu de Gaeht-

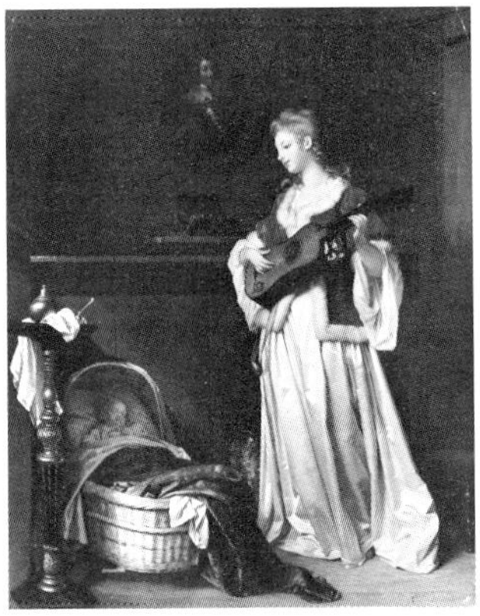

fig. 7. Fragonard et M. Gérard, *Jeune femme debout pinçant de la guitare près d'un enfant endormi*, Karlsruhe, Staatliche Kunsthalle

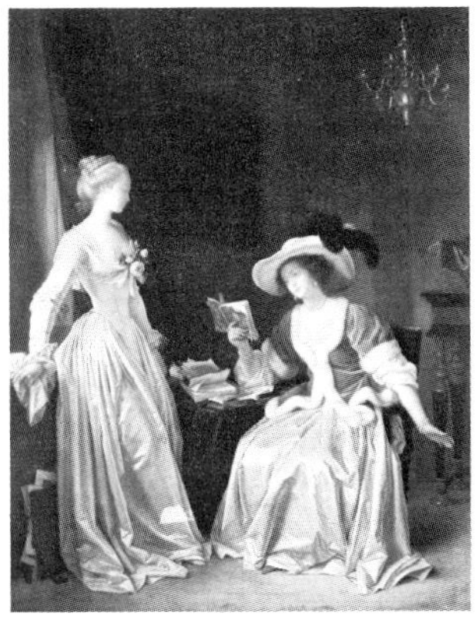

fig. 8. Fragonard et M. Gérard, *La liseuse*, Cambridge, Fitzwilliam Museum

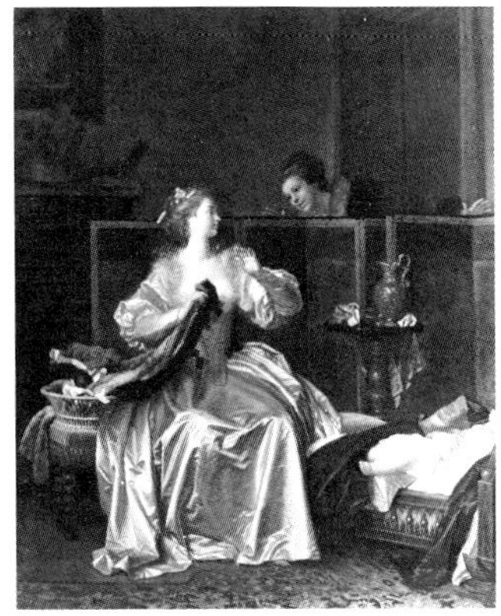

fig. 9. Fragonard et M. Gérard, *L'enfant endormi*, localisation actuelle inconnue

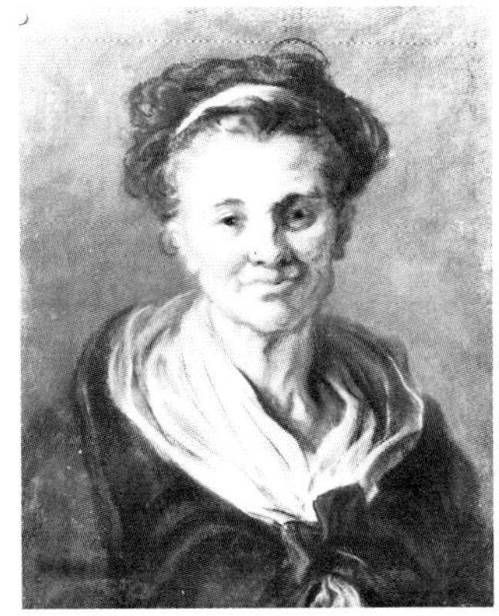

fig. 10. *Portrait d'une vieille femme* dit *Portrait de Sophie*, Besançon, musée des Beaux-Arts

gens, 1975). La collaboration des deux artistes, attestée par des ventes anciennes (quatre tableaux à la vente Villers le 2 décembre 1795 dont deux nous sont connus, Karslruhe *(fig. 7)* et vente à Londres le 6 mars 1957, n° 86, ill. par exemple) et des textes contemporains (Hallam, 1986, p. 177) le prouvent. Et certains tableaux — citons, sans nullement prétendre être complet, la *Liseuse* du Fitzwilliam Museum *(fig. 8)* de Cambridge, l'*Enfant endormi* de la vente Clos du 18-19 novembre 1812, n° 9, dans le commerce à Londres en 1962 *(fig. 9)* — le confirment.

Un mot encore sur la « grand-mère » : nous l'avons déjà rencontrée sur un dessin de Fragonard (n° 225) et elle a servi de modèle à plusieurs reprises à l'artiste, notamment pour le splendide dessin *Les sept âges de la vie* de la collection Lauder (Williams, 1978, n° 41, ill.). Un admirable pastel de Fragonard, un des rares qui, à ce jour, ait été identifié *(fig. 10*; P. p. 313 ; A. 2041 ; Cuzin, 1986, p. 65, fig. 10 en couleurs), semble être le portrait d'après nature de cette vieille femme, Sophie, « la ménagère » de l'artiste, à en croire le petit-fils du peintre, selon une inscription qui se lit au verso du montage.

Marguerite Gérard se complait aux tons froids, aux blancs argentés, aux plis raides et minutieusement dessinés. « Dans le *Premier Pas de l'enfance* s'affirme déjà la préférence que l'artiste gardera toute sa vie pour les mères élégantes, aristocratiques ou bourgeoises, toujours exquisement habillées et coiffées, en opposition au goût de Fragonard pour les mères d'origine plus populaire. Simplicité de composition, poses théâtrales et figées, perfection porcelainée du rendu de la mère et de la bonne d'enfant, caractérisent le style statique et contrôlé de Marguerite Gérard » écrivait justement en 1974-75 S. Wells-Robertson. Le « dynamisme du bambin », l'expression émerveillée et attendrie de « Sophie », si naturelle et si touchante à la fois, nous rappellent le génie de son maître.

## 304 Le baiser à la dérobée

T. H. 45 ; L. 55

Leningrad, musée de l'Ermitage

**Provenance**
Anc. coll. du roi de Pologne, Stanislas Auguste Poniatowski (1732-1798 ; estimé 200 ducats dans le cat. manuscrit de la coll. ; voir Réau, 1929, p. 188, n° 102 et Ryszkiewicz, 1975) ; au Palais d'Été Lazienki à Varsovie en 1851, au premier étage, dans le Cabinet du roi. Aurait du être rendu à la Pologne d'après les stipulations du Traité de Riga. Entré à l'Ermitage en 1895 par échange avec la *Polonaise*, copie d'après Watteau.

**Expositions**
(pour une liste détaillée, voir cat. Ermitage, 1985)
Paris, 1937, n° 165, pl. 61 de l'album ;
Moscou-Leningrad, 1955-56, p. 60 ;
Bordeaux, 1965, n° 21 avec pl. ;
Paris, 1965-66, n° 19 avec pl. ;
Paris-Detroit-New York, 1974-75, n° 60, pl. 33 (notice par Pierre Rosenberg) ;
Washington-Detroit-Los Angeles, 1975-76, pp. 49-52, ill. et détails couleurs ;
Tokyo, 1980, n° 89, ill. couleurs.

**Bibliographie**
Gault de Saint-Germain, 1808, p. 233 ;
Landon, 1808, p. 9 ;
*Revue Universelle des Arts*, 1856, III, p. 58 ;
P. p. 72, 271 (« Le Baiser ») ;
N. ill. entre p. 124 et p. 125 ;
Schmidt, 1909, pp. 52-53 et pl. couleurs ;
Réau, 1932, ill. entre p. 98 et p. 99 ;
Gerson, 1942, p. 102, pl. 29 (rééd. en 1983) ;
Wilhelm, 1951, p. 22, ill. p. 17 ;
R. p. 52, 70, 108, 157 et pl. 59 p. 117 ;

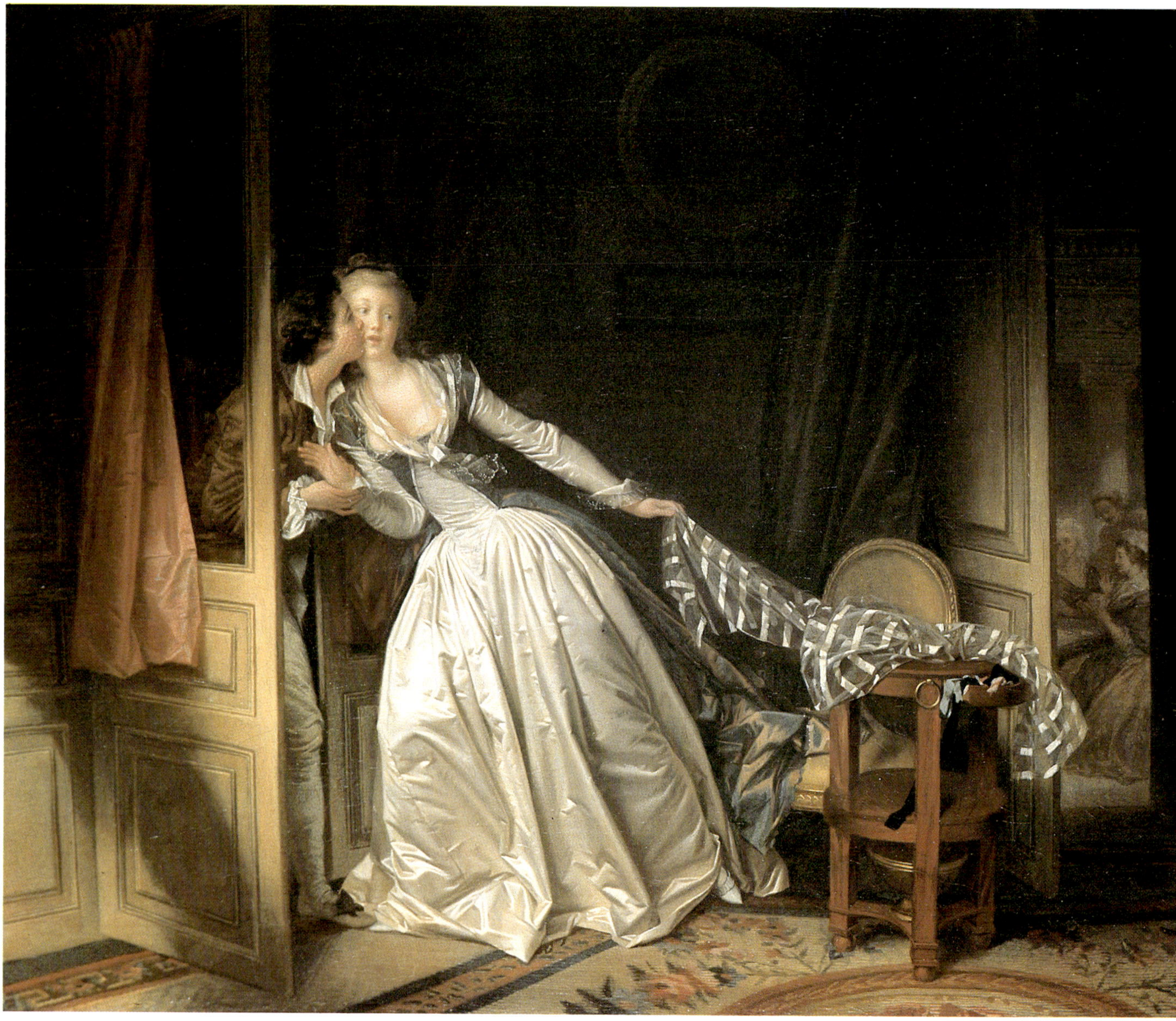

Sterling, 1957, p. 52, pl. en couleurs ;
W. 523 pl. 124 et p. 30 éd. française (date le tableau entre 1789 et 1806) ;
Carpenter, 1962, p. 361 ;
Thuillier, 1967, p. 12, 54, 72 et 73, ill. couleurs ;
Watson, 1971, p. 88 et 87 ill.
W. et M. 546, ill.
Rosenberg et Compin, 1974, p. 274 et fig. 21 ;
Gaehtgens, 1975, p. 46 ;
Ryszkiewicz, 1975, p. 18 ;
Wells-Robertson, dans cat. exp. Los Angeles, 1976, p. 198 ;
Ananoff, 1979, pp. 215-216 et 218 note 23 ;
Wells-Robertson, 1979, p. 187 note 33 ;
Cat. Ermitage, 1985, pp. 92-93, n° 48, ill. (avec bibl. détaillée).

**Œuvres en rapport**

*Tableaux*
Une copie d'après la gravure passe en vente à la galerie Charpentier à Paris sous le nom de Marguerite Gérard, le 24 juin 1937, n° 25, pl. V, une copie, sur bois, « signé », au Palais Galliéra le 29 novembre-3 décembre 1965, n° 105 *(fig. 1)*. Ananoff (1979, p. 218 note 23) signale « trois ventes (1837, 1863, 1867, à la vente Boitelle du 10-11 janvier, n° 89) où passe un *Baiser à la dérobée* de Marguerite Gérard d'après Fragonard ».

*Gravures*
Gravé en pointillé par Nicolas-François Regnault (1746-1810) en 1788 (P. p. 322 n° 25, ill. entre p. 128 et 129 ; nous en connaissons deux états, nous reproduisons le premier, *fig. 2)* et, dans un médaillon, reprenant le seul groupe central, par J. Ch. Charpentier en 1790. La gravure de Regnault est annoncée dans le *Mercure de France*, 14 juin 1788, p. 95, dans le *Journal de Paris* de juin 1788, p. 666 et dans le *Journal général de France*, 1788, p. 274.

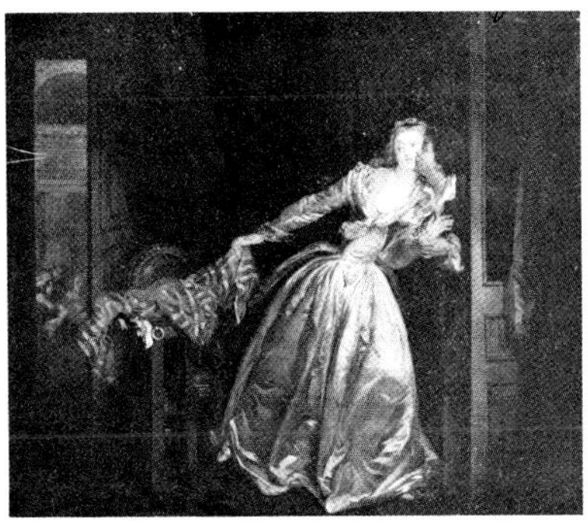

fig. 1. D'après Fragonard et M. Gérard (?), *Le baiser à la dérobée*, localisation actuelle inconnue

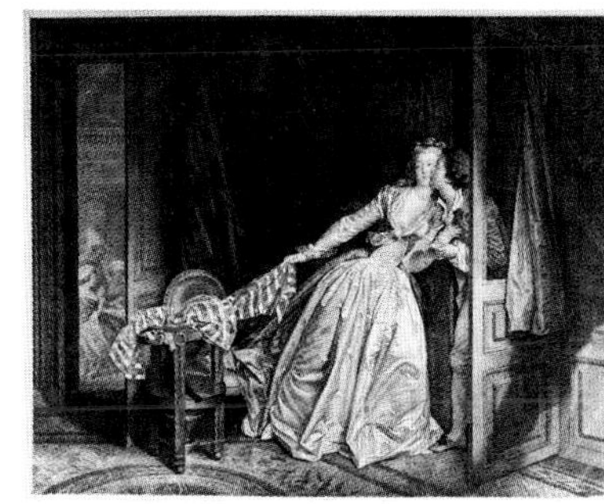

fig. 2. Regnault d'après Fragonard et M. Gérard ( ?), *Le baiser à la dérobée*, Paris, Bibliothèque Nationale, Cabinet des estampes

Le succès remporté par la gravure du *Verrou* (n° 236) incita Nicolas-François Regnault à lui donner un pendant : il choisit de graver une composition de ( ?) Fragonard d'une inspiration toute différente, *Le baiser à la dérobée* : un jeune homme embrasse chastement une jeune fille venue prendre un châle et lui tient délicatement la main. L'héroïne paraît consentante, inquiète d'être surprise. Au fond, à droite, dans une autre pièce, on distingue deux femmes et un homme penchés autour d'une table et jouant aux cartes.

La gravure de Regnault date de 1788 : comment expliquer l'immense différence de style, de technique et d'esprit entre ce tableau et le *Verrou*, qui ne peut pourtant avoir été peint plus de dix ans avant celui-ci ? Autant le *Verrou* est une œuvre emportée et lyrique, autant le *Baiser à la dérobée*, « espèce de Boilly de génie » (Sterling, 1957), est assagi et bourgeois. L'évolution de Fragonard le conduit-elle vraiment à cette imitation des petits maîtres hollandais du XVII^e^ siècle, Metsu ou Terborch, si prisés à la fin du XVIII^e^ siècle, « cette mauvaise et froide mode de son temps ? Voici... la robe de satin blanc de Terburg, l'éternelle robe que tous vont bientôt se disputer et sur laquelle on ne saura plus quelle signature lire : Fragonard ou Boilly. Là aussi commence... la manière froide, léchée, miniaturée, de Fragonard, si contraire à la vivacité de touche de ses tableaux-esquisses qu'on a peine à y reconnaître son faire original, et qu'elle nous fait venir l'idée d'une copie » (Goncourt, p. 272).

En 1974 déjà (cat. exp. *De David à Delacroix*, mais rappelons que dès 1942 Gerson parlait de collaboration !), nous posions la question : ces tableaux tardifs ne sont-ils pas dus au pinceau de Marguerite Gérard (la conception de la composition pouvant revenir à Fragonard) ? L'hypothèse, depuis cette date, a fait son chemin et a retenu l'attention de Sally Wells-Robertson comme d'Alexandre Ananoff. A la première (1976 et 1979), le *Baiser à la dérobée* comme le *Contrat* (W. 522, voir notice n° 303) paraissent peints par Fragonard « dans le style de Marguerite Gérard », alors que le second n'hésite pas à reconnaître, dans le *Contrat* en tout cas et « sans doute » dans le *Baiser à la dérobée*, la main de l'habile belle-sœur de Fragonard. Mais c'est Thomas Gaehtgens (1975) qui a le mieux posé le problème. Il rappelle qu'à l'exposition *David à Delacroix* à Paris, le *Verrou* (n° 236) était accroché entre le *Premier pas de l'enfance* (n° 303) et le *Baiser à la dérobée* de l'Ermitage : « la comparaison des trois tableaux prouve clairement que la toile de Leningrad ne peut que difficilement s'intégrer à l'œuvre de Fragonard. Bien plus, le rendu fin mais minutieux des robes de soie et la construction si peu dramatique (« undramatisch ») du tableau, dans le genre hollandais, fait plutôt penser à Marguerite Gérard ».

Orientation toute nouvelle d'un artiste bien moins enfermé dans une seule manière et qui sait s'adapter sous la pression de l'expert Le Brun, grand défenseur des maîtres hollandais du XVII^e^ siècle, aux exigences d'une nouvelle clientèle pour les scènes bourgeoises, traitées finement, d'une exécution minutieuse et porcelainée, ou abdication d'un artiste vieilli prématurément qui accepte de voir son nom figurer au bas d'une gravure d'un tableau qu'il n'a qu'inventé ? Comme en 1974, nous hésitons à trancher. Mais en dépit du raffinement du coloris, de la simple intelligence de la composition, nous optons aujourd'hui — est-il besoin de le préciser, avec prudence — pour la seconde de ces hypothèses (à quand l'exposition Marguerite Gérard ?).

Un dernier point : Fragonard nous a habitués à s'inspirer des maîtres anciens, à les copier ou à les pasticher. Mais il ne s'efface jamais devant ses modèles, apposant sa marque, sa touche si personnelle, si aisément reconnaissable sur les œuvres de ce type. Aurait-il, sur le tard de sa carrière, renoncé à cette pratique ?

# 305 Portrait d'homme

Paris — T. H. 64,5 ; L. 52,5

Paris, collection privée

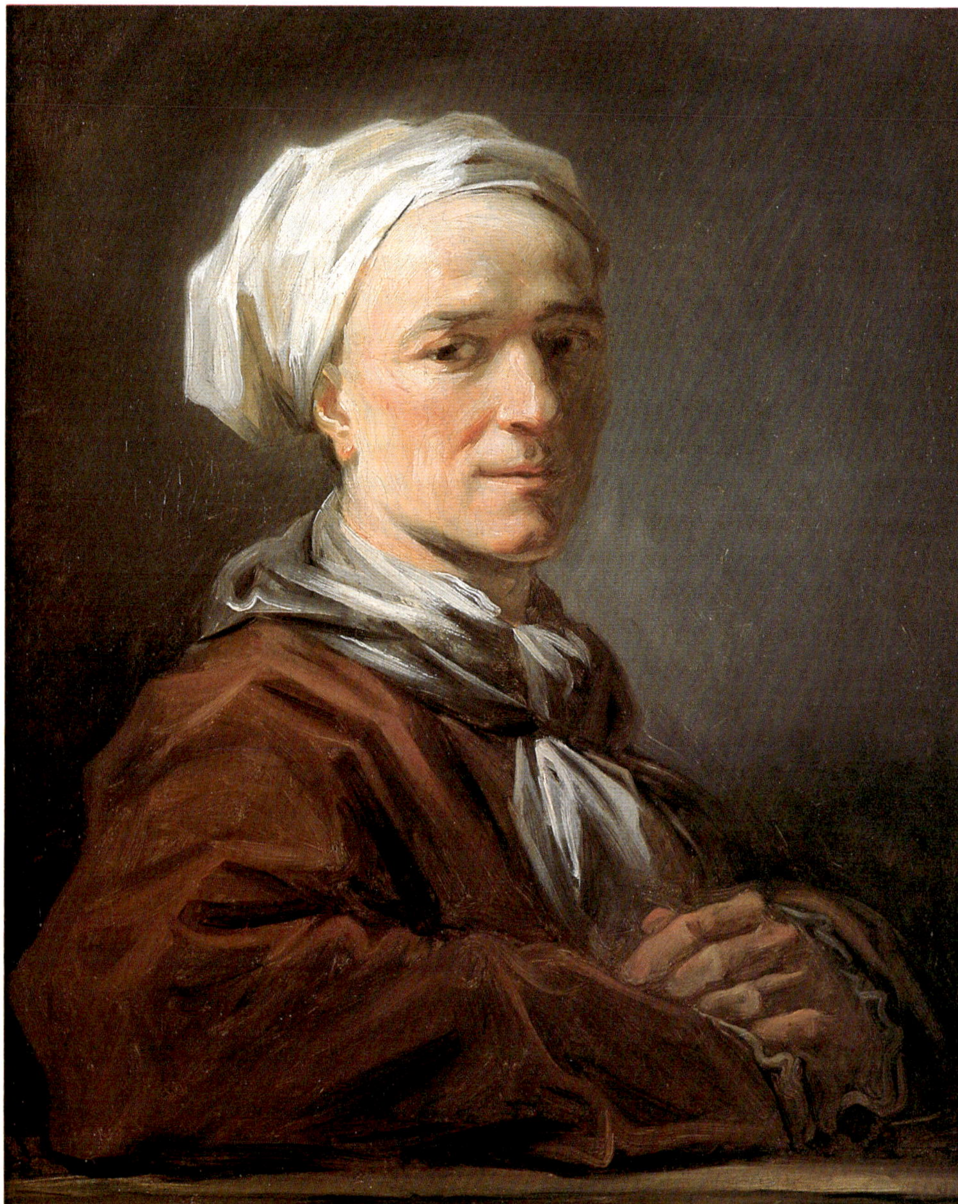

**Provenance**
Dans la « chambre à coucher de M. Malvilan », grand-père maternel d'Alexandre Maubert, cousin de Fragonard, à Grasse en 1889 (P.). Coll. Rodolphe Kann à Paris en 1907 ; [Duveen] puis [Wildenstein] ; coll. David David-Weill ; coll. privée.

**Expositions**
Londres, 1908, nº 136 ;
Paris, 1921, nº 74, ill.

**Bibliographie**
P. pp. 135-136, 273 ;
Nevill, 1903, p. 293 ;
Cat. coll. Kann, I, 1907, pp. XXV-XXVI (par W. Bode) ; II, nº 147, ill. ;
Henriot, I, 1926, pp. 133-134, ill. p. 135 ;
R. p. 173 ;
W. 525, pl. 122 ;
W. et M. 548 ill.

Le tableau fut admiré par Roger Portalis lors d'une de ses visites à Grasse où il se rendit à plusieurs reprises pour admirer les panneaux de Louveciennes alors conservés dans la maison de M. Malvilan (voir sa lettre à Edmond de Goncourt du 8 janvier 1888, B. N., ms. fr. 22.473). C'est dans la chambre à coucher de celui-ci, un petit-fils maternel d'Alexandre Maubert, qu'il découvrit le tableau. On se souvient qu'Alexandre Maubert était cousin des Fragonard et leur hôte en 1790-1791. « Dans la maison, la tradition constante veut qu'il représente Chardin... mais alors un Chardin jeune coiffé d'un bonnet posé en arrière, sans perruque et cheveux ras, aux traits énergiques et osseux, au nez proéminent, à la physionomie sympathique ». La « tradition » qui ne semble pas avoir convaincu Portalis — il écrit plus loin « quel que soit le modèle... » — est aujourd'hui unanimement abandonnée.

Dans la même maison se voyait un second portrait de même format, lui aussi catalogué par Portalis (p. 283). « M. Maubert... Frère de l'hôte de Fragonard à Grasse ». Ce tableau, conservé dans une collection privée *(fig. 1* ; cat.

exp. Tokyo, 1980, n° 90, ill. en couleurs), passe aujourd'hui pour représenter Honoré Léopold Germain Maubert, fils d'Alexandre, à l'âge de quinze ans. Et en ce cas, on peut se demander si le tableau que nous exposons n'est pas le portrait d'Alexandre Maubert, le cousin de Fragonard.

Pour accepter cette hypothèse, il faudrait admettre que les deux tableaux ont été peints à Grasse durant le séjour de 1790-91 (car Fragonard — il le fit pour les panneaux de Louveciennes — aurait pu tout aussi bien amener avec lui, de Paris, les deux portraits).

L'exécution de ces deux œuvres, de celle que nous présentons tout spécialement, est particulière. Le coup de pinceau, vigoureux, carré, résume les mains, le costume avec une franchise voisine de la brutalité. Les couleurs sont réduites à l'essentiel, les traits analysés avec rudesse et un souci psychologique inhabituel. Au delà de la ressemblance, c'est la personnalité du modèle que l'artiste tente de décrire. Est-ce là le dernier Fragonard ?

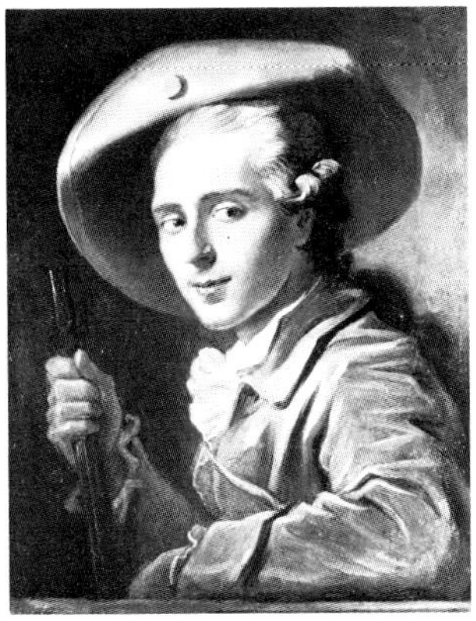

fig. 1. *Portrait présumé d'Honoré Léopold Germain Maubert*, localisation actuelle inconnue

# VIII Fragonard fonctionnaire au Louvre

Qui ne se souvient des *Dieux ont soif* et de l'atroce portrait de Fragonard que dresse le héros de l'ouvrage, Évariste Gamelin ? « Je l'ai rencontré, il y a quelque temps, ce misérable vieillard, trottinant sous les arcades du Palais-Égalité, poudré, galant, frétillant, égrillard, hideux. A cette vue, je souhaitai qu'à défaut d'Apollon quelque vigoureux ami des arts le pendit à un arbre et l'écorchât comme Marsyas en exemple éternel aux mauvais peintres. »

Sous la plume d'Anatole France, La condamnation de Fragonard par Évariste Gamelin — un Évariste qui tient d'Alexandre-Évariste, de Hennequin et de Châtelet surtout, qui participa à l'illustration du *Voyage Pittoresque* et laissa sa tête sur l'échafaud — paraît sans appel.

La réalité, une nouvelle fois, est bien plus nuancée. Paradoxale même, quand on songe que le principal défenseur de Fragonard est le principal représentant de la nouvelle esthétique. A trois reprises, en 1792, en 1793 et en 1805, David eut à se prononcer.

Une première fois, David recommande Fragonard auprès de Roland, alors ministre de l'Intérieur. Il s'agissait d'assurer à l'artiste un logement au Louvre ou, du moins, après son escapade à Grasse où il semble avoir retrouvé la santé, non pas de réoccuper le sien, mais d'emménager dans un nouveau logement plus spacieux aux « galeries » du Louvre, sous la grande galerie : « ce que l'on ne connaît pas ce sont ses mœurs et celles de sa respectable famille. Je vous en fis dernièrement la peinture, en les comparant aux mœurs simples et patriarcales de nos premiers pères. »

Un an plus tard — Roland s'est suicidé ! — nouvel éloge de Fragonard paru dans le très officiel « rapport sur la supression de la commission du Muséum par le citoyen David imprimé par ordre de la Convention Nationale » (p. 5) : « chaleur et originalité c'est ce qui le caractérise ; à la fois connoisseur et grand artiste, il consacrera ses vieux ans à la garde des chefs d'œuvre dont il a concouru dans sa jeunesse à augmenter le nombre. » Il s'agissait cette fois d'accorder à Fragonard une place de conservateur du futur musée du Louvre.

Les derniers clients de Fragonard avaient été dispersés par la Révolution. Un nouveau mode de peindre triomphait. Fragonard s'inclina. Il fit appel à David, le maître de son fils Alexandre-Évariste, pour obtenir une de ces places de conservateur qui assuraient le nécessaire. David — se souvenait-il du temps où Fragonard lui avait abandonné la décoration de l'Hôtel de la Guimard à la Chaussée d'Antin, laissée inachevée ? — accéda à sa requête.

Pour plusieurs années, Fragonard devint fonctionnaire. Et joua, dans la fondation de ce qui est aujourd'hui le Louvre, un rôle essentiel. Lequel ? La réponse n'est pas simple. Et cette fois-ci par excès de documents. Il n'est pas de semaine où Fragonard ne signe un document. Il est un des six membres de la commission du Muséum Central créée en 1792 et restera en poste, à travers vents et bourrasques — certaines, est-il besoin de le rappeler, furent violentes — jusqu'en 1797. Il s'occupera de tout — du salaire des gardiens et des œuvres d'art saisies, des transports entre les différents dépôts et le Louvre, de clefs et d'armoires, d'heures d'ouverture et d'accrochage de tableaux, de petits privilèges et de l'inventaire des dessins du futur Cabinet, des solliciteurs et des premiers catalogues, de la création du musée spécial de l'École française à Versailles.

Parmi les commissaires, quelle fut la place de Fragonard ? Peut-on définir avec précision son rôle ? Plus, eut-il son champ d'action, son domaine réservé ? Quelle est la part qui lui revient, « son accent personnel », dans cette politique des musées qui, alors, se mettait en place ? Quelles étaient ses idées, sa conception du rôle du musée dans la nouvelle société révolutionnaire ? Avouons qu'en dépit des travaux de Guillaume et de Tuetey, de Christiane Aulanier et d'Yveline Cantarel-Besson, de Georges Wildenstein surtout (1959), il est trop tôt pour répondre précisément à cette question. L'histoire du Louvre sous la Révolution reste à écrire.

En 1797, Fragonard perd ses fonctions (pour des raisons de santé ou idéologiques ?). En 1805, avec les artistes et les savants qui sont logés au Louvre, il perd son logement (mais recevra en dédommagement une pension viagère). Il reçoit de Marguerite Gérard de doux billets qui durent le consoler de la vieillesse. Peint-il encore ? C'est peu probable. Il meurt brusquement en 1806, un an après son ami Greuze, deux ans après Gian Domenico Tiepolo, deux ans avant Hubert Robert. Il meurt le 22 août. Une semaine auparavant, Napoléon avait célébré son 36e anniversaire.

La mort de l'artiste passa inaperçue : le 31 décembre 1806, le *Journal de Paris* publiait le nécrologe de l'année. Arrivé aux artistes, le rédacteur, un certain « De L. Lande » (il s'agit du La Lande qui avait annoncé la mort de Fragonard dans *Le Publiciste* du 25 août et dans *Le Moniteur Universel* du 26), mentionnait « dans l'ordre que je crois celui de l'importance et du mérite » les artistes disparus dans l'année : « Bachelier, Fragonard, Dumarest graveur, Ledoux, Renou, Mme Vien ». Entre Bachelier, le fondateur de l'école gratuite de dessin qui se consacra aux fleurs, aux animaux et à la peinture à l'encaustique, et Rambert Dumarest, graveur des grands hommes de la France, Fragonard occupait une honorable seconde place.

David, en grand artiste, jugeait autrement. Un an auparavant, il remerciait Évariste d'un ouvrage (il s'agit vraisemblablement des *Tableaux historiques de la Révolution française* dont le dernier volume venait de paraître) que celui-ci lui avait envoyé, qu'il avait pris « un incroyable plaisir à parcourir ». David priait Évariste d'embrasser « sa tendre mère » et Marguerite Gérard et de « féliciter » son « brave père » : « il a senti en habile homme qu'il n'y avait point qu'une seule route pour arriver au but et le nom de Fragonard sera distingué dans tous les genres. »

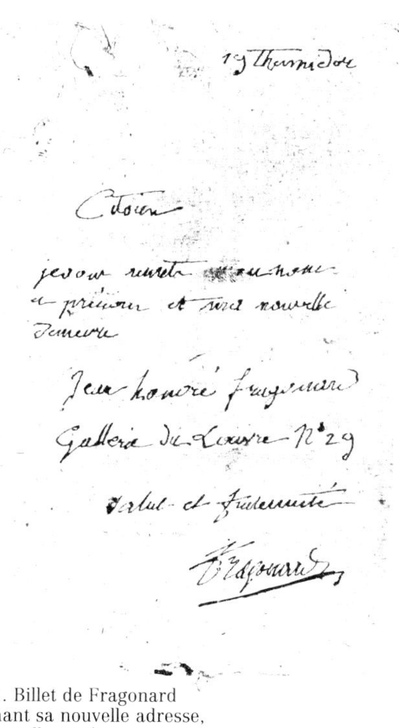


fig. 1. Billet de Fragonard donnant sa nouvelle adresse, Paris, coll. privée

## 1792

*Assemblée Législative (1er octobre 1791-20 septembre 1792)*

21 janvier
Dans l'inventaire après décès de l'abbé de Saint-Non, mort le 25 novembre 1791, figurent de nombreuses œuvres de Fragonard, ainsi que des copies de l'abbé d'après des tableaux de l'artiste (voir Wildenstein, 1959).

4 février
Annonce par le *Mercure de France* (p. 60) de la gravure de Blot, *Le contrat*, d'après Fragonard, en pendant au *Verrou* (nº 236).

19 mai
Annonce par le *Mercure de France* (p. 108) de la gravure de Vidal, *L'enfant chéri* « d'après le Tableau peint par M.Fragonard et Mlle. Gérard (...) faisant suite au *Présent* et celle dite *Je m'occupois de vous* (...). Cette estampe, gravée avec beaucoup de soin, est faite pour plaire à toutes les mères qui nourrissent et élèvent leurs enfans » (nº 303).

15 août
Fragonard et sa femme, qui sont donc de retour à Paris à cette date, versent à la « Caisse d'épargnes et de bienfaisance du sieur Lafarge » une action de 90 livres sur la tête de leur fils Alexandre-Évariste. Le document est visé en 1793 et jusqu'en 1814 (photocopie du document à la Bibliothèque du musée de Grasse).

19 septembre
Alexandre-Évariste, âgé de 12 ans, entre à l'École des élèves protégés comme élève de David (*Liste des élèves*, Bibliothèque de l'École des Beaux-Arts, ms. 95, fol. 171).

*Convention nationale (septembre 1792-octobre 1795)*

24 octobre
David intervient auprès de Roland, ministre de l'Intérieur, afin d'obtenir des logements au Louvre pour différents artistes : « tout récemment encore, vous avez à ma sollicitation, donné à M. Moreau, graveur, dessinateur, un logement aux Galeries du Louvre. Ce qu'il vous reste à faire, ce que votre cœur s'empressera de saisir, c'est d'aller chercher le mérite qui se cache, de l'exposer au grand jour, de le récompenser ; mon devoir, à moi, comme artiste, c'est de vous le faire connaître.
Les vertueux artistes dont je veux parler sont Fragonard et Taillasson, l'un de Marseille *(sic)*, l'autre de Bordeaux. Le premier est bien connu par ses talents, mais ce que l'on ne connaît pas, ce sont ses mœurs, celles de sa respectable famille ; je vous en fis dernièrement la peinture, en les comparant aux mœurs simples et patriarcales de nos premiers pères (...)
Eh bien, ces artistes estimables, on les a laissés dans l'oubli comme à dessein. Mais ils ont un ami, mais cet ami connaît enfin un ministre vertueux (un ministre vertueux !). Liberté, voilà de tes fruits ! peintres, sculpteurs, artistes, tous tant que vous êtes, séchez vos larmes : vous allez occuper le palais des rois ; mais ne dédaignez jamais ces greniers ; ils vous ont donné les premiers l'hospitalité » et en post-scriptum, il précise : « Fragonard ayant un logement au Louvre, il l'échangerait pour un aux galeries du Louvre. Ainsi, vous voyez par ce changement un logement de plus au Louvre, et Taillasson, qui est peintre, pourrait l'occuper » (lettre publiée par Perroud, 1900, pp. 364-366 et D. Wildenstein, 1973, p. 44).

Un billet du 19 thermidor (6 août, l'année n'est pas précisée ; *fig. 1* ; les Goncourt, 1865, p. 314 en publiaient un autre exemplaire) confirme le changement de logement : « citoien, je vous remets mon nom et prénom et ma nouvelle demeure. Jean honoré fragonard-Gallerie du Louvre nº 29
Salut et fraternité. Fragonard »

Le « Tableau général de la distribution des logements du bâtiment National et de la galerie du muséum, avec des observations particulières » du 24 pluviose an III (12 février 1795), publié par d'Argé en 1858, décrit les logements (p. 250 et 300) : « porte du côté de la colonnade... le peintre David, trois pièces au premier étage et un atelier (un citoyen employé aux postes et une femme de confiance) ; -le peintre Fragonard atelier commun avec le citoyen David » et « galerie du muséum : le peintre Fragonard, huit pièces, cuisine, cabinets et cave » (pour un plan du logement de Fragonard, voir A. N. O[1] 1675-72 ; *fig. 2)*.

En 1792 toujours, paraît *Ann'quin Bredouille ou le petit cousin de Tristram Shandy*, ouvrage de Jean-Claude Gorjy, qui constate l'évolution du goût : « les charmants sujets de Boucher, les jolies gaietés de Fragonard, les petites libertés de Lawrence [Lavreince], les compositions érotiques de Lagrenée ont fait place à des caricatures aussi plates que révoltantes sur les événements du jour, caricatures dont l'esprit de parti a charbonné les traits. Une représentation de citadelle détruite a remplacé le groupe de Léda. Un autel sermentaire a succédé à la gentille chiffonnière sur laquelle on signait des billets à la Châtre » (cité par Goncourt, *Histoire de la société*..., 1854, p. 93).

Parution cette même année de l'ouvrage de Brizard sur Saint-Non, donnant quelques précisions sur les relations entre l'abbé et Fragonard (voir p. 95).

## 1793

10 mars
L'expert Le Brun propose au ministre Garat que soit constituée une commission chargée de « constater l'état actuel des dépôts des arts », de « faire un choix des objets dignes d'attention » et de « mettre à part les tableaux médiocres à l'effet d'en débarrasser les dépôts, et enfin pour que l'on ne s'occupe de restaurer que les tableaux qui en vaudront la peine, et qu'il soit dressé un catalogue des tableaux qui doivent orner le Musée ». Pour cela, il mentionne quelques noms, en tête desquels Fragonard (Tuetey et Guiffrey, 1909, III, pp. 102-103).

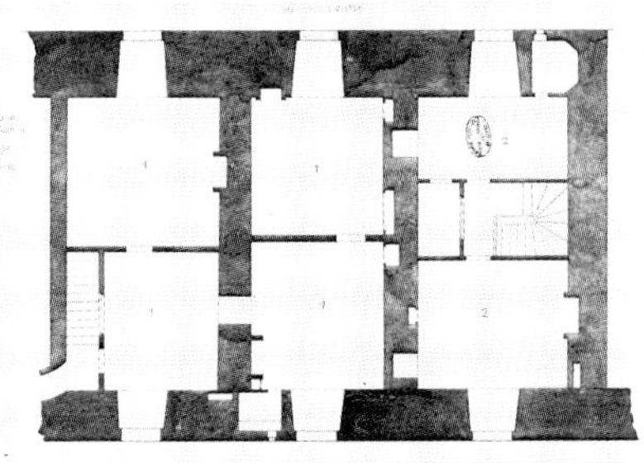

Étage

fig. 2. Plans du logement de Fragonard, Archives Nationales

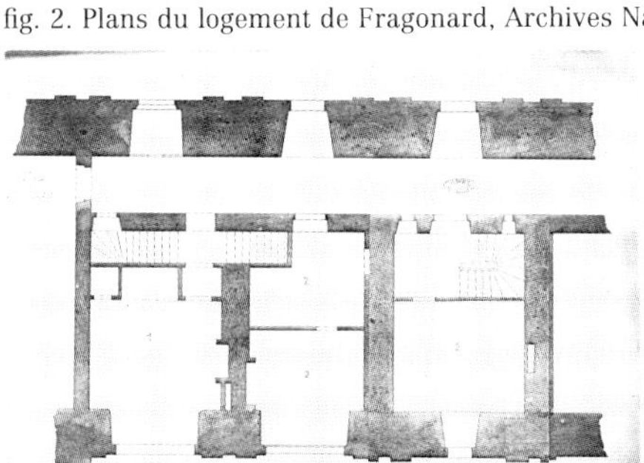

Entresol

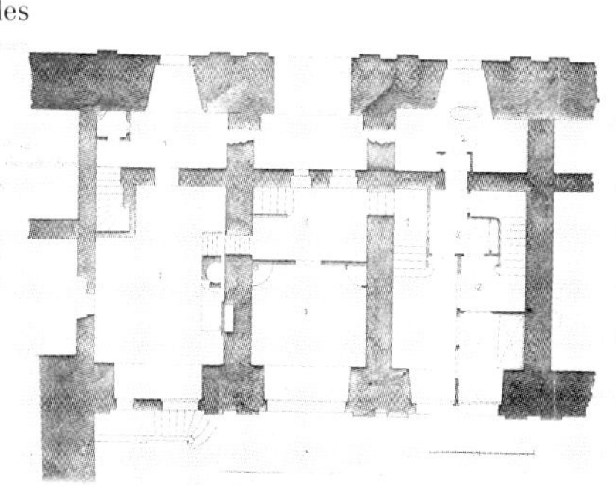

Rez-de-chaussée

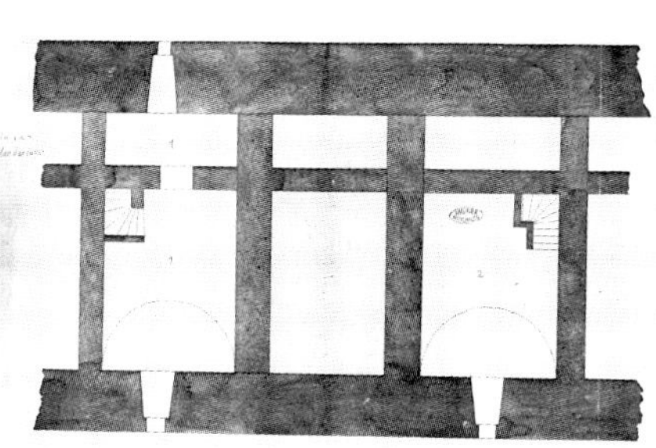

Cave

1er avril
A son tour, le restaurateur Picault propose à Garat la création de cette commission ; il cite également le nom de Fragonard (Tuetey et Guiffrey, 1909, III, pp. 116-117).

24 juillet
Le *Journal de Paris* (nº 42, supplément du nº 205, p. 1) annonce la mise en vente de la gravure d'Henri Gérard, *Le sacrifice de la Rose*, d'après le tableau de Fragonard, faisant pendant à *L'art d'aimer* d'après le tableau de Marguerite Gérard, également gravé par son frère (nº 284).

10 août
La décision est prise d'ouvrir le Muséum.

4 novembre
Fragonard et Henri Gérard sont admis à la Commune des Arts (liste des artistes adressée par la Société Républicaine des Arts au Comité d'instruction publique, citée par Wildenstein, 1960, p. 52 éd. française).

10 novembre
Fragonard et sa femme vendent, pour 9.000 livres, à leur cousin, Honoré Fragonard, Directeur de l'École vétérinaire d'Alfort, leur maison de Charenton (Minutier central, LXIV, 441 cité par Wildenstein, 1960, p. 52 éd. française).

15 novembre
La Convention institue un concours pour le prix de sculpture et de peinture. Fragonard est appelé à faire partie des cinquante membres du jury avec son cousin, l'anatomiste Honoré Fragonard. Pour la peinture, le sujet était : « Brutus, mort dans un combat et ramené à Rome par les chevaliers ». On connaît l'opinion de Fragonard sur le tableau de Fulchran-Jean Harriet (1778 ?-1805) qui remporta le second prix (le tableau est perdu) : « motivé sur des expressions liées à la scène et heureusement senties, des formes qui tiennent à la bonne école, un principe de couleur qui dérive d'un ton vrai. Quelque manque de goût arrête avec justice ce que les autres parties prononcent à une plus haute faveur » (Renouvier, 1863, p. 17).

18 novembre
Ouverture au public du Muséum des Arts.

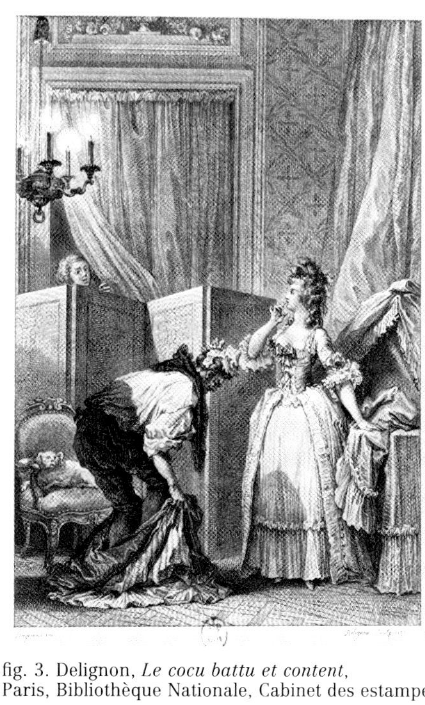

fig. 3. Delignon, *Le cocu battu et content*,
Paris, Bibliothèque Nationale, Cabinet des estampes

18 décembre
David, dans son « rapport sur la suppression de la commission du Muséum », propose à la Convention la création d'un nouveau conservatoire et nomme Fragonard en premier : il « a pour lui de nombreux ouvrages ; chaleur et originalité, c'est ce qui le caractérise ; à la fois connaisseur et grand artiste, il consacrera ses vieux ans à la garde des chefs-d'œuvre dont il a concouru dans sa jeunesse à augmenter le nombre » (Tuetey et Guiffrey, 1909, III, p. 358 et D. Wildenstein, 1973, p. 78).

Au Salon, sont exposées sous le nº 403, « deux (...) gravures, d'après Fragonard (peut-être notre nº 143 ?) et la Citoyenne Gérard » par Ponce, ainsi que sous le nº 429 « une femme tenant une lettre à la main », d'après Fragonard, par Ruotte *(fig. 2 p. 416)*.

Delignon grave, sur des préparations à l'eau-forte de Duclos, d'après les dessins de Fragonard, *Le cocu battu et content (fig. 3)* et *La matrone d'Éphèse* pour l'édition Didot des *Contes* de La Fontaine.

Parmi les biens saisis chez les émigrés, figurent de nombreuses œuvres de Fragonard. Certains des documents de saisies ont été publiés par Tuetey (1901-1902) et par Furcy-Raynaud (1912), mais d'une manière très partielle. Wildenstein (1960, p. 37) cite de nombreuses pièces d'archives, mais un dépouillement systématique reste à faire tant aux Archives Nationales qu'à celles du musée du Louvre.

**1794**

16 janvier (27 nivôse)
Un décret supprime la Commission du Muséum. Un Conservatoire, dont Fragonard fait partie, la remplace. A ce titre, l'artiste reçoit une indemnité annuelle de 2.400 livres (Arch. Nat. AD XVIII^A22, publié par Tuetey et Guiffrey, 1909, III, pp. 372-373).

31 janvier (12 pluviôse)
La première séance du Conservatoire a lieu. Le procès-verbal n'étant pas signé, nous ne pouvons que supposer que Fragonard y assistait. Les procès-verbaux des séances du Conservatoire, conservés aux Archives du musée du Louvre (I BB1, I BB2), ont été publiés par Yveline Cantarel-Besson en 1981 (désormais citée comme Cantarel-Besson).

7 février (9 pluviôse)
Fragonard préside par intérim la séance du matin du Conservatoire. Les problèmes de sécurité du Muséum y sont étudiés, des tours de garde sont institués pour l'inspecter, « Fragonard premier inscrit sur la liste dud. rapport, serait de garde aujourd'hui ». A la séance du soir, Fragonard est élu président par cinq voix contre trois à Varon, nommé vice-président (Cantarel-Besson, I, pp. 6-8).

8-12 février (20-24 pluviôse)
Fragonard préside les séances quotidiennes du Conservatoire (Cantarel-Besson, I, pp. 8-12).

13 février (25 pluviôse)
Fragonard signe un rapport du Conservatoire au Comité d'instruction publique qui annonce la rédaction d'un « catalogue raisonné de tous les objets appartenant au Muséum » (Tuetey et Guiffrey, 1909, III, pp. 375-379).

A la demande de Naigeon, la Commission temporaire des Arts charge Fragonard, Wicar et Lelièvre d'examiner le dépôt national de la rue de Beaune, dont Naigeon a la charge (Tuetey, 1912, I, p. 71).

14-21 février (26 pluviôse-3 ventôse)
Fragonard préside les séances quotidiennes du Conservatoire (Cantarel-Besson, I, pp. 13-17).

24 février (6 ventôse)
Dardel est nommé président du Conservatoire à la place de Fragonard (Cantarel-Besson, I, pp. 17-18).

27 février (9 ventôse)
Fragonard, Wicar et Lelièvre sont chargés du recollement des objets scientifiques et artistiques au dépôt de Nesle (Wildenstein, 1960, p. 52 éd. française).

1er mars (11 ventôse)
« Un état d'inventaire des trente-deux tableaux remis par l'ancienne commission du Muséum provenant de Notre-Dame et

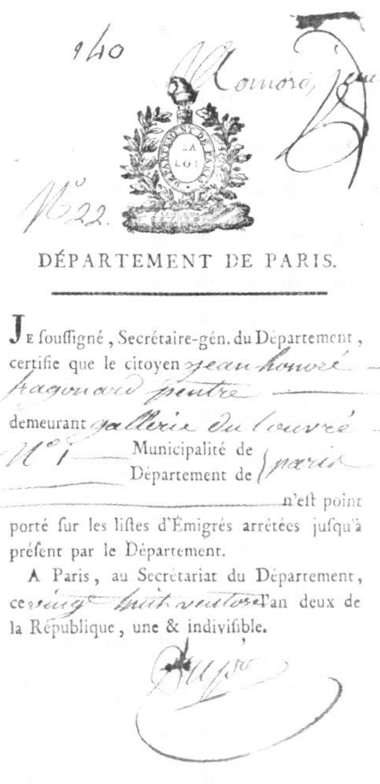

940 N° 22.

DÉPARTEMENT DE PARIS.

Je soussigné, Secrétaire-gén. du Département, certifie que le citoyen jean honoré fragonard peintre demeurant gallerie du louvre N° 1 Municipalité de Département de paris n'est point porté sur les listes d'Émigrés arrêtées jusqu'à présent par le Département.

A Paris, au Secrétariat du Département, ce vingt huit ventose l'an deux de la République, une & indivisible.

fig. 4. Certificat de non-émigration,
Paris, Bibliothèque d'Art et d'Archéologie

Saint-Gervais, dont lui (Le Sueur), Wicard *(sic)* et Fragonard, ses collègues ont donné décharge » est remis à la séance du Conservatoire (Cantarel-Besson, I, p. 20).

5 mars (15 ventôse)
Naigeon et Fragonard sont chargés par la Commission temporaire des Arts d'examiner, chez le citoyen Gané rue de Cléry, des tableaux appartenant au citoyen Forestier (Tuetey, 1912, p. 91).

Le Comité d'instruction publique arrête la liste définitive des membres de la Commission temporaire des Arts : Bonvoisin, Fragonard, Le Sueur, Naigeon, Picault (Guillaume, 1897, III, p. 503).

8 mars (18 ventôse)
Le Conservatoire charge Picault, Fragonard et Bonvoisin d'aider Vincent à la réception des dessins saisis chez les émigrés (Cantarel-Besson, I, p. 24).

9 mars (19 ventôse)
« Les cit. Fragonard, Dupasquier, Wicar et Bonvoisin sont nommés commissaires pour faire le triage des plus beaux desseins qui, avant leur exposition, seront soumis à l'examen du Conservatoire » (Cantarel-Besson, I, p. 24).

10 mars (20 ventôse)
Fragonard signe pour la première fois le registre de présence de la Commission temporaire des Arts (Wildenstein, 1960, p. 52 éd. française). Lenoir s'oppose à Fragonard qui souhaitait retirer des tableaux du dépôt des Petits-Augustins (Guillaume, IV, p. 693).

14 mars (24 ventôse)
Fragonard et Le Sueur sont désignés pour la préparation d'une fête à l'occasion de la plantation d'un arbre de la Liberté (Cantarel-Besson, I, p. 26).

Le ministre de l'Intérieur, Paré, donne pouvoir à Fragonard, en tant que membre du Conservatoire et de la Commission temporaire des Arts, d'inventorier les tableaux, objets d'art et de science provenant de maisons religieuses, civiles ou de chez les émigrés (photocopie du document à la Bibliothèque du musée de Grasse).

18 mars (28 ventôse)
Un certificat de non-émigration est délivré à Fragonard « demeurant gallerie du Louvre n° 1 » *(fig. 4*, Bibliothèque d'Art et d'Archéologie, carton 14, publié par Portalis, 1889, pp. 236-237).

Fragonard, Le Sueur et Picault sont chargés par le Conservatoire pour examiner les objets d'art appartenant à l'expert Le Brun (Cantarel-Besson, I, pp. 27-28).

19 mars (29 ventôse)
Fragonard est désigné, avec d'autres conservateurs, pour transférer au Muséum les tableaux « provenant de la maison du duc de Wurtembourg *(sic)* à Montbéliard », actuellement sous la garde du Comité de Salut Public, puis de retirer du dépôt des Petits Augustins les paysages de Champaigne (il s'agit des grandes toiles aujourd'hui partagées entre le Louvre, Mayence et Tours, autrefois au Val-de-Grâce) pour les transporter au Muséum (Cantarel-Besson, I, p. 28).

21 mars (1er germinal)
Fragonard et sa femme donnent procuration à Henri Gérard pour prendre connaissance de la succession des époux Robin, dont ils sont héritiers, par représentation de Marie Gilette, mère de Marie-Anne Fragonard (Wildenstein, 1960, p. 53 éd. française).

24 mars (4 germinal)
Fragonard, Bonvoisin, Picault et Varon sont désignés par le Conservatoire « pour faire part au Comité d'instruction publique du refus qui a été fait aux commissaires de leur délivrer les objets qu'on les avait chargés de recueillir » (Cantarel-Besson, I, p. 31).

28 mars (8 germinal)
Fragonard et Bonvoisin se rendent chez le citoyen Amant pour y voir un tableau (Arch. Nat. $F^{17}1231$).

31 mars (11 germinal)
Le Conservatoire désapprouve Fragonard qui a déplacé un tableau « contre son arrêté portant qu'aucun changement ne serait fait dans le Muséum sans un arrêté du Conservatoire (...) lequel (tableau) sera remis à la place qu'il occupait » (Cantarel-Besson, I, p. 34).

6 avril (17 germinal)
Fragonard et quelques autres commissaires sont désignés par le Conservatoire pour examiner et rapporter au Muséum des tableaux entreposés au dépôt national des Petits-Augustins (Cantarel-Besson, I, p. 36).

8 avril (19 germinal)
Rapport de Fragonard, Bonvoisin et Picault sur les vitraux de l'abbaye d'Autrey (Arch. Nat. $F^{17}1231$).

10 avril (21 germinal)
Procuration d'Henri Gérard et de Fragonard à Antoine Dousons l'autorisant à prendre connaissance de la succession Robin (Wildenstein, 1960, p. 53 éd. française).

13 avril (24 germinal)
Un certificat de résidence *(fig. 5)* est remis à Fragonard « âgé de soixante-deux ans taille de quatre pieds onze pouces ; cheveux et sourcils gris front haut, nez ordinaire yeux gris bouche moyenne menton rond marqué de petite verole ; demeure actuellement à Paris, rue des orties gallerie du Louvre dans l'étendue de cette section, et qu'il y réside depuis dix-huit mois sans interruption ». Les témoins sont les peintres François Dumont et Horace Vernet (Bibliothèque d'Art et d'Archéologie, carton 14, publié par Portalis, 1889, pp. 237-238).

Le même jour, un certificat de résidence *(fig. 6)* est délivré à Marguerite Gérard « âgée de trente-deux ans taille de cinq pieds un pouce cheveux et sourcils bruns yeux bruns nez bien fait bouche petite menton pointu visage ovalle, teint vif animé, demeure actuellement à Paris, rue Gallerie du Louvre n° 1 dans l'étendue de cette section et qu'il *(sic)* y réside depuis dix-huit mois sans interruption ». Les témoins sont les mêmes que pour Fragonard (Bibliothèque d'Art et d'Archéologie, carton 14, publié par Portalis, 1889, p. 250 et Doin, 1912, p. 440).

15 avril (26 germinal)
Inventaire des tableaux de la famille de Noailles, en présence de Fragonard (Arch. Nat. $F^{17}$ 1190-1191).

23 avril (4 floréal)
« Le Conservatoire arrête que les Cns Fragonard, Wicart *(sic)*, Lannoy et Le Sueur se transporteront au dépôt de Nesle rue de Beaune, à l'effet d'extraire les tableaux qu'ils jugeront devoir être placés au Muséum des arts » (Cantarel-Besson, I, p. 40).

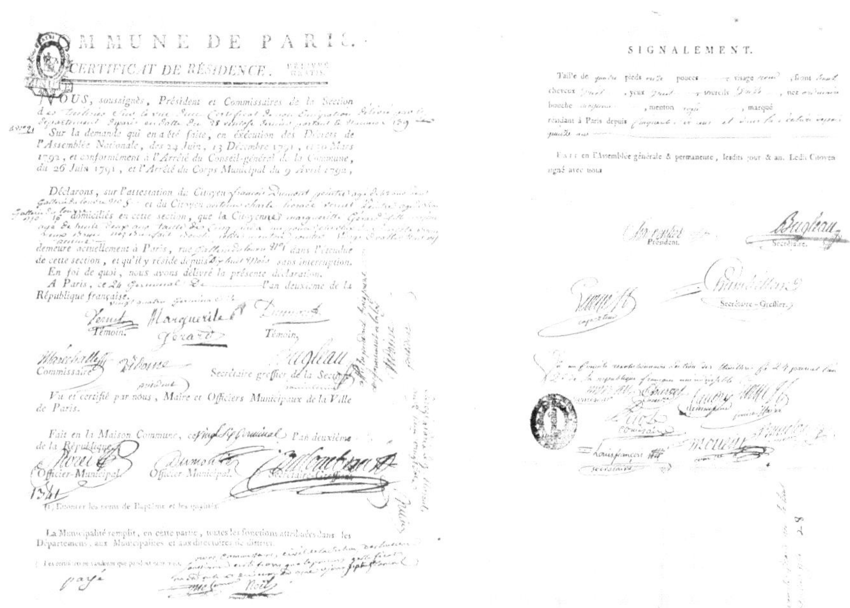
COMMUNE DE PARIS.

CERTIFICAT DE RÉSIDENCE.

SIGNALEMENT.

fig. 5. Certificat de résidence de Fragonard,
Paris, Bibliothèque d'Art et d'Archéologie

25 avril (6 floréal)
« Le Conservatoire arrête que Fragonard et Picault sont nommés commissaires pour faire transporter les tableaux et vases de porcelaine, demain matin, dans les dépôts fermant à clef » (Cantarel-Besson, I, p. 40).

28 avril (9 floréal)
Marguerite Gérard remet devant le notaire Doillot les copies des actes de baptême de Jean-Honoré, Marie-Anne et Évariste Fragonard ainsi que le sien « tirées des registres de Bapteme de la ville de Grasse » qui avaient été délivrées le 4 février 1793 (Minutier central, XCVI, 568).

5 mai (16 floréal)
Fragonard et Le Sueur rendent compte de la mission qui leur avait été confiée le 25 avril et signent le procès-verbal (Cantarel-Besson, I, pp. 44-45).

8 mai (19 floréal)
Fragonard et Bonvoisin sont chargés d'examiner un tableau de Teniers chez le peintre Petit-Coupray (Cantarel-Besson, I, p. 46).

14 mai (25 floréal)
Un certificat de civisme est délivré à Fragonard « peintre avant et depuis la Révolution actuellement conservateur du muséum (...). Taille de quatre pieds onze pouces visage rond, front haut cheveux gris, yeux gris, sourcils gris, nez ordinaire, bouche moyenne, menton rond, marqué, résidant à Paris depuis cinquante-six ans et dans la section depuis quinze ans *(fig. 7*, Bibliothèque d'Art et d'Archéologie, carton 14, publié par Portalis, 1889, pp. 261-262 et Nolhac, 1906, p. 180).

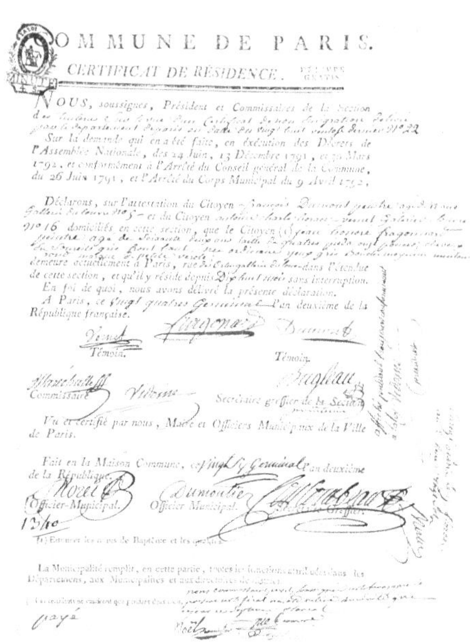
COMMUNE DE PARIS.

CERTIFICAT DE RÉSIDENCE.

fig. 6. Certificat de résidence de Marguerite Gérard,
Paris, Bibliothèque d'Art et d'Archéologie

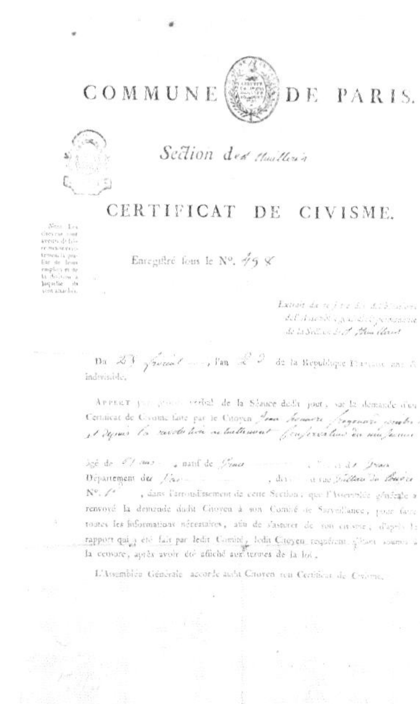
COMMUNE DE PARIS.

Section des Tuileries

CERTIFICAT DE CIVISME.

fig. 7. Certificat de civisme,
Paris, Bibliothèque d'Art et d'Archéologie

22 mai (3 prairial)
Bonvoisin et Fragonard sont chargés par le Conservatoire de lever les scellés du dépôt du Muséum pour en retirer un tableau de Rembrandt que le citoyen Dabos désire copier (Cantarel-Besson, I, p. 51).

24 mai (5 prairial)
Fragonard et Bonvoisin remettent au dépôt deux tableaux de Raphaël et un de Rembrandt (Cantarel-Besson, I, p. 52).

30 mai (11 prairial)
Rectification de l'acte de décès de la fille de Fragonard qui se prénomme bien Henriette-Rosalie et non simplement Rosalie. Les témoins sont le peintre Pierre-Antoine Demachy et André Dalbeau, (est-ce le même Dalbeau qui fut élève de Fragonard, voir mai 1768 ?), limonadier (Minutier central, XCVI, 568).

4-5 juin (16-17 prairial)
Fragonard surveille le déplacement des tableaux du Salon à la salle du conseil (Cantarel-Besson, I, p. 56).

15 juin (27 prairial)
A la séance du Conservatoire, Fragonard et Bonvoisin sont chargés d'aller examiner un tableau prétendu de Lebrun ; en outre, « le Conservatoire arrête que les trois clefs de la cloison de chêne au pied de l'escalier seront tirées au sort ; le sort est tombé sur les cns Dupasquier, Fragonard et Dardel, lesquels les garderont pendant un mois » (Cantarel-Besson, I, pp. 57-58).

17 juin (29 prairial)
Fragonard lit son rapport (Arch. Nat. $F^{17}1231$) sur le prétendu Lebrun « d'où il résulte que le tableau n'est pas de Le Brun, mais de Stella (...) trop médiocre pour qu'on s'en occupe » (Cantarel-Besson, I, p. 59).

19 juin (1er messidor)
Fragonard et Bonvoisin sont chargés de décrocher les tableaux qui ne participeront pas au Concours destiné à remplacer les « prix d'encouragements » (Cantarel-Besson, I, p. 60).

21 juin (3 messidor)
Fragonard est nommé vice-secrétaire du Conservatoire et signe le procès-verbal. Il aura la charge, le lendemain, accompagné de cinq conservateurs, de débattre devant la Commission exécutive, du problème de la rémunération des gardiens (Cantarel-Besson, I, p. 60).

28 juin (10 messidor)
Fragonard reçoit 28 livres et 14 sols de la Commission temporaire des Arts (Tuetey, I, 1912, p. 255).

7 juillet (19 messidor)
Fragonard est chargé, avec trois autres conservateurs, de présenter au Comité de Salut Public un rapport destiné à obtenir « les salles de la cidevant académie de peinture qui doivent faire partie du Muséum » (Cantarel-Besson, I, p. 65). Rappelons que l'Académie Royale avait été supprimée le 8 août 1793.

16 juillet (28 messidor)
Fragonard et l'architecte Lannoy vont présenter à Granet (député du Var), Fourcray (chimiste) et David l'arrêté du Comité de Salut Public « qui les mettent en possession des différentes salles de l'académie » et qui permettra au Muséum de s'agrandir (Cantarel-Besson, I, p. 70).

19 juillet (1er thermidor)
Fragonard, Varon et David Le Roy rendent compte au Conservatoire de l'accueil favorable fait à leur rapport concernant l'agrandissement du Muséum (Cantarel-Besson, I, p. 66).

Fragonard, Wicar, Picault et Bonvoisin sont nommés commissaires pour constater l'état des tableaux « propres au concours de restauration » (Cantarel-Besson, I, p. 70).

21 juillet (3 thermidor)
Le citoyen Robin réclame un socle de marbre ; Fragonard est chargé de le lui remettre ((Cantarel-Besson, I, p. 71).

22 juillet-6 août (4 thermidor-19 thermidor)
Fragonard est secrétaire du Conservatoire (Cantarel-Besson, I, pp. 72-78).

25 juillet (7 thermidor)
Fragonard et cinq autres conservateurs iront le même soir présenter au Comité d'instruction publique le rapport qui propose l'ouverture du Muséum durant la journée, sans interruption (Cantarel-Besson, I, p. 73).

31 juillet (13 thermidor)
Fragonard et Bonvoisin sont chargés d'examiner un mémoire de Dumarest, ainsi que d'aller voir un tableau du Primatice chez le citoyen Lanos, et un Pourbus chez le bijoutier Roux (Cantarel-Besson, I, pp. 75-76).

1er août (14 thermidor)
Fragonard et Bonvoisin rendent compte du mémoire du citoyen Dumarest : ce dernier doit se présenter devant le Comité d'instruction publique (Cantarel-Besson, I, p. 76).

2 août (15 thermidor)
Fragonard, entre autres, est chargé de modifier l'accrochage des tableaux placés sous les cartons de Jules Romain ; ils doivent être remplacés par des œuvres provenant des dépôts (Cantarel-Besson, I, p. 77).

Délibération du Comité d'instruction publique projetant l'épuration du Conservatoire à la suite de la « provisoire » arrestation de David (on rappellera l'exécution de Robespierre le 28 juillet). Fragonard aurait été exclu de la Commission temporaire des Arts. Cet arrêté, lu le 7 septembre devant le Conservatoire, n'entra jamais en application (Cantarel-Besson, I, pp. 88-89 et II, note 209).

7 août (20 thermidor)
Fragonard est remplacé par Dupasquier dans sa fonction de secrétaire (Cantarel-Besson, I, p. 78).

12 août (25 thermidor)
Fragonard et Bonvoisin sont chargés d'examiner un tableau de Valentin chez l'architecte Girard (Cantarel-Besson, I, p. 80).

16 août (29 thermidor)
« Le Conservatoire arrête que Fragonard sera président par intérim pour signer les arrêtés de ce jour qui doivent être portés au Comité d'instruction publique » (Cantarel-Besson, I, p. 81).

17 août (30 thermidor)
Rapport de Fragonard, Bonvoisin et Picault sur la collection Livois d'Angers (Arch. Nat. F 1270 B et $F^{17}1231$). Dans cette collection figuraient plusieurs œuvres de Fragonard, dont trois miniatures (nos 331 à 333 du catalogue), l'esquisse de *Corésus et Callirhoé*, aujourd'hui au musée d'Angers (no 105) et le *Pierrot* de la collection Wallace.

« D'après le rapport fait par les citoyens Dardel, David Le Roy, Varon, Fragonard, Dupasquier, Scellier est autorisé à faire transporter dans les dépôts les monuments qu'ils ont notés et mis en réserve dans la maison d'Orsay » (Tuetey, 1912, I, pp. 347-348).

22 août (5 fructidor)
Fragonard, ainsi que les autres possesseurs des trois clefs (voir 15 juin), devront les rendre à la prochaine séance (Cantarel-Besson, I, p. 84).

28 août (11 fructidor)
« Fragonard et (Bonvoisin) sont nommés commissaires pour aller examiner un tableau dit de Rubens proposé par des Liégeois rue Jacques » (Cantarel-Besson, I, p. 86).

30 août (13 fructidor)
Rapport négatif de Fragonard et Bonvoisin sur le Rubens, qui n'est pas jugé digne du Muséum (Cantarel-Besson, I, p. 86).

4 septembre (18 fructidor)
Fragonard signe l'état définitif des tableaux choisis pour constituer le Muséum (Wildenstein, 1959, p. 193).

5 septembre (19 fructidor)
Fragonard rend au citoyen Lannoy deux des trois clefs du dépôt (Cantarel-Besson, I, p. 88).

16 septembre (30 fructidor)
Le Brun, Fragonard et Varon sont chargés de trier les tableaux et estampes dans les différents dépôts de Versailles et de Paris (Tuetey, 1912, I, p. 403).

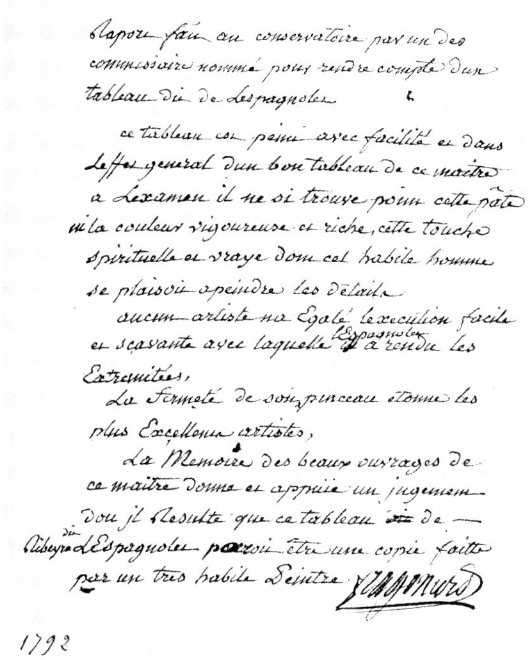
Raport fait au conservatoire par un des
commissaire nommé pour rendre compte d'un
tableau dit de Lespagnolet
ce tableau est peint avec facilité et dans
leffet general d'un bon tableau de ce maitre
a lexamen il ne si trouve point cette pâte
ni la couleur vigoureuse et riche, cette touche
spirituelle et vraye dont cet habile homme
se plaisoit a peindre les détails
aucun artiste na Egalé lexecution facile
et sçavante avec laquelle Lespagnolet a rendu les
Extremitées,
La fermeté de son pinceau étonne les
plus Excellens artistes,
La Memoire des beaux ouvrages de
ce maitre donne et appuie un jugement
dont il Resulte que ce tableau de
Ribeyra dit Lespagnolet paroit être une copie faitte
par un tres habile peintre Fragonard
1792

fig. 8. Rapport signé par Fragonard sur un tableau de Ribera, localisation actuelle inconnue

17 septembre (1er sans-culotide)
Fragonard et Bonvoisin sont chargés d'aller examiner un tableau de Ribera et de transférer à la restauration une toile de Philippe de Champaigne (Cantarel-Besson, I, p. 92).

Le Jury des Arts, assemblé en séance à la manufacture des Gobelins, procède au tri des œuvres destinées à être tissées : « N° 52 — *Corésus et Callirhoé* par Fragonard. — Sujet à rejeter comme ne rappellant que des idées superstitieuses » (Guiffrey, 1897, p. 364, 366, 383 ; voir notre n° 104).

19 septembre (3e sans-culotide)
« Fragonard et Picault rendent compte que s'étant trouvés au Muséum lorsque l'on a annoncé l'arrivée d'un chariot chargé de tableaux venant de la Belgique, ils ont accueilli le C[n] Barbier, lieutenant d'hussards nommé par les représentants du peuple à l'armée du Nord pour veiller au transport de ce dépôt, et ont partagé les fatigues de sept de leurs frères volontaires venans aussi de l'armée du Nord pour escorter ce précieux convoi. Lesdits C[ns] Fragonard et Picault ont cru devoir, au nom du Conservatoire, faire donner à dîner aux 7 volontaires par le C[n] Bosset, traiteur et portier de l'enceinte du Muséum. Le Conservatoire approuve la conduite de leurs collègues Fragonard et Picault ».

D'autre part, il est donné lecture du rapport sur le tableau de Ribera (Cantarel-Besson, I, pp. 92-93). Un autographe passé à la vente Robert Schuman les 4-5 mars 1965 (n° 89) est vraisemblablement à mettre en relation avec ce rapport *(fig. 8)* : « Raport fait au conservatoire par un des commissaire nommé pour rendre compte d'un tableau dit de Lespagnolet ce tableau est peint avec facilité et dans l'effet général d'un bon tableau de ce maître a l'exament il ne si trouve point cette pâte ni la couleur vigoureuse et riche, cette touche spirituelle et vraye dont cet habile homme se plaisoit à peindre les détails

aucun artiste na Egalé lexecution facile et sçavante avec laquelle l'Espagnolet a rendu les Extrémitées,

La fermeté de son pinceau étonne les plus Excellens artistes,

La Mémoir des beaux ouvrages de ce maître donne et appuie un jugement dont il Resulte que ce tableau de Ribeyra dit l'Espagnolet paroit être une copie faitte par un très habile peintre

Fragonard 1792 »

La date de 1792 qui figure au bas du rapport n'est pas crédible.

22 septembre (1er vendémiaire)
Fragonard et Bonvoisin lisent leur rapport sur « quatre tables de bois pétrifié » achetées à Versailles, « à la vente des effets provenant de la liste civile ». A la fin de la séance, Fragonard est à nouveau élu président (Cantarel-Besson, I, pp. 95-96).

Il préside la séance du 23 septembre, remplacé ensuite par Bonvoisin, « le citoyen Fragonard, président, ayant été obligé de se retirer, le citoyen Bonvoisin, ex-président, le remplace », notifié lors de la séance du 22 octobre (Cantarel-Besson, I, p. 105).

4 octobre (13 vendémiaire)
Fragonard est vice-président de la séance du Conservatoire. Il remet sur le bureau du Conservatoire, en compagnie de Picault, la clef d'un dépôt de cadres (Cantarel-Besson, I, pp. 100-101).

6 octobre (15 vendémiaire)
Fragonard et Picault sont chargés par le Conservatoire de choisir des tableaux dans les dépôts afin de les placer au Muséum (Cantarel-Besson, I, p. 101). Les mêmes, avec Le Brun, signent les inventaires d'objets d'art d'Avignon, d'Aix et de Marseille et celui de la collection Choiseul-Gouffier, et enfin un inventaire de tableaux de fleurs (Arch. Nat. F[17] 1231).

13 octobre (22 vendémiaire)
Fragonard, Langlier, Picault et Naigeon signent un rapport favorable à la proposition de Le Brun offrant des tableaux en échange de la somme qu'il doit à la République (Wildenstein, 1960, p. 54 éd. française).

20 octobre (29 vendémiaire)
Fragonard, Picault et Dupasquier vérifient les objets apportés au Muséum par le marbrier Scellier. A l'issue de cette séance du Conservatoire, Fragonard est à nouveau élu président (Cantarel-Besson, I, p. 105). Il préside les séances des 22 et 24 octobre.

22 octobre (1er brumaire)
L'inventaire des objets recueillis dans le district d'Arras par le citoyen Doncre est présenté à Fragonard, Picault et Bonvoisin (A. N. F[17] 1270 B ; publié par Tuetey, 1912, I, p. 486, note 1).

24 octobre (3 brumaire)
Fragonard et Picault donnent décharge au citoyen Madaye des débris de « bordures dorées » en dépôt et qui devront être réparées (Cantarel-Besson, I, p. 106).

La copie de la décharge donnée au citoyen Madaye est déposée au Conservatoire le 26 octobre *(idem*, p. 107).

30 octobre (9 brumaire)
Fragonard est président du Conservatoire jusqu'au 5 novembre (Cantarel-Besson, I, pp. 108-111).

3 novembre (13 brumaire)
Fragonard et Picault sont chargés par le Conservatoire de faire un rapport sur une caisse de tableaux provenant de Liège et qui a été endommagée (Cantarel-Besson, I, p. 109).

5 novembre (15 brumaire)
Fragonard et Picault lisent leur rapport sur les tableaux de Liège. Quelques conservateurs, parmi lesquels Fragonard, vont se rendre en délégation devant la Commission exécutive de l'instruction publique « pour porter les diverses demandes relatives à la garde et au chauffage du Muséum ». Enfin, Fragonard et Picault sont chargés de rendre à Vien *Le triomphe de la République*, dessin qu'il avait fait exposer au Muséum (Cantarel-Besson, I, p. 111).

9 novembre (19 brumaire)
Fragonard et Dardel ont rapporté du dépôt de la rue de Beaune un *Concert* du Caravage (en fait Giordano ( ?), inv. 56) pour le mettre au Muséum. En outre, Fragonard et Picault rendent compte de leur démarche auprès de la Commission exécutive de l'instruction publique (Cantarel-Besson, I, p. 112).

10 novembre (20 brumaire)
La Commission temporaire prie Fragonard de se joindre à Picault et à Dardel pour « y constater l'urgence du travail à faire dans la ci-devant galerie de cette commune » (il s'agit de la Galerie des Glaces du château de Versailles ; Tuetey, 1912, I, p. 544).

11 novembre (21 brumaire)
Fragonard préside la séance du Conservatoire (Cantarel-Besson, I, pp. 112-113).

13 novembre (23 brumaire)
« Fragonard et Picault annoncent au Conservatoire qu'ils ont fait transporter de chez le condamné Durvey treize tableaux au Muséum dont il donneront la notte à la prochaine séance » (Cantarel-Besson, I, p. 113).

15 novembre (25 brumaire)
Les conservateurs, chargés par la Commission temporaire des Arts de se rendre à Versailles (voir 10 novembre 1794), devront également aller à Marly pour y voir « le groupe représentant le *Le Temps relevant les arts* (Tuetey, 1912, I, p. 557).

20 novembre (30 brumaire)
Le Brun remet à la Commission temporaire des Arts l'inventaire des objets provenant de la liste civile du Garde-Meuble, rédigé le 2 octobre en présence de Nitot, Besson, Fragonard, Picault et Fleury (cité par Tuetey, 1912, I, p. 575 et note 4).

23 novembre (3 frimaire)
Fragonard préside la séance du Conservatoire, durant laquelle il est invité avec Picault à se rendre auprès de la Commission de l'instruction publique pour présenter des propositions afin de résoudre les litiges avec les gardiens (Cantarel-Besson, I, pp. 114-115).

25 novembre (5 frimaire)
Fragonard, Picault et Dardel remettent, à la Commission temporaire des Arts, le rapport qui leur avait été demandé sur l'état des œuvres de Versailles et de Marly (Tuetey, I, p. 581 et note 2 pp. 673-678).

29 novembre (9 frimaire)
Le citoyen Taunay, qui avait demandé l'ouverture d'une fenêtre dans la galerie du Muséum, se voit signifier par Fragonard le refus du Conservatoire (Cantarel-Besson, I, p. 117).

30 novembre (10 frimaire)
Il est remis à la Commission temporaire des Arts un rapport du citoyen Goupy contresigné, entre autres, par Picault, Le Brun et Fragonard sur « l'état des bibliothèques, dépôts d'objets d'art et de science, monuments qu'il a visités... » (Tuetey, 1912, I, p. 604).

7 décembre (17 frimaire)
Fragonard est élu vice-secrétaire du conservatoire. Il signe le procès-verbal de la séance, ainsi que celui du 9 décembre (Cantarel-Besson, I, pp. 118-119).

13 décembre (23 frimaire)
Fragonard, Picault et Bonvoisin signent le rapport des tableaux rassemblés dans le district de Châlons-sur-Marne (Arch. Nat. $F^{17}$ 1231).

14 décembre (24 frimaire)
Fragonard fait partie du jury du concours de sculpture, peinture et architecture. Le jury devra se réunir le 20 décembre (Szambien, 1986, p. 185).

15 décembre (25 frimaire)
Trois conservateurs, dont Fragonard, sont chargés de collationner le registre du dépôt de la rue de Beaune que tient Naigeon (Cantarel-Besson, I, p. 122).

16 décembre (26 frimaire)
L'état des dépenses faites par Fragonard, Varon et Le Brun pour leur mission à Versailles est accepté par la Commission temporaire des Arts (Wildenstein, 1960, p. 54 éd. française).

21 décembre (1er nivôse)
Fragonard signe les procès-verbaux du Conservatoire (Cantarel-Besson, I, pp. 123-126).

**1795**

2-6 janvier (13-17 nivôse)
Fragonard signe les procès-verbaux du Conservatoire (Cantarel-Besson, I, pp. 127-128).

9 janvier (20 nivôse)
Rapport signé Fragonard, Bonvoisin, Picault et Dardel concernant l'écrin de Charlemagne dessiné par Labarre (Tuetey, 1917, II, p. 42 note 3).

Fragonard, Bonvoisin et Lannoy signent une pétition en faveur du relèvement des salaires des gardiens du Muséum (Wildenstein, 1960, p. 54 éd. française). Toujours selon Wildenstein (1959, p. 196), le salaire des conservateurs est lui aussi augmenté.

11 janvier (22 nivôse)
Fragonard signe l'état des objets d'art saisis dans le district de Senlis (Arch. Nat. $F^{17}$ 1231).

12 janvier (23 nivôse)
Rapport par Fragonard, Bonvoisin et Picault sur les objets saisis dans le district de Versailles (A. N. F 17 1270 B).

14 janvier (25 nivôse)
Fragonard, ainsi que de nombreux artistes, Suvée, Regnault, Vien, Vernet, Robert, les Lagrenée... signent une pétition afin que soit conservée la partie du bois de Boulogne qui longe Auteuil, le reste du bois suffisant aux besoins du chauffage. « Il paraît intéressant pour les études des artistes et même pour les propriétés de la République, de conserver la petite partie qui longe le petit village d'Auteuil » (Bibliothèque municipale du XVIe arrondissement, ms. Parent de Rosan, XXVIII, p. 258).

16 janvier (27 nivôse)
Fragonard est chargé par le Conservatoire de veiller au transport, de Ville d'Avray à Paris, du bois destiné au chauffage du Muséum (Cantarel-Besson, I, p. 131).

18 janvier (29 nivôse)
Picault et Fragonard annoncent au Conservatoire un rapport sur un tableau attribué à Léonard de Vinci qu'ils ont examiné dans l'atelier du restaurateur Hacquin (Cantarel-Besson, I, p. 132).

24 janvier (5 pluviôse)
Rapport signé par Fragonard sur les tableaux saisis dans le district de Quimper (Arch. Nat. $F^{17}$ 1231).

29 janvier (10 pluviôse)
Les citoyens Leblanc, Le Brun, Dardel et Fragonard sont chargés de faire un rapport sur « l'adjonction de la Commission des Arts de Versailles à celle de Paris. Ils s'attacheront principalement à démontrer l'utilité d'une commission ambulante chargée de surveiller la conservation des objets de sciences et d'arts » (Tuetey, 1917, II, p. 89).

1er février (13 pluviôse)
Fragonard et Picault doivent se rendre au château de Choisy pour y examiner les peintures des plafonds (Arch. Nat. $F^{17}$ 1231 ; voir aussi Wildenstein, 1959, p. 196 et note 53 p. 201, qui date, sans doute par erreur, le rapport du 1er janvier).

3 février (15 pluviôse)
Rapport de Fragonard, Bonvoisin et Picault sur un dessin demandé par Percier (Wildenstein, 1960, p. 55 éd. française).

5-19 février (17 pluviôse 1er ventôse)
Fragonard est secrétaire du Conservatoire (Cantarel-Besson, I, pp. 135-139).

5 février (17 pluviôse)
Fragonard signe un rapport concernant une demande d'emploi du citoyen Gly (A. N. $F^{17}$ 1231).

13 février (25 pluviôse)
Fragonard et Picault se rendent à l'église Saint-Germain-des-Prés pour y retirer des toiles de Lemoyne et de J.-B. Vanloo (Wildenstein, 1959, p. 196 et note 54 p. 201).

19 février (1er ventôse)
Fragonard souscrit une rente viagère de 650 livres sur la tête de sa

femme et une seconde de 500 livres sur celle de Marguerite Gérard (Wildenstein, 1960, p. 55 éd. française).

21 février (3 ventôse)
Fragonard, Bonvoisin et Picault signent le rapport concernant l'État des tableaux du district de Vitry-sur-Marne (A. N. $F^{17}$ 1231).

28 février (10 ventôse)
Fragonard, Le Brun, Bonvoisin et Picault reçoivent une liste de tableaux à mettre sur châssis (Arch. Nat. $F^{17}$ 1231).

7 mars (17 ventôse)
Fragonard est nommé vice-secrétaire du Conservatoire (Cantarel-Besson, I, p. 145).

13 mars (23 ventôse)
Fragonard assiste à l'ouverture d'une caisse d'objets provenant de Maestricht (Wildenstein, 1960, p. 55 éd. française).

16 mars (26 ventôse)
Fragonard, vice-secrétaire, lit le rapport qu'il a rédigé avec Bonvoisin sur l'estimation de deux tableaux de François Gérard et de Sérangelli « représentant la mort de Bara et celle de Viala » (Cantarel-Besson, I, p. 147).

20 mars (30 ventôse)
Fragonard, Bonvoisin et Picault « envoient trente rapports à la Commission temporaire des Arts » (Wildenstein, 1960, p. 55 éd. française) et dix-huit autres le 21 mars.

21 mars-4 avril (1er-15 germinal)
Fragonard est nommé secrétaire du Conservatoire (Cantarel-Besson, I, pp. 149-153).

8 avril (19 germinal)
Lannoy est autorisé par le Conservatoire à remettre à Fragonard les deux clefs du dépôt de la « porte aux trois serrures » ! (Cantarel-Besson, I, p. 154).

16 avril (27 germinal)
Bonvoisin et Fragonard adressent leur réponse à la Commission exécutive d'instruction publique qui « demande au Conservatoire la liste des vues des ports de la République, peints par Joseph Vernet qui décorent le Muséum » (Cantarel-Besson, I, p. 155).

18 avril (29 germinal)
Robert, Fragonard, Pajou, Picault et de Wailly sont nommés conservateurs du Muséum par un arrêté du Comité d'instruction publique (Cantarel-Besson, I, p. 156).
Le nouveau Conservatoire ainsi constitué tient sa première séance le 20 avril, mais le premier Conservatoire continue de se réunir jusqu'au 22 juin (Cantarel-Besson, I, p. 165 et II, p. 392, note 395).

22 avril (3 floréal)
Fragonard est président du Conservatoire jusqu'au 8 mai (Cantarel-Besson, I, pp. 156-160).

24 avril (5 floréal)
« Fragonard et Picault rendent compte que l'inventaire des objets d'art qui décorent les travées de la gallerie du Muséum est terminé » ; le 26 avril, ils procèderont au recollement (Cantarel-Besson, I, p. 157).
A la séance du nouveau Conservatoire, Fragonard et Picault notifient qu'ils ont reçu du Comité d'instruction publique une « boëtte mutilée... dont il manque vingt-cinq pierres de différentes grosseurs » (Cantarel-Besson, I, p. 166).
A la séance de la Commission temporaire des Arts, Fragonard propose qu'en attendant l'ouverture de musées dans les départements, certains objets soient accordés à la Commission des travaux publics qui en a fait la demande (Tuetey, 1917, II, p. 230).

4 mai (15 floréal)
Un extrait d'une délibération de l'ancien Conservatoire qui vient d'être supprimé est lu à la séance du nouveau Conservatoire. Le document est signé Fragonard : « à dater de ce jour, il [l'ancien Conservatoire] ne s'occupera que de la reddition *(sic)* de ses comptes et il n'ouvrira aucun paquet à lui adressé [qui] seront remis aux nouveaux conservateurs... » (Cantarel-Besson, I, p. 168).

11 mai (22 floréal)
Fragonard et Picault remettent au Conservatoire les mémoires du citoyen Chotard concernant la restauration de cadres (Cantarel-Besson, I, p. 160).

14 mai (25 floréal)
Fragonard et Picault sont chargés de vérifier l'exactitude du mémoire de Scellier, marbrier (Cantarel-Besson, I, p. 161).

4 juin (16 prairial)
Fragonard est élu président par intérim (Cantarel-Besson, I, p. 163).

6 juillet (18 messidor)
« Les citoyens de Wailly, Pajou et Fragonard font leur rapport du recollement qu'ils ont fait au garde-meuble des objets d'art qu'il renferme, assez précieux pour être recueillis au Muséum » (Cantarel-Besson, I, p. 196).

9 juillet (21 messidor)
Fragonard se rendra au dépôt de Nesle pour y choisir « les cages de verre [vitrines] qui seront propres à l'usage du Muséum et de suite les y fera transporter » (Cantarel-Besson, I, p. 198).

16 août (29 thermidor)
Fragonard signe une lettre de la Commission des Arts destinée aux conservateurs, afin que le Muséum prenne à sa charge les frais de transport des tableaux destinés à l'exposition annuelle des artistes vivants du 10 septembre (« extrait du Registre des délibérations du Conservatoire », Paris, Bibliothèque d'Art et d'Archéologie).

18 août-21 septembre (1er fructidor-5e jour complémentaire)
Fragonard est élu à l'unanimité président du nouveau Conservatoire (Cantarel-Besson, I, pp. 219-238).

22 août (5 fructidor)
Fragonard et Pajou ont achevé « le tri des volumes de dessins qui font partie des 177 volumes de dessins et d'estampes venus de Cologne et déposés au Muséum des Arts » (Cantarel-Besson, I, p. 222).

5 septembre (19 fructidor)
Fragonard et Picault ont procédé au transport des cadres et des tringles nécessaires au Muséum, qui proviennent du garde-meuble (Cantarel-Besson, I, p. 229).

*Directoire (octobre 1795-novembre 1799)*

10 novembre (19 brumaire)
Fragonard et Picault s'apprêtent à se rendre auprès de la Commission de l'organisation et du mouvement des armées afin d'y retirer des toiles destinées à l'habillement des troupes mais qui serviront à la restauration de tableaux (Cantarel-Besson, I, p. 272).

12 novembre (21 brumaire)
Fragonard « annonce qu'il va faire porter à l'étude, dans la gallerie du Muséum, un tableau de Rembrandt nº 168 provenant du Stathouder ». A la même séance, un local, libéré par un menuisier, est attribué à Évariste Fragonard (Cantarel-Besson, I, p. 273).

28 novembre (7 frimaire)
Fragonard fait placer 600 livres en viager sur la tête de Marguerite Gérard (Wildenstein, 1960, p. 55 éd. française).

18 décembre (27 frimaire)
A la demande du citoyen Duquenne, Fragonard et Robert se rendront chez lui, afin d'examiner un tableau attribué à Raphaël et qu'il désire vendre. Fragonard et Picault déclarent avoir reçu la toile nécessaire à la restauration des tableaux (Cantarel-Besson, I, p. 291).
Parution du second volume (le premier avait été publié l'année précédente et deux autres tomes étaient prévus) des *Contes* de La Fontaine par Didot. Mais l'entreprise resta inachevée. Les deux volumes reproduisent seize gravures d'après des dessins de Fragonard (voir aussi p. 508).
Hoin grave «l'an 4» (1795 ou 1796) *La mort d'un moine franciscain,* à la manière du lavis, d'après Fragonard *(p. 419 fig. 3).*

**1796**

3 janvier (13 nivôse)
Fragonard et Picault annoncent qu'ils ont reçu le reste des toiles nécessaires à la restauration des tableaux (Cantarel-Besson, I, p. 300).

4 janvier (14 nivôse)
Fragonard signe la pétition des Conservateurs qui soutiennent les réclamations des gardiens concernant leur salaire (Wildenstein, 1960, p. 55 éd. française).

21 janvier (1er pluviôse)
Fragonard préside les séances du Conservatoire jusqu'au 18 février (Cantarel-Besson, I, p. 9-32).

A la séance du 21 janvier, Robert et Fragonard assurent qu'ils ont examiné la collection d'émaux de Petitot qu'ils ont reçue de la Bibliothèque Nationale (Cantarel-Besson, II, p. 9).

31 janvier (11 pluviôse)
L'inventaire de la collection de tableaux du Stathouder est fait en présence de Fragonard (Cantarel-Besson, II, p. 18).

15 février (26 pluviôse)
Fragonard signe le rapport du Conservatoire concernant le traitement du personnel (Wildenstein, 1960, p. 55 éd. française).

18 février (29 pluviôse)
Fragonard appuie les revendications des vétérans invalides employés au Muséum (Wildenstein, 1960, p. 55 éd. française).

21 mars (1er germinal)
Fragonard place plusieurs sommes en viager sur la tête de ses proches : 900 livres sur sa tête, 3.400 livres sur celle de Marie-Anne, 800 sur celle de Marguerite Gérard, 900 sur celle de Marguerite et d'Évariste (Wildenstein, 1960, p. 55 éd. française).

20 mai (1er prairial)
Fragonard et Robert rendent compte des objets qu'ils ont trouvés à la Monnaie « lesquels conviennent à la collection du Muséum »(Cantarel-Besson, II, p. 70).

26 mai (7 prairial)
Fragonard constitue une nouvelle rente viagère en faveur de sa femme, de sa belle-sœur et d'Henri Gérard, son beau-frère (Wildenstein, 1960, p. 55-56 éd. française).

28 mai (9 prairial)
Fragonard signe l'acte de réquisition d'un portrait de Madame Vigée-Le Brun entreposé au dépôt de Nesle (Wildenstein, 1960, p. 56 éd. française).

3 juin (15 prairial)
Fragonard et Pajou, qui ont, durant plusieurs semaines, procédé au tri des dessins du dépôt de Nesle, les ont apportés au Muséum afin qu'ils reçoivent la marque « RF » du Louvre (Cantarel-Besson, II, p. 74).

5 juin (17 prairial an IV)
Fragonard place 37 livres en viager sur la tête de sa femme, de sa belle-sœur, Marguerite, ainsi que sur celles de Madeleine et Henri Gérard (Wildenstein, 1960, p. 56 éd. française).

19, 21, 27 juin, 1er, 3, 7, 9, 11 juillet (1er-23 messidor)
Fragonard préside les séances du Conservatoire (Cantarel-Besson, II, p. 80 88).

15 juillet (27 messidor)
« Avis sur une réclamation du citoyen Verrier Huin » concernant des travaux dans la galerie d'Apollon, signée par Fragonard (Wildenstein, 1960, p. 56 éd. française).

22 juillet (4 thermidor)
Enlèvement de tableaux du dépôt de Beaune, signé par Fragonard (Wildenstein, 1960, p. 56 éd. française).

29 juillet (11 thermidor)
A la séance du Conservatoire, est lue une lettre du citoyen Tolosan adressée à Fragonard lui proposant d'échanger quelques œuvres qu'il possède (un Santerre et des sculptures de Guiard), contre des tableaux que le Muséum ne peut conserver (Cantarel-Besson, II, p. 95).

6 août (19 thermidor)
A la demande du Conservatoire, Fragonard et Pajou se rendent au dépôt de Nesle pour y procéder au tri définitif des objets à conserver pour le Muséum (Cantarel-Besson, II, pp. 98-99).

9 août (22 thermidor)
Fragonard signe une autorisation de copier un tableau accordée à Norblin de la Gourdaine (cat. d'autographes, maison Charavay, décembre 1967, nº 32129).

13 août (26 thermidor)
Le reçu des objets d'art provenant du Cabinet du Stathouder est signé par Fragonard (Wildenstein, 1960, p. 56 éd. française).

24 août (7 fructidor)
Fragonard et Picault transfèrent trois caisses d'objets et l'inventaire de leur contenu du garde-meuble au Muséum (Cantarel-Besson, II, p. 109).

26 août (9 fructidor)
A nouveau, Fragonard et Picault rapportent des objets du garde-meuble (Cantarel-Besson, II, p. 110).

Le *Journal de Paris* (nº 339, p. 1358) annonce l'élection de Fragonard afin de « participer au jury du concours de la demi-figure, de grandeur naturelle et de la tête d'expression ».

31 août (14 fructidor)
Lettre des conservateurs au Ministre du département Intérieur concernant l'ouverture du Salon le 10 vendémiaire (Wildenstein, 1960, p. 56 éd. française).

2 septembre (17 fructidor)
Enlèvement, du garde-meuble au Muséum, de roches et de pierres précieuses (Wildenstein, 1960, p. 56 éd. française).

26 septembre (5 vendémiaire)
Fragonard remet au Conservatoire une lettre du citoyen Senez, de Bordeaux, qui offre un tableau qu'il croit être du Guide, et demande 14 sols pour le port de cette lettre (Cantarel-Besson, II, pp. 124-125).

23, 25, 29 novembre, 1er, 3, 13 décembre (3-23 frimaire)
Fragonard préside le Conservatoire (Cantarel-Besson, II, pp. 146-153).

1er décembre (11 frimaire)
Fragonard et Pajou sont nommés par le Conservatoire, afin de vérifier les comptes du Muséum (Cantarel-Besson, II, pp. 148-149).

17 décembre (27 frimaire)
Fragonard et Pajou sont chargés par le Conservatoire d'aller retirer des objets à la Monnaie (Cantarel-Besson, II, p. 155).

19 décembre (29 frimaire)
Fragonard préside la séance du Conservatoire. Il y fait le rapport de sa mission à la Monnaie (Cantarel-Besson, II, p. 155).

En 1796, le peintre Jean-Luc Barbier (1769-1860), dit Barbier-Walbonne (voir Brière, 1920), qui a apporté de Belgique de nombreuses œuvres d'art destinées au Muséum, désire entrer « dans la carrière des arts ». Dans un rapport à la Commission temporaire des Arts, Fragonard intercède en sa faveur (vente d'autographes, coll. A. Dupont, 3 4 décembre 1958, nº 107) : « vous connaissez, citoyens, le zèle qu'a mis le citoyen Barbier à remplir la mission dont il a été chargé : vous l'en avez même félicité lorsqu'il vint vous annoncer l'arrivée à Paris des premiers trophées de nos victoires dans la Belgique, consistant en chefs d'œuvre de Rubens et autres peintres célèbres, lesquels avaient été encaissés et conduits par lui avec le plus grand soin et la surveillance la plus active. Après avoir fait et accompagné plusieurs envois de ce genre ; après avoir, surtout, fait la guerre pendant quatre ans sans relâche, il sollicite une réquisition auprès du comité d'Instruction publique pour rentrer dans la carrière des arts... C'est au moment où ses braves frères d'armes triomphent de toute part ; c'est au moment où nos ennemis presque vaincus nous offrent le rameau d'olivier, qu'il se sent animé du désir de transmettre sur la toile les combats et les actions héroïques dont il a été témoin... Nous pensons donc que la

Commission temporaire des Arts doit s'empresser d'appuyer la demande du citoyen Barbier... mais à condition qu'il continuera de prendre les mêmes soins qu'exigent le transport à Paris des tableaux qui vous ont été désignés comme faisant partie de l'inappréciable collection des chefs d'œuvre en peinture que possédaient les Belges et que la République s'empressera d'offrir à l'admiration de tous les peuples comme l'un des plus beaux fruits de ses conquêtes... »

Un « contrôle du 2$^{e}$ bataillon de la 2$^{e}$ brigade » (Archives de la Seine, Affaires militaires, V D$^{X}$ 2694-2721) mentionne Fragonard « Jean honoré ; age : 64/grade : volontaire/domicille : gallerie, n$^{o}$ 1/Peintre ».

**1797**

10 janvier (21 nivôse)
Lecture du rapport de Fragonard et d'Hubert Robert sur un tableau qu'ils ont vu chez le citoyen l'Espinasse Darlet et que celui-ci voudrait échanger contre des objets du Muséum (Cantarel-Besson, II, p. 162).

18 janvier (29 nivôse)
Fragonard et Pajou vérifient les comptes du Muséum (Cantarel-Besson, II, p. 166).

20 janvier (1$^{er}$ pluviôse)
Fragonard et Pajou sont remboursés de deux francs « pour voiture prise pour le service du Musée » (Cantarel-Besson, II, p. 168).

27 janvier (8 pluviôse)
A la séance du Conservatoire, lecture est faite de lettres du ministre de l'Intérieur datées du 22 janvier, par lesquelles le Muséum, devenu Musée central des Arts, est réorganisé. Fragonard ne fait plus partie du futur conseil et est remplacé par Suvée ; il est invité, ainsi que Picault, lui aussi déchargé de ses fonctions au profit de Jollain, à donner toutes les informations nécessaires sur les comptes, afin d'éclairer le nouveau conseil (Cantarel-Besson, II, pp. 171-172).

28 janvier (9 pluviôse)
Fragonard signe, avec Picault, Robert, Pajou, de Wailly et Foubert, l'arrêté des comptes du Conservatoire (Cantarel-Besson, II, p. 173).

30 janvier (11 pluviôse)
Fragonard et Picault remettent les clefs des portes principales du Muséum (Wildenstein, 1960, p. 56 éd. française).

10 février (22 pluviôse)
Fragonard fait partie du jury qui décide des œuvres destinées au musée spécial de l'École française de Versailles, et de celles destinées au Muséum (Wildenstein, 1960, p. 56 éd. française).

11 février (23 pluviôse)
Le conseil prie le Ministère de l'Intérieur de nommer Fragonard à la surveillance des transports des tableaux entre Paris et Versailles (Wildenstein, 1960, p. 56 éd. française).

21 février (3 ventôse)
Fragonard est nommé par le Conseil, avec David, Vincent, Vien... afin de procéder au tri des objets qui devront rester au Muséum central et de ceux qui sont destinés au musée spécial de Versailles (Archives du Louvre, Procès-verbaux du Conseil, I, pp. 21-22).

7 avril (18 germinal)
Fragonard, ainsi que Picault, reçoit une indemnité à titre d'ancien conservateur (Archives du Louvre, Procès-verbaux du Conseil, I, p. 41).

30 avril (11 floréal)
Première séance du Jury des arts, à laquelle participe Fragonard (Archives du Louvre, Procès-verbaux du Conseil, I, p. 48).

2-27 mai (13 floréal-8 prairial)
Le Conseil charge Fragonard de surveiller les transports de tableaux entre Paris et Versailles (Archives du Louvre, procès-verbaux, I, pp. 51-52, 64).

Le premier convoiement part le 2 août. Il y aura, jusqu'au 25 septembre 1799, treize convois dont Fragonard aura la responsabilité.

12 août (25 thermidor)
Fragonard, sa femme et Marguerite Gérard achètent une maison à Évry-Petit-Bourg, l'actuel Évry dans l'Essonne (Wildenstein, 1960, p. 57 éd. française).

**1798**

4 janvier (15 nivôse)
A la suite de l'emprunt lancé par le gouvernement, destiné à la lutte contre l'Angleterre, le Conseil offre de donner le 70$^{ème}$ des appointements annuels de ses membres ; Fragonard fait un don de 51 livres sur ses 3.600 livres annuelles (Archives du Louvre, Procès-verbaux du Conseil, I, p. 174 et voir 16 juin 1798, pp. 275-276).

15 janvier (26 nivôse)
Fragonard appose sa signature sur un reçu de « quatorze pièces d'or de vingt quatre livres pour deux dessins des contes de La Fontaine ayant pour titre *Le petit chien qui secoue des pierreries* et *La fiancée du roy de garbe*... » (Paris, Institut Néerlandais, *fig. 9).*

28 février (10 ventôse)
Fragonard signe un nouveau reçu de « deux cent cinquante livres pour à compte sur le prix de quatre dessins, destinés à l'illustration des *Contes* de La Fontaine, à lui avancée par le citoyen Tilliard, éditeur » inventaire des autographes de la coll. Benjamin Fillon, 15 juillet 1879, n$^{o}$ 1762 publié par Charavay, T. II, 1879).

4 mars (14 ventôse)
Le jury des arts, assemblé aux Gobelins, décide de transférer à Versailles le *Corésus et Callirhoé* de Fragonard (Archives du Louvre, Procès-verbaux du Conseil, I, p. 213).

18 mars (28 ventôse)
En présence de Fragonard, l'administrateur du Musée spécial de l'École française accuse réception de 88 tableaux (Wildenstein, 1960, p. 57 éd. française).

**1799**

La liste des tableaux à sujets de fleurs et d'oiseaux, provenant du Musée de Versailles et du Musée Central, doit être envoyée à Fragonard car ces œuvres sont destinées à l'École de dessin de Lyon (A. N. F$^{17}$ 1062 dossier 2).

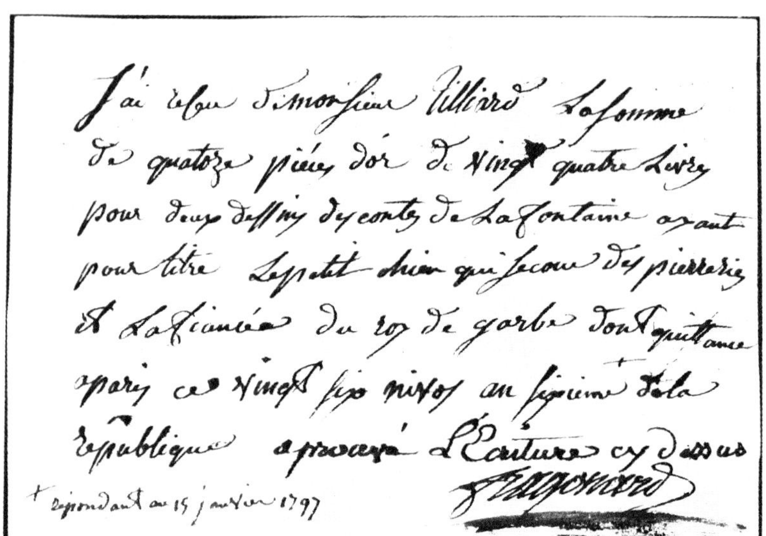
J'ai reçu de monsieur Tilliard la somme de quatorze pièces d'or de vingt quatre livres pour deux dessins des contes de La fontaine ayant pour titre le petit chien qui secoue des pierreries et la fiancée du roy de garbe dont quittance a paris ce vingt six nivos an sixième de la république approuvé l'écriture cy dessus
Fragonard
+ répondant au 15 janvier 1797

fig. 9. Reçu signé par Fragonard,
Paris, Institut Néerlandais

25 avril (6 floréal)
Fragonard fait partie du Jury des arts chargé de la distribution des prix (*Journal de Paris*, n° 216) qui a lieu le 30 avril (*Le Rédacteur*, 12 floréal, publié par Aulard, V, pp. 493-494).

26 juillet (8 thermidor)
Fragonard signe la célèbre pétition des 254 artistes (parmi lesquels : David, Greuze, Prud'hon, Vernet, Suvée, Brongniart, Houdon...) en faveur du retour en France de Madame Vigée-Le Brun, dont le nom figure sur la liste des émigrés (publiée par Tuetey, 1911, p. 180 et reproduite par Girodie, 1927, pl. XLV).

**1800**

2 juin (13 prairial)
L'administrateur rappelle au Conseil que les fonctions de Fragonard s'achèvent avec les convois entre Paris et Versailles (Wildenstein, 1960, p. 58 éd. française).

12 juin (23 prairial)
Le Ministre de l'Intérieur informe Fragonard qu'à dater du 1er messidor, il est mis fin à ses fonctions (Wildenstein, 1960, p. 58 éd. française).

**1801**

8 janvier (18 nivôse)
Fragonard réclame au Conseil 36 livres en remboursement de l'achat d'un bas-relief destiné à orner la galerie d'Apollon (Wildenstein, 1960, p. 58 éd. française).

**1802**

1er janvier (12 nivôse an X)
Marguerite Gérard adresse ses vœux de bonne année à sa sœur Marie-Anne et à son beau-frère, Jean-Honoré *(fig. 10)*. Nous donnons ici un passage de cette lettre en respectant l'orthographe (voir plus loin le texte intégral) : « Vous soétérége. de la guété. de lesprit. du talant. du genie. de la mabilite. des amies. une amie. Vous posedéz tout cella. mai que soietez a M. quelques ducas de plus. deux ou trois petites filles pour jouer folatrer. rouler secouer soter ouspiller toutes. la journée ».

On connaît plusieurs autres lettres de Marguerite Gérard à son beau-frère (Paris, Bibliothèque d'Art et d'Archéologie, publiées par Portalis, 1889, pp. 226-233, Nolhac, 1906, p. 103-104 et Doin, 1912, pp. 443-444) qui ont entretenu l'idée qu'elle fut sa maîtresse (voir pp. 415). Nous les publions intégralement mais en modernisant cette fois-ci l'orthographe :

« Mon bon ami veut savoir si j'ai du plaisir quand je lui dis quelque chose d'agréable. Eh bien ! je l'avoue, c'est ma seule jouissance ; mon cœur reconnaissant et sensible n'est heureux que quand il s'occupe de son ami et lui dit tout ce qu'il lui inspire d'agréable. Mais quand la manière de s'exprimer a pu plaire à mon ami, je suis plus heureuse, je crois que je l'aime mieux, croyant que je lui plais davantage. Mon bon ami, l'on pourrait comparer l'amitié et l'amour à deux femmes, l'une jolie, l'autre figure agréable et ordinaire. La jolie plaît, enchante par sa fraîcheur printanière, passe comme une fleur, ne dure qu'un instant ; l'autre reste toujours la même ; quelquefois elle s'embellit en vieillissant. Je crois que c'est l'image de la nôtre. N'es-tu pas de mon avis, mon bon ami ? »

« Quand mon bon ami me dit qu'il ne saurait trouver du plaisir dans aucun lieu que quand il s'y trouve avec moi, mon cœur enchanté voudrait ne le quitter qu'un instant et devenir son ombre pour le rendre heureux. Si je disais à mon bon ami que le désir de lui plaire et celui du travail me livrent tour à tour des combats pénibles ; qu'il m'en coûte de résister à ses désirs, d'opposer mes goûts à ses plaisirs ? revenant à la comparaison de l'amour et de l'amitié, que ton fils n'a pas trouvée juste, en voici une autre. Je compare l'amour à une rose printanière dont la couleur éblouissante séduit ; son parfum pénètre tous les sens. On la cueille non sans blessure, elle se fane, elle n'est plus ; — l'amitié à la modeste violette dont le maintien tranquille n'attire point les regards ; on ne la découvre que par son parfum, on la cueille sans crainte, elle est sans épine, et par conséquent sans danger »

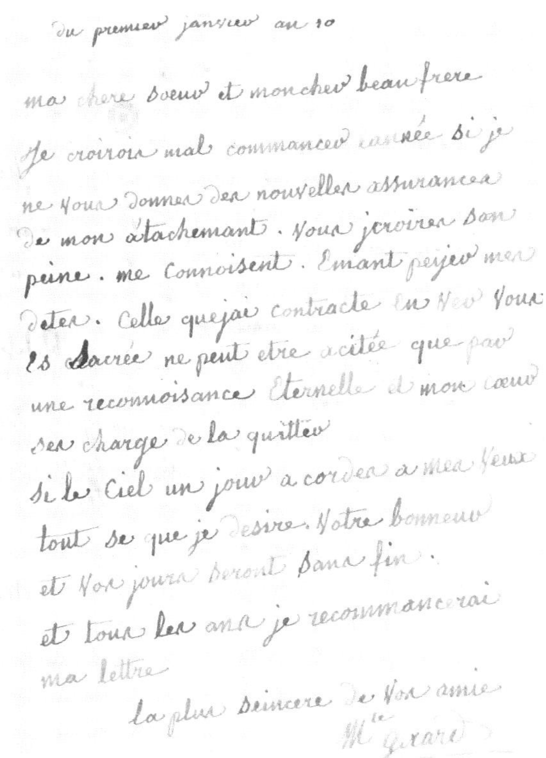
Du premier janvier an 10
ma chere soeur et mon cher beau frere
je croirois mal commancer lannée si je
ne vous donnes des nouvelles assurances
de mon atachemant. vous le croirés san
peine. me connoisent. Emant peiyer mes
deter. celle quejai contracte en ver vous
es sacrée ne peut etre aquitée que par
une reconnoisance Eternelle et mon cœur
se charge de la quitter
si le Ciel un jour a cordes a mes veux
tout se que je desire. votre bonneur
et vos jours seront sans fin.
et tous les ans je recommancerai
ma lettre
la plus sincere de vos amie
Mlle gerard

fig. 10. Lettre de Marguerite Gérard à Marie-Anne et Jean-Honoré Fragonard, Paris, Bibliothèque d'Art et d'Archéologie

« Mon bon petit papa, tu veux que je te parle de tes défauts et tu fais cette demande à ton amie. Tu sais que l'amitié, sœur aînée de l'amour, a la vue basse, cela tient de famille. Ce n'est donc pas à moi qu'il faut t'adresser, car je ne vois rien que ton esprit aimable, qu'un enfant qu'un rien chagrine, qu'un rien apaise ; un vrai nourrisson du caprice. Le caprice nourrit la coquetterie ; la coquetterie séduit, quand elle est conduite par l'esprit. Chez toi, elles sont toujours ensemble.
Quand mon ami me demande que je lui écrive quelque chose d'agréable, je ne connais qu'un sujet, c'est de lui que je parle. De lui, parce qu'il me paraît le plus aimable des sujets. Si je voulais peindre d'un enfant la joie, la gaieté et le caprice, les caresses, le bonheur, je le prendrais pour modèle. Si je voulais peindre de l'amitié les caractères, la douceur, la complaisance, les soins, la tendresse, je le prendrais encore pour modèle d'un philosophe le plus aimable, des peintres le plus ingénieux et le plus gracieux, des maris le meilleur, d'un ami le plus tendre et le plus constant, des maitres le plus soigneux et le plus attentif. Voilà le portrait de mon ami : je suis glorieuse de le nommer ainsi, sa constance m'assure que c'est pour la vie et mon bonheur est parfait »

« Mon bon ami, tu ne saurais croire combien je suis malheureuse quand je te vois indisposé. Figure-toi une colombe à qui l'on a ravi son tourtereau. Quand elle le voit en gene, combien elle est inquiétée ! Elle ne peut quitter l'endroit où son ami se trouve détenu, croyant par sa présence, soulager ses ennuis, et par ses soins lui rendre sa liberté plus vite. Elle voit voltiger autour d'elle ses aimables compagnes avec qui elle passait tant de jours heureux, cela n'a plus de charme pour elle. Son ami souffre, ne peut partager ses plaisirs : il n'y en a plus pour elle. Mais quand son ami lui sera rendu, plus aimable que jamais, son bonheur, sa joie, son délire même la paieront des ennuis qu'elle aura éprouvés. Ah ! mon ami, que nous ne sentons notre bonheur vivement que quand nous avons eu peur de le perdre ! »

« Du premier janvier an 10
Ma chère sœur et mon cher beau-frère,
Je croirais mal commencer l'année si je ne vous donnais de

nouvelles assurances de mon attachement. Vous y croirez sans peine, me connaissant. Aimant payer mes dettes, celle que j'ai contractée envers vous est sacrée, ne peut être acquittée que par une reconnaissance éternelle et mon cœur s'est chargé de l'acquitter. Si le ciel un jour accorde à mes vœux tout ce que je désire, votre bonheur et vos jours seront sans fin et tous les ans je recommencerai ma lettre.
La plus sincère de vos amies.
Il est fort heureux pour moi, voulant vous souhaiter la bonne année, de m'y être prise la veille. L'on dit ordinairement que bonne volonté tient lieu de tout. Je me suis prouvée que bonne volonté sans esprit ne tient lieu de rien. Pourtant, mon bon ami, il faut que je vous la souhaite. Vous souhaiterais-je de la gaieté, de l'esprit, du talent, du génie, de l'amabilité, des amis, une amie ? Vous possédez tout cela. Mais que souhaiter à Monsieur ? Quelques ducats de plus, deux ou trois petites filles pour jouer, folâtrer, rouler, secouer, sauter, houspiller toute la journée.
S'il ne faut que cela pour être parfaitement heureux, je vous le souhaite accompagné de plusieurs autres »

« Mon bon ami veut que je lui dise pourquoi j'ai refusé de lui donner ce qu'il me demande. Eh bien mon bon ami voici la raison. Vous possédez une petite somme qui doit vous suffire pour longtemps.
Mon bon ami sait qu'il faut être raisonnable il sait encore qu'en nourrissant les fantaisies on les augmente sans en être plus heureux. Je sais bien qu'on peut appeler ce raisonnement folie, mais chacun doit raisonner comme sa situation l'exige. Une coquette vante les plaisirs et la variété, une femme laide la constance, une vieille la sagesse, une guerrière les beaux exploits. Nous devons vanter l'économie. Cela tient lieu de fortune quand on est sage »

« Mon bon ami désire que je lui fasse compagnie, et que je l'entretienne par une conversation agréable. Combien je serai heureuse de pouvoir satisfaire à ses désirs. L'on dit vulgairement, babiller comme une femme. Je suis femme. Mais je t'avoue que l'ignorance qui s'est mise à califourchon sur mes épaules me bride et m'empêche de parler. Je sens, non sans chagrin, que pour la vie je suis condamnée à traîner ce fardeau insipide pour moi et pour .... »

« Eh bien mon bon ami comment as-tu trouvé la journée ? Si j'en juge par ta gaieté, elle t'a paru agréable. L'influence d'un beau jour ranime et donne l'empreinte du plaisir à tout ce qui respire.
Tel l'on entend les oiseaux au commencement du printemps chanter leur amour et le retour de la belle saison. J'ai vu, mon bon ami par sa joie et ses aimables folies ramener la gaieté dans toute la société et éloigner la froide mélancolie. Compagne inséparable de l'âge que l'on appelle raison. Toi seul a le droit de la faire fuir par ta présence. Voilà pourquoi l'on te voit partir avec regrets. Tu t'éloignes, elle revient presque aussitôt. Personne n'a l'art de s'en défendre. Elle déplaît, elle ennuie, l'on s'y habitue, l'on vit avec elle comme avec un voisin inopportun que l'on ne peut renvoyer. Je désire que cette ennuyeuse ne s'empare jamais de toi, car elle tue tous ceux dont elle a fait choix. La gaieté et la santé sont deux compagnes inséparables. Cela vaut bien mieux »

17 mars (26 ventôse)
Fragonard, son épouse et Marguerite Gérard achètent une maison, 57 rue de l'Oursine (aujourd'hui 29 rue Broca, Paris, 5e arrondissement ; Arch. Nat. LXXVIII, 1042).

4 avril (14 germinal)
François Louette, ancien menuisier, vend pour 4.000 francs, à Jean-Honoré et à Marie-Anne qui en auront l'usufruit ainsi qu'à Marguerite Gérard qui en aura la nue propriété, un terrain de 364 toises à Paris, près de la rue Saint Hyppolite et de celle de l'Oursine, faubourg Saint-Marceau, ainsi qu'un autre terrain adjacent, comprenant des bâtiments, de 948 toises (Minutier central, LXXVIII, 1043).

**1803**

13 décembre
Henry Castel, peintre originaire de Grasse âgé de vingt ans, entre à l'École des Beaux-Arts en tant qu'élève de Fragonard (Bibliothèque de l'École des Beaux-Arts, ms. nº 95, fol. 297 bis).

Charles Le Carpentier grave un portrait de Fragonard *(voir nº 287 p. 555)*.

**1804**

7 avril
Dans son journal, le peintre anglais, Joseph Farington (1747-1821) relate une conversation qu'il avait eue avec Loutherbourg (1740-1812), peintre d'origine française installé en Angleterre depuis 1771 : « He spoke of Fragonard as having very fine talents for painting, but He soon lost at Paris a great deal of that excellence which He shewed *(sic)* in Italy » (Greig, II, 1923, p. 122).

**1805**

1er avril (11 germinal)
Par décret, Napoléon intime, à tous les artistes qui y sont logés, l'ordre de quitter le Louvre (A. N. IV-968).

10 avril (20 germinal)
Fragonard signe une pétition adressée à Napoléon concernant les logements du Louvre (Bibliothèque d'Art et d'Archéologie, carton 14, architecte Vaudoyer).

9 juillet (20 messidor)
Fragonard recevra une pension viagère de 1.000 francs par semestre à titre d'indemnité pour son logement. Cet avis lui est adressé « au Palais royal, Maison Very » (Grasse, Bibliothèque du musée). Il a donc quitté à cette date le Louvre et habite au Palais-Royal arcades 83 et 85 (selon Wildenstein, 1960, p. 33), la maison du restaurateur Véry, l'actuel Grand Vefour. Nous connaissons un billet signé Fragonard, du 20 novembre qui fait état de ce changement d'adresse : « Monsieur, Fragonard (Jean honoré) artiste peintre d'histoire, cy devant logé gallerie du Louvre et de present 2e arrondissement palais Royal chez Very Restaurateur. Requiert nomme Rentier et peintre un numero pour chaque billet de banque de france de 500 francs nº 508. Je suis avec Respect et reconnoissance Fragonard. Ce 20 9 bre » (publié par Levy en 1982).

15 octobre (23 vendémiaire)
David remercie Évariste Fragonard pour un « ouvrage » qu'il lui a fait parvenir : « je suis bien sensible, mon bon ami, à votre tendre souvenir ; il me prouve que je suis présent à votre mémoire. J'ai reçu avec bien de la satisfaction votre ouvrage et j'ai eu un plaisir incroyable à le parcourir. Continuez, mon bon ami ; vous êtes né pour aller loin ; quand on fait à vingt-quatre ans une pareille œuvre, on doit s'estimer heureux. Je félicite votre brave père et je me mets à sa place. Qu'il jouisse complètement de la liberté qu'il vous a laissée dans les arts ; car il a senti, en habile homme, qu'il n'y avait point une seule route pour arriver au but, et le nom de Fragonard sera distingué dans tous les genres. J'embrasse bien votre tendre mère, et je n'oublie pas mademoiselle Gérard ; la postérité m'en ferait trop de reproches.

Votre ami sincère,
David »

(introduction à la vente Alexandre-Évariste Fragonard du 6 décembre 1850, repris partiellement par D. Wildenstein, 1973, p. 169).

**1806**

25 février
Trois certificats de vie sont remis à Fragonard (Minutier central, répertoire, LXVIII-13).

5 juillet
Fragonard touche pour les six premiers mois de l'année 500 francs, montant de la pension accordée en indemnité de son logement du Louvre (A. N. $O^2$ 838, dossier 6, E 1719).

22 août
La tradition, rapportée par les Goncourt (1865, p. 308), veut que Fragonard soit mort à la suite d'une promenade au Champ-de-Mars. Il aurait dégusté une glace qui lui aurait été fatale.

L'acte de décès (Minutier central, LXXVIII, 1080) constate : « du vendredy 22 août 1806. Acte de décès de M. Jean-Honoré

Fragonard, peintre de la ci-devant Académie, âgé de 74 ans 5 mois, né à Grasse, département du Var, décédé ce jourd'hui à 5 heures du matin, palais du Tribunat, maison de Veri, restaurateur, division de la Butte-des-Moulins, époux de d^e^ Marie Gérard.

Les témoins ont été MM. Alexandre-Évariste Fragonard, peintre d'histoire, demeurant rue Verdelet, n° 4, division de la Halle-au-Bled, fils du défunt, et Jean-Baptiste Alezard, propriétaire demeurant rue S^t^ Thomas du Louvre n° 30. Division des Tuilleries, ami du décédé ; lesquels ont signé avec M. André, Docteur en médecine qui a constaté ledit décès » (publié partiellement par Piot, 1879, p. 48).

Le *Journal de Paris* (n° 237, p. 1742) signale en ces termes la disparition de l'artiste : « M. Fragonard père est mort vendredi matin, à la suite d'une assez courte maladie. Il étoit agé de 74 ans et demi, et extraordinairement replet. L'école française perd en lui un peintre justement estimé. *Callirhoé*, *La Fontaine d'Amour*, *Le Sacrifice de la Rose* et divers autres sujets reproduits et multipliés par la gravure, ont attaché au nom de Fragonard l'idée même des Grâces. Cet excellent homme laisse un fils qui promet de soutenir le nom qu'il porte ; il compose et peint le bas relief avec une grâce toute particulière et une imagination heureuse et brillante. On connoît aussi Mll. Gérard, qui, élève de M. Fragonard, est la rivale de son talent, en même tems qu'elle fut, jusqu'à son dernier moment, l'amie constante de sa vieillesse ».

Citons encore le *Mercure de France* (30 août, p. 434) : « M. Fragonard, l'un des peintres de l'ancienne école qui a eu le plus de réputation, est mort, le 22 août, à la suite d'une maladie très-courte. Il étoit âgé de 74 ans ».

La *Revue philosophique, Littéraire et politique* (n° 29, 4^e^ trimestre, 11 octobre, p. 123) n'est guère plus détaillée : « enfin, M. Fragonard, peintre, de l'ancienne Académie, qui réussissait dans les sujets érotiques et galans, est mort, il y a quelques jours, dans la 74^e^ année de son âge. Il laisse un fils qui jouit d'une réputation méritée dans les arts ».

24 août
Acte d'inhumation de Fragonard : « le dimanche 24 août a été présenté le corps de feu Jean Honoré Fragonard, Peintre de la cy-devant académie, agé de 74 ans 5 mois, Palais du Tribunat, rue d'arcole n° 11 » (Registre de la paroisse de Saint-Roch, fol. 25).

L'acte de notoriété du 27 septembre (Minutier central, LXXVIII-1080) précise qu'il n'a pas été fait d'inventaire après décès et qu'il laisse « pour son seul et unique héritier M. Alexandre Évariste Fragonard son fils ».

Au Salon, Marguerite Gérard expose (n° 218) : « La Rosière recevant le baiser de protection de la dame du lieu ». Le *Pausanias français* (pp. 217-218) commente ce tableau (aujourd'hui perdu) : « je reviens au titre du sujet. Qu'est-ce qu'un baiser de protection de la dame du lieu ? J'ai le malheur de ne pas saisir le sens de ces mots. Les Amis des Arts, de la grace ingénieuse, et de tout ce qu'il y a d'aimable avec abandon, retrouvent ici avec un vif plaisir le portrait du vieux Fragonard, dans celui du Bailly. Il fut le Maître de mademoiselle Gérard, et elle semble hériter de son pinceau ».

Marie-Anne Fragonard meurt en 1823 (et non en 1824, (Wells-Robertson, 1979, p. 187). Sa sœur, Marguerite Gérard, en 1837 et son fils Évariste, en 1850. Théophile, le fils d'Évariste, né l'année de la mort de son grand-père, meurt en 1876.

# Expositions

Nous n'avons pas cru devoir citer ici les expositions du XVIIIe siècle (Salon du Louvre, Salon de la Correspondance, Montpellier, Versailles....). Nous avons fait précéder d'un point les titres des expositions les plus importantes.


Amiens, 1860
*Notice des tableaux et objets d'art, d'Antiquité et de curiosité*, Hôtel de Ville.

Amsterdam, 1926
*Exposition rétrospective d'art français*, musée de l'État.

Amsterdam, 1951
*Het franse Landschap van Poussin tot Cézanne*, Rijksmuseum.

Amsterdam, 1964
Voir Paris, 1964.

Amsterdam, 1974
*Franse Tekenkunst van de 18de Eeuw uit Nederlandse Verzamelingen* (Dessins français du XVIIIe siècle), Rijksprentenkabinet, Rijksmuseum (éd. bilingue néerlandais-anglais).

Atlanta, 1983-84
*The Rococo Age*, High Museum of Art (cat. par E. Zafran).

Augsbourg-Cleveland, 1975-76
*Liss*, Rathaus ; The Cleveland Museum of Art.

Baltimore, 1959
*Age of Elegance. The Rococo and its Effect*, Museum of Art.

Baltimore-Boston-Minneapolis, 1984-85
*Regency to Empire French Printmaking*, Museum of Art ; Museum of Fine Arts ; Institute of Arts.

Berkeley, 1968
*Master drawings from California Collections*, University Art Museum.

Berlin, 1910
*Ausstellung von Werken französischer Kunst des XVIII. Jahrhunderts*, Königliche Akademie der Künste (avec une édition en grand format).

Berlin, 1973
*Vom späten Mittelalter bis zu Jacques-Louis David*, Staatliche Museen, Preussischer Kulturbesitz.

Berlin, 1983
*Bilder vom irdischen Glück, Giorgione, Tizian Rubens, Watteau, Fragonard*, château de Charlottenbourg.

Berne, 1954
• *Fragonard*, musée des Beaux-Arts.

Besançon, 1956
• *J.-H. Fragonard. Peintures et dessins*, musée des Beaux-Arts.

Besançon, 1977
*Dessins français du XVIIIe siècle*, musée des Beaux-Arts.

Béziers, 1976
Voir Lugand J.

Biot, 1985
*Images du travail*, musée national Fernand Léger.

Bordeaux, 1882
*Catalogue de l'exposition de la société philomatique.*

Bordeaux, 1956
*De Tiepolo à Goya*, galerie des Beaux-Arts.

Bordeaux, 1958
*Paris et les ateliers provinciaux au XVIIIe siècle*, galerie des Beaux-Arts.

Bordeaux, 1964
*La femme et l'artiste, de Bellini à Picasso*, galerie des Beaux-Arts.

Bordeaux, 1965
*Chefs d'œuvre de la peinture française dans les musées de l'Ermitage et de Moscou*, galerie des Beaux-Arts.

Bordeaux, 1967
*La peinture française en Suède*, galerie des Beaux-Arts.

Bordeaux, 1980
*Les Arts du théâtre de Watteau à Fragonard*, galerie des Beaux-Arts.

Bordeaux, 1981
*Profil du Metropolitan Museum of Art de New York, de Ramsès à Picasso*, galerie des Beaux-Arts.

Bourg-en-Bresse, 1982
*Jérôme de Lalande*, centre culturel Albert Camus.

Bregenz-Vienne, 1968-69
*Angelika Kauffmann und ihre Zeitgenossen*, Vorarlberger Landesmuseum ; Österreichisches Museum für Angewandte Kunst.

Brême, 1977-78
*Zurück zur Natur*, Kunsthalle.

Breteuil, 1986
*Un grand collectionneur sous Louis XV : le cabinet de Jacques-Laure de Breteuil, Bailli de l'Ordre de Malte, 1723-1785*, château.

Brunswick-Cobourg, 1982
*Zeichnungen alter Meister aus polnischen Sammlungen*, Herzog Anton Ulrich-Museum ; Kunstsammlungen der veste Coburg.

Brunswick, 1983
Voir Rotterdam-Brunswick, 1983.

Bruxelles, 1904
*L'Art français au XVIIIe siècle*, Palais des Beaux-Arts.

Bruxelles, 1912
*Exposition de la miniature.*

Bruxelles, 1925
*Exposition d'art français du XVIIIe siècle*, musée royal des Beaux-Arts de Belgique.

Bruxelles, 1975
*De Watteau à David, peintures et dessins des musées de province français*, Palais des Beaux-Arts.

Buenos Aires, 1893
*Exposicion Artistica*, Palacio Hume.

Buenos Aires, 1968
*El Arte de vivir en Francia del Siglo XVIII en las colecciones Argentinas*, Museo Nacional de Arte Decorativo.

Buffalo, 1935
*Master drawings : selected from the Museums and Private collections of America*, Albright Art Gallery.

Cambridge, 1931
*Loan Exhibition of Eighteenth Century French Art*, Fogg Art Museum.

Cambridge, 1980
*French drawings from a private Collection : Louis XIII to Louis XVI*, Fogg Art Museum.

Cambridge, 1984
*Master Drawings and Watercolors : The Hofer Collection*, Fogg Art Museum.

Caracas, 1977
*Cinco siglos de arte francès*, Museo de Bellas Artes.

Charleroi, 1957
• *Fragonard-David-Navez*, Palais des Beaux-Arts.

Chicago, 1933
*A century of progress. Exhibition of Painting and Sculpture*, The Art Institute of Chicago.

Chicago, 1978
*European Portraits. 1600-1900 in The Art Institute of Chicago*, The Art Institute of Chicago.

Chicago, 1985
*Great Drawings from The Art Institute of Chicago. The Harold Joachim Years 1958-1983*, The Art Institute of Chicago.

Claremont, 1976
*Eighteenth Century Drawings from California Collections*, Montgomery Art Center.

Clermont-Ferrand, 1977
*Aimer en France*, Bibliothèque municipale.

Cleveland, 1956
*The Venetian tradition*, The Cleveland Museum of Art.

Compiègne-Aix-en-Provence, 1977
*Don Quichotte vu par un peintre du XVIIIe siècle, Natoire*, musée national du château ; musée des Tapisseries.

Copenhague, 1935
*L'art français au XVIIIe siècle*, Palais de Charlottenbourg.

Detroit, 1926
*Loan exhibition of french paintings*, Detroit Institute of Arts.

Detroit-Chicago, 1981-82
*The Golden Age of Naples, Art and Civilization Under the Bourbons. 1734-1805* (vol. 2), Detroit Institute of Arts ; The Art Institute of Chicago.

Dijon, 1960
*Dessins français XVIIe et XVIIIe siècles des collections du musée de Dijon*, Palais des États de Bourgogne.

Dijon, 1974
*Dessins de la collection His de la Salle*, musée des Beaux-Arts.

Dijon, 1977
*J.-B. Greuze, 1725-1805*, Palais des États de Bourgogne.

Dijon, 1982-83
*La peinture dans la peinture*, musée des Beaux-Arts.

Ferrare, 1985
*Torquato Tasso tra letteratura, musica,*

*teatro e arti figurativi,* Castello Estense, Casa Romei.
Florence, 1968
*Mostra di disegni francesi da Callot a Ingres,* Gabinetto disegni e stampe degli Uffizi.
Francfort, 1925
*Ausstellung von Meisterwerken alter Malerei aus Privatbesitz,* Städelschen Kunstinstitut.
Francfort, 1986-87
*Französische Zeichnungen im Städelschen Kunstinstitut 1550 bis 1800,* Städtische Galerie im Städelschen Kunstinstitut.

Genève, 1949
*Trois siècles de Peinture française XVI^e^-XVIII^e^ siècle, chefs d'œuvres des musées de France,* musée Rath.
Genève, 1951
*De Watteau à Cézanne,* musée d'Art et d'Histoire.
Glen Falls, 1941
*Drawings and Paintings of the XVIII^th^ century,* Grandall Library.
Grasse, 1957
• *Œuvres de Fragonard,* musée Fragonard.
Gray-Besançon-Belfort-Dole, 1977-78
*Peintures et dessins de 1750 à 1830, collections des musées de Gray, Besançon, Belfort, Dole.*

Hartford, 1934
*Loans in Honor of the Ancry Memorial,* Wadsworth Atheneum.
Houston, 1986-87
*A magic mirror. The portrait in France 1700-1900,* The Museum of Fine Arts.

Ipswich, 1927
*Bicentenary Memorial Exhibition of Thomas Gainsborough R. A.,* Ipswich Museum.

Jérusalem, 1986
*100 works on Paper from the Collections of the Israel Museum,* The Israel Museum.

Karlsruhe, 1983
*Die französischen Zeichnungen, 1570-1930,* Staatliche Kunsthalle, Kupferstichkabinett.

Lausanne, 1986
*A. L. R. Ducros (1748-1810). Paysages d'Italie à l'époque de Gœthe,* musée cantonal des Beaux-Arts.
Leningrad, 1956
*L'Art français du XV^e^ au XX^e^ siècle,* musée de l'Ermitage (en russe).
Leningrad-Moscou, 1975
*100 Paintings from The Metropolitan Museum,* musée de l'Ermitage ; musée Pouchkine.
Lille, 1960
*Le paysage en Orient et en Occident.*
Lille, 1985
*Au temps de Watteau, Fragonard et Chardin,* musée des Beaux-Arts.
Lisbonne, 1951
*Rotéiro das Pinturas,* Museu Nacional de Arte Antiga.
Lisbonne, 1961
*Pinturas da colecçào da Fundaçào Calouste Gulbenkian,* Museu Nacional de Arte Antiga.
Lisbonne, 1966
*Rotéiro da Pintura Estrangeira,* Museu Nacional de Arte Antiga.
Londres, s. d.
*La douceur de vivre,* Wildenstein.
Londres, 1898
*Roman d'Amour de la jeunesse,* Thos. Agnew and Sons Ltd.
Londres, 1908
Exhibition of the Royal Academy of Arts.
Londres, 1913
*Picture, Drawing, ... of the French School of the Eighteenth Century,* Burlington Fine Arts Club.
Londres, 1928
*Drawings made in Rome and Florence by Fragonard,* The Warren Gallery.
Londres, 1932
*French Art 1200-1900,* Royal Academy of Arts.
Londres, 1933
*Three french Reigns...,* 25 Park Lane.
Londres, 1949-50
*Landscape in French Art,* Royal Academy of Arts.
Londres, 1950
*French Master Drawings of the Eighteenth Century,* Matthiesen Gallery.
Londres, 1954-55
*European Masters of the eighteenth century,* Royal Academy of Arts.
Londres, 1962
*Religious Themes in Painting,* Wildenstein.
Londres, 1968
• *France in the Eighteenth Century,* Royal Academy of Arts.
Londres, 1974
*From Poussin to Puvis de Chavannes,* Heim Gallery.
Londres, 1977
*French Landscape Drawings and Sketches of the Eighteenth Century,* British Museum.
Londres, 1978
*18th century French Paintings, Drawings and Sculptures,* Artemis David Carritt Ltd.
Londres, 1978
*Fragonard Drawings for Orlando Furioso,* Thos. Agnews and Sons Ltd.
Londres, 1979-80
*Sèvres porcelaine from the Royal Collection,* The Queen's Gallery, Buckingham Palace.
Londres, 1981
*The Princes Gate Collection,* Courtauld Institute.
Londres, 1982
*Mantegna to Cézanne, Master Drawings from the Courtauld. A Fiftieth Anniversary Exhibition,* Courtauld Institute.
Long Beach, 1979
*French Drawings from the E.B. Crocker Collection,* The Long Beach Museum of Art.
Los Angeles, 1961
*French Masters : From Rococo to Romanticism,* University of California.
Los Angeles, 1976
*Old Master Drawings from American Collections,* County Museum of Art.
Los Angeles, 1976
*Women Artists, 1550-1950,* County Museum of Art.
Lyon, 1984-85
*Dessins du XVI^e^ au XIX^e^ siècle de la collection du musée des Arts décoratifs de Lyon,* musée Historique des Tissus.

Marseille, 1906
*Catalogue des ouvrages exposés au Grand Palais dans la Section de l'Art Provençal,* Exposition Coloniale.
Marseille, 1969
*Donation Maurice et Pauline Feuillet de Borsat,* musée Borély.
Marseille, 1971
*Dessins des Musées de Marseille,* musée Cantini.
Marseille, 1984
*Techniques du dessin,* musée Grobet-Labadie.
Minneapolis-New York, 1954
*French XVIIIth Century Painters,* Minneapolis Institute of Arts ; Wildenstein.
Minneapolis, 1985-86
*The Art of Collecting,* Minneapolis Institute of Arts.
Montréal, 1950
*The Eighteenth Century Art of France and England,* Museum of Fine Arts.
Moscou, 1927
*Le dessin français des XVI^e^-XIX^e^ siècles,* musée Pouchkine.
Moscou, 1955
*L'art français des XV^e^-XXe siècles,* musée Pouchkine.
Moscou-Leningrad, 1955-56
*Art français du XV^e^ au XIX^e^ siècle,* musée Pouchkine ; musée de l'Ermitage.
Moscou, 1959
*Le dessin et l'aquarelle,* musée Pouchkine.
Moscou-Leningrad, 1966
*Les chefs d'œuvre du dessin de la collection du musée des Beaux-Arts,* musée Pouchkine ; musée de l'Ermitage.
Moscou, 1972
*Le dessin français des XVI^e^-XVIII^e^ siècles,* musée Pouchkine.
Munich, 1930
*Sammlung Schloss Rohoncz,* Gemäldegalerie.
Munich, 1958
*Europaïsches Rokoko,* Residenz.

Nantes-Lausanne-Rome, 1985
*Les frères Sablet,* musées départementaux de Loire-Atlantique ; musée cantonal des Beaux-Arts ; Palazzo Braschi.
Naples, 1979-1980
*Civiltà del '700 a Napoli. 1734-1799,* Museo e Gallerie Nazionali di Capodimonte.
Naples, 1984-85
*Civiltà del Seicento a Napoli,* Museo e Gallerie Nazionali di Capodimonte.
New Haven, 1956
*Pictures collected by Yale Alumni,* Yale University Art Gallery.
New Haven, 1960
*Paintings, drawings and sculptures collected by Yale Alumni,* Yale University Art Gallery.
New Haven, 1984
*French Drawings. Acquisitions 1970-84,* Yale University Art Gallery.
New York, 1914
*Fragonard,* E. Gimpel and Wildenstein.
New York, 1914
*Guide to the loan exhibition of the J. Pierpont Morgan Collection,* The Metropolitan Museum of Art.
New York, 1922
*Notable Paintings by Great Masters,* P. Jackson Higg's Galleries.
New York, 1926
*Fragonard,* Wildenstein.
New York, 1937
*Pictures from the David-Weill Collection,* Wildenstein.
New York, 1940
*European and American Paintings, 1500-1900,* New York World's Fair.
New York, 1958
*Fifty masterworks from the City Art Museum of Saint Louis,* Wildenstein.

New York, 1967
*Masters of the loaded Brush, Sketches from Rubens to Tiepolo,* M. Knœdler & Co.
New York, 1968
*The Artist and the Animal,* M. Knœdler & Co.
New York, 1972
*French Drawings and Prints,* The Metropolitan Museum of Art.
New York-Los Angeles-Indianapolis, 1973
*Woodner Collection : II. Old Master Drawings from the XV to the XVIII century,* William H. Schaab Gallery ; County Museum of Art ; Museum of Art.
New York, 1974
*Major Acquisitions of the Pierpont Morgan Library, 1924-1974 : Drawings,* The Pierpont Morgan Library.
New York, 1974-75
*The Grand Gallery,* The Metropolitan Museum of Art.
New York, 1977
*Paris-New York. A Continuing Romance,* Wildenstein.
New York, 1980
*Seventeenth and Eighteenth Century French Drawings from the Robert Lehman Collection,* The Metropolitan Museum of Art.
New York, 1981
*European Drawings, 1375-1825,* The Pierpont Morgan Library.
New York, 1983
*18th century French Drawings,* Colnaghi and Cailleux.
New York, 1984
*French Master Drawings,* Didier Aaron Gallery.
New York, 1985
*Drawings from the Collection of Mr and Mrs Eugene Victor Thaw,* The Pierpont Morgan Library.
New York, 1985
*French and Italian eighteenth century Master Drawings,* Spencer A. Samuels.
New York-New Orleans-Columbus, 1985-86
*The First Painters of the King,* Matthiesen ; Museum of Art ; Museum of Art.
New York, 1986
*15th-18th century French Drawings in the Metropolitan Museum of Art,* The Metropolitan Museum of Art.
New York, 1986
*French and English Drawings, 1700-1875,* Zangrilli, Brady and Co.
New York, 1987
*Chez elle, chez lui. At home in 18th century in France,* Rosenberg and Stiebel.
New York-Edimbourg, 1987
*The Art of Drawing in France. 1400-1900,* The Drawing Center ; The National Gallery.
Notre Dame, 1972
*Eighteenth century France. A study of its art and civilization,* Art Gallery, University of Notre Dame, O'Shaughnessy Hall.

Orléans, 1975-76
*Le dessin français du XVIe au XVIIIe siècle,* musée Historique.
Orléans, 1978
*Dessins français du XVIe au XVIIIe siècle,* musée d'Orléans, Hôtel Cabu.
Ottawa, 1976
*Dessins européens des collections canadiennes 1500-1900. European drawings from canadian collections 1500-1900,* Galerie nationale du Canada ; The National Gallery of Canada.
Paris, 1848
*Explication des ouvrages de peinture exposés à la Galerie Bonne Nouvelle,* Association des Artistes, Galerie Bonne Nouvelle.
Paris, 1860
*Catalogue de tableaux et dessins de l'École française, principalement du XVIIIe siècle tirés de collections d'amateurs,* galerie Martinet, 26 boulevard des Italiens (cat. par Ph. Burty).
Paris, 1866
*Tableaux anciens empruntés aux galeries particulières,* Palais des Champs-Élysées.
Paris, 1874
*Ouvrages de peinture exposés au profit de la colonisation de l'Algérie par les Alsaciens-Lorrains,* Palais de la présidence du corps législatif (Palais Bourbon).
Paris, 1878
*Portraits historiques (Exposition Universelle),* Palais du Trocadéro.
Paris, 1879
*Catalogue descriptif des dessins de Maîtres anciens exposés à l'École des Beaux-Arts,* École des Beaux-Arts.
Paris, 1880
*Exposition de tableaux anciens de décoration et d'ornement,* musée des Arts décoratifs.
Paris, 1883
*Portraits du XVIIIe siècle (1783-1883),* École des Beaux-Arts.
Paris, 1883-84
*L'art du XVIIIe siècle,* galerie Georges Petit.
Paris, 1884
*Catalogue des dessins de l'École Moderne,* École des Beaux-Arts.
Paris, 1885
*Portraits du siècle,* École des Beaux-Arts.
Paris, 1885
*Exposition de tableaux, statues et objets d'art au profit de l'œuvre des orphelins d'Alsace-Lorraine,* musée du Louvre (Salle des États).
Paris, 1887
*Exposition de tableaux de maîtres anciens au profit des inondés du midi.*
Paris, 1888
*L'art français sous Louis XIV et sous Louis XV* (au profit de l'œuvre de l'Hospitalité de Nuit), maison Quentin.
Paris, 1888
*Catalogue illustré de l'exposition internationale de Blanc et Noir.*
Paris, 1889
*Exposition centennale de l'Art français (Exposition Universelle),* Section des Beaux-Arts.
Paris, 1894
*Marie-Antoinette et son temps,* galerie Sedelmeyer.
Paris, 1897
• *Catalogue de portraits de femmes et d'enfants,* École des Beaux-Arts.
Paris, 1907
*Chardin-Fragonard,* galerie Georges Petit.
Paris, 1909
*Exposition de cent portraits de femmes des écoles anglaise et française du XVIIIe siècle,* musée du Jeu de Paume.
Paris, 1911
*La Turquerie au XVIIIe siècle,* musée des Arts décoratifs.
Paris, 1913
*Catalogue de dessins de l'École française du dix-huitième siècle,* galerie Georges Petit.
Paris, 1921
• *Exposition d'œuvres de J.-H. Fragonard,* musée des Arts décoratifs (cat. par Georges Wildenstein).
Paris, 1923
*L'art français au service de la science française,* Chambre syndicale de la curiosité.
Paris, 1925
*Le paysage français de Poussin à Corot,* musée du Petit Palais.
Paris, 1926
*Soixante-huit dessins de Fragonard, souvenirs de son voyage à Rome et à Florence,* Geoffroy Dodge et Cie.
Paris, 1928
*La jeunesse vue par les maîtres du XVIe au XIXe siècles,* galerie Jean Charpentier.
Paris, 1928
*La vie parisienne au XVIIIe siècle,* musée Carnavalet.
Paris, 1931
*Chefs d'œuvre des musées de Province,* musée de l'Orangerie.
Paris, 1931
• *Dessins de Fragonard,* Jacques Seligmann et fils (avant-propos de Louis Réau).
Paris, 1933
*Hubert Robert,* musée de l'Orangerie.
Paris, 1933
*Exposition du pastel français, du XVIIe siècle à nos jours,* Jacques Seligmann et fils.
Paris, 1934
*Cent ans de portraits français (1800-1900),* galerie Bernheim Jeune.
Paris, 1934
*Esquisses, maquettes, projets et ébauches de l'école française du XVIIIe siècle,* galerie Cailleux.
Paris, 1934
*Le siècle de Louis XV vu par les artistes,* Gazette des Beaux-Arts.
Paris, 1934
*Les artistes français en Italie, de Poussin à Renoir,* musée des Arts décoratifs.
Paris, 1935
*Le dessin français dans les collections du XVIIIe siècle,* Gazette des Beaux-Arts.
Paris, 1937
*Chefs d'œuvre de l'art français,* Palais National des Arts.
Paris, 1943
*Jardins de France,* galerie Charpentier.
Paris, 1943
*Le portrait français,* galerie René Drouin.
Paris, 1946
*Les Goncourt et leur temps,* musée des Arts décoratifs.
Paris, 1946
*Les chefs d'œuvre des collections privées françaises retrouvés en Allemagne,* musée de l'Orangerie.
Paris, 1946
*Chefs d'œuvre de la peinture française du Louvre,* musée du Petit Palais.
Paris, 1948
*La douceur de vivre,* galerie Bernheim Jeune.
Paris, 1950
*Cent cinquante chefs d'œuvre de l'Albertina de Vienne,* Bibliothèque Nationale.
Paris, 1950
*Chefs d'œuvre des collections parisiennes,* musée Carnavalet (cat. par J. Wilhelm).
Paris, 1950
*Le dessin français de Fouquet à Cézanne,* musée de l'Orangerie.
Paris, 1951
*Le dessin français de Watteau à Prud'hon,* galerie Cailleux.
Paris, 1951
*Plaisir de France,* galerie Charpentier.
Paris, 1952
*Musée Boymans de Rotterdam. Dessins du XVe au XIXe siècle,* Bibliothèque Nationale.

Paris, 1952
*Chefs d'œuvre de la collection D. G. van Beuningen*, musée du Petit Palais.
Paris, 1953
*Figures nues de l'école française*, galerie Charpentier.
Paris, 1953
*Monticelli et le baroque provençal*, musée de l'Orangerie
Paris, 1953
*Chefs d'œuvre du musée d'art de São Paulo*, musée de l'Orangerie.
Paris, 1954
*Le nu à travers les âges*, galerie Bernheim Jeune.
Paris, 1956
*De Watteau à Prud'hon*, Gazette des Beaux-Arts.
Paris, 1957
*Cent chefs d'œuvre de l'art français. 1750-1950*, galerie Charpentier.
Paris, 1957
*Besançon, le plus ancien musée de France*, musée des Arts décoratifs.
Paris, 1957
*Le portrait français de Watteau à David*, musée de l'Orangerie.
Paris, 1958
*Portraits dans le dessin français du XVIII^e^ siècle*, musée du Louvre, Cabinet des dessins.
Paris, 1958-59
*De Clouet à Matisse, dessins français des collections américaines*, musée de l'Orangerie.
Paris, 1959
*Dessins de Pierre Paul Rubens*, musée du Louvre, Cabinet des dessins.
Paris, 1960
*Tableaux de la collection Gulbenkian*, Fondation Calouste Gulbenkian.
Paris, 1960
*Fragonard et les grands maîtres italiens, 1760-1761*, galerie Beauvau (cat. par A. Ananoff).
Paris, 1961
*Les Français à Rome*, Hôtel de Rohan.
Paris, 1962
*Première exposition des plus beaux dessins du Louvre et de quelques pièces célèbres des collections de Paris*, musée du Louvre.
Paris-Amsterdam, 1964
*Le dessin français dans les collections hollandaises*, Institut Néerlandais ; Rijksmuseum, Prentenkabinet (2 vol.).
Paris, 1965-66
*Chefs d'œuvre de la peinture française dans les musées de Leningrad et de Moscou*, musée du Louvre.
Paris, 1967
*L'Académie de France à Rome*, École des Beaux-Arts.
Paris, 1967
*Dessins français du XVIII^e^ siècle. Amis et contemporains de P.-J. Mariette*, musée du Louvre, Cabinet des dessins.
Paris, 1968
*Edouard Vuillard, K.-X. Roussel*, musée de l'Orangerie.
Paris, 1969
*Hommage à Louis La Caze*, musée du Louvre.
Paris, 1971
*François Boucher*, musée du Louvre, Cabinet des dessins.
Paris, 1973
*Autour du Néoclassicisme*, galerie Cailleux.
Paris, 1974
*Louis XV, un moment de perfection de l'art français*, Hôtel de la Monnaie.
Paris, 1974
• *Tableaux de Fragonard et meubles de Cressent*, (Petit Journal des grandes expositions, n^o^ 10), musée du Louvre.
Paris, 1974-75
*Le néoclassicisme français. Dessins des musées de province*, Galeries du Grand Palais.
Paris-Detroit-New York, 1974-75
*De David à Delacroix, la peinture française de 1774 à 1830*, Galeries du Grand Palais ; Detroit Institute of Arts ; The Metropolitan Museum of Art (éd. américaine : *French Painting 1774-1830, The Age of Revolution*).
Paris, 1974-75
*Dessins du musée Atger de Montpellier*, musée du Louvre, Cabinet des dessins.
Paris, 1976
*Dessins français de l'Art Institute de Chicago. De Watteau à Picasso*, musée du Louvre, Cabinet des dessins.
Paris, 1976-77
*L'Amérique vue par l'Europe*, Galeries du Grand Palais.
Paris, 1977
*La collection Armand Hammer*, musée Jacquemart-André.
Paris, 1978
*Défense du Patrimoine National*, musée du Louvre.
Patis-Genève, 1978-79
*Sanguines*, galerie Cailleux.
Paris, 1979
*Ch. de Wailly*, Caisse Nationale des Monuments Historiques.
Paris, 1979
*Un album de croquis d'Hubert Robert*, galerie Cailleux.
Paris, 1979
*Le Louvre d'Hubert Robert*, musée du Louvre.
Paris, 1980-81
*Des Monts et des Eaux, paysages 1715-1850*, galerie Cailleux.
Paris, 1980-81
*Cinq années d'enrichissement du patrimoine national, 1975-80*, Galeries du Grand Palais.
Paris, 1981
*La rue de Varenne*, musée Rodin.
Paris, 1982
*Collection Thyssen-Bornemisza. Maîtres anciens*, musée du Petit Palais.
Paris, 1983
*Rome, 1760-1770. Fragonard, Hubert Robert et leurs amis*, galerie Cailleux.
Paris, 1983
*Raphaël et l'art français*, Galeries du Grand Palais.
Paris, 1983
*Dessins français conservés à la Bibliothèque de l'École Polytechnique*, Maison des Polytechniciens.
Paris, 1984
*La donation Kaufmann et Schlageter au département des Peintures*, musée du Louvre.
Paris, 1984
*Acquisitions du Cabinet des dessins, 1973-1983*, musée du Louvre, Cabinet des dessins.
Paris, 1984-85
*Diderot et l'Art de Boucher à David*, Hôtel de la Monnaie.
Paris, 1985
*Œuvres de jeunesse, de Watteau à Ingres*, galerie Cailleux.
Paris, 1985
*Graveurs français de la seconde moitié du XVIII^e^ siècle*, musée du Louvre, Cabinet des dessins, coll. E. de Rothschild.
Paris, 1986
*Les concours a esquisses peintes. 1816-1863*, École des Beaux-Arts.
Paris, 1986
*Boucher*, Galeries du Grand Palais (présenté également à New York et Detroit).
Paris, 1986-87
*La France et la Russie au siècle des Lumières*, Galeries du Grand Palais.
Philadelphie, 1950-51
*Masterpieces of drawing*, Philadelphia Museum of Art.
Philadelphie, 1985
*Eighteenth Century French Book illustration : drawings by Fragonard and Gravelot from the Rosenbach Museum and Library*, The Rosenbach Museum and Library.
Pittsburg, 1951
*French painting, 1100-1900*, Carnegie Institute.
Pont-Aven, 1983
*Cent dessins des musées de Quimper*, musée.
Portland, 1956
*Paintings from the collection of Walter P. Chrysler Jr.*, Art Museum.
Porto, 1964
*Arts plastiques français de Watteau à Renoir. Collection de la fondation Calouste Gulbenkian*, Museu nacional de Soares dos Reis.
Princeton, 1977
*Eighteenth-Century French Life-Drawing*, The Art Museum.
Providence, 1975
*Rubenism*, Rhode Island School of Design.

Rennes-Dijon-Chambéry-Saint-Étienne-Avignon, 1964-65
*Peintures françaises du XVIII^e^ siècle au musée du Louvre.*
Richmond, 1981
*Three Masters of Landscape. Fragonard, Robert and Boucher*, The Virginia Museum of Fine Arts.
Rome, 1959
*Il Settecento a Roma*, Palazzo delle Esposizioni.
Rome, 1959-60
*Il disegno francese da Fouquet a Toulouse-Lautrec*, Palazzo Venezia.
Rome-Turin, 1961
*L'Italia visa dai Pittori Francesi del XVIII e XIX secolo*, Palazzo delle Esposizioni ; Galleria Civica d'Arte Moderna (l'éd. de Rome comporte une numérotation différente de celle de Turin que nous citons).
Rome, 1962
*Il ritratto francese da Clouet a Degas*, Palazzo Venezia.
Rome, 1980
*Ville e Paese*, Palazzo Venezia.
Rome, 1981-82
*David e Roma*, Académie de France à Rome, Villa Medici.
Rome-Dijon, 1983
*Bénigne Gagneraux*, Galleria Borghese ; musée des Beaux-Arts.
Rotterdam, 1957
*Tekeningen van Europese Meesters in Het Museum Boymans te Rotterdam*, musée Boymans-van Beuningen.
Rotterdam-Brunswick, 1983
*Schilderkunst uit de eerste hand Olieverfschetsen van Tintoretto tot Goya (Malerei aus erster Hand : Ölskizzen von Tintoretto bis Goya)*, musée Boymans-van Beuningen ; Herzog Anton Ulrich-Museum.
Rouen, 1970
*Choix de dessins anciens*, Bibliothèque municipale.

Sacramento, 1940
*Three centuries of Landscape Drawing*,

E. B. Crocker Art Gallery.
Saint-Paul-de-Vence, 1973
*André Malraux*, fondation Maeght.
San Francisco, 1934
*French Painting from the Fifteenth Century to the Present Day*, California Palace of the Legion of Honor.
San Francisco, 1949
*Rococo Masterpieces of Eighteenth-Century French Art from the Museums of France*, California Palace of the Legion of Honor.
Shangaï, 1982
*250 ans (1620-1870) de peinture française.*
South Bend, 1972
*Eighteenth Century France. A Study of its Art and Civilization.*
Stockholm, 1958
*Fem seckler fransk Konst*, Nationalmuseum.
St Petersburg, 1982-83
*Fragonard and his friends : changing ideals in Eighteenth century Art*, (cat. par J. Grayson).
Sydney, 1980
*French Painting. The Revolutionary decades, 1760-1830*, Art Gallery of New South Wales.

Tokyo-Kyoto, 1980
• *Fragonard*, musée national d'art occidental ; musée municipal (cat. par D. Sutton).
Tokyo, 1982
*Chefs d'œuvre du musée du Petit Palais*, musée Idemitsu.
Tokyo-Yamaguchi-Nagoya-Kamakura, 1983
*L'exposition des peintures françaises du XVIIe au XIXe siècle*, musée Isetan ; musée de Yamaguchi ; musée d'Aïchi ; musée d'art moderne.
Toledo-Chicago-Ottawa, 1975-76
*The Age of Louis XV. French Painting. 1710-1774*, The Toledo Museum of Art ; The Art Institute of Chicago ; The National Gallery of Canada (il existe également une édition française du cat.).
Toronto-Ottawa-San Francisco-New York, 1972-73
*Dessins français des XVIIe et XVIIIe siècles des collections américaines* (éd. anglaise, *French Master Drawings of the 17th et 18th centuries*).
Toulon, 1985
*La peinture en Provence*, musée.
Toulouse, 1951
*Les graveurs en taille-douce de 1600 à 1800*, musée Paul-Dupuy.
Toulouse, 1954
*Le dessin toulousain de 1730 à 1800*, musée Paul-Dupuy.
Troyes-Nîmes-Rome, 1977
*Charles-Joseph Natoire*, musée des Beaux-Arts ; musée des Beaux-Arts ; Villa Medici.

U.S.A., 1952-53
*French Drawings Masterpieces from five centuries*, Washington, National Gallery of Art ; Cleveland, The Cleveland Museum of Art ; Saint Louis, City Art Museum ; Cambridge, Fogg Art Museum ; New York, The Metropolitan Museum of Art.

Versailles, 1981
*Dessins français XVIIIe et XIXe siècles du musée Lambinet et de la Bibliothèque municipale de Versailles*, musée Lambinet.
Vichy, 1941
*Dessins, gravures et pastels de Maîtres français du XVIIIe siècle*, galerie Sévigné.
Vienne, 1950
*Meisterwerke aus Frankreichs Museen*, Albertina.
Vienne, 1966
*Kunst und Geist Frankreichs im 18. Jahrhundert*, Oberes Belvedere.
Vienne, 1967
*Meisterzeichnungen aus den Museum der schönen Künste in Budapest*, Albertina Graphische Sammlung.
Vienne, 1969
*200. Jahre Albertina*, Albertina Graphische Sammlung.

Washington, 1950
*European Paintings from the Gulbenkian Collection*, National Gallery of Art.
Washington-Detroit-Los Angeles, 1975-76
*Master paintings from the Hermitage and the State Russian Museum Leningrad.*
Washington, 1978
*Master Drawings from the Collection of the National Gallery of Art*, National Gallery of Art.
Washington, 1978
*Hubert Robert, Drawings and Watercolors*, National Gallery of Art.
Washington, 1978
• *Drawings by Fragonard in North American Collections*, National Gallery of Art (cat. par Eunice Williams).
Washington et autres lieux, 1981
*French Master Drawings from the Rouen Museums. From Caron to Delacroix*, National Gallery of Art.
Washington, 1982
*Eighteenth-Century Drawings from the Collection of Mrs Gertrude Laughlin Chanler*, National Gallery of Art (cat. par M. Morgan Grasselli).
Washington-New York, 1984-85
*Old Master Drawings from the Albertina*, National Gallery of Art ; The Pierpont Morgan Library.
Williamstown, 1964
*Portrait of a Man (The Warrior), Jean-Honoré Fragonard*, Sterling and Francine Clark Art Institute (cat. par Ch. Sterling).

Zurich, 1955
*Schönheit des 18. Jahrhunderts*, Kunsthaus.

# Bibliographie

Cette bibliographie ne prétend pas être exhaustive : elle ne reprend que les ouvrages utilisés dans le catalogue. Nous avons fait précéder d'un point les titres des ouvrages les plus importants.


## A

A. Voir Ananoff, 1961-1970.
Aaron D.
*Dessins insolites du XVIII^e siècle français*, Lausanne, 1985.
*Abecedario*
Voir Mariette.
Adhémar J.
« Lettres adressées aux Goncourt concernant les Beaux-Arts, conservées à la Bibliothèque Nationale », *Gazette des Beaux-Arts*, novembre 1968 (II), pp. 229-236.
Adhémar J. et Lethève J.
*Inventaire du fonds français, graveurs après 1800 (Bibliothèque Nationale)*, Paris, 1954, VIII.
Adhémar J.
Voir Seznec J.
Alauzen A.
*La peinture en Provence*, Marseille, 1962.
Alexandre A.
« La collection Henri Rouart », *Les Arts*, décembre 1912, nº 132, pp. 2-32.
Alexeyeva V. et Vodo N.
*Le dessin français des XVI^e et XVIII^e siècles. La collection du musée des Beaux-Arts Pouchkine à Moscou*, Moscou, 1977.
Alfasa P.
« L'exposition Fragonard », *La Revue de Paris*, 1^er juillet 1921, pp. 190-200.
Algoud H.
« Marguerite Gérard au musée Fragonard de Grasse », *Revue de l'Art Ancien et Moderne*, 1936, LXX, pp. 239-246.
Algoud H.
*Fragonard*, Monaco, 1941.
Allemagne H. R. d'
*Récréations et passe-temps*, Paris, s. d.
Allemagne H. R. d'
*Histoire des jouets*, Paris, s. d.
Alvin-Beaumont V.
« Jean-Honoré Fragonard. La vérité sur la *Bonne Mère* », *Le pedigree. Erreur et vérité en art*, juillet 1913, pp. 25-31.
Alvin-Beaumont V.
« La *Bonne Mère* de Fragonard », *Le Temps*, 1^er décembre 1913, p. 5.
Ananoff A.
« Des révélations sensationnelles sur Fragonard », *Connaissance des Arts*, août 1956, nº 54, pp. 38-43.
Ananoff A.
« Comment dessinait Fragonard », *Jardin des Arts*, juillet 1957, pp. 515-522.
Ananoff A.
« Identification de deux dessins de Fragonard ayant figuré au Salon de 1765 », *Gazette des Beaux-Arts*, janvier 1959 (I), pp. 61-63.
Ananoff A.
« La réalité du voyage de Fragonard aux Pays-Bas », *Bulletin de la Société de l'Histoire de l'Art Français 1959*, 1960, pp. 15-22.
Ananoff A.
« En authentifiant ses dessins... », *Connaissance des Arts*, juillet 1961, nº 113, pp. 49-55.
Ananoff A.
« La technique des dessins de Fragonard », *La Vitrine*, 1961, pp. 8-15.
Ananoff A.
« Différentes séries de dessins exécutés par Fragonard pour les contes de La Fontaine », *Bulletin de la Société de l'Histoire de l'Art Français 1960*, 1961, pp. 7-17.
Ananoff A.
• *L'œuvre dessiné de Jean-Honoré Fragonard*, Paris, 4 vol., 1961, 1963, 1968, 1970.
Ananoff A.
« Identification d'un personnage représenté sur un dessin de Fragonard », *Bulletin de la Société de l'Histoire de l'Art Français 1961*, 1962, pp. 153-154.
Ananoff A.
« Alexandre-Évariste Fragonard et son père », *Bulletin de la Société de l'Histoire de l'Art Français 1961*, 1962, pp. 155-157.
Ananoff A.
« Fragonard et Ango, collaborateurs de Saint-Non », *Bulletin de la Société de l'Histoire de l'Art Français 1962*, 1963, pp. 117-120.
Ananoff A.
« Deux peintures inédites de Jean-Honoré Fragonard », *Bulletin de la Société de l'Histoire de l'Art Français 1964*, 1965, pp. 113-114.
Ananoff A.
« Attributions et identifications nouvelles de quelques dessins de François Boucher et de Gabriel de Saint-Aubin », *Bulletin de la Société de l'Histoire de l'Art Français 1965*, 1966, pp. 169-176.
Ananoff A.
« Identification d'un dessin de Saint-Non », *Bulletin de la Société de l'Histoire de l'Art Français 1967*, 1968, pp. 137-139.
Ananoff A.
« Drawings by J.H. Fragonard for *Jerusalem Delivered* », *The Connoisseur*, janvier 1968, nº 671, pp. 12-16.
Ananoff A.
« Effets d'aquarelle et de gouache », *Connaissance des Arts*, juillet-août 1968, nº 197-198, pp. 96-103.
Ananoff A.
« *Mosieur Fanfan*. Découverte d'une nouvelle gravure », *Gazette des Beaux-Arts*, mars 1971 (I), pp. 179-182.
Ananoff A.
« Propos sur les peintures de Marguerite Gérard », *Gazette des Beaux-Arts*, décembre 1979 (II), pp. 211-218.
Ananoff A.
« Fragonard, quelques dessins d'une collection », *L'Estampille*, janvier 1984, nº 165, pp. 10-17.
Ananoff A.
« Alexandre-Évariste et Jean-Honoré Fragonard son père », *L'Œil*, mars 1984, nº 344, pp. 70-75.
Ananoff A. et Wildenstein D.
*François Boucher*, Lausanne-Paris, 1976, 2 vol.
Anarson H.H.
*Jean-Antoine Houdon*, Paris, 1975.
Andia, B. de
« Les ‹folies› de Paris au XVIII^e siècle », *Médecine de France*, 1960, nº 113, pp. 17-32.
André E.
« Honoré Fragonard », *L'Art décoratif*, juillet-décembre 1907, pp. 1-12.
Anonyme
« Chronique », *Revue Universelle des Arts*, 1858, pp. 78-96.
Anonyme
*Fragonard, Moreau le Jeune and French engravers, etchers, and illustrators of the later XVIII century*, Londres,1913 (éd. française, 1914).
Anonyme
*Armand Hammer Collection Exhibitions*, Los Angeles, 1982.
Antonsson O.
*Sergels Ungdom och Romtid*, Stockholm, 1942.
Apollinaire G.
*Fragonard and the United States*, Paris, 1914.
Apollinaire G.
« Chroniques d'Art », *Œuvres complètes*, Paris, éd. 1966.
Aptchinskaïa N.V.
*Fragonard*, Moscou, 1982 (en russe).
Arbaud L.
« Mademoiselle Godefroid », *Gazette des Beaux-Arts*, janvier 1869 (I), pp. 39-52.
Arnaud O.
« Subleyras, 1699 à 1749 », dans L. Dimier, *Les peintres français du XVIII^e siècle...*, Paris, 1930, II, pp. 49-92.
Argé Ch. d'
« Une page de l'histoire du Louvre », *Revue des Beaux-Arts*, 1858, pp. 247-250 et 298-301.
Asplund K.
*P. A. Hall. Sa correspondance de famille*, Uppsala, 1955.
Assézat J. et Tourneux M.
*Iconographie [de Diderot]. Œuvres complètes de Diderot*, Paris, 1877, XX.
Aulanier Ch.
*Histoire du palais et du musée du Louvre*, [1947-1969], 10 vol.
Aulard A.
« Correspondance. A propos de Fragonard et de Robespierre », *La Révolution Française*, 14 septembre 1900, pp. 278-279.
Aulard A.
*Paris pendant la réaction thermidorienne et sous le Directoire*, Paris, 1902, V.
Auvray L.
Voir Bellier de la Chavignerie.
[Axilette J.A.]
*François Casanova. Sa vie, ses œuvres*, Thèse de l'École du Louvre, 1929.

# B


Bachaumont L. Petit de
*Mémoires secrets pour servir à l'histoire de la République des Lettres en France depuis 1762 jusqu'à nos jours* , Londres, 1777-89, 31 vol.

Bacou R.
*Il settecento francese,* Milan, 1971 (éd. française, Paris, 1976)

Baetjer K.
*European Paintings in The Metropolitan Museum of Art by Artists Born in or before 1865. A Summary Catalogue,* New York, 1980, 3 vol.

Bailey C.
« Le marquis de Véri collectionneur », *Bulletin de la Société de l'Histoire de l'Art Français 1983,* 1985, pp. 67-83.

Bapst G.
« Tableaux de Fragonard pour Bellevue », *Nouvelles Archives de l'Art Français,* 1892, VIII, p. 126.

Barazzetti S.
« Le 23 août... », *Beaux-Arts,* 23 août 1935, n° 138, p. 2.

Barbery B.
« L'enfance de Fragonard, un Roman des Goncourt », *Le Mercure de France,* juin 1934, pp. 296-315.

Barbery B.
« Les origines de Fragonard », *Le Temps,* 7 juillet 1938 et 14 septembre 1938.

Barbery B.
« Les Fragonard de Grasse à New York », *Le Mercure de France,* 1949, pp. 641-646.

Barbier E. J. F.
*Journal historique et anecdotique du règne de Louis XV* (éd. par A. de la Villegile), Paris, 1847-56, 4 vol.

Barotte R.
« Fragonard au pays de Renoir », *Le Journal des Arts,* 25 septembre 1957.

Barotte R.
« Au musée du Louvre, 700 chefs d'œuvre redeviennent visibles », *Plaisir de France,* 1960, n° 263, pp. 68-69.

Barzel Ch.
« Le vrai Fragonard », *Comœdia,* mercredi 27 avril 1932.

Baudicour P. de
*Le peintre-graveur français,* Paris, 1859-61, 2 vol.

Bazin G.
« Fragonard et Gabriel de Saint-Aubin », *L'Amour de l'Art,* septembre 1931, n° 9, p. 365.

Bazin G.
*Trésors de la Peinture au Louvre,* Paris, 1957 (rééd. 1960, 1962).

Bean J. et Turčić L.
*15th-18th Century French Drawings in The Metropolitan Museum of Art,* New York, 1986.

Beau M.
*La collection des dessins d'Hubert Robert au musée de Valence,* Lyon, 1968.

Beaucamp F.
*Le peintre lillois Jean-Baptiste Wicar (1762-1834),* Lille, 1939, 2 vol.

Beaumont E. de
« Deux mobiliers d'autrefois », *Gazette des Beaux-Arts,* février 1872 (I), pp. 129-139.

Bédarida H.
*Parme et la France de 1748 à 1789,* Paris, 1928.

Bellier de la Chavignerie E.
*Les Artistes français du XVIIIe siècle oubliés ou dédaignés,* extrait de *La Revue Universelle des Arts,* Paris, 1865.

Bellier de la Chavignerie E. et Auvray L.
*Dictionnaire général des Artistes de l'école française,* 1882-85, 2 vol.

Bellocchi U. et Fava B.
*L'interpretazione grafica dell'Orlando furioso,* Reggio Emilia, 1961.

Benesch O.
*Meisterzeichnungen der Albertina Europäische Schulen von der Gotik bis zum Klassizismuss,* Salzbourg, 1964

Benoît A.
*L'histoire de la peinture de toutes les époques et tous les peuples,* Saint-Pétersbourg, 1912, vol. 4.

Benoît F.
*L'Art français sous la Révolution et l'Empire,* Paris, 1897 (*réimpression,* Genève, 1975).

Benoît F.
« Quelques tableaux français du musée de Lille », *Bulletin de la Société de l'Histoire de l'Art Français,* 1907, pp. 141-157.

Béraldi H.
Voir Portalis R.

Berezina V. N.
*French painting : early and mid-nineteenth century,* Moscou-Florence, 1983.

Bergeret P. J. O.
• « Voyage d'Italie », précédé d'une étude par A. Tornézy : « Bergeret et Fragonard, journal inédit d'un voyage en Italie, 1773-1774 », *Bulletin et Mémoires de la Société des Antiquaires de l'Ouest 1894,* 1895, XVII (il en existe une éd. abrégée et annotée par J. Wilhelm, Paris, 1948).

Bernard Ch.
« Le musée du Louvre s'enrichit », *La Belle France,* août 1946, pp. 40-41.

Bernier G.
*L'art et l'argent, le marché de l'art au XXe siècle* , Paris, 1977.

Betz J.
« Dem völkerverbindenden Genie : zu einer Apotheose Franklins von Fragonard », *Die BASF,* mars 1966, pp. 111-114.

Biebel F. M.
• « Fragonard and Madame du Barry », *Gazette des Beaux-Arts,* octobre 1960, pp. 207-224.

Biebel F. M.
*Fragonard's « Progress of love ». A study of Artistic Taste,* XIXe Congrès International d'Histoire de l'Art (compte-rendu), pp. 110-111.

Binai P.
« Printmaking in France 1700-1800 », *Carnegie Magazine,* 1975, vol. 49, n° 7, pp. 304-312.

Bizet R.
*La double vie de Gérard de Nerval,* Paris, 1928.

Bjurström P.
« Fragonard och Ariosto », *Kontakt med Nationalmuseum,* 1976, pp. 13-27.

Bjurström P.
« Drawings by Jean-Honoré Fragonard in Nationalmuseum », *Nationalmuseum Bulletin,* Stockholm, 1978, II, n° 1, pp. 37-49.

Bjurström P.
*French Drawings, Eighteenth Century, Nationalmuseum,* Stockholm, 1982

Blanc Ch.
*Le Trésor de la curiosité tiré des catalogues de vente,* Paris, 1857, 2 vol.

Blanc Ch.
*Histoire des peintres de toutes les Écoles depuis la Renaissance jusqu'à nos jours,* 1862, II.

Blum A.
« L'estampe satirique et la caricature en France », *Gazette des Beaux-Arts,* octobre 1910 (II), pp. 275-292.

Bocher E.
*Les gravures françaises du XVIIIe siècle. 5e fascicule. Augustin de Saint-Aubin,* Paris, 1879.

Bode W.
*La galerie de tableaux de M. Rodolphe Kann à Paris,* Vienne, 1900.

Bode W.
*Collection R. Kann,* Vienne, 1907, 2 vol.

Bœrlin-Brodbeck Y.
*Antoine Watteau und das Theater,* Bâle, 1973.

Bœrlin-Brodbeck Y.
« La figure assise dans un paysage », *Antoine Watteau (1684-1721). Le peintre, son temps et sa légende* (colloque Watteau, 1984), Paris, 1987, pp. 163-171.

Boisjolin C. A. Vieilh de
*Biographie universelle des contemporains,* Paris, 1830, 4 vol.

Bon S.
« La danse et les peintres des fêtes galantes au XVIIIe siècle », *Jardin des Arts,* septembre 1957, n° 35, pp. 643-650.

Bonnefon P.
« Fragonard et Robespierre », *Le Bulletin de l'Art Ancien et Moderne,* 3 août 1901, n° 107, pp. 213-214.

Bonnefoy Y.
*L'improbable et autres essais,* Paris, 1983.

Boppe A.
« *Les peintres de turcs* au XVIIIe siècle », *Gazette des Beaux-Arts,* juillet 1905 (II), pp. 43-55 et septembre 1905 (II), pp. 220-230.

Boppe A.
*Les peintres du Bosphore au XVIIIe siècle,* Paris, 1911.

Bordeaux J.-L.
*François Le Moyne and his generation. 1688-1737,* Paris, 1984.

Borenius T.
« The Fragonard Exhibition in Paris », *The Burlington Magazine,* août 1921, n° 221, pp. 94-99.

Bouchard M.-A.
« Une famille d'artistes français du XVIIIe siècle. Les Gautier d'Agoty », *Mémoires de la commission des Antiquités du département de la Côte d'Or,* 1937, fascicule II, pp. 135-140.

Boucher F.
*Fragonard,* [Paris, 1966].

Boucher F. et Jaccottet Ph.
*Le dessin français au XVIIIe siècle,* Lausanne, 1952.

Bouchot H.
« Fragonard et l'architecte Pâris », *Revue de l'Art Ancien et Moderne,* mars 1906, XIX, pp. 203-216.

Bouchot-Saupique J.
« Tiepolo-Goya », *Cahiers de Bordeaux,* 1956, pp. 15-18.

Bouchot-Saupique J.
« Les miniatures et émaux de la collection David-Weill », *Jardin des Arts,* décembre 1956, n° 26, pp. 114-119.

Boudet M.
« Le château de Crécy et la salle La Caze », *Mémoires de la Société Archéologique d'Eure-et-Loir,* 1936, XVI, pp. 89-118.

Bouleau Ch.
*Charpentes. La géométrie secrète des peintres,* Paris, 1963.

Boulenger M.
« La maison de Fragonard à Grasse », *Le Figaro*, 10 mai 1914.
Bourcard G.
*Les estampes du XVIII^e siècle. École française. Guide. Manuel de l'amateur*, Paris, 1882.
Bourlard-Collin S.
*Donation Maurice et Pauline Feuillet de Borsat*, Marseille, 1969.
Boutillier du Retail M.-A.
« Un Fragonard à Troyes », *Annuaire administratif, statistique et commercial du département de l'Aube*, 1913, pp. 19-24.
Bouvy E.
« L'abbé de Saint-Non », *L'amateur d'estampes*, 1928, pp. 65-72.
Bouyer R.
« Les expositions : de Fragonard à Boudin », *Bulletin de l'Art Ancien et Moderne*, janvier 1927, n° 734, pp. 18-25.
Boyer F.
« Les collections et les ventes de Jean-Joseph de Laborde », *Bulletin de la Société de l'Histoire de l'Art Français 1961*, 1962, pp. 137-152.
Boyer F.
« Les collections de François de Laborde-Méréville (1761-1802) », *Bulletin de la Société de l'Histoire de l'Art Français 1967*, 1968, pp. 141-152.
Brejon de Lavergnée B.
Voir Rosenberg P.
Brière G.
« Catalogue critique des œuvres d'artistes français réunies à l'exposition de cent portraits de femmes du XVIII^e siècle ouverte à la salle du Jeu de Paume des Tuileries », *Bulletin de la Société de l'Histoire de l'Art Français*, avril-juillet 1909, pp. 118-144.
Brière G.
« Le peintre J.-L. Barbier et les conquêtes artistiques en Belgique (1794) », *Bulletin de la Société de l'Histoire de l'Art Français*, 1920, pp. 204-210.
Brière G.
« L'exposition des chefs d'œuvre des musées de province », *Bulletin de la Société de l'Histoire de l'Art Français*, 1931, pp. 189-217.
Brière G.
« Deux vues de Paris identifiées », *Société d'iconographie parisienne*, 1932, pp. 69-72.
Brière G.
« L'art français du XVIII^e siècle dans des musées des États-Unis », *Musées de France* (supplément), 1949, pp. 16-27.
Brière-Misme C.
« La résurrection de la salle à manger de Louis XV au petit Trianon », *Bulletin de la Société de l'Histoire de l'Art Français 1967*, 1968, pp. 217-240.
Briganti G.
*Les peintres de « Vedute »*, Paris, 1971.
Brinton Ch.
*Modern Artists*, New York, 1908.
Brizard, abbé G.
« Analyse du Voyage Pittoresque de Naples et de Sicile », *Le Mercure de France*, février 1787.
Brizard, abbé G.
*Notice sur Jean Claude Richard de Saint-Non*, Paris, 1792 (*réimpression*, Genève, 1973, avec l'« Analyse... » citée ci-dessus).
Broglie G. de
*Madame de Genlis*, Paris, 1985.
Brookner A.
« French Painting at the Royal Academy », *The Connoisseur*, mars 1955, n° 543, pp. 40-44.
Brookner A.
« French Pictures at Waddesdon », *The Burlington Magazine*, juillet-août 1959, n° 676, pp. 271-273.
Brookner A.
« The paintings of Fragonard by Georges Wildenstein », *The Burlington Magazine*, mars 1961, n° 696, pp. 111-112.
Brookner A.
« Current and Forthcoming exhibitions », *The Burlington Magazine*, avril 1962, n° 709, pp. 170-177.
Brosses Ch. de
*Lettres familières sur l'Italie*, publiées par Y. Bézard, Paris, 1931, 2 vol.
Brouwer J.-W.
« Jean-Honoré Fragonard », *Tableau*, février 1982, pp. 341-345.
Brown C.
« *Mercure and Argus* by Carel Fabritius : a newly discovered painting », *The Burlington Magazine*, novembre 1986, n° 1004, pp. 797-798.
Brown R.
« Fragonard's *Mademoiselle Colombe as Venus* », *Los Angeles County Museum Bulletin*, 1957, IX, n° 1, pp. 3-5.
Bruand Y.
« Un grand collectionneur marchand et graveur du XVIII^e siècle, Gabriel Huquier (1695-1772) », *Gazette des Beaux-Arts*, juillet-septembre 1950 (II), pp. 99-114.
Bruand Y. et Hébert M.
*Inventaire du fonds français, graveurs du XVIII^e siècle (Bibliothèque Nationale)*, Paris, 1970, XI.
Brunon-Guardia G.
« L'exposition Fragonard », *Beaux-Arts*, V, 1931, p. 9.
Bryson N.
*World and Image. French painting of the Ancient Regime*, Cambridge, 1981.
Bukdahl E. M.
*Diderot, critique d'art*, Copenhague, 1980-82, 2 vol.
*Bulletin de la Société historique d'Auteuil et Passy*, 1910, VII, n° 2, p. 40.
*Bulletin de la Société Fragonard à Grasse. Exercice 1925-26*, Cannes, 1926.
*Bulletin du bi-centenaire de Jean-Honoré Fragonard à Grasse. 1732-1932* , Cannes, 1932.
Bürger W. [Thoré]
« L'exposition de tableaux de l'école française tirés de collections d'amateurs », *Gazette des Beaux-Arts*, 1^er septembre 1860 (II), pp. 258-277.
Bürger W. [Thoré]
« Exposition de tableaux de l'école française ancienne », *Gazette des Beaux-Arts*, 15 novembre 1860 (II), pp. 228-240 et 330-340.
Bürger W. [Thoré]
« La galerie Péreire », *Gazette des Beaux-Arts*, 1^er mars 1864 (I), pp. 193-213.
Bürger W. [Thoré]
« Les collections particulières », *Paris Guide*, 1867.
Bürger W.
Voir aussi Thoré.
Burollet Th.
*Musée Cognacq-Jay, peintures et dessins*, Paris, 1980.
Burty Ph.
*Eaux-fortes de Jules de Goncourt*, Paris, 1876.
Burty Ph.
« Profils d'amateurs. I. Laurent Laperlier », *L'Art*, 1879, pp. 147-151.

# C

Cabanne P.
« Fragonard : le plaisir de vivre », *Lecture pour tous*, août 1958, pp. 54-59.
Cailleux (galerie)
*Album jubilaire*, Paris, 1962.
[cailleux J.]
*Le pavillon de Madame du Barry à Louveciennes*, thèse présentée à Paris, 1933.
Cailleux J.
« Fragonard as painter of the Colombe sisters », *The Burlington Magazine*, septembre 1960, n° 690, supplément n° 4, pp. i-iv.
Cailleux J.
« New facts about Fragonard and the Colombe sisters », *The Burlington Magazine*, janvier 1961, n° 694, supplément n° 6, pp. i-iii.
Cailleux J.
« A note on the pedigree of paintings and drawings », *The Burlington Magazine*, septembre 1962, n° 714, supplément n° 12, pp. i-iii.
Cailleux J.
Voir exp. Paris-Genève, 1978.
Cailleux J.
Voir exp. Paris, 1983.
Cain G.
« La maison de Fragonard à Grasse », *Le Figaro*, 10 mai 1914, p. 1.
Cambry (citoyen)
*Description du département de l'Oise*, 1803, 2 vol.
Cannon-Brookes P.
« The World as illusion : Fragonard in Japan », *Apollo*, juin 1980, p. 471.
Cantarel-Besson Y.
*La naissance du musée du Louvre*, Paris, 1981, 2 vol.
Cardinal C.
*Catalogue des montres du musée du Louvre. La collection Olivier*, Paris, 1984, I.
Cariou A.
*Musée des Beaux-Arts de Quimper*, Quimper, 1985.
Carlson V.
Voir exp. Baltimore, 1984-1985.
Carmontelle
*La patte de velours*, Paris, 1781.
[Carpenter R. B.]
*The Dutch sources of the Art of J.-H. Fragonard* (thèse inédite présentée à Harvard, 1955 ; nous en avons consulté la photocopie).
Carpenter R. B.
« G. Wildenstein, *The Painting of Fragonard. Complete Edition* », *The Art Bulletin*, décembre 1962, n° 4, vol. XLIV, pp. 358-362.
Carritt D.
Voir exp. Londres, Artemis, 1978.
Castan A.
*Musée de Besançon. Catalogue des peintures, dessins et Antiquités*, 1886.
Castan A.
« Bibliothèque de la Ville de Besançon. Inventaire des richesses d'Art de cet établissement », *Inventaire des richesses d'art de la France*, Paris, 1887, II.
Caste L.
« Provansal et sa famille », *Mémoires de l'Institut historique de Provence*, 1^er et 2^e trimestres 1937, XIV, pp. 58-106.
Caste L.
« Les origines de Fragonard », *Le Temps*, 8 juin 1938.
Catton-Rich D.
*French School, European Paintings in the*

*collections of the Worcester Art Museum*, Worcester, 1974.
Cayeux J. de
« Le pavillon de Madame du Barry à Louveciennes et son architecte C.-N. Ledoux », *Revue de l'Art Ancien et Moderne*, janvier-mai 1935, LXVII, pp. 213-224 ; juin 1935, LXVIII, pp. 35-48.
Cayeux J. de
« Introduction au catalogue critique des *Griffonis* de Saint-Non », *Bulletin de la Société de l'Histoire de l'Art Français 1963*, 1964, pp. 297-384.
Cayeux J. de
« Dessins d'Hubert Robert », *Revue de l'Art*, n° 7, 1970, pp. 100-103.
Cayeux J. de
« Les artistes français du XVIIIe siècle et Rembrandt », *Etudes d'art français offertes à Charles Sterling*, 1975, pp. 287-305.
Cayeux J. de
*Les Hubert Robert de la collection Veyrenc au musée de Valence*, Valence, 1985.
Caylus, comte de
Voir Nisard et Sérieys.
Champeaux A. de
« L'art décoratif dans le Vieux Paris », *Gazette des Beaux-Arts*, novembre 1890 (II), pp. 394-415 ; décembre 1890 (II), pp. 467-492 ; septembre 1891 (II), pp. 252-264 ; septembre 1892 (II), pp. 218-239 ; septembre 1893 (II), pp. 238-247 ; septembre 1895 (II), pp. 187-200 ; novembre 1895 (II), pp. 401-416.
Champeaux A. de
*L'art décoratif dans le vieux Paris*, Paris, 1898.
Charavay E.
*Inventaire des autographes et documents historiques réunis par M. Benjamin Fillon*, Paris, 1879, II.
Charensol G.
« Fragonard », *Médecines-peintures*, n° 79, s.d.
Châtelet A. et Thuillier J.
*La peinture française de Le Nain à Fragonard*, Genève, 1964.
[Chaussard]
*Le Pausanias français. État des arts du dessin en France à l'ouverture du XIXe siècle, Salon de 1806*, 1806.
Chennevières H. de
« Silhouettes de collectionneurs : M. Eudoxe Marcille », *Gazette des Beaux-Arts*, septembre 1890 (II), pp. 217-235 ; octobre 1890 (II), pp. 296-310.
Chennevières Ph. de
*Les dessins de maîtres anciens exposés à l'École des Beaux-Arts en 1879*, Paris, 1880.
Chennevières Ph. de
« Une collection de dessins d'artistes français », *L'Artiste*, 1897 (et voir Prat, 1979).
Chennevières Ph. de
Voir Mariette P.-J.
Chipon M.
« Le cabinet Adrien Pâris à l'exposition rétrospective de Besançon », *L'Art*, avril-juillet 1906, pp. 1-34.
Choppin de Janvry O.
*Le pavillon chinois de Cassan à l'Isle-Adam*, Paris, 1975.
Cioranescu A.
*L'Arioste en France des origines à la fin du XVIIIe siècle*, Paris, 1939, 2 vol.
Claparède J.
*Les dessins de Tiepolo et de Fragonard du Musée Atger de la Faculté de Médecine de Montpellier* (journées médicales de Montpellier), Toulouse, [1955].
Clapp F. M.
« The du Barry Fragonards in the Frick Collection », *Actes du XIIIe Congrès International d'Histoire de l'art*, 1933, pp. 182-183 (résumé).
Claudel P.
*L'œil écoute*, Paris, 1946.
Clay J.
*Le Romantisme*, Paris, 1980.
Clay M.
« L'épopée des Wildenstein », *Réalités*, mars 1959, n° 158, pp. 77-83 et 102.
Clément-Janin
« Les Fragonard de Grasse et leur graveur », *La Renaissance de l'Art français*, mars 1922, n° 3, pp. 136-140.
Clément de Ris L.
« Troisième exposition de l'Association des Artistes », *L'Artiste*, 30 janvier 1848, pp. 193-196.
Clément de Ris L.
*Les musées de province. Histoire et description*, Paris, 1872 (2e éd.).
Cochin Ch.-N.
*Voyage d'Italie ou recueil de notes*, 1758 (*réimpression*, Genève, 1972).
Cochin Ch.-N.
*Essay sur la vie de M. Deshays*, Paris, 1765 (éd. par Sandoz, 1977).
Cochin Ch.-N.
« Lettres inédites de Charles-Nicolas Cochin », éd. par Du Broc de Segange, *L'Art et l'Archéologie en province*, 1849, pp. 1-6, 47-51, 61-66 (voir aussi Locquin, 1914).
Coffin D.R.
*The villa d'Este at Tivoli*, Princeton, 1960.
Cohen H.
*Guide de l'amateur de livres à vignettes et à figures*, Paris, 1880 (4e éd).
Cohen H.
*Guide de l'Amateur de livres à gravures du XVIIIe siècle*, Paris, 1912.
Colette
*En camarade*, 1919, éd. 1973 des *Œuvres complètes*.
Collé
Voir *Journal...*
Compin I.
Voir Rosenberg P.
Conisbee Ph.
Compte-rendu : « Gabriel François Doyen, Marc Sandoz ; Fragonard, David Wakefield », *The Burlington Magazine*, 1977, n° 892, pp. 511-512.
Conisbee Ph.
*Painting in Eighteenth-Century France*, Oxford, 1981.
Conisbee Ph.
« London and Paris. French artists at home and abroad », *The Burlington Magazine*, juillet 1986, n° 1000, pp. 532-534.
Coolus R.
« Fragonard et son élève », *Opéra*, 27 mars 1946, p. 1 et 7.
Cooper D.
*Great Private Collections*, Londres, 1963 (traduction française, *Les grandes collections privées*, Paris, 1963 avec un article de J. Leymarie).
Cornillot M.-L.
*Collection Pierre-Adrien Pâris. Inventaire général des dessins des musées de province*, Paris, 1957.
*Correspondance des directeurs*
Voir Montaiglon A. de et Guiffrey J.
Corvisier A.
*Arts et société dans l'Europe du XVIIIe siècle*, Le Puy, 1978.
Coulon R.
« Dix-neuf dessins du XVIIIe siècle », *Vie de Bordeaux*, 29 janvier 1977.
Coulon R. et Cornoy J.-M.
« Pierre-Jacques Bergeret fils, 1742-1807 », *Bulletin et mémoires de la Société Archéologique de Bordeaux 1971*, 1976, LXVIII, pp. 178-208.
Coupin M.P.A.
*Essai sur J.L. David peintre d'histoire*, Paris, 1827.
Courajod L.
*L'École royale des élèves protégés*, Paris, 1874.
Courajod L.
« Objets d'art concédés en jouissance par la Restauration », *Nouvelles Archives de l'Art Français*, 1878, pp. 371-399.
Courboin F.
*La gravure en France des origines à 1900*, Paris, 1923.
Couturier M.-A.
*La vérité blessée*, Paris, 1984.
Cresp A.-H.
*La vie d'un Grassois, Fragonard*, Cavaillon, 1949.
Crow T. E.
*Painters and Public Life in Eighteenth Century Paris*, New Haven - Londres, 1985.
Culot P.
« Dessins et eaux-fortes de la suite des Bacchanales de Jean-Honoré Fragonard », *De Gulden Passer*, 1974, LII, pp. 67-68.
Curzon
Voir Mozart.
Cuzin J.-P.
« Vincent, de l'Académie de France à l'Institut de France », *Études de la Revue du Louvre*, 1980, n° 1, pp. 93-100.
Cuzin J.-P.
« De Fragonard à Vincent », *Bulletin de la Société de l'Histoire de l'Art Français 1981*, 1983, pp. 103-124.
Cuzin J.-P.
• « Fragonard dans les musées français. Quelques tableaux reconsidérés ou discutés », *Revue du Louvre*, 1986, n° 1, pp. 58-66.
Cuzin J.-P.
« Vincent reconstitué », *Connaissance des Arts*, mars 1986, n° 409, pp. 39-46.
Czwiklitzer Ch.
« Lettres autographes de peintres et sculpteurs », *Die Handschrift der Maler und Bildhauer*, Bâle, 1976.

# D

D. et V. Voir Dayot et Vaillat, 1907.
Dacier E.
*Catalogues de ventes et livrets de Salons illustrés par Gabriel de Saint-Aubin*, Paris, 1909-21, 6 vol.
Dacier E.
*L'œuvre gravé de Gabriel de Saint-Aubin*, Paris, 1914.
Dacier E.
*La gravure de genre et de mœurs*, Paris-Bruxelles, 1925.
Dacier E.
« Le chef-d'œuvre de l'abbé de Saint-Non », *Revue de l'Art Ancien et Moderne*, juin-décembre 1928, LIV, pp. 266-269.
Dacier E.
*Gabriel de Saint-Aubin*, Paris, 1929-1931, 2 vol.
Dacier E.
« Les dessins de Fragonard de la collection Henri Béraldi pour les *Contes* de La Fontaine. L'histoire et la légende », *Bulletin de la*

*Société de l'Histoire de l'Art Français*, 1934, pp. 267-279.
Dacier E.
« Le *Livre de croquis* de Gabriel de Saint-Aubin du Cabinet des dessins », *Revue des Beaux-Arts de France*, IX, février-mars 1944, pp. 147-154.
Dacier E.
*Le « Livre de croquis » de Gabriel de Saint-Aubin*, Paris, 1944.
Dacier E.
« Catalogues de ventes et livrets de Salons illustrés et annotés par Gabriel de Saint-Aubin. 12 : Catalogue de la vente Verrier (1776) », *Gazette des Beaux-Arts*, janvier-juin 1953 (I), pp. 297-334.
Daintrey A.
*Fragonard's « Le billet doux »*, Londres, 1969.
Dalevèze J.
« Trois maîtres du dessin français du XVIII^e siècle dans la collection Armand Hammer », *L'Œil*, 1977, n° 261, pp. 4-11.
Damécourt A.
« Un Fragonard », *Le Cousin Pons*, 15 décembre 1916, pp. 141-142.
Damécourt A.
« A propos d'un Fragonard », *Le Cousin Pons*, 1^er mars 1917, p. 182.
Darras E.
« La famille Bergeret de l'Isle-Adam et de Frouville (Seine-et-Oise) », *Mémoires de la Société historique et archéologique de l'arrondissement de Pontoise et du Vexin*, 1933, pp. 65-92.
Daulte F.
Voir Fosca F.
Davenport B.
« A Fragonard Rediscovered », *American Art News*, 7 mars 1917, p. 5.
David P. M.
« Fragonard, peintre varois, sa vie, ses œuvres », *Bulletin de la Société des Amis du Vieux Toulon*, avril 1938, n° 57, pp. 69-94.
Davidson B.
Voir Munhall E.
Dayot A.
*La peinture française du XVIII^e siècle*, Paris, 1911.
Dayot A. et Vaillat L.
« Fragonard », *L'Art et les Artistes*, juin-juillet 1907, n° 27 (n° spécial), pp. 141-158.
Dayot A. et Vaillat L.
*L'œuvre de J.-B.-S. Chardin et de J.-H. Fragonard*, Paris, 1907.
Defrance L.
*Mémoires*, Liège, 1980 (éd. annotée par Françoise Dehousse et Maurice Pauchen).
Delage J.
Voir Mannlich.
Delaroche-Vernet H.
« Mémoires inédits sur les Vernet », *Revue de l'Art Ancien et Moderne*, juin-décembre 1923, XLIX, pp. 223-224.
Delécluze E.-J.
*Louis David, son école et son temps*, Paris, 1855 (rééd. 1983 par J.-P. Mouillesseaux).
Delteil L.
*Manuel de l'Amateur d'Estampes du XVIII^e siècle*, Paris, 1910.
Delteil L.
Voir Grappe, 1913.
Denon D. Vivant
*Monuments des Arts du dessin chez les peuples tant anciens que modernes*, Paris, 1829, 4 vol.
Derschau J. von
*Sebastiano Ricci*, Heidelberg, 1922.
Desanlis J.
« Jean Claude Richard de Saint-Non », *Bulletin de la Société Archéologique et Historique du Châtillonnais*, 1949-1950, n° 2, pp. 2-7.
*Dialogues sur la peinture*
Voir Renou.
Diderot D.
*Correspondance (avril-décembre 1771) recueillie, établie et annotée par Georges Roth*, Paris, 1967, XI.
Diderot D.
*Essais sur la peinture. Œuvres esthétiques 1766*, Paris, 1959 (éd. par Paul Vernières).
Diderot D.
*Œuvres complètes de Diderot*, Paris, 1876-1877, XX (éd. par Assézat-Tourneux).
Diderot D.
Voir Seznec et Adhémar.
Dilke Lady
*French painters of the XVIII^th century*, Londres, 1899, 2 vol.
Dimier L.
« Fragonard », *Le Mois littéraire et pittoresque*, 1907, pp. 25-38.
Dimier L.
*Faits et idées de l'Histoire des Arts*, Paris, 1923.
Dimier L.
*L'art français* (textes réunis et présentés par H. Zerner), Paris, 1965.
*Discours sur l'origine, les progrès et l'état actuel de la peinture*, Paris, 1785.
Doin J.
« Marguerite Gérard. 1761-1837 », *Gazette des Beaux-Arts*, décembre 1912 (II), pp. 429-452.
Dorbec P.
« L'exposition de la jeunesse au XVIII^e siècle », *Gazette des Beaux-Arts*, 1905 (II), pp. 77-86.
Dorbec P.
« L'exposition Fragonard au pavillon de Marsan », *Gazette des Beaux-Arts*, juillet 1921 (II), pp. 23-32.
Downs J.
« Benjamin Franklin and his circle », *Bulletin of The Metropolitan Museum of Art*, mai 1936, XXXI, n° 5, pp. 98-104.
Du Broc de Segange
Voir Cochin.
Duclaux L.
Voir exp. Paris, 1974-1975.
Duclaux L.
Voir Sérullaz M.
du Colombier P.
« Nouvelle jeunesse pour Fragonard », *Connaissance des Arts*, février 1962, n° 120, pp. 66-73.
Duguet R.
*Louis David. Les contemporains*, 1899.
Dulaure J.-A.
*Nouvelle description des environs de Paris*, Paris, 1786.
Dumolin
« Notes sur le lotissement de la Grange Batelière », *Le Vieux Montmartre*, septembre 1926, pp. 34-50.
Dumont-Wilden L.
*Le portrait en France*, Bruxelles, 1909.
Dumoulin M.
« Honoré Fragonard », *Le petit Journal*, 14 avril 1907, n° 16, p. 179.
Dunifer V.
« Two Veterans playing *piquet* », *Konsthistorisk tidokrift*, 1985, n° 4, pp. 170-180.
Duparc F. J.
« *A Mercury and Aglauros* reattributed to Carel Fabritius », *The Burlington Magazine*, novembre 1986, n° 1004, pp. 799-802.
Duplessis G.
Voir Wille J. G.
Durand Y.
*Les fermiers généraux au XVIII^e siècle*, Paris, 1971.
Duret-Robert F.
« La vérité derrière *Le verrou* », *Connaissance des Arts*, décembre 1974, n° 274, p. 5-11 .
Duval A.
*Monuments des Arts du dessin recueillis par Vivant Denon*, Paris, 1829, 4 vol.
Duvivier A.
« Liste des Élèves de l'Ancienne École Académique et de l'École des Beaux-Arts... », *Archives de l'Art Français*, 1857-1858, IX, pp. 273-333.

# E

Einstein L.
« Looking at French eighteenth century pictures in Washington », *Gazette des Beaux-Arts*, mai-juin 1956 (I), pp. 213-250.
Eisler C.
*Paintings from the Samuel H. Kress Collection. European Schools excluding Italian*, Londres, 1977.
Ellenberger M.
*L'autre Fragonard*, Paris, 1981.
Engerand F.
*Inventaires des tableaux commandés et achetés par la direction des Bâtiments du Roi (1709-1792)*, Paris, 1901.
Erdmann K.
« Peter Paul Rubens *Nessus und Dejanira* », *Zeitschrift für bildende Kunst*, 1929-30, pp. 65-71.
Ergmann R.
« La collection inédite du Bailli de Breteuil », *Connaissance des Arts*, juillet-août 1986, n° 413-414, pp. 70-75.
Ernst S.
*La galerie Youssoupoff. L'école francaise*, Leningrad, 1924.
Errera I.
*Repertoire des peintures datées*, Bruxelles, 1920-1921, 2 vol.
Estignard A.
*A. Pâris. Sa vie, ses œuvres, ses collections*, Paris, 1902.
Ethlyne J.
Voir Seligman, 1958.
[Euchner A.]
*Introduction dans l'œuvre de Marguerite Gérard* (1761-1837), mémoire, 1985.
Eudel P.
*L'Hôtel Drouot et la curiosité en 1883*, Paris, 1884.
Eudel P.
*L'Hôtel Drouot et la curiosité en 1885-86*, Paris, 1887.
Eudel P.
*L'Hôtel Drouot et la curiosité en 1886-87*, Paris, 1888.
Eudel P.
*Trucs et truqueurs*, Paris, 1908.

# F

Fajol A.
« Fragonard », *Art Méridional*, novembre 1937, pp. 6-9.
Farington J.
*The Farington Diary* (éd. par J. Greig), 1923.
Farnarier J.
*Contribution à la connaissance de la ville de Grasse. II. La cathédrale. III. L'évêché de Grasse*, Grasse, 1981.

Fava B
Voir Bellocchi U.
Fels F.
*Éros ou l'amour peintre*, Monte Carlo, 1968.
Fenaille M.
*État général des tapisseries de la Manufacture des Gobelins, depuis son origine jusqu'à nos jours (1600-1900)*, Paris 1903-1923, 6 vol.
Fenwick K. M.
Voir Popham A. E.
Feuillet M.
« Causerie d'un amateur d'art. Avec Fragonard en Italie », *Le gaulois artistique*, 20 décembre 1926, pp. 31-33.
Feuillet M.
*Les dessins d'Honoré Fragonard et d'Hubert Robert des Bibliothèque et Musée de Besançon*, Paris, 1926.
Fichot Ch.
*Statistique monumentale du département de l'Aube*, Troyes, 1894.
Filangieri di Candida A.
*Gallerie Nazionali italiane*, Rome, 1902, V.
Florisoone M.
« Les artistes français en Italie », *Formes*, juin 1934, pp. 3-4.
Florisoone M.
*Le dix-huitième siècle*, Paris, 1948.
Fœrster C. F.
*Jean-Honoré Fragonard*, Berlin, s. d. [1925].
Fontaine A.
*Les collections de l'Académie royale de peinture et de sculpture*, Paris, 1910 (2e éd. 1930).
Ford B.
« William Constable, an Enlightened Yorkshire Patron », *Apollo*, juin 1974, pp. 408-415.
Fosca F.
*Le dix-huitième siècle de Watteau à Tiepolo*, Genève, 1952.
Fosca F.
*Les dessins de Fragonard* (notices analytiques et bibliographiques par François Daulte), Paris-Lausanne, 1954.
Foster J. J.
*A Dictionnary of Painters of Miniature (1525-1850)*, Londres, 1926.
Foucart J.
Voir exp. Lille, 1985.
Foucart Borville J.
« La notion d'attribution en matière d'œuvres d'art devant les tribunaux français », *Revue de l'Art*, n° 42, 1978, pp. 107-112.
Fourcaud L. de
« Honoré Fragonard », *Revue de l'Art Ancien et Moderne*, janvier-juin 1907, XXI, pp. 5-20, 95-110, 209-228, 287-392.
Fragonard Th.
Voir Valogne C.
Francastel P.
*Histoire de la Peinture française du Moyen-Âge à la fin du XVIIIe siècle*, Paris, 1955 (rééd. 1984).
France A
*Les dieux ont soif*, Paris, éd. 1912, Le Mercure de France.
Francis H.S.
« A drawing by Jean-Honoré Fragonard », *The Bulletin of The Cleveland Museum of Art*, juin 1945, p. 88.
Francis H.S.
« Jean-Honoré Fragonard Morpheus », *The Bulletin of The Cleveland Museum of Art*, février 1966, pp. 66-73.
Frasen A. I.
Voir Janson F.
Fred W.
*Fragonard*, Berlin, s. d.
Freedberg D.
*Rubens. The Life of Christ after The Passion* (Corpus Rubenianum, L. Burchard), New York, 1984.
[Fride P.]
*Iconographie de Denis Diderot*, mémoire de maîtrise, Paris I, 1984-1985.
Fried M.
*Absorption and Theatricality. Painting and Beholder in the Age of Diderot*, Berkeley, 1980.
Friedlaender W.
« Fragonard Drawings for Ariosto », *The Art Bulletin*, septembre 1947, n° 3, XXIX, pp. 214-215.
Furcy-Raynaud M.
« Les tableaux et objets d'art saisis chez les émigrés et condamnés et envoyés au Museum central », *Archives de l'Art Français*, 1912, VI, pp. 245-343.
Furcy-Raynaud M.
Voir Marigny, marquis de.

# G

G. Voir Goncourt, 1865.
Gabillot G.
*Hubert Robert et son temps*, Paris, 1895.
Gachons J. des
« Fragonard », *Je sais tout*, 15 juillet 1906, 2e année, 1er semestre, VI, pp. 623-630.
Gaehtgens T.
« De David à Delacroix. La peinture française de 1774 à 1830 », *Kunst Chronik*, février 1975, pp. 41-59.
Gaehtgens T.
Voir exp. Berlin, 1983.
[Gaehtgens T. et Lugand J.]
*Vien*, à paraître.
Gallet M.
*Ledoux*, Paris, 1980.
Gardey F.
Voir Sjöberg Y.
Gault de Saint-Germain P.-M.
*Les trois siècles de la peinture en France*, Paris, 1808.
Gault de Saint-Germain P.-M.
*Choix des productions de l'Art les plus remarquables exposées dans le salon de 1819*, Paris, 1819.
Gautier Th.
« Tableaux de l'école française ancienne », *Le Moniteur Universel*, 16 novembre 1860, pp. 1-2.
Gautier Th.
*Guide de l'amateur au musée du Louvre*, Paris, 1882.
Gazier G.
« La salle Adrien Pâris du musée de Besançon », *La Renaissance de l'art français et des industries de luxe*, janvier 1920, n° 1, pp. 11-19.
Geffroy G.
*La vie artistique*, Paris, 1900, VI.
Geffroy G.
« Chardin et Fragonard », *Staryé Gody*, 1907, pp. 497-508.
Genlis Madame de
Voir Maugras G. et Broglie G. de.
Georgel P. et Lecoq A.-M.
Voir exp. Dijon, 1982-83.
Gerson H.
*Ausbreitung und Nachwirkung der holländischen Malerei*, Amsterdam-Haarlem, 1942 (*réimpression*, Amsterdam, 1983).
Gerspach
« Prix d'ouvrages de peinture payés par la manufacture des Gobelins au XVIIIe siècle à Fragonard, Tessier et Jacques », *Nouvelles Archives de l'Art Français*, 1888, IV, pp. 120-121.
[Gétreau-Abondance F.]
*Inventaire des collections publiques. Catalogue raisonné des peintures et dessins de l'école française. Musée Jacquemart-André*, mémoire de maîtrise, Paris IV, novembre 1976.
Gide A.
*Journal 1889-1939*, Paris, La Pléiade, 1948.
Gillet L.
*La peinture au musée du Louvre. École française, XVIIIe siècle*, Paris, 1929.
Gimpel R.
*Journal d'un collectionneur*, Paris, 1963.
Girod de l'Ain G.
*Les Thellusson. Histoire d'une famille*, Neuilly-sur-Seine, 1977.
Girodie A.
*Jean-Frédéric Schall*, Strasbourg, 1927.
Godard L.
« Exposition de peinture. L'École française du dix-huitième siècle au boulevard des Italiens », *Les Beaux-Arts Revue Nouvelle*, 1860, I, pp. 328-337.
Goldstein C.
« Towards a Definition of Academic Art », *The Art Bulletin*, mars 1975, n° 1, LVII, pp. 102-109.
Goncourt E. de
*La maison d'un artiste*, Paris, 1881, 2 vol.
Goncourt E. de
*La Guimard*, Paris, 1893.
Goncourt E. et J. de
*Journal mémoires de la vie littéraire*, Paris, s. d., 9 vol.
Goncourt E. et J. de
*Histoire de la société française pendant la Révolution*, Paris, 1854.
Goncourt E. et J. de
*Fragonard* (éd. utilisée dans *L'art du dix-huitième siècle*) Paris, 1865 (nombreuses rééditions).
Goncourt E. et J. de
• « Fragonard », *Gazette des Beaux-Arts*, janvier 1865 (I), pp. 32-41, février 1865 (I), pp. 132-162.
Goncourt E. et J. de
• *Fragonard*, Paris, 1865 (avec quatre eaux-fortes de J. de Goncourt).
Goncourt E. et J. de
*L'art du XVIIIe siècle*, Paris, éd. 1906, 3 vol.
Gonse L.
« Honoré Fragonard par M. le baron Roger Portalis », *Gazette des Beaux-Arts*, janvier 1889 (I), pp. 74-77.
Gonse L.
*Chefs d'œuvre des musées de France. II Sculptures, dessins, objets d'art*, Paris, 1904.
Gordon K. K.
« Madame de Pompadour, Pigalle and the Iconography of friendship », *The Art Bulletin*, septembre 1968, n° 3, L, pp. 249-262.
Göthe G.
« Nagra Mindre Kända Arbeten av Sergel », *Nationalmusei Arsbok*, 1919, pp. 59-74.
Göthe G.
*Johan Tobias Sergel*, Stockholm, 1919.
Grappe G.
*H. Fragonard, peintre de l'Amour au XVIIIe siècle*, suivi d'une « Liste des estampes exécutées d'après les œuvres d'Honoré Fragonard » par L. Delteil, Paris, 1913, 2 vol.
Grappe G.
*La vie de J.-H. Fragonard*, Paris, 1923.
Grappe G.
« L'abbé de Saint-Non, amateur des arts », *Le*

*Figaro, supplément artistique,* 2 mai 1929, nº 231, pp. 358-359 ; 23 mai 1929, nº 234, pp. 476-478.
Grappe G.
*La vie et l'œuvre de Fragonard,* Paris, 1929.
Grappe G.
« Le mariage de Fragonard », *L'Illustration,* 6 décembre 1930, n. p.
Grappe G.
*La vie de Jean-Honoré Fragonard,* Paris, 1942.
Grappe G.
*Fragonard, la vie et l'œuvre,* Monaco, 1946.
Grayson M. L.
« Fragonard's *La bonne mère* and the symbolism of the spacious Cradle », *Pharos,* décembre 1980, XVII, nº 2, pp. 20-26.
Grayson M. L.
Voir exp. St Petersburg, 1982-83.
Greig J.
Voir Farington.
Grenier R.
*La fiancée de Fragonard,* Paris, 1982.
Grigaut P. L.
« A realistic landscape by Fragonard », *Bulletin of The Detroit Institute of Arts,* 1948, I, pp. 14-17.
Grimm
*Correspondance littéraire, philosophique et critique par Grimm, Diderot, Raynal, Meister, etc...* (éd. par M. Tourneux), Paris, 1877-82, 16 vol.
Gronau G.
« Titian's Ariosto », *The Burlington Magazine,* novembre 1933, nº 366, pp. 194-203.
Grunchec Ph.
Voir exp. Paris, École des Beaux-Arts, 1986.
Guerry-Brion L.
*Fragonard,* Milan, 1952.
Guiffrey Jean
« L'exposition Chardin-Fragonard », *Revue de l'Art Ancien et Moderne,* août 1907, XXII, pp. 93-106.
Guiffrey Jean
« The Fragonards of the John W. Simpson Collection », *Art in America,* décembre 1913, II, nº 1, pp. 29-44.
Guiffrey J.
« Le sculpteur Clodion », *Gazette des Beaux-Arts,* février et mai 1893 (I), pp. 164-176 et 392-417.
Guiffrey J.
« Inventaire après décès de Clodion (30 avril 1814) », *Archives de l'Art Français,* 1912, VI, pp. 210-244.
Guiffrey J.
Voir Montaiglon A. de
Guiffrey J.
Voir Tuetey A.
Guiffrey J. et Marcel P.
*Inventaire général des dessins du musée du Louvre et du musée de Versailles,* Paris, 1907, I ; 1910, V.
Guiffrey Jules
« Les modèles des Gobelins devant le jury des arts en septembre 1794 », *Nouvelles Archives de l'Art Français,* 1897, XIII, pp. 349-389.
Guiffrey Jules
*Liste des pensionnaires de l'Académie de France à Rome,* Paris, 1908.
Guiffrey Jules
« Les expositions de l'Académie de Saint-Luc et leurs critiques (1751-1774) », *Bulletin de la Société de l'Histoire de l'Art Français,* 1910, pp. 77-124.
Guillaume M. J.
*Procès-Verbaux d'instruction publique de la Convention Nationale,* Paris, 1897, III ; 1901, IV.
Guillerm A.
« Les illustrations de Fragonard pour les *Contes* de La Fontaine », *Gazette des Beaux-Arts,* mars 1977 (I), pp. 99-106.
Guimbaud L.
*Saint-Non et Fragonard d'après des documents inédits,* Paris, 1928.
Guimbaud L.
*Fragonard,* Paris, 1947.
Guimbaud L.
« Fragonard, le peintre des Grâces », *Jardin des Arts,* février 1968, pp. 74-85.

# H

H. A. Voir Hake A.
Hake A.
« Das musée Cognacq in Paris », *Pantheon,* octobre 1929, pp. 438-439 et p. 435.
Hake H.
« Fragonard's *Quatre Bacchanales* », *Apollo,* juin 1926, pp. 346-348.
Hall P.-A.
Voir Asplund.
Hallam J. S.
« The two manners of Boilly », *The Art Bulletin,* décembre 1981, nº 4, LXIII, pp. 618-633.
Hallam J. S.
« Boilly et Calvet de Lapalun, de la sensibilité chez le peintre et l'amateur », *Bulletin de la Société de l'Histoire de l'Art Français 1984,* 1986, pp. 177-192.
Harcourt duc d'
*Guide du château de Champ-de-Bataille,* Paris, s. d.
Harris M. A. Wurth
« The abbé de Saint-Non and his pastel copy of a painting by Fragonard », *Apollo,* 1979, nº 209, pp. 57-61.
Haskell F.
*Rediscoveries in art,* New York, 1976 (éd. française, *La Norme et le Caprice,* Paris, 1986).
Hattis Ph.
*Four centuries of french Drawings in The Fine Arts Museums of San Francisco,* San Francisco, 1977.
Hautecœur L.
*Histoire du Louvre,* Paris, s. d. (*L'Illustration*).
Hautecœur L.
« Les arts à Naples au XVIIIᵉ siècle », *Gazette des Beaux-Arts,* mai 1911 (I), pp. 396-411 et août 1911 (II), pp. 156-171.
Hautecœur L.
*Le Louvre et les Tuileries de Louis XIV,* Paris, 1927.
Haverkamp-Begemann E.
*Vijf eeuwen tekenkunst, Tekenigen van Europese meesters in het Boymans Museum te Rotterdam,* Rotterdam, 1957.
Haverkamp-Begemann E.
*Drawings from the Clark Art Institute,* New Haven, 1964, 2 vol.
Hébert M., Pognon E. et Bruand Y.
*Inventaire du fonds français, graveurs du XVIIIᵉ siècle (Bibliothèque Nationale),* Paris, 1968, X.
Hébert M. et Sjöberg Y.
*Inventaire du fonds français, graveurs du XVIIIᵉ siècle (Bibliothèque Nationale),* Paris, 1973, XII.
Hell H.
« Fragonard premier des impressionnistes », *Réalités,* mars 1956, pp. 64-71.
Hellman G. S.
« Fragonard's long lost Italian drawings come to light », *The Art Digest,* 15 février 1932, VI, p. 21 et 32.
Hempel E.
« Fragonard und Robert in ihrer römischen Studienzeit », *Die Graphischen Künste,* 1924, XLVII, fascicule 1, pp. 9-24.
Hennezel H. d'
*Chambre de commerce de Lyon, Musée Historique des Tissus, Musée des Arts décoratifs,* Angers, 1938.
Henraux A. S.
« L'exposition des chefs d'œuvre des collections françaises retrouvés en Allemagne », *Bulletin des musées de France,* juillet 1946, pp. 8-9.
Henriot G.
*Collection David Weill,* 1926-1928, 3 vol.
Hercenberg B.
*Nicolas Vleughels peintre et Directeur de l'Académie de France à Rome, 1668-1737,* Paris, 1975.
Herluison H.
*Actes d'État-civil d'artistes français,* Orléans, 1873 (*réimpression,* Genève, 1972).
Hérold J.
*Louis-Marin Bonnet (1736-1793). Catalogue de l'œuvre gravé,* Paris, 1935.
Hiesinger K. B.
« The sources of François Boucher's *Psyche* Tapestries », *Bulletin of The Philadelphia Museum of Art,* LXXII, novembre 1976, pp. 7-23.
Hix
« La galerie La Caze au Louvre », *La Vie Parisienne,* 23 avril 1870, pp. 330-331.
Hofer Ph.
« Don Quixote and the illustrators », *The Dolphin,* hiver 1941, nº 4 (2ᵉ partie), pp. 135-143.
Hofer Ph.
Voir Mongan E.
Hoffmann E.
« Fragonard at the Louvre », *The Burlington Magazine,* juin 1974, nº 855, pp. 354-357.
Hohenzollern J. G., prince de
« Jean-Honoré Fragonard Mädchen mit Hund », *Weltkunst,* 1977, XLVII, nº 5, p. 393.
Holck Colding T.
*Aspects of Miniature Painting, its origins and development,* Copenhague, 1953.
Horsin Déon S.
*De la conservation et de la Restauration des tableaux,* Paris, 1851.
Horsin Déon S.
« Les cabinets d'amateurs à Paris. Le cabinet de M. le comte d'Hautpoul », *Annuaire des artistes et des amateurs,* 1860, pp 156-170.
Horsin Déon S.
« Les cabinets d'amateurs à Paris. Le cabinet de M. Lacaze », *Annuaire des artistes et des amateurs,* 1861, pp. 117-141.
Horsin Déon S.
« Les cabinets d'amateurs à Paris. Cabinets de MM. Lavallard et Eudoxe Marcille », *Annuaire des artistes et des amateurs,* 1862, pp. 137-138 et 143-148.
Hourticq L.
*La peinture française du XVIIIᵉ siècle,* Paris, 1939.
Hourticq L., Dacier E., Wildenstein G., Bouyer R., Jamot G., Brière G., Bricon E.
*Le paysage français de Poussin à Corot,* Paris, 1926.
Houssaye A.
*Galerie du XVIIIᵉ siècle,* Paris, 1858 (6ᵉ éd.).
Houssaye A.
*Histoire de l'art français au dix-huitième siècle,* Paris, 1860.
Hoving Th.
« The best of the best », *The Connoisseur,*

décembre 1982, nº 850, pp. 90-101.
Huber M.
*Notices générales des graveurs et des peintres,* Leipzig, 1787 (*réimpression,* Genève, 1972).
Hussman G. C.
« Boucher's *Psyche at the Basketmakers.* A closer look », *The J. Paul Getty Museum Journal,* 1977, IV, pp. 45-50.

# I

Ivanoff N.
« Francesco Algarotti e gli Artisti Francesi a Venezia nel settecento », *Arte Veneta,* 1966, XX, pp. 203-206.

# J

Jaccottet Ph.
Voir Boucher F.
Jal A.
*Dictionnaire critique de biographie et d'histoire,* Paris, 1872 (2ᵉ éd.).
Janson F. et Fraser A. I.
*100 Masterpieces of painting. Indianapolis Museum of Art,* Indianapolis, 1980.
Jarey P.
« Mademoiselle Guimard et son Hôtel de la chaussée d'Antin », *Le Vieux Montmartre,* septembre 1926, pp. 21-33.
Jeannerat C.
« Rectification d'attribution d'une toile présumée de F. Boucher », *Bulletin de la Société de l'Histoire de l'Art Français 1952,* 1953, pp. 94-95.
Joachim H.
« Three Drawings by Fragonard », *The Art Institute of Chicago quarterly,* hiver 1962-63, LVI, nº 4, pp. 68-71.
Johnson R.F. et Goldyne J.R.
*Master Drawings from the Achenbach Foundation for Graphic Arts,* San Francisco, 1985.
Josz V.
« Le prix de Rome de Fragonard », *Le Mercure de France,* octobre 1900, pp. 95-125.
Josz V.
« Les trois femmes de Fragonard », *Le Mercure de France,* décembre 1900, pp. 642-703.
Josz V.
« Fragonard de la Pompadour à la du Barry », *Le Mercure de France,* février 1901, pp. 299-354.
Josz V.
*Fragonard, mœurs du XVIIIᵉ siècle,* Paris, 1901.
Jouin H.
*Inventaire général des richesses d'Art de la France. Province. Monuments civils,* Paris, 1885, III (musée d'Angers).
Joullain C.-F.
*Réflexions sur la peinture et la gravure,* Paris, 1786 (*réimpression,* Genève, 1973).
*Journal et Mémoires de Collé (1748-1772),* Paris, 1868, III (3 vol.) (éd. par Honoré Bonhome).
*Journal*
Voir Bergeret et Saint-Non.
Jullian R.
« Le thème des Ruines dans la peinture de l'époque néo-classique en France », *Bulletin de la Société de l'Histoire de l'Art Français 1976,* 1978, pp. 261-272.

# K

Kahn G.
« H. Fragonard », *L'Art et le beau,* 1907, nº spécial, pp. 1-36.
Kaye W. J.
*Grasse (Riviera) and its Vicinity,* Nice, 1912.
Kirby L.
« Fragonard's *The pursuit of love* », *The Rutgers Art Review,* 1982, pp. 58-79.
Knox G.
*Domenico Tiepolo. Raccolte di teste,* Udine, 1970.
Kouznetsova I.
*Musée des Beaux-Arts A-S Pouchkine. La peinture française du XVIᵉ siècle jusqu'à la première moitié du XIXᵉ siècle. Catalogue raisonné,* Moscou, 1982.

# L

Labande L.-H.
« L'Hôtel de Matignon », *Gazette des Beaux-Arts,* 1935 (I), pp. 257-270 et 347-363.
Labat G.
*Étude sur quelques miniatures de 1750 à 1815,* Bordeaux, 1907.
Lachaise Dr.
*Manuel pratique et raisonné de l'amateur de Tableaux,* Paris, 1866.
Laffon J.
*Catalogue sommaire illustré des peintures. Musée du Petit Palais,* Paris, 1981-1982, 2 vol.
La Fizelière A. de
*L'œuvre originale de Vivant Denon,* Paris, 1873, 2 vol.
La Fontaine J. de
*Contes, réédition des compositions de l'édition Didot,* 1794-95.
Lafuente Ferrari E.
*Antecedentes, coincidencias e influencias del Arte de Goya,* Madrid, 1947.
Lagrange L.
« Musées de Province, collection Atger à Montpellier », *Gazette des Beaux-Arts,* février 1860 (I), pp. 129-145.
Lagrange L.
« Notes de voyage », *Gazette des Beaux-Arts,* août 1867 (II), pp. 188-192.
Lamb C.
*Die Villa d'Este in Tivoli. Ein Beitrag zur geschichte der Gartenkunst,* Munich, 1966.
Lamouzèle E.
« Catalogue de la collection du cardinal de Bernis à l'archevêché d'Albi », *Bulletin de la Société de l'Histoire de l'Art Français,* 1909, pp. 281-291.
Lamy P.
« Le vrai visage de Fragonard », *Bulletin de la Société de l'Histoire de l'Art Français 1960,* 1961, pp. 79-81.
Lamy P.
« Fragonard : une découverte capitale et des inédits révélateurs », *Connaissance des Arts,* juillet 1961, nº 113, pp. 52-54.
Lancrenon J.-F.
*Musée de Besançon. Catalogue des peintures, dessins et sculptures,* Besançon, 1879 (6ᵉ éd. revue et complétée par Castan).
Landon C. P.
*Salon de 1808,* Paris, 1808, 2 vol.
Landon C. P.
*Salon de 1822,* Paris, 1830.
Landon C. P.
*Annales du musée. École française moderne,* 1832 (2ᵉ éd.).
Laprade J. de
« Musée National de Pau », *Revue des Arts,* 1957, nº 4, pp. 182-185.
Larguier L.
*En compagnie des vieux peintres,* Paris, 1927.
Larousse P.
Article « Fragonard », *Grand Dictionnaire Universel du XIXᵉ siècle,* Paris, 1872, VIII, pp. 699-700.
La Sizeranne R. de
« Le double miroir du XVIIIᵉ siècle, Chardin-Fragonard », *La Revue des deux Mondes,* 1ᵉʳ juillet 1907, pp. 171-191 (article repris dans *Le Miroir de la Vie, Essais sur l'évolution artistique,* Paris, 1909, 2 vol.).
Latil J.-Ph.
*Histoire civile et religieuse de Grasse pendant la Révolution,* Grasse, 1905.
Latil J.-Ph.
*Histoire civile et religieuse de Grasse. 1ᵉʳᵉ partie, La Révolution,* Grasse, 1907.
Launay A. de
« Les musées intimes. Fragonard », *Les Salons de Paris* 19 avril 1859, pp. 4-5.
[Launay E.]
*Les Goncourt collectionneurs : les dessins français du XVIIIᵉ siècle du cabinet d'Auteuil,* thèse de 3ᵉ cycle, Paris IV, 1983-84.
Lauts J.
« Marchese Gregorio Agdollo's Gemäldesammlung : ein Verzeichnis aus dem Jahre 1762 », *Interpretazioni Veneziane. Studi di Storia dell'arte in onore di Michelangelo Muraro,* Venise, 1984, pp. 457-464.
La Vaissière P. de
« Peintres méconnus qui se cachent sous Parrocel et Fragonard : les Delarue », *L'Estampille,* 1982, nº 146, pp. 44-56.
Lavallée P.
*J.-H. Fragonard, quatorze dessins du Louvre,* Paris, 1938.
Lavallée P.
« Sur quelques dessins français des XVIIᵉ et XVIIIᵉ siècles conservés au musée de Dijon », *Bulletin de la Société de l'Histoire de l'Art Français 1941-44,* 1947, pp. 114-118.
Lavallée P.
*Le dessin français,* Paris, 1948.
Lavallée P.
*Les techniques du dessin,* Paris, 1949.
Laveissière S.
Voir exp. Rome-Dijon, 1983.
Laver J.
*Fragonard (1732-1806),* Londres, 1955.
Lavice A.
*Revue des musées de France,* Paris, 1870.
Le Carpentier Ch.
*Galerie des peintres célèbres,* Paris, 1821, 2 vol.
Leclère T.
*Hubert Robert et les paysagistes français du XVIIIᵉ siècle,* Paris, 1913.
Le Coat G.
« La fonction dialectique de la représentation animale dans la peinture pré-révolutionnaire », *Actes du Colloque international de Clermont-Ferrand, 1977,* 1980, pp. 47-53.
Le Coat G.
« Watteau et l'imaginaire social : la représentation animale comme étude de cas », *Antoine Watteau (1684-1721). Le peintre, son temps et sa légende* (colloque Watteau, 1984), Paris, 1987, pp. 181-184.
Lee R. W.
*Ut Pictura Pœsis. The humanistic Theory of painting,* New York, 1967 (paru en premier dans *The Art Bulletin,* nº 4, XX,

décembre 1940, pp. 197-269).
Lee R. W.
*Names on Trees Ariosto into Art*, Princeton, 1977.
Lee T.P.
« Recently Acquired French Paintings-Reflection on the Past », *Apollo*, mars 1980, pp. 212-223.
Lefort P.
« La collection de M. B. Narischkine », *Gazette des Beaux-Arts*, mars 1883 (I), pp. 219-225.
Le Hir
« Compte-rendu de la vente du 11-13 avril 1867 », *Journal des amateurs d'objets d'art et de curiosité*, 1867, pp. 125-131.
Lejeune T.
*Guide théorique de l'amateur de tableaux*, Paris, 1863, 2 vol.
Lemoisne P. A.
« Les collections de MM. G. et H. Pannier », *Les Arts*, mars 1907, n° 63, pp. 10-29.
Lemoisne P.-A.
« Augustin de Saint-Aubin et les dessins de Fragonard pour l'édition des *Contes* de La Fontaine », *Byblis*, 1922, n° 2, pp. 68-74.
Lenoir A.
Article « Fragonard » dans la *Biographie universelle ancienne et moderne (Biographie Michaud)*, Paris, 1816, XV.
Le P[aon]
*Critique des peintures et sculptures de Messieurs de l'Académie Royale*, 1765.
Le Petit J.
« Les contes de La Fontaine illustrés par Fragonard », *Le livre*, 1880, pp. 217-220.
Leporini H.
*Fragonard*, Vienne-Leipzig, 1925.
Leprevots R.
« Une allégorie de la ville de Paris peinte à l'occasion de l'année jubilaire du règne de Louis XV », *Bulletin du musée Carnavalet*, 1977, n° 2, pp. 21-26.
Le Prieur P.
« Les récentes acquisitions du Département des Peintures au Musée du Louvre (1907-1908) », *Gazette des Beaux-Arts*, janvier 1909 (I), pp. 65-84.
Lespinasse P.
« Le portraitiste Roslin et les artistes suédois en France pendant la seconde moitié du XVIIIe siècle », *Bulletin de la Société de l'Histoire de l'Art Français*, 1927, II, pp. 234-297.
Lespinasse P.
*La miniature en France au XVIIIe siècle*, 1929.
Lévêque J.-J.
*Fragonard*, Paris, 1983.
Levetine G.
« Marguerite Gérard and her stylistic significance », *The Baltimore Museum of Art Annual*, III, pp. 20-31.
Levey M.
*Rococo to Revolution*, New York-Washington, 1966.
Levey M. et Kalnein W.
*Art and Architecture of the eighteenth century in France*, Baltimore, 1972.
Lévy P.
*L'art et l'argent*, Paris, 1982.
Leymarie J.
Voir Cooper, 1963.
Leymarie L. de
*L'œuvre de Gilles Demarteau l'aîné, graveur du Roi*, Paris, 1896.
Lhote A.
*La peinture, le cœur et l'esprit* suivi de *Parlons peinture*, Paris, 1933.
Lhote A.
*Parlons peinture*, Paris, 1936.
L'Hote E.
« Les cabinets d'amateurs à Paris », *L'Artiste*, 1861, XXII, pp. 243-252.
Lièvre P.
« La leçon de Fragonard », *L'Amour de l'Art*, pp. 197-201.
Livchits N.-A.
*Jean-Honoré Fragonard*, Moscou, 1970 (en russe).
Locquin J.
*La peinture d'histoire en France de 1747 à 1785*, Paris, 1912 (rééd. 1978, Paris, Arthéna).
Locquin J.
« Les éditions des lettres à un jeune artiste peintre, pensionnaire à l'Académie Royale de France à Rome, par C.-N. Cochin », *Bulletin de la Société de l'Histoire de l'Art Français*, 1914, pp. 6-9.
Lossky B.
« Fragonard en Bohême », *Revue française de Prague*, 15 septembre 1936, pp. 1-8.
Lossky B.
« Fragonard sur les routes de Slovénie », *Zbornik Zaumetnostno Zgodovino*, 1972, IX, pp. 139-144.
Loyrette H.
« Séroux d'Agincourt et les origines de l'histoire de l'art médiéval », *Revue de l'Art*, n° 48, 1980, pp. 40-56.
Lugand J.
« De la folie de Louveciennes au château des ducs de Savoie », *Revue de Savoie*, 1956, n° 4, pp. 251-258.
Lugand J.
*Catalogue du musée des Beaux-Arts de la ville de Béziers (II, 1960-1976)*, Montpellier, 1976.
Lugt F.
*Les marques de collections de dessins et d'estampes*, Amsterdam, 1921, *Supplément*, La Haye, 1956.
Lugt F.
*Musée du Louvre. Inventaire général des dessins des Écoles du Nord, École flamande*, Paris, 1949, I.
Luynes, duc de
*Mémoires sur la Cour de Louis XV (1735-1758)*, Paris, 1860-1865, 17 vol. (éd. par Dussieux et Soulié).

# M

Mabuchi A.
*Les grands maîtres de la peinture. Fragonard*, n° 20, Tokyo, 1983 (en japonais).
Mac Allister-Johnson W.M.
« La visite du grand-duc de Russie, 1782 », *Nouvelles de l'Estampe*, mai-juin 1979, n° 45, pp. 21-24.
Macfall H.
« Fragonard », *The Connoisseur*, mai 1905, pp. 3-12.
Mac Gregor N.
« Le Voyage Pittoresque de Naples et de Sicile », *The Connoisseur*, octobre 1977, n° 788, pp. 131-138.
Madonna M. L.
« Pirro Ligorio e la villa d'Este : la scena di Roma e il mistero della Sibilla », *Il giardino storico italiano, Atti del convegno di studi Siena-San Quirico d'Orcia, 1978*, Florence, 1981, pp. 173-196.
Magnin J.
*Les dessins du XVIIIe siècle au musée de Besançon*, Besançon, 1929.
Mahérault M. J. F.
*L'œuvre de Moreau le Jeune*, Paris, 1880.
Mandel G.
Voir Wildenstein D.
Mannlich Ch. von
*Mémoires du chevalier Christian de Mannlich*, publié par Joseph Delage, Paris, 1948.
Mannlich Ch. von
*Rokoko und Revolution. Lebenserinnerungen des Johann Christian v. Mannlich (1741-1822)*, Stuttgart, 1966.
Mantz P.
« Exposition de Chartres », *L'Artiste*, 6 juin 1858, IV, pp. 70-73.
Mantz P.
« La collection La Caze au musée du Louvre », *Gazette des Beaux-Arts*, juillet 1870 (II), pp. 5-25.
Mantz P.
« La collection Burat », *L'Artiste*, 1885, I, pp. 287-296.
Marcel P.
« La collection de dessins de Gabriel Lemonnier au musée de Rouen » (Mélanges offerts à Henry Lemonnier), *Archives de l'Art Français*, 1913, pp. 467-495.
Marcel P.
*Les peintres et la vie politique en France au XVIIIe siècle*, Paris, 1914.
Marcel P.
Voir Guiffrey J., 1907-1910.
Marie A.
*Gérard de Nerval, le poète, l'homme...*, Paris, 1914.
Mariette P.-J.
*Abecedario de P.-J. Mariette*, Paris, 1851-60, II, (publié par Ph. de Chennevières et A. de Montaiglon).
Marigny, marquis de
« Correspondance de M. de Marigny avec Coypel, Lépicié et Cochin », éd. par Furcy-Raynaud, *Nouvelles Archives de l'Art français*, 1903 et 1904, XIX et XX.
Martin N.
« Les dessins de la collection Feuillet de Borsat. Musée Borély, Marseille », *L'Estampille*, juin 1981, pp. 36-51.
Martin J. et Masson Ch.
*Catalogue raisonné de l'œuvre peint et dessiné de J.-B. Greuze*, Paris, 1907.
Martine Ch.
*Dessins de maîtres français. Honoré Fragonard*, 1927, VI.
Massengale Montague J.
« Drawings by Fragonard in North American Collections », *The Burlington Magazine*, avril 1979, n° 913, pp. 270-272.
Massengale Montague J.
« Fragonard Elève : Sketching in the Studio of Boucher », *Apollo*, décembre 1980, pp. 392-397.
Mathey J.
« Greuze et Fragonard copistes de Rubens », *Bulletin de la Société de l'Histoire de l'Art Français*, 1933, pp. 183-187.
Mathey J.
« Un dessin de Fragonard au musée de Besançon », *Gazette des Beaux-Arts*, 1949 (I), pp. 373-400.
Mathey J.
« Fantasy in Boucher's Landscapes and Fragonard's figures », *The Connoisseur*, juin 1961, n° 594, pp. 302-305.
Mathon de la Cour Ch. J.
*Lettres à Monsieur, sur les peintures, les sculptures, et les gravures exposées au Sallon du Louvre en 1765*, Paris, 1765.

Mauclair C.
*Les grands artistes. Fragonard,* Paris, 1904.
Mauclair C.
« Fragonard », *L'Art et les Artistes,* avril 1906, III, pp. 187-200.
Mauclair C.
*Greuze,* Paris, s. d. [1907].
Mauclair C.
*Histoire de la miniature féminine française. Le XVIIIe siècle, l'Empire, la Restauration,* Paris, 1925.
Mauclair C.
*Un tableau de Fragonard,* [1929].
Maugras G.
*L'idylle d'un « gouverneur » : la comtesse de Genlis et le duc de Chartres,* Paris, 1904.
Mauray R.
« A propos des *scènes familiales* de Fragonard », *Revue de l'Art Ancien et Moderne,* 1925, XLVII, pp. 154-166.
Mayer A. L.
« Die Gemälde der Sammlung comtesse de La Béraudière », *Pantheon,* 1928, pp. 275-283.
Mayer A. L.
« Die Austellung der Sammlung *Schloss Rohoncz* in der Neuen Pinakothek, München », *Pantheon,* 1930, p. 320.
Mayor J.
« L'hôtel de la chancellerie d'Orléans à Paris », *Gazette des Beaux-Arts,* 1916, pp. 333-359.
Mazars P.
*L'univers de Fragonard,* Paris, 1971.
Meaudre de Lapouyade
*Lonsing 1739-1799,* Paris, 1911.
Meder J.
*Handzeichnungen alter Meister aus der Albertina und aus Privatbesitz,* Vienne, 1922.
Meder J.
*Albertina Facsimile,* Vienne, 1922-1923, 4 vol.
Meder J.
*Die Handzeichnungen (ihre Technik und Entwicklung),* Vienne, 1923.
Meder J.
*The mastery of drawing,* New York, 1978, I et II.
Meder J.
Voir Schönbrunner.
Meier-Graefe J.
« Correspondance d'Allemagne. L'exposition d'art français du XVIIIe siècle à Berlin », *Gazette des Beaux-Arts,* mars 1910 (I), pp. 262-272.
Méjanès J. F.
« A spontaneous Feeling for Nature. French eighteenth century Landscape Drawings », *Apollo,* novembre 1976, pp. 396-404.
*Mémoires secrets.*
Voir Bachaumont.
Méras M.
« Fragonard à Négrepelisse », *Bulletin de la Société Archéologique du Tarn-et-Garonne,* 1961, LXXXVII, pp. 1-8.
Méras M.
« Deux tableaux retrouvés des collections Bergeret de Grancourt au château de Négrepelisse », *Gazette des Beaux-Arts,* décembre 1972 (II), pp 331-334.
Merson O.
« Les logements d'artistes au Louvre », *Gazette des Beaux-Arts,* mars 1881 (I), pp. 264-270, septembre 1881 (II), pp. 276-288.
Mesuret R.
*Les expositions de l'Académie royale de Toulouse de 1751 à 1791* (livrets publiés et annotés par R. Mesuret), Toulouse, 1972.
Mesuret R.
Voir exp. Toulouse, 1954.
Métra
*Correspondance secrète, politique et littéraire,* Londres, 1788, 18 vol.
Michaud
Voir Lenoir A.
Michaud J.-L.
« Portraits dans le dessin français du XVIIIe siècle au musée du Louvre », *Le peintre,* 1er mars 1958, pp. 4-5.
Michel A.
« Les Fragonard de la Collection Wallace », *Les Arts,* juillet 1902, no 6, pp. 2-5.
Michel A.
*L'Art en Europe au XVIIIe siècle,* 1925, VII (2e partie).
Michel E.
« La galerie de M. Rodolphe Kann », *Gazette des Beaux-Arts,* juin 1901 (I), pp. 493-506.
Michel R.
Voir exp. Rome, 1981-1982.
Michine V.
« Fragonard comme l'interprète d'Arioste », *Sovétsoyé Iskoussotvozanie.79,* 1980, fascicule 2, pp. 170-192 (en russe).
Miette de Villars M.
*Mémoires de David,* Paris, 1850.
Mirimonde A. P. de
« Scènes de genre musicales de l'École française au XVIIIe siècle dans les collections nationales », *Revue du Louvre,* 1968, no 1, pp. 13-26.
Mirimonde A. P. de
*L'iconographie musicale sous les rois Bourbons. La musique dans les arts plastiques XVII-XVIIIe siècles,* Paris, 1975-1977, 2 vol.
Moir A.
*Caravaggio and his copyists,* New York, 1976.
Moitte Madame
*Journal inédit de Madame Moitte, femme de Jean-Guillaume Moitte, 1805-1807* (publié par Cottin), Paris, 1932.
Molinier E.
*Le mobilier royal français au XVIIe et XVIIIe,* III (s. d., entre 1896 et 1911).
Mongan E., Hofer Ph. et Seznec J.
*Fragonard drawings for Ariosto,* Londres, 1945.
Mongan A. et E.
*European Paintings in The Timken Art Gallery,* San Diego, 1965.
Monnier G.
Voir Sérullaz M.
Montaiglon A. de
Voir Mariette P. J.
Montaiglon A. de
« Notice sur Greuze et sur ses ouvrages par Madame de Valori », *Revue universelle des Arts,* 1860, pp. 248-261.
Montaiglon A. de
*Procès-Verbaux des séances de l'Académie royale de 1648 à 1792,* Paris, 1875-1892, 10 vol.
Montaiglon A. de et Guiffrey J.
*Correspondance des directeurs de l'Académie de France à Rome,* Paris, 1887-1907, 17 vol.
Morand L.
*Une famille d'artistes, les Naigeon,* Paris, 1902.
Morgan Grasselli M.
Voir exp. Washington, 1982.
Mornet D.
*Le sentiment de la Nature en France de J.-J. Rousseau à Bernardin de Saint-Pierre,* 1907 (*réimpression,* Genève, 1980).
[Mosser M.]
« L'arredamento libertino ovvero il letto pittore », *Il Progetto domestico, la casa dell'uomo : Archetipi e prototipi.* XVIIe Triennale di Milano, Milan, 1986, pp. 58-73.
Mouillesseaux J. P.
Voir Delécluze E.-J.
Moulidars T. de
*Grande encyclopédie des jeux,* 1888.
Mozart W. A.
*Lettres de W. A. Mozart* (éd. par Curzon), Paris, 1928.
Mrozińska M.
« Dwa Rysunki J. H. Fragonarda Na Tematy Z Zycia Rodzinnego Rocznik », *Muzeum Narodowego w Warszawie,* 1960, V, pp. 7-22.
Munhall E.
« Fragonard's Studies for *The progress of love* », *Apollo,* mai 1971, pp. 400-407.
Munhall E. et Davidson B.
*The Frick Collection. An illustrate Catalogue. French, Italian and Spanish Paintings,* New York, 1968, II.
Munière L.
« Jean-Honoré Fragonard, les Blanchisseuses », *L'Estampille,* avril 1985, pp. 61-62.
Muñoz A.
« Chardin et Fragonard », *Arte Retrospettiva,* 1907 [ ?], pp. 257-274.
Murray P.
*The Dulwich Picture Gallery,* Londres, 1980.

# N

Naquet F.
*Les artistes célèbres. Fragonard,* Paris, 1890.
Nemilova I.
*Énigmes des vieux tableaux,* Moscou, 1973 (en russe).
Nemilova I.
« Contemporary French Art in eighteenth Century Russia », *Apollo,* juin 1975, pp. 428-442.
Nemilova I.
« La possibilité d'attribuer à Fragonard *La tête d'une jeune fille* », *Soobcheniya Gosoudarstvennogo Ermitage,* 1978, fascicule 43, pp. 12-13 (en russe).
Nemilova I.
*La peinture française du XVIIIe siècle au musée de l'Ermitage,* Leningrad, 1985 (en russe).
Neveu B.
« Le voyage de l'Abbé de Saint-Non dans l'Italie du Sud », *Journal des Savants,* octobre-décembre 1973, pp. 295-300.
Nevill R.
« Jean-Honoré Fragonard », *The Burlington Magazine,* septembre-octobre 1903, no 7, pp. 51-57 ; décembre 1903, no 9, pp. 286-293.
Nicaise A.
*L'école française du XVIIIe siècle,* Châlons-sur-Marne, 1883.
Nicolle M.
« Chefs d'œuvre des musées de Province. École française XVIIe et XVIIIe siècles », *Gazette des Beaux-Arts,* août 1931 (II), pp. 98-127 (il existe un tiré à part paginé de 1 à 30).
Nicolle M.
« Une anthologie de la critique d'art en France », *Gazette des Beaux-Arts,* janvier 1931 (I), pp. 45-63.
Niculescu R.
« Georges de Bellio. L'ami des impressionnistes », *Paragone,* I,

septembre 1970, nº 247, pp. 25-66 ; II, novembre 1970, nº 249, pp. 41-85.
Nisard Ch.
*Correspondance inédite du comte de Caylus avec le P. Paciaudi,* Paris, 1877, 2 vol.
Nolhac P. de
« Un pensionnaire du Roi à Rome au XVIIIe siècle, Fragonard », *Le Correspondant,* 10 octobre 1906, pp. 29-50.
Nolhac P. de
• *J.-H. Fragonard, 1732-1806,* Paris, 1906 (avec un cat. des œuvres peintes passées en vente de 1770 jusqu'en 1905 par H. Pannier).
Nolhac P. de
« Deux questions sur Fragonard », *Revue de l'Art,* nº 124, juillet 1907, pp. 19-24.
Nolhac P. de
[Communication de M. de Nolhac], *Bulletin de la Société de l'Histoire de l'Art Français,* 1907, XXII, pp. 11-12.
Nolhac P. de
« Fragonard et Chardin », *Les Arts,* juillet 1907, pp. 37-46.
Nolhac P. de
« A propos des Fragonard de Grasse », *Musées et Monuments,* 1907, I, pp. 3-4.
Nolhac P. de
« Une danseuse de Fragonard », *Les Arts,* mai 1910, nº 101, p. 2.
Nolhac P. de
*Fragonard,* Paris, 1918.
Nolhac P. de
*Fragonard,* Paris, 1931.
Nolhac P. de
« L'abbé de Saint-Non et Fragonard », *La Renaissance,* janvier 1932, pp. 35-38.
Nolhac P. de
*Portraits du XVIIIe siècle,* Paris, 1933.
Nolhac P. de
*Peintres français en Italie,* Paris, 1934.
Norman G.
« More than 30 Fragonard's drawings may be fakes », *The Times,* 8 mars 1978.
Norman G.
« When a Fragonard Copy looks just too good to be true », *The Times,* 9 mars 1978.

# O

Obser K. Dr.
« Lettres sur les Salons de 1773, 1777 et 1779 adressées par Du Pont de Nemours à la margrave Caroline-Louise de Bade », *Archives de l'Art Français,* 1908, pp. 1-123.
Ochsé M.
« Fragonard, des tourbillons de volupté », *Jardin des Arts,* mai 1972, pp. 4-43.
O'Neill M.
*Les peintures de l'école française des XVIIe et XVIIIe siècles. Catalogue critique du musée d'Orléans,* Orléans, 1980, 2 vol.
Oppé A. P.
« Honoré Fragonard », *Old Master Drawings,* juin 1927, pp. 8-9.
[Osborne C. M.]
*Pierre Didot the Elder and French Illustration, 1785-1822,* thèse présentée à Stanford, juin 1979.
Oulmont Ch.
*68 Dessins de Fragonard, souvenirs de son voyage à Rome et à Florence* (remarques par Charles Oulmont), Paris, 1926.
Oursel H.
Voir exp. Lille, 1985.

# P

P. Voir Portalis, 1889.
Paciaudi, père
Voir Nisard Ch. et Sérieys A.
[Pannier H.]
*Catalogue manuscrit des dessins de Fragonard passés en vente publique, avec croquis de Pannier,* manuscrit conservé au Cabinet des estampes de la Bibliothèque Nationale de Paris.
Pannier H.
Voir Nolhac, 1906.
[Pâris P.-A.]
*Catalogue de mes livres ainsi que des autres objets qui composent mon cabinet tels que les marbres et bronzes antiques... tableaux et dessins en bordure... par P.-A. Pâris,* 1806, manuscrit conservé à la Bibliothèque municipale de Besançon.
Pariset F.-G.
*Les arts graphiques en France autour de 1778,* Paris, 1979, XI.
P[arker] K. T.
« A Drawing by Fragonard after Rubens », *The British Museum Quarterly,* mai 1933, VII, nº 4, pp 105-106.
Pays A. J. du
« Exposition de tableaux et de dessins de l'école française (Boulevard des Italiens, 26) », *L'Illustration,* 29 septembre 1860, pp. 222-223.
Pérignon A. N.
*Description des objets d'Arts qui composent le cabinet de feu M. le Baron V. Denon,* Paris, 1826.
Perroud Cl.
« A propos de deux lettres de David en octobre 1792 », *La Révolution Française,* 14 avril 1900, pp. 359-371.
Pichon, baron J.
« Mémoires de Pajou et de Drouais pour Mme du Barry », *Mélanges de littérature et d'Histoire recueillis et publiés par la Société des bibliophiles français,* Paris, 1856.
Pidansat de Mairobert
*Anecdotes sur M. la comtesse du Barry,* Londres, 1775.
Pietrangeli C.
*Il museo di Roma,* Bologne, 1971.
Pigler A.
« Fragonard et l'art napolitain », *Gazette des Beaux-Arts,* mars 1931 (I), pp. 192-197.
Pigler A.
*Barockthemen,* Budapest, 1956, 2 vol. (2e éd., Budapest, 1974, 3 vol.).
Pilgrim, Lord
« Mouvement des arts », *L'Artiste,* juin 1849, p. 72.
Pilon E.
*L'art et les mœurs en France,* Paris, 1909.
Pinault M.
« Diderot et les illustrateurs de l'Encyclopédie », *Revue de l'Art,* nº 66, 1984, pp. 17-38.
Pinault M.
« Les chapitres artistiques des volumes de planches de l'*Encyclopédie* », *Diderot, les Beaux-Arts et la Musique. Colloque (1984),* Aix-en-Provence, 1986, pp. 67-91.
Piot E.
*État-civil de quelques artistes français (extrait des registres des paroisses des anciennes archives de la Ville de Paris),* Paris, 1873.
Pizon P.
« A propos des portraits de Fragonard », *Argus de la presse,* 15 mai 1974, pp. 3-8.
Plantier J.-F.
« Une Bacchanale inédite de Fragonard », *Le Cousin Pons,* avril 1925, nos 108, pp. 5-6.
Pognon E. et Bruand Y.
*Inventaire du Fonds Français, graveurs du XVIIIe siècle (Bibliothèque Nationale),* Paris, 1962, IX.
Popham A.-E. et Fenwick K.-M.
*European Drawings (and two Asian drawings) in the Collection of The National Gallery of Canada,* Toronto, 1965.
Portalis R., baron
*Les dessinateurs d'illustrations au dix-huitième siècle,* Paris, 1877.
Portalis R., baron
« La collection Walferdin et ses Fragonard », *Gazette des Beaux-Arts,* avril 1880 (I), pp. 297-322 (il existe aussi un tiré à part paginé de 5 à 30).
Portalis R., baron
« Les peintures décoratives de Fragonard et les panneaux de Grasse », *Gazette des Beaux-Arts,* décembre 1885 (II), pp. 481-493.
Portalis R., baron
• *Honoré Fragonard, sa vie, son œuvre,* Paris, 1889 (existe en 2 vol. avec pagination continue).
Portalis R., baron
*Scènes de la vie champêtre, panneaux décoratifs de Fragonard,* Paris, 1902.
Portalis R. et Béraldi H.
*Les graveurs du dix-huitième siècle,* Paris, 1880-1882.
Posner D.
« Baroque and Rococo oil Sketches », *The Burlington Magazine,* juin 1967, nº 771, pp. 360-363.
Posner D.
« The True Path of Fragonard's *Progress of Love* », *The Burlington Magazine,* août 1972, nº 833, pp. 526-534.
Posner D.
Compte-rendu : « Alexandre Ananoff with the collaboration of Daniel Wildenstein, *François Boucher,* 2 vol., Lausanne-Paris », *The Art Bulletin,* septembre 1978, nº 3, LX, pp. 560-562.
Posner D.
« The Swinging Women of Watteau and Fragonard », *The Art Bulletin,* mars 1982, nº 1, LXIV, pp. 75-88.
Posner D. et Held J.S.
*17th and 18th Century Art. Baroque Painting Sculpture Architecture,* New York, s.d. (éd. par H.W. Janson).
Pouthas Ch. H.
« Technique de la couleur des peintres anciens et des peintres modernes », *L'Art et les Artistes,* mars 1938, nº 186, pp. 223-229.
Prajoux J., abbé
*Histoire du Coteau depuis son origine jusqu'à nos jours,* Roanne, 1924.
Prat L. A.
« Une collection de dessins d'artistes français par Philippe de Chennevières. Index », *Bulletin de la Société de l'Art Français 1977,* 1979, pp. 275-295.
*Procès-Verbaux*
Voir Montaiglon A. de, Tuetey A. et Tuetey L.
Pupil F.
*Le style Troubadour,* Nancy, 1985.

# R

R. Voir Réau, 1956.

Rabbe F.
« Un portrait de Robespierre par Honoré Fragonard », *La Révolution Française*, 14 mars 1900, pp. 256-257.
Ratouis de Limay P.
*Un amateur orléanais au XVIII<sup>e</sup> siècle, Aignan-Thomas Desfriches (1715-1800)*, Paris, 1907.
Ratouis de Limay P.
« Le président Robert de Saint-Victor » (Mélanges offerts à Henry Lemonnier), *Archives de l'Art Français*, 1913, pp. 422-439.
Ratouis de Limay P.
*Le pastel en France au XVIII<sup>e</sup> siècle*, Paris, 1946.
Ratouis de Limay P.
« Un chanteur de l'Opéra, graveur et collectionneur au début du XIX<sup>e</sup> siècle », *Bulletin de la Société de l'Histoire de l'Art Français 1949*, 1950, pp. 70-78.
Raynard J.
« Une collection russe », *L'Art*, 1883, pp. 53-56 et 68-70.
Réau L.
« Lettres de Greuze au prince Nicolas Borisovitch Ioussoupov », *Bulletin de la Société de l'Histoire de l'Art Français*, 1922, pp. 395-399.
Réau L.
« Les colin-maillard de Fragonard », *Gazette des Beaux-Arts*, mars 1927 (I), pp. 148-152.
Réau L.
« Catalogue de l'art français dans les musées russes », *Bulletin de la Société de l'Histoire de l'Art Français*, 1928, pp. 167-314.
Réau L.
« Les dessins de Fragonard », *Bulletin de l'Académie des Beaux-Arts*, janvier-juin 1931, pp. 66-73.
Réau L.
« Quelques peintures de Fragonard (Amiens et Rouen) », *Bulletin des Musées de France*, 1931, pp. 30-32; tiré à part du n° 4, avril 1931, pp. 90-92
Réau L.
« Les influences flamandes et hollandaises dans l'œuvre de Fragonard », *Revue Belge d'Archéologie et d'histoire de l'Art*, avril 1932, II, fascicule 2, pp. 97-104.
Réau L.
*Histoire de l'expansion de l'Art français. Le monde latin*, Paris, 1933.
Réau L.
« Ce qu'on vendra : à propos de *L'heureuse famille* de Fragonard », *Beaux-Arts*, juillet 1934, p. 4.
Réau L.
« L'influence de Fragonard », *La Renaissance*, janvier-février 1935, n° 1-2, pp. 1-8.
Réau L.
« Honoré Fragonard », *Beaux-Arts*, 6 mai 1938.
Réau L.
*Le rayonnement de Paris au XVIII<sup>e</sup> siècle*, Paris, 1946.
Réau L.
*Trésors de la peinture française. Fragonard*, Genève, 1948.
Réau L.
*Catalogue de la Galerie des tableaux du Musée Pouchkine*, Moscou, 1948.
Réau L.
« Fragonard », *The Connoisseur*, juin 1949, n° 512, pp. 69-74.
Réau L.
« Documents sur Watteau et Fragonard », *Bulletin de la Société de l'Histoire de l'Art Français 1947-1948*, 1949, pp. 113-114.
Réau L.
• *Fragonard*, Bruxelles, 1956.
Réau L.
« L'influence de Fragonard en Espagne », *Cahiers de Bordeaux*, 1956, pp. 19-23.
Réau L.
*Iconographie de l'Art chrétien. II. L'Ancien Testament*, Paris, 1956.
Réau L.
« Les dessins de Fragonard du musée de l'Île-de-France (fondation Ephrussi de Rothschild) à Saint-Jean-Cap-Ferrat », *Académie des Beaux-Arts*, 1960-61, pp. 75-81.
Reboul R.
*Biographie et bibliographie de l'arrondissement de Grasse*, Grasse, 1887.
Recouvreur A.
« Honoré Fragonard, ici et à côté », *La province d'Anjou*, 1932, VII, pp. 247-260.
Regteren Altena
Voir Van Regteren Altena.
Reinach S.
*Répertoire de reliefs grecs et romains*, Paris, 1912, III.
[Renou]
*Dialogues sur la peinture, Seconde édition, enrichie de notes*, Paris, chez Tartouillis, 1773 (*réimpression*, Genève, 1973).
Renouvier J.
*Histoire de l'art pendant la Révolution*, Paris, 1863, 2 vol.
[Rey R.]
*La peinture française pendant la deuxième moitié du XVIII<sup>e</sup> siècle* (cours professés à l'École du Louvre), 1938.
Rey R.
« Le voyage de l'Abbé de Saint-Non et de Fragonard à Tivoli et à Rome », *Revue des voyages*, mars 1955, pp. 20-23.
Reynolds G.
*Wallace Collection. Catalogue of Miniature*, Londres, 1980.
R. G.
« Les grandes ventes du mois de mai. La collection Sigismond Bardac », *Revue de l'Art*, n° 216, mai 1920, pp. 293-298.
Rice P.
*Man as Hero*, New York-Londres, 1987.
Richardson J.
*The Collection of Germain Seligman*, New York-Londres, 1979.
Ricci S. de
*The Rœderer Library of French Books, Prints and Drawings of the Eighteenth Century*, Philadelphie, 1923.
Ricci S. de
« Un cabinet de dessins français. La Bibliothèque Rœderer », *Beaux-Arts*, 15 octobre 1923, n° 17, p. 272.
Röbels H.
*Katalog ausgewählter Handzeichnungen und Aquarelle im Wallraf-Richartz-Museum*, Cologne, 1967.
Roberts K.
« Current and Forthcoming exhibitions », *The Burlington Magazine*, juin 1978, n° 903 pp. 409-414.
Robertson
Voir Wells-Robertson.
Rochefort H.
« La collection de M. Henri Rochefort », *Les Arts*, juillet 1905, n° 43, pp. 2-22.
Rœderer P.-L., comte
*Journal du comte P.-L.-Rœderer*, Paris, 1909 (éd. par Maurice Vitrac).
Roger-Milès L.
« La collection Lehman », *Bulletin de l'Art Ancien et Moderne*, janvier-mai 1925, XIX, pp. 161-176.
Rogers M. R.
« The wash women by Jean-Honoré Fragonard (1732-1806) », *Bulletin of The City Art Museum of Saint Louis*, juillet 1938, XXIII, n° 3, pp. 30-31.
Roland Michel M.
« The themes of *the Artist* and of *inspiration* as revealed by some of Fragonard's drawings », *The Burlington Magazine*, novembre 1961, n° 704, supplément n° 9, pp. i-iii.
Roland Michel M.
« Fragonard illustrator of the *Contes* of La Fontaine », *The Burlington Magazine*, octobre 1970, n° 811, supplément n° 25, pp. i-vi.
Roland Michel M.
« Fragonard illustrateur de l'amour », *Actes du colloque international de Clermont-Ferrand, 1977*, 1980, pp. 25-32.
Roland Michel M.
« Des monts et des eaux », *The Burlington Magazine*, décembre 1980, n° 933, supplément n° 39, pp. i-v.
Roland Michel M.
« Sous le signe de l'abbé de Saint-Non », *Études de la Revue du Louvre*, 1980, n° 1, pp. 88-93.
Roland Michel M.
« Un peintre français nommé Ango... », *The Burlington Magazine*, décembre 1981, n° 945, supplément n° 40, pp. i-viii.
Roland Michel M.
« La Fête de Watteau », *Revue de l'Art*, n° 62, 1983, pp. 71-74.
Roland Michel M.
« French Eighteenth Century Drawings », *Apollo*, juin 1983, pp. 469-475.
Roland Michel M.
« A propos de portraits de famille », *The Burlington Magazine*, juillet 1986, n° 1000, supplément, pp. 546-552.
Romard D.
« La cote des Peintres : Jean-Honoré Fragonard », *Gazette de l'Hôtel Drouot*, 24 septembre 1971, p. 57 ; 26 novembre 1971, pp. 14-15 ; 3 décembre 1971, pp. 18-19.
Rorschach K.
« Fragonard at the Rosenbach Museum and Library », *Apollo*, juin 1985, pp. 418-419.
Rorschach K. et Taylor S. B.
Voir exp. Philadelphie, 1985.
Rosenberg P.
« Une esquisse inédite de Suvée », *Revue du Louvre*, 1967, n° 1, pp. 33-34.
Rosenberg P.
Compte-rendu : « La peinture française en Suède », *Revue de l'Art*, n° 1-2, 1968, p. 137.
Rosenberg P.
Compte-rendu : « Le XVIII<sup>e</sup> siècle français à la Royal Academy », *Revue de l'Art*, n° 3, 1969, pp. 98-100.
Rosenberg P.
« Twenty French Drawings in Sacramento », *Master Drawings*, printemps 1970, VIII, n° 1, pp. 31-39.
Rosenberg P.
« La fin d'Ango », *The Burlington Magazine*, avril 1982, n° 949, pp. 236-239.
Rosenberg P.
*Tout l'œuvre peint de Chardin*, Paris, 1983.
Rosenberg P.
« Une correspondance de Julien de Parme (1736-1799) », *Archives de l'Art Français*, 1984, XXVI (nouvelle période), pp. 197-245.

Rosenberg P ;
Compte-rendu : « Per Bjurström : Drawings in Swedish Public Collections, IV : French Drawings Eighteenth Century », *Master Drawings*, 1984, XXII, n° 1, pp. 64-69.
Rosenberg P.
Voir exp. Paris, 1984.
Rosenberg P.
Voir exp. Toronto, 1972-73.
Rosenberg P. et Brejon de Lavergnée B.
*Saint-Non. Fragonard. Panopticon Italiano, un diario di viaggio ritrovato. 1759-1761*, Rome, 1986.
Rosenberg P. et Compin I.
Voir exp. Paris, musée du Louvre, 1974.
Rosenberg P. et Compin I.
« Quatre nouveaux Fragonard au Louvre », *Revue du Louvre*, 1974, n° 3, pp. 183-192 ; nos 4-5, pp. 263-278.
R[osenberg] P. et D[upuy] M.-A.
Voir exp. Toulon, 1985.
Rosenberg P. et Sandt U. van de
*Pierre Peyron, 1744-1814*, Paris, 1983.
Rosenblum R.
*Transformations in Late Eighteenth Century Art*, Princeton, 1967.
Roskamp D.
« *Der Philosoph* von Jean-Honoré Fragonard », *Jahrbuch der Hamburger Kunstsammlungen*, 1961, VI, pp. 72-78.
Ross T.
« Notes on Selected French Old Master Drawings from the Permanent Collections », *Record of The Art Museum Princeton University*, 1983, XLII, n° 1, pp. 4-42.
Röthlisberger M.
« Quelques tableaux inédits du XVIIe siècle français : Lesueur, Claude Lorrain, La Fosse », *Revue de l'Art*, n° 11, 1971, pp. 82-84.
Rouchès G.
« L'interprétation du *Roland Furieux* et de la *Jérusalem délivrée* dans les arts plastiques », *Études italiennes*, octobre 1920, n° 4, pp. 193-224.
Rouchès G.
« L'interprétation du Roland Furieux par la gravure », *L'Amateur d'Estampes*, juillet 1925, pp. 107-112 ; octobre 1925, pp. 145-153.
Roux M.
*Inventaire du fonds français, graveurs du XVIIIe siècle (Bibliothèque Nationale)*, Paris, 1930-31, I ; 1933, II ; 1934, III ; 1940, IV ; 1946, V ; 1949, VI ; 1951, VII.
Roux M. et Pognon E.
*Inventaire du fonds français, graveurs du XVIIIe siècle (Bibliothèque Nationale)*, Paris, 1962, IX.
Rubin J. R.
« Le poète inspiré : le portrait de Lebrun-Pindare par Jean Bernard Restout », *Revue du Louvre*, 1980, n° 2, pp. 77-79.
Rubinstein-Bloch S.
*Catalogue of the Collection of George and Florence Blumenthal*, 1930, IV et V.
Rudrauf L.
« Imagination matérielle et imagination formelle chez Fragonard », *Les cahiers techniques de l'Art*, janvier-avril 1947, pp. 5-20.
Rueppel M. C.
« Fragonard and America, a loan of french paintings to Dallas », *The Connoisseur*, octobre 1966, n° 656, pp. 88-89.
Rusk Shapley F
Voir exp. Washington, 1950.
Ryszkiewicz A.
« Vanloo et Pierre (sur quelques tableaux avec « Turqueries » dans les collections polonaises) », *Bulletin du Musée National de Varsovie*, 1975, n° 1, pp. 13-27.

# S

Sahut M.-C.
Voir exp. Paris, Hôtel de la Monnaie, 1984-1985.
Saint-Groux A. de
« La collection Ch. Sedelmeyer », *Les Arts*, avril 1907, n° 64, pp. 33-40.
Saint-Non, abbé de
*Voyage Pittoresque ou Description des Royaumes de Naples et de Sicile*, Paris, 1781-86, I-IV (5 vol.).
Saint-Non, abbé de
Voir Cayeux, 1964 et Rosenberg et Brejon, 1986.
Saint-Victor P. de
« Exposition de tableaux anciens », *Beaux-Arts*, 19 octobre 1860, n. p.
Salgues Y.
« La vie passionnée de Fragonard », *Jours de France*, 30 avril 1966, n° 598, pp. 68-76.
Salinger M.
*The Metropolitan Museum of Art. Miniatures*, New York, 1956.
Sanchez Cantón F. J.
*La collection Cambó*, Barcelone, 1955.
Sandoz M.
« Études et esquisses peintes ou dessinées de Jean-Baptiste Deshays », *Gazette des Beaux-Arts*, avril-juin 1951 (I), pp. 129-146.
Sandoz M.
*Gabriel François Doyen, 1726-1806*, Paris, 1975.
Sandoz M.
*Jean-Baptiste Deshays, 1729-1765*, Paris, 1978.
Sandoz M.
*Jean-Simon Berthélemy*, Paris, 1979.
Sandoz M.
*Nicolas-Guy Brenet*, Paris, 1979.
Sandoz M.
*Louis-Jacques Durameau, 1733-1796*, Paris, 1980.
Sandoz M.
*Les Lagrenée*, Paris, 1983.
Sardou J. B.
*Inventaire sommaire des Archives Communales antérieures à 1790. Ville de Grasse*, Paris, 1865.
Sauerländer W.
• « Über die ursprüngliche Reihenfolge von Fragonards' *Amours des bergers* », *Münchner Jahrbuch der bildenden Kunst*, 1968, XIX, pp. 127-156.
Saunier Ch.
« Une collection de dessins de maîtres provinciaux, le musée Xavier Atger à Montpellier », *Gazette des Beaux-Arts*, (I)mars 1922, pp. 161-180 (2e partie).
Schiaffino E.
*La pintura y la escultura en Argentina*, Buenos Aires, 1933.
Schidlof L. R.
*La miniature en Europe aux XVIe, XVIIe, XVIIIe, XIXe siècles*, Graz, 1964, 4 vol.
Schmidt J. von
« Le baiser à la dérobée », *Tableaux célèbres des galeries d'Europe*, Paris, 1909.
Schmidt Degener F.
« Het Genetische probleem von de Nachtwacht », *Onze Kunst*, 1917, pp. 97-100.
Schnapper A.
Voir exp. Lille, 1985.
Schneider P.
*Louvre Dialogue*, New York, 1971 (éd. française, *Les dialogues du Louvre*, Paris, 1971).
Schneider R.
*L'art français, dix-huitième siècle*, Paris, 1926.
Schneider-Maunoury M.
« La vie heureuse de Frago », *Arts*, 4-10 août 1954, p. 8.
Schommer P.
« L'exposition de Carnavalet, *Le Théâtre à Paris, XVII et XVIIIe siècles* », *Le Figaro, supplément artistique*, 4 avril 1929, n° 227, pp. 413-414.
Schönberger A. et Sœhner H.
*L'Europe du XVIIIe*, Paris, 1960.
Schönbrunner J. et Meder J.
*Handzeichnungen alter Meister aus der Albertina und anderen Sammlungen*, Vienne, 1895-1908.
Schrey R.
« Zeichnungen aus dem Kupferstichkabinett des Hessischen Landesmuseums zu Darmstadt », *Stift und Feder*, juillet 1929.
Schulz B.
« Observations concerning a Rediscovered Drawing by Fragonard in Darmstadt », *Master Drawings*, 1984, XXII, n° 4, pp. 440-443.
Sciolla G. C.
*I disegni di Maestri stranieri della Biblioteca Reale di Torino*, Turin, 1974.
Scott B.
« Madame Geoffrin, a Patron and Friend of artists », *Apollo*, février 1967, pp. 98-103.
Scott B.
« Madame du Barry. A Royal Favourite with Taste », *Apollo*, janvier 1973, pp. 60-71.
Seligmann G.
*Oh ! Fickle Taste*, New York, 1952.
Seligman G.
*Merchants of Art : 1880-1960*, New York, 1961.
Seligman G. et Ethlyne J.
« The myth of the Fragonard portraits at Chantilly or the Re-discovery of Jean-Marie Ribou », *The Art Quarterly*, printemps 1958, pp. 23-38.
Senior E.
« Drawings Made in Italy by Fragonard », *The British Museum Quarterly*, 1936, XI, n° 1, pp. 5-9.
Sentenac P.
*Hubert Robert*, Paris, 1929.
Serbat L.
« Le voyage d'Italie et les dessins de l'architecte J.-J. Huvé », *Bulletin de la Société de l'Histoire de l'Art Français*, 1924, pp. 40-56.
Sérieys A.
*Lettres du père Paciaudi au comte de Caylus*, Paris, 1802.
Sérullaz M., Duclaux L. et Monnier G.
*Dessins du Louvre. École française*, Paris, 1968.
Sérullaz A. et Volle N.
« Dessins néoclassiques. Bilan d'une exposition. II Dessins inédits de Fragonard, David et Drouais », *Revue du Louvre*, 1976, n° 2, pp. 77-81.
Seznec J.
« Fragonard, Interprète de l'Arioste : la lettre et l'esprit », *Bulletin des Études françaises*, novembre-décembre 1945, pp. 27-38.
Seznec J.
« Voltaire and Fragonard : notes on a legend », *Journal of The Warburg and Courtauld Institutes*, 1947, X, pp. 109-113.
Seznec J.
*Diderot Salons 1765*, Oxford, 1979 (2e éd).

Seznec J. et Adhémar J.
*Diderot Salons,* (1765) Oxford, 1960, II ; (1767) Oxford, 1963, III.
Seznec J,
Voir Mongan E.
Shackelford G. T. M.
« Master Drawings », *The Museum of Fine Arts, Houston Bulletin,* automne 1983, IX, nº 1.
Sheriff M. D.
« *Au génie de Franklin.* An allegory by J.-H. Fragonard », *The American Philosophical Society,* 1983, CXXVII, nº 3, pp. 180-193.
Sheriff M. D.
« On Fragonard's Enthusiasm », *The Eighteenth Century theory and interpretation,* 1986.
Sheriff M. D.
« For Love or Money? Rethinking Fragonard », *Eighteenth Century Studies,* printemps 1986, nº 3, XIX, pp. 333-354.
Sheriff M. D.
« Invention, Resemblance and Fragonard's Portraits de Fantaisie », *The Art Bulletin,* mars 1987, LXIX, pp. 77-87.
Shestack A.
Voir exp. New Haven, 1984.
Sidoroff A. A.
« Handzeichnungen alter Meister im Moskauer Museum der schönen Kunst », *Zeitschrift für bildende Kunst,* 1929-30, p. 224.
Sidoroff A. A.
*Les dessins des maîtres anciens,* Moscou-Leningrad, 1940.
Simches S. O.
*Le Romantisme et le goût esthétique du XVIII^e^ siècle,* Paris, 1964.
Simpson J. G.
*Le Tasse et la littérature et l'art baroque en France,* Paris, 1962.
Singer H. W.
« Der Vierfarbendruck in der Gefolgschaft Jacob Christoffel Le Blons », *Monatshefte für Kunstwissenschaft,* 1917, nºs 8-9, pp. 301-314.
Singer-Lecocq Y.
*Un Louvre inconnu. Quand l'État y logeait ses artistes,* Paris, 1985.
Siple E. S.
« Recent acquisitions in America », *The Burlington Magazine,* février 1932, nº 347, pp. 109-116.
Sizer Th.
Voir Trumbull.
Sjöberg Y. et Gardey F.
*Inventaire du fonds français, graveurs du XVIII^e^ siècle (Bibliothèque Nationale),* Paris, 1974, XIII et 1977, XIV.
Slatkin R.
« The new Boucher catalogue », *The Burlington Magazine,* février 1979, nº 911, pp. 117-123.
Slive S.
« A Fragonard Landscape after Jacob Van Ruisdael's *Wooded Landscape with a Pond* », *The Shape of the Past. Studies in Honor of Franklin D. Murphy,* Los Angeles, 1981, pp. 268-276.
Sollers Ph.
*Le cœur absolu,* Paris, 1987.
Soulier G.
« Tribune des Arts. Un Fragonard à Rome », *Les Arts,* 1920, nº 186, pp. 19-22.
Stampfle F.
*Seventh Annual Report to the Fellows of the Pierpont Morgan Library,* 1957, pp. 76-79 (note par Felice Stampfle).
Standen E.
Voir exp. Paris, Grand Palais, 1986.
Stanton D.
« A drawing by Fragonard », *Bulletin of The Art Institute of Chicago,* novembre 1936, nº 6, pp. 77-79.
Starobinski J.
*L'invention de la liberté,* Genève, 1964.
Stein H.
« La Société des Beaux-Arts de Montpellier : 1779-1787 » (Mélanges offerts à Henry Lemonnier), *Archives de l'Art Français,* 1913, pp. 365-403.
Steinberg L.
« Deliberate Speed », *Art News,* avril 1967, pp. 42-47.
Stenger G.
*La société française pendant le Consulat,* Paris, 1907.
Sterling Ch.
« L'art français aux États-Unis », *Musées de France* (supplément), 1949, pp. 7-15.
Sterling Ch.
*The Metropolitan Museum of Art. A catalogue of French Paintings XV-XVIII centuries,* Cambridge, 1955.
Sterling Ch.
*Musée de l'Ermitage. La peinture française de Poussin à nos jours,* Paris, 1957.
Sterling Ch.
• *Portrait of a Man (The Warrior), Jean-Honoré Fragonard. An Unknown Masterpiece by Fragonard,* Williamstown, 1964.
Sterling Ch. et autres auteurs
*The Thyssen-Bornemisza Collection,* Castagnola, 1969, 2 vol.
Stern J.
*Mesdemoiselles Colombe,* Paris, 1923.
[Stockho Th. R.]
« French Paintings of the Seventeenth and Eighteenth Centuries », *The Saint Louis Art Museum Bulletin,* 1981, XVI, nº 1, pp. 22-23.
Stuffmann M.
« Franzöische Malerei » dans *Die Kunst des 18. Jahzhunderts,* Berlin, 1971.
Stuffmann M.
Voir exp. Francfort, 1986-87.
Sutton D.
Voir exp. Tokyo, 1980.
Sutton D.
« Jean-Honoré Fragonard : the world as illusion », *Apollo,* février 1987, pp. 102-113 (reprend le texte de la préface du cat. de Tokyo, 1980).
Sutton D.
« Frivolity and Reason », *Apollo,* février 1987, pp. 80-91.
[Swarzenski G.]
*Aquarelle von Jean-Honoré Fragonard im Besitz des Kupferstich kabinetts des Städelschen Kunstinstituts,* Francfort, s. d.
Szambien W.
*Les projets de l'an II,* Paris, École des Beaux-Arts, 1986.

# T

Tasset J. M.
« Faux Fragonard : féroce bataille entre experts », *Le Figaro,* 10 mars 1978.
Tavernier L.
« Fragonard in Italia, il giardino della villa d'Este a Tivoli », *Atti del convegno « Artisti e scrittori europei a Roma e nel Lazio : dal Grand Tour ai romantici »,* Rome, 1984, pp. 39-57.
Terver P.
*Le dernier Prince de Conti à l'Isle-Adam,* Pontoise, 1987.
Thiébault-Sisson F.
« Autour de Fragonard », *Le Temps,* 9 novembre 1913, p. 3.
Thiébault-Sisson F.
« Le Salon de la Correspondance », *Le Temps,* 27 novembre 1913, p. 3.
Thieme U. et Becker F.
*Allgemeines Lexikon der bildenden Künstler von der Antike bis zur Gegenwart,* 1916, XII (notice par R. Graul).
Thiéry M.
*Guide des amateurs et des étrangers voyageurs à Paris,* Paris, 1786-87 (2 vol.).
Thirion H.
*La vie privée des financiers au XVIII^e^ siècle,* Paris, 1895.
Thoré Th.
« Galeries particulières. Collection de M. de Cypierre. Les peintres au XVIII^e^ siècle », *Le Constitutionnel,* 1^er^ octobre 1844, nº 275, pp. 1-3.
Thoré Th.
« Vente de tableaux composant le cabinet de M. Saint », *Bulletin des Arts,* 10 mai 1846, pp. 369-371.
Thoré Th.
Voir aussi Bürger.
Thuillier J.
• *Fragonard,* Genève, 1967.
Thuillier J.
« Le langage de Fragonard », *Bulletin de la Société des amis du musée de Dijon,* 1967-69, pp. 51-52.
Thuillier J.
Voir exp. Paris, musée du Louvre, 1974.
Thuillier J.
« Fragonard », article dans le *Larousse des grands peintres,* Paris, 1976.
Thuillier J.
« Fragonard », article dans le *Petit Larousse de la Peinture,* Paris, 1979, I.
Thuillier J.
« La peinture en Provence au musée de Toulon », *Revue du Louvre,* 1987, nº 1, pp. 9-12.
Thuillier J.
Voir Châtelet A. et Thuillier J., 1964.
Tintelnot H.
*Die barocke Freskomalerei in Deutschland,* Munich, 1951.
Tinti M.
« Il Parmigianino », *Dedalo,* 1923, I, pp. 304-326.
Tornézy A.
Voir Bergeret.
Tourneux M.
*Les tableaux historiques de la Révolution et leurs transformations.*
Tourneux M.
« Les portraits de Diderot », *L'Art,* 1878, I, pp. 121-130.
Tourneux M.
*L'âge du romantisme,* Paris, 1887.
Tourneux M.
« L'exposition Chardin-Fragonard », *Gazette des Beaux-Arts,* août 1907 (II), pp. 89-102.
Tourneux M.
Voir Assézat J.
Trumbull J.
*The Autobiography of Colonel John Trumbull,* New Haven, 1953 (éd. par Theodore Sizer).
Tuetey A. et Guiffrey J.
*La commission du Museum et la création du Musée du Louvre (1792-1793),* Paris, 1910.

Tuetey L.
« Procès-Verbaux de la Commission des monuments », *Nouvelles Archives de l'Art Français,* 1902-03, I et II.
Tuetey L.
*Procès-Verbaux de la Commission Temporaire des Arts,* Paris, I, 1912 ; II, 1917.
Tuzet H.
« Une querelle littéraire en 1785, l'abbé de Saint-Non et ses collaborateurs », *Revue de littérature comparée,* juillet-septembre 1947, n° 83, pp. 428-436.

# V

Valentiner W. R. et Wescher P.
*Catalog of the collection of Mrs Lucius Peyton Green (Mildred Browning Green),* Los Angeles, 1956.
Vallery-Radot J.
« Notes sur le peintre liégeois Léonard Defrance », *Bulletin de la Société de l'Histoire de l'Art Français,* 1924, pp. 233-242.
Vallery-Radot J.
« Quelques dates dans l'œuvre de Léonard Defrance, de Liège », *La Revue d'Art* (Anvers), 1926, XXVII, n° 5-6, pp. 23-39.
Vallery-Radot J.
« Fragonard aquafortiste », *Arts,* 11 janvier 1956, p. 12.
Valogne C.
« *Fragonard, mon grand-père,* par Théophile Fragonard », *Les Lettres françaises,* 17 février 1955, p. 1 et 9.
Valori Mme de
*Greuze ou L'accordée du village* (précédé d'une notice sur Greuze et sur ses ouvrages), Paris, 1813.
Van der Elst J.
*Six contes... six tableaux,* Paris, 1950.
Van Regteren Altena
« Bajocco », *Festschrift E. Trautscholdt,* Hambourg, 1965, pp. 136-142.
Varshavskaya M.
*Rubens' painting in the Hermitage Museum,* Leningrad, 1975 (en russe).
Vatel Ch.
*Histoire de Madame du Barry,* Versailles, 1883.
Vaudoyer J.-L.
« L'orientalisme en Europe au XVIII^e^ siècle », *Gazette des Beaux-Arts,* août 1911 (II), p. 89 et 102.
Vaudoyer J.-L.
« Un Fragonard quitte la France », *Plaisir de France,* janvier 1961, n° 267, pp. 22-23.
Vauxcelles L.
« Un chef d'œuvre de Fragonard retrouvé », *Le carnet des artistes,* 15 février 1917, pp. 9-11.
Vayer L.
*Meisterzeichnungen aus der Sammlung des Museums der Bildenden Künste in Budapest (14-18 Jahrhundert),* Budapest, 1956.
Vergnet-Ruiz J.
« Une *Sainte Famille* de Fragonard », *Bulletin des Musées de France,* mars 1934, n° 3, p. 60.
Vergnet-Ruiz J. et Laclotte M.
*Petits et grands musées de France,* Paris, 1962.
[Verly P.-L.]
*Honoré Fragonard, Anatomiste premier directeur de l'École d'Alfort,* thèse présentée à Maison-Alfort, 1963.
Vermeule C.
*European Art and the classical past,* Cambridge, 1964.
Versini C.
« Fragonard à l'exposition des tableaux de l'École Française de l'Ermitage au Louvre », *Les cahiers de l'Académie Anquetin,* août 1974, XX, pp. 61-67.
Versini C.
« Fragonard, présentation de ses œuvres au musée du Louvre », *Les cahiers de l'Académie Anquetin,* août 1974, XX, pp. 69-74 ;
Versini C.
« La vie de Fragonard », *Les cahiers de l'Académie Anquetin,* août 1974, XX, pp. 75-93.
Vigée Le Brun, Mme E.
*Souvenirs de Madame Vigée Le Brun,* Paris, 1835-1837, 3 vol.
Vigier J.
« Le cousin Pons à Bordeaux. Il y trouve un autre Fragonard inconnu », *Le Cousin Pons,* 15 juin 1925, pp. 10-11.
Vilain J.
Voir exp. Bruxelles, 1975.
Vilain J.
Voir exp. Troyes-Nîmes-Rome, 1977.
Vilain J.
Voir exp. Sydney, 1980.
Villain J.
*Fragonard,* Paris, 1949.
Villiers P.
*Manuel du voyageur aux environs de Paris,* Paris, 1802, I.
Villiers S. de
« *Le billet doux* de Fragonard », *La vie des arts,* 3 novembre 1937, p. 9.
Villot F.
*Notice des tableaux exposés dans les galeries du Musée Impérial du Louvre,* 1855 (nombreuses éditions successives).
Villot F.
*Hall, célèbre miniaturiste du XVIII^e^ siècle,* Paris, 1867.
Vindry G.
« Les fresques de la Villa Fragonard », *Grasse Expansions,* 1972.
Virch C.
*Master Drawings in the collection of Walter C. Baker,* 1962.
Vivant Denon D.
Voir Denon.
Volle N.
*Jean Simon Berthélemy,* Paris, 1979.

# W

W. Voir Wildenstein, 1960.
Wakefield D.
*Fragonard,* Londres, 1976.
Wakefield D.
Voir exp. Londres, Agnew, 1978.
Wakefield D.
« Fragonard's drawings for Ariosto's Orlando Furioso », *The Connoisseur,* janvier 1979, n° 803, pp. 131-134.
Wakefield D.
*French Eighteenth Century Painting,* Londres, 1984.
Walch P.
« Foreign Artists at Naples. 1750-1799 », *The Burlington Magazine,* 1979, n° 913, pp. 247-252.
Watelet J.
« L'Orient dans l'art français. 1650-1800 », *Études d'Art,* 1959, n° 14, pp. 126-128 (publiées par le Musée National des Beaux-Arts d'Alger).
Watson F. J. B.
« Fragonard, the definitive book », *The Connoisseur,* mars 1961, n° 591, pp. 38-39.
Watson F. J. B.
*I Maestri del colore n° 163 : Jean-Honoré Fragonard,* Milan, 1966.
Watson F. J. B.
« Eighteenth Century Painting and Decorative Arts », *Apollo,* décembre 1967, pp. 454-465.
Watson F. J. B.
« Fragonard. Painterly and non-painterly in the France of Louis XVI », *Art News Annual,* 1971, XXXVII, pp. 75-88.
Watson F. et Dardel G.
« Fragonard dans son musée à Grasse », *Chefs-d'œuvre de l'Art, grands peintres,* 26 septembre 1967, n° 67.
Wavrin I. de
« Faux Fragonard et règlement de comptes », *La Vie Française,* 20 mars 1978, p. 7.
Weinshenker A. B.
« *The Lover Crowned* in Eighteenth-Century French Art », *Studies in Eighteenth Century Culture,* 1986, XVI, pp. 271-294.
[Wells-Robertson S.]
*Marguerite Gérard,* thèse présentée à New York, 1978.
Wells-Robertson S.
« Marguerite Gérard et les Fragonard », *Bulletin de la Société de l'Histoire de l'Art Français 1977,* 1979, pp. 179-189.
Wells-Robertson S.
Voir exp. Paris, Grand Palais, 1974-75.
Welu J. A.
« *Sleeping Endymion* by Nicolas-Guy Brenet », *Worcester Art Museum Bulletin,* novembre 1974, pp. 5-7.
Wentzel H.
« Jean-Honoré Fragonard *Schaukel* », *Wallraf-Richartz-Jahrbuch,* 1964, XXVI, pp. 187-218.
Wescher P.
« Les maîtres française du XVIII^e^ siècle au cabinet des dessins de Berlin », *Gazette des Beaux-Arts,* 1934 (I), pp. 351-369.
Wildenstein D.
« *Le verrou* du Louvre est un faux », *Le Quotidien de Paris,* 9 octobre 1974.
Wildenstein D.
« Sur *Le verrou* de Fragonard », *Gazette des Beaux-Arts,* janvier 1975, pp. 13-24.
Wildenstein D. et Guy
*Louis David. Recueil de documents complémentaires au catalogue de l'œuvre de l'artiste,* Rouen, 1973.
Wildenstein D. et Mandel G.
• *L'opera completa di Fragonard,* Milan, 1972.
Wildenstein G.
« L'exposition Fragonard au pavillon de Marsan », *Revue de l'Art Français,* juillet 1921, n° 7, pp. 356-363.
Wildenstein G.
« Deux tableaux de Fragonard au musée d'Angers », *Beaux-Arts,* 1923, n° 8, pp. 120-122.
Wildenstein G.
« Un souvenir de voyage de Fragonard. *La petite fille assise sur ses talons* de la Bibliothèque de Besançon », *Les Trésors des Bibliothèques de France,* 1925, I, pp. 22-26.
Wildenstein G.
« Fragonard et les Expositions de son temps », *Mélanges,* Paris, 1926, pp. 5-23.
Wildenstein G.
« L'exposition de l'art français de Londres. Le XVIII^e^ siècle », *Gazette des Beaux-Arts,* janvier 1932 (II), pp. 55-76.
Wildenstein G.
« Quatre Fragonard inédits », *Gazette des Beaux-Arts,* mai 1935 (I), pp. 271-274.
Wildenstein G.
« J.-H. Fragonard et la douceur de vivre (A

propos de l'exposition de Berne) », *Arts*, 4-10 août 1954.
Wildenstein G.
« Richesse et unité de l'œuvre de Fragonard. A propos de l'exposition de Besançon », *Beaux-Arts*, 19-25 août 1956, p. 9.
Wildenstein G.
• *Fragonard aquafortiste. Études et documents pour servir à l'histoire de l'art français du dix-huitième siècle*, Paris, 1956.
Wildenstein G.
« Fragonard et la formation des collections du musée du Louvre », *Gazette des Beaux-Arts (II)*, octobre 1959, pp. 191-202.
Wildenstein G.
• « L'abbé de Saint-Non. Artiste et mécène », *Gazette des Beaux-Arts*, novembre 1959 (II), pp. 225-244.
Wildenstein G.
« *La Fête de Saint-Cloud* et Fragonard », *Gazette des Beaux-Arts*, janvier 1960 (I), pp. 45-50.
Wildenstein G.
• *The Paintings of Fragonard*, Aylesbury, 1960 (l'éd. française parue la même année comporte une biographie plus complète).
Wildenstein G.
« Fragonard, Dorat et les *Baisers* », *Gazette des Beaux-Arts*, avril 1961 (I), pp. 249-252.
Wildenstein G.
• « Un amateur de Boucher et de Fragonard, Jacques-Onésyme Bergeret (1715-1785) », *Gazette des Beaux-Arts (II)*, juillet-août 1961, pp. 39-84.
Wildenstein G.
Voir Hourticq, 1926.
Wilenski R. H.
*French painting*, New York, 1931 (*rééd.* 1949, 1979, 3e éd. révisée, 1973).
Wilhelm J.
« Fragonard illustrateur », *Le portique*, janvier 1945, pp. 90-102.
Wilhelm J.
« Fragonard as a painter of Realistic Landscapes », *The Art Quarterly*, automne 1948, pp. 297-304.
Wilhelm J.
« Fragonard », article dans *Les peintres célèbres* (dirigé par B. Dorival), 1948, IV, pp. 232-233.
[Wilhelm J.]
• *Fragonard* (monographie inédite), [vers 1950-1960].
Wilhelm J.
« Fragonard eut-il un atelier ? », *Médecine de France*, 1951, no XXV, pp. 17-28.
Wilhelm J.
« A Berne, l'exposition Fragonard », *Combat-Art*, 6 septembre 1954, no 9, p. 2.
Wilhelm J.
« In search of some missing Fragonard Paintings », *The Art Quarterly*, hiver 1955, pp. 364-376.
Wilhelm J.
• « Deux dessus de portes de Fragonard provenant du château de Louveciennes », *La Revue des Arts*, 1956, no 4, pp. 215-222.
Wilhelm J.
« Où étaient-ils sous le Second Empire », *L'Œil*, juin 1956, no 18, pp. 10-17.
Wilhelm J.
« David et ses portraits », *Art de France*, IV,1964, pp. 158-173.
Wilhelm J.
« Le salon du graveur Gilles Demarteau peint par François Boucher et son atelier avec le concours de Fragonard et de J.-B. Huet », *Bulletin du musée Carnavalet*, 1975, no 1, pp. 6-20.
Wilhelm J.
« La coupole peinte par Antoine Callet pour le salon de compagnie des petits appartements du palais Bourbon », *Bulletin de la Société de l'Histoire de l'Art Français 1979*, 1982, pp. 167-177.
Wilhelm J., 1948
Voir Bergeret.
Wilhelm J.
Voir exp. Paris, musée Carnavalet, 1950.
Wille J. G.
*Mémoires et journal de Jean-Georges Wille*, Paris, 1857 (éd. par G. Duplessis), 2 vol.
Williams E.
Voir exp. Washington, 1978.
Williams E.
« Rescuing Fragonard from a kind of limbo », *Art News*, 5 mai 1979, no 5, pp. 74-78.
Williams E.
« A pair of portrait miniatures by Jean-Honoré Fragonard », *Art at Auction. The year at Sotheby's 1981-82*, Londres, 1982, pp. 210-212.
Williams E.
Voir exp. Cambridge, 1984.
Williams H. W. Jr.
« Portrait of a lady with a dog by Fragonard », *Bulletin of The Metropolitan Museum of Art*, janvier 1938, XXXIII, no 1, pp. 14-16.
Willk-Brocard N.
*François Guillaume Ménageot*, Paris, 1978.
Wilson Montgomery J.
*The Painting of the Passions in Theory, Practice and Criticism in later Eighteenth Century France*, New York-Londres, 1981.
[Wise S.]
*Catalogue des peintures françaises de Chicago*, à paraître.
Wolff E.
« The Fragonard plates for the *Contes* et *Nouvelles* of La Fontaine », *Bulletin of the New York public Library*, mars 1949.
Wright B. S.
« New (stage) light on Fragonard's *Corésus* », *Arts Magazine*, juin 1986, LX, no 10, pp. 55-59.
Wrigley R.
« Pierre-François Delauney, Liberty and saint Nicholas », *The Burlington Magazine*, décembre 1981, no 945, p. 745-747.
Wurth Harris
Voir Harris M. A.

# Z

Zafran
Voir exp. Atlanta, 1983.
Z. C.
« Franklin portraits. The Rockefeller Collection », *The Philadelphia Museum Bulletin*, hiver 1948, XLIV, no 220, pp. 19-31.
Zick G.
« Der zerbrochene Krug als Bildmotiv des 18. Jahrhunderts », *Wallraf-Richartz-Jahrbuch*, novembre 1969, pp. 149-204.
Zolotov Y. K.
« Les lettres des artistes français du 18e siècle dans les archives soviétiques », *Revue d'histoire de la civilisation mondiale*, septembre-octobre 1958, no 5, pp. 146-156.
Zolotov Y. K.
*Fragonard*, Moscou, 1959 (en russe).
Zolotov Y. K.
« L'art français du 18e siècle », *L'Histoire universelle de l'Art*, Moscou, 1963, IV (en russe).
Zolotov Y. K.
*Le portrait français du XVIIIe siècle*, Moscou, 1968 (en russe).

# Index des noms propres

N'ont été retenus dans cet index que les noms propres de personnes, à l'exception de ceux cités dans les remerciements (p. 13), dans l'arbre généalogique (pp. 36-37), dans la rubrique *Bibliographie*, ainsi que les mentions des ouvrages d'A. Ananoff, de G. Wildenstein et de D. Wildenstein et G. Mandel.
Nous n'avons pas indexé non plus les noms propres qui font partie des titres des œuvres.

## A



## B

# C

# D



# E

# F



# G

# H



# I



# J



# K



# L

# M

# N



# O



# P

# Q



# R



# S

# T



# U



# V

# W



# Y



# Z

# Index des œuvres exposées

Les titres en italiques sont ceux des dessins et des gravures.

# Index des prêteurs

# Table des matières

Crédits photographiques :

Amiens, Musée de Picardie
124
Angers, Musée des Beaux-Arts
105
Annecy, Musée-Château
86
Amsterdam, Rijksmuseum, Rijksprentenkabinet
42, 184, 203, 204, 272, 273
Barcelone, Musée d'Art moderne
129
Berlin, Staatliche Museen, Preussischer Kulturbesitz, Kupferstichkabinett
242, 263
Besançon, Musée des Beaux-Arts
25, 27, 29, 32, 33, 34, 172, 173, 178, 185, 295
Boston, Museum of Fine Arts
115
Brooklyn Museum
243
Buenos Aires
285
Cambridge, Fogg Art Museum
41, 113, 156, 215, 225, 278, 303
Chicago, The Art Institute
19, 79, 128, 193, 266
Cleveland, The Cleveland Museum of Art
282
Grasse, J. Mayer
239
Detroit, Institute of Arts
1, 2, 3, 4
Dijon, Musée des Beaux-Arts
260
Dizengoff, «Mula» Photography Studio
245, 246
Dulwich, Picture Gallery
103
Fort Worth, Kimbell Art Museum
112
Francfort, Städelsches Kunstinstitut
14, 15, 176, 191, 277
Hambourg, Kunsthalle
101, 238
Ixelles, Musée
208
Jérusalem, The Israel Museum
202
Karlsruhe, Staatliche Kunsthalle
65, 180
Langres, Musée
259
Le Havre, Musée des Beaux-Arts
211
Leningrad, Ermitage
108
Lisbonne, Fondation Calouste Gulbenkian
114, 168
Lisbonne, Museu Nacional de Arte Antiga
158
Londres, National Gallery of Art
9
Londres, British Museum
43, 44, 45, 46, 47, 48, 49, 50, 55, 56, 57, 58, 59, 60, 61, 62, 64
Los Angeles, The Armand Hammer Foundation
224, 227, 232
Los Angeles, County Museum of Art
7
Lugano, Sammlung Thyssen-Bornemisza
6
Lyon, Musée des Arts décoratifs
88, 189
Malibu, The J.Paul Getty Museum
119
Marseille, Yves Vallois
36
Minneapolis, Institute of Arts
286
Montclair, Helga Photo Studio
76
Montpellier, Musée Atger
11, 179, 197, 198, 200
Moscou, Musée Pouchkine
17, 250
Muncie, Ball State University
219
Munich, Bayerische Staatsgemäldesammlungen
110
New York, Pierpont Morgan Library
95, 106
New York, The Metropolitan Museum
18, 38, 139, 151, 157, 207, 271, 274
New Haven, Yale University
194, 228
Nice, Musée Cheret
99
Norfolk, The Chrysler Museum of Art
10
Orléans, Patrice Delatouche
206
Paris, Musée des Arts décoratifs
205
Paris, Bibliothèque nationale
5, 66, 67, 68, 69, 70, 240
Paris, Bulloz
31, 82, 97, 248, 251
Paris, CNMHS Marc Jeanneteau / Spadem pour Getty
85
Paris, École des Beaux-Arts
8
Paris, Giraudon
183
Paris, Institut néerlandais
290

Cet ouvrage a été achevé d'imprimer le 15 septembre 1987
sur les presses de l'imprimerie Blanchard au Plessis-Robinson
d'après les maquettes de Bruno Pfäffli.
Le texte a été composé en Centennial par l'imprimerie Blanchard,
les illustrations couleur gravées par France Photogravure à Lyon,
les illustrations noir et blanc par Blanchard
et le papier fabriqué par les Papeteries Job.

Dépôt légal septembre 1987

ISBN 2-7118-2.145-5
8000.456